国家出版基金项目
NATIONAL PUBLICATION FOUNDATION

海上絲綢之路文獻集成

總主編　陳支平　陳春聲

歷代史籍編

59

主編　范金民

海峽出版發行集團
THE STRAITS PUBLISHING & DISTRIBUTING GROUP
福建人民出版社

「十三五」國家重點圖書出版規劃重大出版工程規劃項目

國家新聞出版改革發展項目庫入庫項目

國家出版基金資助項目

本册目次

初使泰西紀要四卷

〔清〕志剛撰

《初使泰西紀要》四卷，清志剛撰。志剛字克菴，滿洲鑲藍旗人，曾官總理各國事務衙門章京。同治六年（一八六七）冬十二月，清廷聘用美國卸任駐華公使蒲安臣爲團長，以記名海關道志剛與總理衙門章京、候選知府孫家穀爲辦理中外交涉事務大臣，英國使館翻譯伯卓安、法籍海關稅務司德善爲左右協理，率使團訪問美國、英國、法國、瑞典、丹麥、荷蘭、俄羅斯、西班牙、普魯士、比利時等國，歷時二年有餘。志剛歸撰此書，記述出使經歷，亦及泰西各國風土人情及天文、醫學、練兵等新奇景象。此爲清廷首次派遣外交使節出使泰西，故名「初使」。據中國國家圖書館藏清光緒十四年（一八八八）刻本影印。

初使泰西紀要

光緒戊子春月開雕

初使泰西紀序

同治丁卯嘉平齡侍　先君入內過　志克菴先生於班列　先君示齡曰此人傑也爾敬識之迨光緒庚寅春始由耆繼菴戚弟介紹以謁　先生並出所著初使紀屬爲序凡三易稿乃定　先生之功名固不因紀而顯其紀亦不待序而傳而有不容辭者蓋以壯年已知敬愛今閱二十餘年能挂名於其文字間豈非　先君指示之初意也哉噫今之爲文者相率騖遠而忽近喜華而略實自謂名言不刊

超漢逸唐也而罕譬曲喻切中時弊鑿鑿乎若穀粟能療饑斷斷乎若藥石能伐病渾然無圭角如

先生所紀洵言近而旨遠矣慨自咸豐辛酉至今用夏變夷可稱中外禔福迺繹此紀意一若有隱憂在朝夕間者何哉古君子每憂治世而危明主蓋以明主有絕人之資治世無可畏之防則有絕人之資必輕其臣無可畏之防必易其民此君子所深懼其紀意之所在乎然昔漢文之世兵革不興當時賈誼已謂天下有可長太息者流涕者痛哭者後世卒不以

是少漢文亦不以是甚賈誼誼雖功烈未著於時惟嘗諫削建諸侯而少其力至武帝而主父偃始舉行之漢室乃安今　先生之紀出安見後無有心者舉而行之與齡有以副　先君之意且以快讀先生之文知是書原稿散逸幸經且園主人編次始得成帙惟願此紀廣傳於海內也是爲序

光緒十六年五月後學崧齡拜序

初使泰西紀要卷一

妙蓮居士參訂
且園主人編次
繼菴耆照校字

大清同治六年丁卯冬初與西洋有約各國通使先是西洋各國與中國和約後屢請中國出使至是年冬十二月初二日總理各國事務衙門始以軍功花翎記名海關道總辦章京志剛誠篤懇摯器識宏通奏奉
諭旨派充使臣與章京候選知府孫家穀並
賞二品頂戴偕美國蒲安臣同爲

欽使以英國伯卓安法國得善爲協理恭賫
國書前往西洋有約各國辦理中外交涉事件蒲安臣先期起程

蒲安臣本音布爾林該木原美國駐北京使臣

初十日詣
乾清門預備
召見
皇太后在
養心殿黃紗屏後

問何時起程對於明日由衙門起程
問由何路行走對由陸路到上海登火輪船經日本過大東洋到美理堅過大西洋到英吉利過海峽到法蘭西往北順路到比利時和蘭丹麻爾瑞典俄羅斯往南回路到布路司再南仍經法蘭西到西班牙意大利由中海往東經大南洋順廣東福建浙江中國海面自天津回京
諭隨從之人務須管束不可被外國人笑話對謹當嚴加管束不準在外滋事

問由何衙門出身對由禮部員外郎考取總理衙門章京王大臣保奬叩首蒙
恩記名以海關道用
諭辦理外國事務外間頗有閒言對恭親王尚且不敢迴護奴才等更當竭力辦事
問到外國見其君主不見對見與不見在各國君主斷不先自求見
時外國覲禮未定
問有老親否對皆已去世

諭跪安禮畢敬退由
內頒出大卷江綢袍褂料各二件黃辮珊瑚豆大小荷包各二對交由軍機處分
賞兩使次日具摺謝
恩
先敘
召對彷圖麗琛異域錄式
十一日使者由總署乘公車起程向山東馹路進發
十九日至德州入山東境沿途樹身水浸皮色皆白

其痕在五六尺上房屋倒塌老幼率棲止於斷垣敗箔之側黃河爲災也南境則賊匪爲害村落多被焚燬婦孺襤褸嗷嗷求乞者相望於道其有力村莊皆築成土石之圍捻賊再入東境未甚得意實堅壁清野之法有以制之雖然此日制賊則得矣異日負固抗官將奈何有廉幹吏仍宜於平定後效三都察也
二十八日至紅花埠入江南境
三十日至清江浦易水馹官船
同治七年戊辰正月初一日偕地方大吏恭詣

萬壽亭叩賀

元旦禮畢登舟入運河南下

初七日入長江泊七壕口見南岸金山童童鵠立江干不勝陵谷之感北岸江船若林所運票鹽客稱票鹽販之民間易售而官利少行引則官利多而民食貴反益私也行鹽所以裕國課奈何徒利鹽官而病民益私耶

鎮江之船無論華洋均泊北岸七壕口緣該處水淺而灣可以避風南岸靠近江身大溜西北風動則迭

退無所據而船有碰撞之患故該口之停泊難禁

初八日美國旂昌行之非司海馬輪船已到由救生紅船往就之連日風浪而是日洶湧益甚加以昏暮距輪船約里許而逆風顛簸久之而仍可望不可即柏協理在船頭大聲疾呼促水手搖櫓擊槳及傍輪船而使者已眩暈大吐不可支輪船放鐵梯接人或推或挽扶掖而上而使者之病由此始逆風破浪晝一日夜行六百三十餘里至上海黃浦江岸洋涇濱碼頭停泊

初十日登岸寓理事公廨

計由京行水陸三千六百餘里

十二日使者會蒲使於旂昌洋行將

欽頒國書及木質關防總理衙門公文三件面交祗領由柏協理繙述蒲使言從前各國論與中國辦事須用勉強方成或言彼此商量使知利益自然可辦使者言無論辦何國事若用勉強雖成難久若出情願則長享其利矣

十八日赴上海道署之約應道談及前年有華商代

辦茶貨價跌貨滯洋商追本涉訟到道該商泣訴屈情應道問能向洋官再瀝此淚乎曰能即移洋官自訊該商如囑一哭不但不追原本反給洋元四枚令該商交貨反梓此亦洋人恐傷人心之一端也

觀機器局時開爐興作硼訇震耳其中或爇火或庀材或執事所造輪船機器開花炸礮馬步兵槍約四五百人製器之器約有五十餘分每分可作三四事總以長軸根於氣爐徑逾三尺長不及丈之銅臥筒近下複筒巨筒注水複筒爇火火烹水沸逼氣入管

管通氣匱管匱之間勢同橐籥鐵榦貫於橐中者運以隔板氣鼓板而榦伸縮榦伸於橐外者連於輪轂榦引轂而輪轉動以輪運長軸長軸繫諸機而百工作刮平者掏空者鑽孔者磨光者拔而上軋而下鏇而圓之椎而扁之切鐵如木刳木如泥皆氣爐之運用悉數之未能終其物究之用力少而見功多則成物眾而事易集烏得以守拙自限乎

又有造輪船廠支架江干枝榦已立匠工未畢而規模粗具成效可覩若使有其所有能其所能由是而

之焉富強易耳第恐高明者鄙薄之以爲不足爲淺近者驚駭之以爲不能爲將何以支時局也是所望於變而通之神而化之使民宜之者

聞布國以針槍制勝乃機裏藏機食指一勾則堵機上撞針由堵機中心直撞於鉛箭之底其用最捷而工較費然較扣帽裝葯者其利便奚啻倍蓰同一費也與其費於遲鈍之器何如費於便捷之器哉誠以扣冒者一發而後門裝子者已四五發而未止也豈非千人可當數千人之用乎設遇軍需即可省數倍

之籌畫通長計算得失顯然晁錯所謂卒服習器用利者自古爲然而以語麻木不仁痛癢不知者未必不以爲辭之費也

三月初一日在上海理事公廨

初三日由虹口登各司達噶里輪船向日本國進發行三日正北見山即五島門東北入長崎島爲自昔日本通商口岸計海程一千四百餘里

初七日南行出口復北入日本洋東北過長山赤澗關安藝水島洋有孔夫子廟關夫子廟經播摩洋東北行

初九日出口傍日本東界大洋北行見海猪迎船出沒次日果大風使者嘔暈[illegible]甚

十一日至橫濱又名江戶爲日本與西洋各國通商口岸內通其都城停泊俟船然自日本視西洋各國皆在其東也

自上海至江戶口計二千六百餘里

十四日登美國齋納大輪船明輪天平船也長四十丈載四千頓每頓千六百斤並船身機器煤倉水井

牲圈糧囤總計之不能詳其重幾何也然使氣之積也不厚則其運大舟也無力將何恃由香港而至美國金山口行兩萬數千里之洋海哉故船中之氣爐有六積六爐之蒸氣以入於氣籥鼓入氣槖而後上托下軋之力壯所謂天平者船心立鐵柱上架鐵梁貫以橫軸以便抑揚前端垂鐵榦以提落船輪橫軸軸中間曲如凹字形而較長提榦下端爲環貫於凹中間以俟後端之托軋梁後端垂鐵榦入於氣槖以待蒸氣之托軋稱天平象形也其運動也六爐之蒸

氣入於總管爲籥歸於氣筩爲槖氣管分通氣筩上下兩口氣自下口入則托鐵榦而上而梁之後端揚前端之提榦落而下矣蒸氣轉入上口則軋鐵榦而下而梁之後端抑前端之提榦拔而上矣輪軸之曲一上一下則軸外之雙輪轉而船行矣輪刮水向後則船前進刮向前則船後退輪之形雙層鐵圈間以隔板鐵輻輳於轂而貫於軸端附於船肋入水淺深視載輕重夫輪之轉固由於氣之鼓然氣有蓄而無洩必壅塞而不靈蓋氣自上口入之滿而無所洩則上口閉而下口自開下亦如之而蓄滿之氣又有上下化氣出水之口焉蓋入氣之門閉則出氣之門隨而開有管下通注氣水之筩以吸之斯所蓄之氣化爲水而洩於出氣之管矣上下四口門皆有板開以司啟閉有四鐵榦以提頓之四榦上端統貫於一橫軸貫軸以偏環值其厚則提值其薄則落也此提彼落皆根於氣槖之升降故循環爲用而不爽分毫然作用雖多秉於一氣一氣生於水火若究其源生於人身心火降交於腎水則水含火性氣機動而上升

後升前降循環任督以布於四肢百骸咫尺之孩能長而成七尺之軀乃自然之道非必修煉而後能識者體自然之道其用不窮非機事之祖乎

十五日開船東南行向美里堅國進發

十九日正東行大風雨

泰西平分地面爲兩半球以亞細亞歐羅巴一面爲東半球以米里堅跨東西洋爲西半球行海程者往東迎日而行每一度越過四分至東洋平分天度之處多半日往西隨日而行每一度落後四分至西洋

平分天度之處欠半日今至東洋分度之處適值二十五日則重一日次日仍爲二十五至西洋分度之處減一日周環則相符若東半不加周環則多一日西半不減周環則失一日矣

三月初一日在大東洋齊納輪船行次

初五日東北行

初九日正東行是日閤船歌舞以將至美里堅國海口慶更生也金山海口爲美國西岸入加爾夫尼邦之口也進口寓敖克西丹達店

自江戶計海程一萬七千二百餘里美里堅本音埋里各

渡大東洋記云由日本橫濱東渡之三日大風起輪舟顛簸勢甚急忽而大聲發於水上撞舟訇然扶窗視之則駭然凡江河內海之波濤雖大小不同率由風自橫吹其勢層疊翻捲此則如霜林落後突兀崢嶸四圍環拱而起愈起則矗若峰巒浪花在頂攢簇如茶陡然而落豁然巨壑方以爲是舟也縱四十丈橫八丈銅底鐵幫載四千頓恐岳陽城無此堅重何虞波撼哉言未既而忽然昏暗水自上灌濤峯飛來壓帆檣而下潑浪山傾倒撞窗壁以橫衝而舟中之聲則丁當鞺鞳硼訇格磔嘈雜喧嘩震聒弗甯舟中之物則圓者轉方者折立者倒懸者搖浮置者墜復躍而起疊放者下忽翻而上而人則隨波逐衣履踏浪逐囊篋乃逐未及而俯者仰矣捉未得而趨者伏矣沾濡淋漓無處不至有見此況登船頂而望者則更可駭矣其觸凸峯也迴視則舵尾若埋其陷凹壑也俯看則鷁首若沁天忽墜而南則舟之枕於左也

雲忽奔而北則舟之臥於右也其人乃牢攀蓬索力跨檻欄隨風伯之鼓浪窺海若之戲濤但覺千萬鈞巨舟顛簸騰擲幾同飄蓬浮葉是造物之不可思議而欲以人力勝之豈不難哉然是舟也不但或遇橫衝或遭逆撞卽在驚濤怒浪紛至沓來時仍是蜿蜒奔騰於左翻右覆前掀後墜之中而不敢息如是者計時三日夜之久計程二千里而遙而風微緩而波漸平而舟稍穩而人始甯或曰此太平洋也而險若此難乎免於世矣使者曰世本無常太平之境苟無

其具以濟之焉往而非險境哉吾益信此舟之堅利
攸往咸宜矣
金山口南普豪司海岸有觀潮處其地連建高樓以
備游覽凭欄一望潮之來也汹湧激蕩前擁後催直
如十二銀山而聲勢壯闊亦足以快耳目而盪襟懷
然海上之潮皆有可觀而此處去岸僅數里間崛起
數島頑石突兀水石之際有獸數十出沒若牛若羊
小大不一吠聲如犬褐色淺毛時而偃蹇蹝緣島上
有足軟而無趾蓋獸形而魚性者也謂之海獅別有

海牛海馬海狗海猪之類甚夥或謂形性之雜爲失
其常理而究出於水土生化而成但以不常見者爲
怪耳
海岸有造船廠就傍海石坡斲穴實以火葯轟成大
坎留邊岸一層坎向海長百餘丈寬二十餘丈下收
如槽前方後圓平底鋪木設欹木段兩行爲墊依左
右後層累而上爲木階約百餘級右建掣水輪機室
下通涵洞夫造大船必須船成卽能入海否則推挽
維艱船槽口門作牐成而後以火葯轟去外層之石

乃始就槽造船及成提牐放水入槽則船浮而入於
海矣雖然放水入槽以浮船船去水存使無掣水機
器縱復下牐淘水斯費工而躭時故掣水輪機預設
焉百餘丈之槽水兩時之久可使由涵洞掣出機室
之外仍歸於海而後船可源源而造矣至門口所留
石岸槽成而轟之猶恐石落故處依然有礙難於海
中拔石也乃就石岸之下斲穴掏空可受邊岸之石
而後轟之則石塡於穴而口門通暢矣夫欲有大用
必須有大器又必須有大於大器者以成就之而後

得其用若不有此大槽何以造大船周行大地而得
乘風破浪之用哉
織氊作絨用氣爐始於洗毧用長圓木匱兩端有軸
入毧於匱引拉皮而轉之則泥滓去又入而轉之則
顏色潔再入疊軸前設平盤洒毧其上接於刺軸斜
坡而上接以罣軸軸面粗糙而以罣毧較細於刺軸
也接連而上者三疊又斜坡而下者三疊則有練軸
面有斜路由左而右使罣下之毧至此練成粗縷軸
右接以練盤練成之縷盤繞其上也既成粗縷復上

壘軸仍放粗縷於平盤如初式使纖端剌壘於軸翻轉接遞而過於分軸使層累壘下之毬縷至此而分疏之也分軸平出接於拈軸兩軸相依縷出其間而搓攤之使分疏之縷搓拈成線也纏線於機而織之由拉皮圓軸管大小兩軸大軸在上管提線小軸在下管穿梭機寬於度而一提一穿皆由機轉軸而事辦人則坐觀其成焉織毬既成再上盪機使鷸毛盪起而又碾平之洋氈之事畢矣然使之置器再由手中出生活則荒疏焉

鑄洋元局鑄法鎔砂入槽成塊以提渣滓鎔塊入水成麪以入分爐分金出銀入銅以造錢則用戕水配合戕水以硝硫鹽鹹爲質銖兩烹煉另有其法皆能化五金分而合合而分使之成水而復還原質造錢則由氣爐先軋銀條入滾軸兩軸相依輪逼軸轉而夾條於軸縫一滾而成條板矣再緊軸入板則又扁而厚薄合式矣乃入板於軋元之機機如窌榫榫軋於窌而元出榫出於窌而板又入度餘銀板頃刻屑圓孔相連而錢質成矣洋元有肉無好但擠邊爲豎文而厚於肉則錢面花文得不磨滅擠邊有格撥元入格而轉之由寬入緊則邊厚起而豎文出再入印文軋機底蓋皆陰文機動蓋起由推機送入於底則蓋下軋而文出矣蓋復起則前元推而出後元送而入則又軋自前視之入錢如生吞自後視之出錢若流水矣

二十四日初乘火輪車往海倭司觀農其車輕穩捷利列子御風而行或不如也其式如板屋寬丈餘長三之鱗次設椅坐三人兩行八層共坐四十九人車

傍有連窗備玻璃木板布簾三重適明暗風雨之用每車四輪前爲火輪機車御人司之次載煤車二又次笨重貨物又次載牲畜數車後始載人避煤煙也每一火車可拖二三十車儘後車載行李人不堪其顛顫也火車燃煤蒸水鼓氣入橐以運榦端連於轂邊榦一伸縮而輪轉車行其行速於輪船三倍則鐵路托輪較船輪刮水省力多也修路先取直易向必取圓而寬轉之始便於鉤連拖帶也取徑既得則修之平之橫鋪木板寬於車豎釘工字鐵條兩行如兩

輪之寬爲軌無論千萬里逢山轟洞遇水架梁鐵軌凸出鐵輪外缺以缺受凸如穽入榫輪軌堅滑故馳急而無出軌之患也或疑工字形鐵條兩行爲火車路可至千萬里鑄造之工當何如別有制鐵之法在游水銀礦洞入洞曲折高下時有水泉攻者覘礦師之指而施錘斲焉礦色紫赤而質堅重閒有石性則雜而不純石性多則棄之然礦中有硫煉之以爐以礦與煤雜燒之撤去硫氣煉硃成汞要在分煙夫煙不可分而使之自分則有吸取之法焉爐設山麓引

煙筒於山巔避硫氣也傍爐爲廣廈而鉛其裏密不通風設鉛筒於廈隅外通煙筒使煙中汞氣遇鉛筒則吸入鉛廈其硫氣仍上出於煙筒之外矣緣汞性戀鉛有空鉛廈以吸之自與硫氣分投矣至汞氣氤氳於廈中觸鉛壁則凝爲珠積而下垂歸於鉛壁下設之承溜又歸一管通於壁外之鐵釜杓於缾而販運之若使汞不戀鉛烏能分煙取汞雖云小道皆法自然然煉硃成汞煉汞還硃本中國古法西人得之以爲化學之權輿乃凡遇有形質之物無不取煉之

以觀其變俟化成他物考其形質以施於用有煉之而無所得者有得之而無用者就中取其有用者乃愈出愈奇以炫於人而化學遂名家焉孔子云引而申之觸類而長之天下之能事畢矣通閱西法不出此言

寄弟書二月三日登輪船初六日入日本五島門至長崎有華人貿易甚多時昏暮見燈火熒熒照海面如萬道金蛇次日開船東進沿海岸水明山秀室家鱗比似內地有土人往金山者語莫解有醫生通華

文筆談頗佳初八日至兵庫口爲新建通商埠內通其都邑爲裏東洋有甯波木工數人易舟前往詢係其國造輪船所招之工也初九日放洋見江猪出沒俗謂拜風已而風浪大作無不嘔噦逆風三晝夜始抵橫濱値美國齋那大輪舟至於十四日易舟東渡此舟長四十丈寬八丈上下五層上中等客居中艙前艙設木架三層排列之下等人居之已有男女八百餘十五日駛入太平洋但見洋面黑圓茫無涯際大風陡起則濤聲震耳浪湧如山千萬鈞之巨舟置

之汪洋不啻飄蓬一葉三月九日至美國金山口入店養息因在大洋遇狂風顛簸二十餘日首不能離枕嘔噦眩暈飲食幾絕刻漸調養復元矣此處中國粵人來貿易者數萬屋宇租自洋人別之曰唐人街自唐通中國即呼唐人猶之自漢通中國者即呼中國爲漢人也立六會館司事六人偕來拜謁執禮甚恭當即勉以好言均爲歡悅求書楹聯條幅者絡繹頗可藉消永晝也

據司事稱在埠貿易者中外和美惟金山礦人約六

七萬每受洋人欺侮該處丁稅人二元他國人皆免不免華人華與洋訟若無洋證即不爲理此乃不公之行便中申訴冀爲申理因告以未遞

國書未便向地方官辦事應俟使事成由蒲大臣與本國執政商辦方合於理爾等自宜安分生理

四月初一日在美口金山口客寓

廣東岡州會館來約肆筵設席致其恭敬堂中懸楹聯云聖天子修禮睦鄰化外蠻夷渾若赤子賢使臣宣威布德天涯桑梓視同一家又沐清化以食德天朝作客多年漫云戴月披星無關聖澤捧丹書而停驂旅館相逢異國怎不薦芹獻酒共敘鄉情

初七日加爾夫尼本邦首領率本處紳商作會公請

欽使是日亥刻前往在會約四百餘西國作會主客皆陳所欲言宣讀其詞於飲饌後當時首領先之次水陸統兵官次蒲使次志使次各國領事本地紳士除華商之詞皆洋語諭華商云本大臣欣逢我中國六會館司事於此切願勸我中國商民一言聞爾等在此生意興隆甚屬可喜當本大臣

陛辭時曾蒙

大皇帝垂念俾本大臣代宣

德意尙望爾等雖寄跡遐方尤當希作賢良存中國體面無忘中國歷代流傳之教五倫不可紊五常不可離務須遵守外國禁令循理安分自然興隆滋事妄爲豈能不敗苟能遵此庶有以仰答

大皇帝眷念之恩不負本大臣期望之厚意也

此邦有黑姓者碧眼赤髯樸訥無文其友信之予萬金俾服賈而虧焉又予之又虧仍予之黑辭焉謂屢

託屢負縱吾友不吾疑能不内媿於心乎其友强而後可乃爲礦商數年獲利百倍遂註籍與其友均分之何意管鮑之風不限於異域有如此哉夫西人尙信固爲休風然以貨財交涉雖父子亦必互存手據非好信不好學者歟

初九日登廓落拉多輪船沿美國西岸南行六七日後熱甚至末西格國阿拉嘎伯勒勾海口停泊曲折而入地暖山秀土產芭蕉曼果椰子波羅蜜橘柚等物夜半開行

十九日東南行其地在赤道北猶不及一度而當午仰視太陽已在腦後或節逾小滿日行北陸歟

二十二日夜北折至帕那馬海口

約自金山共行一萬餘里

二十三日登岸乘火車東行百四十里至阿斯賓末爾海口爲大西洋西岸盖東洋之東即西洋之西也更易阿里足那輪船東北行

帕那馬之地介於南北美里堅之間北自落機大山迤邐至帕那馬萬餘里又自此而南接連而爲安底司大山至於南洋盡處亦萬里是一脈大山綿延南北縱二萬餘里而北境横九千餘里南境亦横六千餘里而中間折腰處僅百數十里地球形勢之奇無逾於此然地土雖狹實扼東西兩大洋南北兩大山之要其間山勢高下參差當赤道下不及一度所産蕉本徑二尺許葉聳拔復下垂二三丈鐵樹徑尺餘棕櫚一二丈其蔭輪囷椰樹孤榦二三丈枝葉如翎毛攢於樹杪風動樹搖如巨拂拂空椰子青時其中有漿味酢鑿孔吸之亦能醉人曼果如梨瓤質味酸

蕉蕊嫩黃纍纍其甘如飴野草離離修竹猗猗青篠蔓生紫杉林立居人皆阿非里加移來膚黑如釜底髮則捲毧結珠有鼻無梁目黑白分而無光巨口掀赤唇而笑則齲齒枯白男則疋布纏腰而騎於襠女無袴履僅著無袖花布直裰適有戴木盤向過客賣瓜搖擺而來者望之不似人初訝之繼又可笑也所居之室多寮棚或結團蕉聞初修鐵路時因其水土惡劣天氣炎熇西班牙人用廣東販來猪仔兩萬人執其役任其穴居野處飧生飲冷適以苦工疾困死

者殆盡哉以黑人處之頗宜次日東北行大風
又東北行過古巴島其中皆西班牙國所販猪仔驅
供苦役爲之種丹巴古煙如中國之台片而捲之爲
西國所同嗜通行大宗之貨其利溥也
閏四月初一日在大西洋西偏阿里足那輪船行次
初二日北行至美國東界紐約海口
　行六千七百餘里
問其地有招徠公局各國有願爲之氓者問所能農
則受之田工則居之肆商則納諸廛其秀者使就學

蓋其建國猶淺尙患土滿必求其人以實之而後庶
富有加也進口亦有免稅例入委司敏司特而客寓
街市喧闐樓宇高整家有安居樂業之風人無游手
好閒之習新國之氣象猶存
其地有書院富人古波爾者老而無子乃竭貲獨建
書院凡西國所應學者區以別之各有教師又各有
男女肄業之所藏書之室庋以鐵架分司其事許就
閱不許借出似天一閣之制可稱善用其富矣
達蘭島及布拉島有養濟院育嬰堂惟養瘋院其法

深於體會夫瘋之爲病顚者迷於痰狂者鬱於火迷
者豁而醒之鬱者遂而開之病在神思情欲有非針
灸藥石所能治者西國則設局以養之或開迷或解
鬱在於適其性寬其心娛其情而已爲之開園林以
逍遥之爲之置釣弋以消遣之爲設絲竹以歡娛之
調飲食以適其口腹易衣服以適其身體至於藥物
僅爲佐治之具亦有久而忘其故態化解者凡此不
近情理之病無不出於愁悶私妄不能自爲解脫遂
墮落於昏亂之域也

十二日乘火車西南行七百里至美國都邑華盛頓
寓盤邦街每伯歐力田客店
十三日拜其外部大臣華而特恭閱
國書柏協理繙洋語讀之存其署中稱中國舉行此
典深以爲是約次晚在家候敘蒲使本伊故交而華
公亦常作會屆時往則各國公使及各大官咸集並
各家女眷逐一執手相見因言凡地球四周七八萬
里之人能於一夕一處相會實爲罕有無不歡悦因
思此等聚會雖西國之俗而具有深意理外部者時

與各國信任大臣聚首言歡無論潛消衅隙即偶有牴牾事無不可盡之言言無不可達之意而連環交際無非排解調處之人是以各國之勢易於聯屬而與人臣無外交之義其用不同若使郭開后勝之輩厠乎其間豈不殆哉使乎之選難矣

十六日蒲使偕同志使孫使柏協理德協理及學生往其白房公所親遞

國書先至外部同華大臣至大公所俗謂之白房乃白石所建也進至圓屋有數洋官在由華大臣先入

復出同至圓堂蒲使在前志使孫使雁行立協理等在後柏協理於至其外部時賫回

國書即由蒲使親遞於伯里喜頓專遜親接訖仍將

國書展視惟西洋禮節使臣必有頌禱之辭當面陳述然後行親遞之禮畢華爾特接收旋由華爾特一一指引謁見自蒲使以次至於協理學生等無不由伯里喜頓逐一執手問好爲儀並言願助中國望兩國日加和睦禮畢而退往拜其各執政及各國使臣循舊規也使臣面陳及答詞皆各預擬書於紙居時讀之則不踏牽皆和好頌揚之詞若特辦某事而來則於相見禮畢面陳所事仍退而商諸執政雖代國行權之大使臣亦不得取決於國君前也

西國不諱名故美國總統領專遜之名國人皆通呼之其意蓋以人之有名皆欲其彰果能稱名於天下萬世者必非常人因思諱名之典始於中古特爲子孫自敬其先人非欲其祖父之名沒而無稱也故記有詩書不諱臨文不諱及二名不偏諱嫌名不諱之說西國不諱亦猶行古之道歟伯里喜頓譯言總統領專遜其名也

二十日晚大公所招赴公宴席間皆與中國有約使臣及其執政各大臣席用長案聯坐主人居中對客統領詢中國耕耨之法以示務本重農之意使者言深耕易耨之理又稱我國與中國僅隔一水係爲近鄰自必交久愈和使者言既可相通即當相和盡歡而散

華都有上下會堂取公論之地也美國三十三邦聯爲一大國公舉年高諳練者主之每有大政各邦首

領皆有舉在都邑會議者賦稅出於民下堂議之條約法令出於上上堂議之上下詢謀僉同或從其多者上其議於大公所酌其損益果爲有利無弊然後伯里喜頓始爲照准施行故民情達而公道存時値會議堂首寇法司約覲堂中羅列各邦公案皆有紳者坐聽所議會首高坐於壇上執事者宣所欲言列坐者然之則諸不然則立而倡言駁議公同聽之歸於從眾

由末勾河西南行四十八里至倭南山華盛頓墓在

焉其人其事則美國志與瀛寰志略載之頗詳今閱其墓石槨二與其配合厝也屋之緣以短垣隔以鐵欄傍立石碣洋文弗識也墓與故宅近僅洋樓數十間彫鏤藻繢一槪弗施其後人尙存一女於今爲庶然以一廢退武職崛起於人心思奮之時卒成數千里大業而乃功成名遂身退不爲功名富貴所囿固一世之雄也哉

五月初一日在美國華盛頓都邑

初三日赴紐約鄉紳之約泰西各國以聚會爲豪舉所以結賓主之歡通上下之情也紐約官紳不遠千里來請赴會當偕蒲使協理等往

初九日回華盛頓往返一千四百里

六月初一日在美國華盛頓都邑

蒲使云新聞紙爲輿論所關善會堂乃清議所在其各執政大臣及各國使臣均宜聯屬乃訂期在客寓作會分日開筵來者雲集杯酒言歡

初九日議定原約後續增八款繕妥同赴其外部與華大臣當面畫押蓋印

續約

查從前於咸豐八年五月初八日定約之後因事有宜增條款之處是以議定條款開列於左

第一條

大清國

大皇帝按約准各國商民在指定通商口岸及水路洋面貿易行走之處推原約內該款之意並無將管轄地方水面之權一並議給嗣後如別國與美國或有失和或至爭戰該國官兵不得在中國轄境洋面

及准外國人居住行走之處與美國人爭戰奪貨劫人美國或與別國失和亦不得在中國境內洋面及准外國人居住行走之處有爭奪之事有別國在中國轄境先與美國擅起爭端不得因此條款禁美國自行保護再凡中國已經指准美國官民居住貿易之處及續有指准之地或別國人民在此地內有居住貿易等事除有約各國款內指明歸某官管轄外皆歸中國地方官管轄

第二條

嗣後如有於兩國貿易興旺之事中國欲於原定貿易章程之外與美國商民另開貿易行船利益之路皆由中國作主自定章程仍不得與原約之義相背如此辦似與貿易所獲利益較爲安穩

第三條

大清國

大皇帝可於

大美國通商各口岸任便派領事官前往駐札美國接待與英國俄國所派之領事官按照公法條約所

定之規一體優待

第四條

原約第二十九款內載耶穌基督聖教暨天主教有安分傳教習教之人當一體保護不可欺侮等語現在議定是美國人在中國不得因美國人民異教稍有欺侮凌虐嗣後中國人在美國亦不得因中國人民異教稍有屈抑苛待以昭公允至兩國人之墳墓均當一體鄭重保護不得傷毀

第五條

大清國與

大美國切念民人前往各國或願常住入籍或隨時來往總聽其自便不得禁阻爲是現在兩國人民互相來往或游歷或貿易或久居得以自由方有利益除兩國人民自願來往居住之外別有招致之法均非所准是以國家詳定條例除彼此自願往來外如有美國及中國人將中國人勉強帶往美國或運於別國若中國及美國人勉强帶往中國或運於別國均照治罪

第六條

美國人民前往中國或經歷各處或常行居住中國總須按照相待最優之國所得經歷常住之利益俾美國人一體均沾中國人至美國或經歷各處或常往居住美國亦必按照相待最優之國所得經歷常住之利益俾中國人一體均沾惟美國人在中國者不得因有此條卽特作爲中國人民中國人在美國者亦不得因有此條卽特作爲美國人民

第七條

嗣後中國人欲入美國大小官學學習各等文藝須照相待最優國之人民一體優待美國人欲入中國大小官學學習各等文藝亦照相待最優國之人民一體優待美國人可以在中國按約指准外國居住地方設立學堂中國人亦可以在美國一體照辦

第八條

凡無故干預代謀別國內治之事美國向不以爲然至於中國之內治美國聲明並無干預之權及催問之意卽如通線鐵路各等機法於何時照何法因何情欲行製造總由中國

皇帝自主酌度辦理此意預已言明將來中國自欲製造各項機法向美國以及泰西各國借助襄理美國自願指准精練工師前往並願勸別國一體相待中國自必妥爲保護其身家公平酬勞

以上續增各條現在

大清

大美各大臣同在華盛頓京都議定先爲畫押蓋印以昭憑信

大清同治七年六月初九日

大美一千八百六十八年七月二十五日

自遞

國書招赴宮宴後蒲使連日往其外部商酌中國交辦各事及現在應辦事宜擬成續約八條當經譯出漢文詳加酌核皆係有益應辦之事於六月初九日赴其外部畫押蓋印封固復逐條註釋一併附呈總理各國事務衙門議覆施行

附註釋

第一條　前段係因從前布國兵船在天津海口搶刼丹國貨船有違公法今特爲提明各國如指照辦則日後中國可免此等罣累後段係因上海及別國通商口岸各國一經租地卽似據爲己有地方官在外國租界內拏犯查贓往往被其徇庇而中國奸猾亦卽以外國租界爲逋逃藪此約一定則華民及無約國之流氓皆仍歸地方官管轄外國人不得徇庇

第二條　係指販鹽開礦內地行輪船增口岸等事可以緩辦中國亦有轉身地步要在兩國貿易興旺

方開利益之路若於外國貿易興旺於中國貿易傷礙則不能另開利益之路也

第三條　係指金山地方中國人已有十數萬衆中國若不設官一恐其滋事無人彈壓一恐其久無統屬悉變爲外國下等之人蒲大臣另有設官辦法自行總理衙門酌核

第四條　中國之人在金山者現有被抑勒之事如華民與本地人爭訟卽華民被屈若無本地人作證官不准理不准華民作證其意以爲華民異教不奉耶穌其言不足信也又華民在金山作工每人每年出丁稅銀兩元從前各國之人俱納現已均免惟不免華民之稅其意爲異教之人也

第五條　係指西班牙國販運猪仔陷害華民無數聞各國皆斥爲非理美國並無此事此約者爲別人說法也

第六條　與第四條之意相同但四條係指屈抑此條又明指利益

第七條　此條欲將美國所講各家學問如算學重

學化學光學等事衍於中國之人而在其國者亦得長其學問也

第八條　係緩手辦

蒲使擬成八條洋文柏協理口述志使譯漢文因思四裔結字之形不一西洋印度唐古特回部皆蔓延繚繞而橫行卽滿蒙書自左而右而直行詳繹其義厥初必有所由昉乃悟上古結繩而治與四裔之字形其蔓延繚繞總歸結繩之象惟中華自伏羲畫卦而後由奇偶而曲之直之方之圓之斜之銳之聚之

散之互參迭配以成書契而三皇五帝聲教所未及者尙仍結繩之古式而後知上古之風猶有不泯者焉

十二日囘紐約兩次往返計行二千八百里原擬由美國往英國聞英君主往瑞士養疴不在國中而華爾特又有往伊家一聚之約蒲使亦欲囘籍省親是以復有赦巴爾尼嘎爾包士頓之游

由巴那馬水陸往返九千四百八十餘里

十三日晚在寓有作電氣光視顯微鏡能見所不能

見之物其法塗麵糊於徑二尺之顯微鏡自後發電氣自前視之則陳麪糊中有大小蟲形或蜿蜒而行或蠕蠕而動蓋一切食物湯水隔宿皆有生物在中若冷食之往往致疾所當戒者

印書法以鉛鑿洋字如聚珍板黏於徑七八寸長尺許之圓木軸爲一頁横支於架下登轉皮則上軸轉軸下爲几鋪紙其上軸靠墨轆軸手扶紙以視正足登機以轉軸軸經墨轆滾於紙面而一頁成

十五日起程由和遜河西北行四百三十餘里至紐約邦省會阿拉巴尼

十六日乘火車西北行四百五十里至赦拜爾寓華爾特家待遠客如舊相識故以之治賓客也

監獄防範周密固爲得法惟使罪人各執一業終日興作使之費有所出而公私便亦可使勞而思善也

育嬰堂童男女約二百餘皆讀書女兼鍼黹男操兵隊演訖則每童各負一童而返以寓戰罷相救之道

農器之製其式甚多不及徧觀所見收割之法兩馬駕車僅留御人一坐車右附地爲扁横夾木夾銳角

刀六相離如其隴刀釘於夾木活其軸刀尖向前値禾根刀後爲環貫於鐵條附於夾木而左右之夾木與條牽於車後之機輪一轉而條左牽則刀右割右牽則刀左割御輪三周則敷一束旁有偏扇所割之禾俾之倒於扇敷一束則扇後掀隨者因而束之是兩人兩馬而供六人之役且速也場圃之器則搓粒碾秕簸糠出草合爲一事器如轆車在場中場外有盤盤心立柱車下亦有盤兩盤之間環以長鍊車下之盤中有立軸上管諸機場外之盤附地鋪板四馬

繞柱而行如拽磨則外盤之鍊牽車盤而轉軸隨盤轉則車中之送者揉者碾者搧者諸務畢舉矣用時人執禾束入於前口口如斗張口內能咽則有刺滾木內轉以送之也咽下能搓粒則有夾齒木板以揉之也搓下之米有轉簍則粃糠出旁有搧輪則米落出於左而粃糠吹於右矣後草催前草而草吐出於車後矣數事辦於一器亦不過引伸而成其作用尙多惜不能久待而通觀之也

凡成都成邑之地水若不佳則於百數十里或二三

百里外擇佳水設機而引之可以不舍晝夜源源而來築水庫以蓄之機以激之可使高於闤邑之岑樓家家接水於六七重樓之上至於取水之處深幾丈壓力若干自有分數累閘幾丈以蓄水而於閘底留隙透水其橫衝之力卽其水深下壓之力也所取用之水乃閘面流過之水也承之以槽歸入搧水之盒轉而入於通水之鐵筩筩之所通卽用水之都邑焉搧水之盒中貫鐵柱爲立軸盒中曲旋鐵扇兩面連於軸盒旁有受水之口通於筩鐵軸之根下有托臍軸根上爲盤周列鐵頁爲扇盤之半適當閘底橫衝水口水撞於扇則盤帶軸而轉而盒中之扇亦隨軸而轉由槽入盒之水隨水扇而入於通水之筩矣軸之轉愈急則水扇之搧力愈壯故水之來也可以由近及遠由低抵高以閘底橫衝之水力運閘面流過之水以通於都邑供闤邑億萬家之食用而納其稅爲其便利爲何如

水機閘石係於平地開溝引水設牐設機而石板覆之止留一縫外露半輪立鋸欲開石者彈墨線於石

面無論數尺高寬之石置於托木架上下有小鐵輪依鋸兩旁有鐵軌使架上石面之墨線對鋸則提牐放水以運鋸而推石架輪不出軌則鋸縫不離線立視其鋸嚙入石須臾而石出於鋸已得一面平矣若三二尺之石欲取六面平可立而待也開石版者亦如之

西國運重爲專門名家之學平地運重則隨灣轉之處皆設滑車挽以繩至由下而上則見數百斤之石三四塊不等而挽以輪軸頃刻已高於岑樓西人建

樓至數百間六七重鐵骨石皮其柱樑皆以鐵鑄周牆皆累以石設無天秤何能飛昇其法如連架幡杆架後設大小齒輪貫於軸四人齊挽轆轤以轉軸軸連鐵鍊上貫於杆首之滑車杆首橫拐為仙鶴秤以其稍提重物能左右轉如鶴喙銜物能旁顧也杆梢滑車所貫之鐵鍊又貫於橫拐稍之滑車即垂其鍊於架而維繫所提之石四人齊挽轆轤則石上及巔曳而轉之置於當砌之處則又垂鍊繫石移架挨次而運之數仞之牆不日成之矣

西人沐浴非僅以之潔皮膚解燥熱凡外感風寒內鬱溫熱停滯飲食皆以沐浴之法治之先投於溫池而游泳之則出而立於噴壺之下如冒暴雨又立於噴版之旁轉身四面受之其人則寒戰乃披綫被而趨於煖室之匱中僅露其首於匱外以匱中之熱氣蒸之俟透汗出又趨於激水之室人負隅而坐對面以汲筩激之夫由溫而涼由涼而熱或可解也若以蒸透之汗體復以暴猛之涼水激之頗覺難堪詢其故則謂寒噤之後蒸之以熱則內外皆解若不激之以涼無以固其表而外感仍易入也聆之則近理或亦由西人肌膚多燥為適宜也

莊子謂道在屎溺非以屎溺為道乃以愈下者況道之無不在耳易言形而下者謂之器固道之寓也器而至於遺屙之具則尤其下者矣乃西人惡夫屎溺之污穢而制器以潔清之烏得無道以處之其器如箱平板為蓋揭而倚諸壁則見木板中空下接白瓷盎而無當當以銅頁托箱右偏豎銅條勾其端盎中存清水二寸許用時坐臀於盎口之板糞落於盎即

提勾斯聞水聲淅瀝而下起而視之則屎溺皆無惟盎底空洞而清水細流猶自盎口板縫旋轉而下並穢濁之氣味亦吸而去矣及放勾條落則銅托上抵旋流之餘又存清水二寸許矣充斯道也凡世間污濁皆當有以滌之何但用之屎溺乎哉

有調馬為戲者場後設鼓吹馭者左頓轡右摩鞭則揚蹄點首合於節拍昔魏曹子建獻馬表云教令習拜今已輒能又能行步與鼓節相應是馬行能應鼓節中國於一千七百年前已有之矣

初入耶穌教國意其必多與中國之人有礙及相處漸久亦未見其有所牴牾而反覺其有和美之意是其性不必與人殊也何以金山洋人猶以異教欺侮華人因思中國之西教入自前明而閣老徐光啟頗揄揚其術乃利馬竇龐迪俄艾儒略等竟稱西儒夫泰西本無儒名中國既尚儒卽藉所尚者稱之亦如中國之援墨入儒耳至耶穌捨身救世以兼愛爲教又實近乎墨氏然墨氏推源於大禹以胼手胝足勤勞八載奠生民之居爲兼愛天下之據當爲有益於

世之教而孟子闢之爲無父乃充類至義之盡非墨氏眞欲其無父也使尊禹之道而無父何爲夏后氏禘黃帝而郊鯀哉西教近於墨氏者誠有磨頂放踵以利天下之勢至無父之說亦必推極於上帝示夢以實之由於子無姓氏翁不可知不得不傳爲天父之說矣且上帝降生之說若究其理微特耶穌爲上帝所生卽一草一木一螻一蟻孰非上帝所生者而況横目之民乎乃自古惟帝王稱天子所謂昊天其子之也若人人自認其天父不但無其父並無其君矣則墨而兼楊矣果儒乎哉而又不得謂其無意中華之儒近今泰西頗購求儒書俟其德慧日開自有不期合而自和者眞天涯若比鄰矣

聯邦有高士好爲人排難解紛大而軍國之至計細而閭里之小嫌往往出謀發慮美事成惡事化而不居成功輒高蹈遠引有魯仲連之風當時聞其人而欲識之則不知其何往矣並其姓氏里居亦逸之矣

初使泰西紀要卷一

初使泰西紀要卷二

妙蓮居士參訂
且園主人編次
繼菴者照校字

六月二十日乘火車西北行四百六十餘里至尼雅嘎爾次日觀瀑匯上游北米里加密湖蘇湖休湖依湖數千里中大湖之水束於一口總寬約三里許地當大磐石積年水勁溜急將下流之河鑿成二三十丈之深溝故瀑布懸流之高者十五丈寬二百餘丈名堪那卜中偏小島又懸流十六丈寬七十餘丈名美里各卜溝寬二百餘丈深十餘丈瀑水下注之勢

如大團白綿推擁而下訇聲如雷濺起水沫上接浮雲其中終日高噴濃霧橫臥長虹昔聞呂梁之水懸三十仞流沫三十里雖未目覩以此相較當有過之無不及也然此第觀其壯闊猶未能若龍湫百丈廬山三疊之幽奇也臨瀑上建平頂塔空中盤轉而上凭欄而望則闔境之勝了然矣隔岸有硫井探以木箭引以火則餤上騰二三尺蒙以布而不灼乃水面硫氣成餤亦蜀中火井之類也

美里格卜之間又有瀑布一段約寬九丈餘水勢下注於亂石太急乃反激於陡壁成厂可以從懸流石厂之間橫穿而過者謂之風洞自外視之聲勢暴猛無不膽寒土人於冬月水退凝冰之際於厂下支板爲橋旁立扶欄更於厂上建屋屋通木塔瀑水盛時有欲遊者即由木塔盤轉而下至於水涯登踏於亂石激湍中以達於橋端而入風洞夫流水懸厓之間而謂之風洞言其水勢過猛寒氣逼人萬雷怒轟入其中者足不知所履目失其視耳失其聽而口鼻不得喘息世間無此逼迫危急之境也而使者適與協

理德善游之方游於厂下之時導者指示懸崖倒垂之勢而使者猶徘徊覼視而歎其奇德故熟於水性使者非故涉險蓋亦自試夫身臨危境其心能否堅定也

瀑布下游里許隔河岸爲英地界將作飛橋以通那嘎爾前於觀瀑時即仰見巨鍊橫空有挂如雀籠者問之則修橋過往之具因詫之以爲非人之所能遊也嗣修橋者約度飛橋之鍊因訪其法蓋修飛空鐵橋之法無慮河面百數十丈之寬只兩岸有堅土則

造百數十丈之鋼鍊鍊皆熟條所練兩岸以火機練之至尺許粗深埋其兩端於兩岸壓以重石謂之下錨又累石爲臺高十數丈架鍊其上則臺爲柱而鍊爲梁矣其拽鍊過河架鍊升臺練細爲粗皆借火機之力人力弗能勝也凡向之爲橋者或柱之或券之而此則懸鍊於空以提之而柱券無所用其提之也用巨鍊二徑約尺許相距丈許可容車輔鍊各三四鍊之重也不可扯而直第如仰月形則兩端高而中下就其高下之數爲鐵條長短之數以挂於鍊而齊

其下如以百丈計每間二尺懸一條兩行則需條千再於兩條下垂相對之處橫連之又通長直連之縱橫鋪板而橋體成至屋其上壁其旁皆用輔鍊以施功中度車馬行人而橋屋頂上平接連鐵路而行火輪車則取多用宏於百數十丈之間飛空而過爲奇觀爲快事奇而法快而穩懸空而堅實能矣哉使者所過之時方架徑尺許巨鍊二輔鍊各二徑三四寸長百八十六丈四尺寬二丈五尺去水面二十三丈輔鍊上挂滑車車懸木兜如方盤容三四人卽前所遙望如雀籠者也滑車引長繩於兩柱臺木架之巔又下引於曳繩之馬人從臺下坐懸椅以轆轤繳於臺架上再由架上就於木兜曳繩者自下放繩則兜隨滑車而去此臺放繩順而去至仰月下灣處再由彼臺曳繩逆而上至於臺架之巔又坐懸椅而下可念般若波羅蜜而登彼岸矣方其就木兜而去也有同寓旅客男女數十人自下觀劇者皆手揮巾帕而送之泰西送遠行之儀也一似此去將入於雲霄可望而不可卽者又如荆卿易水一去不復還者其危

乎高哉雖本土人猶難之蓋修臺木架十五丈下臨巨壑水面二十三丈而滔滔滾滾洶湧巨浪寬百餘丈深十餘丈自兜下視六合皆空身如無物而但冥寄於無何有之鄉耳同兜者爲使者與英人柏協理卓安及修橋主人柏卓安謂此境可爲至險使者曰此境之險絕猶不若風洞之險而惡也方其來約也問中國欽使願度此鍊否使者曰有過者斯過之耳當時有好事者以鏡照之傳觀於遠近各國西人新聞紙亦載此事謂使者爲有膽也

尼雅嘎爾上游小島有設水機造紙者紙以細草白麻廢布爲質先煮草使柔次洗麻洗用滚機使淨次舂布舂用碓機使爛三者皆去其滓而取其精如粥漿注於淺槽接以細羅下有微動機以滚之使之漸而進也又接以細簾下有鼓機以顛之使水滴下而漿漸乾也又接平簾以壓之而下有熱機以烘之使質成也又入鐵滚以軋之使紙光潤也滚旁有淺立刃就便裁使邊齊也儘頭有橫滚軸軸身有斜捲立刃裁紙使斷也人接斷紙垛之使齊得每垛若干張包之匣之而販運於四方紙工畢矣自煮草洗麻之後皆水輪機之轉相鉗相制聯絡一氣而爲之工省料精貨佳而利厚矣

往百福婁觀樓倉倉建河干高七級於五級樓上設吸米方筒自樓垂於米船之倉如水田之所用蜈蚣車車連吸機輪機轉則捲米如吸水筒上口接量斛斛如鐵釜而漏其底旁建洋秤秤如數則止上米而揭其漏以入倉復抵其漏以接米一時可收萬六千石無損運之勞費空其樓之上下間而存米於中無氣頭廒底之傷損誠倉儲之善術也

鐵工爇火煉生鐵數千斤於大鑪則難爲橐籥乃卽以爍鐵之火蒸水入於輪機以運大風輪又使風入於籥以吹火則是循環爲用矣鐵熟入於軋機使成塊入於滚軸以成板入於擠機以成條方尺之鐵滚之則爲方丈之板擠之則爲數丈之條勻淨無疵使他工終日運錘成風以攻之百不及一矣軋機如重法層累而下之其力之遞加也十百以之軋熟鐵如泥土矣滚機軸如碌碡平面而長擠機軸身有凹渠

數道或方或圓由粗而細各適所用兩軸橫列上下相依如欲擠條則推鐵車運赤鐵叚於軸旁數人以鉤鉤起撞於兩軸相依之孔機動軸轉由此入者由彼出矣再入再出由粗而細頃刻而圓勻直淨之條成焉若修火車鐵路之工字條卽用工字凹形之鐵滚軸同此擠法條成而長者則平地有鋼齒輪鋸以截之故美國修萬餘里火車之路費雖鉅而所省者多矣往反一百四十里

七月初一日在尼雅嘎爾客寓

初二日乘火車回程至阿拉巴尼

初三日經烏司得爾行五百餘里至包士頓人煙稠密商賈輻輳洋布聚處美國東北通商口也

看沱侖海岔礮臺壘石爲之外築土圍演礮一出重洋五萬斤合中國三萬五千斤子重二百七十斤遠及十五里膛徑中國尺有三守口之用耳

看堪卜力支觀象臺上爲圓屋活板視所用方向而開閉之中度木架裝顯微鏡以窺日光曳其板以對日窺見日光之色如虹黃紅紫綠之色較然可分各

色中又各有烏絲界匪夷所思矣夫日爲兩間光氣之大本凡四時之行百物之生無不稟其光氣然天行雖然不息生物雖然不測而軌度寒暑千古不忒飛潛動植厥類維彰是必有其變易中之不易者今目遇之而成色此日光中所以有烏絲界歟中國以日色無光日光如血而占災異竊意日輪極高西法稱日去地一千萬里月去地八十萬里爲天地間聚精會神萬古常新之物不當有時而變然時值陰霾蔽空隔霾視日則赤紫如血或淡雲微陰則日白無光乃悟日月之變色由地上有昏暗蒙蔽之氣則目視不得其正推之日有珥月有暈雨有虹晴有嵐溼有瘴甚至傳爲瘟疫災沴無非地上燥溼寒熱與夫人民愁苦怨毒鬱結之氣蒸釀於空中而成各種形色臭味因而占爲災異卽使謂天垂象現吉凶者究於懸象著明萬古常新之體固未嘗有變也西人有候無占不以日月之高遠牽合人事也

看拉林司織布作其用火輪機運長軸由拉皮以管千百織機之用與織氊略同拉皮所管大軸提線小

軸穿梭之法則由大軸輪貼兩邊繫繩上挂於提線之綱輪邊轉而下則繩牽綱而起輪邊轉而上則繩放綱而落一起一落而經線提矣小軸之能穿梭者織機經線之下有活軸拕柱柱下有輪齒以撥之柱上有橫木以引梭迎梭兩端有立攩板以撞之則梭自往來於經線之間矣而緊緯線之筬以連於拉皮之輪而能隨之應節合拍而不舛至大小兩軸之一提一穿一緊皆統於總長軸之轉故千數百機無一絲之紊也凡監織以一女工監數機但有跳絲斷線

則停機理之每工日洋一元然偶有誤工雖千百人總司者能坐於一室而知之乃以語使者而炫其奇使者云室有通線機何難周知司事者詫之卽示以壁上通機則其中如蛛絲密網鐵線相屬其面有表鍼某機一停針卽轉於所停之數每機皆編號數也旁有洋人屢首肯之蓋以使者之能知之也與計一工可抵十五六工之用司事言若並計染工可一工抵二十工故貨日多不得不籌銷貨之路通商一事其勢何可遏哉若使西法通行於中國則西人困矣

染印之器係以織成之布捲於大軸粗如車輪前軸印花轉而放後軸轉而捲大軸周設小印軸九以鐵條懸皮之先以一小軸言之凡印花皆以一叚周而復始接連之故小軸用熟銅爲質鏨花其上使花樣周圍相接徑六寸寬如布軸邊有齒鉗於大軸邊之齒小軸下懸色池活軸但使小印軸經色池而過墨色以印於大軸所捲之布小軸管於大軸外之鐵圈小軸隨大軸而轉以齒相鉗也大軸外有九小印軸各隨色池是大軸一轉而九色陸續一氣印成此處作工男女二千餘人若人兼二十工省三萬八千工故洋布由東洋至中國應水陸三萬餘里猶獲厚利機器所出大率類此是由利心而生機心由機心而作機器以炫好奇志淫之人也

十二日晨使者率同事行裝公服向
上行三跪九叩首禮恭慶
慈安皇太后萬壽聖節蒲使聞之約於客廳晤談言中國禮節雖遠方亦不敢忽甚合道理云云是西國之曉道理者未嘗不慕中國之禮義也

看造船廠其中惟礮臺船爲堅頑耐戰之具鐵皮數寸二十餘丈船面前後設鐵圓礮屋二中間煙筒氣筒外別無施設船面周以立板如井欄鑲厚圓玻璃數處以透光雖水過船面無妨也船尾暗輪艙設火輪機臺高於人頂上殺而平鐵壁厚五六寸徑丈二三尺中設二萬斤鋼礮二礮眼二值礮口戰時兩屋四礮前後轉發若敵礮之子小則屹不爲動子大則屋底有臍船座有軸隨之而轉人則艙中司火機屋內執發礮船面無人焉可稱制人而不制於人之器

蓋先自立於不敗之地以爲海戰之先鋒雖守口有礮亦難禁其出入故水雷之設爲要焉

旣有不可禦之礮船又有不得攻之礮坑向以攻用礮船而守以礮臺故臺有磚有石有土有鐵而皆不如礮坑之易守難攻也其法於應守之口岸就高敞地掘坑內設懸礮之架爲活軸繫礮於軸可以升降坑沿對敵來路設鏡凡敵船闖口而影照入鏡坑內有對鏡之鏡一見敵影即拽繩升礮對影而發放繩落礮再裝再放敵船中礮不知從何而來惟見平地

起煙雖欲還擊而無可指所謂善守者敵不知所攻也若落地開花子適落於坑中則苦矣

十六日回紐約往返二千二百餘里

二十三日起程乘札瓦暗輪船向東北渡大西洋望英吉利國進發

英吉利土音印各力

八月初一日在大西洋東偏札瓦輪船行次

暗火輪船用氣爐蒸氣之製與明輪同惟運輪之法殊輪形如琵琶骨或二或三偏側鑄爲一體中爲圓孔如車轂以貫於長軸之尾俾之隨軸而轉以搧水在船尾舵內軸長通於船下艙前值火輪機之下機在中艙前長軸間有左右兩方曲火機兩橐兩榦兩榦之端爲環貫於左右兩曲之中此榦自上伸而右則彼榦自下縮而左左右互伸而長軸轉軸尾之輪隨轉如左旋裹水向裹則船退右旋掀水向外則船進矣暗輪爲兵船上層平無樓屋惟桅與煙筒風筒周設鐵欄二層爲飰堂廚房三層爲住室依帬羅列玻璃圓窗見海水蕩漾在肩背間下艙存貨物及煤

窖水井有戰事則載兵否則運他載而牟利大西洋風汛靡常遇波濤汹湧旅客皆有戒心自七月二十四日開輪東駛連日風狂浪猛水高於船忽灌入上艙無不張皇失措而使者之眩暈嘔吐又不可支矣幸每日駛八九百里不十日至英國之阿爾蘭坤如海口暫停

初四日至里未布爾海口計水程九千一百五十里乘火車東行六百六十里至英國倫頓都邑住各要倭內爾客寓途中遇山穿洞忽暗忽明皆轟鑿成者

十六日往拜其外部大臣司丹立
中國禁地西人往往藉遊歷爲名私行闖入此次初歷外國反其所爲以杜藉口因飭從人凡外國禁阻及辦公之所概不准私往遊觀若通國皆往遊玩之地須經協理邀往乃可
遊萬獸園西國皆有聞此爲勝英都時值秋冬之間終日雲霧溟濛客寓晝夜懸燈眞箇悶煞人也協理稱獸園可供玩賞乃趁偶晴偕往觀之其中珍禽奇獸不可勝計就所見如獅子黃毛黑稍長六七寸生

項領肩以下淺毛貼皮惟自胯而上至背毛逆生向前兩旋相鬬翻由兩肋順下爲異相意其騰躍撲抉非常能力或由於此爪尾如虎尾稍亦有長毛六七寸氣象雄闊不愧稱獸王牝者無長毛虎豹爲中國常有之物而項吻皆長殊乏猛氣犀牛獨角在鼻上皮厚於象故古以爲甲三趾兩目生正面俗言犀牛望月其勢有不得不仰而望者獨峯駝長毛四垂於峯下獅牛項領黑毛如蝟前高後下高躍數尺其猛可畏支列胡番語也黃質白文如冰裂形似鹿短角

直立吻垂如駝身僅五六尺前高後下項長於身約兩倍仰食樹葉不待企而及也其行前後兩左蹶與兩右蹶齊起齊落不交互也袋獸如巨鼠大者坐高三四尺後腿長於身尾又粗於腿而兩前足不盈尺既不能以四足行亦不能以兩足立惟坐而顛之忽有頭伸於臍上乃其崽在腹間之皮袋故稱袋獸也河馬大於牛三五倍唇厚盈尺頭面赤皮略似馬形常淺於水中故畜之池大腹彭亨極蠢物也花驢黑白相間長直交周身如畫成然不受羈靮人近之輒

踶跐蹶囓適觀不適用者白熊生冰海食魚兩狠爲虎豹文嚎聲震耳皆怒目如胡桃最爲凶很豈狼交虎豹而生者乎元豹望之正黑旁睨有烏圓點徑一二寸不等最難得又有元狠元狐元貂豺狗黃毛嘴耳皆銳兔有黑白米色灰毛白針者即所謂洋灰鼠也猴類最夥司事者稱有五十餘種所見白猴不及四寸托於掌黑者二尺餘尾約四尺許升木哀嘯尾纏於樹隻手攀枝而探身於空中帽猴項項披長毛如蓑衣花面者藍白黑黃如抹色其大猴由屋人負

之出坐猶三尺許高云患病也尙有大小十餘種大同小異皆猴類印度白牛肩有肉鞍高尺許土人神之卽佛書所云大白牛車者殊不知爲取象之寓言非眞以此牛爲神也野羊大角荷於尾鹿高於駝猪小如鼠蝙蝠展其翅幾三尺而映紅色蟻獸大如猪毛如猬頭至鼻吻長逾二尺以漸而尖吐舌探蟻穴俟附滿而抽食之舌尺許如蚯蚓毛黑黃白毛兩條在肋箒尾鈎爪卷曲不能伸穿山甲三尺許如蜥蜴甲葉鱗次至尾稍犰狳似兔無毛而皺皮腰有文如

帶禽鳥如錦雞孔雀鴛鴦文采可觀者皆中國物碧雞金碧璀璨大於常雞吐綬應時而吐鸚鵡綠色外有紅黃白藍灰身而朱尾五彩俱備者皆習洋語雖有白鸚鵡惜無楊太眞教多心經而無上正等正覺未能傳於西國之囿也白孔雀亦開屏黑鵝頂掌鮮紅頸長約四尺有白雉問之果安南國物則越裳之獻爲不誣鶴雖白而勾吻紅腹立於沼中駝鳥足三趾無後距灰色有毛無羽笨重不能飛高可六七尺出其卵若西瓜珠雞黑質白點如豆山雞尾拖六七

尺暹羅綠鳥背嫩綠而脯淡紅嬌豔小巧似小鸚鵡其不能生致而存其毛羽者鸞如雞淡米色其尾開屏大四五尺瑟鳥大於鴿尾撒淡黃翎線長三四尺特出長翎一對長幾五尺有稱無對鳥者生東南洋巴布亞島身不大而五彩俱備長翎兩支其末有眼翠色五尺許輔翎二幾四尺文彩威儀卓然可觀稱以無對倘卽飛鳥之拔乎其萃者歟又小鳥翠色身僅如綠豆尾長於身似小鵲亦不可生致者然不可生致者必致之死而致之則毛衣爲之災也若夫水

族鱷魚最惡則取其崽尺許至三四尺而已如蜥蜴四足巨尾由身漸殺首扁而長鋸齒巨口口居首之六七皮粗齟齬若使長至數丈世無文公恐難驅也巨蟒粗於碗身盤可徑三尺蛙一角蟾三足嚮尾蛇聲唧唧震耳有毒水獺類犬海龍如猫肉尾扁立如船有舵鯨最大僅存其骨頦骨兩條粗徑七八寸長丈四五尺如偃月形全骨約十餘丈以鐵條連綴如其本形然喉骨爲圓孔不盈尺若使口大腹寬而鬆其喉則水族無噍類故靳之使不得肆其呑噬此造

物之大權也鋭魚頭至鼻尖生旋文硬骨粗盈把長逾尋其末鋭可貫船板通觀園中或拘獸於牢籠鳥於屋蓄魚於池馴者放於長林豐草不計其名數皆由輪船火車涉歷地球博搜遠採囿於國中而納遊觀之稅以供飼養執役之需而資多識然求之四靈則麟鳳必待聖人而出龜或盈尺無灼之取兆者未知靈否龍爲變化莫測之物雖古有豢龍氏然昔人謂龍可豢非眞龍然則所可得而見者皆凡物也

帖木則河爲英都商船停泊處寬里許而岸平淺過

渡弗便於河底掘洞以便行人名湍也里於兩岸掘井深於底則橫進隨掘隨券爲木格三間三重如券每格人執鍤掘土接以槽兩重間爲土車橋路推車運土至井底覆於畚以轆轤提出之兩端對作以至於通券成依土井作旋梯覆以圓樓照以煤燈每往來其中者納薄資以彌工費計糜百八十萬兩凡作兩券而已一券漏水矣

總署咨詢山東平度州有洋人欲行開礦囑爲在外料理適有洋人來議其事使者告以中國現非不需錢財之時必欲禁而不開者豈中國之愚於計而不屑其利乎誠以無業游民易聚難散中國人煙稠密始見爲利者不旋踵而大亂隨之如口外奉天等處礦匪成千累萬聚而爲亂必致大動干戈兵聯禍結而無所底止目前之害已有明徵孰敢復開禍亂之端蓋外國垂涎中國止爲圖其利而害則不與之相干故多方鑽營以求遂其所欲也其人又云外國開礦亦知生亂則設彈壓之兵以防之人多則防亦因之而多是法立而亂不生則又告以出礦之地有旺

有衰旺時棄其本業而來者既多而衰時則此千萬失業之民將散之而無所歸不亂何爲從前廢運河之水手亦其驗也而中國又斷無如美國金山千數百里有金無人之隙地以供人無盡藏之淘挖也伊無以答但云此等情形恐外國人不信自係中國辦法不善蓋其意猶欲中國借外國代爲籌辦乃又告以中國斷不能希小利而開大亂之端也

九月初一日在英國倫頓客寓

有英國執政之妻來會晤其夫弟隨之談次指其嫂

曰此我家之大君主也西人貴女以此觀之亦未見其甘心也

總署以粵匪蕩平大功告成函示並詢及土耳其之事前在華盛頓時與各國使臣會晤土使亦在其人和平歷練有冀與中國交際之意而從旁贊詞者謂中國回匪變亂多日土耳其國實回之根本若與聯屬亦可隱解回匪之勢當即漫應以俟再商至於赴京陳請未知發端自誰究之縱可引虎拒狠猶當思何以待虎現已由中主持又省一番周章矣

戈登來會即前在蘇州助平髮逆賜提督銜者也其人氣象安詳稱謂撝謙第云因公赴倫頓都邑未能久聚問其何幹云在烏里車海口監工其地與法界近最要之區談次代總署諸憲致候西國之良也

初六日觀蠟像堂夏屋渠渠蠟作象生或坐或立或獨處或羣居率皆各國君主后妃及古今著名公卿將帥奇傑名士其衣冠容貌神情以至頰上之三毫眉間之一誌一切逼眞正在游觀則見立像六人中忽走其一諦觀之走者生人立者蠟像不異乎其假者逼眞尤怪其能使眞者疑假而竟莫之能辨焉其作俑之尤者乎林少穆先生雖未謀面而心儀其人不意於此遇之其身不長其貌則揚顴平面圓存我冠裳惜乎覿面不能共語而問安邊之方

有人來寓商辦內地欲行洋鹽並陳洋鹽之佳使者告之曰中國鹽課係與地丁關稅共爲國家經費所出之大宗而辦法則各有引地以便責成商人按引交課否則互相侵越虧課有辭無所責成而經費無出矣雖兩淮現行票鹽不過先課後鹽小本可以販

運然所行仍是淮鹽之引地即如前在七壕口所見北岸之鹽船即是票領淮鹽並不敢稍傍南岸者有浙鹽引地之限也今若洋鹽進口將使之行於何地耶將任其販運俾中國鹽政全壞而經費又將何所出耶即使洋鹽進口納稅所收之稅能敵鹽課之額耶若使內地鹽商紛紛爭執率不交課而獨收洋鹽之稅洋商又必有辭是洋鹽一經入口勢將中國每年千百萬之鹽課歸之烏有也不但此也其害尤有其大且深者中國北自山海關經天津南至山東行

蘆鹽江南之江北行淮鹽江南岸與浙江行浙鹽再南而閩鹽而粵鹽延長萬數千里因其地皆斥鹵不能耕種其居民不能不以煎鹽爲業故謂之竈戶其實卽內地之糧戶也其稍爲富足有才力者必皆出而或經商或謀官或執他藝另尋事業其窮無賴不能出而謀生者仍不得不終日煎鹽是沿海窮民之生計在此卽一方之國課在此無論何口行銷洋鹽卽必有一方內鹽壅滯卽有一方竈戶苦累若日積月累並無他業之窮民失其生計其勢不大亂不止

此事勢之必至非徒託之空言者爲中國計上關國課下關民生洋商行鹽之利無多而中國所受之害不少嗣後再有商辦行洋鹽入內地者卽希以此說開導之以免將來兩有悔也

寓中得見新聞紙載有中國揚州地方傷害英國教士地方官不爲究辦致其水師帶兵船往江甯之事聞得從前揚州教匪有被獲正法者其餘黨時懷報復架託英國教士爲護符殘害地方而地方官若保護平民懲治惡匪則英人以爲阻其傳教若再強抑平民則更激之生亂誠爲棘手而英人則已藉爲口實謂中國至今本無和睦之心所辦之事未能憑信如能將匪徒誆誘教士之情確實查出俾英人落於是非之外中國自辦匪徒並非阻遏傳教務使是非分明不惜大舉庶良民可保匪徒可除而外國皆知中國斷無任聽民人傷害教士之理若外國教士不查良莠袒護匪徒欺壓良民一辦匪徒卽指爲阻止傳教以致地方官不能辦理激成衆怒致有傷害之事又復不容查辦匪徒是失和不在中國而由教士

生大亂之端也此事若聽中國秉公查辦匪徒勿得從中袒護自能伸教士之冤免日後之患

十月初一日在英國倫頓客寓

自九月初間至英國倫頓都邑聞其女主名維克多里雅容貌整肅國人敬服年五十一歲在位三十三年由夏間前往法蘭西國東之瑞士國地方養痾至九月中旬始接其外部文稱君主遊幸初歸料理要事畢卽定接收

國書日期等語因思親遞一節見與不見於中國本

自無妨論外國接待各國使臣之禮若使臣不見則
諸事難辦惟不可急求聽其自定庶於中外情形兩
無滯礙又將逾月始來照會定於十月初七日親遞
國書屆期偕蒲使等一同前往由其外部預備官車
其大臣司丹立帶領登樓晉見鞠躬爲禮蒲使陳詞
親遞
國書訖禮畢而出仍乘原車回寓往返一百五十里
使者代譯蒲使致總署各憲漢文說帖四節云本大
臣等於十月初七日由英國外部司大臣特備火輪

官車偕至溫斯爾係
英主現住之行宮七十五里至火車棧又有由
宮中派出之四輪馬車來接進宮由司大臣帶領本
大臣等五人一同晉見本大臣當面陳說代中國
大皇帝問
大君主好及貴國官民一切長享平安之福中國切
願兩國永遠和好此次特派欽差專爲此事而來即
將
國書當面恭遞

大君主回問中國
大皇帝好又面言此次接見中國初派
欽差心中甚喜辦理此舉甚爲合宜語畢本大臣等
退出由內傳於別室預備酒果司大臣主席同坐食
畢託司大臣代謝而出仍乘原車回寓

右第一節

本大臣屢與司大臣談論交涉事務將中國情形及
在美國續立條約辦法詳細告知並云如果各國與
中國辦事必須彼此商明兩相情願然後辦理不但

可以永存和好必且各國貿易日能興旺若不論中
國事體人情勉強代爲辦理不但難存和好必致反
躭誤各國貿易司大臣甚以爲然並云嗣後凡有欲
與中國勉強干預辦理中國事務者皆隨時申明此
理中國內地政事原當自主辦理本不願爲干預所
盼中國急於自求富強之術

右第二節

本大臣到倫頓時正值中國各口洋商遞稟多方要
求之時而地方新聞紙及中國新聞紙所言不近情

理之說亦傳來各處衆論私揣無不以中國欽差來此另有他意各口通商應徇洋商之請使中國勉强依從並有從前在中國不得意之人從中蠱惑衆論紛紛甚恐難辦乃於本地有權官紳商民無時不與接見詳說中國情形與來此本意無非使彼此永遠和好貿易興隆現在衆論皆息新聞紙亦改易前說以前偏見可以化解矣看此變化光景於中國事體似爲易辦本大臣不勝快樂諒諸大憲亦無不同深喜悅也

右第三節

現在英國改章由民舉官而以前執政及辦交涉大臣有更換之事因民所舉有似兩黨此進則彼退無所遷就是以此際必得待其更定再爲周旋以免中變然應換之人已聞其明白政體不致枝節而前司大臣仍在會堂兩面皆可信及如中國官民一切遵約認眞辦理卽有於約外要求挾制者無論何人皆可勿聽因約外要求本非國家所准之事也

右第四節

辦洋務者未悉約外要求本非各國家所准之事故洋人有條約意中所有之說以相糾纏其尤爲無理取鬧者又創爲條約所不載卽爲准行之說試思條約所不載者正無窮盡若皆准行又何所據以辦交涉之事乎華人不察牽爲所欺則過矣此節最要

柏協理談及此次出差正是機會早來則洋商在後攪擾晚來則英有先入之言乘此解說事乃有濟也

十九日往拜其新任外部大臣柯勒拉得恩

十一月初一日在英國倫頓客寓

柏協理述及新任外部柯大臣與蒲使所議交涉辦法據稱交涉事務最關緊要者無如駐京欽使與各口領事擅調兵船一節現因揚州一案設法辯論已由其外部議定凡中國與英國辦理交涉事務定須遵守條約如各處有意外燒殺搶奪等事設有兵船之處止准臨時自行保護如已成事保護不及應由各口領事官查明實在情形呈報駐札北京欽差行知中國總理衙門定奪辦法俟衙門定有辦法再爲行知本國如中國辦理仍有未協之處亦應行文本

國定奪不得擅調兵船向地方官爭執等語當日之面議如此

十九日英外部來洋文譯其大略云此次中國遣使前來歐羅巴各國其意有二一恐外國設想中國與外國相交有退縮之意不但不與加好且欲於照約通好之中加以限制今則來此特解其惑二恐外國不守和好勉强欲中國遽改新章致礙自主之道今則來此以弭之今英國並無勉强中國致于自主之權切願向中國執政大臣辦事不止與各省地

方官會辦並已札飭在中國之英國官員遵照此章辦理曉諭英民不但遵守中國律例且應盡力與百姓之輿情相洽等語因其文內未將擅調兵船一節申明旋又與以覆文略云貴大臣所云必須認眞遵照條約而行等因本大臣深以爲然至於用兵一節預恐人口財產有被損傷之事可以用兵保護事後如有賠補治罪等事務須申請北京總理衙門代爲徵辦倘有未協於未用兵之先理宜將情形達知英國斟酌商辦貴大臣於本月十三日及今日會議甚明今爲述明此覆

西國辦事有不肯明認者但此有去文而彼不駁回卽爲默允公法也

二十日由英國倫頓起程乘火輪車東南行二百六十里至都夫爾海口登輪船望法國進發由此口至法國嘎力司海口對岸僅六十里海峽而波濤洶湧異常未開船時舟子先於每人坐前置一盆以接吐緣渡此峽者未有不昏暈大嘔者故舟子照例備盆焉此峽爲兩國交界山根不斷正值狹處東急溜之

海水故波浪激湧而船受顛翻則人必昏暈大嘔難堪矣登岸少憩乘火車南行六百里至法蘭西巴里司都邑商司力結街租寓

自里未布共行水陸九百二十里

憶自英國與蒲使會辦交涉適值揚州滋事英官擅調兵船幾激大事乃預籌辦法謂中外交涉最難解說無如動輒恃强以兵船爲辦事之具若時常動兵必誤商政實兩不相宜之道蓋西國以通商爲正務以兵船爲輔助因兵誤商非其本意經蒲使從中多

方開導始得其外部公文譯出詳繹其意雖云不欲勉强究竟仍思進益乃尋出推重中國總理衙門之權因以解各省英官之擅其用心於中國爲緩手於英國則爲扼要惟其文後有諭在中國之洋人遵守中國律例與百姓輿情相洽之語頗爲近理實西國通行之公法卽可執以平洋人之心無如辦交涉者非畏葸以釀之卽操切以激之孰肯內除迴護而外化意見乎英國欲以重總署之權者解在中國英官之擅而中國固可就此以達兩國之情然總署之權

既重則所以責備者愈專再四思維使中國自督本國之地方官與任外國兵船要挾各督撫其得失自見然現在總署辦理交涉本多難處若不認眞外國更必有詞若再以交涉事務督責各省大吏豈不更滋物議若不及時明定

國是使隔膜者徒滋謗議而不肯濟其艱勤懇者或存憂畏而不敢任其事則必至於日久因循以至於決裂而不可收拾矣若將英國所辦交涉辦法飭交各省封疆大吏勒限妥議再將所議彙交在

廷大小臣工會議如有確實安頓外國不生枝節之術自當盡情直陳不准摭拾不切之陳言徒爲知病無方有方無藥之見以誤大局使天下皆知與各國交際所以籌

國計而保民生者實實出於事勢之不得不然而後

國是可定人心可定從此以求自强之人行自强之道庶不撓於局外而可捍災患於無形矣

十二月初一日在法國都邑巴里司租寓偶往通衢一遊則道途平坦中爲車路旁走行人夾路植樹

間列煤氣燈徹夜以照人行道旁水管下通溝渠每日司途者以牛喉汲水灑路淨無塵壒牛喉者以樹膠作成軟圓筒長數丈藉以爲汲筒之用者也順途而上爲大宮前爲禁園一段其外接長林有水法飛空噴灑爲美觀長林大樹千章時有小憩之座凡都人之嬰童幼女任於其中往來嬉戲有歡娛長養之趣而置之於大宮之前頗有意味

夫燈之爲用所以照暗而繼明大而庭燎細而書檠無時無地而不用也力不能備而或鑿壁以偷之精

之所感而或燃藜以照之則是需之般而用之廣而求其便捷之術運用之方者無如西人煤氣燈其法掘地爲圓窖徑四五丈不等支鐵屜如其窖屜上鋪挾硫氣之煤冒以鐵蓋屜下爇火以蒸之窖邊植鐵柱四柱上有環屜四角設環以鍊連屜環而上貫於柱環可以提落之提冒爇火以蒸煤落冒以壓氣氣之所以運於遠近者則有鐵筒以通之窖四圍設大鐵筒於地中內通煤屜爲榦榦生枝枝枝相生引於城邑用燈之所每一家一肆用燈各若干即赴司燈

者買之斯由所通之筒達於用燈之所或層樓壁上以旁出或廣厦梁間而下垂若戲園則數百間樓閣晃如白晝若通衢則數十里康莊忘其爲昏黑徹夜熒煌則由於屜中所蓄之煤氣有屜冒以蓋之所挂之鍊由提漸落氣之鬱於屜中者愈積愈多則鐵冒之下垂愈軋愈緊而氣之貫於羣筒者自有不擇地而湧出之勢焉並且無油汙無花爆終宵燄燄不勞翦摘無慮止熄其沿通衢道旁之燈植鐵筒下粗上細檕以上豐下收之玻璃方罩不患風撲雨淋以之照行人查奸宄無所隱蔽用之宮廷守衞巡邏最宜稽查至於倉庫監獄各項重地尤爲得力惟有止燄或忘捩塞或開塞未及引燄俾煤氣放於屋中若一經見火則盈屋烘發最爲危險有利有弊雖妙法弗得免焉

其煤經蒸煉而爲焦煁用於鎔鐵之鑪滲下黑油用以塗地如漆又取其油而煎煉之澈其濁而揚其清以藥物凝之如白蠟可謂盡其材矣

初四日蒲使行文法國外部報到並訂遞

書日期

初七日法國外部來文約於初八日在署候晤屆期偕往見其大臣拉法來德其時值土爾其同國與希拉國搆衅英法俄布各國俱有牽涉七國會議法外部頗覺匆忙是以會見稍遲

希拉踞中海北岸羣島以爲國俄人藉爲歐南之援土爾其昔敗於俄英法恐俄之南也援之得免俄患土在希東嘗擾希英法又恐土之張也共保希希北恃俄西賓英法於是欲取中海土屬之千地島或言

俄搆之也土弗與之希欲戰夫希小而土大又嘗爲
希拒土爲英法者宜乎助希以拒土者也使者適在
法都聞之乃言英法必且助土以拒希時有洋人謂
然蓋俄人靡日不思土爾其礙於英法之約若英法
一經助希土失兩國之怙則俄必起而議其後兩國
弗爲也希卒未能取其島
自初八日外部會晤後未定遞
書日期聞法主名那波侖第三係由公舉在位
十二日始准法外部洋文譯稱本國接待使臣皆按

持平規矩中國
皇上有年幼之理本國執政並未深求中國親接法
國之書雖法國使臣在北京未得按照此例而我國
今上那波侖第三徑願親接
國書希將此意達之中國等語嗣由其司禮官照會
定於十二日某時來接某時親遞是日有陪伴官三
員乘官車御軍至寓接至其宮門下車至其朝會之
所有司禮官倏傳知禮節再進爲朝見各國使臣之
所屆時引進正面設兩位階三級旁列衛士十數人

法主立三級階下司禮官臚傳帶見使臣依次三進
步每步一鞠躬協理恭賫
國書立於三使臣後第一使臣面陳云敬陳者蒲安
臣並同事等謹將
國書遞上查書內載中國
皇上特派蒲安臣等爲欽使前來法國問貴國
皇上好切願撫綏法國永慶太平此次特派欽使前
來泰西各國實爲初舉因各國欲中國照萬國公法
與各國往來今中國順天下之輿情同享利益欲合

中外爲一家中國深悉西洋辦事皆本禮義由於各
國所派欽使與中國大臣辦理交涉事件皆本公平
正大以免貪得無厭之心息爭戰之禍各欽使中惟
貴國所派前駐北京欽差伯爾得米爲力甚多因其
在中國日久本大臣等所深感者現在中國同願公
平辦事能如所願豈非久遠和好之良謀乎蒲使述
畢法主面諭云予今幸見中國欽使使兩國友誼愈
厚予望從此兩國和好日加進益本國求貴國多加
保護在中國之法國人民至於本國務令該人民遵

守中國法律風俗而行語畢協理將國書恭交使者傳於蒲使親遞國書禮畢而退退三步每退一鞠躬而出復由司禮官帶往君后處因西洋各國皆有見君后禮故又至君后處進退如前儀禮畢由陪伴官乘原車送歸寓觀法君既有令其人民遵守中國法律風俗而行之言何至教案糾紛燒殺搶毀禍延各省然彼每謂華官辦理不善不過藉爲口實乘隙生事若華官果能潔己愛民明其政教西人亦未必顯違本國之意旨

而擾亂中國無如爲牧令者習爲會歛以爲賄上肥身之計而吏胥因而加厲私費溢於正供者數倍而民不堪命矣値教禁開而教士至卽以遏鄉保之私歛抗額外之横征者引人入教愚民見教士可以抗官而袒民也孰不翕然從之乃牧令無以執教士之口傳聞竟有於十家中兩家入教者令八家代出兩家之私費及迫而爲八家入教者又令兩家代出八家之私費故各省燒殺搶奪之案日多而國家徒任其患也入教者方以爲得計而教士乃令愚民以所省之私費充教堂之布施暫免一時之追呼遂常爲異國之屬役所省無幾並致其祖父之鬼餒而冤哉

西洋各國有君后者皆見其大臣與各使臣卽中國古有見小君之禮也然中國稱小君者在泰西不惟不可小之且較大君加優故禮從宜使從俗禮也

法人問中國何以殘害子女以與猪狗食使者言此語自何而來曰由往中國之教士傳來卽我巴里之居民商賈尙多捐資寄往中國交教士開堂代爲收養以救之也使者曰異哉貴國去中國數萬里尙能

聞知予在中國何反不聞試思中國人數甲於外國若不育子女安能常有四萬萬之人丁耶我中國惟江西數縣極貧之家因恐養女艱於賠嫁無關嗣續或有溺之不育者官亦禁之至於男孩絕無棄者教士之言雖非無因亦太不思矣其在中國誘人習教招聚匪徒名爲勸善所爲者皆代人扛訟抗債霸產欺良侮慢官長甚至結讐犯怒激而爲燒殺搶奪拚毁而教士則拚性命以博中國之賠償夫教士以異國之人而溷中國固中國之包荒何至藉端造謠反

欺本國以剝削桑梓之脂膏耶泰西凡事精求獨不能解教士之用心行事而亦甘受其弄則何也其人間之猶在將信將疑之間也

西國之戲法奇巧不可思議其虛實影射變幻術亦猶人惟以電氣動物光學取影則匪夷所思矣優戲布景雖高山大水日光月影雨聲海浪亦欲逼眞緣非要務概不贅述

有謂西國之五倫概以朋友之道行之者其言雖切而語焉未詳今爲申之西人於夫婦昆弟固猶可以

朋友之道行至於父子君臣而概行之以朋友之道者非其性然也其習使之然也其習之所以然者由其教使之然也乾父坤母之說究其理則有其同究其情則親疏貴賤之等殺固不能昧沒而雜之也彼概以天爲父而尊之親之至其君若父亦不能不以天爲父則其子與臣於其君與父不得不以雁行視之矣然近今西人多有究心中國之書者久而覺焉當必有道以處此矣

西教言靈魂爲中國聖人所未及言殊不知靈魂者明德之粗者也旣究其精豈屑再言其粗卽並明德與靈魂比而觀之稍知文義者當有雅俗之別焉

泰西四輪車周折靈便者其前兩輪較小横軸之上設磨盤其臍連於獨轅之後端是兩馬夾駕獨轅與兩前輪爲一段而車身與兩後輪爲一段而僅轉折於磨盤之臍是以曲折無礙今法國火輪車嫌其車身較長四輪之弗便也而仿馬車之盤軸卽可以轉折無礙而修鐵路者遇山水盩厔之處亦可以省穿鑿支架之力矣而客問使者火輪車以利益何如答

曰公私皆便而利益無窮以公事言之地方偶有變亂雖數千百里軍卒器械芻茭可朝發而夕至有及時戡定而免蔓延之患或水旱偏災均平轉輸可及時補救而免逃亡之虞至於稅課無涓滴之漏商販無後時之悔行旅忘馳驅之勞免盜賊之劫其利益未可一二數也曰何以中國不急辦也曰中國欲行火車將何途之從耶城池廬舍皆可改易惟墳墓乃各家擇地而葬非若泰西聚處而叢葬也其新者可遷而數十百年之遠則不可遷各家視其墳塋之祖

父較泰西天主堂之視天父尤爲親切若使因修鐵路而可以毁天主堂亦不可濫毁其祖父之墳塋若以朝廷之勢力滅中華孝敬之天性曰將以牟利也恐中國之人性未易概行滅絕也客無以難乃曰中國有官塘大路其間並無墳墓未始不可修鐵路也使者曰官塘大路終年不斷行人若修鐵路又將何地另開官塘大路以待鐵路之成耶此事或當相機緩商擇地而施也

藕心礮乃比利時國所製凡四事合而爲一礮自十

九孔至三十七孔凡三等礮身兩頭相通似藕故名之曰藕心礮後安礮母一具礮子孔各如其礮身之數一盤安子若干似蓮房卽名之曰蓮盤蓮盤後設撞機機針叉各如其蓮子之數撐之以簧而釘於一盤合於蓮盤之後盤下有小軸軸連長柄於後機後設撥機之軸軸週設撥針針叉各如其機簧之數傍出一轆轤把人在車右執把轉軸軸針撥簧簧針撞子後銅帽火發出礮緩急隨人礮子發完則揚其後之長柄而礮機落下蓮盤帶出在旁一人卽由上面提出再安一裝子蓮盤後面一人卽拔長柄則機起前抵蓮盤與礮身合榫右人轉軸而又發礮左人又裝礮子一分工夫可易十盤上下對星則礮後有立螺螄軸軸貫小轉盤盤有把轉把以定高下左右尋敵則礮左有橫螺螄軸連小轆轤把轉把以尋左右車兩旁有箱一箱裝蓮盤八具一箱裝礮子什物三十七箇者重三百六十斤三十一箇者重三百斤十九箇者重二百斤火藥好者致遠千餘步臨陣時掌礮柄者尋敵密處轉移而發其價三十七出者五千

法蘭三十一出者四千五百法蘭十九出及十三出七出者四千法蘭每法蘭合中國銀一錢二分礮子一千箇八十法蘭七出大子一千箇一百二十法蘭大子中尚有碎鐵帶炸所開之價係連裝箱運至比國達非爾什海口其運至中國價銀在外

美國所造七子洋槍名司班司爾其式與兵槍同惟於槍把中挖空上通槍機孔中下盤絲推簧鐵筒筒中擠槍子七枚入於把空上通槍機可以隨機連發若非緊急仍可由機旁斜口另入槍子實爲緩急通

用之器每支價銀十二三兩當時各國皆用鉛藥裝成之子由後裝入筒用來福臨時省事較扣帽裝藥之槍其遲速利鈍不啻倍蓰查武備一事若非彼有而我亦有彼能而我亦能無以稍息其覬倖之心也

日者蒲使與使者談及近日英國新聞紙載英外部大臣柯在上會堂論中國台灣淡水口領事官吉必勳擅調兵船開仗索銀之事據稱已據該水師兵官報文按照現與中國議定辦法斥駁令該領事官將索出之銀如數繳回向該地方官當面認錯並撤回

該領事之任現雖未據駐北京欽差及領事官呈報先爲行文駐札中國阿大臣令其照辦並言中國之事隨報隨即照章認真速辦等語由是觀之前在英國所辦之事似乎治病有效而英國之待中國未嘗不體面自居故辦事落落大方也其有彼此未協之處未必非來中國者各存私意於其間以爲有利可圖而中國之人或有未悉端末非矯枉過正即啟寵納侮均之皆非中外朝廷之本意正如富鄭公所謂和則利歸朝廷戰則利歸臣下者也

十六日巴里司府尹約往其公署觀聚跳西洋之跳乃其通俗男女相偶女扶男肩男攜女手進退有節

二十一日由外部約往宮中觀聚跳泰西之跳略似中國之舞蹈其意則在和彼此之情結上下之歡俾之樂意相關而無不喻遂者也有久處中國之法人曾以泰西之跳相質使者以前說答之頗爲首肯然不可行之中國者中國之循理勝於情泰西之適情重於理故不可同日而語也

初使泰西紀要卷二

初使泰西紀要卷三

妙蓮居士參訂
且園主人編次
繼菴者照校字

同治八年己巳正月初一日在法都巴里司行裝向上行三跪九叩首禮恭賀

元旦

往觀象臺視候星法天文之學中國有占有候而占又本於候非候無以用其占也泰西以遲留伏逆為天星行度之自然由人目所見之地位不同故所見天星之行度各異即孛彗之不常見者通考所見之

時亦自有其常度故泰西人有候無占中國之候自古皆仰觀於天即舜典之在璿璣玉衡也今西法則候星用俯察焉其制臺上建屋圓頂活板隨所用而縱橫啟閉之僅留一線天略如美國之式屋內設立圓銅儀刻周天度數屋頂留一孔對孔設水銀盤値銅儀之半徑預推某星於何時刻分秒當天度何分秒盤與屋頂之孔正對候者考以時表夷俟於盤後俯而窺之所候某星應時由屋上孔下射影於汞盤為推算相符所得周天有名之星皆如此候其數十百年一周之星則前人留記後人續考較之仰觀其事逸而準

通衢昏後有設大遠鏡供人窺天以牟利者其人灑白土於地作土星形中為本星圓象又有白環於其外因就窺之果如其形離鏡視之見星不能見環矣又移以窺月不能竟其全體執鏡筒而環尋之所見已如數畝細窺月體如積久之冰其暗影則如冰上積雪復經日照微含灰塵之色因繹其故蓋日稱太陽火精所凝當為不散之光月稱太陰水精所凝當

如不釋之冰而月之盈虧又與海潮相應故以為水精所凝至淮南子謂月之闕虛為山河影恐臆說也

二十一日法外部約晚餐

二月初一日在法都巴里司客寓

使者於浮海之先預計西國必有執其教以講究為導誘者若執中國道理與之較短長徒滕口說反成爭端且失和誼因取其新舊約而觀其大略乃知耶穌之道其體在養光明如佛之慧其用在愛人如佛之慈究而言之智仁也蓋天地間道理聰明者皆能

體會得之本無奇異由耶穌之道當無惡於世間然其所以受釘於十字架之極刑由於到處講道理示前知爲人治病以致從徒萬千見其道之將行也乃創爲天國之說謂從其教者皆升天國而享永福自擅天國人王之號是以匹夫欲誘各國之人民奪人主之權而敗其勢無怪犯各國人主之忌蹤跡求之置於極刑也以此觀之耶穌自係聰明磊落之士果其有覺斯民之志當擇當時有道之主而輔相之若伊呂之於湯武否則爲獨善乃不知道有行廢身有

隱見徒炫己長大干時忌而遽奇禍可謂智乎其徒飾稱七日復生肉體升天甘爲語怪而已既已略得其旨趣執此以資談柄必有令其反求而自悟者及至英國果有教士來訪延之上坐問之曰耶穌之道在養其光明乎曰然在愛上帝以愛人乎曰然曰既習其教宜遵其道以養光明而愛人柰何孳孳爲利恃堅船利礮逐處爭地殺人乎曰彼不愛人者非能愛上帝者也曰習教者西洋之人也傳教者西洋之神甫也何以不教以愛人之道而聽其嗜殺爭利所

貴乎神甫者安在乎彼未能詘其說而去在法都時又有教士來訪係英人久在中國傳教譯洋書之名士及晤面則矍鑠老翁尚有數教士偕來而前見訪者亦在因意彼必請得大將來鏖戰也寒暄後彼曰孔子言某之禱久矣恐人藉此言而廢祈禱則善心無由生是祈禱上帝之禮不可廢也使者云祈禱求福之說止可行之荒陬海澨昏愚之人如美國之紅人奥地力之野人以及麻剌加無來由人終歲弱肉强食不知悔懼若告以人生禍福有上帝爲主苟不

及時禱求則積禍日深永無享福之日使之稍知悔懼而暫息其殺害爭奪之心故祈禱之用行矣今以爾我久服禮義之人若猶必以七日禱免是必有惡行也否則禱免何事此六日中有無惡行未能自信乎彼乃拱手告退曰吾儕小人聞大人數萬里至此不過來致問候並無他意揮其徒曰走匆匆而去後遂無復來者

三月初一日在法都巴里客寓

教場操兵原爲習戰若必擇平曠之地擺定印板陣

式終歲勤動如式而操之愈久愈熟臨陣愈騐一經變動卒伍無所措手足矣蓋戰陣之事主於變不主於常故五行六花九宮皆因敵情地勢而變而後陣法有用但知常而不知變以其卒予敵耳所觀法國教場其中原隰陂池邱陵林壑皆備其行陣即因勢而變然後遇敵隨地可戰庶能臨事不受促迫且每卒背負鍋帳飲食之具手持槍械前期赴場一切飲食居處皆仿行營連操數日更有軍裝婦人隨營市酒古稱軍中有婦女則士氣不揚此指私匿而言茲

之明行方便或如管子備女閭以聚商賈之意乎

四月初一日在法都巴里客寓

醫學古有刮骨洗腦之技後世無傳巴里醫院治多骨疽先以迷葯薰鼻二三次即昏不知人矣疽在右腮車骨以利刄從口角割至疽處腮肉綻裂血從管溢蓋肺脈由項旁上行至頦骨分三歧一循縢蛇紋入鼻竅一循耳門前入大眼角又分入太陽穴一循腮往耳後割腮肉則三管斷即以細金絲勒上下六管以阻血流洗以淨水以指摸疽骨隨以小鐵鉗出多骨三粒如豆再鉗則疽根連車骨乃左執小鑿右執小錘附車骨而鑿之而疽根脫矣摸之平則澆以淨水慮其復發也以小烙鐵如瓜子仁烙之焦氣味如灼毛又淋以水僅以細金絲縫刀口外皮及問以血管之絲彼云肉生合則絲自出後復往病者出見指腮而示之則肉已長合疤痕宛然治下部有鐵探微曲能探入脬中以取砂通淋觀者不寒而慄原夫西醫之敢於操刀而割由病者死後無論老少貴賤皆許西人刳剔以搜病原而考其詳剝屍久而後游

刃於經絡肯綮之間而不慴凡鍼砭所不及葯石所不達之處皆可執利器以解危疾必其不惜死者以爲救生之術而後可若使人皆孝子慈孫必不忍棄其祖父未寒之屍聽人刳剔此中華所不能行而西人遂獨擅其長也

五月初一日在法都巴里客寓

巴里民眾因公會舉官不公麕聚擾亂於通衢嚴兵彈壓而未敢攻擊聞其不公之由緣欲人舉者向各行大作廠聚工匠至千百人者或大學館聚百數十

人者備酒肉以餉之人各酒一瓶肉一斤即囑其聯名具保而保者只知其名不知其人只圖一夕醉飽遂干國家大政因西法舉官率從其衆而弊又從此生矣其闇室純修不求聞達者反寂寂無聞此甯戚所以有生不逢堯舜禪之歌歟

六月初一日在法都巴里客寓

藏骨洞原係攻煤地窖煤竭洞廢當巴里開拓都邑時遷墓及與各國爭戰陣亡之骨瘞埋無所因就廢洞而藏之洞口有屋入窟即秉燭而游石磴九十餘

級乃平進曲折高下寬狹不一燭光一步外即昏暗陰沴之氣逼人入刻許照見兩旁積骨諦視則髑髏股肱脊肋之骨分類而層累之堆置整齊云有四百萬之多當不知其幾經生聚幾經訓練而始有此多骨也

七月初一日在法都巴里客寓

通線信法以電氣爲主以吸鐵氣爲介紹雖大地一周九萬里往返通信可終朝而至電氣者空中所運無形之火屬天爲陽砒硫所含有形之火屬地爲陰銅鐵能含火性故火入金鄉則凝而不散感而遂發磁石自有吸力皆天地間自有之物自具之性而絕非矯揉造作之所能致西人深體而會通之引伸觸長久而得其用此用電氣以通信之故也先制砒硫爲水注於銅罐又浸鉛筒於罐則銅與鉛常如火中之煆爲電氣根於罐筒之邊各繫鐵絲爲去來之線其罐十數至百十數所通遠近不同則所蓄罐數多少不同各絲皆歸於吸鐵石端之一絲蓋電氣惟磁石能通其感凡設通機必於兩處機端以磁石爲引

上下相去分許無論千萬里皆以雙絲分繫於兩處機器之吸鐵石此處一撥則電氣通於彼處之端而自動凡幾動成一字如空谷傳聲之合而信通矣泰西之法大略如此惟巴里又創傳眞之法先以强水書於藥紙鋪於機上上有磁石細條其下以機運條往來於藥紙紙上之藥力感於條而彼處機上之藥紙自現原書之痕故可以傳眞而無不可通之信矣照像係以化學之藥爲體以光學之法爲用化學之藥西人率以硫硝鹽堿等物煎煉成水以之化五金

爲强水物質有堅疏藥力亦有猛弱爲專門之學不徒示人必納資若干始能習而得也今止言照像之藥則以化有銀之强水少滴於玻璃片上令其浸濡周徧而仍滴回瓶內再以淨水淋之以去其烈性夾片於板納於照架鏡後坐人於前使人影隔鏡照於藥片像之大小視鏡之遠近爲時一分抽片而淋以水漸現人像矣夫照之之法夫人而知之現影之故未有能抉其微者因細繹其故乃悟凡照之時必於晴朗已午未天光正照之下而屋上兩旁皆用玻璃

隨時刻方向或遮或敞則其作用全賴天光取天光照於人身人身所受之天光映入溼藥片藥中銀性受天光之明處隱生銹意再以冷水淋之激出銹痕光有明暗則痕有淺深以本人爲藍本故毫髮惟肖因以此說質之博物洋人反謂使者所見世間無怪事也

八月初一日在法都巴里客寓

同寓有意國婦人操洋琴指法玲瓏聲累累如貫珠因與之言樂音本於人聲出於喉腭舌齒唇定爲宮商角徵羽西樂若何婦云卽阿哀衣尤烏也西國婦女通音理如此

巴里有中國茶賈時託其勾當瑣事偶談及中國教案動輒勒索多金病根何在伊云教士惡習甚多若中國兵强力足伊等自不取鬧此言可謂搔著癢處後經覓得比國新式兵槍手槍偕匠來議器精價平可並運費統交火輪公司運至上海海關照單交物領價勿庸自行沿途經管再由上海運至天津或運往長江至各省卽可得用聞各國每有新法適用其

舊物卽同弁髦乘別處未知運往減價出售他處猶以爲獲益而已落後矣託人代辦難免此弊

工卜郎貝兵槍其筒把剌猶匣惟機法簡捷向前推機則後堵開而撞錐隨而倒回若有藥筒隨而勾出是一舉而三事辦也次裝藥子爲第二事次摟機而後堵起卽以右食指勾撞機以發槍是一氣辦兩事矣抑且旁有擶螺反擶則全機落易於指拭及勢迫落機棄槍猶不爲敵用若實槍恐碰機有險則先勾撞錐後摟堵機後有管機捏而按之摟機亦閉用時

拔管推機再事摟勾各郎即轉肚六筒手槍舊式須撥旁門捻肚以旁柱頂出藥筒方能再裝藥子則費事耽時此則於肚後安拉機在槍堵前轉肚後加六孔圓盤與肚孔合一拉則盤肚離堵再拉則肚又離盤而放過六筒一齊拔落隨案孔裝子將拉機一摟盤肚皆靠於堵頭而省六次出空藥筒再勾自起自落之轉肚撞機是又三事並於食指一勾尤爲簡而捷且槍膛有牛轉來夫筒雖短而出較遠矣

又有外國買不如自造省而便之說因令酌定辦法旋據遞上議單較爲核實即所用工匠閩廣甯波皆有工價皆省洋匠一年一定去留不致受外人居奇應辨制槍機器全分價值從公亦由火輪公司運往然而難在得人於始尤難在核銷於終單存總署

天船可升空際以資遠瞭洩不通之信非止炫奇觀也其法縫皮爲球畝許大鼓空氣於中而掣出炭養濁氣止留淡氣於中則內氣輕於外氣如木沈水而自浮也球底繫皮兜恰受兩三人氣球浮空連兜提起謂之船借名也西人析空氣爲三謂之淡養炭空中沖淡之氣最清而輕即謂之淡其去地近則有上升之溼經日光則暖而萬物資之以生故謂之養有質之物至於死敗則餘穢濁之氣如木焚後爲炭莊子謂人死生相傳如火傳薪則人死亦可謂之炭故謂死質餘氣爲炭夫氣兼溼濁必重故天船去重留輕則上浮也然則浮不過地上炭養濁氣之間至高於濁氣之交則不能浮矣西人總計天空氣千分中有養氣二百一十淡氣七百七十五溼氣十四分二

炭氣僅一分之八是炭溼氣重於養氣養重於淡也以法掣出重濁之氣則飄空而起矣常於巴里見空中有圓如升斗之物下墜如盌飄空而行即天船也然以畝許之大球視如升斗眞乃船如天上坐也後聞布法交戰巴里被困即以飛空求救而布人亦以此應之乃擕槍擊落之則是空中鬬法幾如小說神怪而亦千古戰陣兵法之所不及知者矣

法國西海岸有地依山面海木茂繁蔭土淨無塵當暑清涼居人選幽據勝建樓設館以待夫家富身閒

不遠千里而來消夏者謂之洗海澡詢其故則稱人當夏日腠理疏漫海鹹能固洗之久則腠理日堅而夏日之風溼不爲患蓋衞生之道也其洗之也皆著澡衣男僅裩襠女加背心攘臂擲足於平灘淺沙之上微潮捲至搏躍爲樂朝暮日三洗餘則笙歌聒耳燔炙紛紜或鬬葉射球或博奕飲酒或鳴琴聚跳入涼秋則熱場散矣遙聞其事而豔之無暇一往也又從而思之此樂惟西土爲宜蓋歐州人大率血燥故心急皮白髮赤而性多疑雖不赴海澡亦必每日冷

水沐浴而後快得海潮而弄之樂可知也至其優遊逸豫士女偕臧則以適其情者迺遂其天如聚跳冰嬉觀劇皆不拘於男女而不止海澡之一事蓋中國重理而輕情泰西重情而輕理

八月十六日乘火輪車往北向瑞典國進發夜過比利時境

十七日入布路司境勾侖業地方換車自巴里行九百二十里地在來尼河左岸礮臺八十餘前爲法有五十年前屬於布又行六百十餘里至汗腦衞地方過得來勒布河換車行五百九十里至罕布爾克地方其地商會公揀會長理事歸北日爾曼公會貨物無稅

十九日換車至小波勒的海過渡一路牧多稼少至丹麻爾國都邑自汗布爾行九百餘里

二十一日過波勒的北海口至馬勒牟入瑞典國境換車行六百里至禾勾兵地方

二十二日行七百七十里至瑞典國司豆勾勒們都邑住里伯勒克客寓

自巴里共行四千四百里瑞典土音綏頓

一路所見布國多平原農商爲常丹國多海港牧養業船瑞典則岡陵起伏白樺青松窪地多宿草根東省俗稱塔子頭訪其地四五月地亦翻漿木垣板屋大似黑龍江而其人亦較質樸蓋東西天度相同而地勢生植亦相近也再北過腦爾威大山卽近北冰海夏長晝冬長夜之地矣

二十四日往拜其外部瓦司麥司得爾

次日接其外部洋文譯爲中國二十六日親遞

國書

屆期禮官以其大宮車來接優禮也宮外列隊禮官引進先入白然後出迎至內宮藩使仍面陳頌詞訖親遞

國書如前儀禮畢禮官伴送歸寓

二十七日瓦外部約晚餐

瑞國練技廠曲踊距踊緣橦擊技之法頗多至其刀劍擊刺則首貫鐵絲籠而手生革韜以防傷觸對習則偏身單器直進如古擊劍法也

九月初一日在瑞國都邑里伯勒客寓

瑞主約觀劇使人備茶點焉

又約往拉里克司達別館初進外舍設酒案覆其盃瑞主出迎三醻畢覆盃案上然後偕進內舍君主與后主席諸洋官陪作樂侑食宴訖跳舞爲樂盡歡而散君主送客及門舉盃偏屬以重遠行觀其迎門設案覆盃卽古反坫作樂侑食亦賓禮遺意昔人謂禮失求諸野豈不信然瑞典又在歐洲極西北隅而乃講求如此哉

瑞主名沙勒第十五年不過四旬身長悃愊無華聞其君民樂易毫無隔閡若出而遊獵服色與國人同所至臣民之家侍奉如家常具乳酥給賞賜眞有懽娛如也之趣

都南新開鐵路跨水架梁鑿山通道爲工甚鉅會總約看順途至造槍子銅筒局先以銅頁隔於上窌下榫之間機一軋則圓片落下榫無當隨軋隨落再以片隔於有托機窌榫之間窌機軋片入榫而成筒托機上撞於底而出楞且透圓孔然後抵白藥冒於孔

築藥於筒鑄鉛於頂而槍子成據云此係新法向有隨軍行機以備隨時制造則無子竭槍廢之患

初六日乘火車南行向丹麻爾國進發

初七日至麻勒牟過渡是晚至丹國勾本哈根都邑住印各力客寓

共行一千三百七十餘里

初十日往拜其外部大臣各勒旋爾几夫里受

十二日外部各大臣約晚餐

次日接其外部洋文譯爲中國十四日遞

五十海岸築連營與礮臺聯聲勢又有過海通線信
布置周密否則何以攝乎大國之間哉其土地風俗
略同瑞典而天時較暖矣
二十一日乘輪船南行望和蘭國進發丹距和水陸
約二千里出門卽須渡海洲港紛歧不利於陸適有
丹商願以舟送無如波勒的海之尾閭激湍洶湧船
身簸搖又值夜間風雨大作使者嘔暈之病難堪矣
行六百餘里抵条拜克海口易車至卬卜爾復乘火
車行三百里至罕腦威又行一千一百餘里

二十六日至和蘭海格都邑一路地勢窪下積潦沮
洳漸入和境則河渠縱橫田疇沃潤平原草肥便於
牧養而柴門臨水茆屋維舟頗似淮揚湖田風景
二十七日往拜其外部大臣歐宴司方闌卜拉克
十月初一日在和蘭海格都邑客寓
接其外部洋文譯爲中國初八日遞
書屆期禮官來迎如前蒲使等親遞
國書如前儀並見其君后太子焉和主名吉尤門第
三

書屆期禮官以宮車來接蒲使等親遞
國書如前儀並見其君后太子公主焉丹主名各雷
建第九
丹主約赴夫來當司布拉克鄉宮一遊其地林巒開
朗爲游獵之所去都邑東北九十餘里席間不設牛
羊謂之中國席所作樂聲變噍殺爲和緩謂之中國
調以曾往中國議約之勒夫來得爲司禮彼此暢談
如舊相識渠從中鋪揚以示格外娛賓之意焉
丹國以海口爲兵食之源而海口以礮臺爲北門之

籥緣西洋各國由之而入俄瑞及日爾曼各國由之
而出收其進出之稅諸國礙之欲集重資買其口而
永免稅焉丹則留爲利源且資捍衞若求善價而沽
之以希一時之樂則國非其國矣適有兵官約往游
觀乘小輪船衝風而渡遙望大小礮臺羅列洪濤巨
浪中頗壯觀也臺高丈許中甃以石如城闉外培以
土上列雉堞起望樓下拋亂石護之牆間礮眼鱗比
大礮六十七尤大者四萬五千斤受藥三百七十斤
子重四百斤以活車運動忘其笨重次者有列大礮

君后約遊木林別宮拜其執政富累得里克國叔也十四日爲其國昔年戰勝法人之日鑄前和君銅像立會場是日往觀則各色工商執藝事以舞蹈於像前爲慶撤幪現像則鬨然稱賀

聞和國君后賢能國人敬服國事賴以治理

瑞典丹麻和闌使事既竣均有回書譯其大略

瑞書云君主問

皇帝好至高有權之主今我國喜悅由所派大臣交到美意彼此有福使國家人民往來聯屬相好因致

意於

皇帝我國最喜常加親近同稱

皇帝所派重任大臣之智能惟望

皇帝國運常隆求

上帝保護

丹書云國君與至高至善至權至大之

大清國皇帝問好甚爲喜悅並謝使臣所遞極有睦誼之書亦望

皇帝諒丹國君主甚同此意所至願者兩國共享昇平之福往來和誼日加方爲可喜並爲所派使臣等足勝代達宸衷之任得蒙

皇帝恩寵尤願帝祚延長國家興隆求

上帝保護

和書云君主睦然問中國至高有權之

皇帝好欣由所派使臣接得

國書足見

皇帝願與和國愈篤睦誼盼望

皇帝相信願力行至和誼至篤地步願申歡暢之情

所派使臣等係出色勝任之人望與和國往來和誼日進和國必然堅固此誼惟有彼此按最優之國待

人民即爲莫大光榮祝

皇帝榮華無疆祈

天降福

十五日乘火車東北行望布路司國進發前在法都原議先往西面沿海四國回巴里度歲迨至和國探悉比君在倫頓未回因改道北行由布之俄完兩大國公事乃乘火車趲程前進頃刻百里眞有王濬樓

船風利難泊之勢不意火力過猛關捩失檢撞動如
雷陡然倒退客多被碰暈倒器雖利而有害概如此
矣是夕至汗腦威行一千一百餘里
十七日乘火車東北行六百餘里至布路司國伯爾
林都邑住羅馬客寓
　自瑞國共行三千八百八十餘里
往拜其外部大臣畢司馬克病假未出會其署任狄
勒
旋接其外部洋文譯爲中國二十九日遞

書屆期禮官來迎如前沿途列隊至宮旅進旁列衞
士彩衣執戟先至外堂禮官分定班次引蒲使等至
朝會之所正位有方臺尺許高臺上有座傍列洋官
布主立於方臺位前三使鞠躬爲禮蒲使在前協理
捧
書在後蒲使面陳云吾等謹奉
國書
君主前中國
皇上派吾等代達

上意切願
貴君主身眷福祿安康並所屬人民興隆茂盛
布主答云我格外喜悅接得
國書中國
皇上派爾等至我前爲
欽使我一心欣切友誼甚望與爾
皇上奉
天命而治理朝廷兩國共享平福我喜趁此機會發
出與中國

皇帝相好心意蒲使恭賫
國書親遞禮畢鞠躬而退仍乘宮車禮官伴送歸於
客寓
君后同時立於臺右門外闌內傍列侍女以示別大
庭之上不與君主抗禮焉
十一月初一日在布都伯爾林羅馬客寓
次日約宮中宴君后言今宵大慶中國使臣至此主
偕后居中主席席式依圓堂如半環主坐凸處對主
爲客位坐凹處隨主左右分坐皆其親屬近臣隨客

左右分坐爲協理學生等作樂於樓上以侑食位置奇而法

君主約赴偏宮一談問所經路程蒲使詳敘一切布主時年七十三精神矍鑠氣象雄偉不設城府所居別宮臨通衢時傍樓窗閒望途人仰見則免冠而過嘗單車一僕往來街市遇者亦不過免冠爲禮使者曾遇諸途爲之鞠躬爲禮猶摘冠相答其君民之間相處無猜坦如也若臨陣在朝則嚴威儼恪人不敢慢

十二月初一日在布都伯爾林羅馬客寓

拜其外部大臣畢司馬克其人身長語慢好深沈之思歐州之偉人也

郊外茂林幽靜國人遊行隨地可以小憩使者遇一婦人問中國亦愛其君上乎使者聞此言而心動因使人譯告之曰中國若非愛君三十年之變亂何能平定伊云我國君主無不愛之也夫此言雖小關係甚重西國之礮大船堅不如此言之可以深長思也昔晉之覘國者謂宋陽門之介夫死司城子罕哭之哀而民悅殆未可伐也是國家安危之機未有不係民情之愛惡者也且宋子罕亦非有奇才異能不過以不貪爲寶且不肯以人之所寶自喪其寶已足以取悅於民而杜强鄰之衅若非潔已愛民於平素亦未必因灑一夫之淚遂得以保社稷民生之固也因布人婦有愛其君主之言而其君已能取威定霸於歐州然則今猶古也

本處爵紳拜勒司約觀造糖作在夫爾司地方中國所稱[illegible]者其色青白而質堅雖溽暑不解乃蔓菁

汁也建樓數重先將菁頭以轆轤提至樓上層傾於長木槽上有水管澆水下有滾輪送出以洗泥滓爲一層下有女工接之切去尖毛以擲於雙層木盤轉至盤豁口以木掀撮於轉桶桶如淘河之蜈蚣車以去淨尖毛爲一層下有立磨置於桶中桶內磨面皆有齟齬如稻礱上口接菁頭下口出菁粥承以方斗整而碎之爲一層下有連案分鋪粗布舀粥於布以包之夾以薄鐵板累置於木架滿則開水機由兩端而擠之以出菁汁爲一層擠乾之渣如豆餅以飼牛

所出之汁總承以鉛槽而分流入於提清之鍋下有熱鐵筒以烘之酌入人骨灰灰如墨膠以理之則清汁浮而濁汁沈爲一層清汁之中又分次清爲兩等故糖有精粗之別出清之汁分管而歸於總桶又分兩層清者由總桶之高管而流入於熬細糖之鍋次清者由總桶之低管而入流於熬粗糖鍋爲一層銅鍋檐圓丈許如立卵周圍數管有流入者瀉出者貫熱氣者放氣者皆有關捩又有圓玻璃小眼自外窺鍋內之氣泡以驗糖之老嫩以熱氣烘非以火熬也

烘汁成糖爲一層清濁既分而濁中仍有汁在則以扁方布袋立排而隔以鐵片前所分出濁汁順管分灌於布袋其端以機轉軸而夾擠之如榨酒亦歸於熬鍋至糖汁已成瀉於巨桶舀稀糖於薄銅模如陡鍋而銳其底卽塔糖之形也模之大小深淺不同故糖塔有七八斤至二三十斤不等支模有連架模口有平邊架孔承模邊縱橫排列數十百枚灌汁其中乾則凝爲糖而色黃又澆硫水以洗之熱樓以烘之則潔白如雪堅硬如石運之各國皆食洋糖矣雖其質色堅白如雪而味之甘香則弗如蔗糖遠甚或稱其爲煉中國之冰糖所成而昂其價未有言其爲蔓菁汁者其燒酒味劣無香氣乃番薯造也

二十六日爲其佳節宮中爲大和會凡其國之宗親大臣各國公使及各眷屬咸公服往屆時分班立俟布君出挨次執手晤談數語次君后出與各女眷相見訖隨往客堂分次設座堂上樂作伶人歌以和之有侍從挨次奉盤盂而進茶果樂闋人散夜已半矣次日宮中約往會晤以磁面照像爲贈別臨行之際

布主與使者執手囑云願長無相忘使者答云使臣回國遇辦交涉事件必當秉公認眞辦理以答此行優待之意布主頗形眷戀蓋其胸襟闊大常有推心置腹之概所以能固結臣民而稱雄於歐洲也

自至布都小住四十餘日中間赴宮中會晤者八或贈照像或會宗親或設茶果或陪飲餞或遺畫景或與嘉會更或贈票觀劇傳言瞻眺雖其國俗之善交足徵器宇之寬大矣

使者與蒲使議布國交涉事務宜仿英國辦法扼要

立定簡捷易行章程方妥蒲使即向畢大臣屢商互
行公文定爲久遠遵行章程去文大略謂用力强求
與公平緩商分爲兩類以辯其是非又將歷辦各國
願從公平辦法以示之後將布國相待最優中國知
感及中國條約有優與洋人利益數條以爲中國進
益並無退悔限止洋人之據旋准來文大略謂蒲使
所言確實不差深允所商願爲存案又謂北日爾曼
人民願與中國共篤友誼盟主與列國均願永順輿
情中國本宜存自主之權保通商之民並勸中國當

無內憂外患之時開無涯之利勤工通商日益富强
布國必從和好相信辦事之道助中國自主之權
布國軍政民及歲則爲兵五年爲期分別去留去者
任其謀生初各國有不溢兵額之約此法行則人人
皆兵而常如額
同治九年庚午正月初一日在布都伯爾林行裝向
上行三跪九叩首禮恭賀
元旦是夕起程乘火輪車東北行向俄羅斯國進發
俄羅斯土音嚕斯期

初二日行一千二百五十餘里至威衣勒巴闌入俄
界換暖火車又行二千餘里於初三日至俄都披得
爾布爾有委員迎入羅斯客寓
自伯爾林共行三千二百五十餘里
拜其外部大臣大公爵闊爾查克夫及其管亞細亞
事務官司特勒木哈夫嗣拜其幫辦大臣韋司特滿
准其外部洋文譯爲中國十七日敬遞
國書
居期禮官以宮車接至宮禮官引進衛士執儀仗旁

列御前官迎至外堂備酒果少坐禮官引至內堂見
俄主與其后鞠躬爲禮蒲使陳詞云本大臣偕同寅
謹將所奉
國書前來敬遞並代陳中國
皇上一切美意深願
貴安普爾君后及合族共享太平之福
貴國臣民皆安居樂業並容詳陳所精選
派駐中國欽使倭良嘎里才幹優長和睦公平使中
國生出與各國合爲一家之願兩國所結二百年友

誼永無間斷

安普爾譯言至尊歐洲各君主之美稱也名阿里

克桑得爾蒲使代陳故稱中國

安普爾答云今見貴大臣甚爲喜悅因貴大臣前來足證兩國益篤舊好之據也深願在此商辦交涉有益各事將來兩國通商更見興旺且今現有與本國同心和好之與國大臣爲中國欽使更爲欣悅之至

禮畢退出仍設飲饌於別室有大臣傳命欽使於次日往宮中觀禮器遂於次日偕禮官至宮中見冠服

係歷代傳國之重器禮冠十字梁上綴藍寶石徑寸光明無纖毫翳手執之器一大圓珠地球象也上綴白鑽石亦徑寸於十字架上白光晶瑩一金衡尺有咫上嵌紅寶石大於栗鮮豔如榴子西國著名之寶也其猶楚白珩之類乎此三物惟大君即位之日戴冠左托球右執衡以受羣臣朝者也又有君后服飾位置整齊無從詳其披戴然徑寸許之子母綠嵌綴玲瓏西國雖有不數數覯也案上有各國古錢古泥石磁器壁上歷代君王后妃像及各戰圖物類尚多

一時流覽不及詳述矣

二十四日蒲使卒於差次

先是十八日歸寓蒲使即稱不快使者問疾云兩脇作痛嗽而兼喘有隨帶醫生診之云病由肝鬱兼受外邪治宜清解和肝無如中國治法西人未信而所攜藥物不全無從援手其妻子延西醫調治治法未悉而旁觀者清徒深焦灼不料病勢日加猶日閱新報以使事爲憂蓋蒲使長於海面商政至中國與俄陸地毘連將萬數千里而又各處情形不同旣恐辦

法稍差失顏於中國措語未當貽誚於俄人乃日夜焦急喘促不能臥者七日夜竟於二十四日身故使者目擊形狀深爲悼惜夫蒲使爲人明白豪爽辦事公平而心志未免過高不肯俯而就人一遇阻難即鬱結而不能解兼之水陸奔馳備嘗勞瘁受病已深遂致捐軀於半途惜哉

俄安普爾約大宮觀跳

二月初一日在俄都披得爾布爾客寓

蒲使故後使者接任使事行文俄外部及報總署示

覆遵照

初八日使者往其外部與司總辦官議事據稱我兩國現有應辦數事旣有欽使前來若能預爲言明意思所在彼此相知易於舉辦因問所欲辦者何事彼卽執洋筆向壁上地圖歷指而問之云本國欲由黑龍江經日本至中國東海岸設海底通線求中國在海上一帶指與無用閒地一段此事卽可辦成於中國並無礙難亦可有用水路與陸路情形不同使者云此事早有定議中國可行通線時由貴國始今此事未定若遽允貴國別國藉口催辦中國一時未能通辦豈不饒舌

又問貴總理衙門已准黑龍江自願售賣米糧而該處地方官抑勒商民不准多賣實於本國民食有礙與和好之情不合使者云總理衙門允貴國在該處買糧原係篤兩國之好惟該處地寒民稀耕種之地十不及一二所產之糧無多商販圖利固願售賣若任聽貴國儘力採買本地糧價必昂兵民卽有食貴之患地方官豈能不爲籌畫是以酌令商民售賣旣顧兩國和好亦顧本地民食也

又問本國欲在東海濱省設立巡撫答云貴國於該處設官當先照會三姓副都統

又問張家口通商不但貴國商人受累卽我國恰克圖商情亦日見消滅實英美商南洋茶貨由海西浸灌以致我兩國陸商受累必須使陸路之貨暢行方能敵南洋水路之勢願兩國明定同有利益章程庶我兩國之商情不致盡爲水路所奪中國商來本國並無限制答云貨物流通商情日旺固我兩國所同願然中國之稅務條例關卡情形未能一時變通使中外商人兩無滯礙則外商之路日寬中商之路日窄一定難行也彼云如一直棍欲成圓圈必緩緩用力急則折矣中國自當設法使同得其利也

又問今春欲派麗凌在科布多烏里雅素台與該處將軍大臣議立通商辦法因新疆變亂西路通商之事皆廢欲由此路開辦通商以益商情並向來原有零星買賣難於稽查是以欲立章程以便彼此得辦答云此事當與該處將軍大臣酌度情形方能議辦

又問新疆變亂本國邊界受其滋擾貴國或用兵力平定或容其自立爲國及早定辦以免日久徒然受累本國絕無欲得其土地之意答云西疆之患本國急於貴國現在集兵調餉力圖進取並非置之不理無論將來概用兵力平定或另有辦法總須用力征服之後方可定議若圖一時之安將就了事不但貴國難免擾累本國西面一帶亦永無安靜之日矣司公云然

又問回疆哈什噶爾雅庫伯克自主爲國常求我國

認之我國仍視爲貴國之亂人英國則由北印度與之相通認爲自立之國欲將中國茶貨由此路行於西域實於我國情形有礙答云本國辦法當與新疆同嗣將面談各條備中俄合璧公文互換存案

十四日往其外部商訂長久和睦辦法

博物館中物類甚多未能悉數見有二千年前乾癟僵屍柩如圭形詢爲埃及回國人灌油柩中而封之則久而不化若使死而速朽何致爲人發出暴露供人玩賞哉又有各形異胎皆油浸於玻璃瓶有變生

未判一身兩首兩身一首一首而耳目口鼻兩面又皆模糊不清或兩身相向而腹臍連或兩身相背而脊骨通有頭如瓜而身僅布指蓋由厥初不謹其容止受胎未得其正産難而死因刳剔而出之以示戒歟

外部大臣約晚餐會晤時各戴眼鏡因謂使者云平日所見已遠加以眼鏡所見當更遠矣答云本大臣之鏡正與貴爵同

鑄礮廠煉鐵灌鑄鑽膛光面之法與別國略同惟於

藥膛外加鋼箍三重係將礮身與鋼箍烘極熱懸箝對礮口細處自上落之則吻合無間每鑄造一事爲屋一進凡數進至不進之一屋則引使者出乃問此廠何以不造來福礮膛內之斜轉渠也所以旋轉礮子鉛皮逼使入於渠蓄力多則出能致遠而力猛也乃引使者至內間即造來福之所也臥礮機架上掏來福之器如大鉗一股有平方勾入於礮膛一股夾附於礮身之外礮身腹厚口薄而附鐵之厚薄與礮身相適其掏而能轉也乃因其自然之力礮口薄而

鉗力鬆礮身厚則鉗力緊緊而無所容則迫而斜去再轉而斜出遂掏成轉渠矣架下有火機連於鉗端火機運則推而入復拔而出因以此理質諸主人則目視而笑應之曰然又引至試礮處乃就土岡而中斷之就斷中掘土窟以新礮置車架運入土窟相對亦掘爲窟中立礮的對的發礮以試之至數百出無傷壘始用之故臨敵無炸裂自傷之患

試鐵力法屋中有井中置巨桶如井筒旁通汲管上以轆轤拔水入桶以墜之相去丈許置木匱內設盤

簧面設針盤連簧端於匱外爲鐵鉗將所煉之綱鐵爲徑不及寸之條一端鉗於井機一端鉗於簧匱人攪轆轤以奪之則盤針隨盤簧之引伸而轉至煉條不勝水機之重則崩然而斷而視盤針所指以知其斤重而鐵力可考而煉鐵工料之是否堅實不可欺焉當日盤針所指至九萬八千餘斤而條始斷其斷處已較細分許矣

軍裝庫亦有此器較兵衣之氈方尺之氈勝七十餘斤而斷如此考較應免偷減誤事之弊然無實心任事之人亦成虛器耳

波羅的海山遊公士達克海口爲入披得爾布爾最要門戶如津門之大沽口故礮臺之防設最嚴今觀其臺就地勢爲設施盡人謀以工制造自外言之沿右岸淺潭橫絕海中築石塘至於深處爲大敵臺通列雉堞船不能傍岸而進口若敵由塘外繞過則有鐵臺以迎之鐵皮厚五寸高丈許下豐上殺礮眼立橢圓平列十餘出內藏兩萬斤瓦郎兜夫鋼礮礮架活軸小輪進出運轉下有鐵路或推或挽不知其勞

矣遙設四臺勢皆聯絡最後石臺尤爲堅固雄壯愈後愈高便於遙爲接應攻擊也海中有洲即營水師其上然塘臺礮力不及之處則有鐵礮臺船四無事泊於塘內有事出而策應海中之活礮臺也大勢以石塘礮臺爲經以鐵船爲緯此其所以守也

二十八日照會俄外部其略云前與貴爵大臣面言我兩國能有二百餘年和好皆因公道辦事本大臣曾代本國申言辦理交涉事務之法深願彼此原情如欲舉辦一事有益於此而損於彼者即可作爲不

必商辦於此有益於彼雖無損失而有礙難之處卽可從緩商辦必俟礙難之處可以設法疏通之後方可商辦至於兩無損礙而有利益之事自然易於商辦等語經貴爵大臣言此論不但與自已辦事之意相符本國二百餘年已用此法本大臣聞之深爲欣悅卽本國聞之亦必同然欣悅矣因此再爲申明此言從前同用此法以篤友誼卽可作爲嗣後長久和好辦事之法如貴爵大臣以此言爲然卽希示覆旋准覆文大略謂接准來文敬悉一切茲本爵甚喜備

文申明照覆我國安普爾自從前以至現在之志必欲兩國舊好日益興旺堅固本爵曾問貴大臣言兩國

皇帝之意至今遵守頗覺容易蓋以兩國辦事之人皆從公道嗣後商辦各事如能仍前秉公彼此原情作爲長久之法斷無不合兩國

皇帝之意也今各國交涉事宜日加增盛本爵堅意兩國交涉事件能使其興旺者必於應辦各事隨時速辦則皆可獲益否則耽時而有失矣本國之意見

及欲舉辦各事既經面敘諒已深曉矣

印度有樹膠大者如斗細者如拳各國皆製爲器用堅紉耐溼今於俄都見之先以碓舂碎之軋以熱碾成厚片再碾而軟如醬揣入各模作諸品物尤得用者以淨膠軋黏於粗綢爲兵士雨衣爲長靴禦水禦寒久而不壞柔紉適體其他乾者疊之大可縮而小軟者扁之屈可使之伸莫此爲便

撫育嬰兒之堂揣摩至備竟有富貴者恐其自養無術捐資助善兼以自託歷觀其撫養之法覺暢遂之

機油然而生有不足月之孩稱七月者一八月者一使者謂七月者可活八月者未能活也主者云七月者能保八月者不能保也因其氣色有壯弱青赤不同也

三月初一日在俄國披得爾布爾客寓

往見俄太子塞徹勒威赤係各國使臣應見之人至則稱病喉僅見其妃

十六日赴宮中之約送別也使者面陳云今奉約至貴國主前恭敬辭行致謝多蒙優待與貴國外部大

臣等商論公事意見甚合將來回國必然奏聞我
皇上嗣後遇有兩國有益之事使臣等願爲盡心商辦並祝長享大福臣民利益

俄主面問兩大臣在我國天氣寒冷身體好否答與北京相似尙覺合宜又言可惜前蒲大臣在此身故答誠爲可惜又問貴大臣在此商論公事必係隨時轉達答回京時詳細陳述又言但願我兩國日後通商日益興旺尙望再見一路平安使者鞠躬告辭退俄主身體雄偉神暴露而氣深穩常偕其公主便服出旁無侍從臣民遇於途則免冠而過略如布君聞其在法都及本國曾有賊以手槍向擊皆不能傷而遊行如故則信乎福命之說未可誣也

有前在北京學文今充其本國教習名瓦習里者來晤年已望六執禮甚恭論西事謂洋法中國無不可行惟天主教爲非宜論古則尙功利而薄迂腐仍是聳動中國早行西法之意然較之來勸人入堂免罪求福者爲何如斯人也不徒讀中國書矣

二十日乘火車由原路望布國進發

二十二日在布都伯爾林原寓

計往返行六千五百餘里

布主使問願於二十五日相見是日偕禮官往至宮布主與后命坐言蒲使之死可惜並言樂與使者相見願將來再至伯爾林臨行執手道一路平安

是晚自布都乘火車西行望比利時國進發

初使泰西紀要卷三

初使泰西紀要卷四

妙蓮居士參訂
且園主人編次
繼菴耆照校字

三月二十六日由伯爾林行一千一百里至勾命業換車又行一百八十九里至比國界威勒非業又行二百三十餘里至比利時國都邑比律西住伯勒非於客寓自伯爾林行一千六百一十餘里

照會其外部大略云前使蒲大臣病故本大臣係同爲重任大臣是以中外交涉事務現由本大臣與孫大臣接辦奉有

國書理應敬遞如何辦理卽希覆知何日得與貴大臣會晤並希示覆以便就聆雅教旋准照會二十九日在署候晤

屆期拜其外部大臣司提士命將奉使通好之意詳細宣布據云伊國君主現在鄉宮數日卽回按歐洲規斷無不見中國欽使之禮若中國何時允見外國欽使比國亦願一律均沾又云伊國海口舊有礮臺亦有工作處所可觀願往卽當傳知伺候蓋欲先炫其美而後見也見其副闌伯勒孟據云我國君民皆

願與中國交好相助國雖褊小從無與別國失和之事而常調處別國之失和

四月初一日在比都伯勒非於客寓

礮隊官尼各司陪往北百二十里之印非勒司愛司勾河一遊先是該礮官執地圖與看論河右礮臺以防上遊下駛之寇使者問夾河是否有營伊云有使者言夾河有營始爲易守伊云是及至其地有武員來迎觀其臺止一土邱初無所見過濠浮橋入臺心內甃以磚似穿廊皆內向土培其外而覆其頂故遠無所見也周開礮眼設礮此礮臺之外下層也復由石梯至臺頂則成周環之土坡礮皆列於坡後坡心中甃圓院院中陡起高臺三重皆甃以磚仍以土覆其頂僅高出於外層之坡坡裡臺外掘深夾濠自外斜望之仍無所見也陡臺上層設瓦朗兜夫大礮中層設噴礮礮眼與外坡頂齊下層亦設噴礮地窨放子葯若攻此臺則外層坡後之礮推出以禦之撤回坡後以裝子葯使攻者見礮不見人而內上層之大礮遥擊其後倘敵人搶上土坡則下層與二層之礮

以禦近攻倘敵搶上坡頂架橋以攻內臺則二層與外層向裡之廊房礮夾擊之若敵自外攻以開花礮則項上皆土落於外層項則滾於坡下落於內臺項則滾落夾溝使者逐處諦觀而揣其用意之所在乃該武官言就欽使所見猶有遺漏否使者云凡意想所及逐處尋之此臺皆已有之矣此中存礮三千原係舊礮今照瓦郎兜夫式截去後堵加掏來福後口前鑿橫孔貫以鐵閂後堵轉軸柢緊鐵閂用時自後裝子次貫方閂次擰螺堵次以錘擊礮眼浮釘振動

初使泰西紀要　卷四　三

葯冒而發礮其地周建八臺敵無紮營之所而居民無圍困之苦矣礮臺官姓盧叟爾稱中國有此礮臺不受洋人煩擾矣礮官爲設酒果謂欽使冠後翠羽飄揚以示丰采可化外國粗暴之習又云西洋未覩中華體面之人所見無非招工作苦故輕視中國中國亦未見西洋明白之人所見無非商賈貪利故爲中國所輕使者云今彼此相見可以釋然於從前之見矣

拜本地官伯克卽陪觀天主堂內有初創油色畫各司之畫皆奉爲典型又觀其畫庫皆五六百年中名筆乃壁上有手提髑髏血糢糊而屍臥於地未知何典然項間明露二管斷痕平整使者云畫者不知被殺之屍也適協理在傍云何也告之曰割已死之屍則肉痕平整斬生人之屍項間皮肉收縮焉得復見食氣二管哉

又一無手人以右足拇指夾筆摹畫羣怪之使者言北京前四十年來一無手人以足作諸戲劇能捻線紉針鬭葉子執箸而食擲六骰於盤旋轉持弓注矢

初使泰西紀要　卷四　四

於高懸之鼓發必命中響騰騰其能事較多也

有包大臣者約遊岡地方在比都西北百三十里拜其本地官得牙該陪觀三巴風大堂云建二百餘年有斐奔司大畫士人寶之一耶穌屍像頭向裡足向外平仰於地只二足心爲正面餘皆稍現身手頭面邊際對視之居然平地仰臥之屍也至其足心猶有皺皮泥痕而帶乾僵之意可稱畫家能品至如倪迂之著墨無多而饒淡遠之神米顛之潑墨成瀋而盡煙雲之態則不可同日語矣

培養花木之法在適其寒暖燥溼而所以適之者在
寒暑表無論地球上何國所產其本地之寒暑度數
若干即於其玻璃棚內爇火烘地上淋以水凡同度
之花木皆使如其本地寒暖燥溼之數故雖易地而
猶能蕃茂也往返二百六十里
比都地方官署有結婚堂以定婚嫁又考較食物凡
市中食物未能適宜皆有禁罰蓋飲食男女人生大
欲存焉而官爲經理愛民之實政也
准其外部洋文譯爲中國初七日遞

書居期親遞
國書略同丹和國之儀使者面陳云本使臣將所奉
國書敬遞並代陳我國
皇帝一切美意深願
貴君主及合族共享昇平之福貴國臣民亦得安居
樂業我國願與各國和好從此我兩國所結之友誼
永無間斷日益加厚是所切望
比主答云今見貴欽使甚爲喜悅惟前蒲大臣在俄
病故未得會面深爲惋惜欽差在此可服水土身體

安好我深願與貴國相好絕無他意不必疑慮如貴
國有應行西洋一切有益之事情願實力相助我國
頗有諳習各樣好法之人惟地方無多用之不盡其
材如中國欲用情願前往出力我國制造器物挖煤
各處貴大臣可以前往細看已通飭知各地方官從
優款待以後惟願實心長久和好禮畢而退
比主名來尤包拉身頎而長象貌深秀辭意悃款未
嗣位時曾由南洋至廣東略覩中華風景是日約宮
中晚餐並會比主之弟夫郎得勒

比外部官留包勒歐勒邦約觀色闌煤窰有本地官
及窰主迎候煤在地中掘而出之窰外設大爐以運
諸機窰口爲大厦旁立巨輪垂兩韋條端繫鐵箕垂
入窰口輪前轉則放而下後轉則提而上箕抵窰口
人推鐵車接煤出厦外有砌成槽路有煤車待煤推
煤槽邊揚車柄而傾之煤落車箱前車走則後車繼
人則陸續以接煤兩箕迭互提放則窰中常有入煤
之箕窰口常有出箕之煤矣洞中無風則人悶絕故
以輪搧之窰洞深則見水掘坑注水置汲桶於坑中

運輪以拔之雖溥博淵泉而時出之矣入審者直墜而下則眩暈乃設轉梯爲數匡秉燭而入立於匡落丈許過一匡匡分左右人有更換之暇不知其暈矣每五分出煤千斤每時當出二萬四千斤然提放雖利止宜地窨中國掘煤於山者則不可用又當於窨口外設火機隨曲折高下設轆轤滑車如引重法以出之至扇車搧風激桶汲水之輪機可並用也

鐵之生性西人謂之炭性煉去生性則堅緻而不脆建大廈設化爐煉爐煉鍋熱風輪機窺鏡中間爲就

鍋灌鑄之地煉爐高三丈許磚砌如半覆甕近上亘鐵梁貫於煉鍋之腹如欹器可以仰而受可以俯而傾煉鍋即深巨釜而口稍束以之盛生鐵汁化爐在煉爐右有口接流汁之槽如承簷溜之隔漏由化爐口至煉鍋口懸空離丈許而隔漏接化爐口處有盤軸鎔鐵成汁將槽下口轉而搭於煉鍋口拔塞出汁流入煉鍋數足則塞流轉鍋使向裡鍋有夾底內底細孔若干旁透氣筩機動鼓氣吹入夾底則鐵汁沸騰又慮氣冷而鐵汁凝則火機所蒸之氣本熱即以

吹入而煉爐下又爇火以烘之但見鍋中火星怒噴上激於半覆甕劵紛落如雨而鐵中炭質出矣煉爐左設小架鏡以窺火初紅中白至純青而炭質淨一時許煉鐵五千得淨鋼四千五百以之鑄槍礮則細膩堅固雖輕其體可勝葯力之重矣向來鑄礮外模易而內膛難西法以淨熟鋼渾鑄之以機器鑽膛斯體堅而多勝葯力

又至列舍鑄礮局在比都東北二百八十里所鑄皆瓦郎兜夫鑽膛掏來夫者局內堆積鐵件如椽者縱

橫纍之有精粗之別使者指問精者是腦威鐵乎曰然即瑞國所欲售於中國者

非勒非也煉白鉛其爐排立扁方孔數層每孔插入鐵匣中塡礦末自爐後加煤爇火以煆鉛化孔外承以器流其精而留其渣於匣出匣棄渣入礦而又煉鉛出軋片以代屋箔然非鑄鐵架屋亦不勝其重矣火機織氊與他國同及出自俄都所攜氊樣以示之據稱此非比貨或係奧物蓋其質縝密而色鮮潔因詰以他國既能比工何遜焉云奧司有佳水洗毛織

法同而鮮潔弗如也使者云中國羔羊之皮惟洗以張家口之泉則鮮潔其故相同

馬里孟造玻璃係白鉛礦黃丹水中明砂共碾細末入罐火煉即黏如膠所見吹法未見鑄法詢鑄法乃極清之料以火烘槽傾料其中爲板爲磚瑩澈堅硬不啻水晶今見吹法與中國法略同人執鐵筒以一端攪黏料成團入烘爐烤之軟則吹成圓泡入磚槽中擺之稍挺則又烤又擺至徑七八寸長三四尺則平放以赤鐵烙斷兩端撤細煤筒中烙以赤鐵條則

裂直壘乃移入烙爐如小屋中設光鐵板下爇以火以偃月橫托架筒其上轉送入爐平板上熱而軟則以扁條入筒以舒平之再以平耙耙之無凸凹則旁口門入鐵扇搧出涼則積累入於夾板箱擠之以草運之各國稱洋片焉各處遊觀往返八百餘里

十五日乘火輪車南行望法國進發行八百六十餘里至巴里住夫伊蒙客寓

自伯爾林回至巴里共行二千四百一十餘里

法人內訌欲逐那波侖另立公會而會堂主立君之黨尚多乃另議條例會長約各國公使往觀

二十八日晚乘火車往南夜行向意大利國進發

次日午後至阿拉伯山下三米沙勒行一千七百餘里有意國委員伯累牙來迎換度山小火車行二百五十里至須司又行一百二十餘里至都閑住非呆勒客寓

度山火輪車與常車同而較小惟車底多兩平轉小輪遇山路稍陡旁有深澗則鐵路中間多一稍寬工字鐵路使兩小平輪夾轉於中間工字鐵之下可保

車無逸出轍外之患三百里之山中間轟鑿十數里及一二里之洞凡數十於將上山路之時即於車內懸燈以照暗止帶坐車兩輛石徑盤轉迆邐而上時近端陽山巔尚餘積雪每至峯巒陡峻澗壑幽深之處則仰觀飛瀑俯瞰流雲穿山跨嶺鐵路蜿蜒夏防暴雨之衝石溝洩玉冬禦濃霙之壓鐵厦連雲盤旋至頂寒氣逼人五月披裘焉山頂爲意法交界換車至都閑意國之故都本擬小憩委員稱國君之弟與次子皆欲一晤又君之長子分駐米蘭舊宮亦願惠

顧以博一面使者以未見國君爲嫌據稱此其外部常例遂有都闌之住及米闌之遊

五月初一日在意國都闌客寓委員介紹往見國君之弟嘎林陽與次子道司得又乘火車東北行往米闌見其儲君杭卜勒往返七百二十里初六夜半起行

初七日至意大利國夫婁闌司都邑行一千一百八十餘里

往拜其外部費司公氏非諾司達

准其外部洋文譯爲中國十一日遞

書届期親遞

國書略同前儀使者陳詞與比國同

意主答云今見兩欽使甚喜承貴國

皇帝特派欽使來遞

國書道達美意即希代謝兩欽使在我國可服水土答水土與中國相似問看我國地方好否答一路天氣和平景致清秀人性聰明待人和美主云我國那卜爾地方甚好可遊答容日前往主言惟願往來一路平安答敬謝而退意主名委克多里馬尼瓦

意大利古羅馬一統之國中國稱爲大秦乃天主教宗國挾制歐州列國以稱雄其後浸衰分爲列邦不相統屬現在君主原都闌列邦之君乘前意國主遜位崛起有爲攻取兼并十餘年間遂統全境儼爲大邦以夫婁闌司適中爲都邑又因南疆沿海易於浮動以那卜爾爲行在避暑之所以資鎮攝前據伯委員述其外部之意以爲中國欽使初至其地所屬都邑皆願往遊以爲快慰而國君亦以爲言因又南遊

經羅馬行九百五十里未曾停車又行六百五十里至那卜爾沿途見引水高牆頗爲異觀西國所食常遠引佳水羅馬所引在三百里外較地勢高下爲長牆頂砌合瓦爲水筒而齊其末以漸而下逢河逢路則劵之其洞之大小視路與河之寬窄而酌留之惟一通衢其牆歸然聳立兩重約三丈餘毘連皆架以單方石嵌空玲瓏如浮置而傳聞已數百年毫無歪閃或築基之固歟壘砌之正歟灰漿黏連歟即合瓦亦從無滲漏當係創造工料堅實於前無人竇敗於

後也
那卜爾古器所存皆崩背掘出之物巨細不一銅與瓦爲多而已不適於用其窖金藏錢諒已瓜分矣
遊崩背在邑南六十餘里威蘇威火山西南麓傳聞於一千七百九十一年前由山頂火窟噴出灰漿土石城邑被其壓埋附近居民遷避而不敢近之者數百年遂失舊基之所在嗣於二百七十八年前因建引水橋掘出古物乃逐漸開拓見城市基始識其爲崩背舊邑也皆存下半可考當時建置之式城有闤闠居有庭院院心率以碎石嵌淺池凸起平頂石幢蓋以托盆花也繪事畫於壁石磨細腰鑿空兩端中通小孔上空受糧下空冒於石座座形銳上與冒合旁有孔以穿木所以推之而麵從冒縫而落瓦甕有蓋可受十餘石可稱大古董不知何以陶之牢獄自上墜而下而屋之則逾越難地窖環通於屋下則藏之能固公署僅石柱林立民居壁立及肩觀劇之園如半規階級層累而升通衢市肆櫛比僻巷亦有勾闌破壁上有洋字痕譯之則某年月日在此一樂云

迹其經營布置當極一時之盛而乃火劫飛來頓爲灰燼豈天主之不仁抑地氣之適然而懸爐尚有烙乾之黑饝空舍猶臥久槁之僵屍千數百年形質猶存而不化者人或以爲奇不知木已成炭則久而不灰也
十八日自那卜爾回程寓夫婁闌司
自至泰西各國皆以宴會示欵洽至意國於二十一日往其外部辭行費大臣稱已派欽使前往中國旋由伯委員賫其國所造嵌石花桌面二具分贈兩使據云伊外部因欽使行色匆匆未得延請一飯贈以土物以誌心臧先是初至時委員卽邀觀嵌花石之所爲意國絕技擇鮮豔各色美石摹名畫之稿而堆嵌之如寫生遂問所欲使者辭焉至是切請强留之
二十三日起程二十六日至法都舊寓
往返共行一萬一千二百六十餘里
六月初一日在法都巴里客寓
總理各國事務衙門咨開薛使病故應給卹典現經
奏明請

旨同治九年四月初十日奉
旨蒲安臣前經派充出使各國大臣與志剛孫家穀前往有約各國辦理中外交涉事務該使臣遠涉重洋不辭勞瘁辦事諸臻妥協本年正月行抵俄國病故殊堪憫惻該使臣身後事宜業由志剛等妥爲照料兼撥銀兩經理喪事著加恩賞給一品銜並賞銀一萬兩由出使經費項下撥給交該使臣家屬祗領以示優待之意蒲安臣業經身故出使事宜甚關緊要著志剛等督同左協理柏卓安右協理德善悉心商酌妥爲辦理欽此恭錄行知

衣西巴尼雅駐法使臣歐羅嘎薩約晚飧談及伊國現與中國所亟欲辦者惟招工之事使者云此事有何難辦若招之去者及限而令其返則趨之若鶩矣若去而不返勤勞至死豈有好辦法哉歐使深然其言而伊國不肯公道辦理欲中國强令赴招豈有驅民而就死地者乎

通線傳來新聞紙北京五月二十一日將法公使領事教士等殺害並燒毀北堂各處鬨傳勢甚洶洶或者聞之曰無此事也他處或偶有激事傳爲北京耳或謂使者云北京之事雖若太甚使者無懼也緣公法兩國失和罪作所由使臣在外不及與聞者無罪故以此寬之使者云此事不明我等亦不走也嗣後北京法公使由恰克圖通線信傳天津法領事風大葉及席孟托馬森教士婦民等十四人被天津民人殺害北京平安

前由意國回至巴里往拜其外部大臣各拉孟欲將中國教士情形指陳以便商辦經戈士其傳語不符得協理代爲分晰始得明白時有與前蒲使相好之輪船司事吉類得願爲居中代達彼此美意可仿英布辦法以爲日後弭兵之據機會甚好因與兩協理公商擬稿即託吉總司往返商訂將就緒矣忽於六月初八日大傳北京殺害欽使教士燒毀北堂之信次日即有編敘羅公使德政望法國爲之報仇於是見中國人率多側目或口出不遜其外部署前擁擠多人探問信息人情洶洶不定此等謠諑顯係教中恐中西之情或通則伊等難於煽惑因之藉端淆亂

以破艮圖而其外部亦不便強拂衆情而伸公論矣不但所事難成使者且有岌岌之勢而乃坦然相處即有顛危不遑卹也及得天津確耗又聞崇使奉派西來惶惑之人心稍定而所議辦者不消題耳當致其外部函云現聞貴處已得北京公信天津有民人作亂焚殺之事本大臣聞之甚爲惋惜並風聞我國已派能幹大員查辦以本大臣言之無論係何大員必須即速認眞按約辦理至本大臣從前與各大國所辦照萬國公法定長久和好之規已與貴大臣

相商和同辦理現在商辦未完可俟相機再議今擬於中國六月二十九日即貴國七月初一日起程前往西班牙國事畢仍回巴里泐此告辭

北京法使通線信天津法領事缺英領事暫署現有兵船五到津礮臺開礮迎旗派崇大臣辦人命案天津安靜如常賴中國彈壓別省亦無又生變亂

七月初一日在法都巴里客寓是晚乘火車南行望西班牙國進發

本音衣西巴尼雅土音司奔紐爾

至伯庸納有西國委員來迎約行六百里至伊侖入西班牙界換火車有地方官鼓吹列隊迎謁據稱伊國執政通線信令沿途地方官俟中國欽使過境優禮接待復東南行至三色巴司委克多里雅卜勒勾司等處所過文武官鼓吹列隊迎謁如前

初五日至西班牙國馬得里都邑住巴里客寓仍有文武官鼓吹列馬隊迎謁送至客寓自伊侖至都邑一千六百餘里

拜其外部大臣薩克司達先道其沿途優禮據稱前

女主衣薩伯於二年前遜位現係本國公舉將軍色拉歐爲代君理國事西洋大小各國亦皆認爲代君有公使駐紮云云因未便拘泥照前照會其外部如何敬遞

國書旋准覆知其代君現住拉各郎哈鄉宮於初九日偕往初十日親遞

國書如前儀使者陳辭略同前

代君答云我欣然得接

國書

大皇帝派爾來我國我祝天爲中國
皇帝祈福並人民與隆諒我兩國人民有天生彼此愛悅之情我國所屬呂宋與中國聯近望兩國日益親密本國願永存眞心和好無間希將此意轉達於
大皇帝禮畢隨邀入內室平列三座代君居中兩使左右拉與同坐敘談一路寒暄因謝其一路優待而出蓋外堂受書爲代行國禮內室敘談爲自循常分其動止頗爲合宜次日禮官陪往別館見其夫人及其三子代君陪客依次列坐敘賓主禮略談而退

由其外部爲之適館授餐並約美國公使同寓

泰西立君雖不拘於男女然爲君而不能盡君道者國人不服則政令有所不行不得安其位矣故西國君主治法不必盡同而不敢肆志於拂民之情則有同揆焉

代君約夜宴觀水法是日先由委員陪遊山園宮在山下由旁徑登山山頂有泉泉旺瀦而爲沼沼清有瀉口閘以畜之有池下通各水法之管水法由高而下層累曲折以赴於面山之堂每逢開宴則拔塞放水百數十出之水勢皆縱橫起落爭獻奇巧於茲堂之前屆時公服往先晤談於外堂宴設齊則主客相攜依次坐於面山之堂氣燈千百出熒煌如白晝酒炙紛紜鼓樂翕如而徧山火樹銀花鐙光與激水映射日間所見白石鑿成之人物鳥獸奇形異狀各呈其像者此際皆如其勢而水法大作自下直衝而上者高於樹自旁橫撞而出者亘於溪遙對者激散於懸空互交者斜伸而旁落或幢幡高矗復落於承露之盤或龍馬齊噴紛飛於散花之沼大者揮雨細者

灑露紛至沓來咸歸於堂前山麓之橫池而垂簾焉聞此宮係前法國那波侖第一立其弟爲西班牙之君建造新宮爲遊幸避暑之所所造水法極情盡致爲西國所豔稱茲值中國欽使初至以炫其美者昭厚誼而於此設公讌焉

同寓美國公使約談其人軀幹雄偉而一足如夔聞係戰時傷折其一勇士也今不任兵事充國使焉謂使者云君到西洋多日未染西洋習氣回國後必當爲國家辦大事也其人能爲此言深矣午後同馬得

里往返二百里

十五日往其外部辭行言及招工使者仍以告歐使之言告之緣前擬招工章程尚未恰意而中止茲又欲伸其說總由西國以所屬古巴島種葉煙之區爲外府地近美國美政寬而西政苛島中多中國所招之工中美和好有加西美寬苛相形時有動搖轉移之勢故亟欲以聯屬中國者羈縻島人而不肯緩其苛政使者告以無論如何定章須與美國不甚相背方爲有益當俟再商彼雖首肯而未必心肯也

是日乘火車回程沿途仍有地方官送迎

十七日至巴里客寓

往返共行七千五百八十餘里

連日傳布法交兵之事時見由軍營載回傷病死亡者絡繹於道巴里戒嚴時刻徵兵集餉至撤羅馬之戍教皇失怙意君遂乘勢據之而遷都焉在法都之教士亦不安其居相率走散執政大臣紛然更動外部無主政之人目覩其國勢搶攘而我所欲辦之事無所措手不走何俟

溯自奉使以來於今三年周歷十有一國計程十餘萬里茲幸使事告竣稍釋重任而杞慮方深至各國辦法不同皆與前蒲使詳思而切究之美則增約英俄布皆有公文稍資排解之據其他或有覆書或有面訂惟法事切要而時勢有變奈何

聞布法交兵法人三戰三北布人分兵繞道而攻法之沙隴爲法都咽喉距城三百餘里再進則鐵路拆毀路斷行人矣乃於二十七日往其外部辭行暫理外事德大臣云天津一事未能辦結中國雖來欽使

亦不願接待答以天津起事根由曲直必當分明中國斷不能置之不辦也

八月初一日由法都巴里起程乘火車東南行望馬爾塞海口候船行一千二百八十里至里庸爲法國蠶桑所出織法甚妙能以一人並提花穿梭爲一事聞創法之人傾資制器殫畢生思力始得其用及法成而人亡矣古人謂日鑿一竅七日而渾沌死雖道家言固不誣也蓋機心爲道家所忌而造機器者惡乎知之雖知而不已謂機器成而享其利也若無命

而家資之罄且不可償而利於何有悲夫今觀其法經絲繫於軸緯絲藏於梭與常法同惟提花用自起自落之法於機上橫架提絲之處排釘細鐵錐不及三寸其上鋪密孔之簾其孔之疏密如應提經絲之數蓋綢緞提花無論何式皆以隔一絲或二絲爲起花之路今以提經絲之線繫有孔之簾其下有立錐以支之織者一登其機則簾孔遇錐卽鑽而出而提線落遇無孔則爲錐支而提線不隨而落其不落之提線卽提花之隔絲也其穿梭但見以隻手牽繩上

分兩股由橫架下連於梭所出入之欘欘下活軸托板人牽繩頭引而左則梭之出於左者遇欘則迴而入於右右如之此一提一穿也至於足登手牽而簾孔之時起時落則隨織隨竄於前而捲之其透孔之數縱橫疏密皆從摹本時核算而成至其活簾如何成作因行色匆匆不及取而視之矣所出之紬采色閃爍柔脆而不紉由絲性不如湖產而絲性之劣又由桑性所生之水土不同也故西人前由中國販運蠶子由水路則南傷於熱由陸路則北傷於寒所存

寒熱之餘食里庸之桑仍易地而弗能爲良則是其所能者人也所不能者天也而欲以人力勝之惜乎至今猶未思得勝之之術也

至馬爾塞觀捍海石塘塘內爲海船停泊之灣外以捍地中海之潮累石爲塘猶是常法塘下亂擲碎石山泥砌就房大之塊以捍海潮激蕩甚爲得力護塘石塊小則散漫無力大則難於運轉今就山中自生白泥堆砌碎石如房大之塊於塘上膠結堅固耐潮衝激視塘下之缺而推之經久之法也

由此口下船無火車矣前在英比意各國所歷穿山火車路甚多訪其穿鑿之法乃以水機撞成先鑿立平下接鐵路列大鑽於立牌牌如所鑿之洞牌下有輪後有氣匱匱後大水匱注水激氣於前匱氣足發機以激牌如氣槍則牌鑽撞於石石落牌退而運其石隨撞隨運隨修鐵路可日進三尺夫鐵橋爲飛空之路湍聶里有河底之路又有穿山之路記曰舟車所至人力所通謂舟車所不能至者人力僅能通之茲又以人力而通舟車之路以通人力之所不能至

宜乎無所不通獨不能平其心以通天下之志也泰西各家學問與制造之法使者言僅得之時刻流覽之間無暇與之深究而切講則所述未能各盡其致不無遺憾識者諒之

客寓俟船閒街市張示言布法交戰法君那波侖並兵四萬餘被擒大將馬克孟傷亡緣法兵被攻甚急棄兵不戰布人徑入法軍擄去卒四萬大礮五百羣子轉肚礮七十遂將那波侖擄去若論法人之勢尚不至此惟因從前法都屢次內訌皆由法君任用私

黨不聽公論久假不歸私人爲之朘民養兵藉兵掠民民心不服而軍心因之不固故布人乘之急則棄兵不戰莫爲致死而大事去矣始以巧謀自利卒以爲法自弊蓋惟自恃其勢利而不求諸道及至人心不附而勢利安在哉所可惜者法人最爲西教護法自教皇以至教士無不藉其勢而牟利及法君失事不但天主無靈教皇教士曾不聞有毫末之助教皇且因而式微則西教之效可驗矣蓋西教惑人無他謬巧止能深契世間婦人之隱衷其意蓋謂天下之毋歸之其子焉往至國與家之興衰成敗婦人又不得而主之然則崇奉之者其僅爲婦人謀乎

初九日乘阿伐暗輪船入地中海東駛望中國進發使者由中國往西洋各國係由上海乘輪船向東度大東洋至米里堅及由紐約乘輪船又向東度大西洋至英法又北至瑞俄南至意西皆在大西洋之東是西洋各國之大勢一似中國之沿海各省也奉使事竣應回中國由馬爾塞海口入地中海東南至印度洋正東行至閩廣界又東北至上海則是出門向

東仍向東而回至原處而地球之大勢可知使者因爲之說曰大地雖有東西南北之名並無一定之方所以定之者皆從乎日而言也凡大地周圍以人所在目見日出之處爲東即如人在經一度日於左九十度見其出爲東於右九十度見日沒處即爲西日中處爲南背日處爲北若人在或左或右之九十度則所見日出入之處又各移九十度矣中國東臨大海過日本至米里堅西岸即大東洋之東岸東洋有岸不但中國不知日本亦不知方且爲弱水尾閭落

溗之說自前朝時洋人周歷四海始知米里堅之東岸即大西洋之西岸大西洋有西岸亦自前朝之洋人始知至米里堅東岸又須向東度大西洋矣然則東洋之東即西洋之西亦如昔人謂人在牆東指牆爲西及過牆西又指牆爲東也由大西洋之東岸歷西洋各國夫西洋各國在大西洋東岸亦如中國沿海各省在大東洋西岸也再由西洋各國入地中海又東南入紅海又正東過印度洋新加坡安南廣東東北過閩浙至上海豈非環海一周而通謂之向東

行乎西行者亦如之而每日皆見日有出入故曰方無定向而以人目所見日出入爲方向也

前言日中處爲南而日之中未定也如人在經一度値日在一度爲中爲午而一度之午已非二度之午而三百六十度之午安在哉不知日無時不午也若日在一度爲時之午當爲一百八十度之子也故昔洋人初周四海有失去一日之說不知失於何處後詳考其故乃悟自西而東繞地一周爲迎日逆行則越過而多一日自東而西繞地一周則隨日落後而

少一日然後知非多一日亦非少一日由於日出日中日沒之處隨地而更嗣後行海者每行一度逆日則退時表四分順日則進四分然後每日之午不失至子午交關之處紀日者退則趕前一日進則遲留一日非留於日出乃留於日中也而後繞地一周復回原處紀日者無多少之差焉

過意大利西西里大島海峽遙見火山頂煙氣盤旋較威蘇威爲大

由馬爾塞海口行中海三千八百八十五里至埃及

回回國蘇爾士新開運河口此河經千數百年西人欲開以通西洋達南洋之水路無如埃及亞拉伯回地毘連一片皆沙患其工之難成成而難久則徒滋勞費而自大西洋南繞阿非里加之岌朴不但遠兩萬餘里之程而且風濤險惡故法人與埃及發奮而開此河四百五十餘里大輪船可以由大西洋直下羅多海峽經地中海直達印度大南洋矣昔未開此河船至埃及換火車至蘇爾士復乘輪船入紅海今省此一番周折矣然河雖有岸而風吹水蕩沙土時

刻下溜則河工雖竣而濬沙之機器船須常川往來以淘之而後可久十五日入運口

十六日至蘇爾士是晚入紅海兩岸赤山童童沙土乾燥雖逾中秋無殊炎夏行三千二百九十餘里至亞丁島出紅海入印度大南洋沿紅海見獨峯駝負載聯絡而行山凹土岡時有土人赤身麕聚與絳沙一色

紅海東爲亞拉伯古猶太國耶穌生於其地今屬土爾其回國回教創於麻哈摩生於耶穌二百年後爲

商娶嫠婦致富遂入山讀天主教書久而悟上天自有眞主烏有以上帝之威靈降生爲人而受極刑者乃棄去浮僞之說以潔淨爲造精微之路而其精亦不過一心拜主有以對越上帝爲無忝而已其粗而切於人事則死欲速葬以免穢惡少寡勿守以免蕩逾捡之禮文則樸野究其作用則核實至於禮拜割筋沐浴唪經把齋等六七事不過教中規則惜其固執不化但樂其教之簡便而易從而無用夏變夷之志故自隘其途而不肯人多也然自唐入中國從不誘人入教是其自守雖隘並無惑世之心也或亦明知人心自有其不可惑者乎若其中之秀者能讀儒書備選舉登仕者則亦明白循理而不固執其說但不能主持其中共躋於堯舜之道也

二十九日至印度西蘭島在印度南印度爲佛教之源自達磨西來後其地再無聞人豈法傳於東而人遂不慧乎中國嗜佛如梁武已與達磨不合然則中國之佛自係中國人自爲之說如許行爲神農之言者固非西來之意也考達磨所傳有情來下種因地

果還生雖其言不雅馴而究其義是將初發之情返諸未發之性以情爲種以性爲地地生之種仍種於地則性根不斷並未計及血肉之軀烏有所謂脩瑢說乎今一切佛事其中絕無絲毫佛法不過造謠生事爲世間蠹苐佛法只就一心之內完得一性欲求大本不擴充其達道此釋家之偏語焉而不詳者吾儒所不貴也在西闌訪問佛教但云尙有喇嘛而已停泊之旁十數里外有石島數堆潮擁其下則激撞

而起白霧飛騰彌漫島嶼移時霧落漸現島立起落相繼則觀玩無盡方顧而樂之忽聞滿船驚呼則見有三桅船欲傍岸遇淺而後有潮擁進退維谷急挽長綆於桅而遙維於別舟運火機極力牽挽以救之無如船大載重已被潮擁入於沙淺立視頃刻船欹潮水潑入沈矣幸有三板人獲逃生危乎哉然危其人而已亦在危中知之而且聽之故昔有强作解人之詞曰忠信涉波濤夫忠信與波濤何涉然必擇不敗之地而處之又未免杞人之見惟達者知其無可

奈何而安之若命庶有以處人間之世而不亂因見危舟於前未能無戒心焉故申言之

西人謂航海者皆有總考凡地球水面每年所傷之船皆在四千上下然則意外之灾亦有常額乎

九月初一日在印度西闌島阿伐輪船行次

昔佛出世欲普度衆生而成佛今印度佛國乃廣爲英人普種鴉片欲普度衆生而爲鬼然嗜之者皆有死而無悔之志雖生佛再出而亦無能度之矣而原情者且曰不有嗜者誰復售之然售者而出於戕賊

衆生者固已不當如是之毒乃竟出於最愛上帝以愛人之洋人夫洋人之諄諄講愛上帝愛人之說人人皆活佛度世之心至用堅船利礮以力服人猶不若鴉片流毒之深究其實不過取其利厚而售速然其愛上帝者固遠不若其孳孳爲利之心也

初二日開船東行過蘇門達拉行三千六百四十里至新加坡爲暹羅南儘頭西南與蘇門達拉北角相錯爲峽暹羅南半牽爲英有印度洋與中國南洋適中之要地其地去赤道一度至宵望南斗在頂上顧

尋北斗只見魁四星而勾陳四星之明者不過仰面平視較之北京應低地勢三十七度而南極之小斗仍未能見也

十一日至安南國入康包士江口停泊於法界石工自新加坡行一千六百五十餘里其地閩廣商人漸多登岸遊觀遇藥肆詢肉桂據稱由此而上有大山爲通國之鎮嶺有老桂每年奉王命採之所取有制恐傷樹也其值五百易一至貢諸北京者值三百而平常每兩值七八員上品者不易得也因詰以如此

貴重究有何益伊云眞者三分可愈噎膈果爾千金亦值也又登一岡篠竹糾纏忽見僧寺行十餘萬里所未遇者已似家鄉風味問之皆閩廣人語殊難解約略聽之敘及奉使乃爲烹細茶列品茶小盃如半卵直以貴客相待旋放募簿於几因書洋一元留姓字焉從此開船入中國洋矣前在西國客問使者何謂中國使者釋之曰謂在中央乎則大地懸於太空何處非中謂在中間乎則各國相依皆有中間謂在中心乎則國在地面中國者非形勢居處之謂也我

中國自伏羲畫卦以來堯舜禹湯文武周公孔孟所傳以至於今四千年皆中道也非若佛言空耶穌言愛麻哈摩言清眞日本言新德波斯奉火此大地上彰明較著者至於山陬海澨窮鄉僻壤之怪誕無稽者不可枚舉則所謂中國者固由歷聖相傳中道之國也而後凡有國者不得爭此中字矣

自安南東行二千三百七十餘里至香港換伐司輪船往上海東北行二千一百五十里於二十四日至上海住浙江海運局公寓

十月初一日在上海公寓覆蘇撫丁雨生函云目下時勢惟中外交涉之難通商煩重傳教糾纏實皆持其鼎俎以求魚肉者也今以各國之勢觀之米里堅縱橫七八千里物眾地大足以自雄惟空曠尙多招徠是亟願與中國聯和者不甘坐視各國之沾潤也英吉利富強已極頗有持盈之慮雖時以聲勢嚇人不肯輕施殘暴現在竭力經營印度俟其根深蒂固斯左提中國右攜西洋矣法郎西誇詐相尙政以賄成其君初以公舉四年爲期其間剝民養兵廣置私

人及期應代則私人藉兵挾民保留十年中加稅愈重養兵愈多貨愈貴而作苦之人終歲勤動不得溫飽皆已覺其剝民養兵藉兵挾民之計又及期則久假不歸於是國人連年聚鬨適與布人有隙民會公稱戰則留兵不戰則去兵否則民不堪命法君迫於煩言乃集兵出戰而軍實不敷久爲私人所侵矣諸將復互相忌嫉卒至覆軍殺將國君就執初得意於詐力者究自敗於詐力天理人心之可驗有如此者布路司竊管子作內政寄軍令之法招攜諸侯遠交

近攻與法人戰不旬日而十數萬眾皆集於邊境器械芻茭咸備法人三戰三北困於沙隴布人攻之急法人棄兵不戰遂入法軍降其人卒四萬大礮五百轉肚羣子礮七十遂將法君擄去而法都人士就勢逐其君后太子出境國勢搶攘訖無定局國中教士紛紛若鳥獸散先是羅馬教皇被逐法人納之以兵遂留戍焉及法敗徵戍兵入援而教皇失怙仍被逐遵中海濱而處計無復之矣或言英人允以中海小島棲之尚未定也凡教人向倚法人爲護法者樹倒

猴猻散矣近聞布人已圍法都而法人猶相持無了局俄羅斯强大爲體陰巧爲用專俟鷸蚌之持而享其利自與布奧瓜分波闌後歐洲各國恐其肆行乃連衡以抵使之不得南故近數十年間但致力於浩罕諸回部以爲南窺印度東迫中國之計然毫無啟衅之形而制造槍炮孜孜矻矻如恐弗及將何爲哉至諸小國皆欲市重於中國藉圖獲利雖不肯顯爲牴牾若處之不善大國因而藉口其與中國關切者無如南英北俄法人多故雖可緩議尤宜早爲之所

布美視中國之强弱爲交際之親疏親則相觀而善疏則坐待事機耳苟能急於自治使內外有固結之勢使之知難而退或較勝於兵聯禍結也

初九日乘滿洲輪船北上望天津進發

十三日至煙台守風

十八日至天津府住楊家花園公寓自上海行二千四百餘里拜李中堂旋回拜

二十四日乘公車回京二十六日至京因受海風病發憊甚未能具摺請

安覆命由總理衙門代奏乞假

或問周歷瀛寰各國之意可知乎使者云不必問各國之意如何但自問立意如何則各國之意槪可知矣孫子云敗軍引勝孟子云禍福無不自已求之者法人內訌布國興師可爲西國殷鑒不但横而觀之天下即縱而觀之古今不過如是孔子云雖百世可知也

溯自同治六年丁卯十二月十一日自總署乘公車起程至九年十月二十六日回京通計水陸行程一

十二萬六千餘里因憶史記孟荀傳載鄒衍以爲儒者所謂中國於天下乃八十一分居其一分耳禹敘九州之外如赤縣神州者九乃所謂九州也於是有裨海環之如是者九有大瀛海環其外云云今以西士所考地球圖及所歷大地一周見聞所及約舉地上人類分殊之區證之鄒衍之說似不皆謬如中國之北蒙古爲一區甘肅之西回部爲一區回部之南衛藏印度爲一區歐羅巴爲一區阿非里加爲一區米里加南北爲兩區東南洋麻拉加爲一區皆在禹

敘九州之外合之中國爲一區大勢固有九焉每區錯處皆在萬里內外然自西人輪船火車水陸互通以來人與禽獸皆可相通也即謂此九大區爲九州亦無不可以赤道言可環大地一周南北極皆有冰海別無所謂大瀛海者然以此九大區爲九州在昔已以爲不經而今尚可强證其說若其言大瀛海所環之九州既稱人民禽獸莫能相通鄒衍又奚從而聞知耶是眞所謂閎大不經者矣

初使泰西紀要卷四

漫游随録三卷

〔清〕王韜撰

《漫游隨録》三卷，清王韜撰。韜（一八二八—一八九七）字紫詮，號仲弢，又號天南遯叟、弢園老民。江蘇長洲（今蘇州）人。道光間供職於英國教會所辦上海墨海書館，咸豐十一年（一八六一）移居香港。同治間赴英國譯書，並遊歷法、俄等國。光緒十年（一八八四）返滬居住，主持格致書院。是編爲遊歷國内外各地，就所聞見，隨筆而録，成書當在同治六年（一八六七）後。記應英傳教士理雅各邀請，取道新加坡、錫蘭、亞丁、埃及、紅海、地中海、馬賽至巴黎之經歷，於沿途所經新加坡、錫蘭、埃及等地歷史、宗教、風土人情等均有記述，於法都巴黎市容、建築、人口、商業、交通、文化教育事業（如博物院、書院、圖書館、劇院、舞蹈、雜技、魔術、繪畫）等所記尤詳。據上海圖書館藏稿本影印。

屢聞戲識

己丑年三月初六日刊出

醫士雒頡字魏林道光二十四年創設施醫院於上海祈津和約既定又設於京師言旋既久高卧不出其家距倫敦約六里許余初抵倫敦即主其家午後乘輪車往訪尤能迎客鳥亦呼人重見之歎逾於初覿雒夫人能識中國文字長女曰律麗美慧知詩工於六法所作青綠山水逼近中國名家唱曲彈琴猶其餘事其閨中密友曰抈梅麗容既相匹技亦同工與律麗可稱雙絕聞余至飛車來見談詩讀畫藉作消遣與余朝夕盤桓者凡歷三日有沙氏者倫敦巨室也與理君雒君相稔雅重華人折簡來招以兩君爲介給申刻偕往屋宇之華敞陳設之精雅殆無比過中門峙一自鳴鐘高約二丈有四其聲宏遠聞於衢路旁有花瓶二是佛景泰銅製者高亦逾丈許入瞻屋頂金碧輝煌目爲之眩讌時諸僕役雁行環侍司酒司肴各有專任既而散座女賓皆入内更衣乃以小晶杯盛旨酒斟餉其色白主人謂余曰此酒已藏之二十年今逢貴客出以奉獻嘗之味甘而辣余爲盡三爵理君恐余或醉謂余曰此酒味醇而力厚先生雖量豪想不能多飲也余遍游英法在巴黎一入茗肆肆主人忽呼一人出則服華冠而著短後衣奉茶余前狀甚肅恭詢之則操甯波土音蓋茶商王承業留於此者繼見倫敦亦有一人則閩人也與之語然無所知而狀若甚畏葸若甚戚者問去不復與言偶行於衢見一華人貿貿然來至前長揖問之知爲粵人從紐約航海來此所攜銀錢七百圓皆入逆旅香洞中矣至此流落無可歸作吳市吹簫耳時余囊中資不足約至彥那家畀以金錢六枚謂之曰速謀歸計毋久戀海外作餓殍也彥那有叔距彥那所居約里許招余晚餐意甚殷勸彥那所業爲麴蘖名家皆製皮酒純以機器行事所出之酒專售之倫敦一城中不必遠販於外也其叔亦業此爲人和易藹然可親真壽者相也數子皆娶俱已抱孫斑衣絢采嬉戲堂前蘭茅玉筍玉雪可念晨往理君寓舍知理君於半月内將作行計昨余與司蔑女士有約乃折簡招余之來彥那家余偕彥那擬設盛筵款之彥夫人特命廚人具雞豚魚蝦而以牛羊爲次品更效法國烹調知余所嗜口味獨殊也其意良可感也午刻司蔑女士來見彥夫人深相契合入席嘗諸品譽不容口謂生平未嘗領略此美味今晨食指大動口福洵不淺哉夜彥那偕余往書院院中一人考試得列前茅將赴中國肄習繙譯同學諸生公餞其行於書院中講論各言其志彥那口講手畫娓娓不倦并攜畫圖數十幅皆言中國之山川風土俗尚民情物產製造彥那爲之舉其大綱而勉其友至中國後於學深有得爲所望者中外輯和兩國之學術技藝大興於中土歐阿亞三洲可以輪車相聯絡則適中國如坦途矣詎不快哉將來當必有一日耳群聽者鼓掌和之彥那於歸途問余曰所言何如余曰美哉恐時不我待也

漫游隨錄自序

昔長白麟見亭河帥有鴻雪因緣番禺張南山司馬有花甲閒談順德胡和軒通守有陔餘叢錄皆自述生平游歷之所至而託之圖繪以永其傳蓋古人編詩往往一官一集於宦遊轍跡之所經輒低徊俯仰而弗敢忘誠以佳景當前而易忽事後回思如追亡逋非有詩詞以記之圖詠以傳之直付之飄風塵跡夢幻泡影而已不大可惜哉此余漫游隨錄之所由作也余也壯而無聞老之已至溯自弱冠以來傭書滬瀆辭淞濱之老屋聽歇浦之寒潮負仲由之米莫飽侏儒斥晏嬰之書難供朝夕雖邱壑有心蹤跡不出乎閭巷烟波在望夢魂常縶乎鄉園飢驅徒切歸隱難期中間以蜚語之猝來遂長征而不顧於是乎

乘長風破巨浪揚舲乎香海駐轡乎穗城訪尉佗之故墟問鍔龔之遺跡犵鳥蠻花攬鄉心其如碎瘴烟蜑雨嗟客況之誰憐不得已重為汗漫之游於是登宗慤引風之筏乘張騫貫月之槎將東泛乎扶桑西極乎阿蘭所經之地略可述焉息坡生聚之繁檳島商賈之盛東南洋中可屈一指天竺為我佛播教之區錫蘭乃如來降生之所慧光靈蹟今未泯焉他若亞丁之山童赭紅海之波汩沸埃及為自古名勝之國土墳石槨尋千年未朽之尸古篆遺錢闡萬古不傳之秘所足奇者一入蘇夷士而氣候頓異初經意大利而光景一新自此驅車而過法國經來昂至巴黎見夫闤闠之喧闐都會之繁華宮闕之壯麗物玩之奢侈吁其盛已樓臺金碧盡是九重簫管嗷嘈奚止十里皆

銷金之窟也所以言歐洲之富者首推法京由法渡七十里海峽而至英雖見見聞聞稍或有異而大致無殊英法名區勝境悉數之而更僕難終惟得之目擊身親者琱筆而記之己卯之春粵居多暇遂游東瀛由長崎而達神戶經大坂入西京復由神戶而達橫濱居東京者四閱月遂作日光山之游是山素稱神靈窟宅西人之逭暑者多至焉羣峰翠擁萬壑泉流日本山水之勝過於泰西兼以同文之國文詞詩賦迭唱屢賡文字之緣友朋之樂特於海外見之亦奇矣哉嗚呼余於此日東西之行非火瑄風輪即飆車電馭郵程無滯水陸無驚亦云快矣經歷數十國往來七萬里波濤助其壯志風雨破其奇懷亦足豪矣而尤足以快意肆志者余之至泰西也不啻為先路之導捷

足之登無論學士大夫無有至者即文人勝流亦復絕跡余初至英講學於惡斯佛大書院院中士子峩冠博帶皆有雍容揖讓之風余為陳道有異同同異之辨而言至道終必歸於大同士子羣擊節歎賞以為聞所未聞余出行衢市巡丁見有童子喧笑者必驅之去詢以路徑必導余至其所而後已里老見余必摘冠道旁以致敬問何以然曰願效法孔子也好事者詢余所臨先一日刊諸日報照像者願勿取值相識者延余至家設讌會招集賓朋懸旗於屋頂示有遠客至以為榮且誌喜也凡此皆以余至獨先而罕見中華文士故也余至日本見重於日本亦然往從諸名流後偕遊日光山每經險處必使八人舁余轎諸人前後擁護行歌互答以解舁者之勞余將返國同人

餞余於中村酒樓不期而會者百餘人余位列星使上衣冠讌集之盛向所未有諸名流之寵異余也如此余竆於世而獨得此於異域之人數萬里外之文士抑何幸歟嗟乎余少居甫里莫有知余者即文章小技尚不滿於鄉里悠悠之口何況其他豈天之薄於彼而厚於此歟今也子長游倦相如病多嶺嶠歸來蓬廬息影尚待吳中之作室仍爲海上之賓萌日惟仰屋著書閉門覓句絕不問户外事惟是追憶前前塵已如昔夢然翹首遐思猶復顯顯在目朋儔過從輿談海外游踪輒爲神往咸曰何不詮次前後情事彙爲一編以佐談屑擴異觀俾作宗少文之卧遊不亦可乎適有精於繪事者許爲染翰遂以付之都爲圖八十幅記附其後而名之曰漫游隨録非敢與三君子抗衡也亦非敢藉以問世也不過聊以自娛而已光緒丁亥雙星渡河之後七日天南遯叟王韜自序於淞隱廬

漫游隨録目録

長洲　王韜　紫詮甫著

漫游隨録

鴨沼觀荷

長洲　王韜　紫詮甫著

余生甫里即以唐陸天隨而得名天隨子隱居不仕時與皮日休唱和自號甫里先生嘗作江湖散人傳以見志没後亮節高風里人思之不置以先生在時喜鬭鴨有鬭鴨欄乃鑿地為池沼方塘如鑑一水瀠洄中央築一亭曰清風亭東西通以小橋四周環植榆柳桃李盛夏新緑怒生碧陰覆簷際窗櫺四敞涼飈颯然襲人襟裾中供天隨子像把卷危坐鬚眉如生相傳曾於像腹中得遺稿即今之笠澤叢書也賴以傳於世顯晦信有數哉去亭百數十武先生之墓在焉或云後人葬其衣冠處將以留古蹟而寄遐思者也亭中楹聯頗夥余師青蘿山人一聯云白酒黄花九日獨高元亮枕烟蓑雨笠十年長泛志和船特舉二君以比擬先生當矣池種荷花紅白相半花時清芬遠徹風晨月夕烟晚露初領略尤勝里中詩人夏日設社於此亭集裙屐之雅流開壺觴之勝會余亦獲從諸君子後每至獨早時余年少嗜酒量頗宏輒仿碧筩杯佳製擇蓮梗之觧巨者密刺針孔反覆貫注自覺酒味香洌異常一飲可盡數斗又取鮮蓮瓣糝以薄粉灸以香膏清脆可食亦能療飢社友羣顧余而笑曰子真可謂吞花卧酒者矣每歲六月二十四日必折簡招邀羣彥為荷花祝生日閨秀能詩者亦許入社但不親至耳丁未顧慧英女史擅場戊申曹素雯女史壓卷徐淑才高秦嘉為

之退避洵足生閨閣光而為巾幗吐氣也已余定蓮為君子之花具有四德香清韻遠品潔色純乃不解阿諛者流以高人靜士之容下擬幸臣之貌蓮花似六郎一語不誠千古奇冤哉觀荷之約以花開日為始三日一會肴核以四簋為度但求真率毋侈華靡甫里本屬水鄉多菱芡之屬沈李浮瓜調冰雪藕之外青紅錯雜堆置盤中亦堪解暑諸社友以先生生平固喜蓄鴨因於池畔另闢鴨舍蓄白鴨數頭修潔可愛紅衣翠蓋間點綴以白羽翩躚亦復不俗池旁環園石闌闌柱悉鑿鴨其首皆回向先生以先生固背此面南也鴨在羽族中蠢然一物耳自先生有能言一語遂足供園林清玩洵乎文人之口不可測也如此余違甫里幾四十年回首前塵無殊夢影每值荷花盛開輒若置身於蓮亭鴨沼間也

古墅探梅

甫里海藏禪院前明許元祐中翰梅花别墅也後乃捨宅為寺梅花墅圖有數本並名人手筆余所見一本顧元昭臨莊平叔筆也工妙絶倫中翰長孫王儼字孝酌題長歌一篇叙其始末圖後歸里中嚴氏乞人題詠韋君繡光撖二律最佳其一絹海膠山跡尚存傷心家國不堪論梅開古雪春無主鐘度寒霜月有痕土地祠留黄主簿伽藍神奉顧黄門祇園香火消塵跡能報平泉祖父恩其二楞齋隱跡感滄田回首香雲湧白蓮易代誰知丁卯宅長歌忍溯甲申年輞川畫手師前輩甫里高風替後賢六直至今南下水暮潮嗚咽繞禪天寺經今二百餘年雖

弢園叢書

多荒廢規模尚在入門即一巨池駕以石橋池畔舊所稱秋水亭者久已傾圮樗齋隱跡最在寺後獨完善詩龕八扇猶無恙讀書之暇輒往靜坐聞當盛時常讌客於此曲院麗人梨園子弟銀箏檀板各獻所長樗齋之外多隙地皆當日之樓臺亭榭也疊石引泉迴廊曲折猶有遺跡可尋池寬廣徧及寺外臨池一帶皆平屋朱檻碧窗備極幽靜寺僧僨為民居池中多種蓮花紅白爛熳引手可摘花時芬芳遠徹滿室清香余戚串家嘗居此每於日晚置茶葉於花心及晨取出以清泉瀹之其香沁齒今四周之屋盡已摧為薪矣蓮花迴不及昔時之盛墅本以梅花名冬時花開彌望皆是不遜香雪海也暗香疎影浮動月華中別開靜境自選佛場與月榭雲房風景頓異不過二十年間已有滄海桑田之感余少時尚存數十株老幹紛披著花妍媚每結二三伴侶踏雪尋梅清芬在望逸興遄飛必借樗齋為行賞地酒一壺肴一盒出自家厨足供大嚼余笑曰梅花清品我輩俗人使其有知必以老饕相目欲求羅浮清夢安可得哉時張君子嚴在座曰對名花不可無名酒彼梅花雖玉蕊瓊葩為瑤臺仙種然安知我輩非從閬苑中謫降下來不然安能具此一副冰雪心腸作冷淡生活哉未幾子嚴下世探梅之約竟乏同志者己酉大水梅盡淹死余亦轉徙申江罕回里中人事無常可勝慨已壬子秋馭濤師攜圖至滬上余得重為展閱曾書二十八字於後梅花今已半株無為念梅花展舊圖回首故園悲寂寞夕陽一抹下平蕪庚申豬冠之亂圖燬於火

保聖聽松

甫里保聖禪院六朝時所勅建殿宇崇宏樓閣壯麗為吳中巨擘後漸漸荒圯然前後寺基尚廣百餘畝相傳中殿十八羅漢像為名手所塑歡喜愁苦之狀無一不肖殿後兩旁皆禪房當時駐錫者多苦行高僧少時猶聞有粹上人者能詩無蔬筍氣時與里中諸名士唱和沈四山人秋卿結方外交甚密顧寺僧雖衆而香火殊寥落以是白足禪師前來掛褡者不旋踵而去之四方終年至寺者人跡殊稀惟正月朔至元宵最為熱鬧村姑里婦遠近畢集寺之隙地百戲雜沓魚龍曼衍鑼鼓鞺鞳簫管悠揚自朝達暮不絕寺門外列肆數十所皆售兒童戲玩傀儡諸物鄉里小兒是時以此為樂土寺旁亦有二三茶寮有聽竹軒者開最久樓將圮以木搘之經四五十年仍如故軒為昔日僧衆談經之地花雨繽紛必有聽而領悟者至今徒以供瀹茗留客為俗流所託足盛衰無常可勝慨哉寺殿之外地極寬廣列植長松數十株虬枝偃蹇老幹紛披龍鱗怒作之而勢若攫拏經霜彌覺蒼翠羣鴉數百作巢其上每至朝旭未升夕陽將落鴉聲啞呀盤天幾黑西風一起濤聲作矣時余隨先君子館於施氏書塾下榻於宅後三椽距寺不咫尺耳每於枕上聽之奔騰澎湃徹夜不息雖晴亦恍若風雨颯沓之音幾疑十八公提兵與封家姨角戰空中有如千軍萬馬聲又若千山葉落萬壑泉流起坐靜聆惝恍迷離不禁悲形骸之無著覺身世之皆空使入於旅人之耳必增離鄉之思而歎獨客之難為也江

補松丈一字聽濤居亦相近深通梵學喜談内典恒與寺僧往還時食香積厨齋供大為寺僧白眼幾以飯後鐘待之晚年益好佛梵唄之宣朝夕不倦不意粤逆竄里門君竟遇害死於寺之正殿以旛幢裹其頸蓋為賊刃所傷也善人而遇慘報如此抑何天道之無知哉君嘗謂余曰聽松濤之聲可以悟禪境參禪悦此言與余心頗相印合松後或枯或僅盡被寺僧摧斫為薪無遺株矣惜哉粤逆後於甫里設鄉官欲毁寺之磚石供建屋閘賴鄉官賭之得免不然寺亦危矣余自壬午乙酉丁亥三年三度還鄉輒往禪院一游徘徊不忍去兩旁禪房悉傾圮為瓦礫場無一椽存亦無有心人過而問焉者時偕遊者為沈君寬甫許君壬鈲與話余少時聽松故事亦為歎息嗚呼六朝古寺僅僅存此藉以為里中點綴何竟聽其頹廢乎哉

登山延眺

余十六歲赴鹿城應縣試試事畢始得一登馬鞍山山在城内西北隅廣袤三里高七十里以形似馬鞍得名舊稱為崑山者誤也崑山本隸松江華亭崑山縣以此得名後割山為華亭縣而移縣治於馬鞍山之陽歷年久遠人不知其故即呼為崑山其實非也按朱長文圖經續記亦稱崑山則其誤之由來亦已久矣是日同登山者為隱禪梅士醴仙湘客四五人御風而行衣袂飄舉連日在樊籠中至此胸鬲為之頓爽既抵半山亭有一二友足力稍疲略坐小憩余以熱不可耐解衣磅礴風至泠然披襟當之曰快哉此大王之雄風也遥見落日深處寺門不掩山之南荒祠半圮疎林一角時已九月之杪空山葉滿鐘聲帶秋山不甚高石徑紆折有一抱五洞圍以石闌人不能入中有古佛色相莊嚴舊名嚮禪師洞梁慧嚮運鬼工以成寺基即此地也石像後人之所刻再上登百里樓為山之絶頂處此山孤峯特秀四望無所蔽其遠可及百里外故曰百里樓樓四壁多為游者惡詩所疥寺僧特留啜茗水頗清洌庭中石缸數十具悉貯雨水以供客茶所需蓋山本無泉也山石玲瓏好事者購供清玩幾於一卷百金出馬鞍山後者色白多竅無斧鑿痕峯巒嵌空佳者如春風出岫秋水生波極天鑱神鏤之巧故一名巧石是歲主縣試者為楊耕堂大令蜀人見余文擊節歎賞以余在幼童列文頗不凡也自後每赴試必登山集中所云馬

鞍山色渾如舊每到來游例有詩是也咸豐己未春寓齋無聊因約嶺梅游山余足疾甫痊登臨尚健直詣文昌閣造巔長嘯四山答響閣西一楹供乩仙諸葛嗣僊像仙中歲鰥居一女頗慧早卒遂厭棄世緣作汗漫游庚戌春閒降乩備言顛末自畫小象墨瀋淋漓細視之雲氣滃翳中有一人鬚髮面目約略可辨飄然具仙乎態仙命供養山中新陽趙元臨為之記復至文筆峰側徘徊良久始下山詣花神殿令閽人劈竹煮茶卧看山氣蔥蒨勢若撲人追念前塵恍如夢寐因向廟祝借筆墨題詩壁上云頭顱三十不成名竿木逢場悔此行重見故山餘涕淚喜從老友話平生文章憂患兵戈感身世悲涼兒女情何日買田容小隱好尋溪畔結鷗盟余所眷紅蕤閣女史乃鹿城人甲

寅夏有割臂之盟願居妾媵列今久不相見重負初志思之惘然嗟乎余僻處海濱無山可登屐齒久不復折生平酷有遊癖安得幾兩蠟屐徧天下名山也哉

白下傳書

道光丙午余年十九秋七月以應闈試至金陵同行者為青蘿館主耀仙居士自甫里啟程達金閶經錫山抵毘陵由京江而取道於長江金焦兩山縹緲雲際遙望大江南北環青峙碧者皆山也嵐光帆影時在几席間敞篷窗而觀之殊足以娛目快心既至白下泊舟於水西門外寒雨飄窗夕潮喧枕為之淒然不寐者竟夜翌日乃至寓齋適在釣魚巷中龔家水閣五椽頗軒敞畫檻臨流疎簾映日左右多青樓絃管之聲嗷嘈不絕正所謂流鶯比鄰也凡遊秦淮湖者必經此閣下衣香鬟影粉膩脂柔猶有六朝餘習同人以為時於此閣得少佳趣時余方意有所屬視箇中人一不以屑意也有某女士者自少相識有嚙臂之盟訂同心之誓雖未知後日如何而此際已堅永約矣臨行時曾約寄書以慰盼望乃於夜闌秉燭濡毫貽某女士書云珍重臨歧一尊別酒高唱驪歌游關已出歷經名勝不禁有懷山光送黛浪花拍天帆影濤聲直瞬息間耳放眼長江風景惜不能同領壯觀亦一恨事因遙指白雲深處煙樹迷離當是我鄉夜闌小泊清話偏長人靜更深別有棖觸寒蛩破夢漁火熒然於此能不有離鄉思乎香霧雲鬟清輝玉臂杜少陵所以憶長安也甬枕寒侵銀釭斜背旅窗獨坐岑寂感人然夢中無夕不相見亦無日不還家也雖則關河綿邈不啻魂夢相依近者桂子飄香芙蓉挺秀驟涼兼晴兼雨伏祈加意珍攝勿愛月眠遲夜深涼惹恐天寒袖薄秋冷尋人況乎夜涼於水月白如霜花間徙倚影亂葉稀零露濕襟尖風刺骨鬱金堂畔雲母窗前是耶非耶呼之欲出寸心千里片言一緘恨碧羈紅不堪在意七律三章聊寄懷思其一尚憶前番握手時未行先欲問歸期最憐離別牽紅袖反怨功名鎖翠眉乘月輕帆偏獵獵和烟衰柳尚絲絲金錢長夜休頻卜為有檀郎絕妙辭其二新寒幾日襲簾幃旅思紛然願總違男有心情連日醉祇餘魂夢昨宵歸夜深愁聽百蟲語月落驚聞獨雁飛只恐夜涼花下坐露香風警透羅衣其三疏簾隔斷一溪烟叢鬢長眉絕可憐碧玉工愁偏此日泥金寫帖是何年詩題桐葉人雙笑被冷蘆花客獨眠細雨黃昏無奈甚殘燈明滅短窗邊某女士得書旋有報章後亦附一絕句云為誰憔悴為誰嬌幾許柔情託玉簫已是夜闌人定後苦尋鸚鵡訴無聊當七夕後三日某女士為余餞行作咄嗟筵酒半侍女金嬌特奉女士命吹簫侑酒女士即席口占二十八字云嗚嗚嫋嫋欠分明不是離聲便怨聲人事已非時月改銀河依舊鵲橋橫女士竟不永年玉折蘭摧思之腹痛天荒地老此恨何終極哉

白門訪艷

金陵為自古帝王之都六朝佳麗餘跡猶存水軟山溫花明柳暗明代創設十三樓一時章臺之盛冠於東南余今者輕煙淡

粉初入歡場，布韈青鞵徧搜勝事。余寓龔家水閣之西為文漪樓任素琴繆愛香兩校書為箇中翹楚素琴固是歲花榜中探花也豔幟獨標香名夙著青蘿館主珊瑚漁父偕余歷訪數家迄無當意惟此姊妹花含睇宜笑頗得人憐兩情既洽小讌遂開愛香酒量既豪尤工梅戰劖動花飛出奇制勝余為之罄無算爵翌日招之蕩槳秦淮徧經名勝鄰舫中有相識者笑謂余曰阿蘭坐擁兩美豔福真不淺哉蓋余小字蘭瀛也余意頗眷後約重游遂不復往秦淮兩岸紅闌碧檻繡幕珠簾每至夕陽欲下晚妝既罷粉面呈妍管溢簫嬌觸耳徒增惆悵素琴所居為文漪樓陳設雅麗鴨爐暖茗猊鼎焚香几淨窗明俗氛盡滌筆牀研匣位置楚楚架上書籍數十種護以頗璨塵不能入縹

弢目雜錄

帙牙籤新若未觸余問素琴亦識字否素琴笑曰字何人不可識豈獨讓秀才家雙瞳烔烔哉余弗信案上適有石頭記舉以詢之舌如瀾翻妙緒泉湧轉問白首雙星傳有兩解何者可從余曰以伏字觀之當指後事非證前因也素琴為之首肯自言本白門良家子以為匪人所誘遂墮風塵非初志也言之淚涔涔下繆愛香本姓朱繆則從母姓也所居繖波小榭臨流顧影湖水皆香房分內外兩重外房多列古玩商彝周鼎光怪陸離內房綃帳錦衾備極華煥青蘿館主曰此真所謂迷香洞也余凡五讌其家中秋後二日同人咸擬返棹早已艤舟以待素愛二校書特招余往咄嗟為余作餞行筵素琴先向余索湖綢因購兩端分贈二人故兩校書待余亦倍致慇勤也珊瑚漁父酒酣

故作游戲語書一絕句贈素琴末句云貧士身邊無別物毛錐三寸當纏頭素琴閱之紅暈於頰即以案上青果作玉投壺適中漁父頗間青蘿館主笑曰恐車中潘郎無此佳痛也別後青蘿館主有感舊詩附錄於此一卧文窗病轉深江郎苦要費沈吟東風蝴蝶渾無籍南國芳蘭別有心不是酒邊燈下見郤於花底夢中尋綠珠碧玉難髣髴小字原來號素琴記曾入洛駐羊車仙侶相邀訪狹斜清絕似冰還似玉邈然非霧亦非花上書廿分同蘇子作賦何須屬謝家三五月圓圓正好明朝揮手即天涯手札瑤華每誤傳傷心豈獨為嬋娟海邊忽失珊瑚網亭角空回書畫船子建文章誇後雋希真風貌似當年輕顰淺笑溫存語國士何嘗不受憐

弢目雜錄

金陵紀游

余應試至金陵無日不出游或蕩槳湖邊或騎驢山畔所歷名勝皆可紀之篇章余與耀仙偕登臺城基址高約十數丈盤旋而上尚留雉堞數垛當年遺跡隱約猶存余曰此即梁武帝餓死處也梁武一生佞佛而結果獨如此未免為闢佛者所詬病不有進酖抽刀之語代為解嘲不幾疑我佛無靈哉耀仙從鄉人處覓得巨磚一方上有晉元年號兩面完善無破裂痕扣之淵淵作金石聲以阿堵數百枚得之洵可寶也復遊清涼山最高處為吳峯蓋即翠微亭也逶迤至雞鳴埭十廟在焉半多傾圮頗極荒涼適遇關廟恰值鄉人出會賽神殊形熱鬧同人足力告匱瞥見杏帘在望乃詣村店中沽白墮團坐小憩余一舉數

觥聊以解渴徑至雞鳴寺寺有白衣觀音樓後枕臺城俯眺後湖前有施食壇石基高聳歷級數十始躋其巔遥望山後老圃樺籬一帶雜蒔叢菊畦畛縱横蔡氏晚香莊即築於此曜仙爲述郡人曾有集四書數語以贈蔡君者曰臧文仲居蔡夏后氏以松其間必有名世者亦可謂謔而虐矣西南經鼓樓坡樓巍然獨峙頗聳聳敞其西爲倒鐘廠大鐘卧地或以爲景陽舊物然不可考矣旁又有鐘樓其鐘亦巨俗呼爲雌雄鐘相距數十武有石井闌或曰即辱井焉陳後主與張麗華孔貴嬪所同入者也或亦名胭脂井井有水出拭之作胭脂色東北曰隨園袁簡齋先生之别墅也池館樓臺别有妙境一時士大夫過金陵者必遊斯園以暢大觀主持東南壇坫者數十年余生也晚於

簡齋先生已不及見之矣後人又皆出仕於外聞有精廬曰蔚藍天未及往其餘荒圮處未經修葺漸有蕭瑟意東至妙相菴羣峰環翠曲徑通幽小橋流水片石孤花點綴頗佳偶經竹軒几案椅榻無非以竹製成殊有雅人深致於菴中得遇素琴嫈香二校書方靜坐啜茗領略閒趣見余等嫣然一笑以眉目示意余亦徑過之若爲弗相識也者懼有議其後者也余有六絶句以紀遊蹤今録於後年年簫管泣秋風丁字簾前燕影空偶見隔湖小兒女鬢花簪得可憐紅秦淮韻事半成烟人影衣香爲惘然我是來年來消綺夢忍彈舊曲聽幺絃薄陰游女晚來稀妙相菴邊樹四圍隔著垂楊剛見得不知微雨濕秋衣我到隨園日已昏從前壇坫渺無存風流雲散難追憶月掛烟蘿微

有痕景陽宫殿久成空豐草蒙茸卧巨鐘井底寒泉流不歇但聽四野亂啼蛩遇雨將欹巾一角衝泥幾誤路三叉清涼山下四圍碧盡日騎驢自看花

黄浦帆檣

上海自與泰西通商時局一變丁未仲夏先子飢驅作客小住滬北戊申正月余以省親來遊一入黄歇浦中氣象頓異從舟中遥望之烟水蒼茫帆檣歷亂浦濱一帶率皆西人舍宇樓閣崢嶸縹緲雲外飛甍畫棟碧檻珠簾此中有人呼之欲出然幾如海外三神山可望而不可即也時西士麥都思主持墨海書館以活字板機器印書竟謂創見余特往訪之竹籬花架菊圃蘭畦頗有野外風趣入其室中縹緗插架滿目琳琅麥君有二女

長曰瑪梨幼曰琧瓓皆出相見坐甫定即以晶杯注葡萄酒殷勤相勸味甘色紅不亞公瑾醇醪也又爲鼓琴一曲抗墜抑揚咸中音節雖曰異方之樂殊令人之意也消後導觀印書車牀以牛曳之車軸旋轉如飛云一日可印數千番誠巧而捷矣書樓俱以玻璨作窗牖光明無纖翳詢屬琉璃世界字架東西排列位置悉依字典不容紊亂分毫與麥君同在一處者曰美魏茶曰雒頡曰慕維廉曰艾約瑟咸識中國語言文字此外皆洋行商人貿易之所居泰西亦設官以理商事辦事處亦有公署聞寶順行中多蓄珍禽異獸供人游觀北門外雖有洋行然殊荒寂野田曠地之餘纍纍者皆塚墓也其間亦有三五人家零星雜居類皆結茅作屋種樺爲籬多村落風景殊美其幽余當

時曾有感事詩四首附記於此其一海上潮聲日夜流浮雲黪
壘古今愁重洋門户關全局萬頃風濤接上游浩蕩東南開互
市轉輸西北共徵求朝廷自為蒼生計竟出和戎第一籌其二
蒼茫水國礪春寒鯨鱷消餘宴海瀾閭里共欣兵氣靜江山始
歎霸才難殷憂漆室何時已慟哭伊川此見端遠近帆檣賈胡
集一城斗大枕奔湍其三烽火當年話刼灰金銀氣溢便為灾
中朝魏絳紆謨畫竊海樓蘭積忌猜但出羈縻原下策能肩憂
患始真才于今籌國詎容誤爛額焦頭總可哀其四海疆患氣
未全舒此後疇能防守疏應有重臣膺管鑰早來絕域會舟車
土風誰補蠻彝志波畢今登貨殖書千萬漏卮何日塞空談國
計急邊備余至適逢上元鐙飾士女如雲觀者塞塗爆竹之聲
通夕不息誠極笙歌之樂事暢花月之大觀為一片承平雅頌
聲也己酉大水硯田亦有惡歲六月先君子見背余不得已棄
筆海上自此一出遂與故鄉久別矣睠念親朋笑言永隔迴思
花木魂夢常通重來之時正當秋九泊舟黄浦繫維暫宿獨對
孤燈淒其欲絕但覺風雨攪其愁懷波濤增其離況僅閲兩年
而憂樂之不同如此則境為之也余自己酉九月來上海迄壬
戌閏八月凡十有四年

莫釐攬勝

太湖為震澤巨浸浩淼乎三萬六千頃七十二峰沈浸其閒洵
大觀也湖中聳峙者為東西兩山莫釐縹緲高嶺雲漢世人推
為神仙窟宅昔有龍威丈人授神禹以金泥玉檢亦於此山余

屢思往遊未得其便咸豐甲寅八月二十六日天氣新涼西士
麥慕二君約同作洞庭之行申杪解纜舟經大東門外天色將
暝見敗壁頹垣蒼涼滿目城堞上人鬚髮畢顯時城為紅巾所
踞城外廬舍悉被官軍焚燬從浦中遥矚其殘盡撤而賊亦得
見官軍先為之備夜行數十里泊周浦塘二十七日曉霧溟濛
村舍都不可辨午霽抵閔行鎮風順約行百里暮過松江不及
入城夕泊泖河口夜雨聲滴篷背淒然興懷人之思二十八日
曉出泖口余卧未起九峰山色不及臨窗憑眺好風景失之交
臂山靈笑我矣午經周莊申刻至屯村暮泊同里二十九日曉
雨陰霾不開舟發過同里居民都未啟户午出花涇橋即至太
湖一水汪洋浩無涯涘湖中見飛鳧數百成羣盤旋貼水飛而
風作浪高濁流洶湧舟頗顛簸幸即收港得以無恐余坐船頭
縱觀被風吹帽入水亦可繼龍山之嘉話也未刻抵東山葉巷
村泊舟大石橋畔晦日天氣放晴風色殊横飯罷登山從新廟
盤折而上躋莫釐最高峰遥望湖中烟波縹緲峯巒雜沓麥慕
二君捷足善走探奇造幽不憚險阻余從山石犖确中行幾於
蹶腰折繼於後山觀音菴小憩抄出萬松叢中螺旋而下曲徑
通徼蹊篁擁翠石匠數十磨石鐫字巨塚巍然詢為潘氏墓道
是處墳冢纍纍地下人反得領略山趣東山諸嶺碧嶂丹崖參
差環繞踞巔一覽蒼翠萬狀惟景物荒蕪盡為鬼境可歎也爰
繞俞塢村陟前嶺而回遊山共行二十餘里足力未覺苦瘁回
舟小憩東山巡檢陳君作臣平湖人都司陳君作霖安慶人皆

來舟中劇談游況余攜有洋酒出以飲之稱為佳釀贊歎莫名洞庭人家依山結籬或壘石為牆短僅及肩築室萬峰之中絶好山色居人閉戶不遊真如頻伽詩所云始覺住山人亦俗關門讓與劇人看山在太湖中未至十月已覺森寒逼人夜間擁絮衾猶不能溫水國先寒斯言洵然聞洞庭山人善弋利多出貿於外風雅好事者殊稀故勝蹟名區絶少點綴並無園林池館泉石花木之勝居民善藝植盧橘楊梅諸果較他處特佳多捆載販諸遠近亦以利所在也余至時已是深秋空林葉滿景況蕭瑟諸果亦後剝落安期巨棗已不可得山中素產碧螺春以重價覓之村人亦無餉余者惟紅柿大異尋常作臣少尉以百枚來饋味絶甘美當時有一詩紀事聊録於此揚舲東下太湖渚躡石登臨眼界新不斷煙波千頃遠無邊蒼翠四山春羣峰合沓疑無路絶島蒼茫未見人更上莫釐最高頂狂風吹折郭公巾

西泠放櫂

余久慕武林山水之勝塵蹤羈遲未遑遠涉咸豐戊午九月二十日游興忽發買舟啟行為導師者東甌人封畫三也暮抵閔行鎮小泊二十一日曉霧溟濛辰刻抵松郡往遊超果寺方丈明慧大師導登觀音閣有片石刻像細緻潑水其上而像益顯俗謂潑水觀音二十二日晨抵平湖至城中博奇啜茗夕泊十八里橋二十三日晨過嘉興城外煙火萬家鱗次櫛比西郭茶禪寺前有三浮圖不甚高聳夕泊石門灣自嘉興至此沿河皆種桑樹養蠶取絲其利百倍誠東南生民衣食之源也二十四日晨過石門縣短堞周遭民居不過數家殊覺僻陋其地多盜夜劫行旅夜抵杭垣大關泊舟關外二十五日晨移舟松木場飯罷往游昭慶寺寺左右設肆鬻物者皆僧也大雄殿後有戒壇規模宏大係是新葺從昭慶寺出即見西湖烟波浩渺彌望無際疊嶂層巒變態萬狀誠一大觀也緣堤曲折而行至大佛寺佛祇半身而大已塞殿相傳是秦始皇繫纜石謂始皇東遊泛海艤舟於此西湖舊通江海語殊覺荒誕足力稍疲因上彌勒院啜茗屋宇精潔花木蕭疏疑為仙境從十三間樓眺望湖光山色盡在目中靜坐久之殊覺身非我有緩步至橋畔見斷橋殘雪碑上有乾隆御製詩行里許至照膽臺瞻仰聖像想見當日英雄猶在寺僧出漢壽亭侯玉印相示光采黝潤的係古物把玩不忍釋手瀹茗既畢至聖因寺觀石刻十六尊者像鬚眉生動寺中花竹垞娅窗几明淨小憩須臾塵慮盡滌二十六日午後喚總宜船往遊西湖先登孤山攬放鶴亭諸勝壁間有石刻林和靖小像此山宛在中央一葦可杭昔有梅花三百樹今存無幾然巒石聳秀巖樹蘢烟登之覺心曠神怡別有所會蘇小小墓在山麓繞孤山行數百步即是近為特鑑堂將軍所修治建亭其上題曰慕才好事者競歌詠之余以感風小病命櫂遽回諸名勝處皆未得游余登名山游古刹專在心靜氣閒領略閒趣如遇佳處披蘿尋幽捫石涉險亦所不憚彼瞬心人如猿玃之一往者殊弗解也既登岸頭風少瘥時結廬舍於湖壖

者皆富貴家别墅晝三素識施氏福隱山莊導入小坐臨湖一樓寬敞明潔瑤天閣中覩鼎鴨鑪陳設古雅開窗一望全湖在目如卜居此中可坐享湖山之福二十七日喚舟抵湧金門外入城登城隍山直造其巔山雖不甚高而雉堞參差蝸廬高下朗若列眉錢唐江如帶西湖若盂江天空濶頓豁吟眸讀立馬吳山第一峰句誠足以豪矣山腰多茶寮臨窗閒眺山氣蔥鬱波光淡蕩觸目無非詩料也出城登舟時已將夕疏星淡河漁火兩三微風不波舟去如駛自此與山靈一别正不知何年相見也

香海羈蹤

余年未壯即喜讀域外諸書而興宗慤乘風破浪之想每遇言

山水清嘉風俗奇異輒為神往惟以老母在堂不敢作汗漫遊庚辛之間江浙淪陷時局愈危世事益棘滬上一隅風鶴頻驚秋初老母棄養余硯田久涸本思餬口於遠方兼以天讒司命語禍切身文字之祟中或有鬼不得已蹈海至粵附魯納輪船啟行時同行者為江甯范春泉祖洛其弟鏡秋蕭山魯荻洲希曾并其友許識齋與作清談頗不寂寞每話亂後景況為之酸鼻舟行兩晝夜抵福州泊羅星塔兩岸重崖崱屴山氣蔥蒨撲人閩省多山城堞皆依山而築惟漳州平地差多閱月抵廈門市集頗盛翌日午後抵香港山童赭而水汩淢人民椎魯語言侏儷乍至幾不可耐余居在山腰多植榕樹窗外芭蕉數本嫩綠可愛既夕挑燈作家書隔牆忽有曳胡琴唱歌者響可遏雲

異方之樂祇令人悲香港本一荒島山下平地距海衹尋丈西人劈畫經營不遺餘力幾於學精衛之填海效愚公之移山尺地寸金價昂無埒沿海一帶多開設行鋪就山曲折之勢分為三環曰上環中環下環後又增為四環俗亦呼曰裙帶路皆取其形似也粵人本以行賈居奇為尚錐刀之徒逐利而至故貿易殊廣港民取給山泉清冽可飲雞豚頗賤而味遜江浙魚産鹹水者多腥生魚多販自廣州閱時稍久則味變上中環市廛稠密闤闠宏深行道者趾錯肩摩甚囂塵上下環則樹木陰翳綠蔭繽紛遠近零星數家有村落閒意博胡林一帶多西人避暑屋景物幽邃殊有蕭寂之致下環以往漁家蛋户大半棲宿於此中環有保羅書院上中交界有英華書院上環有大書院

皆有子弟肄業教以西國語言文字造就人才以供國家用英華書院兼有機器活字版排印書籍上環高處為太平山兩旁屋宇參差如雁翅碧窗紅檻畫棟珠簾皆妓女之所居也粉白黛綠充牣其中惜皆六寸膚圓雪光緻緻至於弓彎纖小百中僅一二容色亦妍媸參半其有所謂鹹水妹者多在中環類皆西人之外妻或擁厚貲列屋而居佳者圓姿替月媚眼流波亦覺别饒風韻或有乞余作香港竹枝詞者余口占答之云絶島風光水面開四重金碧煥樓臺海天花月殊中土誰唱新詞入拍來港中近日風氣一變亦尚奢華余初至時為經紀者多著短後衣天寒外服亦僅大布婦女不務妝飾妓多以布素應客所謂金翠珠玉借以作點綴者僅一二而已嗣後日漸富侈自

創設東華醫院以來董事於每年春首必行團拜禮朝珠蟒服競耀頭銜冠裳蹌濟一時稱盛而往時樸素之風渺矣熱鬧場中一席之費多至數十金燈火連宵笙歌徹夜繁華幾過於珠江此亦時會使然歟

穗石紀遊

香港絶島孤峙海中非一葦莫能杭余於癸亥十月始作羊城之游舟去如駛其平若砥登舵樓而遠眺得覽零丁洋虎門諸處所築礮臺久已殘廢海道雖深而兩旁相距尚遥守兵控扼殊難非恃乎礮之命中及遠不能收其效也城中廬舍鱗比商賈輻輳民物殊有豐阜之象誠炎方一大都會也往游河南海幢寺聞始為郭家園其後宏敞莊嚴為嶺南雄剎偶記佛殿楹聯云藩府開三摩海碧天青園日古榕開法界曹溪傳一指鴿飛鹿繞依雲老衲認禪燈相傳崇蘭堂前有鷹爪蘭乃郭園舊植好事者蓋之以亭環以欄楯識者比之優曇花余訪之人莫有知者附近多蒔花之圃異卉奇葩無所不具一至正月闤紅紫參芬芳如入祇樹林中復遊大通古寺南越劉晟賜名寶光達岸禪師住此化去有肉身祈禱輒應大通烟雨羊城八景之一寺有龍霞井四時不竭時出霞霧海上風帆影落井中城外以西關最為廣斥華林長壽兩禪院稱有名蘭若達摩從西竺來涉歷重溟三周寒暑始闢華林駐錫焉余遊屐所經低徊不忍去城内書肆數十家插架多新書舊帙奇編十不獲一茶寮頗雅潔食物價廉味美勝於港中粵東氣候常如初夏予瞻記

云四時皆是夏一雨便成秋洵然余初至粵相識殊稀時左司馬孟星吳太史子登皆在穗垣余未一詣有友寄居西關惠愛醫館留余小住每當夕陽欲落輒出外散步醫館毗連咫地即所謂新基深街曲巷別有洞天粉白黛綠充牣其中詢之人曰妓寮也地獄變相不過如是相隔里許曰穀埠悉泊畫船大小不等鷁首連峙雁齒横排就河劃界分上中下焉其間皆妓之身價自高者居之客欲開夜讌必揮霍十餘金或數十金不等謀夜合歡者纏頭之費亦與相埒笙歌雷沸燈火宵明為銷金鍋焉海珠在城南五羊驛前排湧出海中其平如掌有樓月夜可以登眺城市遠近朗若列眉珠江之得名以此固烟花之藪澤風月之壇場也凡遊十日乃返櫂致書所知云韜鄙小材羈棲下旅王粲之託荊州已嗟得所敬仲之奔他國能勿傷懷屢欲一游羊城以擴眼界重訴心期緬吳漢之舊疆覽尉佗之遺跡講學則仲衍甘泉其人也談詩則梁屈陳三家固嶺南之大宗也經白沙之村而想其高風讀赤雅之編而悲其身世之與我同也乃游羊城一無所遇靈氣所鍾流風邈絶豈翁山海雪輩求諸今日而已難哉

物外清遊

余羈旅香海閉門日多罕與通人名士交接讀書之暇惟與包榕坊孝廉作物外游臨水登山列饒勝趣最近為博物院中藏西國書籍甚夥許人入内繙閱輿地之外如人體機器無不有圖纖毫畢具院中鳥獸蟲魚草木奇花卉神采生新製造之妙

殆未曾有院旁即觀劇所西人於此演劇奏樂伎大抵搬運之術居多神妙變化奇幻不可思議英人所設書院三所曰保羅書院主其事者曰宋美曰英華書院主其事曰理雅各曰大英書院主其事者曰史安皆許俊秀子弟入而肄業學成則備國家之用或薦之他所保羅書院與會堂毘連一帶修竹蕭疏叢樹陰翳細草碧莎景頗清敞每至夕陽將下散步其間清風徐來爽我襟袖輒為之徘徊不忍去中環房舍尤精多峻宇雕牆飛甍畫棟所設闤闠多絕大貿易衢路亦開廣故不若上環之甚囂塵上近臨水濱有自鳴鐘甚巨聲聞十許里外博胡林相距較遠為西人避暑所居霧閣雲窗窮極華美四圍環植樹木雜以名花綠蔭繽紛綺交繡錯中庭流泉瀠瀠噴薄而出室內

湘簾棐几玉碗晶杯入坐其中幾忘盛夏不必雪藕調冰浮瓜沈李也理君於課經餘閒時招余往作竟日流連一榻臨風涼飈颯至把卷長吟襟懷閒曠余謂此樂雖神仙不啻也理君不敢獨享必欲分餉真愛我哉距數十武有蓄水池澄波數頃徹底可鑒旁設兵舍有專司之人蓋恐人有投毒物於清流者也港人飲水多仰給於此雖遇旱乾亦無害飲和食德沾被廣焉博胡林左右所有西商别墅多由漸拾級而上建屋諸式均各異觀雉堞周遭層臺軒敞隱然若防敵國西人於居家亦講求武備如此其屋或在山腰或踞山脊造其巔而遠望焉四顧蒼茫浩無涯涘岡巒若垤海水若盂船艦横排具有行列亦可擴胸襟而豁眼界矣附近有仿日本屋宇紙窗竹欄亦復雅潔可

喜香港素無蚊惟其地多長林豐草夕間安睡頗有蚊患亦一憾事再由此曲折而登更上一層則為山頂小屋數椽窗明几淨守者所居户外高矗一竿上懸旗幟外埠有船至則一旗飄颺於空中從下瞻之瞭然可識余曾至懸旗處當風而立擲手中巾於地仍復飄回守者謂無論何風必向内而吹亦一奇也遠客來遊此間必往公墅公墅廣袤數十畝雜花異卉高下參差惜無亭榭樓臺為之點綴殊遜於中國園囿耳每日薄暮踆烏將落皓兔旋升乘涼逭暑者翩然而來霧縠雲裳蕉衫紈扇或攜手偕行殊覺於此興復不淺此亦旅舍之閒情客居之逸致也

新埠停橈

余至香海與西儒理君雅各譯十三經旋理君以事返國臨行約余往游泰西佐輯群書丁卯冬書來招余遂行香海諸君餞余於杏花酒樓排日為歡十一月二十日附公司輪船啟行已正展輪與余左右房相鄰者為法國醫士備德國普國船主堅吳略通華言船中無物不具侍役皆西人房外即飯廳非食時亦可小坐觀書舟離香海未卅里即覺簸蕩供午餐不能食僵卧至晚既夜燈燭煇煌朗如白晝翌晨頭暈稍可强登舵樓以遠眺彌望汪洋浩無涯涘海面遥見飛魚成羣鼓翅翱翔似有行列二十七日辰正抵新嘉坡泊舟正埠距廛市尚十許里僱車登岸覓寓於海濱一酒樓園囿寬廣樓臺軒敞叢樹雜花風景清綺晚餐肴饌精美器具雅潔丹荔黄蕉盈盤璀璨座客皆

供以冰時序正當嚴寒而其地熱如盛夏黃赤道氣候之異如此持友人書往訪宋佛儉同乘馬車環游一周為言余舊識邱天生亦在此走詢其家妻孥團聚其二女木屐桶裙作馬來妝見余仍操上海土音各喜海外相逢出於意外邱嫂略知上海烹魚法殺雞為黍以款余久不嘗鄉味食之殊美夕留余宿小屋三椽云是新築自上海回出囊貲所購者清晨天生偕其子為余入市售食物余閲此間闤闠熱鬧可往觀乎曰可乃以車代步市中亦有酒爐茗寮彷彿粤垣登樓買酒所飲無算地多潮郡女子多作異樣裝束衣履與粤垣迥殊然點綴生新亦饒別趣新嘉坡古名息力華人之貿易往來者不下十餘萬多有自明代來此購田園長子孫者雖居處已二百餘年而仍服我衣冠守我正朔歲時祭祀仍用漢臘亦足見我中朝帝德之長涵皇威之遠播矣聞前時斌京卿椿持節過此曾有頂帽補服前來謁見者其念念不忘名器之尊故土之樂有可知已使我朝能以一介之使式臨其地宣揚恩惠憑藉聲靈俾其心悅誠服歸而向我樂為我用豈非於海外樹一屏藩哉新埠疆域廣袤華人多居平地深山邃谷多為華人足跡之所未到層巒疊嶂之間樹木叢茂林箐深密皆土番之所處結廬種地自樂其天即其地之古民焉善符咒咒物能生致之咒林中飛鳥立墮咒虎能使之馴伏牽入市中售之於人初不虞其噬也其擅異術如此每日必雨以潤生物雨過日出晴晦之狀頃刻萬變多產果實結子纍纍於樹閒翠綠紅黃絢爛可觀土人日必一浴生長於其地者亦必以冷水灌頂否則必患熱病米穀既饒雞豚亦賤居者易於謀生終年一襲單衣可卒歲矣多產鸚鵡白羽翠毛紅咮黃距其色不一余購二頭籠歸船上閲日偶疎羈靮即羣飛去

錫蘭佛跡

錫蘭在南印度東南洋中一大島也周迴千有餘里自檳榔嶼行五日而抵埠乘小舟以登岸近岸風濤尤猛激石翻銀跳珠濺雪不減廣陵八月之潮沿海濱行數里至一城覓寓舍殊寬敞樓正面海入夜濤聲喧訇枕角二西人備德堅吳相約同寓許之同乘高車游歷各處登高山詣一古寺僧寮四五輩皆偏袒衣黃衫山門規模略如中國佛像莊嚴或臥或坐或起立有一僧膜拜誦貝葉經梵音清朗約略可辨布施銀錢卻而不受詢以釋迦牟尼古跡則掉首不答余誦大悲咒與聽則合掌聳耳似有領會下山環歷園圃花木繁綺林樹鬱蔥而游者殊少驅車至郊外涼風徐來見有黃教紅教諸衆散行野田中意甚暇整有一土人能操英語前來導游入一公園廣袤無際其中男婦老少或行或坐皆作清游以娛晚景導者令園丁以水晶杯貯葡萄釀出而餉客一巡既過別以銀盤乞錢園中一廳多羅致奇珍瓌寶令人目不給賞前見小寺多石幢柱八角而頂刻蓮花令觀園中石幢林立上鐫梵字殆彼都人士性之所好與入山一路皆茂林修竹風景幽靜有小鳥鳴於林閒其聲宛轉可聽詢之土人亦不知其名佛祠俱建於山脊須盤折而上

有一古蘭若據山之阜頗覺荒寂佛像剝落窗檻損壞樹木蕭疏苔蘚徧地至其建置之年寺中竝無碑誌不可得而考也聞有卧佛長三丈許幾於橫塞一屋旁侍二尊者法像亦巨寺在沙地殿宇狹隘規制卑陋不足稱也余故未及往觀按錫蘭爲我佛如來降生之地遺跡尚存自佛教流傳中土晉法顯北魏惠生唐元奘皆親歴其境今覽佛國西域諸記班班可考明永樂年閒太監鄭和曾賚法器寶旛布施寺中或傳尚有釋迦涅槃真身在寺香花供養華人之來此者當以鄭和爲能副其職俾國威遠施於域外嗣後華人亦幾絶跡矣過此則爲自古不通中國之地故在錫蘭欲覓一華人殊不可得錫蘭房屋多參洋制然不甚高廣外障蘆簾内施窗牖行衢市中絶不見室以内人堅吳欲導觀土妓余婉辭之各店以象牙玳瑁諸器來求售者紛如也頗多贋品索價亦殊昂略購一二以充贈遺錫蘭有城堡有礮臺設兵居守有一總督駐劄其地有議會以治理政事向爲强國民户甚繁葡萄牙荷蘭迭據其地英人遂而有之向來各部設立一主爲民閒所公舉後廢有野民居島之深處云是土番遺種爲人跡所不到以樹果穴獸爲糧幾有上古茹毛飲血之風焉豈釋迦牟尼時即有斯族歟所不可解已

庇能試浴

東南洋中諸島嶼皆林樹叢茂遙望之蔥鬱之氣撲人眉宇從新嘉坡行二日乃抵庇能是島亦英之屬地庇能閩人音一名碧瀾亦曰檳榔嶼山水明秀風景清美洋房櫛比氣象高皇輪舟至此例停四時許以便裝載煤炭余與二西人登岸同乘四輪高車遊行各處醫士備德謂山頂有泉可浴盍往一觀車行由漸而上初不覺其高至則同舟人大半皆在室甚軒敞坐甫定即進酒醴供餅餌意甚敬恭須臾館人請浴曰湯已具矣導入浴房則每人各據一室余推扉而進拾級以上則方池開廣可容十餘人試之冷水一泓深不可測不敢縱身入内祇坐石上洗濯然已寒意襲兩腋閒殊不可耐矣亟趨而出呼酒狂飲船主堅吳謂時尚早此地不可久淹盍覓佳處以暢襟懷驅車遂行所經多别墅名園碧樹緑陰紅花翠蔓點綴其閒殊覺絢爛其屋皆孤峙園中四周圍以欄檻入其内湘簾棐几褕翟貼地潔無纖塵出而迓客者皆女子肌膚如淡墨色覘其眉目頗覺娟好殆娼豬之儔也見客殷勤欵留捧銀盤以檳榔進余出笑問堅吳曰此何地歟堅吳曰此妓室也堅吳蓋好作狹斜遊者令車夫爲先導車夫探懷中册以示則皆紀妓之著名者也又至一家較勝於前堅吳乃喜形於色余與備德舉杯對酌摘樹上果爲下酒物意蕭然也歸舟見麻六甲人持器物求售如珠寶鑽石之屬多贋品揮之乃去時舟尚未開予造舵樓憑欄眺望見水中拍浮者皆羣小兒也齒白唇紅其肉黑幾如漆見客嬉笑乞錢所駕小舟刳木爲之首尾兩槳棹之如飛偶以兩足踏船翻身落水中船亦隨覆出没波浪中狎之如鷗鷺洋客競投以銀錢羣於水中撈得之高擎其手舉以示客象罔求珠無此靈捷也埠中貿易者約數萬人閩人多而粤人少聞有許

君其人者頗風雅曾為甲必丹擁貲鉅萬土人獉狉未變亦巫來由種類所產異鳥小猿亦足珍重迤南高山峻嶺直接霄漢瀑布長十餘丈亦殊可觀惜未及往數日舟行殊穩風浪平靜如居室中所歷小嶼多作團圞形林木暢茂舟中無事剖椰子食之作青色者尚嫩甘漿盈溢可以解渴吻祛睡魔天氣晴朗羣山皆出舟之南面環青聳碧綿亘數百里者為蘇門答臘按東南洋諸小國列於職方歲時朝貢以備共球自明中葉至今盡為歐洲列國所分踞視為東來之要道蠶食鯨吞幾無寸土而海外之屏藩撤矣予偶與備德言之亦為欷歔不置為言此間如新嘉坡等處亦有藩王即古之君於其國者為英官所節制僅擁虛位食廩祿而已嗚呼盛衰無常可勝歎哉

亞丁夜讌

亞丁為紅海口外形勝之地屬阿非利加洲本隸阿剌伯後為英人所踞駐兵泊舟為歐洲西來之要道其山童赭無一草一木日光照之作紅色終歲無雨視水尤為珍貴牲畜穀蔬皆取之於外物價殊昂自錫蘭至此六千四百餘里非有此埔頭則煤炭無從接濟淡水食物亦不能繼輪船經此誰供其困乏者英人以其為東西往來必由之路特設重兵以資防守泊舟之所有兵房煤廠信館酒樓巍然竝峙地勢與阿剌伯毘連英人就山以築礮臺山盡處東西各為一山山形突兀怪石嶙峋横出海面中廣十許里天然可以停泊西人自通商至者皆環東山以居英之戍兵二千有餘以阿剌伯人皆奉回教其性剽悍

狙詐動輒刼殺不可以理諭以故設兵宜多時剛十二月而天氣炎熱如盛夏以地在赤道下故其人皆黑肉紅脣卷髮如蓬葆酒樓頗軒敞甫入即有二三童子持扇取風同船數西人留余夜讌呈食單請擇其精美者有日耳曼樂工男婦十餘人自其國中來將鬻伎於印度道經此間聞有設讌者前來奏樂所持樂器形製詭異不可名狀一樂既興衆音畢奏或激昂慷慨或宛轉悠揚或聲宏壯鏗鏘或如鐵騎縱横盪決有若沙場戰鬬聲須臾特作霹靂鳴衆樂遽止樂工離座至席前以銀盤乞賞或畀以銀錢一二枚衆婦中有一女僅十四五齡月媚花嬌異常秀麗獨睨視予微笑不語衆謂之曰此中華文士也能作詩歌女益喜躍浼衆請予亦歌一曲予曰歌則我不能請為吟

古人詩句聊洗箏琶俗耳何如衆曰善余為吟高青邱七律一章其音高以抗淵淵如出金石衆俱鼓掌歎賞顧謂女子曰卿必有以答之女子請為彈琴唱歌以侑一觴琴韻歌聲各極其妙或脆同裂帛或響可遏雲靜坐聽之彌覺神遠衆咸曰今日耳福洵不淺哉特呼香賓酒徧餉樂工女子凡罄三爵即以其杯斟酒奉予予為之一吸而盡見予所持扇索觀字畫愛玩不忍釋余即舉以贈之始致謝慇勤握手别去是夕飲者皆大户酒興淋漓咸有醉態歸舟已子正清波微緲皓月横空上下水天江洋一色亞丁亦有城堡距泊舟處約九里許恒有馬車來迓頃刻可達土人多驅駱駝以運水行沙漠中不虞暍渴其沙甚細摶之可作餅餌以火炙熟亦堪下咽果爾則耗土醜人永

無絕糧之厄矣抑何幸也至於地土之枯瘠人民之窮苦物產之斷絕未有若亞丁之甚者也按昔時英人東來之海道皆繞好望角而至中華自咸豐年間始由亞丁直抵紅海陸行百七十里而至地中海計程可近數萬里誠捷徑也於是好望角形勢之雄遂成虛設逮至蘇彝士運河一開東西輪船均可直達局面又一變矣地勢無常可勝慨哉

改羅小駐

自亞丁行五六日路約三千八百餘里有地曰蘇彝士上古名國埃及之屬土也近岸有西人所設旅館頗軒爽宏敞中庭有巨缸蓄金魚活泉噴注高激丈許魚在其中游泳自得凡同舟中人登岸者必集於此啜茗飲酒與衆逍遙或則仍歸舟中或

別覓寓所時堅吳備德二西人已乘輪車先發余與夏文偕行夏文在印度督署司筆札乞假遄歸攜有一子一女年十三四歲許時將入地中海天氣驟寒可著珠皮寓中尚未圍爐亦覺不寒而慄所供肴饌頗豐潔晚飯罷余即倦而眠夏丈約余出觀夜市辭之翌晨早餐後即登輪車始行猶緩繼則如迅鳥之投林狂飈之過隙林樹廬舍瞥眼即逝不能注睛細辨也所經皆村落多土室日作淡黃色漸有冷意久之停車道旁有屋宇十餘椽蓋買醉之黃壚也食物畢備男婦紛然俱下各據一座沽飲焉須臾搖鈴招客車遂啟行午後抵改羅埃及之都城也城外隙地頗極寬廣陳果品逐什一者婦女居多肌膚已漸作黃色面目亦無異人處惟多以白布蔽面僅露雙睛睒睒向人

狀殊可怖入城見甲士持械夾道立循西例也衢市稠密而屋制頗卑陋寓舍格局堂皇房宇精美所供肴饌亦殊豐腆長桌兩行可坐百數十人食時有日耳曼人進而作樂音韻鏗鏘自蘇彝士至改羅都城計程三百七十八里命車往觀闤闠環行一周西北行二十餘里入山林樹扶疏訪所謂古王陵遺跡尚有存焉者有一石洞傴僂可入中有石棺叩之淵淵作聲有一禮拜堂高踞山巔規模宏遠堂高幾四十丈直聳霄漢四壁皆雲石光怪陸離不可逼視堂中玻璃燈大異尋常燃燭須萬枝輝耀遠近守者俟遊客至跪而進履易之而後入謂聖地不可輕踐也鋪地盡以雲石細膩滑澤殆無其比其地多驢殊健能涉遠而價亦甚廉是役也以待易船小住三日乃行復乘輪車

歐遊雜錄

至亞勒散得乃彼處一海口也自改羅至此陸路四百八十九里街衢房舍與都城髣髴按埃及一國聲名文物久著西土以曾為土耳機所統轄故多奉回教土特設總督以相控制旋總督叛土自立政由己出英人從而助之開疆拓土漸次稱雄得復古國之舊蘇彝士東南界紅海西北接地中海為兩海之頸地英人特築火輪車郵遞文書迎送客旅東來之道以此為捷徑近日自法人里息新開河道而輪車之鐵路行者漸稀矣時局屢變人事無常可勝慨哉西人以埃及所傳為上古文字曾經英法博學之士細為推究而知其係象形為多或間有同中國蝌蚪籀篆文者可知原始造字之意六者俱備原無分於中外也自後世雜學紛歧競趨淺易而古意亡矣

漫游隨録

道經法境

長洲　王韜　紫詮甫著

由亞丁出則為紅海由亞勒珊得出則為地中海觀所繪地圖紅海兩岸皆山峽竝不廣濶晴日和風舟平如砥然行四五日登舵樓以望亦復杳無涯涘蓋其濶約五百餘里云相傳當中國商時摩西率以色列民出埃及埃及王法老追襲其後摩西偕衆竟履紅海而過法老隨之俱陷没於波濤中至今陰雨之際猶聞鬼哭聲啾啾然地中海風浪急於大洋蓋島嶼迴環而繼之以波濤相激薄洄漩以故其力愈勁船行顛簸諸客皆不能食余亦惟有僵卧而已行四日抵墨西拏意大利國埔頭也

至此例停舟一時許遥望北面諸山項積雪皚皚天氣陡覺寒冷意人求售珊瑚者麕至午刻啟行日光晴朗以遠鏡窺之峰巒聳峙怪石嶙峋有如蹲豹卧獅其作人形者亦如五老秉笏垂紳縹緲雲外越兩日抵馬塞里法國海口大市集也至此始知海外闤闠之盛屋宇之華格局堂皇樓臺金碧皆七八層畫檻雕闌疑在霄漢齊雲落星無足炫耀街衢寬廣車流水馬游龍往來如織燈火密於星辰無異燄摩天上寓舍供奉之奢陳設之麗殆所未有出外已預備馬車俱有定價無多索也偕夏文環游市廛一周覺貨物殷闐人民衆庶商賈駢蕃即在法國中亦可屈一指偶入一館沽飲見館中趨承奔走者皆十六七歲麗姝貌比花嫣眼同波媚見余自中華至咸來問訊因余衣服麗都嘖嘖稱羡幾欲解而觀之須臾一女子捧銀盤至中貯晶杯八所盛紅酒色若琥珀余曰此所謂葡萄美酒夜光杯也女子舉以飲余一吸而盡余曰此彼姝之所以餉客者然酬酢之禮不可闕也亦呼館人具酒如前女子飲量甚豪一罄數爵夜半附輪車至雷昂計八百四十七里丑杪已報車抵其處從車牖中望之火若繁星光明不夜車不及停輪其去若駛午正至巴黎斯即法國都城也其氣象之繁華規模之宏遠雷昂所弗逮也持戟之士紅褌黑帽肅然鵠立道左無敢譁者自海口馬塞里至法京巴黎斯計程一千八百餘里為時不過七八輪車之迅捷真如飆飛電邁矣按由亞勒珊得取道意大利境其內多火山入夜烈燄飛騰遥望之殊有可觀墨西拏入夜燈火連綿晝日水天一色其景尤奇馬塞里泊舟之所烟波浩渺心曠神怡其國所設加非館棋布星羅每日由戌初至丑正男子咸來飲酌而妓女亦入肆招客男女嘲笑戲狎滿室春生鮮有因而口角者桑間濮上贈芍采蘭固足見風俗之淫泆英國則不然是則猶近於古歟或謂法京巴黎斯惟馬達蘭街義大廉街則多傭幼女凡青年之佻達者可與締交若他處傭保則皆男子非出一例也自香港啟行抵法國馬塞里凡四十餘日若取道於德國尤近二日程云

巴黎勝概

法京巴黎為歐洲一大都會其人物之殷闐宮室之壯麗居處之繁華園林之美勝甲於一時殆無與儷居民百餘萬防守陸

兵三十萬按街巡視鵠立道左無不威儀嚴肅寂靜無譁此外亦設巡丁密同梭織寓舍宏敞悉六七層畫棟雕甍金碧輝耀馬達蘭街義大廉街加非館星羅棊布每日由戌初至丑正男子咸來飲酌妓女亦結隊成羣聯翩入肆游詞嘲謔亦所不拒客意有屬即可問津捨一金錢不僅如吳市之看西施也道塗坦潔凡遇石塊煤滓稍有不平石匠隨時修補車聲轔轔徹夜不絕都中以宮殿最為鉅麗宮門外臨街有樓翼然其下可建十丈之旗車馬皆由此而過入內樹木蓊然鬱茂一望青蔥再進環之以池鐵欄之內則為禁地人不得入如國王駐蹕宮中上懸一旗出幸則否凡欲遊王宮者俟王他出先謁其國之駐劄公使乞其名柬為先容例得入而瞻仰焉王宮左右悉係大

商巨鋪格局堂皇酒樓食肆亦復櫛比客至呼肴咄嗟立辦市廛之中大道廣衢四通八達每相距若干里必有隙地闢之圍以鐵欄廣約百畝盡栽樹木樾蔭扶疏遊者亦得入而小憩蓋藉以疏通清淑之氣俾居人少疾病焉至於藏書之所博物之院咸甲於他國法國最重讀書收藏之富殆所未有計凡藏書大庫三十五所名帙奇編不可勝數皆泰西文字也惟波素拿書庫則藏中國典籍三萬冊經史子集略備余友博士儒蓮司其事儒蓮足跡雖未至中土而在其國中鑽研文義繙譯儒釋各經風行於世人皆仰之為宗師奉為圭臬博物院中分數門曰生物曰植物曰製造曰機器曰寶玩曰名畫廣搜博採務求其全都中非止一所尤著名者曰嚕哇棟宇巍峩樓閣壯麗殊

耀外觀余至畫苑見有數女子入而臨畫或調鉛握槧僅成粉本或已施彩色渲染生新余近視之真覺與之畢肖有一女子年僅十五六所畫已得六七幅皆山水也悉著青綠色濃淡遠近意趣天然余偶贊之女子與導余入者固相識特持一幅以轉贈余殊可感也一夕導者偕余觀影戲時不期而集者千數百人余座頗近觀最明晰所有山水人物樓臺屋宇彈指即現生新靈動不可思議其中有各國京城園亭綺麗花木娟妍以及沿海景象蒼茫畢肖更有各國衙署崢嶸聳峙恍若身臨法京水晶宮殿尤為閎敞鉅麗光怪陸離幾於不可逼視他若巍峩之樓觀華煥之亭臺明窗綺牖纖毫透徹咫尺如在目前尤奇者為羅馬國亞喇伯之古高山層巒疊嶂居天下之至峻洵

屬大觀此外所影飛禽走獸奇形詭狀者或生自上古或產於異地均莫能名見之者真不啻環行歐洲一周矣

法京古蹟

法京中多前王拿破侖遺跡至今遊人觀覽者猶想見其功烈之崇隆勢位之烜赫焉有埃及石柱一高可十六七丈廣可八九尺下濶而上銳四周鐫埃及上古文字幾於剝泐不可識相傳三千年之古物也昔時埃人掘地所得以為至寶八十年前法王攻埃克之入其都城基改羅見此石聳峙突兀愛之乃以巨艦載之回國從地中海達於京師輦致之費不貲爰為構亭置之通衢望之若凌霄漢其亭曰依接順阿比利斯余近臨柱下拂拭而觀之埃及字有若雲形殆古之雲師而雲名者黃帝

氏之苗裔歟惜無好事者手搨其文攜至中國俾識俾古博覽之士一考求之法王昔年與歐洲列國構兵所向克捷幾於一統因以歷戰所得大礮鎔之建一鐵室高敞宏固古無與埒牆壁窗檻椽角棟柱無非用鐵鑄成輪奐悉雕刻花卉鳥獸精緻細巧室外圍以鐵欄欄上纍纍懸繫者悉王冕也殆不下千計其冕或以雜綵編織所成國中士女所貽者也西國之例有功謂之加冕今懸冕所以旌軍士之功而念其勞勩也若謂非藉軍士力則不能宏戰勳獲敵器至於如此室曰比治士亞符干葛亦在衢路闤闠法王所建最巨者莫如紀功碑樓其旁隙地空曠東西南北每方大抵不下五百丈樓作四方形而中貫若十字其下行人可以出入廣可容車馬四周環以鐵欄有數門可

登常鍵不啟而專設弁兵掌瞭望司管鑰每值禮拜四日門始大闢遊者亦得入焉樓之基址垣壁悉用堅石築成鞏固屹峙形勢崢嶸其高約二十餘丈所勒字廣徑五寸皆敘列征伐兼併事幾至四壁皆滿金赤參錯炫麗可觀誠非常之鉅工也四方文士舟車往來出其國都者無不喜詣碑所循覽誦讀徘徊不能去歎美戰績之盛而惜其勳名之不終樓名荷治亞符德來拉恩時有英人為導師者偕余至訪古院其名曰繆爵英院中專儲古器凡木石金玉書畫物玩遠至三千年近亦數百載其制度規模俱可因是以想見固足資考鏡者之一助也院旁為羅馬古宮雖頹廢已久而遺跡猶存所有石人石獸各像軀幹雄偉意態如生亦一奇也是日風清日暖往訪博士儒蓮法

所稱博士猶中華之翰林掌院學士也為素波竽書院監督院中庋華書三萬冊目錄凡三卷儒蓮好學媚古壹志窮經足跡雖未至禹域而譯書已裒然盈尺見余喜甚握手接吻待若上賓儒蓮通中國文字能作筆談今有尊者代為傳言故無煩管城子為介紹也儒蓮原籍猶太年垂六十而惟生一女近以疾殞年僅十六其像即懸書室碧眼修眉花妍月媚余不知而指問之儒蓮泫猶涔涔下蓋過時而猶悲也既別往遊柏羅旺囿流泉潔繞佳木蔥蘢遊女如雲風景清遠誠足以娛目騁懷而得遊覽之逸趣矣

法京觀劇

法京中遊玩廣場非止一所一曰孛黎士一曰礬士伊別闕勝

境可號名區孛黎士正當要衢南通鉅橋北接大街王宮翼其西聖院峙其北洵足擅一都之形勝焉礬士伊地殊寬濶約四五里許東狹而西廣由漸恢拓略如張箕形有一通衢橫亘其中兩旁編植樹木青蒼一色彌望蔥蘢戲館樂院悉在其左右晝則車馬殷闐夜則笙歌喧沸尋春俠客挾彈王孫掉臂遊行其間以為樂甚至一夕之費動逾十萬金錢罔所吝惜每值良辰令節國慶民歡名劇登場士女雲集人人俱欲爭先快覩娛目賞心無以過此戲館之尤著名者曰提抑達聯座接席約可容三萬人非逢慶賞巨典不能坐客充盈也其所演劇或稱述古事或作神仙鬼佛形奇詭恍惚不可思議山水樓閣雖屬圖繪而頃刻間千變萬狀幾於逼真一班中男女優伶多或二三

百人甚者四五百人服式之瓌異文彩之新奇無不璀璨耀目女優率皆姿首美麗登臺之時袒胸及肩玉色燈光兩相激射所衣皆輕綃明縠薄於五銖加以雪膚花貌之妍霓裳羽衣之妙更雜以花雨繽紛香霧充沛光怪陸離難於逼視幾疑步虛仙子離瑶宫貝闕而來人間也或於汪洋大海中湧現千萬朶蓮花一花中立一美人色相莊嚴祥光下注一時觀者莫不撫掌稱歎其奇妙如此英人之旅於法京者導余往觀座最居前視之甚審目眩神移歎未曾有此外之戲約有四端一曰搬演能納大於小變有為無又能使禽鳥蟲魚頃刻出諸籠中取之不窮幻化莫測幾疑於神他若翦布再續無異故體用索縛人立能自解以及吞刀吐火緣繩走壁藝術勇力皆臻絶技一曰

影戲專用玻璃畫片取光於巨鏡人物生動意態逼肖園林水石屋宇河山皆係實有其地竝非虛構兼以日月星文光華掩映恍疑置身在霄漢中其巧幻如此一曰馬戲多以少年婦女便娟輕捷者為之縞衣長裙乘馬疾馳如風能於馬背飛躍當兩馬電駛之時一躍竟過令觀者瞥不能辨技最神者能於馬上躍升高際空中懸圈數十圍外蒙薄紙一躍能破紙圈二十飛燕之淩風欲翔翩仙之踏塵無跡未足喻其輕盈也又能馬上擲球其大如斗圓轉盤旋幾如宜僚之弄丸五色陸離令觀者神眩一曰跳舞髫年麗姝悉袒半身執花翩躚而集進退疾徐具有法度或有以童男女雙雙對舞流目送盼媚態横生亦殊可觀此外如戰陳紛馳魚龍曼衍天魔獻瑞異狀雜陳則又

五花八門應接不暇矣臺下雜坐樂工數十人八音競奏鏗鏘中節或作鈞天廣樂鼉吼鯨鏗幾於震耳或為和諧靡曼之音靜細悠揚各極其妙余至法京時適建新戲院宏巨逾於尋常土木之華一時無兩計經始至今已閱四年尚未落成則其崇大壯麗可知矣

博物大觀

法京博物院非止一所其尤著名者曰魯哇棟宇巍峩崇飾精麗他院均未能及其中無物不備分門區種各以類從彙置一屋不相淆雜廣搜博採務求其全精粗畢貫鉅細靡遺凡所臚陳均非凡近耳目所逮洵可謂極天下之大觀矣今為約舉言之已可略見一班一曰生物凡一切鳥獸蟲魚以及骨角毛羽

弢園雜錄

皮革齒牙罔不收羅其間珍禽瓌物奇形異狀皆屬未經目覩始知天地間所産有不可以尋常意計測者一曰植物凡草木花卉集自遐邇喜寒愛煖種類非一苟遇遠地之名葩珍木無不多方羅致藉以增長識見蓋非徒以益誇炫耀觀瞻也一曰寶玩區以古今二種古器如杯碗瓶盎文彩内含寶光外射五色陸離輝煌耀目他若古磁古銅色澤斑駁聲質精醇迥非近今所能仿造更有各種牙器螺器鏤刻工細欵式精良以及閨閣中之鈿釵環釧各具雅致類皆祕諸玻瓈匣中珍護異常每器悉編列時代名字及作者姓氏俾入觀者一覽了然今器如各種寶石及採山搜淵所得諸品珍奇瓌異殆難悉數火齊木難未足方喻也一曰名畫悉出良工名手清奇濃淡罔拘一格

山水花鳥人物樓臺無不各擅其長精妙入神此皆購自殊方異國無論年代遠近悉在搜集甚有尺幅片楮價值千萬金者八法至此技也而進乎神矣西國畫理均以肖物為工貴形似而不貴神似其工細刻畫處略如北宋苑本人物樓臺遙覗之悉堆垛凸起與真逼肖顧歷來畫家品評繪事高下者率謂構虛易而徵實難則西國畫亦未可輕視也另有鬻畫苑許人入而臨摹有合意者即可出重價購之以去一曰製造凡物經人工所創建者貴賤宏纖竝皆藏庋苟能自出新意製成一物立即置諸院中標其姓字以旌其功是亦古者物勒工名之意也西國之例凡工匠有出新意製器者器成上稟公局給以文憑許其自行製造出售獨專其利他人不得仿造須數十年後乃弛此禁其法亦良善也其鉅者如行水舟艦大小畢具行陳器械長短利鈍咸備甲冑刀矛森列左右皆係徧採之各國故形式致不相同如美洲之因甸紅人澳大利亞之土番新嘉坡之古民所用之功箭弩矢劍戟刀棍亦無不有其他各物更僕難悉往遊者無不興觀止之歎余以海角羈人而得覩其盛不可謂非幸已導者璧滿英人之旅於法者夏文之好友也與法國傳教者相識導觀一院堂宇潔清規例嚴肅乃童貞清修習靜之所法國處女皈教不嫁者謂之童貞內有掌教者為之講貫膜拜諷經俱有時刻胸際均懸十字架院外小鋪陳列十字架求鬻者牙角銅木無一不具相距數十武有一院專藏機器模式聞向時亦童貞之所居此外有一院曰穆西黎列屋五間深廣崇閎專藏法國古今各式軍器古時戰鬭之際亦尚甲冑其器械亦惟刀矛弓矢自火器興而皆廢矣法國之法郎機安知不由中國而傳入者哉閱其所陳戰具亦可悉古今沿革之源流而行兵強弱之殊矣

遊觀新院

余既遊魯哇博物院數為觀止璧滿曰君亦嘗往觀新院乎余曰未也曰惜君來也晚未得躬逢盛典而極大觀令代為述之尚覺神往焉余乃驅車同行初入院中見曠地數百弓敞朗空濶一望平遠導者曰此演武場也用以備兵士操習技能止齊步伐法君於遊觀之中亦寓行軍之意其窮兵黷武略可想見矣所歷堂宇樓閣亭臺房榭屈曲方圓其式不一宏壯巍煥者

弢園雜錄

不下數十所悉以雕石築成鞏固異常華貴之室其下備有水道聚水盈池猝遇鬱攸立可熄滅樓之高者幾凌霄漢雕檻晶窗縹緲天外雖齊雲落星猶未足方喻也院旁闢地為園栽百草植名花喬木千章巨樹十圍無不羅致綠陰稠疊碧蔭繽紛人行其間幾忘炎暑予曰使我六月來此將以此為消夏所矣璧滿導余徧歷各處雖重樓複閣邃室密房靡不曲折以達焉足力為之告瘁余入其中幾如建章之千門萬戶莫知其所向往又如進迷樓不復能出至其工作之巧妙土木之奢華一時無與埒者在地球列國中無有如是之矞皇典麗工整恢奇者也蓋此院之建在一千八百六十六年因將開設博物大會特為萬國陳設各物公所二三年來竭費興造加意經營日役工

匠數千人猶不暇給經始於甲子落成於丁卯開院之日通國民人列邦商賈遐邇畢集均許入而遊覽來往無禁璧滿排日往遊領略殆徧法駐京公使伯君於其中創設聚珍大會凡中外士商有瓌奇珍異之物皆可入會過關許免其稅於是懷寶者自遠麕至美不勝收是日歐洲各大國君主駕臨遊幸者自法外有俄羅斯有普魯士有土耳機咸至其中恣情鑑賞一時物玩精奇宸遊怡暢稱盛集馬院内排列臚陳者皆當世罕覯之珍或有莫悉其名者法主特簡一博識宏覽之大臣細察詳觀辨別其美惡品評其高下次第其等差然後參定應賞多寡編列人名記以一牌繫於外及頒賞之時另委一大臣隨牌所載按次呼名一一詣前祗受得預斯列者其名驟起故受賚者

無不以為榮法主之物例在賞中但法主無自受理特命太子承之一時悦豫之情殆流露於不自覺焉爾後來觀者日有數萬人絡繹於道逮浹十旬至者始稀余聞有粤人攜優伶一班至旗幟新鮮冠服華麗登臺演劇觀者神移日贏金錢無算余詢璧滿曰曾見之乎璧滿曰微君問吾亦將言之一日余偕理君雅各同遊忽與粤人遇粤人固素識理君或曾著弟子籍理君謂之曰子向亦曾學道何至今乃愈趨愈下即此事豈汝所宜為者哉恐貽鄉黨譏笑耳粤人紅暈於頰不能作一語旋有法國某伯爵盡售其裝束去約萬數千金璧滿有妹曰媚黎在法京為女塾師教女弟子以英國語言文字一夕以盛設茶會特延余往塾中女弟子長者凡二十餘人年皆十六七無不明慧

秀整秋菊春蘭各極其妙各乞余寫詩一篇珍為珙璧羣為余彈琴唱歌各極其樂席散已更闌矣

鞦韆勝會

余偕夏文小住法京盤桓浹旬遊歷之處無不徧覽意將渡海而至英導者璧滿來必欲留余暫憩一日意甚殷勤特作咄嗟筵餞行於飛鷹酒樓此肆平日著名烹飪之精稱為巨擘坐甫定佳肴異饌絡繹而來但適於口而不能知其名酒亦有數種味並甘洌不減公瑾之醇醪飲半酣忽有一紙飛入則期明日往觀鞦韆勝會也璧滿躍然起曰然則我留君為有名矣前一千八百六十五年曾設鞦韆戲稱為一時雅集為十餘年來所無今可繼斯盛已翌日午後乘車往觀則獻技者日耳曼人也

劇場甚寬廣場中茂草一區綠縟豐叢一望平遠地形稍坦因於此設立鞦韆諸架場後有一歌樓朗敞崇閎金碧七重高凌霄漢凡女士之精於音律者咸唱和於斯焉樓之絕頂懸紅黑黄三色旗旁更間以公會星旗瑞士十字旗相為掩映是日天氣晴明惠風和暢劇場四周賓客畢集士女如雲簪裾會蓋履舄錯交由日耳曼來演劇者大小約有百餘人各皆矯健絶倫容彩煥發劇班中供奔走使令者不下一二千人觀者既齊即有數人執旗而前先陳慶賀之詞而後演劇諸伶裝束登場攀架盤旋各逞生平絕技樓中歌者同聲齊唱響遏行雲抑揚宛轉高下疾徐無不巧合節奏妙諧宮商一時歌繚繞而舞翩躚喜暖氣之融和覺涼飈之扇發洵足樂也初法人有朗克斯者

亦精斯技於日耳曼人初至時投刺往見欲預其列以為榮日人謂之曰爾我兩人技均藝敵且所習者同此數劇非有五花八門之觀宜間日而出分則可各獻其所長聚於一處則我之所演汝襲而效之不奇不若各竭其心思角優爭勝庶可動閱者之目法人口雖諾之心不以為然始入場觀演時神色之間若有不勝鄙夷者嗣後觀其爭高對蹴技洶起羣合口同賡聲推絕唱真有耳不暇接而目不暇給者時觀者不下數千人莫不肅然起而色然喜歌舞既終皆舉手除冠同聲稱美劇場中本設有巡丁所以彈壓選事者繼緣日人舉動中禮周旋合度佻達子弟皆遙立遠眺不復敢前是以無需防範法人轉語其黨云此雖技也而近乎神矣近今以來未有若斯之盛舉也旣

夕法人登場演劇光怪陸離變化錯綜頗極其妙朗克斯為荷庭之高足弟子少擅天算之術聰慧絕倫善於戲術搬演各劇手法靈捷人莫能測其故有妹曰琭玲姿容妖冶舉止娉婷能以巾裹其目令人以物授臺下觀者而知其處臺下人手握銀錢一枚舉以示之能知鑄錢之年歲并其輕重大小屢試不爽余戲握同治錢於掌中試之則曰此錢銅質而新鑄字未能識恐非我西國物也其術亦殊靈矣哉觀劇之明日已正由巴黎啟程乘火車至嘎雷海口其行甚捷申正乃至隨衆登船即刻展輪於時風雨交作既勁且寒擺蕩簸揚嘔吐者大半既抵英之都法海口登岸風吹余帽墮水衆人爭先取回改登火車既開酉正抵英京倫敦

倫敦小憩

余至倫敦時已酉刻陽烏藏山昏鴉集樹易乘馬車徑造寓所從車中望之萬家燈火密若繁星洵五大洲中一盛集也寓在敖司佛街樓宇七層華敞異常客之行李皆置小屋中用機器旋轉而上偶爾出外散步則衢路整潔房屋崇閎車馬往來絡繹如織肩摩轂擊鎮日不停入暮燈光輝煌如晝真如不夜之城長明之國時理君雅各尚在英倫北境約來相迓因少待之由是每日出遊徧歷各處嘗觀典籍於太學品瑰奇於名院審察火機之妙用推求格致之精微各處督理主者無不一一指授間有所問導者輒譯余意以對應答如響隨有辯論主者歎為明慧淵博英之北土曰哈斯佛有一大書院素著名望四方

來學者不下千餘人肄業生悉戴方帽博袖長衣雍容文雅每歲必品第其高下列優等者例有賞賚而頒物之先必先集於會堂聽講監院者特邀余往以華言講學余備論中外相通之始言昔英女主以利沙伯遣人至粤而東方之貿易以開繼有英官斯當東者始效華言於是接踵來華者始能通中國語言文字夫中國在亞境之東方英國處歐洲之西鄙地之相去也七萬餘里三百年前英人無至中國者三十年前中國人無至英土者今者越重瀛若江河視中原如堂奧無他以兩國相和故得至此惟願嗣後益敦輯睦共樂邕熙爾衆子弟讀書國塾肄業成均其已得考授秀士孝廉列於前茅者皆出類拔萃之姿年少而志盛學博而文富皆將來有用之才也他日出而用

世上則翼輔王家下則流傳聖道必能有益於中國是所厚望焉是時一堂聽者無不鼓掌蹈足同聲稱讚牆壁為震其中肄業生之年長者多由國家銓選授以職官遣至印度中國以備繙譯人員之用特來問余中國孔子之道與泰西所傳天道若何余應之曰孔子之道人道也有人此有道人類一日不滅則其道一日不變泰西人士論道必溯原於天然傳之者必歸本於人非先盡乎人事亦不能求天降福是則仍繫乎人而已夫天道無私終歸乎一由今日而觀其分則同而異由他日而觀其合則異而同前聖不云乎東方有聖人焉此心同此理同也西方有聖人焉此心同此理同也請一言以決之曰其道大同諸問者俱為首肯倫敦畫館請余以日影繪像既成懸之閣中

而以十二幅贈予余題二律於後云九萬滄溟擲此身誰憐海外一逋臣形容不覺隨年改面目翻嫌非我真尚戴頭顱思報國猶餘肝膽肯輸人昂藏七尺終何用空對斜曛獨愴神安得空山證宿因避人無地且依人有生已受形骸累到死難忘骨肉親異國山川同日月中原天地正風塵可憐獨立蒼茫裏撫卷聊看現在身嗚呼余少時亦嘗有志於用世嗟歲年之不再憫時事之日非常欲投筆請纓荷戈殺賊以上報國家用我無人卒以讒去蹈海旅粵惟事讀讀書終日絃歌聲出金石亦無有心人過而問焉者今日羈身於數萬里之外去家益遠而心彌悲已

玻璃巨室

余自香港啟行由新嘉坡而檳榔嶼而錫蘭而亞丁而蘇彝士至此始覺景象一新居民面色漸黃天氣亦稍寒睛髮俱黑無異華人士女亦多清秀古稱埃及為文明之國洵不誣也復歷基改羅經亞勒山大渡地中海而泊墨西拿惜未及登岸其地多火山產硫磺既抵法毕馬塞里眼界頓開幾若別一世宙若里昂若巴黎名勝之區幾不勝紀逮至倫敦又似別一洞天其為繁華之淵藪遊觀之壇場則未有若玻璃巨室者也談者謂倫敦人民之盛都城中三百萬有奇地形四面環海陸兵十餘萬水師不過六萬人足敷防守若征調則一時數十萬可集也都會廣四五十里人烟稠密樓宇整齊多五六層衢路坦潔車轂擊人肩摩為泰西極大都城巡街弁兵持仗鵠立道左不憚

風雨率皆紅衣黑褲服飾新鮮玻璃巨室土人亦呼為水晶宮在倫敦之南二十有五里乘輪車頃刻可至地勢高峻望之巍然若岡阜廣廈崇旃建於其上逶迤聯屬霧閣雲窗縹緲天外南北各峙一塔高矗[illegible]霄漢此塔凡十一級高四十丈塼瓦榱桷窗牖欄檻悉玻璃也日光注射一片精瑩其中臺觀亭榭園囿池沼花卉草木鳥獸禽蟲無不畢備四周隙地數百畝設肆鬻物者麕集酒樓茗寮隨意所詣有一樂院其大可容數千人彈琴唱歌諸樂畢奏幾於響遏雲而聲裂帛有一處魚龍曼衍百戲竝作凡一切緣繩擊橦吞刀吐火舞盤穿梯撇演變化光怪陸離奇幻不測能令觀者目眩神迷宮之中央有一觀劇所最大所演多英國古時事戰陣亦用甲冑刀矛貴官出巡亦坐

輿轎儀從髣髴中華最奇者室宇可以霎時變易洵如空中樓閣彈指即現有一女子年僅十五六短衣蔽膝下綴金穗上皆鑽石寶光璀璨不可逼視容色豔麗一笑傾城長於跳舞應節合度進退疾徐無不有法有一樓多設珍奇之物火齊木難翡翠珊瑚悉充牣焉又儲各國寶器罩以玻璃樓下有獅虎共爭一羊獅腹破而虎亦殞樓梯旁有一印度女子向西而立手執連環姿態絕美云係古時王妃聰慧異常以非命死有一石築方室高與樓齊乃澳大利亞積年所掘之金已有此數有一處悉造各國宮室人物禽獸皆肖其國之象登其樓目及數十里外宮内遊人雖衆無喧囂雜遝之形凡入者畀銀錢二余遊覽四日尚未能徧每遊必遇一男一女晨去暮返亦必先後同車

彼此相稔疑其必係夫婦詢之則曰非也乃相悅而未成婚者約同遊一月後始告諸親而合卺焉都中屋宇鱗次而櫛比高至數層者干霄入雲憑欄遠眺幾疑為天際真人可望而不可即最下一層入地數尺闢漏天一線以取光明通接氤氲清淑之氣亦頗爽朗每層四周圍以欄杆排列花卉盆玩以娛觀眺數街中輒有小園蔭以花木鑄鐵為椅以便遊者憩息惜少亭榭可蔽驕陽地由富室公建特為居人晨夕往遊蓋所居層樓疊閣無空院少呼吸通天氣處恐致鬱而生疾故闢此園俾人散步舒懷藉以宣暢其氣焉

博物大院

倫敦都會稱泰西巨擘街衢寬廣有至六七丈者兩旁砌以平石街中或鋪木柱以便車轂往來無轔轔隆隆之喧每日清晨有水車灑掃沙塵纖垢不留雜污務盡地中亦設長渠以消污水至於汲道不事穿井自然利便各街地中皆範鉛鐵為筩長短曲折遠近流通互相接引各家壁中咸有泉管有塞以司啟閉用時噴流如注不患不足無穿鑿綆汲之勞亦無泛濫缺乏之慮每夕燈火不專假膏燭亦以鐵筩貫於各家壁内收取煤氣由筩而管吐達於室以火引之即燃朗耀光明徹宵達曙較燈燭之光十倍晚游闤闠幾如不夜之天長明之國肆中各物類皆精巧絕倫列置玻璃窗中表裏透徹歷歷如繪市中必留隙地以相間隔約寬百畝闢為園囿圍以迴欄環植樹木氣既疏通蔭亦清涼無逼窄叢雜之虞每日園丁灑掃灌溉左右鄰

皆有管鑰出入自便都城所立公會凡一百九十餘所類皆講學行善者居多余初至倫敦往遊密聖公會即傳教總所也總司其事者為韋廉遜其人藹然可親導觀各處珍奇物玩羅列几案大抵得自中華者居其半所有前往四方播教者悉由此處資遣午後理君雅各至同遊博物院院建於一千七百五十三年其地袤廣數百畝構屋千楹高敞鞏固鐵作闌架鉛代陶瓦甃石為壁皆以防火患也院中藏書最富所有五大洲輿圖古今歷代書籍不下五十二萬部其地堂室相連重閣疊架自顛至趾節節庋書錦帙牙籤鱗次櫛比各國皆按槅架分列不紊分毫其司華書者為德格樂能操華言曾旅天津五年其前為廣堂排列几椅可坐數百人几上筆墨俱備四面環以鐵闌

男女觀書者日有百數十人晨入暮歸書任檢讀惟不令攜去旁一所儲各國圖畫珍玩歷代璽印之式璽圓如璧金石為之各尚其君貌於上印以紅蠟周約五寸由此逶迤前行又數十楹羅列古蹟零銅斷瓦褋遝兼收其大者如石碑石柱石像石棺皆麥西猶太羅馬希臘諸國二千年前之物石棺自土掘出叩之淵淵作金石聲棺蓋繪畫人像顏色未改有棺之前後户俱脱者窺其骸骨尚未朽壞所衣布帛紋縷猶可指數出此降階復升重門洞達銜接百數十楹舉凡天地間所有之鳥獸鱗介草木穀果山嶽之精英淵海之怪異博物志所不及載珍考玩考所不及辨格古論所不及詳莫不棋布星羅各呈其本然之體質有犀牛一大異尋常云是開闢初生之物有一鯨魚其

巨幾蔽屋數十椽長約二百餘丈動物則取已死者存其骨殖被以全體皮毛實以紙棉藥料屹立無異於生人之骸骨亦有數十具用銅線聯綴焉他如上古銀錢近今礦産無不搜羅及之再進又十數楹為古今天下各國日用器物與刀矛弓矢而本國之新製繼之此院各國皆有英之為此非徒令人炫奇好異悦目怡情也蓋人限於方域阻於時代足跡不能徧歷五洲見聞不能追及千古雖讀書知有是物究未得一覩形象故有遇之於目而仍不知為何名者今博採旁搜綜括萬彙悉備一廬於禮拜一三五日啟門縱令士庶往觀所以佐讀書之不逮而廣其識也用意不亦深哉

保羅聖堂

倫敦禮拜堂林立新舊大小凡七百三十所而以聖保羅會堂為最巨此堂落成於一千七百十年經營締構前後凡閱三十五年其工始竣建堂模式其圖為多華玲所繪固創作也堂之東西俱四百九十三尺深二百四十六尺兩旁有樓彎環若半月形十字架由地至巔高三百九十八尺牆垣均用青石築成堅緻精好計用金錢七十四萬七千九百五十四磅合之中華銀數凡二百六十五萬六千七百三十三兩亦可謂時久而費鉅矣余嘗與理君雅各攬衣陟其巔憑欄遠眺則都中宮殿樓臺園林景物歷歷在目惜其日風力太猛駐立稍出身幾為之掣去堂之頂有圓球上置十字架球空其中可容三五人繼往半月樓小憩余坐於西兩面遙對約距五丈許而出言問答猶

在耳際亦奇矣哉堂之正中其上有自鳴鐘式制甚巨高約丈有二尺鐘聲洪亮響徹十餘里出入闢三門以白石雕琢古賢哲像鐫刻工麗非為美觀蓋以銘功德而樹儀表也堂中多韶年童子詠歌誦詩樂人奏琴以諧其聲和音雅節清韻悠揚聽者忘倦此外禮拜堂多至指不勝屈大約每大街通衢各建一所而推選一教師為之主持其堂規模不一類皆典麗矞皇高華宏敞垣庭棟宇製作瓌奇建堂之費多由街民捐集每逢禮拜安息日街內居民羣至堂中祝禱如儀凡婚娶喜喪等事亦至堂中率循成例蓋通國崇教嚴敬畫一如此聖保羅禮拜堂之外即為塚墓多瘞昔年名將名臣名師其次曰綿式達華麗稱為都城巨擘建造日月之久凡經兩王乃始蕆事東院為顯

理第七所建深三百五十五尺廣約一百九十二尺英國王即位踐阼即於此堂受朝賀焉既没陵寢即在此堂之南將將相師儒亦多陪葬焉有圖室曰哥羅西雍規制與禮拜堂相髣髴層樓高聳構造精華四周垣牆砌以白石雕琢諸石像刻畫精緻最上一層於四壁繪畫英都全圖宮室園囿街衢城市歷歷備載其頂皆嵌玻璃明淨亮徹堂中亦有童子歌謳歌作樂風韻娛人通國士民無論遐邇貧富皆得入而縱觀焉有地球亭式制亦圜中分三層盤旋而登外則垣牆四周渾圓如雞卵人入其中即如置身地球之上壁繪五大洲輿圖名山大川雄城小島燦若列眉誠為奇製偉觀也牆外多設市肆貿易各物有鬻小地球者可以挈攜細閱亦極細緻精巧有繪圖所制亦如圖球中分上下二層登者必宛轉曲折以升上層繪古昔君王宮室園囿山水樹石渲染流動下層繪歷代戰伐之蹟殊功偉業分列而備載焉所以資考鏡而垂無窮非徒供游玩而已也國人多信奉耶穌而闢天主教為謬故以耶穌教為新教而以天主教為舊教然新教中亦分民教國教都中所有禮拜堂大抵崇敬耶穌向有古天主堂一所千餘年前舊物也其高一百二十尺四周皆石柱穹窿數十仞極為工細惟閱歲既多漸形剝蝕矣古君主大臣皆葬其上刻石肖其形而立碑誌紀勳伐焉

風俗類誌

英倫氣候少燠多寒歲中日月陰多於晴盛夏無酷暑隆冬無祁寒徧地林木花卉舒放濃茂花葉亦耐久不凋風景清美洵樂土也其地素稱沃壤然可事耕耘植穀麥者不過什之二三此外平原曠野百草蕃蕪多供牧畜春夏之際皆不入圈散置於郊與中國北地之放青牧場相似亦無庸監守羈勒從無擾竊事可見風俗之醇良也倫敦郊外設有牧畜所場圍寬廣中構樓閣亭臺以備游覽圃中芳草如茵綠縟爭茂夕陽斜照可入畫圖所畜牛羊之屬類皆肥茁此外各處亦有所畜歲中有一公會凡各農人自牽其所牧者羣集而比賽肥者由公會獎之有如蒙古部落之較牲口比丁壯者然故孳生蕃育而牧畜日盛亦可售鬻於人論價出沽樓閣之上置貯農器耰鋤耒耜之類紛錯雜陳皆有機捩可轉式亦精巧異於尋常都中街衢

弢園雜録

閒嘗見有鐵絲巨籠下承以輪亦能運動籠中所畜飛走之屬多取其相制相仇者如貓與鼠鷹與雀皆同處一區然馴良親狎若同類相依尤可異也都中橋梁之制多高華瑰瑋有石砌者有鐵鑄者然最奇莫如懸橋亘空飛渡遙望之如長虹之環天而遠跨工制獨創尤為中土所稀英地亦產鹽鹵煮井可成頗類川滇之鹽池鹽井惟其造鹽之法鎔鐵為巨池下闢地鑪以煤火煎熬收功似廣捷於鼎鑊都中酒樓在在有之酒之佳品不一而足大抵以葡萄釀為差勝色如琥珀味極芳醇最上者瓶值數金亦有別墅乃同人合建為賦閒習靜之所藉以息塵躅娛閒情每室月收數金以供經費室皆精潔古鼎寶彝陳設古雅牀褥帷帳俱極華麗夏逭暑冬可避寒閱新編異說或

圍棋洵足以消憂而破寂亦韻事也至於酒樓寓客晨夕飲膳亦極豐腆酒炙紛陳奢於自奉最豪者饔飧所需月費百數十金寓租傭值稱是旅居誠非易事別有飯肆司庖厨掌烹調者法蘭西人爲最精其食飲精潔固不待言釜之製有外鐵而内磁者式亦新異英人最重文學童穉之年入塾受業至壯而經營四方故雖賤工粗役率多知書識字女子與男子同幼而習誦凡書畫歷算象緯輿圖山經海志靡不切究窮研得其精理中土鬚眉有媿此裙釵者多矣國中風俗女貴於男婚嫁皆自擇配夫婦偕老無妾媵服役多用婢媪侯門甲第以及御車者則皆用男子每日清晨街衢中呼賣乳酪挈盒提壺類皆女子率用横担垂於兩肩負之殊不費力國中乳酪之用最多茶羮

餅餌恒所必需幾與菽粟同功英國風俗醇厚物産蕃庶豪富之家費廣用奢而貧寒之户勤工力作日競新奇巧異之藝地少慵怠游惰之民尤可羡者人知遜讓心多慤誠國中士庶往來常少鬬爭欺侮之事異域客民旅居其地者從無受欺被詐恒見親愛絶少猜嫌無論中土外邦之風俗尚有如此者吾見亦罕矣

制度略述

倫敦都外建立税館高敞堂皇規模華焕凡各國商舶載貨抵其處者查閲殊嚴循例須取船中貨物盡臚列於税館權其輕重而估征之其法周詳絶無瞞漏之弊其嚴明公正如此余歐道從法京至英而行李仍由叟坦敦海口入暹八日始至税館

遣人送來略犒以貲蓋税館自有運物公司經理其事不煩客處也所攜茶葉烟捲以饋遺友朋者概不徵税箱篋亦不啟視其待遠人也可謂寛矣英例緝查嚴於入口而寛於出口且出口竝無税餉其加惠於商賈也如此故納税雖繁重而人無怨焉泰西利捷之製莫如舟車雖都中往來無不賴輪車之迅便其制略如巨櫃左右啟門以通出入中可安坐數十人下置四輪或六輪不等行時數車聯絡連以鐵鉤前車置火箱火發機動輪轉如飛數車互相牽率以行車亦分三等上者其中寛綽几席帷褥光潔華美坐客安舒中者位置次之下者無篷帳蔽避日曝雨飄僅可載粗重貨物或栖息僕役而已其行每時約二百里或三百餘里轍道鑄鐵爲渠起凸線安輪分寸合軌平

坦堅整以利馳驅無高低凹凸欹斜傾側之患遇山石則鬭鑿通衢大道平直如砥車道之旁貫接鐵線千萬里不斷以電氣祕機傳達言語有所欲言則電氣運線如雷電之迅頃刻千里有如覿面晤對呼應問答其法精微有難析述者兩車相遇猝不及避有撞裂傾覆之虞故凡往來起止預有定期其當車路要衝置驛吏郵役晝夜守立嚴謹值班須臾不懈余居英商士排賽家每至前任總司税李泰國家晚餐車必由地道中行閲刻許始覩天光或言地中兩旁設有闌闠燈火輝煌居然成市集絶無長夜冥冥之苦此亦創見也都中道途極平坦整潔高閌車路不通處中砌石階左右置鐵欄以便行人往來有於欄後種樹栽花者尤足助遊者清興西人最喜種樹言其益有五

一氣清令人少病二陰多使地不乾燥三落其實可食四取其材可用五可多雨不患旱乾故倫敦街市間有園有林人家稍得半弓隙地莫不栽植美蔭郊原尤為繁盛盛暑之際莫不得濃陰而休憩焉偶過電信總局入而縱觀是局樓閣崇宏棟宇高敞左為郵部右為電房室各數百椽內植奇花異草種數繁多幾莫能名盆中一樹高約二尺上罩玻璃其葉如艾似榕葉上生葉攢簇茂密詢其名曰子母樹乃從遠地攜來總辦師莪導覽各處堂中字盤縱橫排列電線千條頭緒紛錯司收發者千餘人皆綺年玉貌之女子按電學創於明季雖經哲人求得其理解有知用者道光末年民間試行私製而電線之妙用始被於英美德法諸國其利甚溥其效甚捷凡屬商民奮萃之區

書柬紛馳即路遙時逼頃刻可達濟急傳音人咸稱便同治七年英議政院以電線樓貲甚鉅遂禁私設悉歸於官而徵稅焉通國設局五所以京都為總滙內外分局五千五百四十所歲稅金錢百數十萬可云盛矣余至英時蓋屬於國家猶未數月也

遊覽瑣陳

英國凡有盛集及陳宴會雜戲必設樂兵奏樂臺下鏗鏘中節樂兵有班食無口糧一切皆由為善者供給門外或庭中必預築水窖以機激起十數丈磅礴噴流極為可樂富室園圃中多有之都內有公園二所廣袤無際空瀾異常能令入者心胸為之開拓雜植花果卉木無種不備夕陽欲下芳草如茵千紅萬

紫中必有平蕪一碧者為之點綴中構樓閣亭軒曲折高下皆因天然巧妙而絕不假以人力池以蓄魚籠以蓄禽皆羅致異地遠方者悉心豢養蛇蟲各物俱收並蓄歲中經費頗煩故入園欲觀者徵一銀錢更有藏花之窖各國奇葩異卉靡所不有從暖地來者則置之玻璃室內下爇以煤火四周悉有鉛管貫注熱水有時密為灑布霡霂纖極似微雨備極氤氳化醇之趣甫入已覺奇香襲人余游時剛值隆冬見架上紫葡萄結實纍纍巨如雀卵園主摘數顆以奉予非常甘美遊觀之所非止一處城中街衢多樹華表植石柱以銘功勳而彰儀表如中土之造塔立碑建牌坊然其制度鉅細高低不一銳上而豐下四周鐫字刻石其頂皆鑄其人之像或立或乘馬觀其像如覩

其人彼有豐功偉績德望崇隆者託貞珉吉石以垂不朽令後之人仰止褒嘉倍增欽羨景慕之思教世之意亦良深矣都中宮殿非一禁地森嚴非異方客子所敢窺如卜靜宮賢真睦斯宮溫色耳宮皆名見國之大臣并享讌朝覲列國公使之處也別有離宮行苑逶迤參差皆極高宏寬廣榱桷崢嶸棟宇巍煥制度模式與閭閻迥殊卜靜宮樓係白石建造鞏固如城玉階金闕蔚然大觀然比之德法各國則又崇樸而不尚奢華宮前繞以鐵柵凡列三門門外多設軍士護衛氣象嚴肅有蠟像室牆壁周嵌玻璃表裏朗徹不沾纖塵甫入門即見有華人男女各一侍立門側若司閽然男則衣冠翎頂女則盛服朝裙余驚詢何人以林文忠公對蓋焚煙啟釁雖始自林而因此得通商

五口皆其功也故立像以紀其始當室之中則塑君主儀容眉目手足姸好如生珠貌壁人呼吸欲動衣服冠履隨時更易直與生人無毫髮異洵推絕技哉旁侍者爲太子公主外周以闌干更進一室則皆古昔聖賢及列國良臣名宦遺像意態紆徐神氣軒朗各臻其妙室後別有幽邃之地則皆古之叛人戕民不得其死者藉以垂示炯戒至此須另輸一金錢然後許入有集議院垣牆高峻棟宇寬宏窗牖雕鏤工細屋頂藻繪鮮華錯采塗金倍增濡麗國中遇有大政重務宰輔公侯薦紳士庶羣集而建議於斯參酌可否剖析是非實重地也然閒暇之日門庭肅清亦許人進而遊覽焉由倫敦至阿爾蘭輪船一夜可達氣候與倫敦略同地多水利港汊縈洄可以灌溉田畝風俗民情亦尚醇樸土人多崇天主教惟是闤闠市肆遠遜倫敦之繁華富盛有勸余往游者余以將至蘇格蘭辭之蓋英邦實爲西土之沃國而倫敦又爲英國之腴區焉

出游小誌

英都時有盛會而博覽院尤爲鉅觀院高數丈椽柱皆銅鐵嵌壁皆以厚玻璃寬廣綿亘約三里之程院中之物無美不具無奇不備博采廣蒐分室收貯四海各邦奇器異物新製巧作及日常耕織之具動植之件咸悉羅致凡遠近衆庶無貧富貴賤入而縱觀閱視者日以萬千人如中土之大市會最奇者堂中儲有大煤二方高約二丈黝黑光潔幾不辨其煤也扣之淵然作金石聲有奇觀院名百里的謬翁亦甚雄敞室中藏貯上古文字器皿名人圖畫及製作奇禽怪獸形模偉巨意態飛動他如鱗介之屬羽革之倫龜鼉魚鼈鳥雀犀兕下而昆蟲微物蛺蜓蜂蝶布置陳設新巧璀璨皆勃勃有生動流走之致此外珊瑚珠玉珍奇瓌燦呈於几案之間尤爲希世之玩更可異者洪荒太古之世棺槨之具死人之骨亦竝搜購而羅列遊斯地者詫爲奇逢歎爲觀止然非居其院中一二旬亦難徧閱所蓄也都中藏書之庫林立咸許人入而覽觀有典籍院中貯四海各邦之書卷帙浩繁簡編新潔異冊名篇分儲於架閣玉軸牙籤縹函錦帙望之如城中土經史子集罔不該備都中人士無論貧富入而披覽誦讀者日有數百人然只許在其中繙閱不得攜一卷一篇外出其例綦嚴英人於畫院之外兼有畫閣四季設畫會大小數百幅懸掛閣中任人入而賞玩入者必予以畫單畫幅俱列號數何人所畫價值若干竝已標明最小者亦須金錢四五枚其價之昂如此偶過軍器局入而縱觀其中多製造火器鎗砲之屬造法多用圓輪轉捩日役工匠千人大小銅鐵砲及丸彈刀劍矛戟之類不可指數地廣數頃中亦有園亭樓閣凡砲械諸式及遠近列國器械之制度長短皆圖而列之取以爲法而以新法變通宜其器之精良而繁富也近日所造之鎗長皆三尺餘後膛熟鐵爲之自膛而上漸狹至口僅半寸筒內作三稜線彈子直出可不乖所向其遠能擊一千三百步鐵極純而工亦精雖裝三倍火藥燃之不炸西人收儲軍器亦極有法恐地潮生鏽於宏敞屋中建築木架上接屋梁分爲數

弢園雜錄

層排列懸掛派人專司擦抹洗刷門扇按日開放以通風氣不令霉濕損壞自不致耗費帑金中土營伍之中購藏鎗械宜以此法厰局所造未經施用者其收儲尤宜謹慎西國鎗礮其式日改砲之頭大尾小頭尾勻稱及後膛堵門弱小者皆廢改鑄螺螄或胡盧形以火藥初燃力大故砲頭宜粗乃不易炸槍之身重口濶或用圓彈管内不作螺螄槽紋者亦皆廢改鑄筒膛漸狹至口僅半寸内含斜紋線路彈子形如棗頭尖尾圓而近尾處中空蓋有線路逼迫彈子出口則不致旋轉又恐彈子不遵路而行於近尾處空其中使受火藥之氣自然漲開而行依線路矣近日尤尚綿花火藥轟力極大試以巨木立柵埋藥八磅於其下燃之柵倒而木亦碎或以鐵條粗一尺者横於地用

藥三兩轟之則鐵條裂而為二又有軍營渡水之具其法甚巧數十年前所用者係以鐵筒長八尺粗六七尺者數十横浮水面駕木成橋易於檣運然仍嫌其重滯今則用鐵帶寬三寸者根根相扣接為兩條一端釘於此岸令善泅者挾一端釘於彼岸有如亘空之長虹雖渡萬人而滯不斷此真捷法也或用漆布小艇縛小木橋以渡謂之浮橋艇係由底而上皆漆布兩重為之夾以木板使布不下弛褶疊作大弓形亦不甚重可一人負之而走英人之心思靈巧造器無不適於用也如此

製造精奇

英人心思慧巧於制造一切器物務探奧窔窮極精微多有因此而致奇富者此固見其用心之精亦由國家有以鼓舞而栽成之而官隱為之助也按英俗凡人創造一物不欲他人摹仿即至保製公司言明某物納金令保年限由五六年至二十年他人如有摹仿者例所弗許違例準其控官而罰鍰焉設貧人創物無力請保而乏貲自造者可告富人令驗如效則給價以求其法往往有一二倍之價而獲利至千百倍者原其製物也竭心思廣見聞不惜工本不避勞瘁不計時日徧訪寰區歷試諸法以務求其當而報之官如官驗之果濟於用則給以文憑共保若干年禁止他人私摹其式其有奉明傚做者則納貲於創造之人又恐他國私摹於是徧告鄰封官為主持凡有傚做而不納貲者則倍其罰故一物既成其利幾以億兆計否則幾經研求以發其秘他人坐享其成無所控訴誰甘虛費財力以

創造一物乎未卒業而有惴心者亦可報聞如器有實用而官不以為然及禁人私摹而官反陰用之者皆可訟諸刑司人有一得之技雖朝廷不能以勢相抑故人勇於從事也鐘表之制中土人多有知者造作以英人為最精他如以水氣運機以風推磨以水舂碓固未足為奇也千里鏡之巨者於日中登最高處仰窺星斗皆現能察月中諸山夜間於海面借天光窺之舟艢檣桅倒掛下垂歷歷可辨顯微鏡以之覷纖細之物如蚊睫蟻足察及毫芒至於銀工雕鏤尤為精絶嘗見一銀塔高不盈寸分三層每層有人物形象眉目面貌細巧明晰幾疑神斧鬼工不可思議又有以女子頭髮結為指環手釧贈貽交好男女相知者得此以為榮復有畫工描寫形容纖微畢肖盡態極研

惟妙惟肖英國以天文地理電學火學氣學光學化學重學為實學弗尚詩賦詞章其用可由小而至大如由天文知日月五星距地之遠近行動之遲速日月合壁日月交食慧星行星何時伏見以及風雲雷雨何所由來由地理知萬物之所由生山水起伏邦國大小由電學知天地間何物生電何物可以防電由火學知金木之類何以生火何以無火何以防火由氣學知各氣之輕重因而創氣球造氣鐘上可凌空下可入海以之察物救人觀山探海由光學知日月五星本有光耀及他雜光之力因而創氣燈戲變光彩辨何物之光最明由化學重學辨五金之氣識珍寶之苗分析各物體質又知水火之力因而創火機製輪船火車以省人力日行千里工比萬人穿山航海掘地

濬河陶冶製造以及耕織無往而非火機誠利器也余旅於詹那家由其地抵水晶宮往來必乘輪車中間凡三停車有一賣酒處當壚者綺年玉貌娟麗多姿余過必往飲女必瑣瑣問華事一日見有長髯者在則其父也乃司理輪車鐵路者為言英國初創輪車國人莫不騰謗蜂起阻撓謂舉國牧御由此廢業姑民孔多豈知輪車既興貿易更盛商旅絡繹於途輪車不及之處濟以馬車輪車獲利尤在載貨貨多則生理大利息倍稅課亦增實為裕國富民之道國中苟有變亂閒報調兵朝發而夕至有如疾風之埽葉兵行速而軍需省無過輪車者苟無輪車征夫騎行時慶盜刼自建鐵路後人行萬里無意外之警即有急務頃刻可達飲畢送余至輪車所指謂余曰火車之行輪

鐵迅捷輒生火燄昔時車每被焚有阿士貝者創造涼油使車行久而輪不熱遂獲厚利富甲一鄉泰西製造精微於此可見一斑

暢游靈囿

余既離倫敦乘車至蘇境之杜拉獨處一樓公餘之暇時偕二三朋儔出外游覽車轍所至輒窮其勝探幽涉阻頗盡山水之樂登臨之際富有篇章杜拉在蘇格蘭之北境其地萬山環合蒼翠萬狀岡阜蜿蜒樹木叢茂於夏為尤宜時當中國五月下旬節逾小暑而氣候清和猶如首夏早晚尚可著棉衣地距北極三十度許每至春杪夏中徹夜光明為日舒長正若小年去杜拉十二里許有囿曰倫伯靈名勝所也譯以華語為行雷橋

謂橋下泉聲之喧有若雷耳境既幽邃候亦涼爽每至夏日都人士女命儔挈侶聯袂往遊藉以逭炎暑而消長日囿旁客舍數椽可供遊人小憩或呼酒肴咄嗟立辦是囿廣袤百頃就山麓為之結構徑路曲折高下幽奇可喜雖稍加人工而無不出自天然一澗潆洄千峯合沓偶入其中爽氣撲人塵念俱絶有飛瀑數處從高注下鏗訇盈耳顧聲喧境靜仰觀俯聽其趣頗永沿澗傍山而行約計十數里行盡處忽窪下滙作一潭以承水水從石竅中怒噴而出遥望之作白練一匹惜不甚長亘耳水注潭中跳珠噴雪聲轟晴雷土人謂之大鑊以水聲若沸也兩旁巨石嶙峋潭底石齒齒巉露須下踐潭石西壁正觀乃盡其妙蓋此山之奇固以飛瀑著名也余作長歌以紀其勝云同

治戊辰夏五月我來英土已半年眼中突兀杜拉山三蠟遊屐聽鳴泉巖深澗仄勢幽阻飛泉一片從空懸我臨此境輒呌絶頓洗塵俗開心顏居停主人雅好事謂此未足稱奇焉去此十里有名勝風潭廣斥萬頃田上有飛瀑如匹練下有雜樹相娟鮮爰命巾車急往訪全家俱賦登臨篇其日佳客踐約至遂與同載揚輕鞭初臨猶未獲奇境漸入眼界始豁然意行不憚路高下疏花密蔭如招延澗窮路盡更奇闢忽如別有一洞天水從石竅疾噴出勢若珠雪相跳濺至此積怒始奔注一落百丈從峰巔側耳但覺晴雷喧聲喧心靜地自偏徑穿犖确躡澗石獨從正面觀真詮四顧幾忘身世賤來往忽莫逢飛仙萬山擁翠若環合中有一朵芙蓉妍惜非胸中具邱壑坐使腕底生雲烟媚梨女士工六法定能寫此圖其全勝情妙墨發奇想盡將造化形神傳嗟予窮厄世所棄胸貯萬斛憂愁煎山靈出奇為娛悅令以文字相雕鐫我鄉豈無好山水乃來遠域窮搜研昨日家書至海船滄波隔絶殊可憐因涉名區念故國何時歸隱江南邊時與偕遊者理君雅各媚黎女士媚梨即理君第三女公子也雅嫺繪事是日攜筆為圖粉本德臣夫人從伊犁來以踐遊約詩成忽得家書復綴二絶句於後一從客粵念江南六載思鄉淚未乾今日擲身滄海外粵東轉作故鄉看昨涉名園慰旅情正將秀句答山靈家書寄到愁千斛一片詩懷化涕零噫余處境雖厄而遊覽之奇山水之勝詩文之娛朋友之緣亦足以豪幾忘其身之在海外也

漫游隨録

長洲　王韜　紫詮甫著

杜拉遊山

附近杜拉諸村皆可供瀏覽余讀書之暇遊屐亦嘗至焉杜拉一山高聳數千仞蒼翠環合蔥蒨萬狀山泉下注滙成一澗甫臨山麓已覺泉聲瀌瀌然聒耳矣隨山曲折高下俱有石磴行倦即可憩息至山腰一山忽分為兩山一面翠嶂丹崖壁立無際有如巨斧削成兩山聯合處駕以長橋瀑布從高趨下迅若奔湍天日所不至至此覺心骨俱爽傳聞野老遺言此山一夕劃然中分為巨靈所擘開盛夏至此不知有炎暑洵妙境也盤折而上有古冢宮室昔時諸侯之所居基址猶存牆壁尚峙遺三楹略完好守者處其中出示鉛丸斗許謂昔年攻戰時遺跡想見蘇格蘭當時豆區瓜分蠻爭觸鬬者正非一處也四山樹木鬱茂溪壑瀠洄蹊徑幽邃隨處可通一日余欲窮其勝境循澗而行澗水澄清徹底游鱗隱約可數同遊者攜有釣竿臨流投餌久之竟不得一魚乃笑而轉往他處余賈勇陟一土阜忽臨泥淖中纖履沾濡遊興為之頓阻乃歸而易衣得二律以紀其事一云今朝縱目陟烟巒景物殊方詎異觀故國河山消戰劫邊隅草木入春寒林深鳥自鳴幽谷水急魚難上釣竿循步沿溪尋去路不辭仄徑獨迴盤二云披榛便識非通徑臨淖幾驚作半人到此已難尋退步慙余隨處值迷津不容藤葛求容足終棱泥塗背辱身本是探幽翻蹈險卻猜山鬼故予嗔距杜

拉九里許有得厘姑德釐村亦一小市集一日設畫像會余往觀焉會中列繪影三千幅皆傾國名姝冶容媚態殆罕其儔悉出自名人之筆入觀者輸一金錢若有欲售其畫者索價動至百金或千金再六里許至阿羅威其地有波斯國每女以才學著開設女書塾及門頗盛由此而至斯德零爲蘇境一府城棟宇崇隆屋舍華美廛市亦極整齊有前王之離宮在焉一日有馴獸者至其地波氏女學士飛箋招余往觀其人多蓄珍禽異獸奇詭萬狀大柢皆捕獲於各地非一處所有也蓄養之法植木爲闌架板作屋內以鐵格閒之每室之下皆有四輪以便行運環列之則成小室數十分居虎狼獅豹及麋鹿猿猴之屬亦有各種野熊猙獰可畏中一大房則居二象鐵檻之外又有籠諸

籠則禽鳥之類也又以玻璃作櫃中蓄巨蛇數十尾俱長尋丈腹粗於臂或有蜿蜒其中昂首驟起者亦有偃卧伏卵者卵亦巨於尋常繼而獸人入虎豹獅熊之房令其躍圈環繞作諸戲劇不背前者以鞭箠之各獸或有怒目張牙咆哮作搏噬狀者獸人即出手鎗向空迅發火燄震烈諸獸無不慄伏然後前後馴擾惟所指揮獸人於是履虎尾捋虎鬚攀虎牙探首於虎口吻間虎涎淋漓滿面博觀者笑樂於獅豹房亦然獅豹無不弭耳搖尾狎之幾如貓犬後復以一象作樂一象環行象能以鼻掉動諸器鏗鏘中節攜有阿洲阿皮西尼國王子約十二歲許衣繡衣戴花冠坐於象背遊行數匝此國之王本爲英屬繼而叛英故爲英所戮而併兼其土此子固一乞食之王孫也

蘇京故宮

余薄游海外將十閱月矣同治戊辰秋七月至挨丁濮得以徧覽境中諸名勝芳踪遺跡勝概遙情亦足以豪矣此行也蓋以出遊爲銷夏計亦兼以閱歷河山訪問風俗擇其地士大夫之賢者而交之雖遊歷而學問寓其中焉七月初旬由杜拉乘馬車至鄧飛林車從萬山中行林樹鬱茂蔥翠撲人衣袂皆作碧色遙望村落屋宇高下疏密正如在圖畫中余不禁於車中叫絕時理君第三女公子媚梨女士亦同乘因舉以問曰此景勝於江南否余曰吾吳如鄧尉莫釐亦有此勝惜無好事者領略之耳若其位置得宜則不逮也在鄧飛林小住兩日主於李君家往遊古禮拜堂五百年前所建也牆石斑剝古致陸離堂極

高敞登其巔目及數十里外旁有古王宮蓋曾爲蘇格蘭前王駐蹕地李君有姊年未三十已孀居人頗靜婉翌日至埃丁濮都城小憩旅舍埃丁濮向爲蘇格蘭國京師二百年前始併於英今人猶相呼曰此蘇國王城也城中尚有前王宮殿相傳已三百餘年矣樓宇三層崇閎巍煥雖不及中國皇居之壯麗宸嚴之輝煌高不及霄雲落星華不逮建章麗譙而規模恢廓氣象自異內有王后寢宮六所牀榻帷褥陳設俱備鏡檻香匳芳澤猶在牆壁皆幕以錦繡上織人物花草刻畫如生真鉅製瑰工其巧不減針神也有一宮爲古惡王殺死王后之處板上尚留血跡人影濯之愈明司啟閉者以手拭之隱隱若見不覺毛髮盡戴宮中尚有王后手刺繡紋貽以琉璃寶匣製極工巧觀

其像端淑秀麗亦一慧心女子也乃遘暗君竟至廢戮怨甚長門宪深鉤弋惜哉最下一殿中繪蘇國列王像自創國以至見併英倫之代共一百三十六王內有女王二其一年齒甚少妍麗罕儔天人不啻也其名曰媚李聞多穢行為國史所不齒原蘇國之併入於英非以征伐乃以揖讓其時英王薨後無嗣遂以蘇王入繼大統自此議分別立蘇王而蘇英遂合為一國故至今蘇格蘭人皆自稱為蘇國亦別於英人也王宮旁有大禮拜堂一所今已傾圮僅存遺址復登高塔陟衛所其日適值演練之期兵士皆嚴裝持戰排列甚整其第十九營則前二十年曾駐札香港為守兵者也演時隊伍嚴肅步伐止齊倏為方陣倏為斜陣俄又如鳥之張兩翼其施放槍也正若火龍百道無

一參差先後者衛所高塔係建於山上遙相對峙可以舉目眺遠環海皆係大海浩渺無際眼界頓為之空闊城中街衢廣潔廛市殷闐大廈崇樓連甍接棟屋皆高七八層其後有高至十五層者巍峻華煥蘇國中殆罕與埒遠近皆以此為第一名都蓋不亞於英京倫敦矣惟士女服飾之便娟童語容之清麗雖覺稍遜於倫敦一籌而已非他處所能逮矣埃丁濮為北方一大都會居民二十餘萬戍守慎固堡衛堅完官民所建禮拜堂不下二百餘所每所專設一牧師以司訓導遠人之至其地者無不競相延接雅意殷勤關無譏察之煩吏無詰訶之擾從無以異服異言而疑其為宪為慝者入其境市不二價路不拾遺是足以見其寬大之政昇平之治矣

游博物院

埃丁濮城中設有大書院藏書數百萬冊士人皆可入觀惟不能攜取出外每歲讀書子弟約一千四百餘人學成名立而去者不知凡幾慕君維廉前在上海傳道者也少亦嘗肄業於院中近以給假旋英家在利的距城約六七里聞余至因來相見遂與同遊偕往書院其日為考試期掌院者於羣學者中甄別其高下取其優者立為牧師其論學以論識各國之方言文字為長而於臘頂希百來上古之文亦當貫通知余為中國儒者延往觀試翌日即以其事刊入報章呼余為學士一時徧傳都下按英例各省書院皆於夏間給假之時會齊考試甄別高下品評甲乙列於優等者例有賞賚如銀牌銀表紙筆書籍各種

均值重價以示鼓勵顧所考非止一材一藝已也歷算兵法天文地理書畫音樂又有專習各國之語言文字者如此庶非囿於一隅者可比故英國學問之士俱有實際其所習武備文藝均可實見諸措施坐而言者可以起而行也余偕理君慕君游博物院動植飛潛搜羅畢備凡奇珍異物寶玉明珠火齊木難之屬悉羅而致之璀璨錯雜光怪陸離無不瓌色內含寶光外露他若山嶽之所蘊藏淵海之所產貽俱收並蓄以供覽觀而備察核焉院中有一几長丈餘黝黑滑澤光可以鑑叩之其聲鏗然慕君曰此何木也司院告以礦煤琢成然諦視之亦不能辨其餘凡石之自礦中出而內藏金銀銅鐵者無不一一品第分別之司院者皆一一指示且曰聞今中國山東境內其山礦

產金甚夥苟掘取之國家可以致奇富足用增課於兵食國餉
兩有所濟惜官民皆疑以為多事也有埃及古棺植土為之而
頗堅緻斂尸以白布周裹之雖已歷千年而布色猶隱隱可辨
所有駝鹿象豹係三千餘年以前之物軀幹高大雄偉迥異尋
常有鱷魚骨一具懸於空中其巨過於海船十數倍其最難制
造者為海中塔燈用以遠照行船四周皆用玻璃一面則令發
光至遠一面則令收光返照此亦光學之一端也所鑄大砲從
尾入藥而用機器轉鐵以塞砲尾之門既速且固其法之便捷
精通無以逾此砲膛內多用螺絲槽紋使彈之去路徑直不斜
能破空氣阻力倘我國仿此鑄造以固邊防而禦外侮豈不甚
美惜不遣人來英學習新法也司院為講製砲之法亦甚精微
并論子母砲各圖說余問以可有制禦砲彈之術否則笑曰無
之其謂以柔制剛之法亦未必盡然司院者長髯偉貌議論風
生亦一博識之士索余一名片曰謹當寶藏之為異日重見左
劵余之至埃丁濮也主於紀君家每蒞訪友人之舍悉皆倒屣
相迓逢迎恐後名媛幼婦即於初見之頃亦不相避食則並席
出則同車觥籌相酬履舄交錯不以為嫌也然皆花妍其貌而
玉潔其心秉德懷貞知書守禮其謹嚴自好固又毫不可以犯
干也蓋其國以禮義為教而不專恃甲兵以仁信為基而不先
尚詐力以教化德澤為本而不徒講富强歐洲諸邦皆能如是
固足以持久而不敝也即如英土雖偏在北隅而無敵國外患
者已千餘年矣謂非其著效之一端哉余亦就實事言之勿徒
作頌美西人觀可也

蘇京瑣記

埃丁濮都中設有太醫院第一專詳骨節筋絡第二備述奇症
異疾余偕紀君往遊院中醫士為余口講手畫娓娓不倦所示
胎內嬰孩自一月至彌月者無不具內有兩首而共一身者三
人而連一腹者始知宇宙間戾氣所鍾竟是無所不有余又偕
紀君往一印書館其館屋宇堂皇規模宏敞推為都中巨擘為
信宜父子所開設其中男女作工者約一千五百餘人各有所
司勤於厥職澆字鑄板印刷裝訂無不純以機器行事其澆字
蓋用化學新法事半功倍一日中可成數千百字聯邦教士江
君曾行之於海上其鑄板則先擣細土作模而以排就字板印
其上後澆以鉛筆畫清晰即印萬本亦不稍訛此誠足以補活字
板之所不逮苟中國能仿而為之則書籍之富可甲天下而鐫
刻手民咸束手而無所得食矣余嘗至一浴室而笑其設想奇
絶設此浴室者土耳其醫士拉唎也有名於時於三十九年前
曾蒞粤東深明荷蘭醫術活人無算求治者户外屨滿其浴法
迥不同於中國男女異日而浴先至一温室熱一百五六度內
一室熱更甚幾至一百四十五度汗流浹洽垢膩盡浮然後就
湢室第無浴盤承水仍坐白水榻上以機引水灌灑徧體有一
人專司滌濯之事爬搔洗剔自頂至踵無不周也澡豆面藥其
香沁鼻既浴之後通體皆澤其水冷熱咸備自上注下作醍醐
灌頂勢男浴則以男司之女浴則以女司之第浴宜避人令一

切須人為之正如吳姁之相女瑩纖毫畢現未免難乎為情矣都中衙署林立余曾入而觀其審事鞫獄刑官特令人延余上坐既畢一二案牘乃辭而出蓋其讞事也與衆僉同一循中國古法歎為醇風之未遠焉都中主理府事者新得日報由中國郵筒遞至內載曾中堂與某當軸書主筆者譯以西字一論輪車鐵路之斷不能開二論西人不能擅入內地三論西商購買絲茶不能自入內地成交四論西人船舶不能在內河行駛五論西國駐京公使面聖須俟今上聖齡二十歲之外後又論及西人所傳耶穌教任其至中國無害於中國之風俗人心蓋久必自敗耳如佛教回教景教祆教挑筋教雖一時流傳於中土而今皆衰矣耶穌教亦猶是也故於其來聽之而已惟以上五

事西人如有不從則必出於戰今內亂已戡外侮當禦欲更和約當執此五端以與之周旋都中官民閱此報者疑中外必因此不和遂來詢余余為解之曰此非曾中堂所致貴國之書不過有或人曾見此書因而傳錄之耳其是否真偽要不可知但以事理揆之曾中堂必不有此言今星使東來方講修睦傳聞之語置之勿論可也於是浮議以息先是斌公椿奉命游歷各國中外之交漸洽至此特簡蒲公宴臣為星使蒲公美洲人也而為之副者孫公家穀志公剛出使泰西徧臨各國尚非專行駐劄者也聞星軺業經在道矣

海濱行記

與挨丁濮相近者如利的紐希文赤剌裴綠三處地皆濱海魚族衆多每至夏日男女輒聚浴於海中藉作水嬉拍浮沈没以為笑樂正無殊鷗鷺之狎波濤也其浴也男女各有地各有伴侶不相混也亦有以健馬拉一小室入海中脫衣入海著衣登岸人不見其徒跣淋漓之狀似稍雅觀余偶遊行鄉間男婦聚觀者塞途隨其後者輒數百人嘖嘖歎異巡丁恐其驚遠客也輒隨地彈壓利的為貨物薈萃之區貿易殊盛慕君維廉家在其地所居為基利門圃園圃空曠花木紛綺亦一勝區特折柬來招因為之作三日留夕間慕君姊倩畫歷招人放輕氣毬毬以綢製長廣約四丈許燃以強水騰升空際久之冉冉入雲杳不知其所之觀者拊掌稱快畫歷經營貨殖為巨商子女繁多大小參差如雁行竝玉雪可念余曰此玉筍班聯也長子習茶業行賈於漢皐緣余至懸旗於屋頂大集戚友設盛筵讌畢行男女跳舞之戲彈琴奏樂其樂靡涯旋至伊梨主德臣家伊梨亦附近海口之一也距蘇京一水可通居民多以輪船往來無間朝夕香港西字日報首創於德臣而孖刺繼之其時主筆者德臣也主持論斷辨別是非一準諸公而絕不混淆於衆口一時譽流遐邇而德臣之名由是鵲起庚申和議既定泝遊江漢遊屐所至輒有記錄為雅流所稱許旋以久客思家倦遊知返遂著歸鞭優游泉石既而出其陸賈橐中裝治第於伊梨新築數椽軒窗四敞高樓聳峙煥日臨波其地當盛夏尤為涼爽蘇人之逭暑者多往僦居為消夏計余友戴粒亦自杜拉前往韋君寶珊黃君詠清來英讀書主於其家皆與其子女同來竝出

散步海濱或垂釣或櫂舟臨水登山各極遊覽之樂瀕海築有長堤涼颸颯然爽人心骨可以瞻眺帆檣之往來鷗鳥之出没每至薄暮遊人叢聚於此談言無忌嬉笑無猜亦不問其相識與否也一日偕德臣觀團丁於海濱演砲其法以廢船置海中上張旗幟自海濱距海面約遠二三里或四五里而後以砲擊之觀其中否其砲度之高下鉛丸之大小藥料之重輕皆有一定準則月凡四舉伊犁紳士董其事而兵官來教之習演此民間於晏安之際武備不弛先事講求之一道也伊犁雖彈丸黑子而海防之謹嚴猶如此他可知矣時伊犁之守土官亦來與余揖冠執手為禮寶珊約余往觀花會歎為奇絕凡立東西中三廠聚天下花木名種羅致廠中品第甲乙奇葩異卉不可名狀芬芳之氣遠徹數里遊女之聯袂聚觀者絡繹不絕凡入者輸一金錢不殊吳下之看西施也於花會中逢一女友乃寶珊同學之母也殷勤邀致其家設筵相款盛饌羅陳咄嗟立辦其家以耕植為生屋宇樸素而高爽田家風景亦殊不惡其子讀書杜拉學塾中馴謹自守動循榘矱洵屬孺子可教也

遊押巴顛

蘇格蘭為英國北土與英倫相毗連長九百里廣五百里有大都會四一曰埃丁濮即蘇國舊京師也二曰哥拉斯谷為海口一大埠頭境土之廣亞於倫敦三曰敦底地亦瀕海四曰押巴顛於四大都會中境為最狹其地處於蘇土北隅春初乃偕理君北遊蘇境先至押巴顛往訪湛牧師約翰居其家三日小作勾留湛君向在粤東羊城主福音講席通中土語言文字之學精於疇人家言時余方佐譯麟經著有春秋朔閏至日考春秋日食考辨正與之商榷湛君見之歎為傳作謂此可以定古歷之指歸決千古之疑案於春秋二百四十二年中之日月瞭如指掌余持論大旨謂春秋時歷雖與今歷不同然不由推步則無從知其失閏必先以今準古而後古術之疏乃見失閏之故可明此固異於杜元凱顧震滄之徒以經傳干支排比者矣余推日食有圖有說而又以中西日月對勘另為一編務欲鎔西人之巧算入大統之型模而以實測得春秋之日月者也湛氏謂此書出當駕陳泗源而上之余何敢當余於歷算一端僅見其淺窺豹一斑竊自慙已押巴顛為蘇境北方十二府之冠而亦居於最北其地苦寒積雪滿山凝霜徧地日華照被亦不即消屋宇雖樸素不華弗尚雕繪而牆壁皆以石築殊甚鞏固人民十萬有餘户口殷繁街衢闤溢亦一盛集也地罕所産以寒故五穀弗饒食物多運自他方山礦中盛産巨石堅緻異常居人皆以劚削山骨為業萃致邑中磨礱裁琢為墓碑塚碣柱礎几案販鬻於四方以是購石者自遠畢至而其石之華美實足為天下稱最他邑民嘗以押巴顛地瘠物鮮輕之而押巴顛人獨以所出石版之盛傲於他邑民曰此固爾地所無也夔一足矣余謂其地不獨産佳石即琢石之良工亦罕與儷嘗入磨石房觀其工作鋸解剖截磨光刮垢悉以機輪代人力有一石鋸之十年未竟所製器物光澤可鑑毫髮憮不留手絕無纖翳碑碣鐫

字大小皆有程式石房主人出埃及一古石持贈予石上有埃及古篆文隱約可辨云係三千年前物彼中視之不啻希世寶也余轉以貽周西女士押巴顛所出大呢羊布殊夥有巨機房二所余往觀其一從所請也其中男女操作者二千餘人自繅絲編線濯染排比舒架經緯成疋之後平熨量卷無一非機器爲助人但在旁收縱轉易而已力不費而功倍捷誠巧奪天工矣機房主人一一爲余指視其法口講手畫余頗能領會於意外余至押巴顛時適安徽長人詹五在其地因往觀焉詹五與其妻金福俱服英國衣履余向在阿羅威見金福時畫裙綉褲雙笋翹然今則俯視其足亦曳革履幾如女瑩之踁長八寸矣余訝其可大可小變化不測不覺失笑金福亦爲啟齒嫣然紅潮上頰詹五重見余亦甚歡躍特出影象數幅爲贈余亦以楮墨筆扇報之詹五將於兩月後航海至亞美利加小住紐約浹旬然後取道東瀛逕回上海聞其言淒然動余鄉思矣

遊亨得利

西國儒者率短襦窄袖余獨以博帶寬袍行於市北境童稚未覩華人者輒指目之曰此載尼禮地也或曰否詹五威孚耳奐方言呼中國曰載尼其曰禮地者華言婦人也其曰威孚者華言妻也時詹五未去故有是說噫嘻余本一雄奇男子今遇不識者竟欲雌之矣忝此鬚眉蒙以巾幗誰實辨之迷離撲朔擲身滄波託足異國不爲雄飛甘爲雌伏聽此童言詎非終身之讖語哉按印度人稱震旦曰支那載尼即支那之轉聲以是推之歐洲諸國其聲音文字秝數格致之學多由印度西行余向以算學中借根方一法亦名東來法謂得自印度非得自震旦於茲益信越三日別湛君約翰偕理君往亨得利鄉亦一大聚落也此鄉爲理君生長之所每經其童時釣遊舊地輒低徊不能去其兄威廉居於是鄉時已駕車道旁相迓同入其舍童穉侯門婦子盈室執手慰問全家笑顏威廉五子四女長者蘭芽挺秀少者玉雪可念長子今在香港司會計亨得利鄉居民四百餘家犬牙相錯廬舍參差疏密有致其地岡巒迴互溪澗瀠流叢林密蔭翳蔽天日自亨得利至鄰村一帶約十有餘里皆長林環之入其中者盛夏忘暑余至時山容如睡林葉未萌祇覺枯木寒鴉淒戾萬狀而已此所謂宜於夏而不宜於冬者也其鄉多耆壽之民有一人年至百五十歲耳目聰明手足便利無異六七十歲人博學之士遍考古今得享大年至百歲外者約七千人而蘇格蘭境十分居其一亨得利山隅有衛所一區古諸侯宮室也高峻宏固可稱鉅觀蓋已閱數百年矣其旁有司管鑰者輸一金錢乃入登其巔頗可矚遠上而堂奧房闥中而庖湢客舍下而牢獄溷廁猶可髣髴尋其舊跡幽暗處須秉炬而進廣庭巨廈鞠爲茂草當其讌集烜赫之時歌舞管絃猶可想像嗚呼盛衰興廢固何常哉理君謂古昔蘇國一方列侯割據星羅棊布者大抵不下數十邦莫不聚族雄視各君其國各子其民如杜拉之衛所亦其一也距亨得利十數里許有金亞爾鄉民秀而良秋冬農事之暇多喜讀書講理近日衆人各醵

貲創建書院庋藏典籍有志之士均可入院借觀所藏分內外二室外室者準其攜取出外書名於冊按期繳納主院者折簡招余往為說法傾聽者男女千餘人余別作金亞爾鄉藏書記以貽主院者院成當勒諸石以垂不朽余曾至亨得利講堂以華言論事理君代為譯英語時有盛集掌教者大張華筵來者皆新粧炫服各袒臂及胸羅綺之華珠鑽之輝與燈光相激映紅男女綠善氣充溢梅麗女士善操琴工歌曲威廉之長女公子也抗聲為長歌響遏行雲繼以琴韻悠揚鏗鏘中節諸女士相續和之曲終餘音繞梁衆皆撫手稱善威廉之外舅曰士班時先生者齒德兼備之君子也年八十四卒於家余前往送葬時來會執紼者數百人皆元衣冠從車喪輴悉蒙黑罽蓋喪禮尚黑也按英俗人死沐浴其尸衣以生前禮服及歛遍體白衣貧者木棺裹以氈呢富貴者棺槨三重一松木二鐵三紅木亦有以鉛為槨者葬於官地不祭墓思念所及則詣墓一觀掛鮮花一圈於碑碣而已余居亨得利鄉十日乃往敦底

兩遊敦底

蘇境中央八府最大者曰敦底亦為海口一大市集其地背山面水生齒十五萬有餘百廛櫛比萬廈雲連機房織室冠於他邑故為洋布所薈萃織紝之聲達於衢路郊外瀕海多渠渠夏屋兼擅園亭池館之勝樹木蔽虧境地曠遠雖城市而有山林之樂誠閒居之勝概也余主於士班時先生家其人蓋博聞好學之儒也精象緯輿圖之學有聲於藝苑聞士班時夫人產自英倫明敏持重有大家風其長女公子字愛梨年十有五聰警絕倫工琴能歌作畫俱得形肖人物栩栩生動幾與宋北苑本相埒以平日畫就一冊持贈謂展畫圖如見其面愛梨妍質羞花圓姿替月固世間慧心妙女子也年雖幼雅重文人聞其父及理君品評人物而獨道余為曠世逸才益深欽佩酒罷茶餘時出其所作字畫與觀并授余以西國字母辨其音聲娓娓不倦每夕綺筵既散必為余曼聲度曲彈琴以和之而并指示攏撚挑剔各法強捉余手彈之亦能成聲必盡數弄乃已余亦為哦白香山琵琶行一篇抑揚宛轉曲盡其妙愛梨為之歎賞弗置而更使予逐字度之靜聽移時日得之矣明日歌曲亦能作哦詩聲且響遏行雲餘韻繞梁猶能震耳日間偕愛梨驅車出遊凡歷數家園林皆其戚屬也園中名花異卉目不給賞必供醴酒名果余有所欲言未能達意者愛梨則代為言之無不適如余意之所欲出蓋女士於此別有會心能以目聽以眉語而不徒在口舌間也敦底所有織罽之房煮糖之室印字之館無一不以機器行事轉捩便捷力省功倍水火二氣之用至此幾神妙不可思議矣所織麻布雖粗厚而不甚堅韌其麻來自印度色黃味濁已撚成線者摘之即斷遠不逮安南之麻芒印度產此麻幾於遍地皆是不假人力種溉然則其賤可知所製之糖各色皆有或雜以橙柑梨橘諸果儲之瓶罌罐盎入其室芬馨撲鼻主者導余遍觀諸處每類各以一二枚為貽迨出則幾盈一筐來游者例必書名於冊主者展冊求書余視其上有漢

字一行則包公佮也包佮前為五口總督駐劄香港今致仕歸林下尚健在云余之重遊敦底也愛梨女士以書相招情意懇至不能不往蓋其戚友別余久亟思一見既至供張之美陳設之華更勝前時是日適有花會余與女士乘車往觀未至數百步外已聞芬芳遠徹鼻觀為清會中凡有奇花異卉名草仙葩無不羅致以至瓜蔬果實之屬悉集焉春氣盎然滿於一室士女往者千餘人幾於舉袂成雲揮扇障日鄰室司蔑氏鉅富家也折簡超赴華筵男女集者幾百人女皆盛粧靚服悉袒上胸於燈光璀璨之下觀之雪膚花貌珠寶瓔珞交映成輝讌畢女士入座彈琴略作跳舞之戲司蔑氏聞余能華歌請之至再余笑曰非歌也特能誦古人詩詞耳乃為曼聲吟吳梅村永和宮詞聽者俱擊節席散已更闌翼日余乃驅車而回

游蹤類誌

余自敦底還杜拉敵門習靜壹志敂書越三月有哥拉斯谷之遊蘇境南方十三府美麗宏壯則推埃丁濮而土地之大人民之衆貿易之盛財賦之雄哥拉斯谷當首屈一指焉地濱大海各處可通貨船商艘羽集鱗萃所出洋布尤饒多販運往来利堅西印度生齒六十餘萬余主於羅氏其地富商也供具之侈酒饌之美為何時所未有每日偕羅夫人出外遊觀輕車怒馬徧覽四衢至一巨囿周廣六十餘里林木葱蘢境地敞朗嬌紅媚綠燦爛若圍錦屏芬芳遠徹鼻觀為清一入園中神志頓爽男女聯袂來遊者日有千數百人誠一勝境也至一大書院層樓疊閣莫窮其境月牖雲窗玲瓏四敞雕牆畫棟迴檻飛甍望之恍若縹緲天外時創建猶未竣工聞土木之費計百數十萬金皆由士商所捐輸洵盛事哉羅夫人約落成日飛車來迎一觀盛典哥拉斯谷墳塚壯麗甲於歐土穹碑巨碣森列如林有一處為古名人所葬之區依山作塚廣可數百頃有華表石高列十尋巍然傑出者為名牧師諾士之墓三百年前其人始闢天主教之謬復創耶穌正教蘇民翕然從之其功不在路德下哥拉斯谷有一婦人甚肥而短軀頗碩大巨腹彭亨權之得五百餘斤此近今所罕聞也余於埃丁濮都城往來尤數因識牧師紀利斯畢而與女士周西魯離尤稔紀君於十八年前曾旅粵東七載頗悉華事人極謙遜有儒者風賦悼亡後新續鸞膠即周西女士之姊也年殊少艾而貌極端妍余既自敦底旋轅紀君招余往遊遂留小駐周西女士已迎余於輪車道側執手道故相見欣然女士姓魯離為蘇京望族多顯達者仕於朝商於外者指不勝屈是日舊雨重來聯歡再拾紀魯兩家特張盛讌排日招邀并徵其戚友畢集開筵坐花飛觴醉月極一時之盛女士年十有七妍容麗質世間殆罕與儔尤擅琴歌每奏一闋脆堪裂帛響可遏雲餘韻猶復繞梁不絕座客無不欣賞歎未曾有醫士華勒列士與女士最相暱殆有伉儷之思一日偕女士與余同遊別墅亭臺池館之勝花木樹石之繁別開境界中有一室悉羅書畫中國名人手筆亦錯出其間畫室司理者出素冊求余書數行其上奉為墨寶當園之中有亭翼然四周

欄檻玲瓏窗櫺敞闊其制度似做中國而為之者主者為具茗酒余留敦底凡四日留蘇京凡八日及返得愛梨女士書云君任蘇京浹旬而宿敦底僅三夕何厚蘇京而薄敦底也回馭之時伏再先賁籍以補玆缺典其情深語摯如此余於蘇境全隅南北中三處悉已周歷足跡所未至者海中羣島耳或云蘇境北方言語異於南方余細聆之亦殊不然惟山島古居民其音稍有不同此蓋二千年前雜處部落土人也嗣有據其地而驅之遠徙者巖棲谷汲遂與外絕至今種類尚多亦與英蘇二土民錯居耦處有時所言猶操古音其尚禮義通文墨者亦輿考試授官供職或擢任師儒出外傳教與英蘇二士無異惟面目鬚眉迥然有別是猶中國邊省之有苗民也

三遊蘇京

余自夏間遊覽各處蘇境諸名勝閱歷殆徧歸卧杜拉旅居多病思鄉念切殊覺鬱伊尠歡因思復作出遊計適女士周西魯離折簡來招遂命車就道徃宿其家甫至女士已迓於鐵路旁一見歡然執手相慰問以別車載行李偕坐同歸登堂謁其母則已注酒於杯盛湯於碟謂當小憩玉體以資休息女士特灑埽已房以舍余帷帳之華陳設之麗殆無其比於是與女士排日遊玩所有博物之院生靈之囿畫館書樓無不徧歷以供瀏覽有一舊家別墅在西境相距十里命車而徃至則綠陰匝地古木參天扶疎罨靄中蓊鬱蔥秀幾於衣袂皆作碧色余與女士穿林而行翠鳥啁啾鳴於樹顛松花柏葉簌簌墮襟上園四圍幾十許里行稍倦同坐石磴少息女士香汗浸淫余袖出白巾代為之拭曰卿為余頗覺其勞矣余所不忍也女士笑曰余雙趺如君大雖日行百里不覺其苦豈如尊閫夫人蓮鉤三寸一步難移哉言畢起而疾趨余足追之不能及呼令暫止女士迴眸笑顧曰今竟何如余曰抑何勇也然雲鬟蓬鬆嬌喘頻促扶余肩不能再行良久喘定始從容徐步余代為掠鬢際髮女士笑謝焉覺一縷幽香沁入肺腑園中珍葩異蘤不可名狀入一玻璃巨室芬芳透鼻觀女士摘一紅花繫余衣襟并令園丁猱升花架採紫葡萄一枝畀予曰試嘗之其味之甘勝如灌醍醐也余常與女士並車而出半道或饑必入旅店小飲其店肴饌之精稱為蘇京巨擘名酒數十種無一不備余曾一日徧嘗之女士不肯多釂强之始盡三觥玉顏已覺微酡矣店中奔走趨承者皆嬰年女子也見余屢至睨之而笑私問余曰彼姝非君之所愛將結為伉儷歟余曰非也特好友耳女士聞之笑曰余固中華人汝不知耶余自蘇京言旋道經斯德零陟觀衛所雄麗奇壯不亞於蘇京中有一園蘇女王媚李曾駐蹕焉園西隅有臺幽一强侯於此後誘之臨臺遠眺遽推之墮折肱而死今其遺跡猶存斯德零為中央八府之一所鑄鐵器甚堅好精澤又善製琴車行經阿羅威徃訪波氏愛倫女士出見女士少失怙依母而居其父本瑞士國人娶於英以故女士少長英土工畫善書通法國語言文字之學蓋瑞士西境本與法蘭西毗連故其風俗亦相同也愛倫女士母出自貴家淹通經籍因設

塾授女弟子書絳帷佳麗三十餘人悉出謁見爭以識一面為榮女士毋與諸女弟子辨論往復妙思泉湧綺語霞蒸曹大家謝道蘊之流也午後設筵相款異饌珍肴遠勝韋厨食品列坐兩行者皆裙釵少女稚齒韶顏並皆佳妙珠光四照花影雙搖余在座中正如遊瓊林而倚玉樹恐馬扶風未能修到此豔福也驅車回杜拉明星在天新月掛樹已近黃昏矣時從得厘至杜拉尚須别易馬車計程九里頗覺紆迴已巳春間始築鐵路由是行者稱便捷焉

舞蹈盛集

西國男女有相聚蹈舞者西語名曰單純或謂即苗俗跳月之遺今海東日本諸國尚有此風英人則以此為行樂娛情之一法年每年於六七月間有盛集殊為鉅觀選幼男稚女一百餘人或多至二三百人皆係嬰年韶齒殊色妙容者少約十二三歲長約十五六歲各以年相若者為偶舞蹈之法有步伐有節次各具名目先以女師為之教導必歷數月而後純熟是年杜拉書院亦設大會集時招余往觀真有五花八門之妙諸女子無不盛妝炫服而至諸男子亦無不飾貌修容衣裳楚楚彼此爭妍競媚鬬勝誇奇其始也乍合乍離忽前忽卻將進旋退欲即復止若近若遠時散時整或男招女或女招男或男就女而女若避之或女近男而男若離之其合也抱纖腰扶香肩成對分行布列四方盤旋宛轉行止疾徐無不各奏其能諸女子手中皆攜一花球紅白相間芬芳遠聞其衣亦盡以香紗華綃悉袒上肩舞時霓裳羽衣飄飄欲仙幾疑散花妙女自天上而來人間也其舞法變幻不測恍惚莫定或如魚貫或如蟬聯或參差如雁行或分歧如燕翦或錯落如行星之經天或疎密如圍碁之布局或倏分為三行則成川字或驟合為聯貫則成日字或進如排牆則成一字或為圓圍則成圈字或為方陣則成口字其為圓圍也倏而面向內背向外倏而背向內面向外倏而變成二圈則如連環之形倏而男女各自為一圈倏而男圍女圈則女圈各散而從男圈中出倏而女圍男圈則男圈各散而從女圈中出其為方陣也二方則為呂字三方則為品字光怪陸離瓌奇詭異不可逼視又有時純用女子作胡旋舞左右袖各繫白絹一幅其長丈餘恍若白蝙蝠張翅翩翩然有凌霄之意諸女子皆躡素華履舞蹈之時離地輕舉渾如千瓣白蓮花涌現地上此外更佐以琴瑟諸樂音韻悠揚觀者目眩神搖恍不覺置身何所余偕媚黎女士同觀詢余曰舞法如此可稱奇妙否余撫掌歎曰觀止矣余所識諸女士皆列首選因知具慧心者必擅妙容平日識字讀書亦推巨擘李笠翁詩云蓬心不稱如花貌金屋難藏没字碑三復斯言而慨世之兼全者難矣越日復招余觀劇則皆以書院諸童演習而成者也所演多古事雜以詼諧嬉笑其妙處匪夷所思層出不窮英國昔時官長亦乘轎出亦有騶從前後擁護者殊盛非如今日之簡寂無鹵簿也最奇者樓閣亭臺頃刻立就諸童裝束作女子狀無不逼肖溫存旖旎殆有過之無不及焉余友懷葛廬道人謂天下但有美

男子無美女子余初弗信以今日觀之竊謂其言之不謬其技最優者以戴拉家數學童為翹楚習優是中國浪子事乃西國以學童為之羣加贊賞莫有議其非者是真不可解矣

英土歸帆

余旅杜拉兩載有半久客思歸倦游知返小窗無俚偶得一律云七年孤負故鄉春到眼風光客裏新兩戒山川分北極一洲疆域限南輪殊方花月離人淚異國衣冠獨客身何日淞濱容小隱柴門歸卧穩垂綸時理君雅各已得香海書促其言旋重主講席擬於明歲孟春束裝就道余屈指歸程此心愈急書齋兀坐益無聊賴乃投筆出門獨登杜拉山絕頂遙望四山蒼翠環合因得一律云濟勝慙無腰腳健探幽陡覺心胸開泉聲若共石鬬激嵐影時與雲徘徊眼前已覺九霄近腳底忽送千峰來天悅羈人出奇境家鄉不見空生哀余至此偶得餘閒輒蠟屐登山縱覽風景與山靈久相稔習今將別山靈而去能不一步一凄惻哉西歷正月五日從杜拉啟行薄暮抵蘇京宿周西魯離家款待殷勤益復慇至惟是雁札頻催驪歌將唱覺愁思之重疊彌情意之纏綿晚克璘家招飲離筵甫御別緒紛然克璘夫人為彈天風引一曲覺海濤澎湃激蕩震轟兩耳頓凄然有渡海思矣韋君廉臣來見劇談良久時韋君返蘇境未久也徃禮斯訪慕君維廉則已至倫敦二十日毋及姊皆出見乘車訪司蔑女士談論甚歡女士名愛梅解音律通詩詞有女學士稱其妹周娛明麗罕匹以羅巾香水相貽特啟一瓶盡傾余身作醍醐灌頂籍以此示愛意淪茗款留久之始別并約行時相送於輪車華人胡姓寄居蘇京娶婦乃兵士之女弟兵士在上海固與相識及見之於英土悲其淪落竟以女弟妻之余嘗周其貧乏至此將別畀以六金錢胡姓感激涕零幾哭失聲理君邀余詣會堂宣講孔孟之道凡兩夕來聽者男女畢集將畢諸女士欲聽中國詩文余為之吟白傅琵琶行并李華弔古戰場文音調抑揚宛轉高抗激昂聽者無不擊節歎賞謂幾於金石和聲風雲變色此一役也蘇京士女無不知有孔孟之道者黄霽亭太史於余將作歐洲之游特書吾道其西四字為贈雖不敢當抑庶幾焉將去蘇京女士周西魯離來送行謂自此一別不知相見何時特摘頭上髮辮作連環纏相貽為他日覩物思人之據云見此如見其面予嘗贈以一衣約金錢十有八枚女士以其華麗逾分初不敢服至是乃服此裳衣照一小像以贈余驚鴻豔影殆足銷魂女士執手言別雙眦熒然含淚將墮不欲余見潛自拭去顧已嗚咽不能成聲但道珍重二字而已媚黎女士在旁覘予微笑輪車既發遙見周西猶立道旁揮帕不止媚黎謂予曰周西之情重矣何一往而深也想兩年來緘札紛繁贈遺稠疊感君雅意篆彼深衷故有此歟余知女士之反唇相譏也頷首不語時在輪車中但見廬舍林樹其去如瞥倏晚抵大樂易車更行停一時許

重至英倫

自蘇格蘭至英倫交界間有地名大樂固雄邑也廬舍櫛比屢

市喧闐有大會堂尤稱雄麗輪奐輝煌金碧相映巍峩聳峙高矗雲霄余與媚黎女士乘停車之隙聯袂往觀既入則雲窗曲牖隨處疏通適教士在彼講道士女咸集其旁一室有彈琴唱詩者聲韻悠揚余與女士靜坐移時褰裳而去至則車將發矣抵海耳紅日已落暮色蒼茫當孫已來迓於輪車所理君之内戚也驅車同詣其家晚餐既罷往宿別室當孫以屋隘不足以辱雅士特賃以居余者内外三椽華煥寬敞異常夜半夢醒枕畔忽聞流泉濺濺聲奇之明晨啟房後小門觀之浴湢皆備水正自此出也當孫固商人設數鋪於市中邀余往觀媚黎亦同行有一店多售綾綢羽緞錦繡凡婦女物飾無不備有一鑽一珠俱索價五百金錢是日會堂特延貧家女子午餐來者年竝十五六雖服布素雅潔整齊勝於羅綺主者欲余發一二言以規勉之余為吟唐人貧女一詩理君為之略譯大意諸女皆相顧微笑是會七日一舉當孫之戚姊妹三人來訪余長曰梅李年二十有一次曰輎特年十有五三曰愛黎年十有三半姿秀徽朗若五山真雪作肌膚花作精神者初見即行接吻禮意摯情殷殊所罕見既晚邀至其家設盛筵相款三女循環勸飲酬酢紛如碟中盛有生蔬余取一莖食之而甘長女見余喜嗜調和五味而後進余并以匙取汁令余試嘗之何如媚黎潛以芥粉投其中辣甚不禁淚出三女皆咎媚黎惡作劇媚黎亦笑不可仰曰無令其享盡豔福耳滿座盡軒渠理君偕余往講堂觀諸童肄習文字長幼畢集此書館專為禮拜日而設是日聞余

至來者殊衆當孫來邀余往觀船廠屋舍迴環規模宏敞其中工匠二千餘人有大鐵錘力幾萬鈞擊物無所不靡所碾鐵皮均齊劃一出之甚速廠主禮貌恪恭供余醴酒海耳禮拜日書館即廠主所設者也曾獨力創建會堂雕甍畫棟峻宇崇墉為一邑冠去年書館中子女彙捐金錢二百五十枚為修葺會堂費亦可謂勇於為善者矣海耳有商務公所當孫之兄為之主理折簡來招其日有盛會羣商麕集余至咸起執手為禮詢余中國商務中以何項為巨擘余答以絲茶而外鴉片為大宗然絲茶有益於外邦而鴉片實為中國之漏卮當設何法以除之皆無以應中有勞愛先生者獨侃侃而言曰嗣後當糾二三同志設一公會必先禁印度栽種罌粟而後可余撫掌稱善勞愛下議院紳士也公所後有園圃花木繁綺禽鳥飛鳴高樓五椽翼然鉅麗筵開推余為首座肴美酒醇不減郇廚余返謂媚黎女士曰畢竟商人享福取精多而用物宏勝於吾輩苜蓿盤百倍

重遊英京

小住海兒勾留三日理君至李斯泰余往碧福申刻始至時值陰雨霏微街衢泥濘乘車詣麥氏見麥太夫人沙夫人并瑶瓓女士別兩載而重來相見歡然情意益密入夜簷溜如注不能出户往遊翌晨同沙夫人往觀冶房營具農器以至家廚所用各物無一不備冶房吏出書一冊相貽所鑄各器具悉臚列於上耙犂鋤耒耜尤為精巧往訪巴頓醫士巴頓前在粤東甚久

本至上海全家妻女多居碧福沙夫人有二女一曰愛茉麗一曰荼蘭又有熙氏女公子名瑪安三妹貌並清麗瑪安態度尤覺嬌媚熙利亞牧師瑪安之伯叔行也聞余至高軒枉過其夫人亦來招瑪安往其家瑪安略患耳痛黛眉微蹙娥臉不舒益增其豔余與沙夫人亦同行其家特設茗酒款留臻至碧福有新建獄房甫脩落成獄吏延余往觀獄囚按時操作無有懈容織成毯罽彩色陸離異常華煥出售於外有金錢數十磅者居金既潔淨食物亦精美獄囚獲住此中真福地哉七日一次有牧師來宣講悉心化導之獄吏出所照屋宇為贈復同麥太夫人往訪老醫老女醫素負盛名今偃臥牀笫不出戶庭者已十六年矣其妻年亦八十有五耳目聰明手足健利送余門外數

十步始別去洵壽徵也是晚翦燭清談竟夕不睡與沙夫人啞瓓女士話昔年旅滬事感慨係之虛堂相對離思雜然早餐後麥太夫人沙夫人啞瓓女士送余至輪車公所將往倫敦也徘徊良久遙聽車聲迅轟理君偕其妻女從李斯泰來乃登車同發午刻至倫敦詹那邀余宿其家詹夫人年僅二十許明麗韶秀酬酢雖簡而待客意殷詹君意氣慷慨交遊殊廣皆以文學道義相切磋雖擁貲鉅萬履厚席豐而躬自刻苦絕無富佬習氣見余甚相愛慕必欲邀主其家以盡地主之儀午餐食前方丈窮極珍錯余謂其過奢殊抱不安詹夫人笑謂待遠客應如是也偕詹那往各處訪友有一友能識日耳曼方言文字與啞瓓女士指授余者語音略異既夕延余晚餐有盛饌凌晨獨自

乘車往訪司蔑立女士女士前在阿羅咸相識曾同遊伯靈圓觀倒垂飛瀑約他日經倫敦必枉顧眷念前情踐言勿爽殷殷聚語向午始別某女士詹那友也工畫能彈琴遇余於會堂堅邀一臨余不忍過拂攜手同至其舍既暮設盛筵相款酒飲無算爵女士為余彈瀛洲玉雨曲頓覺波濤洶湧起於耳際簷溜奔騰恍若泉流百道作赴壑聲座客咸撫掌贊歎余訪申雅客不值乃訪慕君維廉其處為慕夫人母家艾君約瑟之嫂與慕夫人為姊妹行與母同居為設午餐飯罷雨作驅車而回詹夫人乞余字跡將付裝潢余為臨靈飛經四幅貽之偶至一鋪中所臚陳者皆中國玩好之物悉標定價不少貶也視其值反較中國為廉購扇數事藉以作贈遺焉

再覽名勝

倫敦聖所公會博物院皆余前日之所遊也旅中無可消遣再往瞻覽聖所公會為英國教士傳道總滙之地天下奇異珍瑑之物畢聚焉總理其事者為魯倫士待余以遠方上賓之禮各處導余往觀頃之理君來同詣博物院以天下之菁英萃於一處洵大觀哉迴車經訪士排賽理君之老友也前余在倫敦曾與相見蒙其延待優渥屢招讌集至是隔兩年而再晤情意益殷謂余容顏瘦於往日即於其家午餐士君以機器造紙一日出數百萬番大小百樣咸備設四鋪於英京販諸遠方獲利無算香港日報館咸需其所製稱價廉而物美焉導觀其造紙之室皆融化碎布以為紙質自化漿以至成紙不過頃刻間耳裁翦

整齊即可供用亦神矣哉士君女公子年已逾笄嫻靜寡言出九連環令余解之余謝不能笑為指授愈出愈奇竊歎其敏慧馬士君贈余金錢十枚以購遠鏡一雙韃鏡一受其嘉惠未有以報詹那以馬車來迓同往見申雅客坐談久之始別訪司蔑立女士約晚間同觀影戲演於公院院甚幽敞有泉石花木之勝女士特令院人供佳茗進異果詹那懷中出中國筆墨請余題詩壁間作雪泥鴻爪之留蓋詹那於中國文字夙所耽嗜出自天性其愛中國儒者篤摯懇切言皆由衷非作泛然交接者於余尤為傾倒其家樓頂大書天下太平四字詢為何人筆跡則長人詹五曾食宿於其舍亦可謂好奇而愛客者矣是夕來觀者甚衆諸女士翩然而至皆司蔑立之閨友也皆與余行執手

禮并述素日企慕懷影戲五花八門光怪陸離樓臺殿閣鳥獸蟲魚無不逼真散後詹那偕余詣綠龍酒樓乃英京最著名之旅舍也烹飪之精肴饌之美甲於他處公司總船主為東道主夙耳余名特託詹那為介者陳酒數種並皆佳妙是夕車行甚遠余出見馬熱汗蒸騰因慰之曰今日勞苦汝矣其疾馳歸將厚以芻秣供汝既登車四蹄奮迅其去若駛此馬殊能解人意余為贊歎弗置理君約余同至依思冷登偕媚梨女士往觀蠟人室蠟人鬚眉面目宛然逼肖與生者幾莫能辨余向已來遊茲不過再領略一過耳與女士往見詹夫人兩美相合真如玉樹瓊林互相輝映所供午餐珍錯臚陳頗有異味有華祿者倫敦牧師之巨擘也欲詢中華近事以擴見聞而增識力特招理

君雅各慕君維廉施君敦力往讌其家余亦預焉席間所論多述中國風景如置身在吳雲粵樹間矣詹那尊人居於鄉間距倫敦約三十六里而遙必欲一見余乘輪車而往既覿面歡喜非常謂余在異方飲食寒暖必善自調護命詹那善視余因此詹那事余益謹亦可謂善養親志者矣

屢開盛讌

醫士雒頡字魏林道光二十四年創設施醫院於上海析津和約既定又設於京師旋既久高臥不出其家距倫敦約六里許余初抵倫敦即主其家午後乘輪車往訪犬能迎客鳥亦呼人重見之歡逾於初覯雒夫人能識中國語言字文長女曰律麗美慧知詩工於六法所作青綠山水逼近中國名家唱曲彈

琴猶其餘事其閨中密友曰梅麗容既相匹枝亦同工與律麗可稱雙絕聞余至飛車來見談詩讀畫藉作消遣與余昕夕盤桓者凡歷三日有沙氏者倫敦巨室也與理君雒君相稔雅重華人折簡來招以兩君為介紹申刻偕往屋宇之華敞陳設之精雅殆無以過中門峙一自鳴鐘高約二丈有四其聲宏遠聞於衢路旁有花瓶二是仿景泰銅製者高亦逾丈許入瞻屋頂金碧輝煌目為之眩讌時諸僕役雁行環侍司酒司肴各有專任既而散座女賓皆入內更衣乃以小晶杯盛旨酒相餉其色白主人謂余曰此酒已藏之二十年今逢貴客出以奉獻嘗之味甘而辣余為盡三爵理君恐余或醉謂余曰此酒味醇而力厚先生雖量豪想不能多飲也余遍游英法在巴黎入一茗

肆肆主人忽呼一人出則服華冠而著短後衣奉茶余前狀甚肅恭詢之則操寗波土音蓋茶商王承業留於此者繼見倫敦亦有一人則閩人也與之語蠢然無所知而狀若甚畏藐者甚戚者因去不復與言偶行於衢見一華人貿貿然來至前長揖問之知為粤籍從紐約航海來此所攜銀錢七百圓皆入迷香洞中奚至此流落無可歸作吳市吹簫耳時余橐中貲不足約至詹那家畀以金錢六枚謂之曰速謀歸計毋久戀海外作餓殍也詹那有叔距詹那所居約里許招余晚餐意甚殷勤詹那所業為麯蘗名家善製皮酒純以機器行事所出之酒專售之倫敦一城中不必遠販於外也其叔亦業此為人和易藹然可親真壽者相也數子皆娶俱已抱孫斑衣絢采嬉戲堂前蘭芽玉筍玉雪可念晨往理君寓舍知理君於半月內將作行計昨余與司蔑立女士有約乃折簡招之來詹那家余偕詹那擬設盛筵款之詹夫人特命廚人具雞鶩魚蝦而以牛羊為次品更效法國烹調知余所嗜口味獨殊也其意良可感也午刻司蔑立來見詹夫人深相契合入席嘗諸品譽不容口謂生平從未領略此美味今晨食指大動口福洵不淺哉夜詹那偕余往書院院中一人考試得列前茅將赴中國肄習繙譯同學諸生公餞其行於書院中開堂講論各言其志詹那口講手畫娓娓不倦并攜畫圖數十幅皆言中國之山川風土俗尚民情物產製造詹那為之舉其大綱而勉其友至中國後於學深有得焉所望者中外輯和西國之學術技藝大興於中土歐阿亞三洲可以輪車相聯絡則適中國如坦途奚詎不快哉將來當必有一日耳群聽者鼓掌和之詹那於歸途問余曰所言何如余曰美哉恐時不我待也

弢園雜鈔

三洲日記八卷

〔清〕張蔭桓撰

《三洲日記》八卷，清張蔭桓撰。蔭桓（一八三七—一九〇〇）字皓巒，號樵野，廣東南海（今佛山）人。光緒十一年（一八八五）六月奉命出使美國、西班牙、秘魯。十二年二月啓程，取道日本赴美。十五年任滿，轉由歐洲回國。此編即當時之日記，起光緒十二年二月初八日，止光緒十五年十一月十三日。凡行程道里、外交活動、參觀遊歷、往來公私案牘等，均有記録。所記西方社會風俗民情，各國政治、社會制度之精闢分析，及中西文化之對比，均可反映當時一般士人之認識及心態。據清光緒二十二年刻本影印。

夫玉帛之儀嫺則干戈戢矣詞令之文贍則猜嫌泯矣春秋列國盟會實繁或陳書以修睦或賦詩以見志揖讓而造宗祏之福談笑而拯生靈之命肸蠁僑札麟經韙焉然而承學之士跼步鄉曲墨守訓詁無裨鉅艱琴書偃仰止於一畝之宮弋釣棲遲盡於三宿之戀求其建旟大瀛秣駟絕域妙達時務動協機宜盱衡當代勝任者鮮我

朝洋禁宏開

聖懷柔遠鶼落鰓部視道若咫關津財賦之藪水陸綰

轂之區蠣舍蝸房棲居相望由是皇華之選特重邦交

南海

樵老尙書含秀河緯作世霖楫括地繪象磨崖勒銘聚米而如對狽胥奇情飈翥闊牖而欲窺烏弋壯志虹騫九邊吹箛負越石之偉略萬里破浪乘宗慤之長風乙酉六月奉

命出使美利加日斯巴彌亞祕魯三國丙戌二月展輪西行遂歷歐洲亞墨諸島羊胛夜熟禹跡未至之墟烏羽山齊周轍罕經之所敦槃和會冠佩雍容譽洽鄰封

煇增華夏交際之暇涉筆成錄天時寒燠山川夷險民俗雕樸物產盈耗以及中朝親故時寄牋緘異地官僚不乏談論凡有所觸例得備書庚寅節旋

上適咨詢公因奏對詳晰稱

旨仲夏五月始將日記編纂進呈有

詔留覽都中人士咸欲快覩爰取是帙檢付剞劂燃脂瞑寫宜貴洛陽五色之箋杭祕遐探何減方朔十洲之記以視虎旌陰羽交間但列其名露犬氂牛王會未述其狀奇肱之車因風偶至長臂之服沿流得珍天馬蒲

萄罄搜牢於荒裔邛竹蒟醬殫物色於殊方尊覺前賢輸茲閎覽然則登常山而獲寶符屯祈連而斷右臂強弱翕張之數虛實避就之形是在讀者善會焉爾歲在旃蒙協洽陬月漢川黃巨煇謹序

蓋聞黃帝省方營衛周於萬國赤縣稱壤神皋外有九州然前史目不睹昆侖妄辨河源之誤長老足不出安息謬云日入匪適博望鑿空財通大夏甘英臨海未達黎鞬況乎穹員不補之區大矩絕維之地晝夜相反人鬼乍分若士督其東西豎亥眯其南朔酋豪爭長建國蘄過乎百年琛賮相望慕義能通乎九譯我
聖清化覃幽顯政在懷柔王會之廷續衣冠而數貢光國之使犯星宿而浮查光緒十有一年南海張樵野尙書奉

命出使美利加日斯巴彌亞秘魯三國宣德化固邦交近代故事也公量隘區中智周象外練習邊事通三十六國之情廣覽地形明八十一分之數是以張騫出境有專對之才杖節殊庭稱膺使之選契丹騎屋觀許將之威儀郭靄立談得贊普之要領自謂此段使事厥難有三約法平等損益在權外情向背伺我虛實黃龍清酒秦昭念功之詞天馬蒲陶大宛畏威之貢漢家內治迺班建始四條之書唐業中衰別立彝泰七年之策今
杖

國威信賓是遐荒頗無緇絜之齎饒有波濤之險留犂撓血未寒白水之盟赤嶺樹碑尙守神龍之誓然言語約束蒩屬羈縻支拄歲月詎堪長久此一難也交廣市舶前代已通江漢推埸今日殆遍呈表怪麗誨誘奇淫玉卮無當金貨外泄帝女堙海木石有時而窮愚公移山畚鍤仍世而具猶以西域本貪漢繒北人兼嗜酪奴交易有無盈絀等比近者永徽蠶種賜入吐蕃顧渚茗芽移栽捐篤賚我絲舞日月寖微必令彼族自拔已植之根株而訓齊人不貴難得之貨用此二難也李斯入

秦慮見斥逐張儀在楚辱及捶笞況乃邊鄙流庸依託絕域龍支遺戶歲時私具唐衣馬流種人子孫自別漢姓主既畏其喧奪客又不能取容朝野同心議下一切之令載書將敀空以百口相爭此三難也因是三難乃求五益自昔聞喜製圖旁採商胡之口銜之作記雜采道俗之書山川險易經涂曲折跡匪躬履語爲不詳海中思土舟子之言本誣國舊無人鬼市之名定誤而羊胛候日窮北有不夜之天駝鳴知風極西有流沙之壤平子銅龍遑知地動之向武鄉流馬近省糧運之勞聖

賢制器利人勢非得已不若偃師膠偶止導荒淫公輸木鳶自嘗機巧者也彼宛渠造艦絕海洸行奇肱作車陵飆飛駕亦思馬之新礮權輿火攻泥盤羅之激泉監觴水法匠心爭巧後出愈奇取彼所長致我有用是可考工火浣入貢笑魏文之失言楛矢集庭病陳人之寡識河南舞馬拜伏應聲海西幻人支解自屬袖長三丈沃沮浮至之衣食受五升毗騫贈遺之器至乃見撼樹上羔生土中象齒若門鳥卵如甕洸沙棲陸之寶懸海藏山之琛方國以之炫奇君子因而多識是可辨物公以僑札之才當騫超之地浮大瀛者九萬里周廣輪者十二分方朔滑稽頗傳神異司空博物能數家珍畢牘上陳經留

乙覽十洲三島咫尺聚米之中五餌九攻施設借箸之表豈第備周官之外史通別國之方言夫首足易位賈生謂之倒懸骨髓有疾越人望而卻走今之安攘理無他術但使尊賢上能以平吾政彊本節用以振吾財農戰並修而賞罰之出必信水陸雖遠而舟車之道速通條支陸道新通一脈之河大秦飛橋會跨卅里之海史

文違合目驗能詳職方所遺著爲外紀是可釋地廣谷大川異制民居其間異俗況乎政教不及風氣固殊彼千祀無元不置閏月七日參禮共事祆神部族顯立朋黨之名昏姻靡待媒妁之約舉國逐末工數金銀之錢生民大本翻後耒耜之教此其所蔽也若乃假立名王得共和之政體議事自下沿獎尼之舊風陳若魚鱗加有節制法如烏杖不立殺刑至於縣蕞之間亦復略可觀采宮廷贄謁鞠躬而不頓顙道路逢迎免冠而行握手出則杖策居不裸裎食舍箸而持割刀衣裼裘而短右衽此皆禮失在野習用近華不特五帝名官宜訪於郯子六條作教不絕於朝鮮而已是可通俗胡墓銅棺篆蓋多象形之體裨海石柱遺銘近鳥跡之書知畫革旁行亦彼中之隸變字母反紐實從起之梵音論者謂汨鴻以前同文蓋遠是以粼粼冰海厓泐幽門杳杳溴洲山鐫畫象今拂菻古字猶傳景教流行之碑盟古篆文新得欽察親軍之印（印得于呼倫貝爾蒙古篆背鑄大德三年楷書）是可徵文翠嫣法天在璿璣而齊政炎姬行地勝越介以司南飭工商之藝使器不外求發山澤之藏使貨不自棄然

後薦紳之儒議和親介胄之士厲武備外重番舶下椗之稅以塞其流內弛漢物闌出之征以廣其利就款則珠槃玉敦而正互市之約梗化則飆馳電擊而奮薄伐之師何難囘鶩甘泉受呼韓之伏謁假館太僕待頡利之羈降乃若從衡連解之謀陰陽捭闔之數行人受命不受辭公固未願一一箸之也

光緒二十有二年二月武進屠寄序于齊齊哈爾城西使館

三洲日記序

南海尙書張公嘗奉使美利加日斯巴彌亞祕魯三國舟車之所經耳目之所及逐日筆記始於光緒丙戌二月迄於己丑十一月爲書八卷既奏

御奉命迺竹儷校付刊且敦序謹綴言曰昔春秋時列侯爭雄長會盟聘頫行李往來爲命有辭見稱宣聖蓋一言之得失而國之榮辱繫焉方今海禁宏開合環球諸邦爲一大戰國通商互市內地雜居華人之謀生異域亦無慮數十萬

朝廷軫念遐氓重聯與國妙選使臣其難其愼顧世之猥瑣者恆昧於大體或稍通外洋語言文字遽翹然以爲奇材而惟其儒術者則又一切鄙夷不屑徒爲放言高論於險阻艱難情僞槪未究心二者之蔽蓋交譏焉尙書負閎通之材膺專對之任莅事伊始卽值美國驅逐華工苛禁虐例層見疊出公反復辨論破其謀而折其氣卒至洛士丙冷諸案收賠款鉅萬爲歷來辦洋務之所無蓋公之信義素著而導窾批隙洞燭機要其操縱緩急運用之妙豈猥瑣執固之徒之所能及哉韓子

曰學有經法通知時事公當之矣今觀此書於三國之山川物産政令風謠以及交際之宜有觸必錄不特後之往者流覽是編得所憑依即未曾游歷者亦不啻問禁問俗蓋殫見洽聞之一也然公之所尤措意者則在乎日用倫常之道故於諄諭華人申勸其忠愛任恤之心而於西俗之有近似於吾道者亦亟書之德義禮教固難概之彼族而忠信篤敬蠻貊可行公之運量於斯爲大此又豈庸俗人之見之所及哉至於偶然涉筆皆有妙趣公之餘事不足爲公重也光緒丙申夏五朝邑閻迺竹謹序

三洲日記目錄

三洲日記卷一

南海張蔭桓撰

光緒十一年六月十六日東明工次奉
命出使美日祕國八月二十七日到京請
安十月初一日奉到
欽頒國書三道
勅書一道十月十七日請
訓先後兩蒙
召見

訓誨周詳復蒙
皇太后諭爾向來辦事認眞能辦事人往往招忌跪聆
感涕雖捐糜頂踵不足言報也又欽奉
廷寄與張香帥會議海外事
陛辭後寄宿恭將軍宅十九日謁辭醕邸承慰勞勸勉
屬籌議香帥疏陳之件期必有成並約密電碼兵氣銷
爲日月光七字冠首連日慶邸朝邑相國福協揆翁大
農周少宰厚爲酒醴以餞亦以遠別爲念也二十一日
出京晩宿江蘇糧運局越日薛撫屏胡履平來別並言

昨夜繁星皆墜衆目詫覩云二十四日到津晤李傅相
籌商一切遇李仲約親家於紫竹林往還數次不盡所
言旋附海晏船南發途經煙台方右民登舟展別東海
舊僚幕多來晤山農舅氏遠在平度得信較遲趕至煙
台海晏已展輪矣爲之戀戀十一月初五日抵滬經營
撥定擬爲金陵之行函詢南洋復以無甚要事遂於二
十五日附英公司船二十九日至香港紫笙舅氏少尊
表弟靖間際平叔秀村兄晴江小樓弟均在港相候先
將行李附美船寄島約十二月初四日晉省會晤香帥

籌議未定正月初七日復奉
寄諭因留駐旬日改訂船期二月初三晩與香帥面定
會奏稿初五日到港初六日拜發起程揖并續調各員
片初七日赴港督馬士之飲此數月中酬應紛如返里
一謁先墓里居前後僅十七日餘悉在省港倪豹岑中
丞鈴運甓齋話別圖爲贈并繫兩詩可感也倥偬行色
未及逐日爲記放洋後援筆補之
二月初八日壬申晴早起得李傅相電屬援美約十八
款以辦朝鮮之件又念此去煞須辦論特爲吉語贈行

旋往華安公司諸同鄉處言別辰正返寓馬士來寓送行朝鮮國戚閔泳翊來送并託寄鄭光祿書午初始飯正飭家丁檢點隨身行李適香帥電詢會派小呂宋南洋羣島委員薪水數目復以照三等參贊發電後委員王榮和又來電請示竟無暇復之矣未正一刻登舟諸父昆弟念茲遠行先往輪艘爲之料理香帥派海東雄兵輪導送由寓樓至海沿則英官列隊以待并派政務司駱檄送至舟中華安公司自雇小輪船拖曳民船沿海放爆竹以壯行色送行之客次第別去乘間至臥房

易衣周覽同役各員房位均安頓妥適矣申正船主來言放洋出香港西口繞太平山之南折而東行海東雄兵輪港口礮台燃礮相送是役同行者禮部郎中候選知府二等輕車都尉延齡號希九候選知府瑞沅號仲蘭湖北候補知州易學灝號希梁廣西補用知縣梁廷贊號蓬雲廣西補用通判姚家禧號祝彭浙江候補鹽大使程贊清號黼堂刑部筆帖式張泰號東巖候選按經歷江鑑號藻亭候選縣丞莫鎮藩號力侯候選縣丞彭承謨號禹廷候補守備覺羅緒齡號芝山同知銜何愼之號緋聯候選縣丞梁誠號震東通判銜劉玉麟號寶森舉人許玨號靜山候選縣丞張桐華號子豫刑部郎中彭光譽號小圃儘用知縣錢廣濤號涵生縣丞銜李之騏號駘選候選從九顧士穎號敬之鄧廷鏗號琴齋張佐興號錢伯總署供事李春官張丕勳差弁陳吉勝馬宏源二十六員另跟役十六人舟行無風尚無航海之苦同舟無西婦行坐尤便船主以右邊兩桌專備吾輩飲食不雜西人

初九日癸酉晴舟向東北行午正懸牌行七百三十里

爲粵閩交界處戌刻雨微有霧渡厦門洋亥初停輪子正復行

初十日甲戌晴遙望臺灣諸山如在雲裏巳初停輪刻許復行午正行八百八十里桅樓閒眺偶詢船主御未置備各國旗誌然此爲入口不可少之物同行彭程兩員工繪事善渲染因就船旗之光潔者裁制如式按圖合作暄風扇和鏡波朗澈臨淵晝龍幾欲飛去世無葉公聊付船主

十一日乙亥晴午正行九百八十里船主約觀機器製

冰寒氣逼人同舟有德商士布魯士操織染爲業游歷中國博考頁法人甚謹愿是夕忽置酒享客自言今日爲母氏六十生辰舉酒爲慶詢其父則年八十矣明發之懷西人亦不能恝然中外一理千古不易之經也

十二日丙子晴無風而浪十洲記水黑色謂之冥海無風洪波百丈其今日之境乎東方朔撰十洲記祖洲瀛洲懸洲炎洲長洲元洲流洲生洲鳳麟洲聚窟洲又附以滄海島方丈洲搏桑蓬邱崑崙五條已極荒遠茲之所經乃復過之惜乏舒雅之才爲補繪圖說耳舟中時

見小島以海圖按之當在琉球之北日本之南午正行八百八十七里夜窗驟醒朗月入幃海色殊佳

十三日丁丑晴船主約觀醫生種痘謝未往航海章程大艙華人須醫生爲種痘以防天花傳染若艙有患者船不得泊岸此通例也惟上客或西人均免自香港展輪後皆向東北行今日向正東行望日本長崎諸山蜿蜒不斷塔燈隱約於淡雲碧水間午正行一千三十六里

十四日戊寅晴行八百八十七里辰正抵橫濱停泊後風濤大作遙望來船如桔槔出沒白波駭浪橫濱理事官率隨員來迓一舸衝盪無緣相過未正風息復來參贊楊星垣亦自東京來相約登岸仲蘭震東寶森同至理事府飯畢坐火車赴東京子初抵使署下榻徐星使曾隨陳副憲使美談美事甚悉又歷道水陸舟車勞逸之況並言埃利士黨有截害蔭桓之謠預爲電告金山領事知會巡捕照料登岸更爲添置棉夾衣行路所需之物東道之誼可感香港起程時衣夾衣舟中御棉抵東京寒甚竟御重裘

十五日已卯春分嫩晴訪日本外務卿井上馨竊謂略敘過客寒暄而已井上乃肫肫述其近政謂欲與各國修訂舊約將各國商民之在日本者遇事由日本辦理而畀內地通商一事以相易當告以內地通商亦有流弊凡欲將已定之約更換必須互衡利害庶無後悔井上韙之并將美國驅逐華人近事相告以此行爲棘手又勸考求法國律例以便交涉蓋法國律日本所宗也叩以華人被害各案美應賠償否井上沈吟久之答曰中日之於美民設有此等事美必索賠可謂工於詞令

矣隨晤其當軸伊藤博文甚從容暇豫出該國陸軍省所製後膛槍贈李傅相叩其鐵從何來亦購自西洋云旋往訪各國公使無他要言但道美事棘手甚於新聞日報所云美使哈勃初到日本坐談較久故爲頌祝寬慰之詞意仍不惡聞其眷屬并居使館奉七十衰親航海遠涉舟中十數日不能食及抵橫濱舟觸礁石旁皇覓舟登岸可云險矣西人不憚遠行現幸無恙視若無事也

十六日庚辰晴薄游上野芝山諸勝路經紅葉館門垂

碧柳風景不俗戸屨已滿遂爾迴車遙見宮樣雛鬟望塵拜送訪德川將軍墓規模宏麗尙有古風又訪奥國公使總署舊識也是晚日本使館設筵懽宴酒闌各散子正草家書上朝邑相國書始購眼鏡

十七日辛巳晴伊藤井上及各國公使陸續答拜均無暇接晤惟葡使逕至廳事遂與坐談片刻附火車至橫濱理事官盛筵餞送晚宿中學館館師梁生談學中肄業課程頗不寂寞

十八日壬午晴晨起駐日使館橫濱理事各員并來送行同駕小輪至大船小坐而别美水師兵官欲約晤而加力船將展輪矣巳正展輪向東南行出東京海灣折向東北午正行四十七里自香港航海至舊金山向以出入橫濱口爲奇險過此則無觸礁之慮雖颶風淫霧只要船主定靜司機器人毋大意便穩渡太平洋粤人每於此地焚黄以答神貺日本諸山有靈慧氣而乏雄厚

十九日癸未晴午正行一千一百二十里仍向東北是日東風大作浪打船篷飛濺艙裏夜尤顛簸

二十日甲申陰微雨舟向正東行天氣寒甚午正行一千零六十七里瀰瀁虹洞軋盤涌裔極混混庉庉之致

二十一日乙酉雨午正行一千零十三里絶無來船時見海鳥隨波上下

二十二日丙戌雨午正行一千零三十三里夜大霧

二十三日丁亥晴午正行一千一百三十三里順風揚帆西人鼓琴歌唱以答濤聲

二十四日戊子晴午正行一千零八十里航海每眩暈此行卻不甚苦祗不能食間令庖丁製鄉味亦不下咽

水窗無俚與希梁奕以解煩念江皋別後不對局垂十年彼此了無進境可笑

二十五日己丑晴午正行一千一百五十三里晚觀西人葉子戲兩兩相附若犄角若對壘其戲有王有君后有丞相自一點至十點紅黑兩色爲方式爲桃葉式爲半朵梅花式牧豬奴外別創一格西歷重一日

二十六日庚寅晴午正行一千零九十四里粵人甘霖操卝業客金山垂三十年陳弁導之來見述金山今昔情形頗詳所營金礦以水機淘洗事半功倍因舉萊莒

礦事詢之霖言金山無此佳礦惟須經理得宜渠九月回華因許以薦往山東礦局

二十七日辛卯陰晨霧午晴行一千零八十里甘霖復來談礦事

二十八日壬辰晴午正行一千零二十三里船行快捷西人置酒以勞船主謂西歷四月後便無大風

二十九日癸巳晴午正行一千零九十七里西人以舟行里數賭賽爲樂船上醫生每獲雋咸嗤爲諳詣船主房問信或未必然

三月初一日甲午晴午正行一千零九十里同使各員咸繕家書並勸余乘此餘閒可以寫信恐抵金山日夕須接晤賓客無握管之暇余感其意而有待也

初二日乙未晴清明節憶沈佺期詩海外無寒食春來不見餳爲之悵然午正行一千零二十三里入夜風雨交作顛簸之甚柁樓臥房並不耐坐獨與蓬雲希梁就大餐房談去年肇慶水災肇羅道所築隄埝及府關積弊事子正解衣睡船仍搖盪黑甜一覺俟波已平

初三日丙申陰雨午正行九百九十里晚飯後登柁樓

遥見鐙光如星昏黑無際涯西人指以相示云將進口飭家人預檢行李

初四日丁酉雨晨起抵金山口領事歐陽明偕洋員傅烈祕繙譯歐陽庚隨員王國遜鄭鵬程來見因約領事官至房艙詢金山近事坐談逾時旋登柁樓晤傅烈祕各員少頃船亦泊岸正在搬運行李而稅司黑假以索閱

國書爲詞阻礙登岸當詰以稅關無接閱

國書之權若欲展閱須予我以能閱憑據令傅烈祕與

之辨論適中華三邑岡州陽和合和人和昭一各會館紳董來迎遂下樓與晤周旋甚久而稅司之見仍未銷融復告以遲遲不登岸或原船回華未嘗不可國書則斷難給閱稅司知理不可奪其總查官天年遂婉請登岸卽驅車就館舍寄榻九層樓錦堂傅烈祕仍來照料因喻以稅關如此無狀當往詰之傅烈祕力逃金山辦事之難唯唯而去屬錦堂電告鄭光祿轉達外部舟行適半月泰西食品雅非所嗜且時或眩浪輒不能食旅居九層樓當市集之衝車雷徹夜並不能眠是

夕訂定火車卽電李傅相轉醻邸 抵美一路平安六字

初五日戊戌晴天將曙聞窗戶震撼如大風雨呼從者起視殆層樓澆洗水從上落振玆奇響建瓴之喻及今而悟午間法領事來盛稱錦堂之能晚飲岡州館閒話故鄉風味何止猿鶴笑人

初六日己亥微雨前美使鏤斐迪來談前在中國時所辦各事多中理中國前派學生來美學習渠與有力至今李傅相猶通音問又言何天爵頃已赴華謀辦鐵路又詢前日登岸情景痛詆稅務司之謬酉正仍飲岡州館中華紳商之約

初七日庚子雨法水師兵官來見詢其船只容二百噸煤此從橫濱來倩風駛行駛前美使士蛾枯特來見寒暄甚殷申初至領事署復赴中華會館三邑會館少坐各商經客歲今春土人謀驅逐謀炸陷幾不安生大有風鶴之感欲收莊回華帳項又難遽集鬱鬱居此又有性命之虞未免進退維谷二月而後兇燄稍平驚魂亦稍定矣咸願余多駐數日備述近事余奉命遠來保護商民責無旁貸遂詳與撫慰念中美通好

數十年同治七年蒲安臣之約華人來美均有任便往來之益其時美國志在開闢西境招致華人惟恐不力轉瞬而火車鐵路四達旁通沿山煤鐵五金之礦採拓不竭金山荒蕪之區蔚爲都會傑構雲連商旅闐溢微華人之力曷克臻此乃不數年而謀限制矣不數年而謀驅逐矣近且焚掠搶殺慘毒不堪顧玆海外殘黎何以爲計是宜各謀聯絡咸務正業毋爲所輕華人數萬里遠來尤當共切桑梓敬恭之意毋分某府某州某縣旅居謀食悉如一家間有勃谿訴之會館甚不得已乃

頒領事務令彼族知我華人彼此相顧庶可略免欺侮至於未結各案自當設法促之無足慮也諸紳商咸韙斯言唯唯而退旋至昭一公所晚酌返寓大雨

初八日辛丑雨仍飲岡州館董事呂春榮言此華人來金山始居之地初本海灘支布棚以避風雨商務漸拓沿海砂礫逐年塡築遂成衢衢此館醵金建築樓上供關帝司祝者歲一易人聚鄉人投鬮近竟投至八千餘金足供會館歲用不收華人出港費矣返寓則稅司黑假總查官天年鑄銀行商三人來見黑假寒暄後自言前日登岸時並無索閱

國書之事當係傳話之訛因船來甚速未及迎迓以致失禮乞面致外部爲之解鈴當告以

國書非爾所能閱爾有命運當總統時接閱不遲黑假力言斷無索閱之意絮聒不休因指天年語之曰當日舟中問答情形尙記憶否天年但唯唯謂實無此意銀行商董婉爲緩頰始悟黑假挾之同見爲解紛地也

初九日壬寅晴往觀大畫拾級登樓仰視黑暗祇梯鎛透微光聯步畢登卻別有天地畫爲拏破崙第一與英德諸國戰事兩軍部伍整列拏破崙第一策馬仗劍叱咤指揮從十餘騎前軍已北亟搶高阜爲敵軍槍礮所拒火光併烈法軍傷亡枕藉溝中或扶傷顚蹭或裹創再接或輿尸狂奔其時車輛猶是牛馬拖運製作拙笨知西製之巧亦與時俱進耳遙望遠處煙燄四起則礮臺燔矣其光衝天雲氣爲赭沿岡樹木淺草蒼綠如活有枯樹倒折於道法兵敗殘者盔甲槍刀狼藉擯棄若可檢閱諦視逾時彷身在戰場不知爲畫殆光學使然特無聲耳漢桓帝時劉褒畫雲漢圖人見之覺熱畫北

風圖人見之覺寒不假光學自成絕詣又不可同日語也臨至花園觀華盛頓造像園中珍禽奇獸鱷魚毒蟒皆備海狗尤盛中有圓池就池作舟無首尾有駛櫟四面圜轉而不能遠行遊人往往於此爲水嬉舟楫之奇式也圍牆以松柏樹翦蟠而成深碧四圍視因樹爲屋者別有奇想又富有臺榭供遊人憩息金山繁擾中此爲佳境擬乘輿往觀海口礮臺傳烈祕言守臺官他往遂不果美自南北花旗爭戰後兵船礮臺皆舊式數十年從未措意只以海口有險又僻在壘州雖不戒備亦

足自豪歸途見風箏略如中土晚飯杏花樓三邑館之約南海舉人羅熙堯主之

初十日癸卯雨觀鑄金銀局該局近以銀錢滯消只鑄金錢大小不一模式尙佳午晴答拜鏤斐迪茶話良久詢以前年何天爵同美顯爲中國借款與妆相商何以無成鏤言爾時中法方有事我亦因病赴他處就醫故耳歸寓寄山東礦局書薦甘霖晚赴鶴山同鄉之約

十一日甲辰晴檢行李交火車先起運未初答拜士蜮枯特承詢中朝巨公甚摯光緒六年中美續約卽其手

定其律師之雄乎旋赴甯陽館之約並往廣聯輿視從弟子豫病亥正返寓稽發總署咨並寄北洋書粤督書述抵美情形

十二日乙巳晴行李起運既竣定期明日就道子豫駘還病不能從留繙譯相待同行重往視之並赴陽和會館之約合和人和兩會館龍岡公所均具柬分請以火車期定婉辭之不得已屬併爲一局乃謂無以示敬毋亦門戸之見太牢乎此行因埃利士黨有截害之謠特在金山多駐數日各會館公讌必赴亦間觀劇數數出

入了無戒備固知埃黨惡言無非虛疑恫喝不足嚇人也晚約歐陽錦堂來寓將應辦各事預爲商摧並託寄祕督書丑正睡

十三日丙午晴辰正早飯畢食士多苾利絕類桑椹頗清美隨身行李既檢拾又派定姚祝彭赴檀香山察看商務將金山鈔案付之酌發盤川事竣乘馬車渡海至屋崙附火車起程隨使濟濟遂專雇兩車不雜外人申初二刻開行金山六會館紳商遠送至火車頭領事繙譯隨員等隨車送至三十里而別酉正過鉢哥士達海港船載火車逕渡類中土擺渡特寬大有輪機耳戌初

二刻至沙加免杜尖計程四百六十里尖頓僅二十五分鐘車復行中夜停兩時許修理機器

十四日丁未陰霰雪微寒晨起渡落機大山松毛滿地沙漠彌望巳初至杜力機尖行四百里出嘉屋福尼省界申正一刻至欽哺路的尖行五百四十七里仍下車就食沿坡黃柳搖曳清泉西人製機噴水灑溉甚遠迺帝左側修薄叢林頗有野趣同人信步忘路之遠近幾誤過車晷刻氣筒兩撝亟追之返乘月夜行積雪相映

每過雪棚黝洞黍黑無所見過盡豁然若別有一境界
十五日戊申陰辰初二刻至的利士尖行一千一百二十三里出尼華大邦界巳刻過鹽湖不聞臭氣未初二刻至惡頓尖行四百零七里爲烏大屬境申初三刻換車復行經地胡路士他譯言鬼門關亦無甚奇險少頃過千邁樹諺云自此樹至阿蝦麻恰千邁卽中里三千三百里也戌初三刻至伊士頓尖行二百五十三里薄暮奇寒雨雪交作此埠有華商數家鄉人李榮邦自金山電屬爲備饘頓甫停車而食榼至杯盤肴飯錯陳几

榻雪天行路數萬里外復飫鄉味尤不易得地距洛士丙冷不遠華民簞食壺漿意自有在吾儕不能拯水火而慰雲霓亘茲愧耳飯罷與廖韋廖澤談洛士丙冷案
十六日己酉晴巳正至拉拉米尖行一千三百里未初過加蘭堅嫩自惡頓至阿蝦麻以此埠爲最大歪阿明屬境也其巡撫窩倫總兵官露尼來見談華民被害事並爲太息酉正至失尼尖行三百四十里戌初大雷電風雨視海上風濤聲勢較壯逾時始霽月色皎然遙見沿山野燒

十七日庚戌縠雨晴巳刻渡米西希比河鐵橋此河緜亘萬餘里其難治與中國黃河同巳正二刻至阿蝦麻埠行一千三百八十里換馬車密曹吉士巡撫阿耶來見午刻復行出尼不拉土格邦境酉正至利雲鉢行九百四十里爲埃阿華邦東境過此卽衣鄰奴士邦矣換車後就車中飲食較前爲適涂間花樹麥苗秀色可喜沿畦遍築麂籬高下參差若斷若續爲畫家增一奇境視數日前沙礫荒涼沃瘠之判天淵
十八日辛亥晴辰初至詩家谷爲衣鄰奴士邦大鎭連

日委頓小憩旅寓一夕貽書鄭光祿令緋聯蓬雲先往美都鄉人傭趁於此者約八百人紛來請謁亦餽饘粥一人徘徊不去云留此賣粥叩其籍爲新會人名盧致遠手挾呈詞俟各人散後乃遞閱之則新甯命案也痛述劉趙兩人寃枉懇予平反其人頗有肝膽因慰勞而許以到任籌辦
十九日壬子晴巳初詩家谷城主熙賴臣來見約觀公估局蓋穀米牛馬貿易之所人聲鼎沸豎指爲問答旁列電筒報價不假毛生算博士而百萬生意頃刻成交

美國四大埠詩家谷其一也南省通衢糧米總匯風氣尚不侈靡猶知農家作苦之況未正衣頓廬士巡撫阿士被來見申刻換車行

二十日癸丑晴巳刻至畢次昇城尖戌初抵華盛頓鄭光祿扶杖率從官迓之郊外同至使館恭請

聖安後即返鴉靈頓客寓隨接見參贊諸客畢始謀晚食廚爨一空又不諳市沽飯店水陸行數萬里甫下車能自爲饌者殆不易易幸派員先一宿至汲汲張羅否則枵腹達旦矣使館在華盛頓國都西北隅雕攀園之

北頗高敞門外餘地間植花木又爲暗機噴水淺草如茵門內繙譯會客餐飯跳舞打波諸房均備且華瞻寬整故西人以此爲美都廣廈惟樓高三層絕無院落吾輩從中國遠來惟深異鄉之感而已曩在總署與荔秋副憲訪美使楊約翰喜其園亭退曠廣蔭嘉木廳事亦明窗淨几間詢荔秋中國駐美使館有此否適乎荔秋正色曰有過之無不及今至其地知所見不逮所聞且不獨使館一事自香港至金山水路二萬一千零三十里自金山至美都陸路一萬一千零三十三里水陸共三萬二千零六十三里行次逐日紀事繫以干支至此確爲三月二十日而使館壁懸中西合歷則爲十九日猶西人重日之說也許靜山日記言前在舟時曾有中國人不當在太平洋重日之說後至金山登岸詢歐陽領事則彼處官民咸以是日爲初四日蓋華人惟據舟行所歷之晝夜爲憑但知其地日出較廣東早八點鐘無所謂重日也及至華盛頓則署中方以是日爲十九日云自陳副憲時相承不改副憲於涂中所紀東西經度既仍西人之舊故重日亦隨西人之例其實華盛頓

城在中國京師東偏一百六十六度距晝夜分綫處尚十四度必過此十四度後交中國偏西一百七十九度之綫方爲重日以符華人西行至歐洲之歷如由此赴日斯巴彌亞途中若不重一日則到岸之日與中朝駐歐各國使署之歷不符然則我中國人之重日當在由美至歐之大西洋不當在太平洋明矣然雖持此論署中幾奏公牘仍以是日爲十九日姑存是說於日記中以告後之遊美者云靜山建議頗詆荔秋不諳星歷蒙亦疑焉細覈荔秋循用之歷衡以吾華星度皆不爽比

接總署北洋電信日干悉符大抵京師之晝卽華盛頓之夜似荔秋未可厚非旣星度無參差便可中西通用西人重日亦以合星度耳以後日記視此編定力侯重日攷地球緯綫周二萬五千二十邁分三百六十度每度六十九邁半日在中天爲午刻次日再見日在中天爲一日歷二十四點鐘凡地球一周三百六十度需二十四點鐘每一度須四分鐘譬如船在中國向東行每日約行六度以在船之人而論則自昨日之午刻至今日之午刻祗二十三點鐘三十六分蓋日自東至西船已去東六度矣此船行之度非地球旋轉之度也故船中先二十四分鐘見日中國則後二十四分鐘始至午刻方合二十四點鐘之數船漸遠則見日愈早船至舊金山去中國一百二十度故先八點鐘已見日在中天矣至烏約去中國一百七十度故先十一點二十分鐘見日在中天矣至英倫又遠七十度則又先四點鐘四十分見日在中天矣算至回中國原始起程之處則是三百六十度見日當中應早二十四點鐘矣是船行所見之日卽中土次日之日也行船者以見日太早遂少

一日因爲重日之說以補其缺云所論尚淺顯因并識之昔李之藻天學諸書留意西學御未預計後有使者遠涉外洋爲之推闡歷日惟事考究理器惜哉

二十一日甲寅晴鄭光祿見示清摺皆客主往來之儀及商總署候復之件又與商新舊任各事

二十二日乙卯晴電粵督到美日期重訪鄭光祿長談其參贊攜鐵印來又開具使者初到事宜謂延希九曰此鐵印爲歷任與外部公牘往來鈐用視部頒關防尤要余語希九旣如此鄭重盍俟送印時並送可乎參贊怫然拂袖逕去並事宜單而裂之希九甚駭余亦莫喻其恉

二十三日丙辰晴照會外部訂見總統遞國書之期鄭光祿來晤攜示要牘一篋金山華人被害及美國限制華人各苛例辦理辨駁成案餘牘由參贊點交是晚美紳假使署作善會劇金充醫院費鄭光祿旣諾之矣會者四百餘人喧笑雜遝余未謁總統不便與會但助善會之資令從官代周旋

二十四日丁巳晴午初鄭光祿差官送印當恭設香案

望
闕叩頭謝
恩拜領任事外部照復二十六日見總統遞
國書午後拜發到任接篆摺子
二十五日戊午晴鄭光祿來別云已謁辭總統亦有頌詞並將頌詞鈔示祕魯駐美公使愛立謨來訪未晤
二十六日己未晴未初偕希九仲蘭震東洋員柏立齎
國書至美外部晤該部大臣帆頓同往美宮於是始與帆頓相見詞色甚和謂太平洋濱商務從此可以展拓旋詣美宮葢秋日記所謂蔚藍宮也坐候片刻美總統企俚扶輪出見免冠植立點首外部帆頓旁侍余率從官點首答之行稍近乃宣頌詞震東繙譯一遍隨將
國書敬遞總統接收後即交帆頓捧持自探夾囊取頌詞宣讀一遍彼此握手而退順道拜客外部隨將總統頌詞備函送來晚為鄭光祿餞別
二十七日庚申晴香帥電詢金山情形鄭使病狀即電復之旋往鄭寓送行鄭光祿必欲一作主人移尊使館飲勞同使各員卻之不恭談讌至亥初散

二十八日辛酉晴晨起將接交文牘移復前任又託繳木質關防並託寄家書鄭光祿準申初起程率參贊從官先往車房候送即美前總統加非被刺之地現於壁上雕鐫白石鷹為加非題名其上廳事寬敞坐可數百人西人則委內瑞辣公使在坐掖鄭光祿登車西例之交厚者類如此鄭病稍痊仍扶杖瀕行復感寒涕修涂勞頓竊為懸系其親故辭差歸者多不與同道鄭光祿亦不強之也送行後返署得粵中轉總署電本日奉
旨張之洞沁電已悉洛士丙冷案尚未定議張蔭桓到後著鄭藻如暫留會同經理並將各案議定善後章程再行回華欽此當欽遵轉電鄭光祿留行是晚子豫駘選寶森自金山來
二十九日壬戌晴鄭光祿同電暫憩詩家谷候
旨因復為書約之旋拜發齎遞
國書摺現在交涉情形片繳銷木質關防片外部帆頓以妻喪不拜客差帖代面晡後車運行李均到檢收安頓接舍路華昌公司電稟美兵將撤土人仍謀驅逐
三十日癸亥晴晨起照會外部綏撤舍路防兵自遞

國書後暇卽循例拜客如美外部內部戸部兵部水師部郵政部律政部按察司陸師將軍水師提督及上下議院議員各國公使到門投刺或晤或否美廷諸臣各附其黨咸隨總統爲去留惟合衆國按察司砥立不動歲俸九千金額設九員堂有六員便可聽斷權力極大民主之國政由議院而法司之權自若也墨西哥公使羅露美忽來照會請訂期議約當答以外國與中國通商向係專使赴華定議該使復來書請查閱二月杪所給前任照會蓋欲援巴西條約作底本也因並達總署

四月初一日甲子晴外部回函舍路防兵援撤卽電復華昌並鈔寄金山領事日斯巴彌亞公使鈔了鴉架來見告以暫不能赴日先派參贊往代

初二日乙丑立夏午陰欲雨德使鴉路瀚士利本來見詢中國鐵路事申初答拜百賈年八十一矣客粵最久以醫爲業葉崑臣之役卻在行間此時歸老故鄉不談往事坐中懸前粵撫黃石琴小照又什藏故粵督耆介春畫像陳設器物多粵中佳製廳外懸陳副憲映相亦舊識云

初三日丙寅晴駐華美使田貝之兄來見詢乃弟在華境況美國前派駐俄駐日公使科士達來見田貝所引薦也西俗伯叔與母舅姨母同一稱謂與所生同產也伯叔母姑夫姨夫同一稱謂內外親不別也從兄弟姊妹與中表同一稱謂中表可爲婚配推而至於從兄弟姊妹異矣

初四日丁卯雨得鄭光祿詩家谷來電奉旨准歸卽已就道午後香帥復電詢已否返署當照光祿來電復之陳藹亭自古巴來

初五日戊辰雨晤外部先謝舍路留兵次詰問金山稅司阻礙登岸事又特給予照會美各部書傭男女並用其工資由考取遞升不盡請託視部務繁簡多或二千餘人少亦千數百人女工可以謀食其俗無慮男女六歲以上不向學讀書卽責其父母

初六日己巳晴倭使九鬼來晤頗有同文聯絡之雅申初易希槃辭赴烏約領事任繙譯劉寶森同行美國火車鐵軌四通八達無遠弗屆貨車無論矣客車分等上等之坐有機括能四面活轉另有煙房吸煙避女客也

下等則二人三人共一榻而間能就榻吸煙餐飯或就後車或移至榻側長路之車則下車就食於飯館爲期太迫又別一風味睡車分上下牀合掌橫排間以帷幔男客例居上昏則僻榻晨起輒捲藏衾茵析爲坐具車中另有臥房可以自爲一所能容三人價稍昂睡車之式環球以美爲最

初七日庚午晴西俗有氏族有名其氏族或以地或以神物君主之國則兼以爵邑且有賜姓然賜有定額皆勳舊也其名刺則名在姓前有爵者加印王帽然往往

同此氏族而乏同宗之誼非如吾華葛藟本根世胄遙遙猶能按圖迴溯

初八日辛未早雨午晴往蘇遜士龕美國優養受傷軍兵之地水木明瑟樓臺如畫華盛頓城中最佳處歲支養贍銀一百五十萬元可謂知所養矣老病軍兵無所依倚又不能自謀食若不念其前勞置之度外幾何不塡溝壑哉美於此種戰兵優養如是既無愁苦怨恨之聲且增編民觀感之志千金市骨殆有過之美國陸兵二萬六千八百名歲餉三千九百九十二萬四千七百餘元水兵九千五百四十名歲餉一千二百九十一萬六千六百餘元官兵均在內兵少餉足宜其顧眄自雄也又民兵幾二百萬儒士醫士天文生而外農工商賈二十歲以上四十歲以下概聽徵選歲時操練一遍無坐糧略仿吾華寓兵於農之意美國歲出歲入之款總統每年開議院之日頒諭國中亦仿吾華比較之法

初九日壬申晴美議院每年開議總在中歷冬初發凡起例而已議至長至前五日耶穌生日給假十天假滿即復集或長議或短議間歲爲之議紳視邦省人數多

寡而公推上院有定下院無定各有專司美政所從出總統高拱仰承畫諾而已虮蝢回文爲金山稅司引咎而仍不免左袒午後藹亭回古巴子豫藻亭東巖詒選同往

初十日癸酉晴談地球之學者輒以中美球形相對美之紐約與中國京都對美之華盛頓都城與中國德州對以經緯衡之中美各居緯綫五十七度經綫則中國一百一十五度美國六十四度京都午正美都寅正六分美都午正京都戌初六分美國形勢其通大東洋者

以舊金山爲要津通大西洋者以烏約山丹曲爲要津國內㴋河港汊均匯於東西兩洋金山未設火車以前須繞越巴拏馬乃抵華盛頓都城志克菴孫稼生之行程是也火車初設中經煙甸野人之境猶有刼掠肆業華童曾被嚇今則輪軸鑣馳幾成康莊矣

十一日甲戌晴寄曾劼侯書索映相論粵督會疏事西俗新舊教異流同源而皆歸宿於上帝謂耶穌爲上帝化身救世者故崇奉唯謹耶穌年三十而卒生平無著述足跡不出國門竟能聳動西人至以其生年紀歷此

大不可解者也中西文字各殊西教士遊歷吾華粗諳華文遂舉耶穌事蹟附會成編遠遜佛經內典爲中國文人譯說者耳

十二日乙亥晴西俗每年以正月四月六月九月十一月爲三十日三月五月七月八月十月十二月爲三十一日二月爲二十八日每四年二月閏一日周歲三百六十五日俄羅斯土爾其歲旦不同猶泰亦不同

十三日丙子晴博物院長約往遊觀金石古物五金礦質絲布磁泰器用所聚飛走鱗介巨細不遺滿置院中幾於千門萬戶華盛頓衣靴亦嵌藏於櫥又雕鑲各國種人眉目如生惟所藏中國器物絕無佳品光緒二年美國賽會中國派各關稅司備物與會至今院內猶存牌坊一架旁刊長聯李圭撰也其極鄙陋則所塑華人男女各像高五六尺冠服失度直芻靈之不若矣又婚喪儀仗及鴉片煙具瑣屑之極

十四日丁丑晴香帥電會疏今日奉

旨該衙門知道現飭王榮和余瓗治裝偕使九鬼面訂十九晚餐並偕吉田二郎來晤吉田曾駐北京代辦榎

本武陽使事總署舊識頃駐美爲烏約總領事略諳華語

十五日戊寅晴訪日斯巴彌亞公使賀其君后生男致許竹篔書託就近照應延希九出入法境美國貨幣一元以下用銀錢一角以下用銅錢一元以上用金錢近則銀紙暢行金錢嫌其重出境則攜之較銀紙能通行他國也公法若欲本國金銀錢暢銷他國須先與該國有成約亦必須互相施報

十六日己卯晴延希九派往日都代辦使事豬芝山徐

立齋鄧琴齋偕往烏約附船午後寄北洋書迹酌派美日祕三國差使美都各使館皆不升旗曩詢鄭光祿謂必欲升旗須預告房東建造旗臺特各國既一律中國歷任從同似不宜獨表異日都君主之國則不然云

十七日庚辰晴課黑人治園畦黑人者阿非利加洲之種其黑如㯃間𤋮黃微白者則混矣多執賤役然性懶且不耐勞

十八日辛巳小滿晴美城鄉中多街車夜間遠望如燈船駛駛於林木間或一馬或二馬牽曳一人司機一車

能容十數人小或五六人若男客滿而女客後至則男客起立讓之未及馬頭而女客欲下暨車行之頃女客欲上司車人須均聽命車值甚廉然行不出境無慮遠近只索五仙士合中錢五十文美都生意惟街車獲利最厚近擬改用電氣惜馬力也

十九日壬午晴姚視彭稟檀香山三月十六日大火燬燒華人寓廬十去八九燒斃一人傷二人檀香山王及華商並籌撥巨款賑恤午後接烏約信希九今日揚帆晚赴倭使之約檀使在坐仍飫西饌末乃以小碟藍和

雞子分餉此倭製云歸署大雨雷電

二十日癸未晴雷電之後德律風電筒受損響搖不輟前駐中國公使西華自烏約來晤之穼舊識也美都街衕均弁以各邦省之名民居則編數目十號以下編一字十號以上兩字百號以上三字千號以上四字萬號以上五字左右相對左奇右偶一目瞭然惟中國使館不編號視各部院一例

二十一日甲申晴檀香山商董程汝楫古今輝稟三月十六日火中華會館被焚工價尚短七千金批以急謀

撫綏毋瑣瑣會館工價

二十二日乙酉晴燕梳兒槍廠人路連扶路來見云與蒲安臣舊識曾將製造槍礮諸法交蒲安臣轉達中國不悟蒲安臣遽歿此志未伸現製新式槍及氣礮大可適用許以得暇往觀

二十三日丙戌晴科士達以余與田貝相識今晚特邀約田貝親知為會哈利順夫婦亦在坐琴歌中夜而散始食冰牛奶

二十四日丁亥晴西俗權貨物以十二兩為一磅屯積

衡重千七百觔爲一頓其稱珍珠鑽石用等子略如中
國而微細尺則輭皮爲之其度較中國差二寸
二十五日戊子晴粤督咨送會奏會咨稿美水師提督
波打來見自言久病新瘳元氣未復美國近擬整頓水
師議院撥定四千萬元添置兵船大礮頗費經營新鑄
礮口逕十六寸礮廠在把菀麥河壖
二十六日己丑晴爲美前總統格蘭忒合窆周歲之期
借震東赴烏約晡時抵埠即駐領事署晚飯後往訪格
總統之家存問其妻子其妻老病侵尋猶期期以中國

强盛爲念力勸速開鐵路通火車宜籌慮周遠控制鄰
國持論宏通其子當前年中法搆兵時屢欲赴華投効
爲部例所阻至今言之猶有餘慨復出示格總統戰功
政績各圖又詳述李傅相見待之厚
二十七日庚寅晴接見中華會館衆商詢知華人在烏
約傭工者幾五千人大都以洗衣爲業尚能自給惟有
病則苦無醫調之所雇主或慮傳染輒令出外就醫西
人醫院又須易西裝乃能進院念之惻然因與希衆商
設中華醫院捐留百金以爲之倡

二十八日辛卯雨巳初始霽各城水陸軍兵列隊至格
總統墓致敬軍容甚整其傷病不能行乘車以往者皆
格總統舊同袍也有西婦年六十餘戎裝乘馬控縱自
如亦曾隨格總統共患難者海外女雲臺宜首屈一指
各隊旂幟間有軍中舊物經礮子槍彈洞穿如網亦高
舉以助游觀使國人知戰陳之勞苦也午後至格總統
墓賻以鮮花車馬雜遝鼓樂喧闐會者約二十三萬人
墓碣純用白石制度質樸前臨海汊輪帆赴會之人往
來絡繹日晡仍未盡散遂環繞登眺一周西人不諳堪

輿之說往往暗合觀於格總統墳塋堂局之佳四面環
拱之妙雖不談風水者亦嘉其得地矣格總統在位八
年以南北花旗戰功而立退位後因乃耶銀行倒盤焦
灼至病又性嗜呂宋煙日夕呼吸中既沸鬱煙火爇之
遂至喉爛而死國人談遺事者謂格總統曾乘火車失
險從窗戶跳出猶含呂宋煙格總統有手著游歷中西
各國記載國人感其功德以五十萬金遺其家求得此
書發售
二十九日壬辰晴晨起接見龍岡公所各華商午後得

西華住址遂往答拜戌正飯畢附火車回署同車只一西人甚寬適且有售茶食酒麪之屬予初就枕聞胡琴聲甚清越美總統夫人即在後車有援樂以娛之者車行甚慢展轉不成眠試捲帷則曙矣美都不刑人於市亦無屠宰庖廚所需牛羊各物悉於詩家谷運來故雖天氣漸熱而無穢氣

五月初一日癸巳晴葡萄牙公使以美總統婚事集議致賀各使咸集公推葡使一人持公函往賀美總統行年五十初納少婦國内新聞紙輒揶揄之結褵之夕即

偕遊山水意在避囂故外部概不知會此間駐使曰希特曰葡萄牙曰義大利曰比利時曰英吉利曰墨西哥曰瑞士曰俄羅斯曰法蘭西曰瑞典曰德意志曰丹馬曰日本曰奥大利曰和蘭曰烏拉乖曰日斯巴彌亞曰拉巴拉他曰巴西曰厄瓜爾多曰檀香山曰委內瑞辣曰三多明各曰迄地馬拉以上二十四國祕魯使方停派不預斯會希特使他出葡使領袖耳各國使差無期限惟中國與日本三年爲期

初二日甲午晴美總統婚事聞英德諸國皆電賀詢之英德兩使而信因電達總署請
旨遵行美外部署與水師部兵部相連内戸可通大門各別

初三日乙未晴劉湘浦由古巴總領事調充祕魯二等參贊頃自古巴來晚間本署洋員柏立約茶話歸寄歐陽錦堂書詢華人積案並告以美議院新立補正限制華人例條目甚苛

初四日丙申晴晚約日本公使九鬼前日斯巴彌亞公使科士達本署洋員柏立讌會中華食品二客皆懽惟

柏立甚以爲苦

初五日丁酉芒種晴端午節署中循例賀節給假早飯後訪鴉靈頓南北花旗鏖戰地也前臨把蒐麥河北花旗以河爲守營壘猶存營房外仍列田雞礮安不忘危之意戰事定後就地爲亭歷任總統題名其上亭外爲國殤叢冢林木陰翳草花鮮媚中有臺榭供遊人憩息波光樹色風颿飛鳥頗具幽趣夷考美國邦屬除哥倫米阿原屬馬理蘭邦因建華盛頓都城遂自立不歸邦不爲屬按正方形得平方二十五里民居十七萬七千

六百三十八人東北六邦曰緬邦平方五百四十五里一分居民六十四萬八千九百四十五人上議院議紳二員下議院議紳四員曰紐罕什爾邦平方二百八十九里二分居民三十四萬七千七百八十四人上議院議紳二員下議院議紳二員曰洼滿的邦平方二百九十二里半居民三萬三千二百八十六人上議院議紳二員下議院議紳二員曰麻沙朱色士邦平方二百七十三里三分居民一百七十八萬三千零八十六人上議院議紳二員下議院議紳十二員曰洛愛倫邦平方

一百零五里九分居民二十七萬六千五百二十八人上議院議紳二員下議院議紳二員曰干捏底吉邦平方二百一十一里八分居民六十二萬人上議院議紳二員下議院議紳四員中五邦曰鳥約邦平方六百六十五里一分居民五百零八萬三千八百一十八人上議院議紳二員下議院議紳三十四員曰紐折爾西邦平方二百六十五里二分居民一百一十三萬零八百九十三人上議院議紳二員下議院議紳七員曰賓夕爾勒呢安邦平方六百三十七里八分居民四十六萬二

千七百八十六人上議院議紳二員下議院議紳二十八員曰特爾拉華邦平方一百三十五里六分居民十四萬六千六百五十四人上議院議紳二員下議院議紳一員曰馬理蘭邦平方三百三十二里七分居民九十三萬四千九百三十二人上議院議紳二員下議院議紳六員南六邦曰勿爾吉呢阿邦平方六百一十八里居民一百五十一萬二千二百零三人上議院議紳二員下議院議紳十員曰西勿爾呢阿邦平方五百七十里七分居民六十一萬八千四百四十三人上議院

議紳二員下議院議紳四員曰北喀爾勒那邦平方六百八十五里半居民一百四十萬零四十七人上議院議紳二員下議院議紳九員曰南喀爾勒那邦平方五百二十四里四分居民九十九萬五千七百零六人上議院議紳二員下議院議紳七員曰若耳治邦平方七百三十二里六分居民一百五十三萬九千零四十八人上議院議紳二員下議院議紳十員曰佛勒爾勒薩邦平方七百二十六里六分居民二十六萬七千三百五十一人上議院議紳二員下議院議紳二員西二十

一邦曰倭海阿邦平方六百零七里六分居民三百一十九萬八千二百三十九人上議院議紳二員下議院議紳二十一員曰密執安邦平方七百三十一里七分居民一百六十三萬六千三百三十一人上議院議紳二員下議院議紳十一員曰吁的伊邦平方六百零二里七分居民一百六十四萬八千七百零八人上議院議紳二員下議院議紳十一員曰田納西邦平方六百一十五里居民十五萬四千六百六十三人上議院議紳二員下議院議紳十員曰阿拉巴麻邦平方六百八

十五里半居民一百二十六萬二千七百九十四人上議院議紳二員下議院議紳八員曰密士夫必邦平方六百四十八里九分居民一百一十三萬一千五百九十二人上議院議紳二員下議院議紳七員曰魯西安納邦平方六百六十二里一分居民九十四萬零一百有三人上議院議紳二員下議院議紳六員曰英釐安納邦平方五百七十一里八分居民一百九十七萬八千三百六十二人上議院議紳二員下議院議紳十三員曰亦倫諾爾邦平方七百一十里居民三百零七萬

八千三百六十九人上議院議紳二員下議院議紳二十員曰阿甘色邦平方六百九十六里居民八十萬二千五百六十四人上議院議紳二員下議院議紳五員曰密蘇爾釐邦平方七百九十里二分居民二百一十六萬八千八百零四人上議院議紳二員下議院議紳十四員曰威士甘遜邦平方七百一十里一分居民一百三十一萬五千四百八十人上議院議紳二員下議院議紳九員曰衣阿華邦平方七百零九里八分居民一百六十二萬四千六百二十人上議院議紳二員下

議院議紳十一員曰得撒邦平方一千五百四十六里半居民一百五十九萬二千五百七十四人上議院議紳二員下議院議紳十一員曰加利福呢亞邦平方一千一百九十三里七分居民八十六萬四千六百八十六人上議院議紳二員下議院議紳六員曰閣呢疏大邦平方六十三里四分居民七十八萬零八百有六人上議院議紳二員下議院議紳五員曰阿利堅邦平方九百二十九里四分居民十七萬四千七百六十七人上議院議紳二員下議院議紳一員曰甘色士邦平方

八百五十九里二分居民九十九萬五千九百六十六人上議院議紳二員下議院議紳七員曰呢不拉士格邦平方八百三十一里六分居民四十五萬二千四百三十三人上議院議紳二員下議院議紳三員曰呢華大邦平方九百九十八里一分居民六萬二千二百六十五人上議院議紳二員下議院議紳一員曰哥羅拉大邦平方九百四十五里六分居民十九萬四千六百四十九人上議院議紳二員下議院議紳一員新成邦者四曰華盛頓邦平方七百八十九里居民七萬五千

一百二十人上議院議紳二員下議院議紳一員曰滿單拏邦平方一千一百四十六里六分居民三萬九千一百五十七人上議院議紳二員下議院議紳一員曰吶哥大現分作南北兩邦各派上議院議紳二員下議院議紳一員平方一千一百五十八里三分居民十三萬五千一百八十人屬土五曰新墨西哥平方一千零五十里三分居民一百一十八萬四千三百零四人下議院議紳一員曰烏大平方八百七十四里二分居民十四萬三千九百零六人下議院議紳一員曰懐阿明

平方九百三十八里四分居民二萬零七百八十八人下議院議紳一員曰衣打賀平方八百七十三里六分居民三萬二千六百一十一人下議院議紳一員曰亞里孫拏平方一千零八里六分居民四萬零四百四十一人下議院議紳一員統計邦省四十二屬土五已成邦者按正方形共得平方五千一百五十六里四分未歸邦屬者得平方二千四百一十五里九分丁口四千五百五十六萬二千四百四十一人游民野番四百九十八萬二千八百九十五人統計五千零五十四萬五

千三百三十六人上議院議紳共八十四員下議院議紳三百三十四員其曰邦省者則各自爲政其曰屬土者則美廷統轄之而上議院不舉議紳

初六日戊戌晴巳初渡把菟麥河訪華盛頓墓及其故居沿山迤邐夾道高樹中有石屋如洞外環鐵柱洞中平列兩石槨雕鏤精工西人遊者咸於洞外歌詩以樂神但聞噌吰之聲雅乏闡解行數武即華盛頓舊居樓房兩層下列四楹並不華贍室中器用服物陳設妥貼一如華盛頓生時有破皮箆大小四枚寶藏珍重華盛

頓軍中之物足見征戰之苦矣偏西一房偪狹僅容一榻為華盛頓夫人之居訝其太樸詢之守冢吏謂此樓惟此房窗可以望見華盛頓墓夫人旣寡足不下樓日於樓窗瞻望隨亦逝世樓下平房數椽遠接馬廄皆當日工匠執役之所樓之西北平房一區守冢吏值宿處後有園數畝雜花盈畦矮樹為徑生意欣欣有西人照相者於楹外映照特與游侶別照一圖

初七日己亥晴奉電

旨致賀美總統婚禮告成恭錄照會外部轉奏

初八日庚子晴接滬局包封恭報起程續調人員摺片

奉

旨後總署咨回當欽遵分別咨行是日並得皖藩書言

光緒八年賑捐二千金移獎子弟虛銜吏部未覈准

初九日辛丑晴駮議脫稿或謂華文譯洋不如洋文譯華之切當宜常聘一律師所論甚是奈經費支絀何

初十日壬寅晴午後訪外部虮頓論議院補正新例不符續約大損華商華工生計須另議外部以未經寓目為詞又言此議未必遽行因下議院事繁斷無暇及竊願三兩月後彼此重訂續約以顧聲名而敦睦誼當告以修約不如守約美議院限制苛例前年增修今年補正豈與續約相符哉虮頓默然

十一日癸卯晴午後甚熱美總統函訂十四日九點鐘接見各國公使及各部臣議員

十二日甲辰晴致總署書言洛案賠款定議及擬駮苛例並致賀總統新婚及存問前總統格蘭忒家屬各事

十三日乙巳晴午後雨天氣轉涼駮議譯就函送外部

十四日丙午晴戌初一刻偕震東柏立赴美總統之約

各國公使陸續到咸公服德俄兩使滿綴寶星如披重鎧幸天氣微涼聚立約兩刻鼓樂作各部臣夫婦對挽前導簇擁總統夫人出總統至偏殿免冠正立夫人在右各婦雁行於右葡使先見各使次第見咸握手為禮見夫人亦然總統禮畢偕夫人往正殿接見庶官各使繞至東廳萬燈如晝卉葉蟠柱礎雅麗可觀花氣氤氳不耐久坐

十五日丁未晴莫力矦鄭翼雲自金山來言各埠華民尚安堵午後訪英使言歐格訥將由中國調任美國參

贊歐蓋總署舊識也又言近因烏蚡倫捕魚事與美廷辨論未了隨訪德使不值往科士達寓一談鐙後劉湘浦復自紐約折回月色甚佳散步圓亭夜分就枕

十六日戊申晴香帥電言王榮和余瓗日內起程赴小呂宋南洋羣島屬達日外部當轉電希九照辦並復粵告以洛士丙冷案賠款定議寄北洋書論洛案並現駁美例及美欲修約事

十七日己酉晴美總兵官力尼偕水雷廠人加第礦務人路扶來見出觀水雷礮臺圖式及新製銅礮子皆適用叩其說則不肯筆之於書中國海口有此水雷臺足以禦侮妙在臺上懸桿上綴一鏡俯照波底知敵船遠近而所藏水雷亦能照見距敵船幾許然後燃雷施放既免虛擲又能攻堅美國沿海近將建造午後給外部函催辦澳路非奴命案德使來言美有量減入口稅之議果爾則商販之來倘不喫虧否則只有各國加重入口稅以報之庶不偏枯美之麥麪遍行歐洲所經關口稅並不重殊不知中國並麥麪而不稅美之為益不更優乎厚往薄來之義略寓於此

十八日庚戌晴得京電恭振夔署黑龍江將軍景蘇捷南宮入翰林舊年景蘇隨使之志甚銳祇以會試期近切實止之遂挈仲蘭同行今景蘇果獲售知科名有定為之喜慰

十九日辛亥晴料理劉湘浦莫力侯鄭翼雲張丕勳赴祕都鐙後美紳彌堅地來見詢美國種植收成事知美田歲祇一收收後種雜糧略如中土惟登麥須六月半乃畢並詢美銀行事承許贈章程一本

二十日壬子夏至晴晨起覈對的欽巴損失册措函致歐陽錦堂妥辦造報午初總署電催洛士丙冷各案緝兇賠償當將現在情形電復接曾劼侯自衣士本來書論南洋羣島設領事及捐船衛商均不易辦現照煙臺條約商設香港領事稽查洋藥稅項兼可經理交還逃匪之案幸有成議又劉芝使書言希九已聘得英人麥治兼諳法日文者赴日署當差戌初答拜彌堅地茶話逾時彌堅地同治七年曾為志克菴孫稼生作居停尙寶藏志孫墨蹟

二十一日癸丑晴外部函復澳路非奴地方積雪未消

該城巡撫未能往李駒南一案須下月中旬雪消乃能查辦午後復劼侯書論中國製軍器練水師及香港設領事南洋羣島船捐各事復金山第七號書華民被創各案宜先赴地方衙門控明立案

二十二日甲寅晴午後有西婦攜童訪震東眉目清秀自言爲華人前數十年其父隨水師提督丕亞來美娶德國婦生子四年而歿童無所依有前任北卡澳拉省臬司威律收育爲螟蛉西婦即威律室也詢其中國何府州縣人則忘之矣西婦酷愛之而頗嗔其不嗜學童

名步蘭敦震東爲言前送鄭光祿時有童登車與鄭握手五官不類西產即此童也申初赴外部訪蚆頓促辦洛士丙冷各案問答甚長另譯記烏約富人阿邊好博其子好冶遊另賃華廡以居忽一夕阿邊與阿洛對局而勝得采二十萬元阿洛無現貲書券限三日交銀翌日阿邊尋其子新居阿洛尾之阿邊父子詬詈甚激其子貿貿焉逕附火車赴費城去阿洛突入索阿邊還其債券阿邊憤甚詆之不虞阿洛手刃相從也阿邊被刺阿洛即從阿邊衣夾內檢債券裂之自掩房門而去房主人始聞詬詈知其父子不相能食時無動靜乃推門入見阿邊被刺於榻倉卒報官差拘其子人證鑿鑿其子遂抵罪刑有日矣忽有人名多士手攜一機器至公堂一觸而動當日阿邊父子相詈之聲其子出門行步之聲阿洛開門與阿邊詆訕之聲阿邊被刺呼痛之聲阿洛將刀拔出用紙抹刀之聲一一傳出於是問官乃知殺人者阿洛也乃宥其子別執阿洛此種寃獄賴此機器平反異矣蓋多士本與阿邊之子隔壁住是日正將傳話機器試用適阿邊來尋其子喧嚷不堪多士遂

扃鑰房門信步他往欲俟聲息稍靜乃返而忘卻窒止機輪乃回房而機動如故所傳悉阿邊父子相詈阿洛行兇之聲情及聞阿邊之子定讞因攜此機器至公堂爲之昭雪

二十三日乙卯晴前任鉢信當埠稅司巴士來見鐙後寄金山領事書論中美積案及補正新例

二十四日丙辰晴未初微雨博物院送來中國各關鐙塔浮標册詢係有約各國每年將此等册簿彼此互送而赫德在華總司其事似未將各國鐙塔等册譯呈總

署彼都險要吾輩更何從寓目哉晚飯後令震東答拜巴士並訪外部司員柏郎促結洛士丙冷各案晚涼閒步山樹清爽處遇一西人握手殷殷就門外茵草移榻留談出糖食相餉自言爲本城臬司柏賈又領其親串陸續出見坐談數刻深以美西境虐待華人爲非持論甚正不圖行路遇此佳士

二十五日丁巳晴曩晤美京總教士車士達詢以美國搶殺華人之事知之否車言久有所聞實爲惋惜當曉之曰設美國教士在華有此等事又將何處現在美商

在華者不多而美教士則所在皆有中國地方官亦無不照約保護特美國虐待華人至此中國人心積不能平萬一教堂生事豈不可惜美國崇奉耶穌而有此等慘酷之事耶穌有知亦當降罰車唯唯而去今日乃播之日報援鄙言以勸工黨改過遷善亦足見車士達之能納善言也午後函催外部飭辦槐花園命案因聞犯供狡翻避就故先發制之

二十六日戊午晴金山稟言華民吳英等逕稟外部索賠並譯送巴士函當卽批復另爲書答之

二十七日己未晴余雲楣奉到粵督檄五日內束裝起程未正西人北祁來見曾任舍路律政司攜舍路華商書來歷述舍路去秋今春被搶被逐事其意可感

二十八日庚申晴曩聞美國多牙醫前日邀一齒擬補之兼治餘齒微痛而礙食者柏立薦一牙醫頗精細器具亦良試以藥齒痛仍爾未刻訪北祁又答拜可侖比亞公使

二十九日辛酉晴閱申報蕪湖關道梁欽辰開缺接任爲雙福總署總辦章京也前年例保余列銜具疏不三

年榮擢竊爲之喜總署自恭聲雲後滿員久未得缺亦無以示鼓勵

三十日壬戌晴英使威士來談攜示烟臺條約之續訂者此間已得曾劼侯書矣英使又言前在鉢倫與華人相處甚歡鴉片亦戲爲吸食詢以美國人近多嗜此而美不禁何也英使言歐洲婦女亦喜嗜之但製如藥丸裹糖而食非如中土之精李傅相曩言銀行章程美國最善屬覓精本頃承彌堅地見惠擬卽寄津傅相欲創設銀行朝論多不洽申報所刊浮議滋甚蔭桓上年八

月二十七日
召對䝉
垂問及此初不知傅相建議因奏言此事有虞資本又
任用得人可以周轉反是則大有流弊續謁傅相謂此
爲富强要義行年已老來日苦短須爲公家濬一利源
用心良苦客有進言者請將地丁鹽課關稅釐金四項
稍爲釐剔丁鹽正供仍循向章由司解部不收銀票稅
釐兩項專隷銀行營運戶部每年只收銀票三百萬兩
隨收隨放戶部不存留票紙不致駭人聽聞傅相未置

可否
六月初一日癸亥雨洛士丙冷案數日仍無消息議院
將散今日重訪外部促辦虮頓許以議院未散之前必
爲議結詞意似尙不虛又爲盧公司命案判斷不公積
不能平並與辨論虮頓以格於成例爲詞亦深慨美律
寬縱情罪失當約畢詩家谷近事工人倡亂擊斃巡捕
六人驟難擬抵以示自治近政尙復如是何有外交之
案耶余就中國律例約略告之虮頓極稱明允而不能
仿行電金山領事查從前華民在美有無犯事經美國

審擬抵命之件以備與外部辨駁戌初巴士偕議員多
爾來見亦言美西省虐待華人之非並詢初抵金山稅
司黑假如何失禮因將當日情形詳告之多爾言黑假
本係署事亦從未經歷迎送公使之差故爾如是然欲
予以處分則外部操權議院卻無此權也余謂今日虮
頓述田貝游歷閩粵各口岸承大府優待實爲感激云
虮頓直忘卻金山稅司之事而昧彼此報施之禮矣不
忍援以互證但謂中國待美國使臣向來優厚而已晚
致總署書述外部問答各事

初二日甲子晴電希九詢李芳榮留差否徐進齋文稱
嘉西勒士於五月初三日正位總統祕魯上年冬間嘉
西勒士謀奪總統興兵薄祕都血戰三晝夜礮彈槍丸
紛墜使館徐進齋杜門避兵續與各國公使出爲調停
祕前總統棄位遁去嘉西勒士乃固舉一部臣攝政時
逾半年始就樂推之席一若不得已而爲此
初三日乙丑晴申初往觀新製渡海電筒適前日大雨
鳥約各電綫有交黏者未能遠達抵本城則無阻耳其
儲電納綫透電之法略如電報坐有律師揭斯諦論中

國義理甚殷曾就中國成語譯出西文刊刻成帙期以勸化謂中國能立國如是其久爲聲名文物所宗其故何哉近悟其所以然殆一孝字爲根柢人能孝親則尊君親上老老慈幼之心油然生矣一切制度悉從此出西人多不諳孝字之義故風俗總不醕國祚亦不永云余聞而悚然起敬美國有此通人而爲南黨尤爲鐵中錚錚者也與談良久皆即物窮理之事甚有意味因語之曰格物工夫西人講究不爽若衡論義理則中國五千餘年愈研愈精西人不逮若合中西融會貫通斯爲

得之

初四日丙寅晴今日爲華盛頓開國之日距今一百一十年矣中國通商各口間差帖與美官致賀美都則否鐙時美議員前任總兵官力尼偕眷屬來見其女僅十三齡能言中國地方扼塞西人用心男女一轍可爲悚懼西俗發蒙即從地圖入手故環球地名悉能指說

初五日丁卯晴答拜議員多福論洛士丙冷賠款多福亦謂下議院日內總可議及不復再宕隨訪科士達亦云然並屬不必頻催虬頓聞已極力斡旋云

初六日戊辰晴小暑天氣頗熱電派姚視彭鄭翼雲往查槐花園命案及的欽巴等案損失實數又傳諭洛士丙冷工頭廖羣廖社妥備供詞候美員往查不致相左法人流沛客華七年略通華語仲藹就之習法文遂求仲藹介紹與談數刻此間西人諳華語者麥嘉諦外惟此一人

初七日己巳晴總統夫人新婚後示期見客各國公使陸續往午初偕震東柏立詣美宮投刺後有人領導至客坐夫人立候於門內略道寒暄他無可言天氣甚熱

亦無暇遍覽園亭許竹篔書言德法使事視美日祕略簡此中辦事脫氣處尙相類也又論南洋羣島設領事之利弊與曾劼侯意同

初八日庚午晴未初微雨寄曾劼侯書論墨西哥求通商事並詢何日赴百靈乃郎腸癰痊否美國人搿力士曾在津教習水師數年津門司道多認識頃來謁云將管駕兵輪游駛赴華其船能裝煤五百噸晝夜開行只燒二十噸每點鐘行十邁殆舊船也傍晚答拜倭使不遇訪揭斯諦久談姚視彭巳回金山來電言檀香山之

災共賑郵銀六千六百元夏威仁國主二千五百元洋商二千五百元華商千四百元教士二百元

初九日辛未晴粤海監督海贊廷書言得頭品頂戴七月將瓜代回京因復詢擬購美國機器清單

初十日壬申晴重覯電筒爲忌者所斷仍未就緒坐客縱談泰西風俗俄人鍼布述鬼神巫覡之事甚詳曾倩女巫以術致亡婦話家常兒女事宛如生時坐有崇奉耶穌之客駁之甚力而鍼布現身說法絶無疑似之詞叩其巫何術略如乩筆符咒之類但以手帕在地作招

致狀俄頃而鬼至陰氣颯颯有專門名家以此爲業者自牓其門並非怪誕云

十一日癸酉晴致總署書言美祕兩國刑律皆寬縱獲案各犯不予嚴懲可憤現在設法催辦

十二日甲戌雨午後揭斯諦來談盛頌中國義理精粹西人多未窺涯略能將四子書譯以勸化功莫大焉余嘉其能識指歸自愧不諳西文無緣廣宣教化諸繙譯又鮮暇不知何日克副其請也

十三日乙亥早雨午晴容蒓浦自哈富來久談而去記蕪湖展別五年矣不圖重見於華盛頓委內瑞辣公使偕烏拉乖代辦公使來見飯後答拜蒓浦亥初歸蒓浦久游美國凡中外交涉事尙留心考究尤侈言富强之略

十四日丙子陰美內部見貺全國輿圖一幅酉正柏立約同蒓浦訪卜利連美總統別業沿途山木蓊鬱樓閣閒之風景不俗仰視濃雲密布雨勢瀰漫遇虮頓策馬飛馳行里許山阜迴環遇總統攜婦疾驅而上倏而雷雨大作電光煜爍因亦從佐知採急歸涂潦成河無異

山陰之棹戌亥之交雨意尤重劉湘浦電昨日到祕今日接篆

十五日丁丑晴訪外部正欲置詞虮頓先言洛士丙冷案議院未散之前儘可議拨斷無歧緩又言華盛頓屬邦巡撫司圭也辦事公平甚愛華人行將到此當令來見肯接晤否諾之問議院何時散虮頓謂須西歷八月初若天氣凉快稍遲數日今日下議院兩議員論事不合揮拳相毆老者流血被面美政決於議院而歷年類此者多何議員之勇也晚約蒓浦柏立小飲容卽別去

徐進齋電稱祕外部要總署給予漢文公牘始認湘浦爲代辦公使直是無理要求署文往返須百日且向無此辦法記前年祕使愛立謨將駐華國書託鄭光祿代寄鄭光祿駁令自遞祕使乃徑寄滬上轉遞總署并未援公法駁拒今湘浦往代進齋而祕乃固作難中外交涉忠恕之義未可於他族責之也

十六日戊寅晴議員歇諦來言議院之意欲將洛士丙冷賠款與限制華工事並議渠謂賠款係照案應賠限制係違約苛議不應相提並論余告之曰美不定賠款

而急議限制譬之負人債項靳不清償而別作種種方法嚴拒其人不許入門豈不可笑歇諦甚愧

十七日己卯晴訪前祕使愛立謨論祕署派參贊代辦之事及該使前年寄遞國書舊案屬電告該國外部黎雷斯勿再牴牾又查案電復進齋與祕再辦論美都衢路純用碎石壓成和以杭油性類巴麻子極光澤逐日以水車灑潤車中藏機器車後置數管車行機動水從管出霑溉甚勻隨有大車刷埽亦藏機車中隨行隨埽路上雜物分撥兩旁末有小車檢載出海四時一轍極潔淨惟炎夏鬱蒸油氣熱發觸鼻難堪耳

十八日庚辰晴熱烏約寄來洛士丙冷案卷內夾存放火藥引一枚委員往查時檢拾兇暴所遺火種也存諸卷簏以爲碻據然究非所宜卽交洋員捐滅之愛立謨來談從前駐華情境叩以巴拏馬河工能否得成愛言恐難剋期就緒此河若成商務誠便惟美則驟增防海船兵美滋不願耳鐙後復來未及接晤續承鈔送祕外部回電允照余辦頃歇諦論美國限制華工事甚詳意亦汲汲立限而頗怯清議

十九日辛巳晴答拜愛立謨詢祕國新政及火車鐵路事其國內有山名安達斯瀛寰志略已著錄山高二萬三千尺乘火車約三時可登頂鄭光祿坐是得病山勢旣高車行又速血脈容易中傷現擬沿山置鐵路通阿麻桑河由河入海以拓商務河形蜿蜒而長河口闊三百邁環球稱最河魚極大不可名狀者約三百餘種詢其舊總統則挈眷赴歐洲矣祕國置君如奕棋氣運使然耶返署午飯科士達來晤謂洛士丙冷案虮頗甚著力而無如何月杪則議院散竊爲焦急姑盡人事分託

各議員巴士亦來晤述的欽巴案巡撫司圭也為惡黨
所窘又覬舉議員干譽求榮之心紛集遂不能一秉至
公計其稟復外部必不以實深為慨歎進齋電商允外
部認劉湘浦為代辦便可交替來美此事祕廷純引公
法閱之慚汗甚不料轉圜如是之速萬國公法公使未
遞國書不能派代辦代辦之員亦不能自派代辦此通
例也蓋代辦者代辦使事公使未遞國書該國允認與
否尚不可知所代者謂何也至代辦之員本已為人作
替若有事他適則仍須公使派員代之事有所主此公

法之極有斟酌者祕魯貧弱之國猶不肯遷就若無愛
立謨舊案則亦難强以必行中外交涉只在得機得竅
且不宜稍著驕矜怯餒之見
二十日壬午雨午晴天風送涼頗有秋意多福巴士來
談多福言洛士丙冷案下院縱有折駁上院亦可速行
復議其延宕總在下院愛立謨索照相以一紙予之復
金山領事長陵論未結各案及限制華工事
二十一日癸未晴謹擬酌派美日祕三國參領各員摺
并清單祕魯參領合署片補奏鄭鵬程酌調呂春榮片

昨有格蘭忒舊部老兵年九十三歲婦七十六歲同謁
美總統致華封頌祝之詞總統答之曰能如爾多壽則
願足矣老兵言如我之壽固不難若能如我得孫七十
八人養者七十五人恐未易易也總統笑謝之
二十二日甲申大暑晴晨起聞蟬寒暑表七十九度歐
陽錦堂書來所擬學堂章程殊未周安又查奇歷年華
民在美犯案監禁數目卻無緩首之刑異乎所聞或未
詳盡耶舍路華商又公稟求留防兵以備不虞近年華
民寓美無非危境且不獨舍路亦不獨華商

二十三日乙酉晴外部送閱華千尼亞邦文勞礮臺後
膛銅礮拓文一紙云此礮皮置此臺歷有年歲而莫悉
其來歷守將壘布託兵部大臣恩悌特轉請譯示余細
閱拓本書法頗類高澄墓志有年月而無國號殊難定
為何代物攷僉使萬戶官秩為元代之制史稱元祖成
吉思汗曾耀兵歐洲至於印度遺鳥槍一支西人仿其
製而引伸之火器日盛又曾奪俄羅斯西域封其二子
至今基址猶存此礮或即元物也癸丑距今五百七十
四年其時即有後膛礮然則泰西奇製悉緣中土而出

特吾人無毅力精思克廣格致之效耳

二十四日丙戌雨俄國代辦公使來見人甚和靄現由烏約總領事調來數年前曾經駐倭與何子峩相識叩以美屬俄人幾何渠云不多而不能指其數詢以俄商所運中國茶葉分銷英德法各屬否渠謂所運僅敷俄用恐未必然也

二十五日丁亥晴文報處第八號包封署咨二件並吏部鈔案又粵督咨會發給王余兩員貲裝數目復美外部問銅礮書曰昨承惠示華干尼亞邦文勞礮臺小銅

礮拓文一紙屬爲辨正攷古析疑奇文共賞欣荷無似查拓文四行五十一字內有漫漶兩字餘均可辨識其文曰癸丑八月日鑄造四號佛狼機第一百九十四重一百觔監鑄官前僉使申起立本府軍官前萬戶金得完邑吏宋之濂匠人金愛克共五十一字其首行係記鑄造年月癸丑二字上隱有字跡細揭當能清楚第二行四號佛狼機五字四號二字係第四等礮佛狼機三字中國自宋元明以來多以佛狼機名礮也其第一百九十四六字係礮之號數重一百觔係礮之重數也第三行監鑄官前僉使第四行本府軍官前萬戶均類元朝官名攷元百官志至元十一年置礮手總管府二十二年改爲萬戶府置達嚕噶一員萬戶一員副萬戶一員又設樞密院僉院二員正三品僉院之稱僉使猶樞密院之稱樞密使也特申起立金得完兩人無攷耳其下列邑吏宋之濂五字係鑄礮之地方官匠人金愛克則鑄礮之工匠也癸丑年歲在元則爲仁宗皇慶二年卽西歷一千三百一十二年距今五百七十四年矣其時元代尙跨有俄羅斯諸部此礮或卽元時所遺然有

年月而無國號仍難遽以爲實擬請轉告兵部諭知守臺官拓贈數紙以資考據並請於第一行癸丑二字加工細拓或有字跡可尋則全文美備矣然此礮究於何年月日安置此臺貴國故籍當有記載若能查示互相考訂則尤紉雅意也

二十六日戊子晴寅正二刻率參贊各官恭祝
皇上萬壽禮成卽晤爲酒醴享同僚以誌慶申初得文報處第七號包封署文二件附中法商約刊本李傅相書一函釘黏甚固頗嘉余不爲稅司所屈粵督咨附密

奏金山冬春情形並請留鄭光祿以了經手各事以經手人在美則美之所許不能翻悔大支蕎皇其所以體恤華民者不憚煩絮本日下議院送到議事節目洛案已列但未定何日議竣晚訪牙醫不値便道訪科士達屬代備議員歇跡

二十七日己丑晴早起再訪牙醫治理逾時僅刮六齒晚訪柏立屬詢議員拉士問洛案情形

二十八日庚寅晴寒暑表八十三度烏約醫院漸有成議易希梁言粵人踴躍頗有歡欣鼓舞之象科士達來

談將於明日晡時赴烏約山鄉避暑若洛案一二日能定卽不急往留示避暑地址以備通函鐙後日報館人來訪震東請黑假將補實金山稅司詢余意見如何繙譯答以公使之意非我輩所能窺測

二十九日辛卯晴寒暑表八十四度巳熱不可耐矣柏立述下議院議紳之言謂西省應議之事尚多各懷己見議院將於禮拜一散議洛案賠款恐不及議而散旋訪虬頓又謂今午當可議及議院須禮拜三乃散虬頓之言始終不變晚閱夏盧報云前者上議院議定一款

責成外部大臣確查歪阿明屬邦驅逐華人失款實數並經籌款以備清償至今已逾兩月而下議院尙未議及望趁此未散議之前卽行議准此款我美寓華商民教士及本國稍有天良者無不盼望早日議成云此報可謂先得我心亦足見公道在人

七月初一日壬辰雨得曾劼侯六月十五十九兩書又寄惠照相一紙論香港設官墨西哥議約事晚晴小坐園亭見蝶風致可愛彭小圃自言能識太常仙蝶曾於此地見之仙蝶四足大小不一飛如雁影之掠覗常蝶

翩翩有異曩旣敬聞仙蝶之異況能渡海數萬里至華盛頓都城則靈妙不可方物尤異之異者也余曾忝太常從未一見愧乏仙緣彌慚俗骨

初二日癸巳雨未正始霽仍熱復曾侯書論海軍事仍屬迅設香港領事又寄答照相一紙復李傅相書論海軍事及美使館現辦交涉情形寄去美國銀行章程三本略言美國銀行大致兼請設官信局如泰西郵政之式以便民

初三日甲午晴本日夏盧報館仍申前說詆下議院不

速議洛案賠款措詞甚公午間聞外部偕下院掌院同謁總統想係散議之前有應商之事或賠款不再延宕也晤丁慎五託薛撫屏寄蜀並託查禪師郵典鐙後上議院紳巴麻萬德臣兵部梯恩特來談詢中國兵制長城形勝並約下月初間爲詩家谷之會希九請調法文繙譯聯興赴日署該繙譯久隨曾侯現相從歸國應俟回華後再行奏調繙譯之才近頗難得法文尤難

初四日乙未晴西風送涼微有爽氣樓外斧斯侵晨徵耳殊攪清眠匠役修葺衢路訛索工貲或作或輟四閱月不蔵虮蝢曾舉此以證內治之疲虮蝢持婦服甚切不拜客不預總統婚筵乃不禁其子母喪納婦西人倫紀之道頗難索解西人畏熱特甚日飲冰水而室中顧相戒不置冰慮爲寒氣所襲迴念京居正調冰雪藕時也小呂宋華商求設領事稟情詞甚急王榮和余瓗具報五月二十四日起程金山領事電槐花園案犯四名各具一萬元保單出獄緩至明春二月再訊美律寬縱無論如何要犯均可具單保出晚訪牙醫答拜俄國代辦公使發總署第六號包封

初五日丙申晴金山華商苦稅關苛政每米七十磅徵銀二元二角五仙香港華安公司曾兩稟求商彼國量減余抵美詢之鄭光祿謂此爲美國內治之政非使者所得言或由華商自倩律師赴該管衙門控訴卻不悖公法坐是不便照會外部且稅關之政亦非外部所能越俎前兩月美有減稅之議正擬面告衆商趁此機緣設法控理詎美政紓緩久議無成此意亦未宣露今日金山領事據昭一公所之請懇達外部蓋亦不悟公法

窒礙也卽以事勢衡之彼方厭薄華人豈於華商而別加體郵哉忝持使節罔恤商艱愧悶更何有極前派姚祝彭赴舍路的欽巴洛士內冷各埠察看命案損失並安撫被害殘黎面託外部電致華盛頓歪阿明兩屬邦巡撫頃得回函已分別電寄

初六日丁酉晴美議院已散洛案賠款竟擱置不議早晚兩接外部復書並司圭也華連兩電所以保護查案委員者甚周到亦其致力之一端

初七日戊戌早雨微涼飯後晤虮蝢甚有慚色力言議

院事繁竟未提及殊出意外且候冬初議員復集時必能首先定議有此一宕西省人心更平以後諒無他害擬將此中延遲之故詳達田貝轉告總署云余以總署一面田貝能言之惟華人跂望之切尙須設法安慰虮蝜敬諾便道至柏立寓廬柏立之婦年垂六十勸余暫擱史傳諸書試觀小說以排悶又叩中國詩學且舉西人詩法以相證不悟此婦能爲此言惜乏香山佳句能令老嫗解說然質問殷殷亦雞林賈人之濫觴與比日金山鄉人建小蓬詩社前兩月曾以籌邊樓懷古詩一

百一十首寄請評定年來心緒鬱暇此調久不彈然鄉人旅居市廛有此雅會甚不易得冗雜之餘閱定還之今日陳藹亭寄來古巴各埠地圖並分派華洋董事清摺陸壽峯辭行赴祕魯致劉湘浦書屬催辦拐匪趙非澀案科士達今晚言旋先電致柏立轉達或不專爲洛案而來然究是心心相印之人覘柏立之急思攜家避暑用意自別

初八日己亥陰雨金山領事查鈔華民犯事舊案大都監禁至終身而止惟羅生忌利埠一案係華人爭鬬誤斃一洋人合埠洋人起而圍攻遂捉獲華人二十三人弔殺內有幼童醫生死非其罪尤爲無辜事在同治十一年又加拉扶鉀縣宴杜亞埠一案有洋人過橋被人擊斃疑係華民所爲强捉華民三名經官判以一人抵命二人監禁終身續經再四申說會館費至二千金始將三人保出此光緒四年事兩案均不近情然平心按之羅生忌利埠一案類於鬬殺客主不敵亙歹不分殆非美官訊明論死者宴杜亞埠一案終獲保全兩案均難援引也科士達來談洛案甚詳晚與繙譯互憶日間

問答適水車絡繹喧闐憑欄仰視火光熊熊相去不逾里信步往觀徵見白煙水車仍運機噴薄火已滅矣美俗水車規制甚善馬亦馴熟火警電鐘一響機連馬厩馬即騰躍急行就轅以待轡其救火健兒則從樓上滑溜而下不由梯級既取快捷且慮闇暫下梯或致蹉跌故於樓口置敧木光澤可鑑稍縱即逝疾於飛鳥相距三里不逾刻而至故撲救之速鮮有延燒亦無乘火搶刼之弊只二三黑人遠立瞭觀此美之善政也

初九日庚子立秋晴晡後北洋密電本日

諭旨一道南洋羣島事即電復適歐洲電綫須修理復
電恐不時到
初十日辛丑晴前晚火警本城紛傳有人放火其說不
一或曰工頭刻薄散匠不平激而爲此或曰匠役近多
賦閒欲謀工作則人心叵測之甚矣所燔係新蓋未成
之屋若云放火意皆散匠爲之也西人不信鬼神占驗
之說比乃多有記載如威司根先邦柯山基縣基立爻
敦地方有星隕一事莊主人梯力德方雇農人刈麥正
在操作忽聞大聲震響略如鐵路輪車魚貫疾馳仰視

空際瞥見煙霞團滚如球迅墜於地其勢甚重入土即
成深井距農人立處不數丈其陷入處用長桿試探無
底其洞口圍可三四尺現莊主人令農工繞洞挖掘務
究其根云此六月二十日事也又西人羅滿地寓居活
佛縣堅德基河碼頭忽爲其妻串謀醫生地威司所酖
殺事發隸罪地威司判罰監禁終身其妻未定讞旋有
士人結伴至羅滿地屋外荒圃摘果倏見小石無數從
空際擲下旋擲旋止遂各駭走越日醫生地威司之婦
出戶行不數武忽被石擲傷臂羅滿地之女宴尼同日

被石擊傷頭顱重甚越日羅滿地之女衣華亦被石擊
微傷有黑人賢鼇立高阜適爲石擊跌墜幾斃又連日
黑人及鄰居屋瓦頻受石擊俱自空而下不由旁擲殊
非人力所能殆鬼物爲之云又烏約有輪船名新莊晚
泊海壖夜將半有人從帳房窗外以洋錢一元索取船
票司帳者給票予之檢視洋錢如冰駭甚猝之墜於艙
板鏗然一聲拇指皮已爲冷氣揭去即聞船樓支更人
喧呼有人墜水其時船客熟睡遍閱闔船皆無恙求其
故不可得乃悟前次有搭客病歿於艙項索船票者魂

不散也隨聲而滅事或有之特此洋錢何來且復令人
不能著手司帳人展轉不釋遂登諸日報此亦六月初
旬事也誰謂西人不說鬼哉偶誌於此以質華人之談
西學者訪科士達重論洛案並商麥天擎屬邦命案
十一日壬寅晴劉芝使書航海時及駐英境況並云七
月內赴俄都電錦堂告以洛款展議並屬密查司圭也
所報外部文稿以備商辦舍路各案電局來言歐洲電
綫已修竣津電即達
十二日癸卯晴電總署三十二字照會外部促辦麥天

挈屬邦案使館外時有樂工六七人手持樂器日落風淸颿伺於門不揮之去則欣然奏技以索賞或曰美利堅人或曰義大里亞人異方之樂只令人悲子豫弟餽雙瓣茉莉四株自吾粵而古巴而華盛頓此花已歷三洲又能隨地爲活花不甚繁爾覺難能可貴外部函謝所致銅礮款識

十三日甲辰晴美商吉丁設日報館於的沙士邦界於墨西哥而醜詆墨之問刑官語侵墨廷墨人囚之美外部貽書往索墨不受命判罰吉丁銀六百元監禁兩年

美滋不平頻讓墨使羅露美羅婉言答之而吉丁之囚自若也或曰墨已備兵於邊將與交惡恐未必然此事就日報所言墨似太甚不悟何遽強鷙乃爾墨有歲輸美款歷時已久亦賠償美人損失之事近謂美款多虛亦欲索還倩律師與美辨論數約百萬得直則以二成酬律師美亦延律師六人與爭得直亦許劃二成交相爲利西俗大都然矣日來烏約刑官判華人一案殊堪解頤華人叔姪二人洗衣爲業西人有無賴者日往糾纏其姪血氣方盛不耐其擾持刀逐之其叔慮生事尾追而喝阻猝遇巡差執其姪並兇器付之有司西人訟焉其叔延律師往訴律師謂自認持刀可免姪罪叔曰是我代姪也何煩爾籌律師謂非此則爾姪須辦罪姑聽鄙言自有解說及西官堂訊其叔一如律師之指西官諭西人曰爾於持刀爲何人尙不能辨則含糊可知是必擾人不堪而後出此判不准理叔姪均無恙此種判斷在吾華能行之乎律師稔西例竟脫兩人其技甚淺然亦見中西殊制矣寄總署書論洛案賠款遲延之故請轉促田使

十四日乙巳晴中國省會城邑昏旦然號礮漏二下亦然號礮京師則否美華盛頓城則日出日入然號礮美都華盛頓銅石像皆精巧所以誌開國之盛不忘本也近又建紀功碑高五十五丈白石壘築其形方其頂銳狀如方塔峭直插天西人博學者謂合地球最高之物顧名之曰碑殆未諳字義智利公使堅挐來晤昨始遞國書到美已逾旬矣曾遊歐洲曾使巴西子正錦堂來電密碼而先未約定遍檢電書不知所云

十五日丙午早雨午晴吉丁一案美墨交惡之謠所述

不一蚁頰以爲訛傳惟按約與爭迭不開兵端云此案墨使羅露美持該國律例第一百八十六款謂凡人在墨國或別國攻犯墨國人民墨得以訊究吉丁雖在的沙士邦刊布詆毀而墨總能按例拏辦吉丁例應被禁云其駐歐洲墨使某言此例係仿照法國設此案易地於法美必不苛求美有數邦之例久爲英國所不取然亦未嘗因而開釁墨之自援國例若甚有詞而美不允美領事乘威親至墨國詢悉吉丁只爲刊報詆毀一事被逮且不准其保釋領事照會墨官亦不見復訊據德基薹供吉丁實因六月十八號所刊日報被拘別無他罪我在堂上耳聞臬司云吉丁並非冒瀆公堂受押但爲日報所刊之事丹拏供亦然美外部所辦似有條理美之於墨頗存卵翼之見墨在美南不通大國美西各省皆墨之舊封墨久爲美壓近忽自雄抑何速也答拜智使已返烏約復希九書詢日使已否赴華

十六日丁未晴金山華人各立堂名間相鬭殺久思諭禁實無暇晷頃領事稟請因爲文以諭之曰吾粵地廣人稠道光咸豐年間海禁漸弛又值土匪客匪之亂於

是有出洋謀食之一途或工藝餬口或小本營生咸有所獲相率偕來富商大賈亦開莊貿易漸而創建會館互相聯屬

國家特設領事專官以資治理前此中國水旱偏災華人樂輸賑濟並荷

聖明給匾嘉奬煌煌

睿藻炳耀殊方本大臣前過金山察看該埠情形華人旅居日繁苦樂不一而數十年不易冠服不隸他籍深堪嘉尚當於奏報到任摺內附片陳明仰慰

宸廑海外编氓呼吸上通

帝坐凡我華人宜如何激勸以承迓

天庥哉本大臣德薄能淺拜

使命於土人虐待華人之際驅逐燔殺積案累累華人之聚散安危時縈心目故自金山以至華盛頓凡我華人來見無不欣然容接寬其禮貌使之盡言非不知等威有別特以遠役他洲猶得與鄉人聚話已爲可喜亦欲博訪華人生計以相維持我華人遠離鄉井風濤之險洋例之苛不避艱難無非爲謀生而至或同處一埠

或分駐各埠平日總須各存一同鄉相衞之見其在中土則爾府爾縣或漠不相識旣同客異域則華人之外皆非我族類山巔海澨之區旅館羈棲無父母妻子之相依望田園廬墓而不見間與嗜欲同聲貌肖者相周旋則親愛之情油然而生此天性也相處旣久無殊兄弟手足則患難與共疾病相扶持亦出於情之不自覺偶有猜嫌或致詬詈一言不合遂爾拔刀此血氣方盛之所爲然轉念同爲華人同客異域或小忿釀命則死者無辜寃氣不散旅魂之纏繞公論之鄙夷雖倖逃法

網亦難望謀爲順遂美律縱能寬恕中國自有典章一經各查親族受累況美國年來厭薄華人已成風氣我華人即安分守己猶慮蒙以惡名我復自相殘殺予人以口實是因一二人之好勇鬬狠以致一國商民皆受詆訶益堅彼禁逐之志各商等貲本所關生業所寄又不能遽爾收莊浩然歸去即工藝餬口之人亦未必行囊各裕去住自如當此寄食艱危夙夜戒懼之候其可不格外聯絡共保歲寒而顧以口角微嫌貿然鬬殺乎粵人性情大都義氣相高不肯少受屈曲然臨事不假思索容易生事不旋踵而悔當其奮不顧身雖鬼神赫臨亦悍然不恤及禍機已兆一皂役之力足以制之故粵中長吏或曰粵俗易治或曰粵俗難治東南將帥或言廣勇有良心或言廣勇無紀律要之粵人行徑好排場愛體面耐勞苦輕身命者居多其陰鷙狠毒甘蹈不法者實無幾人祇是血氣用事忿激易形見理稍遲每致自誤可爲痛惜本大臣有保護華人之責欲令華人不爲洋人所欺必先令華人自相和洽若械鬬而在異邦則鄉鄰無殊同室慨被髮纓冠之不遑愧條教號令

之未備現在金山各會館紳董讀書明理於華人疾苦刻刻關心各華人偶有不平何難投訴重或具稟領事衙門儘能公平處置斷不令固結莫解何致自相殺害耶華人之各聯堂社自爲保護則可恃以分黨則大謬離家數萬里不思同舟共濟惟務同類傷殘此種氣象何以自全本大臣上體

朝廷好生之德下維休戚相關之誼久欲剴切開導共慶安全頃據歐陽領事轉據中華會館紳董羅熙堯等稟本年六月內寶善繼善兩社鬬殺一案富豪者不惜

貲財無賴者拚其死命實駭觀聽各紳商公商辦法詳請轉咨粵中大府分行兇黨本籍地方存案究辦并請嚴諭禁止以安商旅等情本大臣接閱之下不勝憤悶除批示並據詳轉咨兩廣督部堂廣東撫部院查照辦理外該領事仍當督同各紳董剴諭華人共相誡勉毋恃美律寬縱爲倖脫當念同類相殺爲大恥咸懷木本水源之思庶免危身忘親之累本大臣有厚望焉儻經此次曉諭之後尚復不知悛改仍有尋毆互鬭等事一經領事稟報本大臣惟有按名咨會原籍設法究治以

儆效尤而安良善爲此劄飭劄到該領事卽便分飭遵照毋違金山華人械鬭之風匪伊朝夕爲此俚詞聊相告誡言之無文行之不遠頑梗之徒亦非文字所能動滋愧而已歐陽錦堂前夕密電再四猜擬知爲澳路非奴命案事前日新聞紙又言本月初五日華盛頓屬邦德忌利士島煤礦公司所雇華傭八十名爲洋工迫脅辭去公司主人地列威不允洋工遽乘小舟强捉華傭齊集河濱待渡地列威與論不恤卽赴邊打兵船乞兵彈壓詎洋工已急雇帆船兩艘將華傭裝運離島帆船

不願受雇爲勢所逼云美西省之罅視華人牢不可破我華人猶不知危懼同類自殘抑何夢夢議院旣散各國公使分往外城擇佳山水處避暑不去則羣詆爲鄙吝余亦欲從同但苦於日行公事難恝置中國使事之繁他國不及知也

十七日戊申晴西俗喜賽會眩奇鬭勝者舉一會經營數年隋大業中煬帝在東都悉召天下奇倡怪伎大陳端門前曳羅縠珥金翠者十餘萬百官都人列棚樓緩閣夾道被服光麗廛邸皆供帳池酒林胾譯長縱蠻夷

與民貿易在所令邀飲食相娛樂蠻夷嗟咨謂中國爲仙宸帝所隋方底定南北庫藏充盈煬帝窮極奢侈此種舉動亦惟煬帝樂爲之風氣達海外卽爲外國賽會之權輿又唐高宗時吐蕃因公主求賜經籍于休烈建言吐蕃性慓悍果決善學若達於書則知戰深於詩則知武夫有師干之試深於禮則知月令廢興之典深於春秋則知用師詭詐之計深於文則知往來書檄之制何異假寇兵資盜糧若不得已請去春秋蓋春秋當周德旣衰諸侯盛强征伐競興情僞於是乎生變詐於是

乎起誠與之國之患也高宗不能決下中書議裴光庭議宜漸以詩書陶以聲教休烈但見情詐於是乎生不知忠信節義亦於是乎在高宗曰善即與之兩臣殊議各有見地于不輕以經義導强敵界限甚嚴裴爲將家子習知邊情識解高遠故與之不疑初唐之馭吐蕃矜慎如此時至今日環球各國聲息皆通中國經籍外國繙譯成書西人嗜學每以不習中國經書爲陋其於尼山性道文章尤敬佩不諼不獨同文之國爲然可喜亦復可懼要之西人戰鬭純尙火器情僞變詐別有機杼更不泥乎春秋一書也時局若此固當坦然示以無外以彰中國之大又太宗時韋宏機使西突厥會石國叛道梗三年不得歸裂裙錄所過諸國風俗物產爲西征記比還上之此即奉使日記之濫觴陸生使越蘇武使匈奴張騫尋河源陳湯甘延壽定郅支意必博徵約記吏佚之耳晨起得家書頗詳又佛山萬善堂捐簿此時各埠華人生計日蹙恐難樂輸姑代籌之夜半風雨

十八日己酉晴盛杏蓀書言中國電綫西達滇池東接吉林聲息爾廣昨晚美西境偪得士埠電報房爲雷火所燔電綫均燒斷雷火之說中國電局亦不可不慎當詳告之本日華盛頓士他日報論教王遣使一事謂中國不拒教而教堂不應歸法國轄理

十九日庚戌晴晨起草疏爲前任隨員請奬並調法文繙譯鳥約領事丁憂留差一摺二片一清單近日金價忒昂每庫平銀一兩值美銀一元

二十日辛亥晴美總統攜婦避暑於衣帶蘭特地方距鳥約不遠地甚清幽漁釣爲樂本日聞長崎倭人與華人爭鬭華人斃五人傷百餘人不識確否倭使九鬼避暑外埠無緣得眞耗華人旅居異域悉難相安可勝憤懣金山中華會館董事南海舉人羅熙堯被人頂名應禮部試斥革查擧竊意先行查後斥革當爲咨明粵中大府以便查復不悟部章嚴密榜後即已革擧寒士一第不易且實係被人頂冒因爲疏請開復附前摺拜發

二十一日壬子晴春初在粵首涂粵撫倪豹帥爲繪運甓齋話別圖爲贈並繫兩詩適有儀差入都寄請周小棠將前所贈詩書其上付博古裝池別倩知好爲題詠以存掌故不悟小棠遽歸道山感傷之餘此事輒不記

憶昨李仲約書言小棠遝遺搢前一日命其子將圖畫轉付代儲金石之誼死生一致可感也今晚發總署包封

二十二日癸丑晴此次摺片有出自逾格鴻慈之語逾格二字未擡寫竊謂鴻慈之上除高厚等字餘概不宜加封發後偶檢舊牘逾格二字御擡寫爲之展轉不釋行次無多書援檢曾文正稿壘克四城三隘疏力保蕪湖金柱關疏湖口九江建祠疏鮑軍豐城大捷疏瀝陳湖北撫臣勛績疏通

籌全局疏水陸壘獲勝仗疏湘軍剿賊四獲勝仗疏均有出自逾格鴻慈之語而逾格二字不擡寫近日申報刊晉撫剛子良一疏亦然鄙見暗合爲之稍安此種舛誤甚於輿馬而五況海外孤臣哉

二十三日甲寅晴發滬粵包封晚得金山電前調商董三人請仍照會外部行知稅關即照辦文明日送去美前年增修限制華工例第十三款中國官員文憑可代護照旣給文劄且譯英文猶煩如許轉折美之拒我殆極顯然曩在總署竟不知如此情形陳副憲亦從不一告

二十四日乙卯晴錦堂書言初十日有船到埠內有華婦數人關吏於碼頭廣衆之地搜檢以查夾帶此直罕聞之事矣即照會外部轉達戶部行知稅關若以刻薄爲盡職亦宜仍用西婦搜查以顧美國聲名金山稅關本有西婦任斯役比以舞弊辭去稅司黑假遂變本加厲美之關卡苦及婦人即烏約且不免歐洲來者亦嘖有煩言特不致金山之甚

二十五日丙辰晴咨總署撥經費促學生分維前日奏咨文牘學生每以寫字爲苦此後擬定功過格微示勸懲吉丁之案美特派將軍薛威治赴墨商辦吉丁卒倩律師上控原告美田孥不願控追賠償受虧款項臬司遂將此案批銷並將吉丁釋放

二十六日丁巳晴未初偕仲藺震東赴烏約戌正到埠寓客棧進齋亦於是日自祕魯同相約同寓論及斥退洋員德里安一事幾釀事端其時各國公使議論不一德使言德里安雖爲中國使署所用然究非中國人旣

犯祕例應治之智使英使謂德里安旣爲中國使館辦事應由中國自治祕所能治者祕人則可若非祕人祕不應禁錮遂援據公法以爲言祕不能屈德使亦慚德里安乃出獄否則各國公使擬電達本國政府因一洋員而大動脣舌矣又趙非滏等犯如有人控告仍可拏辦並遞湘浦現辦情形又謂參領兩署倂居所省無幾此事已入告無可游移也談至亥初各散臥房臨街車聲如雷徹夜不寐

二十七日戊午晴嘐易希粱慰留之與商烏約醫院事

紐阿連命案新蓄巨案早晚均在領事署餐飯晚回寓樓另覓僻靜臥房始安睡

二十八日己未晴烏約總巡科露臣遣巡海兵船渡送蔦尼挨倫飯後乘潮出海門憑眺兩岸所置礮臺均得地惟臺式忒舊現已廢棄僅於臺後依山另築蜿蜒如半月純用青石亦得控制之宜海門不寬有浮樁一枝海獸隨潮出沒或曰海狗其頭類牛其形如馬或卽海豨水兕之類耶晡時抵岸乘火車至萬客頓晚餐戌初步行至煙火處中隔一河對岸列城郭礮臺禮拜堂諸

式均有門可以出進上下前環數柱橫牽一繩一人持桿行繩上作跳舞旋起旋落或倒行或翻跳無不如意略如中華之繩技其旁有三人手搏翻踏層累跳躍亦甚靈捷臺上爲法俄爭戰事燃槍放礮直如交綏又有教士數十輩出而解紛卒無效尋至焚毀煙燄衝霄城郭樓堞俄頃而盡煙火架亦焚裂而以火珠編作熊虎形火箭紛墜均吐五色圓珠此則吾華固有之不足異也晚宿萬客頓樓窗倚滄溟海風甚暢淸眠達曙

二十九日庚申晴回烏約飯後往博物院求如陳副憲

日記所謂小鳥如蜻蜓五色咸備者殆擬議之詞院中固多奇禽如朱鶴翠鸚均有奇采小鳥無慮數百極小者視蜻蜓相去尙遠也另一博物院則陳設諸古器內多石像間有方柱如經幢亦有刊誌中有石槨數具槨上鐫人頭略如佛像槨之兩旁鐫人物車馬作爭戰狀高髻長戟略如武梁祠畫像其架所庋銅器矛頭爲多亦有方式圖章大都臘丁文字又有宣德銅方爐一尙非贋也樓上列中國磁器頗富極舊者明磁而已亦有象牙雕漆諸器視華盛頓博物院略勝旋觀光學畫此

爲咸豐十一年南北花旗水戰之狀咸豐九年擊破嵜第三會以一戰船名曰拉高飛亞蓋之以鐵隨後英國戰船窩利亞並挨倫稗繼爲鐵甲當時鐵甲惟此三船而未經戰陣得力與否究未可知時有南花旗兵官布錄略悉其奥欲加考驗請於南兵部將前北花旗所棄遺之美利麥船從水中撈起修整並加鐵甲以便同攻北花旗木戰船之用此議既定潛行開工舉動機密誠恐北人識其軍情也未幾北人探其消息即集議禦敵之策有呈進一圖者名曰鐵甲𡎺彌打議院嘉納加工趕辦其形狀遠視如一木排上架一圓箱別無他物近則長一百七十二尺高過水面不逾尺其船中敵樓四面能轉其礮能藏十二寸闊一百八十磅重之彈子每點鐘可行四五邁其管帶房在船前高四尺能藏三人用九寸厚鐵包固門口另加以二寸鐵能開能闔以便出入四面小窗係用半寸鐵捲尖藏入者此船經兵部允准後機匠日夜趕辦而水兵各員尚無暇操練凡敵樓轉捩及船內機器概未周知除管帶窩頓幫帶古連外餘五十六人悉當時湊集或自願投效者駕駛攻戰均不熟識也美利麥北發之後一日北花旗之𡎺彌打始工竣如北船早成南船後發則北人之木戰船不致遽被轟沉也美利麥船身長二百三十尺船中之樓長十七尺高七尺係用尺四厚木創造加以二寸厚鐵包裹船之尖首長四尺純用堅鐵鑄成管帶房之鐵厚四寸此船雖大然行動不快喫水太深且內中機器並非全美每點鐘只行五六邁惟較之木戰船則勝萬分矣船中只得管帶賓間仁幫帶吉時比熟悉駕駛此外亦非熟手即於三月八號禮拜六日開行往征北界一日

趕到戰場見有北花旗船欽巴倫與江紀利時兩船相閒灣泊隔七邁之後又有三船曰棉彌疏打曰聖羅倫時曰胡老燕諾江紀利時與聖羅倫時兩船俱裝大礮五十口欽巴倫船只有三十口欽巴倫正管帶適於是日公出其副管帶摩利時一見美利麥形狀初疑爲鼇魚細辨知爲南花旗新造之鐵甲即喝令兵丁防守迨美利麥行近一邁路即先燃大礮禦之不料礮彈放中其船旋即撞回如皮毬跳躍之戲屢放皆然於是美利麥漸漸而前凡開一礮動傷數人船頭之撞車竟向欽

巴倫直撞欽巴倫船頭遽爾入水又繼以大礮轟擊欽巴倫殊死戰船兵凡一班死後一班繼之再接再厲美利麥高語欽巴倫甘心投降否欽巴倫卽升紅旗答以情願沈死不能下降蓋其船中裝儲軍械不少儻爲南花旗所獲則以後水師受害不淺也嗣又戰有兩刻船中已流血成渠然無一兵一士自甘爲敗者迨後忽有一彀碼打入廚房機器銅片爆擊傷死者數十而船愈沈愈深管帶摩利時乃呼其兵曰船無可救各人自尋生路可也兵士始散然得生者仍無幾幸管帶摩利時

遇救登岸此船雖失然北花旗之國旗猶正立不墜可想其志氣之堅矣欽巴倫旣沈美利麥乃向江紀利時攻打未及半刻傷死者衆遂卽投降擄去兵士三十八兩船優劣相去天淵耳續經北人岸上陸兵急開槍礮故南人不能上船奪其船物只可拋擲藥彈焚之兩船旣失餘船亦甚危險明日且將鑿去議院聞之驚惶無措正在焦急萬分新造之鐵甲船趕到戰場駛入河口與棉彌疏打互通消息備聞本日戰敗情形兵士在船兩日雖勞苦異常氣力困憊亦莫不赫然思奮務雪前

恥次日美利麥擬攻棉彌疏打時望彌打先進前抵敵美利麥以爲微細之鐵甲輕之未幾望彌打先開一礮美利麥卽行還答以後礮聲不絕望彌打船小而活四邊巡走欲尋美利麥可傷之處而攻之只放得數重彈而美利麥亦放中數礮一打傷大伙一毀壞管帶礮樓之號令筒以致不聞號令美利麥之最得力者一彈打到望彌打管帶房正管帶傷目創甚因諭令將船旁駛交副管帶接手預備再攻詎美利麥已向那科船廠竄去追放數礮迄未得力據南花旗則謂北船停戰旁行

卽示敗也北花旗則謂南船退出戰場自歸北方守禦保護自己水師而美利麥不復再來以爲勝也從此兩船均未再遇南人終恐此船爲北人所擄旋卽焚之至望彌打一船亦於是年冬行海中爲颶風沈去此爲南北花旗始建鐵甲船水戰之大略此圖繪畫兵士敗走鳧水抱木緣桅墜纜諸狀活活如生礮火煙燄蒸騰之間隱隱有硝磺氣

三洲日記卷二

南海張蔭桓撰

八月初一日辛酉晴夜十一點鐘乘火車四點鐘至海汶換船至烏波

初二日壬戌晴寅正抵烏波微雨候車小坐茶館啜茗旋乘車至澳順客棧花樹樓臺管絃金奏頗饒風趣租寓五房一廳尚寛適惟地氣太溼久住非宜飯後禮格佛德城知府伯羅巴阿士哥來見約訪土客園林申正中餐隨赴沿海一帶游觀略如之呆風景而樸茂遜之

鐙後雨通宵不輟

初三日癸亥晴土人德恩來見自言客華十九年曾任福州領事特來一晤意良殷午初觀潮天風浪浪頗袪塵翳游人乘潮而浴出沒波濤跳躍爲戲男女雜遝衣袴咸具卻知廉恥所見强於所聞晡時訪議院紳士璧挈鑾園亭富麗且濱海甚涼快出觀打毬圖一軸云係吾華手筆細視之蓋倭畫也筆墨精細似仿仇實父人馬冠服頗有古致隨訪德恩亦近海結廬修竹映帶暑氣所不到者與談華事殆道光咸豐時貿遷於閩者回美已久閩省尚有字號留一子經紀之自不辦茶代客裝運云夜雨甚涼

初四日甲子晴伯羅巴阿士哥偕訪其友人阿利士園亭小坐清酌其女絮絮問中國五等封爵襲次年代又欲中國多遣讀書人來導之禮義阿利士爲銀行富商復偕乘馬車遍游諸勝殊有東道之情晡後赴毬場觀躍馬打毬之戲五馬角逐於淺草平原馳驟甚捷觀竟更歷數衢衖所過皆樓閣宏敞樹帷草茵間有綠藤密纏窗柱一望瀟碧戌正赴璧挈鑾之約坐無雜賓主人

盛服相迓父母兄嫂諸弟列坐同餐綺席豐腆母年已逾六旬珠飾極盛酒半璧挈鑾起辭赴烏約入坐時先已言明有要公須即日往因留客晚飯遂延至夜西人硜硜守信其可嘉者璧挈鑾曾言近閱新聞紙中華兵輪九艘並集高麗不知何事余未得京津來書特論形勢高麗毗連俄倭國又奇窘內亂頻興言顧東藩深爲之慮席散返寓將子初矣與參贊談西人切音之學子正就枕不成寐

初五日乙丑晴觀狗會無慮千百豢養珍惜之有價值

千金者會場寬敞觀者須給入門票錢西人好事類如此派仲蘭震東赴蒲拉夫頓士機器廠查察滬上織局所購機器

初六日丙寅晴天氣清爽侵晨仍有煙霧在几席間門窗洞開朝曦微曜則霧氣散矣與進齋仲蘭震東共照一相其技甚劣晚觀西人樂舞約三百人中有曾買於華者曲禮士活款接甚殷又水師兵官曾到中國亦極親洽

初七日丁卯晴午初趁船泊域佛乘火車至烏稀濱進

齋同烏約余偕仲蘭震東往哈富稍遲兩刻遂誤車期薄游烏稀濱市肆書院亦大都會也酉初車來附至哈富沿途小站車停屢屢酉正二刻乃抵柏仙露客寓容蒓浦來共晚餐且堅邀至其家猥以連夜失眠擬明日往蒓浦論及細事謂中國不宜與英說斷但當存而不論告以暫不與爭但此案我總不平兵力盛時當必取回此時仍是曾劼泰士特譯言深不許之謂也所論尚不忘本

初八日戊辰晴夜睡足晨起小喫後移寓蒓浦之居蒓浦購地二十畝廣植卉木中建樓閣挈婦子以居夏間婦歿彌留遺囑以園產付二子而蒓浦不與焉蒓浦既有遺䄂之悼其子又幼穉即寄養外家而將樓居局鑰自乃寄榻比鄰妻弟之室亦蒓浦所購贈者蒓浦伉儷敦篤推愛及之近轉如寄生之草固安之矣以余遠來特闢房闥重置器具中饋無人觸處增感亦大可憐與論昔日學堂起止功課規條子正睡

初九日己巳晴柏立自花門頓來晤即去約往游諾之午後格林礮廠主人來約觀格林礮機器演試格林礮

新舊兩式並快捷其極大之管徑一寸每礮以十管爲度少或六管能穿一寸厚鐵其主人持已穿之鐵板爲證然不甚能及遠又觀其驗器之機此即總署擬購者問值只四千元當令詳開清單繪圖見既同寓中飯間挈礮廠又遣一車來迓其廠較宏富所製間挈礮略如格林只平列兩管出子不及格林之多而管外插筒盛水雖連放數時礮管不熱其法甚良礮式則前圓後方機器簡便偶闕一器則窒矣遇敗北時倉卒不及搬運則隨意抽出不致資敵也近乃改製圓式如小銅礮較

精工所配礮車上下左右圓轉自如

初十日庚午晴蕤浦約赴挨雲訪其岳家其二子蓬頭赤脚而能長揖爲禮對門爲炸藥引綫機房遙望但見綫機環繞狀如繅絲旋往觀之則綫皆入藥又外裹黑油始能出售其機輪用水力鼓動故無礙於火藥也隨至花門頓柏立挈家避暑於此預爲午餐以待柏立寓樓爲華盛頓曾駐之地火鑪遺跡尚存形製甚古復往學盧流覽黍西故籍不諳西文不敢附和客寓主人堅請留名而去沿路山樹叢密中經兩湖尤幽邃湖水極

清哈富城中自來水悉從此出置機湖上有人蓬屋湖壖以司啟閉草樹湖光結構幽雅是日輕車騁游晡時始返所覽山光蒼翠秀逸余詫謂似吾華佳山蕤浦徐應之曰山色固無分中外也其言甚婉而若有言外之意

十一日辛未晴震東自勞倫同查得織局所購羅未爾機廠棉花機器五副紡紗機器八副紡綫機器五十二副焙綫機器一副士顛鐵筒七捆紮鍋一枚壓布機器一副展埽棉花機器七副繞綫大鐵筒二十條織三尺四寸濶布機器二百零四副每副每日能織至四十碼或四十五碼又織三尺八寸濶布機器九十六副每副每日能織四十碼或四十五碼摺布機器一副零用器一箱共計馬力二百五十四每日需煤五噸共銀五萬七千五百三十八元分裝七百八十箱係光緒九年定造並未交價該廠現欲轉售震東此去往返均夜行尙不爲埃黨所窘蕤浦約一西人壘兜額來談銀行事多未中肯余告以國家銀行之設要在裕國便民又能顧全商本斯爲近之中西情形不同非可膠柱鼓瑟

十二日壬申晴辰正早飯蕤浦送至烏希濱豁泥槍廠主人候於火車房借赴該廠遍覽所製槍無甚新異多就林明敦舊槍改作槍子仍用中鍼視舊槍不加捷恐銷售不多也又新改一槍三運手而出彈槍膛內別綴小鋼筒亦可多儲彈子連環六出近日兵槍之最快者仍就舊槍改作原製名曰哩槍中國有購者今春涂經金山曾見之今豁泥又加意修改且欲以李傅相之名名之西人製器多取聞望素著之人以爲名閲竟同至溫遮士得廠主人避暑出埠只觀槍式四種未及遍觀

機器該廠原於兩月前函請往觀其所製槍叉久已運銷中國借主人他出闕融洽之趣時已未正谿泥約在客寓午餐申初仍赴火車房候車申正起程回烏約莼浦送至車上展輪而別見贈羊豪十管皆純淨又假四庫提要一函駢體文鈔一函其他書籍縹緗滿櫝無甚陋本莼浦曾舉半以贈哈富書院欲西人傳誦云

十三日癸酉晴美屬南省地震成災英后貽書總統慰藉算學家云兩月後仍有地震勢漸偏西金山各埠亦不免云午後渡海觀野人馬戲觀者約二萬人略如鬭

馬野人爲煙甸種美之土著也狀貌獰醜皆焦色黃頭插鳥羽耳貫銅環乘馬追逐或出而刼掠結布幕以居手鼓搖鈴羣歌踏跳但形其野而已有女郎自圍外挾鳥槍登場演技百發百中以黑球爲的用鐵範作鹿形黑球卽滿綴於鹿之上下左右後懸一繩浮曳其上鹿形搖搖不定女郎於十步外然槍擊球每擊輒破碎觀者擊節續橫一機以長繩懸繫一球搖曳不可捉搦別一女郎背球發槍且置槍於頂手鏡以驗準的亦百不失一兩女郎一爲歪阿明屬邦一爲嘉利福尼省人兩

地皆悍華人屢受其害者不圖女子亦具此奇技日晡返棹渡至中流牙醫哈文指點兩帆船相示曰純白者爲英船黑白勻者爲美船歲於烏約鬬捷前日英又不勝計連負三十五年矣英美海國擅舟楫之利輪軸機巧層出不窮而帆船爲航海始基故尤以此鬬勝十年前美船往英演賽奪銀鼎歸嗣是則英船來美就賽而其屢負之故或船制失宜未可知也每年所鬬皆各製新船視爲故事

十四日甲戌晴牙醫哈文約晚餐觀水法酉初登臺觀

者逾萬西人聚水爲池甃以磚石上穴數孔水從穴中噴出高可一二丈略如泲南趵突泉之法惟水成五色中或如球或成方柱此則以電氣映之仍用機器轉軸以運水西人每設奇技必於此中求利其主人請觀機器並贈電燈兩枝子初渡海回寓月色波光相映風趣不俗此種渡船日夜不息兩岸各有埔頭此往彼來不差晷刻船分上下兩層船艙前後置小几便散坐船中明窗短榻便眺遠且可避風合船可容四五百人馬車貨車亦並渡送散坐各五仙士馬車半元泊船時刻與

火車合抵岸即可登車大率船車共一公司
十五日乙亥晴中秋節同人循例致賀華人之買於烏約者仍爲月餅分售不忘故鄉之思也傍晩偕進齋擬登鐵綫橋遇雨而返
十六日丙子晴烏約博物院儲無翼鳥一頭長約八寸高如之長喙綠睛縮頸禿尾兩足似鶴而距甚小其羽細膩如絨黑白兩色出太平洋濱又有重翼鳥五采備具頭紅嘴黑略如吾華之鸚鵡特尾長於身分張如燕兩翠翼之下重展兩白翼作飛鳴勢出南亞墨利加洲

兩鳥相覩誠有幸有不幸語云兩其足者輔之翼天之生物殆不盡然
十七日丁丑晴法文繙譯聯興經劉芝使派駐俄國現在日署事簡擬不再調俄事重要自應先其所急午後訪西華不遇
十八日戊寅晴灣克來談云布魯倫案已結前數日布魯倫華人持斧誤傷房主人未弁之女醫生以爲難治訟之美官華人倩人作保立單二千五百元又必該埠有產業者始能出保單一時頗費躊躇詎一挨利士人慨允作保如數訂立保單直僅見之事挨黨乃有此人可知人性善惡並非有生俱來者耳與進齋搭夜車回華盛頓子初登車
十九日己卯微雨辰初抵華盛頓得勖侯書七月十八日交卸俄篆仍返衣士鉢寓擬挈眷暫寓法都以避英倫秋末寒溼之氣又贈公服照相一紙午後接文報處第十號包封李傅相六月初八十四兩書論美案辦法並囑以應辦各事勿以中外音書隔閡遂弛任事之心
二十日庚辰晴復外部書謝照行金山稅關查驗劄文

准令董事登岸並查復華婦搜撿事日來天氣甚熱已過中秋炎蒸未退殊方氣候調攝誠難仍患頭眩
二十一日辛巳晴田使貽蚪蝢書言華人虐待美人近有兩案索償五千金又據漢口領事佛郎堅稟稱英美法俄教士亦有被擾之事此皆在美華衅所致云波士日報乃論之曰在中國固應苛待美人因何而不爲耶我美人豈未嘗導以難容人之量殘害之機乎我美人曾有因驅逐傷斃華人而梟首者乎日報之言如此美之不肯抵罪斬不賠償自難饜衆志也近聞教王已派

亞和雅第爲駐華公使不識確否教使駐華教堂各事無預於法省卻法人交涉之一端然教使每喜干預地方公事又必將入教之人歸其管轄近日環球各國多厭薄之智利且逐其使從前佛蘭西西班牙多崇奉彼教西班牙則疆宇日蹙法亦受迫於德從前德相畢斯默力詆其教有志富强者咸韙其言年來教王賂予寶星畢斯默欣然拜受德近爭西班牙一島教王出而調處畢斯默亦俯允讓還或曰畢斯默勳業炳燿歐洲而猶惑於天堂地獄之說或者血氣旣衰亦如中國達官暮年佞佛

二十二日壬午陰午後晴熱酉初雨疾風虹見晚涼堅彌地來談美國人在中國近有不安之事理所必然昧昧者不悟又言該省或將復舉爲議紳余戲謂之曰爾樂與華人交則投匭者少矣堅彌地笑而不言復言金山巡撫近釋兇犯四人皆五年前虐待華人者原判以監禁終身刻竟保釋殊不公允云今日外部照復金山稅關不認搜檢華婦但已雇西婦充役前事可不辨自明

二十三日癸未晴照會外部以進齋同美參贊使事復錦堂第十五十六十八號函又屬擬中西學堂章程

二十四日甲申晴西班牙日報言小呂宋一島華人自行設官治理儼然一小中國也宜設法禁拒華人之來云華人旅食海外近幾無可託足微特墨洲已也晚訪科士達告以司圭也報外部案已鈔出咨送閱坐有蕤浦舊同學熟精美國槍礮形製約得暇往觀

二十五日乙酉晴美總統今日言旋天氣漸涼或不再出矣午後擬訪虮蝮適虮蝮今日不到外部又聞總統

歸後虮蝮卽往避暑燕雁代飛足徵一德之契獨虮蝮每不踐言洛案固無論矣卽舍路留兵一事虮蝮於六月底猶許以此項防兵不遽撤卽撤亦候總統批示當譯其語函告領事轉慰華人乃昨接華昌公司來信此兵已於七月二十二日撤去幸地方尙綏靖耳

二十六日丙戌秋分晴得總署公函答復華人到美及墨西哥立約事鈔寄致美英兩使照會又李傅相函詢小呂宋能否設領事曾沅帥書嘉辨駮補正限制華工章程並述小呂宋事

二十七日丁亥晴未正偕進齋訪虮蝢間詢以詩家谷巡差命案聞已擬抵虮蝢曰然而於華人被害各案乃不肯援以飭辦亥初姚祝彭呂傑卿自金山來火車顚簸少坐卽屬以安憩

二十八日戊子晴許竹篔書言曾劼侯月半內渡諭小呂宋設官及香港近議不諳各事劉芝使八月初一日謁俄王遞國書無甚要事行將返英云詢傑卿金山近事尚安戢前月諭禁械鬭榜示通衢華人亦知感化有讀之泣下者或鈔存一紙互相傳誦深夜秉燭立膽不

憚煩勞領事乃將示諭刊派似華人非盡不可教誨者也近因遷運旅厝枯骸同粵中華會館存項不敷領事欲先集貲後發掘曾爲告白而措語不圓又爲衆論所嗤要之此舉固不容緩而領事持議亦愼重但須統籌盡善耳

二十九日己丑晴祕魯內部檄行各府優待華人與各國人一例祕廷特施惠政仍欲拓辦招工耳晚詢姚祝彭所查舍路士哥槐花園洛士丙冷各案並現在華人情形自冬春驚擾後華人多已失業他往只舍路尙有數十人防兵則於七月二十二日撤去矣洛士丙冷煤礦仍開採華傭承工者尙千餘人防兵未撤或可相安鉢倫及英屬域多利兩埠華工各有千餘生意尙佳均有粵劇園館

三十日庚寅晴天氣鬱熱無秋爽氣頭眩之患仍未霍然劉湘浦書述祕廷相待尙優擬卽派員查辦各寮虐待華工之案又將籌辦中西學堂今日虮蝢赴波士頓送幼女入塾讀書外部事暫交波打代辦

九月初一日辛卯晴復總署書論美案賠款辦兇中國自禁華人及墨西哥通商事並細詢徵貢琿春定界各

情形又寄去重慶教案新聞紙天氣熱甚夜大風暴雨

初二日壬辰早雨嫩晴炎熱未退西人占驗謂今日大風雨地震不知驗否尼華地日報言重慶教案耶穌教士與天主教士互相譙讓天主教士謂耶穌教士行爲不愼所致耶穌教士謂天主堂蓋用琉璃鴛瓦大違中國制度因而肇禍云虮蝢果於七月十六日函致田貝以洛案緊未了結之故屬達總署以明敦睦之情虮蝢此事尙不遺漏

初三日癸巳晴昨日西人地震之說不驗只朔夕風雨微有影響姚祝彭自檀香山回述該島口岸輪船固不敢深入舢板亦不能泊岸登陟甚艱島人於岸上懸桿以長鐵鍊繫木斗人坐斗中畧如鞦韆俟舢板來時波浪稍定搖曳作勢以就之稍不慎則墜波中矣又沿島皆山高或一二百丈恃馬以行馬多馴良且能負重山路崎嶇往來如平地馬性習之也水陸皆險阻惟於陳芳園中一啖荔枝嶺南嘉果移植遐荒陳芳倡之矣近漸墾闢榛蕪土人猶以樹葉圍項日啖芋漿無匕箸染

指而飽亦荒外之民也檀主每顧田疇輒喟然曰此地華人流汗不少乃有今日殆天良發現之語然其國例一遵美教虐待華人殊苛

初四日甲午晴晡後製造局總管威露健臣來見約觀局中機器模式

初五日乙未晴今日發第十號包封牋牘既清察閱徐進齋所藏李北海書古詩十九首見所未見與岳麓雲麾諸拓筆政相類純從張猛龍得來今人王夢樓學雲麾略窺涯涘而究乏靖嚴氣觀此則並不薄夢樓矣卷爲宣和御府藏物有散主道君章卻無天下一人押曾屬半閒堂展轉至商邱宋氏進齋以千金得之都下

初六日丙申晴重核織局機器數目咨送北洋又檢舍路的欽巳損失各案交進齋清釐備譯洋文與外部商辦

初七日丁酉晴霾霧四塞朝陽既升猶形翳翳外國天氣不常曩聞之蒓浦云去冬倩醫爲種洋痘蒓浦年垂六十何自苦若此蓋西人七年一種若遇天花流行無老幼皆種亦不拘定蜻蜓穴西女皆種於腿處臂上疤

痕袒舞不雅觀云又西人保命險及保手足傷損險公司美國最多莫盛於哈富每公司有儲本至四五千萬元者亦甚獲利竊謂手足損傷保險歲輸息於公司一旦偶爾損傷公司如其所保之數償之彼傭工作苦之徒預慮殘廢無以自活且不能贍妻子照章保險不爲無見若保命險既歿之後直爲子孫計不僅作馬牛而已似非達觀也進齋謂保命險亦有益保十年二十年三十年如期不死則公司將歲輸之息加倍納還西人保命險不盡爲身後計

初八日戊戌晴秋蠅漸凍偶啟畫篋取數幀補壁薄慰卧游之思房主人甚不願壁上綴釘遂購極小鋼釘無害牆紙而能懸物者經營數日而安海外旅居動止殊趣此其一端所藏惲冊得自匡鶴泉少宰而坊肆有摹本幾可亂眞前年在京朝邑攜示南皮相與撫掌論畫且然況知人哉

初九日己亥晴約同人恰卡莊橋登高自使館西行約二十里溪河林木映帶陂陀縈波紅葉時見樓閣沿山塲圃秋穫甫畢粟稭盈畦高阜猶復犂種隄外泊船三

五行則以騾馬拉縴故舟人必蓄馬翹陸樹陰亦足點綴風景午初到橋邊酒樓飲啖遂緣山亭直下清流可鑑積岨礐礶拂石小憩頗有在山之趣歧曲縈迴畧如鷹石園追憶舊游怦怦不置矣美國石橋此爲巨觀長二百二十尺高一百五十尺橋洞如虹橫跨波上夏秋之交游人甚盛或乘獨輪車於橋沿極險窄處疾行賭賽龍山之會則非西人所知也歸塗進齋談安清道友之教英法皆同英曰糜生法曰麻松相見握手亦有暗號此中衣鉢究不解自中而西抑自西而中曩在皖中聞此種會黨皆糧船散丁無業爲生於江淮間別相要結不晤英法亦有此會且同一鼻祖

初十日庚子晴王榮和余瓗申稱改期七月二十五日附洋船先至小呂宋此事久不得香帥書莫名濡滯之由

十一日辛丑晴舍路華人公稟本年正月五日攻刼華人惡黨獲案後問官竟於本月一號判釋又槐花園案其陪審人乃謂華人先發洋人自顧性命因而回擊問官亦遂釋之原告律師謂應科以殺人放火之罪問官

徇陪審人之情僅科以滋鬧輕罪將案申送臬司以定賠償此司圭也具報外部之言也此案余於五月間照會外部會言華人被擊時均在睡夢中安能放槍自衛外部已照原文轉行即據現讞亦言華人所住布帳槍彈洞穿之孔其彈均自外入絕無自內打出者可見華人先發之說爲大謬又言華人槍彈均打入地裏尤牽强俟蚓蟺歸後再與駁辯

十二日壬寅晴西人每謂環球國權中俄爲最俄且兼管教務余駁之曰中國自開闢以來不知天主耶穌爲

何事若但言教務則同同喇嘛僧道各教中國久已聽之矣

十三日癸卯晴王榮和余瑞書言展期南發係因荷蘭不允委員往查改為游歷又鈔寄小呂宋華商官文斗等稟今年被土人逐害事即詳復之

十四日甲辰晴金山領事稟華人旅厝各棺檢運回里金山醫生每具索銀十元現倩律師訟駁請照會外部查理當即備文飭蘋美政煩苛虐及枯骨環球各國所無希九書言日后避暑回宮之日亂黨乘間為變拒傷護軍積調多兵乃捕獲數人皆前廢后之黨是日各國公使均往迎迓恰值其事

十五日乙巳晴義大里人攜婦至美變戲法大都在華時所曾縱目或如許氏番劇雜說惟內有三齣頗足解頤其一齣於臺上設矮榻橫約八尺縱約四尺空諸所有榻上置小几演劇者之婦豔裝而出扶立几上以木棍撐兩臂膀略如蒙藥薰鼻狀即矇朧若無所知乃去小几懸立續去左膀木棍隨意屈伸之又取小旗鮮花諸物教之擎舉已大可詫隨施小扇輕颺婦即漸漸橫卧四無依傍少焉又扇乃徐徐而下懸立於矮榻觀者瞪目拍手喧嚷術人乃取小几仍置婦足下乃醒或曰機器鉤挽所為又取牌子觀劇者之高帽置几上其婦略為拂拭納還原主乃從帽中取出五色彩球無算又手帕百十塊又牽出五色紙條數十丈愈曳愈長西人舉以授婦續又自為接捲以小短竿繞之成團忽有白鴨自紙團出沿臺叫跳術人視帽中無物呼後臺一老者持帽還人半道而踏帽為之扁術人若甚愧歉旋推一田雞礮置臺沿裂帽數段實以礮子猛轟一聲高帽乃黏於牌子頂上術人下臺然手槍一擊帽應聲墜又於臺上置六扇屏風席以紅氍毹又墊新聞紙一張上擱高木几引婦端立几上蒙以薄綢作西語念溫都地屋一過揭綢而西婦不知所往旋從臺右小門出與觀者點頭而散此種奇技無非機器電光所為臺上飾觀姑不深求其僞傀儡中別一格也安知匽師奏技無此機器電光耶當時但傾倒其幻而不詳思其巧耳

十六日丙午晴陳藹亭稟呈創設中西學堂章程略有條理即批令擇日開館又復希九書述小呂宋華民被

告事屬達外部並示以中國將爲設官保護今日天氣陡熱樓上寒暑表至八十度

十七日丁未陰晴微雨氣候甚惡卯初睡醒腹脹如厠復睡微有熱汗而不覺冷或不致成瘧昨醫生診視以爲瘧痢並發此間不足怪瘧非瀉則汗否難告痊爲訂兩方配丸今日金山領事具報籌設中西學堂欲假西人書館令華師率華童就學殊誤即批飭另擬辦法

十八日戊申晴昨晚服丸藥約四時許藥氣行動果如所言瀉後微眩且復畏寒午後滬局遞到十二號包封

總署寄同奏報到任各摺片六月十四日奉
旨欽遵分別咨行

十九日己酉晴檢總署鈔來日文條約照繕一分寄日署中國與外國所立條約往往中西文字互異亦有脫誤如美國續約覈審一條中文刊本乃將首句在中國三字删去又限制華工所定人數年數之限須要公道等語又將須要公道一層意思略之兩者交涉均與衙往往持中文約本與辦動多軒輊不知當日繙譯之人有意錯誤或無心出之也故將日約原文鈔存日署

二十日庚戌晴鍼布電筒搭至烏約能與陸永泉問答仍不能字字清晰近以連日作病悶坐不堪乘馬車至蘇遮士龕觀紅葉夜霜不重雜樹微赭尚不及恰卞莊橋之勢

二十一日辛亥晴麥天拏屬邦命案虬頓同文該屬邦雖爲查理仍未獲犯擬爲文促之並行金山領事晡後收到更換日斯巴彌亞
國書

二十二日壬子晴晨起胸膈稍舒仍有寒熱似是肝木

尅脾復總署書論日斯巴彌亞事又函促劉湘浦辦中西學堂昨晚醫生貽藥水屬飯前服藥散屬飯後服謂可消滯舒胃氣約五六日可愈嫌其紓緩置之西醫之藥既無速效不願嘗試

二十三日癸丑晴外部索本署各員銜名爲刊稱紳美都各日報盛述本署冠服大雅迥殊他族殆漸識漢家制度與

二十四日甲寅晴美外部照復金山華人搬運枯骨事已行嘉利福尼省酌辦上議院紳前任外部衣雲士函

約本月二十八號拔勞島石像開光美總統宣誦贊詞
請往觀禮
二十五日乙卯晴晨起尙畏寒不能出門午後令參贊
往晤飒頓屬函告嘉利福尼省總督平決華人搬運骸
骨事並託函知文勞磯臺守將余將往游飒頓以嘉省
事難於致書或託議紳代達然該省之例專爲華人設
恐難删減特較墨西哥例骸骨不准出口猶寬云金山
日報言散羅些埠有華人曾廣成於上年在博場槍斃
西人一名衆華人慮爲牽累遂縛付有司定爲一等罪

名監候久矣昨復訊決判於西歷十一月十二日𣔙首
抵罪不識確否當告領事詳查若得確憑可爲槐花園
諸案之證王榮和余瓗兩委員七月初八日抵小呂宋
該埠商民迎迓甚恭本日發總署包封
二十六日丙辰霜降晴飒頓函送兵部所致文勞守將
書美國秋高試馬主者函請往觀馬既不多人無長技
二十七日丁巳晴昨睡得微汗寒病略解㩜金山領事
催辦華人搬運骸骨事
二十八日戊午晴飒頓照復槐花園命案兇犯已釋不
能再拏歐洲通例可一不可再無論陪審人是否有意
抑罪有可疑均不便干預須知他國人係自行來美致
此境地云可謂無理已極歐洲通例蒙豈不知他國人
若無條約豈能遽來不問如何寃抑盡付諸陪審人之
口尙有天日哉當再駁之檀香山商董程汝楫古今輝
稟言建復會館作爲醫院如香港東華醫院之式乃爲
會黨所阻另稟求退華人遠客數萬里所遇皆蹇又自
立會黨操戈同室安有穀載時哉
二十九日己未陰霧比閱廣報番禺人郭見福忤逆不

孝乃父送縣懲治郭固買於香港者也控於港官貽文
英領事查詢番禺令駁之曰郭見福在中國爲叛民在
郭氏爲逆子自應懲治律師不諳中國律例妄行干預
殊出情理之外云令誠能矣安得中國庶官盡如番禺
令者以辦中西交涉事哉香港毗近省垣粵人每於此
營生以其不抽税釐遂多獲利因而寄家於港間生子
女須赴港官報冊港官乃據爲英民偶犯中國之法輒
倚港官爲脫身計此風由來久矣若如番禺令之詞嚴
義正不激不隨港官亦不能不韙之也泰西各國間有

他國人寄生者卻不能引爲彼國之籍其自願入籍者聽之法國律例則無論人民寄生何國仍不得脫法籍入他籍昨美外部所言墨西哥不准枯骨出口之說細查墨例係五年後乃准起運並非概不准出口特起運時卻不索錢非如金山之無理虬頓所謂墨例不准運者僅知其一而已聞數月前美紳有女殁於墨國曾託虬頓函致駐墨美使代討人情墨未之許虬頓遂援以爲說惟金山之事尋究美例虬頓卻無權轉移須倩律師控之地方官不直則控之美都若專爲華人而設此苛例大可駁除郎電金山領事將例案鈔送

十月初一日庚申雨總署公函頗以余駁詰補正新例煞費苦心並爲照會田使一如鄙言以詰之又促索洛案償款總署於美案已極著力惜美政歧緩令人焦悶今日總統外部均赴烏約贊頌石像虬頓貽書來約余仍以病辭

初二日辛酉陰微寒閱邸報直隸水災極重畿輔之地思有以濟之海外華商祕魯差勝因告參贊貽書祕魯勸辦今日爲烏約海島石像開光之期適大雨泥濘觀者未免敗興各國公使多不往只檀香山墨西哥及烏約寄寓各參贊隨喜而已美總統聞夜間逾返已初覈各案照會凝神略久冷氣潛發强飯以壓之仍不適蓬雲來商陸永全差事幾不能答

初三日壬戌陰晨起似無病偶至參贊房聽習西語復翻昨稿重覈一遍冷氣仍起然非瘧也照復虬頓重論槐花園案

初四日癸亥陰晴不定進齋理出的欵巳損失數目頭緒紛繁擬照會虬頓辦去此數日間似瘧非瘧甚悶

初五日甲子陰寒晨起略免寒熱徐步雕扳園稍暢筋骨飯後復乘車林木深處秋林黃紫相雜彷彿沛南龍洞佛峪之境聞虬頓亦自烏約回石像開光之事畢矣此像安置拔勞海島爲烏約入口處近瞰河海遠覽墨歐亦殊得地像爲女身略如吾華之觀音大士純以白石雕鏤光潔絕俗下承以礎高八丈九尺像高一百十一尺六寸頭面闊一丈兩眉相距二尺六寸鼻準長四尺六寸臂長四丈二尺腰圍厚三丈五尺口闊三尺左手挽一石碑長二丈三尺七寸闊一丈三尺七寸厚二

尺碑鐫一千七百七十六年七月四號等字蓋卽華盛頓開國之日也右手舉一石盞其大可容二十人備火照遠以備夜船往來傍置小梯爲他日重修之地西人謀事至深遠矣此爲法國贈美國自主之像當華盛頓叛英時法實爲之助法美之交由來牢固前年法越之事何天爵屢誑言照約居間謬甚此像始於同治二年逾年石盞石臂先竣工同治四年會在肥路底肥亞埠陳設續以德法之役此像輟工旋擇定置像之島乃於光緒八年全像告竣光緒九年又在巴黎斯豎立幾費

經營甫於光緒十二年八月安置於此島也是日法國文武到者若干人

初六日乙丑晴天氣頗清朗今日病亦略減晨起覈正復總署第十二號函午正醫生來勸服消滯藥並多行動理或然與澳路非奴命案外部照會指李駒南爲眞兇略如錦堂之密電惟私刑穋殺豈稱明允哉當與再駁論希九書言日國新報論洛案賠款美國有翻悔之說又言查釋修打監禁華人各事日外部允給各該衙門公文並給委員護照以利遄行頗有修睦意並將日

國近易吏籓戸刑海各部臣銜名寄閱未初檀香山公使哈達來晤盛言華人在檀島甚相安該國極願中國立約會告鄭前任允代達之總署而無消息余以鄭前任從未言及出京時總署亦無屬付哈達遂去余往晤科士達論澳路非奴案並詢日都新報科士達以爲謠言並謂近得田使書洛案賠款兩議院均已議准田使尙未的確可知歐洲日報更虛如捕風

初七日丙寅晴辰正仍霧今日復有寒熱往來强行半里不如昨日之適午後答拜南亞墨利加洲沙路咸朵

國公使威亞士高該使自言知醫治寒疾無須金雞納霜當別有道又答拜檀使不值其婦出見頗言檀島國典土風擎示白羽竿略如吾華犛毛帚約六尺許謂檀王視朝以此爲羽衛云一物之微顯晦殊無定也近日法人屛逐拏破崙子孫以致流寓美都美總統步行訪之復偕至戲園覲劇絕無炎涼之見益以徵法美之背交矣

初八日丁卯晴美屬公舉議員之期拉士不安於位其黨孤矣未正英使偕參贊歐格訥來晤蓋自華調美者

曩在總署曾與往還據云都中近狀甚好總署亦極相洽並屬貽書各堂爲之道候意殊戀戀抵美一宿卽返英倫八月自吾華起程先來美都謁公使後請假歸國

初九日戊辰晴祕總統每月禮拜六日約各國公使入宮共談政事微特集思廣益亦足聯絡邦交子正將就枕錦堂長篇電稟深爲駭詫因華商販運烟土至域多釐巴拏馬等埠經過金山稅司扣留輸稅錦堂乃電請照會外部光緒八年中美續約條款甚明該領事並此不省何哉

初十日己巳晴卯初率僚佐恭祝皇太后萬壽禮成卽曙開窗納朝氣憑案起草早晚爲酒食讌樂批飭金山領事電稟

十一日庚午晴患病經月西醫勸以避地巳初附車至烏約震東祝彭偕行開車颯涼飯後漸熱申正抵烏約則更熱晩飯後乃大雨西人有爲菊花會者冒雨往觀布列高下疎密不一合之有七百餘種其大如牡丹芍藥者中國種小而瓣密者倭產也西人培植未盡得法又以花多爲貴主人款接甚殷詢所好折以相贈又約到園中賞鑑

十二日辛未立冬晴天氣和煦畧似都下初冬景色烏約紳士瀞克來寓訂觀倭劇近有英倫訪事人自華來此謂津東新製火車每點鐘行七邁路以爲笑柄申正微雪不逾刻

十三日壬申晴午後往仙打園觀虎豹犀象獅熊之屬下車微雪寒甚方池不凍亦分畜海豨海狗數見不鮮矣禽鳥頗稀主人云天寒移置他處旋復至博物院重觀無翼鳥卻又見其一毛色蒼老畧如元狐嘴距並黑

背特高聳禿尾天壤之大無奇不有列子言大禹行而見之伯益知而名之夷堅聞而志之仍未盡也又到一博物院主人新得大水晶琢爲圓球頗光潔欲以誇客折柬召朋儕余告以中國以此作屏風爲夏日避暑之用主人大駭旋至酒肆晩飯寒月初上林木蕭森訪格前總統宅談兩時許煮茗肅客重話曩遊並詢高麗近狀甚關切座有專管醫生牌照者謂中醫有數人於此售技而無公使領事准照土人羣思執之乞給以准照嘗答以不深悉此輩醫學故不給若美例如是嘗告領

事查給可也便道重觀南北花旗水戰光學畫

十四日癸酉晴津電小呂宋事烏約寓樓火鑛烟重遂患咳嗽

十五日甲戌晴祕魯參領瑣言併署非宜及何子剛訟案殊未的當

十六日乙亥晴未初徇菊花主人之約渡海往觀田莊風味猶存樸拙氣留飯至鐙時乃還承專人迎送又贈菊花歸晚訪灣克不遇渡海一行頭眩漸解咳嗽仍舊

十七日丙子微雨檀使以檀王誕日請讌病不能往卽婉復之屬參贊屆時往賀

十八日丁丑陰雨檀使復請酌帶從官與會當屬參贊並復謝之金山來電張廣勝一案已展二十日仍可設法減輕曩閱新聞紙作曾廣成耩寫訛矣申初雨雪氣候愈寒

十九日戊寅晴午後渡鐵綫橋訪鉢勞崙花園平湖淺草署具亭榭長松疊翠紅樹間之狀如紫荊色如含桃草木變衰之候得此甚奇鳧鷺浮沫瞭羽波間遊人蕩小艭往來頗夥江鄉光景亦或馳馬沙岸恣其游騁烏約別一境也湖壖夕憩仍沿橋道歸已昏黑矣本擬綫步過橋憑眺形勢海風凜冽病倘惡寒遂乘車行

二十日己卯晴古巴領事稟稱繙譯譚乾初請假六月當批俟日祕差旋再酌秋氣已深美都林木凋落垂柳猶青物性之不可解如此

二十一日庚辰晴李傅相九月初四日書以余所辦均得法並屬厚結科律師又言俄高私約恐屬子虛已奉明訓當益謹候度又郵政局事總署尚未深信銀行事則議者紛然尤不敢著手

二十二日辛巳陰雨金山電陳鄺董事二人於二十日到埠登岸無阻澳路非奴案照會外部文十八日送去又預定保護華民章程批復王榮和余瓗兩委員稟並分咨總署南北洋粵督

二十三日壬午大風雷雨窗瓦動搖約三刻而霽烏約律師巴盧偕總兵官魏禮森來晤魏蓋京津舊識甫從吾華回美備言與田使游歷江南閩臺見曾沅帥劉省帥款留飲讌省帥目疾仍未痊又謂在華一晤何天爵無所事事此旬日間卽將同美巴盧約觀劇行後又遣

其子來訂期聞其室廬園亭甚佳多藏中華器物
二十四日癸未晴美城氣候仍惡諸參贊勸在鳥約多
避數日又請匯祕魯經費
二十五日甲申晴美前總統亞大殁於鳥約現任總統
及外部諸臣並往會喪各部衙門懸孝一月弁兵持服
半年尙不忘舊君也各國公使惟墨西哥親弔余以華
人近爲美國苛虐特沿彼族之例贈以鮮花函唁其子
前年增修限禁華工例亞大曾與議員折駁尙非不顧
邦交者蚹蝮至今猶懟其所駮爲不然旗昌士蔑德自

滬回美偕福士來見詢以吾華商務士蔑德言今年業
茶者尙不與虧惟西商轉運外洋則大損又言招商局
生意尙佳中國宜用小輪船運貨獲利較厚曾至臺灣
謁劉省帥擬接辦鐵路無成福士歷言前在粵中境況
頗念伍怡和之情又擬招同曾往中國各商謀一歡敘
余以微疴未痊謝之
二十六日乙酉晴答拜巴盧閔所藏吾華瑪瑙京料雕
磁白玉烟壺百十枚又霽紅瓶一枚特佳旗昌得自伍
怡和以之轉贈者擬訪魏禮森已返鄉矣訪巴那蠻則

高臥未起美俗富人類如是也鐙後灣德約訪摩登會
使法蘭西云識曾劼侯亦畧言前年法越事曾爲居間
灣德以其黨人衆多將爲上議院紳或擬舉副總統欲
余與之認識以備他時之需
二十七日丙戌晴古巴招置學童說帖留交易希梁在
鳥約酌辦鳥約華人不甚聯絡現辦醫院尙喫力學堂
恐未易辦到晚赴巴盧之會鳥約戲園極宏壯者也地
跨四衢樓分五層第一二層有閒隔且別內外第三層
以上及墀子均散坐歲收散坐錢不敷開銷園主人仍

須津貼今晚演劇爲德國人語音不辨只跳舞尙整齊
坐客珠寶纓絡與鐙光相眩燿美都無此巨觀
二十八日丁亥雨午初附火車塗中熱甚戌正乃抵華
盛頓同人皆袷衣與鳥約氣候又殊得李傅相九月十
二日書論經營南島及小呂宋設領事官事與十三日
來電恰相印證此事已函屬希九今日亦得同書言外
部亦願中國設領事至華商官文斗前稟各案須詳查
的確乃免推宕
二十九日戊子晴古巴領事稟建設中西學堂事尙清

楚視金山爲得體擬即奏報冣定照會美外部文麥天拏屬邦舊案金山外埠布林非魯案

三十日己丑雨美俗祀神之日總統而下均放假一天傳聞華盛頓拔出英籍後曾於是月大饑麥穀均盡忽波士頓飄來一麥船遂慶更生故年例悉於是月舉家歡讌一日烹火鷄佐饌以答神貺無忘在莒之義也比日本城巡捕多被拘禁聞各巡捕以議紳減其薪貲欲伺議紳狹邪遊時捕以洩忿而爲同事所覺議紳怒甚故拘之也子濂書言冬月初赴馬丹薩各埠察看華民

並詢余病狀當草復之屬以發春來晤兼約譚子剛同來以便隨赴日祕美俗放假之日信局僅於午前酉末收遞信件

十一月初一日庚寅晴晨起草疏一摺兩片具報古巴籌設學堂一摺日君后感謝拯救小呂宋難民一片祕總統嘉西勒士即位一片午後訪外部告以議院將開所有未結各案宜請總統特諭議員速結帆頓答以總統前爲洛士丙冷案曾諭議院語意甚詳此時議院並非不辦只是夏間散議時要事太繁遂爾擱置現在舉官之期已過議紳無所瞻顧當無異議我必極力諄託議紳於美俗給假之前議結近日太平洋來船甚多既堅既大從此商務日拓矣當答以太平洋商務華商居其大半若欲商務興旺非保護華商不可帆頓深然之又言田使來書據上海總領事稟欲與中國聯辦書信館事亦暢通商務之一助云答拜檀使瑞典使不遇在多福威露健臣處少坐精神尙可支持寒病或遂退矣晚與參贊重論古巴學堂章程詳爲考訂

初二日辛卯晴小呂宋華商本年被害各案所有地名

時日被害人籍貫損失數目前經批飭王余兩員復查因慮該員行蹤無定又函託香港何崑山逕詢小呂宋各商或更捷速

初三日壬辰晴復北洋書商小呂宋領事經費致總署書大致亦如之兼敘英前署使歐格訥謝優待事比日天氣頗暄暖復爲蘇遮士龕之游木葉盡脫紅樹更寥寥矣

初四日癸巳晴美國畫報列牛馬雞犬諸狀而面目則作人形神理逼肖其龐然大物騂角細毛者今總統企

哩扶輪也小獱相依睋目張口者外部大臣蚅蟫也蹲踞於前狺狺欲罥者兩舉總統未成之唏嘘也後耳高腕倜儻權奇一國人奉之以出則將舉總統之勞近也其他鷹兔皆作人面識者悉能辨認民政從寬甚於處士橫議然所周旋者覩此圖能勿慨傷哉

初五日甲午雨查島委員來稟並鈔呈小呂宋華商稟摺及該員照會小呂宋總督稿當詳批之小呂宋能否設領事尚煩唇舌該員遽予日官照會益速其疑忌甚無謂也

初六日乙未晴午後拜發摺片並附總署咨函北洋咨函南洋粵督咨晡時令廣東告夏盧報館中美未結各案德使鵾勞灣士賓自百靈回美來談甚久詢德王病狀已大痊猶行會與共食今年恰九十歲畢斯默亦年七十二矣日耳曼多壽人云

初七日丙申晴小呂宋領事薪俸據查島委員及華商陳謙善葉欽龍稟均言就地籌費而委員稟末又慮爲日官所輕仍請撥款當撥案咨商香帥核復

初八日丁酉晴氣候漸寒波士日報言德沙士邦眉勞艾打埠有華工五十名修理鐵路日久相安詎本月初四晚深夜之間被塗面洋匪數十人搶刦銀五百元兇手未獲云當飭金山領事查理美政紓緩前日德使來晤謂向來如此纍有類此之事曾受前外部之詆

初九日戊戌陰寒錦堂以華商洋藥被稅關扣留一事又電商覈辦可謂顢頇矣不看批劄只徇商情何以處煩劇哉壘次稟牘藏頭露尾深可駭異申初雪答拜德使英使雪意甚重頗有深冬氣象不識吾華得雪否畿疆秦晉齊遼今年並有水患三冬若無雪尤可慮竊默禱之

初十日己亥雪乘雪車循議院一遊以挹清氣略如京東狗爬犂然價視馬車倍蓰雙馬者尤不多也金山洋藥事來電含混展轉思之乃悟其辨生熟土之意因美戶部定章凡煙膏進口後復出口縱不拆箱亦須徵稅每磅十元故該商絜貼生熟土耳惟須領事與稅司將此項煙土提出一枚會蓋印花律師簽名寄往香港售土之地或印度產土之區一爲試煉乃拱爲生土爲熟膏甚非泛泛文牘所能爭理錦堂辦事如是隔膜奈何

香港近有將煙土煮熟灌入皮殼化二爲一審若此則更難制勝是宜詳詢各商踏實腳根乃可發手

十一日庚子晴申酉仍雪本日爲議院復集之日循俗往拜諸律政司於威地處晤法使握手通名避坐因與寒暄數語甫自法國回美也美總統諭議院文煌煌大篇所言中美交涉事意在限制華工無他謬巧

十二日辛丑雪午晴美總統諭議院諸條所論中美交涉事仍以虐待華人爲非且云照約保護但限制華工之意尤爲側重並及洋藥金山近事或有所聞耶諭中

有索智利償款一事而於應償中國之款乃不著一字亦無意於辦兇陸師大將軍佘利鈍來晤人倘穩練格總統之舊部也習西學者應從算法入手偶舉新唐書鄭欽說傳述梁大中四年七月任昉得鍾山壙銘曰鼆言土蓍言水甸服黃鐘啟靈址瘞以三上庚墮遇七中巳六千三百浹辰交二九重三四百紀試令繙譯以西人算法推之數目仍歧

十三日壬寅晴滬局包封總署寄還七月奏派員弁各摺片又公函一件述田使辯論限制華工事總署謂田使縱以此時辯論爲早然預制其謀不爲無益本日爲美各部臣見客之期循俗一行僅見兵部水師部兩家來客紛如主人肆應不暇希九電述外部言小呂宋宜設領事

十四日癸卯晴粵海關稅司賀璧理自粵來言粵中夏秋旱甚田禾盡槁入口之地釐金倍徵商船裹足新監督接任後六禮拜內常關無一錢之稅舊監督因家丁被罰貽累甚窘急卒罰二十萬金了結又黃浦海口仍堵塞英領事以爲堵塞之工有名無實徒礙商船無裨

防務特遣人入水探視繪成一圖送香帥閱意以促其毀拆香帥留閱斯圖即就圖中所云不結實者照圖加築此時更無改拆意云賀璧理係英人娶婦於美偕婦寓岳家叩以此次抵金山稅關作難否賀云作難之至箱篋檢視極其煩瑣因自往見稅司黑假仍不少寬見猶不見然總算留情同船有日本三人被其盤詰尤不堪也惟欽差所謂兩董事極優待特將衣物另擱一邊無須搜檢余笑語之曰爾在中國當稅司無此認眞也又詢以香港稽查洋藥事賀云須俟澳門並行澳門新

易總督故擯擱與談甚久不圖此問遇此熱人美政紓緩外部又屢食言特致田使一書略言其狀鈔稿寄總署

十五日甲辰晴副外部請茶會四點鐘至七點鐘相距甚近一酬應之科士達已回早間將外部復文送閱並訂晚八點鐘往晤科言外部回文謂前函所述華人被害數十命指爲失實當駁復之稅關阻礙一事余不深究已極通融蚇蝮於中美交涉各案仍不能速結豈不可歎科亦云然茶話至子初返寓晚餐

十六日乙巳晴發總署第十三號包封英使來詢中國書信局事有無成議當答以頃接北洋九月書略言其事仍無開辦之信從前稅司赫德曾設華洋信館及驛撥處此係暫時試辦非如外國郵政章程日前晤外部曾言據田使書欲設中美信局自舊金山以達上海究不知已否定議因詢以印度洋藥有無過火答言不甚了了允代詳詢告以域多利華商煙土爲金山稅司扣索每磅十元之事並將電飭領事辦法告之英使深以爲然又共論美總統所諭議院文且及銀價各事屬並

緡譯戶部報章謂極緊要云湘浦來電集捐直賑千元祕魯華商今年倒塌二十四家現正艱澀佛山萬善堂捐得一千三百餘元已極費力中西學堂須明春乃能開辦云聞仲蘭得子特與致賀張弧月日仲蘭亦未詳遠道音問之難如此

十七日丙午晴西人以女髮黏織爲花毛色紅黃黑白不一具有巧思進齋近製一屏贈祕魯人所費不貲惟烏約工匠能之南阿麥利加無此新製也作髮花歌

十八日丁未霧祕魯電稱直賑不能加籌益可見華商之困矣金山書言張廣勝案已得減死但科以監禁終身此已極費斡旋矣劉玉麟所譯美總統論語意甚明晰於彼國外交亦略知梗概當分寄總署南洋以資考證

十九日戊申晴美前總統亞大殁於烏約念中美舊好贈花如禮書唁其子令劉寶森往弔頃其子專函致謝並親串名刺俱來美俗然也午間科士達來自擕擬駁烏盧命案稿謂蚇蝮前文指爲失實殆將去文並未辦兇一句略過遂致上下脫節或係外部庸手所爲蚇蝮

尙不至是現與駁復使之自愧何天爵自吾華來見別逾兩年面目蒼老憶前年中法之役照約倩美調停何天爵頻頻居間適以他事爲美撤回何天爵又謂中法各派使臣至美候斷渠願充參贊又爲與中國借款之說堅求

廷旨以行余言借款旣有著乃請

旨此時事之成否未可知豈能以

聖諭付之爾手如借有確實必先請

旨後收兌何天爵唯唯遂由蕙畛擬定借約稿余酌加

數字付以戶部砝碼卒之所借無成余奉使出京之頃總署屬晤何天爵取回借約余抵金山而何已赴華矣砝碼等物已寄還總署何天爵到京求見總署拒不接晤遂赴津謁李傅相力詆柏立才短將欲黜而代之乎北洋頻有書來當切實答之其品詣尙遜柏立也頃何天爵來晤殊有不甘落拓之槪屢言有事可以相助余屬將借約交還何天爵有延賴意美各部爲前總統亞大持服一月今日已滿各衙署黑綢均摘去

二十日己酉陰美爲民主之國應譯其創國例備覽蔡毅約有譯本甚清晰其詞曰美國合邦盟約（一譯作律綱）我合衆國人民意欲聯合衆邦以益鞏固昭公義保安居敦守衛興利除弊爰及後裔永享自由之福特立盟約曰美國合邦盟約第一章論立法司（按合衆國政治分三門一曰行法司總統是也一曰立法司國會是也一曰定法司律政院是也）第一節第一款衆邦旣合之後所有立法之權應歸合衆國會曰上議院曰下議院第二節論下議院紳士第一款下議院紳士由各邦庶民選舉每二年一換舉之之法悉照各邦選舉邦會各紳士之例（按各邦會亦分上下兩院其紳士由民間投籌公舉舉法各殊有男女皆准投籌者有不准婦人投籌者有二十一歲後皆准投籌者有須讀書識字始准投籌者）第二款各邦

所舉下議院紳士必須籍隸本邦年在二十五歲以上入籍美國已逾七年方准充當第三款每邦所派下議院紳士人數及科派丁稅之數俱按照各邦戶口丁數比例而定統計良民人數及他邦來此限年傭工之人加奴役人等五分之三共得若干人照數均派煙甸土人不納稅者不入算自國會初開後三年之內務將民數查清此後每十年間照例重修戶口冊一次按民數每三萬人選派下議院紳士一名小邦不及三萬人者

准其選派紳士一名未造戶口冊以前紐威時邦准派下議院紳士三名麻沙朱色士邦八名洛哀倫邦一名干泥底吉邦五名烏約邦六名紐折爾西邦四名賓西尼勒尼阿邦八名地拉華邦一名馬力闌邦六名勿爾吉尼阿邦十名北哥羅尼那邦五名南哥羅尼那邦五名若耳治邦三名按合衆國既立盟約美洲各邦歸附者漸多原訂按民數每三萬人舉紳士一名覺紳士人數過多礙難照行嗣後民數限額屢有更張近年則以十三萬五百三十三人准派紳士一名共得下議院紳士二百九十二名第四款各邦所派下議院紳士有因事出缺者由該邦總督出示曉諭民間舉員充補第五

款下議院院長由該院紳士自選司事屬員亦由該院選派糾參官吏惟下議院獨有其權下議院糾參上議院審訊第三節論上議院紳耆第一款上議院紳耆每邦准派二名由各邦會紳士選舉在任以六年爲期凡判事可否各人得自攄己見第二款國會初次聚會卽將各邦所舉上議院紳耆約分爲三排第一排紳耆以第二年爲滿任第二排紳耆以第四年爲滿任第三排紳耆以第六年爲滿任此後每二年選舉一次得新任人員三分之一舊多新少以資熟手如上議院紳耆告退或因事出缺適值邦

會停議之時未能卽行選員充補者由該邦總督派員權理俟下屆該邦邦會聚議時再行選員充補第三款凡充上議院紳耆者必籍隸本邦年在三十歲以上入籍美國已逾九年方准充當第四款上議院以副總統爲院長議事不道可否若所議之事衆紳耆從違各半則以院長允否爲行止第五款上議院司事屬員由衆紳耆選派遇副總統他往或攝行正總統事衆紳耆可擇本院一人暫充院長第六款凡糾參官吏悉由上議院審問遇有此等事衆紳耆必重行具誓然後開審如

總統被參提審則以律政院正堂爲院長定案時必須在院人員三分之二意見相同方成信讞第七款官吏被參事跡屬實上議院只能革其官職永不敘用不准再當合衆國各項差事至革職之後應如何審辦定罪由有司遵例辦理第四節論國會第一款選舉國會紳士應於何時何處如何舉法悉由各邦會自定國會亦可隨時立法以易其章程惟舉上議院紳耆之處則不得更易按選舉上議院紳耆恆在各邦之議例院第二款國會每年至少須聚會一次以洋十二月內第一次禮拜一爲期或立例

另易日期亦可第五節論國會應行事宜第一款國會紳耆得邀公舉之據是否合例由各該院紳耆公同核驗每院人數過半卽可議事如人數不及半可以連日停議或設法勒令曠職之員卽行到院（按在院有十五員卽可拘傳不到之員）第二款上下議院各自定其辦事章程懲辦不循規矩之員如三分之二意見相同可將本院某員罷黜第三款每院須設一日報將所議公事詳載刊布其機密事件不便刊布者由院紳酌定每議成一事如在院人員五分之一請將曰可曰否者之名載於日報應卽

載明（按每議一事各員先行辨論事理了亮之後院長請定行否願行者同聲曰可不願行者同聲曰否察聲音之大小以定事之行否間或曰可曰否聲音相埒未能立決卽須按名查問孰曰可孰曰否逐一載於日報又或曰可或曰否聲音大小迥別已無疑義而在院人員若有五分一人數願得曰可曰否者之名俾舉國共知某人主何說則應將曰可曰否者之名載於日報）第四款當國會開議之期除兩院公允停議外每院暫停不得逾三日至停議必在上下議院立定之處不得前往別處衆會第六節論國會紳耆應享利益與其所不得爲者第一款國會紳耆應得俸薪照定例酌給若干由合衆國戶部開支該紳耆自赴院會議至議畢回家之時除反叛大惡傷風

敗俗死罪外不得因案拘拏其在議院內所辨論之公事不得於別處究詰第二款國會紳耆任內於合衆國新設文職各缺其薪俸較優於紳耆本任者不准充當合衆國現任職官亦不得兼充國會紳士第七節論立例事宜第一款凡議徵收稅課之例應由下議院先議議成之後上議院或從或改悉照尋常例稿辦理第二款凡例稿經上下議院議成之後必呈總統核准方謂之例總統允准卽在例稿上畫押若不允准應將不准之故批明發回創議斯例之院（或始議於上議院或始議於下議院）該院

卽將總統駁詞詳載官報上重行覆議如衆紳耆願行者有三分之二卽將總統駁詞轉送至又一院重議此院紳士若再有三分之二畫諾該例卽爲定例（無須總統批准）凡重議之例衆紳耆孰曰可孰曰否必將姓名詳載於官報總統於國會呈例稿後除禮拜日不計及十日內若不將例稿發回該例稿卽作爲定例與已經批准者無異如因國會停議無從發回者不在此論第三款凡號令條議畫諾之件須由兩院核准者除議停歇日期不計外（國會停議日期由兩院紳耆公同商定無須總統批准）俱應照呈總統聽

候核定方得舉行如總統批駁須由兩院重議仍須每院願從人數有三分之二方爲定例辦理悉與尋常例稿無異第八節論國會之權第一款國會有權徵收地丁稅課出入口稅製造稅以清還國債維持國是昌裕國度惟所徵出入口稅及製造稅須舉國一律第二款國會有權爲合衆國揭散債款第三款國會有權酌立通商章程與外國貿易或各邦互市或與煙甸土人買賣第四款國會有權定立外國人入籍章程及虧空債項規條俱宜舉國一律無異按外國人來美至少須寄居五年方許入籍第

五款國會有權飭將錢幣定其輕重價值酌定外國泉布相當價值設立權衡丈尺第六款國會有權立例以懲辦假冒鈔票錢幣等弊第七款國會有權設立郵務局與驛站第八款國會有權以鼓勵格致技藝有用之學凡著書之人及始創新式器用之人俱給予年限使專其利毋許他人翻刻仿造按現例著作書籍准予二十八年限期限內不准他人翻刻始創新式器用者給予十四年限期限內不准他人仿造第九款國會有權設立審司衙門巡按署及合衆國按察司署歸律政院統屬第十款國會有權立法懲辦海洋盜犯及干犯公法之案第十一

款國會有權宣諭交戰發給出疆强償執照定水陸地方捕拏敵人物業之章程惠頓氏萬國公法云用力自行伸冤謂之强償如本國之民遭別國强暴冤抑即可發給强償執照與受屈者俾其自行捕拏抵償第十二款國會有權募養兵士惟籌餉不得逾兩萬之需第十三款國會有權設立水師第十四款國會有權定立水陸二師軍法第十五款國會有權調集民兵以伸國法平內亂禦外侮第十六款國會有權令各邦團練民兵給予軍裝安行訓練如經合衆國調用則歸國會節制至於派官統領按照國會所定紀律如何訓練悉由各邦自行辦

理按訓練民兵由各邦自行派官者緣民兵本爲各邦自衛而設合衆國偶有調用非常事也訓練必遵國會所定紀律者冀步伐止齊舉國一致也第十七款國會有權立法管轄京畿地方其地四方不過十洋里某邦讓出經國會核收即爲合衆國都城至合衆國向某邦購買地段既經該邦邦會允肯其地用以建造砲臺軍裝局軍火局及一切公所地方雖在各邦界內仍歸國會統轄管理按盟約定後次年馬力蘭邦讓出波濤麥河東地一段又明年麥爾吉尼阿邦讓出河西地一段均經國會核收截地方十洋里名曰古林比阿郡至一千八百年始建都於此都城曰華盛頓第十八款上文明載國會應有之權及合衆國各部院官員遵盟約應有

之權由國會詳審立例使其權必行第九節論合衆國之權有限制第一款招徠各國人多寡悉聽各邦自行酌量國會於一千八百零八年以前不得立法禁止其招徠之人擬徵收人稅每名不得逾十元按立國之初地廣人稀須工墾植故暫准招工販奴擬徵人稅所以示禁阻之意也第二款提審票所以恤無辜被押之人不得無故停發遇內亂外侵事勢危急有關大局之際自可停發按提審票由被押者之親屬請領由審司發給定日提審以免久押受累第三款越權定罪之例追罪往事之例俱不准行按越權定罪者謂不循例審辦且無確實證據遽定人罪追罪往事者謂犯法後始立苛例以重懲之第

四款徵收丁稅正稅必按戶口冊均派法詳上文見第一章第二節第三款第五款合衆國各邦貨物出口不得徵稅各海口貿易章程稅則宜一律無異不得有此優彼絀之別船隻載貨赴某邦或由某邦開行均聽其任便往來不得限定某邦某口爲卸貨納稅之區按美屬英之時不與歐洲各國貿易凡船隻載貨物出口須赴英國口岸起卸商民病之故盟約特載此款以革其弊第六款戶部存款除遵例提用外無許亂支其遵例提用之款務將進支數目如何動支逐一載明隨時呈報第七款合衆國不設爵銜稱號其食俸任事官員非有國會允准不

得受外國君主禮物酬勞官職稱號第十節論合衆國各邦之權有限制第一款國內各邦不得與外國立約聯邦會盟並不得發給出疆强償執照不得鑄錢幣出鈔票除金銀而外不得制他物以償債並不准行越權定罪之例及追罪往事之例凡律法能致人失信而棄約據者不准行爵銜亦不准用第二款各邦非經國會允准不得徵收出入口貨稅如酌收規費以供本邦查驗出產之用者在所不禁各邦所徵出入口稅實數俱歸合衆國戶部動用所有徵收稅課之例如須改訂悉

由國會核定各邦非有國會允准不得徵收船鈔於昇平之日不得豢養兵士建置戰艦並不得與鄰邦或與外國訂立條約擅啟釁端若外侮方侵事變叵測急不及待應行從權者不在此論第二章論行法司第一節論正副總統第一款行法之權歸於合衆國正總統總統以四年爲滿任副總統亦然舉總統之法如下款第二款各邦按照邦會紳士所授之遴派公舉人若干員其人數與各該邦所派上下議院紳耆之數相等現任國會紳耆及合衆國食俸任事之員不得派充公舉人

第三款按此款所載舉總統舊法今已不行改訂新法如下續增美國合邦盟約第十二章第一款各邦公舉人在其本邦聚會各出籌擬舉正總統一人副總統一人正副不得同籍本邦至少須有外籍者一人籌上書明選舉某人爲正總統另一籌書明選舉某人爲副總統於是將擬舉爲正總統者伊誰各得籌若干擬舉爲副總統者伊誰各得籌若干分列爲二單由公舉人畫押批明封固送至合衆國都城交上議院院長開拆按此單須精備三分一分專差遞交國會一分交郵務局轉遞一分封交本邦之合衆國巡按司公署存案如延至正月內第一次禮拜三此單猶未遞至都城則由院

長遣員赴該邦巡按司公署查取存案之一分送至都城以憑核計該院長屆期即在國會衆紳耆之前將各邦送到名單當堂開拆核算某人承舉爲總統得籌最多而其數又逾於公舉人總數之半者其人即定爲正總統如得籌不及公舉人總數之半即取得籌最多者約之由下議院衆紳士投籌重舉一人爲總統計籌之法每邦無論所派下議院紳士多寡須同一籌此事須得衆邦三分之二有紳士在坐方得開辦若紳士所舉之人籌數逾於邦數之半即以其人爲總統如下議院紳士於應舉總統一事延至本年

三月初四日猶未舉定即以所舉之副總統署正總統其辦法與正總統身故出缺或有故未能任事者同第二款其承舉爲副總統得籌最多而其數又逾於公舉人總數之半者其人即定爲副總統不及半則取得籌最多者二人由上議院紳耆重舉此事須得本院紳耆人數三分之二在坐方得開辦若所舉之人籌數逾於衆紳耆人數之半者即以其人爲副總統按上議院舉副總統每員准一籌下議院舉正總統每邦只准一籌辦法各異第三款凡不能勝正總統之任者亦不得爲副總統第四款各邦選舉公舉人日期

及公舉人投籌日期均由國會酌定惟投籌日期須舉國一律按一千七百九十二年定例公舉人聚會投籌在十二月內第一次禮拜三國會核計籌數在二月內第一次禮拜三又一千八百四十五年定例各邦選舉公舉人在十一月內第一次禮拜後一日第五款在美國生長之人或入籍美國在立盟約之前者方准爲總統惟年紀不及三十五歲入籍未及十四年者仍不准第六款總統因事開缺或身故或告退或有故未能任事即以副總統爲正總統倘遇正副總統皆因事出缺或身故或告退或有故未能任事則由國會議立一員攝行總統事以俟總統照常任事或俟各邦

另行公舉第七款總統任內俸銀不得卒加卒減並不得受合衆國及國內某邦酬款（按總統俸銀前定每年二萬五千元至一千八百七十三年增至五萬元副總統俸銀八千元）第八款總統受職必先具誓其詞曰指天具誓願竭誠效忠以任合衆國總統之職務殫盡心力以保全合邦盟約第二節論總統之權第一款總統爲合衆國水陸二師統兵大元帥各邦爲合衆國調用者亦歸總統節制各部該管事務總統可飭令該部大臣議奏除官員被參不得寬宥外凡有干犯合衆國律法者總統有權特赦其罪或命暫行監候第二

款總統商准上議院紳者可與外國立約惟須上議院紳者有三分之二意見相同方能定議總統可點派頭等公使各等出使大臣領事官律政院審司及合衆國日後遵例續設職官均須上議院紳者公議允從而後定至於各屬司員或由總統自行點派或由律政院審司及各部大臣揀派應由國會酌度情形立例議定第三款上議院停議之時遇有合衆國官員出缺總統可以發照派人充補其任事之期限至下屆國會停議爲止第三節論總統職守第一款總統須將合衆國各邦

情形隨時論知國會令將應行事宜公同商妥遇有要事可調集兩院或任調一院紳者會議如兩院於停議日期意見各殊總統可酌量諭令停止至何日再行會議至於接納外國各等公使皆總統之事又須留心體察各定例是否實力舉行並給予合衆國各職官蒞任執照第四節論總統被參第一款正副總統及合衆國文職官員（謂各邦大臣律政院審司及巡按司等官國會紳者爲各邦所舉者不在職官之列）如有謀叛大惡授受賄賂干名犯法等事被劾後審明卽行革退第三章論定法司第一節論合衆國法院第一

款合衆國司法之權歸於律政院及國會隨後所設歸律政院統屬諸法院律政院審司及屬下各法院審司如品行果端方應令長蒞斯職在任時應得薪俸不得核減第二節論審司之權第一款凡與合邦盟約律法及合衆國所立和約有關涉之案或有關於公使領事之案海上戰利管轄等案與夫一切齟齬案件合衆國在局內者或此邦與彼邦齟齬或此邦與彼邦之民齟齬或此邦之民與彼邦之民齟齬或同爲一邦之民憑二邦之權來地基而興訟者或此邦及此邦之民與外

國及外國之民齟齬以上各案件皆歸合衆國審司審斷第二款凡有關於外國公使駐紮使臣及領事官之案與案情之牽涉於一邦者律政院有徑行審斷之權其餘前款所述各案件律政院遇上控有復審之權其有不准上控者有須循定章者悉由國會酌定第三款凡審問一切罪案除官吏被劾外須有陪審人員又必在起事之邦審辦如起事不在各邦轄內應於何處審辦由國會議定照行按陪審人員以十二人爲額擇民間之殷實誠樸者當之遇審罪案令陪審者到聽審審司執法判案仍須陪審十二人公議允行方得定罪第三節論反叛第

一款與兵謀反或潛附敵人助之濟之斯爲反叛反叛之案須有見證二人供詞相同或逆犯當堂自招方得定罪第二款反逆如何治罪由國會議定惟不得查抄家產罰及子孫反逆不處死者不在此論一千八百六十二年國會定例反逆或處死或監禁或罰鍰由審司酌定惟監禁不得少於五年罰鍰不得少於萬元第四章第一節論各邦例案第一款此邦於彼邦之律例契券及其審司訊判之據當奉爲信憑應如何察驗以杜假冒之處由國會立例通飭遵行一千七百九十年國會立例各邦律例契券審司判詞均以印押爲憑第二節論庶民利益第一款此邦之民赴

彼邦其應享利益與彼邦之民所享之利益相同第二款此邦有反叛兇惡罪犯逃往彼邦由此邦主政者即總督行文到彼邦查拏應即將犯解交起事之邦懲辦第三款學徒傭工遵此邦之例定有年限如在限期內逃往彼邦不得以章程互異遂爲逃人解脫如經原主查取應交還第三節論新邦新疆第一款新邦願入合衆國者由國會核准但不得於舊邦轄內別爲一新邦亦不得合二舊邦或數舊邦以爲一新邦更不得於數舊邦內割地湊合另爲一新邦如經各該邦會及國會核

准者不在此論第二款國會有權定立條例以掌管處置合衆國新疆公業至合衆國與各邦各有應得之地盟約各款不得作有礙於其應得之額解說第四節論護衛各邦第一款合衆國願保全各邦永行民主之政各邦遇有外侵內亂一經該邦邦會或總督報知邦會停議即由總督合衆國必妥爲保護第五章論增訂合邦盟約國會紳耆如有三分之二欲將合邦盟約增訂或合衆國各邦三分之二其邦會請國會將盟約增訂者由國會知照各邦派員會議如何增訂議成之後或由各邦邦

會紳耆畫押或由會議各員畫押應由國會酌定其畫押須得衆邦四分之三具名方稱定議議定之款卽與原立合邦盟約無異舉國一體奉行惟一千八百零八年以前如有删訂不得於第一章第一第四兩款稍有妨礙各邦非出於自願不得減少其應派上議院紳耆人數第六章第一款未立盟約以前所有撥借公債立定約章均係合衆國肩承辦法悉與聯邦時無異第二款合邦盟約及遵盟約而立之律例暨已立續立之條約俱視爲合衆國之上法各邦審司執法辦案凡邦例

與盟約不符者概不准行第三款國會邦會諸紳耆及合衆國與各邦行法定法之官於受職之時須具誓衛護合邦盟約至於奉教無關於職守無論所奉何教合衆國不得歧視第七章論盟約告成衆邦會議以上盟約如有九邦畫押願從者卽作爲定議由願從之邦遵守奉行按會議盟約之時美國共有十三邦願從者十一邦一千七百八十七年九月十七日合衆國自主後第十二年衆邦同立合衆國續增盟約十五章第一章民間立教奉教各行其是國會不得立例禁阻至於言論著述安分聚會負屈請伸等事皆得任

便行之國會毋得立例拘制第二章各邦應練民兵以資保護民間置備隨帶軍器不得禁阻第三章國家平定之時寓兵於民房必由房主情願亂時亦然兵士如何安插候立例定奪第四章民間身家房屋物產契劵字據不得無故搜奪如請搜檢票必須案出有因又必具誓確實指明應搜之處某人某物應行搜拏方准發票第五章凡干名犯義重大罪案須由陪審大員具呈各邑擇有名望者至少十二人至多二十三人爲陪審大員遇有罪案先由陪審大員會議確查原告所稟情形屬實然後具呈有司審辦方能提犯到案審訊水陸二軍及民兵

當國家有事之秋有犯前罪者不在此論罪犯既已辦結不得再拏懲辦並不得勒令犯人自供其罪指用刑鞠訊除遵例辦理外不得殺害人之生命拘制人之行藏侵奪人之家產如以私業取爲公用必須公平酬償第六章犯罪之案被告者須由犯事地方例定界限內之陪審人員公同妥速審問將所控情由詳告被告之人准其當堂與證人對質如被告者欲得某人爲證須卽傳令到案並准其請律師到堂申理第七章遵例審判之案凡銀數逾二十元者須由陪審人員斷定既定之後

不得在合衆國法院重審其遵照通例所載有可以再行提審者不在此論第八章取保不得多索罰款不得過重刑法不得太酷第九章合邦盟約所載民間應有之權利非謂所有權利僅此而已其尋常所有者仍舊照行第十章凡盟約無載明特讓合衆國之權及特禁各邦之權准各邦與其居民仍舊照行以上十章於一千七百九十一年十二月十五日增立第十一章無論本國列國之民不得因例案爭端與訟控告合衆國內之某一邦合衆國司法之權不得理及此等案此章於

一千七百九十八年正月初八日增立按原立合邦盟約第三章第二節第一款載此邦及此邦之民與外國及外國之民與訟亦歸審司審斷是無論本國外國之人皆得與國內之一邦興訟衆邦以其有礙於體制故增立此條以剷改之第十二章譯見前此章於一千八百零三年增立第十三章第一款合衆國內及所轄地方不得蓄養奴僕並不得迫人爲奴役之工罪犯定案後罰作奴役之工者不在此論第二款國會有權妥定律例以行前款之意此章於一千八百六十五年增立第十四章第一款凡在合衆國內生長之人及入籍於合衆國或其屬地之人卽爲合衆國之民亦

卽爲所住此邦之民無論何邦不得立例減少合衆國人民應享之權利並不得違背例章殺害人之生命拘制人之行藏侵奪人之家產凡屬合衆國轄內之人皆須遵例一體保護第二款下議院紳士人數係按照各邦民數多寡而定烟甸土人不納稅者不入計凡居民男丁年在二十一歲以上不入叛黨又無犯法若所居之邦不准其投籌選舉公舉人及下議院紳士暨本邦總督審司邦會諸人員則該邦應派下議院紳士人數按照所不准舉官之男丁人數比例核減按何色人始准舉官係由

各邦自定合衆國本不與聞但釋奴後昔日之奴役作五分三算今皆齊民南邦之民數頓增其所派下議院紳士人數亦與之俱增乃南邦每不准昔日之奴舉官故國會特增此款意謂南邦紳士人數旣因釋黑奴而增則黑奴應一律舉官如不准其舉官則派紳士人數應比例核減欲各邦自擇所從以示限制也第三款凡上下議院紳士及合衆國職官暨各邦立法行法定法等官於受職時業已具誓遵守合邦盟約此項人員如有明歸叛黨或暗助之以後不准再充國會紳士並不准充公舉人及合衆國各邦文武職官如國會兩院紳耆各有三分之二允准其人復充職官者不在此論第四款合衆國遵例揭借之公債及剿平亂黨優卹

糧借款暨募兵平亂所給之鼓勵銀借款入募者例給先給鼓勵銀一款所給不一律糧餉之外有其多少視募兵之難易而定等項自應照還至於亂黨所欠之債爲扶助反逆以攻合衆國者既釋奴後奴主虧累之款皆屬不合法款項合衆國及各邦皆不認還第五款國會有權立例以行前款之意此章於一千八百六十八年七月二十一日增立第十五章第一款凡屬合衆國之民皆准一律舉官不得以種類不同皮色各異或因其昔日微賤爲奴遂不准其舉官或減少其舉官之權按第十四章第二款用意在黑人可以一體舉官不在核減紳士人數乃南人卒不願黑人舉官國會恐黑人不能一律自主故再增此款欲舉國二十一歲之男丁皆得一律舉官也第二款國會有權立例以存前款之意此章於一千八百七十年三月二十日增立云云此項譯文不知吾華有無刊本錄於簡端以資考核夜雪竟夕

二十一日庚戌古巴招工之初華人被誘賣而至不耐寮主苛虐憤而撲殺坐是獲罪分押各省監陳副憲往查的實因達總署與日廷訂約古巴設領事保護虐政悉除華人各得自主而各省監房仍有期滿不釋之患鄭光祿派員往查分別省釋其修打省格蘭那達省兩處被禁尚二十餘人余屬希九照會外部釋卻其五仍慮中有隱瞞特令鄧琴齋親往查看修打省尚有十八名格蘭那達二名其一已釋其一瘓甕此外思維洛省巴士隆省伯淵省備文外部再往查各省華傭流寓者一百三十一名工作餬口苦累之甚求赴古巴求送回籍又求寄家書其情可憫內有黃敬一名以久客思親專稟求余代寄家信甚可嘉也若輩被拐遠來暗無天日乃幸覩中國衣冠且爲之設法保護幾同再生彌見皇威遠播小民受益無疆矣資遣存款不敷用當爲另籌西人將度歲售年貨之店頻請往觀遇總統與婦同車意甚自得民政之國灑脫乃爾各店鋪所售略如貨郎擔目迷五色四圍縛架支架銅綫中綴一小船購物之銀隨手擱於船裏隨機轉至樓上收銀處有找贖零銀零票亦隨船而還呼吸而至每貨攤皆如是故貨場雖雜而收銀不亂甚得以簡馭繁之妙議紳巴拏蠻來言洛案賠款假期之前不能議及虮蝢託以轉告

二十二日辛亥晴覈定科士達所擬照會付震東繙譯晚到科寓重論中美交際事

二十三日壬子兩贈宮太保丁文誠公督蜀十年勳業炳著履任之始裁夫馬局改雛堆水道辦官運鹽鋭意興革怨毒之聲騰於京外言者交彈使星勘治而松柏之姿經冬彌茂名實相副
天眷愈隆比者鞠躬盡瘁歸葬山東素旐首涂軍民悼哭有相泣而歌者曰憶公之來降福孔皆川民熙熙如登春臺我有學校公爲振興我有田疇公爲經營除莠安良教養兼至日用不知皆公之賜彼蒼者天殲我哲人如可贖兮人百其身公柩返魯公澤在蜀無小無大

同聲一哭岷山峩峩江水泱泱公歸不復如何勿傷此與子產誰嗣之歌後先輝映乃知至誠可以感神況蚩蚩之民未有終昧天良者也意既可嘉詞亦雅馴吾華稅司吳得祿請假返美來見謂明年夏秋假滿卽回華供差求余晤美總統時述其在華得力余諾之該稅司經事頗久蕪湖開辦新關時是其經理尚無大謬夜霧甚昏對面不辨

二十四日癸丑早陰午晴氣候甚暖粵中秋旱米價奇昂十月朔日粵督率屬禱於南海神仍未得雨粵中民情浮動法越事起困於輸將又散卒紛然城鄉不靖刦案重疊瓊州生黎兵事棘手值茲歉歲何可設想縣令方議捐議借條教風生瞻望鄉關杞憂滋甚直隸今年水災甚巨畿輔重地屢煩
聖廑截漕賑濟復蒙
皇太后捐內帑以拯恤
深仁厚澤亙鑠古今余曾任畿南豈能恝置倡捐六百金爲諸華商勸各島華人均無佳況秘魯勸辦僅得千元同使各員集捐約可千金杯水車薪誠無當也

二十五日甲寅晴申初答拜俄使不值赴金飾店一覽覘鳥約鐵佛尼則小巫之徒矣

二十六日乙卯晴時將改歲未覩明年歷書誠爲闕典中西既殊歷各國使館似應頒憲覡各行省不然去國數萬里幾不識長安弦望也擬具疏陳乞因屬參贊先查會典頒朔之文既際重修會典宜可編入此條亦擬於疏內聲請外部總辦司員布耶偕紳士挨林士紳士阿希來晤索觀中國舊磁隨意檢數種示之歎美不置亦能究其佳處誠美人之風雅者美前外部咘嗹畫報

中之巨擘也黨羽既夥又首詆華人以媚工黨曾兩舉總統不諧僅得外部亟營華居以自誇耀未數月而總統架非被刺亞大繼立卽黜之不耐炎涼出居外埠而以新居賃與巨商黎特租値歲萬二千金距使館咫尺黎特避暑初回頃來修謁遂回訪之其樓廨閒隔頗精殊爲咘嗹惜此美室不安其居也本日發滬粵包封

二十七日丙辰晨至令節率僚屬望

闕行禮復爲酒醴相樂晚延英使日使倭使檀使威使科士達柏立諸西人飲燕入夜寒雨似將釀雪古巴總

領事稟呈學堂各童籍貫名冊謂規模强於西學館西人嘖嘖稱善現已滿一班明春可推拓一班惟教習一人恐難兼顧須酌添

二十八日丁巳陰議院昨已放假虮蝮所許洛案速議之說又成子虛巴拏蠻日前曾來言之矣虮蝮屢約皆爽殊令余愧對華人午後上下議院紳耆福來多福歇諦路列水師提督堅高羅士比紛紛來拜概未接晤晚到柏立寓茶話適時聞松子香冽異常云係山上老松樹所生可以療病歸寓適格總統之子遠寄方枕一枚卽儲此香屑上繡數字謂枕之可得美睡且清頭目答以老君眉茶葉四瓶昨晚之會倭使九鬼席閒見示五古一首浩月天無際霄漢一星飛淸光不待晞黑夜鎭流輝客心迷碧落秋魂歸不歸末署近作成海四字余席閒次和之復贈以五律二首戲將和詩屬譯官譯作英語轉示求詩之人竊恐有韻之文非英語所能肖

二十九日戊午陰霧雨美俗年前假期議紳可散各部仍照常辦事今日爲外部見客之期擬訪虮蝮一談遣人詢之遁矣所復積案辦咒文和平之甚或亦自知理

絀也威使來言美國苛待華人此間稍明義理之人均不謂然惟官員則無不附和工黨

十二月初一日己未晴西人假期相傳爲耶穌生日交相慶賀親友餽遺室中縛松樹於几上綴綵繡花果之屬亦一到禮拜堂以中歷推之總在冬至後三日其年節則在冬至後十日似視晳華至日以爲準中朔有定西歷靡常或曰閏月重日之說有所參差何以西族給假度歲之期衡以中歷則不爽固知

聲教之遐被矣科士達來約初七晚飯又勸余於中美

交涉各事持以忍字西俗古諺能忍可以上天此與吾儒忍字之義不背試舉九世同居百忍字告之可共證也檢前致田貝書示科律師科言情義兼盡但田貝閱之自覺美國愧對之事甙多未免難爲情又云美廷將加田貝薪俸與出使英法俄一例寵異田貝卽尊崇中朝之意云威使偕美紳懷阿盧來晤懷蓋家於烏約其妻父爲旗昌行東室中所儲吾華器物甚富又言經營烏約花園河汊各事有舊圖行當送閱威使又痛詈美官與惡黨同一見解致華人被害種種積案又不肯

結近日土爾其人來美傭工漸多能勤儉耐勞亦必爲挾黨所仇

初二日庚申陰烏約華商公稟爲張丁盛辨寃以所栽薪水爲屆申正大雪上年墨西哥屬境有地名地安打壁者揚言招工建鐵路金山華商爲所蠱惑遂有新甯人衛滋德以巨貲創設榮華公司招屆華人前往受傭域多利埠去者二百人金山四十人至則地安打壁無工遂轉泊麻士連埠以待漸有礦土可造而勞苦不堪其無工之徒則坐困麻埠狼狽可憫秋間曾飭金山領事檄令該公司將華人載回該公司既無可推諉由中華會館與該公司特倩一人先往察看乃所言異詞此事遂延宕頃領事來詳有理喩勢禁俱窮之語良可駭詫當批飭之劉湘浦函言祕魯各部又復更換自嘉西勒士卽位後至此而三易部臣民情浮動深以爲慮幸各寮華工近免淩虐似新政亦不無可採

初三日辛酉晴科士達送閱俄國圖說墨西哥火車路圖說俄說篇軸較多議紳勞近今日病歿卽書報中之猶馬會立戰功者也余初到時曾與往還因函唁其家

屬希九稟商遣送華傭經費並言日外部於小呂宋設領事之舉無異議華人損失各案亦已行文該省總督云又收到箋紙十匣腳價乃費六元擬之洛陽殆有過之午後滬局包封總署寄回摺件徐學伊等保案羅熙堯開復烏約領事易學灝丁憂留差及日祕兩署酌調酌留各員並荷

聖俞謹欽遵轉行羅熙堯事適得香帥咨復已飭擧貝名入場之人及經手請咨之蕭縣各書吏庶幾皂白昭然水落石出乎隨使各員截留薪水養家一事到美查

卷極其煩猥自當撤銷前咨由各員自行匯寄頃總署公函爲希九家屬請仍留支只可仍託總署按月代給不必託赫德也晡後答拜布郎不值在科士達寓晤法使醉態可掬旋訪挨林士亦不值晤阿希出觀欽銀小銅瓶云得之日本該國以爲華物殊誤挨林士之祖若父曾任美總統饒有故家之風與阿希比屋而居門內外布置大雅

初四日壬戌晴橫濱中學館教習梁明照南海人春間道經其地會宿學館一宵與之夜談詢華商事業並學

館規條梁以館穀微薄爲請曾言之徐孫麒乞歲加二十金頃得梁書知言之無文行之不遠寒士可憫當爲再託橫濱領事午飯後議紳衣敦挈眷來謁與論紐阿連華商生意人尚老潔酉正赴郵政部威拉士公會喧擠之甚遇倭使九鬼立談片刻謝余贈詩云將屬和其婦亦與會倭女而爲西服倍形靦覥隨至水師提督勞挐偕士公會客殊寥寥絕不認識內一老婦云從其夫任福州領事住閩十餘年曾攜一華女同美然已不能華語矣晚飯後赴比鄰黎特公會觀跳舞英使德使均

在坐會者約三百人子正返寓

初五日癸亥晴美總統腳患浮腫至膝已數日矣勞近之病緣手腕而起不數日而歿論者遂爲總統憂之今年英德諸國皆大雪西人以爲豐年之兆日報有倭假美款七百萬元之說或不確也早間倭使次答一詩云方域車書異遣情日夜難摠前飛雪夏江上疑烟寒歲時蛇赴壑天外雁傳翰吟君相寄句蘊藉有餘懽聲韻不甚諧造句卻不落套外部知會總統訂中歷臘八日接見各國公使並從官等准十一點鐘不誤病或霍然

也午後答拜俄墨瑞典巴西各使訪議紳歇地論賠款又答拜議紳愼阿盧所藏銅器絕非佳品夜雪

初六日甲子雪後寒甚昨歇地言田貝加給俸薪近將議定且欲籌建使館今日寄贈巴盧五寶鑲嵌畫屏一幅贈灣克繡墊繡裙各一鳥約新交也美國派駐墨西哥領事基利敦函言准金山歐陽領事文查榮華公司所雇華人赴墨有無工作旅況何如謹查該公司相待華人尚好墨國亦肯保護華人初抵岸時衆論甚譁羣思抵拒近漸安戢皆地方官吏保護之功現有數處礦

業多用華工而各華工皆不願赴或自相打架茲據該公司所言敢以稟達毋亦榮華公司託爲說客者乎晡時赴總察院步力尼公會頗盛集主人年逾七十拱立迎送亦忒勞矣晚得寓墨華人致中華會館公啟備言爲榮華公司所誆無工可傭近且被該公司絕其飲食驅之入山墨境地方官憫流傭饑餓發帑賑濟每人日給二毫子責以修路前月十三二十七兩日華人李廣及墨官均有電致歐陽領事請速設法救濟兩電並錄刊於後似此情形該公司何異豬仔頭連夜電諭錦堂

飭集會館傳衛滋德限明日定議將華傭盡數裝回如再玩違卽稟候電咨粵中查抄嚴辦一面由會館設法集資將華人載回毋令流落異域墨爲無約之國衛滋德貿然招人前往殊荒謬不量力矣古巴領事復電今年照費不敷開支若移撥馬得力爲養遣華犯之用實慮顧此失彼請示遵此事應與希九再商辦法不能汲汲也夜雪寒甚

初七日乙丑陰雪晨起函飭陳藹亭認眞經理照費各事收數大相懸殊江河日下無以支拄卽裁冗員以節糜費仍無濟也議紳勞近爲美國仰望之人於其殁也仍賻以花以姚祝彭所查檀香山華人情形及酌給董事程汝楫古今輝正副領事銜辦法咨總署酉初赴科士達之約談日斯巴彌亞近事並詢赴日水道程期戌正返署冒雨登車天氣卻暖早間頗異

初八日丙寅晴爲臘八粥以餉同人循中法也西歷以今日爲歲首各使均赴美宮與總統賀年洋例接見各使以到國先後爲序無强弱無大小此次希特國使爲領袖中阿墨利加洲極小之國其到美在葡使之前余

到美在西班牙之次如外部之約於十點半鐘偕進齋仲蘭蓬雲震東柏立同往各使先後到隨意起坐少頃樂作美總統挈戶部之婦外部挈總統夫人同行各部臣均易婦扶挈相尊總統立於偏殿東西蚪蟆旁侍總統夫人立於右水師兵戶郵政諸部之婦立於總統夫人之下各使以次握手爲賀歲之詞總統免冠攜接詞色靄如約半點鐘乃往正殿接見僚庶至一點鐘散余與各使及各議紳立談數語復至客坐少徘徊而出約周旋半時許往年見總統後隨赴外部之會蚪蟆持婦

服甚哀此會遂廢到門投刺而已順道至倭使署一賀蓋鄭光祿所屬謂每年中歷歲旦倭使必來賀故以報之也他概不往卽有來者亦不答拜中西殊歷故也歸署飯後往拜戶部兵部內部郵政部水師部律政司總水師提督陸師將軍下議院學院都城九臬司均拜會所不接客者僅律政司與兩臬司而已展轉至水師部時已酉正亦杜門矣窮半日奔馳每上下馬車已形疲茶又入室握手後必立談刻許宜可徑行主人悉備酒盞茶鐺餉客亦須立飲少盡其歡屢與各使相值彼此

皆匆遽於臬司梅拉處晤德使乃詢內部住址其生疎甚於余在水師提督處晤兵官顯擧與同加力船來者尙能認識返署已鐙時此種應酬幸祇一年一度否則筋力難爲禮也子初錦堂復電榮華公司衞滋德具限本月內先後將華人載回果能如限尙可從寬不然此種作爲天理國法人情皆不容也卽電復之丑初睡

初九日丁卯晴爨從烏約購到水仙近已著花惜未先培植遂爾葉長盈尺仍以所攜舊磁分植吾華度歲室內瓶罍多插萬年青不圖美國卻有此種名亦如之歟

歲家家遍插以爲瑞吾華吉徵無遠弗屆矣美都有以幻術演劇者相邀未往長至之夕日使英使來會略談其異而不甚詳頭醫士言西人確有此術或用鏡光或直伸一指或拂數指坐客視之稍專卽攝至臺上供其戲弄隨所支使然行必左右躑躅不能平步態極妍術者拍掌一擊或旁人擊掌其迷輒解解後術人欲重弄之但按其腦或摸其鬢則其人迷罔如故始作俑者名茂士謎距今已百餘年其術甚炫其後各醫家潛心考究亦得其祕設病須刀割而其氣體不受蒙藥者醫

卽以此法使之不藥而迷奏刀不痛名曰歎那譯言迷藥也特迷後恆數月不適腦髓足者亦不受迷近日諸此術者正人以之業醫幻人持以爲戲云周禮所謂怪民史記所謂方士歟

初十日戊辰晴總署知照吏部文開光緒十二年十月初四日奉
旨張蔭桓補授太常寺少卿欽此當卽恭設香案望
闕叩頭謝
恩拜發謝摺同日得李傅相函論小呂宋設領事宜請

香帥派員籌慮周密惟此案七月十九日欽奉電寄
諭旨飭與日外部妥商而外洋通例惟公使有選派領
事之權且各省疆臣無徑達他國外部之件似粵督自
能定人亦須此間委派否則總署行文作爲署派庶不
爲彼族所拒也擬再商之傅相又言吾華刻無需人之
處格總統長子投効之請可婉卻之又言槍廠以賤名
名槍憶會文正鄉居時喜衣灰布袍鄉里效之名曰曾
布茲以李槍爲對不禁軒渠德兵官丕艾哥士奇來見
滬上舊識也今春復於粵中遇之承送閱鐵礮臺圖式

海口頗宜粵中以款絀未與商渠自華來美亦欲謀礮
臺之業自言曾於津門將各圖式面呈醕邸此中奧妙
一覽便透悉實深敬佩因面求隨侍至旅順口礮臺晤
瑞乃爾仍當教習差使薪水優厚境況尙佳云午後復
北洋書寄去印花奏事處咨文各三件印花不寄空白
必陳謝後乃能摸塡新銜後有升轉亦隨謝摺付寄今
日寒暑表窗外十三度樓內五十八度盥巾亦凍曩在
之呆冷至十八度便謂極寒不圖外洋竟有冷至無度
可紀者十度內外仍不奇也發總署第十四號包封丑

初睡
十一日己巳晴前日西歷歲旦美總統接見公使所奏
樂章曰憎巴瑟特譯言頭等公使也此間各使並無頭
等雖曰地室而懸意在娛客毋亦自誇大耶今日爲議
員假滿之期當茲公會紛然恐未能料量各事飯後循
例往拜下議院專管外交事務十二員晤升高頓久談
升爲南黨在議院十八年人甚坦白深以洛案未能速
結爲歉錦堂稟乞回籍就醫積勞致疾咯血不無若久
於金山恐難獲痊當准之矣鄭光祿寄來總署咨復第

四次報銷冊並言粵中旱象耕農無年足疾漸痊無須
扶杖晚赴總察院威地公會法使墨威各使均預主人
周到之至子初返署
十二日庚午小寒格總統乃耶函謝茶葉其投効吾華
之意已得北洋書擬面告之也察其境況亦可支持集
膂之値垂五十萬金又新爲士顛公司生意苟拓亦足
自全矣議紳懷阿盧送閱烏約全圖其未經開闢以前
荒蕪一片極數十年經營遂成一都會合地球計之類
此卻不多也美人石米得前任上海總領事又代辦駐

京公使去冬在滬相送頗殷勤頃復派充津門領事特來晤談云俟西三月時挈其長子赴華眷屬續往叩以田使旣加俸薪領事亦應一律加給石言總統本有此意詎下院集議時不待籌商先將領事一層句去現只盼上院聚議余許爲致書北洋並關道稅司石感謝而去希九電復賚遣華犯事另籌酌辦竟日密雪申正往拜水師部郵政部戶部赴英使公會觀樂舞英使年將六旬亦跳以娛賓會者三百餘人丑正歸寓

十三日辛未晴希樂自烏約來詢華人賭館則已禁歇矣烏約銀行主人布瑣南叢也有子頗聰穎西歷獻歲特來美都游歷科律師領謁總統卽識禮節又能代父母致詞科又偕謁余與之茗飲不敢盡歐美俗未成童時不得飲茶與架啡余嘉其謁總統能善爲說辭其兄則歸美於弟怡怡可愛美童之翹楚也愛立謨甫自外埠囘貽書請見比以酬應忒繁午後鮮暇因於拜客之便往訪之其意總欲招工歷言華工在祕近免苛虐余答以祕國政令未一嘉總統接任後不數月而四易部臣民情浮動此時劉參贊在彼與各部甫洽不旋踵而又換一班辦事頗難派員往查各寮久未辦到特各地方官頗能與領事出力下情尚通今年華商倒塌二十四家生理甚蹙招工事未便遽商愛立謨不能强頻行復請示期接晤尚欲再申前請也美紳堅彌地性頗質直又最顧華人自孫稼生後歷任往還甚密余以秋冬寒疾久未答拜近屢於公會中見之遂與訂今日往談寓中繁花甚香見示一葉云得之金山微有麝味寶藏於匣六年其氣不散且不枯莫名其種酉正晚餐後在波房手談正凝思間忽聞煙燄囘視波桌則火光熊熊

其桌布本洋花鏡光者滑澤而脆著火卽然急裂之乃滅然不解火所自來桌上有煤氣鐙其氣橫出或曰煤氣下墜所致然煤氣無質從無墜火之說特然著之布適承其下果爾則煤氣鐙亦須善用若非坐隱有人幾誤矣予初赴兵部之約晤德使及其從官各使已先後散矣子正歸寓丑初睡

十四日壬申晴閱華報丁太保

予諡文誠按諡法考道德博聞曰文肫篤無欺曰誠

朝廷眷禮藎臣隆厚極矣未正訪虮蝢告以美總統諭

議院文於保護華工尙存公道而於限制華工未免太急此事總署已照會田使責總統尙何汲汲限制爲哉虮蝬謂久欲相商祇以積案未結欲言輒止容訂期晤談

十五日癸酉晴電滙直賑三千元不過滄海一粟聊盡心力而已查島委員稟言查過新架坡華人約五十餘萬檳榔嶼亦如之且華人產業幾占十分之二新架坡領事華人出進口絕不關白檳榔嶼各島又不兼顧宜設副領事於檳榔嶼云此爲劉芝使所轄未便越俎意

粵督必有經緯也卽批復之申正偕參贊繙譯往見總統夫人略如西歷歲旦之儀隨到柏立寓少憩同赴亞希公會室廬雅飾暖閣承塵繪畫微仿吾華陳設亦不俗案上有雕柰小屏風美都僅見此外銅磁各器倭產爲多華磁兩種卻非古物然輝映其間如見雞羣之鶴矣臨牕有杜鵑一盤鮮豔絕倫曩在鄂中頗喜此花購之彝陵花時當夏鄂人名曰夏鵑去楚後從未復覩矣爰玩久之其几上玻璃瓶插玫瑰花四朵大如牡丹產自金山云晚訪科士達商舍路案旋赴勞令公會德法

俄倭各使均在坐熱甚不耐久談子初返署接金山電言今日派人赴墨西哥載同華傭衛滋德具限本月內將華傭載回暹至此時始派人前往能不逾限乎當電飭錦堂查其產業先行具報果不能依限卽行奏咨嚴辦衛滋德忍心害理必有以懲之

十六日甲戌陰寒微雪爰立謨來晤勸習英文差旋回華便可閱各路日報又詢赴祕之期居時或可同道諸之同人以余補還前官宜爲酒醴以讌薵作主人猶是故鄉風味也西俗以臘正二月爲冬三四五月爲春六

七八月爲夏九十十一月爲秋亦具四時之氣夜雪

十七日乙亥晴晨正咨劄各稿申正到科士達處一周旋隨赴畀勞將軍之約格總統舊袍澤也出觀李傅相與格總統並坐㬂相神理甚肖又導閱拏破崙第三波都遊獵油相圖偕相臣部臣綫睿展眺衛士前導駭旃駢闐極郊坰之樂特圖繪以示駐美使者未幾而爲德敗使者得耗手槍自斃此圖遂流落畀勞之手子初金山電言榮華公司業於十六日專人往墨載回華人回域回華或願留墨須查明分別辦理此爲衆華商勉助

衙滋德之力若遽查鈔則衆商之貲無著乞寬辦當電復以回域回華均須悉數載還委爲願留仍是欺飾無工無食無約之國又無保護情形甚慘宜速辦錦堂若推惻隱之心當能妥籌

十八日丙子晴各國方言互異即能繙譯而字義亦無可詁美利堅一國或作米或作謎瀛寰誌畧言之詳矣蘇鶚杜陽雜編四庫嗤其祖述拾遺洞冥諸記所稱某物爲某年某國所貢如日林大林文單吳明拘弭大軫南昌瀰東條支鬼荷河陵兜離唐書外國傳皆無此名

讀者挹其葩未遂亦忘其夸飾云然以近日海外諸國衡之蘇鶚所記當係南洋羣島之與中國近者譯音互異唐書偶失載未可概目爲夸飾也近有英商販烟土一箱至金山爲稅關所留訟之戶部此與華商烟土事相類且看戶部如何判斷午後得津電捐賑謝轉通副賀七字蔭桓又掌

恩升轉電音簡畧未悉奉

旨月日屢荷

天恩迄無報稱彌滋慚悚前任各案科士達爲之料理洛士丙冷一起案情最重美巳允結蚊頓曾屢言之且見諸文牘外此烏盧公司澳路非奴姑力阿路美的欽巴五案尙無端緒的欽巴損失數目亦須詳查乃能補送又舍路華昌公司一案鄭光祿瀕行屬俟洛款有著再行續辦轉瞬逾年今日屬進齋將舍路全案送律師覈擬照會并與訂筆費

十九日丁丑晴前夕德律風主人之居不戒於火焚燬殆盡幸未傷人中夜火發巡捕從窗外遙見火光乃爲呼救或曰火油之害今晨震東往視之云係室中多儲

電罐相激成火理或然也西人近多用煤氣鐙火油之患漸泯吾華方競用火油窮鄉僻壤亦多售賣曩居京師會與大金吾大京兆商所以禁之然羣情喜其價廉而光澈恐終難禁遏也邇史載火油產高麗之東現美國所產最盛其亦高麗之東乎吾華臺灣四川均有此產而未開採科士達偕夏盧館主人來晤以其關切華人屢倡公論欲余與之認識午後赴各部公會之便亦答拜之亥刻劉芝使轉總署電云使費支絀本署擬奏定限制除電費仍另覈計外每年限定英俄九萬德法

等國八萬美日秘十一萬從明年元旦爲始因文函太緩故先電知使各館可將本年銷冊截至除夕爲止并可預定明年各員薪俸裁減之法或一律減成或少減多減之分或得力者不減聽使者自酌請轉電許張并候電復當復以此間薪俸參贊照章領事繙譯以下均減發金貴銀賤頗難再減署章另款覈計者何項來碼訛乞復歲限之款即薪俸一節尚不敷況他項雜費哉

二十日戊寅晴虬頓來文限制華工事即駁之美方限制華工總署乃限制經費美方議加田貝薪俸總署乃

飭減薪俸何其巧相值也今秋美都地震余適避暑烏波及詢錢涵生謂是日鐙後几榻自動窗鐙搖撼有聲牆壁依然人亦不眩震之微者也雲間雜記載徐階爲首輔時忤旨下獄地震赦免雖正史不載然吾華因地震而及時政者由來尚矣外國無遇災修省之意幾以地震爲常災重則恤之猶存惻隱之心也劉芝使復電總署所謂另款覈計者似係專指電費又詢美日祕歲需經費若干復以出使經費向係到國一年總署據冊定數截至除夕非通年也此間使署三領署四共五十一員俸薪減發如尊處與德法並遵辦乞示復今日循例往拜上議院紳並赴總統文案處公會返署微雨外部知會總統九點鐘接見各國公使先半點鐘往各使先後到倭使攜婦致敬西裝西語靈慧趨時杜詩香霧雲鬟溼清輝玉臂寒庶幾近之屆時樂作總統偕夫人出殿面東立如西歷歲旦之儀各使依次見畢虬頓退出班行戶部大臣仍遥立於總統之後略與寒暄旋至東殿少坐是夕總統並延見水陸軍官上下院議紳約數千人戎服裙襦喧闐雜遝諸人見總統訖輒來訪余

倩人介紹或自通名余亦勞甚直相周旋至十點半鐘內有老者名克格倫年八十七歲鬢髮皓然爲美之善人家貲三千餘萬好行善事凡美都育嬰恤嫠諸善堂多其倡設近又創建一高樓爲商賈無業落拓者所居殊堪健羨不以一敬加喜也柏立言總統將回內殿爾時大衆同出車馬擁擠不如乘便先行遂從人叢中覓路甚逼迫歸署則子初矣與參贊論總署限制事丑正睡

二十一日己卯雨岡州會館另捐直賑二千元自行匯

津嘉里約領事來稟波利非亞國近擬招華工亦有華商潛行招去十數人亟爲禁止商之地方官謂須領事予以文牘始能禁其出口且以領事護照爲憑現擬自捐紙費但有利無害即擬舉行已商之參贊並告華商均謂應辦云所稟殊有匣劍帷鐙之意出口給照爲領事固有之權利何謂無害即辦又自捐紙費甚覺詞不達意禁止招工固無所害若非招工而出口亦應請領事給照乃行即酌收照費亦無不可何所稟之拖沓也今日譯出虬頓來文欲訂限制華工之約要以三十年

而於保護之款仍祇帶敘數語至積案未清則迄無一言當痛駁之申酉大霧倚窗遥眺一片濛溶

二十二日庚辰晴虬頓亟擬限制華工記八月初一日總署與田使辨論議院限制條款田使復稱此時與商未免太早余亦以此語答虬頓雖涉機鋒亦報稱之義也午後往訪克格倫延坐內書房絕無豪富氣陳設並不華侈樓屋寬閎且有園圃林木參差美都居室之極大者克格倫自言行年八十七歲向皆杜門昨赴總統之會得晤中國公使誠大幸事今日諸孫均不在家不獲出見殊以爲歉可謂工於詞令矣又屬往閱其畫院余頷之因嘉其好善而得壽富此天理所必然克乃謙謝不置以其年老不便久絫之粵中來書夏間寄到玫瑰花開如小銅錢何遷地弗良也

二十三日辛巳晴許竹篔復稱昨電署俟文函到再籌復此日華民稍安戢金山無恙各島胥靖矣錦堂以病乞假因令蓬雲往代今日爲吾華祀竈之日外洋使館歷任皆不舉行祇益殊方之感晚飯後訪科醫生云把菀麥河前日凍結四十邁冰積不厚履行者稀余告以

吾華黄河凍後車馬往來雜沓然必驗有狐跡始敢暢行蓋狐性多疑應機甚捷每夜側聽冰裏無水聲乃渡故車行先視其爪印也闇坐聞之詫爲格物之要余詢以寒天膏澤西人傅面以護肌此吾華不龜手之藥也能否透入肌理科云可透譬之病者不願飲藥則以藥水擦手背藥氣自達病徐解其理一也又言西人欲除面上壞色有帶藥面具以睡者睡熟則汗藥氣蒸之也約數禮拜壞色可去然究以不用爲妙此非自然之理此等藥亦於養生非宜

二十四日壬午陰霧永樂四年張洪奉使緬甸作使規一卷四庫已存目近日使事較明初繁雜何可以道里計張洪但使緬其地且鄰滇蜀今日歐墨諸洲遠近難易何如也援古證今頗難求類然或能取資一二則古人既我良厚矣擬自爲撰著不知有此閒暇否或差旋回華博訪羣書積日爲之藹亭寄到西班牙招工國論十條似尚優厚他日言行翕符與否殆難下斷語耳前晚美總統之會有總兵克他爲宮內熱氣所逼歸而目風昨竟溘然年僅五十餘西人咸惜其暴卒是夕英使

日使均未往或曰英日與美並有齟齬故然此種公會縱有不洽似不致顯露痕迹午後劉芝使電許復限數勉敷用敝處實不敷擬請益十六字許昨電謂候文函再籌復尚不確也

二十五日癸未晴金山電報前夕有帆船帕鰲利入口觸礁進退維谷夜潮湍急撼擊至沈船載炸彈碰石自燃海口礮臺堤岸爲裂岸上救生棚三西人震之半空而墜死者一餘重傷船上水手乃先逃免航海帷帆船肯載火器駕駛不慎竟遇此險船主不能無過矣曩見

威露健臣家有石華一枚威卽以此餽歲更示刊板西文疏其出產略謂此係骨體海上纖小生物纏積成泡內聚小蠏無數得之印度洋此間惟博物院藏一枚視此倍小葢不常有云傳示同人共相嘉賞文愧元盧博慚壯武遇物能名談何容易余直謂此爲冰蠶繭其色白其外有毛如絲其形如繭其末如蛹進齋漫應之曰將毋同又詩他令家陳設頗富有金裝佛像二尊得之日本又挨及金項圈土爾其銀項圈云係出土之物年代甚古有吾華雕桼瓶京料套色煙壺市肆巾履又顧

繡銷金壽幛一幅款署道光辛卯十一月戊子舉人李師白明經進士劉桂臣撰書上款揩疉高懸不及辨西人寶此以爲淸供尚非詫厠爲布耳美總兵克他歿後與之游者如界勞歇地皆杜門不見客頗有古風

二十六日甲申晴早起訪總統別業沿山積雪未消河冰尚凍寒林遠岫頗幽致樓居卻不閎麗略如華盛頓故宮之式企俚扶輪隱與創國者相頡頏也午後閱窗外軍樂軍士列隊礮車前驅衆兵皆肩搭紅羽毛右臂綴黑布一幅倒持兵槍克他出殯也美俗凡兵官歿所

部列隊相送其制如此虬蝮持婦服如親喪頗欲以此求譽近紛傳其續紘虬蝮憤甚毋亦曒曒者易汙乎午後於郵政部遇詩他令言今早所居幾遭回祿煙筒爲風所遏煙氣窒滯激而猛突幸急救乃免洋房本極便當而火災大可慮居處宜格外謹愼

二十七日乙酉大寒晴錦堂來電今日由墨載回二十八人未載者尙多船期難湊拍不得不寬予限期嘉利福尼省議紳士丹佛富於財所居華贍陳設多中國顧繡帷幔司庖用華僕見余至竊窺於屏並不薙髮改裝可嘉之至士丹佛自言雖籍居嘉省並不鄙視華人猶有質直之氣此爲庸中佼佼者申初出門鐙後返署亥正復有應酬天氣忽熱換袷衣

二十八日丙戌陰雨閱邸抄京師甕池口教堂現已移置西什庫南辦理此案中外各員並蒙保奬未盡事宜由北洋與法使妥訂想教王遣使之說不果行矣去冬出京北洋以伍秩庸經手此事不能相從出洋此時請奬秩庸不預或未始終其事也俄館梅壽祺書言海參威擬設領事圖門江擬通市不悉能辦到否海參威宜設領事特使臣遙顧爲難圖門互市能遏俄侵亦有裨益買賣則寥寥耳又言俄都冬寒只巳午未三時放晴餘須鐙燭又較華盛頓不若矣午後赴議紳家其婦年逾五旬肥碩臃腫絮言數十年舊事謂華盛頓都城爲密的力所經營卽陳副憲之舊房東也闢草萊治泥滓乃有今日之平坦美國人將爲之立碑徵引指證不休而狐臭撲鼻進齋隨答隨引酒自薫良久乃得擺脫余不諳西語幸免此窘

二十九日丁亥陰美俗花草四時不斷亦饒色香惟桂花絕少近購一盆聊慰鄉園之思復鄭光祿書縷述今年中美交際並金山更換領事各事

三十日戊子晴天氣暄暖徐孫祺書言日本長崎案停訊案牘送北洋候決若如球事辦法恐益爲所輕許竹篔見寄外國師船圖表九月間已到而其書函乃從日本使館寄來郵筒互誤也師船圖表始輯於劉芋翊竹篔集大成而每圖加之序旣洞識制器禦侮之實而猶不失中國士夫氣概晚復總署電五十六字今日歲除爲酒醴與僚佐同飮檢新羅祝壽圖吳墨井松壑會琴

圖懸壁吳畫款署壬午年炊熟日距今二百六十四年
客窗得此聊誌歲華更爲祭詩之戲鏡聽鷄卜或難驗
諸海外柏立卻循華俗餽歲

三洲日記卷三

南海張蔭桓撰

正月初一日己丑雨寅正二刻率僚佐望
闕朝賀旋復圖拜雨意甚濃巳初微見雪花氣候卻暖寒暑表六十九度去國四萬里輒憶唐人元日早朝詩彌重觚稜之戀矣午正密雪仍不覺寒與僚佐會飲金山日報羅舍利埠有西人那亞笠昇年一百一十五歲誕於那付卡羅彝拏埠隨父母徙居紐折爾省復遷丕蘭非埠足迹不逾本國精神强健每談華盛頓開國時事人多就詢戰陣情形均能口講指畫老人而善記者也鄭光祿留搢西歷度歲各使館不往來來者亦不答拜惟倭署必須一投刺因中歷元旦倭使必來賀所以厚之也余謹步鞴覘其日倭署蒙國旗於門眉以誌尊崇西歷之意此間各使館皆不懸旗倭特委婉以張之今日倭使乃不來此非鄭光祿之誤九鬼或忘之耳然其請會余仍赴之倭俗好自侈忲每思睥睨識者竊笑莫敖趾高矣

初二日庚寅晴爲春酒會就前任留交應請之客暨余新交約七百人大都以預會爲幸九鬼旣不來賀歲乃函求偕友同來謂爲倭之故俟余諾之並補與一柬訂約九點半鐘蚆頓令布耶來代張羅各部及英俄法德各使上下院議紳並至十一點鐘時竟及千人有僅延一客而舉家俱來者遂至應接不暇音樂旣作隨意飲食直至兩點鐘散余與參贊迎送於廳事門內疲於握手客散後看視諸僕收拾鐙燭洒埽房屋四點鐘睡是夕有約不來者旗昌士蔑會中能華語者稅司賀璧理

初三日辛卯陰早雨午晴各路日報述昨晚之會謂自格總統後無此盛集或詢英使曰英館之會不如也英使答曰然於是日報又言余力顧邦交每事不肯落人後皆意度之詞金山會館公稟爲衛滋德乞恩但惜衛氏貲財不顧華人生命似非持平之論當批飭之姑俟限滿再酌晡後赴戶部郵政部公會咸訝昨晚讌客極勞今日尙能出門酬應

初四日壬辰晴余生日同人置酒約英俄法日墨威各使科律師夏盧科醫生三家夏盧製小蠟十六枚以糖食鑊作燭擎爲贈燭盡則糖中有吉祥語西俗然也是夕總統請會余仍往赴歸而肅客丑正始散寅正睡

初五日癸巳晴早飯後往外部蚆頓謂駐節逾年華工與西人不洽之故當瞭然矣是宜籌限制之法否則美律幾窮於保護且美人在華只能僑寓通商五口華人在美則無地不可行住似華人利益較多余答以西人之不能入內地中國待各國人與美人一律無所區別且美人傳教吾華無地蔑有極之蒙古新疆足跡幾遍蚆頓謂禁之不往未嘗不可余笑頷之蚆頓又言昨見

巴拏蠻洛士丙泠案日內可結此次斷不虧余答以各案未淸遽議限制何以對華人四川教堂案田貝不已有書致貴部耶中國之待美民優厚爲何如也蚆頓有愧色徐云下禮拜四總統宮裏再談余不諳西語總統請讌主客之情不通並告蚆頓代道歉美新派駐朝鮮公使田士謨持副外部波打函來見余適到外部遂未接晤蚆頓亦未言及旋赴鄰人會並答拜兩客返署晚飯後幸無酬應擬早睡閱金山譯刊西報言美部諸臣在余圈套中所擬條款只有益於華人斷無利於我輩

因與蓬雲傑卿衡論其事並到美後所辦各案不覺絮絮仍至丑正始就枕

初六日甲午兩域多利販運煙土一案既延律師訟爭此時更未便遽商外部恐於華工加損午後答拜新派朝鮮美使田士謨詢之外部則已他適遂到科士達處述昨日蚈頓問答之言並叩以美廷何以不令田貝兼使朝鮮而別派一人科言中國交涉重大不能分身美亦向不兼使如荷蘭比利時所距甚近仍各遣專使前人命意所以重邦交云前年田貝欲兼此差北洋為電

託鄭光祿或亦格於美例故未果耶美議員鸚哥倡言於衆謂美宜將英美交界阿那麻地方收入版圖中阿墨利加洲之願附美者亦應一併收納聞者韙之阿那麻之土著尤欣然附和而英倫紳民乃大相詆訶英美交涉之案因海漁起釁已數年矣那民樂美政之寬縱故願屬美此豈英之利哉其地遼闊若併而有之恐亦尾大不掉是在謀國者之善為經度耳

初七日乙未陰電各署自元旦起華員薪俸減成核發遵署限也中歷臘正之間美都游人頗盛總統每禮拜內接見兩次無分貴賤等差魚貫握手而出各部臣議紳又迭為公會款客故有不遠數千里而來者華盛頓墳鴉靈頓公塚皆游人雜遝之地近以船橋待修游秧稍滯蘇遮士龜亦以泥淖不便車行偶憶粵中花埭人日游船之盛不禁鄉思縈縈杜甫覽物詩巫峽忽如瞻華岳蜀江猶似見黃河固詩人擬議之詞海外客居并乏茲境金山鄉人紛請書聯久未踐諾燈下濡筆借以遣煩

初八日丙申晴賀璧理來言旅順口近雇法人承修礟

臺法日報謂該口地勢險要孤拔所不能到者近則一商人肩其任云言亦誇矣又言曾劼侯近著一論敘述中國自強之意語甚透闢宜購此書備覽又述赫德誇美總署近政又言香港煙土事未成議頃將挈婦往烏約有一月之別特來長談賀璧理為赫德高足西人之能者余以總署舊識亦厚遇之午後英使來約下禮拜二晚飯諾之天氣晴暄赴公會六處返署閱日報巴挐巒少弟以洋槍為戲竟爾自斃巴挐巒得電報急奉母回鳥約洛案之議恐復延宕事機錯出直非人力所能

推挽矣巴拏鑾之弟去秋曾識之爲波眉目秀朗舉止大方嗜酒則西人通病也昨夜乘醉入打波房令僕人綴小銅扣於頂自然手槍擊之開常試演百發百中僕亦不懼甫欲然槍慮乃父來阻屬僕閉門僕闔戶畢回視則已自斃矣當係醉後致誤西人類此者多不圖巴拏鑾之弟亦蹈此習尤爲其父母惜也晚十一點鐘後赴上議院長余文之會丑正睡

初九日丁酉晴希九電貲遣華犯事竣此事希九甚著意固免彼族所輕而於無業華人亦免流落誠爲善舉

李芳榮賀年銜版署駐法監造戰船或自日署辭差後取道巴黎爲許竹篔留用然已在日署領卹回華川資矣屬柏立爲函哆巴拏鑾天氣甚暖柏立處日内有雨余謂將雪柏言正二月不致有雪申正赴墨使及下院議紳公會五處升高頓以病不獲晤余因明日洛案之議巴拏鑾不及趕回欲兼託升高頓而竟相左事機誠紕子初赴水師提督波打樂舞會主人導至樓上斗室英使威士及美大將軍佘利鈍燕坐閒論德法近各備兵勢將用武英使謂局勢如是然此三年内當不出於戰舉斯默有深意也三年之後必有惡戰嗣是則兵氣銷矣蓋火器至今日窮工極巧甚難增益經此一戰不問勝敗咸知器械之功利不過爾耳當事務修睦無復舊憾余叩以兵槍單響與連環究以何者適用英使云單響能及遠佘利鈍云連環利急發余謂急發而不能及遠似以單響爲佳英使深然之詢以亨利馬蹄尼槍英國現尙見重否英使云刻無新製能駕而上之也縱談良久主人肅客飲噉爲盡一杯吸冰酒一梳隨復登樓小坐前外部幫辦偕英使介紹與余接談詞意甚周

是夕會者約二百餘人房室不多而不形擁擠波打行年七十四精神周到之至外洋使規每於歲底將與外部來往文函鈔寄政府余屬參贊編檢計七十一件釐政事由節目繕一總摺復與參贊論到任後所辦交涉各事寅初睡

初十日戊戌雪羅熙堯開復案已奉准部文余原奏所請以後各埠會館延聘舉貢生監充當董事報由使臣咨明原籍督撫稽核一層部議並准專咨報部著爲令羅熙堯沈冤已雪亦杜他日冒混之弊部章誠周密矣

惟署南海令張琮交部議處責令嚴拏冒名入場之人及根究經手請客諸吏役亦應有之義部權隆重政令淸明爲之喜躍得盛杏蓀書言織局不難於集資難於得人託詳查丹科手藝又請代物色礦師因黑龍江商辦金礦欲得良工指導之也又書言中國宜自鑄銀錢以塞漏巵製內河小輪船以拓利源科士達來言洛案本明日定議因巴拏蠻有人琴之悼展至下禮拜連日夏盧報館頻論列之科士達詢余日夕酬應累否答以甚疲乏科謂此爲公使應盡之職各國皆然萬勿厭煩

否則聲息不通一事辦不動矣晡時赴公會七處雨霰霑濡了無意趣

十一日己亥陰雨霧科士達偕總兵魏森禮來晤魏本津門舊識客冬又於烏約遇之此來爲言比得招商局電詢火車辦法欲自大沽築至新城自新城至紫竹林商局自辦余叩以金礦師有精良者否魏言數日前曾爲北洋物色煤鐵礦師一人赴華金礦亦可兼也余告以開金之地在黑龍江省舟航不通須由陸路恐西人不便魏言西人在華乘車亦不覺苦申初赴公會兩處

訪士丹佛不值粱蓮雲接辦金山領事士丹佛爲該省富紳欲令與一晤談晚七點半鐘赴總統讌不帶繙譯柏立送至宮門有人領導沿升梯至樓房帆頓在此接迓指讌席圖告以坐位另各予一小圖各使並至易衣後德使威使相約下樓總統偕夫人已立候帆頓旁侍遂進與握手徘徊刻許總統肅客魚貫入坐席布工字形總統北面右則墨使夫人左爲英使總統夫人南面右爲希使左則帆頓此中坐次似不論到國先後余與俄使法使巴西使一行坐總統之親串夾陪余不諳西

語且不認識直無從周旋法使則極周到與余隔坐者爲德使旁坐者爲威使平日往來稍密均曲爲指導讌至十點鐘而罷復至正殿行游熱甚得英使女公子惠假一扇與日使覓煙房不可得隨至花園游憩客有自攜煙捲者分餉一枚日使展轉尋得兩枚分貽進覽園花徐步一周重入讌會之地總統與各使雜坐吸煙飲佛蘭地酒余與總統對坐啜酒兩度總統起赴正殿各使隨出女客先辭各使以次握手余無須易衣以扇還英使逕出宮門御者候於閽返署則十一點鐘矣靜坐

閱字林報汗氣稍解至兩點鐘易衣畢聶聞柏立言鄭光祿往值此會伊送至宮門屬門者指明道路即返洎余此會柏立乃忘之當令譯官傳語柏立愧悚堅請隨往余卻之柏立益慚又代詢布耶請余帶僕從以代問答余不願爲苟異且幸不爲所訕各使皆獨行只余攜僕則美廷將更藉口謂中國獨有權利此等讌會亦無僕從侍立之地徒貽笑柄彌悔不預習西國語言文字各使總以能諳他國方言以爲稱職

十二日庚子立春晴昨日墨西哥載回華人七十二名合之客臘載回之數恰百八人轉瞬十六日展限屆期徒事姑息無濟也祕魯領事劉福謙稟言華人出口護照事祕官又有新議近慮疫蒸另覓敞地屬華人晰居領事曉示三次華人不移祕官乃爲拆運華人無如何乃歸怨於領事不善保護冥頑極矣劉湘浦面言從此華人不到外國未始非福雖過激之論然華人之不受教約亦可憤也晡後循例赴美宮投刺道謝又應酬公會三處答拜魏禮森晚飯後赴佐知探公會子初返署溼霧漫空氣候卻暖

十三日辛丑雪總統夫人見客之期雨雪泥濘方謂去客不多循例往拜抵宮門車馬雜遝擁擠甚于曩時宮內侍者導引排撥乃達偏殿法使俄使在焉熱不可耐適衣灰鼠裘益難久立繞至正殿而出偕震東赴公會兩處返署少憩酉正赴阿希晚餐之約承出觀舊總統靈蓮諭文及諸銅器內有宣德銅爐疑爲倭工所仿磁栟一種背鐫大明成化年製確爲倭工僞造以此類推知日本贗物甚夥美俗每得一二詫爲華產甚於燕石間詢博物院中石刻各碑及石槨圖繪能否拓搨希言此地無此工大抵拓搨須著色西人必不願遂不強之矣詢以氣毬之戲希謂此極險事前數年詩家谷有爲此戲者久之渺如僉謂墜於湖中閱數月有人於墨西哥屬地嚴壑間見骸骨腐朽在氣毬之側檢視毬內乃知詩家谷之物此間作此戲者大都貧人借奇以覓食每當發毬時較量未竟毬已上升急往緣之毬力太猛竟難聳身入坐僅牽綴毬底繩索毬愈高則手力愈微往往顛墜而隕昔南北花旗鏖戰時亦不常用往曾試一過毬升之後下視則深不可測橫視則遠而若近未

擱食物數刻卽下迄今思之猶惴惴也近日歐洲講求斯技已能渡英法交界之海然實無把握橫行之法終未盡善毬製始於拏破崙第一軍中用以覘敵云希又出觀羅馬新出土銅像石像暎本各一與談中國古彝鼎諸器挨林士亦在坐皆好古之士聽之甚樂亥正始散雪霽微有月色靈蓮被刺卽在新戲園樓之側同時被刺之西華適患齒頰醫以鐵箍夾之賴此鐵箍刀難遽入得不死靈蓮則槍斃矣距今二十一年阿希曾司文案故能什襲其諭單謂歷任總統以此論為最佳云

當靈蓮時任兵部大臣者刻乃不能自存牽馬一匹求售於阿希民政之國無所謂世家舊族也靈蓮而後又有奇篤之案距今七年此則直以一己私怨戕害總統尤兇悍離奇

十四日壬寅晴復祕署書詢中西學堂事祕官令華民遷徙事屬隨時寄知毋令失所復金署書衛滋德販運人口案毋得以有利可圖不能强回八字遂其詭混展限既屆不能再寬晚赴詩他令公會遇李格士銀行覩屬言自美赴歐船隻以英公司勞堪船為最穩每年在荔華埔守凍三月內當來烏約屬余赴日宜附此船

十五日癸卯晴今日

皇上親政之期率屬朝賀此間風日晴和遙望京華當有日月合璧五星聯奎之瑞比閱各報都中已於客冬得雪四寸津郡亦雪豐稔可慶也午後草疏一摺兩片奏陳調派參贊彭光譽領事梁廷贊各官一摺法文繙譯聯興不再咨調拔升學生鄧廷鏗為三等繙譯供事李春官為隨員一片調派醫官呂春榮隨辦金山華洋事務一片附幕府謄稿旋偕繙譯酬應各臬司公會四

處返署晚飯復赴上議院長佘文公會認識者漸多頗不落漠

十六日甲辰霧照會外部粲蓬雲接辦金山總領事請發准照彭小圃接辦三等參贊請備案晡時赴墨使公會旋訪挨林士閱所藏中外古器吾華名磁有兩種不甚佳有羅馬陶器一種古色可愛壁懸倭畫數幀內鉅尴一幀疑為華人手筆惜無款識返署得李傅相電言駐津美領事巴得密輿情愛戴現彼國異黨另舉司米德來代各國領事各商公電美總統留巴並求電余轉

達外部云司米德爲蚁螾同里至交此事想難俯如衆商之請姑與商之七點半鐘赴英使晚飯談讌甚懽登樓閲其祖遺珍寶內有摺扇一持嵌金花綠鑽石可貴也惟忒笨重徒飾觀耳英使威士英之世爵人亦靜默燕見輒不甚周旋人多誚其簡傲實則孟公綽一流英使爲言現派駐華之公使人甚正派和平中英交誼可以益固余領之飯後久談子初返署

十七日乙巳晴美擅鐵路之利環球各國首屈一指橋梁之制極鞏固比以西北大雪鐵橋積凍潛致損蝕昨

十四晚威漫省白河橋火車夜行忽爾墜壞車墜河中殞七十三人今年雪太盛麥天拏屬邦產煤之地近日煤價每墩洋銀六十元雪大不能採挖之故吾華近日用煤漸多而不甚講求開礦之法恐他日價昂或甚於此中國自禁華工之議本於鄭光祿其亦錦堂條議之一總署客秋來函嘉其卓見就其節略照會田使並照會英使大要有三一日未曾赴美華工禁不准來二日業經回籍華工若無眷屬財產在美禁勿再往三日現仍寓美華工須責美國照約保護其詳細章程屬余妥定照會外部並寄署存案余以未經赴美及現仍寓美兩層尚易措辦惟業已回華有無眷屬財產在美一層頗難清釐因華人散處各埠從未赴領事署報冊從何稽覈若概令棄之如遺漫無區別亦非總署本意所以遲遲未發比日金山盛傳余與美廷訂約限制華人欲具公稟錦堂附和之而忘其首先建議人情當顛沛流離焚逐驅迫之際輒以得歸鄉井爲幸兇焰稍平事機不窒則痛定忘痛矣鄭光祿之意曲突徙薪最爲善美明知美必設苛例限制何如中國自禁之爲得體哉錦

堂初議亦然特札令集議籌復申正赴公會五處於下議院首座晤俄使詢余何日見客欲來晤謝余以彼此逐日相見可不拘此形迹燈後多福借巴士來談閩人以晚餐卻之巴士以合路案兩謁不晤殊負其意洛案既歸兩議院互訂亦欲一託多福閩人誠誤矣屬巴東面約明日兩點鐘接晤

十八日丙午晴近因華人漸次安堵而美黨驅逐每在臘正之交彼族稔知華人開歲後出而謀生每豫遏其來前車之鑒不遠居安思危宜籌銷患未萌之法擬令

領事布告華人之老病無業者各謀歸計或如去春之商減輪船水脚華人果否成行原不必强但領事有此告白則彼族知中國并不願華人流落海外或當默化其兇焰此鄙意也與總署自禁美國限制迥不相侔華人雖散處各埠當能體諒此心午後巴士來談詢以陳宜禧借給士八修建鐵路之賚已否收回巴言曾將借券八折減賣數千現未收者僅二萬餘金該埠生意甚冷淡的欽巴更稀云申正赴公會六處晤多福言洛案賠款上議院亦如下議院之議毋須派查酉正返署大

雨飯後偕蓬雲往晤士丹佛託以函致嘉省官紳與之聯絡士丹佛欣然照辦又詳言鐵路機器之利絮絮不休又言他州謀食之徒多聚於美與華人爭工作難其心智遠不逮華人而爲美國之害殆又甚之現國會亦將籌限制談論適時意仍未盡余因總統請會遂與訂另日再談即赴美宫各使到者寥寥英使領袖又墨使又余與總統握手後俄法兩使續至僅一周旋復至正殿少立有水師提督士的蚡曾於滬上相晤者特來就談叩其居址定日往拜伊堅辭謂須先詣奉訪美之識

禮者也旋至科士達寓科謂洛案既定其的欽巴等案亦有詞以要之美例從無賠償之事洛案初辦時甚無把握因就外部詳查中美既辦舊案證以公法報施之義美乃無詞推宕今日告成亦聊自慰余復以新舊命案商之科謂公使權利仍可衡論但不干預他國內治之政而已至其判斷不公總應詰問商以提歸美都審斷科言不合美例只可就該省辦理此案爲期已迫不識能否挽回鳥約各華商亦不甚關切延宕至今爲之憤悶

十九日丁未晴昨日上議院覆議下議院所定洛士丙冷案柏立往觀議其時預議者百八十餘員無以爲不應賠者特派查與否尚難遽定主不派查者一百一十五人主派查者六十一人卒從不派查之議內有議紳言事逾兩年如此延擱殊無以對中國又有謂賠款雖十餘萬而被害者八百餘人每人所得幾何此兩紳誠不沒公道矣柏立又言近日美人皆有加敬中國之意非復從前狂悖頗歸美余之耐煩酬應余忝持使節自以邦交爲重午後作雨略如吾粵初夏天氣酉正訪巴

拏鑾慰其鴒原之悼晚飯後電復北洋以司領事難阻留美商公稟總統駁之矣又岡州會館賑捐容另牘請與文美賠款上下議院均妥定乞達總署共三十九字夜大風窗戶搖撼氣候陡寒

二十日戊申晴外部送到金山總領事准照另致稅關一書屬與總領事聯絡極力推重亦有意修好也爲書謝之西人每以中國婦女纏足爲千古奇事至有覓弓鞵以爲陳設者吾華纏足之風不知昉自何代咸以東昏步步蓮花爲創始或言南唐宮嬪窅娘以帛纏足屈

上作新月形後世援爲纏足之證攷古家又據史記揄修袖躡利屣晉書男子履方頭婦人履圓頭曰利曰圓皆指爲纏足與細腰互寵同一娉婷之態又引焦仲卿妻詩纖纖作細步精妙世無雙晉清商曲新羅繡行纏足趺如春妍爲纏足箋釋曩日山東得唐拓武梁祠畫像曾子母像履形尖銳殆非史記利屣之說持此以傳會或較有所本然西人雖不纏足而富貴家燕會跳舞不曳革履率以諸色光緞爲之亦如雜事祕辛所謂底平指斂約縑迫襪者當勿以纏足作笑柄也未初科士

達來商新蕃命案須詳查兩造狀師姓名歷次供判及現在情形乃能籌辦現祇先託該省議紳面致問官緩獄所論甚當即電促烏署速覆并令陳弁面約盧達遠來晤盧達遠頗知此中案由曾於詩家谷密稟其略亦具有俠腸其人似不甚謬窮極心力或能平反又電洛士丙冷工頭廖郡廖社兩人飭令一人來署詢商發給賠償事申正赴公會六處於畢頓宅晤日使詢余何時往日都如定意在日避暑須預定寓廬否則客店不堪容膝云亥正赴勞令公會有礦師阿希曾在津承閱開

平平泉各礦深爲歎賞爲言吾華佳礦甚多惜未開採頗以客華日淺未及遍覽爲憾

二十一日己酉晴議紳士丹佛約往教堂聽教士烏文宣講中美交關普勸美人毋薄華人之論午初赴之列坐千人中做一臺烏文高立其上略如劇場之式烏文盛稱中國版圖之富人民之繁武備之修教化之正外交之厚每段均能援據近事以爲證其于馮子材諒山之捷尤眉飛色舞而道之且謂法人雖强從此不敢正視中國舉以勸美俗之讎視華人者又言西省近年富

盛試登沙加免杜埠高處一望鐵路四通貨車絡繹貧者得以食力餬口富者因而居積取盈伊誰之力哉若無華人爲之開墾則海濱之荒地耳焉可遽忘創始之功視爲仇讐也所論殊正姑勿問美俗能否感化但得人知此理亦不致前此之苛虐

二十二日庚戌晴科士達明早赴烏約查商新舊命案午後草疏縷陳洛案定議擬訂善後條款脫稿後赴公會五處晡時霰雪交濕氣候陡冷亥正赴李格士銀行觀樂舞又至佘文宅公會冒雨往還甚累李格士主人

出觀舊圖繪皆美國未開闢以前煙甸風景

二十三日辛亥晴午初何天爵來談皆不經之語云將赴華不識作何營謀總署去年來函已拒不接見矣阿希挨林士偕博物院一人來謁云曾往高麗搜羅古器不少及攜示殆一法藍茶盃極新一粗玉牌薄鐫九如二字殊劣一白玉鷺鷥雕鏤頗工下貫銅座略如吾華雀兒頂式玉質尚不甚惡西人以此爲古器宜其得倭物而珍賞不置耳老人百賈來晤年八十六歲尚能操華語步履澀甚少坐即辭令梁震東掖之登車晡時赴

公會四處晚與傑卿論髦字音義羅亭衢字學仍不誤至於牽率委隨兩典則忘之矣亭衢面述榮華公司沓拖之故有袒護之者而不敢明指其人當縷復之并告以會籌華工取益防損之策

二十四日壬子晴重訪總統別業天日暄美涂次所遇多舊識返署閱日報知華盛頓屬邦華人損失各案總統與諸部臣商定令議院議賠惟數目微有參差戶部大臣珉玲辭職挈家赴烏約作銀行總管舍高位而營私財楊氏爲己之學然視戀棧豆以謀食者則高不可

攀矣申初赴公會八處於副外部宅晤布郎謂洛款總統昨已畫押晚觀法人跳舞會

二十五日癸丑晴拜發摺片赶初二日船期舍路案已譯正核定後應添敘前承緩撤防兵之文此美之敦睦誼者不宜沒之申正赴公會六處議紳巴麻宅久談蒲安臣之同里也酌酒相慶謂蒲安臣曾膺中國使符茲不敢跂但願備充武職効力其詞甚恭酬酢甚摯晚十一點鐘赴後鄰卜挨仁公會新自日本營運致富者壁懸日本所給札文有睦仁二字上鈐大日本寶旁著勳

位銜名三條世美其領袖也書字亦不惡俄墨倭智檀
各使竝在座
二十六日甲寅雨吳清帥俄界事竣立銅柱於邊銘曰
疆域有表國有維此柱可立不可移與馬文淵交趾銅
柱南北後先輝映矣越南名國始於嘉慶三年農耐阮
福映翦滅阮光纘自詡為黎氏舊臣求
冊封請以南越名國濟甯相國時撫粵西奏准納款而
以名嫌趙佗駁之續以百越之南本乃夷域彼先有越
裳繼有安南因請

錫號越南得
旨俞允為越南名國之始當時阮福映兩表署銜曰南
越國臣阮福映稽首頓首謹
奏為恭陳謝悃冒達遙情伏望
高聰俯垂燭照事竊臣九世祖阮淦以黎氏輔臣後裔
憤逆入僭篡糾合國內義士討賊復儲扶立黎後詎意
臣先祖中道逝歿其壻鄭檢自專兵權脅制黎王臣十
世祖阮潢年在幼齡止得就封於絕境廣南順化等處
地嫌勢隔鄭氏視以為讐從此分疆別為一國嗣後臣
之先祖建國於南闢土寖廣父傳子繼二百餘年惟海
澨山陬梯航路阻區區僻壤未獲稟命於
天朝迨臣先叔阮酷沖年嗣服國祚式微臣轄內奸民
阮文岳阮文惠等倡亂於西山外而鄭氏乘危掩襲臣
先叔阮酷與臣族屬播越邊方文惠遂逞毒心肆行無
忌破毀臣歷代墳塋戕戮臣至親骨肉古來盜賊虐燄
未有甚於此者臣時在幼稺未能圖回因率本部軍士
寄跡暹羅深以祖宗之讐未復為恥臥薪嘗膽以待時
機文惠復逞兇威連破鄭氏遂並吞交南全幅遂蒙

聖德涵容彼竟不能祇承
訓範猶且荼毒國內無所不為苛政暴刑重徵厚斂閭
境士庶靡有聊生究彼所行罪盈惡積誠神人之所共
憤天地之所難容彼既殞命其子文纘以頑劣之姿蹈
兇殘之習率性妄作弗畏明威容養匪徒劫掠邊鄙暴
殄之怨日甚月深臣於戊午年始自鄭國旋師先復嘉
定康順等鎮己未年水陸並舉克復歸仁城破彼巢穴
定城後水兵凱旋適遇暴風大作漂入
上國廣東地方經督臣題奏

恩賜遣還並照給衣食需裝極其優厚臣部屬獲歸本
國具述
洪恩仰見
聖德如天並包徧覆臣謹率本部大小將臣向北叩謝
無不感荷
聖慈理該即日遴選陪臣進京恭謝惟臣尙與西賊搆
兵海程多有艱阻廑念
天恩未報殊切兢惶辛酉年臣再督本部兵馬收復廣
南順化等鎭悉平故境文纘隻身奔竄盡棄

天朝錫封冊命印信與齊桅黨夥會與西賊助虐如僞
稱東海伯莫觀扶僞總兵粱文庚樊文才等並在生俘
實由臣遙仗
天威故獲埽清南徼現當整飭兵戎水陸並進報讐雪
恥志在必復國讎而後已文纘就擒則洋盜無所憑依
必能節次殄除永清疆圉是臣之所大願也茲幸海程
稍已甯貼謹遣陪臣鄭懷德吳仁靜黃玉蘊等恭賫不
腆方物仰憑兩廣督臣代爲題
奏恭候

賜進詣
闕陳謝庶表臣敬天事大之忱再者
冊命印信是
天朝錫封名器臣不敢擅便處決並委陪臣賫稟繳納
解遞伏望
曲垂體恤竊念臣化外小番叩籲
優渥
彤庭天遠瞻就無由望
闕神馳焚香拜表臣不勝瞻

天仰
聖激切屏營之至謹奏以聞南越國臣阮福映稽首頓
首謹奏上言茲欽仰
王道蕩平
聖恩溥洽開闔闢何言之化天施地生涵育昭一視之
仁邇安遠格臣不勝感激銘佩之至謹奉表稱謝者伏
以乾元資始普照通隊至之尊親皇極建中大華夏譯
覲之怙冒朔南咸暨陬澨均沾欽惟
綱紀四方

儀型萬國神其化不遺於成物故以字大則大畏字小
則小懷一哉心無息於徵民雖未施敬而敬同未施愛
而愛合豈意區區小壤獨蒙湛湛
洪恩軫臣未入職方照臨及遠離之將士俾臣遙承
恩寵榮幸標新構之家邦休
天霑而喜溢寰瀛叨
帝眷而夢馳閶闔臣敢不傾心向日翹首望雲霑
膏澤於遐邊實重荷柔遠綏方之德仰
威顏於咫尺願永輸畏天事大之忱臣下情無任瞻

天仰
聖激切屏營之至謹奉表稱謝以聞合觀阮福映疏表
詞甚恭謹斟灌一旅光復舊部乃自比降王大長其志
量爲不小矣然阮氏一綫之傳莫非
聖朝字小之德乾隆戊申該國內訌越王黎維祁爲其
臣阮惠所逐叩關籲救孫文靖奉
詔征之自龍州出關戰於諒山壽昌嘉觀市毬江皆捷
乘勝至富良江遂克黎城阮惠遁歸富春乃傳
旨復黎維祁封班師凱撤爲南征詩十首以紀其事不

虞阮惠之卒至黎維祁孤立無援也歸師遇險上疏自
貶其後阮福映歸命越事乃大定至今誦孫文靖詩猶
足資攷證爰錄之詩曰門開太乙曙鐘遲是日黎明祭禡出關茶
火軍容徼外知未必過師同枕席庶幾荒服見威儀建
旗已拜專征命補牘應來選事疑先是提督許世亨帶兵出關毅力請勦賊
纛恩准親師爲語戎行須報
國早將犂埽達
形堺圍城襟帶接重洋諒山城一名圍城城外有江通洋海上下思文景
物荒上文下文諒山所屬上思下思皆州地名寅霧蛟涎工揜日安南多霧寅時即迷

漫四野土人謂倸蛟蜃噓氣午前不見日丁男鴉嘴慣耕霜該國惟諒山百里內有霜過此
則無其地一面須霜一面耕種土人謂之耕霜入雲坡洞坡名盤千折夾道翁茶
網四張呼官爲翁茶出入四人舁網而行最是馬前頻慰勞檳榔滿接
當壺漿夾道跪獻檳榔者千百爲羣羊腸留綫虎留蹤聞道蒙茸路
入封江漢一路多萑苻藤蘿糾結商賈十年不行賊人疑大兵斷不由此母嶺羣狙晨伏
莽母子嶺極爲險峻數日前賊兵伏此鬼門燐火夜乘墉原名鬼門關於康熙年間更名
畏天關草木蔽天幾不得路宣旬竊欲方朱儁朱儁以兵五十分道進勦交逆粱龍旬月
而定毅輒效之緣極南地熱瘴盛勢難久留也來晚應知愧賈悰多少步兵齊
繭足敢因下馬便支笻險峻處率同官下馬步行前進龍城新鑄赫連

刀令將士短兵殺賊鑄純綱刀五百柄要斬生蠻斷巨鼇萬里戎王歸信
杳三江戍壘陳雲高時未悉黎嗣信聾先鄭犒情原怯阮賊遣頭目餽牛羊願大兵不往斥之幕有齊烏計必逃所遇賊屯半屬空寨烈炬連空狠
穴靜斯斯競向朔風號派總兵張朝龍游擊張純於枯詁訶盧等處兩路夾攻匪衆潰竄盡埽巢穴歸報闞虎聲中喋血鮮臨江士氣倍爭先市毬江賊氛甚
惡我軍血戰兩晝夜不息不能尋食遂獲全勝欃星遠落三層外駐軍三層山即市毬江岸
礮火還奔五步前豈有夜郎能自大果然飛騎竟從天
夜半令總兵張朝龍於左邊二十五里外潛渡彼岸繞出賊營後直搗中堅賊始潰亂戰場直已
成京觀此刼應消幾百年獲醜紛難詰姓名一時駢首

動哀鳴連日生擒正法七百餘人編籬那許羝羊觸漂杵常教草木
腥人說妖氛連四鎮我憐殺氣壓三城黎城內土城一磚城一軍
門執法臣應爾
聖德如天本好生左鞍右繖古交州黎城左鞍子山布繖子山富良江遶拖左右鼓角殷江夜哭稠搜粟幾時停校尉安南兵食概取諸民立
功畢竟數兜鍪時諸將用命將弁并給花翎斬祛僅免思公子國王母弟為刺客傷中要害殆甚釋縛還擒送孟嘗賊將陳文炳既降復叛命副將慶成生致之
一事尚教懸
聖慮前軍未送月氐頭謂賊首阮惠約法森嚴日幾巡克復黎城後禁止弁兵不許一人入城滿城焦爛痛遺民居民呈訴阮賊戕害情形甚慘師貞
行指逋逃藪擬裹糧直搗賊巢巽命先加草莽臣嗣孫黎維祁承襲國王
鉅野戰難忘每飯有苗格或待經旬自出關至克復黎城剛閱兩旬賊首阮惠是否投出姑且俟之出關事事勞
宸斷萬里還同几席親金章翠軸雁飛翔頫首
殊恩下九閽時從驛遞頒黎維祁襲封印敕已分紀侯成大去忽令衞
國慶忘亡租庸不稅尖方土屢奉　諭旨惟在繼絕存亡不利寸土安南向行租庸調法今則不然矣帶礪仍然異姓王底事烏孫消息斷澄江
無際望宣光宣光江發源雲南教化長官司入交境時望烏提軍信不得裘帶居然

徧百蠻雲貴四川俱為毅宦轍所經己丑庚寅間隨經略傅文忠公出師緬甸洱河恩許
唱刀環時奉班師之命伏波蹟已埋銅柱詢之土人云銅柱沒土中不可復見
定遠心原戀玉關二月花穠黃木渡黃木渡在廣州府城外三年
香染紫宸班現居三年述職之期回兵後即入都祇因妖鳥巢猶在夢繞
羅平未肯還賊巢未滅深感烈士暮年之語粵中梁汝鰲筆記孫文靖
戰勝後克復黎城置酒王宮大宴將士為南征詩寄羊
城搢紳覩魏武橫槊殆有過之阮惠乘其無備寅夜襲
攻孫文靖僅以身免阮惠為惠州人張保為阮惠養子
與阮惠之婦鄭壹嫂通殺阮惠以降所說殊舛張保為

海盜鄭壹養子非阮惠也有年代可攷張保曾擾七府殺二大將受撫後閩閩被害之家猶切齒粵督百菊溪內調挈之偕行張保改官閩省洊至澎湖副將任以事閩林文忠劾之姚瑩時任劇令言於閩督董文恪責張保以討賊藉以除之賊滅而張保亦死百菊溪自東撫量移粵督過安慶時寄董詩曰此行一事君應羨殺賊歸來啖荔枝其後卒成撫局董改前詩殺字爲撫字以戲之不圖張保之歿仍出董文恪手也

二十七日乙卯雨水晴廖祉自洛士丙冷來詢悉該埠

華傭工作無恙美尚駐兵一營以護之告以賠款經議院議准自應照册給領惟被害之二十八人宜量加撫卹廖祉言衆人之意則以被害之人已有賠款贍其家屬不必再撥當告以黃鈞選原擬將公共器具損失之項另行提出爲此案一切用費及賠還鄭任墊款中華會館墊款廖祉又以爲不可但請將此筆共費若干於全款扣出外此每人應得幾成求余斟酌當飭與領事妥商申正赴美宮及倭使公會倭署所懸畫幀尚有佳者既尊西法當棄如芻狗耳仍以飾觀不忘本也晚得華人馮廣盛等稟去年七月在阿拉時駕地方被逐損失一萬三千餘金請照會賠償金山領事卻無稟報檢閱兵官所稟兵部公文乃有其事美總統客冬諭議院文亦聲敘及此雖被害不重然非華人訛賴也因先照會外部續飭領事詳查損失新蕾命案已得該埠律師回信須禮拜二乃能詳查情節具復旋赴勞令公會法俄德各使將散時已中夜少坐即返重檢洛案覆閱此案華人損失有著而人命未抵究不愜意頃間科士達纏述初與鄭光祿商辦情形又檢出古巴舊案鈞勘交

震東譯示大約鄭光祿初意怯於顛花一案爲議院駮煞恐蹈前車又以兇手已釋難爲追究只就損失賠償立論亦苦心孤詣矣余告科以去冬所駁外部照會曾有賠款爲華人損失之數無與於華人被殺之冤似已伏筆科言究不若專案請賠爲合法因復檢舊卷一尋繹之重與廖祉衡論一遍寅初睡

二十八日雨雪午後輒止彌望園地皆白氣候微寒新蕾命案據上年日報言趙寅稹在新蕾埠麥架街開賭騙盡華人錢財龔佑自鳥約往爲禁止美官定期審訊

龔佑卽於前夕被人戕殺後三日在以離耐省勿非士波魯拏獲兇手龔盛供認趙寅稷願出銀一千二百元酬殺龔佑衆華人皆不允續趙卓趙模劉學碩龔盛慨然諾之商定六月一號行事趙模劉學碩三人一持洋槍一持小刀一銜刀於口從地窨板門入屋行兇龔盛在門外守候旋聞刀聲喊聲其三人由後門遁去龔盛始入門打埽血跡移屍小屋適房門緊閉將屍擱置膝上然後開門遂致褲漬血跡事後索銀百元只收得十五元餘未到手核與卷存稟鈔各件迥殊大約各護其

黨編爲說辭托報館傳播耳龔盛爲龔佑同族兄弟趙寅稷卽欲謀殺豈肯賄買其宗人卽以千二百元晰之龔盛亦不僅百元之數所稱得銀十五元何人過付尤屬子虛且龔盛殺人後在河邊洗血酒館飲酒有黑人眼證又曾在被獲地仕拉埠衙署供認解回新蕾乃翻并以攀劉趙諸人明係兩黨挾仇致訟情事顯然趙寅稷聚賭釀禍咎有應得然必指爲謀殺至以數人抵一命則寃甚矣昨詢廖社謂去年曾往新蕾該兩黨搆訟已筋疲力竭當函復烏署詳詢趙鳳培近日情形并候

該埠律師回信晚赴公會兩處

二十九日丁巳晴司米德因駐津美商稟留舊領事巴密德遂慫慂赴華僅投刺告別承許代攜信物均爽約矣西人名利之切如此或總統促之也祕魯國例商民交易銀紙二十元以上須貼士担與寄信者小異現新總統頒諭光緒十年以前士担概不算否則示罰意在丕煥新猷實欲斂金作贖午後楊約翰來晤神色慘沮非復駐華時氣概乍見幾不認識惝怳之甚予之茶不敢啜但吸冰水似有病與談當日法越事尚能記憶謂

去年游巴黎法人詆其附和中國幾目爲中國人云法越之事楊約翰屢欲調停而才力不足然美之國政操之自下向僅自顧豈能爲人解紛且其立國之初深荷法人之助又豈肯明指法人之短哉此固不足爲楊約翰之責也楊約翰言近日南黨司令渠爲格總統舊人故爾投閒置散并謂數月後擬爲中國之游今日爲合衆國各按察司公會之末就蹤跡較密者一往周旋比鄰富媪畢頻嫁女請八點鐘往觀禮其正廳楣柱並堆花葉作瓔珞兩旁欄以白縠絲中邊置一桌亦陳設花

弁屆時音樂作天主教士手一卷前導新郎君尾之衆女伴手持鮮花簇擁新婦出以白絹蒙頭面新郎趨而扶掖至教士前主人立於右頗有涕出而女之狀教士執卷喃喃隨向新郎宣誓章新郎隨口說誦復宣於新婦亦如之大率旣爲婚配甘苦與共疾病相倚患難相扶之詞宣畢新郎以戒指一枚付教士約之新婦中指教士退新郎新婦正立解去緋欄客與握手致賀并賀主人少頃客入餐房飲饌夜闌人散時新郎新婦潛遁至外埠成婚美俗通例也客有詢中國婚禮者余略舉

父母之命媒妁之言及親迎合巹廟見之儀告之客乃大詫西俗之簡

三十日戊午晴華盛頓覽揆之辰美俗官商均給假各兵列隊游行街市并鵠立於美宮候總統閱視復至華盛頓墳頂禮所以誌創國之盛亦應有之義矣申初訪議紳修彭盛稱中國隨使各員不爲西裝以爲得體答拜楊約翰并大將軍余利鈍晚按察司卜勒特佛約大餐爲華盛頓作生日會者十八人水師郵政兩部按察司馬調前農部勞令議紳衣渾士報館主筆夏盧皆認識餘則茫然並坐有前戶部俚賀臣現任錢債臬司曾到吾華江廣等省爲言中國水利甚暢不宜專設火車路以奪之卽如美國火車近已四達旁通而固有之河道乃無問津者水利將坐失矣火車可助船力之不足不合與船爭利此又一說也又言中國工藝甚巧宜擴充之解身綴金鍊云製之粤中雕鏤玲瓏可愛余詢郵政部事盛呀士謂此間歲役八萬餘人歲入士擔銀三千餘萬士擔專有公司稟承於郵政部其印文精絕銅鑄不能僞造中國曾有函來問已復之容將現辦章程

致送一本云懽讌將罷主人出陳酒餉客謂乃翁購自歐洲距今已四十九年購買之年封識之號敬藏於櫥非盛會不敢飲敘此酒來歷及曾經預飲之人逝畢座客均起盡爵爲主人誌慶席間磁器甚佳英使曾向余稱道內有吾華一種自出模式託人定造迄今六十二年殆珍惜而善用者也此會自七點鐘入座十點鐘散坐有前水師提督士京久歷戎行右手爲礮傷年將七十不終席而去水師部亦然一則年老多病一則新占弄瓦

二月初一日己未晴暖未初雨雪陡寒聞遠近鐘聲相傳爲耶穌生日教士誦經致禱也進齋氣體魁梧名利皆淡少習拳勇遂能耐勞正月間偶覺夜睡不酣神若外散方寸不能自攝急起徐步數刻乃安輒疑虛弱購服西醫藥水旋而便血傑卿爲之診脈以爲血燥恐致上行昨果痰中見血精神仍不委頓但步履不適勸以靜養勿吸呂宋煙究其血所由來則鐵酒害之也進齋亦悟鐵酒流弊遂不飲矣陳副憲駐美時亦飲鐵酒頓生他病啜白茅根湯乃解西人藥品有效有不效未可

膠柱鼓瑟也夜雪已止仍雨

初二日庚申晴子蓀子剛自古巴來言修打諸埠遣至古巴華人頗難安插因內多老病而瞎者分別送入醫院受雇糖寮聊可覓食較在被繫地方有生活但領事稍喫力耳又言學堂已有規模惟學生多不諳華語現增延中學教習一人請書額懸之堂中若榜於門外則歲輸稅銀數十金此古巴省例也古巴生意糖寮爲大宗近爲德商所擠頓形減色比來歐洲日報每言德法將搆兵識者咸爲扼腕而古巴各商則翹足而望其必出於戰兵戈之際德商糖業且歇彼可專利此商情之可笑者也義大里都城昨日地震英儲君方游歷於此英后聞之而憂電詢無恙乃安英廷諸臣并稱賀

初三日辛酉晴希九資遣華人之事極費苦心日國不吝不苛亦徵睦誼希九函請奏陳俾與日廷致謝余恐此端一開動輒索奏殊乖政體而希九辦理得宜不能沒其所長無以鼓勵似應上

聞遂草一疏附洛案賠款定議疏併發脫稿而美總統批准議院議賠之數外部刷印送閱前擬片稿改爲正

摺因曾奉電

旨飭催且頭緒紛繁不合夾片聲敘兩稿既定先電總署晚至士丹佛處訪格總統夫人留刺而返順道告柏立以洛案批定柏立樂不可支酌酒以慶

初四日壬戌雪重訂洛案疏稿繕竣已逾六點鐘郵局加保士擔不能買明日又爲西人禮拜只可包封以待幸昨已電奏矣致李傅相書論洛案議結及總署限制經費金山岡州會館捐賑請奏各事曩與譚子剛論日月蝕之說譚謂西人能前知每年註於西歷本年六月

十四日日蝕西班牙有記載云
初五日癸亥晴復劉湘浦書勸以撙節公用湘浦久任古巴未經窘迫之境不悟總署遽限歲費而古巴鴻雪自難重印於利馬矣鐙後大風氣候卻暖
初六日甲子晴許靜山以余屬集史傳歷代使事加之論斷謂類於鈔胥心思誤用而別商譯述美政導當事者習美邦之靜默毋效歐洲之紛紜又願編輯中美交涉舊事以諗來者言外之意總不甘以文士自居至謂使館所用國帑民膏殊域光陰臥薪嘗膽亦既痛切言

之矣而靜山自抵美役不操寸楮之勞擁書課子薪膽謂何也當奉復之曰早間惠示手書以鈔錄二十四史中使事類於鈔胥鄙人以之奉託又歷指海外著書之無益必不得已俯商譯述可爲者一編輯可爲者一崇論閎議如聆清梵漢人所謂窮該典籍不達予趣雖欲無對而義篤其詞者也奉使歐壘本爲創局試撮舉歷代使事可援證而或絶不相類者默爲論斷或非鈔胥所辦國初通經之士大都援據古義旁加考證積日累月亦不免爲鈔胥固知著述一事甚非空談高視所能

濟也四庫著錄使規一卷明張洪永樂四年奉使緬甸採古人奉使事迹勒爲一編分忠信節義廉介謙德博古文學識量智慧威儀說詞舉賢諮訪服善詳愼勇略警戒爲十六類各列事實斷以己意此書雖罕傳而四庫並不詆其妄作若謂史傳太繁難以抉擇且證以近事慮觸時忌猶爲見道之言若謂誤用心思鄙人竊所未喻航海遠行張旃異域本非談藝著書之時雕蟲小技壯夫不爲況執事哉猥以數萬里相從方舟共濟雖吳越異產猶相親睦充邁往不屑之韻似無一事足勞

清顧者念館廚恰有全史擬師古人之意而一拓之敬以相屬史學亦通人所不薄隨事論斷或亦客中破寂之一助不悟閣下等之鈔胥固宜腹誹而醜詆矣偶然著錄無與於國帑民膏尊意謂非有裨中外大局者不必爲則誠有見地至日本地理兵誌鄙人未寓目許星使各國師船圖表曾涉獵一過似非盡屬書帕本也中國未覩兵船形勢者多更莫辨各國之優劣此書詳考各國兵輪爲之表以便查考尤非鑿空一流尊論以爲無益覽未終幅令人廢然盡摘示以啟蒙也承示美國

幅員襟海負陸大勢與中國同其海防延袤東西兩洋計其里數不啻倍於中國而氣象閒靜四境晏然每思體察其防海情形凡守險之礮臺禦敵之士卒需用之器械常年經費之制譯爲一書導當事者採用美邦之簡靜無效歐土之張皇炎炎大言抑何切要識時務者爲俊傑誠千古不磨之論也鄙人愚陋竊有所思中國版圖宏富而乏可守之險自外洋以達津沽可扼者何地哉美自南北花旗鏖戰後兵輪礮臺無非舊制其東西洋路雖廣然西道則烏約有險東道則太平洋混混

無際中無添煤取水之地所聯接者中國日本中間洋面卻有俄羅斯一段中日固非圖美之國俄船亦無從出沒於此且美之西偏原爲不毛之地近始漸開拓敵人得之不易經界故金山礮臺坐視頹圮而不顧凡此亮非中國所能強同中國海疆無險而國庫民財並非豐裕其能爲黃老之學或如孟氏所云制梃以撻乎美爲民政之國權操自下總統坐嘯畫諾而已中國能之乎至其偃然不設備者皆恃庫儲常數千萬而輪路電綫鄉曲可通有警則民兵應響斯至彼蓋先勞後逸鬧

下但觀美之近境而忘其締搆始基謀國之道斷未有無禦侮之具而侈言鎮靜者也美之長技尤在槍礮此可仿效比日美亦長慮卻顧議撥定四千萬金專籌防海之用長袖善舞健羨而已語云六經之治貴於未亂兵家之勝貴於未戰中國非籌防之誤不預籌於無事時之誤也若以美例之竊慮儀秦失牆鄙人既非當事亦非好事因閣下俯商譯述聊據鄙積季緒瑣瑣曾何足云又中美通使以來交涉各事擇其有關繫者如外交之禮節保護之章程各埠開辦之始末條約限制之

增損隨事摘次開卷瞭然敬紉明誨美俗禮節甚簡保護限制並載條約有保護而無章程有限制而無增損美只金山烏約有領事他埠雖繁庶中國迄未設官歷年所辦之事案牘固不泯也此中各有典司西俗謂之權利同事假觀何須關白若出自鄙人之口則庖人雖不治庖尸祝不能越俎而代之也況前使經營未必盡符高架率加雌黃類於訐直隨棄還錄猶是鈔胥鄙人近政疵謬彌甚閣下若推袍澤之誼爲掩著之詞無以信今傳後蕭氏選樓所以不收二何之作也執事經朝

邑相國之薦許爲淹博之才曩在都門拜讀大稿爾深敬佩竊幸遠適異國晨夕可資教益鄙人謭陋原不值大雅品題既承枉教未便安於緘默莊生寓言惠子知我同付一粲可乎季懷詩文稿寄到幸見惠邵亭文集附覽

初七日己丑晴拜發謝摺又爲書寄北洋印花咨文各三備賀摺用也希九亩遞遣送華人案尚有陳某一人後未能行隨後續往又言日后與諸部臣聚論接駐華公使書有一日國教士在中國受侮須索中國賠償云

一教士受侮便索賠償則小呂宋諸華商被害索賠我更有詞矣

初八日丙寅晴新蕾公家狀師回信述龔佑命案仍是一面之詞乃復爲書致兩造狀師核辦西四月乃復審尚可設法午後答拜百貫科士達回至英館一談英使謂議院此次所結外交之案僅四起洛案賠款能結直大不易又詢余赴日之期

初九日丁卯晴料理梁蓬雲赴金山屬將要案鈔去爲詩扇贈行謝傅仁風非敢希冀聊攄鄙積而已呂傑卿同去亦書贈之廖社相臨至洛士丙冷並將華人損失之項諸屬妥籌分給俟外部交到賠款即電至金山領署先給雙聯票各華人憑票赴領或託工頭代領亦無不可惟須本人或家屬各有實益此案一切公用仍應在各屲公共器具款內支銷此項器具賠款若散之各屲亦難勻給黃鈞選此議不謬也並屬蓬雲至詩家谷就詢盧達遠新蕾命案實在情形蓬雲此去成竹在胸無甚棘手之事只中國自禁華人一案總署所定章程有眷屬財產者仍准回美頗煩稽核衛滋德事亦須善

籌結束

初十日戊辰雪積厚盈寸蕪關賠款應請總署扣提俸薪代交內府了玆夙累余本年薪俸亦祇六成庶足以告同人之減薪者爲文咨署並咨皖中帆頓照會總統批例四紙一式刊送備案並請轉奏當照譯達總署

十一日己巳雪復外部照會發滬粵包封訪科士達詢商所擬保護自禁條款涂間雪嚴甚密往金飾店觀所補舊磁竟如無縫天衣

十二日庚午驚蟄晴使館居停士雕鶴來晤新舉上議

院議紳從西省來也欲中國爲購此屋索價十五萬元士雕鵠以開礦致富與談礦務云礦師甚不足靠如須尋覓可薦之來余屬以遇便留意不必專薦視其技能何如再定延雇耳士雕鵠又言華人之業礦者大有能手礦上之事優爲之礦内之祕則土人禁不使窺也中國開礦不如擇此類三五人回華辦理當有明效曩因盛杏蓀託覓金礦師故詢之復山東礦局書遂詳述此事

十三日辛未陰霧錦堂來面條議自禁華工未盡事宜

雖不能自圓其說仍與署意不背午後答拜房東士雕鵠不值臨答拜上議院紳卜撈悟南花旗人也年將七十無蒼鵠氣治任將歸倚裝待發以余往訪猶率家人婦子出見歷敘南北花旗戰事曾因兵敗爲北花旗虜禁七日即囚於議院之南曩緣收買黑奴起釁現在此風已息南北渾一亦自雍睦所居多山歲產稻甚富亦有麥棉架啡之屬該省鐵路皆其子經營舉圖爲贈圖中仍繪當日戰蹟蓬雲手牋新舊命案甚詳知鳥約日報更不足靠矣密令盧達遠前往查察現在情形並密查金山扛訟之人爲擧首應尾之計

十四日壬申晴兵部恩梯特面約往聽西人宣講初疑爲教士善會殆非然也美之游學於英者欲公建館舍以備棲止須費六萬金有西婦在烏約募得萬五千金擬在此再籌萬餘金餘則逐年分募首座爲克格倫宣講者耳目精神並注之畢頓士丹佛並在座使館惟余與英使預焉昨詢俄使不往也宣講至半西婦便授鉛筆於其伴擬求座客書捐主人婉止之謂好善之人有不願顯著名者宜隨後再商客漸散余亦辭出天氣極

佳乘便映相返署給外部照會論美總統所准限禁中美商人販運洋藥例内第三款與中國稅關歷來辦法及地方官自治之權有所妨礙仍應另文專駁滬局包封總署轉准吏部知照上年奏保一案祇徐學伊照准餘均議駁未滿差期之員非因丁憂事故回華者不得給奬係新章云此次所保各員爲鄭光祿移交仍照總署奏案辦理不悟吏部以新章見駁此數君者並非緣事撤差特未留用乃並其前勞而沒之是歷涉重洋供差殊域尚不逮海運之半年一保使者馳驅海外何以

收羣策羣力哉
十五日癸酉嫩晴赴彼渡摩訪西人窩路打所藏中國銅磁法藍雕柰諸器美紳挨林士領導與美紳阿梯共作東道主人卽賀璧理之妻父也同往者俄使倭使縱覽逾時無甚奇品然搜羅磁器至千百種亦難能矣古銅數器於花紋雷紋之上澤以殊色尤失本來面目法藍六器不僞雕柰三器亦佳壁懸花卉山水數幀署款曰沈銓曰應舉曰翬皆贋作也然滿室所儲吾華器物十之九丙耶窯瓶一枚高不及二尺乃以萬七千金得

之美洲以爲奇貨餘則倭法兩國銅磁數事而已其裹間所懸油畫水畫悉西法之妙品價或數萬金又油相一幅絕妙在十步外視之直如生人眉目筋骨栩栩欲活濃鬚浮現襟際所見油相無慮千百此爲極工此像係好爲善事之人與窩路打交厚特懸掛以示久要之意聞窩路打微時業小酒店近乃巨富以所藏器物供人游賞人柰半元每日所得悉送贈醫院善堂自不實票游人均買諸客寓書坊示非圖利也覽畢挨林士阿梯約至客寓午飯適微雨飯後俄倭兩使與挨林士先

返倭使告余以長崎案結倭賠償華兵船損傷之款中國亦恤賞日捕從此兩息爭端余答以同在亞洲相距鄰近若不格外聯絡豈不貽笑他洲哉倭使深韙斯言
十六日甲戌晴訪科士達論新舊命案並所擬保護自禁各條款與美例不符者分別指出又交犯減稅兩條與華工無涉須另款綴列於後余謂既可另款則公使來美不得阻攔一層擬添敘科謂此事美廷大愧悔若復提起則外部益慚汗以後斷無此等事可免置議余意在保護容有持議太密之處然不得不如是立論科謂應請議院專議保護華人之例較有實際

十七日乙亥晴未正往晤蚁蝢告以限禁中美商人販運洋藥例美官駐華權利太重隱欲侵奪中國稅關之權此時若不言明後來不免爭執蚁蝢旋取例本復閱彼此折駁一過告以隨後給予詳細照會蚁蝢唯唯又重中修約之請謂西省民人以賠款既定而限制之例不行紛紛嘩閧有各省自行議例之說余答以中國係與美國立約非與各省邦立約設有苛虐之事祇與美國講論而已蚁蝢謂我之苦衷特相告語蓋議院前議

限制例不行係我極力遏之竊謂非兩國互訂不能公允我非舉此相催促但此中難處一再詳言之耳余答以總署已定三端甚費躊躇此亦我之難處俟將所擬條款晤商妥定再行照會蚁蝮又詢何時赴日答以三月底今日問答甚長震東另記

十八日丙子晴美日報述美都察院裴靂批案云兩議院有專議保護華人之權應速議以爲定例並判匿市架一案謂援據條例未嘗盡强奪別國人應享利益卽是强阻申行合衆國之法紀也據所判而論華人慘遭

殺害各案並他國人未經入美籍或有被害如華人者合衆國例實未由保護申理祇得仍按各邦之例期以保護而已故都察院應責議院以速議保護華人之專例也日報之言如此申正訪科士達告以新舊案西四月十九號提往別埠審訊並與論保護華人條款旋訪老人百貫寓樓出觀前在粵中所治雜證各圖約五六十幅刊諸卷帙者又百十圖皆舉極奇難而撮刊之得其醫治而痊者蓋五萬餘人百貫在粵有善人之譽不圖丁巳之禍亦預兵間耳現在行年八十二歲步履少

澀上下樓梯其子絶不理會余慮其蹉跌屢語以扶侍其子謂乃翁不樂相扶西人父子之誼蓋如是也鄰人畢頻之壻途次新墨西哥赴友人之席食蘑菰稍多歸而昏不知人新婦急灌威事記酒解之醫謂幸先得此酒否則不治然則威事記酒亦足以治寒疾

十九日丁丑晴華童步蘭敦每禮拜日必來使館期尋本生父籍貫姓名至於流涕其父別無遺物無可追考一日持一皮枕來謂有華字疑爲乃父之名質諸各員則皮枕店之字號童乃爽然若失又謂聞乃父來美時

經提督披利帶至華盛頓曾傭於農部花園卽今之鉢多溺嘉頓也譚子剛憐其孤露喜其誠孝偕至花園晤花匠士蔑指園內荔枝一株高丈四尺龍眼一株高丈二尺含笑一株高丈云係伊父從中國帶來手植於此惟其中國姓名殆忘之約略記係澳門人曾有題誌舊帙不知擱置何處有詩家谷一人爲其舊交容代詢之其來在南北花旗未征戰之前當日花園實亦荒蕪乍翦然華人之來華盛頓者此爲最先云華童得此消息感謝不置遂欲自往詩家谷尋此西人子剛以其年穉

止之欲候士蔑取有回信再爲尋究華童年僅十三歲久養於西人喊樂衣食無間必欲自尋所生天性之厚亘不易得頃來使館因倩進齋爲英語奬之正月間閏士丹佛言他日爲美患者決非華人而惜者不悟近日議院亦將議限禁歐洲各工來美云前日晤科士達論及此事科謂並未明白宣禁但議定不准美國工頭赴歐洲招工不禁而禁矣進齋謂德人在美百十萬現有充議紳者其勢萬難限禁美只能潛爲之備而已比鄰一鴿曾任兵官礮折右骰以木接之行動如常乍見並

不悟爲廢疾此西醫之妙也

二十日戊寅朝陰午晴畢頓蔦一映相入午後往映照抜亦平平祕督領事寄參贊書言麻拂埠華人慶賀元旦各鋪戶紛豎龍旗地保稟爹乃准經代辦領事些盧巴士哥懲革之祕俗貪利可笑而西官代辦領事能秉公道不畏强暴亦可嘉也

二十一日己卯晴戶部珉玲辭職就買差片告行余亦差送之科律師來談限禁販運煙土事中國應有專例今中國不頒行故美廷立例耳余謂中國罰辦本有定章載在咸豐八年條約所以續約無須申明美領事權利較華領事天淵現不與蚁蝡爭者以中國政存寬大其畀領事之權各國一律非於美國特優美爲民政之國權在國會其畀領事之權亦各國一律非於中國獨刻故無須爭辨但美領事駐華既享受通共利益應遵守通行關章未可以續約所載由各本國自行禁止不引利益均沾之詞講解二語遂謂領事可獨行其智也科詢關章向日是否如此余答以稅關之權向不旁落隨屬參贊將條約引證數款添敘文內

二十二日庚辰晴晨窗將起時聞鳥聲春氣漸深園樹將坼矣飯後門外馬車雲集俄館參贊約郊外試獵余以獵無定處追逐馳騁雅非所好遂赴農部花園甫啟扉香氣旖旎則含笑花也仰觀龍眼亦綴蓓蕾惟荔枝則綠葉扶疏而已稍進有桂樹二株繁花如纓絡花匠摘含笑一朵以贈自出山以後不覩此花二十四年不圖四萬里外遇之惜西人養花閉置玻璃屋裏似難暢其生機其旁植椶榔諸樹沿砌鷄爪蘭花皆粤產有類椶葉而大中綴實如芭蕉形者西人標題爲蓑衣樹粤

中殺禊之具究莫能指名南方草木狀有無記載竝忘之矣昨日訂定照復外部限禁販運洋藥文檢洋文約本校對無訛卽令震東照繕叉保護諸條款已譯就仍令進齋復核以免舛錯

二十三日辛巳晴昨檢同治七年中美續約校閱志克菴日記與總署刊本間有一二字脫漏然大致不差且每條詳疏命意惜美廷不克遵守耳克菴此記詳於各國製造船械槍礮農具金銀自來水煤氣燈及織造氊毯布匹綢綾樹膠器皿記載精細若倂算法而引伸之

裨益較大惟礦務不甚推求其時中國方以開礦爲罪故不願考究所載比利時海口礮臺特詳其式守國有險復建斯臺庶幾可以自固克菴駐法正當津案搆釁時法人頗有仇視使者之意記辛未之冬余在鄂晤孫稼生述法兵敗挫臣民離散土匪搶掠之狀視克菴此記爲詳然此種劄記總爲有用之書足資攷據瀏克菴來時度金山附船至巴拏馬換船抵島約水程多閱兩旬當日金山至美都尙無鐵路自蒲安臣之約立華人紛至傭工然後鐵路始成乃鐵路成而厭惡華人之釁

起矣今昔情形不同如此土爾其新派公使來晤眉宇間有靈慧氣殆習耶穌教而非回回教也據云土國遣使視某國之教以爲衡若英美均遣習耶穌教人義大里則派天主教人矣俯仰隨人宜國勢之日蹙晚觀鯀會跳舞晤倭使詢倭俗五七言三十一字詩是否每句用韻倭使曰然天氣甚寒少坐卽返涂次雨雪

二十四日壬午晴賀壁理復稱中國稅關拏獲洋商違禁私販貨物卽行充公無須知會該國領事若懲罰則由領事主政稅關不專之也與余意吻合當將照會署

名送外部適虬頓來文以洛案賠款備齊候示訂交因電總署代奏公使無代國行權之事何可專擅發電後赴英使之約仍是前在兵部宅集捐之英人意屬克格倫而克僅捐二百金余以英使之交特捐百金助其提倡飯後赴外部晤虬頓申明總署自禁華傭要以保護未綴減米稅交逃犯兩款共十五款草議付虬頓斟酌華工日稀華商日蹙故須請減米稅爲華商稍謀生活至訂交逃犯一層則美方與歐亞諸國訂約有可援證也此雖與華工無涉旣互訂約款當連類及之虬頓亦

謂交犯一條原可照辦但當另爲專條並約下禮拜再談就近赴畫院一覽此中油畫有值二萬五千金一幀卻無過人處其爲値不貲者尙有可觀中有吾華珐瑯几一張卻不贋樸上下並有石像雕鏤極工如老婦蒙紗幼童垂淚均能形容於石已非易事其最難能者拏破崙第一之像係兵敗被拘愁鬱致疾枯坐胡牀手握地圖背倚棉枕膝蓋棉氈眼光上視若有所思口鼻之間若喘息既肖其兀傲不平病困抑鬱之狀而棉枕摺紋棉氈垂搭地圖如紙薄悉於石乎求似以至堅之物

作如許揉墨令人視之忘其爲石美都所見石像斯爲最矣續赴後鄰觀樂器其制如弓形中綴四十四絃兩手並彈其近地處有一銅機以爲輕重疾徐之節以足按之用意與洋琴同而工尺之音與吾華無異疑仿吾華之琵爲之出義大里亞他日差旋當購一器以示知音者遇日使云將爲古巴之游往返數日並約置酒餞別晩觀幼孩跳舞自四歲以迄成童衣飾奇麗教習者就中指與行動進退略如兵法部勒整齊烏約銀行主人布琅攜婦寓科律師處科爲設會約談晤檀使詢該

國種茶有成否答云種植仍不得法告以中國產茶亦非到處可植視地利何如耳坐客甚多不覺久談子正始返是日爲美總統生日各駐使向無慶賀之儀行經美宮只馬車數輛或其密友相與稱觥民主之國簡質如是

二十五日癸未晴閱廣報本年正月十六日甲辰月食四分四十四杪初虧申正二刻九分在地平下月出地平酉初二刻四分二十七杪食甚酉初三刻復圓戌初一刻而此間不覩月食之象頃詢西士諳天文者云南

阿墨利加洲見之尤代查時刻見示或可資致證也美都之東倫柯忌埠有西人名耑域年一百零二歲本月十三日納婦曰壓地士蔑年七十歲白頭花燭海外之奇談

二十六日甲申晴巳初得總署復電美賠款案

旨照收前電但云十四萬零未聲明銀數抑係洋圓郎電復等因當復以欽遵照收轉發金山領事按冊給領豫刊告白聯票免舛誤此款十四萬七千七百四十八元照咨冊索足洋銀均論圓金則論磅使費已到俟善

後約款就緒寄呈核定三月杪赴日美新例杜美商販煙土由領事罰辦究礙稅關權已駁之乞告田使此等一面之例中國不准云往訪西人啫利無孔不入而官兵卻無侵蝕空曠宜其兵隊之整而戰勝之易是操何道哉比與阿麻玲談知各兵隊中另有發餉之人不出諸營官統領之手各兵領餉必自行簽名每隊層次給發從無舛錯其有病傷告假則就醫院寓房給領本隊不給亦免朦混水陸兵餉均如此辦法詢以帶隊官不握餉權則各兵恐不易約束阿謂自有軍法不繫乎自

行發餉也詢以管餉之員受帶兵官節制否阿云不受又美例凡兵部水師部兩大臣向用文員取其不如武人之暴動思門狠晚觀印度諸圖純用白石雕鑿宮殿柱礎皆白石爲之窮極工巧殿內園池極幽秀其王每令宮女衣紙裳蕩舟有消息納水自覆紙裳悉飄棄無餘王乃垂竿釣之令銜鉤而出赤身如白魚淫巧之極奇者宜其亡矣此時政令咸受成於英之留鎮大臣爵與王埒而王之逸樂如故其國多石佛像梵宇閎峻亦鑿石雕鏤極諸洲所僅見乃悟印度盛時物力之厚有

喜神像一區肰如牟尼左膝盤繞右足下垂袒肩垂手善氣迎人彼族以爲喜神謂禱之必有歡慶事曩聞財神在西域即佛寺頭門握織之像謂白屬金織爲華蓋肰肺亦屬金故爲財神今閱此圖知喜神亦出印度吾華每於正月迎喜烏有子虛而外別有所本乎

二十七日乙酉春分陰虮頓約十一點鐘晤談條款偕進齋震東柏立往虮頓亦倩副外部麼士旁坐助檢舊牘且代觸發虮頓意在限制余意在保護彼此辨論逾時虮頓以余所擬條款請美廷專議保護華人之例以

爲美國向無專爲一國之人立例者余微哂之曰限制華工例非專爲一國而發耶虮頓愧怍又云所擬合眾國專派一員料理華人事亦可不必余答以中國係與合眾國立約故請合眾國派員虮頓亦語塞一席問答折駁層疊震東詳記之

二十八日丙戌晴議紳多福前日面交洋文一稟係歷敘華人江廷在阿利根省能得眾心乞酌予職事稟內簽名數人皆該城巡撫諸官士圭也亦預其列末則多福與稅司巴士當譯寄蓮雲詳查其人本日新聞紙言

巴士涂夾洛士丙冷被盜失卻七千金或多福近承國
會公推督查兵營操防各事故令巴士先驅平檀使送
到該國主賀
今上親政書又訃告其女弟殂逝誠雜糅不典矣檀爲
無約之國特以華人傭工斯島垂四萬人不得不虛與
委蛇前年該國有喪亦曾訃告於我鄭光祿傳
旨慰問此時若不上
聞徒滋口舌
朝廷答書如何當與總署商之檀使復請訂期相晤意

在通商耳祕魯查寮之事屢催無耗因電派楊建勳莫
力侯兩員往查限夏季竣事
二十九日丁亥晴午後答拜俄使士使又晤議紳多福
詢巴士被劫事另有其人非稅司巴士也晤科士達論
前日與虮蝢議約情形及新舊胅師來函所陳各節此
案准西四月十九號移提美蘇利省臬司復訊能否全
案平反卻有兩說晚令譚子剛往鳥約定艙位並因新
舊案轉告趙鳳培諸人辦法
三十日戊子晴字林中西歷誤刊二月小建三月大建

謹遵歷書正之申正往佐知採觀布瑣自置輪船形狹
而長其行甚速每點鐘能行十八邁自鳥約至荔華埔
僅四日初製此船原爲遞送書信之用共四十艘久而
散賣此船遂歸布瑣作游船月糜二三千金西人豪舉也
船形視海東雄尙狹視澄練則過之然工本已十五萬
金宜結實可靠矣輪機堅固設海上遇風顛簸仍倍他
船亦宜於內河汊港耳鐙後得蓬雲二十二日手牋略
言自詩家谷起行經阿美河洛士丙冷恰鼻士頓卡倫
屋頓離那六埠均有華人數十迎餽酒肉懽聲載道咸

言近日工作獲安傭值且昂聞新領事經過醵資暢飲
有從山裏小埠間關來者喜其今日敬愛之誠益憫其
當日流離之苦又傳諭洛士丙冷工頭勿以索得賠款
爲高興勿以原報厚薄相訴爭諸華傭均唯唯金山一
埠有約之國均設領事竟有三十二員英義荷三國並
設兩領事其交涉之繁亦可想見士丹佛未回黑假近
抱西河之悼蓬雲均未相見錦堂於二十二日附茄力
船內渡云近日鳥約禁賭甚嚴諸博徒乃欲輸資惡黨
以爲護符仍理舊業領事憂之而無權禁遏晚十點鐘

大風零雨幾類地震
三月初一日己丑晴道光二十四年卽西歷一千八百四十四年中美條約粤督耆介春所訂總署刊本已遺之矣而美廷時復援引虮頓去年復鄭光祿照會論洛士丙冷案引證數條皆謂美民在華只能聚居通商口岸非如華民來美到處可以游行以見中美之人利益厚薄而忘卻美之待華人者如是其待各友國人亦如是中國之待美民如是其待各友國民亦如是美國非於華民特優中國非於美民特薄兩國各有政例未可

強同然此約本既非廢紙自宜備覽因令繙譯到外部將原約之副送漢文者照鈔一分援寄署刊之卽咸豐九年中英約內亦有金陵約仍留照行一語似金陵約本亦未盡廢總署亦宜備刊也俄王近復被刺幸免於難英王賀之頃聞已緝獲兇手矣俄人思改民政狙擊之禍屢屢
初二日庚寅晴烏約華人擬購醫院價值萬六千金先交六千可以管業現僅捐集三千餘金便已交價餘擬湊公分三千金以集事所闕萬金分年收租抵還或集

捐款給之殊勉強竊慮尾大不掉也當面告領事再酌華人謀生外國垂二百萬人卽美日祕三國亦逾三十萬總署納鄭光祿之議自禁華工赴美所以遠禍機而保生命法甚善也惟不能來美宜別籌融納古巴自中國設官以來華人均享自主之利非復仍前苛虐該國近有招工之說究竟有無流弊因電詢藹亭再商辦法逵雲致參贊書言錦堂日夕絮聒無非詆斥李金華直與公事無涉又奉飭集會館公所妥議自禁華工後取益防損之法錦堂匿不示人且未集議刻始將奉批各

節補錄札文示諸紳董於是華商大譁謂錦堂建議限禁又匿不集商因集昭一公所索錦堂立單保其身家衆情憤憤錦堂既倡自禁之議又欲見好衆商歸惡鄙人黔技終窮竟何益哉晚七點鐘公讌都察院威地布勒遲佛俄使倭使前外部黎積臣紳士挨林士阿希堅彌地科士達夏盧柏立十一人席散後索觀銅玉磁套諸器並及書畫倭使亟賞方方壺一卷科士達擊節憚畫此外頗乏解人席間阿希爲言楊約翰近竟瘋魔言動失度蓋自華回美鬱鬱不得志至不能贍其子女前

月來晤已訝其非復在華時舉止不悟熱中致疾也其人本長厚甲申在都曇與商榷法越事迄無所成

初三日辛卯晴吾華修禊之日觴詠風光未可期諸海外華諺上巳前後必有大風舟行所戒頃西人亦言西歷四月二十八號必有大風航海者避之俄使將赴巴黎避此風信且有勸余日國之行宜在風信之後中外節候攸殊風信乃合此不可解者也余已定雇法公司船名波安船主佛彌治四月朔日自島約展輪直抵法之蝦畫埠距巴黎甚近不走荔華浦擬歸途再經英倫

西人避暑者羣游歐洲此次法公司船極費力乃能定此艙位俄使亦云此船堅穩威地來書以昨晚之會誤閱去東遲到半點鐘委婉道歉西人守信如威地者不愧爲都察院矣

初四日壬辰陰尼臣路日報言昨接倫敦電音中國與葡萄牙立約准該國管轄澳門墨西哥華人公稟爲榮華公司辦寃自係衛滋德詭謀屬託與去臘美領事來稟用意正同當批交蓬雲查復

初五日癸巳晴虬頓約十一點鐘往收洛案賠款銀十四萬七千七百四十八元七毫八仙如期照收書據三紙外部留兩紙與戶部分存余攜回一紙存使館備案虬頓所交係島約銀票又自署名於後十數萬金易此寸紙外國銀紙之用廣矣吾華如能仿行安見財幣之不流通也收票後屬虬頓代謝總統修睦之誼電詢蓬雲何時匯金山飯後至科士達處詢商結案美廷所賠者華人損失之數並未賠償命案此時申論類於得隴望蜀余不屑爲之彼國之例已釋之囚不復再繫則辦兇之說無從根究然斃命無著究不能平科言償命一

層初辦此案時業與鄭光祿商之且檢成案與閱鄭光祿以爲不必若當時並索則不止此數刻自不便與美再索特此中闕憾處仍得援爲話柄而已金山電復洛款商定在美華人由工頭越國由殷商回籍由陳芷泉各保領約三閱月可發八萬半年竣事此案用費衆議勻扣恐貽誚乞奪當復以在美越國回籍三項各若干工頭曾言否此中不盡新甯或按縣塡票交館董照發勻費斷不可曾電奏按冊給發由領事預刊告白聯票現費無多只公器一項已足每名應若干實塡聯票明

宣告白以顧考成不能徇衆情此款嘔盡心血索來若散放潦草蒙謗實甚重報五名剔存候信

初六日甲午晴小呂宋設領事洛香帥選定電復以便照會日廷索准照去年會奏南洋羣島歸粵督兼顧自應粵中掄派午後草疏遵收洛案賠款散放情形一摺附陳寓美華人善後各款與美部晤商一片張佐與留差一片

初七日乙未雪竟日寒甚晨起草疏恭報兼使日國起程日期一摺附陳小呂宋擬設領事一片律關書言中

法約款法使請再商者五又美駐朝鮮使者福苛潛預俄事屬查其人復蓬雲電請排衆囂思鄙言洛款索償之難人皆知之洛款散放之難直非所料湘捕請改派林莫兩員查察即照允並屬電報程期

初八日丙申雪霽致總署書洛案賠款散放事善後條約事自禁華人事美禁販煙事附華人歷年在美犯事抵罪各案一件條約底本一件外部問答一件煙禁照會一件洋文一式兩紙

初九日丁酉晴夏灣拏日報言小呂宋土人厭惡華人近爲公稟乞總督轉達日廷將中日條約詳酌一切俾小呂宋華人所得權利與日人在華者一體總督諾之今雖華人踴躍集貲以駁案然内外商務有關當道主持公論當有法以逐之云華人謀生海外幾成厭物然其召侮之處亦大可慨矣小呂宋設領事之議去冬咨粵督定用費之所出今春復咨請掄員電知照派不知何時見復頃將赴日當咨總署請示

初十日戊戌晴就所致總署函內事理並達北洋亦附鈔摺洋文各件西人士蔑查示本年正月三十日即西

歷二月二十二號南緯綫二十一度四十分西經綫七十度二十五分南阿墨利加洲智利國北鴿排茶埠見日全蝕約六分十秒當日落時該埠時表六點鐘三十分時候西人考究甚確吾華經緯相懸不見日蝕也

十一日己亥晴滬局包封已發訪阿希挨林士堅彌地柏立涂經檀使館留刺答拜檀島以華人流寓日多屢欲與中國通好立約檀地略如吾華一府國政又雜亂近准華人包收煙稅其島主得賄七萬元既批准矣積有加賄者島主亦准之舉國譁然檀使前日來晤但云

島主喜用土人不甚崇重美人而已煙稅事未相告今日已見諸島約新聞紙矣檀頗美之附庸美亦卵翼之其外部爲美逃人犯罪以檀爲逋逃藪檀乃倚爲碩輔美又喜其聯絡一氣更可以爲所欲爲年前美定限制華工例檀亦欣然附和近據商董稟回華諸人須請護照乃能復返而須家貲千金者乃給照每照自二元起索至十元商董稟商由會館代領以一事權

十二日庚子清明晴

今上誕

陵之日遙望京華風日當晴暄也子豫辭回古巴屬代購衣籠兩枚往從香港所購頗不堅郵亦幾經舟車拋墜不能盡委之製造不實也夏盧約今晚九點鐘公會余先有日使餞行之局恐難兼赴爲書謝之仍屬參贊代往以答其意電許竹篔赴日船期請預達外部知會稅關電希九派員在蝦耆埠照料登岸今晚日使之約同席皆南阿墨利加洲公使其國土舊隸西班牙故日使號召以爲陪客食品皆日製所言皆日語詢以歐洲應否用頌詞日使云現仍通用前年閱諸李丹崖謂歐洲近刪此虛文殊不確也席散後仍赴夏盧宅都察院威地科士達均在座墨使智使續至

十三日辛丑晴擬定頌詞譯日文備用日爲君主之國儀文甚講究不宜略之檀島賀書備文咨署另函代達其女弟告逝之文於無可如何之中强析爲二申初訪英使前戶部李積臣不值訪威使久談承語以美俗近於中國較親睦自余到後大有轉機渠數日前偶步美宮不期適遇總統立談三刻頻叩中國公使起居詞意甚摯卽各官紳只有推重之語無復輕慢之詞又詢余

何日起程擬赴鳥約相送此老爲鄭光祿舊交於余又極相洽駐使之誠篤者

十四日壬寅早晴午陰晡雨各署俸薪發夏季連閏四個月午初科士達來詢何時赴鳥約布瑯欲訂期相招一修東道之誼告以本月下旬復詢其經過英法應否拜客科謂有暇則拜否亦不拘復託以新舊命案科意不能於西四月十九號移提之先設法但託該城律師查取供判而已其一策則俟定案後照會外部申理余行後仍可與代辦商量屬勿縈念

十五日癸卯晴函復蓬雲金山領署程彭兩員一爲浙人一爲楚人與領署諸粵人言語不通文墨外無他助遠役數萬里又若自爲一流人殊域之中別有境界良可念其不自檢束之故領事宜體恤而箴誡之遽爾棄置殊不忍

十六日甲辰晴各署函牘向係逕達自去年夏秋悉緘交參贊代呈外洋通例公使權利最重若封面不塡公使銜名無從查追此等辦法不知何所本昨因日署復函逾月未到遂通飭之駐德隨員王子裳辭差回華游

歷美洲取道日本許竹篔函託招呼並述限制使費係曾劼侯發端非闊丹相之意

十七日乙巳晴屬仲蘭檢齊赴日應帶文件國書而外一切案牘須現辦者不可遺也蓬雲函報散放各款章程即手復之寄去電奏稿致總署函稿

十八日丙午晴馬邦各書院學生來謁總統並託柏立求見余遂於晡時接晤來者約六十人不知其造詣何如也水師部汨尼女生彌月赴禮拜堂洗沐聽講耶穌函約觀禮余以禮拜堂之會如總統生兒女或平日稔交之友可以赴之否則不往遂僅到其宅一賀坐客如雲皆美之極有聲望者函致總署鈔送道光二十五年中美舊約

十九日丁未晴王子裳自鳥約來解榻逆之又令祝彭導游美都諸勝雅副其紆道游歷之意子裳以部曹隨使照章只保直隸州非其志也屆期如不請敘又以爲規避部章綦嚴乃於未滿差以前請假回華同行之嚴福堦醫官而不服水土者也均不能西語火車亦殊不便虮蝢函送條款且訂明日十一點鐘晤談諾之惟條

款恐未能今晚譯出

二十日戊申晴虮蝢條款竟譯就所擬限制華工四條第一款以二十年爲限第二款以父母正妻兒女爲眷屬以產值千元爲財產惟須報明稅司該稅司遵現時之例或自後所立之例給予回美執照第三款言約內所定章程專爲華工而設不與傳教學習貿易游歷諸華人有礙又訂明華工或前赴他國或自他國取道來美仍舊享受假道之權利惟須遵守美國政府自後所立章程第四款則言此約互須遵守以二十年爲期按

批准互換之日起期滿之日倘彼此於六個月以前不將停止限制之意備文知照則仍展二十年等語於余所擬保護各款乃援道光二十五年老約以相折駁淸積案減米稅兩款謂須取决議院卽前次面許交犯之條亦竟翻悔當再往晤分別詰之問答甚詳震東另記大要駁以但援道光二十五年老約而不援光緒六年新約及已許旋悔又華盛頓創國例議院有權能立申明遵守條約之例蚏蝢惭悟屬以商改余告以赴日船期已定此時不暇牽訂俟涂次復核蚏蝢唯唯索余照

相余亦還索之握手爲別

二十一日己酉晴復李傅相書寄去昨與外部問答另寄油相一幅午後赴墨使署言別畣拜德使法使倭使波打卑勞余路文各將軍議紳多福阿編余文及內部兵部水師部均過門留刺繞至堅彌地宅一談赴柏立晚餐

二十二日庚戌晴晨起拜發起程摺片訖重屬仲蘭檢美約三分又道光二十五年老約鈔本又洋員馬治寶星一枚印照一紙約計各處函牘粗了可以檢拾文具午後赴威地科士達處辭行

二十三日辛亥晴晨起檢日記鈔本交錢姪緒政復檢衣囊棉夾單紗並帶皮衣帶至灰鼠羊皮科士達來展別並約二十八日到烏約相送倭使來別知料簡行李遂告譯官以親到送行之意

二十四日壬子陰藹亭自古巴來古巴近狀華人尙相安銷冊繕印包封札滬局遞送今日禮拜不能買擔保士單

二十五日癸丑雨午初登車微見雪點仲蘭涵生震東

子剛差弁陳吉勝劉吉祥李角兩僕黑奴文利同行酉初抵烏約沿涂積雪盈寸度費城雪意漸濃烏約則寒如深冬車行遲半時乃到詢希粱新畣楽已專人前往料理

二十六日甲寅晴烏約有西人善相者招之來談不言休咎但論性情作用祇就頭骨揣摩自攜一人隨談隨記談畢以相圖爲贈又贈一書本其圖上部位自眉至腦非如吾華自天中起算也所言間有當者不言休咎亦取巧之一道申初訪巴盧不值至格總統府一談格

夫人縷述歐洲風景頗嘉俄羅斯之富强視英法蔑如也芝使電詢何日到英倫復以日都歸涂趨教

二十七日乙卯晴藹亭自華盛頓帶到續檢中大毛皮衣飯後與談古巴用款及經費限制之故午後仍約相士來爲仲蘭涵生震東談相各有微中續詢其圖上部位相士謂確有所指乃叩以凡人好爲誑語於何徵之相士指耳上髮際一團如狐穴者謂此物最詭譎若此部位不顯則人不作僞又頂心骨主人忠信部位高聳則其人可交若於應顯應晦之地均相反宜多誑言相

士今日所攜之寫字人係以手按機作字馬略如電報紙條甚捷速且係暗馬旁觀閱之不解申初訪巴拏蠻布耶福士均未遇福士之門有旗昌洋行四字漢文美商在籍猶不忘吾華存心良厚

二十八日丙辰晴格總統長公子來展別詳論火車銀行兩事爲言中國現銷墨西哥鷹銀係英商以中國暢銷因而仿造非墨西哥物也叩以仿造他國銀元不悖公法否格云不悖但能悉仿成色不僞雖美銀亦不禁人仿鑄也格別後科士達來詢有無留交之事其意甚殷爲致駐日都義大里亞公使一函銀行兩函可感也布耶設餞於家遍邀烏約富人同敘出觀中國樂器圖大哉孔子之歌竟用西文譯出又以意爲音樂節奏西人好古大都類此末乃並譯三月三是清明小曲殊不經耳暢飲盡懽而散談臣亦在座此行同舟之侶也

二十九日丁巳晴午初運行李交船主差弁僕從先發余晚飯後登舟科士達進齋藹亭希渠寶森送至舟中爲別船主升

國旗誌慶從此容與西行輪颿無恙誠多幸也

四月初一日戊午雨寅正出口無風同舟有瑞典國兵官曾在金山開礦用華工頗多曾游吾華略知拜手爲禮贈余映相余亦還畣之有古巴督署司員贈煙捲均萍逢之雅是日舟行三百九十八邁

初二日己未早陰午晴遙見烏波諸山晡後亦見來船一葉船主午飯後戎裝修謁極道展輪時忙甚且患小恙故遲遲求見如有支使之事靜候指揮其詞甚恭夜風微眩卽睡

初三日庚申晴晨起渡烏蚡倫無風而浪眩暈不能早

餐登柁樓小立眩不止仍就枕尋睡申初睡醒略覺清爽晚餐尚不闕特不過食耳昨來船示旗告船主以冰山隨潮而下容易挫撞適濃霧迷濛船主有憂色

初四日辛酉晴無風早食稍適登柁樓爽挹清風西人以爲養生妙訣也旋爲手談至申正少憩讀杜詩數首晚飯時見來船從窗外過仍登柁樓遐眺遠見帆影同行甚駛與瑞士兵官約明早觀日出

初五日壬戌晴早起微風天腳陰翳觀日之約不果午飯後風捲白浪舟行顛簸西人謂此爲大西洋極深處

過此入一海峽氣候漸暖或曰暖海

初六日癸亥晴子剛早起欲候日出邀余往觀亦爲海氣所障然風已漸平飲食略多飯後登船棚小坐旋至醫生房與談醫理並詢金雞納霜功用醫言歐洲鮮用此藥其性主於溫散美則無論何病輒用之又云寒熱之病歐洲不常有惟近土爾其之地間患此耳余嘉是船之快醫生謂究遜英公司晡後風浪較定晚聽琴歌

初七日甲子晴風浪平靜同舟有比利時布商贈儷面銀錢一枚又留住址請游歷時便道訪之復舉諒山之捷以爲差强人意尚非泛泛恭惟者奉使以來兩聞西人談諒山勝仗矣晚餐之頃見一颿船從窗外過間詢談臣美俗開礦之利及房東士雕鵲驟富驟貧之狀談臣言士雕鵲以開礦而富買股票而貧開礦須靠礦師亦有非礦師識力能及者譬之火油一項初業礦者不知也向只盛產於俄近則美產不少矣即此可以類推又墨西哥一國獨出銀礦而無金且乏煤其銀產雖旺成本不輕以須從美購煤鎔化故也

初八日乙丑晴風浪平舟行三百九十二邁明日可抵

岸船主爲佳饌美酒以餉客午後見來船二聯檣乘風其行甚快晚飯時亦見一船均特帆以行已抵法境矣諸客醉飽歡呼跳舞間爲手談夜一點半鐘至塔鏗處停船二十分鐘候引水人來入口

初九日丙寅晴渡英國海界波浪稍雄已歷九晝夜遂不眩矣舟行三百七十二邁飯後登眺遙見西面諸山橫亘波際斷續不相接氣脈似不貫也山上亦有塔鏗白晝無光耳檢拾衣篋付船上管艙人代運至巴黎客寓並犒賞侍役船主好名每次必求諸客署名於簿以

嘉其伺應之周余已許之矣總管者請之談臣乃不肯署總管大衡談臣殆西人之直諒者也酉初將抵埠潮退不能入口用小火輪接運諸客各攜皮袋候於船舷遙見龍旗一舸則希九駕小火輪來迓候公司駁船開駛適時乃泊近大船適風雨暴至兩船大小相懸艱於緊接從船篷上搭小木梯作橋極高而狹船主以木板塡之又令水手夾侍兩旁自立橋上扶掖而過其意可嘉登岸則同舟諸西人皆立候握手是晚暫寓哈晝客店

初十日丁卯晴早飯後乘火車至巴黎途經各埠風景閑秀略如江南申正抵巴黎許竹篔率參贊舒春舫慶藹堂陳敬如各員學堂洋教習斯恭塞迓之車頭東道之誼可感遂偕希九同車至甘天年各寓略啜茶麪卽易衣答拜竹篔暢談中外各事不覺中夜又答拜參贊諸君學堂教習周子玉洋員斯恭塞回寓晚餐丑正睡

十一日戊辰晴晨起春舫諸君來晤午正談臣來別將於明早赴義國游歷備言哈晝登岸時坐待火車至十一點鐘乃行五點鐘抵巴黎車上不能宿勞頓之至轉不如少憩哈晝爲便復約會倫敦竹篔來寓約觀蠟偶殿光學畫及山林泉石之勝至

大淸公所啜茗回至法館晚餐談至子正冒雨歸寓蠟偶殿者以蠟揑成栩栩欲活細視亦不覺爲假誠絕技矣內有李傅相曾劼侯兩像卻非廬山面目衣冠翕然而朝珠倒掛兩像一坐一立冠則一夏一冬其下一像爲德相畢斯默竹篔亦云不類然則蠟偶之技其酷肖者尋常行路人矣乎其圓畫則當日德兵破巴黎時事肰離亂奔避兵燹蒼黃之情上有氣毬隱隱可辨將以激勵衆心欲爲三年拜賜之師也其樓上之畫則土爾其都城諸境橋梁舟車無不肖似非如他處圓畫但爲戰陣之形而已山林泉石諸勝殆如公家花園而有瀑布石洞層疊曲折頗類吾華所經池沼亦多花樹鵝鴨之屬繞石洞後忽大雨衣履沾濡亦防泥滑沿磴行幸免顚躓

大淸公所則從前賽會時赫德之所營造工匠物料均由吾華帶來房屋概如華式屋前有亭其楹聯曰於此間得少佳趣亦足以暢敘幽情屋內所用茶盤鑴以篆

書閒費以十萬計會散後即以贈法廷迄今作架啡館亦猶吾華之茶館也土木之工雕鏤精妙金碧輝映巴黎爲歐洲絕大都會留此規模俾西人瞻仰未始非宜

十二日己巳晴竹篔函訂兩點鐘訪法外部居時來寓同去因早餐以待遂偕希九仲蘭震東法文參贊慶藹堂同去外部規模華麗逾於美都其部臣福魯昂才器似遜矾頓握手後告余以中法之交從此益睦恭思當駐華係了事之人非生事之人所辦必能相得又言中國如此大國必須有鐵路以轉輸微聞近已創辦於津

門余答以出京後便不知鐵路消息竹篔告以商約閒將安訂又謝其安頓游藝諸生福魯昂謙讓不置余告以此行順道游歷三五日即赴日都不求見總統亦無暇再言別晚八點鐘竹篔假法總統官座觀劇劼侯日記所述之地劇園豪侈爲歐洲之冠法爲德敗後特建此以維繫人心西洋風俗所好然經營亦亘不易

十三日庚午晴飯後赴暎相館陳設多吾華錦繡疑係購諸估衣鋪者中有繡屏如執扇式極工緻惜暎相之技不佳鏡忒小時己申初因與竹篔約定赴日使館遂

怱怱返寓竹篔已坐候共議總署限減俸薪之令並商各復辦法四點鐘訪日使則因事赴外部矣已訂定三點至五點鐘候晤而失信如是甚可詫也大約强國初尙信義久乃習忘遂漸即於貧弱國勢旣頹更不知信義爲何事

十四日辛未立夏陰法報言恭思當將自華返國午後竹篔來談德法搆兵之機已塈日前有法巡捕官巡哨至德界德人虜之蓋德國例禁他國人刺聽軍事其防範法人尤嚴而法巡捕之往則德人招之也被拏之後

兩國各有違言法巡捕呈出德人招致書函以示非自行前往德乃無詞遂委之緝拏者之誤與法婉言法亦不深究於是兩國不起戎機竹篔謂此事可爲中外交涉作一榜樣兩國勢力適均操縱自如也此行與竹篔盤旋數日因與同暎一相又自暎衣冠便衣各一相竹篔約觀西人雜劇極水火變化之巧子初返寓

十五日壬申陰寒竹篔因造船事回德國屬勿往送本日日報言日君后偕子女避暑行宮尙無回鑾之期午後往倍克思珠寶店看珍珠鑽石鐘表該店持劼侯所

給牌照來謁以證買賣公平及到店樓尙有志克菴孫稼生所給諭單亦與其價值不浮中國人來此買物宜照顧之竹簣則謂其初尙誠實近乃浮詐毋亦商賈之常技乎返寓晚飯趨至車房竹簣立談至火車展輪乃別復訂爲百靈之游日公使來訪未接晤

十六日癸酉晴舒春舫陳敬如約觀水法無甚奇巧但欲憩高一覽法都形勝遂同登塔頂高二十二丈升梯而上未及半寒氣凛然俯視巴黎瞭如矣旋至大花園觀珍禽怪獸海外數見者也惟此園中羊車街車及騾

馬駱駝均任便乘騎投錢予之價並不昂象亦能騎每象背坐八人略如街車之式園中特製一石橋爲騎象上下之磴西人用心無微不至園有斑驢數頭又有一獸毛灰色頭脊微白閉之鐵籠終日行走不輟或曰屬耶亦有狠狽二獸殊不奇矣日色已西分道遄返經拏破崙第一紀功碑處壘石如牌坊雕鏤精工所刻人物皆當時傑出之彥亦豪矣哉德人破巴黎後特令得勝之兵繞行三周法俗侈靡惟送喪無貴賤皆步行此風近古

十七日甲戌晴映相主人復求往映一相不索錢旋至古董樓看埃及羅馬舊陶石銅像諸器此行屬承法館東道之好因假一酒樓迴酌之偶及甲申法越之事法曾勒越南繳還中國印璽此在觀音橋接仗之前法實先背津約陳敬如謂曾於公會地方引茹費禮登樓詢以有無其事茹不能答怱怱下樓去續與李丹厓商所以詰問之語丹厓以新聞紙非確據止之此事余曾面奏矣敬如與同意惜李丹厓不悟未於法都相與折辨耳間詢敬如法人視劉永福何如敬如謂法報至今猶

詳其起居其曾在行間接仗者謂與黑旗相持其難倍於他部是黑旗之捷非虛李仲約之揄揚張香帥之調護殊不阿好

十八日乙亥晴敬如導觀博物院法之故宮也其水師院各樓房所製船式船圖並資考究又搜羅各國船式有福州崇安礟臺木樣一座不知從何得來其裏間陳設鑲玉石屏雕漆螺甸諸器皆華物又有先賢冉子諱求神牌及諸神像不倫之甚其下一層有吾華書畫數種內一小卷山水絕工似係清明上河圖縮臨本竹簣

昔言博物院中有書畫或即此類其他油畫注目皆是又所藏埃及古文字一室中有類鳥篆大篆者上古文章樸茂理或然也徘徊逾時未及遍覽遂至

大清公所啜茗鐙後往觀珠寶場眞僞莫辨

十九日丙子晴同舟瑞士國人來晤云將返舊金山經營礦務余屬往訪蓬雲薄夤聯絡飯後敬如來寓同訪拏破崙第一墳守塚官迓於門外規模略如法宮樞藏於石雕鏤華澤圜以圖池皆壘石爲之並擇諸色小石鑲作草花紋工程良費矣左右兩墳皆同功一體陪葬

於此其後兩墳則其宗藩云墳下有洞憊未往守塚官導仲蘭等然燭入殆藏弃拏破崙第一所用軍器盔甲之屬不忘創霸之艱也墳外爲講堂禮拜日教士於此講說吽經其甬道兩簷多植戰勝所奪旗幟霉爛不堪不足以示武拏破崙第一敗竄荒島爲英人錮禁憤鬱而没法人乞其骸骨歸葬猶復如是誇美其塋墳經營二十餘年而蔵其於故君可云盡禮守者復導觀東偏各屋悉儲歷代盔甲槍刀亦有如弩箭者槍多前膛舊式而槍柄乃鑲嵌象牙螺甸極形侈麗蓋尤玉戚之類歟其後膛槍則德之毛瑟爲多亦師其意而變通之守者謂此槍係德法戰後尋究爲之又製作各國種人象形惟肖然未經見者殆難遽信子剛觀竟竊歎德人破法不燬及此以謚德人之厚

二十日丁丑晴法都府尹約觀其地宮溝道緣梯而下持燭以行守者候於洞車跨於渠每車四行前後背坐車首尾皆懸鐙昏黑中時有一二石洞通氣其頂如橋洞電綫德律風綫及出氣出水各機筒均綴於頂六人挽車每至有紅鐙處則左右避之略如海夜行船遙見

塔鐙也車路盡處接以小船則兩面對坐矣船亦人力牽挽水道較寬鏡行半時而出仿如重見天日爲之一快法人好奇此種製作所費不貲然德兵破法時土人多避此逃命未始無益

二十一日戊寅晴慶藹堂約觀官窯廠出城數里始達沿涂小山雜樹略如吾華暮春天氣窯主人迓於門導觀樸東已成之器可以售買器亦精巧大率西人所矜重而不適華人之用也旋觀製坯印模各廠以足運車輔泥車中以手撐挽隨運隨起此粤東石灣製盆製缸

之法見時所習見不晤此法傳流海外中國非不諳機器特不肯精益求精耳其燒窯亦略如石灣但以針表消息之火氣較勻廠中畫匠極多並工巧雕磁屬之女工磁印金花亦然內一女工年約六十高不四尺頭面猶人而兩臂自膀至指僅尺二寸所製磁瓶略高大者便須晰而爲二中貫螺絲主者謂此種製法較遜中國更導觀所儲吾華諸器眞贋夾雜石灣陶器亦寶如拱璧內有磁碟兩枚主者曰一爲華製一爲仿造請辨之眞僞頗難區別主者笑擘一枚曰此華物也余諦視之

證爲仿造以碟背加粉又故作洋碼於此決之矣主者大笑又觀所藏埃及羅馬日耳曼俄羅斯美利堅日本各器亦多有可賞其自製磁畫與油畫水畫無異價甚昂流覽半日主者贈磁畫一幅周子玉强病來約晚飯因畲拜並至法館告別

二十二日己卯晴晨起衣和敬如兩詩爲書留別竹篔遂至天文臺觀星總監督慕賽思主之曾到吾華已閱數十年矣導觀測量諸器僅見二星其一金星其一星西人不能名之矣觀星之器下承以鏡倒景就觀不爲日光所奪此臺主者皆水師提督曾立戰功罷任後畀此優閒之地養其餘年殆非盡諳天文者平時或不甚查考其觀星一鏡有損點如豆主者大嗔旁有解之者曰此水銀走脫非鏡裂云又機器間有蛛絲若逐日測量當不致是慕賽思贈星月圖三紙歸寓發行李晚飯後九點半鐘乘馬車至火車房法館參贊洋教習斯恭塞來送車有餐房茶酒均便

二十三日庚辰晴晨起赴後車啜茗小喫九點鐘至日界客寓飯畢小住換車後沿涂麥苗芃芃山雪未消畦

邊瓦屋略如華式車行山洞屢屢自法至日共九十七洞間須下車就食僅二十分鐘迫促之甚所經多荒山窮巒至平坦處間有巡兵三兩覘美法車路氣象殊矣車行甚速不成寐

二十四日辛巳晴晨初抵馬得利各檢隨身行李日署隨員徐立齋緒芝山駕馬車來迓遂同車至署即屬希九晤外部訂期相見飯後閱滬局包封客臘初六籌設古巴學堂一疏奉

硃批著照所請該衙門知道單併發日延申謝一片祕

總統接位一片並奉
硃批知道了
今上親政後第一次奉
批也又承總署代領
親政詔書一紙又總署奏定減俸一疏又津文報局只
准請獎黄趙兩員皆總署新政也傅相二月十五日函
以小呂宋設官若呆候香帥恐失事機並言現返津門
料理官弁出洋領運英德各船又分布旅順口大連灣
防兵即入都臨履査島委員並有復稟官文斗之訴未
盡可靠中日交涉事當酌辦閲畢當將自美起程至日

各事詳致進齋一書適得傅相電廿二日奉
旨張蔭桓補授太僕寺卿
二十五日壬午晴日后昨晚回宮今日壬子周晬受賀
希九肅衣冠往行至半途宮官止之以日后病未痊也
二十六日癸未晴日外部見客希九往晤並催訂與余
相見之期外部約以廿八日兩點鐘晡後得總署電寄
奉
旨補授太僕寺卿日期又賠款已照辦五字此電由美

署照轉謹電復之應援劉芝使補常正例准署電疏謝
連夜草疏交幕府謄清
二十七日甲申晴晨起望
闕謝
恩自出洋至今甫逾年已三遷矣
朝廷重念勞役超越不次自顧無塵露之報怵惕萬狀
總署酌減薪俸不足以示懲也謝疏今日拜發外部照
復明日相見余亦自備照會譯送
國書頌詞兩紙明日面交以備裁奪晡後外部商務總
辦米阿斯來謁並偕其少子云與希九稔熟坐談良久

其子假鉛筆爲余畫小照雖不甚工亦難能也議紳白
耶敦來晤並約晩間茶會余以未見君后辭之
二十八日乙酉晴閲日報述余官閥政績未正往晤外
部謨烈詢日廷接收
國書之期外部以日后明日回都須見三國公使又須
赴畫院開光事竣仍返行宮恐不暇接見須緩數日俟
其再回都時定期余以到國數日而不獲見君后頗難
復奏且奉使非止一國也外部覘余詞色稍遽遂允以

代商晚九點鐘接其回文日后准明日四點半鐘相見當與希九商定明日同見之人

二十九日丙戌晴日廷三點鐘備朝車來迎屆時頭等朝官薩拉郭兌拉瓦葉領朝車來殿前將軍戎裝入握手後與朝官共一車譯官同乘希九仲蘭麗東共一車涵生琴齋共一車迤邐而行朝官自言曾伴迎公使九十三次可謂老於事矣然猶頻閱時表告御者以馳驟之節又言日后今日赴畫院開光或稍有擔擱還宮略遲恐與訂期時刻稍緩乞勿見怪答以今日貴君后撥

冗接見已徵兩國睦誼何爭數刻工夫也及將抵宮門聞車騎之聲則日后方自畫院歸部臣駕車前行日后與君姊同車後則馬軍數隊朝官令御者繞道便於睇觀儀衛甚整及抵宮門希九等先下車立候朝官導余拾級登樓三周乃繞至偏殿臨窗少坐外部謨烈趨告以君后持服謙請免宣頌詞余諾之少頃宮闥啟余入見遙望一中年婦墨線端坐案右後列女官數輩左則戎裝寶星之徒雁翅而立朝官導趨前余立定恭捧國書敬遞日后親接後即付外部起立與余爲英語譯

譯代答復一一勞問希九與琴齋均用日語答之禮成而退日后回內宮余立送之日后亦回顧三次曲膝爲禮西俗婦人敬客之盛儀也朝官導引仍由舊路出宮門登車朝官扶余出正門指參贊等出旁門乃悟來時同入正門殆誤國書而入禮畢出宮則公使參贊固有區別西俗規模亦殊斟酌日國當二百年前跨有數洲南北花旗多其屬土近則只有古巴小呂宋兩處積弱之甚日后持服之誠撫馭之難驟見不禁惻然其宮門內外兵衛整齊

每過一門則有兩兵校持杖植立而外部諸臣免冠旁侍氣象甚肅舊規猶在也日后接見後仍返行宮或曰兵隊之事未竟云今日之英郎百年前之日國運無常在爲政者之能修德教而已朝官伴送余歸寓款以酒果佳茗朝官許將各官住址單送覽以便拜訪朝官行後晚飯畢偕希九至其宰相外部兩署照例投刺歸寓草疏

三十日丁亥晴晨起美署包封江海關道補具文批即批僉之並咨復總署科士達代擬保護華人照會稿後

幅甚佳前段尚須斟酌申正偕希九往拜宰相薩嘎司達外部謨烈刑部馬爾丁內思海部亞黎阿思戸部布意克思威拉吏部類淵戛思的略藩部巴拉歸拉西類拉兵部戛佛拉副外部阿烏微拉英使佛而特美使喀而列俄使郭爾特恰果洛輿使都布士機均投刺僅於外部宅中晤德使柰倫窪拉得云將歸國已辭日廷各部臣均赴行宮與日后籌商國事各使方騁游園道也日廷各部多仿中國惟刑部所抉刑名仍歸吏部覆核吏部乃不管升遷調補而屬之戸部就戸部內另編一官部以典銓衡或亦理財用人事同一律乎車至兵部署門希九指謂余曰去秋兵變時總兵官被戕於此

三洲日記卷四

南海張蔭桓撰

閏四月初一日戊子晴蕪關賠款既扣俸抵解卽寄閻相國書飯後與仲蘭訂政杏札通稿申初訪各使並宮官馬得利將軍府尹投刺而返晤墨西哥教王兩使久談墨使到未逾年教使則參贊代辦是日賽馬之期觀者雲集車式華麗

初二日己丑晴進齋申報開用代辦關防日期未正訪法英兩使洋員麥治戎裝佩刀隨往爲法使作舌人始知其曾受職富有寶星也日俗馬車有四馬連鑣五馬並駕者御者盛服執鞭跨馬前導車後又騎坐侍役兩人謂之押車誠浪費矣希九謂曩亦不數見近因賽馬故多馳驟日俗僕役不准留鬚只准領頰微髭而已隨行一黑人諭令薙鬚頗有難色日都惟公使與各部院車能馳行中道御者准蟠金邊帽日廷加禮之一端

初三日庚寅晨起發包封酬應漸簡擬畧習靜閒步園亭花樹秀密琴齋言門外皆官樹有專司之者日俗極疲緩去年風折樹兩株屬令補種其應如響盡種樹之

宜爲偃鈇城外有山園林木蓊翳伐以作薪歲入不貲云

初四日辛卯晴日俗以鬥牛爲巨典君相而下觀者若狂至其國者靡不寓目飯後偕同人往觀鬥場甚宏敞中作大圈四圍環坐樓高三層亦四圍環繞日君之樓房居中旁列則主鬥之首領餘乃隨意租賃余樓房適鄰首領承贈一單則所鬥次數也續又送呈牛欄鑰匙時刻旣居擲下鑰匙牛乃突出而鬥首領以鑰匙送呈亦請主盟之意余遜謝之首領手持電綫傳語至鬥場

亦猶戰陳之號令也初疑兩牛自鬥以角勝負豈悟人與牛鬥手持長槍騎馬而又渾身自裹鐵裔以有知之人敵無知之牛已操勝算且以多人持絳綅跳躍導牛奔喘而疲鬥者從而傷之牛之健者角傷馬肚馬垂倒而鬥者起矣牛或趨之則徒步諸人又導牛他走旋轉靡定鬥者鐵甲重裹墮地多不能立則羣起而扶寘自立於不敗之地牛被數槍奔逸已乏又有手持短弩就其傷處插之愈插而牛愈奔氣力亦漸不振於是有持劍者出左手執紅方旗羣拍掌觀其試技其人對牛立

牛鬥疲而喘息乃急以劍從傷口插之插至劍靶者謂之能手人與牛鬥始而長槍繼以短弩終之以劍牛無不死者以此示武誠不解聞教王曾屢勸阻而日不悟每鬥一場牛馬傷斃以數十計牛角劃傷馬腹剖腸潰血慘不忍聞牛馬傷重並向舊欄奔則爲圈柵阻矣或日此種皆野牛別有一類其性嗜鬥一牛亦須三百金馬則純用疲瘦無用之馬日人謂此等馬以速死爲幸殆自文其殘忍而已日俗無貧富皆樂觀及刺牛倒地時觀者擲帽擲巾或金銀表以犒持劍之人鼓樂喧和

日人謂以此習武事云鬥牛之人衣飾皆金銀綫織成髮辮甚短

初五日壬辰晴查島委員寄到小呂宋督署幫辦日文一函語不及公而該員指爲公文之據華人不諳外國文字宜見嗤弄晡後英使來談力謂中英總應和睦法不能自强而謀及越南耗費不少所踞不毛之地得不償失舍近圖遠此自餒之道余謂各國形勢美最善處其國日富旣不肯耗兵力以窺鄰而鄰亦不敢以兵力壓之實爲久安長治之法惜其南北黨禍恐不免內亂

耳英使謂現尙無妨以人民少也百十年後其勢必分此時南省產米麪北省造機器北省之人以工器賺南省錢財將來國勢貧富亦復不一惟西省人最强項美當戰事孔亟所用銀紙西省不要西省仍自用銀圓美若內潰西方各省先自成一隊所論不爲無見晚觀馬戲技亦猶人惟有敎鸚鵡者白鸚七綠鸚二教之跳舞曳旗打鐘轉鈴鳴琴拉車打毬翻筋斗諸技奇矣復教之放礮皆得心應手鸚鵡能言乃其餘事

初六日癸巳晴慶藹堂爲法天文臺總監索映相陳敬如爲車奴士機索映相均照會之車奴士機收藏吾華

銅器百種乃以倭器雜之雅鄭判然矣中供銅佛一尊亦倭物也遠道致此良費力車奴士機映照全圖見貽今日爲外部見公使之期遣人詢之乃以病辭遂不往而將應辦各事備文述之晡後瓜拉乖國代辦偕其弟來晤乃能爲英語久談而去鐙時微雨夜則淋漓甚透偕希九訪洋員麥治新居樓房兩層極寬敞入門有鐵欄粉石磴級樓上復有涼臺並不與人同住其樓下房主居之歲僅租銀六百元並非僻地租值便宜之至希九謂麥治工於自謀

初七日甲午晴藹亭稟請轉咨劉芝使照會英外部准溪理察佩帶寶星英例英人如得他國寶星須呈明本國外部始能佩帶細譯溪理察英文履歷係由駐古巴英領事簽名何以溪理察不逕求英領事代達外部且中國既給洋員寶星該員如何佩帶不合再爲經營溪理察必求藹亭代請轉咨當係自求表異且非古巴英領事所管轄不便由其代達乎爰既面許即予照咨可也又照會日外部爲藹亭子豫棠准照晚赴美使之約

談至夜分美使已定六月十七日附英公司船返美願余同舟遂將舟圖見贈

初八日乙未陰雨巴黎蚶箕園不戒於火傷百二十餘人此園極宏敞曩曾往觀所演劇爲小島女郎被强暴搶掠供賤役沿街彈唱乞錢有俠士憫之挈之偕行涂次一巨室少憩巨室有婦俠士之舊識也小島女郎初覩美麗之區遂試襲其衣飾爲彼婦所嗤俠士慰之女憤甚遽入後閣爇火自燔俠士急投火拯之出一時火光熊熊臺上救火之具紛集西劇之常技也不圖竟兆

焚如觀者四散其第一二層樓倚從容而出其五六層樓梯折入擠乃及於難有誤入架啡屋以爲有梯可下詎入而不能出烟氣迫矣巴黎戲園輒六七層煤氣電鐙光曜如晝而不思弭火患西人心計最密何見利不見害也飯後希九導觀樂器博物院內多古制刀乂箭鏃槍礮之屬又礮臺圖形甚多其有急就而可移用者則用茅竹夾沙層沙層竹亦足禦侮特無太平蓋耳內有德國所贈後膛車礮一口徑四寸四馬駕輪製作精巧有越南銅礮三鑄造光澤不㥂越南有此佳製礮後

有漢字一行如環文義翼分略如鏡銘自左讀者曰嘉隆十五年歲次丙子吉日自右讀者曰敕封討逆大將軍三十八位第十二共廿六字第十九第二十六銘語同均凸字礮身鏨以文曰歲己未四月二十九日御駕討僞西六月二十四日攻下歸仁城盡獲戎器銃口班師嘉定收所獲僞銃鎔化鑄成共四十四字陰文又小鐵礮三磨鍊如銅礮後亦環鐫官兵攻破暹虜所獲八字其他漫漶莫辨若能拓搨則均可識也嘉隆爲越南何代國號李申耆紀元篇無可考所謂僞西不知何指

歸仁城係越南地嘉定卽今之西貢也土名柴棍徐氏瀛環志略亦未紀其事暹虜殆卽暹羅攻嘉慶三年阮福映表文有戊午年始自鄰國旋師先復嘉定康順等鎭己未年水陸並舉克復歸仁城凱旋遇風漂入廣東云云支干地名均符閱此數礮似越南盛時武備仍可覘也其樓藏有越南中軍中隊旗一幅主者云戰勝而得與諸礮同詢其年代乃忘之竊意咸豐戊午同治乙丑越南兩遣法患或西班牙亦附和於其間也旋觀禽獸苑一虎五熊有似鹿似駝之物其禽鳥皆死後爰其

羽毛以西法藥之如生爲類無幾並非珍異別儲小呂宋活鳥數種將以賽會亦非奇品只翠鴿數頭略異耳有嘉路第五房闔間隔甚佳隨往新畫院觀油畫無甚驚人之筆是院費數百萬經營垂十年

初九日丙申雨訂正照會外部稿爲小呂宋設官事律師霍蘭特來晤約觀大博物院及城外諸名勝諾之晚觀馬戲大雷雨有西人豢一馴象能度危橋狹不容趾又能踏十二酒樽亦有豢鸚鵡黃鸝者奏技卻不甚湊拍末有穉女三人登臺擊木器成音而有節奏其木如

筒四管接續上下兩層經緯疊置西人以爲古樂其實八音之木中土至今仍爾也

初十日丁酉陰雨美使喀而列約觀議院申正先至下議院有特設公使出入之門軍兵站立甚肅美使引導拾級登樓至使者公座俯瞰𡍼子掌院者居中高座旁兩人其副也後有小龕上罩金頂下垂絳綫有戎服軍校夾侍殆君主之座敬如在之意𡍼右一案爲各部大臣之座蒙以藍絨以別於諸議紳也是日之議爲老弱各兵籌廪給兵部倡論氣似憤憤議紳送難者一人掌

院座前有方桌四人分坐各執筆書記樓上下聚觀者數百人掌院以余初到特餽糖食旋往上議院規模仿彿所議爲官銀行事議紳在座只十二人一人倡論連編纍牘約舉英美法官銀行章程以證日國亟應爲銀行設法保護坐無應者戸部參贊續論一遍氣足詞和視下議院之兵部異矣各部臣於上下議院每日分班輪值與美例別美之部臣不能過問議院事也又議紳有定員而無歲俸有永遠不換者有君主特派者有公推者此亦與美不同掌院遣員紳請余遍觀院內房室

有油畫一幀絕佳有毛織成畫者數幅亦極工緻其藏書之室則上下四圍以鐵圍之牕櫺槅子無一非鐵旣避潮溼且免火患詢之守者費僅三萬餘元閱竟出門晡日忽晴美使返寓余從馳道歸濃雲又翳雨意未住

十一日戊戌晴飯後霍蘭特導觀博物院爲日王舊園囿所儲古物甚富其石製矛頭諸器則西人未有知識以前之物石象亦多逾千年所儲矣及文字略如巴黎又日王自用洋槍一杆滿鑲紅綠寶石華贍勝於法衡以軍中之器不能顧名思義矣錦襴木雕象牙諸器竝

奇古有樓房屈曲相連專儲金銀銅鐵錢搜羅殊廣所藏卽墨刀齊刀金錯刀皆贋物安陽幣大觀錢卻佳器也有康熙錢一枚外郭鑿七截詩云花枝鏡裏百般妍終讓才人一著先天只生人情便了情長情短有誰憐語非莊雅當係采蘭贈芍之物曠夫怨女之詞吾華卻罕見不識何由得此又八駿錢壓勝錢亦足備一格稜至東偏專儲各國器物有紅漆神龕一座聯曰財恆足矣寶藏興焉恆字關畫疑明朝物也有焦秉貞耕織圖著色刊本有永樂三年墨兩盒壁懸清明上河圖縮臨

本其衣冠齊整者則廣東將軍閩武廣東藩司收擱與呈子繪畫尙工又鐵畫四幀鐵色光澤西人珍惜及此亦難能矣其所製文武官像則俗不可耐披執一像猶不大謬朝珠補褂之製非彼族所知也有銅關防一顆鑄嘉定提督關防六字此越南物不知何時擄來此外吾華樂器象牙雕鏤花卉花毬及玉竹雕漆諸器非近代物也窮半日流覽徐步不覺二十里其主者年八十餘殷勤備至晚得香帥電小呂宋總領事即派余瓗以資熟手並請主稿會奏經營各事悉照前請云余方照

會外部適得此電則逕塡領事銜名索准照矣

十二日己亥晴竹篔書言有華人兩名在美帆船傭工值滿船主不照給工錢船抵哈晝華人訟之法官船主訴諸美領事將華人拘留慶藹堂告法內部與美領事辦論美領事謂法美和約美領事在法口岸有管理船隻水手之權法無從致力兩華人亦經美領事送回爲約云即電希梁查該華人何時到埠

十三日庚子晴本日四點鐘至六點鐘外部見客之期偕希九譚梁兩繙譯同往同使先到者十二國外部接見向以先後到署爲序各使亦藉此聚談義使德代辦可崙比亞使均就余長談後至者爲奧使余晤外部略謝其轉奏日后接見之速並言小呂宋新設領事願速發准照從前古巴初設領事承派大臣伊巴理前往招呼古巴總領事開辦極爲順手此次小呂宋開辦不必特派大臣但願切實致小呂宋總督一函屬其襄助領事辦事外部謂總督固應函託更有稔交得力之人亦爲致書必令領事易於稱職大可放心余告以現派之余瓗係查島委員與小呂宋總督熟識且曾任長

崎領事於兩國交涉之事必能克敦睦誼亦請外部放心外部欣然謂准照不難簽字只要該管司員辦妥便請君后照行也余又言去年臺灣道拯救小呂宋遭風難民此係地方官應辦之事乃勞貴君后屬代奏謝爾佩厚誼當代具奏已奉

批旨從此兩國邦交益固矣外部問小呂宋繙譯爲誰余答以中國語日文者少現尙未定外部謂就地挑選當復不難余領之

十四日辛丑晴英船公司電預留第十號第二十五二

十六號各房請示復即照定明日匯價取票日例各使到國多爲公會以便與該國當事諸人及各使者習熟亦略送土儀余與希九商定十八晚公會已發請帖復檢隨帶茶葉顧綉等物列單分送外洋酬應實費於吾華也批飭金山領事將洛案損失數目及領過銀兩函告粤省愛育善堂香港東華醫院登告白以免遺誤美署函言日內無事美都操兵盛會美總統請各使者往覌氣候漸熱寒暑表八十三度

十五日壬寅芒種晴商務總辦米阿斯來晤論及小呂宋設領事爲條約所不載此爲藩部專政恐難照行余答以條約亦並未聲明小呂宋不准設領事米曰然特華人久受甲必丹管束若中國設官轄之恐多不願爾時必生事端余答以華人斷無不樂隸華官治轄之理且中國口岸均准日國設領事小呂宋則各國皆設領事而獨拒中國其理安在米云此係條約如此余謂條約第一款兩國商民彼此僑居均全獲保護身家明係公法彼此報施之義豈得爲日國設領事在中國爲按約中國設領事在日國口岸爲違約耶米云華人在小呂宋五萬餘論丁口則已占十分之四余謂中國即設領事決不礙爾政權且覌古巴自有領事以來爾國政事有貶損否米云古巴不能並論究竟中國要設領事在小呂宋是何意余答以華民衆多若不派領事前往似對不住百姓招商局輪船亦欲前往載貨以拓商務米云華人現甚安居樂業無待華官爲之保護中國商船前往轉於華人有損此皆查島委員具報不實中國因有是舉余謂查島委員所報皆實已照會外部矣且該島日官曾與委員商招華人前往墾荒米云必無其事或某官自便私圖耳余曰新架坡無約而中國亦設

領事英國並不阻止米云新架坡華人情形不同辦論甚久余不稍讓米云此係朋友私談並非公事外部藩部如何意見我亦不知余曰然今日之話不足介蒂前日外部所談乃爲眞耳米遂辭出微窺其意或外部已面許確實不能轉圜將假藩部爲宕筆因令商務總辦先來探聽未可知也或米阿斯從中作梗示意攬權余於外部面許之言及華民求設官之稟均未提及且看外部復文何如再酌晚與希九詳論其事重檢英日各

約寅正始就枕垂成之事遽生波瀾殊悶
十六日癸卯晴外部咨取古巴領事札文因將小呂宋領事札文並譯送白耶敦約觀兵房不果往有園林爲善會者晡後赴之希九爲小呂宋事往詰米阿斯不遇轉告白耶敦爲之開導諧否未可知也美署書言華童步蘭敦尋得本生父筆跡爲廣東澳門人名蔡阿桂小名阿多此童有志竟成天性甚厚曩因其耳病曾贈三十金醫治或當不聾達雲文稱新安人周三粧誘騙華人六千至巴拏馬開河陷諸瘴癘請咨粤査禁

十七日甲辰晴發滬粤包封日署已故洋員麥治鄭光祿曾爲奏請二等第三寶星總署頒到執照而麥治已死乃兄接充日署之役因將寶星付之屬交其妻子亦云厚矣乃兄更求卹賞誠無饜也麥治死時業贈卹五百元何可再爲陳請洋員之難用大率類此晡後薄游王宮外園林幽翳清迥遠望培塿下臨方池水已涸矣有平房數椽日君水嬉之地又里許有小河岸壖一人垂釣有石磴層級以便上下日君於此習駕駛船隻就水建屋四面櫳檻卻不華麗前年日君阿方疏第十二挾女侍臣冶游置劍門外軍校守之日后飛騎至覩劍不能入詢守者曰我能入乎守者曰殺我則可西例君主之劍在門無論何人何事均不得入也后言稍急日君已慮其來復聞其語窘迫無地亟啟扃縱女侍臣逸去自闢戶與后爲禮后憤甚手槍擊之不中自擊亦不中日君急切勸慰后決意大歸卽往奧使館諭奧使保護回奧后蓋奧之郡主也日君轉求與國親故調停盛禮迎之回宮卽今日塁嫠居攝之君后也阿方疏第十二英年嗣位政極仁明幾將返弱爲强卒以女戒不謹

遽殞於色日人至今悼之而於日后尤愛戴特爲禍未息國用日絀猶危局也去年兵部衙內亂黨戕一總兵官黨魁喊阿襟罷捕獲已定死罪其女馬利亞披髮徒跣日跪於宮門求以身代遂減死戍邊馬利亞殆有緹縈之風
十八日乙巳晴希九布置公會滿屋堆垜花樹香豔青蒼又於樓墻四圍滿綴煤鐙遠望如繁星略如日宮之式小呂宋設官一事米阿斯若必挾條約爲言余亦以條約與論約內第四十七款中國商民至小呂宋貿易

應與最優之國一律相待此明文也而日官所收身稅路稅自丁卯換約起至甲申共十八年該島刊發新例止共征華人銀七百零七萬八千一百六十一元二角四仙專征華人每人歲納九元六仙甲申後乃兼征西人每人一元五角華人則四元五角計至丁亥共四年又長征銀五十二萬零八百三十六元又路照一項西人每征四角五華人每征則一元二五又須預納一年身路稅無理之甚即與西人比較將四角五除去實長征華人八角自丁卯至丁亥廿一年共銀七十二萬九

千一百七十元四角預納之身路稅猶在外也路照諒非盡人而請此項姑爲約之耳又每華人歲征醫院費二角五仙甚微自丁卯換約至本年廿一年共征銀二十二萬七千八百六十五元七角五仙此項與甲申以前之身路稅均係獨征華商甚違一律優待之約此中人數就去年正月至九月數目共計華人四萬三千四百零三人逐年清計尚不止此數也電詢科律師以索償已往禁過將來辦法日廷若照約辦理則領事設否無不可耳晚十點鐘客來不斷藩部兵部海部外部商

務政務頭二等朝官上下議院掌院及同使諸君並至日出而散法使乞假斗暹禦寒俄使謂於此結懽即貽書駐華公使以證兩國之好英使最後散有南墨洲阿天拏公使與洋員麥治口角徵嘖訴於子剛爲之和解前駐吾華日使薩斯寶舊識也循例招之承允來會不果

十九日丙午晴午後白耶敦來談以小呂宋設官一事已詳託米阿斯又代約藩部會晤之期爲謀誠忠矣晚得署電檀香山女弟告逝應電奏請

旨慰問當復請代奏飭遵總署於無約之國如此鄭重回電當速

二十日丁未晴科律師電復中日換約後日國濫徵華人各稅不與西人一律者大可索償洋員麥治詢此案辦法當令重檢案牘譯述一遍此事商辦七年矣當委員查島時已聲明查明後即設領事而日外部密夏照會准藩部文稱奉國家諭旨行知小呂宋總督接待證之西例日已默許矣若據約辦爭當於委員查島之時不當於外部面允之後晚赴白耶敦之會并將此意告

之屬轉諳米阿斯以杜其詐

二十一日戊申晴氣候漸熱可御袷衣接滬粵包封希九月留俸薪百金養家總署自本年三月起准咨照辦三月前仍係赫德代支而究從何月日支起署文未詳只可轉行希九具復午後米阿斯來謝公會并及小呂宋之事謂前允委員往查並非允設領事希九告以若論條約我中國亦有許多詰問之語公使久已預備此事究竟如何請速復米唯諾而去余不願再與折駁特令希九見之且亦希九舊交也晚九點鐘美使來談與

論及此並述外部面允之言及前年同文之據美使謂外國設立領事不盡登之條約米阿斯所言直影響之談機局如是宜爲文速之否則延宕無期矣叩以荷蘭文字美使謂彼國別有一種方言頗難了了大約公牘用法文則無不可詢噶拉巴有無美國領事美使日有隨與訂定返美之期閱申報至一點鐘就枕竟夕不寐

二十二日己酉晴白耶敦來言米阿斯阻撓之意實慮中國設官後呂督不便濫徵華人國用歲闕數十萬又呂督赴任均費重資嘗謀下車之始輒得陋規十餘萬中國設官則局面頓改徵聞外部藩部均不明阻但拓爲宕局

二十三日庚戌晴滬局包封李傅相寄到祕魯華商遠安公司好義樂施扁額并允奏請岡州會館扁額蘇撫崧振帥咨復前參贊蔡國楨外獎飭司注冊

二十四日辛亥晴進齋書言美總統於本月五日挈婦外出游釣美署無事檀香山董事程汝楫等稟訴檀政苛虐請予立約并咨粵中查理華人僑居絕域咸不相安檀島亦須訂約載書充棟矣當咨粵督并行金山領

事函布香港東華醫院查明自港赴檀是否每船只載二十五人再籌辦法酉初雷雨逾刻即晴微有涼意日后同都希九商往迎迓問詢各使惟奧使往后爲奧人也外此多不往余亦從同查島委員稟述所查荷屬日裏及柔佛國兩埠爲原奏所未載又般烏雖奏而華人不多似可不往現赴雪梨諸島往返需三閱月請展期五六個月等語當咨粵督轉咨總署該員所查加拉巴三寶隴泗里末三埠情形甚詳所稱美斯甘庫華人遺産千數百萬不知憑何記載徒令籌海者屢望梅之思

耳所請就香港汕頭設護商官局給發自願出洋華工照據自用工頭招工以杜拐販仍慮不免流獘姑候查竣再商南洋羣島華人百數十萬未能遍設領事保護苟聲息亦復隔閡徵特拐販滋害亦非所以示體恤

二十五日壬子晴日國油畫甲於歐洲當拏破崙盛時曾攫入巴黎續經日國索還仍置於舊畫院院樓上下共十四所滿壁油畫並有生趣仍不及上議院西壁一幀爲佳樓下銅石像甚古有銅象一枚高約尺八寸背鐫埃及古文殊清晰惜不能拓其用五寶鑲嵌花草鳥

獸人物爲桌案皆數百年物工巧絕倫又以碎石嵌作山水樓臺及美人像宛如油畫之有陰陽向背名曰摩西掖乍覩不知爲碎石也有鉛筆畫稿一幀絕類蘇仁山手筆院內無熱氣隨意縱覽歷未申酉三時院例自九點鐘至四點鐘開門公使往觀則無拘時刻然守者伺應紛然亦厚賞之返寓少憩訪前任小呂宋總督訶比耶詢小呂宋華人數目訶云約六七萬人其娶土婦孳生者約二十萬人不在僑民之列土人約七百餘萬人總督兼管兵事有巡撫一員有事則與巡撫及地方官商辦詢以華人每年身稅路稅何以與別國人參差訶云徵闆徵收稍多皆以華人獲利較他國人爲厚所徵均充國用別有專司之官驟難詳述也示以藩部所查華人數目清單訶謂不止此數當屬代核承許明日三四點鐘來談又告以華人去年在小呂宋遭害之案甚多皆爾去任之後外部不知如何查理訶亦嗟歎不置且謂華人在小呂宋於日國有益與米阿斯之言異

二十六日癸丑晴前小呂宋總督訶比耶來談攜示前年刊本一冊俾查華人僑居實數與論中國擬設領事

究於華人能保護否日國政權有干礙否訶云前在總督任內詢之華人董事謂此時總督明白且事事優待則領事設否無關緊要若總督非其人則究願有領事以爲保護也余謂領事各有分際萬難侵奪地方官之權即如現在英法美諸國均有領事設遇該國商民事件能不歸日官辦理乎中國領事權利當亦相同斷無礙於睦誼訶謂我亦同此意華民有領事管束有事則地方官與領事官商辦豈不强於董事哉但此領事宜愼選廉强堅定之品庶爲有濟我若在任可以相助此

時各部首領當有一番斟酌因告以外部謨烈面允之言詞甚喜且謂主腦在外部其他枝葉也設有辨論幸毋述鄙言倘可暗中爲力余謂旣荷詳達各情豈可宣露轉若舉以爲證者乎詞唯唯而別西諺謂搭縛非士譯言兩面光也昨觀畫院有竝頭石像訝之守者曰此兩面一眞一假識者當能辨別因悟搭縛非士之言卻有所本外部知會日國長公主明日三點半鐘接見又日都公家花園初啟扉函約觀覽內有圜亭音樂小呂宋物產孔雀翠鴿之屬桃橙梨諸果黃水仙粉紅山茶鶴頂蘭諸花磁陶器皿又小呂宋土人半黃黑頗類華種西人每誇屬土若日國近狀則止小呂宋與古巴而已宜有今昔之感

二十七日甲寅晴日國長公主意沙毗亞中年而寡仍居日宮日王阿方疏旣逝日人欲擁戴以攝政公主固讓日后而仍參決國事亦接見各國公使昨准外部來文遂偕希九仲蘭涵生震東子剛琴齋同往由後宮門下車歷石磴繞至宮廊二等朝官立候於此導引經數偏殿乃至燕見之處讓坐而不握手寒暄畢略詢冠服儀制及前日公會之盛子剛一一代答之少坐辭出候見者踵於門不知爲何許人各不招呼朝官伴送至後宮門而返途次頗熱宮內則暑氣不侵也是日爲外部見客之期猥以小呂宋設官事未定特令希九往促之易於措詞外部果以藩部作宕而仍自任安排妥當但祈寬以時日并願下一禮拜訂期會晤希九詳記問答此中波折誠難卒辨晩在白耶教宅晤米阿斯余未與言米乃潛告子剛以此事會盡力相助可望有成或亦隨口飾詞耳究不便絕之遂與訂明日五點鐘往談又告白耶教無庸與藩部約晤恐其避嫌也藩部齟齬之故殆以小呂宋地方官稟牘屢屢以中國設領事爲於該島有損無非爲違約濫征起見即不設領事其終能濫征乎彼亦徒顧目前而已

二十八日乙卯晴湘浦書言查寮之役祕國總願派一諳華語之人同往物色甚不易以故遲遲又誘拐華人至玻非利亞國傭工之葉騰友已獲案格於祕例不能痛懲即函復以酌託有約之國公使領事代爲照料寓玻非利亞之流傭并告以赴祕之期及署奏減俸各事

五點鐘訪米阿斯所言小呂宋設官事若迎若拒乍合乍離與論一時許乃得其隱謀實慮設官後不能違約濫征華稅伊國歲闕巨款藩部所由爭而呂官假公濟私亦多不便此種猥瑣之見白耶教會言之矣當告以日國之能濫征與否不繫乎領事之有無若藩部躊躇在此可由外部與我明商若有損於日而無益於中我何必如是勉强米又舉條約爲言余告以條約第四十七款專指小呂宋立論爾會領會否米語塞乃爲諛詞以答余將與謨烈面晤特微示之意

二十九日丙辰晴昨又徹夜不寐早起得粵電改派王榮和充小呂宋總領事仍屬余主稿會奏當將現在辦論情形復之旣經照會豈能遽改且此中棘手香帥未悉也晡後赴王宮園林納涼遇王子車導從甚都歸涂遇長公主車則如尋常游人耳

五月初一日丁巳晴本日爲英后域多利得位五十年之期英使科而特爲會以娛賓自申正至戌初熱不可耐坐客如雲跳舞廳旣不透風尤難久立日國長公主意沙畋亞與英使共跳餘則隨意爲之英使應酬紛如僅一握手而已歸涂遇日后與王子同車不設儀衛彼此一點頭后爲奧國人體甚羸弱有病不服日醫之藥仍自帶奧醫因前數年有君后中毒而殞有鑑於是特加愼云

初二日戊午夏至晴熱甚發滬粵包封後乘車一游遇鬥牛人返喧歡於涂日俗以此爲最樂窶人雖典衣往觀亦甚自得日俗雖貧弱而絕無僞銀僞票此爲難能公家花園今晚啟扉遥望鐙光如繁星又於高樹茂林遍挂五色紙鐙高下掩映成趣園有小瀑布上懸電鐙

深夜仍有水光瀑布之側有黝洞深下逾里觀者出入有定程不能紊也園中設音樂兩臺以備游人憩聽入者人輸一鯊屑達郎一角子其數甚微合之則巨公使持請帖往可不破老慳義葡高法各公使參贊均相遇

初三日己未晴給外部照會約訂會晤之期琴齋譯出英文付麥治轉譯日文中西文字不同辦事總難迅速晚遇白耶教於園中略述米阿斯前月廿八日之言白謂米之性情狡猾諺所謂佛口蛇心者姑聽之而已明日爲樽神誕西人預於今夕相慶兵部署前游人極盛

鏹光烟氣翕然

初四日庚申晴晨起西風微涼得總署初三日電本日奉

旨夏威仁國主女弟逝世著張蔭桓傳旨慰問欽此當即欽遵錄示檀使轉電該國洋員麥治言日國領事條例小呂宋一島不能獨拒中國當令遍查日國征收小呂宋華人稅數藩部司員允令禮拜一往閱其他書坊殆不可覓因復電詢科律師或有存本也晡後訪訶𣍐耶談小呂宋事極承關愛又出示手記華人數目深以

米阿斯之言爲妄屬與譔烈相商其樓居寬敞導游一遍入夜而返飯後觀馬戲奏技猶前其較異者一人挺立縛帶於腹上承長杆約二丈杆端橫鐵棍約五尺其二人緣杆而上就鐵棍作耍轉身跳躍或兩手或兩足或一手一足相挽或一手一足蟠杆而橫曳懸挂承杆之人屹立不動橫空盤硬語妥帖力排奡意象似之少頃以紅布蒙一大礮四圍作城牆式以遮蓋之轟然一聲一人從礮口躍登懸空之架相距逾丈

初五日辛酉晴端午節循例放假洋員麥治詢掌故麥齋略舉汨羅江事告之麥治以爲不合天主之理麥治蓋信教之尤者每乘火車抵埠必頂禮天主保其平安及抵客旅必沐浴至教堂誦經乃食自言廿七歲後操行無改誠篤信矣進齋書言美人福苛爲祟朝鮮奉北洋電屬商外部撤回䑺頓首肯云即電復之并屬晤檀使詢以傳

旨慰問之電何時奉到晚九點鐘美使來談至十一點鐘與商去日辭行儀節

初六日壬戌晴科士達書言中日條約第四十七款專

指華商而言如其濫徵華商苛於別國商人即應索償但此款並未包含別項華人除華商外似難過其免徵惟第五十款中國允待日國人照最優之國相待則日國待華人亦應照最優之國一律不應加納稅餉云猶持公法報施之義也晚得竹篔電洪文卿出使俄德奧和襲在巴黎竹篔曾言文卿日習英語志在遠游余不之信不悟有志竟成昔之覩爲畏途者近則樂此不疲風氣爲之一變

初七日癸亥晴午後答拜德使日紳拏娃露返署得外

部照復古巴馬丹薩准照遥發古巴總督轉送與美例稍殊卽電詢古巴領署

初八日甲子晴訶毗耶來談攜閱光緒十年小呂宋官報因留交子剛繙譯其與華商所稟合者只身稅晰分十等一例其路稅一條尚未譯得也華人見客以摘眼鏡爲敬西人見客以摘眼鏡爲慢意謂不願見此人故不加鏡相視雖臣民見君主短視者皆帶眼鏡中西殊制此其小焉曩見有平列酒瓶十二豢象跴行者訝之晚觀一英人豢象能令倒行十二酒瓶又能令以鼻捩

機以足踏琴柱其一象足繫銅鈴旁立而跳宛中音節又教以搖鈴傳餐額下預挂布囊豢之者予以麵包隨食隨搖食竟以鼻探囊撮洋錢二枚置於磁碟鏗然而散唐宮舞象之戲不知何時流於海外

初九日乙丑晴總署美字第六號書頗嘉收索洛款以爲功德非淺又屬妥訂約款以保華人生計得李仲約書論小呂宋設領事仰給華商之獘又慮領事權利有限威令不行可謂見道之言昨令麥治購日國例本費將百金日署存此等書有事可資考證麥治言日人無信面談不如筆爭因就鐙下草一照會稿先譯英文

初十日丙寅晴進齋電言中國准日國設領事日國不能不准中國設領事駐使有派設領事之權不繫乎成約與否此就公法空論焉已至謂注重外部迫以踐言卻是正辦又電稱北洋飭雇鐵路華工十數名交陸永全帶津請酌示當復以雇之金山與訂合同墊水腳陸永全洋習可惡能痛改當令帶去否則由梁領事派定工頭備文冊遥令赴津頭朝官知會本日六點鐘日后赴公家花園看視小呂宋物產函請往赴各使先後至

高蓋玻璨殿中列兩座爲君后君姊左右環列公使諸部臣之坐屋中花樹皆小呂宋之產又有男女十數分立階下有裸體文身頭插鳥羽者小呂宋土人也君后偕君姊如期至樂作登座有宣講官朗陳一遍誤將彼國世次顚倒殊不稱職講畢君后起立出觀會場各物會中篛篷板屋皆小呂宋之式八點鐘散

十一日丁卯晴晨起重閱中美約款略節稍爲增刪又小呂宋設官事麥治代擬照會援據明晰亦略爲增刪令其自譯日文明日面交謨烈晩赴花園晤可侖比亞

代辦公使言巴拏馬招華工開河事余告以華工往者多斃故視爲畏涂鄙意亦不願華人前往也古巴復電各國領事准照皆由總督轉送前因開辦之始特在日都候准照發出乃行

十二日戊辰晴外部函布今日無暇見客昨擬面交照會麥治慮將己意盡露不如仍涵渾索其准照麥治又代擬一稿不逮前稿之切實余又爲增删之今日氣候甚熱外部眷屬入山避暑來署辭行余亦往送彼此皆投刺無謂之應酬此類是也晚訪侯爵萬沙道樓居宏

敞陳設華貴內有琺瑯一器的是華產

十三日己巳晴晨起西風仍不祛熱檀島華商唐舉以七萬五千金爲該島包烟稅爲島主所賺稟求申理此事春間會見之日報檀使阿楠亦以爲愧而該商以數萬巨貲如此浪擲茫無把握可謂利令智昏矣姑告檀使能否索還未可必也曩飭希粱代傳相與余賻贈格總統鮮花鳥約新聞紙並誇頌

十四日庚午晴擬致外部一文索准照告行期固知不合西例麥治亦云然遂析爲兩紙麥治將操鉛筆乃請

加俸薪歲五百金謂乃弟在時本有此說英德兩使館洋員薪俸較伊皆優云日署事簡此來乃因小呂宋事與外部有照會往來麥治藉此索錢殊可鄙不知希九當日與訂合同何所取義己將文卷鑰匙盤踞四點鐘後檢牘則洋員將鑰去矣洋員之難用如此美使明日兩點鐘謁辭日后後日成行本日爲華盛頓得國之日美都懸鐙火以誌慶美使於此升旂而已晚得外部文言小呂宋各案華商輕事重報又言日后將議新例爲各國領事而設現已刊印當呈送云似係通行之文而

小呂宋設官一事似答非答可云巧矣仍就前文附致數語促其准照

十五日辛未晴晨起微涼山東礦局屬覓井底華工三名隨美礦師阿會威士回華適復美署函即令轉告遂雲辦去開礦用洋匠實糜費宜多招金山華工中國礦業漸開華民歸求有餘無須謀食海外誠大快事余固不憚煩瑣而贊成之

十六日壬申晴湘浦曩商祕外部酌派妥員偕林莫兩繙譯查糖寮外部乃派蘇利前年詭謀招工爲進齋所

斥者也湘浦不允乃改派參將愛斯哥巴己甚煩辨論祕總兟復諭准該參將向賨東每華工一名索費四毫以作盤川祕政之謬亦可見矣祕署寄呈客歲與外部問答往來文件具有條理當彙呈總署此環球使規而中國則創行自余不過稍費筆墨中外辦事可以共諺英俄近爭埃及大有違言英與土爾其約兩年內撤埃及防兵然有事仍派兵前往保護俄不以爲然聞土爾其已晝諾矣午間美使扶病來別約會於倫敦告余以日廷新議各島領事之例已見官報即屬洋員檢之得廿五款該員日看新聞紙何熱覩無覩耶

十七日癸酉小暑晴日廷領事新例譯就屬麥治校對該國領事條規刊本有無異同麥治叉貢議裒集日國苛待小呂宋華人諸款之有實據者照會外部以迫之此等事余已博訪逾月亦擬定一稿俟晤譔烈後再繕送耳日廷近因礮威符省苛征食物稅名曰城稅民心不服因而生事日兵彈壓捕獲數人不知如何了結日議院已於十四日散議古巴舊案日有應賠美國之款日后己批令議院議賠迨散院而賠款仍虛美公使焦急之甚此與余去年在美情事略同使事之難中西一轍也前年粤中水災駐祕華商經劉偉臣募捐六千餘金美祕使署均無案行令查明捐生姓氏以便咨粤給奬以免華人觖望昨劉領事函稱陸續解往香港東華醫院承寄冋徵信錄百本請咨粤余客春在粤蕭杞山方擴粤藩工賑未竟何崑山建議請提東華醫院捐存之項港紳大不謂然崑山幾爲衆矢之集祕魯華商捐款是否分解愛育堂抑全解東華醫院劉領事經募之人總應詳敘豈能漫無根據貿然請咨當飭切實查報

華人捐此巨款粤中大府并不得知故扁額亦闕余去冬集捐直賑遂大費力

十八日甲戌晴外部譔烈約今日六點鐘會晤遂偕希九子剛琴齋同往并攜條約及該部因小呂宋設官事壘次同文叉小呂宋官報督署歲刊征收華人稅冊議院前日新議各國領事條例以備折辨乃譔烈絕不提條約力言國家甚願意我亦願意但藩部以土人不願爲阻與我意見兩歧現正躊躇撮合遲數日當備文知照再請晤談余告以小呂宋設領事實於日國政權無

損日國領事權利具載新議條例中我已得閱議院報本謨烈旋取閱一遍仍允妥籌報命但屬明日不必往談恐旁觀疑猜余答以既承肩任明日即來署亦非催迫因行期在近欲多晤面耳問答甚長另譯記晚晤白耶敦略告以謨烈准情酌理之語覘米阿斯迴異然米亦不作梗矣便希代謝之白以爲必諾

十九日乙亥晴電李傅相述小呂宋事請轉屬日使助力并告以鐵路華工已飭美署安雇午後重訪謨烈詢商謁辭日后之期謨烈允俟今晚入宮赴讌時代爲陳

請隨告以小呂宋事昨日詳談今日之來并非催迫如能於未去日都之前見復固佳否則代辦可代經理至土人拒阻之說日係君主之國似不難禁遏謨烈謂現在籌商數禮拜後可定此十日內當先布復大略情形甫出門即接一照會日君后君姊訂於廿一日兩點鐘接晤係副外部畫押謨烈竟爾不知或亦各有專司乎

二十日丙子晴遞局第三十號包封內署閏四月初四日無甚要件而號數顛倒此間已接到四十二號矣教王公使昨遞國書日廷待以頭等教使遂不拜客而貽書知會午後訪之略如吾華世味極深之和尚與談羅馬古蹟尚能解頤日廷供奉殊優使館一切皆日代備又軍官持槍守戶客座之外對立諸校狀如日宮之儀但盛服而不執戟客來去皆頫首迎送禮貌甚恭所以奉教者至矣聞阿方疏第十二未立時國人既逐其母擬別求君教王不允阿方疏第十二遂得立即位後教王問何以爲報阿方疏答以從此眞心信教矢誓不移教王大樂所謂入者主之出者奴之未若是之甚也英太子薄游於此日君后既讌之矣英使復爲公會折柬

相招余偕希九震東芝山赴之甫登樓俄使潛告曰上立者英太子也英使隨來介紹握手述及前游中國極承優待又言現當水師兵官故能游歷即以威妥瑪近境及中國所製戰船不甚了了蓋久駐海疆也英以水師雄於歐洲即王子亦躬親其役宜其講求日精英使爲余介紹後即導芝山與談謂係中國紅帶子有加敬之意日之宰相及各部首領各國公使均預會蠟鐙如晝牕簾並下熱不可耐

二十一日丁丑晴早起聞蟬未初偕希九震東子剛琴

齋往見日后由宮門歷級至偏殿案上有一紙書明本日兩點鐘接見中國公使侍衛各官見輒頫首爲禮少頃朝官導至偏殿日后候於門余趨前令子剛譯述返美之意又令賨東爲英語述之日后分別答復詢何時回華仍返日都否答以使差三年乃竣明年有暇或當再來日后隨呼兩公主出見詢中華冠服之製兩繙譯敬答如禮隨辭出綫數殿門方見君姊問答略如日后又願敬聞今上大婚之期語甚得體晚得外部照復希九代辦之

件此卻爽快非若呂事之費力

二十二日戊寅晴晨起檢歷次與外部謨烈問答節略爲書致總署北洋粵督酉初大雷雨氣候略清飭僕從檢點行李古巴領事稟言學堂規模漸立學生共廿八人教習甚認眞前日謨烈商習中學余曾許以如果日人欲習漢文可於古巴附學謨烈總以日都設漢學爲急於屬島則有門戶之見矣

二十三日己卯晴日外部接見公使向以到署先後爲敘德使坐候久矣教王代辦至外部乃先見之德使憤甚與外部總辦論辨謂教王雖尊而代辦不能篤乎公使之上遂不見而去檀香山董事公稟求索追檀王賜吞華商巨款及請咨粵中查察華人來檀護照美日祕三署已極繁冗益以檀事殆難肆應

二十四日庚辰晴滬局遞到第四十五號包封摺批三件欽遵咨行李傅相函詢駐日約幾時當電復以小呂宋事日使能圓去冬之説否候回電定行期

二十五日辛巳晴觀獅子戲三雄五雌共圍一鐵籠橫約二丈縱半之豢獅者聳身入籠持鞭與戲爲紙圈使

跳繼以火圈獅跳而吼觀者咋舌豢獅者爲英人身受六十八傷不知幾費撫摩乃得馴擾如是日例豢猛獸若令逃逸則豢者論死一獸偶逸所傷不止一人律甚善也前年有獅逸於吏部署前豢者涕泣追之幸未傷人招之復入圈其時行路之人驚仆者多矣日人談之猶色變也今觀八獅毛色純黃與吾華所繪頓異雄者尚能彷彿

二十六日壬午晴函告謨烈訂廿九日五點鐘會晤巴西王明日可到一宿卽行不見客因肝病藉游歷以調

之故不願應酬余亦不往見
二十七日癸未晴子剛所撰古巴雜記請代呈總署當
重與薩正巳初傳相電言前電署未復恐未晤日使藩
部阻似宕局
二十八日甲申將晡忽大雷雨逾時涼霧氣候頗佳有
日國派赴厦門領事卑利拉持外部文憑乞余署名亦
尊敬修睦之意行將去日略攷日國輿地政俗情形東
南居地中海西居葡萄牙北居法蘭西以北壓亞斯大
山爲界爲省四十有九縱橫二十萬里居民八兆馬得

力都城戸口五十萬礦產銅鐵鉛土地肥腴米麥足食
叉多植杬樹以取油亦養生之一助進口貨物以棉花
火酒白糖木料羊毛爲大宗出口以水銀爲大宗銅鐵
鉛炭之鐵路通長約六千里電綫一萬一千里常時馬
步兵十二萬有戰事加三十六萬惟礮兵絶少僅五百
五十名各屬境馬步兵共二十五萬選兵於民八年爲
期四年駐本國四年調外埠民以爲苦現有兵船一百
二十六艘內鐵甲九船海軍兵官二萬五千員名土地
日削從前屬藩遠及南北花旗近則僅餘古巴小呂宋

兩島古巴境內縱橫四萬九千四百八十里居民二十
九萬小呂宋縱橫十一萬四千三百二十里居民五百
七十萬國債一千一百九十一兆雖週息四釐特歲入
正供僅一百六十一兆不尃殊巨近擬加收股票稅課
議而未定也馬得力都城上下兩議院議紳六百餘員
各部大臣每人値班一日共議庶政至軍務重事則宰
相與各部共商議紳不與也各部首領俸薪九成或不
再減耳都城地勢高去海綫千五百尺寒暑約差二十
五度盛夏多避居海濱以避炎暑西俗類然馬得力城

夏雨絶少幸早晩多風仍不甚苦午後厦門領事來見
人尙和平因爲書薦之劉省帥
二十九日乙酉陰謨烈原訂五點鐘會晤如期赴之乃
不在外部而牽綴於吏部蓋近攝兩部也荷蘭使至不
得晤憤憤而去外部參贊假電筒詢謨烈改訂七點鐘
至吏部晤談因須赴車頭送巴西王而吏部事仍多轇
轕云余以就吏部衙門論外部事恐非所宜其參贊謂
各使常有之事不妨從同居時投刺閽人以謨烈未到
爲辭琴齋直造其辦事處乃證閽人之僞及謨烈出見

自陳患病委頓可憐呂事仍無著落但云盡力妥辦請返美後與渠一信以便函告云返寓晚飯後搭火車赴山丹巔那車無卧房客皆坐睡余上下四人自雇一車尚不甚迫然無溲溺之器須待停車上落殊不便

三十日丙戌早晴午後微雨涂經山洞十餘遙望平疇巳刈麥矣酉初抵埠麥治之父駕馬車來迓年將七十精神甚健導至客寓而去昨晚車行眠食均不適抵寓仍不能餐旋往海濱觀浴天風送涼絕無暑氣行李亦到安頓妥當晚飯時音樂奏於門外云祝中國公使之

來薄賞而去

六月初一日丁亥早晴晨起小食麥治之父來導至其家甫登車而大雨車無襜帷衣履霑濡寒暄慰問而返麥治之父極誠懇眷屬亦甚樸素其領事公事房即在寓內詢以英商幾何答云不多且幸其不多可以省事各國領事駐此者約二十五國然奉朝命來者只英法德意四國餘皆商人兼充領事權利有限也從前此埠以麵粉運古巴易白糖烟捲近日麵粉之利悉爲美奪此間出口缺此大宗貨物生意減色矣未初潮長雨止

天亦微晴中飯後往海濱游眺西人導觀溫水浴房略如輪船之式但純用雲石盤叉冷水淋頭濯足處作銅圈十數層人立圈中上下有銅管如蓮蓬運機則下淋上噴西人以濟醫藥之窮猶是眉山治瘧法也本城知府箇耶技差弁請期接見許以明旦兩點鐘可侖比亞代辦公使鉢霖來晤云將同駐此店避暑并約觀鬥牛此行本欲避囂而不能銷聲匿跡晡後本城巡撫疏摩沙偕參贊亞比晏蘇來見敘談甚久復約赴會所聽樂觀舞

初二日戊子晴天氣清快絕似之罘夏時中飯後知府箇耶技來晤約觀劇并派巡捕來寓伺應當婉卻之日浴舍信義而重虛文似昧本末之理然觀并此而略者則大可嘉矣令繙譯貽書洋員麥治謝乃父周旋并述其雙親老健以慰之麥治極信教往與談倫常道理麥治自言每月必寄錢物博父母懽爲西人所罕詢以所愛何先則曰妻第一女第二子第三父母第四信教者如是而已本省錢糧官冀恰露及善堂主席來晤約西八月三號公會其時余已抵倫敦矣麥治之父導游海

口繞行一周山樹陰翳海風透爽海中沙堤橫亙詢係人工所成將於堤內設船澳也沿海有舊女牆一道係百十年前備寇之用工作尚堅隨往訪其老友鴻斑育園林卉木甚繁主人年六十八歲款接甚殷能爲英語出鼻烟敬客余頗嘉賞卽以一瓶見贈就瓶口嗅之有苹果味入鼻則色黑而味辛曩聞鼻煙出西洋乃此行遍覓不可得今日始僅見之主人之妻則其姪女日俗類然子剛古巴雜記曾言之今則見之矣坐談逾時主人折香花爲贈力勸無置於榻卧之側凡香氣皆不宜

睡中呼吸云返寓晚飯順道答拜巡撫各官知府箇耶技來同往觀劇官座之後別有斗室爲酒食款客觀竟又親送歸寓時已夜中矣

初三日乙丑大暑晴中飯後麥治之父來餽鼻煙一礶云購自倫敦微有玫瑰味而色總不佳其寡媳偕子女來面呈一稟略言故夫効力中國八年宜有恤俸養贍終身余告以中國無此例爾既如此孤苦我酌助二百金去年所給五百金已屬格外𪜶並將寶星交爾夫兄亦不忘爾夫効力之意婦感謝而去詢以在此何依云

依乃父曾作水師兵官近已辭職西俗倫常之誼甚平平麥治之父本極誠慤且在此充領事而不能養其寡媳孤孫殊不解也本城總兵官亞巴蘭爾度如期來賠可侖比亞代辦公使鉢霖適移寓至此巡撫參贊阿地釐阿疏拉適來約觀會廠同坐小飲極兩時而散方欲憩鉢霖邀往觀濤復至後山松林席地坐飲海外奇境也鉢霖以醫得官歷言華人不肯步行甚乖養生之道與論調攝承贈健飯安眠藥方果効則大可感也酉正答拜箇耶技并贈以映相及中國顧繡零物箇耶技回

贈映相一枚

初四日庚辰晴晨起子剛偕僕從赴海濱浴云不甚寒鉢霖屢勸余浴敬謝不敏今日雇定巴黎車票惟所攜日國銀票巴黎不行用須另換法銀不免折耗白耶敦函託本城銀行爲之招呼尚不致無從兌換車期已迫又值禮拜神誕市易停輟若無熟人自多周折海外遠役其能寡交乎日俗以鬥牛爲盛會無老少貴賤嗜此爲天下古今極快之事舉國若狂曩在日都一覽已厭殘忍頃來山丹巔那恰逢其盛地方官紳堅請往觀不

得已而赴甫入座則地下拍掌摘帽歡聲雷動其門牛妙手曰漫散顛那每日工價六千金久著能名者也及奏刀時又爲頌詞祝中國强盛中日和睦因薄鎬之上下樓房觀者逾萬人余未及散場返寓晚餐隨訪麥治偕游會場鐙光燦如白龍場中列肆售什物茶酒醉人忒多憑軾縱覽而已留刺託代送巡撫總兵官郡守

初五日辛卯陰巳初阿地蘯阿疏拉來寓導觀會場凡所陳設皆該省之産紅酒皮酒爲大宗鉛亦不少又能製輪船帆船馬車之屬及電氣鐘其布帛織紝之物則

購棉花於美而自爲工作月匣儲蠶繭數枚色微黃綴於枯葉云係土産或卽野蠶繭也又黑白雲石西人以飾座鐘者該省亦有所産其他銅鐵礦産紛羅滿架後圃豢鹿羊雞甚蕃息一省之地物産日拓宜可富也詢其關稅歲入四百餘萬金雜稅或復過之斯島四十年前人煙絶少海道既便舟行商旅漸集日王阿方疏親來游駐力爲倡提嗣是而日形富庶余寓樓卽阿方疏舊行宮云游覽一周天氣欲雨遂辭去其主席堅留宣詞頌祝婉謝之阿地蘯阿疏拉件送回寓飯後收拾行

李卽起程寓中候送者多冀省面別之煩也申初抵車房本城總兵官亞巴蘭爾度已候送於此扶掖登車俄而老麥治來同寓之礮隊參將漫天那亦來老麥治之友法阿蘯爲雇車者步行趕來將展輪而可侖比亞代辦公使鉢霖偕婦來倉卒不及覓馬車慮余已行匆匆坿街車趕到是日爲其幼女生日贈以繡帕就車門握手爲別此中人情殊殷殷也申正開車戌正抵一小埠下車就食卻能適口鰻魚尤肥美子正換專車停兩點鐘車有睡牀有廁甚便

初六日壬辰晴巳初起經山些巴士的埠日國君后公侯避暑之地也午正抵日法交界處飯後換車法稅關並不查驗衣篋但請名刺一紙遇日國一等朝官往義大里亞避暑於此握手爲別該朝官甚欲得中國寶星爲榮余以給賞無名會屬希九婉復之曩見日后此老導行今出日境忽復相遇亦莫或使之歟薄暮抵波都法之巨鎭水陸舟車紛集所産紅酒尤擅場鐙後微雨與譚子剛對榻閒話譚謂此行一路見月斯語頗雋竟夜輾轉不寐開牕靜坐待旦

初七日癸巳陰卯初抵巴黎換馬車至旅店微雨而寒抵寓則前宿樓房依然閒局少啜奶茶登樓補睡曩與竹篔約晤伯靈此時船期既迫無緣過從爲書謝之甚歉然也

初八日甲午晴總署近減使俸以充游歷各員川資意此輩必有嘉謀高論無負此行余曩欲爲羅馬伯靈之游近亦輟念矣巳初得香帥電請主稿會奏小呂宋設領事事且欲改派王榮和語甚切至仍未悉此間商論未定也子剛所爲古巴雜記數年而成乞爲序余適有

所觸爰與藴政而序之曰古巴在南北阿墨利加州之交而隸日斯巴彌亞國其地肥饒利耕種尤宜甘蔗餹次則煙葉皆古巴致富之道也奴禁未弛以前田園富人不僅千指咸買自阿非利加洲展轉而流毒中土閩粵黠者假招工爲名潛相拐販自道光丁未至光緒戊寅華人被誘作苦數至十二萬六千餘拘役鞭捶虐甚牛馬事聞於

朝特令前副都御史陳蘭彬往查詰華人環遞訴詞哀然成帙遂與日斯巴彌亞國重訂條約陳副憲旋握使符駐桼美日祕三國掄派知府劉亮沅知縣陳善言駐古巴爲領事官諸華人乃重見天日數十年虐政一旦埽除華人傭力自食無官工所之束縛拐販絕跡商賈漸集蔚然可觀前年直粵水災及海防諸費領事官勸諭華人捐助一呼而集二萬餘金可謂不忘本矣中國道光己酉以後水旱偏災數見又值髮捻倡亂狪𤞤西織用兵垂二紀華人生計日艱謀食海外舊金山域多利檀香山祕魯古巴暨南洋之新架坡小呂宋噶拉巴三寶壠巴泗末新金山雪梨暹羅越南諸島無慮數百

萬初只帆船往來漸而輪船雜遝商工闤闠自成市集日唐人街生意之盛者每不暇計長久但先營酒樓戲園以供游賞讌集若夫博簺烟霞則無大小埠皆一致焉數萬里航海遠來力博蠅頭屢爲土人所迫錙積寸累悉消磨於意錢鑑火之中已可痛惜甚或聯強欺弱自傷其類仇殺之案窮於誠諭其能謹愿習勤薄有盈羨寄以贍家者難求什一於千百也古巴一島華人日稀來源既窒少者漸老而其政俗又不克自振糖業浸爲鄰國所奪土客交窘無數華傭間藉呂宋票爲歸計

得采則急裝以行且遍覓同來之人挈之返里贈以資斧風義可嘉而被惠者顧先秦憑據處歸後食言無以爲活人心不同如此然華人能善全鄉誼者古巴一島而已吾鄉譚乾初子剛以繙譯官從事於此爲古巴雜記一卷島中風俗人情擷其要領彙爲筆記誠有心人也而尤可嘉者爲華人設書郵以通重譯華人每得家書輒痛哭既振其水源木本之思而其父母妻子亦知遠人音問保全實多此皆子剛不憚煩瑣爲之往返分寄其功在語言文字外也蔭桓持節逾年凡百無補比

者于役歐洲渡大西洋歷英法諸國而抵日斯巴彌亞都城客廳月夕高樹挹爽子剛出是編就政爰序其緣起俾付剞劂所記只古巴一島編帙非富視蘋桐隨筆使規諸書體例固異他日四庫重開博搜海外記載則是編仍不失爲蠡勺豹斑更願同役諸君隨事爲記毋騁空談卽以是編爲嚆引可乎孜殊域之土風寫征人之雨雪安石碎金景純朕錦固非文采自矜夫豈心思誤用也哉此兩日間杜門靜攝心緒頗淨夜睡亦安

初九日乙未晴進齋抄寄與外部重論洋藥罰辦照會甚得體又言慰唁檀島事檀使已電復余卻未得援也又檀島民練揭竿爲亂草擬要檀主四事誠奇聞矣飯後洋教習斯恭塞來談周子玉纘來贈木雕圖畫甚精巧云得之伯靈

初十日丙申晴草定自日返美疏交幕府謄清未初培克思約觀拏破崙所遺珠飾其法冠一頂純用白鑽石堆成花朵中嵌紅寶石絕類梵僧五佛冠又項串一挂鑽石二十四枚極大者重四錢色微黃又綠鑽石兩枚皆冠飾物也坐夾雷兩因法館參贊訂約三點鐘來晤

忽忽返寓已相左矣電劉芝使告以十二日准來晤請轉語稅關免查行李旋赴班麼賒店一觀譯言便宜佳貨也其店杭連四衖上下三層樓無物不備恍如列肆執事者約千餘人是日適該店查點貨物之期東主領導縱觀瀕行贈巴黎圖及該店貨物摺與購綢帕聊誌玆游歸寓晚飯慶藹堂約觀花園雜劇有阿非利加人支棚奏技有數女童敲木成音如西班牙所聽之調中有跳舞場適大雨舞者不能盡興今日雷劈樓房一區卽培克思之近鄰

十一日丁酉晴周子玉率學童十三人來見學製造七人律例六人均閎廠高足與久坐慰勉奬勵之歐洲律例以法爲通行既與交涉固宜推究之也諸生有可以應書院考者文筆多佳口辨尙拙游學未久耳從此加勉當有可造之才西學總要從語言文字入手高談宏博而語言文字懵然猶鏤冰畫脂瓦雞陶犬耳製造根於算學工師口講指畫尤須心領神會由學堂歸寓自行尋繹庶幾日計不足月計有餘諸生咸不河漢斯言時局日艱儲材爲第一要著也陳敬如來商去就及期滿保舉敬如文人而就武職用違其才安得大力者爲之以趨也其筆述法政源流君主民主之利病斐然可觀誠非徒獵虛聲者

十二日戊戌晴晨起飯畢巳初登程舒春舫慶藹堂陳敬如相送登車未正至福士敦海口登舟預賃三房艙足敷坐起展輪出口幸無風浪英法對渡諸水總匯之地西人過者以爲奇險赫德義告以飲三盞酒可免嘔吐頗嗤其迂近詢西人亦有以此說進者因悟此酒能通胃氣胃苟不逆自無嘔吐理或然歟既以此爲險涂

卽無風浪亦覺微暈凡事不宜著成見也呼酒解渴卧看海天無障兩岸山嶺瞭然都化諸山嶄巖猶懸渡都化則海程速二十分鐘然不如福士敦之平順將抵彼岸船主請余致頌詞向來無此穩渡西人善謔笑領之而已是日爲彭祖颶粵諺舟行所深忌者陰陽怕懞懂信然登岸乘火車爲英國境稅關亦不驗行李涂次農田已登麥而黴有旱象酉初至倫敦劉芝使率參贊從官遠迎同車至藍甘旅寓卧房外爲客廳極華贍又特敞一升梯便出入復偕芝使至使館承留晚餐頓忘困乏子正返寓電復北洋緒正電碼交電報局該局復請署名似不諳華碼也震東詳告之余卽就枕甫入黑甜聞叩門聲起視則電局人也仍詢前碼無謂之甚

十三日己亥晴英館參贊李伯行潘子靜來晤馬格里偕其子來貴州礦局兩委員亦來以客多不及候而去余易齋來言將坿新製兵輪同華隨使本爲游歷計已遍覽風景及各製造廠云午正始早餐旋偕仲蘭赴芝使之約詢芝使應否往拜外部芝使以訂見無期可不往拜飯畢導觀美國會廠諸物產又烟匈人馬戲客秋

曾於鳥約一覽技亦猶是而槍法屢失電光秦之耶亥正返寓接法教習斯恭塞書以昨日走送不及為歉美使額而特曾到芝使處留示荔華浦寓所并屬余務於十六日到荔華浦英人匹亭頓設醫館於北京求捐助西人好善而力每不逮此種捐項蓋數數矣英有宰相向管戶部近兼外部理財交鄰極重要然隨黨遷除君主無能進退又設兵部刑部工部藩部民部海部內部郵部印度別設一部略如藩部而專外此庶官咸有職司要皆受成於各部取決於議院英之議院仍分上下

上議院多勳舊富人下議院則民間公舉視城邑廣狹人民衆寡而定所舉之數與美議院同上議院則無定額宰相可舉庶官入院爵紳無肰君主亦可黜之建院之始君主逐日至近則議院啟閉時一至或有重大事亦至焉而已上議院事簡下議院事繁國之政令皆自下議院議之議成上於上議院視已成事無大更駁下議院則自朝至於日昃甚或卜夜然掌院秩滿君主必予以世爵大抵英之國權仍歸兩黨坿君主者曰保黨衆民政者曰公黨上議院多爵紳君黨之氣稍王然兩黨迭主朝政七年一易君主立其黨魁以為相於是諸部院皆宰相所舉黨易則舉朝皆易與美之南北黨同一機軸

十四日庚子晴巳初李伯行來寓導觀倫敦舊城基址已湮只一石人柴立為誌大商賈均聚城中設府尹以為治英君后進城亦帶鑰匙以示不專之意君民共主之政固應爾也印度尊英后為帝英國境內不以為帝也旋至蠟偶院蠟像新舊不一日君后一像見輒能辨另小孩睡像一區臍上有舒斂呼吸之氣此巴黎所無

曩聞有林文忠像志克庵日記曾為頌贊乃遍覽不可得卻有伍怡和一像藍玻璨頂藍袍外套繡金綫衣一件略如道士服不知何所得也前列小几有林文忠禁煙疏中西文并刊旁有焦秉貞耕織圖刊本均不堪屬目順道至日本村陳設皆倭屋及土藝制作內有吾華二十四孝圖筆墨卻陋然殊俗亦知摹繪此圖誠可嘉也隨往博物院為時已迫略觀大意且行且坐至酉正赴芝使晚餐西人飯館裝飾美麗梯級檐闌純用雲石亦巴黎所無飯罷同往觀劇盡一齣與伯行下樓清談

靜憩樓外有瀑池山石皆人功疲甚觀此亦足解煩
十五日辛丑晴芝使來談英外部文商巴拏馬招工事係藩部據法人雜石所談而非英廷之意芝使已駁之且抄寄總署余亦將今春咨粵示禁各情相告午正赴美使輝立士之約返寓中飯答拜馬格里不遇即同芝使乘馬車至水晶宮涂經村落微有灑酒意所謂水晶宮者直一大玻璨屋四圍光澈中置花木禽魚各國物產石像油畫黑人像巨細靡遺歐洲大觀也內一廠專儲中國衣飾樂器書畫最古者諸葛銅鼓而已有陳元

章翎毛花卉四幀鄧濤山水斗方竟署西人上款豈西人亦能讀畫乎廠外列銜牌三對分插兩架無異搢紳第宅之式曰庚午科舉人曰賜進士出身曰翰林院編修吾華清貴之官古今跂仰不置者挈故流傳海外西人勢利之見亦知科第足重也別一室儲光學畫爲義大里火山上炎故事逐事爲圖由盛而衰自晦而顯數千百年古蹟躍現鏡中西人攷古者纘述不輟又園外爲小池一人罩銅冠著皮衣袴作入水工作狀持銅鏟入水有機括消息之銅冠有耳可以透氣面嵌玻璨可以鑒物冠頂皮條接於岸上可以與人問答思亦巧矣竆日周覽未盡什一就樓上晚餐觀烟火略如萬呢挨倫此間惟禮拜四燃放往來觀者幾六萬人
十六日壬寅晴往英館告別芝使爲言新架坡設領事一事郭筠仙並未辦竣曾劼侯接任後始爲合尖至新金山等處則已言明不再設矣南洋羣島近鄰閩粵而西人總以中國設官爲慮曩過巴黎藹堂亦言香港設領事一事外部首肯而藩部梗議當日曷拉巴擬設領事商諸外部亦未拒駁終爲藩部所撓正與西班牙機

局略同與芝使詳論一遍旋即起行芝使率參贊隨員遠送立候火車展輪情誼可感酉初抵荔華浦旅寓美使額而特相候於此枉談片刻約明日十點鐘在駁船相見先將行李埘輪船公司
十七日癸卯晴早飯後偕仲蘭涵生震東差弁陳吉勝家丁吉祥阿覺洋僕釵利共八人同登駁船沿岸亦有赤足婦女持賤物求售略如吾華乞丐涂經石礮台形勢甚固爲船澳亦得地子剛送至大船而返此行搭客六百餘擁擠之甚船上高懸

國旂極尊敬房位收拾妥定美使暨日商寫班育來談一點鐘展輪晩十二點鐘行二百四十邁至坤士探埠寄椗該島爲埃利士境美前外部唏嗹深惡華人者也春間曾至該島聯絡挨黨以爲明年重舉總統之助島岸不甚寬廣搭客間從此登舟或乘郵船之便各草家書坿寄余自抵倫敦連日酬應登舟乃得小憩夜睡尙酣

十八日甲辰晴舟中人多登岸游眺是日西人禮拜早晩閭吽經前搭法公司船若無其事教規亦微有不同

大洋舟行以教士多必有風雨謂教士能籲禱天必試以奇險之境以顯其技然耶否耶舟中人言前一禮拜有英船自烏約同荔華浦涂中猝遇颶風浪高五十尺爲歷來航海所無其時搭客惶恐或於船蓬跪求上帝或各覓太平圈幸此風浪僅十五分鐘而息打折烟通一枝船仍行駛如故毋亦教士之功乎同舟有英商威路健臣織機爲業手創大機房三處前月不戒於火焚其一喪二百餘萬金偕乃弟赴烏約看視其子別謀展拓以相法衡之該商必有重興之日其心地亦甚厚不致中落也一點鐘游人同船遂起椗風浪平穩船主送閱海程圖繪船行度數

十九日乙巳立秋陰晨起浪大强飯不能登柁樓觀眺一點鐘大車揭報行四百二十四邁美使眩浪而睡同舟多眩者未申之交大雨房艙鬱熱仲蘭耐之余就船面客廳少憩幾作吐震東已不支矣涵生觀書不輟雅健可喜薄暮雨止浪亦漸平十點鐘睡

二十日丙午陰晨起涵生言昨晩同舟一教士心痛叫絕而死船主准八點鐘投之海中余登船蓬英商威路

健臣方爲哭送且言船主檢其衣襟得其婦手書歷述窮困無火車錢不能到馬頭相迎屬到烏約即便同鄉云漠不相識甚於吳越覩兹情境亦難泯惻隱之心矣教士名的騰由坤士探搭船同美無親屬同行船主例爲水葬是日舟行四百六十二邁

二十一日丁未陰風浪不大舟中能爲手談美使同伴有故將軍者名瑪人尙蘊藉美使眩浪此老每飯不闕舟次頻與往還同舟人每日賭賽舟行邁數多奇中試擬以四百六十一至四百六十五是日果行四百六十

二邁誤中副車可笑也夜霧

二十二日戊申晴與陳弁晨登舵樓觀日出不甚清朗但見雲霞如綺倒映波光朝氣極爽午後遥見小船十餘出没巨浸皆漁船也地名烏蚧倫英美連界兩國均以捕漁致口舌聞每年漁人之利極四千萬金固宜爭之矣水手爲言昨晚陰霧舟行穩慎僅四百五十八邁往來輪颿頗多有來船懸鉦爲號言烏約大風又一船射火箭爲號舟行定章云

二十三日己酉晴晨起無風而浪船極搖簸舟人多恐

如此巨艦决無掀翻之理有法國醫生折一足以他骨續之行甚蹣躍而喜與人親近問詢其醫理倘隔膜當船浪高掀時該醫生續言英屬前年有兵輪大於此者沈没無蹤絜絜不報蓋兵輪旁礮風浪打歸一邊偏墜而没豈商船可同語哉醫又言能洩水可三五邁座客厭之殊無謂也船煤將盡貨物無多不能壓載固宜動蕩是日舟行四百八十三邁晚間威路健臣集同舟人歌唱爲美教士醵金贈其寡婦琴歌既報美使當稠人廣衆中論説一遍音節凄惋客有垂涕者余不諳西語

微會其意賻五十金同舟亦多解囊合之得六百餘金公推三人親至的臆之家慰唁美使預焉義舉也而船主絶不聞問人之欲善誰不如我恐難律之此輩夜霧甚重

二十四日庚戌晴晨起風浪平穩霧亦漸散震東言昨晚一點鐘至船面四圍昏黑陰霧可駭仰視繁星爛然莫名其理詢之水手謂海中有熱綫船繞綫外行寒熱相激而成霧天氣無預也飯後同舟人各檢行李遥見烏約諸山瀉班育威路健臣並呼酒與余爲别一點鐘

大車報行四百八十邁亦云迅速兩點鐘二十五分至山丹曲三十八邁入口仰視船桅仍懸

國旗過此爲人鬼關極言其險也舟行轉綫至醫局少停輪官醫登舟視大艙搭客病則移居醫藥房不令登岸是日天色良佳出口船甚衆舟行益穩得以詳覽口門礮臺形勝綖石人像後用小輪船三隻拖帶兩船曳纜前導一船護於尾梢極紆徐乃泊乘風破浪之餘逮乎誕登尤當持之以慎微特舟行然也烏約税關船來查驗希梁實森鏹娙坩此船來見均訝來船之速將登

岸威路健臣遥見其子立候埔頭不覺垂淚又指以示余悲不自勝乃弟酌酒以解之少頃其子登舟父子相抱而哭旋亦破涕爲笑西人父子之情似此未易數覯帆頓知余船期已先咨戶部轉行稅關照料與抵金山時情景頓異美亦以此補過也抵領事署拜發摺子仍電署代奏并電復北洋塵勞暫憩略述使程所歷飯後櫛沐安睡侚酣自荔華浦至島約共三千零四十九邁合中里一萬四十七里

二十五日辛亥晴科士達來商美約各稿楊約翰亦來

寒暄甚殷縷述前在總署所商法越各事并屬函致總署北洋爲之道候楊約翰比日神理稍清自言病愈并言何天爵於兩月前已由北京言旋所謀無濟云本日照會帆頓自日返美之期

二十六日壬子晴卯初起率參贊從官祝

皇上萬壽旋閱邸報倪豹帥補授河南巡撫不禁彈冠忭躍午初科士達來與論小呂宋設官事檢該島官報之歧視華人顯違條約者及本年該國新定領事條規交科擬稿致謨烈因瀕行時謨烈屬以抵美告日使轉致一言俾俟此事定議即可函布余許以自行致書以達情愫倩科起草嘗更周安科勸往沙加叨架避暑且爲代覓寓樓函託內河游船伺應晚飯後偕從官同觀西劇誌慶也

二十七日癸丑晴電復香帥以小呂宋事宜候外部復文然後會奏改派晡後牙醫哈文來治齒比日齒搖髮白恐非醫士所能奏效耳查島委員稟陳查過英屬澳非利加洲鉢打穩雪梨美利濱三埠情形侚詳細即批復之檀島董事古金粦稟求與檀王立約又欲請王余

兩員往查殆亦急求保護之意檀亂近始粗定其外部刼臣囚禁後且逐居舊金山況他事乎

二十八日甲寅晴行文咨札清釐印發仲蘭先返署祝彭偕行薄詢祝彭檀島之亂何以外部見囚祝彭曾往該島消息常通而莫能陳說大抵事無巨細祇在留心否耳檀島外部刼臣本美之逃人粗通美律檀倚美爲援遂厚遇之日前之亂聞各公使請於檀王去此外部商民亦羣攻之刼臣既罷職便如平民加以商民之控遂置於理否則斷無公使請囚外部之例然非刼臣無

狀檀政貪昏亦不致是也晚赴威商之約同坐十二人中多美商酒後各爲頌詞共慰主人失火重興之事

二十九日乙卯晴閩廠學生分往英法學習水師製造律例諸務寓法者周子玉已帶見多有可造之材其寓英者始在水師學堂續送入練船藝益精進而外部頗喫力劉芝使數次婉商而就欲再往水雷船則外部難之以練船原不准他國人往看中英誼洽既允閩廠學生就學日本則援以爲請不能不允設俄亦以爲言則大費周折俄之眈眈各國共知見者也水雷船之不能

就學蓋事勢所不得不已者芝使又言今年英后得位五十年之慶奉

旨致賀并有

國書須親遞又寄贈珍玩各物內瓷器兩件途次摔壞頗費躊躇余勸以權將使館所陳設者補足此數芝使沈吟久之余謂爲期太遲若電請續寄至速亦須三月且能保舟車搬運必不再摔乎但將碎破原物寄還總署聲明自行補足總署既不疑使署託詞更換且省郤無數周折設余遇此等事卽如是辦理似無煩籌慮也

芝使領之適海軍派來圖南兵船爲新製快船之先導閩廠學生既可相觀而善帶寄什物亦復妥便

七月初一日丙寅晴西人占驗以本日太陽與地球行度爲月光所掩亞細亞洲中國俄羅斯日本均有日光不到之處卽日蝕也西人之說驗否姑俟諸華報申正渡海至蔦呢挨倫寓澳盧晏特客寓前湖後海宜無暑氣晚看烟火隔河爲城郭礮臺猶是去年之式所演爲俄人踞守四巴士叨布城卽黑海壖也英法義土爾其日爾曼合攻之馬步交馳衆兵奮登拔俄幟而樹英幟

火光熊熊沿山礮臺瞬然一炬昨夜所觀雜劇則希臘國攻北布倫國都戰勝後踞其宮殿耀兵歌舞男女衣冠迥異時裝兵車則兩馬騈騑略如吾華古戰車之狀此時西人競尚火器當之靡矣希臘不信耶穌當跳舞時忽有火光列字示警俄而巴西兵至火起於宮牆人馬雜遝紛然四散華麗之區倏然灰燼城牆復合觀者行矣此種雜劇無甚意味然奏技垂二千人亦巨觀也究與烟火之戲大同小異倫敦水晶宮似尚遜之

初二日丁巳陰早飯後閒行海壖三五帆船往來容與

帆布上書店鋪住址所售什物以備游客訪購西人謀利無微不至接虯蝮照復回駐美國日期山丹顯英領事老麥治乞留伊子在日署至明年西六月否則大累或希九欲辭退麥治故伊父電求歟麥治小有才而傲辟殊甚午後雨殷殷有雷聲晡晴觀浴西人以浴海水爲去病非以去垢浸灌海壖假海氣以爲養潮來則懽呼叫跳間有溺斃者西俗不以爲怪晚飯後憑欄小坐忽腹痛作瀉飲佛蘭地酒而痛不止冰牛乳西瓜之害也荷囊有高麗薑嚼之漸愈睡醒仍瀉一遍

初三日戊午晴天氣頁佳腹痛亦止申正回鳥約洋弁駕馬車來迎陸程稍遠海程尚速特於腹瀉委頓非宜渡海後車行僻靜街道御者不慎馬膝碰傷一女孩年約兩歲老婦急抱持孩尚能哭觀者如堵洋弁引輿報驗官醫以爲微傷不致命又有一街坊作證謂車行時此女孩欲繞過車頭御者當暢行之際勢難按勒且係馬車應行之路尚非其罪云晚間美紳灣克來言鳥約類此者日凡數十起絕不奇罕

初四日己未晴未正大雨申初至牙醫哈文寓樓冒雨霑濡歸涂順至蓮芳公司此華商之極體面者專售西人貨物不兼設華人賭局鋪面儼然西商華人來美若得類此者數十家差免彼族之易視矣其管事黎姓西樵人與談中美生意尚能指說利病

初五日庚申晴昨聞仙打圍竟有荷花特往觀賞石磴臨湖中爲石池上設噴水之物池上荷花五叢十八學士種也經年重見此花清涼可愛湖上小船行游萬綠之下甚自得惜日色已晚不及泛槳涂經蠟偶院薄游一遍雖有音樂娛人究遜英法其醫院蠟像尤可駭詫

初六日辛酉早晴飯後大雨午初冒雨登車渡海坿火車涂間微熱尚無秋意戌初抵華盛頓滬局遞回摺片

閏四月二十日欽奉

硃批欽遵轉行又得署咨奏定派員游歷章程議復御史陳琇瑩請設算學科及游歷之員應得京察升轉并製器汲井各事又奏定英法俄德兼使一摺此皆總署近政也總辦成端甫函寄代繳無關賠款挐回內府實收又述近與日本修約添敘球案作爲未結又抄寄考取游歷員單共二十名西行數月美署一切如常進齋

之力也

初七日壬戌晴氣候稍涼似有秋意參贊各員置酒洗塵歡飲而散

初八日癸亥晴飯後晤虬蝬長談皆別後各事及歐洲近日情形虬蝬言日國不振余言日雖貧弱而銀票無僞虬蝬詫爲難能因將美國所用銀票見示請往製票局一觀又爲書與該局總辦虬蝬又言下禮拜有醫生會各洲來者約四千餘人總統親往開會請同赴又費城西九月十六號會期總統亦往開會均請同赴余諾

之虬蝬言西醫究遜中醫之技中醫能包治諸病西醫無此膽識余告以今年暫不赴祕有事可以隨時商辦所送照會請酌訂虬蝬唯唯又言各使均避暑他出祇英使在此

初九日甲子陰微雨日報言俄王被刺幸免何俄俗之悍耶復希九書告以南洋羣島設官棘手情形宜相機催辦現與謨烈一書閱後粘封送去

初十日乙丑晴蓬雲電稟洛款掃數發完因查案昨始回署洛款散竣少卻一段葛藤俟冊結到齊當奏咨也

晡時訪日使不遇訪柏立病未能與其婦爲之請假又至堅彌地宅慰其家屬方余西發堅彌地會於署中合衆西官舉酒爲頌迄余返美此老已物化且被刺於衙衙昔人所謂直如絃死道邊者歟此老極骯髒與華人交最洽憂者美黨仇視華人此老屢爲不平之鳴其他事之不埒和可想見矣然聞問官研訊兇手乃無甚仇隙但言伊父曾賣地一區堅彌地經手至今舉家窮餓故爾怨恨觀者多以爲狂究不知此兇是何意見或曰堅彌地每日從寫字樓歸必與律政司同行是日適獨

行投函郵匭旋即被刺或誤傷云

十一日丙寅晴英使來談甚久皆別後近事其言虬蝬耳聾又諱言聾則大可笑也又言近有人建議從烏約至荔華浦以大鐵筒透入水中如水雷之式置人於筒如礟彈留孔出氣燃藥轟送一點半鐘可達荔華浦誠奇製也又請余訂期接見印度王子余諾之美日報言中國新製兵船五艘連檣內渡恐有事於倭未免妄測高深矣

十二日丁卯晴午初偕參贊往看製造鈔紙處先觀塹

畫鋼板房各壓一種不相渾每板四連一式又有圖模用機器壓於鋼板上圖模製鍊則以象牙片燒灰能制鋼使輭熟置鋼模於象牙灰裹漫火燃之西人格物之精也又一機嵌鑽石針初畫於玻瓈續畫於鋼板一人以手運機畫出花紋繁而不亂其製板之意總在各執一藝不相蒙雜不出一人之手以杜假冒造紙亦然紙成初印即使之微顯而輭印成微烘又裁去兩邊餘紙而加印號數皆以人力運機器齊整之甚紙有兩面花紋極工緻最可嘉者印號之機隨印隨換自行轉運無

待人力主者謂每日每人印若干號則先將號數字碼安置機上同力者接續印去不陵雜亦不能偷惰法艮善也紙式花紋自一元以至千萬元分別製成紙送戶部加一小紅印鋼板爲之戶部加印亦用機器取其捷也其刷紙之法略如刷書更有新機一副刷綠花紙隨刷隨淨不另抹拭主者以爲省工又導觀製壘處云用蔔萄皮製成是蔔萄一物既能製酒又能爲壘功用不少矣其紅綠諸色則購自市肆薄加製鍊而已闔厰用二百匹馬力機器一副氣管支分升梯上下并賫之也

綜其命意總防作僞凡一板一紙均經數手分隸數處層層鈐束立法甚周余欲博攷西制以告大農乃倭人用心尤切果遣人赴厰學製鋼板春間九鬼坐中會晤此人自言來學此藝頃過之則與諸美工埋頭工作宛然成章可畏也香帥電催呂事又言查島委員已返即電復之比以歐洲歸來頗形疲憊倩西醫審驗云氣血脈絡強於舊年恐未必然耳晡時印度王子初利阿和來晤金綫纏頭衣袴亦繡金花外披織金裳極精緻與詢印度烟土出產頗有慚色乃云進口運銷中國之物

亦有棉花殆自文其惡也飲以茶甚樂能爲英語英使前日會與先容矣外部照復中國稅關征收洋藥事已知會田使轉行各口領事官照舊辦理不侵稅關之權

十三日戊辰晴致洪文卿書睽別五年忽聞遠使不覺言之先長飯後答拜印度王子不遇訪德使一談返寓得許竹篔書言經遠來遠二艦於六月廿二日訂收換旂試驗速率中國來員琅威禮合肥相國飭於同船裝配諸物准其酌改遂改至數十事估費計時殊形拮据月杪自德赴英擬乘往一觀英製云前日新聞紙言中

國五兵輪連檣內渡或當指此英使以印度王子之來
約會蚪頓在坐余與德使丹使及俄德倭參贊數人印
度王子自言樂英國之政以其簡易若如西班牙從前
屬國非不多而卒不保皆政之不善耳然英之并印度
亦乘印度之亂而得倘非力紬坿之云
十四日己巳晴希梁書言新舊案若不照蓬雲調停辦
法仍恐有首尾華人性情得隴望蜀過河拆橋領事操
縱殊不易
十五日庚午晴科士達避暑初歸叩以新舊案西十月

復訊後趙劉諸人能盡釋否科云或不待復訊而釋九
月底當再到新舊料理
十六日辛未早雨午晴寒暑表八十五度余從荔華浦
歸後四日有美公司船自鳥約赴英船中滿載棉花氣
逼自然遂兆燔如諸客紛駕舢板逃命船主與之俱均
遇他船拯救其先發一舢板不知所之頃閱日報此舢
板亦已遇救幸矣晡時答拜科士達涂經墨西哥使館
已將落成
十七日壬申晴金山電言井底礦工雇定三名月給三

十五元川資百元八月五日隨洋礦師赴華平度礦務
得員工宣力當更有效寓美華工能各回中土以謀備
食強於旅寄羅虐矣又寄到黑龍江漠河擬開金礦全
案地理形勢甚清晰筆致亦佳
十八日癸酉晴美都近爲醫生會來者四千餘人會懇
余接見當婉謝之隨員姚祝彭乃承會中贈以銀牌居
然把臂入林
十九日甲戌晴熱甚遞局包封總署咨復檀島主書保
慶邸單銜援光緒七年該島主赴華游歷總署答書之

案當譯送阿楷總署又嘉辦結洛案及擬訂條約諸事
應并前函彙復之小呂宋華商陳謙善等稟乞照會日
外部速停封禁華人藥鋪之令華人之必須華醫猶西
人之必須西醫豈可強同此皆不設領事不便之明證
即電希九促謨烈定議
二十日乙亥晴山東寄到通伸岡礮臺銷案又了一重
官累矣此臺創建於光緒二年丙子告竣於光緒四年
戊寅共費八萬金公款不足丁文誠墊萬五千金余墊
八千金此臺略仿西法工竣恰十年堅固矻立曾撥練

軍駐守論者猶謂形勢非善不知當日原奏尚有柴山八蜡廟前敵兩臺以無經費無從舉辦又臺成無礮亦不能爲東海屏藩可惜也

二十一日丙子白露晴許竹篔書言李傅相近保使才四人洪文卿李仲約崔惠人李勉林文卿奉使德俄中外薦員多至三百勉林奉使日本以病辭

二十二日丁丑晴科士達來約廿六日晚餐

二十三日戊寅早雨午晴希九電言小呂宋限禁華人醫藥已准外部電告呂督阻止即批復華商

二十四日己卯雨滬局寄到湘軍志文筆蒼秀百忙中夾敘極閑冷事尤得龍門法近日軍志之最也不著撰人姓名曩在皖中似曾閱過

二十五日庚辰雨希九來書請加孝齋薪水酌允之美都考古家收藏法文舊日報方廣不四寸而敘事至百數十段時閱百十年實如星鳳頃乃舉以相贈余不諳泰西文字殊負其意

二十六日辛巳陰午初總署密電朝鮮遣使事即電復屆時照辦祕魯各部又將更換查寮之役將竣北省各寮已查過兩城尚無虐視華人之事

二十七日壬午霧雨巳初赴費城百年會各省官紳水陸軍兵咸集美總統率各部院往客寓無寄榻處黃騰派克約至伊父別墅鄉落避暑之地也黃老候於涂年六十六歲精采健壯善氣迎人火車直抵村外換坐馬車至其廬老樹四圍幽靜可喜彌望山園黃氏喬梓之產居此已三十五年花木皆手植其母年九十猶健在今晚黃老約親友爲大餐客主十七人席散登樓與進齋少談輒睡西人飲水每從數十里外以機器引入城

市講求水質故不憚煩役此園乃飲井水味極甘美惜不解唱柳七詞耳

二十八日癸未晴辰初起林木抱爽頗有山居之趣黃騰派克導觀百年大會乘馬車行經修薄華屋皆西人避暑別業仿彿烏波而華麗遜之至費城界口有小屋收過路費略如卡房過此以往沿涂多鋪碎石將以碾成平路也涂次見氣球一枚擱於曠地卻無試演之期歷通衢至威露湖客寓看臺用木支架傍大樹而無陰熱蒸甚不適未初聞鼓樂聲則各種工藝濟用之物蟬

聯而過間有兵隊作華盛頓騎馬督兵狀又天仙指以自主之狀其屋宇器用自創國時至今殊式異製均用車輪牽曳供人尋味又爲烟甸野人粗惡無知教以誦書工作漸變舊俗之狀又作可侖比亞初泛小舟尋得阿疊利加洲之狀班駁陸離仍有次第編爲小冊竟日危坐殊憊格總統之冢婦在坐往與一周旋卽返其時會未竟也扮演諸式只經大街計中里四十里觀者如堵百年一遇殆未易數覯耳回寓少憩至七點半鐘赴黃騰派克晚餐楊約翰同坐多言都中舊事十一點鐘散

二十九日甲申晴辰正小食入城觀兵美總統已至仍登昨日寓樓與總統相對帆麌旁坐各使惟九鬼及南墨洲數人領兵前行爲美大將軍佘利鈍人極肥矮以貌取人則不類矣官民兵合二萬五千餘申初總統回寓帆麌隨行馬隊導擁總統入門後觀者仍不散趺候總統夫人至乃擲帽懽呼示敬聲如雷動賽城民兵八千八亦殊繁庶申正答拜楊約翰仍談都門舊事疲氣又發頭倒錯亂之甚酉正仍返客寓途次風寒感冒假

榻少憩戌初晚餐黃氏爲主人是日水陸軍有公會已辭之矣其總兵官倩黃父子介紹仍乞一顧又新聞館主筆人爲食於樓之二層請總統並邀余作客近日多食則胃氣疼婉謝之及總統將來其主席又重懇赴會不得已一往告以不飲不食略坐而已至則滿座拍掌少頃總統至亦如之總統立講一遍大意謂新聞主筆諸君並於此時會食殆無暇罵人矣聞者絕倒徐言今晚應到之地甚多然本心所願欲在此席長坐聞者亦拍掌奉以卮酒總統舉爵曰我甚不願行無如會首不准我人情現只有十二分鐘工夫耳隨說隨笑而去羣懽送之在坐約二百餘人旋赴水陸軍公會晤佘利鈍後諸軍兵導至總統會所壅擠不能前幾與噲等伍矣久立風大越過軍官之前登臺縱目則總統偕其夫人已立候見客趨與握手遂及帆麌並美都諸舊識會中巡捕導登小樓九鬼前行迴眄目語而無由近接繞至前臺少坐亥正歸涂經長林氣候甚寒遠望天腳白光黃老謂城中電光所映鄉居距城四十里馬車極速亦一點一刻乃到

八月初一日乙酉晴申正赴費城會之招總統外部陸續至彼此點頭相與隔案座會者約六百人杯盤豐腆伺應不亂九鬼兩日數見皆不及寒暄意此可暢談乃九鬼入座輒有不愉之色或曰余從官四五而倭僅一人又會中人多就余爲禮相形之下故不樂酒半會首立講一遍總統次之總按察司議院宣講官以次遞講多述創國艱難宜南北同心之意又南黨李將軍之裔亦立講一遍似已渾南北而一之也氣象頗佳前總統希士坐於今總統之次漠然寡懽故將軍之不可爲如

此亥正總統起立余亦辭出

初二日丙戌晴西人禮拜黃老竟日在家早飯後相與步行至其子室廬值他出廊外徘徊高樹扶疏少憩輒行又偕訪其女路稍遠遂乘馬車仍馳驟於樹木佳處園亭較幽從林杪遙望猶見黃老樓簷合子女同作園居雞犬桑麻怡然自得富人娛老之境無過是也屬震東購備赴烏約車票又告楊約翰明日勿來

初三日丁亥陰辰初起微雨小喫後先發行李與黃老同乘馬車入費城甫入火車房接津電兩紙車中不及譯未初至烏約領事署譯就卽電復

初四日戊子晴連得金山領事七月十七二十一二十三各函請獎勵經手發洛款之李榮邦又言羅生忌利埠華人屋被焚因不肯讓街車路致付一炬現與該城知府約訂保護擇地另建已相安無事午後遞局包封日署摺

批兩件欽遵恭錄咨行粤中拐匪周三滙一案香帥接到咨會卽懸賞千金期於必獲

初五日己丑晴粤中公函勸捐白沙先生釣臺工費屬

金山領事酌辦白沙釣臺十餘年未蕆役不知集款幾何工程幾何也日署寄到北洋手書嘉撤退福苟事又總署咨復小呂宋設官已抄奏咨會粤督妥籌

初六日庚寅陰晨起復蔡毅約書屬查呂督虐待華人實據並轉告商董陳謙善遇有要事逕電日署若函牘長言則寄美署又薦陳敬如於香帥備法文之助

初七日辛卯秋分陰晩趁火車往觀大瀑希梁震東偕行車甚穩適能安睡

初八日壬辰晴午初抵耐格忌臌島住吉地利嘉客寓

熱客漸散寓樓蕭洒樓外寒流淺瀨林木映帶飯後乘車繞行園囿至瀑流屈曲入湖處湍急如黄河盛漲之狀高岸陡崖嶔崎旁魄崖旁結木亭備游人憩息亭側有屋數椽售瀑湖所產各種小石雕鏤爲首飾之物間有適用者略購數種以誌茲游其值甚昂云以津貼善堂諸費晚餐有英人忘其名矣云在華盛頓曾相見越席寒暄殊周到島紳波打來訪不值投刺去

初九日癸巳晴晨起麥飯既飽乘車度樓外平橋至瀑布懸流處緣崖陡下瀑花飛濺衣袂潛溼崖垠鐵欄屈

曲中護小橋斜透黝洞崎嶇不易行游人少往者瀑下有小輪船一艘渡客容與瀑流極平處游駛不能遠機輪智巧至是而窮矣迴車繞行三島各跨一橋各擅佳勝中島橋在鳴瀑之腰脅崇林掩映漸有紅葉坐橋柱少憩胸臆皆涼徘徊不忍去三島皆在水中饒有林木而無居人氣脈亦若聯屬俗云夫離昔士特譯言姊妹三也西人好奇又最畏熱盡於島中結臺榭爲迎涼計也返寓中飯復乘車度飛橋至英屬加拿他島橋去水二百六十尺東西距三千二百尺兩岸加鐵柱如閘又集鐵綫紐作繩索以相牽綴橋之兩旁亦用鐵綫遙繫云可經久數年前有意大利女童米尼阿士卑路的挈來此演技從橋旁鐵綫踏步過初仍眄睞徐行續乃以帛纏目去來任意觀者喧歡擲錢不數日囊橐甚豐其兄與之偕來乃挽逃而遁女童號啼悽愴土人憫之有善歌者爲唱曲醵數百金資以回國西人兄妹之親爲此狗盗之行誰謂不如我同父哉橋窄僅容一車彼此往來各於橋頭相候過橋迤邐至一板屋亦售賣湖石映畫諸物緣梯數級至水機房下視陡絕計二百九十

尺上蓋木圓蓬不見天日旁穴小窗透光以水運機引胡牀上下極險事也溜至平坦處接以木閣低枕水面環以疏欄約里許峭壁千仞草樹蒙茸瀑流至此乃極湍悍隔岸水閣參差陡崖外有木屋方直插天此升梯也盈盈相望喧騰猛迅甚非一葦可航崖側英人映相館持映片相示謂前此有英人善泅者於此賭賽渡甫半爲瀑水漬激觸石而隕又一英人納身木桶隨流滾渡幸不滅頂各爲映照成圖薄誌奇趣游人遠客亦願留圖以備掌故余遂與希梁震東同照一幀風景良不

惡他日使旋可以贈朋舊之談雅游者矣印度王子亦留一映相危鬟金冠纓絡被體猶是華城初見之狀其菩薩鬘之謂乎流覽逾時同車至耐格忌賦科譯言茲鳥瀑布也爲瀑布正面直垂九十丈横曲略如之水氣積爲烟雲白光澈天際視美屬之側聽旁覘者别饒意味旁有小博物院停車少憩飛走之屬無幾卻有特異之獸喙尖利如箭目長小如豆尾大如埽身亦肥碩毛色略如元狐出南墨阿利加洲性嗜食蟻厖然大物僅與槐國作難可笑也有鰍魚骨一具極大見所未見其

他斑馬人熊殊無足異案上古錢一匣内儲乾隆錢兩枚卻非私鑄有楕式方孔錢兩枚一鐫天保通寶楷書直行一鐫當百下一花押不能辨認東偏小室蠟偶數具極劣壁懸吾華通紙人物亦俗不可耐院外題壁行書數行倭人手筆略法米南宮殊域數萬里不易覯此同文之迹日色已晡僕夫返駕途經光學畫室乘興縱目爲格總統戰績然工藝遠遜金山鳥約諸作也瀑布屬英美兩境從前游客每歷一勝土人收銀錢不一美廷以爲名勝之地宜獨此煩瑣遂由鳥約諸紳富集貲

百餘萬以俾土人不令收游費英屬則否過橋之費一金此猶英美共徵也偶從博物院購畫數幅回至美界税卡索税錢繙譯探囊予之徐告以余所購關吏踧踖不敢取且擲帽謝過此亦美政之佳者

初十日甲午晴中飯後答拜波打久談其弟又自出映片相示皆瀑布風景與列肆所售較别波打四世居此產業極富瀑流之地皆其故物近乃得價而屬之鳥約公產矣其婦子竝賢慧頗有東道之誼申初復度平橋暢覯三島第二橋固所深愛第三橋盡處折而東則瀑

之支流木磴層折而下宜可濯足密林石上微露人影臨流偶坐若有所思遂緣磴而西瀑流横侈而迅飛花猛捲如瀉積雪寒光上薄凝爲白烟岸端危石可供坐憩時遇游人亦有攜鏡具就地映照者環球瀑布此爲巨擘云上流爲蘇比尼河湖墨錫近湖臬鄰湖依尼湖合四湖之水入耐格忌賦河豬爲大瀑流入因梯尼奥湖出桑羅棱索河行七百邁越英屬入大西洋海此英美接界之地二百年前本屬法猶有礮臺故址滄桑陵谷海外亦時有之晚餐畢徐步至波打處茶話聽琴歌

子初散波打令伊子件送回寓

十一日乙未陰日署新延一洋員價與麥治埒不識工藝脾氣何如也得英館書許竹篔到英倫恰後余半月

十二日丙申晴復津電震東親往電報房照碼給價適聞南省火車失險客傷甚多本埠醫生悉數調往醫治續閱新聞紙言鐵路日久霉爛車行顛躓共損十五車傷三十八火車本極捷速而時有失事或急程太過或車頭套搭不穩若夫鐵軌年久失修此尤火車公司之咎也津沽近築火車路其亦考求明晰否意外之險固

亦數見然偶觸其險遂屏而不御亦猶因噎廢食耳十年前福星輪船失事論者遂詆輪船不宜乘坐幾欲廢罷招商局適丁雨生在都力言於政府商局遂定偶有所觸連類書之島紳格笠來晤極道傾慕之意年垂七十好學不輟欲得中國史事之譯爲西文者以拓胸臆又言認識蒲安臣故於華事尤殷殷

十三日丁酉晴午後赴格笠之約卽比鄰客寓也後有花圃水機噴濺極高遠樓上房榻竝華飾有便門可達戲園格笠之壻家巨富酒後導游一遍返寓已晡天陰

微雨危坐欄檻觀瀑流淸激頗有蕭然之致飯後波打來約明晩過談此間人情良厚

十四日戊戌陰格笠約乘小火船觀瀑天色欲雨不果僅觀其麪粉造紙篳酒三公司純用水力運機其磨麥碾粉由粗入細卽裝箱裝袋亦以機器倒灌引滿則機自停不假權量銖兩不爽以奇器代人工西俗生齒不繁之地宜也日出麪二千七百箱每箱値四元生意不小矣其造紙機器卽滬上紙局所仿效者惟此則以木屑作紙陶太尉已觸機先似不徒用以賓筵席地也篳

酒製法用花合米爲之花靑色微黃略如夜蘭香瓣十數種尖小略如緋桃味香美米微黃色較麥長大西人專以釀篳酒然則曩閲洋酒不假米麴殆耳食歟數年前入夏則不能製近得新機以水氣相薄雖炎天不輟工也主者卽以此酒相餉爲盡半甌歸涂經小火船馬頭天日已霽格笠請乘輿一覽仍乘溜牀上下其梯路較英界爲險下至平坡所繞石磴卽可仰觀飛瀑似無須乘船右則奇樹枕崖古秀可畫下有小船僅容雙槳有黑人聳身入船盪游波心水勢湧急處無殊滄海芥

航返寓中飯格笠復來約乘車至鄉落約二十三里覩瀑流入湖處兩山如峽水口灣環瀑勢至是不悍峭壁無岸密樹初赭間有樓臺日晡返轡經西人門馬場規模宏於美都此島信非瘠鄉矣

十五日己亥晴中秋節鳥署各員上衙版進齋函寄文稿七件即核定寄還今日風日清妍度飛橋至英屬高阜迴覩瀑流别有風景沿秋林曲折有新橋雙峙波際橋岸密樹如錦羊腸一徑架木閣以便往來閣外劈松枝作闌略如亞字古樸可愛憑閣一望島樹幽翳虬松

翠柏之巔時有紅葉纏繞霜氣初薄蒼赭相間絕好溪山圖畫迴鑣迤邐每於樹罅見瀑光秋陽所照又激爲紅影岩下白烟仍溼也至前日映相處仍乘溜梯將晡矣瀑湏怒捲浩如江海兩岸最陡窄無陰晴一致也索前照相未竟爰獨照一幀震東疑有風雨遂從火車橋道歸氣候忽涼黃葉蕭蕭秋意深矣鐙後果雨子初雨益大就枕輒睡猶聞簷溜聲枚氏廣陵之樂庾公南樓之興故難兼也

十六日庚子晴飯後重覽三島之勝游人甚盛多摘紅葉綴衣袂或撲蝴蝶映襯本島稅司吉擎來謁自言與總稅有舊堅請明日往游英界石室風景絕佳云今日火車無卧房明晚乃發遂諾之晚乘月至波打處話别

十七日辛丑晴大風雨雹稅司石室之約不果往擁爐几坐閱謝偶樵白香詞譜箋終卷祇周清眞箋下汴都賦誤沛都朱竹垞箋下按字誤按字餘無訛譚仲修校對之功也乃歸美於余益慚感矣晚飯後登車行一點鐘至波葫蘆埠換睡車尙安適搭客幾滿天寒甚竟御大裘

十八日壬寅晴火車沿河行晨望河濵秋樹風景甚清沿岸多石山間浮於水面石文如小斧劈或如雲林皴後車兼賣伙食抵島約方午初

十九日癸卯晴祕魯領事梟復乙酉寓祕華人捐濟粵東水災數目共六千餘金應咨粵核獎以彰善舉蕪關稅司許妥瑪舊識也頃乞假挈眷同英過美相訪談蕪關近事歲收洋稅至二十餘萬金又言曩値梁任時因公往見梁小若不知爲何許人呼左右詢姓名異矣隨答拜之偕游仙打園就園中酒肆與飲復約之觀劇子

初各散前年秋許稅司函賀余出使並訂會於美界不爽約當蕪關聚話時誠不悟有今日之聚人生離合若或使之許稅司挈妻女因雇一僕婦香山人年逾五十往還東西洋已十三次絕不暈浪自英入美界稅關索人稅五十金許稅司甚怏怏

二十日甲辰晴近患心悸類於怔忡昨晚忽睡忽醒至六點鐘驚怖急起此皆心血耗損所致電約姚祝彭來鳥一談姚非三折肱者聊備討論而已

二十一日乙巳晴倩西醫診視謂憂思太過宜培養心

血安睡爲第一要著予藥水令四點鐘吸一匙味如藕汁夜睡略酣仍不免驚怖又予藥水飯前食謂可開胃味殊苦澀效否亦難言也鐙後西醫間步相過見余咳嗽漸發又爲開一藥方此醫殊不苟簡許稅司來辭行病不能見贈花爲别

二十二日丙午寒露晴科律師來言新舊命案如證人無新樣供詞可望平反惟龔氏之黨方斂錢以博一勝此案能否解釋仍未定當屬領事轉諭趙鳳培等

二十三日丁未晴飯後至仙打園遇俄參贊於湖壖略敘契闊度橋少憩僕夫導觀華盛頓屯兵之廬殆一石屋高廣約三丈門尙扃房外有旗桿彼都有喜慶仍升旗誌不忘本也日色漸晡返寓微雨

二十四日戊申晴科士達來商小呂宋事如何辦法設官與禁濫征合辦抑分辦余謂分作兩文二者必得一於此科大笑遂將日署洋文各稿並付之科即日返華城矣

二十五日己酉雨北洋咨會電局官報應給半費奉旨准行官報索費電局慣技余初奉使行抵滬上電南

北洋各事電局既索印花並索電費積告盛杏蓀乃將濫索之費繳還而委爲司報學生之誤此時外洋發電一切電費皆外洋電局包送無所謂半費也乃欲於出使經費項下扣支未免太過

二十六日庚戌晴頃查烏約電倫敦每字一角四仙倫敦電上海每字一元七角四仙電廣東每字一元八角四仙由上海轉電津京等處每字二元一角四仙是此間所發北洋總署粵督署各電均經外洋電局包費中國電局不應再索半費也今年英美賽船美又勝竊謂

烏約水道美船較熟論者謂美船於數十年前赴英賭賽而勝英乃移船就美非盡關水道

二十七日辛亥晴檀島商董古金輝稟言檀外部新易與訂華人出口護照初無棘手近乃欲效美例照相留識又八月初五日有輪船由港抵檀載華客三百餘閉置病房六日幾煩脣舌乃得登岸乞設法以便往來又香山石連橋村人古玉芳新安大望村人張文廷向以私會蠱惑華人抗違會館條規乞查辦而於唐舉為檀島主騙詐七萬金之事不提及或已結耶華人私會之

盛無過檀島去年有西人得其會盟祕要譯刊西語見寄其愚妄可憫亦可哂也夏間已飭金山領事查辦矣午後楊約翰來約九月初一日晚飯堅辭不可久談而去天日暄美訪格總統家晤其子婦知格夫人尙健乃郎將爲烏約巡撫云博物院新豢一猴極馴能以刀乂自食教猱升木固自不難

二十八日壬子晴前祕使愛立謨晤易希梁請接到總理衙門咨新簡英法德俄兩使又詢余何日赴祕願與同行愛立謨駐華之差已撤因祕庫空虛并駐美亦停

愛立謨旣自達於總署矣此時猶接總署公文甚以爲榮黻在巴黎得摯破崙冠飾綠鑽石兩枚持往鐵佛呢估價倍於原索之數并示以華產碧犀西人詫爲奇寶用極細顯微鏡審視謂英博物院有一枚俄王冠飾一枚此外不多見云亦觀其所售珠寶貓睛一物索價不亞於鑽石有茶色類鑽石而無閃光者中國亦罕又淺綠色如水晶者彼國別有名而謂非水晶微有蔗紋水中之產云黑珠兩顆價昂甚非中土所尙也樓上磁器磁碟一套十二枚索價千八百金及千金者不可勝計

西人食器之奢如此上古中國鼎彝一物動費千百此豈西人所能夢見哉

二十九日癸丑晴烏約古董店有磁畫人物數幅銅質加繪以磁粉抹之使光澤可鑒云來自巴黎似矣然不平坦亦非磁質拼就者每幅索價百金續往他店得一舊幀純以石質湊成而邊際鑲碎石即摩西掖也圖爲獅子得鹿大漠荒涼有野花一叢並生活可喜質殊厚重特甙舊耳橫直約六寸索價八十金樓上儲吾華磁器數種絕非佳品有藍花磁罈一枚僅值千百錢者索

價四十五金有雕花玉版兩片係三鑲如意不全之物奉爲奇寶不便詢其直矣其西產雕磁茶甌頗工細擬購二枚索值各二十金另一枚索五十金異地購物價值不侔如此晚觀水法英劇情文並美後場映晝純作水村景色已無俗氣臺上注水賽三板船又有小輪船游駛其間水藻鳧鷺之屬出沒浮沈無異海汊島嶼在巴黎觀切貌子戲爲神仙幻境密樹上垂瓔珞有妖姝趺坐下爲游船鬥捷不若此劇輪船之奇至其劇本則英人名那頓占士早歲有少女年十四名妞妮極鍾

愛有養女曰米錐士稍長而心外親之念年老多病盡以貲產俾少女而遺屬乃弟糟匿士照管視如手足誨誡少女事之如父二十一歲乃准分居當日遺屬則律師鑠文爲之鑠文則米錐士之師也產業標注清晰糟匿士只能代管不能盤踞糟匿士之子曰士玷茨極無賴及占士病居別業弱女相依遺書票據並儲於匣以鑰付女屬以聽糟匿士主持女唯唯各就枕歇息女欒縈父病不能成眠旋從房內出覘俄聞樓梯步響疑賊潛伏帳後偵之見一中年婦持燭蟻步至書匣處展匣

急搜得遺書而大樂亟檢欲遁女隨手奪回肘父起視則此婦爲法蘭西人糟匿士薦以伴教少女者也占士信之甚篤方慰女不受此婦管束至是乃悟逐之病益劇綿惙之頃鄰人士諳來言鑠文被刺死遺刀枕旁裝點爲自縊狀占士聞而氣絕糟匿士偕其親串並來米錐士哭昏於案醒而大訐以鑠文爲糟匿士所害直訐之糟慚縮米錐士毅以報仇雪恨爲己任殊有俠氣時越五年妞妮恪遵治命與糟同居米錐士來訪密訂書函往來暗記諄語而去糟匿士之子士玷茨妄欲娶女

爲室當占士未死時曾託法蘭西婦誘至其居妞妮不肯入士玷茨強牽之苦不得脫適勇士卜碌行經其地挈女歸占士既死士玷茨又百計誆誘女詈之正纏糾時糟匿士遽來得免犴鄰人士諳曾覘占士遺書者間至其園亭林木多伐賣糟匿士無義互詈不輟俄而有賽船之會士玷茨糾合亡命意在得釆而惟卜碌是忌欲於會前閉置之米錐士僞爲閱新聞也者默坐酒肆潛得其謀士諳適來卽令僞作卜碌鼾睡於內諸亡命以被冡之擁入別室士玷茨竊謂得計矣不知卜碌乃

自門外入衆驚愕卽將所閉置者縱之殆士諳也先是米錐士矢志報仇頻年密訪蹤跡不可得忽一日士玷茨與卜碌搏鬥於涂遺袖口金扣米錐士間行得之識爲被戕律師鑠文之故物恍然此案之得白矣當賽船時舉以詰士玷茨幾爲所攫奪方喧讓時卜碌右臂爲諸亡命所傷不克自駕船轉倩一美國人代鬥而勝士玷茨爽然若失矣糟匿士穩思圖占士之產計惟賺妞妮配其子則全產可得而妞妮不允因設謀置之死地誑以近爲債家所迫日坐愁城爾可往巴黎一游無爲

楚囚相對妞妮言如需錢故父財產大可供用我斷不計較糟言恐外人議論不作此想爾但往巴黎去不宜與我同憂惟須爲一書貽爾姊俾知爾行止妞妮唯唯書竟同房理裝待發廚嫗璧寫忠實人也潛告妞妮以糟匿士之謀屬密蓮乃姊女大驚欲另糟一書糟不允將前書索回仍不允乃婉告糟曰前書函有墨點須刮去糟曰我爲爾刮遂用小刀連劃此殆女與姊之暗記姊得此知女有急難也文章天成妙手偶得女乃跪禱以爲得上帝之助云其姊尋思報仇非卜碌爲助不可

與約會河涯商訂卜碌先期至河岸一鐙夜色寥闃徙倚埔頭拾地上殘紙就鐙取火吸烟遺燼以足踏之旋聞歌聲自烟波出游船容與邀與共載計以十五分鐘可返卜碌以期約尙早乘興登舟河壖益寂寂矣士玷茨鬥船既敗無俚之甚良履間行一步十計欲得米錐士金扣以掩謀殺之罪偶於埔頭見燼紙餘片微有字跡細視則妞妮寄米錐士函套也遙見米錐士來卽匿於鐙壁後米錐士尋卜碌不可得見巡役詢之亦不知蹤跡徘徊遲望忽小輪船泊岸卒覩廚嫗璧寫訝其急

遽廚嫗述妞妮往游巴黎之偶糟匿士謀毒之工且言妞妮有書相告米錐士憶前書無暗記廚嫗謂暗記在封簡上米錐士悟前此急閱函內事理遺簡於地遍覓不見殆卽此函亦卽卜碌與無賴子所檢拾者也遂告廚嫗以金扣已得將使無賴子擬抵架語而別恐入士玷茨耳中乘夜靜無人與米錐士强索米堅持不可遂推墜於河米方滅頂呼救卜碌游船同聞號叫聲猛躍水中抱持而起水深七尺得慶更生觀者咸鼓掌稱快其時妞妮方爲法蘭西婦所誆車行旋繞仍至占士別

業妞妮卸裝諦認驚訝而號婦又閉重門妞妮憑窗外望婦猶視而掎拄之妞妮至是憤不可遏撤几擊婦婦乃迴嗔輒語詆以入廚熱架啡解渴廚嫗璧寫知其謀乘間攜筐儲水瓶諸物悄至牀後即數年前妞妮瞯法蘭西婦竊遺警地也婦既去乃出語妞妮勿飲婦架啡渴則探牀下筐取水妞妮驚喜過救挽與圖脫言未竟婦擎架啡出潛置毒於碗起勸妞妮璧寫急從牀後爲之互易自返廚內妞妮與婦均不知也婦挾妞妮就飲妞妮靳之婦曰爾慮此中有毒乎我且先飲遂取璧寫

所易茶碗吸少半妞妮嬌弱猶啼哭乞其放歸婦且答且弄積飲其半而汗發矣昏暈斜行倒椅上旋撲於地面色漸變若笑若狂就枕而顚殞矣妞妮旁皇不知所措疾視隱外聞穴地作坎聲又叩門聲甚急乃避蹲椅背冀暫免瞬而無賴子持鐙跨隱戶入室開門導其父同至榻沿見一女尸以爲妞妮中毒死矣極欣快細認乃法蘭西婦父子譁然覓妞妮務置之死勢兇甚忽男女數人排闥入則米雒士卜祿士諳及兩巡差也縶稽匿土土玷焚聲罪而囚之觀止矣戲識其畧有能爲傳奇手筆點綴成文爲義俠者勸此西劇之可觀者也劇散後園主人導觀後場儲水處試演輪船一周爲酒相餉

三十日甲寅晴烏約華人近逾五千設中華會館公延董事遇華人爭論董事爲之排解比因一華店倒盤盡以貨物勻攤債家董事既調處矣有四家債項頗巨欲盡踞之董事以爲不公於是此四家乃不詰董事於領事而訟於洋官幾於對簿此眞愚妄無識領事諭誡不聽乃告洋官銷案即此一事則領事之難處已見一班

而烏約爲尤甚祕署書言祕埠近倘綏靜林莫查寮未返然不致大棘手又言祕稅廠比因查驗魚雷開釘太猛藥隨之發燒三十四人斃者十四餘亦大傾醫治尝

九月初一日乙卯晴復希九書論小呂宋華人醫藥及日館新延洋員並催詢小呂宋設官事晚赴楊約翰之會坐客六人均不熟識專車迎送主人之意甚殷總署舊交在美者祇此君及何天爵而已

初二日丙辰晴返華盛頓已八點鐘矣與參贊各員談至十一點鐘睡幸能成眠

初三日丁巳晴撥還美廷洛款重報之項科律師謂細閲洋文册絕無重報余謂中西文字互異之故近已查確總應撥還以昭大信科乃亟稱中國辦事公道又云下禮拜一赴墨西哥約一月可返託以代查華人在墨情形并墨求與中國通商損益之道科唯唯倭使約晚餐既諾之矣以病未能赴爲書謝之

初四日戊午陰霧雨西人食器一栟值百數十金磁質旣薄繪畫亦工背面映照鬚眉活現索價故昂憶前游沛上見八駿杯兩枚藍花白磁質亦極薄而藍色黴烘

散爲朱竹垞舊物近覩洋磁之薄者恍惚似之然色白而潤洋磁究不逮也磁本華產惜無整頓之者遂不能暢行海外倭人工於謀利日本磁器均能曲體西俗心意爲之銷流甚廣

初五日己未晴外部謨烈託日使致送一函言小呂宋設官事渠始終一致特藩部及該島總督咸謂有礙欲此事有成須除此齮齕乃定此函係八月初六日發而其面告希九以藩部曾經說妥係在八月十五日或其發函時藩部仍游移也應將希九所呈問答之語促之此書可不答但復日使數行收到而已飯後訪外部催辦未結各案并告以洛款散㪉查有重報者六人該款應還美廷䑸蝢面諛辦事精到余答以此爲

中朝例意也䑸蝢肅然起敬仍允速結各案又言美總統明晚可返此行經歷數省極勞頓幸精力能支人心愛戴異黨之人亦無疵議詢以駐日美使蛤特已返日都假期旣屆留則抑俸云隨赴倭使館送行不晤畣拜墨使久談天氣尙佳

初六日庚申晴晚九點鐘赴科士達公會晤倭使云後

日遄發并詢余歸期意以得歸爲樂又期後會於春明或將使華耶晤威地布勒持佛梅拉諸察院各道費城百年會之盛客散後與譚臣重啖茶餅譚臣夏間同舟西渡近始遄歸

初七日辛酉晴科士達赴墨西哥午間來別并商程手各事明日三點鐘起程酉初葡使來談逾刻或者中葡之約果成此老特來周旋也

初八日壬戌霜降晴洛款重報六人共銀四百八十元七角五仙照會外部嘗收李格士銀行單得粵局包封

王余兩員查島將竣七月四日差旋省門西貢暹羅諸埠未往英屬般烏島前稟請不往者近爲英督所約亦欲一行經費已竭粵督必有以處之也所請以兵船護送賚會什物則駁之矣所查英屬各島大抵華人初至之地輒厚遇之以廣招徠及開闢有基生意漸繁則苛例起矣觀於澳士地利新金山諸埠如紐所威露省之雪梨埠域多利亞省之美利濱埠南澳士地利亞都律省袞司倫省之袞當埠所收華人身稅多寡不一祇打市媽利島砵打穩埠刻未起征久當不免華人海外謀

生之難大可慨矣寄英館醃菜兩壜劉芝使淡泊明志不耐腥膻英倫又乏蔬菜余許以在美購贈華人僑烏約者閒種菜爲業因屬烏署庖丁醃此白菜寄去華人繁盛之區窮於保護惟此鄉味聊供朵頤分餉良友殊自笑也并託查新架坡設領事案

初九日癸亥雨登高之游不果客中意興索然子豫書言古巴照費近益拮据旋辦旋止尙不及去年踴躍購得龍眼如豆大不堪寄贈延希九慶藹堂公函求爲倚館廣音泰說項廣音泰本同文館學生近以登車折足成廢若不聯差自難爲活當貽書洪文卿酌之

初十日甲子雨華城賚馬循例往觀微雨涼颸閱賽兩周而返檀使照復收到慶邸咨該國王書并即代寄

十一日乙丑陰周三淮捕獲後有劣紳赴廣州府具保孫稼航批斥之周三淮拐販至六千人已往者五百六十一人瘴歿逾半其情罪即置重典不足蔽辜不知具保者果何心哉近又有哥士打叨架國招工一事水土旣惡所訂合同尤苛虐蓬雲函致東華醫院與英官嚴禁或中輟矣華傭食力殊方絕無佳況大半出於拐誘

香港澳門汕頭實爲禍階香帥極力查禁或能漸戢兇焰乎鐙後稜復北洋書爲銀行結束從此不願再言矣

十二日丙寅陰愛立議之弟近充外部祕自嘉西勒士接任總統後已六易部臣交涉之事益難貫串

十三日丁卯陰連日溼霧迷漫昨夜又不能睡惝彷迷離左臂擱衾外曙寒驚醒臂冷如冰不克自舉急以右臂提入衾內如提極輭重之物左臂幾非己有肱以上血脈不貫矣入衾暖暄之漸乃復元殊方夜氣中人如是如是此間日報咸稱頌撥還洛案重報之款以爲

中朝辦事榮耀有餘
十四日戊辰晴此次美都賽馬旋遶而不止有一馬兩分鐘十四昔近行一邁路合之中里約一點鐘可行七十里有西人以萬七千金購之前日有西人賽馬跳溝折其一足小呂宋華人醫藥事其總督得外部電僅展三月期香帥兩次電商爲華人謀用心良切
十五日己巳晴飯後觀賽馬假野外山光以挹清氣潘譯忘攜請帖進門簽子主者一例歡迎並不如衆人之索費風大憑軾以觀歸涂答拜荷使

十六日庚午晴科醫生來爲診脉云心氣已平可不藥脾胃不適但食蒲蘆便佳此果略如吾華黑棗以儲蒸食頗滑大腸飯後訪察院梅拉久談又晤瑞使詢俄使消息仍無定俄使之婦曾嗤外部居室陋劣言貌失懽又與吶嚏善此時南黨司令屢有不復來美之說
十七日辛未晴昨爲法俗上冢之期插花供墓今日則禱於教堂猶不忘所生之意美俗上冢則在五月美洲惟秘阿連一省自循法俗美亦不禁也正盼洪文卿放洋之信適得手書言七月出都九月放洋十月抵法避

紅海之熱云總署咨會游歷人員分歷各國名單坿錄訓政事宜又洋藥膏倍抽稅釐事北洋咨會朝鮮國王文以該國分遣駐使也粵報言朝鮮派駐美國之使日朴定揚冬春之交可到又御史劉博泉屬查美屬米西斯比河情形與黃河相若否此事光緒九年鄭光祿承總署函查已詳詢美紳嵩那士略得梗概函復總署并錄問答甚清楚其時亦劉侍御片奏條議者兩河水性形勢迥異治法固不同、也黃河自銅瓦廂決口後水由大淸河北流入海語曰清濟貫濁河蓋清水在下黃水

在上清負黃以行泥沙尙不全淤否則濟河形狹屈曲加以黃流之濁積淤殆不可問矣米西斯比河來源非如黃河之浩瀚本係清水迨匯美蘇黎河水乃混濁此與河濟同流似矣要其挾泥無幾並不挾沙其泥性膠黏乾後卽堅實與黃河之泥沙竝挾泥質純膠而不實者異矣又以米西斯比河全河之清水刷美蘇黎河灌入之浮泥猶無强賓奪主之勢辦法與黃河判然黃水勢大濟水力微若能以清刷濁水患尙不致今日之亟申初訪美紳挨林士詢法國磁畫云係銅鐵之質然則

鳥約所見殆法產也挨林士近習中文出觀中國輿圖係東三省及直隸河南山東山西各省極工緻云係德人所繪其南省各圖俟續出云西人留意輿地考究精細近日中國派游外國之員能爲地圖以歸則尤善否則就外國通行之圖加以考索亦甚有益旋訪議紳多福詢中美交涉各案已悉送外部否余曰久已照會亦時晤虮蝢促之議院將開議紳之識理者倘擬速結也

十八日壬申晴小呂宋事函屬希九催詢謨烈復陳敬如託拓車㕍士機銅器文字墨使來言移居粗畢得科律師電已安抵墨都今日賽馬跳溝者仍折足何技之不良耶

十九日癸酉晴舊年詩家谷工黨戕斃巡役一案論抵七人昨始定讞總察院威地自署返寓晚餐後有人投一木匣即就餐桌展視殆炸藥也幸未暴燃即置之前廳家人婦子亦不知爲何事其新聞館訪事人哈文親到威地寓詢訪炸藥之事謂工黨挾恨報復其不遽燃者則封寄時書信館加蓋印烙用力捶打內火種搭引遂滅否則威地一家皆焰矣工黨罷市索加工價巡役

彈壓乃爲槍斃此而不論抵是謂無政刑威地判抉尙爲明允而工黨竟爲惡報甚矣民政之難齊壹也午後候之晤其比鄰謂此事威地不芥蔕而其家內咸驚恐云隨觀墨使新居順訪虮蝢約十月初九日晚餐

二十日甲戌晴昨兵部宅又有投以木匣炸藥者均不燃前晚總察院之藥匣經巡捕檢交化學人化煉並非眞炸藥窮究來歷即報館訪事人哈文之所爲詰之而信即行收禁哈文非工黨不過假此一段新奇以售日報亦黠而愚矣智使來晤英語仍不甚流麗

二十一日乙亥晴西例屬使至友邦應由所屬之國駐使挈晤外部比閱北洋咨朝鮮文無此說非爭虛文慮爲黠者誘導則大損矣北洋應否補咨預杜要結並飭具報職名即電署酌行計五十字午後英使來晤詢以印度王子前此來美儀節果係英使帶見總統及外部是則朝使之來不得不預爲之地

二十二日丙子晴曩聞美書肆有繪畫南北花旗鳥獸圖著色甚精每函索價二十五金頃取觀則索價倍之云只兩本原板已失共十一函須五百餘金不數月而

價值陡昂書賈伎倆中外一轍前日往候總察院威地震東因其猶子患喉證慮傳染不敢造門今日聞竟病歿喉證難痊西醫亦束手矣威地當炸藥虛驚後旣有人琴之悼復深小阮之傷七十老翁何以堪也

二十三日丁丑立冬陰英廷爲烏蚜擒捕魚案特派三人來美商辦此事兩國魚利所爭各不相讓徒煩脣舌而已美俗勤儉惟務藏富華盛頓都城簡樸曾不如歐洲有名之小縣戲園只兩間且時開時閉今夏有意大里人巴地來此演劇一夕工價五千元觀者如堵彈子

散座亦費十二金絕無僅有然一宿卽行矣美駐津領事巴拉密留任不果李傅相於其返也予一書令來謁年逾七十矣絮言北洋優待曾赴總署春酒又在津沽幸迎謁醇親王頗有依戀之誠北洋來函嘉其年老心慈辦事和睦惜美廷南北分黨遂以石米德代之申初檀使來言檀島至舊金山一路擬設水電須費二百萬金擬與美國合力由電綫公司出資兩國歲認利息五釐美總統外部均以爲然慮爲異說腹誹未能卽決若由此而日本而中國聲息大通更拓至新金山亦於商務有益余答以太平洋海電軍國重事誠有裨商務究恐無濟數十年後或見效耳檀使又詆日報誤述其斷賣一島與美謂該國一小島美欲假以起卸煤觔伊外部曾與美訂明暫假爲用無論何時均可取回希九靑言續譯議約小呂宋設官事語較切實寄到問答略節謂致藩部文已屬以必須照辦藩部亮不固執然事屬政務恐須政府會議是於藩部之外又添一政府作宕局

二十四日戊寅陰格總統長公子近經公推爲鳥約巡撫

此爲南北黨舉總統之先聲格若得此席則下次總統卽屬北黨故同黨者輒爲跂聃事決於昨日今晨閱報乃爲南黨所得多二萬餘籌云藹亭申呈各埠商董員名淸摺近日古巴公牘文理格式均有進境鏗後談臣來晤備述巴黎別後所歷羅馬諸境及火山已陷復現之狀曾至架露城爲意大里屬土而歸法蘭西保護其地專以賭博爲業無晝夜悉役志於鬭牌打波諸戲比屋皆然漠不爲怪亦無喧譁爭鬭之事博塲寬廣過客往觀隨意進出舉俗若是眞可詫矣不知地方官亦索

陋規否

二十五日己卯陰雨李玉衡函謝新式玻璃鏡并述香港近狀酉初晴亥正大風牕戶震撼

二十六日庚辰晴接北洋電朝鮮遣使事已恪遵電諭辦理并求遇事指教視同一家當電復毋蹈前此拜覲之誤舉印度王子來美儀節證之又該使過倭有無停頓電北洋詢示該使來時又增一番周旋也德破法後合普魯士諸國隆以帝號其君相尙持戒懼而分駐各國使臣似不免驕矜日斯巴彌亞倚法爲援彼此各派

頭等公使日欲遣頭等公使至德而德拒之德王今年九十一歲精力尙健近病經旬其子年五十六歲亦患喉證甚劇國人以爲憂詩家谷捉罪六犯今日臨刑美籍一餘皆挨利士及俄德兩國種類內一犯昨用炸藥從牙縫自炸冀免繯首乃炸烈腮頰頭面而不死罪惡貫盈難逃顯戮也減死而監禁終身者二判非有心作惡亦曲爲之解耳美廷內治之政經年乃定獄總察院威地猶喫虛驚宜其戕害華人之案但任賠償終無辦兇之日

二十七日辛巳晴美廷各部似乏上下相維之義䟽頗既因副外部波打意見不洽自求解職總統乃撤退波打以安之近日內部又以總文案官壓擱公事有烟甸人田土一案擱至年餘遂爲書申飭亦有請總統易一茸闒之部臣與共事否則易一勤能之文案以執公大約總統亦須善爲之地內部事繁書紀約二千餘人亦不易約束也鐙後挨林士偕礦師谷士來晤云自華回美曾於光緒八年往閱直隸山西諸礦盛稱山西煤鐵之佳強於倭產五金之礦亦富叩以但閱礦苗能定此

礦衰旺否答曰無論如何礦師無此識力惟視開礦者運氣而已挨林士近習中學求薦一人指導余詢之進齋亦慮中西文字融會爲難

二十八日壬午晴曩聞馬𥖁邪術之說流傳香港漸至上海究是疑信參半何耕聯久住香港亦謂聊存其說耳但光緒三年以烏石山案寓福州招商局某董事處其榻側有小玻璃瓶屬勿誤動每禮拜某董事必破指出血滴入瓶內云此中有物須以己血養之可就瓶口與語所謀無不如意欲罷則書一符與飲便自漠然此

瓶購之新架坡云似馬蘆邪說非盡無因也未初赴律
師哈倫鄉居中飯同鑣訪教士卜士年八十一參蜜百
十窩悉在樹陰地上冬雪若積恐凍僵涂經西人叢塚
見有軍兵帳棚爲勞近浮厝處美廷恩禮勳舊殊非意
想所及地近蘇遮土龜林木亦幽翳
二十九日癸未晴溪理察寶星之案頃劉芝使咨據英
外部復文謂與英例不符不能代達君主譯抄英例一
紙坿寄所謂不符者殆邀賞二年內即須具報遲則違
例云此係英國自治之政若英人而邀他國賞賜者似

三洲日記　卷四　頁

不在此例而英於此等事似若慎重名器不肯苟且遷
就者此役英員例賞置之可耳何必煩此筆墨哉曩聞
芝使言有英員某在中國機器局出力得二等寶星英
廷謂既有薪水不合邀賞至其效力皆中英兩國睦誼
與該員無干令將寶星繳還此次溪理察寶星但云不
合伊例不便代達已覺措詞圓活耳英都近收禁一挨
倫議紳挨黨麕集二萬餘人於紀功碑下將與政府辦
論巡捕彈壓之兵四千餘始以喫苹果擲詈繼而鬥毆
英廷復調多兵始弭其亂受傷者多醫牢幾無隙地云

三洲日記卷五

南海張蔭桓撰

十月初一日甲申晴希九鈔呈照催外部醫藥事文理
明敏又新訂洋員已於前月二十一日接辦近聞外洋
亦有算命之說間有精者中西殊歷司馬季主之奇固
非西人所能推測進齋謂西術但論年月日不問時仍
類中土查星盤之意德王自筮命長於子而冢孫則壽
命功業皆隆將傳位於孫
初二日乙酉晴香帥電約陳敬如赴粵即轉電許竹篔

三洲日記　卷五　一

處以自酌如不留法館宜即往又詢減薪事署否定否
午飯時何天爵來閽者卻之復來飯後遂接晤自言甲
申經手擬借美款一事曾兩次赴華未得謁總署蓋因
美使館先貽書署中謂使館不與往還故總署不賜見
隨將美館漢文函稿出觀此爲美館拒斥何天爵之函
伊從何處鈔得甚可詫前此總署與訂合同何天爵仍
存篋中近且欲續前議且謂昔之不獲報命殆因粵閩
假英款利息九釐視原訂五釐之約相去太遠故美商
不願現則四釐亦可辦到乞代商總署云余令將前訂

合同交還再爲轉達現計中國無急用或不需此第前年瀕行總署曾屬取回此約此時機局尤宜急索之否則播之新聞招搖可慮

初三日丙戌晴水師部汨尼因病乞假就醫烏約初九日之會亦以病辭頃美都論者謂非眞病但假此赴烏約密結黨與爲總統謀再舉耳汨尼爲南黨富室意或然歟濞克近舉烏約議紳卻係北黨烏署向與交好亦遇事相助因爲書賀之

初四日丁亥晴日報言俄王赴伯靈爲德王禪代之事

德王老病欲以國事禪於冢孫俄德交厚或相贊助耶前日何天爵言中國現在外交之事以保高麗爲亟日本亦然高麗苟爲俄襲則倭亦有不利斯論不自何天爵始也或謂能聯各大國共保之如歐洲字小辦法似可久長

初五日戊子雨咨總署洛案冊結並外部往還照會陳敬如已留法館不能赴粵卽轉電香帥晡時草疏奏獎接留差滿各員夜雨

初六日己丑晴晨起見微雪氣候略淸檀島董事程汝楫從子程祖樂欲投効天津武備學堂嘉其久客異域不忘根本爲咨北洋核收卽將咨文交程祖樂自行投遞金山學堂歲籌專款得千三百金約可敷用惟教習脩脯尙缺其半須續商也金山華商最盛之地而窘澀乃爾華人爭訟鬥殺醵金助虐頃刻可數萬此等培植人才之事乃如蟻穿九曲良可慨歎

初七日庚寅晴昨晚班林馬戲失愼獅象各獸紛奔場外傷數十人環球馬戲以此爲最往多演於烏約此次乃在幹邦衡以日國之例豢猛獸逸傷他人者論死則

此戲班不能不賠償美律寬縱或遂置之耳外部來文新派副外部富利司卽補波打之缺係烏約律師云英國專使簷卜綸副男爵塔罷外部司員阿般來訪未接晤

初八日辛卯小雪晴華傭來美自蒲安臣居間後輪颿益密美復設例限制立論旣苛增修無已似將杜絕華傭足跡也者而金山稅關司巡乃潛發華傭護照於其登岸又曲爲掩著卽映相亦可更易此項私照發去盈萬無非賄結而得近爲合衆國衙門攻訐稅司黑假亦

難委爲不知也美屢思限制而自治不嚴豈合歸怨華傭哉午後答拜比利時駐使法蘭西參贊前祕使英專使及議紳鐙後愛立謨來言祕國各部現已派定詢其屢易之故愛言祕政略殊美其部臣若經議院疵論輒不願供職咸相引去詢以巴拏馬河工竣否愛云無期近有人集資六千萬創設公司另開一河在中阿墨利加洲賴鶴露亞驕亞地方其地距美稍近從墨西哥過去

初九日壬辰晴美各部及各大書院予人公函不黏士擔別製函筒式署明查係私事罰鍰三百元郵遞即無遠弗屆士擔之權爲國家獨擅特設郵政部以專之然公函猶可免黏此中煞有斟酌中國電報局略同郵政該局借資公帑遲年就各署官報扣抵帑本開辦至今抵償未了明年電局新政乃并官電亦收半費提鎮司道且不許用官電同爲官事中西命意固殊戊初讌外部蚁頓戸部欽鴉飛勞內部林麻郵政部威爾士陸路大將軍佘利鈍總察院梅拉馬調合衆國委員威露臣前駐華公使楊約翰英使葡使日使法使丹使瑞使日本代辦十六人蚁頓起爲頌詞余令瞿東譯答亥正散主客皆歡

初十日癸巳晴寅初率參贊各官恭祝

皇太后萬壽今日爲美俗舉國祀天之日各署竝放假適與華例偶合午後科士達自墨西哥回述墨國近狀併華傭情形曩聞金山華商言墨西哥都城屋房有類華式者似華人之經商於墨古亦有之海外經營載籍蓋闕非如今日之聲息迅通也楊約翰偕弟來訪云就夏盧報館之席仍理故業當可資生耳晚觀西劇

十一日甲午大霧晨起窗外樹林濛濛不辨但聞車聲巳初始霽仍暄暖金山新換三邑甯陽會館紳董巳照章咨粵妥項復照會蚁頓轉告戸部檄飭稅關如禮相待易一紳董而多如許筆墨近事之繁猥者也曩寓金山九層樓江藻亭不諳煤氣鐙消息遽以口氣滅之煤氣四溢幾瀕於危何緋聯隔壁寓急閉其管乃免華人初歷外洋情狀如是昨有南省議紳乍來美都亦如藻亭之曾遇救而甦煤氣鐙始於乾隆五十七年此時美國全境尚非盡用煤氣

十二日乙未晴滬局遞到總署咨復上年銷冊北洋咨會復奏華美銀行事南洋咨會卸任日期閲邸報八月十三日鄭州河決奪溜南趨水至邳陽江淮之北被災既重若泛濫及於洪澤湖裏下河則爲害烈矣

皇太后軫念災黎頒內帑十萬金飭發豫撫急賑

慈恩廣沛小民當免流離蕩析之苦河既南行或從此導之入海不假洩水三分之說齊魯之患稍紓而南河故道已湮雲梯關海門高淤豈易卒辦禹圭納錫果何時也

十三日丙申晴熱寒暑表八十五度氣候殊不正昨晚英使約與專使詹卜綸會似三十歲人詢之則五十二歲矣英使謂向不認識聞將爲宰相云座客如躲頓佘利鈍諸人皆美之當道駐使卻寥寥也久談已苦熱倘不及今日之甚近有詆法人長技惟歌舞庖廚他無足觀者有人起而辨之謂法經德敗猶能收拾餘燼改爲民主十六年中僅三易總統而養兵仍四十餘萬歲餉七千餘萬雖國庫歲乏儲積然已極難能矣間與美兵官哈麻齡論及哈謂即此便覺法廷養士之薄美合衆國額兵僅二萬六千餘人而歲餉三千九百餘萬傷病羸老之俸餉不預焉若徒恃多兵而餉如是之澀安足示武哉

十四日丁酉雨近聞法總統有退位之説因其壻招搖納賄國人譁之法總統慚而引退德王近已大愈其子喉證亦少差

十五日戊戌晴前月剔還美廷之款美都有人電致金山謂此等款項華人出名代領殊不爲貪而中國如數送還核實辦理光明正大視我美前收英國阿羅巴磨

賠款一案竟將溢銀吞入囊中其相去爲何如云金山又有誘拐迫娼之事爲番禺陳氏婦陳姓之寓金者稟乞查理已批交領事本日得領事申詳全案並錄供詞文內有貞婦之節愈苦拐匪之罪愈浮之語當咨香帥按名拏究幸此婦業經提送回粵並分致東華醫院愛育善堂矣秉彝之良有生同具當能孚交婦族也金山此等事無歲無之華人行徑如是愧憤而已傍晚赴外部律司黄吞公會爲詹卜綸而設諸客畢集而詹未來僅與主人周旋而出各使亦陸續散矣過士爾其使已

改易該國服色意甚詡詡許竹篔書述九月二十八日署電滅薪仍從元旦始追繳坐扣照章辦理

十六日己亥晴晚讌美總察院威地布勒持佛格臘上議院掌院佘文議紳多福歇地巴挐鑾升高頓律師科士達美總統中軍官威露深丹使墨使檀使智使比使前祕使愛立謨美紳談臣本署洋員柏立等酒半威地起為頌詞余仍令震東代答如禮十點鐘散柏立以公讌分兩日後請者不懌未請之公使亦不懌殆不亮客多不能竝坐而各國駐使無甚往還又豈能遍約之乎

今春德使以德王生日讌客亦未遍邀駐使是豈余獨觭異哉叩以不懌者為誰柏立又不能指出是其師心自用總以不預陪外部為此妄言耳洋員難共處不悟前任何以耐之也

十七日庚子晴議院將開午後往觀覽規模宏敞強於日都議事堺子御遜之也上下議院竝相通亦均有駐使公座中為總察院讞案亭平之所曩以洛案未結不願往頃洛款已償無煩爭辨乘其洒埽陳設時一觀他日開議則隨意以聽尤便也大門內油畫多華盛頓戰蹟院內油畫則與英墨接仗及南北花旗鐵甲船圖下議院主席之旁一為華盛頓畫像一為法將軍獨拉飛挐畫像當日助美叛英者也另一院則歷任總統石像制作頗精滿鋪雲石中空如磬立近當門處相距盈丈設為細語其應甚洪又如聲從地發者卻非遍室具此妙趣想建院時中空之處亦有分寸電氣從門洞周通故宜振響也院建已九十三年費一千一百餘萬工程尚不為侈院藏有木杵長約二尺餘上綴銀鷹蟠以銀絲每總統新任則諸議紳捧以進謁此美之掌故究不

知何所本議事堺上嵌玻璃中畫各省印信微寓版圖富有之意美立國僅百一十年而能恪守創國成規駸駸富盛覗歐洲日以攻戰為事者誠有過之本日為法總統去住定議之期國人欲舉茹費禮以代而異議者尚多法總統不欲再辭矣茹費禮係謀越之人削民財而博不毛之地法人滋惡之其物望又遜於美之啼噠

十八日辛丑晴微雪昨法議院以總統初言去位曾下明諭現在果否堅退仍須再給一諭乃定從違總統以議員持論如是知民心之非終附也亦將毅然舍去哺

時赴談臣晚餐觀羅馬伯靈油畫水畫磁畫並有佳趣談臣贈密蠟煙管一枚子初歸氣候由寒而暖

十九日壬寅晴獎摺核繕旣妥附片爲董事何丹桂譚玉書改奬此前任未及核辦之事隨案附陳不沒若輩前勞云爾法總統果不安於位置君如奕信然

二十日癸卯晴美兵部署中有大木一枚質極堅實而四圍皆孔南北花旗爭戰時此樹在威厄拏省兩兵交接樹當其衝受槍彈密如蜂房停戰後乃伐置於兵部署以示血戰之苦此時南北混壹亦習而忘之耳南北分黨祇教堂不分耶穌神道莫或使之歟法總統已舉定嘉勞不知能終任否

二十一日甲辰晴美國開議院之期外部例請公使往覯巳初往上議院俄使檀使先在座議紳漸集於墀至十二點鐘時掌院升座誦耶穌經一遍自費城移都於此恰百年矣誦畢卽舉案上亩牘交書記朗誦皆新舉議紳之事有南黨一人爲馬韓作替者或詆其所舉非實將大煩辯論日報紛言之至是而迄無異同尙顧議院體面墀內議紳咸集各據一案間陳設鮮花美以開

院爲巨典也返寓後震東復往下議院觀者尤雜有老者當掌院誦經後號召於衆與共唱一歌座無應者此老乃自高唱議紳惡其失禮執之大約每年開議院時必有此種笑柄且多出於下議院

二十二日乙巳晴外部請示使館從官勳銜補刊籍紳今日美總統頒諭議院之期竊謂內治外交必能兼顧乃祇言庫儲大充急宜減稅便民絮絮至六千字而絕無各國交涉之案現最切近之鳥蚴倫爭漁一起英專使尙會議於外部且無一言提及可詫也鐙後訪科律師亦謂向無此式日曌各使曾來致詢若有同情總統能否聯任仍未定云隨赴前郵政部阿亨公會熱甚不耐久坐主人殷留茶酒醆一甌

二十三日丙午大雪晴西報言漢口蛟災甚烈但願傳聞之訛耳致李仲約書述外洋使規及美日祕三館現辦各事覶縷二十二紙

二十四日丁未晴金山華人自相訟爭被縶三百餘人曾令蓬雲商諸嘉釐福尼省總督分別摘釋二百人拘回原籍由華商籌給船腳七千餘金華商能爲此舉良

可嘉倘項據來函仍慮若輩出獄尋仇余謂囹釋臨登舟不能在金山復滋事回籍後則長吏執法足以懲之矣即詳復蓬雲具報以便咨粵

二十五日戊申晴美總統頒示議院之諭英廷大爲嘉美以減稅便商則英之貿易於美者益可獲利特美國製造各公司頗深斂望南省之種煙製糖者亦然亦有幸有不幸而已然美以庫藏充盈爲此盛舉亦自可嘉申正酬應公會兩處夜雨竟夕奇寒滬局代購茶葉綢緞始寄到

二十六日己酉雨墨使又函請立約近日華人潛赴墨境者領事窮於禁遏如能善爲保護未嘗不可與商查墨國記載明萬歷三年即西歷一千五百七十五年曾通中國歲有驅船數艘販運中國絲綢磁茶等物至太平洋之亞冀巴路高埠分運西班牙各島其時墨隸西班牙中國概名之曰大西洋我

朝乾隆五十年西班牙伐英而敗太平洋商船慮爲英虜墨遂叛之刻乃自主

二十七日庚戌晴法前外部茹費禮不得舉總統而得爲部臣國人惡之聯合死黨二十人擊於議院已被三槍洞中要害初尚能支越宿則劇甚可見人心不附也項閱邸報鄭州決口截留江北江蘇光緒十四年河運全漕備賑想被災極重矣又戶部撥帑二百萬爲堵口之需不足仍續撥復准豫省截留京餉三十萬放賑緬懷

高厚食毛踐土之氓當知感激年內合龍倘不致重費

二十八日辛亥晴外部約游觀華盛頓墳塋園樹英俄檀及南墨洲諸駐使郵政部兵部前水師提督彼打下

議院專司外交議員外部司員布耶等男女約百人巳初登舟微雨少頃而霽乘兵輪行游另用小火輪船板泊岸客皆徐步寒林晴旭隨意流覽虮蝮約共映一相又偕游華盛頓故居守塚吏導觀如去年並爲英專使敘述一遍余與布耶先返虮蝮諸人陸續回船未正中餐申正回棹矣虮蝮謂今日以美國船載英國專使游華盛頓墳皆百年前逆料不到者也叩以華盛頓之裔虮蝮謂華盛頓無子既創宏業而乏嗣絕似天之報施不厚不知此中冥冥之意特使其無子女則美國民人

皆其子女也虮蝮之論甚通又言華盛頓並非奇才異能只是辦事存心悉歸忠實故能成此大功不知忠實之爲用廣矣虮蝮又言承任外部三年始得此一日之暇其勞亦可憫矣立談良久不覺抵岸握手爲別英使之車爲女公子先馳去附余車同行使館相距甚近也英使爲言茄費禮爲法之亂黨曾因事繫獄往曾相識人亦似能幹然則法人欲舉爲總統殆忘其縲囚之跡歟今日舟中閒坐時虮蝮甫出戶波打問俄使虮蝮年已六十否俄使云不知轉問英使亦不知彼打徐與俄使耳語余年歲俄使潛告波打以余近能領會波打遂不再言余徐用英語告以不諳俄使面爲之赧其實余究未了了

二十九日壬子晴英署寄到新架坡設領事案郭筠仙給英外部照會謂中國遣使與設領事亦條約所不載既能遣使即能派設領事英外部回文乃援據條約以答及胡璇澤病歿曾劼侯派蘇桂清代辦領事英輔政司不認幾煩辯論而定至英屬各島則並不允派矣昨日希九面言日藩部已於西十一月十四號會議小呂

宋領事及醫藥事寄到與外部談烈問答恐亦未易就範

三十日癸丑晴美總統諭議院文譯寄總署

十一月初一日甲寅雨北洋咨會黏鈔朝鮮表文午初科律師來言新嘗案兩造現仍調處又請將錢范拓本發還黄昏申正答拜墨使并赴科律師公會有墨外部之女新嫁後偕壻來游其壻扁鼻面色類華種攜示華裝映相乍看幾以爲華人科曾使墨與外部有舊特爲遍延美都知好爲此盛會

初二日乙卯晴美紳烈而特初與中國立約之公使也家在波度摩西正月爲善會其子婦特來美都請總統往赴又託人介紹來見備述傾慕中國之誠請余赴會

初三日丙辰陰霧午後雪美都近多喉證雪則雜病可免美將改歲雪乃應時不識吾華得雪否直東水災孔亟今秋復有鄭州之決黄患及於江淮現籌堵築衞薪雖屬冬日柏矣

初四日丁巳晴雪後騁車西人以爲樂事晨起時聞車鈴雪已霽矣墨使新居落成特約晩餐座皆熟客祇可

倫比亞公使係初交
初五日戊午晴開平人張進㠯旅居美之阿利簡以醫爲業有西人倩其治病而效租與金礦一區價二萬金以九十九年爲期亦如西人在華租地之說自五月施工至今水坑存水淘洗甚便下游一坑忌之遂串合原租之西人強迫奪回張進㠯佯以合同鈔本付火而潛遁他埠函託烏署供事張丁盛爲之設措頃復託該省紳士之任議員者具啟求查理鈔呈所致張丁盛函及礦圖叉洋文合同一紙閱其文理殊費尋究略會其意

以礦坑爲西人奪去而仍迫以西正月一號將餘銀交訖情卻可憫因將洋文合同交科律師酌辦俄王近復被刺於都城誤中副車
初六日己未雨古巴總督新政華人赴醫院治理者歲索領事補給藥費八千金或六千金藹亭駁以華人承招而來傭工勞苦因而致病當日古巴約許與至優之國一體相待華人應與日人同此權利且領事歲收華人牌照費均用之於華人身上
國家並無絲毫報解領事亦無餘貲安能歲籌醫院巨款立言得體此皆日國橫征苛斂之政宜煩辨論也午間科律師將張進㠯合同攜回謂據此合同華人應得礦坑利益然亦不解其來意姑先託議紳請仍查詢該華人是何主見即函查烏署申正答拜俄使
初七日庚申晴近以鄭州決口黃患及於江淮欲博訪米西斯比河情形訪議紳升高頓河壖人也爲言益參將從前議收束河身使河流迅捷不停淤未始非善惟河流太急則商船不便往來誠於商務有礙又需款太鉅僅試辦而未竟全功此河情形絕類黃河灣曲亦多

水極混濁特沿河多曠土非如中華之繁庶年或決口亦不要經理然附河居人則甚惴惴每當秋稼將登遽付波臣竈蝸檻魚數見不奇矣鄭光祿前復總署謂益參將之議已行猶非今日情形也
初八日辛酉晴長至節寅初率參贊從官望
闕朝賀循例放假一天亦爲酒醴宴飲杜門竟日致豫東撫藩書去國兩年朋舊音問闊遠弭管輒悵
初九日壬戌晴美俗將慶耶穌生日知交餽遺絡繹西歷將改歲矣墨西哥求通商事咨商總署恐須明春始

能見復華人傭趁異域日益繁雜既難禁遏應思所以調護之然亦甚不易張進戛金坑之事美紳電復令在該省衙門控告立案梁勤自哈佛來所習英國語言文字大有進境晚與赴貨郎肆中購買什物可以代言

初十日癸亥晴西人度節之期後鄰戶部總司員郁文合家人婦子作雜劇鐙後往觀座客百十所演北冰洋雪景郁文自蒙皮鞹爲白熊與小兒女跳躍別一老者混身雪點肰如貨郎分給諸孩嬉具西諺所謂山特呵羅士也中置一樹滿綴友朋贈遺之物或謂西人實解

尋樂然客中寓目徒深異鄉之感耳夜雪

十一日甲子晴積雪不厚天氣卻寒前戶部珉玲病殁鳥約醫者言其心思太過腦髓枯竭以致不治美總統親往弔喭國旗半下以志哀戶部署蒙黑布十日

十二日乙丑陰小呂宋華人醫藥事藩部議准一遵華法由日廷給憑按各國一律遲日卽有復文領事尙未定議云華人醫藥照華法辦理此極公平之事絕非格外要求惟由日廷給憑一層似未盡妥華醫應由華官給憑與日何與寓美華醫已久照此辦理所謂按各國一律者猶以西醫視華醫也或者華人藥店須由該國給照此理尙通然已乖報施之義耳日商在華所收呂宋票亦須華官給照乎俟接來文再與辨之適科律師來與詢及此科謂日廷給照之意無非藉此斂錢然各國旣一律辦理華人亦難獨異

十三日丙寅晴喭許竹篔函軸託滬局致送竹篔本月初四日坿法公司船內渡行犮無譯官不得已覓一吳人學英語者同伴

十四日丁卯早霧午晴蚵蟆函知美總統西歷改歲後

一日見客蚵蟆亦於是日爲公會婦服旣除照常酬酢矣科律師之親眷璧近操醫爲業移居使館之前鐙後訪之寒月滿堦夜色閒曠

十五日戊辰晴顧敬之新製鐵簫洞中音節爲鐵簫歌贈之蓬雲欲面稟要公復以自審諸島情形能暫交副領事經理則來此一晤希九寄到僞外部文又法國磁畫映本每幀有索至八百金者然皆非意中之物宜不購也外部司員布郎送閱古文摹本三十八字請攷證似篆似梵葉當係埃及文

十六日己巳晴自日返美照會蚆蝦條約文久不見答比因華婦來金山較多悉援光緒八年美例金山地方官無如之何其實皆稅關串通也蚆蝦來文欲速訂限制而於保護一層不敘亦不照復前文今年粵中歲熟華人來金謀工者少其華婦之被拐誘者已次第截回并託東華醫院分別飭屬認領又遣送華犯一事嘉督矜慎須十閱月乃竣

十七日庚午陰韓使十五日抵金山參贊從官共六人始乘美國兵船至橫濱隨坿柯順匯船來美電詢蓬雲

察其形跡如不來謁幸勿先施正發電適一香山石岐鄉人張姓來謁詢其何言乃請屏退左右可語也自言三歲時鄉野閑遊一白衣老人攜至深山密室教以兵法行軍調將諸事十三歲時予以盤川令至金山且告以此數年間有張姓人出使美國可往依之又言中國近與外國通商應修武備水師雖有新船究不敵外洋之精熟宜以陸師為主能合精銳保全高麗規復緬甸越南再以偏師臨印度使之懾服納貢功成不受賞又言白衣老人即留侯云叩其年僅十九歲所言似狂非狂華人寓美類此當不少續乃索盤川求棲止大雪寒甚不耐其纏擾許以明日來領

十八日辛未陰霧雨七點鐘赴後鄰汨鵑晚餐馬行旋滀衣履霑濡明日天氣仍爾則拜客殊不便

十九日壬申晴甚出意外洪文卿咨會十月十七日抵伯靈廿一日接篆又手書一函述德國新政民人年三十九至四十五歲均調充守兵頓增十萬兵數十年之內歐洲必有變局德將為戎首云今日為西歷正月一號美總統延接各使及美國官紳之期十一點鐘往各

使先後至按到國次序與總統握手為禮及其夫人外部旁侍亦與周旋隨至外部寓宅小飲返寓中飯進齋仲蘭皆託病不能同拜客此等周旋固非人情所樂彼都新歲各部及九察院上下院掌院總律政司水陸大將軍均須往拜前使面交一單又自行結識最熟者亦到門計二十六處終歲酬應以此為甚窮一日之力須遍及惟倭館投刺之說則不能遵前任之教耳

二十日癸酉晴龔過倫敦薄訪交際情形英國乃撫新年酬應只朝賓會須周旋數時許不識德俄何如然美

則即此一事已遠遜歐洲之省事耳午後會拜下議院諸紳及田使之兄又赴公會四處電蓬雲韓使來美事

二十一日甲戌晴查詢外部如韓使之來美國有無榜樣總辦布郎謂德國未合并以前間或見之近則絕無僅有耳午後酬應各部公會夜十一點鐘赴英館觀樂舞偶感風寒少坐即返連夜咳嗽甚苦

二十二日乙亥陰新舊案犯六人已盡釋此案聚訟三年前任深以爲憂前領事黃鈞選則不即不離欲爲和解而無濟春初託科律師力爲斡旋幸活數命天道猶

昭昭也彭禹廷在金山不耐寂寞放言高論條列中美交際事而文義甚劣子剛古巴雜記刊成見寄三本今日寒病殊憊迄不思食與客談輒沈沈欲睡

二十三日丙子小寒陰雨烏約美商欲乞中國量減出口茶稅公稟外部轉告田使達之總署諧否未可知也中國理財宜於中外交關處著意司農新政加重茶釐茶商益窘矣印度日本茶葉方興豈能不預爲之計哉美商此舉雖曰舍己芸人然立意尚不僞

二十四日丁丑霧寒病少痊仍避風蓬雲電言韓使廿一日起程來美都其在金山時僅與倭領事一見其於蓬雲則名刺往來而已適得北洋咨會與朝鮮往返文牘本日得恭振夔書鈔寄漠河采金呼蘭墾種奏咨各稿又略述俄界情形前任所立犂頭尚須查理現派李金鏞踏看漠河金礦遂及界務又黑龍江電綫已成惟商電絕少祇官電往來恐不敷經費又欲余代覓礦師洋匠一俟北洋商定即便電達云

二十五日戊寅陰霧華人來金日稀不及初定限制時十分之四以工藝爲業咸不賦閒又日報述韓使之言

甚謬必有潛爲蠱惑者粵人甘霖頃來謁云將返里謀開二銀礦在香山縣境探取礦質運美融化換易硬木以支礦穴乞咨粵中如此採運恐與洋商合股令陳弁詳詰之未據切實回答或者不出所料

二十六日己卯陰霧昨服止咳藥水稍適晨起微眩耳韓使來美事備文照會蚹頓已初封發續閱波士日報韓使昨抵烏約何其速也該使如能恪遵該國王教旨與北洋所錄奏咨事理不背自當慎循字小之義知無不言如其自外生成恐非該國之福函布總署北洋薄

陳其略午後大雪晚飯後醫生來診脈仍勸杜門數日以避寒氣

二十七日庚辰陰昨晚波度摩善會不能往進齋霞東祝彭赴之連夜遄返以韓使已抵客寓恐有詢商也古巴學堂歲終考課中西學各取四名兩學並習皆首取者河源縣童吳金秀年十三歲性甚聰穎慰情聊勝新舊案結後粵人關德偕該城律師方德裁來見余深嘉律師辦結此案聲名必大起律師謙言名愈高則毀愈重可謂見道之論叩以問官如何判結律師謂此案供

只一面已不足以成信讞其人且患瘋疾全案皆虛無須判決

二十八日辛巳晴韓使來美事外部照復禮拜五日十二點鐘接見并為代達總統接受國書造詞得體因屬參贊詰問韓使何以不遵九月二十六日津電三端辦法該使謂韓廷並未行知起程在九月二十七日或海道迢遠未能速達之故瀕行時知有津電而韓政府向須與袁總理更議但進謁用銜版公牘用呈文華使行文用硃筆照會則已奉政府明文云其詞恭其意狡大約外撐門面而又不忍盡昧天良特於兩國交際之間克循侯度而於他國屬耳目之地則儼然自肆故如是齮齕也進齋相與問答數百言亦可謂善存字小之義矣卽將問答大意電津午間酬應各部已極疲勞比鄰公會遂不果赴美醫北買年九十矣病歿於家以其游粵最久爹以鮮花

二十九日壬午晴外部已訂期會晤而韓使不遵津約辦理勢成騎虎只可先期晤帆䑺為韓使先容帆䑺謂韓為中屬美與立約

中朝之意務推愛相待行告田使轉達總署云帆䑺既如是周到韓使往晤及商遞國書諸免枘鑿矣卽令參贊面告該使毋為拜跪之儀又電津八十六字今日酬應上議院議紳公會二處晚赴總統會仍公服會中遇俄使云俄歷今日為歲首俄之星度見日較早於美八點鐘彼都此刻正賀歲不無鄉思云土爾其使久易美國冠服迨公會時仍循本國制度戴冠如藥臼上綴小絲纓此會周旋逾兩點鐘甫出宮而英使至其時尚有陸續至者天寒雪霰宮門內外涼澳頓殊

十二月初一日癸未陰寒復劉芝田洪文卿書遞朝鮮遣使來美情形午後該使館參贊官奎章閣檢校待教李完用繙譯官行電報總局事李采淵來投銜版午後酬應公會五處晚飯後赴水師部之會子正返寓

初二日甲申晴午後酬應公會五處晚觀西劇粵人趙詠梅以新舊案結賦詩爲頌幾於城者之謳

初三日乙酉陰霧近閲金山日報檀島復亂其島主及首領諸臣均被囚繫橫征暴斂所致云程汝楫古今輝來稟但言立例苛虐尙未及此晡時赴後鄰公會霧雨

溟濛氣候甚惡

初四日丙戌晴祕魯近以稅關不收爛銀紙兌換鋪商不肯出現錢交易市面鼓噪時虞爭鬧使館亦急儲糧食以備禍生倉卒無從購買且爲杜門避亂計祕總統與英商假四十萬元英商要般戶四十家作保不要諸部畫押故未定議祕政如是何以爲國近又欲投雅片煙稅大約亦如檀島所爲意粵人必有受其矇惑者或謂煙稅重則山內華傭不禁自戒恐未必然也午後遞局包封遞到恭報自日返美摺子

硃批欽遵咨行總署奏派游歷司員傅楙元顧少逸已抵日本余昨已照會外部并分行日祕兩署一體照會矣惟巴西一國雖有約而從未遣使倘須晤巴使再令貽書彼國也晡時酬應諸察院及上院掌院公會七處返寓得保定電復朝鮮遣使事靜候鈔咨到日再酌也此間只能辦到認明屬國及杜他人誘導至該使果否未奉政府明文殊難武斷夜雪

初五日丁亥雪檀島浮收華人入口費又閉置病房諸虐政昨准香帥咨復已派繙譯辜湯生親往香港詢明

英官并檀領事每船載二十五人之例檀已刪除轉行程古兩商董申初朝使具銜版修謁版署朝鮮嘉善大夫協辦内務院事駐美全權大臣朴定陽來意甚倨御之昨夜腹瀉精神委頓晡時赴下院議紳公會六處冒雪歸寓晚飯談臣約觀雜劇亦猶去秋之技特影戲絕佳其一幀狀海上之景一輪船低昂於波濤洶湧中有數帆船往來行駛觀者幾忘爲畫其一幀荒冢纍纍無數骷髏跳躍隱現又一古槨骷髏自掀其蓋隨電光開闔誰謂西人不談鬼也此外樓臺村墅牛馬梟雞千變

萬狀均能逼眞臺中變幻之戲則劃取美人首旋復合之頗奇演時塲子上下鐙光盡滅只臺㫖列煤氣鐙臺中滿綴黑幔術人從幔出美人隨之又一紅衣赬面人持劍出衆取美人首術人相與詰辨肘美人坐於小木几上高約二尺許俄而臺中突出一木礎高與人身等術人先作以藥迷睐美人狀徐假紅衣人劍剜其首置於木礎眉目宛如死人少頃瞪覩轉眄且爲淸歌聲咽如絲術人乃提其首復合於頂旋合旋起幻矣其端坐木几時自係另爲軀殼特假美人眞面目以接之及移

首於礎實與身俱移黑幔掩映難遽辨耳軀殼則機栝內撐使如活人之穩坐此無足異者但身首乍合猝能立起殊莫名其妙

初六日戊子晴桐城張藻卿寄貺郭有道碑拓一本碑久佚前年濟甯東關外有田舍翁況氏建屋從土壁中掘出以爲柳下乘涼石几嫌其多字鑿之續有人言之州牧遂移置濟甯州學曩曾觀濰縣陳氏藏本極完好詫如星鳳今得此本雖漫漶猶可寶也碑十六行行三十二字有額篆漢郭有道先生之碑八字與濰縣本同與王蘭泉所收如皋姜任脩摹本則幷無額又姜本以謀不朽此本作以圖不朽與傳合姜本翔匾外以舒翼句書作鶵此本翔字從羽均與姜本異此本縱極漫漶亦非傅山鄭簠所補作碑佚於南渡前石墨鐫華言聞之晉人舊石曾在一秀才日摩娑碑下久而將碑盜去介休令重摹一本以應人之求後又磨去王巳正再刻之此本鑿痕宛然其爲秀才盜沒而復出者乎抑介休令之重摹者乎蓋不可考惟碑中互異之字略識於前其徲𢓭亭隨般藹諸字則不辨矣殊域寂處獲茲古懽

殊意外也申初瓜拉乖國公使來晤自言舟中相見後一病至今否則早來矣該國在南墨利加洲代辦無人之缺殆四等公使也能爲英語本日赴戶部水師部外部公會晚約察院威地墨使科律師譚臣醫生壁寫來署小敘薄荅諸君子之招也

初七日己丑晴內部林麻果得察院北黨惟士丹佛士丁鶻士之掌院英哥深不願而莫如何內部遺席乃屬郵政部威呀士此則詢謀僉同南北黨皆洽矣林麻本極幹練詆之者謂行年七十二照例不得爲察院此西

人貴少賤老之故智毋亦黨禍中之斁韓使朴定陽復來求見絮絮逾兩點鐘以筆代舌其於津約三端仍矯飾辞以專權全權爲問意謂與余敵體也具銜版而不公服津電所謂荒忽自大者已泰西各國互相遣使已歷千百年亞洲遣使西來僅二十年動形生澀加以言語不通者欲不同欲聯邦交殊未易易朴定陽不諳此中肯要妄思表異恐徒費經營無裨使事也韓究係屬國談次婉諷之亦正告以奉使之宜俾自愧悟問答數十紙朴交參贊什襲居心猥瑣可笑朴行後臨復酬應

上院議紳公會六處返寓七點鐘赴美總統公讌同席五十八人余偕英使法使瑞典使與總統一行坐新客則英專使詹卜綸又上院議紳余文下院議紳巴拏鑾皆專司外交者也總統夫婦外部蚓嫚主席略如去年風景韓使前日既遞國書此會乃不得與自主之謂何也或曰因余在坐而然則恐不稿七點半鐘入座十點鐘散酒食豐腆音樂喧闐席散後徘徊正殿重入筵讌處飲八角酒佛蘭地酒吸煙詹卜綸就談甚久曾識曾侯者也總統與各使互致殷勤而別出宮門已十一點鐘矣

初八日庚寅大寒晴爲臘八粥以餉同人鄉思彌動復傅楙元顧少逸書屬抵金山時即寓領署以節旅費午後循例至美宮投刺道謝答拜瓜拉乖國公使承款㗖啡云在巴西之上余究非知味者其情殷殷殊可感智使亦在坐少談各散訪格總統夫人不值赴威露臣畢頓兩會鐙時返署

初九日辛卯晴外部照復傅顧兩員游歷來美已咨戸部轉行稅關照料登岸免驗行李云晡時赴後鄰公會

適遇田使之兄爲述田使近狀又導見田使姪女李學菴到美兩年從未一赴美宮今日總統夫人見客與之偕往宮外寒氣撲人入門熱甚人極擠塞晚十點半鐘赴勞令公會主人方病足拄拐棍以延賓苦矣英使瑞使英專使均在座

初十日壬辰晴寒甚韓使函送前日問答而將遣官來謁一段刪去殊有心計復令補錄并寄與駐使名單晡時赴山後公會又赴後鄰益鵲晚餐蓋屢擾之矣此君並非富人而好客甚摯

十一日癸巳陰今年水患不獨鄭州決口聞漳水亦漲大名城垣爲之衝塌久不得大名守國孔安消息爲書詢之韓使送還問答鈔稿仍將遣官來謁一段改作面商之詞抑何閃爍此自無關緊要而掩著如是申初酬應公會十二處晚飯後十點半鐘赴外部之會屋小人多擁擠之甚帆頓曩爲議紳卽僦居於此不因外部而別拓新居視吶嗹一縮外部卽營華屋者異矣

十二日甲午晴外部總司員布耶竟辭職另派李某不知品詣何如布耶在外部十八年別無過誤祇耆酒成

癖終日醺醺始以酒治病積乃不能禁制鄭光祿當日深倚之余卻無甚往還午後赴墨使館聞葡使病歿墨使遂不見客外部今晚之會亦貽書改訂此兩日間各使館均不出門酬應殊有古風葡使駐美最久年六十餘十月間赴余之招談諧甚暢月來公會多不相值始悉其病不悟遽爾不起聞其家貧甚薄有所積亦爲其子浪用而盡可憫也今日肆上倒閉木器雜貨四店美都生意似亦非佳竊訝物價如是之昂而買賣卻無利毋亦稅重所致乎宜美總統有減稅之論

十三日乙未晴帆頓以洋槍一枝餽歲槍極精美修理器具均備西人游獵之需也出自美廠希特公使面知明日十一點鐘爲葡使送殯面牋均用黑邊西人持服之式子剛自粵來面述十月二十八日金山華人以洛案索償清楚備牌繖爲頌大都溢美之詞地方文武亦道賀則尤愧歉午後大雪

十四日丙申晴雪厚四寸雪車游騁絡繹於途午初往送葡使殯就其使館步行至教堂雪後幸免傾躓殯入教堂教士念經數遍又以爐香淨水噴洒其柩意謂導

升天堂也送殯者各使咸集外部帆頓亦至水陸軍提督竝在坐約一時許殯出教堂有兵隊十名音樂數名爲之前導迤邐至天主教堂浮厝各使均親送俟厝畢乃行返寓將申初矣余本有寒疾扶病致敬天氣極寒彌形困餓今晚總統公會決意不赴同使諸君意亦云然科士達自墨西哥回贈翎毛畫數種

十五日丁酉早陰午晴昨格總統之子可侖比亞公使竝來訪適余送殯未還遂未接晤惟今日始見名刺繙譯委爲閽者之誤其實均難辭咎也朝鮮書記李商在

求見徐進齋彭小圃李學菴卽就客廳接晤閱其問答無甚要言惟津約三端果有明文朴定陽亦於初四日接到韓電而顧不遵可憤當令呈報到美日期及使館職名

十六日戊戌晴英專使詹卜綸約二十五晚餐今日美都月蝕六點鐘盡七點鐘復圓

十七日已亥晴纍閱四庫提要永樂間張洪使緬甸著使規一卷有錄無書亦未詳其爵里頃偶檢列朝詩集張洪字宗海常熟人洪武中坐累謫戍雲南師臣延教

子弟薦爲靖江王府教授永樂初授行人奉使日本洮岷賚詔諭緬甸那羅塔六往始聽命守使職越二十年仁宗始召入翰林改修撰年七十餘致仕修撰國初老儒貫穿宋人經學歸田之後鄉邦制作咸出其手歌詩非其所長詩一章出沐氏滄海遺珠集蓋其戍滇所作云使規一書絳雲樓亦未存目他日歸國晤常熟故家一叩之

十八日庚子晴照復外部修約事韓使抵美後金山華盛頓各日報皆言朝鮮近係自主遣使於外無須請命中國挈挈言之莫非韓使所授意識者爲之不平昨科律師勸將津約各件付日報刊刻以駁之頃聞倫敦報已將朝鮮國王請

旨遣使之疏及津約三端并登日報實獲我心矣天下事虛虛實實豈能純作矇語誑人韓使不智可笑亦可憐也今日仍避風談臣來候并言樟腦油擦胸膈治寒疾之法

十九日辛丑雨陰今日寒疾漸解申正答拜韓使告以奉使之宜及亞洲遣使凡百生疏較泰西各國互相通

使難易判若霄壤朴似極感謝然筆端總涉機鋒貌似和平心實狡獪以其藩屬而推誠指導然其不足與爲善則已見一斑矣款客茶酒一循西俗所居又極寒儉殊無謂矣晚飯後答拜談臣并赴阿希之會觀樂舞子初返寓

二十日壬寅早陰午晴今日各部公會之期晡後仍往酬應新鄭政初接部事居極宏敞水師旧尼而外此其亞也檢萬國公法星軺指掌兩書贈韓使

二十一日癸卯晴朝鮮使者朴定陽呈報本年十一月

二十六日來抵美國華盛頓十二月初五日遞呈國書隨率人員左幅開列爲此理合備文申呈賜鑒後開全權大臣朴定陽參贊官李完用書記官李夏榮李商在繙譯官李采淵隨員姜進熙李憲用各職名文尾署光緒十三年十二月日鈐用朝鮮國特派全權大臣印篆文當卽照咨總署南北洋粤督部英俄倭三使館月爲朱筆照會發給該使光緒十四年時憲書今日酬應上議院公會十一處每與一晤翁相值主人多尊禮之畢頓特爲介紹叩其素諳殆在下議院每日開議時捧經

求耶穌保佑之人顧不自保其目亦殊可惜

二十二日甲辰晴鄰人欲假使館作跳舞會公湊會資領袖者隨會捧地每夕四十金欲省租錢故欲假館然聞之房主人跳舞多則房屋易損遂卻之科律師自鳥約回晤論前復外部修約之文殊精細午後答拜義大利可侖比亞希特檀香山智利各公使檀智兩館少坐餘不相値隨赴公會五處最後談臣一處徘徊最久返寓晚飯日本參贊鶴川貽進齋餞歲詩而求余改正因次和而嘉奬之晚十點鐘赴水師部公會嘉客畢集十二點鐘歸

二十三日乙巳立春雨參贊從官具版賀春光緒六年陳副憲懲辦檀香山拐販之案粤人譚鳳儀房產久已查封頃招商局稟訴北洋以爲冤抑承咨查理卽屬參贊檢卷核辦或照行檀島程古兩董轉飭陳國芬稟復程古兩董適稟陳散布巴路船自金山載回華妓途經該島有歹人李福勾通鴇婦欲留居於此極力禁遏尚有三人被其朦混登岸現須訟理稟乞懲治外洋拐販之風隨地皆有當因港澳出口時難於稽察流毒至今

曾劾倭香港設官之事果有成議或能維繫之也蓬雲適自金山來詢及此事云已與檀領事辨論數次該領事已電致該國政府云晡時赴畢頓公會劉芝使面言自俄都言旋卽在巴黎度歲又詢韓使到美領謁外部有邅言否歐洲無屬國遣使之例亦無公使帶見之儀云卽纔復之此中瑣屑業詳於臘朔一函要之歐墨情形互異未可一概論也

二十四日丙午晴夏間天津託雇鐵路華工務選好手領事竭力勸導華傭乃舍其現成工業承召回華所訂

合同月三十金現聞抵津後爲洋匠所忌總辦竟減華工半價諸華工乃進退維谷余於此事甚願贊成實欲華傭知中國可以謀生不致久留異域當時川資一切均係墊給不啻此輩回華後津局頓忘招置之初意耳東礦招雇三人聞尚得力且不爲洋匠所抑祇機器力小尚未大有所獲然礦則良佳也金山義學醫院各事漸有頭緒華商年來生意仍望華工則各有起色游手之徒近皆執業

二十五日丁未晴小呂宋醫藥一事日藩部新定四款

一華人開設藥店或東主或管理人須有憑照此項憑照爲揩保其合宜之用送呂督參贊查驗如無憑照自該督刊示後限六個月舉出管理之人其人須由中國製藥學堂出身有憑照者將憑照呈日國駐華公使或領事官代理領事官簽字方爲合宜如此辦法祇作暫准開設一華人藥店祇准售與華人至衛生例暨製藥章程凡有與華法相宜者務須遵守一此項議定條規至限滿之期查有不遵行者照章議罰一將來國家如有應行暫停此項利益之時先期六個月周知以上四款殊含混希九與藩部辨論甚詳又擬以由駐日使署給照藩部以爲非與各國一律希九照會外部擬改由中國地方官給照送日國駐粵領事簽字并擬照式送去不知外部如何答復也呂島設官之議外部仍極口應允但疲緩耳今日酬應諸察院公會五處林麻新得察院并往賀之晚赴詹使之約同坐皆美北黨及英使土爾其使飲讌逾時詹言中國鐵路斷不宜假手他國自貽利權曾爲說帖致駐華公使轉達總署云詹極幹練英使謂英廷將任以相臣詹使席散後赴外部公會子正歸寓

二十六日戊申雨雪函達總署韓使來美情形並附外部照復及朱筆照會稿島約領事函言張進良金礦地價迄未照交只言礦主有十八個月之限而合同乃無此說殊棘手墨西哥新建使館完美今日之會有樂舞晚飯後十一點鐘赴察院希力尼公會昨晚方在詹使寓與同席故益周旋此會乃與韓使値見余拱手爲禮略談即去余一點鐘乃行

二十七日己酉雨未正忽晴晡後酬應五部公會又

下議院掌院右鄰卜拉潤共七處返寓而子豫騎還自古巴來述古巴近政及別後各事

二十八日庚戌微雪金山各會館鄉人以新會橙沙田柚餽歲分餉西友俾知中華風味午初晴科律師來言議院欲申限禁華人之說議紳巴箏巒答以外部方與華使訂約已有照會宜稍俟之因舉濁水坑之案告科科謂可為保護之一助申初酬應上院議紳公會七處馬邦議紳拋麻留聽琴歌三疊對盡一酌返寓晚飯後八點半鐘赴總統之會諸參贊均以為苦蓬雲子豫適

來遂偕往周旋至十點半鐘英法德俄義五使均未到韓使公服紗帽圓領各使之公服者惟韓與檀香山鴉毯天而已此會向不公服外部已貽函知會何足恭也韓使今日來辭歲晚會於美宮韓使後至人太擠無暇與語

二十九日辛亥大雪寄北洋書論朝鮮遣使事韓使初次通謁具銜版而不公服方謂官卑無此制耳昨遇於美宮則該使與參贊繙譯並紗帽寬袍綴補子略如前在津門接晤該國太公之式因令彭小圃往詰問小圃乃為公函與進齋仲蘭聯銜給之或慮失權韓使耶韓使種種謬妄不能不與一棒喝午後擬偕子豫乘雪車乃為公會所累酬應檀智兩使館及議紳壁近合衆國委員威路臣鐙時始暇檀使深以昨夜美宮之會誤穿公服為懊悔殆未細閱外部函耳檀使久於美尙有此誤宜韓使之足恭然余已詳告之韓使之誤又甚於檀也晚十點鐘赴上院議紳拋麻水師部汨尼公會觀樂舞均與虬蝢相值虬蝢今年屢作主人又頻出酬應寒天雪雨老健不疲

三十日壬子雨批復金山醫院事改政金山學堂章程酉初赴畢頓公會歸閱韓使復參贊書自辨冠服如禮且怪余不免其禮服又以元日賀年冠服未定候示趨赴其詞狡辨令參贊駁復之戌初赴外部晚餐同席德俄法日和比倭及南墨洲各使韓使亦與席帶繙譯而不入座甚離奇德使先為余賀歲席散又重申頌祝虬蝢及有約各國皆起立稱賀于初席散返寓又赴戶部之約遇俄使言此間酬應勞不可言本國政府不知我輩境況方以為客中佚樂耳此語甚有閱歷少頃虬蝢

亦至西俗純以酬應爲事非此則耳目閉塞一事不能辦各使之勞勞殆非得已柏立以英製磁瓶餽歲取華語平安之意威露健臣耋牡丹餽歲且作華文花王二字談臣以墨西哥雲石几餽歲均雅製也

正月初一日癸丑雪寅正二刻率參贊領事各官望闕朝賀畢相與團拜客中兩度歲華涓塵乏報彌深愧歉韓使來賀猥以冠服之制瑣瑣致辨昨夜子正猶貽書參贊以袷袖爲禮服曩晤該國大員無非紗帽寬袍國太公亦復如此豈朴定陽官閥較尊耶於其來也預

告閽人卻之令李學菴往代答拜

初二日甲寅晴小呂宋商董稟呈呂督濫徵華人身路稅之據及官報數種又言呂督以醫藥之禁爲華商所控大加讎視多方刻制卽傳電他處須先呈電底眞無理苛虐矣華商求設領事之情爾急何日慰之也今晚使館公會鋪陳布置頗煩瑣既就緒五點鐘赴察院飛羅之約日本參贊鶴川又有詩來無暇次和矣晚九點鐘諸客陸續至外部戶部兵部水師部郵政部總察院大將軍佘利鈍上下議院掌院議紳多福等各國駐使希特英俄德法瑞士瑞典日斯巴彌亞土爾其墨西哥南墨洲諸國朝鮮使均到會約八百人三點鐘散分飭僕從檢拾鐙火四點鐘睡帆頓常言公會不樂客散後乃樂此言殊傳

初三日乙卯晴湘浦稟言祕屬嘉士馬島華商漸集權派西人河西嘉黎盧爲代理領事華人自行集費上年十一月初十日已准祕外部給照云午後赴議紳鍾士威露健臣公會順道至外部投刺謝除夕之讌返寓晚飯十點鐘往觀樂舞人數衆多樓窗爲之震撼扮演諸

色人甚奇

初四日丙辰晴耶穌齋期新教之徒若無其事舊教則持奉唯謹侵晨卽詣禮拜堂求掌教以灰筆點額佛氏受戒之意也舊教於禮拜日期劇舞讌飲如平時獨於齋期不苟新教異是門戶之見所由分也今日余生日韓使率從官來賀皆衣紅袍意在修好乎令震東謝之約其晚飲俄法日智檀土墨各使均於九點鐘到往還最熟者也英使受新教而諸女故崇舊教不果來法日墨三使仍舊教卻不拘泥俄使與余同歲法日兩使長

余五歲面貌尚不老特鬚髮白耳西人多有中年鬚髮純白者稟賦異也

初五日丁巳晴照會外部濁水坑命案三點鐘至察院波文士議紳拋麻處投刺謝議會此間使規惟大議會必謝餘則否又答拜韓使謝壽勸以採訪外國日需之物以較本國土產能合外國銷場者設法以拓商務因舉直東草帽辦一物告之冀其隅反韓有蠶絲布帛之利宜可展拓復舉日本比年商務以歆動之韓使乃志在製造軍器叩其鐵礦如何則云有礦而昧開採之法

是製造仍暗耗也屬以試攜礦質送此間鐵廠化學家試驗因成色以定採礦之法韓使唯唯云日內來晤余告以明日往烏約歸日再談韓使問他出應否派代辦余告以不出美國境不派代辦亦無須知會外部韓使請明日派李宋淵至車頭相送余堅卻之韓使前倨後恭余每與筆談皆推誠相與我盡我道而已英美無約已成舊使將返又將訂婚兵部晚赴兵部公會蚁蝢在坐英俄檀意各駐使均到舊使適至相與立談不便詢其婚事也

初六日戊午晴九點鐘赴烏約天氣寒甚車中遇水師部汨尼獨行蕭然無達官氣進齋謂中國水師提鎮出入尚不知如許赫赫況部臣乎美政之簡如此晤議紳巴拏璧密言限制華人事議院方聚論甚棘手余告以中國非不准美限制特保護亦係約所載其不在限制之列者美能不爲之保護乎巴默然謂力所能辦者無不相助烏約各華商迓於車房復到領署求見詢以商務云有起色烏約貿遷以來以舊年爲最美云美政近慮喧賓奪主故於歐洲工人亦加禁制若擅立合同者

概不准登岸去年有女工到岸亦被阻

初七日己未晴烏約積雪未銷寒甚領署鑪管窒滯則尤寒哈佛學堂案北洋咨請查理即約容藉浦來詢

初八日庚申雨水晴美國各省各例烏約所購中華會館近將交割烏約省例不准他國人購業惟公所不在此例諸華人乃求領事面致總督交議上院既議准下院尚遲疑上院紳灣克告領事予以一書俾傳示於衆聲明華人會館之地斷不致潛爲博局希梁諾之灣克復約余至烏約城中一游並與總督相見許以雪晴得

暇便往教堂面請往觀宣講卻不願赳然前此西省虐待華傭諸耶穌教堂均爲不平亦非佛口蛇心者

初九日辛酉雨王榮和余瓗查島之役未竣復爲北般鳥之行香港無逕達該島之船須繞越新架波附輪前往客冬十月初五日自粤起程十一日由港搭船十七日至新架波小住二十八日附豐安輪船十一月初二日抵般鳥所屬拉浦灣埠初三日午後展輪初五日抵山打根埠該省總督燃礮示敬又華人甲必丹馮明珊及華商金永發等二十餘人皆接晤該島華人不過數

百散處山內傭工者千餘土產如堅木冰片沙藤樹膠覓得金礦惜未廣闢榛蕪卝業不暢該島之政則設立賭稅進口鹽稅每擔二元自來火柴每箱二十八元又香港無船往來均與華人不便然山打根島通商僅六年且有瘴氣入山華人多脚患又爲工頭苛虐病亦不准出山醫調良可憫惻其拉浦灣埠則華人與土人互市已五十餘年道光二十八年英人得此地於文萊島主遂將拉浦灣內外三十邁全割隸英屬英設官經理該埠有華人五六百名華商商發祥等數家生意未甚興盛土產西穀米冰片樹膠煤炭尤盛華人居此尙無苛刻情形王榮和余瓗遂將山打根敝政告之英督允爲刪除不悉言行果符否其所立授地新章刊刻告示者已見於港報又查得前年華人公司購地一千五百希羅每希羅約地五畝紙規三元共規費四千餘元僅付三分之一面請英督展緩並懇專設輪船至港英督已知照輪船公司二處允以越年舉辦惟每船須華人認定載貨水脚津貼若干刻未定議云王余會稟之詞如此所謂華人購地公司或卽沙咨公司否王榮和余

瓗查竣後復至新架坡前往暹羅冬令風嚴候船待發應有續報惟英屬島除新架坡外不能設領事徒知民艱無綠保護殊增焦煩晡時何天爵來晤約明日兩點鐘往觀製銀票士擔廠

初十日壬戌晴劉芝使咨會客臘十五日赴比國又英法俄各使館並爲賀年雖酬應虛文猶有故國風味未初赴製票紙局略如美都規模特多製士擔車船票股分券及各國託製諸式日本有漢字尙可辨認餘但視圖刻精工而已岑樓九層局面甚闊

十一日癸亥晴街衢積雪日有鑿之者消乃速每月工役銀三元今日華盛頓生日美例放假一天午後訪巴盧適窗外有官兵鼓樂行隊所以誌國慶也巴盧笑謂余曰使華盛頓生時見此等兵隊必不以爲喜美之兵氣亦有今昔之別耳重觀所藏霽紅瓶的是佳品惟瓶口有補裂痕否則伍氏未必肯以此贈旗昌也總統往南省游覽約一禮拜始返途經園道湖冰向堅無數童穉怡然冰嬉游人亦甚盛余將赴祕魯博訪巴拏馬瘴氣之害腳腫爲最不善治則不救鄉人關越以黑芝蔴

蒸食腳腫遂消極平淡而神奇者也龍岡公所訂元夜春酌昨已卻中華會館之局不便赴之龍岡公所者合劉關張趙四姓爲名義堂金山大埠建模塑像規模肅然旁列諸葛武侯畫像熟讀三國演義者爲之益信此書霑溉之廣鐙後觀雜劇美俗凡假期坪子坐客皆滿極魚龍曼衍花園錦簇之妙有兩女郎緣繩至巔上懸兩鐵架可以並坐並躍一女郎反身俯瞰以齒銜其偶盤轉如旋觀者目眩徐徐別繩躍渡前簷鐵架則如天平之式兩人分綴其端或一手或一足反跨倒接無不

如意旣而兩面環轉略如鞦韆之戲又以小鐵錐挂於架以齒接之懸空直立仍能環轉少頃乃徐徐銜繩交互攀答而下其一別挽一繩鉤升至絕頂一小鐵架高絕險絕仰睇如小嬰兒略翻身卽曳一手帕冉冉自半空下自乃躍跳而墜旋墜旋起若無事然每演此種雜劇必先置網以防顛隕仍有險處求安之意大致與法國同惟一跛者爲銅架於劇臺跳躍轉側飛動離奇此爲僅見或曰此非眞跛特屈一足以神其技耳天下人之矯揉造作以自炫驚者可類推也易曰跛能履信然

十二日甲子晴古巴總督擬收華人入醫院調治藥食諸費陳藹亭一再駁斥刻經該島議院公議以中國領事所駁援據條約公法有關邦交應卽照行否則須達日廷定奪於是該督乃照會各巡撫一律出示一如藹亭之說又該島近許美國商民利益各國領事方欲援詞頃閱官報日廷已准各國商民一體均霑矣藹亭可以少節筆舌之勞也午後赴博瑱宅聽琴歌

十三日乙丑晴香港何崑山函懇酌派何啟爲小呂宋領事內舉不避親崑山有焉特該島領事前准粵督電

派余璘積又改派王榮和均在未定之天須候日部復文乃符公法何敢在港爲律師歲獲逾於呂島領事之俸且英日殊例呂島日文日語恐非何敢可辦藹亭稟古巴華人出口新章免納島官照費四元該島僅收二角五仙宜將此費加納領署二元以補街紙之絀自本年正月始事屬可行卽批令照辦晚九點鐘赴窩頓晚餐主人殷勤備至酒饌皆慕華風坐客多舊識席散後爲琴歌茗飲客來更多一點鐘返寓蒓浦坐候已久與談數刻約明日未初再晤

十四日丙寅雨蒓浦負滬商陳善昌一項該商乃控諸哈富洋官盡封蒓浦產業並及中國學堂荒謬之甚中國債務不於中國訟理而假洋官權勢擅封公產情殊可惡卽電南洋轉飭滬關勒飭陳善昌繳還學堂建造經費否則查封產業備抵今日北洋吞會韓使來美與約三端韓王悉遵照並分行朴趙兩使朴使猶矯言未奉明文殊謬北洋客臘電屬鈔吞照會朴使卽指此也鄭光祿久無消息比得答書殆有人琴之悼而足患仍未痊且言粵中去冬天花盛行人口損傷不少粵地冬令不寒宜有此患申初格蘭忒楊約翰來訪未晤

十五日丁卯晴日報言朝鮮之於中國年例貢獻而中國報之加厚非如歐洲屬國之謂有駁之者曰朝鮮國臣服中國歷數百年非屬國而何美醫阿連爲韓使作參贊茫然不知體要云何天爵前日告余以德太子病將不起彌留在此一二日間殊不確德殤一大孫德廷持服兩禮拜以誌哀尙非德王前擬禪位之孫也德太子喉患數月醫以刀割爛喉數寸易以新喉此極難忍之事而不假迷藥論者方佩其勇

十六日戊辰晴帆頓函約後日十二點鐘議約槐花園損失各案允就外部會商不交議院請將各案細數攜示而於保護一事迄不言及仍難妥愜也因定明晚九點鐘車回署滬關稅司侯立威來謁跛一足扶杖而行叩其致病之由因打地波失足右骸骨不能屈伸醫將爲之割補或不成廢華語則較精進矣巴盧適來答拜並訂夏間赴伊鄉園消夏又言帆頓來此一宿約余回華城當告以明晚卽返或亦帆頓遣探行止乎何天爵明晚之會不克赴又不知其住址特託蒓浦代達以其

鄉居相近也

十七日己巳晴烏約銀行主人杜益士盧專爲余設會申正赴之坐客皆來見應接不暇房屋既華贍別一室滿壁油畫皆精品簾幔琴奩有中華顧繡之物此不多見鐙後返寓涂經戲園失火剛滅水車猶未停何天爵尙來糾纏晚餐劉寶森婉謝之而去十一點鐘渡海登車望海上渡船鐙光輝映略如粵中橫樓石人傑亦遙遙可辨夏盧報館多愔甫適同車爲逖科律師抱孫之喜又約夏間訪其鄉居是夜寒甚車中又忘卻閉風窗

遂不成寐

十八日庚午陰辰正抵署午初至外部蚆頓手攜各案先述美國律綱總統權力微弱粲論一遍隨將約款請酌一爲保護寓美華人就光緒六年續約而引伸之已非前此之齮齕矣一爲積案賠款請撮示總數欲將欠項推歸華人自向債戶索追意仍脫卸余要以兼賠命案蚆頓有難色余謂苟辦兇則無此事耳既不辦兇則不能不賠援美國前索西班牙成案比照辦理蚆頓不能辨余復要以交犯一條蚆頓力請從緩問答甚長震

東譯記韓使求見無暇接晤

十九日辛未晴蚆頓繕述條款以英屬哥林衂亞近日多招華工請與英立約勿令至美余昨徑駁以中美立約無預英事且此事美可自謀何須煩我蚆頓曾謂此款無關緊要聊償西省美民之願而已乃來文仍有此說殊誤其第二款稅司立例一語命意甚巧包涵甚多余業告以立例須與此約不悖已屬其隱蚆頓不得已添注送來今日擬再與面論以電筒詢之蚆頓四點鐘始暇余不往矣今日爲總統與各部會商之期詹使來

告別晡後往送已首途

二十日壬申晴約稿改政午初持示蚆頓將哥林衂亞一款刪去蚆頓無詞保護一款蚆頓加增按照續約第三款盡力保護與待最優之國同但添不入美籍數字賠償一款余加增中國亦不願有此等案件索此賠款數字復要以交犯蚆頓謂方與英國定此約議院擱置之且前次原議亦有專條之說余謂審若是則定約後仍加一照會因去年承許之言業達政府剎又翻悔政府將疑爲誑說也蚆頓唯唯而又舉議院近日聚訟限

制華工之言糉述一遍意以此約不就則議院之苛例起矣返寓重檢舍路的欽巴各案陳宜禧原報房產八萬餘元借給土人修路三萬餘元此時產業具在借項有著不應索償應剔出惟舍路擾攘時陳宜禧之妻方有身適亂黨驚擾自二層樓跳墜逾三日而小產前文均未敘特為臥頭重言之德使歸國辭行英國新添參贊來拜均未晤

二十一日癸酉晴照復外部午後至德館送行答拜英參贊倭代辦赤羽四郎面送橫濱日報一紙皆歌頌徐孫麒之詞適孫麒咨會受代日期此時當已歸國矣南洋電據滬關稟復陳善昌並未控告葒浦更未請封產業呈出致美繙譯面實無其事容電詢情弊再稟當復以公產被封案昨從洋署鈔得容咨請究詰並電詢葒浦該商已否銷案又別託律師密查葒浦建造學堂時在哈富洋署立案之據

二十二日甲戌晴晨起草疏請自光緒十五年始須發時憲書六十本附陳朝鮮遣使至美與美外部認明屬國一片交幕府謄清粵地天花盛行族人多傳

染最奇者駱文忠公之夫人年逾六十亦患此幸均平復因重舉外洋七年一種痘之說面屬家中預為之防午後訪察院梅拉久談又至畢頓家小坐畢頓煮茗款客云係姚祝彭所贈絕無茶味而茶色卻佳殊不可解豈西俗還魂茶之說耶

二十三日乙亥驚蟄雪積厚逾寸甚不料昨日晴暄今晨有此瓊瑤世界也午後草疏保獎差滿各員此案徐進齋首列本擬送部引見而進齋力辭僅請換給頂戴並隨帶級殊不足酬其勞也鈔咨照會朴定陽詰以津約三端果於何月日奉到外署明文並將客歲津咨一併鈔發

二十四日丙子晴葒浦電復陳善昌並未銷案審期展緩一月當咨請南北洋飭滬關究詰署中自梁蓬雲往金山案牘淩雜積壓不一而足特派李學菴清釐冀得周妥寄北洋書論朝鮮遣使未盡事宜又印花四紙奏事處咨文四套備今年賀摺之用龍岡公所求書楹聯無現成語因撰聯曰廟貌峙花旗閟宮同享異姓聯懽神紘猶接巴渝舞宗盟扶葛本珠水晨征墨洲雲集華

胄遜稽季漢書

二十五日丁丑晴外部照復約稿照辦惟洛士丙冷案彼此均已辦結且兇手亦非美國人他日或能緝獲請明日兩點鐘往談當約科律師來商科以刪去洛案美尙應賠二十七萬餘元始念亦不及此外部照會又欲訂定華工自美回華自華返美之期余亦重有論說當與虬頓一角辨明美都以前任總統加非之逝孤惸無恃爲善會以贍之艮家子女登場演劇無說白歌唱但舉手比擬而衣飾甚華所演多羅馬舊事隨意牽合略

如京戲之十八扯戲竟跳舞而散觀者房位坐位均倍常値所以資善舉也

二十六日戊寅晴秏浦鈔送光緒十二年正月在洋署報明哈富學堂係中國公產之據當譯送南北洋備案午初科律師來觀約款叩以現訂第二款華人有產業千金及有父母妻子准復來美之說美國究以何爲憑信科謂大約華人回華時自報稅關於其行後稅關照查一遍若所報不實則不能享此約利益復叩以不入限制之華人原可任便往來然每爲稅關所阻所謂任便其實不便擬由華官給照稅關憑照准令登岸不復留難科謂光緒十年美議院所議限制例第六款原有此說特載之約內轉失任便之權利余謂與其徒賛虛文何如實事求是未初往晤虬頓詳與辨說虬頓亦不願載於約內余以旣限制華工則此不入限制之人應還其實在利益俾免疑慮虬頓遂允添注旋以華工回華復來美擬定一年爲期余謂設一年屆滿而實有要事不果來則在美之產業眷口將何所依託因與訂展一年報由中國領事轉移稅關存案余謂未立約以前

回籍之華工設有眷產在美新約旣行將何以處之虬頓謂換約需時此項華工總能先期返美無庸添敘兩事定後虬頓舉陳宜禧專案照會爲言蓋慮多索也余曉以並非多索應給該商賠款已載在總冊內此次照會特申說該商受害之酷耳虬頓色乃定美共應賠銀二十七萬六千餘元虬頓自爲筆記大致粗定虬頓出觀約式係兩種文字並寫余謂中國自有成式盍檢閱虬頓約明日檢出請派員往觀余謂此重大之事仍須親來

二十七日己卯晴昨晡歐洲電報德王卒於位言之鑿鑿今晨又謂不確或謠言歟日報又言德王老病頗劇昨偶不知人事遂謂已死甦後仍能進食皆不足據也未初往外部檢閱中美舊約式光緒六年續約訂於總署中西文各爲篇幅同治七年之約訂於美都有中西文字合篇者亦有各爲篇幅者又調閱咸豐八年津約仍係中西文分繕中文用素綃楷書其道光二十四年粤約總署所不載蚪蝢亦未檢閱可置之矣蚪蝢將不入限制華人來美護照一層删卻議院前議第六款字

樣意謂此例太煩碎援之適形美國之醜他無甚折駁蓬雲擬候此約大定乃行晡時電約希梁並來共商此華工來美一大關鍵也晚赴談臣宅觀雜耍戲法術者一人攜六男四女環坐又令兩男人爲兒女私語切切其爲女人者已醒其男仍纏繞不休猶是前年科醫生所言幻技當其人迷罔時術者以指敕之又手拍其巔即醒醒後必惝恍倒行數步大約攝其魂則其人之軀殼一無所知供其驅使或以口咬臂甚而刀剜仍不知痛此非有他術能使之然也子豫震東同觀震東以爲

眞子豫御茫然

二十八日庚辰晴德王兇問果確仍傳子而畢斯默受顧命日報所述如此德使已行德館什物定期拍賣蓋代辦者另居也義當往唁進齋謂往遇此等事該國駐使必赴禮拜堂捧經屆時致意不遲也晚赴戶部律師攝盤察院梅拉公會逾時而返出門御者遠去立候又甚冷假別車歸

二十九日辛巳雨電總署以美案統結善後約成美共賠銀二十七萬六千餘元准二月朔與外部畫押並催

撥經費竟夜風雪希梁自島約來車行遲一時許

三十日壬午晴風猶未息電桿均斷幸昨致總署電已先發耳科律師來談改政約本適外部司員傳電筒與繙譯詢余官閥太僕之官豈西族所有兩繙譯檢查字典又與科律師斟訂成文復之即回論蚪蝢官閥又恭錄奏報議約

硃批照會蚪蝢

二月初一日癸未陰寒微雪發滬局包封烏約人祕拾布耶之友也託科律師介紹來見自言藏玉器二百五

十餘種內多中國教識曾自著論一篇乞余爲之叙余許以得暇往觀連日大風烏約文報不通此風自西而北爲時既久爲地甚遠不知海上何如耳申初往外部與虬蝢較明約本訂明畫押存中國之本余列銜在前存美國之本虬蝢列銜在前先由虬蝢與繙譯對讀一遍英文無訛畫押後其外部書記爲之釘綴合兩本爲一冊虬蝢復加火漆印彼此各存一冊

初二日甲申雪晴風已漸息前兩日此間風大而雪不盈寸惟美之北境大雪積至二十五尺或二十尺卽烏

約本埠亦雪深五六尺火車抵埠爲雪所阻停滯於途或相距數武而不能達車中人沿路覓食美洲故老謂創國以來僅見之事德館訃告德王之喪定初四日在德國教堂嚛經德王出殯亦在此日英俄均派王子往弔婚姻舅甥之國情誼較親也科律師來觀約本並告以如附郵船寄華須先將約匣大小厚薄示郵館與商價值庶免延誤

初三日乙酉晴拜發美約定議摺致總署咨函寄呈約本郵局以分量重逾四十八兩不合局例改託火車公司又以哈富學堂事分咨南北洋查理修約事定蓮雲辭回金山卽屬開導會館紳董轉諭華人

初四日丙戌陰辰初偕進齋震東赴德國教堂局面不甚宏敞德人寓美所建仍持耶穌教特語音異耳希特使函約穿公服不以素服爲禮各使先後至均戎裝佩寶星余穿行裝總統外部戶部內部郵政部水師部總律政司同時並至列坐於前民政之國一是黑衣無所謂公服也教士登臺宣講音樂節奏皆德國文調講至德王徂歿聲音甚悲總統起坐客皆起或係送登天堂

之意講畢樂止總統行各部隨之德代辦公使送於門與握手慰唁而出約周旋一點鐘美外部司員貽震東書言槐花園五案損失數目均有兩本特阿露美澳路非奴兩案祗有一本請補送余以此案鄭任刊本釘綴一冊既有兩本則各案一律何獨缺阿露美澳路非奴兩案因檢刊本全分與之

初五日丁亥晴午後答拜丹使士雕鶴壁近議臣科士達意雲士知烏約積雪未消自華城前往須三四日乃達又波士頓電烏約須由英倫轉電向只五點鐘車路

忽迢遞轉折繞越大西洋海道奇闊也鳥約第五街亦積雪二丈餘高至二層窗戸居人不能出門買食則從雪中穴洞而出其涂次火車之無食者該公司急派火食車前往接濟用兩車頭套一輕車亦不能衝雪而過車中人飢寒致斃者不少意雲士言美國限制華人例殊不公平頃在議院士雕鶻以華人來美每歲增多曾與折駁士雕鶻調取稅關報冊以爲證乞查示數目確據俾爲議院辨論張本又言行將游歷中國檢地圖出觀復與論中美邦交及華人來美緣起苟無蒲安臣之約華人之來何至如是之衆

初六日戊子晴與揩稭正覈對無訛惟歐陽庚捐職在差滿之後慮有折駁餘均合例昨香帥咨復寓祕華人前捐粵賑拏念宗國深堪嘉尚惟勸捐官未與聞發款官未經手以致無從給奬現飭局詳定扁式撰擬字句詳請撫院覈給云此項賑捐使署亦無案鄭光祿當日未咨粵只電東華醫院余劄查祕魯領事乃得捐項數目香帥嘉僑垊之好義而一扁額矜重如此若援請虛銜加級更煩周折矣當咨復只給通惠公所一扁且可由祕署摹製不費粵省一錢鳥約日來車路己通積雪亦化天橋火車爲雪滑跌斃數人電桿漸次修復經此奇境或將改用暗電並作地底火車如倫敦之式

初七日己丑晴洋員柏立患病經旬曾託科律師代述病狀慮曠工貽責又欲扶病來見此間實無須洋員前任所延留驟難遽謝歲糜經費殊無謂也午後赴紳士阿希察院梅拉公會遇相識者並言金山爲余畫油相殊不類信然

初八日庚寅春分雨布耶寄到祕魯船期晚晴頁佳赴上院議紳呵利之約晤美北省小說家部薩問士甯拏兩人蒓浦舊識也所著多膾炙人口其貌亦不類粗人隨赴下院議紳格羅化公會遇號利士三等公使羅馬之鄰國也初通使於美而人甚明慧當不辱命坐客有言近日朝鮮舉其國土質一兵船或亦傳聞之誤以其貧弱而誣之歟

初九日辛卯晴昨日春分桃汛已屆不知鄭州合龍否久不得鈔報天津既開凍或有佳消息也午飯適大雷電窗櫺震撼半天黑雲頗類粵中春夏之景西士格物

謂雷無殛人之理人自觸雷火致斃耳雷出地之義西士亦不信然吾華則確有其事余遠祖墳墓在鶴山小范村之右嘉慶年間雷從墓碣而起嗣此數十年來漸致中落或曰地氣已洩使然風水之道固不必泥會逢其適聊爲易緯之證

初十日壬辰晴小呂宋設領事案日藩部近始集議見諸古巴官報昨日風雷之烈議院塔頂爲雷火所傷當雷火閃爍時諸議紳窘急駭驚各避伏案下諸察院乃跪禱上帝喃喃念經院門東適一馬車經行馬爲電斃

車夫幸免電氣猛迅若是使館電器惟德律風筒激射有光而已科律師來談中美新約議紳但以華人產業眷屬之款爲未洽餘無疵論科又勸速了哈富學堂事否則莼浦歿後此業無可追究譚子剛已到金山因同船有人出痘不能登岸前日擬改油相畫工以此幀業既有油不能著筆只索寄還金山無煩修飾也

十一日癸巳晴滙關電金磅太賤先票匯五萬以應急需餘電匯茶市將開金磅之價如是足見商務之疲頃聞威地病歿爲之太息威地年逾七十爲美察院首席最久人極公正往來最熱不悟遽作古人美總統頒諭國中持服一月美宮都察院五部衙門上下議院均蒙黑布致哀威地之婦以病就醫金山不及與訣只子女在側聞將歸葬於鄉

十二日甲午晴滙局包封上年奏報洛款散放摺奉到硃批欽遵咨行律關書言都中客臘十二月大雪郊原溥遍惟鄭州工程料物不湊手合龍無期

十三日乙未陰雨雪議院以威地之逝停議三日察院則停訊十日可謂篤念勳舊美政亦寂然德國政事王

孫主持畢斯默輔翼之而已德王孫人極英武性類乃祖

十四日丙申雨西人喜食糖甘蔗而外蘿蔔爲之消流甚廣近年美國駐華公使覓得中土甜秫種攜植於美亦可作糖味在蘿蔔之上西人格物之功即謀利之用

十五日丁酉雨華人到美數目自壬午至丁亥傳領事鈔送洋文不識與稅關所報相符否希九寄到丁亥歲與日外部往來文函鈔稿又小呂宋華人藥店執照式詳請咨粵辦給粵中能否照辦島商有無異詞殆不可

知希九己先函告華商陳謙善并寄照式於蔡毅約祗候余咨商粵督而已呂島閩人較多應兼咨閩

十六日戊戌陰晨起偕進齋霞東赴議院送威地殯各國公使咸集先登樓易衣旋至議事堂列坐以待總統率各部大臣總律政司同至俄而上院議紳余文等導威地之殯停於總統之前有教士六人登臺論說前檐樓沿有數人唱詩和以音樂殆薤歌之遺坐有泣下者諸察院咸常服外罩黑褶衣或曰察院之禮服也余文諸紳則左肩綴白布行於靈柩前意若執紼仍古禮也

威地子女兩人緊隨殯後其子並不變服女則黑紗蒙頭彼族以為重孝殯停約一點鐘教士下臺殯遂出諸客皆散院門内外觀者如堵總統頒諭國中給假一天是日各駐使皆常服余仍行裝西人以免冠為敬中國以衣冠為禮未有為人送喪但免冠而以便衣從事者此西俗之簡也前數年日都有類此一事日署繙譯廷鐸具衣冠往俄使郭而特恰果洛侯爵也少年氣盛謂廷鐸曰合座皆免冠而子獨否殊不相宜廷鐸答之曰我之不能不冠猶爾之不能冠也中西殊制豈能強同

俄使曰我甚不願在此見頂冠之人廷鐸答之曰爾之不能令我不來猶我之不能令爾不見也辨論既久聲氣稍粗英使喀而列起而和解遂為相好如初日都論者皆多廷鐸理足越日俄使乃親到日署與廷鐸為禮

十七日己亥晴譚子剛滯於金山舟次先將家書及鄉中父老昆從親戚各函寄來豈徵稟呈兩詩其送庶常朱益齋一首情文兼備應有盡有若未經人改削得此尚可嘉也中美新約議紳以第二款華人有正妻及經手帳項一千金准復來美一層以為太泛經手帳項甚

無憑據且華人聞此約款紛紛娶娘云

十八日庚子晴昨晚尋繹家書展轉不成寐午後天氣尚暄擬訪總統別業不果沿美宮至華盛頓紀功碑而返涂經博物院亦蒙黑綢為威地誌哀至畫院觀威地油像殊不似日報言威地靈柩安抵鄉中各處賻贈鮮花極夥惟中國使館與美總統所贈為最

十九日辛丑晴金山領事來書子剛仍無登岸之信西例船從有病之埠來雖船無病人亦須停泊海口外兩禮拜以防傳染柏立次子近得奇病晨起眉骨作痛不

能仰視至日午卽愈逐日皆然西醫見所未見此又從何傳染也本日前郵政部阿傾之會坐客不多有中年婦口講指畫略如柳敬亭之說書特無鼓板耳蓋欲集貲爲善舉者也

二十日壬寅晴藹亭寄回代譯約本大致不失與美署原譯微有異同今日爲耶穌復生之日西俗齋期滿矣

二十一日癸卯晴金山紳董生監數人轉瞬秋闈赴試與否應遵部章咨會卽飭蓮雲册報適得來函金山華人初聞自禁之說徬徨無措及經傳諭亦遂帖然不識

確否華商廣紹綸三家倒塌華洋帳項十餘萬或謂並非眞倒塌借此賺人財物云

二十二日甲辰晴美都新換光學畫談臣爲圖主人折柬約觀所繪南北花旗沙羅之戰兩軍相持於山溝南花旗以叢薄爲障北花旗倚矮坡爲負槍礮如雨死傷枕藉格總統怒馬麾軍衣轉凋弊塵戰數晝夜矣後隊接應隔坡火焚房屋不僅繪影繪聲西俗每大都會輒有此等圖畫多從巴黎繪來游客有曾與斯役者指陳縷縷晏使亦在坐因赴士丹佛之會先後下樓登車去

西俗重女而美又民政之國人得自主但每屆舉總統議紳皆各省士庶而不及婦人於是乃爲一會以爭權利士丹佛美之富人遂公推其婦爲首廣延賓客以鳴其盛行當列條款示議院云

二十三日乙巳清明晴蓮雲初四返金山幸遲一日否則車行失險矣途經覆車之地慘不可言大雪迷濛兩車相撞云

二十四日丙午陰晦雷雨前晤墨使言鳥約近有西人作華劇衣貌宛肖且能華語其劇本曰北京珍珠羌無

故實尤可笑日來游騎漸多有西婦控馬於總統別業前坡馬逸不可制幾瀕於危總統適與戶部大臣並轡行急下馬掣之力不敵戶部亦下馬同掣始脫此婦於險總統以己馬與婦騎歸婦謂君馬雖佳而我馬善躍必制使如意不虞墜也握手各西東觀者咸嘉總統仁慈尤佩此婦愼毅

二十五日丁未晴美都光學畫所繪沙羅戰狀距今僅二十二年不悟科律師亦預於是役爲千夫長爲述當日交綏之境最難堪者北軍初爲南軍擊敗營帳盡踞

是夕適大雨北軍雨立達旦南軍好整以暇氣歛方盛若非格總統生力軍來斷難轉敗爲勝科部死傷猶過半也談次不勝悽愴蝟蒸桑野之情馬革國殤之感中西一致也金山醫院之議仍甚踴躍認捐扁額者至十二家

二十六日戊申晴蒓浦寄到古玉圖譜江穎長康山草堂本也紙墨甚精午後訪都察院布拉持佛梅拉詢威地身後境況譚子剛鐙時到與談鄉事不覺失眠且喜粵中盜風稍戢年歲尚豐特天花傳染患者十損其三

四亦奇災矣子剛過日本時曾晤傅楙元願少逸須三月乃能抵美

二十七日己酉晴去冬粵中寄靴帽一箱至今未到幸提單猶存尚可尋究墨使贈煙捲四匣卽令子剛爲日文謝之

二十八日庚戌晴午後晤察院梅拉知九鬼不再來美現在倭京管書局云

二十九日辛亥雨歐洲近傳將有戰事幾於老生常談惟波利牙國已出之王現贅於德英后力贊其事爲外孫女謀婚也畢斯默㓠不悅不願失歡於俄以波利牙王爲俄所逐而德王則以系出一支不妨贊之爲婚命意各有在德之兵權久屬畢斯默國中新舊黨人並附戴之畢之勢力幾於震主猶矢鞠躬盡瘁之志國人並賢之

三月初一日壬子晴暹關電復票匯五萬餘五萬可否電匯乞示前電已云電匯尚何請示爲哉票匯無期亦殊泛泛月內須爲祕魯之行急須部署暹關殊不亮海外之窘也英使次女訂婚法參贊行將結褵於巴黎貽

書相告午間赴外部後卽往賀之西俗女子訂婚類皆自擇佳耦旣偕喜形於色

初二日癸丑晴李駘選爲余以炭筆寫照神理宛肖題識數語付匠裝池復希九寄附寄給日外部來償照會華人寓居小呂宋自前明至今曾遭土人虐害者瀛寰誌略僅記明萬歷三十一年一案頊查日人孖田尼士臣尼高拏嘉慶八年在小呂宋島所著小呂宋記尚有康熙四十八年一案乾隆二十二年一案均極慘酷日人敦拏士近佐嘉慶二十五年在馬得力所著小呂宋

記亦及其事皆足補瀛寰志略之遺亦即爲現與日國辨論張本現擬取道秘阿連赴秘魯水程稍近令晨東往詢墨使智使水陸程涂並託科律師添敘給日外部第二照會

初三日甲寅晴約同人赴鵶靈頓祓禊新橋落成游車塡盛萬木既拆草花如錦玉蘭一株綴花尤繁沿坡桃李映襯成趣鵶靈頓爲華盛頓女婿李將軍之故居北黨戰勝遂改爲兵廬後門內猶有李將軍之子畜鹿數頭守者指爲華盛頓之孫西人無內外孫之別也門外有

亭則格總統紀功之地蘿徑數弓花時當更有佳境鵶靈頓橋向爲一人捐建以專利每車收銀半元近乃屬之公家往來不費一錢

初四日乙卯晴右鄰前任按察司某擁貲巨萬有女曰美麗牙自擇谷其利爲配美都窶人子也父母恥之訟於議院律師議紳咸集不能斷離女偕壻僦居客寓不兩旬歸省父母乃留之室中不令與壻通問日招女伴爲之娛樂並欲同往巴黎以暢其胸臆女鬱鬱不聊生遂於前夕服藥自裁不殊死父母大驚醫士束手屬召壻來冀暫免其頭腦之苦壻至女不能語呆坐榻沿一晝夜女竟不起矣西俗自爲婚配流弊至此晚赴議紳摩露之會結褵五十年西俗所謂金婚夫婦健在因而宴客

初五日丙辰晴晨起草疏一摺兩片恭報起程赴秘日期學生顧士潁李之騏張佐與免其學習分別拔充繙譯隨員新甯縣舉人陳蔭拔充金山領署隨員脫稿後並即批復金山總領事稟南洋電復經費撥匯而以余不答滬關電以致遲遲殆據滬關一面之詞也此間待

款以行豈有求人撥款而靳不答復者乎中外隔涉言行若復不符更難措手

初六日丁巳陰略似吾華清明前後天氣金山西報刊華人往來數目視稅關所記爲少稅關殆並過路不登岸分赴檀香山域多利秘魯巴拿馬之華人而統計之未免含混西報所刊尙確因持示議紳秘魯新政酌收僑人身稅領事與辨年在六十者免納由領事給票

初七日戊午晴秘魯船期四月初十日船名鳥波智使以爲穩安即與訂艙位午後訪厄瓜爾多國公使高士

坐客十餘皆操西班牙音恍如馬得力城風味晚赴博物院公會外部糺頓總察院梅拉櫃使瑞威使荷蘭使多惰甫均在坐熟人甚多疲於酬接院中陳設吾華雕鏤梻木器尙精巧

初八日己未晴新甯生員鄺清照請咨回籍錄遺科律師來言中美新約北黨無異詞近惟南黨之議未定宜告糺頓速之又前使中國之士蔑謂此約遠遜光緒六年續約靣告議院擱置不行又墨使己得本國約稿若欲取閱可以交來余未奉總署回文刻難置論墨使原

有立約照巴西招工照古巴似亦有所依據無須先送約稿且余尙未訂稿墨更不合先施卽婉卻之午後赴威地寓慰唁其家屬遂赴外部公會遇日使法使土爾其使方出門立談逾刻威以余將赴祕魯各有惜別意糺頓謂此行有可著力者當效勞各日報亦以余暫離美境爲悵人情如是眞耶假耶洪文卿書言駐洋四月周歷四國現擬赴俄入駐德韓使至俄潛結爲祟先往制之云余奉使三國三年不及遍歷文卿則四月之間四國均到殊愧之矣

初九日庚申霰雨晴復洪文卿書論韓俄交際事屬覓韓俄約本見寄並詢波利牙是否贅婚於德比闕日報德嗣王喉患又劇頗有危在旦夕之謠午後赴按察司梅阿禮之會又赴法人阿堅寓聽琴歌法使之友也

初十日辛酉晴朝鮮參贊李完用繙譯李采淵投刺辭行進齋亦不知其何往參贊繙譯等官余固不必往送也李完用楷書不俗今晚擬至天文臺觀星守者約以月圓之夕

十一日壬戌晴北洋咨復使館電華之件電局不扣半

費己飭局不准含混從善如流可爲欽佩特使費撥充電局仍慮窮於挹注將有虛囿徒指之虞

十二日癸亥晴閱邸鈔今年考績樞輔而外南北洋大臣陝甘兩廣新疆閩臺四帥並邀上考三品以上京官照舊供職並無年老休致之人鄧鉄香引疾開缺暉雨復爲龍岡公所書楹聯中華三邑兩會館書扁額

十三日甲子晴管子爲政種樹亦其一事西人與古暗合街衢市集種植且繁大澤坡陀森陰四市屢以此說貢於中國意亦良善李傅相近飭畿輔一帶廣種樣柳

榆棗桑柘之屬條爲八法十益以導鄉民責州縣歲終冊報而嚴杜苛擾由直籌而推行各省山高乘馬之勤可基之矣憶丙子春丁文誠撫東檄沿海州縣種柳意爲防海設屏蔽各屬奉令惟謹登萊種柳易生不一月已蔚然矣煙臺濱海有西人賽馬打毬場福山令宋松友植柳於場壖英領事言於監督請移植否則另給一地場中種草曾費百金求縣令給還監督飭縣照辦縣不允監督屬與英領事會晤縣尤不屈英領事不得已乞別派一人偕至海灘易地宋松友自願同往指泥淖

不毛之地假之並相詬誶英領事乃回訴於關署監督檄縣拔樹縣以西人毬場係權假中國之地卻非永租種樹奉撫軍檄不能遽拔監督謂通商爲監督事政不受制於撫臺松友謂地方爲縣令事政亦不受制於監督堂屬遂幾決裂松友年己六十鬢髮蕭騷結一小辮慿杌闖監督劄一怒而起並小辮而斷之竟成秃翁余時在煙臺築通伸岡礮臺屢爲排解頃因北洋種樹之政不禁迴溯及之晚飲酒肆噉鮮蜆略如蚶

十四日乙丑晴英使來謝伊女添妝之物並詢朝鮮遣使律約三端手挾鈔本印證所譯無訛余具告之英使言聞韓使到俄俄願如律約辦法余復將韓使抵美時余與朳蝢往復照會及與朳蝢問答之詞縷述一切英使謂審若是則韓使撒謊殊無狀矣余因詢英美漁約設議院議駁此約將何如英使謂若駁然則須另議此約作廢矣余語以中美新約議院仍無確耗英使謂此事政府正欲致詢自禁華傭來美是否中國本意余答以前年華傭在美種種淩虐各國皆知中國不願百姓在外洋受苦特禁以不准赴美而現在寓美工商則須

美廷保護也自禁之意總理衙門曾照會駐華英使轉達英廷飭下港官幫同查禁矣英使謂此事前已得悉此殆中國毅然示禁非美國所請也譬如英國屬島亦禁否余謂英無虐政固自不禁且南洋各島華人貿遷垂數百年亦非美國比英島固無慮中國之自禁也英使唯唯語及美約未經議院議定則謂中英事同一轍西諺所謂同舟也握手別去晚赴總察院布拉特佛之席亦與相遇首坐朳蝢及總察院馬調林麻布力尼議紳衣雲士意里雲坐客十七人多識面而忘其姓名七

點半鐘入座十點半鐘散主人敬客甚周餉以六十年車利酒殽饌豐美又多吾華磁器余與衣雲士并坐承語余以前當外部時正陳副憲奉使之日乃知顛花之案即其手駁者及洛案定議則此老不主派查之說前後若出兩人虬頓每於席間睨覶之似甚憚其議論

十五日丙寅晴小呂宋設領事之舉日廷遲遲不決已設法商催頃閱時報刊香帥奏稿已派定王榮和爲總領事經費請撥給一年以後則就地自籌仍採余前咨領事收費以出入港照費牌費爲名正言順奉

旨交總理衙門議奏久當接到咨文也此案先准香帥電派余璿當即照會日外部六月返旆美洲途次巴黎得香帥電改派王榮和余以日廷未定議而我遽改派譬之壽春得廢壟兩婦預爭冊后又先示人以舉棋未定之勢因函告文報委員蔡毅約轉達香帥不悟遽以上陳耳今日爲外部公會之末晡時赴之晤虬頓並美國駐英公使輝立士倫敦舊識也虬頓壁懸榻本酷似埃及文字詢之荅不過二百餘年物耳金山寄到學堂啟館日期及醫院事定請示期興工即批復晚赴麥基連之會新居落成廣延賓客布置房室陳設玩物皆極華贍跳舞房頂上爲承塵木雕連鎖紋透電鐙光氣下注音樂亦在樓治美都新式也麥基連曩爲報館主筆年僅四十暴富若是

十六日丁卯晴早起草疏籌設金山學堂一片籌設金山醫院一片格總統墓祭之期卻係西五月杪明日鳥約之行可緩電蒓浦免其往候

十七日戊辰晴復蓮雲醫院興工四月朔吉並詢地價若干此段地畝非現購也客臘十六夜月蝕美都在戌

亥之間中國在卯辰之間地毬掩月之說西士談天者當必有詞

十八日己巳晴泌魯四月初十日船期抵巴拏馬須候十一日乃有船往利馬程期既促又當赶緊料量午得劉芝使書正初赴羅馬二月初回次巴黎二月十四日回駐倫頓泄瀉數十次寒熱交作病臥旬餘又言韓使尚未抵英聞由陸路逕至俄都云

十九日庚午晴鄭州決口北洋派法人赴豫測量口門寬五百五十丈二尺新河底較舊河底低一丈二尺擬

以洋法用大石大樁杜築舊河以挖泥機器船十五隻挖深一丈五尺寬二丈長百六十里再用小火輪船二十隻造活鐵路行鐵車水陸運料以圖迅速如機器運到三月可以竣工河豫兩帥均以爲緩屬電詢法國如有現成機器事半功倍便可議定若製造需時不如只用挖泥船隻云此丁亥十月十八日鄭工來信也用大石大樁杜築舊河黄性湍悍恐難猛壓泰西水性如黄者祗美之希西比河法無此水也法人工於開河恐不工於堵口所擬挖深挖寬辦法以便小輪運料亦無起

止地名來函或略之耳然小火輪行於濁河甚非易易至用活鐵路行鐵車運料此尚可行然鐵軌仍須運自外洋至速亦非兩月不克到工來函又言山東百姓情願不費國帑自開銅瓦廂南河故道亦意中事耳此時桃汛既居仍無合龍消息江南引河曾否疏通皖北積水恐未消退伏秋大汛可爲隱憂裏下農田淮揚鹽筴均爲財賦之大宗何堪設想也

二十日辛未晴奴輩檢拾行李已妥只待譚子剛回便可遄發晚赴墨使公會新居宴客特闢房門登後樓樓至前樓而下乃晤主人樓房幾遍歷矣各使咸集外部亦至天氣陡熱至九十三度不耐久坐跳舞之客當更不適余方欲行遇韓使絜絜求示期接見隨答以明日下午

二十一日壬申早雨稍凉午霽天氣尚好蚆蝢照會以余將赴祕魯特先函告美國駐祕公使及哥湼巴拏馬兩領事代爲招呼可云周到即答復之三點鐘韓使來晤其參贊能爲英語無須筆談該使自言病覩其神色殊瘦損矣晚赴郵政部公會坐有琴歌而人聲喧雜未

兩曼歌者行去

二十二日癸酉晴子剛自烏約回言晦日之船至巴拏馬仍須坐候七日且船身艙位小於前定之船姑與訂定因此船須二十四日始抵埠也待渡之期僅差四日船亦忒小不如仍附四月十日之船近因南墨洲輪颿希少往係每禮拜一船近則兩禮拜一船勢不能不少停頓於巴拏馬雖有瘴氣義無可避也議紳多福函言寓居阿利根之華人前年被逐損失之事巳否索償請查示或華人之所託項科律師來亦述其語余以索償

之案悉據金山領事具報如領事無公牘此間無從辦理科謂多福係上議院專司外交之人宜善答其意助前總統加非善會五十金會設鷗波戲臺之下何[illegible]聯謂四面不透風其地熱甚因衣單紗衣外護洋灰鼠斗蓬排闥後涼氣襲人窗戶不開猶有寒氣若無斗蓬則冷不可耐矣語云目擊耳聞猶恐未眞

二十三日甲戌晴蓬雲書言各埠華人知積案均賠紛紛稟索領署無案乞鈔示此種賠款領署既無存牘使署何從鈔寄只架鑄士加瀉亞瑞一案尙有照會外部底稿當屬繙譯鈔示之

二十四日乙亥晴午初赴外部託蚇頓代達總統兼使祕魯程期蚇頓告以中美新約議紳欲於第一二款加增數語其實本義已明徒形蛇足諸紳直與我爲難無預中國事也余答以起程後所議如何告代辦轉電祕署可耳科律師來言諸紳擬加之語卻不因南北黨門戶之見蚇頓怨北黨故違其意殆誤會諸紳之議未定約以前回華之工人須急回美領新照若以舊照相混則界限不淸諸紳故欲綴此數語余請其游說北黨以

免牴牾科諾之仍屬祕密美國黨人誠難齊壹總統亦莫如何況外部哉

二十五日丙子立夏晴發滬粵包封後旋接兩局包封參贊各員請奬摺欽奉

批旨照准改奬董事片奉

批旨交部議奏即欽遵分行又總署咨會復奏南洋各島領事摺以小呂宋之議發自余外部慨允藩部齮齕詰以苛虐華人各端外部允爲革除而設官一事絕不鬆口余知其難不爲固執駐京日使無遙制外部之權

卽署中日與磋磨於事無濟仍應責余與外部商辦俟有把握再行酌定英荷各屬島宜就該島華人公所會館董事酌派以資料理其於領事就地籌費之說慮所派非人事事索之華商徵求無厭徵特無益於華人且爲

國家斂怨其於領事收費抵支公帑之議則援古巴之入不敷出新架坡之帑巨費微以爲證而歸宿於外洋領事權利甚微各國既不願即使勉强辦成亦必妬忌掣肘在他國荒僻之地治爲人服役之民又緬暹南掌

西貢腹內之地已虞鼾睡我更經營腹外零星小島徒啟猜嫌云適香帥咨奏亦到兩疏參觀總署意在持重粵督意在遠拓而均責難於余以小呂宋爲喤引余屢屬希九與外部往返商榷猶是遙遙無期近有日人貽外部書中夾綫繩一段略言中國公使因此事大爲政府詰責愈掣愈緊若掣繩然設非外部面許在前中國公使不致受此窘迫茲以繩一端請外部代中國公使分憂云外部以此繩示希九許以六禮拜內妥定外部似有愧心之萌北洋咨會詰問朝鮮事又面復詢美總

統客歲諭議院文內事理並及暹羅自主其國遣使分赴各國履霜致譬云晚赴善會觀劇總統外部諸察院議紳咸集

二十六日丁丑晴昨北洋咨會袁世凱與朝鮮政府詰問之詞該政府理屈詞窮而以撤回朴定陽爲解又於朴定陽電言冒罪違章之後欲請中國變通前議辦理殊欠斟酌因咨復北洋照會該國

二十七日戊寅晴朴使既自認冒罪違章又於呈文言律約三端係光緒十三年十二月初四日亥時奉到自相矛盾其於客冬二十八日與進齋筆談竟謂未奉政府明文待船便採詢備告矣少俟焉等語前後離奇昨既咨北洋今日復爲照會詰之該使以余將赴祕魯特餽參紙團扇摺扇崔光允殘碑酌收殘碑一種餘概退還

二十八日己卯晴午後至外部郵政部察院梅拉議紳鐘士右鄰畢頓寓投刺辭行晚約外部蚁頓察院梅拉布勒持佛布力尼上院議紳鶯哥兒士衣雲士億文士下院議紳巴拏巒夏盧報館多憒甫提督勞力治士律

師科士達紳士阿希挨林士希特使英使法使墨使了氈顛使智使大餐俄使墜馬傷臂不果來七點半鐘入席九點半鐘散茗談至十一點鐘文第辭去適大雨天氣悶熱

二十九日庚辰晴外部照會中美新約議院擬於第一款添綴現經回籍華工雖領有舊照新約既行亦在禁例第二款添綴華工無論水路陸路回美須有新章護照否則不准入境照請覈定卽請總統批示作爲現行之約科律師閱謂與正文不背因令進齋震東往詢蚁

蟆添綴之語作何辦法蚁蟆謂另籍兩分作爲互換已定之約進齋駮以非明奉諭旨批准不能即換若求簡便辦法只有彼此加照會附於約末至此項華工若有經手帳目及眷屬財產者概入限禁與原議不符蚁蟆沈吟久之謂審若是則換約必須數月有此挪展則此項華工亦已陸續回美矣且聞多無眷屬者進齋令將蒲安臣約本取閲亦係定議後復加一條卻另籍一本進齋回述問答余即電署候復並飭領事查明此項華工究有幾人

三十日辛巳陰金山電復此項領照回籍之華工約一萬五千人六箇月內可以全行回美明日無暇赴烏約因電約蘇浦來署

三洲日記卷六

南海張蔭桓撰

四月初一日壬午雨飯後往訪蚁蟆商另籍約本蚁蟆乃以重畫押爲慮忘卻前日答進齋之言也仍如余意彼此附加照會待換約之日另文聲敘詢以議院定議後總統應否簽字蚁蟆謂議院定議合國便無更張總統但於換約時頒諭照行而已華文約本所謂伯理璽天德批准者殆虛隆總統之權實則議院主之總統奉行無能准駮也

初二日癸未晴外部將增句約本照繕一分當併案咨送總署敘奏並電署四十七字敘政咨稿金山電詢有照華工回美期限即電復之又照復外部並飭譚子剛預譯祕魯頌詞近日歐洲諸國或頌或否玟其掌故當原於佛教證之鳩摩羅什答慧鑒書云天竺國使甚重文製其宮商體裁以入絃爲義凡覲國王必有讚德見佛之儀以歌歎爲貴經中偈頌皆其式也西教根諸佛國不一而足非如中土聘問歌詩贈答之謂

初三日甲申晴午後赴蘇遮士龕看牡丹美俗指爲中

國致瑰者已退粉矣隔畦有花一叢艷類杜鵑而一苞數花葉長如芍藥卻係木本所謂絕域異花也訪晉生哈侖村墅留款午餐坐談逾時循別道歸濃陰夾路大有春夏氣亦頗類日都車路今日朴定陽呈復津約三端係上年十二月初四日亥時奉到而將該國政府飭遵於未起程之前狡辦不遺餘力詰以查探物情之語更含糊答復不知該使自認冒罪違章之謂何也夜雨

初四日乙酉晴朴使呈文照咨北洋復為手書寄呈美約鈔本及小呂宋設官事又為書致總署稷述美約增

綴字句之意並催詢墨西哥訂約午後晤英使詢英美漁約謂茫無端緒墨西哥西班牙兩約亦然殆援以解嘲也蚵蟟今日出埠余遂不往外部僅到其寓投刺為別順訪梅拉託以附致米西斯比河壖官紳接待傳楙元顧少逸梅拉米西斯比河壖人也又至其對門阿京處閱樓房蓋欲中國售買索價四萬金惜臥房不多不敷隨使各員寄榻若沿西例公使一人駐公館則綽有餘地矣去年赴歐洲與談臣同舟甚適今此祕魯之役安得復有談臣者相與偕也今日希九寄到謨烈照復呂島事仍浮泛

初五日丙戌晴晨起清理案卷應面詢各署補鈔者補之應倩繙譯校漢文者校之並將樞寄兩道交李學菴編卷屬繙譯房遞粵包封送代辦代拆擇要寄祕午初登車遇一美國水師官甫自華返美曾為巴拏馬之行為語該島風土甚悉且欲貽書該島美總領事為之招呼余告以外部已先諭知矣四點半鐘抵烏約領事署天氣尚寒衢樹始坼未若華城新綠夾道也蓬雲商派學堂監督及陳芷泉月薪數目又言金山畫報以新約

之訂美總統外部為余所壓一手掩其目一手扼其吭繪為畫報以供諧謔

初六日丁亥陰雨領署後院有樹一株葉初萌如椿西人目曰中國樹其實不香不臭似是而非華人近充巴拏馬鴉片公司訂約五年壟斷全島且有西商為之運銷售金山烏約各埠而生意不盛竊忖其煙土購自印度運至巴拏馬出入口均無稅應大得便宜惟就巴拏馬煎熬必無佳水即雨水亦積氣而成不能則有清氣色味必不如香港域多利等處恐獲利無幾也晚觀西

劇情文甚佳演救火水車靈捷之甚兩馬尤馴

初七日戊子晴金山學堂監督卽派程櫥堂又批復域多利華商稟駐美領事兼管英屬格於公法卽咨達劉芝使徒令作難此稟批發蓬雲傳諭之蓬雲欲往山多些爲華商作茶會主人此爲美屬殆無不可域多利則不應往也午後至格總統家言別格總統長公子必欲一作主人辭以行期怱遽迴騶再敘順道答拜議紳灣克律師巴盧銀行布瑕

初八日己丑陰雨函布蚡蟆言別並屬轉託米西斯比

河墕官紳領導傳棶元顧少逸兩員尋究河源治法又函告科律師登舟之期議紳巴拏鑾贈映相爲別西人近演華劇購得行頭一副旗纛均備臺上陳設有螺鈿几桌務求肖似又供一木像所演中國新昏廟見令人絕倒西人好奇觀者如堵要之聲音笑貌茫無影響是尤優孟不若矣園主人頻請觀聊慰其意

初九日庚寅晴至仙打園觀檻獸三獅一虎方熟睡有海豨兩頭一浴於方池一困於木柵有三象游戲漫坡尙無拘束其他犀牛獨猴狐之屬不一而足海外所見獅子視吾華所繪相去甚遠禪宗語錄有野干終日隨獅子不得成獅之語意者其野干乎安得金天尊者指證之也復至博物院觀無翼鳥不可得院中新製花樹小景綴小鳥於上或巢或卵飛鳴哺食生動可喜枝葉則榮瘁一致巧奪天工矣樓上舊有中國樂器及諸玩物與烟甸雜物並陳刻已藏弆矣蓬雲電金山醫院甫動工土人立例抗阻憤與搆訟期於必成華人自建醫院何害於美且與公法報施之義不悖總是金山土人充厭惡華人之心無所不至所立新例恐不僅爲醫院

計也領署應速鈔寄

初十日辛卯晴小滿外部照會濁水坑業獲犯六人但得確實證人便可定罪不圖美政果能捕犯卽復以轉行金山領事助地方官辦理西例公使未出境公牘仍須署名日議院訂議呂島設官事是日謨烈未到因而罷議前擬索償及擬派他國領事照料之稿希九商緩繕送卽函復以相機辦去若六禮拜後無消息不能不發矣華商陳贊善等赴日賽會攜貨物值五萬餘金日稅關索稅過重希九爲照會外部又不知作何答復

十一日壬辰晴晨起發行李巳初登舟桅頂懸
國旗船身高而狹恐不耐風一點鐘展輪同舟有中墨
洲萬士他路樂架國駐美公使丕利又美國派駐可侖
比亞公使謨利餘皆商旅於南墨洲或繞道至舊金山
者以巴拏馬至舊金山船價廉於車價又可多歷一洲
西人好游此比然矣出口後假寐片時起覩海波澄澈
風日晴美輒憶左文襄舟行鏡裏對此每飯加餐之句
頓生中外之感晚飯後桄樓憑眺月色尤佳
十二日癸巳雨風浪大作晨起微眩如厠至船尾衣履

霑濡盥沐後仍睡風雨益甚不願早餐仲蘭震東眩吐
殊憊涵生略能支子剛攜鐵盂至余臥內作吐勸以少
睡亦即免矣午後略覺餓侍者將肴饌齎至榻前既逼
窄而加以腥羶之氣不能下咽胃逆不適出至廳事少
坐眩不可解戲如西人之術呼三賓酒以止眩詎眩不
能止而果吐矣吐後安睡靜攝俄而風雨愈急几榻皆
漏舟人爲加罋布移榻對面房略憩晚餐更不能食竟
夕顛簸旋睡旋醒不飢而渴從者三人惟陳勝不吐阿
角初尙健晚飯後亦吐矣乃能任支使吉祥則委頓不

可思擬此船上下層皆大窗戶略如游船竊謂此水必
無風浪否則此船不作如是裝式豈悟經大西洋海角
遇此大風而船又漏子剛謂此船落水僅六年記初次
啟輪於古巴謙客曾預於會不應遽凋敝乃爾同舟之
客是日不吐而能食者七人
十三日甲午陰風浪少息早餐會食仍不耐僅啖兩橙
自前日開船至今日午正共行三百八十二邁中飯後
隱几廳事觀書同行眩者漸能起仲蘭仍憊晚飯後與
西人作葉子戲今日開大艙可檢取什物過此則抵岸

始開
十四日乙未晴西人因風箏而悟電綫之製因沸水而
悟士頓氣之製可云善悟近日德律風傳音尤靈捷頃
閱敬業堂隨輦集
賜觀侍衛射虎恭記一詩有忽聞響應徹山顛
天語遙傳順風耳之句下注西洋人所製五字意其時
南懷仁湯若望輩已解此法今日風浪既平眠食如故
午正閱牌行二百六十一邁薄暮過西印度島遙見來
颿一葉夜月甚圓德律風之器西俗盛行美都則各部

院衙門及大小行戶皆租賃一器懸於公事房旁置各街衙號數牌欲與何處問答卽就筒口說明號數遠近不爽租銀不一美使館歲需八十金日使館歲需六十金家居而設此器者必富商大賈或新聞館訪事人通聲氣也類皆自用惟藥房之德律風人人可借中國則惟津滬之地行之然亦不甚廣此視貿易之多寡耳爲用較電報爲捷然不如電報之密且其施功之處必藉電桿不能獨樹一幟然美都之德律風公司近乃大獲利

十五日丙申晴晨起觀日出霞光徵絢雲氣翳之天色亦靡定矣早飯後齒痛不適西醫爲敷藥亦謂略愈片時究無把握若期大效須覓專門名家法國諺譏其人若云能治齒痛卽爲荒誕之人知此技之無眞詣矣吾鄉有冼氏以治齒長子孫不僅三世俗目爲冼分家以其得效索謝幾與人半分家產也咸豐之季粤海榷使齒痛甚劇倩冼笑山治之應手而愈冼僅求賞一監生其後酬賚亦爲介紹者賺去强半冼分家之名確而不確也西醫研精醫理似專於華然能如冼氏者環球無兩也今日舟行二百七十七邁晡後斷虹東澈舟人競觀若甚詫異迴眺西偏金碧層層雲水光中爛若錦綺日已落矣夜雨幸不漏

十六日丁酉陰晨寤睡覺聞停輪聲起視已抵英屬哈士度路島來往輪駛例泊片刻以候郵筒遙望一塔孤峙下環矮屋數間蓋荒島也中飯後船忽鐘鳴各水手紛紛抬桅引水醫生亦然殆操練救火之技舟行逢禮拜六必演習一遍安不忘危意也然雖曰試演不知者不無虛驚憶丙子秋煙臺之役隨李傅相登德國兵輪

船主寬們士提督而伯爵者也亦令軍兵操救火之式傅相自船艙出觀余從柁樓下行方與徐傳宗唐沅浦避讓忽繩索一盤從頭上擲下幸戴羽纓帽溜滑得免壓僅傷手指船主令醫生敷藥是夕輒能屈伸追憶前事忽忽十三年矣晡時過夏灣拏口天氣鬱熱舟行二百七十二邁

十七日戊戌晴晨起倚窗憑眺船主忽來就談兩繙譯均未起余自與問答咸能領會所謂强不知以爲知固非能人所不能也午後風雨幸不顛簸同舟有美國火

車總管現赴智利承工者往來海面最熟閒詢以此水所經最險爲何狀此老謂記一次遇大風舟中滿載喍啡米紛紛倒亂船主亦無把握只逆風以行十數日乃達哥浪此在西五月間其一次則同舟有馬戲諸獸及風浪掀播時其馬自相摐撞四十匹無一存者此在西十一月間或曰南墨洲海道較穩於歐洲殊不然也今日舟行二百七十六邁

十八日己亥陰晨起船主屬各檢行李統交貨艙各客隨身自帶之皮袋亦欲並交殊不便彼意以皮袋小物亦已收載費固宜付之代運不悟各客隨身皮袋要件爲多豈肯遽付他人之手此船主不近人情之一端晚飯後熱不可耐東偏電光白閃與子剛對座船舷談鄉園風景是日舟行二百九十二邁

十九日庚子晴晨窗微赬急登柁樓旭日初起光景奇麗舟將入口矣東面諸山蓊蓊出雲有隙皆補絕好畫稿也早餐後行李均檢齊令繙譯爲洋文電烏約即交英國駐哥浪領事阿釐代發此君同舟數日頗相得昨互以映相贈遺極純正人也九點鐘後遙見哥浪埠頭

樓閣隱見椰子巴且椶櫚之屬錯雜相間沙際一樓即建議開河法人籬石之居也樓前一銅像曰哥浪爲當時開埠之人此像由法國製送工作卻不甚精沙嘴四週悉環碎石仿佛黃河挑水石壩之式頗動鄭工之思今日舟行一百七十六邁自烏約展輪至此共一千九百三十六邁合中里六千三百八十九里十點鐘船泊定有華商五人來謁衣履濟楚時適美領事士他地偕該島知府巴索來見詢商登車時刻因火車公司已備專車伺應又巴拏馬今日有船開往利馬美總領事已留至五點鐘云余答以既有便船即刻登車赶趁遂將行李並載專車有西客四人來共載諾之途經哥浪埠中仰望龍旗招展則華人酒樓也車經開河之地脊鋪未輟華人沿路列肆賣食物不一而足美領事及火車公司總管路釐輔送過哥浪而返十一點鐘開車十二點半鐘抵巴拏馬美領事柯林臣備馬車來迓同乘至客寓始知今日之船非往利馬者士他地之言謬矣華商十數人來見略寒暄而去余乃櫛沐華安公司餽茶點酒筵皆華製仲蔚酒生大嚼余戲謂之曰若無此種

食物吾輩不至涉此殊域直非藥醫比也相與一笑余亦薄餞兩甌假寐片刻晚飯後至永和昌一談美總領事亦至余謝其頻年照拂華商之誼渠謂中國不與可侖比亞立約華商究不免吃虧余以畫約未定答之該領事與諸華商甚融洽而頗厭此缺勞苦美事既繁又兼顧瑞士義大里諸國交涉微特華商累之談次又以可侖比亞國政以賄成茫無綱紀甚欲赴華求余商諸帆頓此老公正耐勞若到中國必能與地方長吏相得也柯領事行後乃詢衆華商貿遷情形蓋入口無稅又

爲南北花旗孔道過往之客多購華物近以浚河之役工商稍集故哥浪至巴拏馬沿車鐵路華人列肆皆恃此營生每逢發餉之期內埠華人小酒店有日售千金者惟半年一結帳以水土惡劣支持不易之故永和昌開張最早生意最大其總管曹兆賓番禺李村人寓此十餘年爲言初到時草深沒脛街市泥淖並乏馬車尚不及現在光景華人謀利無遠弗屆由舊金山而祕魯而巴拏馬愈拓愈廣亦不憚勞苦其志可矜特不甚聯絡終不足以敵西商耳十二點鐘返寓睡不能酣雨聲

徹枕天將曙矣

二十日辛丑晴旅店主人爲美籍初就海岸搭板屋以宿過客漸而大拓致富巨萬樓房三層亦寬敞矣視美洲客寓則天淵所謂無佛處稱尊也對門爲天主教堂左右微露小山一角前有小園列几以備游憩具體而微南爲浚河公司北則教士施惠病人之居諸樓屋瓦有筒略如吾華之製惟無瓦當數年前該國王曾以地一區送華商建醫院厚意以廣招徠華商於此貿易卻無厭賤之者此島仍有城內外之分實則荒沙一片臨

海一面陧墉之跡略存三十年前曾燬於火斷垣廢礎凋零之甚日前有兵頭逝世衆兵官長列隊伍赴教堂頂禮兵既瘦弱槍械亦甚不精良中飯後答拜美總領事出觀外部屬爲余照料之函甚切實亦自曝彼國聯絡邦交之意即在永和昌購磁瓶一對贈之薄申縞紵之義並購齒痛藥歸寓療治仍無效差弁陳勝赴唐人街回忽大吐不止服午時茶薑葱得汗而解此間日烈風毒霧雨淫均能傷人宜西人以爲戒也

二十一日壬寅晴教堂鐘聲喧擾起視則一教士擁衆

至教堂前後數十男女中綠一白幔旁支四柱教士處
其中前繫一圓瓶製作怪異爲兵頭求登天堂云柯領
事來少坐而去華商餽華饌有豆腐輭滑强於烏約齒
痛尤宜午睡起永利成公司葉萮來見從一西裝人名
關興鄭光祿所謂習氣最深者談祕魯情形尙悉
二十五日癸卯陰此島叛亂靡常誠非善地瘴氣其一
端耳此店舊爲鄭光祿之居曾受奇險礮子打至臥房
竟日不得食蓋因土人任總督者黨與數千請假赴美
以兄爲代不稱職國王別派一人承乏前督自美言旋

心滋不服糾衆爲亂從哥痕揭竿盡燒行鋪拆斷車路
來往不通遂與新督鬭於客寓之前宜鄭光祿之被嚇
也中西商皆閉戶屏息正無可解紛處美總領事柯林
臣貽亂黨書諷以鬭於郊外毋於市肆間放槍亂黨陽
諾而陰違之柯林臣電調美船弁兵登岸保護僅置格
林礮一尊於領事署黨魁過而顧躓及美兵四集亂黨
益不敢逞擁黨魁於客寓立約不鬭乃釋之越日而定
柯林臣平時既能保衛諸商臨變又能鎭定誠可嘉矣
亂黨既散鐵路復修鄭光祿乃成行海外之事類此殊

數數曹兆賓謂貿遷此島已四見車路毀拆云午後黎
汝政來勸早起時飲佛蘭地酒一小杯可以禦瘴理或
然歟海壖舊垣塌處有兵房一所監獄一區遥見浚河
船隻兩面操工期獲一旦貫通之妙沿海多鱷魚西人
相戒不澡浴山林多瘴氣西人相戒不啖水果此兩事
皆西人酷嗜者顧以爲戒知此島之難久憩矣晚飯後
電光西閃似有雨意
二十三日甲辰晴此間鋪戶雖不繁乃時虞火患該島
只得一水龍呆鈍不適用華商乃公製新式一乘贈其

國家略答送地建醫院之意誠兩善也華商有時集資
購物贈其總督故耦俱無猜云
二十四日乙巳晴昨睡中聞鐘聲甚喧意謂祆寺禮拜
晨起吉祥言街前失愼火光燭天逾時乃滅教堂鳴鐘
拯救阿角往看爲洋兵挾之助水龍引水深以爲苦蓋
此水龍爲華人所贈故遇華人卽須助力無客主之別
亦見華人之義也美總領事三點鐘約游海口遍閱官
署兵房牢獄及昨夜被火之區又經各國墳塚內有華
安義莊一所鄭光祿題識署聯地約十畝外環石欄爲

華人旅葬處又至新開河口機器堆積沿山多法人樓屋建造糜巨萬然不耐久住其最完美之屋已捨作醫院矣開河之役可侖比亞國訂約十年而成否則機器樓房盡屬可侖比亞現已六年矣工程不及十分之一不知法人何以處之沿途車路尚平坦此亦近年所築也天氣太熱鐙後微雨

二十五日丙午晴同縣關緒自利馬來巡駐祕使館情況頗詳湘補處祕魯水土忒寒日食人參而不免於病似人參亦有效有不效按春秋緯瑤光星散而爲人參

禮緯下有人參上有紫氣人參之稟賦誠厚矣海外風土異宜余自抵美後不常服間遇節氣一服之亦平平無效且引動浮火中外服食未能强同諸華商備公讌於華安樓旁酒肆肴饌豐美饒有鄉味各會館龍旗高扯以誌慶五點鐘入席八點鐘散天氣忒熱久坐爲苦返寓洗浴急雨旋晴少憩輒睡

二十六日丁未芒種雨利馬船昨仍未到殊悶前夕火災係土人某銜恨潮人訟爭房產而直遂起意放火報復以火油潛置樓梯一爇而焚延燒極速華人鋪店被焚三間土人被焚十數間時當深夜幼稚子女不能下樓者斃其五又兩西婦不知下落或亦死於火矣慘哉雖放火之人已獲卽治以繯首之罪亦奚及耶此間並時花不可得寓樓所植多奇怪無香之品其一種挺生如蘆著土處微露根節高不逾尺葉長乃四五寸四面蓬生裹青外豬葉縫有苞如豌豆拆則含白花一朵似曾見於烏約特葉則純青不若此之異色前日房東餽一花略如白菖苕其梗亦通惟花瓣外多白鬚花中無蕊無蓮蓬晡開至曙而合合則不復開矣採之者亦甚

矜重寓客多索觀似不易得也午霽晚色稍涼

二十七日戊申雨溼氣鬱蒸衣物多潮膩絕似江南黃梅天氣陳勤自利馬來知伊露船已抵埠屬繙譯往看艙位巴拏馬哥浪兩埠相接華人營生於此者垂五千人商多工少故不爲彼族所輕鄭光祿曩倩美總領事爲照料尙能顧全生意余以該國通商之請驟難辦到仍應於華商中擇殷實公正者設正副商董兩人爲衆商領袖略如檀香山之式晡時赴永和昌晚飯因屬曹兆賓令自擇其副給予專劄以昭鄭重曹兆賓固謙謙

然外此能求如其人亦不易也
二十八日己酉晴午間美總領事柯林臣來言有華商欲赴金山求護照與新約合否余告以新約只限華工其貿易游學諸人不在限內且新約亦須彼此互換乃能舉行至換約後不在限內之諸色人等由華官給照或由他國出口處地方官給照然均須美國領事官籤字柯林臣唯唯粵中指甲花見於南方草木狀紅白兩種夏日蔓生水涯白者較香此間亦有白色一種香味略同晚飯後答拜祕魯總領事璧窩祕之故家也其祖

父曾爲總統出觀宮殿園亭映本甚多惜付智人一炬耳飲祕產白酒純是葡萄製釀略如佛蘭地而微澀又謂祕魯現復遣使赴美與余涂次相左云旋往美總領事處言別十一點鐘返寓
二十九日庚戌晴美國將易總統南黨仍舉企俚扶輪不知北黨舉何人或遂安之也此間二十三晚火燬之人昨島官欲令華商捐賑衆商以焚燬者非貧賤之家且係土人放火此時亦無可賑濟島官唯唯今日仍會議不識融洽否也錢涵生患腰痛身熱陳弁黑僕亦患骰輙不能行無非夜睡開窗納涼所致要之此島風色誠不易調攝幸明日可成行
三十日辛亥晴此島商董已專派曹兆賓番禺人曾桂鵬順德人皆殷商之誠實者余憫此間火災贈百金爲救火被傷及焚燬之家屬撫恤交美總領事轉送此與華商無預也兩點半鐘衆華商均來送行美祕兩總領事並到偕登馬車至埔頭下小輪船美總領事有事先返祕領事候至小輪船展輪乃別涵生扶病而行在小輪船坐候太久又値驟雨五點鐘至大輪船即卧憩六

點鐘晚餐不能食只索湯是夕舟中上下貨物十點鐘乃得安睡偶爲數詩寫懷非勞歌也
五月初一日壬子晴早起舟人仍上貨喧聒不堪錢涵生病似略減起坐如常但言心亂作渴然眼眶紅紫外溢始而左眼繼而右眼日夕數瀉心竊憂之天氣奇熱是日晚餐後八點鐘開船有兩客自烏約赶來余益悔不在烏約多住一旬候搭此船也
初二日癸丑陰晚飯後船主往視涵生病謂宜以熱粥發汗汗透則病除竊喜其與張仲景醫法暗合及啜粥

時船主親爲料量粥熱不能入口和以佛蘭地酒進飯兩甌汗矣船主令先解衣袴汗則以氈裹之此船無醫生船主粗知醫理且非藥物竊謂無礙少頃仲蘭述涵生言亟呼子剛情狀可駭趨視之適船主大副從柁樓持鐙疾行而下驚問何事蓋大艙一義大里國人自用手槍擊斃連發兩槍惟求必死誠莫名其故矣入視涵生但言易衣別無急需至兩點鐘船人睡靜子剛復往問之則云汗後病已清爽問何時刻答以兩點鐘握其手已不熱旋各睡去

初三日甲寅雨仲蘭五點鐘起如廁見涵生獨坐船旁衣紗衣納涼汗後甚非宜也八點鐘侍者打掃房榻涵生復出坐房外亟令阿角爲披斗蓬兩次冒風受害已迫矣船主以其無溺重往視之涵生沈沈睡去咸謂汗後憊倦也船上有天主教士知醫者船主約往診視謂脈象甚微姑吸生菜油或可以溺徐以雞粥爲之養胃津至一點鐘時阿角飲以雞粥則神氣頓變教士視之謂無脈船主大詫詢知晨間冒風復感乃頓足急以高麗薑湯救之益以蛇薑皆不及船主令灌佛蘭地酒略嚥一口即迴首向裏淚微下而逝矣手指甲青黑誠不解受病如是之劇痛悔無極今早始將槍斃之人水葬行船通例不能停屍因與船主婉商用酒泡諸木器可免腐敗俟抵惠愛磯再謀旅殯情形殊慘子剛爲之經紀阿角尤得力

初四日乙卯陰雨差弁陳勝患腰痛自咽蘇合丸已解又復冒風增劇急令靜憩幸大小解尚通此行瘴癘之地動不如志同舟有美國機器師法國機器師住房相近時爲余排悶特言語不甚通繙譯又不暇仍悶而已

初五日丙辰晴晨抵惠愛磯該島醫生循例登舟船主告以涵生旅殯之意醫生初有難色徐告以中國官員醫生乃無詞入口後另一醫生來船主與教士仍如前告之遂令子剛登岸約華商來有寶安號司事潘節之南海西樵人甚穩練即以託之嗣與該島將軍提督商妥又託將軍覓官醫生爲之裝殮乃移柩至醫院另爲洗沐阿角回取衣帽袍靴爲之裝裹以金錢爲唅醫生從喉管灌以藥水俾免發變棺內用鉛匣外用木亦甚嚴整事竟醫生索二千元然既免於水葬又得借地殯

厝雖重費不惜也即諾之而行餒無此數船主乃再託該公司代墊時已深夜公司例不出銀於是美領事毅然擔認該島屬厄瓜爾多國久爲美所控制故美領事得行其志也至此乃稍安俟抵利馬爲籌起運而已旅厝醫院衆華商晨夕爲之焚香晚十點鐘乃蕆事今日端午節震東尚爲賀彌觸殊方之感

初六日丁巳晴六點鐘出口遙望該島樓房一派中有街車馬車生意似强於巴拏馬然風色仍不佳昨入口時仰視平林數十里上凝黑氣即瘴癘也早起易衣船

舷少坐即感冒腹痛似將作利流汗不止今日出口遂高臥避風然爲時忒久舟度平林後不得不起矣西人有攜鏡具映照者午後兩點鐘抵通芘士島祕魯境也少泊有小帆船來駁貨並售雞鹿之屬爲購甘蔗一枚質極粗味尚不薄晚飯後南風殊競眉月蒼涼自巴拏馬至惠愛磯共行八百三十五邁

初七日戊午晴晨起大風八點鐘舟泊派伊大島有祕國知府哩希士來謁請登岸游覽婉謝之此島約三千人極荒瘠六年一雨無種植日用所需取給五千里外有房屋而無瓦純用竹木片遮蓋島內有兩湖儲雨水足資六年之用云此可補山海荒經之一也輪船往往泊此加煤英公司有躉船於此又加載牛百餘頭改大艙客位作牛欄移搭客於船艄蓬面幾於露宿恃礬布爲遮障耳總署奏定新章游歷之員只准搭二等艙位即此情境也船泊至四點鐘啟椗島民有以魚牙雕畫人物求售者頗工細又有陶尊揑成山水人物之式古樸類武梁祠堂畫像因各購數枚價亦甚廉寄進齋書述涵生死事今日歐洲電報德嗣王崩於位晚飯月色

殊清睡至中夜聞牛鳴亦將曙矣

初八日己未晴晨起南風船極搖蕩九點鐘泊曀定島寸草不生潮落微露綠苔島人支鐵橋作埔頭以上下貨物大船不能泊用小船過載仍加載牛隻架非之類兩船相近以繩鉤挽客欲登岸則縋繩而下水底多礁暗湧靡定也過至半載忽逸一牛浮游水面子剛甚窘急此豈人力所能挽回然此牛可免刀宰猶爲之幸也四點鐘起椗有搭客番禺陳氏久於外者爲言墨西哥屬內阿柯波古入口極險口門如五指山船須繞山而

入海島石華盈丈海底有柏樹長不逾尺五色皆備得此足療心氣病其產橙子香味均在新會甜橙之上云晚八點鐘泊百嘉米島有華商五人來謁持中華聯惠總局大東領袖者爲靳炳昭番禺市橋人商此四年矣語無端緒問非所答出觀湘浦三面皆去年華人王照被迫作工事湘浦已爲了之矣靳炳昭又言合延律師以備辨訟月修五十金律師之賤工也此島華人千餘若非晚泊則來謁者尤衆舟人起卸貨物又添載牛百頭喧擾不堪有罪犯四名祕兵押之登舟反接而無鐐

銙與大艙之客並處舵工許以徹夜不睡巡邏之云十二點鐘船仍未開疲倦輒睡

初九日庚申晴九點鐘泊杜希猷島仍是荒沙一片山無寸草沿沙岸有人家山麓架鐵橋以上下貨物暗湧甚急小船不能緊靠大船仍用木桶坐人以鐵鉤繩縋而上下一桶容兩人一坐一立瞬息而過有以黑紗蒙眼者欲自忘其險也曩在烏鉢船同來之美國人先於巴拏馬分手附便船徑到此島以乃兄任此島領事別十二年特來趨候今日偕其兄來謁贈陶器二絕類古

銅他日攜回吾華供好古者考據亦南墨洲之雅器也此島船頭官來謁詢登岸否婉卻之一點鐘船復開行涂經一石山緜亙約里許左右兩小山若斷若續卽烏糞山也乍視但見飛鳥十數旋繞於空竊訝積糞有限徐以千里鏡視之則山脊黑點如豆者皆鳥也狀如蟻聚不知此山何以能致羣鳥亦理之不可解者數年前智祕之戰此山已爲智有矣晚六點鐘泊潛鉢地島將入口時風浪極雄舟中搖蕩入口乃定然暗湧又不適此水殆無暢快時

初十日辛酉晴昨夜船泊至旦候船頭官到乃駁貨也晨起有華商四人來見其一高要人王姓已娶西婦育子女五人亦攜一子一女來謁云將回華而子女皆不諳華語又云此島糖寮頗大近日倒閉一家生意頓減又盡廢銀紙而用白銀有富人立成窮漢者此島形勢頗類威海衞口門亦絕類劉公島祕魯在南墨洲版圖不小惜政治人才皆不振遂至貧弱十二點鐘泊薩盟哥島地勢不如潛鉢地而沿山見青草矣海口多鳥糞山其麓則海狗出没甚繁同舟西人於此映照圖畫出

口行兩點鐘遥見海心一石突出類海珠石而波濤洪湧過之此石孤生不知託根幾許六點鐘泊蝦事麻島居然有樹尤出意表沿島房屋皆木片作瓦猶是終歳無雨之地晚飯後登柁樓看月舟緣山行無浪而湧入夜風稍雄遂搖簸十二點鐘睡

十一日壬戌晴早六點鐘泊蘇比島有華商來謁云祕署諸官候於華造島意今日抵祕都矣飭家人檢拾衣篚十一點鐘泊華造沿島漸青亦有樹木領事劉偉臣繙譯莫力侯來謁蓋在此島相候六日矣舟旋開駛仍

沿山東南行暗湧極大頗類都化海口力侯大吐余安睡獲免五點半鐘抵嘉里約遥望埔頭似强於哥浪巴挐馬諸島少頃醫生登舟詢驗搭客有無病人始准全船人登岸公使免驗隨使各員仍須到餐房問話余駁以隨使各員非他項搭客之比醫生不應過問醫生唯唯西例船有病人則同舟人亦不能登岸祕例尤嚴前此美使至祕舟中有一人病足醫生即禁止該船不得入口美使且攜眷屬美署諸參贊極力設法商之外部不可得適美兵船泊此欲令兵船先渡眷屬格於祕例仍不果行祕久爲美控制美使且耐此通例屈滯舟次兩禮拜乃得誕登余此來不致此窘幸矣俄而船頭官來謁參贊劉湘浦並來祕總統以三板小舟並小輪船來迓一武弁駕駛即乘此三板登岸留子剛陳勝阿角黑奴在大船照料行李登岸時有兵官在埔頭候接諸華商分列岸壖候接乘馬車繞至火車房約半里遂登火車七點鐘抵利馬使館八點鐘後行李亦到暫儲稅關祕例黑夜不搬運也飯後與湘浦談一點鐘睡

十二日癸亥夏至晴美署包封遞到北洋書述倭人近

游歐壘者上書政府謂數年前西人重日而輕中近則反是北洋乃歸美於使者而於余尤極奬勗歐洲風氣余卻不了了以美洲論則中美邦交較前略洽耳進齋書言美都使館房東不加租可免移寓之煩午後祕總統遣官來拜令湘浦接晤

十三日甲子晴午後三點鐘往訪外部詢商接受國書之期外部阿君年不滿四十頂已禿矣祕自嘉西勒士任總統不滿兩年而外部將十易祕政之紛略見一斑湘浦謂辦事極難信然也晚得來文准十八日三

點鐘總統接晤或亦諒余跋涉須少憩也外部署中有院各部即列屋而居外國房屋有院者甚少西班牙王宮有大院教王使館亦然要非如此式此間使館亦有院樓房一層重門有洞中有石磴十數級又分東西兩路石磴乃至房沿極寬敞宏贍祕都之爽塏也

十四日乙丑晴午飯後美使偕水師官來訪以余爲美都駐使不能拘常格必俟見總統乃相晤且亦承虮蝢之託云承約觀美國兵輪諾之此間終歲無雨無雷而時有地震震亦甚微

十五日丙寅晴參贊領事各員具服賀望晨起閒步至領事署頗雅潔樓下房五楹右爲公事房另闢一門臨街出入甚便署中有小院落三面碧闌雜蒔草花中鑿小池養鴨簷沿小坐饒有鄉園之思使領兩署合並聲氣較聯徵特省費而已夜月甚明湘浦謂祕魯以此時爲冬類多陰晦之氣比者連夕清輝未易多覯

十六日丁卯晴連日客來不速均以未見總統御之此次所附伊露船僅二千噸船又忒舊落水已十六年矣逐日行船不報水程廁無紙房無火柴海船僅見之事唯船主御極周到

十七日戊辰晴祕使館與外部來往文函綜丁亥一年共十六件鈔送總署備案項領事來言昨晚祕監越獄兩犯持刀與獄兵鬭不勝爲兵槍擊斃祕政無論如何重囚均可賄釋此兩犯當係無力行賄出此下策

十八日己巳晴午初祕廷派音樂一部來署伺應兵官兩員戎服領導樂奏於廷當令繙譯接待兵官犒以酒申初祕廷總兵官外部參贊駕宮車來迎余與參贊同車隨使各員及領事等分乘三車同抵祕宮兵隊鼓樂分別繞至正殿祕總統免冠立候余趨前宣頌詞總統即朗誦敬答乃接受

國書此與美國先接

國書後答頌者少異總統旋約至後殿指晤諸部臣復導見其夫人於後宮置酒稱賀而出外部送至殿門即有馬步軍兵擁護回署觀者如堵祕廷總兵官外部參贊仍伴送少頃外部親來代總統答拜款以酒徐往外部署一周旋兼拜吏刑兵戶各部外吏刑兵戶四部同一院落望衡對宇戶部則與總統宮門同一院落吏兼

工刑兼禮仍以吏部爲領袖外部參贊導余往拜酬應既畢卽拜各駐使計十二處英法日德美巴西義大里皆有約之國也智利厄瓜爾多鵶璮顛播里牙羅馬教使皆無約之國也駐祕使規窮兩時之力均須遍拜僅晤美法智波四使餘皆不值德使他往代辦者係爲公使代庖非爲國家代辦遂無庸往拜總領事代辦公使者亦不往拜此間駐使頗聯絡情誼略優返寓已張鐙矣音樂宮車分別犒賞

十九日庚午晴晨起電北洋抵祕遞國書日期求轉電總署代奏此間電費每字十二元價亦昂矣太平洋無水電須繞英倫故多轉折午後義使來言現將歸國留參贊代辦又謂駐祕客民華人以外義爲最多云利馬惟義使館係自建義商釀金爲之華商生意果佳或不難儷美乎日使來晤自言曾到中國代辦使事在同治六七年間恭邸文文忠恆子久崇佩如均認識而尤佩李傅相津津道舊其人年僅四十計其使華時尚未逾冠日人之翹楚耶又言駐美日使手槍最精好勇鬥狠曾手斃兩人云此御非可以貌取人也申正至公家花園結構不俗歌臺舞榭酒樓毬場林下鞦韆曲池游槳布置閒雅高樹極多奇卉殊茂有兩樹偃蓋類龍爪槐遠望紅紫燦爛簇盤如躑躅近觀則紅紫瓣皆有根如葉每三瓣中含兩蕊是葉是花莫名其妙如能移植吾華可爲羣芳譜補綴有小鳥如蝶翠羽蹁躚日啄花蕊爲活竟有小於蜻蜓者從此不詆陳副憲日記之誇矣惟不能捕養欲覓一二以供近玩不可得也園角方池畜鵝鴨鴛鴦無數有水鳥高約八尺長喙黑睛鴨掌獸毛兩脅橫出兩翅而非翼也恃以撥水游行極速登岸則如人立土人呼爲孩子鳥覩鳥約博物院之無翼鳥又別一種無翼者義命自安不作奮飛之想此則似翼非翼甚於贅疣徒多此一事後圃有獸鹿頭羊尾駝足毛短色赬土人名曰祕公耶祕之土產也皮可禦潮溼一禡值四十金園舊有自鳴鐘樓一座每一鳴則有人物故事隱見一遍然照料之費歲糜公帑千金比以國用絀遂裁之鐘主人憤甚自毀其鐘只餘斷礎西人負氣類然矣園中另有總統游憩樓屋外觀甚華飾祕魯本南墨洲富國卽此一園已有今昔

之感當日國中異獸多爲智利牽去智祕之役無殊德法而德人並未攫取巴黎珍玩其器識相去遠矣

二十日辛未晴厄瓜爾多使來晤云將挈眷小住惠愛磯三兩月比者錢涵生旅殯該島承地方官照料因并謝之巴西代辦來晤匆匆無多談申初出門答拜前總統霸拉度前駐華公使愛立謨之毋本城知府街道廳房東五家前總統門前適有醫生出殯車馬闐隘不果往餘皆到門祕都風俗有公使到國其故家巨室多來拜先之以婦人名刺他國所無也然其接客之期則禮

拜日或禮拜四今日爲該國神誕假期亦有接客者因擇要答之致欸蝮書謝沿涂照應晚八點鐘觀西人戲法奏技者爲義大里人自稱伯爵或曰僞託也技殊靈快然亦數見矣末一齣盡掩鐙光深屋中術人與魑魅鬬或遇牛鬼蛇神或遇簪花美女跳躍惟笑栩栩欲生術士撲之旋撲旋滅最後一骷髏白衣裹體始而牽挽繼而纏繞術士手槍擊之不去術士技窮昏撲於榻骷髏亦滅此殆鏡光倒景人立鏡中景徹於下返鏡則諸態寂滅徒駭觀聽而已

二十一日壬申晴略攷祕魯形勝南連智利北接厄瓜爾多東北近巴西東南爲播里牙計地丁方一百一十二萬蔑度每蔑度卽中尺二尺四寸八分地形三角西則太平洋也都城海口曰嘉里約輪船公司均集於此地勢稍低由火車至利馬地高五百一十英尺約行半點鐘該國向隸西班牙風俗口音至今不改西歷一千八百二十一年七月二十八號與西班牙搆戰而勝遂自立民政之國總統四年一易類多爭立兵禍疊見民性懦弱不善操作家常日用之物悉從他國運來民俗

由富而貧國勢日蹙出產鳥糞而外糖爲大宗各島田寮又多爲他國豪商開設半爲義大里人土著者十不一二國內鐵路兩條一爲英商一爲美商而祕人不預輪船公司英最老近則智利起而分其利祕人亦不預也祕政紛紛各部旣尸位總統亦如繫匏闔國有兵七千分隸八營營各五百內四千名有坐糧月餉凡有調遣悉資之餘三千則另招募以備巡街守夜無坐糧可以隨時告退兵氣極孱軍械且劣西歷一千八百八十三年智利乘機竊發兼弱攻昧遂爾亡國各駐使爲之

議和割去大鎊罷家一省其地四萬一千二百二十三蔑度居民四萬二千零二口已去三分之一矣又割登拏埠亞里架埠暫交智利管轄從此烏糞之利盡失國帑益窘前年兩總統爭立都城紛擾槍礮及於使館亦由各駐使解紛舊總統意沙里阿遜讓而去嘉西勒士所欲得遂宜可即眞乃屯兵都城因議部臣攝政必候各省公議無譁乃應樂推之運從容就理似極沈毅有爲者然不兩年部臣幾十易朝令暮改亦難久謀固國計也現尙有省一十八曰利馬曰亞罵嵩拏士曰鶯架

即士曰亞布嚇嘛曰亞利兼巴曰亞夜沽租曰架監麻兒架曰沽士箇曰汪架未列架曰灣奴過曰衣架曰富甯曰濫話益記曰利溫地蠻曰羅列度曰標鎊曰殷奴曰登拏各省均無口岸惟嘉里約打鎊羅家磨嬌華三埠不成省分而有口岸現有府九十五州六十六縣七百六十五鎮六十八鄉七千四百八十五統計祕魯人數約二百六十九萬九千九百四十五名口華人來祕始於道光二十八年即西歷一千八百四十七年散處各埠亦將六萬人矣祕都吏戶外兵刑五部外有按察

司十員分管命案錢債水道商務㕵寮礦務漏稅監獄戎政廟宇各事略如美國規模此官不隨總統爲轉移例由律師舉充設不願就罰銀百元補充之權操自各部此與美政異該司所管皆地方庶政而各國領事又不能以公文徑達遇有交涉之事仍由公使照會外部咨吏部轉行動形窒滯該司若自犯奸贓總統亦有權以易之也外此則正副知府兩員管理地方庶務略如堂屬又街道廳員八名內一員領袖餘則有事會議如遇起造修改房屋必須該廳給准照方能興役每以清

查街道剔除汚穢訛罰華人店鋪然通衢糞草悉由該廳清釐晚十點鐘後即有夫役埽街尙不失其本職也月捐諸費不菲祕庫貧而街政富又上下議院上院約數十員下院約百員選舉之法亦略如美惟每年開議之期總在西歷七月二十八號蓋其自立爲國之日也散院則無准期視事之繁簡遇大政事並請各國公使領事會議亦敬客之意鄭光祿抵祕時有祕人而充義國領事者當新舊總統兵爭之頃曾返戈利馬事平廳定其罪議者紛然各公使亦有左袒之者得鄭光祿一

言而決遂科以罪祕人聞之剋將開議之時能免此等牽率爲幸不與於會亦無憤焉晡後英法兩使同時來訪法使曾在埃及讀書詢以埃及出土石幢其參贊略能記憶英係三等使有勳爵而頗類商賈

二十二日癸酉晴西人禮拜之日循俗拜客順道公家花園重觀花葉不分之樹實係藤本特蔓生不遠耳園中博物院極宏麗重門深閉從窗隙窺之桌架徒存院中器物悉爲智利輦去祕之近狀宜臥薪嘗膽而乃上下晏安徒樹私黨恐將爲智并也今日園亭有音樂游

人頗盛

二十三日甲戌晴使館樓上有高窗透光氣然須自開闔屋老則機棙不靈午後義使來告別未請見但屬林和叔轉致耳日參贊來久談而去晚八點鐘赴房東觥筵子初返署

二十四日乙亥晴嘉士馬代理領事河西嘉鑾廬遥上頌詞令和叔爲書答之此間來客太多只可隨時答拜我用我法而已午後赴義使署送行便道至總按察宅此老既先施又扶病出迓所居極宏贍祕之富人也琴師嘉士彌士打見贈銀餅一枚不方不圓兩面花紋不整云係西班牙初入祕魯時所製並無機器以錘鑿爲之歷年甚古又見贈法藍花盤花瓶各一纖小如豆云係智利女尼手揑者西人向機器然手製不假機器之物則尤矜重厄瓜爾多代辦公使來訪未晤晚十點鐘赴祕紳茶會座有厄瓜爾多國故總統之女中年已寡僑居於祕聞在本國時曾統兵戰陳槍林礮雨之下馳驟如飛亦奇女子也

二十五日丙子陰霧今日爲美利堅開國之日即西歷

七月四號也美使貽各使館書升旗爲慶美兵船亦爲公會請客祗是昏霧霑濡上下三板船梯均不便但赴美使館致賀而令領事繙譯赴兵船一酬應之殊歉然也美館遇英使略與寒暄領事在兵船亦遇之此爲美國叛英之始美之利英之害也而英美於此等往還絕無痕跡蓋兩忘之矣今日風浪太甚美兵船傾側不定舞者多倒

二十六日丁丑陰南墨洲諸國兵孱民惰宜爲西班牙所踞西班牙又橫征暴斂不恤民艱徒以威力嚇人及

國勢一弱則諸國皆叛無能遥制矣以形勝衡之自華盛頓創國後隱爲南墨洲屏蔽歐洲兵船不能飛度烏約亞洲兵船不能繞越舊金山南墨洲首尾悉爲美包裹中惟古巴一島可以輪驅横抵哥淂不與美相涉然美之兵力猶能控制及之故巴拏馬一島水土極惡而美總領事必派幹員美於此席固宜重視現雖南黨司令此缺仰屬北黨不能不爲地擇人古巴當衰弱之餘土人不安於日政時思叛亂日其能藉古巴一隅規復南墨洲諸國哉然南墨洲久隷於日漸染風氣疲輭亦

略相似他日能自振者當爲智利充其量不難蠶食即觀其駐使氣宇亦爲南墨洲之冠晚赴善會聽琴歌祕總統美公使均預會總統旁侍戎裝軍校一人體制較美爲隆夜霧如雨

二十七日戊寅陰霧小呂宋設官事外部無可推展特貽書駐華公使代達總署申明藩部專政而於外部壘次允諾之言抹煞不提意以總署催余速辦故爲此釜底抽薪之計前此總署復奏方謂與日使瑳磨無濟茲日廷乃令日使面達總署有此宕筆數年心血均付子虛矣

二十八日己卯小雪陰外部送到祕總統答書一封外黏國印另譯照會無非仰慕

中朝之意此爲前使所無當復外部一牋允以咨送總署代呈

御覽祕能愼顧邦交良可嘉也即草疏具陳抵祕情形

二十九日庚寅晴祕魯沿西班牙風俗每於禮拜日鬬牛惟其天氣則以夏爲冬然不甚寒略如都門初秋時耳鬬牛之會以此而停亦甚善也午後拜客十一家得

晤者九曾至義使館極華贍高爽義使已舉其半售諸義商分東西石梯出入坐中簾幔枕面諸物悉綴義國徽幟西例公使不能售賣不解義使何以至此義商則糖寮主也久來修謁適遇諸義代辦坐中遂并訪之華商備公讌於永安昌坐有黎亮甫番禺人年僅三十中西文並精曾乘帆船歸粤涂經馬薩國境日晡下椗遥見隔浦鐙光樓閣隱然一都會船主視船圖無此畫境上下椗樓三遍三次檢圖皆不能舉其名翌晨視之則荒島一片同舟詫爲奇事或亦海市蜃樓之說歟祕魯

永安昌爲華商之冠商墨洲諸國如巴拏馬智利都城
皆有字號分託商夥經營而受成於香港總核之人層
壘約束條理精密數萬里外不能欺飾故能持久
六月初一日辛巳晴署中循例賀朔升旗今日爲雅穡
顛國開國之日西歷九月九號各使皆往該國使館致
賀余昨甫與周旋因令林和叔代往致意駐美則無此
種應酬也美總領事柯林臣來書附日報一紙島酋謝
余撫恤火災事
初二日壬午陰西例各國銀錢鑄造皆屬國家權利惟

祕魯則人人可鑄但將銀兩送局請模納稅便可通行
近見祕魯銀式多異製詢其官局情形如此客夏道出
英倫劉芝使爲言香帥託製銀模彼國靳之
初三日癸未晴鄉人言粵中積雨長官求晴斷屠逾月
督撫親驗各屬圍隄當茲江流湯湯風雨交集斷非民
船能占利涉即勉强行之亦非計日可達若無輪船則
兩帥旌旄豈能分歷哉西法之貢效於中國者此其一
然有輪船而長吏無恤災之心高坐堂皇貌爲鎮靜亦
莫如之何也

初四日甲申晴金山華人月爲聯社措語問有可觀利
馬踵而行之闤闠中不忘文字且在利馬尤難得聊予
評閱以遣客愁夜露如雨階沿霑溼
初五日乙酉陰去年查賽之役游莫兩繙譯會同祕國
武員愛斯哥霸同赴各島不憚煩勞頃愛斯哥霸求見
因接晤而慰勞之晚十點鐘得總署電美約本及增句
均到惟須美廷決無更改始能奏請
批准用賓候復等因當電進齋轉詢外部
初六日丙戌晴西歷七月十四號法國復立民主之日

法使假公家花園設樂以迓遊人並招朋好午後循例
至法館致賀飲酒一巵各使陸續至略周旋即赴公家
花園較尋常禮拜日游客稍多亦有執微物求售以湊
善舉者祕總統到在余之前少坐即返晤其宮內軍官
又至舊博物院一覽空無所有黍離之慨宜總統之不
耐坐也
初七日丁亥晴午後答拜俄葡兩總領事之代辦公使
者又答拜巴西代辦公使並到美日兩使館晤日使云
上禮拜晚日國爵紳爲公會候余不至甚以爲悵因許

以今晚往赴葡總領事縷言此間未有華官以前華人喫虧實甚伊屢與地方官爭辨頗效勤勞亦見事理不平難爲袖手今者使領兩署並設華人蒙庇實多余婉謝之并告以中葡近已立約

初八日戊子陰北洋密電韓以津約三端爲辱託美使轉乞美廷爲之設法生光美使答以美爲民主之國向不干預人事云余意中韓交際美廷不合議卽論情勢美豈肯附韓而抑華設竟出意外余必與駁難上年照會㠶頓之文㠶頓照復並無異詞曾幾何時言猶在耳

美其肯二三其德乎卽電復北洋晚訪祕前總統霸拉度遜國之君居處服用仍較他人有別以貌取人亦自魁偉

初九日己丑晴進齋電述外部云約款決無更改蒲約在京都換卽電復總署此間竟有枇杷固不足以擬洞庭佳品亦復清腴可味不知從何移植或曰移自東洋恐未必然

初十日庚寅晴祕刑部項又更換投刺告別云將養疴海濱祕政紛紜部臣屢易殊有舉棋不定之勢祕都無甚火災而水車會則英法義三國皆有祕亦自設一會至其街車公司仍係英商辦理太阿倒持固宜貧弱西班牙設有援救會不設水車但遇失火則紛往援救衝冒煙燄拯人熱火之中甚善舉也祕不自倡而讓美他國亦殊可惜

十一日辛卯晴祕魯舊都曰般奴距利馬三百餘里然遷移亦二百餘年矣其地去海遠非如此時之利便也祕民素情弱近以蔗園生意日減遂亦種稻賴華工爲之歲僅一穫米卻不惡蔗園糖業煮糖管機重要之工

亦華人也大約華人心智較靈每習一藝容易見長但使工價稍優決不避就嗜好較西人爲多而不飲酒故西商每喜招置之此間無爭工者故相安也查島委員王榮和余瓗會稟客臘初六日自新架坡附太古輪船初十日行抵暹羅該國王派副外部劉乾興率閩粵商人到船迎迓且備客館劉乾興爲潮州大埔人生長於暹女選爲妃得補今職專管華商事務越日劉乾興偕晤國王胞弟現任宰相總理事務大臣暹語稱爲琴麻二王底華王司羅布幹曩問暹王深居重閉不輕見人

故以王弟代面耶劉乾興述王意告王余以向來修貢取道雲南跋涉誠苦往以滇中用兵貢典久闕可否量爲變通由海道抵津云云此事關繫舊制該國旣思改道修貢應備文商榷卽由劉乾興代達亦應予王榮和余璣文牘若泛泛一言頗難措手王余稟末亦謂副外部一己之私言非出自國王之口未足執爲實據而請余察覈變通又不向該國索一文書以備覈奏爲此神山縹緲之詞增悶而已又請援照高麗辦法量爲變通一則准由水路入貢二則派立辦事公使兼設通商領

事三則設立公使之後相機聯約友邦維持保護所陳不爲無見但該國副外部有請由海道復貢之言該員旣不令具牘且稟末又謂未足執爲實據而條論暹事猥欲中國准之究憑何覈准也據查暹地北通雲南西連緬甸東接金邊安南南至於海東北距西貢英里八百三十邁西南距新架坡英里亦如此數間於英法之間不受制於英卽受制於法現允法國設副領事官於耶百蠻地方與雲南毗近又允英築鐵路由濱角直通緬甸至嘉鼇加打省皆足爲我邊患特該員條議三端

不先與該國略示之意且索取改道修貢實據徒深南顧之憂耳今春李傅相面言暹羅自帝其國履霜致警而該員稟內尚不知其竊號自娛又不及見國王之面然該國假館相迓似仍不失藩屬之禮該員有此一行庶他國之眈眈虎視者不敢謂中國置之度外未始無益一切辦法當與津粤統籌之也該員又查暹羅國王百年前係潮州鄭氏在位十數年爲妻兄弟所篡傳四代五王以迄於今以濱角城爲國都合土客之民不過百萬華人居其大半其入山種植之華人亦三十餘萬

暹於閏年人抽身稅四銖伸洋銀二元四角他國商民則不抽華人遂紛冒他籍以圖免英美德法荷丹葡七國均設總領事於暹都兼辦使事德英有巨商三兩法有巨商一美商民寥寥該國歲入之款僅一千五百萬元官俸甚薄非剝民不能自給國俗淫惰以同胞姊妹爲妃以后族諸弟爲相寓暹華民潮爲最閩次之廣肇海南次之惠州嘉應又其次也華民生計大率開墾田園其富商大賈或設機器米廠或置輪船航海歲輸暹稅數百萬他事之不便者亦自不免旣求設官保護殊

難恝置王榮和余璓還事查訖卽於本年正月八日赴
西貢十一日晚抵岸王榮和在船得癱瘓病乞假回粤
就醫未了之事悉屬余璓與西貢將軍沙納同船抵岸
後粤商張沛霖閩商吳翼藩均來導引覓得法文繙譯
梁福慶偕晤法官沙內哪喊士游歷西貢提岸兩埠爲
華人商免枯骸出口稅又乘輪船至海防經內埠五正
月二十一日過平定省之新洲停泊八點鐘該埠華民
二千餘人生意以出口豆油爲大宗又經廣南省之會
安二十四日抵海防該埠通市僅十三年鄭德陞建勳

到船迎接華商約五千餘人附近之河內南定亦有數
千二十七晚乘淺水輪船至河內二十八早抵岸此爲
安南黎王舊都華人商旅於此已逾百年地經法據新
設陸軍總統管轄安南西貢金邊三處軍務駐兵老城
內又設全權大臣管理十三省通商事務余璓曾往晤
之據查西貢提岸海防河內各埠法人徵稅增減無常
身稅專徵華人尤不公道擬請西貢設華官以保護商
民至於海防則津約具在將來應可相機派設云據查
西貢提岸兩埠毗連屬安南國嘉定省法人在此開埠

二十八年又西貢附連六省之地平陽千里歲產米稻
運粤銷售約八九百萬石西貢立埠在內河距海口一
百三十里兩埠生意大半屬華商統計華民六萬餘出
口以米爲大宗魚乾豆蔻燕窩次之入口以中國食物
雜貨爲大宗綢匹藥材次之洋貨進口以洋紗爲大宗
香港白糖次之開埠之始溼熱薰蒸旅人多病漸乃疏
通衢道廣植樹木氣候漸佳洋樓大厦縱横十里大都
法人官舍兵盧教堂醫院酒肆及各國領事之居西商
行店除法國輪船公司銀行外殊寥寥其餘洋貨店及

華人雜貨行木作店合有數百家提岸鋪屋二千餘純
是華式皆華人產業法人苛政視西貢稍減卽西貢設
關亦自前四年始每年遞增各國商民均以爲苦據查
海防屬東京距西貢合中里二千三百六十餘里先是
華人與越南立埠通商約十三年近則法人鵲巢而鳩
居矣地在紅河之內距海口四十餘里華人鋪屋約五
百家工商約五千人公推一人爲幫長該埠別無西商
亦無領事其附近之河內南定約華人二千餘內埠如
廣安北甯莽街皆有華人未悉其數海防河內各埠毗

連桂滇法人屯軍儲糧時存枕戈待旦之想又明年准
開鐵路一通諒山近接鎮南關一通老撾接近滇界海
防出產以黃絲薯莨爲大宗次則東京粉玉桂近日清
花桂不易得矣此因兵後歲歉米之出口固稀且須運
米入口爲食進口貨物略如西貢華人幫長權利略如
副領事尙能辦事西貢華人分作五幫曰廣肇曰潮曰
漳泉曰客家曰海南五幫之中各有正副幫長正幫長
歲薪一千二百元由本幫取給本幫每人身稅外加抽
洋銀五角法官倚以辦事幫長往往藉端肥己西每月

一號幫長將華人姓名出入口數目具報公堂提岸情
形亦相似云其他徵稅款目承充煙稅新章亦經查悉
尙爲詳盡當並咨粵督
十二日壬辰晴游歷司員已抵金山暫寓領署意必略
停征旆以便流覽外部已致書米西斯比河壖官紳他
日涂經其地可資引導矣林和叔工映相午後天氣暄
和與同人共照一幀又獨照一幀今日爲可侖比亞開
國之日循例爲之升旗致慶並差賀
十三日癸巳陰金山同文社聯會間關送閱牘以六金

巴西代辦來訪云將請假歸國叩以程期自祕至智利
十二日自智利至巴西二十日若從美國鳥約起程循
西洋以行亦須三十日可云遠矣巴西王年逾六旬因
病就醫法之波都幾旅歿近始有生機云利馬花園之
勝咸謂不止一處午後乘車北行過石橋至纖波德薩
山麓有鐵欄環繞花木石人像數枚欄形如橢四圍皆
可騁車欄外有音樂一部不得謂之花園大約利馬熱
天西人於此跑車爲樂旁有酒肆亦殊淺狹荒陋無趣
遠望諸山上凝雲氣石勢奇古卻有可觀橋跨沙河此

間終歲無雨河水則山瀑所流積也
十四日甲午大暑陰總署電約本大致妥叶惟未立約
以前回華者若有眷產在美仍應准其回美料理不得
拘泥新章應與外部商添此節即電復正草電稿窗外
鼓樂嗔闐香煙繚繞四紅衣老腳夫摃一土偶滿綴鮮
花又四人以手挽銅鑪燒香引導男女百十簇擁而行
略如吾華賽神之狀其土像白面長髯衣白緞繡衣冠
如行腳僧手持一物如紅橙詢之和叔謂此神像爲保
護地方無地震之神所持之物則耶穌心也西人崇奉

若別有說祕沿西班牙俗例男女生時每祀一神以神誕爲生日亦或有生符神誕者稱餞之日非盡弧帨之辰

十五日乙未晴英倫西七月二號得雪西人詫甚援以中法則爲災異也錢涵生旅櫬將歸近與英美公司船商載運頗煩脣舌中西殊例然不能不强人就我

十六日丙申晴進齋電美廷已另備洋文約一本總統蓋印候換

十七日丁酉陰定派楊建勳運送錢涵生旅櫬回蘇並

檄滬局料理午後總署電新約限禁二十年與庚辰約並非禁止前往者迥殊各口怨謗沸騰布爲說帖本署暫不能具奏等因自禁之議倡於鄭光祿其致總署函云此舉雖我自棄約然我不禁而人禁之不如自禁之爲愈鄭光祿當日未嘗不知自禁與庚辰續約有異余初抵美時美議院議例限禁華人原有二十年之說余力駁之鈔稿寄總署自禁云者有激而爲譬之鄰里之間比鄰以我家童騃往擾爲嫌至於揮斥而箠楚之我乃憤不令往其勢不能告鄰人曰我暫禁一半日過此仍相擾也此理可以相喻旬日之間三接署電固非電復能詳

十八日戊戌晴北洋函論華事因縷復並述美約近耗滬關函送陳善昌稟訐蔴浦業語極矛盾子豫四月二十八日抵古巴

十九日己亥晴明日船期不果前致京津兩函須二十四日乃能寄也涵生旅櫬回華已極費力因並買保險萬金較穩妥晚十點鐘街道慶約觀煙火具體而微在祕則爲佳玩

二十日庚子陰祕魯開國之期向以本日開議院距今六十七年矣外部備文請赴余早起嚼枇杷過多遂致腹痛以高麗薑解之而止兩點半鐘偕和叔赴議院美使義大里巴西兩代辦先在坐餘亦陸續至副外部手持坐位單相告余位次在日使之後英使之前英使到國雖久然係三等使故先之也美都公會亦與日使聯接可謂湊巧巴西代辦告余以數年前各駐使爲祕定亂咸集於此復述當日情狀猶有德色屆三點鐘副外部導入議堂極狹隘堂中平列兩坐上懸紅幔略如暖

閣則總統與學院坐也正中一案置筆墨前供耶穌被刑十字架左右列坐則上下院議紳也各部暨水陸提鎭東西分列在議紳之前堂之四角分建四樓駐使爲右客左則按察司也其前兩角樓司記載之人樓淺僅容一行坐參贊從官不能容則移坐左角樓氣象尙靜穆少頃總統戎裝入學院同行總統坐定旁有軍官初遞眼鏡續遞諭文刊本總統起立宣讀約一點鐘學院者接論一遍閤外前樓拍掌讚美總統遂返各駐使咸往賀先集於外部署旋由外部署廊繞至祕宮按次與

總統握手並及諸部臣總統約至後閣觀兵又導見其娘子徘徊數刻仍至外部一周旋而散祕崇舊教遂以教使領袖其實則同是二等使到國亦不久也外部署中陳設小銅像一區雲石爲座四角爲銅人著翼吹樂中一銅像手舉大旗五銅人戴之製作工巧舉旗之人卽波里瓦爾首倡自主者合五國以叛西班牙卒行其志至今五國人不忘所自故於開國之日特陳於外部猶有飲水尋源之意五國者祕魯智利威鼇蘇威拉鴉鵲顚可倫比亞也返寓五點半鐘腹痛雖止極疲憊

二十一日辛丑陰祕人爲賽馬會馬御不多天氣暖晦擬不往今日公家花園較前熱鬧兩承邀約亦不願往意興蕭然腹痛愈而齒痛甚

二十二日壬寅陰祕國以開國前後之期給假四日昨禮拜今日仍補假不辦事祕國服色總統與提鎭均戎裝各部臣則民裝內綴兩黃縧露於袪外按察司則以紅綢作搭領餘皆民裝與美俗無異前日議院之會一色白手套亦甚新鮮祕都東西南北各設鄉約局管理錢債細故不決則轉送副知府按例只羈留被告二十

四點鐘過此則無如之何矣錢債不繫獄其獄四大都命盜重案每禮拜有省獄官就訊於獄轉報按察司似甚有層次然皆可賄弄而釋總統今日率諸部院至公家花園散給各堂學生獎賞花園今日不收入門票錢午後至外部家晤其母兼拜數客多得晤客來投刺每日至少亦八九人此種酬應只可以不了了之

二十三日癸卯晴祕總統閱武圜場兵只數百亦復疲憊馬隊礮位極精者格林小礮前在祕宮略見一斑各駐使多不往劉偉臣贈美使古巴煙捲一匣美使乃面

謝余豈誤會耶抑以領事官不足與投贈也晚爲楊建勳餞行

二十四日甲辰陰祕俗亦喜豢狗然遇野狗輒擊斃於路又不檢拾夜則有烏羣啄靜盡此烏夜集晝散遇街衢屋瓦有穢必啄之使盡工於逐臭者也華人目爲紅頭烏祕人則矜曰神烏謂上帝使之臨凡淨穢者異哉然去來無蹤亦別一種類

二十五日乙巳晴美使日在醉鄉比乘酒毆娼其娼控訴於祕都副知府爲之勸息蓋交失之縱酒任性固極

鹵莽爲之娼者乃控諸奉使之國亦殊無謂酒德之不佳盍明日戒之也西人魏生之好季常之懼往往兼之美使乃獨有輕重於其間稟賦異矣前日祕總統閱武於郊馬槍內夾沙石璲彈子而出誤傷二十餘人領隊官不能辭咎和叔以余未往爲幸利馬學堂請聽琴歌晚八點半鐘入坐每歌一闋則一人講論一遍余不諳西語既不能爲周郎顧誤亦難爲頑石點頭不待江上峰青索然思返

二十六日丙午晴恭逢

皇上萬壽率參贊領事各官望

闕叩祝午後祕總統遣侍衛官來稱祝先致總統之意然後自申嵩祝之私可云得體少頃外部來賀爲言祕例向送音樂今年因他處使館以爲煩擾遂不敢送各使館循例升旗各駐使暨按察司並諸祕紳雜遝滿坐款以酒麪最後則祕前總統霸拉度自游歷京師者久談而去竟日款接尙不覺疲使館既升旗今日諸華商行棧亦升旗放假一日由領事官先期曉諭誌慶也晚赴前總統宅謝步繁星麗天祕都僅見

二十七日丁未晴巴西公使歸國三點鐘赴車房送行各使咸集外部亦至各握手爲別交厚者送至嘉里約昨來面告別並聲明代辦某人復偕來相見巴西用衛文字母無異其串字亦略如日文晡後往祕宮晤祕總統稱謝宮內外均有軍官守衛視美爲肅見總統後其軍官導至外部少坐即赴各使館謝步

二十八日戊申晴傅楙元顧少逸抵舊金山各有著作顧撰日本新政考二卷爲部九曰洋務曰財用曰陸軍曰海軍曰考工曰治法曰紀年曰爵祿曰輿地九部之

中分目七十三傳撰游歷日本圖經二十六卷爲類十
曰天文曰地理曰風俗曰食貨曰考工曰兵制曰職官
曰外交曰政事曰文學爲子目一百七十有圖黎蒓齋
序言頗詳於近事傳兼考古
二十九日己酉陰播里華公使移居後有書相告今日
値其開國之喜親往賀之便道拜客晚赴前總統霸拉
度寓茶話
三十日庚戌立秋晴楊建勳昨抵惠愛磯今早電言各
事辦妥暹羅擬請改由水道修貢一事備文咨商津粵

酌辦並批復查島委員又致北洋書樓述其事
七月初一日辛亥晴祕魯雜花最重山茶梔子非如美
洲知有玫瑰而已貴無常品南北花旗易地不皆然也
昨在祕紳家見一五采宜窰磁墪上大下殺其蓋上連
一碗儲水以驗蒸氣者疑爲前明滷水墪不解何時流
至外國惜墪口補綻非完物
初二日壬子陰仲蘭歸思甚切南墨洲風土殊非所堪
初三日癸丑陰祕魯鐵路本不甚廣近日英商爲之訂
辦推拓已有成議智利起而阻之謂祕負其國債英言

鐵路廣開祕容有償債之日智或紬於英而不強梗也
此路開妥華人商務當有起色今日厄瓜爾多開國之
期晡後往賀坐中一教士年未四十曾任刑部大臣充
慈悲之念作理刑之官宜無枉決
初四日甲寅晴祕廷新例純用銀錢前發銀紙概行收
回燔燬昨經祕宮西人簇繞於叢火中殆燒銀紙也祕
人往挾藏以稱富者近乃付之一炬略如淮商之根窩
一紙之貴賤殊無定程祕館華僕汪九安徽涇縣人其
父汪朝選曾爲粵東三水令卒於官汪九爲人誘導至

此人頗伶俐久已忘卻本來面目近忽有歸志因給以
盤川
初五日乙卯晴西人禮拜之期午後客來甚煩晚復金
山領事長牋述美約爲難情形並擬轉語華人將眷屬
財產報明合衆國衙門立案以爲換約前回華換約後
來美之據庶免他日折辨
初六日丙辰晴將美約籌議始末稟致總署一函春間
烏約日報刊總署致英美兩使照會祕都僻陋無從復
按中西文義慮有舛誤仍屬美署詳查

初七日丁巳晴嘉里約稅關向有經紀代衆商完稅領票卻非包攬以多報少也日前華商和昌有貨到關納稅千金經紀人已收銀稅關亦給票矣乃經紀人虧空潛遁該關仍向和昌追索眞無理之甚窮斯濫祕關之謂乎華人寓祕老疾瞽目無依者通惠公所爲設養濟院於嘉里約以資棲止近將三百人資遣回籍無此巨款此輩亦不願言旋公所旣乏恆產月捐衆商又不踴躍竊虞善舉中輟因爲月給三十金自本年正月始以期持久晚八點鐘發遞粵包封近因輪船改爲上午開

行預於前一日收書信英智兩公司關捷限八日到巴拏馬旅中七夕曝衣乞巧之事非殊域所諳

初八日戊午晴耶穌母馬利亞逝日祕俗放假一天祕有葉子戲曰洛鑑波四人合局舉國嗜之幾於朝朝寒食夜夜元宵西人以爲極鉤心鬬角之技著爲成書亦猶吾華馬弔譜也其類有四曰金錢曰酒杯曰劍曰杵共十四葉四者之中弁之以劍而助劍爲用者杵也錢杯兩種若此炙舉似則第七者移作第二劍第一杵第三若劍杵本門則二者仍二無升降也錢杯小加大劍杵大加小此其梗概大約此戲倡於無火器以前意以錢酒爲人人所喜而無劍之威力以持之則錢酒不能久享且無劍之勇決以節之則錢酒流弊無窮杵殆助劍施功因人成事而其器量亦用武者所不廢故四類之內常居第三祕人此戲由來久矣時至今日純以槍礮爲事固非劍杵可以自雄

初九日己未陰霧祕都連日暄暖中午袷衣早晡猶重緜而祕俗以爲反常慮有疾疹惟陰寒則喜華人固安之也華人散處各埠五年前祕總統爭立新黨招募華

人當兵舊總統言於鄭光祿設法遣散令繙譯游德隆往痡旣拉柔埠傳諭華人或曰改易西裝以便行路游言兵荒之際此去生死莫卜若華裝以去卽遇險亦知爲華官設易西服死則死矣渺無知者易裝決非宜及抵新黨營屯卽爲邏者導見兵官蓋已預揣其來意兵官詰游曰華人健者我可雇舊黨亦可雇何獨責我爲故游徐徐言曰華人寓此遇有戰事均應守局外之規新舊黨咸不趨附庶爲合理兵官無辭徐詢游曰欲觀華隊乎游曰然訂三點鐘列隊與觀且款以饋酒游辭

不就食及三點鐘再往則兵官匿不面而令麾下人告游以華隊應調他處矣遂反祕都幸免於難同人咸爲之慶更生本日嘉士馬埠代理領事電稱地方官禁賣鴉片煙華人窘迫人情洶洶恐致生事湘浦復令將實在情形函稟再爲設法

初十日庚申陰通惠公所代杜希猷埠諸華工求設領事並呈送杜拉備簡答備直金烈打三田寮華工稟詞大致以寮主虐待而其潛自賣身供役以償博債者則略之矣杜希猷華工最盛然寮主多非祕人祕廷威力

不能及即設領事而地方官無權助理亦非領事一手一足能使寮主俯首聽命也固是經費絀支而事勢亦有軒輊只可詳籌良法然後發手巳初美署包封摺子硃砒三件又總署公函一件論請發時憲書及韓使至美事津門新設博文書院擬聘蕤浦掌教而慮修脯不豐屬余轉詢

十一日辛酉陰奥國王生日循例升旗並差片賀其總領事與無公使總領事代辦晡後美使來談詢以美都議院散否美使茫然但勸余西九月底返美可避巳拳

馬瘴氣云晚赴琴師家茶話出門登車兩馬如黑甜初醒惝怳迷離御者屢促轡而寸步不移又不敢加鞭慮其驚痛而逸馬劣恐不任重同乘四人並下車俟其拉動再登而馬之矇朧如故安步當車幸不甚遠

十二日壬戌陰劉偉臣陸壽峰獎摺巳回各換頂戴昨梁蓬雲書言金山華商公函詆鄺其照又頻詢墨西哥通商事有欲先往購地者不識確否也

十三日癸亥陰晡後外部來訪閽者誤以出門御之殊謬晚赴前總統覇拉度宅晤副外部託之道歉

十四日甲子陰前日總署公函拳拳於朝鮮遣使一事春暮余咨請北洋詰問韓廷此文當達署也韓爲中屬其與美立約時巳備照會聲明其詞曰大朝鮮君主爲照會事竊照朝鮮素爲中國屬邦而內治外交向來均由大朝鮮國君主自主今大朝鮮大美國彼此立約俱屬平行相待大朝鮮國君主明允將約內各款必按自主公例認眞照辦至大朝鮮國爲中國屬邦其分內一切應行各節均與大美國毫無干涉除派員議立條約外相應備文照會須至照會者右照會大美國伯理璽天德

大朝鮮國開國四百九十一年即光緒八年三月二十八日錄之以免遺忘昨閱中葡約本御無中國設領事於葡屬之條將來有須設官之處恐蹈小呂宋覆臼耳海外屢擬斫鱠而味魚不易料物尤難徒縈秋風之思此間華人最多且能種蔬果萬物咸備但欠鞠華耳晚令庖人切之腹腴香飯各極其妙

十五日乙丑晴粵俗盂蘭盆會風尚已久猶是佛氏輪迴之說水陸道場糜費不惜金山華人時復爲之祕寓尙無此舉近日英智輪船公司闘捷各減水脚華人歸

里頗多晚與祕前總統會於法商家老屋垂五百年無風雨飄搖故能耐久樓中陳設華麗有藍緞白花繡模長幅雅飭可觀云自吾華定造有目共賞之作也華商若能多辦此種綵繡運銷歐洲商務應日拓矣

十六日丙寅處暑陰美署隨員許靜山與錢涵生同里閒函述涵生生平甚詳並欲余函託北洋爲之表章余昨已具疏矣語曰一死一生乃見交情

十七日丁卯晴市賈出售人魚乾頭面眼耳鼻口齒髮皆具兩臂屈伏十指有甲胸前脇骨稜稜宛如骷髏下半則鱗甲尾翅依然魚也索五十金湘浦疑爲僞造吉祥謂曾見諸滬上茶館似吾華亦自有之價昂可不購矣古巴領事署五月二十一日移寓租錢歲省三四百金湘浦以舊署爲最吉受代日諄屬毋遷移頃函止之已無及矣

十八日戊辰晴烏拉乖開國之日循例升旗由領事差賀該國向無使館只設領事於嘉里約偉臣尙有往還南墨洲民政總統率四年一易且有未及瓜期而先謀爭奪者咸存五日京兆之見絕不爲公家籌久遠但使私橐旣充則去住自如退位後輒攜家作歐洲之游闔

洲風氣略相似然視祕魯猶小巫之仰大巫

十九日己巳晴有美國人假公家花園演氣球觀者人各半元訂三點鐘往觀音樂喧闐男女雜遝因登博物院樓以便憑眺美使夫婦子女已先踞一窗正與氣球相對將五點鐘氣球始動離地不逾丈左右旋轉略如醉漢行路倏而欹倒觀者大譁遙視美使遁矣演球人謂煤氣不足故不能升球下所置鐵管入地當不甚深意必與他處機器爐埘引煤氣何至如是窒滯或曰月

日再演多收入門票錢此說近之間詢林和叔敢搭坐否林言往在巴黎屢屢乘坐不覺其險記一次氣球既升有女客忽然生子咸倉猝無措球又不克遽落適同坐有醫士爲之接生坐客各以手帕贈之拭穢此子生於空際五行不知何屬日者推星命何處著用神西俗奇事直多意想之外此間氣球咸不敢坐演球者亦不肯搭坐

二十日庚午陰昨登博物院樓空諸所有牕槅承塵類多塌陷祕廷亦無意收拾也法經德破後卽重建一大

戲園窮極奢靡以維繫人心此種舉動固非祕魯所能望其肩背美些島華人稟訴元日升旗爲地保所扯乞詰問祕廷詢之湘浦謂祕外部已將地保斥革另備鼓樂爲之升旗而諸華人謂祕國會因誤拉法國旗罰賠五十萬金欲援以爲說西例國旗甚重然有官商之別祕政如是猶能爲之索賠耶既經參贊辦竣自不便再給外部照會

二十一日辛未晴吏部文各口董事三年准照尋常勞積列保庶與隨使各員有區別仍須先行咨部立案因日館保案吏部復奏應准應駁各員而伸明其說

二十二日壬申晴陳藹亭稟古巴舊署滲漏壁已裂縫房東不肯收拾不得已而遷居又代譯巴西舊約本嘉士馬兩案祕外部復文照辦

二十三日癸酉晴祕俗汕打羅利神誕放假一天神爲祕國女尼距今三百六十年矣舉國奉事惟謹祕總統率諸部臣赴教堂頂禮獨示優異美國人今日三點鐘復放氣球不收錢且先質千金於街道廳又將前次所收之二千餘金並以爲質若放不起則以此示罰兩點

半鐘往觀行不半里沿路延頸以望巳口講指畫卽停車仰視球果升矣球旁字母歷歷可辨又時放碎紙大約弄球人自誌所升度數也風定球行甚緩旋至公家花園猶見之五點鐘回寓遙瞻天際則不知何往矣園中遇華商王運佛山福祿里人余任西樵人自言屢欲來謁恐爲閽者所阻因前數日有習西教之華人饒竹筍至署不納云晚赴祕紳霸沙葛烈地公會總統在坐

二十四日甲戌晴昨日氣球三十里而墜弄球人甫至地忘記撤氣管球仍上升追挽不及至於巓隕自傷頭

顱球之工本須三千餘金局外方爲之歎惜旋知爲山誕囉薩糖寮所得仍還之弄球人尚不致得不償失要之此人此技總未精熟洋員杜嘉兼使領兩署之差巳月加四十金頃參贊又爲請益洋員不減薪巳慮署駁若請加則尤違署章

二十五日乙亥晴陸壽峰以鴛鴦宜福館吹月詞爲贈陳文述之裔宜有雅音琴師嘉士丹耶特曾游吾粤四年學爲粤語及其返也聘粤人教習來祕可謂專矣閲二十年猶未盡忘一齊衆楚原非易易

二十六日丙子晴米些埠華人升旗之事湘浦初甚憤其貪妄繼念其專足來署須四日火車程爲途甚遠因爲書促該埠代理領事麥克孥而堆轉促福甯知府查照外部前文辦理此函即交來人帶去倖臣今日赴嘉里約閲視養濟院諸暨廢華人不失仁人之心午後王運余任來談甚久詢其來祕之初王舟行三閲月余舟行五閲月同事九人死其七大都患脚氣余任抵岸時亦脚腫至臍幸年齒尚幼得以醫痊遠役異國夫豈浮粱茶賈比哉

二十七日丁丑陰祕魯代理領事三處嘉士馬埠爲祕人嘉黎盧米些埠爲美人麥克孥而堆介益地埠爲江蘇上海人徐雲高出來久矣華人散處各埠既不能隨地設官只可派人代理亦省節經費之一道

二十八日戊寅晴香港包攬華人出洋之局包至檀香山者每名九十元檀島關吏作僞先將假照售於駐檀華商寄回香港售賣華人不知底裏誤買此等僞照及抵檀島不得登岸其愚可憫現經董事程汝楫駁辦關吏巳革此種影射之技亦窮程汝楫稟請劄飭金山領事轉告東華醫院遍貼長紅知會華人毋蹈前轍自貽伊戚包攬局之害流弊不僅舊金山

二十九日己卯晴寓祕同邑人擬建南海會館工商各捐一月薪工余亦捐俸一月聞前數年曾集得七千餘金購一地段此時興造不易出脱又太喫虧只可作爲會館公產不致湮沒可也同邑翰林譚叔裕揚馬淵雲之流屢掌文柄忽得京察遂鬱鬱曾牓其門曰未知肝膽向誰是自坐迂拙非人擠逾年擢雲南糧道益非其志過津門時留書告别余蹙爲書慰之頃得粤書竟

旅歿南甯可惜也宦海升沈原無定程牢愁抑塞徒自損耳孔北海謂若使憂能傷人此子不復永年矣西俗食水每從湖河引至都會市鎮之區建屋蓄之其法用砂隔去渣滓水味自清居人用鐵管分引樓高數層亦能汲到庖廚盥浴皆取給焉間爲皮管套搭以灌漑花木室中穢物別有管流送於河不相雜也水質清濁視其地氣祕都雖陋而水則勝於美都

八月初一日庚辰晴初擬取道舊金山回美以避巴拏馬瘴氣而船小又多礁石只可重尋舊路已定船期午

訪美使告以本月二十一日返美仍取道烏約請亩達蚆蝢行知稅關

初二日辛巳白露陰進齋電美議院未散藏於英國新聞議紳聚訟立例凡華工回華者不准再來即電署一百一十七字美政決於議院間年爲長議八月未散則罕見也

初三日壬午晴今日耶穌母馬利亞生日祕都放假一天郊原賽馬具柬相招日晡塗遠不願往也晚至琴師寓茶話琴師以琴爲業弟子數百人但與指撥祕不一彈今晚特爲余奏技且能爲華調或以聽者非能審音不妨示人以璞

初四日癸未晴祕都街道純是碎石砌成車行甚喧婦女亦可溺於通衢尤環球所獨鄉約局收馬車稅每月十金索及坐車譯官詰辨乃免往在日都下車之始日廷即以車牌爲贈雖極喧雜之地舉牌示之無不避讓持較祕魯優劣爲何如也晡時拜客至一律師家新居華煥結搆甚佳詢爲暴富者去年爲人包一田園案得三十萬金遂大興土木不圖祕魯有此巨案

初五日甲申陰進齋電復以美總統慮拂衆議議院新例畫諾無疑外部無能爲力云新約本爲遏議院苛例而立外部初意亦欲力顧邦交而不洽美西各省之心受謗不少今者議院不俟此約消息而自立例外部乘機脫卸稍縱即逝矣善後無期可勝憤懣即電諭金山華商

初六日乙酉晴劉湘浦等保案吏兵兩部均覈准絕不駁改一字部章吻合歷案所無總署寄到中葡新約刊本室司住址單

初七日丙戌晴祕都極熱而水質御佳磁碗泡茶隔宿無水漬物價不昂魚尤肥美本日照會祕外部以回美之期湘浦同行留和叔代辦日使西移同舟共發

初八日丁亥晴粵人所製月餅鄉味不改然過食總非宜也南海會館供奉南海神爲撰一聯曰星氣絳霄澄抗古衣冠光四裔鄉心明月共賽神簫鼓似波羅此種酬應近復不免日晡至公家花園乘小舠蕩槳於巖石曲池遇義大里新公使復登茅亭遠眺山翠凝几雲氣霞光相間下視英人球場方角逐鬭勝雜以胡樂繚繞

花間

初九日戊子陰祕外部照復余起程後認林和叔爲代辦且以余此來彼國君臣未盡東道之誼爲歉措詞甚圓到金山電復美例前月二十七日已刊布訟棍謂必不行行亦可駁民信訟棍商助官故求准新約晚得署電新約不過暫緩批准彼遽另立例違約背好應與力辦並詢目下情形即電美署查復此時准則衆論紛紜駁則自禁矛盾宕則美自立例總署亦頗難決

初十日己丑陰瓜搭梅拉國中墨洲境也領署所延律師即該國領事今日開國之期差片賀之日使遞國書前使量移希臘矣邑人羅傑自智利回述智利風氣略如歐洲南墨利加目之爲小巴黎華商御無甚利益該號售絲繡茶葉英商亦有運華物往售如該號者爭利之心英最擅矣西商近多狡猾躉製數簿眞僞兩本以備倒盤類此者數數見之關稅略輕於祕外埠五六處華商皆無分莊無業華民聚於該國約五百人所業極不堪而獲利頗易且無故鄉之思推此觀之若無限禁華人之令越數十年恐華人之流徙外國者不知凡幾

云羅傑此論聞所未聞要之華傭在外國有無形之利亦有無形之害此又非羅傑所知也

十一日庚寅陰進齋電美自立例議紳索雷爾力爭以爲太遠仍應由外部電田使問耗候新約消息余文摩根助之准十二日復議晡後答拜新日使並觀鬭牛局面自遜日國而人與牛鬭非身被重甲持利槍跨瘦馬與牛作惡徒殘馬命者惟操劍殺牛之技御不逮日人略坐數刻往訪前日使已移居俄人宅矣院宇雅潔且多華器銅磁雕桼數種皆不僞磁爲萬歷窯雕桼小屏

甚工緻背嵌螺鈿山水人物亦極巧前明物也銅鼎無蓋而腹有識子孫永寶用五字甚清晰餘亦可辨此鼎的是周器俄人謂得之日本其階下蒔花有高耳銅盤旁鐫松翠館三篆字則倭物也俄人往買於倭得倭器尤夥

十二日辛卯晴粵人多以香港不守爲惜而深怨葉崑臣當其事敗之日有樂府三章首曰葉中堂告官吏十五日必無事十三夷礮打城驚十四城破無礮聲十五無事靈不靈乩仙耶卦耶籤詩耶擇日耶次曰夷船夷礮環珠江紳衿翰林謁中堂中堂口不道時事但講算術聲琅琅四元玉鑑精妙極近來此祕無人識中堂本有學問人不作學政眞可惜三曰鬼礮打城破中堂書院坐忽然雙淚垂廣東人誤我廣東人誤誠有之中堂此語本無疑試問廣東之人千百萬貽誤中堂是阿誰三詩音節絶佳鄉人至今猶能記憶其時崑臣方信神仙羣情驚擾時猶差弁安慰城紳謂十五日無事屬勿遷移而自海口礮臺城內樓堞概不准備又有童謡云不戰不和不守不死不降不走二十四史翻完求如

此人沒有亦極切當今晩與鄉人會飲南海館感述鄉事因並記之

十三日壬辰晴進齋電議院昨又會議主不俟新約消息而自立例者人數較多已定議云即電復總署酌度義使遞國書後來拜未接晤適往智利使館賀其開國期也智利產銅甚佳然國令不願窮採與歐洲爭利恐致暗損前聞中國需銅暴長高價中國有銅礦而不自謀以致歲流金錢於外良可惜耳智利近營織絍特雇倭工二十四人往指導可云專矣智利婦女操工無所不有街車馬車多女工執御環球所無

十四日癸巳晴三點鐘往祕廷辭行先至外部小坐適智使爲鐵路事與祕糾纏稍待片刻祕總統殊有惜別意外部亦然旋至吏刑兵戸各部一談戸部赴議院未返餘均得晤又答拜義使

十五日甲午晴署中升旗賀節與同人周旋午後書楹聯十數今日爲西歷九月二十號義大里開國之期義爲君主只生日知會友邦開國之期不賀也義商寓祕者實繁有徒假公家花園爲會製小銀錢分贈會中人

花紋甚新閱甚熱鬧

十六日乙未陰祕魯鐵路事英外部專員來祕營辦願代祕償國債鐵路所入英七祕三而慮祕翻覆索稅關為質祕廷欣然而議紳未盡允智使又以鳥糞山事與英祕有轇轕此山祕久質於英及智破祕魯則又攫去智非不知此山已質祕則以已出之物聽容所為今以鐵路之役英允代祕償債不免重理棼絲矣然英非真為祕償債也但所有欠主均將欠項附入鐵路作股鐵路果暢强於了無歸結之期設不暢則兩失之欠主以

英為最祕假此事淸宿逋計亦良得議院之意蓋慮英人盡奪其國權害大利少自不得不躊躇也今晚林和叔假法酒館餞別法庖瓌球所推可喜者燒蘑菇一種而已席散至房東處話別間詢鐵路成否房東亦以不成為幸曩因梗議遂罷吏部之職故矢志不移祕魯國債已積至英磅三千餘萬實難支拄房東不主鐵路之謀殊有債多不愁之概子初地震不甚劇

十七日丙申秋分陰香帥疏禁美商火油入口否則另立專條加重稅釐請總署與田使訂議並飭駐美使臣與外部商禁總署函屬相機辦理惟查火油販運中國似宜由署檄行總稅務司查明每年入口火油幾何某關納稅最多再與該國商辦較有把握火油為禍最烈既傷生命又損生計能杜絕則大幸事甲申在都曾與步軍統領順天府尹言之自禁民間不用彼族故無可置詞也江皖湘粵行用已久窮鄉僻壤肩挑負販亦購以代菜苣等油流毒何有極也京城內外尚無此風預為厲禁或可消患未萌美為民政之國總統暨諸部殆無鈐制商民之權極顧邦交不過將來文送議院一議

而已美稅華物值十稅六極無理只茶葉無稅當時印度日本均未產茶非免稅無以廣招徠然有此大宗貨物免稅美遂有所藉口事非統籌不能透闢既涉外交尤當妥為收縱洪文卿函送疏稿大都抵任遞書及保奬舊員新調繙譯之件原無礙於示人惟以初抵俄時曾上密摺遂併祕之不沓會而鈔稿不願自亂其例云晡後至玻利非亞館言別玻使言此數日間該國總統爭立干戈從事不知機局如何甚有憂色南墨洲諸國類此殊不奇旋晤智使知中美新約齣齕代為焦灼祕

都駐使尙有氣味今日拜客十九處甚疲茶祕紳有新婚者請往觀禮晚八點鐘偕林和叔至教堂坐客已滿少頃男婦兩人吾華所謂全福者導新郎新婦至神堂前跪聆教士說法教士贈新婦約指一枚爲值甚微新郎畢聘錢爲禮新婦接受即以予教士視其家之貧富無定數亦視教士運氣焉已教士宣講畢新婦起立新郎掖之出無假他人牽挽也新婦白衣白紗蒙頭至足從兩小鬟衣亦純白西俗以爲吉也客至其家始與握手致賀此間教堂偶像甚多西人亦不盡識大都耶穌

故事

十八日丁酉陰祕外部照轉吏部文嘉士馬埠訛禁鴉片之案實有不合已令弛禁妥立章程通飭各省云前日外部閒談謂祕人近多嗜此於關稅入口徵之然彼族不禁也午後到外部宅辭行晤其母又訪前駐華公使愛立謨家毋病漸愈乃姊屬回美時告愛立謨以一家平安所以慰遊子者意良切也隨至諸按察司家皆得晤別

十九日戊戌晴中西殊制每事相戾惟倫常則父母稱謂物性則松柏後凋雜器則博局骰子中西一致莫之爲而爲者歟祕都之東有高山曰馬杜干那計高英尺七千七百八十八尺再東曰志葛拉計高英尺一萬三千二百二十尺絕無風景陡峻而已鄭光祿曩駐祕都登山未半而神色頓變汗出如漿病憩山店進齋尙能遐眺陸壽峯則委頓矣以山太高鉀養氣不足故也鄭光祿坐是得瘫瘓之證容蒓浦曩登茲山口鼻出血而返華人稟賦固與西人異也仲蘭日處不汞年求歸甚切猥欲往游兩山誠奇想矣連日送行之客絡繹均謝

卻晚飲法國酒館晤意使巴西代辦美參贊之數君皆不自爨在此搭食撙節極矣甚非華官所能也今日蔵薛曇士神誕祕國放假一日祕總統率諸部到教堂頂禮相傳神爲處女素佩耶穌又與耶穌之母善卒登天堂云

二十日己亥晴中國士大夫留碑識於泰西古未曾有光緒六年黎蒓齋在英爲卜來敦記曰卜來敦者英國之海濱歐洲勝境也距倫敦南一百六十餘里輪車可兩點鐘而至爲國人游息之所後帶岡嶺前則石岸嶄

然好事者鑿岸爲巨廈養魚其間注以源泉涵以玻璃四洲之物奇奇怪怪無不畢致又架木爲長橋斗入海中數百丈使游者得以攀援憑眺橋盡處有作樂亭餘則淺草平沙綠窗華屋與水光掩映迤邐一碧而已人民十萬櫛比而居衢市縱橫日闢益廣其地固無波濤洶湧之觀估客帆檣之集無機匠廠師之興作雜然而塵鄙也蓋獨以靜潔勝每歲會堂散後游人率休憩於此方其風日晴和天水相際邦人士女聯袂嬉游衣裙雜襲都麗如雲時或一二小艇掉盪於空碧之中而豪

華巨家則又鮮車怒馬并轡爭馳以相遨放迨夫暮色蒼然鐙火燦列音樂作於水上與風潮相吞吐夷猶要眇飄飄乎有遺世之意矣庶昌至倫敦之次月富紳阿什伯里導往游焉即歎爲絕特殊勝自是屢游不厭再踰年而之他邦多涉名蹟而卜來敦未嘗一日去諸懷其移人若此英之爲國號爲盛强傑大議者徒知其船堅礮巨逐利若騖故嘗得志海內而不知其國中之優游暇豫適有如是之一境也荀卿有言樹國惟堅凝之難若卜來敦者可以覘人國已黎庶昌記鳳儀譯文光

緒六年七月勒石已初得署電田使來詢約款准否答以三端一年期減少二約前回籍之工三千金以下之財產田以電外部未復云晡後答拜英國鐵路委員晚赴永安昌與諸華商別又至前總統霸拉度家茶話子初返寓

二十一日庚子晴晨起早飯十點鐘登車華商送者數十人李傑代檢行李最得力總統派軍官到舟中送行智使巴西代辦法隨員兩人均到日使柯希特先登舟安頓既妥往與周旋三點鐘展輪

國旗高懸風浪平穩

二十二日辛丑晴早飯後泊薩鎊猾兒地島即杜希猷之海口也華人兩名來遞呈一東莞一新安詢其呈稟之意乃茫然呈內有近扣工資每元五毫之說應予查理餘皆老生常談也船頭官來送婉謝之並託代達外部晚與日國水師兵官卡多那手談十一點鐘睡

二十三日壬寅晴檢繡畫縷絲銀籃贈日使誌同使同舟之雅午泊派伊特前寄徐進齋書之地也船泊中流爲時不久售物者不獲來此出祕魯境矣

二十四日癸卯早陰午晴泊惠愛磯錢涵生旅殯處感悼何極鄉人潘節之來言錢柩回華時所需各費已由楊建勳開發清楚詎此五十四日猶在涂中也潘又言前晚地震約十分鐘室中簾樹鎖鑰自開屋亦搖搖欲墮爲時既久勢亦甚烈每年一度但難定准某季無緣移避南壘洲人尚以惠愛磯爲極樂世界果何所見耶中華會館餽波羅椰子納之

二十五日甲辰晴西人禮拜仍上下貨物此間西例不嚴也跟役阿發購得海蟹數枚兩螯八爪無異華產惟殼如霜柿爪如胭脂未熟而本色如此覷鳥豹之軟殼者又別有致有魚盈尺躍入舟中汪九得之欣然以獻略如衛河之迴網頭扁鬚長無鱗而力甚猛今日爲劉湘浦生日因令放之中流飯後爲日使畫山水册一幀船將啟椗子剛在牕外絮聒因黑僕登岸未返也平生不耐者聞俗人談雅事聞貪吏述政績聞村夫作官會音入夜北風頗搖

二十六日乙巳晴晨起風漸小中飯後仍能手談有英人作賈於惠愛磯者昨美領事黎士璧介紹來謁該商

現辦厄瓜爾多國鐵路自惠愛磯至該國都城僅三百餘邁而山路崎嶇若無火車只能馬渡向須八日程有鐵路則兩點半鐘可達出觀各圖尚精細晚餐後船主述英國近行火葬之法省卻身後無數煩惱此法本於佛國近日枯僧茶毘欲求舍利徒存其說而已祕魯則穴牆而厝不知馬鬣爲何狀殆終歲無雨故能久支亦各國風氣之別舟中飯罷就飯桌吸煙婦女不避者亦惟祕魯至巴拏馬船能之他處幾如厲禁

二十七日丙午陰雨劉湘浦謂寓祕三年久無此境午後風甚緊舟行顛簸天氣漸熱有黃雀一枚飛集船檣大海汪洋船主亦不解從何而至鄙意衡之或是化生之物

二十八日丁未晴未申之交抵巴拏馬島泊定乃大雨旋輟旋作入夜不止熱不可耐日使謂往在中國曾閲六經惟易最難詰余謂不外理數象三者理則隨人學識而悟淺深數卻實有可徵精之可以前知即射覆藏鉤之微亦皆有驗象則聖人因之以畫卦亦確乎不拔者也日使謂飛龍潛龍之義西人實難索解殆亦略問

中學而未得門徑者歟

二十九日戊申晴熱甚巳初美領事來促趁潮登岸否則踏行泥淖甚不便紐阿連船期無定仍坿哥浘船至烏約明日即開行云當與同舟人言別飭僕從檢拾各物犒賞船上侍者水手正欲起行日使爲公函贈船主述其好處屬署名又復少留船主自駕小輪親送登岸美領事導至永和昌子剛押行李先赴哥浘本擬即晚乘車去火車公司已備專車相候矣因巴拏馬諸華商謁留一宿亦須回拜美領事遂仍寄搨蒔客寓夜雨連

宵氣候益壞客寓奇熱勞頓之後幸能成眠或言此水逐日見山雖失事亦有可依傍不知有山之處暗礁林立每出入口則暗湧不止航海條規出入口係船主專責船主以此水爲最難云

三洲日記卷七

南海張蔭桓撰

九月初一日己酉雨晨起八點鐘美領事來寓同赴火車因頭眩不獲遠送令伊子代行涂次停車十七次又分車頭牽過高山遂多走一點鐘抵哥浘方下行李未半而風雨暴至衣箙不免霑濡矣哥浘華商李乾初鶴山人遠賈南花旗逾十年矣其居在佛山殆近鄰也烏約蓮芳公司陳伯旒已寫定船票船公司以美例近禁華人入口遂將船價還之不肯搭載陳窘甚余令譯官

與船主辨論以此等華商原有任便往來利益豈能不載船主謂作爲公使跟役則無不可旣籍票矣余終以華商本可任便往來不應改易名目隱似公使庇一私人復令譯官重與申說乃就範而此華商其形狀衣履又絕類華工美例固不憒而華人在美工商無別亦難爲之設處三點半鐘展輪五點半鐘晚飯睡至九點半鐘起而覺餓嚼紅綾餅一枚

初二日庚戌晴廣東生齒日繁產米不敷民食間遇偏災即告糴廣西又苦灘河難運阮文達督粵時弛洋米

入口之禁鄉人賴之又建學海堂課士經術詞章咸有成就遺澤孔長其時學海堂上梁文爲譚玉笙手筆以梁卵梯黃對虹枌藻棁梁从木梯从木當係傳寫之誤梁卵娣黃出龜策傳豈譚玉笙未之見耶今日風浪平穩舟行七百九十八里

初三日辛亥晴熱甚晚飯後眉月初上銀雲欲涼來船鼓浪而過亦美公司船也彼此放氣筩相應今日舟行八百七十七里

初四日壬子寒露晴晨度古巴諸山晚六點鐘至例泊

寄書處塔鐙遠澈船仍駛遙見船桅一鐙不辨爲何船也船主放號火三次三色此船亦同放一次海風浪浪氣筩不相聞者則各燃號火航海恆規也十一點鐘又遙見一燈疑爲來船子剛以火有明晦決爲塔鐙若船鐙則一光而已船行近果爲鉢洛島譯言烏巢

初五日癸丑晴熱甚竟日不見山湘浦述其家藏端硯一枚琢爲琴式硯材絕美有氷紋七條鸜眼十三恰符徽軫之數先世當乾隆時開坑所得子孫永寶載諸縣志湘浦之族逾二萬人已極蕃衍又藏茲佳器宜膀曰琴硯劉家

初六日甲寅陰雨晨起雷聲甚烈舟行入熱綫度雖雨猶酷鐙後大風船極顛簸莫力侯嘔吐狼藉夜雨不輟房艙亦漏然視烏鉢船差勝矣屢聞船蓬放氣筩昏霧四塞也風雨交至又值大霧行船極難全恃船主穩練耳此船主由水手遞升垂三十年來往此水一百八十三次船小且舊而坐客安之

初七日乙卯陰雨風浪極大早飯懶起中飯兩餐猶强食顛簸之甚刀匕杯盤皆傾倒飯後閒談胡牀亦倒船

主言六點鐘必有北風相激浪益豪宜戒備居時忽見星月霧雨並散偕湘浦登柁樓看月則西南風也船且張颿哥浪美領事日再閱三點鐘則熱綫過盡可以出險明當陡寒蓋抵美境也舟有嫠婦十指只存其三貧甚諸客憫之爲集票分鬮得采者取回十金餘概予之余適獲雋盡舉以贈合之得百餘金

初八日丙辰晴西北風略如吾華高秋天氣船亦稍定矣舟中一糶粃者係義大里人手刃刖船大副因執解回美定罪以船爲美船然大副亦美籍哥浪領事押解

以行舟中供頓而防閑之閩海船行兇按美律尚可減較陸地爲輕云今日兩點鐘船主盡將行客衣篚放入大船用藥熏透乃准起運登岸慮巴拏馬瘴氣傳染也夜月半規海色蒼涼帶水人來導引入口每費百金以柁付之如瞽者之相

初九日丁巳晴乘曙光起日將升矣景象奇麗五點鐘小食後醫生登舟驗視無一病者遂無留滯忽烟霧迷濛對面不辨船主頻放氣筒不敢急駛至九點鐘時乃見石人像過此則天氣開霽矣稅關來查頗於華商陳

伯旒有難色譯官詳與言之乃無異詞船即抵岸計程六千五百二十四里半徐進齋等自華城來接傅楙元顧少逸並在馬頭相迓同至領事署少談而散進齋留述別後各事曾照會外部以余將返美重訂前約外部照復但將總統批例錄送祝余平安他無一言隨閱美例較前約加厲矣可憤又聞初三日張東岩病歿古巴此行僅五月而失兩人可勝痛惜幸楊建勳已於本月初四抵滬錢涵生旅櫬安歸矣進齋爲傳顧兩員借支薪資征颿甫駐即須會計自乏肆應才奈何電北洋達

署代奏自祕返美日期並差期將滿求署先期奏換

初十日戊午雨晨起電金日兩署旋閱總署函新約正在具疏因北洋電阻又資送商稟屬以妥籌此時美例自行前議民謠均成畫餅

十一日己未晴劉芝使函商請代之事作何辦法當電復以業電北洋達署先期請派云粲遵雲電商新到華工登岸提訊未批乞催外部又華工四名自金山繞道英屬堅彌地省來烏約爲稅關扣留欲回則英屬索人稅各五十金進退維谷此項華工本有美關護照且在

美境不應阻攔惟繞越英屬則美有詞該工稟求領事當爲設法

十二日庚申晴照會美外部返美之期蓬雲電言美例決難駁覈謂例必不行行亦可駁係藉訟圖利輩惑民之語云仲蘭先返使館當檢日來文牘令帶回分別辦理滬局包封遞回摺子

硃批欽遵恭錄咨行仲蘭返美後歸思頓萌總是客心未定耳劉芝使電已咨署請代或可同行

十三日辛酉晴晝圖主人約觀新畫耶穌釘十字架之

景紂絕陰天極愁雲慘黯之狀架旁跪一少年娼云係娼妓佩服耶穌因而改行故於耶穌被刑時哭泣而送之此娼續亦爲神云此畫工本十萬金觀者人各一金早八點鐘至夜一點鐘歲獲亦復不少議紳灣克約乘船游觀海口不果往

十四日壬戌雨容蒓浦來談允就博文書院席而不願教讀但願總其大成專力技藝一事欲兼帶兩學生而此學生又須津門領給一年薪水俾在美卒業乃行

十五日癸亥晴張東岩枢如何運送取道巴拏馬徑由

水路抑運至鳥約附火車至金山附船電陳靄亭妥商辦理身後一切均准作正開銷梁蓬雲電海上華工案提訊不直擬上控美都又寄到商務芻言力沮新約不遺餘力特廢約後如何補救迄未思之耳又纏言華工在外洋傭力較中國獲利數倍會計而衡量之合一年運回中國銀一千餘萬又言出洋華工多不逞聚則爲盜髮捻之前車可鑑云展轉傳播惟恐其說不行設西人譯作洋文流布各國則益堅其拒我之志華工獲利之厚西人久已妒之何可復爲表曝即無賴之徒謀食海外若盡數歸國則爲地方之累余初抵美時曾密疏言之矣然此豈宜布諸新聞授人以柄耶他日英國挾此爲言恐總署亦無以自解蓋未有廣驅醜類入他人之國而自謀利益者跡近壑鄰雖强貪之國亦難自圓其說

十六日甲子晴新約既廢署禁亦可不算宜乘機結束因電署一百四十七字並請撥經費若署章收回此間詰駮更無罣礙外部前月接田貝電述署意添商三端虮蝢衹復以來電收到未贊一詞美廷已決意行例姑

令田貝一詢總署以自文飾焉已鳥希濱律師阿盧來謁爲陳善昌求情呈出陳善昌所致華洋文書函

十七日乙丑晴昨夜霜重天氣稍寒午後灣克約仙打圓嚐鮮蜆味遜鮮蠔較難消化蒓浦將代擬新聞稿寄回博文之席又不願就

十八日丙寅晴鄭光祿照會美外部請以巴拏馬美領事代理華人事係光緒十一年七月二十三日行文美部復准係九月十七日巴拏馬文武官復准係八月初八日惟美外部文內援美例美籍官不准兼充別國職

任亦不能收受薪俸既為美領事即不能盼可俞比亞國復給文憑認為中國領事不過中國現未設官暫借美領事轉達之力遇有華人呈請之件代為出力而已至於哥浪華商損失索賠之事即援美例亦不以領事為索賠之官美遇此等案皆專員辦理美領事只能代討别國人同有之利益不能代肩索賠之任亦不能指實失數云至巴島總督復美使文有美領事代為照料華人甚為欣悅之語其如何權利亦未詳言也子蕃函述東岩彌留時屬將積存薪俸交其母妻愼勿交其昆仲

十九日丁卯霜降雨滬局包封總署函件署意亦慮此約不行或别出事故屬俟英國禁議之請果能再行函知有所依傍刻晤外部宜設詞緩之云署意極愼無如美竟廢約行例何哉署函八月初三日發朝邑不列銜想已開去一切差使矣邸鈔朝邑摺子有在告日久本可有可無之菲材數語證諸年來際遇似非然也

二十日戊辰晴古巴巴拏馬有華人二十名回籍道出金山稅司不准過船逢雲電控戶部得直推此以駁新例或有轉圜時也前滯留英美界上之華人四名易希梁准稅關復電係由波士頓蝦咪河詩家谷三埠首途均繞英界而抵美境美例以為出境矣領事料理殊費唇舌外部照復回駐美國之文又請嚴收賠款

二十一日己巳晴總署電詢美廢新約不允再商有無明文速復以便具牘等因當擬復之明晨譯發

二十二日庚午晴科律師來晤與論美廷廢新約行新例未免太不顧邦交科言總統批例之期只十日過此不批議院作為已准不候之矣否則批駁然當總統更替時其肯拂衆心耶議院之意則疑總署與余串宕久候則華人乘隙紛來因毅然自為厲禁叩以美廷此次立例究以某年約本為憑立例而不根諸約本則何事不可設自立一例盡殺華人無噍類總統亦將准之乎科謂此皆遠道迢遞之誤余言總署亦謂略有斟酌暫緩奏請並非駁煞也迨院例已呈總統田貝復詢總署准駁消息總署即與添商三端並無非此則新約不准之語乃田貝電美後總統即就此三端層層披剝遽廢此約不允再商豈人情乎若慮華人乘隙紛來盡傳語

公司船俟定約乃載華人固非難事何必作此拂理之舉也科謂總統若透悉此中底蘊決不速批現在賠款照繳似仍顧睦誼宜即照收余謂美廷近狀如是區區賠款尙岌岌收受乎遲日當擬一照會請代訂政詰問虮蟆科唯唯爲言英使威士貽書寓美之英人助南黨此書漏於外北黨因憤憤南黨亦不憚意謂南人歸南無假他國助力威士恐不能久於美云晚赴格總統夫人之會子婦四人楊約翰士丹佛夫婦均在坐余偕子剛往赴席間楊約翰潛言美約中駁美例自行各事已必有自行悔悟時刻宜勿露聲色照常辦事照常酬酢頻爲中國助力現當美廷易統時無從著手總統位定

爲是斯言近理因詢士丹佛近日仍用華工否答言現尙三千餘人此中爲難處驟難剖說總是士雕鶻作祟致此牴牾席散後談至十一點鐘各別去

二十三日辛未陰英使威士函護南黨之事北黨持以爲今總統附英之證否則英使不如是擁戴也今總統無以自明虮蟆函詢威士此函確否威士答曰有美即詰問英廷又電請英廷易使無非南北爭立之見本日總統在烏約登臺講說亦及其事且謂三十六點鐘後英使去留便見分曉又言北黨喜華人南黨不喜如附北黨即不能拒華人云華人寓美十餘萬竟不能自成風氣徒爲南北黨爭立時作一關鍵可慨也

二十四日壬申陰午間草疏一摺兩片恭報自祕返美情形爲張泰請

卹典巴拏馬島酌派董事各一片

二十五日癸酉晴問雨兩日忽逢霽色午後度鐵綫橋答拜提督阿傾便道鉢崙園臨水靜坐林木將赭鳧鷖出沒涼波天氣甚清樹後一方亭中藏酒家巡捕導往

薄酌禦寒連日氣滯胃痛肝氣復發醫生屢勸游行強於服藥惜烏約可游之地不多

二十六日甲戌晴藹亭電東岩運柩事美醫局已准入口惟火船公司近不發華人票無論官商須與再酌云當復以查取不發照憑據以便詰問外部晡後往唁灣克丁艱灣克他出乃郎親到車前道謝西人無苫塊之禮母喪未殯照常奉公灣克爲北黨有力人此數日間糾合爭鋒一息不懈

二十七日乙亥晴英使之事英竟俯就美國另派使者來替已足以謝美矣美外部昨又致英使一函附以護照所以逐客者誠亟美於此事愈著力愈以明其不附英以免北黨藉口也英使極穩練使館相近往來最密有此意外深爲惜之晚九點鐘南北黨各列隊游行和以軍樂相値於涂因而互鬭傷二十五人

二十八日丙子晴寓美華人各聯宗盟以結黨與咸謂前總領事憤三合會之狂妄而權力莫壓遂語鄉人自立堂名毋蹈覆轍微寓合縱連衡之意於是劉關張趙

四姓援三國演義而自爲龍岡公所牓曰名義堂已覺遙遙華胄矣有高姓者約百餘人自爲一堂供奉高柴蘇姓一堂約百十人供奉蘇軾曹姓百十人供奉曹植眞可發噱

二十九日丁丑晴金山臬司批海上華工不准登岸案判甚長本月十四日北京船來續到華工百人稅關仍嗔令回華香港包攬局只知人取百七十金及不克誕登而回索押頭錢則又支吾不予鄉愚無知被害殊慘此船經領事與臬司辨論得上岸者五十六人美廷廢約行例之始自必加酷無論如何訟爭恐驟難取贏連日氣滯不舒美廷易統之際是非甚多總宜退避因如醫生之言薄游哈佛訪容蒓浦四點鐘登車適與布瑣値車中可免寂寞六點鐘經鳥希濱就後車晚飯飯罷即抵哈佛矣乘馬車至蒓浦寓樓下榻

三十日戊寅早起憑窗退矚風景淸涼無城市氣無車馬聲大可習靜早飯後陰雨至晡北黨擬今日合隊因雨而止檢金山臬司判牘及陳善昌控案洋文屬蒓浦譯說晚晴甚佳夜大風林木振響星斗澈霄明日意必

無雨可跨游車蒓浦爲購銷滯藥水飯後吸半匙仍和水加糖頗有效

十月初一日己卯晴都中
頒朔之期春間疏請憲書六十本已蒙
俞允道遠不知何時奉到早飯後偕蒓浦湘浦赴花門頓就客寓午飯前年柏立避暑處也沿路所經山湖三疊澄泫鑑人長林已霜孤松特翠迴鑣暮矣散步園外殊有桑者閑閑之致蒓浦尙於鐙下課子以英文譯臘丁文兩子極俊且勤以貌取人當係華產

初二日庚辰晴蒓浦偕訪其鄰人看菊幾二百種主人只一子夏間乘獨輪車顛隕西俗每令童稚習勞而往往有慘事今日北黨出隊觀者甚衆此數日間南北黨爭立稍有關涉者即招口舌英使談涉其事至爲美逐壘使亦有類此一事乃直答以公使不應干預而將來往書函並送外部論者嘉其有識余謂此等書函駁斥之可耳必送外部未免過於見好

初三日辛巳陰假蒓浦騈字類編一部聊供獺祭哈佛藏有此書已出意外蒓浦謂天一閣書籍間存倫敦書

院索還則難若假以翻刻則無不可云十二點鐘附車回烏約蒓浦相送至車頭匆匆即返蓋南北黨投籌之日也北黨人衆何差蒓浦一籌承檢池州鉛礦質交余融化不知成色何如三點半鐘抵烏約天氣晴煦各黨投籌電報絡繹又於五大街設高臺用電光映照各路籌數賣新聞者紛擾於涂富家巨室大爲酒宴廣邀同黨以聽消息

初四日壬午立冬晴梁蓬雲來言華人樂美新例意謂總統苟易北黨則新例必不行殆非眞樂之但冀其不行耳頃美總統已舉定哈利順北黨也或當別開生面午後徇北黨之約爲鉢崙鐵橋之行北黨得意時所遇皆北

初五日癸未雨游員請借薪水瀝費自本年二月起至明年二月未抵美以前旣離美以後均由美署應付殿與署奏暫在各使館借支之意微有未符因電署請示且及美廷舉代事共四十四字

初六日甲申雨美廷易統之際兩黨門戶之見益牢各省投籌均以該省人民之數以定投籌之數惟華盛頓

都城不在邦屬之列故居民不預投籌定例然也前晚企俚扶輪約各部眷屬在美宮候信子丑之交知北黨多六十七籌索然而散

初七日乙酉雨總署撥匯使費二萬兩並屬將游員借款扣定應支之數隨時酌給此間使費旣絀游員舍此又別無移借處查照署奏只合籠統借支無從扣定款目借過若干應由總署扣算

初八日丙戌晴使費支絀合之存項不滿三萬金距差滿之期尚有五月豈能無米爲炊假之銀行卻非所願

然門面又不得不支持所有六署房租洋員洋僕薪工設薪子勢必播諸日報貽笑外人故當先其所急至參領各員冬俸只可暫停俟差滿回華總署當必補領然此數月間總署若無續撥之款則各員歸裝無著其將餐氊殊域乎抑株待後任乎去國數萬里頗費躊躇年來磅價騰貴每庫平銀一百兩僅易美銀一百零九元或一百十一元外洋日用飲食無一不昂隨使各員俸薪減成已有捉襟見肘之勢當紛求奏帶時更不料有今日之境又況涉歷風濤蒙犯瘴癘鑒於錢涵生張東

岩前轍何堪設想也陳副憲任內磅價每庫平銀一百兩能易美銀一百三四十元鄭光祿任內磅價漸高始則有陳副憲移交之項續則商虧賠款抵撥之項銀價均不喫虧然則隨使風味亦有幸有不幸視乎其時而巳此中情形當詳為總署言之

初九日丁亥晴烏約菊花會主人合十二種為一盆以贈大者如盆盂佳色可愛擬攜回華城火車無安頓處遂轉以贈人午飯後正擬登車格總統之子來別旋即就道九點十二分鐘抵署此行逾半年矣

初十日戊子晴率從官恭祝

皇太后萬壽游歷兩員隨班行禮早晚為酒醴相慶殊方食品無以娛客宜灌夫之數數也鄰人知余返署頻來問候且有餽遺因答拜之譚臣來訂後日五點鐘觀傳話機器

十一日己丑晴傅楙元所示米西斯比河考河源甚詳治法稍略顧少逸日本新政考二卷所述日本有海電通至香港上海新架坡舊金山琉球殆誇誕之詞日本水電接至香港皆他國商人營辦更無水綫達舊金山

此時金山傳電仍由旱綫至烏約渡水總匯於英國倫敦與日本無預也去年檀使方欲聯中美日本檀香山製一太平洋水電費巨無成乃謂日本有海綫至舊金山抑何可笑海外記載宜折其浮誇考其利病庶不致以耳為目午後訪科律師家前察院威地家譚臣柏力英使均久譚墨館投刺而已英使行色匆匆拍賣什物即便起程述美廷不情之舉並未與帆蝢相見日報之言不確也墨使館剪寄新聞紙言美告墨廷不准華人假道墨不允云

十二日庚寅雨外部文言米蘇利省堅沙士官醫費賚函稱有華人永利患瘋其產業約值四五百金別有數華人擬爲承領恐不殷實請酌復當照行烏約領事査明辦理今日兩點鐘英前專使詹卜綸娶兵部女恩梯特爲室美總統往賀英使卻未往兩家均不發帖余更省此酬應耳譚子剛電本日登舟往古巴須五日始達本謂紐阿連取道較近仍須五日則不如烏約佝省兩日車行之煩科律師由墨同美假道古巴因電屬譪亭爲之照料五點鐘譚臣偕友攜傳話機器來署試驗以

足蹙機以皮管附於小柱就管發言下有紙筒別貫一銅管其紙筒以藥水鍊成質薄而輕上邊銅管動則紙筒擦出黑粉無算所傳之話卽在紙筒內取筒寄遠則聲音宛如然必兩家均有此器始能相應每器只索百金擬購兩架驟不能得此種新法亦從德律風悟來其爲用似遜電綫而强於德律風曩聞陳副憲謂美有此器今始見之猶是不全不備

十三日辛卯晴朝鮮朴使奉撤歸國託病遣書記官李商在持手版告別餽紅白參各一匣淸心丸一包朴使在美卻無跋扈氣特嬌詐誤國耳韓廷以撤回爲解然往返浪費不貲殊無謂也正與李商在筆談適兩英人持曾劼侯薦書訪參贊隨員欲考中國語言文字及西人不能道之字有心求學然非英人也飯後往外部詰問帆頓議院新例憑何約而立帆頓託言事前從未寓目而檢總署前年致美英兩使照會刊本相示謂議院此例係仰體總署之意必以爲然云

十四日壬辰晴朴使屢餽紅參於其行也酬以江綢一疋爲書送之並電署午後拜察院梅拉布勒持佛又訪

倭使一談返署則傳話機器人復來因薦之北洋

十五日癸巳陰中飯畢爲蘇遮士龕之游寒林黃落頗有蕭森之致訪律師哈倫鄉居遇現舉總統哈利順之妻父年八十九矣尙强健坐客皆北黨有詢余曰美國總統願北黨乎南黨乎余答曰此非使者所應干預然部意極欲恭惟今總統企望扶輪但慮如英使之被逐耳坐客皆胡盧主人留款午飯又贈菊花歸

十六日甲午雨前日朴使函報歸國及留駐銜名當令參贊將光緒八年三月二十八日韓王致美廷照會申

明藩服中國之說鈔與閱看朴復參贊書言到美旣呈報歸國亦應照辦但津約前後三端卻無歸國呈報之條故應函呈庶無礙於事理朴之狡辯層出不窮津約各款朴豈概遵乎其言尙順姑予照咨昨託參贊寄與金銀五枚屬購竹瀝薑二觔乾薑三觔寄來美署朴允代購而不肯領價其復書曰設有奉求中國藥餌其能收此價乎造詞甚婉朴使行矣乘興而來興盡而返徒費一番筆舌日使函送游歷護照各一紙卽轉送傅顧又楊約翰赴歐洲貽書言別當縷答之

十七日乙未晴祕使送到游歷護照兩員合一紙本日發傅楙元顧少逸借款供其游歷法使自歐洲回晤談皆如常惟以英使被逐不無怏怏詢余在華城過冬否意亦慮有芥蔕於美也朝鮮代辦李夏榮求謁未晤

十八日丙申晴外部照復米蘇利省之案候烏約領事查理旋得希梁書言遍詢寓烏華人不知永利之事貽書米蘇利省查明再復美國境內各口船期郵政部每月刊送一單金山船期別刊一單以便使署郵書也游員訪古巴船期卽以此單付之邏訂晡時倭使陸奧宗光來談因約其二十一日七點鐘飫華饌稍予一柬

十九日丁酉小雪晴各埠華董之得力者例奬以功牌不逾六品因刊刷式樣以備差滿時酌給之波斯初次遣使來美而其通中國則最久波使來訪屢屢皆值他出參贊彭小圃曾於朴使處晤之爲述殷勤當往答拜不遇瑞法兩使亦不遇至智使署一談智使初到英語尙聱牙也比鄰畢頓客夏避暑浴於海壖幾淹斃閱兩時乃蘇今夏竟死矣順道存問其家英使拍賣什物已竣貽書來別

二十日戊戌陰英使去非其罪深爲歎惜今晨特赴車頭相送法使日使暨余三人而已美部則水師大臣汨尼之妻餘卻漠然美俗向無迎送之禮各駐使亦各不相送英使此去爲美迫逐固非尋常歸國比也詹使挈婦同車避入先發燕爾言旋意味迥殊矣未正訪虮頓商禁火油虮頓問中國欲禁民間不用抑禁洋商不運余答以禁民間不用此其末也必須洋商無此油入口民間乃不禁而自絕虮頓謂火油販運中國俄商亦有不獨美商余答以俄商路遠不如美商之近然銷廣東

者大約純是美商此時商禁亦自廣東始因頻遭火患光緒八年連燒數街損失貲財千百萬上年燒一火船斃命七百餘廣東遂奏請禁止總理衙門令我來商欵頓謂此事煞有關繫余答以即備照會候復欵頓唯唯又詢其考究行船防險會各國已否派人來美欵頓謂屆時當必專員來此亦極要緊事中國專員來則更佳否則請公使赴會余答以否商總署酌奪

二十一日己亥陰蒓浦函商美國人威露健臣在美都綜領技藝牌照事垂二十五年欲與偕赴中國天津技藝院添設領牌照局一事就各國辦法折衷一是必可取信天下使領牌照者源源而來不特拓華民識見且使環球奇巧之物踊躍運華不費絲毫之貲每年且得牌照費甚鉅一舉兩善云蒓浦饒有思致惟於中西情形尚隔膜往往能言不能行此其一也今午祕使前鄭部亞傾宄後來談晚七點鐘倭使陸奥來會與傅顧兩員同爲右客席間問答進齋代爲英語時或筆談倭使以前贈徐孫麒詩見示依韻答之又絮絮述長崎械鬭事委爲小民無知無預邦交之要力求聯絡意亦良善

傅顧盛言倭爲天堂美爲地獄故特延倭使共食且以余初抵美時倭前使九鬼曾爲余設饌故酬之也傅顧與倭使會議面而絕不交談

二十二日庚子陰答拜祕使又赴察院梅拉處談天梅拉亦以美廷近逐英使禁華工爲不合兩事旣行而總統乃屬北黨徒供笑柄云欵頓全眷將同住鄉中殆與總統爲去留者民政之國一解政柄便如平民總統亦何莫不然夜大風

二十三日辛丑雪照會欵頓禁販火油入中國電詢傅烈祕美例行後來美華工提質公堂能否准其入境抑准其假道檀香山域多利等處謀生抑必須全載回華劉偉臣函言祕外部又有招華工之請已婉卻以杜希猷埠辦理尚多轇轕刻無可商

二十四日壬寅陰朴定陽行抵金山病甚或曰朴因中國撤黜德尼斷其通美之機以致憤恚成疾其臆度之詞乎英使去美後英議院詢宰相何日派員接替宰相答以從緩或俟美廷禪代後再派耶然美之輕薄者乃播爲日報謂今總統必將駐英美使撤回蓋激之也美

英雖有違言倘不致交絕使命頭傳烈祕電復新例行後華工到金藉提票登岸者一百十九人不准假道載回中國三十八人續經戸部准往別埠者八十二人

二十五日癸卯陰晴不定巴西代辦送到游員護照外國旗式最爲鄭重顏色繪畫咸有等差亦有官商之別美則有總統旗識水師部旗識水師提督及部下各官旗識商旗則一律也英官書局溫士德送閱現刊各式請余鑒定所刊龍旗繪畫未精缺去紅珠其兵衣所綴之方塊則繪一獼猴尤誤也因屬參贊檢查會典別繪

一紙示之又諸國皆無朝鮮亦並告官書局補刊晩至鄰人億鶴處閒談偶及英倫孕婦近多被人剖胎致斃凶手迄不獲案或曰醫者欲得胎以配藥進齋謂此卽吾華採生折割之害此邪祟也例所必懲姚祝彭已附西醫之林叩以醫者取胎配何藥姚力言醫者斷不爲此指天誓日詞色悻悻坐客咸揶揄之

二十六日甲辰晴美俗酬神之日洋員放假一天後鄰皮槎約晩餐皮槎南黨也謂南北花旗戰事後乃有酬神之典南黨人不應歡樂續詢柏立謂此風由來久矣但始自三兩省近則舉國皆然亦必於西十一月末之禮拜四總統循例宣諭實有常期也科律師自墨西哥取道古巴回美頃來晤述古巴領署東道之厚代攜子㒸一函兩領事並於本月二十五日交接篆務科勸早收賠款否則議紳之無理者或竟改議恐未必然也

二十七日乙巳晴譚子剛十七日抵古巴途經紐阿連船小如鳥約之擺渡本三日可到延至五日沿途泊岸兩次水程不及覃壖之速惟覃壖近有黃疫禁止車船云游員已自訂覃壖船票卽令參贊轉告之聽其自酌

中飯後復蔡毅約長牋又致香帥書論新約始末晩赴科律師之約家人婦子言笑自若科力勸無因廢約而悶釁出使西班牙亦有此窘意外之事度外置之憂憤無濟也又述墨使詢中墨立約事余曰美約悉有所本倘如是沓拖何可更訂墨約且俟諸後來者

二十八日丙午晴美總領事柯林臣誠慤有用之才任巴拏馬六年行年六十矣美廷南北分黨不惜以此才置之瘴鄉雖哥琅巴拏馬兩島亦美之近鄰要地然勞逸宜均也科律師與新總統厚昨曾託之代言柯林臣

或能量移乎咘嚏前任外部時不准英兵船泊哥淏英廷答之曰該口泊英船係在美國未開創之前咘嚏語塞比者紛傳外部仍屬咘嚏恐各國口舌不僅英船一事

二十九日丁未晴傅顧取道覃壩赴古巴海道甚近巳初起行進齋靜山送至火車頭余送至門仍令差弁至火車房照料

十一月初一日戊申晴議院開議之日向例外部貽書知會各使隨意往觀今年余決意不往各使亦無一往

者外部漏未函告也總統諭文甚亢憤悶之氣溢於行間其言中美新約廢自中國尤謬然韓事究未論及六月津電所慮已免矣

初二日己酉晴科律師來談總統諭文余叩以中國廢約之說總署已給田使照會乎抑余會予外部照會乎美廷並未得中國明文而謂中國廢約其理安在科言中國不准卽是廢約余言總署係添商並非不准當時議院可添總署獨不可添乎科言議院係駁准此約而添總署係未駁准而添情事自異此時新約無可再商

新例亦難駁改只有照收賠款尙不致被害之華人喫虧此次賠款與洛案一例無所用其躊躇余謂無論美例如何總須請

旨定奪科以爲然又攜交烏約富人祕什所贈玉器圖暎本計百十種半多華器

初三日庚戌晴華人永利一案金山副領事傅烈祕巳爲辦妥送之同華外部將來文請余署名亦通例也午後答拜新任大將軍士哥飛兒紳士挨林士阿希及堅彌地脊屬水師部戸部

初四日辛亥大雪晴金山領署査復舊年自中國口岸來美稅貨白米共稅銀八十四萬零三百六十一元三角二仙絲綢共稅銀十四萬九千八百四十一元鴉片煙稅銀七十五萬四千零六十元中美續約華人不能運鴉片入美境此項或係過境之稅非入口稅否則華人託名洋商者也他項貨物卻甚寥寥晚訪科律師倭使均不遇

初五日壬子晴議紳多福爲巴士函求賠款成頭持示科律師言例所應得然數目不應如是之鉅擬代告巴

士而為余復多福一書午後拜客之便順訪多福亦言及此多福為巴士稔交也又至前郵部阿京洋員柏立處一談柏立感風寒頗重勸以暫憩數日不必來署晚訪科醫生又至士蔑處茶話士蔑曾渡北冰洋留滯兩年而歸坐有北冰洋弩矢又踏冰鞋一雙長約二尺餘狀類小艇頭圓尾尖以獸筋為之其圖繪冰山之狀則坊刻可購也

初六日癸丑晴湘浦藹亭自烏約來詢張東岩身後及運柩各事均安東岩有僕鮑升洑水人隨同回華哺後

拜客入處晤議院鶯歌

初七日甲寅陰霧希特國古巴之近鄰比日奸民為亂逐其總統出居於外亂黨購軍器於美洲美船運送希特執之美不允調水師三船前往勒還聚訟數日希使與外部訂以三十萬金作質限日交還美誠恃強淩弱矣船為亂黨運送軍器希特拘留不背公法乃如是狂橫頗不可解此中或別有故晤希使當詢之

初八日乙卯霧為張東岩運送事赴烏約為籌撥貲裝進齋湘浦藹亭同行酉初抵領事署途次大霧

初九日丙辰雨滬局包封總署准禮部文行封開印信日期余今春奏請也即分行各署北洋函復美約之事以發自鄭光祿定於總署余蒙不白之冤擬以韓平原忠於謀國謬於謀身又為余轉電總署求代而於美約已廢美例自行並不提及或不願盡言之也許竹篔函言粵游主於香帥會為余緩頰而欲余將現在寓美人數與之訂限新來者必俟有缺舊在者聽其往來不必再定年數命意甚善無如美自庚辰續約後即斷新來之路現所往來者皆恃美例關照為憑若果人照相符

尙不致如是齟齬且此中數目領事署向無冊檔又安得而核其實數哉此中難處竹篔亦未身歷然其誼可感暇當詳告之午後赴格總統家茶話格總統之子有駐華公使之信鐙時銀行布琅祕什來訪約明晚觀劇

初十日丁巳晴蠡閱申報刊黎蒓齋疏請建復少時文社會課摺子頃准鈔咨謝疏有輕議祠祀鐫秩三級之語或即此事部章綦嚴可畏也滬關撥解總署墊款所扣匯費現准將希九養贍一款解回謂可作正開銷蕪關一款謂由道賠繳余不願累之俟其解到仍即寄還

湘浦爲藹亭作生日不果今晚適有祕什觀劇之約遂偕往以補其意

十一日戊午晴芝使函以美約垂成而廢爲惜而未及英廷援照請禁之説卽復詢之寄去醃菜兩罎芝使現赴巴黎仍返倫敦度歲

十二日己未陰寒烏約製造鼻烟甚得法而味總不佳檢自用鼻煙付之照製色味亦遜午後蠟偶院觀蠟偶奕進齋初與對局而負景卿繼之亦負續一西人與奕搆思甚專爲時甚久而仍敗去難測其妙蠟偶爲埃及

裝束蟠坐一桌棋枰置於膝左手持印度煙袋右手舉棋每有妙著輒自點頭若甚得意間遇難應之子亦點頭若甚費躊躇者沈吟半晌而下既下則神理舒徐隱自立於不敗之地也客或誤下一子則搖頭俟客復下子乃應客或悔著亦然所奕兩種一爲黃黑圜子不類吾華之奕一爲兩軍對壘有王有后有相有礮馬略如吾華象戲蠟偶隨手運動棋路固無參差卽遇國手亦無能取勝誠莫名其妙奕畢裼觀胸次機杼密如蜂房座下亦皆機器手持之烟袋則電筒也此種奇巧固非

電機不可然何以能肆應不窮殊難懸揣或曰樓下另一活人秋儲之亞樓上下一子則電氣通於下客行何度樓下卽掣機應之故鮮不如意然觀蠟偶之坐可以前後挪移桌下又墊一氊似無從透電於樓下或曰蠟偶腹中別藏一人則尤不然微論蠟人胸次純是機杼卽此五尺之身亦難孕褢一人在內設有國手每局必勝者亦不肯埋頭牀下爲蠟偶捉刀矣展轉思之不能得其要領蠟偶院中新繪鐵綫橋油畫亦佳

十三日庚申陰湘浦自祕署請假回籍補制相將來美

適藹亭亦有回華之行結伴同去飽升護送張東岩旅櫬回旗例給盤川外另賞五十金別予廿金屬到京後爲東岩設供

十四日辛酉陰寒訪祕什觀玉器至數十種非極精美內白玉雕瓶三器尚佳青玉筆筒雕鏤甚工質本不良似無足貴如意三柄亦不佳翡翠六七種皆小品僅白菜小瓶一器尚相類其質究粗移製他器則不合耳西人搜羅如此之富亦殊不易又銅器數十大都無款識然不僞也法藍諸器卻多前明之物祕什室廬宏敞近

摯眷寓巴黎久將舊藏諸器什襲頊以余來觀重煩檢拾又導登樓房閱日本刀百餘種裝飾極華贈刀有波紋者只一耳尤物本難數覯也返寓少憩赴巴盧晚餐何天爵方自吾華回適與共飲爲述李傅相夏問卧病逾三月談者頗以爲憂近已霍然去來均未得晤惟於都下數與曾劼侯往還又言今夏京城甚熱不知夏雨應時否近閱邸報汞定河工則已告竣何天爵撤差後三次赴華所謀迄不就卻自忘其勞也

十五日壬戌雨譯就總統諭文寄總署今年此諭多及

外交猥以廢約一事强詞文飾欲蓋彌彰矣

十六日癸亥晴博物院添建層樓落成之日折柬相招因乘格總統家午會之便順道往觀陳設古器甚夥古玻璨器千百種多有可觀時日已晡不及遍覽甫出門遇和蘭使略寒暄而散歸塗寒甚至巴盧寓投剌不及訪之也

十七日甲子晴巴拏馬浚河之役功未及半曩聞法廷有撥款照辦之說前晚晤何天爵言此役已停法廷不能助盖雖石興役時美曾詢法以官辦商辦法答以商辦官不預聞故剌難前後異議也若當時法廷欲辦則美不允之耳此爲南北花旗關鍵美固不願榻側有人鼾睡也今日天氣甚寒晚十一點鐘車回華城

十八日乙丑晴卯初起寒林涼月景色蕭寂美署幸無事晚赴虬螺之會與德使瑞典瑞威兩使同席酒饌並美子初散

十九日丙寅晴長至節率屬官望

闕朝賀早晚並爲酒讌與同僚共飲又往西人貨郎店隨意購一二玩物

二十日丁卯晴槐花園五案賠款九月間外部照會代收猥以美約中輙亦遂置之然究非使者所得專也美將改歲頊電署代奏請

旨飭道並一面照復外部了此葛藤晡後答拜中墨洲秖稻拉士國公使倭參贊

二十一日戊辰晴祕魯之役往返幾半年檢視書畫篋尚無恙晡後至佐知採便道後山茶話晚飯後赴外部宅聽琴歌並謝酒讌

二十二日己巳晴有客餽花樹一株葉如桂而厚花則

點綴有珠云自英倫來戲名之曰珠樹客甯清供慰情
聊勝格長公子科律師先後來談聶聞蓬雲言華人樂
美新例因令湘浦便道採訪
二十三日庚午晴耶穌生日西俗以爲佳節距吾華冬
至後四日以西俗今年閏日也美當南北授受之際人
情散渙美都歲事亦自蕭條朋舊餽遺依然絡繹俗尙
然也北黨已舉定哈利順近有訛其被刺者總是異黨
之所爲耳署電復詢新約未批准美廷何以請收賠款
等因總署似未見總統批諭議院報章也竊意田貝必

已送閲故二十日去電未詳言
二十四日辛未晴復署電以新約無可再商各案賠款
二十七萬餘美究難賴新約廢後議院另案議准午後
譯發希九書言日廷各部又將更換藩烈近已投閒日
政又一變也緒芝山患瘧歸思甚切因法館有伴回華
急欲起程距差滿不逾三月甚不解其如是之急
二十五日壬申早雨昨夜補睡尙酣特咳嗽發熱感冒
仍未退晨起延醫診視留方而去南黨有爲善會者戶
部總辦郁文董其事良家子女登場演劇有一女孩僅

五齡跳舞應節歐洲能手無以過之今日陰晴無定虹
見尤怪
二十六日癸酉晴科醫來診謂感冒已退可勿藥然神
理究疲苶舍路華商電催收發賠款
二十七日甲戌晴午後赴鴉靈頓客寓答拜副提督科
露臣少坐仍乏帆頓贈遠鏡一枚爲書謝之
二十八日乙亥陰昨復咳嗽似復感矣杜門靜憩或當
漸痊
二十九日丙子陰霧寒疾未除託進齋別倩一醫宜有
速效

三十日丁丑晴美洲日食太平洋濱皆見美都卻不見
也西歷歲旦總統仍接見賓客十一點鐘扶病赴之至
外部宅略坐片刻返寓中飯少憩仍赴各部及諸察院
上下院掌院議紳水師提督處計二十二家陸師大將
軍適兹哀絰不見客餘亦間有杜門者周旋尙遍初念
不及此也
十二月初一日戊寅晴美約中輟久擬疏陳屬稿未妥
晨起復詳訂之寒疾未瘳彌形委頓湘浦已抵金山呂

繫卿爲之醫調頗效下一水船始返

初二日己卯晴晨得署電奉旨張蔭桓電已悉美繳賠款著照所請行欽此冬當付參贊恭錄照會外部新約已廢賠款仍繳亦足以間執讒慝之口

初三日庚辰晴華人禦美新例之說蓬雲言之鑿鑿昨電催補具公牘以便奏咨蓬雲復電乃謂所述狂言不足介意以極關鍵語而欲妄言妄聽乎給外部文鈐印送去洛案成式也

初四日辛巳雨遲關電解經費當即電復晚接外部文訂交收賠款之期

初五日壬午陰昨夜大風似欲釀雪晨起乃無雪意咳嗽漸痊擬勿藥只杜門靜攝而已陳善昌控封容蕪浦產業一案遲關並未詳詰但因美繙譯易孟士言欲託美使轉達總署核辦之語乃密稟達余幾於談虎色變此案華人自相搆訟與美官何干美使豈能干預凡事有成見便多軒輊語曰公生明信然

初六日癸未晴杜門數日今午强起酬應諸察院公會又答拜波斯公使久談略答其造訪五次之勤也波斯初遣使至美而其參贊能爲英語無須雇倩美人誠爲難事詢其通好之國則英法俄德義美均有駐使矣其意甚欲與中國通好亦以同在亞洲自漢即有往來自較歐墨諸洲聲氣爲近

初七日甲申晴劉芝使函復英屬澳大利亞之美利濱雪黎等埠收華人入境身稅人各十磅曾於客冬駮令革除今春阿富汗輪船由港載運華工至埠不得登岸又經照會外部速除此禁外部均已照辦惟澳屬議院

不允並欲援美約禁止二十年堅請英廷與中國立約議禁當駮以中英條約並無此例爭論數月英亦自知理屈然不能檄令澳屬遵辦忽於七月停議潛告駐華公使與總署商請立約署允立章未允議禁現在澳洲如何議復未知其詳因英部久不與議未便通問又游歷英法四員義日葡瑞兩員薪貲均已借支游員孔昭乾觸發瘋病旋歿英倫云本日西班牙電報王宮炸藥竊發幸君后沖主均無恙亦未傷及宮人惟窗戶玻璨盡碎此亂黨之所爲欲改民政乎西班牙部臣屢易此

中必有甚不得已者耳晡時酬應公會六處
初八日乙酉雨晨起啜臘八粥午後拜發摺子交李學菴包封附遞復爲各部公會牽綴自晡至鐙時而了日署隨員緒芝山患病思歸延希九代請銷差公文去志已堅不解何故姑爲文寄交希九仍屬以留俟差滿乃行
初九日丙戌晴昨發包封漏郤總署公函早起憶及令李學菴補繕函告滬局併遞美國亦有拐人勒贖之案多係婦女假占算售零物爲名入人室廬見人家幼稚即設法拐誘至荒僻之境勒貲收贖可駭也今日酬應上議院公會十五處晚赴科律師寓長談
初十日丁亥晴午正赴外部照收賠款二十七萬六千六百一十九元七角五仙籤字四紙一付外部一存戸部一寄田使一自存去年收洛案賠款郤無與田使事此次添田使一紙或美廷屬達總署亦以當日索賠時總署曾給田貝照會耶然收文迄無隻字牽涉廢約所謂另案賠償無關約款也收訖卽電署代奏晡時復赴公會七處晚赴水師部子正返寓

十一日戊子晴本日總統夫人見客循例往見順道答拜一水師官曾游吾華者晚赴戸部公讌進齋同席英法參贊曁主人親串共十六人
十二日己丑晴美都冬行春令今晨聞有在禮拜堂無故眩倒者大約士顛氣之害也初八日晡時忽起旋風自邊施雲彌亞省至英屬界大瀑止傷三百餘人斃百人瀝定埠織機廠四層樓盡倒大瀑橋亦毀其一美都是日只乍雨乍晴不覺有風而該省乃有此奇災風行極速幸只一綫不致橫埽耳後鄰郁文約聽樂有吹氣爲歌洞中音節之人深簷廣廈其聲較遠亦奇技也晚赴外部宅一周旋
十三日庚寅晴粵人李雲臺控何子剛之案爰交湘浦查理此次赴祕諸同鄉復爲何子剛辨白通惠公所遞有公稟大約此案何子剛經手帳目容有轇轕至黎氏之死無蹤跡郤非何子剛謀害公稟亦言之詳矣以錢債而牽及人命粵中坐此訟累者茫無了期爲據公稟咨粵督行縣立案或免滋訟也英人代祕魯建鐵路開礦山之事聚訟經年祕總統與各部均署押轉發議院

諸議紳不置一詞原件奉還各部不安於位紛紛求退總統不准復檄議院西歷正月一號再集議民情不悅羣譁祕宮之前又欲燬拆英人住房軍兵彈壓而止此議中輟則祕廷永無清償國債時而民志不齊亦有難乎強辦者殊乏兩全之策酬應諸察院公會七處華民上控新例不准關照之案美察院已批准西三月十一號提審布勒持佛特相告語

十四日辛卯陰巴拏馬浚河之役既輟工人無所歸肆爲搶掠美領事柯林臣屬華商勿多存銀物幸諸華商

倘未被搶昨詢可侖比亞公使乃謂此役暫停仍須續辦鑣石已返法都重集股份云

十五日壬辰雨科律師鈔送美例四款第一款不准美國人招徠他國人訂立合同來美傭工並不准設法協助來美違者照犯法論第二款聲明此項合同一切視爲廢紙第三款凡立此項合同者罰銀一千元第四款禁船戶運載此項工人來美違者按所載名數每名罰銀五百元此例係西歷一千八百八十五年二月二十六號立載在美國律書第二十三卷三百八十二頁三百八十三頁申初答拜科律師補交賠款酬勞諸費順道赴各部公會

十六日癸巳雨美國航海會英嗤其所議未備不允赴或遂中止矣然美猶展至明年九月已分致各國駐使云午後酬應上議院公會十二處九點鐘赴總統會力侯祝彭相從十點鐘先返客仍擁擠

十七日甲午晴美例行後古巴華人假道回華者輪船不敢裝載擬稿與外部辨論午後科律師來面訂並代查戶部知稅關別無專劄但奉部行新例而已火車公

司亦以此事稟商戶部頃予外部照會實難其時晚赴科律師寓省視其母甫從鄉中來也

十八日乙未晴隨員許蓉山忽動春闈之興距差期不三月前勞可念因給劄回華購買中西學堂書籍可免扣資俸如其獲售固所欣慰否亦不礙保舉章程並爲專咨禮部海外公車罕見之事然水程計之僅一月餘視邊省尤捷耳晚七點半鐘赴議紳拋麻晚餐同席十八人墨使首坐余次之多上院北黨人十一點鐘散本日得遞粵包封

十九日丙申雪美都冬燠久矣得雪可免一切雜病旅
中幸事也昨給外部華人假道照會聲明新例違約尙
須辨論正在擬稿適金山館董公稟以約廢例行乞設
法挽救本日循例封篆午後倭使來述西報言李傅相
病重謠以津幕來函請假二十日照常辦事擬續假不
赴保定度歲西報特爲駭人之筆可惡
二十日丁酉晴滬關來電鄭工十九合龍水東趨聞之
喜慰了玆重役普天同慶也滬電不及北洋病狀自係
洋報訛誤耳附近新金山之薩摩夏島美始與立約英

德繼之三國相爲保護近日德國兵輪欲專據其地與
美搆釁礮傷美商船主父子美船與關又傷德兵十人
德遂將島內美民住居村莊礮燬並及國旗德美又有
違言矣今日酬應諸察院公會五處又答謝議紳拋麻
二十一日戊戌晴津關電復李傅相病痊足見洋報之
謬致總署書附收到賠款與外部往還照會晡後酬應
公會十二處
二十二日己亥晴日本將沿西俗設議院擬仿英國君
民共主之意倭使前日嘗言之倭政屢改或亦嘉其善

變午後酬應公會九處許靜山商購學堂書籍照來單
外屬以添購二十一史彈詞人壽金鑑兩種
二十三日庚子微雨訂定科律師明年脩脯專辦美國
衙金山華商之請也午後酬應公會七處晤議紳漫迪
臣贈阿米河酒兩瓶係其鄉間所產余亦酬以佳茗希
梁自烏約來知烏約中華會館已落成矣有華人劉燠
文者不知何許人憤廣報詆訕無理遂爲長篇駁之詞
非雅馴御無絲毫粉飾華商中乃有此人部婁之松柏
耶晚赴總統宴同席五十二人七點半鐘入坐十一點

散客皆便衣惟高麗代辦李夏榮公服
二十四日辛丑晴靜山辰初首途昨晚已與詳論中美
交際事早起不及面別午後往外部催詢華人假道事
並告以新例應駁蚁蝡唯唯又爲余電致古巴美領事
代爲招呼前日金山華商以約廢例行稟求挽救卽批
復之該商及今而知美例之不便抑何見之晚也
二十五日壬寅雨給外部照會援據條約及美國外交
案牘美廷固難強辨耳晡後科律師議紳多福來別少
談而去余循例至美宮謝酒讌隨赴倭使公會又至科

律師寓告以別後有事與進齋商辦美紳埃林臣面約今晚餞飲猥以事雜卻之仍赴其宅一談以慰其意

二十六日癸卯雨晨起偕莫力侯姚祝彭羅佐臣差弁陳吉勝劉吉祥起程南發午正開車就車中午飯沿途多松林每株削皮尺許云以製油地多斥鹵松毛遍生美洲新闢之境也鐙後抵威明玉埠下車就食

二十七日甲辰早晴車行甚駛十點鐘至薩灣拏島早餐後換車但就後車一移行李而已仍就車中午飯晚抵三佛島下車就食微雨天氣甚寒十一點鐘抵覃壩

登舟埔頭作板橋四千尺火車緩行盡處即見船桅相距約半里時適大風登舟輒眩有兩西人懼風折回是夜舟中簸蕩似有颱颶意船主穩慎不敢啟椗

二十八日乙巳晴六點鐘展輪仍顛簸早午餐不能食船主來謁略與寒暄晚十點鐘泊奇威士特島客有登岸者此島約萬八千人風氣向樸華人於此捲煙洗衣者僉云土人相待甚好夜憑柁樓遙望鐙光隱現風浪已平薄飲三賓酒一杯略紓胃氣仍不覺餓兩點鐘船復開行望古巴翦渡舟行最險無風亦眩略如英法都化海口

二十九日丙午晴六點鐘抵古巴子豫子剛藻亭慎儀來迓云此兩日大風海中電綫亦斷乃知前兩日所歷之境幸新船機器足船主亦不孟浪耳登車至領事署早餐畢櫛沐少憩行李遺卻一件屬火車公司電促之約五六日可到美總領事來談甚久此間華匠僅兩人傳呼半日而至年逾半百且戴眼鏡倩之奏技不無戒心晚飫鄉饌今日殆歲除也偶爲一詩

正月初一日丁未晴寅初率屬望

闕朝賀畢爆竹競放聲聞數里絕域而有中華風氣同人團拜後諸華商來賀並接見久談學堂華童來見薄賞之日島總督遣參贊官來美總領事威林士差賀循華例也

初二日戊申晴晨起致美署書屬催蚼蠔速定華人假道事晚訪美洲故人詢此中風土涂經衢道園林鐙光如晝

初三日己酉晴火車公司寄回衣篋飯後櫛沐易單袷適水師提督意那士架來訪不及接見兩領事代應酬

初四日庚戌晴立春領署各員各埠商董及同福堂結義堂諸商來賀差片答之晚觀大功園法人新劇古巴雜記指為環球戲園五名以褒貓是溢美之詞

初五日辛亥晴早飯後往拜日島總督馬連知府意班耶巡撫伯的士打陸師將軍美拉水師提督意那士架糧臺乾丹拏美總領事威林士均晤意班耶隨來回拜約觀饋察諾之意班耶管理本島地方公事領事者常與交涉其室廬閎富多儲華器總督各官所居皆崇樓廣廈足徵日國昔時之强巡撫伯的士打云於日都曾

相晤余卻忘之耳渠為古巴土人八歲即赴日都近乃回沚此島日廷遷除罕見之事新政且風烈不名一錢總督為言華民於此甚相安特花會則禁之耳余答以吾華亦禁以其類於呂宋票貽累窮民總督語塞此外各官文儀甚優美總領事尤融洽涂經古廟即可侖比亞葬處以從日國揚颿初尋得此島繼及南北花旗諸洲及其歿也遠瘞遺蛻於此以誌前勞此廟蓋數百年矣

初六日壬子早晴午雨旋風驟起氣候陡涼糧臺乾丹拏來晤縷述奧國形勝以為勝於法都又言奧世子近忽槍斃於房其為人謀害抑自戕莫知其詳日后為持服三月日后蓋奧之郡主也昨拜客之便薄覽茲島形勢仍有城內外之別以傍海為城內近陸為城外當日西班牙初踞此島土人不服因就海壖築城以護舟師與土人敵此時城蹟已湮徒存其名

初七日癸丑陰寒總署修輯電信新法咨送兩本徵有裨易屬以密存又寄回祕魯捐片代奏祕總統復書欽奉

批旨欽遵分行客臘二十七日香帥電鄭議自禁未曉工商維繫關鍵謬極今日事甚難處執事本三端立說具見調劑苦心鄙奏為粵民生計起見雖未悉底蘊亦只就事論事非敢苛責閣下當遂亮鑑美不應創例廢約拒絕商改我趁此撤去自禁章程便可與其另議是禁似宜另籌抵制之法稍示報復我聲言禁內地傳教游歷彼必悚動特不知署意肯否裁酌示復等因蔡毅約電尊府經帥飭衛護帥奏不因廣報而起云即電復以署意難遙度且先駁美例以盡使職濟否再布晚六

點鐘總督馬連來拜未接晤
初八日甲寅晴粵東陳獨漉鄴中懷古詩結句七十二墳秋草遍更無人表漢將軍此詩膾炙人口同時申鳧盟銅雀臺懷古詩結句七十二陵空感慨至今誰說漢將軍兩詩運用無殊獨漉似較雋永國初有骨董以申詩訛爲米南宮書末綴虞伯生吳匏庵沈石田跋以重值售於朝貴爲識者勘破設移書獨漉之作轉不便於僞售也諺曰畫鬼易畫虎難昨與楊慎儀論書畫因並識之

初九日乙卯晴古巴移署既定或拘泥日干先往下榻厨竈未備仍是東食西宿晚赴洋員溪理察鄉居距此十餘里中經石橋風景不惡但涂道多磽犖耳各國領事眷屬多寓此而於貿易繁盛處別賃一寫字樓既省費亦舒暢溪寓高懸光緒十一年總署給與寶星劄子裝潢甚珍重英人固知寶貴也旋赴知府意班耶公會水師提督在坐意班耶將交替餞寮之約須改期
初十日丙辰晴昨晚就枕熱甚須搖扇將曙則重衾不温氣候怪異如此飯後移寓新領署房闊較適樓地皆

文石駢湊如茵錦古巴俗尚也樓三層有機器升梯上下御便但非數日不能安頓安當李駘選爲子璩繪一小照神理逼肖利馬竇所謂二我也進乎技矣東莞新安增城三縣就西人市集之上聯一公所旁爲劇場局面不宏而甚整潔晚徇鄉人之約一往觀故鄉聲樂聊攄旅懷
十一日丁巳晴古巴島人肄刀劍會率禮拜日比試大都貴游子弟藉此爲樂兩人對舞護頭目以鐵絲面具護手以革互有勝負可免損傷不失古來肄武本旨比

者槍礮火器盛行雖公孫大娘無所施其技矣便道觀奕有奧人熾鈴悍士俄人痴哥連擧國手也兩人於房內對局旁置雙表如天平式甲下一子則表綴一邊以驗下子之分數乙亦如之所以表用天平式也微細極矣又旁坐兩人爲證別一人爲之傳報外間高懸棋局每行一度則傳報者就外間之局爲之照擺列坐五六局亦照擺以意揣測之新聞館人執管以待橋游之別調也終局則俄勝而奧敗奧本老國手每局主人懸采三十金勝者得二十金敗者得十金勝固欣然敗亦可

喜坐客欲與博則萬金之采國手亦不吝蓋已遍歷歐美諸洲無與爲敵烏約蠟偶曾爲所窘云棋如象戲英語曰車士特兩國手終日對局分先與人多勝今日其偶然耳觀者甚衆總督在坐略與寒暄主人堅乞留題並贈天平表一枚

十二日戊午陰黎蒓齋丁亥入都日記川陝道里形勝甚詳丁文誠政績時有訪錄尤勤勤於貴陽專祠尙須集貲營建山東專祠則戊子十月初二日落成矣古巴學堂今日啟館卽在領署之內便於照料充十年樹木之意或當有成

十三日己未晴中西殊制或曰西俗婦女以約指爲飾已字者約於中指未字者約於食指名指枝指既嫁則隨意爲之附會之徒乃證以五經要義銀環金環進退之說枘鑿之甚矣西人父子無親其略知慈孝者難求什一於千百因悟西人鞠育之道太簡欲報之德昊天罔極此中似微寓感應之理西俗生子無乳哺之恩但飲以牛羊酪别製小几榻以棲息之未周晬輒令學步所謂子生三年然後免於父母之懷者詫爲奇事故人子之報也亦薄晨起赴學堂觀課讀頗能成誦而文義懵如諸童皆生長於此父則華人母則西產也而其口音尙如中土水源木本固有得於天者惜其父母皆貧窶略有進境輒欲其舍學而營生矣若爲兼籌衣食庶免歧向特公家乏此巨貲卽捐集亦慮難持久

十四日庚申晴總署電

大婚自正月二十日起至二月初九日除忌辰外均蟒服等因謹分電日祕兩署特告日祕兩國如期稱賀亩致進齋告美廷電賀午後答拜領署律師便道映相相館以油畫求售叢蘆白鷺遠水平沙一幅頗饒風致索價五百金又水畫兩幀繪粤中附省海汊佳勝各式船艇悉備擬購之别一幀爲園亭景俗不可耐雖工不取也晚赴同鄉公所春酒十點鐘返寓

十五日辛酉晴上元節升旗慶賀美署譯寄美外部照復於前文要義靳不能答惟力辯前此所云議院設有苛例總統必加駁改之說以爲誤聽繙譯之言殊矯强前言鑿鑿柏立猶能復述歲底檢點塵牘亦記存此說當樓駿之陳藹亭電正月六日抵滬諸事辦妥云西人

好善者合唐茂枝等設局上海集捐以賑沿河災民貽書相告當與參贊各員商之也電氣傳話公司函述此器之妙願分寄吾華官署以求品題洪文卿函論美約始末以使事棘手輒歎歸歟且言四度俄都水土極劣陰寒錮沈非善地云

十六日壬戌晴領署左鄰有德商北士向與領署交厚承邀晚餐席間出鵝脯云伊母自德國寄來意甚珍重味亦甘旨他物稱是食竟觀主人打球趁月色歸氣候不寒不熱

十七日癸亥晴希九亩商大婚公讌日國各部院卽電復照辦並告以二十二日返美午派姚祝彭赴醫院閲視華人病者量加賙恤宜布

皇仁古巴諸華人旣弛官工所之禁又設官以保護之苦樂迥異陳副憲查辦之功誠未可泯華人至今尸祝之不忘本也華人假道事蚇蠖初云候戶部定奪近須取抉律政司總是虛宕而已赴城內酒肆美總領事之約酒饌極豐咸以此君素儉嗇詫爲創局

十八日甲子晴昨睡頗酣夢至一客肆售中西什物有晶章兩枚一刊石亩二字一刊劍潭二字又田黃石章一枚刊佛卽是心心卽是佛是佛是心是心是佛十六字均朱文又李文貞行書未竟之屏軸有名無姓醒而異之夢境原無足憑然此印章字畫淸楚可紀也東坡春婆之喩亦於海外得之耳古巴初設領署時有華人報一重案牽拉多人情節雜遝繙譯臆問隨錄汗流浹背極半日乃了錄竟復述之其人曰此昨夜夢中所見耳繙譯憒甚其人已去如黃鶴古巴至今傳爲笑柄此輩旣被竄又歷種種苦役心智迷罔類此者何足怪也領署今夜公讌島中官紳各國領事丑正始散此中風尙猶以爲早

十九日乙丑雨午晴鄉人李樸存諳風鑑與談疇昔坎坷尙能印證特謂此三月內必有佳兆於耳色卜之恐未確也同福公司假領署爲餞就中主人及司庖者悉被拐至此萬不料有今日之會也同福公司創首者南海九江人匿某久乃自墮其規潛滅貨價以累同業卒至疽發胸背死當時對神盟誓之言鄉人猶能述之

二十日丙寅晴朱張擇端清明上河圖南渡後代有臨本圖中汴京景物纖悉靡遺宜動偏安君相北人歸北之想明時圖藏太倉王氏後歸嚴世蕃鈐山籍沒乃入御府有親藩以十萬金賂閹寺竊出深夜不能越宮門潛置御溝翌晨乃取是夕溝水忽漲此卷竟爲龍伯攫去鹽官王笈甫爲言一捧雪傳奇卽指此事所謂莘霞杯者清明上河圖也莫懷古卽王龍池湯勤卽唐荊川莫成卽王成至今王氏祠祀及之笈甫卽其苗裔眞定王午橋亦云然頃閱在園雜誌一捧雪確有是器有人

持此求售玉情果美水色亦佳漫塵之日不知是莫太常家藏抑莫成僞造者後擄楊犬也太守云乃祖雍建爲少司馬時曾見之氣魄甚大情色俱美持向墀下映日細看杯內雪片紛紛如飄拂狀以是知眞贋有別命名不虛云此與以畫爲杯者別有說或當時嚴之豪奪有類此之事而附會之也前晚觀劇偶憶及之晡時赴美總領事威林士鄉居洋員溪理察寓言別威林士後園有架非樹高六七尺方結實然則華醫謂架非卽巴豆誤矣其對門亦有花葉不分之樹如祕都所見者炎荒之地隨在可種耳復派祝彭至老人院察看華人共九十六名多患瞎分別賙恤之該院飲食牀褥尙潔云晚飯後赴水師提督意那士架之約主人甚殷勤總督巡撫陸師將軍糧臺均在坐就地爲別不親拜也歸寓與領事論學堂事寅初睡

二十一日丁卯晴早飯畢學堂諸童來見切實勖勉又酌助醫院經費十一點鐘起程至馬頭水師提督差官駕小輪船候送領署先已備雇遂婉謝之領署各員及衆華商並相送登舟後美總領事美副領事德商北士

陸續來別一點鐘展輪風日晴美仍覺微暈蓋古巴至亞壩係對渡大西洋水直衝而下渡口極險惡喜其水程稍捷耳若取道烏約則係繞越旁渡風靜舟行尙穩仍經行亞壩之嘴舟人亦有戒心去年往返南墨洲並經此水西人謂無風亦浪者也晚八點鐘抵崎威士特少泊登岸游眺直一荒島黑人紛邀乘車粗野之甚回船時有土人售蚌殼花海枯諸物戲購數種十點鐘船復行擱於沙磧極費力乃脫已渡大西洋海矣

二十二日戊辰晴會稽詩人施山薑露庵筆記楚人湯

雲山年一百三十九歲沈歸愚叩以養生之道曰健飯多睡次及方藥曰平生無病不知藥也舟中人言一法國人年一百四十歲叩其術曰眠食有時亦無所謂方藥也以意測之眠食有時養生之正健飯多睡亦非有時不可然此可語於家居無事之人耳若碌碌行役及於海外幾不知眠食爲何事晚三點半鐘抵岸稅關盤查甚嚴余行李概不驗隨登車六點鐘起行至覃壩島一小飯店不敷諸客傳餐仍就車上小喫關吏來言戶部電諭刻始奉到

二十三日己巳晴憑窗晨眺沿途桃李已花美國南境氣候殊暖十二點鐘抵薩灣拏尖有黑侍者能爲粵語頗解頤伺應亦周到晚八點鐘抵威明頓尖火車公司之飯店也肴饌不惡十點鐘睡

二十四日庚午晴早八點鐘抵威路頓尖十一點二十分鐘至華盛頓天氣奇寒衢樹無甲坼之象相距一日程而涼燠殊趣若此參贊各員來迓同抵使館卽電總署自古巴返美之期古巴出口貨物以煙捲爲大宗環球稱最蔗糖亦極銷流若無蘿蔔糖則生意尤盛然現在貨車挽運仍晝夜不停意其土人必富而乃窮困不堪且多盜賊推原其故則日廷橫征暴斂害之也古巴土人讎視日官時思叛亂

二十五日辛未晴皖中故人鄭雪湖年七十九矣寄贈山水一幀仿董北苑而深得神韻絕無枯索氣老筆如是宜爲壽徵發春得此心目爲快擬駁外部稿交繙譯分繕朝鮮使員李夏榮李采淵來謁未接晤

二十六日壬申晴給外部照會午後赴總察院勒福哈倫梅拉布勒持佛四處公會總統夫人飭宮官貽書告

別晚九點鐘偕參贊同赴各使先後到咸有惜別意而無可置詞徘徊逾時吸茗一甌聽歌一闋遇外部帆頓言華人假道事本無窒礙前已照復徐代辦余答以旣無窒礙宜轉行稅關帆頓請給予一函卽照轉或訝帆頓於公會中談公事蓋不亮其日內交替也

二十七日癸酉晴

皇上大婚寅正二刻率屬望

闕朝賀並爲酒醴誌慶專延科律師柏立兩家以其受我薪修也朝鮮使員李夏榮李采淵來賀仍守屬藩之

禮美廷電告駐華公使詣總署稱賀現當新舊總統交替之頃猶不失禮尙非盡昧邦交者今日恭逢慶典而朝鮮館適爲公會李夏榮殷勤請赴亦乘此答拜之朴定陽行後令李夏榮代辦其來文曰臨時代辦意其照會外部亦如是云云蓋本派李完用而令李夏榮暫代其曰臨時者暫代之謂余御能會其意而美外部則未必了了及李完用到謁外部卽不認爲代辦李完用乃自貶稱游歷官而與書記李采淵並挾眷而作久住計另僑新居大爲宴會殆爲祥員阿噎所愚以美

俗重女且非宴會不能聯絡朝鮮近狀猶不惜此費昨晚遇李夏榮於美宮見其攜兩婦裝飾甚陋宜西人指摘耳到會之客咸就余爲禮疲於酬接其從鄉落來者且謂藉此瞻仰措詞彌圓妙七點鐘返署自爲宴樂似較慊他人之慨者尤能盡歡

二十八日甲戌雪雨奇寒美商豐泰兼充朝鮮駐鳥約領事午正來謁藉籌賑豫皖饑民之事以見好御欲專售傳話筒特攜此器來較客冬談臣導見之人操術尤捷用溼電搭綫無須以足運機鄭筒則以蠟代紙聲音較亮其公司在鳥約主者曼迪臣曾有書求薦今此豐泰之來是否該公司代理無從懸揣不便濫許之也豐泰極蒼鶻希榮曾與同車昨又遇諸朝鮮館不得已一接晤今日各部公會之末冒雨周旋遇日使詢以美廷易統伊國致賀否日使謂駐日美使若奉告於日廷外部有電來卽照辦否則聽之飯後往觀墨西哥小女人年二十五歲身長一尺八寸五官四肢皆小鼻特高聳臂長腕短手如周晬嬰兒操英語如蠅聲善笑旁立一人自認小人父觀者各予半元合前游歐洲所得已二

十萬元云

二十九日乙亥陰昨觀英劇情節甚佳一老婦鄉居有客訪其仲子適他出長子游獵回客以其面貌相似詢之乃其兄盧意士也與客對談自述孿生同氣異體兩人如一人弟往巴黎五日無耗今晨出獵忽心痛竊慮乃弟爲人謀害展轉不寐其母屛後竊聽盧意士乃設詞宕之飯畢各睡盧意士憶弟心切伏案作書乃弟忽從臺底突出欠身急行呆立案側瞪目不言閃爍自滅其母則夢見其子慘死狀從場以紗幔蒙罩西劇夢境

之式也盧意士因往巴黎跡之伊弟戀一婦與士人拾逋各士爭鋒賭劍而斃拾逋各士既得意偕友間行涂經岡嶺車軸忽折倩樵者另覓一車憩山麓以待卽前日鬬劍地也俄而盧意士踵至拾逋各士驀訝爲鬼盧意士曰我非鬼乃鬼兄耳今日相遇此讎必報拾逋各士之友曰此五日間事何得信之速盧意士曰吾弟鬼魂相告鬼行較人行速耳拾逋各士不得已以身後事託友人乃與之鬬其氣已餒盧意士許其少憩而劍忽折斷其友解之曰如此可不再鬬矣盧意士乃自斷其

劍相比擬以帛纏於手若匕首然復相搏拾逋各士不敵遂爲刺倒觀者拍掌大快盧意士至是乃大哭謂寃讎既報將從弟於地下其弟復現形若相引導者盧意士歸而病日夕尋死其母訓諭之而死志甚堅其弟又現形於病榻盧意士卒搜同生同死之義溘然逝矣觀此足動友于之情惟知有弟不知有母所見猶偏也華人之談西學者每謂西俗無鬼然此劇則鬼形三現雖坡老觀此亦難靳於說矣西俗倫常之道漠然此劇殆僅見者因撮記之午後赴議紳公會十三家

三十日丙子晴蚵蟆照稱航海會期改訂九月十六日臚列各國願赴而有回文者亦行洋之要事也午後正擬出門波斯公使來絮談以同在亞洲與中國往來最古刻擬立約通商其詞甚恭不便直卻當答以代詢總署旋赴柰其拉瓜國使館室狹人稠偶觸炭氣面赤頭眩晚飯後應善會三處強撐而已接家書塾師黃孔芬公車北發代者未定人殊繫念希九電催游員借款不諒此間經費之絀且游員曾假諸法館何必舍近圖遠卽電復之

二月初一日丁丑雨外部照復造詞尚圓活前文所引該國外交文卷議院報章有以杜其口也外部又鈔錄烏約紐阿連稅關回電假道舊例照舊可行云且看下次古巴船來再酌卽面達總署附鈔往來文件

初二日戊寅雨外部面約明日新舊總統交替赴議院觀禮又約明晚赴外部觀煙火遍及隨使各員晡後答拜格蘭忒

初三日己卯雨恭逢

歸政大典寅正二刻率參贊從官望

闕朝賀禮成讌飲已初偕進齋力侯祝彭赴議院各使咸集列坐上議院墀子九察院並至十二點鐘下院議紳二員上院議紳二員分起往迎總統逾刻不來議紳將簷沿時表倒撥者再俄而舊總統率六部同至坐於掌院案前察院左右三面相對不交談俄而新總統至與舊總統並坐耳語若甚親密俄而副總統至徑登掌院臺級舊掌院鷺哥起立舉右掌與語副總統亦舉右掌應之語畢握手副總統即履其席旋有一人登臺張手閉目喃喃總統以次皆立聽惟蚪蝘垂頭默坐亦若

心領神會者須畢書記者唱諸議紳名分起趨見掌院大率新任及留任諸紳亦各舉右掌相語竊訝其狀進齋謂即佛氏偏袒右肩之義似也諸紳歸座後樓上喧聲如雷則各散矣余亦至更衣房取回斗篷往下車處招御者車馬擁擠新總統方於議院正門宣諭兩重綵棚已撤不能往觀亦不能至美宮觀兵矣詢之法日各使皆不往愁霖敗興客主一致正在覓車時有素不謀面之議紳的備士邀至公事房坐候若無此居停則門洞柴立耳兩點鐘人馬略疏通乃冒雨登車從兵隊中

繞至大街樓房解衣縱目新舊總統同乘游行諸兵隊前後簇擁雨迄不斷兩總統斂車帷而張蓋兵士之霑濡尤可憫也五點鐘余亦歸寓外部煙火因雨而輟十點鐘赴養濟院觀樂舞各使先後至崇樓三層中一大墀子音樂亭峙於墀中正面高懸新總統像正副總統相偕到會少立輒行會者幾三萬人公使例請餘俱買票人各六金酒食在內有屯票居奇賣至十金者鄉間來會之人遠道遲到而又以預會爲榮遂不惜重貲此數日間華城多聚二十餘萬人客寓飯館均獲利四年

一遇今昔差同樂舞必達旦余略觀場面即返實亦無可留覽此會南黨寥寥門戶之見如此議紳休士介紹一煙甸人衣冠整齊與余爲禮美之土著云

初四日庚辰驚蟄晴朝鮮代辦李完用美外部擯而不認凡百酬應李夏榮任之客臘美宮公讌各使皆便衣李夏榮獨紗帽補服昨美總統新任各使皆公服李夏榮乃衣所謂袷袖者謂此亦公服也昨晚遇於樂舞會仍此裝束豈公服亦用於舞場乎今日久雨忽晴發滬粤包封後復洪文卿牋述美約事不禁言之冗長晚八

點鐘往外部觀煙火至則展期明日觀者陸續散便道畫園重觀墨西哥小人其聲音之略可辨者又語無倫次類於瘋魔循大街歸游人如蟻間有兵隊鼓吹

初五日辛巳晴美廷新派外部晞嗹戸部丞頓兵部普樂他水師部圖禮時內部奴布盧郵部汪拏美農部夫拉時其律政味拉農部蓋新設或位置得力而才庸者虛予高位以酬之也墨使親串來晤棗映相去晚復遇於外部署外部新舊交替遂無主人客自來去跡如梁燕外部與水師部兵部相連而各分門戸余就外部

議事堂坐檀使亦避寒於此憑窗對望則煙火堆也其放至半空爆散作雜色珠者外洋常技瞬而幻出正副總統像瞬而美宮瞬而議院末則無數噴花煞尾五色同繪略如吾華之花筒民主踐祚作此誌慶煞諸像與宮院轉瞬同付一炬娛目片刻雖工巧而乏意味

初六日壬午晴晞嗹照會接任外部之期循例復賀格蘭忒使華之行未果士域枯得起而爭之金山律師光緒六年赴華訂約之人若使華則甚不妥記前總統時金山各省公推一人使華企俚扶輪以西省最怨華工果派該省人必生無限枝節似非親睦中國之意因改派田貝企俚扶輪此論甚當不圖北黨嗣立轉遷之也舉以諷喻新總統會當領晤

初七日癸未早晴微見雪花午後往外部晞嗹尙在美宮總統初政凡百助理晞嗹雖任外部隱若一總統耳哈利順感其擁戴畏其黨與每事取決略如權臣枋國再閱四年晞嗹得位無異聯任總統也此時北黨氣燄方盛前水師部汨尼之居售於新郵部汪拏美爲價八萬金各部皆如新燕啣泥亟營華廡頗有物換星移之

景

初八日甲申晴晞嗹新居卽二十年前已故外部西華之屋其時總統靈謹被刺亂黨欲並刺西華適西華病卧其子侍疾亂黨誤戕之此屋美俗以爲凶宅而晞嗹特購以居喜與美宮毗近也修理半年乃能入處晞嗹前粽外部總統加非被刺今復旅居西華舊廡西人究無忌諱耶晚十點鐘容蒓浦來晤留宿不可寓於舊同學威路健臣之家云金山電本月二十日發頭起賠款

初九日乙酉晴奉署電傳

旨謝美總統致賀
大婚等因即照會美外部此爲前總統任內事然但論
邦交不問總統新舊祗與外部公文而已藉浦擬辦電
鐙公司純用藥水發電無須機器價廉無流弊施之吾
華似亦可行
初十日丙戌晴古巴領事電華商彭大蘇等附船假道
美國當告烏署照料午後署電
歸政
大婚慶典奉

懿旨宴各使並給如意緞疋鍼黹以示睦鄰曠典各使
領賜而田貝拘泥國律將物繳回此次
聖恩因其國非因其人該使即不敢受美廷何妨收置
博物院中請詢外部如何變通不負中國好意即電田
遵行等因美例原不准各使在他國受人財物然非
慶典賜物之謂也署電因其國不因其人誠爲篤論直
可將各物寄美署轉發博物院仍予外部照會詳述其
事俾美洲存一掌故未始不可既屬詢外部姑與咘璉
訂晤再復也士域枯特已派駐倭余談言微中水師提

督波打五十年齊眉夫婦西俗以爲金婚其請帖皆作
金字客亦以金爲賀余贈以金繡兩幅脕偕參贊赴會
正副總統暨諸部臣均預總統謂曾遇余於奈文家余
未能識英雄於未遑時殊愧之也奈文餽火油桌鐙一
枝以余將回華對此若常相見云
十一日丁亥晴滬局包封遞回摺片欽奉
硃批欽遵咨行又吏部文錢廣濤加贈知府銜磨子入
監讀書六月期滿以州判註選又李傅相咨會北洋海
軍章程內多酌用英國法仍以

憲廟軍規爲依歸旅順大沽兩船澳次第工竣威海衛
爲提督駐紮之地規模井然
國旗長方式尤壯觀海外旗式亦擬奏明仿製也提督
旗本畫錨形刻乃繪龍其與外洋使領各署有關涉處
摘錄分行備案中國海軍之權與從此加拓武備日彰
足以威强鄰甸藩服誠當今之要也近聞西藏事幵竹
珊客冬十八九日到納東與印度官會晤惟如何息兵
停戰勘定界址尚未定耳晡後答拜波斯使承惠石印
文一紙其他石刻云已函致本國寄來大約仍是鏡照

本而此石印御保拓本也波使出觀該國刺繡臬幔諸物不甚精緻又出觀煙管以椰殼鑴鏤六角鑲銀如圓碗而底特銳中儲水上接銀管二以火引之旁一管就以呼吸此波斯吸鴉片之器拙笨可嗤且必以手按之否則傾矣承贈泰盒緜紗韈皆其土産又映相一幀納交之誠甚切波斯立國在夏初迄春秋時而國勢大盛後與希臘搆兵而弱羅馬暴興盡得猶太以西之地波斯巍然獨存初唐麥罕摩特興波斯乃不自保唐宋兩朝屢貢方物元駙馬帖木兒且遣子沙魯哈據其地曰

哈烈國明初嘗入貢後爲土爾其所奪尋爲阿富汗所并我
朝康熙三十三年乃復故土傳國至今波斯王居魯士誕生之奇武功之著波使猶能言之

十二日戊子晴午初晤外部哺嚏述總署來電哺嚏以田使拘泥微有愧色徐言美國此例光緒六年始定欲以鈐制各使然中國
曠典非可同年語矣余言此次
賜物凡駐華各使一視同仁非專給美使也哺嚏唯唯云即日電田領寄美廷或珍儲博物院或巡准田使祇領仍候議院公定續詢中國絲茶近朕並述中美歷年交誼又屬遇事隨時相商不必拘定見客之期深情厚貌若頓改前習者返寓電復總署科律師來商華人假道事將帆頓兩次照會擕示火船公司外部照會新總統明日十二點鐘接見各使先赴外部同往均公服近日美都來一肥婦黃黑臃腫面貌猶人而兩膀圍圓一尺六寸腹背稱是重八百七十五磅合華稱六百五十六觔零四兩新總統同里人也如此肥碩能生子女七

人又旁有少女豢四虵玩弄如繩又一男子能嚼玻璃片嚼燭以水咽之又一極瘦男子六十磅合華稱四十五觔娶婦生二子美都集此怪物聚於一園觀者人各十仙士

十三日己丑晴十一點鐘往外部各使以到國年月爲敘向遇公會均無陵躐波斯使到國甚新乃矯然獨立外部與各使代辦隨員暹羅領事之代辦公使者周旋畢乃及波斯殊覺表異之無謂也聞其正月赴外部春酒時座次在下院議紳之下輒託病起獨徘徊於廳事

虮蝢起而周旋飲以佛蘭地酒檻檬水治病之物波使仍云不適遽呼御者歸虮蝢以爲眞病也越日外部總辦遇諸倭署方詢其痊否波使謂我昨非病特坐久不合耳由此推之則今日之不肯與噲等伍猶故智也其性似非受忠告之人不便曉之耳十二點鐘至美宮晤新總統及其眷屬次第握手問有留立寒暄者余昨感微寒且未中飯亦徑歸矣飯畢至博物院觀所贈埃及石碑高三尺四寸爲埃及文另二石則希臘文大與碑同特無額小則長方形同治五年出土也埃及文類鳥

篆不易識即希臘釋文亦極古奧碑額中畫圓珠約二尺兩旁若殺紼而左右小異紼下橫列兩長柄刀圓珠之上遍畫鳥翼圓珠之下有三字形碑額之奇者院主人釋此圓珠爲地球旁則兩毒虵也左爲上埃及右爲下埃及三字形者三才之意兩刀則不知何指此必意爲之解耳然碑制甚古喜出望外院主人求搢紳錄諸之續觀賀璧理寄儲華器類多新磁又格總統前游吾華所得餽贈之物亦專儲一龕以誌中美之交也

十四日庚寅晴外部照復傳旨致謝之文而有此後中國慶典美總統無不稱賀之語甚得體昨唽嗹於各使雜遝中猶告以田貝電已發亦甚周到唽嗹之子初聞充副外部近則別派有人而以其子爲外部狀師薪俸較優也或言何天爵使華不確昨晚格蘭忒復來美都或即遣之余謂新總統既有此意盍早決以免干求凡事皆然不獨遣使

十五日辛卯晴北洋形勝威海衞島嶼環拱天然一水寨也乙亥籌防之初東撫丁文誠欲就此爲水師之基

飭余赴津商李傅相以山東獨力難支俟北洋餉力既裕乃辦山東自爲計宜先在煙臺築礮壘所以有通伸岡之役茲北洋海軍以威海衞爲提督駐處仍前議也又大連灣爲奉天口岸利泊鐵甲大船庚辰夏俄事齟齬赫德告總署以俄船悉泊於此語甚緊迫時樞廷欲得大連灣所在亟詢山東余告東撫周福帥曰此奉境也福帥疑焉檢洋圖質之乃信此皆北洋要區近已次第經略矣昨回贈波斯公使雕桼合繡囊映相各一揆諸古人縞帶之義殊自笑也滬局包封總署沓會

皇上親政後擡式又咨會崇上
皇太后徽號日期欽遵分行今日奉到明文海外猶及
慶賀總署又咨會議覆洪文卿洋務儲才一摺庶常出
洋准免散館一條毋庸議總署章京已未傳到者准奏
帶各使館人員明定限制准設參贊二員繙譯二三員
隨員二三員供事二員武弁醫生各一員其兼攝他國
設有使館准添參贊繙譯隨員供事各一員作為定額
不得再過此數又游歷經費併入度支一條署奏以游
員尚未期滿回京是否實有制器通算測地知兵之選

難以懸揣俟期滿再酌云文卿向不咨奏想原摺必可
觀近日使事之難卻在此數端之外晚赴科律師宅觀
墨西哥金石文字多象形為之科允贈一石又摹囑告
國文字其國在阿非利加之北地中海壖昔强今弱別
一種文體
十六日壬辰晴波斯印文上下九字自右而左上四字
一曰哈支彼國稱謂之詞二曰賀仙其名也三曰孤列
姓也四曰幹有勳爵或特派大員之稱下五字即波斯
國公使之文此雖小品亦可備一格

十七日癸巳晴晨起率屬望
闕朝賀畢草疏一摺兩片屬參贊往博物院就學院所
贈埃及石碑題識五十四字金山領事電言華商以西
人為吾華捐賑特先集萬金請示分撥當復以皖蘇災
重皖四千蘇豫各三千逕匯滬上賑局分撥仍稟候分
咨金山華商此舉誠可嘉慰烏約華人亦捐千餘金可
嘉誌也今日電匯金山賠款二萬元
十八日甲午雨午後循例拜副總統戸兵郵農水師各
部及律政司英人蘭多欲為余畫油相而索價五百金

忒昂便道往訪並面卻之免其呆候
十九日乙未春分陰外部照會每禮拜四在署候晤略
改前規矣格蘭忒竟使奧則華席當屬何天爵聞美之
富商咸擁戴使華冀謀銀行鐵路為之説項者實繁有
徒總統恐不能不俯徇衆情也士丹佛譚臣先後來訪
適理文牘未暇接晤
二十日丙申雨發滬粤包封波斯歲旦波使以交往稍
洽懇電告中國一賀之美廷亦賀云無約之國安有如
許周旋美廷賀之者以新總統接任時波斯曾電賀美

故答之耳余告以前駐日祕各國遇此等事各使必盛集無論有約與否美則不然若電達我國更無其理既承相告屆時我自來賀屡既許之因冒雨往波斯服回教而歲旦卻不與土爾其同日且該國一歲兩旦一爲官年今日是也一爲教年詎今一千三百六十年矣官年則二千七百年矣大約自開國起算教年則從麥罕摩特起算詢其國中今日如何熱鬧波使謂國王大會朝臣各吸淡巴菰散則各贈以金銀之器國俗之奇如此便道答拜士丹佛晩赴譚臣公會晤嚦摩近均在壁

大都北黨人詢悉何天爵使華之說未定

二十一日丁酉晴美廷近因鎮江關領署之事擬留田貝數月鎮江事已見申報此緣英領事巡捕踢死華民而起美領署無大損也申初赴博物院所刊碑側之字僅得其一尚須數日乃竣

二十二日戊戌晴昨經議院下半旗爲察院馬調詩哀馬調病已半年竟不起矣其同官哈倫久鰥不娶近因頻視馬調疾遂與其女訂婚馬調勛望遠殊威地美廷飾終之典自當有間晩至譚臣處重覩墨西哥小人坐有醫士亦疑非天地生成者余舉聊齋小人之說告之坐客愕然王莽時池陽縣有小人景長尺餘或乘車馬或步行操持萬物小大各相稱又非墨西哥小人之謂也

二十三日己亥晴津商王世英楊思鐸販運古磁諸器來鳥約售賣駐津美副領事畢德格所慫慂也託一美商經手不由津商主持虧本三萬餘金令繙譯宋閲貨價單美商祕之云已統寄畢德格蓋託詞矣津商被其牽率赴歐洲王世英且扶病以行即到英法亦未必能

獲利託人不慎每致喫虧前准北洋咨會轉行各口日前並欲親到鳥約觀其拍賣適美廷易統交際甚繁未暇遽往比電詢之則三日內已賣竣甚不料折閲如是中西人合股生意多類此當在華訂辦時西人巧爲迎合方深信之及抵外洋言語不通則事事受其挾制其不致虧本者幾希矣上年華商楊輿等攜什物赴日國賽會亦爲西人所挾鄧琴齋往與料理始得清釐此皆不諳西語之虧也今晩延朝鮮使員李夏榮李采淵李完用晩酌答其正月二十七日公會之意三君屡飫華

餞欣躍而去

二十四日庚子微雨古巴領事電華人昨附可倫比亞船至烏約假道回華即屬科律師往料理余十一點鐘附車四點四十分鐘亦抵烏約

二十五日辛丑晴晨起敎醫生來診視謂心脈較上年稍定午後署電聞美派德尼爲駐華公使此人前在朝鮮頗惑簸弄中國甚不願意屬告外部余因美派華使一事已大費經營曾於四十號公函略陳梗概今署電亦籌慮及此然此間未聞德尼之說當密查明確再與

外部言之也公法不能指明要某人然能指明不要某人權在總署耳申初往格總統家詢其何以改使奧國之故

二十六日壬寅晴滙局包封北洋咨會海軍旗四圖一式大小各異正月二十七日

慶典祕使署及諸華商通惠公所並放煙火花錢公所門聯四海咸和賚六宮而佐治一人有慶合萬國以臚歡領事劉倬臣手筆林和叔是日宴各部及各使主客四十六人盛會也得家書塾師聘定馮澄江又今年立

春後連日得雪地氣自北而南其土宇日拓之兆乎酉定華人假道護照式前日有一華人舟行遇風飄至美境稅關不准登岸當託律師與戶部言之戶部亦以格於前例爲難律師駮以華人遭風係出意外稅關不令登岸將長養活之抑令重回遭風之地投之水中乎戶部不能答即檄稅關照准矣德尼使華之說不確即電復總署一百三十九字晩約科律師觀馬戲大都數見不鮮惟一女郎右手持繖足穿緞鞋踏行一鋼綫其細如髮去地逾二丈游行自在復能轉身旋繫兩草屨作

鞋往還搖曳俄而擲其一俄並擲之而無礙其珊珊之步視吾華繩伎殆又過之

二十七日癸卯雨美派英墨兩使已定日報言華使必屬何天爵蓋何爲前使中國議約之傘拉士特至好傘又晞噠舊雨日爲晞噠掌書記高橋船棊何傘之利云聞法國公家銀行倒盤前年過法都許竹篔深信其可靠外洋銀行類此甚多大都股票受累耳古巴華人假道事今日科律師與希采同至稅關商訂淸楚從此永無窒滯

二十八日甲辰晴昨晚烏約公所得華盛頓電音美派華使爲柯士廸係日報館主筆之人今早日報則譏院惡其曾於南黨阿編畢議紳時揚言北黨受賄於是南北黨交攻之本派往德國擬改調赴華近恐兩失之矣余文爲其同里現與調停柏立往查外部仍是暫留田貝午後重觀蠟偶奕進齋已兩敗矣而不佩其技謂揩心三月足以勝之其氣殊壯蠟偶者英西省不離士頓人嗑婆所造名曰亞揩同治元年學製未妥同治六年往法國賽會博觀機器然後製成始陳設於倫頓繼至

巴黎觀者無不詫異腹中藏人之說余旣辨之矣或曰樓上樓下有人運機使動而此蠟偶隨地可動所坐之方桌亦四面可移雖樓上樓下有人亦難代爲指撥或曰子落棋枰電氣可達若電報然惟此棋枰係木質非若五金可以通電展轉推測莫名其理有登之日報者索嗑婆七千金否則揭其術嗑婆置之不理要之此人實無眞知確見徒爲大言嚇之耳樓上有人其說近是

二十九日乙巳晴法國銀行倒盤之說詢之匯豐云係暫停非倒也或亦同業相顧之言烏約電傳津沽火車搥撞傷四十餘人但願傳聞不確耳近得墨西哥測日表略如吾華羅盤西俗拜日拜火宜有斯製也墨人昔設時歷兩種一以定月行軌度並祀事之期一以定日行軌度並民事之期以十八月爲一歲二十日爲一月歲三百六十日歲盡之月特加五日曰廢日按日行之度每歲三百六十五日零六點鐘每四年減一日以五十二年爲一周花甲每花甲計減十三日輒於一周之期補之乃復從新起計此十八月均有名目或以時令或以禽鳥樹木花果得名即以爲字每日亦仿每月設

立名號月分四期期各五日日分八候以太陽東昇始算如羅馬諸國算法墨都祆祠向有數搭此石乾隆五十五年出土即嵌置塔壁名以墨王之名曰文地時馬表此石圜徑英尺十一尺八寸周七尺亦有雕刻紀係一石鑿成就西人地金麻尼卑兩博士所著錄此石當中吐舌人首係表太陽其三角形編以尺字又別形編以工字係表太陽大小射光以煙甸人製太陽之象每用此作射光也環當中太陽方形四編以A B C D四字又太陽頂三角形編工字兩旁有圜形編B E字舌

下編H字皆表太陽行度或表每月所分之四期所有
形象號一至二十皆表各日名號至穢此各日形象係
表河漢其波紋編U字則表天雲墨人崇奉爲神號曰
阿路默祈其小方形編以七字表山嶽雲屯之處石上
諸孔編X乙II∞XX係放日圭之處其石豎立東西一
綫之平石面朝南綫自頂垂下按石上之影以定節期
時日豪釐不爽云中國造字之本象形象意諧聲轉注
假借小學家言之詳矣墨之造字命意或同方言難別
耳又西俗古時置閏多在歲末與秦歷同無非歸餘於
終之意
三月初一日丙午雨雪寒甚巳初赴丹拏宅觀所藏吾
華古磁數百種光怪陸離弆藏富矣用心十五年耗費
垂二十萬乃搜羅如許間有宋磁若前明佳器
國初官窯美不勝紀廣物不及三成惟近與津商所購
藍花磁瓶黑色白花磁瓶價昂而非舊物返寓仍雨牙
醫哈文中飯之約又負之矣進齋亦患喉痛骨痛艱於
渡海遂函謝之
初二日丁未雨巳初附車申正抵華城哈富律師所鈔

陳善昌切結由參贊署名交科士達寄去容蒓浦催審
屢屢明日可到堂矣晚至科寓謝其往返烏約哈富之
勞
初三日戊申晴滬局包封總署咨奏復御史趙增榮條
陳愼選使才摺午後雨雹雷鳴卽霽晚七點半鐘赴希
特公使大餐同席德使荷使檀使英吉利巴西各代辦
因有總統之約九點鐘席散各回易公服赴美宮美總
統以日本王子來游特兼請各使爲此會王子年僅逾
冠短小而文攜婦游歷倭使陸奧宗光爲之介紹吾輩
見總統後與之握手隨意游行十一點鐘返寓
初四日己酉晴午後赴新郵部戶部公會議院已散矣
駐華之使未定本日電匯金山賠款十萬元
初五日庚戌淸明晴去國三年不無松楸之思同人求
歸者多彌增客感巴拏馬總督新政不准華人小鋪零
賣貨物均歸街市發沽否則重罰虐流哥裒華店須關
閉者數百家正苦無設措美總領事柯林臣力爲駮除
華商永興利等公稟來謝
初六日辛亥晴總署電初一日奉

旨陳欽銘派充出使英法義比國大臣崔國因派充出
使美日祕國大臣欽此當卽分電各署歸國有期自應
共慰行篋久經檢拾交替便行
初七日壬子風雪奇寒隱隱有雷聲三月得雪吾華常
有雷雪並下美俗亦不多見德律風綫爲雪壓雪花如
掌志五行者以爲災異矣
初八日癸丑晴究是春令積雪一夕悉消矣致總署公
函譯送美總統新任諭文本日電匯金山賠款九萬元
初九日甲寅晴發滬局包封中國海軍旗式照會外部

晚赴希特使館謝酒讌
初十日乙卯晴午後鴉令頓踏青汲新泉一酌游人頗
盛卉木皆拆李花尤繁山竹數叢不知從何移植法使
書言丁內艱卽答唁詢其何時返巴黎
十一日丙辰晴薩摩一島德美交爭保護各屯兵艦未
及交綏已爲風損兩國各壞四船各歿百十人頗煩脣
舌美都晝報繪一大象其面目如今總統叅象者爲外
部咘嗹以鞭蹙之象若不堪當獻技時忽踢以後足情
狀可笑民主之國不以爲毀謗也摭爲叅象圖歌

十二日丁巳晴蚁蠖偕巴盧來約晚飯諾之卓忌華人
稟言領事示須賠款遺卻該埠卷查該埠驚擾而無損
失鄭光祿已函達總署不向美廷索追也七點半鐘偕
莫力倏赴蚁蠖之約坐無雜賓祇巴盧一客酒饌御極
精美又約訪其鄰居巴盧約赴鳥約觀百年大會代覓
樓房大約一窗戶之地每日租銀三百金
十三日戊午陰祕魯簡寮又欲招工送閱章程寮東先
給川貲立限造工四年扣還有此機杼則華工或先期
積借或期未滿而他適均難逃該寮掌握卽非賣身仍
多轇轕卽函復林和叔止之別轡善法譯臣約觀劇畢

使在坐知余將歸咸戀戀
十四日己未雨天蠶架島華人又以賠償不及稟求似
此當復不少卷查此案華人初不願與地方爲難冀免
後患積乃自雇狀師訟理而負既負又無一字達使領
兩署此時見獵心喜紛紛稟求此華人故智耳岡州董
事李子軒月內返里留俟四月初三日與李駘選偕行
晚赴議紳馬羅七十生日會坐多熟識聞俄王近復被
刺仍中副車

十五日庚申晴今總統之子好爲議論誣及致仕巡撫阿羅比士曾賺婦人約指其人辨屬更政總統之子置不理卒至興訟臬司票傳以五千金保單保出候訊民主之政直不足訝緒芝山自日署來

十六日辛酉晴晨起率屬望
闕朝賀畢展閱陳敬如函寄巴黎富人車奴士襪銅器拓本八紙宰辟父敦召公尊兩器攷之薛氏鐘鼎款識以爲眞品齊侯鎛鐘一器銘識數十字敬如謂割裂綴雜而成餘五拓敬如皆以爲贋且言此老藏器雖富證

以博古圖諸書知多贋物又吝不予人拓搨慮墨污其器今此八紙以鉛筆爲之或以淡紫色均與此器無疑又購贈埃及石印八紙卽爲書謝之並約秋間會於法都今年屢逢
慶典今晚特爲公議音樂約外部郵部水師部農部及總察院梅拉哈倫布勒特佛布力尼議紳多福等共五十二人爲大會余主席外部晞嚏首坐餘則以次排定八點鐘入席十點鐘散復小坐吸茶煙晞嚏謂此種宴會美都僅見足徵中美邦交備極周旋俟諸客將散盡

乃去抛麻奉使日國復與日使及渴迪臣諸君談至十二點鐘別

十七日壬戌雨滬關電磅價四一二五較前月匯到者每百兩虧兩圓零滬關若一次匯寄何致如是損耗今日爲美國釋奴之期諸黑人結隊出游戎裝奏樂經佐知探以至美宮候總統閱看亦不忘本之意也

十八日癸亥雨博物院所贈埃及石三塊裝固送來卽轉託烏約旗昌附船寄滬並買保險本日電匯金山賠款八千金前夕之客紛遝投刺道謝

十九日甲子早雨晚晴香港華文政務司駱檄乙酉丙戌余出入香港迎送甚周頃取道美境回英途經烏約貽書相候情意殷殷令繙譯答之烏約電桿遍植街衢省例所禁然亦習焉不察耳新任知府乃一槪斫斷不知各商有後言否晚赴博物院會室內陳設吾華古琴一張壁懸朝貢圖八幀無款識頗類仇實父圖繪王者冕旒端坐旁侍絳衣輔相左右鹵簿森嚴華貴階陛之下萬國諸侯載寶以朝氣象又極肅穆西人覩此益知中國之尊

二十日乙丑晴李駘選趙福八點鐘起程後得烏署電傳顧両員已自巴西回明日再晤若早到一日可與駘選同行

二十一日丙寅縠雨早晴晡雨傳顧昨附夜車侵晨至此預令莫力侯迓之車頭爲覓雅令頓寓使署近無下榻處只小房両間殊不足以崇體統午飯後仲蘭至客邸候之傳楙元與同來述智利巴西風俗及該國君相款接之誼此行不虛然勞甚矣顧少逸且患病甫痊涂經瘴鄉水程幾両月游歷極遠者也卽面告蓬雲侯其

到金山時爲之照料申初答拜多脩甫久談適雷雨遂返本日照會外部爲游員索美洲銀票諸式又照會緒芝山自日署來美夜雨陡熱

二十二日丁卯晴埃及石碑從英文譯出該國祠官頌國王多尼微第三及王后毗連力奇功德而立大致以王崇信神道祀事豐潔此西俗信教之常然其頌王克服波斯迎回神像荒年購糧食賑濟此則武功仁術有可嘉者又王之少女奄逝鑄像於一等神壇亦感念王仁而充拓之猶見民俗之厚按同治五年德國攷古之士立而雅司在埃及蘇彝士河壖地名汕得一石碑於土中高英尺七尺五寸寬二尺五寸上段象形字下段希臘字續又得小碑一爲通用破體字悉儲埃及波勒博物院碑紀多尼微王第三之九年太皮月十七日卽西歷耶穌未降生以前二百三十八年三月七號也象形字三十七行希臘字七十六行破體字七十三行均紀多尼微王第三及王后毗連力奇加惠及神廟之事征服波斯奪回神像之功舉國昇平有慶祠祭司感戴德威崇上王與后神號增設慈悲神祠祭司班秩又每

年三百六十日加增五日以符日行軌度永爲慶祝慈悲聖神之期所定新歷以畢尼月初一日卽西歷七月十八號天狼星見之日起算足見閏年始於埃及爲耶穌未降生二百三十八年之前象形字卽埃及古字別爲破體字以便於俗溯耶穌未降生三百年之前羅馬克服埃及越五百年又爲土爾其所據羅馬用希臘字故此碑亦有希臘體也午後赴老兵園看牡丹晚約傳顧飲餞十點鐘散

二十三日戊辰晴參贊各員約傳楙元顧少逸訪華盛

頓墳墓美游應有之義也今日爲耶穌復生之日美都童孩咸集美宮之前撲雞卵爲戲

二十四日己巳晴游員經費各借一千兩代買車票電定艙位頃又決意分鑣進齊遂不復言又須爲之退車票船艙極煩悶晚顧少逸來刖求派顧敬之伴送至詩家谷諾之敬之本與同宗且通英語

二十五日庚午晴發滬粵包封午後外部照覆已將中國海軍旗式通行美國水師一體知照應咨覆北洋也鐙時赴譚臣晚餐十一點鐘返寓震東自秘魯回

二十六日辛未雨譚臣眷居華屋子女相依綽有餘地子既納婦即令賃廡於外西俗之不可解者今午赴醫院善會劇止客散阻雨車擠於門女孩約六齡甫跨車而軸折急躍下無損傷旁立一中年婦忽驚叫昏絕於地余已行數武聞而駐車遣御者回視衆方爲之扶救詢爲母女同行乍覩折軸之險以爲不救因而駭暈屬毛離裏之情發於不自覺否則當局履險如夷旁觀驚叫無是理也

二十七日壬申雨屢欲將美國輿圖譯漢文苦無暇晷頃震東回美即令專力成之行將推及諸國務使山川阨塞一目瞭然談時務者所願先覩也竟日雨意不斷賽馬場既輟後山之會御者亦以馬行旋濘爲難

二十八日癸酉陰格總統生日烏約有公讌墨使先往余擬昨日往積以事牽遂辭之亦幸未往昨日火車撞撞傷四人副總統摩近大將軍士哥非兒均喫驚連日裝固行李十六件合之馬宏劉吉祥蔣得勝共二十六件初擬附慢車寄金山而慢車無保險遂改寄烏約託旗昌經理

二十九日甲戌晴華童步蘭敦耳患未痊伊母又面求使館貲助彭小圃頗厭之此童不忘所生根性自厚當能永其天年悶雨初霽飯後徐步士蔑蛤麻舲兩處復往農部園牡丹一叢鮮穠可愛沿路丁香尚繁

三十日乙亥晴郊原觀賽馬遇議紳多福云將回鄉避暑奈文已赴歐洲矣美總統往烏約赴華盛頓百年會繞越紐折爾士乘舟蓋步華盛頓後塵云會堂繪像則儼然與華盛頓並列亦幸際其時而已

三洲日記卷八

南海張蔭桓撰

四月初一日丙子西二月二十六日電請署示美派華使一事今晨得復電但拒德尼相距月餘署中何以忽憶及此舊年南墨洲舟次所爲百韻排律有荒經箋璞象異派補桑酈一聯偶檢漢書析酈註蘇林曰酈音蹢躅之蹢如淳曰音持益反師古曰析酈二縣名蘇如兩音並同劉攽曰析酈之酈師古於高紀則從蘇音蹢如音持益反於吳芮傳則音郎益反於樊噲傳則音直益

反酈商傳則音歷不曉所以一音數義古人已聚訟不置矣考之廣韻呂支切集韻鄰知切並音麗韻府補遺照廣韻增入以史記建元以來侯者年表有下酈侯黃同以故甌駱左將斬西于王功侯則酈字收入平韻未始無所本也後漢書酈邑公主注酈縣屬南陽郡音擲亦反

初二日丁丑早雨晚晴昨日烏約作華盛頓百年會合九百人共爲大餐各城鄉觀者七十餘萬人極一時之盛也華盛頓拔出英籍後林居十數年衆乃推爲民主時祇十三省近則版圖日拓黨禍日深創國成規亦不甚遵守識者慮其久合必分也比以美俗假期郊原賽馬不因陰雨而輟聞跳溝者多傾跌徒快博進之意耳

初三日戊寅晴西人碎石具有思致其製法直如無縫天衣又能別濃淡淺深與水繪無異曩觀於日都舊畫院壁乍覩不知爲石製也近從烏約得兩幀一獅子得鹿圖獅子蒙茸之象栩栩欲活目眶髭鬚其細如髮皆碎石爲之鹿血點滴亦碎石爲之野地草花紅萼綠莖無非碎石一文豹攫犬圖大致相仿彿惟豹身斑駁陸

離與獅異又野蔬一叢蒼翠焦枯各葉皆備平沙遠樹層壘不窮即名畫家不過爾爾況碎石所成乎考之西人記載此法始於埃及名曰摩西奕譯言鑲嵌也阿非利加洲之北境曰嘉蝶灺產碎石具五色埃及人初取以製環珥之物漸而宮殿補壁君主胡牀奇巧莫可名狀羅馬希臘踵而效之亦能肖似自威蘇味亞士火山陷沒英人近於埃及南之梯亞也羅馬西南之勝髀崖土中掘出此種石畫甚多皆二千三百餘年之物西俗以爲奇寶近則義大里人猶能爲之然工巧遜前矣此

幀卻於無意中得之初疑其鑲嵌後著色以顯微鏡細視則原石本色躍現證以西人古記知此製尙非誇大之詞所購埃及全文亦有印存之本固知彼族極古之物午後柯林臣來述巴拏馬河工中輟華商生計益難曾兆賓亦將歸里詢其該河工程僅得四分之一費卻工本二萬萬元法人籌石無力再集近發狂病蝨處法都然當日工錢每百扣十五元籌石與諸管事人均獲重利附股者喫虧囊曾訟諸巴黎當道袒之籌石免罰而工無成現在藕斷絲連者則以可侖比亞約有停工

六月則機器房產盡屬可侖比亞之條故仍雇百十八從事敷衍而已柯林臣問何天爵使華確否前四年派可侖比亞參贊而不納人言亦不壹云晚飯後傅楙元來別留祕魯小本書託繙譯

初四日己卯晴比日呠嗹患病日報言其癱瘓有駁之者曰腰輭不能挺立而已大約病勢不輕英新使到已浹旬今午遞國書謁總統始與呠嗹相見呠嗹不赴公事房久矣其形似豐其神實渙此十年間兩畢總統不諧僅兩任外部此中要結未始不費經營宜心血之日

耗往還公牘較虮蝢爲繁頃接其來文述哥埧華商店鋪美領事代爲料量免於苛政亦思見好余已接華商來稟當復謝之也晡後令莫力侯爲柯林臣介紹與科士達相見柯林臣賫勞極深人極質直特氣類甚孤遂爾久於煙瘴竊盼其量移善地然美廷積習固非人事不爲功

初五日庚辰晴外部送到美國票式兩巨冊强半煙酒稅條分樓晰其銀票則自一元至五萬元存卷自百元至五萬元精緻不混每票加製送中國字樣亦殊細密

當寄與游員並咨達總署駐祕參贊林和叔寄到祕總統敬賀

大婚書該國現無公使駐華故由使者代轉若美日兩國早經電賀矣祕署上年與外部往來文牘亦寄到即并美日兩署鈔件統送總署祕國各部又已更換嘉西任總統以來凡八易部臣

初六日辛巳立夏晴子蓀寄到古巴橙子一簍尙清美聞虮蝢自鳥約會場回晚間訪之承以華盛頓造像錢見贈又檢示日本宫殿印章刀劍圖冊繪畫精工首篇

一敘仍漢文也
初七日壬午晴金山廣聯興夥伴余順客冬附火車至鉢倫車行掽撞而殞索火車公司賠償不允稟求伸理稟內有年月而無日期須飭查乃能著手小呂宋設官一案日廷會議三次以爲窒礙難行頃希九鈔送外部復文此案竊慮日廷久宕前數日已函屬希九將索償該島濫徵之稿譯送外部希九遲疑審愼此稿擱置三年現在情形如是若並此不發更無以對華民
初八日癸未晴西人辨鑽石之法點墨於紙石蒙紙上以顯微鏡視之墨點散漫則贋矣吾華但以能刻劃磁器者爲眞殊未盡致贋石亦能劃磁曾試驗之矣西俗相傳牙醫以美爲最良然其技祗刮垢以固齒或齒根腐露則以金銀補之俾勿增劇齒脫則別製以鑲徒美外觀無裨功用若治齒痛尙遜華醫特華俗每以牙垢爲護齒之要此則西醫所不解者也偶訪牙醫刮治歸寓英使龐而修偕參贊汨鵲來訪深情厚貌謂曾游歷中華其在英倫則與曾劼侯善此即李傅相所言龐侍郎亦即巴夏禮之親串也使美甫遞國書仍須回英接

眘初冬復至云
初九日甲申晴顧少逸呈報離美日期蓬雲函述金山華人徬徨追悔之狀毋亦見之晚乎昨申報述津沽火車掽撞事來車逾時未至去車在軍糧城交衢之軌久候無消息司車人孟浪直前及來車舉旗示之已兩避不及遂俱傷也火車所經行斷無不設電綫之理兩車相候既逾時自應電詢豈有徑行直達者此司車之謬也比日談時務者每欲仿西法而不肯鞭辟入裏睹臚濠之姸捻纓求似可爲慨歎午後柯林臣偕其子來謁謂明早乃得見外部如不量移仍返巴拏馬
初十日乙酉晴和蘭有屬島曰蘇里那麼在南亞洲境向有華人傭工和使近商總署擬訂章程聲明與蘇門答臘哈拉巴兩島不相涉總署函詢應准應宕屬派員查復等因當檢輿圖蘇里那麼洋語作蘇里南其地毗連英法屬島咸豐同治之間有人在粵招工指爲西印度其招致情形略如古巴該島亦與古巴相近版圖尙寬此時華人僑寓情形自應詳查始能咨復當檄古巴總領事就近派員前往美有領事在彼并託外部轉詢

之特往來該島船隻甚稀恐須三兩月乃得回信

十一日丙戌晴署章減俸自前年正月元日起久已遵辦客臘署奏奉使准隨帶子弟略仿漢制自辟僚吏之意甚盛典也漢武時用度不足奉使求不受俸祿自省其徒衆以取其廩所得多於本祿漢時流弊不復見於今矣西例公使包費尚非無所本申屆薰科律師談臣處忽旋風振撼塵沙蔽天熱氣陡退晚至後山林月相映夜色頗佳訪虮蝮不值

十二日丁亥晴巳正得津電二月十九日函悉華工駁

議甚好崔惠人秋初起程何天爵不使華爲佳定否當將四月朔日總署復電大致電達五十七字念六月不能交卸十月不克抵京仍應敬遞賀摺特備印花兩紙奏事處咨文兩件函託北洋照常轉飭糧遞電音未詳者并黏此函料量妥定附車至波渡磨少憩旅寓薄游園林天然結搆中有方亭售酒水菓非晚飯畢趁船往文勞礮臺船極華麗一色電鐙游客亦盛晡後展輪霧重而星月不爲掩途中所見石礮臺半已傾圮大都南北花旗戰事定後未經修葺者也

十三日戊子晴將曙大雷雨船幸不顛簸辰初抵岸旭曦瑩然徐步旅寓總統亦泊舟於此各以避暑來不相聞問也旅寓臨海木樓四層横闊簷前一亭納涼尤宜美俗患病輒於此將養勿藥有喜天氣佳也偶爲一詩

十四日己丑晴文勞礮臺總兵官差弁來言昨日禮拜未能爲禮今日十點鐘放礮十五門致敬並請示期進謁余許以兩點鐘此行本擬避囂仍難免酬應傍晚大霧對面不見隱隱有雷方食而陰霾散盡夜月彌清甚出意外西人踏歌跳舞半夜始散

十五日庚寅晴薩摩島事德美似有違言美近專使赴德會訂當免於戰咘嗹候此事大定即出外避暑矣巳正答拜文勞礮臺總兵官略覽形勝臺中林木甚繁守臺陸兵三百皆有樓房棲止並可攜眷臺既臨海後路亦引水爲溝建橋出入藥房在女牆之下大小二所極嚴密石臺之完整者也此爲大西洋海汊固宜嚴備臺礮御舊式沿路堆廢彈無數南北花旗爭戰之餘臺中儲英國礮一壘西哥礮三云皆戰勝而得前年外部請譯之礮係子母銅礮當時疑爲元代物亦頗朝鮮頗難

武斷對峙一臺則廢圯久矣總兵官殷勤款接導至其家飲酒而別總兵官月俸極優終歲無戰事卽弁兵執槍列隊迎送客亦歲不數見風景既佳且復閒暇誠美差也晡後霧雨晚飯後聽樂片時欠伸魚睨亦尋睡矣移榻於樓較酣適

十六日辛卯晴華人提控美都之案總察院判以議院既定例則從前稅關照皆作廢紙華工須遵例行與金山臬判無異余每謂總察院與各省臬司同操此術斷不能自相矛盾華人客秋不候余返美一商遽控諸金

山此次專顧兩律師提控美都亦未來謁金山含劣律師每誑華人以例必不行行亦可駁今果何如哉科士達貽書相告甚惜華人不明利害也今日天氣清朗午不思睡函詢劉芝使交替日期乃郎春闈消息

十七日壬辰晴漢書律歷志制禮上物不過十二天之大數也然則西俗器物每以十二件爲一他辰亦有所本乎特以十二兩作一磅此則昧於二十四銖而成兩法二十四氣十六兩成觔法四時乘四方之象失權衡之正矣午後總署電何天爵狡猾設法阻之當電復以

美廷暫留田貝數字署納北洋之說故下此斷語

十八日癸巳晴外部函約今日游華盛頓墳爲英使也美例初通好之國必延其使爲此會英美非初交或因去年逐威士特優待新使以修好乎否則附英之意不合獨責之前總統耳余方避熱不能赴爲電謝之晚八點鐘附船回波渡磨船饌不惡竟有鯽魚夜霧一點鐘始見月

十九日甲午晴晨起七點鐘已抵岸矣趁火車至烏約領署氣候殊熱金山岡州會館有林姓人二月間昏夜被刺曾於正月與丹桂戲園收票人張姓角口遂指張爲兇手訟繫之張姓人公函求援當將原函寄呂潔卿調處以均爲岡州人也金山命案類此者甚衆

二十日乙未陰雨烏約人祕十能說神鬼怪異恆一睡數晝夜吾華所謂走無常者也卽藏鉤射覆諸戲莫不奇中富商巨室每招之作劇一日偶於西商家演技畢昏昏睡去僅六點鐘而氣絶醫士決其已死且訝其心思靈巧腦髓必異於常人遂剖割以驗視其妻得信自鄉落赶至已無及矣縷述其夫平昔起居又檢遺蛻果

有書一紙略言昏睡非死幸勿驚誤其妻痛醫士之孟浪也訟之官不知若何判結西俗醫生權甚重然如祕十者亦以怪誕而自殺耳醫非詑其腦髓何至汲汲剖視苟推神仙不死之說或指爲尸解也

二十一日丙申陰雨傳榭元函報離美赴倭之期屬覓書本湘浦書言粵中沿海築堤岸自天字馬頭與役官爲之倡餘則督商經理將來有成可奪香港之利云不知香港能聚如許華商以出入口無稅釐之故中國內地豈能虛與委蛇哉是在招來有道周官保富之條亦

粵政所當急者否則商人逐末未有不營營於香港間也外部前約華盛頓坐國會以現派俄使病歿而罷來簡書牘均黑緣西俗喪禮之式也藕浦來言美商新製炸藥礮子能洞穿十寸鐵板曾與土爾其試驗現義大里國以五百萬金磅與該公司訂立合同設歐洲各國擬購此炸彈須由義國主持藕浦亦欲中國仿行以專亞洲之局而未深計中國歲銷幾何藕浦見解往往如是

二十二日丁酉小滿晴西俗地輿之學童而習之自本國以迄環球往見西童能言中國口岸阨塞甚奇之問俗略久乃悉所學之有自也其以本省地圖作嬉具如吾華西湖圖者以骰子擲點計數記里稍能行步即知各省方向犬牙相錯情形此西學之淺近而有用者漢書食貨志八歲入小學學六甲五方書計之事蘇林注曰五方之異書如今祕書外國書也漢承周秦之後學務賅博白登之圍嫚書之恥朝野均不平專意積精冀湔滌之以紓邊患方小學之初課及外國書計用志良切矣漢時沿邊諸國文字略同考索尚易自有輪驅而

海外四洲幾無隔閡及今而不明五方書計尤無所措手京師同文館津粵滬之西學堂其可緩乎蘇里南島事訪之希特公使但知島有華傭仍未悉島酋虐待與否蚁蝘解任後昨始回威明頓鄉居六十老翁行將納婦

二十三日戊戌晴巴拏馬浚河之役中輟法國銀行多爲傘倒項美國加非兒銀行總辦施利叉集資本謀浚尼加拉瓜國河道以通大西洋太平洋之路地在墨西哥之南可侖比亞之西北內有大湖二較巴拏馬易爲

力本月二十六日載運機器工人前往函請襯其展輪愛立謨前云集款六千萬者或指此耶此爲南北花旗關鍵美固不願榻側有人而此海路能通商務未始無益美人自爲營辦美廷之願也金山領事申復天孛架各案或疏緩自誤或虛僞無憑華民見獵心喜局中倖得之心局外垂涎之意均所不免索款難散款尤難

二十四日己亥晴美洲阿挨賀人李來新製一器如棋枰橫直各六度弧斜各十一度共三十六孔以銅鍼點插每度橫直弧斜須不連搥遍索解人不可得美廷遂

給牌照准其專售價值卻廉領署各員尋繹數月莫名其妙函詢售者寄來一圖仍悶葫蘆也今晨飯後無俚試以象棋馬行之度插之北偏東第三度起南偏西第三度起居然巧合似亦無甚奇難夜觀戲偶奕遇勁敵搖頭伸頸幾敗矣各存一子終成和局戲院中儲一玻璨皐觀者各五仙士乍見不過一陳設之物狀如輪船之天平架式投錢則電鐙自燃音奏自作且必限以此數過不及皆窒製器者預蓄其機以圖利美俗心計纖巧一物之微無非算學

二十五日庚子晴舍路華商陳宜禧等公稟收到賠款並餽牌繖扁額稟內有撥水難全收柔少慰之句措語尙雅潔近美紳建議擬以銀元一萬萬購古巴全島年交五百萬以二十年爲期美廷交議而未定也前月十六之會日使於余坐中嘗告捴麻美得此島不合算島人強悍歲須重兵鎭壓闔島所入不敷兵費捴麻笑謂任其擾亂不設一兵似美洲蓄謀已久惟聞日都官紳多不願日國僅存小呂宋古巴兩島果以古巴售美不難以小呂宋售英迴思嘉路第一時何以仰酬先烈

二十六日辛丑晴美近以電擊易繯首之刑祗烏約一省刑律且難齊壹所以爲合衆國也外部復約游華盛頓墓仍辭之

二十七日壬寅陰寒朝鮮代辦李夏榮函訂五月朔日晚餐旣辭外部遂並辭之也烏約灣克近充烏約郵政總辦晡後偕按察司摩根來晤云戶部行知稅關不拒華童游學且言美禁爲不公

二十八日癸卯雨寒如初冬檀島董事程汝楫古金輝稟復照常任事兩董本鄭光祿選派余援案加劄比該

鳥華人恨其攻訐會黨銜怨甚深兩董遂辭差余不願
太阿倒持仍加委任人言龎雜領袖之難也近祕魯有
華人故倒洋債十四萬金密延律師報窮債家格於祕
例莫可如何領事甚愧憤
二十九日甲辰晴得日都博物院造像映本此像得自
阿拉卑亞之尼嘉塞木城明嘉靖元年即西歷一千五
百二十一年日君主阿爾方琉第一初會埃及王阿思
滿於此城中相傳爲埃王贄物初藏格蘭那達宮我
朝乾隆十八年移置日都博物院文字甚奇頗類石鼓

午後答拜灣克於郵政局規模極宏贍樓高五層建費
九百萬金落成已十六年矣郵政工役二千五百其有
晝夜不斷者則分作三班輪流更替買保險之信件每
日六點鐘時即停代人寄物無輕重均任之簿記層壘
即失誤亦能追查立法甚善樓內兼本埠理刑司合衆
國委員兩署鳥約地價極昂有方平一尺價值三百金
者故美俗多建高樓諺云佔天不佔地也鳥約之淩空
火車命意亦然惟車經重樓窗戶可以窺見室家亦諸
多不便

三十日乙巳晴朝鮮朴使二月二十七日函述別後病
滯東洋江戶縣毅之甚近漸瘥可來初准擬回國寄到
代購竹瀝薑三觔乾薑二觔半所言來初或即下月初
旬之謂朝鮮文字固如是也
五月初一日丙午晴格總統墓祭之期今總統亦至水
陸軍兵列隊游行此墳已屬之美廷略如中國置官守
冢之意日報盛述賻花之典以中國公使爲最足徵邦
交云子豫函言蘇里南之路自古巴起程四日抵波多
利哥換船一日抵散多馬士換船三日抵散多路施亞

換船抵千里達四百邁抵地美拉笠三百邁抵蘇里南
由散多路施亞起計六日合計十四日二千四百八十
邁船不常有屢煩守候往返約須三月當查鳥約有直
抵蘇里南之船水程卻須二十三日即電復並將船圖
寄去
初二日丁未晴總署咨回客臘摺子奉
批旨欽遵咨行又咨送正月二十七日二月初三日
恩詔謄黃兩道又咨鈔更換使臣摺並撥發經費數目
分別存復今日美西省大風金山火車不克來

初三日戊申雨項詢粱蓬雲火車消息在撒士泊之西前路風斷雨橋後路山石崩敬壓阻車滯於中進退維谷幸司車人有電來車尙無恙行路之難車船一轍也子豫電復蘇里南之行由古巴起程爲近

初四日己酉晴美西風災山湖泛濫淹沒贊士湯一埠死萬人以外湖中木排飄失值三百餘萬金美土人謂創國以來無此奇災也日報又言停車之地水亦淹及車中人各逃生命有誤墜於水者十餘人車上儲有石灰水激而熱氣發車旋燒滅聞之焦灼電綫又斷續不

通晨令張丁盛至火車房專電司車人展轉繞越六點鐘乃有回信言前停撒士泊之車現已移至阿拉蔦打埠蓬雲當能履險如夷烏約銀行富商挨士藏古磁甚多中有耶窰瓶洗六器甚佳又印合四枚苹果色甚可愛外一紫檀匣雕刻乾嘉巨公題識幾滿又黑磁瓶一枚中畫五采麻姑上繞一蝙蝠瓶底有正德年製篆字印章挨士云得之英倫曾劼侯爲之辨政曰明武宗年號正德楷書七字復署英字押主人並此紙而寶藏之端醫生往游歐洲求書謁劉芝使陳敬如

初五日庚戌晴重午節同人照常爲賀劉寶森晨往火車公司詢明金山來車實停阿拉蔦打埠已脫贊士湯之險現擬修復橋路或雇馬車載客至哈盧士報埠換車繞至烏約初七八可到云日報所述及他公司猜度之詞徒亂人意澳路非奴亞鋒近挐槐花園亞鋒市架四埠華民馮勝瑞等共爲牌繖稱頌各埠貽款想已發竣

初六日辛亥晴游歷義日葡瑞司員戶部主事洪勳戶部員外耶徐宗培公函借撥各九百金以英法使署不

能再借遠道函商而不言住址電匯固茫然回函亦難寄殊費躊躇美都博物院函謝所贈漢玉璧

初七日壬子芒種晴美西水災各省捐賑五日之間已集百餘萬金足見美洲之富此次山水暴發湖河並漲美都華盛頓紀功碑博物院一帶水深數尺市肆間可以漁釣把莌麥河壩大橋衝壞橋側煤棧衝去損失垂百萬水漫至火車頭竟須小船渡送文報不通者數日

初八日癸丑晴何天爵來訪未接晤客冬希特內亂逐其國主亥惡逾年國主集兵復戰亦不利亂黨竟自稱

攝位坐候國人公推前派各國駐使行將撤換希使駐美十九年資望最深與交甚洽深爲其惜之

初九日甲寅晴鄭光祿鄉居患盜函託烏晉購李槍二十根大盜固不畏槍以禦偷兒警以狼捕鼠聞邸報潘嶧琴近轉庶子同邑多一京堂南海自吳荷屋後無開府羅蘿村後閱卅餘年至嶧琴乃復開坊邑運殊弱

初十日乙卯晴烏約電傳香港颶風三日在晦朔之交念李駘選方於此時舟出日本輒深繫慮項金山電復駘選所附之船已平安抵港春闈榜發李木齋榜眼及

第李玉帥有子矣眷念舊交爲之快慰

十一日丙辰晴祕魯學堂經費既竭參贊稟商月撥公帑百七十金否則中輟余以華童生長祕魯習染甚深若不導以詩書久將盡忘本來面目視儲材之意尤亟因爲切要辦法辭御洋教習幫教習兩員專習漢學先澂其水源木本之思苟有進境再拓以西學前日已准張丕勳假派教習劉恩榮代之即令仍兼學堂兼差向不支薪水外此月租紙筆之費余捐俸給之可不動帑客歲開辦之初湘浦偉臣倡率諸華商捐辦規模初立湘浦乞暫緩奏報亦慮捐款難持久也美日祕學堂據歷年奏案本可動帑余慮成就之難澀於盧擲古巴金山兩學悉由領事設法捐辦豈能獨厚於祕魯茲祕魯華商生計遜前通惠局且拖沓未就語以作育華童之意猶北轍而南轅耳梁蓬雲陳芷泉楊建勳晡後到烏約車行脫險如慶更生然此數日間旅止倉皇亦備嘗行路之苦矣

十二日丁巳晴熱甚德商北士來訪叩以蘇里南情形生意以采非爲大糖煙次之華人旅居數目卻不甚詳

今年古巴糖務亦大有起色云天熱蠟偶棋枰暫輟僅有音樂

十三日戊午晴蓬雲此來本買定三點鐘車因病困少憩詩家谷遂改附五點鐘車而行疾乃越前車及山水暴發司車人又急駛山巔得免於難前車忽焉在後竟爾淹沒此中殆有數焉兩車生死只差十五分鐘蓬雲既幸脫險候車修復乃行暫寓撒士泊埠有華人三百餘該埠知府餽問周至並代查所失行李云已覓得一皮箱或不至盡沒也行李應隨客車並發該公司乃別

附前車恰爲之淹公司未始無過然即此九日躭留諸客移寓埠中一切房飯公司任之而生意損耗鐵路修理共耗一千四百萬金該公司訟之於官以此次遇險係山湖倒瀉而山湖之水則土人儲以漁釣者也索土人賠償此爲有數之款若費士湯全埠被淹死者逾萬其他機房物產亦能盡數賠償否天氣既熱慮蒸疫氣有建議一炬焚之者同時舍路亦有水災未據華商稟報能免波及爲幸

十四日己未陰雨滬上賑局以東賑孔亟公函勸捐二

月金山華商已捐解蘇皖豫三萬金分撥散放其時未悉山東情形業承南北洋諭飭滬關移豫款解東矣此時東災未淡海外商務勢成弩末集款甚難惟當盡心力勸之而已金山華人近以訟爭關照一事美察院向未批復輒潛購新照數萬又在香港搜羅舊照不少誤聽訟棍之言以訟必獲勝遂爭占先機以圖壟斷不悟金山臬司已駁之案美都不能兩歧也利令智昏徒喪巨貲卒擲虛牝何如捐賑之爲愈乎古巴電報萱舫蘇里南之役今日起程

十五日庚申晴粱陳各員所失行李律師謂天災所損火車公司例不賠償然該公司則已索賠於土人矣云須取決於費城晚飲北士寓樓在新造園之北坐有賈於法者謂中國前年假德商之款月息七釐太昂積有假貸可毋須此余辨無其事其人云有親串在華買得此項股票

十六日辛酉晴莫力侯母病乞歸今日成行美西風災金山華商亦捐千金薄酬西人前捐蘇皖之賑天災流行何國蔑有自應各推好善之誠

十七日壬戌晴薩摩島之約前日在伯靈籤押美專使將歸矣申正大雷雨晚霽鬱熱頓減

十八日癸亥晴美都有人上書兵部謂昨日至明日都城大風災居民疑信參半天文臺亦詆上書人虛妄昨烏約卻大雷雨然非災也近因費士湯之變論者每詆言美洲有災徵颶輒指爲颶前日子豫或於日報亦爲電詢市虎之駭遠近一致憶乙酉春過日本方競傳東京西二月十五號陸沈怯者或謀遷避亦竟無驗

十九日甲子晴金山華商黎强等集貲赴山東營辦棲

霞金礦四月十日自香港起程此時當有頭緒近又有建議在九龍開鐵路至省城冀奪香港生意計程六百餘里或承工或集貲均可未審地方長吏俯准否耳俾通鐵路時議時輟他省自難發端

二十日乙丑晴的欽巴埠賠款鄭光祿候查未辦及余照會外部就領事冊報最多之數索償美廷照允並未派查竊謂可以對華人矣乃外部刊本並該省巡撫士圭也原報亦附刊於冊美廷每辦結一案必將此案文牘一概發刊向例皆然冊載華人林威報失一萬五千

元林威以洋冊有此巨數頻來稟瀆不悟此爲地方官據失主所報非美廷聚准允賠之數也曁經領事開導猶不釋然且林威已入英籍失事之初曾稟復歐陽領事云自向英領事報案無待華官辦理自請剔除積以姚鄭兩員往查案乃改報三千元已照索給之今挾外部蛇足之冊遂專人來謁將命者欲以蘇張之舌取盈

二十一日丙寅晴博物院繪製墨西哥石表一枚見贈間詢陳敬如埃及石幢頃得復書謂埃及石幢有數十種一種之中又有前後左右之文散見於羣書中頗難枚舉亦難收聚其文銷沈數千百年無人能知無人能讀不過西人好古者得之爲奇異言人人殊都無可辨亦絕無所謂拓本者郭劉二星使所存向未之見不敢妄擬惟憶使西紀程有言至埃及得石碑文並舉數字以證上古製字象形之意並言劉使君得有大拓本云季同乘槎三次嘗過埃及頗留意求之迄不可得惟照相本或大或小數十百種劉郭二星使所得恐即此也否則卽如前月所奉八紙之石印本指此爲拓亦未可定西人不知拓法石幢臨空矗立尤不易拓良如鈞論

不必更贅按西人咸謂埃及開國更古於中國此不可信者考其製字之始則在紀元前二千一百年一書又謂在紀元前一千九百年卽如二說亦尙在六書後是竊蒼頡遺意無疑且埃及之音與漢安息同條枝卽猶太莎車卽波斯古今異名語音具在是皆臣僕於中國者獨惜其爲摩哈麥特一炬後虐比祖龍存者惟此殘碑斷簡而已文雖斷爛而光怪陸離牛鬼蛇神之跡破碑碎碣種種皆佳不僅石幢已也此處有博物院專售此文西人游埃及歸來出照本用顯微鏡摹繪於石印

上尺寸雖大小不同而點畫形體實無差訛比之照本尤爲清曉所奉八紙卽此也查該院所編出售之號已過五千價值昂貴隨印隨售售畢不復印欲求其全數亦難且今日有之明日無之亦不能按圖索驥殊可惜矣前往購時見其現有者不過五六十種除大小雷同及破碎筆劣外尤佳者惟此八種耳八種中最佳者乃一人側立點滴而下作一小人屈足而坐方圓許多小人環繞之似卽子孫世守之意西人謂係三尖古冢中所得殆礦銘欵因其狀近褻前書故不敢言及此冢乃

在夏周之世爲其文治正隆之候留之以見大端幸勿以中國禮範之嚴律榛狉無知之俗焉可其次卽石幢也石幢之設在婆羅門教盛行時自埃及至印度皆有之而埃及猶夥此幢斷作兩段西人言爲最古者是諸幢中特最文字點畫亦簡似爲象形初變爲指事者再次則有鬼神之狀滿身皆文字西人以爲古佛誤也殆當時火葬儲死灰之匣按其字體似爲埃及中古之文六書備後所作然亦二千餘年物似在說文漢隸之前惜無人能識之耳八紙中卽此三者可見埃及古文大

略其他不過備數而已近德人著有埃及古文解釋一書穿鑿附會盡創象形指事會意轉注假借等法但以諧音爲主叩之埃及土著亦茫然不知猶法人收墨西哥古字數十種爲書釋之攜示墨使則曰非特我不知卽我舉國皆不知敬謝不敏焉嗚呼趙明誠之金石錄歐陽公之考古圖號爲作者足壽千古其中亦有牽強間斷之處況德之於埃及法之於墨西哥地之相去千有餘里世之相後千有餘歲耶夫德人所著亦非無所本也因二十餘年前英人於西臘地得古斷碑上分三

層首爲埃及上古文中爲埃及中古文下爲希臘古文希臘之文西人知之者衆季同亦諳之碑辭乃作贊揚埃及王敬天愛民之語德人用此求其中古以及上古然中古文謂之諧音可也至上層分明象形指事六法皆有斷非諧音一道可了且希臘字母僅三十二埃及字母有三百餘部多寡之數不相侔是不待攻而破矣碑上上半兩角皆缺折不全所缺者不知幾何字並作何寫法是碑今存英國不甚傳而德則因此人而傳故有印本曾得二紙今以奉獻云陳敬如在洋十餘年怪

怪奇奇是是非非頗能言其一二以文人而就武職用違其才

二十二日丁卯晴蚇蠖函謝喜物婚期尚須數月約余訪其鄉居午間令蓮雲檢的欽巴卷內林威兩次聲明已入英籍自求英領事牽追並外部駮復英使代牽之案示林威遞呈人潘明昌始頫首無言散款之難可憤

二十三日戊辰夏至晴波都瀝古島尙羈禁未釋之華人嘗令萱舫往蘇里南便道查理並咨總署天氣愈熱晡後循質成河至吉士寄廬避暑舟行所經兩岸人家林木相間略如江南風景

二十四日己巳晴卯初泊船乘馬車至山莊板屋層樓在諸山之坂四圍茂樹門對青螺去市甚遠祇後圃有農人一家散牧牛羊雜蒔花果芍藥數叢未敗薔薇施高樹掩映生姿惟松鼠甚多見人不避然不入屋每日午賣魚人來詢盤飧之用不致絕無兼味惜書郵稍遠耳比屢病失眠恐成怔忡至此可圖靜憩寓中百物皆備陳設不侈而潔初念不及此

二十五日庚午晴埃及古有勇士在耶穌未生之前數百年名曰三疊力能拔柱崇樓廣殿隨手可倒勇冠於國亦頗爲鄉里妬時有美女曰杜麗牙擅傾城之譽願與薦枕三疊惑之女伺其酣睡潛翦其髮嗣是力不能勝一雛力繫於髮理頗難喻西人著述娓娓言之陳儆如謂埃及與安息同音卽漢之安息埃及有大小之分安息亦然不識確否惟魏略載大秦國以水精爲殿柱迄今考之殆虛語耳大秦今之羅馬宮殿宏麗柱礎多文石非水精也

二十六日辛未晴西人向以六月二十二號爲軌度最長之日卽今年夏至後一日也遠考中西歷當不相遠吾華亦以夏至之日爲最長諳歷算之學者當能融洽分明是日美洲試炸彈於詩家谷美廷派員往觀若甚矜重美署寄到例獎清單日署兩員漏敘年歲尙須復覈晚飯後徐步三四里遙見樹罅白光疑爲屋壁行近則野草繁花如一片素錦過此乃有人家三兩幽寂極矣北行五六里則高樹連衢華屋鱗比富人別業也

二十七日壬申晴顧少逸四月二十五日抵倭有書來房東士雕鵠充上院議紳壘與華人作難近因其妻弟

亞彿爲阜忌華人作律師欲索未經報案之損失銀物乃函薦亞彿誠翻覆無恥之人矣夜雨

二十八日癸酉雨西俗喜駝鳥婦女多以片羽爲首飾諸博物院亦時見之漢永元十三年安息國遣使獻大爵漢書注引廣志曰大爵頸及身膺蹄都似橐駝舉頭高八九尺張翅丈餘食大麥其卵如甕即今之駝鳥也此鳥之入中國由來久矣晡後雨重殷殷有雷聲對門諸山雲霧蓊翳略似米家圖畫

二十九日甲戌晴觀農人刈草其器著地如犁而齒排

鋸齒旁綴鐮刀一馬牽曳一人立犁上執鞭以機運之隨行隨刈頃刻間可數畝門外蓬蒿遂無障翳晡後蓬雲芷泉來別

六月初一日乙亥晴總署寄到二月十六日三月十七日

欽頒謄黃二道蒙

恩廕一子入監讀書幸邀

異數慶流子孫犬馬之報益當感奮新使崔惠人函留進齋原函寄請自酌並將爲司圭也報文事特給外部照會署押送去

初二日丙子晴義日葡瑞游員洪勳徐宗培兩電撥借言定十一日船期而不言住址從何電匯英法館旣不借此間本甚支絀若竟置之慮難成行

初三日丁丑晴蔦呢埃倫今年煙火爲羅馬火山焚烈故事煙燄沈黑殊遜昔觀鳥約新來粤劇一部西人極訕笑而訪事者乃復絡繹均不耐久坐以非知音也其一人坐至兩點鐘咸嘉其有聽功越日視之已頭悶不能起矣西報紀外之音大可噴飯

初四日戊寅晴電匯洪徐兩游員庫平銀各九百兩由鳥約匯豐匯至日都並咨總署近以山東濟武青三府災賑孔亟舊游之地甚難恝置勉湊使俸千金電匯滬局王松森轉解山東分賑並咨東撫軍續得檀島程古兩董事稟言今春皖蘇豫賑各華人捐銀一千四百餘元上年鄭州水災自正月至九月捐銀三千八百餘元均寄廣東愛育堂轉解災區濟用檀島商務遠遜金山而能如是踴躍何可略其向善之美當據稟咨粤索扁額以彰善舉

初五日己卯雨閱邸鈔登萊青道電稟總署濮州北岸河決一百三十丈東撫復奏濮州南岸辛寨新生沙嘴逼溜北趨幸未漫溢現在加廂料土加築套堤似此當可稍紓
宵旰矣山東災況
宮廷廑念
慈聖又發內帑十萬金施賑何可更有決河之報哉默維濮州北岸近倚金隄地勢又北高南下往決每在南殊域數萬里究難遙忖徒悶而已晡後復進齋書附咨

稿三件批一件

初六日庚辰陰環球之民傭趁他國咸謂華人最盛近奉使海外始知德國無業之民散處覓活者亦復不少甲申法越之役駐德使者聘德國二十五人抵津時和局復議矣仍略任以教習等事乃縱酒任性至於訛賴及遣撤且大費力固知徒采虛聲之無益且還募不問賢否不旬日而德人可千萬也

初七日辛巳雨美洲創國之期各使向不修賀總統且移幕于捏底吉省作慶或曰該省多南黨總統欲保位特俯就之然比日畫報則謂總統已調服咘嗹矣特繪卧虎於几總統豢養而呵叱之局外間觀北黨氣象尚遜南黨之固咘嗹爲政樹黨之機深謀國之心怠近復多病宜可少息也薩摩之盟德得賠款英得設公堂如上海故事美則虛有外觀而已上海會審局當日地方官厭理洋事假權西人方謂擺脫得計不圖彼族已援爲成案中外交涉喜事固易召侮過於畏避流毒亦復無窮不特上海公堂一事希特內亂經年逐其國主論者惜之美廷近派黑人充使諭以但有總統即遞國書

不問亂黨與否美於叛逆之事視若罔然即黑人充使亦駭人聽聞

初八日壬午晴古巴近捕一巨盜專以擄人勒贖爲業積案累累越獄而重獲之隨身尚有銀票十五萬元金錢三千五百元入獄則乃弟已變易姓名縲絏矣越日即決既決有爲之辨白者謂此盜向不戕害人命擄勒不應手則潛縱之今總督處以極刑未免過重然則盜亦有道歟積貲如此之巨大可駭詫盜訂婚而未娶臨刑之先總督特准同赴祇祠成禮俾其婦得領遺貲亦

西俗法外之仁也

初九日癸未晴金山華商黃秉常等擬集貲四十萬回粤營辦電鐙公司以杜火油之害命意良佳所呈清摺尙無謬當爲咨商粤督又檀島華人古玉芳張文廷前年經商董稟訐咨查眾華人又壘稟辨冤遠道頗難武斷細覈此案因會館被燬商董集眾捐貲重建古張兩人梗議商董遂並訐其平日劣跡人情誰樂捐錢故於集捐者則怨之梗議者則德之古張被訐後辨訟結保者不休職是故也然會館究不爲異議所阻商董有

志竟成矣古張兩人又以咨查原籍爲懼猶知有中國法律設亡命兇徒則並此不知畏也原其畏法之意量予自新因並咨粤督銷案此間後山有高松千章沿山坂曲折而上濃綠夾道松下多鞦韆胡牀旁即質成河也臨河有小酒肆極幽閒再西行十二里翠嶂高疊山店宏敞西人多於此間買夏

初十日甲申小暑晴美總統有諭飭議院先期集院之說蓋積歷多矣諸紳方循例避暑客游於外恐難如命外部總辦司員布耶從事十八年百凡熟諳往者南黨司令以其嗜酒而去之頃聞總統諭令回部當差果爾則大可爲咘嗹之助

十一日乙酉晴美例苛虐臘正之間壘與前外部蚆蠔辨論蚆蠔以英倫日報爲解誠遁詞矣茲者咘嗹當國又性喜展才無巨細輒援美例因爲文予之

十二日丙戌晴進齋期約不至山居甚靜早晚間有貧人乞食或廢疾乞醫藥錢均詣予之門前自燃路鐙此皆小惠無足言者而該鄉乃合百十人爲鼓樂相謝薄犒以酒使之盡懽

十三日丁亥陰陳善昌控容蘇浦私債而將公家學堂查封壘經咨會南北洋飭下滬關查辦滬關壘次來稟將並公產而湮之以寬該商控封之咎余再三辨駁近始將學堂撤封此案滬關於商稟絕不批斥一言甚不可解

十四日戊子晴費城教士威林匹特函言華人之至費城者多就其讀書並習工藝否則流入煙賭局矣現欲集貲建一公所苦無公費擬西十一月作一會場專陳設中華家常器用冀收觀者之利以爲鳩工之貲乞居

時假以什物裝具尤佳云此君用心良善惜余已將行李各物寄華現祇使館所用紫榆木器鑲嵌玉石畫屏象牙雕漆綉屏諸物當轉語後任留時移借並爲面復之

十五日己丑晴昨得金山電李伯行陳蔚亭附阜路積船來美已電外部轉電稅關震東談譯跟役九人復面告之昨外部照復巡撫司圭也報章並非嚴准之數已詳第六十九頁刊本云即批示華人當瞭然矣

十六日庚寅初伏晴今日美洲創國之期新總統赴千

捏底吉省作慶乃紛傳英使同往此美叛英之日豈合約英使乎明係美族得意之詞實則皆知其誇英宜以大度置之詎英使亦播於日報證無其事未免徒費筆墨近日英議院以英后用款太多私積巨而公帑絀欲與清算英后近臣乃貢議盡將私財物産揭示於衆英爲君民共主之國議院故有此權

十七日辛卯晴波斯使者果不安於美美俗嗤之波使辨之愈辨愈不休遂於今日附船至法謁謝其國主以歸波斯王方在巴黎觀會也朝鮮李夏榮亦歸國此時李完用果充代辦矣朝鮮極貧弱而各使員於美俗交際視日本則遜之較波斯則遠勝

十八日壬辰雨田使所薦烏約律師巴盧南黨也與之往還間有得力處今春共飲於外部宅自言向豢一馬珍愛垂三十年比乃無病而斃歎惜不置詎巴盧昨亦沒於鄉居聞行失足即已不起豈馬爲之兆乎此老忒肥重至三百觔痰病暴卒耳然以窶人子操筆起家擁貲數百萬山鄉有林圃都會有華屋亦不易矣既與交游因面慰其眷屬昨祕前總統霸拉度偕愛立謨來訪

不相值擬爲書謝之而不得其蹤跡客冬法國抉一重囚臨刑時自認爲霸拉度之子恐未必然

十九日癸巳晴東觀記羌胡見客炙肉未熟人人長跪前割之血流指間進於竇固固颿爲啖不穢賤之是以愛之如父母也此誠古人欺人之語竇固恩信結於羌胡蓋別有在豈徒啖炙一事哉今者西俗款客以牛羊未熟帶血者爲敬苟無德意相孚雖甘之如飴未見其加愛也

二十日甲午晴咘嗹避暑鄉居近乃紛傳其謝病辭職

乃耶力爲剖辨事在疑似之間祕都新建南海會館在活地時街地價七千金祕魯鐵路之議未成各部刻復更換今年又屆總統更代之期能否不事干戈未可知也祕署供事張丕勳性嗜酒忽得痰病林和叔劉偉臣酌雇粤人送之回華憶乙酉出都候潮大沽口張丕勳船艙夜溺宿夢未醒踹躓墮水中同舟持篙而免甚不欲相攜遠役無如苦求不已今竟以病歸殊無謂也今日觀鄉兵操水車會甚整齊房主人寓居質成河西承約晚飯晡後駕車來迓將渡御者下車取火以轡授賓

森試牽之兩馬遽後退按納不住橫斜及於河壖幸車輪爲樹阻否則墜矣野馬不馴未易駕馭房主人與姊壻同居亦有園林之趣此屋已二百餘年美之舊家也有方鐵几兩張甚古詢其產自何處則祖遺之物不能指說也飯畢駕小輪船渡送歸寓鄉操之後醉漢塞涂

二十一日乙未晴粤中潮橋鹽務不屬運司另派專員經理略如蜀中辦法鐵鑪無官私概不收稅期以三年收效可補鹽鐵之缺果能便民變法何害也澳門近狀尚安靖祇界務未清耳憶道光之季澳門有邱氏兄弟富於財以祖墓爲洋人馳馬踐毀遂募力士狙擊其酋斃於墓道葡人索兇手甚急兵船集省河大府謀之香山山長諉邱赴省領賞到案即擬以抵命邱兄弟無餒色各爭就刑大府始嘉其孝旋勖其忠竟刑一人以弭事山長得開復部員進京行次南雄而歿或曰冤魂索命也設事在今日當不致如是含糊

二十二日丙申晴烏約鐵綫橋初造時歐洲論者輒嗤其必不能成成亦不能持久然即今將十年矣鐵綫以純鋼製鍊合五千四百三十四交合而成徑十尺有半

重力能勝一萬二千頓沿橋用大鐵綫四根交相牽挽飄飄有淩雲之致橋長五千九百八十八尺寬八十五尺自橋頭至橋柱兩邊各長五百三十尺此猶在陸地也橋柱之中則淩空駕海矣高處出水一百三十五尺橋分五衖中走火車旁徒行再旁則馬車路不相淩雜乘馬車者不得步行猶徒行之不能臨流眺望也每車出進給以兩角子徒步五仙士火車公司則歲輸有常不繫乎搭客多寡也晝夜不舍獲利頗厚或謂以兵隊一千同時並行重足勻力則橋可立墜亦算學家言戌

初抵領署紐阿連華人假道事未了即電促外部夜雨甚熱

二十三日丁酉早雨午晴仍熱李榮邦自金山來述上年阻約之徒近以美例訟不能勝頗首無詞要其所以誤會者皆傳烈祕利亞頓害之云外部電復紐阿連事已轉咨戶部又照復駁例文收到容詳細登復此文援據頗多固知外部未易遽答且咘嗹養病在鄉現係副外部華頓辦事

二十四日戊戌晴滬上洽裴時邵筱村屢言奉使絶域

不孥眷則舉目無親情狀甚可憐余以美日祕三國相距甙遠挈眷誠不便且隨使濟濟晨夕相對休戚相關何致舉目無親如筱村所云追經事既久而筱村之言益信晚九點鐘返署

二十五日己亥晴總署咨回二月摺片欽奉硃批欽遵咨行又美都集議航海會總署照赫德稟呈即派理船廳美民畢士璧赴會閩廠學生附焉招商局建議以航海章程本極齊備只增舵尾汔筒便較周密口號則仍舊强於翻新援德船近事兩船相對口號新舊不同遂致撞壞爲證不爲無見也畢士璧請假回美迄未來謁既不悉其住址又不知洋字姓名須接晤乃能照會外部借才他國實事求是而已

二十六日庚子大暑中伏晴寅正率屬望闕朝賀畢與同人宴飲午譯西報英都諷議英后私積一事英后既宣示於衆議者猶謂損公帑而肥子孫或解之曰后初攝政時曾以田地巨產歸諸公家豈營私計乎議者曰此產原爲公家物前王以權力奪據耳今者內庫如是豐盈莫非民膏民脂自宜酌減賦稅庶得

其平連日聚訟未決英太子與人曰衆情若此再越二十五年恐王族無噉飯地矣此英之新政也英使館見贈堅彌地邦圖籍二十三本曰外務曰律政曰報銷工款曰郵政曰勇丁曰英國准銷例曰野人曰山內巡捕數目曰內務曰工部曰內地稅餉曰農部曰水師部曰鐵路河工曰商務曰漁務另圖兩紙可云備矣游員爭譯堅彌地稅卡一書幾於決裂因爲覓此數冊遺之足資採摭宜泯前魚之憾

二十七日辛丑晴明年十月即屆俄人修約之期稍歲

機謀或將一發俄志不在通商前此界務已否清釐妥善此杞憂之大者覘美約有泰山鴻毛之别洪文卿書言其略卽縷復之徹夜不成寐

二十八日壬寅早雨午晴美俗建屋大率四層或五六層客寓則或至十層以上無方向吉凶整齊尖角之别無慮高樓廣厦概無樑柱特先安牆角四壁堅穩然後逐層支架交互錯縱逐層以細條木板釘葢而不虞顛墜或曰橫木交荅其力較牢磚用鏤空新式云可通氣且避火患但偶有失愼輒透頂其或延燒者火從窗戶

入牆壁不倒也英使館對面新建白石教堂未結頂而墜不數日而英使被逐風水之說或有徵歟進齋歸心甚切不就新任之招陳情懇摯稟乞轉咨並達總署又將三亥駮美例文寄署別函寄倬粤或諒此中抵撐補苴之難

二十九日癸卯雨美民坎丕耶就氣球之法以製氣船自詡能操縱如意不致如氣球之一發難收製旣成其友柯近於十九日午乘之以登涉如黃鶴越二日有見此船墜於河者柯近已不知死所坎丕耶語人曰柯近

性太急規模粗具輒卽試演宜其歿也術之不善因而誤人尙復自信如是直以人命爲戲耳或言此氣船有鐵四十磅斷難輕舉創製之人其肯自試否乎華商照式外部文稱戶部遵行此可無煩多論矣午後往外部詢紐阿連華人假道事華頓云已照辦戶部並行文稅關又催復駁例文華頓謂來文詞意精當無可强辨然亦難倉卒荅復咘嗹避暑鄕居十月一號乃返

三十日甲辰陰英人這知可倫自金山貽書略言近日本埠華人會黨有遂勝堂睦親堂秉公堂協英堂瑞端

堂等紛紛恃衆行兇在戲園公衆之地打死人命又於本月十四五號連日打死一人十七號又打傷一人雖所死傷皆華人惟恐萬一傷及他國人則土匪不難由此而起與華人爲難或逐出埠其時雖衙門亦無權保護今請照會外部行文本埠衙門將兇手不問曲直卽行弔死又將各堂號拆淸堂號匪類拘載回華可免匪徒猖狂可保合埠華人身命不然一旦有事玉石俱焚某在中國十餘年深蒙中國保護之恩他日有事某無權相報不忍不明白奉告等語此亦有心人也華人私

闔壘經論誠此風不息美俗不禁私會冀其出力助散各黨斷難辦到上年亥犯之約未成除暴安良均棘手惟飭領事與會館紳董隨時留心相機妥辦而已華人自傷其類此召侮之尤者平日不受教令及變生不測又歸咎領事不能保護匿名揭帖蠭起矣

七月初一日乙巳晴晨起謹擬保奬差滿各員摺參贊徐進齋改奬片各口商董附奬片游歷司員出入美境片差期已逾遲至此時具疏因候各員詳細履歷

初二日丙午晴隨使各員酌減俸薪益形艱窘客冬咨署請援一減不再減之例於差旋之日補還二成竊盼咨復今午接署電令自行具奏前咨未奉駁亦未閣置可感也當復以差旋奏商再奏

初三日丁未晴馬邦有老鰥曰畢鈍年九十饒於財一子四女已贅壻矣此老忽思續絃密從鄰境士丙連非地方訂婚一婦年逾五十矣屆日此老自駕馬車起乘委禽仍告其女疑信參半語壻尾之及於卑治當車房壻勸之返此老潸然願竟其志壻强與同車歸其子女終慮翁有婦則財產分薄因稟官權理其業並照料此老行止枯楊之占乃在期頤之歲誠異聞也本日總署咨送新電書六本備分撥各署之用晡雨仍熱

初四日戊申雨閱鈔報京師五月二十一二三等日已得透雨邯鄲鐵牌靈貺也天津亦於五月十六二十兩日得雨畿輔當無旱患矣紹勳姪新進邑庠自奉使以來吾家歲科兩試均有幸獲客懷可慰者也奉總署電傳

旨致謝日斯巴彌亞國主賀

大婚

歸政慶典等因卽轉電希九遄行李伯行陳藹亭晚九點鐘到詢悉傅相起居如常

初五日己酉雨昨復失眠委頓之甚晚假鴉令頓酒樓為客洗塵並約參贊各員共飲

初六日庚戌晴午後伯行藹亭赴老兵院游觀甚嘉美廷待士之厚美都佳境亦止此耳

初七日辛亥晴金山電供事張丕勳初五日抵岸換船病已愈飯後就寢越早視之死醫云痰厥該供事扶病起程不死於舟次亦不幸之幸也卽電復金山領事妥

爲料理午後送伯行藹亭赴鳥約倭使陸奥宗光適在後車特來寒暄伯行兼善倭語遂同往答晤倭使持扇爲贈余亦以扇答之

初八日壬子晴鳥約氣候較清爽渡鐵綫橋回巻新造園游人甚盛徐步蘿徑藹槳湖中一船可坐四五人人各五角子沿涂荷花漸多

初九日癸丑晴晨起附片爲張丕勳請卹典訪格總稅家已全赴奥國矣答謝德商北士之招又至蠟偶院觀奕蠟偶棋枰自英倫貫來伯行御未寓

目

初十日甲寅晴檢高麗蔘贈伯行療寒疾腹痛甚效申正附船至蔫坭挨倫海壖客寓晚飯伯行詫爲英屬所無以英國海汊不如美之多也飯罷觀煙火亦勝英倫水晶宮所演仍羅馬故事煙談既熄有煤氣火象一頭能自行走搖尾捲鼻運掉如生僅見也渡海歸寓已十點鐘

十一日乙卯立秋晴伯行留贈洞庭山碧蘿春茶甚美以餉西人加牛酪白糖檸檬則明珠暗投耳午初送之登舟即電達北洋並詢崔惠人程期

十二日丙辰晴回吉士寄廬避暑仍由水道藹亭擬差旋回粤經營省港輪船此種船式美製爲良觀此可悟矣晡後抵山居所植草花均活

十三日丁巳晴古巴供事張蓋勳洋員拉烏自蘇里南回查得該島華人自咸豐三年起至同治九年止共到二千一百一十七名美利堅埠來華人三百餘名大埠二埠糖寮大小一百一十五間內二埠華人糖寮一間華人執業掘金者不一其在各店傭工者二百餘人開

荒耕種二十餘人大埠二埠田工四百餘人在各埠煙館游閒三百餘人窮老院二十人廣義堂贍養男婦二十人餘或回華或旅歿不得其詳現存九百餘人多惠州籍建有廣義堂會館而不能置義塚館董馮官祥稟求查理此島氣候略如古巴瘴厲甚重華人傭值銀每日一錢五分亦忒微薄近以金礦漸旺因與英立約招印度人往以瘴盛不安於役所以轉而求招華傭此荷使商請總署之意也蓋勳到時該島總督請宴備極周洽其土産税貨兵額情形拉烏以英文記之譯出補記

萱舫此行往返兩月餘盧夏官韋駒踏舟中四十餘日項後生瘡當令暫寓鳥約醫調拉烏則先返古巴矣

十四日戊午晴英法海底鐵路議而未成中國之談鐵路者已洒洒千言記其行度誇其製作以自矜博洽矣年來中國取則西法十擲未必得捷而假西法以愚中國者又類市人駭虎

十五日己未晴美屬亞拉是架島西華當國時以七百萬金買自俄國其地產海虎專有公司承捕美廷限以歲捕十萬頭不准捕雌恐絕其類也歲繳美餉十萬又

每頭納五元此公司大獲利鄰近有卑勞海汊該公司亦欲兼營放船往捕爲英所執美外部不爲申理或質於日使曰論公法海面距本境四邁路以外卽屬公共地不能專厲美云夜月甚明山樓眺瞰惟氣候忒寒

十六日庚申晴德人瑞乃爾曩在煙臺教習水師甚得力東撫爲請三等寶星旋往旅順口礮臺仍當教習差近日請假回國并攜學生數人前往德營配練當更有進德法之隙終有報復時德人備之甚周且慮法與俄合因與意奧聯盟近又兼約西班牙無非厚結聲援之意

十七日辛酉雨藹亭辭回古巴日署之代驟未能決希九亩電兩歧頗難設籌

十八日壬戌雨南洋咨爲張祥和附奬照尋常勞績八品虛銜保以實在官階張祥和在祕當差已逾兩年丁憂回籍本在應奬之例惟署章只能給予優敘似無奬以實官之條當查案咨復並咨取履歷午得京電振夔將軍初八日捐館驚駭痛愴卽日返署料量仲蘭回京

十九日癸亥晴昨附夜車卯初抵署仲蘭卽日起程由

唁景蘇昆從又籌還振夔千金甲申出都時借用也電金山領事爲仲蘭定艙位緒芝山結伴同去並爲分咨總署正黃旗正紅旗都統

二十日甲子晴拜發奬摺九月初可到京也金山華人捐助蘇皖東豫賑款銀二萬九千四百八十五元項據領事詳爲甯陽和兩會館請

御賞匾額援岡州捐直賑之例岡州之請余自捐六百金湊成二千兩數非元數也又陳姓八人合捐三千餘金移奬陳芷泉花翎當照咨南洋核辦甯陽供奉

關帝廟和供奉韓蘄王因曰侯王廟金山華人當商務疲敝猶能爲此義舉誠不易易

二十一日乙丑晴西人談中學者每詢長城形制朔方備乘圖說北徼圖自漢始秦祚短感又當焚書坑儒之後固無可鋪敘然秦所以築長城亦爲邊事計耳其時沿邊諸國西人載籍未盡略之也何願船以波斯爲安息與陳敬如以安息爲埃及互異稽其時地何爲近之劉芝使電伯行今日抵倫敦伯行踽踽獨行深佩其勇然亦不能不爲之馳念

二十二日丙寅晴美例每年避暑時九察院分巡各省就地判案略如吾華巡按之意法甚善也察院罪盧巡閱至金山幾爲仇家所刺幸巡差將兇手當場槍斃而兇兇手之妻訟之該省理刑衙門罪盧竟須到堂以五千元保出候斷九察院爲美國尊官美例尚難寬其質訊民主之政或以示大公耶聞此仇家爲金山妓者有富人眷之而死妓遂自認正妻承此家業而慮無以壓衆紛也因擇一曾任臬司之梯利贅之梯利亦利其貲遂同詣公堂援例領富人遺物臬司蘇耶判不准領上年罪盧巡按判亦如之梯利曾於堂上拔刀相向今年狹路重遇又復尋仇從前駐美肄業學生多無成就近聞香山鄭蘭生苦心孤詣學機器製造技已進於圖繪特令劉寶森借來獎勖之

二十三日丁卯晴香帥電華商來粵試辦電鐙便民甚好已咨復請飭該商速來粵之洞現調湖廣如在漢口武昌設辦亦佳當復以遵電轉飭移辦武漢容籌復

二十四日戊辰晴萱舫從蘇里南攜來藍鸚鵡一頭毛羽甚佳惜不能言且生長炎荒又難攜回中國連日熱甚晚六點鐘附船赴山居船岸之側圍活水成方塘四周板屋羣兒澡浴其中人各五仙士既習泅水亦除雜病

二十五日己巳晴長抵吉士寄盧天氣甚清爽西人近製電扇中一小輪翼以四銅片闊寸許長約四寸電機一運涼風自生聲如山瀑凡熱皆袪矣每一分鐘能運二萬二千度價只三十金然無電機則無繇激發僅購此扇無當也

二十六日庚午晴仲蘭途遇李榮邦偕伴昨抵金山今

日登舟銀票交妥蓮雲電復及之

二十七日辛未處暑晴金山領事稟電鐙公司現舉李榮邦八月初六日回粵投文擇地設廠黃秉常購機器須十月乃行並請稹辦武漢乞迅給咨等語李榮邦即李鶴雲八月回華其意早定不因電鐙而去即復以務求實際毋蹈東礦窠臼

二十八日壬申晴美洲氣礮前日在費城海壖威蘇利亞兵船試演每兩分鐘能放一礮能及一邁路運風機器修理較靈能連運十五礮美廷派員往觀極讚賞許

為制敵利器外部照復中國所定官商旗式美國一體遵行

二十九日癸酉晴金山華商捐賑一案領事查據光緒四年日本華商捐晉賑一萬二千餘元光緒八年金山華商捐直順賑銀三萬餘元均蒙李傅相奏請傳旨嘉獎乞酌辦當函商南洋併入前咨覈奏以昭激勸

八月初一日甲戌晴西人鬬勝愈出愈奇近有總税同里人名臻年八十六歲與人賭餓五十五日不食但飲勺水而不死赤松辟穀之方非無據也

初二日乙亥晴四月託旗昌所寄衣物二十六件已於六月十三日到滬暫儲金利源棧埃石即由滬局轉寄津局運京此時亦必運到有無損裂須候都中來信滬局改派徐建寅

初三日丙子晴西俗有流民三五結伴共駕一車沿鄉落售賣家常零用什物日則就食車中夜則露宿車上牛馬散牧於野時作鼠竊鄉人戒備之間有婦女則兼作拐販矣西俗名曰稆謝或曰另一種類也昨有一車憩此山坡兩夕告巡捕房斥之去

初四日丁丑晴科律師自金山回述金山情形近尚安謐華人多悔阻約之議近日辦妥華人假道一事往來略免窒滯

初五日戊寅晴去山居數武有畫家高雨已謝世其子倩戶部總辦郁文介紹來見昨晚眉月初弦林木送爽徐步訪之閲所藏畫稿有數名家夜坐賭畫人間極苦之事一夕而成各具意味其一海船失事坐桅木以招電光其一獄中與妻孥別其一拏破倫被困荒島其一駕小船逆溜上灘所稍景物均安貼然猶乎人意也其

一有人齒患方亟皺眉忍痛旁立牙醫爲之拯治其一畫工爲小孩寫照此孩四顧靡定畫工舉筆輒輟焦悶之狀可掬兩幀殊解頤略如盲人門險盲人瞎馬同一風趣本日撥解山東賑捐一千二百元金山所集也

初六日己卯晴船政派定第三屆出洋肄業學生五品頂戴千總陳恩燾五品頂戴生員賈凝禧來美會議航海章程不知赫德派員何時到耳金山華人張連珍製革履爲業光緒五年八月與售履西人口角判罰終身造磚或曰强擾西人時表黃公度任領事時曾爲料理

而判罰如故張姓公稟求雪而使署無案當函查領署中西文牘覈辦

初七日庚辰晴金山車路土山崩壓貨車十四輛距仲蘭車僅五分鐘險哉改乘馬車至屋崙幸與李榮邦同道尚能料理

初八日辛巳晴崔惠人電初十日附加力船共三十人乞杏外部當轉電咘嗹並電金山領署預備伺應惠人曩函言不赴香港此行乃附加力船或逕渡橫濱就之也

初九日壬午晴近日中國多信西醫記新莽時使太醫與巧屠共刳剝王孫慶量度五臟以竹筳導其脈知所終始云可以治病此則西醫之權輿

初十日癸未晴惠人程期已電外部仍屬參贊往詢行文稅關之期免如前此相左美國水師學堂在質成河壖而不願他國人就學或曰美水師無長技不願顯曝於人或曰美有專門祕法不肯金針輕度

十一日甲申晴總署公函催查蘇里南事并鈔寄洪文卿函稿請准和國招工官爲經理並言蘇里南現查有

華人七萬三千八百六十餘人署意不禁招工而以官辦爲窒礙前已據陳藹亭譯寄該島節略現存華人八百餘卻無七萬之說該島萬難容如許華人文卿所言或譯語之訛當緘復之總署欲爲華人謀生計盡准墨西哥議約較有實益也午後赴谷當縣觀農人會場皆土菜蔬果及土人製造衿褥革履之屬會首贈桃三枚色香俱備味如杏非佳種也場外賽車馬極熱鬧會首復備鼓樂迎送頗盡地主之雅爲之流連半日返寓得津電嘉駿例稿詳確遒勁崔惠人九月到美務屬照此

辨論徐冀轉圜云自美約擬翻後北洋久無書來但遇
要事仍電寄數語
十二日乙酉晴曩在都中所擬照會類多懸空說理究
無實際今年駁例三稿北洋以為詳確遒勁因并彙呈
譯署此皆抉其文籍援據故實相與瑳磨濟否雖未可
知苟非奉使於此亦無緣博訪周諮也電古巴將查過
蘇里南一切文牘交子剛帶閱入夜風雨林屋震撼
十三日丙戌白露雨祕魯鐵路議成需工孔亟近有華
人周福湯傳與洋人合雇飄船載送華人回粤領事盧

其販載回祕嚴諭禁止并函致東華醫院查驗該船進
出亦應有之義也傳烈祕以惠使到時稅關要驗行李
特電商董託外部郎為書致咘嗹
十四日丁亥晴得咘嗹復文卻無驗行李之說傳烈祕
殊謬惠使遠來當函告以新舊交替之宜寄金山領事
面呈檀島亂黨啡釐確曾承該島派往義大里國學習
戰事歸而投閒慨時政之無利於己也遂於七月初三
晚糾黨百餘為亂入據宮府島主潛遁民居號召兵官
鏖戰兩日亂黨不支啡釐確面縛歸罪當擧亂時人心

洶洶董事程汝楫古金輝懼華人或誤罹斯禍遂先集
會館約束晚復派人巡夜守街又備水車以防火患故
經此危難華人不致波及董事未為無功事定後僅一
新聞館訪事人何寬被獲以四千金保單保出報館每
遇此等事必派人往觀然究係局外人不合執之也程
古兩董竟能臨機應變因批奬之
十五日戊子晴擬定交卸起程摺稿付幕府謄清山鄉
農人以余將行羣集寓齋琴歌展別三五月圓之夕彌
動歸思

十六日己丑雨午後附船至烏約內河行駛亦有風浪
岸壖水漲數尺海帆益顯簸矣念子豫子剛方從古巴
來不無懸系進齋已自盤谷回述勃耳哈蠻海口之勝
强於烏鉢近海諸山雲氣氤氳竟日不散乘馬車登陟
為雲所阻甚惜斯游不豫也
十七日庚寅雨周子玉稟報學生陳恩燾賈凝禧來美
之期前日已接來電當照會外部可耳即分別批答子
豫今日不能到詢諸輪船公司先兩日開行之船亦未
到

十八日辛卯雨費城有善會曰鴨內威所比事會首羅付爻曰威路格士曰儷士共萬人以美禁華傭爲不公聯集衆善士俟議院開議時力爭先於九月七號卽本月十三日在干捏底吉省聚論以書來告足見美廷此舉未能盡洽民心然公道究難湮沒也洋員柏立痾滯花門頓盧新使不予蟬聯來面求薦委婉之甚

十九日壬辰陰早飯頃子豫到舟行無恙可喜晡時草疏一摺三片蘸浦來夜話擬今年回華恐未確也

二十日癸巳晴未初赴威明頓訪前外部虮蝮承立候

車房同乘至其鄉居樓房樸雅卉樹盈砌樓外遙見長河風景豁朗室內藏書甚富以槅扇作書廚轉側向背甚便伊祖曾游歷吾華虮蝮能述中美初通好舊事其妹壻方自法國赴會回不甚鋪揚會景但言盜騙極多法若無此會必致內亂蓋此會賺他國金銀不少云虮蝮款接甚殷但不言官事亦有角巾私第之概

二十一日甲午早晴中飯後虮蝮自握轡同往特爾拉華河口觀河流入海處沿路淺草平沙小黃蝶無數經多發縣境瑞典人多發初至美洲登岸之地卽以其人名之地以人重也有學堂數間其人所至必興學宜美俗之感物矣河口有石臺三以備隆冬取冰及泊船之用往來游船甚多岸側有華人衣館歸途大雨晚飯後與虮蝮別詢商謁辭總統儀節虮蝮詳細相告并屬預備頌詞略宣己意設總統避暑在外不必往謁留書爲別可耳虮蝮語竟又復堅留告以返署卽受代不得不行遂訂明日四點鐘去

二十二日乙未晴虮蝮譯述鳥約所得埃及石幢富人灣得標捐七萬金訪碑人士蔑自往埃及雇船幢高尋

丈鑿船一孔始能運經營半年著爲圖說美俗顧誑其好事訪碑人憤悶而死此圖說不可多得矣埃及譯文尙須重訂午飯後虮蝮獨車送至車頭適後數刻遂坐候第二車晚九點鐘抵署

二十三日丙申雨料量交替隨使各員各商去留又不盡由衷之言殊難代決

二十四日丁酉晴提督魏禮森津門舊識近著一書述中國掌故西人多購之中西文理斷難吻合擬購一本交譯官暇時譯看

二十五日戊戌晴蚁頓寄贈兩尊爲英國提督戈登紀功之器以其曾仕吾華因以爲贈金山電新使昨晚登岸攜眷駐義學隨員十三人僕從十二人二十六晚起程來

二十六日已亥晴票匯東賑銀一千一百五十三元子豫所勸募也又金山捐簿稅發滬文報局王松森轉解刊布晚至科律師寓手談留贈法藍嵌五彩宣方盤雕黍百壽圖合各一

二十七日庚子晴電撥東賑一萬一千元此與零捐有別當轉咨東撫并檄王松森收解晚至後山茶話

二十八日辛丑晴金山古巴爲約鄉人求書屏聯積至數東瀕行自了之初念不及此

二十九日壬寅秋分晴檢拾隨身行李以四庫提要與參贊易前漢書爲舟中下酒之助

三十日癸卯兩美都諸部院避暑未返威路健臣自法國監督會場回美知余將行特來別并惠寒暑表一枚午後訪議紳余文多福久談又至威路健臣寓觀法國賽會圖

九月初一日甲辰陰總署咨美國航海會南洋據滬關稟慮中國商漁各船不諳外國口號燈旗諸色又時有洋船掽撞民船之事恐一經入會定議便須一律照辦宜豫爲之地毋礙中國自主之權所慮極周到當查外部原議各國赴會之員各將會中所議具報本國俟批又無論赴會若干員其所可否只算一國之可否等語赫德請派理船廳畢士璧赴會申文末云議成後華船能否照辦係總署自訂行止之事無庸該員作允合兩說以觀又推求美國設會本意似赴會之員無應允一

體照辦之權毫無疑義當咨復總署俟各該員到日由使署檢卷示之俾有依據又總署咨錄

皇上答祕魯國主書屬妥酌送去當恭錄照行駐祕參贊譯交外部轉呈也新使今晚可到原可移交辦理特慮下車之始無暇及此因亟了之起草之頃余文科士達先後來煩雜之甚晚八點鐘往迓新使寵請

聖安并將代譯各件面交又復長談十一點鐘返署新使攜眷參贊亦攜眷餘十二員多攜僕役同憩鴉令頓客寓新使以洋饌不便屬騰使署內兩房以便移眷倉

卒頗難蒇緒余欲概行謄讓新使又不願惜前此來書絕不言及抵金山後亦無一電來若非豫託火車公司打聽則并不得消息

初二日乙巳陰晨起新使隨員來謁皆非素識祇左庚爲同文館學生又張覲卿嘉應州人新使旋到攜贈駢金補服荷包佩帶各二壘合四枚都中嘉製直如身在長安矣適何天爵同時來繳回甲申總署擬借洋款未成之合約余屢催而得者也立談數語送之出旋與惠使論新舊交接事訂四點鐘移寓三點鐘令子剛備車

往迎甫接譽而新使偕夫人竝至矣晚間備饌爲新使洗塵并約隨使諸君外部照復總統准初六日十一點四十分鐘晤別

初三日丙午晴科律師來約明晚小飲因令與新使一晤今年修脯已送菱使署公事可與商也此間酬應多在冬春西人房屋必有暖氣門外則重裘不温入室則夾衣且汗非大毛斗蓬不爲功以易披易脫也檢元狐一襲留贈新使縢以東洋畫屏鐘表金山毡各一

初四日丁未晴拜發摺子新使已刻接篆承將署須木

質關防移送收用午後往各駐使處投刺辭行答拜田貝之兄談甚久皆爲乃弟報平安也晚偕進齋子豫震東赴科律師之會墨使夫婦甫自歐洲回餘皆往來最熟者十一點鐘散

初五日戊申晴美使館飯食自陳副憲至今歷任均按照俸薪匀派早晚共食有事便於商辦新使旣移署爨具未備當諭庖人供張隨使各員陸續來又無准數廚饌無從豐備取足一飽而已新使仍犒以廿金明當自起鑪竈云聞咘嗹今晚回連日促新使照會外部訂期

接晤并豫爲譯定
國書頌詞因咘嗹鄉居娶婦極費力牽率之返新使照會不宜緩

初六日己酉晴彭小圃以留差來告午初偕進齋震東至外部咘嗹立候於公事房詢新使何日抵美告以新使已備文奉請訂遞
國書之期咘嗹仰視若有所思新使朔夕下車新聞紙已遍播時越六日咘嗹豈不閱新聞者乎特西例接待公使送舊迎新同在一日新使照會外部之文不悟今

日仍未達也周旋畢㖊嗹扶掖余自公事房至外部大門豫備坐車同乘至美宮復扶掖至內殿少頃總統出㖊嗹亦趨迎肘掖一如扶掖余之儀余見總統自致告別之詞微諷以顧邦交删苛例總統致答如禮立談片刻㖊嗹送總統回內宮復扶掖余至宮門登車余屬將總統答詞鈔寄㖊嗹亦屬將別詞另致外部存檔彼此握手散余返署與惠使別惠使詢廚房煤炭是否公家錢余告以冬春各屋煤鑪乃公款耳惠使筆之輶軒錄加圈以識不忘屆三點鐘起行惠使寄請

聖安送余至車頭立候展輪余堅辭之乃解衣小憩科律師來別匆匆數語車即開行晚九點鐘抵客寓料量行李適船政學生陳恩燾貫凝薑甫到即接晤將總署來咨詳與言之并屬到美都使館將文卷鈔存以備閱會時論說并爲薦書令訪美都當道

初七日庚戌晴龍岡公所鄉人移席餞飲午初赴席後往拜端醫生紳士灣克久談返寓晚飯適美提督魏禮森在坐就論華事誼屬代候李傅相又前戶部飛呀齋兒亦來展別楊愼初龔仙舟派往日署惠使屬與偕行遂同旅寓

初八日辛亥晴早飯畢十點鐘登舟易希梁竇森壽峰緋聯錢姪馬宏蔣得勝亞角張五龍岡公所中華會館紳商又張丁盛攜其眷屬子女雜遝相送咸各別去十一點半鐘船起椗出山丹曲余語楊龔登舵樓眺覽形勢并觀新製長方式

國旗此余奏定者也

初九日壬子晴客秋九日自祕返美今年九日自美返華應爲詩紀行乃乏興致舟行大西洋總較南墨洲爲

適也船名胖地巴黎斯容萬五百噸晝夜不聞機器聲船主來謁云有美派駐希臘公使同舟擬偕來相見諾之龔仙舟曾習英文新聞紙之淺近者可以閱悉

初十日癸丑陰霧舟經烏蚧倫遙見漁船出沒同舟有美兵官莫理笨舊識也此行赴英謀辦德律風公司純用新法能達萬數千里曾由美都傳音至舊金山已有成效詢以不假電報之綫否卻非然也夜雨霧散

十一日甲寅晴有英人好古之士賚藏埃及㲼石一枚如鳥啄而無首云係二千餘年物又黑石一枚狀如剛

卯而無字絕類吾華舊玉斑駁可愛又埃及印章一枚字三行皆不易識印背刻蟬後絳色類桃花石西俗均難能可貴以余詢埃及古蹟特舉以相質

十二日乙卯晴楊愼初亦有失眠之患爲言福建延平府有草曰羊不喫土人以之治腰痛者服之卻能安睡允爲留記地名藥性以便回華物色斯言果效大可高枕矣今日舟行甚速浪亦較猛早晚餐須緊按桌子否則食器盡傾

十三日丙辰晴早起舟極顛簸下等艙一客自投於海浪打船梢有西婦抱子立船舷爲浪捲去水手均無從救援美有木商名確士經行此水一百二十二次云此等風浪直不足訝大海無順流逆流之說亦不言潮信海中潮汐視雙丸吸氣如日月正中則水氣上吸此內河港汐退潮時也日月行度既偏則吸力亦散此內河港汐長潮時也大海渾茫無關消長

十四日丁巳寒露晴舟中人爲善會刊布說帖推余領袖聊贈兩磅金錢中飯後微見島嶼晡時抵坤士湯有登岸者有搭船者舟停一點鐘然已穩定矣閱日報知

昨日有英公司船過此大風刮去舵樓搭客傷者數十此舟遲發一日否亦罹此驚險

十五日戊午晴早八點鐘舟泊荔華浦方洗沐李伯行已來料量登岸附小輪駁載諸客急欲誕登擠壅之甚從舵樓回至煙室奇冷少頃船內駛仍附駁船稍疏通矣關吏來詢行李數目伯行詳語之余與進齋子豫先投客邸關吏不啟篋惠及楊冀兩員伯行之力也此英美海船入口處關章最嚴

十六日己未晴舟行八日殊委頓旅憩一日寒疾遽起自係昨晨感冒所致鄧琴齋因照料華商賽會寓法都遂隨伯行來迓

十七日庚申陰早飯後附車往倫頓火車公司特備專車相送十一點鐘抵英都劉芝使率從官來迓同至使署晚餐前駐美都英使威士知余來貽書招飲答以二十日趨赴晚飯後與芝使談別況及美國使事返寓已一點鐘矣藍甘客館前年曾寄榻者也

十八日辛酉陰晨起芝使英員馬格里及前駐華使楊約翰先後來周旋畢赴英館午飯訪伯行鄉居坐談至

晚附地窨火車回寓兩岸鐙光明澈幾忘爲地窨特煤氣煙熅雖閉門窗衣袂仍污漬

十九日壬戌陰晨起憊甚莫理笨來訂大餐諾之而難定期晚赴芝使華饌之約進齋子豫震東同席久坐幾不支洪文卿電詢余果到歐洲否大約閱新聞紙而知也

二十日癸亥晴早飯後一點鐘四十分乘火車訪英使鄉居譯言七稼樹英使備車來迓從園道繞至石室周遭約十里園中豢鹿八百頭山雞孔雀之屬游行自在

極苑囿之大觀石屋外式如礮壘中爲重門頭門立銅石諸像二門則其住宅門洞內有石院子略如日國王宮之式樓上四圍可通滿壁油畫及極古几榻有英君主臨幸之室陳設皆銀器桌亦雕銀爲之卧榻帳幔刻金綫織成費英金二千磅有雕鏤木橱一架珊瑚作柱可云奢矣樓上最古之物則未製鐘表以前測日之器又吾華五采磁絣一口徑五尺亦非近代物也其他磁器多可觀所懸油畫皆西俗有名望人中有少年華人一軸戴無頂幃帽短衣馬褂赤脚曳番鞋款署黃亞東不知何許人彼族如是隆重耳英爵男女並襲英使新襲伯爵係母氏所遺園地廣五千畝石屋廣二十畝自建造至今六百六十九年世代勳舊其祖俺麻士得曾派使華而未竟其役者現外部沙侯其親串也窮半日之力不能遍覽室廬晚飯後仍備車相送返寓約記其居石院八樓屋一百五十樓窗三百六十六樓梯七十五英都極古極闊之居每禮拜五日准游人往觀如博物院之例

二十一日甲子陰午飯後偕子豫震東往觀萬牲園數

見不鮮矣至蠟偶院亦無新製伍怡和蠟像猶存指與子豫震東一覽復觀拏破侖病没之像其所陳設皆拏破侖舊用之物傍立黑女僕拏破侖生時所溺者晡後赴芝使西饌之約席間詢馬格里俺麻士得使華之事馬格里謂嘉慶初年俺麻士得奉使抵通州和世泰往晤許免拜跪隨卽入京俺麻士得適患頭疼和世泰回京後知拜跪之禮不能免遂請

旨連夜宣召俺麻士得旣患病且朝服未至倉卒不克應

召於是和世泰乃傳旨不准覲見俺麻士得所帶方物和世泰代呈云此馬格里之說也考之吾華掌故微有參差西人謂中英之交自此而睽

二十二日乙丑陰鳥約登舟時容莼浦以哈富學堂變價銀四千元寄請代帶回華歸款曌駒在門直無署名收銀之隙將原票交劉寶森代呈新使銀票係署余名即令告莼浦而莼浦已否換票交新使來電未詳仍是不了之局四點鐘伯行約至鄉居便飯冒雨往返並觀雜劇屢遇同舟之客酬酢爲煩

二十三日丙寅晴吾華刺繡西俗盛稱之今日重訪水晶宮購得機器繡畫數種樓閣花木類緙絲人馬船車則各色紕綫面目雖不眞卻無滯相其法從吾華織闌干花邊倍出每運機一轉得畫若干幅靈快異常買畫即可觀其運機也西人心思無微不至有瑞典人山達哥專以驗鐵路爲業結廬水晶宮畔垂三十年樓屋寬廣園中葡萄最佳伯行向與交往設席水晶宮肆觀劇讌飲飯罷復邀至其家啜茗摘園中葡萄爲贈極甜每

磅值六金云子初歸

二十四日丁卯陰霧晨望街衢朦朧不辨託法館代定馬賽艙位即芝使放洋之船聞甚妥當因就詢之并索食灌湯包子飯後偕震東乘車觀夜市已散矣返寓即睡琴齋來不及接晤楊與來別均不獲談甚悵

二十五日戊辰陰許靜山應領歸裝合美銀四百零五元檢付伯行俟其抵英時交與又購小表兩枚印度王定造而未取者也價尚公平另經度表一枚行船必需之物測算極準子豫欲購而未成

二十六日己巳雨午初赴濕罷亭英兵官謨士頓之約莫理笨之壻也園亭雅潔中飯後乘小輪船泛添士河兩岸樓臺林木相間清溪碧色游鱗可鑑沿河船舶極新奇精巧有類吾華滿江紅及粵中橫樓者有如方亭上下兩層者故非輪船拖帶不能行也避暑時游人每於此水尋樂今則秋林已霜釣船三五而已涂經英君后行宮數處風景尚佳展輪時既雨而晴且無煙霧竟日游覽歷三石閘略如運河設閘蓄水之法岸側亦有涵洞舟將抵閘先放氣筒閘門遂啟入閘即閉靜俟長

水船抵岸數尺乃開第二閘凡啟閉均用機器甚便捷三閘既盡即距倫頓不遠矣

二十七日庚午陰霧前年觀博物院蠟偶氈帳橐駝似吾華邊外風景而未得其詳須重觀之不知移置何處矣有象牙雕鏤樓臺人物兩座山石則沈香松精石爲之又孔翠樓臺一座上綴珍珠爲省備極工巧款識嘉慶七年中國賄法國那破侖之物英既敗法英兵船途中截取送還中國不收因置博物院云英都記載如此晚飯後觀雜劇有倭人踹行鋼綫懸空往來行立坐卧

皆如意行步至極險處故作搖曳所習已熟矣然手必持繖否亦顛墜又一倭人仰卧於案以足承七尺徑木盤運掉如風脚力已甚健俄兩小兒登盤偶坐其小者更扒越盤邊旋轉而下少頃其人緣繩至棚頂倒挂一鐵架手挽三繩有倭童二分綴而登就繩上作要偃仰蟠跳挽繩之手力亦强倭技之良也晚復周子玉書

二十八日辛未陰霧陳買二生抵美都而使館不能寄榻權住鴉令頓客寓旅費不貲稟求監督撥濟並爲書相告殊愧無能爲力午後購千里鏡一枚可及二十邁

別購影畫一套訪馬格里宅不遇晚就英館餞飲

二十九日壬申霜降晴詣芝使別遂同赴伯行酒樓之約席散芝使偕至余寓談至十二點鐘承贈金表千里鏡此行厚煩東道重辱佳貺感篆何已

十月初一日癸酉陰先發行李十點半鐘正欲起程適前任香港巡撫馬士來送自言年老辭職家居倘好詢駱檄則住近温則行宮云略與周旋而去抵車頭伯行暨使署諸君英員馬格里已先在此候送火車公司特爲余備專車少頃劉芝使來即就車中坐談美兵官莫

理笨自鄉來送芝使立候開車而別一點鐘至都化登車晴曦和煦水波不興仍買一房以便坐卧兩點五分鐘即誕登矣從者皆不眩誠意外也附火車八點鐘至巴黎陳敬如周子玉梅雪樵吳翊清洋監督恭斯塞來迓同至使署晚餐車中自買麪包油鷄火腿飽喫一頓到此仍不覺餓飯後倩雪樵起六壬課謂此行皆吉談至三點鐘睡天氣較英倫寒

初二日甲戌陰瑞典國人山達哥來見留贈鐵路圖說午後面謝芝使伯行又留別洪文卿書昨晚感冒不覺

委頓敬如約酒肆公讌大戲園觀劇猥以寒疾莫能盡歡

初三日乙亥陰美署面言容蒓浦繳款惠使以無申文不肯收寄還蒓浦並將回書送閱蒓浦有年內回華自行清理之說今日寒疾未愈差弁陳勝威旨尤重延西醫治之

初四日丙子午晴敬如以天晴門外較室中和暖不宜戀病榻强起偕往通衢就酒肆晚飯寒嗽漸鍋特疲倦耳西醫謂華人啖米飯有流弊米質積久不化須藥以解余告以中國數千年皆啖米飯壽人甚多彭籛固無論矣近日百歲以上之人不少其積滯爲何如也醫不能駁

初五日丁丑陰梅雪樵每詫豢蛇人能將毒蛇旋繞於身無所顧忌問飲以水而已陳敬如曰此鴉片水也渴則飲之使必如醉如癡乃能玩弄即豢獅者亦以此水藥之成癮故能馴其猛性甘受操縱今日始觀會場及機器廠製器之巧莫可名狀百貨雜陳目迷五色徐步華商廠肆極逼窄貨物無由顯晾甚可惜也法國設會之始曾詢留華商廠地與否法館以華商無消息卻之及華商楊興自日國來陳敬如急切爲覓地基遂落人後華人作事往往如是然會場考較則中國茶葉第一華商博得銀牌晚觀馬劇適得獅戲足證敬如之言

初六日戊寅晴法會場所製鐵塔純用鐵片釘綴成之玲瓏工巧下跨四足上分三層第一層用溜梯上下寬廣可容六千人會食二層稍殺三層則及巔矣高八十四丈雷轟地震均預計避之製造經年而就有售塔形銀錢小塔式及寄信紙片上印塔模游人多於此寄語親知以識游蹤別緣螺旋小梯盤繞而上有斗室爲會首聚議處再上爲塔尖電鐙逐層環以鐵闌便憑眺終日游人不斷甚或侵晨立候開門務以得登爲快此塔工本糜百萬近收游人買票錢獲利倍蓰矣今日九點鐘偕子玉敬如雪樵翊清進齋立齋震東子豫同至塔沿會首處從間路以登略免擠塞直至塔頂斗室乃憩亦屬震東爲書寄科士達並購銀錢小塔回至第一層午飯會首亦來食坐中執役女僕皆作丫鬟錫省羅連省裝束此兩省已爲德有愈以激勵衆心法不忘國雠

也此會各國商貨輻輳而德獨無飯罷會首導游關外一周購塔影圖畫迴鏃凝望周子玉訝此塔動搖殆雲移耳子玉有詩敬如和之余亦爲長歌紀事重訪舊花園順道中國公所啜茗房屋尚完贍令晚子玉移席使館相餉敬如又約觀溜冰雜劇仿俄俗爲之以木作橋忽高忽低用四輪車載人以度車乘橋勢自能上下車中人故爲驚叫其實非險也此戲美洲有之

初七日己卯晴午後至會場奧國玻瓈器精巧絕倫惟不便攜帶僅購方合數枚或如織錦或如雲石乍見不

知爲玻瓈也洋監督斯恭塞約晚飯所居四層樓登眺甚勞座多華器高懸中國武功圖三幀其一幀和琳奏報勦捕秀山苗匪至湖南界分設卡隘肅清後路尅期會福康安進討乾隆乙卯仲春上澣

純廟御製五古詩二十韻其一幀福康安和琳奏攻克高多寨生擒逆首吳半生大功告成乾隆乙卯孟冬上澣

純廟御製七律詩一首其一幀署將軍明亮奏官兵攻克平隴賊巢乾隆丙辰孟冬下澣

純廟御製七律詩一首西人考古者咸仰

聖朝徽烈斯恭塞謂乾隆時中國覓西人繪此法國亦有記載云西俗重圖畫若將內府所儲戰圖概仿乾隆時成式覓西國畫工照繪亦廣拓

聲教之一端

初八日庚辰晴午後至俄商會場皮革頗盛兼售吾華綫毛羊皮價昂數倍觀各國珠寶眞贋不一極膾炙人口者鑽石一枚大如栗子法國王宮之物獨置一桌下以機器運之便人觀看面面俱到雖重價不售也歸途

乘火車擬觀礮廠已晚矣所過南墨洲諸國廠屋皆自建造均華贍如墨西哥丫璉顚亦極奢靡極闊大智利亦然此皆民政之國以類相從爲法都助興美亦民政然不自造屋美商貨物均置大廠中美善謀國斷不肯縻重貲建屋會散而屋亦拆平只炫曜數月甚非謂也前月倫敦所寄木箱九件已取提單來可免轉折

初九日辛巳陰雨晚至會場觀五色水法及鐵塔紅光此戲遇雨則停會首以曾請余往觀遂冒雨爲之不願失信會場縱橫三十里今晚樓閣園地陂池鐙光一片

此種水法曩曾觀諸烏約從地窖用五色玻璨映照成色其噴水則機器爲之也鐵塔夜間不能辨因逐層以紅光藥透發鳴礮爲號礮響則全塔皆紅

初十日壬午晴恭逢

皇太后萬壽假法館朝

賀徐壽朋梁誠張桐華徐學伊周楙琦陳季同梅壽祺吳宗濂隨班禮畢檢拾行李晡後就陳敬如晚飯隨附夜車周子玉等華商楊興洋教習斯恭塞均在車頭相送車無卧具伸几爲榻別賃一氊幸自攜衣物尙足禦寒車中不成寐口占一詩留別敬如此行率率敬如至於馬賽深累之也

十一日癸未晴十點鐘抵馬賽希九來迓同至客寓午餐並爲希九補買上下兩艙位日署使事云已交代清楚三點鐘登舟船主來謁乃謂法國海部新例不爲公使懸旗即法使在船亦不懸蓋慮沿海礮臺放礮設一船而有兩公使則先後次序必致招怪皆飾詞耳當告以搭法公司船不止一次從無不懸

國旗之理前年自鳥約赴哈畫距時不遠爾之公司何

以別有章程與辨數刻船主乃遵辦殊狡猾四點半鐘展輪兩岸觀者如堵敬如料量妥當偕輪船公司總辦同返余登舵樓握手爲別

十二日甲申晴風日暄美絕無風浪午後過一山峽義大里法蘭西境也似亦地中海一門戶舊有礮壘兩岸民居甚樸沿山多帆船或曰此以捕魚爲業者山外有道可通此峽仍非要地

十三日乙酉晴法都會場剛散此船搭客搭貨幾滿自馬賽至上海水脚銀五萬餘元而不敷用法廷仍須津貼推此則招商局船出洋恐亦無利德國派駐小呂宋領事阿苓諾瑞乃爾之舊交詢瑞乃爾蹤跡四月前已回華供差並攜眷去又法國新派署上海總領事柏士其父爲算學翰林敬如與有舊託余照拂

十四日丙戌晴法美同爲民主而制度各殊法有內外商藩戶兵海學教農刑工十二部就中商兼藩學兼教近以賽會商部遂兼宰相大約宰相之任視時政緩急某部兼攝則知現當某事也歲俸一萬二千各部亦然議院權亦隆重上院議紳三百五十六員下院議紳五

百八十六員每員日俸五元微薄之甚陸兵口糧每月十五佛郎水兵四十佛郎持較美國已大相逕庭矣法國向以賣酒獲利近則法之佳酒各國皆能爲之歲入略減而猶以紛華奢麗著名歐洲

十五日丁亥立冬晴有英商以販絲爲業者買於滬二十餘年爲言華絲極佳而出繭不得法焙繭太老傷其外蠶蛹不潔污其內一繭僅中間一層可用耗損太過又繅絲粗細不勻此弊皆易整理且絲質最良各國皆遜稍求精進獲利倍蓰何可坐失商利詢其歲購華絲

運銷何國㮚謂瑞士十之四五法十之二三餘則運英耳中國山蠶黃絲西人初不適用近亦紛紛購求以製回絨甚光滑且能藥之使白也明早此船少泊同舟人咸貽書親舊余亦寄敬如一牋

十六日戊子晴早六點鐘船泊亞鉢山打地爲阿羅泊國土爾其屬也希九登岸迷路雇一土人導之回船訛索六金自馬賽至此四千五百八十七里沿岸白屋類礮臺者土酋之居也街市甚長人則白布纏頭而趺足攜物登舟售賣舟中侍役呵斥之慮其竊物云吉祥與

購鏡照片二十幅略識此中形勝埃及古蹟早飯後移寓船面房稍寬敞能安筆硯十點鐘船起椗兩點鐘行經耐宜河口此水發源亞非利加洲北流入地中海水色微黃西人謂河水之極遠大者也晚十一點鐘泊波西島多酒家鐙光甚盛亦有戲園博局舟中人輒登岸遊震東託病力言不往旋亦潛去舟人上煤小船爭渡喧嚷之甚

十七日己丑晴越南北甯省大壯社同人寺僧阮清高自法回越以玉桂三枚求售又出觀贈行詩册一束約

百數十首擇其尤雅者錄之如五言律詩云已學無生諦何心鬭巧場風塵猶擾擾天海正茫茫放棹開新眼浮杯問上方須彌親到處好載入詩囊北江山農楊立名奉餞同人上人西行成泰元年二月下澣七言律詩云東來冠錫過重洋杯渡相尋古佛場四大雲煙雙眼闊三千世界一蓮藏禪心久悟虛空旨世事難爲應赴忙迴首故山棲息穩松枝挂搭卧藤牀同慶四月望前一日原北甯總督院玉班奉炙大壯同人寺上人留柬元韻併以爲餞又七言律詩云鬭巧無端盛此行佳持

悟道獨馳名波濤赤海千難重弧矢初心一舉輕舍衛眞傳能目覩玻瓈勝景入心經藩方游子如相遇爲整歸裝共一程侍讀學士東防副使叶挟阮文瓚比玉恭和皇南成泰元年春三月望前二日七言絕詩云滄海春潮萬里槎天風飛錫到歐巴即看馬祖西來意奇語何妨粲舌花心比蓮花不受塵飄然瓶鉢老吟身潮州衣衲東城帶且自逢場結勝因不甘拙我守蘧樞會覽瀛寰五大洲想得拈花天女笑老禪放膽續西游銅牆鐵壁簇玻瓈星塔天船擅巧奇何似空王三昧乘拚將

芥子納須彌長風吹送火輪船直到西方極樂天從古焚書龍象怯憑君妙筆補新編昨得留東二章知上人有萬里之行西望滄溟不覺悠然意遠小詩五絕句庶當渭城三疊倘希郢裁己丑正月中浣周原阮啟疆又集唐二律云浮杯萬里過滄溟 劉禹錫 異國光陰老客情 劉滄 關塞極天惟鳥渡 杜甫 風波終日看人爭 陸龜蒙 尊中美酒常須滿 朱慶餘 世上愁痕滴太平 陸龜蒙 乘興輕舟無遠近 賈至 願君到處自題名 張籍 風隨蕉葉下瀧船 陸龜蒙 何處春光不眼前 王表 桂嶺瘴來雲似墨 柳子厚 藍田日暖玉生煙 李商隱 孤颿遠影碧空盡 李白 星漢通霄向水連 李頻 願得遠公知姓字 盧綸 故園歸去及新年 李頻 同慶戊子一陽月杜瓌友又尺牘云善以會試屆期即日就省領憑不能就候拜餞敬將烏龍茶二包聊以寫誠希惟笑納初年怡勝遠禱平安同慶己丑春多牛阮惟善今日舟行蘇彝士河兩岸沙磧微有草樹河狹兩舟並行須善避就西例每點鐘只行六邁午窗蕭寂記茲詩翰以識同文之雅亦以見越南近狀猶紀元設科未改步也問詢阮思僩仍健在

越南詩人之翹楚同治己巳納貢來京曾於李仲約齋中相與倡和回首前塵不無今昔之感耳晡夕經兩壁湖水面頗闊兩旁浮標鐙塔甚密能容輪艘之地亦無幾夜十二點鐘泊蘇彝士島停頓三點鐘有小輪船驗載稅關亦來查船猶土爾其裝束也遙見樓屋林木當日浚河人所營至此而新開河盡矣計長七百二十六里舊例商輪不得夜行近則船嘴設大電鐙光及十六里無撞擱淺之慮此法僅行之兩年

十八日庚寅晴舟經紅海兩岸皆山水黝黑譯言紅海

不知何所取義惟晚雲鬱蒸絳色而已氣候漸熱猶可御棉夾此爲阿非利加洲迤北之境

十九日辛卯晴熱寒暑表八十二度日軌稍長六點鐘始懸鐙法船飯菜逐日變換已較英船遠勝惟西饌究難適口午後別煮雞粥晚飯西穀米以清熱

二十日壬辰晴熱寒暑表八十八度至九十一度單衣且汗船上華傭二十人領袖者月得工錢二十元餘則六元且扣飯食惟許出入帶貨略可彌補間令拉風扇薄賞一金喜不可支希九以房艙太熱每夕襆被船面

未嘗不快久恐生病耳

二十一日癸巳晴寒暑表八十八度至九十三度連日喫西瓜頗訝非時熱甚則甘之如飴耳希九言日都亦於此時以西瓜爲上品一枚値價六金豪家宴客非此不歡日都冬令非熱殊不解也又日國宮宴由宮官矛辦每一客開銷四十五金煙酒在內亦浮靡矣

二十二日甲午晴寒暑表八十二度午正泊伊定又曰亞丁英之屬土蓋攘諸依拉卑亞亦土爾其舊部也地居亞細亞洲陸路可通中國由印度而西藏不隔海也

土人多黑又善泅水投一錢則入水爭取出沒靈捷有售駝鳥羽者白色佳灰色次之可以製扇索價頗昂只購石華二枚鏡片十八紙聊誌此間景物其地六年一雨居人即儲以爲食得水甚艱島上遂無草樹英人近作水池以飾觀爲功不易沿島有樓房客寓亦有車馬希九子豫立齋並登岸游眺此島四面皆山口門不狹而法公司船於夏間與本公司兩船撞遂沒其一雖未傷人而貨物至今乃起訖所損已百萬金矣此船猶在山側桅上仍有鐙劉長卿詩沈舟側畔千颿過病木

前頭萬樹春此之謂乎自紅海至此四千五百二十一里今日因增煤泊至夜半乃發

二十三日乙未晴船行至十二點鐘忽停輪拆換龍骨一節諸黑人在機器房同力合作御不忙亂對海爲亞非利加洲兩點鐘復行

二十四日丙申晴東北風船頗動盪晡時見島嶼夜浘愈豪已入印度洋南行偏東

二十五日丁酉晴西俗貴少賤老而未始不以高壽爲難得日國每年初夏有濯足會令都城老人六十以上

者十數人至宮內教堂並約各公使觀禮且須步行入衆齊集日君后戴法冠從宮眷出諸老人鞠躬致敬教士導至浴房各予一盆濯足教士洗灑以水日君后亦手擎杯水分灑之濯畢各有賞賜日國大典也君主之國而信教者行之或曰此援馬利亞故事卻無可考或曰日君后親爲濯足亦傳聞之訛要之敬老之意則大可嘉

二十六日戊戌晴同舟有倭兵官善奕偶與對局不覺三勝之曩在美都倭使九鬼屢欲對奕而無暇不悟舟

次有此閒緣

二十七日己亥晴法俗不厭白髮且有染以飾觀者相傳百年前法后霜鬢皤然自傷衰老其宰相乃集廷臣盡染白髮使之晨夕相見者皆此類俾自忘其老可謂想入非非矣然染髮之風至今未改明鏡愴白髮未可律諸殊域也法俗又有爲人塗粉可以返老還少每年一塗費數百金然不能盥沐汗則以絹拭之亦苦人之具夜十二點鐘有累氣橫空際初疑輪船之煙細視之雲也輪旁波濁白亮有無數金點如萬星之攢或曰此水近赤道中有琉璜輪鐵激水而光燄出他水則無之然非天陰則不顯二丈外亦無所見

二十八日庚子晴船主欲得中國帶扣以爲式檢一枚貽之乃堅辭今日寒暑表八十六度亦不亞於紅海四點鐘行經蚊彌哥士島樹林頗密中有塔鐙

二十九日辛丑晴啓代倫國土爾其屬也自爲書通於中國託芝使代進譯其文義無非仰慕結好之詞土且無約況其屬乎晚九點鐘泊哥龍罷印度境也舟人紛紛登岸英人視印度人如狗馬動加鞭扑遙望島內鐙

光甚密島南新築石隄以殺水勢舟泊隄內殊穩水中似多礁石船主謂係沙底其暗湧則來源使然云

三十日壬寅小雪晴晨起印度人之售鑽石玳瑁銀器者羅列船面索價十金者一金可買亦頗厭其浮僞進齋子豫登岸觀卧佛像希九購得貝葉經一張印度錢十枚相貽欲往錫蘭須兩點鐘火車游客不果往也相傳唐僧取經即此地其佛像與中土禪院無殊十二點鐘起椗四點鐘經錫蘭山山勢蜿蜒頗秀致夜色純黑十點鐘後乃見星

十一月初一日癸卯晴寒暑表八十六度午啖西瓜都中今日始貂褂矣氣候相懸若此倭人步趨英法改易西裝衣履固極趨時卽行動坐立語默神理無不曲肖乃船主每於鐙後輒曳倭服一英商亦然將以相形乎抑各適其適乎

初二日甲辰晴粤中新製銀錢其文曰光緒元寶中爲滿文背鐫盤龍文曰廣東省造庫平重七錢三分邊闌西文譯如此語若能通流足塞洋銀漏卮且可獲利又新製銅錢文曰光緒通寶庫平重一錢均精緻此則成

本頗重每鑄一錢須加六工本虧中各得一枚周子玉延希九欲之不能分贈

初三日乙巳晴自伊定至此僅遇一輪船四點鐘經嘉利壩島地勢緜延荷蘭曾欲攘奪而爲島人所敗島俗强悍能食人無教化之俗也出產亦不甚繁遙望林木鬱翠油然作雲至此而印度洋盡矣

初四日丙午雨舟行馬禹港水勢較平西曰諦离島荷蘭屬東則暹羅與英屬也地出錫甚佳華人營生於此頗衆氣候殊惡易生瘴疾

初五日丁未晴未正入星駕坡口兩岸極狹而不能自守可惜也英人所置暗礮臺若無所見曾爲俄人圖其要妙至今遂不准外人往觀備敵之意深矣船主爲懸國旗其岸上公司望樓亦懸旗相答尖角舊式三點鐘登岸車行里許遇衣冠來迓者知爲領事左子興問劉芝使先已函告矣熱甚偕參贊各員同至華人酒肆小憩電達廣東省城畢卽訪領事署胡璇澤之子心泉導往遂同游胡氏園結構平平惟池荷葉圓徑五六尺又並頭豬皆異種也荷葉輙浮水面花則重臺高瓣亦不

見莖主人以蓮米贈予豫回粤試種不知遷地能良否並頭豬略如小兎用藥水浸灌以玻璃瓶儲之鐙後子興約飲酒肆復回領事署子興談曾劼侯前辦俄約劾者紛然其棘手甚於余之辦美約劼侯深謀遠慮尙復如是誠出意外一點鐘子興送余回船又贈乾荔枝呂宋煙捲星駕坡終歲衣葛鐙後疾風暴雨幾以爲例雨後仍悶熱奉使各國無冬夏均煖帽邊沿或呢或羽紗略如行營式惟星駕坡則葛紗袍褂萬絲冠

初六日戊申晴自渡星駕坡口西人名爲中國海意必

皆屬中國外洋島嶼記載遺之耳泰西船主以能走此水者爲好手風霧靡常又多礁石也早六點鐘啟椗船略北行氣候仍熱多見小島均不知名華人旅居星駕坡約六七十萬皆閩粤籍會館頗多墳墓碑識御不忘本惟人品不一地方官幸禁賭而售鴉片者月餉仍十一萬金本巫來由土地亦有回回教堂其島主極能和衆厚結英廷歲往倫敦一次英不奪其自主之權而要以若與他國立約須先關白

初七日己酉晴午後暴雨虹見爲函謝左子興並寄一

詩夜兩點鐘入西貢口有山踞口門頗奇聳

初八日庚戌晴六點鐘起船行兩岸曲折而狹口門之山可守越乃不善經度深可痛惜曩在巴黎有新會人李林游學法都書院習語言文字知余抵巴黎特來見自言乃父李佑宗賈於西貢求寄語平安託帶一書頃八點鐘抵岸飭陳勝送去李佑宗即駕車來迓至其家樓房寬敞希九適患足疾又爲求醫藥備極殷勤與詢越南情形甚熟悉現在越南自治者順化十二省法人攫去者東京十三省嘉定等六省西貢提岸嘉定屬也越之精華在東京刻仍無甚生發法廷歲輸東京銀五百萬元西貢銀二百四十萬元如獲石田耳法近擬開建鐵路自河內而諒山意不可測也西貢一隅極力經營如花園戲館架非館皆備其爲地方謀者則建橋梁疏溝渠兩事育嬰堂學堂亦具體而微教堂則入者主之而已越南人進教東京爲盛以進教則教堂之利益視平民遠勝也東京十三省土著約千萬順化十二省六百餘萬嘉定等六省僅百餘萬徒有省名生齒不繁法人全力注於東京西貢則現兵不滿千時有三兵船

自衛實不足以固圉西貢出口無他物祇米爲大宗又非外國邑銷之貨此地商務決無起色口岸決難增勝以法國割付德國兩省衡之損益不可以道里計土產有鹽價甚賤將謀運銷星駕坡久恐充入中國境是當預爲之防李佑宗又導游園亭及法兵官署觀飛走之屬有熊象極馴可喝令跪拜轉側但予之食輒隨人指使矣法兵官署外越人古塚法並不毀留以飾觀林樹茂密花卉御鮮孔雀甚賤一頭只値兩金晚飲佑宗樓有星駕坡華商陳某來述星駕坡拐販人口及舟中謀

財害命各事爲之憤懣予與曾爲言之特不如是之詳歸日當與粤督籌商辦法飯罷陳某別去余亦回舟中睡希九不良於行寄榻佑宗許

初九日辛亥晴九點鐘起李佑宗已來約往提岸李楼山來見金山舊識也其居在提岸即先返以待余偕李佑宗乘馬車往遊經廣肇福建會館義祠尙冠冕閎至南隆棧小憩主人劉姓款洽殷摯族姪佳植振錫來謁始知族人賈於越南者多在提岸紛遝往訪遂至濟昌隆昌南隆三處天氣且熱頗難遍及也老友何竹年亦

於提岸作幫長即商董之別名別已三十年不圖於此作數刻談提岸皆華商有曰廣東街者粤人尤夥甚惜爲時太迫並李楼山之約亦不果往三點鐘仍返李佑宗許飯畢回船佑宗厚爲盤飧又見贈黃油伽南一枝余別購黑油一枚松皮玉桂半段伽楠樹木而生白油最佳甚不易得沈香結尤難佑宗送至舟次爲別即將陳敬如銜名書予之俾令通信照料其子敬如本以李林少年游學無人約束爲言余稍暇亦爲書代託之也族人赶來送時已七點鐘船剛啟椗遂於船舷爲語

初十日壬子晴越南馬極小漢書言烏秅出小步馬孟康曰種小能步也顏師古曰細步能蹀足所謂百步十迹者也持較越馬功用略同西貢四時皆熱異種良馬僅能早晚行若在午未申之交則非此小馬不能耐熱然而車如雞棲馬如狗移贈恰當矣在日都博物院見有嘉定提督關防銅礮旗幟之屬知越南曾被日人冦侵昨詢李佑宗謂法日同謀日受法人之嗾日兵任攻會安土人從山上灌毒於河日兵飲之多死法人攻西貢應響而得日兵回泊西貢法乃懟其失機西貢之地

日國無與焉南墨洲諸國日且無力制其叛而顧聽法牽率從事越南舍己芸人得失究何如也

十一日癸丑陰晴無定船出西貢後船鍼向北正迎北風不免顛簸又小呂宋昨方發颶船主謂風穖屬東京然颶尾總不能不波及昨夜復大雨華人搭坐蓬面約四百人風雨交侵情狀可憫有高要人已從悅生號交船價而不諳換船票船主查對以爲僞也欲苦之陳弁爲說情并乞余給八金脫其窘今日船行二百零五邁以風浪故慢耳傍晚見星月船主謂明日必晴不甚戒

備詎半夜狂飈仍惡大副急呼之起同在柁樓守更達旦乃睡此爲七洲洋船行極險一月前法公司船自香港過此遇風船面房屋船旁鐵柱均埽去

十二日甲寅晴西貢亦有闈姓歲投十二萬金承充者聞尙有利此風由近及遠粵中若不自謀則利源外溢更無底止西貢鴉片煙向亦華商承稅歲百十五萬元酒稅在內近則法人自辦而查私較嚴

十三日乙卯晴晨起絕無風浪申初抵香港諸父昆從親串多來迓香港巡撫遣中軍官駕小輪船來迓應接

不暇匆匆誕登偕震東宿西人客寓進齋希九立齋子篠住名利棧自馬賽開船至香港共行三十二日計程三萬六百零七里半港官係巡撫新架坡乃總督耳而華人每誤以港官爲總督未深考也英自得占不那脩山已握地中海之要過此爲蘇彝士河本法人籬石所鑿法國股子較多英相威令士潛向土人搜羅股票至今英國股多於法西例此等公司股多者當事則蘇彝士河之利英亦壟斷矣格蘭忒謂環球三宰相曰李鴻章曰畢斯默曰威令士即指此也過紅海即爲亞丁英

之屬土英船屯煤之地各國公司亦有煤棧然英實主之此地六年不雨寸草不生英船入印度洋中國海恃此爲中站不惜百計經營特人力不能迴天暵耳過此而印度而新架坡而香港英船游駛無可阻礙之者中英不同洲而海道若聯接以形勢論之尤不可忽海外來颿自以香港爲歸宿次則澳門近日兩島情形從何設措此行歷東西大洋環地球一周甚欲覓一海門能副閉關絕市之論竟不可得若是則海軍之設其可緩乎南洋之吳淞口崇山關甯波定海故有備北洋則兼

營威海旅順爲津沽北塘添一重屏障南北一氣足資控制更於臺灣外海設重鎭屯大枝水師敵船往來當不能無所顧忌若夫高談制梃捻纓求妍徒滋惑耳蓋桓蠡測管窺無當萬一綜計使槎所歷美爲民政之國出產日富課稅日增鳥約一關日收銀至八十萬元通年勻計不爽此外坡士頓舊金山各口收數亦巨而通國額兵只二萬六千餘人此保富之道也又地僻在一洲其於歐羅巴則隔大西洋而鳥約入口之地又極險隘其於亞細亞則隔太平洋渾渾無際中無屯煤取水

之地自舊金山至日本橫濱始有埔頭折而西北爲中
國境中日亮無侵美之意故舊金山一路美直可匽然
不設備則其歲省邊防之費爲不少矣所以藏富於民
漸臻强盛南則墨西哥再南則可侖比亞諸國美之勢
力足以控制之又巴拏馬河道未通此爲南北阿美利
加洲天然界限所慮南北黨門戸大嚴終恐久合必分
耳日斯巴彌亞國自失地中海之險國勢頓異南墨洲
諸國紛然背叛各自立爲民主日之屬土祇古巴小呂
宋兩處入不專出國債日叢而君主體制獨尊積威有

漸乎祕魯本南美洲富饒之國而民性偷惰居處飲食
之物多從他國運來本國金錢日流於外而不自覺本
日抵香港卽丙戌放洋之地日記從此結束亦默符總
署奏案

光緒乙酉六月奉
命出使美利加日斯巴彌亞祕魯三國十月
陛辭南下丙戌二月自香港展輪歷北美洲歐羅巴洲
南美洲諸島山川政俗義應諮訪而各國交際爲尤要
總署奏案責使者以日記見聞所及援筆輒書又去國
旣遠郵報流傳親舊函牘卽至家書瑣屑有觸斯會旣
存漢臘且誌游跡庚寅二月回京復
命仰聆
聖訓凡美洲南北分黨及華商絲茶滯銷之故

指示靡遺有非華士所及知者因得詳晰奏對
上垂詢記載謹奏言署章須爲日記但蕪雜過甚須大
收拾
上諭以收拾完備卽行進呈謹承
旨而出越日樞中復述
旨相促其時鈔稿在粵行篋僅存草本遂芟削以付鈔
胥五月杪疏呈奉
旨留覽嗣是署中同僚京外朋好咸屬付梓以便傳觀
此數年間春明塵鞅伏案鮮暇甲午歲暮復有蛤川之

役往來滬上假寓同文書局就草本中重爲綴拾擬付石印詎展轉鈔謄脫漏殊甚因復重寫一遍就廠肆刊之安攘之術本非所諳言之無文行之不遠且亦有不願示人者比日西士好博每於華文字句銳意講求若但挾持使者筆記猶其淺焉者也至事或纖猥迹近怪異有累進呈體例前既刪除茲復補輯此中撰說惟舌人是賴殊悔不諳語言文字滋愧焉爾南海張蔭桓

国家出版基金项目
NATIONAL PUBLICATION FOUNDATION

海上絲綢之路文獻集成

總主編 陳支平 陳春聲

歷代史籍編 60

主編 范金民

海峽出版發行集團
THE STRAITS PUBLISHING & DISTRIBUTING GROUP
福建人民出版社

本册目次

出使九國日記十二卷

〔清〕戴鴻慈撰

《出使九國日記》十二卷，清戴鴻慈撰。鴻慈（一八五三—一九一〇）字光孺，號少懷，晚號毅庵。廣東南海（今佛山）人。官至禮部尚書、法部尚書、軍機大臣、協辦大學士，近代中國首位司法部長。光緒三十一年（一九〇五）載澤、戴鴻慈、端方等五大臣出洋考察各國政治，戴氏與端方負責美、德、俄、意等國，是書即此行日記。起是年六月十四日接諭旨，訖次年六月二十三日召對。卷首有照片四十八幀，並各國考察政治大事略表，各卷分述在日、美、英、德、丹諸國訪問之種種觀感。據中國國家圖書館藏清光緒三十二年排印本影印。

光緒丙午秋月

出使九國日記

南海戴鴻慈著

諭旨

光緒三十一年六月十四日奉

上諭方今時局艱難百端待理朝廷屢下明詔力圖變法銳意振興數年以來規模雖具而實效未彰總由承辦人員向無講求未能洞達原委似此因循敷衍何由起衰弱而救顛危茲特簡載澤戴鴻慈徐世昌端方等隨帶人員分赴東西洋各國考求一切政治以期擇善而從嗣後再行選派分班前往其各隨事諏詢悉心體察用備甄採毋負委任所有各員經費如何撥給著外務部議奏欽此

六月二十五日准軍機處片交面奉

諭旨著派商部右丞紹英隨同出洋考察各國政治欽此

八月二十六日奉

上諭載澤等二十六日乘火車出京正擬開行陡聞烘震之聲查係炸彈猝發

載澤紹英均受微傷除車旁傷斃三人其餘隨員僕從亦有受傷車內烘斃一人驗有炸彈毀裂痕跡等語並據那桐具奏前來光天化日之下竟有匪徒如此橫行實屬目無法紀著責成步軍統領衙門順天府工巡局督辦鐵路大臣確切查拿澈底根究從重懲辦以儆凶頑所有外城工巡局委員及南營參將鐵路車站委員疏於防範一併查明職名交部議處餘著照所議辦理欽此

九月二十八日奉

上諭著派尚其亨李盛鐸會同載澤戴鴻慈端方前往各國考察政治欽此

十月二十九日奉

上諭前經特簡載澤等出洋考察各國政治著即派政務處王大臣設立考察政治館延攬通才悉心研究擇各國政治之與中國政體相宜者斟酌損益纂訂成書隨時進呈候旨裁定所有開館一切事宜著該王大臣妥議具奏

欽此

序

立於地圖之上華離剖析分合錯峙而名之曰國國不能以虛名寄也則必有與之而並立者矣政事也風俗也言語也文物也宗教也人種也永永存在不可磨滅如是者然後得謂之國是故有國者務保持而張大之其猶未也又從而師諸其鄰外交之官擅覘國之才游學之士讀四裔之書心摹力追以補其所不逮凡夫政教藝術之同異得失靡不取而紬譯之比較之斟酌而選別之萃羣族之所長擇己國之所適文明輸入而不害於國粹之保存所以得也吾國自海通以來持節使歐美者不絕於道然大抵專任聘問事竣即返則無以爲紬繹矣局處一邦勢難周歷則無以爲比較矣私人交際馮軾遊觀非奉

朝旨令大設備以供吾之採擇則無以爲斟酌選別矣

朝廷知其如此謂非

特簡親貴大臣徧歷東西諸國考察政治歸以爲通變宜民之地不足以齊瞻

聽而作新機也乙巳六月鴻慈遂同受出使五國之

命自東徂西圜行一周以八月之內歷十五國之地行十二萬里之程亞美歐非四洲之風土大東大西太平三洋之航路蹤跡所之城市讙動誦詩聞政周爰彼都四國之事燦然備已於時編譯所及雜徵文獻紀錄之外籌所以補其遺闕非遊記莫由也乃重次日行所記凡十二卷又從而序之曰今之學者驚歎於西方之文明而欲棄吾國所有以從之也足未出國門取其書伏而誦之幾逆肌而闇解則以爲西國之政俗如是如是耳食者又從而崇拜之詬罵之幾以爲定案不可易矣乃往往入其國察其政治考其風俗與其士大夫上下其議論而情實有甚相遠者嗟夫信書之蔽邪譯人之誤邪傳聞之失實邪倘所謂百聞不如一見者邪曩所爲崇拜之詬罵之逆肌而闇解之者皆影響之談而於西國政俗之眞相何當焉自其眞相而觀之則國各有其政教風俗與國俱立不可磨滅者而非身親而目擊者不知也譬如民權學者之所倡言也我

觀西國其重視主權也良至凡百職司權必歸一而下此服從焉未有以分權而能治者也共和之政治學者夢想之所托焉耳殆非我中土之所能有也美爲民主之國而選舉之法弊亦隨之所見或不逮所聞而况於人格之不美若乎此民權之眞相也又如自繇自繇云者人人於其權利範圍之中得以爲所欲爲不受壓制焉耳非夫放縱亡節之謂也我觀歐美之民無男婦老少其於一切社會之交際相待以信相接以禮守法律顧公德跬步皆制限焉自其表觀之至不自繇也此自繇之眞相也又如平等西國之所謂平等者有之矣上自王公下逮庶民苟非奴隸皆有自主權其享受國民之權利維均一介之士雖執業微賤苟其學成專門皆足以抗顏宰相之前而無所恧蓋其執藝平等而非以爵位之貴賤論也此平等之眞相也進而論之則今日文明諸國之政治皆吾國所固有也莫不有其眞相爲不審其歷史之沿革施行之內容而徒襲之則書院何以不學堂若保甲何以不警察若公局鄉約何以不市會若

乎哉故一切政治非躬至其地假之時日一一取而紬繹之比較之斟酌選別之則其精微末由見也鴻慈不敏承乏茲役媿無于頔出疆專對之能而有張儼磨鋒礪鍔之志惟時晷迫促所謂紬繹比較斟酌而選別之者誠未易言幸有午橋制府和衷共濟秉謀斷之長參隨諸賢昕夕襄助並一時之秀相與宣祖國之名譽窺列雄之眞際或者其有裨乎顧又思之是行也東起扶桑西窮羅馬海外商民各國君相其所以期望吾國者至厚且遠則夫他日之讀吾游記者其將顒仰太平以茲行爲中國維新之一大紀念焉吾昧昧思之也

光緒三十二年六月既望

欽差出使各國考察政治大臣禮部尚書戴鴻慈序

考察政治寅僚合照（第一）

北京德興堂印字局代印

（第二）考察政治大臣禮部尚書戴鴻慈

（第三）考察政治大臣戴鴻慈　考察政治大臣端方

第一圖　必珠卜普延橋下煤船（美）

第二圖　華盛頓上議院（美）

第三圖　華盛頓圖書館（美）

第四圖　費城獨立廳內宣布獨立文書押處（美）

第五圖 幹尼路大學（美）

第六圖 紐約空中火車及彼得苦把實業學堂（美）

第七圖　紐約伯洛林大橋（美）

第八圖　倫敦新惡斯佛街風景（英）

第九圖　倫敦國家銀行及商務公所（英）

第十圖　巴黎全景（法）

第十一圖　巴黎魯森堡公園（法）

第十二圖　巴黎國家大戲院（法）

第十三圖 巴黎戰勝紀功碑 (法)

第十四圖 柏林河畔風景 (德)

第十五圖　愛生克魯伯礮廠　(德)

第十六圖　克魯伯廠麥彭試礮圖　(德)

第十七圖　可侖大教堂（德）

第十八圖　埃斐爾水壩　壩高五十八密達，水深五十二密達，內盛水四十五兆半立方密達（德）

第十九圖 啓露海岸兵艦張旗志慶（德）

第二十圖 漢堡船隝（德）

第二十一圖　丹京市會街　（丹）

第二十二圖　丹京路易河畔風景　（丹）

第二十三圖　瑞京士特力格頓街（瑞典）

第二十四圖　那京海港（那）

第二十五圖　杜勒士頓王宮新佐治門（撒克森）

第二十六圖　門宸城士鐵格兒邁爾街（巴延）

第二十七圖　維也納全景（奧）

第二十八圖　維也納國會（奧）

第二十九圖 維也納戲園街 (奧)

第三十圖 士替亞槍礮廠 (奧)

第三十一圖　布達丕士議院　(匈)

第三十二圖　匈京多奴河之景　(匈)

第三十三圖　聖彼得堡之夏園　（俄）

第三十四圖　彼得離宮　（俄）

第三十五圖　哥士田尼德華商場及小敎堂　（俄）

第三十六圖　海　牙　海　畔　納　涼　處　（荷）

第三十七圖 比京拔盧克阿街風景 (比)

第三十八圖 脁湖上遙望少女山 (瑞士)

第三十九圖　士森尼伯赫雪山（瑞士）

第四十圖　米蘭大教堂（義）

第四十一圖　羅馬古大市場　(義)

第四十二圖　旃那祜連岡望羅馬全景　(義)

第四十三圖　聖　彼　得　廟　（義）

第四十四圖　聖　保　羅　廟　（義）

第四十五圖　啡蘇威火山噴火圖（義）

第四十六圖　邦渒古城全景（義）

第四十七圖　羅　馬　鬪　獸　場　(義)

第四十八圖　奈　波　里　丹　脫　廟　(義)

例言

一是書分卷凡十有二自京啓程道秦王島至滬卷第一自滬放洋歷日本渡太平洋而至美卷第二自舊金山横過大陸而至華盛頓紐約卷第三由紐約往費城各省游歷卷第四渡大西洋西至英法卷第五到德居柏林卷第六遊歷南方西方各省卷第七游歷丹麥瑞典那威卷第八游歷撒克森巴延而至奧斯馬加卷第九俄荷比卷第十瑞士義大利卷第十一渡印度洋而歸入京卷第十二

一從前日記地名人名譯音紛歧爲讀者所苦今鑒其弊槩注本文俾易尋繹其不便者間以英文代之惟已沿用華字之名則多從略

一此次出洋考察政治調查所及編輯斯詳是書專就鄙人所親歷隨時記録間及瑣細足以補其所未備故章程法規概不闌入體固宜爾也

一每日往觀各處足不停趾無一刻之暇夜歸輒録所見信筆直書並未修飾

閱者諒之

各國考察政治大事略表

乙巳十一月

十一日	出京				卷一
廿三日	自上海放洋				卷二
廿四日	到長崎			日本	卷二
廿六日	到神戶	觀同文學校		日本	卷二
廿九日	到橫濱二日	觀正金銀行	觀大同學校	日本	卷二

乙巳十二月

十一日	到檀香山	觀水族院		美	卷二
十八日	到舊金山三日	觀商場	觀商業銀行	美	卷三
		觀車船公司	觀士丹佛大學	美	卷三
		觀卜忌利大學		美	卷三
廿四日	到林肯	觀農務院	觀監牢	美	卷三

廿五日	到市家谷二日	觀省會辦事署	觀林肯大學	美	卷三
		觀瘋人院	觀青年會	美	卷三
		觀居留院	觀啞嗎屠獸場	美	卷三
		觀農器製造廠	觀績麻局	美	卷三
		觀馬蘇非羅會社		美	卷三
廿八日	到必珠卜	觀煉鋼廠	觀製玻璃廠	美	卷三
廿九日	到華盛頓九日			美	卷三

丙午正月

初一日		觀水師學堂	觀戶部衙門	美	卷三
		觀基督教青年會	觀油畫院	美	卷三
		觀老兵院	觀華盛頓墓	美	卷三
		觀國家印刷局	觀福邁爾兵操	美	卷三
		觀圖書館	觀上議院	美	卷三

		觀下議院		美	卷三
初八日	到紐約五日	觀萬國寶通銀行	觀公估局	美	卷四
		觀商務公所	觀裁縫機器廠	美	卷四
		觀煙葉公司	觀礮台	美	卷四
		觀哥侖比亞大學	觀永命保險公司	美	卷四
		觀大報館	觀美術院	美	卷四
		觀博物院	觀天主教堂	美	卷四
		觀美人住宅三	觀救火署	美	卷四
		觀社會辦事署	觀煤油公司	美	卷四
十三日	到費城	觀武備學堂	觀鑄幣局	美	卷四
		觀瀛車機製造廠	觀克蘭姆船廠	美	卷四
		觀獨立廳		美	卷四
十五日	到愛爾賣拉	觀改良所	觀維爾士女學堂	美	卷四

十六日	到衣迪加	觀幹尼路大學		美	卷四
十七日	到乃阿哥拉	觀大瀑布	觀電力製造公司	美	卷四
		觀麥餅公司		美	卷四
十八日	到波士頓	觀圖書館	觀美術院	美	卷四
		觀會議獨立堂	觀舊禮拜堂	美	卷四
		觀查里斯湯船塢	觀哈佛大學	美	卷四
		觀教會二		美	卷四
十九日	到樓蘭城	觀亞靈頓織絨廠	觀太平織布公司	美	卷四
		觀活士織絨公司		美	卷四
	到勞委	觀要黎織商會	觀製出口貨紡織廠	美	卷四
	回波士頓	觀巡撫衙門	觀上議院	美	卷四
		觀下議院		美	卷四
二十日	到委耳司雷	觀女學堂		美	卷四

	到士丕令非耳	觀槍礮廠	觀美術院	美	卷四
		觀博物院		美	卷四
廿一日	到紐海文	觀耶路大學		美	卷四
	回紐約	觀蠟人院		美	卷四
	丙午二月				
初一日	到佘堡				卷五
初二日	到倫敦四日	觀博物園	觀博物院	英	卷五
		觀下議院	觀上議院	英	卷五
		觀蠟人院	觀博濟銀行	英	卷五
		觀造幣局		英	卷五
初六日	到巴黎七日	觀拿破侖墳	觀蠟人院	法	卷五
		觀博物院	觀上議院	法	卷五
		觀東方博物院	觀東方學堂	法	卷五

		觀下議院	觀女學堂	法	卷五
十三日	到柏林十九日	觀聯邦議院	觀國家瓷器公司	德	卷六
		觀槍礮機器廠	觀官家報館	德	卷六
		觀百獸園	觀電氣機器廠	德	卷六
		觀裁判所二	觀監獄	德	卷六
		觀伏爾鏗船廠	觀醫院	德	卷六
		觀蠟人院	觀柏林大學	德	卷六
		觀軍器博物院	觀無線電試演	德	卷六
		觀警察局	觀巡警學堂	德	卷六
		觀普魯士下議院	觀農務博物院	德	卷六
		觀動物博物院	觀馬兵營房	德	卷六
		觀古器博物院	觀人類博物院	德	卷六
		觀救火總會	觀武備小學堂	德	卷六

		觀小學堂	觀中學堂	德	卷六
		觀化學館	觀工藝大學堂	德	卷六

丙午三月

初二日	到多門	觀多門河	觀煤礦公司	德	卷七
		觀煤炭公司	觀公衆浴池	德	卷七
初三日	到愛生二日	觀鎔鐵廠	觀工人住院二	德	卷七
		觀工人浴室	觀工人病院	德	卷七
		觀玻特院	觀克虜伯墳	德	卷七
		觀鎔鑄廠及鋼場	觀鎔鐵廠	德	卷七
初六日	到麥彭	觀試演槍礮		德	卷七
初七日	到愛兒把非兒	觀懸車	觀電氣總機房	德	卷七
		觀維廉橋		德	卷七
初八日	到可侖二日	觀水壩	觀電力機器公司	德	卷七

		觀顏料廠	觀大教堂	德	卷七
		觀可侖大市場	觀工藝學堂	德	卷七
初十日	到都士多輔	觀愛爾克槍礮廠	觀油畫院	德	卷七
		觀鋼鐵總公司	觀萬國油畫學會	德	卷七
十一日	回柏林四日	觀電線公司	觀汽車製造廠	德	卷七
		觀郵政局	觀電報局	德	卷七
十五日	到啓露二日	觀救火會	觀海岸	德	卷七
		觀克虜伯船塢	觀製造魚雷	德	卷七
		觀水師船廠	觀水師學堂	德	卷七
		觀賽船會		德	卷七
十七日	到漢堡	觀市長署	觀聖普利橋	德	卷七
		觀校獵園		德	卷七
十八日	到柏雷門二日	觀萬生園	觀市長署	德	卷七

		觀柏雷門商港	觀船塢	德	卷七
二十日	回柏林三日	觀百獸園	觀磁器公司	德	卷七
廿三日	到可本海根六日	觀製槍廠	觀穢渠戽機場	丹	卷八
		觀博物院	觀磁器公司	丹	卷八
		觀麥酒公司	觀電光醫病院	丹	卷八
		觀海岸	觀電力製造所	丹	卷八
		觀商會	觀農務學堂	丹	卷八
		觀獸醫院	觀馬獘醫病院	丹	卷八
		觀大學堂	觀貧民小學堂	丹	卷八
		觀女學堂	觀舊王宮	丹	卷八
		觀軍器陳列院	觀油畫院	丹	卷八
		觀公估局	觀美術院	丹	卷八
廿九日	到士德賀倫	觀博物院	觀人類博物院	瑞典	卷八

	五日	觀電話公司	觀中小學堂	瑞典	卷八
		觀貧民中小學堂	觀牛油機器廠	瑞典	卷八
		觀女學堂	觀馬兵營房	瑞典	卷八
		觀磁器公司	觀鍊鋼廠	瑞典	卷八
		觀病院	觀電話機器公司	瑞典	卷八
		觀上議院	觀下議院	瑞典	卷八

丙午四月

初四日	到克里士托亞	觀織麻廠	觀織布廠	那	卷八
	那三日	觀小學堂	觀船塢	那	卷八
		觀出口貨物陳列所	觀礮廠	那	卷八
		觀博物院二		那	卷八
初七日	到哥登堡			瑞典	卷八
	回可本海根			丹	卷八

初八日	回柏林二日	觀中學堂二	觀女學堂一	德	卷八
		觀富人宅二		德	卷八
初十日	到撒克森二日	觀病院	觀浴堂	德	卷九
		觀防疫所	觀閱報所	德	卷九
		觀王宮各庫	觀自來水廠	德	卷九
十二日	到來卜及	觀大學堂	觀博物院	德	卷九
		觀印務局	觀大審院	德	卷九
		觀機器印書所	觀書籍陳列所	德	卷九
		觀書商聚會所	觀市長署	德	卷九
十三日	到巴延二日	觀市長署	觀浴堂二	德	卷九
		觀公墳	觀麥酒廠	德	卷九
		觀王宮各庫	觀手藝學堂	德	卷九
十五日	到內延堡	觀市長署	觀博物院	德	卷九

		觀電氣機器廠	觀汽車製造廠	德	卷九
十六日	到維也納四日	觀義大利公園	觀電學院	奧	卷九
		觀貴胄學堂	觀汽車機器公司	奧	卷九
		觀子彈廠二	觀上議院	奧	卷九
		觀下議院	觀府尹署	奧	卷九
		觀馬步兵營房		奧	卷九
二十日	到漢登堡	觀槍礮子彈廠		奧	卷九
廿一日	到土替亞	觀曼里夏槍廠		奧	卷九
廿二日	到批耳森	觀史哥德槍礮廠		奧	卷九
廿三日	到布達丕士	觀孟佛來特外斯槍礮子彈廠		匈	卷九
	二日	觀國家機器公司四分廠		匈	卷九
		觀船廠		匈	卷九
廿六日	到聖彼得堡	觀海港	觀冬宮	俄	卷十

八日		觀博物院	觀水師學堂	俄	卷十
		觀閱兵	觀國家船廠	俄	卷十
		觀馬隊兵操	觀國家瓷器廠	俄	卷十
		觀衛隊步兵	觀國家銀行	俄	卷十

丙午閏月

初六日	到海牙五日	觀士開文甯海口	觀下議院	荷	卷十
		觀王宮	觀商部衙門	荷	卷十
		觀國會宣告會	觀來頓大學堂	荷	卷十
		觀天文台	觀藏書樓	荷	卷十
		觀漁業		荷	卷十
初十日	到布魯舍勒三日	觀廓克里槍礮廠	觀賽馬場	比	卷十
十三日	回海牙	觀樂德敦海口		荷	卷十
十五日	到阿姆士德敦	觀大機器廠	觀金剛鑽廠	荷	卷十

十六日	回海牙	觀油畫院二	觀公斷衙門	荷	卷十
		觀平和會寄署圖樣賽會		荷	卷十
十七日	到巴侖三日	觀蘇格勒公司	觀士森尼伯辣雪山	瑞士	卷十
		觀織布公司		瑞士	卷十
二十日	到美蘭三日	觀小賽會場	觀漁業公司會場	義	卷十
		觀博物院	觀大賽會場	義	卷十
廿三日	到羅馬六日	觀科魯士門獸場	觀拜西訶岡公園	義	卷十
		觀上議院	觀下議院	義	卷十一
		觀旃那祐連岡公園	觀大醫院	義	卷十一
		觀植物園	觀聖彼得廟	義	卷十一
		觀聖保羅廟	觀教皇博物院	義	卷十一
廿九日	到奈波里二日	觀匪蘇威火山	觀邦滭古城	義	卷十一

丙午五月

初四日　到波賽　觀希臘教堂　埃領　卷十二
初九日　到亞丁　英領　卷十二
十五日　到錫蘭　英領　卷十二
二十日　到檳榔嶼　英領　卷十二
廿一日　到新嘉坡　英領　卷十二
廿六日　到香港　英領　卷十二
丙午六月
初一日　到上海　卷十二
廿一日　到京　卷十二

出使九國日記卷一

光緒三十一年夏六月十四日戶部直日到
頤和園午初歸寓是日奉
上諭着派載澤戴鴻慈徐世昌端方隨帶人員前赴東西各國考察一切政治
等因欽此自惟文學進身未諳外務聞
命之下彌切悚惶惟竭一得之愚深思五善之義感懼交集夜不成寐
十五日早起赴　園謁瞿子玖尚書詢知不用謝
恩午後回寓以天氣酷煩感暑發熱兩昔而愈
二十六日赴　園恭祝
皇上萬壽軍機處面奉
諭旨紹英着會同出使各國考察政治欽此
七月　日會同四大臣往拜各國駐京公使計德國公使穆默（現爲領袖）

參議葛爾士繙譯夏禮輔英國公使薩道義繙譯梅爾思甘伯樂美國公使柔克義繙譯衛理法國公使呂班繙譯穆文琦俄國代理公使闊薩克福繙譯柯理索福比國公使葛飛業繙譯林阿德義國公使巴樂禮繙繹威達雷奧國代理公使訥色根繙繹沙諤文日本公使內田康哉繙繹鄭永邦
十　日各國公使在外務部答拜澤公與徐紹兩大臣分往英法比日本等國余與端午帥分往美俄德義奧等國
二十六日外務部送來欽差出使各國考察政治大臣木質關防一顆敬於本日開用
二十七日戶部直日會同四大臣恭遞奏調隨員一摺計京外文武各職凡三十八員
內閣中書陸宗輿
翰林院編修鄧邦述

翰林院編修關冕鈞
翰林院檢討唐寶鍔
翰林院庶吉士熊希齡
翰林院庶吉士麥鴻鈞
商部員外郎楊道霖
商部員外郎柏銳
商部主事田步蟾
商部主事陸長儁
商部主事章宗祥
商部主事錢承鋕
戶部郎中薩蔭圖
戶部主事王伊

戶部主事龍建章
兵部主事關賡麟
刑部郎中段書雲
候選郎中刑部員外郎李焜瀛
直隸候補道朱寶奎
直隸候補道姚錫光
湖南補用道金還
分省補用道袁克定
候選道王豐鎬
道銜溫秉忠
江西南昌府知府沈曾植
湖南長沙府知府劉若曾

候選知府施肇基
候選知府伍光建
候選知府關景賢
候選知府丁士源
選用同知陳琪
候選知縣岳昭燏
選用知縣田吳炤
分省試用縣丞劉恩源
湖南補用參將姚廣順
湖南常備軍統帶官舒清阿
留直補用都司程璧光
縣丞銜曹復賡

另片奏掌江西道監察御史周樹模掌湖廣道監察御史劉彭年隨同出洋考察均奉
旨允准其餘各員另行陸續咨調以資襄助凡八員禮部郎中光裕湖北候補同知潘睦先候選同知朱綸湖北候補知州陳毅丁憂江蘇震澤縣知縣羅長鑑直隸候補知縣恒晉湖北候補知縣金煥章北洋醫官蕭杞栴
是日蒙
召見垂詢會奏隨員事宜又以本日在慶王府公讌各國使臣
諭以此時即合前往午一時到慶邸各公使均至酒饌並用中西奏軍樂以侑
爲奏對另錄
八月十二日外部送來前赴美俄德奥義等國　國書五道當即祗領并覆外
部
北洋醫官蕭杞栴因病不能隨往改調候選鹽大使唐文源

八月十九日晴會同四大臣請
訓蒙
召見垂詢行程並
諭以留心考察以備採擇等語
拳拳珍重視以一路福星自顧何人忝兹
恩遇敢不敬恭將事以期無負
委任乎承
賜路菜點心內使傳
旨免其謝
恩奏對另錄
二十六日辰初拜　祖親友踵宅送行甚衆十時肩輿至正陽門車站冠蓋紛
紜設席少敘十一時相約登車澤公先行余踵至兩花車相連澤徐紹三大臣

在前車余與午橋中丞在後車午帥稍後來坐未定方與送行者作別忽聞轟
炸之聲發於前車人聲喧擾不知所爲僕人倉皇請余等下車始知有人發炸
彈于澤公車上旋面澤公眉際破損餘有小傷紹大臣受傷五處較重幸非要
害徐大臣亦略受火灼均幸安全送行者伍秩庸侍郎受震逼邇兩耳爲聾惟
隨員薩郎中蔭圖及其內弟從弟子女車夫家丁均重傷一家七口遭此意外
之厄亦云慘已余等商定改期緩行徐端兩大臣往練兵處紹大臣往法國醫
院治創余遂與澤公先歸抵家朋輩咸集慰問自惟托
朝廷厚福履險如夷合家欣幸少憩往練兵處晤徐端兩大臣商定備摺奏陳
明早呈遞因卽命車赴　園晚至海淀徐端兩大臣繼至同訪鐵寶臣尚書寓
園晚膳後赴萬興堂宿
二十七日晨早至　宮門候起先赴軍機處具告一切慶邸及各樞臣均慰問
甚摩八時蒙

召見時澤紹請假余領銜請安承
皇太后
皇上慰勞有加又問澤紹傷狀及當時情形余與徐端兩大臣各據所見奏對
皇太后垂廑聽納復慨然於辦事之難悽然淚下謹陳詞寬解
問答踰時乃出至海淀用膳午後往法國醫院問紹大臣薩郎中傷均已見效
惟薩內弟已身故其從弟亦垂危云是日計斃三人傷十餘人眞无妄之災也
聞凶手已在炸斃之列矣往候伍侍郎問好以聾不能見客申刻歸寓是日承
賜酒席並傳
旨免其謝
恩奏對另錄
九月二十八日奉
上諭着派尚其亨李盛鐸會同出洋考察政治等因欽此

十月初七日蒙
恩賞袍褂大緞二端
初八日赴　園謝
恩
初十日赴　園恭祝
皇太后萬壽
二十七日會同四大臣呈遞續調隨員一摺計原調之員另有要差或事故不
能隨往者九人續調者十六人道員左秉隆吳宗濂馮祥光嚴璩陳恩燾浙江
衢州府知府世善知府錢恂馮國勳段慶熙編修李經畬主事戢翼翬楊壽相
同知管尙平直隸州知州夏曾佑知縣姚鵬圖劉鍾琳並具安摺請
訓蒙
召見

温慰如前有加意保重等語
天恩高厚報稱愈難承
賜路菜點心
面諭免其謝
恩奏對另錄
十一月十一日晴晨起拜祖十二時出至正陽門車站送行者踵至殷勤可感
車站稽察嚴密外人不得闌入三十分與午帥偕隨員等上車迴首
觚棱彌深瞻戀四時三十分到天津新站運司陸嘉穀硯香天津海關道梁敦
彥崧生署天津道周學熙緝之候補道梁如浩孟亭張孝謙巽之王瓘孝緒王
崇烈漢甫陳昭常簡始黃璟小宋楊灃海籌統制段芝貴香巖天津府知府榮
恒心莊署同知單晉鑠味仁天津鎮總兵徐邦傑國俊等均來見入寓中州會
館館爲袁慰亭宮保新建參用西式潔淨光明居處甚適

十二日晴頗暖早與午帥及參隨等往觀戶部造幣廠張允言伯訥瑞豐玉如
兩京卿導觀一切廠有拍照全圖極精細茲不備載詳閱機器均屬靈敏在廠
用膳晚赴關道署梁崧生讌亥刻回寓
十三日晴駐津奧國領事盧達偉英國領事金璋法國領事彌樂石美國領事
若士得副領事潘士思俄國領事來覺福德國領事文碩繙譯馬克林日本副
領事伊集院彥吉荷蘭領事顧佩麟日本銀行司事鈴木島吉等均來見
天津自辛丑以後百堵皆興洋場廣闊兵燹之後得此亦良不易惟銀根短絀
元氣仍未盡復耳
十四日陰早九時上汽車往秦王島午刻到唐山午飯三時四十分到湯河易
車以後歸開平礦務局地四時十分至秦王島隨上小火輪赴海圻兵輪管駕
游擊沈壽堃幼藩來見船內客室飯廳鋪陳精潔
十五日晴早三時海籌兵輪到秦島用作前導五時開行下午五時至廟兒島

停輪島屬山東登州府爲黃海與直隸海兩戒之間是日風濤頗大兵輪載輕
稍爲傾側
十六日陰風浪未息洶湧有聲船仍停泊不行晚有小雪考海圻兵輪以光緒
二十五年來華船身長四百二十四英尺載重四千三百噸實馬力一萬七千
匹每一小時行十二海里極速時能駛行二十四海里全船大小砲位共三十
四尊毛瑟槍八十四桿手槍五十桿人數四百五十員名
十七日陰早七時啓行十二時到煙台停輪市羊數頭犒賞兵士海籌兵輪管
帶吳璋來見
十八日晴早風浪平息午刻登船面看演各礮位機器輕便並從桅杆裏循梯
上登至第二層眺望空闊同人有上至第一層者惟梯陡直且黑闇不易行耳
晚月色艮佳時露雲端水光相映澄澈萬里
十九日陰舟過黑水洋雨點溟濛極目無際已刻遠望有船泛泛中流若失事

者放舢板往視之彼亦展旗相招迨近乃知係漁船在此撒網其相招者以爲
買魚之故非有他也天氣頗熱易衣綿
二十日晴抵崇明午十一句鐘停吳淞口上海道袁樹勛海觀來見並呈購買
各國金幣摺
美幣三萬九千元
德幣十三萬六千二百五十馬克
奧幣七萬九千三百七十五克勒尼
俄幣三萬七千八百盧布
義幣八萬三千一百二十五利意
提督黃金龍薩鎮冰運使趙濱彥渭卿候補道王仁東旭莊許鼎霖九香紳士
惲祖祁心耘張謇季直趙鳳昌竹君等及寓滬各隨員皆來迎謁晤談竟夜
二十一日晴温秉忠自上海來具言船價支付情形如左

欽差一位　特別上等艙　每位三十四磅　合規元二百三十六兩零九分

外加特別艙位價　每位美金五百元　每美金合規元一兩五錢二分九三二

隨員三十三人　上等艙　每人三十四磅　合規元二百三十六兩零九分

以上上等艙共三十五人船價凡合規元八千二百六十三兩一錢五分

特別艙共二人加船價凡合規元一千五百二十九兩三錢二分

差官二名　每人船價二十磅　合規元一百三十八兩八錢八分

戈什四名　同上

剃頭匠一名　同上

以上次等艙共七人船價凡合規元九百七十二兩一錢六分

統共合規元一萬零七百六十四兩六錢三分

此外留學生八人

二十二日晴西比利亞船原定是日下午啓行旋以故改期運一日聞因在澳門耽擱云午得信滬商以會審公廨事罷市初上海租界會審章程凡華人與華人涉訟各國領事不得干預又中國女犯例由廨員判羈廨所皆定章也而各國領事以公廨之押女囚爲不宜改建西牢欲使華婦犯罪移管彼處我國道員廨員移文力爭卒未畫諾嗣是美德各國陪審官均仍向章未聞異言而英副領事德爲門 Twiman 獨否捕頭承其旨每美德員陪審之日應解之囚羈禁勿遣務至英員陪審期而始解入用是凡當英堂處囚既多動不及竣事而抑留又數日外人均議其非公屢矣此次捕房誤以宦婦爲拐犯訊無稿證廨員姑判留廨以俟取據乃英陪審官判令押赴西牢廨差不聽輙嗾捕長毆廨差廨員勸阻至以木棒相擬卒搶攘拽女囚以去亦可謂凌藉律法之甚者事

聞外部與英使磋商旋令釋諸婦使去議將就緒矣滬商猶以主權未復也力爭撤陪審官革捕長於工部局設華董諸事理直氣壯舉動文明不可謂非國民之進步不圖忽有匿名傳單聳衆罷市衙諸應付之策已屬失宜而暴動匪徒更從而掠奪肆毆勢成洶洶各國旋遣兵隊彈壓斃滋事者數人始少止云夫有百勝之理而任一往之氣以敗之好暴動而無秩序知合羣而不知自治民族以是敗者衆矣可勝歎耶

後查傳單罷市商人並未與聞一切皆地痞所爲而向來租界地方華兵不能擅入當時事起倉猝官吏保護不及幾釀大事所宜妥議章程以善其後也

出使九國日記卷一終

出使九國日記卷二

二十三日晴市面已定賚發放洋奏摺遣家人祝升回京十二時由兵輪乘小火輪登船隨員等已先至岸迎矣計同行者伍光建昭扆廣東人施肇基植之浙江人温秉忠藎臣廣東人劉若曾仲魯直隸人鄧邦述孝先江蘇人關冕鈞伯衡廣西人熊希齡秉三湖南人陸宗輿閏生浙江人麥鴻鈞慰農廣東人馮祥光玉潛廣東人王豐鎬省山江蘇人關賡麟穎人廣東人龍建章伯檄廣東人管尚平成夫江蘇人岳昭燏菊如浙江人王伊四明河南人唐文源麗泉廣東人陳琪蘭薰浙江人金煥章文山浙江人潘睦先季儒江蘇人羅良鑑佶子湖南人光裕容伯滿洲人田吳炤伏侯湖北人恒晉康侯滿洲人陳毅堯甫四川人朱綸伯言雲南人唐元湛露園廣東人姚廣順鎮山湖南人舒清阿賀夫荊州駐防關葆麟平孫廣東人吳勤訓經畬安徽人謝學瀛吉士江蘇人劉駒賢千里直隸人凡三十三人各省派往隨同考察者四人金鼎峙生蔡琦子釗

（湖北委派）周宏業伯勛張大椿菊生（奉天委派）此外赴美留學隨同前往者十一人陳煥章歐陽玉唐南梁祺先黃寶森盧碩均廣東人施愚施國琛均四川人施厚元施聯元浙江人王春照江蘇人

二時啓行至船上各室考查一切五大洋航路交通而郵船公司向無吾國商人足跡迺者新洲托辣斯 Trust 之勢力駸駸乎有包舉東亞之槩海濵鉅商具是資格者不尠尚不急起疾追爭雄海上方僅於國內屬河與人爭雞蟲之得失不決又安有濟耶余初履重洋輒覩巨艦於船中之構造與其機關之布置詳細詢問書備遺忘焉

西比利亞 s.s.Siberia 郵船爲美國太平洋郵船公司諸船之一凡四艘曰支那曰高麗曰火奴魯爐 Honolulu 而西比利亞與高麗形式畢同以一千九百有二年八月始下水船身計長五百五十一英尺廣六十三英尺深四十英尺吃水二十七英尺滿載一萬一千二百八十四噸無載時重五千六百

五十五噸馬力一萬八千匹尋常每一小時行十八海里加足汽力行二十一英里七每次由美國而檀香山（即布哇）而橫濱而上海而香港爲一周由橫濱至舊金山最速時十日又十小時可到由檀香山至舊金山最速時三日又十九小時可到云

船身共四分層頂層排列舢板十有二故名舢板層中爲船主臥房及會客所其前爲電燈總機室室前爲船員飯廳兩旁爲船員臥室自大副二副以至三副四副五副六副室在焉其外有船員伙食房軍械房

次層游步之處也余及午橋中丞之室在焉是日特別上等艙計凡五所所各二室一以寢一以會客更衣室一附焉向前爲樂室有風琴有報章小說及其他書籍更前爲會話室文具略備由此可作書特別艙之後皆上艙也在船之中央左右兩列爲室二十有六其中央爲男女浴室便室皆精潔無倫最後爲吸煙室每食後吸煙草者聚談於此其外有大車室次層居船之

中部與頂層相等

三層即下層也有上等房四十有一合次層爲室六十有七寓上等客百三十有四人畢在船右其中央則女管事若男女浴室與次層悉同船左則烹調室伙食器具室焙麵包室宰牲口室每日供給室儲水室裝貨寫字房印字房役人飯所及管機器油等役人臥室在焉在樂室之下爲飯廳廳容百九十四人自頂層至三層皆有浴室扶梯四達三層長如船身頂層次層爲樓居則三層實平地也

此船有上下二等而無中等下等悉居末層末層近船首尾皆貯貨物若行李其中央則貯煤

二十四日雨自上海至長崎五百三十八里是日行二百八十五海里聞今夜可到矣是日風浪頗大船畧簸動夜三時抵長崎

二十五晴早七時長崎醫生到船査驗早食後駐長崎正領事卞綍昌薇閣隨

員周清任仲伊繙譯陳華岳秀峯率商董沈明久潘德聰劉慶宣歐陽仁葉肇振等來見詢以長崎商務據言華人商此向者甚少近年始漸繁事亦益劇計中日通商以長崎爲嚆矢緣其地近爲之也今商人計分三帮曰三江帮曰廣東帮曰福建帮僑民凡千有餘人而廣東帮尤握商界之樞紐惜其所經營者惟轉運外國之貨物而於輸出己國之天然物擴張其流通之勢力志未逮也三江帮商家董事者曰沈明久蘇道生倪鶴青王景文周馥葆廣東帮商董事者曰潘德聰劉慶宣繆鴻基鮑演昭福建帮商董事者曰歐陽仁葉肇振蕭炳華林芝英陳世望徐君調徐文采萬啓仁黄榮敏張家煥陳天增其實在人數調查列表如下

省分	男	幼童	女	女孩	合計
直隸	二				二
江蘇	七十一	十	四	七	九十二
安徽	一	一			二
山東	三	二			五
福建	三百二十五	八十三	二十三	五十八	四百八十九
浙江	一百十二	二十六	八	五	一百五十一
四川	一				一
廣東	一百八十一	八十二	十九	三十九	三百二十一
總數	六百九十六	二百零四	五十四	一百零九	一千零六十三

長崎有時中學堂爲華商公設教習二人學生凡三十一人次詢以留學生散學事據云歸國者殆近千人因呈駐日公使楊大臣來電有學界風潮未靖不克遠迎等語知此事尚難卽解也是午卞領事設讌理事署見邀以爲時匆促恐不及登岸辭之長崎新報記者上野秀次郎鎮西日報記者山本靜也長崎縣警察部山本穎杉村勝太郎日之出新聞社丹羽末廣先後到謁以事冗未

見午後望長崎山景森然蒼秀雖近隆冬有春夏氣雅可觀也與午橋中丞乘小火輪登岸閒眺綠竹青松彌望皆是至茂木酒店小酌華商駐此者高懸國旗爲慶少頃歸隨員各採訪風景聞長崎勝蹟爲諏訪山鎮西神社云匆匆未及登臨爲憾五時啓行由長崎至神戶三百九十一海里計明晚可達

二十六日冬至晴早舟過馬關遙望峯巒挹翠海天一碧景色幽絶是日行二百六十八海里夜八鐘至神戶日本醫生到船驗視一周

二十七日晴早九時楊星使遣員來迎神戶衆華商均登船謁見因偕午橋中丞登岸時日俄戰事方畢到處懸祝凱旋旗燈當其金鐃告捷閭左歡迎愛國熱誠於兹若揭觀者有感情焉隨至中華會館小憩神埠華商徧懸龍旗羣在會館聚迓門外設東洋樂隊以娱客館內地甚精潔鋪陳一新詢知館建於光緒十八年冬時李大臣經方使日故堂中懸文忠公手書聯云中外共車書猶聞周代禮存孔庭策在春秋良讌會正值堯時日出洛邑風清華商在此最著

者曰麥少彭吳錦堂梁鶴齡鄭祝三等衣冠到會者數十人商家凡分四帮曰三江帮曰北帮曰福建帮曰廣東帮而廣帮爲最多約總數二千餘人而粤人居千一百餘云領事宗室祥福因病未見見繙譯王紹賢兩江湖北學生監督李寶巽子申

館左爲神戶公立中宮尋常高等小學校令隨員等往觀據查該校教習二十五人生徒一千一百人校長爲水澤五十馬生徒授業料尋常月二十錢高等月八十錢年中用費約金額一萬五千圓此爲女校教習則男女參半出示生徒成蹟品多有可觀並示體操諸圖有薙刀操式及刀劍格鬬練習所以練膽氣也

是晷衆商在館公讌並致祝詞余等宣讀答詞以兩宮垂念海外商民務宜力圖報國爲囑

觀同文學校校爲華商公立建於光緒二十七年入學者有男女二班自一二

附學者外皆粤人也男約三十餘人女十餘人每歲邀日人犬養毅君爲名譽總校長其餘敎習杜蓀伯陳簡甫李畢言葉墨君何慶泉及日人久保島祐瀨崎伊織凡七人分任各學科觀生徒兵式體操演放槍諸法步伐頗整演習純熟次觀唱歌室敎唱從軍樂之章及日本竹謠敎習鼓風琴以導其音節抑揚有致令人生蹈厲發揚之槩余因與午橋中丞贈以學費五百元且以三十元爲冬季獎賞焉是日擬往西京一遊旋以時促不果往訪留春別墅即麥少彭家也松石淸雅有東洋式房舍甚潔趺坐久之衆商以紙求書因爲會館書滄海留歡四字以爲紀念夜主人留飲本園盡歡乃罷夜十一時乘小輪登船

二十八日早六時啓行由神戶至橫濱二百八十六海里是午行四十三里（每日計里程由正午止算上同）

二十九日晴早八時抵橫濱醫生循例驗視訖駐日公使楊樞星垣率參隨馬

亮拱辰等來見道及留學生散學情形並約下午三時公讌於中華會館以風浪甚惡辭以明日見前上海總領事小田切萬壽之助東亞同文會會長根津一及橫濱領事吳仲賢偉卿繙譯余亨嘉游歷官趙從嘉各帮商董鮑焜孔兆成盧耀廷羅廷琛魏慶恩張杲譚輝垣大同學校校長鍾卓京敎員張玉濤等又日本長岡護美子爵橫濱憲兵分隊長伊東四郎湖南留學生工兵少尉張孝準均先後來見

十二月初一日早大雨兩廣游歷員王廣齡鄧純昌譚頤年傅崇光來見詢知派紳遊歷原仿北洋惟限期不過三月此次忽遇全體退學之變局促居橫濱一月恐無所得辜地方資遣盛意云爰允轉商楊公使與粤督岑制軍商展期限俾得從容考察

十時登岸往正金銀行赴小田切君之約引觀銀行各建築並辦事之法余惟中央銀行爲全國財政樞紐而考察銀行學者尤非窮年累月無從究其精微

若徒視其形式之美觀本無與於精神之作用然以職掌計曹之故凡諸組織亦有不可忽者故並錄著於篇小田君言凡管理銀行苟於學問才識信用三者缺一即不能勝任愉快此自用人言之誠至言也

橫濱之有正金銀行也始於明治十三年（當光緒六年）其時資本金不過三百萬逾七年（明治二十年當光緒十三年）政府發行條例增加資本倍之爲六百萬由是三四屢增倍於原額及明治三十二年（當光緒二十五年）而百圓一株者爲株二十四萬總額乃二千四百萬圓矣

此銀行以橫濱爲本店而分設支店於下列諸地

東京　神戶　長崎　北京　上海　天津　牛莊

香港　倫敦　里昂　紐約　桑港　布哇　孟買

其建築法參酌各國現行之制及已國之習慣不求妝飾之華麗專以實用與堅牢爲主前六年已著手建築迨去歲始全部落成云面積凡一千二百

二十九坪有奇而建造者居六百五十二坪二合

巍樓巋然並地下爲四層地階層之搆造如下

金庫　預品庫　保護預品庫　預品出納取扱箱室

保護預品取扱所　改銀場　電話自働交換處　扇風機

食堂　更衣室　小使室　便所　昇降器

金庫分爲三室外壁之厚計四尺二寸餘（日尺）其門設引電機門啓即室內燈然門闔即滅此電直達於上層營業室監督者之座故凡遇開金庫時必先通報於監督而後可依此裝置而凡一切竊盜之事可以無患誠妙機也其貯金銀貨紙幣等有鐵箱數箇

金庫前之空地繞以鐵柵是曰改銀所所以鑑查金銀貨而後入於金庫也保護預品庫者所以嚴密保存預主之貴重品者也故四面與他室隔絕惟於監督員事務所之前始有階級可降使出入於此者不能不道監督之前

爲

庫內設保護鐵函（美國製）凡二百四十五箇形與藥肆之抽屜同有大有小每函備兩匙預主持其一而一存銀行非兩匙同時並用函不可得開也函內更有鐵匣長尺許廣數寸

預主所有保護函內之物品當出納時不欲人之見之也乃設一來客用之暗室是曰保護取扱所其室設引電機於門與金庫之用相反門開而燈滅預主入其中門闔而燈卽然如是門外知其有秘密也卽勿入若欲窺其隱而猝闢是門則燈卽滅而無所睹矣亦妙法也室甚小而文具用紙無不備

庫內旣四面隔絕空氣卽少故用電氣扇風機引外間之空氣與地階密室之空氣交換至冬日則換以溫度之氣其法亦同

地階之上爲第一階其構造如下

第一營業室　第二營業室　書記課　計算課　調查課　支配人室

支配人附書記室　應接所　用度係　株式係　電話係　受付　昇降口（正門）

第一營業室分爲三課曰抵當課曰內國課曰外國課各課設取引口（窗口）數處分理爲換諸事柵內則列棹辦事各勤所職於第二階有凭闌臨觀之孰勤孰惰畢無所逃凡衙署辦事之法悉當用此爲課吏之良法不特銀行而已其中央取光之處用兩層玻璃天窗每夏日於其上設汽管灌冷水終日不息以取凉味且設電氣扇風機以換取新氣室隅置氣壓器一具以輸送管連續之俾緊要往來之文件用桶貯之置器中可以頃刻遞到不事人力閧氣壓器可通傳至數里之遙然此則取本銀行使用之便而已室前廣地以美濃赤坂產之大理石爲之故人雖雜沓而足音闃然所以防喧擾也

第二營業室卽出納課專司金錢出納之事四面以鐵網柵劃分之其柵扉

之製人入內卽閉鎖且外部不易開室隅又置水壓昇降機俾貲與地階金庫上下之便利

又上爲第二階其構造如下

會議室　食堂　客室　配膳所　應接所　秘書役室　頭取室　重役室　檢查人室　書柬室　婦人書柬室　重役會議室　便所

中央客室專備外國賓客來遊陳列本國風景一切舟車時刻價格表以便取閱

客室之左爲婦人書柬室並置妝飾品及文具以供女賓隨意使用其右爲書柬室設書翰紙張爲付郵之用近以力圖便捷並於附屬室設郵便局云

以上三室皆爲接待外國來賓之用故陳設加備

會議室大可容二三百人凡股東總會時在此然每會時人數恒不多也

第三階之構造如下

預備事務室（凡十一所）　書記課　圖書室　物置

以上各層室中皆有暖氣管有電話又設有湯沸室更衣室洗滌室且其防火之法於各層之一隅備有玻璃板之函一朝失愼破碎玻璃卽引水而入決無延燒他層之患

其地基則由地平線以上三尺皆砂及黏土等混合爲之更下則皆砂層極堅固牆壁則皆以耐地震火災爲主最厚者四尺二寸餘最薄者亦一尺五寸以上綜觀各地材料堅固組織周密午帥言無一閑處信然

在銀行午膳長岡子爵楊公使及隨員等數人皆在坐午與長岡君談留學生事

三時往中華會館諸商董盧躍廷孔兆成鮑焜繆瑗等設讌歡迎席間詢知華商寓此者分爲廣幫建幫三江幫而大概粵人爲多據最近統計男二千二百八十八名女九百五十四名商店共一百五十二家

觀大同學校時大雨彌日未止諸生列雨中擬演體操亟止之命入見爰與午帥演說獎勉之以學成歸國同一優待爲勵次女學校之女教習率女生入見勉以女學近方盛行
皇太后擬興辦女學堂於京師諸生學成必沐特殊之寵待次見幼稚園諸生各執小龍旗三呼萬歲因至園聽其唱歌抗首齊聲音節諧合數齡弱子循循如是殊可異也校長鍾卓京教習張玉濤遠井熊次郎等均到見計本校男女生及幼童皆齊整可觀視神戶同文又過之爰與午帥助以學費五百元並獎生徒書物費五十元女生五十元幼稚園生三十元時已近暮遽乘馬車歸船是日以雨甚故不得至各地一游亦可惜也

初二日晴是早吳仲賢李寶巽及諸商董教員遊歷委員紳士到送行者數十人大同學校並以生徒所繪畫爲贈余與午帥亦分贈西園寺侯爵長岡護美子爵嘉納治五郎高田早苗小田切萬壽之助根津一大隈重信伯爵及楊使

等禮物有差諸商人並書寄楹聯以爲紀念午後發電往駐美公使告知啓行日期三時啓輪出港往東南行駛初廣東派隨同考察委員高而謙子益魏子京小季先已到日本至是以高有目疾醫生不令登船乃折往歐洲相會

初三日晴自此以東海天相接四際無岸間有海鷗數點與黑煙相逐而已是日北風凄緊吹送寒雨半船皆逕自橫濱直至舊金山計程四千五百二十五英里若自橫濱經檀香山則須東南行三千九百五十英里至檀島復東北行二千零八十九英里乃至舊金山矣是午行三百里與午帥商籌豫算之事因令伍光建施肇基熊希齡王豐鎬豫算此後用度因此行領欵二十六萬兩除購備禮物支發治裝薪水等項外匯買金磅不過十七萬兩而彼都旅處用度殊奢侈費固非所以體時艱過嗇則亦無以尊　國體故權衡豐嗇極費躊躇也

初四日晴風極大船甚簸動隨員多臥不能起而余固無恙亦幸事也是午行三百四十一里初擬約隨員等午間會議考察方法以波浪洶湧不果温秉忠言過太平洋以此三四日風浪爲最巨過此則平穩如長江矣又二等艙客均種痘一顆西人亦然此亦防患之道也

初五日晴風稍息船主奧尼亞 O'neil 見餽橘及酒橙汁各一瓶是午行三百六十二里

午後與隨員等商定豫算各節及各國句留日期因令投票公舉幹事三員專任一切庶務中選者温秉忠施肇基伍光建余因取應事之秩序韻次如下以誥諸員顏曰敬事預約

一立宗旨　歐美進化實擅顓長合爐而治陶鑄迺良政體繇繫憲法是詳體國經野惟富與强財用兵制厥類惟彰其餘庶政敢謝弗遑次第及之在其提綱

二專責任　先民有言衆擎易舉矧茲令典名類繁夥各奏爾能相資以理或認專門或兼數詣或聚而謀或分而紀集腋成裘殊塗同軌綱舉目張始基視此

三定體例　斯文譔述體裁貴先馬氏通考矩矱前賢條分縷析釐然秩然擬仿其例國以類編冠以通論義取昭宣若夫游覽風景山川無關宏恉概從缺焉

四除意見　是非可否或難强同從容辯難亮哉協恭房謀杜斷馬速枚工孰嫻潤色孰任折衷通力合作以訖成功他山攻玉資我良工勿參成見畛域胥融

五勤採訪　著乃形式藏乃精神批隙導窾周爰咨詢歐亞鉅子或見或淪如美摩根如德波侖沈思騁秘抄論翻新片言啓牖勝彼遺文造門請益務得其眞

六廣搜羅　寰球一覽目力其劬賴有圖籍菁英是儲政界學界汗牛充閭
多多益善購盈巾車付之郵船傳之瀛壖以編以譯快睹成書事半功倍
茲行非虛

初六日大雨白浪如山高及船面震盪異常是午行三百六十四里有飛魚入船雨翼出脊上水手或食之云味甚鮮入夜風雨交作

初七日晴風浪尚惡是午行三百七十二里

今日爲西歷一千九百六年元旦各國男婦相見賀喜因令人持片與船主賀年是夜夕食設有新年大餅外爲白糖以大麥菩提脯實之上徧插合衆國旗別有紙礮無數人手其一端掣之必拍作聲中卷紅綠紙類角巾然各取冠頭上以爲樂亦譚噱資也

閏日晴舟行平靜行三百四十里是日船上西人仍爲元旦蓋重日也舟向東環地一周者輒多一日向西環繞一周者反短一日蓋見日之遲早長短爲之

也連日時表與日晷所差甚遠約一晝夜間餘三十分故積久而餘一日

初八日晴舟行平是午行三百五十里船上驗收客票蓋去檀香山不遠矣船有名册例須塡寫以備查驗計官員遊歷學生商人敎士五等外工人册紙尤爲苛細面貌身量瑣屑皆須登記若官員則但書姓名年歲籍貫官階爲何事至何地而已間漏不塡寫則科船主以五百金元之罰云自此往檀島天氣漸暖無大風浪船上貴客各至船面角賽爲樂並約明午大運動歛資爲博采余等皆樂助之得美金五十元夜船主邀至船面聽留聲機器觀西人西婦跳舞爲樂

初九日晴舟行平穩是午行三百六十里午間開大運動會於船面有拾蘋競走匙卵競走結禠競走諸戲

初十日晴天氣暖甚去橫濱後十日不見陸地矣是午行三百五十里始見小島兀出海心詢知去檀香山二百六十六里耳午船上復有結領競走懸足晝

地盲闘諸戲至夜分給博采咸大鼓掌

十一日晴早七時至檀香山醫生來驗視訖領事張作藩建侯及繙譯李大森等來見因同登岸

檀香山者北太平洋羣島之總名也小島凡八曰尼後 Nuhau 曰考威 K-auai 曰摩落開 Molokai 曰茂宜 Maui 曰蘭尼 Lanai 曰卞盧拉維 Kalulaui 曰夏威夷 Hawaii 曰澳亞湖 Oahu 而澳亞湖島火孥魯爐 Honolulu 實爲正埠其地東北至舊金山西北至橫濱西南至悉尼爲太平洋航路之樞紐曩昔荒曠無人時闢萊任地開鑛修路擲無數汗血心力以有今日者伊誰之力歟固吾中國人又吾廣東人也自千八百九十八年歸美版圖而防疫事起禁約繼之向所爲蓽路藍縷胼手胝足之主人翁今僅圖一夕安寢而已幸矣夫條頓種以百十人開闢殖民地而有餘我同胞以數萬衆寄人籬下而尚有逐客之懼記及此不知悲之從來矣

檀島故有島王（前女王今尚存年六十七歲矣）歸美後廢之而統轄於美國中央政府設總督一人按察司一人總督而外爲部十一曰外務部曰戶部曰察數部曰工務部曰文政部曰公地部曰農務部曰測量部曰衞生部曰外人人口部曰律部皆行政官也按察司而外有巡道有縣官皆司法官也其立法部則有上下二議院上院議紳凡十五人下院議紳凡三十人由各島各縣選舉之凡議決則例若籌撥公費畢議於此檀民之有自治權及立法權也非完全之權實有限制之權也（如不得違背美國憲法及初得檀島時之原例）故美人皆有選舉美總統權而檀人無之也各省可公舉上下院議紳而檀人不能也（但許其派一員至下院而亦無發言及决議之權今年派往者卽故王子喬別云）法既不平等若此而猶干彼族之忌不置亦奈之何哉

是日天氣暄和觀者塞路領事備雙馬車來迎檀政府並遣屬官三率軍樂以

迓衆人畢衣冠迎於岸側華人子弟爲文學生部武學生部女學生部列隊奏樂手執國旗懽迎於道殊可感也於是至領事署延見衆商及各學堂男女教習暨諸學生演說勉勵數語羣唱愛國歌呼皇上萬歲者三憲法萬歲者三乃退其希望立憲之熱誠溢於言色亦足見海外人心矣聞張作藩言華民寓此者本數萬人今則不滿二萬之數且有爲商之資格者絕尠苛例不除勢將日蹙豈獨庚子中華街之一炬足以傷心者哉據近今調查如下

本島華民約三千人合羣島凡一萬八千餘人

華民得依美例稱商者四百九十六人（領出商業憑照止四百七十九張而已）　自一千九百年防疫焚埠華商失業甚多時適美立新例工人須註名册遂多商而淪於工者

華人在羣島學堂者一千四百九十九人　均習英文至國文則能通者絕寡蓋檀島小學有强迫教育貧家子弟緣是無不入學故華民居此不復

組織私立學堂國文之不講有由然也

華人充洋人之公立學堂教習者十六人充私立學堂教習者十四人

與午帥偕參隨數人同往拜檀島總督喀達 Carder 承贈本島憲法統計諸書以備攷察遂往中華會館會館設於千八百八十四年設總辦一人協辦一人正副記錄管庫各一人舉値理十五人規則甚嚴整有自治之風余與午帥演說勉勵衆商及工人因以二百元助東華醫院費爲回領事署午膳發電往外部報到檀日期並電駐美使署

是日得北京來電知午帥奉補授閩浙總督之
命

午後拜按察司故總督都盧 Dole 都盧君邀女客十數人以須蓋敬客之意也其夫人並以土產芭蕉波羅諸果爲贈

觀水族院拓地不多而魚類奇狀詭形顏色殊麗亦可觀也次至博物院則以

薄莫下扃不及游目一遊公園而返此地山明水媚風景天然街衢修潔林木茂密加氣候終歲常暖遊人以爲世界之樂國殆不虛也以海島之故奸宄無可遁跡故盜賊絕少云

夜領事及衆商設宴署中席間互致頌詞參贊伍光建因舉觴稱方今急圖是有三戰一曰商戰二曰兵戰而筆戰爲尤急何也外人所以陵藉公理冒大不韙而魚肉我者非盡以無道行之也彼人明理者甚多而能知吾國內情者甚少其故蓋因西人不習中國文字而吾國報界鮮有能以彼國文字作爲論說以通彼此之情實者彼國報章又輒不加審實一切嫚罵每每以此釀成巨患故欲消釁於無形筆戰不可不急云云聽者大鼓掌已而席散商人工黨擁觀署前後者向如堵牆因謝衆歡迎之美意並與父老執手快談蓋寓此者皆粤人故桑梓也衆商又以洋煙火娛客爲之激賞不置洋煙火者華人李堯所製以彈子轟入空中日間成各國旗色或鳥獸或人物錦繖夜間則成火珠綵毬

或椰子蕉葵一切樹木五色陸離光華奪目余等初至領事署時鳴礮爲禮礮息而龍旗招颭於空際蕩漾久之卽其製也十時回船

十二日晴早分贈總督按察使及領事等禮物有差領事及商董等來送行九時啓輪西人西婦素衣如雪羣以紅花作項圈舉巾揮手作別是處土人善泅鳧水求錢擲以小銀貨輒入水得之百不失一是俗也東南洋各島濱海之地多有之至午行三十里向東北前駛天氣漸冷

十三日晴舟行平穩是午行三百四十里前令隨員各舉所長以爲分任考察之地擬卽定各就擅長之門類切實擔任俾萃衆長而無遺力焉

十四日晴舟行平穩是日行三百四十六里定於到金山日寓聖佛蘭西司 St. Francis 大酒店少作句留

十五日晴舟行平穩是午行三百五十六里午後微有風船頗簸蕩

十六日晴是午行三百八十一里風浪絕大而隨員無暈吐者蓋習慣而進自

然凡事類爾非獨乘船而已

十七日晴是午行三百六十一里去金山止二百七十六里約明早可入口矣船主奧尼亞本代理之大副也此爲初次辦理尚屬妥協命隨員等具公函謝之並贈船主等紀念物有差賞船上管事以下美金四百元

出使九國日記卷二終

出使九國日記卷三

十八日雨早以有霧止不行且頻放汽筒以防來航移時乃進九時抵舊金山海口醫生如例驗病駐金山領事候選道鍾寶僖文南繙繹副領事歐陽庚少白隨員豐仲鳳石登船來謁美總統特派大學財政教習精琦 T.u.Tenks 君遠來接待並密派偵探士數人隨時保護盛意可感登岸時商人學生列隊以軍樂懽迎是時雨甚然觀者尙塞途焉入聖佛蘭西司客店本埠官商學生羣集於此以次延見乃少休此店高十二層新築之最有名者藏書樓電報電話所郵便簡畢備

按舊金山卽山佛蘭西士可 Sou Trancisco 屬加鯙寬尼 Colifornia 省爲美國一大都會吾國工商來美者以此爲最盛故商人統稱之爲大埠云

留學生王建祖章宗元稽芩孫濮登青來見王已卒業於卜忌利大學因留令隨同調查憲法章呈所譯書三種皆攷據詳細

十九日雨早美水師提督古忒列區 Gootrich 兵官羅卜 Lofez 陸軍提督蘇麥Summer 芬士登Funston 等來見十時邀精琦及三提督飯午與午帥帶參贊伍光建等往觀商場地爲各商家會集之所其內分室治事每日以四小時爲率有演說室有拍賣場幷藏書籍及貨品陳列甚備其旁有商業銀行卽代理其進支之事此銀行規模甚小存金錢三百萬元云

觀車船公司爲傑閣層樓爲室百數十各小公司分占數室以治事晚八時鍾領事及本埠商董在棧設讌參隨而外幷兩國官紳凡百十餘人席次互致頌詞按察司必特 Befette 卜忌利大學總理威鯙 B.I. whee ter 士丹佛大學總理喬頓 D.S. Jordan 及大律士挨列樞 Irish 華商代表伍盤照以次演說惟挨律士力持公理隱諷禁工之非聽者咸撫掌不置爲酒罷各報館訪事競請爲余二人撮一影以誌盛是日電飭隨員張煜全到市家谷等候

二十日陰雨早與午帥帶參隨等乘火車往帕兒亞路徒 Paloalto 觀士丹佛 Standford大學此大學爲西方私立學堂之冠與卜忌利並稱男女學生凡數千人各生自建寄宿舍約二十人而組織一所藏修游息互相友愛極切劘講習之益總理喬頓君招邀用飯旋偕往校中禮拜堂中列耶蘇及其十二門徒石像素不施采奕奕如生壁皆作畫斑爛五色閒以意大利文石小塊嵌成云按士丹佛爲加鋍寬尼省富人積貲三千萬有子好學年十六遊於意大利遘疾卒父母痛之乃盡以家貲捐建此校自千八百九十年鳩工至今未畢校前建銅像凡三人卽士丹佛夫婦及其子也初此校之目的專以教成男生爲主故士丹佛夫人之意擬限女生以五百名之額云校有博物院化學室皆恢瑋以今日日曜未克縱觀申刻仍乘火車回舊金山晚三邑會館商董邀飲以事忙不暇自往八時往領事署荅拜各官紳

按舊金山素稱藏垢納汙之藪華人居此者將三萬人大都皆下流社會也無賴之徒恒以賭爲業甚或潛聚賭而科歛其頭錢與衙役朋比爲左右手

言之可歎也以忍受魚肉最酷故組織團體亦最多自中華會館而外曰三邑曰岡州曰陽和曰甯陽曰和合曰肇慶曰恩開曰人和曰六邑是爲八大會館以地而分者也曰昭一公所曰客商會館是爲商家團體以商業分者也此外有族姓聯合者有祕密結社者各立堂號不相上下往往睚眦相殺互爲仇讐爭競無已時商民良厚者道及輒太息以廢去堂號爲請夫吾國內地人民素無合羣之能力世以團沙相誚久矣近少知團體之急而不拌力外侮方日攻同胞之不暇是人撫吾胸而又自剸也彼思想如是寖成習慣雖廢諸堂號計末繇止惟有因其勢而利用之㧞去宿蠹扶持善羣是在領事斯土者三致意焉耳

舊金山華人雖多而無自立之學校其國文之不講人格之卑下有由來也彼國比方別營一校以專收華僑之子弟程度愈降教法敷衍而陰卽以沮吾人之入彼學是以有志褢足闘者撫膺謂宜急建自立之校廣開研究國

文之會若干日學堂庶有濟也此地華商具勢力者不乏人奈之何不早謀旃

二十一日雨甚初約往觀礮臺船塢以泥濘不果與午帥偕精琦君及參隨等過海乘火車至卜忌利Berkeley游加里寬鋍大學State university of California因見總理威鋍及其夫人見邀午飯時傅蘭雅Fryer在坐傅君在中國久善操華語卽在校教授漢文故此日爲余等通譯觀機器室化學院女學院戲場是場仿羅馬古戲場式其上無蓋石階層級環其前學生常演劇於此雖低聲小語而坐上八千人皆可細聆不爽云是日也新建議事所落成因大集學生來賓演說備陳籌款之艱落成之不易余等涖坐觀禮堂學生羣呼聲作謌而散是校男生凡二千五百人女生千餘人別威傅兩君逕赴車站初余等實定於今日東行而自舊金山之大陸火車中隔一海峽故囑其他諸員如期徑運行李渡海登車而余等與會於次站自是以東皆精琦君招待布置一切焉

夜抵沙加免度Sacramento是爲加鋍寬尼省之省治華商所謂二埠也商人寓此者不過數百人羣聚至車側求見且以生花一盤爲獻問
皇上聖躬安好意甚殷摯一時後過雪山徧地皆雪車甚震動睡不成寐

二十二日雨是日行一千八百餘里所過彌望積雪草木亦少聞此車急行每小時可六十五英里亦可見汽車之速率進步內地所不及也是日過山洞數次至夜渡十四英里長橋本擬夜間至鹽湖聞其地一禮拜堂有極大風琴欲往一聽並訪一夫多妻之國俗以雨雪夜深不果十一時至阿格頓Ogden停兩小時阿格頓者歐托Utah省之大鎮也余時已睡未及一游得梁公使電仍擬除夕前到華盛頓謁外部

二十三日天氣寒甚午後過落機Rocky大山此山高八千英尺而山上平夷若不之覺然三時約精琦君細談財政大要意謂今兹所急大槩有六一曰先定平色之輕重二曰各省宜分設各局以便轉換而平價直且勿用各省名目

三日按人民消費之程度而定鑄用之多寡四日宜先定鎊價以免虧損五日宜仿各國定金爲本位六日宜借款鑄金元以紙幣輔之（若借二千萬鼓鑄可收一百兆之果云

二十四日晴早七時車至尼布鏄士加 Nebraska 省總督某府尹頓 Dunne 及學堂總理某來迎因同往農務院觀包粟種極長大粟米豐實觀植物標本室觀農器製造室鉏具畢於此造之觀畜牛所牛產二歲已碩大無朋其生十五月者已重一千六百磅云飼牛之法以玉米生麥枯草等雜試之視其飼某種則肥某種則瘦以分別選用蓋非徒其種之良亦攷求之得法也觀榨乳所牛有短角澤毛者最良月得乳百六十磅觀牛油製造室設機器置乳澄之則油上升而乳下本公司製牛油最佳故亦最貴焉觀畜馬所馬重者至千八百磅優於載重而不善疾馳此第取其作種而已

往觀監牢監牢非以苦痛犯人也束縛其自由而仍使之作工故西人有改過

所之稱是獄建築費八萬二千元爲房室二百四十所室中牀桌盥湢之具畢備且有電燈每室容二人其食所亦潔淨有牛羊肉麵包濟水給之觀作工所男犯皆於此作箬帚詢知每犯人平均數年需費用七十三元售去所作箬帚平均人得四十五元是國家仍須人出二十八元以補之也次觀女牢則尤精潔幾與客店無異矣女犯習藝則皆課以鍼黹縫綴之事云獄中四面皆高墻犯人不能越墻上有警兵四人執槍繞行見逃者得擊殺之

入省會辦事署其中分室分事各理其職有職田畝者有職財幣者有職學務者有職檔案者有條不紊深可佩也至林肎 Lincoln 大酒店主人湯丕臣 Thompson 特設午食座有教習商董等數十人飲次相率演說余起爲謝辭並稱其農務之善使參贊伍光建爲之辭且言本大臣考查地方自治以加鏄寬尼爲最先考查農務亦以加鏄寬尼爲最先今所見農務監獄種種皆可爲吾國模範何幸如之疇昔兩國人民雖小有意見然相見日多則相知日深願自此

舉從前之意見永沈於太平洋海底也衆皆歡悅

觀本省大學校校中有博物院圖畫院覽畢至會議處演說觀美術室化學教室物理器械室天平室觀象臺養雞鴨場存古室是日尙擬往觀小學堂以時促不及令關賡麟田吳炤往觀四時後回汽車復行夜至奧瑪哈 Omaka 此車站甚宏敞覽游一周

二十五日陰早九時至市家谷Chieago 粱使遣繙譯官知州容揆贊如來迎齎來粱使手書并擬定按日考察清單美提督某到見商人衣冠到迎者十餘人乘馬車至厄地佗里任 Auditorium and Annex 客棧張煜全候於此來見午帥之長公子繼先崑侯留學華盛頓至是亦來見萬里相逢喜可知也十二時乘汽車往觀瘋疾及貧民院 Institutive for Niseuse or Poor 時雨雪

瘋疾者分別男女及病之輕重而異其院男院管理皆男役女院管理皆女役也其年老而病較深者別爲一院瘋最甚者女或爲長袖而束於腰際男

或以革帶綴其腕使其手止能旋轉不能舉撲人院中有臨眺處皆以鐵柵圍之防其逸也其稍愈者皆能讀報下棋休養其間或從事織室麵包製造室又有瘋而病甚者分臥牀蓐侍者服侍周至地亦精潔明爽觀解剖牀有癆病院者病人凡百八十人每星期量其身重起臥同一巨室通光足氣電燈煖管書報几棹畢具

觀試演救火時方微雪冒寒前往倏忽冰瀑直濺美人之不憚煩若此還市家谷觀青年會會以教授少年智識强壯身體爲目的乃耶穌教徒所設因畧說其立教之由辦事之法會中設操場浴池爲體操之具甚備觀居留院蓋貧人子女之所託也會長某氏演說云彼居此十六年矣所建房舍凡十所有議事院書樓游玩所設會友三十五人卽如學校之有教員然專以教育兒童爲主小孩來此者凡七千人爲然獨不許傳教何也因附近居人教派太歧故也議事室常藉爲演劇之所劇本閒採之意大利希臘而英劇爲多兒童學畢咸來

此受音樂敎育自茲以後兒童不患無謀食之地矣旁有工廠各國古今紡織之法木石器具羅致備焉每日曜延各國名人演說歷史其間使工人見之聞之倍有美趣而堅其執藝之心鄰近女童來學者常五百人學既蕆事乃出而授其他窮者亦慈善事業之不可少者也又貧家子女年幼撫養無人礙於作工者別爲一室代調護之尤法之最善者也本省設會類此者不一每年一次大會於此以攷究其處理之方法蓋貧民子女多有聰明殊異者得此然後無棄材不至終於埋沒也初倡此議之女士某初本甚貧作工自給既充報館訪事主筆後國家派令攷查工廠情形遂發宏願組織此會而今會長某氏獨力支拄者十六年亦女傑矣哉某氏留夜飯至八句鐘乃歸

二十六日陰早與午帥帶叅隨等往觀啞嗎 Armour 屠獸場此市家谷一大觀也先觀獸料物品室若藥粉若奶油若胰子若尾毛之繩若首環及諸飾器咸備觀宰豕之法先以繩懸其一足以鐵輪轉送之豕號擲甚力血脈犇赴一人

持刀迎胸刺之頃刻血盡氣絕次入熱湯池中毛脫皮澤次一人斷其喉以木桿橫懸後足次一人剖其腹次一人去其腸臟政府派醫官一人於此驗視爲有毒者弗許售也然後入冰室使其肉凝凍乃分封之若者宜鹽肉若者宜烟薰若者宜碎割使實腸若者宜熟之入鐵罐若足若首若膏肪一一布置而豕之事畢矣

觀宰牛與豕大致相類惟先以鐵椎擊其要害使暈去乃懸之鐵繩刺喉如法洗刷後剝其皮剖之爲二此微異耳此場職工凡八千五百人係商家私立者政府惟令人檢查其畜肉之有毒與否其他不干涉也故其勢力甚大其組織亦絕周密如電話電報運送之汽車製冰製鐵罐之機器均已齊備自執牲以至藏罐售出均取之宮中不假外求故私人業此者幾爲其吸收殆盡此亦托辣斯之一也廠主人邀午飯

午後觀農器製造廠 MC Comick Harvesting machine Company 有割禾馬車束草

馬車掘地馬車救火機及種種農用鐵器又有試驗農器適用與否之機器焉廠設醫生二人以治工人之受傷者廠中男女作工者凡六千人而受傷者亦六七十人蓋機器學於身體勞苦最甚苟非體魄强實未有不傷者也

觀績麻局皆以機器運之梳爬麻線搓之成繩殊爲神速

觀馬蘇非羅會社 Marshall Field and Compony 一極巨陳列所也所中百物皆備各標價目游人如織大抵婦女爲多列品亦以妝飾品衣著物瓷器玻璃器銅器韡帽爲大宗高凡十餘層惜已晚不能徧游矣回寓夜府尹及本埠商會諸商人卽本棧設讌中外賓主凡三百餘人席間互致頌詞幷演說數四盡歡乃已

二十七日雨甚初擬是早遊礮台不果遣陳琪姚廣順舒濤阿張煜全往觀午後往赴商會茶會之約至八句鐘乘汽車赴華盛頓自市家谷以後爲別一公司之路旅行者例須易車焉

二十八日晴早停車觀煉鋼廠廠爲美洲各鋼廠之冠鐵路長至三百英里主人卡匿奇 Carnigie 所稱鋼鐵大王是也觀鎔鐵鍊鋼之法切鐵切鋼均以巨機應手削盡聞每生鐵九嚬約鍊成五嚬云登車行至午復停觀製玻璃廠廠中規模宏大一切與鐵廠相似玻璃片之巨者聞値一千美金云此去名廠林立汽管皆參差煙漫林野入夜光燄燭天彌望皆是蓋地近必珠卜 Bittsburgh 爲美國第十一都會機器工廠最多之處也六時後停車客各入市一游十時啓行

二十九日晴早九時三十分抵華盛頓都城駐美公使梁震東京卿誠率參贊隨員周自齊芝儀張權君立孫士頣正叔梁丕荃鎭藩伍常性初黃福耀煥張樹棨振聲唐虞年叔藩馮應楷仲莊來見恭請聖安旋駐節亞齡頓 Vrlington 客店午飯後與午帥及梁使往拜外部見外部大臣路脫 Root 幷至使署荅拜回寓晚梁使邀飲使署

三十日晴此次考察政治參隨各員本分任調查之責因令自後各就所長悉
心採訪或查學務或查財政或查裁判分途并出俾以短期而收速效爲兩廣
學務委員陳錦濤蘭生來見詢知將歸因留令暫助數旬此行需才甚亟凡從
前留學諸生苟可相助爲理者必令爲一臂之援固夙志也午兩時三十分與
午帥梁使帶參隨十員乘馬車至白宮謁美總統呈遞
國書美總統盧斯福 Roosevelt 出見兩鞠躬爲禮梁使爲先容握手畢余敬致
頌詞畧云今奉
大清國大皇帝之命齎呈國書覲見
大美國大伯理璽天德 President 本大臣等伏見
大伯理璽天德與我
大清國大皇帝重友國之邦交復能持太平之全局至爲榮幸謹頌
大伯理璽天德福壽康強並大美國人民太平幸福等語參贊施肇基譯訖美

總統復致答詞已乃由參贊伍光建遞上
國書余親捧進總統接受甚歡旋引見各參隨遂入客室旋少坐餉以茶酒并
以所著書一部爲贈酬答至四十分鐘備承優禮回寓往拜海軍部兵部各大
臣及副總統費爾邦 Fairbank 見其夫人次往候外部路大臣夫人及前外部
大臣福士達 J.Foster 福爲名法律家我國使館亦延爲律師年致薪俸四千元
返拜駐美參贊張權君立晚回寓子刻設香案望
闕行元旦朝賀禮參隨以次到見賀年
丙午
正月初一日晴早與午帥梁使帶參隨等員坐汽車往美利蘭省 Maryland 觀
水師學堂美武員招待同往者十餘人因得備詢詳細如下
校創建於一千八百四十五年而建築之新則距今十二年耳搆造偉麗莊
嚴若王宮現今生徒八百八十人其考取之法由各處選舉年自十六至二

十之生每縣額二人試以國文輿地代數幾何格致諸科在堂學業分爲三
科曰駕駛科曰輪機科曰陸軍科海軍中有陸兵者爲上岸之用也凡六年
畢業四年在學堂其兩年則在海船練習每年中考試一不如格即須退出
初入堂時因身體不強固不能入者往往而有甚或數年後因患目疾而出
者蓋目疾爲行軍之最患其次則爲心肺病故每年開堂中皆驗身體一次
水手亦然誠慎之也學既數年而有此病者例須告退則或予以閒差或給
半俸以優卹之每一戰船中學生約十五六人分學駕駛輪機支應之屬施
放槍砲等亦在堂中教之冬令寒凍則上練船試演打靶登桅則夏令練船
習之它如管爐結繩等事各執一藝其關於體操者若泅水擊劍拳戰跳舞
等皆當學爲學生一入學堂則國家年給以五百元美金之費然此項大約
爲食用衣服書籍儀器之用無復盈餘其撙節者亦或年省百金比卒業而
持爲購置軍服之備也至國家之爲各學生而用之經費平均計之人約一

千五百元至二千元此項海軍經費由議院議定即置戶部而海軍部由戶
部如數撥取之堂中管事教習凡四百人除教化學格致外皆以水師官充
之水手月薪凡七十元其總巡砲弁則有加由此可見其不惜重費士之咸
致死力蓋有由也水雷學堂別爲一地不屬於此水雷局則每年派學生練
習如開放檢查之法
至其地學生排隊列迎堂中教員引觀機器房模樣房凡戰船船隝船中什物
皆塑模型使一目了然觀鑄鐵器處觀圖畫房據云機器歷史可舉水雷爲例
今所製者其力比之前時大至兩倍而所占地位僅如前四分之一云觀格化
房電學室光學室體操場閱報所練船廠皆博大精細足見其進步之神
按美國之言海軍在六雄中蓋幼稚之時代爲耳自一千八百八十年以前
所謂海軍者承平日久因循舊式卑卑無足數矣乃憮然於門羅主義之非
計戒懼之不可以怠五年之內軍艦之製造者六十餘艘一歲之間海軍經

費之增加者一百餘萬用是戰勝西班牙組織六艦隊稱雄海上與諸國抗衡今觀其學堂經營不遺餘力乃知幼稚而進於老成者非偶然也吾國之謀恢復海軍屢矣問能有如是之速率否乎諺有之長袖善舞此非一朝夕之能爲力矣

午二時在學堂午飯旋乘汽車回寓

初二日晴早與午帥梁使帶參隨等往觀戶部衙門歷至各庫其積儲現貨編列號數甚便稽查紙幣則或收或放檢僞防弊各司其職惟司事多用婦人蓋謂婦人性質靈細視男子爲優故電話交換銀行出入恒用之亦其風俗使然也午觀基督教青年會組織之意旨方法與市家谷略同其款項槪由衆捐不出公款留此中食回寓午後遊油畫院多繪名人遺像及歷史故事神妙如生使人興起西國學堂衙署每徧懸名人畫像或其創建之人以資觀感有以也夜八時梁使邀飲座有美各部大臣及上下議紳凡三十人酬酢盡歡夜深始

罷

初三日雨午一時三十分赴外部大臣路脫之請席中凡七十餘人酒後舉觴互祝兩國君主萬歲午後回寓請上議員某君到寓演說華盛頓地方自治章程送華盛頓圖一本晚五打鐘三十分至前外部福士達宅茶會福君及其夫人接待甚歡宅中備列金石美術諸品謂皆得之贈送而中國物爲多是日與會者男女賓客凡數十人餉客茶餌而散

初四日午後二時與午帥梁使精琦田夏禮 C.Denby 兩君帶參隨等往觀老兵院其地因山設景陂陀起伏樹木蕭疏彌望空闊吐納清氣兵士以時散步其際使人心神清爽誠樂地也院自墨西哥戰後數年始成立居此者皆無家可歸之軍人最老有九十六歲者蓋皆南北戰役之創餘也入院之年限以當兵之歲數而定不以本人之年紀而定故精壯者尚多觀兵士所住室及醫院地甚精潔蓋國家欲軍人之出力報國誠不可無此以激勵之田子方所謂少

用其力而老棄其身仁者不爲此言雖小可以喩大也回途拜德國公使士丁架男爵 Baron Von Sternke 俄國公使露仙男爵 Baron De Rosen 意國公使伯郎司男爵 Baron Des Planches 奧國公使衡加華衡加繆拉 Hengemülle rDe Hengeuar 晚邀精琦飲寓所

初五日晴早九時三十分與午帥梁使帶參隨等乘兵輪往蒙華蘭 Mont Vernon 觀華盛頓墓卽華盛頓故里也登岸觀馬車廠洗衣廠飯廳謁華盛頓及其夫人壙列石棺二具門外列紀念碑二復入其臥室聞爲華盛頓易簀時所居後人仍其舊以誌欽仰云室中陳設樸素無異平民蓋創造英雄自以身爲公僕卑宮惡服不自暇逸以有白宮之遺型歷代總統咸則之誠哉不以天下奉一人也游旣仍乘船回申刻抵寓往觀油畫店首飾店油畫之貴有價美金七萬五千元一幀者足見美人之豪侈矣夜赴前外部福大臣之約

初六日晴早與午帥梁使帶參隨等往觀國家印刷局此局以國家之資本專

印官用之書籍文件純然官有物之性質者也故其資本極大置機極多印刷神速不可思議自未印之前及印竣以後若打稿（以點字機器譯之）若校稿若鑄字（鎔鉛於陰文之模頃刻成字）若排次若運機若疊紙若裝綫若製皮若嵌字（外幅金字印皮成之）若編闌（各色横直闌之加入者）若煊色（書本頭尾有五色波紋乃膠所染）如是者不可勝計爲機四十有二工人四千四百有奇云最大之機器一轉輪印出三十二頁其印郵局收票之器一小時能印十萬張初以爲太過立視良久乃知信然其尤妙者乃或並選紙裁巔摺疊諸工爲之終日運行不煩人力機器至此可云巧奪天工矣然局中尚有舊機器按字排列兩人推機印之移時不出一紙詢其尚存之故則以爲初次校稿之用抑幷以知機器進化之沿革焉回寓用膳復往福邁爾 Fort myer 閱操軍人列騎相迎鳴禮礮十有九（昨往華盛頓墓河次亦然蓋敬大使之禮然也）引入操場諸武員一一見禮先觀騎兵超乘而出或分或合

五花八門極罄控縱送之能事已復盤旋列陣四面作擊刺狀馬亦騰踔如意與人一心聞須訓練十五月乃能如此云次觀礮兵每礮一運以六騎更六騎護之縱橫交馳亦甚精熟可嘉也徧觀兵人住室乃回晚八時田夏禮君邀飲

初七日晴早與午帥梁使帶參隨等往觀圖書館館建於千八百八十六年鳩工十一年乃就其中華石爲牆雕鏤作瓦四圍繪歷代故事莊嚴明淨兼而有之高樓十二層皆藏圖書而下層則閱書處也書堂精石羅列萬國文字尤爲大觀書籍庋藏者凡一萬五千種每日至此閱書者率二千人觀書之時先取觀書目有所欲取即按號數錄投鐵筐中主者即以書仍由筐遞至來往閒計時不過一分三十秒鐘而已館在議院之後故附屬於議院而設以供議員之查閱者也有時議事不決須驗之書者亦四分三十秒可送至便何如也聞館中購書之費凡十萬元每年經費約四十萬元而建築費凡七百萬元然書不皆自購得其來因有三一則與各國互換而得者二則私家送館庋藏者三則

每年陸續增購者是也後到喀撇徒兒 Capital 喀撇徒兒者議院大審院圖書館之總名其中央爲大審院亦曰聯邦法院左右則上下議院也法院爲最高裁判解釋法文之地無事不常啓僅至兩議院坐聽一刻而歸時上議院方議開河經費事下議院方議出入口關稅事云

按美國上下議院之制上院議紳由各省選舉美分四十五省省二人故爲額九十人任期六年每二年易其三分之一議定律例憲法一切之事大約關於議法者爲多下院議紳由地方選舉每戶口滿三萬者許舉一人任期二年一易議定之事大約關於籌欵者爲多每歲以西十二月開會以逾年三四月閉會遇有故則或改遲焉下議院演說每員限十五分鐘此上議院所無亦以人衆使然也如立論激烈至於爭競者議長得而退之（上院以副總統爲議長下院則自舉議紳爲議長）然文明國人恒以正事抗論裂眦抵掌相持未下及議畢出門則執手歡然無纖芥之嫌蓋由其於公私之

界限甚明故不此患也議院制度它書具詳姑述其畧以備檢

三時回寓晚八時赴公使署用飯十一時登車往紐約十二時啓行梁使亦同往

余等在華盛頓呈送美總統北洋秋操圖一分總統夫人白玉杯壺一分平果青瓶一件其餘副總統夫人外部大臣夫人福士達夫人等並贈物有差美俗尊女從其國風焉

出使九國日記卷三終

出使九國日記卷四

初八日晴早八時渡河到紐約總督遣員來迎領事夏偕復地山華商及學生等數十人鼓樂迓於車站觀者盈路入第五亞芬紐 Fifth Avenue 客店延見諸商人美提督格蘭脫 Geu F D Grant 來見飯後往觀萬國寶通銀行制度之周詳鍵局之密緻與前所見者無異似又過之觀公估局局中人極擁擠蓋每日銀市價格漲落皆於此定之一日之中電報來往至數千金云至商務公所會議於此者二百餘人總理某對衆演說午帥爲致答詞飯後觀裁縫機器大小凡九百種此機世界皆已通用分支店凡九所每年售出不下一萬五千具之多其總理某招待甚殷見贈紙煙及說片等物

初九日晴頗寒早往觀美國煙葉公司捲煙之法大率以機器運之然亦有新舊之異最速之機每日可出烟卷十八萬支緩者僅三萬支而已納烟卷紙封彌截箭頃刻而就自餘若切烟製匣印商標等諸事則以女工司之午乘小火

輪往閱砲台并答拜格蘭脫將軍聞現在地勢日闢砲台移守外戶此處略駐兵隊餘並改爲罪人苦工之所云巡覽一周回寓是役也以天橋汽車出而由地道汽車返紐約人口繁盛往來之衆孔道不足以容且市地遼闊而人惜寸陰利在速達也故駕鐵橋於空際高與樓齊行車其上數軌並馳又鑿隧道營車軌亦如之隧中密然煤燈相遇以紅綠燈色爲號行數武輙有車站站前通天光洩空氣售新聞雜誌者叢焉天橋亦然人各收美金五角無問遠近甚便旅行可想見美人心思之細密矣當客棧之前矗立雲際者爲世界最高之樓多至二十八層華人謂之熨斗樓其構造純以鋼骨製成迥非尋常所有也晚八時赴長老教會公讌主客中外男女九百餘人食既各致頌詞午帥具答後以次演說十二時回寓

初十日晴早十時與午帥帶叅隨等往觀哥侖比亞 Columbia 大學堂此美國第一有名譽之大學也其中有師範學堂有豫備學堂凡男女生徒四千人內

師範生男女九百餘人中國學生在此者五人而已觀師範生練習教室化學教室及六分室又圖書室藏中籍甚富觀男女操場美國女子體操與男子無異故操場雖畧隘而器械無一不備也學中諸生均來見導游各室有教習二能操華語一美人一丹人也均居中國二十餘年矣午赴亞細亞協會公讌此會以聯絡美亞生計爲目的凡亞東名人戾止者必歡迎焉在坐二百餘人大都紐約市中有勢力之商家也席次互致頌詞余起答謝如禮回寓復往閱永命保險公司乃歸晚八時煙葉公司總理某君請往紐約市大劇場 New york-Hipodrome 觀劇此院舊爲馬戲而設至前歲漸益推廣始行構築竣工座位凡分三層是夜觀者充闐溢殆萬餘人院中男女優伶共四百名劇場寬廣每二百許人同時並出電光閃爍羽衣蹁躚西劇之長在畫圖點綴樓臺深邃頃刻卽成且天氣陰晴細微畢達令觀者若身歷其境疑非人間歎觀止矣十一時三十分歸順涂觀某報館館爲紐約報界最盛行者聞日出二百萬張

按人民智識之程度恒與報館之銷數爲比例美國國民嗜報如命僑民居彼舉化此風以舊金山三萬人而能自設報館至五六家雖詞旨不盡可觀而智識之開明視內地爲何如也脫有能者漸從而改良推拓焉其必有可觀者矣

十一日晴早與午帥帶叅隨等觀美術院院中藏瓷器銅器油畫塑像泥器古物及甲冑兵器至夥而我國珍寶玉玩庋其間者亦不少飯後往遊公園觀博物院其中備列禽獸魚蟲種類萬殊并列五洲蠻俗器物以攷其生活之程度有尺帛爲美洲土人之物尚在人跡未到之先織工染工俱已可觀又有古代大鳥大獸之骨爲西方掘地所得攷古者斷爲三百萬年前之物其骨絕巨不可車運故斷節而載之至此其種類早絕跡於世界實奇物也

觀天主教堂今日爲日曜日男婦皆祈禱於此

觀美人住宅因至某氏家見其主人詢知三代異居屋飾各異將導使備觀藉

以代表美人家居之情狀爲第一家室甚狹樓上承塵不峻衆坐局促主人居樓上次層以延客及用膳廚婦僕人在地下爲蓋限於地使然也主人好音樂器滿壁爲按弦一揮主婦親摘花以獻客余謝而簪於襟從其俗也第二家則陳設華麗珍奇滿目所藏古器物不尠其廳事位置亦俱有法度有法國式者有本國式者主人供茶餌極致殷勤有舊家風爲第三家草木清幽藏書滿架入其間者耳目清爽尤爲娛老之樂地絢爛平淡各極其妙矣

觀救火署其機車各物夙備轡勒繩索皆懸空中以須試一警電至人卽自樓上緣銅柱而下馬卽自槽奮鬣而就車轡勒卽掣落馬上不數秒鐘而成行矣馬柵前有鐵鏈電機動卽落而馬耳聞電鈴卽知故如此其速也人則日夜皆豫備不敢苟玩車中若升屋之梯黑暗救人之電鏡掣入空中（八十五尺）之救命機均備其上蓋救火機器之發明此其最新者矣

六時大宴留美學生於本棧至者凡四十人余與午帥各演說勉勵學生王麟

閣代表致答詞自餘柰隨學生中以次各有演說乃散九時邀美人某演說資本家優待工人之法並以電燈映出圖畫解說之大意謂資本家須顧工人之利益如前之待工人與今之待工人比較可知云云其詳別錄

十二日晴早與午帥往觀社會辦事會此會亦以工業上前者種種之危險故合羣力設法以補救攺良之者也午後復帶參隨等乘火輪往觀煤油公司此美國最大之火油製造及販賣場銷行於中國甚廣卽所謂美孚洋行是也其地傍水以便轉運面積凡一千六百畝餘（合中畝算）工人共九千人其每年餘利約可數十萬因觀其製油之法第一次用巨鐵罐貯礦油用火爇之久之油受熱化爲氣漸升上由管出此管度冷水間使復受冷而凝爲流質於是油漸清而渣滓存矣然猶未能燃未適於用也第二次乃用銅質提去其硫黃油乃純然無惡劣氣味由是再次使雜質提盡煤油乃成嗣後則製木箱裝鐵罐封密運送一切公司自爲之蓋分功之事愈繁而運思若此其精細洵可驚

也地不近煤礦由礦山輸運而來廠後設巨桶二十許深穴地洞由西方諸煤油礦導注於此云每日出油三萬五千桶每桶盛油四百磅可謂多矣然據公司中人言則獲利並不在煤油而在取煤油後所餘之渣滓若機器油也吧嗎油也用以製蠟用以製漆用以供工廠最盛處之請求故獲利畢於此乎賴而僻地不能有此多數之需要必遠引而致之此繁庶之區抑有繇也

晚往赴商會公讌在席凡四十餘人皆大商家之雄於財者酒次互有演說十一時回寓定明日下午往費城

十三日晴早與午帥帶參隨等過河乘汽車往觀武備學堂學生四百五十八其選取之法由總統送十二人上議紳各選二人約各省四人經費每年六十四萬餘元其壁間多懸名將油像及立功陣亡軍人記念所以鼓勵士氣也歷觀各教室體操場測繪所住宿所飯廳醫室等處復往觀馬隊教練演習純熟皆有可觀午膳後四時三十分乘汽車回至車站即帶伍光建施肇基陶晃鈞

温秉忠關賡麟陳琪潘睦先岳昭燏管尙平恒晉光裕朱綸陳毅金煥章姚廣順關葆麟歐陽庚等乘專車將轉往費爾特費 Philadelphia 華人省稱曰費城者也夜四時開行留紐約攷察者十八人

十四日晴早九時到費城府尹維華 Weaver 遣員到接華人工商畢迎道左因乘馬車先往拜府尹維君偕觀鑄幣局此局爲美國造幣之總區平常人不能入觀止可於樓窗下眺而已歷觀提淨之機鎔注成條之機切片之機印花之機磨邊之機計數之器凡爲機器二十四具每具一分鐘時可造錢九十枚無論金銀白銅靑銅大小皆然蓋機器如故不過錢模隨時取換耳觀金庫其地重門嚴扃異常堅固中爲庫六儲金錢三百五十兆皆奉戶部之命而後鑄者也每鑄成其幣卽存於此而不置之華盛頓不置之紐約每欲取用則以紙幣存抵而後取之向者各省所鑄各於其幣上有小字爲記今則一皆中央政府之所造無有歧異此亦吾輩所宜措意者矣美國鑄幣局凡三一在舊金山多

鑄金一在紐阿連 New Orlean 多鑄銀惟此局最大金銀白銅青銅並鑄焉

觀波利文 Baldwin 汽車機製造廠此廠每年所造車機計二千二百五十具每一星期可成五十餘具每具價值一萬至二萬元一年中售出之貨約三千五百萬元獲利不下十分之一工人九千餘名總理某君留午膳各致演說聞此廠創於七十五年前自美國有鐵道即有此廠國中鐵道綫之延長至二十二萬二千英里故需車甚多而去年售於外國者亦二萬二千餘輌云余因致答詞謝其厚意

觀克蘭姆 Crane 船廠此廠每年可造船八十艘工人六千餘名因導觀鐵甲船兩艘現方竣工計一萬六千噸船身一百八十英尺價值美金四百萬元云每一兵船需時四十閱月乃能成而商船則否其第一年所造六閱月告成次年以後僅三星期而畢矣所以異者兵船中有極繁賾變化之學問而商船中諸用具悉可於第一年豫製故也

觀獨立廳即一千七百八十七年華盛頓與諸人會議憲法宣布獨立之處也上列几案三琴棹一餘几左七右六十三省代表人所坐位也皆標名於几並繞以鐵鏈禁人闌入當日簽名所用之銀墨水瓶今猶存貯玻璃匣志懷舊念焉壁上徧懸油畫像三十許即議憲法諸人也堂外近樓下爲自由鐘鐘已破裂古色斑然上刻文云

Proclaim Liberty throughout all the Land unto
All the Inhabitants thereof Levxxvvx
By Order of the Assembly of the Province of
Pennsalvannia for the State House in Philadelphia
Pass and Stow
Philadelphia
M D C C LIII

譯云今宣布自由於全土上所有住居之人民斯乃奉命於偏沙爾完尼亞省在費爾特費政府之大會議者也

時在一千七百五十三年設立於費爾特費

門外鑄華盛頓銅像令人景仰惜以時促不及登樓聞樓上皆畫像也四時入卑里紛士辣托 BellevueStratford 客店少憩華商六人來見六時衆商人就客棧公讌同席四十餘人府尹爲主席八時登車十一時啓行

十五日晴早九時至愛爾覽拉 Elmita 十時往觀改良所此所蓋以羈禁罪之至輕者使其自新其實則一頑童學堂也所中規模宏敞有教室有操場有房舍凡千一百餘間有印字場所中設報印刷於斯焉有木匠所製几於此製已復毀之資熟練不以牟利也有泥匠所習蓋屋今之新飯廳蓋囚徒所築云此所爲本省官立現在所者凡千五百有九人男子自十六歲至三十歲犯輕小之罪不至監禁者入之如入所即勤奮知愧雖不及期而放使出可也至及期

則無論性行之良否亦必釋出既釋猶不悛又可拘入焉其在各縣監獄者或察其年幼初犯亦可改拘於此其年限有五年者有二年半一年者視案情定之若罪重即年合格不許入也此所建築之費凡三百五十萬元常年經費二十五萬元所中工課大抵教以工藝商業使其出所時有所倚以謀生據所長言由此改良以後其能有名譽於世者絕少然百人中大抵有八十人復爲良善則可信也惟入此者美人絕少大都意大利猶太中國之人爲多耳至操場觀兵操畢回車午食復行三時至阿爾路勒 Aurora 觀維爾士 Wells 女學堂歷觀教員室藏書室化學室格致堂化學保險室(貯化學材料不能近火者)操場音樂室即大會堂也在此演說各致頌詞女教習率學生百五十人並來見禮餉茶餌備致殷勤復往觀豫備科教室臥室觀頭班生住室頭班生幍式方平色純緇垂穗於前與日本早稻田大學生徒略同是日諸生歡迎爭以上客一入其室爲榮幸至五時回車復往衣迪加 Ithaca 幹尼路 Cornell 總校長

某來迎因偕往訪今校長薩爾文 Sherman 尋復與伍光建往訪前駐德公使懷特 White 亦故校長也七時有教員八人來見留懷君宅晚膳主客凡十二人夜宿此大雪

總校長某君爲言凡取法他國仍須勿忘本原中國以文章著於世界務當保存之懷特君亦云然此卽東人國粹之說也懷特君又言美國應增入孔教一教員（忘其名）又言教科貴簡不可太繁彼校亦幾經改良而後有今日皆篤論也附記於此以質知言

十六日雪霽早八時自懷君家往會堂與午帥帶參隨等往觀幹尼路 Cornell-大學校此校面積一千餘畝男生四千餘人女生四百餘人教員三百人年中經費一百有五萬元機器化學尤其所著長也先觀植物園觀牛乳所獸醫學室陳列人獸骨骼胎產人腦受病之肉及疫蟲甚夥觀化學教室書室中藏書三千卷皆富人某所贈云觀醫學院有人身種種模型有化學試驗室解剖室

生徒實行試驗於此陳藥漬屍體甚多每兩星期一次云幷備列人身劖截模型觀法律院其藏書凡三萬四千本上分各室爲各省及中央政府之法律成案若報告與五洲各國之法律報告並法學要書也觀教室聽教員解授講義觀化學室亦旁坐聽講少頃乃赴青年會小憩啜茗此本校生徒聚會之所也每年各校大運動所得旗章賞物羅列滿室以爲榮焉復往觀總藏書樓樓中古籍甚夥有華盛頓少時（十二歲十七歲二十六歲四十四歲）至其臨終前四日之手跡及信札又有一千四百七十二年至八十年英國初印之書其書以羊皮爲之皆臘丁文又有拿破侖第一及其後后之手翰路易第十六及其后之手蹟皆可寶也觀已至女學院午食學生唱歌懽迎尋引觀各臥室閱體操觀工程學院機器學均先畫圖次作小具模型而後實驗凡木匠鐵匠畢然也至大會堂觀兵式體操生徒唱國歌舉國旗爲禮午帥答以謝詞觀生徒器械體操鬬劍鬬拳柔術諸戲觀已出至萬國公會題名與此會者凡二十七

國名人屏止必請留題謂榮寵且作紀念也夜往訪精琦留晚膳其妹及女與二子同席食後往辭懷特君回車

十七日晴早八時至乃阿哥拉 Niagara 乃世界第一大瀑布處也十時坐雪車往觀其地積雪滿山冷風砭骨奔瀧直走喧豗震耳臨流注望但見一瀉千里無從溯其來源中間叢木怪石起伏不一又方嚴冬冰塊亙流故波折益甚最低處水花滿空高至數十丈盡成煙霧聞其下有地洞可以度人云此瀑布當加拿大 Cauada 與美交界處故英美各有半主權是日加拿大府尹亦來陪觀因度鐵橋循源上溯往來兩國界間此瀑布之力奔注數里成一湖所謂迴瀾灣也復折而入安他利俄 Ontario 湖循此河而入海其下趨之勢摧陷一切美人因利用其水力以運機器居下流創公司者數家爲有大瀑布電力製造公司 Niagara Falls Flectrid Power Comhany 專用水力製電以售諸製造之家余等往觀之爲樓十二層鐵輪凡九皆以水力運之本埠電燈電車以及一切電氣

作用皆發源於此資本凡一千萬元有奇每年售出之電價値三千餘萬元獲利十分之一同時業此者尤發達者也其機器二十具爲馬力五千者半爲馬力五千五百者半都凡十萬五千匹馬力以此天然之水分造電力以資遠地之挹注行過十英里不過電力十失其一而已水之爲用可謂偉矣又有麥餅公司卽間接用電力爲之者也在此午膳並引觀製餅火焙收藏之法謂一切皆以機器不沾人手最爲潔淨云出復坐汽車沿瀑布上行繞河有車路二次崖際便游人之往復也是日同游者爲加拿大府尹瀑布局總辦英稅務司等談笑懽然相看不厭因述瀑布之始原謂攷古家想像陳迹以爲上古時水當在下瀦爲大壑殆三千二百萬年之久乃漸始上衝成爲今瀑此後又當漸退矣瀑布流處皆出天然不假人工兩岸壁石如削卽水力之所蕩刷使然也水至迴瀾灣而折流實非當時之河道今繞至灣後樹木殆滿枯洇湮塞古河道存爲其改道折流之年不可考矣是處有華表一當一千八百十二年英美交

戰英將某死綏於此故立石紀之同時英太子以戰事至此坐憩今其石猶存刻字記焉復循岸覘下游之勢水漸舒緩可以行舟閒盛夏之日游人甚衆每泗水爲樂月夜景色轉幽士女如織甚或天陰雲翳好事者電燈映照其間代秉燭遊焉洵美觀也繞游數周復至圖畫店購瀑布畫數幀以歸夜七時啓行十八日晴早八時三十分至波士頓 Boston 梁使自華盛頓來會府尹及華商均到迎因午帥及參隨等入寓蘇莫賽 Somerset 客店是日日曜少暇又以波地爲古蹟最多之區也故府尹斐自結勞 Fitzgerald 擬定陪游各名勝地十一時十分往觀圖書館其地四壁油畫閎敞精潔閱書堂上藻飾美麗拾級捫壁純以文石砌成

館前爲波士頓最大之禮拜堂閒建築時某測繪師爲畫其圖三年垂病亟倚枕續成之乃就云

觀美術院即一千七百七十一年舊議院之故址也當民黨未叛亂時已有之

所藏名人畫像塑像甚夥名人信札手蹟亦多前與英兵戰時會議各事其時用具如刀劍甲胄鎗鼓之屬悉庋於此

觀會議獨立堂亦曰樊紐堂所謂自由生產地也地爲富人樊紐 Peter Faneui 所送故名有油畫繪當時議員會議狀平時人欲議事於此者亦可請於府尹而許之

觀舊禮拜堂規模甚小構造樸拙乃獨立前之所建云

過觀班克山（即奔勾山）Bunker hill 紀念碑一千七百七十五年民黨首領戰死處也

觀查里司湯 Charles town 船塢此塢極大搆造時費一百餘萬元其修理之處可泊一萬八千噸之巨艦云

過觀公園時已旁午不及徧游遂往觀哈佛 Harvard 大學一時三十分至哈佛學生會午膳遂偕總辦愛立業 Eliot 往觀各處此校爲東部三大學之一與

耶路 Yale 哥侖比亞 Columbia 齊名科學程度最高又吾國學生初次出洋留學之地致足念也觀美術室內藏德皇贈遺之塑像栢林圖畫銅器甚多有銅柱一是十一世紀之物云觀食堂其前爲紀念堂南北之戰從軍戰死之學生名氏悉勒於壁使生徒每飯不忘也食堂容千四百餘人凡治飯膳由學生公舉數人爲之故從不以此啓鬨亦管理學堂之一術也觀操場地極寬廣器械無一不備觀學生聚會所生徒聯合集會之地也凡畢業之生一年兩次會於此云四時三十分往傳道總會見諸教士即公理會是也備列在華所得教徒歌誦聯篇以示榮其建築亦極華靡午帥爲演說一次復至一佰提士教會 Ameridan Baptist Missionary 聚集所互有演說午帥復演一次謂教會當去干涉詞訟放債圖利之弊專作醫院學堂之舉云云尋回寓七時與午帥赴前副戶部大臣約晚膳

十九日晴早八時四十五分與午帥梁使帶隨員等乘汽車至樓蘭城 Lawren-

ce 紡織公司叢集之地也過觀亞靈頓 Arlington 織絨廠觀太平公司 Pacific-mills 歷觀織布之機染成諸布公司知余等之至也爲製黃龍旗數百懸堂間客來者各贈其一手而出焉其貨物年值五千萬獲利可七百萬觀活士 Moo-ds 織絨公司方在經營中工未竟也計其地長一千九百英尺闊一百二十五英尺面積一百三十萬英方尺資本一百五十兆工人約五千名建築費一兆有奇爲樓六層房舍一千餘間自去年十月鳩工至今年九月一號而畢所用工匠凡一千二百名云洵世界最大之織布公司也十二時三十分回至勞委 Lomell 往要黎 Yorick 總會午膳即本埠商會也食後往觀痕米頓 Hamilton 製造出口貨之紡織廠此廠甚古創於一千八百二十五年其中紡紗織布摺疊諸機悉備所出各貨消於東方者中國最多日本高麗亦各有一定商標以投所好運往中國者以六百碼爲一包四十碼爲一匹每十五匹輒作一巨綑以便輸送云美國東方紡織名廠甚多今記其列表如下

廠名	貨類	資本(千元)
排拔來 Pepperell	粗白布絨布被單	二五五六
大瀑布	粗白布細白布被單	一五〇〇、
司他克 Stark	粗白布細白布	一二五〇、
農琪 Naumkeag	粗白布寬被單	一五〇〇、
麻司 Massachusettes	粗白布被單	三八〇〇、
垂忙色福 Tremont and suffolk	絨布綿綫	二〇〇〇、
寒米吞 Hamilton	絨布花洋布	一八〇〇、
布特 Boott	粗白布被單	一二〇〇、
阿樸吞 Appelton	羢布	四五〇、
杜外 Deight	粗白布被單花洋布	一二〇〇、
來滿 Liman	粗白布細白布被單	一四七〇、

廠名	貨類	資本(千元)
奇考皮 Chicopee	羢布	四二五、
那書阿 Aassana	羢布氈	一〇〇〇、
加克生 Jochson	羢布被單	六〇〇、

四時回至波士頓往拜巡撫並見立法院各議員撫署旁卽上下議院也引往陪觀上議院爲本省立法之所議員由各縣選之凡四十餘人又往觀下議院此亦以人數多寡而定選員之額者也凡一百六十餘人主席者演説懽迎之意梁使代致答詞回寓波埠留學生數人來見詢知華人寓此者三千餘人自成一鎭然率小商人及工徒無大資本者夜七時與午帥梁使帶隨員等赴阿耳岡昆 Algengnin 會館晚膳

二十日晴早與午帥梁使帶參隨等往委耳司雷 Wellcery 觀委耳司雷女學校程度頗高甚有名譽教員生徒聞余等之至皆極懽迎畢能華語者二人迎於車站並以花籃獻焉至校徧閱公事室飯廳講堂書樓閱書室閱報室客室

地傍平湖漣漪彌望至大會堂學生集此唱委耳司雷學校歌校長某演説以書數種爲贈並送中國學額三名午帥具答詞伍光建譯答之復歌美國之美歌而散詢知生徒不下千人每年學費不供食者一百七十五元供食者四百五十元回車開行午後至士丕令非耳 Springfild 觀槍礮廠廠中武員來迎鳴礮十九以致敬至其地出示一千九百零三年所造槍此槍近爲最新式離五十英尺可擊入木二十六英寸入銅板三分有八每一秒鐘速力二千尺云因以其一爲贈示紀念也引觀造木桿磨刨鑽孔挖空諸法其機器皆以一眞槍爲式兩邊齊運機以便尺寸絲毫不誤善法也其木桿以美國核桃木爲之質輕而直於製槍桿最良次觀製鐵管法每鐵管必經數十人之手乃成製成後以鹽湯沃之使除去水氣繼塗以藥水而後永不至鏽每槍內零碎小件凡一百有二每件大小無累黍之差故隨意可換而無遺失之患其精如此蓋每件成時有數人專任檢査之役逐一比對其孔眼之大小以所持尺寸較之雖差

二千分之一猶不可用其製造量表時尤爲加謹蓋此表一差卽全槍無用也又前後兩準頭須使一線必須膛心一直線相距不差故又必以顯微鏡測視之此尤其至要者也工人三千名每日作工八小時造槍四百桿至八百桿如日夜不息可出二千桿云別一廠去此不遠專製各種小件鐵器與本廠相輔而行其機器則皆以水力爲之觀製槍管槍膛造膛內來復劍諸法聞此種槍價自十元至十五元今已頒行尚未一律改換其舊用之槍則常備之兵用之更舊者或以售之各小國前者中國亦常購此類貨而去云

五時往觀美術院院爲美人某所創建院中各物皆其所捐置以爲公益之助有瓷器銅器衣飾武器玉器油畫及織物十六世紀之古籍地不甚大而藏古物甚多且多東洋物焉又一博物院亦其所建其中鳥獸水族鑛物略備有大樹周圍至二十三英尺二寸之廣自餘古錢寶星之屬搜羅甚衆時已傍莫匆匆登車

二十一日晴早以今日將抵紐約當循隧道而歸七時改乘常式汽車八時至紐海文New Haven往觀耶路 Yale 大學教員以車來迎見校長赫利 Hadrey 爲演說歡迎之意幷言中國學生在此爲衆所佩服從前有漢文教習以遺産子息資助學生學費俾來此就學爲額二人今卒業學生特發宏願籌備巨款增其額凡十人俾來學者無向隅之憾又以數年前本校創立二百年大紀念所製寶星爲贈午帥具辭謝之引觀大會堂觀鑛學院內有書室鑛石陳列室試驗室天平室觀總藏書樓中藏中國書籍不可勝數過觀法律院至學生總會啜茗此室最古聞已四百餘年云校中生徒三千六百餘人每月學費不一有少至七角五分者有貴至四元者陳錦濤張煜全皆候於此並本校卒業生也以時促不及詳詢囘車十一時啓行一時至紐約仍入第五阿芬紐客棧午瑞記洋行主人請飲

午後往觀蠟人院院中蠟人甚多或坐或立神態如生最妙者一蠟像前置棋

枰能與人對奕如對手欺之故下一子不如式則像即停子不下若不豫狀其仍不改即以手將棋子掃之巧妙至此誠可歎也回寓接見商人及摩爾根M-organ 代表人送玉器圖二本並請以其一代貢
皇太后云是日擬摺一切拜發前往德國日期摺一件梁使寄請
聖安如禮又補贈精琦及其夫人女公子禮品費城府尹波士頓巡撫府尹士丕令非耳府尹幹尼路校長紐約接待員等紀念物有差

出使九國日記卷四終

出使九國日記卷五

二十二日晴早八時三十分登德國公司汽船卜呂沙s.s.Bluecher前往歐洲同行者參隨三十四人伍光建劉若曾施肇基關冕鈞熊希齡鄧邦述溫秉忠陸宗輿馮祥光王豐鎬陳琪龍建章關賡麟姚廣順管尚平王伊潘睦先舒清阿岳昭燏田吳炤唐文源羅良鑑光裕恒晉陳毅關葆麟金煥章吳勤訓張煜全王建祖朱綸繼先唐元湛李立夫各省委員及繙譯三人蔡琦金鼎陳永海留德學生二人施愚施國琛凡三十九人別留麥鴻鈞與陳錦濤在美續查一切自餘奉天委員周宏業張大椿皆留美考察學生陳煥章劉駒賢謝學瀛王春照皆在美留學因思此次在美考察限於時日雖麤舉大綱而各地淹留不及浹旬遽欲實行其何能轂顧天下事非一蹵而至必有爲之嚆矢者朝廷既重選大臣周游列邦以覘四國之情狀而覽其爲治之大概必復多派學生假數年之力以窮其精微兩者相因未容偏廢爲方今計亡以踰此余於留學諸生

有厚望焉十時船啓行梁使暨參隨等乘小汽輪送至海口揮巾爲別美人到送行者數十人

卜呂沙汽船載重凡一萬三千噸馬力一萬匹每日行可三百四十至七十英里日燒煤一千五百噸船凡四層客房均寬綽大西洋航路船多美麗此其尤新者也每次由紐約往漢堡 Hamburg 路經普林貿 Plymouth 及佘堡Cherbourg 兩港口來往一次約行十日船價頭等客計美金一百四十五元而無所謂特別房者

二十三日晴舟行大西洋中自昨日至是午行三百五十一海里風浪平靜船中食事精潔調味適口每食輒奏軍樂以侑觴聽之使人有發揚蹈厲之意宜乎日耳曼陸軍之雄視近世也

二十四日晴天氣頗寒舟行三百六十四海里

午檢閱京報閣抄彙存載有論實業教育之法畧云今日中等以上之實業學

堂已有多所卽速籌簡易科變通課程以求合於我國現勢如農則注意蠶桑或森林或漁業或畜牧而不必兼修工則注重土木或織造或機器或采鑛冶金而先求初級商則宜求通地理歷史算數簿記商品經濟之大凡兼注重處理商業而不徒躬營商業此言不爲無見此次到美覽其大綱其立國之本首在農工兩端而有商業爲之擴充有學校爲之引導每省鎮均立大學中學小學至數百區其大學生徒之衆類至數千人皆學習專門一一見諸實驗所謂操之有要者非耶是以取精用宏每舉一事皆有排奡一世之概然其效有由致若徒慕其外容而不探其內蘊猶之强病夫而競走鮮不仆矣

午後至船面散步上有體操室每日男女客可入室操演各一小時內有挺背摩背搖體摩臂弓腰運動手足及演習騎馬諸器皆甚靈妙有量重機器余量得一百四十一啓羅邁當有半合英權一百五十九磅

二十五日陰雨舟行大西洋是午行三百六十一海里

二十六日晴早起覺氣滯作痛未飯令侍者煮粥啜之室中頗鬱悶因在船面緩步吸換新氣是日行三百七十海里

二十七日晴病稍痊然氣仍未甚暢船中醫生囑飲薑水覺稍調是日行三百五十六海里

二十八日晴精神差勝飲食亦復常是日船行三百七十三海里船上每食恒有書畫相遺如歐洲名勝誌及郵信片之類亦招徠之一術也

二十九日晴是午船行三百六十七海里今日西人二月二十一號爲美總統華盛頓生日船主請客晚餐船中結綵懸美國國旗及中國國旗爲祝室中間用電光照華盛頓像於壁奕奕如生主客歌呼觥籌交錯可見西人崇拜英雄之思想焉飯後在船面舉行大跳舞會男女雜遝至十時始散

二月初一日晴早漸見商船知去英國海口不遠是日行三百五十五海里將至羣水交流波浪洶湧船蕩甚夜一時抵余堡船至此客多登岸者由此東北

行尚須一日半程乃能抵漢堡云二時駐英公使派隨員崇鈺袁繼善陳貽範來迎余與午帥分帶參隨二十一人由輪船登岸擬由倫敦道巴黎往柏林同行者伍光建劉若曾施肇基温秉忠關冕鈞熊希齡岳昭燏關葆麟陸宗輿陳毅恒晉吳勤訓鄧邦述關賡麟唐文源金煥章唐元湛王建祖蔡琦金鼎陳永海其餘諸員均至漢堡登岸往柏林守候三時登岸上汽車又三十分啓行寢未成寐瞬卽破曉矣是日崇袁兩君帶來駐德廕使轉交電報一通內開正月二十五日奉

上諭禮部尚書著戴鴻慈補授欽此自維愚陋無補涓埃不次超遷彌深悚愧已

初二日陰路上積雪甚深知歐洲天氣尚寒也九時至倫敦 London 駐使汪大燮伯堂出迎因偕至使館少憩用膳屢日胃口苦不調忽得嘗故鄉風味甘且旨矣飯後接見留學生旋入寓中央客店 Metropole 三時往觀動物園凡鳥獸

水族蟲豸之屬分室豢養無奇不備所畜熊虎獅象豹甚衆而非洲之鹿豹（長頸斑文一名芝獵狐）花條馬尤亞洲所難見者六時仍至使館晚膳

初三日晴早拜發軍機處洪電請代奏謝禮部尚書恩十一時福建留學生就客店公讌

觀博物院各國博物院大都以搜羅古物爲最多故凡歷史上有關係之器物文字與夫野蠻時代飲食日用之具皆寶貴庋藏之所以覘人民進化之程度與夫美術工藝之沿革也故藏古碑最多大抵希臘埃及臘丁文字觀藏書樓觀古銅古窰古衣冠瓷器玉器及一切瑣物畢備又有古棺古尸甚夥陳設者率以國分室中國室內則有

內廷玉璽兩方存焉吾國宮內寶物流傳外間者不少此其一矣若叩所從來固亦凡國民所銘心刻骨永不能忘之一紀念物也出至公園一游環觀街市水木清茂心目豁然旋往中華會館少坐此地尚無華商故爲留學生聚會之

地結搆甚小然頗雅潔詢知經費爲學生籌捐汪使每年捐英金六百磅以助成之云夜中華會館學生公讌十時回寓

初四日晴早澤尙李三大臣隨員李焜瀛嚴璩張允讓等十人來見詢知十二月二十八日自上海啓行至此云十時偕午帥汪公使及參隨學生至公園同拍一照爲紀念

觀下議院院爲長方形式與他國微異其法度亦不盡同議員分爲政府黨與非政府黨兩派政府黨與政府同意非政府黨則每事指駁務使折衷至當而彼此不得爭執誠所謂爭公理不爭意氣者亦法之可貴者也

按英國下議院議事之制於堂中設議長位下爲書記官位其兩旁皆議員席也政府黨亦曰衆黨列於右以內閣大臣爲首非政府黨亦曰少黨列於左以其黨中之領袖爲首兩黨員皆各從其領袖之指揮以決勝負焉議員之額凡六百七十名皆擇有公民資格者以祕密投票法選之任期爲七年

觀上議院卽貴族院也皆以世爵之家充之然人數較少於庶民院

按英國貴族院之制以國中世襲貴族代理貴族與大僧正僧正等充之凡五百二十九名其任期有終身者有七年者自立法言之兩院之權力本相等然以實際論則下院之勢力較大凡立一法在下院議案已成者貴族院對之雖有修正之權而無反抗之力故雖名爲共定法律大抵仍視輿論爲轉移而已

往拜外務部大臣格理 Sir Edwedrd Grey 適以妻喪不見客見次大臣主東方外交之事者頗以近日謠傳中國有仇外意爲疑余與午帥答以報紙之誣並無是事我兩國大臣實心敦睦則嫌釁自消次大臣爲之釋然

觀蠟人院多描摹歷史上事實地亦視紐約者爲大最妙者一睡熟美人心脈跳動氣息呼吸隱約如生殊爲靈妙

晚江蘇留學生公讌八時往戲院觀劇歐美戲場每演一齣皆由名人精心結

撰故風行一時是夜所演故事亦殊可觀今記其大畧抑以知彼國之風俗焉

法人某甲者妻蚤死遺一女年及笄矣甚美甲後續娶其繼室亦孀婦也挈其二女以來一日親友宴會女子皆欲寓目爲快其俗然也然後母止偕所生女往赴而女獨不與心悵惘抑鬱不自得父知而憐之予以餅餌令在家靜守女無如何伏枕自睡夢一仙人降擕已往會先爲天上游所見神仙洞府霓裳羽衣備極人間未見之盛是時其後母赴會車馬雜遝爲巡兵呵叱喧闐之聲聒耳已而啓會歌舞盡歡乃歸時比國王子方選妃久未得當會法國宮中大會貴族如雲於時跳舞隊中彷彿見此女郎蹁躚起舞容態若仙王子睹之心目爲醉無幾合舞女郎倏忽不見遺屐一金采精工不禁歎異蓋仙人與其魂來會非眞女郎也王子爰取其屐懸賞求購以物色之始知意中人尙在人間於是天與機遇遂成眷屬焉

十二時歸寓

初五日陰是日關賡麟唐文源先行往巴黎

午二時往觀博濟銀行此銀行爲國家所設觀金庫金鑄成塊每塊重一千五百磅每磅合中國權約一錢九分該庫所存者凡三百萬磅專備日用之需自餘存積甚多不可勝計觀銀票製造機器每日約出三千餘張往觀造幣局觀化銅廠及鑄金廠有碾片撞餅洗光磨邊印花各機器此外尙有計數秤重驗色等機器又有聽聲人工此五者皆精益求精目所未睹大約英國銀行辦事尤形周密而稽察亦綦嚴中國如鑄金幣不可不以此爲法也其餘各種祖模各國幣式分類排列以備攷查至爲詳悉每日機器可出一百萬元與銀幣銅元無異而鑄金機器不用以鑄銀元銅元蓋金質較軟其所受汽機壓力小異云此與費城所詢者各有理誌之以資參證焉

明日將往巴黎 Paris 至使館辭行七時瑞記洋行主人邀飲安南酒店飯後往某戲園觀劇十一時回寓是晚所演劇與上夜相同而裝點之妙尤覺十色五

光至其一片畫景如海上星光或向陽曙色莫不惟妙惟肖可謂盡繪影繪聲之能事矣

英吉利爲西歐老國君主立憲上下有章又最重門第有中華魏晉風氣倫敦繁富列統計者推爲環球第一規模闊大而外觀華美遠遜紐約其地周年多霧冬月尤甚加工廠林立煙煤所薰樓臺黑黯居人亦無有塗堊之者入其市恒沈沈作三里霧街上車馬奔馳往來擊轂此來獨光景暄晴良不易得也

初六日晴早十時三十分登車出倫敦十一時啓行在倫敦遇美國卒業礦學生王寵佑並招同行爲陸宗輿以留查警務獨遲往一時至都佛 Dover 登輪船出口波浪頗大二時十分抵法界喀黎 Calais 三時上法國公司汽車七時抵巴黎駐法公使劉式訓紫笙參贊唐在俊及留學生等來迎隨到使館答拜出寓奧射王宮客店 Hotel du Palais d'orsay 廣東派隨同考察委員高而謙魏子京在此來見

初七日雨早十時東方學堂教習微希業前漢口領事瑪斯理來見午二時往游拿破侖墳外院數間滿儲軍器盔甲之屬及拿破侖生平常用衣服器物中間供基督釘死十字架像四柱以文石爲之光可鑑人其下爲墓門扃鑰甚嚴守者引入視則石棺存焉聞爲俄國所贈圍以石欄雕其將佐功臣形像環列上下三層傑構巍峨莊嚴明淨石壁俱刻拿破侖故事其建築之壯麗與華盛頓墓迥殊蓋華盛頓崇尚質樸意主謙遜與法人奢華相侈好大喜功固不侔也

出觀大貨店尋赴劉公使讌賓客三十八人

觀蠟人院時已薄暮匆匆未及細游其宏大不及倫敦多爲歷史故事有拏破侖臨死狀孤燈故帳一老兵瞋目守之望古遙集令人感憤

初八日晴是早關賡麟唐文源先往柏林

午二時往觀博物院此爲世界最大之博物院矣樓閣雲連覽之不盡其陳列

古物亦依國分列石像陶器甚夥而以油畫爲最惜時晚不克細觀聞遊此者非一月不能盡云

至中華會館將赴留學生公讌也午師演說約二十分鐘旋與學生同拍一照乃赴旅館飯廳閎麗殊常席次學生代表陳籙致頌詞余勉勵數語答之學生周秉清等賡續演說八時乃已

飯後赴戲園觀劇（法總統所請）此戲園甚大遠駕英美之上其階級迴廊悉以白石爲之內有跳舞室飲茶憩室光明壯麗儼若王宮其戲曲亦妙絕一時哀動頑豔略述如左

有某女郎者與某男子相悅情好甚篤雖未成婚然固已心許矣屬以小故兩家爭鬬女之兄殺其僕男子繼出鬬倉卒遽殺女兄後雖惱悔而事已無可如何遂被黑索羈獄中於是婚事萬不能就矣女郎憂愁終日私相訣行情甚悽愴而女父不知其故也汲汲爲擇婚遂開茶會衆美畢集二八妙姝

爭妍鬬麗者不下七八十人莫不腰約斂縮袒胸起舞鴻驚燕逸殆移我情惟女郎已受教某牧師預服迷藥宴會未畢卒已蘭擢女父即備棺殯殮厝葬山莊男子聞之出獄往視不禁傷慟遽萌短見歸服毒藥擬死墳前及至塋間徘徊痛哭而女子復蘇初女子所授藥牧師先與期睡三日當復活女子固未嘗死也相遇如夢悲歡交集而男子自以先服毒劑無可挽回奄奄待斃女子情急亦即以刃自戕一雙情男女並命俱死諺有之好事多磨中外一致亦可慘已

法國新派駐京公使巴博斯適在戲園因會於此

初九日晴早十一時往觀上議院即元老院也

按法國元老院制度規模一切與美相仿定額爲三百人由選舉會（會以縣郡町村會議員組織之）於各縣中選之年非四十以上者不得應選任期凡九年九年中每三年改選其三分之一與美國元老院之制每二年改

選三分之一者微異焉其投匭法匭以銅爲之如巨腹瓶然有蓋可啓閉投者分白片藍片凡贊成用白反對用藍此前所未睹也

午後偕徵𥙿業高而謙往游東方博物院羅列中國日本器物日本神佛像最多中國器物室則有頤和園御璽數枚他無足誌者自餘古屍古碑甚夥出往東方學堂午帥劉使先至此學堂兼課中國日本波斯等國文字以備出使游歷之用接見學生數人能中國語者僅一二亦稍習中國字觀畢餉客茶餌尋往外部見外國大臣魯華爾 Rouvier

夜學生王繼曾就客棧請飲並邀往戲院觀劇惜是夜戲不佳

初十日晴天氣甚佳早十一時往觀下議院又曰代議院其規模及投匭法等與上院畧同

按法國代議院議員選舉之法依法律所定各分縣爲各選舉區每七萬人

得選代議士一人其各縣人口不齊者至少亦得選三人凡爲額五百八十四人議員年須在二十五歲以上任期爲四年

構築偉固內藏織畫甚衆

一時外部股員亨利家前領事瑪斯理招讌飯後往拜南圻議員特隆克及新任駐華大臣巴博斯外部司員前成都領事安迪

六時在使署請客到者十餘人八時往觀馬戲旋返

十一日晴早十一時往觀女學堂堂中有教員四十名女生四百名所授學科有算學文學化學格致圖畫諸門每年經費一千五百萬佛郎合中國銀六百萬元庭宇顯敞而建築樸實易於舉辦可以爲法觀其幼稚功餘耍玩殊有快樂之致足見教育之道不可以拘迫爲也出觀大玻璃店

夜觀大馬戲馴獅伏虎各極其妙令人心怵神驚自餘手伎亦極人巧十二時回

十二日晴是日前往德京柏林 Berlin 分致贈送法京諸人禮物午一時往車站並帶高而謙魏子京及留法學生陳籙任先王繼曾逖勤同行二時三十分開車五時至比國界王豐鎬自比國來會同車詢知柏林近狀方以德皇二十五年銀婚慶典並爲皇次子納妃四方來賀者絡繹都中加以俄國避亂移居柏林者八萬餘人旅舍皆滿到柏林諸員各分僦人家徐俟賃定客店始分入爲十一時入德國界夜宿車中

十三日晴早七時四十五分車抵柏林車站駐德使臣廕昌午樓偕參隨學生及先到諸員來迎同到愷撒和甫 Kaiserhot 客店譯卽王宮意也下午與午帥帶參隨等坐馬車往街市一游其整齊修潔不亞於巴黎而華侈稍遜

出使九國日記卷五終

出使九國日記卷六

十四日晴早在柏林客寓初以參隨中通德語者尠攷察時慮費周折至是更札委洋員巴斯 Basse 柏樂克 Brock 爲隨員俾資臂助焉巴前在江南柏向在山東能通京語廕使亦遣學生馬德潤海饒善明德齋至寓贊助一切而德外部尋亦派數員照料引導一克納貝 Knape 前嘗爲上海總領事一倫愛生 Lohneysen 新派充南京領事一坡亞士 Borse 則能操京語每日藉作价人情意周摯可感也早十一時與午帥廕使往見外部大臣謨爾伯 Mülburg 午一時往觀聯邦議院此爲聯邦會議之所與各國上議院下議院名義稍殊而其規模制度大致無異會議廳甚大議員坐位按號排列如員數觀者皆在樓上憑觀旁有皇座備德皇降臨之用爲余等旁聽約一時許乃出並觀藏書室閱報室辦公室飯廳等處結構明麗塑畫精工

觀國家瓷器製造廠此廠所製閧專爲國家之用故規模頗小導者引觀諸工

自碎石成塊研石爲粉復磨白土和水濾淨積窖中乃造模成皿而上油而砑光而繪花各分門類畫者對畫本模之其所繪山水名勝皆有其地又或喜繪其帝后像於器以爲誌俗使然也其製花卉或人物像尤精巧如生此蓋由美術之教育研究日深有由而然必非目不識丁之拙工所冀熟極而生巧蓋必然矣其器之成也又有司檢校者一一比較以電燈燭其內部凡瓶盌諸器有厚薄不勻以機器磨使勻之其不能改者毀勿用尤可見其考工之精也六時回寓

十五日早雨十時往答拜廕公使見其太夫人夫人回拜提督蓋士恪 Geislet 午風頗大微雪而不甚寒一時三十分往觀槍礮機器廠此廠專造製槍礮之機器其器具甚繁不勝枚舉計總機器凡四自八百匹馬力至六百匹觀槍廠分觀物件自六七次至二十餘次者不一均用機器層遞爲之每日出毛瑟槍七百支現新式之槍口徑六密利密達五較之前之七密利密達五及七密利

密達者較窄而速且遠但口門大小傷人亦輕各有長短耳旋觀試看機器槍三種一步隊所用一海軍所用其一爲俄國定製有輪易於轉運者每分鐘可放七百響致遠三千邁當（當中國六里）廠中工人四千名

夜觀劇有白熊出浴至六七十頭之多後演印度故事情節甚奇分爲八齣大要如下

英將某駐守印度跋扈無禮印度君臣以次咸畏憚之每出臣民俯跪以迎送英將傲慢益甚焉一日見某家女郎貌美遽命奪歸惟時有印度小兵二一長一矮知其事已而女父來求女甚力英將怒殺之二小兵洩之於外英將思寢其跡以滅人口會其時適燒寡婦印度俗凡夫死焚其婦以殉惡俗也英將潛命執女郎併燒之小兵知其非也救之得生時因大宴會奏伎英將又涎印度后之美百計欲得之會獵虎印度人以象往獵一獵於野一獵於水君后皆出獲兩虎以歸而后忽失去蓋英將伏人於野刼之歸也英將

有祕宮匿婦女無數遊宴其中刼后至即置此間威逼再三后以死拒之又再爲小兵所救既而囚后於暗室小兵潛至釋后縱火英將死焉印度王迎后歸宮宮女百數歌舞環侍咸大歡悅觀英將之威恣與印度君臣悚息之狀使人生無限之感烏虖亡國之禍可畏也哉

是夜騎馬騎象紛紜繁會最後則樓閣三層有百十女郎排次歌舞燈光五色悅目賞心亡何樓閣上昇下用白紗圍罩四面有女郎衣色變換晌息二三十次異彩奪目花樣翻新蓋用電光攝射各色於素衣之上使人目迷五色也維時水景激射如珠落玉盤尤爲可觀前在紐約巴黎所看諸劇已歎觀止不圖至此又別開生面光怪陸離如此也吾國戲本未經改良至不足道然尋思歐美戲劇所以妙絕人世者豈有他巧蓋由彼人知戲曲爲教育普及之根源而業此者又不惜投大資本竭心思耳目以圖之故我國所卑賤之優伶彼則名博士也大教育家也媟詞俚曲彼則不刊之著述也學堂之課本也如此又安

怪彼之日新而月異而我乃瞠乎在後耶今之倡言改良者抑有人矣顧程度
甚相遠驟語以高深微眇之雅樂固知聞者之惟恐臥必也但革其閉塞民智
者稍稍變焉以易民之觀聽其庶幾可行歟
十六日晴十二時外務部大臣副大臣來答拜一時與午帥麐使往見首相王
爵褒洛 Prinz Buelow
二時往觀官家報館北報館每日出報銷三萬六千餘分别出月報專論海軍
事銷二十餘萬分凡有寫字機器六印書機器八各項機器與印刷局相同七
時歸寓夜間乘馬車出眺街道月色甚佳
十七日晴午一時倫愛生拔亞士邀飲遊百獸園
十八日晴早九時往觀電氣機器廠 A.E.G. 此德國最著名之電氣總公司也
總辦名辣生納 Raitsenan 年俸五萬馬克廠分七所每所設總管二一專司交
易往來一專理廠務年俸自二萬馬克至一萬馬克不一工人凡七千六百五

十人女工八百人每日製造物大者如鐵路電車之電機馬力六千匹小者如
風扇機等屬平均計之出廠者日電機百輛云國家鐵路公司日以車四十輛
至廠專運廠貨可知其營業之鉅矣
先導觀製造廠如以輪盤刨光者鑿孔者割角者挖槽者磨擦者皆以電汽運
動機器爲之
觀引擎房有發電大機三其二舊式每秒鐘僅轉數百次而已其一新式每秒
鐘可轉三千次蓋一以横抽運動故遲一以圓轉運動故速也愈速則發電愈
增獲用愈大
觀圓式電燈所風扇電機所磨盤電機所Swich 測量電機所此所造電機如鐘
式分三門一曰伏爾脱米特 Voltmeter 量壓力之多寡行路之若干乃意人伏
爾脱所創也一曰愛模米特 Ammeter 量電氣如何足力不得過用者乃意人
愛模所創也一曰華脱米特 Wattmeter 量己用未用電氣之總數合前兩米特

而成之此英人華脱所創也
十九日陰雨午一時往觀裁判所此普魯士王國裁判屬之内部柏林止此一
所自高等法堂至小法堂皆在焉先觀小法堂上坐者五中爲正法官次爲陪
法官二人又次則書記官一人政府所派檢查官一人旁一欄設有几被告者
坐之面法官者爲辯護士位其餘四人率司書記者也廷丁往來傳遞案卷及
伺候觀客室前即聽審欄入觀者隨意惟嚴整勿譁而已次觀高等法堂規模
稍廣上坐五人如前皆元衣元冠蓋法官開廷之禮服類取平頂之冠博袖之
衣兩法堂皆然也旁坐陪審員十二人由於公舉面法官坐者爲原告辯護士
其被告人則羈木欄中欄後有門通羈押所引致於此尋導觀各案卷所及檢
查舊案之法雖以他邦之民數年之久是否再犯有無積案一查立辨觀其編
次井井有條不紊洵可效法然非先編戶口歲列統計有以立其根本而爲之
豫備則逃犯亡命改易姓名孰從察之是以戶口不清萬事無從下手甯獨檢

案一事而已耶此裁判所建築頗舊其旁近新建一所尚未竣工並往觀焉視
舊築博麗有加
觀監獄柏林監獄凡二此重罪監獄也每囚一室室中有工桌各囚皆於室中
作工無雜居者其牀有機括日間則几桌也及夜引其機即成一牀故室小不
覺其狹誠善法也有禮堂上供基督十字像牧師臨宣講於此其囚徒坐位三
面皆以板壁使不見外一心惟牧師是聽即出入時亦戴面具彼此不能見蓋
有兩善焉一所以養其羞恥保存其將來之名譽一所以禁其互相談語則通
謀越獄之事可免也囚徒所作工大都爲織布斵木之類皆爲公家所用不以
出售如法堂所陳几案即其製也犯人入獄時因其藝能之優劣分爲 A B G
三種故其居室亦以作工之能事而定不以罪名也所得工貲不以給之本囚
而由司獄官代存之至期滿釋放始許給還且給還之法亦有制限大抵計所
得百分之十予之使得回家而其餘則寄其屬籍之警察官按次酌給之懼其

濫費也如至期滿而所存不足十五馬克時則政府給之如數使得歸家焉其再犯三犯者初到三月不給工錢其有工錢者因工定價每日自一分尼至三十分尼爲止云觀教室室凡二每室容三十九人其坐位亦如禮堂之式不許相見所授學科爲德文宗教唱歌實業及格致等每日三小時或四小時不等獄外有空地每日引出於此游行二次每次三十分鐘仍戴面具引之由地道出其地有牆隔之外繞鐵欄每班二十人以次出游中一亭有人眺望防其越也獄中別有黑室不設燈燭麤木爲榻有犯小過者罰之使居若干晝夜云觀廚此獄不設飯所囚皆飯住室中有浴室每星期洗澡一次其待遇之法甚周而防範之法亦極密聞衛生家言監獄獨居之弊足使犯人積久而成心疾或風癲顧此不之忌者何也勿亦以作工授課之足以束縛其心思且時見牧師若管理人故與常所謂終身墼禁者異耶六時回寓

二十日陰微雪早十時登汽車往士得顛 Stettin 觀伏爾鏗 Vualcan 船廠十二

時三十分到主人接待甚殷此廠爲其父所創僅五十年耳初年所出船甚少大都帆船木板爲多嗣後逐年加增近二三十年乃大發達稱雄一時廠中備列船式模型備極詳細中國兵艦如鎮遠定遠海容海籌海圻等皆此廠所造也今所造者有商船一載重二萬餘噸船中有小花園跳舞廳價值四百萬金凡兩年始工竣又掃魚雷艇一重九百噸主人留飯四時回柏林六時三十分歸寓

二十一日晴十二時往拜海部大臣提阿辟齊 Tirpitz 一時往觀醫院及醫學堂先至驗病所有病者無論居家行路皆可就醫至此分別何病以安車送之院中院外立銅像爲創建人阿度甫 Althoff 像蓋醫院之成立其首倡云觀教室觀小孩調護室小孩未周歲者有病送院中醫之看護婦均小心將事小孩臥鐵綫牀中輕軟適體病之輕重各異其室每四五孩一婦護之每日病勢之加減及大小解之稀數吃物之多寡皆列書於表以報告於院長其屬傳染

病者小孩各一榻皆以玻璃壁隔之不使相近護婦以各種恩物引令耍笑爲別室供几棹爲孩子玩游之地於四壁徧畫故事俾娛悅忘苦可謂思慮周密矣觀割症教室室後有小間用迷藥令病者昏醉乃舁出施刀割而生徒聚觀焉其壯年者所居病室男女別居室各三十人窓明地淨案供花草以吸淸氣窓外樹木扶疎而不蔽光甚善法也聞全國中醫院視此者凡十六所自餘小者不可勝計此院每年所施治者計一萬八千餘人除陸軍醫學生外充當大小醫員者百八十人其附屬有博物院院有種種體操器械並電光透骨機驗臟腑病機驗眼病鏡察微蟲鏡有藥室藥類千數百種有人身模型室有圖書室古醫書及人身圖經在焉多數百年前物也別有器械如割刀鐵鉤多關於醫術上用者併羅列以供參考觀畢復用電光寫眞法演示各種病體臟腑圖四時赴留德學生學會是日學生到者五十餘人請余及午帥演說因勉勵數語並以保存國粹力求實用爲囑

晚往觀蠟人院其中妙肖者爲德皇威廉第一臨終時像時畢士麥旁侍憂國老臣情形活現往觀劇多演雜耍其使犬尤爲靈妙又一法用鏡一面不用筆墨而自然有字並可由觀者各出問題鏡中即如題回答洵不可思議也

二十二日晴早九時四十五分與午帥往觀柏林大學堂先至藏書樓此書樓地方頗多而規模古樸其藏書傳遞之法亦皆舊式如書架用木製而不以鐵桿送書用車致而不以汽機似視紐約巴黎之新法稍遜矣藏書凡一百二十萬部閱書室坐可容百二十人室中四壁作凭樓式列書三層其常用之書畢置此罕用者則別室庋之司理檢查傳遞者五十許人閱者均取票一自注姓名及著述人姓名所生地著述年月於其上乃投筒中即可按書檢出定例取出之書可至三星期逾時仍不還則令巡警索還之其書籍之面皆由本樓重新釘裝故皆有門類號數細目注明一望瞭然檢查甚便別室藏中國書畫亦甚多至名人手札則以鐵匣分藏之凡數十函扃鐍甚固因出畢士麥手蹟相

眎爲閱今別立一樓約可容閱者三百餘人擬遷藏書於彼而此爲學堂當不遠矣

次觀大學此大學創立於德人漢合爾子 Helmholtz 門外立銅像紀焉觀宗教室德國學科極重宗教故宗教師甚多室旁卽宗教師聚會地人數少時或卽此講授云校長某演說言德國百年前當拿破侖時代時大學在哈辣不在柏林也迨德皇威廉注意興學乃於一千八百十年遂立大學於柏林此地本某王邸故址其始甚小後漸擴充當一千八百十年教員不過五十餘人生徒亦三四千人而已今則學生多至八千人教員凡五百名可見進步之速矣因引觀大講堂可容六百餘人次卽用電光照眎學堂建築各圖閱畢屬考察學務諸員易日再往詳詢乃先返

道觀軍器博物院 Museum Dür Meereskunes 內列槍礮軍旗水雷魚雷軍衣軍艦船隖大小機器模型甚衆其軍艦模型特用玻璃爲水並附屬小艇於艦隊

之組織及吃水之深淺微細畢現又或作軍艦漁獵之狀張設網具各法皆備他凡軍中所用量尺表鏡號燈風輪水輪網索之屬有物必備備必詳細務使觀者明白了然而後已洵講武備者所必需也他有鑛物海底動植物亦陳設資攷證樓上又有藏書室閱報室地圖室均臨覽一周而返

三時四十五分往觀無綫電試演法教師先演說無綫電之沿革謂初由英人創始而後實德人發明之今地球上無綫電局數十皆德人所設云因演閃發電星及電氣傳聲諸法蓋電氣接通之際陰陽兩綫間其兩端相近或數寸或數十寸電力必互相牽引其電氣卽能飛渡陰陽綫端電運行極速故雖一瞬之閃光實已往復於陰陽綫數十萬次緣是之故與空氣相激而閃發火星焉此卽悟出無線電報之原理也次以玻管分授觀者豎電綫下距三尺許電過則傳入玻管中管作微温可知吸收電力之法

按無綫電之理與有綫電畧同其小異者則不必徧設杆綫而但假電浪以

爲傳遞是也其法於寄信之地設正副綫發星電綫於收信之地設通合管正副綫之長短視欲發電星之長短而定之電星閃發之時電氣必震動而發一種電浪散佈空氣中其遠近亦與副綫之電力大小爲比例然後通合管之一端達於電杆之銅綫者接引電浪而傳於響機此其畧也自餘電池之裝置響機之相應壓匙之按長短疏密而成點畫字母種種用法率與尋常電報同惟此新理發明不過十數年故其法未經完備恒有兩局相邇同時發電而混亂因之良爲缺點今電學之事日新月異窮學者之能力研究不懈將必有臻於完備之一日可拭目而俟之矣

此院實一劇場專演新式發明機器以供閱者之賞其樓上所設電氣機各物及物理化學各器械甚富並有蟲魚類室且備各種畫鏡以資游人之瀏覽焉入觀者售券人三馬克

六時與午帥廕使帶參隨四人乘汽車往波士德姆 Potsdam 赴福得利親王

Prinz Freidrich 之約其王妃出陪主客凡十四人十時三十分回寓

二十三日陰早九時三十分與午帥帶參隨等往觀警察局總辦導觀各室適已拘得一犯於此卽印驗指模按照編目查得從前所印某模與此吻合因以詰該犯犯人承服其如何辦法則須候查乃定云觀注册所所儲戶口册籍均極詳細凡初入境居住者三日內必須報明否則巡警士登門索之其報明法有册紙塡寫如姓名原籍生年月日所爲職業所信宗教皆詳註之以存册備查故無奸宄潛跡之患此外又專設電報處電話處以便傳發其電報分局卽在各處警察分局內柏林城中凡設十八局皆如臂使指蓋所以謀消息靈而機事密非此末由也又有查驗物產所專司禁止防害衛生之食品凡食物藥品之屬有損人民衛生者均設人暗中訪察調查後報本局科罰停其買賣沒其物入公局中又附設有巡警學堂由教師逐日講論巡捕之法

觀普魯士下議院時非會期故無可留觀者

按普魯士代議院 Abgeordnetenhaus 其議員之總數凡四百三十二名任期以五年爲限選舉之法乃依人民納稅額之多寡而定其投票之數乃分區內之選舉人爲三級三級各自投票按本區選舉議員者之定數各選三分之一然後使選舉議員所謂間接選舉是也此選舉人約人口過於二百五十人而得一名議員之資格則必年滿三十而有公民權且係普魯士國人而後可投票之時概用書名得過半數者乃爲當選凡一切財政法案必於代議院原始發案即豫算案亦先提出於代議院而後乃交出於貴族院使定可否爲此代議院組織之大畧也

晚觀劇

二十四日陰晴不定午一時三十分蓋士恪提督邀飲同往觀油畫店晚在寓閱報紙譯叢載日本青木介紹伊藤來德考察憲法與德先皇威廉第一所談青木謂憲法者行政之花欲考其花必先考其根本故必先考地方自治制又

謂德國郡政最善若州政縣政在貴國雖亦稱善而移置日本恐未見其有用也(前岑雲帥有電來言德國憲法本於地方自治而郡政善於州政州政善於縣政亦即此說)又青木云郡治之善能以小學校之法教村市自治之制度而爲州縣治之素養德皇自謂使全國之民皆得爲兵故兵役之思想得傾入於政治之中而現兵役皆爲地方之少年其老者以軍人而盡地方之事務故人人有自治之精神而其大旨立憲之要在自治自治之要在民兵法固是矣然就中國現象思之尚武精神固所缺乏而通國皆兵之制尚不能急圖何也誠慮其爲兵之後一不能謀生必至於爲匪是教練之法反以爲悖亂之階也故其事必先在教育則籌教養之法尤其當亟者歟周生英杰云德國教習能使行政主義輸入學生腦筋之中余謂教習不一何以能同此見解周云教習均時有會晤故其宗旨能出於一也如是則教習之關係誠非淺鮮矣

二十五日陰早十時往觀農務博物院 Museum Fur konigl Land wirtschaftlichen

Hocheshule 外列犁泥翦草綑草戽水簸穀等新式機器並陶器鐵器之屬於農務者而鑛石鳥獸骨人骨均備焉內則畜牧種植之品如牛羊犬豕雞鴨各種模型與種魚取魚之法及百穀蔬菜果實煙葉之類凡植物之子五穀之種皆盛以玻瓶注其產地及其性質或於其上畫圖以表其發生之狀或分提各質爲一二三等以表所含物質之力量多寡察其補益人身與否且旁考地中各質以辨土宜所以爲農事計者無微不至又農家廬舍家具穫場草屋獸欄均有模型並有新法蓋瓦瓦形狹長鱗次相銜挂於桁上不事泥縫其法活動易修理而永不滲漏云計此院中大都農器模型而圖畫亦夥蓋與古豳風圖同意而考據之詳過之遠矣

觀動物博物院此院爲國家所設學部掌之專爲各學堂學生研究之用所陳動物標本多至不可勝計有巨鯨大象鹿豹之骨獅虎熊豹海象(形如海狗而巨如象有兩牙)海狗之屬猴高徑比於修人蝙蝠大至三尺鱟魚巨可五

六尺蠔巨至二尺罴熊人立高丈餘古代動物之骨其紋現於掘得石上者有長魚巨龜及種種介蟲之屬其骨皆化爲石蓋不知幾萬年矣此外有魚類之室鳥類之室蟲類之室蟲類多至千數雖小至不可見亦皆有名標列蝶類亦凡三百餘種大者如人雙掌小僅如蚊外此怪魚異鳥不可勝數搜羅之宏富允推巨擘矣西人於博物一科悉心研究而蟲魚各類又分爲無數專門故能考之如此其精詳而非一手一足之爲烈也

午後三時觀馬兵營房此德皇扈衞之親軍也凡分五營每營二百五十人先觀馬房視馬兵梳刷之法詢知飼馬每日用草七磅和豆料食之日分爲三頓其草三分之二用麥草餘爲野草云閱練馬場場中設木架木池爲練習跳高跳濠之用馬兵疾馳能一躍過一丈五尺之遙觀製鞍室裁縫室烙鐵室(專爲蹄鐵之用)製鐵器室兵士無事率使作工凡行軍之用皆令自爲之觀兵寢室室列上下牀被褥皆粗布實以禾草蓋當兵者以能耐勞苦爲主所謂過

爾優逸恐不堪事是也觀輜重車電報車藥車（有赤十字爲記）船車又至軍裝室自軍帽以至大小內外軍衣皆備皮帶藥包槍袋等皆有號數編定遇有軍事數分鐘卽可成行其軍衣之色向用黑今改用灰色以厚呢爲之七時回寓

二十六日晴早十時往觀古器博物院此院多存古物及各國器具大抵十六七世紀之物爲多如牙器骨器漆器木器銅鐵金石器瓷器鈿器藥器大都古製中國瓷器有十七世紀所造者一本國所購一則得之波斯自餘中國銅器尊壺數事古色斑斕最爲可寶其印度西藏各小國之物皆鄙陋不足觀然所陳多多益善蓋陳列器皿原所以攷其進化之沿革而陳物院中歲儲有購備古物之存款其價賤者固宜所得之多也

觀人類博物院 Ethnographical museum 此院陳列各國古今器物多關於風俗研究上者如上古之針以石骨爲之粗如柳枝且不知穿孔久始知縛繩以引

綫又久之始能鑿孔如此者非一以表用物智巧之變遷他物稱是（如石刀石錐等陶器織物）蓋古世物多用骨自是而石而銅而鐵凡爲四時代大抵每一時代之進步率由於軍事殺敵而起如刀劍之屬其先聲也人類於保衛安全之法至急故求免禍與圖幸福之見相逼迫而智慧日出無古今中外一而已矣所藏人骨髑髏甚衆古屍有臥者有踞者有餘髮者有漆身者（踞屍見之使久不腐也）有繩索密綑者足見風俗之異又有鐵棺有木棺其中有屍骨乃挖樹使空而葬之首尾畢缺知其時棺制尚未發達聞得之河中者年代不可考矣有用陶器及石錐殉葬者殆爲用石時代之古骨無疑又有殉葬式舉其人生前所用琴杖劍盆櫛具等皆藏焉其物尚未毀知去今未久也外此所列中國日本高麗印度飛列濱等風俗事物幾無不備如喪祭嫁娶官府儀從神佛迷信一切窮形盡相羅致無遺觀此可知吾國內地人民進化之緩矣他有印度人巢居之制美洲野人繩船之式均可爲博古之一助三時回寓

晚九時瑞生洋行之本店主人請觀劇鋪場華麗與他院所同而換景神速層樓傑搆頃刻異形尤可驚歎十一時回

二十七日晴天欲雪不果自舊金山至此恒用夾或棉衣出門必用皮斗篷然氣候實未大寒今屆春深想當漸暖矣

早十時往救火總會觀救火操演先爲救火車一隊隊二十五人爲車四一爲激水機器一以載長梯一則載繩索及他器具其一載短梯皮管之屬四車爲價三萬五千馬克値中國銀元凡一萬八千元也其長梯分爲兩式舊式用人力運動之新式則以機器代人力逐層推上可及五層屋顚其皮管接於地以取水上有水管二激水使高焉先演挂梯次演長梯亡何繼至者凡三隊乃合演登屋救火法次一人穿火衣衣以厚呢爲之以藥製成可以禦火頭戴救火冠前面嵌四玻璃可以視物有通氣管以吸空氣頂上有孔激水以凉身隨以積薪三灌以火油厝火其下此人直入火中毫無傷損不惟可以救火尤可以

救人誠善法也閒習此者亦須熟鍊乃能心定無所恐怖云旋至分局觀各兵寢室澡室飯廳電報房其出車絕靈便自聞警至成行計不踰六秒鐘曩在紐約曾觀救火會而未詳細排演今所備觀亦足補前此所未及矣

三時乘汽車往觀武備學堂此小學堂也先觀教室教習向生徒按課提問與文科小學生教法同後觀住室飯廳觀體操場徧閱其躍高緣橦繩渡擊刺等技觀泅水池跑馬場此學堂爲武弁初基故於體育一事尤爲加意畢業之後再進中學堂然後進營中供差乃入大學堂專科始能完備蓋德國學理至爲精深而武備一門尤其立國之本觀此一斑亦足知其强盛之有自來矣午後微雪六時回

二十八日微雪早九時往觀小學堂此學堂爲國中貧人而設男女生徒各六七百人年約六歲以上十二歲以下每年經費凡六萬馬克云觀雨中操場教員室教室觀各教員教授地理博物國文等科均循循善誘淺近易解觀浴室

每星期一次由教員率諸生澡浴浴時二童子一室蓋幼年未知衞生慮其不能自潔也故有强逼之一法而不須浴資又甚便於貧民二美具焉此學堂規模雖小然分別男女教法整齊柏林城中似此者凡二百八十所均出自地方關稅不收學費云其外有藏書樓專爲貧家作工之人夜間來讀者立故日間不啓每日下午六時至九時乃啓門至禮拜日則終日客常滿座矣

觀中學堂此校外觀甚壯闊樹木淸疏其內附設豫備科教法畧如小學堂其中學堂學生年自十六歲以上凡四百五十人在學堂住宿飯食者學費每年人九百馬克其不寄宿附食者年二百五十馬克觀生徒臥室室或十人或十二人均止陳一榻他無長物聞日本中學堂皆習武備其臥室悉如軍中之制不許攜箱篋雜物蓋卽彷效德制者也日本自政治法律風俗習慣無一不描摹德派非獨學事爲然而學堂尤其顯著者已觀禮拜堂盥洗室飯廳庖丁室浴室浴池藏書樓觀宗教教室教員方授約翰書各守課本隨問而筆記之德

國最重宗教常列此爲教科之首每星期授二小時云

下午三時往觀化學館 Ersten Chemischen Instituts 此大學堂中之一專科也專授化學旁及物理館中機器室甚多而講堂則惟一所堂甚寬敞容三百十八人余等憩此觀諸教員演試先爲各種流質試驗次以毒藥試鼠聞之立斃次試變易水色之法其後出示諸物顯化學作用之神有加非精 Caffein 及茶精 Teainn 皆化學製成色白可以代飲能增長精神與眞者無辨聞此物以鳥糞製之可謂奇談矣有五色絲線亦以棉花製成堅韌可用光潤亦勝絲而柔軟不及西人所成洋花緞即多出此其他製香水製玳瑁製珊瑚製象牙製密蠟諸物皆可亂眞化學之功用不可限量也觀器械室試演室自修室書室近世學者研究新理每年輒出書數種每新書出教者學者卽翕然改用新本故理科之變遷至速而藏書甚多亦職此故也又試驗之費學生均按實價償還而公家豫置應用之藥料云

晚觀劇戲院亦甚大有四人高在頂鐵架上飛行絕迹令人神怖

二十九日小雪早十時往觀工藝大學堂先觀工程學模型圖畫兩種次觀機器學運動電氣各種次觀礦質學金銀銅鐵及煤鹽各種式樣次觀化學物理諸科染物提質以上各門陳設之富至不可勝數此類高等學堂共有三處每年經費各一百二十萬馬克學生經費約占三十萬馬克其餘歸國家支用焉

先是德外部約於明日覲見呈遞　國書因卽日將呈送德國帝后私覿之禮移交外部計呈德國皇帝禮品

北洋秋操圖一册　康熙青花瓷瓶一件

康熙江豆紅瓷瓶一件　仿古景泰藍瓶一件

康熙太白尊一件　乾隆雕漆合一件

康熙霽藍瓷瓶一件　繡花棹毯二件

呈德國皇后禮品

乾隆雕漆合一對　乾隆黃地青花瓷尊一件

仿古景泰藍瓶二件　繡花大衣一件

繡花門簾二件　杭緞四疋

湖縐四疋　北京景物全圖一本

五時往拜美國駐德公使都亞沙利門 Charlemagne Tower 俄國駐德公使東沙肯伯爵 Graf Vander Osten Sacken 奧國駐德公使拉地士樓士 Ladislaus 義國駐德公使布士加伯爵蘭沙 Graf Lanza di Busca 義使適他出未見晚赴使館晚膳得外部電丹國請往遊歷奏奉

諭旨允准等語卽回電遵

旨前往十時回寓夜大雪

三十日霽早十一時三十分與午帥廕使帶參隨十七員及蓋士恪提督坡亞士繙譯往皇宮覲見外部先以宮車二來迎輦以四騎兵扈從入宮門蜿蜒登

石階夾道皆衛士舉槍爲禮已而鳴贊奏樂至便殿旁列衛士咸亮刀致敬入此少憩約候兩刻門乃啓外部大臣引入至皇座前行三鞠躬禮余捧國書宣讀頌詞(詞與美國畧同今畧)由坡亞士繙譯訖乃捧國書登座呈遞如禮德皇坐受訖乃復致答詞坡譯云貴大臣等所呈送

貴國大皇帝國書具見貴國與敝國邦交輯睦深愜朕懷所最欣喜者

貴國大皇帝命貴大臣等來游我邦考察政治朕已諭諸臣工加意指陳一切

貴大臣等通達時務於考察各事必易瞭然異時能於貴國有裨亦朕之榮幸也即頌貴大臣等康彊逢吉載道福星云云余等答謝復一鞠躬而退導者引入旁室拱立以俟亡何以頭等王冕大十字寶星 Koniglichen kronen Orden 二至宣德皇意畀余及午帥佩帶訖德皇旋至畧一握手展叙即偕至次殿謁皇后如禮是日也德皇冠飛鷹之冠御淡白軍服佩劍長韡儀容凜然皇后則長裙曳地白紗爲衣綴以瓔珞左右親眷女官雜侍四五人自餘元老大臣環立

一室至十二時設讌宮中德皇及后東西面主位余與午帥夾坐德皇旁餘參隨各員與陪宴諸大臣間坐席次復畀隂星使寶星一枚並擬頒覲見參隨各員寶星有差余因譯及德國武備實業之精備德皇爲言從前本國喜談哲學近數十年始考究礦路格致製造各項實業專門是以年來進步較速云讌罷復至前殿立談約一句鐘之久大要言今日之要莫如練兵當請

貴國皇帝崇尚武備以一身當提督軍旅之責國勢自强又云變法不必全學外國總須擇本國之所宜如不合宜不如仍舊又云中國學生在德國學武備者均能守規矩勤習練將來尚宜多派學生云

二時三十分回寓拜文部大臣談及留學事因言學生未諳德語者來此至不便擬於上海或南京專設一德文學堂使皆能通語言然後送使來學較爲便利也又在德留學者可減收學費俾來學者可以日盛云出後旋偕今日覲見諸參隨及洋員等同拍一照是日發電陳述覲見情形並請代奏寶星是否准

其佩帶

三月初一日早晴拜發升授禮部尚書謝

恩摺以明日將往西方各省遊歷豫備一切分贈首相外部大臣副大臣招待司員及蓋提督克領事倫領事坡繙譯東方大學校長博物院總理等禮品有差下午大雪往觀油畫

出使九國日記卷七

初二日晴早十一時與午帥赴福得利 Freidrich 車站四十分開行同行者劉若曾施肇基關冕鈞馮祥光姚廣順舒清阿龍建章關賡麟陳毅馬德潤善明及金鼎蔡琦高而謙魏子京學生賓步程洋員巴斯克納貝蓋士恪坡亞士倫愛生杜樂威等餘員並留柏林考察焉此行用官家火車由政府招待車式美麗客座寬敞視美洲無不及也自柏林迤邐西南行彌望積雪地皆村野而人煙甚繁工廠林立一時二十分至士添德兒 Stendal 三時二十五分至漢奴華 Hanover 省城此一大都會也商業繁盛人口約二十萬六時四十六分至多門 Dortmund 城市長來迎是處人口甚繁約十八萬人聞余等之至也空城來觀士女塞途鼓掌讙呼者不下萬數入寓巴士門 Paxmanns 酒店夜八時市長邀飲在座皆本城有名紳商凡八十餘人席次市長演說備致歡迎之意午帥答謝兼言本地都會最古而政藝最新（此處以礦井著名其煉鋼之法亦新發

明者）中國以古國來求新法故此地最爲合宜衆咸歡笑已復由田維克 T-ervaag 演說飲酒極歡十一時三刻乃歸

初三晴早九時乘小火輪遊觀多門河市長及本城總督諸紳商陪遊者十餘人因備述造河之法其魄力之大智計之精有不可思議者今錄如右

多門河開濬於一千八百九十九年距今僅八年耳河流凡五百四十英里通於海寬九丈餘能容方舟並駕者三往來船艘最大者載重九百噸長六百邁當開濬之工費金錢一萬五千萬馬克（卽七十兆元）地爲煤鑛所自出舊有河道不宜於行自築此河併引舊河之水通運煤產全河自南趣北而入海其自東至西皆舊河貫之河身有高有低距離之最甚有至十五邁當者故創辦者思得一法以水閘畫河爲二每次船過則藉水力升降其船使與河口水平而後渡過此巨工所由來也或謂費用如此浩大何以不移作鐵路乎不知汽車不如河流其故有三至粗極重之物汽車所不能載

一也鐵路費巨卽以七十兆元之數未必能築五百餘里之路二也養路之費年年加增而河流則脩繕之費無幾三也且此地煤出甚多假如無船轉運止用火車則本國之煤不流通北方而英煤運入者漸多居民競買英煤而利權必爲虧損此又一因也故特築此河以專運煤鑛及煤油雖工程浩大有所不惜凡挖河之次序其成績比較如下

第一年	六萬五千噸	第二年	十三萬餘噸
第三年	十六萬餘噸	第四年	二十七萬餘噸
第五年	四十六萬餘噸	第六年	四十三萬餘噸
第七年（卽去年）	六十三萬餘噸		

至開河告竣時德皇親至行落成禮並鑄其像於銅牌爲紀念焉或又謂昔者蘇彝士河之通流也畀管理之權於土耳其因許其稅船舶之往來以爲脩繕之費今此巨款亦當有所徵以爲償不知濬河之功凡爲公衆非爲理

財也故其費皆普魯士政府之所出至其常稅則有之例如自多門載貨至海口者每噸收費二馬克此二馬克者船主得其三之二而以其一歸國家此卽每年脩理之基本也自海口入河由晻顚 Emden 經利亞 Leer 及克魯伯砲廠而至多門河身最高者有七百邁當（卽二十一丈許）凡由上而下由下而上必用機舉置之其法於河底先作五洞設空桶各一桶高三尺上至地平高九尺其上置槽槽下鐵架以懸桶桶輕水重故機不下壓則桶浮而船高反是則桶沉而船低其尤當注意者則河道水少若無水閘則洩盡無餘故必設爲重閘使蓄水勿流也

船至河交界處因試看由上而下之法視察良久

此河於高低最懸絕之處設鐵閘兩重斷之爲二其接續之法則以鐵機懸活槽一叚槽旁闌牆以疊石爲之橫渡山麓車馬往來河下槽之下則鐵架著於木桶蓋活槽之升降視木桶之高低而木桶之高低視河水之存洩也

每一船至放甲閘納之其旁有螺旋機用力下壓使船漸與下流平乃始放乙閘而船出矣其登上流者則注水使桶浮令船得與上流近而後啓甲閘放之蓋皆水力之輕重爲之無他謬巧顧其搆思獨造時則誠苦心絕詣矣午總督在船中邀飯飯後船泊運水機器廠下登岸視運水機此處亦以石爲橋橫穿河上廠卽在其旁用機器運他方之水輸入新河中計機器一千馬力者四其三小機器價值八萬五千馬克一大機器價值十二萬馬克連各機凡六十五萬馬克計一秒鐘能運水一立方密達照夏天計算（夏較多）每星期約燒煤三百噸云

三時乘馬車往觀煤鑛公司 Zeche Minister Achendach 主人相邀茶會詢知鑛井最深層由地面至下六百五十密達（約二千尺）往觀總機房以鐵索運巨機凡一千五百匹馬力計每分鐘提水八千磅鑛工戴鐵面具嵌玻璃以視物面具旁設皮管吸取空氣焉觀燒焦炭爐貯煤屑於爐中燒至赤乃推出以

水沃滅之卽成焦炭每爐燒煤八噸可煉成焦炭五噸蓋煤塊受熱所含油質溢出乃堅而能久可爲煉鋼之用每次燒煉廿四小時（或云三十三小時）云四時五十分回至煤炭公司 Minister Stein 視煤井救火之法工人戴面具攜氣筩與開鑛時同其衣服盡黑係經藥製就火不能燃腰懸長繩縋之入煙火中以救不能出者因令兩人試演前法國鑛中大火死千餘人此二人之一卽在彼救出者云觀輪煤機器煤在水中中夾石塊石沈煤浮故易檢取觀總機器房大致與前公司無異聞此公司立於一千八百七十一年貲本初止一千三百萬今增至一萬三千萬工人凡三萬名每日出煤二千噸五時至本公司總會所啜茶演說數語六時視公衆浴池教習立宣號令在水中習操多小孩亦有壯者能於水中排列陣勢進退前卻或直躍或倒躍或臥浮成行或圍作圓形此院周廊白石地甚明潔是日所至各處皆競請拍照留作紀念或請署名册中與美俗相似也

七時回寓八時市長及衆紳商就本棧設酒在座凡四十餘人九時登汽車往愛生 Essen 十時五分到入寓愛生那客棧 Essener Hof 此棧爲克虜伯廠所設專以招接遠方來客地方雅麗伺應周到夜工程學生陸顯瓚姜六黃時澄海秋來見皆廣東人留學克虜伯廠者也

初四日晴早八時四十分乘火車往蘭因后 Reinhausen 觀福得利阿耳福烈亭 Friedrich-Alfred Hütte 鎔鐵廠此亦克虜伯廠近年所分設也愛生一隅地以克虜伯廠故馳名歐洲今來此考察而廠中屬地分布遠近必非旦夕所能畢事故茲分日查看而於憑觀之始先備詢本廠之始末及其大凡俾知梗槩焉

克虜伯 Alfred krupp 者德國一窶人子耳幼爲鐵工於一千八百十一年營二廠一置小汽機一從事鑄鐵之事嗣思得煉鋼鑄礮之法與同時工作者六人試爲之是爲克廠煉鋼之始時一千八百五十六年也嗣後名譽漸起前德皇助以金六十萬馬克設立此廠五十年來規模大備克虜伯沒其子

克虜伯第二繼之初有工匠三萬餘人自後日益推廣工人增至七萬餘人鑄礮工匠凡二萬五千人一千九百二年克虜伯第二卒無子遺二女長女至今執其產業其公司股票凡分十六萬股每股一千馬克計一萬六千萬馬克初設時股之在外者僅當時創始之五股至後則均已收回蓋不欲一國之命脈握之他人之手也廠主富可敵國德皇時常臨觀之其分廠子目不可勝計約而舉之如下

鎔鐵廠　鑄鐵廠　重錘廠　壓鐵廠　切鐵廠

刨鐵廠　扇風廠　車筒廠　螺紋廠　煤氣廠

造船廠　造車廠　砲架廠　砲台廠

又有公園病院救火局博物院禮拜堂客店等處均在愛生地方其在他處者有煤鑛三有鐵鑛數十處之多有在本國者有在外國者初克廠之初經營也譏議頗多既而行軍試用始知其用料之遠勝由是名震五洲云

觀海岸此廠以近河之故故得水道運轉之便且有鐵道貫其前藉載鑛沙鑛石之屬觀鎔鐵鑪凡八具因岡架鑪鎔鐵其上因勢爲渠引之注大罐中別用電車運之傾入弔桶中有吹風機扇空氣以簸揚之桶內餤熾如萬星攢飛鐵沙盡出自此卽入鐵模候其冷成硬質經打鍊而成鋼矣

按克廠之所以得名者以鍊鋼之獨得妙法而煉鋼之所以獨步則其製鋼之質料堅好而能提出雜質使之淨盡也凡製礮之鋼第一在使之堅韌第二在使之細密如是則質點緊密內無小孔而空氣與一切雜質驅除無餘故久用而無爆裂之患蓋由內外之張力平均使然也克廠初用全塊澆鋼法久之復有炸破者由是專用錘煉法鐵經錘鍊後廢質盡去卽成堅韌細密之純鋼矣

觀電氣總聚所托馬斯電場觀輾壓工場時適製鐵軌取燒赤之長方巨鐵塊運送至滾機滾壓成長條輾後乃依所求以機切斷之或方條或圓條或工字形不一其式其爲鐵軌用者切斷後必歷直使勻復有尺量視削平首尾使齊一其應轉折彎曲法均有一定尺寸已後乃鑽眼印字而鐵軌成矣傍廠盈望皆公司地工人家屬居之十二時至公司總會 Club House 啜茶就此午飯

一時三十分乘火車回愛生客棧旋復坐馬車遊城中觀福得利院 Friedrich-shof 及舊院 Altenhof 皆工人所居也屋宇一式每家輒面小園空氣清爽觀浴室此室專爲工人而設分別男女每入浴者納費十分尼樓上有書室閱報所工人在愛生者夜間及休息日多聚焉愛生工人凡三萬餘人觀病院爲工人調養之地有飯廳游戲室閱報處爲病者消遣計每日官醫臨診一切藥料由廠供應之其待工人可謂至矣工人薪水日約一馬克至九馬克另備賞工人之款約十五兆馬克其餘爲工人而設之住房止以愛生計已九十九百餘所店肆之屬不計其數故畢愛生之地儼然一克虜伯屬民焉

三時至玻特∙∙Bootshaus∙∙院 Restaurant 茶社地臨池水此公司中人游泳競艚之所也有船式甚多每盛夏風凉逭暑於此相與鬭櫂角勝負爲樂云

五時二十分往弔克虜伯墳墳居中四圍皆工人葬地而其子克虜伯第二 F. A. Krupp（一八五四至一九〇二）及其夫人 Bertha A. Krupp（一八三一至一八八八）並附焉克虜伯第二以被讕言污衊憂鬱而死德皇賜銅鷹於墓上以旌之夜八時三十分本廠總監督某邀飲本棧

初五日晴早乘馬車往觀各廠是處工場毗連彌望皆是有小木廠一所形式甚古聞卽克虜伯發跡之地今爲古蹟矣

九時四十五分觀鎔鑄廠及鋼場其法揀選精料置於小罐內封固煨鎔此種小罐高尺許以煉瓦爲之每一罐止用一次卽不能用計爐凡十八所每所小罐百枚每枚盛鐵十九磅凡七百罐乃可造成一礮云鎔後乃傾入大罐中其往來運送皆以機器挽之

十時五分觀礮場第五部 Gun Shop V 重口徑礮陳列於此及礮中各件配合之法並試其引火線

十時二十分觀礮場第二部 Gun shop II 此部係挖礮管及鑽耳之處其機係一鋼杆上有旋刃漸次轉削卽鋼屑推出礮管卽空洞如式鑽耳亦然大抵純用機器所需人力甚少以機器所成畫一無異不差累黍也

二十五分觀機械第四部 Mechanical shop IV 製造戰船上與海岸上所用重礮架有七生的五之管退礮爲軍中最利用之品近日本定造四百尊云

四十分觀礮場第二部列小礮甚衆皆船上或海岸所用之有架者並有陸路車礮均製於此礮台能旋轉上下靈動自然

五十分觀機械第六部 Nechanical shop V I 所列爲海口與戰船頭所用之中等礮架

十一時觀礮場第六部 Gun shop V I 中等礮造法

十一時十五分觀機械第八部 Mechanical Work shop VIII 此製造大船上所有

各種鋼機並其汽筩之所也各零件製成即運往船塢配合成船此亦各船廠求定造者也

三十分觀鋼鑪凡十座每座鎔化自二十五噸至三十噸不一鐵塊燒赤後即以機器箝往錘之四十分觀錘鐵機

五十分觀火險局閱試演救火之法先操演鈎梯登屋之法次演電車馬車聞警出隊法高樓救人法滅火法換班法與柏林所閱略同一時回寓公司就棧請飯

午後三時復往觀鎔鐵廠 Armour Plate Mill 先選佳料鎔後亦引注巨罐中已滿乃注入鐵模之內俟其滿候冷成硬質即以重力五千噸之機錘實運至輾機上澆水隨壓之至七十次然後廢質盡去乃成鋼鐵始可爲鐵甲板每以輾機轉壓時輒置柴草其上令火光迸出鐵沙如膚垢剝落工人各手一帚掃去之則雜質悉受火力外洩無存迨輾至厚與所求度相合即以機運去置水池

中浸之浸已再烘再輾合用乃置油池復浸之第二次所以必須油浸者以油能使鐵性堅韌質點密合水則仍恐其留有小孔也觀試演既中之鐵甲板其板之厚自八十密利密達至三百密利密達凡所發之礮口徑距離及速率均詳註之蓋試演時一則試鋼板之堅一則以試礮力之大所謂子矛子盾兩極其精者也鋼板之製致使不能洞穿惟此廠實擅長云

六時十八分乘火車至麥彭 Meppen 九時四十五分到入寓某客棧麥彭地方甚小彌望荒野本廠每年一次試演巨礮均於此場行之旅舍狹隘不足容故參隨分三處寄宿焉

初六日午晴午霽早九時十五分登火車往試演場觀試礮是日所演者凡十七種表列如下

第一表

一　二　三　四　五　六　七　八　九　十　十一

礮 名目	礮 口徑	礮 身長	彈 種類	彈 重量	藥 種類	藥 重量
海岸礮	十五生的米達	五十倍	開花	四十一kg	無煙罐藥	二十kg
海岸礮	十九生的米達	四十倍	開花	八十五	無煙罐藥	二十四五
速射海岸礮	二十八生的米達		開花	三百四十五	圈藥	七四 / 四一
海岸礮	三十生的米達五	四十倍	實心	三百五	無煙罐藥	百四十
懸轉架海岸礮	二十一生的米達	四十倍	開花	百〇八	無烟罐藥	三十
管退水師礮	九生的米達二		開花	一七六	無烟罐藥	〇五四
高架礮	七生的米達五	二十五倍	開花	六	小方塊藥	〇五
管退過山礮	七生的米達五	十四倍	開花	五三	小片藥	〇一一三
守城高架礮	十二生的米達	三十倍	開花	二十一	無烟罐藥	四
守城高架礮	十生的米達	二十六倍	開花	十二	無烟罐藥	三二
短陸路礮	十生的米達五	十二倍	開花	十四	小片藥	〇三四

速率	引火	發數	距離	放法
九百九米達		一	四千米達	單放
八百		三	四千	快放
二百四十五 / 一百六十	開花彈引火 / 同	一 / 一	四千五百 / 二千一百	弧線放
八百八十		一	四千	單放
八百五十六		三	四千	快放
九百		十	二千	快放
四百五	開花彈引火	二十	九百	快放
二百八		五	二千	快放
六百六十五		五	四千	快放
七百六十		五	三千	快放
三百		五	三千	快放高昂三十度至四十度

以上各礮均在礮旁閱看

第二表

十二　十三　十四　十五　十六未演　十七

礮			彈		藥	
名目	口徑	身長	種類	重量	種類	重量
陸路管退礮	七生的二	三十倍	開花	六五kg	小片藥	○四六五kg
陸路管退礮	七生的米達二	三十倍	子母	六、五	小片藥	四六五
守城礮	十二生的米達	三十倍	開花	二十一	小罐藥	四
短陸路礮	十二生的	十四倍	開花	二十一	小片藥	○三一○
短陸路礮	十五生的	二十倍	入地開花	四十一	小片藥	○六○五
快礮	十五生的	四十九倍	鋼帽實心子	四十五	小罐藥	一七六

速率	引火	發數	靶子	距離	放法
五百米達	開花引火	二十	空地鐵板	一千米達	
五百	子母彈引火	十	三木牆	二千	快放
六百六十五	開花引火	五	土牆	二千	
二百十八	開花引火	不定	兵房要塞	三千六百	
二百十七	入地開花	一	平面	三千八百	
八百五十		一	厚三十生的鋼板	一百二十	

以上試放時均在靶傍閲看

是日試得發放之速率畧記如下不及五數者不計

五生的二管退水師礮　十放　十七秒

七生的五高架礮　二十放　四十三秒

七生的五管退過山礮　五放　十二秒

十二生的守城高架礮　五放　二十八秒（小障礙稍緩）

十生的守城高架礮　五放　十六秒

十生的五短陸路礮　五放　八秒

聞現今軍中所用者以五生的二管退水師礮爲最新各國多未有之者每分鐘約放四十五響管退而車架止微動非若舊式之深陷入地或倒退數尺致瞄準爲難也七生的五過山礮亦管退式爲今所常用中國已購有之價合中銀一萬餘兩因拆視其一各機據蔡琦言此礮最輕最佳最便攜帶重約四百基羅旬藍用此車時一馬即可牽走但不能駄耳廠中所鑄之礮大可至五十生的然未嘗一試之前曾爲意大利造一四十五生的巨礮歐洲推爲第一自茲絕響蓋過巨則費大又不良於用故各國無有購之者也後往觀靶子受彈

狀先二十開花彈散落空地遠近無大差異知其測量之精也次鐵板洞一大穴次木牆次土牆次土堆又次就近試鋼板凡靶旁閲礮之地率依山坡或樹林築室蔽蔭視之每室皆有守者時時以電話通問礮所俟宣號令放答問再四然後一發懼或誤也末又以反光鏡從屋頂小穴照取中礮狀明白如畫此尤礮台行營所必需者克虜伯廠每年於麥彭試演槍礮招致各國官紳來觀所費不貲是日各礮之費已八萬馬克云

一時三十分公司復招午飯席間互致頌詞三時辭別登車四時五十分至勞連 Rheine 五時五十分至門士他 Munster 皆大鎮也八時十五分至愛兒把非兒 Elberfeld 市長來迎入寓維顛和甫 Weidenhof 客棧

初七日晴早九時將乘懸車往愛兒把非兒巴門 Elberfeld Barmun 城因與市長等在寓先演說懸車之製法及其歷史

懸車者行走空中之一種電車也其用法結搆與紐約之天橋汽車略同其

所異者尋常車行兩軌此則一軌常車輪在車底此則以輪行軌上而車懸軌下占地較省而無震喧之聲蓋尤勝焉先是愛兒把門地多山高低不平有小河常淤淺不能行船故跨河道築一鐵橋兩旁以鐵架支拄之中爲懸軌置電車一往一來俾便通行其法無他但在築橋橋成而行車甚易矣然有須注意者河之兩旁大都山也行者苦不便一也河身甚狹故築橋極省地方二也河淺不通舟楫居人無所爭其利三也地多工廠工人往來至衆馬車電車已有不給之勢四也職此數因故事得竟成公私兩益榮名至今爲橋長凡一萬三千密達不足中國二十里築費計每里金錢六十萬馬克其累年人數之增加也當一千九百年坐車者約一百萬人而已次年驟增至三百餘萬去年乃幾一千萬人一日平均算之約來往三萬餘人此地人口凡十萬日出者十之一不可謂衆也從前車券每人十分尼嗣以招徠之故慮工人之齐賚也更爲購來往券者共十五分尼是月乃驟增六萬人計

一年中以人十分尼算凡百萬馬克然尚未獲利蓋建築時之工程浩大使然也

十時登懸車遊歷一周此車因河爲之間有在路上然大半皆跨河也河數有橋即因橋爲階置車站爲停車處下張鐵網車底微圓車甚輕每輛計重十噸每車一輛其上前後挂輪二輪旁一鐵鈎如彎月車即懸其下凡車四十輛來往各二十輛軌道寬故無轉折撞撞之慮每五分鐘開一次自後尚增添車輛加密時刻云下臨河水積淤不潔蓋爲工場染料之所從出也

十二時登煤氣車往觀總機房爲本懸車製電之所有機三座計二千匹馬力觀府尹公署有辦公室昏事註册室有議事堂署如議院而人數甚少議長中坐左右各六人餘員凡三十九各標名坐上四面圖畫備極軒豁藏俾士麥所遺各邦贈送寶刀甚多皆陳列以示客府尹扶翁克 Eunck 邀請午宴席次演說午帥爲致謝語

飯後至愛兒啓把土堡 Elberfeld Doppersberg 車站一時二十分啓行往觀維廉橋 Kaiser Wilhelm Bruche 此橋長四百六十五密達合中國七里高一百零七密達六三合三十丈築於前五年工程甚大費金錢一百萬馬克往者兩山相隔須繞道而行移時乃達自建此橋頓若縮地益於工人非少云因下車步行至橋旁眺望久之仍坐煤氣車往赴博士伯勒鄧爾君 Bottinger 之約鄧家巨富築室山中絕精美羅致古器物暨各國畫圖無算沿愛兒河諸顏料公司皆其業也余與午帥持贈以照片各一瀾川圖一幀及摺扇二鄧亦以所得銀瓷器二事爲報爲是夕設讌鎖內克 Sonneck 樓席間主人致頌詞余答謝數語同坐六十餘人美味紛錯所藏佳釀出供客者凡十種有一千八百七十四年獨鹿大葡萄酒 Dolue Grand Vin 爲最舊餘並十餘年前酒也

九時五十五分至動物園 Zoolog Garten 車站登瀛車往可侖 Koln 城十時三十五分到入寓德姆客棧 Dom Hotel 可侖爲西方一大都會街衢寬廣工商繁

庶人口約五十萬客棧亦宏敞殊常風景不亞柏林爲

初八日晴早八時二分坐火車往埃斐爾 Eifel 觀水壩途次先解說大概亦此地一大工程也

水壩者爲堵支門 Gemund 河之流勢引其水力以製電而設也河流自支門蜿蜒入山間漸淺漸泛河身高低之差有相距至二十丈者勢甚峻急故設法爲壩以堵之乃於壩下穿洞引水過隔山下行急流即借此以運機約能生五千匹馬力云創始者阿圖演特 Geheimeat Otto Intze 也其水湍流常急雖冬月水亦不涸惟每年七八月間最少其時仍有二千五百匹馬力非盡不能用也河長五十餘里計水凡四千五百萬噸支流四達借以生電之處甚多欲求馬力若干即視水之壓力大小而定爲

九時五十分至支門 Gemund 坐煤氣車至河旁乘小火輪遊玩自麥彭至此多大山荒野此地高山臨水風景殊佳未幾至水壩登岸臨觀壩築石爲之於

其上建石橋繞以鐵欄壩長十六丈高十七丈壩內水勢泛溢視昔間高三十五丈故其力甚大如遇水滿至口則別有水管使洩於他處不使過溢焉橋下挖洞甚深通至電力機器廠凡長三千密達約中國五里壩外下臨深谷有石級可下計此壩工程雖大而無他謬巧蓋卽加拿大大瀑布製電之法非若多門河之遊思獨運者也十二時復自小火輪回登車易煤氣車三十分至比占門尼 Bergemann 客棧午食主人設酒待客並致頌語旋乘電車下山往觀電力機器公司快車下坡峯迴路轉頗若有耳後生風之概誠遊山所不可多得者也至則以傍山路狹易安車飾以松枝樹葉徧插黃旗以表歡迎之意廠中爲大機器六座下觀地洞卽水所自來運六機者也借用水力之法與大瀑布略同觀電線總機室收電室吸取天空中電氣於此以供用焉城中各廠多取給此公司者是日禮拜日工廠多停工故止開一機馬力已足云廠爲公衆合資者凡有股票之家用電均可從廉也

按以水摶輪生電之法可省煤及人力爲利甚鉅顧其創始必糜無數貲本乃克成之吾國水道貫注可倚爲用之處甚多兩粵雲貴山泉廢棄尤爲不鮮然愚人未知用電之理非惟觀望不前而農田水利往往一渠之水數家分之以上下流之故啓爭不已況以一公司之權截水流而擅其利能不興訟否耶

四時五十分乘火車回可侖夜府尹邀往內士戲園 Neues Ctadttheater 觀劇此院地甚博麗與巴黎國家戲院相等樓分四層觀者甚衆是夜所演無甚可觀而布景之工乃其能事十一時三十分回寓

初九日晴早九時十五分至車站鄧爾來迎偕登汽車往觀顏料廠五十五分至利得爾城 Littel 先觀顏料作室陳列藥料演說染料之大意及其方法據言各種顏色皆以所列藥塊相和加以鹽強卽成他色千變萬化皆由此出凡藥料不能染物必配他料經數次乃能染物也現本廠所有顏色不下三千種云

廠中工人五千餘名工程師一千餘名又有化學教師百餘人皆大學考取染料專門者故能研究日精無美不備也有大機器三座爲運用水力總機關每日能運水三萬六千噸此廠每年生業約六千萬馬克英美俄中日諸國皆銷售其貨而以美國爲最多約占三分之一蓋英美皆無此大工之顏料廠也中國粵港津滬各口岸皆有分店卽順全隆是也兼售各種藥類每年貿易金額約三萬馬克此廠乃合股興辦非一人所成其創建已五十年之久云乘電車往觀碎石場有各種碎石機器及火爐置琉黃硝等智製取各材料觀化學場陳列各藥料皆備教師於此講解顏料之意且指引製造之方法學者咸在此研究炮製又觀硝解腐臭製作場觀製冰室以鐵管長方形貯水使減盡熱度卽成冰爲化學製藥之用觀製造藥料搗碎曬乾皆在於此觀陳列藥料場封包裝罐運送貼商標半用機器不假人工亦卽爲陳列標本之地觀裝鐵桶室又觀藥物場如各種藥粉藥餅皆此藥物所製也製合卷紙刷糊加釘裝瓶裝

礶秤藥等皆以女工馭機器爲之敏捷逾常十人可省其三場中女工凡三百餘人有易衣室有盥洗室有操場因觀女工體操由女教師教演之觀染色製作場所列各種絲類標本甚多亜有織成尺幅者時已正午主人設讌款客並奏樂十齣以侑酒其目如下

一大王樂（著名之兵樂）

二呂祖將軍勇往之馬甲樂

三金玫瑰花樂

四行人快活樂

五吉士懷春之喇叭樂

六自喜亦須共喜將用何法乎之樂

七谷口無有熱鬧之樂

八日本國人唱樂之樂

九德國人唱曲之樂

十普國兵樂

以上皆本公司之樂會所編成也酒次致頌如禮初擬往觀工人住室既以晚辭不往二時十分登火車五十分到可侖回寓

三時出觀大教堂此歐洲第二大教堂也在本店之前高四十丈崇麗莊嚴規

模特異構以白石徧刻名像在法國古教堂亦有似此者然彼第三間此則五間殆無其偶云建於一千二百七十八年至今七百年矣中有寶物室所藏多遺物古器之關於宗教者如十字架之屬嵌以珍珠寶石或刻象牙類十八九世紀物也又有臘丁文古籍有羅馬教皇諸像主教導觀甚殷勤

觀本城市場此市場面積甚廣四面凭樓下有地洞計買地之費三百五十萬馬克建築之費二百五十萬馬克蓋以地居城之中央四方皆來此買賣故地價甚貴也凡魚肉蔬果餅餌之屬分別陳列租地設售者每一平方尺納金六十分尼此以日算以月算則每日四十分尼而已此種稅金每年以百分之七補回買地脩建之費約十餘年卽可清完云廠中經理官凡二十四人地窟皆冰房也需冰物者納租三十馬克至五十馬克所藏之冰有最冷至寒暑表五度以下者蓋藏肉之地如此其藏果瓜等屬者以次少減以不如肉之易壞故也觀造冰室機器房

觀工藝學堂此特立之職工學堂也小學校卒業後入之生徒二百三十九人教員十六人學費每半年人納一百馬克學費不足則由公家助之一年約十萬馬克學科凡十六門以肆八門者爲合格觀大會堂教室畫圖室藏書室六時回寓夜八時府尹伯克福 Becker 邀飲公署署五百年舊築也同席四十人府尹演說致頌午帥答之十一時三十分歸

初十日晴早八時四十五分乘汽車往都士城 Düssel dorf 九時三十分到卽往觀愛爾克槍礮廠 Rheinische Metallwaaren und Maschinenfabrik 愛爾克 Geheimer Baurat Ehrhardt 卽創辦主人以其名名公司也觀鎔鐵場礮筒製造場製筒時皆以方塊鋼鐵壓圓鑽孔漸壓使長故厚薄勻而無縫孔之患其有以鐵板加釬使合縫者則惟用於汽管有之汽管每天可成一千五百啓羅約敷中國三里之用云觀槍管磨治場彈殼場刨光場觀礮彈裝送法凡大礮藥彈皆分放而別以管送之小礮則合裝一處入子彈時皆先秤重有一定分量其中管則

藏炸藥外以松香封固取引火也旋觀各槍礮模型並試演七生的六二管退礮一尊連架共重六百餘斤拆件分駝約用騾子五頭可勝載復取裝放不過十分鐘可以燃放矣定價每四尊連藥彈二千凡二十萬馬克似比克虜伯爲貴矣廠中每年售出之礮連子彈約可車載二萬輛云此廠規模頗大是日所閱則以礮彈爲最多其製鋼彈之機器多屬新式者

一時廠主人請午飯於柏克 Park 客棧並以樂工男女數人奏羅馬古樂以侑酒同席四十餘人互致頌詞如禮

三時往觀油畫院此院所列之畫皆屬新畫精美巧妙者甚多故不以藏古見長蓋都士城多名畫師價重一時有以也

往赴鋼鐵總公司茶會總辦爲演說公司事頗詳蓋本國鐵鑛公司凡三十六家特組織一總會爲聯絡聲氣之用其目的則以持平市價摧抑外來務抵制他國鐵貨之入口爲主此其辦公地也

六時市長邀飲署中席上致頌並約觀劇膳畢隨往戲院此院建築亦巨麗觀者甚衆所演多演技雜齣中有變相一齣一人能於數分鐘間易容爲古來名人如畢士麥毛奇威廉第一及著名詩人等變換神速神氣畢肖最爲奇觀劇未畢出往萬國油畫學會到者二百餘人會員衣古代各國衣飾殊形詭制挾樂歌嗚嗚並各飛觴以勸客臨別爲署名以誌盛會午帥並允以宋馬遠所畫山水爲贈焉回寓已十二時矣市長復請觀電燈影戲至二時乃就寢

十一日晴早都士武官送軍樂一部以贈行十時五十分乘汽車東行返柏林市長到送行情意甚殷摯十一時四十五分至愛生十二時至博岑蘇 Bochumsud 二十五分至多門一時三十分午飯五十分至比爾非爾 Bielefeld 三時二十分至漢奴華 Hannover 六時四十五分至柏林仍寓王宮客棧

十二日晴早十時出拜前領事克納貝及駐德丹國公使並約以到丹國托其先容下午往觀電線公司觀海底地底各電機器甚多海底電線每里約六萬

馬克云

晚七時德華銀行就本棧邀飯代表人繆拉 Mueller 主席同席六十九人席次致頌余答謝之席後觀電燈影戲演男女歌唱狀以留聲機器按拍合之有聲有色妙造自然此又影戲之特色者也

十三日晴早往觀瀛車製造廠觀瀛筒製造場凡瀛車之管俱分數截續時燒赤鑽孔以鐵釘貫之使其漲力增大也觀鎔鐵鎚鐵廠製鍋爐法前鍋爐概用巨塊今則概改爲多管法蓋如此然後易熱此物理學家所發明者云觀總機房有機器四具馬力五百匹觀土做車輪模型及木製模型鐵器場凡廠中所用各小器具皆自製之觀造成之汽車機廠中有鐵軌每機造成於此試行之聞此車機用熱水加天氣壓力使漲而能行不用煤然不過三四小時卽須加氣乃可凡煤公司及不能著煤氣之處概用此法所以避險也每機可以運二十噸重之車凡二十輛其行之速與煤氣車無異云此廠分廠甚多地凡四千

餘畝工人約四千名創始人爲亞波息 A.Borsig 至今已七十年卽以其名爲公司之名主人兄弟留午食旋返寓夜七時三十分德皇請觀劇於國家戲院 Opernhaus

十四日晴早九時往觀郵政局郵政總辦華洛克 Mathias warucke 導觀一切此局每日郵信約七十萬封分局凡二十四處凡用以分送之車十五輛其有信上住址書寫未淸別設一所有專員依所書地址分別詳考分送故雖僅書某店而不著衙名或僅列門牌而不詳某段者皆能按圖查出蓋由道里戶口圖甲瞭然可稽故能使信件無浮沈之歎誠周密也並往觀電報局凡郵政分局皆設電報處以便傳遞消息此其一也

下午一時二十五分乘汽車前往南方遊歷同行者伍光建劉若曾施肇基溫秉忠陳琪關冕鈞馮祥光舒淸阿姚廣順金煥章善明馬德潤巴斯等十餘人六時四十分至啓露 Kiel 入日耳曼尼亞 Germenia 客寓七時晚膳旋往海邊

一游月色正圓游人聚觀甚形歡悅

十五日晴一時與午帥帶參隨等往見德親王亨利 Henri 及王妃因設讌府中席次亨利親王爲言中國今日當注重練兵尤在由皇帝以身倡之練兵之道不在於務遠略而在於保太平也與前見德皇所言同意又言彼與王妃前八年到中國極蒙
兩宮相待之優至今不忘云回寓後又往拜亞親王 Prinz Adalbert of prussia 爲
今皇第三世子年二十三歲矣室內懸中國器物甚衆有
太后御筆花卉一幀懸之中堂他陳列多中國瓷器及景泰藍等件又有雕刻象牙頌詞小屏二扇爲膠島人民所送者

往觀救火會與柏林火險局大致相同尋往察視海岸詢知此河爲前十二年所開浚經費一萬五千萬馬克上築大橋一道高跨空際其下可行萬數千噸之輪船河中自兵輪外皆須納捐惟其額甚微原爲行船便利而設非以牟利

也歸途夕陽在山明月已上林木成行盡含生意隄邊緑草細軟如茵令人賞心不盡晚市長就客棧請飲詢知本地人民凡十六萬口較之前十年殆加三倍可見其生殖之速有中學堂凡四小學堂二十餘所工人約六萬名地價之貴踰於柏林蓋興盛之區方未艾也余與午帥贈亨利親王及王妃禮物是日並齎以來王見報銀玻璃碗一亞親王亦以相片爲贈

十六日晴早九時出乘小輪往觀克盧伯船隖隖有乾隖與水隖之分乾隖者造成一船用木板推而下之水隖則蓄水浮船及工竣臨行而放水使出者也此隖現造之小輪四艘又萬八千噸輪船一艘均乾隖所成云觀製造海底魚雷總辦甚祕密引余與午帥入觀餘人並不令同視觀船內機房及水兵房位船形像魚首尾皆銳而兩旁有翼故謂之魚雷船底有筒魚雷卽由此放出其鋼板極厚能抵禦堅礮其船身分七段各段及器物均可拆開能以車運送每十二艘價凡一千五百萬馬克每艘帶魚雷凡五每魚雷價值一萬五千至二

萬馬克又觀型模所機器房出觀水師船廠此廠多爲脩理舊船之用廠中房
室與他船署同閱畢往兵輪啜茶小憩
觀水師學堂此學堂設額二百名現有學生一百七十八人觀講室數處惜時
放學無可觀覽匆匆遽去至賽船會午飯在坐皆武員也飯後觀試演魚雷船
列船五艘排陳齊整同時開放分合俱有秩序先演空魚雷三後復行實彈試
演計魚雷一具長約三尺餘形與礮彈無異施放時先設鐵板爲敵船狀魚雷
直落水中約一分鐘其彈中鐵板上立時炸碎飛高至三十邁當聞每魚雷中
需火藥二百磅故勢極猛烈洵爲破敵之利器矣德國自十八世紀以來國勢
日張推廣海軍不遺餘力此地爲天生軍港近五十年來竭力擴充思與英倫
角爭海上進步方未可量也五時回寓夜八時赴海軍公所讌十一時回
十七日晴天氣漸暖裁可夾衣早九時乘瀛車往漢堡口十一時三十分到市
長布時克 Burchardt 及亞細亞商會會長來迎即偕循河岸游行是處水淨無

塵空明一碧小舟來往白鳧游泳景色殊佳市長爲言當拿破侖侵入之時此
地全遭蹂躪人民僅餘六萬至今不及百年已增至六十萬進步之速如此小
學堂計每年須添三所始足敷用而商業之振興亦與戶口之繁盛爲正比例
故此地肩摩轂擊列肆駢闐彷彿紐約爲漢堡爲世界第三商埠在德國爲第
一口岸面積凡百五十八方里地當愛爾柏 Elpe 河口扼北歐貿易之咽喉商
業發達與中國通商有年其輸出入之貨物穀米織物金銀等此地貨棧林立
凡貨物未入內港存放貨棧者例有收稅云游既入寓漢堡哥 Hamburger 客
店店面河一往空闊澄心爽目
午出赴市長讌席設署中署構造極壯麗比柏林各部衙門尤爲宏敞十年以
前中更火災再行建築所用經費凡一萬四千馬克可謂偉矣在座數十人主
賓盡歡飯後乘小輪游河上商船如織徧掛國旗以示敬禮河有天橋曰聖普
利 StPauli 尋往登最巨輪船名曰德意志載重二萬二千噸在船中啜茶游視

一周登岸回寓
晚亞細亞商會各商公讌席次宣頌甚致懇懃余答以戶口繁殖與商業振興
相爲因果此地爲德國最要之口岸亦即爲北方最大之商場而商務之盛人
口之增速率如此誠不可限且地便交通與吾國商務往來歷有年所會中諸
君大半曾到中國情誼最爲親切方今中國維新政治凡商律刑法之屬皆將
斟酌損益以期彼此通行同沾利益想貴邦人士之戾止者必當日見加增此
外若鐵路礦務機器工程等學中國事當創始所取資於貴國者良多觀今日
主人情誼之殷亦即將來能惠助友邦之券特舉一觴爲諸君壽云云衆咸歡
樂晚主人復邀觀劇客能操華語者甚多有兵官威樂爾商人威禮士前充稅
務司文案云此夜月色正佳兩河夾岸燈光萬點燿映水際覺視英倫巴黎別
饒清景也
十八日晴暖甚早九時往觀校獸園有一圈七獅四熊二虎二狗教之演習馴

擾可親其他海狗海馬犀象虎豹之屬不一觀萬生園所畜珍禽奇獸以及鱗
介各種甚衆兼可代購發售大致與英國百獸園相同惟不及彼園之宏富耳
鹿豹一種產自非洲來歐數月已數見不鮮其狀馬首牛尾鹿身長頸有角西
人以爲中國古所謂麟者即此此事殊難確證因思中國古書稱龍麟鸞鳳諸
瑞物皆不經見蓋緣此種久已不傳亦與歐洲上古之大鳥大獸同例（中世
以後所稱龍見鳳至皆其贋者耳） 顧西人必以吾國所謂龍者麟者爲並無
此物抑亦不達之甚矣要之此鹿之即爲麟與否所不可知藉曰果然而其種
之流傳至今幾經變遷無論爲退化爲改良總之鹿自爲鹿必不得强名之以
古代之麟則可決也出赴禮和洋行總辦分婆薩之請其酒店爲歐洲著名之
地云
三時登汽車往柏雷門 Bremen 四時三十分至市長巴爾克純 Barkhansen 及
諸議紳出迎同游博物院中藏各國土產服物如埃及古尸荷蘭希臘西班牙

暹羅墨西哥及南美洲各國器具爲多其中國器皿書畫則皆其至劣者蓋由諸國博物院之積款購置者取備物而已良窳非所論也且其所托以購物之人不過商家敎士游歷者三種彼其所與往來者大都中下社會宜於舉劣物以塞責又以吾國之出售惡貨於外人者非奸商小人莫爲也故凡弓韄煙具神像之屬遂以揚祖國之汚點而爲代表全國之物品可痛也已入希耳綿士 Hillmanns 客寓七時赴市長署公讌庭宇爲五百年舊物崇閎堅固儼如王宮帝院非尋常衙署所有也有金屋一四壁塗金尤焜燿奪目主客四十餘人酒胾紛綸備極侈泰設酒饗客以年久爲次自三十年至六十年者凡九種酒罷復至內室酌所謂三百年舊酒者誠陳物也按柏雷門爲德國第二口岸據會沙 Weser 河畔輪船往來必經於此面積凡九十九方里人口二十餘萬商業之盛亞於漢堡計日耳曼聯邦中自王國大公國公國侯國之外有所謂三自由都府者由昔時騷亂之世而獨立用共和政體以自治與聯邦之立憲者

特殊卽漢堡柏雷門與魯勃克 Lubuck 是也三都府旣皆自治主國而統屬於德意志帝國之下柏雷門一地有上下議院中學堂四所小學堂四十所云所見山原開曠林木茂盛男女歡娛有熙皞氣象自西方各省游歷後以至此地山水之秀風日之美街衢之脩潔人物之彬雅無不使人神怡何沃土之多也

十九日晴早八時四十分乘火車往觀柏雷門商港觀船隖建築堅固以水壩開閉爲蓄洩用經費凡一千五百萬馬克旋往觀蠟船型模由繪圖後用蠟試驗並能測吃水之高下馬力之輕重行船之速率自此廠建造以來各國送來考驗者甚多云出往觀克符露商船輪船公司總辦博勒特請午膳此船重二萬二千噸往來大西洋間視前所乘西伯利亞船爲巨云飯畢乘火車回柏雷門易車返柏林九時二十五分到仍入王宮客棧得駐義公使黃宣庭來信知所委王繼曾陳籙兩生已到羅馬並派員幫同先行考察矣

二十日晴在寓是日爲西人四月十三號乃耶穌受難之日居人皆入禮拜堂祈禱市閭一律關閉與休息日無異人家競以瓷製雞子相遺名曰雞子節蓋德人最重宗敎此其大紀念日故市肆衙署其日不復辦事云午往觀百獸園游人甚衆列坐呼酒或啜茗爲樂

二十一日晴早往觀瓷器公司有德皇所賜花瓶一座製造精巧信爲貴品然大較德國瓷器不足以勝吾國顧其價殊昂若吾國業是者益求工以投外人之好直廉物美未始不足奪彼利權也午後往觀玻璃店並選購大小器數十種夜赴猶太巨商華士坫 Wertheim 之約

二十二日晴以明日將往丹麥分派陳琪陸宗輿管尚平恒晋四人於二十五日先往俄京調查一切初瑞典駐德公使傳其政府之命聞余等之至丹也擬請便道過彼游歷旋據情電請外部代奏得
旨允准今特定於丹國游歷後卽折往瑞京乃歸柏林焉是早往觀油畫店兩

家午後訪廕使留飯乃返

出使九國日記卷七終

出使九國日記卷八

二十三日晴天驟凉早由柏林赴丹京八時往士得巔車站四十五分登車自此北行氣候漸冷幸在外國已逮夏初尚非嚴寒耳同行者劉若曾伍光建施肇基關冕鈞温秉忠鄧邦述姚廣順關賡麟岳昭燏陳毅唐元湛高而謙善明巴斯並僕從凡二十人丹政府先備花車一輛及頭等車來迎車式亦整齊繇麗與德國式相近十時四十分至紐士托剌齊 Neustrelitz 十二時五分午飯四十五分至魯士托克 Rostock 一時五分至窩捻門地 Wornemunde 自此渡海即波羅的海 Baltic sea 也渡海法以輪船載汽車十數輛逕達彼岸船中鐵軌與岸上鐵軌相銜接與美國所見法畧同行兩小時許三時二十五分登岸至基沙奧地 Gjedser odde 丹國外部派員滿特 Commandeur Munter 遠接於此滿前嘗至中國前後三年出入李文忠幕下北洋水師學堂季考嘗委充會考員通英法德三國語以其熟悉情形故遣使招待也詢知丹國以農牧爲立國之本

有牧牛場每年所出牛油專運往英國者不下六七百萬磅又有麥酒釀造所瓷器公司麥酒嘗運至中國此皆其國之名產云四時三十五分至阿祖弗 O-rchoved 再過海峽此峽甚隘亦以輪載送而頃刻可達蓋丹國本數小島所成周圍皆水也此海峽四圍小島水際怪石起伏每當夏令避暑遊人尤盛云五時十分登岸至馬士烈申 Masredsund 七時二十五分至丹京可本海根 K-jobenhavn 入寓鳳凰客店 Phonix hotel 丹王定於明日午刻受見

二十四日晴早丹外部遣大禮官毛奇伯爵 Le Comte Moctke 來導並講演儀節十二時二十分丹政府以雙馬宮車來迎與午帥帶叅隨等十三員入王宮宮室制度彷彿德京而陳飾之華麗護衛之嚴密遠不之及禮官引至旁殿小俟門啓引余與午帥並伍光建先進行鞠躬禮丹王離立座次王后及王弟王太子王少子太子妃兩公主咸在先由丹王宣讀頌詞伍光建譯云

貴國大皇帝派兩位大臣來丹查攷予甚喜悅深盼此次游歷可以固兩國之

邦交並可以推廣兩國二百餘年以來之商務兩位大臣所願意考查之事甚願悉舉以相眎予深信貴大臣等此次來丹甚有裨益於兩國云云譯訖余乃宣讀頌詞畧云今奉

大清國大皇帝電傳諭旨准如貴國所請來丹遊歷覲見

大丹國大君主並敬奉我

皇太后

皇上之命恭問

大丹國大君主

王后安好此次本大臣等游歷來丹得以覲見不勝榮幸謹頌

大丹國大君主福壽康彊並大丹國人民幸福等語譯訖鞠躬並與殿中諸人握手爲禮禮官以次導叅隨諸員入見丹王王后並能通英法德諸國語咸握手慰勞久之時丹王以有喪服王后以下均御縞裳不克設讌如禮自云深以

爲歉余等道謝旋辭出與各部大臣相見返寓易常服往謁王弟華耳特麻 W-aldemar 及王太子克里士頓 Christian 飯後往拜外部大臣拉奔勒威蘇 Le Cou-nt Raben Levetzau 觀地方公署署新建纔五年搆式甚新建築之費凡五百萬克郎尼（丹幣合中銀四角）皆地方公款云內有各辦公室有議事堂畧如議院之制惟上座平列下坐環列內向少有不同耳有藏書室惜皆丹文叅隨無能讀之者

出郊外觀試演新式七生的六五快槍此槍施放極速行軍最便藥彈每二十五子爲一匣八匣爲一囊此彈囊甚輕馬兵常可駝二囊凡子彈四百別一空騎可駝十二囊凡一馬兵可攜子彈二千八百此槍每枝連子彈二百價值合中銀約八百兩今年北洋由此購去不少因令馬兵二步兵四試放數回復試小手槍亦均利用之器因偕往製槍廠一觀此廠專製槍管各機不製子彈其用機器鑽孔刨光如法仍以人手磨治比較之蓋微細之處務益求精有時機

器不及人力云工人凡五百名

觀穢渠戽機場丹京治渠之法於城中分爲兩大支瀦池引流人家不潔之水復由此兩池引渠致此場內設巨機抽戽之輪以巨管而運之海底其機器乃法國所造計六百馬力鐵管徑大可合中國二尺五寸每日戽出之水甚多有電氣自動表記其數大抵日中不潔之水流出較多夜間較少其地下之管時須修理因沙泥淤鑪恒易壞也余按此事工程極大而於人民衛生所益非鮮都市繁盛之區尤不可緩倡地方自治者尙其謀諸

夜七時三十分外部大臣拉奔勒威蘇請飲本宅各國駐使並同席滿特又分延參隨數人飲其家余等尋亦往訪之見其夫人及其兩子若子婦長子婦爲歌兩闋以娛客嫋嫋可聽

二十五日晴早分遣溫秉忠姚廣順唐元湛善明及洋員沙洛 Schaller 往觀船廠奶油製造廠沙德國人能通京語自柏林隨來禮和洋行所委招待員也

余與午帥帶參隨等往觀博物院院長伯靈幹泊 Blinkenberg 引觀各室內多藏千年來古碑自石而銅而鐵每一時代制器由拙而工大抵從同

有蠣殼山積相傳近海皆如此而某地獨多攷古家悟爲上古時居人食蠣充饑所遺也從其處深掘之得古器物無算並有刳木之船數艘焉

古時所用斧以石爲之本院搜羅至數千柄僅其一木柄尙未毀然已斷缺今用火酒浸之俾可永久

藏古棺數四古屍散髮裹衣衣服色黑以麤旃爲之男腰有帶懸小銅牌持刀帽圓如今式女則項有銅圈束帶懸大銅牌圓如鏡中有銳鋒此外尙有殉葬之物皆從古棺毀壞之後想像搜索而得之者也

古俗有火葬者人死以土爲鍋支石煮之俟其化取骨及他用物雜投地中或樹空

兵器則以長木爲槍上著銳刃與馬兵所用相似兵人衣鐵環甲一手握長槍

二一手執盾

指環手釧項圈皆甚多款式不一

所最奇者刻石爲骰子上列一二三四五六點數位置悉同中國又有黑白棋子其棋秤已碎壞然尙約畧可數適符十九道之數與吾國圍棋無不暗合眞咄咄奇事頗疑中國故物流傳此間而院長則堅謂非是惟無從憶其何年代及所從來耳又有銅角用以飲酒則與吾國吻合蓋爵角通用而觥觚等字悉從角旁角固古之酒器也

此外有宗教上古物如十字架像古書祭器木壁神像畫圖及箱籠几桌家具無數

別室藏各國古物如非洲南美洲北海大島以及印度日本古器物甚衆其所庋中國器物如瓷器織畫雕漆雕牙縷金尙不甚劣

一時往布里士圖 Bristol 客店午飯此可平海根最著名之大酒店也前丹王歿各國來會葬者皆居此云

飯後觀瓷器公司此公司初爲官辦今歸商辦每年運往外國者以紐約倫敦巴黎爲多觀所模各種人形皆極工細其畫花磨刷雕刻上色挖花概用女工凡廠中女工二百五十人

觀麥酒公司此公司極大歐洲推爲麥酒公司中第一家其釀造之法先用大麥灑之以水加熱度至六十二度約四日至九日間使盡發芽次以機器磨爛成漿輸入銅管注之鍋爐蒸之使熱俟火候已足復以機研淨之麥芽本含糖質至此變爲一種甜味流質自此流注於管內復以槐花煮之卽成酒矣煮後須裝巨桶宜使之發酵約十四五日乃成發酵之後入巨桶中貯冰室使其熱減至零度以下凡閱八月卽移他處用機器裝放酒桶中而事畢矣其巨桶則廠中凡三千之多云（每一桶內容三千五百列托 Litre）煮時不用槐花（或云鬱金）亦可成酒不過加槐花則味較香且有槐花酒可經久否則易壞耳

公司每年所出貨約六十萬哈托列托（每哈托列托爲二百磅）卽六百噸也
復觀盛瓶場場中執役槪用女工每日盛酒可三十五萬瓶回寓歸途觀瓷器店

夜九時往戲園Cirkus觀劇此園甚小無樓僅坐千餘人每客座皆有桌以便呼飲劇場布置亦未得宜所演爲雜齣如變法游戲舞女歌姬之屬內一男一女演槍技每發必中能背後射中及百步仰身翻射左右兩槍齊射望空射均無虛發最爲可觀實絕技也夜有風

二十六日大雨早分致呈送國王王后及大臣禮物計呈丹王禮品

大地毯一張

康熙鐵釉瓶一座

丹后禮品

雕漆合一對

花緞兩疋

其餘兩公主外部大臣及夫人女公子博物院院長贈物有差

九時四十五分觀病院院有電光殺蟲之法凡皮膚之病悉由黴菌展轉傳桨均可以光愈之不必服藥雖潰爛蔓延均可醫治其法以銅管撮取電光於內光由管射出管口爲玻璃引手就光良久卽灼熱不可耐施治時病者臥其側以管就患處射之而別以鏡盛水障其光使不至苦痛也光射入膚內血中一切疫毒卽漸漸殺盡每次約照七十分之久乃令稍息大約醫愈之遲速一由其病之輕重及其施光之多寡此法式發明不過八年而已其服役槪屬女工臨光時戴墨眼鏡以自障其面部全瘋者以布縛其目倍光力照之入治者大都花柳之病爲多云院長引觀所醫愈之男女人等並以初來相片相印證大抵早來求治者面目率可復原遲來則有三年乃愈者亦有竟不能全愈者別有電光洗浴室室中然放電光使病者裸臥牀上受電光照灼使心肝諸臟動

度調勻云又言如派醫官來學約三月至六月卽可卒業此院尚有治內科諸室此其最新異者也

出游海岸繞行一周登阿士喀Oscar商船此丹麥商船也往來紐約間載重一萬噸每一小時能行十五海里自此西行十日可至紐約此船下水不過四年其他與此等者尙有三艘船主導觀各室均整齊修潔少憩登岸

觀電力製造所內機器凡馬力一千三百匹分供各處之用海岸一切起重運載諸機悉賴乎此

至商會午飯地臨河景色絕佳一公家賽船會也同席凡五十人席次宣頌詞余答謝並祝兩國商務之發達

觀農務學堂內有城鄉人口牲畜穀米屋宇農具進化統計表自一千八百年至今節節比較迴相懸絕蓋前者人人皆爲小農各業其業今則知其爲弊一切合資組織一大公司是以凡事無不操勝算資本愈大魄力愈雄用人愈衆

分功愈細故能操縱自若大氣包舉少有虧耗不足牽其全局所謂托拉士梯也觀植物標本室列草類穀種礦石標本無數有一器盛麥子於上以厚薄紙或呢布隔之蓋以玻罩下用火熱之使之發芽以攷驗其遲速此丹國獨創之新法云又丹國當前世紀時未有均地之法人民各耕一地田壤相錯坵叚參差甚者或一人數地分隔異縣顧此失彼至爲不便逮一千七百八十一年始定爲今法而零畦斷畝化爲絕大良田其農疇村莊往昔之制至此悉由散而聚此農事改良之由來也觀奶油提取機器室有機一每日可提出二百頭母牛所出之乳其他關於牛乳用具如桶瓶等物羅列標本模型及其沿革甚備觀農務化學教室礦石室化學實驗室觀獸醫院內列獸骼及介類各標本有獸醫講堂有解剖場此學堂計分五科曰農科曰獸醫科曰蒔種花草科曰森林科曰量地科卒業之期獸醫科四年有半農科兩年量地科四年森林科五年花草科二年學費每年一百克郎尼現今教員二十五人生徒四百人

二十七日陰早十時十五分往觀馬槳醫病院其法取毒藥中於馬身使合相當之度（勿令太多否則致斃）取其血以藥配之用以治病無不應手奏效以醫鵝喉症爲最宜鼠疫亦能應驗聞上海已有立局云大約即取種牛痘之法推廣而變通之者也院中蓄馬兎雞鼠之屬蓋取以驗其藥之輕重應否者

觀大學堂丹麥大學堂創始甚古頗著名於歐洲堂中學生凡二千人敎員二十四人所學分宗敎哲學理化醫學等科而無其他實業之學與各國大學稍異豈眞如德皇之所云襲德國從前之學風騖精於虛至今未變耶聞別有實業學堂惜以無暇未往觀也午至布里士圖客店午膳

觀貧民小學堂堂中並設有女學男女合計約二千人以專爲貧民而設之故不收學費其極貧至不能餬口者設一小食以待之觀物理敎室唱歌敎室女學則觀縫紉敎室至體操場觀習跳躍其他所敎有烹飪洗衣灑掃之屬皆婦人所必需者意誠善也

觀舊王宮中多懸第八第九兩王及后太子各像宮殿寢室之外又有跳舞室觀書室他室甚多皆宏麗無匹其珠寶牙漆諸器皆數百年舊物光豔如新油畫織像張壁殆徧以小國之王而窮極華侈不爲土階茅茨之風誠意所不及也

觀軍器陳列院所列刀劍槍砲極多其古代遺物飾造之華麗尤不經見所難者儲藏極富而光可鑑人抑可知其典守之勤已

是日丹王贈余及午帥頭等丹納拔落 Dannebrogordenen 寶星各一參隨中劉若曾伍光建及岳昭燏寶星各一

七時三十分赴大北電報公司東亞輪船公司公讌是夜並請王弟華耳特麻同宴與席者一百五十人席次兩公司總辦單女查 Denutzre 藥因純 Lüenson 以次致頌丹國國王及中國

兩宮福壽聞奏兩國國樂備形歡洽午帥答謝並頌華耳親王主人復致頌貴

賓之家屬禮也席散暢談久之是夕讌於英吉利大酒店 Engleterry Hotel 宏壯輪奐有巴黎大客廌氣象十時三十分始歸聞舊金山地震因而大火死千餘人

二十八日陰早十時往觀銀瓷店

觀油畫院院有樓樓上所列名人油畫甚衆景色如眞神氣欲活其繪窗光燈影尤無微不至洵可人也畫工皆時人亦藏以待價皆畫一定之値授院長故不能爲低昂云

午王弟請午膳王妃同席並見贈瓷海馬一頭小瓷瓶一枚參隨同往者三人餘員爲外部司員分邀往英吉利酒店

午後觀公估局局當大路之衝建築宏壯商民頗衆

觀美術院院爲麥酒公司主人某所創辦地方絕大多在搆造中外間陳列石塑諸像備極精工有立者有坐者有臥者有騎者有乳兒者肆樂者種種歡喜

恐怖者而裸體女像爲多皆花貌雪膚細筋入骨稱爲美術中之上品信不虛也其內則分列埃及希臘羅馬諸名國之古碑石像不可勝計類皆二千年物也有羅馬石浴盤尤佳別室藏古畫多樸陋單簡蓋緣壁所用者主人家巨富出所藏以建此院費不下數百萬云足以風矣

六時至各大臣宅辭行七時出海岸登馬耳摩 Malmo 汽船渡海送行者數十人華人僑居丹國者計僅三人粵人甘某流寓此地習機器數年能丹語聘有土婦今日來謁並挈其婦送行焉七時十五分出海口在船中晚膳

丹麥爲歐洲原隰之國三面臨海地方狹小面積僅十五萬二千一百八十方里人民二百五十餘萬而政治工商多可觀者政體爲君民共主有上下議院行政凡分八部曰內部曰外部曰法部曰度支部曰陸軍部曰海軍部曰文部兼敎部曰冰島大臣國中常備續備兵止六萬名其可法者則就學用強迫主義普通敎育徧於國中自餘瓷器麥酒電政醫學至爲發明以蕞爾小國土地

闢田野治乘海綫延長之優勝商業興盛舟船如織百姓歡娛樂保太平介於列雄而無侵削之懼地雖褊小大邦或來取法焉孟子曰雖大國必畏之誠哉或者未察譌爲歐洲之祖母以謂國所以立緊和親是賴殆不然矣

丹麥爲諸小島所組成故天氣温溼雨雪恒有宜於農事與日本同古昔丹民以農立國嗣後一變而事畜牧由其國絕無高山實一大平原也故往往農田易爲牧場至今馬牛羊鹿之屬遍於原澤牛酪之盛歐洲仰給焉

八時五十五分登岸瑞典外部派員備車來迎車飾華美布置妥貼九時三十分啓行夜宿車中頗穩

二十九日陰早汽車行經山洞數處所過山明水秀樹木扶疏瑞典素稱佳地此來見之矣九時四十五分到瑞典京城士德賀倫 Stockholm 時適大雨士女冒雨迎觀者以數千計入寓格蘭德客店 Grand Hotel 瑞典王年老已退位居法蘭西今太子監國約期明日十二時延見且定游觀之期十一時往拜外部

大臣特洛勒 E.B.Trolle 談久之二時往拜首相以下諸大臣

觀博物院所藏上古用具石器鐵器至夥其他飾物以手釧項環約指及種種佩飾品爲多形狀亦各異又有雕牙鏤金之品皆極工巧知工藝進步之跡焉

觀人類博物院（名Open Air言露天也）其地因山陂爲之以電車乘鐵軌而上兩車一上一下以鐵索貫之然不甚高峻其內存土人器物以資攷古有衣服有船有兵器有裘有廬舍廬舍以巨木爲之有尖銳如塔者有方平如匣者畜鹿極高大於常馬此地多產之然不以之駕車有礮有載重車他有游人憩息之所登高一望瞰臨全京河流曲折春樹人家歷歷在目誠逭暑之佳境也

觀土人跳舞式男女各三綵服登臺樂工三人奏土樂以節步次又以一男兩女作迴旋扶肩交手諸式移時乃已因思跳舞之禮我國苗猺尚多有之者歐人去狉榛未遠豈習用其俗而不變耶

晚七時三十分瑞典商會請飲主人約翰哈麻 John Hammar 同席凡八十五人

暢飲極歡主客互致頌詞初在丹麥時丹人能華語者如馮治森謝爾恩鍾國球馬德辰等不鮮蓋皆在大北公司嘗遊我國及至瑞典竟無一人蓋其地見華人爲尤罕也席後觀賽馬實馬戲場也乘馬者各以號數書臂爲跳舞跳高躍遠奪旗擎杯諸角賽勝者有賞聞每年舉行一次此來適逢其期云十一時歸寓

三十日晴早聞瑞典王太孫妃昨分娩得一男宮中鳴四十八礮誌喜是午攝政王當至教堂行禮特將覲見期改早爲十一時十五分屆期瑞政府派四馬花車來迎余與午帥帶參隨等入宮至便殿攝政王立迎握手爲禮余宣讀頌詞略云今奉大清國

皇太后

大皇帝諭旨准如貴國所請來瑞遊歷覲見大瑞國

大君主恭問

大君主在法頤養天年謹奉我

皇太后

皇上之命敬問

大君主

王后暨

攝政王安好本大臣等因此得以覲見

攝政王卽與覲見

大君主無異又值王太孫誕生冢男不勝榮幸伏念我國與大瑞國邦交素篤睦誼永敦謹頌大瑞國

大君主福壽康强並瑞

攝政王承受多祜子孫逢吉暨大瑞國全國人民幸福云云誦訖施肇基譯以英語攝政王復誦答詞云余今懽迎友誼最篤之

大清國之代表入兩大臣貴大臣等今日游歷本國余甚謝

皇太后

皇上之厚誼因此益見我兩國交誼之深本國自來與貴國最敦友誼距今未久兩國商務交通甚密瑞典之銷售中國出口貨實駕歐洲諸國而上之當十八世紀時本國著名商埠哥登堡 Gottelburg 商貨之運往中國者不下百餘次船舶滿載而歸皆貴國之珍産也彼時貴國出口之貨皆匯萃於本國追念往事能不懽忻今逢兩大臣之來遊是邦不禁切望商務之重興並冀兩國交情之日加親洽余深望貴大臣此次之遊歷本國大有裨益於兩國之商務及兩國之交情云云禮畢攝政王出見忝隨諸員王及王孫均通能四國語言周旋之間謙遜彌至

午後二時往觀電話公司電話交換概用女工文明之國皆然取其心細手敏工値亦廉也此公司女工凡一千二百人工價每日自五十克郎奴 Kronor（瑞

幣與丹幣不同視馬克爲大） 至七十克郎奴每日約三四小時易一班每人約日當工七小時然亦日多而夜少蓋夜間用電較少也此合股興辦之公司爲股四萬二千而本城占二萬二千股每股瑞金三百克郎奴亦可見都人之富矣電管嵌壁編列號數甚密與德國之平放者殊而嵌壁者較便電筒每一萬七千綫爲一間每四人司之凡三十餘間都五十餘萬綫雖强半備而未用者然已不勝其忙矣城中用電話者每年租金不過三十六克郎奴取價甚廉北京新設電話月價四元用者尚尠蓋用者之多與取價之廉循環因相道固宜爾顧欲推廣風氣誠非廉價不爲功也

觀士德賀倫中小學堂此學堂專爲都民子弟而設不收女兒生徒七百五十人堂中爲遠居諸生設飯廳大率餘皆不設飯每年分兩學期每期收學費四十克郎奴年中豫算經費若干由學務部發給觀操場觀大講堂爲唱歌行禮之地每早全堂會於此生徒自入堂至卒業凡七年約自七歲至十八歲間觀

化學室物理室博物室音樂室此學堂建築壯大教堂數十間而生徒不踰千數諸生制服一律見客迎送咸彬彬焉

次觀貧民中學堂此爲男女共學者生徒凡二千人教員七十人皆女師也生徒約自七歲至十四歲觀男操場女操場其教練器械均同跳架藏於地板下用時取出既善收藏又不礙地法之善者也觀裁縫教室男女皆習縫紉觀唱歌室亦男女同習觀手工教室教令學製紙具之屬皆有心思觀浴室室可容生徒二十五人每生月浴四次觀烹飪教室聽女生唱歌觀圖畫室木工教室皆九歲至十三歲之男生習之此學堂亦以七年卒業

回寓分致呈送國王以下禮物計

國王

景泰藍大瓶一尊　景泰藍大盤一箇

甯綢四疋　燕窩一箱

王后

康熙彩花瓶一箇　乾隆雕漆合一箇

繡花桌毯一張

攝政王

景泰藍時花瓶一尊　大秦景教碑一分

精刻象牙煙管一枚　古銅戈頭一匣

王妃

局緞繡花榻墊一對　繡花棹毯一張

銀紅花緞一疋　精刻象牙摺扇一柄

其餘外部大臣及招待員水師武員博物院院長各贈物有差是日攝政王見贈余與午帥頭等北斗 Nordstjarne 寶星各一忝隨得寶星者十三人劉若曾伍光建施肇基温秉忠鄧邦述關冕鈞姚廣順關賡麟陳毅岳昭燏高而謙唐

元湛善明

夜七時王請宴率參隨等入宮引遊各室一室壁上徧懸鹿角無慮數百詢知王精於槍馬性好獵獵野鹿無算每年所得皆以其角飾壁誌其時日焉又有熊皮數張亦皆出獵所得本國不產虎而鹿最盛故獲鹿最多也是夜各部大臣皆侍宴主客八十餘人王及太孫分陪客談倫甚洽備言本國與中國交通已久十八世紀已有中國瓷器藏之百餘年甚爲寶貴又云去年那威分國幾釀釁端幸北方風氣和平不至干戈從事云席間引觴爲頌罷宴復延談別室九時三十分往國家戲院聽戲此戲院亦博大劇場之華麗人物之秀美亞於英法座可容千餘人所演爲英國名劇乃著名戲曲家所撰云十一時歸寓招待委員就本店請夜食凡觀劇後必請夜食歐俗也一時乃寢

四月初一日午雨午晴早十時往觀牛油機器廠 Alta Laval Separator 此廠專以新式各器提取牛油並製造所用各器此公司所用提淨油質之新法最良

德法丹皆師之云觀製鐵桶場製鐵輪場提取牛乳場其法取牛乳入機器中攪之自管流出下盛以盤復有管一大一小淸者從小管出爲牛乳濁者由大管出爲之士 Cheese 迨餘渣滓後復取出以機力壓研之卽成食用之牛油矣

觀女學堂此學堂亦男女共學而女子爲多全堂生徒三百人而女生二百云教以格致化學地理算學裁縫手工英文法文德文等科年自五歲以上皆可入學分爲數級自第五年級以後男女年長始令分班觀操場適考試於此男女生凡十二人坐位各離數武使不相闚女教習設案監臨之教習强半皆女師蓋以見其循循善誘亦可覘其風俗之趨向焉觀作字教室裁縫教室男則織網女則製衣各業其業大要取各長一能且爲貧民子弟教以謀生之術故小學必設手工科意誠善也囘觀古董瓷器店

午後往觀馬兵營房到營馬兵三十騎列隊肅迎因觀騎兵演跳溝跳柵之技兵人抱手坐馬知人意一一越過一縱遠可丈餘蓋臨陣危急罄控鞭策之用

或不及施馬旣馴熟則人可專意殺敵也觀馬房各馬皆有名名榜柵上呼之卽出觀馬操東西分兩隊交馳以木竿狀人置塊木其上以代首試馬上剡擊之術時天陰小雨罷操入客室啜茶並留名爲紀念

觀瓷器公司此公司亦甚大製式多可觀惟價少昂每一瓶非五六十克郎奴不辦陳列各品與烤爐畫花諸法悉同前男女工人凡九百名

夜七時外部大臣特洛勒請宴並參隨中數人同往席次賓主盡歡詢知瑞典政署向分爲七部曰外部曰內部曰戶部曰法部曰文部兼教部曰兵部曰海軍部近又增設農部工部地方分爲五十省省有府有縣有鄉餘制與各國畧同其地視丹麥大倫人口凡三十二萬云國中荒島頗多北方鐵鑛甚旺中部鑛質亦佳而出鐵較少今所開鍊鋼廠亦著名於時商務以樹木牛油瓷器火柴爲大宗近則電話電綫最爲發達

初二日晴早九時乘汽車往觀鍊鋼廠廠副總辦約翰紳 Johnson 與其子同行

十二時抵該廠見總辦及其地巡撫卽廠午食食訖同往觀各處其鎔鐵化鋼灌模出條壓片截叚諸法大率略同自言本廠之鐵內加鎳鋯 Nioker 故鋼比各廠爲尤韌此其獨步之處云四時十五分仍乘汽車回士德賀倫所過森林甚多村落雖小皆布置得宜溝澮分明田野平闊車中與巡撫詳談詢知該國森林之業約分爲三有國家林木有公司林木有私家林木每年裝運出口爲數不少私家林木可由國家承受轉買又云教育之法自七歲至十四歲爲入學年期兒童皆必須入學其費由地方自籌而國家資助之又巡撫所管爲巡警教育之事其裁判等事別有管理之員云道上所經男女懽迎唱歌送花揮巾摘帽爲禮羣以得一覿面握手爲榮愛敬之意出於至情風俗之美誠可羡也八時到寓

初三日陰雨早九時那威代表委員來見以那亦電請前往游歷已得旨允准故定往那之期也

十時往觀病院院中居病人五百五十名有醫生四員看護男婦四百人依病之輕重分爲數室室約容二十五人凡爲病者所費每日約一克郎奴別有瘋疾院約容三百餘人徧觀各病室食廚游息室各處皆清潔整齊有三輪藤椅撥其輪即能自動尤便於老疾癱瘓者也院宇內餘地亦廣建築之費凡七十餘萬克郎奴云

觀電話機器公司陳列各式電話器甚多樓上爲製造工場凡所用鐵箱鐵管木案等物皆造於此此公司在歐洲著名上海電報局多定購焉

午後往觀上下議院其選任更換開會解散之法悉與各國無異惟上院議員九年一任凡一百五十人由各郡選舉會市會舉之其職在按憲法辦理全國之事有以各部大臣充之者惟爲駐使則不能充議員也九年期滿仍有議員之資格蓋不啻永久議員矣下院議員三年一任凡二百三十人皆由公舉非出派任必納稅八百克郎奴以上乃克與選焉觀各辦公室詢知議員分爲三

股一曰民法股一曰憲法股一曰國用股股各一室陳書會議深得集思廣益之法此外尚擬增兩股而今未設備云在此啜茗尋回

晚膳後九時登汽車赴那威臨歧相送男女塞途贈花盈匊可感也夜宿車中

初四日陰早入那威境九時三十分那威外部委員布魯 Bull 來迎十時三十分抵那京克里士地亞那 Christiania 那外部繙譯官佘德 Schjoth 及武員二來見入寓格蘭德客店佘德能操華語曾爲瀋陽領事居中國二十五年矣前橫濱領事喀倫 Koron 曩在太平洋同舟稔識亦攜其夫人來見十一時三十分往拜外部大臣羅佛蘭 J.G.Lovland 及各部大臣回寓旋易禮服一時入宮覲見那王及王后先一鞠躬握手爲禮余宣讀頌詞言今奉大清國
皇太后
大皇帝諭旨准如貴國所請來那游歷覲見大那國
大君主敬奉

皇太后
大皇帝之命恭問
大君主安好本大臣等因此得以覲見不勝榮幸伏念我國與大那國邦交素篤睦誼久敦此次欣逢大那國更新之始更願兩國信義交通永以爲好謹頌
大君主福壽康强暨大那國全國人民幸福云云由施肇基以英語譯述那威王復致答詞略云此次承大清國
皇太后
大皇帝派貴大臣等來遊敝邦深幸予與全國人民得遂懽迎之意敝國與貴國通商有年夙敦友誼自貴大臣來遊之後予知將來兩國商務必益增興盛交誼必益加親睦蓋兩國交際之日敦實即全國人民之幸福也予感荷大清國
皇太后

大皇帝之厚誼不勝榮幸云云立談良久謝其優待之意並引見參隨各員畢出往拜首相米謝森 Michelsen

下午四時往觀織蔴廠此廠依山建築借瀑布之力運動機器所製之物大約分爲三一蔴布口袋一帆布一漁網是也此三者皆爲土貨之一大宗布袋縫口皆以機器每日能出五千枚至一萬枚漁網之繩極堅韌那威盛漁業故漁網其良產也廠中織蔴布之機凡二百五十座工人九百名女工居三之二焉工價每日自一克郎奴（那瑞幣同）五十阿 re（每阿爲克郎奴百分之一）至二克郎奴

次觀織布廠亦以水力生電運機所織爲花布棉布及製棉線洋紗等工人一百名多用婦女及小孩司之織布之機器能自動本不勞工人之照應然頻有破綻須修綴者故恆以一人司一機也

夜八時首相米謝森邀宴同席百六十餘人席次互致頌詞十時乃散引就茶

室暢談因與兵部大臣談言中國如能練兵四十萬名則天下莫敢侮而練兵必先練將有將卽有兵又必先能自造械而後可因叩以練兵需幾年答言步馬隊四五年卽可成功工程及砲隊需七八年大抵十二年當能完備然爲期雖遠要在立時定議如有此振作外國卽不敢輕視矣

是日呈送那王王后禮品及首相以下各有差那王贈余與午帥頭等聖阿拉輔 Ret og Sandhed 寶星各一參隨得寶星者十人劉若曾伍光建鄧邦述施肇基溫秉忠關冕鈞岳昭燏姚廣順高而謙唐元湛巴斯

初五日雨早九時三十分往觀小學堂觀女生體操觀火警操從前學堂嘗失愼生徒幼小因而有不及出者故年中舉行火警操二次以懲前毖計鳴鐘後時僅三分而全校生徒已集院中各按名次排立教習可一望而知其皆出否矣又觀地理格化手工諸教室觀飯室生徒皆歸食其家惟貧者不能歸設中食以待爲此校男女共學凡一千五百人教員男九人女二十九人生徒自六

歲至十五歲那威未設大學京城小學凡六十餘所云

觀船隖隖不甚大且規模頗舊廠中造各種鐵具有車軌以通往來修造之船不過二千餘噸然那威商船至中國者有二三百艘東洋南洋皆有那人足跡亦未可以小國而輕之也

觀出口貨物陳列所 Christiania Br 那威貨物以罐藏牛乳鰵魚肝油及漬魚等爲大宗他如漁網糖果電話機紙張麻繩膠片巨索噴諸酒 Punch 皆爲上品每年輸出之牛乳值那幣三百萬克郎奴肝油亦二百萬克郎奴云

觀礮廠閱拆視七生的半管退礮又往礮臺觀試槍槍爲那人所新製管內機件甚簡頗便於行軍惟試放甚緩每分鐘僅放十五響而已然歐洲各國多訂期來觀試演者可見諸國之研究火器不遺餘力一有新式卽羣相考察也

午國王請飲宮中

午後觀千年前古船

觀博物院那京公家博物院有二此其舊者也所藏石鐵木陶諸器悉按次序列次則封建時各式軍器及古代織物最奇者爲一氣球當普法戰爭時法人或乘氣球墜於那國海岸者初莫知爲何國繼檢得洋火匣始知已至那威迨戰息後送此院以爲紀念爲今所存者結繩爲網下懸籐船方足容四人尚未毀也又一非洲土人之鼓取樹幹洞其中以皮冪其一頭如鼓形乃穿孔鼓心通以巨索索末繫木竿以手捋木則聲響甚遠聞此鼓今罕傳院得其一最可寶貴此亦一奇也此外藏亞洲產物尙多中國瓷器鮮有佳者初頗疑之繼而思之殆由於採買者與輸出者之備物以塞責故未嘗以上選應命耶此一因也吾民生活程度日以退減卽一器物莫不受其影響當今日而求康乾間古瓷不可多得者豈非以其時物力充足取精用宏故耶此又一因也吾意中國各行省產物之富不可勝數欲使商務興盛莫如明詔各省令輸其地所出物若干分致各國博物院以爲通商之助而雪前此之誣亦計之得者也

觀新博物院此中所列織物雕木銅器雕器大率同前而几案寢床尤衆每一室皆陳列家具作種種形式其樓上多新式瓷器玻璃器爲近世諸國之製此吾國建設博物院所宜倣者又宗教之神像祭品等亦附焉

晚七時那威商會就本店公讌同席百六十人互有頌詞

初六日陰雨早九時乘馬車出遊山林那威地多高山京城中皆陂陀起伏無一平地此山富於森林至山頂距平地高可三百英尺雲氣蓊鬱山石嵯峨危亭臨風幼松含露近望京城咫尺可辨遠眺海灣波心浴日帆檣往來歷歷可數是午商會就山半酒樓置讌首相及各部大臣皆在座凡九十餘人地有古物院二皆庋藏古代織物用器雖寥寥數事然珍貴彌甚天氣頗寒而游人轉多婦穉皆折花贈客爲四時下山回寓往各大臣處辭行

晚七時往國家戲院聽戲此院亦恢麗堂皇規模與歐洲諸大國無別其繪影布圖尤簇簇生新十時三十分回寓十一時登汽車回柏林送行者甚衆

按那威自上年與瑞典分國請丹王第二子爲王其后則英王之女也那王英明能得民心且結姻强隣差足自固惟地方比瑞典爲小人民二千八百餘萬與丹國畧同攝乎俄德何啻彈丸合之則强分之則弱似非策矣其國有森林鐵礦漁業之利其工商業則有麻布棉布麥酒牛油電線電話而紙料尤勝其兵制亦能修備鐵甲魚雷逐漸擴充比瑞典尤爲開拓故能立國于强大之間也其政府組織有八部曰內部外部學部農部財政部兵部工部法部云

初七日晴天氣漸暖早入瑞典界九時至哥登堡此瑞典第一大鎭也人口之衆次於士德賀倫而商業之盛甲於全國蓋由其地通河航車兩便故蔚爲都會運出諸貨以木材薪炭爲最多帆影相銜綠草夾岸彷彿揚子江風景焉在此早食一時至哈士坦 Halmstad 中食停車二十五分復行二時五十分至伊及爾賀倫 Eegelholm 三時二十五分至咳塔 Kattarp 五十分至海耳聲谷

Helsingor 渡河四時二十五分到登岸五時二十分至丹麥京城丹外部委員來迎因同至布里士圖客店晚膳八時易車往柏林時微雨夜一時十五分渡海灣二時十分過波羅的海

初八日寒早六時三十分到柏林新任駐使楊筱川星使晟及留德參隨等迎於車站仍入王宮客店下午楊使邀飲使署是日分遣伍光建唐文源王建祖先行往羅馬

初九日陰早九時三十分往觀中學堂兩所又女學堂一所中學堂有收學費者每年二百馬克餘皆不收費出游柏林富人房屋兩處拓地甚廣布置天然山水園林皆饒眞趣

下午出拜丹麥駐使海格曼蓮丁那郎尼康馬海 V.Heger manu Lindeuerone Kammerherr 瑞典駐使陶弼伯爵 Graf Taube 那威代理公使甲必丹李 Lie Kapitan 並到廕前使公館辭行

晚八時瑞記洋行主人邀飲並聽戲是晚戲場中有電光一夥忽而雲樹蒼茫忽而海波蕩漾間作海底景物鱗宮貝闕蛇女鮫仙五色紛披十光燦爛前見電光諸戲以謂奇詭今又過之電學之發明日益增進劇場其一端也歸訪楊筱川星使十二時回

是日德外部送來覲見各員寶星凡十八人伍光建施肇基劉若曾鄧邦述溫秉忠關冕鈞馮祥光王豐鎬姚廣順陳琪舒清阿關賡麟田吳炤潘睦先岳昭燏金鼎高而謙巴斯

出使九國日記卷八終

出使九國日記卷九

初十日晴早九時楊使到寓寄請
聖安與午帥帶參隨十二人往巴延 Bayern 散克森 Saxony 等省遊歷同行者劉若曾施肇基鄧邦述關冕鈞馮祥光舒清阿潘睦先田吳炤羅良鑑龍建章金煥章馬德潤也此行卽徑赴奧京餘員並於十三日由柏林啓程往會是日一時登汽車四時抵撒克森都城杜勒士頓 Dresden 撒外部委員及各地方官均迎於車站旋往拜候外部大臣至招待員家小憩因導游城中街衢修潔山水明媚紅花綠草鮮妍向人游目久之令人一洗塵濁撒邦爲德意志聯邦王國之一開化甚早在普魯士之前喬木世臣於茲爲盛然商務不振故一切視柏林爲遜焉撒國王時他出其弟某親王攝政

觀病院

觀浴堂設爲水池從高躍下以習泅諳爲水師教練之地各處皆然也別有浴

狗室

六時入寓彼魯烏 Bellevue 客棧七時首相招飲坐皆各部大臣及貴紳鉅商殊形歡忭

十一日晴天氣漸暖早九時往觀防疫所先觀蒸衣之法及製藥房後用顯微鏡觀各種病蟲形色不一又有蠟製病體形模均纖毫畢現撒邦醫學向稱文明殆非虛也觀閱報處分上下兩層樓上收費而其下備貧民觀閱所列各報凡八百種

至王宮觀瓷器庫本邦與中國瓷器爲多佳品不尠觀寶器庫琳琅滿目珍瑋可人是日分遣舒清阿往觀兵操龍建章馮祥光等觀工藝學堂

一時入宮見攝政王卽宮中設宴並贈余及午帥頭等阿爾拔拉斯 Albrechts-ordwen 大十字寶星各一王宮儀衛寬簡然甚肅穆其地高樓數層陳設古畫古瓷之屬游已乃就席宴罷回寓

三時乘小輪游愛爾柏 Elbe 河溯河而南兩岸綠陰濃浸白屋參差雜花生樹燦若華錦山半樓臺高聳彷彿入畫聞其中行宮數處蓮花一池每當盛夏此爲消暑誠佳境也泊觀自來水廠旋引至酒店晚膳市長主席賓主酬應互歌以侑觴七時至王家戲院觀劇詞曲甚奧不能盡解可惜也十時三十分回寓

按撒克森開化既早其士女閑雅純靜有法政治率同他邦而工藝農學醫學最爲特色森林鑛產（鐵鑛爲多亦有銀鑛）擅富國之資而教育尤爲發達攷德國政治者必留意焉誠有以也

十二日晴早八時乘汽車赴來卜及城 Leipzig 十時到地方官導觀大學堂學生凡四千人規模巨麗監督清家教員孔好古能華語觀格致院大學堂之一部也觀試驗電氣

觀博物院率埃及古像碑碣之屬

觀印務局凡銀票股票彩票等皆在此用機器刷印之花紋極精細有繪畫室

精畫各種鈔票並有放大縮小之機其機兩端各懸一鍼其一置所欲仿之模一則置蠟紙或銅版上機輪轉動卽能繪成與原模不差絫黍（鍼以鋼製之如畫銅板則須用鑽石爲鍼）觀印色機數色之票有分次印出者有一次印成者而以分次印出爲工細觀割票室凡鈔票每張或八條或四條將票分割及郵票之鑽孔等悉於此爲之觀印號數室凡鈔票造成其年月及號數票各不同皆特別刷印觀造模室用機刊成圖後再用電鍍鋼及銅其上每圖須兩月乃成甚者至六月云廠主人葉捫基邀午膳旋至普魯士 Prusse 客店小憩

二時遊大審院此德意志帝國最高法堂也設法律大臣一人陪審官十二人均法冠法服色微紫前立辯護士二人爲原被告代表而原被告並不到凡力不能延請辯護士者可由國家特派惟定讞之時必須原被告到堂此各國通例也有檢事官一人有報館二人紀錄各語

觀機器印書所各種銅石雕刻於此工人均帶顯微鏡且以革蔽口使不爲氣所蒙其精細如此觀裝書所自摺紙釘本切齊穿綫以至造皮頁皆以機造而人力佐之甚神速其釘書間用絲線者然以銅線爲多

三時觀書籍陳列所古今各國文字書籍無所不備東方圖籍尤羅致不少觀書商總會所凡書籍家聚議之室也

出拜市長就署傍留晚膳署爲新築落成纔七年氣象巍峨建築恢麗有塔高三十丈由活梯上登其巔全城風景皆在眼底有舉頭天外之概工程費凡六百萬馬克云

十時登車赴巴延夜宿車上

十三日晴早七時二十分至巴延國都城滿宸 Munchen 外部委員及市長並往接待入寓威野立蔡頓 VierJahreszeiten 客店十時往觀市長衙門觀浴堂有浴室浴池及浴狗室與撒克森略同浴狗之價視人尤昂云潔淨之

道關於衛生甚大故各國學堂有强迫兒童入浴者其公衆之地則有地方特設之澡堂不惜糜鉅費以建之如兩邦然者其重若此吾國澡堂雖多而器具屋宇槩不修潔積垢汙人欲謀公衆衛生此亦宜改良之一事矣

觀公墳地甚宏敞其壙墓各樹碣爲地方所捐建者云吾國愚人惑於風水之說穴山營墓纍纍皆是因之路政鑛政林政一切地方行政皆受其梗可爲太息者也說者憤之至欲提倡火葬之法以謂苟不如是則千百年後大地爲死人之窟穴生人無復容足之地矣此言固不韙於時然各國公墳之制則斷乎甚善抑吾國今日之所宜行者也

觀次等浴池者爲貧民而設不收費亦無浴室

時巴延國王有瘋疾養病醫院中其弟攝政亦以事他出今代表國家者爲露親王 PrinzRupprecht 設讌款待且先贈余與午帥頭等聖密喀爾 St.Michaels 寶星各一禮也十二時入宮親王與王妃同席在坐無他人蓋私宴耳露親王曾

歷中國其王妃亦同行出示皇太后所賜碧犀牌墜以爲矜寵焉六時宮中公讌露親王代表主席在坐者有果親王 Prinz Georg 等六時回寓至街上一游十四日晴早九時往觀麥酒廠歷觀儲麥發芽蒸水磨漿加料澄質及發酵醞釀入瓶封口貼標載桶裝箱製冰之法均與丹國所見相同惟發酵此則用桶丹則用池爲小異耳巴延爲麥酒出產之地各處麥酒皆仿效之此廠資本之鉅釀造之精爲德國第一其商標用獅子久著名於歐洲每年出酒一萬二千萬啓羅卜每年進款三千萬馬克云留此試新釀乃去

觀王宮其珠寶庫中金剛鑽紅綠寶石大者徑寸珠之大者如龍目葡萄計百餘顆其稍小者不可勝數大都以飾其冠劍項環手鐲等事蓋其國先代王若后之遺飾也光怪陸離不可殫述其餘宮殿閈閎洞達油畫之美雕繪之工瑤階鈿砌錦樹銀花不足方其華麗也

一時至市長署午膳午後觀手藝學堂所習爲攻木攻革攻土諸工並有陳列各式模型學生凡二千人分日教授入學程度皆八年小學卒業乃能入校不收學費亦不設食又四年而學成云

夜七時果親王之母劉王妃請飲妃系出奥國皇族果親王亦嘗游歷中國故其母加意請宴焉

按巴延爲德意志聯邦第二大國開化甚早國勢方雄其屋宇之壯麗街道之稠密山水之秀美雖不及撒克森而教育製造各種美術向皆有聲麥酒廠尤著名於時號稱爲五洲之冠焉地多山林盛於農產都城滿宸爲製造工藝之中心點居民四十九萬視杜勒士頓尤庶焉（不滿四十萬）亦可觀也

十五日晴早七時三十分登汽車往內延堡 Nürnbeng 十時四十五分到市長及議紳等來迎即至市長署早膳署規模宏敞油畫甚多皆本國歷史也

觀博物院有中國古銅瓷器甚多

觀電氣機器廠此廠與柏林一廠聯合觀電機房及造成各機器現開平煤廠亦在此定造其新式最爲可觀者有回光鏡有電燈塔有射遠鏡皆前所未睹者工人六千名每年貿易額約六千萬馬克

觀汽車製造廠所造火車汽機及各項煤氣車甚多此廠資本甚富前愛兒所觀維廉橋卽其所造也至客店晚膳

八時登汽車直赴奥京德外部委員護送至撒巴兩邦至是始去夜宿車中

十六日晴早八時至維也納 Wain 新任駐使李季皋京卿經邁偕參隨程福慶李國棟王克均李殿璋及先到參隨温秉忠等來迎奥外部接待員博樂士特 Brotst 來見入寓帝國客店 Hotel Imperial 李使恭請聖安畢時温秉忠等到奥已兩日金鼎蔡琦先已赴俄游歷自聖彼得堡 St.pe-tersbourg 來高而謙魏子京先數日自柏林來皆來見十二時往使館午膳四

時往拜外部大臣格魯蘇武格魯蘇士忌 Count De Goluchowo Goluchowski 訂於十八日覲見並開列應行閲看各工廠清單

傍莫往公園一游此處拓地不多而結構極善有亭有臺有河有船樹林茂翳之中電燈交錯酒館浴室音樂小劇無一不備白日既夕凉風漸生游人往來相顧而樂已而登飛輪飛輪者中樹鐵架轉一大輪以機運之爲車三十輛懸其上自左而上隨輪轉至極高處右旋而下巴黎有之未之登也今始試之臨絕頂俯瞰城屋萬瓦鱗疊衆木低迷遠望雲山霏微無際飄飄有凌雲之思回使館晚膳十一時回寓

十七日晴早十時與午帥李星使偕參隨等往觀電學院院爲格致大學之一部大學卒業生研究電學專門者肄業於此所學有電氣學機器試驗無綫電等科各專一門生徒今四百人以二年卒業觀大講堂電燈總機室照相室有著色照相諸法圖繪室八一木架製甚靈便能自低昂旋試驗無綫電之理

觀貴胄學堂此學堂專爲世家子弟而設亦間收外人程度分中學小學二級生徒最幼者八歲最長者十八歲現在堂者三百五十人每年人收學費三千可侖 Kronen（奥幣）住舍膳費在內其外國人來學者年收學費四千可侖觀自習室爲學生課前預備課後温習之地人一几一桌縱其所好雜設玩具以娛目不之禁也旁卽寢室室狹而長約容二十人各一榻一盥漱台小學諸生宿此其年長者寢所二人一室或一人一室皆狹甚僅容几案榻而已觀病室甚精潔旁爲驗病室及候診室牙醫室別有美術室列古像古器古錢古屍等爲歷史攷證之用博物室備列動植鑛物又附小園雜種花木以供植物之研究格致器械室藏書室藏籍頗富觀馬房旁爲練馬場堂後因山爲園林木優勝織草爲茵登山則有水池露天環樹夏供敎泅冬備溜冰之用綜觀全堂應有盡有而狹寢室以勵苦修廣公園以供遊賞布置得宜用意深遠皆可取法者也

按貴胄設學爲吾國今日至急之事出國門後亟思詳細調查以資取法今乃於維也納徧觀之其組織緻密洵乎備蔑以加矣顧其中有深意焉其建築供給雖一切恢麗而周密至於規律之嚴整學生之勤苦則與貧家之子弟毫無以異此最宜著意者也假不其然而一切以因循放縱出之是則無用學堂爲矣

午至使館便飯出觀汽車機器公司觀子彈廠二略同德國所見不備記

是日呈送奥皇禮物計

乾隆梅花式雕漆合一對　康熙青花瓶一件

明彩瓷大花觚一件　法郎玉堂春瓶一對

法郎彩花盤一對　織絨地毯一件

繡花棹毯一件　唐景敎碑一件

十八日晴早九時觀上下議院

接奧國以貴族院與代議院組織國會貴族院無員數以皇族之成年以上
者及大僧正僧正之爲世襲議員者有功國家而經皇帝特選者充之代議
院員數凡三百五十三名以各領地之大地主都府市町商法會議局郡村
之各代議士充之
觀府尹署署結搆堂皇局勢開展多陳什器如游博物院然回寓午膳
一時與午帥李星使偕參隨十八人入宮覲見外部以宮車來迎車甚樸實不
尙華侈奧都士女衣飾亦儉樸屋宇多舊有古國風此其一斑也至宮內少俟
奧皇出行一鞠躬禮余捧國書致詞云今奉
大清國
皇太后
大皇帝之命敬問
大奧國大皇帝安好呈遞國書卽將國書呈進由岳昭燏用法文譯述奧皇答

言貴大臣等奉貴國
大皇帝命來至我邦考察政治朕甚歡悅已飭各衙門排日導觀望貴大臣等
考察滿意歸國之後於政治有所裨益余復致謝其優待之誼並引見參隨諸
員隨握手而退
下午往觀營盤先閱馬隊次閱步隊均尙整齊但以視德國軍人似精神畧遜
耳同時分遣劉若曾溫秉忠等十四人往觀汽車製造廠
是日奉
旨荷蘭國請往遊歷準其前往
十九日晴早九時二十分乘汽車赴漢登堡 Handenburg 觀槍礮子彈廠觀截
箭磨邊打眼封口諸機大致相同其貯匣用機抽去空氣以免鏽壞法較完備
廠中工人凡二千二百名十之九用女工以管理機器事本甚易且資比較機
件女工心較細密故也每日所出子彈約三十萬枚現在俄國在此定做子彈

六千萬俄武員寓廠監督製造者三十餘人可見各國於定做軍火異常嚴愼
俄國且有然矣尙有火藥貯藏庫等處以危險未令往在廠中食二時仍乘汽
車回維也納
奧皇遣員贈余及午帥頭等佛蘭斯士作司夫 Eranz Josef 大十字寶星各一參
隨覲見者自洋員巴斯外得寶星者十七人劉若曾施肇基溫秉忠鄧邦述姚
廣順馮祥光王豐鎬舒淸阿岳昭燏龍建章王伊光裕朱綸繼先蔡琦高而謙
馬德潤
五時三十分奧皇請宴帶同參隨等至離宮離宮景色絕佳云仿拿破侖第一
王宮圖式云奧皇主席同席二十九人外部大臣阿占那 Agenor 副大臣卡直
丹 Kajetan 內部大臣比蘭兒來德男爵 Bylandt Rheidt 敎務學務部大臣力察
Richard 財政部大臣法來 Freih 兵部大臣軒利兒列 Heinrich Rit 商部大臣
利奧普男爵 Leopold 法部大臣法郎治 Franz 等均在坐讌罷延至別室談久之

乃辭回寓
九時往觀馬戲有華人二演鸕鶿捕魚一齣聞新自柏林來者並無新意而日
受百五十可侖之重價蓋以其服色之異人情好奇使然耳十一時回寓
二十日晴是日休息日在寓攷奧國人口二千三百九十萬有奇匈牙利人口
一千七百三十萬有奇合凡四千二百萬有奇兩國面積凡二百四十一萬方
里維也納爲全國繁盛之區爲歐洲第三大都會京城甚廣人口不下六百萬
其政體爲聯合帝國各政署之爲奧匈兩國合設者凡三曰外務部曰財政部
曰兵部其分立者奧國七部曰內務部曰敎務兼學務部曰農務部曰商務部
曰財政部曰法律部曰防務部匈國九部曰財政部曰防務部曰宮內部曰內
務部曰敎務兼學務部曰法律部曰農商部曰工部曰哥羅亞地亞 Croatia 及
斯拉伏尼 Slavonia 州務大臣奧國現時有常備軍三十萬名有戰事可出兵一
百五十萬名大礮二千二百尊

按奥國在泰西稱爾老大之國顧自其表面觀之則政治修明國防鞏固若武備若工藝若農業若醫學皆其所長至如街衢之廣樹木之美公園之多人口之繁並有可觀脫有挐破侖其人起振霸業之遺烈國固未可量也然而奥匈分立齟齬已久加國中人種混雜語言龐殊有如異國夫種族不統一國語不統一例之物質則其分子游離無愛力爲之固結欲不瓦解難矣今皇年踰八十精神康健生平遭際至蹇甘苦備嘗在位五十餘年老成諳練資望爲歐洲領袖然無嗣子其弟若從子亦非守成令器百歲之後主鬯非人匈牙利分立而國勢不可復合後事殆難言之矣

下午往離宮遊覽循宮牆外行列樹屏蔽蔚然深綠是日休暇之期工人士女來遊者甚衆所畜鳥獸如孔雀雉雞獅子熊豹之屬縱人遊觀隨出回寓晚赴使館夜膳

二十一日晴早七時與午帥偕衆隨等十四人乘瀛車赴士替亞 Steyr 是日分

遣劉若曾等十三人往白老克 Bruck 觀煉鋼廠往脫力愛士脫 Trieste 海口觀船廠往飛姆 Fiume 觀魚雷廠期於二十四日會於匈牙利都城

十一時到士替亞觀曼里夏 Manlicher 槍廠市長及廠總辦來迎入士替亞客店 Steyrerhof 午膳飯後往廠閱看造槍管槍子彈殼等場及印字所觀新式來復槍此槍可連放十響機件亦簡便聞南洋已訂造六百支由上海逸信洋行經理云又觀機器快槍每分鐘可放六百響每支價四千五百克倫是廠工人共二千名

閱畢沿山上下繞河折行一路山色空濛萬綠如洗平蕪斷續白屋叅差指顧間路轉峯迴極遊山之樂晚市長仍在士替亞客店設膳且奏軍樂以侑食居人聚觀者如堵臨歧相送爭擲花爲贈是處人口不過二萬而儉雅有禮晚九時啓行

二十二日晴早五時到批耳森 Pilsen 城三十分至史哥德 Skodawerke 槍礮廠

先至鎔鐵造模各場閱視一周並觀所造各礮有十九生的至二十四生的口徑巨礮又觀小礮台能以機捩升降左右每礮發後礮身藏入台即低下與地面平深得築台不露之妙八時復乘汽車至試演場觀試演各式槍礮

甲　過山礮　口徑七生的半　九放　歷時五十五秒　此礮分四馬運馱拆件輕重適均且其安放法一律無別尤爲便利

乙　陸路礮　口徑七生的半　八放　歷時四十五秒　此礮係礮兵所帶每架以六人司之

丙　機器連珠快礮　口徑六生的九　二百四十放　歷時五十秒　此礮礮身礮架及子彈等可分爲三件分量相同一馬可馱之合重一百啓羅亦可分三人背之以最速時計每分鐘可放六百響

余與午帥均親試放連珠礮十數響史哥德廠頗著名於時中國屢購其槍礮不少今余等親歷其地矣資本視克虜伯廠僅得其半即機廠及試演場亦遠

不如惟所製來復槍與曼里夏廠不相上下耳聞希臘武員言奥國廠水師礮不亞於克虜伯而陸礮則不及云

十二時至酒店午膳飯後登車一時三十分開行是日下午雨雹有雷電旋止八時三十分抵維也納仍寓帝國客店

二十三日晴早八時李星使到寓寄請聖安並送行三十分乘汽車赴匈牙利車上午膳一時四十分至布達丕士 B-udpest 匈牙利都城也匈牙利政府接待員出迎入寓匈牙利亞 Hungaolia 客店四時往拜首相其府第因山建築樹林蓊翳土木之盛侈於王宮府中有望臺頫臨萬家河流曲折宛在眼底談久之回寓時雷電大雨

五時往觀槍礮子彈廠此廠有鎔鐵鍊鋼碾鋼板撚銅線造彈殼各場歷觀其壓筒打眼磨邊封帽裝藥秤藥撚線綑線以至封裹裝箱各事與曼里夏廠大致相同而規模較大大約自鎔銅以至出貨無非該廠自備廠中自置鋸木場

以備裝運之用兼造電報電話諸銅線其氣魄之偉大酷類美洲托拉斯公司小國得此殊不易覯也其秤藥之法裝已又以一人較勘之且以尺量視其淺深有不如數者已封口亦毀之更製另室專製紙彈蓋爲試演之用也是日廠主設茶餌餉客其夫人及女公子並隨同閱看又見示馬車二輛中有汽爐一用以煮牛肉一用以烤麵包行軍用之每軍止結營未定而麵包若肉均熟誠利便之至也又試演工人救火式此廠工人三千名內女工凡五百名所造子彈各國多購之者現俄國訂造一萬萬枚云

晚匈政府公讌先以小火輪來迎遊河際布達丕士城臨多惱河 Danube 有巨橋數四橫跨其上風景絕勝時兩岸燈光滿山臺閣天凉初霽遙見繁星萬點隱見林際不知爲星邪爲燈也船上復奏樂娛客古音古節殊撩人耳移時登岸其地爲一海島廻廊古木電光四徹別饒清趣是夜同席四十餘人農部大臣主席代表國家致頌余致答詞並以匈牙利與中國種族相同祝將來親誼

之益敦云云衆咸動色忻悅

按匈牙利與蒙古同種實漢代匈奴之後也其人黑睛黑髮聲音容貌多與吾國人相近又據招待員某言匈人姓氏皆在名前而泰西諸國率姓在名後此亦其與中國同源之一端也匈牙利自維也納會議後歸奧奧皇兼君兩國中設諸部大臣又有上下議院首相總理幾務蓋政體組織完備之國與德意志之聯邦國不同也其擅長者在農務畜牧及機器工廠亦有金銀煤鑛蓋其境內爲一大平原故宜於農牧麥粉瓜果皆其美產而牲畜種亦極良都城夾多惱河而岸臨之風景尤勝人民五十一萬亦一大都會也蒙古利亞種皆居亞洲惟匈人孤峙於歐羅巴之中央人民樸實少華而志士迭起時時有獨立之想孰謂黃種也而無健者乎

夜雨甚冒雨返寓

二十四日晴早九時劉若曾等自飛姆來往觀國家機器公司公司分爲數廠

凡工人一萬二千名是早歷觀數處第一廠製造火車機爐及農具機器觀鎔鐵鎚鐵各工場鐵軌製造場小鐵作場農器則有割草綑草打麥諸器有全副農具車有鋸木場第二廠製造電車及農具有磨麥粉機器有打鐵鋸木諸工場其新式汽車有不用車爐者乃近三年所新創各國多采用之其制機器在車下用費甚省惟不過五十匹馬力故止能拖帶三四輛而已第三廠製橋梁及火車鐵軌有鎔鋼場碾鐵場鐵軌場土模場小鐵作場是日午帥因事未來余與諸參隨閱視至此午膳廠主致頌余具答之旋往觀船廠是日有新船下水特邀余等臨流觀之船上徧懸各國旗章礮聲再鳴鐵纜中解船即安穩下水容與中流觀者歡呼咸共稱賀禮也

是午分遣參隨等觀工廠博物院王宮等處回寓備禮物贈匈牙利首相計

大椅墊一合　　四季紅瓷瓶一尊

景教碑一張　　銅爵搨本一幅

其他招待委員及奧國護送委員博樂士特等各贈物有差

六時上汽車赴俄是日王伊唐元湛光裕朱綸繼先金鼎蔡琦陳永海等由此赴羅馬與先行之唐文源王建祖等於閏月初二附輪船回國（時伍光建以病先歸）其餘參隨二十四人並同赴俄夜宿車上

出使九國日記卷九終

出使九國日記卷十

二十五日晴早六時十分至奧俄交界處管尙平及駐俄使館隨員鄭延禧子俊來迎八時二十分易車北行此地爲窩莎 Warsaw 卽波蘭都城也俄地人種不齊內訌時作亡國志士所在而有經此地者旣生麥秀黍離之感重念據黎困石之危可爲歎息者矣一時抵俄境易寢車俄車政極弊行旅不便見之遊記者久矣其車票購買時分車費坐位費寢車費爲三分次交納設購車票而不購坐位仍不得坐也其弊如此又文明諸國汽機槩用石炭或石油俄則仍雜用薪木以至火星四飛煤炱熏灼車中大受其害俄國車站皆遠離人家或亦有見及此耶

二十六日陰早九時至喀前那 Gatchina 駐使胡惟德馨吾先迓於此十一時二十分抵聖彼得堡 St. Petersdourg 陸宗輿陳琪恒晉及使館參隨劉鏡人士熙章祖申萏生許同范文伯黃仕福堉焱外部派來招待員王爵瓦勒廓思克

Wolconsk 參將霍羅連夫 Kollef 學生柏山仁軒魏渤叔虞嚴式超孟班魏立功次其均來接先至使署胡使恭請

兩宮聖安畢兩時入寓歐羅巴 Hotel D'Europe 客店六時往觀海港沿途過大橋二水波不興扁舟蕩漾路旁樹林陰翳淸風襲人惜有小雨及到海口處煙波無際島嶼隱見於樹色間景物之佳無異洞庭春色也是日夕陽旣下霽色尙明樹影銅鉦晚霞交暎到小舟中用茶回寓已十時矣俄都此時晝最長夜十一時始晦黑迨二時而天又亮矣夜闌客散方修兩函條已達旦俄都時刻較奧京早一時有五分今日西歷五月十九號俄歷爲五月六號適俄皇生日城中皆懸國旗以示慶祝

二十七日雨是日休息日商店停工敎堂廟宇鐘聲四徹白燭高燒無男無女喃喃祈禱畫胸前作十字者不輟俄民迷信宗教視他國過之國中敎派之齟齬亦匪伊朝夕矣一時與午帥胡使往拜外部大臣依什瓦勒斯克 Esworlsk 依

君本任丹麥公使卸任履新纔一星期耳出游樹林間至茶館小憩晚胡使請飮於德隆 Donon 酒店參隨皆在坐俄國烹調與我國頗近恒尙可口十一時返寓

二十八日陰早十時三十分與午帥帶參隨十八人乘汽車往彼得離宮 Peterhof 覲見十一時到乘宮車入宮宮車華麗視德有加馭者衣服遍緣金綫腰束錦帶俄例於車服體制綦嚴使臣等差視車者服飾而異其接待故胡使特以專使之制令預備一切章服尊嚴所以尊國也至行宮外殿少憩旋入見俄皇尼古拉第二 Nicolas II 及其皇后余讀頌詞遞國書略同德國不備記俄皇答謂中俄兩國交情最深此次派貴大臣等考察政治凡有可致力之處務必竭力相助望貴大臣在本國身體平安於考查事宜十分滿意歸國之後採擇辦理尤望兩國交情因此更加親睦云云余與午帥致謝並因請引見參隨各員隨出俄皇及后少頃出見各參隨俄皇能英法德俄四國語言於參隨諸人

各詢數語旋由大禮官副禮官引往赴讌禮官代表國家主席行宮仿法都陪宮式繞以綠水風景殊佳從前彼得大帝生平最愛此地然建造質樸不侈壯觀飯後上汽車回聖彼得堡三時到寓

四時往游冬宮 Wirter Palace 此舊皇宮也亞力山大第二居此今俄皇遠居行宮此成虛設矣宮中鋪陳奢麗所藏雕石鏤金之品甚夥而以油畫爲最多繪本國歷史上有名譽之戰役所以昭示子孫焜耀遠人也至如近者日俄之役尙未之及余意爲俄策者方當仿法國故事繪遠東屢次失敗之象以銘國恥而勵士氣顧乃朝野上下尙諱言此役之敗而斷斷與人爭辨何邪　本朝夙重武功於平定某地必修方略然欲愧勵國民無忘滹沱則甲午庚子以來創深痛鉅又惡可以無記也入人之易感人之深無有如圖畫者他日而有美術館博物院之設此其尤當著意者矣

觀亞力山大第二臥室辦事室浴室客室陳列當時所常用之衣服器具甚多

此外又有祈禱室
歸途觀大商店往使館晚膳一時回
二十九日陰天氣頗冷是日分別致送俄廷禮物計致
俄國皇帝
康熙天藍瓷瓶一件　雍正江豆紅瓷瓶一件
嘉慶青花瓷茶壺一件　乾隆雕漆帽筒一對
景泰藍鳳樽一件　織絨氊毯一張
俄國皇后
雕玉蓋景泰藍底捧盒一對　乾隆豆青瓷尊一對
乾隆雕漆手盒一對　景泰藍花瓶一對
繡花氊毯一件　繡花門簾二對
九時往觀博物院院藏油畫千數百幅並極古之名畫也院中又多設畫工就舊畫摹臨新本俾廣流傳亦可出售云有彼得大帝遺物室其少年作工之機器刀斧鋸鏨及其所造成之物器與生前所用之服物犬馬甚衆並模蠟像及列畫像以誌景仰向讀俄史知彼得大帝身材魁碩而威儀鄙野不類高貴人今觀遺像形容粗俗彷彿其生平矣又一寶物室所藏鑲珠嵌石雕金鏤牙之品不可勝計如寶星寶冠竿頭煙盒指環小刀賭具之屬備極珍異別有方桌數事以文石砌成五色花式皆依石之紋色成之巧奪天工尤可寶貴

二時出觀水師學堂校長某及武員數人指導徧歷各所堂上學生凡三百人
觀講堂馬房操塲是日爲俄人令節（某親王生日）堂中放假故無可觀者
回寓午飯復往拜各國公使及前外部大臣某旋到使館晚膳十二時回寓是日分遣劉若曾等往觀軍械博物院恒晋等往觀水師博物院
閏月初一日雨早七時乘火車往彼得宮Peterhof閱操是日爲新兵校閱之期俄兵制每年兩季閱兵各一次凡軍人當兵六閱月之後俄皇親臨校閱之國中凡兩丁以上均須當兵年以二十一歲爲合格此次校閱之兵共八千人有步隊有礮隊有馬隊皆白色軍衣間有紅衣者爲貴胄子弟自成一隊亦皆整齊十時俄皇及后到后換坐快車俄皇則易乘馬隨后行余等道旁鞠躬皇及后舉手答謝已乃至列隊處巡行三周軍士懽呼雷動閱畢出隊前立帥台處於是各兵隊魚貫而出先步次馬次礮兵每隊必有軍樂耳軍樂爲進止過俄皇馬前呼萬歲者三仍歸原處馬則踔厲前卻皆能合樂其馴熟如此未幾俄皇發令招某隊出操爲各種陣式操畢復回原隊如是者數次閱畢召各隊營官至慰勞再三行賞有差咸呼萬歲而散是日大雨滂沱俄皇屹立馬上不動閱兵大臣亦雨立無張蓋者軍士在雨中亦操演如式至十二時乃畢余等及參隨同至皇宮用膳有接待員主席膳後周歷河沿觀水木之勝旋乘火車回聖堡三時到

四時往觀國家船廠中有鎔銅廠化鐵廠總機器廠小鐵作廠測繪機器處測繪輪船處木器廠一一覽察最後觀畫全船圖形處凡作一船必先於此畫圖云該廠每年可造船三艘現所造鐵甲船計載重一萬八千噸行竣工矣七時回寓八時華俄道勝銀行邀飲不覺沈醉後當戒之
是日俄皇贈余及午帥頭等聖安納anne寶星各一餘參隨等各得寶星有差凡二十三人劉若曾施肇基姚廣順鄧邦述關冕鈞溫秉忠岳昭燏陳琪陸宗輿管尙平恒晉舒清阿王豐鎬馮祥光龍建章潘睦先羅良鑑關賡麟田吳炤陳毅金煥章張煜全關葆麟餘學生馬德潤善明巡捕戴宗芝各得金表一從人四名各得功牌
初二日晴早在寓午一時往訪前相維特Witte坐談移晷因叩其政見言中國立憲當先定法律務在延中西法律家斟酌其宜既定之後君民俱要實行遵守然後可言立憲約計總以五十年準備謂欲速不能過遲不可上急行而下不足以追步則有傾跌之虞上不行而下將出於要求則有暴動之舉語多罕

譬頗切事情余惟中國今日之事方如解縣大勢所趨豈暇雍容作河清之俟準備之功萬不能少然不必期之五十年之後所謂知行並進者乃今日稿一不移之辦法也顧空言立憲而國民無普通智識與法律思想則議法與奉法略無其人弊與不立憲維均故廣興教育與多設法律學校分班出洋學習法律尤爲根本之圖此則歸國後所亟宜注意之事也詢以財政則言須立預計表而總不外乎明定法律蓋凡事必以法律爲基礎苟無法律則事無可辦者矣維特君深識遠慮洞知時勢誠俄廷中之表表者名不虛得也出候銀行總辦胡老輪 Khrauloff 外部招待員霍羅連夫之父也夫妻子婦並出款客情意甚殷八時至使館赴胡使之請同席有各國公使英代辦公使最後至與談論甚久謂全國人民皆無私心則國强語極提要

初三日晴早十時往觀馬隊兵操先以十二騎巡場繞行騎兵戴銅鷹冠衣銅坎肩白衣黑袴執刀冠重六磅坎肩重二十五磅所以飾美觀供習練之用行

軍不之服也次十二騎衣白呢衣背槍佩刀合演布陣跳架諸術次觀馬兵跳躍操演均尚整齊馬亦膘壯形式上頗可觀次觀兵人臥室馬房等地觀禮堂辦公所卽在所午膳以軍樂侑食王爵瓦勒廓恩思克主席席間互致頌詞膳後軍人合唱軍歌跳舞爲樂詢知俄國馬隊兵每八百人爲一營每營分爲四隊每月兵餉每人二盧布衣服飯食均由國家供給每兵一馬價約五百盧布兵官多自置馬價多至一千盧布者兵制人年二十一而充兵四年期滿退爲後備至四十五歲乃免兵役至如有重大兵事仍可調遣也自俄皇之曾祖母后親帶馬隊至今循爲故事歸太后統帶爲座中懸有各后油畫像外國君后尚武之意如此小戎之風不足多也

下午四時往觀國家瓷器廠其製造之精不及德國丹國諸廠而局面頗大觀其磨石成粉澄其渣滓工頗細緻又觀用機器轉運而以手製造全以意造頗覺其巧至其磨光畫彩上油諸法悉同無足記者

晚胡使見送所譯俄國地圖數事

攷俄國幅員極廣兼跨亞歐但荒漠之地居多人民不及中國之庶說者謂其上流人多外國入籍見識有極優之人而土著編氓類多愚蠢鄉間小民識字者僅十之一故大學堂程度雖高而普及教育尚未可言其賦稅繁重人民窮苦視之中國縣若霄壤但以與歐洲列强毗近之故政治一切每多仿同故其立憲資格則較中國爲高耳

俄京政黨自暴動以來靡有寧日現在下議院要求三事一國事犯須全行釋放（約十萬餘人）二皇家貴族產業多者與百姓均富三上議院議員須待公舉政府對此問題尚未俯允將來恐難愜洽則禍患之來方未有已是可慮也

初四日晴早十時往觀衛隊步兵各處排列肅迎軍裝齊備旋引觀寢室飯廳等處在公所午膳王爵某衛兵統帶也是日爲主席暢飲甚歡出拜外部大臣

戶部大臣等辭行往觀國家銀行存金六萬二千四百餘萬觀金庫印紙幣所查紙幣所抵押所領息所各處辦事整整有條局面極爲宏大四時回寓

六時登汽車赴荷蘭胡使至車站相送參贊劉鏡人章祖申送至交界乃去俄國住居日少以先所派陸宗輿陳琪等員業攷察月餘署已齊備故也胡使留恒晉在使館差遣亦自此別學生柏山同行往荷蘭

初五日晴早十時三十分至威爾巴倫 Wilballen 俄德交界處也德國特派專車在此迎接隨易車復行午在車上用膳自俄京至此時表復差一小時三時四十五分至敵爾壽 Dirschau 過威沙爾 Weichael 河上跨大橋巨工也五時四十分至幹尼齊 Konitz 六時五十五分至士乃德繆爾 Schneidemühl 八時三十分至蘭士堡 Landsburg 十時至柏林駐使楊晟及參隨等來見克納貝倫愛生坡亞士沙洛等均迎於此克領事見屬進呈德國名勝圖一分又見贈一分停十分啓行荷蘭駐使陸子興京卿徵祥遣隨員吳文泰祉中來迎同車赴荷

初六日晴早六時四十五分至愛生七時至地士堡 Daisburg 自此入荷蘭國界矣凡德車至此皆易車行余等乘專車徑送至荷京故否意可感也停一小時啓行九時三十分至奥罷侯森 Oberhausen 十時四十五分至愛爾森 Elsen 十一時至治文拿 Zevena ar 實十時也俄京至此乃差兩小時之久矣十時二十五分至隆力克換快車往荷京沿途芳蕪滿目牛馬絡野川原平坦水澤時見蓋以地低多水故於森林畜牧最宜也十一時三十五分至烏脫力德 Utre-cht 十二時三十分至穀德 Gouda 四十五分至海牙 Haye 陸使暨參隨等來接荷國禮官和登都輔 Hoogendorh 在車站相見入寓威多倫 De ViauxDoelen 客店陸使恭請

聖安畢在店用午膳午後四時往拜陸使時使館修飾未竣工即寓本店朝夕相見良便也隨出拜外部大臣泰士 Taets 見其夫人及女公子引觀室後小園殊有幽趣荷蘭花多鮮豔籬際五色紛披可愛也往游士開文甯 Scaveneng 海

口樹陰夾道涼風襲人至海岸循岸步行海天一色有天風浪浪海山蒼蒼之槪令人胸襟爲之一豁海濱有亭築長隄達之朱闌綠瓦燈光十色沿岸一帶多加非店誠游人逭暑之佳地也惜是時尚寒兼有重露殊敗人意此海峽與英倫相望自此即出大西洋矣接待員某家旁海復往訪之久坐乃歸晚陸使就本寓邀飲參隨以次均在坐

初七日晴荷地低濕夜臥須衆褥且寒風砭骨視俄京尙過之起居稍不愼輒易中寒宜謹也十時四十五分上火車往離宮覲見荷國係女主近以有娠不克多酬應故約參隨祇帶四人十二時至海口三十分至阿姆士得敦 Amtesr-dam 京城一時十五分至離宮旋入覲余致頌詞云今奉

大淸國大皇帝電傳諭旨著本大臣等前來游歷敬奉

皇太后

皇上之命恭問

大荷國大君主安好本大臣等得以覲見至爲榮幸伏念我國與大荷國通商最早睦誼允敦謹頌

大君主福壽康彊幷全國人民幸福謹頌云云由陸使繙譯女主旋答詞言貴國

大皇帝派貴大臣等攷察政治足見兩國交情最篤今日得見貴大臣予心甚爲歡悅伏願貴大臣在此地身體康強考査各處皆能滿意歸國之後有可採擇從長辦理國勢日見興隆兩國交情更加敦睦等語復由陸使轉譯畢女主遂問

兩宮安好並寒暄數言少頃出就外殿引見參隨四人即入坐設宴女主居主席宴罷贈余及午帥頭等阿蘭芝那壽 Oronje-Nassau 大十字寶星各一更立談一刻辭出乘車往游樹林風景頗佳尋坐火車回海牙七時三十分到

初八日陰早十一時往觀下議院院故王宮地議堂規模不大議長正面坐書

記官坐其前各部院大臣面之坐自餘議員凡一百餘人兩旁凭樓左則報館之採事右則旁聽客席也所議之事凡分六股與他國署同各股均有辦公室爲股員會議之地是日所議爲官員薪俸問題十二時回寓

二時三十分往游大樹林因觀王宮宮爲國王避暑之所中有園古木陰濃鳥聲上下紅塵不到綠草如茵宮中陳設中國器物如圖畫織物甚夥一廳事今暫假爲海牙平和會會議之地蓋會所尙未竣工也

出觀商部衙署及國會宣告署此爲開議時宣布會議期閉之所每開會女主躬到演說大旨於此署甚古建築於十七世紀中今方重修未竣云晚赴外務大臣讌與農部大臣談畜牧種植之政復與某大臣談隄工水利甚詳並以所著中國黃河辦法論相贈

初九日晴早分遣劉若曾等十二人往哈爾倫 Haarlem 觀博物院船廠等處午二時帶參隨數人乘汽車往來頓 Lieden 觀大學堂東方敎習博洛德 Broght

迎於車站先導觀辦事室各教員十數人均緇冠禮服迎見皆耆宿也詢知本學堂建立已三百年前時土耳其來攻該省糧盡援絕卒不肯降後設計以水灌敵土兵潰走荷王特建此學堂以永記念至今該學堂在本國程度最高生徒均有束身自愛之想其研究東方文學尤極肄力搜藏頗富博君亦稍能讀中國書然不能達辭也學科分爲法律種植理化醫學天文地理諸科荷國花卉頗多異種故植物尤詳引觀植物園園中茂木名花掩映山石玻璃暖房中供赤道下諸植物大小草木各榜其名尤無美不備次觀天文臺臺有二一大一小所用儀器甚多其觀星鏡一爲柏林所製一爲巴黎所製惜以晝明不能睹星象然荷國天文之學舊有名於時今教習某兄弟二人尤專門名家云次觀藏書樓書凡二萬六千卷東方書籍以中日兩國代表中國之書約六千卷而佛經爲多出至學生總會啜茶小憩各學生均在此歡迎幷以學堂撮影見贈因各一握手勉謝之五時仍乘汽車回海牙

初十日小雨早十一時往海口觀漁業是處漁船所聚荷國漁業爲產物一大宗其捕魚器具均有可仿漁船方平首銳狀若中土古制昔所稱夾板船者由來舊矣至水心亭遇雨微雹憑闌四顧海色空濛一望無際漁人在此釣魚者不少得魚率皆扁身若比目之屬徘徊良久乃歸是早姚廣順舒清阿高而謙潘睦先羅艮鑑魏子京等先行取道法京至瑞士相會

下午三時帶參隨十六人乘火車往比利時三十分至荷比交界駐比使館派員來迎澤公參隨數人均遠迎於此六時至比京布魯舍勒 Brusells 駐使楊兆鋆誠之出迎入寓佛蘭特 Frandre 客店尋往候澤公及尚會臣星使時寓使館即就使館晚膳十一時往候李木齋星使談至一時回寓比王訂十二日延見

十一日雨早十時乘火車往觀廓克里 Kockerill 機器廠十二時到廠主及其夫人兩女公子接待甚殷在事務室午膳飯畢同拍一照該廠製造槍礮及鐵路車軌且自開煤礦有分局四計工人一萬二千名其局面之大幾與德之克

虜伯廠相埒從前李文忠振貝子及澤尚李三使皆嘗來遊留有照片以誌紀念爲主人導觀造槍礮各機器場旋乘本廠電車歷觀鎔鐵鍊銅及煤鑛又試演過山礮快槍仍乘火車回比京七時到寓九時往使館赴楊使茶會到者二百餘人與澤尚李三使晤談至一時乃歸晤參贊左秉隆子興聞言英議院有與中國共聯禁煙之議爲世界上一大問題意以逐年減銷爲主是日粤督岑雲帥有電以現有要務請令高守而謙先歸

十二日陰早十時往拜外部大臣花佛露 Baron De Favereau 出至使館與三大臣及楊使同拍照余等五人分銜
朝命期會於此而楊李兩公又當新舊交卸之際吾國使節之馳驅於海外賓從萃集未或盛於此時者抑以記一時之盛會也

往游大樹林茂蔭參天萬綠如洗小山盤亘淺水縈環車行山間時見流水忘路之遠近洵勝地也

觀賽馬場游人如織隨人投票以卜勝負勝者得彩而王家抽其贏以益公用每禮拜日輒行之此與民同樂之意國家亦得其利雖非善政然視售賣彩票爲優且於游戲之中寓尚武之意亦可取也

六時與午帥帶參隨十六人乘宮車至王宮覲見比王利奥普爾第二 Leopold II 年七十以來矣午帥致詞謝其優待留學生之意比王具問
兩宮安好並言相見之歡問答移時意甚歡洽尋出諸大臣引各參隨至一一接見卽同赴讌肴饌備極豐腆席次接譚論及鐵路爲近今要務中國現欲置辦宜考其價良而工美者以便訂造又言中國今修各省鐵路可聘比國工師言之再三此亦可見比人之用心及外國謀擴張勢力之手段矣余因問近有無軌鐵路是否利用比王謂此法雖有省費之益而有不能任重之患云旋立談艮久比王復寄請
兩宮聖安乃徧與各大臣酬應殷勤備至觀歐美諸國君臣之間藹然可親堂

陛周旋宛如賓友雖以俄皇之尊嚴其延見臣僚亦皆和色立談俾盡其意此亦大易所謂泰交光武所謂分雖君臣恩猶父子者也十一時回寓澤公尚李兩大臣均來寓商定回國後應行諸事夜深始散

十三日陰早往訪吳宗濂挹青觀文具店十二時赴外部大臣花佛露宴四時四十六分登火車回荷蘭七時三十分至樂德敦Rotterdam 海口過巨橋此爲商務最盛之處扼漢堡柏雷門之衝英德兩國商戰所必爭之地也九時抵海牙仍寓威多倫客店

按此國原荷蘭屬國後乃自立另延撒克森皇族爲王以商務製造立國槍礮亦頗著名比王老成望重仁愛及民在小國中卓有名譽者也

十四日晴天氣尚寒早八時四十五分乘火車往觀樂德敦海口時天氣開霽餘寒未消海岸周遭佔帆如織其外海口則輪船停泊貨物起岸於此有活動船塢四具大者可修萬六千噸之船云此地爲環球第四商埠有人民五十六

萬荷國最要之海港也乘小輪周歷各港幷觀撈沙船閱畢入客店午膳仍由火車回海牙四鐘到寓是日分遣馮祥光往考察農務

晚十時陸使及其夫人就本店開茶會徧請本城有名官紳士女到者三百餘人中間雅樂迭奏分曹跳舞衣香鬢影聯袂翩翻主人復出鮮花器物以贈羣客使各擇所愛求爲舞偶極一時之盛會爲至三時復相將就夜餐而散時天侵曉矣

十五日晴早十時乘火車往阿姆司德敦此地稱爲荷蘭京城有人民三十二萬王宮在焉而各國駐使各部衙署皆在海牙故荷京雖在阿姆司德敦而海牙實其中央政府所在地也先至城長署遂觀大機器廠此廠所製凡輪船火車魚雷鐵軌種種機器無不具備工人三千餘名地方甚多歷觀鎔鍊製造各廠及車廠船隩回至城長住宅午膳午後往觀金鋼鑽廠荷蘭以製造鑽石得名其所剖割玲瓏動目光色逾恒各國所出鑽石多令此廠任切磨之事工人

之數盈萬出示石之巨者儼如桃核其價值率甚昂蓋此廠專承辦製造而不以出售爲業也歸訪公法家某與談久之回寓晚陸使及其夫人請余及午帥各參隨餞行飲本寓是日分遣陳琪關賡麟等往觀海牙平和會議衙署圖樣賽會又地圖製造局及馬兵步兵營房施肇基以病先赴柏雷門

十六日晴早十時往觀油畫院此院本富人某一人所手創今已歸國家矣所藏古畫甚富價率千佛郎以上至十數萬佛郎其最貴者有名畫師美辣 Millet 所繪小幅價値三十萬佛郎今歐洲所存止此一幅云又一院亦羅列圖畫已引入暗道別闢一亭四圍幂以油畫中穴孔置鏡以引天光所繪卽荷蘭風景凭闌四望背山臨海景象天然宛如身在畫裏其曲折布景爲畫爲眞不可辨別昔聞德國有普法戰圖卽用此法形狀偪肖近日本於戰勝諸役亦皆以此法製圖招人游觀隨員多有已見之者今余爲初睹矣詢知油幂周圍約五百英尺畫工及布置凡二十萬佛郎云

往觀公斷衙門此卽平和會議處也公斷者兩國有爭各舉一人訴其曲直於總會會中各國合衆同舉若干人以評論其曲直也衙中設辦公長案會中各國代表委員皆有座座上各繡其國旗章壁上徧懸各國君主肖像凡入會諸國之皇帝國王總統無不有之惟中國尚未送到歸國之後亟當奏請送致皇上尊容以表同盟而遂瞻仰也十一時往拜外務大臣辭行復往觀衙署圖樣賽會西人精究測繪之學畫一圖蹟動費萬金此次平和會衙署徵募各國著名工程師圖樣計送來者千餘份入選者凡二百十六份卽今所列會者是也聞已評定甲乙以第二百十三號之圖爲第一其圖係照荷國工程形式需費凡一百萬佛郎云是早分遣劉若曾關冕鈞等往觀戽水風車此荷國所產物也

午後二時往拜駐京荷使及駐荷俄使四時三十分乘火車往瑞士陸使及隨員吳文泰同行七時五十五分至閭默利殊Emerich入德國界八時四十五分

至威蘇 Wesel 飯車上九時十分至奥罷侯森 Oberhausen 五十分至都士十時二十五分至可侖易車復行

出使九國日記卷十終

出使九國日記卷十一

十七日晴早已入瑞士界八時四十五分至奥路田 Olten 是處千里平原一望無際長林豐蔚遠山起伏有如驅車太行閒田家小屋傍樹結構三三五五自成村落車行過處時有流水潺潺横渡橋底淺綠可染洵佳境也九時五十分至瑞京巴侖 Bern 入寓巴侖那客店 Bernerhof 温秉忠由柏雷門來姚廣順龍建章等由巴黎來皆會於此十一時四十五分余與午帥陸使三人往謁總統斐路 Ferror 及副總統買雷 Müller 余致頌詞曰本大臣奉

皇帝命考察政治兹至大瑞士國得覲見大總統副總統至爲榮幸伏念

貴國與我國交通最早睦誼永敦今承優待並得稍事考求獲益不少謹頌大總統副總統福壽康强及全國人民幸福云云總統答詞意甚勤懇不備錄回寓總統及副總統來答拜午刻赴總統請讌並同拍一照三時往觀蘇格勒 Chocolate 公司蘇格勒如荔支核磨粉製糖歐洲作點心其用甚廣又往觀織布

公司此公司全用女工各種顏色甚佳惟所織皆光面無花質輕軟而薄耳旋由鐵路上格爾騰 Gurten 山遠盼層巒尚存積雪半江落日晚色逾佳向夕回寓

十八日晴是日將與參隨等乘火車爲士森尼伯辣 Schynige Pratte 雪山之遊瑞政府乃遣招待員阿勃黎 Apple 等二人爲導同行者凡二十七人時八時四十二分也沿途望山雪色不斷牧場銜接長林迤邐九時二十分至腕湖 Thun 三十分至湖岸下車湖邊有小輪船專以渡客遊人羣集渡江如鯽蓋此地可車可舟而湖色尤勝也自此返望湖岸樹影蘸波林屋幽雅翛然若出塵俗漁舟三四臨流撒網仰視山上則宿雪彌漫雲氣蓊鬱若近若遠殆移人情湖本通流也若來因若多惱若倫河皆發源於此因思中國山川之勝廬山西湖羅浮之屬如瑞士比者不可僂指顧瑞士以佳山水聞天下者何也歐洲無大好山水其氣候亦多不適宜於避暑旅行之處故瑞士一隅秀出塵表而中

國內地未闢交通不便又乏所以保護而經營之之術使墳塋縱橫斧斤往來風景索盡遊人裹足職此繇矣湖水淺碧晴波不皺中流容與談笑風生移時至普列治 Priez 是處水勢彎環尤湖心勝處有客店朱闌白屋繞湖而居誠避暑佳所也十時二十分至比田不士脫 Beatenbusht 時有扁舟載女郎數人揮巾相招爾時水膩於油漸漸深綠逆望諸山或尖若危塔或平若蕪田或樹深沒石或雲影橫斷出沒變化不可端倪十一時至延特勒幹 Inter laken 登岸步行市上列肆求售皆山水影本也四十五分乘車復行至山下易火車登山渡溪流蜿蜒入林間但見四山青合疑無去路屋舍縱橫樹木蕭疏山花五色掩映巖際峯迴路轉忽現平地時有茅屋足適遊客讀書之居推窗近望則萬石犇赴老樹屈強或岸然獨立或羣幹爭長少頃斜入山洞者再此山之巔距海面凡八千英尺是時已登高六千七百尺矣自此以後天氣漸冷寒風襲人下瞰晴湖曲折數見參天高樹時出車底山本陡峻因其盤旋之勢紆迴數里而

行故不覺險乃知凡作一事不貴急激惟宜以毅力持之方向苟不變雖取徑稍紆遠終必達其意之所祈於遊山見之矣山路間阻絕以石橋渡之如是者三維時天氣漸異山上微雨山下自晴煙霧空濛咫尺百變十二時五十分至比黎留恩甯 Bleitlauenen 則雪深夾道皆自山頂而下高可沒人石壁嵯峨有如古城斷碣復過山洞二瀕臨萬仞層崖峻險山間時見瀑布蓋長一千英尺以來直至山底一時十五分至士森尼伯辣入士森尼伯辣旅館是處眺望良勝有舍可館客火車行至此止矣鐵路之長其高蓋十英里仰觀山峯亭亭秀挺可躋攀而登飯後同遊諸人多陟其上攀藤撫石喘息再四登高一呼羣山畢應聲了了可辨已而雲氣忽來散漫山谷迷不見人良久乃下則滿袖攜雲歸矣就旅館小憩啜茗尋相偕下山撥雲尋道山石蒸濕滑不可步四時三十分復登火車下山渡山洞二積雲如絮窗外不見一物五時至比黎留恩甯 B-leitlauenen 仍循原路而回巨石嶙峋奇詭萬狀有如劈柴又如驟雨如蜂窩如

靈木如奔馬快人心目夫名山勝地固出天然亦需人工吾國山川之勝何限顧守土者不加修葺則頹廢有時甚或蒿萊不治人跡罕至時有伏莽之虞非謝家山賊糾合徒衆不可得遊抑可歎也歐人誠好遊乃有汽車電車紛馳道上有記里之旗有郵信之函處處有旅館遊客所需無有不備可謂便甚矣五時三十五分至威爾特士威爾 Wilderswil 六時易車至延特勒幹 Interlaken 仍乘專車返以日向暮故舍舟而車也車行沿湖過山洞者四蓋雖瀕水然皆山脚故須鑿隧乃可通也旁岸急行遙見湖心白鷗數點小舟蕩漾別饒清致迨返巴侖則已七時四十五分矣

十九日晴早十一時往見總統夫人總統及其子均在家有孫尚幼庭宇甚小器服質樸總統夫婦引觀其家園摘花相贈設茶酒餅食情意甚殷並贈相片十二時與陸使帶諸參隨往見總統至署則總統已往客店相見矣因返寓俟之良久與其子步行而至引見參隨已旋辭去四時往拜義國公使陸使以紅

十字會開會先往哲奴亞 Geneva 出往遊山水村落之間淺草深林饒有逸趣

按瑞士人民三百萬餘山川秀美戶口安樂爲局外中立國總統一年更換國中所產以時表雕木爲最自餘加非牛乳亦稱佳品焉全球十字會郵政會均公推爲發源之處風景佳勝號爲天下公園游歷者足跡所必經良有以也

二十日晴瑞士憲法最善政治亦畧有可觀以時促不及久駐留高而謙張煜全調查一切餘員同赴義大利早七時登汽車啓行八時四十五分至巴里斯洞 Parlezieux 進山洞者三漸沿湖行隔岸見山縹渺雲際若不可卽已而抵老申湄 Lausomme 易車復東行繞岸一帶林木人烟漸繁漁戶高低小舟環繞對山日出雲散漸漸晴朗九時三刻至力克 Legue 五十分至聖莫利士 St.maurice 山勢紓徐窈而深濃而秀團團樹頂萬顆迎日谷間田疇甚盛樓閣參差高塔

倒影時兩邊皆大山老樹倒垂崖際峯巒重疊積雪頭白十時二十五分渡小溪復過山洞此山絕峻險層巨石不易開鑿時有飛瀑下注散如烟霧頗有石橋足以俯眺山峽背立鳥道仄狹僅足通人蜿蜒直至山巔十一時十五分至順涉田 Sionsitten 旅客至此中飯山上瀑泉百道匯爲小河時時與車路相左右又通山洞四十二時十分至比力克 Brigue 其地急喘噴沫高山當前將進大山洞矣停車爲預備乃始速駛洞中深黑遍然電燈行二十分鐘乃出可謂巨矣車窗受蒸汽皆濕車室空氣索悶人耳爲鳴至是入義大利境自是復過山洞七皆鑿空巨石峭巖夾峙骨格磅礴氣象雄偉如作劈窠大字一時五分至多摩德俄索拉 Domo dossola 停三十分乃行意外部招待員及駐使黃京卿誥之子恩堯冠書等來迎二時到巴闌查 Parllanzai 過山洞又八此路所經凡四十六洞爾後乃始平原矣到成人湖湖景絕佳時夏雲奇峰突兀可喜樓臺近水樹陰低護鐘樓燈塔歷歷可指湖水甚淺中多小嶼嶼上亦有人家遠

若樓船浮於海際二時四十分至普里安Prion瑞義之間山水之勝爲遊人所樂道而山路崎嶇開鑿匪易是日所過之大山洞鳩工最新竣事纔兩星期耳費凡一千萬佛郎歷六年乃成聞瑞士總統云鑿山之法已大進步前開之洞或有經十六年者然尚不及新洞之長也見示開洞之圖二類似開鑛亦有水火崩頹之患云義國天氣炎熱車中殊困四時十分到米蘭 Milano 駐使黃宣廷京卿誥及叅贊翟青松健人來迎府尹賽會總辦城長邦悌 E'port 均接見入寓威勒 De La Ville 客店黃使恭請

皇太后

皇上聖安五時出拜阿屋士脫 Aosta 親王及其夫人拜雷的齊亞夫人及府尹城長賽會總辦等至賽會場一覽而回下午雨

二十一日陰早十時中國漁業公司開會會員等請往行開會禮會場懸兩國國旗陳列沿海各省漁具船式模型照片及圖說此外水產動植各物亦畧備

並以英文中國漁業歷史一書陳列以供參考所陳各物雖未完備然以數月之功倉卒成此秩然有條實非易也是早士女來觀禮甚衆午帥及黃使以次演說如禮並以酒餉客而散會畢往觀義國漁業公所開會罔廣早膳二時往見阿屋士脫親王及其夫人親王旋來答拜三時往見雷的齊亞夫人四時三十分城長邦悌就博物院請茶會院本古兵壘也自意王據有此土後改爲博物院而兵房尚仍古式云院中所陳金石碑碣多千百年舊物油畫尤佳美不勝錄中有畫耶穌及十二弟子會食像一幀橫幅丈許神氣如生尤其最有名者也此外又有織畫及石像等率皆可珍無幾茶會男女臨會者百餘人美蘭人物秀曼眉目如畫是日尤屨舄雜遝稱一時之盛因同攝影以記念焉七時賽會總辦請宴於大會場土耳其院黑人男女跳舞作樂以迎同席四十餘人席次致頌詞余具答詞謝之飯後往觀非洲人耍戲演食炭吐火齧食玻璃坦腹受刃諸術賞以百佛郎旋辭歸是夜以余等之至自車站以至各會場橋欄

塔頂皆密懸電燈有如貫珠光芒四徹銀花火樹不能方其陸離也每至一處男女歡迎街道爲塞十一時回寓

二十二日陰雨早十時往遊大賽會場時各國賽品多未齊備恒鳩工伊始加時日迫促觀大畧而已

觀蠶業院養蠶飼桑之法及所用器具備列煮繭出絲各新法皆可仿效觀紡絲處後爲絲貨陳列所皆美蘭所出也美蘭以絲綿著名本國其地絲廠林立所出之綢緞質地雖不如我國而染色鮮艷異常極合銷售之用其他闌干頸帶之屬亦目迷五色又有假絲貨廠以紙及木皮等爲之甚美觀幾可亂眞

觀機器院印字之機裁縫繡花之機製呢帽之機等皆在焉

觀烟草院各種烟卷及呂宋烟皆製於此以女工輔機器爲之間一日可出烟卷一百三十萬支其呂宋烟則全假人力一小時可出一百五十支云各會場地段其陳列之地卽就以作工既可便於來客之觀又不礙其所營之業誠善

法也

觀軍器院凡槍礮魚雷戰艦之屬在此有大礮一尊口徑十二寸其他船隖船內室等模型皆備惟不如軍器博物院之多耳有克虜伯廠所製大礮亦置此

觀水師院陳列軍人泅水衣服中設一水池深二丈許令一水兵試泅其下衣服悉以橡皮爲之戴銅面具嵌玻璃以通視力身上有空氣管以供呼吸有電話管以通消息入水底作工云可以歷六時之久蓋以備輪船入水修理之用也賞以五十佛郎會場有大飯店就此中飯飯後雨

觀法國大會場工未竣規模絕宏偉中坐頗有容萬人建五丈旗之觀

觀寶石室寶石一塊長廣數寸色黃透明刻耶穌像價值一百萬佛郎聞出自巴西

觀法國陳列場有書籍綢緞圖畫刻石瓷器玻璃器家具鐘表寶石銅器之屬而以婦女裝飾爲尤衆如衣裙綵花鳥羽之類極多亦他國所不及宜婦女之

靡然效巴黎裝也

觀油畫院古畫極多價皆在數千佛郎至數十萬佛郎視小會場所列又過之

觀石像院石人甚多皆古物非近今工刻者所同

合觀各國品物則法國規模最爲宏闊日本精心銳力出賽賽品皆其上選駸駸乎有追步英德之概獨我國局面大狹祇有通運公司瓷器茶葉繡貨等物略可流覽然尚未全到至今所陳者僅有浙江青田石小器皿殊無足觀者幸漁業公司尚可自成一結構耳回寓用膳

七時三十分登汽車往羅馬 Rome 夜宿車上

二十三日陰小雨早十時到羅馬陳籙王繼曾趙詒璹及使館隨員黃謙鳳恭寶龔豫奎黃恩堯李鴻賓學生蘇曾貽等來接入寓高等 Excelsior 客店往使館拜黃使午膳後往拜外部大臣鐵通尼 T.Tittoni 及副大臣六時往觀科魯士 Coloseum 鬥獸場場建於羅馬帝斐士巴順 Vespasiano 於今殆二千年廣二

百碼高百七十碼凡十層層各爲八十室如環然今牆壁傾圮將半矣尚存圓周基址地下兩層皆犯人所居蓋囹圄也兩旁則畜猛獸若獅虎之屬當其時羅馬破滅猶太乃築此劇場爲娛樂之用每鬥獸則國中貴族知名之士畢集場容觀者八萬人視犯人之哀號就飼骨肉狼藉以爲笑樂可謂忍矣然羅馬人俗好鬥獸常有勇士自請入場與鬥者死傷不悔苟格獸殺之則羣以爲榮犯人亦赦其罪焉傑構巋然斷壁不可上餘橋闕室門加鐵其上則後所加以資堅固非舊有也

觀公園沿山爲徑樹木陰翳時方雨後凉風襲人路旁徧植石像夾路樹木青葱曲折可喜此岡名曰拜西訶爲羅馬城七山之一園前臨廣場有噴水池甚巨

夜赴使館晚膳

二十四日晴午往觀上議院有客室閱報室全國報章備焉有辦公室樓上懸

歷任議長像旁室油畫作歷史故事其他室則各股分職所司處也觀議堂議長中坐前十一位爲各部大臣書記官旁議長坐其左右列位半月環議長而坐皆各省代表員也面議長之室爲王及后坐其樓上則左爲報館右爲皇族議員由王選派大約年滿四十歲者於各部高等及教會選之或其產業於三年內納直接稅三千利意（義幣）Liri 者至其任期之長短與人數之多寡由國王定之凡親王年至二十一歲皆爲議紳然必滿二十五歲乃可投票決議次觀藏書樓閱書室藏書綦富此樓以甎作地餘並方平巨石甚美觀閱名人石像室室皆有石刻極工可喜也上院議長副議長各一人書記官四人議員三百九十餘人分爲五局

觀下議院此院距上院不遠規模畧舊地頗黑暗以木材構築宏麗視上院遜甚觀議堂議長中坐議員三百八環向之餘並與上院同樓上觀者座分爲各闌有外交官席有眷屬席有女賓席有報館席有親王席條理秩然可以爲法

別有憩室飯室書樓閱報室電話所郵政所辦公所書樓甚高以白石築之頗爲偉觀下院議長副議長各一人書記官八人議員額凡五百八人年滿二十一歲由各選舉會選舉之任期爲五年分爲九局及委員會四

按義國任命大臣之權操諸國王之手而大臣之不職者得由下議院控訴之而由上議院以裁判之歐洲諸國政制相維其法至善胥此道也

是日擬觀皇陵以時晚門閉不果往遊旃那祜連 Giannicolo 岡公園此岡臨望全城歷歷在目羅馬古蹟若保羅彼得諸廟均可見也園有噴水池分而爲三引山水流出終日洶湧不絶觀加里波的 Garipaldia 將軍銅像像立平岡上作騎馬狀下列四面肖戰士殺敵之概下有銅花圈鑄石上以永瞻仰焉復至一園園在山岡乃富人所有每星期啓戶一日供外人遊賞不常開也林木陰翳道路甚曲折有荷池方廣里許旁設水管凡五噴空高丈餘四圍樹陰盛暑良宜亦佳勝也晚赴使館晚膳

二十五日晴早十二時往使館早膳午出觀大醫院甚壯闊庭院之多爲歐洲各國醫院所未見歷觀幼稚室婦女室病人室醫學堂解剖處浴室電氣浴池電光照病處及食廚飯廳凡醫官五百餘員此院新築去落成纔數月耳建造之費凡十七兆利意（義幣重量與佛郎同）云似此博施可謂宏願矣遊植物園時天氣猶凉夕陽初下有池蓄鵝鴨樹亦豐蔚回寓外部大臣鐵通尼來答拜夜赴使館晚膳

二十六日晴是日覲見義大利國主參隨均隨往十一時禮官以宮車三輛來紅衣銀花儀飾甚都余與午帥黄使率參隨二十四人入王宮王宮規模畧與諸國同其壁上所懸皆巨幅織畫也先入見午帥致頌詞余遞國書禮畢咸坐繙譯岳昭燏立傳譯詢見使路程及歸國日期並訂期後日請宴旋引見參隨諸員訖國王入內禮官帶領往見王后后能操英法德俄意諸國語措詞嫺敏復徧見參隨各員乃退回寓至使館午膳午後出拜各部院大臣禮官各國公

使見首相（兼內部）副內部大臣美國公使巴延公使禮部大臣晚至使館晚膳

二十七日晴早往使館與廣東同鄉諸人拍一照凡十二人十時往觀聖彼得 St. Peter 廟此廟壯麗冠絶宇內自十六世紀之初從事建築凡歷三百五十年乃成費金錢一千五百萬磅云門外規模廓大中立華表一兩旁置噴水池左右廊環列石柱百餘並巨險合抱柱顛刻石像無數皆名人也入門則深嚴崇峻凉氣灑然殿前柱悉文石遍地作摩色 Mosaico 畫四面畫像皆宗教故事亦盡摩色畫也正殿上金椅四教皇像捧之聞其內藏一故几乃當日彼得所嘗坐云廟中塔頂作圓穹形高四百五十八尺其下中央爲彼得墓上燃燈數十循石級下兩旁柱皆以寶石爲之自殿上以至墓前皆飾金雕石光華奪目自餘各石像神妙如生有教皇像手執槍刃相傳即刺耶穌脇下之刃殿旁分列木屋中爲小室僅容一人教士入而閉之兩旁有跽所犯罪者跽而自訟不少

諱教士聽受之既授以赦罪紙以本窩其身則罪惡皆爲已赦謂之認罪亭此亭分別各國凡十有一自餘不分國者無數方余等來觀認罪者喃喃自承絡繹不絶也迷信甚矣彼得爲耶穌首徒最先至羅馬傳教故其崇奉之若此方此廟初建時窮教皇之所有不足於是別謀所以輸入入財而赦罪紙由是起焉窮奢極欲以成此莫大之壇宇可謂古今之奇鬧矣繞廟之左右者即教皇宮也有博物院有油畫院有藏書樓教皇所居尤爲偉麗今不暇往觀矣遊其博物院院中所列皆白石刻像也或男或女或坐或立或衣或裸皆毛髮如生筋絡入細有巨至尋丈者有缺止肩股者靡不收藏其雕刻之工信可寶貴此外有石瓶石几石盤等皆千百年珍物也回寓往訪外部司員博士某並見其夫人謝其送畫赴使館午膳

午後遊聖保羅 St. Paul 廟廟與彼得廟並峙而彼以雕刻精工勝此以玉石寶異勝殆難軒輊焉故有廟已燬今其重建者外門工尚未竣也殿長六百尺其

前庭深百八十尺左右廊各列石柱方圓相間凡十有六皆五色文石所成正殿中間畫耶穌像旁列四大弟子亭下即保羅墓與彼得廟同保羅當耶穌生前尚未正弟子之列後人謂之私淑也自內殿至巡廊兩旁各繪敎皇像二百六十二今敎皇亦與焉其大門方事興築石柱六十並新製也自餘精妙華貴得未曾有因思自義大利入據羅馬以來敎皇式微徒擁守府久矣顧其富力甲於海內以今日之弱猶能興此大工何也

出訪羅馬古城頹垣斷壁衢路彌邃

至舊王宮牆上圖畫尚有存者其正殿舊皆文石今存者惟破缺數片而已然殿廷宏敞尚想像得之此王宮因兵燹被埋沉沒垂二千年乃以時出現國人皆知古蹟之可寶貴爲之披剔糞土俾永保存甚可嘉也

歸途拜客回寓上院議紳卜第鄂來見與談久之其言財政則主借債以興庶務而農業工商均推本於學堂報館以開百姓智識爲先言憲政則以漸進爲

主義若蹴等強迫則爲害斯大云云其餘論擴充銀行論重入口稅免出口稅等均推闡盡致年六十餘矣而精神矍鑠議論軒豁且性情懇摯臨別期更續談其熱心殊足尚已

夜赴使館晚膳義王贈余及午帥黃使頭等皇冕寶星參隨各員均得寶星有差凡二十四人

二十八日晴午大雨如注十一時十五分與午帥黃使率參隨等往王宮赴讌周歷各殿鋪陳華麗有中國古銅器一刻隸書東坡前赤壁賦全首疑明時物也王及后出見入席余與午帥旁后坐蓋后嫻應對而王素緘默故與各國稍殊同讌者參隨及各大臣凡四十人席間語及女學后意甚以體操爲主並謂幼年之學主於活潑務令於身體有益又不厭倦爲主義其言甚善誠敎育上體驗有得之言也食罷立談良久王以赤壁賦文義爲扣因允繙譯寄呈焉回寓雨甚五時三十分往使館晚膳六時四十五分登火車往奈波里 NaPoli 十

二時到入寓客店

二十九日晴早九時十分坐火車往觀睢蘇威 Vesuvius 火山此兩月前所噴發之山余等嘗發電慰問者也沿途多窮人藍縷行乞貌並黃醜南部義大利人民色黃而愚僿北部義大利人民色白而聰秀此近西南矣至火山所燬村莊二瓦礫沙泥堆積成邱皆作煤色家屋多陷土中其見地上者樓耳頹垣洞開黝然深黑老樹拔根枝葉黃脫近山殊炎熱至是尤甚氣蒸蒸然遠望山頂白烟彌漫即火所從出穴也瓦石有硫黃氣者斑駁陸離窶人撿之以乞錢爲取數塊作紀念焉顧居人不懲而車就未傾之宇稍事修葺又復安焉何其冒險也更至一村落大致相同火車道皆爲煤土所壅人夫方事挑運也詢之土人云山內多硫黃性質劇烈約三十餘年必發一次發時火焰衝天融液成泉自上瀉下所過房屋橋梁立時傾圮此次發二十四小時之久所損敎堂行棧居民產業約在千萬幸人民奔避尚速傷死不多云午乘車至邦淠 Pom Peii 就

蘇士 Susse 客店午飯店中陳圖畫古器桒多便遊者之購買皆邦淠城之撮影及模型也出店門即古城相距十數武耳初入有門若城門曲折深邃有肩輿舁客顧祇得九乘不敷用也

按邦淠古成爲火山埋沒千數百年近六十年始發見城中古蹟甚多均足資博覽畧述如右

博物院　此院非當時所搆蓋就城中所得悉萃於此以便考查焉耳有古尸十五具一爲胎孩一爲犬其一兩尸同匣並玻璃藏之或仰或俯有帶約指者有着木屐者繩跡猶存有齒粲然白者尚無恙也旁列大獸骨及車輪壁畫貝殼麵包等食物於當時文化之程度深足資考證焉

街道因山斜上以巨石參錯成之兩旁斜瀉以洩流水道邊屋牆皆極厚凡尺許

審官署

大道寬可丈許皆以巨石錯置兩旁少高左右各寬五尺餘今文明諸國街市
尚仍此制也
木星廟
財神廟　以摩色畫爲地
富室一　門内畫雞犬人物器具四壁皆然朱色猶鮮旁室有池有樓有廚爨
具猶存有銅釜支鐵爲三足架以盛之側一室内壁上圖男女媾合狀室有門
常扃鎖之左間一室圖人物甚精雅鮮朱深黑可見其染色之精今人不及也
後進院落甚寬周圍十有六柱皆白石刻成四周爲噴水管八皆作小孩溺狀
院旁一室畫最工牆缺處皆補足之俾遊者甜爲地皆摩色畫甚工細他室亦
繪歷史圖畫然凡屋蓋幾無不毁今所見大都新葺者也其室率狹小畫之善
者輒圍以鐵闌防人損害院中四圍有引水鐵管可見此制之古矣
富室二　此最後掘出之室最爲完固者也壁上有玻璃鏡已闇不可辨然可

知古人已能以玻璃作鏡室皆摩色畫並作諸花色院中一小池遍樹石柱柱
顛刻人首無慮十數廊柱横石纏其下遍縣人首狀意不可解正室旁兩室畫
果女像其後有厠有井此室最新發見纔三月餘耳其對門連闠相續皆未發
掘也
富室三　此室摩色畫甚精細室甚狹小正室前樹屋主人銅像泐其名爲主
人亦好名矣哉遘此巨厄而名至今傳然則謂主人爲幸耶非也
牆面街者下半畫人物上半則畫方甎形此亦與中國同者
酒家　有酒爐數四在店門之内知其爲酒家也
富室四　此室遍地摩色畫院落甚大中有小池室中用方石爲磚後院周圍
凡二十二柱半作朱色已漸剝落中亦方池兩旁巡廊甚寬廊次之屋無不畫
者摩色畫時作卍字形内室爲噴水池上有石級七以引流水四壁畫魚蝦水
鳥之屬

路邊多水池且多巨石當路以通流水而便往來其下水流成坑焉
城官署　此亦皆摩色畫地中院子甚大兩旁室畫人物多裸者正間亦前噴
水池式今遍養花矣其上皆石人石獸然甚小
妓寮一　甚小兩旁密室左三右二室内築土爲牀如吾國北方而甚高甚短
且畸斜不正擸樸之甚室門上皆作行樂圖
妓寮二　門外石刻男子陽具以爲符號式大小不一導者言此當日之習慣
謂如是可祈平安家家皆然非獨妓館有之也
浴堂　甚大此可見古時文明之一斑矣院方可五六丈一方凡十九柱前有
大池牆畫宮室之狀正室旁以方平白石爲地壁有空以置衣服中間浴池爲
三級上圓孔以通天光壁亦無不畫者池後一室方磚相間高可數寸容浴客
甚衆在此小憩啜茶
戲院一　有石級以登危垣下視戲院舊跡甚明觀客之座形如半月内向以

石層疊爲之與今署同遠近岡阜未掘者尚多戲院之側有三角廟其前有白
石神像
學堂　戲院後爲學堂此學堂蓋教劍術技擊之屬卽爲戲院角賽之用也周
圍七十四柱院外列室甚多導者言此皆希臘遺跡非羅馬故事蓋以文字按
之也
戲院二　此院稍小亦皆石級層疊爲半月狀凡三十餘級尚新客座後有梯
以登樓今其石級猶存
五時出城乘火車返奈波里客寓時黃宣廷李木齋兩星使及繙譯徐伯申翟
青松均到寓因邀晚膳又是時馮祥光留學德京岳昭燏爲荷使挽留高而謙
魏子京留歐攷察學生王繼曾陳籙趙詒璹襄理事訖均邀同叙海天于役數
月於茲餞別臨歧彌爲惓惓也夜與李使談至三時始寢
是日比國領事送來余及午帥頭等利奥浦爾Leopold寶星參隨得寶星者七

人劉若鄧鄧邦述闞冕鈞王豐鎬龍建章馮祥光陳琪

三十日雨早九時出拜阿屋士脫親王及府尹城主水師提督陸軍提督比國領事觀古董店佳品頗多並有邦溥二千年古物三時返寓午膳晚七時赴親王府宴王妃主席酒闌觀奈波里歌舞男女各八人古調獨彈頗類埃及聲樂舞者更番迭奏亦殊有致

十時辭出至海口登汽船船名里波爾得Prinz Regent Luitpold蓋以攝政王之名名之也船載重六千餘噸

李黃兩星使及隨員學生均來相送馮祥光岳昭燏洋員沙洛並送行舟次夜一時三十分啓輪出口前比使楊誠之星使卸任回國南京領事倫愛生將赴任均同船焉

按義大利爲古羅馬之地雄視天下中古漸衰分爲諸小國强國乘而陵之千八百六十一年國中志士力求脫强國之制合爲一國以求自强定立憲法行政司法官分爲十一部曰內務部外務部法部國庫部財政部陸軍部海軍部學部農工商部工務部郵政電信部組成內閣國分六十九省行自治之政國中大學二十一所常備兵二十七萬人後備兵約八十九萬民兵則一百十二萬海軍有大小水雷軍艦二百四十艘內大戰船十艘水師二萬五千人歲入約七萬萬元國債五十萬萬元近已輕減利息國產鹽鐵絲麻硫磺擅長者綢緞雕刻油畫之屬北義富而南義貧外省以米蘭奈波里爲繁盛羅馬一隅古蹟最多而街道之整潔衣服之麗都比之各國似不如也又義利宗教最盛迷信最深教皇所轄亦有數省前時幾爲泰西共主供億富侈故廟宇爲天下冠近則權力頓衰教皇徒擁虛名深居簡出與義王各分畛域且受其脅制矣中國教案皆國力爲之藉端以爲擴張勢力之地故與各國謀弭教禍實非其所樂聞也教皇號爲彼教之宗主顧教士之良莠教皇舉不知之且勿得與聞或乃欲請於教皇派遣大使專任教徒交涉之事此亦未知彼中之實情者矣

出使九國日記卷十一終

出使九國日記卷十二

五月初一日晴舟行地中海風和日暖波濤不驚船面瞻眺有山甚近船舶往來不少午經昔西里Sicily島是日行一百四十五海里傍晚出義大利界

初二日晴舟行地中海甚平穩是午行三百四十六海里倫愛生交來德國禮部大臣所贈學堂圖片三部其一代呈

御覽余與午帥各一部

閱義大利財政彙攷義國幅員不及中國十分之一其人民少中國十三倍有餘而其進款反多五倍由其君臣上下實力同心深得藏富於民之意年中即估定豫算表量入爲出亦量出爲入凡事與民謀之此其國計近日進步所由來也

初三日晴舟行地中海有風船微盪午行三百三十七海里自此去波賽Por Said二百九十二里明早可達矣是日天氣漸熱船中各室均設電氣風扇故

不甚苦前此數年尚未有也晚約倫領事楊公使及同船義國兵官等晚膳

初四日晴早七時三十分抵波賽自此以往即入蘇彝士Suez河矣當河口之衝有銅像巍巍即開河者里賽勃Lesseppe其人也建此大業利便無窮功在歐亞名不朽矣船泊此上煤停八小時乃行余與參隨數人登岸游眺是處人口不多多阿剌伯人愚蠢鄙樸衣服怪詭然街市整齊商業頗盛守望有警察游息有公園且有學堂略皆可觀此處有希臘教堂回回教堂各一爲茲土建築之冠因入觀之旋至全島繞游一周並購紀念品數事而返登岸時有土人能操英語導游各地游畢給以資每小時兩先令皆有定價亦良便也十二時仍登船土人擕土物來售者甚衆其織工雕木均犏劣余購得竹鞭竿一枝是日午帥往埃及Egypt京城開盧Kairo一游約以明早至紅海口仍下船

下午三時啓行入河口近河口處有兩隄夾築以障流沙蓋蘇彝士故沙漠地爲亞非兩洲腰脊交界處南近非洲多大沙漠時虞河流爲湮故建隄以障之

運河中頗狹東岸樹陰連續西則平沙彌望每商船相遇則泊寬處以避之如是非一故船行極緩入夜則風寒月黑晦不可辨閒見河燈一點熒熒水面而隄工不可覩矣可惜也

初五日晴早九時三十分至蘇彝士河南口此地房舍頗稠有加非館對山庭閣亦隱隱相望聞楊誠之星使言前道此尚未見之今蓋漸繁盛矣行至此停輪午帥自開廬來登舟爲言埃及國勢式微受役外族文明古國不能自强至於如此可爲感慨

少頃復行自此即入紅海口西爲埃及東爲阿剌伯國在亞細亞阿非利加之間地屬英領凡南北二千餘里最廣處約六百里兩岸皆沙漠之地受日所曬風亦薰蒸今日幸微風扇凉尚未之苦

初六日晴舟行紅海是午行三百四十六海里天氣稍熱與午帥商量入奏事宜連日漸熱而海行平穩馮夷不驚亦足樂也晚有風

初七日晴舟行紅海是午行三百四十八海里天氣炎熱有加寒暑表漲至九十六度每日船客無事輒投票射船行之里數以貲十之一助慈善事業而餘者分配於得利之一人或三五人此戲航海多有之今更爲新法先以拾圓繼以拍賣其數目相近輒得善價半償原主亦解悶之妙法也晚至船面納凉子正始寢

初八日晴舟行紅海是午行三百四十二海里寒暑表九十三度下午風頗凉含有雨意傍晚兩邊見山峰巒峭拔惟紅海諸島皆蘊沙石峻峭作赭色不生草木附近有小島向產加非今則竟無人煙矣晚間天色復晴明月彎眉清風拂袖船主言明晨可出紅海熱度當頓減云

初九日晴早八時舟行二百八十二海里抵亞丁Aden亞丁即明史所稱阿丹國爲阿剌伯地兩山對峙三面皆海英人據有此地築建礮臺費至八百萬磅蓋此爲自歐達亞孔道地方衝要故不惜重貲以建壘其間且其屬地銜接自

此至錫蘭檳榔嶼新嘉坡香港島嶼出沒犄角相聯尤以此島爲第一重門戶英人於海上權力最爭先著其籌畫亦不遺餘力矣哉近岸有商店房屋面海背山街道亦整而人情蠻野貧鄙不堪天氣炎酷終歲罕雨鬱蒸殆不可耐山石皆赤濯濯不毛與紅海諸山無異此地產物有駝鳥毛扇駝鳥卵之屬余得扇二每値二先令六本士他地無此廉價也十二時十五分啓行出印度洋波濤甚洶湧船顚簸不定而風色轉涼寒暑表驟減至八十八度是日和午帥紅海時七絕二首又步韻二首另錄

初十日晴舟行印度洋風波甚惡船搖甚是午行三百四十七海里下午急風疾吹不戾於人寒暑表八十五度

十一日晴舟行印度洋風大隃昨夜間稍穩天氣亦凉寒暑表減至七十九度是日行三百五十海里

十二日晴舟行印度洋風浪稍靜是午行三百四十四海里

十三日晴舟行印度洋是午行三百四十二海里船仍簸甚午後小雨

十四日大雨舟行印度洋是午行三百四十九海里是夜船上爲音樂大會徧邀男女各客並請二等船客會於膳廳或唱歌或奏風琴或吹喇叭間以留聲機器凡十二齣自九時至十一時乃畢二等客中有埃及兵官紅帽垂黑纓能英語談及將往日本一游因言埃及爲英人所制不能自拔言之慨然謂中國自强當取法日本不可專信歐人語甚痛切覆轍在邇殷鑒匪遙追維埃及以千年古國奄奄至今豈有天災人禍不可救藥徒以客卿用事財政無權而臣民渙離漠不愛國致忽爲之慘有餘矣彼兵官身爲亡國人宜其言之沈痛也書誌之以警吾國民

十五日晴舟行印度洋是午行三百六十四海里去可侖布 Columbo 二十四里耳三時到可侖布爲錫蘭 Seylon 海港本屬印度今爲英人殖民地矣船初到遙望海岸一綫屋舍連雲兩邊築長隄以障潮白浪拍天橫擊隄岸高起數丈

蓋此處風浪急激船不得泊英人特營巨工用塞門德土築此兩隄以爲障中爲門納船泊其間爲船停此至明晨乃行余等乘小火輪登岸入寓東方大客店 G-rand Oriental H otel 蓋歐人航海每船泊一宿者輒登岸宿酒店不以爲煩上客通例也小憩旋往街市一游是處土產爲紅藍寶石及貓眼石又香木雕器等均至各店一覽而返晚招船主飲再一出游街道寬潔商務甚盛電車馬車往來絡繹視波賽亞丁遠過之客店甚宏敞侍者皆土人獰黑蓄鬚而椎髻類婦女亦奇觀也臥室有電扇施紗帳亦歐洲所無豈地熱有驗使之然耶晚間大雨

十六日陰自海岸往瀻地 Kandy 約二十里許即錫蘭大佛之地有白塔土人謂爲釋迦眞身所藏處此亦釋氏之耶路撒冷也擬今晨命車來游旋以時促不果八時三十分登船九時啓行土童撐筏追逐泅水乞錢者甚衆羣拍手唱歌以求賞觀其形狀殊可憐也至午行二十八海里

昨日得檳榔嶼領事梁廷芳新嘉坡領事孫士鼎來電問到彼登岸情事豫備懽迎當即答復

十七日晴舟行印度洋是午行三百五十海里天氣涼適船亦平穩

十八日雨行印度洋是午行三百五十四海里夜船上二等客人復開音樂大會招邀往觀奏樂凡十二齣尋各歛貲爲慈善事業余與午帥各助以英金二磅十一時乃散

十九日晴舟行平穩是午行三百四十三海里夜二等客室復爲跳舞大會見邀往觀以明晨將到檳榔嶼後日即抵新嘉坡客多登岸故也

二十日晴早六時三十分到檳榔嶼 Penang 檳埠領事梁廷芳璧如等來見商人及中華學校生徒皆列隊恭迎岸次余與午帥繞行街市遂至梁家延見商人胡國廉子春張偉光舜卿（弼士太僕之弟）謝春生夢池林花鐕汝舟及黃學文伍連德等勉以

兩宮廑念海外僑民雖寄跡異國勿忘
朝廷如內地路鑛等政皆當努力興辦等語咸唯唯就此早讌坐有報館司事因告以
本朝銳意維新
兩宮一心慈孝無間勿爲莠言所惑飯罷乘馬車徧遊全埠乃下船

檳埠一譯庇能華民寓此者十二萬人大約皆閩廣籍而閩較產巨廣較人衆廣帮又以潮屬爲多富商皆各建第宅有祠堂衡宇相望儼然成一村落有中華學校一學生凡百餘人皆男生也有報館一曰檳報領事皆由商家輪充而駐英使臣委派之辦公費僅百金不敷甚巨也

十時登輪遇劉士驥鳴博黃敏孚頴才以視學巡行各島適由此之新嘉坡同邑區昭仁慕頤爲紀南大令乃弟將返粵均同行劉黃皆舊識與談粵中學事甚悉十一時啓行

二十一日雨舟行平自昨午至是行三百三十九海里午後二時到新嘉坡 S-ingapore 港口是處山明水秀夾岸樹陰商船往來貨物盈積風景遠過吳淞三時泊岸總領事孫士鼎及隨員衆商家來見因偕同拜英駐坡總督五時往赴振裕園公宴園主人李清淵接待甚殷此園爲本埠佳勝之處前醇親王倫貝子振貝子道經時皆嘗至此席未畢復往中華商務總會華商公宴商會以前月開辦規模宏壯正總理吳世奇壽珍副總理陳景仁雲秋主席宣頌詞在坐有廣西道羅乃馨游歷至此餘皆商人也席散登船已九時矣是日大雨竟日不休雖在埠游行一周而不能瀏覽殊可惜也孫領事仍送至船詢知本埠華人凡二十八萬人廣人居百之五十閩人居百之四十五其餘則各省人也華商銷售之貨以各島錫鑛樹膠胡椒甘蜜沙藤薯粉爲大宗有廣益銀行粵人所設資本四十餘萬元有報館二一曰南洋總滙報一曰叻報日出共八百餘紙有學堂二一曰華英學堂其來已久專教英文規模未備一曰應新學堂乃本年廣東

客籍所設生徒五十人商會近又倡辦廣肇養正學堂尚未成立也有輪船往來各島二千噸以上者四艘千噸以上者五艘

按新嘉坡爲南洋羣島之總滙其地周圍六十六英里人口三十三萬餘人開闢後於檳榔嶼而繁盛遠過之華商居此者多富有資財不忘祖國近者創銀行設商會立學堂高掌遠蹠聯絡團體可謂能見其大矣比者劉大令鳴博奉大府命視學來此誘掖奬勵不遺餘力由茲以往知其必有可觀也顧僑民居此以國力所不及而寄命外人仰鼻息以爲安其無權利之可言久矣當一千八百七十七年英人設華民政務司翌年(光緒四年)吾國乃設領事光緒十九年改爲總領事兼轄檳榔嶼麻六甲各島今孫領事至首與坡督力爭得免華人裸體驗疫之醜復謀所以增進利益挽回積弊之術商人稱道翕然謂設官以來所未見也雖然又以知外人之未嘗不可以理奪也

近十年來新埠商務日見減色推原其故大抵以商力綿薄團體渙散於是各國銀行不肯揭借即物產不能轉輸又無公司以總其成故不能持久待價補救之法惟有設銀行立公司二者爲不易之辦法外此無有更急者矣自光緒二十九年廣益銀行開始(規模尚未推廣有存放揭項而無匯兌)迄今年商會成立雖尚幼稚然新埠商務之前途必受影響則可決也

又新嘉坡征收賦稅除地稅港門稅郵政鐵路門牌稅及各雜種稅外惟鴉片烟酒稅歲征四百四十餘萬酒稅約十之一烟稅約十之九每年烟稅一項計四百萬元查鴉片專銷於華僑歲輸至四百萬元皆盡華僑之脂膏也而英人政策且嚴禁售賣戒烟丸藥本年照會坡督始許設立戒烟所一月已有成效今已由紳商集款舉辦振武社戒烟所云

二十二日晴早領事孫士鼎及衆商來送行醫生林文慶來見十時三十分啓行自檳榔嶼至此行麻六甲海峽間船甚安適此後乃北行入七洲洋矣

二十三日陰舟行七洲洋是午行三百五十八海里波浪洶湧船頗震動步午帥韻贈伯珩七絕詩三首又贈伯勰一首另錄

二十四日晴舟行七洲洋天氣驟熱午行三百五十三海里仍有風北望爲西貢海口法公司郵船往來停泊德國郵船則否

二十五日晴舟行七洲洋是早爲瓊洲海口天氣熱甚寒暑表至九十二度閱爪哇華商來稟志在於爪哇蘇門答臘廊六甲等處設領事後並及請融滿漢詞甚剴切

二十六日晴仍熱午一時到香港大兄仁黼三弟藹天雪巖二叔鳳篪五叔及諸姪芑孫撝吉道唯亦豐親家蘇萜慈子和女壻蘇霖伯雨及戚友門生來見者數十人于提學式枚晦若張太僕振勳弼士温道宗堯欽甫潘道文鐸左楷均來見隨與諸人上岸至潙華川家小憩差片往候港督是夜弟兄叔姪風雨聯牀懷舊述今竟夕不寐惟始知第六子基華於正月十八日夭亡深爲悼惜

昔富鄭公奉使契丹手焚家書喪其弱息介然不顧自維否德詎比古人而事出一轍於心不無耿耿耳

二十七日晴熱早發京電報到港日期黃葆熙敬寰易學清蘭池許應鎔在峯鍾錫璜仲琟等來見十一時登船港督差官答拜與家兄等握別一時啓行

二十八日雨下午有風船頗搖蕩過汕頭厦門福州等處各島下午過臺灣是午行三百二十里

二十九日晴天氣漸凉舟過浙江諸山島嶼縈環估帆出沒是日逆風行三百二十里晚十二時三十分到吳淞口一時下椗

六月初一日晴早七時上海道瑞澂莘儒到船迎接七時三十分乘小火輪入口到上海法界碼頭法領事偕巡捕迎接並派護衛馬隊防護入寓洋務局呂尚書海寰徐提督傳隆等先後來見下午支提學恒榮芰卿繆編修荃孫小山張修撰謇季直許道鼎霖九香趙道鳳昌竹君來見在局晚膳

初二日晴在寓見文武各官數十人晚八時赴德領事碩爾資讌

初三日晴在寓見文武官員數十人下午延見法德奧日丹比義諸國領事及稅務司洋員

初四日晴早在寓見惲祖祁心耘王存善子展陳曾佑蘇生錫嘏子常陳伯陶子礪晚王旭莊趙竹君張季直湯蟄仙繆小山張菊生許九香諸君來談夜深乃去

初五日晴天氣頗熱早十時往拜各國總領事午三時出拜呂尚書海寰盛侍郎宣懷李侍郎昭煒及各提學使夜上海官紳公讌於洋務局九時乃散是日熊希齡自奉天來

初六日晴早世善伯先在本寓請飯晚體操會公讌會生四十人會長虞和德袁有道席次致頌余答之

初七日晴商會午刻在本寓公請到者五十二人余與午帥皆有答詞

初八日雨午前駐朝鮮公使興泉永道曾廣銓敬貽招飲夜六時日本領事永隆久吉招飲

初九日晴入縣城拜瑞觀察澂是日陸糧道鍾琦申甫請飲其少君代主席晚張季直湯蟄仙許九香到談

初十日熱甚午魏允恭請午膳晚各省提學使十三人公請

十一日晴早熱午有雨伍光建施肇基唐元湛請午膳晚請各省提學使十三人公餞屢日閱報見湖南學界之譁江南徽兵之鬧揚州各屬搶米之多瑞安各縣教案之起以及水旱之災南北迭告殷憂方切竟日憮然

十二日小雨天氣稍凉晚張季直鄭京卿孝胥蘇龕等來夜談蘇龕言籌款之道包洋藥分售公司年約五十萬箱其價可以分次兌付又將土藥加征以爲平劑之法足使烟害漸減而得此巨款以行新政亦妙法也

十三日雨甚下午六時呂尚書海寰盛侍郎宣懷到寓寄請

聖安晚十一時一刻乘馬車上安平輪船十二時啓行二時到吳淞口停泊
十四日晴十一時開行上海道瑞澂等送行至是乃返船望北行海琛兵輪追
隨保護或前或後並派兵三十名隨船護衛晚天氣稍凉閱定各奏摺計定國
是改官制審外交設財政調查局立中央女學院凡五摺
十五日晴過黑水洋是夕月食雲陰不見
十六日晴舟過烟臺羣島縈環平波若拭晚一時舟抵大沽口停泊三時啓輪
入口
十七日早九時抵天津紫竹林司道以下各官均出迎與午帥上快馬小輪登
岸往拜袁慰帥坐談良久談及籌立憲准備及改官制命意晷皆符合三時仍
入寓中州會館見陸運使嘉穀薩提督鎮冰盧提學靖
十八日晴慰帥來坐午在寓統制段芝貴奉錦道張錫鑾候補道洪恩廣陳爲
鑾岳齡知縣邵孔亮孫大鈺張俊均來見夜梁敦彥崧生麥信堅佐之到談

十九日晴在寓金邦平來見又寓津廣幫潮幫商人梁炎卿等來見午後五時
袁慰帥招讌並觀劇同席有廕星使昌午樓孫星使寶琦慕韓十二時回
二十日晴早十時往戶部銀行赴瑞京卿豐請午膳廣東同鄉公讌並聽劇於
李文忠祠七時梁觀察敦彥邀飲聽戲與孫慕韓談立憲事慕韓以擬請王公
遊學外國爲最亟
二十一日晴七時慰帥至寓送行八時出海邊亭內寄請
聖安畢登火車十一時三十分到豐台早膳十二時三十分往西直門一時三
十分到清河站下車兩時入海淀至警部公所晤毓侍郎朗尚大臣其亨三時
到園謁慶邸尋見瞿尚書鴻禨乃至工部公所與午帥商量事宜夜歸寓禮部
公所
二十二日晴八時上朝房聽候九時入殿請
安謝

恩先問
皇太后
皇上身體蒙
詢路上各情形因奏言各國君臣交誼及接見華僑語以
朝廷德意衆皆愛戴等語
召對凡兩刻乃退出奏語另錄出拜樞密諸老仍在公所寓宿
二十三日晴八鐘上朝房聽候九時蒙
召對接續詳言立憲利
國利民可造
國祚之靈長無損
君上之權柄及立憲預備必以釐定官制爲入手約兩刻請退奏對語另詳錄
出到公所用膳申刻回家

出使九國日記卷十二終

光緒三十二年十二月二十日發行（定價大洋一圓　角）

板權所有

著作者　南海戴鴻慈

總發行所　北京琉璃廠電話南分局七十八號　第一書局

分售所　上海各大書莊

印刷所　北京宣武門外電話南分局十二號　農工商部工藝局印刷科

出使九國日記

勘誤表

頁數	行數	正	誤	頁數	行數	正	誤
諭旨一	五	載澤	戴澤	又	十五	二十四、五	缺、
序一	六	紬繹	紬譯	又	又	七、四	缺、
日記十一	七	迴	迥	又	又	四、一	缺、
十三	八	吳名尊	脫名字	又	又	〇、五四	缺、
二一	五	分四	四分	又	又	〇、五	缺、
二八	一	延亮	脫延字	又	又	〇、一一三	缺、
三六	八	午帥	午師	又	又	三、二	缺、
三七	十	洽	治	又	又	〇、三四	缺、
又	十二	提其	其提	一六七	九	六、五	缺、
四一	五	卡	下	又	又	六、五	缺、
四五	十	尙	向	又	十一	〇、四六五	缺、
又	十二	鳥	烏	又	又	〇、四六五	缺、
四九	九	San Francisco	Sou Trancisco	又	又	〇、三一〇	缺、
又	十一	岑	苓	又	又	〇、六〇五	缺、
五十	八	Ler	ter	又		一七、六	缺、
五三	四	Califonia	California	一七一	十一	三十萬	脫三字
又	九	觀禮	衍堂字	一七二	十一	Funck	Eunck
五七	四	Omaha	Omaka	一八六	六	廣	廣
又	六	Chicago	Chieago	一八八	六	爲穀米	脫爲字
五九	十一	骨環	首環	二〇二	九	中	宜
六二	五	參差	衍皆字	二〇八	十	Zer	Zre
又	十一	Arlington	Vrlington	二一四	十	頌	瑞
六九	四	evar	euar	二一六	七	相因	因相
七五	四	Gen.	Geu.	二一七	一	教室	教堂
八五	一	全土	全主	二一九	五	論	倫
又	五	托槃托	脫托字	又	十一	Alfa	Alta
又	七	Elmira	Elmita	二二二	九	大倫九倍	脫九倍二字
八六	八	格致室	格致堂	二二三	二	Nigker	Nioker
八八	四	頊	項	二二六	七	Øre	脫Ø字
八九	七	Canada	Cauada	二二八	五	BØr	脫Ø字
又	十一	Flectric	Flectrid	二三二	十	Mann	Manu
又	又	Company	Comhany	又	又	Lindenerone	Lindeuerone
九十	二	者兩家此其先	脫兩家此其四字	二三五	三	撒	散
九一	三	以電燈	脫以字	二四十	三	字	宇
又	六	與午帥	脫與字	又	九	池池	池著
九二	三	Faneuil	脫一字	二四一	三	十四日	誤接上行
又	十二	Eliot	Fliof	二四二	十一	Nurnberg	Nurnbeug
九三	九	American	Ameridan	二四七	一	按	接
九四	三	Wood	Mood	二四九	四	Franz	Eranz
又	十一	碼	嗎	二五一	四	種族	下誤空一格
九五	二	Pepperell	Pepqerell	二五四	七	Hungalia	Hungaolia
又	十一	Deiwight	Deiuight	二五九	十一	St Petersbourg	dst Petersdonrg
九六	二	Naassana	脫N字a誤A	二六二	四	Winter	Wivter
又	三	Jockson	Jochson	二六五	六	熱	熟
又	九	Algenpuin	Algengnin	二六六	四	St.Anne	脫St字A誤a
九七	四	field	脫e字	二七一	一	Daisburg	Daisdurg
一〇六	三	謝升	脫升字	又	八	Hoogenderp	Hoogenderh
一〇八	七	Edward	Edwedrd	二七二	三	霧	露
一一一	十	式	弍	又	八	Amster	Amtesr
一一二	六	樸	撲	二八六	七	Thun	Thuu
一一七	八	hof	hot	二八八	十二	Bleitlauenen	Bleitlaueuen
一一九	七	Muhlburg	脫h字	二九八	二	如牛月	脫如字
一二三	六	此	北	二九九	八	Garibaldia	Garipaldia
一二六	九	C	G	三百	十	出	見
一二七	八	獄有廚而	觀廚此獄	三〇二	一	木	本
一二八	七	Tir	Tlr	三〇五	二	Visuvius	Vesuvius
一三九	九	博物院	陳物院	又	十二	PomPeii	Pompeü
一四四	六	Teain	衍u字	三〇六	四	城	成
又	八	珥	渭	三一一	一	若會	若鄧
又	又	蜜	窰	三一二	八	義大利	脫大字
一五二	三	初三日	脫日字	三一五	十一	Port	脫t字
一六十	十	九千	九十	三二六	二	特	恃
一六五	十一	一、七六	缺、	三二七	五	經	爲

西輶日記四種

〔清〕黄楙材撰

《西輶日記》四種，清黄楙材撰。楙材（一八四三—一八九〇）字豪伯，江西上高人。光緒四年（一八七八）奉川督丁寶楨之命領隊赴印度實地考察。一行六人於當年七月發自成都，次年閏三月二十六日方抵印度加爾各答，九月十三日結束考察，十一月十四日抵香港。此書係其所撰考察日記，並附《印度劄記》、《遊歷芻言》、《西徼水道》三種。《西輶日記》敘考察日程甚詳，首録聖旨一道。《印度劄記》二卷，上卷記印度人文地理，參以中國載籍，下卷記印度行政地理。《遊歷芻言》首爲黄楙材自序，内含五印度形勢、騰越邊徼、西域形勢、南洋形勢、俄國圖説、和林考、西域圖説等數篇專論，末附七律七首，題爲《印度雜興》。《西徼水道》含金沙江源流考、鴉龍江源流考、瀾滄江源流考、潞江源流考、龍川江考、檳榔江考、禹貢黑水考、阿耨達四水、恒河考上、恒河考下、印度河等十一篇水道考論。據中國國家圖書館藏清光緒二十三年成都志古堂刻本影印。

西輶日記四種

西輶日記

附 印度劄記 遊歷芻言 西徼水道攷

光緒丁酉夏五月

成都志古堂校刊

總理各國事務衙門片

再江西貢生黃楙材前經大理寺卿許庚身在江西學政任內以該貢生品學兼優於數理尤有心得奏請發交同文館或天津上海等處機器局俾實學習於光緒二年十二月初一日軍機大臣奉
旨着劉秉璋飭令該貢生卽行來京由總理各國事務衙門查看該衙門知道欽此旋經四川總督丁寶楨以西藏密邇印度英人佔據獨吉嶺加意經營尤與衛藏逼近奏派該貢生游歷印度察看形勢繪畫輿圖以資考證奉
旨允准在案茲據丁寶楨咨稱該貢生遵於四年七月由蜀起程六年七月回省並將繪成圖說等件咨送到臣衙門臣等公同閱看黃楙材所撰圖說於山川道里形勢考證極為詳明洵屬留心時務謹將所繪五印度全圖一冊西域回部圖一冊四川至西藏程途一冊雲南至緬甸程途一冊游歷芻言一卷西徼水道一卷恭呈
御覽相應請
旨飭下四川總督丁寶楨飭令黃楙材卽行來京由

臣衙門察看以備任用理合附片陳明謹
奏十一月初一日軍機大臣奉
旨依議圖說等件暫行留中欽此

西輶日記自成都至巴塘

光緒四年戊寅五月奉

四川總督丁　札開派委楙材游歷三藏五印度地方察看情形等因經附片

奏明奉

旨允准頒發

總理各國事務衙門漢英文護照暨英國駐京公使英文護照祗領遵於七月初七日由成都起程同行者高安武舉章鴻鈞長沙聶振聲慈谿裘祖蔭及跟隨一名廚役一名

七月初七日出南門行二十里過簇橋場二十里宿雙流縣寒暑表九十二分指午正言之後准此

初八日行五十里過新津縣近城連渡三河砂磧蘆洲茫無路徑行李至此頗覺病涉又五里入邛州界又五里宿楊場夜中大雨

初九日行四里渡河六十里宿邛州自省垣至此皆平疇沃衍稻芒穠蔚城內亦多田畝遙見西南一帶羣山隱約雲際

初十日立秋仍出東門迤南行九十里宿百丈驛名山縣轄居民二三百家依於山麓自入名山界斜坡上下卵石塡路表八十八分

十一日行四十五里過名山縣城甚小東西僅半里又十里過莫安橋上坡五里金雞關見道傍石碑有詩云邛笮雨關壁峙蔡蒙四面屏開雲擁峨眉月出江滚平羌雪來又三十里渡河水流湍急日夕抵雅州府

十二日出南門山路崎嶇沿溪曲折行四十里逾溪而南宿觀音場行李悉換背夫

十三日早起上坡十里下坡十里至高橋入滎經界又十里石家橋尖又十里過渡又二十里

上坡過渡計程六十里

十四日行三十里入清溪界十里黃泥鋪入山沿溪而行鳥道崎嶇亂石狠藉叢木交加過二板橋用鐵索牽連十里宿小關近關一段尤爲陡峻斜七十餘度關口僅容二馬兩山壁立茅店十數家雖赤日亭午尚覺陰寒迫人夜中大雨

十五日行十里大關又二十里爲三大灣盤旋深谷之間旣繚而曲如往而復又五里草鞋坪已臻極頂居民尚服皮衣所謂大象嶺者自黃

泥鋪越拾級而升計程四十五里萬山羅列於足底危峯聳入於雲霄凡過此之人皆屏息不敢揚聲山頂童然不生草木自是循山脊逶迤而下迂回百折陡峻絕倫或謂即九折坂王尊叱馭處五里爲卄四盤又五里羊圈門背夫在此分路前往泥頭驛較近十五里也下山五里宿清溪縣山城如斗居民無多四山壁立雙溪倒懸四郭稻田數百畝望之如梯級然自滎經以來皆以稗米爲飯其粒形較短而兩端鈍圓此外惟包穀蕎麪而已

十六日行七十五里宿泥頭驛終日上下坡谷沿江岸而行雖非峻嶺危峯而崩崖陡岸亂石堆積澗水橫流徑路欲絕馬不能容蹄轎不能倒拐跋涉艱苦至此已極兼之里數迂遠薄暮始得到站人馬疲乏數四傾跌每遇危險之處則下轎步行一路羣山悉爲頑石不能栽種表八十八分

十七日行二十五里過鵲來橋於是上山又二十五里伏龍寺過飛越嶺此山之高亞於象嶺日昳行近山頂倏而雲霧奔騰雷雨交作冰雹迸飛大若衣鈕冷冽異常人畜股栗寒暑表由八十六分縮至六十四分既陟其巔有一小廟供奉關神遙望西南巒箐諸山聳入雲漢古雪斑斕下視化林坪一如象嶺之視清溪縣近在咫尺而下行則又十五里程也泰甯營都司駐防於坪額兵五百名

十八日下坡三十里宿冷磧小市數十家前臨大度河有長官司姓周常居山莊此處但餘空署而已

十九日循河干而上折向西北行五十里宿瀘定橋兩岸鋪戶三百餘家有巡檢及汛防把總皆駐於東岸橋建於康熙三十四年長三十一丈一尺廣九尺平牽鐵絙凡九上覆以板兩旁各用二鐵絙爲扶欄兩端有四鐵樁各重千八百觔東岸有

聖廟

御製瀘定橋記碑亭西岸岩間有觀音閣按大度河發源於松潘巒箐中匯大小金川諸水南流經上下魚通至此已歷二千里又南流至沈邊折而東下經清溪縣南境峨邊廳北境至嘉定府城

西與雅河合然後東入於岷江昔宋太祖與吐番定界以玉斧畫此河曰自此以西吾不有也是日表八十六分

二十日過橋轉北循河西岸而上七十里宿瓦寺溝瀘河自西來會表八十分

二十一日轉西向循瀘河南岸而行七十里抵打箭爐自過橋以來山川奇險駭目驚心怪石危峯懸空欲墮至於河流迅急尤異尋常水石相激飛濤怒吼如白龍夭矯騰空直下幾疑身到銀河極宇宙之奇觀矣午正表八十五分至

瀘城則氣候驟改人思挾纊蓋地勢欹斜每里漸高十數丈自瀘定橋至此大約高逾千丈矣

自省城至打箭爐十三站計九百七十五里

爐城二水夾流三山緊抱晨夕多風終年積雪盛夏猶服重裘番夷雜處詭形異狀鳩面黎黑鳥語輈輈被髮徒跣身衣紅褐梵僧喇嘛往來不絕於道實西南之鎖鑰藏衛之喉吭也設分防同知一員阜和協副將同駐焉

明正宣慰使司駐城中所轄長官司及土千百戶四十九員東至瀘定橋一百二十里冷邊土司界西至中渡汎二百八十里裡塘土司界南至樂壤六百里冕甯縣界北至章谷屯四百五十里小金川界

打箭爐古旄牛國也俗傳武鄉侯南征遣郭達將軍安爐造箭附會無稽愚按唐宋之世吐蕃入寇斯為要道或嘗造箭於此至於丞相南征由巂入益程途各別非所經行也

八月初一日戊寅朔表六十四分

初二日晤法國畢司鐸

初三日會廓爾喀貢使番語稱曰噶箕自去歲

五月由該國起身至本年六月乃抵爐城

初八日由打箭爐起程九點鐘出南門行二十里初試騎馬（此處分路向南經大雪山往冕甯溪水亦分二支）轉西南平坡逶迤二十里宿折多有碉房二座南望雪山屹如銀屏夕照掩映眞奇觀也山凹有熱泉沸起行人俱往浴之寒暑表六十四分

初九日早起過山山雖長不甚峻一路行斜坡亂石中五十里至山頂奇峯巉屼瘴霧矇矇滿目荒涼不見人戶行旅至此每有劫掠之虞一帶山石多係鐵礦下山十餘里有碉房一間少

憇打尖從此地勢漸平頗有居民三十里宿阿娘壩（一作安良壩）計程九十里表五十八分

初十日換烏拉二十五里經小營官寨頗扼形勝又二十五里宿東俄洛一路地勢平坦岡巒秀潤水草肥美稞麥蔓菁葱儼有富庶之象每過蠻村皆攜酥茶以犒烏拉表六十四分

十一日換烏拉行二十里山根早尖騎馬過山上下三十里山頂有高日寺喇嘛百餘（由寺前經過較遠數里）山產蟲草貝母諸藥再穿老松林二十里龍鱗虬榦矗立陰森大者數十圍生長蠻荒工

師莫由得至徒令枯老空山棄置道左晚宿臥龍石有塘兵二名計程七十五里表六十四分

十二日辨色而起一路平衍地勢斜下五十里八角樓打尖有塘兵出迎又沿小河西行或左或右連過四橋五十里宿中渡汛一曰河口卽鴉龍江也設汛防外委一員兼管渡船河東爲明正土司界河西爲裏塘土司界兩岸石壁嶙峋河流迅急表八十分

十三日雨因烏拉未備留住一日表六十五分

十四日陰雨過河換烏拉上坡四十里宿麻蓋宗

十五日晴早起過雪山用牦牛拉縴行至山頂雪子迸飛寒飈刺骨表縮至四十八分上下凡四十里至剪子灣有塘兵碉房一間汙穢特甚因藉草而坐少憩片時又騎馬三十里至博浪工四路交通設有汛防外委以防夾壩再下坡二十里宿西俄洛有塘兵有碉房七八座溪水東流地勢平坦晚間十點鐘明月當空因上碉樓測量勾陳大星高弧三十度二十分南斗第一星高弧三十度

十六日因烏拉未備留住一日午正測量太陽高弧六十四度三十分

十七日陰雨延至巳正起身一路上下斜坡林深谷邃四十里宿咱馬拉洞有塘鋪狹隘卑濕竈在牀前炊烟起而目淚衾裯貼而背冰夜不能寐

十八日早雨行二十里過蠻卡又騎馬過雪山上下三十里冷冽異常表縮至四十分午後晴霽順山溝而下二十里至火竹卡有行臺頗可容身此處四路交通夾壩出沒設汛防把總一員

馬步兵十七名

十九日晴過河因山潦暴發衝毀橋梁水深三尺騎馬而過衣履俱濕沿河紆折二十里過鑾卡又行漫城二十里下坡卽平原曠野二十里抵裏塘

自打箭爐至裏塘十站計六百六十五里

是晚十一點鐘測量勾陳第一星高弧三十一度三十分查本日太陽赤經度變爲二十二小時三十一分於勾陳星泛高度內減目高之差四分減蒙氣之差一分得勾陳星實高弧三十

一度二十五分檢第十七表應改之數減去歲差三分算得裏塘北極出地三十一度二十二分也

同時測量北路師門過午線高弧二十八度十五分減目高之差四蒙氣之差一得本星實高度與象限相減餘弧六十一度五十分爲距天頂度檢恆星表北落師門南緯三十度二十二分以減餘弧算得本處北極出地三十一度二十八分亦合也

裏塘氣候高寒雪山圜繞然地勢開洋縱廣數十里溪水平流若令漢人開墾可得數萬頃良田也惜乎蠻人習於畜牧之逸不諳耕作之勞兼之喇嘛數千安坐而食所由地曠人稀較之明正所屬迥不侔矣日昳隨喜大招寺寺內喇嘛三千六百餘名有熬茶銅鍋四具可容數百石旁有吳王殿寺後土山左右環抱溪水瀠洄前面雪山如銀屏張列正中一尖峯尤爲秀拔寺基之下及附近諸山悉産黄金喇嘛禁人挖掘

裏塘宣撫使司稱大營官副土司稱小營官所

轄長官司四曰瓦述毛丫瓦述崇喜瓦述曲登瓦述嘓嚨土百戸二曰瓦述毛茂丫瓦述麻里其地東至河口三百二十里明正土司界西至二郎灣河二百四十里巴塘土司界南至拉空嶺甕水關五百八十里雲南中甸廳界北至楚穆河四百四十里瞻對土司界

二十二日啟行十五里至熱水塘有胡土克圖賞戴桃耳[illegible]黄大御梵修喇嘛[illegible]納達結爲漢番所信服頗解漢語善占卜贈藥丸七顆泥佛一尊長寸許熱泉從石孔沸出分引數處鑿爲方池可以洗浴用寒

晷表測之熱至一百一十分又十數里騎馬過
河上斜坡忽遇大雨飛雹渾身淋漓人馬戰栗
是日宿頭塘卽公撤有塘房一間甚卑狹計程六
千里
二十三日早起過雪山寒風凜冽凍綻肌膚四
十里至乾海子有錢塘打尖又經淤泥壩及虎
崖將上下岡巒盤旋五次巨石森立橫梗道塗
滿目荒涼絕無人戶四十里至拉爾塘有塘兵
下坡順溝二十五里至喇嘛丫計程一百五里
此地氣候和暖河水東南流兩岸俱種青稞有

碉房數十座桀驁頭人亦頗恭順
二十四日晴上下岡盤數折次過嶺則深林
密箐曲徑通幽沿河而行風景清麗伶傳黃蝶
徘徊馬首共行五十里宿二郎灣有塘鋪自裏
塘至此俱向西南行因大雪山橫亘於前必迂
道繞過也聞土人云另有捷徑由公撤直向西
行不過三日可抵巴塘但所經草地絕無糧站
故不便於行旅耳
二十五日晴由山足進溝折向西北路稍平共
行六十里宿立登三壩崟二郎灣正當雪山之

前而三壩卽在雪山之背也此數日雖旁雪山
而行然天氣晴和不覺甚冷惟山頂風勁每致
頭疼而氣喘
二十六日晴向西行少北過巴山上下六十里
至松林口藉草少憩支石煎茶一路深林蔽日
枯樹塞途不但人迹罕逢卽鳥雀之聲亦絕無
所聞矣再下三十里宿大朔塘
二十七日秋分進溝上雪山三十里至巔怪石
巉巖陡險可畏下馬步行此數日俱無尖站但
在草地煎茶略啜糌粑而已再下穿過樹林四

十里宿邦乂木有漢蠻塘兵頗種青稞
二十八日順溝而下十里至小巴冲有碉房打
尖又下坡四十里抵巴塘一路懸巖峭壁亂石
參橫溪水急湍與瀘河無異惟天氣和煖表升
至八十四分
二十九日午正測得太陽高弧五十九度稍弱
是時太陽南緯四十五分自裏塘至巴塘七站計五百四十
五里
巴塘漢番三百餘戶設糧務一員都司一員天
氣和暖土壤膏腴青稞蕎麥歲有二秋蔬菜之

類亦可栽種有丁林寺喇嘛三千餘衆或云丁林爲古丁零羌之遺種或云巴塘卽白狼王唐菆之故地皆無可考

巴塘宣撫使司及副土司所轄六玉宗俄玻窰德隆諸桀敖俱在西南二面另有所屬七土司曰岡里曰桑隆曰郭布及上下蘇阿上下臨卡石在西北一帶附近金沙江兩岸其地東至二郎灣裏塘界西至甯靜山江卡界南至耿中橋中甸廳界北至桑昂野番及德格土司界廣七百餘里袤千餘里

九月初一日丁未朔

初十夜測量危宿第一星過午綫時高弧五十九度十分減目高蒙氣二差五分檢恒星表本星南緯五十三分算得巴塘北極出地三十度二分也

十三日己未酉正一刻寒露

十四日夜十一點鐘測勾陳大星三十度弱

西輶日記自巴塘至騰越

十一月初一日丙午朔寒暑表五十分

近歲以來西洋各國數次派員進藏游歷俱被番民阻止改道滇南而去林村等行抵巴塘之時藏內番民聞有印度之行諸多疑慮聚衆阻撓難以理諭因與糧務趙牧光燮會稟督憲批准改道中甸而行查此間有二路一由巴塘西行至竹巴籠過河九程至阿敦子又十程至維西廳皆行金沙江之外卽去歲趙牧護送英員吉爲里之路也一由巴塘南行經六玉奏堆至中甸廳俱行金沙江之內較近數程顧此路荒徼僻壤人迹罕到必須裹乾糧負毳幕野棲露宿兼之野番夾壩出沒無常是以趙牧及兩土司攜帶兵役古操護送同行

二十日由巴塘折囘小巴沖三十里

二十一日辨色而起折向正南沿溝而上鳥道崎嶇枯木虬僵亂石狠藉兼之冰凌彌漫滑溜難行日出後乃舍轎乘馬五十里林口打尖從此盤旋上大雪山奇峯峨屼頭痛目眩氣息喘急昏暮始抵帳房人疲馬乏計程約百二十里

蓋一路並無水草無可駐足也晚宿黑氈幕中冷冽特甚偎火假寐而已

二十二日順溝下坡過老林密箐轉東南過二板橋左一溪水自邦乂木來會五十里宿東拉多有碉房六七座

二十三日沿溪南下林木交加天氣較暖一路間有居民六十里至竹挖根紅教寺特迎入寺住宿寺內喇嘛三百餘名執鼓鳴鐃導引上山宰牲行炙以犒騶從隨喜經堂佛殿頗覺莊嚴

二十四日下坡五十里宿六玉此處天氣和暖

地土膏腴與巴塘相彷彿附近數村居民共三百餘戶設桀敖一名實口外第一繁庶之區也溪水至此折向西南入金沙江別有小溝自南來會左往阿墩子八站前往傎絨二站右循小溝而南則中甸之道也

二十五日歇息

二十六日循溝而進一路俱有碉房皆然烟以示敬三十里宿仁堆

二十七日折向東行深林邃谷冷冽異常表內水銀亦凝結不動矣騎馬過峽翻山平原曠野漸覺和暖下坡入松林少憩轉東南順溝而下宿奏堆計程約百里碉房散處田疇沃衍有居民六十餘戶

二十八日向南緣崖而行路多偏仄至喀沙少憩乘馬出溝口見巴隆達河自東北來會水勢洶湧數里過板橋折向南下十數里復過板橋轉西岸日昳宿於喀拱有碉房數座踞高坡之上計程約九十里

二十九日冬至順河南下陡險難行四十里宿邱麥

三十日順河南行少西四十里宿邦多有河自東北來會即立登三壩之河也此一帶天氣和暖表升至五十二分

十二月初一日丙子朔順河南向三十里至工拍喜有碉房數座本擬在此住宿因天色尚早遂催趲前進又三十里至棋馬通下帳房附近未有居民皆在五十里外也自奏堆以來鳥道巉巇每舍輿而乘馬或棄馬而徒步攀崖陟磴無異猿猱僻壤窮陬絕非人境無論漢官威儀目所未睹即巴塘兩土官亦足跡所未經也

初二日早起南向少東緣崖而下過拉渚河巷裏塘二郎灣諸水合而南流至此與巴隆達河相會過板橋危險可畏復上陡坡至夾渚有蠻民數十戶居於崖際其麥地町畦如梯級然

初三日大風順河南行上下坡凹過小蠻村有碉房數座至擦拉遂登石崖半係偏橋賴兩鼓操扶掖而行過崖見金沙江凡山形水勢至此俱折而東向矣江之陰爲維西廳境遙望迤東一帶雪峯高聳是以風來甚勁也復盤旋山脇之間峭壁千仞下臨金沙驚心怵魄不敢俛睞

日昳抵阿鹿宮計程約六十餘里然人疲馬乏從者皆有難色矣

初四日順金沙江東南向山路繚曲下陡坡三十里至奔子瀾有渡船南岸碉房散佈頗有繁盛之象設汛防把總一員西距阿墩子三站東距塔城關二站北岸僅蠻民一家爲巴塘所轄再行三十里宿土照壁路漸寬展矣此處蠻民穴地取沙以淘金所產柑梨頗佳

初五日順江東南行上下斜坡三十五里至橋頭汛（即耿中橋）設外委一員爲川滇分界巴塘土司至此而返此水從東北而來深廣不亞於巴隆達河其發源必遠在裏塘之上從此向正東而行不見金沙江矣又五里宿農巴慶多有居民數十戶有二溪水一自正東來一自東北來相合而入於河復南流歸於金沙江

初六日向正東行上陡坡三十里過紙坊塘又二十里至泥溪地勢開洋居民二百餘戶

初七日夜半炊飯坐以待旦持火起行二十里始天明又二十里至昌多打尖居民用木板蓋屋爲人字形頗有內地景象從此天氣較寒地

勢平坦四十里過一海子寬廣數十里水澤腴堅光明如鏡日昳抵中甸此地漢番雜處人烟稠密民物風景大抵與巴裏二塘相類也

自巴塘至中甸行十八日約計一千餘里

中甸撫夷同知所轄幅員三百餘里附郭曰中甸境西至耿中橋巴塘界曰泥溪境南至阿喜汛麗江界曰江邊境東至永順土州界曰小中甸境北至瓮水關裏塘界曰格咱境所屬土守備二員土千總五員土把總十六員不世襲夷民言語與藏地不同所奉紅黃二教城外有大

寺喇嘛二千餘名留住中甸五日夜間極冷衾裯如冰不能成寐起而圍爐偎火所帶寒暑表及玻璃之器莫不迸裂所乘肩輿亦皺不可用此後皆騎馬而行

十三日趙牧仍循故道而還巴塘楙材等亦由中甸起身八十里宿小中甸一路平坦人烟稠密不似口外荒涼矣

十四日南向少東二十五里宿靑香樹

十五日早起戴月而行三十餘里始天明上至山頂寒風勁起濃霧堆匝堅冰在地碎雪滿身乃偎火熬茶手足漸蘇下坡尤陡而險石徑偪仄枯木杈枒日昳抵格六灣臨金沙江岸計程約百里上坡四十下坡六十若春夏溪潦盛漲則由小中甸分路過吉沙至此相合較遠三十里稍爲寬平

十六日順金沙江向東南而行天氣和暖地土沃衍號爲江邊境爲產米之區九十里宿梧竹有居民數百戸

十七日仍順江東南行六十里宿冷渡江水瀠洄岡巒秀潤兩岸村莊瓦屋連續不斷頗似江南風景兼有梅花迎臘楊柳透春如逸士幽人隱居荒徼良朋勝友邂逅天涯時遇異香曷勝狂喜

十八日東向少南五十里至木筆灣渡江宿於阿喜汛爲麗江縣境設把總一員

十九日上下陡坡三十里至剌是壩有一海子寬廣數十里又過兩坡凹歷一大壩薄暮抵麗江府計程約七十里

麗郡古麽些詔爲六詔之一城北有大雪山瑩靜如銀屏南詔蒙氏僭封北嶽今寺院猶存明洪武時宣撫司副使阿得率衆歸附賜姓木授爲土知府子孫承襲至雍正元年改土歸流降爲土通判境內夷民凡有九種曰麽些曰㹚㹚曰猓猓曰古猔曰西番曰巴苴曰剌毛又有俅夷怒夷居於瀾滄江外

二十五日由麗江府起身折向剌是壩沿海子而行轉向西南翻過山凹而下坡甚陡計程七十里宿於坡腳有土屋二間

二十六日南行三十里至九河街小店數家有釐卡爲劍麗交界又三十里至劍川州一路俱

平疇有溪水南流入劍海城周三里居民街市繁於麗郡然貿易多係婦人赤足草屨背負篋簍繫索於額與蠻中無異

光緒五年己卯正月初一日乙巳朔

初二日出南門二十里過橋（溪水西南流）至甸尾有海子周數十里轉東南上斜坡二十餘里宿野鴨塘茅店數家已

初三日下坡三十里至觀音山爲鶴慶州境又南行十五里牛街汛又十里入滇穹界又十五里宿應山鋪一路田疇平衍人戶稠密

初四日東南行十五里過金水寺山峽循隄岸而南十五里至中所過橋二十里至鄧川州城垣頹廢居民亦寥寥又十五里宿上關左臨洱海右倚蒼山城周三里實扼形勝設有稅局釐卡汛防把總一員

初五日循山阯向南平疇沃衍村落聯綿洱海平波蒼山點雪天氣和暖風景娛人七十里至大理府

自麗江至大理十三站計八百六十里

大理本滇南精華所萃商賈輻湊闤闠稠密囘逆杜文秀盤踞於茲十有八載俱遭蹂躪同治十二年官軍克復斯城灰燼之餘十祇一二而已

附郭太和縣長百餘里廣三四十里不等襟山帶湖形勢鞏固惟上關下關二路可通四序溫和昕夕常有大風衣冠文物爲滇省之冠

十四日巳正三刻立春

二十二日出南門三十里過下關設有稅局釐卡較上關爲繁盛雉堞數重尤扼喉吭關外分三大道（趙州境）左三十里往趙州爲進滇省之路

前九十里往蒙化爲通迤南之路右則爲達騰永之路也洱海之水由關前折向西南環繞蒼山之背有巨石跨河呼爲天生橋橋下急湍倒瀉雪浪高噴呼爲不謝梅六十里至合江鋪入漾濞江

二十三日折向西北循行江岸上下坡凹山徑崎嶇水流湍急人戶稀少無異蠻中光景兼之風雨交作春雷發聲六十里宿漾濞爲蒙化所轄有巡檢司隔一溪三里許爲永平所轄有汛防千總此地與上關東西相値中亘蒼山故由

劍川分路行二站半至此相合

二十四日北行二里許過石橋有溪水從蒼山之麓流出曲曲如抱弓南入於漾濞江爲蒙化永平分界又經汛防過鐵索橋長六十步轉西向少南踰小溪上高坡石徑狠藉三十里至坡頂有塘防下坡三十里宿太平鋪一溪西南流有汛防外委一員

二十五日西南行上坡凹四十五里過鐵索橋長五十步卽勝備河也發源箐桿土司南流至此太平溪水自東來會黃蓮溪水自西來會曲折南下入於漾濞江過橋行山脇間路繚而曲

十五里宿黃蓮鋪有汛防把總一員

二十六日辨色而起上下斜坡日昳至永平縣計程百一十里附郭田疇十數里居民數十家而已永平古博南縣有舊城在龍銀江東岸被潦水沖圮乾隆間乃還治於西岸之山麓相距十五里其民居多在舊治

二十七日西南行上高坡兩次七十里宿杉陽爲保山所轄有巡檢把總各一員

二十八日西南行上下陡坡之字紆迴十數折

二十五里過霽虹橋卽瀾滄正幹也兩山壁立聳拔千仞因石基以建橋長七十五步用十六鐵絙上鋪平板頗爲穩固摩崖多刻擘窠大字皆明以後款識過橋復上峻嶺石磴陡滑高入霄漢不亞於象嶺飛越矣山頂有水雲寺二十里宿水寨村落數十家形如釜底

二十九日下坡六十里至橋板又二十里至永昌府附郭保山縣西有大保山東有青華海南北平疇綿衍數十里與大理相彷彿

永昌古哀牢國漢以來爲永昌郡元置都元帥府於銀生巖甸其地在伯夷蒙樂山下距今府

治南千餘里所謂金齒是也旋改爲衞移治永昌明初爲金齒永昌二千戶所遣中官鎭守朘削兆亂嘉靖改元巡撫何孟春連疏請復爲軍民府我

朝平定三藩仍爲永昌府轄保山永平二縣騰越龍陵二廳

二月初一日乙亥朔

初四日南行七八里轉西過斜坡宿蒲縹驛計程七十里有汛防外委一員

初五日西北行十餘里遶過山嘴轉向東南復折而西北至潞江橋計程六十里河寬二十餘丈中流立墩建鐵索橋二段前月二十三日大風吹斷三索二十八日又斷五索乃編竹爲筏以濟行旅每筏僅容三四人橋頭有小市五日一集茄棚擺子大半漢人是日因過渡耽擱不及趕站遂宿於此初春天氣已覺炎熱如內地仲夏矣四月以後頗有瘴癘漢人皆散去凡過此者必策馬前進不敢停留也兩岸稻田平衍二十餘里俱玀猓耕種爲潞江安撫司線氏所

轄夷婦首纏青布服青色背披紅布方單男人及和尚多服黃色然所奉非黃教乃緬甸之佛教其文字言語亦別一種

初六日西向上陡坡三十里和木柱一路峭壁崖間悉有人戶因平地瘴熱夏秋二季不可居也再西南上坡尤爲陡峻三十五里至山巔逼近霄漢踰嶺盤折而下夾道皆細竹密箐陰寒偪人十五里宿太平塘僅塘兵數戶而已計程八十里入夜甚冷

初七日下坡三十里過龍川江鐵索橋有汛防把總一員又五里宿橄欖寨有稅局釐卡

初八日西行上下斜坡六十里至騰越此地岡巒環繞中開平洋廣袤二三十里田土膏腴附郭分爲十八練人戶稠密雞犬相聞城周八里依近西北山麓所轄土司七員地方遼闊八關九隘俱爲扼要

自大理至騰越十三站計八百七十里

西輶日記自騰越至緬甸

十六日由騰越起程九點鐘出南門迤西過平岡三十里至小河底沿大盈江而下又三十里過曩宋關有一水自西北來會又三十里至左營有土城都守各一員駐防又五里至南甸宿土司衙門一路平坦田疇沃衍人戶稠密刁氏世襲宣撫司爲七司之領袖

十七日南甸宣撫司派土練十名護送南甸上下斜坡轉西沿河而行八十里抵干崖若由南甸過覽轉橋行大盈江之西岸較爲便捷然山

徑崎嶇兼有野人出沒無常也盈江之口水勢漫衍彌望砂礫茫無畔岸析爲無數小支西流入於檳榔江舊城在大盈之陰設有稅局釐卡爲商旅往來之大道新城在檳榔之東大盈之陽依於山麓宣撫司亦姓刁氏自明前洪武三年立功賜姓迄今承襲二十三世矣

檳榔江發源藏地經流野番山箐人跡不到其里數無可考西北入古永隘經展西練瀠洄浩瀚沿江設七十二練卡南流至干崖與盈江相會地勢開曠水流平緩寬至數十百丈不等土人呼爲海珀江或作洗帕江

十八日干崖宣撫司撥派土練五十名護送仍涉盈江而南循行隄岸三十里至蠻掌街有茅店二十餘家又數里過渡水淺而寬刳木爲舟可容十許人既濟轉西北向行平壩二十餘里至盞達宣撫司姓思氏傳襲十九世商旅往來則由干崖舊城宿於弄章街不必過江也

三土司之地皆平疇腴壤頗有富饒之象非滇省內地州縣所及也土民俱係猓夷容貌與漢人無異服飾多用青布未有絲紬之類然數百

里間未嘗見一鶉衣百結者夷婦青布包頭高至尺餘耳穿銀管長三寸徑六七分上衣短衫下圍布裙赤跣壯健勤力耕作稻有二種曰硬米曰軟米每觔值十五文炊飯晶瑩似吾鄉觀音秈沿途店市多係漢人

十九日盞達土司撥派土練三十名護送南行三十里至太平街有漢人開店野人亦有負薪賣菜者男女俱披髮覆額衣飾與猓夷無異又二十里至江邊轉西行平壩二十餘里至蠻允爲南甸土司所轄借住於關神廟有小市三四

十家此地爲中國之極邊既無漢官亦無土司番夷雜處逋逃藪澤過此卽化外野人境非大衆結伴不敢行因停十餘日以待之

前明時南甸麓川木邦三宣慰司號爲三宣之地土沃民强往往跋扈緬夷亦數犯邊吾鄉鄧子龍劉綎二公皆久鎭此地其後木邦淪入於緬僅餘二宣矣南路則析爲隴川宣撫司及戶撒臘撒猛卯三長官司北路則析爲南甸干崖盞達三宣撫司西北以戶宋河爲界西南以龍川江爲界是爲騰越同知所轄七土司也

八關九隘各設撫夷千戶駐防土練所以控馭緬夷鎭撫野番也西北曰銅壁關巨石關萬仞關爲通孟拱寳井之路正北曰神護關猛豹隘止那隘古永隘爲通茶山麻里之路東北曰滇灘隘明光隘爲通怒夷傈夷之路西南曰鐵壁關虎踞關天馬關爲緬甸舊時貢象之大道正南曰漢龍關邦掌隘爲通木邦之路又蠻允之西十餘里曰壩竹隘爲河邊之路近二十年因輪舶直抵新街於是商旅往來皆取道於此其餘二隘淹沒不可考卽天馬漢龍兩關亦久淪入於緬蓋內地承平日久緬已積弱邊備廢弛亟宜規復舊制招撫野番上足固我藩籬下免擾害行李亦籌邊者之所宜留意也野人山有三路上爲火燄山路中爲石梯路下爲河邊路中下二路較爲近捷然不若上路紫草方便也三路各有包頭每寨自爲雄長不相統屬父之所保子或從而劫之所居皆係茅屋大者可容數十家惟前門可以出入其後有一鬼門不可犯也距寨里許於路口植立木椿謂之寨門往來之人至此必須下馬椕材等改裝易服與商

賈爲伍兼之帶有盤費銀鞘不得不加意謹慎另募鎗手二十名桿手二十名藉資保護送過山寨野番數十成羣攔路要索賞需狀貌獰惡危險可畏同伴俱有戒心每用壯言慰藉以堅其志

二十九日十點鐘起身大帮結伴三百餘人騾馬千匹向西北行上斜坡三十餘里野宿既無帳幕亦無樹林夜間寒風料峭冷露淒楚

三十日辨色而起三十里過戶宋河又三十里宿火炎山谷口是日過三野寨

三月初一日乙巳朔早起過火炎山上下陡坡約四十里鳥道逼仄單騎纔通林木陰森猨猱嘯聚有野人寨踞於山脊

初二日下坡歷三野寨三涉紅奔河三十里至平壩折而向南行蘆葦中三十餘里抵蠻慕如脫虎口人人額手相慶矣蠻慕有一土酋世職爲緬甸所轄居民數百家編竹爲樓房離地三尺土酋亦裸袒但圍布一幅而已地勢砥平田疇沃衍二月插秧四月收穫米粒甚長炊飯腴美每觔米值銀一分交易用銀錢重三錢二分

上鑄鶴形零星小物則以米易之徧地薪柴任人取用皆係夏潦漲發之時從野山沖來者河干有漢人街二三十家俱騰越人爲寄屯貨物之所

初三日有緬官來見衣裙俱備頭紮白布用貝葉作書通報新街大蘊几滇南客長亦來照料

蠻允蠻慕俱無溷厠牛溲馬渤徧地汙穢每遇炎熱蒸鬱毒氣中人輒病此瘴癘所由來也蠅蚋甚多而可厭有一種蠓蟻噬人即成黑點奇癢難堪

初五日僱緬船其船用大木刳成兩舟相聯而空其中上鋪竹篾可載棉花五十馱水手九人前後三槳有茆棚僅可睡予一人餘俱露處沿途派有鎗兵一二名護送所至遞換如內地塘鋪然午間解纜向西南行三十餘里停泊

初六日約行六十里之程午後抵新街寓於關廟騰越鎮廳會銜字寄新街緬官公文已於十日前遞到此次復自帶陳司馬致大蘊官一函交許客長投之晚間派來五人守夜

新街當檳榔江之口水陸交通商貨雲集緬國

設蘊几一員爲頭等大官有屬官五人英國設領事一員曰亞葉板有洋兵三十名駐防緬人所居皆板屋或編竹爲之結搆草草不日可成惟漢人街頗有瓦屋滇人居此者四五十家而往來商旅常有數百人建關神廟爲會館迴廊戲臺規模宏敞

大金沙江東北自孟拱而來其上源即雅魯藏布江自發源至此已歷五六千里緬人稱曰伊拉瓦底江檳榔大盈諸水自東來會地勢平陽波濤浩瀚寬至六七里盛漲或十餘里故可以

駕駛輪船英人之船每月往來瓦城二次上水五日下水三日緬人之船則無定期竊觀此江與內地長江大概相等其首尾俱萬餘里長江自木魯烏蘇濫觴青海歷三千餘里至四川敘州府與岷江相會又二千里至湖北宜昌府而後可駛輪船此江自阿里經流前後藏地三千餘里然後折而南下過貉貐野人境又二千里至蠻慕新街其孟拱以上石峽奔瀧罔通舟楫自新街至跋散海口輪舶水程十有餘日亦與長江自宜昌至上海之程途相仿也西南徼外

是為第一巨流禹貢黑水惟此足以當之

緬俗男子文身至十歲以外腰股之間遍刺花草鳥獸之形染以藍靛或用紅色頭挽髻耳穿環上體裸裎下圍花布一幅男女驟難區別早晚必浴於河用瓦罌汲水以歸承之於頂入室必脫其履見尊長則蹲伏於地食飯以手攫之不用匕箸渴飲冷水不知煎茶不宰生物遇有毛痕在地必御步遠行父子異居女勤而男懶貿易經營俱婦人為之故漢人居此者多納緬婦為室焉

田地悉歸王家耕者輸納租稅民無私產草廬竹屋遷徙無常入其室空如也瓦缶之外別無長物俗最重佛生平有所餘積概以佈施無所吝惜喜造浮圖金碧華麗每一村一鎮必有數十塔也其寺曰冢僧曰翍几沿門托鉢人家子弟必從僧學習經典貝葉為書以鐵錐劃之其字體望之如連圈不斷有二十六字母

自南甸干崖以下漸南漸暖至蠻慕新街則炎蒸酷暑暮春之初無異內地盛夏且四月以後雨多晴少瘴癘時發行人絕迹必待九月秋高

氣爽而後可行緬地惟二三四五等月最熱六七月間天氣稍涼因每日必有雨也沿江兩岸平疇沃衍有收穫者有插秧者蓋四季皆可布種米糧甚賤其耕作多婦人為之兩牛耕田縛於角上商賈亦但販運本國鮮有出境者土產棉花最多每歲販入雲南者十數萬馱其運出海口者尤數倍於此至於玉石諸寶則產於孟拱孟養西北一帶野人山內而萃集於阿瓦都城然緬地無良工漢商購取璞石擇其質之美者至粵中雕琢乃一成器近世海道便捷故美

玉之至滇南者寥寥無幾矣

初七晚閒於街中演劇一女二男迭爲踏歌音節婉轉略似内地鄉間花鼓採茶之戲其樂器則有拍板鼓吹鐃鈸之類衆人圍坐以觀往往齊聲喝采

初八日晤法國教士二人出示地圖

十四日晤英國教士范施二君范君曾在甯波紹興傳教多年能通華文華語施君雖未到中國亦略解華語

十六日范施二君代購輪船其船名曰大里戶係英商旂號船主甲必丹爲瑞國人定議於上層尾艙賃十有五耑上下七人路畀二百十二敦另銀鞘三千保險五十敦

十七日飯後登舟

十八日范施二君到船送别併致手函於駐紮瓦城公使八點鐘開輪船河寬水淺往往滯礙船身長十六丈廣二丈四尺汽爐兩具左右拖帶二舟折西轉南四點鐘至磨太閩添買新柴遂泊於此

十九日向正南行午時過格沙龍川江自左來

會停午過臧昧微切硐爲緬國收綱稅也之所西岸見有山坡綿亘數十里

二十日薄暮抵阿瓦都城江水折向西流所泊輪船甚多見有龍舟兩頭二尾中建層樓云緬王所乘也阿瓦本舊城距河干五里其東南數里曰孟德倒城緬王所居環以木柵又東數里曰安拉普那城滇人居此者三千餘家

二十一日送騰越廳札文於漢人街客長併具名帖轉致緬國擁几

二十二日飯後僱馬車一輛行八里至沮湧拜會英國公使帶一滇人繙譯緬話公使年四十許頗温雅曾至後藏阿里其新街亞葉板亦同在座旋到船中回拜緬國亦派二員來船迎楙材入城辭以明早開船謝之

緬王年二十一歲去秋九月即位其輔臣四人稱曰擁几今之執政者乃庚文擁几也

新街以上入夜頗涼新街以下逐日加熱表升至百一十度煩燥不堪船内小蟻甚多鉗刺肌膚奇癢難耐兼之蚊蚋叢集遍體紅瘢抓搔達旦不復成寐阿瓦馬頭腥膻之氣尤爲棘鼻

二十三日早起過船形式與前舟相同右坍一船九點鐘開行晚泊挪家左旁又拖一船

二十四日午間擱淺至二十五日晚始能行動

二十六日晚至挪納爲緬國邊界人戶稠密過此則爲英國之境矣

挪納蘊几攜帶眷口十數人由阿瓦同任與子同舟蘊几爲外官最大者兼轄文武故得用金傘其餘文職出入僅一油紙傘而已屬吏頭人來見俱脫履戶外匍伏於地其子息卑幼授受必跽問答必跽

二十七日泊別牟一日別羅模爲英國所轄多建洋樓有火車鐵路一日可達漾貢

二十八日十點鐘開船二十九泊押硐中途有英官解緬犯十餘人上船俱鎖繫手足

自別牟以下轉向東南而行地勢砥平略無山阜兩岸鎮市頗多遇有客貨上下必停輪數刻兼之河寬水緩淤灘最多往往擱淺故不敢夜行約計每日所行之路不過三四百里而已

閏三月初一日甲戌朔

緬甸一曰被爾麻東界暹羅老撾西界印度孟加拉南界海北界亞山東北界雲南騰越廳緯綫自赤道北十六度起至二十七度十分止經綫自偏西十九度十分起至二十一度二十分止昔分三國曰阿瓦曰阿拉干曰秘古各不相統恒相爭奪乾隆年間秘古約荷蘭葡萄亞兩國之兵協力攻緬陷其都城擒其國王突有阿羅班部一小官鳩眾起義恢復舊業自立爲王其子山巴傾嗣位復攻滅秘古東盟越南南服暹羅兵強無敵其侵犯中國亦在此時山巴傾沒弟皿底拉宜嗣位乘勝併兼阿拉干加渣爾

加包諸部道光初年緬人覬覦印度之富遂傾國之師以侵英之孟加拉然緬軍紀律不嚴進銳退速其陸戰全恃堅銳木柵環遶重濠英人與之鏖戰兩年互有勝負但水土不服瘴疫多疾本欲退師反聲言水陸並進直搗阿瓦緬王大懼乃割地請和併償兵費九百萬自是以後日侵月削沿海精華繁盛之區英人蠶食殆盡夫中國自元明以來屢次用兵於緬俱不得志而英人取之顧易如反掌何也中國由雲南騰越出軍山路崎嶇轉餉甚勞兼之炎天暑雨瘴

惡可畏蠻允蠻慕一帶今時猶然每至四月以後則行旅絕迹必待秋涼而後可行英人印度之地與之毘連輪舶航海勞逸迴殊緬之水師火器亦非其敵故踞漾貢海口不啻扼其喉吭內河商舶直抵新街操其利權公使重臣駐紮阿瓦與聞國政動多掣肘而且緬與暹羅世仇孤立無援英人降心結好於暹故得遏其遠交近攻之術肆其席捲囊括之智若阿拉干若秘古若麻塌班若檳泥色領諸部悉歸英之版圖西北直抵孟加拉東南直達麻六甲綿亘五六

千里鎮以巨酋戍以重兵處處安置電綫傳遞文報最爲迅疾故華人但知英之佔踞五印度倚爲外府財賦所出而不知英之侵割緬地尤爲扼要乃聲息所由通也

緬國外官皆世職或云有四千六百餘土司然官富而民貧官無俸祿故朘削以自肥百姓產業任意抄沒王操全權其姓名不可觸犯犯即加以大辟凡登朝筮仕者必自誓於君前惟命是聽大小臣工奉令承教不敢有所可否現今新王襲位年少氣銳廢斥舊臣誅鋤親戚兄弟

六十餘人悉遭屠戮僅有兩人逭至英公使署內獲免英人留之印度豢而養之奇貨可居公使初疑緬國政事羣小爲奸離間骨肉必非緬王本意乃因事請見從容諷諫詎意緬王怒形於色面加呵斥對以我之家事非外人所得干與歸語爾女王之奴宜速還我逋逃也英人聞之莫不詫異兩國嫌隙或從此啟矣後至孟加拉予之寓所與緬王子居室相近一日緬王子挈其眷口來拜會年三十許情意殷殷翌日予往謝步復出侍妾子女相見偶及家難不勝嗚咽自新王襲位故舊大臣多被誅戮其後裔逃至印度者數百人相依王子英國皆豢養優給廩祿借以要挾緬人嘗言欲納重耳

而易置晉君焉○今春以來英緬兩國因事齟齬彼此新聞紙互相詬誶而且徵調水陸諸軍防要守隘英之公使駐劄阿瓦者被印度大帥詰讓膽怯憤鬱而死予九月間回至漾貢關卡稽察甚嚴凡鎗藥軍械之類禁止入口

初二日晚五點鐘舟抵漾貢

初三日早英國遣屬吏敦文到船相迎飯後乘馬車行四里許至公館一切器皿什物俱齊備精緻併云預備火食菜米予力辭之三點鐘拜會英官箇温那如中國督撫之職緬語仍稱爲蘊几年五十許情意頗覺殷厚此處閩廣之人雖多然鴂舌難通猶幸廣肇之人可以繙話

初四日餽箇温那巴緞蜀錦湖縐大黃等物

初五日往觀苑囿其中圈豢虎豹熊羆豺狼猿狖猙獰可畏有猩猩似五六歲小兒頭大而股短其他珍禽奇獸不能悉數其名樓上則皆已死之物儲於玻璃盒內然毛羽睛目與生者無異舉凡蛇蟲鳥獸鱗介之族海陸異産金石草木之類詭形殊狀更僕難終如讀爾雅山海經博物志等書惜匆匆一覽未暇詳究也

初六日箇温那送來披蕀水十二瓶甘冷似蔗漿可以消暑

初七日隨喜瑞德宮緬人佛寺也有大窣堵坡高十餘丈圍周二十由旬嵌寶裝金璀璨奪目其餘佛像小塔甚夥每早必爲浴佛男婦頂禮膜拜者絡繹不絶凡至寺門必去履而後入緬俗重佛國家大事多取決於僧故大僧之權不亞於西藏之大喇嘛

漾貢一曰冷宫或作郎昆本昔之秘古國也廣袤千餘里平衍膏腴物産殷富居民多文萊之族唐人所謂巫來由是已俗奉回教狀貌較緬人稍黑剪髮不挽髻不文身裝束與緬無異閩粤兩省商於此者不下萬人滇人僅有十餘家然未見中土女人皆納緬婦爲室也

漾貢北極出地十六度二十分偏西二十度十五分終歲常熱入夏多雨西爲跋散東爲模兒面皆通商馬頭商貨輻湊所産木材堪以造船每歲運出者價値二十萬此外米糧棉花亦爲大宗箕伊拉瓦底江自別牟以下分爲無數支派左支經流漾貢南行五十餘里而入海正幹則西南經跋散故又稱跋散江云其摸兒面則潞江入海之口也

阿拉干部在跋散之西北長袤二千餘里廣二三百里其地重岡疊巘陸路罕通山内爲緬境山外爲英屬居民多文萊族南方海口曰唉家北方海口曰徹地缸有陸路可通孟加拉二埠俱有華人在此貿易二十年來英人廣爲招徠建造洋樓漸見繁盛

麻塌班部東連暹羅西枕海灣南接業地北界秘古國境内岡巒絡繹田土膴厚本爲緬國屬部今割地於英其海口通商之地曰摸兒面亦繁庶之區多閩廣人居此昔時暹緬兩國搆兵

久爲戰場地多荒蕪近二十年英人極力經營廣招鄰國之民墾闢栽種烟戸漸增閱數年前英人特至雲南徼外多募擺夷及野人之類給以川貲俾往耕作五年之後乃令納賦又英國特設領事官於蠻慕新街每遇野人出外者必厚加賞賜以結其懽心併有教士數人或能通華文華語或兼諳野人之話往往單騎往來於羣山萬壑之中其用意可想矣

達威部東接暹羅山西枕海灣南界巴展河北界麻塌班袤一千二百里廣二百里至數十里不等分爲三部一曰業一曰達威一曰梯泥色領海旁有羣島居民多文萊族華人亦不少沿海之山產燕窩海參及木材會城曰墨尼英國駐防之兵一千五百名水師船三隻皆統於漾貢之箇温那

漾貢物產殷阜賦稅所入除本處支銷外每年可餘四十萬楙材嘗觀其庫中所積甚富英人極意經營數十年後其富庶不讓於印度矣

緬甸幅員三千里亦海濱大國也元明以來數四犯邊中國用兵數次皆因路徑不熟炎天瘴

疫未能得志迄今緬人積弱不振暹羅割其東英吉利踞其西苟安旦夕其勢岌岌英人視之不啻囊中物耳英人嘗言欲從緬甸修建鐵路駛行火車直達雲南爲陸路通商之捷徑蓋此路一開則英人獨擅其利他國莫敢過問非若東南各海口萬國商舶雲集也業已擬造鐵路由漾貢至別牟千有餘里再由別牟溯伊拉瓦底江而上經阿瓦都城至蠻慕新街不過二千餘里如此則印度至雲南邊境水陸路途不逾一旬之外較之迂道南洋至粵東者僅三之一而已顧此路不獨英人之利亦華人之利也華人商販緬地實繁有徒迤北陸路則滇人居多迤南海濱則閩粵尤衆似宜添設領事駐劄阿瓦外以保護商旅內以聯絡藩衛或疑商路既開恐兆邊釁不知商貨之流通足以裕

國邊防之慎重豈在閉關向使琉球孤島

中朝預遣一介之使坐鎮其地彼敵國蠶食之謀必有所顧忌矣區區緬甸境宇日蹙强鄰逼處日睨其旁故昔則惡其橫强而抑之今則憐其孱弱而扶之易曰履霜堅冰至將藩籬之謂何

一任羝羊之觸可乎

西輶日記　印度及歸途

閏三月二十一日由漾貢坿興美里亞輪船其上等客艙華麗整潔房壁皆樺木其紋理似大理之楚石淺深波縐天然山水畫圖內河之船皆明輪海船則盡暗輪也

二十二日早六點開輪向南行五十餘里出海口乃轉西南風和浪靜至午後漸覺搖盪

二十三日淩晨海中見有峯瀦坡於是折向西北而行兼順風張帆船行甚速然顛簸特甚人盡嘔吐

二十五日薄暮抵東印度海口待潮

二十六日進扈枝黎江口東北行曲折百餘里二點鐘到卡里格達（一作甲兒古他一作卡剌吉打）即東印度孟加拉之會城也

二十七日早上岸借寓永豐洋行飯後拜會英官加美審那（名必角總管錢糧者）夕格里得拉（名几實如香港之輔政司）波利司加美審那（如香港之總巡司）

二十九日几實遣屬官來寓代賃公館一所每月租銀路昇三百敦馬車一輛每月租銀路昇一百二十敦併派來聽差四名

四月初一日甲辰朔移住公館所有房租馬車及燈燭之費由公班衙支應固辭不獲至半月以後概行自認

八月初五日由些利打偃火車一輛下午一點鐘開行五點鐘至個南達嵛路右往姑司替左往旦慕得河干（自會城至此計程一百十五邁又四分之三每一邁合中華三里）六點鐘坐火船過渡即恆河也洪波浩淼寬十餘里行三刻許登岸至沙達換車九點鐘開輪翌晨九點鐘到夕力格里（自沙達至此計程一百九十六邁）

初七日偃馬車行八十餘里至獨吉嶺停住三

日仍坐火車而返沿途平坦多係水田湖澤之中塡築成路蓋取其徑直非舊由之途現在日加修治不久即可直抵獨吉嶺矣道旁所見皆茆屋上覆半圜形似船篷新秧初插恍惚江南風景所過小河甚多俱架鐵橋

昔疑火車鐵路工費浩繁乃今觀之殊易爲也其軌道約寬六尺用兩鐵條徑寸餘相距二尺許則釘之木板壓以土石俾兩鐵條平行無參差廣狹之弊軌道與輪周雌雄相配一車四輪車凡三等上車鋪陳華整椅榻咸備其價五倍中車半之下車較寬可容百人汽機之車導於前貨車客車數十輛銜尾相接追風逐電神速無倫苟充其量每一點鍾駛行二百華里夫船行水中必生阻力故輪船汽機之鉅多至二千馬力乃若輪車地勢平坦鐵路光滑一切面阻力消盡無餘不過三十馬力可拉六十輛車機括一動絕跡飛行以重生速以速生力力速相因遂有不可遏之勢人坐其中不失常度無顛簸之苦無炸裂之危平時則商販易於流通有事則徵調不致延緩邇來太西諸國莫不日新

月盛以此爲急務且有兩國交戰攜帶鐵路臨時安設以便轉餉較之人馬輓運其勞逸豈不逕庭哉

二十四日催火車至姑斯沓再坿輪船至亞山往返二十日每次出遊先期告知輔政司几實畀以手函一面由電報傳知該處（楙材）但攜一二人及通事隨行其他坿近之地若達嘧若廲力普爾若因支黎則與閩粵諸友同往游玩或一日二日而返

八月初六日乘坐火車游歷中印度沿恆河而

上至阿拉哈巴亞加拉得希孟買等處所至流連數日或寓公館或住客店以禮相待雅意拳拳但語音各別所僱通事遷地弗良斯爲出遊一大憾事耳

自到孟加拉留住日久遊歷西北諸部凡閱六月俱詳印度劄記茲不贅述

九月十三日由孟加拉乘坐輪船航海而返三日至唉家嶼爲阿拉干海口有華人在此貿易又三日到漾貢寓勝茂店五日旋上本號之輪船名碧芭得力惟舵工管機用五洋人其餘司

事悉係華人一切飲食言語較之洋船爲便多矣出海口向正南行所稱印度洋是也風浪最猛人盡嘔吐終歲皆然三日以後漸覺習慣稍進飲食遙望東南一帶山島斷續隱約浮青歷五晝夜抵檳榔嶼寓永裕店主人姓顏亦閩人此嶼幅員五六十里本巫來由族一名麻坳爲暹羅所屬今隸於英國山林秀雅水泉甘美四序溫和故漾貢孟加拉等埠巨商多置家於此亦海外樂土也廣潮二郡之人多在山谷耕種土產椰子檳榔荳蔻全島華人共有十數萬衆中面

風景人物裝飾與內地無異適值社賽會土地神稱曰太伯公扮演擡閣故事魚龍燈綵備極華麗有戲園一所男女合串粵東班也

十月初一日搭英人輪船日昳開輪向南而行駕駛從容風柔浪靜距岸不遠常見右旁麻六甲諸山初三日見蘇門搭拉山島橫亘於前於是折向東行薄暮停輪翌早九點鐘至星加坡登岸寓恆廣和客棧

星加坡一名啫叻坡本舊柔佛國亦巫來由族道光末爲英人所踞日增繁盛爲海道咽喉商

船往來所必經四方電綫文報悉萃於此屹然爲南洋重鎮英國設個溫那一員統轄星加坡麻六甲檳榔嶼三埠中國新設領事一員胡璇澤廣州人英國贈以寶星兼充俄國領事是時個溫那他適林材偕胡領事拜會輔政司暨法國領事

十五日搭涉珍麻輪船向西北而行風和浪穩五日至安南西貢登岸寓宏泰昌號主人張霈霖香山縣人爲商總因偕往拜會法國大酋

西貢即柴棍古日南郡一名占城即安南嘉定省

三面濱海北界順化即廣南眞臘即東浦寨名甘孛智又廣袤六七百里所轄六郡今割隸於法國瀾滄江分析多派從此入海天氣酷熱三冬無異盛夏土產五穀木棉境內華人共有三十餘萬每年一人納身稅銀五元又有進口出口之稅可不謂之苛政乎距西貢十餘里曰隄岸又名柴棍華人市肆所萃貿易繁盛有二戲館內河小船惟至東浦寨通商其安南暹羅二國俱有山嶺之隔至於外洋水道則東北有廣南灣之險淺沙膠舟西南有暹羅灣之阻汙泥梗塞尤不便駛行

輪船故往暹羅賓角者必遶道星加坡往安南東京者必遶道儋崖也西南數十里海中有小島曰崑崙山爲西貢罪犯監繫之所今歲有貧民三百餘名欠納身稅例應入獄經商總張霈霖贖之資遣回籍

十一月初二日搭極力倫輪船薄暮出海口向東北而行所稱七洲洋是也夜半陡起颶風船甚顛簸水從窗隙而入渾身淋漓易衣十數次翌日北風愈勁巨浪排山壁立百仞行李衣物罔不浸溼滿船之人號呼不絕林材等僵臥五晝夜昏迷不醒飲食未嘗沾唇其後風勢稍弱漸覺飢腹難忍則船中米糧將罄每日僅給粥少許而已兼之煤炭不敷將木器等物焚爂始盡繼以棉花代薪幸而風息早起忽覩燕子于飛知其距岸不遠午後望見山色人人額手相慶始有更生之樂矣晚九點鐘抵香港平時輪船往來不過四五日之程此次遭遇非常延至十有二日不意航海之苦至於此極而且艙面諸客求入艙中避浪者洋人百計勒索必飽其欲而後已是以海外旅人聞我招商局輪船將有出洋之信莫不延頸企踵而望之焉林材等

游歷兩載同行六人偕往偕返仰蒙
國家威福幸獲無恙仍坿輪船至廣東省垣催內河小舟經韶州南雄逾大庾嶺至江西南安買舟順流而下至吉安林材因稟請給假便道回籍省親光緒六年正月初十日抵家適值祖母無疾而終享壽九十有二林材辦理喪事事畢三月初五日自家起程由楚入蜀六月初四到川銷差

印度劄記小引

自到印度遊歷半年輪舶飈車日行千里而孟加拉一埠留住最久姑就見聞所及隨時劄記瑣碎件繫編成二卷一以地理爲主期於實事求是不敢有所穿鑿附會於其間至於一切制度規模政教風俗與歐洲各國大抵相同近日使節往來具有紀錄無俟贅述云

印度劄記卷上

上高黃楙材豪伯述

卡呢格達(一作甲兒古他)爲西南洋第一大碼頭也建於扈枝黎河之右南北袤八邁(每邁當華三里)東西廣四邁有奇層樓聳日傑閣連雲闤闠街衢縱橫交錯不可數計水陸舟車百貨輻湊富商豪估侈靡相尙歐洲各國之人悉萃於此粵人居此者亦有千餘多手藝營生納土女爲室建關神天妃二廟爲會館惟閩人有五家洋行貲本較鉅若永豐振豐勝茂豐寶萬益俱開設十數年

英國設大帥一員統轄五印度全權大臣便宜行事每歲夏秋二季則移駐新拉(在中印度德列部內)以避暑遇有大事仍由電報請命焉雖相距三千餘里然往復甚捷無異面談至九月以後乃回駐卡呢格達其衙署規模宏敞出入儀衛亦與他省迥別凡緬甸濮貢及南洋諸島悉歸其節制又有副帥一員駐紮於獨吉嶺今歲因與阿富汗搆兵二帥皆在新拉調度機宜故九月尙未回來

印度諸大員皆幼年從英國遣來學習土話優給俸祿分任職事茍無大過則終身不易其位惟微員末

秩及外官親理民事者可以參用士人多由富厚之家捐授其職

總管刑名者曰斡角如中國之臬司民間詞訟先由波利司審訊其案情重大者乃申詳於斡角凡鞫獄有議紳十餘人與官同聽之兩造皆延狀師代爲剖訴必衆紳畫押始可定讞間有一二人未畫押須待再訊刑之重者予以圜首即絞死也其餘多判罰鍰以贖罪不能繳罰款則監繫於獄另有專管錢債之官凡欠債者查抄家産以抵償若貧無可抵亦判繫獄視所欠多寡以爲久暫然債主必給以飯食之費

一日不給則釋之矣總之經官索債縱能取償不啻耗去太半焉

印度風俗頗好搆訟大抵利歸於狀師爲狀師者明習律例兼擅辯才多由狀師以入官或官退仍爲狀師更有所謂國家大狀師者其權力可知矣

分職任官各有專責既無冗員亦免叢脞大官但提綱而挈領庶司不越俎而代庖無公牘轉移之繁文無堂廉睽隔之流弊故官皆親理庶政而不甚劬勞事必衆謀僉同而不得專擅俸祿之厚足以養廉莫不愛惜聲名府史胥徒足以自贍不必兼營他業其

進之也循序而升其任之也歷久不易惟信賞與必罰乃守法而急公

街道之中設有鐵柱空其中凡冤抑之事准民投入三年則遣大臣巡視以察官吏之賢否民情之向背

新報館每日至公堂錄取訟案刊印以供衆覽夫是非曲直既經衆紳會議於前復經新報傳播於後則耳目昭彰訟者不能譸張爲幻聽者不致蒙蔽滋弊

街衢之中俱設煤氣燈徹夜光明其自來之水則於相距四十里之地曰麻力坡置大恆升車汽機二千馬力挺桿提桿長逾十尋圍大三尺旁鑿數池汲起

之水經過池中砂底則澄清潔淨用大鐵管引至卡呢格達足供數百萬人用之不竭人家各以小管接入厨中或高樓亦可街中則遍植鐵柱以供貧民之取汲此水火二項俱由公班衙辦理按戶收稅又溷厠去穢之事亦公班衙爲之予僑寓之時三項之費每月出路畀銀十八敦蓋准房租以核計也

海船入口百貨有稅惟煙酒二物特重查出走私受罰亦最酷他如地稅房稅招牌稅畜牲稅水火稅百工技藝皆有捐一馬一牛必征課種種名目不勝枚舉夫賦稅如此繁重而民無怨言者何也蓋昔之士

官番酋率多殘刻不知愛民誅求無藝以視英人今日之政不啻出水火而登衽席又所入之財仍為本地之用除官俸兵餉而外一切修治道路橋梁輪舶颷車電綫煤燈學堂醫院之類民多便之

畫學館有學徒二百人英人為之總教習凡學畫者一切人物鳥獸花草器皿之類皆有式樣或以木刻成或摶土為之故刻工塑工繪畫之工悉萃於一室焉初入門之徒用石板學畫界綫規矩準繩皆本幾何之理漸知用筆之法則置一物於中令十數人環坐睨而畫之或坐一人於中而寫其像雖同繪一人

一物而所畫各自不同蓋各隨其方向各准其眎法侔色揣稱精緻纖密總以酷肖為工耳既能刻肖各物之分形而後講求結構之全局淺深濃淡遠近疏密傳神阿堵之中或圖畫山川風景或摹寫勝蹟名區大抵事多徵實意鮮步虛展卷瞭然不啻身入其境矣至於臨摹古本脫胎換骨縮小舒大無不如志則用界綫格子比例算法是猶中土書法家之有九宮也

印度多良馬高六七尺雄姿颯爽毛鬣豐潤用以挽車或雙或隻追風逐電葢道路砥平時灑以水雖肩摩轂擊而纖塵不起車製精緻可坐四人每當薄暮日入雨後新霽或攜眷屬或約友朋攬轡縱遊多至河干納涼及花園球場寓目騁懷洵所謂車如流水馬如龍矣又有肩輿製如櫃形獨木為扛人臥其中四人舁之以行然較之中華撞轎甚勞殊不雅觀最便者惟火車駕駛日行千里凡有名區勝蹟相距數百里之遙乘輿而往可朝發而夕返焉天氣和暖惟冬季稍涼可服夾衣餘三季俱暑雨蒸熱土人用白布一幅蔽其下體復自後繞至前留數尺用以蒙首有戴白帽者有纏紅布者有塗畫眉稜額角及印堂

山根胸膛等處者大抵皆雕題文身之舊俗歟食物以手爪攫取舉重承之於頂無肩挑背負者其商賈富民多效英人裝束中國人居此者亦皆短衣圓帽惟薙髮編緣知其為華人耳

東南隅曰亞力坡有苑囿廣數里豢養禽獸之類四虎二豹四獅各以雌雄相配獅身長八尺黃質黑章雄者鬈毛修髯鉤爪銀齶與內地所畫無異雌者名曰狻猊吼聲雷震百獸聞之觳觫圈內置大鐵球終日撫弄不輟犀牛尤鉅鼻端生一角渾身之皮厚如堅甲勁悍無敵最惡象與馬見必觸而殺之故獨居

一塘內性喜近水也熊類乎豬豺等於犬有一巨狼其鬣似驢猙猛可畏羚羊掛角而睡鼴鼠豎尾而飛最奇者有獸名庚格盧產於澳太利亞洲身短而頭小足高七八尺頸長尋丈眞有昂頭天外之概鹿有多種若牛若馬有角無角易以馴擾北方之民用以挽車號曰使鹿之國惟猴之族最爲繁盛大者如人小者如鼠有尾曰猿無尾曰猱或繞項多鬚或遍體長毛嘯聚悲吟聲音淒楚有一種體大而聲洪終日牢牢不休或云猿中之王攫其同類以爲糧殆所謂狨者耶猩猩多智西人測其腦六十度幾與亞非利

加黑人相等矣大屋兩楹用作鳥籠四面織纖絲爲綱中植樹木百鳥飛翔飲啄雖在牢籠之中不失山林之樂珍禽數百種其名不可得而悉數其善鳴小鳥別有一院院內遍置盆景瑤草琪花目迷五色氤馥郁撲鼻妙香耳畔萬種鳥語如管弦絲竹之並陳到此眞令人應接不暇矣最大惟駝鳥足如馬蹄不能高飛而善走波斯諸國使之馳遞信札即漢書所謂馬爵是已印度多靈鷺形類於鶴而喙長及尺性慈良而好靜惟棲公署及廟宇之上百姓敬之如神見其來必以肉飼之聞其喙可値數十金能解百

毒英官特申厲禁不准戕害犯者必受重罰他如鸚鵡孔雀仙鶴錦雞白鷺青鶯鴛鴦鳧雁畫眉綬帶鴝鵒鸛鴿之類與華產無別此外巨蟒大黿鱗介蚌蛤水陸百怪詭形殊狀不可殫述

博物院曰印丹妙孫譯言印度所出土產也院頗寬廠皆玉石珠寶及五金之礦儲以玻璃盒不下數千萬種任人縱觀以資博識有多種禽獸之骨從土中挖出年深月久已變成石考其形狀非今世所有可知造化生物隨時變遷或古有而今無或古無而今有未可一概論也有地圖用木鏤刻地形高低山水

曲折一目瞭然又有瓷器地圖亦如之黃金之礦有生成大塊重十餘觔者

銀錢曰路畀重三錢二分小者四分之一或八分之一上鑄英國女主像前爲科頭近歲乃加之以冠蓋印度之皇冕乃各部酋長所奉加尊號之意也藏地通行路畀至打箭爐而止然多係一千八百六十二年以前之舊製新者未有也銅錢有二種大者曰哈夫安那每路畀値三十二文小者曰拜士每路畀値六十四文四拜士爲一安另有公班衙銀票交易通用其數自路畀十放起以至數十數百數千不等票

上花紋精緻必經數手印造以杜弊端印度之民分爲四等其上品曰婆羅門凡各部酋長職官皆此族爲之以下爲兵爲商爲工役各世其業不相婚姻一出其類謂之忘本則父母國人皆非之婆羅門雖極貧寠而下品富者見之必加尊敬莫敢相抗甚至取其濯足之水而飲之且不與賤者同坐同飮食

大官衙署及公所監獄等處常有巡兵手持洋鎗聯肩排行更番往來日夜不輟街市之中亦有兵役分段巡查悉統於波力司其煤氣燈徹夜明亮宵小之徒難以潛蹤故盜竊之案稀有且禁一切游民不准

沿門乞食其孤者廢疾別置一院以養之

中國之政必先便於貧民西國之政則獨優於富室蓋其俗以貧爲恥故民皆爭利急功趨於勤而不敢惰國勢以商賈爲重賦稅多富民所輸是以任意行樂無所束縛也

公班衙壟斷牟利無孔不入挾國家之勢集富商之貲雖曰多財善賈然侵奪小民之利者多矣

鴉片爲印度大宗公家之地募民栽種給以工資四季有之陸續不斷所收鴉片槪入公司必隔年而後售之其利點滴歸公無能走私孟加拉所產者爲公班大土孟買等處所產者爲白皮小土印度之人名爲波畢其初但知生啖之今時亦效華人吸烟且多酷好之者將來數十年後必漸盛行夫鴉片一物始自印度而流及中華吸烟之法復由中華而傳至印度此中循環之理有非人力所能爲者矣

五印度自古著名之區其列代沿革不可悉攷前明建文年間賽馬爾罕主諦母爾（元駙馬帖木兒之裔）兼併西域諸回部遂南侵印度歸入版圖號曰大蒙古（地理備攷作莫臥爾即蒙古里之轉音）其國廣袤二萬里歲收賦稅二萬二千四百萬各國皆景仰焉正德時有葡萄亞人初至西

邊海隅貿易旣而荷蘭英吉利法郎機西班牙等國之商接踵而來然大蒙古之王威權重大人皆畏之其後眾子爭權內亂並起各部酋長乘間跋扈四分五裂國勢漸衰乾隆二十年孟加拉土酋與法人密約將境內之英人及兵弁霍威廉等盡行禁錮斃其太半英人欲雪此仇調傾國之師遣大將律記利夫統之駛入安額河竟獲全勝於是東印度各酋長望風歸服乘勝席捲中南諸部乾隆三十年復又背叛盡戮英人英遣薩伊姑底奪復疆域嘉慶十年盡驅法荷兩國駐印度之兵以據其地自是以後英人遂

操五印度全權建立亞加拉孟買曼打拉薩諸鎮以資控馭而悉統於孟加拉之大帥額設英軍三萬分駐各鎮內有太半稱爲倫敦祖家兵者乃雙分口糧本地敘跛兵十八萬一千五百有奇或輪調各鎮駐防或派充工程及衙門支差街市巡捕其人半係釋教半係回教分門別戶彼此如仇互相牽制免其同心謀叛按此兵數併緬地南洋諸島皆在其內也大約各鎮駐紮之兵多不過一二千少或數百而已

萬歷初年荷蘭人至印度開埠通商大獲利益英人慕之遂於萬歷二十六年禀求國王搬立公班衙嚴禁本國散商之赴南洋者合貲本十五萬亥年增至二十六萬獲利皆三倍屢與荷蘭據地爭權萬歷三十八年開埠於穌拉順治十年開埠於曼打拉薩康熙二年葡萄亞以孟買讓於英國於是他商復於孟買立新公司兩公司相傾軋康熙四十年乃合而爲一并借國帑銀一千萬元歲息八十萬從此印度公司大盛乾隆年間數次用兵征服土酋驅逐他國之兵印度全境太半歸其囊括道光十三年國人會計公司貿易無利虧空公帑甚鉅始散公司聽散商自運人人皆悅而印度地方歸於國主管轄然公班衙

之名倘存一切建置興利之事皆其所主

華人以痕都斯丹爲印度之總名其實專指中印度也葢西域回語稱國王所居曰斯丹從前大蒙古之王建都於中印度之德希城故易以回語至今相沿不改

印度大小數百部落有與首城同名者有與首城異名者記載之家或舉一部之名或舉一城之名或一地而誤分數國彼此參差前後繁複紛歧譌舛莫可究詰兼之輶軒槃格轉展繙譯言人人殊依稀近似初無正音考訂殊爲難耳

葱嶺迤西回部如霍罕布哈爾機窪等盡爲俄羅斯併吞與北印度僅隔興都哥士一山其山在巴達克珊國境內卽元太祖避暑行宮所在也俄人覬覦印度之富嘗懷攘奪之謀遣人學習印度言語煽惑民心聯絡波斯阿富汗諸國密約詭計英人力爲防閑重兵駐守隘口不敢稍懈昨歲聞俄軍游獵縛努河一帶印度大帥傳諭克什米耳土酋預爲設備俄人甚怪其越俎代庖也兩雄並峙勢若秦楚龍爭虎鬬日尋干戈俄攻土耳基則英扼之英征阿富汗則俄尼之外雖和親結盟而內實相猜忌也

俄羅斯欲通阿富汗與英搆難前後數十年征戰不息幾乎疲於奔命去歲俄遣使臣駐紮甲布城而英國使臣至則拒而不納從此啟釁大興兵役始因天寒地險英軍屢挫既而大獲勝仗直搗甲布阿王挾其宮眷輜重退避俄境留其子阿古柏監國不久阿王病殂古柏襲位不得已降志議和割地酬餉業已立約罷兵而民志不服怨於七月間戕害英之大員古柏之弟復因民心起而爭位古柏進退維谷內難外寇一時交攻乃讓位於其弟夫英人之力非不足以滅阿富汗特留之以為藩籬藉蔽西印度一面耳

竊觀俄羅斯所爭者不在阿富汗而在克什米耳其東境與後藏阿里毘連北境與和闐葉爾羌接壤亦宜先事籌備固吾疆圉也英人與阿富汗搆兵兩載又進軍亞非利加之極境勞師靡餉不可勝計日久尚無成功今歲復與緬甸齟齬五六月間檄調兵眾至漾貢不過虛張聲勢而已其籌餉之途惟恃印度一區悉索敝賦頗形支絀不但富室殷商按戶勒捐下至小民牛車每輛議征路畀五枚幾至激變乃減至每輛一枚夫英吉利占踞之地非不多然東西數萬里零星散漫處處設防未若俄羅斯地跨三洲聯屬不斷但思恃强以攘人不虞他國之偪已是以英法普奧諸國合縱連橫幾等六國之備秦昔日黑海之盟既未可恃今茲巴黎之約豈能久守乎

西刻一作塞哥在北印度嘉慶年間倫亞昇王瀛環志畧作林日星所立國也此君之祖曾取釋教回教二者參合為一以宇宙萬物之主宰為萬國之真王盡絕神佛自為一教至倫亞昇王兼併克什米耳諸部又逾印度河割阿富汗數城募歐羅巴人操練兵法鄰國畏之道光十九年倫豐宗孫嗣立亦頗雄武屢越境侵擾英之藩屬道光二十二年復大舉南侵乘英人不

備一戰而勝英軍死者甚眾力拒旬月始破西刻之軍直入其國都拉合城一作勞爾乃割地請盟焉先是英吉利攻滅孟加拉乘勢脅降諸部值西刻兩世賢主國治兵强故英人止戈修好未嘗措意其後昏庸在位間隙可乘遂連年征伐侵割其疆土太半矣

後漢書天竺國一名身毒在月氏之東南數千里俗與月氏同從月氏高附國以西南至西海東至盤越國皆身毒之地有別城數百城置長別國數十國置王雖名小異而俱以身毒為名其時皆屬月氏月氏殺其王而置將令統其人張騫使大夏見邛竹杖蜀

中産也國人云市之身毒和帝時數遣使貢獻後西域反叛乃絶至桓帝延熹二年四年頻從日南徼外來獻世傳明帝夢見金人長大頂有光明以問羣臣或曰西方有神名曰佛其形長丈六而黄金色於是遣使天竺問佛道法海國圖志以西海爲地中海謂條支安息古皆西印度之境愚按天竺身毒皆印度之轉音大月氏即今之阿富汗高附與甲布譯音相近所稱西海蓋指印度洋非地中海也由印度河順流而下西南至於科曼海灣爲西海若以地中海爲西海則當云從月氏安息以西不當云以西南矣

三國吴時扶南王范旃遣親人蘇勿使天竺從扶南發投拘利口循海大灣中正西北入歷灣邊數國可一年餘到天竺江口逆水行七千里乃至焉積四年方返其時吴遣中郎康泰使扶南及陳宋等具問天竺土俗云佛道所興國也人民敦龎土地饒沃其王號茂倫所都城郭水泉分流繞於渠壍下注於江左右嘉維舍衞葉波等十六大國去天竺或二三千里共尊奉之以爲在天地之中也梁天監初其王屈多遣長史竺羅達奉表愚按扶南爲今之暹羅國其發投拘利口疑爲摸兒緬漾貢等處循海大灣中正西北入蓋由孟加拉灣入恆河口也灣邊數國者柯枝盤盤及大小葛蘭皆在阿拉干一帶也古時天竺國都在亞拉哈巴距海口實止三千餘里

梁書言西天竺與大秦安息互市海中多大秦珍物其南徼國人行賈罕有到大秦者愚按大秦爲歐羅巴洲之羅馬安息爲波斯國及土耳基之境其與印度交市必在波斯灣及紅海一帶斷不能越亞非利加而至地中海也自古地中海形勢阻隔非舟楫所通迄今千有餘年鑿開穌彝士一河而後太西之舟可以東駛矣明職方外紀云印度有五惟南印度尚

仍其舊餘四印度皆爲莫卧爾回國所併莫卧爾國甚廣分爲十四道象至三千餘隻近百年内吞併鄰國甚多嘗攻西印度其西印度王統兵五十萬馬十五萬象二百每象負一木臺可容二十人又載銃千門及金銀五十巨罌以禦之不勝盡爲莫卧爾國王所獲愚按西印度即阿富汗國莫卧爾爲蒙古之轉音賽馬爾罕王本元駙馬鐵木兒之子孫是時兼併印度建都於德希城號曰大蒙古是也至道光初年蒙古王乃降於英吉利食租衣税徒擁虛號而已

海國圖志及瀛寰志畧皆言俄羅斯與英吉利血戰

於興都哥士大雪山此傳聞之誤也考道光末年英俄兩國交綏水軍則在黑海及波羅的海陸軍則在土耳基之境與印度風馬牛不相及邇歲以來俄人兼併機窪布哈爾諸部漸闢而南英人侵割本若俾石哇諸部漸闢而北中間尙隔阿富汗克什米耳兩自主之國及巴達克珊迦畢試邊達哥數小部落其興都哥士一山固爲印度大界限俄人雖有覬覦之志究未嘗顯然越境相侵也卽如今歲英軍與阿富汗搆難實由俄人挑釁而阿王屢次乞緩於俄終不能出一兵以相救論者皆謂阿愚而俄狡惟道光十

八年波斯與阿富汗爭唏烈之地(一作黑魯一作亞加業坦卽明史哈烈國也)俄人則主謀波斯英人則左袒唏烈印度之軍與波斯交仗實在興都哥士山中土傳聞之訛或由於此歟所稱沙蘇野者疑爲人名非國名未審爲唏烈之君乎抑爲阿富汗之君乎

印度公司種茶於亞山之地僱募閩廣茶師訓導土民頗著成效日漸興盛每年所產之茶約值十萬金其地與三藏毘連因仿打箭爐川茶之式成磚成包由獨吉嶺運入藏中腳費既省價值亦廉竊恐將來洋茶一行奪我打箭爐茶商之利不可不設法預防也(曩閱新報有亞山茶商聯名稟請印度大帥修建鐵路已經批准)

唐宋之世中土請經求法之僧踵趾相錯至今相沿稱華人曰唐生中國曰支那(支音泪)英語則轉爲齊那又稱華人曰齊利士(洋文字母有二音曰伊曰唉蓋西伊合音爲支西唉合音爲齊也)

從前泰西商舶必繞行阿非利加大洲之南程途迂遠或由地中海阿勒薩城登陸剝運火車至蘇彝士地方復下船至紅海瀛寰志略所謂亞細亞阿非利加二洲相聯一綫之地恨不用刀截斷者卽此也爲埃及國(卽麥西元史作密昔爾)所轄咸豐六年有法國人勒昔勃斯創議開鑿運河與埃及土酋商定乃回國鳩股

集貲每股五百佛郎(五佛郎當英洋一元)於戊午年春間興工用濬機七十具事畚挶者日常二萬人至戊辰年冬月告成歷十有一年費銀二千萬元成河二百八十七里寬二百尺深三十尺自是地中海與紅海相通輪船往來捷近二萬里其征收稅鈔每礅二元(船身大小所容貨物以礅計之)船中之客每人二元永享其利法君嘉之特錫勒息勃斯以三等之爵初法人興此大役英人嘗竊笑之以爲兩岸砂礫隨開復塞決難成功苟非法君之專任弗疑不爲謠啄所動與勒息勃斯之堅志定力始終罔懈曷克臻此偉績哉夫英人於西南

洋商務爭先恐後獨此利權讓之法人歲在乙亥英太子東巡印度道出此河埃及大酋藉以結歡進四百股爲太子壽英人始得預焉竊思運河既開之後英人實受其益如亞丁（在紅海口）毛粟（在印度洋）錫蘭諸島印度緬甸瀕海諸市埠與夫南洋之檳榔嶼麻六甲星加坡皆輪船所必經添煤寄碇商貨流通貿易興隆以視法人稅課之利奚啻倍蓰方今英人又議從西印度修建鐵路經俾路芝土耳基以達於地中海俄人則欲從高家索修造鐵路沿裏海南岸經波斯阿富汗而達於印度無非壟斷牟利使天下商賈皆欲出於其途耳

印度劄記卷下

上高黃楙材豪伯述

五印度部落

五印度幅員遼廓東起亞山偏西二十三度西至阿富汗偏西四十八度南起哥摩林角北緯七度北迄葱嶺北緯四十度其間大小數十國從古不相統一今時歸英吉利所轄者十之八九或設官置吏夷爲郡縣或輸賦納貢降在藩服沿革分合多所變更不但漢唐諸史古時國名不能符合卽海國圖志瀛寰志略諸家所載亦參差互異楙材繪印度全圖從英吉利語譯出悉用今名耳目所及略述梗概至於列代掌故佛氏遺蹟未暇詳考以俟博雅君子教之

東方之省

孟加拉部（孟加臘　榜葛剌）（明呀喱　本吉耳）卽東印度英語稱曰羅威兒博羅運司譯曰東方之省也廣袤一千五百里所轄十八郡平坦膏腴汊港縈多會城曰卡呢格達（甲兒古他）爲印度大帥所駐北極出地二十二度三十三分北四十餘里曰痲力晋爾爲屯軍之所東北四百餘里曰姑斯督城臨安治士河商賈繁盛疑爲明史古里瑣里國又東三百里曰達喀亦大埠也俱有鐵

路通行火車會城之東曰勢他加織工所萃其南港口曰固支黎（即居枝黎江口）有製造廠此外若磨耳士利得巴若妙兒塔若布利亞若地勒支普爾皆名邑也

大吉嶺幅員百餘里三垂高山天氣涼爽西界廓爾喀北界哲孟雄東界布魯克巴爲入藏孔道土酋降附於英居民數百家語言風俗與唐古忒相似英人修築碉堡駐劄洋兵設領事一員曰夕格里得拉其孟加拉副帥每歲夏秋二季亦移駐於此富商大賈多建別墅以避暑予觀英人不惜重費新造鐵路又令閩廣之人住居其地無非垂涎於藏地通商耳（藏地稱英人曰披楞稱孟加拉曰甲噶爾）

亞山部一曰阿賽密在孟加拉之東北四境多山長一千五百里廣三四百里不等惟蒲蘭布達江兩岸平壤沃饒居民由中國遷來者皆老撾猓夷之族性行樸實勤力耕作崇信佛教英人開闢其地種茶栽桑日臻富庶首城曰若爾合得商貨雲集輪船往來其南有路可通緬甸孟拱孟養而達於騰越徼外約二十日程然崇岡疊巘崎嶇難行又東北有一路歷怒夷俅夷至江卡而達於四川徼外之巴城尤爲險阻人跡罕到其里數無可考蓋東北二面皆貉貐野人衛藏圖志所謂戳猓烏魯爾兔族是也又名老卡止唇割數缺塗以五色穴居巢處生啖蛇蟲英人以利誘之亦漸馴服

亞山之西北有數小部曰固只必哈爾曰箇押兒巴那曰路亞幅員一二百里不等其南有數小部曰格路時曰各士亞曰的北亞曰正得耳曰孟奈普爾界連緬甸山嶺迴遭林深谷邃民俗勇悍土酋分轄附庸於英羈縻而已

拜哈部（巴哈爾）東界孟加拉西界厄納特南界工窪納北界呢泊耳長一千里廣八百餘里所轄六郡如來

御世五十載居此國最久遺跡甚夥城臨但剌河阿堵世王所建王舍新城是已西北百餘里曰帕特那（八日孥）東臨恆水印度人所稱聖城古巴連弗邑法顯元奘常住此寫經所產鴉片多聚於此

西北之省

痕都司丹（溫都士坦忻都士丹）古稱中印度厄納特國爲四方適中之地東恆河五大源交匯於此平衍沃壤民物殷富前明時大蒙古王建立國都傳二百餘年至嘉慶以後乃併於英築亞加拉城戍以重兵鎮以巨帥稱爲捋威博羅運司譯曰西北之省也

阿拉哈巴部東界拜哈西界亞加拉南界馬爾窪工窪納二部北界烏德國長千餘里廣五百里所轄六郡首城曰阿拉哈巴得（一作厄納特珂克）在閻那河安頞河交會之處有大軍局其東三百里有丕那勒城南臨恆水即古之波羅奈亦印度人所稱聖城也東北亞心格爾歌鹿普爾兩郡瀕於岡噶江毘連廓爾喀

亞加拉部東界阿拉哈巴及烏德國西界亞日迷南界馬爾窪北界德列長九百里廣六百里所轄五郡亞加拉城東北臨閻那河蒙古王所建甚堅固尚有

宮殿古蹟又北四百餘里有得希城（一名台里）蒙古王之故都也其後裔猶居此英人給以歲祿

德列部東界烏德國西界亞日迷南界亞加拉北界古爾瓦勒廣袤六百里所轄六郡其德列城及被勒眉城慕那得巴城皆繁盛著名之區東北屬境曰古摩雲距後藏阿里甚近山深林密居民無多東南有城曰巴勒里嘉慶十九年爲廓爾喀所據後讓於英人

古爾瓦勒部東北界後藏阿里南界德列西界新拉原所轄三郡長五百里廣三百里首城名西里那都土酋所治其東二郡割隸於德列

新拉在德列之西北四境高山風景幽雅孟加拉大帥建築行館每值夏秋二季移駐於此其他富紳豪賈亦多置別墅爲消夏之會時而登山射獵遊目騁懷

烏德國

烏德國（澳地烏訥）古揚摩羅國舍衛城即波斯匿王所治也東界拜哈西界德列南界阿拉哈巴北界廓爾喀長九百里廣五百里都城名盧角腦建於幹得江岸其烏德城北臨殑伽河衰廢已久南門外有祇洹精

合遺跡西南五十里有費薩巴城居民繁盛此外若幾那巴若畢索亞若巴來支若丹達等城皆商賈會萃之區土君世襲英國遣兵帥鎮守併遣大臣司其會計

本若省

本若省一名西林德昔屬塞哥國（一作西刻）後割隸於英東界德列西界阿富汗國南界剌日布得北界克什米耳廣袤二千里首城曰勞爾（一名哈爾）那塞哥王倫亞昇之故都也臨拉維河之陽附河兩岸人煙稠密市埠如林西北隅有亞叨克城俾石哇城西南隅有慕

兒丹城皆修建鐵路通火車

剌日布德部一名亞日迷爾東界亞加拉西界信地南界古支拉德北界本若省長一千五百里廣七百餘里北境砂磧曠渺南境地土腴饒所轄九部惟首部亞日迷爾劄隸於英其餘諸部土酋分治

腹內之省

腹內諸部英語稱爲仙得剌博羅運司譯曰腹內之省也半置郡縣半隸土酋

新的亞部一名哈那歐替在印度之中央其地形散裂不相聯屬而與賀兒架爾折那哇爾諸部犬牙交錯

賀兒架爾部葛爾加耳與新的亞麻爾哇諸部參錯相間土酋分轄

麻爾哇部馬盧襪在新的亞之南幅員五六百里首城曰英朶耳

本的勒看部邦德爾干在新的亞之東長六百里廣五百里所轄五郡首城名札德普爾

波保爾部在閩爾披達江之陰幅員三百里山深林密民俗剛勇來格普爾部那哥布耳東界俄力薩西界麻爾哇南界伯西耳加北界阿拉哈巴長一千五百里廣九百里首城名來格普爾爲通商大埠

岡都亞那部一名工窪納東界俄力薩西界刊代施南界尼桑北界阿拉哈巴長一千五百里廣一千八百里爲英國兼攝者只東北二方餘皆土酋分治首城曰倭巴耳布

俄力薩部東界孟加拉海灣西界工窪納南界斐薩乾北界拜哈廣袤一千三百餘里所轄六郡首城名科塌克亦大都會也山內之民但聽本宗約束不服他人

以上五大部落統歸孟加拉大帥所轄自西北而東南長六千餘里廣三千餘里約得印度之太半

曼打拉薩兵帥所轄

德干部一名尼桑東北界來格普爾西界伯日普爾南界加爾那德長二千里廣一千三百里所屬凡五部首城曰海德拉巴希答巴英軍一萬二千屯之其境內多高原產艮麥土酋世襲朘削平民嘉慶時屢與英人搆難後乃決計取之雖鎮以重兵尙時時反側不安

加爾那得部東南界海西界達來番科耳暨賣索爾北界尼桑長二千六百里廣一千三百里所領十郡

其會城曰曼打拉薩南印度兵帥駐劄於此雖瀕海口而無泊處沙泥梗阻船難到岸天氣炎熱文武員弁凊晨治事晚則各歸山莊水榭以度良宵其內地有旁牙羅城英軍戍守又有西令牙巴坦昔爲土君之都城地形險要嘉慶之初與英人血戰連年滅之南方海濱有補落伽山即釋氏所稱普陀岩也高一千五百丈谷內酷暑難堪而山頂積雪未化若由址及巔覺四時之氣咸備於一山矣

哥英巴都爾部東界加爾那得西界馬勒巴爾南界馬都拉北界薩林長五百里廣三百里所領二郡

馬勒巴爾部東界哥英巴都西界海南界科青北界加那拉長七百里廣二百里海濱有市埠曰卡里古得曰丹那曰邦那里

達來番科耳部東界丁利肥里北界科青西南界海長五百里廣二百里首城名特來番得郎土酋所轄其海濱通商之埠曰波爾架曰魁垠南方有地形斗入海中者所謂哥摩林角是也海船至此轉舵風濤甚猛內地有米頊邑山水秀麗果木尤佳此部土酋前爲荷蘭所逐居民亦多遷徙今隸於英

南加那拉部東界賁索爾西界海南界馬勒巴爾北界是摩加長五百餘里廣二里所領五郡首城曰蒙加羅耳瀕於海岸又有北加那拉部歸孟買所轄

賁索爾部東界加爾那得西界加那拉南界哥英巴都北界伯日普爾長八百里廣六百里所領十郡有土王居賁索爾城其通商之埠曰邦加羅耳曰色林甲巴丹曰放喇曰幾得拉皆繁盛之區巴刺加部東界加爾那得西界加那拉南界薩林北界尼桑長七百里廣五百里首城名北那里爲火車鐵路四達通衢

伯西爾加部一名薩卡司東界孟加拉西南界加爾

那得北界戕力薩南界海長一千五百里廣二三百里不等東有齊家湖西有詞林湖所領四郡曰憨沙曰諳展曰斐薩乾曰那咤面

以上諸部落爲南印度境所謂地形如箕舌斗入南洋者也或有土君世傳其位或部民公立酋長治之其山內之民尚仍其舊俗崇奉釋教而皆降附於英歸曼打拉薩之兵帥所統轄

孟買兵帥所轄

凹隆加巴部東界德干西界海南界伯日普爾北界刋代施廣袤六百餘里所領十郡其會城曰孟買

三面瀕海初為葡萄牙所據後讓於英人遂建大鎮駐重兵為輪船往來所必經居民殷富商販遠方粵東所謂港腳白頭回子也華人亦多至此貿易有大船廠常造戰艦商舶

伯日普爾部東界德列西界康肯南界賁索爾北界凹隆加巴長一千三百里廣七百餘里所轄五郡

康肯在孟買之南一名鹿那乍里即海錄之盎几里也東界高山西瀕大海長五百餘里廣僅數十里首城曰勒剌志里其東南山後有固那普爾稍捲耳二部為葡萄牙所屬

刊代施部士根地東界百剌爾西界古支拉得南界凹隆加巴北界麻爾哇長六百五十里廣五百里所領三郡首城曰高爾那

古支拉得部東界麻爾哇西界海港南界刊代施北界亞日迷長一千四百里廣六百餘里所領四郡首城曰蘇拉特其港口通商之埠曰開拜即科曼之轉音自此以西統謂之科曼海灣也海港之西北有亞米特巴部民多刦盜英人征服之設兵戍守境內多佛氏遺跡

日瓜爾部一名佳得低哇東北界亞米特巴郡餘三面濱海中央岡巒絡繹廣袤五百餘里首城名包來丹那土君所轄沿海市埠亦夥

叩齒加支古治在日瓜爾之西北信地之東南四面海水環之長四百里廣百餘里土磽民貧往往地震有英軍駐此

信地國東界沙漠南界叩齒灣西界俾路芝國北界阿富汗國及本若省長一千里廣六百里所領六郡其都會曰海得拉巴此外通商之埠若塔塔若格那齊若勞社那若戒易坡俱繁盛著名之區其印度河經流國中分為多派入海藉資灌漑五穀豐登昔時

土君甚富饒貨賄山積藏於塔塔城道光二十三年為英人所滅印度諸軍惟此部人號為勁勇且可募為水手狎習風濤

以上諸部歸孟買兵帥所轄

錫蘭島

錫蘭島古獅子國也東西六百餘里南北千餘里中央則層巒叠嶂自八百尺至六千尺最高者曰亞坦之峯產獅子本土庚低之人居於山內四圍海濱皆由印度遷來者土產珍奇夙稱寶渚中華商艘亦往來不絕明初為天方回教所據土君因與葡萄牙聯

盬盡逐回人遂爲葡人所據崇正時又招荷蘭以驅
葡人而荷蘭復奪其市埠至嘉慶元年英吉利兵船
襲而取之自後全島悉歸於英其會城曰可倫坡在
西方海濱築礮臺以護之其北境山谷內路徑不通
土酋酷虐近時乃由庚低開通一路直達東北海隅
復由庚低修建火車鐵路二百餘里至可倫坡每年
所收賦稅二百萬

葡萄牙屬地

戠亞一作科襪東南界加那拉西界海長二百五十
里廣一百二十里所領三郡首城曰邦靖其北有新

開闢之地長三百里廣一百餘里內分十郡
達蒙在開拜海灣之旁幅員四十里
的玉在信地國內地方狹小然便於泊舟

法蘭西屬地

本得支黎在加爾那得部內幅員三十里加黎架兒
亦在此部內牙那安在百西爾加部內商得爾那哥
在孟加拉部內馬黑在馬勒巴爾部內不過一城一
埠寄屯貨物而已

大尼屬地

西棱普爾在孟加拉部內賀格黎河之左達郎給巴
爾在加爾那得部內

克什米耳國

克什米耳爲北印度古罽賓國也唐書作迦濕彌羅
元史作乞石米耳皆一音之轉也昔屬塞哥國倫亞
昇王所轄後將本若一部割隸於英僅餘克什米耳
其幅員約二千餘里東界後藏阿里西界阿富汗國
南界本若省北界葱嶺都城曰色令那加建於谷內
四山環繞形勢險要高於海面六百丈最高之峯一
千七百丈然國富兵強民物繁庶自古稱爲大國新
頭河（即印度河上源）曲抱其三面瀕河有屬部曰辣達克古

之嚈達國也懸渡在其境內東北至和闐東南至阿
里俱兩月餘程其人奉回教修髯偉貌遠遊服賈南
路八城及三藏之地處處有之藏中稱爲纏頭回子
漢書罽賓王治循鮮城東北至都護治所六千八百
四十里東至烏秅國二千二百五十里（烏秅即烏萇一作烏仗那）
（當在今之德列威聯等部）自皮山以南更不屬漢之國四五歷大
頭痛小頭痛之山赤土熱身之阪又有三池盤石阪
道陿者尺六七寸長者徑三十里臨崢嶸不測之深
行者騎步相持繩索相引二千餘里乃到懸渡云此
即晉法顯北魏惠生所行之路也至唐元奘則由西

北博羅爾即邊達哥亞過印度河魏氏源反移懸渡於下游巴達克山境失之遠矣

廓爾喀國

廓爾喀一名泥泡耳唐書作泥婆羅明史作尼八剌藏中則稱爲畢棒子舊分三部一曰布顏二曰葉楞三曰庫庫木雍正十年俱奉金葉表入貢乾隆時廓爾喀族最强併而爲一擾及後藏福文襄公征之乃納款定貢期十二年一次迄今猶爲恭順其國東界哲孟雄孟加拉南界拜哈烏德國西界德列北界後藏長約二千里廣四五百里不等其都城曰加得曼都一名陽布又名巴勒布即古之白布國也所屬之地在南方則有那力丹巴若摩岡普爾若哈利哈普爾在東方則有喀當若札言普爾若域丹支在西方則有馬各得若廓爾喀若巴兒巴若卡薩皆通商繁盛之區迤北一帶則峻峰疊嶂綿亘數千里統謂之希模黎雅大雪山其入藏之路有四曰濟嚨曰聶拉木曰絨轄曰喀達乾隆時所定隘口建立鄂博置兵戍守

唐貞觀二十三年長史王元策征天竺檄召鄰國之兵吐蕃以兵千人來泥婆羅以七千騎來元策部分進戰茶鎛和羅城今烏德國三日破之明洪武十七年命僧智光齎璽書綵幣往尼八剌國并使其鄰境地湧塔國各遣使隨入貢此外不見於史其地風俗無異唐古忒喇嘛亦多當英吉利併吞印度之時鷹瞵虎視各部酋長望風歸服而廓爾喀仰仗　天威幸能自保抑其地形險塞民性勁勇有足多者聞前此有統兵大臣名藏克巴都長於戰陣名震四鄰　中朝曾加封爵英吉利亦賞寶星時有小部落曰拉克弄爲英人所逼乞援於廓爾喀於是藏克巴都乘機遂併其地今之柄國政者乃其弟耳

哲孟雄部

哲孟雄部一名西金介於廓爾喀布魯克巴之間幅員百里民戶五六千南界獨吉嶺西藏之人來此通商其北境有白木戎即朱巴爾柞木朗諸小部落毘連後藏定結定日二汛之地

布魯克巴部

布魯克巴部一名布屯西界哲孟雄南界亞山東界貉貐野人北界前後藏長一千餘里廣五六百里雍正年間赴藏投誠其會城曰塔西蘇登西藏志作札什曲宗爲藏商往來之孔道西南距獨吉嶺二日程東北逾嶺

三日程至帕克里又三日程至江孜汛其地氣候溫和出產五穀俗重紅教喇嘛有唐時賜印篆曰唐師國寶之印其北境尚有數路可通前藏及工布等部

遊歷印度序

自海禁宏開萬方輻湊爲古今一大變局英吉利侵踞五印度遂蔓延南洋諸島國鷹瞵狼顧雄長海陬而印度之地與我三藏毘連往歲烟臺議約有准其入藏探路之條頻遣使臣取道蜀中俱被番民阻止而英人之志若有不能終已者葢其處心積慮匪伊朝夕不僅注意藏地實欲開導川滇爲陸路通商之捷徑也　制軍丁公深謀遠算洞悉垓埏特派不才前往三藏五印度諸國察看情形測繪輿圖經附片陳　奏奉

旨允准頒發　總理衙門照會及英國公使護照等件祇領擇於戊寅七月七日由成都起程輕裝減從同侶僕役凡六人西南經邛州雅州登大象嶺飛越峯踰大度河行十二站至打箭爐始知蠻中情狀與內地迥殊青蚨白鏹概無所用尋常交易沿途賞需惟茶葉哈達（哈達白綾也凡相見及慶賀等事皆用之猶是古人用帛之遺意）二物最便幸鮑子雍司馬代爲籌畫妥帖周詳且贈以良馬俾習乘騎八月八日出關裹糧而行土司桀敖（桀敖番酋也）支應烏拉（烏拉夫馬也）自折多以西山川嶂屼道路崎嶇巒烟瘴霧滿目荒涼塘兵之外絕無人戶每見

懸崖瀑布矯若玉龍天半雪峯靜如銀屏亦絕世奇
景也行十站至裡塘宣撫司又八站至巴塘宣撫司
爲川藏交界旋據江卡營彭守備報知藏地梗塞未
便前進不得已馳稟　制府改道滇南而趙炎午太
守雅意拳拳必欲偕往固辭不獲因闢東旺香城二
處夷民蠻觸方爭兼野番夾巴夾巴盜匪也出沒無常是
以攜兩土司帶領漢番兵役古擦古擦土司親兵也裹乾糧
負氀幕經六玉奏堆循巴隆達河而下絕徼荒陬人
迹罕至老林邃谷古木陰森峭壁危峯雪雹交作溪
潦盛而渡以皮船鳥道窮而續以木棧每舍輢而乘

馬或棄馬而徒步堅冰凝鬚朔風刮面詭形殊狀怵
魄驚魂露宿野棲人疲馬乏凡十有八日乃抵中甸
停歇六日趙太守仍循故道北還予南至麗江府復
睹內地風景天氣亦稍和暖旋至劍川度歲又南經
大理永昌諸郡渡瀾滄潞音龍川諸江所躡鐵索懸
絙更僕難終自中甸至騰越計程二十有八站亦皆
重岡疊巘從無坦途也騰越當西南極邊然物產殷
阜爲滇省著名之區兼路通孟養寶井舊時珠玉百
寶霞璺翡翠琥珀象牙之類悉薈萃於此近日海道
便捷商販趨於粵中其由緬入關者僅餘棉花爲大

宗較核關稅十祇二三而已二月十六由州城啟行
經南甸干厓盞達三宣撫司其地沿檳榔江兩岸平
疇沃衍土民號曰擺夷勤力耕作頗有富庶之象騰
越所轄凡七土司其南路曰隴川宣撫司及戶撒臘
撒猛卯三長官司昔年緬甸貢道本由虎踞關而入
經猛卯隴川爲南大路近十數年乃改由北路徑達
新街前明時緬夷數犯邊諸土司亦跛扈故建八關
九隘以資控制今緬已積弱邊備廢弛然事勢多變
綢繆未雨亟宜規復舊制招撫野番是所望於封疆
大吏耳行四站至蠻允爲中外交界過此卽化外野

人境非大衆結伴不敢行因停十餘日以待之併召
募鎗手桿手四十名及保路畹頭同帮五百餘人騎
駝千餘匹出壩竹隘過火炎山危險偪仄單騎纔通
林箐晝陰猾猱嘯聚野人蓬首垢面往往攔路要索
每過山寨必下馬按轡徐行查此間有三路下爲河
邊路中爲石梯路上卽火炎山路下路較爲捷近然
上路柴草方便故商旅往來多由此行四日至蠻募
入緬甸國境河干有漢人街約三十餘家至此地勢
平陽天氣炎熱又是一番景象矣緬人刳木爲舟兩
舟相聯覆以草蓬江水寬而淺百二十里至新街漢

八三百餘家建有關神廟緬國設蘊几一員一品大酋英國設亞業班一員即領事官大金沙江發源阿里岡底斯山曰雅魯藏布江經流三藏及怒夷俅夷貉貐野人之境折南至孟拱孟養入緬國界稱爲伊拉瓦底河自孟拱迤北石峽奔瀧不通舟楫至新街以下會合茶山麻里檳榔龍川諸水然後浩瀚淵深寬至數里或十餘里不等三月十八乘坐輪船南行三日經阿瓦都城緬王遣官來舟中迎予上岸辭之漢人居此者三千餘家多納緬婦爲室焉旋易輪船南行五日至别牟入英國界又三日至漾貢爲通商大馬頭即

祕古國一作烏土國閩粤商賈不下萬人惟滇商僅十餘家而已道光末年英緬兩國搆兵累載緬人樹栅固守英軍水土不服每每挫衄本欲退師反聲言水陸並進直擣阿瓦緬王大懼割地請和自是以後日侵月削沿海精華繁盛之區英人蠶食殆盡西抵孟加拉東抵麻六甲延袤五千餘里英鎮以巨酋曰箇勿那緬語仍稱蘊几予至漾貢蘊几延入公館殷勤甚厚留住十有四日乃坿海舶向西北開輪行五晝夜達於孟加拉即東印度英語呼曰卡呢格達爲西南洋一大都會也閩人僅五家洋行粤人則有千

餘多手藝營生者五印度幅員遼廓廣袤四千餘里東界緬甸西界阿富汗俾路芝南際大海北迄葱嶺東北界廓爾喀哲孟雄布魯克巴諸部落俱我藩屬與三藏密邇爲鄰然中間隔於雪山數重道路險阻此殆天之所以界限中外也乾隆年間英人侵佔孟加拉乘勝席捲中南西北諸部大半歸入版圖或降爲藩服歲輸職貢於是建立馬頭修治鐵路火輪舟車飈流電駛六通四達貨賄山積賦稅繁重倚爲外府其重鎮曰曼打剌薩曰孟買曰亞加拉曰錫蘭島設官置吏戍以重兵而悉統於孟加拉之巨酋特遣

勳戚重臣畀以全權每值夏秋二季則移駐於新拉以避暑遇有大事仍由電報請命焉予在印度遊歷半載東至亞山即阿賽密北至大吉嶺入藏孔道復循恆河而上至厄納特亞加拉孟買等處考證山川咨詢風物但語音難曉所僱通事遷地弗良斯爲出遊一大憾事耳考印度古號天竺一名身毒又曰痕都斯丹漢唐以來數通朝貢而中土請經求法之僧亦復踵趾相接晉法顯北魏慧生唐元奘俱有遊記敘述頗詳顧古今沿革分合不一兼語音侏儒輾轉繙譯言人人殊依稀近似初無正音元裔賽馬爾汗併兼印度

其間地名概易以蒙古語近世一變爲英吉利語求其一一吻合不可得也要之世變日新事惟核實所繪地圖一從今名雖與前史記載偶有參差博雅君子必能辨之至於歸途則皆乘坐輪船經南洋檳榔嶼新嘉坡麻六甲諸島暨古城越南等國凡六十四日達於廣州具詳日記茲不贅述云此次環遊五萬里殊方異俗不可殫述如西藏之嚴寒印度之酷暑潞江之瘴厲野人山之露宿風棲蠻允蠻慕之蚊蚋蠅蠓頭疼耳熱之鄉雕題文身之俗輈輖格磔之語言皆飽乳酪之飲食極天下之奇境爲生平所未經

而最險最苦者尤莫甚於七洲洋之颶風鼇浪排山鯨濤壁立一葉顛簸五內煩焦兼之米糧俱絕煤炭亦窮小艇木器焚燬殆盡繼以棉花代薪勉强支持幸得抵岸乃獲甦生矣同行者高安章鴻鈞春甫長沙聶振聲燮堂慈谿袁祖蔭筱雲及僮僕二人也是爲序

五印度形勢

五印度爲古天竺國一名身毒幅員遼濶地勢三角形每邊六千里其間大小數十國從古不相統一明初賽馬爾罕王諦毋爾本元駙馬鐵木兒之後兼併西域諸回部遂南侵印度歸入版圖號曰大蒙古建都於中印度之德希城其國廣袤二萬里歲收賦稅二萬二千四百萬各國皆景仰焉正德時有葡萄亞人初至西邊海隅貿易既而荷蘭英吉利法郎機西班牙等國之商接踵而來然大蒙古之王威權重大人皆畏之其後衆子爭權內亂並起各部酋長乘間

跋扈四分五裂國勢漸衰乾隆二十年孟加拉土酋與法人密約將境內之英人概行禁錮幾其大半英人欲雪此仇調傾國之師遣大將律記利夫統之駛入安額河竟獲全勝於是東印度各酋長望風歸服乘勝席捲中南諸部乾隆三十年復又背叛盡戮英人英遣薩伊姑底奪復疆域嘉慶十年盡驅法荷兩國駐印度之兵以據其地自是以後五印度之地歸英之囊括者十之七八蒙古王亦納款迄今後裔猶存食租衣稅徒擁虛號而已其餘各部或設官置吏夷爲郡縣或輸賦納貢降爲藩服英人於沿海建立

三馬頭一曰孟加拉所以控其東鄙二曰曼打拉薩所以扼其南疆三曰孟買所以鈐其西北又於亞加拉島得本若信地諸部及錫蘭島俱鎮以巨酋戍以重兵特遣勛威大臣爲之總統畀以全權便宜行事每歲冬春二季駐於孟加拉夏秋二季駐於巴勒里額設英軍三萬土軍十八萬二千有奇或輪調駐防或派充工役其人半係釋教半係回教分門別戶彼此如仇互相牽制免其同心謀叛然前此兵敗之事往往有之中東二印度地勢平衍物產殷阜火車鐵路六通四達孟加拉之會城曰卡里格達實西南洋

第一繁盛之區樓閣雲連水陸輻湊居民八十萬戶有地稅房稅招牌稅畜牲稅水火稅百工技藝皆有捐一馬一牛必納課種種名目不勝枚舉大賦稅如此繁重而民無怨言者何也蓋昔之土官番酋率多殘刻不知愛民誅求無藝以視英人今日之政不啻出水火而登衽席又所入之財仍爲本地之用除官俸兵餉之外一切修治道路橋梁輪船颺車電綫燃燈學堂醫院之類民多便之是以人心亦頗相安南印度瀕海多山山內之民仍其舊俗英人不煩兵力悉俯首帖服惟西北二印度風氣剛勁好爲戰爭北

印度爲古之罽賓西印度爲古之月氏二國境壤毘連迭爲興衰互相吞併今爲塞哥及阿富汗兩國尚稱強大嘉慶年間塞哥王名倫亞升者獨剏教門盡絕神佛募歐羅巴人操練兵法屢越境侵擾英之藩屬道光十九年倫殂宗孫嗣立亦復雄武道光二十二年遂大舉南侵乘英人不備一戰而勝英軍大挫他部繼起效尤者衆是時英人惶惶惟恐印度不保相持兩載英將高拂卒破塞哥之軍然後請盟議和將拉維河南岸本若一部割地於英次第削平信地以下諸反側者於是上尊號於君主蓋前時侵佔印

度皆公司之所爲至是始歸君主統轄焉阿富汗與英搆難前後數十年或負或勝時戰時和大抵俄人從中慫慂也去歲俄遣使臣駐紮甲布城而英國使臣至則拒而不納從此失和復興兵役始因天寒地險英軍不利既而大獲勝仗直搗甲布阿王挾其宮眷輜重退避俄境留其子阿古柏監國不久阿王病殂古柏襲位不得已降志議和割地酬餉業已立約罷兵奈民志不服忽於七月閒倉卒變起戕害英之大員阿古柏之弟復因民心起而爭位古柏進退維谷內難外寇一時交攻乃讓位於其弟夫英人之力

非不足以滅阿富汗特留之以爲屏蔽耳蓋葱嶺迤西回部如霍罕布哈爾基法等盡爲俄羅斯所踞與印度僅隔興都哥士一山其山在巴達克珊國境內即元太祖避暑行宮所在也俄人覬覦印度之富常懷攘奪之謀遣人學習印度言語煽惑民心聯絡波斯阿富汗諸國密約詭計英人力爲提防重兵駐守隘口不敢稍懈頃聞俄軍游獵縛芻河一帶印度大帥傳諭克什米耳土酋豫爲設備俄人甚怪其越俎代庖也兩雄並峙勢若秦楚龍爭虎鬥日尋干戈俄攻土耆基則英扼之英征阿富汗則俄尼之外雖結

好和親而內實相猜忌也夫印度自漢始通中國武帝遣使從西南夷指求身毒爲昆明所閉明帝夢金人長大頂有光明乃遣使天竺問佛道法晉唐以後中土請經求律之僧踵趾相接其間凡有三道焉一由和闐南行經毒龍池躡懸絙過沙河入罽賓國是爲東道即晉法顯北魏慧生所行之程也一由伊犁西行歷霍罕至賽馬爾罕折而東南踰鐵門渡縛芻河越興都哥士大雪山入克什米耳是爲西道即唐僧元奘及元邱道人長春所行之程也一由葉爾羌西南行循徙多河而上陟葱嶺至塞勒庫兒泊再南

逾印度河是爲中道即唐元奘歸途所經之程也考中國用兵印度惟唐太宗與元太祖貞觀二十三年遣右衞率府長史王元策使天竺以蔣師仁爲副天竺王發兵拒之剽奪財物元策挺身走吐番西鄙檄召鄰國兵吐番以兵千人來泥婆羅（即廓爾喀）以七千騎來元策部分進戰茶鎛和羅城三日破之禽其王阿羅那順俘男女萬二千人降城邑五百八十所元太祖親征印度駐軍於雪山行宮遣將追可弗乂算端至中印度窮及申河元史載有鐵門遇見角端之事憲宗之世屢命師征取印度然終以大雪山之隔鞕

長莫及旋得而旋失之夫三藏之地與印度密邇爲鄰中隔大山數重綿亘數千里峻嶺危峯道途險阻一至八月以後則大雪封山往來絕迹此殆天之所以界限中外也惟大吉嶺一路最爲扼要由江孜南行三站至帕克里踰嶺即布魯克巴境又三程至塔西蘇登轉西南三程至大吉嶺約計五百餘里爲往來孔道大吉嶺土酋降附於英吉利其民言語風俗與唐古特相同地勢高寒印度富商多築別墅以避暑英國設領事官一員其統兵副帥亦駐於此修建碉堡數座由大吉嶺乘馬車一日至夕力格里即登

火車一夜可達孟加拉計鐵路三百邁約當華路一千里之程現在日加修治不久即可直抵大吉嶺竊觀此閒別無通都大邑商貨薈萃之所乃英人不惜重費開通道路此其注意於通商藏地非一朝一夕之故矣蓋印度公司一意經營利之所在無孔不入非必盡出於英國本意也然彼知藏地爲　中朝所屬不敢輕開邊釁但詭計百端用重賂以要結布魯克巴哲孟雄諸番入其牢籠彼皆孱弱不能相抗惟廓爾喀一部較强地形險要民志勁勇仰仗
天威僅能自保當撫以恩信藉固藩籬一旦有變足

爲先驅從前濟隴聶拉木絨轄喀達四隘口皆所以防廓夷其他鄰部未嘗滋事故疎於設備今時異勢殊彼爲輕而此爲重防履霜之漸思未雨之謀似宜於江孜定日帕克里等處整頓邊防其可忽乎至若孟加拉之東英人新闢一地曰亞山一名阿賽密長一千餘里廣三四百里北界布魯克巴東界貉貐野人東南界緬甸四境多山惟蒲蘭布達江兩岸平壤膏腴近年墾地種茶漸至繁興特延閩粵茶師訓導土人每歲出茶十萬箱然終不若華產之良也按西人地圖亞山東北境距江卡巴塘不過直徑二度約

五六百里而近英人嘗言欲從亞山開路直抵滇蜀兩省較爲便捷此緣昔圖之誤將藏地雅魯藏布江連於亞山之蒲蘭布達江其實藏江乃大金沙江之上源從緬甸以入海也大小二金沙江之閒尚有檳榔龍川潞音瀾滄諸巨流自亞山以東巴塘以西江卡之南騰越之北中閒一段隔絕野番曠古以來人迹罕到其道里遠近無從稽考然審其山川之脈絡推其經緯之度數廣袤不下二千餘里山則重巒峭壁無可梯繩水則急溜奔瀧不任舟筏雖有五丁力士無所施其勇矣亞山之東南有數小部落曰格路

時曰各士亞曰正得爾曰的北亞俱降附於英再南海灣有新埠曰徹地釘曰唉克雅在阿拉干部內阿拉干之東曰販散曰濛貢曰摸兒面曰墨尼曰梯泥色頒皆通商馬頭昔本緬甸屬地道光以後割隸於英自徹地釘至梯泥色頒沿海七八千里英國置吏戍兵安設電綫傳遞文報悉統於印度大帥故華人但知英之據有印度財賦所出倚爲外府而不知其所佔緬暹諸國海濱精華之區由印度直達星加坡聲息相通略無阻碍尤爲緊要也若夫他國市埠之在印度者則有葡萄亞之科穢在科曼海灣達裳在

古塞拉的部內的玉亦海旁小地大尼之西稜普爾在孟加拉部內達郎給巴爾在加爾那得部內法蘭西之本得支黎哥黎架爾二郡俱在加爾那的部內牙那安郡在巴西爾加爾部內商得爾那哥在孟加拉部內馬哈郡在馬拉巴爾部內不過一城一邑寄頓貨物而已孟買本葡萄亞所屬後讓於英麻力普爾本大尼所屬距卡里格達四十里亦美邑也今爲英人屯軍之所巴勒里界連後藏嘉慶十九年爲廓爾喀所據英人以數萬金贖還之其大帥行館所在日新拉有鐵路相通各部遇有大事仍由電報請命

焉雖相距數千里而往返瞬息無異面談此五印度之大概情形也夫印度爲佛教所興漢唐以來布滿天下可謂盛矣無何回教起自天方漸染葱嶺左右迄今印度之民皆舍牟尼而拜派罕鷲嶺雞峯河山依舊舍衛鹿苑遺迹蕩然所謂慧光照於震丹而淨土反滋他族良可慨已其紅教黃教行於三藏及內外蒙古滿洲者爲釋氏之別派此外惟緬暹越南三國尚遵佛教予觀釋氏以慈悲爲主持齋戒殺漸至柔弱回教最堅忍寘心孤往百折不回今復益之以天主耶蘇教力攻二氏三教之勢遂若水炭君子覩於教門之盛衰而世運之升降係焉國俗之强弱關焉或稱印度爲婆羅門教實則此乃種類之名非教之名也蓋印度人分爲四等上品爲婆羅門凡酋長職官皆此族爲之其下爲兵爲商爲工役各世其業無相奪倫一出其類則父母國人皆非之有塗畫眉稜額角及印堂等處者大抵雕題之舊俗歟且夫五印度因方隅以命名孰東孰西非有一定之界限古今沿革分合靡常或易以蒙古語或參以回部語近世一變爲英吉利語求其一一吻合不可得也予繪印度全圖一從今名祈於核實不敢有所穿鑿附會

於其間於迤北部落與三藏交涉者特加詳審俾他日攷古者有足徵亦籌邊者有可據云爾

騰越邊徼

騰越當西南極邊為滇省門戶路通緬甸界連野番向設八關九隘駐防土練以資控馭承平日久邊備廢弛昔時緬甸貢道由虎踞關而入經猛卯隴川以達於南甸近十數年因輪船直抵新街於是商賈往來皆趨於北道由騰城西南行經南甸干崖盞達三宣撫司四程至蠻允過此卽化外野人境非大衆結伴不敢行其間有三路下為河邊路中為石梯路上為火炎山路下路較為近捷然不若上路柴草方便也約行三四日至蠻慕入緬國界又舟行一日至新

街該處土民數百家漢人亦有三四百緬國設蘊几一員英國設領事一員洋兵三十名進口之貨以棉花為大宗騾馬馱載露宿野棲最為辛苦野番出沒無常往往攔路要索肆行劫掠竊觀野番散處山谷每寨十餘家或數十家不等較之藏地人烟猶為稠密且多勤力耕作但未有酋長不相統屬英人每以重賂要結野番併遣教士深入山寨前數年曾在新街招募野番擺夷多人安置海濱山島開墾荒地又印度東境之亞山本係貉貐野人之族英人新闢其地種茶栽桑日漸富庶其間有一綫之路可通孟養而達騰越徼外前明時置寶井於孟養故設銅壁巨石萬仞諸關皆通寶井之道也其迤北之茶山麻里從前本有土司後為野人所逐按之輿圖大金沙江以東路江以西江卡以南騰越以北中間廣袤二千里重岡疊巘悉為野番人迹罕到西人嘗欲開通其境不但琥珀象牙霞璧翡翠玉石百寶產於其中且多五金礦藏焉方今緬國屏蔽迥非昔比沿海精華繁盛之區被英人蠶食殆盡輪船上駛於新街操其利權公使駐紮於瓦城遇事掣肘新王嗣位以來彼此尤多齟齬不久必啟兵端我中華疆圉攸關似宜

先事籌備規復關隘招撫野番不致為他人所用亦免擾我行旅可否將南甸營都司移駐蠻允其野人山二百餘里添設塘汛數處以資保護又海珀江源遠流長自干崖以下地勢平陽水寬至數十百丈不等至新街會合於大金沙江惟有淺灘數處若稍加疏濬卽可通行舟楫不惟平時商賈甚便一旦邊徼有變轉餉甚易元代征緬亦以舟師制勝蓋順流而下有建瓴之勢往歲英人滋事甚恐中華約會緬人進攻印度之地也

西域形勝

出嘉峪關外至哈密分爲南北二路中隔騰格里山卽天山也綿亘五千餘里直抵葱嶺南路爲回部八城北路爲烏魯木齊伊犁及庫爾喀喇烏斯塔爾巴哈台統稱新疆其建置道里具詳官書姑不具論惟就葱嶺外者言之自伊犁西南行經特穆爾圖泊千七百里入霍罕境古之大宛國也納林河中境西流折西北注於鹹海都城曰尋思干西契丹建牙於此元初置阿母河行省以控西域諸國所屬之城東曰馬爾噶朗曰霍什東北曰納木干曰安集延商賈所

萃故獨擅名其西北之霍占科拉普塔什罕等城久已割地於俄羅斯近年復爲俄人所誘舉國降附之查新疆南城通霍罕之路有二一由喀什哈爾西行陟葱嶺經奈曼布魯特游牧過喀喇庫兒泊以達於霍罕計程一千四百里一由葉爾羌西南行循徙多河而上葱嶺經塞勒庫兒泊折西北至克什南又北過覩貨羅境以達於霍罕約計二十日程雖皆山路崎嶇然沿途回莊烟戶稠密水草方便較之伊犁北路砂磧曠渺無垠者有間矣由霍占渡河西南行七百餘里至賽馬爾罕爲康居故城其地居四達之衢從古著名康居盛時烟戶十萬或作颯末建一作悉萬斤又名邪迷思干皆一音之轉也西契丹置河中府元封駙馬塞因帖木耳於此至明中葉遂霸西戎北併俄羅斯南兼五印度幅員萬里號曰大蒙古王卽四洲志所稱莫卧爾者是已（莫卧爾卽蒙古兒之轉音）華人於尋思干賽馬爾罕二城因譯音相近往往混合爲一不知相距千有餘里一爲大宛故都一爲康居故都明史謂賽馬爾罕爲漢罽賓國魏默深力辨其謬益是時賽馬爾罕跨有北印度克什米耳罽賓實隸其封內特明史沿王圻續通考之誤未能區別耳由賽

馬爾罕東南踰鐵門渡縛芻河歷博羅爾巴達克山而入阿富汗國廣袤三四千里兼有月氏高附厭達諸國之地東倚印度河北負大雪山（卽興都哥士山元太祖征印度駐軍於此避暑）四境險塞風俗勇悍樂爲戰爭所與鄰者又多强國南界俾路芝西界波斯北界布哈爾東北界塞哥東南與英吉利所屬之信地本若犬牙交錯盡皆勁敵日尋干戈當月氏之盛也西踰哥蘭森以侵安息東跨印度河而割塞哥及其衰也或稱藩於波斯或降附於罽賓此三國者境壤毘連迭爲强弱互相兼併所謂疆場之邑一彼一此初無一定之界限

也波斯國名最古南枕海灣（即波斯灣一名墨生丁海又名東紅海）北面大澤（即裡海一名加斯比安海）分十二部藩臣擅權各世其職舊時建都伊士伯興今遷於得希蘭城勝兵二十萬長於擊刺多養刺客以伺敵人並於裡海設立水師戰艦以資防護西北一隅與俄國藩部高加索相接其耳利芒那格什窋等城爲俄所佔東境哥闌森部內有眉什窣城即元史所稱木乃奚國眉什奚之東爲哈烈國一名黑臘又名亞加業坦元駙馬塞因帖木耳遣其子哈魯沙據此城境宇日拓漸成強國明時西域諸國貢使每序哈烈於首其後波斯轉強降

爲附庸今又入於阿富汗而波斯屢起師征之哈烈求助於英俄乃免然北境與機哇布哈爾密邇爲鄰恐終爲俄人捷足先得也波斯之西爲土耳基其國分二部東部在亞細亞洲西部在歐羅巴洲都城曰君士但丁建於□□海峽扼兩海之咽喉據二洲之衝要自古必爭之區俄羅斯久懷併吞之志而英法普奧諸國惡其相逼合從聯約相與併力拒俄而保土以維歐洲均勢之局丙辰年六國公使會盟於巴黎城俄國兵船不得出地中海他國兵船不得入黑海乃近歲普既與俄交歡法敗於普一蹶不振奧則

自顧不暇於是從散約解而土耳基女主執政國多內亂俄人得以乘閒抵隙肆其蠶食英人獨力難支亦坐視而不能救矣希臘埃及二國本土之藩屬後皆背叛而自立英與俄屢助之蓋袒護同教之民不欲受制於回回也然而土國之存亡於歐洲大局攸關昔則惡其強而抑之今則憐其弱而扶之倘一旦無土俄人出黑海而與諸國爭南洋之利權欲求旦夕之安其可得哉考土耳基波斯皆古安息地境其南之亞剌伯則條枝也一稱天方爲回教祖國自派罕默德剏立教門漸染西域蔓延於五印度暨葱嶺

東西天山南北一入其教㝠心堅守百折不回每七日禮拜其王爲臣民講論殺敵者授福死敵者生天遑刃尋仇奮不顧身雖英與俄據有其地終不能變其教而移其俗也至若西北一帶游牧部落逐水草無定居皆哈薩克種類分左右中三部散處於裡海鹹海臚格里海及額爾齊河兩岸黠戛琵慕轉徙無常其都會曰達奇司丹曰布哈爾曰機窪頗稱繁盛今皆爲俄人所脅降且夫俄羅斯地跨三洲控弦百萬挾其詐力日以開疆闢地爲事自烏拉嶺以東曰西北利亞延袤萬里直抵黑龍江俄人不煩一兵一

餌誘而降之邇來尤極力經營於中亞細亞（西人稱西域爲中亞細亞）建造火車鐵路由布哈爾東北經賽馬爾罕霍罕塔什罕等城至札木干分而爲二一東經伊犁西境折北至波那丁司科順額爾齊河而下以達於呵木司科一西經達奇司丹鉛納林河北岸至鹹海折北而西至阿林伯克復分爲二一西南沿烏拉江而至裡海之格昭城一西北經索麻拉以達於馬司孤都城此外如窩雅江高加索部內新建鐵路不一而足統計俄國境內共有鐵路四萬餘里六通四達皆近二十年內所成者去歲復議增修一路由俾格什

空沿裡海而南經波斯哈烈以達於阿富汗特遣大將高福滿統領重兵駐紮霍罕南以窺伺印度東以覬覦新疆其陰謀詭計狡焉思逞夫豈一朝一夕之故哉同治初年乘回部之亂竊據伊犁得寸則寸得尺則尺今欲索還此豈口舌所能爭者夫伊犁爲新疆精華北路門戶俄人實逼處此終爲邊患及早圖之興修鐵路添設電報乃足以長駕遠馭保國疆宇非然者迢迢萬里奏報稽遲轉餉勞劬雖有智者亦難爲謀或曰工程浩大難籌鉅欵吾謂中華財力之富十倍他國人民之衆百倍他國綜五歲而計之以

驛遞之費添設電報而有餘以轉輸之費建造鐵路而無不足南北二路地勢平坦易於施工咫見之士必且聞而怪之然而古今異宜世變日新豈循途守轍者所可與議天下大計乎因繪西域地圖不禁慨然言之以俟籌邊者有可採焉

南洋形勢

南洋羣島星羅碁佈環繞中華其民皆巫來由種類最爲誠樸近世以來太西諸國輪船東駛爭居其地但用一二兵船震以巨礮卽烏驚獸散割地請和葢土民不習戰鬬部落散處不相統一是以不煩兵力取之甚易也葡萄亞據有西呂伯西班牙據有小呂宋荷蘭據有葛刺巴婆羅洲蘇門答拉惟英吉利據地最多澳大利亞一島幅員萬里所產金礦甚旺稱爲新金山華人麕至蔦集多至四十餘萬此外地問雪梨檳榔嶼麻六甲皆繁盛著名之區舊時太西諸

國之商船來中國者必遶亞非利加之南經好望角由巽他峽（峽在蘇門塔拉葛留巴二島之間）以入七洲洋自後鑿開蘇彝士運河地中海與紅海相通輪船往來皆舍彼而就此捷近二萬里而星加坡一埠遂爲海道咽喉四方電綫交報悉萃於此英國鎮以巨酋戍以重兵屹然爲南洋巨鎭蓋自英人侵佔印度國富兵强挾其詐力漸拓而東蠶食緬暹鄰境計誘羣番小島攘奪諸國市埠經營年利無孔不入數十年來雄長海上莫與爲敵他如法蘭西之覬覦安南匪伊朝夕俄羅斯新與暹羅立約通商其意尤爲叵測夫中華自古帝王務修文德不勤遠略宋捐朱厓明棄交阯臺灣一島至我　朝乃隸版圖區區南洋未嘗措意然而古今異宜前後殊勢昔爲島夷雜番今爲歐洲雄國環起而伺狡焉思逞昔時之南洋無足介意今日之南洋必當預謀也況夫海禁宏開華人出洋營生者實繁有徒夫同類則相憐異類則相軋人情大抵皆然或受土民之欺侮或遭異邦之虐政無所控訴其情可憫故論其地則近在肘腋爲中華之門戶論其人則百萬羈旅盡中華之赤子亟宜添設領事以資保護特遣大臣一員駐紮星加坡統轄南洋一帶

事務併添置兵船散布各島輪流游弋以壯聲威如此則聲勢聯絡人心固結不必與諸國據地爭城而南洋數十島之形勝利權已歸我掌握更足以上崇
國體綱紀萬邦節制東西兩洋而無難矣今論者於沿海港口修築礮臺爲自守之策顧海疆萬里汊港紛繁節節設防備多力分何若扼之於外洋尤易出奇而制勝必能戰而後能守必能制人而後不爲人所制夫陸軍步卒華人擅長非他國所敵惟水師戰艦尚須講究若能練成精軍數萬分駐南洋抑强扶弱長駕遠馭不但鄰近藩屬島夷雜番俯首聽命

彼歐洲雄國自不敢妄生窺伺之謀矣方今東西洋各國既已分遣使臣設立領事梯航重譯修好睦鄰而咫尺南洋豈可視爲緩圖謹將南洋事宜具陳四條如左一曰添設領事以收人心也查歐洲諸國華人寥寥無幾惟南洋羣島所在多有綜而計之不下數百萬衆太西之商皆糾合股分萃爲公司貲本富厚多財善賈華人則隻身空拳不數年而致鉅富者有之經營貿易之事獨爲擅長至於開墾耕種能耐勤勞尤非番人所及華人愈多市埠愈盛故諸國始而招致繼而妬忌既無官長保護難免虐政侵漁宜

將戶口詳細稽核凡滿萬戶以上設立領事一員不及此數者或數埠共一領事領事之下分設客長令商民公舉夫英人佔據各處馬頭多係公司衆商之謀今可仿其意爲之客長之中有才能素著爲衆所服者卽給以頂戴畀以職事上下一體中外一氣將見生齒日繁商賈漸興南洋數十島之利權一旦盡歸於中華矣一曰考取洋學以羅人才也查各國互市辦理洋務急需人才中華特遣幼年子弟分投外國學習爲數有限經費甚鉅不若於南洋各島興立書院訓課洋學繙譯漢文其經費由商民自籌每隔

三年考試一次擇其尤者作爲生員給以頂戴再至三年復試之擇其尤者咨送總理衙門學習儀節以備繙譯領事之用夫外國語言文字必須自幼學習始能精通內地學者不能兼擅而華人生長外海者又多解洋文而不諳華語求其中外兼通足任繙譯之事者頗難其選況夫領事之職辦理交涉事件尤宜暢曉洋文熟習土語而後情形無所睽隔措施鮮有窒碍若專設一科予以登進之路彼旅居華人不致自外生成必皆踴躍從事而　朝廷聲教遠被遐陬尤足以維繫人心鼓舞人才因時制宜獲收洋學

之實效矣一曰探測海道以資習練也夫海疆設防以輪船爲要輪船駕駛以海道爲先全船之命係於舵師西人於舵師一職頗爲愼重必須深明算術兼通天文熟習潮信風期諳練水性地理所繪海圖淺深曲折一礁一砂纖悉具備遇有危險之處必建塔燈浮標以識之按圖計程不差尺寸外洋各國常遣兵船探測海道雖藉口商船往來實爲陰謀叵測我華人聰明才智不讓於人但駕駛之事必須親身閱歷非可徒託空談宜設專門以資訓練又水師將士必能慣狎風濤熟習形勢須分派兵船時常出洋東

至日本西至印度南至新金山其間島國岸國港口海道一一探試無訛繪成圖說無事則商船出入無所窒礙有事則兵船巡邏有所把握斯爲籌海之急務也一日聯絡鄰國以固藩籬也查緬甸暹羅越南三國皆瀕於海爲我藩屬世修職貢華人旅居其地者多至數十萬衆諸國亦與華人相習不分畛域獨是緬甸見逼於英吉利越南見侵於法蘭西躭躭日睨其旁狡焉思逞暹羅介乎二國之間不便海道僅能自保惟檳榔嶼割隸於英英人陸路電綫必經暹地故降志修好得以專力從事於緬肆其遠交近攻之術此外如眞臘大年彭亨瓜哇亞齊及巫來由之種類久巳降在臣僕等於江黃不祀良可嘅已今宜於緬甸之阿瓦暹羅之賓角越南之順化各設領事一員常川駐紮講信修睦聯絡聲氣彼三國者自知强弱不敵皆思仰仗 天威得綿禋祀爲幸至若廓爾喀布魯克巴爲三藏之屏蔽雖蕞爾彈丸然地形險固民性勇悍亦當撫以恩信堅其內附之忱非然者封豕長蛇曷其有極將藩籬之謂何一任羝羊之觸而不爲之思患預防哉

俄國圖說

俄羅斯地跨三洲幅員遼濶然偏居北海天寒物薄論其大勢分爲三部西部在歐羅巴洲者爲俄羅斯之本國東部在亞細亞洲者爲悉畢里阿中部則介乎二洲之間皆游牧部落附近裏海鹹海一帶具詳椕材所譯西域回部圖中復將俄人東西二部補繪二圖限於紙幅縮而小之不過得其梗概而已按俄國西部東起烏拉大嶺西至巴得海灣南界黑海北迄氷洋廣袤五千餘里內分大俄十八部小俄三部東俄五部西俄七部南俄四部比特革部波蘭部芬蘭部敦戈沙司部亞薩塔坎部以及南新藩十有一部蓋併兼諸小國合而爲一及侵割土爾基波斯二國之境爲多也國中有二都城一曰馬司戈爲舊都在國之中央一曰俾德羅堡爲新都建於巴得海濱考俄之立國於古無徵唐宋以來未通他國元太祖北伐始有厄羅斯之名又有欽察亚速二國亦在俄境太祖俱滅之以封其長子朮赤至明中葉有宜萬王者乃借西費雅國之兵驅逐蒙古開創基業數傳而後國勢漸强遂逾烏拉大嶺闢地而東誘降悉畢里阿諸部族康熙時有察罕汗雄才大略微服遠遊

延攬賢俊招致技藝兵强財富與英法抗衡自是以後戰勝攻取浸浸日盛四鄰畏之是以英法普墺土爾基諸國合縱連橫無異六國之備强秦矣竊觀俄國大勢固在西陲其一舉一動於歐洲大局攸關至於與中國交涉者則在中東二部中部與我新疆比鄰者別著西域形勝一篇姑就其東部論之東部曰悉畢里阿西自烏拉大嶺起東際於海綿延萬里與中國相首尾內分爲七司科一曰托波兒司科二曰多木司科在科布多之西北與哈薩克土爾扈特毘連三曰葉尼賽司科一作芸盆土在烏梁海唐努山之北四曰義爾古德司科在土謝圖汗之北五曰薩林加兒司科在車臣汗之北二部中間有麥嘉湖卽漢書所謂北海也爲堅昆丁零骨利幹諸國之故地元時隸於嶺北行中書省後爲海都昔里吉諸王據之以叛者也又東爲雅古薩司科與黑龍江索倫等部接壤其境尤爲荒曠終年冰雪不消極東有地形斗出海中者曰甘查甲風迴異別有境界與日本所屬蝦夷諸島錯落相連自是以東則與美利堅洲相近中間隔斷未續者曰墨領峽不過二百餘里而已俄人亦跨海佔得一隅之地焉夫北極冰洋號爲寒帶地屬不毛人迹所窮而俄羅斯全境幾於環遶地球一匝所謂人棄我取也其東方之藩本皆邊塞小部不相統屬俄人誘之來降未勞一兵一矢之費而相率歸附因遷本國之民以實之廣興教化漸致繁興每司科設噶噶林一員以鎭撫之主客相維不致背叛其與中國互市則在恰克圖距庫倫八百餘里內地商民亦於對面建立木柵曰買賣城萬貨雲屯居然一都會也設庫倫辦事大臣以經理之龔之鑰後出塞錄云下庫倫山爲俄羅斯楚庫柏興望之皆坦途且有池塘溪港大小舟航絡繹其間芳草長堤桃李掩映宛然中華風景非復黃沙白草之地矣其驛使往來則以色棱格河爲要津由庫倫以入張家口康熙時議定疆界勒碑於格爾必齊河及額爾古納河岸自大興安嶺迄於海隅凡山之陽流入黑龍江之溪水盡屬中國山之北屬俄羅斯雍正五年復於沿邊設立卡倫五十九處置兵戍守洎夫咸豐以後俄人越境蠶食凡黑龍江東北使犬使鹿之國以及海東三部魚皮達子捕貂之族暨庫頁之島遵海而南踰綏芬河至於琿春爲朝鮮吉林三交界之所遂於混同江口建造船廠停泊水師逼近我東三

省根本之地可不預爲防閑哉

和林考

和林爲有元一代故都築城鑿池建立殿廷非同他處牙帳行宮轉徙無定者也而近世諸家紛紛辨論終不能確指其地雖博雅如魏默深徐星伯張石洲諸先生熟習口外地形而於和林遺蹟亦多悠移之詞蓋緣今時所行之圖本誤將杭海山移於鄂爾坤河之東遂致燕郢易位地望無準矣故必先知杭海山所在而後可知和林所在考一統志杭海一名杭愛又名頑讔元秘史作康孩皆一音之轉即古之燕然山北極出地四十六度偏西十四度外蒙古賽音

諾顏部游牧直陝西甯夏西北二千餘里其山脈從阿爾泰山（一名按台山即金山）來綿絡科布多之西北折東南爲唐努嶺至錫巴里分爲二支一東北趨俄羅斯楚庫柏興一東南趨和林爲杭海山杭海譯言橐駝也山形似之元史大德五年叛王海都犯邊武宗討之師次杭海大破其眾海都敗走西踰金山又太祖之征乃蠻也塔陽汗至自按台營於杭海帝與大戰擒之是知按台杭海諸山連綿不斷實和林西北門戶海都入寇之要道和林根本重地祖宗基業勢在必爭水道提綱據康熙內府輿圖以色棱格河北源所

出之山爲杭海山頂以鄂爾坤河南源所出之山爲
杭海山尾而齊老圖塔米爾諸水所出之山皆杭海
頂南行支阜近圖乃移杭海山於鄂爾坤河之右則
在和林故都之東矣海都大德五年之寇和林尚未
被兵不應寇從西來而康里脫脫哈贊赤諸軍之逆
戰者反東出有是理乎海都豈能飛越和林而過遽
至鄂爾坤河之東乎邱道人長春西遊記云辛巳年
元太祖十六年宋甯宗嘉定十四年金宣宗興定五年六月二十八日泊窩里
朶之東窩里朶漢語行宮也奉皇后旨請師渡河其
水東北流瀰漫沒軸入營駐車南岸其車輿亭帳望

之儼然古之大單于未有若此之盛也沈君垚釋曰
元史地理志太祖十五年建都和林按是年太祖征
西域駐蹕也石的石河即額爾齊斯河駕未中回安得有建
都之事且太祖所居之見於紀者六年春帝居怯綠
連河即克魯倫河十一年春居臚朐河行宮西遊記作陸局河亦克魯倫之異名也十九年由西域班師二十年春正月還行宮
秋七月崩於薩里川哈老圖之地本紀不見有和林
之名太宗元年秋八月諸王百官大會於怯綠連河
曲雕阿蘭之地以太祖遺詔即皇帝位於庫鐵烏河
刺里亦不言和林二年春帝與拖雷獵於斡兒寒河

即喀魯哈河夏避暑於塔米爾河始在和林左右七年春
遂城和林作萬安宮實始建都於太宗非由太祖矣
魏默深曰和林在塔米爾河哈綏河二小水之間哈
綏即元時和林川以水得名愚按和林二字乃係漢
文非蒙古語太祖之時但建牙於此即皇后所居之
窩里朶也凡行宮所在概稱窩里朶如西遼之故都
則曰虎思窩里朶在伊烈河之南太清池之北距伊犁惠遠城七百餘里見耶律文正西遊錄又薩里川哈老圖薩里爲川名哈老圖即窩里
朶之轉音亦以太祖所居故也至太宗之世築城建
宮乃被以和林之名易爲漢文耳許有壬至正集敕

賜興元閣碑文太祖聖武皇帝之十五年歲在庚辰
定都和林太宗皇帝始建宮闕梵宇基而未屋憲宗
繼述歲在丙辰作大浮屠覆以傑閣高三百尺至正
壬午皇上敕怯怜府同知今武備卿普達什理暨嶺
北行中書省右丞今宣政院使月魯帖木兒專督重
修賜名曰元興之閣耶律鑄雙溪醉隱集詩注和林
城苾伽可汗之故都也東北七十里有唐開元壬申
御製御書闕特勤碑又張參議紀行云過大泊周廣
六七十里水極澂澈北語謂吾悮竭腦兒今察汗池一作揭揭察哈又作迦堅茶寒自泊之南而西分道入和林城相去約百

餘里此皆當時人語必有可據葢和林之都雖掓自太祖而和林之名則改於太宗經營締造數世於茲世祖定鼎中原置都元帥府後改嶺北行中書省自杭海嶺以北謙州益蘭州烏蘇撼合納昔吉里等部今俄羅斯所屬葉尼賽多木二司科之地悉隸焉洎夫順帝北狩還居故土終明之世猶襲汗號後爲準噶爾殘破部衆流離宗社邱墟然遺蹟尚未盡淹不改和林之稱今之賽音諾顏部右翼中前旂游牧之地俗名喀喇哥朗在杭海山之東麓確爲元之故都何得移於塔米爾河哈綏河二水之中間右翼中右旂荒曠之區乎至於元人所稱和林川即今之鄂爾坤河也歐陽圭齋高昌偰氏家傳和林有三水焉一並城南山東北流曰斡耳寒河即魯喀哈一經城西北流曰和林河一發西北東流曰偰輦傑河即色棱格此語本甚明晰而程氏同文以鄂爾坤當斡耳寒河遂以哈綏河當和林川沈氏垚則以濟爾馬台爲和林河愈歧愈遠不知和林河即今之鄂爾坤也發源杭海山東流至和林城西折而北流曲曲百餘里轉西北納濟爾馬台塔米爾諸水又東北與喀魯哈河會又東北與色棱格河會三水既合北流注於麥嘉湖一作柏哈爾張參議紀行云和林城北七十里有大泊西有小城亦契丹所築由城四望地甚平曠可百里外皆有山山之陰多松林瀕水則青楊叢柳中即和林川是也邱道人奉皇后旨請師渡河者葢道人始自南而北所過石河爲鄂爾坤之下流循河北岸西行復自北而南又渡河至窩里朵爲鄂爾坤之上源也

西域圖說

太西諸家地圖詳於歐羅巴洲及濱海諸國至於西域回部一帶商船不通遊跡罕到其山川道理部落種族多所闕略昨歲在孟加拉博物院內見有中亞細亞一圖最為精核因悉心臨摹譯出華文歸乃參校中土圖志歷代史傳及近世諸家著述闕者補之繁者刪之所有通都大邑名山巨川與夫疆域界限電綫鐵路之類加用顏色區別庶幾一目瞭然按圖東起金山（一名阿爾泰山又名按台山）西至黑海南起波斯灣北至烏拉嶺經綫四十度緯綫三十度廣袤萬里居亞細亞洲之中央而葱嶺一山又居此圖之正中磅礴蜿蜒橫亘南北至高至大為天下眾山水之祖葱嶺以東為中國所屬之新疆三藏葱嶺以南為英吉利所屬之五印度葱嶺以西以北皆為俄羅斯之屬部是為三大國之界限亦天下萬國之關鍵也兩漢之世開通西域屬於都護者本三十六國後稍增至五十餘張騫甘英奉軺車而遠邁貳師定遠振軍威於遐陬北聯烏孫西擊大宛斷匈奴之右臂空漠南之王庭可謂盛矣出玉門陽關（玉門在敦煌之東為出伊吾之道陽關在敦煌之西為出鄯善之道）通西域有兩道從鄯善傍南山北波河西

行至莎車（今葉爾羌）為南道南道西踰葱嶺則出大月氏（自鐵門以南覩貨羅巴達克山皆屬月氏今為阿富汗北境）安息（今波斯土爾基）自車師（今土魯番）前王庭隨北山波河西行至疏勒（今喀什噶爾）為北道北道西踰葱嶺則出大宛（今浩罕）康居（康居最大兼有賽馬爾罕布哈爾哈薩克左右諸部）奄蔡（今機哇）又自于闐南行經皮山西夜上葱嶺躡懸絙而至罽賓以達于天竺為晉法顯北魏慧生所行之程此三道皆在天山南路也都護治烏壘城即今之烏魯木齊居西域適中之地四達之衝古城以東則為匈奴境輪台以西則為烏孫境葢南路為城郭居國北路為游牧行國自古然也唐置北庭都護又移安西都護於龜茲（今庫車）領羈縻十六州於是建立四鎮始通山北之路由姑墨（今阿克斯）踰乏驢嶺（今穆素嶺）經熱池（今特穆爾圖泊）千泉（今吹河）昭武九姓諸國然後逾鐵門而南渡縛芻河而入北印度為元奘法師所行之程也遼亡耶律大石假道回鶻率眾西徙創國號曰西契丹有二都城一曰尋思干（尋思干與邪迷思干譯音相近中土之人往往混合為一尋始著西域形勝疑尋思城後遍考諸書乃知西遼之都實在今之干為霍罕塔什罕也）一曰虎思窩魯朶（在伊麗河西南太清池東北屬哈薩克右部）傳國百年洎夫元太祖崛起朔漠混一寰區剪滅數十國強汗開拓數萬里疆域南及申河（中印度）西抵富

浪（地中海之島名忽魯謨斯）一北併厄羅斯欽察亞速（三國皆在俄羅斯境亞速即亞薩塔坎也）等國奄有亞細亞洲全境及歐羅巴洲之半幅員之廣亘古無倫於是封建懿親眾樹屏藩置阿母河行中書省（駐尋思干）領葱嶺以西諸國別失八里元帥府（駐烏魯木齊）領天山南路阿力麻里元帥府（駐伊犁）領天山北路火州曲先元帥府領吐魯蕃哈密至玉門陽關以東厥後鞭長尾大諸王跋扈各自擅命迄今土爾基波斯及五印度各部酋長尚多元裔也我

朝平定新疆武烈文謨遠超前古民繁物阜等於腹中出嘉峪關至安西州折北至哈密分爲南北二

路建築城堡設立臺站滿漢軍營星羅碁佈其天山南路自吐魯蕃始所轄五回城曰闢展（曰魯古沁曰色更木曰托克遜曰哈拉和卓）雍正時歸附最早伊敏和卓之子孫世襲土司西南行曰哈喇沙爾曰庫車曰阿克蘇曰烏什謂之東四城曰喀什哈爾曰英吉沙爾曰葉爾羌曰和闐謂之西四城所稱回疆南八城是也其天山北路本額魯特四衞拉之地及勦滅準噶爾之後數千里空虛無人乃移駐滿漢官兵流徙罪犯以實之又土爾扈特十數萬眾投誠安置其間分給游牧之地爲自巴里坤西行經古城奇臺一千四百餘里至烏魯木齊漢爲山北六國元稱回鶻五城水草肥饒足資耕牧設迪化州阜康昌吉綏來三縣隸之居民富庶商賈輻湊建學興文彬彬乎化氈毳爲冠裳矣又西行二千里爲伊犁準噶爾踞爲巢穴乾隆時歸入版圖築惠遠城駐劄將軍都統暨索倫錫伯察哈爾領隊大臣屹然爲西鄙重鎮外番數十國賈胡貿易悉萃於此繁華殷富爲口外第一都會也三垂陰山中貫巨川西北流入夷播海（即巴勒哈什泊一名騰吉思泊）南岸多沙磧北岸流泉映帶原濕沃衍分屯耕牧建築八城（熙春惠甯綏定拱宸廣仁瞻德甯遠塔勒奇）西北界連哈薩克西南界連布魯

特沿邊設卡倫三十餘處規制極爲周密東界庫爾喀喇烏斯大小珠勒都斯山徑龐雜正北逾果子溝經賽里木泊通塔爾巴哈台之綏靖城正南經鉛廠諸山踰穆素爾嶺（一名凌山）通阿克斯城西南沿特穆爾圖泊之南通喀什喀爾城皆山路崎嶇穿過布魯特之境伊犁換防官兵往來取道於此此新疆南北兩路之大概情形也自咸豐以後俄羅斯併兼裏海鹹海一帶游牧部落及葱嶺迤西機窪布哈爾塔什罕敖汗等國其東西布魯特左布哈薩克昔本中國藩屬今皆爲俄人所誘降又乘回疆之亂竊踞伊犁將

附近城堡全行墮廢而取其磚石木料移於大城東南九十里之金頂寺搆造洋樓幾二十里闤闠稠密賦稅煩苛得寸進尺狡焉思逞查西北各處與俄境交涉者自伊犁大城西行經霍爾果斯至塔勒根渡河折西南經虎思窩魯朵吹河千泉塔剌速河歐梨分路一西通陀爾奇司丹一南通賽馬爾罕其伊犁西北卡倫以外至巴勒哈什泊爲色密爾志遷司科地多砂鹵小徑甚多塔爾巴哈台西南有阿拉圖勒泊向設卡倫八處每遇冬季雪大則准哈薩克暫入卡倫以內牧放牲畜自綏靖城西行經沙吉阿波來折北至色密巴那丁司科商賈往來之孔道塔爾巴哈台之東北有額爾齊斯河與科布多交界其水發源阿爾泰山足資屯田西流匯於宰桑泊又從泊西北曲曲流出俄境加孟羅各司科左右納數小水至巴那丁司科水勢漸大可通舟楫西北流二千餘里經阿木司科托波兒司科下流會合阿比河而注於北海俄人於港口建築礮臺以控東方諸藩自科布多西北逾阿爾泰山與多木司科接壤古之堅昆丁零骨利幹等國元爲海都篤哇昔里吉諸王封地後置謙州益蘭州隸於嶺北行省海都之叛其入寇之

路往往逾金山而窺和林蓋其地土沃兵强別開境界非他部之戈壁曠野可比俄羅斯鎮以巨酋戍以重兵東藩四大司科以此爲首按葱嶺北幹發爲陰山綿絡伊犁塔爾巴哈台與阿爾泰山相連屬其間天然險要足資戰守而阿爾泰山尤爲雄偉曲抱科布多之三面實外蒙古喀爾喀西北之屏障也

印度雜興 己卯九月作

武帝雄心通大夏顯宗異夢感金精軺車持節唐元策貝葉繙經魏慧生重涉昆明三藏路遍遊天竺二百王城我來不爲求經律萬里輿圖聚米成

慧光耿耿照眞丹正法千年數未完路入罽賓懸渡險城居舍衞梵宮寬恆河東去多歧派外道西來變異端（佛經稱回教爲波斯外道）鹿苑雞峯幾塵劫休將往事問阿難

鷹瞵虎眡久爭雄割據何年西復東大帥全權資坐鎮（英國全權大臣駐紥孟加拉）小邦歸命就藩封鑄金立馬功臣

像（孟加拉較場有三鐵像一爲律記利夫餘不知其名）扃鐍調鸚故汗宮（印度故王俸祿不准干與民事）最是海疆扼形勝迢迢萬里電雷通

東竺名都甲谷他經營百載公班衙（印度商會之稱）膏腴沃野三千里闤闠連雲十萬家五島迤南侵緬甸羣山直北界支那（希模那雅大雪山與三藏分界）豈惟鴉片居奇久近日岀山廣藝茶

崐崘西去鐵門寒異獸奇蹤見角端一戰降痕都士坦千秋仰成吉思汗（元太祖）行省徵兵追黑石（波斯國王）離宮避暑召黃冠（青州道人邱長春元太祖召至雪山行宮）藩籬轉瞬仍抵觸始信鞭長及腹難

元戎決策復金甌萬里回疆指顧收驛置天山南北路水分葱嶺東西流花門突厥歸函夏雄鎮伊犁重戍秋聞説敦盤聯舊好從容盃酒索荊州

南洋島嶼似星羅雄鎮新開嘈叻坡（即星加坡爲海道咽喉）粵女打番鹹水樂（蜑戶珠娘在內港者曰淡水妹出洋者曰鹹水妹星加坡最盛徹夜笙歌）華人牟利估帆多鵲巢鳩佔更賓主蝸角蠻爭議戰和欲借旋螺祈海若乘槎萬里定風波

金沙江源流考

金沙爲長江之遠源濫觴青海經流西南徼外南至滇中折而東北至四川叙州與岷江合凡五千餘里予別著江源考茲不復贅云惟是漢番譯語節節異名圖經志乘今古參差不得不參考互證裒於一是又支流別派匯納艮多原委分合不可不辨明一統志金沙江卽古麗水源出吐番巴薩通拉木山譯言乳牛石也謂之犁牛河訛犁爲麗一名神川唐書南蠻傳貞元五年南詔異牟尋大破吐番於神川遂斷鐵橋溺死以萬計又西域傳多彌本西羌屬吐番號

難磨濱犁牛河土多黃金又地理志渡西月河二百一十里至多彌國西界又經犁牛河渡藤橋百里至列驛舊志指此爲古若水不知若水卽今鴉龍江也或謂此卽繩水按水經注若水經越嶲大筰縣入繩繩水出徼外山海經曰巴遂之山繩水出焉東南流亦爲二水其一水枝流東出經廣柔縣東流注於江其一水南流經旄牛道至大筰與若水合自下亦通謂之繩水矣明僧宗泐望河源詩自記云河源出自抹必力赤巴山番人呼黃河爲抹處犁牛河爲必力處赤巴者分界也其山西南所出之水則流入犁牛河東北所出之水是爲河源今自黃河源至金沙江源僅三百六十餘里中隔巴顏喀喇山宗泐之言與今頗合必力處卽布壘楚聲相近也蒙古呼水爲烏蘇吐番呼水爲楚或譯作楮故此江上流在青海境則稱木魯烏蘇至吐番境則稱布壘楚至巴塘則稱巴賴楚入雲南麗江府境則稱麗水夫犁也魯也壘也賴也實皆麗之轉音非有異也沿江産金之區亦在維西中甸境內此又金沙江之所由得名也舊說皆言源出吐番蓋唐宋以上青海氏羌諸部落悉併於吐番耳據今之疆域則此江首尾未嘗涉唐古特

界其上流凡五源俱在青海正源木魯烏蘇出巴薩通拉木山卽犁牛石也東南流折而東北百餘里與西北源喀齊烏蘭木倫河合源出勒科爾烏蘭達布遜山東流二百里折南流百里又東南二百里入木魯烏斯又東北三十里與西南源拜都河合源出巙箐中北流二百里入木魯烏斯又東北百里左受一小水又東六十里與南源阿克達木河合源出阿克達木山從小海子東北流出折而西北屈曲三百餘里入木魯烏斯又北流二十里與北源托克托乃烏蘭木倫河合源出錫津烏蘭托羅海山東南流五百里入木魯烏斯又北流轉東百里有匝伯輝河自南來會源出上格爾吉土司北流三百里入木魯烏斯又北流轉東二百里右受玉樹土司二支流

又東南三十里有那木齊圖烏蘭木倫河西北來會源出那木齊圖山谷東流七百里南入木魯烏斯又南流百里左受庫庫烏斯及圖哈爾圖二支流又南流折東三百里右受齊齊爾納河有二源一出阿拉克碩土司東北流一出阿移尼喀察木山西北流合而北流入木魯烏斯又南流轉東南四百里又受隆布土司一小水此以上皆清海境也又南流經扎武土司折東南至納奪土司入四川邊徼乃名布壘楚又東南經德爾格忒宣撫司有支流發源春科土司南流二百里來會又東南至上瞻對左受一小水折而西南流至峪納土司有多克楚河發源桑昂巴野番山寨西北來會又南流經瓦述國隴麻里諸土司又南流至上臨卡石入巴塘境名巴賴楚河自納奪至此約七百餘里又西南經上下蘇阿三百里至牛古巴塘河東北來入之巴河二源一出小巴沖西流三十里經巴塘民堡之旁一出上臨卡石之北南流二百四十里至巴塘丁零寺前二水相合西南流三十里至牛古入布賴楚又南流六十里至竹巴籠汛有渡船爲入藏之大道沿江兩岸皆懸岩峭壁水勢洶湧桑昂巴野番往往乘皮船順流而下劫掠商旅又南流少西九十里至過隆又西南百餘里右受宗俄之水又南流四十里左受六[illegible]雜之水源出邦以木南流經東拉多不日工至六玉宗雜折西南入布賴楚又南流轉東南

西徼水道　三

二百里經茶利大山入雲南維西廳界乃名金沙江又東南二百里至奔子灡汛巴隆達河西北來會有渡船爲滇人入藏之大道或指爲古之蘭津非也又東流五十里有交界河東北來會源出裡塘南流至脉中橋爲巴塘中甸之分界設有橋頭汛此河深廣不亞巴隆達河首尾千里其名稱無所考自來圖志皆遺之惟衛藏圖志有交界河當指此也折南百餘里經塔城關之東沿江兩岸土人多穴地取沙以淘金又東南百餘里至巨甸自奔子灡以下水勢平緩兩岸多有村落田畝膏腴人烟稠密土人號曰摩梭爲六詔之一也又東南流經石鼓營阿喜汛二百里至木筆灣折而東北環遶大

西徼水道　四

雪山之三面南詔蒙氏僭封大雪山爲北嶽金沙江爲四瀆之一中甸境內碩多岡河西北來入之源出中甸東北海子西南流至小中甸青香樹折而東南入金沙江又南流經永北廳西境麗江縣東境左會無量河右受漾弓江源出麗江縣東北大雪山南流經府治又南經鶴慶州折東入於金沙江又南流至賓川州西境右受枯木河源出小涼穹土司折而東下程海之水自北來答旦河自南來入之答旦河發源賓川州南境北流至州治經雞足山又北少東入於金沙江又東流至白鹽井右受泡江源出雲南縣北界東南流轉北至白鹽井入金沙江又東流少北左受沘那大羅二河合流之水又東流與打沖河即鴉龍江之下流相會折南經紅卜苴土司左

納二小水右受大姚河源出姚州東北流至大姚縣又東北入金沙江又東南流左納黎溪州土司一小水右受龍川江源出鎮南州西境東南流經楚雄府治折而北會定遠河轉東流歷廣通縣又東北至元謀縣又東北入金沙江又東流至白馬口車安河自北來源出會理州東北境南流至州治又南受四小水又東南入金沙江大環水從南來源出勒品甸土司北流經環州土司入金沙江並會又東經通安州土司轉東北至法戛會普渡河源出昆陽縣西南境北流經安寧縣治東曰安寧河滇池之水自東來會又北流轉東北經富民縣治南又東北與掌鳩河合又東北入金沙江又東流會玉虹河源出苦竹土司東南流受三小水入金沙江折東北左受一小水又北流納會通河有二源俱出者保土司合而東南流經會理村折東入金沙江又北流右納壁谷河源出

尋甸州西南北流轉西北入金沙江又北流經會澤縣西境受以禮河源出會澤縣南西北流入金沙江又北流左納一枝河源出阿都土司南流歷天久披沙諸土司轉東南至窪鳥入金沙江又北流經木期古二十一寨至巧家營與車洪江相會源出嵩明州南嘉利澤名牛欄江北流合馬龍州之西河折東北歷霑益州西境名車洪江又北流歷宣威州西境又北流闖入貴州威寧州西界至索橋折西北流入金沙江又北流左右各受一小水又北流歷永善縣西境至黑米殼土司納一枝河源出竹黑土司又北流經沙馬土司折東北至千萬貫土司受一小水又東流經雷波廳治南又東經黃鄉蠻夷二土司至平夷受馬湖之水源出馬湖東流名石角河折南入金沙江又東流至泥溪土司左

右各納一小水又東經屏山縣治南又東流左右各受二小水至安邊受大小紋溪之水大紋溪源出魯甸廳合恩安之水東北流經大關廳治折東流入四川筠連縣界與小紋溪合又會定川溪東北流入金沙江一名橫江又東北至叙州府城東與岷江相會此後不復稱為金沙江矣自麗江至叙州里數未敢遽定其曲抱建瓴之三面等諸河套李穆堂先生所云南北二幹如瓴文亞字者是也約計二千五六百里自發源至此則已六千里而遙然山峽緊束急溜奔瀧怪石危灘不通舟楫至叙府以下然後帆檣絡繹水驛遠近枝派分合固昭昭在人耳目無俟重述焉

鴉龍江源流考

鴉龍江卽古若水水經注若水經越嶲大筰縣入繩而不言其源所從出一名西月河唐書地理志云渡黃河四百七十里至衆龍驛又渡西月河二百一十里至多彌國西界又經犂牛河按黃河犂牛河二水中間別無他水然則西月河當卽今之鴉龍江是矣其里數亦相合源出巴顏喀喇山東南名瑪楚河木魯烏斯經流山之陽星宿海正當山之陰其地爲青海部落固祭土司瑪楚河東南流百餘里經稱多土司折南流四十里經拉布土司受一小水又東南流

西徼水道　七

二百里左受二枝流右納三泊水三泊者南曰拉木錯泊中曰囊必泊北曰噶拉木泊相連如貫珠西北流入瑪楚河又南流百里經春科土司入四川邊徼乃名鴉龍江又東南流左右各受一小水經蒙葛結土司又東南二百里右納雜楚河又東南百里有一枝河發源青海卓作克阿通拉山東北來會折南流百五十里謝楚河東來源出東暑土司鄂衣楚河西來源出林總土司南流百里轉東南經霍爾百利甘賁麻書二土司二百餘里南入鴉龍江竝會又南流少西百二十里至納林沖左受一枝流有二流一出東暑一出緯布斯甲西南流經瓦述更平霍爾章谷三百餘里入鴉龍江又南流五十里右受

楚穆河源出上詹對東流四百餘里入鴉龍江又南至上渡爲喀木番商運茶之道轉東南經喇滾土司而西南而南流三百里至中渡汛爲進藏驛道設外委一員管理渡船江之東爲明正宣慰司所轄江之西爲裡塘宣撫司所轄左納八角樓之水右納麻蓋宗之水又南流百二十里至下渡入寧遠府界屈曲二百里至趕到底與打沖河會源出瀘沽湖東南流經左所合浪蕖鹽源白鹽井三水又瓦述曲登之水自北來會東流入於鴉龍江自此以下遂名打沖河又東經懷遠營折南流五百里至迷易土司與安寧河會源出冕寧縣北百餘里南流經縣治東又南流二百里經府城西又南二百里至永定營轉西南百五十里入打沖河西

西徼水道　八

南入於金沙江麗江府志指鴉龍江爲古瀘水引元史云水源廣而多瘴鮮有行者春夏常熱可燖雞豚諸葛武侯五月渡瀘卽此水也元李景山云益州記水經俱以瀘水在永昌不韋縣寰宇記以爲在嶲州會川縣景因出使越嶲考瀘水源蓋建昌瀘川驛有孟獲城又有瀘古州孔明渡瀘繇嶲州入益州此名渡瀘爲有驗予案雅龍江上中下三渡在唐宋之世爲吐番入寇之道至於武侯南征由嶲入益先逾大度河後渡金沙江不必經由鴉龍漢時嶲州卽今寧遠永昌卽今會理雖置郡日久尚取道於馬湖其北

既隔絶於旄牛國不能通也

瀾滄江源流考

後漢顯宗時通博南山道渡蘭津行者苦之歌曰漢廣德開不賓度博南越蘭津渡蘭滄爲他人蘭滄之名始於此水經注華陽國志皆不能考其源滇志瀾滄江源出吐番嵯和歌甸之鹿石山一名鹿滄江一曰浪滄江南入大理府雲龍州界按嵯和歌甸郎今察木多之轉音也明人李元陽著黑水辨史秉信著罔春黑水辨俱以此爲禹貢之黑水元陽云瀾滄潞江皆由吐蕃北來葢與雍州相連水勢竝洶湧皆入南海然潞江西南趨緬中內外皆夷其於梁州之境

若不相屬惟瀾滄由西北向東南徘徊雲南郡縣之閒至交阯入海今水內皆爲漢人水外皆爲緬夷則禹之所導於分別梁州界者惟瀾滄足以當之元史至元二年大理勸農官張立道使交阯竝黑水跨雲南以至其國覩此則瀾滄江之爲黑水益彰彰明矣後人駁之謂瀾滄源近雖界雍州又絶無黑水之名不如潞江源遠而本有喀喇烏穌之名爲可據也夫瀾滄潞江二水竝發源於藏地東南流入雲南維西廳界相距甚近中隔一山南流至永昌以下乃復分開潞江折向西南由緬甸以注南海瀾滄折向東南

經順寧漕洱由南掌暹羅以注南海論其首則潞較遠於瀾滄論其尾則瀾滄又倍於潞其遠近大小無所區別彼此各執一辭迄無定論二者皆可指爲黑水其實二者皆非禹貢之黑水也禹貢之黑水惟雅魯藏布江足以當之予別著論今不復述姑就瀾滄之原委與所納之支派詳考之按衛藏圖志瀾滄江二源一源發於匝坐里岡城西北一千餘里格爾吉匝噶那山名匝楚河匝楚河源出青海格爾吉土司東南流二百餘里折南受二小水又東南三百餘里經隆慶土司又東南三百餘里至洞巴土司左右各納二小水折南流少西入喀木界又西南流二百里至察木多寺左名曰昌河有四川橋爲通蜀之大道一源發於匝坐

里岡城西北八百餘里巴喇克拉丹蘇克山名鄂穆楚河鄂穆楚河有兩源一出拉爾古東查山一出索克布素克讓山東南流二百餘里二水相合名鄂穆楚又東南三百里至戕洛橋爲入藏之大道又東流四十里至察木多寺右名曰都河有雲南橋爲通滇之大道俱東南流折而南至匝坐里岡城東北三百餘里察木多廟前二水合流名拉克楚河唐書地理志經犁牛河度藤橋百里至列驛又經截支川四百四十里至婆驛乃渡大月河羅橋準以今之地望及西寧進藏驛站所謂截支川大月河者即昌都二水之上流也拉克楚河南流百四十里至包敦入乍了界至南流二百里至兄衣折而西南二百餘里至撒

金拉復折而東南二百餘里至察瓦寺有甲倉河東北來會甲倉河源出官角西南流經草里工又西南至洛加宗合洛楚河又西南至乍了寺前與猛楚河合猛楚源出打仔西南流經哈甲峽口又西南至噶噶折南流經昂地雨撒與甲倉河合而西南至察瓦岡入於拉克楚河又東南百餘里左受邑爾恭河邑爾恭河源出桑昂巴西南流至阿足合上春朋之水又南流經石板溝拉爾塘轉西南合下春朋之水又西南入於拉克楚河折南流入江卡境百餘里至爲占有左貢河西北來會左貢河源出喀木雜楚庫工山之南麓二海子名雜楚河東南流至梭羅橋又東南經左貢境轉東流入於拉楚河番商運茶之道由此過皮船渡或有緊急之事則用溜筒渡之故土人皆呼曰溜筒江云又東南流三百餘里至鹽井土人取水傾注碉樓之上

少頃風乾成鹽河東之鹽色白河西之鹽色紅或謂蠻鹽性熱食之多喉病是以番民男婦往往項負贅疣者十居六七蓋未經熬煉之生鹽且攙雜不淨也拉楚河又東南流三百里經茶利大雪山入雲南界始名瀾滄江又東南經阿敦子爲滇人進藏之大道設有稅卡又東南流三百餘里經塔城關折南流二百餘里經維西廳西境又南至蘭州土司東別爲沱曰漾濞江東南流至上江觜土司左受劍川河又南流經浪穹縣西境至漾濞巡檢司左右各納一水有鐵索橋廣八丈又東南至合江舖受大理洱海之水

轉西南流經蒙化廳境受永平勝備河之水南合於瀾滄江瀾滄正幹由蘭州西南流五百餘里至雲龍州治西納沘江之水又南流少東二百餘里至霽虹橋兩山壁立聳拔千仞因石基以建橋鐵絙十六上覆平板廣十有五尋摩崖多擘窠大字皆明以後款識有殘碑云　國初平西親王進勦金齒李定國折斷此橋我軍編筏以濟事定之後親王乃損貲重建後又改名永濟橋端設有稅局釐卡按永昌爲漢博南道疑此即古之蘭津也控馭諸蠻最扼形勝又東南流二百餘里受永平銀龍江之水經順甯府北境

西徼水道　十三

合漾濞江折南流經營州東境順甯之水自西來會又南流轉西南經孟戛孟班諸土司境右納耿馬河左受威遠江又東南流左右收二小水至孟養土司名曰九龍江又東流折南經車里孟龍孟崙諸土司羅梭江自東北來會從此南流出滇徼外入南掌國自發源至此歷五千餘里兩岸皆崇岡疊巘無一隙之坦途急溜奔瀧入銀河倒瀉舟楫罔通下游經歷南掌暹羅又五千餘里亦復如是

潞江源流考

舊說西番之西大流沙之南湧出一澤名曰嘉湖南流爲潞江明一統志潞江一名怒江源出雍望經潞江安撫司之北蒙氏僭封爲四瀆之一衞藏圖志云潞江發源於衞地之布喀大澤淵澄黝黑又多伏流蒙古呼黑爲喀喇水爲烏斯故名喀喇烏斯以此爲禹貢之黑水則名稱猶舊較之指瀾滄葉榆爲黑水者猶略有依據也今考圖經前藏拉薩北二百八十里有池名曰布喀橢圓形廣六十里袤一百五十里從此池西北流出百餘里入額爾吉根池轉東北流

西徼水道　十四

八十里入集達池又折東南流八十里入喀喇池三池俱縱廣五六十里中有二山四池環抱其外不合如玦復從喀喇池東南流出四十里納布倫河（一統志布倫河在喀喇池南一百五十餘里東有工噶巴噶馬山之哈拉河魚克山之魚克河俱西北流百餘里與西南來之說木池水合又東北流五十餘里入喀喇烏斯）又東流五十里受北來之二小水折南轉東流二百里至喀喇烏斯爲西甯進藏大道皮船爲渡轉東北流經蒙古三十九族地境三百餘里至伊庫山有沙克河西北來會（一統志布克沙克河源出拉薩北七百餘里喀爾占古察嶺南流三百餘里西合都回山之水名沙克河又東南流二百四十里西受庫蘭河北受布喀河又東南流百餘里入喀喇烏斯按圖經布喀河與索克河合流未知孰

是又東北流二百里經蘇魯克土司有索克河自北來會一統志索克占旦滚河源出伊克諾莫渾烏巴什山數水合而東南流二百餘里西南有巴漢諾莫渾烏巴什嶺布喀山捕漢峯流出之四水與此相會歷兩山間入喀木地又流二百餘里入喀喇烏斯折南流二百里左右各受一小水轉西南百餘里會衞楚河源出伊庫山三溪合而南流二百餘里東一溪西納二溪折東南入於喀喇烏斯折而東流左受二溪右受一溪八十里受雄楚河源出達爾宗城南三海子相聯如貫珠東北流出百餘里經拉子山左右各納一溪轉東流二百里入喀喇烏斯又東流二十里左受一小水右納碩布楚河源出中義溝北流經碩般多城西合三溪而東北流二百餘里入喀喇烏斯又東流六十里納沙隆錫河源出洛隆宗西南海子北流合一溪六十里入喀喇烏斯轉東南流三

十里有類伍齊河自北來會又東南經必蚌山至嘉玉橋為滇蜀入藏之大道又東南流七百餘里江之陽為巴克碩游牧江之陰為波密野番又東南會鄂宜楚河一統志源出匝坐里岡城北三百里納蘭嶺南流四百餘里至家拉穆地入潞江又東南流經桑昂曲宗入江卡境江之外悉為怒夷故名怒江又東南三百餘里入雲南維西廳界折而南下經雲龍州西徼右納猓江源出猓夷山寨故名江之外皆猓怒諸夷及貉貐野番人迹不到歷六百餘里入保山縣界乃名潞江南流經潞江安撫司兩岸稻田平衍二十餘里俱猓夷耕種河寬二十數丈建鐵索橋往

往怪風陡起鐵絙齊斷橋端墟場五日一集茆棚攤子太半漢人四月以後頗有瘴癘漢人皆散去凡過此者必策馬前進不敢停留也猓夷多居於山頂男婦勤力耕作逵勝藏番矣潞江又南流少東百二十里左納沙河源出保山縣東北清華海南流經彎甸土司境康河自南來合而西流入潞江轉西南百餘里至遮放土司從此出滇境流入緬甸國名曰撒路音江南流百餘里與南江會源出順寧所屬猛緬土司南北二溪合向西南流三百餘里經耿馬孟定諸土司出緬甸國又西南入於潞江又南流八百里闌入南掌暹羅二國邊隅轉西南三百餘里入麻塌班昔屬緬甸今為英人佔踞又南流四百餘

里至摸兒緬注於南海其地舟車輻湊為通商馬頭潞江自入緬境以來左右所受支流大小凡十有數水其名不可得而悉考也

龍川江考

徼外諸水因隔絕於貉貐野番人迹罕到遂致原委淆亂莫可究詰一統志誤以薄藏布河爲龍川江之上源其實薄藏布河乃檳榔江之源非龍川江也雲南通志云其源有三一出明光山一出阿幸山一出南香甸山三水合流名龍川江予考圖經江卡之南潞江之西有綽多穆楚河實爲龍川之的派有二源左源出巴哈里山曰羅楚河東南流受二小水右源出桑昂曲宗城南流二百餘里二源相合名綽多穆楚河東南流經俅夷境約四百餘里至明光隘入騰越廳界有曲弓河西北來會（源出滇灘隘）南流經向陽橋轉東南流百二十里至龍江鐵索橋設有稅局釐卡又南流四十里經龍江練轉西南流經龍陵廳西境二百里至芒市土司有芒市河自東來會又西南流右納龍抱柱之水（有二源左源出南甸山中右源出河東非二源相合南流經龍抱柱入於龍川江）左納遮放之水百五十里經漢龍關江以外爲木邦境前明時木邦宣慰司與麓川南甸稱爲三宣自後木邦淪入於緬僅餘二宣矣又西南流六十里至猛卯長官司有罔宛河自東北來會（源出南甸西南山麓西南流經隴川宣撫司有虎踞關之水自西北來合南流至猛卯入龍川江）轉西流四十

里出天馬關入緬甸境又西流少北三百餘里至格沙合於大金沙江

檳榔江考

檳榔江之源自來無考或云出後藏阿里岡底斯山蓋誤以雅魯藏布江爲檳榔江也中西地圖皆爲騰越邊徼繪起而略其上源蓋隔絕於野番山寨人迹罕到無從肌度然准以地望考其道里尋其山川之脈絡知雅魯藏布江之爲大金沙江則界限分明徼外諸水自有條而不紊矣今考雅魯藏布江之東其間源遠而流大者惟薄藏布河一統志誤以薄藏布河爲龍川江之上源於是不得不以雅魯藏布爲檳榔江西人地圖則誤以雅魯藏布江連於亞山之蒲

蘭蒲達江故以薄藏布河爲大金沙江之上源或一水而誤分爲二或二水而混合爲一源委錯亂彼此歧異迄無定論皆以意爲之不能考其實也一統志薄藏布河在薄宗城南二里有二源一源發於薄宗城東北三百餘里春多嶺名鴨龍河合六水西南流一源發於薄宗城西北五百餘里東拉嶺名厄楚河合十餘水東南流至薄宗城前二水合流名薄藏布河西南流經噶克卜部落及羅克卜札所屬之門布部落入雲南騰越州界衞藏圖志前藏拉里之桑楚河左右二源合而南流百餘里有阿咱山灣常多甯

多四水合而自西來會又南流轉東南百餘里衞楚河東北來會（源出郎吉宗西流經阿南多甲貢受二小水轉西南流入桑楚河）又東南流二百餘里左右各受二小水至薄宗城前與鴉龍布河會（鄔鴉龍河源出春多嶺南流經波密野番河四小水西南至薄宗城入桑楚河）乃各薄藏布河南流經嗣宗城折東南經貉貐野番及茶山麻里至古永益入騰越廳界沿江設有七十二練卡折西南經晨西猛豹隘至干崖宣撫司與騰越之大盈江會（源出騰越廳北境之淸海北海西流折南至廳至西轉西流至小河底左右各受一小水南經曩宋關折西流經南甸宣撫司又西流至干崖合檳榔江）至此地勢開曠水流平緩寬至數十百丈不等土人呼爲海珀江沿

江兩岸皆平疇沃衍頗有富庶之象西流六十里至盞達宣撫司盞達河自北來會又西流經弄璋街六十里至蠻允又二十餘里戶宋河自北來戶撒臘撒諸水自東來入之又西流經鐵壁關兩岸皆野人山寨出沒無常劫掠商旅有紅奔河自東北來入之自此以西爲緬甸國境地勢平洋豁然開朗另是一番景象矣至蠻暮有漢人街臨於河干三十餘家爲寄頓貨物之所天氣炎熱暮春之初無異內地盛夏兼之蠅蚋叢集煩擾可厭緬人刳木爲舟聯二舟爲一覆以草蓬駁運棉花西行百數十里至新街合於大

金沙江騰人商於此地者三百餘家建有關神廟緬地皆板屋獨此爲磚瓦頗爲軒廠緬國設有蘊几一員英吉利設有亞葉板一員火船至此而至每月往來兩次檳榔之北有曰札頼江一名麻里江自東而西經流巨石萬仞銅壁諸關之外首尾六七百里亦至新街合於大金沙江

禹貢黑水考

禹貢華陽黑水惟梁州黑水西河惟雍州周文安辨疑錄云甘州志甘州之西十里有黑水流入居延海肅州之西北有黑水東流逕遠莫窮所之是其源出雍州之西流入梁州之西南也唐樊綽以麗水爲禹貢之黑水云與彌渃江合經鉠國東入南海程大昌疑其源流狹小不足以合雍梁二州疆境然今麗水自與岷江合經流中國注於東海不入南海也明人李元陽著黑水辨史秉信著岡春黑水辨俱以瀾滄江爲禹貢之黑水元陽云瀾滄潞江皆由吐番北來

蓋與雍州相連水勢竝洶湧皆入南海然潞江西南趨緬中内外皆夷其於梁州之境若不相屬惟瀾滄由西北向東南徘徊雲南郡縣之間至交阯入海今水内皆爲漢人水外皆爲夷緬則禹之所導於分別梁州界者惟瀾滄足以當之元史至元二年大理勸農官張立道使交阯竝黑水跨雲南以至其國觀此則瀾滄江之爲黑水益彰彰明矣至若以潞江爲黑水者則因上流有喀喇烏斯之名蒙古語稱黑爲喀喇水爲烏斯近人多宗之一統志衛藏圖志皆主是說惟張機黄貞元獨指大金沙江爲禹貢之黑水張

機曰大金沙江發源崐崘山西北吐蕃地卽禹所導黑水也雖與雲南小金沙江及瀾滄潞江皆發源吐蕃然大金沙江之源較三江最荒遠其下流亦十倍於三江之水雲南志載大金沙江出西番流至緬甸其廣五里得非黑水源出張掖流入南海者乎黄貞元曰大金沙江瀾潞三水雖皆入南海大小遠近迥不同瀾僅潞四分之一　大金沙江十倍於瀾潞瀾潞所出地名在鹿石山在雍望俱可窮源上源亦狹大金沙江上源相傳近大宛國自里麻茶山至孟養極北不聞有所往號赤髮野人境峭壁不可梯繩弱水

不任舟筏土人惟遠見川外隱隱有人馬形殆似西羌之域也或駮之云此水雖大但遠在西南荒徼外與雍梁二州之境杳不相屬予按徼外諸水瀾潞二者其源流遠近大小彼此均同無所軒輊俱發源於前藏東南流經江卡二水相距甚近南流至永昌以下乃分開一向西南趨緬甸一向東南入暹羅論其源則潞遠於瀾滄論其委則瀾滄又大於潞安得舉其一而遺其一乎禹貢三言黑水當以導黑水至于三危入于南海爲正文夫禹治徼外之水必擇其最大者而施功康熙五十八年

上諭禹貢導黑水至于三危舊注以三危爲山名而不知其所在朕今始考其實三危者猶中國之三省也打箭爐之西南拉里城之東南爲喀木地達賴喇嘛所屬爲衛地班禪額爾德尼所屬爲藏地合三地爲三危耳夫瀾潞二江僅涉喀木之境惟雅魯藏布江發源阿里遍歷後中前三藏之地五千餘里折而南下經緬甸國又五六千里注於南海首尾萬餘里大小枝流匯納數百水勢浩瀚無與爲匹實西南徼外第一鉅流然則禹貢黑水舍此更無足以當之者後儒拘於疆域以去雍梁二州太遠爲疑不知西北

諸胡迄於流沙皆統於雍州西南諸夷盡於南海皆統於梁州是以天文井鬼爲梁州分野而西羌吐蕃吐谷渾及西南徼外諸國皆占焉卽如今時西藏統於四川駐藏文武關防悉冠以四川二字豈得謂川省疆域無此荒遠哉唐書吐蕃贊普居跋布川或邏逤川地理志跋布川在邏逤川西南渡藏河乃至其地卽今之雅魯藏布江是也源出藏之西界卓書特部落西北三百四十餘里打木朱克喀巴珀山東流百餘里左納嘉克嘉河（有四源合而南流入雅魯藏布江）又東流受一小水又東流四十里烏克藏布河東北來會（一統志在

卓書特西南三十里源出東北桑里池西流二百五十餘里北受尚里噶巴嶺木克龍山流出之二水南受拉主客山祖倫山羊巴木山流出之三水由羊巴木嶺西轉南流八十餘里又受西北牙拉嶺達克龍山流出之二水又南流六十餘里入雅魯藏布江轉東南流五十里郭永河西南來會一統志在卓書特部落東南源有四一出昂則嶺北名龍列河一出蕃楚岡前山名蕃楚河一出塞丹山名朱克河一出拉魯岡前山名拉出河俱東北流二三百里合爲一水又東北流六十餘里入雅魯藏布江又東流十餘里右納蘇穆朱池流出之水又東流八十里右受作噶爾河左受薩楚藏布河一統志在薩噶西南一百餘里源出岳圖岡阡諸山流出六水俱南流百餘里會爲加巴闌河又南流五十里其西北有拉祖克祖楞羊巴木山流出之山河西南有昂色昂勒宗山流出之二河俱流入加巴闌河東南流又折西南與東北查薩公噶爾他拉山流出之二水西南揑木出六色立羊古山流出之二水

會爲薩楚藏布河又西南流七十餘里入雅魯藏布江轉東南二十里會翁楚河一統志在薩噶西南二百餘里源有四一出西南查木東他拉泉一出岡克馬爾他拉泉一出正南那木噶山之北一出東南他克拉泉俱北流百餘里合爲甕楚河又北流二十餘里入雅魯藏布江又東流十餘里滿楚藏布河自北來一統志在薩噶西南北有斜爾充山放龍山流出二水南流二百餘里東有岡充查達克山流出三水西有拉克藏卓立山流出一水六水合流爲滿楚藏布河又東南流四十餘里入雅魯藏布江式爾的河自南來一統志在薩噶西南一百餘里源有三一出西南沙盤嶺一出正南舒拉嶺一出岡拉窪千山俱北流百餘里合爲式爾的河又北流九十里入雅魯藏布江竝會又東流四十里右受薩布楚河一統志在日喀則城西百八十里源出城南楚拉米洪羅綽爾莫三山流出三泉北流百餘里合爲拉楚河又北流百餘里旁有二水一自西南來名架河一自東南來名當出河合爲薩布楚河北流

一百二十餘里入雅魯藏布江又東流經宗喀折而北流三十里左受薩爾格河一統志在薩噶東南其水出於拉布池西南流四百餘里東有拉布岡允山流出一水西有拉沖溫必普達克拉克諸山所出八水分流與拉布水會名薩爾格河又南流三十餘里東有薩出河西有魯河俱匯於此西南流三十餘里轉東南流百二十里入雅魯藏布江又北流折而東二百四十里至列克隆受一小水源出舒爾穆藏拉山轉東南二百五十里至札布桑堆左右各受一水折而東北八十里至章拉孜爲四達之孔道又北流轉東經科頗拉日東巴受二小水二百里至嘉湯有達克楚河西北來會一統志源出章阿布林城西北一百八十里札木楚克池南流百餘里入龍岡池池又有三水西來會流爲達克楚河又東流一百八十餘里至穆克布查克薩木馬橋北受

北來之鄂宜楚河又東南流六十餘里入雅魯藏布江折而東北經彭錯嶺八十里至花寨子左受結特楚河又東北流轉東六十里經得爾敦廟前北受鄒索克布山之水南受當楚河有二源出於九山九溝北流百餘里至塔克相合又北流經人進孜百二十里至那爾湯東西各受一水又北流經岡堅寺東八十餘里入雅魯藏布江又東流經後藏札什倫布之北八十里至拉古會年楚河一統志源出朱母拉母山及順拉嶺北流二百餘里合而爲一名章魯河又北流八十餘里至娘娘廟東有八小水從東北來合流入此河又經江孜城南折西北流六十里過人進岡又西北七十里至巴浪城之西有二水從西南來亦入此河始名年楚河北流逵日喀則城東四十餘里入雅魯藏布江折東北而東南流百五十里至年木哈達商河自北來會一統志在商那木林城南源出西北絳查

拉及達索克布二山流出二水東南流二百四十餘里合東北佑山之水南流五十餘里入雅魯藏布江又東流百六十里從噶木巴拉嶺北入衛地左納宗木湯之水又東流八十里至甲馬卡左右各受一水又東流八十里經烏裕克林哈城南各一小水又東流七十里至曲水喀爾招木倫江自北來會水道提綱雅魯藏布江經楚舒爾城南又東南至日喀爾公喀爾城北有喀爾招木倫江自東北合諸水西南流經衛地拉薩東會疑即古吐蕃之藏河也喀爾招木倫江源有二一曰米底克藏布河出墨竹工卡城之東北三百里米底克池西南經蓬多城東北而西南一源來會曰達穆河出蓬多城東北二百里之查里克圖嶺二源既合乃名喀爾招木倫江又東南流受西來二水之合東注者又東南折而東流受北一小水又東折而南而西南百里又折而東百數十里經敖那廟北又東乃折而東南受東來噶拉嶺水乃西南流

過鄂納鐵索橋又南經墨竹工卡城西又南折而西曲曲百餘里經噶爾軛廟北又西經第巴達克城南又南稍西有一河西北自溫主普宗城合三水東南流來會又南數十里經得慶城北又折西西流曲曲經拉薩之南郎唐時吐蕃國都今為達賴喇嘛所居也又西北流十餘里至董郭爾城東南受東北來一小水又西南流數十里經日噶牛城北有羊巴尖河合楚普河自西北合四小水東南流三百餘里來會又南流八十里折西南流受西北來二小水又西南經楚穌拉城東南又西南至日喀爾公喀爾城之北合於雅魯藏布江轉東南流左右各受四小水二百五十里至奈布東城折南流百餘里經桑里城西南野爾占城東北左右各納一水轉東南四十餘里有鄂噶達克薩之水東北來入之又東南流六百餘里至工布澤布拉岡城南與匝楚藏布江會水道提綱作年楚必拉江源出沙羽克岡拉山即喀爾軛廟東南山也有水東流三百里曰馬木楚河與南來巴拉嶺之巴隆楚河會又東北百里與北來烏山之烏斯江會又東經鹿馬嶺百八十里至順達有水曰隹囊河發源過拉松多東南流經江達城東折而南流合東二小水來會又東南曲曲流三百里至工布什噶城南有水東北自巴麻穆池南流合東一水而西南流來會又東南折而西南有西來齊布山之牛楚河合而南流經工布珠穆宗城東底穆宗城西又東南至澤布拉岡城東合於雅魯藏布江東流四十里底穆宗河北來入之又東流少南五百餘里出唐古特界入貉貐野番境其閒道里無可考大約東南流千有餘里然後折而南下至孟拱之東北入緬甸國境蓋自金沙江之西雅魯藏布江之東江卡之南騰越之北中閒縱廣千有餘里羣山迴遭眾水薈萃若瀾滄若潞

江若龍川若檳榔皆發源藏地東南流至此既東各隔以一山相距不過數十百里之遙其附近潞江者有怒夷傈夷二種時與外人相通稍具人性至於內山貉貐野人則以樹皮木葉蔽體蛇蟲鳥獸為糧見人則攫而生啖之衛藏圖志所謂戳祼烏爾魯兔族是也曠古以來路徑不通人迹罕到是以諸水原委錯亂首尾混淆異說紛歧迄無定論西人地圖誤以雅魯藏布江連於亞山之蒲蘭蒲達江併誤以大金沙江為潞江於是海國圖志遂謂大金沙江下游與恆河會而入海移緬甸之江於東印度混二水為一

水豈知大金沙江經流阿瓦都城再南流至跋散入
海西北去孟加拉之恆河五六千里何緣相會乎且
孟拱孟養西北一帶祟岡疊巘聯綿千餘里山陰之
水悉匯於蒲蘭蒲達江山陽之水悉匯於大金沙江
界限分明絕不相蒙山勢經孟奈布爾部落至俺來
刋（即古柯枝槃槃等國）蜿蜒南下直達跋散海口今山外皆英
吉利屬部山內皆緬地又大金沙江者乃滇人之所
名對麗江之小金沙江而言也滇人經商皆在緬甸
境內無一至印度者此乃西圖之誤中土從來無有
言大金沙江會恆河者也顧西人地圖未敢遽指爲

實但用點綫連之亦缺疑之義云爾去歲在大理府
城有法國教士出示地圖則以雅魯藏布江連於大
金沙江蓋其人久居滇中往來蠻方緬地多矣確知
非雅魯藏布不足當大金沙江之上源也此江既定
而後徼外諸水有條不紊矣雅魯藏布江南流入緬
甸東北界緬人稱爲伊拉瓦底江轉西南流千餘里
孟拱孟養二水合而西北來會又南流百餘里麻里
河東北來會又南至蠻慕新街合檳榔江自此以下
地勢平曠水流漫衍寬七八里或十餘里不等挨新
街即趙宏榜所敗績處正統中蔣雄率兵追思機法

爲緬人所壓殺於江中亦此江也郭登自貢章順流
不十日至緬甸者亦此江也轉西流而西北百數十
里至磨太折而西南經老官屯百餘里至榕沙龍川
江自東來會又南流而西南至滅（沬微沕）礀西岸見有
岡阜綿亘數十里有一水自北來入之又南流左納
二小水及磨打河又南流至阿瓦城東北有抹能河
自東來會（源出木邦西南流合四小水至阿瓦城東半蒙河自南來合而北入於伊拉瓦底江）
阿瓦城之東五里曰安拉普那城滇人居此者三千
有餘多娶緬婦爲室東北十里曰孟得倒城乃緬王
所居環以木柵自新街至瓦城約計千有餘里伊拉

瓦的江環遶三城折向西流少北百餘里有磨河北
來入之轉西南流百餘里有更的宛河西北來會（源出孟拱北境西北流合十數小水而西而西南千餘里合東北之呵洛河又西南二百餘里合西北之賁龍河轉南流左納二小水二百餘里有孟奈布爾河自北來抹打河自南來二水合而東北流來會又屈曲南流而東而東南左納二小水右納一小水西百餘里入伊拉瓦的江）江中有大洲水
分爲二南流六十餘里復合爲一折而西南而南而
東南左受十數小水至押納爲緬南界設有蘊几
一員從此南流入英國境至別牟（一作別羅模）爲大馬頭
商賈雲集有火車鐵路一日可達漾貢輪船水程則
須三日也自此以後江愈寬流愈鉅輪船往來絡繹

兩岸多建洋樓曲曲南流分爲數派其正幹則折向西南由䟦散以入海故又稱曰䟦散江云東南分一枝至漾貢爲海濱一大都會英吉利有巨酋鎮此閩人商於其地者不下萬人粵人亦有數千滇人則僅十數家而已自瓦城至漾貢輪船水程凡八日約計二千四五百里按英人所佔緬地廣袤千數百里即昔之祕古國也田土膏腴物產豐盛其民多文萊族唐人所謂巫來由是已道光初年英緬搆兵兩載英軍水土不服往往挫衄本欲退師反聲言水陸並進直擣阿瓦緬王大懼乃割地請和併償兵費九百萬

夫元明以來中國屢次用兵於緬俱不能得志而英人取之顧易如反掌何也中國由雲南出軍山路崎嶇轉餉甚勞兼之時值暑雨瘴疫多病蠻幕新街一帶今時猶然每至四月以後則商旅絕迹必待秋涼而後可行英人印度之地與之毘連輪舶航海溯流而上勞逸迥殊緬人水師戰船非英之敵所居皆板屋環木柵以爲城尤不足以當西洋巨礮是以日侵月削沿海精華繁盛之區蠶食殆盡元代征緬亦以舟師制勝然必至新街臨時造舟亦非倉猝可辦也魏默深嘗言造舟藏地從雅魯藏布江順流而下可以直攻印度此因誤以蒲蘭蒲達江爲藏江之下流故也然藏地河道怪石森立奔濤倒瀉豈能通行舟楫故滇省全境如金沙瀾滄諸水雖經流數千里不聞一葦之可航非若三江兩湖地勢三百里水源即可鼓櫂而占利涉也坐一室而談九州不知天時地利之懸殊事勢情形之各別遂有此臆度之論何異扣盤捫燭之貽誚乎或謂禹貢之言黑水實有三流非一江也出居延海者爲雍州之黑水瀘爲梁州之黑水此大金沙江則三危之黑水也必欲合三者而一之求其貫穿二州遍歷三危則徼外實無此水且雍州在中幹之外隔於南山故水皆北注無緣南流夫考古證今未可拘文牽義分之則通合之則窒要惟實事求是而已

阿耨達四水

海國圖志釋崐崘二篇博徵遠引辯則辯矣顧指葱嶺爲崐崘則可指龍池爲阿耨達則不可崐崘四大水中土之論也阿耨達四大水釋氏之言也各不相蒙當分別觀之魏氏强爲求合獨指喀什哈爾之水爲河源以當東注之水以縛芻河當西注之水而將東西兩恆河誤合爲一以當南注之水不知恆河有五大源印度河亦有五大源彼此判然趨向各別要無一水出於葱嶺龍池於葱嶺附近之地欲求北注之水而不可得於是遠引數千里外之亞被河謂其

潛源隱脈伏流地下其誰信之所指喀喇淖爾爲大龍池亦復失考按葱嶺脊上有三大池一曰喀喇淖爾在喀什哈爾西境五百里爲北河之源所從出茲無西流之水一曰塞勒庫兒在葉爾羌西南八百里池東一派流出爲玉河至佶沙國合於徙多河池西一派流出爲波窩羅川至達摩悉鐵諦國合於縛芻河是正唐元奘歸途溺象之龍池也又和闐之南阿里之北古之渴盤陀國別有毒龍池爲往罽賓烏秅之東道法顯宋雲嘗經其地其水西南流入新頭河此三池者皆當葱嶺之中相距千里之遙今人往往

不能區別概目爲龍池自唐以來求合於佛經四水者紛紜聚訟迄無定論予謂雅魯藏布江發源阿里經流三藏至緬甸入海首尾萬餘里實爲徼外第一巨流何得棄其小者而遺其大者乎縛芻河源流狹小不足與三水並駕齊驅且匯於鹹澤不歸大海今當舍縛芻河而以雅魯藏布當東注之水斯不背於古誼所謂赤水南流從五百河注於汜天恆河是也洋水西流從五百河注於醜塗印度河是也黑水東流從五百河注於大杆雅魯藏布江是也黃水北流從五百河注於無達徙多河是也徙多河流入羅布

泊潛行地底重發於積石山爲中國之河源砂磧戈壁水易滲泄伏流潛脈理或可信非若亞被河之風馬牛不相及昔人皆爲此論予不敢遽斥其非山海經曰西海之南流沙之濱赤水之後黑水之前有大山名曰崐崘之邱西域記曰葱嶺者據贍部洲中南接大雪山即希模黎雅山北至熱池千泉即太清池今名特穆爾圖泊西至活國東至烏鎩四面各數千里嶺崖數百重皆爲葱嶺即皆爲崐崘岡底斯山亦屬同宗未嘗間斷吾故曰指葱嶺爲崐崘則可此中國之論也至若釋氏所言阿耨達者則確在阿里之境而不得移於葱嶺

龍池予觀三藏地勢居亞細亞洲中央扶輿磅礴之氣鬱結薈萃於此重巒疊巘積雪不消至阿里而高極而岡底斯又踞羣山之上尤爲特出其上有二池一曰馬品穆達賴淖爾一曰郎噶淖爾西南一派流出曰郎玗喀巴珀譯言象口也卽薩拉楚河西北一派流出曰僧格喀巴珀譯言獅口也卽新頭河是爲印度河五大源之二山之南一派流出曰瑪伯家喀巴珀譯言孔雀口也卽岡噶江一名殑伽是爲東恒河之北源山之東一派流出曰打木朱喀巴珀譯言馬口也卽雅魯藏布江又名生布是爲大金沙江之

上源此四水者雖非同出一池然相距不遠不離乎岡底斯山釋氏所言阿耨達山阿耨達池者疑爲阿里之轉音耳釋氏爲西域人所言皆西域之水與崐崘無涉與中國諸水亦無涉不必强爲附會所稱方位就印度言之雖有四源實止三流均注於印度洋且夫山脈水源必有實迹可循人人得以目驗非若江湖術士言風水龍脈者荒渺無憑易以欺人也上古之世遐方異域阻隔聲敎自山海經十洲記淮南子及河圖玉版諸家所言崐崘宮闕瑶池王母大抵怪誕不經與海市蜃樓無異至漢通道西域故太史公有烏覩崐崘之歎乃後人猶多談崐崘不已舍星宿海顯著之河源而別尋羅布泊潛伏之遠脈不亦傎乎今時三藏之地雖隸版圖日久然阿里一隅尤爲僻遠人迹罕到故衞藏志言拉楚狼楚二水會合岡噶江同注恒河當日繪圖者僅見其原未窮其委得自傳聞之訛也魏氏亦但據西人地圖顧編大地於八幅之內文殊音異毫釐千里西域諸國處萬山之中不通舟楫西人之圖亦多疏舛足跡未經難以肌度也予此次親履五印度購求善圖博咨眾說然後東西兩恒水源流支幹釐然不紊而於弗經所言

阿耨達四水信而有徵與今圖吻合者先爲考訂以祛千古之惑而息諸家之訟焉

恒河考上

印度凡三大水西爲印度河東爲蒲蘭蒲達江而恒河橫貫其中自西北而東南地勢平衍支派甚多番名安治士河一作安額或作殑伽印度人稱爲聖水浴之可以湔洗畢生罪過佛經凡言恒河者皆指安治士河也中土之人稱印度河爲西恒河安治士河爲東恒河實則恒者安之譯音也印度河或譯作新頭河一作信地河初無恒河之名也水經注及康泰扶南傳於二水之源流往往混亂不能區別蓋皆得之請經求法之僧傳聞異詞轉展繙譯莫道其詳海國圖志恒河考二篇誤以安治士河與印度河同出一源至中印度以下乃分爲二流不知印度河有五大源皆西南流滙而入海安治士河有三大源皆東南流滙而入海宗派各異趨向殊途中間隔於千餘里之砂磧尙有數小水自北而南至砂磧而伏流兩無所歸者且砂磧地高水易滲洩安治士河之水何緣飛越而過與印度河同源乎此上流之牽合兩源爲一源其誤一也又謂安治士河之下流與大金沙江會而入海則竟以亞山之蒲蘭蒲達江爲緬甸之大金沙江豈知大金沙江之上源卽西藏之雅魯藏

布江東南流入緬境經阿瓦都城再南流數千里分爲數派至漾貢跛散等處而入海距孟加拉五六千里中間隔於孟養阿拉干一帶之崇岡疊巘大金沙江之水何緣飛越而過與安治士河會流乎此沿西人地圖之譌指鹿爲馬不知大金沙江與蒲蘭蒲達江原委各別形隔勢阻混合二水爲一水其誤二也又言懸渡在巴達克山西境愛烏罕東境恒河蓋貫二部而南經克什彌爾之東（按印度河經流克什彌爾西境非東也）豈知懸渡乃由于闐往北印度之道在葱嶺之東南晉法顯從于闐進向子合國在道二十五日又南行四日入葱嶺山到於麾國安居行二十五日到竭叉國當葱嶺之中從此北（北疑西之訛）行向北天竺在道一月得度葱嶺冬夏有雪又有毒龍（疑毒龍池之訛）度嶺已到北天竺始入其境順嶺西南行十五日崖岸險絕石壁千仞下有水名新頭河昔人鑿石通路及度七百傍梯已躡懸絙過沙河兩岸相去八十步渡河便到烏萇國是正北天竺也北魏僧惠生從于闐歷朱駒波國又南行入渴盤陀國界西行六日登葱嶺山復西行三日到鉢盂城三日到毒龍池自發葱嶺步步漸高如此四日乃得至嶺依約中下實天半矣渴盤

陀國正在山頂自葱嶺以西水皆西流入西海世人云是天地之中九月中旬入鉢和國十月初旬入嚴達國十一月中旬入賒彌國漸出葱嶺磽确危峻人馬僅通鐵索懸渡下不見底十二月初旬入烏場國北接葱嶺南連天竺云云按法顯惠生同出一途由于闐而南踰葱嶺以達於北印度是以道里遠近及所經國名大略相同竭乂卽渴盤陀於麾卽朱駒波又烏萇烏場一也准以地望蓋在克什彌爾之東境古今譯音各別耳傍梯卽偏橋棧道懸渡卽溜筒鐵索三藏之地及滇蜀徼外所在多有至若唐元奘之

使西域與元邱長春之詣雪山行在則皆由伊犁西行遶出葱嶺之外經鐵門過縛芻河折南踰大雪山以達於北印度故未經懸渡焉蓋程途有東西道之別津渡有上下游之分魏晉以前往罽賓者多由東道出于闐必經懸渡傍梯之險唐宋而後至天竺者多由西道出疏勒亦有鐵門石峽之奇邱長春西遊記云初從鐵門過阿母河至印度北雪山行在及歸從他道過石峽有石梁橫其上下流甚急賦詩有水北鐵門猶自可水南石峽更堪驚之句此水卽印度河在懸渡之下游者也石峽乃巴達克山另一小水西北流入縛芻河非印度河也長春僅至雪山行宮尚未入北印度境無緣得渡印度河予初亦誤未及更正今補注於此海國圖志東西易置上下乖舛移懸渡於巴達克山之西反以石梁爲其上流其誤三也又法顯記順恒水東下十八由延南岸有瞻波大國從此東行近五十由延到多摩梨靬國卽是海口其說甚明自酈氏水經注別引大秦一名梨靬之文致令後人眯惑魏氏遂移梨靬於印度河口附會於條支瀕西海之地尤謬之遠矣且謂縛芻河與印度河同發源於葱嶺脊上之大龍池西行六七百里始分爲二縛芻河北流經圖斯泊印度河西流經伊西洱泊直至包社始轉而南印度河豈有如此之迂遠哉其誤四也且夫五印

度幅員遼濶東至亞山阿拉干西至阿富汗俾路芝南際大海北抵大雪山爲界其中列國數十大小不等元奘記敘述最詳疆域廣狹道里遠近井井有條其逾印度河至狠揭羅國則曰自此西北至波剌斯拂懍西女等國皆非印度之境也乃魏默深則併波斯天方安息條支諸國迄於地中海概目爲西印度其迤北一帶則巴達克山布哈爾機窪及哈薩克游牧諸部落概指爲北印度故爲夸大之詞鋪張揚厲是誠何心豈知西域諸部自古皆回教語言文字風

俗種族與五印度各不相同雖罽賓月氏境壤毘連迭爲强弱互相兼併或彼或此原無一定之界限然不得因據其地遂併謳其名方今五印度爲英人所踞將英倫三島亦可目爲西印度有是理乎余觀西人造圖凡繪印度全境者西至阿富汗俾路之北至大雪山而止卽梁書所云從月支高附以西南至西海東至盤越列國數十皆身毒也漢唐諸史及釋氏西域記凡言西海者多指印度洋非地中海故印度河歸西海恒河歸東海水經注所謂二水所注兩海所納自爲東西是已月氏卽今之阿富汗高附與甲布譯音相近葢順印度河而下西南至於科曼海灣爲西海也若以地中海爲西海則當云從月氏安息以西至西海不當云以西南然則月氏安息之非印度明矣

恆河考下

恆河者安治士河也恆之與安華梵譯音之異也源流廣大支派紛繁經行中東二印度平衍膏腴物產殷阜列國數十自古名城勝蹟琳宮梵刹號稱西天樂土諸佛菩薩亦多托生其閒是以釋典說法動喻恆河西北希模黎雅大山綿亘數千里重巒疊巘大小溪澗數百道滂沱南下滙注於恒至痕都司丹以下地勢寬平渠幷愈多瀠洄浩瀚廣至數里或十餘里不等迄於東印度孟加拉會合廓爾喀布丹亞山諸國之水以入於海首尾五千餘里云顧恒河初無

正幹來旣衆派去復岐汊就其源之最大者而論之凡有五水爲北源者三曰安治士曰廷那曰殑伽爲南源者二曰幹普曰申河其餘旁支別派更僕難終矣安治士亦有三源正中曰薩罕發源後藏阿里大雪山之陽西南流入北印度爲威聊一作古爾瓦勒德列二國之分界至好兒窋折南流入中印度轉東南至勿鹿亞巴約千餘里與左右二源相合左源曰薩利出於米鹿南流少東經孟波利又東南流來會右源曰冷庚伽出於德列國北境南流經慕那得巴又東南與楞普爾巴勒里巴勒里城路通後藏嘉慶十九年爲廓爾喀所據後讓於英人設

勒摩即東女國居大山中界連西藏元奘記作婆羅吸摩補羅諸城之水合而來
會三水既合乃名安治士河唐元奘則以殑伽爲恆
河之通稱而於上流之安治士概冒以殑伽之名焉
恆水又東南流經康普爾古曲女城也元奘記云戒日王征服四鄰雄視一時將還曲女城設五歲無遮大會從數十萬衆在河南岸揚摩羅王從數萬衆在河北岸分河中流水陸並進經九十日至曲女城新唐書作茶鎛和羅城貞觀二十三年遣右衞率府王元策使天竺其王發兵拒之元策檄召吐番泥婆羅諸國之兵進攻茶鎛和羅城破之今
河左爲烏得國烏得一作烏訥廣袤二千餘里西北毘連後藏阿里與廓爾喀其都城曰盧恰路降附於英英遣巨酋司理財賦河右爲厄納特國又東南流與
延那河相會兩河之交有亞拉哈巴城即厄納特國

西徼水道　四十三

都也居印度適中之地號稱聖城四方雲集拜佛焚
香其城乃蒙古所建甚爲堅固此外尚有亞加拉城
抹得拉城及德希城所謂中印度四聖城是已延那
河一曰遥奴西域記阿耨達山西南有水名遥奴法顯記曰捕那法顯記云又經捕那河到摩頭羅國即抹得拉城也元奘記曰閻牟那皆一音之轉
也發源布士沙山谷中南流二百餘里有新拉河自
西北來新拉居蔥山之中林谷深邃印度總帥置行館於此以避暑合而西南流
經德列國西境折南流入厄納特國界至德希城左
右各受一水前明建文年間有賽馬爾罕王諦毋爾
本元駙馬塞因帖木耳之後併兼西域回部遂南征

五印度據之[illegible]國號曰大蒙古建都於德希城歷二
百四十年莫之敢抗其後國勢浸衰四分五裂乾隆
二十五年蒙古王納款於英今其後裔猶居此城食
租衣稅徒擁空名而已延那河又南經秣得拉元奘記作秣菟羅亞加拉明正德四年蒙古王所建今有英國兵帥駐此二城折而東下
右受兵達河又屈曲東南流與西南一源幹普河相
會幹普河發源麻爾哇一作馬盧磯北流經新的亞賀兒
加等部至和塔城轉東北流右受牛者河巴得河左
受半刺士河又東北經吉勞里而東而東南與延那
河會延那河折南受新地河又東南至候末普爾有

西徼水道　四十四

尼徵河與北哇河合而西來入之又東南流有朗河
自西北來康河自西南來竝入之又東南受六小水
至亞拉哈巴城與恆河相會恆水又右納敦沙河曲
曲東流至馬思普爾折東北至丕那勒士古波羅奈
城也城東北十里有鹿野苑精舍佛轉法輪處恆水
又東北流與幹得河相會幹得河一名高翁河源出烏得國北境南流經盧恰路城又東南與色河合而入於恆水而東南而北經迦尸普爾又東北
與殑伽河相會殑伽河一名固那河又名岡噶江發
源後藏阿里即噶池東南曰馬伯家喀巴珀譯言孔
雀口也爲阿耨達四水之一南流經達克拉城土名

麻楚河西南流與郎楚河相合始名岡噶江一統志狠楚河發源岡底斯山西流折北達古格札什城仍轉南又西流至桑納穌木多之地與拉楚河會又南流經畢底城之西折東流至達克拉斯木多北圖與麻楚河會三水既合始名岡噶江又東南經馬木巴柞木郎部落至厄納特克國入南海今按拉楚一水乃西南流入印度河不入岡噶江也狠楚河亦不經桑納畢底城等處南流入烏得國境又東南至烏得城古揚摩羅國舍衛城即波斯匿王所治也城內人民稀曠南門外有祇洹精舍池流清淨林木蔚然佛住此最久說法度人經行坐處有塔表之西南五十里有非薩巴城元奘記作室羅伐悉底人民富庶岡噶江從舍衛城分為雙流並趨而下有決列河及列低河自西北來入之列低

河發源廓爾喀西境東南流經哥鹿普爾古迦羅衛國即白淨王故宮也法顯記云從舍衛城東南行十二由延到迦羅衛城釋迦太子出家修行還家見父處故跡具存有塔表之國內空荒人民稀少又東南納小康托河而後同會於恆水又東至五河合口五河者何中為恆水右為申河左則大康托河所分出之三支大康托河發源廓爾喀國北境雪山大小溪澗十餘道會合為一流入沙冷境又東南析為三支同注於恆五水並滙於此焉予按法顯記所稱希連河當即今之康托河法顯記云從迦羅衛城東行十七由延到揚夷那竭城城北雙樹間希連河邊為世尊般涅盤處從此東行到五河合口世尊自般涅盤於河中央分身作二分各在一岸俾兩國王各得半身舍利起塔元奘記所稱尼連禪河當即今之申河元太祖征痕都司丹遣將追可弗乂算端

及於申河而止亦此水也申河發源索哈支南山西北流經邊托格有留底河自西來入之折而東流千餘里會合古必河列限河孤伊河諸水皆南境支流之大者轉東北經社哈巴的部內又東合於恆水自五河合口東行一由延至帕旦那城古巴連弗邑是阿育王所治也印度人言為地之中心從古著名之區水陸輻湊商賈所萃東南百餘里為拜哈城所稱王舍新城是也阿闍世王從土茆宮遷都於此如來御世五十載居此國最久遺蹟甚夥如五指山雞足峯耆闍窟皆在其南正覺山金剛座迦耶城皆在其

西晉法顯居巴連弗邑三年學梵書梵語譯經寫律十有八部自是以下為東印度境法顯記云自此東行近五十由延到多摩犁靬即是海口唐宋以前東印度諸國未通中土故不見於史至明初孟加臘乃由海道入貢其後亦為蒙古所併乾隆年間英吉利之公班衙侵佔其地建立埠頭於是卡呢格達一作甲兒古他遂為南洋一大都會焉稱曰孟加拉省所轄十有八郡元奘記中所述東印度諸國名今無可考蓋英人於此部多所變革語言文字風俗教化一變而為太西矣恆水自帕旦那東流左右受十數枝河經罷救兒城折東北會廓爾喀之

哥薩河哥薩河發源廓爾喀陽布城東至域丹支普爾與亞郎河泰巴河相合東南流經布利亞城入於恆水又東流至夕力告里有麻哈拉得河東北來入之折南流而東南歷妙兒塔那咤斜利磨耳士利等郡至妙達有火輪渡船爲通大吉嶺之鐵路又南流河中有大洲廣四十里又南經姑稣替亦大市埠卽明史古里瑣里國也又東南流蒲蘭蒲達江自東北來會昔人指此爲大金沙江非也又東南經達喀與末吉利河會自此以下江海之水混而爲一從徹地缸以西沿海千餘里港口數十皆恆水所洩是謂孟加拉海灣其水渾濁淺深叵測必遍置浮泡以志水道而後操舟者不迷所向其卡呢格達之港口曰固支黎一曰賀給黎從磨耳士利郡分出一支西南流經法國所屬市埠曰商得耳那哥又南經丹國所屬市埠曰色林坡皆在河之西岸其東岸有麻利坡城爲英國屯軍之所又有吸水機器引至卡呢格達四十餘里足供滿城數十萬家用之不竭跨河建造鐵橋長六十丈以通火車往來河濱有霍威廉礮臺圍周三里形若蓮瓣四面皆人字壘壍濠壘壍內有鑄礮之局河水折西南三百里至固支黎海口康泰扶南傳從迦那調洲西南入大灣可七八百里乃到

枝扈黎大江口枝扈黎卽恆水也予按枝扈黎乃扈枝扈之訛與固支黎賀給黎譯音相近耳

印度河

安治士河經流東中二印度印度河經流西北二印度中土所稱東西兩恆河是也自酈氏水經注康泰扶南傳於二水源流多所混亂佛經凡言恆河者皆指安治士而不及印度河梁書云天竺國臨大江名新陶源出崐崘分爲五江總名曰恆水實則五水合一非一源分五又東恆河亦有五河合口尤易相混衛藏志及各家與地圖移阿里之拉楚河合於岡噶江皆傳聞之訛也中土請經求法之僧多沿恆河至中印度而西北地境親歷者少惟唐元奘自北而中

而東而南而西再度此河上流則稱新頭河下流則稱信地河頗得其實與恆河絕不相蒙葢新頭爲上流之一源五源既合之後從信地國以入海始名信地河統稱則曰印度士也所謂五大源者何一曰新頭河源出後藏阿里僧格喀巴珀譯言獅口也流泉二十餘道匯合爲一西北流至札錫岡納心克賀河又西北千餘里至辣達克古巕達國也西爲罽賓南爲烏萇北爲渴盤陀今皆併於克什米耳考懸渡在巕達東南烏萇西北漢書罽賓傳起皮山南更不屬漢之國四五歷三池盤石阪陿者尺六七寸長者徑

三十里臨峥嶸不測之深行者騎步相持繩索相引二千餘里乃到懸渡晉法顯記云由于闐進向子合國南上葱嶺有毒龍池昔盤陀王以婆羅門咒咒之龍乃徙去（毒龍池在阿里魯多克城西北袤長五百餘里今名邊京池）順嶺西南行十五日崖岸險絕石壁千仞下爲新頭河昔人鑿石通路及度七百傍梯已躡懸絙過沙河兩岸相去八十步渡河便到烏萇國北魏慧生所述亦同是爲和闐入印度之東道也至若唐僧元奘乃由大宛西道繞出葱嶺之外踰鐵門渡縛芻河過興都哥士大雪山至迦畢試國（今曰喀非利司丹在甲布之東北）又東至烏鏺迦

漢荼城南渡新頭河入迦濕彌羅國（即克什米耳）葢程途有東西道之分津渡有上下游之別相距三千餘里他如元邱長春之詣雪山行宮僅至巴達克山尚未入北印度境無緣得涉新頭更無緣得至懸渡乃魏默深移懸渡於巴達克山之西反以長春所經石梁在其上流（長春記云歸從他道過石峽有石梁橫其上下流甚急賦詩有水北鐵門猶自可水南石峽更堪驚之句此是巴達克山另一小水）當東西易位上下乖舛尤謬之遠矣新頭河自辣達克西北流有善旣旯赫格底二河相合之水自南來會又西北至札來士有灑威河自東來會（灑威河發源葱嶺毒龍池之北南流至辣達克山外折向西北至札來士入於

新頭河又西北至夕卡陀北納畢兒底司丹之水又西北至本楚折而西南流有基節河自西北來會基節河有二源右源出於亨沙左源出於葉心至基兒節合流東南入於心頭河又西南流經邊努哥亞東境亞士多爾西境左右受數小水自此以上爲克什米耳所屬之境兩岸皆崇山峻嶺急溜奔瀧自此以下爲英吉利所佔之本若部地勢沃衍居民繁盛又西南至亞叨克乃一大市埠英人建造火車鐵路西抵俾石哇東達孟加拉有甲布河自西來會甲布者古高附國也屬於大月氏今爲阿富汗國都其水從西南山谷中流出遶甲布城南東流至折

剌那巴有庫那河自北來會庫那河二源俱出喀非利境南流入甲布河又東流至俾石哇爲英國所轄有邊達河自東北來會邊達河二源出於喀非利東境黑嶺西南流入甲布河疑爲西域記所稱達麗羅川又東至亞叨克入於新頭河自發源至此約千餘里兩岸多高山水流湍急舟楫難通新頭河至亞叨克以下則水勢深廣可駛輪船又西南流右受生河生河發源好斜那西南流入於新頭河左受幹丕河幹丕河發源因冷山中東南流經本路從葛鵠妙嶺兩山峽之間流出入於新頭河索丕河索丕河發源阿富汗南境東北流五百餘里與北來之哥末河相合東流入於新頭河暨斯來曼山麓諸小溪兩傍汊港歧出不一而足忽分忽合不出十里之外東境有勸亞沙

磧廣袤三百餘里復西南流與四源相會流入信地國境是爲印度河最遠之一源也二曰薩拉楚河亦發源後藏阿里境內有山曰郎干喀巴珀譯言象口也山之上有二池一曰馬品木達賴淖爾一曰郎噶淖爾二池之水從西北流出左右山泉數十道同注之西北流千餘里至桑納出阿里境折西南入印度界歷幹那它布士沙賀社普爾等部落至好利加有丕士河東北來會又西南至占普爾合於新頭河迤南有大沙磧廣圓數千里然沿河兩岸皆平衍膏腴人戶稠密三曰拉維河發源辣普爾北境山谷中西

南流至勞爾城一曰那哈爾昔塞哥王林日昇建都於此後與英國戰爭不勝乃將本若一部割隸於英幅員二千里跨印度河五大源南以薩拉楚河爲界英人從勞爾城沿拉維河南岸新修一鐵路以達於信地四曰占勞河發源好那爾部中北流經克什米耳東南境折西南至慕兒丹合於拉維河五曰志林河發源克什米耳東南山麓北流經色冷那格城西合東北一水流入一泊□□□復從泊西南流出南受凹里河北受吉善更格河至麻撒花那折南流轉西南合於占勞河五源既合流入信地國境稱曰信

地河西南流至路得分一支南流經愬易普爾至洛麻加入於卯齒澤中其正榦則西流折南經海地拉巴爲信地國都城又西南至塔塔復分爲數派入科曼海灣卽印度洋或稱小西洋梁書所云從月氏高附以西南至於西海蓋指此也

使德述略一卷

〔清〕楊晟撰

使德述略　解題

《使德述略》一卷，清楊晟撰。晟（一八六八—一九二九）字少川，廣東東莞人。早年留學日本、德國，光緒三十一年（一九〇五）任出使德國大臣，其間據彼邦典籍，訪之通人，證以遊學及奉使時見聞，撰成此書。分憲法、議會、官制、陸海軍、學校、税法等篇，皆舉其大綱。據上海圖書館藏清光緒三十三年排印本影印。

光緒丁未

使德述畧

弁言

謂一國之興爲一二人之力乎曰否然則非一二人之力乎曰否天下之大匹夫匹婦與有責焉而智識日進則國家思想政治思想日盛愛國之誠愈深則其欲起而擔負國家參與政治之心亦愈亟夫既莫能遏抑矣則利導之輔翼之養成其參與政治之資格而鎔鍊其擔負國家之能力者必有道焉

人羣進化每歷一階級卽有一過渡而當此過渡期間必有一二人焉左右一代之政權必有一二人焉孕育一世之意力及其享成功也乃又別有一二人焉養由基善射必先得良弓王良造父善御必先得良馬吾人誠欲研精射御之術乎今其治弓相馬之時期矣

既爲國家一分子自有其一分子之天職舉國家責任而欲倚賴一二人與負國家責任之一二人舉國家責任希冀國人之能共此負擔而不爲之啓其機緘導其先路與舉凡分負一部分責任之人而不求盡其範圍以內之責任其

爲放棄固有天職同苟務各盡其責任矣其初雖幼稚其終必有壯大成立之一日卽曰才識弗逮且勿自諉今者不待國民之要求而立憲

詔書出自

宸斷東西諸立憲國之歷史中曾聞有此

盛軌乎於斯而弗自勉更有何詞以爲諉飾之計雖然養成其資格鍛鍊其能力固不能無啟機緘導先路之一二人而搜弓材求馬經以供善射御者之識別採納則使臣奉節海外實處弓馬之肆雖自慚盲瞶豈容默爾

使臣之有筆記有報告例也顧禮俗殊異政教不同見聞所及訪問所得形式而已崖略而已雖日接其人士手其典籍而法令蝟如牛毛條而理之誠非易易加以文字解釋確詁爲難固有心知其意而譯達不能恰合者此周知四國之所以難也

抑今日社會之事實無一非智識學問之現象今日國家之政治無一非學人所研究而得國民犧牲性命所取換而得苟無其相當之學問經驗雖熟視之弗能睹也習聞之弗能省也事有萬變學有百科人雖聖智敢謂全能而深文苛責者每訾吾輩之記載爲摭拾皮毛試問將操何術以吸取其精神探知其秘密乎

夫精神者各人所固有者也秘密者一人之專精發明一時之利害問題而非通常之行爲也取甲人之衣冠剪裁之可以適乙人之體吸生人之精神入死者之身不可復活也秘密技術非專精其科學者不能盜以語常人不解也秘密政策施之無利害關係之國則失效施之有利害關係之國苟乏相制之能力坐待其操縱莫如何也然則精神也者秘密也者其保存其增益其發明其構造皆反求諸己而已

近世紀之法令東西諸國莫不轉相模效然英人用之而爲英法美人用之而

爲美法日本人用之而爲日本法也其爲之介紹者學人之學說其爲之驅迫者生存之競爭其形式相同其立法之原理莫不本已國之歷史風俗鎔鑄以植其基實驗屢變以適其用及行之既久形式亦且各異苟不求其所以異同之故雖皮毛其可得耶是皮毛者亦自己之所發育無從摭拾者矣

唯然爲盡其一部分責任故而學識弗足得其精神與其秘密乃孜孜從事於皮毛之纂輯據彼典籍訪其通人證以游學之日奉使之日前後所聞見筆之於書先德意志帝國憲法次選舉次官制次陸軍而附以普魯斯學務財政之大綱至若奧大利之憲法政治財政軍政報律諸編則已貢之考察政治大臣弗列於此列此者眞皮毛耶願世之有學識從其所寄進而求之若皮毛抑猶未也斯其學識之弗逮倘進而教之續而益之今日雖幼稚其壯大成立亦復不遠矣

光緒三十三年三月　日纂輯者識

使德述畧

後南楊　晟小川纂

經男殿鈞　門人李[illegible]　校字

目錄

目錄

目錄

使德述略目錄終

德意志帝國憲法序

德意志帝國憲法於一千八百七十一年普法交戰戎馬倥偬之際畢士麥書記官卜賀竭一夕之力編訂而成當是時各邦聯合之局成使無統一之法以範圍之無互繫之法以團結之而其基不固是以如是之亟亟也觀其組織完備條理精密宜爲談憲法史者所推重晟奉使是邦公餘輒取原文閱之知舊譯尙多錯漏撥冗譯此以資參考第因中西文體各殊祇求其意理毋相謬戾不能復拘拘於文字當亦閱者所共諒也

德意志憲法

德意志帝國憲法

代表北德意志聯合之邦普魯斯王陛下巴仁王陛下烏爾頓伯王陛下巴頓大公殿下赫沁兼領來音河一帶幷梅音河各域大公殿下公訂一永遠之聯合以保護聯邦領土及其法律幷增進聯邦國民之幸福此聯合成爲一德意志帝國以普魯斯爲聯邦之首於一千八百七十一年正月十八日起普魯斯王卽同時爲德意志帝國皇帝永遠弗替

第一章　聯邦領土

第一條　聯邦領土包括普魯斯兼勞因堡薩克遜烏爾頓伯巴頓赫沁梅林伯什威林薩克遜威馬梅倫伯士特力阿頓伯卜老舒威薩克遜美甯根薩克遜阿爾吞伯薩克遜柯伯歌打安哈爾特什瓦次伯孫得號什瓦次伯魯多士達窪爾狄羅爾士長支羅爾士幼支申伯里比里比呂卑卜里門漢堡並一千八百七十一年六月初九日法律規定之德意志公省愛里薩羅林

第二章　帝國立法

第二條　帝國在聯邦領土內依此憲法所規定行立法權帝國法律對於各聯邦之法律有優先之效力帝國法律由帝國公布後即有效力其公布特以帝國法律官報行之凡宣布之法律若未特定施行有效時期則以此次帝國法律官報在柏林發後第十四日爲此條法律有效之期

第三條　德意志全國人民屬於共同國籍無分彼此聯邦中此邦屬民居於他邦與其本邦之人一體看待無論安居營業服官置產獲有公權享受公利均與本邦之人無異其關於訴訟之事與受法律之保護亦與本邦之人相同德意志人民握有此權利不受本邦長官制限或他邦長官制限

凡救助貧民之規定遴選鄉官之規定與此條第一項無涉

交還罪人治療疾病埋葬死亡等事各聯邦先互有條約者其條約仍存效力至別有規定爲止

爲祖國供服兵役其履行義務之緊要條例應由帝國立法規定

德意志人民對於外國有向帝國要求保護之權

第四條　受帝國及帝國立法權監督之事件如下

一凡關於自由遷徙及本籍客籍住居各條例關於國民公權旅行執照及稽查外國人各條例關於工藝營業及各項保險其事項未經此憲法第三條所解決者各條例關於殖民事宜及徙居外國各條例皆規定之惟巴仁於本籍客籍住居規程不在此限

二出口入口通商稅則及供帝國費用之稅課皆規定之

三度量衡及貨幣規制並發行各項紙幣（原文作有款及無欵紙幣）規則皆確定之

四銀行通行條例

五創造新器專利規則

六版權之保護

七德意志在外國商業之通行保護規則保護德意志航海及船旗之通行規則及帝國設派共同領事館員之規畫皆制定之

八鐵道事宜及路道水道凡關於國防或商民交通便易者其工程之規畫管理之規則制定之但巴仁鐵道依憲法第四十六條所定不在此例

九在屬於數聯邦之水道內舟筏之營運規則修繕水道及徵收河稅并他項水稅之條例設置航海標識（如燈塔礁標及各項白晝標識）之規畫皆制定之

十規定郵政及電報章程惟巴仁烏爾頓伯依憲法第五十二條所定不在此例

按烏爾頓伯於一千九百零四年將本邦之郵政電報交歸帝國管理（譯者識）

十一各聯邦交涉之民事裁判互爲執行並其互相請求之事皆爲處理其條例皆制定之

十二認證公式證書之條例制定之

十三聯邦民法刑法訴訟等法一律制定之

十四帝國海陸軍

十五監察衛生及獸醫諸事

十六出報之條例集會之條例制定之

第五條　帝國之立法權由聯邦議會與帝國議會公行之帝國法律由聯邦議會與帝國議會之多數决之

海陸軍之議案暨此憲法第三十五條所載稅課之議案在聯邦議會不協時議長若主張維持舊制可以决之

第三章　聯邦議會

第六條　聯邦議會以各聯邦之代表委員組織之其决事權之比例如下

普魯斯（合漢落飛庫槩沁賀斯丹那索佛郎佛爾往日之决事權）　十七票

巴仁　六票

薩克遜	四票
烏爾頓伯	四票
巴頓	三票
赫沁	三票
梅倫伯什威林	二票
薩克遜威馬	一票
梅倫伯士特力	一票
阿頓伯	一票
卜老舒威	二票
薩克遜阿爾吞伯	一票
薩克遜柯伯歌打	一票
安哈爾特	一票

薩克遜美甯根	一票
什瓦次伯孫得號	一票
窪爾狄	一票
申伯里比	一票
什瓦次魯多士達	一票
羅爾士長支	一票
羅爾士幼支	一票
里比	一票
呂皋	一票
卜里門	一票
汗堡	一票

以上共五十八票

聯邦各按所有票數派全權委員於聯邦議會但本邦委員須表同一之意見

第七條　聯邦議會所議之事如左

一帝國議會提出之議案及帝國議會議決之案

二關於實行帝國法律所有通行行政規則及種種布置之未經帝國法律特行規定者

三實行帝國法律而生之缺點與實行前項行政規則或布置而生之缺點

聯邦議員各有提出意見於議會之權議長須將所提出之議案付之公決

凡議事除憲法第五第三十七第七十八三條所規定外以多數決之非代表者或未奉本邦對於此議案之訓令者其所投票不得算入數內若兩數平均則議長有決事之權

凡所議事若非關於帝國全部者按此憲法所規定則與議案有關係者始得列入議決之數

第八條　聯邦議會設常任委員於議員中選之

一理陸運及要塞事務

二理海上事務

三理關稅租課事務

四理商業交通事務

五理鐵道郵政電報事務

六理關於法政上事務

七理關於財政上事務

以上各項委員除議長外至少以四邦之代表者任之一邦祇准一票其理陸軍及要塞事務委員巴仁委員常占一席餘員由皇帝勅任之其理海上事務委員全由皇帝勅任之其餘各項委員由議會公舉之此等委員每屆聯邦議會一會期或屆一年即改選之前任者仍可當選

此外以巴仁薩克遜烏爾頓伯三邦之全權委員各一人並他聯邦之全權委員二人管理外交事務而以巴仁委員爲議長

各項委員所理事務皆設需用之官吏

按官吏指南所載憲法原文第七項常任委員之後揭明第八項理外交事務第九項理愛里薩羅林兩公省事務第十項理關於憲法上之事第十一項理關於監督聯邦議會之事並設特別委員理鐵道運費之事爲本文所無　譯者識

第九條　凡爲聯邦議會之議員有在帝國議會出席之權並可隨時要求帝國議會聽其代表本邦政府發明意見雖此意見已經聯邦議會之多數所不承認而亦不得拒之聯邦議會議員不得同時兼充帝國議會議員帝國議會議員亦不得同時兼充聯邦議會議員

第十條　皇帝須以保護外交官之道保護聯邦議會議員

第四章　聯邦盟主

第十一條　普魯斯王以德意志皇帝之名而爲聯邦盟主皇帝以公法代表帝國以帝國之名宣戰媾和並與外國締同盟訂條約遣派公使於外國並受外國之公使

以帝國之名宣戰必須聯邦議會之協贊惟聯邦領地或口岸迫於外寇時不在此例

與外國訂立條約有在此憲法第四條所揭諸項範圍之內者必經聯邦議會之協贊且必經帝國議會之承認方爲有效

第十二條　皇帝有召集聯邦議會與帝國議會之權並命開會停會閉會

第十三條　聯邦議會與帝國議會之召集年年行之聯邦議會因須預備之故不必俟帝國議會之召集先召集之而帝國議會必俟聯邦議會召集後方能召集

第十四條　聯邦議會議員有三分之一求召集時則必召集之

第十五條　聯邦議會議長之席位與事務之統轄以皇帝所勅任之宰相主之

第十六條　凡關緊要之議案照聯邦議會所議決者以皇帝之名送交帝國議會卽在其處由聯邦議員或其特選委員申陳之

宰相得以文書命聯邦議員之一人爲其代理

第十七條　帝國法律由皇帝署名公布之而監督其施行皇帝所布之命令必以帝國之名行之且必由宰相副署方爲有效宰相卽代負其責任

第十八條　皇帝任用帝國官吏使宣誓詞忠於帝國有時必不得已亦可令其免職

各聯邦官吏調任帝國職務者除帝國法律於其未到新任以前別有所定外其由本邦職任內曾得之權利帝國不得削之

第十九條　聯邦中有不盡此憲法上之義務者可以强力制之此等强制由聯邦議會决定而呈帝實行之

第五章　帝國議會

第二十條　帝國議會議員依直接普通選舉法以匿名投票之例選舉之帝國議會與聯邦議會共操帝國之立法權帝國議會議員共三百九十七名計普魯斯並老因伯二百三十六名巴仁四十八名薩克遜二十三名烏爾頓伯十七名巴頓十四名赫沁九名梅倫伯什威林六名薩克遜威馬阿頓伯卜舒威汗傑各三名薩克遜美甯根薩克遜柯伯歌打安哈爾特各二名梅倫伯士特力薩克遜阿爾吞伯什瓦次伯孫得號什瓦次伯魯多士達涯爾狄羅爾士長支羅爾士幼支申伯里比里比呂皋卜里門各一名德意志公省愛里薩羅林共十五名

第二十一條　官吏赴帝國議會參預議席毋須請假

帝國議會議員若受任爲帝國或各聯邦有俸之官與任帝國或各聯邦之官其爵位較前高俸金較前厚者則失其帝國議會之席位及投票權如果再被選舉方可復職

第二十二條　帝國議會議事公行之

帝國議會公議之事凡據實報告者不任其咎

第二十三條　帝國議會於訂制帝國法律有起草之權若接有民人請願書得將其書交送聯邦議會或帝國宰相

第二十四條　帝國議會議員任期定爲五年若於任期之內解散則必由聯邦議會議決並由皇帝允准始得行之

第二十五條　帝國議會若有解散之事必於六十日內復舉九十日內召集

第二十六條　帝國議會若有停會之事未經此會允准不得停至三十日以上每屆會期不得停會二次

第二十七條　帝國議會審察議員合格與否而裁決之自定辦事規程及約束議員條例選舉議長副議長書記等員

第二十八條　帝國議會議事必以多數決之凡議決之事必有議員全額過半之數參預議席方爲有效

第二十九條　帝國議會議員乃全國人民之代表不得爲他人之囑託或指揮所束縛

第三十條　帝國議會議員無論何時不得因議決之故或因履行職務而有所施爲之故受刑官之裁判與長官之約束亦不受在議會外之種種責問

第三十一條　帝國議會議員若有犯罪行爲除犯事時或犯事之次日即被逮捕外未經帝國議會允許不得於會期內拘訊

若有因負債而捕之者亦必經帝國議會之允許

議員有因刑事訴訟或因民事應被拘訊者若帝國議會要求暫行停理則俟

會期畢後方理之

第三十二條　帝國議會議員不得因身任議員而受俸金或他項酬費

按一千九百零六年删除此條給予議員俸金　譯者識

第六章　關稅及商業

第三十三條　德意志帝國全境成爲一大關稅商業場四圍邊界定共同之關稅其因地勢不宜編入此關稅界內者則劃出之使仍其舊

凡屬聯邦中此邦之自由貿易品物亦可運入彼邦若彼邦非於此項內地物產徵收內地稅者不得徵稅

第三十四條　卜里門汗堡兩都府及其屬境或鄰邦附近之境有不宜編入共同關稅界內者於其未聲明願同編入前項界內以前作爲自由商埠

按一千八百八十八年兩都府亦編入此界內　譯者識

第三十五條　帝國獨有之立法權規定全部關稅及各聯邦所産之鹽煙草

等稅所製之燒酒麥酒稅蘿蔔或他種土產所製之糖與糖汁稅並規定各聯邦互相保守其徵收銷場稅之規則以杜偷減等弊管理關稅事務之常任委員對於共同關稅界務有所規畫帝國亦以法律定之

巴仁烏爾頓伯巴三邦內地燒酒麥酒稅則各以本邦法律定之

按一千八百八十七年三邦廢除其自定之燒酒稅則而行帝國通行燒酒稅則 譯者識

第三十六條　關稅及憲法第三十五條所載之銷場稅前由各聯邦自行徵收監督者仍令主之

皇帝派令帝國官吏按照聯邦議會之管理關稅事務常任委員所擬到各聯邦稽查各稅務官廳與各稅務人是否依律執行

此項官吏查有施行第三十五條所揭之共同規律不善之處報告於聯邦議會提作議案

第三十七條　凡於施行憲法第三十五條所揭之共同規律會議辦事章程及其布置若聯邦議會議長主張維持現行制度則依以決之

第三十八條　關稅收入欵額及憲法第三十五條所載各項稅額其由帝國立法規定者全納於帝國國庫

此項關稅全部及各稅課之收入欵額未納於帝國國庫之先應扣出欵目如下

一按照法律或行政通行規則應給還之欵或減輕之欵

二不在徵收之例應發還之欵

三徵稅辦事費用

甲關於徵收關稅之保護邊界需用公費與徵收關稅之辦事需用公費

乙在鹽場徵收鹽稅之辦事公費與執事官等之俸給

丙蘿蔔糖稅煙草稅由聯邦議會決定以徵收之事分委各聯邦政府其政

府各應支用之公費
丁承徵其餘各種品物稅項之辦事費用應在其稅項下支出百分之十五
在共同稅關界外之區域須納恰當之金額於帝國國庫以供支用
巴仁烏爾頓伯巴頓所徵燒酒麥酒稅項無庸納於帝國國庫亦不納前項之
恰當金額
第三十九條　聯邦徵收稅課官吏於每三個月調製三個月概算書又於年
終賬簿結算之期調製淸算書登明每三個月內及每歲內關稅及第三十
八條所載應納於帝國國庫之消場稅徵入若干由直接管理之官廳檢查後
即日分割各種稅目列作一覽表送於聯邦議會之稅務常任委員
稅務常任委員據此一覽表查定每三個月由各聯邦應納於帝國國庫之總
額報告聯邦議會及各聯邦且每年查定總額附以意見提出於聯邦議會議
決之

第四十條　一千八百六十七年七月八日所訂關稅聯合條約各條例若非因此憲法之規則而有變更或因此憲法第七條及第七十八條所揭之法而有變更則存其效力

第七章　鐵道

第四十一條　因德意志國防之故或因公共交通之故必須造築鐵道其鐵道經過聯邦之地此邦縱有違言帝國可依法律以帝國之欵或招私家公司有權選買其地段而造築之但不損碍其邦之主權

凡原有之鐵道須准新築之鐵道自備工費接連其軌路

依律規定之條例從前認許原有之鐵道業主禁制他人築造鐵路與之並行或與之爭利此等條例今於帝國全境之內皆廢除之所有業主已得之專利特權並皆作廢此後亦不再以此項禁制之權給予承辦之公司

第四十二條　聯邦各政府因公共交通便利之故須視德意志諸鐵道爲一

體而管理之且於新造之鐵道亦依劃一之法規行之

第四十三條　所有行車布置必須迅速一律完備鐵道警察尤須一律規定對於鐵道行政帝國須籌善法務令一切營造週時穩固並令按照交通情形置備種種需用之件

第四十四條　鐵道必須按照直接交通情形及叉道接運情形備相需之客車定恰當之速率其運貨車輛亦按所需之數預備妥協並准他鐵道之客車貨車照章納費從彼軌道直行入此軌道

第四十五條　帝國有監督運價之權其範圍所及者

一令德意志各鐵道速行劃一之規則

二令運價務能均平並一律減輕至煤炭焦炭木料鑛砂石料鹽類生鐵肥料等類運至稍遠之處尤宜按照農事工藝所需情形減輕運價且宜即速施行

一分尼運價之規例

第四十六條　於凶歲時尤於食料格外昂貴時聯邦議會之鐵道常任委員於鐵道載運穀類粉類及豆薯類按照當時情形核擬特減運價由皇帝批定各鐵道必須施行之惟此特減之運價不得較載運生貨之最低價額尤爲低下

以上所載及憲法第四十二至四十五等條所載各條例於巴仁不能適用帝國對於巴仁凡與國防關係緊要各鐵道於其建築置備亦有制定劃一法規之權

第四十七條　帝國官廳因德意志國防之故索用鐵道則鐵道全部必須順從不得拒絕至載運軍隊及一切軍用之物尤須一律減輕運價

第八章　郵政及電報

第四十八條　郵政及電報事務在德意志帝國全部爲統一之國家交通機關一律布置而管理之

按照北德意志郵政電報規制之原則凡郵政及電報事務曾由行政官暨執事官規定者第四條所揭帝國立法權對於郵政電報不得及之

第四十九條　郵政及電報之收入額爲帝國共同之欵其經費由此公共之收入項下支出餘欵納入帝國國庫

第五十條　郵政及電報之上級管理權屬於皇帝皇帝設置之官廳有規畫一切之權利義務使管理方法施行方法及官吏資格歸於統一範圍之內而維持之

行政規則辦事章程由皇帝公布之其與帝國外之郵政及電報關繫之事皇帝統轄之

郵政及電報全部官吏皆有服從敕令之義務此義務於受職時宣誓明之

各處郵政及電報行政官廳所設高等重要之官（如局長參事官高等稽查官）並代此官廳在各處主理監督等事之郵政及電報官（如稽查官監督官）在德意志帝國全境內均由

皇帝敕任之以上官員須宣對於皇帝必盡職務之誓

此等敕任所至之處有與聯邦領土關係者須及時知照此邦政府此邦君主即承認而公布之

第五十一條　第四十九條所載郵政餘欵納於帝國但聯邦各區郵局向所收入之餘款多寡懸殊須於以下規定之遞遭時期設法均平之其法如左

一千八百六十一年至一千八百六十五年五年內各區郵局所收餘欵以一年之額酌中算之合計帝國全部郵局收入總額各按年額酌中之例確定分數分配各邦

初行帝國郵政八年內依據此法收各邦之郵政餘欵即將此欵算入各邦所應攤納於帝國欵額之數

此八年之後即將前項區別廢除將郵政餘欵全數納入帝國國庫如第四十九條所定

此八年間所分配於各自由都府之郵政餘欵每年預納半額於皇帝以充各都府設辦合格郵局之費用

第五十二條　以上所定之第四十八至第五十三條各條例不適用於巴仁烏爾頓伯茲爲二邦定以下之條例代之

郵政及電報特權之規定郵政及電報對於公衆在法律上關係之規定蠲免郵費之規定郵便稅則之規定均專屬於帝國立法權內惟巴仁烏爾頓伯於其內部交通得自專定辦事章程與郵費則例至規定電費則受同一之限制與外國郵政及電報交通之規則亦帝國定之惟巴仁烏爾頓伯自與其非屬於帝國之鄰邦直接交通不在此限可依一千八百六十七年十一月二十三日郵政條約第四十九條所規定者行之

郵政及電報收入欵項納於帝國國庫之例巴仁烏爾頓伯不在其內

按一千九百零五年烏爾頓伯將自管郵政之事歸於帝國 譯者識

第九章　海軍及航海

第五十三條　帝國海軍是統一之機關立於皇帝最上命令權之下其組織編製之權皇帝掌之皇帝任用海軍士官及諸軍吏此等士官軍吏與軍艦人等須宣對於皇帝必盡職務之誓

啟路港及耶達港作爲帝國軍港

製造軍艦而維持之其經費及與相繫之種種要費均由帝國國庫支給

帝國海軍全體並司機司匠等人免服陸軍義務而以服帝國海軍兵役之義務代之

第五十四條　各聯邦商船全體結爲統一之商船隊

帝國有規定調查海船載重積量章程之權有定發給重量證書與船泊證書格式之權有定準令管駕海船規條之權

在各聯邦海港及天然水道或人工水道內聯邦商船全體均可駛行並受一

律之看待海港之種種設置海船或其運載用之徵收費項不得超過其經費及修繕需用常費欵額之上

在天然水道內除有便利交通特別之設置外不得徵費此費亦不得超過設置經費及修繕需用常費欵額之上在屬於國家之人工水道內徵收費項亦如此例以上條例對於木筏祇在可供航行之水道內可以適用

若向外國船舶或其運載徵收別項費或徵較重之費唯帝國能之各聯邦不得有此權力

第五十五條　軍艦及商船隊旗色爲黑白赤

第十章　領事館

第五十六條　德意志帝國之領事館全部立於皇帝監督權之下皇帝諮於聯邦議會之商業交通常任委員任命領事官

德意志領事官管轄區域之內各聯邦不得更設領事館德意志領事官於其

管轄區域內兼代不設代表之各聯邦行領事官之職務德意志領事館組織一經完備爲聯邦議會所承認足以代表各邦即將聯邦原設之領事館悉行廢撤

第十一章　帝國軍事

第五十七條　凡爲德意志人皆有服兵義務此義務不得以他人代行

第五十八條　帝國軍事費用及擔任由諸聯邦及其屬民一體負之各邦及各級人民决不得畸輕畸重其力有不能肩負均等分配之擔任者以不害其公安爲限依據公道立法均平之

第五十九條　凡能戰鬭之德意志人恒以滿二十歲至年及二十八歲爲度此七年間屬於常備軍前三年服現役後四年預備役此後屬於第一期後備軍五年再屬於第二期後備軍至年及三十九歲三月三十一日爲止各聯邦從前法律所定服兵年限在十二年以上者今爲顧念帝國戰備起見祇能將

其年限按序逐漸減縮

按一千八百九十三年八月初三日法律改訂除馬隊暨陸路砲隊騎兵仍三年外餘均服現役二年　譯者識

預備兵有徙居外國者仝照後備兵之移徙條例辦理

第六十條　德意志軍隊至一千八百七十一年十二月三十一日止平時軍額係據一千八百六十七年調查人口册數每百人約有一人服兵聯邦可依此率各出人數此後軍額再由帝國立法確定之

第六十一條　此憲法公布之後即於帝國全境內將普魯斯軍事法律全部迅速行之並將此法律上之施行解說增補各規則與各訓令敕諭即一千八百四十五年四月初三日軍事刑法一千八百四十五年四月初三日軍中行事裁判法一千八百四十三年名譽裁判法及平時戰時之徵兵條例服兵年限條例糧餉條例駐紮條例損害田野賠償條例暨調集兵隊等條例迅速行

之惟軍中宗教規程不在此限

德意志軍制組織一律完備後即訂一完全之帝國軍事法律交帝國議會及聯邦議會依憲法所定議決之

第六十二條　德意志軍隊全部所需經費及軍隊內種種設置所需費用至一千八百七十一年十二月三十一日爲止照第六十條所載之平時軍額按人計算每一人每年核費二百二十五撻拉（七百五十馬克）納於皇帝以供支用一千八百七十一年十二月三十一日以後各聯邦須接續付納此欵於帝國國庫其計算仍照第六十條暫定軍額爲率至帝國法律別有所規定爲止

帝國軍隊全部及其設置支用以上欵額以豫算法定之

軍事支出豫算表依憲法規定之帝國軍制定之

第六十三條　帝國陸軍全部結爲統一之軍隊戰時平時均立於皇帝命令之下

帝國軍隊全部各營接續編定號目軍衣以普魯斯軍隊之服色服式爲準其表面徽章（帽珠徽記等）任各聯邦主帥定之

皇帝有規畫檢查之義務權利務使德意志軍隊各部隊兵額滿足武勇優勝幷於編制分配之事劃一規定其軍械號令及軍卒敎練士官資格均統一而維持之皇帝有隨時檢閱各聯邦主帥本部之權其組織有不善者命除廢之

帝國軍隊之平時規畫各聯邦主帥本部之部署分配以及後備軍制之組織皆由皇帝定之皇帝有在聯邦領土內規定駐防處所之權並命帝國軍隊無論何部隊作出戰之準備

德意志軍隊各部隊應有劃一之政令糧餉軍械軍裝因維持此制之故將來凡有發於普魯斯軍隊之命令須由第八條第一項所載之陸軍及要塞常任委員知照各聯邦主帥本部之司令官使倣行之

第六十四條　德意志軍隊全部有必須服從皇帝命令之義務此義務於軍

隊誓詞中宣之

各聯邦主帥部下之最高司令官及所有士官其統轄營隊不止屬於一聯邦主帥本部者並所有要塞司令官均由皇帝任之所任士官對於皇帝須宣軍隊誓詞各聯邦主帥於其管領之內必經皇帝許可始能任命將官及任命充服將官職務之士官

帝國士官無論屬於普魯斯軍隊或他聯邦主帥部下者皇帝有選調之權命其轉補帝國職務敘任之缺此等轉調不問是否升擢

第六十五條　皇帝在各聯邦領土內有築建城塞之權若其經費未列於常費計算表則皇帝按照第十二章請發此項之需用經費

第六十六條　若無專約特別規定者則聯邦君主及自由都府之執政院可依第六十四條所限制任命本部士官聯邦君主及自由都府之執政院即爲其領土內一切部隊之長享受種種榮譽無論何時有檢閱營隊之權除收受

尋常報告及一切關於更動之報告外其領土內各部隊凡有升擢任命之事均有及時之知照以便公布邦域

聯邦君主及自由都府之執政院遇有關於警察之事不惟有使令本部營隊之權且有調用駐紮於其領土內之帝國各營隊之權

第六十七條　軍事預算贏餘款項不得通融納於聯邦政府必須納入帝國國庫

第六十八條　聯邦領土內有公安緊急之時皇帝可於無論何疆域宣告戒嚴其宣告戒嚴條件與公布格式及其果效於帝國法律未行制定之先可以一千八百五十一年七月初四日普魯斯法律所定規條用之

第十一章　結例

本章所載各條對於巴仁則以一千八百七十年十一月二十三日同盟條約第三章第五條之細則爲適用對於烏爾頓伯則以一千八百七十年十一月

二十一日至二十五日軍事條約之細則爲適用

第十二章　帝國財政

第六十九條　帝國收入款額支出欵額必於每歲估計列入帝國豫算表此豫算表於豫算年度開始以前以法律按照以下原則確定之

第七十條　公共支出欵額由前歲贏餘項下儘先開支并由關稅及公共銷場稅與郵政電報之公共收入款額各項下開支若收入欵額項下不敷開支則於帝國稅課未行以前由聯邦各按戶口輸納欵項以充補之攤納款額由宰相定之而以豫算額數爲限

第七十一條　公共支出欵額通常准以一歲之支用計之而於特別之事亦准以數歲之支用計之

在第六十條所揭之遞邅時期內須將軍隊經費豫算表提出於聯邦議會及帝國議會以備參考

第七十二條　在帝國收入各款額項下支用者由帝國宰相每歲開具決算書提出於聯邦議會帝國議會以卸責任

第七十三條　遇有特別需用之時可由帝國立法募集公債帝國承受擔保之責任

第十二章結例

巴仁軍隊支出欵額則以第六十九條第七十一條爲有效但須循照第十一章結例所揭一千八百七十八年十一月二十三日同盟條約之細則行之再第七十二條亦爲有效但須將巴仁軍隊所需之欵撥付巴仁一節發明提出於聯邦議會帝國議會

第十三章　判決爭端及刑法條例

第七十四條　凡有損害帝國之存立與其土地之安全或國家之保安或帝國之憲法者凡有侮辱聯邦議會帝國議會聯邦議會或帝國議會之議員並

帝國之官廳者凡有當帝國官吏執行職務時或因其職務上之措施以語言文字刊印書本繪寫圖記等件侮辱之者須在其本邦內按照本邦現行法律或將來能生效力之法律裁判而懲罰之以上辦法與判罰凡對於各聯邦或其憲法議院議員官廳官吏有類此之行爲者毫無差別

第七十五條　凡犯第七十四條所載對於帝國之罪如犯對於各聯邦視爲大逆不道或國家叛逆者須由三自由都府在呂比之公共高等法院行初次及末次之裁判

按一千八百七十七年正月二十七日制定帝國大審院條例及裁判規程一千八百七十九年在來丕基府設立帝國大審院凡犯以上對於帝國之罪者皆歸判罰 譯者識

第七十六條　各聯邦互有爭論除其爲私法性質者由普通裁判所判決外如兩造中有提交聯邦議會議斷者則聯邦議會議決之

各聯邦有關於憲法上之爭端其憲法未經載明應歸何項裁判所判決如兩造中有提交聯邦議會議斷者則聯邦議會和平解决之若或不能解決則由帝國立法斷決之

例如漢堡自由都府人民控訴其執政院違背憲法一案一千八百八十一年三月十四日帝國立法斷決之（譯者識）

第七十七條　各聯邦內若有裁判官拒不受理之案依律上控亦未見納者聯邦議會須收受此未經受理或理而中止之控訴查明果屬此邦憲法及其現行法律准爲裁判者斷令此邦政府理之（原文使此邦政府實行法律上之保護）

第十四章　通行規則

第七十八條　此憲法若有更易須由立法行之如聯邦議會有十四票反對所擬之更易律案則作罷論

帝國憲法所規定有一邦對於衆邦獲有一定之權利者若於此等規則有所

更易非經此邦允許不得施行

按帝國憲法所規定有一邦對於衆邦得有一定之權利者如左

甲對於巴仁則第四條之第八第十三項第三十五條第三十八條第四十六條第五十二條第十一章第十二章結例均有一定之規則

乙對於烏爾頓伯則第四條之第十項第八條第三十五條第三十八條第五十二條第十一章結例均有一定之規則

丙對於巴頓則第三十五條第三十八條均有一定之規則

丁對於薩克遜則第八條有一定之規則

戊對於漢堡及卜里門則第三十四條有一定之規則 譯者識

德意志帝國憲法終

第一章聯邦議會

聯邦議會者以代表聯邦各政府之議員組織而成者也

第一節總綱

聯邦議會之設爲德意志聯邦各政府維持主權起見故議會贊助帝國訂定通行法律頒發而實行之其不在皇帝權力範圍內者即由議會辦理見憲法第七第十六等條並一千八百七十一年法律官報第六十三篇

第二節會員之選派

議會會長由皇帝簡派宰相充之宰相亦可備文請一會員代理事務見憲法第十五條並法律官報第七篇之一千八百七十八年三月十七日法律第四條

議會有各聯邦政府所派會員五十八員計普魯士十七員巴仁六員薩克遜四員烏爾頓伯四員巴頓三員赫沁三員梅倫伯什威林二員卜老舒威二員其餘聯邦各派一員會員均依其本邦宗旨議會決定見憲法第六條

德意志公省愛里薩羅林雖無在議會遣派會員之權而遇有關係公省之事仍可委員到議會參議見法律官報第一百六十五篇之一千八百七十九年七月初四日法律

第三節會員之召集

召集會員由皇帝頒發敕令每年至少召集一次若聯邦議會之會員有三分之一求開會者則召集之見憲法第十二十三十四等條並一千八百七十一年二月二十一日會議條例

第四節常任委員

聯邦議會自選若干會員爲常任委員分理各項事務如下此等委員任期以一年爲限

一理陸軍及要塞事務

二理海上事務

三理關稅地租事務

四理商業交通事務

五理鐵道郵政電報事務

六理關於法政上事務

七理關於財政上事務

八理關於外交上事務

九理關於愛里薩羅林兩公省事務

十理關於此憲法上修改考察之事

十一理聯邦議會監察之事 均見憲法第八條

第二章帝國議會

帝國議會者以帝國國民選舉之代表議員組織而成者也

第一節總綱

帝國議會以查核帝國全年度支結案爲要務 見憲法第七十二條

第二節議員之選舉

議員既爲德意志聯邦國民之代表（見憲法第二十九條）故由國民直接以匿名投票之例選舉之每五年選舉一次（見憲法第二十二十四等條並法律報第一百四十五篇之一千八百九十六年五月三十一日選舉法律又法律官報第二百七十五篇之一千八百七十年五月二十八日之章程）

凡國民年及二十五歲以上皆有選舉之權其無選舉之權者有四種人一爲不能自理其事須國家派人經理者一爲商人賬目雜亂外欠甚多須國家代爲清理者一爲貧民不能自贍爲地方收養者一爲有喪失國民公權者（見選舉法律第一第三等條並刑律第三十四條）

又武備人等亦無選舉之權（見選舉法律第二條並法律官報第四十五篇之一千八百七十四年五月初二日武備法律第四十九條）

其具被選之資格者與以上所開有選舉之權之人其理無異惟被選之人在德意志聯邦或其屬地入籍至少須及一年之久方爲及格（見選舉法律第四條並法律官報第四八百十三篇之一千九百年七月二十五日屬地法律第九條）

官吏兼爲議員赴會無須請假其既兼議員後若升調他缺其職銜及俸薪較

前爲優卽應離其現在議員本任（見憲法第二十一條）
選舉區域各有定處每處約有十萬人民之衆卽得選舉議員一人德意志共有三百九十七處（見選舉法律第五條並憲法第二十條）
選舉之時各處分別界限並派員管理界限內選舉之事（見選舉法律第六第九等條並選舉章程第六第七第八第十等條）
選舉當公開之由皇帝訂期各聯邦同時選舉（見選舉法律第九第十四等條並選舉章程第九條）
選舉之時須先開具有選舉之權之人名簿宣示於衆（見選舉法律第七第八等條並選舉章程第一至第五等條）
選舉之人匿名投票其票須有一定格式用蓋印封筒嚴密封固（見選舉法律第十第十一等條並選舉章程第十一至十六等條）
管理界限內選舉之員查核被選之名數達於總理本區選舉之委員以便合算（見選舉法律第十三條並選舉章程第十七至第二十二第二十四至第二十七等條）

選舉之法須得投票過全數之半始能被選如有二人所得同占多數則以掣籤決定去留否則令人民另將此二人再行選舉見選舉法律第十二條並選舉章程第二十八至三十五條

第三節議員之召集

皇帝有召集議員開會閉會以及展緩議期之權見憲法第十二條議員每年至少召集一次見憲法第十三條展緩議期如非由帝國議會允諾不得過三十日亦不得於一期之內展緩二次見憲法第二十六條

如在五年選舉期內辭退議員必須聯邦議會定斷皇帝允准始得施行辭退後須於六十日內另行選舉九十日內召集見憲法第二十四二十五等條

第四節議員之權限

議員不得受他人之囑托指揮見憲法第二十九條

議員無非有失言與決定之後慮見憲法第三十條

議員犯法非由帝國議會允許不得在會議期內拘捕倘其犯法之時當場被

捕或犯法未過二日即被捕逮則可送交裁判所若有因案須受拘訊如在會議期內議會欲其暫停拘訊則須展緩至會議期畢方得行之（見憲法第三十一條並民事訴訟條例第九百零四九百零五等條）

議員如非由帝國議會允准不得在柏林充當見證與公正人（見民事訴訟法第三百八十二四百零二等條並德意志刑事訴訟條例第四十九七十二等條）

第五節議員之津貼

會議之期自開會八天以前至閉會八天以後在帝國火車免其車費並帝國國家每年發給津貼三千馬克十二月初一日發給二百馬克正月初一日發給三百馬克二月初一日發給四百馬克三月初一日發給五百馬克四月初一日發給六百馬克其閉會或展緩之日發給一千馬克惟該員如在會議會未到院者即於領款時按日扣除若干（見法律官報第四百六十八篇布宣之一千九百零六年五月廿一日之法律）

第六節帝國議會之規則

帝國議會會議公開之見憲法第二十二條

帝國議會訂定會議並懲罰之規則見憲法第二十七條並一千八百八十六年六月十二日之會議條例

聯邦議會之議員皆有進帝國議會聽議之權有宣言者帝國議會不得禁之見憲法第九條

凡提一議案會議中人須有逾多半數之贊成始能決定如來會議者不及議員全額之多半數則雖有議決之事不能實行之見憲法第二十八條

第三章訂定德意志帝國法律之辦法

聯邦議會帝國議會均有擬訂帝國法律之權見憲法第七第二十三等條

訂定帝國法律須有議會並帝國議會多半數之贊成始能決定見憲法第五第六第十九第七十三等條

帝國所訂之法律較之各聯邦所訂者有優先之效力見憲法第二條如有一邦已訂之法律與帝國新訂之法律牴觸者須將此一邦之法律作廢

帝國所訂之法律先登諸法律官報自柏林出報之日起至第十四日即須按照新律實行見憲法第二條並法律官報第二十四篇之一千八百六十七年七月二十六日之條例

帝國法律訂定後皇帝應親署名一體頒行見憲法第十七條

德意志帝國議會終

德意志帝國官制述畧

德意志結聯邦而成帝國故其官制有帝國官吏聯邦官吏地方官吏之別帝國官制準最高權統一之原則而定之皆以皇帝之命受宰相之監督而任帝國直接統一範圍內之政務不及於各地方者也故雖散在各聯邦者苟爲帝國所建立卽爲中央之支部而非地方之長官蓋純乎中央制也語其組織之形式於他國少可比擬而亦不適用於中國然以中國疆域之廣分治區域之大爲政權統一故爲地方各適其宜不受中央牽掣故則於其組織之精神宜有所取擇焉作德意志帝國官制述略

德意志官制

沿革

北德意志聯邦之初建也立聯邦宰相府執行聯邦行政事項而屬於聯邦之陸軍海軍外交行政仍普國諸部兼任之一千八百七十年因移外交用費於聯邦豫算始立北德意志聯邦外務部之名及德意志帝國成立變更官制僅易名稱冠以帝國名義曰帝國宰相府曰帝國外務部尋合併海軍部海事總督府附以帝國海軍局之名稱至一千八百九十九年又再分離海事總督府於海軍部外卽今日所謂帝國海軍部者其稱名之義與昔殊矣在一千八百七十五年以前宰相府設特別局司處理鐵道銀行廢兵養恤等事其後立帝國司法局經時未久諸局司漸分而爲獨立官府其司法獨立在於一千八百七十七年卽今帝國司法部其財政在於一千八百七十九年卽今帝國財政部同時鐵道局爲帝國鐵道部而宰相府只存一中央局矣一千八百八十年稱宰相府爲內務部而郵政總局至此時始改稱帝國郵政部別於宰相直接

事務置附屬官吏謂之帝國官廳即令制是也故溯其分合之迹而推源聯邦宰相建立之始普國行政各部兼任海陸軍外交之時則帝國政府與普國政府之關係可知普國於各聯邦中之地位亦可知矣

職權

中央各部院之權限由帝國機關之權限而來所謂帝國機關者曰聯邦議院曰皇帝曰帝國議會而中央各部院其一也故欲明其權限不可不先究各機關之權限與其相互之關係聯邦議院者各聯邦君主元老之集合體而即帝國國權之主體也自國與國相對言之則有外交官之性質自政府與政府相結合言之則實居行政範圍內最重要之地位而又有國會之立法權焉而其議長則帝國宰相也皇帝與立憲國之君主不同與民主國之總統不同而又不得僅僅視爲同盟國之盟主蓋據法律之文皇帝非如他立憲國元首顯爲統治權主體而其實質乃有莫大之權力殆有甚於他立憲國者然皇帝不負

執行之責負其責者又帝國宰相也帝國議會純乎國民之代表固與他立憲國之代議制無異然以視英法諸國合兩院而成之國會其立法權之完備殆有不逮者蓋聯邦議院對於帝國議會非上議院之對於下議院而直政府之對於議會也帝國議會解散必要聯邦議院與皇帝同意苟不召集聯邦議院不得召集帝國議會而帝國議會不召集仍得召集聯邦議院然則參與立法監督行政名爲議會之權而操縱會黨左右政策一視宰相之運用故數十年來議會之解散不知凡幾而中央所有行政官大都分部執行政務於宰相監督指揮之下其獨立不受宰相干涉者司法官之外不過一二而已今得一言以斷之曰中央政府者權限至狹而權力最强者也其不得不狹者爲存各聯邦內國主權故苟害及其主權則聯邦不復成國矣其不得不强者以帝國政策統一故苟不能統一則何貴乎此擁空名之帝國勿甯鼎立之爲愈矣以此特別之理由而成特別之職權固不得以普通國法之說解之而推他立憲國

政府之例以例之耳

任用

凡官吏除選舉之外莫不出於任命選舉之法用於地方自治之團體自治團體以外即有參用選舉之時亦必經任命而後成其爲官吏任命者受命於主權及由主權所委任之官府也而德意志既有聯邦之主權又有帝國之最高權故地方官吏通受命於聯邦君主其在自由都府則由大政院而帝國官吏則皇帝與聯邦議院帝國議會皆有任用權此其與他國不同者也屬於帝國議會任用者惟議會中吏員議會以外不能及也其他一切行政司法官殆莫不受命於皇帝而皇帝實不能盡以己意專任之除宰相及各部長官負國務大臣責任者外其必屬於聯邦議院之參與者指定之地位有三一由皇帝任用而必徵之聯邦議院之意見者如租稅關稅之監督等必徵關稅租課常任委員之意見領事必徵商業交通常任委員之意見是也二由聯邦議院議定

而後請皇帝勅令者雖議院非敢强要皇帝非必嘉納然若皇帝與議院意思不能一致必不得任用如大審院判事帝國上級檢事帝國檢事聯邦國籍局局員帝國銀行總裁局局長局員帝國特許局局長保險局局長局員等是也三直由聯邦議院選舉及任命者如統計局局員懲戒委員會會員帝國廢疾者資金管理員帝國銀行監查局局員是也然則以上所指定諸官吏雖必受皇帝勅令書不過畫諾而已而要不得以此爲有損皇帝之大權也各國國務大臣往往視輿論爲進退而德國宰相部臣苟明良際會廟謨契合類能排羣議定畫一政策其去留決非浮言所能搖動畢士麥見信於威廉第一得以久秉政權竟其不世之偉業及與今皇相齟齬而不安其位社會人雖惜其去無如何也夫國務大臣之任免非羣言所能參與如此是亦大權尊嚴之明證况以上所指定諸官吏無能左右統一政策之進行者皆內國關係个人關係也以憲法維持共同幸福之原則言之自當公之聯邦於大權作用無所用其解

釋者也

處分

處分官吏之法有二一曰職務罪曰勤務罪皆以治違反官吏行爲者也而于其違反之原則二者無確定界限悉據成法明載條例以治之凡違反義務而法律無特別規定者是爲勤務罪其一一精密規定於刑法者是爲職務罪犯職務罪者其出訴屬於通常裁判所其辦理法亦與通常司法事件無異惟判決據刑法所指定者爲斷犯勤務罪則出訴于懲戒裁判所懲戒刑罰與普通刑罰異專以官吏爲根據而規定者也懲戒權之施用於官吏也不問爲何項官吏即如自治團體官吏如陪審員若非專務職官仍兼私人營業者如私立學校教員皆視爲有官吏性質同服從於懲戒權之下適用同一之原則其輕者曰戒告曰譴責曰罰金及由二三相沿之法例予以特別之縛制凡如此者皆上級官府自治其屬其屬對於此處分止得訴願於上級官府若有異議亦許

求開正式懲戒裁判照懲戒裁判法辦理其重者曰免官曰降職曰停職及限其不得轉高等俸給之地位凡如此者皆由上級官府先照對審法辦理後乃宣告其判決在司法官則依帝國裁判所搆成法與所附之各聯邦法律而宣告其判決於裁判所在行政官則或委諸裁判所或行政裁判所或行政官廳或委諸行政官與司法官共組織之懲戒官廳要之普通人皆服從一刑法權而官吏則服從兩重刑罰權然與一事不再理之原則無害也蓋刑事裁判所對於懲戒之辦理有優先之效力譬如官吏受刑罰宣告應當褫職者不能先施以懲戒法也若由刑事辦理法而非受刑罰宣告不應褫職者他日對於該官吏之懲戒審問原無所妨懲戒自為懲戒刑事自為刑事目的既異未有並行者也至其非職務罪勤務罪而但為不履行義務者則上官有强制之權如執專任之職務例不得旁貸者必責本人自理受命治某事而避忌怠惰者徵賠償金此又上官專行之而並無特別訴訟法辦理法者也

組織

德意志帝國官吏因沿革不同職權不同任用不同之故於是旣具特別之原則遂成特別之組織曰以政權統一宰相專負責任故而國務大臣對於宰相有上下級之關係也曰以存各聯邦主權故而中央行政範圍不得不狹於是獨立於宰相之外者更有甚多之行政官也曰以歷史沿革相襲普魯士地位不同故而普魯士官兼攝帝國事務也唯司法官一如他立憲國自一千八百七十七年宣布帝國裁判所構成法而帝國裁判所組織遂歸統一獨瓦爾頓伯及巴頓因特別認許尙存有昔日之市町村裁判所茲分別述列於左

宰相

帝國宰相者皇帝於帝國內行其屬於皇帝權限之委任機關也普王爲皇帝則帝國宰相不得不兼爲普國宰相以謀政策之便利而宰相遂有兩重資格一於帝國居行政官首座一於聯邦議院行普國表決權是也上之負副署法

律敕令之責任下之對於帝國議會有辯明政略方針之義務實帝國行政全部之樞紐得自以公文委任代理人其附屬官吏謂之帝國官房

高等官廳其長官爲國務大臣者七

一外部 中分三科並附理藩股

第一科又分上科下科歸宰相自爲督理專管各國交涉要務及出使人員現有使館三十四頭等九法英義奧俄西班牙土耳其美日本二等十五比荷瑞士丹馬瑞典那威葡萄牙羅曼尼塞爾貢希臘波斯中國卜拉吉里墨斯哥布里威亞兼拉諭拉達列邦三等十碌孫伯摩洛哥暹羅哈吱提美洲中部枯羅比亞威尼瑞拉希利秘魯兼睦哇多亞古巴領事館及領事分館七百六十八總領事館三十二領事館三十六副領事館五餘爲代辦領事館下科辦理各項庶務與密電驛遞文件內廷禮儀寶星支應升調撫卹各事

第二科管理各國通商旅居外國人民醫務獸醫鐵路輪船郵政電報等務

第三科管理法律之事如萬國公法國律民律主權巡警軍政界務交還罪人各國相助審訊案件驅逐及收回流徙人民入籍技藝學問禮拜堂學堂

等事

理藩股管理各屬土及屬土與各國交涉互准游歷等事又有衛兵局管理

駐紮屬土衛兵及號令現有屬土十在東亞非利加者二曰嘎美倫曰得哥

在西南亞非利加者三曰馬沙利曰寶恩曰播衛聽思在大洋洲者五曰新

機尼亞曰嘎歐林曰八老曰馬梨安曰撒漠

二內部 中分四科並附一司八局

第一科管理帝國國會庶務帝國官廳庶務帝國民籍帝國警察及帝國陸

軍海軍之關於本部之事考查工匠住所以及賽會出洋凡不隸他署之帝

國事務皆在此科辦理

第二科管理照料工匠如養病會養傷會老弱會以及保護工匠不准禮拜

日工作等事考查市面之事工藝保險之事工商會集股之事典押房地之

事工匠自由應募之事賑濟貧民之事

第三科管理人醫獸醫之事版權商標及創造新式機器專利之事商業銀行及鈔票局之事海船河船郵船交通之事海河漁政

第四科管理通商事務內國貿易事務農務製造並查察稅務有無妨碍國民所有內地與外國所產各物均由本科編輯總册並編通商貨物總册

一司

殖民司管理殖民政策

八局

一量船局查勘丈量海船及內河民船

二統計局依據法律或奉首相飭纂輯各項册籍其通常所考查者如人民生死婚配之數徙移之數犯罪之數商號倒閉之數以及養病院內各業人數通商稅務罷工拒工礦務鹽務耕種畜牧禾苗蕃萎收成豐歉海上往來通運貿易內河往來通運貿易等事

三檢查局檢查度量衡表是否一律并有無防碍商務所有煤氣表糖表各流質表以及化學機器均由本局確定章程使歸一律

四衛生局擬訂人醫獸醫章程考查醫生行爲并編輯帝國醫務總册獸醫總册本局分三科曰醫科曰格致考驗科曰獸醫科

五植物局經理農田森林及討論植種之法

六商標注册局依據一千八百九十一年四月初七日專章批發專利執照又依據一千八百九十四年五月十二日保護商標章程批准商標注册或令銷除又依據一千八百九十一年六月初一日保護創造新式章程批准新式各物注册

七保險局依據養傷章程督理養傷會務有因貲財互相爭辯不服該會判斷者准卽控由本局查明辦理又依據病後調養章程督理調養會務所有保險公司規則雖經公正人議定本局亦可批駁局內附設算科算計

各保險公司欵項隨時編册

八格致工藝局講求格致精益求精本局係由皇帝派員督理中分二科一為格致一為工藝工藝科以格致新法提倡工藝為宗旨

三海軍部 中分十一司附十八小司

一中央本部

二武備司管理徵調士卒籌製船艦供給通運並行政裁判之事膠澳行政之事

三技術司

四製造司

五庶務司

六軍械司

七會計司

八航術司

九醫藥司

十軍法司

十一軍報司

自海事總督府裁併之後以下事宜劃歸海軍部管理

一魚雷事務

二海軍海防砲隊封禁港口布設水雷事務膠澳防務

三海軍登陸隊

四海軍庫廠

五膠澳官廳及其營隊

六船塢事務

七東海船艦檢閱事務

八北海海軍事務
九港口標識航海標識及引港之事
十至十四東海北海一切供給及軍法之事
十五航海驗報氣候事務
十六至十七北海觀象臺東海時辰表
十八海軍軍中宗教之事
四財政部中分二科
第一科豫算決算帝國出入欵額管理帝國公產帝國公債及鈔票並帝國
錢幣有不隸他署者均在此科辦理
第二科管理關稅租課事務
五司法部
本部經理有關刑法各事並稽查總理裁判署事務凡他署事有與刑法相

關者本部會同辦理又編造各裁判局總冊及罰罪總冊如有犯罪之人不在本國或不知下落者本部亦須立案

六路政部

本部專管屬於帝國之鐵道事務查勘各處鐵路是否遵照帝國憲法及鐵道章程辦理如鐵道於國防或交通上有不便之處有隨時改革之權

七郵政部

本部總理郵政電政事務內分四科曰郵政曰電報曰綜理曰豫算決算四科之外有官印局亦歸本部統轄本管郵政總局四十一所其郵政分局電報局則歸總局管理不直接於本部也郵政分局共三萬二千九百六十九所（中有一萬八千二百八十五所爲代辦郵局）又在外國及在帝國屬地者有一百二十四局中有四十七局兼理電報電報局共有二萬二千一百四十二所其在屬地者共有六局

屬於宰相指揮權之下而實爲獨立官廳自負本管之專責者四

一帝國廢兵郵款管理院　宰相有最上指揮權然關於廢兵郵費稅及計算管理則獨立以自己之責任行之

二帝國鐵道廳　此爲行帝國監督權者亦受宰相指令而路政部則執行其事務者也對於本廳所制定規則有據法理抗議時則開裁判官參列之會議而以自己之責任審察其決議

三帝國銀行監查局　由帝國銀行總裁局與宰相及議員四人組織之而以宰相爲議長行帝國監督權

四愛里薩羅林兩公省行政署　宰相直接監督之其行政事務由兩省長官理之

其不隸於宰相而以合議體議決其本管事項者七

一聯邦國籍局

二有裁判官參列之帝國鐵道局

三帝國要塞會議

四帝國特許局

五帝國上級海事局

六帝國保險局

七帝國官吏懲戒官廳

以上七署皆爲審議裁决之職以合議體行之而不執行其事者也

其由普魯斯官廳兼理者三

一陸軍部

二普魯斯公債兼帝國公債管理局

三普魯斯上級會計院兼帝國會計院

帝國司法官

一大審院　一千八百七十九年立其屬於本院權限者
一民事訴訟對於控訴院之抗告及最終判決之上報
二刑事事件對於國事犯及漏泄軍機又因上級裁判所權限不明時對於地方裁判刑事局第一審及重罪第一審判決之上告
三對於帝國特許局判決之控訴
四對於領事裁判之控訴
五各聯邦提議之帝國法律及由勅令委任大審院之各聯邦法律事件
二領事及領事裁判所　此由條約或習慣而設於歐洲以外之諸國者其組織有領事單獨判事者有用陪審官二人或四人者陪審官無裁判所官吏領事得於所管區域內選其住民有人望者任之
三海上刑事裁判所及軍事裁判所

德意志帝國官制終

德意志陸軍述略

普魯士因受拿破崙第一兵額之限制以番練隱增其武力遂成今德意志帝國徵兵之制然在一千八百八十年間常備額兵不滿四十萬而在預備役訓練之期僅二年有餘國民兵役亦止十二年故慮其熟練不逮募兵而徵額不足應戰適一千八百八十六年法人擴充軍備畢士麥遂以報復警惕國人而提增兵額議案於議會黨人反對至不得已解散議會而法人遂戒備增防欲乘其政府議會之衝突實行報復而反以助成畢士麥增兵之計畫新選議會以將軍毛奇爲議長亟贊成畢士麥議案不待審查條件全案可決而額兵大增法人之謀輟焉及巴爾幹事起俄奧有違言畢士麥邀見俄皇於柏林面白德奧義同盟有約義不坐視雖俄奧兵釁未開而俄之派兵不止大爲德人所注目畢士麥直公布三國同盟條約申述其故於議會而乘此時機延長兵役年限議會羣和之備徵之兵驟增多五十萬人於是舊所慮其不熟練不足應

戰者皆完備矣略補利維繼畢士麥秉政復演繹其鐵血主義而有一千八百九十三四年之擴充案亦以解散議會强力成之今日之制又推廣於舊矣由是觀之軍隊之組織訓練與役期徵額蓋有重大之關係故先述其沿革大畧於此次乃考其編制等項雖精神所在非能表見於形式然舍此要無從推究且於黨人內閧敵國眈視而當日秉政操縱利用之妙術之苦心亦足見一二爲作德意志陸軍述畧

德意志陸軍述畧

凡爲德意志之人皆有服兵義務此義務不能以他人代之見憲法第五十七條

憲法第五十九條原定德意志臣民凡能戰鬥者以年滿二十歲至年及二十八歲爲度此七年間爲常備兵其前三年服現役後四年服預備役一千八百九十三年八月初三日法律改定除馬隊暨陸路砲隊之騎兵仍三年外餘均服現役二年服預備役五年至年及二十八歲爲止

少年有志學業者持有學校特別文憑則准祇服現役一年退伍服預備役以免擔誤學業惟此一年期內所有食用以及軍衣等項均須自備此等少年可於年滿十七歲至二十歲呈報入伍若屆時不能入伍亦准報明緩至二十三歲此後非有特別允許不得再緩服現役一年者服預備役六年

習醫者准令祇服現役半年退伍肄業俟畢業中試後復入伍充軍醫半年即爲預備後備軍隊醫官

預備軍役年限期滿則屬於第一期後備軍五年再屬於第二期後備軍至年及三十九歲而爲國民兵至四十五歲乃出軍籍矣見憲法第五十九條

有因體弱而免入常後備軍者作爲國民兵自十七歲起至三十九歲是爲第一期國民兵自三十九歲至四十五歲止是爲第二期國民兵國民兵非有特別緊急概不徵調平時亦無操演

德意志帝國軍隊全部平時軍額一千九百零五年共六十一萬九千七百五十八人馬十萬七千七百四十七匹編爲二十二師團並一近衛師團其編制大致如下

每師團內有兩旅團每旅團內有兩聯隊每聯隊內有三大隊每大隊內有三中隊戰時加一中隊每中隊內有四小隊

師團

司令本部大將一員中軍官一員

參謀本部總理一員參謀佐官二員從官數員並書記等官

下分五局一經理局一軍醫局一軍法局一馬政局一軍中宗教局

附屬重砲一大隊工程一中隊輜重一中隊此外有兼附一電報隊一獵隊者

近衛師團規制如上兼附氣球一隊電報一隊鐵路三大隊

旅團

司令本部中將一員中軍官一員

參謀本部長官一員並書記等官

下分四局一經理局一軍醫局一軍法局一軍中宗教局

附屬馬軍二大隊陸路砲軍二大隊

聯隊

司令少將一員中軍官一員並書記等官

大隊

司令大佐或中佐一員中軍官一員並書記等官

中隊

司令少佐一員中軍官一員並書記等官

小隊

司令大尉一員

每一小隊平時軍額士官四員至五員兵一百四十一至一百五十九人

馬軍每一小隊平時軍額士官四員兵一百三十四至一百四十三人五小隊成一大隊

陸路砲軍每一小隊平時軍額士官四員兵一百零二至一百零七人砲四尊至六尊藥彈車二輛三小隊或四小隊成一中隊二中隊成一大隊

重砲軍每小隊平時軍額士官四員兵一百四十二人四小隊成一中隊二中

隊成一大隊

工程每小隊平時軍額士官五員兵一百四十七人四小隊成一中隊

輜重每小隊平時軍額士官四員兵一百零八人三小隊成一中隊

鐵路三大隊成一聯隊附於近衛師團之內此外復有一中隊附於巴仁師團之內

電報三中隊分附於近衛及各師團內氣球隊二哨一附近衛師團一附於巴仁師團

近衛師團兵卒類皆瑰偉例以普魯斯及德意志中部各聯邦並愛里薩羅林兩公省之人組織之

其餘二十二師團劃德意志爲二十二區域以駐之各團兵卒恆爲所駐區域之人蓋以護衛桑梓人有同心也

二十二師團屬於巴仁者三屬於薩克遜者二屬於烏爾頓伯者一餘均屬於

普魯斯及他聯邦

戰時徵調依現行徵兵令統計應就徵之額當得二百八十萬以上除經營工商實業及出在軍區之外依法令或受特許緩免者立時可集兵最少一百五十萬人

每一要塞之內司令官一員副司令官一員軍法官書記等官其重大要塞兼設參謀官一員專理修繕一切等事

軍官資格以旗手始至於大將出身例以二途一由學兵入伍約六箇月擢下士官入士官學校六箇月復入伍充旗手數月擢充少尉二由武備畢業生入伍充旗手數月擢充少尉自少尉以迄大將其升擢例以任職年期爲準循序而進無可通融尤不容躐等資深者遇有升缺不蒙擢補反被後來居上是謂不能勝任須即辭退

各級軍服及其裝佩必有一定制度不得任意更變尤不得於制定裝佩增減

絲毫（如露垂表鍊不佩軍刀之類）凡被軍服自旗手以上一跬步必遵士官規則違者懲罰至嚴德意志軍隊全部平時所需種種經費按憲法以人數酌中計之每一人每年核費約在七百五十馬克（見憲法第六十二條）

帝國陸軍結爲統一之軍隊戰時平時均立於皇帝命令之下（見憲法第六十三條）

德意志軍隊各營隊有必須服從皇帝命令之義務此義務於軍隊誓詞中宣明之（見憲法第六十四條）

皇帝有規畫檢查之權責務使德意志軍隊各部隊隊兵額滿足武勇優勝並於編制分配之事劃一規定其軍械號令及軍卒敎練士官資格均統一而維持之無論何時皇帝有檢閱各聯邦主帥本部之權其組織有不善者命除廢之（見憲法第六十三條）

各聯邦主帥部下之最高司令官及所有士官其統轄營隊不止屬於一聯邦主帥本部者並所有要塞司令官均由皇帝任之所任各士官對於皇帝應宣

軍隊誓詞 見憲法第六十四條

各聯邦主帥於其管領之內必經皇帝許可始能任命將官及任命充服將官職務之士官 見憲法第六十四條

帝國各軍隊士官無論屬於普魯斯軍隊或他聯邦主帥部下者皇帝有選調之權命其轉補帝國職務敕任之缺此等轉調不問是否升擢 見憲法第六十四條

若無專約特別規定者則聯邦君主及自由都府之執政院可依憲法第六十四條所限制任命本部士官聯邦君主及自由都府之執政院即爲其領土內一切部隊之長享受種種榮譽無論何時有檢閱隊伍之權除收受尋常報告及一切關於更動之報告外其領土內各部隊凡有升擢任命之事均有及時之知照以便公布邦域 見憲法第六十六條

聯邦君主及自由都府之大政院遇有緊急之際不惟有使令本部營隊之權且有調用駐紮於其領土內之帝國各營隊之權 見憲法第六十六條

帝國軍隊全部均行普魯斯軍事法律惟軍中宗教規條不在此限 見憲法第六十一條

帝國軍隊全部各聯隊接續編定號目軍衣以普魯斯軍隊之服色服式為準其表面徽章帽珠徽記等任各聯邦主帥定之 見憲法第六十三條

德意志軍隊各部隊政令糧餉軍械軍裝均應劃一因維持此制之故所有發於普魯斯軍隊之命令皆由聯邦議會之管理陸軍及要塞事務常任委員知照各聯邦主帥本部之司令官使仿行之 見憲法第六十三條

帝國軍隊之平時規畫各聯邦主帥本部之部署分配以及後備軍制之組織皆由皇帝定之皇帝有在聯邦領土內規定駐防處所之權並命帝國軍隊無論何部隊作出戰之準備 見憲法第六十三條

聯邦領土內有公安緊急之時皇帝可於無論何疆域宣告戒嚴 見憲法第六十八條

帝國軍隊全部經費均以預算定之見憲法第六十二條

帝國軍事費用由諸聯邦及其屬民一體負之各邦及各級人民決無畸輕畸重其力有不逮者以公道均平之以期不害其公安見憲法第五十八條

皇帝在各邦領土內有築建城塞之權若其經費未列於常費計算表則皇帝依憲法第十二章所定者請發經費見憲法第六十五條

軍事預算贏餘款項不得通融納於聯邦政府必須納入帝國國庫見憲法第六十七條

陸軍士官人等月俸如下

陸軍大將司令統將一千一百六十五馬克旅團司令將官一千一百二十九馬克陸軍少將八百五十五馬克聯隊司令佐官七百五十五馬克大隊司令佐官七百三十一馬克要塞司令佐官七百五十二馬克非司令佐官五百四十六馬克大尉一等三百八十三馬克二等二百八十三馬克中尉一百五十七馬克少尉重砲隊交通隊即鐵路電報氣球等隊工程隊均一百三十一馬克馬隊陸

路砲隊輜重隊均一百十六馬克餘均一百七馬克
此外應得飯食銀佐官一百二十馬克大尉六十馬克中尉少尉三十六馬克
又衣服津貼十五馬克
陸軍軍醫總監八百五十五馬克兼中將銜者一千一百二十九馬克高等軍醫監五百八馬克至五百四十六馬克軍醫監一百八十三至三百八十三馬克軍醫局總辦八百五十五馬克總醫官六百八十一至七百三十一馬克副總醫官五百四十六馬克高等醫官一百五十七馬克副醫官一百七馬克
陸軍士卒除飯食軍衣由官發給外砲目自五十六至五十九馬克副砲目四十一至四十四馬克下士官十一至二十六馬克邏卒三十二至三十六馬克兵目九至十五馬克常兵六至九馬克

德意志海軍述略 附

海軍與陸軍同立於德意志帝國最高命令權之下軍官任命悉由皇帝主之見憲法第五十一條蓋一純一帝國之職員也兵卒徵之於各聯邦凡服海軍役者免服陸軍役見憲法第五十五條以啟路耶德二港為海軍港見憲法第五十三條一千九百年七月十四日以法律更定海軍規制其大綱一曰權限設制府於啓路軍港主東海北海兩鎮檢查之事而直隸於元帥府置海軍部十一司分掌部務而劃從前海軍總督府職事併歸部臣主之見上德意志官制一曰編制常備隊之組織以旗艦二艘戰鬥艦四隊每隊八艘大巡艦八艘小巡艦二十四艘成之外洋艦隊之組織以大巡艦三艘小巡艦十艘成之後備隊之組織以戰鬥艦四艘大巡艦三艘小巡艦四艘成之戰鬥艦定以二十五年另製更易大小巡艦則定以二十年一曰職役常備隊以戰鬥艦十六艘與巡艦全部三十二艘執服現役戰具士卒完備一如戰時其餘戰鬥艦十六艘作為預備戰艦以一半置設整齊候

令調遣外洋艦隊於尋常額兵之外更加半倍以備非常一曰徵兵軍人資格約分三等凡執航海業已逾一年諳練風濤者執漁業者海船工匠僕役火夫以及司機司庖者爲第一等凡執航海業已逾三箇月者充海船水手工匠僕役火夫司機司庖等人練習風濤已逾三箇月者執漁業未及週年者爲第二等島港居民不畏風濤者爲第三等如具第一第二等資格之人不及徵額則就第三等徵之而皆以年及十七歲爲合格一曰經費常年經費暨添製軍艦置備各項需欵悉依年度預算表在帝國國庫稅課收入項下支出一千九百一年以後需用漸多定以帝國加徵之印花稅項五十三兆七十萬八千馬克濟之至於兵役年限畧與陸軍相同而現役恆以三年爲定制有願久服者聽之海軍中人樂此不疲故在役五六年猶未退伍者多也

戰鬥艦分三等頭等排水量逾一萬噸二等自七千五百至一萬噸三等自五千至七千五百噸海防鐵甲艦分二等頭等排水量自三千至五千噸二等不

及三千噸
大巡艦分二種曰外甲巡艦曰頂甲巡艦排水量逾五千五百噸
小巡艦分二種曰頂甲巡艦排水量自一千至五千五百噸曰無甲巡艦排水
量逾一千噸
砲艇無甲排水量不及一千噸
此外則有特務艦如游弋艦運船港口船水雷船測量等船是也
戰鬥艦逾一萬噸者二十四艘內有三艘尚在裝製自五千至七千五百噸者
五艘海防鐵甲艦八艘均四千一百十四噸大巡艦十四艘自五千六百六十
噸至一萬一千六百噸小巡艦三十八艘內有三艘尚在裝製自一千八百八
十八噸至三千四百噸砲艇九艘自四百九十三噸至九百七十七噸特務艦
十八艘內有一艘尚在裝製自六百五十噸至九千七百五十四噸
管帶魚雷艇十艘自三百至五百噸大魚雷艇四十八艘自一百至四百噸小

魚雷艇七十五艘自五十至一百噸

大小魚雷艇現有裝製未完者俟將來一律完備則將全數淘汰整頓擬定暫額大者六十艘小者七十四艘

潛水艇秘密不可考

自一千九百零六年六年至一千九百十七年陸續裝製計戰鬥艦十七艘大巡艦七艘小巡艦二十三艘定表如下

豫定年限	戰鬥艦	大巡艦	小巡艦
一九〇六	二		二
一九〇七	二		二
一九〇八	二		二
一九〇九	二		二
一九十〇	一	一	二

一九十一	一	一	二
一九十二	一	一	二
一九十三	一	一	二
一九十四	一	一	二
一九十五	一	一	二
一九十六	一	一	二
一九十七	二		一

海軍士官人等月俸如下

海軍大將一千一百六十五馬克另津貼一千五百馬克

海軍中將一千一百二十九馬克五十分另津貼三百七十五馬克

海軍少將八百五十五馬克另津貼七十五馬克

海軍大佐七百八十一馬克

海軍中佐少佐均五百七十一馬克

海軍大尉一等四百八馬克五十分二等三百十三馬克五十分

海軍中尉一百七十二馬克五十分

海軍少尉一百七馬克五十分

海軍登陸步隊統帶少將八百五十五馬克另津貼七十五馬克協統七百三十一馬克另津貼七十五馬克領隊佐官五百四十六馬克大尉一等三百八十三馬克五十分二等二百八十三馬克五十分中尉一百五十七馬克五十分少尉一百七馬克五十分

海軍機器總監六百八馬克五十分機器監五百三十三馬克五十分高等機器員四百七馬克五十分機器員三百三十二馬克五十分

海軍總司砲士官一百九十六馬克二十五分司砲士官一百五十八馬克七十五分砲目六十九馬克副砲目六十馬克

海軍旗手六十六馬克
海軍學員四十馬克五十分
海軍登陸隊砲目六十馬克副砲目四十五馬克邏卒三十六馬克
海軍下士官二十五馬克五十分兵目十五馬克水兵十馬克五十分
海軍軍醫總監八百五十五馬克另津貼七十五馬克軍醫監二百八十三馬克五十分至三百八十三馬克五十分總醫官六百八十一至七百三十一馬克高等醫官五百八馬克五十分至五百四十六馬克高等副醫官一百五十七馬克五十分副醫官一百七馬克五十分助醫三十六馬克
魚雷管帶大尉一等三百八十三馬克五十分二等二百八十三馬克五十分
中尉少尉一百九十至二百十二馬克五十分魚雷機器總監六百八馬克五十分機器監五百三十三馬克五十分高等機器員四百七馬克五十分機器員三百三十二馬克五十分

德意志帝國陸軍終

普魯斯學校述略

近世經濟學者以軍費爲保險費學費爲生產費而定國家文明進化之程度甚且於二者之比較率決之故投母財以競工商者不過第二生產事業而求生產惟一原料品必歸於知識無疑則學校爲第一生產根本無疑矣顧有形之增殖直接之利資淺見者所易知嗜利者所樂就而投大資本於精神上之實業以取不屬自身所得之利益雖賢智熱誠者毋亦有難責備者乎今世界各國教育經費其大部分出於法令所徵納而所謂國民教育者亦純以强迫行之夫其學校盛興教育普及如此而仍不能不收效於法令之强制力則吾國今日興學苟非明立法令指徵學費不能辦也查普魯斯學校經費所從出者三項一由國家補助者則取之於所得稅及郵政鐵道餘款者也二由地方籌備者則教會學會公產及依法律視地方情形特定章程而賦之於本學區之人者也三即學生所納之學費而私人捐助者不入經常之額其大部分則

第二項之額爲最鉅亦即各國通行之例所謂納稅義務之第三義務是也夫不待分配不須契約而利益能均及於全部人民者莫精神上之實業若也則當其共營此實業也以法令均取之於全部人民雖强制行之而無害公理此爲教育設備之第一步及其成立也則養成教員爲最要編譯課本爲最難此亦非如他實業可以一二人之智識振舉之者要之教育發達非國家社會合全力以經營之專門學者各犧牲其心血腦力以濟助之斷無完備之一日茲述普國學校大概如下至其課本則非一手一足一朝一夕所能辦而監督管理存乎其人皆省略焉作普國學校述略

國民普及學校

國民普及學校者所以增進國民程度使知義務所在保存國家秩序也自六歲至十四歲全國子女均須入校謂之强迫教育有不令子女入校者罰其父母因身體病弱精神不全者不在此例

普魯斯全境現有國民普及學校三萬六千四百五十六所在城者四千一百十四所在鄉者三萬二千三百四十二所共分十萬四千零八十二班學生五百七十五萬四千二十八人另有三十三萬九千零十七人或在私家學校或在專門學校

國民普及學校教習常日教授者共七萬六千三百四十二員內有女教習一萬三千八百六十六人另有副教習不常日教授者三千五百零五人此外有鍼黹女教習教授幼女而非常日者三萬三千零六十二人

國民普及學校常年經費共約二百六十兆九十萬馬克其中國家撥款七十三兆零六萬六千一百四十二馬克城鄉撥款及各捐款並各學校產業共一百九十六兆零二萬四千五百十三馬克

自一千八百八十八年六月十四日起普國小學生盡免繳納學費各校經費多半由各城鄉會撥給如本會力有未逮即由國家助款若干

合德國全境計之一千九百一年共有國民普及學校五萬八千一百六十四

所男女學生八百八十二萬九千八百一十二人每年經費共四百十二兆八十八萬六千馬克其中由國家撥款一百二十兆三十五萬七千馬克常日教習十四萬四千四百八十四人其中女教習二萬二千三百三十九人雖學生中男女之數不甚懸殊而女教習之數較男甚少因有許多鄉村只立有一學校一教習兼教男女學生一鄉村之內只有學校一所教習一員者其學生不得過八十人

各大城國民普及學校子女約可分作七班所學宗教書寫算法國文地理歷史淺近格致唱歌圖畫等課女學加鍼黹課每班學生每禮拜功課自二十至二十一點漸加至三十二點鐘爲止其中有四點鐘爲唱歌與運動功課以活靈機以暢肢體

國民普及學校定制學生升至上班則男女分堂課學

中學校

與國民普及學校並立其規模大致相同而上班教育較普及學校略高者則

有中學校男女生徒無小大皆分班課學最少分五班每班不得過五十人兼課英文法文且有工藝專門預備功課蓋以增進教育程度爲高等教育之基礎爲主義者也入此校者可令繳納學費

一千九百一年普魯斯公立中學校四百五十六所私立者三百五十五所男學生七萬三千五百四十九人女學生六萬一千一百九十二人常日男教習三千一百三十七人女教習九百十三人經費共十二兆五十一萬六千六百三十一馬克半由各城鄉會撥給諸生繳納學費爲款亦鉅

高等女學校屬在中學校之列見後

速成實用學校

通國小家男女十四歲既受普及教育後或爲常工或爲工藝商業學徒仍須學習始克完全其生計之資格而爲其終身之恆產則國家設有速成實用學校以處之此項學又名研究學校現有一千四百餘所男女分班課學功課分

作兩項一習工藝一習農事女生習鍼黹及家務中饋之事凡無業者未及十八歲皆在强迫入校之列蓋國家設立速成實用學校以使國無游民爲主義者也故各項學徒無論男女未及十八歲皆可要索事主定予放工時限俾入學校常年經費約四百五十萬馬克由國家及城鄉會撥給

高等學校

高等學校皆有附屬小學小學既畢乃入正班正班分九班功課一星期內約三十五點鐘每班約以一年卒課學生九歲入校至十八歲畢業考試出校未畢業者仍留大約十九歲二十歲出校者多蓋此校所以固植學業之基礎而爲大學之掌鑰也

高等學校分三項

一以古文歷史爲正課專學臘丁希臘文次則數學物理學德文法文英文不願學英文者聽

一以法文英文德文算學物理學爲正課次則臘丁文歷史

一課程與第二項略同惟無臘丁文

三項學校鼎然並立無分高下規模亦大致相同惟意各有所注生徒領得無論何項學校畢業文憑可入大學校肄業專門科學

高等學校教習須入大學校肄業至少三年中式始可充當其講求者大約三科考中後即以此三科講授先在學校練習教授一年嗣充副教習數年乃充正教習每年俸金自三千馬克起漸增至六千馬克另有租房津貼每年約七百馬克至九百馬克高等學校總辦俸薪可至七千二百馬克另有住房或租房津貼普魯斯高等學校總辦與總教習於一千九百二年有七千二百五十三人

普魯斯於一千九百二年高等學校經費五千兆二十四萬九千一百二十一馬克其中由國家撥欵十二兆五十一萬六千四百八十一馬克各城撥款十

四兆九十六萬零七百十四馬克學生繳納之學費與該學校產業入欵二十一兆三十二萬零三百馬克捐款與他項款有一兆四十五萬一千六百二十六馬克學生共有十七萬四千四百六十七人

合德意志帝國全境統計教習總數九千八百八十三人高等學校有國家立者有城會立者捐款立者亦有國家助城會立者每年經費八十二兆七十一萬三千馬克學生總數有三十萬零一千八百八十七人

大學校

大學校教習於本門專科之外仍須研究別科以推廣其專門之學德意志帝國二十一所普魯斯獨占其十（巴仁三巴頓二薩克遜烏爾頓伯赫沁梅林伯什威林薩克遜威馬各一愛里薩羅林兩公省各一所）則普魯斯大學之盛可想見矣

大學校均爲國家所立校中分四科曰神學曰法學曰醫學曰理學亦有將理學一科分作二門一爲歷史文學一爲算學格致有欲爲法官律師者須學法

科至少三年中式後始得充之醫學科至少四年照章考中始准在外行醫各科考中均得學士名位此等名位不過自大學校所得之銜名不能即據此得國家何等利益

大學校教習分三項曰正博士副博士候補博士尋常有博士缺出衆博士公舉三人由國家選派一人以補其缺候補博士仍稱學士必有淵博之著作爲世所認始得博士名稱

大學校專科教授任聽諸生自擇并准兼到他堂聽講惟須有高等學校文憑始能入册爲正學生其在高等學校尚未中式者亦可入理學科聽講惟兩年之後即須出校

女學生得有高等學校畢業文憑亦可入册爲正學生與男學生一體看待諸生聽講正課毋須繳納學費其聽私課者按照每次學期納之

每期學費自十馬克以至百五十馬克不等醫學科學費尤鉅因聽講之外其

攷驗之學較他科尤多也繳納學費必在開課六星期之內如有學生實因家貧無力按期繳納者由警察廳查確出具證書大學校注册特准畢業六年後補繳

學費入欵約以半額分給教習其餘歸公正博士歲俸在普國各省按照資格從四千馬克漸增至六千馬克在柏林從四千八百馬克至七千二百馬克另有賃房津貼大率每年六百至九百馬克亦有格外加給津貼者候補博士並無俸金祇分學費

柏林大學校現有入册正學生七千七百四十六人普魯斯十大學校於一千九百六年常年經費十五兆九十七萬六千零二十六馬克另有特別經費爲築造攷驗各所之用普國自一千八百七十六年至一千九百二年此二十七年中已用特別經費六十九兆馬克

合德意志帝國大學校入册正學生總數計之一千九百五年冬季有四萬二

千三百九十八人內有他國學生三千五百五十五人一千九百三年正博士有一千一百六十人副博士七百一人候補博士九百人大學校常年經費總數約二十九兆五十萬馬克

高等女學校

高等女學校之設所以教育中上等女兒日習聚會應酬之事其學校公立者二百十三所私立者七百五十二所國家仍有稽察各私立學校之權高等女學校亦附小學尋常分九班自六歲至十五歲畢業有時在九班外另有歷史國文美術外國語言格物等科各就其性之所近揀習一門其功課在下三班每禮拜自十八點鐘至二十二點鐘漸增至三十點鐘此外並有鍼黹唱歌運動等課每項兩點鐘常課以國文及英法文為較多無高等數學但習日用籌算而已歷史地理格致等課中班與上班一星期內每項兩點鐘圖繪亦如之

有入大學校者本校教授程度尙有未足故近年在柏林及他大城域附設女經濟科高等女學校畢業時約在十五六歲可入此科學習

巴頓京城特立有女經濟學校女兒自十二歲可入學校肄業普魯斯近亦改良高等女學以不全班之經濟學校爲女學之基尤以增入數學爲要義但新立之女經濟學校不分六班而分七班並附小學三班共十班十年卒業如有尙欲求進者則入與此校毗連之高等女經濟學校四年畢業速者亦需三年亦有臘丁希臘文功課俾與高等男學科並立高等女經濟學校畢業中試後與在高等學校得有文憑之男學生無異

高等女學校亦有多數之男教習授課官立者尤多上班女教習以攷試選之法與中學校教習攷試略同一千九百一年普魯斯官立高等女學校男教習一千三百人女教習一千四百五十五人私立高等女學校男教習二千零四十七人女教習四千七百四十六人其中不常日男教習一千八百四十二人

不常日女教習一千一百九十六人官立學校學生五萬三千四百零一人私立學校學生七萬二千八百七十三人

師範學校

近世學制皆聚羣而教分級而教且定時序而教則非立專學以研究之無從得教授之法而爲改良進步之計其最重要者在考驗學者之智力時力而求簡捷適當之教法故師範學校者全國教育之關鍵而學人之楷模也分豫備科本科二級豫備班分二科限二年畢業中試後乃入本科本科分三班三年畢業中試則充國民普及學校教習

普魯斯師範本科學校均官立其豫備科學校則多由城鄉會及民立而爲國家津貼者也一千九百五年師範本科學校一百五十七所內有女師範學校七十五所官立師範豫備科學校五十九所城鄉會及民立者一百三十九所女師範學校恒附屬於高等女學校之內校生既受高等女學教育即可肄習

師範除國文之外最少兼通一種外國文字或英或法均無不可畢業中試後充國民普及學校女教習普魯斯現尚未設女師範預備科專校他聯邦亦無之惟巴仁立有三所其有附預備科於本科學校者女子既受普通教育即可入學從前凡充普及學校女教習者亦可充高等女學校教習近已定限區別有欲充中學校或高等女學校教習者須入研究科再加考試一次

官立男女師範學校一千九百二年全年經費九百四十八萬八千六百六十四馬克學生所繳學費一百四十八萬八千七百九十七馬克官立師範預備科學校經費一百三十一萬八千四百十馬克收入八萬六千八百零九馬克

工藝中小學校

工藝中小學校所以養成各專門工藝學科之資格固植其普通之基礎其不取之於他普通中小學校者蓋學者之智力有限而精神所注當令專於適用之一科故減其不適於專科之課程而加重其適於專科之課程此特別立校之本意也分中小二級學生有曾在高等學校第三班卒課再入此校肄業兩

年者爲中學校生餘爲小學校生
工藝中小學校有國家所立有城會鄉會各業所立有由國家設立而城鄉會籌款襄辦者亦有城鄉會設立而國家撥款津貼者校分五種一曰工程二曰機器三曰織造四曰礦務五曰駕駛分考如下
工程學校分二科曰樓房工科曰渠道工科均限以二年畢業學生須受有普及教育並經兩夏季爲工始入此校官立工程學校二十所內有二所係由城會設立而國家津貼者常年經費四分之一出於學生所繳學費一千九百三年全年經費二百二十五萬五千馬克學生五千七十七人
機器學校中級分四班每班半年共限二年畢業學生曾在高等學校第三班卒課後入工廠爲工至少二年者可入中級學校其小級校生則以受有普及教育復在工廠爲工至少四年者爲合格查官立機器學校中級有八所小級十一所內有一所係由城會設立而國家津貼者一千九百三年全年經費一

百三十五萬八千五百十馬克其中有收入學費二十四萬八千馬克日課學生三千十八人夜課學生不在此數禮拜日亦有特別功課

織造學校中級八所小級八所有一所係由民立而國家津貼者餘均城會所立一千九百三年中級校生一千二百三十一人常年經費六十五萬三千二百三十四馬克所收學費十三萬六千六百六十九馬克小級校生三百十六人常年經費十四萬一千八百五十八馬克所收學費一萬一百九十二馬克

礦務學校中級十所小級四十三所均係各礦業礦會所立學生毋庸繳納學費限以三年畢業仍須爲工數年乃爲有成一千九百三年校生共二百九十六人常年經費四十八萬七千二十馬克其中國家貼款十二萬四百三十馬克

駕駛學校十二所小級即附屬於中級亦有另立小級者學生完全畢業即可考充大副及長行船主一千九百三年學生共一千七百二十八人常年國家

撥給經費二十一萬九千四百馬克駕駛學校之外尚有海船司輪學校三所
內河行船水手學校三十七所
以上五種大致如此近來農學日興特設農務中小學校十六所與高等學校並立惟專以課習農務爲主義亦甚偏重格致等學此種係由各城會所立國家撥款津貼一千九百二年學生二千三百六十六人另有耕種學校者祇學耕種之法而不講求農學之理故祇於鄉場之地設之一千九百二年耕種學校二十一所學生八百七十六人類皆農人之子年約十五歲入校二十歲出校至於草地花園菜園果木等園畜牧各場亦有專門學校以教之
此外各項專藝如美術鐘表等類均有專校女工各項亦有專校

工藝大學校

工藝大學校所以成學者完全之智識實用之能力而發達國家之製造爲經濟競爭之根本其程度當洞悉一科之全部而職業則各有所專高等技師胥

出於此故與各大學校皆峙並立德意志帝國全境有官立工藝大學校十所而普魯斯獨占其四一在柏林一在漢落飛一在阿罕一在丹溪現復在別斯勞新立一所尚未竣工管理之權半屬文部半屬商部校中分五科曰營造科習造建房屋之事曰工程科習造築街道橋梁鐵路水工之事曰機器科曰化學科曰鎔學科入校肄習者持有高等學校文憑即准入册爲正學生畢業中式亦得學士名位與大學校考中學士榮譽無別此一千九百年六月十九日普魯斯法律制定者也其教習博士體制亦與大學校相同柏林丹溪兩校附屬製造輪船學堂製造輪船機器學堂漢落飛一校附屬電學機器學堂阿罕一校附屬礦學商學一千九百五年冬季課期除女學生及外來聽講者合計四校學生共五千二百八十七人正博士一百四十四人副博士八人一千九百六年預算常年經費三百八十九萬七千八百四十一馬克另特別經費連別斯勞營建新校費二百萬零四千八百八十馬克

專門大學校

是爲發達物産之重要科學近世富强之基競爭之術全恃此與工藝相爲表裏故國家於此與工藝大學校同一注意焉專門大學校五種

一曰礦務大學校（普魯斯有二所薩克遜有一所他聯邦無之）均官立學生持有高等學校畢業文憑即可入校爲正學生外來聽講者驗有相當程度卽不拒絕一千九百三年全年經費七十六萬九千三百十馬克阿罕工藝大校內附屬之礦務學堂規制與礦務大學校同

一曰林政大學校普魯斯有二所（薩克遜巴仁薩克遜威馬各一所他聯邦無之）均官立學生持有高等學業畢業文憑均可入學外國人負笈來習者亦不拒絕此校專爲國家林政官員而設故學生之數不多也

一曰獸醫大學校（普魯斯有二所巴仁薩克遜烏爾頓伯各一所他聯邦無之）

近來獸醫之學日益講求故甚重視此校學生持高等學校畢業文憑入校肄

業三年零六箇月畢業中式後即可操業爲獸醫生柏林獸醫大學校常年經費約三十七萬馬克

一曰農務大學校（普魯斯有二所巴仁鳥爾頓伯各一所他聯邦無之）均官立學生無須高等學校畢業文憑祇在高等學校第六班卒課者即可入學然入學者多半已操農業數年矣

一曰商務大學校是爲近年新立者巨商亦多入學已設三所（一在叩崙一在佛郎福一在來不錫）均由城會所立富商亦多所捐助現柏林亦建一所尚未竣工此則商會公立者也

商務中小學校

專門商務大學校之外有商務中小學校係爲城會商會所立亦有私立者教授商務普通之學如登記賬目寫印書啓等事其小級學校則爲小商小匠而設一二年即可畢業與速成實用學校異用同功蓋彼爲國家固植民產主義

此爲商會保存實業主義也亦有商務工藝女學校規畧同

盲啞學校

此則使官能不完之人亦得其人類應有之知識而不全歸廢棄國家社會既難徒養廢棄之人則不可不與以相當之教育使有一業之可執故其入學近於强迫其教授多助以機械則又近世機械發明之效不能責之古世者也盲啞學校有國家立者有城鄉會立者亦有善會立者一千九百四年合德意志帝國共盲學校四十二所生徒二千四百三十八人啞學校九十所生徒六千七百零三人

武備大學校

海陸軍高等將官悉出於此高深戰術秘密戰術講求於此而秘密軍機則猶非所得與聞然非備具大學校資格亦聞之而不解也近世器械日新攻守之術亦日新舉凡步代營陣一因器械功用月異而歲有不同故僅察其學校組

織之形式未能得其學術之奧竅也然學術之發明實由組織形式之適法教授管理之適法而來者也分陸軍海軍詳考如左

陸軍大學校

柏林立有一所士官任職三年後選送入校考試合格者留校肄業所學爲兵法歷代戰術歷代戰史軍械學要塞學測繪軍謀演說等課均須一一研究其兼學課程統分三項任擇一項每星期內按時肄習限以三年畢業每屆年終考試一次至第三年准令專學一門

所兼學者以數學測量化學格致爲一項歷史地輿學地理學爲一項法文俄文爲一項其星期內肄習時限課程如下

	數學	測量	化學	格致
第一年每星期內	九點鐘	無	無	無
第二年每星期內	六點鐘	無	無	四點鐘

第三年每星期內	六點鐘	三點鐘	四點鐘	無

	歷史	地輿學	地理學
第一年每星期內	四點鐘	四點鐘	二點鐘
第二年每星期內	四點鐘	無	無
第三年每星期內	四點鐘	無	無

	法文	俄文
第一年每星期內	六點鐘	二點鐘
第二年每星期內	六點鐘	二點鐘
第三年每星期內	四點鐘	二點鐘

校生三百名仍兼本營職銜總辦一員恒爲步軍統將隨辦一員恒爲少佐參事官二員恒爲參謀部員本校考試之事元帥府特派高等士官四員會同總辦主之

武科教習恒爲大將一員大佐二員中佐一員少佐六員大尉二員均係參謀部出身此外恒有兵部高等官一員教授陸軍行政事務高等軍醫一員教授軍中衛生事務專門教習十六員

巴仁京城亦立有陸軍大學校一所規模略同兼授理學法學法制經濟學

一千九百三年柏林特立陸軍工藝大學校一所每年約派士官五十人入學各種軍事工藝如建築寨壘考驗鎗砲製造軍火輕氣球學行軍鐵路等學規模亞於陸軍大學校

陸軍中小學校

陸軍大學校之外則有下士官學校所以教成下士官資格者普魯斯共有六所學生自二十歲入學最少肄業三年補充下士官則有砲技學校學生皆爲下士官最少肄習一年半練習三年補充砲目則有武備學校學生自八九歲入學小班約至十五歲升入中班肄業四年畢業中試後入伍充旗手擢補少

尉小班學校六所每年學費八百馬克中班學校一所每年學費一千馬克則有士官學校共設八所學生皆爲各營隊下士官入校後限以六箇月畢業中試復入伍充旗手擢補少尉則有砲隊學校學生皆爲各營隊學兵入校二十一個月畢業中試後復入伍候補少尉

海軍大學校

一千九百年三月二十八日德意志皇帝批准在啟路軍港開辦選海軍中尉年在三十歲以內曾習專門之學通曉英法語言者派令入學本校員額三十名作爲士官實缺以入學之員調補而開其本隊底缺所以堅其嚮學之心而海軍大學校之特別規制也限以二年畢業第一年功課二十門一海戰學二海軍參謀三國際公法四駕駛五築港六陸軍戰術七衛生學八物理學九高等數學十幾何學十一普通地輿學十二砲學十三魚雷學十四機器學十五造船十六海戰歷史十七電機學十八航海天文學十九法制經濟學二十原

海之學第二年研究此二十門功課而試驗之至於外國語言則以英法俄文爲正課任專一文於此二年之中每星期内最少研習二十一點鐘學員畢業後調歸軍隊擢補大尉

本校設總理一員以海軍少將任之武備教習均爲海軍高等士官其文學教習作爲帝國實官蓋於德意志官制之外特別建設者也

海軍中學校

海軍大學校附近之處特立海軍中學校一所校生限十一箇月畢業專課十項一海戰學二駕駛學三砲學四機器學五造船學六要塞攻守學七陸路兵法八海軍制度九測繪十英法文畢業後仍須研究而試驗之優者充補海軍士官

普魯斯學校終

普魯斯國家稅法述略

近世各國稅法通行主義大都分爲三界限一爲納於國家者所謂第一稅一爲地方以法令徵收者所謂第二稅其一所謂第三負擔義務者則一區域之人隨時以公共之意籌辦爲本區域公益之用者也第二稅大抵經地方議會視本地情形而定法令不過以第一稅爲比較而限其分率而所限者又往往止於所有稅故時有不同地各相異繁複卒難悉考其第三項則更繁複矣兹述其國家直接稅間接稅大要亦略見其國家財政之一斑焉

普魯斯國家稅分直接間接兩項

直接之稅復分四項曰地畝房屋稅曰工商業稅曰所得稅曰所有稅

地畝房稅

地畝房稅從前合作一項現因房屋價值日益漲高故分而爲二

地畝各按價値計其入款淨額徵收百分之九至十其入款淨額恆以民畢之

公估局由官監督而估定之
房有住房與非住房之區別各按租值徵税住房徵租值百分之四非住房如製造廠躉貨棧等類徵租值百分之二租值之額以最後十年之租值總數均平計算定之其非租賃者則以估計法定其租值每十五年估計一次
王宫公署學堂教堂醫院監獄濟貧院棲流所等房凡屬於公家者免納房地二税

工商業税

工商業税者凡在本邦境内之工商業均應納之即屬於國家公家之工商業如國家銀行公家製造廠等類亦一律照納惟公家善舉之營業農務林政之業免税醫士律師測量師美術師教師等業免税鐵路亦免税惟私家會社小鐵路仍須完納
工商業税分劃四等按本徵税其無本之工業則按利徵税惟利不及一千五

百馬克或本不及三千馬克者免納

本在百萬馬克以上或利在五萬馬克以上者爲第一等徵稅一百分之一本十五萬至一百萬馬克或利二萬至五萬馬克者爲第二等按利徵稅一百五十六馬克至三百或四百八十馬克本三萬至十五萬馬克或利四千至二萬馬克者爲第三等按利徵稅三十二馬克至八十或九十二馬克本三千至三萬馬克或利一千五百至四千馬克者爲第四等按利徵稅四馬克至十六或三十六馬克

所得稅

所得稅者凡在本邦境內有居宅者納之一無論聯邦人民或外國人民凡在本邦境內有居宅或寄居已逾一年者納之二無論何國人民不問是否居於本邦境內凡在境內有產業者有工商業者納之三無論何國人民現服本邦職務而受俸給者曾在本邦服職而受養俸老候差人員受官給者納之四各

項公司納之五

凡年中所得之款不及九百馬克者免納一　凡本邦之人現在外國居住已逾二年者免納二　王族宗室免納三　各國公使領事及其屬官人等免納四　聯邦議會議員及其屬官人等免納五

凡所得之現金或其價值一　凡由本錢所得之利錢二　凡由產業所得之利錢三　凡商業所得四　凡工業所得五　凡租業所得六　凡由俸給所得七　皆算入所得數內而納所得稅

凡特別入款如襲受者一　饋送者二　人命保險者三　更易產業而自然獲得者四　皆不算本年所得數內

凡年中所得之欵扣除各項照例費用餘爲所得淨額按以納稅

凡所得在九千五百馬克以下者納稅不及百分之三其在九千五百馬克以上至三萬零五百馬克者納稅約至百分之三其在三萬零五百馬克以上至

十萬者納稅約至百分之四逐層遞增其法如下

所得馬克	納稅馬克
九百至一千零五十	六
一千零五十至一千二百	九
一千二百至一千三百五十	十二
一千三百五十至一千五百	十六
一千五百至一千六百五十	二十一
一千六百五十至一千八百	二十六
一千八百至二千一百	三十一
二千一百至二千四百	三十六
二千四百至二千七百	四十四
二千七百至三千	五十二

三千至三千三百	六十
三千三百至三千六百	七十
三千六百至三千九百	八十
三千九百至四千二百	九十二
四千二百至四千五百	一百零四
四千五百至五千	一百十八
五千至五千五百	一百三十二
五千五百至六千	一百四十六
六千至六千五百	一百六十
六千五百至七千	一百七十六
七千至七千五百	一百九十二
七千五百至八千	二百十二

八千至八千五百	二百三十二
八千五百至九千	二百五十二
九千至九千五百	二百七十六
九千五百至一萬零五百	三百

若所得在一萬零五百馬克以上者層遞加稅其法如下

所得馬克	每馬克	加納馬克
一萬零五百至三萬零五百	一千	三十
三萬零五百至三萬二千	一千五百	六十
三萬二千至七萬八千	二千	八十
七萬八千至十萬	二千	一百

若所得在十萬以上至十萬五千者納稅四千馬克逾十萬五千者則每五千馬克加納二百馬克餘仿此

凡年中所得在三千馬克以上者即將所得之數報明由管稅官員核算應納稅額若有誤算准於四星期內申訴上官請爲查明更正

所有稅

所有稅者凡人所有之財產如現錢股票債票房產等項與一切可藉以獲利之物按照原値納稅國家者也

凡家產原値不過六千馬克者免納 一 家產原値至二萬馬克而獲利不過九百馬克者免納 二 王族宗室免納 三

所有原値馬克	納稅馬克
六千至八千	二零二十分
八千至一萬	四零二十分
一萬至一萬二千	五零二十分
一萬二千至一萬四千	六零四十分

一萬四千至一萬六千	七零四十分
一萬六千至一萬八千	八零四十分
一萬八千至二萬	九零四十分
二萬至二萬二千零八十	十零八十分
二萬二千至二萬四千	十一零六十分
二萬四千至二萬八千	十二零六十分
二萬八千至三萬二千	十四零八十分
三萬二千至三萬六千	十六零八十分
三萬六千至四萬	十九
四萬至四萬四千	二十一
四萬四千至四萬八千	二十三零二十分
四萬八千至五萬二千	二十五零二十分

五萬二千至五萬六千　二十七零四十分
五萬六千至六萬　二十九零四十分
六萬至七萬　三十一零六十分
七萬至八萬　三十六零八十分
其所有財產原値在八萬馬克以上至二十萬者每萬馬克納稅五馬克其在二十萬馬克以上至二十二萬者納稅一百馬克其在二十二萬馬克以上者每二萬馬克納稅十馬克

以上所述皆普魯斯國家直接稅也其間接稅已劃由德意志帝國徵收如關稅燒酒麥酒香賓酒銷場稅糖鹽菸草銷場稅期票行市票稅牌印等稅其收入額全數歸於帝國國庫不復爲本邦所自有查普魯斯自行徵收而爲國家稅項者除一二宗特別規費如彩票之類外則有承襲稅印花稅二大宗今述其大略於下

承襲稅

承襲稅者指襲受錢幣產業而言凡財產原非已有而他人或以親誼或以愛情或以朋友之交依據法律以文書囑贈者各按授者與受者之親疏遠近計所襲之價值納承襲稅

祖孫互相襲產父母子女互相襲產夫妻互相襲產免納承襲稅政府教堂學堂公家醫院育嬰堂襲受他人財產免納承襲稅所襲之值在一百五十馬克以下者免納承襲稅

徵承襲稅分作四等

凡聘僱之人如教師記室男女僕役等向居於主人家中承受主人財產者爲第一等按值納稅百分之一襲產者爲承繼父母或承繼子女或同胞兄弟姊妹及其子女是爲第二等按值納稅百分之二

襲產者係六代內之堂兄弟姊妹或表兄弟姊妹係夫之前妻子女及男女孫

或妻之前夫子女及男女孫係夫之父母或妻之父母係兒媳或女壻係私生之子女已經報官承認者均爲第三等按値納稅百分之四

其餘之人均爲第四等按値納稅百分之八

印花稅

國家稅課之標準有對於人者有對於地者有對於物者其輕重多寡皆顯然有定則可據而獨印花稅爲對於人之行爲而生蓋以事爲標準者夫行爲則無顯然程度矣且印花稅者昭國家法律之信用者也惟其然故他項稅課皆因被稅課之人之地之物而定其高下之率而印花稅則樹立一自然之率而任一切之行爲以就之無他項稅課監察勾稽之煩自然流通無所不到實財政中最良之法亦爲國家一大入欵然非司法制度警察制度地方自治制度漸臻完備殆亦未易言施行也

至其使用之目的則通常爲二種一用於貨物一用於契約而用於貨物者仍

非論貨物之價而論兩面之交涉如貨物憑單貨價收單之類則亦包括於契約範圍之內矣普魯斯印花稅專用於契約而於其中又分爲二類其一爲無與財產關係之契約如尋常文據經官立案注册者通行用一馬克五十分之印花其一爲有代價之契約則視代價等差爲輕重而多寡之分率生焉貨物印花稅政府未嘗不欲行之爲議會所危止然將來國用日繁他項無可增取終不如取之印花之輕簡自然恐非議會所能阻也茲述其分率數則大略如左

在本邦購買不動產或交換不動產契約印花一百分之一動產三百分之一

承祖產業契約印花一千分之一

有限公司契約印花按照本錢五千分之一至一百分之一

合資公司契約印花五千分之一

常年借券印花一千二百分之一

一年內借券印花五千分之一

保險人命契約印花五千分之一

保險傷損契約印花二百分之一

保火險契約印花十萬分之一

保獸險契約印花十萬分之一

全權代辦契約印花稅一馬克五十分至二十馬克約券代價不過一百五十馬克者免印花稅君主君后免印花稅王族寡婦免印花稅國家公家局所教堂學堂公家醫院濟貧院等免印花稅公使館免印花稅

租者與承租者賣者與買者公訂契約若有一面在免印花稅之列者則彼一面納半稅

若與政府交涉則租者與賣者仍納印花稅全數

普魯斯國家稅法終

出使美日秘國日記十六卷（卷一至卷四）

〔清〕崔國因撰

出使美日秘國日記　解題

《出使美日秘國日記》十六卷，清崔國因撰。國因（一八三一—一九〇九）字惠人，號宣叟，安徽太平（今屬黄山）人。同治十年（一八七一）進士，十三年授翰林院編修。光緒十五年（一八八九）至十九年任駐美國、日斯巴尼亞（西班牙）、秘魯公使，以所寫日記編爲此書。紀事以外交及商務活動事項爲主，兼涉當時各國政治、經濟、軍事、歷史、地理、文化、科學、技術、教育、法律、鐵路、工商、農業、税務等，尤著意於美國及美洲華人之生活情形。據上海圖書館藏清光緒二十年排印本影印。

出使美日秘國日記

甲午之春　笠汀蔡

光緒甲午仲春付印

序

日記者記逐日所行之事鉅細不遺以紀實也出使日記與尋常日記不同必取其有關交涉禪法戒此外皆所略焉上下五千年五帝三王不相沿襲陳言均無取矣縱横九萬里蓋地之圖山海之經荒遠可無稽矣然則日記云者記今日可記之事耳唐風曰職思其居孔子曰言思可道此之謂也外國各學均有專門名家童而習之至老不渝其講交涉者匪僅公法之熟亦恃平日於各國交涉之事所聞見者多而取精用宏也我國風氣之開僅數十年宏儒名宿或鄙夷而不屑道其閒深於閱歷得諸親嘗而囿器數者既知之而不能言愊淸議者又言之而不敢盡將何以拓心胸開風氣哉因業醫四十年猶憶少時之學醫也取古人所論藥性病證讀而記之然後玩漢唐以來諸名家辨證立方用意之所存揣摩就熟乃以問世凡藥之偏勝者皆足以療偏勝之疾以適於中不僅驅使平易近人之草木也處方雖簡而儲藥必備牛溲馬勃不以為世所賤而棄之苟濟於用其活人延年與靑芝赤箭同是編用意相似有苦心焉願知我罪我者諒之是爲序

光緒十九年八月二十六日自序於太平洋槎那舟中

出使美日秘崔日記

光緒十五年九月初一日晴戌刻到華盛頓小雨查金山至華盛頓計程一萬一千里五日而到途中每日尙停車十餘次以備搭客上下爲時甚久大約每半時辰可行一百八十里至二百里如途中不停兩日可到可謂速矣途中初歷崇山山中松木盤鬱直挺可作棟梁次日所見皆平衍沃壤數十百里必有大鄉鎭中間荒土甚多五百年內不憂人滿聞五十年前尙覺蕭條今則蕃衍富庶甲於諸國非火車之力不能如是之速也到時出使大臣張蔭　已偕隨員問訊同車至棧恭請

皇上聖安然後彼此行禮談至子刻而散寓客棧

初二日晴

在客棧不能洋餐由出使大臣張蔭　送飯一鑽菜三品得以飽食未後因先移入使館只空房二間隨員尙不能移　美屬阿拉斯喀在北墨洲之西北隅同治六年以銀七百二十萬圓購入美國版圖計五十八萬英方里居民甚稀今聞該地已有金礦擬由議院議撥經費選派人員查考土宜以便開闢云　因謹按美國以銀購地地實産金鬻地者不知地之所産較所鬻者實萬萬倍也古人所謂一寸山河一寸金者於此益信

初三日晴申刻雨

律師科司達來會言近數十年來槍礮之製與日俱新美國機器廠以云者斯德廠爲著名中國近年多購此種因答曰自來復槍之製出各廠所造皆不能離此法取其所指準而所透深也英廠黎斯皮代繼之那頓非爾又繼之麥新駮又繼之然不久而卽有停歇者新式槍礮幾於汗牛充棟要在用之得其人耳苟非其人雖有利器不足制勝也

初四日晴

巳刻接印謝

恩行三跪九叩禮拜印亦行三跪九叩禮拜發奏報接印日期摺是日札委楊慕璿爲駐日斯巴尼亞國參贊龔心湛爲學生彭光譽署二等參贊汪洪霆爲三等參贊李春官饒鳳起杜延祜爲隨

員拜發接印摺並咨呈譯署又請撥經費文　閱前任案光緒二年九月總理衙門咨到出使經費酌定數目及川資行裝歸裝各員薪俸關防滙銀各事粲然大備又已領行裝不能出洋者飭令繳回等因又咨到本衙門大臣崇奏云奏爲出使隨員亟宜愼選以杜冒濫責成出使大臣隨時考查其不能得力者破除情面卽行撤回勿得徇隱奉

旨依議讀之懍然應如何勤愼將事方能稱職陳任案

初五日晴

撥付駐日參贊楊慕璿川資銀一千八百六十二兩卽於明日啟行赴日　舊案載使館房租每月美銀五百圓每年六千圓　因

按外洋費用之巨於此可見一班現居使館爲鄭任所手賃價亦如前並不宏敞其宏敞者價且倍之館後外部布連業主一楹每年一萬餘圓泥沙金銀至斯而極 陳任案

初六日晴小雨

是日前出使大臣張蔭 午刻見總統辭行 光緒三年正月二十四日出洋肄業局稟幼童一百二十名經費銀一百二十萬兩漸不敷用請添增銀四十九萬二千兩云云北洋大臣李批查容道本係原議章程之員美國又爲熟遊之地南北花旗戰爭亦非在定議出洋之後當議章之始凡書院之大小束脩膏火之多寡物價之貴賤該道應已一一通籌不然何以原議稟内有通計二

十年經費百二十萬自無缺乏之語雖現在用費較多有原議所不及料之處然所短亦不至太巨今遽請增至四十九萬二千兩實覺相去懸甚爲數過鉅云云 陳任案

初七日晴

美國數大名城中人數若紐約若費拉得爾費若希卡果若弼樂克零若保司登人數皆有百餘萬或數十萬紐約一城以城外附近各處人民計之幾有二百八十萬希卡果人數亦視費城爲多故美國城之大以紐約爲首而希卡果次之 光緒五年正月寓小呂宋華商陳最良具呈以小呂宋官員苛稅虐政請援六年七月駐日黎參贊照日外部請設領事九月又照催之外部覆以須由藩部主政始終推諉

初八日晴小雨

明日遞

國書因率參贊繙譯等於使館先演禮 光緒三年十一月總理衙門咨稱本衙門附奏請飭出使各國大臣隨時咨送日記等因查出洋差使本以聯絡邦交採訪風俗隨所見聞參互記之交涉竅要即在其中富強之模亦有補焉 陳任案

初九日晴

拜發呈遞

國書摺 見總統遞

國書巳刻帶參贊一人隨員二人繙譯二人坐馬車至外部門首

有人接入路寬不過一丈約行十丈至一小房坐房中有機器升至樓上然後出房至一處見總辦副外部即偕行至公使客廳先有二人在焉因等亦坐定副外部以腋夾因一手偕至外部大臣布連處布連立談作寒暄語遂同車至總統宮布連亦以左手夾因一手引入總統之客廳布連入内少頃總統至立堂下之中布連立總統之右因與總統對面立參贊等分兩邊立因鞠躬者三立近數步出懷中紙誦頌詞畢恭遞

國書交總統總統敬接受交布連乃出懷中頌辭誦之誦畢近前握手爲禮作寒暄語禮畢總統退因與布連亦退總統外部大臣均科頭不冠常服因與隨員皆行裝禮甚簡出外部衙門回遂謁

各國公使
初十日晴
美國米西西比河與中國黃河相似因以中國黃河屢決民人蕩析國帑多靡查詢美員據云米西西比河前此曾費銀三千餘萬得以無事然亦難恃仍恃時時防之又云美國治河以收束河身束水入海使泥淤不留此法固善但治河之法亦非一端地球各國講求水利以和蘭爲第一緣和國四面皆海其地勢甚低窪故於防水最切該國防水既設直隄直隄之外又設橫隄與直隄依水爲之以防水之外溢橫隄又設於直隄之外遙隄之內卽使直隄潰破有遙隄阻之又有橫隄格之水勢潰過直隄又至橫隄其

力已減可以自止不至遠流修治亦易也因聽其言爰援筆而記之　謁美各部堂官三日而畢
十一日晴
航海會委員陳恩燾賈凝禧到　謁外部各部見戶部大臣談及美國出口貨物據云美國出口棉花計値銀二百五十兆圓糧食計銀一百五十兆圓油肉兩項計銀一百三十五兆圓牛羊豬三項計銀三十二兆圓其數少者未能全記已五百七十二兆圓合中國銀五萬萬兩零矣
十二日晴
謁議院紳　美軍器廠創造氣礮久已著名光緒十年法爭越南時中國大吏李鴻　張之　向購以不能試驗未成近聞德國有人名葛魯生者已能仿造未知確否　光緒四年二月總理衙門咨稱自天津條約議定以來中外交涉事件無不照章辦理而各國猶有辭因以貨物出入內地釐捐不歸管轄一體均霑四端反覆辨論令告美外部可謂詳盡　因按外國與他國交涉無不好佔便宜中國於外洋入口之稅所訂至輕查內地江河泰西各國向不准他國之船行駛今准其運入內地乃欲幷釐捐而除之是將求其貨物成本愈輕以奪我出產之利也滬上租界章程其初議本未當乃欲推及他處干預我之內政此必不可行者一體均霑卽泰西報施之約平等交涉豈有有施而無報者豈有不施而

索報者彼族習於我
國之寬大隨處覬覦誠宜有以限制之也陳任案
十三日晴
答拜陳恩燾賈凝禧該員以客棧食用太費請借使館暫寓允之
查美國大書院有三百六十所分布各省讀書其中者六萬九千餘人小書院不可勝數民間子女幼時無不讀書卽黑人亦無不識字可謂教養兼備矣
十四日晴
陳賈二員移入本署　謁律師科司達　美國鑄銀錢之局每鑄銀一兩可獲利二錢五分鑄銅錢之局每鑄一千斤可獲利銀九

百兩　因謹按外洋官商通用無所謂計兩之銀也各國皆以本國所鑄之錢交易亦不用他國之錢也其不計兩者防奸人之減平減色所以便民其不用他國之錢者防本國之利爲他國所侵所以裕國中國戶部寶泉局歲鑄大錢大抵以十萬之本鑄五萬之錢是於國無利矣然猶曰欲以便民也乃制錢一出而奸人輒銷燬以售銅或以改鑄偶有破案置之大辟是不能便民而且以病民矣其弊由於錢質重故銷者有利鑄法不精工故私鑄易仿爲也因嘗奏陳其弊矣

十五日晴

美國各埠前用火車馬車者今閒改爲電氣行車華盛頓已有之較之馬車爲速而聲不嘈雜且無煙氣聞英法各國均有之　光緒四年十一月出使大臣郭咨稱華商稟言英屬域多利征華人身稅按名四十圓請告英政府刪除當卽咨照英外部覆稱已咨藩部核辦等因　因查華民所寓英國屬地如新加坡新金山卡拏大均有身稅法於越南日斯巴尼亞於小呂宋古巴荷蘭於三寶壠均征華人身稅泰西嗜利無厭其情然也域多利地方近日仍收華人身稅則此例藩部實未除矣　陳任案

十六日晴

律師科司達偕其夫人來拜　再謁各國公使英公使俄公使西班牙公使均見　中墨洲哥斯答立戞國版圖甚小約抵中國兩

府人數計二十餘萬而善於經營五十年前國家進欵不上二萬圓近年竟增至四百萬圓其出口之貨以茄非爲盛云　光緒五年二月奏派山域治埃爾商董等因　因查地球圖太平洋島國俗稱爲檀香山者又名夏威仁泰西實稱爲三德梔蚩其都城名霍納奴奴附此以備參考　陳任案

十七日晴

送律師荆緞一疋熟羅一疋虎皮一張五層磁盒一對　因聞美國郵政局近歲入欵至五千萬圓可謂鉅矣泰西各國皆以此爲入欵之一至派大臣以經理之如美國之有郵政部大臣是也中國以驛站遞公文以信局遞書信分而爲二以視泰西之合而爲一者殊矣驛站之費每年約費國帑三百萬兩以視泰西之作爲進欵者又殊矣驛站便官而不便民以視泰西之官民均便者又殊矣古之聖人見蝌蚪而造字見蜘蛛而造網見轉蓬而爲車見竅木而造舟固取法於昆蟲草木矣又何必以外國而鄙棄之哉

十八日晴是日甚暖可着單衣

美國鍊鐵廠每年所出鋼鐵一千三百萬頓其鍊鐵廠內鎔鐵之爐五百餘座壓鐵機器四百餘件壓鐵之爐六千餘具化鋼之爐不可勝計其法亦多造鋼之廠計一百三十餘所三十年前每鋼一頓値銀一百四十兩自新法出而造成較易近日每鋼一頓只値銀二三十兩計每年所用鋼四百兆頓所省銀三四百萬兩然

則新法之益大矣

十九日陰 申刻以後雨

英公使俄公使來會　美國農民種地及果木每年納地租銀五萬五千圓　光緒五年五月北洋咨稱美國賠欵盈餘銀兩酌商交還濟用等因　因查此項本銀二十萬圓歷十四年息已逾三十萬本息共五十餘萬圓足見外國善於理財嗣於鄭任一律收回矣

二十日雨

米建威來謁自言曾至中國見李傅相盛宣　馬建忠　美外部布連派黑人德禮時爲駐奚公使欲該島歸美保護並三德明哥島亦歸美國保護　光緒六年五月駐日參贊寄到安南與日國和約計十二欵蓋光緒三年所訂也其第六欵如日國人民在安南犯案應由日國領事查辦照日國例定罪如安南人民在日國犯案亦按照日國例定罪顯有軒輊此歐洲與亞洲立約習氣也　陳任案

二十一日晴

各國產金以美國爲最多按年計之聞美國歲出六百八十七萬磅新金山五百六十九萬磅俄國四百一十八萬磅中國七十萬磅印度六十七萬磅德國三十一萬磅日本七萬磅義大利二萬磅　光緒五年十二月南北洋大臣咨到

上諭福建船政局近來專徇情面濫竽充數提調監工不諳洋務所造輪船難以適用虛糜薪水出洋學生近來多入耶穌教等因　因按從前沈文肅嘗言船政局講求造船大臣不如監督監督不如工頭其信然歟出洋學生入教由於提調失人近且有肄業學生失業之事廢弛眞不可問矣尋於光緒十一年撤回　陳任案

二十二日晴

偕畢士璧陳恩燾貫凝禧三人往外部赴航海會并見總統　總領事左庚赴金山　光緒五年十二月洋員副領事傅理祕來函云美國上等人因中國派爲副領事均以禮相待惟埃利士工黨聲言將其刺死然不足畏蓋深悉工黨之情形云　因按工黨之妒華人已非一日惟彼時美國官紳尚未顯附工黨今非昔比矣　陳任案

二十三日晴

赴航海會此會應推一人爲主議英水師提督推美國水師提督爲主議衆允之水師以英爲最強故創言由英而衆不敢抗孫武子所謂勇怯勢也強弱形也　因謹按美國創航海會其實美國兵船殊不足稱而商船則差勝查兵船之數英國五百十六艘法國三百四十二艘德國二百五十二艘義國二百二十二艘俄國二百二十艘中國九十六艘日本國八十六艘查商船之數英國四千八百八十五艘德國六百四十艘法國四百九十艘美國四

百二十五艘俄國二百二十艘日本國一百七十二艘中國四十二艘　因謹按以上各國俄英之土地稍廣於中國而一則荒寒磽瘠不如中國之膏腴一則散碎奇零不如中國之生聚至論其民則惟英俄得中國之大半其他德法各國皆不過十之一耳然其進欵皆四倍於中國則以商務之盛也中國自開闢以來均以貴粟重農爲本以商爲末自是王道然弧矢之威一變而爲槍礮天塹之險一變而爲坦途議守議戰其費百倍於前人商務不興費必不給物窮則變聖訓有明徵矣

二十四日晴

聞東洋益奇謹地方大遭水災漂沒人數八千　自有遠鏡以來以美國之鏡爲最大所見亦最遠其第一大者在金山山顛其鏡寬三尺六寸係美國大富戶里克創成故名里克千里鏡里克因創此鏡先修房屋費一百萬餘圓由此鏡窺天水星已可明白其中有地有河有海有島有冰雪有雲一一可辨第二鏡在華盛頓因往觀之其房爲圓形有機器可旋轉如意鏡面寬三尺餘長約二丈餘以機器運動南北東西均可準對以窺天則無星處多有星且有紅色藍色者以窺月則月中只見水溶溶然其光射目不可久視及目離鏡則目光晃耀不能見物閉目久之方可復元與視日彷彿矣察天文之總辦爲　因言天行至速遠鏡之架以電氣運之其運之之遲速一準於天之行然後可以久視而見之否則

天行而遠鏡不行不過刻許而星已離鏡矣

二十五日晴

美國地利向謂北多礦產南宜植物近日查考則南境亦有礦且有一礦而煤鐵分列左右於製造最爲便利者南礦之開又漸多矣　因謹按美國之礦甲於地球而習礦學者多開礦者亦多殆所謂有土有人有財乎中國之礦泰西各國均以爲極廣而鄙言洋務者乃創言爲天地留不盡之藏置目前之急務而不興是說也因竊疑之

二十六日晴夜雨

美國內部大臣新建苛制華人假道三事電達各口岸稅司遵行卽商之律師議與駁詰　美國各部公事皆用女人謄寫列肆亦用女子郵政局寫字亦用女人每月工資銀五六十圓至八十圓不等聞英國亦然　檀香山爲大東洋之島國地廣人稀華人趨之者衆土人忌之光緒六年派主事朱和鈞往查於次年奏設領事矣而檀國以兩國無約於公法不合遂改領事爲商董焉　因按墨洲開闢僅二百餘年土人皆黑種而甚少各島尤稀故華人相率而往保護無人故土人嫉之公法設領事必由主國給准照檀島以無約不給准照則無保護之權故改爲商董亦權宜補苴之計耳陳任案

二十七日晴

日本附輪赴檀香山之民是次計一千八百名　美國紳士言煤油之利實創始於美國創始之時初開一井第一年出油五千桶每桶三百斤以後開井日多次年卽出五十萬桶第三年出二百萬桶至一千八百七十年出六百萬桶一千八百七十四年出一千一百萬桶一千八百八十年出二千六百萬桶一千八百八十二年出三千一百萬桶本國不可勝用始出售於五洲各國俄國所出亦多自一千八百六十三年巴庫地方出煤油五千餘頓以後漸多至一千八百八十九年遂出三百三十萬頓始以美國爲最多者今俄國又出於其上且用以代薪地不愛寶任有力者取而用之耳　因謹按土爲萬物之母天下之物未有不生於土者也開礦之事或以爲洩地之氣或以爲盡地之藏不知地之厚三萬里地球開礦其至深者至七十丈止矣尚未及數萬分之下而何能洩其氣又何足盡其藏乎惟不得其人不得其法則雖言興利而無利可興不免訾議耳

二十八日晴 中夜大風送雨

德國開議院以修武備整頓水陸軍立銀行究辦會黨設理藩院專理本國屬土事宜爲要務德皇卽擬親遊各國會晤各國君主以修睦誼固邦交　光緒六年二月古巴領事以古巴約成照會古巴總督由日國備船送回被拐之生員洗佐邦李貞元守備廖楚安楊大志老年陳羅等七名又釋放監禁之華工若干名給以

執照等因　因於光緒十五年三月奉使美日祕曾至總理衙門考究前案知古巴之虐待華人始由美領事英國禁奴會發之各國皆不以日國爲然日使初猶崛強繼派員查明屬實乃始就範立約而華人出水火矣 陳任案

二十九日大雨 天氣轉寒午正下爛雪至地而化

南亞美利加厄瓜多國惠愛基埠地方以華人入境日多議禁華人入境　光緒六年美國約各國議防黃疫名爲防疫會議者十八國中國公使與焉考其所議以所居潔淨爲本防生疫也以查驗入口之客民爲事并令領平安之照爲憑防染疫也議多委瑣繁重必不可行卒以罷議　因於此見美國之用心焉各國客民之來美者年多一年美之民數驟增盖有人滿之慮矣藉此限制客民之來亦一策也 陳任案

十月初一日晴

昨訪事人問於下院議紳布郎曰將來會議時禁止華人一事何以處之布郎答曰此事我與諸紳意見不符以爲有背和約會駁禁絕華工之例華人在此受美人淩辱美廷不爲補救殊屬不公華人素性勤慎天資靈敏謹遵國法絕無滋擾作亂營鑽於官場等事惟只好吸洋煙然與美人飮飛時記酒無差焉華人既受美人欺侮我固謂其不必來美我亦不敢謂華人之可盡行逐回也

初二日小雨晴

請英俄日祕檀香山各公使美按察司律司科士達醶祕使未到
聞英公使言前曾爲香港總督又云印度電綫共有三萬三千餘英里所發電報計二百九十餘萬次計收報費銀十二萬餘兩除費用外餘銀四萬餘兩　因又詢英公使使館章程英公使云自公使以下辰正入公事房各辦所司之事申正則息至使館所用鋪陳器具除客廳公事房大餐房歸公費購置外公使及參贊隨員各房所有鋪陳器具均由本人自行購置卸任時估價售與後任仍不相強

初三日雨

前紐約領事易學灝來見仍返紐約　光緒六年四月直隸爵閣

督部堂李咨准總理衙門咨稱小呂宋華民五六萬以該處苛例日增應設領事保護等因　因查此舉至今十餘年未能議妥惜不於古巴立約時趁日國外畏人言一齊訂定近恐不易成矣　陳任案

初四日　東南風大雨未以後晴霽見日

聞俄皇赴德會德皇德相畢思麻與言時事謂宜保全和局俄皇曰如德不先啟釁俄決不爲戎首請勿疑也畢思麻又言德奧義之盟非欲與俄爲敵德英之好亦無妨於德俄之好也　光緒六年八月直隸爵閣督部堂李咨由天津至上海設立旱綫電報以通軍報而重防務等因　因查電報之速頃刻萬里呼應靈捷最宜於行軍方兩國齟齬之日戰局和局須臾而變即戰局已開爲戰爲和亦須臾而變如無電報則此處已決裂而彼處猶不知敵國來攻以備應戰是束手就斃矣方罷戰議和之時和事已定訂明息戰而他處猶挑戰是又違公法矣有電綫則無慮是　陳任案

初五日晴

中國楊柳交秋即落葉望冬禿矣此地楊柳淩冬不凋可知天下之理甚大未可以所見所聞概之者此其一也　光緒六年九月總理衙門咨稱七月十八日美國修約使臣來京續修條約等因　因按此即中美續約所由成也約首言華工日往日多彼此商酌變通而第一欵即定年數人數之限且言限制進口蓋此時已

䖍禁工之端倪矣　陳任案

初六日晴

美國戶部章程凡本國大小貿易概不收稅惟外國貨物入美國銷售者則重其稅至有值銀千兩而收稅五百兩者蓋欲使本國之人購本國之物庶金銀不漏於外也查美國立國之初有數省不隸美籍者美廷特重其稅使知屬於美者稅可免不屬於美者稅必重卒至望風嚮慕隸入版圖近年以來墨洲之地凡屬他國者如英之卡拿大日之古巴自主之國檀香山皆因美國收入口之稅太重而商民欲隸美籍也見於報者屢矣將來或有變更乎

初七日雨

聞美國水軍提督某於初九日（西十一月一號）由紐約將所統兵船駛赴歐洲葡國日國及各國俾精駕駛用輪而外兼用帆行至歐洲後並往他洲以誇耀本國人才之盛戰艦之堅俾各國不蔑視　光緒六年九月金山領事報到美國嘉省新議凡不准在本省隸籍不與投籌公舉省員之別國人等不得請領牌照不准華人設鋪不准僱用華人徙華人於境外不准捕魚工黨揭竿以逐華人云云　因按此時太平洋一帶已嫉華民而顯言不與投籌公舉其用意可知矣　陳任案

初八日晴

光緒六年十一月金山六會館稟華人自相戕殺尋讎不已云云　因查美國此時上下已惡華人而華人行爲如此宜美國輒以有礙昇平爲辭查商家多係正人其不安分者大抵游手之徒不爲鄉里所容逋逃至此耳外洋刑罰甚輕非有互交逃犯之約公使領事均無權嚴懲之也　陳任案

初九日晴　大霧

天津來信云鐵路已停不辦　光緒六年十二月金山領事稟稱兇惡強徒互相朋比各持槍刀白日截殺云云華民行爲如此宜美國之不相容也可慨也夫　陳任案

初十日晴　是夜天氣轉暖得雨

五更起盥洗黎明率使館各員恭祝

皇太后萬壽是日巳刻設劉席申刻設酒席醼諸員航海委員陳恩燾賈凝禧亦與醼　光緒七年七月寓祕魯華民稟稱被拐來祕之數萬人今遭智利攻破祕國土豪串同智利兵官強擄販賣已數千人請速援救云云　因查祕魯強預智利與玻利斐亞戰事左袒玻國戰敗智兵入其都城中國寓祕之民尙未設官保護而粵人亦有助紂爲虐於中取利者故罹此辜也　陳任案

十一日大雨　東風未後晴

洋員柏立病重久不到館蓋半年矣當與律師商酌設法裁之　光緒七年閏七月二十九日爲咨解事案照本大臣奉使美日祕三國所有頭年出洋經費等銀經江海關道解到庫平銀二十萬兩現經貴道台面商劃出庫平銀八萬兩交與貴招商總局其銀隨用隨提乞將收到日期見覆須至咨者右咨督辦輪船招商總局郎選道唐徐　鄭任案

十二日晴　轉涼

光緒七年八月委辦輪船招商局爲申覆事八月初二日奉此查前項庫平銀八萬兩當於本月初一日如數兌收聽候隨用隨提不誤　因查此欵於光緒十一年八月結案　鄭任案

十三日晴

查各國疆域以英里計英國連屬地八百六十餘萬里俄八百五十餘萬里中四百四十餘萬里美三百五十餘萬里巴西三百二

十餘萬里土耳其一百八十餘萬里法一百餘萬里和六十餘萬里德三十餘萬里奧二十餘萬里日本十四萬餘里比國一萬餘里　因謹按日本版圖抵中國三十分之一耳而崛強之勢不可嚮邇自吞琉球後而法人生心於越南英人蠶食於緬甸皆日本啟之也中國之形勢何至不如日本而日本乃敢於侮中國哉

十四日晴

十月吳編修嘉善移容副使文照得出洋駐美肄業局各學生業已奉文收局惟局屋係貴大臣與前在事諸人議建現惟有仍由貴大臣暫行派人看管或留或變價歸公亦應統由貴大臣酌定辦理其局中器用各件亦一併列簿照交希即查收又貴大臣原

交洋字帳單七箱帶同無人認識應仍檢出移交以便查核又交來單據工匠估開約須修理銀一千貳百圓繙譯核開洋明年通年地稅銀二百七十二圓又明年通年保險一百五十圓看管工人二名至明年洋六月底止薪工銀共四百六十圓煤炭水火一百四十圓俱明年洋六月底止如數備具銀兩同局屋一所局中器用帳簿一本原來洋帳七箱統移貴大臣查收并希即賜收到公文見覆施行　鄭任案　因按此移文可謂光明正大一相形閒而賢否見焉

十五日晴

古巴領事譚乾初曹廉來　十二月覆古巴總領事書云以該島當日之事勢而能有今日辦理之情形殆始願所不及者官工所既經撤去華民滿工者均得為自主之人雖其行街紙章程朝令暮更華民不免受累然較之從前之被虐相去懸絕況各國俱已照辦我國自應從衆閣下於各埠分派代理每照許給銀紙一圓經費無須另籌而能使權自我操洵為善法　鄭任案

十六日雨

譚乾初曹廉赴古巴任　十二月總理衙門咨到陳大臣第三次報銷奏准案內抄原奏滙水折耗一欵據該大臣冊開奉撥經費由上海滙至倫敦再由倫敦分滙巴黎馬得力華盛頓等處轉折愈多折耗愈鉅惟各國公使經費均由上海滙至倫敦又由倫敦

分滙各出使大臣均未開報滙水折耗名目此次擬照案准銷仍知照接辦大臣鄭藻　令其向曾紀　等將收支經費章程詳加考訂嗣後冊報應歸一律以免紛歧等因又冊開滙水折耗用銀二萬一千三百四十三兩零三分五釐　因查本年共用銀十五萬九千三百零七兩七錢七分而折耗如此蓋八五折矣　鄭任案

十七日陰晴

查各國民數中四百兆英二百五十六兆俄一百二兆美六十四兆法六十一兆德四十五兆奧三十九兆日本三十六兆土耳其三十二兆和三十二兆巴西十二兆比五兆　光緒八年三月函復古巴總領事云歐美兩洲風俗飲食男女最為切要若欲擯絕

酬應專務辦公於事斷難有濟然亦必須胸中具經緯者方能於酒食徵逐之間善榮辱樞機之用不然或輕佻浮蕩爲彼所輕或恒舞酣歌忘民之事亦未見其能有益也 鄭任案

十八日晴

前美國總統格蘭脫之子來見談次知爲格總統之第三子也

三月美國戶部抄到光緒七年中美條約第二欵彼此不得私運洋藥入境 鄭任案 因查美國稅關仍准洋藥入境不過收稅極重近議每洋藥一磅 計十二兩 收稅美銀十二圓又查泰西各國之於煙酒收稅至重以其非民生日用所需也若夫美之於洋藥日之於呂宋票祕魯之於賭局戲園皆征重稅蓋以爲禁之而終不能

絕不如征稅以困之則不禁而禁之意亦於虞書之贖刑漢書之輸邊有合也

十九日雨

美國新聞載俄國撒馬兒罕鐵路已造竣裏海以東火車來往便利此地至中國塔什干只五百八十中里亦已興工添造　四月兩廣總督張咨稱小呂宋島華商公稟請設領事所有經費該商等情願籌備等因十一月北洋大臣李咨情節相同幷抄到華商稟呈小呂宋苛政十六欵華人入境有費驗病有費註册有費身稅按年六圓女三圓修路醫館買賣貨物牌照出境節節有費匿者重罰華人與土人爭無論曲直罰充苦工土人戕殺華人不過監禁種種虐政不可勝數九年四月具稟恭親王派員往查實在情形並擬設官章程七條及經費每年四千兩究未辦成 鄭任案

二十日雨

比利時爲歐洲之小國向與荷蘭同壤後分爲二國地少而人多所出之糧不能供食專恃製造通商以爲國用計通國製造之廠有二萬六千六百餘所需用之人約五十萬各廠進項每年有二千一百七十七兆法蘭克 合中國銀三萬萬餘兩 耕種之人每年每人可得銀一百九十餘兩工作之人則五倍之其他如紡織如屠宰如酒如煤如煤礦如絨如鐵廠如機器廠所入之欵甚鉅

二十一日雨

英國裴達直銀行用司事者九百人薪水每人四百兩至一千八百兩不等每年薪水約八十四萬兩行中所存現金銀自六千萬至八千萬不等所出之票約八千萬兩每年進欵約八十萬兩國債約三千萬兩每年繳英國家滙票稅銀約二十八萬兩可謂大矣

二十二日晴

英員由印度遊中國者見中國之東三省謂須加意經營否則將爲俄人所攘俄人經營西比里亞等處鐵路必通至黑龍江琿春地方鐵路既成則中國無從措手而英之印度亦可危矣印度一區英與法苦戰幾三百年方能據而有之俄得印度則東方商務

必敗而新金山亦危矣
二十三日晴
六月總理衙門咨到奏釐定寶星章程單開頭等第一專贈各國之君頭等第二給各國世子親王宗親國戚等頭等第三給各國世爵大臣總理各部務大臣頭等公使等二等第一給各國二等公使等二等第二給各國三等公使署理公使總稅務司等二等第三給各國頭等參贊武職大員總領事官總教習等三等第一給各國二等參贊領事官正使隨員水師頭等管駕官陸路副將教習等三等第二給各國副領事官水師二等管駕官陸路參將等三等第三給各國繙譯官遊擊都司等四等給各國兵弁等五

等給各國工商人等
二十四日晴
六月總理衙門咨到巴西國條約十七欵於光緒七年八月十七日訂定該國志在招工而全約并未言及者蓋爲李傅相所制也嗣巴西相臣錫呢布求賞寶星據情代請當經總理衙門奏明賞給頭等第三寶星　鄭任案
二十五日小雨
六月咨復浙江巡撫請購造槍彈機器云准貴部院咨開據軍需善後總局司道詳稱浙省前購各式後膛洋槍現存無多各式槍子爲數有限時時購自外洋不能自行製造甚非長久之策浙省昔年所購之車床鑽床刨床汽機馬力等項俱尚可用若再添購槍子機器小副及軋銅皮等機器自可自行試造等情據此相應咨請飭員代購新式簡便中針槍子機器一副林明敦馬的尼子模各一副軋銅皮磨輥一副英尺二十餘寸大車床一副并各機器應配輪軸各件及零星各件均祈酌度配辦其新式哈乞克司及呍嗜士得槍二者孰爲輕利便捷價値若干并刀頭矛頭槍子各價亦請考查函復等因到本大臣准此查製造槍子係屬專門機器浙省前購之件想皆製器之器未必可通於製造槍子此時既議添購造子機器則其器之力量大小與須添購某式若干均非可以懸揣而得倘有舛誤恐難適用徒費鉅貲擬請派員攜同

明白工匠先將浙省原有機器逐一查明或令蔣赴上海製造局將製造槍子各器亦行遍查酌量應添某器若干即就近在於上海洋行面訂包運庶無短損及參差不合之虞云云　因嘗聞之吳春帆京卿言製彈之銅與他銅迥殊自捲片以至舂殼提不淨者則舂必裂且舂坎之力亦不同錠之於膛如溢一絲則不能入膛縮一絲則氣泄而彈不遠其中精微奥妙非考究有年不知也志之以爲購外洋機器者告　鄭任案
二十六日大雨
美國太平洋將軍米利司招集該處議院紳士會商太平洋灣一帶地方之善策紳士麻勞云宜建造礮臺會請撥欵一百兆圓以

爲建築鑄礮之需內二千七百萬圓以爲三藩昔士哥（即金山）海防經費

二十七日雨

八月北洋咨稱美國棉花籽種八百磅發交趙州知州楊蔚散給民間布種華洋土性不無異宜咨請將美國種植之法譯寄等因

因嘗詢訪種棉之法咸稱王瓜能生之地棉亦能生其土宜燥則北方天時地氣似亦相宜惟人工甚勤尚須時時芸草去蟲若惰農自安則花漸瘦絲亦漸短矣 鄭任案

二十八日雨陰

十一月總理衙門咨到內開准貴大臣咨稱滙水折耗情形查美日各署俸薪除日都使署距倫敦稍近滙寄無甚折耗可不計外所有美都金山古巴三處每年約支俸薪七萬餘兩共需滙水銀二千餘兩作正開銷將來祕魯開辦亦照此核給等因 因查以後鄭任所報較陳任原數約十之一 鄭任案

二十九日雨

是夜美國華千拿省沿海起風漂覆船艦甚多 十一月奏請設立紐約領事咨呈總理衙門大意謂美國西邊爲太平洋爲金山埠東邊爲大西洋爲紐約埠近紐約華人亦漸多且其地與古巴相近華人由華往返必由之徑酌設領事以資保護云云 鄭任案

三十日晴

接江海關道龔照 電云經費已撥 十二月總理衙門咨爲美國會商頭黃經度事十年八月始開議英國日本專派人員餘多以公使代集美外部衙門派定精通格致人員畢遂請決議一綫界衆國奉爲中經綫美國赴會博士魯他科乃言於衆請以英京格連濱除綫爲首綫法員不從英員爭之一時互相辯論頗爲喧沸美國管理航海事務人員聲言於衆曰茲有請者貴員等若能以格連濱除爲中經綫請卽定之不然勿議可也緣英美兩國刋刻輿圖向以該綫爲首今若更易中綫則前圖盡廢在英則須一兆磅之銀方能補改刻之費在美則須一兆圓之數也實屬萬難遵行遂定 鄭任案 因少時讀爾雅四極嘗疑之其文曰距齊州以南戴日爲丹穴北戴斗極爲崆峒東至日所出爲大平西至日所入爲大蒙考周天之度赤道溫帶皆戴日也且戴日之南爲冰洋則地尙有在日之南者矣不止於丹穴也黃帝氏訪道於崆峒山則崆峒非極北近年由那威國探得戴斗極者爲北冰海其地實未見山焉測天者經綫有盡處而緯綫無盡處經綫盡於南北極如輪之軸有兩端以一端爲南一端爲北是也緯綫如輪之匡循之無端如中國所謂大東洋美國以爲大西洋也美國所謂大東洋歐洲以爲大西洋也中國赴美由大東洋指東可到由地中海指西亦可至也中國之午刻卽美國之子刻中與美互爲晝夜則中國之日出卽美國之日入合地球而論之無處非日出日入

之地日出之地卽日入之地日入之地卽日出之地蓋以地球每日旋轉一周其初向日之地卽爲日出其初背日之地卽爲日入日本不動安有所謂出入者哉頭黃經度美願以英爲中綫而法爭之亦以經綫有南北而無東西隨處皆可以爲中綫故可以爭美之格致家但能以刋圖經費藉口而終不能以是非爭者此也

十一月初一日晴

光緒九年四月請設紐約領事一摺奉
旨依議當卽開辦　因查紐約華民約五千人工黨亦惡之而官紳尚有權故尚無驅逐焚殺之禍 鄭任案

初二日晴

六月總理衙門寄到一案內載光緒四年五月初六日閩浙總督何文稱美國佛吻士別喇帆船在恒春縣紅頭嶼地方觸礁擱淺經琛航輪船幷地方文武盡力保護旋報帆船自焚據臺灣道夏獻綸稟報前來於本年三月初六日咨呈貴衙門査照在案嗣據夏道稟稱二月初二日夜諸挨士目覩該帆船被焚殆盡乘另僱之安瀾小船鼓櫂盡去驀赴香港領事魯陵處呈控魯領事據諸挨士一面之詞判斷華民焚搶屬實由恒領事函知夏道訂期赴臺會查等語當經飭令夏道將帆船起火情形詳查迅復會商妥辦具報旋據夏道稟稱恒領事於三月初八日抵臺該道卽往與會晤詢知前此駐泊帆船旁邊之美國兵船名嘩喧當提集琛船管駕林高輝等及英國領事費德里等到案會同逐細研問據李辭等僉稱二月初二日諸挨士偕兵船官尋覔礁跡是夜十一點鐘帆船火起該兵船放礮懸燈示將往救帆船上洋人不挂回號至初三日天明六點鐘諸挨士由嘩喧兵船回入安瀾小船卽催喝何以尚不開船不問帆船如何被焚旋卽開行等語美國兵船各兵官皆目覩其事船主諸挨士稟云該船於西歷三月初五夜在龜仔角被土人放火燒燬該船幷船內貨物價値若干現欲向中國索賠等語嗣英領事不以爲然美兵船亦駁之遂結 鄭任案

初三日雨

近有美國人殷尼奴文自越南歸述越南近事云法得越南後設總督以治民派將軍以守境文武不能和衷武員專事殺戮越南苦之商稅又重商人裹足華人出港入港均收人稅時有英商小輪船名晃利鴉在英只收船鈔二十元日本長崎收七十元橫濱收五十元香港收四元出入海防則須三百零二元二角可謂重矣

初四日雨

七月北洋大臣咨內開李攀桂撤回學生撥入水師學堂肄業乃因父病瀆赴美國迅速勒令回津等因　因查李攀桂已與梁姓在紐約開設店鋪名爲梁李公司 鄭任案

初五日 雨晚大霧

九月美外部照會云此會名曰賽天下技藝及棉花百年大會乃美國朝廷及種棉會館並紐鴉連城官民協力辦理美國棉花初次運赴外國通商之事迄今已及百年故專賽各種棉花棉貨兼賽各國技藝製造土產礦產等件以見百年之間諸務振興教化日進本國總統深願

貴國朝廷屆期派員赴會云云　因查美國之於棉花如此其重宜其棉花通行地球獲利無算也 鄭任案

初六日 侵晨見日又陰

九月夏威仁國送到普魯書譯其畧曰我國朝廷聞某國君主偕某屬地有謀吞波利彌施亞羣島中之數島暨亞記祕理高島之事我國見得此舉是以特作此書力拒其謀敬告於各大國願各大國同認波利彌施亞各島皆有不能讓人之利皆得自享求進之益皆可操其自治之權並請保護各島得與敝國共享此等平康之機會俾同附於萬國之中也 鄭任案　因按此藉各國之牽制以圖存亦無可奈何之策也然而歐洲諸小國之不亡者多由是矣

初七日晴

英屬卡拏大地方官已奉英廷之諭飭將哥林卑亞全境所立徵收華民之稅例脩改俾薄稅歛減取人稅以免妨礙中英和好云

云　十一月出使德國大臣咨爲和國衙奇會官貨酌留使館照原價歸欵云云當經酌留棹椅屏彩各件　因查其時銀價每規銀三兩九錢可得英金磅一較之今日大懸殊矣 鄭任案

初八日雨

十一月片奏開辦祕魯使事十年閏五月奏啟行前赴祕魯六月二十九日到祕魯都城查得祕魯田寮虐待華人督工者鞭撻晚則鎖腳置於黑監工期已滿仍復措留擅造合同強擄入寮工作日夜不息私刑拷打合同已滿又復轉批數年祕智之戰殺戮尤多到祕後與祕外部仗義執言一一請除當已次第辦妥矣 鄭任案

初九日晴

俄皇至土耳其國見其君主開宴盡歡土君因請俄皇保全和局

前此智祕之戰祕都爲智兵攻破華民被殺者一千餘人近鄭大臣託美國駐祕公使勞覲代請賠卹勞覲往謁智國外部大臣坐談良久外部曰邇者智國帑藏日竭外耗日多不得不極力防維以保國家利益近來各國咸向討償幾成援例之事竟有無數祕民不能度日者設局假冒破失財產藉端求償以爲餬口計及請公正人細查其中妄報不實之欵不下數百起戶部因爲所困至於華民一節其中習業體面者固甚稀少此乃公衆所共知無論性命財產遭沒於智人之手爲數亦屬有限況智人於華民財命兩端均曾竭力保護此又不辨自明者也無所賠償 鄭任案

初十日晴

美國開議院謁上議院首紳　德皇與后坐兵輪偕至義大利國又至土耳其國　查美國議院章程上議院紳共八十八人下議院紳共三百三十二人上議院紳六年一任每省舉兩人下議院紳兩年一任各省准舉多少不同上議院紳每年俸五千元下議院紳每年俸五千元上議院長卽副總統每年俸八千元下議院長每年俸八千元　美國共四十四省茲將各省之名與各省舉下議紳若干人并各省總督年俸列左　阿把巴麻省准舉下議紳八人總督每年俸三千元兩年一任　阿甘色省准舉下議紳五人總督每年俸三千五百元兩年一任　加利寬尼亞省准舉下議紳六人總督每年俸六千元四年一任　科

羅拉都省准舉下議紳一人總督每年俸五千元兩年一任　干捏底吉省准舉下議紳四人總督每年俸四千元兩年一任　特爾拉華省准舉下議紳一人總督每年俸二千元四年一任　佛勒爾勒釐省准舉下議紳二人總督每年俸三千五百元四年一任　若耳治省准舉下議紳十人總督每年俸三千元兩年一任　埃大曷省准舉下議紳一人總督年俸任期未詳　奕倫諾爾省准舉下議紳二十人總督每年俸六千元四年一任　英釐安納省准舉下議紳十三人總督每年俸五千元四年一任　埃阿瓦省准舉下議紳十一人總督每年俸三千元兩年一任　甘沙司省准舉下議紳七人總督每年俸三千元兩年一任　干德紀省准舉下議紳十一人總督每年俸五千元四年一任　魯西安約省准舉下議

紳六人總督每年俸四千元四年一任　緬省准舉下議紳四人總督每年俸二千元兩年一任　馬理蘭省准舉下議紳六人總督每年俸四千五百元四年一任　麻沙朱色士省准舉下議紳十二人總督每年俸五千元一年一任　米氏根省准舉下議紳十一人總督每年俸一千元兩年一任　閩尼所達省准舉下議紳五人總督每年俸五千元兩年一任　密士失必省准舉下議紳七人總督每年俸四千元四年一任　密蘇爾釐省准舉下議紳十四人總督每年俸五千元四年一任　曼他拏省准舉下議紳一人總督年俸任期未詳　臬布拉司加省准舉下議紳三人總督年俸二千五百元兩年一任　臬華大省准舉下議紳一人總督每年俸五千元四年一任　紐罕什爾省准舉下議紳二人總督每年俸二

千元兩年一任　紐折爾西省准舉下議紳七人總督每年俸五千元三年一任　紐約省准舉下議紳三十四人總督每年俸一萬元三年一任　北喀爾勒那省准舉下議紳九人總督每年俸三千元四年一任　北打科大省准舉下議紳一人總督年俸任期未詳　倭海阿省准舉下議紳二十一人總督每年俸八千元兩年一任　阿理干省准舉下議紳一人總督每年俸一千五百元四年一任　賓夕爾勤尼安省准舉下議紳二十八人總督每年俸一萬元四年一任　洛哀倫省准舉下議紳二人總督每年俸一千元一年一任　南喀爾勒那省准舉下議紳七人總督每年俸三千五百元兩年一任　南打科大省准舉下議紳二人總督年俸任期未詳　田納西省准舉下議紳十人總督每年俸四千元兩年一任

德克沙司省准舉下議紳十一人總督每年俸四千元（兩年一任）洼濊
的省准舉下議紳二人總督每年俸一千五百元（兩年一任）勿爾吉尼
阿省准舉下議紳十人總督每年俸五千元（兩年一任）華盛頓省准舉
下議紳一人總督年俸任期未詳西勿爾吉尼阿省准舉下議紳
四人總督每年俸二千七百元（四年一任）爲士干順省准舉下議紳九
人總督每年俸五千元（兩年一任）歪阿明省准舉下議紳一人總督年
俸任期未詳各省共舉下議紳三百三十二人按省中居民計每
十五萬一千九百十二人則舉下議紳一人惟省不及此額者亦
舉下議紳一人
總統每年俸五萬元　各部大臣每年俸八千元

十一日晴戌刻見雨點
科司達來見　謁議院紳據云華盛頓華人近日開洋煙館者日
熾實爲地方之害理宜嚴禁但本省律政未有載禁洋煙一節雖
知其弊而無法可絕之昨晚巡捕房訪得三街華人祥利洗衣店
外以正業鋪張內則開煙燈取利巡捕前往擒獲店主祥利並美
國人吸煙者三人隨即監禁
十二日陰
謁議院紳　美國西省提督報於兵部曰西省爲孔道藏國庫三
千萬極應固守惟照目前而計槍礮不敷倘一小國來侵我邊疆
刼我國庫將何以禦之乎應請飭令酌築礮局以鑄鋼礮五百七

十三尊買地建立礮臺以守要扼一切整頓以壯國威須費國帑
三千萬圓方妥
十三日晴
謁議院紳議院中如布郎有司梯司宣門等不來奔好德均不惡
華人者　十二月美外部來函言東京輪船抵金山稅關於華人
衣箱內搜出書信七八千封北京輪船抵埠又搜出三千餘封奧
順匿輪船抵埠又搜出八千餘封查照天下郵政章程應行議罰
云云鄭大臣復云中國未設郵政局書信均係託人代寄不知泰
西章程以後應將來函所言刊於中國日報以後照此辦理可也
因按中國未與地球郵政之會故書信無圖印不能行於各邦

於外國郵遞不便也（鄭任案）
十四日晴
俄皇素欲并吞土耳其茲聞土與德皇結好更滋不悅於是密令
駐土俄使風示土君言俄皇將來土國相見土君知機欣然應諾
遂訂期來春　航海委員畢士祕爲其妻所控於美官　十二月
總理衙門來函屬查美西斯比河治法美西斯比河長約二千英
里原係淸水迨滙美蘇黎河後水始混濁向來時淤時決迄無修
治善策近四年間有益參將者創爲收束河身之法該河向寬約
一英里即就河之兩岸修築堅隄束水不使旁溢遇有河形寬散
之處僅留中泓寬廣亦約以一英里爲率其餘攔以木樁使河水

咸歸中泓而所挾浮泥聽其分注於兩旁寬散之處久之亦自成隄河身既不散漫河面又復一律寬廣水勢得以直瀉無忽猛忽緩之患自能刷去河底淤泥數月前往驗河身水深皆視往年加倍現所經營者係河下游之一千二百英里上游無須修治至入海口門向分三處悉爲攔江沙所阻水深僅一丈一二尺或不及丈今亦仿收束河身之法將中間一處口門築成隄岸直出海面長十英里借水力以決開攔江之沙目下水深已逾三丈統計試行新法以來及此後接續辦理至少需費三千萬圓等語就其所言目下似已著有成效惟據稱該河挾泥有限且是泥非沙其性膠黏乾後卽極堅實又係以美西斯比全河之淸水洗刷美蘇黎

河灌入之浮泥似與中國黃河情形不甚相同卽其辦法專主收束河身亦與疏治黃河有異 鄭任案

十五日晴

美國前總統格蘭脫之兩公子及米建威來見談次知格總統之長子曾隨格總統遊歷中華現已出使奧國矣　光緒十年二月離金山六百餘里之鉢崙埠商人請設領事遂派隨員黃錫銓往查據查該埠工商約三萬餘人商貨以米油食物洋煙衣服爲大宗工人以開礦築鐵路裝魚罐爲事工商分爲十餘黨爭訟鬬毆無時休息如設領事除商捐外尙需經費約六千金鄭大臣照咨總理衙門未成 鄭任案

十六日雨

答拜奢士格蘭脫兄弟幷米建威　二月外部照會云茲准戶部所定外國駐紮本京公使請免稅事章程嗣後凡有駐美公使什物請免進口稅者須請於公文內附該物提貨單一紙幷請指明該物是否係公使自用抑其家眷應用之物再使署參贊除代理公使外不能有免稅之益　因按泰西各國於理財一道剖析毫釐毫無假借非如中國之疎節闊目也卽此可見一斑 鄭任案

十七日 晴微雨天氣驟暖不能着棉

日本外部大臣因改新政爲刺客炸彈所中已傷左足　三月照美外部李中堂代美國水師千總滿宜士請假三年聲明該千總

現在中國水師助辦教習水雷事件美國朝廷業經允准給假矣今李中堂來電云請再給滿宜士千總假一年外部復函云查滿宜士千總前曾准其請假今彼尙在貴國可再給假至西歷一千八百八十五年四月一號止 鄭任案

十八日陰

卸任金山總領事梁廷贊來　是晚亥刻赴英公使茶會子正而回　三月金山總領事稟稱査北亞墨利加洲之英屬卡拿大內有哥林比亞省之域多利府華民寓居於是者鋪戶約計百數十家其餘築輪路開金礦製魚罐各所傭工合計有一萬六七千人稟稱該處新設苛例請爲駁除計按人收稅十圓開礦者歲收十

五圓遷棺者罰一百圓吸鴉片者罰一百圓新入境者稅五十圓當即函託曾侯向外部駁除曾侯覆函言查向來中外條約於華人流寓外國者既未之及即南京舊約第一條亦無最優相待字樣今若遽動公牘與英外部辨論則我無實在可恃之約惟有緩商云云既而事終不成 鄭任案

十九日晴

四月墨西哥公使來文欲向中國招工鄭大臣婉拒之而仍咨呈總理衙門備案且言墨西哥係無約之國未與立約將來保護無權云云 因按無約而招工祕魯古巴即前鑒也 鄭任案

二十日晴

下議員金山省議紳馬盧新創條陳請查華人在美之數每人給與執照一紙以後有執照者准其安居無者監禁驅逐其水脚由帶來之輪船公司是問出境後有執照者亦不准復來云當與律司商駁之 四月直隸津海關道咨到山西撫部院啟云蓋聞經國以自強爲本自強以儲才爲先方今萬國盟聘事變日多洋務最爲當務之急海疆諸省設局講求並著成效查中外交涉事宜以商務爲體以兵戰爲用以條約爲章程以周知各國物產商情疆域政令學術兵械公法律例爲根柢以通曉各國語言文字爲入門云云 因讀之言簡意賅於泰西學術源流如桶底脫矣 鄭任案

二十一日晴

宴奢士格蘭脫兄弟並米建威外洋請客分上中下三等席每人十圓八圓六圓爲差酒則自一圓一瓶以至五圓每人酒二三瓶尙不足也尋常之水亦不用以爲不潔必用氣水氣水每瓶亦需二錢五分又設花一二瓶花每一枝需銀五錢但十餘枝即六七金矣又每人亦佩花二枝均由主人代備所設花二瓶醼畢即以送首席之客之妻泥沙金銀至斯而極

二十二日陰

七月美國議成限制華人新例十七欵上之總統事已垂成律師利亞頓博郎勒德上書總統言新例之不公紐約人未韙亦上書

總統極言埃利士人之妒忌官紳之阿埃利士人以冀保舉所言皆出於私必不可聽總統阿他遂飭議院再議議院因删其尤苛者此美國苛禁華人之一端也 鄭任案

二十三日晴

七月北洋廣東電屬購美國氣礮始終未成錄使館代辦上鄭使書 時鄭使在祕魯 辦理此事之不順手有出人意外者礮價本係公司開出並未議減分文續擬五十尊始售亦經傅相核准照數向買限四箇月成造亦係公司自訂包運到華亦係公司自承理應毫無異言乃屢議試演八寸徑礮屢請展期始言法人在此探聽不便在此演試推之繼言銅礮尙未做到推之昨忽言礮中緊要機器

做壞又需更換推之（彼實因創造未妥初以爲照四寸徑仿造孰料不能）現約十一月初四五日可試屆時尚不知可試否一也氣機本在價內忽言汽爐在外另需加價二也（此層已稟明另價將來擬只買四箇）方奉多購之電前一日已接蒓甫送到公司來函云將來如再多買則六寸徑者需二萬五千圓八寸者需三萬圓恰似知我必多購者非眞知之也實因彼六寸八寸兩式受藥多蓄氣大不獨工料宜精即製法亦非四寸可比聞幾次製造未成費去工本不少欲藉此別開生面以圖補償故預昂其價以居奇三也（公司本欲加價經蒓甫飭駁故只言再買即加）幸楨密屬蒓甫將多購一層暫不宣露擬俟此起訂妥後再與商買以免益彼貪心初議四寸徑者裝藥二十五磅及中里六七里六寸者裝藥七

十五磅及八九里八寸者裝藥一百二十五磅及十里外茲忽改言四寸者裝藥十七磅及一洋里（中三里三）六寸者裝藥六十五磅及二洋里八寸者裝約一百磅及二洋里又四分洋里之一（大約六寸者及六里八寸者及七里中里之譜）一切與原議不符四也然此層需親往試驗不必徒以口爭初議公司包運到華茲忽言如中途被搶只能代問保險賠償又與原議不符五也（此層最關緊要將來必須妥議不然即恐受過）聞當初試演四寸礮時本有礮架其價自必在礮價之內茲又忽云八寸者礮架另銀七千五百圓六寸五千五百圓四寸四千五百圓誠足駭人聽聞六也初議四箇月到華茲忽改爲限四箇月到金山七也（果能四箇月到金山尙是快便）以上七層均係節節生枝時時變改此事之不順手誠難意度楨微窺其意不但乘我急需故爲居奇且恐實因八寸徑創造不成故設此以阻難耳楨惟拿定一試看主意催其演試俟試驗眞屬可靠再與議不符各節彼若不允即電由傅相作主處處踏實做去不求有功只求無過云云　因錄出以見購置軍火之難而當自設廠也

二十四日晴

拜發奏派分駐三國人員摺　八月總理衙門覆奏道員徐承祖條陳曰今日使事任久責專廣設僚屬優其祿餼非徒通問修好已也各該使臣受事三年之中宜如何周諮博訪於其國勢之盛衰地形之廣狹風俗之變遷政教之利病兵民市舶之多寡食貨

物產之盈虛以及工藝日新商情月異各市埔有我國商民之區或歸我領事官約束或仍聽彼地方官約束應如何使之生聚綏輯俾無失所均當逐事講求悉心考訂條舉件列薈萃成編俾運籌者相其情勢以爲操縱張弛之機光緒三年臣衙門奏准請飭下東西洋出使大臣務將大小事件逐日詳細登記按月彙成一册咨送臣衙門備案查核其外洋書籍新聞紙等件內有關係交涉事宜者亦一并繙譯隨時咨送以資考証　鄭任案

二十五日晴

九月總理衙門咨到劉銘　奏請設局譯刻泰西各書其略云查外洋於中國有用諸書半皆取而譯行海外共西國兵農食貨格

致製造測量諸書日新月異凡有關於今日之用者甚多我中國尚未譯有成書間或有翻刻一二種亦皆取擇不精夫禦侮貴在得情而致用尤在博覽不究其治國交鄰之要政何以得其情不研其造器習術之本源何以致於用 鄭任案

二十六日 小雨

聞南墨洲巴西國民作亂　十月金山總領事來禀云美國政體風俗事事非錢不行每辦一事必須籌費所需之費又鉅既非公帑之所得支又非私家之所能給因查領事之設昉自泰西泰西領事驗貨有費查船有費填牌有費一切文憑准照莫不有費所籌者並非領事費用不過以公衆之財辦公衆之事不過合衆人

之力官爲之督率而維持之云云　因查美國之例頭頭是道非律師不知趨避延請律師有按年萬金者金山所延律師名尊治力歲六千圓又利亞頓歲二千四百圓本使館所延律師名科司達歲四千圓科司達所辦者尚有墨西哥泥格拉諸國則亦過萬金矣 鄭任案

二十七日 小雨

美國外部接駐中國領事來信言中國長江一帶兩月以來多雨淹壞膏腴之田一千五百萬畝　十二月墨西哥求與中國立約招工鄭使上總理衙門書云與其於既受陵虐之後始行設官挽救害大而事難不若乘其未往之先妥訂章程設法經理事易而害小云云嗣因墨公使述其國家之意欲於其本國商議鄭使以爲不宜卻之 鄭任案

二十八日晴

十二月與代辦蔡函商議辭退洋員柏立以爲宜彼此和平計議以全初終爲合體給以考語字據俾其爲轉示於人之用若以洋例須先三箇月告知則與妥商辦法或再留一年云　因查僱用洋員每受其挾制祕之德里安尤爲荒唐　因至此已久柏立尚未來見聞諸參贊蓋久未到署矣 鄭任案

二十九日 晴冬至

是日黎明拜

牌行三跪九叩禮惟供事程瑛未到上午備席午後設醮　泰西以游歷地球爲能紐約省有婦人於前月起程限七十五日歷地球一周　十二月參贊官蔡國楨禀覆兩廣總督張云奉電諭委購黎意槍五千枝彈子五百萬顆隨帶各件俱全限兩箇月運到廣東黃浦交收等因奉此查此事先經本使憲鄭飭令紐約領事官歐陽明查探黎意槍彈價值開明數目電復北洋李傅相察核在案惟當時未將程期運費查確具報嗣據歐陽領事函稱續查得黎意槍一枝彈子一千共價實價美銀三十二圓由美繞英赴華計槍一彈千共運費二圓並云近聞上海瑞生洋行代本國經辦此項槍彈甚多其中浮開不少該廠管事人稱中國官與本公

司親自交易兩邊均係眞正主人並無躉頭行用本公司自當格外公道計槍一枝該美銀十五圓彈子一千該美銀十五圓五角每槍彈盒四箇其餘各件俱全所有裝箱上船均本公司自認費用船價有高低兩起悉照從前別人承運一律給價保險亦照向章均由本公司出名代辦由美繞英赴華兩月必到亦係從前運過程期保險包至廣東省城能保阻攔搶劫等事共槍彈價值運脚保費均在此交清以便代爲辦理參贊因與歐陽領事通盤合籌共槍彈價值與瑞生洋行承辦者減少不可計數諒在明鑒之中計購黎意槍五千枝（每一枝價銀一十五圓五角較外間十六圓五角之價議減一圓）共銀七萬七千五百圓購槍彈五百萬顆（每千顆價銀壹十六圓較原訂十六圓五角之價再減半圓）

共銀八萬圓兩起輪船運費（由美國紐約繞英國倫敦運華以防阻止截留）共銀七千六百一圓三角七分兩起保險費（另抄洋文單據附呈註明包保搶劫）共銀貳千五百六十四圓在紐約零用（電催保單換寫提單及馬車費用均在其內）共銀八十九圓二角三分以上共支銀一十六萬七千七百五十四圓六角查此五欵係由紐約領事支付據造細數淸摺另錄附呈電報粤垣十五次（自上年十二月初七日奉委購槍以後始行開報）共銀一千六百五十三圓五角三分由華盛頓赴紐約兩次（往返火車睡床及上下馬車等費均在其內共銀四十七圓）以上共支銀一千七百圓五角三分查此兩欵稟明在槍價餘欵內動支另有細數淸摺附呈通共開除七欵合計支去美銀一十六萬九千四百五十五圓一角三分（鄭任案）

十二月初一日晴

近聞巴西已改爲合衆國　美國下議院紳馬羅又上條陳除中國公使外其餘無論工商一概不准來美　因商之律司科士達科士達謂議院上苛禁華人例者大抵西省之人他省尚不附和且聞尚有相繼而上條陳者應俟開年一并上堂駁之

初二日晴

此間列肆均以女子坐肆貿易大約自十六歲至二十歲未適人者貌亦端雅言甚和婉索值不二價　謁律師科司達　駐津美國副領事祕德格稟於外部據稱現奉李中堂命以陸軍水師現設立西醫藥房倣外洋式擬請外部轉咨兵部海軍部將美國陸

軍水師施藥治傷救生章程並歷年官報寄與中堂察核按照辦行云云外部准此遵即咨照兵部水師部檢備檔案以便轉復中國矣

初三日（晴中夜雨）

英屬卡拿大維多利地方官擬將限禁華人入境之例删除而土人不願現已聯名稟請限禁並已納身稅之華人去而再來者仍納身稅五十圓　十一年二月總理衙門咨到議復御史謝祖源摺內開出使隨員或有沾染外洋習氣者可由該使臣隨時督察分別撤參又云古時造士器數之學與理義并重故通經致用官効其能近世士大夫非無才識閎通學問淵博之人而限於方域

囿於見聞語及環球各國交際之通例富强之本計或鄙夷而不屑道夫外洋測算竊自中法製器相材源於考工營陣束伍乃古者司徒步伐進退之遺開採五金實仿於周禮丱人之官測繪地輿亦晉人裴秀成法禮失求野豈彼智而我愚特中士習爲游談共平日留心講習者少耳就目前而論我之所亟惟在察敵情通洋律諳製造測繪之要習水師陸戰之法講求稅務界務茶桑牧礦諸事宜 鄭任案

初四日晴

三月美國飄節海口稅官來信以該處有華人二萬五千名欲設領事并薦舉廷廣可爲領事鄭大臣復書辭之 因查設一領事每年需經費銀一萬數千兩不節則需二萬飄節不過華人入美之境設之無益且近來美國於此地查華人私越入境其例漸嚴當時之不允蓋有先見矣 鄭任案

初五日晴

美國救生局船費每年九百餘萬圓計今年一年共救貨六千餘萬圓救人七千九百餘名

初六日晴

醵英俄日祕檀香山墨西哥等公使又醵美律師按察司畢士祕每席中間設花一籃每人佩花一朶外洋醵客例也 五月接准李傅相電開總署十一日來電嗣後非軍務及急要事各處均不准率行發電遵

旨電達希轉電沿海各督撫及出使大臣等因 因查外洋電費最鉅以中國一字四碼分作二字每字需銀二圓四角有餘合之爲四圓八九角但二十字即百金矣 鄭任案

初七日晴

六月北洋來電爲朝鮮聘請美國兵官教練兵士請於美總統總統交議院而議院已散事迄未成觀此可知美國議院權重 鄭任案

初八日陰

外國將度年送律司甯綢一疋湖縐一疋東洋大甆瓶一對各部及議紳擇其相投者皆送禮有差 六月准北洋電中倭兵撤朝鮮聘美官教練兵士望晤外部速商如無即回覆 覆北洋外部云須俟冬間開院公議嗣請先派而彼不能違例 鄭任案

初九日晴

供事程暎啟行 航海會委員畢士壁陳恩燾貫凝禧請醵以洋餐故未到借龍旗三面 六月致美國外部節略茲因巴拿馬及箇龍兩處素無華官駐紮向來華商寓彼者屢蒙美國駐彼領事官遇事代爲料理中國官員及該處華商均極感謝邇者中國公使以該華商等稟請轉求美國外部給該兩處領事官以代保華商之權是以敬問外部大臣可否准如所請美國外部覆函業飭

駐紮巴拿馬及箇龍領事等凡該華民遇有要事由該領事官等暫代料理仍須俟哥林祕國官員允由該領事等代理華民之事斯時卽可暫充中國之代理人 鄭任案

初十日晴

七月初六日總理衙門咨到中法條約十欵於光緒十一年四月二十九日經北洋大臣李鴻　具奏奉

旨　因查此約專爲越南之事 鄭任案

十一日小雨

外國元旦巳刻出門酉正事畢謁總統各部提督將軍按察上下議院也是日之車每一時需銀七圓　七月古巴領事稟稱西班

牙輪船到埠船有中國人十名相向哭問其情由據稱皆閩人向在小呂宋謀生此次被人騙稱傭工到此方知立約做工與賣身同卽由譯員向該公司提到領署問明屬實卽將楊協等十人所得工期銀五十圓及船價十圓墊還船主留於古巴作工陸續扣還結案　因按此卽洋人以招工爲拐賣幸古巴已設官否則此風終不息矣 鄭任案

十二日雨

謁上議院紳　八月出使英法大臣曾咨到內錄奏稿議定洋藥每箱稅釐共徵銀一百一十兩併在進口時輸納由海關給與憑單運往內地無須再完稅項至貨包開折之時如有應納稅捐等項當與土煙價值相較均算以昭平允　因查此卽李傅相與英使威妥瑪所訂之約由英外部簽定者也泰西各國凡於有害民生之物皆禁入口度其不能禁絕則重稅之中美條約載明兩國不准販運鴉片而由香港入金山者其數甚鉅美國既不能禁乃創稅則每鴉片一磅合中國十二兩征稅銀十二圓所收至巨中國加稅於此用意甚善但較之美國尚不及百之一則勢限之也 鄭任案

十三日晴

謁上議院紳檀香山公使至李格士銀行　爲照會事光緒十一年八月十四日接到貴道七月初八日覆函內開商局支絀經傅相將各省官本奏請免利緩期等因准此查貴總局庫平銀八萬

兩整核之原領銀數業已還淸至利息一項幷未收到絲毫現閱函稱各省官本已經北洋大臣李奏請免利在案查貴總局原領前項經費銀兩係屬暫時領用與借領各省官項作充商本者雖有分別而其爲公欵則同自應循照奏案辦理計貴總局欠繳前項利息自光緒七年八月初一領銀之日起至十一年七月初二還淸本銀之日止所有應生利息概行照免無庸追繳可也除咨北洋大臣李督照備案外爲此照會貴總局煩爲察照施行須至照會者右照會督辦輪船招商總局直隸補用道盛卽選道馬 鄭任案

十四日晴

日內謁上下議院各紳多設茶會見時握手道寒周旋一二刻卽別亦有堅留食茶果者　嘗與議紳考較地球鐵路自以美國爲最長計十六萬餘英里德國二萬三千餘英里法國二萬一千餘英里俄國一萬九千餘英里印度一萬四千餘英里日本八百英里

十五日晴

有泰受熱中夜發熱臥處近火門爲火氣所灼至於吐血　謁英俄法德朝鮮日本檀香山西班牙祕魯公使　日本公使言日本鐵路已成三千餘里尙有商人續造者大約一里需銀七千兩上下每年載客八百餘萬人運貨六十餘萬頓除經費外每年可得

四釐之息　因謹按日本近年鐵路不過八百英里約二千餘里耳而言三千餘里其好自張大虛憍之氣畢露矣

十六日晴 天氣燥熱可着單衣

十月總理衙門咨稱本衙門具奏採買外洋軍火滋弊居奇抬價剝蝕愈多且有以賤價收陳貨而詭爲新製者有賤價購自外洋而浮冒報銷者請飭各出使大臣就參贊隨員內講求搜討所有訂定各件必須出使大臣親驗以專責成等因　因查前此購買船礮其弊誠然且有緩不濟急者如此辦法近日諸弊已廓清矣

鄭任案

十七日雨

美國例正總統爲第一人副總統卽上議院之首領如議院議政以多少爲從違卽三人占從二人之意其有可與不可人數相等者則由副總統酌定蓋副總統可何造則何造多一人矣　十月總理衙門咨內開歷次出洋學生造詣究竟如何有無深通西藝熟諳製造管駕及水師操練之材等因參贊蔡國楨覆稱童子無知受外洋氣習越日既久玩視中學若忘其爲華人不獨中文未能講求卽華語亦不明順縱於洋文有得於我不能適用初不過增一洋人耳授以差遣不受範圍或且謂敦品勵行爲繁文甚有視政教彝倫爲苛刻云云可謂切中時弊 鄭任案

十八日 小雨止中夜大風

十二月向美國外部索還以前賠欵所餘至三月而始商定計原給美國賠欵銀七十三萬五千餘圓除賠美商銀四十九萬六千餘圓仍存銀二十三萬九千餘圓生息銀三十四萬四千餘圓本息共銀五十八萬三千餘圓除給賠美商熙爾船價十三萬圓計實還中國銀四十五萬三千四百圓九毫又除去酬勞費五千四百圓　因查此項卽分撥東西洋各署經費 鄭任案

十九日晴

副總統茶會陳設極豐至者亦衆以副總統爲美國大富戶也

十二月海關造册處稅務司杜德維來函言光緒六年中美新修之約刊本抄本文字之間或有稍誤與原本不免參差玆擷舉數

端請由公使照會美外部衙門取所存原本詳細校對務使毫髮無訛其不符之處請於刋本上逐欵註明當卽照會美外部照辦矣 因按繙譯一道非中外文理兼優殊難稱職蓋未易言矣閱美國與朝鮮之約朝鮮自稱爲中國屬國而美國所稱似有參差則眞有不符者也 鄭任案

二十日晴

前總統格蘭脫之夫人約見於麥連夫人之第年六十餘矣身不甚魁梧而尚豐滿循循然是有德器之象眼戴鏡或近視也詢李傅相近日起居並問傅相夫人及女公子近狀答以均安又作寒暄而退堂前賓客男女皆來見者約數百人

二十一日晴

此十日內按日分謁各部及議院紳有見者有不見者亦有設茶點以欵客者大約見則立談不見則一概不見門外挂一筐以收謁者名刺 十二年三月新出使大臣張到金山當登岸時駐金山領事等員前往迎接美國巡海官名天年日余頭接收稅關電信命我不許新使等登岸必先將其

國書送稅關驗看乃可傳烈祕稟商張大臣不允久之天年曰余願肩干係請公使等登岸可也嗣由鄭大臣詰問外部拜亞拜亞照覆引一千八百八十四年七月五號章程載中國官員可用文憑以抵護照云云又謂稅關未失禮總領事所稟情節謬妄誠以

爲憾閱之可駭美其不國矣夫 鄭任案

二十二日晴

謁議院紳至暮而返

二十三日陰大風

謁議院紳 十一年九月北洋爲咨行事據津海關周道詳稱竊查美國肄業學生曾奏定章程此項官生不准在外洋入籍逗留及私自先回遽謀別業等因在案玆准各局咨稱前派當差學生梁敦彥等十七名皆久假不歸咨請飭催來津當差等因前來職道查該學生等託詞請假或逾限不回或別謀事業殊與定章不符自應查明分咨廣東督撫院出使美國張大臣並行蘇松太道

甯紹台道分別嚴飭迅速來津聽候分派當差勿任抗玩致干挐辦 張任案

二十四日晴天氣轉寒

接金山信 副總統訂是日至其宅同見總統酉刻往亥刻回

查美國焚殺驅逐華人於光緒十一年七月起至十二年二月止共十案計阿路美煤礦一案烏盧公司槐花園一案洛士丙泠一案姑力煤礦一案澳路非奴金坑一案的欽巴一案舍路埠一案阿拉士架一案麥天拿一案鉢倫埠一案 張任案

二十五日晴

赴律司道喜謁議院紳 十二年四月咨呈總理衙門文查日國

現係日后攝政該國通稱攝政大君后所委國書仍稱大君主與彼國現在稱謂不符自應更換以便呈遞理合咨請核奏更換頒發祇領尋於七月更換 張任案

二十六日 晴 天寒 氷

英國將軍曰麋者本年由印度陸路遊中國而歸言中國今日所最要者乃在黑龍江等處趕造鉄路勿讓俄國先成以爲慎固封守之計又曰英國宜交結中國訂同恤相惡之約又云中國龍州製造局徒有虛名凡事能言不能成殊可惜也

二十七日 晴 天寒 氷

上議院紳密組月初遞條陳兩件一華工不論是否來美或往他

國均不准入境假道違者重懲一爲中國辨論華工來往案件均令外部交出與上議院查核 一千八百八十六年 即中歷光緒十一年 四月五號紐約城諸教會會長集衆議擾害華人之事聯名遞呈上下議院前駐北京公使西華前格蘭脫總統在任時之外部大臣斐士並上議院議員和露等均與其言曰查華人來美應得利益與各國同憶金山初開埠時華人來者爲數無多迨加里科尼屬邦收入合衆國省分圖版時金埠居民欣然大喜合境慶賀賽會盈街華人旅于是埠者當時具旗幟儀仗致賀亦獲邀請同慶共遊及後華人源源而來實因我美國到華堅約以資建造鐵路之用藉華工之力尅日成功若以別國人爲之勢必紆緩數年虛耗資本且加省溼下之地俱藉華工填築洋工向不敢爲者乃竟藉資華工而成加省受益多矣竊以中華弛海禁而與外國通商原非出于本意實由泰西各國強令通商而美國亦與其列查得仇待華人並限制華工各事其端實肇于金埠之埃利士工黨加省人員謀缺者以投籌數之多寡爲定埃利士工人既入美籍有投籌之權利其人甚衆得失之機繫乎其間故舉國南北黨均以得加厘科尼了厘斤兩處之籌爲急務蓋得之則勝失之則敗所以昧良議立限制華工之例無非阿附工黨以望其投籌耳 鄭任案

二十八日晴

十二年九月爲咨呈事據招商局盛道稟稱織機局中輟現查運

到機張尚未及半據洋匠丹科稱訂定合同必須照數購運前來萬難中止但核價太昂爲數甚鉅鄭陶齋等皆云訂立合同主局者并未簽字且合同訂逾三載局務停止亦未見機廠中具稟公使催運來華其爲丹科一己之私果否訂立合同與價值置造事宜殊難憑信茲將丹科開呈所定織機廠名及價值銀數另單譯呈請卽照單密查究竟合同如何訂立廠中有無存機價值有無浮冒能否毀議停止均祈迅賜詳示當派參贊官瑞沅繙譯官梁誠前往照單密查已得端緒合將查開清摺備文咨呈謹將織布局洋匠丹科開呈美國所定織布機器廠名件數銀數譯呈鈞鑒

計開美國羅未爾機器廠　卜洛未登士機器廠　搏郎機廠

好京士機廠　卜洛未登士火輪煤氣管廠　依笛生電燈公司六處所定合同訂於一千八百八十三年三月分織機貳百張以及副件等項價值英洋拾貳萬九千叁百九十壹圓五角二分照每洋八錢核算計規銀十萬三千五百十三兩二錢一分利息租棧算至一千八百八十六年正月分計美洋二萬六千圓核規銀二萬八百兩云云 張任案

二十九日 晴天寒霜甚厚

委員查明上海織布局所定美國各廠機器件數價值分別開列

計開博郎機廠謹查紐約一埠只有博郎銀行並非機廠字號

好京士機廠謹查此廠在紐約埠據該廠商人聲稱自一千八百

七十九年以來查無與上海埠交易事件　依笛生電燈公司謹查該公司亦在紐約埠詢據該公司商人聲稱向有販貨船赴上海埠交易事件均非上海來埠訂定至有無織布局議定貨物販貨人現均外出無從查知　卜洛未登士火輪煤氣管廠　水龍頭二千零八十七箇六寸徑至七分半徑圓鐵筒二萬零八百七十尺提水抽水鐵筒（此項僅開價銀三千九百圓未據查開丈尺數目）計價值美銀一萬壹千五百圓謹查卜洛未登士係埠名詢據該廠商人聲稱曾經織布局定有貨物因逾期未取業經售賣無存仍屬將原定貨物件數價值開具清單照單譯開以備考核　羅未爾機廠　清棉花機器五副　紡紗大小機器八副　紡綫機器肥甯路零肥年二十二副　紡綫機器嗶合路零肥年二十六副　士潘挐機器四副　織三十四寸闊布機器壹百零四副　織三十八寸闊布機器九十六副　焙綫機器一副　接布機器一副　壓布機器一副　展掃棉花機器一副　繞綫大鐵筒二十條　士顛筒七捆　漿鍋一箇　道挐盈肥年六副　零用器具壹箱以上機器分裝七百八十木箱計重三百噸機器馬力計二百五十匹每日需煤五噸計值美銀五萬三千九百五十六圓四角八仙另外備零碎鐵器值銀四百八十五圓三角一仙木箱值銀三千零九十六圓六角八仙總計值美銀五萬七千五百三十八圓四角七仙謹查羅未爾亦係埠名詢據該廠商人聲稱織布局於西歷一千

八百八十三年十月三十一號訂定大小各項機器久經製齊封存候取當令將機器件數箱數價值及馬力數目開具清單照單譯呈該商人曾稱若織布局再不到取欲將各器件修整變賣惟並未提及息銀棧租等項自未便向問將來取貨時恐須議及合先聲明　卜洛未登士機廠頭號紡綫機器四副二號紡綫機器八副三號紡綫機器十六副　鐵墜六十三箱　木綫盤四十九箱以上機器等項分裝八百四十三箱計重一百五十六噸機器馬力計二十八匹每日需煤一噸半計價值美銀二萬九千六百三十圓零五角一仙息銀四千五百九十二圓七角二仙（自西歷一千八百八十三年十二月一號起至一千八百八十六年七月一號止）以後如未起運仍每月按算棧

租銀八百五十圓保險銀六百八十五圓總計值美銀三萬五千七百五十八圓四角三仙謹查織布局所定該廠機器等件據該廠商人聲稱西歷一千八百八十三年三月二十九號所定現已製齊封存候取若再不提取息銀照算今算至一千八百八十六年七月一號者西人逐半年淸算也 張任案

三十日小雨

航海委員陳恩燾賈凝禧起行由紐約返中國　琿春近地係西比利亞東南海口附近高麗東岸本中國屬地三十年前讓歸俄國俄地近北極土氣嚴寒海口常冰於操練水師駐泊兵船不便自得琿春近地卽爲屯水師之地三十年來極意經營已爲重鎭現又造鐵路由彼德堡直達琿春此路約五六年可成　因謹按香港琿春兩地中國視之不甚愛惜一以與英一以分俄英人以香港爲重鎭俄人以琿春爲重鎭英人以之通商俄人以之兼併則俄之爲患尤甚於英中國之棄琿春較棄香港尤爲失算也琿春一城孤懸雖有兵弁其勢不敵彼德堡爲歐洲之俄京由此以鐵路通琿春將來調兵轉餉節節靈通因竊慮此路一成高麗斷不能守高麗不守東三省安能高枕無憂因於光緒九年已疏陳之矣

出使美日祕崔日記

光緒十六年正月初一日晴

朝賀行三跪九叩首禮　晨設蓺中正設醮　赴美國總統宴戌刻往入門後卽有一帖上載明坐位持帖而入見總統握手寒暄數語又見總統夫人亦握手爲禮遊玩各處無往非花赴席坐定見上懸玻璃燈約一百四十盞席上花七叢此外陳設之花尤多酒用五品並氷水爲六飲至子刻方畢又至花堂遊玩然後告辭回館

初二日晴是日辰刻小雪後卽天晴

謁見美國各部大臣英公使　印度所造鐵路劃至光緒十五年冬止有一萬五千二百四十五英里每英里合中國三里三去年一年內新開鐵路八百六十九英里截至年底核計鐵路共有一萬六千餘英里此外又准開四百十三英里內有由山洞行者計長一千二百五十三丈統計鐵路公費約需二千一百二十九兆兩有奇每英里均拉十二萬五千魯皮合中國銀五萬三千兩一年之中計載客商一百一十兆計載貨物共重二十二兆頓鐵路所獲之利半爲費用半爲餘利除一切開銷外每百兩銀得息四兩九錢三分

初三日辰刻下雪至半寸而止

因查十五年一年中國出洋之貨值銀九千六百餘萬兩茶之出口年減一年十五年茶價值銀二千八百餘萬兩較十四年少二百餘萬兩絲則值銀三千六百餘萬兩較勝於十四年棉花出洋亦年勝一年十五年出洋之棉花值銀五百萬兩較之從前將近十倍殊爲可喜惟茶業漸衰將來如不振作恐盡被外洋所奪矣是在察時觀變者力挽回之

初四日晴

般鳥島地廣人稀英國家每一英畝約華三畝有零只收地價英銀一圓以廣招徠迄今未二十年商務蒸蒸日上除種菸種茄非兩大宗外其餘他項公司如輪船及棧房等大小各國公司百有餘家至

種菸茄兩項英人居其大半其次和蘭國商人耳因和商種菸最爲熟手獲利尤厚云　因謹按泰西各國如英法德其本國版圖甚狹故好覓曠土以經營所謂長袖善舞多財善賈也

初五日晴天氣轉暖

英公使言英國蘇格蘭人精於農事凡英人不能耕之地蘇人無不可以大獲故時負耒耜挈傭人驅牛馬而至英地以耕以贍身家　因查英之本國只三島一爲倫敦即都城也一爲阿爾蘭一爲蘇格蘭此二島之地爲英富戶之業富戶皆居倫敦而收其地之稅故二島之業農者多而遷徙入美籍者尤多焉　光緒四年二月十七日總理衙門咨開自天津各條約議定以來凡中外交涉事件無不查照條約各章辦理然各國亦時有謂我不能遵守條約者大抵不外洋人被虐被毆之案征收釐稅之事耳夫外國被誣枉之事係未可預知者亦係無法防範者且係無論何國均不能保其必無者征收釐稅之事或因條約未經議及而意義兩歧以致外國有是說也查條約每屆十年准修一次其如何增刪改換自係出於兩國情願同治八年本衙門與英國大臣初次將英國條約應修各欵議妥雖和衷商酌將及兩載之久而英國未允其大臣所擬各端是以新約未能照行近年來又有德國修約之事德國大臣商議各端有中國萬難照允者往來論辨迄今亦無定說因思更修條約貴將兩國之意先行說明而此事內有四

要端准將已完正稅之洋貨運入內地其運入內地時或准逢關納稅遇卡抽釐與華商一律辦理或准照則完納子口稅請領稅單運入內地無論所往之地遠近即可將地名呈明填入稅單之內中途逢關遇卡均免重征洋商亦准赴內地置買土貨儻係轉送外國之土貨或請有單照則可將所辦之貨運至通商口岸沿途各子口均祇查驗單照逢關遇卡一概免征至近口末卡照則完納子口稅若未請有單照則准逢關納稅遇卡抽釐照華商一律辦理洋商亦准將置買之土貨於出口時照則完納出口正稅後轉送外國洋商亦准將土貨由通商此口運至通商彼口在下船之口完納出口稅在轉運貨之口完納復進口半稅洋商亦准

將復運通商他口之土貨在復進通商之口完納半稅後將土貨運入內地逢關納稅遇卡抽釐與華商一律辦理此乃洋商現在販賣洋土各貨照約完稅之大概情形也至洋貨運入內地一節洋商有言以上所云自某口至單內所指之某處中途不重征一語未盡其事據稱已完子口稅之洋貨日後無論在何處遇何項稅捐不應向其抽收而本衙門不能以此解為然因思照條約章程洋商運洋貨入內地或請領稅單或不請稅單均聽自便如請領稅單應將運赴內地何處呈明塡寫稅單之內其故乃因稅單祇能保單內之貨由通商口岸運送單內所指之地沿途免征稅釐其貨已經運至所指之地稅單卽應作為廢紙嗣後該貨卽與

無稅單之貨無異再洋商請領稅單或不請稅單既聽自便則有領單之貨亦有無單之貨同時在內地一處者領單之貨係由口岸運至單內所指之地沿途稅釐一概照約准免無單之貨各處稅釐皆應完納但有單之貨已至所指之地其單卽作為廢紙該貨遂與無單之貨無異應與無單之貨一律遵完稅釐則稅單到所指之地既經繳銷各貨均無稅單是完子口稅之貨與未完子口稅之貨何所區別可知永遠免徵並非條約本意亦祇有中途免徵而已總之洋貨運入內地一事據本衙門之意稅單祇能保其單內所開各貨由口至所指之地沿途免徵耳洋商既准於完納正稅外祇須再納一子口半稅既准運入內地無論遠近銷貨

各處其自由之益已屬不少矣至運土貨出內地一事洋商又言土貨雖非運往外國實係本地出售之物亦可請領單照運口甚至有言洋商尋常販運至外國之土貨雖無單照內地亦不應抽收釐稅各等語因思華商運土貨於沿途各釐稅均應完納則洋商運土貨到口欲免沿途抽收必須攜帶單照方可獲免是以凡屬無單之貨無論作何銷售均應遵納釐稅再洋商領單運土貨到口如准轉運中國他處銷售不送外國則洋商之貨得免而華商之貨不得免其於華商生計不無妨礙是以必須運赴外國之土貨方准領單運口總之洋商之運土貨與洋商之運洋貨其事殊其稅則一蓋洋貨入內地無論何處祇須完納正半兩稅卽可

隨意販運其土貨出內地運送外國則准洋商赴內地無論何處置買亦係一律照完正半兩稅也再查釐捐一事外國常以為不然殊不知在中國之華商亦非所願也而朝廷視為暫行權宜之舉因思自主之國訂其征課應視時之所需而現在時事多艱需欵甚鉅不得不格外設法籌畫至如何籌欵之處應由中國作主外國之不應干預議以為非亦與外國自行籌畫借欵加賦等事中國不應干預評論無異也洋商運洋貨入內地或運土貨出內地如欲免釐祇須請領單照方能得免如無單照則凡有貨物在內地既不能區別各處釐捐均應遵照完納又查管轄一事照約洋人在中國不歸中國地方官管轄其有自相爭訟之事則由其

本國官料理如其犯法亦由其本國官按本國律懲辦但外國猶有言也謂按照此不歸管之條非特中國官不應約束洋人卽洋人任意違背中國章程亦無懲辦之條而本衙門不以爲然因查各條約內中國實未允有洋人任意違背中國法律之條洋人居中國者則應以中國之章與華民一體遵守而條約內所允者不過以洋人犯法係歸其本國官按本國律法辦理而已今設言之譬有路一條按中國律法華民不准行過洋人不得因有不歸管之條任意於此禁路來往如違而逕過者則應由其本國官引照本國相同律例比擬懲辦總之此條用意所在非准洋人任意違背中國律條第以洋人如有犯事者應歸其本國官懲辦耳且思

此懲辦之權中國既允由領事官在中國境內行用仍應由外國特選妥實人員充當此職方爲允當乃各國之內有數國以商人派充領事官者查領事官分內所司如收發船隻牌照報關請單僱辭水手等事商人雖無不可料理中國並不以商人代辦此等事爲非惟領事官猶有審鞫之責事關緊要似應派委眞正官員充當此職方足以昭慎重況遇應行會訊之案出地方官應與領事官公同審斷設今日在座之領事官卽前日因偷漏受罰之商人或案情與其本行有關涉既屬不成體統亦有諸多未便又查優待之益一體均霑一節各國條約皆有此條原因各國人民中國難於區別某人係某國之人以致將未經換約各國之人民亦一律看待在中國以約內有此一條亦無不可行之事查議訂此條時在議約者本意係不令其本國商民較他國有不及之處務令一律霑受益處此誠中國昭示公溥之處也惟議定此條時外國與中國之意雖同而於證釋之中往往有失於公允之處設如有某國特允從中國一事中國因其特允之一事卽於通商事內酬一優待之新條並訂以應守之新章以昭限制此固於優待之益酬之於允我一事之國者也而他國亦欲憑此均霑之條藉索此可霑之益在中國雖不必以允我之事向其比例而求之而既欲同霑是益者亦必宜同守是章則一律共遵方昭公允乃止知霑其利而不復守其規是直欲優待之益而不願守優待之章中

國所謂證釋一體均霑之條有失公允者此也總之均霑一事此國既欲得彼國同一優待之益則必宜同守其章始不失爲公允此外猶有教務一節中國因各教本係令人行善之事故於各約內允從准其前來傳教並凡傳受學習之人一體允爲保護惟傳教者有時崇其教而自尊儼若官長遂藉以干預地方官應管之事其習教者有時以爲既入其教卽奉教爲護符或敢於不遵國法以民人素守之科條而故爲干犯此二端寔亦我中國所不能允而聽從者除外國官員按照專條管理外國人外凡屬中國界內止有中國官可管理中國百姓而中國百姓無論入教與不入教均須一一遵守中國之科條法律始爲安分無過如有犯案由

中國官不分民教一律辦理外國傳教士不應護庇攙越查修約一事原須兩國互相體諒庶易商辦相應咨行貴大臣查照所有洋貨入內地一事據本衙門之意稅單祇能保單內所開之貨由通商口岸至單內所指之地沿途免征稅釐若已到單內所指之地後該貨即與無單之貨無異再遇關卡則應照無單之貨一律遵完稅釐土貨出內地一事據本衙門之意土貨尚未由洋人購到者或已經購買而未領有單照者各處稅釐均應遵照完納至洋人請領單照所運之貨必須全送外國不得轉運中國他口出售致與華商販運無單各貨之生意有礙釐捐一事據本衙門之意中國既爲自主之國其如何籌定征收應聽自便而此時格外

籌畫實因有格外之需如他國前來干預阻礙中國實不能以爲公允也管轄一事據本衙門之意按各條約內不歸管之條非准由洋人將華民應遵之章任意違背至於領事官既有審鞫之權則應委派眞正官員充當此職不應以商人代充以昭愼重也均霑一節據本衙門之意此國請霑彼國所得之益則應同守彼國所遵之章也教務一節中國界內祇有中國官可以管理中國百姓而中國百姓入教與不入教者均應遵守中國法紀夫中國於邦交之事所欲者恪遵條約章程辦事耳一則按條約之意儘量而爲之一則舉友邦之人一律而優待之惟邦交之事如此若於條約字意之外爲外國附會強解添註是於中國人民增其不公

不服之處若使中國徵課權宜之法爲外國阻礙難行則按中國自主之權而論亦我中國不允不服之事也各國條約原有修好及永遠相安之意而其永遠相安之道所重者則在彼此互從各國各有自主之權耳此文並洋文應由貴大臣躬赴外務衙門向外務大臣誦聽其顛末如欲閱看即錄送一分可也　張任案

初六日　晴夜雨

聞德國前相畢斯麻致仕德人不忘其功德擬爲立去思碑　英釐唔加司偸城即洋貨布疋出產最巨之處前年因大舟一時不能直抵釐城巨富紳商集公司開運河一道以便舟抵境內興利益商已籌一千萬磅僱匠動工茲資本已罄工程尚未七成因開

掘地道下層俱係巨石非當初機師所能逆料故工費倍目下該公司總辦已函致紳富再墊借英金二百五十萬磅以求功成釐城紳董查係實在情形允墊如數云　因查外國好興大工而利存焉鐵路之利徧於各大國不待言矣香港一島中國之荒洲耳英人經營遂極繁盛其地至計尺論價焉自蘇彛士河開而商船之經過者日益股票之價已倍於前美國自總統以至各部其衙署均用盈丈之白石砌成樓至七層上下表裏無非石也不用丹堊而自然壯麗聞需費至一萬萬圓云

初七日陰

副總統請戌正赴醼戌初上車到尙未見客只來一人耳以後陸

續到齊每一賓輒以女子陪座因之伴爲戶部大臣之女郎席散已亥正矣因辭副總統及其夫人並女郎而回　俄京報云去年八月俄皇特出諭嚴行禁止耶穌教凡教會中牧師嗣後無護照者不准驟入內地只許在邊界之處行教不得深入名都大邑以防不虞此諭不但各處榜示並札飭俄京主教巴皮棠飭屬嚴禁云　因按自泰西教入中國時激民怒其壞民心傷國體至矣兩廣總督衙門至被佔踞天津豐大業之案非法遭德滅幾起兵端光緒十五年鎮江一案賠銀至十四萬兩如能倣俄限制之則民生幸而國帑亦不耗矣

初八日晴

英國教師某因中國重慶通商之事已定報知其國曰川地產煤鐵極多若用機器開採復求載運之便其利幾非人所能料各江中金亦饒自西十一月至西四月水少之時華人淘金者趨之如鶩每日人可得金二錢其人皆爲人所傭而月得其值此外鹽井之多亦國家大利所在惟採取之法勞力費時不若用抽水機器由鐵管抽出之爲便其水道流通自宜昌而上三千英里之長毫無阻滯直可右達甘肅左通滇黔但以淺水輪船往來其間則四川二千五百萬人民無不獲通商之利云　因觀於此而知中國可興之利固甚多也土爲萬物之母生於土者因採之不盡也英美爲地球至富之國不過礦產多耳中國則創爲天地留不盡之藏而任其棄於地焉開平之煤已有成效矣所望風氣日開庶利源日濬焉

初九日晴

謁戶部大臣　東俄羅斯西比利亞俄廷近議築造鐵路直至黑龍江琿春約共六千里分爲三路而造云　因初至美聞諸美紳言美國開闢僅百餘年易草萊爲農桑者鐵路之力也光緒八年美總統諭議院曰美國太平洋鐵路直接大西洋者華人之力也俄興鐵路如是其急或欲希蹤於美乎然而西比利亞爲苦寒之地其氣候固與美國殊也易草萊爲農桑誠非易事或別有所希冀焉則爲之鄰者宜預防矣

初十日晴是夜小雨

聞俄廷近派武弁一人名卑書甫偕數員赴新疆遊歷　因查洋人好遊其實偵探虛實耳有爲所歷之國拿獲監禁者則必窺伺要隘圖寫礮臺也近來歐洲各國多遊阿洲英人則前十年已有流寓阿洲者阿洲其可危乎　十二年八月榮華公司由金山域多利兩處招人赴墨西哥華人到彼地甚苦急欲載回而美國須有護照域多利亦須有護照否則須繳身稅五十圓當勒令該公司衛滋德雷望載回華人已載回七十二人其餘六十餘人業有工作者願留張任案

十一日陰轉北風

法國以經畫安南向無善策故度支不足於用度支大臣籌借國債以爲東京等處辦公之用法國委員某查辦科琛等處善後事宜者言之　因查法國得越南後卽重歛以求足用商旅因而裹足英商常識之矣土民不服欲以兵力懾之動輒敗衄故兵不能撤而經費愈多越南有如劉義之勇者何難爲田單之復齊哉

十二日卯刻起開窗則雪厚一寸矣蓋昨夜大雪也

法國借國債五千八百萬佛郞興造鐵艦　因謹按法國水師舍英而外天下莫強而猶增造鐵艦如恐不及至借國債以爲之者將以勝德耶然德之水師戰大洋或不及守海口則有餘蓋其啟兒埠頭得形勢之全而水雷艇之多又足以巧勝也或者各國均

增鐵艦存莫能相下之心不如是則瞠乎後耳

十三日晴

美國以種植爲務近年棉花之多較前倍蓰一千八百零一年出花四千萬磅者至一千八百二十一年竟有一萬七千萬磅惟一千八百六十二年以有戰事故少至一千八百八十九年出花之數又多於前其運往英國及各國者不少卽美國本國廠用者亦有百之三十云　因查美國種棉之盛以十年計實增四倍　因又聞諸本邑父老道光年間種茶獲利十年之間荒山盡闢出茶幾至十倍近三十年則茶價日賤茶業日衰茶山又日荒焉盛衰循環惟賴輔相裁成者挽之耳

十四日晴夜雨

聞俄廷大會陸路各軍將領共議中國水陸軍兵額數及強弱情形並查核中俄邊界兩國之礮臺多寡利鈍　因查審度彼己之勢以知強弱之形此謀國者之常事也惟出之佳兵好戰之國則羣疑之　十三年三月駐劄金山總領事梁廷贊稟爲律師科士達才望素著辦理洛士丙冷各案成效已覩願歲籌修金美銀三千圓遇有應在美京控理各事悉歸該律師辦理華商踴躍集貲卽由卑職分季解請轉給十五年七月又稟律師科士達現年修金已是極力而籌來年實在欲請無欵不得不預先計及停請律師實因經費支絀起見張任案

十五日晴

赴禮拜堂送外部大臣之女𡠗　暹羅近准西人開礦義人所開金礦已成一公司名暹羅金礦有限公司金礦之外又多寶石礦紅碧均備其地在暹羅之西南曼谷之東南二百四十英里約一百見方英里歡林礦爲義人所開邏楞礦與邏辣脫礦一爲入英籍之華人所開一爲英人所開寶石產在地下黃沙層之中其沙層深自數尺至二丈不等更有金礦一爲英人所開二爲新加坡暹羅領事入英籍之華人所開來平省之金礦亦英人所開更有准法人所開者皆納租於暹羅焉　因謹按暹羅舊國也明時其世子航海而來愛安徽九華山之勝遂結廬終老不歸蓋佛教也

世修職貢今闃然矣其地多礦不自開而假手他國其無遠圖可知聞英法二國均欲其地將來終爲分裂而已

十六日晴

赴總統茶會　英使言英國有大銀行收存俄國家存項銀二千萬兩俄國取用此項該銀行措手不及幾不能支英國家銀行深悉該行並無虧空不過倉猝周轉不及因代墊付俄國存銀如數該銀行遂不致倒以後有鑒於此因再集資本銀五千萬以備不虞焉

十七日晴

赴總統處送水師大臣之夫人及其女塟　俄國以德國之人置

產於其國中因查一千八百七十五年德人所有之俄產約百分之二至一千八百八十二年約百分之十六今則有百分之二十此指其財產而言地產德人亦得十分之一俄人思立例限制之云　因按柔遠二字外國所不言也俄人於猶太人波蘭人向有限制之例特未嘗行之於德人今欲以限制猶太人與波蘭人者限制德人德人其甘心耶

十八日雪中夜大雨

俄國陸軍員弁結盟立黨名爲設會實謀叛逆邇因敗露下令執捕有某王亦在黨內云　因查前十餘年今俄王之父亞林三德回車還宮尼希利黨人伺於中途擲火球於車下炸傷俄王當夜卽殂猶昨日也俄之地磽氣寒民貧俗悍其君佳兵嚴刑峻罰民不堪命常欲稍變舊章與民休息至今不靖殊可慨也

十九日大雨

穆哈剌國附近中國伊犂與阿富汗爲鄰前爲俄所攻敗而請成願爲俄屬穆君亦屢朝於俄近俄廷飭該國軍兵六萬均奉俄之軍令口號各營將領盡代以俄員云　因謹按穆哈剌之願爲俄屬也欲以存其宗祀也然俄於亞洲所滅浩罕茂甫機窪諸國未有存其宗祀者臣其人縣其地權統於一尊而已耳穆哈剌豈不知前事耶

二十日晴

英國造鐵路之費已費英金十萬萬餘磅以英里計之卽每里需金三萬七千磅其費也有公議院費狀師費購地費償補人產業虧損之費築路蓋屋造汽車客車貨車各費股利與賞䘏銀兩亦均在費之中惟各國交界處鐵路之闊狹不一蓋以防戰爭時越境者也　因謹按外國泥沙金銀人工之價甚鉅故鐵路之費亦鉅中國自造必不如是之費湖廣總督張之　所估鐵路之費其價又似太賤則未知鐵路之費有非關鐵路而因鐵路以俱來者亦斷不能如彼其賤也

二十一日晴

日本國家於英國船廠訂造巡船一艘長三百十尺闊四十二尺

深二十三尺八寸吃水十四尺重二千四百五十頓計有阿姆斯脫郎四寸七分口徑快礮十尊四十七密理邁當霍斯開斯礮十四尊格林礮三尊放水雷之管三具船身之長三分之二護以鋼甲其形如帶厚四寸四分寸之三其機器艙與火藥艙之上皆護以半寸厚之鋼板二層其餘一切新法皆備云　因查近日新法航海兵艦以一萬頓爲上取其船大礮巨非僅船堅礮利也行江河兵艦則取其入水之淺且可折開欲其便於駛而能入內地也日本初設兵艦試之我臺灣而得利故沾沾自喜其實我之海軍已過之矣

二十二日晴

法人已在安南之東京興築鐵路以達中國英人見之遂於緬甸亦造鐵路以抵雲南按英國緬甸鐵路已由冷頁起造特尚未造至雲南西界耳印度之鐵路亦已造至緬甸北界以後造至雲南西界可與冷頁鐵路一路相通不僅恃印度通中國矣　因謹按越南緬甸暹羅諸小國我

朝以爲荒服僅羈縻之彼亦以爲僻陋在夷無所設施自古至今安於渾噩不意風氣日開中國存之而外國滅之也緬越既滅英法遂設關榷開鐵路通輪舟向以爲無可設施者今居然通商賈焉暹羅僅存不出十年亦將爲英法所縣耳此亦猶禹會諸侯執玉帛者萬國至春秋則數十而已至列國則七國而已雖曰人事豈非天哉

二十三日　晴以上四日皆堅冰

聞俄國游歷會人員馬爾騰至甘肅青海等處游歷隨身帶有遠鏡以備窺測天文觀經緯綫以定地理云　因查近年歐洲各國好遊阿洲英人俄人好遊西藏所謂遊者即係偵探諱偵探以杜人之疑也名爲遊以冀人之允也緬越二國英法已得隴矣西藏一區俄人又望蜀焉拒之不能備之亦不易矣

二十四日晴

法國所籌越南費用年少一年如一千八百八十七年有法銀六千二百萬佛郎者逾年而減至五千一百萬又逾年而減至四千

五百萬至今年則僅三千八百萬云　因查三千八百萬佛郎合銀五百萬兩籌費漸減其爲度支日絀歟抑爲歲入日增歟未可知也然料法人必不棄越南以其可以規暹羅而窺印度也

二十五日　大雨申刻見日

嘗聞美國之富由於礦產之饒茲將美國一千八百八十九年即中國光緒十五年此一年中各省所出煤鐵金銀銅錫各項若干計值若干詳細譯出分類錄備考據邊西梵尼亞省九江地有採白煤之田共四百六十一處共出白煤四千零六十六萬五千一百五十二頓值銀六千五百七十一萬八千一百六十五圓伊連內司省六十江地有大小煤礦與煤窟共一千零七十二處共出

煤一千二百一十萬四千二百七十二頓值銀一千一百七十五萬五千二百零三圓阿埃阿省二十九江地有大小煤礦與煤窟共二千零六十八處共出煤九百九十七萬六千七百八十七頓值銀九百三十五萬五千四百圓埃阿亞省共有大小煤礦與煤窟三百九十五處共出煤四百零六萬一千七百零四頓值銀五百三十九萬二千二百二十圓西華前尼亞省三十五江地有大小煤礦與煤窟共一千一百十一處共出煤六百二十三萬一千八百八十頓值銀五百零八萬六千五百八十四圓阿拉巴麻省九江地有大小煤礦與煤窟共六十六處共出煤三百三十七萬八千四百八十四頓值銀三百七十萬七千四百二十六圓美穌利省共有大小煤礦與煤窟四百七十九處共出煤二百五十六萬七千八百二十三頓值銀三百四十七萬八千零五十八圓哥拉黎都省共有大小煤礦與煤窟九十三處共出煤二百三十六萬零五百三十六頓值銀三百六十萬五千六百二十二圓諫沙司省共有大小煤礦與煤窟四百二十二處共出煤二百二十三萬零七百六十三頓值銀三百二十九萬四千七百五十四圓美國馬理蘭省阿力根尼江地（即中國一縣之大）有大小煤礦與煤窟四十一處盞列江地有大小煤礦與煤窟三十九處共產煤二百九十三萬九千七百十五頓值銀二百五十一萬七千四百七十四圓（此係出礦之價）煙甸亞拏省十九江地有大小煤礦與煤窟共三百五十

處共出煤二百八十四萬五千零五十七頓值銀二百八十八萬七千八百五十二圓堅得基省四十五江地有大小煤礦與煤窟共一千八百四十一處共出煤二百三十九萬九千七百五十五頓值銀二百三十七萬四千三百三十九圓田尼西省十六江地有大小煤礦與煤窟共八十二處共出煤一百九十二萬五千六百八十九頓值銀二百三十三萬八千三百零九圓華盛頓省有煤礦十二處共出煤九十九萬三千七百二十四頓值銀二百二十萬三千七百五十五圓歪阿明省共有大小煤礦與煤窟二十五處共出煤一百三十八萬八千九百四十七頓值銀一百七十四萬八千六百十八圓煙甸屬地共有煤礦十處共出煤七十五萬二千八百三十二頓值銀一百三十二萬三千八百零六圓滿天拿省共有大小煤礦與煤窟三十處共出煤三十六萬三千三百零一頓值銀八十八萬一千五百二十三圓紐墨西哥屬邦共有大小煤礦與煤窟三十處共出煤四十八萬六千九百八十三頓值銀八十七萬二千七百八十五圓華前尼亞省八江地有大小煤礦與煤窟共五十八處共出煤八十六萬五千七百八十六頓值銀八十萬四千四百七十五圓（嘉里寬尼亞柯利根）省共有大小煤礦與煤窟十一處共出煤十八萬六千一百七十九頓值銀四十五萬一千八百八十一圓阿諫沙士省共有大小煤礦與煤窟二十四處共出煤二十七萬九千五百八十四頓值銀三十九萬五千

八百三十六圓友打屬邦共有大小煤礦與煤窟十一處共出煤二十三萬六千六百零一頓值銀三十七萬七千四百五十六圓的沙士省共有大小煤礦與煤窟十處共出煤十二萬八千二百十六頓值銀三十四萬零六百十七圓佐治亞省兩江地北加羅黎拏省有煤田共出煤二十二萬六千一百五十六頓值銀三十三萬九千三百八十二圓米施根省六江地有大小煤礦與煤窟共十二處共出煤六萬七千四百三十一頓值銀一十一萬五千零一十一圓的哥打尼巴拉司加省共有大小煤礦與煤窟三百四十三處共出煤三萬零三百零七頓值銀四萬六千三百三十一圓米施根省有鐵礦七十三處共出鐵五百八十五萬六千一百六

十九頓值銀一千五百八十萬零五百二十一圓紐約省有鐵礦三十五處共出鐵一百二十四萬七千五百三十七頓值銀三百一十萬零二百十六圓邊西梵尼亞省有鐵礦一百八十九處共出鐵一百五十六萬零二百三十四頓值銀三百零六萬三千五百三十四圓民尼蘇打省有鐵礦四處共出鐵八十六萬四千五百零八頓值銀二百四十七萬八千零四十一圓威司根先省有鐵礦十六處共出鐵八十三萬七千三百九十九頓值銀一百八十四萬零九百零八圓阿拉巴麻省有鐵礦四十五處共出鐵一百五十七萬零三百十九頓值銀一百五十一萬一千六百十一圓紐遮施省有鐵礦二十四處共出鐵四十一萬五千五百十頓

值銀一百三十四萬一千五百四十三圓華前尼亞西華前尼亞省有鐵礦三十八處共出鐵五十一萬一千二百五十五頓值銀九十三萬五千二百九十圓田尼西省有鐵礦十六處共出鐵四十七萬三千二百九十四頓值銀六十萬六千四百七十六圓美蘇利省有鐵礦八處共出鐵二十六萬五千七百十八頓值銀五十六萬一千零四十一圓阿埃阿省有鐵礦七十處共出鐵二十五萬四千二百九十四頓值銀五十三萬二千七百二十五圓哥拉黎都省有鐵礦十八處共出鐵十萬九千一百三十六頓值銀四十八萬七千四百三十三圓佐治亞北加羅黎拏省共有鐵礦十七處共出鐵二十五萬八千一百四十五頓值銀三十三萬四千零二十五圓幹匿

地葛緬馬撒朱昔省共有鐵礦七處共出鐵八萬八千二百五十一頓值銀二十六萬五千九百零一圓埃打賀滿天拏省有鐵礦七處共出鐵二萬四千零七十二頓值銀十五萬八千九百七十四圓堅得基省有鐵礦四處共出鐵七萬七千四百八十七頓值銀十三萬五千五百五十九圓紐墨西哥屬邦友打屬邦共有鐵礦兩處共出鐵三萬六千零五十頓值銀七萬九百五十六圓地拉威馬理蘭省共有鐵礦十四處共出鐵二萬九千三百八十頓值銀六萬八千二百四十圓柯利根華盛頓省有鐵礦三處共出鐵二萬六千二百八十三頓值銀三萬九千二百三十四圓的沙士省有鐵礦兩處共出鐵一萬三千頓值銀一萬九千七百五十圓

哥拉黎都省共出鉛七萬零七百八十八頓值銀二百一十萬一千零十四圓三角一分美穌利省共出錫九萬三千一百三十一頓值銀二百零二萬四千零五十七圓一角四分共出鉛四萬四千四百八十二頓值銀一百五十七萬一千一百六十一圓零四分埃打賀省共出鉛二萬三千一百七十二頓值銀一百零四萬二千六百二十九圓三角一分友打屬邦共出鉛一萬六千六百七十五頓值銀七十六萬三千三百二十九圓零九分威司根先省共出錫二萬四千八百三十二頓值銀四十萬零五百六十七圓零八角六分共出鉛一千六百七十八頓值銀六萬四千零六十二圓五角三分滿天挐省共出鉛一萬零一百八十三頓值銀

四十五萬六千九百七十五圓四角埃阿亞省共出錫四百五十頓值銀三千六百圓諫沙司省共出錫三萬九千五百七十五頓值銀二十九萬九千一百九十二圓零五分共出鉛三千六百十七頓值銀十萬三千二百三十六圓四角六分邊西梵尼亞紐遮施省共出錫六萬三千三百三十九頓值銀十七萬五千零五十二圓零二角紐墨西哥屬邦共出錫一百四十頓值銀二千五百二十圓共出鉛四千七百六十四頓值銀十七萬零七百五十四圓零五角九分華前尼亞田尼西省共出錫一萬二千九百零六頓值銀十四萬一千五百六十圓共出鉛二百六十八頓值銀一萬零七百二十圓阿林宣挐屬邦共出鉛三千一百五十八頓值銀九萬八千七百四十七圓八角四分尼華打省共出鉛一千九百九十四頓值銀七萬二千六百五十三圓零六角四分伊連內司省共出鉛一百七十三頓值銀四千八百圓南的哥打省共出錫一百一十六頓值銀四千六百五十三圓四角四分阿諫沙士省共出錫一百三十頓值銀三千二百五十圓共出鉛二十頓值銀四百圓嘉里寬尼亞省共出鉛五十三頓值銀一千九百九十圓六角五分

滿天挐省出銅九千七百八十六萬八千零六十四磅米施根省出銅八千七百四十五萬五千六百七十五磅每頓計二千磅阿林宣挐屬邦出銅三千一百三十六萬二千六百八十五磅紐墨西哥屬邦出銅三百八十八萬三千零十四磅鎔鑄鉛廠共出銅三百三

十四萬五千四百四十二磅哥拉黎都省出銅一百十七萬零五十三磅埃打賀省出銅十五萬六千四百九十磅嘉里寬尼亞省出銅十五萬一千五百零五磅歪阿明省出銅十萬磅華孟省出銅七萬二千磅友打屬邦出銅六萬五千四百六十七磅尼華打省出銅二萬六千四百二十磅華前尼亞田尼亞省出銅一萬八千一百四十四磅

哥拉黎都省出金值銀三百八十八萬三千八百五十九圓出銀二千三百七十五萬七千七百五十一圓滿天挐省出金值銀三百一十三萬九千三百二十七圓出銀一千七百四十六萬八千九百六十圓嘉里寬尼亞省出金值銀一千二百五十八萬六千

昔年所購之車床鑽床刨床汽機馬力等項俱尚可用若再添購槍子機器小副及軋銅皮等機器自可自行試造等情據此相應咨請飭員代購新式簡便中針槍子機器一副林明敦馬的尼子模各一副軋銅皮磨輥一副英尺二十餘寸大車床一副并各機器應配輪軸各件及零星各件均祈酌度配辦其新式哈乞克司及碌嗜士得槍二者孰爲輕利便捷價值若干并刀頭矛頭槍子各價亦請考詧函復等因到本大臣准此查製造槍子係屬專門機器浙省前購之件想皆製器之器未必可通於製造槍子此時既議添購造子機器則其器之力量大小與須添購某式若干均非可以懸揣而得倘有舛誤恐難適用徒費鉅貲擬請派員攜同

明白工匠先將浙省原有機器逐一查明或令再赴上海製造局將製造槍子各器亦行遍查酌量應添某器若干即就近在於上海洋行面訂包運庶無短損及參差不合之慮云云　因嘗聞之吳春帆京卿言製彈之銅與他銅迥殊自捲片以至春殼提不淨者則春必裂且春坎之力亦不同錠之於膛如溢一絲則不能入膛縮一絲則氣泄而彈不遠其中精微奧妙非考究有年不知也志之以爲購外洋機器者告　鄭任案

二十六日大雨

美國太平洋將軍米利司招集該處議院紳士會商太平洋灣一帶地方之善策紳士麻勞云宜建造礮臺會請撥欵一百兆圓以

金值銀四千一百圓出銀十三圓阿拉巴麻省出金值銀二千五百三十九圓出銀一百圓　因查美國所出之煤共九千九百六十九萬餘頓值銀一萬三千一百五十五萬餘圓鐵一千四百五十一萬餘頓值銀四千五百四十二萬餘圓鉛錫四十一萬餘頓值銀九百五十一萬餘圓黄金值銀三千二百八十七萬餘圓銀值銀錢六千六百二十六萬餘圓合而計之共值銀二萬八千六百零三萬餘圓銅價尚未計焉分而較之煤之所值爲最鉅次則銀次則鐵又次則金金之所值不及煤價之半證以因前所聞開礦之利以煤爲最重信不誣也中國之金產於北今則臺灣越南山東皆有之鐵產於湖南今則湖北皆有之鉛錫與銅產於雲貴

而銅尤旺惟歐洲礦學家皆謂中國之煤爲最多且云一省之煤可以敵英法德比各國之煤然則中國之寶藏蘊於地者固極天下之至富也擅天下至富之權有創之者仿美國而開採之何患財用之不足哉但必興鐵路則遠水之礦方能運出耳　請朝鮮公使麟　美國可耕未耕之地向有九萬萬六千英畝乃十年前已耕之地已有五萬萬三千六百零八萬一千八百三十五英畝至近年來已耕之地必更多未耕之地必更少其未耕之地又大半爲鐵路公司所有將來人煙益多空地益少云　因嘗於同治十二年考外國民數表美國只三十六兆人耳以美國之地處美國之人五百年中不憂人滿乃至光緒十七年中間僅十八年而

其民數已增至六十餘兆此非其民之生息蕃衍實客民之入籍者多也美之深識者遂隱隱有人滿之慮擇其易禁者而禁之遂與華人爲難夫禁華人而果不憂人滿乎哉 因竊以美之禁自華人始不自華人止也

二十六日晴

歐洲各國查阿非利加地方曠土山林人迹不到之處樹木陰森干霄蔽日者約計有一百零七萬五千二百萬株其小者則如恒河沙數材木之多棄而不用爲可惜也 因查此遊歷者之言也不遊阿洲安知阿洲之土產既已知之能不惜之且垂涎矣子有衣裳弗曳弗婁子有車馬弗馳弗驅歐洲各國皆詩之所謂他人

也其將入室乎

二十七日晴

礦務委員徐麟光來見爲至美購開礦機器並訪查開礦之法 因謹按歐墨兩洲均以開礦爲重謂爲天地自然之利卽禮所云貨惡其棄於地之意又謂煤鐵二者乃富強之至寶蓋以槍礮兵輪火車均非煤鐵不能成而機器各局所以製造槍礮輪船鐵路火車者亦均恃乎煤鐵推之鐵甲礮臺起重機器均煤鐵是賴則以煤鐵爲富強之本信乎然也

二十八日晴

越南地方分爲四省其版圖大於日本而民數遜之一交趾六萬英方里人數一千二百萬一安南中省十萬六千英方里人數六百萬一安南南省二萬二千餘英方里人數一百六十萬一安南西省三萬二千英方里人數一百五十萬共合中國三省之大法國踞此現在開北路以通廣西雲南開西路以勦撫生番並通暹羅開西北路以通緬甸此近日之布置也法國由東京至富蘭園地方已造鐵路先行開車試辦以示越南民人有利無弊之意且邀請該處紳士搭坐火車來回俾知鐵道有關係於國計民生之處云 因按二十年前法人垂涎越南歐洲各國皆知之至見於報中國亦知之矣爰派徐延旭往查始知東京已爲法人所踞思有以防之而究無補於越南之滅亡者緩不及事也中國非無卓

識之人而不免囿於緩之習及今日而振作尚未遲也雖然不可以再緩也 蘭白樓兵艦前在浙江洋面測探水綫現奉水師提督之命仍駛各海道未經測量之處復行查探以竟全工云

二十九日晴

美國之地廣而膏腴民之中農居半美國向分三黨一曰南黨一曰北黨一曰工黨今年又立一黨名農黨刻聞農黨意欲國家多造銀錢紙幣云 因查美之南北黨兩不相下前三十年曾交戰矣其舉總統也則南北黨各舉一人再由各省之民擇定故工黨可南可北袒南則南盛袒北則北盛而南北兩黨莫不牢籠之以爲得總統議紳之券而工黨氣燄遂大矣此農黨者殆欲於工黨

效顰乎

二月初一日晴夜大雨

聞新加坡埃白金礦出金甚旺曾以礦石三百五十頓鍊之得金八百七十兩云　因以每頓一千六百斤乘之爲五十六萬斤再以八百七十兩析之爲礦石六百四十斤零得金一兩尙不如奉天之金礦臺灣之金沙也

初二日小雨

緬甸人之不服英國者英以兵力迫之爭戰累年又云緬甸有大鐵木數十萬根在麻木門地方堆積悉中棟梁之選無人運售英廷擬免稅以恤商欲貨之不棄於地也　因於光緒十五年八月

由金山至華盛頓計程一萬餘里途中所經多樹林土人用機器隨其大小斵削成材以火車運出其利無窮夫以荒僻之地人迹罕到之區苟無機器安得有如許人斵削苟無鐵路安得有大力者負肩觀於此而知東三省之廣莫若興鐵路不難變爲繁富之區焉

初三日晴

英國屬地新金山近來關稅甚旺田賦亦足鐵路進欵亦復較多故庫藏大見充盈殊非先時所及料云　因查新金山卽澳大地亞法和兩國始得之以爲荒遠旋卽棄之英人乃經營之其地之廣埒於亞洲華人趨之若騖英政府按名收身稅一百圓猶屬至也竊謂萬物無不生於土天下之利莫大於地不善經營則貨棄於地非地之不善也法苟輕棄新金山之地乃爲英之外府宜其讓英以富強矣

初四日晴

俄國欲自高加索部接造鐵路通至波斯京城其地已由波斯給與俄人今俄國工師前往測量道里矣　因謹按中亞細亞各回部除阿富汗爲英國所保全外其他各國俄實盡之今所存者惟波斯耳乃又中俄廷之計任造鐵路直達其京俄之利波斯之害也波斯其可危乎

初五日晴大風

緬甸秦人不靖曾毀壞康淮地方之橋梁堯淮至增德地方十一英里長之電綫英人以兵討之　因查電綫鐵路初興多有阻撓之者不得謂之不靖也緬甸如果有人則以數百倍之衆制英孤立之防兵如齊人殲於遂矣英且憚之矣

初六日雨

新報言俄國布哈爾地方有兵六萬日事操練今更壁壘一新　因案此地卽穆哈剌在中國喀什噶爾之西本回部小國而俄征之已爲俄屬矣俄又奪其國柄故一切用俄之號令而壁壘一新也　十三年閏四月照美外部云李中堂來電云福久與韓諸小人勾結謀畔華久恐生亂商之駐中韓美使均云可徑請外部調

回等語事關重大刻下貴大臣想已查明可否轉商水師部大臣卽速將福久電調回國免生變亂美外部復云福久向來品望端崇係按美高一千八百八十二年所立約欵第二條派充駐韓代辦公使任內視事小心實與電開情形軒輊蓋因從前別國報館刋布謠言誣謗福久以致高麗外部頓啟猜嫌嘖有煩言至今未息但高麗外部既以福久為未能允洽本大臣已商允水師部大臣飭福久仍赴本國師船馬利安供職 張任案

初七日晴

聞歐洲之婆羅洲新闢華人之在該洲司種植者甚多云 因謹按婆羅洲正當赤道之中與新加坡同緯綫其地極熱草木暢茂

凡極熱之地瘴氣必多故歐人至今始闢之華人卽趨之華人足迹徧地球亦可見我

國民數之衆矣

初八日小雨

近聞德英兩國因阿非利加洲之暫齊白國所屬之二島爭地未決英葡兩國亦以爭阿非利加洲之新土似欲失和法人又欲襲取阿非利加洲之屋梅登都城然則歐洲各大國均垂涎於阿洲矣 十三年七月准總理衙門咨到會議御史陳琇瑩條陳算學取士幷游歷人員計俸具奏內開製造各學未嘗不探源於算術欲盡取西學之所長殆必以算學為先導擬請

旨飭下各省學臣於歲科試時生監中有報考算學者除正場仍以四書經文詩策外其考試經古場內另出算學題目果能通曉算法卽將原卷咨送總理各國事務衙門覆勘註册俟鄉試之年按册咨取赴總理衙門試以格物測算及機器製造水陸軍法船礮水雷或公法條約各國史事諸題擇其明通者錄送順天鄉試不分滿合貝皿等字號如人數在二十名以上統於卷面加印算學字樣與通場士子一同試以詩文策問無庸另出算學題目其試卷由外簾另為一束封送內簾比照大省官卷定例每二十名於額外取中一名但文理淸通卽為合式如並無淸通之卷任缺無濫卷數雖多亦不得過三名以示限制其錄科之卷總理各國

事務衙門於揭曉以前咨送禮部備查至會試向無另編字號之例凡由算學中式之舉人應仍歸大號與各該省士子合試憑文取中如此則搜求絕藝之中仍不改科舉得人之法似亦鼓勵人才之一道 張任案

初九日雨

俄國人之富於財者近向波斯議開鐵路於其北境以便與波京相通 因謹按漢武之通西域為開邊計也西域人能拒之不使深入者則以輪船鐵路未創行遠太難不知其中虛實故聞計程數萬里擔糧一二年之言畏而中止也然則雄才大略中國固早有其人惜未竟其緒耳

初十日下雪申刻雪止中夜大風

新報言墨西哥國賦稅甚旺鐵路進欵亦豐集股之事無不踴躍他邦之人亦爭附之各項製造興作之事皆免稅以示招徠云　因嘗於光緒初年見墨西哥國出入表入欵計三百六十萬餘磅出欵三百七十三萬餘磅固已入不敷出矣所欠國債七千九百十萬餘磅歲交債息三百九十四萬餘磅是不僅入不敷出且所入者尚不敷國債之息矣新報所言想係招徠之辭不可信也

十一日晴日出

法國游歷人員名曹夫馬丁前曾遊歷西比里亞今由京都赴萬里長城由甘肅蘭州西甯前往西藏游歷　因謹按前此但聞英

俄二國派人員遊西藏法未聞焉今法亦接踵者何也蓋法人得越南共爭西藏之力可與英俄抗衡由老撾以達蒙自陽則開通商之途陰實開通藏之路路可通矣遣員遊歷者所以深入而探虛實也

十二日晴

接北洋咨文爲容閎事　英國大鐵路二十三條共長一萬六千二百四十四英里並四分里之三較去年增九十五里近於一禮拜之內所收進欵共有英金一百二十六萬九千二百五十二磅較去年是時多三萬八千九百五十五磅　因謹按鐵路之裕國利民實無疑義美國官紳嘗爲因言曰美自華盛頓立國至今一百一十年耳其富庶如此之速者鐵路之力也自鐵路通達東西洋而土產遂通於歐墨兩洲而無棄於地美之民數前二十年僅三十餘兆今則六十餘兆矣利之出於地者日增民之歸於美者亦日衆此明效大驗也

十三日晴

照會容閎　因謹按年少學生出洋肄業誠良法美意然非其人不能行也哈富學堂耗國帑甚鉅而不能培植人才肄業學生皆改裝入教一無所成容閎又身入美籍以中國之學堂私行質銀不能正其身如正人何此之謂歟

十四日晴北風

西人名忌里奮者卓犖超羣熟於古今之勢嘗言地球雖大他日必爲中俄英三國瓜分而成鼎足之勢又謂仰光一埠與中國雲南省毗連華人之旅於彼者四萬其他附近各小埠亦惟華人居多巨商大賈爲各籍之冠積之既久其地必入中國輿圖云　因謹按中國民數之衆甲於地球僑寓南洋各島者數過西人百倍光緒十年嘗疏陳矣近至墨洲方知各國流寓華人此洲又復不少華人足迹徧天下如海軍強盛有大力者挾持之我國聲威正未可量也

十五日東南風大雪

越南法商二人隨帶二人入山購茶越人擄之勒銀五萬圓法員

以銀圓如數贖回　因查勒贖之風廣東四川浙江之台州常有之義大利亦有之誠爲地方之害而不可以例越南也其人固法人之仇讎而越人之豪傑也

十六日　晴雪隨化盡

法國各新報中皆言安南東京將來可必商務之盛蓋觀蒙自龍州稅關所報及北海商務報單而知也又謂藩部大臣有先見之明令造鐵路以達諒山是路一成東京商務必振雖此路成後尚未能與廣西水路直接自廣西至東京尚有水路載運之勞然東京土貨可以日出法國屬地之中如東京者誠少云　因嘗查法國屬地徧於亞墨阿三洲共四十六萬餘方英里民數二百六十

餘萬人地以在墨洲者爲廣民以在亞洲者爲多越南民數幾居其半此法人所以謂他屬之不如也往年元世祖曾混一歐亞兩洲矣固一世之雄也而今安在哉

十七日　晴

接容閎英文咨文並鬻肄業局學堂美銀八千五百四十一圓三角六分　因謹按哈富學堂費美銀四萬三千圓造成而鬻出僅一萬餘圓又經扣剩僅得數千圓耳容閎眞小人哉　摘錄出洋游歷章程一各衙門人員願出洋者先考試以定去取一游期以二年爲限過限者自備貲斧一四品以上者雖自願行仍由衙門請

旨五品以下人員每月給薪水二百兩准僱繙譯一名月給薪水五十兩一往返川資准按人用二等艙一位僕役三等艙一名准作正銷一准預支薪水六箇月公項銀一千兩備用不敷則在各使館借支一游歷之時應將各處地形之要隘防守之大勢遠近里數風俗政治水師礮臺製造廠局火輪舟車水雷礮彈詳記備考一各國語言文字天文算學化學重學電學光學測量之學格致之學亦可錄備參考一游歷回華擇其才識卓著者奏請給獎

張任案

十八日　晴

聞美廷新簡駐朝鮮辦事大臣兼總領事者爲赫爾德其人前在

上海經商　因查領事之設所以護商護商者當諳商務猶治民者當知民事也　十三年七月寓小呂宋華商稟稱該省總督出示不准華人行醫藥肆售藥必由該國醫生考試後得給准照方准行醫售藥又發電必將事由告知云云請速援救嗣由駐日代辦使事駁除　因按外國無事不壟斷此不過欲華醫失業而本國醫生藥肆專利耳乃地方官居然徇之然則我中國之寬大殊不可及矣　張任案

十九日　晴天氣暖

又照會容閎查詢前所留銀一萬餘圓　美國南方鐵廠鍊鐵爲鋼他處所鍊之鋼無其美者謂足與英鋼相埒云　因嘗聞美國

議紳之言曰人知美國之多金礦而不知美國鐵礦亦多也金礦以致富鐵礦以致強槍礮鐵艦非鐵不能成焉且鐵礦尚有勝於金礦者何也金礦有私藏偷漏之弊鐵礦無之此物此志也

二十日陰

律師嫁女送湖縐熟羅各一疋甆器二件　聞暹羅京中改設電燈因由滬至日本由日本至美至法舟中皆用電燈美法客棧亦電燈蓋其光清其價廉而又無火患數十年後地球當無非電燈矣

二十一日小雨天氣尤暖不能著棉

阿非利加之南有一山曰薩枯羅其中多金英人現正採取　因

謹按中國東三省朝鮮產金由來久矣自礦學興而山東臺灣越南均產金日本亦產金印度西比利亞亦產金亞洲產金之地誠多矣阿洲古以爲沙漠之地煙瘴之區而亦產金焉惜乎土人闇之而他人有之也

二十二日晴

赴律師科士達宅送嫁亦茶會之式主客握手爲禮各訪其所素識者談心直至夜闌食茶果酒肴而散因獨後因詢駁苛例事科士達謂條陳已撰就明日即發印印成後分給議紳即於是日赴議院面駁因頌謝之

二十三日晴

咨北洋爲容閎事　俄國裏海地方之鐵路既成數年以來貿易日盛前四年中每年運出棉花九十萬浦達（一浦達合二十七斤）今年增至一百七十七萬其日盛如此　因查美國會賽棉花會其種類甚多種固不同其實亦資人力中國棉花每年出口亦巨皆運至歐洲紡紗織布而又轉售於中國也中國如自興機器則獨擅其利矣

二十四日雨

俄廷向法國借銀七千萬兩以四千餘萬兩償舊欠之債　因嘗考地球各國之國債而瞿然也俄之國債已近二十萬萬兩矣未爲多也有按年交息逾一萬萬兩者矣英法是也有計一年所入

正供不足供一年之債息者矣葡萄牙墨西哥威內薩是也夫至所入不敷債息則國事難爲矣

二十五日雨

美國政府今年與英換約　因聞美國將與各國立報施之約其意在暢銷本國土產其有不銷美國土產之邦則增其入口之稅意在足民裕國也　十三年八月總理衙門咨到中國與大西洋國約章一前所訂大西洋國永居管理澳門之第二欵大清國仍允無異一前所訂大西洋國允准未經大清國首肯則大西洋國永不得將澳門讓與他國之第三欵大西洋國仍允無異一大西洋國堅允在澳門協助中國徵收由澳門出口運往中國各海口

洋藥之稅釐 張任案
二十六日晴
俄國擬於黑海地方由桂打嶼至奴馬奴式造火車鐵路又增添鴨綠江一帶之運兵船　因查俄之國勢環繞北冰洋無後顧之患跨歐亞兩洲有蠶食之易三百年前不過七十五萬六千方里耳今已十倍之矣爲之鄰者其可無戒心哉
二十七日晴
謁外部大臣布連又至律司處聞德國首相畢思麻將告退　因查德意志卽日耳曼歐人以爲王氣所鍾從前頗爲法國所制自一千八百七十年其君威稜第一相臣畢思麻將臣毛奇特合謀

戡法遂霸歐洲現威稜第一已歿將相猶存畢思麻何忽告退毋乃有君爽不悅之意歟
二十八日晴夜雨
檀香山商董程汝楫古今輝來函言該國立例苛制華人無約之國無從照會當卽往見駐美檀香山公使公使許爲函致政府而諄諄以立約爲急　因謹按檀香山卽夏威仁國外國名火蘇魯魯太平洋中小島國也國中不過數萬人而華人已二萬喧賓奪主既可虞矣鄰近之美國方禁華人該國事事步趨美國有不則效之乎
二十九日小雨

署新疆巡撫魏光　新查得羅布覺爾地方肥饒擬興開墾云　因謹按東三省前議開墾移民給地終至荒蕪論者遂以爲北邊苦寒不宜播種其實非也俄地當新疆之北其氣候尤寒近三十年來穀之出口至英者計二千餘萬石其故由於鐵路興則農民之徙來者易雜糧之運出者亦易也我
國西北一帶荒地興鐵路後其民必增其墾卽廣斯言也此時未必以爲然也請以此爲息壤之盟
三十日晴夜雨
奢士格蘭脫來見　照會江海關以所收容閎變賣學堂之八千餘圓匯交　因查奢士格蘭脫乃前美總統格蘭脫之次子也格

總統削平南北花旗之亂厥功甚偉歿後乃刋其戰蹟成書各國爭購之得銀一百五十萬圓除工本外實餘五十萬圓今攜所刋本以相贈且言其母尚有著作卽將刋印發售焉中國著作家以趨名外國著作家以趨利其實同也
閏二月初一日小雨午後晴霽
謁奢士格蘭脫談及其父當南花旗作亂時北花旗鐵路未成屢戰不利及鐵路竣而增兵至一百二十萬人調動靈捷戰無不勝又值南花旗餉絀遂亦求和鐵路誠富強之第一著也歸而志之
十三年九月准北洋咨到奏議電報商局應收京外衙門頭等官報費擬請酌給現貲一半悉心酌核所有軍機處海軍衙門總

理衙門戶部等衙門南北洋大臣出使各國大臣頭等官報皆關軍國要務請自光緒十三年六月起按月結算報資以一半由衆商報效一半援照遞寄外洋電報章程歸出使經費項下按月核給各省將軍督撫頭等官報亦屬緊要事件並由衆商報效一半其餘一半各就情形籌發現資以期衆擎易舉均蓋用印信爲憑此外提鎮司道防營局所礮臺兵船印委寄報均照三四等章程令其自行出費如遇軍務海防要件亦照商報出費仍發在商報之先以示區別 張任案

初二日晴

美國婦人會函請往觀婉辭之 因查歐墨兩洲客謁主人例兼

謁其妻女而不謁其子習俗然也其妻女并出見且有主人出門而妻女自應客者中國風俗亦頗知之嘗有質於因者曰聞中國重男而輕女夫有權而妻無權信乎因未對則又曰美國女子均讀書均出遊均承父母之產婦不得淩其夫夫亦不得虐其婦也中國之婦人似苦矣因答以習俗使然夫亦各有所當也

初三日晴

美國新簡赫爾德業爲駐高麗之公使不日啟行赴高麗 因憶美外部嘗言高麗世爲中國藩屬各國知之俄人之覬覦高麗中國准高麗與各國立約牽制以圖存各國無不知之因答曰高麗與日本比鄰而常見侮於日本考其疆域抵日本十之八其人民抵日本十之七而強弱迥異者則守株不變之故也日本尚不能拒其何以拒俄哉此中國之慮也

初四日雨

英人之在美國祕林海面捕魚者美人設苛例如待華人者禁制之因以爲此必不能行也美如強行之必生事端矣 十四年八月總理衙門來函并抄到兩廣總督張函言美國販來火油最多易於引火粵省人煙稠密動輒延燒數百家皆受火油之害請向其外部相商禁美商販油來華卽援伊禁華工赴美之法以抵制之當於二十三日照美外部并晤美外部未見結案聞已由田貝轉圜矣 張任案

初五日 雨午後晴

前聞高王按照日高和約准將平陽一城開作通商口岸聞中朝駐高使臣袁世凱移咨高王謂平陽一城無論何事不得開口通商云 因謹按立約通商大國藉以牟利小國藉以免害強國藉以兼并弱國藉以圖存墨洲小國多有小於高麗其民數尚不及十之一者通商以後鐘虡晏然或曰兼并之風未啓也然亦練兵教戰保固封疆未嘗敢聽客之所爲而藩籬盡撤也

初六日 大霧迷漫晴

英國屬地在可侖比亞者華人在彼已久近政府忽加抽身稅限禁華人 因查澳大地亞之新金山亞洲之呂宋墨洲之古巴卡

拿大均抽華人身稅美國不抽身稅而禁例日嚴華人均趨之若鶩者有可謀生也或曰中國以人計地固患人滿矣然比利時小國也其人尤滿而不聞越境謀生者則以本國之商務工務礦務日興用人日衆遊手者少故出境者亦少耳

初七日 晴未後雨

法國銀庫大臣核計去年國賦所入與國用所出不敷三十兆佛郎 因查三十兆爲三千萬以五佛郎幷一圓合六百萬圓不敷若此不爲多也法國入欵歲約三萬萬餘圓以一萬餘交債息實有二萬萬圓尚不敷用則近年增造鐵艦之數太鉅也

初八日 雨辰刻雷始發聲窗之玻璃震動作響

聞科士達昨日已到議院駮除苛例 因卽往謁見詢以駮詰情形科士達曰此例本出工黨之意美國公正紳士頗不謂然而議紳中如密組馬羅飛路頓士吉等結交亦寡附之者尚不甚多故當駮詰之時除密組數人外尚無昌言新例之當行者衆既無言新例自當廢矣 因詢以將來如何善後之法科士達曰僅恃駮詰聊顧目前律司之力止此欲求善後則在政府熟籌之其意似指抵制而不肯明言 因謝之

初九日 大風晴

聞印度種茶日廣茶務日興英人嗜之者亦日益衆俄國茶船向運火油於印度者今皆載茶而回蓋以印度之茶較中國茶價爲賤也 因謹按中國之茶出口之稅太重前此印度日本不出茶時外國之購茶者非中國不可得今四十年來各國產茶日多各國之例出口貨物本國向不收稅則成本較輕以較中國則價爲賤故皆舍中國而趨印度日本中國出口之茶遂減於昔而種茶之地漸就荒蕪矣物窮則變深識者宜知所變計也

初十日 晴風漸小

俄國高加索人爲留後兵者今大增其數 因查俄之國勢跨三洲而偏重於歐高加索地在歐洲故增練兵不足異也 閱舊案自禁華工之說始於光緒十一年十二月金山領事歐陽明稟請其意因美國苛制不已加以焚殺不如自禁遠害所見亦是以後

總理衙門亦有此意張大臣遂與美外部商辦既有頭緒於十三年二月出奏飭粵省華商及寓美華商稟於兩廣總督以爲不宜請奏飭詳議遂於十四年六月會同巡撫出奏由張大臣從新詳議美廷遂自立苛禁各例

十一日 南風大雪午後轉北風雪尤大

新報載法人於越南解運軍糧之兵爲越人所攻刦軍糧盡失兵弁多損傷云 因聞孟子之言曰取之而民悅則取之取之而民不悅則勿取仁之至義之盡也然揆之今日琉球之民不悅日本緬甸之民不悅英人越南之民不悅法人水益深矣火益熱矣未聞運也未聞動天下之兵也聖賢之言固可以自勉而不可以責

人也

十二日 晴至午雪化盡矣

倫敦報言緬甸境內之蘇巴末圍地方土民負嵎與英爲難　因謹按緬甸者中國之藩屬印度之藩籬緬人不修職貢於中國久矣英人滅之所以固印度也且緬甸可通西藏英人方求於西藏通商是又爲西藏闢一徑矣

十三日 晴晨起有薄冰

美報言從前中俄定約俄人擬於黑龍江松花江等處駛行輪船以便疏通江以南之商務中國不允至今松黑兩江並無輪船蹤跡蓋俄以無約不得入江而華船進江之處悉屬俄人轄境亦不能往現聞俄國兵商等船時時入江海口之外巡哨測探而華船

無一至者漠河金礦所需機器極形重大若由海道用輪船載往溯松花江而上一水可通頗爲便捷若由陸路到吉林轉運費重時延礦務已形棘手儻一旦有事俄人由海運兵運餉朝發夕至中國以何策禦之於溟渤之中伯都納一帶精華重地實覺可慮且我於陸路派兵轉餉數月方達豈非著著落後英法等國以中俄接壤時廑於心曾派官弁前往踏看至俄人垂涎有素其國之文武官弁於江之上下南北情形無不熟悉可不慎哉

十四日 晴

聞日斯巴尼亞廷臣均已解任另舉一班　因查日國前十餘年廢女主依薩伯拉後登卡洛斯等國攻戰頻年庫儲匱乏自是以後國債日增稅斂日重每年交息已五千萬圓而入欵不過一萬數千萬此次廷臣之解任想因議貸議稅意見與議院殊故耳

十五日 晴

俄報謂中國海防大非從前旅順一口建礮臺十一座陸可爲直隸之屏藩水可爲鐵艦停泊其餘力可遙護高麗蓋由旅順至高麗之濟物浦僅三百五十英里也其次則大沽扼北河而固京畿江防亦漸興築礮臺兵船日益云　因謹按地球各國均願鄰國之弱而不願鄰國之強以弱則易就範圍而強則難爭利便也俄與我鄰乃常越界而佔我北邊之荒地蓋因其地多金礦而垂涎

也我稍一布置而彼矍然驚焉此其志可知矣

十六日 晴

賽爾斐亞國遣兵官二人赴法國學習兵法　因謹按賽爾斐亞歐洲之小國也前此曾與土耳其搆兵俄國助之爲英人所拒而土藉以不亡蓋鄰於俄土兩國者學習兵法亦自強之志也　十四年八月二十六日美總統基利芬竟行苛例張大臣於十二月奏請

旨飭籌補救并呈自禁華工來美節略又照會美外部駁詰新例十五年正月美外部復以繙譯傳話錯誤不認前言嗣又再駁美外部復以幾費籌畫之事垂成而敗議院猝然倡議總統無能爲

也六月又駁八月副外部覆文簡略而已　張任案

十七日晴

勃爾加厘亞國擬貸銀六百萬兩以修武備興鐵路俄政府阻之　因查勃爾加厘亞與俄爲鄰而俄人向與有約准干預其內政勃欲修武備是求強也興鐵路是求富也勃欲富強而俄阻之然則所謂干預其內政者乃欲其貧弱折而入於己也亦猶保護之云名爲保護而實滅亡之也

十八日晴

美國巴的馬與啞哈啞之鐵路去年一年之中進欵有銀錢二千一百二十七萬一千三百四十圓除用欵一千四百七十八萬九千九百二十二圓淨餘六百四十八萬一千四百十八圓　因謹按鐵路之爲利甚溥前嘗疏陳矣美國鐵路之長甲於地球故其富亦居第一非有鐵路則開闢荒陬不能如此之速剷平寇亂不能若彼之易也地球強富之國其鐵路皆多此明效大驗也

十九日雨午後止

倫敦報言英國求於西藏通商中國已允且立約矣　因謹按西藏與緬甸毗連而實通蜀之道蜀地殷富頗似江浙由其土產之豐也現已開口通商矣顧泝江而上其行甚滯若由緬甸西藏陸路以達則英獨得之利也宜其亟求立約也

二十日大霧小雨巳刻又見日影未後大雨且有雷聲

美紳言俄德二主相見德相畢思麻與於會俄君甚敬重之　因查德法師丹之戰乃德國轉弱爲強之機而歐洲昇平之始使德無畢思麻德不國矣俄君之敬重也亦猶秦楚之於信陵君回紇之於郭汾陽也　十四年八月准總理衙門咨稱准美國田使照稱本國上下議院現議定擬請各國派員會商保護行海船隻之事特於華盛頓京城立一萬國會定於一千八百八十九年四月十七日開會其所欲議之事係行船遇險及一切懸旂吹號並設法救生與考定除沉海報風險等章玆將節畧譯送請屆期派員赴會共商等因前來查該國設立海船公會係爲保護船隻起見至中國可否派員赴商本衙門無從懸揣相應抄錄來文節畧各件咨行貴大臣酌量情形應如何辦理卽行聲復嗣派洋員畢士璧賈凝禧陳恩燾赴會　張任案

二十一日晴

奢士格闌脫來見　美國武弁格勒屯近出新法能以十五英寸口徑之礮放六百磅之炸彈合中國九里之遠各國皆羨之　因查外國之重新法也猶中國之重時文也新法出而其人富貴矣且國家又給以牌照假以歲年不准他人攘奪其利英國且特立名目別儲經費以獎出新法之人宜其於便民利用之事蒸蒸日上也夫

二十二日晴

律師來見言南墨洲之巴西國與巴來圭國接壤議築鐵路相通以興商務云　因查亞墨一洲惟美一大國耳巴西幅員亞於美然其民只九兆故其地荒蕪亦曾招工而工貲甚微各國民人之赴之者往往到而復返巴來圭尤渺乎小者其築鐵路以求相接以墨洲衆國本有造幹路以通南北全洲之議冀以開風氣而破天荒耳

二十三日晴

奢士格闌脫來見　送奢士格闌脫行談次聞阿非利加洲有國名阿比西尼亞已認義國保護云　因查阿非利加一洲亘古洪荒自英人遊歷後各國多派人遊歷義國幅員不廣而水師尚強故能長駕遠馭阿洲小國所以認其保護也自此以後風氣日開而阿洲各國均難自主矣

二十四日晴天氣暖可著夾衣

律師來信言美國近簡駐中國之漢口鎮領事官名安多羅求作一書與江漢關以便和衷辦事因允之　因查領事之設所以護商其費即取之於商商繳費於國國給俸於領事外洋均如是也中國力顧大體不屑為之不知歐洲各大國常預計來年出入兩欵量出為入有餘則減民之輸將不足則增外國入口之稅蓋取諸民者仍為民用上無所避其嫌下無所生其怨也

二十五日晴

緬甸民人攻英總管所駐之城名散獨淮所有官署均被焚毀惟銀庫未失耳　因按亞細亞洲小國曰朝鮮曰琉球曰緬甸曰暹羅曰越南曰廓爾喀曰浩罕曰機窪曰穆哈剌曰茂甫浩罕機窪穆哈剌茂甫四國滅於俄越南滅於法緬甸滅於英琉球滅於日本朝鮮廓爾喀兩國僅存奉天鐵路能成朝鮮當可保廓爾喀終必為英所滅而已

二十六日晴

金山商人朱廣英衛潤柏來見　俄國整頓愛掃夫海與黑海各口水師修礮臺增添製造各廠俄主幷往克里迷亞與高加索兩處巡閱礮臺　因查俄國每歲入欵約六千萬餘磅除付債息一千一百萬餘磅外實計五千萬磅乃以二千一百餘萬磅為兵部之費以二百八十餘萬磅為海部之費是兵費一項耗入欵之半居國用之大宗可知其尚武而好兵矣

二十七日晴

戌刻赴臘丁文字會陪總統宴座上係總統副總統外部各部大臣各國公使亦有不到者上下議院紳擇而延請約一百人宴設亞靈頓客棧酒食花卉計費美洋一萬餘圓奢靡如斯可見其國之富　十四年十二月北洋咨到海軍旗式提督用五色長方旗諸將用三色長方旗旗之上角各飾以錨形者改繪五爪團龍頭號橫長一丈三尺五寸直寬九尺大船用二號一丈一尺五寸直

寬七尺五寸二等船用三號橫長九尺直寬六尺三等船用四號橫長六尺八寸直寬四尺五寸小火輪大舢板用五號橫長五尺四寸直寬三尺六寸舢板用照外部外部覆已照水師部海軍章程一本旗式圖四張附使館用長方旗商人用斜幅龍旗張任案

二十八日晴酉後雨夜雨

粵人朱廣英衛潤柏來見言自墨西哥來因美國禁制華人日甚一日將來不能安居故至墨西哥查該國寓居之華人能否相安計自正月查各處分寓華人墨人待之甚優以其耐勞而不霸工也聞之甚慰該二商寓客棧當卽答拜　因查墨西哥與美鄰而富貧迥別開礦墾荒興鐵路其工資亦不如美工黨所不屑爲者而華人爲之宜其優待之也

二十九日晴

奢士格闌脫來見託寄信於李傅相　因查美國前總統格闌脫遊歷至華與傅相至相得因出使美國其子奢士格闌脫偕其弟來見晤言之下知其兄已使奧爲二等公使矣因備酒席欵留之既去貽書請寄傅相

三月初一日晴

浙省勸賑單至因率各員酌捐助賑幷函致各屬　十四年十二月北洋咨到海軍章程一部內開原奏船制戰船守船練船運船附提標官弁官制附船上差缺升擢戰官升擢藝官升擢弁目升擢事故丁憂迴避告病終養修墓考校招考學生考校官弁

招考練勇考升水手考升礟目考充各色當差兵匠俸餉官弁俸銀兵匠錢糧船上差缺薪糧各船俸餉總數官弁傷廢俸兵丁加賞行船公費醫藥費酬應公費郵賞工需雜費儀制冠服相見禮節國樂軍樂王命旗牌印信鈐制軍規簡閱武備船身機器軍械國旗將旗通語旗金鼓水師後路各局張任案

初二日晴

俄土之役土國所償俄國兵費尚未付淸俄國屢索土國屢延前曾約至西十一月謂屆時所收賦稅項下若不能付則當動帑乃今駐土俄公使急索此欵謂若再不付不能再緩必設法取償云　因嘗考土耳其國計每年所入之項以其半交國債之息又以四分之一爲宫中之用其接濟國用者僅四之一耳安有羨餘以交兵費哉

初三日晴

美國西方各省風潮爲患兼之大雪物產大損紐約與保司登雪厚七寸　聞俄國商部欲與希臘通商俾印度舍郎地方所產之紅茶得以運往俄國銷售

初四日晴

總統請見兵部水師部因已初往午正而回　因考美國國例總統兼統領水陸全軍故兵部水師部攜帶武弁照章謁見也　十五年二月總理衙門咨到議復洪大臣洋務儲才摺一庶吉士果有熟諳洋務者准使臣隨時奏調未便保免散館編檢及正途部員准其調帶一總署章京正途出身人員酌量選派前往襄辦交

涉一限制經費由各出使大臣於所帶員弁自行酌減嗣後使館准設參贊二員繙譯隨員二三員供事二員武弁醫生各一員一遊歷人員是否實有制器通算測地知兵之選俟期滿後酌核奏辦 張任案

初五日晴

英國與美國廠家訂造氣放炸彈之礮能放二百磅炸彈及三千五百碼遠者今成一尊試驗聞可放五百二十磅炸彈二次且一及四千八百碼一及四千六百八十碼皆過於原訂之數然尚有未盡善者則以彈出不準不盡命中亦不盡合抛物綫之理往往高而又高此爲大弊當設法以免之然後可以交付 因謹按光

緒十年中法啟釁北洋大臣及兩廣總督均向美國定購氣礮乃未成功迄今已閱六年礮雖鑄成尚不適用創物信不易也

初六日 晴中夜雨熱

義大利國家創法成一海防妙器使礮臺礮手可免敵船中人望見放礮又可極準蓋其器通於電氣附於遠鏡又能於海道圖中指示敵船方向另有自行針盤指明敵船若干遠近故能有此妙用礮臺又暗藏不露敵船之礮甚難還擊誠利器也 因查美造氣礮義創礮臺孟子所云矢人惟恐不傷人函人惟恐傷人也韓非子云革堅則兵利城成而衝來膠膠擾擾如蠶之自縛耳

初七日雨

西班牙國水師守備巴辣造一船以電氣行於水底日國家重之賜巴辣以榮銜並賞銀十萬圓云 因查鐵艦非水雷不能破而水雷之制各殊所以用水雷者又各殊水底行船亦用水雷之一法耳但恐未必眞有把握否則鐵艦失其堅矣

初八日晴

英國四輪載客電氣車已在倫敦試用經過各街具見操縱自如云 因已見美國之電氣車矣他車用馬此則用電車速於馬而無馬蹄之聲聒耳蓋有兩種焉一則於空際設電綫車首以鐵竿上承電綫車自前行一則貯電氣於車中車亦自行大約以貯電氣者爲簡便也

初九日晴

紐約來信英屬卡拿大有華人二名入美境爲關吏所阻華人回卡拿大該地方官索納身稅五十圓方准入境其一已納稅卽令入境其一無銀可納進退維谷矣 因按由卡拿大潛入美境此美國禁工以後華人之故智也華人以爲得計 因謂適以激成美之苛禁華人耳

初十日晴

法國以陸軍費用甚大已欠國債法銀一千兆佛郎國用亦較數年前更形支絀蓋管理銀庫事務未得人也 十五年准總理衙門咨到議覆御史趙增榮愼選使臣一片內開查建議出使事博

采衆論上稟
宸謨責任既重遴才宜愼自非志節堅定才學閎通並通知四國之務洞中體要操守廉明者不足以膺是選查光緒元年臣衙門以使才宜儲奏請
飭下中外大臣各舉所知奉
旨允准是年五月間臣衙門曾經奏保堪備出使者數員嗣後南洋大臣及中外大臣均有奏保由軍機處知照臣衙門每屆出使任滿開列名單請
旨簡派自光緒元年以後臣衙門未經續保人員該御史所稱徐承祖以上書言事經總署保舉等語自係傳聞之誤竊惟今之薦

舉人才或習聞其議論或兼採夫虛聲往往有名不副實甚至前後易轍者在所不免此知人之所以難也嗣後仍應責成中外大臣必須眞知灼見實有才品卓著堪勝槃敦之選者方可列諸薦剡臣等如確有所知亦當隨時詳愼選舉以備
采擇如有奉使不能稱職劣跡昭著者應將原保之員一併議處又原奏稱奏帶隨員尤應愼選其宗族私親與無職民人皆不准帶及經費應防浮冒等語伏查出使絶域事件與內地不同所帶隨員自須該使臣所素習者乃可以收指臂之效是以歴屆皆准由出使大臣自行奏調略仿漢制得自辟僚屬之意以專責成此中具有權宜其偶帶一二親屬遠涉重溟藉資臂助既由出使大臣量才器使但使不至專徇私情貽誤公事自亦例所不禁頻年屢屬各出使大臣裁節浮費每年度支皆係造册咨報照章核銷尙屬相符原奏應請無庸置議

十一日晴

謁上議院紳有司底拉不來捌律師又至墨獨鹿拖樂登銀行

十五年四月總理衙門函稱蘇里那壓在南墨洲爲和屬國和使照會以有華人前往該島應立合同應查該島情形卽札古巴張總領事令查又照美外部乞爲保護往查之矣外部復允嗣古巴張領事稟派繙譯張樹椿洋員拉烏往查於五月十四日起行又接美外部來函云美駐該島領事查明華民約千人在甘蔗穀寮

爲工者五百人開店者二百人餘自行種植或開礦工主相待尙優華民無苦遂照此函復　張任案

十二日晴

近四年之中歐洲六大國水陸兵費共費英金七萬萬九千二百四十萬一千一百二十七磅每年幾需二萬萬磅矣分而計之法國共費英金二萬萬五千四百十萬二千八百四十一磅俄國共費英金一萬萬六千二百七十一萬八千三百八十七磅英國共費英金一萬萬二千三百七十八萬六千六百七十六磅德國共費英金一萬萬二千一百五十一萬九千九百六十九磅奧國共費英金六千七百五十九萬四千二百磅義大利共費英金六千

二百六十七萬九千五十四磅兵費之亘如此殊不易息肩矣　因查支持兵費惟英國綽綽有餘德則僅可俄恃借貸奧義則不免拮据矣顧爾詐我虞已成騎虎之勢俄法致人者也德奧義致於人者也或思或縱則患在目前矣

十三日晴

德國新於阿非利加洲之東開闢新地黑人拒之勝負未決乃聘請黑人酋長助戰　因查越南之役法國多用黑人為其蠢而用命也胡文忠云招募兵勇城市不如鄉村鄉村不如山野蓋以城市之人多巧猾山野之人多樸愚巧猾者善趨避樸愚之人聽命而已以黑人助戰而以知兵者領之即此意也

十四日晴天氣大暖不能著棉

英公使夫人約見　因亥初往見子正而回美國官紳多與於會

十五年六月金山總領事官梁廷贊稟稱據金山華商縣丞職銜黃秉常稟稱竊商聞利防外溢政貴便民自煤油流入中國民間習用幾為必需之物歲時所耗隱成漏卮且每因失慎延燒民房傷毀物件何可勝計是外洋獨享其利而中國實受其害也商維煤油所以盛行祇因光勝尋常燈燭耳今西人新製電燈光敵煤油復無傷人毀物之弊雖機器電料初須購自外洋三兩年後亦即自製利源不流於外便益仍及於民商等遠賈殊邦眷懷宗國擬請於廣東開設電燈生理謹集股本銀肆拾萬圓另擬節略八欵伏乞詳請欽差大臣咨請兩廣總督部堂云云已照咨　張任案

十五日晴午後陰見雨點仍霽夜雨

西報言曾侯因病出缺　因查外洋好炎涼喜酬應曾侯以文正之裔而出使善與人交宜其能折衝尊俎也嘗見其所創電碼以一碼代數字可謂用心者矣如能永年亦交涉中之傑出者也

十六日陰辰初見日

奧國報云畢思麻已辭布相德相之位　因謹按功成身退此人事之常也而當時事多艱鄰封伺隙則臣雖欲退而君必留之蓋退僅遂一人之心而留實為兆民之福也畢相功在德國強敵方張何以聽其辭相位耶

十七日雨

外部長嫁女前已由墨西哥公使出名醵分每使派二十金矣本日下帖請臨又送去湖縐二端紡綢一端熟羅一端連前共百金亦僅為不豐不殺也

十八日晴

英報云亞洲各礦西人不能盡知然中國日本之多礦產則固人人知之中國泥於風水者論及開礦則羣非之今稍去故見中國果以西法開採煤鐵則足以行銷天下并奪西國市利其各礦徧於國中僅以蒙古地方而言已有一百八十處矣磁石大礦五處美國所有著名之磁石各礦不及其大煤礦亦多八十英里之中

皆是也汽機所用之煤亦與鐵相倚而生有一二英里之廣卽就蒙古之礦而開之所獲已不可勝計矣熱河則多銀礦向爲土人開採所出之銀曾值英洋二百萬圓皆用土法鎔煉者也今有華人在彼開採已向美國定購機器黑龍江南岸亦有華人在彼開採金礦彼處產金本多所用機器亦向英德兩國購用試考中日兩國礦產之數日本之煤有三萬至四萬見方英里然較中國則渺乎小矣中國有煤層四十萬方英里較歐洲全洲之煤爲多開採數百年可無煤乏之憂臺灣有一萬方英里之煤煤層極厚計有英尺百尺足供天下數年之用中國誠地大物博哉

十九日晴

因查開礦之利英俄德法其利至溥此猶曰大國也比利時歐洲小國耳其地里民數不及朝鮮之半而考其入款歲有銀三千七百萬餘兩出礦之煤歲值銀三千萬餘兩鐵路計六千里以小國而所入如此之多開礦鐵路之利爲之也

二十日晴

美國有因命案行賄於審問官者今定其人之罪監禁三年　因

謹按堯舜之世共驩有黨殛殺有刑道雖有長消類不能盡絕也外國上下嗜利而不至常骫法者則議院報館立法之善也議院通上下之情報館發幽隱之慝而小人之忌憚常存矣華盛頓無盜竊至夜不閉戶則巡捕之力也

二十一日晴

上議院紳宣門訂戌刻會客因偕劉繙譯往見並見其弟又見金山省上議院紳某談及美國前此數十年物力不能如是之充所以速變而盛者以有鐵路也鐵路之盛華人之力居多今美國苛禁華人是忘本也中國地方開闢雖萬年而各礦之蘊而不洩地之富與美同若自圖強富當出美國之上人口雖多但使開礦而商務興卽是用人銷路甚願中國之亟求富強不受他國箝制也

因謝之

二十二日雨

紐約來電云有美國人名嘉賓打者致書於日報館云伊在中國時曾見李爵相爵相談及美國新立禁止華工之例太苛屬其回國登諸日報如美國不將此例刪除將來中國亦必照美國所議禁止華人之例限制美國在中國之人云

二十三日晴

東洋日本國所產紫銅海鮮樟腦中國皆產有興其利者則可不資於日本而日本之進款大損中國銀錢之漏卮亦減矣　因按

日本與中國比鄰不知輔車相依之義而爲同室操戈之謀臺灣琉球其明徵也日本嘗言海鮮一類歐洲各國無過問者而中國銷售至多是得通商之利而不以睦鄰爲心中國若禁其入口或重稅之亦塞漏卮之一端也

二十四日晴小雨
華盛頓街車六百餘乘每乘可坐二十餘人向用雙馬近見有用電氣者比馬爲速茲聞又新造電氣水龍以電氣吸水噴水尤爲靈捷云　因按電氣之用漸推漸廣大抵資其力與光而已力生於氣以火灼水爲有形之氣如輪車輪船機器廠所用者是已乾電濕電爲無形之氣如電綫電車等是已電氣既可行車自然亦可行船聞已有創之者矣電船如成則兵艦可無須籌添煤之地而風氣又變矣

二十五日晴
俄國聞中國將辦山海關至吉林鐵路又有移民實邊之議即飭該國辦東省鐵路大員趕緊竣工並移內地人民開邊以免空虛且禁中國人民入界云　因按俄多霸氣既限制教士矣又限制猶太人又限制德人并驅逐德奧之人其與中國接壤之境每值勘界則必侵入甚至踞其地而驅其人恃其強也

二十六日晴
俄於西比里亞之東練成來福槍兵二營該地即與中國蒙古接壤云　英報載俄國西比里亞地方不生五穀琿春一地所需民食亦須由俄國奧得薩口與日本各口運往然形勢甚佳將來必爲太平洋之大埠俄人以其濱海且距俄國甚遠策應不靈若與英有事恐爲英之水師所封使俄國東西載運不通則中國修怨於俄索回故地皆俄人所憂也自造鐵路則可無虞且得大益載運則費用可節用兵則策應神速且其取道之審早經遣人分測而定鐵路所經之處有礦產甚豐石油上涌云　因按俄與西比里亞之鐵路前謂便商今謂防英皆飾辭也便商則商務甚微防英則英在歐而不在亞因以爲直垂涎東三省耳從前運軍器出黑海則不以爲軍器軍事祕密固應爾爾然明者必識之

二十七日晴
是日黎明即起先飭武弁二人僕從二人附車於辰初先赴紐約因即偕參贊汪洪霆繙譯李維格隨員饒鳳起於巳刻起行至紐約申初領事沈桓等已率同館諸員在火車公司相待即附渡船過海至紐約乘馬車至領事館凡一切行李即由火車公司房徑上輪船船名搿司康業計七千二百頓因到領署即食麪一盌遂乘馬車謁格前總統之夫人格夫人兢兢以中國之富強爲意謂俄人當防非鐵路不可且以紙筆繪圖示因意甚摯又謁郵政局之凡吳客脫並其夫人此公不阿埃黨頗愛華人遂送絲繡巾十二幅茶二箱絹金摺扇二柄詢紐約郵政局每年可得進項四百萬圓計用人二千餘謁客後回至領署晚飯本訂四簋乃加四碟其實太多飯後即上輪船船甚寬敞樓上一間需六百圓因與饒鳳起共之樓下一間五百圓汪洪霆與李維格共之尚有每人五百圓者因不敢問也武弁僕役四人分居樓下二等艙

二十八日晴

拜發奏由美起程赴日摺　寅正開船開船後因謁船主告以不慣洋餐須派一人赴廚房自行造飯船主允之即飭洋人與廚房說定准令自炊尚爲合意此後汪洪霆等均洋餐因仍飯疏食而已　因謹按食色性也又云少成若天性然則性之所近少而習之不可變矣因嘗至洋人大餐房嗅其氣則生嘔強食之亦不下咽僅食生果而已或有勸因以學食洋餐者因老矣安能強胃以所不欲納哉

二十九日晴風甚平舟行穩順

同舟有法人數名在越南曾與中國接仗者身受槍傷甚重皆云

中國兵殊敢戰如調度得宜訓練有素未易敵也　因聞歐洲談兵者皆言俄國之兵難敵爲其耐勞也戈登謂中國之民最能耐勞而卒不敵歐洲之兵者一則招募於臨時一則訓練於平日也德意志國且合通國之民而當兵宜其戡法以定霸也夫

三十日微雨有霧

舟行多暇與船主考究大西洋路程計由紐約而至法國哈華埠約近萬里又言地球自南極至北極經綫計七千八百九十九英里赤道緯綫自東至西計七千九百二十六英里赤道東西周圍二萬四千九百英里水面較陸面計多三倍陸面分七大洲計亞細亞歐羅巴阿非利加北亞墨利加南亞墨利加澳大利亞北極與南極陸地水面分五大洋計太平洋印度洋大西洋南冰洋北冰洋地球盡在是矣

出使美日祕崔日記

四月初一日晴

天氣驟寒緣舟行趨北也遙望兩傍數十里時有冰山山有高至百丈者矗立水面或分爲三峯或分爲五峯皆峭直如筍間有不高者亦嵯峨尖聳大約無土故也

初二日晴

以後天氣甚寒因只夾衣然亦覺畏冷矣　因謹按地球之氣候以離日之遠近爲轉移近日則熱遠日則寒南北冰洋日所不能正照者則海常冰南洋冰融惟冬至後一月北洋冰融惟夏至後一月此行趨北漸近北冰洋故多冰山兩月後可化矣

初三日晴

見冰山三峯峭立水面絕不相連白而無光想雪山也

初四日大雨亦有冰山

舟中英人經商於亞洲者言泰西購運亞洲之絲日本之絲幾及中國之半日本前數年派人至法國學造磁器今其國中已能仿造云　因嘗過美國市肆見中國商人有列肆者所售銅器磁器均目所未見異而詢之則運自東洋者夫東洋之全土抵中國一大省耳其民尚不及中國十之一耳而所興之利已如此中國如振興之其憑藉之基豈可以限量哉

初五日晴

舟中洋人以歌醵衆謂行善舉有捐至一二百圓者因以爲不識洋曲不願聞繙譯李維格謂不便峻拒致譏吝嗇因勉強助二十圓終不至歌處聽歌也

初六日雨天氣亦寒

舟中多德人有某爵頗謙和談次言中國於京北造鐵路俄人聞之頗有戒心謂鐵路若至中俄交界之處則黑龍江琿春一帶之地利中俄兩國共之矣　因謹按易言王公設險以守其國險之時用大矣列國之世齊得十二秦得百二幷六國者秦也琿春黑龍江爲由海而陸之險地但有鐵路則調兵扼險可以咄嗟而集我之所便敵之所憂也宜俄人之情見於辭也

初七日晴

暹羅素多金礦巫來油之東約在北緯度十度有地名朋得發者尤爲數百年來著名出金之處該處產金甚多英國公司開採祇以周圍叢林瘴氣傷人又距曼谷暹羅京城名之東七十五英里名凱平者亦爲著名出金之處今英國新加坡某公司於彼得一地有二百五十見方英里云

初八日小雨仍晴

舟行因大霧不辨海綫至於觸礁險極急退回舟前艙已透一孔矣舟人謂幸本日無大風否則可慮　因見舟行此處水面不平其波紋如沸其水色黃而綠蓋水激石而爲是色也江行至淺處

水亦不平但不如是之沸耳
初九日晴
辰正至哈華埠卽乘火車至巴黎約申刻參贊陳季同已率各員至火車棧相迎並代覓客棧歇定卽僱車赴使館回拜並買火車票次日遂赴陳季同並其夫人之席遂乘車至火車棧陳季同仍偕各員相送上車　是日至巴黎訪問時事知英人於春間去英而赴美國及新金山並英之屬地者有二萬人
初十日晴
午刻至日國界換火車日關因有巴黎日使照會尚不爲難　日國地界火車多穿山而過不下一百處橋亦近百處　因查日與法比鄰而日人親英而遠法蓋前此拿破侖第一屢次加兵於日非英撥兵將爲之拒守日幾亡矣
十一日晴
卯正到西班牙參贊楊慕璿已率各員在火車棧照料遂乘車赴使館使館較華盛頓爲新敞而租價只四之一可見美國用項之費是日卽函致日外部訂謁見之期　聞從人向使館索紙當卽不准令其送還　因於十五年到使署時卽有通飭公文到各屬所至之地不供張不具饌凡火食馬車渡船均因自備冀息事甯人也
十二日晴

謁外部未見日君故不能謁各部因往養生院遊覽憶去年在橫濱遊博物院見虎一隻頗巨象二隻一大一小豹二隻黑熊三隻甚巨其形如犬大者如驢但不似驢之瘦而軀幹偉然徧體皆黑以至目亦黑爪牙堅利宜虎豹不能敵也此外如更格盧獸形似鼠而大如犬鳥則有鸚鵡之類其大如鵝而爪觜甚利此外尙有元鶴黃鵠之類　巴黎養生院只至一處見熊如橫濱鹿之大者其角長至七八尺又有一種獸昂其頸約高一丈有餘頭形如鹿而無角毛淡黃灰色黑斑如鱗或謂此卽麟也其性慈祥不傷人又有花馬形卽馬而毛色不同毛作灰白色而斑純黑如墨爲橫理如畫之勻白黑相閒自頭至尾一律因謂何不控而駕馭之則云其性不馴能傷人故無敢御者羊一種白細毛長一二尺披體如蓑毿毿然牛一種毛亦潔白如玉長二三尺披體毿毿然象極大遊者四人共騎之以至各處游覽駝鳥高六七尺以駕小車可坐一二人此外禽獸之不知名者尙多鸚鵡種類甚多毛色不一水畜則海狗大者如小牛小者如犬毛淺而質黑頭無角亦無耳目之上傍有二竅想卽耳也無尾無足前身胸下有物如手掌二卽魚之稜也尾亦有如手掌者二出水則合入水則如魚之尾此畜不必常居水中亦有伏水傍者且有離水甚遠而臥者鳴聲如牛膚革充盈毫不露骨養之須鹹水　馬得力西班牙都名養生院與橫濱巴黎略同惟獅子白熊二者爲前所未有獅子卽爾雅釋獸

中之狻猊也其形與中國所畫大異首如虎而大於虎面稍長於虎毛則淡黄色而無文雄者前半身有長毛如馬鬣項以下亦然至背脊及腹以後則但淺毛矣尾如牛尾尾之末有黑毛如杓叉如筆之乾而毛散者牝者則身前半亦無長毛形質亦稍小大者如小牛小者亦大於最大之犬而如小驢其爪亦巨於熊虎目光烔烔然外國以爲獸之王百獸不能敵也白熊如常熊毛之潔白如玉　此地民情與美國大異美國金山地方埃利士人與華人水火華盛頓則白人尚相安黑人亦不滿於華人紐約則華人竟不能徒步出門出門卽必有環而噪者甚至抛甎故紐約領事署人員皆深居簡出西班牙華人出門其遠遠望之者相與告語以爲此中國人也日國家巡捕途遇華官必摘帽爲禮華官以手加額以答之謁外部則署外兵役擎槍以俟誠彬彬乎其有禮矣

與外部照定遞國書之期

十三日晴

日國接引大臣來見言覲見大君后君主禮節並言將以宫車來迎因詢擬用宫車幾輛　因　查從前各使一二三輛不等遂酌中用二輛

十四日　陰大雨

收到美署第一號信内上海第十六號　英國印度總督令緬甸英國商會遣人查勘緬甸至雲南通商道路擬於屯尼之東築一鐵路使由緬甸達於中國俾百貨流通云　因　謹按雲南廣西兩省地處邊鄙風氣未開今英人由緬甸以通雲南法人由蒙自以通廣西交涉之事又益煩擾矣

十五日晴

聞美國米西西比河決口　因　嘗於美官紳處訪查米西西比河情形知其挾泥與黄河同而來源實不如黄河之遠從前修河之費至三千餘萬仍不能無事也近則無歲不決決則四民失所惟美國人煙不似中國之稠密民數之罹患者微減耳

十六日晴

聞美國駐韓使臣與朝鮮君商租巨文島　因　查美國立國向不貪他國之土地惟今日似又不然由前此而論則租巨文島美必不爲由現在而論則又難決其必無也

十七日晴

查西班牙國勢遠遜美法以前如查理第五富強經營渺不可再聞鐵路公司電氣煤氣街車各公司本國爲之則無利而虧本遂讓與英法二國而英法又能得利其故何哉則積習使然認眞與不認眞之別也

十八日　陰晴天氣轉暖

日署各員浣衣包與浣衣之人每月每人日銀三圓　因　以爲費而

繙譯李維格云紐約每人每月尚需美銀五圓也　因按此中國五口之家衣食之費僅供一人洗衣外洋用項固費諸人亦不免隨波逐流耳蓋外洋浣衣每禮拜則浣一次中華向不服外洋漂白之衣無須頻浣也於此見無識力者不能振拔流俗矣　本日係日國出會之期以耶穌各神之像由教士舁行巡歷國家派馬步軍護衛約五千名皆軍裝肩洋槍督隊官只帶刀最後四十人則負戟此外尚有奏樂之兵五隊教士約二百人女尼約一百人自酉初由街道排列而過至戌方畢日國大君后暨君主公主君姊均駕臨在某衙署樓上觀覽最後之寶座徑過大君后暨各衆自樓上散花而下因於戌正步行而歸使館天色久曛矣

十九日晴

日內因未見君后不能謁客暇中飭繙譯與洋員當面訪詢日國近日情勢因查日國百年以前其君查理第五創霸歐洲幾成混一之勢英法各國受其控制無敢抗者亞墨利加之一洲亦該國先到乃數十年後國勢漸衰墨洲之地既為和蘭法英所奪歐洲之號令不行祕魯亦自立今所存藩國惟小呂宋古巴二處而已據洋員科敦言日國疆宇東界地中海西界大西洋及葡萄牙北界法國之畢士基海灣及比里紐斯大山其地濱近地中海者計七百一十二里近大西洋者計六百零五里共計一千三百十七里從前國內分為十四省現改為四十九省地形計方十九萬六千一百七十三里居民十八兆內地皆係平原四面有山環之河道六礦則銅鐵與鉛地土膏腴植物宜葡萄橄欖檸檬橙橘杏棗石榴穀宜粟麥麻西南省出車厘酒入口貨物則羊皮牛皮棉花木料機器鐵路料質煤炭麵粉酒魚糖等此種貨物凡由英法德義等國入口者納稅視他國為輕因和約中有減稅之章故也出口貨物則銅鐵礦原質及銅酒麥鉛橄欖油鹽水銀水果等均不徵出口稅兵制則選兵於民始以八年為限在本國四年調外亦四年富者出養兵費三百圓可以捐免由兵部另招人替代近國家以八年為期太久改為當馬兵者三年步兵者二年期滿准其自主謀生惟有軍務仍當聽調平時養兵十二萬除給衣食外每

名每日給十五山丁（合中國銀二分有奇）如有軍務可增至四十八萬大礮五百五十尊步兵以八百名為一旗馬兵以四百名為一隊將軍分四等領兵之數不齊頭等將軍六員每年俸各六千圓二等將軍五十二員每年俸各二千二百五十圓三等將軍七十員每年俸各一千五百圓四等將軍一百五十員每年俸各一千圓總兵俸八百圓副將六百圓都司五百五十圓水師二萬五千名大小兵船一百二十六艘內鐵甲九艘均由英法等國製造近日在北方比羅巴地方開設船廠但能造船殼而機器仍購諸外邦國中電報直通一萬一千里概歸官辦火車直通六千里慢車每點鐘行二十里快車則二十五里因所穿山洞最多路非矢直故不能

逨國債二百三十七兆九十二萬八千磅計息四釐一千八百八十七年暨一千八百八十八年此二年中戶部進項共計一百六十九兆九十萬零四千一百九十四圓四角出欵共計一百七十兆五十七萬七千一百三十四圓入不敷出尚短六十七萬二千九百三十圓六角議自一千八百八十九年起加增稅課以期彌補其稅則有人稅地稅生意牌稅居民無論何人俱按月入多寡以準輸納之稅地稅則按地輸納生意牌稅按等級輸納至於舟車狗馬及入城火食均須納稅觀劇者上等座亦抽座費十之一爲窮人院經費曩時藩屬甚多今只存小呂宋古巴二島古巴地方四萬九千四百八十方里居民二百二十九萬兵團二十五萬

小呂宋計十一萬四千三百六十方里居民五百七十萬國中設立上下議院外藩海吏戶兵刑工八部農桑則歸工部各部首領每年俸六千圓副者三千圓總辦二千圓都城在馬得力地勢平衍河水環之地形高出海面二百五十丈寒暖不時三月尚見雨雪其高山五月雪尚未消都城居民四十五萬人

二十日晴

日國生子女無論何族其名皆一定不易卽以所生之日定名如每年三百六十六日則三百六十六名自正月一日起如正月一日生子生女應名以某字二日又係某字凡同日生者通國皆同名不計其年之不同也故呼其名卽知其所生之日惟名多雷同耳日署看館人之女名茉莉律師之女亦命名茉莉一五齡一六齡年不相若因訝茉莉之名何多也繙譯爲因言其生辰相同耳因詳詢其故而知之　接參贊彭光譽信知金山苛待華人責以移徙發覆信二號

二十一日晴

接參贊陳季同總戎信領事沈桓信　聞日國近欲增廣水師已派水師提督乘元斯德拉鐵甲船帶領兵船五艘駛至中國南洋各處以保商船而示聲威　因查日國民數僅十六兆地輿彷彿日本入欵計銀一萬二千餘萬兩而債息已耗費五千萬實七千餘萬兩耳水師視中國稍強然越國鄙遠斷不能勝中國過此以

往中國水師當強於彼矣將何以示聲威乎外洋多恫喝之言知其虛實亦安所售其技哉

二十二日晴

接日國外部文訂二十四日遞

國書　日國入欵一百六十餘兆仍不敷出茲將其入欵出欵分項譯出入項一人稅房產地畝稅共五千四百十二萬五千四百圓一貨稅士單費共六千零四十一萬三千六百圓一電報火車共二千二百五十八萬四千二百五十圓一官產如礦務等類共六百六十七萬六千五百四十五圓一罰欵及捐免當兵共二百九十五萬八千圓以上共一萬四千六百七十五萬七千七百九十五

圓按中國銀約計一萬二千七百六十七萬九千二百餘兩出項一國君及宗室俸共一百九十萬圓一上下議院人員俸費共三十五萬圓一國債償息共五千七百二十二萬八千五百圓一官産費用共四十萬圓一休致人員恩俸善舉經費共一千零八十萬圓一首相署俸費共二十七萬六千圓一外部署俸費出使人員共一百零二萬八千四百七十圓一刑部俸費共一千一百四十二萬四千圓一兵部俸費兵丁餉乾共二千八百五十三萬四千八百圓一海部俸費兵餉共七百四十四萬五千圓一吏部俸費共五百八十九萬九千六百圓一農商工部俸費共一千五百五十六萬七千四百圓一戶部俸費共九百五十三萬九千九百

圓一亞非利加洲費又雞多城善後經費共一十五萬圓一藩部經費未載均另由屬島供給以上共一萬五千零五十四萬三千六百七十圓按中國銀約計一萬三千零九十七萬三千兩此係本年力求撙節所定之數尚不敷約四百萬圓計中國銀三百餘萬兩

二十三日晴

接引大臣來訂明日未初帶領宮車來陪赴日廷　因查歐墨各洲之處邦交也公事毫無出入而儀文則從優此交涉機緘也

二十四日晴

前出使大臣鄭藻　至日遞國書只用宮車一輛十三日接引大臣來館訂用宮車之數因告以只用一輛而隨員中有欲同行者再三商酌訂用二輛已成議矣昨日接引大臣又來定一切禮節並提及宮車因云業有成言今日繙譯李維格忽云接引大臣願以三輛來迎因謂昨日並未提及因亦未聞李維格則謂接引大臣言四人一車恐不雅觀因謂前此訂定宮車二輛時卽已言定四人一車何至今日忽不雅觀且昨日並未聞有此言參贊楊慕璿亦未聞也因細揣此中情形自是隨員中有不願四人一車者當其興豪欲逐隊時則以得逐隊爲幸及至許其同行又以不能獨佔一車爲歉故欲增一車自向接引大臣商之乃於因前不便洩漏眞情故詭稱出自接引大臣之意因因不諳外國語言故敢

如此此使臣之所以難也未初因率各員衣冠以待護衛大臣乘馬率騎先至因延入大廳接引大臣繼至亦延入坐少頃接引大臣請上車計宮車三輛每輛二馬車後立二兵車前立二御者皆戎裝接引大臣令參贊隨員洋員先上前二車因與接引大臣繙譯李維格上最後一車護衛大臣乘馬在車之左接引大臣爲因言此車乃大君后自用之車其他二車則宮中公用者此護衛大臣卽大君后御前護衛者因謝之閱半時許至朝門各員皆從傍門下車因則入中門接引大臣又言此惟遞國書之使臣所由他人均不能由此遂下車入門數十步卽上階又由右而旋轉上階約三轉抵便殿殿三面皆懸油畫東邊油畫

二幢繪男女像各一想卽前王及今大君后之像接引大臣入內
約片時卽出延入一門因先行各員在後甫入門卽見大君后著
公服係白色外以青紗之織成花者罩之南面端坐御案之外東偏不在御案之中後立二
命婦西偏則護衛人員因捧
國書入門一鞠躬行十步再鞠躬行至大君后前三鞠躬隨傳我
國
皇太后
皇帝命問大君后好又問大君主好大君主未御殿又言使臣崔國因問
大君后好大君主好言次大君后似微笑蓋以華語不能會也語畢洋員卽趨進代以
英語達達畢因乃捧

國書遞大君后大君后立而親受交外部大臣大君后乃離座近
前與繙譯李維格言詢我
皇太后起居
皇帝起居又詢
皇太后攝政計若千年因答以先後共二十六年又詢日國風景
如何因答云地方富庶又詢在此盤桓能幾何時答以不能甚久
美都尚有應辦之事又詢何時行期答云當不甚遠大君后點首
退回後宮因亦鞠躬至宮門卽御座之西偏大君后回身再點首因再鞠
躬至宮門內大君后又立西偏向外點首立東偏則內與外隔因三鞠躬大
君后遂入接引大臣導因下殿命婦二人亦下殿至外殿命婦與

因握手爲禮因詢之接引大臣始知一爲公爵之夫人年五十餘一爲
侯爵之夫人年三十餘二命婦及隨員均自旁門登車因仍由中門回
館時已申初館中已備酒食果品欵待兩大臣並護衛兵弁宮車
御者分爲二席食時兵弁奏樂約一時許兩大臣以急須覆命告
辭因送至門內遂另僱車謁外部首相並謝接引大臣護衛大臣
是日宮中花園公家花園各衙門花園均送花均須賞多者六
圓少亦四圓宮車賞六十圓賞犒逾百金矣因瞻大君后容止端
莊言語穩重而和藹自是有德之君今年三旬前王殁已五年聞
其峻節爲一國所欽仰殊可敬也查大君后係奥國公主宮中每
年經費八兆必思打合日銀一百六十萬圓合中國銀一百四十

萬兩所有一切侍從伺候人等車馬火食均在其中可謂儉德
二十五日晴
接金山領事左庚信知美金山地方官出票一百二十五張已拘
禁華人二十餘人亟須回美設法辦理　因謹按美國地方虐華
人以媚工黨華人居美誠徧地荆棘矣難矣哉
二十六日晴是夜大風
向例使者謁見君主後卽具柬請頭等公使定期接見茲義奥德
法四國頭等公使訂於本日未初至申正接見又外部訂申正接
見當於未初出門謁見頭等公使並二等公使及日國各部至外
部訂小吕宋領事准照辦駁至日昃該外部一味推卸其不願我

國設立之意如見肺肝矣

二十七日晴

接古巴二十三號信　美使館三號十七號包封　謁教皇公使俄美各國公使上下議院又見君姊此地之車自半時至兩時均銀六圓逾兩時再加可謂費矣

二十八日晴

接彭光譽轉來總署電爲巨文島事屬即囘美爲啓行計是夜不成寐　日報云近以美國與英國屬地皆禁止華人前往而華人之往小呂宋各島者頓增三倍華人工作甚勤土人利爲所分華人之利即土人之害華人既來土人即無以自容其來也如蜂屯蟻陣有加無已不將反客爲主總持工商各藝也乎若各項貿易與各類工作華人皆有其分則土人生計安在而又不能與之爭者則以其人衆而勢大工勤而利厚也各島華人至多者莫如小呂宋且恃與中國一葦可杭往來便捷服食器用皆由中國供之小呂宋儼一中華世界屋宇皆華式店肆皆華欵所售皆華物店夥皆華人以及一切鞋匠鐵工水夫庖人染人修容之匠向係土人所爲者今悉華人爲之土人自此幾無所得食矣

二十九日晴

勤儉二字非有定識不知其當行非有定力亦不能必行也因行之五十年除中間遭兵燹時不可以常理論外其餘皆以制節謹度不入窘境現在之豐衣足食晩境轉亨者未始非天之報我也客有不以勤儉爲是者反以因之勤爲好事以因之儉爲吝嗇因從容答之曰子以因之勤爲好事其實子亦未嘗不勤也因之勤在黎明即起子之勤亦半夜不眠一則勤於作事一則勤於聚談其勞神疲精則一也其不能挽囘光陰亦同也因閱世六十年未敢以有用之錙銖爲無用之損耗自奉儉矣然在京都則施粥施醫藥宗族親戚之貧乏者因計年津貼焉四代之祖未安葬者因獨力任之焉十世之祠宇典質百十年而坍塌者因贖歸而修之焉家廟義倉義學之立者因亦有捐助焉節衣嗇食所餘者用之於此是自奉雖儉而自奉之外殊不能儉也吾子鮮衣美食養尊處優一身而外則不費毫釐焉是自奉雖不儉自奉之外固無所不儉也合而計之比而觀之子之不儉者少於因而儉者尚多於因也又何譏焉客嘿然而退嘻處今日而言勤儉非信道之篤鮮有不爲浮議所搖者遂筆之以自省

五月初一日大吉晴

聞日國上議院首領和微而阿人甚厚德辦事持正遂訂於本日午初相見至時因往謁見蓋年已七旬餘矣道器岩然言次因及俄人現造鐵路將至中國之琿春黑龍江邊界將來必爲中國患中國非造鐵路與之相接邊防斷不能固應告總理衙門及早爲之因答以六年以前已奏我

大皇帝矣今已興辦但道遠費鉅不易成耳查之洋員知此君前
任古巴總督一爲首相再爲兵部首領現爲大將軍日國上下之
所欽重者其子又爲總督矣其人敦篤可因人而信其言也　美
國代辦伯勞麻來見豁達之至　比國公使美路士布路來回謁
初二日晴
因來時上下八人均係頭等車欲僕役之照料行裝也乃中途換
車零件仍由棧役取攜至費賞銀甚鉅到日時所有一切零件該
僕等竟忘攜上馬車但知穩坐馬車赴署非因親見幾將零件盡
遺矣此次回巴黎故寫頭等車票只四人二等四人
初三日晴
回謁駐華西班牙公使比國駐日公使赴外部辭行　葡萄牙國
新將各項稅則加每百之六　因查葡萄牙地方民數均不敵中
國百之一自明之末年租澳門之地以通商中國無知其國之形
勢者遂稱爲大西洋國殊可笑也其入欵每年約銀二千萬兩其
債息每年需銀一千餘萬兩所以供國用者不滿銀千萬兩蓋其
國小而又貧矣其武備不齒於歐洲貧弱如此尚以大自居蓋亦
恫喝一派耳
初四日晴戌刻大風捲地繼之以雨
接北洋電言總署爲小呂宋設領事索賠濫征華人各稅詰禁華
人醫藥之事　拜發行抵日國幷呈遞

國書摺總署咨文總辦信文報局照會北洋信　發巴黎信　復
北洋電一面照會日外部
初五日陰酉以後大風戌初風軟而小雨遽止中夜又雨
洋員科敦布訂設席辭之　此間風氣與華盛頓異知使者遞
國書送花絡繹今日尚有送者一律給賞
初六日小雨
華盛頓及馬得力道路雖雨而不泥濘由其溝洫之通利而修治
之善也　洋員科敦請觀鬥牛因以其事太忍卻之不往其餘各
員均往　接法參贊陳季同信云法國以歐洲現有疹氣由日斯
巴尼亞而至巴黎故新定章程凡由日國赴巴黎者所帶行李須
由關役用藥薰之將來到法界時不免留滯云云已屬繙譯李維
格詳查仔細如有留滯則須提早一日啟行以湊船期
初七日晴
接華盛頓信知總署已撥經費　德國宰相畢思麻致仕以來人
皆思之欲爲立去思閣於京師已集英銀二十五萬餘磅　因謹
按德相畢思麻戡法定霸功在社稷名滿寰區功成身退有古大
臣風焉民心不忘爲立去思碑德之風氣猶近古也
初八日晴
飭武弁二人跟役二名押行李先行防薰行李躭延時刻也　猶
太人之寄居俄國者多黨於俄國亂黨俄廷擬以重典治之　因

查一千八百年前耶穌遊歷說教至猶太而被戕猶太國滅奉猶太教者遂散而之四方今又爲俄所不容是猶鼠入牛角漸自窘矣

初九日晴

是日因僕役先行未能造飯參贊楊慕璿爲備飯辰初啟行赴火車棧楊慕璿率各員相送洋員科敦爲照料一切甚爲周到辰正開車

初十日 晴天氣甚熱是夜雨

至法界醫生驗火車諸人甚苛因等有法公使函不致爲難然繙譯衣箱亦至開視如有不潔衣服則立取出不准帶入法境以防

傳染

十一日晴

卯初至巴黎即僱馬車謁參贊陳季同武弁等先到一日已入客棧距參贊署甚近陳季同已將火車票及船票訂定並爲具席相邀因甚感之前次過時曾送東洋信封四盒白銅漱盂一副此次再送人參一兩六錢鹿茸一架絲巾十二幅是夜子刻乘火車赴哈華埠　法國報載三月二十七日法國有大員二人名馬川耳暨美川耳均被官府拿辦聞其欲率衆謀爲不軌也　駐法隨員潘承烈病延洋員治之病益增重已三月矣因到巴黎潘承烈聞因知醫延診之乃溼滯也爲立一方利溼導滯令服十劑後改服丸藥可痊

十二日晴

卯初到輪船公司棧即先上船繙譯照料行李卯刻展輪遽止俟至午初再開此船名蠟薄立端計七千二百頓其式與辯司康業相似因仍下榻船頂之艙汪洪霆饒鳳起李維格以天氣漸熱人氣薰蒸遂各佔一房頗爲安適是日風平浪靜

十三日 晴巳後雨午後風漸大

汪洪霆狼狽不堪嘔吐呻吟饒鳳起亦嘔李維格不能食因尚可支持眠食如常　德國太后現編前王實錄德主與二三元老亦相助爲理以分太后之勞　因居美半年見美國女孩皆挾書入

學塾詢之官紳則美國女子少時無不讀書者歐洲讀書以英德法之國爲盛惟女子少時讀書故晚年能著書美已故總統格蘭脫之夫人亦以著書自娛此外洋風氣也

十四日 雨午後雨止風轉小

饒鳳起李維格二人眠食如常汪洪霆尚呻吟　英國水師提督雪芒致書於其海部曰英國水師之力較之一千七百九十三年一千八百十五年之間極形其弱若逢戰事必有危機蓋不知以屯煤足食爲先也商務盛於昔而船隻乃少於前前時有船一千六十一艘者今僅有五百十一艘商務與水師相爲表裏商務大而船隻少非所以重商也尙及早圖之云云　因查英之水師天

下莫強而該提督猶以爲尙不足恃也者此其所以強也晉主以十萬橫磨劍傲契丹而晉遂亡此前鑒也

十五日晴

風平浪靜船中醫生仍須驗武弁僕役等　舟中英人言俄國兵力之在亞細亞洲者共有兵十三萬五千七百六十名礮一百八十六尊若裏海以東若吐耳啟斯坦若奧毋司克若歐庫賚克若撥立阿茂皆其駐兵之處也詳細言之有步兵六萬三百二十名馬兵一萬一千六百四十六名礮兵六千六百八名工程兵一千三百五十二名步兵留後二萬八千六百二十一名馬兵留後九千三百七十八名礮兵留後二百七十一名鐵路兵二千一百二

十四名各處土兵有步兵一萬四千二百九十七名礮兵一千三百四十五名其輕礮兵有短聯珠槍與長刀其刀較長於英國戰守各礮兵所用之刀極似英國馬兵所用之長刀兵袴多綠色上衣則各旗之兵有各色之衣　因謹按地球各國陸兵以俄爲至多亦以俄爲至強其在亞細亞洲實爲不必設備之處而兵之多已如此其用心殊叵測也

十六日晴

風平水面但作皺紋船行至穩殊可樂也中夜微有風起　越南東埔寨土王之弟名西華才者不服法國率衆肆出騷擾爲法人患者數年於茲矣一日忽約歸誠法人以爲從此可無事矣既而逸去　因謹按越南非無人才惜其風氣未開向不講求武備也梁滅而梁之後裔不服陳隋若西華才者亦人傑也

十七日晨起有小雨

西南風舟微側巳刻晴而霧起午後更重風止交申後斜陽西照而霧不開舟行則吹氣筒凡舟中鐵索布篷門窗濡染如沐滴瀝不止一如夏暑園亭四五更時良以海氣上蒸故也

十八日晴

以前五六日晨起衣服皆發潮溼捫之黏手夜臥則被亦覺溼至於蒸潤徧身初以爲衣被之久未浣故也今日晨起則衣不覺潤矣想時值霉雨之候故百物回潮天道盈虛無往不復潮氣發而

必收而出霉之日亦近矣　是日海水如掌之平幾如鏡面不過略作簟紋舟行平穩海程不易得也未後小雨即起南風交申雨漸大風亦漸大船首北面挂帆一片乘風而行船遂向北而側以致席上鐘碟均不能穩天氣驟熱

十九日晨起雨止大霧風亦止

辰後水平如鏡舟所過處時見碎苔浮起其色黃其形如鹿角菜又有小物浮於水上其長二三寸其形如蛤蜊其質如玻璃其薄如蟬翼去年舟過東洋曾見之徧覆水面約數十里不絕今所見甚稀閒有一二而已　本日船行尤穩可援筆作眞書矣

二十日晴

近紐約百里外舟行即不敢速望見紐約尤爲審慎直至午刻方到繙譯陸永泉偕巡捕來已代寫中正火車票遂至領事署略坐中初用飯飯後即乘馬車至火車廠約子刻到華盛頓

二十一日 晴天熱單衣汗出

美國赫來索新造出海水雷船每半時行二十二海里美廷現又加價令其再求迅速　因查每半時行二十海里則每一時行一百三十餘中里已見其速又再求速此精益求精也水雷之船以能及敵船而不爲敵船所及爲宜故欲速也

二十二日晴

駐法隨員潘承烈來信云服因藥病漸痊求寄丸藥遂寄和中丸四兩與之　因謹按泰西醫家多霸道以治外科諸證尚可若內傷諸病斷不能也潘承烈係溼滯而洋醫令其日服牛乳牛肉雞汁其用藥一味蠻補至於胸膈脹滿舌胎厚分許其色如醬而尚不知消導非因診視命不保矣洋醫漸行於中國信者崇之而好高者闢之均失平也外科封割之法一定不易之證外洋既得師傳又已經驗中醫所不及也若六氣交感內傷紛紜錯雜之病其間表裏虛實洋醫實不能辨無法奏功此則爲持平之論耳

二十三日 晴北風

西報載中國今年春季十九關共收稅銀三百九十餘萬兩　因謹按中國入口之稅太輕故每年不上銀二千萬兩夫稅則者國

之內政有自主之權歐墨各國增減從宜未聞行之數十年而不變者也此而不變洋貨之入口者多奪土產之利則小民失業輕入口之稅則經費不敷但取他國所收中國土產入口之稅詳細比較則得失瞭然矣

二十四日 晴天轉涼可著單衣

日斯巴尼亞國都司披爾曾造水底潛行之船一艘即以其人名之試行數次悉中人意今日政府議造同式較大者數艘以能容水手二十人至五十人爲率云　因按古書載宛委螺舟潛行水底此不足信者也水有阻力安能前行且無空氣不半日而人皆斃矣大抵潛行之船平時亦行於水面其攻敵也則沈下數十丈越一二時亦必浮起蓋空氣吸盡則人不能呼吸此理之可信者也

二十五日 晴亦涼

日本東京官吏議籌一款得英金一百二十五萬磅設法使民間得飲清水惟興此大工不能不假手於西人然假手西人又非日人所願日人又不能自爲未必言之可行也　因至美國金山及華盛頓寓巴黎及馬得力其地皆不見水而隨取即有蓋通外河之水於水管如取如攜事至便也日本事師西人何以一水之利而至今尚未取法哉

二十六日 晴天轉熱可單衣

拜發奏回美情形摺　西報稱俄人現建西比利亞鐵路擬穿過西國接至亞細亞一洲其行也皆由腹地再行環轉至俄京其用心至深云　因查鐵路所經必擇人煙稠密之地所以爲載人載貨計也惟自俄人爲之則滋人疑以其以蠶食爲事故耳

二十七日晴天更熱

英國議院議員議於阿爾蘭造鐵路一事預計所費在英金八九十萬之間已衆議僉同將不日舉行云　因查英之本國爲三島阿爾蘭爲三島之一精華萃於倫敦都會向阿爾蘭多農夫興造鐵路則土產之出運成本輕矣

二十八日晴

義大利於西歷一千八百七十六年與一千八百七十八年有鐵艦二下水一曰杜意留一曰旦大羅各重一萬二千頓鐵甲厚五百五十密理邁當皆每半時辰行十五海里一千八百八十年又成一船曰意大利重一萬三千九百頓行十八海里一千八百八十三年利派杜船成頓數速率同於上今更造鐵甲船二艘各重一萬三千二百頓每半時辰皆行十八海里至洒第那船則重一萬三千二百五十頓可行十八海里半其中有康邦機器二副其馬力有二萬二千五百匹自有船以來未有若是之機之力大者　因查義國頻年入不敷出而購造鐵艦仍不敢緩亦騎虎難下之勢也

二十九日晴

使館火食向來膠轕近日廚房以天熱菜費索增價值　因增十金衆有不願增者將另爨矣　因查食用之費當以美國爲最蔬菜之價有數百倍於中國者魚肉之類有十倍於中國者卽極賤者亦三四倍泥沙金銀至斯極矣

三十日晴

李維格來　律師來　義國水師各兵艦在孛拉夏海口會操時俱用無煙火藥作轟擊敵國礮臺狀約兩刻時各兵艦所泊之處絲毫不動船內又不覺震誠軍中之利藥英廷擬效用云　因查義國入欵約近三萬萬而交國債之息已耗其半所供經費者僅

銀一萬萬餘兩耳乃其於海部一項每年需銀四千萬兩其強僅遜於英法亦可以稱雄矣惜其國庫已空難爲繼也

六月初一日晴

謁律師又至房東宅及墨獨祿銀行　德國去年已有水雷船九十艘今年可增至一百六十五艘其船大半造於司坦丁廠其中有十五艘各重七十五頓其餘大小有差較法國水雷船重二十二頓以外若有戰事可出大海云　因謹按英勤遠略故多置鐵艦德求自保故多置水雷其水師雖不及法然以攻則不足以守則有餘此德人之老算也

初二日晴

美議院議以鈔票五十五兆付戶部開銷公項又議加稅時論以爲擾民　因謹按商鞅廢井田而時論譏之王莽復井田而時論又譏之近日本改從西法而不願者甚多民固難與慮始也美加入口稅以保本國土產之利加煙酒稅以節上下縻費之財似未可厚非也

初三日晴天氣轉涼可衣二層

德國近來爭鬭阿非利加洲之東土得而復失德人深怨英將施旦來晤與酋長衣明合謀令百姓揭竿起事奪回哪恩柴江北岸之地德人又以爲莫若與英結盟限以疆界嗣後彼此互相保護使他國不能侵越又禁他人前來襲取乃爲上策　因查施旦來

居阿已十餘年久與阿人無猜矣英人用以鬭阿洲較德國之鳩居鵲巢固已操勝算也德人受其播弄而不與爲讎且欲結好此亦識時務者

初四日晴

日本新報謂今年日本量入爲出少日洋四百五十萬圓議撙節各項費用以補之其地稅與一切賦稅亦議加重以補其闕所有補助耕歛之費有日洋一百二十萬圓以國家度支不足而罷所幸者東京鐵路造成其進欵當有日洋一百萬圓云　因謹按日本之地抵中國二十分之一其民抵中國十分之一而入欵至銀四千餘萬兩亦可謂善經營矣然其國債已至十餘萬萬將來必蹈墨西哥葡萄牙之覆轍焉

初五日晴

下議院外交處議紳好德來見言英人已據阿洲之洒含亞地方葡人聞之大恐以爲其地素爲葡有今爲英人所據未知葡國外部如何處置即洒含亞江英人亦欲爲各國商人公用前此英船過江葡人不許其懸英國國旗者英人必欲懸旗而過云　因查英恃水師之力佔據島地各國無不憚之過此以往弱國之屬地罕有能自存者亦可慨也

初六日晴

接南洋電　謁議紳宣門不遇　英國所製之無煙火藥名爲敦

大含脫者其形若硬象皮而性亦同之入水不漏故藏於水內能不失炸力若手握少許然以火燄能徐徐焚燒而手不傷迨得碰力而炸則其力較尋常火藥力大無比　因查硫礦出於煤故其煙重火藥以硫礦雜硝爲之自然有煙但以樟腦代礦則無煙矣英人欲祕其法以待重價未必能如願以償也

初七日晴天氣微熱亦可衣二層中夜可蓋薄棉被

訂謁下議院紳　美國金山規矩會牧師花勒嘗環游地球一周考察教務游畢而返述其所見陳於會中曰美國違約禁止華人至美一事爲無識者所爲無禮之尤凡我美國人民當同深痛惡羞對中國者也然則公道在人心美國非無淸議也

初八日小雨

接南洋大臣曾國　電屬查云者司德槍彈價值並合用否當即復電　俄國久欲令其內地農人遷居於黑龍江今遷往者已有二千二百四十人祇以由奧得薩至琿春路程艱險船中供應惡劣病斃者數十人即已至琿春者幼孩亦多病殤俄人不安於其居云　因謹按漢武帝徙民以實邊趙充國屯田於塞外均爲用兵計也近年英國謫罪犯於新金山而澳大利亞入版圖法國駐兵民於西貢而越南不世祀俄人徙民琿春其心從可見矣

初九日雨

謁哈司乞司公司觀礮樣並商購槍彈以南洋來電也該公司經

手人即在而立客士銀行隔壁查云者斯德廠所造之槍爲步軍所用者由後膛入六錠可以次第而發槍首有尖刀可以近刺欲驗其彈力所及之遠近與中靶之準否則當於廠中空闊之地試之

初十日晴

初三日倫敦來電云英人在美國祕林海中捕魚曾被法人扣船及棧魚之兩房該漁人曾於五月訴美政府美仍不准英船捕魚現英廷已照會美政府云若美國縱容他人據英船隻扣留棧貨不顧盟約英國不能不問如不即給還船棧不照約章保衞英人英國惟有用勢以自保護且將拘執者治罪云云　因查萬國公法凡海邊之國僅能管海之沿邊者十里其外作爲公用美國以祕林係美地而欲專全海之利施之他國或可以行英國斷不受也從此多事矣

十一日晴

金山地方官拘執華人二十六名逼令遷徙　俄國高加索兵拔營而南以近阿彌尼亞之境分紮於交界各處其兵分有二大軍軍各有步兵三小軍哈薩克兵三小軍共二大軍一在高加索之南以剔夫力斯爲營務處一在高加索之北分紮於三處今高加索山之南合哈薩克兵而計之共有兵七萬其南與亞細亞洲土耳其接壤哈薩克輕騎善戰素著勇名俄於西南與德奧二國之

交既有大軍駐紮今於其南又徧布重兵非防土耳其也　因按兵將須令習勞久逸則懈弛無用調之使動所以令習勞也特俄國軍額本多每一調動則駭鄰國見聞耳

十二日晴

謁下議院紳宣門聞華人之至英國屬地卡拿大者須按名納身稅銀五十圓否則被獲後監禁或驅逐回華然重稅如此華人仍絡繹而至者蓋由此而入美國也　因聞光緒十四年美國苛禁華人後華人均由卡拿大墨西哥潛越入境自以爲捷徑也及此事未久而美國上下皆知之蓋由工黨昌言而播散於部員議院也過此以往美必設法以防之矣

十三日晴

英國漁人在美國祕林海口捕魚美人禁制之已經英國與美辨駮美人未允近英廷有文至美如必不允英人捕魚與之爲難當派兵艦前赴該處駐守以爲保護　探悉德兵艦華爾甫之管帶官由滬鼓輪駛往俄羅斯屬之西比利亞察探所造鐵路究有若干長若干里以及接至何處曁俄人在該國如何舉動逐一細查電稟政府核辦云　因查俄造西比利亞鐵路於歐亞兩洲軍務商務均有關係然俄之於德處處毗連軍務往還初不專恃此鐵路也其關係至重者實中國耳德人留心偵查亦衣袽之意也

十四日晴

字林報云聞湖廣總督張之　前向外洋聘得熟識製造大礮機師一員名米也由德國乘輪來華已於前數日抵滬卽附商輪前往湖北赴新創鑄礮之廠云　因按德國克虜伯廠煉鋼之法祕而不傳中國購船購礮之員曾詳詢之則游移不吐亦如新出之無煙火藥也該機師如傳此法則制鋼獲益多矣

十五日　晴漸熱夜尤熱

覆南洋大臣電爲查槍彈事　日本前赴中國之公使曾奉命必欲親遞國書又以中日和約今昔殊情擬欲修改中國政務殷繁修改未易就緒然日本至中國之貨日多雖於關稅有增而銀多漏出此亦宜防至日本之所懼者中國民數甲於地球彼來此往載在盟府若不乘時修改華人之至日者漸多彼時禁之不能驅之不可日本憂之故有修改約章之命　因按日本步武西人此豈欲效美之禁華人乎華人之於日本皆商也所見左矣

十六日　晴熱

李春官告假回華省親申刻大雨傾盆李春官卽於此時啟行

聞李傅相定於秋末冬初命駕至旅順口閱驗船隖以及兵輪灣泊之所云　因嘗考泊兵艦之隖水宜深基宜廣形勢宜藏中國現少此地頭等鐵艦不能容也旅順船隖聊以爲目前兵船之需如製造萬頓以上者尙須另營船隖矣

十七日晴

美國派兵船一艘名亞盡晏士由太平洋赴哥廷包埠順至中國駐泊保護商民　彼得堡來電今年進出兩欵進有羅布八萬萬八千九百萬出有八萬萬八千七百萬量入爲出尙有盈餘較去年進多二千七百萬出多二千八百萬云　因查十年前俄國入欵每歲不過六千餘萬磅合中國銀三萬餘萬兩耳而國債則十餘萬萬兩債息鉅矣玆報所言似不實也

十八日晴

俄國參將某以防守克浪可他地方機密地圖售於某國武員得俄銀一千二百羅布事洩挐訊屬實初定以苦工後改以洋槍轟斃云　因按俄負北冰洋之險以虎視天下自英法諸國合縱伐

俄終不得志拿破侖第一又挫於俄此後無加兵於俄者俄遂無外侮矣顧其內患實深尼希利黨屢見謀逆臣多貳志其憂在蕭牆之內而俄之君習以爲常不聞內省蓋北方之強歟

十九日　晨起陰辰以後晴

調紐約隨員劉宗蕃到使館察看德國水師中添造各重一萬頓之鐵甲船四艘二造於伏爾鏗廠一造於溪耳官廠一造於維爾海爾姆司海文廠　因查近日風氣鐵艦以萬頓爲新式從前德國不重海軍近十餘年製造漸多必有長駕遠馭之思而將馳騖於屬土也

二十日晴

英廷前命施旦來元戎馳往阿非利加開拓新土業於去夏告厥成功故施君去臘回英覆命官商聞而迎途爲之塞今悉施元戎已娶親英人名元戎曰開闢阿洲東方新土之第一人其地亦名施旦來以垂永遠云　英人欲在緬甸開通鐵路達於雲南並謂雲南商人亦望鐵路早成以收大利云　因聞施旦來先居阿洲十餘年與土人相浹洽故其發也疾如脫兔敵不及拒德法各國雖均派兵弁分裂阿洲終不若英之得勢且佔便宜英人用心之深求效之遠於此可見

二十一日晴

舊金山之南有地名下金山者屬於墨西哥國英人於彼開墾者立有公司所墾之地已多英人謂得其地以屬英墨西哥其如我何昔英國之得屬地均如是也英之本國只三島今比於諸大國實屬地之多耳　因查墨洲全土始闢於日斯巴尼亞嗣後和蘭佔之法人佔之英人佔之其未爲各國所佔者則又皆立爲自主二百年來滄桑屢變和蘭只存麥天那一隅法國只存濟安那數處日國只存古巴一島而英國之屬地獨多近又垂涎於下金山古語云前人田地後人收惟強有力者主之耳

二十二日陰

俄國將軍某製成鋼甲戰陣之際可禦刀槍與彈且輕而易舉服此甲者於槍彈之來不覺其震俄國陸軍各官異之　因謹按近

日來復槍之彈皆用純鉛取其質輭而能循來復綫以出也因嘗思之其性既輭則遇硬於彼者必不能入如衣鐵甲可以避之今果然矣然彈之尖稍鑲以鋼其圍稍小於鉛則仍能循來復綫以出而鋼甲亦透矣俄人之自爲奇異者安能久哉

二十三日晴

印度產茶日盛一日其成本尤輕其販往英京出售者每磅價值計一先令七辨士業已獲利三倍中國之茶成本既重稅釐又費將來茶業之利必爲外洋所奪　因謹按英報載印度錫蘭海島之茶新有一種色香味俱佳英人好之每斤計價銀五十餘兩然則印度之茶非僅價廉其種尤美我中國當亟思整頓以防茶利

爲人所奪也

二十四日晴

德國去年郵政官電報兩項贏餘德銀三千七百三十六萬八千馬克即英銀一百三十六萬八千磅多於預估之數二十萬磅　因謹按郵政局進項美國六千餘萬圓德國則銀六百萬兩合兩國之地土人民不敵中國之一半也中國如仿其興辦其利不尤大哉

二十五日晴申後大雨

美英兩國祕林海峽捕魚一事向有成約今美欲推廣約中之意謂阿拉司戛島所有之水獺屬於美國美國分當保護英國則不

以爲然謂昔者英國捕獺之人爲美國巡船所拘至今英未釋憾今不得無故而更張之云　因按美與英爭祕林海峽捕海龍事可謂以全力持之矣然理不足而勢又不敵欲英之拱手而讓其利決不能也形見勢絀美必不免矣

二十六日晴

皇上二旬萬壽是日黎明均花衣赴大廳恭行三跪九叩禮早備壽麪席晚備水陸酒席用誌慶賀　金山來信地方官所拘執之華人二十六名察院斷定以爲美國不應逼迫華人已釋之矣

美國自一千八百八十九年七月初一日起至一千八百九十年六月三十號止一年進欵單　計開　入口稅進銀二萬二千九百六十六萬八千五百八十四圓五角七分　內地稅進銀一萬四千二百六十萬零六千七百零五圓八角一分　鑄金銀圓傾銷與存積金銀條出息進銀一千二百零一萬七千二百四十四圓二角五分　售賣官地進銀六百三十五萬八千二百七十二圓五角一分　領事署並創造新製牌照與置賣田地所收規費進銀三百一十四萬六千六百九十三圓三角二分　北施域鐵路公司存還欠欵進銀一百八十四萬二千五百六十四圓五角二分　國家銀行牌餉進一百三十萬零一千三百二十六圓五角八分　稅關所收規費罰欵充公等項進銀一百二十九萬九千三百二十四圓五角二分　北施域鐵路公司納還利息進銀

七十萬零五千六百九十一圓五角二分　售賣煙甸人土地進銀三十七萬二千二百八十八圓一角五分　老病兵院存欵出息進銀三十萬零八千八百八十六圓九角九分　海龍皮稅進銀二十六萬二千五百圓　干犯外國人來美僑寓之例所收之欵進銀二十四萬一千四百六十四圓　發賣國家物業銀一十九萬二千一百二十三圓九角九分　履勘官地所存之欵進銀一十一萬二千三百十四圓七角九分　損壞官地罰欵進銀三萬五千八百五十二圓三角七分　美都會城所進之欵銀二百八十萬零九千一百三十圓九角三分　雜項進銀一百六十萬零十四圓八角一分　郵政進欵共銀六千八十八萬二千零九

十七圓九角二分　合共進欵銀四萬六千二百九十六萬三千零八十圓五角五分

二十七日 晴未刻雨遽止

美國之地爲歐洲富貴之人所有者計二千一百萬英畝其中爲英人所有者最多英人所置之地在美而其人在英收租人與地不相屬釁由是生美國鑒此乃立新章限制之　因查美國未墾之地按年出售英人多購之以資播種利至巨也茲美國以人數驟增荒地日減深慮將來人滿故議禁工并限制荒地之外售也

二十八日晴

英報言中國漢口之茶運往俄國者雖多於昔然俄國茶市亦有印度與錫蘭之茶中茶運往雖多恐不能久且漢口之不及印度與錫蘭者有五一資本不充二載運不便三講究不精四不得至味之所在及嗜茶者之所好五中茶稅重印度錫蘭之茶出口無稅凡此皆印度錫蘭之見爲易漢口之見爲難者也惟漢口出絲既多銷流亦廣且天時人力各得其宜宜絲之出日盛也　因謹按三百年來絲茶二宗爲中國獨擅之利今則茶利已爲印度所奪而日本法義各國均留心於養蠶所望遠見者早慮及也

二十九日 晴是夜大雷雨

謁律司　華人某久於美國而欲回華請於美政府給入籍紙以便回美政府不允　因查華人之初來美也美國甚招徠之而斯

時華人不願入美之籍及至歐人皆入美籍則妒華人而禁之不准入籍時事無常浮雲蒼狗惟胸有千古者乃能洞燭先幾耳

三十日晴

美國紐約及川司德派兩城之機器廠獲利甚鉅每年除開銷外淨餘英金八萬磅創廠人已擁厚貲云　因查外洋機器各廠國家與商民均設故風氣日開中國船局機器局每以經費不足停工夫停工待費則有作有輟而工藝不能精矣且停工而不能不給工資則餼廩虛糜而成本又加重矣風氣未開在有力者振作之也

出使美日祕崔日記

七月初一日晴

金山工黨既禁華人之來纔見金山華商依然列肆援照公法例不能禁遂謂華人所居之地汚穢宜另指一地使之遷徙聞該工黨又請於地方官矣

初二日晴

聞西班牙夏間各廷臣又易云金山領事來稟言工黨逼遷唐人街事　因查美國工黨蓋無日不妒忌華人也未來者禁絕之已來者攪擾之必使之不安於居焉然華人亦有自取之道矣各堂之讎殺鴉片之匿稅屢懲之而不止此二者實人心風俗之憂爲

美國之所厭惡者也此挽回之所以難也

初三日時雨時晴

謁律司科司達告以金山工黨事律司謂俟其行例時然後駮之幷使永遠不行此非其時駮無益也

初四日晴亦有雨

黑龍江漠河金礦業經開採金苗甚旺茲聞距三姓東三百里距吉林省一千三百六十里地名巴虎其地山川雄鬱產金之地二百餘處俄人覬覦之聞當道已奏請開採派員往查風氣日開富強有漸殊可喜也

初五日雨申刻雨止戌刻大風雷雨

美國人列都約翰來書以舍路埠地方華人來往阻滯請添設領事因以未奉

國家之命婉辭之　因查洋人趨利之心無孔不入美國工黨禁華人華人所以來往阻滯苛禁不除雖添設領事空靡庫帑耳何益於華人哉

初六日卯刻見日日出而雲重雨

越南法國兵弁至紅火山攻不服法人之黨法兵受傷甚多法統領馬淩受槍傷至重搶回而死又爲越人梟首而去法議政局議借六十兆佛郎經營越南　因謹按越南臣服中國不侵不叛惜風氣未開而爲法國所滅然黑旗之勇法人畏之淮軍克復諒山

法人父哭其子兄哭其弟無不歸咎於創議之人至今日而兵弁之駐防者損傷未已也爭地殺人者足以鑒矣

初七日晴北風天氣驟涼

德國漢地紳士將以漢地故紳大屋贈前相畢思麻以禦冬蓋以畢公現居之第寒氣逼人不宜於冬故也此可見德人之愛畢相云　因嘗考德國之地輿民數及其建國之地而歎德國之難治也又嘗考拿破侖第一之虎視歐洲分裂德國而歎德國之難圖存也又嘗考同治十年德法之戰而歎德國中興之業爲不可及也聖君賢相並耀千秋今其君威稜第一已薨尚餘畢相痛定思痛宜民之不能忘哉

初八日 晴北風可著夾衣

西報載越南河南地方土人與法人交仗勢甚勇敢土人僅有快槍六十桿而法兵數倍之法兵決爲寡不敵衆銳進圍之土人四面應敵槍無不中法兵不敢前土人竟潰圍而出只傷三人法兵之死者十倍云　因謹按亞細亞洲法國向無屬地僅東印度一隅耳自咸豐十一年乘中國之亂遂踞東京不三十年全有其地越南爲之不祀其至今不靖者亦民之不忘舊君也

初九日 晴涼

英國之新鐵甲戰船名安生方於前年竣工下水近奉提督之命會操各水師兵法陣法及練操畢後覺船中機器有損嗣在提文

礮船隖察驗查其中機器多損兵部大臣謂此中必有取巧作弊者現已札飭某水師提督隨帶合同馳往製造原廠逐欵辦駁以期更換損壞機器據聞安生鐵甲當初造價計英金二百萬磅礮位尙在外云　因查製造船礮各廠其利甚鉅其弊亦多凡訂造兵艦者非諳練之人則不適用日本於法國船廠所造之兵艦是也而不能以貞廉自持者每致中飽此則悉數難終矣

初十日 晴亦雨

謁律師　美議院議美與各國交易須利益均沾如進口各國向得免稅者查其出產之處而請與國亦以利益相答茶葉向來免稅而美國虐待中國之民知中國必不滿意將以美之所以待華人者加之於在中國之美商今雖有議料中國斷不允遂中止云　因嘗考歐墨各國之稅則無不隨時變通惟中國則一定不易耳美於中國貨物入口所抽之稅有值百抽五六十者有幾與成本相埒者宜其歲入至銀三四萬萬圓矣

十一日 晴戌初雨夜小雨

金山十七號報言美國鉢崙地方之鐵路公司分造鐵路數條以資利便均用華工現擬招華工五百名前往古市比埠以期集事云　因每與美之紳商相接必詢華工在美情形大約西省之紳（即金山一帶）必惡華人受工黨之擧也其餘則不然商人則無不愛華人者爲其工價廉而能耐勞苦也然商人惡工黨而勢實不敵盖美之保擧總統議紳計人數而不計貧富一公司而用工人數千人博高位者安肯顧公司而得罪於工黨哉

十二日 晴天涼可覆薄棉

去年中國產絲較前四年爲多盖觀於上海廣東二口出口之數而可知也廣東出口之絲較前年爲多日本則去年之絲較前二年爲少然自一千八百八十五年至一千八百八十八年出絲日盛去年雖少無甚大損觀東方出絲數目知大有起色矣

十三日晴

美國民數於六月一號起查今告成按總辦戶口之報知本國現有六千二百四十八萬零五百四十八人按一千八百八十年本國

人數計五千零十五萬五千七百八十三人此十年中人數加至二成蓋因別國入美境者共有五百二十四萬六千六百十三人云　因謹按華人至美較歐洲各國不過四十分之一耳而美廷禁之者則以招工黨之忌又以不入美籍而無援也

十四日晴

義大利王子至德以固德奧意三國同盟之局雖畢思麻去位依然不變云　因謹按義大利古稱羅馬二百年前曾霸歐洲今國勢非舊然水師之力足繼英法而稱強焉惜國債纍纍力不能持久矣合縱解而秦遂王德義奧之盟寒而俄難制義有智謀之士焉敢不固三國之交哉

十五日晴

美廷電諭金山稅務司加抽入口之鴉片煙膏每磅稅銀十二圓云　因查外國稅則其輕重懸殊者非苟然也大約本國所必需之物其稅必輕或免稅以招徠之如美國之於茶葉是也奪本國土產之利者其稅較重所以保本國之利如美於中國之米紬是也其於無益於日用之物者其稅尤重以其糜費於無用之地欲民間惡而絕之如各國之於煙酒美國之於鴉片是也凡此皆具有深心而各國一轍者也

十六日晴

美廷搜購現銀本月已購到一百二十餘萬兩各處銀根十分窘急銀行尤爲喫緊幾不能支持云　因嘗考外國之錢法矣金銀二物鑄成錢者用以平準貨物自一以至十自萬以至兆計數而已平不待權色不待驗豪強無可把持愚賤無可抑勒民得其便而上得其利（金銀鑄錢均有贏餘）各國皆然蓋無殊風氣矣至不鑄錢之金銀則與貨物相同因時計値不能當錢以交易也

十七日晴

美國戶部購買銀甎銀甎驟漲遂派員至墨西哥國查看銀礦現墨國銀礦主均僱工開採矣　因查墨國與美接壤鑛地亦多乃美富而墨貧國勢相反嘗以詢之美紳美紳言墨洲之人民以墨西哥爲最嬾歐洲之人民以土耳其爲最嬾皆不可救藥者風氣不轉殆將亡矣

十八日晴

英人於緬甸測道設鐵路達怒江入雲南以通商其路自曼得來東向沿經商舊路至肯龍渡始與怒江相接長三百英里需費銀三百五十萬磅　因謹按緬甸之地沕穆亘古未開十餘年前聞緬甸以英人垂涎其地乃備武備以象負礮出入城門以耀兵其礮爲銅質而塗以金英人視之以爲不値一笑茲英人據有其土測道路輿火車鑿破渾沌其志不在小矣惜哉

十九日晴

金山居民日衆原設信局日不暇給美廷郵政部以金山地方日

闢四至日遠議增信局以收利益　美廷以法國絨疋國人愛用入境日多以致銀錢出境亦多欲防漏卮於是加抽絨疋之稅而法國商人即與美國向辦絨疋之商同議合湊資本二百萬圓即於紐約設廠製造以避重稅云　因謹按外國求利之心如水銀瀉地無孔不入中國亦以興利爲言而用心遜其精舉事亦遜其敏風氣未開也

二十日晴

朝鮮代辦繙譯來見　聞墨洲之千家埠本隸卑勞支晏國地得一百二十萬丁方居民約三十兆現英國欲以重金購之該國國王已赴英商議矣　因謹按以金購地此古今一創局也美國既

擬購聖駝馬島英國亦擬購千家埠葡萄牙且欲以屬地出售於他邦風氣之新實有非意料所及者矣前此未之聞也

二十一日雨中夜雨止雲重

美國報單紀自一千八百二十年至一千八百五十四年華人至美甚稀其年始聞金山有金穴於是華人至美者一萬三千人此第一次至多之數以後多寡不一每年約四千至七千之間至一千八百八十二年華人至美者三萬五千六百十一人美國乃亟設例禁之云　因嘗綜各國民人之至美者合而權之華人至美實不及英國百之一也顧各國之民皆入美籍而華人獨不然入美籍者皆得操保舉總統議紳之權而華人獨否是美國人望欲爲總統議紳者舉無求於華人且各國民人之入美籍者合爲一黨不入美籍之華人獨爲一黨其勢孤矣焉能安居於美哉

二十二日晨起陰晴參半時熱

俄屬西比利亞興造鐵路有美國人名必打非路現寓俄國欲承攬此工擬由俄京通西比利亞以達太平洋俄皇願交美國人包造以求速成俄臣則謂宜由本國興造現已有俄員到美商議此事　因按制造之利大矣觀於各國之攬兵艦鐵路工程而知之也英法德美各國滬上均設經理出售船礮槍彈之洋行中法越南分界之約法人以包攬中國鐵路載之約章兹美人又欲攬俄之鐵路英法美德此四國者制造著名而富亦著名救時者可知

所趨向矣

二十三日晴熱如暑

倫敦來電言印度東北之阿富汗北與俄界英以阿爲印度屏藩故羈縻之以固印度阿若向俄則俄勢重近聞阿竟與俄通商英甚憂之云　因查土耳其爲歐洲之屏蔽歐洲各國之所重也阿富汗爲印度之屏蔽英國之所重也古之籌邊者籌之於數千里外以爲遠矣今則籌之數萬里之外幷於本洲之外非好爲馳騖也時勢不同也

二十四日晴

俄國新造一水雷船名曰壓刺每半時能行三十一海里英報謂

自有輪船以來未有如此速者英國至速之船不過半時行二十三海里耳於是英廠工師創言於英廷云如不惜重貲能造一船每半時辰準行四十海里云云　因按每半時辰行四十海里以海里之三合中里之十乘之則一時辰行二百二十餘里矣地球徑九萬里船行四十日可以一周機器誠巧矣哉

二十五日晴

美廷有諭令購白鐵以爲軍器之用美商因留意鑛產鍊白鐵以求利益　因查白鐵者非中國所用之尋常白鐵乃外國所名爲尼克耳又名爲鎳向產於德國其色如銀故歐洲稱之爲德國銀其質之堅過於鋼而不生鏽近美國亦產此用爲鐵甲較鋼尤堅

彈之能透鋼者尚不能透白鐵也

二十六日晴

美國朝鮮來電云太妃薨後高王懼變乃請援於美國日本二公使遂有美日水師兵自仁川至列隊入都圍兩使館列營數日無事始撤回　因謹按光緒十一年北洋大臣與日本公使伊藤約中日兩國均不得以兵入朝鮮都城至巨文一島中英亦經商定不得租與他國今皆違約何也

二十七日時雨時晴頻雨頻晴雨則暴雨晴則天青見日如中國五月時

拜發期滿請奬摺　律師來言美廷以華人多自墨西哥及英界掩入議院現已派員往查以便設防云　因查自光緒十四年美國悍然背約行禁工之例而華人不能入境乃由英屬之卡拿大墨西哥之邊境潛繞而入於今二年至是而爲美廷所覺乃議設防過此以往禁例益加密矣

二十八日亦時雨時晴天氣益熱

檀香山島商董程汝楫來文以該國欲招華工而又立苛例以禁制之使不得自由查招工既不合例而苛虐華人之風亦不可長中國與該國向未立約無從辨詰即謁該國駐美公使託其轉致該國政府該使允之

二十九日陰晴

美國官紳言朝鮮欲向美國貸欵事尚未成　因查歐洲之日斯

巴尼亞葡萄牙向稱大國均以負重債而國漸貧弱土耳其竟稱債國又無論矣墨洲則墨西哥負法國之債幾至加兵閧都拉朝不保暮有明徵矣朝鮮初與美國交涉而遽議借貸非計之得者也

八月初一日元吉晴

聞土耳其國王因懼義大利國欲佔奪德柏勒地方事近來大增軍額並整飭將士戒備不虞云　因查土耳其兵額名爲七十萬人其實可以捐免又且僱人代替有名無實安能致用於臨時乎其所購鐵甲兵船永不出海常泊海口蓋武備之廢弛久矣所謂

整飭者安在哉

初二日晴

華盛頓省鴉連埠工人結黨與華人約限二十日移出該埠不許逗遛否則以勢驅之華人急電金山總領事由左庚轉電請援遂繕稟商之律師急照美外部

初三日晴

美國日報載德國般孖蘭拿地方所墾之地甚廣現因德人少而工價貴藤僱華人已發信至香港矣可見華人有益於地方其嫉之者實由工人之妒忌耳　因查歐墨各國之入美籍者近二十年中已二十餘兆此種人既入美籍即與美國之工人合而爲一

其勢大矣華人則戛戛獨造其勢遂孤凡有血氣皆有爭心黨同伐異自古已然華人安能容於美哉

初四日晴

接美外部照覆已電鴉連埠巡撫速爲保護華人　俄太子親帶水師兵艦四艘由歐洲往新金山新加坡西貢以及中國各通商口岸云　因嘗聞俄之前王名彼德者以俄國水師未強曾變姓名入歐洲充兵船水手數年乃歸因以整飭海軍以視商之武丁學於甘盤遁於荒野者如出一轍近十年來英之世子既遊印度復遊歐亞各大國茲俄世子又接其武皆習勤勞廣聞見之意也

初五日晴

越南東京人民惡法屢犯法營法國駐防之兵不能制法廷祕而不宣因現在方擬借欵以爲東京之用恐議院不允也　因謹按當漢之時珠厓向化來歸稍有反覆即議棄之以甯人也越南不服法人與法相抗仍嚴守之以足欲也法於亞洲無屯煤之地不得越南則海軍不得橫行於亞洲故不輕棄耳

初六日晴

美外部來信並附鴉連埠巡撫覆外部之函云已設法解散土人保護華人矣　俄國諭稅關於進口英國鐵器棉紗之稅加重抽自百之三十至百之四十云　因查稅則者國之內政匪特大國可以自主即小國亦可以自主也歐墨各洲於他國重吾入口之

貨稅者則亦增彼國之貨入吾境者以報之謂之抵制如法之於日歐洲各國之於美是於我國減收他國之貨稅者則請他國減收我國貨稅以報我謂之報施如美於各國報施之約是無抵制則弱弱則交涉者狎而玩之匪特不足以市惠也而并因以招侮難矣哉

初七日晴

勃爾加厘亞國君內政修明外交亦固俄主擬廢之而另立云　因謹按晉之伐潞也謀於諸大夫諸大夫以爲宜待後人伯宗以爲其君無德不討後之人或敬奉德義而可討乎此幸其君之庸也勃國之君哈吞臘先曾爲某國之兵官賢能久著殆與威稜第

一之出身同矣俄欲干預其政而可任其國有賢君乎宜其欲廢之也

初八日晴

倫敦來電言英國開闢阿非利加洲新土建築鐵路由夢白柵地方起一路插標以爲日後即由此始創地步以免再勞云　因按今之立言者曰渾沌勿鑿曰爲天地留不盡之藏其言至大純粹精也然巢窟易而爲宮室矣羽皮易而爲衣裳矣飲血茹毛易而爲粱肉矣迄於今歐洲之風氣全開所未開者亞洲之琉球越南猶有古風阿非利加一洲則全係黑人榛榛狉狉是眞渾沌未鑿而爲天地留藏者也乃本洲之人爲天地留之而他洲之人爲開闢之讀詩至山樞三章未嘗不憬然有感也盍斷章取義乎

初九日晴

英兵部飭令武大員數人即將新式無煙火藥入大小各礮試演該武員等演後稟報兵部大臣謂此宗無煙火藥實軍火中利器且所向尤準敵人無從知覺兵部大臣擬即廣爲製造分給各營各防礮臺云　美國化學家新得無煙火藥製法貽書本署索價銀一百萬圓則當傳授外洋向例如此也因考火藥爲硝磺炭三者合成硝炭本無煙其有煙者磺耳若以樟腦代磺則必無煙惜未一試然可以意揣也

初十日晴

聞

醇親王病勢頗重美國君臣以爲中國之所恃者內則

醇親王外則李鴻　此二人者關係甚重惟望其政躬安善焉

德人之在阿非利加洲東者今出重貲僱人爲導入其內地蓋爲闢土地計非遊歷也　因謹按地球爲四大洲近以澳大地亞方輿甚廣亦以洲名墨輿澳四面瀕海均自成一洲者若歐羅巴洲亞細亞洲阿非利加洲雖名三洲其實共一片土耳歐洲之人好尋新地墨洲始爲日斯巴尼亞所得今或自主或英法各國分裂之土人已式微矣澳洲始爲和所得繼而棄之法人因之而又棄之終歸於英英以爲外府焉近年以來實無可闢之地則謀分裂阿洲英人綢繆獨早已占先著必操勝算德法次之日與葡又次之從此阿洲不祀而作歐洲之外府矣惜哉

十一日晴

英名將華士里近著一論登於日報云嘗覽天下大局究其盛衰消息之理而知將來得志於五洲者必中國也華人數多堅忍耐勞中國又講求武備其機易轉爲英國計莫如結華以爲援至德法兩國戰事必不能免此非常戰爭興亡得失即在一舉云　因嘗考地球各國之民數中英俄美德法六國最多英與法爲鄰俄與德奧爲鄰德則閒於俄法故皆練兵以自固而勢遂強中國民數多於英俄美國民數多於德法而強似不及者則不尙武之故

也然百年以前歐洲各國風氣未開通商者只葡萄牙租澳門一島西北與俄鄰中間甌脫相距甚遙今則非昔比矣俄患漸近英法各屬地之在南洋者近傍門戶時勢不同未可拘守舊轍也美處墨洲同洲皆小邦向無外侮自輪船日精歐洲各國五日可抵紐約非若往年可侖比亞之來墨洲者越半年而始至也美鑒於此近年亦修武備昕夕不遑識時務者爲俊傑無遠慮者有近憂所願沈幾觀變者投袂而起焉

十二日晴

謁議院紳麥美倫該紳已回本省矣　赴律師處商照美外部事及日設領事祕國華人自舉領事事律師謂照美外部駁詰苛例

外部無權能廢小呂宋設領事日國必不允設此二事者不過盡心焉耳祕魯積弱所商者可委曲相從勉力爲之彼當不能不允因以爲然遂辭出

十三日雨酉刻晴

佛及尼亞教會來書云已稟請美議院廢禁止華人例除錄一分呈總統外應并呈大清欽差並中國政府鑒之因卽作書覆之以爲此例殊違公法而背條約廢之自是理所當然云　因按美國教士向無爲總統議紳者故無覬覦爲總統議紳之心而因無求於工黨也且美教士之行教於中國者畏中國民人之報復則有性命之憂此又有求於中國也宜其立言如是也

十四日陰

金山來信並呈遷徙唐人街事審司批駁云今創此例不分良莠一旦逐出埠外顯是強奪彼產也著不准行　因查美國察院審司之員其人必向爲律師素端品行又年過五旬方准充當充當之後如無過失則終其身此等人大抵不侮鰥寡不畏強禦素有直名者其俸與各部長同故亦不求遷調而惟各行其志凡所訊斷一秉至公猶有古道存焉

十五日陰

向來逢令節使者及隨員等卽於大廳行禮此次非慶賀約於辰刻而繙譯二員究以不能早起不到　聞

醇親王之恙已痊中外額手相慶

十六日晴大風

接總領事左庚函知彭承謨因金山物議沸騰急於告假啟行回華已電覆允之　美國家近禁止呂宋票入境不准信局代寄不准銀行兌銀云　因本年赴日遞國書應酬之暇嘗考究日國政事於售呂宋票事亦知其詳凡售票之欵提出四分之一以充國稅如收銀十萬兩則以二萬五千兩歸公其餘除費用外分作頭二三四五彩給得彩者其彩票之屬何號惟臨時始知之其法如闈中之掣簽分卷不用簽而用珠珠置兩空球中一爲號數一爲彩數每球一轉則一小珠出如此球所出之珠爲一

號彼球所出之珠爲頭采則一號得頭采此球所出之珠爲二號彼球所出之珠爲無采則二號空矣其轉球之人爲童子凡有票者均准往觀故無弊端而多購之者然收十萬金而但以七萬五千金爲采又除費用則購票者之所失多矣敢以告中國之購此票者

十七日　晴陰

郵政局總辦凡吳客脫來謁言天津鐵路被飢民折毀英人欲通商於滇省謂雲南之西崇山峻嶺皆自北而南苟由緬甸通以鐵路可順山而行無鑿險縋幽之苦果能從速測量興築鐵路數年之內即有火車達於滇境數十年築室道謀者一旦成功大快人

意且法人已居於蒙自開闢利源英人豈可甘心讓之云　因謹按六經無堪輿之說自禍福中於人心而遂有陰宅陽宅之論其實皆影響耳中國鐵路開鑛二事皆爲堪輿家所忌夫地球厚三萬里開鑛至深一里不過入地三萬分之一耳何足言損且堪輿家好言氣氣固無不之也而何以分有氣無氣且大塊共一氣也又何以分生氣死氣歐墨各洲若英若美鑛廠鐵路極多民亦極富未聞其有所不吉也

十八日　陰小雨

謁律師又謁凡吳客脫聞是日散議院　英人在緬甸自曼得來至怒江測量道路以便興設鐵軌途中多遇險阻內有一處須駕橋長三十丈至五十丈始可免縋鑿之費云　因按英得緬甸法得越南極力經營均以鐵路爲當務之急比利時爲歐洲小國介於德法之間國中鐵路至多商務亦至盛然則疑鐵路之有礙於防務者非也

十九日　大雨

律師來　郵政局總辦凡吳客脫來見　駐日本大臣來電謂繙譯李維格　伯林來電云德國主至啟爾埠閱海軍并溝通北海與保耳剔克海之大工次日北行至丹國兵船一羣隨之與丹君相見後命駕至那威見其君至西上月底返國後又爲英國之行閱秋操畢現將往俄及奧與奧主同閱水陸大操云　因查德之

前王威稜第一少好武藝其未即位以前竟當兵官馳驅征戰即位以後戡義戡奧戡法已及暮年乃至耄耋巡歷不息可謂勤矣今王繼之不自暇逸國之富強如昔其有乃祖風乎

二十日晴

卡拿大地方土人上書政府謂華人日眾吸食鴉片有壞風俗請禁入境　因謹按華人習勞苦故工作勤而工價賤所至之地公司利之而工黨妒之故藉口瑕疵以期禁止其來但卡拿大政府已收華人身稅按名五十圓准其安居與美國之情形迴異必欲禁之是失信於人也

二十一日晴

俄王曾出諭禁止耶穌教會中牧師無護照者只准在俄國邊界行教不得深入名都大邑云　因查耶穌教爲因果之說與佛教相似其用意亦無惡於天下惟行之者多藉以骫法故招怨耳俄崇希臘教本與耶穌隔膜其限制之以防滋事宜也但非強國而出此則或以啟釁爲虞矣

二十二日晴

接總理衙門電言阻韓借欵事　因於朝鮮向美國銀行貸銀事已面見外部告以必不可貸外部已允美國家必不貸矣又與律司商之律司以爲宜刊報使通國周知則商家亦無貸之者方可止也適北洋來電亦如此遂刊入報

二十三日雨

新嘉坡來電云現爾埃白金礦以三百五十頓礦石化煬獲淨金八百七十兩核之每頓計得金二兩五錢云　因嘗以開鑛事詢諸李格士銀行之總辦據云金銀之鑛雖有利而亦有弊防其匿鑛質也若銅鐵錫鑛及煤鑛其利尤厚如辦理得人則取之不竭有留心鑛務者慎勿重金銀而輕煤鐵也

二十四日雨

駮詰美國禁工苛例照會外部後本日美外部覆照會云總統已與各部議院商議非有意遲延不復云云　因查美廷之久不照覆者非有意而實有故也律師嘗言之矣美自違約中國責美以違約義正辭嚴美將自以爲是乎而不敢也美將自以爲非乎而不願也此不照覆之故也

二十五日晴

接北洋電美兵船二艘在韓調水兵上岸送韓太妃葬屬向外部阻止即往見律師本日外部不見客明日往謁　俄屬阿蘇里地近以華人麕至擬重征身稅以禁之又高麗人之至者亦同征稅

因謹按中國人數四百餘兆甲於地球商務未興謀生計絀故華人足迹徧地球所到之地地主即征身稅以爲利雖暹羅爲中國之屬國猶效尤焉惟美國尚不因以爲利而又見忌於工黨限制綦嚴則華人之不幸也

二十六日晴

李維格啟行赴日本　午刻謁外部爲言美國兵船在朝鮮派兵送朝王太妃之葬爲向來所無朝鮮頗懷疑懼請電止外部答曰本國未得駐朝使信未悉其詳泰西之例兩國有交誼例以兵隊送葬爲禮美與朝既通使則禮所宜毋庸電止因又言朝鮮近年民情恟懼忽見客兵入國殊不安堵故爲之請外部云朝鮮未見來電不知其不願與否以兵送葬爲理之常未便輕率電止且朝鮮之所慮者俄耳中國欲保全朝鮮但當防俄而不必防美美斷不覬覦朝鮮中國可以息慮朝爲中國之藩中國不願美兵送葬但飭朝鮮力辭則美當遵耳遂辭出

二十七日晴

京北漠河金礦出金頗旺工人至萬餘名風氣漸開亦我

國家富強之兆　因嘗聞諸父老有明之季開礦之舉閹人專之利則入己害則歸公故後人遂以開鑛爲弊政而不知歐墨兩洲其富強皆以此也比利時小國耳其民僅五兆而開鑛者至十萬人其國雖小而富焉亦可以覘風氣矣

二十八日晴

律師來言美兵船在朝鮮以兵送其太妃之葬事屬致敬於與國無關交涉之事亦無保護之心中國可以不問問亦無益美國斷不因中國一言而肯失禮於有約之國也　因查墨洲皆小國而

美無兼併之心歐亞兩洲不聞其有屬國則其心可知矣其禁華工也實以民主之邦將順民心非有猜嫌於中國也其於朝鮮何覬覦哉由其所言以觀其所行其用心可見矣

二十九日陰

日斯巴尼亞現以紐約領事爲駐美公使意欲與美國立一通商和約專爲古巴起見外部大臣布連將與商議云　因查古巴爲日之屬島而與美鄰英人嘗攻之矣美不聞覬覦焉美新與各國立報施之約古巴與美互市至多故日欲與美立約耳

三十日雨

外部來文以派員查金山埠戶口並所習技藝請飭中國總領事署幫同查核云云此案是否恐中國領事以前照會所云華民不過八萬人不實抑或謂華人開設賭館煙館妓寮不合故爲此舉已屬金山總領事加意伺察以爲防範之計　謁外部

九月初一日大吉雨

閱前任鄭案美國飄折地方管稅官來信以英屬域多利華人日盛現已有二萬五千人宜設領事以資保護鄭大臣覆以暫緩

因謹按中國不願設領事者以設一官即增一費國帑支絀不可鋪張意甚是也然外國領事之費即取之於商民蓋以國爲民設官民自爲官籌費我

國家自新加坡初議設領事時建議即以船牌之費爲領事之費

及其既設則又不然

朝廷重違其意委曲從之自此以後成爲領事之費由國籌之老成深算謂以中國百姓之脂膏爲外洋遊民之保護重外輕內謀之不臧於是各處求設領事者均作罷論矣

初二日晴

英報載美國草昧初開僅一百年其創始者爲華盛頓神聖英武富強之事以次遞興越一百年國富至十餘倍其富強之道以鐵路爲第一關鍵故地球鐵路惟美最多亦惟美最富也南墨洲銀國效之極意經營已成二萬六千餘里尙擬再興運出之貨年盛一年火車至不敷用一千八百八十九年又增機器車一百七十

八乘人車一百四十五乘貨車五千四十八乘商務日興矣因按華盛頓拒英而美始爲自主之國於美爲德於英爲讎乃美人愛之而英人亦稱之亦可見公論在人心而盡心爲國其事可爲焉

初三日晴

奉北洋冬電兩次爲朝鮮事當卽與外部約訂晤期訂以巳刻到時已有南花旗公使先見因於第二起見外部先作寒暄語因曰貴大臣二十八日所言已電中國政府及北洋惟朝鮮葬事已逾二日貴國兵船之兵仍駐漢城且帶有礮三尊藥彈數箱兵官二員朝事正在危疑之際易啟猜疑請貴大臣電止外部曰譬如美國兵船到中國天津上海地方中國如有喜慶之事派兵上岸入城以誌歡忭中國不疑他國何必猜疑因曰時爲之也昇平無事之時人情本自怗然兵船派兵上岸且又不久何猜疑之有今朝鮮國事正屬危疑美國猝然派兵上岸且帶槍礮又如此之久焉得不疑外部曰美國持盈保泰匪特不貪他國土地並不願干預他國之事無庸疑慮因曰中國之所疑慮者非慮貴國之兵慮他國之效尤而起也貴國能保貴兵船之無他不能保他國之一一如貴國也且貴國既不願干預他國之事何惜此一言阻止兵船之兵如果阻止於貴國持盈保泰之名愈有益也外部笑曰本大臣並未據駐朝公使公文實屬不知其事可見我國之無他今既

據貴大臣屢次言之當照兩次所言知會駐朝公使派兵入城中國既不願以後切勿輕易許兵入城可也因曰貴大臣如此辦法益見貴國之善持盈保泰矣遂寒暄數語握手而退

初四日晴大北風

前月巴拿馬商董易佐才等以該國土人議禁華人不准在該埠開設店鋪並不准傭工因稟請救援當以該埠爲可侖國所轄卽往謁該國駐美公使又託美國駐巴拿馬領事代爲轉圜茲據該領事阿丹信復書稱已向該國政府及該埠巡撫婉商不宜驅逐華人開罪中國該國已將土人所立苛例駁除不行該埠巡撫且謂華人勤而耐苦實爲難得當保護之云云查中國與該國向未立約不能自向該國詰問只可婉轉設法尚幸可行否則華人又苦矣

初五日晴

祕魯吳濬來信言智利土人因美國銀錢價賤物用漲價土人作亂搶掠各國商民均有遭刧者所失貨物中國約値銀二萬餘兩因未立約無從索賠稟請駐祕參贊設法因與智利駐祕公使商之該使不敢與聞因令商人自請律師赴智利國家控告查泰西各國無不相立和約相求通商而國用不缺者由於此項費用取之於商也中國向無此例故遣使之費取之於國而四成洋稅有限不能擴充故不能盡設參領而保護之權有所不及固勢有所

限亦法有未備也
初六日 小雨大風
聞初三日英屬域多利地方有華人二十名私入美境爲美國關吏所見遂拘執之　因查自光緒十四年美國違約苛禁華人而華人遂由英屬潛入美境於今二年美漸知之法網亦漸密矣
初七日晴
金山美七號新聞載美國嘉省新聞其升調每以能苛虐華人者爲先以其能得工黨投籌也現任舌地美印判久候本省總督之職故屢出苛例酷虐華人刻總督缺出該員巡遊各埠宣言於衆謂如得此缺必立新章以期益土人而制華人工黨然轟相迎待

之盡禮　因觀於此而知禁工之例必不能除也美之在官者無不以苛虐華人爲富貴之階工黨稔知之亦即以此牢籠在官者遂覺沆瀣一氣而華人益不聊生焉
初八日晴
聞斐市那埠各園因百果成熟需工孔亟甚愛華工僱工者每日願出工資一圓五至一圓七角而苦人數不多洋工亦一圓五而火食在外且不受約束故園主願僱華人也　因謹按美國各公司皆喜華人而惡埃黨而華人之勢卒不敵者未嘗入籍不操保舉之權也或曰各公司亦操保舉之權美之官紳何以媚工黨而不畏公司乎因答曰鐵路製造蔬園果園此數公司者每一處用人多至數千少亦數百而保舉之例向按名而投籌縱使各公司盡爲投籌度美國之公司計數當不過千耳而所用之工黨則千倍之公司之勢只抵工黨千之一耳美之官紳何畏哉審勢量力欲美之不徇工黨不禁華人必不能矣
初九日 晴中夜大風雨
謁律師戶部　俄王以宮牆附近常檢獲炸礮等物疑係尼希利黨所爲故欲遷往兀芝那宮不料兀芝那宮亦早有之遷宮之議遂罷云　因按俄主好兵比鄰諸國皆側足而立時時防患之不暇固無有敢加兵於俄者俄眞無外患矣而不意其患生於內且防之而不勝防也人乎天也

初十日 大雨大東南風
美國新定稅則洗衣漿粉入口每磅抽銀二分所以困華人也英國以美廷增稅新章有礙英國商務已與美廷辨駁　美國費城保護華人會會首來信謝去年善捐並訂西十一月十九號赴會又云已公呈上議院除苛待華人之例云　因謹按洗衣之漿粉每磅値銀不過二分而入口之稅如之且他國均無此物是專爲中國而設也假使中國照美之稅漿粉者稅美國之麥粉卽以每年五十萬桶計之每桶成本銀八兩稅亦八兩則每年稅銀四百萬兩矣漿粉麥粉同一物耳中國如毅然行之美將何以措詞哉
十一日 大北風天陰

駐祕參贊吳濬來信以祕魯田寮急需華人作工其寮東屢次來求向中國招工並立保護工人新章以冀中國允許　因謂華人出洋遭虐未有如祕魯之甚者前此智祕搆兵華人慘罹殺戮者四五千人此外爲寮東虐斃者不下萬人以後中祕雖立約保護華人該國紀綱不立上下相蒙雖有約而不能行徒託空言迄今中國之民猶憔悴於虐政也應俟該國能實力奉行保護華人之約再由中國察看方可相商

十二日晴

繙譯李維格經出使日本大臣奏調赴東洋前月底已啟行使署繙譯一人力不能給查有以前肄業局學生容揆在美國理海學堂用功洋文尚優當卽札調於今日申刻到署　因謹按出洋肄業局始於光緒五年撤於光緒十一年費庫帑數十萬而所培植之人才甚希則經理非人故也

十三日雨

西歷七月九號報載美國東方諸大省近來以科司達律司所上上議院條陳及駁下議院馬羅苛禁華人新章均謂美國立例不公羣相訾議又美國富戶名百嘉省亦著一論以駁禁止華人之例登諸日報而紐約波市頓釐爹兒費亞各埠新報所紀亦同意者美國尚有不阿工黨不冀顯宦而不昧天良者乎　南洋來電以向云者斯德廠所定之槍係雙機槍頭如未請驗無驗過回文者不收云云　聞翰林院侍讀許景　派充俄德奧和公使

十四日晴

新金山土人之工役嫉妒華人逼國家立禁國家不得不從矣乃附近太平洋一帶之漁戶謂華人不來則取魚醃魚均少人而金山沙末魚之利將來必爲他人所奪現在議舉人員至金山省往見大府請速開禁云　因查新金山草昧初開人煙稀少墾荒開礦在在需人其欲華人之至者商人興利之心也其妒華人之至者工黨專利之心也公私不同故意見各別耳

十五日晴

七月中旬巴拿馬商董以可侖國土人議禁華商會集千餘人挾制地方官逼令華人出境稟請救援當以該國與中國向未立約無從照會卽往見該國駐美公使託其致意政府公使允之又求外部轉致美國駐該國領事面向政府言之月初美領事已有回信言該國不准土人凌虐華人　因當卽復書致謝本日接駐祕參贊及嘉里約領事來函稱可侖政府不准土人創驅逐華人之例其創亂者已拿獲百人監禁華商貿易如常矣　同文館總教習丁韙良來謁當與晤談良久該教習於美禁華人頗持正論　因甚嘉之當卽答拜並訂十七日公讌　是日律師帶丁韙良見美總統

十六日晴

律師來言已見丁韙良擬於十八日請美國大員與丁韙良相見俾丁韙良所言與衆聞之頃已偕丁韙良往見總統丁韙良尙敢言因以美國駐巴拿馬之領事實心保護華人欲咨請總署賞給寶星律師謂美國官員向例不許領他國之賞前此公使田貝承
中國
皇帝之賞佩帶爲例所格乃存之博物院以示後世而記中國
皇帝之恩此破格也今欲賞美國領事官以寶星必下議院議之議院未必准受不如將來赴祕過巴拿馬時親往道謝以使者之意贈以什物如投桃故事該領事可以受以後亦必保護華人也因額之

十七日　晴申刻四面皆晴而近數十丈獨雨如中國五六月時氣候

申刻丁韙良至醻於大餐房具中國饌從丁所願也使館參贊以下畢集丁故善飲健談言及前次請假回美曾歷地球一周由中國向東而至金山至美都至大西洋至英至馬賽至紅海至香港皆指東而行仍返中國可見地球之爲圓形四面皆空皆有人物又言泰西人好游其君往往出遊如英法俄德義奧之君終年涉歷他國如春秋時覲遇會同之典亦風氣然也因因言中國欲開風氣須諸王貝勒游歷東西洋並以詞臣之諳外洋掌故者置諸左右則自
天子以至百僚皆知今昔之時勢矣丁又言地球諸國近以英俄美法德五國爲強大究竟法與德壤地褊小無可恢拓不若中國之地廣人稠得其人則自然強富不待開拓而開拓亦易圖也此外則俄可開拓英雖三島而各洲之屬地甚多新金山一洲卽可抵亞洲之地美則地廣而未開墾者尙多過此五百年不患人滿百年以後中國美國英國俄國此四國者勢當相埒亦慮相并矣坐中有言日本厲精圖治泰西各國以小英吉利目之然則日本亦屈一指乎丁未對因笑曰日本果能強乎泰西各國有譽之者因其曲意趨承奉若神明事如父母故以好言慰藉之美國新聞卽譏其設議院而不擇議員所議者適便私圖不足與謀國矣其

千餘年而君不易姓者前此日本國政由大將軍故干位者不爭君位而爭大將軍耳其國形勢四面皆水當鐵艦未創以前誠有湯池之險今則鐵艦之製日精礮力之及日遠日本失其險矣元世祖平湖之役兵艦未行且亦僅攻其一面耳近年以來其勢非復從前矣如德川氏之季年美艦入賀浦旋入下田俄艦入大阪旋入唐太英艦入箱館旋入長崎往來倏忽電掣風馳日人設守無方未攻先潰國不亡者幾希何強之有泰西以俄爲犼以英爲獅言其猛鷙也以中國爲象言其力大而笨也以日本爲猴言其跳躑輕狂而實無用且事事步趨人也丁大笑以爲聞所未聞至戌而散赴律師處

十八日晴

是日律師偕丁韙良見外部布連布連於十七日由西省地方回美都不願見客因費城會請其十九日入會卽當與郵政局大臣同往故丁韙良不能見面　是夜律司科司達設茶會請美官紳見丁韙良有按察司與焉丁韙良爲言中國近日興武備設海軍地大物博指日富強並言中國聲明文物之盛坐中聽者皆拍手稱善夜闌同赴大餐房啜加非茶並陳設果食隨意取啖賓散已交子刻矣

十九日晴

參贊彭光譽是日醵丁韙良用洋餐因向不喜洋餐故不與　二

十三號西報云現居嘉罅寬省總督任滿之期故在本省入美籍者紛紛投籌各舉所知現任嘉省知府名薛地羊亦將任滿候調有欲舉薛地羊爲嘉省總督者工黨中謂其昌言不喜華人而所開之礦地仍用華人口是心非必不可信因將該府所爲列諸新報以明不舉之由云云工黨之勢燄如此宜美之欲躋高位者專以苛虐華人爲階梯矣　初七日有華人三十名由香港附船至墨西哥又由墨西哥至美境爲關吏所獲現擬仍附香港船載回

二十日晴

美總統定於明日巳正赴印地按拿保利士埠約二十二日辰刻可到按二十二日爲各員公舉官員之日總統意欲親身投籌保舉人材是晚卽啟程回華盛頓云　因謹按三代以下當國之君亦有收拾人心之事大抵損上益下施惠及民耳未聞以筋力爲禮也美總統可謂勞矣其意在聯任乎

二十一日晴

金山二十日電云柯順匿輪船由橫濱至埠接日本大阪電報謂中國兵船兩艘由釜山往仁山距仁山約一百八十里猝遭大風以致受傷又言俄國頗垂涎朝鮮云　因謹按俄覬覦歐洲歐洲諸國合縱以拒之遂致力於亞洲中國新疆蒙古黑龍江伊犁地方節節與俄爲鄰朝鮮尤爲扼要之地日本尤與朝鮮鄰近俄人蠱惑朝鮮將來恐有齟齬之事日本介乎兩大之間不與中國脣

齒相依朝鮮入俄日本豈能安枕惜其予智自雄不親所當親而與中國存畛域也後必悔之　丁韙良來見言外部今日事冗可見不可久談請於明日巳刻來可以久敘從之遂未見因來辭行云明日見外部後卽乘火車往巴藍埠赴友人之約改日卽返費城

二十二日晴

二十二號報英屬域多利有華人三十二名附船至美之匹珠桑埠爲該處稅關查獲又送回域多利而英稅司須每名納稅五十圓方准入境是以美員仍押回美由輪船撥回中國　同日新公司帆船庇鼇昃由金山赴香港載華人七百名華婦十名可見華

人之回中國者多矣　午刻往送丁韙良行丁韙良已見外部矣

二十三日晴

新報載威海衛爲遼瀋之咽喉聞已與旅順口大連灣均築礮臺駐重兵惟金州地方寥闊海口平衍明時日本兵犯遼東曾由該口泊船率師上岸明永樂間曾設城堡立烽火斥堠現聞李傅相深謀老算防患未形已派員勘地繪圖興辦守備如能集事奉天吉林鎖鑰嚴固矣　因按外洋各國留心武備善於偵探中國如愼固封守無隙可乘亦可以消其侵陵之志是不戰而屈人伐謀於先事也

二十四日天氣轉寒晴

酉刻總統回華盛頓知今屆所舉南黨議紳比北黨多一百二十人尚不止四十人也　因查美自南北交鬨後兩黨隱如水火南黨人數多於北黨故下議紳獨多議紳多而權遂重此南黨之所喜而北黨之所憂也現總統爲北黨其有戒心乎

二十五日晴

中國山東鑛務局在美國鉢崙埠購置開鑛機器一副計銀十四萬運回中國　北京輪船由香港來美之金山搭客一百二十二人洋煙一百六十二箱照美國新定之稅納稅六千六百四十二圓云　因按美國不禁洋煙入口而重其稅何也蓋禁其入口則偷漏必多是有弊而無利也重其稅者卽於不禁之中寓禁之意焉日國之收呂宋票稅新金山卡拿大之收華人身稅皆此意也從前廣東闈姓賭博大吏以征稅爲失體不收稅而嚴禁之粵人乃徙博局於香港澳門縱賭如故此明徵矣外洋無軍徒鞭撲之刑均以監禁罰鍰苦工代之不僅省養囚之費而且資其力焉其亦有當以人治人之道乎

二十六日晴

紐約來電云美廷購銀甎以備鑄銀錢之用玆兩月內已購得一千零五十萬兩可敷鑄錢矣　美國鴉些士埠出產牛羊運至墨西哥國出售墨國稅關收稅甚輕現因美廷更立新章於墨國進口貨物加抽稅額墨國亦效之新定稅則於美國入口牛羊每卡

稅銀五百圓以報美國之重稅美商苦之　因查墨西哥爲墨洲小國弱而又貧與美接壤如美與開釁美之兵隊可朝發而夕至其邊也乃於美加收墨國之稅者墨亦效之以加收美國之稅美固無奈何也稅則者固國之內政而應由各國自主也

二十七日陰

安徽省哥老會匪與客民糾結爲奸日深一日因於光緒十四年十月曾經奏請查辦以安閭閻奉
旨發交兩江總督安徽巡撫辦理玆家鄉來信七月間哥老會匪於皖南石埭縣地方潛謀不軌經皖南總兵史宏祖立派馬隊數百名馳往勦辦當卽拿獲唐玉狗等嚴訊供稱會首頭目周子意

窩留村民汪啟元家業已逃走當飭將所獲之匪解省經巡撫沈審訊屬實一面出賞格嚴緝務獲嗣於八月間在江西所屬地方鄱陽湖拿獲周子意及其妻九月初二日解省初九日並夥匪鄒老三二名與周子意共三名正法安省皖南地方當可暫時靜謐惟會匪之首領必須拿獲方可太平耳　墨西哥國參贊來謁該國志在立約招工因以總理衙門不願立約已屢次婉辭惟聞華民之潛赴該國者已多利之所在人爭趨之將來必至如美之立例苛制前任鄭大臣謂不如於該國欲招工之時因其勢而先立善法較易就我範圍其言未嘗無所見也　昨日中國來電謂太平府火藥廠失慎全廠炸毀焚死工人三百名

二十八日晴

義大利公使來函今日巳刻送哥士答力戛國代辦參贊發引帥偕何繙譯赴約各國公使到者約得半美外部到派馬隊一百名送葬戎服列隊於門外以待　美國報言中國武弁礮員十一人有德員帶領至德國依勝城克虜伯礮廠又往基路城水師署遊覽足見中國之留心武備矣　因嘗聞德國駐美公使言以前中國所派學生至德國武備院學習陸軍陣法甫屆三年乃又欲入兵船學習不知陸軍之奧妙進退縱橫疾徐開合學之十年尚不能盡德國之民凡學習三年而出院者不過爲當兵計耳若爲統領者則終其身寢饋於中未敢舍而之他故陸軍人員每全不諳水軍之事者其心專也因憶其言因附誌之

二十九日陰夜雨

接上海包封北洋言禁高麗借欵詢金山遷徙唐人街事南洋咨請驗云者斯德廠槍彈事　地皮公司來謁言中國時事越南已歸法緬甸已屬英琉球已入日惟美國守不貪之舊訓與中國無猜現在可虞者俄人有意於高麗吉林英法生心於西藏滇粵中國當自強以防之　家鄉來書言皖南廣德州西鄉有哥老會匪結盟聚衆經地方官帶兵擒獲頭目一名並獲窩家搜出僞照盟單各件因於光緒十四年十月曾經奏陳惜地方官不能早殄萌芽以至蔓延爲可恨也

国家出版基金项目
NATIONAL PUBLICATION FOUNDATION

海上絲綢之路文獻集成

總主編　陳支平　陳春聲

歷代史籍編 61

主編　范金民

海峽出版發行集團
THE STRAITS PUBLISHING & DISTRIBUTING GROUP
福建人民出版社

本册目次

出使美日秘國日記十六卷（卷五至卷一六）

〔清〕崔國因撰

十月初一日雨

聞俄國欲佔高麗西北境之某地時英國駐紮日本之戰船名鄰打極斯文鄖已奉令發煤俟得令鄖起碇嗣又聞俄所佔者爲乾慶道尚非扼要之地而英國駐日諸兵船均嚴隊以備調動又聞美國欲租巨文島以積煤云　因按俄覬覦巨文島而英力爭之非所以納交於朝鮮也非所以要譽於中國也妒俄之益其強耳英於北海無屯煤之地而俄人得巨文島則英兵艦之力將不行於北洋是俄強於英矣歐洲有約不許俄之兵艦出黑海而俄乃於亞洲得屯煤之島是日本朝鮮一帶將讓俄威令獨行矣全力爭之此英之勝算也

初二日陰

美商言中國每年入口煤油約值銀二百萬兩由美至者居十之七八聞英員由直隸至山西陝西遊哈什噶爾有日記記之　廣東創鑄銀錢通行商民便之　因查銀錢通用外洋之擅其利者百餘年前此呂宋本洋至以七錢三分之低銀當中國之銀八錢有零民間因其行用之便不折色不短秤故也中國自鑄銀錢其庶幾不爲外洋專擅乎

初三日晨起霧重至不見人

金山華人分黨自相戕殺九月二十四日至二十六日連戕三人已飭領事示禁　墨洲合南北中共十七國擬公築鐵路一條以相聯屬先派員查勘而後興工其經費按版圖之大小分派美國應派查勘之費六萬五千元總統已飭議院核派矣　因查墨洲合南北中共十七國其能自立國者南惟智利北惟美耳其餘皆小國民數少而武備未修近日英人多強佔其地故有戒心合全洲而造一鐵路將聯墨洲各國以防外患之乘也

初四日晴

撰小呂宋設領事條陳赴美派駐巴西公使江嘉處道喜　俄國撤馬兒罕鐵路造成又增至塔什干地方法人於越南開礦得洪基煤竇煤礦出煤甚多每日可出五十頓再過三月漸次開闢每日可得五百頓云　云者斯德廠兩次來電請驗軍器覆以明日起行越日開驗　巴黎來電議院訂來年水師經費謂船礮不必過巨礮之三十頓者可穿現在兵船鐵甲新造兵艦每點鐘可行十八米云計中里六十里　因按船礮之力只求可以破現在之兵艦此以船攻船之意也義國之鐵艦其用百頓之礮者亦不過能破現在兵船耳故法之水師無他求也若俄之克龍斯達的礮臺其鐵甲厚四尺八寸雖百頓之礮亦無以破之此其所以雄視歐洲乎

初五日晴

卯刻起飯畢乘馬車赴火車廠巳初開車隨帶繙譯武弁共三人於未刻附輪船過海峽乘馬車至紐約飯後戌刻眠　美國商人

與華人合夥運木板至中國出售此事若成又奪中國之利矣　因查自洋布洋紗入中國而女紅失業自煤油洋燭入中國而東南數省之桕樹皆棄爲不材自洋鐵洋針入中國而業冶者多無事投閒所以然者外國用機製故工緻而價廉且成功亦易中國用人工故工笨而價費且成功亦難將來木植入口中國之地產又多廢棄矣

初六日雨

卯初起辰初飯辰正坐馬車起程赴火車棧云者斯德廠主已派一人導引出火車至紐海飛地方約三百餘里又換馬車行七里至廠廠中司事三十餘人工人一千餘人當即查槍箱刀箱彈箱提出數箱開驗此槍係一管而入五錠可以連環而發五錠盡出再入五錠尚爲靈捷設靶於一百碼外五彈均中易槍亦如之自午初驗至申初所驗已多當將已驗者另作二箱黏封封固遂入客棧飯畢仍乘馬車至火車廠赴火車至紐約又僱馬車至領事署飯後已戌正矣隨僱馬車至火車廠亥初開車寅正到華盛頓車廠俟至天明始回使館已辰初矣　調金山領事署隨員黎榮耀至華盛頓

初七日晴

前日至紐約見大街兩傍上有輪車來往詢之巡捕方知紐約地方街衢來往人衆街不能容故於離地數丈之上建造鐵架與屋

頂齊即於其上行駛街車以免擁擠英國倫敦京城則於地下掘深六丈建造鐵路以備輪車行駛且用電燈光明如晝其經營可謂巧矣皆所以便民也

初八日晴

接云者斯德廠信並單其中尚有游移之語函令改正　接北洋信即發書至各屬令辦直賑　美國戶部核自上年七月一號至今年六月三十號止此一年內共入欵計四百零三兆九百八十二元自開國以來祇有兩屆多於此數較之前年多入一千六百零三萬九百二十三元查此屆一年之內出欵共二百九十七兆七十三萬六千四百三十六元除正用外尚餘一百五兆三十四萬四千四百四十六元又支二千三十萬四千二百二十四元收回國債之票仍餘八十五兆有零　因查四百零三兆合中國之銀三萬五千萬有零較中國入欵蓋四倍矣

初九日晴

金山華人自相殺讎致美國派巡捕緝拿恐釀事端急發告示令總領事設法解散以期安靜　聞美廷此次東省之官多爲南黨緣北黨去年新議加稅不便於民故舉者少也　亞巴連埠又創驅逐華人之例並不許華人經過當晤外部告之　因昨閱美國戶部出入之欵因思中國今年洋關稅欵所入不滿二千萬兩入口之貨值銀一萬一千九百八十八萬餘兩出口之貨值銀九千

六百九十四萬餘兩兩比仍漏出銀二千餘萬兩當思所以挽之

初十日晴

卯初率參贊繙譯各員朝賀晨設壽麪晚設醮　檀香山公使來見訂兩國立約答以務將貴國旅居華民加惠以待但使華民安業自然可議現尚非其時也　因考中國究心礦務開平基隆均開煤礦尚屬有利近聞直隸因水災開平鐵路被折基隆煤礦出煤甚旺而法人於光緒十年攻臺灣時焚燬煤油五百箱延及煤礦至焚去煤一百餘萬頓迄今尚有餘燄皆可惜也

十一日晴始見薄冰

謁律師並答拜檀香山公使該公使頗肯保護華人居心甚厚

英人施旦來前至阿非利加洲之內地工額紅地方與野人共處施以教化教以開墾阻其讐殺久之相安遂以該地爲省分以施旦來主之今年回英英之君臣皆敬之迎迓有加禮焉完婚後擬即挈眷以往聞其地曠土有八十萬英方里較之中國輿圖幾有其半可謂廣矣　因查地球四大洲近澳大地亞亦稱洲則爲五洲亞洲闢最早歐洲次之墨洲則三百年前猶混沌也澳洲則二百年前猶混沌也阿洲則現在猶混沌也曠土至八十萬方里豈石田歟抑無人開墾耳然則留天地不盡之藏當以阿洲爲第一也請誦山樞之詩

十二日晴

美國水師軍械所今年華盛頓礮廠造成四寸徑者四尊五寸徑者兩尊六寸徑者七十七尊八寸徑者十五尊十寸徑者四尊其造而未成者四寸徑者十二尊六寸徑者二十五尊八寸徑者二尊十寸徑者三尊現又續造十三寸徑者又擬造新式機器礮爲陸軍之用以後膛來復綫爲主　華盛頓所屬之阿比典埠來電言該埠之華商於本月初三日被土人驅逐出境不准稍留其業經出境者已有二十人矣　謁律司照會外部

十三日晴天氣轉暖

中俄陸路通商去年入口之貨值三百五十萬羅卜合中國銀二百六十萬兩中國出口往俄以茶爲大宗本年已遜於前二年然

亦值八百餘萬兩蓋出口多於入口幾三倍矣　聞越南歸法人保護後法國設關於各口征稅華人至越南者每名納身稅五元以後按年照納至出口時又納三元近以華人到越日少又改爲有法領事護照者可以免納但須按期出境否則仍納身稅

十四日晴

查歐洲之教有三入羅馬教者一百六十兆人入希臘教者八十三兆人入耶穌教者八十五兆人又回教五兆人猶太教五兆人英本國之民只三十五兆合屬地計之則多日斯巴尼亞在一千八百八十四年人數十七兆二十六萬人　西藏距京都一萬四千餘里其境極西之阿里南地方距中印度僅二千餘里英人既

得五印度竭力經營東南之緬甸英已顯踞之矣近又請於中朝於西藏通商將來由緬甸印度兩境以窺藏中國之兵力鞭長莫及英則聲勢相通當綢繆未雨也

十五日晴

接云者斯德廠信所售槍彈尚不肯具結已再發函矣　十二日新報云法國所造新式兵船名吟那脫能在水底駛行極爲靈便法廷擬照此式再造大者一艘現在之船長一百三十英尺外有厚甲水面水底惟所用之均可攻敵　美水師部大臣諭管理船工事務司員須籌善法令兵船鐵甲緊貼船身使無脫落查兵船鐵甲每塊重四十頓令其貼緊船身殊非易易該司員商議未得

善法擬訪查各國船廠然後興工　聞英屬新金山等處設立章程凡華人入境按名納身稅一百圓其意欲使華人畏而不來也華人仍陸續而到該地土人亦無如何現計華人僑居新金山各埠者已有四萬人又有在打士米尼亞與紐西蘭兩島者約四萬七千人查此兩島地面不大而華人之到者如此之多可見中國民數之衆也　因查華人之至美國也由廣東至英屬卡拿大需船價銀五十兩入卡拿大境又納身稅五十圓再由卡拿大潛入美境其費稱是蓋較新金山爲尤多矣而源源而來禁之不絕者則以有利可圖也

十六日晴是夜大雪及地而化

致南洋曾信爲購槍驗槍事　去年英國出口鋼鐵四百十餘萬頓可見礦利之盛　蘇格蘭新造鐵橋於佛德河約長三十里爲地球至大之橋計費銀一千二百餘萬云　日本於一千八百七十九年商務之利只六十兆今則一百三十六兆蓋已倍之　南花旗瓜的馬拉國新用電燈而煤油入口已減一半中國似可效之　和國君薨英俄法三國恐德國之併其地也遂聲明共保和之土地云　因謹按俄皇與德皇時時爲衣冠之會而德皇又常赴英正不僅周禮所言歲相問頫相朝矣且英與法嘗合以伐俄矣法之拿破侖第一又嘗屢與俄英劇戰矣乃於和蘭君薨之時則合法以防德非有所愛於和蘭也蓋歐洲各國之於強國陽則

親之而陰則忌之其親之者以其強其忌之者亦以其強也和與德爲鄰德之易併者也和不足惜而德併和則德愈強而足忌此三國之所爲合以防之也吳起之言曰吳越世仇也當其同舟濟而遇風其相救也如左右手此之謂也

十七日晴

美國加力輪船由太平洋來聞中國鎮遠兵船觸礁傷底船頭亦壞幸駛到岸擬開往上海修治云　美國新定稅則收取華人入口日用之物征稅甚重當飭金山領事詳查　是日總統訂於亥初見巴西國水師提督遂並訂見各國公使　因於戌正三刻偕參贊繙譯等乘馬車至總統宮各部臣已到各國公使陸續而到

總統至偕其夫人立門內外部立總統之左首巴西水師提督率
兵官先入門握手爲禮墨西哥公使繼之又因率參贊以下繼之
皆握手爲禮遂至堂中見朝鮮使臣日本公使墨西哥公使並郵
政部大臣總察院律司均作周旋並遊觀前總統華盛頓及其夫
人各畫像禮畢而退返署約子初

十八日晴冰不解有霜始發火爐

美國駐華公使來電云中國已定由京設立電綫直達俄國之西
比利亞省之企阿克他卽恰克圖地方該地係蒙古北界　外部
訂於午刻偕同各國公使及巴西國水師提督乘小輪船往觀華
盛頓之墓並定挈眷屬因一人往日晡而返　因按巴西國在南

墨洲土地之廣與美相埒開闢年歲與美相同乃民數僅十兆而
常有內難則以治國者之無人也美得華盛頓手定章程不百年
而國富至四十倍宜巴西提督之欲瞻仰其墓也

十九日晴

拜發請禁呂宋票密摺　俄國近見華人與朝鮮人之居於烏蘇
里邊省者日眾喧賓奪主擬加重華人及朝鮮人身稅而招本國
人往給地令與耕　因查近歐洲各國人民來美者光緒十五年
比十四年少十萬人然自光緒八年起已減於初矣去年來美者
德國約十萬人英之三島約十四萬人那威瑞典約四萬五千人
自光緒八年起至十四年歐人之來美者計十四兆其中英人四
兆德人四兆半瑞典那威八十萬法國三十五萬而埃爾蘭一省
之人已三百五十萬然則華人之來美者較之歐洲諸國微乎微
矣

二十日陰天氣轉暖

十八年爲中美約十年之期兩國或須商訂因密託美紳覓美國
與歐亞各洲所立之約預屬繙譯譯出以備將來換約之用蓋以
中美條約有一體均霑之語他國所得於美者中國亦可言也

聞
醇親王疾尚未痊山東巡撫張曜已奏派淩某入都診視惟祝天
祐宗親早占痊好實爲普天之幸　南黨勞完昔曾充副總統練

達老成今年七十八歲祝壽者盈門南黨之到者尤多因亦躋堂
稱賀焉

二十一日晴天氣又轉寒是夜大雪至地而化屋上稍積如霜

昨日美國已開議院富卽擬照會外部文藁與律師商酌故至律
司處面議一切　日本議院亦於昨日開議日君親臨議院宣諭
新充上議院長者卽子爵伊都前曾爲相日本之變革本國規模
一仿泰西卽該員創之也　俄廷現招徠其民赴土耳吉司丹地
方此地與中國新疆毗連　開墾緣本國地曠民稀恐中國或土耳其國開釁
則鞭長莫及故擬造鐵路直達西比里亞之東偏各省以期聲勢
聯絡云　因按此路若成中國銷茶可期暢旺而邊務亦嚴矣

二十二日大雪至地而化屋上約二三分厚午刻雪止

美國開議院午刻下議院紳到院者二百二十七人聽總統宣諭之外議紳並無別議上議院紳在堂中聽諭者祇數人其餘均在堂外聚談　因居美國兩見開議院矣將開議院之前十日美外部分送各國公使准入議紳憑據一紙可持之以入一擴閱見意至美也院式圓空其中環而坐各有案紙筆均備有所見則書於紙刋於報示至公也無酬應之煩囂雜之習拘束之勞寬其禮數而責事求是華盛頓誠人傑哉

二十三日晴

前亞墨利加南北兩洲派員來美會議以爲今日防患興利之務

莫如合南北兩洲造一鐵路通聯各國爲一氣各國均以爲然茲聞各國一律派員至美訂於今日至外部衙門會商一切　金山稅關新立章程於華商回華重復來美之照必由洋人簽名而簽名之洋人又須親到衙門洋官處發誓擔保方足爲據云　繕照會一道照會外部爲詰問苛禁華工之例也

二十四日陰天轉暖

下議院紳專理各國人民入境者名奧印新倡一例凡他國人民入境或以犯上之道害於人心風俗或無所倚賴以爲生計或有狂疾此三種人未來者不准入境已來而出境者不准再來又不准輪船公司招誘他國人來來美做工惟巧匠工藝爲美國所未有者准其來美但須先立合同　俄國報謂一年所收酒稅計二百四十五兆羅卜合中國銀一萬四千餘萬兩又新闢荒地種糧每年多收糧九千餘萬石　因查俄地苦寒而商務不盛其入欵每年亦至銀三萬萬餘兩者則以取於民之法全仿歐洲故也其國勢偏重於歐洲故風氣於歐洲爲近觀其所收酒稅雖未必實然亦可見其大略也

二十五日陰

律司科士達來見言墨西哥公使因聞中國自鑄銀圓欲見其式樣請寄大小各一圓示之　因按墨西哥國前屬西班牙時中國所用銀錢名本洋者皆該國所鑄計自西歷一千五百三十七年

至一千八百二十一年所鑄本洋約二千一百五十一兆自一千八百二十年後墨國自主至一千八百七十八年每年約十六兆又至現在則鑄鷹洋每年二十五兆共計四千二百四十七兆合中國銀約三十萬萬兩共奪中國之利甚鉅矣

二十六日雨雨中夜大雪

俄國現在黑海所造兵艦今俄廷諭令趕速造成又多置造水雷船云　廣東黃埔船局前已造成廣戊廣己兵船兩艘今年又造成廣玉廣金兩艘均係鐵脅鋼皮馬力五百匹左右配以克虜伯礮每半時行四十餘里風氣漸開我

國水師漸可恃矣　因按各國大興海軍增造兵船茲將光緒十

六年後此四年中所造戰艦合以前計之英國重鐵甲七十六艘輕鐵甲九十艘法國重鐵甲四十八艘輕鐵甲十四艘德國重鐵甲四十艘輕鐵甲十艘俄國重鐵甲二十七艘輕鐵甲八艘義大利國重鐵甲十九艘輕鐵甲十七艘美國重輕鐵甲合之共一百四十五艘

二十七日大雪約厚二寸

謁議紳好德言及中國謀國者欲加洋藥之稅良具苦心而不能強英之從也洋藥一項英國獨擅其利而中國大受其害民爲之弱俗爲之貧英國每年售銀四千五百萬兩當中國禁種罌粟之年則增至五千四百萬兩中國雷厲風行禁種罌粟而英人暗喜

子以爲何如也因曰禁種罌粟一事或以爲宜或以爲不宜辨論紛紜各執一說嘗於大庭廣衆之中有質疑於因者因以爲中國宜禁食而不宜禁種也以禁種爲宜者則曰禁種卽所以禁其食耳因曰子以爲禁種則無可食耶印度之洋藥入口者已增至值銀五千四百萬兩矣子以爲再無可增耶其人再欲有言因乃直詰之曰英國禁食而不禁種中國禁種而不禁食二者孰爲失算其人乃無言以對夫洋藥者乃中國一大漏卮既不能禁外國之來又不能禁民間之食惟有聽其自種以塞漏卮將來亦如煙草耳煙草之初入中國明代始亦嚴禁而終不能繼而自種今則遍地皆煙矣然則欲除洋藥之害以禁食爲第一上策以禁種爲第二下策以加稅爲不得已之策以聽其自種爲塞漏卮之策如是而已該紳亦以爲是

二十八日晴

昨日金山來電云檀香山國王業已到美其來非僅爲遊歷也聞國主以該國之民心屢變控御爲難而慕美國之政治故特至美與美外部面商擬將該國版圖售與美國爲安全之計查檀島出口之貨以糖爲大宗其運入美國者計二百餘兆磅合中國二百六十餘萬兩美國新定稅則本國所產之糖每磅減收稅銀二分如檀島改爲美之屬地則糖稅每年可減五百萬圓但不知美廷願受該島否

二十九日大霧

紐約新報云近來各國大興兵輪以新易舊其評論水師者或以兵船之多少爲衡或以船身之大小爲斷其實不足憑也蓋新式兵輪與舊式者相角其用大殊其力或一可敵百新式之兵輪其益有五能容萬頓一也護礟之甲厚至一尺六寸二也船身之甲全用鋼板三也半時辰行至五十中里四也入水未久船料堅固五也由此而論則各國水師之力可較其短長矣今天下各國之水師當以英爲首法第二義第三德第四俄第五美之新造一萬頓厚甲者三艘一千頓厚甲巡海者一艘此四艘者造成然後可居第六日斯巴尼亞第七中國第八惟中國尚未得法雖有堅船

尚無把握日本之船不如中國而布置駕駛得宜如中日交兵中國尚難操必勝之算也云云　因按該報所言地球各國水師形勢瞭然然亦有不可盡信者德之水師實亞於義義之水師不過且大羅杜意留二船其礮係一百頓者爲各國兵船所無耳至謂日本之水師布置得宜直是阿其所好以日人之盡棄其法而學西法且又屈節足恭於各國如是而已然我國之柄政者聞之藉以自省益可以自強矣

三十日晴是夜大風如吼

美紳楊約翰前曾充駐中國公使現在倫敦報館當初　因出都過天津時大學士李曾面屬　因以該員應與聯絡以期交涉有益　因

過天津曾造其廬則已赴倫敦今年來信一道歉意茲又來信言已續絃並於今日到華盛頓訂午刻相見　因援客敬主人則先拜主人之禮先偕繙譯往謁寒暄既畢言及時事該紳謂中國既興海軍又興鐵路富強有基將來定爲亞洲望國矣　因因言美國禁制華工殊失交涉持平之意該紳謂此工黨之意當路徇之該紳又言美國新訂加稅則例頒行後銀行既多累歇民怨沸騰茲聞外部調駐墨西哥之公使回美想因新例既行墨國礦產入美既須加稅墨國即照美國新例亦設新例以報美國凡美國之牛羊入墨國口者一律加稅以致美國牛羊不能行銷故調回而籌商善後之策也　因言中國之所以報美苛待華人者其

事甚多中國將來亦當行之楊約翰無言遂散

十一月初一日大風晴

倫敦來電云祕魯國債共五十兆計五千萬圓向以所產鳥糞爲質自爲智利所敗與智利立約所有鳥糞之地概爲智國佔賣債主多英人故英廷與智國理論智廷許以鳥糞之地暫還祕國十年先湍國債昨已成議前此之遷延未成者以有法人從中作梗也今由美商格黎士說合矣　因查光緒十年間中國以智祕之戰華民傷亡損失財產曾託美國駐智公使勞覲代向智利外部索償智利外部云華人所業有體面者甚少衆所共知無論性命財產遭沒於智人之手者爲數亦屬有限不允何其直截今乃以

已據取之鳥糞甘讓英國十年又何前倨後恭也豈非懾於英之強耶

初二日風止晴

美國魯士委省茵陳地方有揭竿爲亂者美廷已飭埃侖埠之帶兵官率所部三百一十人往勦又派員司圭也等至金山查華人之工作營生者有無攙奪土人之利今已查回言土人閒有失業者實被華人賤價所妨云云　因謹按自英美之洋布創行而中國之織者失業自英美之輪船創行而中國之舟人失業自美國之煤油入華而中國之榨坊失業自美國之鍼入華而中國之工藝失業中國之失業者多矣此數萬人之至美而致土人之失業

者未及萬分之一也美廷何以如是用心之深耶其亦爲我中國一思焉否耶

初三日晴

楊約翰來見談及議院前派上下院紳分往各處地方查考外國民人來美情形以便設法整頓整頓之道以禁止華人入境爲最要茲上議紳司圭也稱華人到金山准否登埠之案臬司斷得不准者只百中之五實因華人形貌相似巡捕難爲辨別又稱華人由英屬加拿大潛入美境者甚多該地與美之北界毗連戍守之兵甚少防範不周如欲禁華人來美須撥巨欵添兵防守此陸地也又華盛頓省之西北海口名飄折者小島甚多華人近多由此

而入應撥快船巡查海面方可防閑現在美國禁華人入境之例雖嚴而行之不得法故無效耳此外只作寒暄語

初四日晴

昨日美國駐華公使來電云中朝奉

上諭准各國駐京公使每年覲見一次云嗣又得總理各國事務衙門來電較詳當卽分行照會美日秘各處　美國駐巴拿馬領事代理華人此次巴拿馬埠土人謀逐華人聚衆千餘人沿街呼嘯華商盡行閉門其勢岌岌當電託美領事阿丹信向該埠總督言本領事有保護華人之責今土人謀逐華人貴國何以不問如不禁止本領事卽電本國立派兵船來埠該總督謝過不遑立卽撥兵彈壓槍斃土人數名遂得相安因既作書謝該領事又照會美外部道謝

初五日陰是夜大風雨

英國倫敦日報云俄國已向法國定造來復槍五十萬桿訂明十八個月一律交足　或問地球各國有欲與俄啟釁者乎因以爲無有也或曰法之拿破侖以及英法義奥合縱之舉非用兵於俄乎因曰拿破侖第一伐俄俄人焚木司科城法人幾於匹馬不返英法義奥伐俄之舉終不得志自時厥後遂無加兵於俄者矣德人嘗言以兵伐俄俄地苦寒所運之糧僅以供守鐵路兵弁之用不能濟戰兵也然則俄地之險誠不止秦關百二也曰然則其修

武備如不及者何也曰不如是不足以肆其蠶食也

初六日大風排闥樹枝多折大雨爲風所激射玻璃窗如鏑窗爲之裂者甚多未刻風雨止見日影夜雨

法國軍制明年陸軍兵官共一萬二千二百七十八人內總兵官一百九十人副總兵官一百九十九人游擊一千零四十七人千總四千一百六十人把總三千六百六十一人副把總三千零二十一人　省報載各國准於來年西五月二十號在奥都公議郵政章程美廷現已派定人員前往同議云　因謹按郵政一事中國不可不早議也蓋非惟國計所在而國體亦存焉中國郵政屬於官每年費公帑三百萬而驛遞之遲驛政之弊不可勝言美國

版圖不若中國之廣民人不若中國之多而歲入至五千萬焉此國計所存也中國寄外洋之信因未與各國郵政會至不能通於是上海則用日本之士旦焉（各國寄信以小印黏封面謂之士旦）廣東福建則用香港英人之士旦焉夫古巴之所以用日斯巴尼亞之士旦者以其爲日之屬地也中國因陋就簡苟且爲之而不知其於國體有礙也光緒九年十二月美外部來文云華商來美金山稅關查出書信七八千封又三千餘封又八千餘封均以不黏士旦議罰經鄭使以中國驛務詳告之得不至罰而書信二萬封均沒入矣夫中國不設士旦中國之自失利權耳而外國且苛待之是幷礙國體矣故於各國之會議郵政附誌之

初七日（雨辰初見雪遽止）

金山領事左庚來稟言美國所派議院三人云查金山民數實係專查華人該議院紳至金山寓九層樓客寓金關稅司晉接後即攜巡差到唐人街看驗查訪次日在合衆衙門先傳稅關人員訪問無不詆訾華人巡役名白話得言華人自六會館以至商工無非下流應請一律驅逐出境又傳中國副領事傳烈祕到堂訪問傳領事則爲華人辨白越日又傳六會館商董到堂問六會館之意何居華人果否皆作奸犯科商董亦極力辨誣次日議紳遂啟行回華盛頓　因按美國之視華人如此其議紳所詢如此處心積慮彰明較著欲其廢棄苛虐新例不亦難乎　祕國來信新派嘉西勒士爲駐英公使卽祕之前任總統也　美國議院議派員赴阿拉司屆屬邦振興地利查阿拉司屆係美國前所買之地爲捕海龍起見此外無所欲也買得後始知鑛產極旺地又近水太平洋輪船來往所由將來開採既易運費亦廉其利溥矣

初八日晴

美國紐約城商民因銀根緊急均提存欵以至市面急迫銀行紛紛倒閉幸政府籌議開帑出現銀一千三百餘萬兩目下商人漸漸見信云　美兵部大臣卜絡大昨日以條陳交上議院謂太平洋一帶地方宜擇要地設一礮廠以備海防軍火之需需費一百四十八萬四千二百圓請議辦云　上議院紳宣文遞一條陳請

立一例凡新增稅則與各國條約有不符之處免照稅則而行　因按此當係暗指英與墨西哥檀香山而言英墨檀各國以美去年所定之稅嘖有煩言相與立例報復美自知其窒礙故爲此模棱語耳　德國南鄙有信云俄國於波瀾仍復如前增兵德國兵部大臣因令東方各省凡二旗守兵之處各加一旗以備不虞

初九日晴

德國水師有大鐵艦二十艘小鐵艦十五艘大巡船八艘小巡船十艘尋常巡船四艘礮船三艘練船十艘兵船九艘共十八萬九千七百九十六頓汽機馬力共十八萬七千八百九十匹礮共五百三十三尊官與兵共一萬七千八百六十員名　天下各國電

綫之長短十五年底爲止已有一百六十八萬九百英里之長可
環地球赤道三十次
初十日晴陰天氣轉暖不能著棉
英人於美之祕林地方漁捕海龍美外部之意謂祕林海面應全
歸美管轄他國不得過問英外部則謂祕林四岸不能全屬美國
西岸一帶地方本屬俄也按萬國公法海面歸美管轄者不過十
里之內而已兩國齟齬英外部以爲當請局外之國秉公判斷而
美外部不從美總統擬即將兩國往來文案交議院議之　阿非
利加一洲荒土最多現英法德比各國已於其地設局開墾俄人
亦於土耳其所屬之亞弭尼亞地方開墾云前此之未能遽開者

鐵路未成故也今其時矣
十一日晴
卯刻赴盥洗拜
牌行三跪九叩禮繙譯二員未到是日早設饌晩設醮　聞英國
數十年前擬定章程每年以銀二萬磅爲鼓勵人才之資凡有獨
出心裁有益軍國者賞銀六百兩從此英才輩出國勢日以富強
地球五大洲墨洲鐵路爲最多亞墨利加洲之南自東海至西
海鐵路長二千七百餘里其地山最多而亦最高歐洲鐵路所經
山之高者不過五百七十五丈而墨洲之山有一千餘丈者且其
鐵軌之尺寸不同故火車不能直達由於未通盤籌畫也北洲鐵

路自東海至西海已有五道其最大者長一萬餘里墨洲之勢南
不敵北觀於鐵路而可知矣　英國有一鹽地有十一見方英里
鹽厚七十尺每畝有鹽二十萬頓所有之鹽足供天下八百年之
用云
十二日晴
俄奧兩國現在堅持前說不認巴西爲民政之國緣俄奧之君均
與巴西前王至好故俄王聲明巴前王一日尚存斷不認巴西爲
民政之國也　新報謂德國陸軍新式之礮全是鋼質每尊重八
百四十磅比舊礮較輕矣查舊式礮重九百磅益以礮架則三千
九百六十磅新式之礮連架只二千七百磅是已輕一千餘磅矣

新式裝彈之車每乘重三千九百八十磅較舊式之車重四千四
百四十磅者亦輕四百二十磅矣　因按陸軍以進退便捷爲勢
礮與車均輕自能趨利乘便德之陸軍所由甲於地球也
十三日晴
美國向規於是日投贈珍物以聯縞紵之歡因備湖縐熟羅四端
磁瓶一對繡花絲巾一盒送外部布連又備綢縐磁器茶葉等物
分送律師及上下議紳　初十日報云法國議員正當查詢歐洲
各國水師強弱情形不意查出本國水師辦理不善之弊緣德奧
意三國前年同盟互相保護意在西制法東制俄其兵船於一千
八百七十年合計一百九十艘但計至一千八百九十五年則可

期有五百五十六艘該三國自一千八百七十一年以來整頓水師共費銀七百兆圓（計七萬萬圓）及查法國兵船在一千八百七十一年共計四百零五艘至一千八百九十五年可期二百九十九艘蓋自一千八百七十一年以來法國爲水師軍務所費之欵共計九百兆圓矣　謁律師科司達查訪美國派議紳至金山查各國人民果爲何事律師謂此非定例然議院可創行其查各國人民者防有逃犯病狂之徒干礙昇平之局也又詢美國稅則新訂何意律師云此中有報施之意有保全出產之意所謂報施之意者如美國新訂糖茶加非牛皮此四宗入口免稅凡產糖茶各國固得便宜矣但必將詢問所得便宜之國何以相報如有以相

報則照新章免稅以優待之如無以相報則卽獨收該國一國之稅此物此志也所謂保全出產之意者如他國入美國之貨多則美國自產之物滯卽加稅以阻其來近來限制華人及前此增收中國所來米綢各稅卽此意也

十四日（陰是夜大雪）

美國以是日爲耶穌生日故自總統以至庶人均停理事總統新派布耶爲合衆國總察院此公持論夙稱平正察院得人矣　西班牙來電日君有諭增修稅則并派員與與國重訂通商條約

日本西京海口十年以前交易只銀一千萬兩去年已增至三千萬兩又日本與泰西更換之約只准西人雜居內地不准購買地段

十五日（大雪至辰刻而止）

上議院紳密組新上條陳請議院飭專管律例之員詳細查議限制華人之例當限至何年何月一節議院近以未便卽議須俟後日覆之　法人攻佔越南其弁兵皆以越南瘴重而吸鴉片及至返法乃不能除聞沾染漸廣矣　和國欲招華工於蘇門答臘地方種煙德國新闢阿非利加洲亦由駐滬之商人米也稟請招工聞尚未允　外部之友雷德請茶會亥初赴會子初而返見法公使副外部又見前任外部之當差之員極言美國新例苛制華人之不公（因）頜謝之　俄國貸銀一千五百萬磅造西比利亞之鐵

路以爲此路成後用兵經商兩便與美國太平洋一水可通云　法國明年將造頭等大鐵艦三艘鐵甲各厚十八寸其造費已核定矣　墨洲合南北十八國議造通用銀錢用資通商之便利均已派員來美公議擬於十二月初八日（卽西歷明年正月十七號）在外部衙門開議云（因）查外洋各國無不自鑄銀錢所以便民裕國也中國向不鑄致墨西哥專其利者數十年近由廣東省自鑄能推廣之則收回利權矣

十六日（大霧申刻小雪而止）

昨日巴拿馬來電言祕魯近復不靖緣前爭總統之皮亞羅拉自出亡後卽至厄瓜多國以圖恢復其舊黨於本月二號聚於利馬

都城外之山打加打理邪礮臺糾眾以謀舉事官兵知覺急往攻擊叛黨接仗被斃四十人各鳥獸散居民驚惶　考近日地球之電綫而知電綫之有益而不可不設也美國電綫七十萬英里法國二十二萬英里英國十八萬英里而屬國尚未計俄國十七萬英里奧國十萬餘英里（每一英里合中國三里又三）　天下最熱之處在波斯西南濱海之處蓋波斯海灣也當西七八月之間無論日夜寒暑表恒在百度以上日中更上至一百二十八度則更熱矣其地掘井至五十丈無水人之所以得生者幸有波斯海灣中泉水湧出不窮云

十七日　晴是夜微雪

倫敦來電德奧兩國人民在俄屬波瀾地方傭工者俄廷業已下令盡逐出境　昨日下議院紳到議院者五十人相聚不半時而散定於下禮拜二再議　美人市律遊金山言金山天時地氣均合養蠶種桑擬請美廷興辦蠶桑以收利益　因按美國自華盛頓自主以來國富已四十倍或以爲可以知足爲天地留不盡之藏矣何必竭力勞心日以興利爲事乎而不知此卽美之所由富也耕三餘一耕九餘三古人嘗謀十年之蓄矣美民之用心亦如是耳

十八日　晴遷於西房

俄之黑海一帶地名跋庫又名巴屯向產煤油近年日盛除美國外當推俄矣又聞比國近來亦產煤油比跋庫地方尤多且近海口印度雖產而不多尚不足供本境之用此近日煤油情形也美產煤油每年一千七百二十萬桶俄則一千萬桶每桶計三百零五斤　郵政局章程寄本國書信無論遠近價值一律自英國訂定寄外國書信無論遠近價值亦一律由德相畢思麻訂定自此以後郵政一而利亦溥矣　美總統謂各國漁船於祕林海捕捉海龍致本國土民生計日絀英之漁船尤多擬一概禁絕英國以爲宜請局外之國公斷美總統謂祕林海係美地與他國無涉不允　因按華人來美美以有礙土民生計而禁之乃又施之於英國漁船可謂霸道幷不欲由局外之國公斷焉是專欲矣英國其肯從乎

十九日晴

歐洲西方五大國若英若法若意大利若德若奧所有各廠各肆所用之女工分而計之英有四百五十萬法有三百七十五萬意大利有三百五十萬德有五百萬奧有三百五十萬云美國整頓水陸軍務於鐵甲槍礮彈子火藥實心考究求其盡善今試驗已竣知其利弊惟於各種火藥之力尚未眞知因查歐洲大國有兩種火藥一爲直力用之槍礮一爲橫力用之炸碎炸藥之性比直力者尤猛玆水師軍械廠新造炸藥名爲挨門乃脫性極猛烈特令華盛頓礮廠造大礮一尊以試驗此藥云　因嘗讀禮記曰命

工師令百工審五庫之量金鐵皮革筋角齒羽箭榦脂膠丹漆毋或不良今之用器雖殊而用意則一也人適於器器適於用熟審於平時庶不倉黃於臨事也能治其國家誰敢侮之

二十日陰

俄都來信俄廷新定則例自明年正月一號起國中田地不准質賣與猶太人猶太商人前受俄廷優待准置田地以後不准另分晝一地令猶太人居之他處均不許居聞猶太人見此苛例多思離俄云　查各國所開銅鐵之礦按年計價美國值銀四萬二千二百四十萬兩英國二萬二千二百萬兩德國八千四百萬兩巴西四千八百萬兩法國四千萬兩比國二千八百萬兩奥國一千六百萬兩義國八百萬兩　法國新定入口稅則已經頒示其稅則有二一謂之常稅一謂之輕稅常稅之則以後可以修改輕稅之則則一成而不易凡爲民食之各種五穀其稅有加者有照常者布匹與各種製造而成之物已一律加稅其爲民生所日用之物則一律免稅且有禁進口者云　或曰法歐洲之強國也於入口稅則議加議禁他國不敢置喙焉而不知非也日弱於法何以加法貨入口之稅墨弱於美何以加美貨入口之稅歐洲小國多禁鴉片入口者非強於英也蓋稅則者國之內政議加議禁固可以自主者也

二十一日大霧外國元旦

總統於午初見各國公使外部自午正至未刻見各國公使幷備茶點見後即赴各部大臣道新喜衣冠用行裝大帽　檀香山國王本擬來美都茲已不來即於今日回本國矣聞該國有信言國中現在情形英美兩國之人爭欲執政該國君初來美時美廷特派渣爾頓兵艦相迎英人不悅謂該國君之來美實欲與美廷相商將檀香山全島售於美廷美外部聞此言遂止其來美都以免英人之妒也　那威國有測北極者以一木船裝一百七十頓或多至二百頓者特斜其式以禦浮冰帆檣與機器並用半時辰可行六海里可裝煤與糧食足供十二人五年之食好事者助以英金一萬一千磅以壯其行　因按那威地處極北故好測北極從前曾用輪船於五月冰解時過北極海而返據云至地球北極之地天樞一星當頂電氣至重指南針失準鐘表亦失常度今又往測抑以前次所測尚有未盡者乎

二十二日小雨晴

赴各議紳道新喜至律師處商辦事件　美國前議於華人由墨西哥國潛入美境被獲者由國家出船資爲附船送回中國茲由合衆國衙門定例以後不給船資但送回原來之處　英屬卡拿大輪船輪車公司稟請該省總督請改限制華人之例緣限制華人後到者日稀公司生意清淡也該公司所稟求勿限制華人而所抽身稅五十元則未請減云　因按華人由墨西哥卡拿大兩

處潛行入美美國上下皆知將來又必設法杜之耳

二十三日晴

日本商務局悉仿西法近來船隻年盛一年本年商務較往歲多運貨物至十七萬噸之多附船人數三萬八千之多獲利又增五十三萬圓商務輪船增至十二隻夾板船照西洋式馬力一萬六千六百匹者計一千二百八十四隻本國式尋常之船計一萬七千一百九十四隻水師戰船不在其內商務日旺於此可見　考各國產煤之數英國每年一萬六千二百萬噸美國一萬二百萬噸德國六千五百萬噸法國一千九百萬噸比國一千八百萬噸奧國七百餘萬噸俄國四百餘萬噸　因按各國產煤之多不足

異所異者比國耳比國之地當中國三百分之一而鑛務最重故鑛產最多日本之地當中國三十四分之一而商船亦多然則以中國土地之廣而留心鑛務眞不可限量矣

二十四日晴

美國前擬於太平洋整頓水師幷礮臺茲已派上議紳二人下議紳三人水師官二人陸軍官二人會同巡察各處口岸撥一萬圓以爲巡察之費所派之人俟該議院議准卽往各口岸查驗礮臺水雷駐防兵艦等事限六個月竣事　本月初十日英美爲祕林海中捕海龍一事各執己見未有成議英廷請延局外之國秉公斷結美廷不允總統將以前來往文案交議紳公議亦堅執如前

茲英廷已出示曉諭英屬卡拿大地方人民昌言於衆凡英國漁船在祕林海面沿岸三米之遙（每一米合中國三里又三蓋萬國公法云各國海口以礮力所及之尺寸爲所管轄之尺寸過此則非己有故三米之內應歸美國管轄）捕海龍者英廷決意保護而又一面照會美廷所有英國漁船在祕林海面捕海龍者如美國必欲苛禁巡船必欲緝拿英國兵艦必以力拒云云美國上下見此照會頗覺進退兩難　因按美國禁制英國漁船不准在美國祕林海面捕海龍一事與禁制華人同一用意英之以文詞辨駁往來數四美廷上下堅執亦與中美爭論相同度美國官紳之意必謂可施之於中國者亦不妨施之於英矣乃英廷始則請局外之國秉公核斷不允則仗義執言謂美國之恃勢以蔑理者英國則

以勢行理此論一出美之外部及議紳能否仍前之堅執乎且徐而觀其後　法國有氣球家與天文家二人議乘氣球而至北極據其制法用雙層綢爲之外加以漆使不洩氣納以四萬五千立方尺之輕氣可起重八千餘磅另備引導小氣球四由北極而上以測氣候輕氣大袋四以備添補雙層氣球之氣散失球下所繫之舟包以薄鋼內備丈八冰車一不沈之槎一並一月之糧氣球更垂繩與錨繫於上升之處以定其上升之高度據云在空中可十日可爲照相與各種格致試驗之事至氣球升後降回何處不能豫定然果試行順利則不在亞美利加之北卽在亞細亞之西云

二十五日晴

考地球各國所產銅按年計之美國七萬頓大呂宋四萬頓南花旗各國三萬頓德國三萬頓日本一萬頓新金山七千頓阿非利加七千頓俄國四千頓那威二千頓英國一千頓考各國所產鐵數按年計之英國一千三百萬頓美國六百四十萬頓德國四百二十萬頓呂宋四百萬頓法國二百三十萬頓俄國一百萬頓奥國七十九萬頓意國二十萬頓比國十八萬頓考各國商船英國七百二十萬頓那威國一百五十萬頓德國一百二十四萬頓法國九十七萬頓意國八十九萬頓俄國四十九萬頓奥國二十九萬頓和國二十五萬頓比國八萬六千頓　因按曲禮云貨惡其棄於地也力惡其不出於身也左氏云因地之利地球各國所講求而興之者實合此義其所興之數較多者其國亦較強治國者可知所先務矣　赴美內部大臣及博物院茶會亥刻而返

二十六日大霧

美比釐積輪船由太平洋馬射島到金山稱德國兵船前至該島飭令該島酋長歸德國保護今已計定按年進貢列爲藩服云

暹羅國定造鐵路每一中里合銀四千兩　美國既增關稅以來墨西哥亦重抽由美國進口之牛稅以爲報以致牧人大有所損

俄國槍礮藥彈由黑海輪船公司之船運往賽爾斐亞者其船單與保險單中皆不載明槍礮藥彈而以爲他物如近日所運之過山礮則以爲洋燭其機密如此云　美廷現在定造水雷巡船一艘須比各國水雷船加速議院已定撥費四十萬圓備用聞水師部已有妥妙新法於舊式水雷巡船之好處一概兼用惟再增一速字耳　因按水雷巡船全爲進攻敵國兵艦及水雷船之用是以船上之礮利於極速故以機氣礮爲相宜其行以速爲主進可以追敵退則敵不能追此次所造擬每半時行海里二十三米蓋合中國幾八十里矣

二十七日晴

美廷於一千八百八十三年卽光緒十年飭軍器廠造十二寸大礮三尊以資試驗計全用生鐵者一尊鐵身鋼膛者一尊加外箍者一尊驗後知全用生鐵者實不可用鋼膛者已放七十次猶未損壞其加外箍者更佳據軍器廠員云以後造礮當以全鋼爲宜不用生鐵矣　聞日本今年各處產茶極佳製茶亦進九月查橫濱出口之茶較之去年多三十八萬餘斤合之神戶共多六百七十一萬斤爲以前所未有云　是夜亥初至子正美國家銀行總辦黨參茶會因於亥初到亥正而回見美將軍農部大臣上議院紳訂得孫等下議院紳好德等及墨西哥公使英法公使律司等而返以後到者尚陸續也　前勃而加利亞國之王哈呑腦爲俄所廢今爲奥國第二十七旗步兵副將云　因按勃君哈呑腦深諳韜略昔與賽爾非亞國戰勝之又爲俄國德國將軍亦皆重其

謀勇今俄主廢之忌其能也俄欲干豫勃國之政而肯容其英武之君當國乎

二十八日晴

美國巴罅鮮地方由紳民查得其土宜穀宜蔗已集股本二千五百萬元招工開荒且云先造鐵路招工云　金山土人議遷徙華人街業經駁廢聞土人尚不甘心議集貲再訟云　美國除夕接征勦茵陳之總兵來電云二十九號與茵陳交仗勢均力敵我軍死傷共五十九人敵軍未知詳細請飭增兵以資得手　日斯巴尼亞來電云美駐日公使請日廷與美訂報施條約日廷云事不能行緣日與歐洲各國所約載有一體均沾字樣如以報施美國

則他國亦不得偏枯也　法國水師羣船泊於地中海曾用氣球測驗一切其球造自武備氣球廠球之大有一萬一千三百立方尺鼓以輕氣扶搖直上下垂長十三丈之絲繩取其輕也繩之下端繫船之桅端如紙鳶之綫船中官弁乘氣球而上者言天晴時遠見十八英里至二十四英里下視海水雖深八丈游魚可數水下所行之物即極深處亦知其所在是球也曾用巡船每半時辰行十海里半者隨之而行至二十一海里之遥一無所損水師中亦已用之當其大閱於維爾墨爾姆賽文之時亦已試之

二十九日晴

下議院管理美西西比河（如中國之黄河）隄事務紳士昨日請修築河隄之總辦李朱到院訪其治河要訣據云防河之道有如防敵沿河隄壩自宜堅固但駐防官兵亦須時刻認眞看守方保無意外之虞譬如禦敵雖有高城深池防兵懈弛亦無濟也現在沿河各省每年共撥銀一百萬圓以應河防之需如果議院另撥一千萬圓修築河隄三四年間可免水災沿河各省生民可免漂溺嗣後修守經費歲百萬圓當可支持云　內部大臣訂茶會偕繙譯往見美官名馬林者云前此三十年粵匪踞江甯時曾至中國京都即咸豐十年事也　美國兵部大臣特派兵艦十六艘定於西二月集於舊金山海口聽令云　因查美國此舉必係駐美英使行咨外部大臣以有阻英商捕魚者則英國必以力拒等語是

以美廷亦調兵船以防之也

三十日（晴夜中微雪）

下議院管理各國事務紳請議院撥出使經費一百六十六萬五千九百二十五圓爲一千八百九十一年之用（即中歷十七年）查此次之欵較一千八百九十年減三萬九千八百九十圓云　倫敦來電云智利國內亂因議院與總統不合也　是晚九點鐘副總統訂於己宅見總統繙譯以無請帖不赴二等參贊以病不赴因一人坐馬車往至則女客到者已多男客甚少（因往見副總統夫人）夫人告以副總統尚陪總統醼飲略敘數語到者踵至男女擁擠約數百人蓋公使無不到各部及上議紳亦均到也凡夫妻

借到者則妻先夫後與副總統之夫人握手握手後入門則女與女伴男與男伴不復倡隨到齊時總統出見立於人叢中男女環繞之競上作寒暄語握手而下禮畢總統仍自訪故舊談心至大餐房男婦均陸續入房隨意飲酒進饌啖水果大約女人多坐而食男人則立而食食畢則陸續出門已亥正矣

十二月初一日 晴夜雨

希卡果有華人名亞梅者在美讀兵書多年南北花旗交戰時曾在兵船當兵事平入美籍頗有蓄積爲美所重凡美國保舉總統及大員之期准令亞梅投籌　英京日報云中俄陸路通商自蘇彝士河開後貿易日減　俄之兵在亞細亞洲者共十三萬五千七百六十名車礮共一百八十六尊內計步兵六萬餘名馬兵一萬一千餘名礮兵六千六百餘名修機器之兵一千餘名留後者步兵二萬八千名馬兵九千名礮兵二百七十一名鐵路兵二千餘名各處留守地方步兵一萬四千餘名礮兵一千餘名此第沿中國西北兩邊之兵數也駐歐洲兵數尚不在內　是晚亥初赴駐葡萄牙公使任滿回美之紳名羅陵宅茶會各國公使均到英公使以去年曾赴因醼彼此過從頗相得談論許久因詢因今年春赴日國涉大西洋頗眩暈否因答以向來不畏風浪西洋之浪雖大至捲船艙內人入海從者爲浪澆其頭自頂至踵水淋漓如出浴因不暈也問明年將赴祕魯乎因答曰然又問祕魯華人今

尚安居乎曰尚可又問金山華人近狀答以目前尚無燔逐之事又言英民之赴美者三十倍於中國其所以相安者因入美籍也入籍之利有三得國家保護之權一也與土人浹洽二也可以投籌操保舉之權自總統以至議紳有所瞻徇而不敢苛刻三也中國之民何以不入籍乎因曰華民不願入籍我國家亦不欲強之則曰英民之入籍者豈竟舍英而安美乎大西洋來往之船英民往來如織美國不能禁也且德義兩國之民數較之中國僅十之一豈患人滿然其民之赴美者兩國亦姑聽之以衣食之計不能不聽民之自謀中國頗有人滿之慮矣聽其饑寒則弱者轉溝壑強者跳梁非國之福也且事無兩可者也中國如不願其民入他國之籍則當守二百年前之舊例禁其出洋以遠禍機不宜聽其自投網羅而不之恤也談久已交子初遂散　因嘗閱使館積案見光緒十四年外部覆文言華人之衣服起居飲食已與他國之客民迥殊又不入籍此畛域之嫌所由生又言燔逐之禍實由自取今聞英使之言而益信

初二日 大雨竟日

聞德國因美之加税各織布廠多停工工匠之無業者將攜眷來美新聞載德人之來美者較前五年尤多云　俄人議逐猶太之民已有出境者饑寒所迫傷亡甚多俄廷知之暫罷逐客之令太平洋中有衆島名加羅闌島本屬日國日之駐守弁兵與土人

滋事爭戰致將美之教堂轟燬今美廷擬向日廷爲教士索賠云

初三日大風晴天氣甚暖

是日申刻赴上議紳福那茶會英法公使先已到內部兵部大臣續到敘談良久到者益多因以將發公文告辭而出　英廷派兵艦數艘赴北太平洋祕林海以視動靜美兵部已飭水師兵船十六艘會同各戰艦齊集於祕林海聽命　俄與中國伊犂交界之處有華人約百家相率遷往茂甫地方居住更有管田某公司招中俄交界華人千家往茂甫相近地方墾地按茂甫在中亞細亞向爲回部之地今屬俄國華人往者皆係回教人　墨西哥招工美國兩狀師爲之至粵省見兩廣總督言招工事不允遂中止

因按美國方禁華人而又爲他國招工無非見利忘義其禁華人也惡華人之分其利也其招工者卽以招工爲利但能招工數千人可於中取利也

初四日晴

英國浮司礮廠新造九英寸二分壳彈以破鐵艦前日試驗能透厚十四寸鋼鐵之板不日又將再驗云　是日總統訂於亥初見各國公使因於戌正偕參贊繙譯等員衣冠先到各部大臣多有到者至亥初各國使臣按到美之先後而入見總統偕夫人立門內握手爲禮夫人但點頭不握手入門後各公使相見道寒暄是會也公使畢到惟副總統未到各部大臣則內部外部戶部農部律政部郵政部均見面律師科司達亦到下議院紳斯斌介因於元旦往謁不得其宅此次見面道歉遂訂於三日內往見　美國現在以水師之力遜於各國因大興製造鐵甲兵艦公私船廠因之用鋼甚多計近年各廠所出之鋼每年共計四百五十萬頓較十年前所出已十倍矣無非以供鐵甲之需云　因按美國所鍊之鋼十倍昔日具見廠務之漸興其添公私船廠以造鐵艦固爲水師增強起見然亦慍於英廷之言所謂英人捕海龍之船美國必欲禁制則以兵船保護力拒審己量力有所不敵故出此臨渴掘井之謀乎

初五日晴

祕林海面捕海龍一案英廷業已延請律師將孩域帆船被拘之案控於美國總察院請予判斷外部大臣布連聞之深滋不悅　午刻出門拜會內部大臣戶部大臣律政部大臣郵政部大臣兵部大臣惟兵部未見餘皆登堂啜茗酒內部大臣戶部大臣之夫婦其人皆福壽者相也　德國與英國所易得之一島今定章程統屬於布國本境之內其海口爲海防之要由國用內撥銀以築礮臺俾資鞏固　俄國於一千八百七十五年中歷光緒二年爲興鐵路貸巨欵每百圓以四釐半起息茲爲減息起見籌借英金十五兆磅合中國銀六千餘萬兩以四釐起息業已成議　法國現籌巨欵以債票一百七十兆圓合中國銀二千餘萬兩歸國中人民自行交銀領取

由戶部大臣出示曉諭定期令願者屆期自赴該衙門交領初二日係發票之期未及黎明男女老少到者擁擠以銀易票爭先恐後於此見法民之能蓄積而法廷之取信於民也　因考地球各國無不有國債英法德美爲最多而不足爲多也彼皆貸諸本國之民所出之息楚弓楚得無分釐漏卮焉且英美二國之民其存銀於國家者皆願源源得息而不願收回焉其他則均貸諸外國矣有按年交息至五百萬者日斯巴尼亞是也有按年交息至五千萬者俄國是也有以歲之所入一半交息者土耳其是也有以歲之所入僅數交息者葡萄牙是也有以歲之所入尚不敷交息者墨西哥是也有不能交息至以國中鐵路鑛產暫與他國作抵者祕魯是也貸欵之流弊如此有不能不貸者當求取信於民貸諸本國庶與英法德美相同而不至受累胡底耳

初六日晴

是日爲上議院紳見客之期因偕繙譯於未初往謁外部隨至上議院紳宣門有司梯司不來奔伊門司伊華司杜甫賀利賀阿麥米蘭司丹佛各處敘談啜茗而別回車已黃昏矣　各國人之遷至美國居住者去年有四十五萬一千二百十九人較之上年已多一萬二千六百人猶太人計五百餘名爲俄所逐相率來美　俄國來電俄戶部大臣核計明年兵費陸軍較今年應加四百六十萬盧布水師較今年加四百五十萬盧布每一盧布合中國銀五錢五六分英將戈登前於同治年間爲中國出力隨淮軍勦平粵匪後回英國殉難於加東立像於賴發地方每至西正月二十六號忌辰英民爭送花以志不忘　因按戈登於同治初年隨淮軍征戰克復江蘇挽回東南大局與有勞焉事定後返英矣及湘軍平定陝甘關外中國向俄索還伊犂幾至決裂戈登自英至華謁李傅相并至京都願爲中國效力且上條陳其眷眷於中國血性過人固非常豪傑也宜其名在千秋中英兩國均不能忘焉

初七日大霧晴天氣驟暖

聞倫敦耶羅船廠近日爲阿鎭丹國南墨洲造成水雷船一艘名北土司靈捷異常天下各國水雷船無一出其右者其馬力計一千二百三十四匹平常速率每半時可駛行二十八米如其上緊每半時可行三十米計中國一百里其長計一百三十英尺寬十三英尺五寸云　律師來見言茶會應辦事宜又管理紐約事務狀師來會言紐約華人事均欵以茶酒　昨日下議院紳印羅於初五日請議院特聲明祕林海面捕獵海龍一案其中情節英美兩國外部大臣現已實心商議不日可期水落石出詎料英廷竟將此案控於美國總察院如此辦理於美國國體有傷茲議院宜通知總統使之轉告英廷　因按美之苛禁英船不准在祕林海面捕獵海龍作不順而施不恕其意實創自議院英使與美外部頻年駁詰美廷一意堅持英廷欲請局外之國判斷美又不允然則

英船被拘而不得直豈不大傷英之國體乎控於美之總察院英誠不得已也且欲使地球各國知議紳之中有霸道者也

初八日雨

日本新派駐美公使今到美都即前任大阪總督名哥舒花綈那來見　巴黎來電云巴拿馬開河一案前公司辦理未成半塗而廢近有法商擬再行招股集成公司請於法廷每年開彩票二次以所得之利供開河之費云　因按彩票之利其大如此呂宋票之設於上海垂三十年其始也每年得利銀四十八萬兩今則倍之蓋耗我中國之民財一二千萬矣　美議紳言美國派兵征剿茵陳尙難平定兵弁多傷　因按茵陳一種即百年前墨洲所生

之土著也歐洲闢地者至此以力踞其地茵陳以勢不敵讓至僻壤美廷乃議每年餽以絨氈麪包助其衣食兩無猜嫌今官紳以此項度支爲妄費遂裁減之故至作亂於此見美國近年風氣不如前此之仁厚也　午刻巴黎薛大臣來電云

邸堯𢿘處照會四國外部酌下半旗數日總署來電初十初祭十六大祭亦下半旗屬各館一律成齊因伏念

醇親王性禀公忠天與德讓因於光緒十四年十月以

皇上親政初基謹獻芻蕘四事

醇政王以爲無所爲而爲遂蒙

上諭著鈔給

毓慶宮用備省覽知遇之感沒齒不忘茲聞噩音不勝哀戀當即照會外部幷請代達總統所訂二十日賜宴照例不到其餘各使館各美官紳茶會均函辭之

初九日小雨

美提督來會言義大利欲踞土耳其所屬阿非利加洲之的立玻利國土國已派兵五千前往防守幷聲明該屬國之政如義國擅行干預則以兵戎相見云云　西十月二十六爲德國將軍毛奇特九十誕辰是日也其同僚各武員慶祝之後德主亦往祝嘏並稱述其前功德主出毛奇特一手執盃一手秉杖送之登車其步履與德主相彷彿云　因按將軍毛奇特即前二十年統德兵而

破法國者也聞諸會侯言該將軍知德法之將有戰局也自法旋德之日即留心於法之地勢凡可進兵奪險者一一記之故以兵入法駕輕就熟而法不及拒度其精力有大過人者故其壽臻耄耋焉

初十日晴

本日爲

醇親王初祭之辰因恭率使館員弁設

位行禮　日高兩國立密約一爲高麗紅參准出口一爲日本布疋准入口且減稅二兩高麗另於平陽省開通商埠頭不知已商之中國否　中日小約專爲互救沿海難民費用事立約三條

德比密約如德與法有戰事比願假道於德國以便行兵此係傳聞未知確否　因按歐洲各國蓋無有不畏法忌法者觀德比密約而可知矣然比向爲局外之國如德法交兵而假道於德則非局外所應爲故不敢信以爲確也

十一日陰巳後日出

朝鮮使臣李宋淵來見因本署有公文照會言

醇親王薨特來慰問　日本報云去年查點國內戶口今已查畢計男人二十兆有餘女人十九兆有零合共四十兆有零住房之不空者計七百餘萬間在本國而往他國之人計一萬五千七百十一人又歐洲布法兩國人數計前五年布國二十八兆零法國三十八兆零惟十年之內布國生養之數多於歿之數三百五十六萬有零法國只多七十八萬有零似人民之生息布勝於法

因謹按日本人數向來只三十五兆雖能生息斷不能如是之速蓋日本每自誇其日盛如商務軍務之類大率張皇以聳觀聽今又張皇民數至於不倫則商務軍務之所謂盛者亦不過如斯而已

十二日晴中夜大雨傾盆天氣亦暖如中國八月時

美國近來試驗大礮飛射之勢合各國較之力最猛者首推英國計其所及可至十二米計中里四十里美國最猛者所及可至六米又三之一現在美國造成全鋼後膛礮二尊一爲八寸徑重十四頓又四分頓之一受德國火藥一百四十磅彈子重三百磅計其速率每秒可射一千九百五十七英尺已試七十六次毫無損傷又一爲十寸徑重二十九頓受德國火藥二百五十五磅彈子重五百七十一磅計其速率每秒可射一千九百五十三英尺此二礮每放一次所費藥彈需一百圓　日本之王姪希來哀華卽往德國京中學水師兵法有隨員三人世家子弟六人與俱　因考近來各國無不留心武備以美國之晏安無事無外侮者已一百年日本之蕞爾一隅中國事事不與計較乃猶試礮習戰不敢怠荒風氣如斯而欲高言偃武息民不可得矣

十三日雨未刻晴

日本新議院火災焚燬無遺查日本議院建造未久光緒十五年十一月日君以議院落成親詣行禮故知其未久也　新報載醇親王薨中國使署本擬行茶會者今一概停止云　英之名士名波路滑者著一論云中國與俄爲鄰最爲勁敵爲思患豫防之計邊備所宜亟修備邊之法以鐵路爲急不獨邊防可固亦商務可興天津已興鐵路學堂延德人爲師教之風氣或可開乎　因謹按強俄之患統地球皆知之因曾於光緒九年奏陳俄人爲歐洲各國合縱所制料不能闢地於歐洲移其志而向中國中國所宜防之累一萬言大學士閻敬　言

醇親王以爲切當此前日事也

十四日晴

檀香山國王薨於金山其國政卽由前王之妹攝理云　美廷近與南卑西非克火輪公司及太平洋之輪船商定華人之潛入美境者被獲則由該公司等載回中國按名給費五十一圓該公司已允矣　初七日金山稅關派役十一名分作數班直入華人之鋪搜尋洋煙共搜九鋪獲煙四千七百七十三罐擬充公云　因按洋商列肆於中國中國向不擾之而外國多魚肉華商者則以中國兵船不到外洋而權力不足也

十五日晴是夜大風雨雪

墨西哥公使與厄瓜多國公使在美都立約　智利國內亂水師

已封本國附近祕界各海口聞英國得信立電飭遊弋太平洋兵艦前赴智利海面巡察保護英民身家產業云　因按泰西之重商如此朝廷與商患難相共呼吸相通宜其商務之盛而國富兵強也

十六日晴雪厚約一尺天氣亦不甚寒

是日爲大祭

醇親王之期因率隨員設位行禮禮畢天始黎明　聞阿利干省米路頓埠十二日有工黨之向充鐵路工人者爲公司所辭特與華人尋隙結黨將該埠之華人悉數以繩繫項牽出埠外計華人與拒而受重傷者二人當

卽見外部請飭查辦　下議院紳金明司吉鎭司二人謁見外部布連請其照會俄廷力言其驅逐猶太人之非外部謂此舉各省人民均已稟請照辦現已將該所稟撮要遞送美國駐俄公使照會俄國外部云　下議院紳合阿士昨於議院核計美國興造兵艦自一千八百八十三年起此八年內制造船身機器經費共銀五千三百餘萬圓鐵甲尚不在內　因按五千三百萬圓爲八年之用每年合六百餘萬圓此僅船身機器也益以鐵甲及礮則每年需千萬矣苟非國富不易籌焉

十七日晴

俄廷會議西比利亞之事有東省總督昌言曰今俄國東方兵力

猶嫌不足是當更有勝算以敵中國此時中俄有事俄之兵力僅能當華兵二十營再多亦不能敵惟西比利亞鐵路成則可限制華人越界海濱可無華人之迹俄人於彼可以廣開口岸獨攬利權云　俄商因近年印度茶葉日多一日以致由中國運來之茶不得暢售俄商失利故稟呈俄廷商務大臣請加印茶入口之稅以恤商困聞已允准英人聞之因論俄國加稅印茶英之茶商必失利云　因按俄國加稅印度之茶不慮英人之爭者則以稅則爲各國內政加減可自由也凡所以加減者非好爲軒輊蓋有深意存焉他國入口之貨非吾國所急需者則加稅以示限制其有妨吾民之生計者則重稅之甚且禁之使不入口焉其爲吾所急

需者則減稅以示招徠甚且免之使多入口焉此外有報施之道則相他國稅則之重輕以消息之也

十八日晴

謝神　法廷估水師經費一千八百九十一年需銀四千三百七十五萬餘圓內以一千萬爲製兵艦修舊船之用卽於本年在公家船廠造頭等鐵甲兵艦六艘頭等鐵甲礮艇二隻鐵甲巡船三隻頭等巡船二艘二等巡船四艘水雷巡船二艘運載軍火兵弁輪船兩艘二等運載輪船一艘帆船一艘又另在商廠造鐵甲兵艦二艘鐵甲巡船二艘三等巡船兩艘頭等水雷艇十七隻大洋水雷艇兩隻偵探船二隻　俄廷擬於今年年底在都城設廠製

造無煙火藥立卽興工云　格前總統夫人云俄人待西比里亞鐵路落成後或請將高麗歸俄人保護允之則得寸得尺不允則開釁端俄之鐵路已至中國地界朝發夕至斯時中國何以禦之爲中國計莫若趕造鐵路迎而拒之庶不受俄人挾制俄人亦不敢輕舉妄動矣　因嘗稽古今之時勢信陵歸魏而秦氣阻季梁相隨而楚謀消此有其人而敵國不敢伐也鄭人犒師而孟明還秦人淸野而桓溫退此有其備而敵國不敢攻也今歐洲各國無加兵於英俄者墨洲各邦無加兵於美者知其強也七年之病期非促也三年之艾亟宜蓄也

十九日晴申刻大雨連夜

德國現擬造鐵甲兵船三艘偵探船四隻水雷艇三十八隻已撥銀一千二百萬矣　俄廷擬造鐵路由歐洲直達太平洋西岸之烏拉地禺司鐸埠其第一節由淡司克埠至衣爾喝司克埠近蒙古北界計一千五百六十八胡同脫一胡同脫計四分三米本年便可興工查此條鐵路俄廷久有意舉造業已籌欵矣　美國各巡船所有四寸速放之礮水師部擬以五寸者替易水師員弁以爲合宜云

檀香山中國商董禀稱檀香山新立招工之例派華人鄭某赴中國招工到工之後立限五年出境除傭工外不准作別項商業且不得與土著一視同仁可謂苛虐查該島係未立約之國無從駁詰遂一面函致兩廣總督禁其招工一面見檀島駐美公使託

其婉爲致意刪除苛例　因查近來日本民人多赴檀香山傭工而尙能安業者則以已立通商之約而日本兵艦時時巡檀故也

二十日細雨如春三月時天氣和煦樹已萌芽

義大利來電義國下議院紳士邦基昨日在議院詈美國議紳所稱義國駐美之各領事官於義民來美一事屢次不遵美國例禁等情應卽詰問外部大臣格理卑曾否已查明所指各節並嚴行根究云　美上議院紳密組請議院議立太平洋電綫公司設立海綫由舊金山通至檀香山續至沙摩阿島紐西蘭島及日本國該公司須集本五百萬圓美廷須幇給二十萬圓以十五年爲限該公司傳遞電報先公後私不收美廷報費幷在沿海口岸分設

支局以便辦公而正局則設於金山云　因查外洋各公司其成本輙數千百萬國雖饒富安得如許之股商哉其得力在集股耳中國效之則多弊竇由於風氣初開章程未備而經理者非其人也因噎廢食何以濬利源襲謬沿訛適以肥奸猾是在公正廉明者提創宗風焉

二十一日大霧晴

美上議院紳傳萊請於外部將駐墨西哥二等兼權大臣改爲頭等每年撥八萬七千五百圓以供駐墨使署公費外部允之　羅馬來電云義國戶部大臣昨在議院宣言上年庫欵入不敷出至短一千二百萬圓今年核計竭力設法籌湊亦不敷八百萬圓惟

望三年之後入能敷出則善至美國新修稅則與義國貨產尚無大礙云　美國征勦茵陳尚不得手聞仍招撫議和向所扣減者仍照前補給云　午初赴外部布連處辭行言於中國元旦日赴祕魯布連曰祕魯地方華人甚多因曰自中祕立約禁招工後華人已減於前矣布連曰何時可返因曰大約三月之內可以即回美都布連曰美國駐祕有公使駐巴拿馬有領事余當作書爲之先容貴大臣到彼可資照料因謝之遂辭退是日公使來見者有墨國德國日國尼格拉國又一國均以次見云

二十二日雨

戶部大臣病故差人持刺往唁　美國選舉下議院紳士之數視各省人民之多寡而定每十七萬三千九百零一人則舉一人今民數已增故所舉亦應增上議院紳已商定矣　俄國那胡廉治日報曾著數論詆毀中國俄大臣美渣士基謂俄人當與中國講信修睦不可意存齟齬方爲輔車相倚之道若猶太人則不妨絕之也　因謹按俄廷非無知大體之人俄之君臣如從其言不但保亞洲昇平之局而俄之名亦美矣

二十三日細雨如春三月時夜晴

智利國亂其勢日張美國商民電請派兵船保護美廷已派渣爾斯兵艦前往矣　昨見茵陳酋長數人至華盛頓緣美國西北省茵陳土人滋事美廷曾派將軍米路司帶兵往勦互有勝敗今該

酋長特行來都謁見內部大臣詳陳各部落情形幷聲明美國相待不公之處也　土耳其阿洲屬地名的立玻里與法國之屬地突尼斯毗連今法人已派兵佔踞其地且稱爲本保法之屬地云

因按兼弱攻昧見於商書弱肉強食自古已然聖賢存不忍人之心務爲仁厚乃創字小之說此可以自勉而不可以責人今之時勢未有弱而不創者也

二十四日晴

美國擬造三暗輪之兵船其輪裝於船之中如單暗輪船之式餘二輪裝於左右如雙暗輪船之式惟高於中輪四尺六寸船中有三副汽機以運動之當游弋之時止動中輪已足如欲極速則齊

動三輪汽機轉動甚速復能省煤其速率爲每一時行四十二海里馬力有二萬零五百匹然速率無定速率之多少視汽機轉動之疾徐其馬力之大則出於英國各船之上云　因於戊辰由滬航海至津計五日而到甲申由津航海至滬計三日而到由輪船之制益精而行益速也歷考各國新成兵輪均速於舊外洋心思日出而不窮其機巧正不知何所底止矣

二十五日 晴巳刻雨

是夜大風如吼作簫管之聲黎明起視窗外已冰而室中仍暖如暮春時大火爐之力大矣此項火爐每日需煤半頓計八百斤

歐洲時局德奧義三國既已同盟一旦有事俄法二國亦必合力

勢使然也考德奧義三國額兵共一百十三萬七千人大礮三千九百七十二尊俄法兩國額兵一百三十四萬七千人大礮五千六百九十八尊以上兵數額外練兵與民兵尚不在內玆將五國之兵數額兵及額外民兵徹底詳查德國一百零八萬人第一次徵民兵六十二萬人二次徵民兵七十萬人總共二百四十萬人尚有備補之兵不在內也奧國九十三萬八千人民兵四十三萬八千人總共一百三十七萬六千人義國八十四萬八千人民兵三十七萬二千人總共一百二十萬人法國一百五十萬人民兵一百七十萬人總共三百二十萬人俄國一百十八萬人備補兵八十三萬二千人駐防敵國之兵十九萬三千人哥沙騎兵十五萬四千人民兵及戍邊之兵三萬三千人總共二百三十九萬二千人兩相比較則德奧義三國共四百九十九萬七千人俄法兩國共五百五十九萬人此外尚有護衛之兵德俄兩國尚待稽查奧國四十四萬五千人義國一百六十三萬人法國九十萬人

因按此美國考據家所著而報館訪得之以刋出者閱此而知近日時局講武修備實有不得不然者矣左氏所謂思啟封疆以利社稷者此俄人之用心也申公巫臣所謂勇夫重閉者此德奧義法各國之心也量力較權知己知彼人強於我則防之人弱於我則并之識時務者如斯而已事大不足恃也昔之南宋可徵矣今之浩罕機窪茂甫波蘭芬蘭琉球越南緬甸可覩矣字小更不可

得也今之俄羅斯英法等國其所吞併不可勝數矣

二十六日晴

葡萄牙國來電云禮拜六晚即中歷二十二日駐守澳波滔埠官軍忽有數營作亂欲改葡爲民政之國幸葡廷即派兵勦平　昨考德奧義俄法五國兵數可謂多矣查其練兵之制即太平無事亦額滿不缺有事號召可計日而集實其兵制然也其通國之人男子均須當兵德國當兵二十八年奧國二十三年義十九年法二十五年俄二十三年　因查各國練兵之制大抵民年二十以上者學習三年學成後備調若干年留守若干年其中惟學習三年應入營伍備調留守其人仍各專本業不過遇有戰事則以待

不時之需非曠本業而常荷戈俟戰也至四十五歲以後雖有戰事不與聞矣

二十七日晴

拜發期滿請獎又起程赴祕摺　猶太國人民一百六十家爲避俄之苛政來美擇地而居今已往美屬閩尼所達省矣大約日內即可到該省之聖保羅埠聞德國富商捐助巨欵以供該猶太民人來美川資云　美國與日斯巴尼亞訂立報施條約現於前七月由日國議院紳公議其願者僅七十人不願者三百六十人遂不能訂　俄兵之在阿彌尼亞境上者今有七萬二千土耳其大恐　英報錄所伊犂信云華兵在彼大修舊時各礮臺所有殘缺

皆爲之補葺有一大礮臺以泥土爲墻墻高二丈三尺厚二丈五尺長八十丈者已經修畢墻後復有深七尺闊一丈五尺之濠溝然礮臺雖大不甚堅固其墻已有數處裂痕更有華兵二百名以工多値少相率走散云云　俄廷擬在太平洋之烏拉地島司鐸地方創設船塢約於西歷本年三月即中歷十七年五月興工務求廣大可容萬頓之船　因謹按此俄之窺伺墨洲也船塢如成墨洲諸小國必不安枕美國亦不能如是之坐鎮從容然其患當在二十年後也

二十八日晴夜雨

奧國嗣位之太子前赴俄都謁見俄皇面商交涉事件　俄國新造一快船名北斗星又一礮船名各絡司才切均於五月下水又有一大巡船名魯竟一大鐵艦名南威利奴亦將成功俄人云中國旅順口已造礮臺十一座打狗與臺灣均有堅固海防礮臺云

杜廷祜請假銷差　美國上議院昨日議定海防經費每年撥四百二十五萬圓爲鑄礮之用　因查各國海防經費按年計銀英國五千五百萬兩法國三千二百萬兩義國二千萬兩俄國一千七百萬兩德國九百萬兩所費如此非國帑充足者正未易籌焉

二十九日雨

美國與巴西已立報施條約昨日總統哈利順示諭本國人民自西歷正月一號起即照約而行查此約所訂凡美國所產之五穀

麪粉乾草鹹肉鹹魚農器工器開礦之器製造之器格致之書火車鐵路之器等巴西朝廷允准運入巴西口岸不納關稅又豬油火腿牛乳油餅棉布鐵器鋼器皮器靴鞋不計在免稅之內另木料木器棹椅等物馬車樹膠所製之器巴廷允准運入巴西口岸照以前稅則減除二成又五而巴西之生糖熟糖加非茶葉生牛皮等物運入美國口岸亦免納稅云云　因謹按泰西各國不諱言利其斤斤相持者恐利源之耗於外國而欲自保其利源也入口免稅之物大抵皆本國所急需故以此招徠非有所惠於他國也若酒若煙非民生所恃以養者則重其稅使食之者寡則亦自保利源也美國之麥麪每年至中國者數十萬石而中國概不征

稅幷若酒若煙外國之極重者而亦免之美廷則於中國之米入
美口者其征稅已過成本之半殊失平也

三十日 細雨

俄國來電云俄戶部大臣因俄廷苛待猶太人於本國商務有碍
因請俄皇暫罷逐客之令俄皇已經批准　因謹按觀此而知泰
西之重商務也俄之君臣所以能逐客之令者非有所愛於猶太
之人也亦爲商務耳若曰吾欲投鼠而忌器云耳　義國王子至
德以固德奧義同盟之局德相畢思麻現雖辭位尙幸不渝奧相
楷爾諾紀力顧大局前盟益堅謂三國同盟強敵不致生心時論
謂奧有賢相歐洲可保昇平嗣德主至奧京見奧主奧國迎迓盡

禮美國今年商務合入口出口之貨價計之共値美銀一千六百
四十七兆較之去年增一百五十九兆可謂日新月盛分而計之
進口之貨値七百八十九兆較去年增四十四兆出口之貨値八
百五十七兆較去年增一百一十五兆其鐵路計十五萬二千七
百四十五英里（合中國五十萬零四百零五里）除內有新開鐵路七千三百五十
八英里尙不能計利外一年進項計美銀一千零三兆較之去年
增四十三兆核計每一英里（合中國三里又三）有進欵六千五百七十四
圓每本銀一百圓得息十圓四角除開銷用費外實得三圓三角
一年所運之貨計六百十九兆頓所載之人計四百九十五兆名
因考美國出入口之貨而知其能興利而裕利源也出口之貨
溢於入口者七千二百萬則一國入口之銀歲有所增矣出口之
貨又日有所增矣貨不棄地而銀不漏巵國焉得不富乎鐵路進
欵計美銀一萬萬零三百萬圓以十分之七開銷用費計用費銀
七千餘萬圓此七千餘萬圓者皆行車修路作工之民人所得也
然則謂鐵路興而奪窮民之衣食者猶未悉此中之竅要而狃於
一偏者也

因奉出使之命持節駐美已閱一年論交涉之事則韓廷告貸於
美國已力阻之美艦以兵入韓城已力斥之華人之假道者美關
以索銀爲質其安業者美紳以領照作難其經商成市者美之工
黨以偪遷令其破家蕩産均經力駮使不行矣日斯巴尼亞設呂

宋票行於中國漸推漸廣其始也每年得利銀四十八萬兩近已
倍之此我
國內政非使臣之權所能禁除者也奏請議禁或行或否當路自
有權衡焉寓巴拿馬華商土人聚衆驅逐爲求美國領事就近告
彼政府得以風行雷厲轉危爲安此皆使者分所當爲之事也中
外之情形其有關於富強者卽此一年中綜其大概而論之中國
出口之貨茶葉日減棉花日增所增之數不敵所減之數也開礦
之舉開平已有成效池州迄無成功漠河甫開甯海初創得利與
否視乎其人人實不易得也新疆之羅布覺爾方謀開墾上海則
仿外洋以機器織布造紙湖北方查勘礦地廣東則鑄造銀錢利

之可興者次第興之有其漸矣本年入口貨物值銀一萬二千七百餘萬兩出口貨物值銀八千七百餘萬兩合出入而權之中國漏出之銀約四千萬兩此漏卮之當塞者也廣東造成兵艦三艘福州之船廠江甯上海之機器局均有起色東三省防兵日事操演此自強之可見者也惟俄人撤馬兒罕鐵路已成又與土耳吉司丹之鐵路西比里亞之鐵路將迆邐至琿春黑龍江矣又增兵兩營於西比里亞之東派員分探新疆甘肅青海蒙古天山增黑龍江鴨綠江之兵船增布哈爾琿春之兵額禁華人越黑龍江外暨阿蘇里又查中國水陸之兵數其窺伺我邊界者力果而心深沈幾觀變之士於此知俄人之叵測焉尚喜旅順口礮臺已成全

洲之防已固京畿一帶屹若金湯如東三省鐵路成功練兵足恃俄人覬覦之志或可潛消乎至於各國之經營布置就因所聞所見者亦可得而言焉俄人興沿黑海之鐵路增置黑海之兵艦水雷添波蘭之兵定購法廠之槍五十萬桿其兵威所及也近奧境而奧自危屯德邊而德設備索土耳其之兵費廢勃爾加厘亞之君營波斯京城之鐵路奪穆哈剌國之兵權窺阿彌尼亞之地歐亞兩洲近俄之小國俄實盡之乃猶汲汲皇皇求兼併如不及是誠何心美之入欵一年四百餘兆量入爲出尚有羨餘其富於地球爲第一至於添鋼廠墾荒區積現銀增稅則講蠶桑增郵政局設火輪車創太平洋之電綫立報施之約此富之政也查海口設

海防築礮臺制鐵艦驗氣礮造出海水雷之艇與極速之船試鋼礮之用及無煙火藥之利弊此強之政也至於立例以禁各國民人之赴美傭工不容各國彩票之入境此又自保利權爲民保利權之政也創造之巧日出不窮俄以鋼爲甲胄美以氣代火藥法造逆風之氣毬日創泅水之戰艦德造輕質之礮與礮架礮車英與德鍊鐵日精所製之礮已過百頓擴而充之則鐵艦失其堅將爲無用之物矣蓋礮之百頓以上者其彈之力足以透厚三尺之鐵甲戰船之鐵甲過厚則沈薄則不足以當彈也交涉之事則祕林海峽一案英與美法齟齬俄又與英美齟齬闢阿非利加一洲葡與英齟齬德幾與英齟齬而皆不至於決裂其決裂者如和之

攻亞齊美之勦茵陳沙華他之勝烏拉乖智利之亂是也日本自仿西法以來改制度易服色近又建造議院而泰西謂其有名無實然考其商務漸盛商船漸增出口之貨漸旺非無小效固未足語富強耳阿非利加一洲自古至今混沌未啟前數十年各國派人遊歷漸入內地虛實全知今則英法德義日葡諸國均以軍旅從事謀瓜分之此古今來第一變局也德人保護馬射島美人約用夏威仁之海口埠英人購卑勞支晏國之千家埠俄人設船廠於烏拉地咼司鐸均注意於太平洋矣英由緬甸以窺西藏法由越南以窺廣西則得隴望蜀矣德奧義聯盟以拒俄有勇夫重閉之意焉英俄法合議以保和有趙滅秦強之憂焉機心機事無國

無之居今之勢而欲偃武銷兵與民休息勢必不能孔子之不逆億而自然先覺晉文之嘗艱險而情僞盡知丹書言日愼一日完若金城讀古人書可以知所從事矣

出使美日祕崔日記

光緒十七年正月初一日 元吉

黎明率隨員等朝賀行三跪九叩禮晨設麪午後設醮　外部副外部英公使等送行道新喜　美外部總辦送到外部護照一紙信四封分致秘魯龍巴拿馬嘉里約三領事又致美國駐祕公使是晚亥初上火車亥正開車卯正到紐約陸永泉及巡捕來照料遂赴領事署

初二日晴

領事沈桓偕商董三人在署內相迓辰正早饌遂謁凡吳客脫及律師鍾式又至滙豐撥規銀壹萬兩交沈桓代收備用午初上船同行者黎榮耀陸永泉凌善成武弁劉賢倓諫又洋僕阿齋小榮已送至船而因有病不能去遂聽其回午正開船船名紐乎薄容二千七百頓客房不如大西洋輪船之寬而搭客亦寡所帶隨員人等盡附上等艙位均在船面行頗穩

初三日 晴夜雨

夜看北斗其柄極下一星離地如全斗尺寸因此行直向南將來到祕魯時只見南斗而北斗全入地故詳誌之每日約行八百里至九百餘里天氣驟熱本船主爲美國人談及美水師部近飭船廠造鋼甲船三艘除軍械外每船價値不得過美銀四百萬圓各載重八千五百頓船身吃水二十四英尺其行海里至少須每半

時十五里煤艙可裝煤四百頓鋼甲厚十八英寸駕礮之口徑十八英寸並八英寸者各四尊又六英寸口徑者四尊造船之一釘一木皆須用美國所產不得借材異國云　因謹按美之富足如此而其造船不准借材異國防銀錢之流入外國也中國雖開船廠軍械局而仍不免向外洋購買以銀易鐵長此安窮謀國者所當急籌善法也

初四日晴

斗柄極下一星離地也如斗杓之上一星離第二星蓋漸近地球矣　報言俄人議造西伯利亞鐵路謂有三利一則以俄之東境輪船可通一旦疆埸有事敵國以兵船封口則糧必盡有鐵路則糧可通二則中俄有釁可以運兵實邊三則內地之貨可以出運化無用爲有用合計其費需六百兆羅卜議分三段由國家專辦云

初五日晴

斗柄下一星已入地但見第二星矣天氣漸熱不能著棉　此地有小島八處詢諸船主則島上皆黑人共三千餘名口最大之島有八百人島人無所事事曬鹽而已以鹽易麵爲食暇則眠客船有泊此者則盜之美國設一領事以鎮撫之防他國之佔踞也　因謹按歐墨各大國思深慮遠其心周於本境之外與百數十年之後此區區小島耳而爲他國得之則可以屯兵修船添煤儲水爲兵船之接濟即足爲我之患設官以鎮撫之耳目遠矣他國自默消覬覦也

初六日晴

斗柄三星均入地天熱夾衣亦不能著但著單衣風浪漸大舟行向左右而側　聞俄國兵部定於今年爲始在琿春一帶增守兵一隊中俄方睦而於交界地方增兵是何故耶　是日美總統臨議院謂美國與外國邦交頗形輯睦國中亦物阜民康國用甚足且自增加關稅以後洋貨少進土貨暢銷於國計民生更大有裨益即於他國亦無有大損云云　因謹按美國加稅則而墨西哥國亦加美國入口之畜稅美商苦之德國已約歐洲各國加美稅以相報英法亦不以爲然安得謂與他國無損也至云加稅以後洋貨少進於國計民生有裨益則誠然矣

初七日晴

斗杓第二星入地自本日以後如中國六七月天氣風浪尤大　同舟美人言歐洲之電綫通至錫蘭已增成雙綫又自印度至中國越南新金山小呂宋新加坡修補電桿電綫以期一律整齊共費銀四百餘萬云　德國民人不忘前相畢思麻曾擬集鉅銀爲造一留名閣畢相讓美前王謂前王功德之大尙未有此臣何敢先君嗣爲德國前王已立留名閣因念魚水君臣非是君不能用是臣非是臣不能相是君畢相勳業自在人心而無一碑一石傳

諸永久德人引爲憾事今再集德銀七十五萬二千七百五十三馬克爲之立一通國去思碑德人之不忘畢相者皆以得與捐爲榮畢相之名與國同休矣　德國前此試槍之時有人名格魯森其所造快槍一分時能出五十彈　德國前相畢思麻致仕以來民不忘其功又爲擇地於浮剔森搆一華屋以處之　因謹按德相畢思麻今年七十三歲前此破奧國滅法國其功甚偉布魯士無此人國幾亡矣爲之立碑築室此人心之公也

初八日雨

北斗全入地不見未刻到个郎天氣大熱單衣汗出个郎總督來見美國駐个郎領事亦來見領事爲　因言曰我乃中國之領事耳

以其專保護華人也遂往答拜華人之貿易於此者多放爆竹相迎亦有升旗於門首者商董易佐才曾慶已來迎巴拿馬美領事阿丹信來電詢赴巴拿馬之時刻屬即電復遂電覆以明日辰初

初九日晴

卯正料理行李點心後上車美國駐个郎領事來送行并贈鮮花一握曾易二商董同行火車公司云奉阿丹信之命以專車來迎送至巴拿馬途中均黑人即土人也粵人之設店鋪者甚多聞自巴拿馬大工停後生計不如前矣巳正至巴拿馬阿丹信已來迎　因以外部書與之阿丹信遂送到嘉闌軒客棧棧尚宏敞棧價　因每日十圓餘人每日五圓遂造阿丹信宅并送湖縐一疋磁瓶一對茶一箱金扇二柄阿丹信之夫人出見甚喜云華人甚安分我等必保護令其安業　因謝之　南亞墨利加洲分割數國英國居其大半其土著自守之地不過十分中之三四　因謹按墨洲之地與中國相爲底面蓋人之立於地者足與足相抵也南墨洲又在赤道之南中國明以前之談天文者均云南望赤道近日極熱至此即無人矣而不知赤道之南其氣候與北同且極南尚有南冰洋也然則天地之大也前此只測得一半耳

初十日晴

阿丹信來言本省總督願一見邀往謁之至門有兵士擎槍而迓入門上樓總督出見參贊繙譯爲傳言　因亦道願見之忱且以華

人相託該總督允必保護坐久阿丹信言曰貴公使尚有何言可以面屬　因向該總督言曰美國一百年前草昧初開各埠冷淡一百年後日盛月新如此之速者因鐵路各廠華人爲之經營也今貴國 [illegible]可崙比亞 既有華人接踵而來則興旺可立而待敢爲預賀至於華人之業於此者有貴總督之庇蔭有貴領事之保護本大臣可以放心夫復何言惟有以華人相託而已該總督大笑以手拍胸力任保護　因謝之遂偕阿丹信遊覽舊蹟又至阿丹信宅辭行並送商董龍旗聯扇藥材茶葉各物商董亦報以磁瓶一對絲巾一盒　因辭不受黎榮耀以爲可轉以送總督允之遂送總督處總督受之　又言俄國兵艦之在太平洋者現擬不用英煤因

俄國近日覓得煤礦出煤甚多無須外求該國鄰近太平洋故知之因謹按俄人之心計大抵遠交而近攻遠交故通問偏於東西洋近攻故蠶食急於鄰國太平洋無屬地而兵艦亦周巡者則備豫不虞而亦求諳習海綫也皆遠圖也

十一日晴午刻上船

商董曾桂鵬易佐才美領事阿冉信均送至躉船商董以經手代用之項列單交來計客棧之費每人每日五元因獨按日十元洗浴啜茶點心犒賞尚在外也船價每人一百七十元伙食每人每日一元遂上船船於明日午刻開阿冉信交來个耶赴紐約船期單計每月三次西歷三月四號十六號二十四號均有船赴紐約

英人於緬甸測量道路擬造鐵軌達怒江以通雲南將以通商計三百英里估價須銀三百五十萬磅　因謹按俄人造鐵路於琿春則相偪於北法人造鐵路於越南英人造鐵路於緬甸則相偪於南數十年後中國邊防其急乎

十二日晴未刻開船

舟望東行行一時即指南而行此海海鰍至多時浮水面因望之以爲長二丈餘船主曰其長實有五丈也離船數十里海鰍矯首向海面噴水其高四五丈如煙如霧又如海舶之挂帆時隱時現亦可知其身大而力巨矣　舟中英人言阿富汗與俄立約因查阿富汗在印度東北北與俄鄰故英國以阿富汗爲印度屏蔽今俄與阿立約將由陸路通商以至阿京則印度藩籬已撤英人將何以保印度俄之覬覦他國土地無時不思侵佔其性然也

十三日晴此數日中波平似鏡舟行砥平

俄太子奉俄皇之命親帶兵艦四艘由歐洲展輪遊新金山新加坡西貢以至中國各通商口岸以廣見識冬初當可抵滬矣　因謹按歐洲各國之君及其世子多爲遊歷既廣聞見且習風波揆諸古人習勞之義亦有合也　美國哈哇城天文館之大總裁擬遣熟悉天文星象各員隨帶各色器具暨測探遠近之機器并遠鏡前往祕魯查探現聞該館總裁已選定深諳天文官員一人名畢刻林爲總辦帶同司員兩人一名賓格蘭斯一名唯卡斯以及司事工役人等定於下次公司火輪附坐前往祕魯之阿立冠派

城駐紮查阿城係居祕國之正中測觀星象一切最爲相宜且內有一山不高不卑山上建屋居住先將各色器具安排妥貼然後詳細逐探各色星象以及金火兩大星宿並聞此處測探月象暨用鏡拍照較他處尤爲詳明也畢君云現在南半天一切星象無論巨細較在北半天尤爲皎明並將所視天象逐一畫圖貼說以便編輯成書詳加校核也惟爲時須八年之久至速亦須六年方能蕆事西人之用心天象於此可見一斑云　因謹按美人測南墨洲之天文即測南墨洲之地理也但測天文之經綫緯綫度數若干即可以知地勢之道里若干不僅南半球之星宿可知也惜

祕魯無人不能知美國用心之深耳

十四日晴

此兩日內不見山閭之船主今日午正舟過赤道午以後舟行亦道之南矣是夜船向西北折入懷紐而江　美國搜購現銀聞近日解往比利時國不知何用或卽爲比國代購也　義大利國所造最大之鐵艦名薩那者工已告竣其下水之時觀者如堵海部大臣亦在坐一時拍掌歡呼聲如雷動是船計長英尺四百十尺闊七十七尺容一萬三千八百六十噸洵足爲意大利兵船中之巨擘也　俄國欲於裏海地方推廣鐵路以達波斯之謀曬得城尚未謀於波王擬於動工時通知其事蓋早視波王爲無能不敢

不從也　因謹按俄與阿富汗立約矣又營鐵路以達波斯一則垂涎於中亞一則垂涎於歐洲也元世祖之時分遣大將奔彪愷撒略地歐洲乃地定而鞭長莫及依然分裂俄王豈不知乎而勤遠略乎

十五日晴

江行向西北巳刻到惠愛磯地頗平敞背山臨水闤闠周密勝於巴拿馬土人約萬人華人居十之一蓋厄爪多國之所管轄也兩岸樹木青蔥可愛華人葉文英陳忠華高靜光來見言前此二年該地方官禁制華人賴英領事張百熙爲之代繕稟具呈請於國王得以弛禁遂得安業因教以宜卽聯絡英領事以資保護我國未與該國立約不能以公法繩之也此地至香港輪船兩月可到帆船須五月華商約上岸因以開船甚速不便離船辭之

十六日晴巳刻細雨遽止熱甚

抵薩拉埠又名打拉埠前一年尚未設埠亦無人民山係童山無草木房屋約百餘家因詢船主以此地何產則出火油也自近年方知之因開井取油每年運往各國漸運漸遠船至此下機器爲取火油各廠之用也申正開船戌正至比打埠已入祕魯境矣自紐約至祕魯各埠房屋多以薄鐵爲瓦其凸凹如瓦式而以鐵爲之長約一丈寬六七尺取其質堅而價廉也墨洲築室其極大者以白石條砌成石條長盈丈厚數尺自基至頂一律非地震不能

壞如美國各部衙署聞造費三千萬圓次者用磚又次者用板磚板所作之屋多以鐵皮爲瓦閒有用鋼瓦者然不多覯　因謹按一百年以前香港一荒洲耳二百年以前上海亦海盜出沒之地耳迄今香港爲大埠廣厦雲連其地幾於計尺論銀可謂盛矣上海爲我國第一市鎮其他皆不及焉所以然者其地近海而又爲各國商賈貨物往來之孔道耳或謂地氣有盛衰而不知實由人事也

十七日晴天寒稍涼清晨可著夾衣

辰刻泊打拉尾島亦童山而所下者多鐵瓦之類地產棉花風漸大船行頗側　本日發南風而天氣轉涼初以爲異繼思此地已

在赤道之南則南氷洋在地之南此地之南風猶中國之北風也故涼　俄國與土耳其國交界之歐西魯姆地方俄兵至者日益多土耳其民人恐其進攻驚相走避土國家乃出兵以備之　美國上下議院議員羣請於總統商之英國並商之墨西哥國禁自英之屬地加那大與自墨西哥入境之華人　因按美自光緒十四年禁工之例行可謂嚴且酷矣新華工已不准來卽舊者亦不准來并領有美國之照許其來者亦不准來自以爲至密矣而邊境甌脫之地華人乃偷越而來華人固無恥而亦美之背約失信有以激之也

十八日晴

至阿村島亦童山而其內出煤土人造鐵路火車以運出口船至此稍泊以載煤備用巳刻仍開行稍向東南不似前此之直向南矣東南面多山皆童山也

十九日晴

未刻至白鴿尾裝米四百餘包牛百餘隻申正開船　俄廷密諭稅關於英國入口鐵器棉紗加增稅則較之舊稅多至百之三十至百之四十又擬廢勃而忌里亞之君以瑞典國之世子代之　因謹按英國棉紗行於中國者日廣似可倣俄國而增其稅亦塞一漏卮而增一入欵也

二十日晴

卯正泊打辣美卸米百餘包及木箱數十巳初開船此地山甚深望之有四五層其第四層在雲外雲環山腰如帶山尖出雲之上要皆童山全無草木而多沙舟過產鳥糞之山同舟英人亦赴利馬與因接談言至祕魯已二十五年矣今將辦鐵路也又言祕魯沿海之山荒禿無草木而內地美不勝收惜祕邦無政不能經理也十年前亦曾至中國中國民風勤儉萬不能與其民爭利惟擁貲厚者操其利權則得其利不若祕魯之利之易爭也其地荒則地利易興其民寡則客民可容其俗嬾則土民之利可奪故舍中國而赴祕今擁貲過十萬置田宅之外尚有餘欵以逐什一若鐵路歸英則利益溥矣云云　此地祕國各寮至多華人之所聚也

華人上船來見言三年前有委員二人來查寮一切供張均由商具而於弊政究未詳查華工依然困苦曾已呈控於出使大臣矣　因於光緒十五年由滬出洋之先卽有香港商人書控告委員查寮之不力今又聞之商人其寮之難查歟抑人不易得也

二十一日晴

舟行黑水洋東面仍多山而無風浪計自元旦至今日舟行已兩旬矣雖不眩暈而頗覺勞頓蓋由顛簸顫搖無一日之息也屈指今日午刻當可抵嘉里約巳正抵埠叅贊吳濬領事張曾詔繙譯黎熺洋員杜嘉爾來迓當坐小輪船上岸抵火車廠華商亦來迓遂共雇專車至利馬都城

二十二日晴

謁外部訂遞國書日期商定二十五日　智利國內亂華人之寓智利者因求英公使轉致駐智利之英公使代為保護　因查智利國勢已近南冰洋蓋與俄之鄰北冰洋者遙遙相對矣自勝祕魯後頗有夜郎自大之意前此與祕魯交鬨致損華人產業鄭使曾託美國駐智公使索賠不得今乃國中自亂其將衰乎

二十三日晴

華商二十餘人於嘉里約相迎又至使館相見今日回謁遂至通惠總局小坐局不宏敞而尚修潔華商二十餘人相見因詢以現

在利馬華人數目答云不能詳知遂屬其查明又詢近年華人較之前五年為增為減答云近來出口多於進口大約已減於從前矣又云中西學堂何以無人就學則云中華四子書少時無不讀者父兄自可教其子弟淹博之道非所敢期故不須就學洋文須延洋師費用太大無可籌措請即停辦因再三開導衆云勉強允從非心所願豈能持久不如直言前此本非所願故一年以後即已解體今決不敢應承因察其情眞無可再言遂止即登車回館

二十四日晴

祕國舊總統偕其子又參贊某又前駐中國公使愛立謨來見華商李杰彭某王某來見當屬其查明現在華人之在祕魯都城及各寮共若干人　聞智利國之水師統領因其總統欲改為君政之國激變連日交仗已攻取兩口岸矣　德員在阿非利洲現以重貲僱土人為導以期入其內地蓋欲闢其土地且冀相安無事也　德奧兩國近來私訂密約彼此嚴為防堵有事則脣齒相依無事則時時訓練　因謹按歐洲各國分裂阿洲後葡人日人未聞有所經營若英若德若法固各有布置矣春秋時吳與晉爭盟於黃池而於越以兵入其國故德方圖阿洲之地而又合奧以防俄

二十五日晴

祕都利馬自古至今終年無雨天時地氣殊不可測是日未刻細

雨如塵地不能溼參贊吳濬以為少見　英國於給迫考老尼在阿非利加洲之南開闢內外政治日益修明惟費用亦增幸鐵路漸拓商務漸興進款亦漸旺尚可支持國有人焉宜土地之日廣也　因謹按言之足以徵信者甚難諸子百家龐雜無論矣嘗讀爾雅原文云東至日所出西至日所入者此何地耶日本不動安有所出入耶由中國向東而行過大東洋再過大西洋由歐洲而返中國矣無日出之地也由中國向西而行過歐洲涉大西洋逾墨洲再涉大東洋由日本而返中國矣無日入之地也且中國之日出即美國之日入美國之日出即中國之日入隨地球之向背為隱現非眞有出入之區也原文又云距齊州以南戴日為丹穴

北戴斗極爲空峒一若北有斗極而南則無也者一若南至日所
行之赤道而盡也者皆非也南斗七星因於此固明明見之矣戴
日之地爲赤道因固明明過之矣至於周髀算經一謂月之大徑
一千餘里後世又謂日之大稍過於地皆未得千百分之一也無
輕信古人也

二十六日晴

是日爲遞

國書之期午刻兵頭五人帶樂工軍士九十人建祕魯國繡旗來

迎

國書既至使館則立旗大廳之西樂工以時作樂申初護衛大臣

副外部二人到宮車二輛亦到署敘寒暄卽偕參贊吳濬繙譯黎
熺署參贊黎榮耀洋員杜嘉爾乘宮車至總統宮門門已列仗相
迎騎兵執旗擎槍嚴陣於門內右偏因下車率各員入宮總統已
率各部大臣鵠立以待因趨而前捧

國書行一鞠躬禮卽遞

國書總統接受因出懷中頌辭紙朗誦之總統亦讀頌辭讀畢又

遞報賀

大婚之書禮成總統延因坐參贊等員各部大臣亦坐總統詢我

皇太后

皇上聖安因敬立以對又作寒暄語遂退出乘宮車回使館騎兵

執旗擎槍前導後擁既至館外部卽奉總統命來謝因均款以酒
食又賞樂工軍士以酒其去也再賞以銀錢外部等乃辭退因卽
乘車至外部處謝步並謁各部大臣

二十七日晴

謁各國使臣並回拜舊總統　英人議禁鴉片煙會會中人有自
印度遊歷而回者謂印度煙館幾一萬家吸煙者多消瘦現在發
出之帖准開煙館者計一萬九千三百九十五張所願政府從此
卽停無壞心術也　俄主諭兵部大臣明年琿春應添步兵一營
以爲西比里亞以東之策應　因謹按琿春爲中國之地中國駐
有防兵俄人營鐵路以達琿春又添兵隊鐵路成而邊事亟矣

二十八日晴

謁副外部前駐中國公使並房東遂送外部副外部英公使美公
使房東禮共五分　可崙比亞玻璃斐威內薩巴西智利各公使
來見祕將軍佳拿旺那來見其人曉暢兵機精力強壯將來前程
未可量也　英人擬通商於中國之雲南省謂法人已居蒙自增
產業闢利源英人豈坐視不由緬甸以達雲南且緬甸與中國本
可通道若築鐵路將來商務必盛云　因謹按歐洲各國大小相
維犬牙相錯無可開拓故皆垂涎於阿洲可唾手而得矣中國之
地北與俄鄰南與英法鄰東與日本鄰俄人侵佔於琿春黑龍江
之間英法已踞有緬甸越南之地而其欲未饜也日本已縣琉球

未嘗一日忘高麗而其志不能逞富此時勢不特邊防難固卽邊界亦難靖矣

二十九日晴

英公使美代辦德公使來見因詢德相畢思麻近狀言已告退又詢德將軍毛奇特起居言尚爲將軍年已九十矣因言此二人者德之柱石也德公使亦詢李鴻　起居因言尚居相位德公使言外國聞李鴻　之名與畢思麻相等因謙讓又謝英公使代爲保護寓居智利之華人英公使謙讓遂各退　英人在緬甸自曼得來至怒江測量道路以備設鐵軌者途中多遇險阻有一處最險者須駕長橋三五十丈始可免縋鑿之費鐵路之成尚需時日今

擬先由磨地通至猛剛以至於排麻費省故也　因謹按緬甸越南兩小國中國列爲荒服以覊縻勿絕待之兩國亦僻陋自安無所振作自爲英法所滅而講求商務建置鐵路訂立稅則時有所聞豈天時地氣之變遷歟抑闢草萊任土地固存乎其人也因願施之於東三省焉

二月初一日元吉晴

西班牙公使來見　祕魯國境北界厄爪多國可崙比亞國南界智利東界巴西玻璃委國西界太平洋海居民二百六十三萬一千餘生番二十五萬餘外國工商七萬八千餘內中國六萬餘人義國七千人法國二千餘人日國一千六百餘人德國一千六百餘人英國奧國瑞士葡萄牙美國人數甚少地產糖硝泥自光緒六年與智利搆兵敗北割地所產硝泥之地盡歸智利遂至無物不稅無人不稅而苛政多矣　土耳其之摩洛哥城百姓倡亂官軍與戰敗北急請援兵土君聞之深以爲憂　因按土耳其版圖尚跨三洲地非小也乃以君臣玩愒國無靖時前此俄人伐之非英相助已滅亡矣

初二日晴

祕國都城名利馬居民十萬一千餘人人多入耶穌教其國爲民主之國其主持政治者有三一爲上下議院由民公舉國中無論何事必待議准方可施行總統亦歸其議舉一爲總統統領全國

之兵頒行議院律令之權設部臣五曰吏部以治官及工曰刑部以治各堂各局曰戶部以治商曰兵部以治水陸軍曰外部以治交涉一爲審案官如中國之刑部臬司由議院公舉其人必由律師出身以治訟事曲直是非由其斷決　玻璃委通商公使及寮東來見勉以厚待華人寮東極言無有不厚　美兵船至中國煙臺報中國南北洋兵艦共十二艘已展輪出口往各處巡歷此去年八月事也又云中國兵艦將至朝鮮　因按泰西各國留心時事凡交涉各國之舉動時時留心而於軍務尤留心焉

初三日晴

考祕國水師兵船三艘不過容三四百頓陸軍四千分爲步兵六

旗馬兵三旗大礮兵二旗另有守街巡兵三千三百七十一名有
馬者八百四十三名總計共七千三百七十一名　祕國口岸極
多以嘉里約爲最大距利馬二十里來往火車路二條大馬路一
條土民三萬四千餘人另有小口岸十九處衣路一口已歸智利
管轄　巴西國公使來見　謁祕外部　祕報載英國君以金鏢
送中國
皇帝其鏢上刋中國文中外和好昇平之兆　因於此不禁欣悅
美國自增關稅以來物價騰貴百姓患之謂此乃無異於加捐病
孰甚焉其西方之民尤多不服皆欲國家改此稅則以爲民便
德奧意三國同盟雖不專防俄國實有防俄之意俄人知其同盟

之局久而益堅奧更有大憾於俄俄亦先事防維　英法二國以
英國屬地紐芳蘭地方漁事所有爭端久而未決法國乃請教王
從中剖斷教王允之　因謹按此亦排難解紛之一法化有事爲
無事也
初四日晴
祕魯全國分爲三十省九十四府計大市鎭六十五縣七百五十
七大鄉落一千三百三十九中鄉落四百七十小鄉落六千一百
七十田寮四千五百西方一帶土地肥美故多田寮東方多高山
山常出火其出產以糖爲大宗　謁外部及各國公使辭行也
美國海部議添礮臺船三艘其一造於舊金山需銀三百二十四
萬其二造於費城需銀五百七十八萬又造極快巡船一艘需銀
二百七十二萬五千元　因謹按自紐阿連之案出而義有責言
自祕林海之案出而英有責言美之布置海防所以如此其急也
然非其國帑之充則經費不足而束手非其船廠之多則製造無
地而束手要在綢繆於未雨而後可指揮於臨時耳
初五日晴
祕魯鐵路共二十條合計共本一萬三千餘萬兩間有歸智利者
其商船皆英國智利國所造利權盡歸他國矣　外部來見愛立
謨威內薩公使兵部大臣均來見　英德兩國立約以北海中希
立古闌島歸於德俄人以爲此島爲德所有則俄國波羅的海之

水師大有不便惟是英德之交甚固一旦有事同心相助則計之
得者也　因謹按希立古闌北海之小島也英德與俄歐洲之大
國也德非爲阿洲之地斷不肯讓與英英非得此島斷不容德踞
阿洲之地俄處局外亦有妒心抑何視土地之重耶
初六日晴
祕魯進欵以祕魯銀計入口稅四百餘萬出口稅三萬餘買賣產
業稅十九萬餘火酒至玻璃委稅三萬九千餘國內火酒釐二十
五萬餘關稅租十五萬餘進口船稅四萬餘房租二萬餘鑄銀局
進項九萬餘屋稅十二萬餘稅關罰欵十四萬餘身稅十七萬餘
出家人身稅二千三百餘各欵碎項一萬餘書信局進項十五萬

餘沽有印紙銀五萬餘又九萬餘訟稟用此紙係具呈及立合同用船局進項三萬餘火車進項八十四萬餘鹹泥稅八百餘礦稅八萬餘磨煙度口岸馬頭進項二萬四千餘進口貨投關紙八百餘新例加抽各貨出入件頭二十三萬餘嘉里約馬頭進項三萬餘紙牌釐一千九百餘鴉片煙進口稅二十三萬餘稅關紙項五萬四千餘此紙係入關稅貨用生意稅十四萬餘鑄銀稅每百三元九千餘田寮稅五萬餘鹽埠進項四萬餘巡丁進項六萬餘煙釐二於九萬餘各口岸馬頭進項一百零三萬餘大監房工一萬四千餘電綫二萬二千餘加抽買賣單二萬九千餘統共全國進項九百一十萬八千九百五十一元八角三仙　國債貸欵及欠太平糧銀二十七兆八十萬元廢銀紙銀七十九兆元前任總統卑路拿手所出新英架銀紙九兆五十四萬一千元而借他國之欵尚不在內　西歷一千八百八十九年日本出口之絲較上年多十一萬四千三百五十磅多售值英金五萬三千八十四磅以絲巾而言之在一千八百八十八年已較一千八百八十七年出口多售值英金三萬一千一百七十一磅者至一千八百八十九年又較一千八百八十八年多售值英金十一萬一千四百十四磅是幾多百分之五十其他出口之綢綾亦復較前大盛在一千八百八十九年值英金十九萬三千五百七十二磅較一千八百八十八年多英金十四萬五千五百六十二磅絲市之盛不可見

乎日本於一千八百八十九年出口之茶值英金九十五萬八千七百六十九磅在一千八百八十八年僅值英金九十四萬四千二百二十五磅盜較多英金一萬四千五百四十四磅云　因謹按祕爲小國民數二兆有零合中國二百分之一入欵銀六百餘萬兩合中國十四分之一爲詳稽其入欵則書信局十五萬餘鑄銀局九萬餘鴉片稅二十三萬餘卽此三項以民數二百倍乘之合九千餘萬矣彼稅固極重而中國之稅未免太輕也

初七日晴

拜發行抵祕國并呈遞　國書摺寫船票火車票　英公使法代辦美代辦均來送行　是晚吳濬張曾詔爲具膳以明日卽啟行也　祕魯國債均貸於外國由本國之民不相信也共計一百六十四兆七十六萬五千元合中國銀一萬六千四百萬兩計至西歷一千八百七十五年七月初一日止共欠息銀九十七兆三十五萬零九百四十元共欠本息二百六十二兆十一萬五千九百四十元合中國銀二萬萬餘兩此債由去年與債主訂定立約將國中火車鐵路交與債主辦六十年再由戶部按年籌英金八萬磅湊足計三十年爲止則所欠之債作爲清還　俄國以美國新增進口稅其自唐江出口之南省羊毛竟不銷售先是俄國各貨運至美國紐約者不少今以美國稅關多方留難運往之貨一時難起故無人肯運以往云　因謹按國債之舉利溥公私國家得

民有餘之資以集事而民亦可藏富於國此兩益也祕國不見信於民而貸於他國至以利權授人則國蹙而民亦困是之謂兩損可以爲鑒

初八日晴

是日寅初卽起上樓瞻南斗見上三星下四星如北斗之杓頗爲明白牽牛星已入地　辰初各員均起遂飯飯後乘馬車入火車廠副外部及前駐中國公使愛立謨均到愛立謨言總統以因爲善辭令贈一照相愛立謨亦贈一照相因託以保護華人均點首談適時威內薩公使亦到各國公使到者甚多不能悉記火車開時均送至車傍作別而去巳正至嘉里約遂上船船名不實樂船

主升中國旗申初開行

初九日晴

舟至打辣尾華商來見云此埠華人約四千人　聞美國與巴西已立報施條約美國所產之五穀麥粉乾羊鹹肉鹹魚乾魚農具開礦器具製造器具格物書契火輪車器等物巴廷允准入口免稅此外牛乳油餅火腿棉布鋼鐵器另計木器馬車樹膠則納半稅巴西所產之糖加非茶葉生牛皮等物運入美國亦免稅云

因按美國如此之富而筭如此之嚴其意不過防利源之奪於他人而已其五穀麥粉之運入他國欲其免稅必有免他國之稅則以相報施則他國亦防利源之爲所奪也現在美國之麥粉運入中國者每年數十萬桶皆不納稅而中國之米運入美國曾不免稅且加重焉報施之謂何

初十日夜雨

舟至白鴿尾華商來見言此埠華人約六千近因到者日希土人尚不妒忌又言各埠所銷售多中國青綢紗袴及絲巾又洋人亦好服中國之山東紬取其堅而質也所見洋人多有服之者　同舟法國水師提督調赴墨西哥換班因與接談法提督言以前駐紮上海十二年極喜中國民情之勤儉中國水師海軍振與當有起色因言中國向來以柔遠爲心不恃兵力故不願以海軍角力今風氣既開自當整頓以飭戎行亦權宜之道也地球海軍自以

英法兩國爲冠其次則德俄義奧均有可觀法提督曰論鐵甲之多自然推英論海軍之強法實不讓蓋以法國兵艦管駕得人運掉靈便爭雄海面自以爲尙勝一籌因不便直折但答曰此誠聞所未聞具見貴提督之曉暢軍務該提督欣然而散　因按近年查考各國兵艦英之鐵艦一百六十六艘法僅六十二艘不但大小不相等卽多寡亦相懸且去年法國議員詳查歐洲各國水師強弱情形而自知不得法見於報者屢矣乃恃意氣而爲虛詞以恫喝中國以爲中國不知其底細而不知因已見其肺肝矣於此知法國之霸氣而歐洲人情莫能相下亦見一斑此因所以志切自強也

十一日雨

至阿村島船上上下之人亦甚多貨物亦多天氣之熱至於單衣汗浹因將過赤道而日正當頂也　美國加利寬尼省下議院議定限制華人條例以爲可行者四十九人以爲不可者五人其例凡華人現寓居該省者按名給發執照以後不准續來上議院已議准矣　東洋日字報云聞和德兩國新訂密約欲互相保護以得脣齒相依之助若彼此與法國相戰兩國均須協力同心云

日本朝廷擬遣兵船一艘駛往北方之寄喜買海以便禁止他國漁船捕捉海獺及各種海貨查此舉亦效美國之禁祕林海捕海龍事　因謹按日本當中國李唐時事事步趨中國近則步趨英

法今乃步趨美國矣西人謂其情性如猴好效法人而輕舉妄動也可謂雅謔

十二日晴

至惠愛基此埠已在海峽之內實爲長江人之上下最多又有盜物者爲侯潤所獲並獲其贓送交船主船主以爲應由地方官辦理無可交者釋之是夜該船上貨下貨極多至開五門一時并力交卯初始畢辰初開行同舟有三十人須由巴拿馬赴紐約恐船行遲而大西洋赴紐約之船先開則大費事相與籌商告之船主凡行船諸人自司機器及司爐以下均給重賞令其上緊一面仍電致个郎輪船公司屬其停候一日當由該公司覆電允候十二時辰　因查巴拿馬个郎爲煙瘴之地其水土最惡劣從前法人勒伯西集股開濬其地以通大西洋所招黑人歿於瘴者十之九行旅來往均視爲畏途焉以重賞速其行船使不致逗遛其地以染瘴癘亦計之得者也

十三日晴

卯初開船出內江入大洋　同舟德國二員游歷墨洲人甚和藹彼此接談言德國來因河者與法交界之地也近有人於河旁置一生電機器即藉河水以旋轉車輪有一萬匹馬力以生電氣然後通電綫於各製造廠之生力機器蓋用水力以生電又用電力以生力而運機器也其用至多如需火燭即用以生光如需煅鍊

即用之鎔化如需運轍即用以舉重推行惟所欲之無不如志較之用煤又爲潔淨計費資本僅二百餘萬圓而利鉅矣　因謹按電氣之利愈用愈擴近聞美國能以電氣表測鑛知鑛產之有無既省人力又省縻費格致之功也

十四日雨

舟行大洋時有大鱉浮水面大如栲栳所過數百里不可勝數　英國屬地考侖比阿去年所漁海獺之皮有數萬張值英金四十餘萬磅其漁船二十餘艘漁人六千餘名若美國在彼處漁海獺之船僅有五艘所漁海獺不過數千德國之船僅有一艘所漁海獺不過數百　因謹按洋人重商而趨利英人尤甚故富甲於地

球中國向重農所謂貴粟而賤金玉也然而當漢盛時賈誼上書有云貴農夫農夫已貧賤矣賤商人商人已富貴矣意者天時人事之所趨自古已然不能執一而論乎考之近年戶部入欵每歲銀八千餘萬兩其中地丁銀只一千餘萬兩耳此外皆取諸商也若循古昔之關市無征則每年所入之數能敷所出乎運本日新而法無不變敢以質之是古非今者

十五日晴

舟行大洋過赤道船主以午正用機器測天舟行至二十二度云十六日巳正可到巴拿馬　義大利人言西歷一千八百九十年歐洲各國之朝教王者法義美奧德五國之民各有所獻美國居

多共銀十五萬餘兩然較往年已減矣　因查歐洲二十年前最重教王其權可以廢置各國之君其遣使在頭等公使之上自德滅法而法不能護教羅馬一城義遂收回教王惟餘一宮殿耳近日俄德美義諸國均不崇天主教美國之奉天主教者至不准舉總統教勢因此日衰然餘威猶存根株未盡尚有先已入其教者故不能無所獻也若法與奧則民心猶歸之而執政諸公實不以爲是矣

十六日晴

巳正抵巴拿馬領事阿丹信已先至碼頭用小輪船載人及行李抵埠易佐才已到爲雇馬車五乘載人及行李赴火車廠阿丹信則爲寫火車票並輪船票火車於申初三刻開行阿丹信亦坐火車送至半途因以路程太遠謙辭阿丹信遂返中途大雨抵个郎已戌初華商來迎代僱車送上船因自起爨船主已備飯從者七人均上等艙　因按巴拿馬个郎地逼赤道天氣四時皆炎熱如溽暑寒帶之人至此極不相宜樹木叢雜芭蕉滿山四時不凋故開花而成實黃橘青梨波羅各果徧山均是尚有不知名者土人肌理黑黝形狀粗濁自成風俗非有鐵路火車不易經其地也火車行三時雖途中屢停以便上下之客然計程途曲折亦二三百里開河機器沿途布置廢而不用聞已費銀三千萬兩工程只三之一經費已竭故遂停也

十七日晴

廣昌商人請赴席因力辭隨員均往个郎總督來見美駐个郎領事來見言美駐中國公使田貝現已更換布列也接辦兩月之內可以啟行又言布列也爲北黨年五十五歲因又託以保護華人遂退　復謁个郎總督及美領事　昨夜至今日蕉果之入船者數百車以每車三百斤計蓋十餘萬斤均運至美國出售查此地周圍數百里人煙稀少山果至繁如無火車則不能運出山如無輪船則不能運至美蓋地氣既熱小車載重則壓而至碎又鬱而至腐間有存者日久亦無不壞今以火車運出山既不積壓復以輪船運至他國又不久時可以銷售計一年之內所得已多此鐵

路輪船之利也　墨西哥國以美國新增進口稅其牲口不能出口議於進口之美國貨物亦重抽其稅云　因謹按交涉之道太柔則廢墨西哥小國耳與美毗連乃於美國之加稅而亦加稅以報之不畏美之詰責也亦不畏失美之歡也誠以不如是則無以持平亦無以自立也

十八日晴

此次駐祕時巴西公使來見詢我中國近興鐵路因答以甫有端倪巴西公使言伊國商民願興鐵路業經廷議允准但有約法三章須由朝廷核定一京城與各省城位置鐵路二與外國毗連之鐵路三保護國家之鐵路此三者均由國家作主其餘悉聽商人相地辦理云云　英國可侖白地方有日本兵船水手結隊而行衣服鮮明自外觀之幾無異英國水師云　俄國以與各國預有成約有事之時不得添兵於黑海故欲於無事之時增添黑海水師爲有備無患之計今以所有鐵艦尙嫌其少卽欲添造鐵艦數艘并欲添造水雷船數艘　因謹按當今欲自強之國無不以興造鐵路爲先務則鐵路之利國無疑也俄增鐵船於黑海日本耀水師於可侖一求實濟一尙虛憍而海軍之當講求亦無疑也

十九日晴中夜大雨

拜發由祕返美摺智利內亂據智國使臣言亂黨勢寡兵船不過數艘其餘地方安靖如常而商家之貿易於智者則云智國家有

輪船二隻載兵入衛其一已爲亂黨擄去其一爲兵船所追幾不獲免幸而到埠而卑沙瓜一城業已失守沿海一帶口岸俱爲兵船所封其勢岌岌云　因謹按八年前智祕之戰祕魯鐵艦爲智利所擄而祕魯遂不支今智利自亂智國家之兵艦爲亂黨所有智國亦不支然則講求海軍其必以得人爲首務否則藉寇兵而資盜糧矣

二十日晴

舟至古巴島口岸外海面有似小鳥而結隊紛飛者因以爲鳧鷖之類船主曰此飛魚也以遠鏡視之不甚明白嗣有飛於近船者始知爲魚其飛離水不逾丈長不逾尺望之如蜻蜓蓋四翼也舟人獲其一以藥水製之不朽隨以相贈卽而視之則前翅生於脇而較他魚爲倍長後翅稍短然他魚亦不能如此長也宜其能飛

法廷議撥越南經費一千二百萬佛郎議紳議允者二百八十四人不允者一百九十九人聞已撥矣因查法國國債其周年行息四釐者計二萬二千八百二十四兆零合中國銀三十一萬九千二百餘萬其周年三釐半息者計八萬八百兆零合中國銀一百一十萬萬兩計每年交息約六千萬兩蓋每年進項以五分之一交息矣　因謹按外洋各國無不有國債者法之國債每年交息至銀六千萬兩其債可謂鉅矣而民間尙肯貸之者則以政府尙信足以取信於民而民亦以按年可以得息較之他㞐爲穩也

或謂一千八百七十年卽同治九年法幾爲德滅矣若宗社爲墟國債將誰索乎不知萬國公法國之債貸於民還債之項出於地債與地合而爲一其地爲誰有則其債應誰償此民之所稔知也所以無慮也

二十一日 晴天氣漸涼可著兩層衣矣

英美爲祕林海峽英人捕獵海龍事英廷已撥兵艦至太平洋保護云　因謹按美國近年尙霸氣未遇強有力者自以爲霸氣之可行也今英強於美顯與爲難矣美國能始終苛禁英人如待華人之例一意堅持否恐不能矣

二十二日 晴夜雨天氣驟寒可著棉衣此已過赤道之故也

西人有自奉天至天津者路經各海口見大連灣銘軍新築礮臺六座堅而且精其老龍頭礮臺一座恰當敵船之衝三面臨水工程尤難和尙島東礮臺徐家山旱礮臺築土取石亦不容易此三臺之精堅尤爲各臺之最英法兵艦過此者均極口誇之　因謹按泰西各國造兵艦築礮臺講求軍械所謂安不忘危治不忘亂不戰而屈人之兵者也兵船遊歷大抵覘其國之武備以知強弱風氣如此雖欲弭兵耀德斷不能矣

二十三日 晴北風漸大船左右晃立足不穩矣

有帆船二艘自古巴赴紐約懸旂以求救援本舟見之卽停輪帆船遂派小舟至舟中三人其一上本船言自古巴開行後北風不止已行三十二日船中糧已竭尙不知何日能到紐約故來乞糧船主給以麪二大桶每桶二百磅薯二桶牛肉菜蔬麪包茄非足敷一月之用然後開行　因謹按上古造舟以致遠帆檣之力猶限於風自輪船出海綫諳而重洋萬里可計日按時而至向之所謂天塹者今皆爲坦途矣天地之氣運日開民生之機巧日甚易言窮則變變則通不變則不通也又言隨時之義大矣哉言不隨時則不可也

二十四日 晴大北風船仍搖晃

同舟英商人言英法交界之海峽向來風波最大過此者無不眩暈今擬籌費三百萬磅開通海底興造鐵路用火車往來海底以

避風浪　字林報據東洋日字新報本月初五日信云現本國政府整頓水陸兵權有蒸蒸日上之勢查現在陸軍各處城鎭礮臺以及防堵口岸均已次第建臺築壘以鞏固至於水師海軍暨各部臣均以爲最關緊要因經費支絀未能定議今政府因見泰西各國莫不以水師兵權多寡爲國之強弱是以不惜經費增造大小兵艦以彰國勢茲將議定添造各艦開列於下計開大鐵甲兩艘每容九千五百頓每價日洋七百萬一千六百四十六圓巡邏兵鐵甲三艘每六千頓每價四百二十一萬三千九百四十圓頭等尋常巡兵艦一艘計四千五百頓價三百三十萬一千六百四十九圓二等巡兵艦二艘每容三千五百頓每價二百四十萬

三千五百十二圓三等巡兵艦一艘計二千五百頓價一百六十七萬一千二百四十五圓又三艘每容一千五百頓每價一百七萬九百五十七圓頭等魚雷艇七隻每容七百五十頓每價七十七萬三千九百四十九圓二等魚雷艇三艘每容五百頓每價五十七萬三千七百九十圓以上統共頓位計六萬二千二百五十頓共計日洋四千六百七十九萬七千五百十四圓　因謹按張皇其辭者必其中有所不足也日本琉球之事知中國不快於心近見中國海軍日強其氣自陋極憂報復乃以外強飾其中乾肺肝如見矣

二十五日晴

午刻到紐約稅關已得外部照會卽下船坐馬車至領事衙門屬卽寫票飯後未刻上火車廠申刻開行子刻到華盛頓此次火車中途不停故速有泰及洋僕已在廠久候卽偕車回使館

二十六日晴

聞美國新派駐華公使布列也新報多詆之者　送外部祕魯所產皮褥一方絲巾一盒　美國紐阿連省有寓居該地之義大利人械鬬誤傷美人巡捕拿獲義民十餘人監禁審問而該地民人聚衆數千竟至監所用槍轟斃七人又縊死二人其中有兩三人尙未入美籍者義國駐美公使接義駐紐阿連領事之稟照會外部請美廷將槍斃義人之犯按例懲辦幷索賠償該省總督置之

不理外部覆文亦無懲辦賠償之意義公使又已備文照會外部請速妥辦矣

二十七日晴

金山總領事左庚丁艱由家丁稟請卸事美國民人橫殺義民一案外部覆義公使文以爲辦理此事之權操之該省合衆國官員不得越俎仍候該省自行辦理義廷見其推諉情形遂歸咎於美國政府因於二十二日遞書告辭回國只留代辦料理美外部立刻照會義代辦云義爲此役之故撤回其駐美公使美總統殊深歎仄查公使撤回之由一則因美國未嘗應允將殺死義民之兇手按例懲治二則因美國未經應允補卹死者家屬惟美國舊設國例國家政府不能干預各省政事此案懲辦兇手之事例應歸省官辦理合衆國官員不得越俎故不能預定該省官員如何辦理此案之處亦不能預定將此案兇犯懲辦也美國政府並未言不肯補卹但須先行查明的確美國如果應給卹欵然後方可照行不能急切就理云云義代辦既准外部此次照復卽電本國政府玆聞義國外部大臣業經照復許將此案再行酌議秉公辦理矣初美義兩國因此案之故幾乎決裂現在美總統與各部大臣見事有轉機可望調處不勝欣悅云　因謹按美國於中國華工一再燔逐中國照會不爲操切以前各案絕無辦兇手者其卹欵不過十之一耳美國侈然自肆心輕手滑乃以用之中國者又用

之於義國大受斥辱今而後庶知公法條約之不可違乎聞諸道路美之急於轉圜者實慑於義國水師之強也義國兵艦有名担大羅杜意留義大利者其礮係一百頓爲各國兵艦所未有美自揣兵力不能敵故不敢始終妄行也此可以見海軍之不可不講矣

二十八日晴

接美外部信訂相見　英屬澳大地亞（即新金山全洲地方）向來分爲七省各省政事皆歸自理近日該省居民欲仿美國制度合成一省現在各省委員會議已議定設立一總議之所分爲上下兩院所有撥欵抽稅均由下議院創議　因謹案自美總統華盛

頓創立議院而其制遂徧於天下亦古今一創局也

二十九日晴

歐洲來電云法國富商欲包攬俄國西比利亞之鐵路由赭加布士克地方至烏拉地禺士鐸埠（瀕太平洋）共計五千三百九十八米所用之欵卽以鐵路作抵特未知俄廷允否也　字林報言英國去年核算保人險一項其利甚大查英國保險公司共計八十一家資本之大小由十萬至一百萬磅不一而於去歲一年所收保險費銀共計六十八兆五百萬磅此數之多正與英國所欠民債數相似所有歷年之公積約計英金二十三兆五百萬磅尚不入此數也保險之利於此可見　因查保人險與保貨險章程相似貨失則賠人歿亦賠顧其收數多於貨險而人之願保者須由該公司詳驗大抵病者不保老者不保期遠者不保此其所以獲利也

三十日晴

聞高麗國閔氏一黨歸心於俄高麗國王惟閔氏之言是聽高事日棘手矣　奉天將軍裕　派提督左寶貴查勘金礦以備開採

倫敦來電云英國戶部自廷臣等選舉內閣高斯川爲戶部大臣後供職迄今將近三載所有通國一切經費出入細心校核撙節故凡支銷無虛糜歷來該部度支常多短絀未有盈餘自高大臣主政本年核算出入經費除開銷外尚盈英金一百三十萬磅

英廷諸臣公均以高君爲能　因謹按一國猶一家也謀國猶謀家也一家之用如以緻衣畜食爲節所節幾何不作無益害有益不貴異物賤用物而所節乃多矣通盤籌畫不爲臨事之張皇詳察弊端杜絕小人之欺飾而所節益多矣唐之劉晏庶幾近之

三月初一日（元吉）晴

午初赴外部衙門謁外部各國公使先因到者墨西哥德意志土耳其後因到者泥格拉日斯巴尼亞外部因赴總統處議辦事件尚未到署德公使有事遽回至未初外部方到墨土兩公使見後因往見謝其函致各處美公使領事照應事外部詢華人在祕魯何如因答以祕魯現在尚欲招華人來故待之尚厚其間有虐待

者乃不省之寮東耳外部點首此外皆寒暄語因告辭外部留之婉言曰美國新簡駐中國公使布萊爾適到衙門貴大臣願見否因答曰可外部遂引布萊爾來見握手爲禮布萊爾云本大臣新派駐中國公使將來務期所辦各事於兩國有益云云因答曰但期貴大臣能將兩國有益四字存心則交涉之道得矣布萊爾又言貴政府之意如何因答曰中國向以仁厚待人不爲與人爲難之事我政府於交涉之事悉照公法條約無背約而行者貴大臣可放心也此外悉詢中國道里風俗人情事遂辭出至酉初布萊爾徒步來見言新聞紙之詆之者實有嫉妒之人爲之以美國南北分黨北黨之人南黨好詆之且北黨之不得差者亦陰詆之新

報所言願貴大臣勿信因答曰本大臣元旦起行赴祕返美僅數日雖有所聞未敢盡信且人言何足憑要當察其行事貴大臣將來見諸行事者或與新報合或與新報不同自不可掩布萊爾乃於懷中出一紙曰此十四年美國行苛例時本大臣之條陳言不可急而當緩者此足證矣繙譯官閱之以爲信然因乃言曰貴大臣此日此言請勿忘之則於兩國有益四字符矣因作寒暄辭出

又聞美廷專派公使科士達前往日國訂立報施條約日廷已優禮待之　俄國京中將設一廠織綢高加索與中亞細亞各處已大興蠶事蓋出絲既多卽可供杼軸云

初二日小雨

回謁公使布萊爾談逾一刻布公使但詢京都中外相見儀注及風土人情因詳告之又見朝鮮駐美公使　倫敦來電云俄國戈林尼亞省地方與奧國毗連俄廷忽於昨日倍添駐防之兵歐洲各國聞之咸謂現在時局可虞又稱法國駐防之軍無不秣馬厲兵時加訓練每於夜間鼓聲忽鳴以試兵弁使習禦敵之法云

美上議院紳益文士在議院二十五年持論平允不徇工黨今擬辭職　伯林來電德廷擬添設東邊各省防兵俄國重兵近日屬聚該地有虎視眈眈之勢故防患未形　因謹按德皇與俄皇時時爲衣冠之會情投意洽俄皇前與德皇言歡且許保歐洲昇平之局然德廷仍靜觀俄人之舉動稍有不測卽思防之不敢恃邦

交而弛武備此近日交涉之要道也

初三日晴酉刻大雨

近聞義國代辦使事參贊至美外部照會飭令譯出云爲照會事照得花大臣請假回國曾經照會辭行在案頃准貴大臣四月一號中二月二十三日照覆本代辦將內開各節電達本國政府請各部大臣議辦茲據本國外部來電稱意國大皇帝政府但請將該案罪犯迅速按律究辦若未審明定罪而請懲辦未免不近情理今義國政府復述前情再請總俟美國政府允許提犯審訊後方可罷議至賠卹一事美國政府既言按兩國條約理所當行之事義國政府自當記注存案等因並飭照知貴大臣爲此照會貴

大臣請煩查照可也須至照會者四月二號中二月二十四日嚴祕理阿離押

美國駐華布公使偕其子來見　美國與巴西訂立報施條約後德廷因恐其民向來所得於南墨洲通商之利將來爲美所奪卽與奧國訂立通商條約爲本國商民貨產開闢銷路　因謹按泰西之重商務各國皆然惟明者見事於未著防患於未形故英美而外德之富強有蒸蒸日上之勢則得人之效也

初四日陰天氣驟熱

俄京來電稱俄國兵部業已傳令所有俄兵駐守之地如有他國人民在彼販賣貨物者卽行驅逐因恐一旦與德奧開仗此種人

爲敵鄉導也　羅馬來電稱義國外部自照會美國外部後至今未見照覆心甚著急如今日仍不照覆則令美國駐義之公使束裝返國並將現在義國駐美使署人員撤回本國所有義國使署交涉事件盡交英公使代爲辦理聞美外部布連本擬初三日下午將往紐約而不果行或者爲此之故　因按美國創苛禁華人新例自光緒十四年秋毅然行之經前任使臣張蔭　及因駮詰至今毫無照覆蓋三年矣茲於義國外部之照會覆之稍遲卽大受窘挫今而後其庶知中國之仁厚乎孫武子云勇怯勢也強弱形也泰西各國以強弱分勇怯我強於人則勇我弱於人則怯萬國公法如中國之律例頭頭是道不足憑也故理足而無勢則理不能伸勢強而無理則所爭者雖勝而爲人所嫉今地球各國其強者大抵皆恃勢而蔑理其弱者大抵皆有理而無勢惟兩強相遇則有理者可以求伸以弱遇強雖有理而無益也此謀國者之所以貴自強也

初五日晴

聞俄皇之子三月可抵上海總理各國事務衙門已有文令江海關道欵待又聞二月已由香港道出上海未作句留乘船泝江上駛云　初三日英公使接印度來電云曼尼布爾地方於緬甸接界有一強大部落之酋長爲其弟所逐而篡其位英國辦理該處事務大臣聞之親往調停爲叛兵所殺印度總督卽派副將格蘭

帶兵數百名進勦叛兵迎戰計數四千餘人亦持洋槍該副將以寡敵衆大挫叛兵並殲厥渠魁叛兵膽寒投降　因謹按戰陣之事兩強相遇則衆勝寡若以節制之師而遇烏合之衆則多寡非所論也此兵之所以貴練也

初六日晴

聞近日法廷所添造之兵艦現已興工尚未告竣者有頭等厚甲六艘海防鐵甲戰艦四艘鐵甲礮艇二艘鐵甲巡海兵艦三艘二等巡海兵艦四艘水雷巡船二艘洋面可用之水雷十七門頭等水雷艇二十四艘二等水雷艇二十六艘以上之厚甲戰艦可容九萬九千零二十六頓巡海兵艦可容七千零八十四頓計需經

費銀七千萬云　因謹按富強二字實相輔而行也往古之戰不過弓矢干戈其制易其費輕且無交鋒於海面者今之時局實生民以來所未有也一兵船而費數十百萬一鐵甲礮臺而費數百萬一礮而費十餘萬苟無經費何以興辦而覘國者又常考究他國之礮臺堅與不堅炮之巨與不巨兵艦之大與小新與舊寡與多以定該國之強弱而後於交涉之道判厚薄分親疏別敬肆嗚呼平時未考究者安知其竅要不親歷其事又安知其用心哉

初七日晴

法國夏化埠嘉尼埠嘉尼礮廠試驗大礮其驗法則連珠而放以觀有無炸裂之弊法廷及俄國和國均派大員就觀據和國將軍

連尼文言初試之大礮一尊於四十五秒之內連放九次而無破綻隨後又試一尊比此尤大者於五十四秒之內連放七次亦無破綻因此可知法國各廠所造之大礮不在他國有名之廠之下

三月初五日新報言羅馬來電言美國外部大臣布連之照覆如至初六日猶未到即另行議辦云云　又聞美外部大臣之公文業已交輪船寄義矣　因謹按義國政府似知美國之伎倆不示以威則游延故以決裂之情形示之而美外部乃不敢不覆既不推諉於省員亦無所俟於議院然則前此所誇耀於各邦謂美國崇尚仁義不悔鰥寡不畏強圉者至今日而掃地矣

初八日晴

美紳塞潑來函請赴紐約與宴因以金山華人方稟欲拒新簡公使布萊爾謂其憎厭華人而塞潑所請赴席係陪布萊爾事在嫌疑之際作書辭之　聞俄國西比利亞之鐵路自前年籌欵興工極爲上緊近得琿春來信此項鐵路現已工竣此時當可通行查此鐵路由西比利亞接至歐洲將來由中國日本及亞洲各國前往泰西自然便捷俄人之爲此舉既不惜費又復殫精竭慮以經營之計長四千八百一十西里合中里一萬六千餘里費銀三千二百萬磅合中國銀一萬三千餘萬兩途中越過三大河皆造大橋以過從此俄國東方之金銀銅鐵各礦均可開採從前黑龍江暨乳蘇利境內向多空曠之地一片荒涼人迹不到此後轆轤銜

接直破天荒琿春地方得此易爲接應必將成爲重鎮俄人調兵轉餉呼應自靈云云　因謹按香港琿春黑龍江從前均中國之地也中國以其荒僻不甚愛惜香港以與英琿春近界爲俄所佔今則香港已成重鎮矣黑龍江之險既爲俄有而琿春地方又得鐵路以通商俄勢漸拓於東俄之利中之害也數十年後我中國其費籌邊矣

英公使請赴跳舞會亥刻偕參贊繙譯往副總統及俄法日德東洋高麗各國使臣均到議院紳將軍亦有到者其跳舞始以男女二人對舞其轉折皆圓以後則男女合爲一隊攜手跳舞或分或合其轉折皆方子刻先回跳舞尚未已也　阿非利加之東散西

巴土王允將德人所租沿海各地免其管轄蓋德人以德銀四百萬馬克爲請王許之而棄其地也　因謹按歐洲各國方謀分裂阿洲而阿洲土酋又願以地售之是削亡如不及也然或者石卵之勢自知不敵與其被兵而割不如得價而沽則又小國窮蹙之情而不可以常理責之矣

初九日晴

土耳其公使訂於山莊見客因偕參贊繙譯申正乘車往英法俄德日國及墨洲各公使議紳到者甚多皆挈眷而至以此地距華盛頓數里有山野之景故覽勝者願遊同車已酉刻矣　美國近查華人之居加利寬尼亞省者計有七萬一千六百八十一人比

前十年之數僅稍減耳其有眷口者不過百中一二因華人由香港附搭輪船先到英屬加拿大地方潛入美境也近曾致書於英官請爲禁阻據英官覆稱華人來英屬加拿大地方照例輸納身稅則當任其往來自便地方官不能禁阻美廷因此擬於邊境認眞稽拿以期禁絕華人焉　因謹按美國欲禁華人並欲鄰國幫同禁阻不知萬國公法他國內政例不得干也美人不欲華人之來英人自欲華人之來英非弱於美而求庇於美者安能強以所不欲哉

初十日晴戌刻雷雨

智利國來電言智國港口阿利嘉之華人現因智利內亂無華官保護已託英國副領事該領事不分畛域推愛保護華人得免於難云　因謹按此次赴祕魯遞國書道經可崙比亞國之巴拿馬省該地華人約四千餘名土人忌之於光緒十六年夏聚衆驅逐華人華人電稟當卽託美國駐該省之領事保護該領事立見該省總督斥其非理該督遂派兵彈壓得以轉危爲安因到巴拿馬時美領事及華商來迓因禮勞有加且贈以中國綢磁該領事偕因往見該督亦餽以中國之產該督欣悅且謂華人甚馴此後冀可相安又道經厄瓜多國之惠愛磯地方該地華人亦言土人妒忌至於稟請政府立令驅逐華民求於英國駐該省之領事得以駁斥不行亦能安業因一面咨總理衙門一面咨駐英出使大臣

薛福　致謝英廷并求以後永遠代爲保護焉

十一日晴

新報謂近得俄京來電言俄廷近日布置以意度之歐洲時局難保昇平蓋以俄國近日整理軍務不遺餘力德奧兩國亦然俄國西疆各省與德奧毗連者近來俄廷不惜鉅費於該地多築鐵路四通八達以爲調兵轉運之資查四年以前俄之西疆鐵路未興調兵必須六月方到今則一月卽可馳至德奧之界歐洲大局豈不危哉　因謹按俄國疆土得地球六分之一甲於各邦歐亞兩洲惟其所向其勢如常山之蛇向歐則歐危如德國奧國土耳其阿富汗波斯羅馬尼亞勃爾高利亞皆有戒心向亞則亞危如中

國朝鮮日本均宜設備俄人又鷹瞵虎視兼併爲心秣馬厲兵耀武不息以致歐亞兩洲之國均伺察俄人之動靜以定防務之緊鬆蓋欲止戈息民而不得矣

十二日晴

倫敦來電言美國駐義國公使業已於本月初九日請假三箇月出都他往云　因謹按美義交涉一事美廷以美人妄殺義人可以不辦兇手不議賠卹方謂惟所欲爲無不如志也迨義公使一再詰問而術遂窮義公使既離美都美公使之在義者爲義所窘亦不得不離義都請假而去情形之失措如此國體傷矣自華盛頓立國以來未有如此之辱也度美廷有鑒於此外而睦鄰內而修備則尚可以不墜前謨或竟一意徑行則強梁遇敵必蹈拿破崙之轍矣

十三日晴

日都來電言美日報施條約初九日業已成議美國所派之使臣科司達定於初十日啟行返美查科使未赴日之前先與外部大臣布連詳議立約各節因外部特欲以美廷之意告知日國部臣煙葉一項美國斷不肯免進口稅其免稅者但茶糖牛皮加非等物耳科使多才居然成約而回可謂不辱君命矣　因謹按科司達年已六十前二十年曾出使日國蓋於交涉之事三折肱矣歐墨各洲於本國之利源不輕讓人故於稅則之增減悉心籌畫默

計土產之盈虛以消息之其變改章程非苟焉而已也必有益於國計民生而後行也

十四日晴

俄廷擬在嘉山埠專製無煙火藥聞已開工云　法國新式戰艦二艘一名侯珠一名馬蘇於十年前興工今年工竣業已下水隨調赴地中海（海界歐阿兩洲）遊弋以壯該處水師軍容查侯珠戰艦可容一萬六百五十噸機器馬力計一萬一千三百匹駛行之速每半時辰可至十六海米又查馬蘇戰艦機器馬力計一萬一千匹試驗兩時之久每一時可行三十三海米其鐵甲近水面處皆厚十八英寸船上旋轉礮臺之甲厚十四英寸船身之甲在機器房與火藥房者均厚三英寸馬蘇戰艦有三十四山地米打一（山地米打合英寸十分之四）大礮四尊近可洞穿二尺九寸之熟鐵板又有十四山地米打大礮十七尊旋轉連珠速放礮二十尊侯珠戰艦之礮位與馬蘇戰艦之礮位其數相同惟三十四山地米打之大礮祇有兩尊另有二十七山地米大礮兩尊　因謹按今日大勢一鬭力鬭巧之時也地球各國均以槍礮戰艦相誇耀竭智殫財以求勝人覘國者即於此卜強弱焉自有無煙火藥而火藥爲之一變自有鋼甲康邦鐵甲而鐵甲爲之一新進益求進精益求精初未聞有一建言者謂舊章不可易而新法不可行也弓矢之利變而爲槍礮十人之矢不敵一人之槍也槍斃人於二

里之外矢傷人於百步之內矢未及到而挾矢者先亡矣鐵艦戰勝於大海之中隨意所向凡海口無不可攻防之於陸則防不勝防矣古之善談兵者皆曰兵機機者隨時而應變者也不能隨時而應變安可與談兵哉俄法今日所行者亦不過隨時應變而已

十五日晴夜微雨　回謁英公使日本公使土耳其公使　法廷近日派員將所有之水雷艇一一查驗查得水師提督奧布所造之五十艘均不適用已嚴行根究分別治罪云　因謹按賞罰者激勸之權也兵家尤重之賞之使勸罰之使懲有所勸而果於立功有所懲而不敢翫法矣中國之購造槍礮以前不適用者多矣未聞有所嚴懲也宜其玩也

十六日晴未刻微雨卽止　酉刻接天津大學士李鴻　來電云田貝如不能留從前來華之提督衛禮森和平公正能改派否鴻諫　日內美國兵部與水師部各員留心考究無煙火藥爲水陸各軍槍礮之需因歐洲各國現於此事均竭力講求故美國亦不肯讓人聞已覓得一種較歐洲所製者性尤烈然之無煙無灰燼無臭味無瘀塞以礙槍管但不知能久藏不壞否仍俟再行考究　戌刻又接天津大學士李鴻　來電云布萊爾前在議院詆辱華工過甚主持立法苛禁詳載新聞紙美廷向敦睦誼未便派令使華照西例公法中國亦未

便接待已商總署請速告外部另易妥人爲要鴻諫當卽照會美外部訂期相晤　德國郵政與電報各局去年進欵甚旺有德銀一萬萬四千六百六十六萬五千一百八十馬克合英銀有九百三十萬磅較前年約多六百六十萬馬克云　因謹按德國之土地人民抵中國十之一耳而郵政電報入欵至銀四千餘萬兩中國仿而行之卽不能倍當亦不至多讓亦籌經費之一端矣或謂郵政行而貧民失業則不知實在情形也嘗考美國紐約一處郵政局用人至二千名然則風氣開而音問流通設局多而需人亦衆非特不奪小民之業且有益於其謀生也可於親歷者決之也

十七日晴　照會美外部布連訂見商辦公事　德國來電云德國陸軍統領將軍毛奇特昨日逝世年九十歲查該將軍於前一千八百六十六年德奧搆兵將軍與戰五十日而奧敗割地求和一千八百七十年德法爭雄血戰年餘虜法君入法都割法土地法國以銀七萬萬兩求和蓋地球各國名將無可比方者　因謹按法奧皆歐洲大國而法適值拿破崙當國時尤爲桀驁至欲分裂布魯士使之自弱限制以二十年內不許增兵在他國處之必一籌莫展坐待滅亡矣該將軍毛奇特乃與相臣畢思麻創爲更番練兵之法兵不增額而實通國皆兵不二十年卒以滅法而報仇雪恥遂霸歐洲居恒常論美之華盛頓合堯舜湯武爲一人也德之畢思麻

合周公太公爲一人也將軍毛奇特合張良趙充國爲一人也德以威稜第二爲君以畢思麻爲相以毛奇特爲將軍而皆享大壽威稜第二年過九旬毛奇特年亦九旬畢思麻已近八十矣過此以往即以畢思麻之存歿卜德意志之安危而定歐洲之大局賢才關乎世運天之生才不偶也君之用才貴專也　戌刻總理各國事務衙門來電卜雷耳詆毀中國究竟有無實據或有人覬覦此差故造蜚語亦未可定希探詢明確先電後再酌勿遽告外部霰　亥刻總理各國事務衙門又來電美派卜雷耳駐華此人於光緒壬午戊子間在議院痛詆中國載在新報若來華恐於邦交有礙希援美例酌商外部阻止並電覆霰

十八日晴

美外部覆文訂午刻相見於外部衙門因偕繙譯屆時而往外部已到署即請見因略作寒暄即告以新派駐華公使布萊爾中國總理衙門及北洋大臣均有電到言布使前於壬午戊子年間詆毀華人今以該員駐華似非所以厚邦交示親睦外部答曰布萊爾人品甚優美廷之派此人者正以其能篤邦交也人言殊不足信因曰人言不足信布使所言不可掩布使前此所以詆華人者其言已布之新聞則其嫉華人可知彼嫉華人何必駐華且金山華商已控之矣將來慮不能容中國自有不接待之權願審慎外部曰中國既不願美國何必相強但總統已出巡西省當以此意聞諸總統俟總統定奪可耳因詢其日期外部答曰總統返駕約不過二十日爾時當可決斷因遂辭出　倫敦來電云近日葡國屬民在阿非利加洲之拜拉港口強奪英國商船數艘英外部業經照會英國駐葡公使向葡廷責問其啟釁之由如覆詞遁飾則必索賠云　俄京來電云祕林海峽捕海龍一案關涉俄國至重緣該海四岸半歸俄轄半歸美轄聞俄廷亦欲會同英美兩國請局外之國將此案秉公判斷如請瑞典國王或瑞士總統俄廷情願聽斷云　因謹按自通商之局創而交涉之事遂多強與強尙可相持不敢輕發如英美祕林海峽之案是也強與弱無待審慎慷慨而言如英葡此案是也案情甫出而傍觀已可決其歸宿者不專論理之曲直要必以兩國之勢參之則瞭然矣

十九日晴

英報言俄人在西比利亞興鐵路於軍務商務均有益該鐵路所過地方有膏腴之地數百萬畝又有五金之礦其天氣與法國相同將來必變爲繁庶之區且此條鐵路成後海參葳即成爲俄國屯水師之地如調兵至中國邊界不過數日路程云　因謹按俄人日夜經營於中國毗連地方興造鐵路旁觀者皆已爲中國憂因前見美格總統之夫人夫人爲因言俄人之地勢已包中國東西北界鐵路若成必爲中國之患防之之法非自造鐵路不可其意殷拳因已書之座右矣今又有所聞因憶前言而復論之

二十日晴

越南東京所轄附近黑河之自謀地方於光緒十六年十二月底有土人五百名不服法員法員參政率所招土兵攻之不勝參政被殺法軍二頭領亦被殺　因謹按法人佔越南以爲得計自李埃利戰歿以來法員之傷斃者衆矣可爲佳兵者戒　初八日美商輪船由香港回金山所運回生絲値銀一百萬圓皆購自中國者　俄國苛禁猶太人英京紳商擬謁俄廷代爲勸免又擬公舉牧師二人赴俄調停嗣接俄國駐英公使文稱俄廷已諭不肯接見紳商不得已遂作一書寄至俄廷力爲懇請乃俄皇於此書並不折閱原封寄回云　因謹按猶太教人與俄之亂黨謀逆俄所

當驅者也美英兩國爲之緩頰以博仁厚之名乃英人於新金山加拿大諸處苛禁華人之入境者至每人納身稅百圓或五十圓美國則於華人幷禁其不准入境是甘以殘刻自處而以仁厚責人此所謂藏身不恕而求喻諸人者也施之小國雖不願從或尙不敢奚落俄較英美爲強矣原函遞回其見輕也非由自取哉

二十一日晴

英屬新金山礦産極旺考據家謂自咸豐元年起至今三十六年計出金三百二十九兆磅以每磅値銀四兩計之合銀十三萬一千六百萬兩銀三兆磅鐵値銀十八兆磅煤値銀二十四兆磅煉蠟石値銀一兆磅可謂多矣　因謹按新金山者英之一外府也英之本國只倫敦蘇格蘭阿爾蘭三島抵中國一大省之地耳本國無可開拓故以海船通至各洲覓無主之地以興利而移民英之屬地歐墨阿三洲蓋無所不有矣而幷得新金山一島於南洋又在三洲之外其地礦産極饒故稱金山其稱新金山者別乎美國之金山而言也其實美之金山美人名爲三夫蘭昔司科英之新金山英人名爲澳大利亞也英以島爲國屬地畸零徧於各洲故恃兵船以籠攝之否則聲氣不能通威稜不能及已創其利而他人享其成矣然則英之水師甲於地球亦勢不得已也　律師科司達來會言布萊爾於光緒十四年以前尙不惡華人自美總統與外部行苛例之時而後改轍以趨時政府所言壬午年以已詆

辱華工誤也

二十二日晴

金山華人自分黨戕殺傷及美國之人各堂號已被美國巡捕毀折兹接金山報知本月十六日洋差在街拿護遊手華人十七名或令當苦工或予監禁其有竄往他處者亦行文他處一律飭拿匪類歛迹善良可相安矣　謁律師科司達據云此次自歐洲回歐洲如英法日國之言時事者皆以俄人叵測加意防之又謂中國與俄爲鄰最爲吃緊不可不防防之之道當由直隸興造鐵路達於滿洲再達於蒙古將來調兵轉餉方能靈捷如措置得法俄人自消覬覦之心可以不戰而屈之否則十年之內邊患必生矣

二十三日晴

廚房徹夜不息爐是日置鎖準於酉刻鎖門　聞日本國人五十三名附船至金山稅關不准上岸而載回者甚多　英屬域多利來電該處土人忌華人之攙工已稟政府請抽華人身稅每人一百圓未經批准該土人又具稟固請云　埃及國小無政日漸貧弱前此英人慮其爲俄所併派員爲之經理國中有地約一百六十萬方里向爲沃土後被海水浸潤已變爲磽招人耕種無敢受者英人爲之引河水設溝渠經畫三年依然變磽爲沃每畝可收租錢二兩六錢焉　因謹按人力之勤可以轉移地利李悝所著盡地力者行之成效昭然矣中國奉天一省荒土最多前此屢議

墾荒究以民不安業事成畫餅近日當路方謀開礦產興鐵路竊謂此二事者可與墾荒相輔而行以鐵路便民之來往以開礦通市之有無以墾荒足民之衣食三者並舉而奉天一省必變繁庶之區外可以制俄內可以富國矣

二十四日晴中夜大雨

光緒十六年底中國戶部查常年入欵按年計之各省海關洋稅銀一千五百餘萬兩地丁銀一千餘萬兩鹽課銀一千二百餘萬兩常關稅銀三百餘萬兩釐金銀一千三百餘萬兩茶稅當稅鹽商捐輸銀三百五十餘萬兩雜稅銀一千五百餘萬兩裁撤長夫等項銀五十三萬餘兩十六年一年共計八千數百萬兩　因謹按以中國版圖之廣民庶之繁而每年入欵止銀八千餘萬兩可謂輕徭薄賦矣而民不免於貧者何也則以商務不興稅則未善外交失權而銀錢一項一耗於盤剝再耗於漏巵故也

二十五日晴

法京來電云前德法交兵法敗割阿沙司羅連之地以求和德廷設立章程凡法人入該境者均須護照方准來往茲附近德界之法人以爲不便屢請德廷改章不許近日該地賽會法人見來往阻滯又請德廷從寬改訂護照章程德廷謂當此時勢不得不嚴仍不許焉　英美爲祕林海峽捕海龍事爭執未已現俄國又飭駐防該海峽之員認眞看守俄屬各島不知何意似與英爲難矣

因謹按自通商之局啟而齟齬之事無日無之亦無國無之其強者應付從容可靜以待其定也亦無憂不得其平也其非強者則先事必受恫喝之言和事必有軒輊之迹柔則茹之剛則吐之交涉如斯而已

二十六日晴

昨日義國駐美代辦接到義國外部來函言美國政府既不允義國所請辦兇賠卹徒以文牘往還辨論殊屬無益不如絕交之爲愈以後該代辦祇准料理使署本國事件不與美國外部辦理交涉事務云云查義與美兩國交誼如此割席將來美國駐義之公使料難久留義都也　因按地球各國美與英可謂極富而美實

不如英之強也且不僅不如英法俄德等國幷不如義奧之強也徒以與諸強國不共一洲而與同洲者皆小國美於是得爲墨洲之大國足以自雄矣而開創之君華盛頓又爲間出之英雄當日與英相持而英人不能勝百餘年來遂無敢肆志於美者美之君臣亦守華盛頓之規模而兢兢以仁義爲念此其所以立國不搖也今則非昔比矣其君臣有夜郎自大之意其議院有俯視一切之心其南北兩黨有莫能相下相爲敵讎之怨外交則睥睨一切內治則畛域自私揣美之大勢三十年內不有外侮必有內憂外侮則受挫於強梁內憂則興戎於兩黨西班牙土耳其卽其前轍也此治亂循環之機也

二十七日　晴天氣轉寒

美紳加拿寒潑來見談及近年歐洲各國專力於阿非利加一洲拓地阿洲土人無以禦之遂至瓜分約略計之法國得二百餘萬英方里英國得一百六十二萬英方里德國得一百餘萬英方里孔國得一百萬英方里義大利得三十六萬英方里西班牙得二十餘萬英方里葡萄牙得十六萬英方里合而計之較中國十八省之地約三倍之已歸各國分裂矣土人所存僅二百五十萬英方里　英廷特遣使臣崑吞由印度馳往緬甸中途連隨員人等均遭土人殺戮一節今接續電知此事實係的確故目下印總督已飭令軍士由印度起程迅速趲行以緝兇手不使遠逃　因謹按法之佔越南英之佔緬甸土人不服相與爲難英法之損傷弁兵非一次矣而不聞棄其地者歐洲各國之視土地爲至重也以爲霸氣可也以爲堅忍亦可也

二十八日　晴

巴西國以地廣人稀故招人開墾而不取値玆有一公司集股洋二千五百萬圓將於巴西公地立十二開墾埠頭其中並造鐵路以相聯絡設市以便交易並興機巧設製造工作開礦產諸務其開墾之人擬招五千有眷屬者可挈眷而往各給以農器並住屋路費由公司經理公司股本之利其三之一由巴西國家保以五釐歐洲人大半附股其中云　俄國來電云英美兩國政府於祕

林海峽捕獵海龍一案向不商及俄廷膜置俄國視爲局外俄廷殊抱不平英美兩國以後所議捕獵海龍章程俄廷作爲廢紙

因謹按祕林海峽之旁俄既有屬地則傍俄地之海面俄廷自應與聞則俄人所言自名正言順也雖然當今之世如英美所行於祕林海峽之事者多矣且過於此者亦不勝數矣如法人佔突尼斯德人佔太平洋之島俄人且廢勃而加釐亞之君阿非利加一洲歐洲各國直分裂之矣弱之肉強之食有天命者任自爲弱者不敢言言之亦無濟也俄人強故敢言且言之而勢又足以濟之度英美兩國必不能不留俄之地步矣

二十九日　晴天氣驟寒如二月時

美紳塞潑來見訪以時事言俄國於光緒十五年開西域鐵路因係初創當年擬虧本銀十餘萬兩不意次年計算不但無虧且有利銀二萬八千兩出入貨物比前已加倍徙去年以新開鐵路一條不足數用客貨之車亦嫌少因擬兩路並行遂籌欵一千萬圓爲已開鐵路添築道路增造車輛搭蓋房屋之用另籌四百萬圓爲將開未開之用土耳其國聞之亦籌辦鐵路開礦矣　因謹按地球屬地之多以英俄兩國爲最英之本國祇三島故闢地於他洲俄之本國多毗連故拓地於鄰國英期長駕而遠馭俄期遠交而近攻其地既廣均有鞭長莫及之慮英不得不講求水師俄不得不興辦鐵路其勢然也之二者以調軍餉既能迅速以遞消息

尤覺靈通既可以保已定之局又可以擴未闢之疆當漢之時武帝於西域欲通而不能今則欲阻而不得事勢每出於所料之外所望謀國者勿膠成見而滯於古法也

出使美日祕崔日記

四月初一日 元吉晴

近日智利國亂黨有船一艘駛至美國嘉省之聖地埃哥埠近墨西哥界購買槍彈糧食智利駐美公使訪聞即照會美國政府請將該船扣留不准出港美政府即派巡捕委員上船看守該船之管駕人潛於夜間私行開駛行至九米之遠合中國三十里方送美國委員登岸隨即放洋而去美廷聞知即電飭渣爾士頓各兵艦尾追務獲又電飭美國現駐智國之水師提督迅派兵艦兩艘迎截兜拿云云　英人聞德人欲於檳榔嶼之北暹羅與巫來由之閒請暹羅給一地屯煤謂緬甸與新加坡等處皆屬英國今德

人所欲之地橫亙在英國屬地之中英人當與彼處土人來往親睦以免他人鼾睡其間云云　因謹按英國國都在中國之西北而所轄檳榔嶼新加坡諸地在中國之南前此侵犯中國其兵艦皆自南至者恃有接濟水煤之地也查新加坡各處中國人數百倍於英人而皆爲英人所制衣其租食其稅唯所欲之無不如志爲華人中有華盛頓其人者則善矣

初二日 晴天氣轉暖

美國東北英國屬地奴淮史考譃之中近有一礦盡是鎳質勘礦之人已試驗以便採取按鎳之爲物其色如銀多出於德國故俗名爲德國銀　德國前相畢思麻致仕以來德人之不忘其功德

者已爲立去思碑今通國又集德銀八十餘萬馬克爲之立像於德京　昨日倫敦來電言該處報館駐伯林之訪事人函稱德奧義三國會盟訂立條約以五年爲期遇有兵事則合兵攻守義國初尚猶豫茲聞亦已允從義國外部已與德奧兩國共畫押蓋印云　因謹按歐洲各大國蓋無日不存防患之心也俄人好拓地法人好佳兵德義奧三國東近俄而西近法俄與法又深相交結德爲法之讎俄之重兵常屯於奧界故德與奧皆自知利害切身但有釁隙則東西皆受敵以一國而敵兩國應接不暇岌岌殆哉同舟共命惟義則距俄稍遠距法亦稍遠故猶豫也然脣亡則齒寒奧入於俄俄卽併義受害雖分速遲究不能免故輾轉思維仍

不得不合縱也因嘗考歐洲大勢故於三國之會盟而畧記其用心之苦焉

初三日晴

謁科司達查總統尚未回外部在紐約　美之歐海歐省有新開出煤油之井其裝箱之速每一時可裝二千箱皆用機器　因按美之煤油每一時裝二千箱則每日可裝二萬餘箱雖不常裝然其多亦可見矣其煤油銷路以中國爲大宗若歐洲之義國日國多用煤氣燈且地勢民數不過十一所銷亦不過十之一也此又中國一大漏卮也

初四日晴中夜微雨

光緒十三年各國出口貨價按磅計銀英國二百八十兆德國一百五十六兆美國一百四十六兆法國一百二十九兆印度九十兆俄國五十七兆比國五十兆義國四十兆中國二十一兆日本十一兆又各國進口貨價按磅計銀英國三百六十二兆法國一百六十一兆德國一百五十六兆美國八十五兆印度七十三兆義國六十四兆比國五十七兆俄國四十兆中國二十五兆日本九兆　因謹按各國出口入口之貨美之出口多於入口者幾一倍宜其富也美之稅章出口之貨均無稅故多入口之貨均重稅故少所以使本國之物產不滯而利源不漏卮也日本合出入乘除多入銀八百萬兩中國合出入乘除漏出銀一千六百萬兩願

籌交涉者於此三致意焉　李傅相往威海衛旅順口等處閱驗礮臺及船塢諸巨工各營軍士

初五日晴

近年美國整頓水師造船製礮精益求精以兵艦之所恃者鐵甲而鐵甲之名目不一遂將現在天下馳名之鐵甲逐加試驗向來鋼面鐵甲不如全鋼鐵甲之堅而全鋼鐵甲又不如白鐵鋼甲之堅英語名爲尼克爾今年遂將全鋼甲與白鐵鋼甲比較試驗試驗之法卽以此數種鋼甲造成靶子長八英尺寬六英尺厚三英尺以大塊堅厚之木襯於後釘使相著立於土坡之前用乞司開士連珠速放礮距靶三十五英尺之近轟擊二十次驗得各廠全

鋼靶盡被轟碎各廠白鐵鋼靶亦被洞穿惟夏瑋所製之白鐵鋼靶竟無破裂而礮彈反被碰碎夏瑋係美國賓省祕司堡埠加尼克廠主　因以近年中國設立海軍講求戰艦故於外洋鐵甲及礮彈時常留心近日新出之法火藥以無煙火藥爲最礮以全鋼爲最鐵甲以夏瑋白鐵鋼甲爲最也考之於平時而後仿其法以製造則無苦窳之虞循其名以購買則得上等之器於海軍庶有裨乎

初六日晴

前二十日英國議院近日飭員詳查水陸二軍所用各項大礮每尊製造之費若干茲據查稱近日造成十三英寸半口徑大礮九尊業已給發水軍收用每尊費銀五萬五千九百零五圓又查十寸徑口大礮每尊費銀二萬八千四百八十圓五寸徑口大礮每尊費銀二千八百四十圓　因謹按近日兵事非復百年前之情形矣船與礮均求其巨船巨則能當礮礮巨則能洞船乃至礮臺亦用鐵甲俄國彼得堡之礮臺鐵甲厚至四尺有餘前此英法各國攻之遂不能入此明效大驗也顧其費殊不易籌一礮臺而費千萬一船而費數百萬一礮而費十餘萬礮之百頓者連礮架及起重機器已過十萬弱小之國何以籌之卽大國之貧者亦難繼之因故以爲富強二字實相因通商之政實與國事相維繫也

初七日陰

上海來電蕪湖土人焚毁禮拜堂數間洋人住屋數所當時適有貨船泊於蕪湖江面洋人因避於此船之中英國兵船名印千士田已調赴該處保護行旅　因謹按自天主教入中國華人之狡猾者依之爲城狐社鼠固爲正人所不容卽狡猾者亦不相容而地方從此多事矣鎭江焚毁洋房之案甫結一年已賠十餘萬金而此案繼出地之相去只三百餘里防不勝防將來又不免賠累是亦中國一漏卮也爲之扼腕　又聞俄太子至日本遊歷方其登岸爲巡捕名散茶者所刺適中其首傷不致命然亦不輕日本又費調停矣　因謹按怨毒之於人甚矣哉俄於日爲鄰而俄人常侮日蝦夷島日本所管也俄人初約分屬乃自北而南漸侵其地十年前已盡據之今則竟爲俄有或日人不能平故以刺洩忿乎秦王政並吞六國而有荊軻之刺又有搏浪沙之椎皆不平之氣使然也俄之本國有尼希利士之黨防不勝防今日之難又發於外邦其所以致刺之由傳聞不一或佳兵者不祥現在地球孰爲佳兵之國乎

初八日小雨

美國富戶名萬得比所管鐵路計長二萬三千七百餘英里以爲不足尚擬再買至三萬英里其他富戶買者亦多美國家恐其壟斷爲議定載運人貨之價値以期持平準以長年得利三釐八毫爲止云　因按此欲便民而仍不損於商也民政之國以民爲重商亦民也故爲持平之計以使不相妨焉　美紳雪白訂醮　美

總統出巡於本日返美都外部布連因病尚留紐約　英京本年錫蘭所產之頭等佳茶每磅售英金二十五磅十先令其價幾與黃金相埒　英國戶部大臣高川蒞任三年一切經費出入細心察核以期撙節向之有絀無盈者高君接手後初年卽盈五十萬磅前年增盈一百二十餘萬磅去年又增一百八十八萬磅由是觀之天下無難事只患不得其人耳英國自高君爲戶部大臣後每年可盈如許巨欵則得人之效也

初九日陰

南墨洲銀國小國也近日講求富強勢漸盛前於英廠訂造兵艦一艘計長三十二丈五尺寬四丈三尺吃水一丈六尺載三千二百頓有大礮二尊中礮八尊快礮十二尊每一時行七十餘里機器馬力一萬三千匹查此船容三千餘頓不足爲巨而機器之力甚大故其行速　美紳寄到公函擬於前總統格蘭脫墓所立紀功碑邀各國公使往度地勢　德國去年一年民人來美者計九萬五千七百九十一人　因謹按德國一年來美之人數卽可抵中國在美之人數而不聞工黨之妒政府之禁者何也入籍故也

初十日晴

金山來電言德國兵船一艘由日本調赴智國以智國不靖故至該處保護商民也　因謹按智利爲民主之國在南墨洲之極南已到天南盡頭矣中國天文家向以赤道爲天地南方之盡處者誤也亞洲無通商之國歐洲大國均與通商蓋其地廣人稀風氣未開獲利較易故也德國派兵艦至智利當越大西洋過赤道而後能到否則由地中海過大浪山計程皆三萬里亦可謂遠略矣

十一日晴

辰刻啓行赴紐約未刻到隨偕馬車謁格總統夫人外部布連前駐華公使楊約翰郵政局總辦凡吳客脫議紳雪白回寓已戌刻矣　意大利國近有公舉大臣之事所有新舉之各大臣皆欲固德奥義三國同盟之局三國同盟益固則歐洲可以無兵患云　英報云華人之在西洋各國肄業者雖日見其多然欲求其專門名家則不可多得今有年幼華人在英屬島紐齊蘭大書院中學爲狀師每逢考試必得獎賞名遂噪甚蓋在該島已數年當其初至之時曾不能操英語者也華人之心思才力不甚可畏乎云云　因謹按中國多聰穎之士而以雕蟲琢篆錮之所謂足跡囿於方隅之地聞見限於耳目之前也太史公謂讀萬卷書行萬里路然則士之欲淹通而致用者固非僅恃伏案之功矣

十二日晴

赴格總統墓所此地離紐約三十里一路花木青葱馬車約數百輛來往如梭經過博物院入內一觀大約油畫居多有一幀值數萬金者婦女攜紙筆就學之專心致志終日不息又有埃及國掘地所得上古所瘞之棺其身已化爲石此外尚有石器刀劍之

類覯逾時仍乘車到格總統之墓墓地坐東向西對面臨江棺用鐵板棺首有字卽其名也棺之下承以白石几約高一尺棺傍近南一方空之豫留格夫人之地也離棺高數尺以紅磚卷成半月之形如橋之洞外有鐵闌內多花皆每年人所送者墓之西南有小房東北有房屋一所可容二人守墓者居之上有竿懸美國旗墓前有巡捕往來官民到此者環視一周多不忍去其遺愛深矣因亦以得見爲幸循舊途而囘已戌初矣遂赴雪白之席席中格總統之第二子外部布連之子又三人爲某省察院銀行主人爲雪白席散已子初矣遂乘車至火車廠子正開車 因謹按美自自主以來其總統之著名者惟華盛頓臨艮格闌脫三人華盛頓

爲創業之君其功尤大臨艮格闌脫爲中興之主敉平南北花旗之亂其功在北花旗又聞當南北花旗爭戰時南花旗之主謀者爲爹矮士其才足與臨艮格闌脫頡頏惜粮餉不充致勢不敵未可以成敗論人也

十三日晴辰正到使館

昨赴雪白之席宅中陳設窮奢極侈酒用五種水果四色盛以大金盤其餘刀匕皆銀製中設鮮花一叢値三十金自饌畢後食茶點水果則盤盂刀匕之類皆赤金服用之奢至斯而極 法京來電言俄廷於本月初與法國沙爹羅槍廠訂立合同製造新式洋槍二百萬桿並言定以後該廠之機器工匠一概不准爲他國分用專爲俄國製造云云 因昨於雪白席間聞此言美紳因論歐洲時局可畏美國遠隔大西洋可以無虞然武備亦宜急講也因躔其言席散後寢不成寐因思俄國之地跨歐亞兩洲歐洲合縱以拒之俄德義奧三國新盟已固俄人當不生心卽使生心不必操勝算也亞洲兩國日本侈然自大與中國不和中國東三省之地俄人覬覦久矣琿春鐵路已成西比利亞又營鐵路其成功約四五年法國定造之槍其告竣之期亦如此此後斷不能無事於亞洲所望當國者綢繆未雨也

十四日晴

比國本國之疆土甚少而於阿非利加洲所闢之地名孔果者大

於本國所出之產甚多近復擬開鐵路 俄國裏海地方之鐵路既成數年以來貿易日盛前四年中每年運出棉花九十萬浦達一浦達合二十七斤 今年增至一百七十七萬 英公使來晤言及英國駐祕魯辦理開礦之公司由英赴祕紆道來見請訂見期定於十八日

十五日晴天暖單衣汗出

俄國產火油之海口名巴屯水深二丈六尺其寬可容大船二十艘近年火油出產日多去年出油十三萬五千石現將海口開闊可容大船三十三艘有貯火油鐵池一百處用工人一千五百名其銷路皆運中國及印度前此不過二三千人近日人煙之盛十

倍往年且有兵弁駐紮居然一大鎮市矣　因謹按此次祕魯之行途中曾過一處名打拉埠舟人爲因言三年以前此地荒涼並無一人後有商家探得此地實產煤油僱人開井驗之信然遂築室招人開採年盛一年近來每年竟出數百萬斤矣船至此必停以上煤油而下各貨此因所親見親聞者曲禮云地不愛寶古人豈欺我哉

十六日晴夜雨

美國前此議造氣船由空中往來茲聞與英人合股籌費一萬萬圓於美國仙路伊市興工製造數年可望成功　美國議於尼亞嘉剌河道借水力以運電機費省而功多擬造機器爲九百萬匹

馬力分傳於各處業已興工將來之利大矣　因謹按前此法人犯越南美國即有造氣船以破敵之議中國議購而未成迄今七年尚未中輟足見西人心志之一不肯廢於半途電氣之用漸廣美國已用以行車矣今又擬生電以傳至各處隨其所用由人自出心思則用更廣向之以電寄信者一變而爲德律風再變而爲行駛舟車今則惟所用之無不如意其奇妙百出者無非本於格致之學而悟得其原然則格致一道其可不亟講乎

十七日小雨

見美署外部詢卜雷耳事答以須俟布連回都總統商定因謂布連所允二十日定奪今已過二十日矣署外部謂布連非病當已回都今病少愈想不日可與總統面商因詢布連病勢既減何日可回且能否先於總統處請示署外部言布連之回難以預定日期惟卜雷耳當時業已啓行赴中國布連聞中國不肯接待而電令折回此時既不啟行似可無容急迫因額之遂辭出　美之毗連地方名卡拿大者英之屬地也十三日來電謂該地工商會議華人入境一事謂現在所征身稅日短由華人規避之故且可崙比亞地方礦務之工人均不願華人入境似宜禁之使不得來該地總督名麥克堂納而得者云華人入境已令納身稅五十圓何至多來其假道者將以入美境耳我等甚願與中國敦睦誼通商務不便阻禁華人衆遂無言而止　因謹按自光緒十四年美國

背約徑禁華工華人之至金山者悉被稅關阻遏折回遂由英屬卡拿大潛越而入美境卡拿大於華人入境收身稅五十圓每年計收十三萬以上亦歲入一巨欵也美之工黨憎拒華人而卡拿大因以爲利故英美意見不同耳

十八日晴中夜大雨

午刻英國赴祕辦理開礦之公司來見年約三十餘歲言倫敦總公司自與祕立約後今湊集金磅二千萬特派伊赴祕魯辦理開礦事務將來需用華人特來相商因答曰祕魯綱紀不立不能保護華人前此智祕搆兵及土人妒忌華人之被殺者約五千人其餘各寮之虐斃者不下萬人中國鑒於前事已立約禁招工矣該

公司云祕國無政已所深知惟此次開礦係英公司英廷必爲保護斷不如前之虐待因答曰新金山新加坡美國毗連之域多利卡拿大皆英屬地也華人之入境者須納重稅新金山至納每人百圓而域多利卡拿大之例華人入口納身稅五十圓者但經出口卽不許來來則仍須納稅何其苛也我中國人數甲於地球但准招工則來者麕至必不能容又將設苛例矣故不敢允該公司固請且云祕魯開礦已於祕訂定五十年本公司斷不如此之苛待因答曰寓祕華人尚有四五萬名中國之人不可招現在寓祕華人貰公司以善待之意招徠當亦敷用何必舍近圖遠該公司額之遂辭去　因謹按同一華工也美禁之而英招之皆爲利起

見耳美之禁之也工黨之欲專其利也英之招之也公司之欲助其利也至於英屬之卡拿大則有身稅卽許入境一似招之也如無身稅不准入境又似禁之也無非爲利起見也

十九日雨

爲英公司赴祕開礦欲招華人卽函致駐祕參贊吳濬領事張曾詔並立一章程屬其防該公司創招工之議且乘此該公司需用華人之時易就範圍先與妥商以免華人受虐　接駐英法大臣薛福　咨文以因前所言厄瓜多智利兩國華人由英公使領事保護請其照會英外部道謝並求以後仍爲保護等因經已照會外部矣此事因以厄瓜多智利兩國中朝未與立約無可措手而

華人又實可憐再四思維輾轉設法爲之咨託英廷此後兩國華人當不至大受淩虐矣　日本所開之官礦失杜礦中値日銀四十二萬其中十三萬爲所得之利意格奴礦中値日銀十八萬零六百得利銀六萬　因謹按開礦之舉利不待言歐洲各大國無不以開礦致富強也中國之不盡得利者一由於礦學之未精一由於辦理之非人也

二十日晴夜雨

昨日義大利來電云美國煤油運入義國各口爲數甚鉅既奪本國之利又有火患現應加增入口之稅適義君駕赴米蘭埠義國舊都外部大臣卽前往奏聞批准下令遵行云　因謹按此義國因美

國之虐殺義民而示以報復者也聞美國煤油入中國者居多入義國者尚少以中國之地大於義而民數十倍之也中國大吏亦有請加煤油稅則者業已照會美廷繼而中止宜美國之虐待華人肆行無忌也語云見兔而顧犬未爲晚也失之東隅收之桑榆豈必不可行哉　德國克虜伯廠今爲俄國造成一極大之鋼礮礮身長四十英尺礮口大十三英寸半重二百三十五頓每分時可放二次今在德國愛森地方由駐德之俄官試放以十九寸厚之鐵板爲靶其彈既洞穿而過復直至一千四百碼之遠而始止每放一次藥彈之費計英銀三百磅　因謹按此種巨礮未必可用於兵艦置之礮臺則鐵艦不敢近矣俄之克龍斯達礮臺其鐵

甲厚四尺八寸既足以當鐵艦之礮矣而又益之以二百餘頓之礮以守礮臺則極巨之鐵艦亦不能當其於海防可恃矣

二十一日雨

英國來電云近因美國與巴西國訂立報施條約美國貨產運入巴西較英國之貨產稅則已減二成英商以貨物難於銷售稟告英國政府聞英外部已與巴廷理論矣　因謹按此即一體均沾之意也巴西既減美國入口之稅則英國亦應援一體均沾之義以求一律減稅惟意雖同而其實不同耳蓋巴西之獨減美國貨產入口之稅者所以報美國之減巴西貨產入美之稅也有所施者應有所報不得無所施而求其報也且不得求其施而不言報

也雖然此國勢相敵者之所言所行也國勢不相敵則雖言而不能行或且不敢言此弱國之所以益貧也

二十二日雨

光緒十一年總理各國事務衙門北洋大臣李鴻　以採辦外洋軍火滋弊甚多咨由出使大臣派員平時與各國製造廠講求　因到美後當派紐約領事沈桓向各廠考究本日來文據稱紐約省槍廠五處礮廠三處華盛頓礮廠一處礮之新製則以礮口徑一尺者礮身須長三十倍則可及遠至二十五里華盛頓礮廠所造礮身長四十五倍者尤能格外及遠且每分時可出三十彈礮架用活動機器可升可降可盤旋轉動靈便非常槍廠雖未出新式

然林明敦槍以前所裝五錠陸續而發者今則增爲八錠陸續而發蓋以新錠之底不起棱故不占地步也其鉛彈向用純鉛今則鉛外加以鋼鐵中處所入尤深每二十秒八彈可以陸續出盡新式火藥爲大塊每塊隨所用之礮口之式中間有圓洞所以透火力使一時並著則力更猛

二十三日晴

又查得美國兵艦最新者三號今年將可造成每艘有十二寸口門後膛礮四尊八寸者八尊六寸者四尊六磅火藥快礮二十尊格林礮二尊魚雷六箇船身長三百四十八尺闊六十九尺入水二十四尺容一萬一千頓馬力九百匹每一時辰行中里一百零

七里鐵甲厚一尺八寸船面之鐵厚三寸現在美國兵艦三十五號內鐵甲五號白鐵及鋼三號鋼甲二十七號又氣礮船一號魚雷船兩號均係鋼甲每艘有六磅火藥快礮二尊魚雷五箇容一百零八頓計九百匹馬力每一時辰行中里一百四十七里總計美國水師十二寸口門後膛礮十六尊十寸者二十尊十六寸者一尊十五寸者一尊八寸者三十四尊六寸者一百零八尊五寸者二尊四寸口門快礮四十尊六寸者八尊三寸者六尊一寸者六尊格林礮二尊魚雷二十八箇惟收乎巍亦司船內有十五寸口門氣礮三尊　因謹按美國水師盡在是矣兵艦雖不多而多新式除英法俄德義五國之外亦可稱雄矣因今年至祕魯謁各

國公使時法國公使言頗洽因與商小呂宋設領事事該公使以爲日廷決意不允既而其言果驗因啟行返美再謁之談次誇其卓識該公使云使臣者國家之耳目也所駐之國必知該國之情形凡陸兵之數水師之數庫欵之所入所出交鄰之何親何疏胸中瞭然交涉方有把握云云因誌之故以平日所考據者筆於日記焉

二十四日晴

接金山電言華商二人隨帶學生一人至金山美國稅關阻之不令登岸當即與外部訂見　查美國氣礮創於一千八百八十三年中國光緒九年漸次加精其初只能造四寸六寸口門至八寸

而止今所造者已至十五寸其口門可卸下換上六寸八寸十寸之口門礮身長五十尺重八十噸以熟鐵鑄成價銀七萬五千圓連氣機在內礮架以鐵爲之形圓可旋轉如意升降用氣機不費人力其口門六寸者放五十磅之炸彈遠及五千二百五十碼每碼三尺八寸者放一百磅之炸彈遠及四千八百碼十寸者放二百磅之炸彈遠及四千四百碼十五寸者放五百磅之炸彈遠及二千五百碼其炸彈之價五十磅者價一百二十五圓一百磅者價二百五十圓二百磅者價三百圓五百磅者價五百圓彈身鋼鐵厚二寸一分二釐半長六尺徑十五寸計十一分三十四杪時可放五次用之海防口岸收乎巍亦司氣船亦用三尊每十七分鐘可放十五次礮口比船面高六尺由漸而低至礮身低船面二尺處可卸開裝藥彈裝畢用氣機合之陸路氣礮則不能卸均從後膛入藥彈其收空氣也係另一機器中有扇輪用火機轉動可收至二萬磅之力置諸遠處以鐵管通至礮所放之大氣礮現在美國家共買九尊陸路六尊水師三尊英國買一尊試之均稱合用　因謹按光緒十年法國爲越南事與中搆兵北洋大臣李曾電出使大臣鄭藻　令購美國氣礮已向該廠訂定再三試驗迄未合用遂以中止至今垂七年矣該廠考究不已卒以成功亦可見堅忍專一之有濟於事也然非國家牌照之力不及此查泰西各國之例有能獨運心思創造一物有益於民生國用者給予牌

照准其專業二十年他人不能攙效故人人願竭力殫慮以爲之至於耗財破家而不惜爲其有宏名大利在後也聞創氣礮之始股分數百萬兩盡歸無著至近日而始漸次收回以後則利益溥固由民心之堅忍專一而亦立法之善足以勸之以告成功也

二十五日晴

二十四日接金山電云華商三人附船至金山美稅關阻其登岸當日係美國清明節例不辦事次日又係禮拜故約今日晤言因於午初到外部副外部已到因出電文令閱之外部曰領事無發照之權該商所帶護照係領事之照故稅關不准因答曰領事即中國朝廷所設之官不得謂其無權且美國但當查其是商非商

如其是商卽無領事之照亦不能阻外部曰俟商之戶部但須中國補一照會因曰可遂退是夜外部覆文已電金山准華商登岸矣　東洋西字報云日王因俄儲被傷出諭旨曉示民間嗣後如俄羅斯與朝鮮有齟齬之事日國決不再問　因謹按此所謂名不正則言不順也剌俄儲者日本人俄當與日本齟齬何至與朝鮮齟齬耶俄與朝鮮齟齬按萬國公法日本例處局外何得而問耶朝鮮爲中國屬藩中國例應問者日本例不應問又何得而問耶俄與朝鮮果齟齬日本方將有殃及之慮又何敢言問耶且日本欲承順俄廷應向俄廷昌言何必出諭示民耶

二十六日晴天氣熱

前新報刊出美國一年進欵計四萬六千二百九十六萬三千零八十圓五角五分因向戶部查其入欵細數本日查到照錄計開關稅入欵二萬二千九百六十六萬八千五百八十四圓五角七分內地稅一萬四千二百六十萬零六千七百零五圓八角一分鑄金銀圓存金銀條出息一千二百零一萬七千二百四十四圓二角五分售出官地六百三十五萬八千二百七十二圓五角一分領事牌照買賣田地規費三百十四萬六千六百九十二圓三角二分北施域鐵路公司還欠欵一百八十四萬二千五百六十四圓五角二分國家銀行牌餉一百三十萬零一千三百二十六圓五角八分稅關罰欵充公一百二十九萬九千三百二十四圓五角五分北施域鐵路公司交息七十萬零五千六百九十一圓五角二分售出煙甸人土地三十七萬二千二百八十八圓一角五分老病兵院存欵息三十萬零八千八百六十六圓九角九分海龍皮稅二十六萬二千五百圓外國人民來美犯例二十四萬一千四百六十四圓發賣國家物件十九萬二千一百二十三圓九角九分履勘官地存欵十一萬二千三百十四圓七角九分損壞官地罰欵三萬五千八百五十二圓三角七分美都入欵二百八十萬零九千一百三十圓九角三分雜項一百六十萬零十四圓八角一分郵政局六千零八十八萬二千零九十七圓九角二分合之如數　因謹按美國入欵之多較之中國已有五倍其地

不如中國之廣也其民不如中國之多也其俗不如中國之勤儉也因始聞而疑之繼而訪之乃得其概其入欵以關稅爲第一關稅之多一由於入口之稅重一由於經理之人精明耳試以中美兩國較之美國收中國入口米稅每包至二圓二角五分每年以五十萬包計之稅銀百餘萬矣而美國之麥粉入中國口者曾不納稅焉以油計之中國之油入美國者計成本納稅百之二十五焉煤油之入中國者計成本納百之五兩相比較則十萬兩之稅中國少收八萬兩矣絲綢一項美國收百之五十焉中國於美之綢布則仍百之五焉兩相比較十萬兩之稅中國少收九萬兩矣煙酒二項美國收稅極重而中國且不收稅焉外國之藥材如屈

臣氏德記各號分布各省每年所售出之藥計銀數百萬兩一概無稅而中國藥材僅爲中國人所用者其數甚微金山入口收稅極重中國入口如衣服煙酒蜜餞始以爲洋人自用不納稅者今則各洋行出售亦無稅焉中國之衣入金山口者無不納稅已屬不公平矣而華人附體之衣過五層者仍納稅焉何其錙銖必較一至於斯耶鴉片一物美國計兩收稅銀一兩中國仿之則每年收稅一萬萬兩矣郵政一項美國入欵六千萬中國則出欵三百萬一轉移間則六千三百萬矣或以爲美之稅則美之內政也萬國公法內政由自主非他國所能干預也似也中國不能干預美之稅則矣中國之稅則獨不能自主乎他國獨能干預乎煤油加稅非中國之內政乎何以甫議加稅爲美使田貝所阻而中止乎此非美國干預中國之內政乎中國何以不能自主乎或又謂因所言者實不可行也因以爲爲徒託空言而無實際乎此由見諸實際而後發爲言者也不得謂無實際也外國初創一物如火車輪船之類其始皆不能行氣礮初創亦不合用今皆能行而能用矣有堅忍之力故也創例亦猶是也今先存難行之心而自阻卽以爲此不可行則實不可行矣因何辨焉

二十七日晴熱夜雨

聞中國光緒十六年一年海關十九處共收稅銀二千零八十九萬八千四百四十七兩零較前十年多一百餘萬而以美國較之

合十之一　美人云中國北洋水師兵艦二十餘艘之上祇有西人四名襄助其中云　字林報云丹陽教堂火燒時地方百姓勸外來亂民不可動手亂民置之不理一面搶掠一面放火竘付一炬云　因觀此而知鬧教之事非良民之願而莠民之謀也不過明火搶劫之爲而另創一名目耳亂民所得甚微而　國家所損甚巨教堂毀則賠造必大於舊觀洋人傷則賠卹均過於萬數國體損庫儲虧每一教案出而洋人之勢燄必益張不禁拊膺而太息也

二十八日晴

俄國信云所造西比里亞之鐵路卽可造至琿春所有工程師與鐵路所用之料皆已由水路載往琿春矣　德國京中出示欲借國債計德銀四萬五千萬馬克乃不逾時而願應者多於欲借之數四十五倍民信其上故也　因謹按中國前此貸銀於滙豐及至歸還而磅價驟漲以至交息之外又受磅價之虧若貸諸民間則息之外無所受虧矣且滙豐貸與中國之銀其中卽多中國商人所凑合而滙豐出名其中又扣用費則　國家所出之息商人不能盡得是洋人所得者多而中國商人所得者少也然則中國何不仿歐洲各國自貸于民耶曰民未信也民何以未信則以咸豐年間戶部所出之鈔未嘗收回民是以懲前而毖後也

二十九日雨

本日智利國來電云智國亂黨之兵船名意打達者前在美國嘉省聖地埃哥近墨西哥界埠私購槍彈爲美國地方官偵知扣留後而私行駛回本國當時美國政府卽派兵艦一艘名查爾司頓尾追之不及玆聞該亂黨之船已抵智國之意基甚港口亂黨自知理屈卽將該船與所購回之槍五千桿一並解交美國現駐該處之水師提督收管請押回美國由美國朝廷公辦云　因閱此而知萬國公法之不可不熟也海軍之不可不講也公法載一國有亂及兩國搆兵地球各國不得有所左右袒並不得售以軍火此美所以扣留智國亂黨私購軍火之船也此美所以派兵船尾追也此亂黨所以解還私購之槍也然美國苟無兵艦則惟有坐視而

已坐視不辦則智國朝廷戰勝必據公法向美國以論曲直不出於戰卽出於罰賠兵費疆場爲之多事國帑爲之虛糜貽笑於鄰國見輕於他邦所損巨矣然則鄙洋務而不屑言者當深究此中之曲折也

三十日雨天氣轉涼可著夾衣

出使一役十年以前視爲畏途以爲水陸均萬里舟車亦兼旬遠涉他邦深慮彼族想當然耳厥後熟察外洋情形無猜無忌詳考火輪迅速易往易來盤費雖多而取諸國帑食用雖浩而足於俸薪無出洋之難而有出洋之樂故每遣一使求隨帶者常數百人其熟於此途者且必攜帶眷口頻數往來故有出洋未久而求差使以言旋者且有請假爲名而帶眷口以復出者畧一舉動卽費千金員額空懸又須添派此所以經費日增而叢脞愈甚也　因於求差回國者一切拒之於請假求領歸裝挈帶眷屬者則咨呈總理衙門請立章程不居恩怨今奉函示限制維嚴矣人之欲善誰不如我已照總署所云分行各處旣於公事有益亦於國帑無糜竊自喜焉

五月初一日元吉雨

泰西兵船三月過威海言中國整頓海防該口已築暗礮臺安放礮位時時演礮各營兵械一律整齊更擬築一鐵馬頭本年卽可興工　因謹按我中國略有興作外國必知固由其兵艦遊歷之

勤新聞傳播之遠而亦當事者肯留心也曲禮云善哉覘國乎左氏云晉未可婾也魯未可取也契丹云宋相司馬光矣愼勿開邊釁也遐稽往籍振古如玆我中國之講究邊防如先五十年行之當不讓地球五大國矣惜乎往日無留心者而所見所聞不出本國之外也雖然及今而實力講求猶未晚也

初二日晴

美副外部請赴署商辦公事當偕繙譯何愼之於午初赴外部衙門外部言近接駐中國公使田貝電言南京有亂請電中國總署保護美國寓中國商民　因答曰田貝旣有電則必與總署言之且來電能知其亂由否可否抄示外部答以不便惟請從速發電　因

答曰中國卽有不靖之處不過會匪乘間刼搶不能終日官兵未到卽已潛蹤此時計已靖矣外部曰美政府聞中國亂耗念切美之商民不得不特求電爲保護因答曰俟回使館商之及回使館與參贊等商因謂四月中國來電不肯接待美使金山來電請准華人登岸均以原電抄交外部此次發電似應令抄示原電方悉其詳遂函致外部請將案由地方復知外部無回信但請律師科司達來言不便復信應以發電爲是因謂交涉之事一切平等美外部屬發電而案由則不令知似與中國之於美外部者大分軒輊科司達仍持前說因未允科司達去參贊彭光譽以爲其中可疑必親往詢之遂往見科司達回述科司達言外部實不願作回

信彭光譽詢其故則云此等事無論何國何館向不推辭惟有請發一電而已因勉從之而心終不快也

初三日晴

紐約郵政局總管凡吳客脫來見　水底行船西班牙已造一艦而不甚合用茲聞法國又造一艘能於水底潛行而人不見其或隱或見操於行船之人法國嘗試驗當以兵艦排列海口作爲戰勢各兵艦嚴戒以待該船入水由兵艦之底駛過出海口七里之遙乃見於水面復潛行水底以回海口之內當其過兵艦底時有一兵艦知之而其行甚速亦無法可破之其船名吉彌歐　因謹按泰西各國均講求海軍而又講求所以破海軍之法水雷魚雷而外有造氣球飛行空中以破之者有造泅船潛行水底以破之者其法日新其用不竭無非銷金之鍋耳然覘國者均以此測各國之用心不如是不足以杜敵人之覬覦而交涉一切必致棘手於是不能惜費而專求強焉阿非利加一洲自古至今混沌未鑿不於各國較力爭權不於本國講求製造不遣使以通情好不經商以權有無無機事無機心無機器其無懷氏之民與抑葛天氏之民與夐乎尚矣然而歐洲各國已分裂之矣

初四日晴

凡吳客脫偕其夫人來謁　接美外部照云駐中國公使田貝來電南京無錫等處匪類糾黨鬧事昨日又接駐上海總領事官電

稱九江地方又有匪黨滋事又距鎭江六十里法國教堂被焚揚子江地方殺斃英人二名又距上海三百里之地法國教堂亦被折毀云云　因謹按此會匪煽惑莠民以擄掠貲財特藉驅逐洋人以動公憤而便於聚衆也江南一帶自剏平粵匪後卽以所撤之兵安置皖南游勇會匪率皆歸之搶掠頻仍愈久愈劇因曾上疏切陳其禍奉旨發交本省督撫惜地方官奉行不力不能拔去根株熒熒不滅炎炎奈何將來尚有甚於此者所望當事者制於未亂勿姑息養奸焉

初五日晴

是日設醮　美外部訂請赴希卡果相度賽會局地因不得暇叅贊彭光譽前往　英國國中擬一律用電氣燈合計通國共用電氣燈十七萬六千八百六十四盞家用八萬盞初用時較煤氣燈爲費現已價廉於煤氣燈矣電氣公司獲利每成本百金竟得四五十金是商民均有益也　因至美已兩年見美總統各部衙門皆用電氣燈取其光足而又無火災也商家惟客寓全用之此外則盡用煤氣燈大約自今以後之燈電氣日增而煤氣日減矣其價雖廉而較之用油用蠟亦十倍之中人之家未易給也

初六日晴

上海招商局來電云忠等代存旗昌官項尊欵在內計十四萬兩

今倒閉滬不給請向其紐約總行力追函詳因查光緒十六年春前出使大臣張蔭　來電云馬允一年因即函致商局總辦馬謝其局中存放官項並詢明滙美之期馬觀察覆信期以九箇月並未提及存於旗昌銀行直至期過歸銀之時忽然來電云云殊爲可駭若前此詢明時即言明旗昌洋行因斷不允也查招商保險兩局外放之銀何止一處光緒十五年報滙豐有利等行均有今忽以旗昌洋行之欵屬因其中顯有挹注之意一面代向紐約查問仍一面函致馬觀察查問　因按美日祕經費存放商局自光緒七年出使大臣鄭藻　始當時即有轇輵尚不如是之甚至今日而直不可以理論矣此所以未見信於民也

初七日晴

丑正接總理衙門來電云電悉江南美民照約總應保護希告外部無慮魚當即繕照會送外部衙門矣　金山來電云美自苛禁華工以後到者日少近因開路需人與日本現居金山之工頭訂約招工五千人每人按月工資二十元赴施域公司承工云　因查此約雖訂而工未招以該公司惡工黨而改用日本人該工黨亦惡公司遂求金山議紳於議院創例禁美公司與外國訂立合同來美傭工此例行而日本工人恐到金山被阻故未敢來也

初八日晴

美國學堂林立因每出門見男女之赴塾放學者結隊而行秩然

有序因詢諸美國官紳知美國有男孩讀書之學堂有女孩讀書之學堂並黑人亦有學堂大約每百人中不識字者不過十人而已又以歐洲各大國讀書按每百人計之德國約九十四人英國八十八人法國七十八人俄國十一人所讀之書皆講求養民之法有用之道故國事蒸蒸日盛焉　因謹按泰西學校均以致用二字爲主而學分焉如礦學以採五金化學以鎔金石重學以運機器算學以精句股天文學以考度數始以爲淹博之道者今皆爲富強之圖中國近日講求富強必向泰西聘礦師購鋼鐵機器而海上行船則非精識天文不能知所行之度故中國兵船尚未遠出重洋則以算學未精而測天之法未熟也書云非知之艱行

之惟艱因願知此中之曲折者次第求精也

初九日晴

科司達來見言公使布萊爾事副外部屬爲道意（正外部病未返）請今日往晤嗣接德律風副外部請赴衙門商事因偕繙譯容揆往（何慎之已赴西卡果會）外部先謝中國保護寓華美民因答曰此我國照約應辦之事也外部言中國不接待布萊爾事昃由未知其中實在情形如貴大臣肯允相商本大臣可以私見言之因答曰余於布萊爾事無權轉圜不能言不允亦不能言允惟有照例辦理而已外部曰貴大臣肯以我意電貴政府否因答曰貴大臣有所欲言何不電駐華公使田貝告我政府外部曰田貝處自當發電但貴公使

亦請發一電因答曰此事發端時因赴祕魯當時實由參贊彭光譽經手今貴大臣屬發電商諸政府自可代達但須待參贊彭光譽赴會返使署時說明再電外部曰可遂辭出

初十日晴

美國駐海帶島（與古巴近）公使戴克拉與水師提督記拉地奉美廷之命與該島政府商訂條約請該國聖匿克拉司港口歸入美國版圖以便美國兵船在附近洋面遊弋者得以添煤取水該公使與提督已見該島總統遞國書矣　因謹按此美國之整頓水師也兵艦以煤爲力無煤則不行兩國搆兵之時局外之邦按公法當守局外之例不得助之以煤則海帶一島無事之時美人可以取

攜如意有事則應守局外而不能有所資也惟入美國版圖則敵國不能詰責亦如英水師之於地中海有新加坡錫蘭香港之可以接濟也既籌水師卽不得不籌及此國手之於碁也閒中一著亦惟國手能知否則視爲尋常之舉動也　英國爲紐方蘭土民欺淩寄居英人之故咨照美廷索解原故美廷遷延不答英廷遂派內閣大臣納此福至美會議

十一日晴

律師科司達以美總統及外部之意託爲派駐中國公使布萊耳轉圜請電總署彭光譽初不願允爲發電科司達謂明年卽換約之期過於嚴拒將有後患且總統有言中國實不知布萊耳實在

情形前此曾極愛華人者其詆華人一次乃詆金山之不安分華人耳不得以一眚掩其德也如肯接待則以後尚可相報如不接待則亦有以相報且布萊耳非大有才者易一桀驁之人尚不如布萊耳之易與也因以總統及外部律司所見均同允爲發一電至於接待與否使者無權科司達致謝而去是夜遂電北洋

十二日晴

聞直隸開平鐵路已接至林西以後卽由林西開至山海關此路業經勘定揷旗爲志不日興工造至山海關後卽由山海關通連東三省以達琿春工部歲撥銀二百萬兩以爲造路之費其所由之路有山阻隔者倣西法穴山成洞又聞該鐵路公司現在運貨

日增但以運煤而計正月得價一萬六千兩二月增至二萬一千兩三月亦必有所增此明效大驗也　因謹按古語云民可與圖終難與慮始鐵路亦猶是也泰西之初創鐵路也爭論不已其不願者則謂奪民之衣食費國之帑銀覼縷陳之皎然明白無不以爲然也其願者至於通盤籌畫謂費成本若干儎人若干運貨若干除開銷外尚餘若干此銀不妄費也又計各廠用人若干開路用人若干修路用人若干運貨上下用人若干添設碼頭各棧用人若干民之衣食未嘗奪也然而其始行也或折其路或阻其行及至漸行漸便民亦無言今則衆口一詞以爲上下之利矣則堅忍之力爲之也中國已有端倪又有效驗其庶幾可行乎企予望之

十三日　雨未後晴霽

美國鑄金銀錢一千八百八十九年七月至一千八百九十年六月底計一年中所收之金值四千九百餘萬圓所收之銀值四千三百餘萬圓所鑄之大小銀錢一萬一千二百六十餘萬圓值六十餘萬圓另由他國入口之金值三百餘萬圓入口之銀值二千七百餘萬圓本境所出之金值一千七百餘萬圓所出之銀值三千六百餘萬圓存庫之金值六萬九千五百餘萬圓存庫之銀值四萬六千三百餘萬圓共計十一萬五千八百七十餘萬圓另金器一千六百餘萬磅銀器八百餘萬磅　因謹按鑄銀錢一事裕國便民所益無限地球各國不鑄銀錢者惟中國及朝鮮耳中國不鑄銀錢前此用墨西哥之銀錢者已數十年近復增用日本銀錢明明利權讓之他人殊可惜也

十四日　時雨時晴

華人來美向以中國官員發照爲憑准其入境嗣金山稅關又不肯以此爲準遂至廢而不行來往愈梗此次稅關以華人所持之照係中國駐橫濱領事之照阻其登岸　因見外部以前例辨駁外部派員商之戶部戶部允其登岸因復照會外部以前例申言之本日接外部文戶部文准以護照爲華人登岸之據是添一方便之門矣　祕林海峽美人扣英漁船英廷詰問派來兵艦美政府召上下議員集議一面將所扣英人船隻立卽釋放一面咨復英廷彼此各派大員馳往該海劃界以免越界　因查美國扣留英國漁船英使詰問久未釋放至今日而英以兵艦詰責美亦不復扣留漁船矣交涉大抵如此耳

十五日　大雨

北洋來電云布萊爾不洽衆論既經折回彼欲轉圜云當圖報是否允除苛待華工新例總統外部有此權否本因布某詬辱華人不便接待若肯除苛例自易解說否則仍執前說婉拒爲是鴻咸得電後卽往見外部華頓華頓無他言但云俟總統回將此意轉達云　因微聞美之間曹之言曰美總統與布萊爾爲總角之交

非不欲玉成布使也但其愛友之心不及愛位之心如允除苛例工黨必譁明年卽爲保舉總統之年方欲留任豈可逆工不敢顧此失彼也然則苛待華人之例美之君臣非有所恨於華人實有所畏於工黨事勢至此苛例誰敢除哉

十六日 晴未後微雨

昨日橫濱來電云本月初八日米旗馬路輪船由橫濱赴檀香山載有日本人一千二百名皆立有合同至檀香山糖寮傭工緣近來檀香山政府與日本訂立條約招徠日本工人其意欲禁華人而用日本人且欲現在該國之華人傭工無路自然棄該國而他往也查本年日本人往檀香山者已有六千餘名云 因謹按亞

墨一洲華人之足迹幾徧前此古巴祕魯之華人均以無約而受虐自立約後稍蘇矣而厄瓜多巴拿馬智利加拿大檀香山等處華人之憔悴於虐政者訴苦之狀無歲無之使臣以與該國無約辦詰無權不過苟且補苴終不能仗義執言致流寓之華人側足而立爲可慨也

十七日晴

智利國內亂未已初六日水師交戰亂黨以水雷轟毀兵艦一艘初七日來電又被水雷轟壞兵艦一艘智廷以經費支絀求美國代造銀幣二萬萬圓日內已帶回國聞亂黨已偵知將於巴拿馬地方截搶云 因謹按墨洲之亂黨亦知公法之不可犯也前之購槍彈於美者美廷不允雖僥倖購成而終繳還今之智廷求造銀幣於美者亂黨雖欲搶掠必待於出境之後蓋以出境之後旣非美國所轄之地則美國不能問也或曰巴拿馬實箇郎國所轄之地獨不畏箇郎之問罪乎因答曰此大小強弱之見也智利國勢小於美而大於箇郎弱於美而強於箇郎故美敢問罪而箇郎不敢問罪也春秋之世秦師襲鄭過周而周人縱之過晉而晉人要之兵法之所謂知彼知己也申舟之所謂鄭昭宋聾也

十八日晴

本日報館述金山新報云本月十四日戶部電飭金山稅關謂中國駐外國之領事所發華人來美護照准令華人登岸查檀香山

各糖寮華人計有二萬但有中國護照均可來美香港華人亦可照辦華人從此蜂擁而來豈不可慮情形如此惟有待今年下年開議院時亟令議紳將華人來美事情認眞根究速立條例再加嚴密俾戶部各員不能安斷云云 因謹按美國工黨氣燄之大可謂極矣戶部只准華商三人登岸而詆之者至於如是之醜雖中國之

諭旨訓誡臣下不過如是嚴也蓋中國進退臣子之權操之自上而美國進退臣子之權操之於民並總統之去留亦民操之此權之所以重也工黨入籍故其權與美國之民同華人不入籍故無此權安能敵工黨哉詳審事勢中國欲求美廷除其苛禁華人之

例恐不能矣　是夜子刻生女

十九日晴

從前破鐵甲兵船創用水雷而鐵甲失其堅嗣又有製成霍司開司機器礮者置之鐵甲船中每半時辰能發一萬彈而敵國之船放水雷者遂不能入本船之船底而水雷又失其奇現在日法兩國又造一船能行水底法國所製尤精且價亦廉其形如魚長一丈八尺寬八尺船身圓式船壳全用純鋼中容二人出入之處以螺釘之法旋緊密不漏水其進退升降不用舵而用輪其行船氣力不用水火而用電駛近敵船不需迅速但用槳行船之兩旁各有水雷潛置敵船之下引以銅絲回船至遠處但將銅絲捻合電

氣卽通至水雷水雷卽發無堅不破如敵船正行亦不能備又有鐵練繫以浮椿同置敵船之下椿浮上時纏繞火輪輪不能轉計每時行四十里入水可至三十丈船內有收空氣之地人坐其中可至四時辰每船價銀八千兩日國已經仿造矣

二十日晴

美國整頓海防前派員赴各口查勘情形昨日復命內有一節請撥二千八百零十八圓以制鋼綫纏繞礮身之新式小礮一尊以資試驗因俄軍試用此種之礮甚爲堅利異常故欲倣造兵部大臣已批准矣　字林報接英京魯特局十六日要電云現法國水師統領特奉廷寄迅速駛往俄國之康朗四旦城以便與俄水師會齊也該統領奉到廷命後立時命駕至巴黎斯都城旋卽謁海兵兩部大臣面商機宜不日卽擬帶領各師船駛往康城會議軍政各國聞俄法有會師之約大都必爲訂立密約以期連橫共圖鯨吞他國之事不然法國何以有如此調動乎況俄法兩國夙稱莫逆此舉實增歐洲各國之杞憂耳

二十一日晴

美國與日斯巴尼亞所訂報施條約昨已簽押定於西歷八月刊布九月照行　德國開闢阿非利加洲經費無出擬開彩票以資籌費並禁販賣黑人爲奴開此項彩票每年可得八百兆麥利司（合中銀一萬三千餘萬兩）　因謹按售彩票之利如此則受彩票者其害可知

呂宋彩票徧行於中國矣將聽其暢行哉

二十二日晴

聞緬甸有酋不服英人擄其兵弁終懾於英之強又復送還其形勢頗與越南相同近日英人於緬甸法人於越南興造鐵路達於中國西南各省以期通至中國且以覬撫生番轉運土產而緬甸礦產五金玉石之類尤多英所踞緬甸之地已二十萬英方里人數約四兆合南半北半計之人數約共八兆得中國四省之大將來鐵路一興不患人寡而曠土尙廣亦不患人滿英人得此誠大有爲云　因查緬甸越南二處共合中國七省之廣得中國地數三之一十年之間俱爲強梁所併惜哉

二十三日晴

美國近日考究兵艦所用之連珠速放礮所有新出之式共二十種一一試之以乞司開士之英寸四寸零七分口徑者爲合用此礮可放五十五磅重之彈子以諳練之礮手司放每半時辰可放二百四十次又考究無煙火藥各種一一試之適於用矣而不能久留留久則變其力不一其中則不能定現在務求於製造時能使久留不變歷寒暑燥溼而如一氣力如常命中如常方爲盡善又考究最猛最烈之炸藥一一試驗前此壳彈無廠肯造茲已於賓省之密威爾鋼廠造成七寸壳彈九十九枚以備試驗　因謹按光緒十五年因始到美未聞美之整頓水師武備如是認眞也

自英國爲祕林海峽與美齟齬自義國爲紐阿連案與美爭論於是調水師增兵艦講海防驗軍器不遺餘力焉見兎而顧犬未爲晚也亡羊而補牢未爲遲也美之形勢不與强國接壤本可以休兵息民然水陸無備不必於交戰之日判其低昂卽無事之時於交涉一道亦未能持平辦理蓋有備者每以盛氣陵人而無備者常爲積威所刼事勢至此而欲弭兵修好以求無事能乎

二十四日晴

歐墨二洲近年考究破鐵甲兵船之法奧國既用椎船制勝英法德美等國又創水雷德奧又創魚雷自去年西班牙法國創造水底行船之法其制勝又過於前人近日因遊觀美國天文臺其考究天文者爲因言臺中兼考究鐘表爲水師兵船之用必求每日不差分杪至有行一年而不差一分者又考究空氣如何收法以備利用現聞有能收空氣縮之以寒氣歛之能以八百分縮爲一分則爲流質如水銀之類置之鐵管中再以風扇之復爲空氣以之水底行船極爲合用　因謹按學問之道因源以致流者易因流以泝源者難泰西各國格致之學如氣學光學電學重學算學各有專門童而習之至於成功則唯所用之無不如志如但羡其製造之巧機器之靈尋行數墨節節效之雖偶得其一端究不足以創物既不能創安能日進有功因願講求西學者舍流而探源庶人才輩出焉

二十五日晴未後大雨徹夜

美希卡果埠有商人欲創東洋車行於該埠於是由日本購東洋車二乘並僱車夫二名偕來牽車該埠地方官以爲違例報於戶部戶部大臣謂來美傭工新例所禁飭令送回日本云云　因謹按美國苛禁工人新例載亞細亞洲東方之人不准至美傭工者別乎歐洲各國而言之也其別乎歐洲各國者歐洲各國之强也且有互准民人入籍之約也中國民人不許入他國之籍謂不欲民人輕去父母之邦乎是也然而賈誼有言飢寒交迫父母不能有其子君安得有其民乎以爲民人入他國之籍將忘其本而不念父母之邦乎歐洲各國之民其入美籍者仍常返其本邦踵相

摩舟相銜也且民之入他國籍者仍准其出籍仍爲本國民也以爲民人入他國之籍有礙本國之體面乎英俄德法皆大國也不聞其以爲礙也中外交涉步步受虧此其一也由所見囿於近也

二十六日雨

美國新聞載倫敦來電葡萄牙議增兵額終以無可籌費而止

因謹按葡之議增兵額也爲阿非利加洲之地與英齟齬而然也近日法國以養兵太多兵費太鉅議欲減兵而終未果一則欲增而不能一則欲減而不得時爲之也葡防英而兵不能增法防德而兵不能減以葡較法則葡爲無能矣中國澳門之地而舉以借葡斷非懾於葡之強可知當國者別有深心疆臣曾疏論矣因曠

覽今日歐墨兩洲之勢大抵皆欲練兵以圖自強其經費不絀者只英美兩國而已俄德之兵強矣而費實不足奧與義則年年借債日斯巴尼亞則專意水師而陸兵之力已單其他如土耳其埃及希臘波斯阿富汗勃爾加蘿亞祕魯至於國貧而無欵可籌無債可借騎虎之勢仍不能下終必爲強者所并此亦勢之無可如何者矣

二十七日雨

昨日新聞紙載華盛頓省葦拉伍埠有熟魚公司招華人充工而與該地隔河之布田地方土人聞之齊集會議禁止該公司僱用華人並聲言如不辭去華人必當集衆驅逐乃該公司不爲所動仍舊招用恐以後釀成禍患云云　因謹按華人之勤儉耐勞各廠主人無不樂用土人之恨之者爲奪其生計耳議院紳士爲民所舉焉有不徇其所欲者詳觀美國上下之勢欲其删除禁工之例斷必不能若使華人能操投籌保舉之權其勢當與土人相敵雖不求其弛禁而禁自弛矣　金山來電華商七人由中國來稅關不准登岸即往見外部請其照會戶部外部允之

二十八日雨北風天氣轉涼日中可著單衣夜中可覆棉被

是日爲西歷七月四號乃前總統華盛頓始啟美國爲自主之國之日也美之君民每年此日例不辦事各處懸旗聲礮以誌慶幸熙熙皞皞有太平之象焉　因按美利堅之地始爲西班牙所得

繼爲和蘭奪之法又奪之英又奪之英人爲之開闢草萊營立宮室興造公司已如印度之爲外府矣後於茶葉之入口者既徵稅矣而又徵出口之稅美人怨怒華盛頓創之乃背英而自立英人率兵船討之轉戰八年各有勝負美人終不言和而法與和蘭出而要英言和英亦以久用兵而經費絀乃曲從之美遂爲自主之國矣華盛頓爲總統乃創民政謂當自已始至四年而退讓位於賢美人不舍仍舉之爲總統華盛頓又創例謂以後即有賢君亦只以八年爲限不得蟬聯遂成爲定例焉一切國例皆華盛頓所手創也至今國中承平富甲地球華盛頓誠人傑哉　英使館新到二等參贊來謁

二十九日　北風晴

謁英公使參贊　俄國前用兵於土耳其英法合縱以阻之俄以道遠徵調難繼志不得逞因查撤馬兒罕與新疆近又鄰印度鐵路既成再由俄京至阿摩斯至恰克圖至琿春其中水道阻隔濟以輪船派總兵安尼克經理其事計長一萬餘里如分五段同時興工三年可成工成之後琿春兵力不單西比里亞之出產自能轉運出口五金之礦亦可開採且歐洲各國之赴中國者又將舍地中海而由此路盖一舉而富強兩字兼賅矣　因謹按鐵路之利俄人所論未免過於鋪張然費鉅款以事經營固不得謂爲粉飾也今之談鐵路者或以爲鐵路興而軍行利我能往寇亦能來乃俄人且欲歐洲之行旅出於其途其故何耶鐵路之設防甚易也

六月初一日　元吉晴

昨日新聞紙云五月初七日美國公司與日本工頭訂約擬招日本人五千名來嘉省傭工一事查日本工人之欲來美者以千萬計嘉省如修築鐵路開墾荒地種植葡萄等事均需工人惟近日合衆國議定禁止立合同來美傭工條例所有此項工人到美國各口者均不准入境例禁嚴明茲日本工人雖可附船而來英屬之雲古華埠潛入美境仿華人之所爲然一經美關人員查知亦必阻止也　因謹按美國禁工之例愈禁愈嚴前此只禁工人來美今則直禁各公司之立合同矣蓋不准其上岸尚可由他國而輾轉潛來若不准各公司之立合同以僱用工人則雖來無用矣因嘗言公司之勢不敵工人之勢美國君臣愛公司不如其畏工黨也至此益信

初二日　晴申刻天色轉暗以後大雨

昨日新報云前日紐約來電英國新派赴祕林海峽之委員名泡爾者已到紐約卽附火車至英屬之卡拿大往祕林辦理捕獵海龍一案又金山來電美國兵艦名麥林已於前日開赴祕林海峽以防暗捕海龍之漁船　因謹按近日議論英美爲祕林海峽捕獵海龍一案莫能相下至於出言不遜各派兵船懼其有決裂之勢因以爲斷不至是也蓋嘗熟審現時交涉之勢矣大抵強與強遇則不輕用兵以強國之謀國者皆知彼己之情勢不能必勝卽不輕開釁也弱與弱遇則輕於用兵以弱國之謀國者均昧彼己之情勢以爲可勝故輕於一擲也強與弱遇則敢於用兵以能操必勝之權將以一戰而索賠割地故樂爲之也今者英之水師較美誠爲強矣然祕林海峽一案其據英之漁船者法人也英人昌言以兵艦保護漁船未久而俄廷昌言祕林海峽俄國所轄居多英與美不得專主是俄亦不直英矣俄與法合英之水師力不能敵矣且祕林海峽鄰近美國英人越國鄙遠不如美之徵調之易度英之謀國者必熟審此中情形矣安敢輕於啟釁哉因固知其

斷不相見以兵也或曰英美既不相見以兵何以各調兵艦岌岌焉如將交鋒者此何爲耶因答曰此兵機也此交涉之機也英不調兵艦則英雖昌言而不能行英示弱矣美不調兵艦則美懾於英之兵力而慴伏以讓之美示弱矣但一示弱則將來商議此案必不能得其平此番交涉既不持平則凡交涉各國皆輕視之以後從此多事而防之不勝防易曰履霜堅氷至蓋言愼也又曰童牛之吉豶豕之牙言防之於始也有國者欲求大事之不受虧當先於其小者愼之防之此交涉之勝算也

初三日大雨

二十九日報云米西西比河水溢決隄沿河被水屢見疊出無歲無之前一千八百八十八年即光緒十四年築隄經費共美銀三千萬餘次年又費六十萬餘而終不免溢決傷毀民財以百萬計本年該省擬大修河隄因需欵甚多尚未議定興工云　因謹按光緒十年御史劉恩　以中國黃河屢決奏請仿美國治米西西比河之法以列陣圖治之當奉

旨飭查查覆在案中美相隔四萬里傳聞失實以爲美國必有善法以治河可以一勞永逸而不知河患之至今未息與中國同而其費用之鉅尚過於中國也夫交涉之事機器之用中國向鄙夷而不屑講求故才智之人不用聰明於其中遂覺遜於外國若治河之法中國所歷代講求者豈有所不及哉自神禹不再作而河

患遂不休然而中國尚有神禹其人者外國乃並無之中國人才實勝於外國也在有以陶成之也

初四日晴天氣轉涼

金山工黨創例收華人丁口紙每名美銀七圓省官已允派五十四人分往各處沿戶抽收並立例自西歷七月一號至明年正月一號止如華人未領紙者罰予監禁云云已飭金山總領事延請律師向該衙門辨駁矣　因謹按美國之人無爲工者金山之工黨皆歐洲各國之人亦客民也與華人之爲客民同也其所以能陵虐華人者以美之君臣庇護耳美之君臣所以庇護者以其操投籌保舉之權耳其所以操投籌保舉之權者以其入美國之籍耳華人以不入籍之故而遂爲他族魚肉至於不可挽回則始謀之不善也

初五日晴

昨日紐約來電查歐洲各國人民由紐約海口上岸來美者自一千八百九十年七月一號即光緒十六年至一千八百九十一年即光緒十七年六月三十號止此一年中由阿爾蘭來者計三萬五千五百二十四人由英蘭來者計二萬四千二百二十八人由英蘭之西華里士來者計二百二十五人由蘇格蘭來者計四千九百零八人以上皆英人由德國來者計七萬四千三百八十二人由法國來者計四千三百八十八人由俄國來者計三萬三千

五百零四人由俄屬波蘭來者計三萬四千二百五十六人由瑞典來者計二萬九千四百十五人由那威來者計一萬零九百三十二人由義國來者計七萬零七百七十六人由丹國來者計九千零四十三人由奧國亨加釐來者計四千三百六十二人由奥國波希米亞來者計八千四百九十八人共計四十萬五千六百六十四人　因謹按此皆入籍美國之民也美國之所以准其入境者以其入籍也或問美於中國民人之來美者何以不容入籍乎因答曰中國自不願其民之入美籍也且中國之民亦不願入美籍也或問美國獨不憂人滿乎而容他國之民紛至沓來以入其籍乎因答曰據萬國公法固任民之往來自如也或問既聽民

之往來自如則不入美籍之民亦何不可聽其往來自如乎因答曰此有礙於昇平之局也或問何以有礙昇平也因答曰入籍之民即作爲美國之民凡有起釁不和之事皆照美國之例治之其本國無須過問也其不入籍者土客之情形既顯分其畛域俗尚之歧異又易惹其猜嫌釁隙從此而生仇殺由斯而起至於案出則照公法於他國之民之受害受損又應議卹議賠此不入籍之所以難處置也至於入籍之民與不入籍之民其來去自便無殊且不入籍之民尚不如入籍者之來去自便耳蓋美國與各國所訂入籍之約必有聽民仍返本籍之條其願返本籍者但一呈明即脫美籍毫無阻滯且云客民入籍美國之後如返本國一年以後不復來者即可作爲脫籍紬繹其意入籍二字只以防患而已非因地曠而有希冀招徠於他國之民也

初六日晴

美國之富甲於地球即紐約一地巨富已有四家其一名愛斯其每月可收息銀七十餘萬圓一名樂費雷每月可收息銀五十七萬餘圓一名番德別每月可收息銀四十五萬圓一名戈爾德每月可收息銀三十一萬餘圓　因謹按亞墨利加一洲開闢甫三百年或以爲蓄積既久故發洩不窮宜其富也其實不然祕魯亦墨洲之國也因嘗至其國矣考其每年所入僅銀六百餘萬兩不敵美國一富家也即美之鄰國爲墨西哥各礦甚多然經理無人

國債纍纍今年尚擬向歐洲貸欵美之外未聞再有如美之富國也然則美之富也仍歸其功於創業之華盛頓耳　外部來文戶部已電金山稅關准華商登岸矣

初七日晴

海藍前此來電稱紐約華得力製造局所製五十二頓之鋼礮已由紐約運至散地貨克地方上岸試驗該礮身計長三丈六尺五寸礮裹自口至底計長三丈四尺可入火藥四百四十磅合中國三百餘斤礮口門徑三尺二寸礮架用活動機器礮彈遠至十五米合中國五十里試放之時房屋皆搖動云　因謹按外國之礮可謂愈造愈精愈能及遠也從前英國烏力支廠之礮能及十里

以爲遠矣而德國克虜伯廠造成一百頓鋼礮及遠三十里英國遂擬造二百頓之礮以勝之至今未聞成功今美國所造之礮較之德國其重只及半耳而及遠倍之是以少勝多矣查本年四月二十二日因以中國新購美國槍彈因飭紐約領事詳查近日槍礮新製遂查得美廠新法以礮口一尺礮身長至三十倍者格外及遠今試之信然乃知人心之靈無所不至過此數十年其機變正不知何極也世運如此不能不與爲轉移欲自強者當思趨風氣矣

初八日晴

美國精於軍械之員謂各樣速放礮之彈子極重不宜過六十磅

查安士脫郞速放礮所用之彈重一百磅以致彈與火藥不能一齊入礮又查乞司開司之四英寸零七分口徑之速放礮彈重五十五磅實爲合用近日法國水師已擇用之又謂現時兵艦交戰之時其開礮也必待兩船相距二千英也之時（每一英也合三英尺二千英也合六千英尺每五千二百八十英尺爲一米計二千英尺合中國四里餘）故船上小礮如六寸口徑之類者於一千五百英也之遠易於命中雖近日槍礮力逾從前礮彈之射甚遠然兵艦靈動不定如過四千英也亦難命中云　因謹按此美國近日之講求水師也自祕林海峽之案與英齟齬自紐阿連之案與義齟齬英義兩國水師美自審力不能敵於是竭力講求既派員查沿海各防以築礮臺又由廠考鐵甲之用以求堅韌添製兵艦以求鐵甲之緊貼船身講求槍礮以求彈子之及遠命中試新出之無煙火藥考炸彈之轟裂機關又營求添煤之區於海帶之國雖非未雨綢繆亦可謂知彼知己臨事而懼者矣

初九日晴

新報載前十日德皇偕皇后至英國謁見英之君主英地方官夾道歡迎莫不喜悅兩君相見後德皇因向英君請觀英之軍容英君乃調隊伍合操步伐整齊槍礮成列德皇稱羡不已兩君浹洽是會也俄法兩國聞之頗生妒忌以德皇既與義奧兩國聯盟謀拒俄法今又與英合其迹可疑傳聞法廷已有密書至俄約共伐土耳其瓜分其地並迫英廷撤回駐守埃及之兵雖無確據然亦

可見歐洲局面戰爭之機無時或息云　因觀於此而知邦交之宜修也德國自該撤爾勝法以後推爲霸主可謂強矣而不敢自恃也猶且謙謙自牧修好於義奧兩邦聯盟既成而俄師不敢輕加於三國似可以高枕無憂矣乃又修好於英英德合而法人自不敢輕於啟釁法人自量其力不足敵英亦不易勝德故約俄人以助己爲遠交近攻之謀然秦之得志於遠交近攻者以所鄰之國皆不足敵秦也法之鄰爲英與德則非其類也俄之勢近之矣然芬蘭各小國俄已盡之阿富汗土耳其英人庇之義奧又與德聯盟俄亦有志而不能逞焉觀變於未形察幾於未見中國之東三省其宜設防乎

初十日 晴午後大雨徹夜

初七日訪事人接俄信言俄廷擬造新式大小兵艦二十五艘令該國各船廠趕緊興工務期速成以資急用此外另由戶部與外國訂立合同同時興造查新艦內有數艘可容一萬二千餘頓每一時辰可行五十海里云云　因謹按俄國陸軍之強甲於地球而水師不及英法近年添造兵艦皇皇如不及焉將與英法海上爭雄乎未可知也然非十年之內所能爲功也　美國民主出遊南方各省至貪克失司省極爾懷司登地方與人言曰予惟以商務之盛水師之強是急當先聯絡墨洲各邦以擴充商務整頓水師俾無隙可乘云

十一日晴

初九日新報載美國水師部軍械所人員於上禮拜六即初六日在紐鉢地方試驗各種新式水雷以備擇用按美國近年造成兵艦多艘船中所需各項器械均擇現時所稱最堅利者今各具已備尚有水雷未定何種水師部各員欲於美國廠中所造者擇其上等以資實用因將各廠所造水雷一一試驗乃知各有所長亦有所短未便專用茲擬先購英國懷乞脫廠所造水雷三十枚暫資利用云　因謹按泰西各大國均以兵強稱雄俄之陸軍英之水師天下莫強已英之陸軍微遜於俄俄以外無敵焉法之水師顯遜於英英之外無敵焉德之陸軍足以戡法法以下無論矣此外則義之水師亦稱雄於海上奧之陸軍亦可固其封疆近日日斯巴尼亞亦增造鐵艦舍此則自鄶以下矣美處墨洲無所用武而不以武耀然製造之廠林立所有船礮不必購自他邦一旦疆場有事閉關自守取諸宮中用之應敵而無不足焉查以上各國惟日斯巴尼亞不能自成一船義奧之製造廠不多若俄若英若法若德若美此五國者各廠林立鐵路縱橫默計澄觀而可得其富強之要領矣歐洲之土耳其芬蘭希臘阿富汗波斯埃及勃爾加蠻亞賽爾斐亞亞洲之機窪天山朝鮮琉球越南墨洲之墨西哥可侖比亞厄瓜多祕魯巴西烏拉乖阿鎭丹泥格拉威內薩銀國各國於船礮之廠未有聞焉其鐵路皆購於美國故富者閒有

之而強者則渺矣古之創業者其精神常周於數百年之後今之謀國者其耳目當周於九萬里之球英俄德法美各國如此而已欲富強者可知所棄取矣

十二日 晴中夜大雨

金山領事來信言美關於中國靴鞋入口一概加稅　本日新報載巴黎來電言近數年法廷曾立例美國豬肉無論鹹乾以及火腿均不准運入法國各口因其中有蟲民食之者多生疾病故絕其來源以重民命曾經美國迭與法廷再三駁詰未除茲值法國增修稅則法國外部大臣商諸議院復准入口每一百奇羅一奇羅計兩英磅又五分磅之一合中國二十六兩四錢一百奇羅合中國十六擔半收稅銀二十佛郎合中國銀三兩

餘惟生蟲者仍不准入口云　因謹按凡物之有害於民生者不准入口如鴉片之類是也至於稅則隨各國自定而他國不能置議焉以其均爲內政也美於中國各貨之入口者其稅極重中國向未置一辭焉以其爲美國之內政也中國於外國入口之貨其稅至輕蓋由立約之時已議定也然而美之於各國也欲增則增之如一千八百九十年即光緒十六年所定新章是也各國之於美也欲增則增之如義大利於美之煤油墨西哥於美之牛羊法郎西於美之豬肉是也且欲禁則禁之數年以前法義於美之豬肉亦是也以其皆爲內政而不妨由己改訂也中國於各國入口之稅應更張者多矣願留心富國者一訂之也

十三日雨

紐約來信云前月二十日馬得力有信言小呂宋各島中有一島名沙蒲丹者向歸日國管轄茲聞英國已踞之矣　因謹按墨洲全土三百年前亦日國之先至而有之者厥後法人奪之英人又奪之而日失其所有矣其拓地於數萬里外者長駕遠鶩之習也其不能久踞者兵艦之單也英人知之故水師之力甲於地球屬地之多亦甲於地球爭印度之地法人讓之爭阿洲之地德人讓之至朝鮮巨文一島俄人欲之而英先踞之俄亦讓之中國援公法以索回從此他國不得而垂涎英之謀亦狡矣

十四日小雨陰

美國自去年創增入口稅諸通商之國嘖有煩言法人既擬移設製絨之廠於紐約德國之所製造亦恐運至美國或至折耗擬開日本一埠以冀挹注云　因謹按美總統之言曰美國加入口之稅於本國商民大有利益於他國亦無損云云夫入口稅增則他國之產運至美國者成本亦增將有裹足不來者則本國之產得擅其利於本國誠有益矣至謂於他國無損此欺人之辭耳卽於本日之報驗之

十五日小雨

十二日奧都維也納來電奧廷既與德義合盟猶恐水師力薄卽議定添造兵艦俾爲攻守之資需欵一千二百九十六萬圓已籌陸續分撥云　因謹按歐洲與俄比鄰之國蓋無日不妨俄也前俄太子將遊希臘奧君知之急作書貽之請以奧國爲東道主俄太子遂取道於奧奧君待以上賓之禮且留止宮中主賓之情極爲欵洽猶昨日事也似於決裂可無虞矣乃不忘武備復增戰船誠所謂勇夫重閉也　因嘗讀曾忠襄遺疏有曰鄰交雖睦不忘武備之修賢俊旁搜廣儲干城之選老成謀國所見遠矣

十六日晴

俄國來電云俄廷現擬立例凡外國人民商於俄者予限五年卽當入籍爲民違者驅逐出境云　因謹按此襲美之故智也然美人禁工而俄人禁商禁商則於通商之約背俄人強故敢言之

未必可行也且觀其後

十七日晴

美廷因外國人民近年來美日多爲患亦日甚已特派員往歐洲各國查勘各國人民來美情形以便將來立例防範庶莨莠可分流弊可杜茲所派之員由倫敦來電云已抵英卽往英國各口岸訪查查明後分爲兩班一班赴法奧義等國一班赴俄隨處查問又通知美國駐各國之領事官隨處訪查云云　因謹按美人處心積慮又欲禁歐洲各國人民來美故以派員查訪爲名而後發言也其實各國人民來美之故何待查哉

十八日晴

美國上議院紳士白太里因美國漁船七艘於相近英屬衣斯巴埠捕魚被英之輪船駐加拿大者名臺列牡所獲請於戶部言美國漁船皆在美境未犯英國禁例爲英所誣請速派快船往英屬依斯巴埠以資保護並請駮詰戶部以此事大有關係不便自主卽告外部外部復稱快船卽當派往並將此案電飭美國駐英屬聖司底文領事官名尼耳權理迅速查明漁船被獲情形備文詳明　因謹按此英之所以報美也英之漁船曾爲美所拘矣請之美廷未嘗釋也請由局外之國斷之未嘗允也控諸美國刑司未嘗平反也若他國當此爲美所窘矣英曾聲明必派兵船保護美亦派兵艦十六艘以待之至是而英乃拘美之漁船美亦派快船以助保護此案以前半載美與英爲難以後半載則英與美爲難美既受窘則當降心相從不復如前之武斷矣此外國之所謂以勢行理理必有勢而後可行也乾卦之言自強貞固足以幹事也

十九日晴

美國議院紳以發財票害民傷財立例禁止不許由書信館寄入美國以後如有此票附入書信袋內到美國各處者一經查覺全罰入官卽由郵政部定章布告此後外國信袋載來之發財票均當轉交稅關人員按例罰辦云　因謹按美國前已禁呂宋票入境矣茲又復申禁例例嚴於前而又渾其名者何也蓋法國巴拿馬開河公司以費竭而中止擬開彩票以繼之德國經營阿非利

加洲費無所出亦擬開設彩票美廷防其流入美國也故爲先發制人之計渾其名曰發財票以各項彩票皆不外其名也且不欲明言之而開罪於鄰國也不剛不柔而不可奪交涉之道如是其庶幾乎

二十日晴

金山總領事來電華利柯埠土人驅逐華人華人至被毆斃三名土人淩虐無已請速見外部因卽往見署外部大臣恰在衙門告以有所聞否外部云尙無所聞因出金山來電示之并告以尋讎不已將來華人被殺尙不止此并恐他埠從而效之則更多事外部允爲迅速發電飭該省總督解散保護并查究兇手因謝之遂

辭出　俄國大增水陸兵費計陸軍中增俄銀四百六十萬羅布其中二百萬爲添造兵房之用水師中增四百五十萬羅布

二十一日晴

輪船公司送到

國書一道係覆祕魯總統告即位之文舟車積壓外檳已碎裂幸

國書尚完好當即易包縫以布仍交該公司寄祕魯　美國工黨以華人由英屬之加拿大及墨西哥國私行入境請於美廷行文英墨兩處代爲嚴防美總統即照行文而英墨均以不能辦到婉辭照覆　因謹按工黨能請於美廷而華人不能請此華人之所以不能與工黨爭也且工黨一請而美廷即如所請又可見美廷

之曲徇工黨也左氏曰將求於人必先下之美官紳之謂也

二十二日晴

美國戶部查一年之内（即西歷一千八百九十年七月一號至一千八百九十一年六月三十號）所收内地課稅總計銀一萬四千六百零三萬五千三百七十六圓比前一年多三百四十四萬零六百八十圓内所收蒸酒稅八千三百三十三萬五千九百六十三圓比前一年多一百六十四萬八千五百八十八圓煙葉煙絲稅三千二百七十九萬六千三百七十圓比前一年少一百十六萬二千七百二十圓米蒸酵酒稅二千八百五十六萬五千一百三十圓比前一年多二百五十五萬六千五百九十五圓假牛油稅一百零七萬七千九百二十四圓比前一年多二十九萬一千六百三十二圓雜項稅銀六萬零七十九圓比前一年多一萬六千五百八十三圓又查一年收稅經費除刊印稅單士担費係刊印局欵項下支出未計外共計銀四百一十九萬三千圓　因謹按此美國内地所收之稅也酒稅共一萬一千餘萬圓煙稅三千餘萬圓合而計之已一萬四千餘萬圓其民較中國六分之一耳而收稅之鉅如此者泰西各國以煙酒非民之所賴以生者故重其稅也中國效之即不能六倍但如其數餉亦增矣物窮則變亦周禮漆林之征之意也

二十三日晴巳以後小雨中夜大雨

美國内地課稅已查明矣又查鐵路一項其入欵亦甚鉅總計通

國鐵路共二萬六千餘里據總理之局刋出一年進項共一萬三千三百萬餘圓除開銷九千三百餘萬圓實餘四千一百餘萬圓

因謹按鐵路之利其益不可勝言也調兵轉餉救災設防通商賈之有無運笨滯之貨物此其大者隱而難計者也即以儀費計之其進項已抵中國之半而尚有九千餘萬散於民間悉歸經理鐵路之用此經理鐵路者皆本國謀食之人也以中國貧戶計之每一家十口每年僅需百金蓋足贍九千萬人一年之衣食中國民數計四百兆九千萬人將近百兆矣中國貧戶亦不過百兆而已然則鐵路一興貧民其有豸乎

二十四日陰雨

外部來文云華商林華以所領領事護照任意在美境導引華人越境由戶部咨來并鈔戶部文一并照會當飭紐約領事查明金山工黨已沿門偪華人領丁口紙每名索銀七圓華人不領已控諸該地方官矣

二十五日晴

美國火車賽速有由金山兩日到華盛頓者蓋每日行五千里每一時辰行四百一十餘里矣今聞美人又創新法已造一電車試行每一時辰可行八百里則一日行萬里矣電氣之用漸試漸廣電氣偏於各洲惟阿洲未興造然阿洲已爲歐洲各國分裂將來亦必興造矣因考各國電綫里數以英里計之美國十七萬八千

餘里俄國七萬二千餘里德國五萬八千餘里法國五萬四千餘里印度三萬三千餘里英國三萬餘里義國二萬餘里土耳其一萬九千餘里奧國一萬六千餘里日國一萬三千餘里中國一萬二千餘里日本六千餘里　因謹按阿非利加洲自開闢至今尚仍混沌之俗其民皆黑人故也其洲之南名好望角者即大郎山地廣人稀久爲英屬英已設郵政局凡鐵路電報次第舉興郵政進項每年已銀六十餘萬矣

二十六日晴

是日寅刻卽起恭祝

皇上萬壽行三跪九叩禮各員均到惟繙譯二人未到辰刻設麪

申刻公讌　律師科司達來因以紐柯連省苛禁華人假道事告之因訪以美國今年新立之例不許各國人來美傭工此例行否答言已行又訪以美國派員至歐洲各國查各國來美之民人日多之故將欲何爲答言美廷恐以後有人滿之慮故派員查之可禁則禁尚未定準也　紐約領事沈桓覆禀該處並無濫發護照事而美國各處關役有意留難故以誣罔遂照原文照外部　聞日本國因中國會匪滋擾已擬派兵艦五艘往駐上海　因謹按沿江一帶多會匪皖南尤多大抵皆以搶刼爲生其鬧教者不過白日搶刼而飾以美名使官兵之不敢遽捕團勇之不與爲難耳四叅之案上下諱之而會匪之氣燄日長因嘗已疏陳矣

二十七日晴

謁律師科司達座中適有美紳因談時事言歐洲時局可危因問其詳美紳言昨日倫敦來電謂泰姆士報述俄國駐法之公使名馬黑來希姆近奉俄廷之命擬與法國訂一新約如德義奧之同盟互相援助該公使近日正與法國妥商此事如兩國意同卽可立約訂定云　因謹按前此德皇遊英英皇待之甚厚並閱英國操演軍容法人忌之卽潛與俄商欲深相交結以敵之並欲攻破土耳其分裂其國以牽掣英之兵力且離間英德之交始以傳聞爲未可信也今果然矣法與俄合德介於俄法兩國之間未免實偪處此其可危乎　亥刻接總理衙門來電云日國署使阿樂嶽

來京並無公文望電詢外部速備公文以便接待感

二十八日 晴陰申刻小雨

辰刻電駐日參贊楊慕璿以總理衙門昨夜所來之電令其速詢外部　本城八月三號新報稱俄法密訂新約俄國駐法公使已簽名法廷即派水師提督親持約欵呈俄皇批閱又和國京都司炭達報言俄法二國同盟一事已經法提督至俄都與俄廷講求兩國水師協力合隊之事法提督謂俄洲北洋一帶海面礁石極多極大兵艦不利往來故不能臨時相助至於德國葛利脫白耳脫洋及米刻林巴洋此二處海面兵艦便於行駛然此乃交戰之時法國所以助俄者如俄國以兵攻德俄國兵艦當會戰於啟爾

海口也　因謹按同治七年德法之戰法都被破法君被擄法固未嘗一日忘也徒以德之軍政嚴明自揣不足以勝之故隱忍未發耳今與俄同盟則勢強矣俄法均為佳兵之國所見略同俄有志闢地於歐洲而為各國合縱所制無可用武今法乃助其勢歐洲之兵事其興乎

二十九日 陰未後小雨

金山稅關以英公司輪船名唐邢所儎鐵釘由紐約運至英國利華埠轉運至金山金山稅關按美例由本國此埠運至彼埠者須用美國之船儎運今以英船即是違例且未納稅遂將其鐵釘扣留計值銀三萬五千圓云　因謹按此事可備稅關考證者中國

於外洋貨物入口後又准其運入內地至於茫無邊際藩籬盡撤長江輪船貨物既運至漢口已入內地五千里矣今新與英立約又准運至四川重慶則共萬餘里矣奪小民之利足外國之欲似非無礙於理財也稅則者中國之內政豈不可以自由也哉　字林報接英京本月二十六日電云俄國現擬造設鐵路由裏海東省通至波斯西北境之薩臘克斯地方云按薩臘克斯係在茂甫城之南說者謂俄人於亞洲志在南下矣　俄國裏海以東與土耳其交界之處巴庫地方日出火油八萬八千大桶美國出火油雖多尚不能及其半

三十日晴

亥刻日署參贊楊慕璿來電云阿本三參由前任帶見例無文外

部懇乞接待新使朏發楊　駐祕參贊吳濬來文以英公司在祕辦理掘運鳥糞等事僱用寓祕華人知會該參贊由吳濬稟來請示　因以中國禁止招工者係禁招中國各口之工如華人業已出洋作工所居之地已非中國地方外國固無所用其招中國實不能禁其僱如必拒之非特該公司不從即華民亦不從也且中國所以禁招工者以豬仔頭之販賣人口耳名雖為招實則為賣以致不能自由任其淩虐如其僱用則一切弊竇自不能行故擬允之參贊彭光譽不以為然遂函商於律師尋律師以為可允故仍允之　聞法國外部大臣力陪與中國駐法參贊言中國會匪作

亂焚刼洋人傳教人請飭速電本國政府保護參贊答以現已平靜矣外部又言如中國不勦平會匪以後法國政府將合歐洲各國自行保護云云

出使美日祕崔日記

七月初一日 大吉 晴

發電與總理衙門爲日國駐華之署理公使無日廷文書之事也電文云阿應前任帶見例無文外部懇接待新使將到因　日本神戶報言俄國駐朝鮮之公使奉俄廷之命於朝鮮求界一口岸以爲俄國之用朝廷拒之　因謹按俄人之覬覦中國東三省可見矣即於垂涎朝鮮口岸見之也中俄交界之曠地三百年來俄人以混界佔之每勘界一次中國必失地數百里昔之索倫勁兵地方今已入於俄矣俄固不費兵力也朝鮮口岸必無可混則以君命求之求之而得則陸軍可以轉運水師可以添煤添水於數萬里之外而得一屯兵之區何異攻敵之平行壘也 泰西兩軍對敵其攻營者往往築平行壘其製逼近敵營壘土石與敵營齊則敵營不能守 幸朝鮮不允也易曰履霜堅兵至過此以往俄人之心其未已乎

初二日晴

二十六日照會外部之文茲接外部覆文云已收到即照戶部侯戶部覆文云云　近來美國留意海防需用大礮因將各國所造大礮試驗比較查英國新造兵艦名域多利阿者有大礮數尊每尊重一百十頓長四丈三英尺零九寸口徑十六英寸四分寸之一係英國紐加司爾埠安司脫郞廠所造每造一尊成至速須十五箇月受火藥九百六十磅鋼彈重一千八百磅每放一次需英

金一百七十七磅現在所有各國鐵艦礮臺均可洞穿惟放至七十次則有炸裂之虞　因嘗謂礮可加巨而鐵甲不能加厚者至是信矣如以二百頓之礮能洞穿四五尺厚之鐵甲則鐵艦豈敢攻礮臺乎

初三日晨起大霧辰刻霧消日出

接總理衙門文書知會匪閙教已奏奉上諭矣所願各督撫實力奉行庶會匪可靖而中外無事也　又接南北洋暨蘇松太道文書以華商所領來美之護照美國稅關以爲有弊故仍留難已據文照外部矣

初四日晴夜雨

越南東京西報云前由福闌東築至諒山之鐵路今近福闌東首一站業已告竣往來利便可使地方安靖且沿鐵路兩旁不墾之地今以火車遷其農人儎運農器可以闢荒易草萊爲稼穡又中越交界去年經中法兩國派員帶兵會勘分界尚有近山之地未立界石者約六七百里野人居多野人所售之鴨購而烹之其腸中必有金沙葢因金礦由水流出之沙爲鴨所食故也此礦在中國界上法人欲之故界不能遽定云　因謹按墾荒開礦均天地自然之利也越南人冥然罔覺致啟法國垂涎今則鐵路日開荒地漸闢而礦沙亦露混沌鑿破同於阿洲惜乎越人祕其藏而貽法人享其利也

初五日晴

祕林海峽捕海龍案西歷八月四號該峽來電前美國漁船七艘在英屬海之衣斯巴埠違例捕漁爲英兵船臺列毋所獲由英員審問該漁船供實因大霧不辨海面界限致誤越界並非有心英員以其言尚近理釋之　因謹按祕林一案英之處美較美之處英爲寛非怯也其爲用心之深有待而發歟其爲交鄰之厚有怨則忘歟要之勢之強者顯用其勢不如隱示以勢使之相喻而有所慴且市以德則易就我範圍而我又可以博仁人君子之名此英之作用也

初六日晴以上三日均大熱

本日新報載法國來電稱外部大臣准於本月底往瑞士國避暑俄國外部大臣亦因避暑赴瑞士遂約相晤雖未聞何故料其皆赴瑞士似因約定必爲國事起見云　因謹按從前法君拿破崙第一曾約合俄以混一各國乃因無信先欲圖俄遂至寒盟法人加師於俄俄之木司科都城自焚以淸野法人無所棲止無可掠食八十萬人傷亡殆盡其得歸者只萬餘耳拿破崙遂敗事今俄與法其國皆佳兵其君皆好戰如果深相交結歐洲難保昇平矣

初七日晴大熱寒暑表升至九十五度未刻暴雨大風雨過仍晴

德國來電云近日德國政府請歐洲各國會盟訂立通商稅則同盟諸國均須照商定之稅則抽稅以昭畫一惟所請之國俄法兩

國不與蓋疑德國此舉爲制己也茲聞德廷本意實因美國近增稅則所有歐洲各國貨物運入美國各口者抽稅比前較重故聯盟各邦以定稅則相報云云　因謹按觀此而知稅則爲各國內政他國不能置議也美增稅則歐洲各國雖不願而無能與駁詰者亦只能以增稅報之而已墨西哥已行之矣此其可證者也　因又觀此而知交鄰之意不可不講也德欲聯盟以增稅報美各國皆從而俄法不與者法與德讎俄與法密也歐洲各國之君歲時晤見如古之覲遇朝宗焉固通情好亦懼齟齬也細針密縷願細心者共體會焉

初八日晴大熱未刻暴風小雨仍晴

倫敦來電言法國有兵艦一隊不日開往俄國之克龍士達埠海面以意度之當是與俄之兵艦合操也　因謹按此當係局外揣測之辭然而形迹固可疑也歐洲各國如德如義如奧及諸小國其畏俄法之橫恣皆利害切身也卽英之水師甲於地球似可不慮然俄與法合則兩國水師之力實足勝英英亦安能自恃比權絜力遠慮深思蓋均不能不自危矣

初九日晴

是日赴美國國家銀行與美紳某相遇因作寒暄并詢中國民人滋毀教堂一案因答以我國家風行雷厲匪人現已斂迹某謂亞洲形勢俄處其北南臨中

國印度等國志在鯨吞茲又擬築火車鐵路環繞中國印度各國直達太平洋海濱不久可成英國雖強亦懼其侵印度閩業與中國聯盟信否因答以未聞某謂會匪滋擾教堂一事各國駐華公使均求竭力保護惟英公使不甚著力殊不可解或者英國別有所求於中國故不欲以勢迫也因曰此聞所未聞也容查之遂散

初十日晴是夜丑刻大風雷雨

金山來電又以去年金山稅關所定之護照由洋人簽名准其回華後仍准來美此次又援戶部文附會不准復來而去年持此種護照回華者已有三四千人忽然改章均不能返請爲設法已電律師科士達矣　因嘗讀呻吟語云兩人相信形迹皆土苴也如不相信形迹亦土苴也美之上下無不願以禁工媚工黨中國無論如何應付均非美之所願必至華人不來而後快心護照曾何益哉

十一日晴

申正接總理衙門電云密申倫敦來電美派水師一軍赴華以防鬧事查美教在華均安輯現惟英法教案刻已次第了結美國此舉確否希詢外部卽電覆眞此時外部衙門已散明日又爲西歷禮拜遂定於十三日往見外部　因查咸豐十年之役英人以焚燒鴉片搆釁而各國亦附和之蓋其合兵以事挾制自昔然矣此次會匪所毀教堂非盡法國而法乃約各國之兵船以恫喝蓋有

見於庚申之役均得便宜故欲踵其轍也

十二日晴

前日新報言美國邀請中國赴希卡果賽珍會一事美國先有禁止華人來美之例有無干礙赴會之人蓋美國既邀其人前來及其抵美弗與登岸自傷國體有商之外部者外部謂應商之議院　因按此所謂名不正則言不順言不順則事不成也賽會者美人之所欲故惟恐華人之不來傭工者工黨之所忌又惟恐華人之來其意兩歧其言反汗中國不詰問而美國乃自詰問外部亦辭窮也而議院可知矣

十三日晴

午刻赴外部衙門外部大臣華頓亦到相見因告以中國會匪滋事久已敉平美國人民無受累者外部答曰亦接到駐上海領事電信已知之矣因又曰聞美國近派兵船一隊赴中國是否因教案外部答曰非也美國駐上海之兵船本係舊式久應更换故派兩船瓜代且所派之船仍往檀香山遊歷又往日本然後到中國與教案無涉也因詢該船何時起椗外部曰前二日已有一船開行矣尚有一船仍稍緩則開也因額之遂辭出　發電與總理衙門云密申外部言兩船常例巡海無關教案因　因謹按美國水師之力當無遠略之能但附入各國之羣則可慮耳美國不聯合度歐洲亦必有不聯合者法以一國爲禍首將爲衆論所不直

則亦難悍然行矣

十四日晴

接總理衙門電云函悉經費六月望日由三晉源滙解寒又接北洋南洋文書爲商人持護照來美事又接山東登萊青道盛宣招商局馬建忠文函以十六年六月所交該局之經費銀六萬兩謂爲洋行所倒不能滙撥　因查光緒七年前出使美日祕大臣鄭藻　所撥經費銀八萬兩商局即援李傅相之奏創爲緩期之說延至十一年始行交清此前事也一之爲甚其可再乎

十五日晴

美國戶部於今年五月創一新例凡華人由金山假道赴古巴者一上車後即不得出入自由乃至食物亦由窗門遞入拘束太苛已商律師科司達告諸戶部此等苛待實爲違約昨日戶部已行文金山稅關屬令查明停止矣　因謹按美國各關之阻尼華人自總統以至各員非不知之但託於不知以假手各關行其驅除之虐以悅工黨耳迨經照會則不得託於不知聊勉強調停而已非眞願也

十六日晴中夜大雨

外部總辦布郞來見談及昨日巴黎來電云法國近接公文以中國會匪鬧教一案前此歐洲各國聲明欲合水師交相保護現聞中國地方官認眞彈壓亂黨辦理各案因此各國無須聯合水師

以保護云　因謹按歐洲各國聯合水師以至中華或開釁端此會匪所願望者也今作罷論會匪之計不行矣然厝火積薪其志未逞其種終未除也願綢繆未雨焉

十七日晴

美國各省博學之士現集本都會議昨已在可侖比亞大書院開堂一次查美國博士多在美國大書院充當教習各有所長專門名家如星學化學電學光學氣學之類日窮其理以求其精惟以一人之心究無窮之理恐有不到故約定各博士每年齊集一次各以所得者互相考究以資觀摩庶見聞廣而進益速也　因謹按外國於格致之學較之中國士子之用心舉業者略相同焉然

舉業之學但託空言而格致之學實有實用宜其日致富強乎

十八日晴

是日爲美總統五十八歲生辰各大員均往慶賀　聞俄法兩國有聯盟之議以抵德義奧三國也查德義奧三國軍民之數德國計四十六兆八億奧國四十兆五億義國三十兆合計一百十七兆有餘又查俄法兩國軍民之數俄國九十六兆法國三十八兆合計一百三十四兆分五國爲兩甄旗鼓兵精礮利如有戰事痛鉅創深殊難料矣　因謹按歐洲情形一戰國縱橫之局也弱者合縱以拒強強者連橫以并弱莫敢輕發故有形格勢禁之力莫能相下遂無休兵息民之時國其地者常虞挫衄故刻刻以練兵

爲念而遂能自強易所謂亡者保其存孟子所謂生於憂患也

十九日晴入夜大雨徹曉

昨日新報載倫敦來電謂各國駐中國公使因中國會匪作亂求中國政府派兵艦赴各處駐防以備後患中國政府允之　因謹按我

國能弭亂未形而不待外國之請則國體尊矣

二十日天氣熱大風午刻雨入夜大雷風雨

前聞英廷以法國水師一隊來英擬籌費一萬圓以備欵待之用茲閱新報言十七日倫敦來電法國兵艦已抵英英君主即偕王子公爵同往亞斯巴閱兵艦軍容英法兵艦互聲礮示敬下午英

君主設宴醼法提督兵官以示優禮云　因謹按泰西各國極重邦交非有所畏而然也英之水師勝於法法之水師不如英法艦至英英君主往見并宴勞有加焉英法比鄰聲勢相應情意之密即輯睦之形不特兩國無所齟齬即他國聞之亦不敢輕意離間并不敢相侮也

二十一日陰夜雨

美國近日考究炸藥有一種名安門泥脫者力雖猛而易防久洩氣而性不變當製造然燒之時亦無意外之虞從前英國舟車載運炸藥其例甚嚴近試此種炸藥之性並無自炸之患與他種迥別嗣後運此種者不必照前例嚴辦云　因謹按炸藥之力可以

破敵而每自焚爲其性烈而難防也泰西各國每制一物必取其利而去其害使炸藥無意外之變近日始思而得之儻能使火藥局無意外之變則盡善矣

二十二日 陰夜雨

美國富人萬達庇於英廠定製鋼身單桅小艇一隻原價銀七萬七千七百五十圓今將船料運美擬至美後拼成美關照戶部所定稅則徵原價四十五分計稅銀三萬四千九百八十七圓五角爲保本國製造廠匠利權防外國攙奪也　因謹按此亦美國富政之一端也若英若法若德所需船礮槍械均由本國自製俄則半製半購此五國者皆稱富強而俄之富則遜焉謀國者可知所

取法矣

二十三日晴

美國近以俄之猶太人絡繹來美已知照俄公使與俄政府商議云　酉正接總理各國事務衙門電云十九日奉

旨崔國因轉補翰林院侍讀欽此

二十四日晴

黎明望

闕謝

恩撰謝

恩摺查轉侍讀向毋庸謝

恩以出使大臣許景　曾奏謝故循之　朝鮮公使李采淵來函云本月二十五日爲國君生辰略設茶會自酉初至戌正請到法國水師提督卓威統帶水師一軍遊弋到俄與俄國外部大臣相晤茲聞該提督已帶回俄法盟約大意爲互相援助內有一節言以後中國會匪有騷擾兩國商民情事當互相保護云　因謹按俄法聯盟似畏人知而出之以機密何也蓋欲操勝算也俄法二國之水陸二軍與德意奧旗鼓相當若德而聯盟於英則俄法又似不及故不欲張皇其事使德人防之以求於英且使英人防之而合於德也

二十五日 陰小雨

酉初至朝鮮使館見美外部總辦英參贊所到之人甚少以均避暑未回也聞朝鮮歸俄國保護如果屬實則又踵越南之轍矣

因謹按朝鮮爲我

國之藩通使各國不得已也亞洲只三國而日本不願與中國脣齒相依時形桀驁愈致歐洲各國輕之因不欲效日本所爲實詩人外禦其侮之意也

二十六日晴

拜發轉侍讀謝

恩摺近日傳聞俄法聯盟一事因俄不願而尚未成是否俄人所要求於法者法人未允抑以鞭長莫及不能急法人之急也然二

十四日所聞法國赴俄之提督已至俄國與政府立約并將約寄回矣似確鑿而有據且聽以後消息　因謹按此俄法之機密也俄人數百年來以遠交近攻擴地至二十倍得地球六之一矣非失計也與法聯盟之策亦猶是也亦安有所不願哉

二十七日晴

接總理各國事務衙門來文并報夏威仁國主之書又賞美國駐巴拿馬領事阿冄信之寶星及洋員科敦之寶星照并撥欵十萬兩　英國路透局電言俄國報云俄國告知英國如歐洲各邦果有同心聯絡之事則俄國將奪取英國所屬之印度地方云　因謹按俄法之交方合而俄遽欲解散他國之交此可知其心矣英

不與德合則俄人尚有所難爲若德義奧既聯盟而英人又助之則俄人惟有完守入保而已故昌言以解散之也然而此舉實關歐洲昇平之大局英人當自有權衡而非可以恫喝止矣

二十八日晴

英美兩國合議派船查捕海龍一案本日聞有漁船三艘在祕林海俄界私捕海龍爲俄國巡船所見追拿一漁船中彈不能行駛被獲乃美國漁船也其餘二艘已逃出界外云　因謹按祕林海峽禁捕海龍其議創於美之總統本將以禁英人而美人得專其利也纔而英人以理爭之然後議禁英美兩國均不准捕譬之爭訟原告被告均不分彼此矣至於今日美國漁船乃被俄人所獲向之所以禁人者今自犯之向之所以扣他國之船者今被他國扣之前此美國議紳謂英國以祕林海峽扣船之事控於美之察院爲礙體面今竟何如

二十九日晴申刻雨

譯致夏威仁國信繙成英文該國公使現避暑歐洲即寄歐洲

本日新報載美國通至巴西海電工程告竣前此美巴兩國電音往來須由歐洲或由墨祕兩國轉至殊多遲滯此綫既成於公事商務均有益也　聞智利國議院黨戰勝智利總統已出亡實自戕矣　因謹按墨洲多民政之國其不以爭位致亂者惟美而已祕魯之爭總統至於兵交於都城而智利又甚焉然美於舉新總

統之年南北黨之相爭雖未用武其莫能相下固已無所不至數十年後美其如拓拔之南北朝乎

八月初一日元吉晴

本日美國接駐上海領事電言中國宜昌地方會匪又焚刧洋人請添調兵船往中國云　歐洲電傳法國自割地求和於德常懷復讎之心近日法人昌言現在本國兵精糧足軍器齊全報怨宜趁斯時不得遲待德人聞此亦有戒心即已設備德皇即於本晚赴奧國閱兵與奧王相晤議商一切云　因謹按從前法皇拿破侖分裂布國限以不增兵額不增礮臺若非師丹一戰布不國矣起釁之由固在法而不在德也是役也法皇擄法都破殺傷共五

十萬人法國割來因河以東之地以求和賠兵費計銀七萬萬兩德以是稱霸而法遂失其雄法人恥之迄於今二十四年矣法人果能報復乎抑託空言乎如法必加兵於德是又爲戎首也民生之禍亟矣

初二日 晴中夜大雨徹曉

本年四月巴西國駐紐約領事招猶太人赴巴西作工昨日猶太人四十三名由巴西返紐約言巴西工價每日給銀一角七分不足敷用而伐樹割草其工甚苦故美國駐巴領事爲之載回以猶太人已入美籍也 因謹按入美籍者其利益如此無怪歐洲來美之人均入籍也巴西之待客民如此光緒七年巴西國會遣使

至中國求立約招工幸政府准其立約而不准招工否則蹈猶太人之覆轍而無以載回則與以前自赴祕魯之華人無異矣

初三日 晴夜中大雨傾盆至五更而止

昨日倫敦來電云德法奧三國大軍向來每年大操一次今值操演之期三國大軍同時調動一似有戰事者歐洲人民頗爲驚疑云 因謹按德與奧已聯盟相助以拒俄法法人又有與俄聯盟之事以防德奧之聯盟且又昌言欲乘此時以報德國之怨閱時數日德與奧同時調兵法亦調兵旁觀因疑其有戰事而不知其實合操也 因意德奧合操之時法之覘國者必隱觀其軍容如其不壯則法將興報怨之師商書之所謂兼弱攻昧也如其實壯則法當緩搆兵之議周書之所謂度德量力也此可悟交涉之道矣國勢強則敵國隱弭其覬覦國勢弱則外國顯生其叵測而強弱之勢並不待戰而始知也其綢繆未雨哉

初四日晴

美政府以駐上海領事來電言中國湖北省之宜昌府城又有會匪焚刼教堂洋人逃避雖未傷人而財產悉遭搶掠遂擬添派兵船 因急命車赴外部查問以是日係外國禮拜外部不到衙門乃改明日 因謹按哥老會匪我中國之大患也其人皆游勇及流徙無家產之民故好有事其焚刼教堂者欲中外之開釁得以乘機爲亂耳州縣姑息養姦率事隱諱每一教案出

朝廷賠欵十餘萬至數十萬不等而不盡參劾示懲宜會匪之日熾也

初五日晴

午刻赴外部衙門見署外部大臣華頓先作寒暄語然後敘及公事問曰九月三號新聞言貴總統貴大臣因中國宜昌地方有會匪滋擾洋人一事擬添派兵船三艘赴華信否外部答曰宜昌會匪已懲辦否 因答以此時尚無確信然我政府斷不容漏網也外部曰前此各處會匪滋事中國辦理從嚴此次當不寬縱我國亦稔知之故添派兵船一節雖有請者已作罷論 因頷之遂辭出

聞美國已認智利議院黨爲新總統

初六日晴
初三日倫敦來電云俄廷商籌巨欵法國巴黎銀行允借銀一千二百萬磅每年四釐行息又云本日法軍大操法國外部大臣已請各國使館人員同往閱操又云聞俄國政府已添派兵勇十五萬人赴波蘭省之戈梭埠防守查波蘭往日係自主之國地在俄德奧三國之間嗣爲三國所滅瓜分其地此埠係形勝之地故俄添兵設防共計有戍兵五十萬云　英國以印度人爲兵駐防緬甸者每百之中患病者有六七十云　俄國核計西比里阿與其東方所採之金自西歷一千八百三十四年至一千八百八十七年計之有二千九百八十二萬五千兩黑龍江各處與潑立冒司紀地方所採之金在一千八百八十八八十九兩年一有二十萬三千兩一有二十四萬二千兩合前所採總計之共得三千二十七萬兩　因查古之金價不若是之高也即中國二十年前之金價亦不若今日之高也其故由外洋各國皆用金錢故金不敷鼓鑄而價日長耳西比里亞爲產金之區其實奉天黑龍江皆產金之區也外洋均於上海購中國之金若開採得法我東三省豈讓美國之富饒乎

初七日晴
美兵官來謁談及近來德法兩國均已各增兵額上年德國增兵十九萬五千五百零二人內四千一百二十一人係充水軍法國

增兵二十萬四千人較之德軍多增八千四百九十人　因謹按歐洲各國蓋無一日而忘戰也時而增鐵艦時而增槍礮時而增兵額時而增戍守蓋即以己之心度人之心知我之所日夜淬厲以期抵人之隙乘人之閒者敵國亦猶是也勢不均力不敵則外侮乘之此所以休兵無日而稅斂日苛也然亦爲騎虎難下之勢無可如何矣

初八日晴
昨日德國伯林來電言俄皇現遊丹京前擬由德國返俄順道與德皇相晤一節此次已電知德國政府不能如約矣想俄法兩國近日結好情形層見疊出俄皇恐與德皇相見難於措辭故託故由丹馬返俄云　因謹按歐洲諸國君臣機心機事無日無之亦其所處之地不得不然也我
國向以坦白待人無詐無虞去古未遠然以此交涉多失便宜易曰無有遠近幽深遂知來物左氏曰民之情僞盡知之矣古人早有見及之者但熟觀戰國策則得其端倪矣

初九日晴天氣漸涼
美國軍械所人員言近製就無煙火藥昨日驗用與各國所造者不相上下查歐洲各國無煙火藥其製法不令人知今由本國水師部化學博士留心考究多時近來始能自製云　因嘗謂泰西各國開礦之利製器之精其原皆由於化學也化學既精則持源

以往惟所用之無不如志講洋務者亦盍探其源乎

初十日晴

美國副戶部大臣查英美交界地方華人潛入美境一事茲據英屬可侖比亞之云古華埠關吏稱自本年正月一號起至七月十五號止華人由華抵埠者計七千九百人其中赴美者約百之九十五云云因查英美界限由云古華埠至滿里奧阿計千餘米其間處處可通而北達哥他省北界自西徂東計數百米之遙看守人員祇乘馬巡捕六名又敏他拿省之北界計五百米並無一人看守且有引帶華人入境者擬下年與議院商設法以嚴防之　因謹按自古無久而不敝之法不以窮變通久之道濟之雖聖人

不能治也美之立國也聽客民之入境中國之立例也禁華人之出洋乃至今日一則立例以限制入境之民一則設官以保護出洋之民且一則欲限制而不能一則欲保護而不盡非立法之有弊實時事之變遷也是於沈幾觀變之士不反古亦不泥古

十一日晴

美外部接美國駐華公使電謂近日會匪在宜昌鬧事美國教堂被燬水師部仍擬添派兵艦赴中國保護教民現有泊紐約之兵艦名白脫釐耳卽令赴華又英報言湖北漢口地方幾釀事端幸英兵艦調兵帶格林礮登岸彈壓會匪寒心事遂解散云　因謹按會匪爲患日甚一日由其黨羽潛多蔓延日廣也前此地方官竟無能溯其源者其刧掠本國商民則事掩飾其焚搶外國教士則事賠償掩飾則百姓含寃賠償則庫欵支絀均於民生國計有妨　因嘗疏陳矣惜乎至今未已也

十二日晴

初十日柏林來電言俄國欲取土耳其都城人所共知近數年來謀此不遺餘力現俄國兵弁假冒工商在土國都城刺探虛實但伺其無備卽調精兵三萬人襲而取之云　因謹按俄人二百年來無日不以蠶食鯨吞爲事歐亞兩洲小弱之國鄰於俄者俄實盡之茲歐洲尚有土耳其阿富汗勃爾加釐亞羅馬尼亞希臘波斯等小國亞洲只有朝鮮日本兩小國俄人之意未嘗一日忘也

數十年中當不能無忽諸之恨者矣

十三日晴

辰刻土耳其都城來電云本國米地林之昔捫力島英鐵艦已派兵數隊帶格林礮數尊上岸踞之該島之名卽改爲君亞英吉利取當今女主所有之義從向例也此島係米地林之緊要海口英水師將於此爲米地得藍尼之英兵船會集之所並貯屯煤　因謹按此英人之所以敵俄也俄覬覦土耳其謀襲取之英保護土耳其謀密防之其事並不著迹如國手之碁兩相牽制而絕不露攻刦之形俄人蠶食之謀其庶幾稍緩乎

十四日晴

四號報云聞法國現調兵一隊屯紮德國邊界德國亦調兵防之　法國水師兵艦一隊駛往康斯旦城時俄王特命該城俄官優禮相待並自行設宴欵待法水師提督一切武弁毫無閒言不知何故法廷忽有廷寄飭本國駐土公使曁統帶水師提督嚴防俄人佔據康斯旦體拿怕爾都城云　因謹按歐洲之勢蓋無日而忘戰也其外修玉帛之會如古之覲遇朝宗也其內修矛戟之威如古之蒐苗獮狩也必使勢均力敵而後可以立國乃可以安民所謂以戰止戰其用心深矣

十五日晴

是日設醼　倫敦來電云土耳其國政府已告英之駐土國公使

名外衣德言以昔猗力島之事英使答以不知及固詢之則云此或英之水師上岸操演以期得力耳　因謹按交涉之道於此宗公案出使者斷不敢漏師多魚不知爲不知理固應爾即使知之而推爲不知亦理應爾非敵國之所能責備也爲土耳其計當求耳目之遠偵探之廣不宜與羊謀羞與狐謀裘矣

十六日晴

英兵艦佔土耳其之昔猗力島本日又聞該上岸兵隊是晚已登舟且該兵艦已開往麥馬力多地方矣　墨西哥國駐美公使已調回現由參贊代辦交涉各事　是日美總統由避暑之地回華盛頓　因查美國自總統以至各部議院無不出都避暑逾三月而後回而事不叢脞者簡也簡則節目不煩而弊亦不多凡立法以救弊者不知所立之法即弊所由生也美國之爲治可謂簡矣未嘗無弊而弊不至於甚者則上下毫無隔閡之故也

十七日晴

法國游歷人員來見言昔曾至中國者　因訪以近日德法時事據云近日德皇在本國麥爾好生地方閱操第十隊與第四隊軍分爲攻守之勢第四隊爲提督亨尼書所領以大礮置格爾哥夫山顚而列隊於山麓以迎敵第十隊係男爵紐老漫統領爲攻敵之勢均用無煙火藥故只見火光而不見煙閱時既久乃罷具見認眞講武法國現亦操軍矣談逾時而辭去　因十年前在京供職

時聞德國操兵而法人效之德國乃創爲夜操以後又未聞焉今則操無煙火藥之用此藥創未數年蓋既得風氣之先而遂欲精習之以適用也

十八日晴

昨日英國駐美國公使彭士芬照會美國外部以今年英美所訂合同在祕林海捕獵海龍不得逾七千五百條之數今美公司已逾其數而貴政府不禁有違合同定章云云　因謹按美國之專利可見矣其始假仁仗義謂英人捕海龍太多恐類竭澤而漁以致不能蕃息而議禁捕致拘英之漁船乃以英政府執言詰問遂爲模棱之說限以額數淺者視之必謂美人之仁心仁術矣今乃

自適其額致啟英人詰駁然則美國前此所云恐其竭澤而漁以致不能蕃息者乃假託之辭實欲拒英之捕以自專其利也各國交涉用意大抵如斯無以防之則脂膏暗耗歷久豈有不貧者哉

十九日晴

美國軍械所以近年各國所造礮彈愈出愈利雖堅厚鐵甲亦可洞穿必得一物見水卽脹大多倍自然閉塞所穿之口使水不能入則船不致沈因查得一物名舍有螺螄者殊合此用丹國巡海兵船名協拉者現已試驗知其可用云　因嘗聞臺灣基隆之戰法人預測量中國之礮口礮彈先爲木楔以備衣袽之用今丹國乃又思出自然閉塞之法則船雖洞而無妨不得謂非巧也然亦

僅防實心彈而炸彈終不能防也

二十日晴

法國兵船向來轉動大礮裝藥入彈等事其運機器均以水力近電學家考得以電氣運動較爲靈便擬一律改用電氣云　本日美總統派下議院紳馬羅爲嘉省北方按察司　因謹按馬羅最惡華人前此請立新例迫令華人領照其無照者卽逐出境又上條陳言中國除公使之外一概禁絕不准來美其求見好於工黨久矣總統派爲刑司信乎聲應氣求一鼻孔出氣也

二十一日晴

本日美政府接俄國電云俄國今年歲荒收成甚薄且有數省亦地無收現在下令禁止糧食出境幷招商來美國且赴埃及國採買糧食接濟云云　因謹按俄國之荒甚於中國前此河南山西之荒而尚不憂餓殍者鐵路之力也然至於收成之日而卽爲乞糴之謀其歲歉亦可想矣中國北邊一帶毗連之處俄人或無暇開邊也夫

二十二日晴

美國近來整頓水師添造兵艦試礮驗甲不遺餘力現造新式兵艦多艘次第告成保守本國海口可持因籌及遊弋重洋必有添煤之地上年曾特派公使赴奚提國近古巴求給毛山尼克拉司一地該國不允茲聞美政府欲以鉅欵購聖駝馬島於丹國查此

島居南北兩墨洲之間前此二十三年美國曾與丹立約願以美銀七百五十萬圓購入版圖嗣以議院不肯撥欵而中止茲又與丹國婉商事關軍政議員當不再阻撓矣　是夕接倫敦轉到總理衙門電言英人黨於會匪爲會匪私購洋槍三十五箱且屬告美外部　因謹按洋人之嗜利無忌其積習然也中英通商條約本有不准販運藥彈槍礮一條然違者不過入官外國刑律至輕犯者不過監禁是我之受害重而彼之受患輕欲其不犯固不能也惟稅關之稽查能使絲毫無遁則彼無可得利庶幾不爲冀以此杜之耳

二十三日晴天熱

午刻赴美外部衙門見署外部華頓告以閩教之事實係會匪前十二日中國上海稅關查獲私運洋槍三十五箱乃由香港運至鎮江者係英人梅生經辦又於梅生行李搜出炸藥五磅梅生爲鎮江關稅司幫辦當即解滬據供英人愛司美在香港代鎮江會匪購辦軍火內有頭目爲英人泰山另有洋人六名均住虹口總署已照會英使速飭領事拿訊云云華頓云中有美人否因答曰似無華頓曰既無美人我可放心矣因遂詢前貴大臣言不添派兵船至華似聞又有添派何也華頓云前未聞宜昌之事以爲中國會匪已靖今聞宜昌會匪兇燄甚熾故略增一二淺水之船會匪如此猖獗我國向來有兵船五六艘往來中國豈可此時尚少於前如有過於受虧之處致傷兩國交情事後之爭論不如事前之綢繆也可共諒之因遂辭出

二十四日晴

聞律師已回遂往謁之告以戶部新章不肯認前此金山領事所給華商來回之照又立例以後金山紐約不得給照給照必由中國政府此例甚苛前曾電請速商之戶部戶部意見如何律師謂前得電時卽函致戶部言戶部於前二年已許華商由金山領照作爲回美之據今領照者已有四五千人而忽然不認此照是不信也不可以告人戶部已允前此之照仍准返美當電飭金山稅關矣至自九月起以後不得再發此項護照卽有亦作爲無用矣

因謂給照一事前此本已訂定今又立例廢之理應駮詰律師云立例爲防弊也因有弊端故立例防之例既立定雖駮何益因仍執前說律師云俟緩商之因遂辭出

二十五日晴

因今年春赴祕魯值智利國內亂寓居該國之華人求爲保護因遂謁駐祕魯之英公使託其電駐智公使代護華人英公使允之茲接駐祕代辦吳濬來函言此次智利之亂英公使爲旅智華人身家財產開單照智政府如有損失則請賠償故此次智亂經年華人尚無受虧者云云因深慰焉　因謹按光緒七八年間智利與祕魯交鬨華人之死者五千餘人損失財產鉅萬無卹無賠可爲恨事此次智利內亂不過一口舌之費轉託英使遂能處險如夷其機括與巴拿馬厄瓜多同而華人之受益則又過之豈不幸哉

二十六日晴小雨

美紳某言近日法國各軍大操各國政府均派武職大員赴閱德國武員閱後函致本國政府稱法國步兵分隊而戰進退整齊練熟之至及其合隊而戰行伍井然氣象雄壯頗合古時希臘國之步隊云　因謹按烏孫希臘埃及猶太波斯其立國甚久蓋舊邦也烏孫卽俄羅斯之轉音自漢至今日漸盛強波斯尺土尚存未必能久猶太民已散至四方希臘終當入俄埃及終當入英希臘

古時步隊德人稱之則亦往年一強國也今不然矣盛衰倚伏治亂循環考古者以之唏噓治國者宜爲殷鑒焉

二十七日小雨晴天氣轉涼

美國與夏威仁國前所立報施條約夏國土產至美國一概免稅美國則以夏國所管之普爾夏巴地方爲美水師船隖并准美國官兵隨時隨便來往夏主已允而其民則以爲如此報施似夏國已歸美國保護故夏國主不敢批自女主卽位遂背美向英美國亦不免夏國之糖稅夏商苦之現美國又設法與夏請申前約云　因査美國已擬購丹國之聖駝馬島又求海帶國之海口今又求夏威仁之普爾夏巴無非注意兵艦添煤之地欲其水師稱雄於

墨洲耳自英之兵艦天下莫強而商務亦極盛美誠富矣而強則不及故英義多侮之此其所以綢繆未雨也夫

二十八日晴

二十三日倫敦來電言俄皇與衆軍官正整飭水陸軍士兵馬糧草以備出師至土耳其都城因聞其宗室某公主訃音而止　因謹按此必有他故也果欲出師斷不中止且所以中止者非大故也軍情秘密傳聞異辭仿春秋之例疑以傳疑可耳

二十九日陰

昨日新報載亞洲之中俄國之西比里亞英屬之印度中國之新疆三國交界之地地勢平衍名爲巴美爾近爲俄國所據英國屢

派武員前往偵探防俄人之侵印度也茲俄京來電言英廷如再遣員赴彼查勘必啟釁端云　因謹按俄人蠶食各國之地蓋無歲無之也此次所踞之地可以窺中國之新疆可以窺英屬之印度厝火積薪待時而發無以禦之則俄人又得遂其蠶食之心其綢繆未雨哉

三十日晴

外部總辦來見言中國會匪陰謀藉焚燬教堂以起事英國奸人干預其事故爲代購軍器中國官員亦多干預其事者聞有某道員之子與會匪來往業已十年公館中藏有洋人衣服數十套以備臨時應用云云　因謹按湖南道員周瀚著書闢教固以人心

世道爲憂而惜其不能審時度勢也某道員之子結會匪製番衣兼入會教誠不知其何心然或者少年無行其父或未知也從前林清倡亂內監尚有通者會匪以入會惑人邪僻者多信之地方官吏如時時査察何至蔓延也哉

九月初一日元吉晴

歐洲東境保士波海口俄國戰艦之在黑海者出洋必由之地英嘗與土耳其立約以重兵守之不准俄艦出入茲因土國有小島在歐洲之南前爲法人所踞英人爲之奪回而索兵費土國乃將該島交英暫管准其收稅收滿交還現已收滿英人尚未允還土王卽照會俄皇准其兵艦出入保士波海口俄皇大喜現聞英廷

急於地中海等處設防云　因謹按地球各強國無不以侵佔土地爲心俄人注意於鄰封遠交近攻之計也英法德美注意於屬島長駕遠馭之謀也兵艦以煤爲氣力無煤則不能行越國鄙遠兵端一開則局外之國當守局外之公法不得接濟以煤此所以注意於島也此謀國者之深心也

初二日晴

仰光西報云現法人已踞暹羅國之呂汪及不林望兩處地方查法人久已垂涎越南暹羅越南已得欲猶未厭所踞之地已逼近英之東印度俄國又開拓至印度之西北兩強國由三面而來爲英國計宜力助暹羅無使他國踞暹以爭印度查該處有江楓地

方爲暹羅要隘英宜踞此以阻法軍　因謹按暹羅向貢獻於中國修藩屬之禮近年以來漸攜貳矣其地與越南緬甸接壤故英法兩國皆垂涎英人則謂已入牢籠不畏他國之攘奪法固不甘心也將來兩虎爭一羊分裂不勻共不免戰事乎然而法固非英敵也水師不如英也

初三日晴夜雨轉涼

本日報言小呂宋之東有羣島名嘉羅闌者日屬也美國教士向在彼傳耶穌教而日國向重天主教故島民屢燬教堂虐教士地方官以教士非同教之人不爲保護美廷曾照會日國駐美公使案懸一年未結美廷遂向日廷索償聞日廷以美國教士所傳之道非日國例所准將請美政府撤回教士至於已往之咎日國不能不認焉　因閱此而歎洋務之不可不熟也教不同者不能相強以傳道故俄以女配英儲曾先訂明俄女自習希臘教英儲自習耶穌教不相合也亦不相妨也我中國自奉孔子教耳自咸豐十年之約泰西以設教要求當時無知洋務者以不同教拒之貽禍至今致外侮糜庫帑傷國體過此以往猶未已也可勝慨哉

初四日小雨

智國內亂甫靖英德義日等國公使擬向智廷爲本國商民損失財產者索賠約共美銀二百萬圓云　因謹按古之邦交皆盛言救災恤鄰之義今直幸災樂禍焉耳國弱則召外侮內亂亦召外侮戰戰兢兢日愼一日庶幾免於今之世乎

初五日晴

聞會匪鬧教之案蕪湖一處法使索賠銀十一萬兩且須割教堂以後之空地及山界之云　因謹按自洋教入中國莠民多歸之其平居無事莠民則藉教士之勢以魚肉善良至激成事端教士又藉該國之勢以恫喝官吏所求必得所欲必遂匪特國帑爲之虧國體亦因之褻也惜哉

初六日晴

金山總領事詳言戶部新例爲省察院批准華商不便擬即上控請向律師科司達熟商遂訂見於午初刻比往則墨西哥派往日

本之公使已到因先見商所以駁之之道律師謂立例已定駁亦何益因謂當援約以駁之蓋例者美一國所立約者中美兩國所訂中國可以不循美國自立之例美國不能不遵兩國共立之約也律師言外部布連尚未回署外部無此權因言布連月底可回中國公事合先預備故先商之不得再緩律師謂且先商之戶部察其意見如何再照外部方不造次因許之遂返

初七日晴

美國認眞整頓水師事屬創始製船鑄礮利弊不能洞悉兵部謂現在造成之兵艦如渣爾斯頓之類者有六七艘費鉅而不合用以其甲薄而不能禦彈行緩而不能及人且需煤甚多今擬不再

造矣水師部謂以後造船只用三式一則甲厚礮巨足容萬頓可敵他國上等鐵艦已定三艘告竣尚遲二則厚甲巡海船駛行必速以爲緝捕敵國商船之用三則小礮船容一千頓爲行淺水之用將來造齊雖英國水師來攻亦無能爲矣　因謹按此可以窺美國之用心矣美爲自守之國向不以兵力佔他國之地而各國水師之強於美者輒陰以兵力脇美如現在之英國義國是也故其所言振興水師者並無鄙遠之心但謂英之水師來攻亦無能爲則義更無論矣此美人之心也

初八日晴

軍械向以鐵制德國以其質重而難運動擬代以礬精現向美國扣爾士公司購用計銀十萬圓查礬精係由白礬化出似鐵而較輕　接總理各國事務衙門文爲墨西哥國立約事卽札飭金山總領事查明詳細情形　因謹按墨西哥之求立約與巴西同爲招工耳既爲招工則約可不立矣然我能拒其立約而難禁其招工卽能禁其招工而不能盡禁華人之往至於華人之往者日多或被欺陵而求保護則後時之立約補救又不如先事之周章也此最要也

初九日小雨

本日新報云俄國商人以各國貨物由黑龍江運入境者須增稅則應於該處擇地設立稅關且西比里亞鐵路將成將來貿遷必

盛應加增入口之稅以保本國利源　因謹按俄國之兵強矣而富尚不敵數大國者振興商務不如數大國之縝密也今亦漸講求矣所以開西比里亞鐵路而於瀕太平洋設船隖者蓋非僅長駕遠馭而亦期通商也惟黑龍江係中國地方而擬於各處設關收稅已欲強富而侵削鄰封乎然而俄人損人益己之心固不自今日始矣

初十日陰天氣轉寒

美國製造局言近有炸藥一種名火地市者其性極烈現在法國之黎埠試驗其炸力比尋常炸藥加至四十倍云　因謹按泰西各國爭勝其習然也然軍旅之事特患其不爭勝耳槍之由前入

藥彈者改而爲後膛矣又改而爲來復綫矣礮之三五千觔者改而過百噸矣船之鐵脇者改而爲鐵甲矣不知者以爲奇技淫巧其知者以爲出奇制勝也平心而論易地以觀不視其所言視其所行不察其立言察其立國強弱之勢勇怯之形不可掩也爲可誣也

十一日細雨

前聞美國博士有能致雨者因不信茲閱初八日報言美國西南諸省曠地旱多雨少故不能墾茲有博士講求氣學於風雲往來潛心考究因得擊雨下降之法呈諸議院議員以事關農政撥銀九千圓俾資試驗由農部派員偕往常旱之笛沙司省該博士以

氣球炸藥空中轟放立卽雲行雨施屢試屢驗偏灑數十里至數百里不等云　因查外國之輪船火車電氣燈德律風電報氣球其初創也人皆不信致雨之法因亦不敢信也惜未親至其地觀之

十二日晴

俄法二國聯盟立約已一年餘近又續議增添多欵以期周到兩國政府不日可以簽名其續增之約尤爲祕密各部大臣均不與聞云　因謹按當今之世非力敵勢均斷難立國也德意奧合縱以防俄法俄之地利險阻自守尚可無虞然水師則不能敵三國矣法之強不如俄非但水師不能敵三國陸軍亦不足自守然則俄法之連橫亦事勢之不得已者乎

十三日晴

法國代辦公使戴布萊謁見談許久而去　聞美國水陸各軍所需無煙火藥向來購自歐洲茲美廷以不能自造既耗公帑將來如有戰局歐洲守局外之公法亦不能來擬在賓省富蘭科埠設局專造無煙火藥并炸藥已由各製造廠爲造造火藥之器具矣　因按凡槍礮兵船不能自造而購於他邦者昇平之時似便及有戰事則必掣肘蓋萬國公法兩國交訌則別國應守局外之例無所偏袒甲申中法之釁德國先爲中國所造鐵艦雖已造成仍不肯交此前事也至於銀錢流入外國以致國帑空虛又其次矣

十四日晴

各國公使於墨西哥使館商輓德公使事惟俄使未到英公使彭士芬創言先發公函唁之將來如何送奠再行通知質之各國公使均以爲然遂散　俄儲之赴日也日君犒其從者一千圓茲俄儲抵國後電滙五千圓爲賞日本官員前充迎接侍從者　因聞俄儲之赴日本也日人欵之費銀十六萬圓豈祕之不使人知歟奧之待俄儲也可謂盡禮然不久而俄兵卽逼奧界焉立國之道以自強爲第一著以交鄰爲第二著其庶乎

十五日晴

謁法代辦使事戴布萊寒暄之後因訪俄法聯盟之事該代辦言

未與聞故不知詳細然總有益於歐洲昇平之局云　聞日本朝廷近於朝鮮國事最爲留心且云無論中國俄國把持朝鮮朝政日本必爲申理云云　因前聞日本因行刺俄儲一事畏懼之至遂宣言將來俄國如有事於朝鮮日本決不掣肘是所以媚之者至矣今乃又此言因決知其僞也否則直指中國而言而連類及俄耳狡哉

十六日晴

聞俄國所佔亞洲巴美爾之地已侵中國之界中國已由公使詰問而俄兵又犯阿富汗地方英人憂之茲聞俄兵又窺羅馬尼亞國已紮營於該國境上羅國嚴緊設防云　因嘗謂俄之國勢實

七國時之強秦也比鄰小國歲有幷吞歐洲雖合縱禦之但能保全土耳其阿富汗其他究鞭長莫及也然蠶食漸近將來土阿兩國終不能保何英德能制拿破侖而不能制俄耶則國事異也

十七日大雨至申而止日出

十一日倫敦來電謂前三日俄國有鐵船名拿伐林及半鐵艦名底尼同日試水尚有礮艦一艘不日亦可試水水雷礮艇數艘黑海所需兵艦現已興工製造俄國於加增水師可謂認眞云　因謹按俄之兵額至二百三十九萬人而讀書者不過十中之一可謂重武輕文矣乃其國勢日強版圖日擴幾於縱橫無敵焉則不得議其計之非矣豈風會使然耶亦形勢足恃也

十八日晴

金山領事來電云金山稅關又附會戶部新章不准持照商人上岸請速設法當卽函致律師往見外部外部立照戶部戶部許電稅關准華商登岸但須具結候總察院核定戶部新章如何再爲定奪遂電金山領署以戶部之意詳示之幷發一函

十九日晴大雨徹曉

新報云俄人數百名往中國之西藏遊歷俄人之遊歷者屢矣其毋乃有窺伺之心乎　因謹按我　國家之於西藏特設大臣經理較之琉球越南不同他國有窺伺者可援公法拒之

二十日晴

美國新創電氣輪船不用水火專以電氣激動機器其行之速與用水火相似轉折亦靈聞已帶至中國矣是美國又闢一利源也

因謹按美國之用電氣以之行車以之行舟又以生馬力至九百萬匹以運機器而供製造聞傳聲筒亦係電氣能以人所言者留諸筒中寄至萬里之外存至十年之後啟而聽之如親謦欬其用神矣

二十一日晴

金山總領事來文工黨欺淩華人以草麻油塗其身並毀其室卽將案交律師　昨日俄彼德堡來電云該國新製鐵艦名拿伐林那容九千五百頓長三十三丈馬力九千匹猛駛每半時可行十

六海里鐵甲厚十二至十六英寸架十二寸口大礮六尊六寸者八尊速放礮十尊放水雷之管六具已下水矣又有鐵艦二艘一名格來也是居一名阿伐尼稍小亦已下水　因謹按俄人鐵艦日增彼德堡在歐洲而亞洲地方無添煤之地此其志在歐洲可知矣

二十二日晴

本日新報云美國賽珍會戶部已商之律政大臣據律政大臣斷定謂各國赴會帶同巧手工藝幫辦事務不在禁止各國合同章程之內中國赴會帶同華工幫辦會事者應不准上岸云　因謹按此顯有軒輊之見也各國之工則以巧手別之所以爲入境地

步也中國之工不言巧手所以爲不准上岸地步也欲蓋彌彰矣

二十三日晴

夏威仁國女主之父名刻來鶴來美修好總統及外部與之宴婉詢曰聞貴君主親英而疏美何也刻來鶴答云地球之上與美最鄰近者夏威仁耳英則隔大西洋矣焉肯疏近鄰而親遠國乎總統嘉之　因謹按美君臣之結好於夏威仁者籠絡之也太平洋之島國夏威仁爲近美如有事亞洲亞洲有事於美兵艦於中途添煤惟有該島所關係者大矣此美之所以厚禮該使也

二十四日晴

昨日俄國彼德堡來電言俄國出口之糧食太多適値歲飢遂致不給此時待哺飢民已有十三兆人口云　因謹按俄人好武合乎大兵之後必有荒年今無食者至一千三百萬人不知何以賑濟俄如因此休兵息民固俄民之幸而亦鄰近各國之民之幸也

二十五日晴

十八日報載俄人侵踞巴美爾地意在兼幷中英兩國已詢之玆據俄京來電謂英俄兩國爲爭亞洲土地常有齟齬現爭巴美爾之地正宜乘時一決勝負以善其後云　因謹按此可以知俄人之心矣亦可以見俄之強矣其心以兼幷爲事出諸口而無忌憚者習焉不怪也歐洲強國無敢與英爲敵者法之搶攘爲傑猶降心於英焉則其他無論矣乃俄人昌言之而英人受之此可以覘

國焉

二十六日晴

某教士及武員來謁談及俄法聯盟法國提督赴俄俄人盡禮相迎至於破格行啜口昇肩之禮實因俄國所佔士擔保路城係法國屬地欲法國不索回云　因謹按俄國處心積慮固無日不以兼幷爲事也其於弱國之地如取如攜無敢與校矣法雖不如俄之強然其水師固非俄所能敵也俄雖奪其地而不能不懾於中故爲此卑禮降心之舉乎

二十七日晴

午刻赴外部衙門見布連寒暄甫畢因言自光緒十四年美國自

立苛禁限禁華人經前公使張蔭　照會駁詰本大臣莅任具文駁詰者凡五次又兩年矣貴大臣意見如何應請照復布連曰苛禁之例本大臣亦不謂然乃商之總統及議員迄無端緒故未能復因曰今我總理衙門屢次函詢實難再緩幸速商之布連曰現在必當急議以期報命因又詢中國教案均已嚴辦美國倘派兵船赴華何也布連曰前所派者已留紐頓一艦不令開行且亦不再派矣美國必不爲難也因遂辭出

二十八日晴

美官武弁談及英皇之孫英儲之次子名佐治者兵部派充安身鐵艦管帶查此鐵艦容一萬六百頓馬力一萬一千五百匹弁兵

五百八十八巨礮十門海軍中巨艦也　因謹按英之太子前曾遊歷歐洲并至印度光緒十六年又遊亞洲至中國日本矣今其子又充兵船管駕亦如殷之高宗學於甘盤遁於荒野閱歷深而見聞廣也宜其強也

二十九日晴

智利議院黨戰勝即位後曾派兵看守美國駐智使館茲美國兵艦水手上岸又被殺傷多人美公使照會智國外部外部覆辭不遜美廷已議調撥兵船赴智問罪矣　外部大臣布連答拜　因查美國駐智公使於智國內亂不守局外之義而干預其事故議員黨即位後即窘辱之然智非美敵也徒洩一日之忿以快一時之心美國國體所關如與爲難則是一波未平一波又起矣

三十日晴

輪船公司律師來見爲華人來往之事也詢及英政府以俄人侵踞亞洲之巴美爾地方將不利於印度請諸中國准其在新疆之喀什噶爾地方添設領事及武職大員各一名駐紮於彼信否因答以未接我國政府公文不知果屬實也律司又言英廷已飭印度總督練兵嚴防又令沿印度西北邊界一帶火車鐵路歸英員管理以便轉運矣　因謹按巴美爾當係不毛之地古所謂甌脫者也俄人好蠶食故樂得之以擴其邊英人善防俄故嚴備之以遏其勢但使俄不侵阿富汗英決不因此而興戎也此可料及者也

出使美日祕崔日記

十月初一日 大吉晴

金山延律師利亞頓來美都駁詰苛制華人來美之例因來見言已控諸總察院大約七日後可定奪也 因詢以美義兩國交涉之案利亞頓云美國之意欲以待中國者待義國至今未聞轉圜 因曰義國將聽之否利亞頓曰向來各國交涉之事以強弱爲權衡義國海軍強於美未必甘心受之且看以後如何耳談許久乃辭去 因謹按利亞頓以強弱論交涉則不徒論理而論勢矣義國海軍強於美未必甘心受之然則義國海軍弱於美將甘心受之耶因以爲弱者受之非必甘心特不能不受耳有國者不可以不強

初二日晴

至外部大臣布連宅謝步又至律師利亞頓處在座美國官紳二人言法國近爲日本造鋼甲戰艦三艘均容四千二百七十八頓又水雷船一艘又擬籌銀九百萬磅添造新式鐵艦十一艘聞日本因此次中國兵船至横濱自知海軍不及且僅有致意達一船每半時能行六十里其餘均係舊式故不敢不添造也談久 因先告辭 因謹按此海軍之效也前此日本覬覦臺灣猝以兵船運兵犯境中國海軍未立措手不及至費銀五十萬兩今海軍漸強日本深懼報復故急於籌添如所添之船告竣中國海軍又似不及應審彼己之勢及早圖之

初三日 晴中夜大雪

接北洋大臣電云吉林將軍電現派員在滬向禮和洋行購美國十三響八轉筩馬更快槍千枝請轉電駐美星使於起運時查驗是否新造有無用過及工料不精云鴻冬當即函致紐約並飭繙譯查明該槍出自何廠以便察驗 巴黎來電言俄君前日由丹國回俄德主以伯林爲火車必由之路訂與相晤俄君乃乘輪船旋繞避之不與相見其不洽之意顯然云 因謹按此法人之所深喜也俄德不睦則德須防俄而法人高枕矣

初四日 大雪至地而化午刻止

從前歐洲各國畏俄之強而蠶食屢次聯盟不准俄國兵船出黑海以達地中海近有俄商輪船公司藉開西比里亞鐵路載鐵路器具竟由黑海而出土耳其阻之俄國駐土公使駁之仍准放行各國皆詫異云 因謹按此俄人之覬覦歐洲也由是以觀則其與法聯盟也實爲遠交之計其與德傲睨也或爲近攻之謀若英法各國不能合力一心與俄毗連之邦必有挫師失地者矣

初五日晴

查俄商輪船公司雖稱商船實兵船也共計十三四艘容一千二百頓至三千四百頓不等每半時行四十餘里至五十餘里不等載礮六英寸至八英寸六尊至八尊不等近年又在英國添購二

艘各容五千頓每半時行六十里此十餘船可容二萬數千人一有戰事可以運調一軍之衆云　因查歐墨各洲近日風氣新造商船均用兵船之式所以備開戰時擄敵國之商船而不爲敵國所擄也故商船多之國其兵船亦強英之商船俄法二國合之猶不及也中國兵船多於日本而商船遜之則以無航海之商船長江商船之利爲英商奪三分之二故也

初六日晴

九月二十二日報云俄國自知水師不敵英法欲從事歐洲則英阻之必水師強盛乃可勝英因是加意船隖戰艦以期得志於土耳其波斯高麗等處云　因案俄地環繞北冰洋其形如玦只以

一面當敵其強以此也然其地苦寒一年之內海水冰者半年欲設船隖實無其地其水師之不如英法亦以此也今欲增戰艦但能籌費固可驟增若船隖則限於天時地氣俄人果何道以籌之其必出歐洲之黑海而圖亞洲之東三省乎是宜防之

初七日晴

前因美國駐巴拿馬領事阿丹信實心保護華人奏請
賞給寶星業已頒到外部大臣亦回美都今日備文　因親送交布連布連甚悦且云俟開議院時屬議院議准卽發交該領事收并
先代
謝云　新報言金山華人陳某槍傷美人二名并斃巡捕一名華人不安分至於如此欲駮苛禁之例必不能矣　因嘗見美下議院好德其人蓋持正而不附工黨者其論亦極持平嘗謂中國富商不至美其至美爲商者大抵始於工而繼爲商者也又間有干名犯義而不容於鄉里者以美爲逋逃主也美於工固宜禁然宜商之中國立約以禁之不宜廢約而直遂徑行也因觀於現在金山華人陳某而益信

初八日晴夜雨

上議院紳多福偕科司達來見科司達言總察院於華商領照之例尚待妥商多福言美國禁工苛例殊爲背約華人性儉耐勞可惜良莠不齊好爲讎殺又好洋煙故工黨得以藉口　因答以美國

刑律太寬故華人玩之如獲兇犯交中國自行辦理可儆刁風多福云此條約所無當時並未慮及談久而去　因謹按多福之言尙爲持平華人如能安分美國當有正直之人爲之平反今工黨旣惡其攙奪生計而官紳又惡其敗壞風俗難乎免矣

初九日細雨天氣燥熱

本日新報云奧廷商之議院籌撥巨欵添設礮隊修築毗連俄界之礮臺以防俄云　因查歐洲各國遣使分駐通問不絕其君亦時時相見情好常通似無慮啟釁矣而兵額日益兵艦日增兵費亦日加戰戰兢兢時若有強鄰壓境之勢至於今而尤甚其斯爲亡者保其存乎然而民生苦矣

初十日陰

是日寅刻興盟漱朝服率參贊等員於卯初恭祝皇太后萬壽行三跪九叩禮朝鮮使臣李釆淵亦到與醼　新報載英皇今年七旬有五精神矍鑠其孫已充兵船統領云

十一日晴

會匪鬧教一案我中國當事爲之保護既事爲之緝匪且允賠卹邦交之道盡矣聞英法等國尚要求無厭合以謀我因憶本年夏間俄國發配罪犯於西比里亞地方監禁乃該犯等逸出十五人遇法國兵官聚而殺之俄員卽通知法國兵艦爲之歛埋兵艦以西樂送葬及其旋船樂工首領又爲該犯所斃俄不議卹法不索

賠交鄰之道如斯而已然則公法條約惟勢強者可執言耳

十二日晴

答拜上議院紳多福該紳尙持正論言前此美邦殺斃義國民人一案已允賠卹但數甚微俟開議院時由議紳議准卽照覆義外部矣又言中國教案美國無意作難現在駐中國之兵船名卞厘頭已調赴檀香山矣談久而散遂至科司達處　因查紐阿連命案其初美政府持之甚堅非眞昧彼己強弱之形也嘗試而已至於義廷必不干休則願議賠議卹旁觀者固早知其必出於此矣布連尚有煩言其意固別有在蓋明年卽保舉總統之年也

十三日晴

十一日報言巴黎來電俄君由丹回俄拒德君不與見本月爲俄君娶后之二十五年俄國駐德公使率隨員於使署行慶賀禮各國駐德公使亦赴俄使署道喜惟德未派員往似德俄兩主有不合形迹云　因查交涉之道歐洲各國常使持平其於利益固不讓矣卽禮節之細微者亦不讓焉非好爭也不能持平而時時讓人習而慣焉他國直以爲應不持平敢侮予矣俄君與德主約晤而間道還俄是失信於德也德亦有以報之使俄知德之不可玩也庶幾不示怯也

十四日晴夜小雨

英商集股由緬甸創造鐵路直達中國邊界聞每一英里需銀十

二萬五千圓俄國琿春鐵路現在築路兵士二千五百名罪犯九百名工人四百名中國高麗工人一千七百名俄國石匠一百二十六名中國石匠三百名共約六千名且設醫院治病以求迅速

因謹按此所謂實逼處此也英法逼於南俄人逼於北事雖未動機則已形彼族皆藉口通商也果僅通商乎哉

十五日小雨

聞暹羅朝廷新創一例收中國人身稅現已議准夫暹羅中國之藩屬也中國以字小爲心而暹羅不以事大爲禮豈夜郎自大哉蓋自日本幷琉球法人踞越南英人取緬甸暹羅知中國之兵力不行於四裔故悍然自由耳

十六日晴大風雨有冰

律師科司達來書言劉道表之案總察院已准提至美都覆訊當即函知金山領事　湖廣總督張之　來電云惠人星使鑒請代辦好棉子二頓速寄漢口價即滙還至感洞咸當即派參贊彭光譽繙譯容揆向副戶部大臣處查明又飭紐約領事沈桓詳查因少時讀書於山寺山多種竹時際兵燹之後徧地荒蕪竹亦枯瘦山僧經理之越三年而葉密陰濃柯巨如碗因詢其故僧曰吾刪其穢而培其根根肥則筍肥筍肥則竹肥其次年乃伐其瘦而留其肥則根益肥竹亦愈肥如此三年而竹復舊觀矣不善種者反是因查美國棉子中國之購者多矣而終不及美者則人事之

不齊也其殆如生質之美者必進之以學乎

十七日始冰晴

巴黎來電言奧王與廷臣論歐洲時局謂俄人將乘飢動兵法亦整頓軍務不遺餘力乘隙而逞德奧義三國皆稔知之惟俄國府庫空虛如三國合力與戰當可得志云云　中國會匪鬧教英法德三國既約美國聯盟要挾聞日本亦附和之因謁外部大臣布連曰美國向爲仁義之邦不爲恫喝要挾之謀聞之久矣布連曰然因曰中國會匪鬧教業允賠償聞歐洲各國約美聯合水師以肆要挾美亦爲之乎布連曰未允也因曰若是則因當函達中國政府矣布連曰可遂辭出

十八日晴

今年春夏之交美廷派員赴歐洲查客民來美情形有員名蘇泰士者在歐洲扮作窮民向英國招人出洋局請給赴美川資該局即發銀五圓六角二分蘇即附雪惠阿輪船三等艙至紐約登岸後告知該埠官員并告美廷以歐洲各處招人來美之局甚多即請議院迅速設法立例嚴禁歐洲無業窮民不准入境云　因謹按美廷以他國窮民入境有礙昇平之局遂派員詳查茲查得來美工人不止中國并禁歐洲各邦此例若行歐洲不能辨詰則中國更難置辭矣

十九日晴

昨日伯林來電言德國兵部趕製帳篷以備東邊防兵之用倫敦來電言俄國駐芬蘭之兵調赴奧界而另募新兵駐守芬蘭云　因謹按歐洲各國蓋無一日而忘戰也俄人伺間乘釁以冀蠶食鄰封凡毗連之小國如波蘭芬蘭勃爾加厘亞等國蓋無一能自存矣國之大者如德與奧及土耳其尤兢兢以防俄爲事而懼兵力不敵故德與奧聯盟而土耳其則仰庇於英國此合縱之勢也強俄不戢歐亞兩洲其無安枕之時乎

二十日晴天氣轉暖

謁律司科士達以中國所發華商之護照金山稅關有意挑剔因言美國既顯禁華工又陰阻華商殊違中美和約第六款今議院

將開應照會外部請問其故且禁工苛例自前任張使駁詰迄今已過三年何以尚無回覆因前此已面詢外部大臣布連布連答以必覆今又兩旬矣亦擬催之撰稾請商科司達以爲是遂留稾候酌定又謁上議院紳多福

二十一日晴

美總統於十六日出都赴白耳底馬地方昨日已回　昨日巴黎來電俄外部抵巴黎俄國駐法公使率隨員迎於車廠法外部亦派人往迎是晚法總統設醼款之本日巴黎來電法國銀行已貸銀一百五十兆羅卜合七千萬餘兩於俄或以爲俄外部爲貸銀或以爲實聯盟也　因謹按此必聯盟也貸銀爲戶部之事外部

何必親行哉或藉是以爲掩飾耳

二十二日晴午刻大風暴吹倒房屋壓斃之人甚多總統宮殿所建之旗爲風裂破未後仍雲見日風未息

俄國向德貸銀八百萬磅德商商之政府德主以爲當此時勢不應代籌遂止　因謹按俄法之交方密其意必將修怨於德德如爲之貸欵是藉寇兵而資盜糧也德主所見誠是矣然非禦敵之方確有把握則即因此啟釁亦未可知如以弱小者當之有不進退維谷乎甚矣立國之貴自強也

二十三日晴

日本來電云派兵艦赴中國從英法之約也領事沈桓接上海信歐洲各國兵船集上海者約四十艘因急謁外部布連詢以前言不與歐洲各國聯盟要挾中國斯言信否布連曰美與中國交情與歐洲各國不同安肯聯盟要挾因曰審若是請發一電與駐中國公使田貝俾中國政府知美國之意則善矣布連曰美政府業行文與田貝令勿與各國聯絡今既欲速即發電可也因謝之遂辭出回使館即發電致總理衙門云各國聯合兵船要挾教案因見外部外部允電田貝不與聯合云　因按布連虎視鷹顧城府深邃寡言笑蓋梟雄也當爲議紳時即昌言禁華工非有所惡於華工也要結工黨而已亦非有所愛於工黨也求得保舉而已上次公舉總統布連名居第二爲哈利順所奪即現任之總統是也布連任外部長於交涉之事皆好勝祕林海峽一案總統倡之而

布連助之遂至與英齟齬進退維谷智利殺斃美兵船水手布連主戰義大利民人在美被戕布連立意不認賠卹禁華工事亦主從嚴因與交涉諸事尚少阻撓惟駁禁工例則不見覆蓋決不敢開罪於工黨也

二十四日晴

金山來電言差那輪船由橫濱回聞俄兵一隊由西比里亞進侵中國邊界中國雖不與決裂或失地云　因謹按中國西北界曠野之地二百年來俄人所蠶食者多矣此積弊也顧以前相距猶遠今則漸至偪近而俄又造鐵路兵力可及東三省其可虞乎

二十五日晴

昨晚接總署覆電云各國聯兵要挾教案其事漸息何以此時始商外部是否又有萌動抑新聞所刋敬當卽覆電云沈禀兵船集滬美報日艦聯歐赴華故慮因

二十六日晴

是日戌刻赴上議院紳多福之席同席者副外部華頓水師大臣脫來施上議院紳七人各國公使六人又主人之壻席間聞美國派員查明歐洲窮民來美情形擬由議院立例禁止而歐洲各國亦已共約派員至巴黎會商自禁之策亥正而散　因查多福與密組爲同省密組惡華人而多福持正論志不同也然工黨與舉總統議紳過此以往附工黨者必益衆而華人勢孤矣

二十七日 晴是夜微雪

本日倫敦來電云俄外部大臣與法廷訂約之事英駐德公使已咨本國言俄外部在德都已將約章詳告德主及外部謂俄法聯盟與德奧義聯盟用意相似德奧義欲保本國自有之權俄法欲守舊約所准之權查歐洲各國會訂之舊約英國不應派兵駐守埃及英兵之駐埃及者例應撤回又俄土兩國之間有小國名勃而加厘亞者俄國按約能干預其內治之事俄法聯盟實爲此也此約雖定尚未簽名據此俄法尚無興兵之舉意在先與英德奧義四國理論如其不從再相機而動云　因查埃及貸英銀至四萬五千萬兩英以兵駐埃及防俄之佔其地而失貸欵也萬國公法雖有銀出於地之說然俄之强悍又難以公法繩之俄欲英人退出埃及且以不從相機而動恐之英人究不肯從俄法亦不敢動天下事惟强者敢言之亦惟强者敢行之耳

二十八日 陰始冰

倫敦來電言中國會匪鬧教係在蒙古地方法國又擬聯合各國保護教人且約在北京商議云　因謹按法人至好事且好干預他國之事尤好乘他國之不靖以生事前此拿破侖第三干預日事又干預布事卒以僨事今其流風猶未艾也世有畢思麻其人者乎

二十九日晴

近日考究美國所造快礮有五種曰吉林曰哈乞克司曰稅力司來遠曰嘉拏曰麥臣惟麥臣之機器最巧該礮長僅四英尺九寸高三英尺重不過五十磅礮管之外有鐵筒其間盛以涼水以防礮管之熱其巧處在礮機能自行動礮手但照料放初一彈以後入彈子出彈殼以及然放礮手均不必管礮機自能如意其快也每一分時可出六百六十六彈其命中也曾經試驗懸靶於一百二十丈外可以寫麥臣之名於上云　因謹按此種快礮僅能及一百餘丈以置山路崎嶇之地可以守隘城戰巷戰可以當關若廣野平原敵人設開花礮於百餘丈外轟之鮮不敗矣

十一月初一日 大吉晴

本日巴黎來電言各國派員在法都議各國人民出洋業已成議凡人民欲由本國他往須由所往之國之領事驗妥方准出洋美員又謂美國雖禁客民來美例尚未嚴當由議院另立新章而法國和國瑞士國已有新例禁罪犯窮民等他往矣　因謹按美國禁工之例日益加嚴蓋不僅禁華人矣中國欲弛禁工之例美國自嚴禁工之章其禁也先自歐洲中國不能問也歐洲既禁而禁中國中國亦難爭也國有人焉未可輕量也

初二日晴

謁水師部大臣上議員紳宣文摩根談最久其意謂美國之患在南北分黨中國之患在南北交訌南患在英法北患在俄也美以後將裂爲南北花旗二國中國則以一國力支三國雖屬竭蹶然有志振作不患侵陵視德之分支俄法猶較易也惜中國輕武重文以四百餘兆之民而不講訓練耳　因謂美國苛禁華人殊不公允摩根曰華人出洋應由中國自禁美卽欲禁自應相商不應徑行苛例也此外皆應酬語

初三日晴天氣轉暖冰盡釋矣午後雨酉刻止

日本謂與中國通商獲益甚巨蓋海鮮及山貨歐洲以爲無用而中國之銷甚多中國不過棉花米糧等物行本至輕而物至笨且運至日本仍需日本之船水脚所得亦多自二十年來所得於中國者蓋一百四十兆圓矣合一萬四千萬圓　因謹按此亦一漏

卮也貨物者日出而不竭銀錢者有限而難繼故地球各國均欲貨物之暢銷而慮銀錢之出口其意深焉

初四日晴天熱如中國四五月時

本日俄京來電言俄廷查點本國海軍船數計頭等戰艦三十六艘二等四十八艘三等八十八艘四等二十艘大小共一百九十二艘各艦共載員弁兵役計三萬五百人云　因按俄之海軍於地球各國實可列第三也英第一法第二俄第三德與義相頡頏但德之水雷艇多長於守義之巨礮艇多長於攻蓋居四與五耳此外則數美次數日次數中國而後及日本海軍之利鈍盡之矣

初五日晴

昨聞俄國自蒐軍實因考近日英國海軍員弁共計六萬八千人有奇較俄倍又過之鐵甲戰艦六十二艘薄甲二十九艘巡海船二百八十二艘共計三百七十二艘而現在添造之兵艦約於光緒二十年一律可成爾時合新舊計之則鐵甲七十七艘薄甲八十八艘巡海三百三十六艘共計五百零一艘云　因謹按英之水師天下莫強乃猶按年加增如恐不及英人之志不小矣人所共知也而其用意之深非沈幾者則不能測因請得而言之英國戰艦固多然極富之國如美者悉索其賦十年後尚可幾之至於藩邦屬國布滿各洲處處有接濟水煤之地則地球各國所不能也而猶若有長慮却顧者何耶則以俄故也俄之水師不如英而

陸兵則天下莫強焉俄人又眈眈於土耳其勃而加厘亞諸國則歐洲之藩籬也且亟亟於波斯阿富汗等處則印度之藩籬也以俄人陸軍之強但有一處發難英卽鞭長莫及惟以水師牽制之則俄人有所顧忌而不敢逞焉蓋俄人用兵於陸所得而蠶食者其地無多其害不驟英人用兵於海恃其戰艦之強電信之捷一日之內可以同時發縱一月之內可以隨處交鋒一年之內而俄之海軍盡矣此勝算也俄人之所顧忌而不敢輕啟兵端也　是夜駐法公使薛福　轉來總署電言京北會匪作亂鬧教宜昌教案已結事

初六日晴夜大風繼之以雨

昨日巴黎來電言中國駐法代辦照會法外部大臣力伯言中國各省會匪政府自能勦滅無須他國保護而法廷仍派兵艦一艘駛往天津自行保護法人該報又言法國約合各國水師以恫喝中國現已接義國覆文謂此舉非出本心所願且待他國合成後再商云　因謹按法人之好尋釁自古已然前此拿破侖第一尋釁於俄英布義日奧諸邦卒敗於俄而為英所虜近年拿破侖第三又尋釁於布藉日事以脅布國卒為德所敗國亡身虜矣現歐洲各國日強法人無敢尋釁者則尋釁於中國越南之役法雖敗挫而創不深且又得地故覬覦之念未消也中國豈無威林屯畢思麻其人乎亦在知人善任耳

初七日雨

昨日為外國禮拜例不辦事故今日約外部見期以午正　因到外部大臣布連已待　因將總署來電詳言一遍布連詢以貴政府之意何居　因答曰一則謂會匪不過烏合中國已派兵合勦不難剋日盪平貴國可以放心一則謂教堂自應照約保護宜昌教案已結一則謂法國好為要挾貴國與中國向敦夙好勿為所動布連曰前此已電田貝令當再為行文與田貝不准附和以表美國與中和好之忱　因謝之又談少頃遂辭出　因與布連交涉除禁工例外公事均不作難蓋工之禁與不禁權由議院而外部無權也且布連亦垂涎為總統者不敢歛怨於工黨也

初八日晴

駐法公使薛來電云北洋陽電二十七八日葉提督建昌大捷建平賊勢已蹙現由建昌進勦朝陽奉天奏報亦迭獲勝仗四面兜勦不難撲滅請告外部並質西報訛言成　因昨日見外部外部言中國會匪何如是之多　因答曰中國人數四百餘兆甲於地球而又政尚寬大故宵小蘖芽其間此股雖近京畿然北洋大臣所練淮軍精銳無敵諒不日卽可盪平今果然矣

初九日晴

有美人名黎宅臣者由朝鮮回美言俄國自任保護朝鮮之責云見華盛頓昨日報　因謹按俄之覬覦朝鮮久矣蓋自日本縣琉

球法人踞越南英人佔緬甸而俄人之垂涎朝鮮愈急俄地當寒帶海口至冬必冰兵艦不能出入得朝鮮之地以其海口屯兵船則出入無阻而勢益强然不過密圖之謂其昌言自任且布告各國名不正言不順俄人未敢爲也

初十日晴

昨日倫敦來電言接印度蘭公埠電謂近日英兵在該埠南濱江戍守與中國戍軍相隔不遠華兵好放空槍擾之其在中國境界四十里之西地方名白米士鎮英人已據而有之云　因謹按俄英於印度邊界爭地而中間甌脫之地每爲所據彼疆宇日擴而我則漸逼近强鄰亦猶楚盡漢陽而中原多故也識者傷之

十一日晴

謁律司科司達已見美總統諭議院文其於義國民人被戕之事立言至爲和順而於中國拒布萊爾事頗不慊意且於禁工苛例毫無轉圜次日律政司又上條陳請議員於禁華工之例再加嚴明然則欲求苛禁之除其可得乎　因查紐阿連命案其始外部之覆義使甚崛强自義昌言絕交而美始懼遂允䘏償固已形見勢絀矣此時之論安得不和順乎

十二日晴

倫敦來電述印度之電言該處亨石尼吉地方藉俄人之勢謀攻英界吉利脫礮臺英統領得鬭聞信卽飭先攻泥耳脫礮臺亨民敗走英人踞之　因謹按印度一地俄人極欲得之英人亦嚴防之巴美爾地方俄已侵佔中國邊界矣茲又欲奪英之礮臺方今弱肉强食爭城爭地無日無之亦逐鹿之世也

十三日晴

昨日倫敦來電言接北京文熱河馬賊現已盪平所擒四十二名亦已正法矣　因於初七日見美外部外部大臣布連頗以馬賊猖獗爲言因告以北洋大臣所練淮軍精銳無敵諒此蝨賊不難卽日盪平今果然矣竊自謂尚能料事也

十四日晴

議院開後分日謁議院紳見下議院紳好德談適時言中國當防

俄并防英法提綱以開鐵路練兵士爲主又言昔美國南北花旗之戰北花旗三戰三敗其時鐵路尚未成也及鐵路既成調到兵士二十萬人一戰而勝從此南花旗屢敗竟無勝時此明效大驗也因韙之戌刻赴律師科司達茶會入門見墨西哥土耳其公使外部總辦入餐房則爲之送茶者乃今總統之姪女也飲茶畢辭出回館已亥正矣

十五日　晴是夜風繼以暴雨

本日新報言美國賽會之事已商之中國度中國政府以美國既立條例禁止華人至美現在華商之至美者多被留難且美政府謂赴會之華人亦須議院另訂例章方准入境薄待如此未必派

員赴會云　因謹按美國此論可謂名正言順美國此際可謂理屈詞窮矣交涉之道大抵不外抵制二字一味曲從則倒行逆施自以爲莫予抗也果能如此其亦抵制之一端乎

十六日晨起微雪及地而化遂霽日出

本日爲美國各部大臣見客之期因謁各部僅見戶部農部兩處

昨日美報言美國兵船水手在智被害經美駐智公使照會智廷已久未覆美國水師以爲智國外作宕延內修戰備新艦造成必與美決裂不如乘此未成之時以勢迫之云　因謹按此各國交涉之故智也以勢迫之則所求必得所欲必遂勝算操矣然則將何以不爲勢迫哉

十七日晴

聞諸美國部臣言俄國約與土耳其聯盟而法使之駐勃爾加厘亞者因法國訪事人造言生事爲勃國政府所逐法使遂遞辭行之書與勃絕交俄法方聯盟而皆注意歐洲之東偏意者歐洲其有事乎　因謹按俄法兩國皆佳兵者乃俄忽用柔而法仍用剛其中作用法易知而俄不易知也然無非戰國縱橫之習也

十八日晴

本使館及各屬參贊領事等有送禮物者一概不受　謁律司又謁外部見副外部埃德因詢以本使署照會詰問禁工苛例自十四年張大臣照會至今未復其意安在埃德答以現正上緊商議以期必復因詢以毋乃空言搪抵埃德答以決非空言因再三敦促遂辭出

十九日晴

戶部總辦來見言美國擬以粟米數千頓賑濟俄國饑民又言法國新修稅則又詢中國北洋大臣李傅相之疾言倫敦來電謂李傅相得感冒頗重已有數日病臥不能起因謝之　因謹按中國稅則所取於入口之貨均按百抽五無所分別此所宜亟修也李傅相勦平粵逆又平捻匪爲我國家柱石中外重之今得感冒至於各國電聞此萬里長城北門鎖鑰也因惟祝其勿藥有喜以保昇平焉

二十日晴

美副戶部札與墨西哥毗連之稅關言墨國鐵路公司招到華工一千二百人失業必將有潛入美境者飭加意嚴防云　因謹按墨與美接壤天時地利相似礦產亦多而貧富迥異者則經理之人殊也既招華工矣而又聽其失業雖未言其失業之故想必因經費支絀而停工也然則極貧之國雖有自然之利亦難興矣

二十一日晴

外部大臣訂送上議院紳布倫之葬午正往議院入中門至東偏大廳各國公使先有到者以後陸續而到至未初同至中堂議事處副總統及下議院長在正中南面並坐教士在其前亦南面坐

議紳在東南向西北坐各國公使在西南向東北坐總察院在公使之前一層坐向同總統及各部大臣又在前低一層與樞近坐向亦同其在樓上者分四層環坐教士宣講約一時辰昇柩去議紳有送至舟者各公使皆返

二十二日晴

寅刻興盥洗畢率參贊隨員等拜牌行三跪九叩禮辰初設麪申正設醮醮後出門謁律政部各大臣聞法國以勢欺淩勃爾加厘亞國法使之駐勃者遞辭行書以恫喝之茲美國於昨日接巴黎來電言法外部接法國駐德公使文稱德國政府於此一事力助勃廷且謂法廷因此小事力絕邦

交殊屬無理云云　因謹按法固好橫行者而於中國尤甚此時又用之於勃國以爲勃可欺也而不料德國之明目張膽以助勃也且嚴辭厲氣以譏法也好勝者必遇其敵此之謂也

二十三日　晴　夜雨

是日爲各部見客之期因循例往見僅見副戶部又謁檀香山公使爲華人事也　昨日報載俄京來電言俄國武員謂應於此時取高麗俄廷則謂兼并高麗難於如願惟不許他國強佔高麗以防有礙於俄云　因謹按俄員之言實肺肝之見也俄廷之言乃掩飾之謀也俄豈一日忘高麗哉待時而動防有力者之妒之耳應早備之

二十四日　大雨至未刻而霽天氣燥熱如五月時

是日爲議院紳士見客之期因帶繙譯謁十六處僅見福來克耐二人　紐約本日報言倫敦來電謂英駐華之水師提督已赴朝鮮琿春一帶爲巴美爾事也又言中國如以臺灣給英英國將助中以拒俄云　因謹按此英人之以言餂也中國斷不爲也如果爲之是前門未能拒虎後門業已進狼矣竊嘗兼權俄英之勢焉俄爲患在北英爲患在南俄爲患在陸英爲患在水陸患尚可防而水患無可防也俄患遠而英患邇俄之患也不過北邊一面其進兵也難英之患則北省如天津南省如浙江江蘇廣東福建皆受之若泝江而上則安徽江西湖北又受之其進兵也易且英能

助中以勝俄則要求無厭勝固受其患也英不能勝俄而俄入北境英人之狡將乘中國之力絀而趁勢以求沿海各埠不勝亦受其患也且兵未交而先失地明者決不爲也咸豐十年之亂俄人乘勢以取黑龍江北岸地方此前鑒也故以爲中國斷不爲也爲今之計惟有造鐵路以合南北之勢築礮臺置水雷艇以固各海口之防及今爲之尚未晚也

二十五日　陰　天氣仍熱

是日爲美國令節送外交處議紳綢茶共八分　此次開議上議院紳共八十人下議院紳共三百三十六人而遞條陳禁華工者計三百五十五人　因查美國國例總統由民舉議紳亦由民舉

其未舉也必先要結民心將以求舉也其既舉也必求允洽民心所以報舉也美國土著係茵陳一種與黑人相似不歸王化晝地而居其居中土爲民者皆歐洲客民耳顧歐洲客民入美籍而中國客民不入美籍入籍者得與舉不入籍者不得與舉而親疏向背之勢遂冰炭不侔焉誰生厲階至今爲梗哉

二十六日晴

是日爲外國吉辰不辦事不見客　本日新報載法國與勃國齟齬一事德國昌言助勃矣茲彼德堡來電言俄廷決意助法云因謹按此歐洲不靖之萌芽也勃小國耳法人陵逼之者其慣技也而德人助勃法幾無能爲矣乃俄又助法德以一國支兩大力

能勝乎且俄之與法聯盟也即昌言干預勃之內政矣今有待而發是德則無心而俄則有意也地球風氣至於如此苟不富強其何以立國哉

二十七日晴

華人周某持出使美法義比大臣護照來見言赴詩家谷賽會請照美外部因謂我政府方以美國苛禁華人派員赴會之議未決本署未便輕照外部當由參贊帶見外部總辦可也

二十八日晴

是日爲總察院見客之期因帶繙譯往謁見不綠瓦哈輪不來履斐路四人餘五人未見　因見斐路夫人時座中有婦年約六旬言美國之禁華人殊爲違約因答曰美經營草昧僅一百年而富強如此之速者鐵路之力也創造鐵路如此之速者華人之力也今可謂飲水忘源矣婦以爲然

二十九日晴申正以後雨中夜大風

謁下議院外交處十三人見麥克力安多羅二人皆在客寓言近年各國整頓水師自爲至計但鐵甲戰艦需費數百萬金告成須四五載惟水雷艇則造易而費輕查法國有鐵艦四十三艘水雷艇一百九十艘茲又添造水雷艇三艘一艘已成計長十四丈二尺寬一丈五尺容一百零五噸載兵弁二十六名有速放礮二尊放水雷之管二枝分置船前船後前管不能動後管可以擺左擺

右每半時辰可行二十一海米又半合中里七十餘里如此之速鐵甲船難恃矣　因謹按水師之用鐵艦利戰於海中雷艇利戰於口岸一長於攻一長於守故英多鐵艦而德多雷艇其志可知矣中國之創海軍遠略未遑但能保守各口岸使敵國戰艦不敢輕來則足以固吾圉雷艇似尤重焉因聞其言切當特歸而誌之

三十日晴

是日爲上議紳宣文嫁女吉期因已備禮送嫁矣今日遂往道喜午刻總統各部各公使均到成禮時主婚者先詢女郎曰汝願以此人爲夫矣答曰願又詢以後或貧或富或疾病或康強至老不悔矣女郎一一如所詢對次詢其夫亦如之禮畢總統以下均與

二人握手遞辭出女郎遂別父母偕其夫出遊此美俗也

十二月初一日 元吉晴

是日爲各部議院紳見客之期 因謁二十一家只見副戶部一人談及美與智國齟齬美國方整飭船礮一切智國亦向歐洲各廠購辦軍器且派員赴德國學習軍法美廷即電飭本國駐歐各使密查智員動靜談未久辭出 因謹按智利自勝祕魯後厖然自大從前中國向索商民所失賠欵峻詞相拒中國不與校也今該國內訌日國已索賠三百萬矣美又以其侮本國使臣欲相問罪竊料智非美敵也有不卑禮求成者乎

初二日晴

是日爲美國元旦總統於午初見各國公使以次見各部大臣兵官及紳民 因率參贊等覲總統後即往見外部大臣并謁各部申正而返 聞美國官場言中國馬賊已平東北地方又有賊黨萌動幸李傅相病已痊愈即派馬隊往勦云 因謹按外國電綫之便音信之靈宜其事易措手也至李傅相感冒則以爲可虞及茲病痊又以爲幸爲教民幸乎爲寓華之商民幸乎不可知也 因則爲

國家之保障幸焉

初三日雨

美兵官魏禮森來見言美國北境卡拿大地方英屬地也近有願入美國版圖之議緣英國屬地各洲皆有其最大者爲澳大利亞此外殊難悉數英國政繁其於屬邦外交事務隔膜不能浹洽故卡拿大願隸美籍澳大利亞亦欲改爲自主英國官紳不以爲異且謂不妨從之以省英之越俎云云 因謹按此當爲英人之廋辭也法與俄合英之海軍勢不敵矣而各屬邦遠在異洲非兵船無以控制兵船勢絀則令有所不行不得不知難而退故先爲此言以文飾後此之形見勢絀也

初四日 晴午正大風雨雪遽止仍見日逾時又飛乾雪日光如天晴時

起程赴瑪林公司驗槍是夜宿紐約 初二日報言巴黎來電言德相畢思麻告退今已三年自俄法聯盟德皇內怯措置內外情

若棼絲近已屢派大員密赴畢思麻第商令出山但不知畢相允否耳 因嘗讀漢史至飛鳥盡良弓藏又讀唐詩至時危身赴敵事往任浮沈未嘗不廢書三歎也德之霸也由畢思麻德皇承祖父之舊業而不任舊人以爲可從容坐理矣不料俄法聯盟英國既以屬地爲憂德皇能不以尋釁爲慮急而求子是寡人之過也德皇有焉至於電報來自巴黎則知德皇諱之而法人揚之其揚之者所以顯彰德皇之短而實內懼畢相之長也

初五日 晴是日華盛頓大雪而紐約晴蓋相距已千里天氣不同也

辰刻瑪林公司來引導 因帶繙譯武弁仍附火車巳正至紐海芬地方換馬車行十里至廠廠中已豫備即抽驗五十枝均爲靈便

驗畢約申初矣當令該廠具結其餘悉照此樣仍回紐約時已戌初飯後赴火車廠正交亥初中夜奔馳至卯初到華盛頓往返約二千五百里　因查以前中國購用槍礮悉於上海向洋行定價交貨其價則洋行中飽不肖委員又從而浮銷故多不實其槍礮又非新式新造大抵多以舊式改造者弊日滋矣自奏定章程由駐各國公使驗收而舊式改造之弊絕焉

初六日陰入使館是夜大雪

近聞俄國築造西比里亞鐵路之員名卑書富至金山金山人員訪詢情形言自俄京以東計一千七百米合中里三千六百餘里業已築成至全路工程約十二年可竣沿高麗之一段約二百餘米合中里六七百里現作工者有五千人明年可增至七千人云　因聞此而先爲高麗危也俄高通商自有水路且商務亦甚微細安用鐵路爲哉可因此而窺其心矣

初七日陰

本日巴黎來電言勃爾加釐亞國驅逐法國報館訪事人法國詰責勃廷勃廷覆以訪事人藐視勃廷先已照知法國駐勃公使禁止迄無斂戢勃廷不得不保全國體也勃小國耳竟不畏法之決裂而爲所挾持也　因謹按挾持之習不可開也開則一事如是百事皆如是矣一國如是各國皆如是矣況法又好挾持者也拿破侖第一挾持布奧日等國而敗於俄英拿破侖第三挾持布日各國而敗於德蓋風氣使然矣勃以小國而抗法但不知其究竟如何或有密交之國爲之理斷或有強大之國爲之主謀則庶乎其可耳

初八日晴

謁總察院上議紳不來奔宣文律師科司達外部總辦播郎　昨日報言巴黎來電言羅馬尼亞國與俄毗連一千八百七十七年即光緒三年俄土交兵俄君謬爲與羅君友善假道入土耳其之境獲勝凱旋時乘勝奪羅國一省之地羅君未之忘也今聞德奧意聯盟遂於前日赴奧國之跛司埠面見奧王商議時事云　因謹按晉假道於虞以伐虢旋師滅虞劉璋藉劉先主以拒張魯卒以失國然得地者祚皆不長此往事也

初九日晴

下議院紳思麻來見言及日前戶部派員查華人由英屬卡拿大潛行來美且有美國多人挈帶一案今已查明實無其事只兵丁一名暗助華人過江而該處入境之華人業已減於昔日云　因謹按此實情也美國工黨妒忌華人此外皆不然蓋工黨爲攙奪其工而工黨之外實喜華人之工價廉也顧工黨甚衆而又有舉總統議紳之權總統議紳無不徇之此華人之所以屈於工黨也

初十日晴

外部總辦播郎來謁并持總統及后謝帖言謝中國茶會且許代

爲照料茶會之事談次言初八日巴黎來電稱埃及國王已薨該國前王曾借英國銀一百兆磅合中國銀四萬五千萬而不能償英廷與各國商逐前王而立其子是爲今王至一千八百八十二年埃及內亂英國爲撥兵削平之而遂留兵駐埃及法國不允屢請英廷令其撤回英駐兵如故今埃及之君已薨法俄方合且俄君已有不願英兵駐埃及之言恐不免決裂云　因謹按歐洲之勢擾攘無安定時其不遽相見以兵者兩強相當未敢輕發耳英固強矣然俄與法合則英之水師不敵兩國即英之陸師亦不敵俄國勢力不均則一有齟齬強者必先發難英人於埃及之事將何以善其後哉

十一日晴

昨日金山來電稱該埠新築礮臺已由華盛頓運到八寸口徑礮四尊連前共有八尊尚有十二寸口門者不日亦將運到云　因謹按美自紐阿連民人殺斃義人不肯辦抵議䘏義遂齟齬美亦愼固海防皇皇焉如不及近又與智利齟齬智國水師雖不敵美然蠭蠆有毒亦應未雨綢繆也美國船廠礮廠林立其籌守實不難非若購自外邦者之緩不濟急也故優爲之

十二日晴

是日副總統訂見總統因於亥初偕繙譯乘車至副總統宅今年官紳似不如去年之多僅見內外戶農郵政五部議紳十餘人公使則英法俄德朝鮮日本中南墨洲諸小國婦女則不減於去年亥正總統副總統出見握手爲禮各就大餐房飲酒進饌子初而散

十三日晴夜雨

是日總統見各國使臣因於戌正偕參贊繙譯各員往及亥初而到齊以次入見握手爲禮總統見使臣後民人之入見者至亥正而猶未止因等於亥正回使館矣　聞美國與智利齟齬一事外部已商之總統總統已諭商議院時論多以智利海口實爲天險不易進兵將欲假道祕魯由陸路而入將來戰勝即脅智利所踞祕魯之地還祕魯以爲酬此意不知能行否尚待審愼而發云

因竊意此美廷之計也如此則智利增一敵祕魯既可復讎而又得還所失之地自願假道此策果行而智利危即未行而智利亦先自危安得不降心以相從哉

十四日雨

巴黎來電稱西歷元旦德主大集武職大員密諭適時御前侍衛均不與聞想係不日用武云　因謹按法與俄合自以爲德必畏之矣乃德主只勵精講武而於法國仍視之蔑如法則時時窺其動靜其言若有畏焉何法之鴟張跳梁向之好淩轢他人者至是而甚畏人之淩轢也勇怯勢也

十五日雨午刻而止寅以後大雪

是夕本館舉茶會自總統以下均於前十日具帖届時總統之長子挈其婦到大將軍外部及各部大臣總察院上下議紳各國公使均到外部大臣向不赴茶會是舉爲破格會者逾千人車馬擁擠延及通衢亥初到齊寅初而散香冰酒用至二十箱他酒猶未計菓與水果茶點計二十餘品呂宋煙大小十二盒堂倌十餘人伺候易衣服者稱是巡捕六人可謂盛矣　因查外國新年舉行茶會延請無虛日不能盡辭也又不能受而不報故一效顰而所費多矣不可再也

十六日大雪約深一尺至申正而止

美紳爲　因言巴黎來電稱德主舉動令人疑慮近日忽然優奬提

督阿勒芬所黎賓蓋以該提督於一千八百七十一年即中歷同治十年敗法兵於離蔓也此時忽又奬之者將以收德弁之心而激法人之怒云　因謹按法之搶攘爲雄者向自以爲一怒而天下懼莫余敢侮也今德主乃欲激之使怒若惟恐其不怒也者殊不可測也　因家居近山嘗見捕虎者矣虎之攫人及獸畜也有持挺刃追之者虎乃故遲遲吾行焉且時返顧作怒目之狀追者雖衆無敢近逼虎終銜所攫者以去人莫可如何也追者返乃約獵戶偵得其巢穴遂集獵者挈槍而往如牆立排穴前虎不敢出乃束火而燎之虎怒奔出衆槍齊發遂斃之德主之用激也意如斯乎

十七日晴

拜發條陳摺昨日新報言英法兩國於埃及國爭權法國本擬於埃及舊君新逝新主未立之時與英理論無奈歐洲各國無助法者俄雖與法聯盟此時亦不助法惟密戒法毋妄動法國獨力難支悉聽英之所爲以期異日英國報以他益現在不過照例詰問英廷掩飾耳目顧全國體而已　因謹按法人之於中國侈然自大其於歐洲頹然自廢始以爲不可解也顧嘗見齷齪者之情形矣其於遜己者百端陵之不論理也其於勝己者百端讓之亦不論理也地球各國局面大抵如斯法又甚焉然地球大國之受挫折者亦拿破侖尤甚焉天道好還事有必至論事至拿破侖之末

路未嘗不少舒抑鬱不平之氣焉

十八日晴

湖廣總督張之　電請購美國棉子茲已由農部大臣於鄉間購成由大西洋運鄂矣　因謹按美國特設農部專司播種之事錢糧出入另有戶部司之中國戶部亦稱農部但司地丁錢糧戶口而播種則聽之民美國每年戶部出入計銀三萬數千萬圓較之中國幾四倍而其事反簡者則以有銀行而可省收發之煩用銀錢銀幣而可省驗平驗色之煩有火車而可省解運之煩也事不煩則弊不滋故未聞有刦餉鞘虧庫欵扣平色之事其制之善有足擇焉

十九日晴申後小雨

是日爲總察院見客之期因往謁勒馬布耶不賚之福轂磊均見又謁下議院紳斯斌介亦見　聞華盛頓礮廠近造成六英寸口門來復礮二十尊八英寸十英寸者十六尊每尊造成只五十日又水師部造成十二寸口門者一尊需費四萬五千圓其六千圓係工價重十萬四千磅約四十餘頓較由外國購者價省其半云

因聞此而知機器廠之不可不自營也能自造礮其便有一其利有五兩國交兵各國守局外之例不准售軍器茲則不需外購其便一也價省其半國帑不糜二也鋼鐵之產不棄於地三也中國人多營工而食四也風氣日開日漸富強五也地球之國其富強者大抵皆自造兵艦鐵路槍礮者也其貧弱者大抵皆外購兵艦鐵路槍礮者也其不能自存者大抵皆不能講求兵艦鐵路槍礮者也今衆說龐雜無從適從盍就實在情形而靜驗之

二十日小雨是夜下雪

是日爲下議紳見客之期因往謁見勃耶姐門三奮克力火街五人克力爲嘉省人出金山新禁華人例相示因婉託之　因於此而歎禁工之例未易爭也議紳由民舉當其舉也卽先以禁華人要之允之則舉不允則置之其願爲議紳者無不許以禁工矣夫美國之人固無不願爲議紳者矣難矣哉

二十一日晴

本日爲各部大臣見客之期因謁各部見兵部副戶部　聞南墨洲之威內薩國東鄰英屬地英人屢侵其界威請與英分畫界限英又畫過威界威不敢爭因商請局外之國公斷英亦不允蓋其地產金故英人欲之也近求美廷爲代申理云　因謹按此弱肉強食之風氣漸偪墨洲矣中俄交界之地俄人無日不思侵佔每與勘一界俄必進佔數十百里蓋其地多金故俄垂涎焉今漸偪近矣數十年以後邊防其費手乎

二十二日晴

本日爲上議紳見客之期因往謁見宣文多福福來地甫司不來奔聞英國商務局刊出年報本年購茶二百零二兆磅印度居四之三中國僅五十二兆磅計三千九百萬觔　因籍隸安徽地多山民多業茶父老言四十年前荒山日闢民資茶以生者居其半近二十年中茶價日賤而稅不減除納稅以外所獲甚微故茶山多任其荒矣轉移之機是在關心民事者

二十三日晴祀竈

美國近日爲與智利齟齬之事催躉兵船赴智日有所聞而智利亦向英法兩國定購兵艦法國爲智利所造之兵艦名開撥頓白來者不日成功其中有電氣礮尤爲靈便每一時辰可行一百二十餘里而美議院亦定於二十六日大讌焉　因嘗讀易至安不忘危治不忘亂之言而參以周禮蒐苗獮狩之義而知古聖之用

意深也戰不常有而欲戰之事無日不有戰局不可自我興而備戰之道不可不先時而興蓋兵力可以戰則敵國將不欲戰而戰局不開是以能戰而止戰也近日英法爭權於埃及法與俄聯盟以敵英俄外部且昌言英之非矣乃英人毅然行之而法人拱手讓之俄且戒法以勿妄動焉非皆攝於英之兵力哉美固強於智利然越國鄙遠未能決其鞭長之必可及也故以全力籌之　是日至紐約赴塞潑席中夜回車

二十四日晴夜雪

辰正抵使館　昨日報言俄法聯盟英國始則望其不成及其既成又欲解散其交故於本國駐俄公使莫里雅患病請假回英後又復屬其至俄蓋以莫里雅與俄政府相得所言易入如俄不附法而與德親不至決裂則戰局可不開此英志也　因謹按歐洲各國俄與法皆好事者因嘗於俄法聯盟之初詳論之矣中國教案英法有意挾持並約義美各國英則始急而終緩法則終始恫喝幸義國向惡天主教而美政府又從因言不與聯盟故法願不遂也莫里雅與俄政府相得英廷不以病而棄之用意深矣

二十五日晴謝神祭先

昨日塞潑席間有某察院及前總統格蘭脫之子言美國擬開尼格拉之地以通東西洋此工若成則商務益盛因答以此工如成則中南墨洲之小國必遭大國鯨吞本日見新報言南墨洲之厄瓜多國整頓武備將棄舊式槍不用而易以奧國之曼里加爾快槍云云是該國有戒心矣

二十六日晴

是日謁議紳摩根克類狹麻阿倫麥豈力斯斌介又郵政大臣宴總統請各國公使各部於本宅見總統因於亥初往見又往議紳奧地士處茶會返館已子正矣斯斌介言美於智利齟齬昨日總統請議院議之北黨以爲應戰南黨以爲不宜開釁遂令再議云

因謹按美國開國之律由華盛頓訂定政歸三處立例者議院行例者總統守例者察院議院有立例之權則大事爲議院主之總統不過奉行焉耳蓋議紳總統皆由民舉而總統僅二人不及議紳之數百人者但能公而不能私爲民而不爲己也故事之創者必由議院決之此美國之創制顯庸也

二十七日晴夜大風

是日總統訂於亥刻見議紳察院并見各國公使因率繙譯亥初而往見總統後又見各部大臣并議紳宣文狹麻斯斌介談次智利因美整頓兵船議與開戰已有轉圜所有前此殺傷美國兵船水手已允卹償言歸於好矣　因謹按當今之世有理而無勢實不能以理屈人也美民殺斃義民義廷詰問美初不肯卹償乃至義使絕交離美美始轉圜今美之於智亦猶義之於美也美之水師不及義智之水師不及美然非實有決裂情形仍不就範則交

涉之窾要可得端倪矣非兵力勝人斷不敢與人決裂非兵力勝己斷不肯舍己從人公法不足恃條約不足據惟勢強者乃能伸理耳有國者不可以不強

二十八日晴

謁外部大臣布連爲將赴古巴辭行也布連言美國駐古巴領事勤能一切可以照料當爲通信因謝之　律師科司達來見言於外部處聞因將赴古巴特來送行因詢以智利之事言可不戰然尚未就緒因又詢祕林海峽之案答以美與英兩不相讓已商定再派員妥議日內爲此甚忙碌也　因嘗讀孫武子兵法謂勇怯勢也強弱形也不禁喟然歎曰此孔子所謂誠之不可揜也強弱

之形因彼己而分勇怯之勢即因強弱而別強與弱遇則勇美之與智是也弱與強遇則怯智之與美是也兩強遇則不怯亦不勇英美是也不怯則不相讓故英美齟齬駁詰者至於一年不勇則不決裂故英美終不以兵戎相見而宛轉相商也孔子曰能治其國家誰敢侮之此之謂也

二十九日晴

昨日羅馬來電言德義奧之同盟本以外防俄法而不料有內憂蓋以奧民羣奉天主教而義則視若仇讎兩國民心因此不洽德皇力顧大局婉勸奧皇致意義國委曲調停使國內不致交訌教皇亦不與法搆結爲患現聞奧義兩君屈意從之可保昇平之局矣　因謹按地球各國莫不有教大抵入主出奴惟孔子之教則包所有亦空所有一視同仁焉然自宋以來業已分黨顯作異同至明則每下愈況矣自洋教入中國庇莠民犯名義君子嫉之而激烈之士顯與爲讎狡猾者又藉口爲亂焉則不慎於始之咎也中國每鬧教一次則教勢愈盛一分由兵力不足而民教之理不能持平也可勝慨哉

三十日晴

聞日本改鑄銀錢大獲利益近按年鑄出計一千萬餘圓中國及大東洋來往之商均多便之流通漸暢每年獲利至六七十萬圓云　因謹按泰西各國皆自鑄銀錢防利權之外奪也而便民便

商更有言之而難盡者中國南省所用之銀錢向爲墨西哥國獨擅其利計近百年矣商民便之至以重七錢三分之低銀作重八錢有餘之足銀現上海雖改用鷹銀而安徽江西各省尚仍舊也中國苟自鑄銀錢則利源不外漏矣

蓋觀於今日之交涉而歎天地之狹人心之險也禍患每生於萬里之外兵戎即兆於玉帛之間無可避也無可遠也天下之強國首推俄其地跨歐亞兩洲皆在萬里之外而兵力所及即足爲患其在歐洲也兵逼德界則德有戒心逼奧則奧有戒心逼土耳其波斯阿富汗則不僅有戒心而直有覆亡之慮矣其在亞洲也造西比里亞之鐵路增琿春之兵建黑龍江之船隝則我有戒心而

朝鮮日本亦不能無恐美與智利分赤道南北而因兵船水手一案幾至搆兵英人由緬甸造鐵路以規滇法人由越南興火車以達粵阿非利加洲亘古以來鴻荒未闢而歐洲各國羣起而分裂之皆遠隔萬里者也德奧義聯盟以防俄法此玉帛之會自守之見也而俄與法聯盟俄又與土耳其聯盟俄之與法與土實世讎也德法有不可解之讎而結好無間亦牴牾時形美因喀羅連島教士之案而責義英因祕林海峽之案而責美俄法因埃及之事而責英俄因勃爾加鼇亞之事而責德中國沿江會匪鬧教之案興而法欲聯歐墨亞洲各國水師以要挾雖好會無間而擾攘不休居今之世奚可局淺近囿耳目而高言耀德休兵哉水師之力英之兵艦至五百有零法稍遜之俄又遜之次則義德日三國亦可稱雄美國水師居第七中國居第八日本居第九日本今年以水師之力不敵中華乃於法國訂造鋼甲三艘亦黽勉企及之意也法與日美與墨互增入口稅以相抵制法重美國豬肉入口之稅俄增英國棉紗入口之稅烏拉乖墨洲小國耳亦增入口之稅以足國用義禁美國煤油入口美禁歐洲窮民入口皆內政之可自主持者也若夫美國之近政則駐美之使尤耳熟能詳焉其測天文也則有算學諸士挾貲赴祕魯以測南半球其測地理也則有商務諸人赴尼格拉以通東西洋水道其講海防也則建礮臺於太平洋購聖駝馬島於丹國增海口之巨礮造極速之兵艦講

求礮穿兵艦塞漏之法措置兵艦中途添煤之地試白鐵之甲造電氣之船其蒐軍實也則造無煙之火藥至猛之炸藥創鋼綫纏身之礮試電氣之車考連珠之礮煉礬精以代鋼藉水力以生電其講富國也則與歐洲墨洲各邦立報施條約增入口之稅收丁口之費禁入境之彩票賽珍於希卡果免稅於夏威仁鐵路入欵四千萬有餘本年所入之欵至四萬六千萬有餘直駕英國而上之矣至於博士新得致雨之法隨時隨地可以立沛甘霖其說不經乃聞農部已撥巨欵試驗各省亦且以貲定購則又似非子虛相距較遠未能目覩姑志之以備一說云耳

美日祕使者誌於美國華盛頓使館時辛卯十二月

出使美日祕崔日記

光緒十八年正月初一日元吉晴

卯初率參贊等員朝賀行三跪九叩禮辰初設麪申正設醼天氣溫和　美國去年查核民數後又查民間產業共值六萬二千五百兆其富者約二十四萬餘戶每年所得之利多寡不等約共一十四萬萬圓云　因嘗考美國之所以致富矣其開闢不過二百年耳而日益加富如是之速者則鐵路之力也統計地球鐵路以美爲多統計地球各邦亦以美爲富因赴美紳雪白之宴知其一家幷其妻屬共計產業值一萬萬圓其富於美推爲第二其所管鐵路之多亦推第二且卽爲管理鐵路之副辦雪白嘗謂中國欲

富宜興鐵路蓋以己所以致富者告因也又欲爲中國興辦鐵路蓋又欲以其致富之術試之中國也雪白爲人光明正大美國重之因亦知其言之不謬也

初二日晴

美戶部查自去年與古巴及巴士力戛二島立報施約後出口之貨至該二島者加至一倍計此四月之內共值美銀八百三萬六千九百二十圓云　因謹按外洋農商並重而商利尤顯而易見各國立約必於商務三致意誠恐朘己而肥人也中國與外洋通商僅通外國之商於中而不能通中國之商於外勢成偏重則創始者之不諳洋務也積重難返之勢其將何以挽回哉　前美駐中國公使楊約翰來見

初三日晴

接總理衙門文言以後借洋欵者必奏明奉

上諭後方可借貸此極周密當卽擬稾照美外部先交律師修飾遂答拜楊約翰談及法國新訂稅則除於瑞士比國另議外於義日葡萄牙等國最重於英德奧土耳其墨西哥智利閩都拉奚地山都敏哥各國最輕此外有未定準者均照最重納稅美與法議尚未成大約亦可照至輕之稅則云　因謹按稅則爲內政本可以自由者也中國於本國土產稅釐至重而於外國貨物稅則至輕是厚於外而薄於內且使外國之貨暢銷而本國之土產滯積

也於富國富民之道均未合焉前此嘗疏陳之矣

初四日晴

是日赴總統醼戌初而往亥正而返同席者各國公使外部上議院外交處首領均挈室而往至入席則總統挈墨公使之妻而墨公使又挈總統之后餘仿此因不挈室故亦不挈他人之室席終傾談許久而散席閒聞美國禁發財票入境不許郵政館寄不許報館刊茲魯希安奴省賣票公司控於總察院仍被駮云　因謹按利不易興也必有撓之者如英美各國之初興鐵路是也害不易除也亦有撓之者如美之禁發財票是也先儒謂進德修業並資識力有識則能知有力則能行也傅說謂非知之艱行之維艱

知不過明其理行則見於事也治天下亦如之

初五日晴

初二日報館由俄京來電俄國去年由正月至十月入欵較上年少三千七百萬羅卜出欵增一千七百萬羅卜云　因謹按俄值大飢故入欵頓減而急營西比利亞之路故出欵頓增也俄每歲所入亦三萬餘萬兩頡頏於英法德美等國而國用不足乃與法同而較甚於法則窮兵黷武爲之也所幸其國形勢背繞北氷洋不至受敵而其地苦寒又非鄰國所欲故得無虞否則鮮有不敗者矣

初六日晴

日本輪船自同治十年起至光緒十七年九月止獲利銀二百零二萬有餘圓　因謹按中國招商局設立二十餘年始則巨虧繼而亦無大利則不得人之故也日本之船不過由橫濱至上海中國之力儘可爲之何難獨專其利而使日本專之且即不能獨專而與日本分之亦不甘讓人之一道也乃中國內地輪船之利既與泰西共之而中日來往輪船之利又爲日本專之利之所在拱手讓人而不覺日朘而日匱也則商務之未講求而草創未得法故也

初七日大雪

是日辰初啟行赴古巴時正大雪火車行至申初雪漸少申正天晴已見日矣蓋地隔千里氣候不同也所過之地平衍悉屬松林四望無際土人結廬伐木斲削成材由火車運至通衢取之不盡大約一百年內足供採擇也　因嘗聞京北熱河地方松樹極多四望無際中間有嶺卽名萬松嶺行人均出入於松林之中松之老而僵仆者行人卽就以爇火爲炊火種終年不息惜其地荒遠不近都邑故大材皆廢棄也若興鐵路則運載輕便其利無窮然則鐵路信爲富國之第一策也

初八日晴

午刻至哲臣威換車戌正至覃壩上船亥初開船　因於車中眺望見由華盛頓至覃壩三千里內悉屬松林近覃壩數百里則近村

落處多種橘柚蓋開闢松林以後就其地而改種果實也此數百里中其土色白如粉如雪禹貢紀冀州白壤不能如是也上船之後漸近赤道氣候漸熱欲脫棉衣矣

初九日晴

申正至克物司島島爲美屬上下貨物約兩時仍開船此海風浪頗大船行顛簸舟中美商四人頗欵洽言此次下議院議苛禁華人者甚多大抵多西省人西省客民之傭工者畏華人奪其利故禁華人其實此種亦非美國之民但以入籍之後能公舉議紳并總統故自總統以下皆徇情而助虐惜華人之不入美籍遂至無援今實難挽回矣　因詢以議紳中亦有悅華工者何也美商答曰

此中有兩種人一爲不覬覦爲總統者故好直言一爲東省之人其地墾荒現需華人故也因謝之

初十日晴

卯刻船抵古巴夏灣拿埠總領事等及華商已備小輪船來迎當卽入領署卽專人持日外部藩部之信交古巴總督巡撫又以美外部之信交美總領事午正卽命駕謁見各地方官總督名波拉威夏巡撫名嘉沙將軍名哥來司府尹名哥羅希度均見

十一日晴

古巴總督來見因以華人相託言華人在此經商傭工皆有利於古巴地方官所當保護該督答曰華人現在來往自如毫無拘束

卽最優之國亦只如此如其不信願派員護送貴大臣至各省巡視則知實在情形因又言古巴各鄉約局所欠華人工資歷久不給應請設法該督答以卽爲追償談久而去

十二日晴

古巴巡撫及府尹美副領事等來見因卽以昨日告總督之語告之該巡撫答以華人非惟來往自如地方官且有破格以待之者如出售爆竹是也今因無所拘束行街紙亦少領矣因又以各鄉約局所欠華人工資請卽追償該巡撫卽面屬府尹府尹自任代追遂辭去

十三日晴

華商九家公請美總領事及古巴總督先鋒官來見美總領事言十餘年前古巴虐待華人時伊卽駐古巴曾與力爭不勝乃告美政府達之中國得以派員華人遂出苦海因謝之因婉告以古巴華商之赴美者當入境時關吏每阻之例須貴領事簽名爲據方可放行願少通融該領事頷之

十四日晴

再謁古巴地方官并辭行是夜古巴府尹又來見因告以鄉約局所欠華工工貲府尹屬譚乾初將來至府署時可徑入辦事房面議必有把握因謝之紐約報言西歷正月卽中國十二月一月內駐紐約埠管理客民入境之員查明歐洲各國民人到該埠而不

應入境者計一百零三人均不准登岸已由原船載回原處云

十五日晴

美總領事來送行古巴總督來送行言以小輪船護送上船因謝之是日午初上船華商等均來送未初開船船行仍頗簸戌正至克物司查克物司爲美屬地美人經商於此言美政府爲俄國大饑普勸捐賑聞已捐麪粉三萬桶每桶約二百斤現銀五萬圓由歐洲運往振濟矣　因謹按美國禁歐洲工人來美而俄不允若於他國美必以全力持之禁而後已矣而不敢用之於俄且振其飢焉何恭順耶畏其強也

十六日晴微雨遽止

酉正至草壩船主陪上岸至火車廠登車戌初開車車棧有賣新報者載華盛頓二月十五號報稱麥天那省來電言該省土人毁華人之洗衣館復具呈於下議院紳言華人洗衣攙奪其業請驅逐出境云云　因查美之土著多擁厚貲其爲工者悉歐洲之客籍也與華人同屬客民而能上書議院驅逐華人者則已入美籍之故也使者之權安能敵議院哉事難爲矣

十七日晴

黎明至哲臣威聞麥天那省之海倫那地方居民立例禁止不與華商交易且於華商鋪前派人看守又勒令房主勿以鋪屋租與華商迫華商令出境云　因謹按華人不入美籍衣服不同致招

忌於土人而美國官紳又以其未入籍不操保舉之權無庇護之者而華人遂不得安身矣

十八日晴

未正至華盛頓卽命駕回使館已申初矣查訪議紳所遞苛禁華人條陳惟蓋力士碩等尤苛云　因謹按禁工苛例皆出於西省之人其舉議紳之時皆先以禁工要之議紳既由此而舉自不得不以此爲事也蓋力嘗爲因質言之

十九日晴

謁外部大臣律司下議紳蓋力又力乃贈外部律師幷外交處各議紳以古巴土產照會外部以麥天那省苛禁華人驅迫出境事

二十日晴

謁上議紳多福地甫司又見律司聞德國已申明舊例德民自十八歲至二十五歲均須當兵不准擅赴他國輪船公司運載民人出口須由地方官查驗云　因謹按此德國之自禁民人出口也歐洲各國惟未見俄英自禁其他各國想已從美廷之議矣

二十一日晴

謁戶部大臣聞中墨洲之尼格拉國因近來國用不足無可籌欵特加進口貨稅所有他國入口貨物一律值百抽十以裕國用將來美國運至該國之貨利遜於前云　因謹按值百抽十是十而稅一也可謂重矣或謂尼格拉墨洲至小之國耳如此重稅以困

他國之商不畏啟釁乎因答曰稅則者各國之內政非他國所能干預也或又曰中國仿之稅加一倍則每年所收入口洋稅當四千萬兩矣因曰然

二十二日晴

謁外部大臣布連布連詳詢古巴情形因告之遂催照會布連答以必有但因事冗不免遲耳因再三敦促遂辭出復謁德國公使又見上議紳宣文地甫司爲苛禁華人事也

二十三日晴

上議紳言去年俄國所佔巴美爾地方侵入中英兩國之界遂致英與辯詰今聞俄國已有悔心擬仍言歸於好與英商議云　因

謹按俄人鋭志侵鄰國之地而忽然中止者非始强暴而終仁義也其中必有由焉或因民飢内亂而餉不敷或因英忿與爭而力不足少緩須臾以待時耳非眞能敦好也

二十四日晴

謁上議紳火街狹麻摩根均見又謁下議院紳斯賓介亦見火街言下議院紳士碩所上禁華工例太苛已駮之謂當與中國商議不宜率意立例云云　因謹按美國西省議紳無不議禁華工阿工黨也彼由工黨所舉不得不然他省亦有阿之者則又同官爲僚之意惟老成知大體者則持公論然不可多得因於此事心力竭矣未知能濟否也

二十五日晴大北風

謁上議院紳奥地士言美國人名奚士至歐洲訪悉客民來美情形謂歐洲民人來美絡繹不絕其不得登岸者僅十之一二英國之助窮局近十餘年每年撥英金二十萬磅合中銀八十餘萬兩給窮民赴美之川資尚有資助犯人赴美之局猶太人亦立會資助窮民赴美已近萬人德國義國瑞典瑞士各國資遣犯人來美率以爲常近因美國駐瑞士各員認眞禁阻瑞士一國來者漸希云　因謹按美國之禁客民實有不得不然之勢但宜立善法不當用苛且苛於華人未必敢苛於歐洲之人也非所謂公法也

二十六日晴

謁律司詢以上議紳宣文所上禁工條陳與平日所言相悖律司曰此戶部司員條陳不能自上而由宣文上之宣文已聲明上議紳亦已作無庸議矣律師又言禁工條陳下議院無可過止惟俟上議院駮之耳因又謁外部大臣布連云有覆文終不見覆卽當照會催之律司期以十五日爲限

二十七日小雨

謁上議紳多福地甫士均見福來克累衣士谷白得勒均未晤聞戶部司員某所上禁工苛例已由多福駮斥不行矣又聞德義奥三國聯盟密約如德法交兵則義國以兵二十萬駐亞立山以戰艦扼於哥錫加海以礮隊攻法屬之亞路枝亞如義法交兵則德國調亞路沙士及卑丹之第八第十四第十五三營之兵攻法國之哥士枝士海面如遇地中海有事則義奥合兵艦以相助戰云

因謹按歐洲局勢如此眞有莫敢甯居悉索敝賦之苦矣其禍則俄法二國貽之也天欲息民其必變二國之風氣乎

二十八日小雨

謁下議紳匪姐聞下議紳之議禁工者尚未已也又聞英駐中國水師提督於十二月帶兵艦赴琿春朝鮮一帶偵察俄人動靜云

因前聞俄人侵佔巴美爾地方不准英國兵官逗遛其地勒令出境英廷憤怒要言開戰俄人服罪自願降心相商言歸於好矣而英猶偵探其所爲者蓋不敢全信俄人而懈於爲備也此兵機

也

二十九日小雨大風雨止

華盛頓本月二十四號報言紐約來電謂近日有歐洲人二十二名來美爲管理客民入境者查知均係工人不准入境已交原船載回矣　因謹按美廷自去年派員赴歐洲詳查以後一律立例禁工今乃見諸設施矣但英俄二國似尚未允而不聞有所駁詰何耶

二月初一日大吉雨兼微雪至地而化

上議紳宣文之本家幷其二女來見言本日自耳底馬來電謂有德國磁匠二名赴會士孔尼省之會林地方承工故不准登岸勒

令回德矣談許久而去　因謹按此事本日華盛頓報已紀之此美禁歐洲工人來美之措施也美與歐洲各國無准民人來往自便之約其禁令易行令行而後必援此以與中國立禁工之約其間又費辨難矣

初二日小雨霰巳後大雨至夜止

英屬卡拿大地在美國之北華人羣趨之向來華人到該地須納身稅五十圓玆聞新例加至十倍每人身稅須納五百圓此例想由美與英密商以杜華人之至葢華人之至卡拿大者多潛入美境也當卽函商駐英公使向英廷詰問矣　因謹按華人遠適異國又納身稅方能入境而趨之若騖者則以其地商務之盛用人

之多可以餬口也中國如講商務而興鐵路民何必遠赴異邦哉

初三日細雨夜中微雪約厚一分

俄國新訂客民入籍之例必通俄語諳俄例者方准聞將以制德國也　因按德人流寓於俄者至多俄訂新例將以禁制之近日德俄兩國時見齟齬之象非勢均力敵則決裂矣

初四日大雪約厚一寸

歐洲人論德法兩國兵數言法國民數不逮德而兵實多現已多三十四萬有餘照現在操兵法再待二十三年可得兵四百十二萬五千德兵則僅三百四十五萬八千耳至論礮兵則法皆新式在歐洲實居首車礮計四百八十副有十礮十二礮不等一百副以開路十九副以攻城十五副以護軍火德則馬隊九十五營較

法多十二營云　因謹按德法民數只四十兆而當兵者已近五兆是不僅十之一也歐洲局面搶攘爲傑不得不然否則不能自保所謂勇夫重閉也危哉

初五日晴

昨日倫敦來電言美戶部大臣福士達已抵倫敦訪事人詢之答以至此遊覽非查察客民入境之事查察客民自有前此派來之專員擬盤桓數日卽赴巴黎由巴黎返美云　因謹按此遁辭也凡客民入境由稅關稽查而實由戶部主政此戶部應留心之事也戶部大臣以禁止歐洲工人入境關係綦重尤當詳愼故親臨

密查知之不疑然後行之必力也歐民之禁從此決矣

初六日 晴暖

昨日議院各紳以紐約管理客民入境之員辦事殊不認眞若非受賄則必尸素特由管理客民入境議紳訂於今日親往查辦有無弊竇云　因按此必戶部大臣至英密查情形電告美廷美廷故爲此舉也禁歐洲工人之例漸加嚴矣

初七日 暖小雨

倫敦來電云中國西藏地方英人久欲通商惟向來關禁甚嚴英商不能如意茲聞中英新約業已訂定從此商務可增云　因謹按英俄同窺西藏俄人派員往遊者不僅至再至三究以財力不

及而不如願英厚於力而雄於財浸淫而至西藏該地又增交涉之擾并邊防之虞矣

初八日晴

聞奧國陸軍近用新制之護心鏡以鋼爲之云可禦一切槍彈如不用則卷而懷之德義兩國亦擬仿用云　因謹按前俄國武員曾創此鏡矣今奧又創之皆以近日之彈皆以鉛爲之其性輭可循來復綫而出也然以剛者當之則委靡不能入故鏡可禦也若彈首亦鑲以鋼則仍不能阻矣

初九日 晴以前數日發熱身痛夜臥不安想有感冒服加味香蘇散入赤芍黃芩

新報紀西班牙來電言日國部臣以頻年入不敷出擬減來年各署經費云　因謹按日國入欵每年一萬六千餘萬圓合中國銀數蓋一萬萬兩以上矣乃交國債之息一欵卽五千六百餘萬天主教務一欵卽近千萬其爲國用者實不及一萬萬圓而海陸兩軍所需甚鉅宜不足也歐洲局面自英國以外大抵皆如斯耳民窮財盡安得休兵息民者爲民請命哉

初十日 晴寒熱仍舊周身發斑疹服犀角大青湯

美外部大臣布連又病照會又復延矣　因謹按美國禁工之例倡自工黨總統以下阿其意而行之論其所爲則背約言之無可言也中國詰責之詞名正言順駁之無可駁也且今年又當議例之年其權操之議院議院承旨於工黨外部不得過問匪特無可

遏止且并不能損益折衷也其何以措辭復我耶宜其窮也

十一日 晴仍服犀角大青湯斑色鮮紅顯於肌內目眥赤口不渴心煩

初八日倫敦來電言英國軍餉每年需一千八百萬磅合中銀八千萬餘兩而英兵不遵營規情事屢見想兵部必有情弊茲下議院紳擬卽日詰問兵部矣　因謹按三代入欵未有如此之鉅也三代兵費未有如此之多也時爲之矣易曰隨時之義大矣哉聖人處此必有以自強而不甘居人後也決矣

十二日 大雪斑疹透勢亦定肩背仍痠疼服羌活川芎芩芍鉤藤寄生蘇梗

新報載英國新造成一百一十頓大礮一尊然放一次須火藥一千磅驗放時透過厚二尺之鋼面鐵甲厚五寸之鐵板厚二丈之

堅木厚五尺之石厚一丈一尺之三合土墻厚三尺之磚墻統計地球現在之鐵艦及礮臺無能抵禦者矣乃置之兵艦則掉用不靈現擬設法修整云　因謹按過此三十年鐵甲戰艦當無用矣蓋礮可以再巨而鐵艦不能再厚也厚則沈矣俄國克龍斯達之礮臺鐵甲厚至四尺八寸以禦此礮已不免透後有作者能造厚一丈之鐵甲礮臺重二百頓之巨礮以守海口彼鐵甲兵艦其無能爲也乎

十三日雪止水冰肩背痠痛稍減前方加當歸去蘇梗

昨日報言土耳其國向有各國教堂近因民教不和地方官要挾教堂每被封禁茲土國新又下令所有在土國學堂均須領照遵

即查封聞美國駐土公使已向土廷辦駁矣　因謹按土耳其弱國耳而辦理教堂如此嚴峻志之以附考校

十四日晴肩背痠緩仍服前方

十二日巴黎來電言德王醼賓席間議論時事偶涉俄國德王曰以德破俄易事耳俄國駐德公使即以此言電俄王俄王即召德國公使告之曰德王之言已聆悉請爲代復俄國亦有兵馬數百萬可調赴邊疆也　因謹按今德王之祖威棱第一破奧滅法遂霸歐洲其歿也年九十餘矣臨終嘗謂今王曰愼勿與俄開釁今德王之爲是言也豈忘之耶抑實有把握而以此挑戰耶未可知也

十五日晴斑已退痠痛亦輕但覺肩背微脹耳服生地六味湯

十三日俄國來電言俄軍大操期近今年擬即於舊都木司科城調集弁兵二十萬人合操云　因謹按德欲破俄俄亦操演兵戎伏於尊俎之間德王之言是也選士厲兵以明好惡俄王之舉是也耀德不觀兵至今日而不可復覩矣且幷不敢恃矣

十六日晴是日始食葷腥

昨日歐洲來電言德國大軍今年擬在滅司城操演此城原係法國名城爲德所破法兵十萬皆降德於此地操兵欲激法國之怒也　因謹按法固善怒者也近年以來怒於突尼斯怒於中國怒於馬達加斯加怒於摩洛哥怒於勃爾加釐亞怒於埃及惟未見

怒於俄英德耳或曰前拿破崙第一曾怒俄矣以八十萬人攻俄之木司科城大敗生還者不百之一焉又怒英而爲英所擒焉拿破崙第三又怒於德矣師丹之戰國破身俘怒之效可覩矣

十七日晴是夜大雪

美國農部考究蠶絲上議紳滿得勝函詢中國蠶絲出產本日又面究一切方知墨西哥國近已留意養蠶蠶絲共有十二種云

因謹按美國戶部之外又有農部戶部司會計財用出入銀幣而農部則專司物土之宜也所種棉花已甲於地球矣稻與麥種尤美徧行歐墨兩洲觀本年總統諭議院文可知其民食之足焉

十八日晴卯刻起雪深八寸猶下細雪午刻止

巳刻紐約來電言義國民人十二名是日由歐洲抵岸紐約查察官以其係承工開礦有干例禁一概不准登岸由原船載回矣　因謹按美國禁工以媚國內之工黨可謂極認眞矣但工黨亦客民不過來美有先後之別耳先來者已入籍有投籌保舉之權故可以禁止後來者亦猶歐洲各國覓無主之地其先覓得者可以立禁限後來之人美卽是也

十九日小雪時止時下

美國舊例商船非由美國船廠自造美廷不給牌照所以防利源外漏也近商務日盛商船之購自歐洲者日多均不得與美國同沾利益有礙商務現議院擬除此例云　因謹按立法無久而不

敝者要在變通隨時而已美之於商船凡購自歐洲者不給牌照所以保本國船廠之利也而於商務有妨權其輕重則廠商之利於國共數不及衆商之利於國也宜其更也然非有議院之審商務而通下情何能如此

二十日微雪天氣轉寒本館大爐已息火矣

謁上議紳宣文　聞美國兵艦尚闕水雷現飭水雷公司上緊速製每月以十箇爲度交水師部收查此種水雷全用鋼質其形如呂宋煙可以自行每箇値銀二千四百圓云　因謹按美與義國紐阿連之案尚未全結義已露挾制之形又與英國祕林海之案相持甚堅此不可不防者故自去年以來愼固海防如恐不及現時交涉形情必勢之足以自立者而後理可以自伸美廷知之稔矣

二十一日晴

謁見律司爲駁例也因言布連久不照會而下議紳日以禁華人爲事是置和約於不顧而以立例爲無理取鬧也美國向以仁義之國自居今所爲乃如此乎擬卽以此意增入照會律司曰可律師又詢丁韙良曾與外部及伊言中國有自禁華人之意因答曰未聞也律司又詢聞此意已陳之總理衙門且交使館矣因曰條陳誠有之實未聞自禁之說律司曰可錄一通觀之乎因曰不便律司曰可屬繙譯讀一遍聞之乎因曰可律司遂訂以二十三日

因辭出

二十二日晴

廣東自鑄銀錢近日流通漸廣有運至新加坡者商民均以爲便入市日多新加坡總督遂立例禁止自本年始不准行用云　因觀此而可證通用銀錢之得利也中國行用墨西哥國銀錢近八十年中國利源漏巵入外國者蓋數千萬矣因嘗言之或不信也試以此證之非能奪他國之利新加坡何以禁其通行哉

二十三日晴

謁律司商議美國立例禁工事決意照會外部又教習羅廷佐眷屬爲稅關所阻亦應照外部業已訂定又聞俄國於其京城添三

船塢增造兵艦 土耳其畏俄之逼亦增兵額三十萬人連前共一百萬幷向奥國 安里夏槍廠購新槍二十八萬桿共舊槍七十二萬桿現擬以五十萬桿改爲新式以資適用而仍省費云

二十四日晴

照會美外部爲下議院議新例禁工事 奥都來電言俄以兵十餘萬駐紮保蘭省其地與德奥二國接壤奥廷向俄詰問俄國駐奥公使答以移兵就糧實無他意云 因謹按俄人佳兵歐洲爲之不靖偪奥則奥自危偪德則德入保偪土耳其則各國皆畏脣亡齒寒偪阿富汗波斯則英人慮失印度前此佔踞巴美爾地方入中英兩國之界詰責未已玆又覬覦德奥豈天之不欲息民耶抑俄人爲天之驕子耶

二十五日晴

德國新派公使訂未初來晤談及曾駐中國爲代辦中國民數甲於地球富強甚易爲力前文相今李相皆公忠體國者 因詢畢思麻之年答云已七十六歲矣至四月已七十七歲近亦多病故退老林泉矣 因謂俄法聯盟德介其間強鄰偪處畢思麻不出如蒼生何答云規模已具宿將猶多可無慮也談久而去 因按文相國李傅相之名外國仰之德使以比畢思麻國有人焉所謂猛虎在山藜藿爲之不採也誠哉是言

二十六日晴

總理衙門以會匪鬧教匿名謗帖屬以節畧面致外部今日往見華頓已到衙門 因以節略交與幷言鬧教之事出於會匪我國家深恨之近湖北省有出匿名謗帖者地方官查獲立時正法矣華頓曰歐洲各國始以鬧教謂中國政府之惡洋人嗣聞貴公使再三言之已知乃莠民所爲非國家之意今得此節略益瞭然矣美國斷無所苛求也 因又詢照覆一事華頓言必有 因辭出

二十七日晴

美紳雪白來謁言昨日外部爲言中國公使來見言禁工苛例已許以遲日照會但須俟議院於此事有成議方可下斷語故遲遲也又言一千八百九十一年十月六號（即中歷光緒十七年九月）已行文田貝令詰問中國不接待卜雷耳之故曾以告公使曾聞之乎曰未聞塞潑曰豈繙譯未傳言耶容當查之談久辭去 因查美外部之不遽照覆者實不能照覆也將駁 因之照會則據約而言者無可駁也將自認美國之錯則議紳方又議禁工不可認也此其所以辭窮也 郵政局總辦凡吳客脫來函請即赴紐約商辦事件

二十八日（雨至紐約則晴）

卯正上火車廠辰正開車申正到埠凡吳客脫到言今日爲紐約大狀師聚會之期可赴會聯絡至則赴會者已數千人皆陸續入席每席二三四人不等狀師十餘人皆握手傾談爲禮雪白言紐約有舉動必訪諸狀師禁華人之事工黨無不向狀師請命者但

能得狀師一言以爲不然則工黨氣沮矣因然之遂赴領事署

二十九日雨

至大律例書院太平會中人言將派人赴華盛頓向議院駁禁工新例已捐數百圓爲資斧因亦捐百圓又至中西學堂該教習言華人勤儉耐勞可嘉而工黨妒其同業奪利所以議禁然華人亦授工黨以藉口之柄者則煙賭尋讎三事也公使宜出示諭之能改則善矣卽不能改使美國知公使之用心並不寬縱則亦可以自解因然之申正而散

三月初一日晴

辰正太平會中西學堂大律例書院聚會於雪白之宅言如此聯

絡布置使議院之不惡華人者可以藉口以拒新例但中國亦須向美國換約以爲久計因答以換約由政府發縱公使不能自主也又問公使何不請命於政府因答以去年已函達矣使館事煩留紐約已三日今日卽回凡吳客脫等堅留因謝之遂於未正至車廠申初開車亥初到使館

初二日晴

昨在紐約聞俄屬波闌來電謂俄兵紮波闌德國有戒心遂派氣毬偵探直至俄礮臺之上俄兵放槍擊之高不能及聞其氣毬運用甚靈風力緩時尚能逆風而行當其抵軍營至礮臺之上少停片刻又能升高其制甚巧將來如自上擊下營中兵弁不免受傷云　或問歐洲氣球之制較往日漸精若以數百箇隨帶炸礮下攻敵營何以禦之因謂亦以氣球禦之而已若鐵甲礮臺上有太平倉者上攻亦不能入也然以攻鐵艦能使炸礮入煙筩則鐵艦碎矣

初三日晴戌刻雨

本日歐洲來電言德國以俄軍大隊偪近防邊員弁前升氣球下臨俄營以探虛實茲又載兵弁飛過俄界俄營以德軍屢次越界軍情不能祕密擬向德廷詰問以警後來云　因謹按俄德兩國勢不相下舉凡應酬禮節動作云爲均不肯稍形遜順焉此歐洲氣習類然若不如此則示弱也者而一切恫喝要求之事亦遂泯

焉不得謂其好事也卽折衝尊俎之意也

初四日雨

美國議院上年撥經費六萬圓以行禁止華人來美之例雖與輪船公司訂減船價每名至五十一圓尚不能給茲副戶部擬再減巡查各員之俸四成以期持久云　因按美國於禁華工經費每年六萬圓尚不足用茲又禁歐洲人其費當尤鉅矣但不知果能閉關使遠者之不來而鄰國之不詰責否耳

初五日小雨天陰

美外部病痊已到衙門英美祕林海峽一案相持不下現已如英國前議訂定請局外之國公斷律司科司達繕具各案文件鎭日

不息俾局外之國公評云　因謹按美國近日爲華工之事與中國相持紐阿連之事與義國相持兵船水手之事與智國相持祕林海峽之事與英國相持智國許賠卹美國其事先結美國許賠卹義國其事亦結惟華工之事爲議院所持祕林之事議院不能持已訂請局外之國公斷比而觀之則智弱於美故受美之脅制美弱於義故受義之脅制然則美亦不敵英終不能不如英之意也故請局外公斷也

初六日小雨

初四日俄京來電言近日德國以氣球入俄界偵探日多一日此毬能逆風而行槍礮遠莫能及又無分日夜時去時來防不勝防

惟有仿製氣球以禦向空禦之云云　因謹按自歐洲創氣學而氣礮氣毬與氣毬之用日精不隨風爲進退則與輪船同矣現以此偵探敵營虛實全知擴而充之必有以此破敵者奇巧日興而民生之禍亦日亟矣

初七日陰晴

聞英國商務局議以緬甸鐵路由曼特留都城接至中國西南邊界瀾滄江之公龍渡即於該地設通商埠又云所經荒僻地界但有鐵路即可成村已交議院議矣　因嘗由金山至華盛頓計一萬數千里又由華盛頓至紐約至哈富至卑嚙亦近萬里凡鐵路所經荒蕪漸闢有不數十年而成大鎮市者則必有水通海之區也其餘榛莽之區類有人築室伐木出運通衢變僻壤爲膏腴化廢材爲有用鐵路之利於國計民生實無疑義惟親歷其地者眞知之耳

初八日晴天氣轉熱

昨日伯林來電言詳察俄國軍務其政府當不遽與德國決裂緣俄軍需用新式槍械上緊製造亦需兩年方備俄人此時斷不輕舉妄動云　因謹按古之覘國者覘民情今之覘國者覘武備此可以知風氣所趨矣弱者事事循理迫於勢也強者事事挾勢恃其強也今之小國無不事大者大國竟無字小者世變亟矣有國者其早圖自強哉

初九日晴未刻小雨遽止中夜大風

本日報言下議紳盡力苛禁華人條陳執意議行前因議紳好德狹麻火街安多羅等屢以背約失信與之辨駁遷延至今本日遂爲投籌之舉以爲當禁者計一百七十九人以爲不當禁者計四十二人議禁遂成　因查美國西省多工黨均妒華人議紳爲工黨所舉先有要言故出死力苛禁華人以報之雖背約失信不顧也中國兵力不足以懾之僅恃筆舌此交涉之所以難持平也

初十日晴

昨日智利來電稱南北墨洲各國海口輪船之利向由美國公司專之該公司任意勒索各國商民病之茲中墨洲之沙華他國已

擬自與輪船各國便而效之將來商民均便而智國之麥亦可運出以分美國之利云 因謹按美國輪船擅墨洲之利而又病民美之政非昔矣中國江海各口爲外洋輪船專利者數十年玆江口之利雖收回三之一而海口輪船之利依然外國專之也歐墨各洲中國誠未易與爭利矣何至上海日本來往輪船之利亦任日本專之中國向來於言利一節夷然不屑豈知治國如治人也脂膏朘削體質無不羸焉且古之不言利者不欲與民爭也今之奪吾利者乃敵國也二百年來漸入吾門而窺吾奥矣願有心者籌之

十一日陰雨

昨日聞美外部言前任上議院紳卜雷耳派充駐華公使不爲中國接待一事其來往文牘不日送上議院交議現此宗文牘尙在總統處云 因按美國下議院議禁華人苛例甫成將交上議院而卜雷耳事所有文牘亦將由總統處發交此美國之權術也卜雷耳以上議紳出使中國中國拒之則兎死狐悲既足以動上議院諸紳之怒而其拒華人也亦有辭矣

十二日晴

昨日聞南洋之加羅蘭島係日斯巴尼亞屬地前此美國教士赴彼傳教爲日人所逐上年美國遂派領事駐島保護而日國駐島之官竟不接待美廷商之日國政府外部亦不肯給准照美國領事只得撤回云 因謹按萬國公法凡領事駐紮之所均由各國自行指定其有不准者鄰國亦只聽之以其爲自主之權也美國近來行事頗有霸氣非復華盛頓自守之規蓋爲他國所侮辱者非一次矣

十三日晴

費城太平會女狀師來見言爲下議院禁華人事將赴議院駁之詢因何言因言中國惟知守約美紳背約而强行例本大臣未便與議紳言已照會外部矣該狀師言美國如此不但違中國之約亦有背華盛頓開國之例也理當駁之因奬以所言切理談適刻而去 因謹按美國禁工苛例凡有求於工黨者均附和之凡無

求於工黨者均詆訾之惜無求於工黨者大抵皆無權者也故理雖足而勢不行焉

十四日晴申正日色皎然而飛乾雪仰視天際只微雲耳

未初接總理衙門來電云北洋轉倫敦電初十日美下議院議定不准華人再來美國居住確否果有是議應援約與辯並電復寒當即訂見外部本日爲外國禮拜例不辦事遂定次日

十五日晴

午正赴外部衙門告以本大臣上月以下議院立例苛禁華人照會貴部未見照覆玆本國政府來電云云華頓答曰此例尙未定奪前照會已錄交議院如再有照會亦照例錄交因又問此次下

議院新定苛禁交上議院時總統并將中國拒卜使案並交又聞貴部上月且以此案電田貝其意何居華頓日美廷並無他意惟因中國爲美國禁工而拒卜使理有不合故飭田貝以此意轉告總理衙門以備存案而已 因遂辭出

十六日晴

昨夜訪律司因出門未返遂自起照會草本日巳刻律司來見相與熟商參贊彭光譽繙譯何愼之容揆均與焉律司謂下議院議廢約而中國援約據理雖正其如置之不理何哉必有抵制之法方可使之就範耳 因言抵制之法俟緩商之政府美國下議院廢約而上議院多老成敦謹之士豈肯徇之且總統與通國正人未

必不畏人言我之援約所持甚正彼之廢約於理不通且事亟矣有此照會上議院之持正者猶可據此以爭也遂由何愼之譯成即遞外部

十七日晴

華盛頓新聞載前派駐華公使卜雷耳因中國不肯接待昨日又上書議院請查究不接待之故云 因謹按此又一機事機心也上議院尚多持正之人其議覆禁華人例未必肯從必思有以脅之激之方可如下議紳之願也下議紳既以投籌脅之矣其意謂上議紳只八十餘人不敵下議紳三百餘人之多也總統又將中國拒使之文交上議院矣謂中國所拒者即上議紳上議院當動公憤也茲卜雷耳又以拒使之事呈請上議院查究自謂兔死狐悲物傷其類也茲三者不先不後同時並舉明者知其用機之深矣

十八日 晴巳後小雨

送總察院布路瓦之女出閣禮物湖縐二疋 太平會女狀師駱活來函巳將本會所駁新例條陳分遞上議院紳各一紙使知新例之不公並以一紙相示云 因按美之上下紳民凡不覬覦爲總統作達官者皆毅然昌言新例爲不公其在民間以華人爲當禁者皆工黨也其在議院以華人爲當禁者皆工黨所舉之紳也此外若總統若各大臣則心非之而不敢言恐拂工黨之意而不

久於位也若議院中之昌言新例背約者殊不多見此其人大抵不肯趨時求顯如漢之汲長孺唐之宋廣平也

十九日晴

前數日但聞總統以中國拒使之全案交上議院本日由律司科司達送到刋本二册方知禁華人之事總統實欲激成之以報中國之拒使也中國以卜使鄙詆華人不願其使華於理本順不待辨也而總統必嘵嘵於斯時卜使又喋喋而不置其意何哉一則恐上議院持正論駁禁華人之苛例也一則恐各國有煩言譏禁華人之苛例也彼固以爲用謀之深也 因竊以爲淺而易見也

二十日晴

科司達來見言上議院紳宣文多福以蓋乃所訂新例背約失信必不可行宜駁棄不用外交處各紳均以爲是有議紳名飛路頓者作而言曰華人之來美實與我近太平洋數省人生計有礙我等不敢緘默新例雖嫌違約實係便民請從緩再商勿卽駁定遂又待再議云　因謹按禁工之紳大抵皆金山一帶省分近太平洋者民之所欲紳必從之以爲便民可也以爲徇私亦可也卽以爲爲己不顧中美之約亦可也華人不入籍而不能舉議紳豈非自貽伊戚哉

二十一日晴

昨日倫敦來電言俄國議論近日整飭軍務不遺餘力且下令飭國中火輪車船爲政府調兵之用該公司業已允許又不准國中官民公司人等泄漏不准報館刊布以防人知云　因謹按俄國貪佔鄰邦土地每以兵力脅之其濟則可不煩血刃而擴版圖其不濟則出於戰亦可必勝而割他人之地考諸往古嬴秦之於六國大抵如斯俄固襲其武也

二十二日雨

至銀行又至總察院布路瓦處送其女出閣　昨日巴黎來電言俄國擬派大軍往西方各省駐防又言愛拉新報載俄國兵官已由彼德堡帶兵赴德國邊境云　因謹按俄國無休兵息民之時其民苦矣而毗連之鄰國若德若奧若義亦因俄而不能息民爲

民之苦也俄貽之也義國悉索敝賦至兵費不能給部臣辭職（見昨日巴黎來電）則尤難也其他如波斯波闌等諸小國或危或滅更不待言矣　戌刻接總理衙門電云美卅年前派蒲安臣使奧不納六年前派糙禮使義不納美均有案美廷若以我拒卜雷耳爲嫌卽屬律師查案辨解禁工苛例仍希駁論各摺片昨已代遞養

二十三日晴

美義兩國去年因紐阿連人命案美不允郵遂至齟齬以致兩國使臣均不分駐茲美總統已允賠郵二萬五千圓由外部額外費項內支給案已了結兩國使臣仍擬照舊分駐矣　因謹按去年義與美索賠郵時美之拒之何其堅也迨義撤使以示絕交美頗內怯則以義之海軍非美所能敵也今竟願賠郵矣以拒始者以與終以堅始者以懦終交涉之道如此可得其間矣謂非強之足恃哉　謁律司商照會美外部駁詰新例

二十四日雨

倫敦來電言波斯國前給英商准照准在境內創設公司專售煙葉煙絲他國不能攙奪詎料國人不願因之多事波斯政府情願賠出英金五十萬磅與英商收回准照正在籌欵爲難俄廷允如數借與云　因謹按俄方向德法等國求貸入不敷出安有餘欵借與波斯所以借與者爲與英爭波斯也波斯土耳其爲歐洲之屏蔽聽命於俄則蠶食歐洲易易也此可以知俄人之心也

二十五日時雨時止

墨洲聖多敏國與古巴近爲太平洋輪船來往南北墨洲要道茲聖國向美貸銀三百五十萬圓以後煙葉等稅由美抽收官員之俸由美發給一似美國之屬邦外部布連頗助美商成就此舉云　因謹按美欲與海代國約一兵船添煤之埠海代不允聖多敏國與海代同島者也從此得一添煤之所而貸欵又得息富強二字兼之矣

二十六日雨

巴黎來電言西歷五月一號爲法國公舉各地方官日期各處天主教監督先通知同教人應舉何人法國政府以其干預國政有礙公事擬送官究辦云　因謹按天主教之不安分在本國已然無怪中國之怨惡也從前聲勢極大時至能廢置各國之君德國威棱第一之祖卽爲教王所廢法國護之所以有師丹之役法之國滅君虜護教爲之也自法君虜後義國收回羅馬城而天主教遂衰今法政府又惡之則其衰當又日甚矣自取之也

二十七日晴

美國兵艦之鋼甲與大礮之鋼質由賓埠之卑司理宴廠製造該廠自得祕法所造鋼器精堅茲聞歐洲各廠密派人來美偵查其法以冀仿之本廠得此消息卽禁閒人入廠遊覽並添陪查之巡捕密防云　因謹按外國化學其用甚大以鑛質錬鋼此化學之一耳而學有淺深則錬法亦有淺深而鋼遂亦有美惡西人肯用心故精益求精遂以強富美廠錬鋼之法精矣歐人思之而不得則密查之皆求精之意也

二十八日晴

美戶部由派赴英屬域多利偵探華人入境人員遞來消息言本月二十四日輪船入口載到華人五百餘名將領取入英籍之執照來美戶部已定新章凡華人持有入英籍執照者一例不准入境云　因按美國之禁華人何其嚴也曰徇工黨也然則美何以敢悖英之前例耶曰此美內治之權也然則中國獨無內治之權以抵制報復耶曰積習已成各國不受也中國亦不爲也且英俄德法美諸邦其相齟齬者傍人不附和之而與中國爲難必附和焉此其積習非中國自強能與力抵殊不易挽回矣

二十九日晴

巳初啟行赴紐約爲前格總統立紀功碑赴會也申正到紐約聞上議院已會議下議院所定禁華人新例以爲是者僅十四人以爲不是者四十三人而上議紳多福所定之例下議紳亦多以爲不是故亦不能行須再議矣

三十日晴

謁前上議院紳靄佛司其人素有重名曾舉總統而未成今爲大狀師向以禁工之例爲不然數見於華盛頓去年以任滿而去未

見者一年矣今見之仍以禁華人例爲非也年逾六十有目疾視細字不甚見頗不願與外事而來謁者仍踵接其門云又謁雪白

出使美日祕崔日記

四月初一日晴

午初乘車至格總統墓所未正而到現總統及各部大臣亦相繼而到格夫人暨其子媳孫均到碑在墓之西南方工程甚巨聞已費銀三萬餘矣巡捕到者約百人軍兵到者十餘隊水師隊亦有到者各部大臣惟外部水師部患病未到百姓到者數萬山隴爲之蔽先宣頌詞者爲總理紀功碑人次總統次教士次爲善頌者頌畢已申正矣總統以頌文置碑下先退下臺因與格夫人等作周旋畢欲下臺已擁擠不能行久之始下上車後車數千輛又擁擠不進乃改由東道至領事署已酉正矣飯畢於戌正赴火車廠

亥初開車天明抵華盛頓

初二日晴

卯正入使館參贊以下均未興辰正飯後查上下議院因意見不合各派三人會議上議院三人爲多福地甫司白得勒白得勒告假代之者爲克累下議院三人爲好德蓋力匪姐本日尚未議及也　謁狀師絡活夫人夫人言新派各紳伊嘗往見責以大義此中多公正之人可望信受云

初三日巳後小雨申後止

謁律司查議院事言地甫司克累二人亦告假院長又以宣文摩根代之日內卽會議矣律司又言因赴紀功碑之會美國紳民深

以中國不忘故舊屢見於報此舉甚爲有益云　未刻接總署電云經費已照撥江　撰抵制美國苛例華人條陳

初四日晴

新報載中國公使以前總統格蘭脫墓立紀功碑親帶繙譯赴會見中國之不忘故舊且言格蘭脫遊歷中國與李中堂至契中國公使年年於墓祭之期親自送花從未間斷中國如此優待美國美國之立苛例以禁華人殊無禮也　因謹按格總統紀功碑會到者約數萬人各國公使亦多到者而新報獨言中國蓋以新例之酷代爲不平也此亦公論之不容泯矣

初五日晴

紐約鐵路公司之狀師來見言美國工黨妒忌華人之奪其工且減工價致各司之棄工黨而用華人已深惡之華人又不安分致工黨有所藉口此次工黨爲破釜沈舟之舉倩人挾亘資通聲氣以禁華人議紳之不染指者甚少而下議紳爲尤多云　因謹按議紳舉動本屬可疑下議紳尤爲可疑其議新例也只一刻而即成是先有成議也聞此言乃恍然悟矣

初六日　晴申刻大雨天氣驟熱雨至夜而止

下議紳名狹麻者與因最契且常言美國苛例之非其眷口且常過從此時忽附蓋力上議紳斯斌介不來奔亦至契者今則中立嘿無一言地甫司白得拉前之侃侃而談詆新例之非者今均告假不顧與議摩根向謂新例背約令乃附和蓋力之領照註册一條非鐵路狀司言因實不解其翻覆之故矣

初七日　晴熱

訪律司查詢上下議紳合議之例律司云下議紳蓋力之新例上議紳已駁棄惟禁由英屬卡拿大暨由墨西哥國潛偷入境之華工此例行之已久今不過更認眞辦理耳認眞之法則惟分別華工之新舊舊華工之現在美境者飭其領照即由卡拿大墨西哥偷入美國其業已入境者既往不咎亦准領照自今以後再有偷入境者其人無照自無所容然亦予限一年此一年内之偷入者仍可領照一年以外則不能矣此言偷入美境之華工中國公使

例難過問前已聽之矣商人則不必領照其有願領照者亦給照非上議紳之力駁尚不止此因又查假道一節據云尚未議及

初八日晴

上議院所議之例已遞交下議院議紳好德火街安多羅等共十餘人仍以此例爲非其以前投籌之一百七十餘人并士吉飛路頓等以爲可行遂議准送上議院矣

初九日晴

新例今日送交總統因即於午初謁外部布連病未到署遂見華頓爲言新例之背約華頓深爲抱歉言外部實無權此美國之例也諒可鑒原因言此例不能不駁本日照會未刻必到請呈總統

華頓言必爲即呈因辭出遂趕謄稿飭洋僕速送外部時華頓尚在署已接受立交辦事人遞總統處矣

初十日晴午後大風暴雨即止

聞上下議院合議領照之例昨呈總統總統即派人邀外部戶部律政部署商數語即批准發行云　因謹按下議紳蓋力等之建議可謂不顧國體乃附之者一百七十餘人則知徇工黨者衆矣上議紳尚持正論故蓋力之例不行而華工領照一事不願者只十五人平心而論既禁工十年矣領照以別新舊其意不過欲禁新來之工無他意也然而苛也

十一日晴

律司來言此次下議紳之新到者受工黨之託一鼓作氣事在必成爲上議紳宣文等所阻雖面從之心實不甘戶部司員前擬苛例呈上議院亦爲宣文所駁心亦未饜查領照一事亦不過照光緒十年及十四年之例限制後來之工及復回之工而已然戶部司員恰好藉此爲詞行其苛索將來公事又增轇轕矣

十二日晴

午正接總理衙門來電云美例廢新仍舊所廢所仍究係某年某例華工領照須註冊否即復電文當即復電云駁棄今年新議仍壬午甲申戊子例兼註冊因　英公使來見言美國當蒲安臣立約之時求華工之至若渴以後乃因工黨之妒再三立例禁工全

不守約此次領照註冊又進一層所以如此者以頻年屢次嘗試貴國不爲抵制報復故放膽爲之也報復二字中國一向謹慎誠不輕舉然抵制未始不可也今貴大臣之意如何因答曰新例甫定已電達本國政府以俟後命因未能輕動云

十三日晴

謁英公使已出門未見前駐中國公使楊約翰來見言已見總統微窺其意知新例之所以批准者將爲蟬聯計也然前任已有此心卒未遂願徒爲人竊笑耳因答曰此余耳可聞而口不可言者未知所對楊約翰又言已將新例寄李傅相以後再相機耳因曰然此外皆應酬語

十四日晴午後大雨

謁律師告以中國來電幷詢善後之策律司云下議紳蓋力苛例大害於華人駁除將盡而以領照爲轉圜且丁躍艮去年即建華人領照之議爲華人安居地也以後如美國地方官及關吏不相苛索殊無大害但須設法防之耳

十五日晴小雨申後見日

查此次議例上議紳外交處九人無不以新例爲背約下議紳之持正者只好德火街安多羅三人耳而附蓋力者極多故蓋力之勢盛工黨又密派人挾貲以賂議紳其受賂者始詆蓋力而終附之上議紳明雖不阿而暗畏其激成投籌故以領照爲調停之計

也

十六日晴

華工領照例光緒十七年卽西歷一千八百九十一年三月工黨業已舉行因飭金山總領事照錄一通寄閱本日寄到查此例係二十五條除出使人員外悉行禁絕來美其收費甚重其約束至嚴其第二十二條乃至照化外之人之例辦理可謂苛虐無理之至乃知盡力之例卽工黨所授也下議院有稍知大體者故刪其至無理者而以示上議紳幸卽被駁斥則上議紳猶以禮自持也

十七日晴

當下議院例遞上議院之時上議紳魏禮森曰我美創國以來各

國人民均准隨時隨地入籍迭由美國出使人員轉告外國政府各國固執不允均謂入籍一事不能由民人自主因是之故美國以求各國人民來美入籍一事與各國歷年爭論至一千八百六十八年美國議院立例聲明准各國人民隨便入籍載在政綱卽於是年七月二十七號由總統批准次年蒲安臣訂立中美條約其第五款與政綱相符則是天下各國於准人民入美籍一事最先允美國所請者中國也今下議院立例不遵美國政綱又悖中美條約前後相反自食其言余於一千八百八十八年議院議禁華工時曾斥其非而此次下院所議比前猶酷尤非理也　因謹按美國非無偉人也特無如徇工黨者多勢不敵耳

十八日小雨至酉而止

美國醫生瑪高溫於滬上行醫聞美國新例致書於因極詆新例之不公　因按光緒十三年前任出使大臣張蔭　擬於金山設立中國醫院美人以中國醫生應由美醫院考試給照然後准其行醫瑪高溫如寓金山其用意立言亦不過附和工黨耳此時爲詆新例之言亦慮中國政府仿美例以矛陷盾耳然而中國不爲也

十九日晴

本日報言考究家查自德法交戰以來德國整頓水陸軍務用費計銀二千二百兆圓合中國銀二十二萬萬圓　因謹按德法師

丹之戰迄今二十三年分而計之則每年需軍費一萬萬圓國不富者安可籌耶當時德索法國兵費約得十萬萬圓以此數乘除之可抵二十二萬萬之半則每年只籌五千萬圓在德國尚易爲力若在義奧日諸邦亦未易措置矣此富強二字所以相因也

二十日晴

接北洋文言新創電綫由俄達歐洲其價較廉由洋人璞爾生成金生經手其中有密電不能代轉一欵　因查所謂密電者係發電與收電之人預先訂定惟二人獨知之旁人安知其爲密哉殊難索解存之以俟質疑

二十一日晴

俄大饑由俄廷振濟府庫爲之空虛入欵又短前此定期操演大軍以此項用費需一百五十萬羅卜合中銀約百萬現以費絀業已停操矣　因謹按俄君好武而災及其民蒼蒼者似夢夢也俄廷因此而罷操非以卹民實欲節費俄君之心可知矣府庫空乏乃至百萬亦不能儲俄之窮可知矣俄歲入亦計銀三萬萬兩有零耗於用兵者大半俄之佳兵可知矣前此告貸於法而法允之告貸於德而德卻之俄之債累可知矣天心悔亂使俄如元世祖之末路歐亞兩洲其太平乎

二十二日晴未刻見雨點乃霽見日

美國議院議鑄銀錢未叓一是近請歐洲各國派員會議俾金錢

銀錢並行無礙聞英義奧三國已許派員法與瑞士尚無明文然亦必允所請云　因謹按美以重四錢八分之金錢一圓抵七錢三分之銀錢十圓按輕重乘除之每銀一兩五錢二分可易金一錢是金價低而銀價高宜其金錢之漏入歐洲此一年中已有二百八十兆磅中國滙銀至美近日每庫平一萬兩只得美銀一萬一百三十八圓按輕重而權之每規銀一萬兩只得美銀六千七百五十兩是三分而去其一也其不平孰甚焉宜美國急求整頓也

二十三日晨起陰辰正大雨至午而霽未後又小雨

巴黎來電言法國自得越南其民不服常與防兵爲讎近日兵民鏖戰越民死者一百二十五人法兵六十八人內兵弁五人云　因謹按癸未甲申法越之戰法兵屢挫中國以統領非人至於終蹶致失北甯法人滋擾不休幸淮軍諒山大捷而法不敢佳兵言歸於好自時厥後法以重稅治越南越民不服法常損兵折將蓋得不償失矣

二十四日時晴時雨

是月爲各省舉總統之期本日華盛頓報言金山一省之工黨以下議院紳蓋力建議嚴禁華工雖未全用實已出力擬舉爲副總統又言上議院紳宣文本有總統之望惟其駁棄蓋力之例太平洋一帶人民均不謂然舉者少矣　因謹按美國分黨有四一北

黨二南黨此二黨者人數至多權力最大議院總統由其舉錯其次爲工黨亦有權勢但其用權與南北二黨異蓋南北黨如水火南黨不舉北人北黨不舉南人也工黨則不分南北人惟常懸賞有能苛禁華人者則舉之其黨頗多附北黨則北黨勝附南黨則南黨勝故南北二黨皆畏之徇之又其次爲農黨現在勢微不能自立一幟依草附木而已

二十五日卯初天陰辰正大雨至申而霽

謁律師託其致意美戶部因聞戶部已籌撥銀十五萬圓爲籌發照新例之費本日又聞上下議院管理限禁歐亞各國人來美之議紳會同議例分別良莠以杜弊端業有成規不日頒行律司許

以是晚即至戶部查問云

二十六日陰時小雨

二十三日美國議院以美國例輪船不由本國廠造者禁用美旗號遂致所購於英國之船皆用英旗殊失國體茲議弛禁准用美旗本日報言英人聞此甚懼利益爲美所奪且礙於用兵擬將前所售於美國之船購回云　因謹按法以救弊而救弊之法亦不能無弊也其能見其弊也恃乎識其能救其弊也恃乎力議院萃萬姓之心思以審時度勢固宜其有識矣合萬姓之稅租財貨以創制顯庸固宜其有力矣

二十七日晴午刻見雨點

昨日倫敦來電言歐洲各國惟英國不抽入口稅而英國貨物運往各國均輸重稅天下各國以美國之入口稅爲最重以致英國受損而無益茲英國選舉議紳期近英相先期曉諭通國謂各國均圖利己重收入口貨稅而英獨以薄稅爲貴損己益人若不因時制宜改變舊章必致自累爲今日急務當修稅則重徵入口稅以重本國人民生計云　因謹按稅則者國之內政爲輕爲重本可自由歐洲各國大抵重徵入口之稅以裕國而不徵出口之稅以便民且入口稅重則他國之貨物難來不致奪我國之生計出口無稅則本國之貨本價賤足以供他國之行銷中國反其道而行之宜金銀漏卮於外洋而土產不行於異國也

二十八日晴

美國政事或歸省辦或歸國辦向有定章向來他國寓美人民有被戕命劫財之案均由本省自辦國家無權美國與各國立約雖云保護及至生事又以無權推諉去年紐阿連戕殺義人一案美廷推諉幾至決裂終出於賠卹今上議紳多福議將此種案件歸國家審辦云　因謹按此義國兵船之力也當美民戕殺義民之時美國亦以辦中美交涉之法處之一味推諉乃至義國撤使絕交美廷大恐以其水師之力不敵義也卒至卑禮遜詞以認賠卹而後歸於和好居今之世其可以不強哉

二十九日晴

本日新報言美國造礮愈出愈奇近日造成大礮一尊能於水底施放現由水師部試驗是否可用即當詳覆該部大臣云　因謹按人心之靈猶井之水也井之新掘也其水常渾猶心之初用也其思常鈍也井愈汲而水愈清猶心愈用而思愈啟也井之廢而不汲者其水自枯猶思之廢而不用者其心自塞也歐墨各洲之人用心最苦每造一密室獨坐其中終日思之必求有得其得也則獻之國家國家給以憑據二十年內不准他人模仿則其人暴得名而致富如中國善制藝而取科名也其有思之至老而終不得者歿後其室必爲世人所貴重謂是固苦學者之所處而靈氣所鍾也風氣如此宜其巧不可階哉

五月初一日大吉晴酉刻大雨徹夜

墨西哥國來電言駐美公使已改充戶部大臣另派員來駐美又言布衛布路省各處地方近日華人到者甚多云　因謹按華工之到墨者向以爲到美之階近不能潛越至美故覺其多又華工近有去美赴墨者故益見多矣但必應先立章程則庶無後患耳

初二日晴時雨

美上議院以新金山之東南有島名紐西蘭三十年前美人魏布士達於彼購地數千頃嗣英國佔其島地魏布士達請美政府照英外部索地英外部置不理玆議紳以爲美國本可按公法奪英所有以爲賠補惟於交誼有礙特請局外之國公斷云　因謹按

此案可以證中美之交涉矣英強於美美之爲民請命者英置不理美無如何也奪英所有此抵制之法而美恐傷交誼不遽行焉仍請局外之國公斷英如不允或可以行之乎英苟外畏人言內防抵制當不至一意橫行如美之待華工乎

初三日晴

巴黎來電言義國與德奧兩國聯盟實係義君一人主之民不謂然近日義民苦於重歛議院遂與各部爲難昨日又迫各部大臣辭職此一月內部臣竟兩辭職義主如不廢聯盟部臣難安於位云　因謹按歐洲各國武備實有騎虎難下之勢其經費不絀者只英一國而已若法若德則絀而未甚也俄則無歲不貸而猶有貸之者也義則重歛而民不聊生矣日則每歲交息至五千萬矣葡萄牙則直不能支持而鬻土地以淸債矣天下之局一變而至如此乃知古聖偃武之言爲民造福獨見其大也然而必不能也

初四日陰

美國北黨公舉總統前兩月間外部布連致書同黨之刻拉生云無心總統現總統聞之大喜以爲莫予奪也乃自布連赴紐約後而舉布連者多於現總統於是現總統亦出美都竭力收拾人心今舉者亦多矣見華盛頓初三日報　因謹按美國當舉總統之年憧擾熱中一如舉子之望榜也而終南捷徑尤以禁華工爲第一階蓋禁華工則工黨必舉其人是可操劵者已三之一矣華人

不入籍過此以往如鼠入牛角其道窮矣

初五日晴

是日爲美國展墓之節因卽於前格總統墓所送花　前日倫敦來電言卡拿大地方官請於英政府以本地所產五穀入英口岸與各國同如英國予以格外利益卡拿大亦減英國貨物入口稅以相報云　因謹按此卡拿大之抵制美廷也美創新例入英籍之客民均不准來美故請諸英廷以美國入英之五穀至多如英廷能使與卡拿大分別則本地五穀可望暢銷矣西人鑽利心思無孔不入於此可見

初六日晴

近聞俄駐北印度之步兵計二十萬人馬兵計三萬八千人查英駐守該地步兵計十萬人馬兵一萬三千人多寡相懸勢不敵矣　因謹按俄人如洪水力之所到足以爲患各國防不勝防俄兵又調動無常近德則德增防近英則英增防近奥近土耳其防之皆如不及防俄不戢兵各國皆不敢息兵矣印度爲英屬俄以重兵二十餘萬壓境土客之勢顯然不敵然因料俄人必不開釁者何也俄之水師萬不敵英兵端一啟水師爲英所殘矣所得不償所失也

初七日晴

巴黎來電言阿洲小國名烏干達曾立約歸英保護法國教士有

在此傳道者英駐該國武員不欲他國分其利權因虐待該教迫使他往法廷向英詰問英外部覆以未有所聞俟該武員稟到然後照覆云　因謹按法之天主教向不安分天下各國之所惡也弱者敢怒而不敢言強者則限制之如俄如德是也其次則詆毁之如美是也其次則窘辱之如義是也英人則直欲驅之矣因料該教士必不能安於其地也詰問何益哉

初八日晴

巴黎昨日來電言義國人民苦於重歛恐有内變聞義君屢請德主藉端與法啟釁俾義國人民有事於外不生内患云　因謹按歐洲各國重歛以整武爲騎虎難下之勢所不至匱乏者惟英耳其餘則蓄積有多寡即形見有後先堂堂義大利乃至不惜民命以求孤注一擲其孱焉不終日之勢可想而知過此數十年歐洲大局其必大有變更也夫

初九日晴

謁外部大臣布連布連尚有病容寒暄畢因詢照覆事布連曰美議院權重所議新例余不能以爲是亦不能以爲不是惟中心抱疚而已因曰然則終不照覆我耶布連曰新例雖成行例時尚有通融幸勿介懷我等尚有補救之意至於照覆未避暑以前亦當上緊辦理因再三訂定遂辭出　因按布連之言其爲厚貌深情歟抑爲良心不泯歟未可知也外部本無議例之權落得推卸至

於照會久而不覆者則又以今年爲舉總統之年慮有觸礙也其必待於避暑出都之前者則以總統之舉此數日中可定既定矣則可任意言之而不憂觸礙也所謂患得患失者非耶

初十日晴

金山狀師阿他麥克自薦充中國駐美金山領事辭之　倫敦來電言英國下議院紳六年一换其權大於上議院蓋下議紳由民舉上議紳由世爵充各部大臣之任事必由下議紳允准也今年係换班之期謀此者極多云　因謹按歐墨洲各國均設議院而章程不同美之議紳均由民舉不分上下也英之下議紳由民舉而上議紳則由世爵然權歸於下議院則政仍民主之也歐洲除

法國瑞典瑞士外政皆君主而仍視議紳之從違則民權仍重卽洪範謀及庶人孟子民爲貴之義也

十一日晴

昨日布連之黨致書於布連謂其有意爲總統卽當辭外部之職以明其心使大衆見之而決於舉布連遂上書總統辭現任外部大臣之職總統批准矣　因查本年爲美國公舉總統之年凡希冀爲總統者無不分布黨羽竭力招徠擾擾營營熱中無已而祕魯智利至以爭位遂動干戈以勝者攘不勝者之位又其甚矣以美較之猶此善於彼也然如宣文之力持正論不事夤緣無心於舉而舉之者亦無多人豈三代直道不行於今歟蓋非華盛頓創制之本意矣

十二日晴未刻見雨點仍霽

南墨洲之英屬忌安拏地方以美國加税出口之糖無利國用不足乃加礦税古巴亦以入欵不敷出亦加貨税商民苦之云　因謹按税則爲内政本可增加而入口之税尤應增加者蓋入口税重則外國貨物不易入口卽不致奪吾民之生計近年中國入口之貨煤油洋紗洋針大行而本國所產棄之無用之地業此者皆失業矣識者傷之

十三日晴

本日伯林來電言德君於本日由德都往啟爾海口期會俄君同行者有外部大臣俄國駐德公使武員等俄君明日可到兩君之會約有一日盤桓無公事相商但以修好而已　因謹按前此俄德兩君訂會而俄君爽約遂至齟齬者半年德主遂有攻俄之言俄主亦有敵德之語幾決裂矣而俄君此次之行仍肯過德德主仍修地主之禮似可言歸於好其終不決裂者非眞有推誠釋怨之心特以兩國兵力皆強戰則無全勝之算而有民生之禍故未敢妄動耳如其中有一弱者則戰局久開矣

十四日陰小雨

巴黎來電言俄德兩君之訂會法外部曾照俄外部謂法人猜疑恐礙兩國盟約俄君乃於會德君之時遣其介弟謁法主於南施埠以示與法親厚法人大喜　因謹按法之於俄與日本相似矣俄君之子被刺於日本日君恐懼失常問安不絕至許以後不干預俄與高麗之事可謂怯矣法則前見俄與德分而喜今見俄與德合而憂又見俄君之弟至法而大喜一若依以爲命也者何平日之搶攘爲傑傲慢稱雄至是而恭敬有禮耶

十五日陰細雨時霽

聞中墨洲海帶國之海口名剎買那願歸美國管轄美駐海帶國及兼理三德明哥之公使已向三德購地云　因謹按美國近年之所行非復創國時自守之道矣於古巴檀香山無不垂涎雖露痕迹尚未顯有設施也海帶國之海口前此曾遣員向該國求之

此亦猶俄人之求朝鮮海口也乃朝鮮不允俄而海帶允美一則
爲鷙弓之鳥一則爲海客之鷗也
十六日小雨時止亦時見日
美國希卡果兵艦前調赴墨洲爲水師提督坐船本月回美交船
廠查驗有無損傷經查得此船巡海僅八箇月而船底生蟲已滿
每駛行一日須減速率一百六十中里云　因按十年以前即聞
歐洲各國以兵艦下水後即有一種海蟲附於船底逐漸而多而
厚船行之速逐漸而減因思得一法以藥膏塗船底則蟲不附船
以爲此患可永除矣今乃仍舊生蟲豈藥力之不驗歟抑美國新
講求海軍尚不知歟

十七日晴
是日北黨總統已舉定即現任總統哈利順也紐約紳士言哈利
順於三月之前即派有權力之紳通信各省布置一切一月之前
美駐英之總領事駐法之公使特爲此事返美親至密臘巴里地
方聯絡各省派來之委員而去年總統所派駐金山之按察馬羅
駐中國之公使布萊爾均洽民心本年簽苛禁華人之例極爲迅
速衆情翕然故得保舉聯任云　因謹按美國風氣如此保舉如
此可見大權之操自民矣蓋各省派來之委員皆民所派也其中
有民間訂定必舉某人者則委員無所左右也有民間訂定從衆
所願者則委員可以通融也有聯絡委員之人則思過半矣

十八日晴
接北洋電發總署北洋電　日斯巴尼亞國以船廠造船工夫未
精已聘英國船廠各色工匠管理云　因謹按地球之上兵艦商
船以英爲最多且皆自造則地球船廠自應推英爲第一也因嘗
至日國矣查其造船僅造船殼而機器仍購自英法今乃以整頓
水師爲事而求自造亦自立之見也
十九日晴
本日伯林來電言俄都有信美國遊歷各國採訪風俗之士名比
及羅名望素著近遊至俄境俄人逐之出境云　因謹按美人越
數萬里以船載運糧食銀錢振濟俄飢可謂恭順矣遊歷人員爲
公法所不禁惟美國今年下議紳蓋力創立新例專禁華人而上

議紳仍駁棄之今俄人不必立例而輒逐美國遊歷之人豈天道
之好還耶抑所謂出乎爾者反乎爾耶
二十日晴
西正奉總署電云銷册寄還聞布連告退科士達接任外部確否
電覆號　十八日巴黎來電言歐洲各國日修戰備兵費日增近
日借欵愈多籌借愈難多者八九扣少者至四五扣奧國賴德商
挹注尙未竭蹙然德亦難久恃若義日葡三國則府庫已空矣惟
法能取信於民借貸甚易且債票近日竟無虧損與德法交戰時
之落至折半者迥殊矣　因謹按歐洲各國武備如騎虎之勢其

有餘裕者惟英次則德法尚不竭蹷以其商務盛也其餘商務蕭條之國皆每下愈況焉然則有國者其留心商務哉

二十一日晴

覆電總署云布連退華頓署　昨日新報刊出美國殘兵卹欵現已撥定來年所需計一萬二千四百八十二萬五千圓管理此事人員以爲不足應添一千三百萬圓查美自南北爭戰養贍受傷兵士前十四五年每年只二千五百萬圓以後按年加增所估來年入口稅項計一萬七千萬圓不過敷一年卹欵云　因謹按美之卹欵可謂巨矣此亦猶富貴之家踵事增華不免浮靡　因嘗於光緒十四年今

皇上親政奏陳四事其中崇儉一節言事逐情生費隨事廣葢陸宣公之論深得我心焉

二十二日晴

昨日巴黎來電言英國作事多拂法人之意阿洲英法教士既爭權矣近勃爾加壟亞之君到英擇配英國竟以國王之禮待之豈不知勃國係歸俄保護而俄法實同盟是尊勃而藐視俄法也茲俄法兩君已諭駐英公使不與勃君同醼云　因觀此而知俄法同盟之局已成也其始俄法二國猶諱言之今乃昌言之矣前俄之外部至德曾言有權干預勃國之內政矣今又似不能干預也者幸此舉出自英耳如係弱國俄廷有不聲罪致討也哉

二十三日晴

奧京來電言德國前相畢思麻爲其子婚於奧訂期日內赴奧而德駐奧公使例應相見德主乃令該使休假數日離任以避畢思麻前此傳言畢思麻復用似不確矣　因謹按德主襲前人之霸業令行禁止而輕創霸之畢思麻是飲水忘源矣畢相當國時威稜第一待以殊禮頗有俯視一切之概或以此而見忌於人然強鄰偪界而自壞長城非長策也因於此爲德危焉

二十四日晴入夜大風小雨而止

歐洲報言俄國飢民弱者爲餓殍強者爲盜商旅難行猶太人之去俄者尤多由俄入德國境界約四十萬人德人拒之不從至用

槍斃數人始不敢入境云　因謹按俄之民苦矣猶太居俄之民亦苦矣中國前此河南山東之荒尚不至如此也客民安居已久忽逐之出境至無所歸流離道路均仁者所不忍也

二十五日晴入夜大風小雨而止

本日新報言英廷造成頭等戰艦一艘自興工至成功只兩年半因查法國造頭等戰艦每需十年極速亦需五年較之英廠天淵矣　因謹按從前中國駐德公使李鳳苞於克虜伯廠訂造鐵艦至期不成一再展期以致中法之戰不能得用固該廠遲延之咎亦該使考究未深也知其廠中向來之工程遲速則臨時臨事有把握矣

二十六日晴

聞歐洲各國分裂阿洲至今不靖有達河米國王以兵攻法所踞之地商民不安法國因於英之野魯船廠定造淺水礮艦一艘以便深入內地小河長百英尺寬十八英尺入水十八英寸每一時辰行六十餘里容兵四百名船身分爲七節每節重二噸今已造成並已試驗矣　因查凡新闢之地未有不求恢復者然當今之世而欲如少康之一成一旅以興舊業求之未開風氣之國斷不能矣其強國已根深蒂固其弱國皆客氣虛憍閱時稍久同歸於盡而已可勝慨哉

二十七日晴

律司科司達持上議紳多福書言亞利干省宜設領事因婉辭之　因謹按設領事以通商也美國下議紳已普禁中國商人來美矣事雖未成其迹可見我能使現在之不禁而欲以後之永遠不禁斷無把握也且禁工已十年矣歷任至今未能駁除而且加厲焉禁工而華人之來美者益少商務必衰方將裁減領事以節無益之費增何爲哉

二十八日 晴中夜雷電

二十六日阿洲盛齊白城來電言德國駐防阿洲馬西之兵爲土人所擊敗統領別羅受傷兵弁亦多傷斃礮彈被掠已退至麥林地方矣　因謹按歐洲各國分裂阿洲德法皆有損兵折將之事

惟英將施旦來事前久於其地與土人相習其分有其地也不專恃威故土人未與爲難則綢繆之早而措置之善也

二十九日 晴申刻見雨點仍霽日出

美國紐約省博士渣士田歷年考究炸彈之法茲創一式以鋼殼內襯木筒貯炸藥以尋常大礮施放其彈重五十六磅半者貯炸藥五磅重二百五十四磅者貯炸藥三十磅驗時能穿厚三寸之鋼甲查巡海兵船鋼甲不過四寸此彈再求精利卽可破之矣　因嘗謂數十年以後鐵甲船當無用以礮可加大而鐵甲不能加厚也今如德美所製之礮且不必加大能以五十噸之礮洞厚三尺之鐵甲矣今且以三十磅之礮彈洞厚三寸之鋼甲礮之力日益而鐵艦之甲除康邦鐵甲及白鐵甲外未聞有更堅者則將來船之堅究不敵礮之利矣

六月初一日晴

倫敦來電言英國向不徵五穀入口之稅而英屬卡拿大澳大地亞地廣多種五穀運入英口與他國之五穀同不徵稅其利爲人所分今商務局議稟英廷請收他國穀稅而免本屬以示區別而專其利云　因謹按此美國之作俑也美國重稅他國而免本屬以冀他國鄰美之屬地隸入版圖故古巴頗有歆動之意茲卡拿大以本處之產入美稅重而美之五穀入英無稅上年美總統諭議院文已昌言其五穀出口之利茲英國亦以徵稅報之而其利

乃移於本屬之卡拿大矣洋人之於利己朘人心思無孔不入筦算稍疏即爲所朘殊可畏也

初二日晴

新報載美國製造之物爲多卡拿大則爲土產茲美國與卡拿大政府商免製造之物入口稅以爲報施不蒙見允是卡拿大得利多而美國得利少茲總統已請上議院立例限制卡拿大貨物假道利益云　因謹按外國言利剖析毫釐中國人多鄙之而不知其不得不然也各國商賈輻輳於我非慕義向化也求利而已伺間抵隙以奪吾民之利有所限制則得其平聽客之所爲則工商失業自棄利權攘外安內經費何出歐墨各洲諸大國莫不如是

即小國如比利時瑞典瑙威各邦亦莫不如是也其不能如是如波斯芬蘭阿富汗者則日削矣

初三日晴天氣轉涼

新報言英政府前以英金四百萬磅購蘇彝士河股分票近此票價值日漲竟至一千九百萬磅不但利國衆且豐財云　因謹按蘇彝士地方向無所謂河也兵商輪船來往向繞道由地中海道遠費時法人勒伯西議集股分以開之開成後收來往之船費以彌補開河之費英人以此河爲咽喉之地如有兵事或有股分者創議封口則兵輪不准來往而英之水師失其強於是議購入此項股分票庶權亦我屬而不受制於他人此實爲軍務也乃該河之來往船隻日多而入款日盛則出意外矣然俄之西比利亞鐵路成則陸路尤便捷該河之來往船隻又當減於此時矣

初四日晴酉刻大雷電風雨至夜而止

昨日伯林來電言義王赴德與德王晤商者係因德奧義三國聯盟約定各備重兵而義經費不足無可設法支持因以減兵之意商諸德王德王以減兵則爲示弱將致敵國之輕必不得已代爲籌貸於德商庶兵食均足云　因嘗以歐洲增兵增艦爲騎虎難下之勢爲鷸蚌俱斃之道今果然矣義固不能支德奧亦不能久支俄亦不能久支也法固後於俄德然亦不能常其能久而不敝者英耳然則俄法聯盟德奧義聯盟相持不解兵費不支及其敝

也義奧爲先德法繼之俄人尚可自守而英坐收漁人之利二十年內可決之矣

初五日晴涼

巴黎來電言法國書辦紐蘭尼以海防圖私售德義二國其售德國者爲秋巴海佛伯來士之圖售義國者爲米地得蘭尼之礮臺道爺地方新制之礮臺均有實據道爺礮臺工尚未成擬改換新式云　因嘗言歐洲各國機心機事無日無之此其一也中法越南之役北甯守兵嘗法來攻時礮不鳴兵不戰各鳥獸散粵省守隘之礮多爲強水所淋此皆內有間諜也然則不逆不億非難先覺者爲難耳

初六日 晴涼

昨日巴黎來電又言法國亦以重資募英人名火而膾密探德義兩國之礮臺在地中海之兩處及在德法交界者故不能以偵探本國之礮臺責他國云　因查交涉之道莫非自私自利之見雖有智士亦不能盡伐其謀賴在有以防之并有以抵制之耳如偵探之方槍礮之利兵艦之堅賴在有以防之要求之非理侵佔之不休詰責之不情要在有以抵制之大抵太剛固折太柔亦廢蘇老泉曰愼勿爲積威之所劫誠哉是言也

初七日 晴陰午後大風雷雨酉刻雨止

初五日馬得力來電言日斯巴尼亞國稅則於貨物入口有輕重之分茲英國政府與日議定英貨入口均照輕稅則并無報施日國格外利益云　因閱此而喟然歎曰甚矣立國之不可不強也今日之勢一弱肉強食之勢而已矣強者事事得利弱者步步受虧是強愈富而弱愈貧強者愈強而弱者愈弱矣夫日弱於英俄德法義諸國而視歐洲之他國猶強故稅則分輕重以輕稅處強國而以重稅處弱國弱者固不能與爭也且爭亦不允也所謂失之東隅收之桑榆也

初八日 陰時見日午後小雨止仍陰

昨日巴黎來電言自一千八百九十三年三月三十一號起議院所定煤油入口之稅熟煤油每一百基羅（每一基羅合兩英磅又五分磅之一合中國二十六兩零一百基羅合中國一百六十斤半）收稅十八佛郎（每五佛郎合銀錢一圓每銀錢一圓現價值中國銀八錢零十八佛郎合銀錢三圓六角合中國銀約近三兩）生煤油則減收三佛郎現在以期將滿擬至明年三月改議稅則時照新例辦理云

初九日晴

赴外部道喜　上年九月美國醫士家理下至英遊歷英人以其在阿爾蘭與地方匪人謀戕英官拏審定以監禁終身之罪茲聞費成善會禀呈總統言其無辜請與英廷理論云　因謹按此可以證中英美生交通會匪之案也此可以證英員之不公也此可以證中國辦理之失平也同一謀逆而美人於英謀逆則由英斷英人於中謀逆則不由中斷美人於英謀逆則監禁終身英人於

中謀逆則監禁九月豈得謂之平乎中外交涉凡不平者多矣皆類此也此可爲長太息者也

初十日 晴中夜雨大風排闥徹曉

是日爲美國七月四號前一百十六年此日爲美國改爲自主之國之辰相沿至今以爲吉日合衆國上下升旗鳴礮不理公事　因查美本爲英之屬邦英征稅重美人怨之華盛頓倡爲自主之議英人伐之美與力戰八年英不得志法與和出而排解許美自主而美遂爲五洲之大邦焉嘗考華盛頓之拒英非必戰勝攻取但以堅忍之力肆應不疲損傷相當守者無瑕攻者敝矣儻爾時氣慴於強敵功廢於半途俛首請和不過如印度阿爾蘭之屢蹶

不振受命而已安能若是之富強哉若華盛頓者亦可謂人傑也哉

十一日晴

美英祕林海峽爭捕海龍一案初九日域多利來電言阿拉斯戛有英漁船二十五艘網捕海龍現爲美兵船考溫所獲幷海龍六千條充公又獲供火食之船考闊拉云　因查美英爲祕林海爭捕海龍一案齟齬累年若在他國必畏英之決裂矣近已請局外之國調處判斷法義兩國均允法爲紐芳蘭之案與英不合義爲紐阿連之案與美不合而不辭調處者通好之國例當彼此相維也英美亦不畏法義之挾嫌者局外之道不願偏袒招怨也

十二日晴

上午巴黎來電言近日越南東京駐防之兵屢爲土人舟師所挫法國防兵一百五十人被斃者十七人逃亡者十六人云　因於此而歎越南土人之有志也法國始假保護之名而卒侵其地驅其民蹂躪其鄉里苛斂其賦稅土人之憔悴於虐政者至今日而始知我

國之寬仁矣時時擾之所以報之惜無華盛頓其人者撥亂反正而自主也

十三日晴

倫敦來電言阿洲之摩洛哥國小而無政匪徒往往滋擾商民茲英義日三國近訂密約謀滅之而分其地云　因查阿洲之地英法德義日葡諸國已瓜分之摩洛哥卽修內政臥榻之側亦不容鼾睡也謂其滋擾商民者所以加以可滅之罪三國共立密約者所以防德法葡之妒居今之世一弱肉強食而已

十四日晴

本日報言卡拿大以雞蛋入美美關按十二枚抽稅銀五分擬卽抽美國雞蛋入口稅以報之又近日美與日斯巴尼亞立報施約因獨得古巴利益卡拿大應與美國同沾如日國不允卽徵收古巴糖煙入口稅云　因於外國之稅則變更及彼此稅則之施報必留心者非好爲瑣屑也中國欲水陸兩軍之強必求經費之足

而不能足者則以入口之稅未講求也稅則爲內政例可隨時整頓亦可隨時加增墨洲之三德明哥極小之國耳而其稅則按物値征百之四十未聞開釁則以其爲內政而應由本國主權也雞蛋入口銷數至微者也榷稅而計及此中國必恥言之而英美至富之邦乃斤斤然爭之而不少讓焉外國交涉之事大抵如斯熟於此道者自知之

十五日晴

美政府以本國稅關章程不如歐洲之善特派副戶部司賓訂總辦稅務考司多克赴歐洲各稅關查考一切以便仿照辦理準於今日啟行云　因謹按法無歷久而不敝者亦有新創而未備者

美自華盛頓開國至今僅一百十六年所訂稅章自不若歐洲各國之備此其所宜參互考訂者也我國中外通商收海舶稅僅數十年嘗考其章諸多疏漏安得一爲整頓乎

十六日晴

美紳某來見言印度來信謂現在亞細亞洲俄兵四出侵阿富汗之界臨英屬之印度中國之新疆云　因嘗考俄國近三百年之疆域而慨然也當明之季年僅七十五萬六千方里耳至國初而驟增至四倍矣再一百年而又增三倍再一百年而尚無所增至道光年間則驟增至今日而至十一倍蓋七百九十萬餘方里

得全地球六之一焉其侵諸歐洲者則瑞典波蘭土耳其波斯等國約四百萬方里亞洲則回部最多基發霍罕茂甫穆哈剌黑龍江以北則近年所侵佔者也近又注意於印度英人未必肯讓然阿富汗之疆宇必日蹙矣

十七日晴夜雨

日本新到參贊來謁即往答拜　因昨考俄國疆域驟增之數因幷憶其民數而筆記之俄國當我雍正初年民數只十四兆越二十二年而增二兆又越二十年而增三兆又越二十年而增九兆又越四十年而增十三兆又越四十年而增二十七兆是爲咸豐元年及至同治五年又增十七兆共計八十五兆餘矣其所以增者非關休養生息蓋因地闢而民亦益所謂有土有人近比鄰小國蠶食殆盡非復往年之易於開拓矣

十八日小雨

昨日柏林來電言德奧義三國聯盟因英外部大臣與義密約如法攻義則英助義故義樂於聯盟現新舉議紳與外部同黨者少而英各部臣非議紳相得不能久於其任若此則外部難留義之聯盟亦難固云　因閱此而知俄法兩國實招各國之忌也二十年前德國攻法則英坐視英與法固比鄰也俄國攻土則英救援英與俄又兒女親也然則憑陵之習兼幷之風身受者固不願也旁觀者亦不平矣

十九日晴

十五日巴黎來電言接越南來文謂駐防東京兵弁於白刻爾地方被土人埋伏狙擊領兵官旁尼兵頭卡丙打均陣亡兵士斃者十人傷者稱是云　因查越南不服法國之情層見疊出自李埃利以來損兵折將者頻矣因論中國屬地琉球幷於日本緬甸幷於英越南幷於法惟琉球不聞相抗大約世守荒島無遠志無武備依人爲生而不暇擇主者緬甸勝琉球越南又勝緬甸其民似可用者

二十日晴夜雨

昨日美國戶部刋出自上年西歷七月一號至本年六月三十號

此十二箇月內計美國出口煤油共值銀四千四百十九萬一千零七圓較前一年少七百餘萬圓云　因查美國煤油至中國者約十之八至歐洲者十之二緣歐洲各國共繁盛之地皆電氣燈次則煤氣燈凡客寓輪車火車無用煤油者所以防火災也且其收稅極重已見於法國報矣至美國出口之數此一年中遜於前一年者則以義國已禁不准入口銷路之偶窒非出產之不豐也且俄產煤油近又日多此二國之油幾徧給地球各國矣

二十一日晴未刻雨仍晴

昨日伯林來電言德前相畢思麻議論國事每揚德主短處德主怨恨有送畢相交官懲治之言終以其功在前王惠溥萬姓不敢

輕舉而止茲畢相擬周遊德國各處其時人民夾道歡迎又恐觸德主之怒云　因觀此而歎畢相之不可及也議論國事此老成之不忘國也揭德主之短此老成之不忘君也向以畢相爲伊尹太公一流人德主如能信而崇之則爲太甲成王亦守成之令主而足以保威稜第一之勳名君臣之遇足千秋矣

二十二日晴申刻大雨仍霽

謁外部商檀香山華人求美國公使領事保護事外部允即行文

又聞美國兵艦水手在智國被殺斃三十五人一案現索賠卹銀二百餘萬圓智國以爲太多飭駐美公使與美外部商請減少外部謂總統之意如此不允減數云　因按智國內亂方定而外患

與矣日國已索賠三百萬美又索賠二百萬他國雖未聞大約亦必有也智遭內亂庫帑已空必出重息以貸勢將日貧貧則弱矣

二十三日晴

二十一日報言賓省之必司堡大鐵廠及挨達浩省之礦均用工人數千名現工黨停工霸工地方官不敢彈壓急電該省總督發兵八千由火車馳往圍之現該廠主議不用此項工人另行招工云　因查歐墨兩洲之公司極大用工人極多工黨之勢亦極橫英德兩國工人滋事尚未了結美國又復滋事幸電報火車之迅速兵力之厚調動之捷否則緩不及事非蹂躪百姓亦必分裂公司矣

二十四日晴受寒不爽

美兵官來見言及沿海各省以美廷現在整頓水師遂招集壯丁習練水戰一旦有事不患無人美政府遂派水師提督一員巡歷教練云

二十五日晴是夜泄瀉

二十三日報言美國新造兵艦數年可竣竣後有兵艦四十五艘所載礮位三百六十四尊員弁兵丁一萬一千零四十九人內計頭等厚鐵甲五艘重甲巡海船三艘雙旋轉礮臺船六艘巡海十六艘礮艇六艘水雷炸藥礮船五艘水雷船三艘鐵甍船一艘云

因謹按美自經紐阿連祕林海峽兩案以後整頓水師昕夕不

邉亦可謂自知所短者矣蓋美之國勢本不爲強徒以亞墨一洲盡爲小國無足相抗者美於是若夜郎焉然外侮不在同洲而在隔海輪船興後履若坦途及此武備不修匪特決裂以後抵禦爲難卽交涉之間持平亦不易矣前日已聞其練民兵今又報增戰艦備豫不虞古之善政也

二十六日 晴酉刻大雨

卯初盥潄因率使館各員黎明行三跪九叩禮辰刻設麪申正設醮 美國之挨達浩省五金礦上年所採金銀銅鉛值銀一千萬圓黃金居十分之三現年冬春多雨雪淘洗礦沙較便開出之金較上年多二成云 因查北墨洲多五金礦墨西哥與美接壤美

富而墨窮豈開礦不得法歟抑其人不足恃也美國傳言中國京北之礦有英人承辦開採已見之於報矣

二十七日晴

至外部晤總辦播郎詢美國新例禁歐洲工人來美歐洲各國公使有照會論及此事否答言無之因謂當不能全無播郎謂如果有之則報紙當刊出矣因請查公牘播郎答以容細查之改日回信 因前晤德國駐美公使詢以美國新例普禁歐洲工人入境貴國何以處之該公使答曰我國本不願民人出境以壯年者均須隸兵籍也本國又不能盡禁美國代禁恰合本國之意聽之而已然則歐洲各國豈盡如是耶

二十八日晴

接紐約書言近日賓省銅鐵各廠工人停工滋事其意使各廠公司無人僱用將來自可予取予求嗣聞外國造銅鐵各工由歐洲來美者日多一日工黨因卽稟請戶部大臣請於工黨之內挑選兩人派充紐約埠之巡驗來美客民差役以杜違例來美之弊戶部已允派云 因觀此而知工黨之權重也然美國亦患人滿矣嘗閱美國人數表一千八百七十三年共民數只三十八兆迄今僅十九年已增至六十餘兆此非生息之速乃客民入籍之多也再過二十年將有人滿之慮與德義諸國相同不得不深思而早計而工黨獨擅其利之意亦於是行矣

二十九日 晴是夜大雷雨

上議紳地甫司來贈小女物一件談次言美國以白耳底馬兵艦水手被戕索賠於智前月智國新任外部愛拉協力接任照會美國允按舊例每名卹二千五百圓計美銀共七萬五千圓美總統已允收了結矣 因查美兵艦水手之家屬索賠甚鉅而智國所賠只如此數者歐亞兩洲有例可援也因嘗詳詢之美國官紳練習時事者均以爲不過如斯而已然則中國所戕西人其賠卹動輒逾萬而中國之人爲西人所戕者或竟不賠或所賠甚少則不諳西律之故也

三十日晴

昨日報言美國由卡那大河道運貨來往英關抽稅較英屬貨船為重美政府屢向英廷駁論未除總統乃請議院立例於卡那大商船出入美境亦照英例重稅以報之下議院已議准今交上議院矣　因嘗論外洋各國通商爭利抵隙擾擾不休有以為洋人嗜利無饜者不知不如此則拱手讓人以利權而民財之匱漏日多久則貧瘠也但其間細鍼密縷非寢饋其中者不知非揣摩有素者不能非公法精熟者亦不敢耳

閏六月初一日大吉晴熱

答拜議紳地甫士座中有自俄回者言俄國大鐵道殫相望而整軍經武仍不稍緩德奧邊界時復增兵經營琿春不遺餘力大約

歐亞兩洲之鄰國將來必有被兵者　因謹按古人修德弭災之言至今不行而不戢自焚亦不能全信矣俄之災重矣而佳兵依然俄佳兵久矣而不聞敗衄豈眞人定可以勝天乎毋亦有天命者任自為耶

初二日晴大熱寒暑針至九十四度

智利來電言兵船水手案結後美國向智國索賠之案自一千八百二十八年以來未結者甚多茲美外部飭駐智公使催智政府商辦以清積牘云　因查美與智索賠之案有延至六十餘年而未結者非怠也以前則風氣未開墨洲交涉尚重義而輕財近二十年間智頗振作祕魯一役幾霸南洲美國久無外患水師未事整頓近年則美之水師漸強而智之兵力美亦盡悉智於美艦水手之案又自顯露虎頭蛇尾其技倆可知故乘其畏我之時一振國威使智利俯就範圍其餘小國不煩鞭策矣

初三日晴大熱寒暑針升至九十八度

德國近闢阿洲東北地方多歸德保護矣有莫三鼻給島在阿洲東南向屬葡國近以葡國府庫空虛所欠德國之債難償德國請於葡廷願以此地抵還債項云　因嘗閱歐洲各國報葡國有鬻地之說未敢信也然考其近年出入表每年入欵不過銀一千六七百萬兩出欵需二千一百餘萬兩入不敷出固已巨矣國債之息每年需銀一千一百餘萬兩則債息已將耗入欵之全而國用

所需幾無所出焉宜其窮也宜各國之疑其鬻地也

初四日晴戌刻大風雷雨約一時而止

美紳某來見談久言俄國西比里亞鐵路工人近加至一萬二千名限於秋冬告成又伯林來電言勃爾加蠻亞國有刺客謀刺其君及各部臣當時雖疑為俄所使而無實據茲勃政府查得俄廷致駐勃公使密電令該使與刺客聯絡當將電文分達德奧兩國政府德奧已請勃廷詰問俄國矣　因謹按古人所謂睦鄰字小之義今不復見惟見蠶食鯨吞而已俄造西比里亞鐵路藉口通商其實志在朝鮮於勃爾加蠻亞國內政藉口干預其實志在廢置居心積慮無非東縣小邦耳乃甘出於暴客之所為獨不懼傷

國體哉

初五日晴

近聞英義日三國密約共滅摩洛哥三分其地英廷遂派公使往摩明爲立約實欲保護法人妒而陰阻之英謀不成將來英擬派兵赴摩法亦派兵前往前德相畢思麻嘗論歐洲大國起釁必由於爭摩洛哥茲已見朕兆云　因嘗讀商書至兼弱攻昧取亂侮亡而歎千古興廢之故不外是也孟子創言字小之論欲以救當時并吞之習而究無補於時不若商書所言爲合栽培傾覆之理也摩洛哥政事不修日就衰弱與阿洲之突尼斯歐洲之波蘭相同自蹈亂亡雖欲圖存而不可得矣

初六日晴熱

美駐日本公使函致外部言俄國煤油公司新創油船載大桶煤油由歐洲取道蘇彝士河運至印度中國日本南洋各島發售此舉若成必奪美國煤油之地以其運費較美爲省也應飭美煤油公司早爲設法以免此利爲俄所奪云　因查公使之任匪特以聯邦交凡有關於本國之利源者皆當留意也俄國煤油出產日盛已習聞之所以不能爭勝於美者俄由陸路運出不及美之水路運出之費輕也今設法由船專運則費輕矣興利非託空言也必有興之之法惟留心者乃知之耳

初七日晴酉刻大雨雨止仍晴

前二日伯林來電言英法德三國定界三分阿洲之地後德國遂派員帶兵入境察看情形而英國商民鬨德員將至即給土人槍彈截德員於機爾曼赭大山之間盡殺之　因按上年德人攻阿洲時英兵官施旦來曾教土人拒德德不得志讓地於英今德又被英商指揮兵弁盡殲於阿蓋英人之遊歷阿洲深入內地已十餘年久與土人相洽浹發縱指示德人斷不能如英之靈也弱肉強食之中強者又自相齧如三虎爭一牛惜無卞莊子者因以爲利爲可惜也

初八日晴陰午後雨雨止見日酉刻又雨

查得美國費城刻拉生船廠製成新式兵艦於初四日試水副總統水師部大臣親到命名可俞比亞該船係三旋螺凡一旋螺每時行三十海里再旋者行三十六海里三旋者行四十四海里馬力二萬匹戰時可加力三千匹容煤

二千頓足敷行二萬餘里之用長四百英尺寬五十八英尺容七千四百頓置八寸口徑礮一尊六寸者四尊四寸速放者八尊小而速放者二十尊水雷六船價二百七十二萬五千圓并軍器雜項共三百二十萬圓　因謹按弓矢之制變而爲槍礮刳木之制變而爲鐵甲鐵甲之堅兵刃矢石不能入惟巨礮與水雷可以破之礮之百頓者每尊需銀十萬兩水雷之新式者每箇需銀三千兩居今日而爲攻守之計非鉅欵不能此小國所以日盡貧國所以日削也然則欲言強者非富不可也

初九日陰

本日金山來電旹接倫敦電知新金山域多利埠新定進口貨稅松板千片加稅銀六圓二角五分裝罐水果每磅加稅銀六分美商以該國如此重稅必因美國新定重稅阻新金山入美之羊毛以此報復如英之屬國皆然金山出產不銷種水果者無市矣

因查美國自增入口稅以來大國如俄英法德義均各有報復矣小國如墨西哥尼格拉孤亦加稅以報之卡拿大屢議加稅而尚未休此外則未聞焉大抵皆入美之貨甚微而或不能振作者也歐墨各國交涉事無巨細無不有抵制之法否則事事受虧而惟利己是圖者必毫無忌憚也深心者自知之

初十日晴陰

新報屢言英兵船加邦欲佔太平洋中喬士頓島美政府已查舊案此島係美國船主勞孛之產歷年經理已費五萬圓向有船駐守以經費不敷而止該島係由美至中國日本之要衝亦由檀香山至錫蘭之要道但須費銀一萬圓轟去口內暗礁便成絕好島隖美斷不肯讓英云

因查海中荒島向之以爲棄物者今皆重之非地勢之有變實時勢之不同也自鐵艦興後行船不恃風而恃煤煤盡則船不行當無事時隨處可以市煤固不憂匱乏也兵釁一開則隨處皆當守局外之義不得市煤故當圖之於早圖之於早莫如隨處有屬島存煤候用則有備不匱焉此爭島之事所以層見疊出也

十一日晴

見上議紳拔茅訪聞印度來電阿富汗部落爲亂英印度總督已派兵至界防守昨日倫敦來電俄又派兵三隊踞巴美爾地方卽去年所踞之地今復踞之云

因謹按巴美爾爲歐脫之地而與中國及印度阿富汗毗連俄人得之則四出蠶食隨其所欲聞俄之台士根省饑民作亂已戕該省總督且敗兵官俄方平內難之不暇而乃亟亟於開邊蓋弱肉強食其性然也

十二日晴夜雷雨

美外部長訂見午刻赴衙門德國代辦已先到見後因至道寒暄畢因言貴國增立苛例於中國文絕不覆而戶部已議刋行何也外部答云尚未刋行照覆俟徐商之因言金山副領事之缺金山省上議紳飛路頓言此缺應派美國人員庶於中美有益因言此非議紳所能干預且飛路頓卽與蓋力同創苛例者彼安顧中美之有益耶外部再言之因言此事已請示總理衙門使者無權容以尊意告之遂言檀香山保護華人事外部言已函致美國駐檀公使尚未見覆信也因遂辭出

十三日晴

寓檀香山中國華商禀請照會檀國政府以古今輝王殿璋加正副領事銜保護華人因以中國未與檀國立約不便照會遂謁檀

國駐美公使於亞林頓客棧託其致意政府檀使謂古今輝王殿璋二人向常見面故知其人立身公正可令保護華人卽當致意本國政府又言中國宜速立約則事自順手因答以立約一事因已商之政府適值美國立例苛禁華人故政府不願當從緩議檀使頷之因遂告辭

十四日晴

檀香山公使來會談次言美國增其國糖入口之稅有背舊章頗爲不平又言美國擬於尼格拉孤國開通東西洋以專其利如蘇彝士河已與尼國立約將興工矣而法人以巴拿馬工程已費銀三千萬圓不甘中止而讓美國現於巴黎集議擬籌鉅欵幷招工

頭包辦尅日興工云　因按此法人之好勝也巴拿馬工程停欵已久創辦之勒伯西屢次集股渺無應者今聞美國開尼格拉孤之道而法人復集股興工雖曰好勝亦不棄前功之意也嗚呼當今之世亦特患其不好勝耳

十五日晴

近日美國製造玻璃器之工人聯名稟於戶部言歐洲各國此項工人來美者多漸奪其利請於該工人中派人於紐約波士頓費城波地磨等埠之廠查察以杜其來戶部長已批準云　因查美總統諭議院之文曾言准巧匠來美製玻璃器者非巧匠乎工黨欲專其利遂使總統自食其言民主之國固順民情獨不愛國體哉

十六日晴天氣轉熱

十四日維也納來電言奧國大軍於十六日在嘉里施阿省大操陣法除德國駐奧公使准觀外其餘俱禁往觀且派馬兵四面巡邏以期機密云　因查前此法國大操准各國派員往觀雖讎敵如德國亦與於會今奧雖示機密毋乃軍容尚有不足者不堪以弱示人乎

十七日晴熱

十五日伯林來電言德國與南墨洲之可侖比亞國立約通商德商甚喜以該國市利向爲美國壟斷今德立約使德土產多一銷

路而可與美分其地也　因於各國立約之事徧諮親歷而有以窺其心焉大國與大國爭利錙銖不讓惟心計之巧交涉之熟者操勝算焉其與小弱之國爭利直以勢迫之甚則頤指氣使而已故大國與大國立約互爭兩國之利也大國與小國立約將分彼國之利也而小國與各國立約亦有利焉如歐洲之阿富汗則英俄互相牽制而不至於亡墨洲之檀香山則英美互相牽制而不至於亡土耳其則英法各國保之而不滅於俄比利時則歐洲各國認爲局外而不滅於德法若亞洲之浩罕機窪越南琉球均以無約無牽制而驟亡者也

十八日晴夜大風雷未雨

至美國家銀行談次聞俄國西比里亞鐵路俄人督工日夜不休限於今秋告成而鐵路之料由黑海轉運者全船壞沈以致停工待料須延數月想必待今冬明春矣　因查俄造西比里亞鐵路固昌言爲商務計也俄於中國北路入口商貨不過值銀數百萬兩而以值萬萬兩之鐵路求利乎或曰俄以此開源爲以後計也俄之府庫空虛方苦無門借貸而乃不顧目前之急以冀後此不可必得之利乎俄有人焉應不若是之失算也然則忖度其心中國西北毗連之地其宜設防乎

十九日晴戌刻有風雷小雨

聞墨西哥因國用不足向英商借銀六十萬磅兩年交還美國駐墨公使查墨國進口貨船以美爲大宗內江之船美居十之六七墨國運載之利幾爲美國所盡奪云　因閱此而知美之所由富墨之所由窮也因鑒此而願爲中國進一解也中國外洋運載之利全爲英法各國所專日本運載之利則爲日本所專內地江海運載之利則爲英美所分雖輪船商局創設十年然收回者不過三之一耳幸中國根柢盤深不致精華盡朘然已非復昔日之富饒矣其亟思挽之哉

二十日晴

至博物院又至種魚處查博物院如禹之鑄鼎象物所以廣人之識見耳目也其院外古樹二段長二丈餘圍八九尺色黑由掘地

而得業已全化爲石且作石理質堅如鐵院中礦質五金皆備金有涵於土石中者有結成方粒者寶石則綠者甚多其色不一珍珠如大豆者其光晶瑩魚骨獸骨有長至數丈者猿類至多小者僅如鼠大者過於人狀貌獰猙手足皆如人而足又能握或曰猴也古棺一具盛骸一具亦由地中掘得均化爲石鋸魚一種唇之上生成一骨兩邊爲鋸紋烏賊魚之大者其足長丈餘蝦頭如大甕其鬚亦長丈餘蟲類則大而螣蛇小而蠛蠓無不有焉

二十一日晴天氣轉涼

希卡果華商由卡那大回美稅關收其照而不納禀請駁詰遂卽謁外部時德國代辦先到談次因言德主至英通好事德代辦言德主之勤儉實爲難得夙興夜寐事必躬親新定營規黎明卽起浮費盡裁按日三餐不准飲酒操演之時自統帶至哨長均不准乘車馬以習勞內有武員名格立事者向來畏勞業已辭職云繼見外部告以稅關阻華商事并交以律師原信外部允卽通知戶部電查

二十二日晴

十八日巴黎來電言法國以阿非利加洲之馬達加斯戛國之北所屬格羅力殺島爲印度洋要道業已踞而有之云　因謹按光緒十年中法交戰之時法國卽加兵於馬達加斯戛國該國力不能敵遂偪之立約歸法保護甫八年耳乃遽佔其所屬之島弱肉

強食習爲常矣近年佔島之事層見疊出大抵英法居多德偶有之美則多以計求或以銀購蓋水師之力有不同故措施亦不一而無非爲水師之強計耳

二十三日晴

倫敦來報英廷以俄踞巴美爾意在印度已由印度派大隊兵馬赴阿富汗以防俄人及阿之亂黨又中國天津來報亦已派兵防於邊境云　因查俄之不得逞志於歐洲也以德義奧三國聯盟無隙可入也顧其養兵太多需費至鉅勤而無所必有悖心故斷不能無事而思用之亞洲巴美爾一隅可窺阿富汗可窺印度可窺西藏譬如狼奔豕突有閑則來則備之不可以已也

二十四日晴

金山商董陳大照來爲華人領照及賽會事請與外部商之訂以明日　因查賽會一事卽周書所云奇技淫巧也然商王以玩物而泰西以利用其用意不同焉槍礮之門藥易火繩而爲火石易火石而爲銅冒易銅冒而爲錠皆漸臻便捷也礮之式易而爲後膛礮之架易而爲車盤皆欲其靈便也自德國以一百頓爲一塊之鐵賽會而礮日巨自英國以一萬頓之船出洋而船日巨此僅卽用以戰陣者言也若夫農桑之利便民之方算學化學氣學重學光學無不各出心思以求精進富強之業基焉甚未可以奇巧而斥之也

二十五日晴

謁外部長言戶部所定華人領照例窒礙難行外部答曰此例由議院議准總統允行外部無權廢棄　因曰中美二國有約之事豈美國所能專行領照新例中國固不允行美國擅行則爲背約中國據理當駁外部曰此事當於暗中通融舍此之外外部實無權辦理　因曰金山商人已請董事前來可否賜見外部允以次日　因又言賽會事總辦尙未準定給華商設會地段何也外部答曰當代告總辦仍屬商董自往商之　因遂告辭

二十六日晴

午刻帶金山商董陳大照見外部長寒暄畢外部詢陳大照意欲

何爲陳言領照實多窒礙戶部擬章亦難遵行外部曰領照新例由議院議行總統允准戶部擬章不過遵照辦理此章與例有不符處則可駁詰陳未能對　因答曰以美戶部行美議院之例安有不符所不符者中美之約耳外部曰余亦深爲惋惜且陳君之意何如陳請於開議院時再議外部曰姑待之陳又言賽會事外部謂此由戶部主之人數勿多致招疑忌遂辭出

二十七日晴

遊華盛頓第宅乘小輪船約半時辰到岸上小嶺高數十丈至華盛頓墓有屋一所自鐵欄外瞻之白石棺二停土面蓋夫婦二人也屋外左右有神道碑又前行不半里至其第局面甚小鄉居蓋

如是也第一層畫華盛頓像縱横約八尺爲騎馬赴敵形前一將執刀馬前後則華盛頓之兄最後則從戰諸將皆騎馬像外有華盛頓親筆書又德法諸將小照皆從征有功者右室爲洋琴竹笛琵琶各一則平日所陶情者室外衣架二海花一朶爲婚時人所贈者遂上第一層樓中廳掛槍一枝牛角箭一具下置筆架墨盂廳前掛刀二柄長二尺餘皆其生前所用之物樓左右男女像各一則其兄妹前爲客房後爲華盛頓臥房房中有甕盈木箱木榻華盛頓卽壽終於此榻又上第二層樓則臨江一室可眺長江又一室亦置盥具幷木榻則其夫人之臥房也夫人後君歿卽壽終於此榻再上一層則已扃不可陟乃下至各處瞻眺畢約未初遂

返　因謹按美國舊爲英屬地英以爲外府擢稅日重民不堪命乃拒英舉華盛頓爲主鏖戰凡八年英不能勝美遂自主蓋西歷一千七百七十六年爲中國乾隆年間越十年而舉華盛頓爲總統又十年辭位又二年薨壽六十七歲因至其墓其宅竊睪然仰慕其爲人也功在美國而不自居名滿天下而其宅不盈五畝自古英雄未有不宅心淡漠而能成功名者外洋何獨不然乎

二十八日晴天氣又熱

伯林來電言德國兵制凡男丁二十歲至二十七歲均在營習軍務三年不准倩替如遇戰事則備調用至四十五歲而止德兵臨陣向不失措者以習練有素也現德民以學習兩年儘可通曉兵事且德兵已精而壯丁以此虛耗歲月可惜請改作兩年廷臣均謂可行德主小心尚未允云　因謹按德之地輿當中國十五之一其民數當中國十之一而介居俄法兩大之間俄法皆事兼幷而德足以支持者强之故也其民四十一兆數非多也而通國皆兵則兵多矣且人人習於戰陣則精兵多矣其地二十一萬方里土非廣也而入欵至銀三萬萬兩有餘則國富矣以德之國勢而富强如此考其所規畫者可謂煩難而卒以成功稱霸有國者足以興矣

二十九日晴

英京日報言俄人佔踞巴美爾實有侵陵阿富汗印度之意蓋其

欲有事於亞洲久矣英相格蘭斯登與德相畢思麻齊名決不讓之孟買報又言俄兵踞巴美爾後現分五路進規印度哥希正查探路徑云　因前聞俄人有言英俄相持不下久矣當乘時以決雌雄又言俄人於巴美爾事英人如或干預俄必佔取英之印度地方云云今英人於俄踞巴美爾不過撥兵以固印度之藩非干預也俄果窺印度乎

出使美日祕崔日記

七月初一日 大吉晴

美員某來見言聞中國宜昌府尙不平靜四川亦有會匪滋事美國已造有淺水輪船數艘長二十三丈入水九尺容一千二百頓以備駛行內江且巡緝東西洋各埠云　因查傳教之事終爲中國之患緣教士所到莠民附之而正人惡之其間游手無事之人又欲藉口以激衆怒而爲禍階非水陸兵力之強懾之以威約之以法交涉之事益覺難矣

初二日 陰午刻見雨點

美報言德國新增額兵五萬人民有怨言以增兵必派餉須增餉

一千五百七十五萬圓也前月二十八日俄國來電近有俄國農民二百十八人徙近阿富汗境開墾俄主大悅免其租稅兵役并減其火車之費以招徠云　因查前月俄德方訂通商之約已有成議兩國之交似可益固而德猶增兵額宜民之有怨言也然俄兵已佔巴美爾方規阿富汗英人亦撥重兵以防之近日俄又遷民以實近阿之邊左衝右突英俄戰局如開則德國可無事否則俄挾開疆拓地之願而不能遂安能不顧而之他乎德廷之增兵額誠未可厚非也

初三日 晴酉初細雨即止

復謁美員某談次聞印度來電言中國駐防阿利江東邊之小隊近已撤回惟阿富汗與俄楊統領之兵因相訴詈小有戰局阿兵敗斃七人俄員受傷一人阿兵退紮發白石地方英廷已派兵設防云　因按俄人之所欲者戰也戰而勝則得地即以和局終亦必割地或索兵費二者必有一得也惟美國喧傳中國已棄巴美爾之地此必不確或者巴美爾爲甌脫未隸中國版圖中國力不能爭耳

初四日 晴辰初雨仍霽

前月二十七日伯林來電言有法官三員攜帶二婦於尼西地方遊覽迹似偵探當即於身畔搜出畫圖即係該處地勢該員言係遊歷畫圖實爲自用業已拿訊云　因按外國機心機事無時不

有惟有機心者知之所謂惺惺識惺惺也甲申越南之役中法戰局甫開各口礮臺有爲內應以強水澆礮口者且有以釘釘礮門者又有間諜潛悉礮臺形勢知其礮皆外向而自後以攻入者疏節闊目茫無防閑殊可慨也

初五日晴

美外部長照會英國駐美代辦海孛云英屬卡拿大於聖迺命各處運河通美國者船貨一概收稅殊屬不公美國應設法報之茲擬於聖麥利河亦抽收各國船貨之稅云云英代辦答以聖迺侖各處運河之稅請俟徐商革除美外部限以十日英代辦面求再緩未允遂訂九月一號行例　因查交涉之事膠膠擾擾一言以

蔽之日抵制而已通商之約必曰兩國均益今益於人而損於我則我亦以損人益我者報之其人如願則我以抵制者增我國所收於人之稅其人如不願則我亦以抵制者裁彼國所收於我之稅必使持平方不至朘我以肥彼也此各國交涉無時不有者應加意也

初六日陰申正仍見日天氣轉涼

美國上下傳聞俄已與中國增立新約於中國通商各口添設領事中國應派公使專駐俄都以合兩大國體制云　因謹按俄爲大國又與中國爲鄰專遣使臣理所應爾惟法國如援例則無以辭之是又不可不遣專使則遣使自此多矣

初七日晴

美廷以哥司答立戞國前加稅則又百之五有礙美商亦於哥船入美口者報以重稅茲哥國自悔已將所加之稅減除美廷現亦除去所加之稅云　因思哥司答立戞中墨洲至小之國耳其民僅十餘萬人入欵僅三千餘磅加美國之稅豈不慮美國之啟釁乎不知此內政也美以此啟釁爲無名無理將抱不韙之名於天下則亦惟報之以加稅耳哥以重稅自發其難既不能怨他國而哥商之失利者又歸咎於本國雖欲不除而不能也此致人而不致於人之道也

初八日晴

前日印度昔拉城來電言阿富汗求助於英又言俄人不許英國保護阿富汗又言俄國兵官耶納夫踞守巴美爾不許中國及阿富汗人入境云　因按俄人於亞細亞又進一步矣阿富汗安能敵俄將來自必挫師失地印度藩籬又撤一層而中國西北邊境又加緊焉俄本佳兵而又難制與俄鄰者有不深蠶食之虞乎

初九日晴

阿富汗求助於英英廷衆議紛然以爲一經允許必致兵連禍結泰晤士報謂幫助阿國抵拒強俄爲上策英相格蘭斯登尙在猶豫且謂英廷不願與俄開釁況俄之侵陵阿富汗決不肯休無論中國英國出爲幫助亦難遏止俄人聞阿求助於英已增調兵二

千大礮十二尊備用云　因按前年俄求與阿通商阿人允之英人方以爲憂豈料約立未久兵端旋開然則俄以通商爲名而蠶食其實也阿人方求英爲助而俄人隨卽添兵此伐謀之意也英亦慴於強敵而氣餒不敢干預阿其危乎

初十日晴

初四日木司科報言俄因巴美爾地與中國毗連疑於甌脫今應據之以清邊界幸該處華兵現已退出此境初八日彼德堡來電言俄國駐英公使現與英外部長會商願將巴美爾之案從善了結云　因按此似俄人但欲佔巴美爾之地不垂涎阿富汗也其爲眞情歟抑將以弛阿富汗之備而怠英之救援歟或慴於英水

師之強而慮水戰不勝歟抑旣踞有巴美爾之地不復得隴望蜀歟兵機萬端殊難逆料一是且徐而觀其後

十一日晴

初八日孟買來電言接阿富汗消息阿王已竭力整兵嚴拒俄師以防深入昔南羅山地方不及待英國援兵云 因按俄與阿戰局已成阿若無援安能敵俄自必損兵失地矣惟阿富汗之地折入於俄則印度之藩籬漸薄英不助阿則失印度之勢助阿則招俄君之尤至此實難自處矣

十二日晴

辰刻接紐約沈領事函言美郵政局總辦及狀師請赴紐約有事相商當卽於巳正附車酉正到紐美紳等與商董均集領署所商係美國巡捕近拿罰華人日甚一日稅司逼華人領照領則例成不領則受逼請予定奪中國如不願與美抵制卽當與美换約此三事均不可緩因答曰巡捕拿罰華人自當照會外部華人亦應請狀司控告領照一事領與不領均有利弊蓋領則可無逼迫而暫安居然新例成而華人不能復返其礙實多不領固可待駁廢然駁由我而廢由美事不可必因亦不便作主至於抵制换約皆非公使權力所及之事但備一說未之能行狀司謂領照抵制换約三事此時姑置之惟巡捕拿罰一事急待拯救請備費用銀三百圓當爲控除因答曰有把握否狀司答以可使永遠不准拿罰

美紳亦力贊之因遂屬商董先墊付三百圓明日由商家湊還商董欣然給與狀司力任此外悉談時事亥正而散

十三日晴

辰正飯後往謁狀司等聞昨日祕林來電有英國漁船三艘美國一艘在俄界海面捕獵海龍被俄兵船拿獲船均充公漁人三十一名下獄勒令具違例越界私捕之結方行釋放云云言畢辭出卽赴車廠附車酉正抵華盛頓使館 因謹按左氏云惟無瑕者可以戮人大學云言悖而出者亦悖而入今於美見之矣美禁英漁船越界而美之漁船自行越界是戮人而已實有瑕矣美方以越界責英船而俄旋以越界拿美船是悖出而亦悖入矣美之於俄可謂恭順之至矣聞俄歲飢運糧以振之輸銀以濟之相距至遠相與至親此卽上年事也乃俄於美員之遊歷者則拘執之於美漁之越界者則拿監之曾不稍寬縱焉乃知交涉之道不恃情而恃勢不論理而論強斯二者天也天實爲之謂之何哉

十四日晴

朝鮮代辦來見其夫人辭行回韓談及英君派兵艦專使等於六月十二號至太平洋之畢太力太國宣諭云大英君嗣後當保護氣耳白島所有土客人等均照常居住幷有數事飭畢王速辦一速還積欠商人之銀四萬圓二土人謀殺入英籍之華人何不重辦盜刦者何不嚴追三畢國應改用英旗現畢王一一從命矣

因按過此以往小島之國當無自主者矣太平洋距英甚遠而英所踞之島獨多美國雖以利餌取而勢不及也二十年之外美國將防英乎

十五日　晴中夜子刻小雨

美國嘉省忙得來埠有帆船名好根私運鴉片值三萬圓並華人十九名入口於近埠之華人捕魚所居之村名配司加得地方起岸爲巡船所獲帆船已逃云　因按華人之運鴉片由卡拿大私入者動輒數萬金今由嘉省入者又數萬金被獲者如此則未被獲者必多矣所以然者美關抽鴉片之稅過於成本故走私者但求於三兩次之中一次入口卽已合算故走私者日多而華人之

嗜好此物爲美所鄙亦可見矣

十六日晴

沈領事轉來駐英使館書言俄佔巴美爾地方已與阿富汗開戰局中國駐守之兵亦與交鋒云云　因按阿富汗非俄敵一強一弱故戰局易開英不助阿阿必幷入於俄中國之兵與俄交鋒此間尙無聞見然中國鐵路未成調兵轉餉事屬煩難不如俄國之策應靈便恐難操勝算矣

十七日　晴小女有美病重似痰閉

德國增兵籌添軍費七十兆馬克於一千八百九十三年加重皮酒煙草出口入口兩項稅則議院尙未批准云　因按此爲防俄起見也或謂德係防法耳於俄無怨無庸防也不知德之兵力足以敵法所不敢自信者俄耳俄與法合耳故德雖與義奧聯盟而尙慮力之不敵兢兢業業日愼一日以期鞏固封圻然歐洲無隙可乘而亞洲因之不靖俄之所以踞巴美爾而攻阿富汗也

十八日晴

十六日英屬亞得劃來電言俄拘英漁船案已電達英廷謂俄人如此横行若不卽時報復則將來無所底止云　因謹按以怨報怨之事聖人所不言然孔子以直二字後之釋者或未當也今時報復之說固近於縱横捭闔之爲然不如此則受虐無所抵止是迎合敵國之意而不自恤其民也或曰吾將以息事甯人也則盍

觀宋明之季

十九日晴

昨日巴黎來電言阿非利加洲之達河米國近日好與法國商民爲難屢以兵騷擾之法廷詰問不應乃派兵三千三百人前往問罪所向無敵諒不難滅其國云　因按歐洲諸國分裂阿洲已成破竹之勢達河米國卽使如宋之江南卑辭厚幣猶不能存所謂騷擾者或守邊之兵不容法商入境否則法人加之罪耳近年以來小國之被滅者時時聞之如春秋之時將變爲七國矣

二十日晴

墨西哥商民請於政府以美國糧食入口應令納稅以與土產糧

食區別墨總統以前此美墨兩國條約許免美國運糧入口之稅至本年九月三十號爲止當俟期滿之日然後抽美糧食之稅此時未便遽行云　因查稅則一項其用意頗多或僅以收稅爲濟國用者此僅見其小也有固本之稅則防他國之產奪吾民之利者是也如糧食果實草木之類產於天者入口太多則本國之產將棄於地此一端也如綢布衣服器具之類成於人者入口太多則本國之民將失其業此一端也有抵制之稅則防他國之稅朘吾民之利者是也如他國重征我國土產入口之稅則土產無所銷而產於天者失其利成於人者失其業則我國亦必以重稅報之使不致獨擅利權此又一端也此外如煙酒之類珠寶之玩非

民之所賴以生者則重稅之欲使銀錢不耗於無用之物此又一端也若鴉片一種則不但耗銀錢於無用直有害於民生則禁之而已矣此稅則之大畧也

二十一日晴

接金山電商董二人由學來卽照會外部以免稅關阻滯　美國安奴報禮司埠之國家水師學堂學生學成者頗衆昨由水師部挑選聰敏者三人分派英法兩國船政局學習造船之法云　因查近來歐洲各國多覬覦太平洋顯而有徵美國亦整頓水陸各軍不敢暇逸非復前此之晏安蓋時勢有變遷謀國者當見微而知著也

二十二日

昨日義國來電言美派赴慶賀可侖比亞會之兵船名紐華扺畲那埠有水手一名入客寓被毆而斃兇手已獲美外部不卽行文言義國自當持平辦理不須迫也　因詳觀美國交涉之事而有以見其心焉同一兵船水手被殺也於智利則迫之於義則待之美以爲自有權衡矣因以爲可迫則迫之不可迫則不敢迫而待之耳以言迫智利而智利不受則以兵船迫之以此施之於義美之兵船不足以迫義也則圖窮匕見不如不迫之不圖窮矣孫武子曰勇怯勢也強弱形也形格勢禁美亦無如何矣地球之上不爲形格勢禁者惟俄之陸軍英之水軍而已

二十三日小雨竟日中夜大雨傾盆

美總統二十日回都與兵部外部會商機要立發公文二道一飭水師提督瓦堪急帶兵艦二艘速赴威內薩國海口拉加拉一則密封由該提督出口後開閱該提督立帶兵艦出口嗣閱密封知現威國大亂英兵艦三艘泊威國及英屬之亞令拿哥海口勢將干預威事乘威之亂以踞威美國亟宜保護威國陰防英人云

因按俄於阿富汗英於威內薩皆欲乘亂以取之英助阿富汗美助威內薩非救災恤鄰之義實脣亡齒寒之憂也英如救阿富汗之災何以乘威內薩之亂用心相反必不然矣通商各國大抵陽以交鄰爲名而陰以拓地爲實惟於富強之國則不敢垂涎弱者

以畏事而多事強者以生事而多事兵不可戢而民遂無休息之時爲可歎也

二十四日晴

美賽會總辦訂於八月初十日赴會所觀禮閱水陸軍操幷讌至十四日而止　美國年報紀今年正月至八月止出口煤油計值銀二十六兆八億四萬七千五百八十七圓去年則值銀三十兆一億七萬六千八百七十八圓又核一年之中中國之茶入口計值銀十一兆圓英商細核情形中國所得茶價約三百萬圓商賈行棧約得二百五十萬圓洋商買賣運載利息約五百五十萬圓　因按美國煤油每年值銀三千萬兩可謂鉅欵今年遜於去年

者俄出煤油日多奪其利也中國至美之茶售銀一千餘萬業茶者所得不及三之一商賈行棧則中外均有人中國約得其半運載買賣全歸洋人綜計此十一兆中入中國者未及半也由商務不興而無出洋輪船讓外國之獨擅其利也

二十五日晴

朝鮮使臣以國王即位三十年函邀慶賀因率繙譯官踵賀外部大臣及俄法德各國公使代辦均到　英廷近遣使赴阿洲之摩洛哥國立約法國尼之以致不行玆法廷派使繼往欲得英國所要之利益英國亦陰尼之云　因謹按當今之世彼此交涉機械變詐無日無之強與弱遇則顯行其要挾之謀強與強遇則隱用其陷害之術膠擾不息無非欲損人利己而已聖賢處此固不爲害人之計亦必有防患之權則當熟於彼己之情而能思深慮遠方可隨機應變也

二十六日晴

二十五日印度及倫敦陸續來電言俄國駐巴美爾之兵已退出大隊皆入阿富汗國墨黑地方紮定爲持久計阿王亦約白達信德華士華黑口地土旦四國酋長聯絡拒俄俄亦增兵決戰云　因按俄阿戰局既開勢成決裂矣欲求其開釁之由則阿幷無干犯俄國之事俄人亦無聲罪致討之言直如宋太祖之下江南謂臥榻之側不容他人鼾睡耳然則弱小之國其將何以自存哉

二十七日晴

朝鮮使臣訂宴因晤德國代辦火把根能爲華言言總署大臣徐用　於交涉事最爲精細曾與商事故深知之美廹華人領照中國但照行於美教士美必內訌因謝其關切又南墨洲之阿鎭丹公使言近日威內薩國大亂來往護照遂不作憑郵遞公文每被折閱出入貨物勒增餉寓威美商被擄勒贖種種無理非兵力懾之難望就範美國兵船到後或可轉機云　因按理勢二字相輔而行缺一不可綜觀經史之訓所云逆取順守者先勢後理也所云左德右威者先理後勢也有勢無理謂之以力服人有理無勢謂之不入莫繼太剛則折太柔則廢也

二十八日晴

墨西哥來電言墨國定例天主教堂產業一概無稅因此墨國入天主教者均將產業託諸教堂以免納稅國庫收數日短經費日絀現墨戶部擬請議院革除此例而煙葉煙絲等物均加稅云

因嘗歎墨國之貧也今乃知其治道之不善也天主教向不安分前西班牙之亂亂黨運軍火均用教王封條使不能查此明證也產業免稅則入教者多矣即未入教者亦冒名入教矣通國皆入教則直無入欵矣國用何賴焉查墨戶部大臣即駐美公使羅美魯也駐美最久蓋十餘年矣熟於交涉之事又熟於美國掌故毅然改章否則必畏教士之挾制而怯懦不敢行矣

二十九日晴

昨晚晤美紳言美國兵船已抵威內薩海口提督瓦堪尚未到帶領康考船之總兵維脫立飭威國亂黨將以前所擄禁之美國商民即行釋放云

因於此而歎辦理交涉之不可無兵船也又歎兵船之不可不出洋也威內薩小國耳又與美同洲一水可到其亂黨豈不知美國之強於己國百倍而膽敢擄美國之商民者以兵船未到姑玩之也兵船一到如泰山壓卵不敢稍抗此明效大驗也前日本乘我無備以兵船擾臺灣我之辦理頗爲棘手至索兵費甚鉅此已事也

三十日晴

美國議院議造之頭等戰艦鐵甲巡船各一艘水師部已繪圖招辦惟美國官廠所造各船工劣價費故政府欲歸商辦計兩艦船身需銀七百五十萬圓鋼甲四百五十萬圓二者分廠而造商廠能造鐵甲只二家均在賓省一設別理司咸埠一設比士堡埠美國船廠甚多其爲國家造船者向係賓省費城之克闌廠金山之總鐵廠

因嘗謂機器各廠宜准商人分設蓋至是而益信也以美國議院之權足以節制通國之官雖總統猶從之乃官廠所造之船猶不如商則官辦之眞難恃矣嘗讀詩至雨我公田遂及我私又曰言私其豵獻豜於公一則先公後私一則先私後公似不及後世公而忘私之言之爲大矣然因以爲古之語質而後世之語文古人之語所謂卑之無甚高論可行也惟知其不能無私使之私念遂而公事亦舉即親親長長而天下平之意也亦商廠之意也

八月初一日晴夜雨徹曉

二十六日倫敦來電言印度政府已派將軍羅柏帶兵赴阿富汗面晤阿王商辦內平國難外拒俄侵云

因按阿富汗爲印度之屏蔽阿滅於俄則印度爲俄臥榻之側矣英不助阿則印度可危助阿則俄人必怒事處兩難實難遽決然考十年前俄土之役英始不助土而終助之實爲大局計也今或仍舊貫歟

初二日雨中夜大雨

上月二十七日倫敦來電言俄廷請於中國奉天吉林地方設立領事俾西比里亞鐵路成後通商之用中國已允准云　因謹按自中外通商以來奉天一帶雖有教堂尚無領事吉林則洋人尚未駐足其地今則風氣開矣俄之西比里亞鐵路告成外以示通商之便內以遂薦食之謀顯以求貨産之通隱以計轉運之速不僅爲商務籌也

初三日小雨

土國政府現接到俄國照會言土國如不於屬國勃爾加璽亞自行整頓以安商旅俄國卽當代爲整頓不能少緩土廷聞之大恐　因嘗言俄國好事其兵勤而無所必有悖心今果然矣其在亞

洲方逞兵於阿富汗其在歐洲又肆志於土耳其且勃國前君已爲所廢而更立矣何以詰責尚未已耶嘗觀漢魏之季其奸臣柄國廢君立君終不免於禍也勃政似之

初四日卯初大霧巳正而散晴

美國之阿拉司戛地方與英屬可侖比亞毗連向未畫界近兩國政府議定派員查勘畫清界限昨由英國駐美公使照會美外部言英廷已派天文博士一名名經者爲分界委員云　因嘗閱西報言三百年前歐洲教士由陸路遊歷至吉林僅以每日行路若干積之計兩地相距之數殊不足憑蓋途有紆折故也自天文家出以經綫緯綫測地而後得地球之形遂全知地球之里數若干分而析之遂知各國之里數若干幷兩國之界限何處截然分明無所蒙混則測天之爲益大也今英廷測地分界而派天文博士卽此意也

初五日晴中夜大風

英國預定一千八百九十三年卽光緒十九年用項其第四宗係格致技藝之費獨有加增本年係七百零五萬五千五百六十五磅來年增一百三十四萬三千三十七磅共八百三十七萬六千二百三十一磅　因查前此巴黎賽珍會中國絲綢顧繡甆器均爲出色皆工藝所成者周禮以考工屬冬官古人未嘗不重工國有六職王公士大夫以下卽及工商至漢乃有賤商之說其實商

之交易多成於工國之賦稅多取於商抑末之言雖大而無當也英爲地球富國而所重者在格致技藝此明效大驗也

初六日晴

昨日巴黎來電言俄國近有照會詰責土耳其勢將以勃爾加璽亞之事與土啟釁俄國値饑饉疾疫猶能用兵歐亞兩洲其勢甚強德君訂於西歷十月九號卽赴奧見奧君託名遊獵實欲奧國加增兵額以資防俄義國民窮財盡無可設法故德君專注於奧云　因按俄如封豕長蛇薦食天下鄰近之國小者坐以待亡大者側足而立歐亞兩洲時局皆視俄人之動靜以爲安危民不能休兵不能息此亦時勢之無可如何者也且聞俄國整頓水師今

年經費需銀六百二十三萬六千二百八十四磅合中國銀三千萬兩饑饉洊臻尚有如許闕欵殊不解也

初七日晴

昨紀俄國整頓水師玆分析其船名價值備考鐵甲三艘一名布拉都窪一名博得樓堡勞佛斯科一名賽窪斯都堡拉均重一萬一千噸每艘值一百二十三萬磅又一艘重八千八百八十噸值八十九萬四千三百七十五磅快甲船一艘值九十六萬五千九百三十七磅海防甲船二艘均重四千噸快雷船二艘一名倭烏代一名普克達尼格每艘值十二萬五千磅雷船一艘名葛里敦值七萬五千磅信船二艘一值二十二萬五千磅一值十五萬磅

雷船十艘又有鐵甲五艘一名高古特一名訥窪林一名卓爾志博一名理深慈一名都愛拉烏又快甲船名祿里克防海甲船二艘一名奥得窪則尼一名格里墨得斯吉均將陸續下水云　因查俄之水師如此過此以往雖不逮英法將駕義大利而上之其志不在小矣

初八日晴

接外部照會言英屬卡拿大有華人二名潛入美境搜其身得票布二張訊之有入會情事特將票布幷案情移來因閱該票布大小二張其字循環成行文理不可解惟洪字可認識則係粵匪餘黨票上有血跡有針則爲刺血拜盟之證二人皆粵籍則與閩教之湖南籍者不同類其針纖細而有幅卽係美國所用之針爲中國所無則刺血拜盟係在美國地方可想其票布上之字係石印更可決其在美所爲卽以此意照覆外部矣

初九日晴

美國祕林海峽自美總統議員禁英人捕海龍拘英漁船英廷爭之不理英人亦拘美國漁船從此英美兩國互拘漁船英廷初意願請局外之國評論美總統外部不允至今年夏始允乃俄人又拘英美兩國之漁船層見疊出且將船中所有之海龍皮充公又拘漁人至俄坐監至是始有釋回者漁人川資不足幾爲餓殍各訴本國英美二國又各向俄廷詰問云　因按祕林海峽捕魚之

案自美啟之而英爭之幾兩年矣英美兩國互拘之船各有抵制尚無陵虐之處俄最強又無漁船在祕林英美無可報復故陵虐之英美均失國體矣

初十日晴

狀師梅來見　美議院議新增兵艦已交本國船廠照造限三年而成一爲容九千噸之戰艦每一時行三十二海里一爲鐵甲容八千噸每一時行四十海里如能加速四分之一則加銀五萬圓如減速四分之一則減銀五萬圓二船之價約八百萬圓　因按每一時行四十海里爲中國一百三十餘里可謂速矣加速四之一則加至三十餘里矣未必能也然有以獎之或激於賞而盡力

求速正未可知且減速則減五萬圓造此船者斷不敢草率以搪抵也中國方興海軍如訂造兵船似可仿此辦法庶有益而無損矣

十一日晴

英例居民家畜一犬納稅三圓領取牌照美例納稅二圓出使人員向例免稅而須報明由稅員送與牌照茲美國駐英字立斯土之領事拉失陸畜犬未領牌照英稅員已控於戶部美廷聞之遂查英國公使畜犬亦未領取牌照擬將辨駁云　因按居民家畜一犬納稅二圓至三圓可謂重矣收稅而及於犬可謂苛矣出使人員所畜之犬例准免稅而漏未領牌照可謂毛舉細故矣而英稅司居然控於戶部美廷又查本國稅例以相抵制可謂小題大做矣而兩國均不肯鬆勁者則何耶講交涉者當知之

十二日晴

謁律司梅談及倫敦有信言接中國天津來電謂俄國駐紮巴滿爾提督名耶納夫略地至奴隆地方適與中國邊兵相值當即分兵前往接仗云　因按此言如果屬實則中俄邊境已有釁端而俄人居然加兵二國矣然審其大勢仍專重於歐洲而亞洲之兵尚非大隊如與土耳其開釁則三國均受其兵俄人之志不小矣

十三日晴

俄屬華沙埠來電言接俄都消息謂俄德兩國邦交本不洽浹各匿怨恨之心惟尚未顯露耳而現在情形又非從前幾於不能忍耐云　因按俄已攻阿富汗矣又拘英之漁船矣不畏英之決裂乎又似與中國邊境啟釁矣今又與德不和然則俄近日之所最合者其惟法乎因故謂其遠交而近攻也俄人舉動如秦而法人乃欲效齊與燕耶

十四日晴

昨日羅馬來電言義國人民在巴西國爲工商者近有稟呈外部計數千名言巴西國之苛虐巡捕尤甚故求伸理又有商人以所失貨物向巴西國家賠償其數甚鉅該國均置之不理義外部已允爲詰問矣　因按巴西國前此求與中國立約意在招工此約已成而招工之舉只允華民自往不許巴西自招華人知巴西之無政亦無往者寓美之猶太人往者均失業無依已由美國給資招回查巴西與美國同處墨洲而荒土之未墾者猶十之九乃竟不得善法以開墾焉大學言有人有土中庸言人存政舉旨哉斯言

十五日晴

設醮　美國皁士穆地方鐵廠工人糾衆停工爲亂有不從者輒戕之該處鐵廠共需用工人十五萬名有零地方官立派巡差三百人保護未附和停工之工人亂黨拒之相持不下云　因謹按中國之利出於農外國之利出於工中國之利興於人力外國之

利興於機器以人照料機器一人之力可當百人美國卑士穆一處鐵廠已用工人十五萬名此一千五百萬人所出之手藝也歐墨兩洲運至中國各貨物無非機器所成乃至比利時小國民數僅五兆而用鑛工至九萬餘名宜其國小而富哉

十六日晴

美戶部查通國民人產業共值銀一萬二千七百二十九兆零六十萬磅因查三十年前則值銀二千四百十六兆零八十萬磅二十年前增至六千零十二兆六十萬磅十年前又增至八千七百二十八兆零四十萬磅云　因按美國之富較三十年前幾六倍矣鐵路之利也實華人之功也現在使館自出使大臣鄭藻　初賃至今十年當其賃時使館左右第宅甚稀居人鮮少皆一片荒地耳十年之間築室已滿　因到此甫三年則見館後已增一宅館左又增兩巨宅館前亦增數宅月盛日新正未艾也考其設施大抵興商務修農政開各鑛立製造局講求入口之稅使利之所在不棄於地不漏於卮不奪於他國而已

十七日晴

昨查美國通國產業誠爲富饒因又查英國之產現在合各屬及各處通商埠頭計共值銀一萬零七百八十一兆五十萬磅查前三十年則僅值六千一百十三兆磅前二十年值八千五百四十八兆磅前十年則值一萬零三十七兆磅　因按以英較美則三

十年前實勝於美現在乃不如美英之進境遲而美之進境速也然美國多英人而英國無美人則美之產業英人亦必有之其富當可相抗矣

十八日晴夜小雨

美國議院撥款銀十萬圓以備本國兵艦在太平洋薩摩阿島建設添煤之地又查地球有水師之國添煤地方若干查得英國最多美國最少現僅有墨西哥檀香山薩摩阿島三處云　因嘗論籌海軍難籌添煤之地尤難以無煤則兵艦不能行也又嘗論美國之富籌海軍不難而籌添煤之地仍難以佔則兵力不足購則急切不能得也薩摩阿島處太平洋就其切近者而圖之先所急也聞仍需向原主購地其議購也必有需索之處居奇之價則急切不能得之證矣

十九日陰

巳初附火車赴紐約可侖比亞之會　因查可侖比亞係義大利人而仕於日斯巴尼亞前四百年即西歷一千四百九十二年可侖比亞悟得地球全勢不盡於大西洋逾大西洋必有土地請於日主給貲備船泛大西洋向西覓之日主爲之備船及半年之糧暨從人使往是時輪船未興僅恃風帆其行甚滯西行三月仍屬大海茫茫而糧已耗其半不敢前行乃返國日主不加詰責可侖比亞以未見功爲恥再請於日主日主仍令往遂有好事者助之貲

斧多備糧食足支年餘遂行泛大洋三月後忽見飛禽翔於空際可侖比亞大喜曰離岸不遠矣越三日遂抵岸即中墨洲之地今之可侖比亞國因此地初得即以人名名之因赴祕過其國則可侖比亞有塚存焉岸上皆野人面如古銅色即今之煙甸人也可侖比亞率從人騎馬帶兵器上岸土人見其下有四足上有二首大駭而奔可侖比亞遂據其地返報日主漸闢漸廣此初得墨洲之事蹟也

二十日晴

會總送到入門票因於巳初偕繙譯巡捕往則人民熙攘擁擠街衢爲塞遂遶道而往至坐定則見巡捕兩隊或騎或步清道而前

以後則各學塾學生武備院學生律例院學生育嬰堂男女約三百餘隊每隊人數少者六十名多者百二十名不等各塾學生爲最多女工院只一隊育嬰堂男女各二隊武備院皆肩槍間有握刀持戈者各自爲隊每數隊間以軍樂各學生多徒手或肩小旗每一隊有隊長二人領之齊其步不使參差其行也如雁字橫排而前其手皆垂其足之步皆畫一凡左足前則一隊皆然另有槍隊數百人爲一方陣隊長居前後中旗指前則皆步而前旗指後則轉身步而後槍向後進退整齊至申正而畢

二十一日晴

辰正僱馬車行至海邊則水師提督已派總辦具輪船相待副總統內部外部戶部農部兵部水師部各大臣均陸續而到俄德葡土耳其南墨洲各公使英總領事均到遂展輪出海約行數十里則兵船漸多法國鐵艦二艘義大利一艘日斯巴尼亞一艘餘未見國旗不盡悉大約美國兵船爲多商船遊船尤多約共二百五十餘艘各船皆奏樂因等坐船居中各船環繞而過過時吹氣筩本船亦以氣筩答之以後遊船多奏樂兵船則升礮救火船則噴水高約四丈遠五六丈水雷船爲極速多由各船相間處穿行而過至申初返輪申正抵岸

二十二日晴

赴會其隊與二十日相同而人數較多整齊亦勝於前聞共計三

萬三千名其中弁兵一萬九千零八十名救火會及各會館幫共一萬二千餘名水師提督總辦訂明日赴醮因以本館有照會外部駁例事辭不能赴即附火車回美都戌刻抵使館

二十三日晴

十八日報言歐洲各國初與日本立約其情與中國同挾其強梁肆意要挾約欵有各國人民在日本犯法則由各國領事究辦無不漏網日本爲之束手乃至葡國之貧弱亦效尤橫行其犯法漏網者極多日本雖照會而葡置不禮茲日本以此關繫國體即照知葡政府謂葡國既背約則以前兩國之約作爲廢紙以後葡民在日犯法者由日本地方照例辦理云云日廷此舉誠自強矣

因嘗謂萬國公法各國條約如中國各部之律例頭頭是道惟強國能以責弱國弱國不能以責強國也即能責之而強國或游移其說或文飾其情甚且置之不理故外國有抵制之法有報復之法甚且有以勢伸理之法勢伸而理與俱伸矣然亦惟強國能之非所論於弱國也弱國則勢屈而理與俱屈耳

二十四日晴

前赴會時在舟聞某紳言美與三德明哥所立之約英法德三國妒之恫喝三廷以為宜廢三廷置之不理英法已有公文詰責德國則以三國煙葉售於德者得利甚厚擬限制之美國則聲言此事有關通商決不相讓云　因嘗謂強國與弱國通商大率要挾

朘削而已近年歐洲各大國皆垂涎於墨洲而美國亦不少讓夫墨洲之大國僅美利堅一國耳此外皆貧弱不能自立貨棄於地利讓於人其民數甚微其武備皆弛以前美國無兼併之意歐洲亦無朘削之心今則皆虎視眈眈其欲逐逐數十年後墨洲小國必如漢陽諸姬矣

二十五日晴

前二日羅馬來電義主諭散議院令國人另行公舉明年兵費需銀三千九百三十六萬圓較以前數年為大減運售煤油則歸官辦云　因查泰西各國議院所議與國君意齟齬者則國君有散議院另舉之權義主之諭散議院自以兵費之故義主以為設備

議院以為病民也因詳察義國近日情形實有民窮財盡之勢而猶悉索敝賦以經武為亟者實以俄之不可不防也煤油之運售歸官亦似奪民之利議院之不悅應爾然義國政府之出於此者亦實無可如何耳

二十六日晴

二十四日羅馬來電言天主教會普天同慶屆期教中人躬赴羅馬致賀法國所割與德國之阿爾薩斯省人民初擬取道瑞士赴會繼因路險改由法國德政府聞之大怒天主教監督恐生事端遂諭民人勿赴會云　因查天主教之寓各國固最猖獗者也獨於德國最馴法國之護天主教又最強粱者也獨於德國最謹世

俗人情驕者常諂驕其所可驕而諂其所當諂也金人慢宋主而畏元人板升擾明邊而畏俺答曠觀千古前後合符有志者可知所從事矣

二十七日晴

美戶部查本年正月至八月底進口貨物值銀五萬八千萬圓零較上年多一千五百萬圓零出口貨物值銀五萬九千一百萬圓零較上年多四千六百萬圓零出入兩比出口之貨多一千一百萬圓零云　因查美國入口貨物至值銀五萬萬餘未嘗不多而出口之貨足以抵之且多一千一百萬焉則銀錢不外漏而尚有贏餘矣歐墨二洲富強之國大抵如斯其弱小不振者則入口之

貨多於出口出口之銀多於入口由商務不興民力棄於閒而物產棄於地也

二十八日晴

參贊彭光譽繙譯容揆赴希卡果觀賽會之禮　美紳謂南北花旗搆兵後商船之利幾為歐洲所奪近擬設法收囘前此議院議定准美商所購外國之船改懸美旗矣向來美國郵政凡書信往來例由最速之船計程一米給費四圓每年往來歐洲需銀一百二十五萬圓此項鉅欵悉為歐洲商船所得近飭輪船公司造快輪五艘限三年內陸續造成往來歐洲收囘郵政之利云　因謹按立法無久而不敝者但聽其敝則敝者愈敝能救其敝則敝者亦利嘗見善治家者凡有益於家之事纖細必舉凡有損於家之事纖細必除不數十年富家大吉矣即小可以見大治國通於治家勿謂外洋之計算為可鄙也

二十九日晴

西報言日本制作日精大阪製銅鐵器東京製綢布橫濱製酒火柴等物其價甚廉故能運出外洋銷售德國已畏其奪本國之利矣　因嘗遊美都之市見有粵人列肆者自謂出售中國貨物詳細察之則甆器古銅綢巾茶葉等物皆來自日本者問其何以不售內地土產則曰稅重價昂不能銷也閱此報因附記之

三十日晴

美廷近接太平洋吉白海島書言英國強佔其島後自任保護且限制寓該島之美商島主以前屢求美廷保護美置不理云云外部科士達言美國開國定例不准強佔他國土地故於保護無權旅該島美商未言英之苛制未便向英嘵舌如英實有妨礙美商情形自當詰問耳　因按美外部之言可謂不多事者然亦海軍之力限之也美之兵船尚不如日安敢與英抗哉審己量力苟非大不得已者聽之可也

九月初一日晴

美國駐英領事名老耶士告假囘美言自美國增入口稅以來英之黑特士飛城居民十二萬業紡織者盡已失業其他利次埠亞爾黑埠那丁黑埠情形畧同有欲徙紡織局至紐約者有欲徙往印度者蓋拮据萬分矣英報因言前總統基利芬之體恤商務云

因按美加各國入口之稅頗鬧怨言而各國惟鬧抵制而不聞爭辨者稅課為國之內政例可自主也英之紡織局可謂窘矣而不聞以改章請於美廷則交涉之事可見矣

初二日晴戌刻見雨點

伯林來電言德主於二十一日抵奧奧主率大臣躬迎行接晉之禮同車入宮設醼并同觀劇惟所商何事祕密不揚二十五日俄國調囘駐德使署之武員德亦如之蓋德國使署人員俄廷暗派人偵其動靜凡機密之事均不使知故乘此時調囘云　因按數

年以來德國親奧義以防俄俄主銜之確有形迹近年則益齟齬矣阿富汗土耳其波斯之恭順於俄亦確有形迹近更無敢戲渝矣乃俄不用兵於德而用兵於阿不知者或謂俄主之好惡顛倒而其實不然也法爲德挫至於國亡君虜至今二十二年乃法人之武僅加於突尼斯馬達加斯加越南阿非利加達河米諸遠國而近者無聞焉其揆一也

初三日卯刻小雨卽止仍晴

美國礦學家嘗地球產煤之地至多其深者非機器不能得法國煤礦有在一百丈以下者比國則開至一百八十丈英國採至三百一十丈而不盡德國又有開至四百一十丈者統計地球之煤

當以中國爲多且爲易採云　因嘗閱同文館教習丁韙良所論泰西礦務有鑽至深二百丈者準以今之所聞尙爲淺也或者歐洲煤礦漸採漸希故不得不深求之但不知其深者採盡以後更何所恃也中國所蘊之煤抵歐洲全洲五倍及今而講礦學將來能操歐洲之利權矣

初四日晴

倫敦來電言英國前任外部於交涉事務願助德奧義三盟國以制俄法今新任外部不以爲然已密告法國政府如俄法與德奧義搆兵英國決意守局外之例云　因按此歐洲之變局而英之用意殊難測也將以爲守公法乎而本年干預威內薩之政佔太平洋之島其違公法者正多也將不欲德法各國之休養生息以增其富強乎則與英后前此所言不嗜殺人之意相悖也且俄法兩國如憚英之制而不動兵則聞此言而將與德奧義啟釁如憚德奧義之合縱而不動兵則英雖有言亦未必遽敢啟釁也誠不解也

初五日晴

聞美總統后薨差人持名帖往唁當卽發電於總理衙門云美總統妻薨請示因微　初三日伯林來電言德奧義三國聯盟近日以增兵爲第一要務義國財竭民疲軍費無出奧君以籌餉不易不願增兵德主無法可施惟有本國增兵而已現已飭相臣格布

理按年增募新兵六萬人增餉一百餘萬圓交議院議之惟慮議院以民力難勝未必議准云　因嘗言歐洲各國講武自防爲騎虎難下之勢實難持久今已見支絀之形矣德奧義三國不合則不能敵俄法法不合俄又不能敵德兩勢相敵則思有以勝之遂謀增兵彼增而我不增則無以自防又無以求勝遂至相率而增莫能相下無所底止奧義兩國處不能不增之時而已有不能增之勢形見勢絀可奈何哉

初六日晴

午刻因偕繙譯往外部衙門慰唁總統　聞英屬卡拿大以土產入法國稅重於各邦請於英廷英廷特派專使名脫伯至法協同

英國駐法公使德福林與法廷訂立報施之約法廷已允即日商議云　因按卡拿大英國一屬土耳民數鮮少所興之利度亦不能多也而能請於英廷英廷遂爲派專使所謂有害必去有利必興也不以害小而不去不以利小而不興泰西之謀國者如是而已

初七日晴

美於太平洋慮水師無添煤之處竭力籌之查得薩摩海島之索哥白科地方可建埠頭請諸該島之政府已如所請即於今日招工承辦限一年半造成云　因嘗言兵艦以煤爲氣非煤不行又言美國海軍實不足恃以鐵甲不多而又無添煤之所也今由議

院議增鐵甲而即籌各處添煤之所可謂知所急矣

初八日晴

檀香山島主願與中國立約不允其島地曠人稀中國民人趨之若鶩島主乃立苛例以限制其利益又暗通華人之黠者招之使來華人不知貿貿然來來則受其苛虐日本國已與該島立約華人寓該島之便利遂遠不如日本華商等稟求救援已數十次矣不得已爲之轉託美外部由其駐檀公使領事等保護自正月與商至今始妥從此華人當可安居矣

初九日晴

英國於光緒十六年估十七年用項計九千零二十六萬四千磅茲於十八年核計實銷八千九百九十二萬八千磅因考十八年入欵計有九千零九十九萬五千磅出入兩抵仍贏餘五十六萬五千磅云　因按泰西各國均預定來年用項以爲入欵量出爲入也顧用項至需九千萬磅餘則計銀四萬萬兩餘可謂多矣而入欵尚贏焉則取諸民者尤多矣非商務之盛民產之富不能也然則富爲強之本也商務民產爲國之本也　酉正接總理衙門電云優妓赴會大傷國體何繙譯偕陳姓往商殊荒謬尊處應即禁阻何待請示儻敢陽奉陰違定將經辦之員查究靑當即以此電分札繙譯何愼之及金山總領事矣

初十日晴

又查英國進項所自分析計之則關稅共銀一萬萬圓土產及國內銷用貨物稅一萬二千萬圓契紙票稅六千五百萬圓官民進欵抽稅六千萬圓郵政入欵四千五百萬圓電報入欵一千萬圓地租田租房稅雜稅四千五百萬圓以上共計四萬四千五百萬圓　因按英國進項每年四萬餘萬圓不知其底細者必以爲難及以因考之除官民入欵抽稅外其餘似皆可仿惟煙茶兩稅不能若是之多耳然鴉片稅實足以抵之英國煙稅年徵銀一千零六萬五千磅茶稅年徵三百四十七萬磅苦酒稅年徵九百四十萬磅燒酒稅年徵一千五百七十萬磅茶煙酒三項幾及銀二萬萬圓已抵所入全數之半泰西各國皆以此三者非民生日用所

必需故有意重其稅也中國煙酒皆無稅則入欵之短者此其一也

十一日晴

昨考英國入欵因論泰西煙酒茶之稅茲并計其價値因於煙向不入口洋酒亦不敢近以其冷飲於脾胃不宜也近辦茶會及頻醼美官紳故知其價煙之小者其形如小筆帽每枝計銀一分共味美者價倍之大者如聯筆之帽每枝計銀五分共美者計銀五錢上下不等酒之至賤者每十二兩計銀一錢醼客不用等而上之以至於每瓶五兩名爲香冰紳富之醼客大抵皆用此種每一茶會需二三百瓶茶之次者每十二兩計銀一兩佳者未見計其

價目則知其稅之重矣

十二日　卯刻稍見細點晴

查光緒八年英國購中國茶計一萬一千四百四十六萬磅購印度茶計五百四十九萬磅至光緒十七年則購中國茶五千二百萬磅已減過半購印度錫蘭茶一萬五千萬磅已加至三十倍蓋緣茶樹至三年後其味卽劣印度錫蘭能於三年後另植故仍佳也中國如能講求則不讓印度矣　因考泰西農政不僅講求播種五穀也教習丁韙良嘗言之以此徵之益信

十三日　將曉有細雨仍止晴

十一日報言美國籌民生國計以商務爲本而貨物往來必需舟車大西洋往來輪船之利惜爲歐洲所奪幸內地各口均不准行此項利權仍歸本國查前十年北邊大湖輪船載七十一萬一千二百六十九頓本年增至一百一十八萬三千五百八十二頓又有鐵路接濟故利源不漏巵云　因按美國東西兩洋西洋之利奪於歐洲則失其半而存其半內地之利絕無漏巵故元氣不傷而國計民生仍充裕也中國外洋之利既全漏巵內江之利僅收回三之一比而論之則失算多矣

十四日　卯刻小雨如霧陰

昨日倫敦來電言聞美國鐵廠近得鐵甲新法其堅異常水師部特購一塊昨在波士模海口試驗將鐵甲造成一板高八英尺闊

六英尺厚一英尺半以六英寸口門大礮一百磅彈轟擊五次該鐵甲無恙而彈已碰碎英國擬仿造云　因查丁韙良言泰西之學不泥古而以日新爲主頗有非之者顧窮變通久已見於易器非求舊亦見於書孔子以生今反古爲非氣運日新爲治者自應與爲轉移亦猶晝夜寒暑之遞嬗耳夫言豈一端而已固當有所當也

十五日　晨起大霧晴

新聞述德京報言法國自一千八百七十年卽與德搆兵之年至今二十二年練兵之費計美銀三十八萬萬圓而償還德國兵費銀十萬萬圓尚在此外近日法戶部籌餉飭通國造脚踏車清册計二十

二萬五千餘輛每輛按年納稅銀二圓可四十五萬圓郵局電局發信收信之人亦納半稅云　因嘗言泰西各國練兵自固勢成騎虎支持難久近聞義日諸國已見支絀之形奥亦漸窘德法雖可支持而歲歲增兵籌餉亦覺喫緊民不可息受困胡底將有富強之國出而乘其敝者殊可慮也

十六日晴

伯林來電言議員新議一例凡各國皮酒運入德國口岸者議加重稅以杜其來每成本百圓抽稅五十圓云　因查中國於洋酒入口無稅乃至鴉片入口其稅亦輕李傅相稍議增加英使威妥瑪卽肆挾持非李鴻 以堅定持之幾爲所奪矣夫皮酒爲糧食之類無害於人德國收稅欲加則加鴉片者害人之物也泰西各國皆禁入口美國則按磅收稅十二圓視成本已三倍之中國照此以收稅則入銀一萬萬兩卽照德國收皮酒之稅亦入銀四千萬兩矣但須俟武備增修以後耳

十七日晴

聞秋初俄國兵船於浙江甯波招寶山海口外測量海道嗣又有英國德國兵船亦至該處測海云　因查泰西兵船所過之地往往測海蓋亦閒中一著棊也方今中外尙少齟齬雖不必爲杞人之過慮亦不可無未雨之綢繆憶道光二十一年英人先陷招寶山次陷金雞山以次陷鎭海甯波定海蓋以此地爲浙海之門戶

而江閩之中權也

十八日小雨地溼

昨日羅馬來電言俄國聞德國增兵籌餉亦擬增兵以防外侮又倫敦來電言俄國向各國借貸無一成議近又向法國富商議借英金二千萬磅按年納息四釐以九十六磅作爲一百未允繼減至九十磅仍未允云　因查歐洲各國增兵角勝已成騎虎難下俄值饑饉告貸無門亦議增兵自固時事可知二十年前俄之告貸有以六十一磅作爲百磅者扣折之重至於此極然則俄之立國其強可畏其窮亦可畏也

十九日晴

拜發三年期滿保奬奏摺　美國太平洋輪船名馬立怕薩從薩摩亞島行抵金山途經裴奚島相距五百里之島名愛立斯有英兵艦名扣拉岡在該島停泊聞將設埠屯煤云　因按美國於前月方謀於薩摩亞島建埠以備屯煤而英人乃於相距不遠之愛立斯島亦謀設埠可謂明者所見略同但一攻一守耳且英人已於前月得保護吉白海島之權是太平洋形勢所得已多將來英美啟釁水師之力美不敵英矣

二十日小雨帶雪子

美各省舉總統已舉定基利芬查基利芬卽前四年之總統也

十八日倫敦來電言法國已與摩洛哥國立約名爲聯盟實則保護云　因聞前此英法二國爭摩洛哥之權英欲保護法人尼之茲竟歸法人保護可謂如願以償摩洛哥國距新加坡不遠法人於越南之外又得一土地矣數年以來小國之不能自保者頗多亦兼幷之習使然也

二十一日小雨午後晴

聞英國鐵艦名好威失事沈沒該船造成計銀三百餘萬兩俄國造成鐵艦一艘定於十一月三號試水船名羅利長四十三丈五尺廣六丈七尺容一萬九百三十三頓機器馬力一萬三千二百五十四自克龍斯達至琿春計海程一萬六千米中途雖無儲煤

之地不慮缺煤又美國新式兵艦六艘現由官廠日夜加工以期即日告成云　因按英法俄德四國水師本強美自知不強極力整頓幸本國各廠林立取諸宮中故能日有起色如此十年當可與法俄抗矣而英所失鐵艦計值銀三百餘萬圓十年成之一朝毀之泰西以此爲銷金之鍋信矣

二十二日細雨陰晴不定

美國駐檀香山公使來信言檀國地跨八島懸太平洋中爲亞墨兩洲要道英國以其扼要久思蠶食而礙於美美商之寓該國者千餘人地方官多美籍故親美國如美之附庸前二年查核民數男女共九萬一百六十一名口土著三萬五千零二十八人華人一萬四千五百六十八人日本一萬一千七百八十人又考十三年前土著約四十萬人日漸凋零將來必無遺類察看該國時事難保自主之權商民均願歸美保護云　因謹按氣運日新而不新者遂如親盡之廟不特國運之興廢由之即民種之存亡亦繫焉居恒嘗慕上古渾噩之世恨不親見今乃於荒島頻見之無機心無機事榛榛狉狉是眞天不變俗亦不變者何以不能自存耶豈天道之難知耶抑人事之未盡也

二十三日晴

檀香山來信言檀島女主以民心不靖議院不服已派律政部大臣紐曼來美求美保護美外部立邀各部聚議所以待之之道一

面電達金山以前日調派駐檀兵艦赴薩摩島之事暫且從緩勿行另以蘭吉兵艦代之云　因按華人之寓檀香山者以無約故數被虐政屢稟求援因雖謁檀國駐美公使婉言相託而檀國政府時時反覆終不可恃乃函商總理衙門決計轉託駐檀美使保護總署既以爲是因即商之美外部外部行文檀島已允照行今檀國內亂華人有保護者當可晏然矣

二十四日晴

檀香山議院欲廢女主哥斯答立憂國山水大發所損甚鉅民心叛亂欲廢其主祕魯因與智利阿鎮丹二國齟齬新購槍十萬枝增修武備將開戰局云　因查此皆太平洋墨洲之國也美國晏

然無事而各國膠擾不休非貧則弱宜檀香山女主欲求美國保護也同處一洲而治與亂判若冰炭則其人其政不同耳矚覽墨洲大局將來衆小國均將折入於美矣

二十五日陰

昨日維也納來電言俄儲於二十三日到奧奧君親率部臣赴車廠躬迎俄儲與奧外部長子爵容那蓋晤談半時奧君讌俄儲於宮中并偕觀劇又巴黎報言俄法聯盟之約已於二十二日簽押互換云　因按俄法聯盟之舉法界英德二國之間或有戒心藉以防患俄非有所懼於德也俄不犯德德必不犯俄然則德奧義三國聯盟實以防敵法國之意諒亦相同惟俄則不然是俄固奧之患也乃俄儲至奧而奧君禮意有加焉雖曰以篤邦交而亦出於不得已矣

二十六日小雨天暖

英國卡拿大公司來見言巴西國現欲向中華招工該國可容百餘萬人請爲致意中華地方官准其舉辦　因謂中巴立約已載明不准招工只准華人自往如巴西國優待客民客民得利自然不招而往招工之說有違兩國之約不便准行該公司謂巴西已定開墾章程其待客民甚優不妨聽其招工　因答以去年寓美國之猶太人赴巴西之招及到巴西則工資甚少至於衣食不給返美無資窘迫之至乃由美國駐巴西領事資遣回美此近事也該公

司語塞乃辭退　因查華工必由卡拿大以赴巴西如聽其招工則該公司得無限運載之利故以爲請彼固但求利己而不顧害人也如不知巴西情形則華人之受苦更有甚於古巴祕魯者矣

二十七日陰天暖

接總理衙門公文言接田貝照會以希卡果賽珍會如有創辦之件他人效之者亦准入會比賽云云當交赴會之員彭光譽矣　因查昨日倫敦來電言美國鐵路火車股分票近日漸漲以英國商民知賽會期近火車運載之利百倍於平時故購之者多價驟漲也且各國人民赴會者總以萬計美國此舉他國之財流入本國共計二萬五千萬圓云云然則美國賽會築屋各費雖用四千萬而尚可長二萬萬有餘且此四千萬築室之費仍美國之工人得之並不漏卮然則賽會之舉實生財之道也泰西心計乃如此其工哉

二十八日晴

西歷將屆歲終各大國句稽進項聞美國上月出口六畜牛乳值銀一千零五十四萬三千圓法國郵政一年中得利一千萬餘圓各局已請增給工資英國核一年洋藥之稅共入銀一千九百萬圓農黨以他國五穀入口日多奪本國自有之利羣請加稅政府議行云　因謹按孔孟不言利以其利皆朘自本國之民也今日之勢不同矣泰西各國所取之利於入口之貨稅爲多棄而不取

則各國所產羣集於我而我民失業是瘠我而肥彼也消息他國入口貨物酌爲輕重其稅以保本國之利益以防銀錢之漏卮泰西各邦共揆一矣

二十九日 晴陰

日本國君現派大臣詳查與各國和約之不便於民有害於國者查出以備修改又德國請與俄國修改通商條約俄廷特派大臣將兩國所議條約查明是否有益可行茲該大臣等以爲無益遂不允德所請云　因按條約之定限年數修換者所以防損取益也顧必籌之於平時而後施之於臨事且必有熟於時事之人而後知其何者爲損何者爲益又必有堅忍之力肆應之才而後能

折衝於樽俎之際收效於爭執之間泰西各國所以重專門名家也

出使美日祕崔日記

十月初一日 晴天氣轉涼

本日伯林報言布國戶部大臣密該爾擬徵收國中產業稅餉立有章程交下議院國人以爲自增收煙稅以後煙業虧折今雖爲增兵自固之謀而民生日困慮不能行云云　因按歐洲各大國勢成鷸蚌共不致自斃者英耳俄則借貸無門矣義奧則餉絀而兵不能增矣法則國債日積德則徵斂日苛皆相持不下所致也難矣哉　接天津電

初二日晴

謁律師梅詢此兩次照會外部駁詰禁工苛例外部之意如何梅

律師云正在商議照覆又詢各國會商議平金銀之價如何梅律師言必添鑄金銀錢金銀之價方平惜乎議院屢請而總統屢駁也又言美廷議以本年所餘撥償國債而商民不願收回以銀行屢倒無處存放云　因謹按光緒十年閩粵共借洋款二百萬磅合銀九百萬餘兩按年八釐半起息又神機營借洋款一百五十萬磅合銀七百萬餘兩按年七釐起息其實經手之滙豐怡和洋行所招股分中國之人居多而反假手於洋商者則以前此戶部行鈔失信於民也英法美德各國債息不過四五釐而我倍之致洋行居中得利殊失算矣

初三日晴

上月二十六日琿春來電言美國漁船於亞刻和斯刻海捕鯨爲俄兵船所拘遂電駐俄美使向俄廷理論俄已認錯釋船幷賠銀四萬八千九百五十圓該漁船查琿春現爲俄國要隘除日本領事外餘不接待而予日本領事之權亦不能優地方官皆武職駐防官兵七千名兵艦六艘云　因查俄以琿春爲重鎭又造西比里亞之鐵路達於琿春又造極大之鐵艦由克龍斯達至琿春中途可不添煤著意經營不遺餘力彼固昌言爲興商務也豈其然乎

初四日晴

美紳言明年美國水師大會據駐華公使田貝已接中國總理衙

門照會云中國海軍新創駕船員弁尚未深諳海綫礙難赴會云又言俄國整頓水師年精一年兵艦日增近年所造幾與英國相埒查所造鐵艦名尼哥拉士容八千四百四十頓業已成功又更格容六千五百九十二頓邢伐林容九千四百七十六頓又拿剎容八千零七十六頓以上一年可竣又洛力刻容一萬九百二十三頓佛力格容八千八百頓北皮多拿容一萬二百八十頓司法利脫利容一萬二千四百八十頓昔伐司都巴巴推佛倍脫羅破拉三艘均容一萬九百六十頓尙有未命名之一艘容一萬二千頓又海防鐵甲一艘容四千頓水雷船頭等十艘二等三艘巡船十艘以上過此四年一律工竣各廠有法人爲之料理從此海軍駕義大利而上之矣

初五日晴

美國前駐日代辦來見自言爲南黨與前任最相契今由鄉移居美都談次言美國欲於山德明哥國求一口岸以爲兵船添煤之埠該國畏其蠶食終不允從墨西哥國向產五金鑛沙運美售煉美商利之自美國加徵入口稅墨國因自設爐以煉遂知自煉之利較售沙尤厚竟不運美美政府雖允免稅而墨國已禁出口云

因按美於今日可謂專利無厭也求山國之口岸而不成加墨國礦沙之稅而反失利是所謂自侮人而人侮之矣墨國礦利與美同而向不自煉以利授人西人謂墨人最嬾實定評矣今乃如

夢初醒實由美國之加稅而致此所謂困於心而後作也雖然墨國鐵路輪船開墾之利多不自謀其果盡能收回此權也乎

初六日晴

美總統已舉定嗣由各省公舉下議院紳共計三百五十六名計南黨二百二十四名北黨一百二十五名民黨卽農黨七名其中留任者甚多布萊爾亦在所舉之內云　因查美國下議紳居二年一更改今年係更換之年南黨之紳多於北黨者幾倍之自此以後北黨之勢不敵矣

初七日晴

紐約省尼加拉城開河工程局所用挖泥機器係五千匹馬力計

價銀二百萬圓用之年久現已疲鈍該局因此河開通利益甚大遂向費城機器廠訂造極大機器一架須十四萬六千匹馬力限明年七月竣工一時聞者皆以爲地球至大之機器咸往觀焉　因屢至紐約矣跨海之橋以鐵造成約長數里懸空鐵路周環紐約約長數十里火車即於其上行駛其房屋有高至九層者均以白石砌成或不用木計一宅需銀百餘萬圓其營造之巧而巨可奪天工所以然者外國有營造專家之學又有精藝之學講求有素出其絕技匪僅以侈靡飾觀也蓋有大用存焉

初八日晴

初六日倫敦來電言中國漕糧由滬運津不准英船裝運以爲有違中美一千八百八十年之約中國政府以爲美廢約而禁華人中國此約亦廢英廷遂詢諸美外部外部以爲禁華人事只廢約中一欵並未廢全約云　因按此美外部欺飾之辭也美廢約中准華人來美一欵中國亦廢准美船運糧一欵中國之理甚正也且美首先廢約而中國即廢全約其理亦至正也雖然因尚有進於是說者美英於內地貨物由彼運此均不准他國之船攬載由滬運津皆中國內地也例應禁也非他國所能干預也

初九日　晴丑刻以後雨天氣轉暖

法國所造商船遇有軍務均可改爲兵艦遊弋洋面故於商務軍務均有裨益茲法政府恐承平日久各商船以爲具文因將大西

洋輪船公司之那曼地商船試改兵船驗其是否合用云　因查美國前造商船時即有此議明者所見畧同德國方議增兵且禁壯丁他往法亦籌及水師彼此鬬智鬬巧不待爭戰之時即在承平之日不待開釁之際即在修睦之年從前殷兆　上疏謂始終不忘戰其知幾乎

初十日　雪厚約一寸仍未止

卯初率隨員等恭祝

皇太后萬壽行三跪九叩禮辰初設麪申正設醼　初七日伯林來信言俄政府電達伯林各銀行限六禮拜內將以前所存各銀行之銀滙至彼德堡備用云　因查俄無可恃之銀行故銀存於德國近擬增水陸軍兵添造鐵艦故以向所儲者供現在之用也

十一日晴

俄國自土耳其禁止各國之船於達滕尼來士河駛行大於調度水師有礙故請諸土廷仍准俄船來往土廷似不敢不從土國將軍布利耳門請在該河兩面建置礮臺以資防守云　因按此積威所刼也光緒四年俄土之役俄兵已逼土都非英之援土幾不國然猶割巴統阿達亨卡爾司三省之地與俄而賽爾斐亞門的內哥勃爾加厘亞向之藩國均給地使自主土國歐洲之地所削已過半矣英人嘗議其武備廢弛所購兵艦永遠停泊而不駛行上年駛赴日本之兵船中途沈沒此明效大驗也亦殷鑒也

十二日晴

美國西北各省沃野千里產麥極盛政府以其出口道滯爲之浚蘇山梅里河以利之貨產之由是河出口者一年之內計値銀一萬零二百十一萬四千九百四十八圓向來英屬卡拿大商民運貨過此一律免稅近因英屬官待美商船苛刻總統遂創新例徵收英商之稅云　因查外洋好興大工工之所至利卽隨之如埃及之蘇彝士河法國之馬賽隄其稅入足以敵一小國若美之浚蘇山梅里河則專爲利民其用意微異耳至於因英之苛待美商而亦稅英商船以報之則大小各國無不如是因之隨筆記之者一以見美之爲民興利一以見美之爲民防弊也

十三日晴

答拜美紳克力引觀玩器古甆瓶一具自羅馬來云二千年前之物大花瓶一座自法國來望之如金鐵鑄成瓶腹之畫十分工緻其餘古物甚多談次詢因到此幾年因答以三年惜美禁華人自前任駁詰至今歷外部三任均不見照覆也克力言前十年以來上議院紳向歸北黨專權今年下議院紳南黨已倍於北黨上議院紳雖未定然北黨斷不能過三十九人南黨則可望四十餘人明年議院之權南黨可操且總統亦南黨北黨勢不敵矣或有變更也

十四日晴

昨日謁梅律師未遇是夕又往見之言議院將開擬撰文照會外部外部曾許以交冬必有照覆且許以此意奏總統請下議院再議故宜問之梅律師允以次日申刻赴使館面議又聞上議院紳曾特派員查察客民來美實在情形以便立例各員已於十二日在紐約會商擬請總統於明年三月一號起普禁各國工人來美卽例所不禁之人亦必向美駐該國領事處領取護照然後准其入境云　因按明年三月卽新總統接任之期也自三月起再申例禁工是又由新總統禁工矣新總統卽喜禁工以媚工黨者故得復任則禁例之復嚴可知其由美國領事給照一端尤易上下其手於所難禁之國則給照於所易禁之國則不給照雖云普禁亦不過禁中國而已此情弊之所以百出而交涉之所以難言耳

十五日晴

梅律師來見商照會外部事言歷年之所以駁例者非不辭嚴義正特無如總統之不下議院改議何也總統之意始則媚工黨以爲蟬聯之計今則又存五日京兆之見不欲多事且新舉之總統卽四年前之總統卽創禁工苛例之人今又舉爲總統矣現任總統雖不得蟬聯未嘗不覬覦四年以後故苛例難望除耳因答曰美國上下之意久已洞知終不能迎合其意而聽之梅律師謂苛例違中美之約不便於華人以前照會已盡之將何措辭因答曰美國今一年中各國人民入境者計五十七萬餘人德國一國此

一年中卽十二萬人較中國二十年所積之人尚多美既杜絕華人之來源又欲迫已安業之華人使去美不爲華人計獨不爲美國之名聲惜乎獨不爲華盛頓創國之例惜乎梅律師以爲可談久已日晡遂辭去

十六日晴

考專管客民入境之員亞溫士所言自去年七月至本年六月止此一年中核紐約一埠歐洲來美客民除逐回二千八百一人外其得入境者德國十一萬九千一百六十八人俄國七萬六千四百十七人義國六萬一千六百三十一人挨利士五萬一千三百八十三人瑞典四萬一千八百四十五人波蘭四萬零五百三十六人奥國三萬二千九百三十五人和國三萬五千七百二十四人由英屬卡拿大及墨西哥二處入境者尚未計云　因按歐洲入美人民如此之多僅禁華人曾何益哉不出二十年美當有人滿之慮矣

十七日晴是日美國開議院

十一日俄都來電言國用不給挪借不成不得已設法加稅所有國人例免當兵者按名收稅銀三羅布公司資本向來按年值百抽三今加稅爲五間有免稅之商今亦一律取稅每年共增收銀三百三十萬羅布十二日復來電言又於蒸酒煤油二物加稅云　因按俄之稅則本重故其民心喜亂今値大飢之後叛亂頻仍不聞休兵息民而屢聞加稅亦可見民之憔悴矣顧其兵強實足靖亂故民心屢變而國勢不搖此亦古今所無之霸道也

十八日晴巳後雨

十二日倫敦來電言哥喀薩司山介歐亞兩洲之間俄以要隘常駐重兵近聞俄廷下令調駐該山之馬兵三隊赴德國邊界駐紮以備調用云　因按俄以費用不給告貸於歐洲各大國無允貸者卽聯盟之法國亦不願貸乃議重稅國內商民而兵終不戢既踞巴美爾不畏中英之詰責又挾制勃爾加厘亞又挾制土耳其今又調兵駐德國邊界狼奔豕突卒歲不休何未聞有人爲一挫其剽悍之氣耶畏其強也

十九日晴

美國專管歐洲民人入境之員以歐民入境太多有礙美民生計擬例四條上之議院一自年十二歲至十五歲不通本國文字者一五十五歲以上無家眷者一其人亦貧隨身銀錢不過一百圓者一無美駐該國之領事所給執照者以上四項人皆不准入境由明年西三月一號起試行一年云　因按此禁歐洲各國人民入境之例前三條皆易混淆惟給照一層則其全權操之美國然仍可由領事通融焉蓋美於英俄德義各國不敢操之太迫持之太堅畏其抵制報復也

二十日晴

謁外部科司達寒暄畢因言前此相見時所許交冬必有照覆今其時矣敢請科司達曰此案本國外部自拜亞布連至今凡三人前兩任既不能覆故本大臣亦無可覆者因謂前偕金山商董晉謁時該商董請於開議時由貴部奏總統下議院再議貴大臣允之此次論議院文未見何耶科司達曰領照新例議院議定總統批成不能反汗也因謂何以一千八百八十二年總統阿他以議院禁工例太苛下議院再議耶科司達曰彼時尚未成例微不同也且貴政府之意如何因曰我政府屢照田貝謂新舊兩例均不公有悖中美兩國之約科司達曰中國如以此例不便當須換約約成則例可廢因言現在之約既不守而用例多約何為科司達面赭似嫌語太重艮久則曰俟與總統商之如總統以為可照覆則照覆耳因辭退

二十一日晴

為駮苛例事又照會美外部　偕彭參贊凌繙譯見梅律師梅律師言總統明年西三月（即中歷正月）卸任似不願開罪於工黨外部科司達尚有告退之意均無心辦此事矣因謂總統不將我政府屢次照會田貝之文交與議院是有意為難也該律司謂彼何意為難只迫於工黨耳前批例時已自貢其實情矣因謂明日見外部擬仍固請再看如何梅律司曰可仍當一面由華商延大狀師控駮庶乎有濟因諾之遂回署發書於金山總領事屬其及早綢繆焉

二十二日晴

昨日外部科司達專函訂本日巳正面商要務因屆時而往外部即接見言昨日所遞到照會文其中語氣有欠和平之處恐於兩國交誼有傷故請惠臨面商壹是因謂我所求者不過請貴大臣商諸總統將我政府數次照田貝之文及本使館此五年中照會之件盡數發交議院再議耳科司達曰例已成矣無可再議因曰例不再議我政府及本大臣照會豈不應議覆耶科司達曰二十日相見時已面允商之總統矣又復照會何為因曰前大臣布連屢許必有照覆而終食言本年六月貴大臣亦許交冬照覆至今尚未見到故不能不再三催耳科司達曰美國之行例實由光緒十四年兩國所訂之約垂成中輟欲其廢例必先議約此實際也此次必有照覆即本大臣因公他出華頓亦必照覆至此次所來文語氣太重請帶回修飾之如久無照覆再遞何如因允之遂退

二十三日晴

公法載兩國交戰兵力所到無論敵國境地不得蹂躪安分商民前德法搆兵德兵入法即出示諭法民秋毫無犯此德之能守公法也惟公法只言陸軍而水師實不同故於敵國之船不論官商均准掠取是兩歧也茲德國議紳請政府致意各國派員會商可否立例照陸軍公法庶能保護商民財產云　因按此舉若成誠

爲王者之師合乎古人非敵百姓之意然度必不能成者何也當今海軍以英法爲強英人好拓地法人好搆兵此法若行則不能橫行海上於以知英法之必不允行也

二十四日晴

接美外部照會當飭繙譯略譯其中大意言美國之所以行例始於光緒十四年而所以行例之由則以其時兩國所訂新約垂成而中輟廢約之故不能專責美廷欲中國遷就予以可轉之機則約成而例自可廢云云其他悉係強辨之辭

二十五日雨天氣愈煖

是晚赴外部席下議院紳火街先到因次到火街爲因言伊之本省商廠農業甚賴華人不附苛禁華人之例爲農商計本至公也而同院頗有譏之者伊無所私亦何所畏因答曰華盛頓爲美國第一人所創國例不分彼此各有自主之權君所行者與華盛頓同心與創國例相合何歉於心火街遜謝談次賓客陸續而到義奧瑞士土耳其四公使上議院紳福來衣士谷白得勒下議院紳火街姐門皆不附工黨而愛華人者共一人爲科士達之同鄉賓主共十四人飲至亥正而散

二十六日晴

昨夜席上聞義公使言本國議紳詢於外部云聞德奥義三國聯盟近已瓦解信否外部曰聯盟之局以保昇平三國均大修武備

敵國稔知自不輕動而又以至誠之意和合鄰封使敵國解怨釋讎幡然修好凡此皆所以致太平而非有狡焉思啟之意也議紳聞之大悅　因聞是言而知立國之道焉修武備則雖讎我之國不動干戈輯邦交則雖夙怨之邦亦敦和好反是則思啟封疆者必以我之弱而蠶食夙有嫌怨者又伺我之隙而責言治亂不同其實一理也

二十七日晴

至外部處謝席並謁同席之上議院紳福來衣士谷白得勒下議院紳火街姐門等福來言由歐洲來美之人較中國約二百餘倍中國約十萬人歐洲約二十兆餘矣惟歐洲人服食起居相同故美人不厭而亦難禁相忍至今亦決不能不禁此次議院必議晉禁中美已立限制之約但使美關認眞辦理十萬之外諒不加多亦何所礙惟一千八百八十八年及今年苛例殊違兩國之約耳因以爲公論焉

二十八日雨

拜發續保人員奏摺　二十一日奥都維也納來電已加兵額三千六百名從德君之意也二十四日德都柏林來電言德之增兵實爲自保之舉而俄廷見德此舉頗不放心亦擬增兵以期勢均力敵云　因聞此而歎歐洲各國有騎虎難下之勢也有鷸蚌相持之形也孫武子云勇怯勢也強弱形也形勢所見雖智者無可

如何先事而綢繆者恐形見勢絀而敵國有輕我之心也將事而整飭者恐勢不均力不敵而無以拒敵也當今之勢無以和局爲可恃無以武爲可掩無一日而忘戰斯善矣

二十九日小雨竟日

美國武員布郎考究造礮之法自出心裁創爲分節而造外有鋼綫裹之堅固異常查尋常大礮連放多次往往炸裂此礮入藥加倍屢次轟放毫無損傷云　因查前膛之礮變而爲後膛已適用矣陸路新式之礮分爲數節可分可合以便取攜行之已久然其礮不甚大也因始以爲小者可爲大者亦應可爲今果然造成矣然兵船之礮不在乎取攜之便而在乎及遠之能此種新式不過分節而造何以入藥加多殊不可解矣

三十日陰小雨時見日色

俄副將名達位大甫被人刺斃該副將素與尼希利黨爲讎想係彼黨所戕又俄國大饑之後又遭疾疫近查民册疫斃者計二十六萬五千七百六十名云　因讀左氏范文子之言曰外甯必有內憂俄之強也蓋不虞外侮矣乃不能制尼希利之黨禍伏蕭牆災祲薦臻是上不能安而下不能全也豈天道之忌盈耶

十一月初一日雨中夜大雪

接湖廣總督張之　電屬代買棉子十頓當即函屬紐約領事速爲購定因查俄國南方各省其土宜種棉花俄政府遂由美國購棉子試種其初種不得法所收甚微嗣由農部悉力考究近年所出之花既多且佳竟與美國如一云　是晚赴外部科司達茶會日本朝鮮公使均與餘係紳士亥正而歸

初二日大雪至午而止

近祕魯以整頓武備於常稅之外又加值百抽五美下議院紳司歌德請增蒸酒之稅每格倫合中國約七觔半加稅一圓二角五分每年可增稅銀三千五百萬圓云　因嘗至祕魯矣考其稅則已爲至重今加值百抽五則每百抽二三十矣蒸酒者蒸穀氣而成酒卽中國之燒酒是也美國酒稅本重以其非日用所必需也今每格倫加至銀一圓二角五分則每觔加至一角六分六釐稅重極矣中國效之收稅當可十倍焉

初三日晴

卯正率各員朝賀辰初設麪申正設醮　二十八日柏林來電言三國聯盟之局實因義奧兩國互相猜忌竟不能堅殊爲可惜三十日又來電言一千八百七十九年德法搆兵非俄國派兵駐守德國疆界奧人必躡其後德之勝法俄與有勞乃德今主卽位與奧聯盟而不親俄俄實恨之今德主見奧難恃擬復親俄近已調派駐瑞典之公使威德赴俄以該員向爲俄主所信重者庶俄德交誼復固云　因謹按歐洲縱橫之局成而各國防患之心切古人所謂日慎一日完若金城者今於各大國見之此外弱小之國

有無可布置或效燕雀之處堂者非亡則削矣

初四日晴

謁梅律司商駁美外部照會事律司以爲中國多方駁詰而美國之禁工自若不如予以可轉之機卽與換約因於限制之中寓通融之意堅求實際勝於徒託空言　因謂此事當由兩國分任　因當以美外部覆文達之總理衙門美當以中國歷年照會發交議院俟察看兩國之意若何如彼此意見相符然後可言修約之事　因此時不能遽許也律司以爲是俟商諸議紳中之相契者

初五日　飛乾雪如粉晴

威內薩南墨洲之國也地廣人稀招人開闢築鐵路造火車者多他國之商遇有事故往往向威政府索賠茲威廷鑒於前車訂立新例一所有火車鐵路之權准公司承充不准一人獨霸二所收貨車客車等費由議院公議不准訛索三該公司所得之利國家按百抽五四該公司建築動工以後如有爲難之事當向地方官控告不得強國家政府代爲把持云　因按鐵路之裕國通商便民誠當興造然由他國爲之不免有弊既有見聞紀之以備採焉

初六日　晴始冰

英國於屬地卡拿大諸與美國相連之湖添置巡船美紳以爲違約外部查舊案始知非違約也茲美水師部派員查諸湖商船有可充兵船者以備兩國決裂時能護本國商船并擄敵國商船之用茲查有數艘可用者仍當添造以期勢足相敵云　因按歐墨洲各大國共不忘戰固共見共聞矣而更不諱戰者此交涉之機也德與法時時言戰俄德之君至以戰相聞問美自祕林海峽事與英齟齬振興水師不諱戰英英於巴馬耳事不諱戰俄俄亦不諱戰英然後知試槍礮添兵艦勤操演此戰勝於軍實也論曲直爭形勢比權力此戰勝於口舌也然二十年中各國終不一戰者則交涉之機可知也曰恃不忘戰不諱戰以止戰也

初七日晴

是日爲耶穌生日又爲外國冬至節　自總統創禁英國漁船在祕林海峽捕海龍英人不允遂至齟齬於今二年英美兩國均派

兵艦互於該峽相挈漁船美勢究不敵英遂至形見勢絀俄人又踵挈英美兩國之漁船美廷益難抵制現總統不得已擬派能員赴英商議此案其意蓋欲言歸於好微聞卽派外部長科士達但尚未見明文耳　因按美國近年所行多侈然自大之象責言於智利索地於海岱爭權於檀香山立報施之約加入口之稅不獨歐洲詆其專利卽本國官民亦言之而普禁客民又爲歐人所不願大抵因顧國體相持而莫肯先發祕林海峽一事則英人直昌言不讓爭之累年美於是自求轉圜蓋虎頭蛇尾矣

初八日晴

從前美政府派員赴中南兩墨洲測量地勢可否興造火車鐵路

連墨洲爲一氣以便通商近日該員回美謂所過地方雖間有大川巨浸然其工程較美國自東徂西猶易爲云　因按自火車創行後各大國無不以此爲裕國通商之先務有疑之者或以兩國交兵利於攻而不利於守爲言不知鐵路之於行軍利於主而不利於客蓋自炸藥興而鐵路隨處皆陷穽主國可步步爲之而客軍不能也俄君亞林三德之事可證矣

初九日晴

謁上議紳宣文宣文之兄曾於南北花旗搆兵時血戰立功上年已歿美官紳爲之仿格蘭脫之例鑄像紀功光緒十五年因謁見時諄諄爲因言中國宜設鐵路以行軍則強以通商則富以達曠遠之地則民不患滿美國工黨權重華人到美向不入籍終難容也此次宣文又言之宣文恂恂有道氣極駁禁工之例今老矣惜其不得總統也又謁多福摩根拗丹柳表好德巴麻等中夜回車

初十日晴

上議紳宣文好德均來答拜談次知英人於緬甸漸次經營查得境内低山可以播植茶葉兼種茄非現已試辦惟其地雨澤稀少應導水之來源兼以灌溉之法并興辦自來水以爲食用之需約需費一百餘萬兩云　因按緬甸越南終古自安荒僻旁觀者亦以爲無可設施乃英法得其地而商務農務以次而興百年後當繼香港而繁盛矣然則人力固足恃也

十一日晴

下議紳好德火街來答拜言俄人於西比里亞趕造鐵路其東之歐沙粒江一段急求工成此地距黑龍江之北計程一千一百中里火車半日可到又西悉北爾之東烏蘇里之鐵路現用一萬二千人興造亦欲速也　酉正赴副總統席各國公使除英國墨國外到者二十四位外部科司達居首席酒用五品飲至亥正而散

十二日晴

初四日巴黎來電言近查得巴拿馬一案法國部臣受開河公司賄賂者五員已由議員參辦矣本日俄都來電言俄政爲君主法政爲民主俄法聯盟本屬強合前此雖有是舉亦不能堅茲法國内政不修官箴不肅巴拿馬開河一事足見其徇利忘義不能治内安能制人與之聯盟實爲無益現俄國頗有悔盟之意而與德修好云　因於此而歎立國之不可不強也俄法聯盟之舉俄欲拓地法欲復讎耳乃憚德之強相持而不敢發而俄人方興築西比里亞西悉畢爾之鐵路是其意隱將有事於東方而顯然與德爲讎殊非計之得者故欲親德而釋怨也俄德相親則歐洲可無事而兵力可專注矣然則鐵路告成中國其有邊患乎

十三日晴未刻見雨稍止中夜雨

十一日彼得堡來電言俄國聞德主之妹于歸有日俄君后擬由俄赴德以觀成親之禮想以此行爲聯絡邦交俾兩國以前之齟

齗可以解釋云　因按天下之勢兩相敵則平凡人之情兩相求則合此古今治亂離合之機也漢與冒頓和親而宋不能得於金元呼韓稽首於唐而契丹乃廢置石晉情勢殊也俄於土耳其則伐之於勃爾加蠽亞則更置之於德則始嗛而終親之情勢殊也此可以得交涉之機而爲發憤之本焉

十四日大雨竟日夜止

是日爲美國元旦總統以其夫人新歿故不見客各部大臣亦不見客遂無應酬惟繙譯官不理事耳　美國管收內地税員已造成半年入欵册收税共七千四萬五千七十圓六角八分內蒸酒税三百二十四萬餘圓釀酒税一百三十八萬餘圓煙税七十四萬餘圓此外牛油税雜税地税居多云　因按此美國半年內地税而入口之税不與焉煙酒二項已五百餘萬圓合一年計之則一千餘萬其收税固重然泰西各國均以此非人生日用所必需故有意重其税也

十五日晴

美國添造新式鐵艦二艘需鐵甲七千頓計銀四百萬圓本月即招商承辦惟美國現在造艦之廠不能制甲僅賓省之白寺里廠及家尼記鋼廠能製鐵甲耳近金山之右仁鐵廠現亦購置新式製甲機器以期承辦製造鐵艦云　因按美國於水師向不經意風氣未開近日以英義兩國交涉之難遂爲補牢之計而製造鐵甲尚費躊躇於以知現時武備迥異昔時水陸兩軍非講求數十年不能操勝算也若商務不旺入欵不充則雖欲講求而如無米爲炊更無操勝算之日矣

十六日晴

謁外部科士達華頓又至義日墨使館答拜聞南墨洲之智利巴西兩國聯盟以防外侮而巴拉圭亦願附入巴拉圭已購新式槍一萬枝并延智利兵官教戰云　因按周公言未雨綢繆孟子言相友相助春秋列國時時合盟中外之人心國勢無二致也智利勝祕魯而受屈於美巴西改民政而受侮於俄且英之蠶食已漸肆於墨洲此不可不慮也因又考亞洲各國中俄日本比鄰而俄人好兼併日本亦效之俄之強也固不資輔車之依日本亦復夜郎自大結怨鄰封何耶

十七日下乾雪時下時止午後大雪至夜而止

美國煤油之利幾徧地球其分支公司設於德國德國自產煤油之利遂爲所奪茲德國之布雷民埠擬自集股另設公司不令美公司獨專其利惟美公司資本甚大所有同業與爭利者均被擠倒不知該公司能與相持否　因按自泰西各國通商於中國而中國之民失業者多美國煤油入口後而靑油遂廢棄柏子一物產於地者棄於地矣德亦產煤油乃以價值貴賤相差而被奪其利中國方興治鐵織布諸局苟非局無冗員廪不虛耗未必能與

洋鐵洋布相持也上海紙局其前車也

十八日大雪午後時見日

十四日伯林來電言歐洲各國現在均需欵孔亟難於設法惟有借貸茲奥國擬借巨欵與本國富商商訂計年納息四釐德國亦然月內均可說定云　因按歐洲競尚強兵而防他國之蠶食兵餉日增遂無底止德奥義皆稱大國而奥尚富於義德且富於奥猶且入不敷出既籌加徵復求借貸幸其商務尚旺不必乞諸鄰耳否則如葡萄牙埃及各邦終不免於鬻地受制也

十九日晴

梅律師來商議謁議紳事以使館自光緒十四年至今所駮美廷禁工苛例美外部并未移交議院本年九月照會美外部請奏總統將所有駮詰禁工照會發交議院再議外部照覆其詞隱約嗣查得除總統外外部實無此權總統已歷兩任既不願交非議紳建議索此項案件不可故與梅律師商議密託議紳梅律師已將所可託之紳送一單來并其居址擬卽日往謁焉

二十日晴

謁上下議院紳見亞威得窪而好德楷麻夏一芬麥豈力五人而楷麻尤關切言去年會議新例卽不以爲然又言英國擬貸銀三萬萬圓與日卽收古巴之入欵以償其本息查借貸爲各國常事惟英人往往以保護本國商民爲名而卽藉以奪他國之土地爲

各國所稔知想日國政府未必受愚而美國與古巴比鄰斷無坐視之理云　因按當今之世弱肉強食以爲常損人益己以爲利稍不防備卽墮其術中矣埃及祕魯至以國中權利授英葡萄牙土耳其墨西哥亦將踵其轍焉俄強而土地不可得今年告貸遂無應者蓋知其不能脅也此可以見其心矣

二十一日晴

美廷整頓海軍苦無添煤之埠雖與瀕海各國商請購地多不允從其允者亦須大工開闢動需數十萬金近水師水員思得海面添煤之法能使兩船不碰有利無害其便實多云　因查海面風浪難得靜時浪不靜則船不能相近近則相碰或碎或散故海面不能添煤而必須泊也然人之聰明無限船之用帆者既易而爲輪矣豈兩船竟不能使相近耶如其能成則英法兩國之到處踞埠者不如此之隨處有煤我國方興海軍本境之外實無一埠但學其法則不慮無煤矣

二十二日大雪中夜大風

謁總察院見傳士播郎斐路不綠瓦餘未見又見下議紳克樸爾聞俄國政府預籌明年費用較今年多八千一百萬羅布爲築鐵路計也其最重者爲西比里亞自西而東環繞中國邊疆分段創造由太平洋至滿洲界計用工人一萬二千名不難剋期告竣其西段已築至參麻根又展至廓干離中國西疆僅百米耳又擬築

鐵路直達阿富汗波斯兩國又由俄都達北冰洋之阿千乍爾海口共計四百五十米不日可成其火車全用電氣行駛云　因嘗於光緒九年疏陳俄人將爲中國之患其地已包中國之東西北界處處可入今營鐵路如是其急其心叵測宜思患預防矣

二十三日雪止晴

謁下議紳見安多羅好德蘭打路陌克力哈打英吉利士六人蘭打路英吉利士二人尤關切談最久均以禁工爲違約又聞昨日接羅馬來電俄法聯盟義國駐法公使密用離間之法使之齟齬乃天主教王知其謀即飭其駐法之使轉告俄國駐法之使使義國之計不行而俄法之交離而復合查俄之於天主教限制極嚴

今教王如此欲媚於俄以求容云　因聞此而歎立國之富強也天主教始於晉末其盛時能廢立各國之君自德勝法而法不能護教其權遂替近德俄義美各國限制極嚴法之各部亦厭之教王乃自貶以求媚於俄法可謂知權變者亦衰弱之勢使然也

二十四日晴

謁各部見外部兵部水師部戶部內部聞美國派駐土耳其公使檀臣乘本國兵艦赴任將抵土國之司麥拏海口土王特派官輪迎入其故因土都地當要隘爲地中海黑海往來必經之地向禁各國兵船出入土國與歐洲各國有約其意在限制俄國兵船俄之海軍頗強格於約章不能出入如或入地中海則英之蘇彝士河不能守險法義兩國海口亦當其衝茲土王甯特派官輪載美公使入都不令美兵艦違約恐俄國藉口也　因按歐洲各國限制俄國兵艦由地中海已久聞之蓋各國之善於防俄也茲於土王派輪一事見其善於守約也凡交涉之事當慎於始如各國之防俄是已當防於微如土王之於美是已細針密縷否則必受挾持焉

二十五日晴時見霏雪

謁上議院紳見寒得沁地甫司果勒門三人因相隔遠戍正而返聞德國之克虜伯廠與格虜純廠齊名近合而爲一克廠善煉鋼造巨礮格廠善造鋼甲鐵甲又善造穿甲之彈均爲絕技今互相

考核更期日益精云　因按歐洲諸富強之國非僥倖富強也其上下所講求者日以通商興利開礦設廠爲務均有專門宜其富也其水陸之軍日以操演測量爲務亦有專門宜其強也其國中各廠林立日以煉鐵煉鋼製礮製船製甲製彈爲務既以自用又以售人宜其強且富也大抵人之聰明日用日出用之於有用與用之於無用其用相同將何以使天下之心思均用之於有用哉是在乎轉移風氣者

二十六日晴

上議紳果勒門來答拜談久言近日法國以兩國交兵運調最忌麻木戰場之上尤貴號令靈捷方能使將之於兵如身使臂而臂

使指近武員中有留心考究者知用電氣至爲便捷另備一種收發電音之人其裝束與兵異以頭戴小帽爲誌取其一望而知置電機於身并帶電綫計長三里有餘重不過六磅云　因按電氣之用泰西漸推漸廣德國用以生力俄國用以行火車美國用以行舟行車至以遞書信傳言語代燈燭則各國已恒有近電學家又用以代煤而烘茶惟其心思不窮故其用法亦不盡也至於疆場用申號令自爲靈捷先儒呂新吾云事前優游事至慌亂凡事不宜兵家尤忌泰西用心其知此道夫

二十七日陰未後大雪

謁上議紳巴麻不誺批化下議紳巴堅士好布堅司加來兒馬丁等談次知二十五日伯林來電言德主赴西馬林安城觀羅馬尼亞國之太子成婚禮此地距法疆甚近遂附火車聲稱赴喀爾司路埠乃到該埠不住即往司脫拉士堡城此城爲德法交界要隘德有重兵駐守德主意在出其不意察看情形而駐防將卒僅於數分鐘時率兵嚴陣以迓德主見軍容整飭知無隙可乘甚悅云　因於此而歎陳之宜亡也高穎破陳之日於後主榻下得陳將告急文書蓋猶未啟封也亦於此而知漢之宜興也高祖馳入韓信營中奪其軍符而韓信不覺也野史載戚繼光備邊將士點名大雨猝至植立肅然無一人離伍者此其所以百戰百勝也德主所行德將所能聞者頗爲驚異而不知中國已有其人也

二十八日大雪

伯林來電言俄國向章建造鐵路不准在他國購買材料所以保本國之利也惟現在方興大工又求速成而本國所產實不敷用茲俄政府擬變通以求速准其購之異國德國聞之甚喜以德俄比鄰可得此項利益云　因查歐洲各大國無不欲自保利源亦無不欲興造鐵路購材料於異邦則土產棄於地惜經費而不造鐵路則利源不能興二者皆有所失也俄造鐵路向禁取材異國其策誠是今以材料不敷而弛禁則權其輕重而出之也與其防漏卮而利不興不如興利之爲愈矣嘗見窮乏之家非不儉嗇而畢世饑寒者惰累之也力田服賈自奉常豐而尚有蓄積者勤爲之也此言雖小可以喻大

二十九日晴

謁下議紳見寒得遜葛累堆二人聞美國貨船由北邊之湖駛出海口必經英屬之河英稅關常與爲難美國屢次照詰英人置之不理上年美議院遂一面議開河道使船由湖直達海口一面亦以限禁英船抵制英商苦之茲英屬改除舊章凡美國貨船由英河入海者稅關概不留難云　因按萬國公法地球通行而弱與強之勢不同即從與違之情各異大抵強者自抉藩籬但以公法繩人而不以自律也惟抵制之法則使之不得不平如楚子木欲屈齊而晉以朝秦抵之楚成王方圍宋而晉以分曹衛制之外洋

交涉亦如是耳試卽以近數年之事證之德奥義三國聯盟俄法亦聯盟德君聲言兵力足以勝俄俄亦聲言兵力足以勝德法人以爲兵力足以復讎德人亦謂兵力足以一戰此以責言相抵制也造鐵艦者以防礮彈而制鐵艦者又造水雷造水雷者以轟鐵艦而制水雷者又造鐵網此以機巧相抵制也美英爲祕林之案互捕漁船法日爲新約未成互增稅則美加墨西哥入口稅墨亦加美國入口稅英欲制俄之佔巴美爾俄以取印度抵之法欲制英之脅挨及英以突尼斯之礮臺抵之此以報復爲抵制也綜觀各國交涉之道援公法者十之一用抵制者十之九且援公法者必有抵制以爲之繼否則我望以就範人視若弁髦我自言而人

自行將何所底止哉英稅關與美爲難美知駁詰無益卽以限禁英船抵制一舉措間而英卽改除舊章此明效大驗也

三十日　晴雪漸化

美駐古巴副領事布冷格來來謁談次言古巴虐待華人前此伊與陳蘭　言之中國遂與駁詰得除苛禁今華人出水火矣　因謝之欵以茶果又聞瑞士國現舉之副總統富萊之前遊歷美國大書院學兵法有成值南北花旗搆兵卽投效軍營充當兵弁事竣返瑞迭膺重任四年以前兩充駐美公使今又爲副總統云　因查二百年前俄主彼德少時曾充英國兵船水手近德主威棱第一亦先充奥國兵官美之華盛頓格蘭脫皆由兵官而爲總統者

上年勃爾加釐亞之君哈吞腦亦起自行間不足異也英王孫現充鐵甲船主俄儲遊蹤幾徧各洲奥儲又將遊歷歐洲羣雄角起逐鹿爭先風氣使然亦藉以增長見識也

十二月初一日晴

至美紳布冷格來寓答拜又赴上議紳富施士茶會聞埃及國所派外部大臣白茇英廷以其並未相商立飭撤任查埃及因欠英國巨欵英與埃約歸英保護國事須商之英必英允准方行此次更換部臣竟不與英商議或謂係聽俄法兩國之慫恿也英駐埃使阻之不從故英廷電飭埃王限於十二時辰之內立將外部撤任云　因查外國之所謂保護者實卽干預也許其保護卽許其

干預終必奪其權易其君臣踞其土地而後已俄於諸回部英於緬甸法於越南皆前事也埃及有俄法之爭權故不至於驟替然終亦必亡如芬蘭之爲俄德分裂而已

初二日晴

十一月三十日伯林來電言德之敵國首推俄法然一旦有事又必有附俄法者二十年前德國曾以重兵伐丹奪其二省之地懷恨已久今俄主又係丹王之壻俄德開釁丹必助俄不可不防云　因按晉穆姬嫁於秦而秦虜晉惠公晉懷公娶於秦而秦殺晉懷公婚媾不足恃也俄主爲英后之甥而屢欲奪英之屬地俄之婚媾尤不足恃也晉假道於虞以伐虢還師滅虢交好不足恃也

俄約羅馬尼亞以伐土耳其還師奪羅馬尼亞之地交好於俄尤不足恃也丹國未必助俄俄亦未必資丹之助但德之謀國者自當未雨綢繆耳　赴上議紳可六茶會

初三日晴

謁梅律師聞美外部近接墨西哥消息言墨國近立新例於各國保險公司之設於其國者必須向墨政府領照方准開辦又資本二百萬者須以百之一交政府收存仍另收照費云　因按外洋各國之稅重矣其征他國之稅至重者所以保護本國利權也其征本國之稅亦有重者所以激勵游惰也其收煙酒之稅尤重者所以限禁糜費也惟不徵出口之貨稅所以暢銷本國之產不使棄於地也所以使物產之成本賤於他國以奪他國之利也其中間有征出口稅者則以其物爲本國所少或本國所需故限制之使其不盡出口也英屬印度之於鴉片征稅極重則以鴉片爲本國所獨產又與中國有約不憂他國之奪其利也此孟子所謂孳孳爲利也然而風氣使然不如是則削也滋甚矣

初四日晴

美國近來藉口防疫凡歐洲各國商船入口者必停口外二十日驗明後方准入口以致客貨來美阻滯無利可圖故各公司暫停運載三等艙搭客而此項搭客每於數月之前先期買票茲仍持此票向德海口附船船主不收德俄奥三國貧民進退維谷無可

設法云　因按萬國公法各國條約惟弱者守之其強者任意解說陽奉陰違非一日矣美國禁華人入口則令領照禁歐洲人入口則云防疫其行法有剛柔皆背約也俄奥諸國雖未允其禁工而不能駁其防疫使其船不即入口則往來滯而無利可圖船主自然不載此種貧民而來者自阻矣美人狡矣其實各國皆如是也

初五日晴寒度似皖省美國人以爲極寒矣

謁梅律師商議由議紳請將本使署歷年照會請總統交議院詳閱又聞南墨洲之海代國有監禁美國商人米士案美公使辦駁海代國置之不理美使因事返美此次特派兵艦送美使赴海代嚴責以賠海代國以爲美廷恐嚇可厭仍置不理茲美廷擬添派兵船云　因按交涉之事雖千變自熟於此者視之直以爲依樣胡盧耳大國之陵小國其常也稍不如意則肆索詐其常也索詐不遂繼以兵船其常也戰局一開索賠益鉅其常也海代國何以不知耶則以天下如是而美國以前尚不如是也今非昔矣

初六日天煖冰釋

昨日伯林來電言奥國向本國富商貸欵茲已成議銀行以九二折交政府而以九四折出售民間一挹注間銀行每一百萬得二萬云　因按歐墨洲國家貸欵多有折扣其無折扣者英美德法而已俄之貸欵有六折者且貸諸他國故其兵強而用不足英法

各國國債雖多而實貸之於本國之民其利不入他國故曰不貧中國貸欵向由滙豐銀行其集股與奥之銀行相似且內有中國富商之股惟貸入者不受扣而扣折於貸出之股商其法不同且所出之息滙豐亦不全與股商共利大矣夫貸欵何以必由滙豐以利授他國銀行應思所以挽回之術也

初七日晴

上議紳黨參之女來見葛絫堆之房東來談逾時聞俄法聯盟以防德奥義德奥義聯盟以防俄法非一日矣玆德以奥義之貧弱不足恃俄因巴拿馬開河之事亦以法之無政不足恃德派俄君舊所悅之公使威德以駐俄俄主甚悅玆德君之妹不日于歸俄

君特派其太子屆期躬詣德國觀禮以示至好德國官民聞之大喜以爲此舉可見兩國解讐釋怨之徵云　因按富與富合貴與貴合此恒情也而強亦必與強合強不相若則合之必不堅俄之於法德之於奥義是已強而相若則離之亦不久俄之於德是已孫武子曰勇怯勢也強弱形也形勢相當者不輕啟釁其不相當者雖朝聘不絕玉帛在途終不免於吞幷宋之於江南於蜀元之於宋是已

初八日晴

智利都城佛爾巴來蘇來電言智廷近訂稅例於巴西國進口貨物均增重稅巴西駐智公使卽駮其例謂智國如必重稅巴國亦將効之幷禁智國貨物入巴西云　因按智利與巴西接壤南墨洲之國智利最強近因內亂經年各國索賠以致入不敷出又鑒於美之兵船挾制大修武備兵餉不足則以加稅彌補巴西壤地雖廣而人口凋殘久爲智利所玩故加稅之例先於巴西巴西公使以此事不能不駮又慮空言不足取勝故以抵制要之意其必禀政府之意而出此言也蓋稅則本國之內政各國可以自由我駮之而不聽從則彼之可以自由者我亦可自由也此物此志也

初九日晴

謁上議紳見宣文地甫司及布生三人美國考據家統核歐洲各國兵費甚鉅按年計之英合國用百之三十七俄合百之二十九

法合百之二十七義合百之二十二德合百之十八奥稍減於德至各國債息以入欵計交息義需四成又四奥需二成又九法需二成又八英需二成有七俄需二成又六德需一成　因按英之每年入欵約銀四萬萬兩以三十七分之則每年兵費一萬四千八百萬兩矣義之入欵約銀三萬萬兩以四成分之則每年債息一萬二千萬兩矣益以兵費百之二十二則銀六千六百萬兩矣兵費債息合之爲一萬八千六百萬所餘僅一萬一千四百萬兩以爲各項國用宜其不敷歐洲重斂暴征所入雖多而國用尤鉅皆相持不下爲之也至葡萄牙國以所入交債息猶且不敷更無論矣

初十日晴

接福州將軍希　閩浙總督譚鍾　信言美駐閩領事葛某和平幷屬查銅鉛之價　比利時國鐵路公司與法公司合訂火車改用電氣以期迅速每一時辰行一千里準兩月之內一律變换云

因按電氣之用漸推漸廣輪船火車駛行向用以火灼水之氣今改用電則無需用煤矣每一時辰行一千里由法至比不過六百餘里不必一時即可到矣地球之徑只九萬里以電車繞地球不過八日即可徧矣且兵船航海每患無埠添煤此則亦無患矣前聞俄奧兩國已行茲法與比又行之風氣既開勢將徧及各國正不知何所底止焉

十一日晴陰

初十日倫敦來電言英國商輪之數甲於天下百餘年來獲利極巨近日商船無貨可運停泊各口者計四百七十九艘計容八十五萬六千噸另九十九艘在歐洲各口候貨亦無貨可載商務之陡衰殊所不料云　因嘗閱使館舊案當陳任時中國庫平銀一千兩可滙美銀一千五百四五十圓鄭任之初亦如是至交卸時則減至一千二三百圓至張任交卸時又減至一千一百零五圓今年又減至一千零十三圓冬十一月減至九百九十七圓前後十四年之間中國銀價之落已逾七折亦可見外國之專利矣

十二日小雨

北墨洲之地本屬法國嗣爲英踞只存數小島法民於此捕魚者船數百艘法政府爲寓兵於漁之法無事則任其捕魚爲生有事則用以當兵効力爲養育水軍人材之計故每年派兵艦三四艘隨漁船往以資保護且於其所獲之魚按百磅津貼銀一圓又加征他國運魚入口之稅使本國之魚易於出售云　因按此舉有三善焉爲貧民裕生計一也爲水師儲人材二也爲國家塞漏卮三也區區布置亦富強之一著高碁焉且其地之爲英所踞者未嘗不思奪回惜英之水師方強未敢輕舉耳兵艦漁舟既伺其側沙綫既熟浪颶亦諳一朝有釁則唾手收回所失之地無難矣

十三日晴

謁外部科司達告以美國駐閩葛領事辦事公正敦睦商民安之茲接福州將軍閩浙總督書極爲嘉獎該領事如能蟬聯必於兩國有益科司達曰美廷現不撤該領事後任則非所知因又告以十月二十四日照覆已將此文呈諸總署俟待後命惟領照限期已迫屆時華民必不領照應勿逼迫以顧前約科司達曰此事前已申明例爲議院所定總統所准不能不行因謂然則本使署應再照會駁詰科司達曰本部照覆既呈貴總理衙門何不少待且應領照監禁與否非外部所能主應由律政部容與相商云因遂辭出

十四日晴

日斯巴尼亞屬地格羅林島與小呂宋近向不准各國教士在彼傳教去年美國教士之在該島傳教者爲島民所逐美政府照會日國答以向不接待教士嗣美又備文駁詰日廷至今無囘文想不允美廷所請也　因按教士之於亞洲可謂猖獗矣其實在歐洲之教士殊無能爲也最嚴者莫如德俄俄於教士除通都大邑外不准深入內地且限其説教之時刻不得過半時德於天主教之干犯國例者予罰不貸無可罰者則予監禁義則去年以天主教士唾紀功碑事遂不准教士出門教王之令不出於王宮之外今日人又逐之矣然則教士之猖獗護教之國之要求固不能行於強國也

十五日晴

十三日俄都來電俄國西比里亞地方各金礦所採之黃金近日分載十三馬車運至俄都有重兵護解云　因按京北奉天黑龍江興安嶺一帶產金最旺西比里亞即毗連之省故採金如此其多也近聞越南臺灣均產金沙越南金沙由山澗中流出土番依山畜鴨中國戍兵購其鴨宰之腸中每有金沙土番不知採也故法人窺伺之臺灣金沙向歸官辦招民自採官給其値而收購之現承辦之員請於上司願每年繳銀六萬兩歸其承辦則漸有把握矣

十六日晴

酉刻與梅律師商撰照會以新例不久將滿華人不願領照屆期不得監禁以符前約律師云此事彼不能允亦無辦法也蓋一月之內總統部臣均易彼自知權不我屬置之而已不如俟新總統接任後辦理云云因從之　聞俄國政府估計現年經費約五萬萬餘羅卜入欵亦五萬萬餘羅卜查俄國向來出入二欵未有如此巨者蓋入欵漸增而出欵亦遞增水陸軍餉需二千九百八十萬七千羅卜云　因按俄國曠土漸闢糧產日多棉花日盛煤油日出金礦日開此五者年有所增而税又加重此入欵之所以巨也出欵以興造鐵路爲巨軍餉次之移民實邊又次之皆富強之計非若土耳其之糜費正供也可畏哉

十七日晴未刻見細雨即止

赴上議紳圭茶會又謁英吉利士二人皆不附新例者　十五日倫敦來電言英國議院開時英主諭議院以英國屬地徧天下政繁事冗交涉事宜議院應悉其隱微調劑盡善現最宜速議者爲埃爾蘭島該島離倫敦僅一海峽原不必另設議院但其人民與英世讎僅慴於英之強並非心悅誠服其故因全島土地爲英所奪土人耕田須向英人出租承領動受挾制生計無賴貧極思亂宜創議院革除苛政俾安島人之心云　因按歐洲強國日夕經營不過瘠人肥己英尤甚焉何忽爲仁義之言體恤一小島哉查美國數十年來客民入境以埃人爲最多蓋逝將去汝空國而徙

矣今則美立新例禁歐人入境日益加嚴英既不便請於美以失國體計惟有稍寬虐政以安其心而免其遷非眞能不侮不奪也

十八日晴

美國新式鐵艦名威穌魏阿士其式獨異中有氣礮三尊專放炸藥彈子此種氣礮向有武員決其不能命中故水師部特派員一一試驗近日驗得該礮出彈正直於三四里之遥命中甚準尙擬再驗如始終如一則水師部擬照式再造一二艘云　因查光緒十年直隸廣東均電美使館屬購氣礮終以不能試驗未成五年後英國曾購一尊美國亦間有置於戰艦者而究未聞試驗命中今居然命中矣因又考從前中國定購立合同時四寸徑者彈及

六七里六寸徑者彈及八九里八寸徑者彈及十里蓋至小者亦不止及三四里矣今僅及三四里如八寸徑者則不符甚遠卽四寸徑者亦照原議減半然則購辦軍裝可不愼哉

十九日晴是日封印中夜雨雪

上議紳英吉利士來見欵以茶煙談最久詢中國民數最多每年入欵若干因答以近一萬萬紳曰何以少耶因曰中國不言利故稅甚薄取之於民者甚輕紳曰中國入口稅輕故外國以中國爲利藪而中國之工藝多失業美國稅於本國之民亦薄且出口之貨並不收稅惟重稅入口之貨及無益之物耳美國上下皆不諱言利總統諭議院必諄諄於國庫之盈虛商務之衰旺民產之增減稅入之多寡部員議紳莫不有恒產卽如議紳之俸歲僅四千而恒產所入有十倍百倍者不諱言也歐墨兩洲之國其公舉議紳與謀國事者皆有定章非身家殷實不舉蓋以能治家者必能治國也因曰如此不畏與民爭利奪民之利乎紳曰天地自然之利無窮何須爭奪彼出其才以執利權爲民興利民富而國亦富計此二十年中美國上下之富幾二十倍於前此明效大驗矣因答曰是或一道辭去已午正矣

二十日陰雪已化矣

倫敦來電言俄地近北極海口交冬卽冰船不能行兵艦船隝與修均礙故常欲圖南垂涎於土耳其波斯印度朝鮮等國思得其

海口以便兵船也英人畏其蠶食則嚴防之凡俄人有事於土耳其英必設法以伐其謀甚且發兵助土或聯歐洲各國以制之近數十年非一次矣土耳其深知此意亦暱就英自光緒五年英派兵駐土之屬國埃及土國疑忌日甚英初以救災爲辭謂埃及亂靖卽當撤兵近已十年兵猶未撤近日法國屢次詰問俄亦附和土則陰助俄法三國既合英人非得德奧義之助恐力不敵矣

因按今日之天下一弱肉強食之天下也俄遠交而近攻英長駕而遠馭俄之版圖得地球六之一英之屬地徧於五洲而其心猶未饜也前七百年元世祖混一地球其時亞墨利加澳大地亞均未闢混沌未幾而仍分裂足爲好大喜功之監今英與俄鬭智鬭力戰則糜爛其民

而勢無兩全不戰則鷸蚌相持而勢將俱斃民生之禍亟矣豈氣數使然耶

二十一日晴謝神赴議院紳而來多茶會　泰西一千八百九十三年卽光緒十八年各國鐵路計以英里美國十六萬七千七百五十五里卡拿大一萬四千八十三里墨西哥阿鎮丹共五千六百二十五里祕魯智利甚微不計此在墨洲者也德國二萬六千七百九十里法二萬四千三百十里英三島共二萬二千六百八十五里俄一萬九千三百四十五里此在歐洲者也印度一萬六千八百七十五里俄沿海邊岸八百六十五里和之屬地八百五十里法之新疆六

十五里葡之屬地四十五里中國一百二十五里波斯十八里此在亞洲者也阿吉利亞突尼斯共一千九百里好望角一千八百八十里野雞大山九百六十五里那太彨三百四十一里其餘小國約三百里此在非洲者也特辣浦二千七百三里南威勒士二千三百七十五里昆思闌一千六百四十五里南澳大利亞一千八百七十五里西澳大利亞一百六十五里太司默尼亞四百一里新紀闌一千五百九十里此在澳洲者也　因按此紀五洲之鐵路而亞洲之日本歐洲之比利時均不及焉或以其少而遺也美最多英合屬地計之亞於美次則德法俄此五國者其國勢何如耶

二十二日晴

卡拿大鐵路公司來謁卽前賽可侖比亞會時相遇於兵船者談及美國水師提督安民當前南北花旗鏖戰時身經百戰兵船利鈍久已瞭然近創造一衝頭鐵艦長二十五丈闊處四丈三尺高二丈一尺入水一丈五尺容二千一百五十五頓每一時行一百一十六里其衝頭爲鋼質重十頓餘僅費九十三萬圓云　因按自鐵艦創而各國競出心思以鬬巧究之各有短長未有有利而無弊者頭等戰艦質堅礮巨然苦於笨滯而不能避水雷巡海兵船來往迅速又苦於質薄而不能當巨礮衝船之式英法德皆有之其創始實原於奧奧創斯式戰於大洋當者立破各國皆派員

往觀遂傳其法十年前英之兵船名阿爾及爾行於大洋衝船公甲駛於其後不相期而相觸公甲之衝頭衝入阿爾及爾船身裂孔八尺當時卽沈英人喧傳謂如強弩之穿魯縞今美國又師其法並非新奇大約該提督亦深知此式之能制勝也

二十三日晴

戌刻奉　總理衙門電云二十二日奉　旨楊儒以四品京堂候補出使美日祕漾　智利國以俄國兵船到境詢問駐智利俄使俄使答以並無他意不過查探各口商務情形耳聞俄人實欲向智利阿鎮丹二國借一口岸修築埠頭以爲兵船添煤之計云　因嘗疑俄於太平洋岸議設船隖有覬覦墨洲之心今漸露端

俔矣墨洲之北監札加地方久爲俄有俄之兵船又於祕林海爭權則其不讓英美之意可見蓋墨洲開闢未久曠地極多美國而外率皆小國其地本易取而取其地又可以耕且地氣中和不似俄之苦寒開墾移民均爲有益然則過此以往墨洲其不靖乎

二十四日 晴夜雪

梅律師來謁言上議紳可六請將中國歷年駁詰苛例照會案件交議院公議總統已允發交議院惟議院諸紳只能向議院公閱不能帶回難知其詳請刋印二千本除分送議院按名二本外餘者分送各省公正官紳官紳閱之必有公論則新任新議院到時可以再議如以爲可則此刋印之費須由使館自籌 因允之又聞

檀香山所派之員到此已數日外部科司達本將告退又爲此事所覊絆美國咸謂此事重大殊難決斷日內外部與檀員所議甚爲祕密外人不得而知大約檀國願歸美國保護而美國亦垂涎於檀蓋以檀國現在攝政之人卽係美人故想當然耳然英國必起而爭之美廷之不敢決者此也

二十五日 微雪陰

近古巴之三德明哥島國所借他國錢債甚巨向由威善多布銀行交息今該銀行將此權利鬻與美商業已成議卽於一千八百九十四年三月將關稅由美商收以爲交債息之用并准美商興添鐵路以收運載之利以五十年爲期不准他國攙越識者以爲該國將爲美所并云 因觀於此而得爲邦之利病焉泰西各國皆有國債其借諸本國者其息楚弓楚得不至於貧如英德法美各國是也其借諸外國者日朘月削必至於匱如葡土墨西哥三德明等國是也英法德美四國於本國之鐵路既興凡他國之未興鐵路者則欲代爲之興且不願他國之攙奪彼何爲哉蓋利之所在也然則欲富強者當以興鐵路爲先而以借國債爲戒

二十六日陰

謁梅律師上議紳傅喜士之女亦到聞近來歐洲各國於馬兵步兵之外又增輪兵蓋泰西所創獨輪車以大輪行以小輪爲舵定所向上有一座人坐其上以足踏機迅如快馬英國因設學堂以

此訓兵居然可用德法義等國均派員赴英學習遂卽創設輪隊美國各省今亦仿之以爲便捷查輪隊與馬隊不同馬隊利於陷陣輪隊利於調兵調兵貴速此輪每一時辰能行三四十里已試驗矣 因按古者師行日三十里今之輪隊十倍其速鐵路百倍其速蓋古尚持重今尚便捷也禹貢九州相距遠者只千餘里春秋列國犬牙相錯只數百里晉人襲鄭卽云鄙遠其實山西河南實鄰近耳今之戰者皆戰於數千里之外甚且數萬里以古法行之必緩不及事矣美國南北花旗之戰北無鐵路屢戰屢敗迨鐵路成而遂勝之此兵貴神速之大驗也

二十七日陰

美國希卡果明年賽會已由德國人造電氣燈一座設機器於房另以氣球升電氣燈於空中然後發光其光可抵一萬六千萬枝燭光六十里內照耀如同白晝途人相逢鬚髮可數詢爲奇異云　因按電氣之用愈推愈廣近謂電氣可以祛疫則通於醫又謂電氣可以生物則通於稼泰西百年前有奇人焉言泰西之運盛極將衰有詢其衰在何時者則曰鐵行於水面而不沈光燭於宵深而不夜此其時也其言果驗則泰西之運其將衰乎

二十八日晴

金山商董所延大律師博耶來會爲駁禁工苛例也當卽偕至梅律師宅面商辦法梅律師謂議院卽日將散中國使館公文雖由

總統交議院倉卒未必議成須待秋冬議院開時方可就緒耳又聞美國女教堂設在土國麥羅沙省土人以其有觸犯官長之事焚毀之教士訴於地方官不理美駐土公使函請德國駐麥省領事查明緣由再向土廷詰問云　因查民教不和之事各國常有德之於教士也或予罰鍰或予監禁俄之於教士也或限其設教之地或限其宣教之時西班牙土耳其於教士皆焚逐之義大利則禁錮之教士皆無以報復焉至亞洲則不然其故何耶

二十九日晴

西報紀日本下議院呈遞日廷奏章一扣茲譯其略云爲請旨議改條約四端以圖振興而收利權事竊查一千八百四十八年至十九年大權旁落外侮沓來遂致有城下之盟立此不公條約藩王逞雄海內強鄰偪迫境中明治初年是以有兵戎之舉所可惜者前與外國所立不公之約未能改換耳查我國有自主之權凡外人托庇宇下自應歸我管轄稅務亦應在我權衡今爲條約所限不可措手殊失國威臣等每一思維欷歔欲絕外國人在我國旅居不隸我國權治祇受彼國公使領事治下一如在本國然我日人往彼國何以須遵彼之管束至稅務又格於條約不得我行我法我國貨物至彼入口則任彼重稅是我有權彼則奪之彼重征我則依之此我商務技藝之難以振興國庫之所以日朒者職是之故雖皇上深宮劼毖勵精圖治亦末由振發也推其初與外

國訂約不深慮於日後而苟安於目前想當日秉鈞之員未深諳外國情形率爾立約致有此掣肘之患臣等請嗣後遇換約之期宜爲彌縫補苴之計所有牽掣我國之欵亟圖改換謹將議就四端敬爲我皇上陳之一請外人在日本國居住者必須由日國管轄二稅務如何征收皆任我朝自立主意外國不得預聞條約不能限制三有約之國通商口岸我國均沾其利不得畸重畸輕四我國政治外人不得干預以上四欵伏求　皇上睿智如神俞允他年條約更換之期望將四欵增入云　因按日本議院所陳確中亞洲立約之弊故錄之以備參考非僅泰山土壤河海細流之義亦受病相似而同病相憐也且中病之藥也

三十日晴

二十六日巴黎來電言俄人多詐將有求於德則籠絡法國將有求於法則籠絡德國近日俄主意似向德非眞與德好也不過又將有求於法云耳　因按法人所以詆俄者有似憤懣然亦誅心之言也俄之所以處德法者有似狡猾然實縱橫之術也俄主之意以爲過與爲好則相與玩之過與爲讎則羣起謀之皆非計之得者也我意向法則法喜而德懼我意向德則德喜而法懼一喜一懼而喜者爲吾之援懼者不敢爲吾之敵吾乃可乘間而逞吾志焉莊子曰譽吾道者欲與吾交訾吾貨者欲與吾市春秋之摟伐列國之縱橫胥是道也

光緒十八年日記成因就各國之交涉而論之德奧義三國聯盟俄法二國亦聯盟英國外爲中立而內實欲德奧義之合俄法之離蓋以德奧義所志在昇平而俄法所志在攻取也德與俄時疏時親兩君時相見而仍時有責言其於奧義則時時爲好會情意相洽且休戚相關矣埃及新君之立俄法頗有責言於英英人若不聞而俄法亦不敢先動英脅埃及以易外部俄因勃國以詰土耳其義與巴西有違言日本與葡萄牙不洽皆以強而懾弱英不助阿富汗以敵俄美不取夏威仁以結英皆以強而讓強俄世子至奧而奧主躬迎法海軍至英而英后躬勞皆以禮意聯邦交若夫美輸粟以振俄飢而俄逐美遊歷之士一似以怨敵惠其實美禁俄人入境俄微示其幾耳入欵則英美均近四萬萬圓德法俄奧義日入不敷出德法貸於本國俄貸未成奧義貸諸他國日斯巴尼亞則不議貸而議開源節流亦補救之善策此三十年中美之民產增至六倍英之民產所增不及一倍美之礦產值銀三萬萬餘圓煤油值銀四千四百十九萬餘圓殘兵卹欵本年需銀一萬二千餘萬圓出入甚鉅英之洋藥值銀五千萬餘圓又征稅一千九百餘萬圓則中國之蠹也入口之稅各國膠擾無休英美以卡拿大比鄰兩國入口之稅時相齟齬卽時相抵制法日修約商議彼此入口酒稅終不成議而至於互增美於古巴哥司答立戞訂報施之約而出口之貨驟增美增布帛入口之稅而英之紡織失

業哥司答立戞增美貨入口之稅美抵制之美增墨西哥貨物入口之稅墨亦抵制之尼格拉增入口之稅以補不足法國新訂稅則征英德奧土四國爲輕征義日葡三國爲重又加煤油入口之稅或曰防火災也英屬新金山加美國入口之貨稅卡拿大加華人入口之身稅至於煙酒之稅德國一加再加美與俄亦議加蓋加其所可加也軍政則俄法屢增兵德亦增兵奧與義始因費絀而不欲增兵終仍增兵則騎虎難下之勢也英與美未聞增陸兵而戰艦則遞年而增蓋勇夫重閉之心也造船以英爲最速頭等戰船其成僅需二年有餘巨礮則英之阿姆斯脫郎廠與德之克虜伯廠各擅其長煉鋼之法德與美均同其堅而德之長尤在於

能巨法以電綫爲旗鼓德以氣球窺俄營以巨礮電燈賽會美創新式之炸彈思新法以添煤以藥衣禦槍彈以衝頭破敵艦以分節而造鉅礮以鏡光而測敵船以沈水之船水底之礮爲攻守造開河機器至十四萬六千匹馬力皆新法也疆事則法已滅非洲之達河昧國踞格羅力殺島德於非洲戰事先敗後勝又擬以貲購葡國所屬之莫三鼻給島英義日三國謀分裂摩洛哥而終不成英已踞畢太力太島吉白海島紐西蘭島又規愛立斯島喬士頓島蓋開疆拓地小國漸不能自存矣俄之陸隊時逼波闌時臨德境奧境且已加兵於阿富汗歲歉民饑道殣相望而兵不戢其斯爲北方之強與商務向推英今自美加入口稅倫敦紡織各廠

之失業者數萬衆自金磅日漲商船之置閒者數百艘似已不如昔日惟新金山之利日興緬甸之鐵路漸建印度之產漸盛防漸固蘇彝士河之船稅日旺股票之價亦日增尙不至失之東隅法國近日留心養蠶蠶絲日興將奪中國之利其通國工藝至一千餘萬人似乎重末輕本然而富矣德之制礮日巨制槍日精增輪船公司於大西洋以分英法之利其俗勤勞而儉樸則氣象方新也俄國荒地日闢煤油日多農務日興鑛產日盛西比里亞出金日旺將來鐵路成後移民既便不患人稀曠土可開不患人滿固將運笨貨以出口驅大隊以開邊富強之謨殊可畏矣美國商務之盛全由國家爲之開源以前所建鐵路由大東洋而達西洋一萬餘里凡經過之荒山僻壤其所產者皆能運出故利日興今於荒土播種之後又慮穀賤傷農爲之開水道浚內河增分支鐵路俾易於轉運出口故其麪遂至於徧給五洲視越南緬甸暹羅米粟雖多而未興鐵路利權之操於人者不同也國中船廠林立而國家立例不准取材異國亦不准商人購船於他邦其有向歐洲購船者則重其稅幾埒於成本又禁其用美國之旗故利不外奪而內海內江之運載又不使他國之船攙越其間故利無所分近年之禁各國工人入口者即此意也日本自創輪船以後此十年中獲利銀二百餘萬圓惟爲夏威仁國內亂力爭保護幾致與美不和近亦與葡不洽然考其所言本國與泰西立約之事切中時

病國有人焉中美交涉惟禁工爲錯節盤根自陳任以來每下愈況近議紳中南黨日盛如可六安多羅火街好德等均持正論而總統亦信其言可六已上書請將中美交涉文牘交議院再議總統已如所請將來秋冬開議院時或可除苛華民庶有豸乎

出使美日祕崔日記

光緒十九年正月初一日晴

朝賀辰初設麪申正設醮　查美國入口稅自一千八百九十一年即光緒十七年至今擇有關係者詳列之計白米每磅征稅銀二分大麥每磅征稅銀二分豆每原本銀一圓征稅銀四角五分豆每原本銀一圓征稅銀四角五分燕窩每原本銀一圓征稅銀二角無花甆器每原本銀一圓征稅銀四角五分有花甆器每原本銀一圓征稅銀六角布疋每原本銀一圓征稅銀四角綿衣每原本銀一圓征稅銀五角絲綢每原本銀一圓征稅銀六角綢帽每原本銀一圓征稅銀六角絨帽每原本銀一圓征稅銀六角

火腿每磅征稅銀五分墨每原本銀一圓征稅銀三角熟洋藥每磅征稅銀十二圓紙張每原本銀一圓征稅銀貳角五分絲綫每原本銀一圓征稅銀三角帽結每原本銀一圓征稅銀五角生絲未織者每原本銀一圓征稅銀五角辮綫每原本銀一圓征稅銀五角絲巾每原本銀一圓征稅銀六角綢鞋每原本銀一圓征稅銀五角酒每加倫征稅銀二圓五角另每玻璃瓶一箇征稅銀三分　因查中國每米一石重一百五十斤以每斤十六兩乘之爲二千四百兩以每磅十二兩分之爲二百磅每磅征稅銀二分則每米一石征洋銀四圓已過成本矣中國若以美國之征米稅者征美國之麪稅名正言順也布疋原本一圓者征稅銀四角方今美國之布入中國者奚啻成本銀二三千萬兩中國即以美國所征於中國者征美國之布稅亦名正言順也

初二日雪

查光緒初年中國貨物運入美國者每年白米二百零五十三萬三千包每包五十磅生油八萬三千二百八十箱每箱八十磅雜貨四十五萬一千九百五十件洋煙四千五百九十箱每箱五百兩至光緒十七年則白米六十六萬六千五百包生油三萬三千九百一十箱雜貨一十四萬七千三百一十九件洋煙一千五百六十二箱　因按米每包五十磅每磅征銀二分合銀一圓二百零五十三萬三千包即征二百零五十三萬三千圓洋煙四千五

百九十箱每箱五百兩即征銀五百圓共征銀二百餘萬圓此二項者已征銀七百餘萬圓益以他項之稅當可過一千萬圓中國所征入口之稅統各國而計之不上銀二千萬兩美國所征於中國一國者已如是其多宜其足用也至近年之米入美口者較前僅六分之一洋煙則三分之一又可見粵人之嗜好焉

初三日晴中夜大風如吼

考見在軍務言防則需鐵甲礮臺一臺以銀數百萬計百頓之礮千磅之彈一礮以銀十萬計一試演以銀數百數千兩計言戰則水師需萬頓之艦一艦以銀數百萬計新式水雷船一船以銀萬兩計陸軍用槍一槍以銀十餘兩計養兵需百萬或二三百萬人

卽以百萬計之俄英法德奧義皆二三百萬人不等每年需兵餉銀三四千萬兩而軍械馬乾仍未計焉其調兵以鐵路鐵路一里以銀一萬兩計夫古之行軍者水戰不過艨艟下瀨陸戰不過弓矢戈矛築砦不過土石守隘不過城濠調兵不過數萬其軍費視今千百分之一耳今則千百倍之非國帑充盈安能次第興舉然則居今日而欲挽積弱之勢杜外侮之來振自主之權洗從前之恥毋爲高論但蔽一言苟欲圖強當先圖富

初四日晴

二十六日伯林來電言俄國政府擬派水師一隊屆期赴美國會操之約已有諭旨道經法國海岸不必入口停輪德國聞之甚喜

而法人甚不快心云　因按德法爲讎敵德之國勢右法而左俄俄與法合則兩面受敵以一德而敵法俄實慮兵力不足故與義奧聯盟又慮義奧不足恃故德主謀增兵額以自固乃俄法之交適離此德之幸也法無俄助則力不足以勝德平日搶攘爲傑者乃終不能復讎其情難堪宜其心不快矣

初五日晴中夜大雪

謁上議紳可六聞巴拿馬開河事中輟後美商卽於尼格拉姑中墨洲小國開掘事在必成而墨西哥之提灣地辟地方自西至東計二百五十米合中里八百里零前三十年英商曾築鐵路因其地低處積水高處重厓畏難而止數月後接辦者僅造成數米亦中止近美國希卡果富商又復開造人衆工速已成二百一十米計三月內可以竣工此路成後巴拿馬鐵路公司不能專擅其利矣　因於鐵路一事留心者二十年昔之所聞今之所見證以美國公正官紳之所言及其昕夕之所圖維紳商之所竭力其爲裕國裕商信而有徵誠富強之第一策也

初六日晴中夜大雪

謁副外部華頓查問前此所商總察院展期散院一節華頓云業已函商又詢美國既開尼格拉之河又造墨西哥鐵路不畏多費耶華頓云美國太平洋一帶土宜播種收成甚豐如不運出則穀賤傷農若運往歐洲而由紐約則火車一萬里運費太巨成本已

重何能銷售此兩路通後則東西洋無阻隔舟至香港較由蘇彝士河可省路一千米較環南墨洲可省路八千米較環阿非利加洲可省路四千米水程迅速則百貨流通而利源浚矣　因按美國之所籌如此宜其富也太平洋一帶土宜似與四川相似地廣人稀又與東三省西藏相似因願以美國之所籌者爲四川東三省西藏籌之民可使富也

初七日晴

梅律師來言科士達明日赴歐洲約同送行因答以已擬必往又言美水師部新造鐵艦所需鋼甲六千七百頓已由議院議撥銀四百萬圓招商制造現惟賓省比士堡埠之家尼記及畢司里岸

兩鐵廠能造其價值則鋼甲每頓計銀五百二十五圓至六百七十五圓不等云　因按古之言治者謂兵事不休四民失業似强之有礙於富也因以爲當今之世其言實不盡然蓋鐵艦鐵路槍礮戰事所必需花費又甚鉅其購諸他國者以銀易鐵久則國貧斯言是也然使開礦以煉鐵設局以造船械鐵路槍礮利之興於地者無盡制造之資乎工者益多既無曠土遊民矣復以其餘售諸他國若英美若德法固强富相兼焉且國有制造之廠軍械取諸宮中不資於人則敵國畏之不敢侵侮是幷以保昇平增富庶又何至患貧哉

初八日晴

赴外部衙門送科士達行見華頓又至車廠送行則歐墨兩洲各國公使均集因與德使火把根談最久以其能爲華言也因言科士達此行爲祕林海事可謂盤根錯節事其濟乎火把根言殊不易也或幸而濟非半年不爲功且必有報施方可耳又聞美國以英屬卡拿大苛征美民身稅貨稅去年亦以此例報復卡拿大商民苦之議廢舊章本日已見諸英公使暨美外部來往公文知卡省實已革除苛例美國報復之例亦革除矣　因按交涉之道不外抵制報施以怨報怨爲抵制以德報德爲報施弱國有不言抵制者苦於弱也强國有不講報施者恃其强也此中機械無國不有無時不然先事講求而後臨事有把握也

初九日晴

謁梅律司又謁金山華商所延之大律師博郎告以總察院展期散院事已託外部轉商博郎答云以前數日布置少暇今漸妥矣又言中國地利未闢商務未興故患人滿其實人卽生財之本也美國人數日益地利日興每兩月中卽增客民十萬何至難容十萬華人其所以不容者工黨妒之耳美初興鐵路時材料購自英國以後能自煉鋼卽不取材異地向產棉花運英織布復載回美今亦自織俄國版圖數倍於美而禁糧食出口美之麥麪徧行歐亞兩洲由地利興而鐵路廣耳中國之民雖游惰者多然亦半由無業若鐵路成地利闢鼓舞而作興之彼游惰者皆化爲勤卽庶者可加以富又何必遠適異國而爲人所厭憎哉因答曰然歸而誌之

初十日晴酉刻小雨

初三日巴黎來電言德法爲讎相持未決而英法交涉又多齟齬因埃及國主更換部臣英人以勢迫其撤退法政府以英無理詰問英廷英人自知理屈不能囘覆乃引他事詰問法國蓋法國近於地中海卑疏達地方創建礮臺其地與義國對岸義廷業已詰問茲英國助義國會同詰問其意欲使法國應接不暇耳　因按此抵制之法也古之人有行之者楚國請晉楚之從交相見晉國答以秦君朝晉則齊君朝楚此兩强之相抵也晉徵鄭朝而鄭以

翦爲仇讎對之此弱之抵強也魯欲與會而晉以南蒯子仲恐之此強之抵弱也至於秦索趙地而趙亦索秦城合縱成而秦兵不出關連橫成而六國遂日削春秋戰國之世大抵如是數之不能終焉

十一日晴

英屬卡拿大地方與美毗連向例於華人入口按名征身稅銀五十圓本年議紳創議征稅按名加至五百圓及至會議則不以加稅爲是者多於加稅之紳一名遂止　因按華人至卡拿大爲入美地步故英人藉之以爲利凡到境者征身稅五十圓既征後離境而重來者仍征稅如舊行之久矣自美國倡領照註册之例華

人觀望不前到者遂寡故又議加稅以期所征之不減於前乃以議紳意見各殊而止然度此例終必行也無抵制故也

十二日細雨竟日

赴上議紳海耳茶會海耳不附工黨者也總察院穀磊不徠之福夫婦等均到聞墨西哥公使日內亦可到美又聞美國之民在墨國謀生者甚衆與土民極相安其業以造鐵路開礦爲大宗鐵路之事美商十居八九又購荒地開墾以種茄非均獲利焉　因按美國不患人滿而其民願赴墨則墨國之有利可知顧創始易而守成難美國草昧初開資華人如手足及各國之民羣集本國之利已興則又議禁逐華人以獨有其利兎死犬烹鳥盡弓藏此前事之可鑒者然則墨國招徠華人華人羣趨墨國誠不可無約以善其後免至鵲巢成而鳩佔之也

十三日晴

赴副總統莫屯茶會此會專爲宴新副總統夫婦而設　因亥初往見兩副總統夫婦又見各國公使回車已子正矣聞英國船廠新制成大輪船二艘已成其一計長六十二丈寬六丈五尺容一萬二千頓中分十六隔艙雖偶受傷亦不至沈將以來往大西洋云　因於是見機器之用大也凡造巨物非人力所能施一礮而重百頓一船而容萬頓一鐵鎚而重萬斤一鐵板而厚三尺皆非機器不能制造非機器不能運用也　因嘗以驗槍親歷各廠見其鋸

鐵如鋸木翦鐵如翦紙槍面之陰文洋字非鑿非鑽直以鋼戳作小圓輪以機器之力壓於槍管之上輪一轉而字已成矣

十四日晴

墨西哥公使來見言立約之事且云聞新使將到此約應需後任成功　因答以先商規模可也　美國向例守局外凡遇各國戰事均不干預查上年七月南墨洲之閔都拉國內亂美有商船名皁薩地者以購香蕉爲名至閔國改爲兵船既爲轉運官兵軍火並助攻擊叛黨轟沈叛黨兵船一艘閔亂遂平惟未奉美廷之命擅用美旗助戰殊違美國國例該船現已被控查辦云　因按美國國例無所偏袒固甚善也但墨洲情形今已殊昔南墨洲小國自

主之後英法覬覦終必盡之爲美計者與英法爲鄰不如與小國爲鄰也檀香山今年亦以內亂願隸美國版圖聞總統外部已允而議院多有不以爲然者未知作何處置也　副總統辭行遂赴副總統宅送行

十五日 晴中夜雪

各國公使見美總統是日爲時不久見後僅由義公使作周旋語即各散十二日巴黎來電言雲南瀾滄江上下已爲法有惟米江尚屬暹羅江右屬越南境有議紳名衣丁尼者建言謂宜踞爲法屬十三日又有電言印度洋之客吉島向由法人覓得近日法兵艦已在該島建旗示爲法屬因該島產煤云　因按自各國分裂

阿洲後而風氣又不同英法德各國競佔小島爲己有即美之不貪他國土地者亦欲購聖駝馬島借海代國埠爭檀香山地矣蓋自英之屬地徧於地球而商務遂甲於各國天下莫強各國知其然也遂起而效之雖以俄之向恃陸軍稱雄者亦亟亟焉以增強水師爲事過此以往小弱之國先亡愈小弱之國愈先亡亦猶周之春秋將并而爲戰國矣

十六日 大雪

是日爲西歷三月四號向例美國總統四年一换本年適屆四年之期外部於先三日來函并送到入議院門票訂公使參贊繙譯等員同往觀禮隨員學生不與焉巳正往至議院門驗票後導入客廳此廳以花紋石造成如大理石棟梁柱礎牆壁一律各國公使均到至午初入議院堂上下議院紳均齊集眷屬則坐樓上舊副總統已先到正中南面坐新副總統由左升座舊副總統與言國事新副總統唯唯言良久舊者退自右下新者乃入座亦正中南面坐至午正舊總統與新總統並行而入並坐於臺下右爲總察院九人左爲各部長坐定教士於臺上右偏宣讀舊章言新總統應接任視事兩總統均無言逾時新舊總統四人先出議院頭門衆隨之至門外已搭臺臺下民萬人臺外兵五萬人四總統一總察院入中堂均坐惟新總統立而語臺下謂伊爲民所舉當以保民爲心所欲與聚所惡勿施本此義而衍之甚長約半時總察

院起立以耶穌教本授新總統新總統受而矢誓乃散兩總統同車兩副總統同車皆四馬至總統宮兩新總統入宮兩舊總統返宅兩新總統遂出宮門上臺閱兵各國公使與焉閱畢各散已交戌初天色昏矣義大利西班牙俄羅斯朝鮮各公使均不赴閱兵之會中夜於養兵院跳舞新總統亦到無論何色人均可到因未赴

十七日晴

泥格拉中墨洲小國也兩面瀕東西洋國中有大湖水程極便爲通商孔道鐵路輪船之利甚厚各國均欲之茲聞該國現已將此項利益准英人獨佔云　因赴祕魯道經厄瓜多國知墨洲小國

英人多操其利權祕魯國入欵已准英人收六十年以還國債厄瓜多國商利英人霸之兹泥格拉又拱手而與英人矣方今時勢與昔迥殊其幷人之國也不剷其位號不强其服事不爭其朝貢惟藉通商以奪其利權朘其脂膏利權去而空名自不能存則拱手而讓之間有不願而拒之者則無餉可籌其兵亦不能戰兵艦一臨如發蒙振落耳吁可畏哉

十八日晴

美國駐華兵艦名麥林巡海至琿春查得俄主之於琿春埠極意經營不惜鉅貲築城濬濠次第舉其造西比利亞之鐵路亦爲將來疆埸之事使彼德堡與琿春聲勢相連大約五年之內必可

成功琿春礮臺水師兵房均不准外人往觀故不得其中詳細該埠之兵四千人皆按日操練可稱勁旅埠外有兵艦六艘駐守云　因觀於此而歎琿春地方已爲俄國之重鎭也俄人造西比利亞鐵路揚言於衆以爲通商因卽不信蓋苦寒之地所產無多安有大利可興惟其國勢兵力偏重歐洲而歐洲無隙可抵故興鐵路使通兵力於亞洲然後左顧右盼便其蠶食之謀爲之鄰者當思所以備之矣

十九日晴

謁梅律師商照會外部事聞新總統新派各部大臣已由議院議准外部葛禮山戶部愷來爾兵部拉門郵政部皮才爾律政部渥耐水師部黑白內部司米甫農部馬頓　因按新總統爲南黨所用部臣皆南黨惟葛禮山爲北黨然亦棄北黨而歸南黨者也美國向例總統易則各部皆易不獨南北黨之不相假借卽新舊任同一黨亦不用舊任之人也總統之位如傳舍部臣之置如弈碁而其國不亂者則以立政之權歸議院守政之權歸察院議院之紳舉自民不由總統察院必老成碩望始充是職受職以後則終其身於位而不遷移故其人皆無所希冀亦無所阿附此兩院者實美國之根柢綱維其長治久安者此也

二十日晴

赴新派各部長處道喜至墨公使宅答拜　美國考究家考得歐

洲各國練兵制器精益求精共知共見而國有軍務不獨艮兵艮將淬厲在先卽餉項亦須先備因考德國所蓄之欵其藏諸伯林都城司班刀礮臺中者計銀三萬萬圓法國則銀四萬萬圓俄雖頻年饑饉而所儲最巨計銀四萬二千五百萬圓奧則一萬五千萬圓皆非軍務不得擅動義無所蓄須籌於臨時苟有戰局難久支持云　因嘗考歐洲戰局法國拿破侖第一以八十萬人攻俄幾於隻輪無返俄土之戰殺人七十萬德法之戰殺人五十萬南北花旗之戰殺人三十萬以其殺人之衆卽知其兵數之多以其兵數之多卽知其餉項之巨矣武王伐殷車三百兩士三千人而晉楚城濮之戰已增至車七百乘平邱之會又增至四千乘秦王

滅楚則增至六十萬人始終八百年間風氣卽已迴異則墨守之見不足與論時也

二十一日卯刻雨巳初見日

外部訂見各國公使人員午正各公使均到葛禮山一一握手爲禮查葛禮山業律師當南北花旗戰事曾充兵官槍彈傷其右脛故行時微跛云　因按新總統基利芬卽四年前之總統自光緒十四年退位遂充律師光緒十七年曾至華盛頓爲人駮例而不得直此次退位之總統哈利順亦係律師退位後充書院大教習前任外部長科士達以律師而充外部卸任後仍充律師赴英法辦祕林海峽案今外部長又以律師而任是職美國之重律師如此以其熟於國家掌故幷諳交涉之事也

二十二日晴大風夜雨

上年十二月三十日馬得力來電言日廷因入不敷出力求節省因減出使之費駐墨洲小國之公使可撤者撤之駐美公使之隨員可裁者裁之又裁去駐巴爾底馬黑利法刻士二埠之領事本月十七日南墨洲之烏拉乖國亦以經費支絀裁撤駐各國之使館厄瓜多國現以貧故議將太平洋卡拉佩戈士之諸島賣與德國爲德國兵艦添煤之埠云　因嘗言當今之時如周之春秋將變而爲戰國也自通商之局開小弱之國不能閉關自守如中人之家日與豪門鬭富鮮不傾矣明者知其然故急謀興利練兵以自固計此一百年間若美若德皆勃然而興若義若日則弛然而弱法則時振時蹶英則日富日強俄國強而未富然其入欵猶與英德美法頡頏且日興鐵路辟土地亦可畏哉盛衰相倚伏盛者非無故而盛衰者非無故而衰也知其所以然則盛者不衰而衰者可以盛矣

二十三日雨

昨日伯林來電言接東阿洲信德國駐游壬會拉國之兵與土民接戰獲勝斃土民甚衆奪獲軍器甚多德兵傷亡僅數人焉查一千八百九十一年德兵爲土人所敗亡三百人兵官亦歿軍器悉失如是者非一次一處德人遂視爲畏途此次大勝後軍氣已壯土人慴服矣　因按德國陸兵素稱勁旅乃屢敗於阿洲則阿洲非無人焉又查前此德兵之敗實因阿洲土人有英將施旦來爲之主謀益以主客多寡之形故不能敵自德與英說合謀定後動而土人遂不支乃知新練之衆不能敵久練之軍而將兵者非其人亦不能操勝算然則練兵不易而選將尤難非籌之有素必不及矣

二十四日晴

上議紳英吉利士來辭行年七旬餘矣係英人入美籍因以其不附工黨立往答拜相見後言本日酉刻卽附火車回本省回省後亦必駁論禁華工例也因謝之又言上月二十六日倫敦來電英

國政事下議院之權日重上議院雖屬有爵位之家竟不能與爭權甚至羣詆上議院謂其不知民事而欲廢棄云　因按地球各國有君主者有民主者有君民共主者亞細亞洲若中若俄若土耳其若日本若朝鮮皆君主也土耳其版圖向跨三洲而近年日削在亞洲者已微日本新改爲君民共主而究其權仍在於君至於墨洲之國則皆民主歐洲之瑞士法蘭西亦爲民主若巴西若檀香山皆新改爲民主者法則變革不常自爲德所挫後復改爲民主焉若英若德若奥若義若和蘭若比利時若瑞典若那威若葡萄牙皆君民共主者大抵君民共主與民主之國其大權皆在議院惟君民共主者君意與議院歧可以散議院而令再議民主

之國則不能此中又有分別矣

二十五日晴

照會美外部駁詰禁工新例是夕赴梅律師處屬其默託戶部且勿拘人又聞二十日倫敦來電言向來由美赴英之輪船以英國利威布海口爲總滙之區乃近年以該海口不如受漢頓海口之近倫敦遂改於受漢頓海口總滙茲英國防美公司壟斷將奪其利權特設火車凡輪船之滙於利威布者所載搭客即由火車迅赴倫敦以冀便捷云　因按趨利乘便者人情之常不能禁也孫武子云善戰者因其勢而利導之管子云政在順民心美國輪船改由近倫敦之海口附船之人自便之則利權爲所專矣英人不能禁之而思所以爭之則惟有更求便捷之法美自不能奪其利焉今地球各國立約均以通商爲名夫曰通商固必有通商之道也彼等皆鬬智鬬巧者此其一端耳

二十六日晴

二十四日祕魯來電言俄世子坐羅達兵艦已抵祕國又言俄國現造西比利亞之鐵路最爲上緊一以利便軍務一以遷徙貧民亞洲內地沃壤多荒既有鐵路徙各省窮民於此使之開墾可以足食將來糧產豐盈運之出口亦易其鐵路所過之地無高山大川每一米祇需銀二萬九千圓云　因查俄世子已遊歷歐洲亞洲今又遊墨洲矣西比利亞鐵路俄人自言益於商務他國均謂

便於行軍平心而論商務固非全無益也惟俄好兼幷爲之鄰者均有戒心且其鐵路通至琿春已臨中國邊界亞洲各國又爲俄人素所覬覦俄人又好左衝右突不耀德而耀兵各國謂其便於行軍實誅心之論矣顧其事煩重非可遽能指麾如意故於軍事未見端倪稽之往古漢武帝之通西域晉王濬之造樓船其意何居可徵諸前事焉

二十七日晴

上議院紳麥化順訂於本宅見副總統因偕繙譯於戌初往至則副總統已到議紳陸續而到各國公使惟見英德日本及墨洲各國數人有名撒拉芬者自言昔充兵艦帶兵官曾至天津見李傅

相極荷傅相相待之優麥化順向詆蓋力禁華工之例以爲違約幷詢中國已興鐵路信否 因答以京北現已開辦直隸省開礦之處久已興造現亦推廣此外湖北河南通京之路方議合辦尙待興工麥化順曰中國民數至多礦產至富民俗儉樸而耐勞如能大興鐵路不過六十年必能立致富強冠於地球諸國又中國災祲屢見議蠲議振報不絕書究之振蠲之補苴不足拯救於萬一如有鐵路利之出於地者日闢民之食其力者日多戶有蓋藏何至遇偏災而不給哉 因頷之回館已亥正矣 因按鐵路之富國足民實無疑義且其益幷不止此曾疏陳矣美國富強之驟實本鐵路凡公正官紳憤苛例之違約者皆爲 因剴切言之此又其一也

二十八日晴

昨晚上議紳及布生可六等均係向詆禁工者晤言最久言日本政府以俄人造西比利亞鐵路格外儆緊以爲可慮上年曾派駐德使館之隨員武弁由德都乘馬自陸路赴西比利亞沿路察看幷照會俄廷保護該武弁已行抵瀕東洋之烏拉地咼司鐸海口云 因查俄造西比利亞之鐵路各國均有戒心光緒十六年英德各派兵船至琿春十七年美國亦如之上年日本又派武員至西比利亞蓋英人防其爭亞洲之形勢奪蘇彝士河之利權美則以烏拉地咼司鐸近瀕大東洋德日係近鄰一慮其調兵轉餉之易一慮其蠶食之易也且日本之唐太島已爲俄所據矣其能無戒心哉

二十九日 大雪至地即化樹上稍留寸許

俄戶部會計今年出入兩欵出欵溢二百兆羅布無可彌縫擬節省水師經費二十兆鐵路經費三十兆仍短一百五十兆則擬加征內地稅項整頓鹽課又恐大饑之後饑民不堪重稅則擬借貸惟歐洲各國富商多係猶太人俄人近年待之太刻招怨已深猶太人已相約不肯借貸現籌措頗難云 因按俄之入欵亦計銀三萬萬餘兩與英法美德頡頏而入不敷出者則以建鐵路興戰艦增兵額爲費太多也交國債之息太鉅也其強雖亞於英其富

實不敵諸大國蓋祇知兼幷開邊而不知持盈保泰此國用所以不給也然猶幸其國用不給不能逞欲以肆其封故民生之禍稍緩否則爲之鄰者防不勝防矣

二月初一日 晴雪已消盡感冒

申初各國公使見總統義大利墨西哥兩公使資格最深總統與立談數分時又與英公使立談一分時其餘握手點首而已聞正月二十六日俄都來電言中國將派兵赴巴馬爾境俄亦派步兵二隊礮兵一隊於西歷四月趕到巴馬爾境英國以俄已佔巴馬爾特於印度邊界之氣拉士城建造礮臺添兵駐守蓋氣城實由巴馬爾赴印度之要隘也該地土人曩起攻英爲英所敗傷斃二

百名云　因按俄踞巴馬爾境已閱一年度非空言詬責所能止也印度者英之外府即鴉片一項每年朘削中國者計銀四五千萬兩其地近俄此俄人所垂涎者此外若新金山若卡拿大均隔大海俄水師弱於英力不能及亦不覬覦然則熟審彼己之勢俄之所欲得者印度英之所恐失者亦印度也

初二日晴

美國賽會德國以極大電燈赴會前已聞而誌之茲聞克虜伯礮廠已造成巨礮一尊由輪船運赴會所查此礮重一百二十四頓（合中國十九萬餘觔）口徑一尺九寸長四丈六尺二寸及遠十一米（合中國三十六里有餘）容火藥七百磅彈重二千磅三十里之間可洞穿厚二尺之鋼板其彈子一顆需費一千五百圓每放一次需銀一千六百圓云　因按德國前會以重百頓之鐵塊赴英賽會今僅十年而礮之重又過之足見其制造之日進矣地球各國惟俄國克龍斯達的礮臺鐵甲厚四尺八寸餘無聞焉則此外之臺均不足當其轟擊矣戰船鐵甲太厚則沈是現時鐵艦亦未有能當之者矣百頓之礮價銀十萬兩茲又增亙則價必過於十萬矣試放一次需銀一千餘兩欲其命中非熟不能則試演之費又亙萬矣苟非國帑之充安能給於用哉

初三日晴

美外部新准美國駐墨西哥公使電文言墨廷於上年六月出示凡粟豆兩項向免入口税者今復征收又威內薩國於美國運入之下等豬油均加重税云　因按墨西哥處北墨洲威內薩處南墨洲一極貧一極弱墨之民數不及十兆威尤少矣乃其於收税均有自主之權故税可以減可以增可以減而復增蓋以物產之豐歉無常國用之盈虛難定有心者必維持調護於其間乃不至以利權予敵國而使敵國操利權也如以務財用者爲小人而鄙而不言是任他人之朘削而以爲無關痛癢可乎哉古人有言曰磨礱砥礪不見其削有時而盡吁可畏也

初四日陰

上月二十三日可侖國來電言英國駐哥打城公使傲狠無禮侮辱其民各塾學生散館稍失禮貌即批其頰國人恨之近日乘英使騎馬出遊勒令下馬辱之二十八日倫敦來電言美國駐摩洛哥之領事出遊爲人所毆幾有性命之憂摩政府賠銀五百圓作爲養傷之費二十九日羅馬來電言義都美國使館爲匪人炸藥所轟公使巴打幸未傷斃云　因按近年公使領事不洽之案層見疊出光緒十四年英國駐美公使以干預保舉總統事爲美斥回法參贊調古巴爲美國醫生所控扣留行李比利時公使以避暑至遠村馳馬爲巡捕扣其車瑞士公使以避暑處鄉村爲婦女所控遞交巡捕美駐智利國公使伊干智利以兵圍其使館派赴日國加羅闌島領事日國不肯接待法國日報詆辱公使而德國

遂撤回其使各國公使亦有責言自通商局創而交涉之事多齟齬之端亦多兩強相遇尚得其平若一弱一強則鮮有平允者蓋陽示和好而陰肆欺陵耳

初五日 陰夜雨

美外部送到限制歐洲客民入境新例一册其中查察之法較前加嚴大抵名爲防疫實係禁錮於未上船之先查明籍貫年貌有無資財有無疾病男女有無室家其赴美國有無親戚有無事業是否作工入口之後再由稅關查勘不合例者不准登岸又載此例專爲限制歐洲各國入口窮人與華工無涉云　因駐美國三年又半美國限制客民入境之例無年不興大抵限歐人寬而限華人嚴其從寬者防其抵制也然十年以前美國之禁華工亦未嘗不寬也彼固嘗試云耳敵人之犯境也可入則入可深入則深入必不可入則卷旗收隊而退美國限制之例亦如是焉已矣各國聽其所爲則將加嚴不聽其所爲則將從緩或顯予抵制而使美國之商民教士不安於各國則惟有反汗而已祕林海峽捕魚卡拿大墨西哥加稅其前鑒也

初六日 小雨

接美外部來文言所請致意律政部將來於西歷五月散院之期少緩半月俟華人之被拘者提案上審以評新例之是非律政部業已允矣外部葛禮山答拜聞近來墨洲各國殊少昇平智利內亂又因殺美兵船水手幾致決裂賠卹結案今又與玻利斐亞爭界不和泥格拉國與哥司答立戞國爭界失和山度明哥之民以其總統以國內利權授美爲亂巴西內亂城多失守追勦亂黨入阿鎭丹國竟與阿國邊兵接仗以致決裂又與義國齟齬義已派兵船臨境恐之海代國以拘禁美商爲美所脅瓜的馬拉以亂民擊傷英公使之子英船封其海口吉白海島國已爲英所滅檀香山島國已爲美所有墨洲事日亟云　因按墨洲除美國外餘皆小國能自立者惟智利耳餘則自鄶以下承平之日尚可支持蠻觸相爭亦或無恙乃歐洲各國環而垂涎美亦不能不動則將如漢陽諸姬矣

初七日晴

美國水軍武員名費士克留心輪船海面駛行欲知敵人之船離本船之遠近近創一機器精巧異常以之測量不差分寸用之戰艦其益甚多蓋能知敵船相距之分寸則彈藥無空發而開花礮并可從空而入煙通矣現在歐洲兵艦購此器者甚多美國家已獎以金牌矣　因查舂坎礮彈自上落下恒以礮口之斜度爲落下之處之度衝船之衝必熟審兩船相距之遠近作勢然後可洞敵船之脅惟海面寥廓目力失常以意度之殊不足準有鏡測量自有把握矣賞以金牌所以勸後也

初八日晴

昨日伯林來電言近年歐洲各國軍械制作日精槍彈所及無堅不破弁兵雖有護身鐵甲均不能當兹德國之閔寒埠有人思得妙法新創藥水以此水油透戰衣槍彈卽難透穿經德國兵部試驗置此衣於三百英尺之外然槍擊之均不能透惟三百英尺之內彈之銳氣所及衣雖不穿人雖不斃恐亦難免受傷德兵部以爲可用已令照造備用云　因嘗聞雲南深崖產一種草編之爲牌可禦槍彈又閱紀文達五種言古董家甆器一片可以避槍或試之而不驗或并不敢一試大抵皆空言也德國新創藥水未必如是之奇然以電綫氣毬等用推之當非誑語但使能阻槍彈之力則民生之刼數亦輕　因深願其言之驗焉

初九日晴

美國派充各國公使以二等爲止本年議院改章以各國駐美公使有願派頭等者美國亦派頭等以爲報施兹英國駐美二等公使彭士芬已由英廷改爲頭等次日法國駐美之二等公使亦改爲頭等查各國駐美公使以義使法伐賚格爲最深故爲首領其次則墨使羅麥羅自英使改爲頭等不復與二等比賚於是各國公使赴英使館道喜時義公使已在廣衆之前告退首領云　因按頭等公使有徑見所駐國君之權體至崇任至重也惟民主之國向所未設故美雖大國而派往各國之使與各國派來之使頭等公使皆闕如今美既改章英法遂卽改章將來俄德奧義亦必改章而頭等公使遂多矣

初十日晴

初八日倫敦來電言英國議院紳士向無薪俸近日改章每人每日給俸銀三圓六角云　因按每日三圓六角每年共一千三百圓較美國議紳僅三之一耳因查美爲富國外部大臣每年銀八千圓副者四千圓又副者二千圓西班牙國所派頭等公使俸四千圓另公使公費一萬六千圓頭等參贊二千八百圓二等二千圓三等一千四百圓隨員六百圓其駐中國爲二等第一公使俸銀三千圓公使公費七千五百圓頭等參贊一員俸三千員三等二員共三千二百圓繙譯一員一千八百圓總領事一員三千五

百圓領事一員二千五百圓副領事一員一千五百圓均按年計川資信資電費館舍鋪陳另計實不爲豐豈中國之費用輕歟然其於歐墨各洲亦如是焉

十一日晴

接總署電云已飭滬道撥銀六萬兩蒸　初九日巴黎來電言義國本爲歐洲強國然尚不能與英俄德法比肩故不能獨立一幟自守局外之分近年與德奧聯盟增兵購械既費巨貲仍無益於民生國計義國固欲背德奧之盟然亦不願附於俄法如得英國保其自守局外則決與德奧解盟云　因按此法人之謀欲解德奧義三國聯盟之局也義之強雖遜四大國然德奧合之則可以

敵俄法義不與合則德能敵法奧必不能敵俄俄法合兵則德奧難敵矣德奧義三國知彼知己故聯盟久而不渝惟義國近年以國用不足籌費甚艱雖心尚堅而力實絀正當進退維谷之際苟得一策能不聯盟而可不削弱自然樂從則惟有自處局外而得英人之保此策也義或求之英或允之則德奧勢衰矣故以爲法人之策也

十二日晴

美國水師部人員講求兵艦精益求精以近來各國礮廠所造槍彈猛鋭無前雖有鋼甲亦難抵擋惟有制成一宗兵艦可以隨意出水入水無事則浮於水面遇敵則沈水伏行潛攻敵艦近已思得兩式由水師部撥欵制造云　因按可沈可浮之船西班牙曾爲之法國又爲之似法國之制尤精也然僅欲安置水雷以備守口之用故其式甚小取其便於進退浮沈若用以出洋遠適異國或相戰於大洋海面斷不能壓巨浪而不失常也今美之制之也其仿水雷之式歟抑仿鐵甲巨艦之式歟如仿鐵艦之巨固足以鏖戰重洋然出水入水又未必能靈便二者果能兼乎

十三日晴

謁外部　十一日巴黎來電言俄君親降諭旨催趲西比里亞鐵路工程又言俄國向有保護勃爾加鼇亞國之權介俄土之間小保護爲各國國近來勃國不遵俄約束交涉之事一切自主俄以勃爲小國不會議於伯林時所准茲特備照會分致各國政府言俄國斷不肯廢棄保護勃國之權而勃國背之此事有礙歐洲昇平之局請予公斷云　因於是見俄之心也營西比里亞鐵路則志在亞洲爭保護勃國之權則志在歐洲究之歐洲之利不易爭也前此俄土之戰俄軍已薄土耳其都城唾手可得英人護之終不得志且佔巴馬爾之地欲窺印度終不敢與英決裂前事可知然則俄人豈勤而無所哉其所欲逞志者從可知矣

十四日

昨至美外部處謁見者計有德義各國六公使外廳談次聞英國新造一至大商船貨物載滿計重一萬九千頓船舵以整鋼一塊鑿成以期堅固惟英船廠無此種壓鋼巨器乃由德國克虜伯廠代造又言英國泊斯默得船廠造至巨鐵艦僅需兩年八箇月法國船廠則需七年云　因嘗涉大西洋所坐之船計七千頓據船主言此船壓浪尚不如一萬頓者之穩也今增至一萬九千頓自又穩矣然非至大之船廠機器不能制造船廠之大實推英國爲首鋼廠之大應以德國爲最造船鍊鋼非由機器必不能日漸擴充蓋人力有限而機器之力無限也

十五日晴大風

美國新創博物院於山場上年其總辦曾招往遊覽以事冗未赴今年又函請往遂乘車赴約行五里許到院宅以石砌成不甚高

敞以其因山勢爲周陸以棲衾鳥獸不專於院中故也入院門見一鳥如鵲僅一足獨立甚穩鸚鵡兩種綠翅紅頸膺白鸞其色之鮮畫工不及野牛與尋常牛同惟脊上有峰如駝獅與法日所見形同惟軀幹甚巨如牛猴種甚多小者僅五寸許頭如鴨卵目灼灼視人似有知識鱷魚大者一尾長八九尺平臥碎石上小者長一二尺游泳水中形如蜥蜴惟蜥蜴之皮光而澤此則有刺如疥癩耳聞其善噬雖獅虎不能敵院外各廠狐狸猞猁豪豬豺狼虎豹象熊鹿鴟梟孔雀鶴鸛分棲狼形全是犬惟尾最巨鹿如牛角之長者五六尺新脫角者頂上茸如茄皆往來於草地巨象二共一院豪豬披毛如骨簪作白黑紋虎毛作黑斑爲一字紋豹斑爲

星紋熊所棲之地另依石崖鑿壁爲之穴如巨室外圍以鐵欄有白黑二種其形如犬最巨者幾如牛鴟梟面如貓惟其口仍鸞耳孔雀之雌者尾爲花翎有時展其尾則圓如輪其翎滿輪層疊相間謂之開屏歸而記之

十六日晴

博物院總辦來見言天氣漸煖獅子畏熱將徙赴山村避暑矣又言英國阿母司脫郎礮廠近造大礮至一百十頓可放重一千八百磅之彈有大鐵艦三艘均安此礮快礮兩種一名哈徹司一名挐而飛容三磅六磅之彈每分時可出三十彈今又成快礮一種重四千一百觔彈重四十五磅每分時能出十二彈兵艦有此礮三尊則可碎水雷船近又造成快礮一種彈重百磅用無煙火藥每一分鐘可出七彈最準其礮架均用水力機器運動升降旋轉悉隨人意以電氣施放只需一人而已　因查英之阿母司脫郎廠與德之克虜伯齊名惟鍊鋼不及焉又聞克虜伯廠已造重二百頓之礮而未成如其能成則仿克龍斯達的礮臺設以此礮守以重兵施放以諳習之人鐵艦雖堅無所用之蓋一百二十四頓之礮已遠三十六里二百頓者必及遠五十里可以從容而制敵也雖然其費甚巨籌之殊不易也

十七日晴

英海部大臣募造魚雷艇者以每一時能行一百八十里爲度且

長不得逾十六丈重不得逾二百頓以期進退靈捷云　因查英於水師極爲認眞他國兵船皆以水手充兵丁英國不然近年德奧義諸國均留心於水雷以三雷船卽可破一鐵艦權其價値多寡相懸故多制鐵艦不若多製雷船之合算也美國創造可沈可浮之兵船卽此意也

十八日晴

德國以俄法二國整頓武備增添水陸軍額實逼處此不可不防擬添陸軍六萬人此項兵費商之議院又以官辦之鐵路入款無多擬於煙葉重稅照舊稅加征百之三十五云　因按泰西各強國蓋無一日而忘危者矧德之介於兩大耶其民皆習戰陣其廠

自制軍械兵費雖巨而金銀尙無漏卮所以能持久者此耳加征煙葉稅百之三十五蓋向之征一百圓者今征一百三十五圓所加雖驟而煙葉非民生必需之物尙不病民其中固有深意存焉

十九日晴

未刻江海關來電滙到經費外部葛禮生訂見因偕繙譯往見外部言蓋力所定之例太苛擬商戶部通融辦理以期兩國和好因答曰本署照會已屢言領照註册照相三者均屬違約必不可行外部言照會已見但可通融辦理領照之事亦不能廢因曰如此兩歧不足爲守約也外部曰此事由議院所議總統所定外部不能擅廢仍當聽議院主張耳又問公使田貝如非中國所喜將另

派人因曰請函查之不敢質言餘皆寒暄語

二十日晴

謁梅律師考美駐各國公使每員每年俸薪駐英俄德法墨各一萬七千五百圓中國日本奧義日巴西各一萬二千圓土耳其智利阿鎭丹可侖祕魯各一萬圓巴拉圭檀香山比和瑞典那威丹馬威內薩各七千五百圓朝鮮兼總領事七千五百圓玻利斐亞厄瓜多各五千圓夸的馬拉闋都拉二國共一萬圓瑞士五千圓泥格拉哥司答力戛剎耳瓦多耳三國共一萬圓希臘羅馬尼亞蘇佛三國共六千五百圓以上均係二等公使波斯葡萄牙暹羅海代各五千圓駐海代公使并兼辦三德明哥事理白利公使兼總領事四千圓以上爲三等公使美駐各國參贊每員每年俸薪中國英俄法德日本二等參贊各二千六百二十五圓英法德三等參贊各二千圓中國日本須諳所駐之國語言文字奧義日土巴西墨西哥三等參贊各一千八百圓智利祕魯威內薩朝鮮各一千五百圓美駐各國繙譯俸薪每員每年中國土耳其各五千圓日本波斯兼總領事朝鮮兼總領事一千圓暹羅五百圓日國寫字人一千二百圓

二十一日小雨仍霽天氣驟熱

上議紳富施士來見又考美駐各國領事每員每年俸薪駐倫敦巴黎利華埠夏灣拿巴西四國各六千圓駐上海香港格耳葛打

各五千圓駐美爾巴尼四千五百圓駐伯林檀香山戛拉戛滿得厘耳英屬加拿大墨西哥巴拿馬各四千圓以上爲一等駐黑利法維也納各三千五百圓駐廈門廣東鎭江福州漢口天津法國之哈華埠祕魯之嘉里約埠各三千五百圓以上爲第二等駐中國之甯波薩摩島之受比駐君司但丁厄瓜多法蘭福亞得劃羅馬彼德堡奧之潑拉記比之安都智利之佛爾巴萊蘇野羅貴之滿脫佛都法國之巴地刻司德國之拜名英屬之孛耳發布拉福地茂拉猗萊士哥更士頓滿旗士打星加坡日本之長崎大阪黑哥墨國立佛拉刻羅古巴之墨炭石瑞士之倍西爾可侖之箇龍各三千圓以上爲第三等駐尼佛拉來多二千五百圓駐阿鎭丹

之白拿阿萊士奥之釐淸伯比之普羅士丹屬之聖大麥士法之拉安與麥西臘士德之阿內白阿剋西拉卡倍布萊門布龍士會氣母尼得萊騰黑巴麥引司希臘之阿神士英屬之白明夏騰地釐甫拿丁黑西非奪吞士太域多利亨特士非墨之巴剎地拿日之新勿過聖底哥地口巴瑞士之散格利土屬之司米拉各二千五百圓以上爲第四等駐炭階奥之厥利士得巴西之白拿白哥可侖之白藍口拉哥司答力戞之聖嘉士法之利母士散愛丁德之哥羅克列法大西多釐希紐萊伯司厥戞松尼白麥地潑英屬之卡地甫氣達哥剋特部林騰弗林黑米頓利次那沙巴羅士巴司旦釐聖都麥士聖嘉司希布羅雪梨都龍士閩都拉之地格西

格伯義之伯拉馬馬達戞司戞之太麥推甫墨之阿客潑甫毗特拉士尼犄拉士和之羅拉達尼格拉之慢拿記聖舊地那俄之亞地剎剎耳瓦多之聖剎耳伐多日屬之伯萊哥小呂宋聖舊恩剎吉拉犄藍瑞士之好琴石力氣土屬之皮勒旗勒剎萊威內薩之麥拉開婆各二千圓以上第五等駐巴西之白西巴拉散多士比之利旗佛肥士卡羅林島之巴南丹之哥內海涇法屬哥內格地羅麥丁尼口尼士德之布萊士老記耳慢西母門尼氣英屬之阿姆黑司波安的吉亞剋蘭白培大司白墨達布力士多布落剋佛蕎潑當壳底可昔郎嘉羅地當剋力頓福愛釐哥特力氣吉孛拉耳打盞甫庚司頓崙頓麥打馬力士白紐開士得爾安丁口倍皮

多巴火巴剎尼巴司旦萊潑萊司可沙達頓聖海崙拿散嘉散司底分士司厥萊福三江華萊西伯溫沙溫尼倍華司多野毛甫義之開士厥來美剋炭尼勿老崙司吉拿利亨美新拿密藍內白耳士墨之麥太馬拉茂力大拿盞爾士推畢哥和之鴨姆士打大日牌西龍尼卡地士卡滕內司滕尼麥拉戞瑞士之琹尼佛各一千五百圓以上第六等駐比之琹厥巴西之拉亞犄藍地大沙法屬之阿耳及士南地司阿非力加格岔埠之商董德之司厥丁英屬之孟買格士白生西拉釐安厥剋島溫沙義之文尼士各一千圓以上第七等

二十二日小雨仍霽

美駐各國公使及隨使人員因詳考而志之其公使之俸不同者以所駐之國事之繁簡不同也至多者按年一萬二千圓至少者四千圓且有一使而兼兩國三國者其俸薪亦不多蓋事簡也參贊分爲二三等至多者二千六百餘圓少者一千五百圓繙譯一途所設不多者以歐墨兩洲多同文之國公使自諳其語言文字可無須也惟亞洲各國有之以語言文字不同也多者僅兩國少者至每年五百圓繁簡殊也領事分爲七等由六千圓遞減至一千圓不但駐此國者與駐彼國之俸不同卽同駐一國而俸之多少亦不同如駐上海香港之領事則五千圓駐福州廈門廣東鎭江漢口天津者則三千五百圓駐甯波者則三千圓蓋量地而用

人餉量材而受祿祿之豐殺視其缺之繁簡而分其不強同者正所以求其當也

二十三日小雨天煖夜雨

檀香山國內亂之時日本曾有兵艦一艘巡泊該口聲言美國如保護檀香山他日或薄待日本流寓該島之民日本必以力拒近日日本又續到兵艦一艘方美國未允保護檀島時日本駐檀之員與該島政府商爲保護且昌言該島儻不歸美國保護日本政府願任保護之權云　因嘗聞美國官紳言保護之事非同兒戲以美國之密邇檀島尚須審慎以出者恐力有不逮則得而復失將貽笑於人也且現在之欲得檀島者爲英國日本內度兵力與

英孰強外度英人肯拱手而讓乎況美曾以兵艦攻日本矣日本不能自保何以忽有餘力以保護人耶誠莫解矣

二十四日雨

梅律師來商議照會外部之稾請將以前工黨焚殺華工之案一一查明年月增入稾內　查美國礮廠國家設者二處一水師大礮廠在華盛頓城水師廠內一華打威利益大礮廠在紐約省威司特的來　商家設者七處一威司特杯煙特風地利大礮廠在紐約城沽路司丙冷一修甫波士頓大礮廠在馬薩朱昔省修甫波士頓一壳蓋司阿特南司公司小礮廠在華盛頓城邊施溫尼阿街一的力司阿特南司公司小礮廠在華盛頓城十四街一威林加南布晏順司小礮廠在邊省費城一布拉城威特尼公司小礮廠在幹匿地葛省哈富城一格林礮公司小礮廠在幹省哈富城　槍廠國家設者一處一司丙令斐特螺紋槍並壳蓋司螺紋槍在華盛頓城軍械廠製備　商家五處一沽路特槍廠在幹省哈富城一溫者士打連响槍廠在幹省紐希溫城一李槍公司在紐約城一布拉地威特尼槍公司在幹省哈富城一林明敦槍公司在紐約省衣利安　船廠均商家所設共二十九處一林加南布晏順士船廠公司在邊省費城一天仁埃仁華克士船廠在嘉省珊藩昔士哥一巴甫仁華克士船廠在緬省巴甫地方一哥崙比埃仁華克士晏杜禮篤船廠公司在馬理蘭省波地摩城一高離士煙占

尼阿令船廠公司在紐約省布祿連城一埃阿華埃仁華克士船廠在埃阿華省都卜克一山廟路摩兒晏順士船廠公司在紐遮西省衣禮沙拔甫砵一西地杯煙特華克士船廠在馬省修甫波士頓城一阿蘭的埃仁華克士船廠在馬省波士頓一黎司頓埃仁晏洛甘摩弟甫華克士船廠在嘉省珊藩昔士哥一紐砵紐司涉臯丁晏杜黎篤船廠公司在華前尼阿省紐砵紐司埠一馬理蘭士弟路船廠公司在馬理蘭省司巴羅士杯煙特一地拉威兒里華埃仁涉臯丁船廠在邊省者士打一沽拉布埃仁華克士船廠在阿埃阿省基利夫倫城一布西晏尊士船廠公司在地拉威兒省威明頓城一者衣治大洛煙賤船廠公司在紐遮西省廿定

一尼非晏黎威船廠在邊省費城一地代杜禮篤船廠公司在米施根省地代埠一基利夫倫涉卑丁船廠公司在阿埃阿省基利夫倫城一天仁杜禮篤船廠公司在紐約省巴法羅城一煙衣甫巴麻船廠公司在紐約城一理治門洛甘摩地甫華克士船廠在華前尼阿省理治門城一修甫華克浮煙地理晏馬先船廠公司在邊省費城一渣里士列他晏順士船廠在馬理蘭省波地摩城一哈蘭晏賀令司華富船廠公司在地拉威兒省威明頓城一渣里士黑路門涉晏煙踐卑丁船廠公司在邊省費城一舍路杜禮篤晏涉卑丁船廠公司在華盛頓省舍路埠一標接爽煙賤尼令華克士船廠在華盛頓省砵當勝埠一洛活滿紐法朱令船廠公司在馬省衣士特波士頓城

二十五日晴

美國船廠槍礮廠分計若干設於何地已詳之矣因論美國家上年製造鐵艦巨礮不由國廠而由商廠言商廠之價較廉也地球各國槍礮廠以德之克虜伯規模爲最大工作至六萬人富可敵國英國阿姆司脫郎次之皆商廠也凡事之經官辦者弊多而商辦者弊少西洋各國亦然顧有商廠以相形容則官廠尚不至過於壟斷亦不敢十分舞弊若無商辦而僅由官辦雖有廉明之大員稽查亦必不能無弊也

二十六日小雨

法國與阿洲之達河米國搆兵屢爲所敗法廷以該國均係黑人安有智謀必有歐洲人民爲之謀畫迨平定後查得實有德國商人爲購軍火已有實據遂逐出境本月二十二日巴黎來電言法廷以德人一名在魯安埠偵探地方官拘之監禁該德人於監中禀德國駐法領事及公使爲之伸雪而法之書信局不即爲寄及至法員查明該德人實係無辜釋放後始行送到茲德公使已向法廷詰問云　因按此二事之虛實難明而二國之芥蔕可見如二事全實則爲德之讎法如二事全虛則爲法之讎德且私售軍火暗行偵探各大國皆有之法之於德何獨不然但未遽敗漏耳若法爲弱國則必不敢嚴辦若德係弱國則必不敢徑行蓋以弱當強則弱者之理不能直伸而強者之勢且可反噬今皆係強國則無可設施不過敷衍息事而已

二十七日晴

赴大將軍史戈飛茶會見德國俄國朝鮮及墨洲各公使下議紳司斌介聞美總統近日所派出使各國諸員名約士底駐法國倫勇駐德國力斯萊駐丹國拜亞駐英國爲頭等公使布羅海駐瑞士脫力潑駐奥國阿拉克散大駐羅馬尼亞希臘蘇佛諸國愛溫駐比國泰拉駐日國脫利耳駐土耳其國已交議院議准云　因查美國更換總統之年凡欲得總統者必有助之之人爲之招徠保舉事成則以各缺爲酬勞故總統更換各處之缺均多更換也

使英之拜亞卽基利芬前爲總統之外部今爲頭等公使然則德俄法義奥日諸邦彼此均將改爲頭等矣又聞新派駐奥之領事名澤德者爲猶太人奥國不願接待謂從前美所派駐之公使其妻爲猶太人奥不接待有舊案存美廷將改派矣

二十八日陰子刻以後雨

自上年以來墨洲諸小國紛紜多故檀香山爲美所佔巴西阿鎮丹民變海代國因監禁美商美國調兵艦以脅賠償祕魯國人焚刦美使館美廷業已詰責吉白海島國英已踞之威內薩國拘逐義人三德明哥國以關稅由美國權收而民變尼格拉國與哥司答立憂國爭界失和可崙國既侮英使又值歲饑其勢岌岌憂拉

憂國與闕都拉國業已決裂交兵矣　因查亞墨利加一洲四百年前榛榛狉狉既無史乘莫由知其治亂若何自可畧比渡大西洋而來風氣日開遂不能閉關自守始爲西班牙屬國繼乃自主今又不能自主英法德美各國或爲保護或令入貢或佔其海口削其版圖連雞之勢不能俱飛團沙之情不能合縱數十年內可決偕亡計其開闢至今僅四百年彈指滄桑殊可慨也亦可畏也

二十九日晴

外部葛禮山請赴衙門商議公事因偕繙譯往晤葛禮山言二十七日所來照會已領悉惟屬勿拘拿華人一節此應俟總察院斷定此例之當行否如以爲不當行自然不能拘拿因答曰美國莠

民本惡華人今政府創爲拘拿自然益無忌憚但恐釀成焚殺之禍如以前洛士丙冷諸案總統新卽位貴大臣新到任似不願見此宗變故故請勿拘拿以冀息事甯人外部曰將來行例必當如貴大臣意格外從寬且總統頗不以此例爲然諒總察院斷無不駁似可放心因曰向來總察院散院之期正值行例之日所請稍緩十餘日以俟判斷之說自然必確外部曰已與商矣但尙有一事相詢究竟田貝在中國聲名如何因曰聞諸傳言有以爲是者亦有以爲不是者已發書詢實在情形矣外部點首曰不日當有覆文遂散

三月初一日辰初大雨雨止而晴

日斯巴尼亞聞三得明哥國稅歸美國代收又以古巴一島相距甚近恐美國之吞幷卽調兵艦赴古巴保護嗣據美國駐日公使照會日廷言美無覬覦古巴之心乃調回所撥兵艦云　因於光緒十八年春赴古巴查古巴一島與美鄰較檀香山尤近日國前四百年所闢墨洲之地以後或由地主自主或爲他國所踞其尙存者惟古巴耳而古巴之民常苦日國苛斂故前此揭竿謀逐日員而自主終以不勝仍降於日日廷恃爲外府而終不恤其民民之思亂久矣如古巴所鄰者爲歐洲強國久已顧而之他特美國尙率創國舊章不願佔他國土地故剝果猶存耳然日之國勢漸衰而古巴之積憤已久如不整頓終必如墨洲諸地轉屬他人焉

初二日晴

二月二十一日檀香山來電言日本國聞檀島內亂派兵艦二艘來檀駐泊適有日本人之犯重罪逮繫者逃赴日本兵艦隨由檀政府照會日本駐檀公使請交逃犯日本公使覆以萬國公法內載各國兵艦無論下椗何處均照本國土地例視該犯既逃囘兵艦日檀兩國無互交逃犯之約未便交囘當俟本國政府明文辦理又聞美新總統不願保護檀島已於二月十二日派下議員外交處紳布耶赴檀察看情形二十九日來電言留心訪查該島民情實願自主因將美國旗號收囘并撤水師兵弁囘船仍由該島官民自治亦不准他國保護云　因按美國處置古巴檀香山事

頗有合於仁義之道日本所爲則未免霸氣也美國力可爲而不爲日本力不可爲而強爲兩國海軍強弱昭然益以越國鄙遠彼己之勢不待審度然則美如保護檀島日本固難與爭美不保護檀島日本亦難獨佔也

初三日晴

英國自兼并緬甸後駐防之員察得地方大害以鴉片爲最業已嚴禁私相買賣惟向來吸食者勢難立時戒斷現已定章必須先赴衙門聲明挂號給憑方准吸食云　因嘗聞法國駐越南之兵英屬印度之民近皆沾染鴉片則其難於設禁也明矣又聞英國禁鴉片曾以中國之加鴉片稅而各散則其重於利國也明矣又查本年德國增兵之費計近千萬即取諸菸草之稅美國呂宋煙稅每磅征銀四圓菸稅如此則鴉片可知矣美國煙膏之稅每磅征銀十二圓則視成本已三倍矣窺其用心大抵於事屬當禁而又難於禁者即以不禁之中寓禁之之意其從吾禁也固可以裕民其不從吾禁也亦可以裕國英於緬甸鴉片一物不准其私相買賣則必權稅無疑又令吸煙者挂號領憑則權稅亦無疑可以知其用意矣

初四日晴

德人辦理朝鮮稅關者名果克來謁　巴西國征勦叛民追過烏拉乖地界甚至騷擾烏國人民至於失和其兵船之泊巴拉圭者

與地方齟齬輒開礮轟擊其都城巴拉圭國向巴西政府詰問巴西不理且另調鐵艦一艘至巴拉圭恫喝云　因於是而歎海軍之不可缺也南墨洲皆小國智利稍強其前此勝祕魯亦如郲之勝莒耳巴西不如智利而恃其兵力淩轢極小之國墨洲風氣漸囂張矣昔日本恃其兵艦以侵臺灣今亦覬覦檀島風氣如斯積漸實非一日申公巫臣與莒子言勇夫重閉蓋亦識時務者乎

初五日雨

英公使來函言已遞頭等公使國書是夜亥正見客　因偕繙譯往見并晤美外部葛禮山戶部愷來爾之夫人大將軍水師部大臣各國公使惟法國公使未到　奧國步軍向分二十五隊茲因德

已增兵今於每隊增一百四十四人礮兵則增二十八隊增兵之費初年需一千萬圓以後則按年五十萬圓本月德國政府向本國商民貸銀一千三百萬圓周年納息三釐收銀照八六折願貸者溢至三倍云　因聞德主因俄增兵額商之奧義兩國亦擬增兵而義以餉絀不能增德主乃為自增之計今奧國亦從之不得已也德之軍械取諸本國之廠其貸欵籌諸本國之商雖八六折而納息甚輕且此項為軍餉之費則仍散之本國之民國用雖費而非等漏卮也然則居今之時當擾攘之局偃武不能為緩急亦常有惟有設廠自製軍械講信以孚民心庶利源不耗於外國耳

初六日晴

巴馬兒事前聞俄人願與中英兩國分而立約不願三國合而立約俄人又謂中國注意巴馬兒急修邊備遂亦調兵赴巴上月二十二日印度來電言俄造鐵路直達印度一旦有事數十萬衆可呼吸而至長驅犯邊茲英亦造鐵路直達俄界以禦之又於隘要修築礮臺工程漸次告竣將來俄軍犯界進戰退守肆應裕如運糧調兵諸臻靈便此後可高枕無憂云　因於此窺強俄之用心亦於此得防俄之善策俄不願與中英合約者防中英勢合則俄受牽制也否則三國分界自應三國共商如美與英法爭祕林海界淸界之舉固合三國而公議也俄造鐵路以達印邊英亦造鐵路以達俄邊調兵轉餉咄嗟可辦迎而拒之要而擊之庶不至綏不及事也因於光緒十年已疏陳矣

初七日晴中夜微雨

謁外部戶部之夫人　二月二十六日倫敦來電言英國今年添造頭等鐵甲二艘二等一艘較以前之鐵艦尤速安置重六十七頓之鋼絲新式礮又造破水雷之快船六艘每一時辰行一百八十里造成後試驗合用則添造十四艘共需銀一千四百二十四萬零一百磅其頭等鐵甲每艘需銀九十七萬磅又卡達麥船廠所造之鐵艦一艘容一萬四千頓馬力一萬三千匹每一時辰行一百二十里其礮亦照以上之新式云　因按英國今年所增之兵艦共需銀一千五百餘萬磅合中國銀七千餘萬兩古之所謂

糜餉者未若是也卽今時各國之所謂糜費者亦未有如是之甚者也然其材料取諸本邦其工匠集諸本地其價值散諸本國之商廠此七千餘萬兩之銀雖出於國帑仍毫無漏卮且藉以勸百工而制造日精武備日盛敵國隱消其覬覦誠計之得者矣

初八日晴

二月初五日馬得力來電言日國前派兵艦以防美之攘奪古巴嗣知美無此意隨卽調回茲聞法國派兵至三德明哥登岸日廷驚駭擬卽調兵艦往探矣二十五日巴黎來電言法國接駐越南總督電文法兵於二月十八日已據暹羅米江中之哥恩海島暹羅不敢與爭又聞阿洲之摩洛哥國東鄰法屬之阿爾枝理地方

近法人於其邊界造鐵路以達摩洛哥云　因聞法得越南後墾地通商哥疃麥座剎根三埠房屋日增荒土日闢氣象新矣英人本垂涎暹羅徙以暹主修好於英未忍削滅兹法爲戎首英人未必肯讓暹羅危矣摩洛哥國地當阿洲要隘英德法義日五國久已覬覦莫敢先發者慮爭之者衆也今法人於毗連之地興造鐵路一旦調兵奪隘猝不及防摩洛哥豈能力拒但未知英德義日四國皆肯拱手而讓否耳

初九日晴

上議紳佳黎生訂見日國水師提督亥初往見總察院各部各國公使惟英法德朝鮮未見歸時已子正矣　美國議院去年議增

淺水兵船兹已繪圖發廠照造又因水雷購自他國緩急難恃既不敷用且慮銀錢漏卮已於黑立發刻士地方創設造水雷廠以備兵艦之需且期精益求精云　因按光緒十年中法開釁粵省於美國購黎槍美廠不敢運粵僅交香港臺灣所購之槍將到時爲法國兵艦追查乃盡棄之海中則緩急難恃之證也方今邊防日亟偃武無期槍礮兵船水雷諸械購自外洋有限錙銖去而不返漏卮之弊長此安窮譬如久病之人元氣日虧體質安能強健美國所策其有所見於斯乎

初十日小雨

日本輪船由橫濱赴舊金山載有妓女多名日關偵知即拘留上岸從嚴訊辦二月二十六日馬得力來電言接小呂宋總督電文所屬太平洋之毗琉海島近爲日本兵船所踞亟請設法增兵查此島在小呂宋與格羅蘭島之間太平洋之北距小呂宋四百五十米居民萬人地尙膏腴云　因查日本商船向往來上海長崎橫濱近年至檀香山又至美國之金山漸推漸遠商務漸擴矣海軍之力似不敵西班牙而居然佔踞其屬島此未必確或者毗琉一島始爲西班牙所得繼而棄之如荷蘭之於澳大地亞則人棄我取不能指爲日本之侵吞然西班牙既有權衡以兩國海軍之強弱日本似難終踞焉

十一日晴

卯正輿辰初飯飯後啟行赴紐約申正到晚飯畢即往謁大狀師矗剔阿物士利亞頓商請矗剔利亞頓於西五月八號赴華盛頓

公堂駁例以阿物士在紐約提調諸事又慮美員騷擾華民另請狀師文阿倫專護華民如其至期有巡捕拘拿之事則由文阿倫阻止阻之不能則向公堂保釋候審商議妥帖回車已戌初矣　因至諸狀師辦事處其街爲紐約稅關及稅庫兩衙門所在觀其工料堅固之至自地至頂均用徑方六尺之白石砌成玻璃窗甚小仍以鐵棍縱橫爲格水火盜賊無從損傷自非地震當可屹峙數千年矣

十二日大雨

卯初興辰初飯飯後偕繙譯巡捕赴會兵船已艤海畔各國公使陸續而到惟未見朝鮮使臣耳英俄兩使均乘本國兵船赴會者爲代辦墨洲各國半攜眷屬歐洲惟葡使挈其夫人午正出海總統攜后幷各部長爲一舟各國公使共一舟總察院上議紳各部副員爲一舟而總察院不願到云將散院亟須清理積案故也午初設醼甚豐水師弁兵伺候一切午正醼畢展輪出口則各國兵艦星羅碁布未見起椗名爲操演實未操演也惟本舟過時則聲礮耳火藥之煙彌漫海面至兩船不相見回舟已酉正矣又至大狀師處訂定屆期提案至華盛頓總察院衙門訊駮

十三日晴

辰正附火車返署查昨日各國赴會兵船英國頭等鐵甲四艘一名壁立容九千頓馬力二萬匹每一時辰行六十四海里裝煤一千五百頓兵頭三十四名兵五百二十九名此船爲至巨至速一名柯士耶容五千六百頓馬力八千八百七十六匹每一時辰行三十七海里一名麥知辰容二千九百五十頓馬力九千二百六十二匹每一時辰行三十八海里一名拖打容一千七百七十頓馬力三千八百二十四匹每一時辰行三十四海里又半二等鐵甲一艘名白列　容七百五十頓馬力一千三百零二匹以上共五艘皆亦　內所成法國頭等鐵甲一艘名眞白容四千一百六十頓馬力七千八百四十六匹每一時辰行三十六海里木戰船

一艘名亞利儒士容三千六百頓馬力四千一百三十二匹戰船一艘名下賽容八百八十頓馬力七百八十七匹以上共三艘有前十年以外者惟頭等係新成德國頭等鐵甲名開沙柯容六千零五十二頓馬力一萬二千六百匹每一時辰行四十海里係新造戰船師亞拿容一千八百八十頓馬力二千七百匹每一時辰行三十二海里以上共二艘俄國頭等鐵甲五艘一名總拿千麻容七千七百八十一頓馬力八千二百匹每一時辰行三十四海里一名巴蔑亞華容六千頓馬力一萬一千五百匹每一時辰行三十八海里一名衛地舟士箇容五千七百九十六頓馬力七千匹一名貞亞麋盧容四千六百零四墩馬力四千四百七十二匹

一名連打容二千九百六十五頓馬力三千匹每一時辰行三十二海里頭等戰船一艘名黄帝爾可拿事容九千四百七十六頓馬力八千四百匹以上共六艘巴西國頭等戰船名亞幾打半容四千九百五十頓馬力六千二百一疋二等鐵甲一艘名地寶北地容一千三百頓馬力二千四百匹每一時辰行三十四海里礮船一艘名太倫頓士容八百頓馬力一千二百匹以上共三艘義國兵船一名依拿容三千五百三十頓馬力七千五百匹每一時辰行三十四海里一名記柯還依波新容一千一百三十墩馬力六千四百五十六匹每一時辰行三十四海里一名當高利容二千八十八頓馬力七千六百匹每一時辰行三十八海里以上共

三艘均爲頭等鐵甲日斯巴尼亞頭等鐵甲名衣拿衣眞天容四千七百五十噸馬力一萬一千五百匹每一時辰行四十海里戰船名煙芬打依士波容一千一百五十二噸馬力一千五百匹水雷船名新呂宋容五百七十噸馬力二千六百匹每一時辰行四十海里以上共三艘和國戰船名環士排容三千四百噸馬力二千五百三十二匹計一艘拉巴拉他頭等鐵甲名新地諸瑙容三千五百噸馬力一萬四千五百匹每一時辰行四十四海里又七分計一艘美國水師提督鐵甲坐船名飛拉得爾飛容四千三百二十二噸馬力八千八百十五匹每一時辰行三十八海里第一隊戰艦六艘一二等鐵甲名烏獲容四千零八十三噸馬力八千

八百六十八匹每一時辰行三十八海里一二等鐵甲名亞輪打容三千一百八十九噸馬力三千三百四十五匹一二等鐵甲名三夫闌借士哥容四千零八十三噸馬力九千九百十三匹每一時辰行三十八海里一二等鐵甲名巴的馬容四千六百噸馬力一萬零六十四匹每一時辰行四十海里零二分一三等戰船名班林頓容一千七百噸馬力三千四百三十六匹每一時辰行三十五海里一練兵船名板可壺容八百三十六噸馬力一千三百匹一二等鐵甲名希卡果容四千五百五十四噸馬力五千八十四匹一三等兵船名若檀容一千七百噸馬力三千三百九十二匹每一時辰行三十二海里一二等鐵甲名渣士頓容四千零四十噸馬力六千六百六十六匹每一時辰行三十六海里又二分一炸藥礮船名威數威容九百三十噸馬力四千三百六十六匹每一時辰行四十二海里一三等兵船名干戈容一千七百噸馬力三千四百零四匹每一時辰行三十七海里一防海兵船名萬爾安容三千九百九十噸馬力四百二十六匹一水雷船一艘名苦臣入水三尺五寸容一百三十二噸馬力一千七百二十四匹每一時辰行四十五海里兵頭三名兵役二十名一磅礮三尊水雷三箇又可侖比初到墨洲所乘之舊式帆船大小三艘一美總統與各部所坐坐船一船名打獵分容一千四百八十五噸馬力二千一百十八匹一各國公使所坐兵船一艘名壁立容三百五十

噸馬力二千一百七十匹一議紳坐船一艘名萬某係遊船非兵船以上兵船凡一時辰行不過三十海里者均不記所行里數英國船爲最巨式且新美國船新者亦多而巨者少當讓英國首屈一指矣

十四日 小雨

上月伯林來電義國庫欵支絀無可設法已向德國銀行貸銀六千萬佛郎又馬得力來電日國歷年虧空至今共短七千萬佛郎近竭力整頓以加稅爲開源以嗇用爲節流現已由節嗇項下彌補三千萬佛郎尚不敷四千萬卽由議院議定於加稅項下所收彌補云　因按義日兩國爲補不足之計日之所籌似勝於義義

爲借貸之舉本係剜肉醫瘡且又貸諸他國之商殊失計矣日以壽用加稅爲計壽用則量入爲出加稅則量出爲入歐洲各國恒如是且入口之稅居多尚不得爲病民也

十五日晴

梅律司送到照會外部似欠切實即爲更定　聞東三省鐵路已造至灤州三四月間關內可望竣工此後即可設局關外逐段興造云　因於輪船鐵路二事考究二十年決爲富強之本自出使後頻於美之官紳延訪其老成練達者皆言美國富強之驟實由鐵路之多且有比較各國鐵路之多寡有無以知其國之強弱貧富者若美若英若德若法若俄所謂頭等之國者其鐵路之多亦

居頭等若奧若義若日二等之國向之稱富強者今漸不及究其鐵路實居二等若和蘭若比利時其鐵路又減其國勢亦殊至於印度波斯阿富汗埃及賽爾斐亞羅馬尼亞諸國或鐵路由他國代設或竟無鐵路其國勢更昭然共知蓋各國之強弱貧富不可掩者也鐵路輪船之多寡有無尤不可掩者也亦如中國孔子之道得全者昌失全者亡捷於影響耳因聞鐵路日興欣然而喜因憶其言而志之

十六日小雨巳後霽

德國議院擬大興鐵路添造新路七條并展造舊路六條務使火車四通八達無處不到以利用兵而便商旅計鐵軌車頭坐車貨車各費需銀一千二百四萬一千餘圓又德國各處駐防之兵以冬春多雪操練爲難因改用雪鞋操兵行動較爲便捷云　因按德爲布魯士盟邦之一以前無所表見三十年內日臻富強度其英君賢相凡所規畫必有大過人者因駐美三年與德公使時相見虛心詢之乃益信張國之勢在練兵制械足國之道在通商惠工而輪船鐵路則爲二者之樞紐蓋無事之時運載利便有事之時調動神速地球各大國其皇皇營謀如不及者非虛憍也凡以富強之謀固未有勝於此者耳　照會外部爲駁領照例也

十七日晨小雨仍霽

卯正准北洋大臣電開總署電本處會照會田使請電外部暫緩

舉行新例俟楊使到後再商田覆已於初七電外部刻接電覆謂此新例非衡必立刻照行須俟總按察司核與本國例相符方能照辦看此語意當可從緩云希酌辦并傳諭金山工商董事云鴻篠准此當即轉電金山矣　美國水師人員留心戰事謂水雷爲破鐵艦之利器而不易奏效者因敵船能見其來而防之也欲求敵船不覺莫如水底潛行已思得一式由議院撥費二十萬圓試造合容一百二十五頓其駛行以電氣汽機均可又俄國駐美公使以美國講求水師年精一年請於本國派水師人員藉資考鏡前日已派兵官名麥佛哥到美　因查地球五大國若英德法三國接壤比鄰陽相好而陰相尤武備自不能弛如俄美二國一則環

北冰海一則處北墨洲畫地足守比鄰又無強國似可不以武備爲急且俄尙有拓地之心而美向守開國舊章不准覬覦他人土地似可以休兵息民者而講求水陸兩軍皇皇如不及焉何也申公巫臣曰勇夫重閉古語云虎豹在山藜藿不採當今之世畏戰者戰事必多以狎而侮之者衆也能戰者戰事必少以畏而敬之者多也然則欲求休兵莫如練兵欲求息民莫如勞民此機緘也美國之所經營者卽此意也

十八日晴

上年准北洋大臣咨開天津洋報向來由水綫公司發寄泰西者每字價洋兩圓四角四分今由俄發去僅洋一圓四角四分每字

可省洋一圓則官綫每年大可多得進欵今將在滬與包辦處所訂合同詳譯並通知各局價目公電及知照各士商詳細擬定每字以洋銀計價由津八角八分由沽八角由蘆由關由錦由旅由邊均七角八分由營由金由奉均七角六分由威八角八分以上係至俄國由津一圓四角四分由沽一圓四角由蘆由關由錦由旅由邊均一圓三角八分由營由金由奉均一圓三角六分由威一圓四角八分以上係至歐洲由津一圓八角四分由沽一圓八角由蘆由關由錦由旅由邊均一圓七角八分由威一圓八角八分以上係至美國　因查美國電至天津每字價銀二圓四角四分外洋不以四碼爲一字而中國向用四碼外洋遂作爲兩字之價是每字四圓八角八分矣因以勻碼之法勻四爲三每字亦需銀三圓二角五分二釐準以美國近年銀價卽合中國四圓有餘誠不可不設法但其章程僅有由津至美之電而無由美至津之電豈未與美電公司訂定歟本月初三日倫敦來電謂中國與俄國所接之電已經通行其價雖減而往往遲至數日是以發電者均不由此綫云云豈發電之法未盡善歟抑他族妒之歟又查問美國電報局電至中國何以不照此價尋據復稱海綫達中國者三路一曰衣士頓一曰印度一曰那甫頓那甫頓卽由歐洲西北比里亞之俄境三路電費均同一律惟由華盛頓電澳門每字需銀二圓一角二分其電臺灣每字一圓九角九分微不同耳此信存檔

十九日晴午後大雨

歐墨兩洲通商水路由大西洋徑一萬里僅需七日出產日盛現有輪船不敷運載近德國和國各新創一輪船公司專與紐約來往云　因聞美商欲於大西洋分歐洲各國輪船之利不令獨攬利權正籌集股創設輪船公司而德和兩國已先爲之所謂明者所見略同歟又查中國土產苦於出口稅重不能與各國爭利而又無出海商船以致運載之利又爲異國所專卽近鄰如日本者兩國通商人民貨物往來亦僅由日本之船而無中國之船日本自謂與中國通商所獲利者甚鉅此共聞共見也

二十日晴

二月初一日倫敦來電言英皇偕伯爵羅司伯赴義國發老力士城會德義兩國之外部長初七日義國發老力士城來電言英皇已到義主派其姪往迎并送至巴爾媚城三月初六日羅馬來電言義主成婚二十五年之期各友邦均慶賀德主偕后率室[宗]室親臨行禮到時義主偕后親待於車廠相迎至格黎那宮開醮教王則派相臣馬星尼英世子是日亦到十四日羅馬來電言德主偕后到義數日義主與后每日偕往各處遊覽極形親洽德主偕后擬明日返國云　因按周禮所載覲遇朝宗之禮於泰西見之蓋顯以示友邦之和好而隱以消敵國之覬覦也百年之間英人於拿破侖之攻西班牙俄軍之攻土耳其皆力保全之近年於德奧義之聯盟則隱願其合於俄法之聯盟則不欲其成而於德之欲開釁於法則婉阻之其用心可知矣今則赴義而會德義兩國之外部并親臨義主之吉禮度其深心蓋慮德義之交不固而招外侮之來故爲聯之以保歐洲昇平之局也

二十一日晴

接外部照覆言必保護華人　上月馬得力來電言日國治古巴與波都歷古兩島向不得法故常民變茲日政府擬改其苛法准兩島自設議院以通上下之情而免隔閡又英之埃爾蘭亦苦英人苛待民心屢變茲又不靖管理該島人員現出示禁運軍火入口以防之云　因查泰西各屬國皆苦於重斂美之於英卽前鑒也顧其國家雖重斂而尚能維持其商務民之不至重困者此也日之屬島值[僅]古巴小呂宋二處而民均不靖英之屬地徧天下而埃爾蘭近在肘腋之間民亦不靖乃所以治之之道一用柔而一用剛其不同者何也則國勢不同也日之兵力弱而屬地遼鞭長莫及威力不足以懾之故利用柔英之兵力強而埃島近緩急可恃威力足以懾之故利用剛地球各國其處置本國之民與與他國交涉均此意耳

二十二日晴

謁梅律師聞外部戶部分電各省不准拘拿華人有阿利干省總督覆電不以爲是痛詆總統及兩部又聞美國於一千八百九十年六月卽中歷光緒十六年五月所添頭等鐵甲三艘由費城喀拉姆撥船廠承造者今已成功試水命名陳拿美總統各部上下議紳水師人員士民約萬餘人臨觀其鐵甲厚處約八寸長三十四丈八尺至闊處六丈九尺入水二丈四尺容一萬二百頓裝煤一千八百頓將架十三寸口徑大礮四尊八寸口徑八尊六寸口徑四尊速放礮二十八尊水雷六管價三百零二萬圓　因查美國於本月初與厄瓜多國訂約請以厄國之格來巴哥海島作爲美兵船蓄煤添煤之地厄國總統已允交議院議矣美之水師向無聞焉數年以來籌造兵艦礮雷不遺餘力日盛月新其所以易措手者則以船廠礮廠林立各邦鋼鐵金銀豫儲礦庫咄嗟可致

無庸採購鄰封也詩曰迨天之未陰雨徹彼桑土綢繆牖戶美國
有焉
二十三日晴
美國管理內地稅員造成月册已報戶部計自上年西歷七月至
本年三月共九箇月收國內稅銀一萬二千零五十一萬零零十
六圓九角五分其所收之稅大抵煙酒兩項爲多其次則假牛油
此外甚少云　因於美國煙酒之稅之所以重者蓋屢言之不復
瀆矣且非僅美國爲然蓋中國以外固無不然也因嘗取其煙權
之其大枝者每十枝重一兩三錢中等之價需銀一兩其小枝者
每十枝重三錢二分中等之價需銀二錢隨使員中有嗜之者大

枝日需五枝小枝日需二十枝蓋中人十口之家日用之費矣香
氷酒之沽於市者每瓶需銀四五圓其價之費因其稅重故也泰
西各國於煙酒玩器各項之無益於民及女閭博局鴉片之有害
於民者悉以重稅苦之蓋有深意存焉卽其於作奸犯科罪不至
死者亦以罰鍰科之而不用鞭撲笞杖卽此意也因又聞和國判
斷錢債之案有足稱者凡債主之控欠戶也官司卽提欠戶查其
所欠屬實卽予監追其監追之法則但監而無追惟欠戶之日食
須由債主供給欠欵一日不淸則欠戶不能出監債主之供給日
食亦不能缺但缺三日則欠戶鳴於官官卽釋之矣蓋錢債一事
固有有意不願償者亦有無力不能償者其不願償者必有身家

決不願久於監禁以廢時失業其不能償者日食不給今得監禁
而轉免飢寒自安之若素矣且欠戶之身家能償與否債主盡知
官司如此辦理債主於必不能償者亦決不控於官蓋原璧已不
能歸而供給又將虛糜也泰西好用機巧此皆無形之機巧歟
二十四日晴
拜發保奬隨使人員一摺又片三　希卡果狀師昨日來電以華
優二百餘人赴會美國稅關阻其登岸請照會外部今日投剌謁
見因卻之　德國陸軍一律改用無煙火藥以其施放之後不蔽
槍管臨陣之時無煙障目故美國上年制造甚多當時試驗實係
合用近日試之則又不然蓋幾不能送彈出管矣　因查火藥之

配合硝取其速然磺取其炸力而磺之煙最重欲其無煙則必以
有炸力而無煙者代之樟腦是也顧樟腦之性辛香善竄與麝香
同凡香竄之物皆香氣團結而成氣散盡則質亦盡故蓄麝香樟
腦者必用毫不洩氣之器防其散也今美國火藥旣以樟腦代硫
磺則當防其氣之走洩今仍以蓄火藥之法安放及其累月經年
則樟腦已化氣走散宜其無用也事之初創者本難盡善精益求
精自然釋回增美矣
二十五日晴
駮例狀師利亞頓來見言總察院於今日會審酉刻大狀師矗剔
伊物士阿士頓來見言已與總察院駮論且看總察院之意如何

又言美國每屆舉總統之年欲舉者卽以禁華人爲總統之券上年又値總統求留外部布連又與爭奪故其禁例愈嚴而不料其皆不得也徒貽笑柄云　二十二日伯林來電言德主擬添兵額交議院公議議院不准德主遂令散院通諭國人另行公舉議紳又聞德相宣言於議院言奥爾賽司鹿林兩省本爲德國土地今既收回將來有爭之者無論如何勞師糜餉決不以尺寸與人云　因查奥爾賽司鹿林兩地乃二十年前德勝法時法割以與德者也歐洲風氣大抵不敢示弱所謂戰勝於無形也德法各國土地犬牙相錯其界尺寸不可踰越其勢尺寸不敢讓人其立國以練兵爲急其籌餉以通商爲先且必有至鉅之餉項儲積於平時不待張羅於臨事焉若土耳其若丹馬諸國向之所稱爲大國者數十年來其土地爲各國割裂過半遂至一蹶不振日就衰弱亦猶人之肢體摧殘癈痿斷未有能久存者也

二十六日晴

接金山電言駁例事卽覆電　二十二日倫敦來電言俄國之保闌一省介德俄奥三國之間向爲用武之地其中猶太籍者一百五十萬人俄之苛待猶太人無所不至猶太人之恨俄已深現時俄與德奥外修好而內積怨覬釁而動果有戰事猶太人必爲內應甚且倒戈俄政府亦深知而防之二月間出示通諭所有保闌省猶太人之散處各村者一律遷入城鎭俾官府得以約束云云

其實欲以轉徙不安者迫之出境此項猶太人又必來美美國宜設法禁阻云　因按古之固邊防者嘗拒異國之民然拒之於初來之時非逐之於安業之後也虞書曰安民則惠曾子曰有人有土聖賢之訓乃不可以例今之時嘗考亞墨一洲歐人踞之而逐其土著今則歐人日多而土著日窘馴至無可棲身避入山僻數百年後種類絕矣中國黔滇蜀粵邊地苗獞猺猓之類異種甚多迴古以來不聞驅逐然則我　國之寬大誠莫與京矣

二十七日晴

接金山華商電云總署有無來電覆以未接來電　昨日馬得力來電言西班牙國庫款入不敷出已經多年昨日戶部大臣布置來年經費送交議院查核量入爲出仍餘五萬二千餘圓此日國近年所未見議紳喜形於色查其中開源節流計省費六百四十萬圓云　因查義大利西班牙古稱富強之國今漸衰貧義大利今年雖貸得鉅款而非貸諸本國將來必有流弊又聞希臘國入不敷出本月向法國富商告貸未允又求諸英商英商亦卻之各部大臣無可設法遂均奏請開缺埃及國則以所貸英銀四萬萬餘久無歸結其政柄遂由英人主持此二國者於國中之利未見其興徒恃借貸又貸諸他邦始也急何能擇今則頓而難扶西班牙之及早圖維其謀國有足取焉　是夜金山來電云請電總署力爭

二十八日晴

卯刻接金山電云案已提駮雖有公論彼以約准設法禁工爲辭且有誤視寬大意察院現定本月十五號批斷氓心堅持趁機屬田使電美殺爭必轉或電崔憲離美國體一振俾易就範決無意外恐已斷定照行再商無及矣乞裁工商萬叩此電已電北京因卽於辰刻發電云華商請電貴署撤因離美請示因　上月美國漁船水手自大東洋返美言在漁船捕魚泊俄國之格梧桔格地方上岸遊玩甫入俄境爲俄兵拿解至高萊蘇地方坐監又押至琿春金壙處作工幸美國駐俄水師員聞知照會俄廷始釋又昨日奧京來電言奧國議紳有產業在俄之保闌省親往料理爲俄地方官驅出境奧國政府現與理論云　因謹按昔孔子言柔遠今地球各國立約均言和好其實中國仍守柔遠之經各國全無和好之實也美國禁華工英法俄各國皆效之西班牙祕魯和蘭則招華人而又苛待之然猶曰此所以限制貧人防奪土人之生計也乃俄國驅逐猶太人出境限制德人不許於俄置產驅逐奧紳之入境料理產業者則又曰德奧聯盟俄人防之也美隔大東洋向與俄敦睦誼俄之飢也曾運糧集貲以振濟之固前日事也乃不久而卽逐美之畫師擄祕林海之漁船監漁船之水手豈以怨報德耶弱國出此有不興師問罪索賠者乎因固知無敢問罪索賠於俄者也強也

二十九日晨起細雨辰正見日

二十七日奧京來電言奧國大軍按時操演以求精銳茲秋操之期在邇中歷五月卽交西歷七月德國之君與俄世子均訂屆時至奧閱操查俄世子此行實期與奧修好奧君亦願結好於俄俾以前相畏相防之心彼此消釋此舉有關歐洲昇平之局故德主亦欲與會云

因按古語云一日不朝其間容刀然則好會之典匪僅以聯邦交亦可以消嫌隙也德奧義之君時時相見修好報不絕書德主又常迎見俄君於途往見英后於國較奧義之君尤爲勤慎非好勞也所處之地不同也其國介俄法兩強之間非結好奧義不能分支兩國非結好於英不能消法人之覬覦外修好而內增兵欲戰則戰此形格勢禁之機也子曰知幾其神乎是故君子安而不忘危治而不忘亂是以身安而國家可保也易曰其亡其亡繫於苞桑其德君之謂乎

三十日晴

奉總理衙門電開來電悉同日接金山商董商有或電崔憲離美國體一振俾易就範等議查本署月初照會田使請其電外部暫緩行新例俟楊大臣到後再商初十日田使覆稱外部覆謂須俟按察司再核當可緩辦云該商所請目下無此辦法亦非工人等所可擅請至工商電稟應由使臣領事代陳逕電本署無此體制希飭禁卅當卽覆總理衙門電云總察院躧蓋力例者多仍行新

例又金山來電云閏判新例仍行黎稟當卽覆電云奉總署電以後金山工商勿再率電總署美察院仍判行新例因金山商董所延大律師阿士頓利亞頓來見言總統頗有廢例之意而察院不從察院共八人以爲當廢者傅爾斐路不綠瓦三人以爲不當廢者布郎不來之福穀磊矢拉矢截肐生五人惟傅爾等三人資深望重既謂當廢將來議院再議必有轉機云

出使美日祕崔日記

四月初一日小雨竟日

申正梅律師阿士頓利亞頓來見梅律師言請電達總理衙門此例須待議院開時由議紳再議以有上議紳可六之請總統已將案牘發交議院自必再議故也阿士頓言中國一聽客之所爲而毫無抵制近日議紳之持公論者皆屈而不伸以後不敢昌言多奪氣矣雖有再議之舉恐難期其秉公中國若照美國新例卽令美人之在中國者皆領照註册皆由中國地方官判案此美國所不能駁而各國皆以爲然者似可照行因答曰我　國向恥違約而以柔遠爲心故不欲行容當以此意轉達於總理衙門利亞頓

言總察院既不敢反議院之議公使宜照美外部令其暫緩行例以俟十月開議院時再議因答曰照會緩行苛例前兩月已屢行文外部外部已有覆文且我總理衙門先已照會田貝轉電外部俟新使到美再議外部所覆之意亦許緩矣似亦不必重申仍俟三思而行可也談久而散已酉正矣

四月初二日晴

謁外部本擬面詰新例而外部葛禮山已正專函來請因卽趨赴値英公使先有事見因待至午正見面將欲有言外部先言謂新總統先時示意緩行新例不照相不覓保華人不領照者亦不拘拿本示以廢例之意方謂總察院必以廢爲事矣不意有附前總

統者居然批行總統甚歉仄不以為然而又無廢例之權昨日傳各部員相商已示意仍不拘迫華人領照以表兩國和好之意因答曰貴大臣所言如此但恐各省官員藉此蹂躪華人則多事矣外部言斷不縱令各省蹂躪華人但中國亦勿輕動使美民之寓華者或遭焚殺請電政府因答曰因必電政府保護美民美民之在中國者因當力任保護華民之在美國者貴大臣當力任保護二人分任不得推諉異言外部欣然允許且密告曰此例總統必示意議院於冬初開院時必當議廢不但如貴大臣所欲且有喜出望外者惟勿漏泄耳談久辭退當即電達總署云謁外部外部傳總統意仍緩行例且求保護寓華美人又發書二函分呈總署

北洋

四月初三日晴

金山來電云美官公論已見例難辦必緩行現屬律司立新案再與堅持必轉華商乞轉電毅爭民安靖黎當即覆電云昨日已電總署　三月二十八日伯林來電言德主謂議院不允添兵不過以籌餉維艱之故今擬整頓煙葉稅項即可補庫欵之不足議院自無所藉口云　因嘗查美國煙酒兩稅收欵甚鉅其稅則亦甚重壬辰之春曾赴古巴查古巴捲煙之業計千餘家美國上議紳士冉佛言金山一省設酒肆者計四千六百餘家亦可見泰西人之嗜好矣泰西煙酒其價甚費不可以中國之價例之出使人員之尚西洋煙酒者每日所費可抵中人十口衣食因識之洋人之知大體者亦深惡之故泰西各國煙酒之稅至為繁重非必好為苛征亦冀以節斯人之嗜好耳德國整頓煙葉一項之稅即足以敷增兵之費驟而聞之斷不信也親歷者自知之

初四日晴

巳初金山商董來電云察院礙議院情面五員批行三員批否例定行僑氓惶急此間心力已竭非列憲設法難挽現按例即押驅民等以有財產二千萬電戶部存案教會防報復求緩總統有歉心以驅載須鉅資有難意惟國例成工黨囂恐難阻若中國毅爭俾有詞決可挽此例正大官商皆不服屬華人再辨現已擬案再

駮值賽會萬國皆切窺中美交涉之事能急持諒不敢肆情急籲乞謹再冒瀆罪甚工商叩乞巳正總理衙門來電云任既回華勿再給資田貝在此中國并無不悅告知外部并探其間及之意支當即發德律風至外部衙門訂與外部大臣相見時刻即據覆云外部已出門俟回衙門定奪申正又接總理衙門電云尊電以察院躔基利仍行新例昨華商言謁外部外部傳總統意緩行例確否即電覆察院判語速譯寄豪又接外部德律風言明日午正相見

初五日晴

江海關來電云二萬庫平緝　午正赴外部衙門見外部大臣葛

禮山因先言曰貴大臣所詢中國是否悅田貝及傳總統之意言察院雖批行例仍擬緩行并保護華民又請中國亦保護美民因均已電達茲接總理衙門覆電云云爲外部誦之葛禮山答曰田貝出使已八年詢中國之悅與否者所以商定去留也卽此見美與中國和好之意總統不以禁工例爲然而察院自行其意然總統無廢例之權美國例議院創例察院守例總統行例故須俟冬初開議院時再議今年議院已定早開故屬外部戶部緩行此例仍護華人以表兩國和好之意又恐中國不鑒此忱或有決裂形迹則誤大局故請電中國政府也因答曰以前布連好爲欺飾之語故總理衙門懲前毖後屬詢貴總統貴大臣之意確否庶彼此推心置腹以期不至決裂葛禮山曰余非布連比也現在之所行者如不照相不覓保不領照者亦不拘拿已見端倪議院之開不過百三十日耳期非遠也他日請證余言欲先言之未必見信且亦不便先言總之觀余所行可耳因謝之遂辭出

初六日晴酉正雨

三月二十九日伯林來電言德國大軍擬於交秋操演擇於附近法國疆界各邊省大耀軍容較之以前尤爲壯盛德主已函達奧義兩國之君及英世子請屆期臨覽云　因謹按前侍郎殷兆鏞上疏言始終不忘戰今於歐洲各強國見之也夫所謂不忘戰者乃蒐軍實講武事汰惰弱演陣法考求中外強弱情形非僅以備武員具兵額而已也亦非欲開釁於鄰國也泰西各國常覘敵國之勢以爲向背之機卽商書兼弱攻昧之義也卽兵書攻瑕不攻堅之機也往年粵捻回匪之亂其攻城掠地凡飽所欲而颺去者無不復來凡被創而逃者決不再至凡於庸將疲卒所屯之處則必趨之凡於湘淮霆軍所來之路則必避之雖擾攘二十年而前後一轍焉歐洲各國無論德與俄法相爲敵讎卽與德聯盟之奧義二邦二十年前卽有戰事我強則讎者亦親我弱則向者亦背蠶乎鼓之軒乎舞之精華已竭蹇裳去之德主其知之矣其耀兵於法界而請奧義之君憑軾而觀匪特可遏法人報怨之心并可堅奧義聯盟之局其不忘戰正所以止戰焉

初七日晴

歐洲各國增兵耀武相持不下以致庫款支絀而終不敢罷兵者恐敵乘其懈也教王蒿目傷心深思補救之術擬約會各國息爭戰而講農桑以爲各國如以爭地爲心欲其不爭莫如於彼此交界地方留一甌脫無論何國不得在此用武或可不啟爭端云

因按此亦禁鴉片之類徒託空言耳禹會諸侯於塗山執玉帛者萬國至於東周而存者無數十焉彼時有天子之控制猶不能禁其并吞也泰西數百年間元世祖曾混一之羅馬亦曾混一之乃不逾時而卽以力自雄各王其地此古時不能不爭之明驗也中國粵捻回匪相繼爲亂幾徧天下中間尚有外侮乘之此近四十

年中事也秦西南北花旗德法俄土智祕之戰殺人近二百萬此近三十年中事也宋向戌爲弭兵之會當時即有子罕之論魯莒之爭彼時晉楚猶可駕馭列邦今强國非止一二矣度英俄之勢能駕馭德法奥義四國乎竊以爲當今之世而欲偃武勢必不能惟有黽勉自强使敵國不敢犯焉創興製造使軍械不外求焉開濬利源使物産不棄地焉講求交涉使金銀不漏巵焉亦治安之策而人力所能爲者爾

初八日晴

初一日羅馬來電言天主教王向居羅馬從前義國政府深惡教王其待之也無異囚虜教王亦自斂飭通諭入教之徒勿干涉義

國教事如逢公舉議紳凡入教者不操選舉之權亦不入選舉之列由來久矣近教王以教勢日衰欲准入教者與舉議紳或充當議紳以冀教勢復振義廷知之即屬議院立例不准教士干預國事以限制之已成議矣　因於此而歎義國之善制教士也俄德之制教士因嘗疏陳之矣墨西哥之教士作奸因又詳論之矣教王盤踞義都較墨國之遠隔重洋其限制之難易顯而易見乃難者易而易者難於此可知兩國之得失焉夫權之所在可以制人而人不能制中國之入教者皆倚教士有袒護之權也揣其用心與墨國之民一轍因願仿義廷之法以制之凡入教者但與僕隸同科則從之者少矣或曰是不畏決裂乎因謂美國之入天主教者不入選舉未聞決裂也或曰中美二國勢不同也因謂中國之制教也弊在暴躁故釀禍階等於僕隸不齒而已非將燔逐之也外國之於兇犯但治以應得之罪均無縛拽鞭笞之刑中國每以暴躁僨事啟釁啟釁之後又以賠卹示弱必使官民咸知此意其庶幾不輕舉驟發乎

初九日晴

申正總署來電内開電悅外部允緩例保工所緩所保有無年月條欵或僅空言即電復本署無不堅持駁論希傳諭金山華商佳查前此阿力根省之民黨大會於工廠議行章程二欵一謂該省總督噴拿治議美總統與外部大臣同謀助華所識甚是一係怨

總統外部大臣之失策又述總督噴拿治論及華人不領照之故以爲必係總統等與中國公使私相商定否則如總統等決意欲行新例華人安敢不遵而何以不領照註册也是處初閏阿司多利埠華人所黏六大會館告示美民不知所措設有不虞將惟總統是問總統等不欲行例顯係中國公使導之使然而中國公使亦既獲罪亦可控告也云云　因查美國工黨之勢日盛官紳徇之者多今總統外部戶部内顧中美之約而外懼工黨之勢不得已而緩行例以待議院再議此其用心甚其苦而可共諒若必迫之使其昌言不准行例是顯與工黨爲讎美爲民主之國總統斷不能與民爭勝且議院已袒工黨而總察院又袒之總統部員已成

孤立度勢量力總統決不敢與通國相違似宜從其所請以俟議院轉機爲妥未使迫之使變計也梅律師以爲然遂止

初十日晴

電總理衙門云外部顧邦交而畏衆口屢求勿泄難責實據現安靖　因　朝鮮代辦使臣李采淵偕赴會之員鄭顯敏來謁　因　詢以朝鮮鬧教之案知已無事又詢朝鮮以歲歉禁五穀出口此內政也日本何以齟齬又何以索賠朝鮮又何以竟賠銀十萬圓美外部言之鑿鑿誠有其事否李采淵答言實有賠銀之事至何故齟齬尚未知其詳細也談久而去　因　按日本之魚肉朝鮮也由來久矣明季平秀吉入寇據其國都非中國派兵爲之奪回朝鮮幾

於不祀近數十年來又脅以立約大院君之家難日本樂禍幸災幸賴中國兵力弭患蓋其欲肆志於朝鮮久矣　因　又聞俄君近日派其儲爲西比里亞鐵路監督鄭重其事以冀早日竣工其通籌東三省朝鮮固顯而易見也　因　又聞俄世子遊歷日本被刺之事日本內不自安宣言於衆謂異日俄有事於朝鮮日本必處局外則是日本與朝鮮爲比隣而不與朝鮮爲脣齒也　因　以爲日本非但不與脣齒相依且必效德奧之於波蘭願與俄分裂其地耳明者見事於未然此之不可不早計者也

十一日晴夜雨

答拜朝鮮代辦及赴會之員　律師利亞頓來見梅律師攜到戶部章程卽飭繙譯譯出其文云本部於本月四號諭飭各員凡華人有不遵一千八百九十二年五月五號所行禁止華人來美各例欵者非有後諭一概不准拘拿等因在案現在凡例得在美之華人未經照蓋力例第六欵領照者仍須照前本月四號諭飭遵辦又查華工違背一千八百八十四年七月五號增修一千八百八十二年五月六號之例與一千八百八十八年十月一號所行之例來美者爲數甚多其中係冒充華商并冒他項人等及由他國偷入美境之人甚衆自應照一千八百九十二年五月五號禁例之第一欵第二欵第三欵第四欵第五欵此各欵者均係仍前一千八百八十二年八十四年八十八年限禁華工來美之舊例

載明例應審訊監禁截回按例不准在美居住之華工者自應照舊例辦理於凡華工來美不能將例得來美之據相示者自宜拘拿查辦特此通飭此文由梅律師交到梅律師云前半段係聲明不行蓋力領照註册拘拿之例後半段係聲明仍照舊例於由英屬卡拿大及墨西哥國偷入美境者按例辦理蓋新例之第一欵至第五欵實重申壬午甲申戊子限禁華工之舊例故戶部以此搪塞而第六欵則係蓋力特創最爲苛虐有礙居美之華人此欵不行則蓋力之例實已不行但以已經上下議院議准故不敢顯言廢棄耳居美華人可無事矣　因　仍屬梅律師面見戶部大臣愷來爾詢其果否的確然後電達總署

十二日 晴子刻雨辰霽夜雨

巳初梅律師來見言於午初至戶部謁戶部大臣愷來爾據云出門待久查諸總辦始知戶部大臣實未出門因近日來訪者過多故託辭避客也遂請見梅律師曰中國公使前兩日接總理衙門之電詢問領照註册拘拿之例是否緩行如何緩法急須覆電愷來爾云章程已刋出矣蓋力所定之例前五款係聲明舊例但禁由鄰國之境而偷入美境者於現在居美之華人無傷也其第六款於已居美之華人迫其領照註册否則監禁拘拿中國政府致意美使田貝中國公使於上月照會請緩行例保護華人前來外部商之總統律政部戶部已電覆田貝及中國公使必保護華人

矣以前本已電飭各省不准迫華人以領照及監禁拘拿各節適因總察院意見各歧因恐各省之員以爲卽當行例故又重言申明耳所詢緩行之年月如無意外之變準定緩至開議院時其條欵卽照八十二年四年八年舊例耳無新增者云因詢以開議院時又將如何梅律師云以前上議紳可六請於總統將中美兩國來往公文交議院再議前總統已交議院將來開議院時自當再議毫無疑義微窺新總統之意爾時必密示意議院議廢蓋力之例現總察院之齟齬各省之詆詈總統不言而心銜之愈以堅其廢例之意耳利亞頓亦以爲然因當卽發電至總理衙門云戶部通飭緩行蓋力領照拘拿之例因

十三日 陰夜雨

前十日巴黎來電言上年秋英兵船在非洲東南之馬達加斯加島遊弋遇法商船疑爲販賣黑奴令其停駛法商船卽升法旗英兵船不信仍派員過船查勘後方放行嗣法廷以此舉詰問英廷言法國向不以兵艦攔海搜查商船爲然況馬達加斯加島由法保護而英艦乃於法國所屬海面查收法船有違萬國公法至販賣黑奴雖係公法准行而法國自有兵船查禁此舉殊謬英廷自知理屈姑覆以英艦之查無損法國國體惟嫌過於認眞當通飭兵艦以後勿搜法船法廷以英旣認錯現向英廷請賠爲商船澒洗而已 因按上年法兵船大隊至英英主親勞之幷備欵一萬

圓設宴以饗之禮意隆矣英兵艦之搜查法國商船意在禁販黑奴其用意非有傷於法國而法國卽有責言何其不念前情不少寬假耶因以爲此交涉之機也易曰履霜堅冰至象曰履霜陰始凝也馴至其道至堅冰也老子云涓涓不息將爲江河熒熒不滅炎炎奈何言愼之於微也言愼之於始也若曰微者不愼其大者將至矣始之不愼其後欲救而無及矣交涉之道其立約皆言兩益其用心實利己而損人當立約之初乘我不知要求於始及立約之後出我不意狎侮於微馴至隨事皆失均平隨時皆肆要挾積習旣久直以爲例應爾焉強大之國固然卽弱小之國亦無不然殊可扼腕觀法國所爲可知交涉之竅要矣

十四日 時雨時陰

俄國於猶太人逐之出境禁其入境由來久矣兹有籍隸美國之猶太人擬往俄國遊歷向俄駐紐約領事請給護照領事不允該猶太人遂聯名請於美政府向俄理論謂美國商民俄應接待何以歧異而肆限禁美外部已允行文矣又俄國亞洲屬地地廣人稀從前曾招猶太人居之允爲保護業已安居樂業兹俄國亦已下令逐之出境云　因按地球各國無不存自私自利之見利之所在專之而已雖蒙不韙之名而不惜也英日荷三國屬地華人到者必抽身稅法人近亦效之英於新金山日於小呂宋均不願中國設領事尤不均平美國於華人雖准設領事不抽身稅而時

時以限禁苦之均悖約章而存自私自利之見耳美拒歐洲之工人俄亦拒美國之猶太人并於猶太人之久隸俄籍在保護之列者亦羣驅之所謂信義者安在乎當今之世各國競事富強而富又爲強之基故必專利而防他國之攘奪遂不免有畛域之心固出於不得已然因此而自乖信義豈王道哉

十五日 陰雨申後見日晴

巴西土產以茄非樹膠糖爲大宗近巴西各茄非寮需工孔急緣以前所用黑奴待之無德自前巴西王下令赦黑奴後黑奴遂逃入山變爲野人不願傭工於寮以致上年所產茄非無人摘收者近百萬包約虧銀八九百萬圓巴西政府因竭力招徠德義兩國之民其應招而來者乃不願作工另謀生計兹聞巴西政府擬派使赴中國并設領事招工現有富商嘉賴爾由金山附船往中國擬招工數萬名載回巴西分撥各寮云　因按前此卡拿大輪船公司來謁言將爲巴西國赴中國招工請爲行文當路因答以入美籍之猶太人應巴西之招而往者困苦不堪因求美駐巴西領事爲之措資載回美國此前鑒也嗣詢諸載回之人則謂巴西國之待工人至爲苛虐所作之事如伐木掘土諸工最勞苦者每日工價不上銀二錢以給衣食尚不能敷然則此陷穽也焉可使吾民輕往乎該公司無言而去今觀黑人尚不能堪則巴西各寮實與祕魯相似上次船期已有所聞即達諸總理衙門矣

十六日晴

本年二月美水師部大臣以美國上下留心海軍僅此十年之間兵艦固按年加增而海軍人才惜未留心造就以致兵艦造成而閣置船廠數月未駕駛既無以諳習沙綫亦無以保護遠商亟宜設法儲才爲第一著兹於四月初七日議定章程所有統帶兵艦出洋之員定期三年卽當瓜代俾未帶艦出洋者得以出洋學習庶諳練之員日多海軍方爲可恃云　因按海軍管駕機器諸職固有水師學堂教育之矣然欲其諳沙綫習風濤實非久於海舶者不能也英之商船法之漁船其數皆甲於他國實備兵艦之所取材其人畢世以航海爲事童而習之壯而行之不知其苦而常

覺其樂有不可一日離者眞所謂少成若天性習慣成自然矣因生長山村見入山採藥爲業者其行削壁懸崖如履平地望者寒心而採藥者不以爲險値粵匪之亂見黑龍江馬隊之勦賊其人與馬一氣呵成進退周旋無不如志因嘗詢其顚搖之苦罄控之能彼則曰樂此不疲無所謂苦也從心所欲無所謂能也詢以所乘之馬儻爲槍礮所傷能步戰否彼則曰無馬則無命矣然則其人與馬固已合而爲一宜其善於馬戰也中國方興海軍而商船無出海者往來津滬不足爲大洋也閩浙津粵亦有漁船而少有度重洋者然則此項人材似宜早爲之計矣

十七日雨

十三日香港來電言墨西哥國在中國招工現中國地方官已出示嚴禁俟中墨兩國有約後方准興辦以招工之事墨洲各國當其需工孔急始則恐華人之不來及見華人來者日多又欲驅華人而使去美國之事卽前鑒也故嚴禁華人出洋云　因查從前美國甚惡黑人時時羣議驅逐自南北花旗之戰美廷立例准黑人入籍與操保舉總統議紳地方官之權遂無議驅逐者然則華人之不容於美乃以不入美籍自誤也美之官紳持正論者言埃利士黨之不安分過於華人而美國不言其惡一則由於入美籍一則由於英美有互交逃犯之約也因又查美與英法日三國均有互交逃犯之約近日美俄亦訂互交逃犯英國丹國均與美有准客民入籍之約將來中墨立約似應於此二者訂明方少後患

因又查泰西各國於入口之稅均可任意輕重非若中國之一成不變變則外國挾持之也中貨入美納入口之稅有過於成本者有値百抽六十者準以中國所收入口之稅幾至十倍二十倍此亦不可不先訂者此三者訂明後患必少庶幾中國可稍紓入滿之慮而外國可不效驅逐之尤如果華民出洋而身安中國地產之出口者必日多而銀錢之漏卮者必日少亦救時之一策焉

十八日大雨時止申後晴

梅律師來見言總統致意外部大臣葛禮山屬總察院長傅爾入見爲察院所判新例甚不謂然仍堅守前議緩行新例待開議院

時再議又言墨西哥國似有振興之象其總統勤於政事凡於便民通商之政均實力講求於交涉之道力顧利源不願爲他國所奪其礦產向運美國煉者今則改爲自煉美國希卡果之會已派親信之員赴會詳考以資效法又言尼格拉（中墨洲小國）內亂海防極嚴美國輪船名紐約者由巴拿馬赴金山塗經該國哥林都海口停泊上落貨物搭客該國派員上船查驗有無接濟叛黨軍火適美國新派駐該國之使臣乘坐此船赴任亦不攔阻惟俟查畢然後登岸因謂美船主卽聽其搜驗乎梅律師謂公法如此雖大國不能不遵且美國商船前實有干預他國戰事者此案美政府已按公法提該船主訊問治以違例之罪今正欲其查明免至違例

生事也談久辭去　因按此可以比例英人美生之案也此可以證英國辦理美生之案之不公也此可以見泰西各國之於亞洲有歧視之心而不照公法也憒何如之

十九日晴

美國新成巡海快兵艦一艘命名紐約初八日水師部試驗每一時辰能行一百四十里爲向來快船所未有查歐洲各國頭等戰艦外包厚甲內載巨礮形同水面礮臺笨重而不便捷但可守險難以攻戰以紐約快船當之雖不能對敵而其進退靈捷斷不致受損或被擄云　因查近二十年來泰西各國講求海軍其尚巨重者謂輕艦不能當大礮其尚靈捷者謂巨艦不能趨利使二者

相試實相濟也苟無巨礮何以破敵國之堅艇礮臺苟無輕艦何以擄敵船而奪險要二者不可偏廢兼收並蓄非至富之國不能惟英國兼而有之若不以鄙遠掠地爲心而以完守入保爲事則萬頓之礮似不如鐵甲礮臺而輔以快船水雷其事易爲而其費亦省至於試驗船礮之法則須船廠礮廠之風氣日開日事講求自得其竅要古人所謂閉門造車出門合轍又謂百聞不如一見否則以膠柱鼓瑟之見而測月異日新之機未見其中肯也

二十日晴

查祕魯出使各國公使隨員俸薪按年計之使英二等公使英銀二萬圓使法二等公使法銀二萬圓使美二等公使美銀一萬四千圓三等公使一萬二千圓實任代辦使事一萬圓頭等參贊四千圓頭等參贊暫行代辦使事八千圓二等參贊二千圓二等參贊暫行代辦使事六千圓隨員一千二百圓以上係指出使英法美而言凡出使何國者卽以何國銀計出使墨洲各國除美國外俸薪均給祕銀亦按年計二等公使一萬二千圓三等公使一萬圓實任代辦使事八千圓頭等參贊三千六百圓以上係指巴西智利墨西哥玻利斐亞四國而言除此四國外頭等參贊代辦使事六千圓頭等參贊三千圓二等參贊代辦使事五千圓二等參贊二千圓隨員一千二百圓武隨員則照在營所得之俸發給其次於隨員者亦照武隨員發給　因於美日兩國出使人員之俸

已查記矣今又查明祕魯出使人員之俸而記之其中出使英法美三國公使得俸似優然多以代辦充則費亦減矣其他出使墨洲各國以祕銀計祕銀一千圓核以美銀尚不及六百圓則自公使至隨員其俸尤爲減矣又查美日祕三國出使人員之俸以中國較之公使不甚相遠而參贊以下中國實較三國爲優中國創辦之時較之今日尤優蓋當時未考各國章程故也

二十一日晴

地球各國產煤油以俄美二國爲最多俄國內地行船早以煤油代煤取其價廉而適用也惟遠涉重洋之船向未聞有以煤油代煤者本月有歐洲輪船一艘到美國之費城在途試用煤油實爲

利便自此以後煤油又增一銷路矣　因按美國新以電氣行車進退便捷較馬爲速因常見之此以電氣代馬力也聞瑞士國之火車改用電氣較用煤者尤速是又以電氣代煤矣化學家謂火輪舟車將來可不用煤即以化學分水之淡氣代之是水氣亦可代煤矣煤油與煤同質用以代煤固意中事俄國煤油向不能比多於美近年竟至與美頡頏蓋凡物産於地而取之者實在乎人中國臺灣亦産煤油且聞甚旺採得其法使足給中國之用則美國之煤油自難入境或亦塞漏卮之一端乎

二十二日雨時見日

赴梅律師處查各省華民事知尙安靖聞初十日横濱來電言日

本政府整頓軍務惟日孜孜近日調集國中陸隊似有戰事或疑日本意在與葡萄牙決裂以近日葡國駐日之員不肯約束本國商民以致葡民犯法屢次漏網習以爲常故日葡兩國齟齬日甚一日其實日本察看陸軍特以調動試其緩急可恃否耳　因按葡萄牙自稱爲大西洋國其方輿不及中國二百分之一其民數不及中國百分之一其商輪船不及二十號其歲入僅銀三百餘萬磅除交國債之息僅餘銀一百餘萬磅其陸軍僅三萬餘人其水師輪船僅二十餘號不知其所謂大者何所取義也或亞洲未遣使以前不能深悉其國之實在情形彼自以爲大者人亦以爲大歟或一百年以前英俄兩國壤地尙未極廣民數尙未甚多故不致相形見小歟因嘗詳考其國債皆貸自近百年之中然則一百年前該國雖不爲大而尙不爲貧今則貧弱交迫借貸無門至於鬻地日本深知其國勢故不受其牽制而與齟齬亦所謂識時務者也因料葡萄牙之無能爲也　戌初外部來文訂於二十三日午正赴衙門商事

二十三日晴

午初偕繙譯赴外部衙門英法公使均已見現見者爲瑞士公使因於午正見面葛禮山言費城地方官援一千八百八十四年例於近日華人之由卡拿大潛入境者拘五人訊問此不過應故事而已因答以昨已聞之此五人者實非潛越入境已屬梅律師先

問戶部亦擬商之貴大臣葛禮山曰果非潛入境者必不多事中國美商尙相安否因曰我政府既任保護必不失信尙望貴大臣克踐前言葛禮山答以自應踐言然證諸近日見聞似亦可相信矣因謝之遂辭出即至梅律師處詳述之律師允往見戶部并言近日華盛頓省關吏查出域多利輪船名海代者常私載華人及洋藥由卡拿大偷入美境訊出上年十二月十六號曾運入煙膏值一萬圓華人八十五名今正九號運入煙膏值一萬八千圓華人三十三名二十四號運入煙膏値銀三萬圓華人五十六名二月十七號運入煙膏値四千圓華人十七名關吏已將該船扣留矣

二十四日晴

美國駐墨西哥之公使黎安現已瓜代回美言墨國礦產五金地土膏腴實爲富強之基如得其人可以立起貧弱墨國土產半運入美銷售其入口貨則美國較他國爲多美墨如立報施之約美國可奪他國入口之利而墨國亦有益云　因觀美使之言知使者之所事事也其所駐之國在墨則考究其礦之多寡地之肥磽墨與美毗連則考究其入口出口之貨物如美國之土產入墨難銷於墨則必思所以調劑之如墨國之土產入美有礙於美則必思所以限制之今見美貨之入墨者較他國爲至多則思與墨立報施之約報施之約成則他國之貨入墨尢少美國之貨入墨更多可以奪他國之利而自專其利此皆利己朘人之見也然爲本國謀者固應如是也

二十五日晴

美廷以寓亞洲及南墨洲之商民時遭不測亟需保護因定造小兵艦容一千二百頓者三艘爲駛行內江之用不日興工其一艘以鋼作船身其二艘以木板作船身外以銅皮包裹緣美水師部驗得鋼底之船入水未久卽有海蟲附著於底積厚則船行遂遲不如銅底之無垢而行速而銅底又若價貴故不全用銅而用銅表木裏其價適與鋼等云　因謹按周禮冬官言智者創物創誠未易言也泰西之創輪船近百年矣其初創數十年猶不適於用也兵船之鐵甲亦屢更改鐵甲易而爲鋼甲鋼甲易而爲康邦康邦今又易爲白鐵卽尼克爾求其堅而又堅也昔中國向德國船廠所造兵船英廠詆之其實制造之理精益求精欲其毫髮無憾必不能也海蟲附著船底減行船之速力十年前已聞之當時謂有一種藥物抹於鋼面可以却之今久不聞用豈其用之而不效歟然則事非親歷誠未易言也

二十六日晴腹痛

倫敦來電言法國加兵於暹羅肆其蠶食初意以爲不血刃而可得地先聲所至暹羅自然降服不料屢次接仗法人不敵暹羅而屢敗遂疑英國私助暹羅前此法駐英使開缺回法以後至今尚未派使云　因謹按越南緬甸暹羅三國毗連而緬甸暹羅又外與印度毗連自法取越南英取緬甸而暹羅岌岌惟暹羅向結好於英故英遲遲未忍滅之法亦以暹羅親英之故而未敢遽滅之查地球小國本有藉大國牽制而存者如檀香山則英與美相牽制比利時則德與法相牽制摩洛哥則英法義日四國相牽制波斯阿富汗則英與俄相牽制土耳其則歐洲各大國合而與俄相牽制其不亡者以此也今法人垂涎暹羅內江之地英恐其全折入於法必踵緬甸之故智卽不滅亡暹羅斷難自主矣

二十七日晴

日斯巴尼亞近年查點民數計男八百六十萬七千名女八百九

十四萬三千口共十七兆五十萬人現在未見增加也寓居日國之客民約三萬五千人日國兵額無事時計十一萬五千人有事可增至一百零八萬三千人內有撥各屬駐防者四之一男子過二十歲例當兵三年以後有戰事仍應募水軍八千五百三十人水手一萬四千人云　因查日國十年前民數僅十六兆此十年中增一兆矣土非甚廣也民非甚多也從前查理第五稱霸者何也豈得人而興歟抑發憤爲雄歟墨洲之地係日國所開闢豈勤遠略歟惜其兵力不足以守之而爲强國所攘奪則因本國之勢不盛如樹之根柢不深者其枝葉不能暢茂也現英國之勢頗似日國之前其三島之地褊小與日地相似而海軍之強則大過之就日之往事以論英然則英之盛衰當視海軍之盛衰爲消息乎

二十八日晴

美報言日斯巴尼亞今爲君政之國然光緒七八年間曾舉開士達拉爲總統越二年而退位今其人尚存爲日國所重然年已老邁無志富貴矣　因查日斯巴尼亞遘依薩伯拉之變求義國王子爲君旋告退而國人公舉開士達拉爲總統爭戰頻年仍改君主此前事也地球各國制度不一瑞士國竟不設總統此眞民政也法國君政民政時時變更墨洲向惟巴西一國非民政今巴西亦改章則皆民政矣合而論之各國君政民政雖異而設議院則無異惟亞洲之國向無議院日本新設議院章程未備人情未習頗有囂張之氣其弊有甚於法然議院之通下情同衆欲雖小疵而實大醇也

二十九日晴

葡萄牙以本年量入爲出不敷銀一千七百五十萬圓擬由議院定增稅則凡一切日用之物無有不增凡本國及他國商民在境內所設之大小銀行公司均按所獲之利照一千八百九十一年稅則再加一倍征收凡襲職承產人等及房飯飲食所需無有不加以期彌補云　因查歐洲各國稅歛之重中國數千年來所未見也葡國所定稅章之苛又歐洲數十國中所未見也其本國不亂者何也則議院之力也議院通上下之情如極貧之家鬻子女典衣服并日以食而不怨者其情通也其他國不爭者何也則公

法所准行也稅則爲內政自主之國應自主之非他國所能干預也或曰不慮其病商病民乎不知商有病而無利則公司可以不設貨物可以不來其進退綽有餘裕也地球之上凡強大之國皆以商務朘削小國如中國之所謂盤剝故富者愈富而貧者愈貧尚幸有稅則以調劑之如稅則之權不自操則茫無把握矣可畏哉

五月初一日晴

義公使新作爲頭等公使　因往道喜又赴巴西專辦公使祕魯參贊處答拜聞英國以麻六甲國殺斃英人一名勒令賠卹麻六甲

國主久未照覆英人將下哀的美敦書限以二日不覆則用兵云因查麻六甲爲亞洲南洋小國華人流寓甚多久已歸英保護矣顧法人保護越南而旋滅之英人保護緬甸亦旋滅之泰西所謂保護者猶云係我之所有而管攝者也而保護之地與藩屬又不同藩屬之地則由我設官以治其民保護之地仍由本國之君治其民而我得管攝其國事故泰西各國不以越南琉球緬甸暹羅爲中國屬土者此也麻六甲已歸英人保護英之滅之如發蒙振落列爲屬地則與印度治法相同聞廓爾喀亦已歸英保護不及二十年其將與緬甸越南同亡乎

初二日晴

英國兵籍一千八百九十二年可用之兵共二十一萬三千五百四十八內馬兵一萬九千七百零五人礮兵三隊一爲馬隊三千七百四十八人一爲平原隊一萬四千三百零八人一爲山隊一千二百七十七人駐守要隘之兵一萬六千五百三十六人工匠隊七千四百五十八人侍衛隊五千九百四十九人行伍步兵十三萬三千一百零十人外藩隊四千三百八十七人運糧隊三千四百九十二人軍火隊八百十三人兵衣隊三百十七人醫藥隊二千四百三十二人武職大員七千六百五十三人小員一萬三千三百三十一人以上兵隊駐英者十萬六千一百十五人駐各屬地與埃及者三萬四千二百四十人駐印度者七萬三千一百八十五人兵之年歲在十七以下者一千三百零三人在十八十九之間者過半在二十以上者不及三之一云因嘗聞德國陸兵天下莫強其法令民年十六以上者當兵三年然後各事其業仍備調遣此通國皆兵也其兵制則當兵者之年齒必年十六以外四十以內過四十者則除其名卽有精力尚強行伍諳習者再展五年但至年四十五雖精力可用亦不用矣今觀英國兵制亦與德同戈登嘗言當兵之士必能浹旬不眠幷日而食而不疲病此非少壯者萬萬不能中國營規老病者多充數似宜以此矯之

初三日陰小雨

查本年各國駐美使員人數英國頭等公使一員有室參贊三員

水師隨員一員法國頭等公使一員參贊二員武弁一員文案一員義國頭等公使一員有室參贊一員隨員一員墨國二等公使一員有室參贊二員隨員一員武弁一員和國二等公使一員土耳其二等公使一員參贊一員奧國二等公使一員謀士一員尼格拉國二等公使一員有室參贊一員可侖比國二等公使一員有室參贊一員朝鮮代辦一員瑞士二等公使一員參贊一員隨員一員比國二等公使一員隨員一員葡國二等公使一員參贊一員瑞典二等公使一員參贊一員丹國二等公使一員有室日本二等公使一員有室參贊一員謀士一員水師隨員一員武弁一員巴西二等公使一員有室參贊二員考究博學專使一員有

室參贊二員德國頭等公使一員參贊一員考究博學隨員一員文案正副各一員夏威仁國二等公使一員威內薩國二等公使一員有室參贊一員隨員一員俄國二等公使一員參贊二員海代國二等公使一員參贊一員祕魯國二等公使一員參贊一員隨員一員日國二等公使一員參贊二員隨員一員武弁一員巴拉圭國二等公使一員哥斯答力戛國二等專使一員有室阿鎮丹國代辦一員有室智利國代辦一員隨員一員
初四日晴小女病得疾甚劇以橘紅薑葱汁灌之而甦
考地球各國所派出使駐美人員全備於是英俄德法奧義歐洲六大國而多者不過五員少者僅止二員亞洲之國如朝鮮日本朝鮮僅代辦使事一員日本則五員墨洲之智利阿鎮丹二國皆派員代辦使事僅一二員統計地球派使各國中國而外共二十八國使館人員無有過五員者志之以備參考
初五日晴
是日設醼　四月十七日丹國來電言丹國與德國接壤從前兩國搆兵丹敗遂割列司威克省與德以和計二十餘年矣此省民人至今不忘丹國近日聚衆公議欲背德國而復隸丹國云　因查丹國民數十八兆入欵銀一千萬餘兩陸兵三萬八千餘員名兵船三十餘號馬力無及一千匹者蓋小弱之國也自與德搆兵不勝而割地以和所割之地幷都城而棄之蓋其國勢之難振與

土耳其同而又甚焉近年所以不遽剷亡者以俄君之后為丹主之女俄不覬覦而德亦不便侵佔以防與俄齟齬也民思故國固足見其純良然琉球越南之民豈一日忘中國耶上年阿洲被夷之國太平洋被佔之島其上下均不甘心所無可如何者兵力之絀耳傷哉
初六日晴
義國政府擬為國出力之兵丁受傷而不能力食者籌欵給其衣食俾終餘年議紳以本國入不敷出此項養贍之費非八千萬佛郎不敷事遂未成云　因查美國養贍殘兵有房屋有園池歲費銀一萬八千萬圓較之義國所籌逾十一倍而按年取給焉則二國之貧富相懸可見矣近日戰事非復古時未戰之先而籌攻守鐵艦之費礮臺之費槍礮火藥之費水陸糧餉之費均以白千萬計非貧弱者所能籌也既戰之後而籌養贍如美則按年需銀一萬八千萬圓歐洲諸國舍英法德俄四國無能籌此鉅欵者矣即如義國亦需銀一千六百萬圓舍二等之國其他亦不易籌然則處今日之勢富強者恣其所欲貧弱者坐以待亡欲如周禮之大小相維豈可得哉
初七日晴
查現在美國辦事處自總統以至各衙門人數總統處正副參贊各一員文案二員書辦四員上議院紳八十八員參贊一員教士

一員總辦一員文案二員書辦十員下議院紳三百三十二員教士一員總辦一員書辦一員外部大臣一員副外部三員律師一員總辦一員管理出使事務官一員管理領事事務官一員繙譯一員內部大臣一員副內部二員總辦一員書辦七員戶部大臣一員副戶部三員總辦一員幇辦一員書辦五員稅務總專員一員幇辦一員書辦四員派往各埠專員二十五員看驗各稅關專員五十一員派往巴拿馬看驗專員十一員華人禁例事看驗官二十七員兵部大臣一員副兵部一員總辦一員書辦四十六員水師部大臣一員副水師部一員總辦一員書辦十六員郵政部大臣一員副郵政部三員總辦一員律政部大臣一員總狀師一

員副律政部四員幇律司六員總辦一員總委員一員律務書辦二員赦犯事務書辦一員又書辦十四員農部大臣一員副農部一員參贊一員總辦一員書辦二十三員總察院衙門首領一員總察院八員書辦一員錢債衙門總察院一員察院三員總辦一員幇辦一員書辦三員

初八日晴

又查美國出使各國人員數目出使中國公使一員參贊二員繙譯一員總領事一員領事八員使英公使一員參贊二員總領事六員領事七十三員商董二十二員使法公使一員參贊二員總領事一員領事十五員商董八員使德公使一員參贊二員總領事二員領事二十員商董四員使俄公使一員參贊二員總領事一員領事五員使奧公使一員參贊一員總領事一員領事三員商董一員使義公使一員參贊一員總領事一員領事十員商董一員使日公使一員參贊一員總領事一員領事十五員商董六員使和公使一員領事七員使比公使一員領事四員使日本公使一員參贊二員繙譯一員總領事一員領事二員商董一員使朝鮮三等公使兼總領事一員參贊一員使祕公使一員參贊一員領事一員使葡三等公使兼總領事一員領事四員商董一員使暹羅三等公使一員使瑞典公使一員領事四員使瑞士公使一員領事五員使墨公使一員參贊一員總領事二員領事十七

員使巴西公使一員參贊一員總領事一員領事五員使丹公使一員領事二員使夏威仁公使一員總領事一員此外遣使尚有二十二國非中國所注意者不載

初九日晴

美國開闢僅四百年而富甲於地球因嘗至其議院觀其議政而知其簡也今又考其內治外治之迹則各部衙門堂官三十二人總辦以下如中國之郎中員外主事一百四十三人書辦一百三十一人如是而已遣使共四十三國所設之官僅三百三十員考其設官之權衡而知其注意於商務并知其注意於行銷本國之土產商務之盛以英法德義日爲最所設領事至一百四十四員

墨西哥雖小國而與美毗連美之土產易於運出其公使參贊僅各一員而領事多至十九員可知其用意之所在矣亞細亞洲中國最大行銷煤油洋布麪粉最多故公使以外參贊繙繹僅三員而領事多至九員俄雖爲大國而本國自產煤油麪粉遣使而外所設領事尚不如中國之多若朝鮮若暹羅則皆以三等公使兼領事朝鮮僅二員暹羅竟一員以其地小而美國之土產不足以行銷也至於葡萄牙則亦以三等公使兼領事美國設三等公使者共五國曰葡萄牙曰朝鮮曰暹羅曰海帶曰列伯里朝鮮爲中藩暹羅不能自主海帶列伯里民數不滿一兆入款不過五十萬磅比而論之而葡萄牙之國勢可知矣　因嘗謂葡萄牙爲貧弱今證以美之遣使而益有徵又各國之遣使駐美者英法爲頭等公使有參贊三員而無隨員俄有兩參贊亦無隨員日國亦兩參贊德國義國參贊皆一員奥國竟無參贊公使之外僅謀士一人又地球各國之遣使均無所謂副使者今因考究而始知之

初十日晴

亞洲內地俄屬西達地阿省之他時干地方上年所產棉花多而且美保蘭省布商在該處購辦棉花十八萬石又俄國東南各省所產煤油近年運出愈推愈廣獲利愈鉅今俄與法商俄國願減法國貨物六十種之稅法國願減俄國煤油入口之稅已成議云　因聞埃及種棉得法所出之花已美俄國種棉以前尚不得法今亦漸精可分美國之利亦猶印度之茶法義之絲學中國者奪中國之利矣煤油之利向爲美國所獨近十年來俄產日多居然抗衡信乎人力可用而風氣宜開也至於彼此訂稅以期土產之行銷皆爲防本國貨物之棄於地利源之奪於人地球各國其所以謀國者大抵如斯而未有不如斯者矣

十一日晴移居樓下北房

上月十八日倫敦來電言歐洲大國分爲兩盟戰守相助其餘小國各有所附惟英國處局外而獨立有識者論時度勢咸謂英國陰向德奥義而不與俄法但未顯露痕迹昨議院有以此意詢諸外部者外部並不明言但謂英與德奥義三國交涉之事共見共聞云耳　因按英皇以保歐洲昇平爲念久已聞之若英向俄法而不與德奥義是使歐洲各國無一日得昇平也俄幷奥而法幷德俄法將強於英英介兩強之間是英亦不得昇平也今英不與俄法俄法有所憚而不開釁於德奥義英向德奥義必不慫恿德奥義以開釁於俄法則各大國無敢爲戎首者而大局昇平矣惜乎日本之不知此意也歐洲各國方合志以朘削亞洲所立之約均與公法相違日本不與中國爲輔車相依之計而爲同室操戈之謀誠莫解其意之所在矣

十二日晴五更雷雨天明雨止

巴黎來電言歐洲各國二十年前兵額過百萬者惟德俄法三國

今奥義土亦然現各國有戰事時德能集兵五百萬人法能集兵四百三十五萬人俄能集兵四百萬人義二百二十三萬六千人奥一百九十萬人土耳其一百十五萬人英重水軍而輕陸軍僅六十萬二千人此外各國能出數十萬人者尚多較之二十年前已三倍云　因查德法兩國之民僅八千萬婦女居半老幼居四之一精壯男丁度無過二千萬人矣而當兵者近一千萬人此亦振古未有之創局也顧德法之國勢實處不得不然德介法俄而法介英德故也土耳其於十年前俄兵壓境國雖不亡而版圖之爲各國分裂者過半懲前毖後故亦勉力增兵爲防俄計如早籌之則無削地之事惜其亡羊而後補牢也中國民數極多集兵數如德法二國之額易於反手然而餉無可籌則商務未興之故也

十三日　晴夜雨

英屬澳大利奥各省分治税則未能畫一兹各省官紳會議内地貨物彼此往來均不納税惟外來貨物則照各省議定之税則納税又義國近年大旱五穀歉收有建議減税以招徠五穀入口者政府以入欵不充未允倫敦來電云美與巴西訂立報施之約巴西准美國之布入口免税查美國所織之布向不如英之細故英布易銷乃自免税後美布價賤於英英布遂難銷售云　因即今日所見聞者比而論之一言以蔽之曰皆注意入口之税與土産之銷而已澳洲免内地之税者注意入口之税也義國不以歲歉

而招徠五穀者注意入口之税也但不恤民飢未免財聚民散然上年俄之歲歉已如斯矣英電所言則注意土産之銷而恨其爲美所攘奪也巴西免美布入口之税美國於巴西入口之貨亦必有免税者所謂報施也惟英電祇爲英布之難售立言故不暇牽及耳

十四日陰

上月二十四日伯林來電言奥國外部宣言本國政府現有與俄復修舊好之意德國官紳聞之謂奥之詐虞不足恃不如即與絶交與日國瑞士國聯絡查奥雖爲歐洲大國而民種紛雜不和故外與德聯盟而民之附俄者仍不少奥君亦無可如何本月十二日又聞德奥之交近日益離奥君亦漸露痕迹云　因聞此而歎曰怨毒之於人甚矣哉二十年前德國伐奥奥敗而割地以和其時德奥勢均力敵城下之盟非所甘也迨德法搆兵俄以重兵壓奥境奥雖欲助法報德而力不能至德挫法而霸歐洲其勢已盛奥自問難與角勝不如親之以息事甯人然舊怨終未釋也今法之元氣已復而又與俄聯盟奥附俄則俄強而德義兩國之力決不能與俄法奥三國抗衡歐洲其將有戰事乎

十五日陰

上月二十七日巴黎來電言德奥兩國政府近日不惜巨欵將所用之槍改造以求格外便利兹法國亦擬改變擬撥欵一萬佛郎

云初五日美國官廠新成大礮一尊可在水中施放暗擊敵艦之底上年所成者試驗尚未盡善此次係加工改造者較爲合用擬卽日在紐鉢埠試驗云　因觀歐洲大局軍務日亟戰具亦日新昔之師行日數十里者今以鐵路調兵日行數千里矣昔之用刀矛弓矢者今一概易而爲槍礮矣匪特此已也德國以氣毬偵俄營之虛實俄亦擬以氣毬拒之過此以往將有以氣毬合戰者矣法日兩國已創水底行船美國現亦興造然不過爲施放水雷計也今乃創水底施放之礮夫水有阻力礮彈之行將拕泥帶水而前豈能迅速豈能及遠卽中敵船又豈能深入是必有善法避此數端然後可用也陸戰用氣毬是陸軍不必交鋒於地面水戰用

泅船是水軍不必交鋒於水面鬬智炫奇而民生之禍亟矣

十六日陰時小雨

又伯林來電言德國事勢以添兵爲至計因其地介法俄兩國素好多事又無高山巨浸之天險間隔敵人可以長驅直入兩面夾攻德國雖強安能首尾兼顧且法國與德毗連之一面礮臺相接鐵路相聯地底電綫暗通消息若兩國搆兵德國卽勝亦不能闖入法國內地以法之礮臺足以扼要堅守也俄國與德毗連之地雖不若法國礮臺之多然其重兵棊布鐵路四通一旦有事可以立刻調集兵將數十萬人越過德界是以德國熟籌形勢不敢粉飾宴安惟有朝夕淬厲選將練兵以防敵國兼幷云　因嘗讀易傳云危者安其位者也亡者保其存者也亂者有其治者也夫差之亡亡於盟晉勝越之後後唐之敗敗於繫燕函梁之終所謂宴安酖毒也士會慮楚人之乘我卒以全軍相如防澠池之刼盟卒以全趙所謂有備無患也綜觀今日事局地球各國搶攘之勢迴古所無名爲睦鄰實則伺隙稍與欵洽則肆要求偶有齟齬則肆迫脅今日遣使明日可以絕交此種狡獪惟不敢施於英俄德法四邦其餘均所難免愈弱之國愈不能免惟德國所處之地爲最難幸其兵力尚強足以杜敵人之窺伺耳

十七日陰

謁梅律師於公事房遇上議院紳可六言今年開議院現已定議

提早於西歷九月四號卽中國之七月二十四日也中美交涉之事華人領照之例當再議矣　因謝之又言俄將踞巴美兒地方前英員之往探者被俄將領驅逐經英政府詰問俄廷雖將該將領撤回而俄主召見該將領特深嘉其膽識俄與英議願撤兵出巴美兒境地與英派員會淸地界而聞俄兵實仍駐巴美兒境地且築礮臺英已派員赴巴美兒驗其虛實俄人之言殊不可信中國似宜設備　因答曰中國已調兵赴該處矣談久而別　因按論地球大勢則英法之鯨吞小國可畏論歐洲大勢則俄人之蠶食鄰國可畏論亞洲大勢則俄英法三國之逼近環伺尤可畏蓋俄人犯歐洲英人必拒之且必合德奧諸國以拒之俄人無能爲也亞

洲之勢則不然東三省新疆與俄接壤西藏雲南與英接壤廣西與法接壤一國發難則兩國坐視此必然之勢矣且非惟坐視也乘我之急以收漁人之利此可預知者矣爲今之計惟有興鐵路以合南北之勢增船壘以固水陸之防無可緩也

十八日 晴時見雨點

日國向來入不敷出聞其首相通盤籌畫開源節流居然取給當飭函屬駐日代辦使事查其節目今始寄到亟爲錄出計其入欵一收田房牲畜稅銀上年三千二百四十九萬七千五百四十八圓本年短收銀一百五十五萬七千五百四十八圓此項短收之故係由該三項俱係接所出之欵以輸稅課目下酒價房値俱形

低落又兼牧場被旱牲畜豢養較難也一收貿易稅銀上年八百二十七萬一千二百七十圓本年長收銀五十二萬八千七百三十圓此項長收之故係由前被蒙混今則核實也一收承業稅銀上年八百一十六萬零七十五圓今年短收銀四十萬零七十五圓一收新封及承襲爵秩稅銀上年一十六萬圓本年同一收人稅銀（即身稅）上年一百八十萬圓今年長收銀一十萬圓此項長收之故係由將數省人稅包與人承收故盈於國家自征之數也一收俸稅銀上年三百八十萬圓今年長收銀八十萬圓此項長收之故係由按俸薪之大小而遞加稅項也一收支出官款城欵稅銀上年一百三十七萬四千八百七十三圓今年短收銀一十三萬四千一百七十三圓此項短收之故係由納俸稅者免輸此稅也一收施與教堂尼院財產稅銀上年六十萬圓今年長收銀六萬八千八百圓一收私家馬車稅銀上年無今年長收銀二十萬圓此項前經裁免茲復征也一收斐士加亞等四省包稅銀上年一百三十二萬五千一百九十五圓今年長收銀四十萬圓此項長收之故係由約定如他省稅欵加增該省等亦應將包解之稅照加也一收進口稅銀上年一千八百八十萬圓今年長收銀三十萬圓此項長收之故係由稅則新增也一收出口稅銀上年二千圓今年長收銀一十九萬八千圓此項長收之故係由稅則新增也一收上貨稅銀上年九十萬圓今年長收銀四萬圓一收下

貨稅銀上年七十萬圓今年同一收搭客稅銀上年五萬圓今年同一收關口查驗貨物粘貼標記費及馬頭捐銀一十四萬圓今年同一收進口船隻檢疫費銀上年二萬二千圓今年短收銀二千圓一收罰款銀上年一十四萬圓今年短收銀二萬圓一收常欠關稅之息銀上年三千圓今年短收銀二百圓

十九日陰

梅律師來見　一收住各國商民人等所捐之領事經費銀上年四十六萬五千四百圓今年長收銀一萬五千四百圓一收城稅銀上年一千五百七十四萬八千二百一十九圓今年短收銀七十四萬八千二百一十九圓此項短收之故係由日用之物稅課

較前稍減也一收烈酒加稅銀上年一百五十九萬三千七百六十一圓今年短收銀五十九萬三千七百六十一圓此項短收之故係由各商知稅則將增而先期多運進口也一收糖稅銀上年四百五十萬圓今年短收銀四十萬圓查此項糖斤多係運自古巴前此統列屬地進口貨內嗣與本國糖寮稅項專作一欵本屆之所以短收者亦由於稅課未加之先運來頗多也一收火車捐銀上年二百四十萬圓今年長收銀一十萬圓一收士單進欵銀上年一千零二十八萬四百六十圓今年短收銀六十二萬四百六十圓查士單一項新例無論何項約據均須粘用而收數反較前稍減者一由生意淡薄一由事多面訂不動紙墨也一收紙牌

稅銀係新稅上年無今年長收銀一十六萬圓一收售賣火藥稅銀係新稅上年無今年長收銀八萬圓一收土巴菇公司租欵銀上年一千八百七十二萬圓今年長收銀四十八萬圓此項長收之故係由吸食者多而銷數較旺也一收火柴公司租欵銀係上屆新立者上年八十萬圓今年長收銀五萬圓一收彩票進欵銀彩款不在內上年四百八十萬圓今年長收銀六十萬圓此項長收之故係由彩票增添也一收鑄銀局羨餘銀上年六十萬圓今年短收銀四十萬圓此項短收之故係由上屆鼓鑄銀圓太多本屆須酌減也一收代滙本國各處零欵滙費銀上年八萬圓今年同一收官報進欵銀上年八萬圓今年長收銀一萬圓一收各國信局攤派信資銀上年三萬二千圓今年長收銀八千圓一收各國電局攤派電費暨新設德律風進欵銀上年九萬圓今年長收銀一萬圓一收售賣犯人所製之物進欵銀上年二萬八千圓今年同一收陀乃非愛喝鹽場進欵銀上年三十萬圓今年長收銀一十五萬圓此項長收之故係由將該場包與人承辦也一收阿馬丹水銀礦進欵銀上年一百七十二萬圓今年短收銀三十二萬圓此項短收之故係由水銀價低落也一收利拿來鉛礦進欵銀上年四十萬圓今年短收銀七萬圓此項短收之故亦由鉛價低落也

二十日晴

一收加來尼亞島海口稅銀上年九萬圓今年同一收官產租款

銀上年五萬圓今年短收銀二萬二千圓一收河稅銀上年二十萬圓今年長收銀四萬圓一收售賣官家樹木進款銀上年二萬圓今年同一收收回之官產進欵銀上年五千圓今年同一收收回之教產進欵銀上年三萬二千圓今年短收銀三千圓一收捐免禁止禁日食葷照費銀上年五十三萬四千圓今年短收銀九千圓一收鐵路公司繳監察經費銀上年二十四萬二千五百六十圓今年長收銀二千二百四十圓一收負欠官欵之息銀上年五萬圓今年短收銀八千圓一收各省認捐看路經費銀上年二十萬五千六百圓今年長收銀二萬七千二百圓一收各省認捐學校經費銀上年四十萬圓今年短收銀二萬圓一收官權量進

欵銀（係新立者）上年無今年長收銀五萬圓一收半成城稅加欵銀上年無今年長收銀二十萬圓此項加欵向由府尹征收玆由國家征收是以提取半成也一收施與教堂等產業一成進欵銀上年一萬七千圓今年無一收收回之書院產業進欵銀上年二萬圓今年長收銀一萬六千圓一收公地二成租欵銀上年七萬零二百圓今年短收銀二千圓一收林場一成租欵銀上年無今年長收銀四千圓一收押欵進項銀上年一萬五千零五十圓今年短收銀二百七十四圓一收樂助官書局欵項銀上年一萬四千五百圓今年短收銀九千一百圓一收售賣官產分年呈繳價銀上年一百二十六萬八千四百圓今年短收銀一百五萬八千四百圓一收售賣水師廢棄之物進欵銀上年二十萬圓今年無一收賜產贖欵銀上年六萬圓今年同（所有賜而未經收回之産昔例每年應進方物嗣改令繳銀以贖之）一收售賣雜物進欵銀上年二萬圓今年無一收捐免當兵進欵銀上年一百八十六萬圓今年同一收舊欠官欵銀上年三十六萬圓今年同一收官棧棧租銀上年一萬九千圓今年長收銀一千圓一收溢收各欵銀上年一十六萬圓今年同一收官欵存息及折扣銀上年九萬五千圓今年短收銀一千圓一收屬地貨物稅項銀上年二百二十萬圓今年短收銀一十萬圓總結一千八百九十二至九十三年分計收銀一萬四千九百五十九萬二千一百一十一元一千八百九十三至九十四年分計收銀一萬

四千七百四十九萬五千二百七十一圓短收之欵計銀六百七十三萬六千二百一十圓除以長收之四百六十三萬九千三百七十元相抵外仍較上屆短收銀二百零九萬六千八百四十圓

二十一日（晴是日爲西歷七月四號乃美國改爲民政之日）計其出欵一宗室項下上年計銀一百九十萬圓本年節省銀二十萬圓此項節省之故係由攝政君后自願將王俸裁減也一國債項下正債息銀上年五千四百五十四萬三千一百六十三圓本年節省銀二萬七千七百七十一圓浮債息銀上年三百六十一萬七千五百一十六圓本年多用銀三百六十七萬九千九百零四圓一上年不敷銀一百二十圓本年多用銀三萬一千圓一上下議院項下上年計銀三十四萬四千八百五十二圓本年節省之數尚未議定一津貼收回賜產項下上年計銀四十萬四千六百四十一元本年節省銀四萬一千一百九十五圓一恩俸項下上年計銀一千零九十五萬零二百四十圓本年節省銀二萬零二百四十圓首相衙門項下一本衙門暨軍機處等經費銀上年一十九萬五千六百一十圓本年節省銀八萬零二百六十圓一舉行閣龍會經費銀上年二十四萬圓本年無外部衙門項下一本衙門人員俸薪銀上年八萬六千三百圓本年節省銀四千圓一本衙門雜用銀上年一萬六千六百九十三元本年同一出使人員俸薪及公費銀上年四十六萬二千九百八十五圓本年

節省銀三萬零七百九十五圓此項節省之故係由裁減駐德之漢伯格駐南美洲阿鎭丹國之坡愛羅士崖乃士駐奥之特立士特駐比利時之安特沃卜駐美之紐鐃林及紐約駐阿非利加洲屬法之亞及利亞之亞及愛士駐法之包朵及馬賽駐英之直布羅陀及立弗埠及倫敦駐葡之立士本（即葡都）各領事署公費銀六千三百零五圓裁撤駐荷蘭之使署（以駐比利時公使兼使荷蘭）銀五千五百七十圓裁撤駐義大利使署二等參贊銀一千五百七十圓改駐瑞士之二等公使爲三等公使銀五百圓改駐墨老哥二等公使爲三等公使銀五百圓裁減各使署公費銀四千五百一十五圓裁撤駐義大利之克立亞立駐中美洲薩法島國之森非生太駐

德之丹習克駐士耳其之康士旦丁羅卜爾（即土都）駐美之查士登駐之海立非格士駐義大利之乃港駐法之陀羅士等領事署銀一萬四千一百三十五圓降駐中美洲夸的馬拉國之森唐姆士法之梅揚等領事署銀一千圓共銀三萬四千零九十五圓除加駐麼洛哥使署繙譯銀二百圓及設駐阿非利加洲之三習把領事（係與英國議定設官會查販奴船隻）經費三千一百圓淨共節省銀三萬七百九十五圓一出使人員房租等費銀上年七萬四千九百九十五圓本年節省銀四千七百六十圓一出使人員川資電費信資新聞紙費以及修理官房資助在外國之日國難民等費銀上年一十八萬四千四百七十圓本年節省銀一萬七千五百圓

二十二日晴

一教法院經費銀上年三萬圓本年同一津貼者羅色難教會銀上年七千二百五十圓本年同一津貼在外國之教堂書塾暨教士川貲銀上年一十一萬二千三百九十圓本年同一上屆不敷銀一萬九千七百九十九圓本年無刑部衙門項下一本衙門人員俸薪銀上年一十二萬一千七百八十圓本年節省銀三萬一千八百三十圓此項節省之故係由裁減人員也一本衙門雜用銀上年二萬七千六百九十四圓本年節省銀九千零九十四圓一各省刑司俸薪銀上年一百二十一萬一千八百八十七圓本年節省銀四十二萬七千三百一十五圓此項節省之故係由裁併刑署也一各縣刑司俸薪銀上年五十四萬六千一百八十六

圓本年多用銀一十六萬九百一十四元此項多用之故係由添派人員巡按地方也一各刑署雜用銀上年九萬一千四百四十九員本年節省銀二萬九千七百六十四圓一看監人員等俸薪銀上年九萬四千九百二十四圓本年節省銀一萬四千六百圓一監獄雜用銀上年五十五萬九千六百二十圓本年節省銀七萬八千九百二十圓此項節省之故係由裁減犯人食用等費也一監獄印書等雜費銀上年三萬八千四百二十一圓本年節省銀二萬圓一官房修理費在外國興訟費用以及一切雜用銀上年二十二萬六千圓本年節省銀一十六萬六千圓此項節省之

故係由裁革給見證人之費也教堂項下一教士等俸薪銀上年五百八十八萬五千五百一十八元本年多用銀六千四百零八圓一書院及書樓經費銀上年二十六萬四千八百五十圓本年同一教堂雜用銀上年二百零二萬七千五百三十一圓本年多用銀五千二百四十一圓一教堂修理費及房租銀上年一十二萬六千七百六十六圓本年同一上届不敷銀六萬五千四百二十四圓本年節省銀三萬八千六百二十二圓兵部衙門項下一本衙門人員俸薪銀上年七十六萬三千四百七十六圓本年節省銀一十萬五千八百一十二圓此項節省之故係由裁減監察人員也一本衙門雜用銀上年六萬七千八百圓本年節省銀五

千六百圓一大將軍俸薪銀上年三萬七千八百圓本年無此項俸薪改列將弁俸薪欵內一各省武衙門人員俸薪銀上年二百一十三萬六千六百六十六圓本年節省銀三十一萬八千七百零二圓此項節省之故係由裁併汛地也一各省武衙門雜用銀上年七萬五千一百四十二圓本年節省銀一萬六千五百圓一將弁兵丁等俸餉銀上年一千四百一十萬五千九百六十六圓本年節省銀一十五萬六千零二十八圓此項節省之故係由裁撤兵丁約九千名暨備調將弁僅予半俸也一兵房雜用兵糧及兵醫院等經費銀上年三百九十萬七千五百七十六圓本年節省銀四十七萬七千二百七十三圓此項節省之故係由裁兵所

致也以兵監經費銀上年一萬五千五百六十八圓本年多用銀三千七百三十六圓一移兵運械等費銀上年二十萬六千二百圓本年同一購馬養馬等費銀上年四十萬一千五百三十圓本年節省銀一萬九千一百三十二圓一購製礮火經費銀上年八十三萬五千二百七十二圓本年同一購置機器經費銀上年七十七萬四千八百八十圓本年節省銀一千一百八十四圓一召募新兵經費銀上年一百一十五萬四千圓本年節省銀一十五萬四千圓一房租息餉以及一切雜用銀上年一十八萬一千一百七十八圓本年節省銀一萬一千一百七十六圓一防軍將弁勇丁等俸餉馬乾銀上年三百三十六萬九千七百四十一圓本

年節省銀一萬五千五百二十九圓一防軍雜用銀上年一千圓本年多用銀三百五十圓一上届不敷銀一十萬五千六百五十二圓本年節省銀四萬九千六百八十六圓

二十三日晴

海軍衙門項下一本衙門人員俸薪銀上年一十八萬零五百零一圓本年節省銀六萬二千九百四十一圓此項節省之故係由裁減人員也一本衙門雜用銀上年一萬九千圓本年節省銀二千圓一將弁兵丁水手等俸餉銀上年二百六十三萬一千三百二十三圓本年節省銀一十五萬五千六百八十一元此項節省之故係由裁減軍器局等人員也一各水師衙門及軍器局等雜

用銀上年一百二十八萬六千二百八十九圓本年節省銀一萬一千四百三十三圓一格致院人員俸薪銀上年六萬六千二百零五圓本年節省銀二十二圓一格致院雜用銀上年二萬三千零六十四圓本年節省銀三千八百五十圓一備調將弁俸薪銀上年一十三萬八千零六十七圓本年多用銀一萬一千零一十三圓一保護海濱船隻駕駛人等俸餉銀上年二十萬七千三百九十一圓本年節省銀三萬五千一百七十三圓此項節省之故係由裁減巡船也一保護海濱船隻雜用銀上年一十七萬一千九百八十四圓本年節省銀二萬零二十九圓一上屆不敷銀五萬六千九百七十四圓本年同吏部衙門項下一本衙門人員俸

薪銀上年一十二萬一千一百圓本年節省銀一萬九千六百圓一本衙門雜用銀上年九萬三千二百圓本年節省銀二千六百圓一各省巡撫等衙門雜用銀上年六萬四千八百四十圓本年同一各省巡捕俸薪銀上年六十萬九千三百二十一圓本年節省銀五百圓一各省巡捕雜用暨房租銀上年二十四萬九千二百六十九圓本年節省銀五千一百三十四元一各善舉經費銀上年一十八萬一百七十八圓本年多用銀二千一百圓一保安局人員俸薪銀上年七千二百五十圓本年節省銀二千三百五十圓一保安局雜用銀上年二萬六千六百八十五圓本年節省銀一萬九千八百八十五圓此項節省之故係由裁減防備時疫

經費也一各省保安局人員俸薪銀上年七萬一千四百五十圓本年節省銀七千九百五十圓一各省保安局雜用銀上年四萬七千五百七十六圓本年節省銀一萬六千四百八十八圓此項節省之故係由建干多海口檢疫院將竣工也一郵政局人員俸薪銀上年四十二萬六千一百九十圓本年節省銀二萬五千圓一電報局人員俸薪銀上年一百四萬二千七百九十圓本年同一郵電兩局獎賞銀上年一十三萬八千圓本年同一郵電兩局紙墨費銀上年七萬零七百八十四圓本年多用銀二千一百七十圓一郵電兩局轉遞函電等費暨雜用銀上年一百七十七萬五千零二十圓本年節省銀六萬九千五百七十七圓一郵電兩

局印單費銀上年一萬六千圓本年節省銀四百五十四圓一郵電兩局房租及修理官房費銀上年八萬四千一百圓本年節省銀三千一百八十九圓一郵電兩局傢私費銀上年三千圓本年同一津貼電綫公司暨購送信車輛經費銀上年二十六萬二千八百八十四圓本年節省銀七萬八千七百五十元此項節省之故係由停給加來尼亞島海綫津貼暨裁減送信車七十輛也一上屆不敷銀一十萬四千九百三十圓本年節省銀九萬二千七百三十三元

二十四日晴

美國駐巴拿馬領事阿丹信向能保護華人因爲奏請賞給寶星

上議院已議准佩帶而下議院尚未議因謁外部商請速於開院時議准外部允之　農商工學部衙門項下一本衙門人員俸薪銀上年一十三萬零二百圓本年同一本衙門雜用銀上年二萬零五百二十元本年同一各省署人員俸薪銀上年八萬八千零五十圓本年節省銀七萬四千八百圓此項節省之故係由裁撤各省總辦僅留司事一人也其總辦所辦之事悉改歸各該總理署經理一各省署雜用銀上年九千八百二十六圓本年無一總理學校事務人員俸薪銀上年四萬七千二百圓本年節省銀一萬九千八百五十圓此項節省之故係由裁減監察官五十員也一經理學校事務署雜用銀上年四萬二千九百四十圓本年節

省銀一千三百七十圓一小學校人員俸薪銀上年二十二萬八千八百二十四元本年節省銀一萬五千二百五十圓一小學校雜用銀上年一十二萬四千五百一十七圓本年節省銀四萬三千六百零七圓此項節省之故係由停給各鄉塾津貼也一中學校人員俸薪銀上年六十九萬六千八百九十三圓本年節省銀二千六百一十四圓一中學校雜用銀上年九萬三千六百九十圓本年節省銀一萬六千一百七十圓此項節省之故係由停給私家技藝及貿易學堂津貼也一大學校人員俸薪銀上年五十七萬八千三百三十一元本年多用銀二萬四千二百四十五圓此項多用之故係由不得不添教習等人員也一大學校雜用銀

上年八萬零四百二十圓本年節省銀三千八百零五圓一醫學等館人員俸薪銀上年三萬八千九百六十三圓本年節省銀五千七百一十一圓此項節省之故係由裁撤獸醫館二所也一醫學等館雜用銀上年一萬零四十圓本年節省銀五百二十圓一精技館人員俸薪銀上年一十一萬六百六十七圓本年節省銀一千八百三十四元一精技館雜用銀上年六萬二千零四十五圓本年節省銀三萬一千五百五十五元此項節省之故係山本屆無賽畫會也一博物院暨各書樓人員俸薪銀上年計一十五萬零五百八十五圓本年節省銀一百圓一博物院暨各書樓雜用銀上年二萬六千四百三十七圓本年節省銀二千一百八十

五圓一格致書院人員俸薪銀上年二萬八千四百三十二圓本年同一格致書院雜用銀上年三萬八千三百零七圓本年節省銀一百零七圓一官房經費銀上年六十萬零二百三十六圓本年多用銀三萬九千二百四十九圓此項多用之故係由新建本部衙門暨正音學館也一辦理農桑事務人員俸薪銀上年六十一萬五千六百四十三圓本年多用銀一千一百六十七圓一辦理農桑事務署雜用銀上年二十四萬二百四十六圓本年節省銀六萬八千八百八十五圓此項節省之故係由裁減農政局獎賞也一辦理工程事務人員俸薪銀上年一百一十一萬三千零四十圓本年同一工程署雜用銀上年四萬九千八百四十圓本

年節省銀一千圓一修築道路經費銀上年八百二十二萬一千九百二十二圓本年節省銀九十八萬六千四百三十四圓一監察鐵路人員俸薪銀上年一萬九千四百五十圓本年同一津貼鐵路公司銀上年二百三十七萬一千四百一十五圓本年節省銀一百四十六萬二千圓一辦理河務人員俸薪銀上年二萬三千七百二十二圓本年節省銀九千一百四十圓一修濬河道經費銀上年四十八萬九千八百七十圓本年節省銀六萬八百七十圓一管理燈塔等人員俸薪銀上年一十萬六千一百五十圓本年節省銀二百圓一修建燈塔口岸等經費銀上年一百二十四萬四百三十二圓本年節省銀四萬四千九百一十七圓一興

地局人員俸薪銀上年二十四萬二千六百六十六圓本年同一興地局雜用銀上年一十三萬二千四百三十五元本年同一上屆不敷銀六萬八千七百九十七圓本年節省銀一萬五千五百八十三圓

二十五日酉刻大雷雨

戶部衙門項下一本衙門人員俸薪銀上年八十八萬一千九百二十五圓本年節省銀一十萬八千五百二十五圓此項節省之故係由裁撤總理産業事務局暨更改戶務刑司也一本衙門雜用銀上年六萬七千九百四十圓本年多用銀九千六百四十圓一各省署人員俸薪銀上年一百七十二萬六千三百六十七圓

本年節省銀六千零七十五圓一各省署雜用銀上年七萬九千八百四十一圓本年多用銀四千七百一十一圓一辦理水銀礦鉛礦及鑄錢局造士單局等人員俸薪銀上年七萬八千九百八十五圓本年節省銀八千三百六十圓一鑄錢局造士單局等雜用銀上年三千二百三十五圓本年節省銀二百九十五圓一本部稽查人員川資銀上年二萬圓本年多用銀四千圓一解銀費銀上年一萬七千圓本年同一册籍費銀上年三萬五千八百圓本年節省銀六百圓一修置傢私費銀上年一萬六千圓本年節省銀六千圓一房租暨修理官房費銀上年一十四萬六千二百圓本年節省銀五萬五千三百圓此項節省之故係由多用官房

作辦公處也一一切意外用欵銀上年九萬四千二百圓本年節省銀四萬一千圓一上屆不敷銀一萬三千二百四十一圓本年節省銀九千四百三十三圓雜欵項下一征收産業稅經費銀上年六十萬圓本年同一征收工作稅經費銀上年一十一萬六千圓本年節省銀一萬圓一造身紙經費銀上年八萬圓本年節省銀四萬圓此項節省之故係由將數省身稅租出與人承辦也一造士單費罰欵獎賞暨土巴菇行代賣士單用錢等項銀上年四十九萬九千九百八十圓本年節省銀五萬六千三百零一圓此項節省之故係由上屆估計太多也一造彩票費賣彩票用錢暨助各善舉等項銀上年六十四萬五千六百一十三圓本年節省

銀二千三百七十二圓一土巴菇行代匯本國各處零星欵項用錢銀上年五萬圓本年同一鑄錢經費銀上年二十萬一千三百圓本年節省銀五萬八千八百圓一開阿馬丹水銀礦經費銀上年三十二萬五千一百四十圓本年節省銀四萬六千圓此項節省之故係由裁減工人也一經理官產經費銀上年三萬圓本年同一關口巡兵經費銀上年二百八十六萬九千三百九十五圓本年節省銀一萬零三百六十八圓一房租官房修理費以及一切雜用銀上年七萬二千五百四十七元本年節省銀三百八十六圓一刷印稅單費銀上年一萬三千三百圓本年同一上届不敷銀三十二萬一千一百三十圓本年節省銀二十三萬九百二

十八圓一費難多坡島經費銀上年一十三萬一千圓本年同統計宗室項下本年節省銀二十萬圓國債項下本年多用銀三百六十八萬三千一百三十三圓上下議院項下本年無可節省津貼收回賜產項下本年節省銀四萬一千一百九十五圓恩俸項下本年節省銀二萬二百四十圓首相衙門項下本年節省銀三十二萬二百六十圓外部衙門項下本年節省銀七萬六千八百五十四圓刑部衙門項下本年節省銀六十四萬二千六百四十一圓兵部衙門項下本年節省銀一百三十五萬四千三百三十六圓海部衙門項下本年節省銀二十八萬一百一十六圓吏部衙門項下本年節省銀三十三萬九千九百四十圓農商工學部

衙門項下本年節省銀二百八十一萬三千六百七十二圓戶部衙門項下本年節省銀六十七萬二千三百九十二圓費難多坡島經費無可節省統共節省銀三百零七萬八千五百一十三圓

二十六日　晴中夜雷雨

朝鮮代辦李承壽來見告以帶見外部飾辭推卸未便相強聽之而已　查日國入欵身稅即人稅分別貧富以定等差別爲二則第一則分十一等每年進項在六千圓以上者納稅銀二十圓以次遞減至第十等每年進項不及一百五十圓者納銀二角其婦女及無職之人下至僕役亦納一角極貧者不能免惟以乞丐度日者免之第二則則視其所居之房屋亦分十一等其人所居之

房每年值租銀一千五百圓者爲一等納稅銀二十圓以次減至第十一等其房租每年不值銀十圓者納稅銀一角苟非居無房屋皆有應納之稅則倖免者希矣紙牌即賭具收稅至重河稅則於可以行舟之河道凡舟楫往來均視其大小以征稅城稅則按日用之物納稅凡陳設之具以及車馬下至貓犬亦征之呂宋票章程每月一萬號每號收銀五十圓共收銀五十萬圓派定中彩之票計五百十三號應付與中彩者共銀三十五萬圓尚餘銀十五萬圓即爲入欵每月於本國中國小呂宋各開一次如號數不敷則下月可增數千號如號數積滯則下月可減數千號近行銷日廣有增無減故入欵亦遞增焉

二十七日 晴有美午刻發熱子刻始退

美國整頓海軍製礮造船日有所益水雷一物近始造成業經試驗可用惟其中奧妙精微非熟習有素不能得力茲於紐鉢埠創設水雷學堂以便訓練云 因按水雷種類甚多有伏雷送雷行雷之別而茲三類者又復分門別類考究甚易而施用甚難其自轟與轟人分別祇在呼吸之間較之施放炸彈其難不啻百倍非專門名家練習有素斷不能適於用也 因嘗乘舟長江見網魚船呼之使來買魚論價久而不定當 因船乘風破浪之時且行且言漁人櫂舟並行兩手按槳其船行遲速與我船同而又近不至觸離不至遠進退左右毫不費力古人所謂得之於心而應於手者

漁人實得之於手而無須用心竊意用水雷者手法之熟能至如此則百發百中百戰百勝矣專設學堂訓練其知此意乎

二十八日 晴天氣亦轉和平

內人等及有泰有美附火車於巳正啟行赴金山 美國設水師學堂造就人材安肇報利埠最多近來每年挑選聰穎子弟學業有得者給以經費赴歐洲各廠學習造船駕駛等法博採兼收以求集益本月已派四人啟行矣 因查船廠以英爲多商船兵船亦以英爲盛商船盛故富兵船盛故強海軍之勢誠爲地球第一縱橫莫當顧其陸軍實不逮俄俄於印度陸路可通即陸軍之力可及何以覬覦有年而終未嘗加兵印度自 因竊之則仍畏英水師之強而不敢妄開釁耳俄如加兵於印度未必唾手即得而海軍之分散各口者必爲英船所傷此可慮也美國雖富而水師不強上年頗爲英義兩國所迫脅急於講求蓋不甘受制也

二十九日 晴中夜雷雨

初五日巴黎來電言俄德二國商訂通商條約業已多時迄無成議而俄法訂約歷時未久已各情願昨日兩國議約大臣均已簽名自一千八百五十九年以來於今三十四年俄法通商此爲第一次約云 因觀於此而歎立約之難也兩國立約其措辭皆言兩益其用心實利己而害人惟強與強遇則熟審兩國所獲之利足以相當而後允准否則不從如現在俄與法德立約是也若一

弱一強則利必歸強而害必歸弱此不可枚舉矣甚至有不諳他國強弱之勢而誤以弱爲強甘受其制而因受其害者則洋務之不可不明也居今之世苟能閉關自守不相往來誠爲至善而必不能者則強國之迫脅故也彼何爲迫脅哉則用心可知矣

六月初一日 晴戌刻雷雨

謁梅律師 美國近年布置海軍不遺餘力曾屬梅律司訪查現在兵艦共計若干水雷若干兵弁若干昨日始查到即飭繙譯譯出 因記其略計二號兵艦十一艘最巨者容四千六百頓馬力一萬零六十四匹最小者容三千頓馬力六百八十匹三號兵艦三十艘最巨者容二千七百頓馬力九百六十匹最小者容一千零

二十頓馬力三百六十五匹四號兵艦六艘最巨者容九百三十頓馬力三千七百九十匹最小者容四百二十頓馬力四百二十六匹以上兵艦共四十七艘水雷三艘大者容八百頓馬力六百匹次者容一百一十六頓馬力一千七百二十四匹又次者容三十一頓馬力三百五十匹尚有動工而未成者二十三艘內容一萬頓以上者三艘馬力過二萬匹者二艘水雷一艘均於三年內次第告竣官員自提督以至糧臺共九百五十一名又美水師部收到定造之水雷正在分發各艦備用而水師人員諳習施放水雷者其人甚鮮水師部大臣卽通諭水師人員擇年力強壯者分班赴紐鉢埠學習施放水雷之法每班六人十日更換周而復始 因

聞諱疾者難愈諱亂者難治諱其短者難濟誠哉是言也英地僅三島短在版圖乃興海軍以長駕遠馭而屬地徧五洲俄地處極北短在苦寒乃練陸軍以蠶食鄰封而拓地之廣至居地球六分之一德間於兩大短在偪介乃創通國皆兵之法而俄法皆不敢覬覦日本大將軍擅權短在守府乃收回太阿之柄而國勢遂振此已然之事也日斯巴尼亞入不敷出短在貧匱乃開源節流而國用以足美僻處墨洲同洲無敢與競者而歐洲強國好迫脅之則短在海軍頻年興造戰艦戰艦具而鮮能施放水雷之弁則短在水雷又興水雷學堂分班以練習此本年之事也人莫不有所短知其短者尙不乏人而去其短者卒鮮此強國之所以不多也

初二日 晴戌刻大雷小雨

伯林來電五月初三日德王昧爽而起馳往保山埠直入駐防該處之營自稱勞軍領兵各員不知德王之來未能豫備迎接然於兩刻之間各營兵弁均按隊排列行伍整齊軍容甚壯德王閱之甚喜慰勞有加云 因聞天下雖安忘戰必危德王誠可謂不忘戰矣澠池之會秦王知趙有備而不敢動兵田悅假道於薛嵩薛嵩曰毋妄言吾有以待爾田悅遂止前此法耀兵於德界德前王遣人語之曰師丹之役貴國其將報復我乎請待君於來因河上俄之於德於英英德於俄均不諱戰不知者以是爲啟釁之媒其知者以是爲止戈之策也蓋觀其所行而知之二十年來各國之

兵無有敢加於強敵者但聞日本縣琉球法滅越南突尼斯河米英滅緬甸俄滅浩罕基窪布哈爾殘破土耳其歐洲諸國分裂阿非利加洲太平洋諸島國爲英法德所踞而已禮記所謂強者脅弱衆者暴寡智者詐愚勇者苦怯兵法所謂攻其無備也則備之不可以已也德王誠知所備哉

初三日晴

外部大臣訂見至則有紐阿連省人名綏法由外部大臣介紹握手言將來使館晤談因允之又阿利干省律師於前月十六日來電言有華人六十五名乘船潛入美境爲稅關巡差所獲搜其船載有煙膏華人均無護照乃沒其船入官查拘船主歸案定罪而

船主已逃逸華人不能登岸又不能乘原船而返且無人供給飯食請速設法因卽請梅律師往見戶部戶部隨電該省飭令據實函覆昨日覆到卽咨外部外部故訂晤商葛禮山曰本大臣言不拘拏監禁驅逐華人此等華人卽在蓋力例所定拘拏監禁驅逐者地方官已不肯行顧華人輒以資糧俱絕爲辭美政府安能給以川資供其衣食貴大臣既爲詰問請作如何處置因答曰華人既帶煙膏非盡落魄之輩應由地方官查明可入境者准其入境不可入境者令其折回勿令進退維谷葛禮山曰華人無便船載回亦無去志又無護照入境不能去又不願除非貴大臣出資給其衣食爲之籌資派員押送出境方不失所因思此事萬不能行

川資一項約銀四千五百餘兩尚可爲措派員押送如其中路脫逃嫌於失信且似同謀又此例實不可開華人之由卡拏大各處潛入美境者每年七八千人卡拏大政府每名收身稅銀五十圓歲至數萬以後如均由本使館送回其費需銀五萬兩安能爲繼遂答以中國本不准華人潛入美境且貴國開議院在卽請熟籌之給資押送一節應毋庸議葛禮山頷之遂辭出

初四日晴

拜發奏摺各國戰船均外設鋼甲以禦礮彈惟船底及入水之處往往以礮彈所不能及而無甲近日水雷之用卽專自船底及入水處蟄發以價數千兩之水雷而破數百萬兩之鐵艦一轟卽碎

卽貧弱之國亦易購置設防美廷現查防水雷之法惟有以鋼網圍船如罩水雷之來但觸鋼網則不能入玆由水師人員於紐鉢埠試驗鋼網用法云　因按古語云亡羊而補牢未爲晚也先儒呂坤云人生最追悔者既往最悠忽者現在最希冀者將來三念循環而畢生無自新之日矣蓋既往卽昨日之現在也將來又明日之現在也現在悠忽則畢生悠忽而已矣日月易邁秦穆之所以憂心也美國前此之忽於海軍其追悔宜矣而現在者不肯悠忽故增鐵艦建礮臺作育水師人材派員赴歐洲船廠學習試鋼甲造水雷驗鐵網設立水師水雷學堂皇皇焉如不及可謂知所急矣詩云迨天之未陰雨徹彼桑土綢繆牖戶其斯之謂與　酉

正金山來電言眷屬於卯刻抵金山均平安

初五日　晴午刻雨仍晴

梅律師來言華人由英屬可侖比亞偷入美境事又言該省居民多業捕魚向例不准客民攙業近來中國日本民人寓該省者未滿三年卽向地方官領入籍之照以便捕魚土民生計已爲所奪又該省裝鑵魚公司三十二家所僱工人均係中日兩國之人土民憤怨聚衆公議聯名呈請議院禁止客民攙業云　因按入籍之利大矣寓美華人前此之不入籍者誠失計矣可侖比入籍華民與土人攙業土人雖嫉惡之不能效美國之燔逐也僅求議院禁其攙業而已議院亦未必從也或挾其未滿三年之短則地方

官分任共咎地方官亦未必認錯也入籍之異於不入籍者此也

初六日 晴未刻雨仍霽

南墨洲各國近年外憂内患相尋鮮有久享太平者各國憂之力思補救兹威内薩可侖比厄瓜多三國擬共聯盟一國有事則兩國相助以期弭患云　因嘗言近年弱小之國難以圖存此足徵矣南墨洲之國除智利外均不能自立内憂可平而外患難弭也英法商人隨地皆有開礦鐵路諸務多爲壟斷固已攬其利權矣阿鎮丹僅爲半主基阿拿已屬英尼格拉鐵路全歸英人祕魯鐵路古阿拏歸英商收三十年利權既去而名號空存猶人之精氣日亡而軀殼安能久耶且非僅南墨洲已也歐亞阿三洲之埃及

希臘波斯阿富汗暹羅摩洛哥諸國莫不如是即葡萄牙土耳其將來亦必如是亦如春秋之世將變爲戰國僅存其强者大者而已

初七日晴

大西洋運載之利向爲歐洲商人獨佔美不與聞自本年春初美國設立公司自運書信及人貨來往大西洋貿易日盛美商見有利可圖又在克闌布船廠添造巨速輪船五艘每艘計銀二百萬圓冀與歐洲各商共大西洋之利云　因查地球各國商船以英爲至多次則美次則法又次則德而富之等差亦如之瑞典那威瑞士比利時版圖雖狹而商船頗多故其國亦富亞洲之日本其版圖抵中國十之一其民數不及中國十之一而入欵及中國之半則以其商船之多也萬國公法内江人貨不准外國商船駛行運載用意至深中國則一視同仁無分畛域不屑言利而利之漏卮者遂多否則以中國民數之衆甲於地球方輿之廣過於德法美三國何至入欵尚不及三之一哉

初八日晴

法得越南未十年今又與暹羅搆兵暹羅自知力不能敵特派專使於五月到美求美排解美外部以爲法暹搆兵美居局外若兩國均願局外之國判斷美國自可代爲調處兹僅暹羅一國相求而法國並無願請調處之意未便與聞云　因查法君拿破侖第

一加兵於日斯巴尼亞英人援之俄加兵於阿富汗土耳其英人亦援之此非同恤相惡之義實爲脣亡齒寒之憂也顧智利加兵於玻利斐亞而祕魯援之幾至亡國則脣未亡而齒先寒矣美於亞洲無屬土向又自守安肯顧暹羅而有求於法哉然暹羅版圖本小加以喪師失地國幾亡矣暹羅立國已千年可謂舊國自輪舶暢行涉歷重洋如履平地海軍之强者威加於數萬里之外遂使弱小之國不能自存風氣如斯可勝慨哉

初九日 陰辰刻小雨仍霽

法國近日造成水雷船一艘命名蘭士克訥長英尺十六丈五尺四寸寬一丈五尺八寸入水四尺三寸容一百三十八頓有雙螺

輪馬力二千八百匹水師部人員已於五月試驗每一時辰能行六十英里云　因按每一時辰船行六十英里合中里二百里每日行二千四百里可謂速矣水雷效驗惟聞南北花旗交戰時北花旗曾以水雷轟破南花旗戰艦智利祕魯之戰祕魯鐵艦閣淺而敗非敗於水雷也近來各國競事水雷而究未試其效不過鬭智鬭巧戰勝於製造而已此近時風氣也戊正接上海口電云欽差從官眷屬跟役共八十二人附加力來美請照會美政府莫

初十日晴

撰照會送外部　五月十四日巴黎來電言法人名土耳賓創造新式軍器一種能轟礮臺各國現在至堅固之礮臺亦難抵當擬

請國家試驗後給予執照俾得專業出售云　因聞英國造重二百頓之礮試驗之時能洞厚一丈八尺之石壘直穿而過力誠猛矣然未試以鐵甲尚不知其能穿鐵甲若干尺也俄國克龍斯達的礮臺鐵甲厚四尺八寸前此英法各國合力攻之不破今法人新造之器以爲至堅之臺尚難抵當則俄之礮臺失其固矣或者今之炸藥其力甚猛有同是藥而力加至四十倍者若以此藥入彈內深入鐵甲一尺然後發炸因并所未入者而亦炸裂其理尚可信也

十一日晴

阿非利加洲之南各國多歸英國管轄保護有脫蘭威士國者產金最饒和蘭人先到英人以保護爲名踞其全土每月所產之金值銀二百萬圓其約翰尼士堡地方六年以前不過屋舍數間自開金鑛後人民麕集現有八萬餘人鐵路日興地方日盛又相近之金布地地方每年所出鑽石值銀二千萬圓云　因查現時金價較二十年前增至十分之五或以爲銷耗多而出產少使然非也金之出產非少乃外國以金爲錢用之者太多耳鑽石之價又數百倍於黃金外洋婦人首飾不尚珠玉而尚鑽石其質之剛無堅不破礦之堅而難開者恒用之其洞石也如錐入木而鋒不磷蓋天下之物無有比其堅剛者矣

十二日晴

伯林來電言德主前欲添兵議院阻之遂散議院飭國人再舉現

已舉定各議紳中以添兵爲是者二百五人不以添兵爲是者一百九十一人將來可添兵矣　因按德國地勢東連俄西連法俄法皆佳兵之國而法與德又有深讎法與俄且已聯盟不待智者而知德國所處之地爲危險矣歐洲名人盱衡時局莫不謂各國必有戰事而晏然者逾二十年　因默揣今日之勢而歎歐洲之難久寢兵也各國兵數日增餉項亦日增雖相持莫敢先發然餉實難於久籌爲戎首者當在俄法英如不牽掣法國德國恐難支持添兵之舉實萬不可緩者也

十三日晴

伯林來電言俄德兩國商訂通商之約久而不成其故以俄國政府意存窺伺以爲壟斷如德議院終不允添兵則德國君臣必生畏葸既有畏俄之見則於通商之約必有就俄之心俄人可以多得利益今德議院既願添兵德國君臣無庸存畏俄之見決不就俄俄人亦知之因請和衷與德商訂此約云　因觀此而知立約之難也弱國之受強國壟斷不待言矣即兩強相遇而其國勢稍有等參即其存心隱有區別如俄德二國是也德不添兵則勢不敵俄即不得不畏俄畏俄而俄人即因其畏葸之心以行其壟斷之計所商之約苟非俄之得利十倍於德俄必不允行也德既畏俄又不得不讓利於俄而歸害於己也一時讓而時時如斯一事

讓而事事如斯以後與他國立約他國亦以此心相待而立約遂無平允之日殊可危矣德既添兵俄亦就範幸哉

十四日 晴未刻暴雨仍霽見日

伯林來電言俄德兩國通商條約未成之故因俄國稅則所定入口之稅分爲兩種一種稅輕一種稅重而稅重者多係德國土產此俄國之爲挾制德國起見也德國既無可避亦無可駁惟有設法抵制報復而已　因按此俄之有意苛待德國也德國土產不能不入俄國行銷則無可避稅則爲各國內政權由自主而非他國之所能干預則無可駁所可能者惟有抵制報復而已竊嘗綜觀各國交涉之道膠膠擾擾數不能終筆不能罄一言以蔽之曰抵制報復而已其不敢過於苛待人者防人之抵制報復也其不畏人之過於苛刻我者我可以抵制報復也兩念循環而交涉之道庶幾持平此道廢而交涉不能持平不能持平而事事棘手矣

十五日晴

美國農部大臣爲整頓本國農務特派專員赴歐洲察看各國情形查美國土產五穀乾肉菸葉各物本國用之不盡必能出口行銷方不致棄於地亦不致賤而傷農云　因按世常謂外國逐末而忘本其言不盡然也英法各國地狹人稠無可務本自不得不逐末耳若俄與美曠土尚多自應務本故二國運出五穀爲至多古人謂穀賤傷農知其傷農必思所以調劑之法非空言可調劑

也美可謂能調劑矣爲之疏通轉運出境即以羨補不足之意也而彼此均獲益矣嘗考地球之上穀價之賤首推越南暹羅計銀四錢易米一石由其商務不講商船全無故運載出口之利全歸他國而穀之價又爲他國所壟斷宜其貧也

十六日晴

上月奧國政府派員來美查美國火車鐵路辦法現到華盛頓言奧國火車鐵路歸官辦者計六千二百餘米商辦者計七千四百餘米扣至一千九百五年則全歸官辦矣又言美國火車鐵路造法工料精於歐洲惟保護人命則遜歐洲各公司云　因查奧國疆宇四塞皆不近海頗與中國之雲貴陝甘相似故輪船少而鐵

路多合之中國里數蓋四萬五千餘里矣制造各廠火車鐵路不盡由官而與民同之歐墨兩洲風氣皆然匪僅奧國至於美國火車之保護人命尚遜歐洲上年美總統諭議院文已切言之則美國亦已自知所短當必設法以求盡善而奧員亦可爲留心者誠不辱君命矣

十七日晴

倫敦來電言埃及國常有英兵駐守情同英國保護惟其國王自以爲土耳其藩屬按年納貢不甘爲英所制請土耳其國君派兵至埃以抵英兵並請土廷告於英廷撤回英兵並英國駐土之公使云　因論之曰埃及國王誠可謂昧於時勢者矣其先貸英銀

四萬萬餘兩但快目前之揮霍不顧以後之債臺此最失計者也自此以後國君之廢置各部之更代利權之操縱悉由英人蓋太阿之授人久矣何忽然不甘受制而亟欲改圖耶且其所欲改圖者不思自奮而冀援土耳其以抵英夫土耳其之衰弱仰庇於英以求存非一日矣度土耳其必不派兵即使派兵亦必不能抵英告於英廷請撤英兵英必不允不過多一番煩擾耳否則如石晉之於契丹自速其敗亡而已

十八日晴

前葡萄牙人在日本犯法葡員不問日本遂照會葡廷以後葡人犯法照日本例治罪葡國不照覆即撤回駐日本之領事官日本亦不問此後遂以日本例治葡人葡國既知恫喝無益又以寓日之民歸日員約束有傷國體遂派澳門總督兼署駐日本公使赴日本都城與日政府會商約束葡民之法云　因以從前葡日齟齬而早料葡人之無能爲者今果如所料矣葡自稱大西洋國以恫喝亞洲而不知遣使以後亞洲早知其國勢也今猶虛張聲勢庇犯法之民而不問置鄰邦之文於不覆且撤領事以示絕交方謂日本必誠惶誠恐急轉圜矣而日本即舉所告於葡廷者毅然行之葡人至此方知恫喝之全無用也於是設法轉圜派員謝過商議約束己民之法蓋黔驢之技窮矣孫武子云勇怯勢也強弱形也日本惟深知葡人之形故能因其勢而用之耳

十九日　晴巳後小雨竟日

南墨洲威內薩國地當赤道炎熱異常各國輪船載冰往售行銷至多得利亦巨茲本年自設冰廠製冰以收回此項之利惟防輪船載來之冰攙奪故立新章凡他國入口之冰每磅征稅銀五分云　因查威內薩爲墨洲至小之國軍額甚微又無兵艦上年內亂至今甫平庫帑已空民力亦竭無法籌費僅向歐洲貸銀六百萬圓以濟急用度其兵力斷無以禦外侮無論何國兵船壓境均不能當而何以不畏啟釁而征向所未征之稅哉且冰之價值每磅售銀不過五分而即征稅五分明明苛斂各國詰責尤爲義正辭嚴彈丸小國何以堪此而毅然行之者則以稅則爲各國內政

也

二十日陰

墨西哥國近謀開闢興利而創火車鐵路開鑛無欵可籌現美英德三國之商代爲興辦自一千八百九十年正月起即中歷光緒十六年至今三年之內德商共費銀六千三百七十五萬圓英商共費銀二萬一千三百五十萬圓美商共費銀三萬四千五百三十一萬圓英商以貿易耕植爲多美商以製造開鑛鐵路爲事云　因於此而歎美英之富也亦於此而歎墨之貧也凡貧弱之國多以利權授人如歐洲之埃及墨洲之祕魯海代阿鎭丹等國是也利與於地以地權授人不啻以利授人矣當其授人之時或出

於不得已實有不得不然之勢所可恨者其先之泄沓自安於財之源流生之無道用之無節耳墨國前貸法國之債而失信不償幾於決裂故此次法商無過問者鑒前車也近向中國求准招工中國知其貧匱鑒其失信而立約嚴防之其庶幾無弊乎

二十一日晴

前法國博士都爾賓創造至猛之炸藥者近又創造大礮一尊堅利無比每一刻時可放四次彈子飛射計二萬五千枚礮臺戰艦均莫能當人馬更無論矣法國政府已派員查驗如果可用則法國武備天下無敵矣　因按凡礮之欲及遠者其礮身必長彈之欲洞堅者其彈必巨即賈誼所言寬髀之所非斤則斧此一定之理也今以一刻時而出彈二萬五千枚此即卷筒群子格林礮之類用以守險防敵人之沖突奪隘可耳乃以爲能摧礮臺穿鐵艦未免張大其辭殊難信也

二十二日晴

倫敦來電言埃及國王不甘受英挾制擬往歐洲各國商請合力令英撤回所駐埃及之兵英國全不介意亦不阻止料其無用故也且大權在英廢立易如反手如必崛強則廢棄之或如緬甸哲孟雄等徑取其地而已　因嘗歎當今弱小之國漸不能自存也阿非利加全洲已爲歐洲各國分裂突尼斯布哈爾越南緬甸暹羅又爲英法俄諸國所滅十年之內滄桑忽焉埃及之將亡尚有

自取之道借英鉅欵至銀四萬萬餘兩宜其受挾制也若阿非利加一洲與突尼斯布哈爾越南緬甸暹羅諸國實無可加之罪不過弱之肉強之食耳而埃及之亡且後於諸國者以有法俄牽掣之也英國布置周密之後他國所不能牽掣之時則必一舉而覆亡之埃及爲五千年自立之舊邦而亦不能自存此宇宙一大變局也

二十三日晴巳刻小雨

送上議院紳可六禮六色　歐洲各國馬牛所食之芻草歉收各國駐美公使多向美農部探聽芻草收成幷其價值計上年收成尚豐價值計頓易銀自四十五圓至五十圓不等擬即運赴歐洲

出售美國上下以歐洲飼畜無芻將來馬牛必難蕃息本國牛羊極多又可出口行銷云 因查地球各國美俄均重農事美之地氣溫煦較勝於俄故農務亦勝之青草一物各國皆歉而美獨豐因留心農事故也以每頓一千六百磅折爲一千二百斤售銀五十圓則百斤可售銀四圓較之中國米價已兩三倍矣農人以一畝之地生草即可溫飽以十畝之地生草即可富家衣食易謀宜各國之民趨之若鶩也

二十四日晴

北墨洲之紐芬蘭向爲法屬後爲英屬兩國漁船往往以爭界起釁法政府特派水師提督挨拉磨納帶兵艦往察情形與地方官

商令和洽以息爭端於五月底抵紐芬蘭地方官以六月初係法國改爲民政之期訂以設筵具樂相欸而同時適有法商運貨入口匿稅致被稅關充公該提督爲之求免稅關不允遂不赴席起椗徑去而英國所派兵艦適到亦不挽留云 因查地球諸強國每以盛氣淩人皆好勝也施之弱國固受之而不言即施之強國亦不虞決裂者勢相當也勢既相當終以敷衍息事而已近三年中如祕林海峽一案英美互拘漁船法拘英之漁船俄拘美之漁船是也俄德兩國之君不諱交戰法於德不諱復讎德於法不諱再戰義於美爲紐阿連之案不諱絕交而終無戰事者兵力相敵不敢操必勝之權也弱國出之禍不旋踵矣然則公法何足恃所可恃者必在自強

二十五日晴申刻雨

倫敦來電言英國派兵駐埃及實非得已因埃及形勢爲英與印度往來所必經之地如英之門戶也且蘇彝士河已爲英之產業如爲他國所據則英與印度隔絕印度不能保矣埃及之兵決不能撤法與土耳其雖屢詰問決不能從如埃及國王爲難廢之而已無他策也 因讀湯誥至推亡固存讀史至逆取順守未嘗不歎興王之所見略同也孔子曰栽者培傾者覆聖功王道一以貫之矣埃及蹈爲傾爲亡之機英人爲逆取順守之策故於印度則固存於埃及則傾覆雖似霸氣實合機權然非綢繆之早不及事

非兵力之足不能行越之沼吳也教訓二十年德之報法也練兵十餘載英人謀埃及暨蘇彝士河深心遠慮尙不止如斯矣

二十六日晴

卯刻率參贊隨員等恭行
朝賀禮辰正設麪申正設讌 初三日比利時來電言比國創國例不言管轄屬邦之權惟阿非利加洲有孔果國者爲比屬國業已多年茲議院擬立新例以便管理屬國與各大國一律云 因查孔果一國與桑給巴爾接壤版圖甚廣商務尤盛國中鐵路四通八達有方興之氣象比國得之如設施有道可與英之印度比肩蓋外府也 張領事曾詒由紐約來

二十七日

美國公司開辦尼格拉孤河道興工業已數年所需用項爲數甚鉅均由該公司籌欵接濟近因金銀價值相懸太遠銀根遂緊竟致無法籌欵所刻出借劵無人承受經費遂竭不得已停工矣因查美公司所開尼格拉孤河道卽巴拿馬界分東西洋之地也法人勒伯西往年開歐洲之蘇彝士河達地中海商船使之獲利甚鉅遂以其術試之巴拿馬費銀數千萬圓工不成而中止美公司乃於相距不遠之尼格拉孤國興工開穵冀奪其利而享其成玆又以費絀而止豈天之限東西洋不欲人穿鑿耶因於光緒十七年赴祕魯時途經巴拿馬由西洋至東洋必踰陸地而過舍舟登車約行兩時許計近百里洋人所言二十八里者蓋英里也以百里之峽而以人力開通古人所謂愚公移山者不過寓言今乃目見之焉　照會美外部請奏總統諭議院再議盡力新例又託議紳設法參贊彭光譽偕繙譯容揆赴希卡果

二十八日晴

羅馬來電言銀市日壞義國國家銀行倒閉政府查出議院有受賄之事上議紳受賄者計一百二十名下議紳約一百人此種議紳爲公論所不容必迫之出院云　因按自上年以來金價日漲而銀價日低各國銀行紛紛倒閉至今尚未已也美國銀行章程一律用金得拉卽金錢凡數及一百圓者收銀之家非金得拉不

收其銀錢僅用以計奇零之數耳自金價日昂而美國金錢之出境者上年計值四萬萬圓今年庫中所存僅一萬萬圓以償銀幣有絀無贏而銀根遂爲之緊矣使館滙銀爲經費光緒五六年陳任時每庫平銀一萬兩收美銀一萬六千餘圓自光緒七年至十一年此五年中由一萬五千餘圓減至一萬二千餘圓自光緒十一年至十五年又由一萬二千餘圓減至一萬一千零五圓自十五年至今中間偶有漲至一萬二千餘圓者然爲時不久今竟減至九千圓且不滿九千圓由磅價之日高故也

二十九日晴

美國前駐巴拿馬領事來謁云此來專爲叩謝中國
皇帝賞給寶星之恩數年以來極力保護商民冀以圖報此次卸任中國商民扶老攜幼送行者數百人多至泣下已亦爲之垂淚又言該處政事不修官府不知惠遠現在總督尚能保護華商以後亦不可必上年華商被土人公司賒借銀至九十萬圓至今倒閉正當控追又言美現任總統及外部之意甚不以盡力所創之苛例爲是將來或可望廢因均謝之欵以茶果是晚卽往答拜并贈繡巾一盒細茶二瓶明日卽附火車回本省矣

三十日

外部衙門遞到前駐巴拿馬總領事阿丹信來函卽飭繙譯譯出云敬呈大淸欽差大人閣下前荷

大皇帝恩獎賞給二等第三雙龍寶星一顆並牌照一道阿丹信
昨日已親赴外部恪遵
旨意恭謹拜領矣伏查牌照內敘阿丹信前在可侖比國巴拿馬
埠任內曾經料理華人事務因此故給予獎賞等因竊思阿丹信
不過稍効微勞乃竟辱承
貴政府垂念及此以致膺玆重賞殊出意外實屬榮幸之至感激
奚如惟所歉者以時事之變遷不克聯任再効馳驅上以報
皇仁於萬一下以振興華人之利益耳惟祝大人福壽康強是所
切禱肅此謹請代達六月二十八日西歷八月九號阿丹信押因
觀美外部及領事待巴拿馬之華民而知美國上下之惡華人非

其本心也中國於外部求其公使領事之駐可侖比巴拿馬者保
護寓居彼處之華民既慨允矣而又於因之行爲作書以先容若
唯恐其與因不浹洽而保護之不認眞何其誠也領事阿丹信於
巴拿馬土人之妒華人微有形迹卽爭於地方官必使土客之勢
兩平又何其誠也今阿丹信言其回美時華民相送而依依不捨
者數百人彼亦爲之墮淚古所謂循吏愛民與民之愛上何以逾
此然則華人非工黨之妒美官紳非求工黨之保何至於議禁哉

出使美日祕崔日記

七月初一日元吉晴未刻雷雨

伯林來電言德國政府近接俄國來信謂俄將調海軍一隊赴德國之都倫海口暫泊然後直往地中海之東岸各處遊弋與駐該處之法國海軍聯兵遇事相助以敦俄法友誼云因按此必爲法與暹羅構釁而欲助法以制英也夫前事之不忘後事之師也法人窺印度則英以水師中途要之俄人攻阿富汗則英以陸軍遏之英人攻美則法與和蘭脅和以止之所以防鄰愈厚而我愈薄也今法急圖暹暹不敵法必滅於法暹滅而法逼緬甸則印度之西多一強鄰此可危之勢英之所欲爭也英海軍勝於法可以

阻法人之兵力使不滅暹否則亦可瓜分尙不失便宜也今俄助法則英之海軍以一敵二遂不能當法人庶可得志於暹得志於暹則英屬印度之地東偪於俄而西偪於法或可以望瓜分乎

初二日晴

伯林來電言接本國駐土耳其公使信謂土耳其國君以挨及國王將來覲見不過以待屬國之禮過之其請派兵挾制英國不過却之斷不從幷救人云因按挨及立國四千餘年可謂舊矣初屬波斯繼屬羅馬終屬土耳其中間惟拉墨塞一朝差能立國其餘皆依人以存如宋之南渡後耳今其勢將屬英雖有善者亦無如之何矣況其全不審彼己之勢耶大抵不能自立者其弊狃於

苟且偷安印度亦然未聞其有人才奮起也

初三日晴

巴拿馬來電言南墨洲之基阿拿國英屬也近日查得其地產金最多較美國之金山英國之新金山及所屬之阿非利加洲之金布利國尤多各國人民現赴基阿拿開礦者絡繹相繼云　因嘗聞人言美國產金英之屬地多產金宜其富也顧南墨洲亦產金阿非利加洲亦產金何以不富而貧澳大利亞卽名新金山產金至多而自古至今土人不聞開礦乃留以貽英人然則天地本有自然之利必得其人而後興耳今歐洲之國多巨富而德國以外不聞產金其故何也嘗讀蠶婦詩曰君看羅綺者不是養蠶人言

商之奪其利也然利權之操於商豈僅中國爲然哉地球蓋莫不然矣

初四日晴

伯林來電言德主志在添兵盡力設法新舉議紳到院會議僅數日卽議准德主大喜卽飭散院不必久羈聞此舉專賴首相卡布威推誠襄助之力云　因查八十年前法主拿破侖第一雄才大略已霸歐洲稱爲日耳曼帝普國之君與戰三次不勝而割地終合俄奧瑞三國破拿破侖入巴黎斯廢拿破侖流之荒島二十年前拿破侖第三不許普國王族王西班牙貽書詰責普君整兵會戰亦虜拿破侖而入其國都百年之內法國兩君皆辱於普然則法與德固世讎也志豈須臾忘報復哉查第一次戡法之軍俄普各國共一百萬而英軍之守西班牙者尚未計焉第二次之軍僅普一國卽五十萬是其所以取勝者固在兵精而尤以多操勝算矣德主添兵之計誠非得已蓋觀於往日之戰而知之　新使楊

抵金山

初五日晴中夜小雨

伯林來電言德主偕其后乘官輪由啟爾埠頭赴瑞典國與其國君相見云　因按啟爾埠頭卽從前德法搆兵時法國兵艦至此以爲天險不攻而退者蓋據形勝之全者也於此知興築船埠之宜度形勢焉瑞典與那威地近北冰洋古之所謂使鹿使犬之國

者似之八十年前法主拿破侖第一殘破歐洲英俄普奧各國合縱以敝之瑞典亦與焉然則瑞典雖褊小其武備亦有足稱者德主以聯盟之局奧志不堅故欲糾合日斯巴尼亞與瑞典諸國以壯軍威今之往瑞典者必爲此也君子曰備豫不虞古之善戒也德主有焉

初六日小雨

倫敦來信言接加爾格搭信法以兵力淩轢暹羅暹羅自知不敵求印度相助並接濟軍械印度政府不允告以爲知暹羅願屬英印度方允行云　因嘗料暹羅難於圖存今果然矣查暹羅近年以來頗結好於英且易歐洲服色自以爲可無虞矣而不知并吞之

風氣已開弱小之國斷不能久東周列國之時滕文公宋王偃皆有志振興者而終於不祀此前車也歐洲小國現尙不致滅亡者以各大國之勢均力敵相爲牽制耳將來勢有不均力有不敵一國發難而旁觀袖手如今日之亞洲則小國將必不免卽大國之淩替者亦終不免發難之國其在俄乎次則英也　電金山詢新公使楊帶若干人赴華盛頓應需客棧房若干

初七日晴

謁外部初坐定葛禮山卽言赴外埠昨日始返始見照會議院雖已開現議銀價事紛紜難定必俟此事議定後方能及外交也又言近晤各議紳向之以盡力新例爲是者今皆不以爲是蓋見例不能行皆有轉圜之意將來當可議廢否則屆期必不行也　因謝之因言中國新使楊公已抵金山不日可到美都見總統遞國書總統避暑未回故先於貴大臣處查問葛禮山曰總統近得疾醫者謂宜避囂靜養故暫居鄉僻處十餘日內恐不見客矣應請稍待又詢暹羅事又詢中國兵制　因一一告之談久而出

初八日晴

查光緒十八年中日兩國互市日本入中國貨物值銀六百三十萬兩較上年增銀五十餘萬兩中國入日本貨物值銀一千二百萬兩兩相比較中國實多入銀六百餘萬兩商務漸盛矣　因查十年以前日本兵船勝於中國故有臺灣之役日本商務亦勝中國中國招商局輪船初到日本日本畏奪其利卽肆詆毀今閱十餘年商務軍務已駕而上之者何也中國地大物博向也不言功利一變計焉如有本原泉擴充固易甚也日本之功效如郗夫人所言傾囊倒篋而出之者本難爲繼也楚莊王謂鳥不鳴者鳴則驚人泰西以中國爲昔睡今醒似有合焉

初九日陰

比利時國來電言本國議院紳士向來無俸惟不居都城者每月有俸銀四百二十三佛郎茲改章程以後無論所居何地每年均給俸銀四千佛郎其不居都城者則來往車費一律免收以示體䘏云　因查比利時向合和蘭爲一國以後分爲二國其國版圖甚小而商務實盛且歐洲各大國皆認爲局外之國故無兵事而民數易增國儲亦足其議院紳向例無俸則歐洲各國類然日斯巴尼亞是也卽英議紳之俸亦甚細微此足證矣其不居都城者每月給銀四百佛郎僅值銀八十圓以供火車之費而已今一律給俸每員亦僅銀八百圓蓋比與德鄰國小而儉無侈靡之習故用易給也

初十日大風晴

大西洋海介歐墨兩洲之閒有羣島名阿梭爾向屬葡萄牙而距葡甚遠消息難達呼應不靈葡國欲創海電而苦無資近與英公司訂設海電由葡都達該島已立合同均簽押矣　因於是見葡

之貧也又於是見葡之失算也不自設電而以授人本國之利已漏卮矣彼固以貧而出此下策也度葡國之設電以通屬島之消息固防他國之佔其屬島而欲以是維持之也而不知將來佔此島者即英也以英人佔此島而由英公司爲之告急其消息依舊不達呼應自必不靈甚且虛者實之實者虛之且聳島人以叛葡開門以延英皆意中事耳秦以杞子戍鄭鄭使掌北門之管而遂招秦以襲鄭爲此前鑒也　古巴總領事譚乾初到

十一日

俄國政府近立新例不准各鄉村人戶出賣產業與外國人以免外人侵并本國人失業云　因按此例有三善焉土地爲衣食之源寳而守之可免凍餒一也外國民人入內地管産業土客不協易起釁端可以防之二也外國教堂尤易起釁彼不能購土地自不能建教堂三也一舉而三善備焉

十二日小雨

德國領兵官約束部下極嚴近有兵丁六名以爲太苦逃亡而入法界願隸法隊爲法効力法員納之遂訂合同飭赴馬賽海口附船赴阿非利加洲法屬地矣　因於此歎嚴之難行也少時治家尙嚴課讀尙嚴今出使亦尙嚴而頗有怨望者然子産嘗謂寬難武侯亦求法立明代戚繼光治兵至嚴其軍律實爲後人師法則嚴之有益也明矣德國陸兵天下莫強而約束極嚴可於此得治

兵之道焉其以爲太苦者乃不肖兵丁不受約束此亦人類中之必不能無者故法員雖知之而仍屛之阿洲其用意可想矣中國兵政以湘淮兩軍爲嚴卒平粵捻回匪之亂其明效可懲(徵)矣嘗過天津閱淮軍之延德國兵官訓練者頗苦其勞嗚呼此德國陸軍所以無敵也夫

十三日晴

巴黎來電言法國有事於暹羅俄國政府將派水師一隊迅赴暹羅以助法人而符聯盟之意英政府初有救暹之意茲見俄法兩國聯兵不便妄動矣　因按俄法聯盟之舉誠得計矣今猶小試其端耳而英已畏之孫武子云勇怯勢也強弱形也形勢不敵則勇者亦怯強者亦弱今日之英是也因嘗論地球海軍之勢俄與法合則英不能敵今果形見勢絀矣因以爲此事初見端倪而尙非究竟也苟充俄法兩國大欲之所存全力之所及則歐亞兩洲必將有大被蹂躪者爲可虞也昔者拿破侖第一求合於俄而歐洲之不靖者二十年殺人二百二十萬非俄法之交中離英俄普義之聯兵合戰未易勝其殘也

十四日晴

瑞士國來電言美國與智利國賠欵之案積至千餘起茲立約各派員秉公商辦以淸積牘美派員名古德智員即駐美公使名嘉拿瑞士派公道人即瑞國駐美公使均在華盛頓於六月十四日

起議約六箇月爲期云又聞美與英祕林海峽捕魚一案歐洲公道人所斷美國理絀將輸於英而美賠英之銀數頗鉅云　因駐美三年見美國所行多用霸氣禁工之事爲背約報施之約好佔鄰國便宜覬覦檀香山又違公法戕殺義國旅美之民而置之不理專祕林海峽之利而擄英漁船不獨各國譏之即美之公正紳耆亦多譏之幸新總統外部均不直前任之所爲一一矯正或能收之桑榆儻舊主聯任布連不死則美國之禍未艾也夫

十五日陰辰後見日

美報載今春各國兵艦來美賽會事竣後已星散惟俄艦尙留近陸續又到數艦合前所留竟成一隊其故因南北花旗爭戰之時俄人無左右袒事定後美國曾派水師一軍赴俄言謝此次俄廷亦以相報云　因按此語不盡然也南北花旗之戰已二十年此時言謝則已遲矣且既欲言謝何不於賽會時聲明而於三四月之後忽爲補晨之雞乎大抵近日地球各國無不誇耀海軍以期威遠俄之水師近已強於往年祕林海峽一案俄人曾擄美之漁船美人曾力爭之俄人又漸欲蠶食墨洲故以是爲先聲之奪以後收迎刃而解之效耳　至阿林頓訂房公使一處上下三間按日銀六十圓餘分主僕主每日銀五圓僕每日二圓半如不赴餐房之饌而於本房飲食者另按人按日加銀二圓半如久寓至十五日以外價可稍減

十六日晴

申正接總理衙門電開十二日奉

旨崔國因補授右庶子欽此

暹羅來電言六月法人以兵船脅暹羅索美江以東之地又銀三百萬佛郎限於兩日內回覆遲則開仗茲暹羅已從命而法國使暹之專使又令暹羅撤退所延丹國人矣　因觀於此而知敵國之心焉因知謀國之道焉八十年前拿破侖第一之勝普魯士王則限其兵數十年以前俄國之勝土耳其則索其兵船智利之勝祕魯則限以不築礮臺不添兵艦不購槍礮今法之制暹羅則限以不用他國人才查丹國即瀛環志略所紀之嗹國又名大尼日本譯萬國史記以爲丁抹中國以爲丹麥五百年前向以海舶刧掠各國爲生曾刧英人入貢後漸衰微葢其水戰有足稱者法人防暹羅之蹶而復振故以是制之然則蹶而欲復振者反各國之所以脅制他人者而行之則庶乎其可矣

十七日晴午後小雨大風雨徹夜

是日黎明卽起設香案行三跪九叩首禮撰謝

恩摺

伯林來電言近日俄國於德國貨物入口加抽稅銀德國政府現議報復所有俄國運入德國之貨一概加抽稅銀五成云　因按稅則爲各國內政例可自主而不憂其太過者則恃報復一節足

以制之也蓋我國土產入他國之口稅之重輕他國主之他國土產入我國之口稅之重輕我國主之如交以道而接以禮則彼此均不爲朘削之事如有狡猾者必欲朘人以肥己則以其人之道還治其人固毫不費力也以各國自主之權而率卒不至於太過者恃此也

十八日大風晴

自美國創設頭等公使以來英法義三國已改駐美公使爲頭等茲俄國亦改爲頭等德國則另派公使更換　美公使之駐尼格拉孤者值尼國內亂都城接戰外攻之兵礮彈及使館幾於傷人美公使卽通知亂黨謂圍攻都城不先通知局外之國殊違公法

現電撥兵船一艘由祕魯至尼國以保護美國官商云　因於是而歎公法之不可不知也歐洲各邦論立國育才之道曰讀書則智不讀書則愚智則強愚則弱誠有味乎其言之也德國之民讀書者百之九十五美國之民無不讀書宜其強富如是之速也阿洲之民未聞讀書者宜其全洲爲各國所分裂而曾無一人一國出一成一旅以圖存也前智利之議院黨不直其君而不敢違公法以逆美國之兵船今尼國之爲亂者竟違公法以殃及各國之使館曲直不同則成敗自異智議院之事成尼亂黨之事其敗夫

亥正新任出使大臣楊　到 因率隨員迓於車廠至亞林頓客棧設案恭請

聖安談至子初返館

十九日晴

上月倫敦來電言歐洲如英俄德法各國其兵按年大操或一次或數次不等所以重武備也惟英國所重者不在陸而在水以其地勢四面皆海拒之於海陸自無虞今年水師部議以本國兵艦分爲兩隊以紅旗藍旗別之紅旗隊內鐵艦爲多藍旗隊內雷艇爲多作爲交戰之形以試鐵艦之於雷艇二者孰優孰絀且觀其進退攻守離合之勢以期精熟庶幾臨時有把握云　因嘗論俄之陸軍英之海軍皆天下莫強焉今觀英之所籌畫者而益信也八十年前拿破侖第一蹂躪歐洲各大國無不被靡惟以陸軍攻

俄則敗以海軍窺英亦敗其時俄人猶須堅壁淸野英之三島晏然無事信乎拒之於海陸自無虞也孫武子云兵因地而制勝俄英二國之軍是也一百年前英之海軍尙有見挫於法日二邦之時近百年內則無敢與爭鋒者可謂無敵然俄德法義諸國日夜淬厲以增鐵艦而俄法又已聯盟此英之所遠慮者故訓練以備不虞也

二十日晴

前月馬得力來電言日廷擬改稅關章程不用銀錢而用金錢嗣以各國不允而罷倫敦來電言俄廷欲與奧國訂立報施條約先詢奧廷奧國允照最優之國相待但與義賽兩國之報施五穀入

口係格外利益則不能也　因按奧日兩國措施比而論之則奧勝日日改圜法暗中取利其名不順奧之答俄以禮而有限制俄人難與強爭矣因嘗論各國交涉之道其私誼甚優而公事不可假借奧君與俄世子之過境自任爲東道主人躬親迎迓下榻宮中意隆禮備而於報施之約所言公者仍公言之非忽然不欲結好於俄也不如是則各國之要求無所底止也　出使大臣楊酉刻接印

二十一日晴辰刻雨

美國費城新造成兵艦名明義巴利士長四十一丈英尺闊五丈八尺英尺喫水二丈二尺容七千三百五十頓馬力二萬一千匹船身用鋼製成所裝之煤可行一萬五千米合中里五萬里其行極速所以爲交戰時擄敵國商船之用也　因按歐洲各國以商爲本斷無有不恤商者擄商船之謀所以遏敵國之輕易開釁也往年拿破侖第一禁各國與英通商英人亦禁各國與法通商由其兵力足相抗也中法越南之釁法以兵艦阻中國漕船無以抵制遂至竭蹙美國此舉其爲未雨綢繆也夫

二十二日晴

美國費城新兵船動工已命名布落克林容九千一百頓馬力一萬六千匹鐵甲不厚而礮爲多蓋爲攻敵用也法廷新造巡船全仿美巡船名紐約之式蓋因法員見美紐約巡船船身之堅機器之靈實爲利用故而仿之各國皆稱美之造船未逾十年而他國即有以爲師法者由其講求日精也美廷聞之亦自喜焉　因嘗論美之講求水師苟充其力之所及十年以後可以敵英惟歐亞兩洲絕無添煤之埠其所短在斯耳查船廠礮廠首在人材次在物力非講求有素則無人如無師之學也非庫款甚充則無財如無米之炊也無人而借他國之人當起釁宣戰之時必不得力以公法限之也此俄王彼德所以微服而充船廠之工也無財而貸他國之財作剜肉醫瘡之舉必致終窮以漏卮累之也此歐洲各大國所由以開闢利源爲本也　午刻謁見總統辭行總統許竭力顧全中美交誼

二十三日晴

辭行出使大臣楊　至使館寄請聖安美戶部查本年六月一箇月內出口之麪值銀一千五百九十一萬二千七百五十一圓較之上年六月多三百四十餘萬圓又查自上年七月至本年六月止此十二箇月內出口之麪共值銀一萬八千八百九十八萬一千九百二十二圓較之又前一年實短銀一萬萬圓云　因於是歎美國之能興利也麥麪一物入欵已近銀二萬萬元前年且至三萬萬圓可謂百姓足矣嘗讀漢書紀文帝之世太倉之粟陳陳相因至紅而不可食今則移食於他國合海外爲一家有無相通米粟雖多不置無用之地其謀國

也不可謂非計之得也世嘗謂古今人不相及豈其然乎

二十四日晴

午初啓行赴火車廠出使大臣楊偕叅隨各員送行梅律師亦到　十五日金山來信言日本人四十九名由英屬域多利假道來美稅關查得近年日本人之赴域多利者甚多此數月中混入美境者已三百名均爲稅關阻回矣　因按美國禁工之令已行於歐洲斷無不行於亞洲也惟歐人之入美境者皆直截而來亞人之入美境者多紆折而入爲不同耳美外部大臣爲因言自銀價驟變而各礦停工工人之失業者數十萬人遂致不靖每與地方官爲難不僅與華民爲難也然則美實患人滿矣日本人尚欲入

境哉

二十五日晴

午正至希卡果換車於亥初開車　十四日俄國彼得堡來電言俄國近日於開採金鑛一事詳加考究故所採金數年有加增一千八百八十五年所採之金値銀一萬四千羅卜至今未及十年現在所採之金每年値銀三千六百六十餘萬圓云　因按中國鑒於有明之季世視開鑛爲畏途遂至棄地寶而不取而爲高論者或以爲鑿天地之藏其立言誠大矣然當今之世羣雄角力我如能閉關自守拒使不來若桃源之自爲世界豈非盡善而無如不能也陸防之外又有海防製船製械製礮軍需所費不止百倍將何以籌畫哉外洋開礦之舉未可盡非也

二十六日晴

昨日至希卡果換車因開車尚待五時稍至各處遊歷見石房至高者地面約十八層合之地下當二十層可謂高矣又至一處則銅鑄人像兩男像爲紫人即美國土著之煙甸人也一婦人一小童像爲英人則二百年前初到美國者也一紫人舉斧以斫婦人另一紫人以手格之斧未下婦人則以右手入紫人腰際抽其短刀已將出鞘蓋欲奪刀以剌紫人也小童則駭極張口而號情神逼肖距銅像二丈餘許有枯樹一株無枝葉蓋當時之物已二百年生氣盡而未删伐特留之以誌此事之顛末也

二十九日午刻抵金山黎領事等及商董相迓於火車遂入館署

八月初一日晴中華會館設席餞行

初二日雨昭一會館設席餞行

初四日午刻上槎那輪船眷口共五人何汝霖隨行領事黎等送上船舟行向西每日約行一千二百至三百里甚穩

終

出使英法義比四國日記六卷

〔清〕薛福成撰

《出使英法義比四國日記》六卷，清薛福成撰。福成（一八三八—一八九四）字叔耘，號庸盦，江蘇無錫人。同治六年（一八六七）貢生，早年游曾國藩幕中，後隨李鴻章興辦洋務，歷任浙江寧紹台道、湖南按察使。是書係薛氏於光緒十六（一八九〇）至二十年間出使英、法、義、比四國所寫日記。所記起十六年正月，訖十七年二月，雖僅十有四月，然於歐洲諸國政治制度、教育法令、工商鐵路、科學技術乃至民風習俗等靡不詳載。又多記所聞有關中國、各國之事，鈔纂英、法有關中外交涉案卷，輯録地理資料，皆頗關時局。據清光緒十八年刻本影印。

出使日記

光緒壬辰
季春開雕

光緒十五年爲
今天子親政之初禩成奉
命出使英法義比四國未及行越明年二月始抵巴黎
由巴黎至倫敦四月至伯爾色爾又明年至羅馬既已
奉宣
德意並撮其事機之大者入告於
朝廷亦以咨謀諏度之餘爲日記六卷大較由致冣而
得於昔者十有五六由見聞而得於今者十有三四也
義比新造之邦未遑遠圖英人通商法人傳教已徧通
內地交涉紛賾視他國爲甚其分屬英法之緬甸越南

尤逼吾南服我不能閉拒阻遏也夫人而知之矣知之
而不圖所安非所謂狃於積習粉飾自欺者歟大抵今
古之事百變應之者無有窮時平天下者平其心以絜
矩天下知我之短知人之長盡心於交際之閒往者荷
蘭英吉利屢以商困人國法蘭西俄羅斯則常以教侵
人國然亦有效有不效何也禦之者有方制之者有道
彼有大利亦有大忌操縱之權固在我不在彼也至於
風俗政令之刪亦往往有相通之理試觀其著者其條
教規模有合於我先王故籍之意者必其國之所以興
其反乎我先王故籍之言者必其國之所以替即其技

藝器數之末要亦隨乎風氣之自然適乎民情之便利何新奇之有焉吾聞管子之言曰善射者厄於對善游者厄於梁凡國之亡亡於所長然則天下之善知人長者又即善於知人之短者哉海外之國蝺起者五六虎視而鷹睨殆未有所定或者形格勢禁憚於發難先動者得禍故莫敢妄舉邪孟子曰及是時明其政刑誰敢侮予福成以爲時不可失者無有切於今日者矣凡斯編所言要有所致意然太史公譏張騫使西域不能得要領庸詎知我所謂至要人固以爲非要我所謂非要人固以爲至要乎是則非福成所敢測矣光緒十七年十月朔日

欽差大臣出使英法義比四國二品頂戴大理寺卿無錫薛福成自序

欽差二品頂帶大理寺大堂出使英法義比國大臣薛　爲

咨呈事竊查接管卷內光緒四年八月十六日

貴衙門咨行具奏出使各國大臣應隨時咨送日記等件一片內稱凡有關繫交涉事件及各國風土人情該使臣皆當詳細記載隨事咨報數年以後各國事機中國人員可以洞悉不至漫無把握況日記並無一定體裁辦理此等事件自當盡心竭力以期有益於國等因光緒三年十一月初一日奉

旨依議欽此欽遵在案本大臣於光緒十六年正月十二日由上海起程一路訪察外洋各埠情形隨所見聞據實纂記莅任以後馳驅英法義比四國又逐事攷求於各國形勢政事風俗觀其大略編錄成帙惟日記體例不一而出使情事無甚歧異在

前出使英法大臣郭及

前出使英法大臣曾俱有日記所紀程途頗已詳備若但仿照成式別無發揮雷同之弊恐不能免此一難也出使之職固在聯絡邦交至如覘國勢審敵情貴能見其遠者大者而事之眞僞虛實得

失利病本不易辨或拘於一隅而不能會其通或震其一端而不能究其極若但掇拾瑣事見其粗而遺其精羨所長而忘所短津津鋪敘含己芸人無關宏旨此二難也中西通好本係創舉非絜四千年之史事觀九萬里之全勢無以通其變而應其機偶有論說抑揚稍過恐失其平或致議者之反脣或啟遠人之藉口必斟酌夫理之當然勢之必然權衡輕重不可稍有偏倚此三難也有此三難最宜審慎本大臣奉使之餘據所親歷筆之於書或采新聞或稽舊牘或抒胸臆之議或備掌故

之遺不敢謂折衷至當要不過於日記中自備一格始於庚寅正月迄於辛卯二月分爲六卷用西洋機印法飭員楷錄印訂六冊由文報局附郵賫送相應咨呈

貴衙門謹請查照須至咨呈者

右咨呈

欽命總理各國事務衙門

光緒十七年十二月二十日

凡例

一日記及紀程諸書權輿於李習之來南錄歐陽永叔于役志厥體本極簡要後世纂日記者或繁或簡向無一定體例竊謂排日纂事可詳書所見所聞如別有心得不妨隨手劄記則亭林顧氏日知錄之例亦可參用

一郭筠仙侍郎有使西紀程曾惠敏公有出使日記大抵詳於所歷程途間抒議論既抵英法之後即皆戛然而止此書以出使英法義比四國日記爲名必俟徧聘四國之後乃可終卷自庚寅正月起至辛卯二月止併閏計之凡歷十有四月述事之外務恢新義兼綱舊聞

凡瀛環之形勢西學之源流洋情之變幻軍械之更新思議所及往往稍述一二

一日記爲出使而作撰之體例似當但就四國所見聞隨事詳書然中國所以遣使之故在默察西國之情勢亦期裨益中國之要務也若未能開拓心胸綜攬全局既乏審機觀變之識更蹈含己芸人之譏殊失出使本旨是以此書於四國之外所聞關繫中國之事必詳記之即所聞關係各國之事亦詳記之以示使職所當留心者實非一隅一事可盡

一顧氏日知錄之例凡詁經評史以及論時務攷掌故

偶獲一義皆可纂錄此編既爲出使日記自不能不稍示限斷必與洋務關涉者始筆之於書即有偶讀鄰鈔閱新報而記之者亦因其事關繫時局不能不錄

一英法兩館存卷自光緒丙子以逮庚寅中外交涉儘多關繫重大之事爰竭數月之力發而觀之摘其大凡隨筆纂錄所以此書首尾雖僅歷十有四月而交涉要件之可攷者則已閲十有五年使職固非一端亦可稍知梗概

一凡事有一定格式得其格式事乃易辦中國遣使本係創舉求之古書並無成式可循茲編於

國書頌辭無不詳載以存體製至與外部往返洋文照會書信間亦譯登一二用示格式並可徵中西文法之稍有不同

一所記

國書頌辭意在備存格式所以遇君主等字樣均照原式擡寫此外如君主及伯理璽天德等字皆可不擡以此書專備吾華人記覽並無與彼國人交涉也詳玩約章意自如此

一凡關繫出使典禮除呈遞

國書外如恭逢

皇太后

皇上萬壽及冬至元旦皆望

闕遙賀使臣初到時前任使臣跪請

聖安前任使臣回華時使臣跪請

聖安皆謹誌之以資攷證又如主國君主及伯理璽天德延請讌會覲朝紳會朝眷會聽樂會觀舞會亦必記其梗概用昭從俗從宜之義

一日記雖排日編纂然一歲之中或値酬應繁冗公務緊要未必能整日閒暇或積數日並無見聞亦無新義若必按日勉爲纂記非失之贅即失之虛茲編往往於

一日中記至一二千言或閲一兩日無所記今並仍其舊以昭覈實

一陰晴風雨隨地不同況外洋之晴雨更屬無關緊要然此爲行役者之難易苦樂所由分故凡在途之日所値陰晴風雨皆詳誌之迨抵巴黎後則不記即由法至英至比至義輪路迅捷多擇晴明之日亦可毋庸贅記

出使英法義比四國日記目錄

無錫薛福成叔耘纂著

如皋顧錫爵延卿
新陽趙元益靜涵　參校

鄞　張美翊讓三
上海王豐鎬省山
嘉定吳宗濂挹清
歸安胡惟德馨吾　采譯

鄞　陳星庚鈞侯
桐城潘承烈景周　繕錄

出使英法義比四國日記

卷一

光緒十六年庚寅正月十一日記

光緒十五年四月福成奉出使英法義比四國之命五月二十一日陛辭請訓並奏准賞假兩月省墓六月初一日出都道出津滬皆小作句留二十三日始抵蘇垣是時因無錫無房屋可居故眷屬暫寓蘇垣也而伯兄撫屏因中風不語已奏請開副都御史缺亦於五月杪出都六月十五日抵無錫福成於二十八日回錫則伯兄病已革矣七月初二日遂至不起趕爲料理喪葬事宜並至仁村寺頭各鄉省墓以九月杪蕆事方擬十月初旬出洋而瘧疾遽發調治彌月甫經痊愈新病之後溼熱乘虛下注兩腳腫痛異常又醫治旬餘適以十一月十四日力疾抵滬酬應稍煩感受新寒復於二十一日大吐大熱勺水不能進口者五日皖人周汝誠（字道明）良醫也延之製方頗見明效又善調理以培養本原爲主方擬於十二月十四日乘坐法公司揚子輪船啟行已購船票矣忽接前任出使大臣劉芝田中丞來電云德法時疫正盛英亦傳染望明

正起程爲癸同時李佛相亦接是電遂爲電奏請
旨接准電開奉
旨李鴻章電奏請旨已悉薛福成著准於明正起程欽
此因復居滬靜養一月購定法公司伊拉瓦第船票以
是日戌刻登舟眷屬同行者內子與第二女也參贊則
候選知縣許珏靜山隨員則廩貢生顧錫爵延卿舉人
趙元益靜涵直隸候補縣丞錢恂念劬優廩生張美翊
讓三浙江候補鹽大使楊振鑣叔平江蘇候補縣丞沈
翊清濂梅候選通判左運璣子衡候選府經歷潘承烈
景周繙譯學生則舉人胡惟德馨吾候補千總王鳳喈

儀亭附生王豐鎬省山同文館學生世增益三監生郭
家驥秋坪供事則候選直隸州王錫庚鵬九武弁則趙
占魁王鐸也其餘尚有家人二名庖丁二名成衣一名
整容一名女僕二名婢一名復有參贊二品頂戴分省
補用道黃遵憲公度繙譯候選直隸州知州那三華祝
籍隸廣東隨員內務府員外郎聯豫建侯赴粵省覲皆
訂明在香港守候隨員補用直隸州知州王詠霓子裳
在丁憂期內訂明俟明年服滿出洋學生舉人陳星庚
鈞侯俟會試後出洋　伊拉瓦第船能儎三千五百三
十二噸在公司船中號爲中等其大者能儎四千三百
噸閭法國公司船在中國海面者共有十餘號約計成
本五六百萬金攬儎客貨所入尚不敷所出由國家每
年津貼一千三百萬佛郎蓋其意在練習水手俾熟諳
海道沙線爲用武之備也　伊拉瓦第一作伊洛埃提
又作厄勒瓦諦即緬甸大金沙江之別名在暹羅緬南
河之西印度恆河之東南流入馬爾達般海灣法公司
船大抵以地球諸大江爲名如揚子等船是也船長一
百二十七法尺（每一法尺即一邁當合工部營造尺三尺有一寸）廣十三法尺
有半馬力二千四百匹氣力（氣力即壓力）得馬力四分之一
吃水七十二法尺每一點鐘行十四海里（每三海里抵中國十里）

船主布禮戴乃法國水師中之有官級者派充公司船
主其管事及水手等並係水師中員弁兵士俾在海面
練習風濤沙線駕駛測量等事其用意亦深矣法公司
船行澳大利亞及馬達加斯加者八行中國日本者十
三行安南者五行大西洋者六行地中海者二十五共
五十七艘已有船名造而未成者五艘

十二日記

晴巳初展輪巳正二刻出吳淞口南行申初入浙江境
望見諸島西名果臘夫（近普陀山）船主至此始自能識塗不
須引港入矣西正過鎮海口兩山對峙形勢自雄舟右

覩虎踞山塔燈甚近入夜風浪較大

十三日記

晨微雨午後晴午前舟頗簸蕩暈者吐者較多舟南行偏西二十七度午正在赤道北二十六度三十一分北京偏東四度八分（即巴黎偏東一百十七度十七分）戌正初刻舟右諸山縣亙已抵福建泉州境蓋當臺灣之西北云自昨日午正至本日午正共行三百三十二海里寒暑表六十三度（每日寒暑但記午正）

十四日記

晨大雨午後晴風浪平靜辰正過汕頭巳刻舟行偏西

七十四度舟右諸山隱見午正在赤道北二十二度四十八分北京偏西一度二分（即巴黎偏東一百十三度五十七分）自昨午至本日午正共行三百四十一海里寒暑表六十七度復行一百二十七海里戌正抵香港下椗在赤道北二十二度十五分北京偏西二度十七分由上海開行越六十點鐘而達此計程八百七十海里　香港與九龍山對峙山勢四面迴抱極占形勝英人以爲絕好哈勃涎睨已久哈勃者譯言航海避風處也道光壬寅年爲英所據初祇一荒島環周僅數十里英人招徠墾闢盡力經營遂成巨埠洋樓攢倚山嶺如蜂窩有上環中環下環之名其內大街名維多利亞尤爲貿易總匯處貨駢集闤闠雲連居民凡十二萬人船戶三萬人綜計十五萬人內西洋人僅有三千其餘皆華民也又水陸操練兵三千由英調來　香港爲閩粵逋逃藪雖與粵垣相距咫尺而華洋隔絕中國官不能拿問必須設一領事官嚴緝奸宄保護商民既合公法最於中國公事有益然前任使臣屢爭之不能得也此事當相機待時而行之

十五日記

晴寒暑表七十四度繙譯那三華祝隨員聯豫建侯由

粵省來登舟余遣那華祝世益三先赴英總督署中告以將訂時往拜午正二刻英署以小火輪來迓抵岸英兵約七八十名排隊作樂爲禮礮臺聲礮十五以橋迎余至署余與總督傅德廉相見各道寒暄數語傅君言仰慕已久渴欲一見並言駐港二年身體不甚舒暢擬附下次法公司船回國養病申初三刻傅君率將弁澳屏播譯官梅埃來船答拜坐談片刻款以酒果而散香港有學堂有監牢郭筠仙侍郎已記之又有兵房有大花園有博物院隨員等皆往觀之香港對面有船塢似另建一小島上蓋與九龍山相近余欲往觀而未得暇

望見之焉

十六日記

晴寒暑表七十四度參贊黃遵憲公度攜一子一僕由嘉應州來登舟午正一刻開行未初二刻出口風順船平水見黑色　西士傅蘭雅纂格致彙編介趙靜涵請序於余余以寓館事冗即屬靜涵代擬一稿已爲點定送交傅君矣兹者風和日麗舟平如砥復取前稿諷玩數徧酌加删潤附誌於此序曰格致之學在中國爲治平之始基在西國爲富强之先導此其根源非有殊也古聖人與物以前民用智者創巧者述舉凡作車行陸作舟行水作弧矢之利以威天下所謂形上形下一以貫之者也後世歧而二之而實事求是之學不明於天下遂令前人創述之精意潛流於異域彼師其餘緒研究益精競智爭能日新月盛雖氣運所至亦豈非用力獨專歟方今海宇承平中外輯睦通使聘問不絕於道西國之討論中外經史者不乏其人而吾儒亦漸習彼天文地輿器數之學涉其藩者浩博無涯決究其奧則於古聖人作述之原未嘗不有所見焉甚哉格致之功之不可不窮其流也西士傅蘭雅先生英國之通人也航海東來二十餘年矣通曉中華語言文字於繙譯西

書之暇取格致之學之切近而易知者彙爲一編按季問世不憚探討之煩譯述之苦傅君之用心可謂勤且摯矣顧吾謂中國數千年以來材智迭興固未嘗無好學深思之士造乎其極者第自周禮冬官一書既佚而操藝者師心自用擅其片長以眩於世學士大夫又鄙棄工藝而不屑道而古先聖哲所作述之絕學遂亡詎知泰西各國殫億兆人之智力潛闚造化之靈機奮志經營日臻富强以雄視宇宙邪閙營攻其大凡其齊動力之輕重疾徐而製器者曰重學即攻木攻石攻金之工也剖別物質各殊其劑以程材者曰化學即冶人廾人之業也以火化水使積力而生動者曰汽學即燕盆酒龍之製也凹凸晶鏡令光點遷就而利視者曰光學即陽燧銅鑑之各適其用也其他磁石引鍼琥珀拾芥即電學之權輿也一尺之棰日取其半萬世不竭即幾何學之妙用也吾華讀書之士明其道者忽其事工師之流習其業者昧其理多未明曉西法故不能互相引證抉其精要然其學未嘗不可攻而能也傅君彙編出而人知格致之實用庶幾探索底蘊深求其理法之所以然風氣既開有志之士鍥而不舍蘄使古今中西之學合而爲一是則余之所默企也夫

十七日記

晴風順浪平舟行偏西一二十度昨夜已過瓊州已正入越南境自昨午至今日午正共行三百四十三海里寒暑表七十四度在赤道北十七度二十五分北京西五度二十四分水見翠藍色　日本人重野紹一郎與學生王豐鎬談據稱日本駐法公使曰田中不二麿駐英公使曰河瀨眞孝日本國皇名睦仁

十八日記

晴風順浪平舟南行偏西一二十度水見綠色辰刻後舟右諸山或遠或近連緜不斷者數百里其崖皆童其土或赭色午初所過者曰平頂山屬越南順化府境自昨午至今日午正共行三百五十四海里寒暑表七十六度在赤道北十一度四十九分北京西七度十二分巴黎東一百六度五十七分未初過白大蘭海角（洋文譯爲派達鵝角）有大魚在舟右約十丈外浮沈隱見傍船而行騞然躍起長三四丈揭鬐噴沫有自得之意或曰輪船行處必有小魚隨之俟船上擲下食物而食之此魚大者蓋來食小魚者也或曰昔安南有王子溺水兩鯨魚翼而起之由此土人奉鯨魚爲神相戒不敢捕故鯨魚尤大斯始鯨魚也亥初舟右見塔燈蓋距西貢口近矣

十九日記

晴子正進西貢口舟折而北西望水面數十里沙水淺阻不能暢駛惟順東岸山麓曲折緩輪而行入口里許半山凹處有法國兵房礮臺頗占形勝寅初二刻停泊碼頭自昨午至進口共行二百三十二海里由香港至口共行九百十五海里又行十五海里而停泊焉土人云此口有七十二灣與大沽口彷彿其盤旋極狹處祗容一輪法人於此睥睨已久咸豐同治閒越南殺教士之案起法兵艦始往攻順化不克而退遂入此口凡啟釁兩次割地六省設西貢總督治之越南有此險而不能守宜其弱也西貢出口貨爲麻豆米糖錫象牙胡椒棉花楡樹檀香石油樹膏檳榔玉桂燕窩進口洋廣貨鴉片茶葉而洋廣貨爲大宗上年價至洋銀八十萬員民奉天方教者（即回教）居多土人男女蓄髮跣足女子長衣窄袖頸足飾圈鐲喜食檳榔居民二十萬內有華民五萬印度人數萬其餘皆安南土人法駐防兵三千礮兵四百越兵一千二百法商二三百人馬路四闢洋樓毘連距此十里有巨市曰隄岸粵人貿易之舊街也土人悍與洋人往來必藉粵人居其閒故土貨廣貨薈萃於斯乃開鐵路以火車載客每一時往返一次余先乘

馬車往遊大花園地極寬廣樹木蒼老多百年物廣蓄禽獸水族百餘種有虎豹㺜熊猩猴象猿貍狼羊鹿田鼠山貓箭豬袋鼠孔雀鸚鵡鴟鴞鶴鷹鵝鸕鰻魚穿山甲之族其花木則有木棉秋海棠梅榆蕉竹檳榔之族法人自得越南後以西貢巡撫轄南圻六省設東京巡撫轄北圻十三省又設一巡撫名爲保護越南轄越南十二省而柬埔寨一國已服屬於法亦設一巡撫名爲保護柬埔寨轄五十州其原設之西貢總督則改爲總督四處往來西貢東京之間該總督現往東京余乃於午後帶那世兩繙譯往拜巡撫逮暌（一譯作淡能爾而法館繙譯則呼之日達大人）逮君先遣其武員以馬車來迎復導遊花園及總督署然後與逮君相晤須臾即來答拜各敘談片時而別逮君人頗誠慤惟接任未久不嫻外務並未聲礮相迎爲失禮焉余因諒其非有意慢余也戌刻香山人道銜兼辦招商局務張霈霖以馬車迎余及參隨等赴隄岸美南樓聚讌述西貢近事頗詳霈霖字沃生居西貢三十年以商致富有十子兩子已舉於鄉沃生爲人誠篤款中國過客尤慇摯云　西貢在赤道北十度四十六分北京西九度四十六分進口港與瀾滄江下游名一（柬埔寨江）平行相距甚近其地舊名柴棍西音譯轉爲西貢

而越南土音謂柴曰隄謂棍曰岸故其內街又名隄岸有公所五曰廣幫潮幫瓊幫嘉應幫閩幫凡華民五萬而分居法屬各省者尚有二十餘萬人土產以米爲大宗餘則燕窩魚肚檳榔豆蔻等物法人徵稅凡六項曰進口稅地基稅招牌稅身稅貿易稅房稅華人身稅分三等上等每年八十五員次四十員次九員半出口貨無稅惟米有稅每石洋銀一角半上年出口米至一千八百萬石之多而鴉片煙稅每年徵一百二十萬員酒稅每年收六十萬員　柬埔寨有五十州地約二千里從前入貢越南暹羅兩國在西貢之西暹羅之東今法既設官保護幾已夷爲法之屬地國王坐食廩祿而已土產多魚米棉花象牙犀角豆蔻之屬　柬埔寨國土音轉爲金波作國又因金波之音轉爲金邊國或曰該國建都金邊埠因其俗尚佛教多建高塔飾之以金故又名金塔國亦曰甘孛智國實即古之真臘國也又因地產棉花土名高棉國而地圖或遂訛寫爲高蠻國由西貢至柬埔寨輪船二日程由柬埔寨至暹羅輪船四日程

二十日記

寅正一刻展輪辰正二刻出口舟南行偏西十五度午

正寒暑表八十度船左見小島數座自展輪至午正行九十九海里在赤道北九度二十九分北京西九度三十二分未初舟右見山蓋東埔寨角也船在西貢添法國換防同國兵百五十名皆居三等艙蓋彼戍兵二年一換班也兵頭袖口有金線四條　是日晴風逆舟蕩午正陰

二十一日記

晴風順船平寒暑表八十六度自昨午至今日午正行三百四十五海里在赤道北四度四分北京西十一度十一分（巴黎東一百零二度四十七分）　偶閱瀛環志略地圖念昔鄒

衍談天以爲儒者所謂中國者乃天下八十一分之一耳中國名曰赤縣神州赤縣神州內自有九州禹之所敘九州是也不得爲州數中國外如赤縣神州者九乃所謂九州也於是有裨海環之人民禽獸莫能相通者各爲一區乃爲一州如此者九乃有大瀛海環其外爲天地之際焉司馬子長謂其語閎大不經桓寬王充並譏其迂怪虛妄余少時亦頗疑六合雖大何至若斯遼闊鄒子乃推之至於無垠以聳人聽聞耳今則環遊地球一周者不乏其人其形勢方里皆可覈實測算余始知鄒子之說非盡無稽或者古人本有此學鄒子從而

推闡之未可知也蓋論地球之形凡爲大洲者五曰亞細亞洲曰歐羅巴洲曰阿非利加洲曰亞美理駕洲曰澳大利亞洲此因其自然之勢而名之者也亞美理駕洲分南北中間地頸相連之處曰巴拿馬寬不過數十里皆有大海環其外固截然兩洲也而舊說亦有分爲二洲者卽以方里計之實足當二州之地是大地共得六大洲矣惟亞細亞洲最大大於歐洲幾及五倍余嘗就其山水自然之勢覘之實分爲三大洲蓋中國之地東南皆濱大海由雲南徼外之緬甸海口溯大金沙江直貫雪山之北而得其源於是循雪山蔥嶺天山大戈

壁以接瀚海又由瀚海而東接於嫩江黑龍江之源至混同江入海之口則有十八行省盛京吉林朝鮮日本及黑龍江之南境內蒙古四十九旂西盡回疆八城暨前後藏剖緬甸之東境括暹羅越南南掌東埔寨諸國此一大洲也由黑龍江之北境訖瀚海以北外蒙古八十六旂及烏梁海諸部西軼伊犁科布多塔爾巴哈台環浩罕布哈爾哈薩克布魯特諸種自鹹海迤裏海以趨黑海折而東北依烏拉嶺劃分歐亞兩洲之界直薄冰海奄有俄羅斯之東半國此又一大洲也雪山以南合五印度及緬甸之西境兼得阿富汗波斯阿剌伯諸

國土耳其之中東兩土此又一大洲也夫亞細亞既判爲三洲余又觀阿非利加洲内撒哈爾大漠之南有大山起於大西洋海濱亙塞内岡比亞之南境幾内亞之北境尼給里西亞及達爾夫耳之南境延袤萬餘里直接於尼羅江之源此其形勢殆與亞洲之雪山葱嶺界劃中外者無異尼羅江又曲折而北以入於地中海是阿非利加一洲顯有南北之分矣今余以志略所稱北土中土者謂之北阿非利加洲志略所稱東土西土者謂之南阿非利加洲此又多一大洲也而南洋中之噶羅巴婆羅洲巴布亞諸大島則當附於澳大利亞一洲

夫然則大九洲之說可得而實指其地矣雖其地之博隘險易不同人民物產之旺衰不同然實測全地之方里謂其八十倍於昔日之中國自覺有盈無絀所謂裨海者若紅海地中海皆是矣即有沙無水之瀚海亦可謂之裨海即中國東隅之黃海渤海有日本三島障其外亦可謂之裨海是裨海與大瀛海殆一而二二而一者也而彼所謂大九州者在鄒衍時豈非人民禽獸莫能相通者乎至於禹迹之九州要不出今之十八行省若福建廣東廣西貴州諸省則禹貢並無其山川今以愚余以上所敘一州之中約略計其方里要亦不過得九分之一然則禹迹之九州實不過得大地八十一分之一而禹貢所詳之一州又不過得大地七百二十九分之一其事殆信而有徵也舟中無事觀大海之汪洋念坤輿之廣遠意有所觸因信筆書之

二十二日記

丑正到新嘉坡停輪候潮卯正進口泊碼頭在赤道北一度二十分北京西十二度三十八分自昨日午正至此行二百海里距西貢六百三十七海里領事官鹽運使銜分省知府左秉隆子興率其姪隨員即選知縣左崇樹南來謁御亮紗袍褂緯帽翎扇據云終歲衣服如

此左君在此爲領事九年精明幹練熟諳洋語與英官皆浹洽辦事頗稱穩愜蓋領事中之出色者巳初以馬車迎余及參隨各員登岸行四五里到領事府讌敘午正余率領事及繙譯那華祝往拜英巡撫施密司未刻施君帶一武員來領事府答拜施君在廣東多年熟悉中國之事人亦練達頗致殷勤云須於出口時聲礮相送有頃辭去英國官制駐香港新嘉坡等處者謂之搿物納猶中國巡撫也駐印度者曰搿物納萃乃蘭猶中國總督也巡撫管理新嘉坡檳榔嶼麻六甲全境其下有按察司藩政司管理民事水陸兵房二所約有兵丁

三千有機器廠大小五所書院三所而中國亦有一所曰萃英書院者商人陳金鐘所創也設領事於此者凡十六國中法荷意德美日本西班牙八國係特派俄奧比荷瑞典挪威巴西暹羅八國係商人兼充新嘉坡南北十四洋里東西倍之舊名息力本柔佛國地嘉慶二十三年英以兵船奪據之其王退居近島今國王頗有能名通英法語言文字善於酬應常遊歐洲廣交英國名公巨卿及各國領事所以英不廢之認爲自主之國然與他國交涉仍須聽英之命英人不稅進出口貨物以示招徠由是商船雲集十五六年前華民居此者八

九萬今則十五六萬矣此閒人民最雜約有十數種如閩粤瓊州嘉應州印度暨噶羅巴所轄諸島如西里百爪哇今亦稱爪華吉甯言語格不相入除華民外巫來由族及印度人約有十萬英人三千巫來由土著最舊其人黧黑蠢陋如鹿豕男女同薔髮赤足腰短褌而披紅袱右鼻孔恆穿一銅環耳輪則穿六七負物皆以頂戴無肩荷者運重以雙牛挽車英人於山南山北皆設兵房礮臺因山壘壘絕居形勝今祗抽洋藥稅酒稅每月可得八十五萬員貿易之盛歲值至千餘萬員土產錫鉛蔗糖檳榔胡椒椰子沙藤紫菜甘蜜瀛環志略謂之甘瀝即檳榔膏用入藥品犀角象牙降香蘇木江珧柱燕窩翠羽螺蚌文貝之屬不生五穀棉花俱由他埠運來地氣極旺最宜養生爲南洋羣島之冠余偕子興等往遊胡家花園前領事黃埔胡璇澤故園也園中多蓄珍禽異物郭侍郎使西紀程已略誌之故不復贅　新嘉坡麻六甲檳榔嶼全境英總名司曲來脫舍脫門此司曲來脫譯言海峽舍脫門此譯言埠也各國領事皆兼三埠中國則專司新嘉坡事緣設領事之初忘敘及兩埠然麻六甲檳榔嶼華人有事亦有來告領事者但與英官辨論較多周折耳此事當俟機會更正之　英巡撫近奉本國政府檄

以新嘉坡出款浮於入款欲籌養兵之費俾商民任四之三本國任四之一巡撫舉華商之公正者爲董事福建五人廣州二人潮州四人瓊州一人欲令商辦籌餉事閩商民尚未允也　閩商候選道兼暹羅領事官陳金鐘來謁金鐘字呟音原籍海澄居新嘉坡數世矣以商致富數百萬金其祖若父並受暹羅顯職金鐘頗疏財好義即創萃英書院者也丁丑晉賑捐銀十餘萬係丁雨生中丞派人來勸者及左文襄公勸辦海防復捐萬金年六十餘有十子尚中國衣冠惟言語不通須用人傳話自稱不忘中國日後有事極願効力余頗奬勵

之以備他日之用酉初一刻啟椗礮臺相距較遠遙望見冒白煙風又不順諦聽似有十數聲　是日晴午後雨即止寒暑表九十二度

二十三日記

晨雨旋晴風微舟平寒暑表八十六度自展輪至今日午正行二百六十二海里在赤道北三度二十九分北京西十六度十五分（巴黎東九十七度五十四分）舟向西北過麻六甲海峽蓋右麻六甲而左蘇門答臘也水見淡藍兼黃色

二十四日記

黎明薄霧頻響氣筒不一刻即出霧界舟西北行午正在赤道北五度四十七分北京西二十一度四分（巴黎東九十三度五分）自昨午至今日午正行三百四十一海里寒暑表八十六度船右見山樹木蔥翠洋人名之曰渭船左島上有搭燈乃蘇門答臘之西北盡處西名勃臘司也過此入印度洋矣　是日晨大雨旋晴屢逢陣雨風逆舟蕩

二十五日記

乍雨乍止舟指正西風大舟甚蕩嘔者極多寒暑表八十四度昨午至今午行三百二十一海里在赤道北六度四分北京西二十六度三十一分（巴黎東八十七度三十八分）

余與同人談及昨所經之香港新嘉坡等埠五六十年前皆荒島也洋人精經營商務闢荒島爲巨埠而英人尤擅能事以英人於商務最精也當締造之初必審其地爲水陸要衝又有泊船避風之澳有險要可以扼守有平地可以建屋於是招致商民創闢市廛未幾而街衢橋梁闤闠園林無不畢具又未幾而電線鐵路礮臺船塢無不畢具寖至商稅之旺民物之殷輒與中國之上海漢口相頡頏夫商爲中國四民之殿而西人則恃商爲創國造家開物成務之命脈迭著神奇之效者何也蓋有商則士可行其所學而學益精農可通其所植

而植益盛工可售其所作而作益勤是握四民之綱者商也此其理爲從前四海之內所未知六經之內所未講而外洋創此規模實有可操之券不能執中國崇本抑末之舊說以難之因思神農氏日中爲市交易而退各得其所以王天下齊太公勸女紅管子正鹽筴而諸侯斂袂朝齊是商政之足以奔走天下古之聖賢有用之者矣蓋在太古民物未繁原可閉關獨治老死不相往來若居今日地球萬國相通之世雖聖人復生豈能不以講求商務爲汲汲哉

二十六日記

乍雨乍晴舟仍西指風微舟稍平寒暑表八十四度昨午至今午行三百十三海里在赤道北六度七十七分北京西三十一度四十八分（巴黎東八十二度二十一分）余觀火輪舟車之迅捷因念人心由拙而巧風氣由樸而華固係宇宙間自然之理自開闢以後不知幾何年古聖人始創爲舟車爲弧矢乃閱四千數百年以迄於今弓矢變而爲槍礮舟車改駛以火輪從前中國小說家言有所謂騰雲者有所謂千里眼順風耳者謂不過荒唐悠謬之言斷難徵之實事今則乘氣球者非所謂騰雲乎電線德律風傳數萬里之報於頃刻不更捷於千里眼順風耳乎即輪船日行千餘里輪車日行二千餘里雖騰雲之速當亦不過如是蓋世事遞變而益奇昔之幻者今皆實矣夫古聖人制作以來不過四千數百年而世變已若是若再設想四五千年或萬年以後吾不知戰具之用槍礮變而益猛者爲何物行具之用火輪舟車變而益速者爲何物但就輕氣球而論果能體製日精升降順逆使球如使舟車吾知行師者水戰陸戰之外有添雲戰者矣行路者水程陸程之外有改雲程者矣此外御風御雲御電御火御水之法更當百出而不

窮殆未可以意計測也

二十七日記

晴風小舟平丑正過包恩得萬拉（似即曾侯日記之巴德夾）印度之東南境也卯初舟右見來無塔燈蓋錫蘭東南境山巒起伏隨海而西午正抵錫蘭島之克倫伯（一作格爾坡曾侯日記謂應作科郎埠）自昨午至此行三百五十三海里寒暑表八十七度半無碼頭艤舟海中錫蘭一島長二百五十英里闊百五十英里周圍得二萬五千方英里人丁二百五十萬克倫伯其大埠也距新嘉坡一千五百九十七海里人丁二萬有奇種類約有六等英吉利人新格里人印度人（一名探末爾一名麻賴司）新嘉坡人荷蘭人惟新格里人最舊昔有新格里王居開殿城初爲葡萄牙所吞併繼屬荷蘭嘉慶元年英又奪踞之壘築招徠迄今克倫伯有礮臺兵房教堂書院鐵廠醫館監獄關署花園博物院鐵路自山頂拉里（地名挪拉里）至開殿山之中間自開殿至克倫伯埠南挪野止計程二百英里居民本崇佛教近則天方耶蘇天主各教皆有之英法德荷奥阿刺伯巫來由各種人皆備而印度人尤多其人民羸陋與新嘉坡等克倫伯海面寬闊水勢湍激英人以西門土築隄約長一里以障洪濤始能泊舟渡船抵岸亦臻平穩（工程經始於曾

係出使時至今始成土產洋藥爲大宗及寶石象牙玳瑁加非桂皮檸檬香蕉波羅蜜椰子油出米亦多近兼種茶西北海灣麥那兒尤饒蠻蛤英有官駐克倫伯職視知府其大酋駐開殿譯音似作嵌淀即使西紀程所謂高諾者也英人稱其大酋曰格浮男譯之猶曰管理人中外人稱之曰總督或曰巡撫皆以意會之云爾其香港新嘉坡等處亦然奉佛教者名刹有三一曰開來南廟譯音似作坎壘尼阿廟一曰考脫海拿廟一曰梅辨開恩殿廟開來南廟距岸七英里余與繙譯隨員等乘馬車往游焉廟有如來臥像一尊長二丈外僧云百五十年前所塑又侍者坐佛

二尊其一云係二千四百年前所塑入廟者皆脫帽獻花爲禮此地當即古之獅子國爲釋迦如來佛成道之所或係涅槃之所而非釋氏生長之地也巨塔一座高十餘丈闊四五丈謂係釋氏眞身所在或曰爪也寺僧約十餘人經文旁行皆以貝葉綑貫而版夾之余購貝葉經數部每部或百餘葉或六七十葉或二三十葉不等院內有菩提樹大可迴抱高三四丈相傳佛氏降生時先植此樹亦二千數百年前舊物今人呼之爲聖樹云凡登岸赴廟者必過一浮橋以船聯成名曰船橋此江名開來南江江水頗深寬四丈許馬車價每輛一點

鐘一羅比渡船價四人一羅比每英磅易十三羅比有奇每一馬車過浮橋英人收稅洋一角

二十八日記

子初開行至午正行一百七十五海里在赤道北七度三十二分北京西三十九度三十一分巴黎東七十四度三十八分是日晴風小船平寒暑表八十四度　自過香港以後歷覩西貢新嘉坡錫蘭島諸埠雖經洋人墾闢經營闤闠雲連瓌貨山積而其土民皆形狀醜陋與鹿豕無異仍有榛狉氣象即所見越南緬甸之人及印度巫來由阿剌伯各種之人無不面目黝黑短小蠢蠢以視中國

人民之文秀與歐洲各國人之白晳魁健者相去奚啻霄壤余因思南洋諸島國自古未聞有傑出之人才無不受制於人今乃爲歐洲諸國所蠶食蓋地在赤道以下有暑無寒精氣發洩終歲無收斂之時所以人之筋力不能勤神智不能生頹散昏懦無由自振即如五印度地方萬里物產豐饒在昔未聞有强盛之國元明以後蒙古蘚之近者英人併之至瞿曇氏之所生長竊意當在中北兩印度離赤道稍遠之地雖錫蘭亦有佛跡恐係游蹤偶到或曾在此住持而已大抵地球溫帶爲人物精華所萃寒帶之極北則人物不能生熱帶之下

人物雖繁而不能精而溫帶近寒帶之地往往有鍾毓神靈首出庶物者則以精氣凝斂之故也

二十九日記

晴寒暑表八十三度昨午至今日午正行三百三十九海里舟西北行浪靜風微海天如鏡午正在赤道北八度三十一分北京西四十五度二分巴黎東六十九度七分

二月辛未朔記

晴西行少北舟平如砥寒暑表八十三度昨午至今日午正行三百四十海里在赤道北九度四十九分北京西五十度三十五分巴黎東六十三度三十四分

初二日記

晴西行少北風小船平寒暑表八十一度昨午至今日午正行三百四十海里在赤道北十一度十二分北京西五十六度八分巴黎東五十八度一分

初三日記

西行偏北昨午至今日午正行三百四十六海里寒暑表八十一度在赤道北十二度三十四分北京西六十一度四十八分巴黎東五十二度二十一分舟左傍沙各脫臘山西使紀程作蘇克得拉島是島亦隸英國長六十洋里闊二十洋里土著約四千人俱阿剌伯種也山腳有一德國輪船擱滯淺沙幾及兩年規模尚未全損西人因言由此山起至呵非利加之山角名曰嘉特分止海底沈沙倏忽聚散行船者俱有戒心焉　是日晴夜半舟微蕩

初四日記

舟指西北水深藍色昨午至今日午正行三百三十九海里寒暑表八十度在赤道北十二度四十五分北京西六十七度二十九分巴黎東四十六度四十分海面兩飛魚飛入船中長不盈尺背有兩翅呂氏春秋雚水注雚水在西極之魚名鰩其狀若鯉而有翼殆即此耶　是日晴風小舟平

初五日記

寅正抵亞丁灣進口下碇在赤道北十二度五十二分北京西六十七度三十分巴黎東四十六度四十分克倫伯至此計程二千一百十七海里由昨日午正至此行二百三十八海里童山不毛奇峯壁立水深綠色英人建屋東南山麓爲往來舟艦接濟煤水之所本阿剌伯海口山後故城在焉道光十八年西歷一千八百三十八年爲英人所據締造經營建礮臺三座於山上開山鑿徑由山腳以至山頂盤旋曲折築石城設鐵門置巨礮徙印度犯罪人於此令修礮臺山頂有蓄水池近行蒸水之法以海水化爲淡水焉道上頗多駝驢牛馬駝小而矮背皆獨峰馬皆

精壯雄健蓋阿剌伯馬素有名者也土人黧跣而齒奇白女則蒙面穿鼻男女項間均掛佛珠民人約有二萬大約多奉回教均阿剌伯印度種也英官知府一員駐此屬孟買巡撫戍兵約有二千土無所產僅產加非及駝鳥卵羽而已海面有沈舟一名愛納特者去年七月法公司兩船相碰失事於此而其一無恙云辰正大雨約一刻止聞此間從前二三年一雨今則半年一雨而余此日獨遇雨焉殆偶然歟自西貢至亞丁土人皆駕獨木小舟並見羣兒戲游海面如魚如蛙因郭侍郎紀程曾侯日記已詳著之故不復贅午正寒暑表八十五度酉初啟輪子正入紅海口海頸名勃白爾門又名哭海頸中國地圖日流淚門兩山南北矗立以海面望之約三洋里然水底皆有礁石中間可行者僅一洋里也由歐洲入中國者此頸壞船最多故以哭頸名之南山名丕立姆英人亦設礮臺有兵百餘扼守兼設塔燈二座行五六洋里初入紅海兩邊尚見岸左阿非利加而右阿剌伯也

初六日記

晴風小舟平寒著表八十三度午後八十七度開輪至午正行二百八十九海里舟右見小島突出海面皆沙石無草木午正在赤道北十五度十八分北京西七十四度三十四分巴黎東三十九度三十五分海水不見紅色仍深藍色兩面不見涯岸

初七日記

晴寒暑表七十九度最涼時七十三度昨午至今午行三百三十三海里在赤道北二十度北京西七十七度三十七分巴黎東三十六度三十二分入夜風大浪涌

初八日記

晴舟指北少西東北風大頗簸殊甚寒暑表七十三度最涼時六十九度舊云紅海炎熱而此次氣候獨涼蓋因北風來自歐羅巴也倘南風從阿非利加而來必熱矣兩洲空氣冷熱懸殊風之激盪挾空氣以俱來也昨午至今日午正行三百零七海里在赤道北二十四度二十五分北京西八十度十六分巴黎東三十三度五十三分自入紅海以來兩邊並不見岸海水由深藍變深青色日光所映翻出波浪亦間有似淡紅色者惟諦視之則非耳

偶與黃公度談及美國限制華民之事公度言前爲舊金山領事時查銀行匯票總簿華民每年匯洋銀至廣東者多則一千五六百萬員少則一千餘萬員四年扯算每年洋銀入中國者可一千二百萬員然此僅就

舊金山言之耳他如古巴祕魯西貢新嘉坡及南洋諸巨島華民不下數十百萬其商傭所得之銀輸回中華者奚啻數倍於是蓋近年通商以出入貨相準華銀每歲流出外洋者約二千餘萬兩惟出洋華民商傭所得以之相抵尙覺有贏無絀近聞新金山有華民四五萬英人援美國之例亦有限制苛待之意此事終恐棘手必不得已祇可另籌抵制之法

初九日記

子初過來北賴燈塔辰初過阿要臘非燈塔已進蘇彝士海灣矣船左右皆有山巒列直接至新開河止海面

闊僅十餘里或二十餘里不等昨午至今日午正行三百二十海里寒暑表六十八度午後七十五度申刻後日光斜照滬無微紋如蕉之翠如鏡之清時有水母浮沈海面此處爲土耳其之埃及總督所轄埃及即麥西也麥西古稱名國觀其山水清華人亦明秀頗有江浙景象宜其開西洋文物之先聲矣惟地多沙漠尙近紅海之尾每東南風一起挾阿非利加之空氣以俱來令人異常煩熱此午正在赤道北二十八度四十三分巴黎東三十度三十九分又行七十九海里酉初抵新開河即蘇彝士河山距亞丁一千三百二十八海里有小輪舟來收進口稅

是船能容三千五百噸應納稅洋銀七千員又船上約有人五百應納稅洋銀一千員計納八千四百餘員合三萬五千佛郎其費可謂重矣然經理此河者費用亦鉅河中挖泥機器船分布各段恐浮沙之淤積也岸旁電線相接十里設一電局見有來船則電告前船使停泊以相待以兩船不能並行也又於江路窄處懸球於桿大如瓜以爲表識與電線相表裏者也入夜紅綠燈沿河排列紅左綠右恐黑暗不能見浮筒也所收之稅除費用外各股主均分其利每歲不下數百萬鎊聞賴賽樸斯一作里息勃斯開河之時每股分票一紙五百佛郎者今已

漲至三千佛郎矣戌初進河口河長八十七洋里廣七八丈深約三丈亥初船主導觀電燈及羅盤星圖地圖之屬從前禁止夜行近有電燈夜間並不停泊電燈在船首照耀可二三里蘇彝士埠乃新開河之南口也有市鎮貿易頗盛距口八里通以鐵路在赤道北二十度五十七分北京西八十三度五十七分埃及總督本屬土耳其今立爲附庸之國故亦稱王歲納貢稅而已埃及有海口三曰達每太曰蘇彝士曰亞勒散得

初十日記

晴舟甚平寒暑表八十六度水翠綠色乍行乍止因來往舟甚多隨處停避且緩輪而行夾岸沙灘晝時適値

南風熱氣隨風沙撲而令人躁悶難受此河之東爲阿剌伯西爲埃及地

十一日記

子正舟抵波賽（一作鉢碎）亦名波脱賽德波脱譯言埠賽德其地名也在赤道北三十一度北京西八十三度五十九分爲蘇彝士河之北口距南口八十七洋里是處有大湖出口即地中海也泊舟甚多居民約三萬有奇其西爲達每太又西爲尼羅江口又西爲亞勒散得按尼羅爲地球大江之一與蘇彝士河並行相距約九十洋里發源阿非利加南境盤屈曲折而入埃及北流入地

中海蓋天下大江以美之密昔昔比（一作密司失畢）爲最長四千四百洋里入墨西哥海灣次南亞美理駕之阿美上入大西洋次尼羅江長三千六百洋里次俄之遠尼舍入北冰海次中國之揚子江長三千三百洋里實中國之萬一千里入太平洋停波賽三點鐘寅初解纜入地中海舟指西北午後爲薄霧所迷舟人測水淺深知西行太過復撥舵而東申初二刻始抵亞勒散德（埃及總督駐此）下椗在赤道北三十一度九分北京西八十六度三十五分居民十萬餘人洋房毘連帆檣雲集近岸處東西長隄各一以障風濤礮臺塔燈參差羅列土耳其所屬一大口岸也波賽至此約有一百八十海里寒暑表七十五度水翠綠色是日逢土耳其國王誕辰各舟皆滿懸彩旗爲賀酉初小雨即止展輪復行有公司行派運淡水來船之小火輪攬掛船尾未及解放被撞頃刻沈没幸未傷人足見行海之險

十二日記

晴風大舟蕩向西北行昨酉至今午正行三百三十九海里寒暑表六十八度在赤道北三十三度三十四分北京西九十度二十四分（巴黎東二十三度四十五分）戌正舟右横山一帶塔燈熒然乃土耳其之開恩特島也（一作康第島在希臘）

境外自入地中海後水淡藍色驟望之似黑色蓋深故也日光耀之或作淡綠色入夜舟蕩尤甚嘔吐者十有七八

十三日記

晴東北風仍大昨午至今日午正行三百十六海里寒暑表六十一度在赤道北三十六度五分北京西九十五度五十五分（巴黎東十八度十四分）酉初風息船平

十四日記

清晨船向西北過枚息那海峽左爲昔昔利（一作細細來）島其巨鎮曰梅新右爲意大利之南省卡膕勃來（一作鎶來勃山）

其巨鎮曰而愛及兩岸皆山火車往來如織叢林滴翠樓閣參差嶺頭積雪未消舟人謂春夏之間花放滿山香聞百里誠勝境也昔昔利島之南約六十海里即英屬之麻爾太島其北一島中有火山恆騰煙霧望之在舟之右昨午至今日午正行三百四十四海里寒暑表五十八度在赤道北三十八度四十五分北京西一百零一度五十二分（巴黎東十二度十七分）午後大風雷雨約逾時止入夜風浪尤惡船傾側時至二十九度半邊輪盤但聞乾響船外波濤震撼之聲與船內器皿毀壞之聲終夜不止令人心悸丑正過意大利之拿波利海口昔許

竹賓星使由此登岸乘火車至伯靈拿波利西北一百二十洋里即意大利之羅馬都城也

十五日記

晴黎明風漸息昨午至今日午正行三百十五海里寒暑表五十八度在赤道北四十二度四十八分北京西一百零六度四十一分（巴黎東七度二十八分）船左望見考息卡島山嶺積雪高與雲齊乃法之屬島也入夜西北風大作同人皆驚暈嘔吐狼狽不堪惟余尚無恙

十六日記

晴卯正抵馬賽計昨午至今凡行二百三十二海里在赤道北四十三度十七分北京西百十一度七分距亞勒散得一千四百零八海里馬賽開地最古攷西歷前五六百年希臘人由亞細亞而來者先至是處遂成都會以後法人得阿爾及耳（在馬賽對岸隔地中海阿非利加地西一千八百三十年屬）法而商務日盛開蘇彝士河而帆船又加多焉駐法二等參贊陳季同敬如由法館前來相迓並照料一切辰刻登岸進客店名擠項戴特馬賽譯言馬賽之大客店也（一譯店名擠盍恩化探而擠盍恩即高大之意化探而仕商行臺之謂也）街名而路拿愛利店房在二十六號樓七層層層精潔華美馬賽海口居民四十餘萬規模雖稍遜巴黎然街市繁華在上海

租界之上洋房俱六七層寒暑表六十度

十七日記

晴寒暑表如昨午後法國工部所派管理橋道工員二人邀余觀馬賽海口二人蓋陳敬如友也余約敬如及黃公度許靜山胡馨吾王省山同往車至河濱易小輪舟沿岸而西至老海口兩岸礮臺南北對峙一名納可來一名其思復折而北河面甚窄在新築長隄之內過水柵四皆有鐵橋機輪開合甚爲便捷最後一柵河面較寬鐵橋亦最巨係前年造成長七八丈闊二三丈重一千四百噸此爲歐洲橋工之最大者以水壓力運動

開合中一樞紐鐵練盤轉橋即橫亙余入觀其機器房一人以羊角吹之機器即能吸水灌於橋下兩大鐵管練自運動橋即與之俱動矣百餘萬斤之力一人可以運之可謂至巧新築長隄兩道形如曲尺用障海中風濤兩端一指西一指南長一千一百十丈以塞門土雜以小石築成隄砌石街闊近一丈聞法人經營長隄鐵橋用費一萬二千萬佛郎謂之新海口而老海口遂僅泊帆船矣自築新海口後各國公司輪船以其停泊穩便多集馬賽關稅大旺歲入至六千萬佛郎云又觀起重機器亦用壓水機器運轉之水力至極處可標二百

丈又觀船塢不甚廣大祇容四艘又至一山頂大禮拜堂山腳至頂共一百七十九級馬賽全鎮一覽無餘矣東南北三面皆山西面即地中海口外燈塔一座正對山之西巔離岸約五十洋里

十八日記

晴酉初二刻余挈眷屬及參隨繙譯等乘馬車至火車棧半時許酉正二刻登火車又十五分展輪馬賽鐵路處處通行遙望之幾如蛛網東至意大利至蘇彝士東北至比國之勞而林北至梅恩西北至巴黎西至勞而來脫至開埃西南至開恩脫而至愛維隆一路行車過各鎮皆停輪共停輪五六次每次停五分鐘多則十分鐘丑初三刻抵一鎮名培弗脫市肆繁盛燈火輝煌丑正抵里昂又名立瑞爲法國第二雄富之城水陸通衢商賈輻湊

十九日記

卯刻大雨辰刻晴巳初二刻抵巴黎火車棧旋易馬車至使館前任使臣新授廣東巡撫劉芝田中丞在館設香案跪請

聖安然後再行相見禮談使館事甚悉酉正中丞邀余及參隨等赴功郎那達爾飯莊喫大餐　巴黎在赤道

北四十八度五十分北京西一百十四度九分在北京之北八度五十七分在倫敦之東二度二十分

二十日記

劉芝田中丞寓居客店余往答拜適洪文卿星使自柏林至巴黎亦往訪之暢談良久而散馳觀巴黎風景其街道之寬闊闤闠之閎整實甲於地球有石表巍然矗立傘破侖第一伐埃及時所得豎之道中以旌其功者也高二十七丈

二十二日記

辰正接受

大清欽差出使大臣銅質關防並法館文案卷宗余亦派參贊陳季同將木質關防一顆送交劉中丞接收以便帶回呈繳總理各國事務衙門循舊章也

二十三日記

拜發行抵法國接印日期叩謝天恩一摺及移交木質關防一片

二十五日記

劄留總兵銜福建補用副將陳季同仍為駐法二等參贊官知府銜候選同知吳宗濂仍為法文三等繙譯官是日聞法議院因土耳其修約事議員與外部尚書

司畢賴等各持一說大相爭鬧外部及政府等紛紛有告退之勢

二十八日記

法之首相氏哈及外部尚書司畢賴等果皆已告退朝局一新茲將銜名照錄於後法總統噶爾諾新簡首相兼兵部尚書茀來西尼（上議院紳原任兵部）內部尚書恭斯唐（前任內部又任中國公使上議院紳）外部尚書李寶（下議院紳）戶部尚書魯維挨（下議院紳原任戶部）學部尚書布耳久亞（下議院紳原任內部）刑部尚書范里挨（下議院紳原任學部）海部尚書巴耳貝（上議院紳原任海部）農部尚書德維里（下議院紳前任農部）工部尚書渠伊烏（下議院紳原任工部）商部尚書羅熱（下議院紳）藩部侍郎愛特恩（下議院紳原任藩部侍郎）

二十九日記

法與英隔海相望沿岸臚列礮臺五處曰哈富曰白海土登曰削浦曰羅淑佛曰羅里溫棧棧齒齒蓋不特防英亦防俄也其南多郎臨地中海各國舳艫往來要地防守更嚴其礮臺分為三等一曰常練之臺日夜防守者也一為有礮無兵之臺臨時調派者也一為有基無礮之臺臨時方造壘設礮者也海港內既有石壩臨時填塞復有沈雷纍纍分布其臺統共三十餘座由海口環上山巔首尾相接法國出產古以鐘表為大宗今各

國皆能自製其利遂分惟葡萄酒以保朵所出為最各國樂用之尚可得息然農務久廢黍米稻麥須由美購來煤炭亦須購於比國其餘里昂之絲盧恩之布織造雖佳出口有限一切材料亦少所仗者製造耳製造有二織布造糖玻璃甆器時樣衣飾奇巧器物尚其小者船礮機器其國所製種種皆佳不讓於英之安蒙士唐德之克鹿卜諸廠國人生計恃此一著鋼甲之廠無地不有最鉅者為科魯蘇廠有滊錐力一百噸天下罕有其匹所鍊之北斯邁爐鋼質純而堅性勻而脆各國製機造礮咸喜購之謂其不亞於克鹿卜之礮鋼也造船

官廠五曰多郎曰白海士登曰羅淑佛曰雞里温曰刪浦所製快船礮船但供國用不轉售也鐵艦則屬民廠曰地中海廠曰保朵廠曰哈富廠曰馬賽地中海分廠曰盧華河廠五廠之製各有所長各國多取資焉造礮官廠二一名布呵次一名盧愛里造槍官廠名汕答佃向俱為官專造槍礮不准私授外人近因軍需已足工匠賦閒遂下准代他國承造之令未及四年也此外尚有民廠皆須請官准示方能承領他國工程官藥亦然除爆藥有限制章程外其餘火藥均准造售魚雷為奧商懷德脫祕製法人得其訣較早然尚以購者為便宜

故至今無製雷之廠雷艇僅足守口不能出洋雖可攻鐵甲然鐵甲可施鐵網以隔其穿又有電燈以阻其進後有荷礮以使之沈彼雷艇裝煤無多經浪不起固非持久之具法人知此遂不多製近來英德製造與法並駕齊驅分其厚利法人嫉之常假他事與相齟齬

三十日記

法之國債共三萬三千兆佛郎每年勻還並納息金法國每月入口之貨食物為最材料次之製造之物又次之共值三百二十五兆佛郎出口之貨製造之物為最材料次之食物又次之共值二百四十餘兆佛郎其全國稅課每年約估可得三千零二兆六萬九千零八十一佛郎合庫銀五百兆二十九萬三千零十三兩

閏二月辛丑朔記

候補繙譯武巡捕守備銜候補千總王鳳喈前以出洋學生從陳荔秋星使赴美國學堂肄業八年英文英語皆能精熟又在天津水師學堂當教習八年去年咨調出洋派充武巡捕兼候補繙譯詎意舟到錫蘭時即因遇風寒抱病及抵馬賽病漸沈篤既到巴黎延醫調治無效遽於是日申刻奄逝從行於數萬里之外席未及暖一病不起良可憫也酉刻往拜法外部尚書李寶訂

以初四日五點鐘遞
國書

初二日記

比利時國與法接壤其人長於製造於礮臺工程尤為著名其司來地方有鋼鐵大廠曰廓克立耳包造輪路火車諸料及兵商輪船汽機等物兼製小鋼礮廠地依山山有煤礦挖煤鍊鐵鍊鋼皆萃於一地西國推為克虜伯廠之次英法名廠尚無此宏博也其安佛斯爾地方有陸路礮臺二處其制外為斜坡內為有水之濠其內為外堡堡內有濠內為內堡工料皆用磚而牆外牆

面均蒙厚土一丈數尺以禦敵礮海口有鐵甲礮臺來岸對峙每臺三座每座二礮

初三日記

西國製造皆有驗器之器大要船則驗之駛行槍礮則驗之演放機器則驗之旋動惟鍋爐不准試燒則以水代火驗之驗船之法以平水測定海里之地推其速率以指力表計其馬力以漲表定其湯氣漲力其至密者以實試側度較其擺心重心距數驗槍之法量其口徑審其準尺與槍管中線是否平行既放後拆卸後門機簧察其藥氣之滲漏挺針之堅軟驗礮之法合礮耳礮

膛中線以觀角度合礮身礮柱以觀垂線演放時九響歷試昂俯各度歷配鋼鐵各彈測以電線表尺而得速率漲力重積力燭以電火回鏡而觀螺線抽其後門環托而觀藥氣驗火藥之法秤以定其重力烘以定乾溼化分以定各種相宜之性分演槍礮以定速率漲力驗鍋爐之法以機壓水入鍋試其漲力以砝碼較其平門挺力驗子彈則以大小鐵規試其圓周（槍彈每一千箇抽五十礮彈）驗機器之法則試以尺寸合符關捩靈便而已

初四日記

法國伯理璽天德噶爾諾於四點半鐘派其接引大臣穆拉以雙馬朝車及副車率馬隊來迎余恭齎
國書率參贊官陳季同隨員聯豫繙譯官吳宗濂學生世增於五點鐘詣其勒立色宮宮門外陳兵奏樂余入門鞠躬伯理璽天德免冠握手鞠躬肅立余宣讀頌辭呈遞
國書伯理璽天德躬親接授宣述答辭慰勞殷勤禮成而退茲將
國書及頌辭答辭照錄如左

國書云
大清國

大皇帝問
大法民主國
大伯理璽天德好
貴國與中國換約以來夙敦睦誼茲特簡二品頂戴候補三品京堂薛福成出使爲駐劄
貴國欽差大臣親齎
國書以表眞心和好之據朕稔知該大臣忠誠素著明練有爲辦理交涉事件必能悉臻妥協朕恭膺
天命寅紹丕基中外一家罔有歧視嗣後願與
大伯理璽天德益篤友睦長享昇平諒必同深欣悅焉

頌辭云
大淸國欽差大臣薛福成欽奉
簡命出使
貴國恭維
大法民主國
大伯理璽天德勳高望重深得民心使臣久有所聞實
所欽佩今日覲奉
國書上呈尊覽以爲永敦和好之據惟冀
大伯理璽天德體中國
大皇帝之意彼此益加輯睦永享隆平使臣不勝慶幸

之至答辭云承送
國書欣知
大淸國
大皇帝派貴大臣爲
大淸欽差出使大臣駐劄敝國甚見
大皇帝意在永敦和好實深感荷敝國自當仰體
大皇帝之意益加輯睦庶兩國往來日加親密永享承
平敬煩貴大臣轉爲奏
聞至貴大臣駐劄此邦凡一切交涉公務敝國必竭誠
優待贊成大功以副
大皇帝厚望焉

初五日記

中國自在法設使館以來十餘年中出使大臣已六易任積存文卷頗多關係重要之件玆於從公之暇發而觀之或日閱一二卷或一二日閱一卷因摘其要領隨手錄之以備尋繹查舊卷法國前伯理璽天德葛賴飛於光緒十三年十月退位是月十九日由上下議員公舉嘎爾諾爲伯理璽天德

初六日記

查舊卷光緒十二年十二月十七日前任劉大臣接總

署電云使費支絀本署新奏定限制除電費仍另款核計外餘費每年限定英俄九萬德法等國八萬美日祕十一萬明年元旦爲始因文函太緩故先電知各使館可將本年銷冊截至除夕止並可豫定明年各員薪俸裁減之法或一律減成或有少減多減之分或得力者不減聽使者自酌

初七日記

未刻率參贊往拜會上議院首領魯亞耶及意大里國頭等公使梅那貝土耳其國頭等公使愛薩德魯亞耶言中法方睦如有公事交涉願竭誠相助義使言爲本

國首相及外部多年今老矣本欲退閒藉出使事稍節可以休息又言中國最爲有名大國教化最盛亦最古且聞中國派駐英法使臣向皆係有名之人夙所仰慕其禮意尤爲殷摯云土使則歎息痛恨於英俄諸國之恃強相陵大抵謂今之時勢一鐵艦槍礮之世也未有勢不强而可立國者蓋王道之不講久矣所謂公法條約者皆不過欺人之談耳奚足恃哉其寄慨之旨如此

初八日記

未刻率參贊往拜會英國頭等公使及法國下議院首領福祿格西班牙頭等公使加司氏烏俄國頭等公使

摩亨海獅英使人似老成聞係有學問者福祿格亦云將來如有交涉公事願相幫助西使曾爲外部尚書自云公使事簡稍資休息俄使年老而話頗煩然其性敦厚交誼亦似殷摯

初九日記

未刻率參贊往拜會奥國頭等公使烏衣烏教皇所派頭等公使斐德禮奥使意頗殷拳教使之服飾談論與中國和尚相似

十一日記

拜發晳駐法國呈遞國書日期一摺及留用前任使臣所派參贊繙譯各員一片

十二日記

未刻率參贊往拜會伯理璽天德之夫人寒暄三十餘語而別申刻拜會德國頭等公使閔思德據云首相畢士馬克今年年七十有五頃雖因年老告退然德皇之意凡畢相所規畫設施一切當仍舊貫不稍變也

十三日記

飯後偕世益三往觀東方博物院院內中國日本越南東埔寨波斯印度羅馬之物各分一室其物有佳有不

佳非必皆精英者中國室中有圓明園玉印二方一曰保合太和（青玉方印稍大）一曰圓明園印（白玉方印稍小）

十五日記

壬午癸未以前越南未屬法國之時其全境分南北左右四圻以廣治廣義兩道爲左右圻此外二十八省以淸華乂安河静宣光廣平甯平南定興安河內興化海陽廣安北甯諒山太原山西高平十七省爲北圻以其在横山廣平關之北也山之南卽富春省國都也都城以南廣南富安廣和平順邊和嘉定安江河仙永隆定祥十省爲南圻以其在國都之南也邊和嘉定安江河

仙永隆定祥六省已早爲法蹂南圻所存不過四省而已紅江上源在雲南過洱江其色變黑爲紅故稱紅水江亦稱爲洱江兩岸卽山西宣光興化三省轄地江流自西北合宣江之水東南流又合洮江之水東南流故亦稱爲三江三江合衆小水流至河內之西匯爲浪泊湖亦稱西湖又分流環繞河內趨海陽入海江北止宣光高平諒山廣安海陽北甯六省其餘北圻十一省一道均在江南　越南地形如杵南北極寬中有高山横亙西界滇緬暹羅山北至山南不下千里皆係野人向無行人來往山之東頭至海山巔爲廣平關關北爲廣

治道其北十七省皆北圻也　咸豐八年法兵船突至廣南之瀼沱汎未能逞志轉向南圻同治元年攻取嘉定邊和定祥三省強與越和六年襲取安江河仙永隆三省仍迫與立約光緒八年復襲取河內甯平海陽南定四省因遂脅服爲屬國

十六日記

法國東界比利時日爾曼瑞士意大利西界大西洋北界英吉利海峽南界地中海西南界西班牙地土肥沃天氣溫和產麻絲棉花金線絨氈寶石甆器酒則有葡萄白蘭地兩種爲土產葡萄養胃滋生白蘭地提神化

食巴黎跨賽納一譯作教尼江上閣整鉅麗稱於歐洲教堂技藝館博物院藏書閣無不美備而服用之精器具之巧爲他國所效法里昂居民大半業繅絲抱度一譯作保朵產酒金範產甆馬賽臨地中海爲法國第一貿易口岸

泰西立國有三類曰藹姆派牙譯言王國主政者或王或皇帝曰愷痕特姆譯言侯國主政者侯或侯妃二者皆世及曰而立潑勃立克譯言民主國主政者伯理璽天德俗稱總統民間公舉或七歲或四歲而一易法向稱侯國咸豐二年拿破侖抱那怕脫之姪拿破侖第三始稱王改國制至同治九年又廢王改民主焉

十七日記

法國幅員西北至東南六百六十洋里東北至西南六百十五洋里共二十萬三千立方洋里海岸一千二百洋里所轄海面則有鼻斯開海臂英吉利海峽在地中海則有里昂海灣地角則有狎里拿辣好克備豆鬬是海島則有猶尼抛坦猶雪在白立坦乃之極東備雷斯而宥而雷奥粒奥皆在鼻斯開海臂其山界意大利者曰安而浦界西班牙者曰非來尼界瑞士者曰忙脫付臘在境內者則有舍尼痕高五千英尺與佛高六千英尺佛柔高四千英尺最高處五千英尺其江則有賽納

發源北界過巴黎流四百七十洋里入英吉利海峽曰洛阿而發源舍尾痕山流六百洋里入鼻斯開海臂曰瓣阿奧痕發源南界過非來尼山流三百六十洋里入鼻斯開海臂曰郎痕發源東南境流五百三十洋里入地中海

十八日記

查舊卷乙酉十月總理衙門奏明自辦理海防以來一切軍器各省委員赴上海等處購買洋行既居奇擡價或華人居中說合剋蝕愈多有以賤價收積年存貨而謊爲新製者有賤價販自外洋而浮冒報銷者若不豫杜弊端漏卮何所底止近來船隻槍礮軍火等物購自德美英三國之廠居多此皆有出使大臣駐紮請令各該大臣就其參贊隨員內選派熟悉製造精通汽機之學者每國一二人平時常與製造廠講求探討各省有采買之件由該督撫籌款知照南北洋大臣轉行出使大臣即飭專管此項之員徑向該洋廠購辦議價訂限包運來華尤須出使大臣親驗是否適用以專責成並於上海天津等海口設局驗收萬一造成之際略伏瑕疵應由出使大臣親驗時駁回另造若運送抵華中途傷損即由海口驗收局員指明具報或扣付價值或責

包送洋人重修候南北洋大臣酌奪辦理

二十日記

許竹篔同年於泰西製造之學勵志研求上次出使德法諸國經辦船礮故其攷之尤詳查舊卷竹篔於丙戌二月條陳海軍船礮應辦事宜一疏頗多精要之語茲錄其大略云一大沽海口宜設鐵甲礮船也西國巡海快船而外另有礮船一類其大者亦能行遠小者專以往來淺水扼守口隘英國號曰蚊子船俄美等國護以鐵甲號曰瑪尼托耳船吃水不過十英尺內外船置巨礮或一或二力能洞擊鐵甲嗣德國以蚊子船無甲易爲敵礮擊毀瑪尼托耳船係旋臺舊式不合近製乃造威斯伯等船改用露臺水線帶之式法國近造胥塞等船亦仿其製蓋海口阻淺之處敵人往往用吃水甚淺之船襲逼灘岸必有鐵甲礮船遊弋策應乃足增礮臺之聲援濟大艦之不逮查大沽北塘一帶距口二三十里閒有攔沙界隔水深三四英尺潮汎大時亦祇十三四英尺現在新造甲船喫水最淺如濟遠者祇能懸泊口外該處屏蔽畿疆形勢最關重要而內口空虛不能收鐵甲之用似非所宜擬請仿法德新製增設鐵甲礮船六號或四號合以舊有蚊船四艘足成一軍設遇戰

事以鐵甲船快船臺逐海中以礮船蚊船專扼內口並附近狙擊庶幾重關疊鎖屹若金湯一鐵甲船快船喫水不宜太淺也中國海岸不如外洋之深廣船身喫水須有限制然所限尺寸取其可以收口而已若過於求淺則煤斤不能多裝鐵甲不能厚護汽機艙不能寬深船遇風浪擺側較多放礮不易取準大沽海口僅容十二三尺之船若造外海戰艦無論如何節縮斷不能辦至旅順一口二十尺以內之船可以乘潮駛行近時攔沙挖深出入尤便此外煙臺吳淞福州廣州諸口則視旅順爲深是鐵甲船快船喫水之數應但準旅順口爲

度無庸過爲縮減轉致利不償病上年七月聞李鴻章致臣書商推船制謂喫水不可深於十六尺至十八尺實爲酌得宜之論擬請嗣後造次等兵艦應限船載全重時喫水不得過十八英尺造一等戰艦應略準定遠鎮遠等船喫水之制則造船既得展舒屯船仍無窒礙固兩利之術也一鐵甲船式宜分別仿製也泰西鐵甲競求新製船式屢變其初列礮船之中腰周環以甲謂之礮房嗣於船面環甲爲臺下有機輪使臺礮俱轉謂之旋臺其後又有水線帶鐵甲堡二式而改旋臺爲露臺水線帶者通船水線上下圍甲如帶也鐵甲堡者船

中腰圍甲爲堡前後參用穹面平甲者也近時漸有全用穹甲以兼快船之用者除穹面舊式不論外現式又分爲二兩旁爲斜坡中作平頂高出水線以上者英船用之就平面爲弧形其穹處略與水線相等者德船用之以上諸式旋臺費甲過多新式長礮難於安置礮房不如臺礮之靈便此二式者各國近漸停造其餘三式則兼施並行各有所取惟作鐵甲堡者費較水線帶稍省作穹甲者欲增汽機之力則用英製欲取斜度之少則用德製擬請嗣後造船照外洋近用各式審擇訂製一海軍礮位宜一律也西國從前鑄造大礮皆用熟鐵

後乃以鋼爲內管熟鐵爲外箍英國阿姆斯脫郎廠最爲著名但鋼鐵殊性冷熱漲縮不能融洽演用歲久或致箍管鬆離之病德國克虜伯廠始創鋼管鋼箍之法近阿姆斯脫郎亦改用鋼箍並稱利器惟二廠之礮後膛門塞各殊礮架用法全異其口徑相同者以藥彈速力參差度尺亦不能合一切測算之準演放之程迥若分門別戶若一軍之中船各異礮既難通力而合作亦恐遷地而弗良臣經涉諸國詢悉義國則陸礮用阿姆斯脫郎船用克虜伯和蘭則船礮新改克虜伯奧則小礮自製水陸大礮均用克虜伯方今整練水軍礮爲當

務之急擬請嗣後兵船專用克虜伯礮而陸路參用阿姆斯脫郎礮使將卒得以專門練習至兵船應備速珠小礮舊有美之格林英之虜登飛二三種口徑太窄均不及哈乞開司之良嗣後亦應一律購配方爲周密一船廠機器局製造宜由漸擴充也十餘年來各省廠局講求製造正宜開拓規模廣營新製以爲自强根本然謀之太亟亦有二弊西法製造全藉機器而成一求其備則增購機器之款先已不貲其弊在於糜費鐵甲船推測重心謀算速率雖本學術亦資閱歷後膛大礮鍊鋼套箍洋廠各有祕法勉强爲之不適於用其弊又在於

無術竊計目前辦法宜在外購料而自我擧工宜就小者試爲而後及於大者福建船廠造巡海快船均係鐵脅木板現在外國新製多用鋼鐵以取輕利船之下艙另覆鋼板以護汽機近時又有穹面之式宜令嗣後改造新式其鋼板片角條等料仍暫在外洋購買無庸自製其鐵甲宜用康邦式應暫與船料一并購買北洋前年在德廠購造魚雷艇數號係令拆運到華雇洋匠合攏頗省運費若仿式自製當更簡便該艇汽機精巧如廠匠未能猝辦應訂定速率暫在洋廠包造至快船鐵甲船所用汽機如輪軸曲拐等件洋廠皆非一一自製

試造之始如過廠內機器不及應用者亦可酌量購買此擴充造船之大概也上海機器局曾仿阿姆斯脫郎式造鐵箍鋼管前膛大礮金陵局曾用熟鐵仿造克虜伯式後膛小礮此類礮式外洋均已停造是各局造礮亦須仿製純鋼後膛方能得力查克虜伯自鍊罐鋼既祕爲獨得即他廠所用西門士與別色麻鋼亦難驟精其法應就英法名廠定購鋼料先造克虜伯式十生的以內後膛小礮必俟所造確有成效再造十二十五生的等礮再推及二十一生的以上之礮此擴充造礮之大概也至刷次考甫之魚雷哈乞開司之五管礮及烏

哈戚肯司式之鋼銅礮各種或工細而繁或需用非亟均暫無庸自製庶免鶩博不精之失一山東之膠州灣宜及時相度爲海軍屯埠也外國屯紮水師必不與通商之埠同在一口則有事封港無所牽掣其規擇形勝必取外口險密內澳深廣蓋先令我之師船屯藏安固乃可蓄銳以擊敵船兵法所謂自立於不敗者也西國兵船測量中國海岸無處不達每艷稱膠州一灣爲屯船第一善埠該處爲大小沽河膠萊南河會流入海之處前明於此設立衞所東曰浮山所西曰靈山衞以資控扼其外羣山環抱口門狹僅三四里口內有島中峙

寶爲天然門戶周灣之地約數十里水深八九拓至四拓不等當煙臺未開口岸時航海商船湊集頗盛本非散地荒陬可比且地當南北洋之中上顧旅順下趨江浙均一二日可達若酌抽北洋江南海軍合以山東一軍紮聚大枝則敵艦畏我截其後路必不敢輕犯北洋尤可爲畿疆外蔽其膠萊南河與北河海口通連元時海運曾由此取道避成山大洋之險將來濬治淤淺使雷艇小輪船在內通行則與直隸海面號令策應更爲靈捷捌自浙之溫州以北至於青齊濱海各處非口門坦漫即港路淺狹惟該灣形勢完善又居衝要似爲地

利之所必爭應請漸次經營期於十年而成巨鎮

二十二日記

法國於同治二年與土耳其所立條約今年期滿另議修約外部以其約與各國不同稅則無常議改爲一律倣照一千八百二年第九款條約而上議院不允其爲首辯駁者曰買來儀首相氐哈偏護外部力與爭論院中是氐說者百十七人是買說者百二十九人繼又有二人議率由舊章爲是允之者百六十三人非之者八十五人於是氐相及外部司畢賴告退厥後李寶繼爲外部尚書與議院辯明此事仍照司畢賴之議立約

二十三日記

與世爸三同登法國新造之鐵塔高三百邁當合中國之一百丈乘機器而上凡四換機器而至頂每高一層則下見川原廬舍人物車馬愈小一倍俯視巴黎全城在目飄飄乎有凌虛御風遺世獨立之意　法國陸兵近六十萬戶口三千六百萬

二十四日記

赴蠟人館觀蠟人其法以蠟仿製生人之形自王公卿相以至工藝雜流無不可留像於館或立或坐或臥或俯或笑或哭或飲或博無不畢具凡人之鬚眉顏色態

度長短豐瘠無不畢肖殆所謂神妙欲到秋毫顛者聞其法係一老媼創之今盛行於歐洲各國未百年也又赴油畫院觀普法交戰畫圖其法爲一大圜室以巨幅懸之四壁由屋頂放進光明人入其中極目四望則見城堡岡巒溪澗樹林森然布列兩軍人馬雜遝放槍者點礮者搴大旗者挽礮車者絡繹相屬各處有巨彈墮地則火光迸裂煙燄迷漫其被轟擊者則斷壁危樓或黔其廬或赭其垣而軍士之折臂斷足血流殷地偃仰僵仆者令人目不忍覩仰觀天則明月斜挂雲霞掩映俯觀地則綠草如茵川原無際情景廝不逼眞幾自疑

身外即戰場而忘其在一室中者迨以手捫之始知其爲壁也畫也皆幻也夫以西洋油畫之奇妙則幻者可視爲眞然普法之戰迨二十年已爲陳迹則眞者亦無殊於幻矣

二十五日記

距使館里許濱賽納江之南有巨院曰安佛里特法前王拿破侖第一陵寢在焉其旁有歷代兵器博物院武庫二所列銅鐵鎧子甲千餘件件各異製刀矛弓劍分映玻廚有洋槍手槍各一偏嵌百寶精石礮臺一座兵房瞭臺悉具庫之中又有二院一爲歷代兵卒蠟像院

草昧之初衣皮張革以衛身削竹礪石以禦敵其人率非巨鼻深目故攷古者謂西人之種實來自東方迨數世之後服其水土始漸變其形狀云進內一室所列之像始有彈弓刀鋋身服甲冑或僅露耳目或半遮面或脫上服持盾以爲扞至火槍之製距今僅二百年耳一院之中古今並列於以驗兵器之沿革焉一爲五洲兵卒蠟像院地球人種有四白種黃種黑種紅種也其族有十五陪而陪族黑人族北美印度族中美印度族南美印度族柏布族斐斯阮馬達族歐洲印度族烏拉朵阿爾堆格族蒙古族愛拿族排思格族遶拉惟弟愛昊族巫來由族阿剌伯族也紅黑種類形極醜惡所操兵器亦尙銛利末室列中國楚軍馬隊一人鄉勇一人綠營兵一人營將一人一院之中五大洲之人物具焉於以攷兵器之優劣軍事烏有不精者乎

二十六日記

法屬越南之南圻本占城國地初併於眞臘繼入於越南今屬於法原分六省曰嘉定曰邊和曰安江曰河仙曰永隆曰定祥光緒初年改爲四鎮一曰西貢鎮屬縣五曰嘉定西甯三曰邊和伯利二曰美荻鎮（即定祥）屬縣四曰美荻隄岸墒港西灘三曰永隆鎮屬縣四曰永隆

文德茶永沙田四曰白沙鎮屬縣七曰朱篤河仙東川荷濱芹苴叔井北柳凡四鎮二十縣攷其戶口總册越南人一百六十七萬有奇柬埔寨人十四萬有奇華人七萬有奇洋人四千有奇苗番雜夷二萬有奇此兼男女老幼言也度支歲入洋銀七百五六十萬員歲出不及七百萬員歲入以出入貨税爲大宗約得洋銀四百萬員次地丁兩税次工商税次雜税次華民身税及進出口税寄居執照税歲出以俸餉爲大宗

二十七日記

南圻出產以米爲大宗商務亦以米爲關鍵歲產米除

供民食外出口米價約可得銀洋一千二三百萬員均係運往中國與南洋各島售米經華商手者十之八九故南圻米市之利華商獨擅之法人論南圻事者有舍粟米無出產舍華人無生意之說米麥麻豆之外產皮革材木魚鹽木棉骨角毛羽漆絲靛椒燕窩魚翅之類歲得出口價約洋銀四百萬員進口貨以洋布魚網為大宗次五金之屬次煤次雜貨

二十八日記

越南之北圻今歸法國保護仍列越南版圖除清華文安河靜三省改屬中圻外其餘區畫大致如舊河內省

為北圻總滙水陸要衝轄四府一道十七縣海陽省轄四府十九縣南定省轄四府十七縣北甯省轄四府二十七縣山西省轄五府十八縣是為北圻之五大省興化省轄四府九縣十一土州宣光省轄二府六縣二土州太原省轄三府九縣二州諒山省轄二府三縣四州高平省轄二府五縣廣安省轄二府四縣二州興安省轄二府八縣甯平省轄二府七縣河內之西甯平之北為壽伯省從二府二州二縣乃新闢蠻孟土司之地也是為北圻之小九省凡近海之甯平南定海陽興安廣安河內北甯山西八省江河縈繞為川澤之地俗名江套者也近山之興化宣光太原諒山高平五省崇峰峻嶺茂樹深箐為山林之地俗名上東京者也越南向於大省各置總督小省各置巡撫歸總督節制如甯平壽伯隸河內興安隸南定廣安隸海陽興化宣光隸山西太原高平諒山三省隸北甯是也自北圻歸法保護後越王添設北圻經略駐紮河內各省督撫咸受節制法置總都護使（或又譯為巡撫）於河內轄察北圻一切政務仍歸華印總督節制（華印總督即昔日之西貢總督）此外河內海防海陽北甯諒山高平保勝山西山羅（在興化省）十城各置都護正使海甯興化壽伯興安陸南（在北甯省）甯平廣安太原宣光美

德（在河內省）太平（在海陽省）白石（新設）十二城置都護副使越南之北圻經略以下不過承法官指揮而已

二十九日記

北圻戶口約分三種耕耨力田傭工服役者越人也通貨懋遷開礦採金者華人也漁獵為生兼務農事者蠻孟人也越人約一千萬有奇蠻孟人約十二三萬華人約七萬有奇共計北圻民數在一千一百萬之譜至土產則歲得稻米三千萬石除供民食外每歲出口約五六十萬石蠶絲歲得一萬七八千石出口者約二千石至甘蔗白糖油煙燕窩魚翅鹹魚竹漆之屬除民用外

均分類餘爲出口之雜貨近山各省五金之礦甚多上游諸山所產木料如檀烏蘇楠硬杉以及黃松紫榆橫櫟諸木三十餘種均由華蠻之人採取順江流浮送各埠法人視其優劣與尺寸酌定官價以收稅課焉度支就地籌款每歲不敷甚鉅歲入約洋銀七百五六十萬員以地丁雜課爲大宗洋藥稅次之關稅又次之工商身稅郵政電局各款又次之歲出約一千三百萬員以武職俸餉水陸兵費爲大宗文武俸薪次之工程經費又次之出浮於入者約六百萬員由法國國家彌補者三百四十萬員由南圻經費彌補者二百六十萬員此

其大較也法國官紳每議北圻之事皆以汰兵額節經費廢總例便商賈爲言蓋兵額不減則糜餉耗財無所底止總例不廢則商務停滯稅課減色也況中圻瘠苦向仰給於北圻今利權悉歸法人之手中圻更有坐困之虞矣

出使英法義比四國日記

卷二

光緒十六年庚寅三月庚午朔記

日耳曼各國兵權餉權用人之權近數年來已被德皇德相設法收盡其各國兵政皆由德派武員經理關稅則由德設統關始名爲總收分給今則用以支給兵餉吏俸亦由德爲之經理其用人則由議院議之而德國核定之各國舊王皆已無事不過在柏林議院爲議員食王爵之俸惟巴華里國即通商條約之拜晏國向稱強大尚未盡削其權許其自派公使往駐各國各國亦可派公使往駐其都兵政雖由德派員代爲經理而統關代巴華里所征之稅尚給還巴王俾自發兵餉吏俸

波蘭國爲俄奥德三國所分該國幅員本大共有二十二兆人民而俄分得其人民十四兆

初三日記

法人稱德國爲阿里曼英人則稱爲日耳曼其土人則自稱爲德意志名異而實同也中國繙譯英書最早故瀛環志略猶沿日耳曼之稱海國圖志作耶馬尼乃日耳曼之轉音至咸豐十一年與中國通商立約始知其爲德意志然其時尚未合衆爲一攻通商約章云大布

路斯國暨德意志通商稅務公會各國至同治十一年其使臣奉其國命來告德意志變更情形自是改稱爲德意志合眾國云蓋布路斯者昔爲德意志公會中之一國後以國勢漸强推爲領袖自戰勝法國後各國遂戴之爲共主近者各國王侯之權日削月朘而德意志之全勢將歸併於布路斯一國布路斯志略作普魯士國志作普魯社皆單舉言之或不與於日耳曼列邦之數或不入於耶馬尼總記之內者皆誤也攷德意志三字本非地名乃一種人民族類之總稱蓋歐洲之人分爲三大類曰羅馬人種曰希臘人種曰德意志人種德

意志者所以別乎羅馬希臘兩種人而言之不限以地也凡歐洲中部北部人民皆此一族故奧地利荷蘭比利時瑞士從前皆在德意志列邦之內奧普兩國最大故先後迭與爲之盟主至德意志南北之分因普魯士初强時惟北方諸邦附之是爲北德意志聯邦公會迨後南方近來因河之四邦亦入公會遂去南北之畛域號爲德意志合眾國云偶按地圖北方諸邦皆參錯於普國境內間以郡縣雜居而治始有一合不再分之勢南方四邦皆足自立去普稍遠後來之分合尚未可知也

初四日記

余在法呈遞國書後久欲馳赴倫敦因芝田中丞兒女數人皆染痧證不可以風驟難遷讓使館茲於初一日先令參贊許靜山隨員錢念劬沈逋梅學生胡馨吾王省山由法赴英余於本日率同眷屬及參贊黃公度繙譯那華祝隨員趙靜涵楊叔平供事王鵬九等乘馬車至火車北棧遂登火車行二百洋里至葛賴一譯作坎來司又作加利海口易輪舟渡海峽約一點鐘零十分行二十洋里至英國之多甫一譯作都發又作渡浮海口仍坐輪車行七十八英里抵倫敦

之維多利亞車棧芝田中丞已在此相迓遂與同坐馬車至使館　由法赴英渡海有兩口一由葛賴至多甫僅行一點鐘有奇峽稍窄而濤浪掀激船易顛簸一由法之布倫海口至英之福克司敦約行兩點多鐘峽稍寬浪亦稍平　倫敦在赤道北五十一度三十二分北京西一百十六度二十九分按北京在赤道北三十九度五十三分則倫敦在北京之北又十一度三十九分矣以經度推算倫敦午正應遲北京午正七點鐘三刻五十六秒北京午正實倫敦丑正十四分四秒也

初五日記

接受英館文案卷宗及移交應辦各事英館舊員余留用三人爲二等寶星總領事銜英文二等參贊官英人馬格里二等繙譯兼隨員二品銜候選道張斯栒供事王文藻

初六日記

嘗攷火輪船之權輿乾隆元年英人或議造小火輪船運行之力不用水氣而用風氣船頭置輪船尾置機以大繩運轉其輪欲拖大船使出海口未成三十九年法人造一水氣火輪船因輪力不足亦未成明年法人造一可抵一馬力之汽機安於船上施二輪於船之兩旁

轉於水中船雖成而行甚遲四十八年美人用汽機安於船中以代人力用棹以代輪然船行亦不能甚遠且速五十二年美人造一船長五丈船頭汲水而上出於船尾出水之力用汽機加於汲水筒上一點鐘能行十二里美國富商遲疑不用其人遂適英國勸英富商用之是時蘇格蘭有三人精究輪船之製十餘年矣一曰迷羅耳者創用旁輪之法以助風力之不足其友代路耳以太費人力擬改用汽機而輪轉船行可以加速代路耳之友曰塞明敦者又變通其法使汽機內上下起落活塞之力改爲旋轉運行五十三年塞明敦造一汽機安於迷羅耳雙船之上船輪在中汽機在此一旁烝釜在彼一旁氣管寬四寸每點鐘行十五里明年三人又造大十二倍馬力之汽機其船每點鐘行二十一里而迷羅耳家貲已罄矣嘉慶八年美國人富羅敦詢造船之法於塞明敦返至紐約造火輪船其製益精迄今英國頗用其法汽機安於船內無在船上者二十三年蘇格蘭造成一輪船可抵三十馬力往來於蘇格蘭阿爾蘭之間常行海外之火輪船自此始自後船多改用尖頭遇有巨浪直衝而過其行尤穩且速道光十八年英人造一大火輪船載貨一千四百噸閱行十五日內

可抵美國之紐約是爲輪船出大西洋之始咸豐二年始造鐵船卽遇颶風可免迸裂沉沒之虞後又有隔艙之法以防滲漏自是輪船之製全備蓋此器由創造迄於今日僅及百年暢行無阻不過三四十年耳殫無窮之財力積數國奇智異能之士之苦心經營有美必備無間不尋然後無遺憾矣英國創製輪船較早其收利亦最遠用爲商船則貿易獨盛用爲兵船則水師尤精然則握富強之樞者豈非以輪船爲第一要圖乎

初七日記

火輪車之製締造術在輪船之後先是康熙年間英人

羅哲爾諾爾德菩詳謂英北境之煤窰用馬車運煤以抵河干所經之路可隨轍安木俾與土齊作木軌以約車輪輪之四周鑲以鐵瓦俾與木軌相合以利其行後有用其法者而運煤果便後又於近窰之地兼用鐵木以修路後又多鑄鐵條接續鑲於軌道是爲以鐵代木之始道光五年英國北方有煤窰鉛礦之處初開鐵路貿易益盛然皆用馬車也是年始設公司議行用火輪車專造鐵路以運之十年鐵路告成車行愈駛旅客愈多人始知鐵路火輪車之大利於用也當其行駛之時汽機內蒸氣出入計一秒中往來二十次蒸氣筩外時

聞有極速呼吸之聲即蒸氣鼓動之力也輪寬八尺一秒中旋轉五次每次車行十丈有餘神速無比矣自火輪車興而四馬所駕之大車三十減去二十有九然歧徑僻路火車所不能至者仍須用馬車旅客由火車卸裝分往各處亦須用馬車火車既盛馬車亦益繁小民之生計轉益便焉今則每至一富庶之區鐵路六通四闢始如蛛網數十年來智能之士研精經理日臻美備殆亦集思廣益而成非一人所能專其功也夫西人之所以橫絕宇宙而莫之能禦者火輪舟車之力爲最多而皆發軔於英且其締造不過在百年數十年之內宜其獨擅富强之效歟

初八日記

泰西之士講求郵政殫精竭智以求傳信之便捷五六十年前始得電氣傳信一法昔人見雲中電光閃爍常以比作事之速從未有知取而用之者迄今能將雷電收置器中俾爲我用可謂探千古未發之祕然格致家考察電氣亦已匪朝伊夕古人始以琥珀摩擦令熱能吸輕物後人以玻璃火漆等物摩熱亦能吸輕物若質巨氣足則見有火星爆出尋知五金之屬皆善引之又以瓶內外黏貼錫箔蓄其氣放之則有光如電作聲如

雷能震人擊物乾隆三十年美人弗蘭林驗試遇雷雨時以紙鳶放空際初見繩上絲縷蓬然豎立繼則氣隨繩下盛之充瓶用一鐵匙稍近瓶口則火星躍出迸然有聲始知向用玻璃琥珀等物所出之氣實與雷電無殊電學由此漸興此種電氣皆由摩擦而生謂之乾電至今電報所用之氣由意大里人嘎剌法尼暨佛爾塔二人究得一法係以强屬與金屬相感而生謂之溼電其法用紅銅白鉛薄片數對重疊每對隔以强水浸透之厚紙復以銅絲二條聯之即能生電佛氏旋因其紙易乾則機無力乃以玻璃杯爲電池後又有人造長箱

內以磁片分爲數十格箱蓋下安銅鉛薄片數十對以銅條聯之每對入一格箱內儲以强水用時但加蓋於箱則二金自然相感生電最旺於是溼電之學大興或以輔化學或以佐醫學然尚未得寄信之法嘉慶二十五年丹國人倭斯得始著書論電氣與磁石之氣無異驗之之法於南北設一銅絲以定南鍼近之則其鍼與絲俱相平無所吸移俟電路一合而電氣運行於銅絲卽見鍼改向而指東西觀電氣南北運行使此鍼橫於東西卽知地球本有電氣東西運行故令鍼橫於南北定南鍼之所以指南北卽此理也倭氏旣創磁電二氣

合一之說法國有阿拉格與安貝爾二人復以銅絲繞成螺螄形電氣過之每繞一匝則力增倍以鐵爲心沾電力而能吸物與磁石無異是謂磁鐵電學由此益精道光十八年英人惠子敦設電線於倫敦二十四年法人設電線於巴黎是年美人莫爾斯設電線於華盛頓其法係以電運筆而畫字由是妙法百出有以電運鍼而指字者有以電變色而傳字形者甚有以電運印書機立時將所傳之文字印出者近更有以電傳聲爲德律風者而傳信均用號碼以審厥字尤爲明顯而畫一迄今泰西各國郡邑村鎮電線密如蛛網雖在一城之中相去二三里如有要信卽發一電遞來大東公司新得保護海線之法尤爲精審遂能沈線海底東至中國日本南至新金山西至美國雖數萬里外通傳要信捷於影響邇於戶庭奇妙至此神乎技矣眞令人不可思議矣

初九日記

劉芝田中丞啟程歸中國蓋將由巴黎赴馬賽登法公司輪船也余在館設香案寄請

聖安然後送至車棧執手而別

十一日記

余率馬清臣參贊往拜英首相總理外部尚書侯爵沙力斯伯里外部副尚書克蕾外部侍郎山特生沙侯前爲外部尚書光緒四年俄土構兵之役定計分遣水師扼據津要以掣俄勢廢俄土已訂之約力保歐東大局此次又爲首相兼外部四年矣英人皆稱其諳練各國事務學問優裕絕有本領惟旣爲國相攝事較多交涉要端皆由克蕾經理沙侯總其大綱而已相見握手互敘寒暄而別

十三日記

昔郭筠仙侍郎每歎羨西洋國政民風之美至爲清議

之士所觝排余亦稍訝其言之過當以詢之陳荔秋中丞黎蒓齋觀察皆謂其說不誣此次來遊歐洲由巴黎至倫敦始信侍郎之說當於議院學堂監獄醫院街道徵之同人有談美國風俗之純厚者余謂泰西諸國在今日正爲極盛之時固由氣數使然然開闢之初戸口未繁元氣未洩則人心風俗自然純厚蓋美洲之開闢後於歐洲歐洲之開闢後於中國而歐洲各國之中開闢又有先後故風俗亦有厚薄美利堅猶中國之虞夏時也俄羅斯猶中國之商周時也英吉利德意志猶中國之兩漢時也法蘭西意大利西班牙荷蘭其猶中國

之唐宋時乎若法人之意氣囂張朋黨爭勝則幾似前明之世矣或曰美國之埃利士人肆其忮忿迫逐華民古道何在答之曰三代之世夷羿寒浞桀紂幽厲亦有亂時豈必盡軌乎道

十五日記

西人之恪守耶蘇教者其居心立品克己愛人頗與儒教無甚歧異然觀教會中所刊新舊約等書其假託附會故神其說雖中國之小說若封神演義西遊記等書尚不至如此淺俚也其言之不確雖三尺童子皆知之余偶遇西國積學之士與談耶蘇教旨似皆已覺之而

不肯明言亦竟有言一二百年後西國格致之學日精必多鄙棄教會諸書者及論孔子之教則皆同聲推服並無異言雖西人亦雅善酬應然余察其辭色似出於中心之誠然蓋聖人之道不偏不易深入人心以耶穌之說比儒教不僅如水晶之比玉雖洋人未嘗不知從前中國之楊墨佛老非不鼓動一時積久已自衰息孔子之教則如日月經天閱萬古而益明歐亞諸洲不與中國相通則已通則其教未有不互行者余是以知耶穌之教之將衰儒教之將西也

十七日記

外部前日函訂英君主於今日三點鐘在溫則行宮延見余率同參贊黃公度馬清臣先乘馬車至火車棧外部侍郎蒂爾克生已在此相候遂同乘火車行三十英里至溫則宮外一二里君主豫備對騎馬車來迓入宮先赴朝堂宴飲畢禮官及蒂爾克生引入便殿余見君主鞠躬黃參贊以
國書遞交余手余宣讀頌辭呈遞
國書君主手受
國書訖宣讀答辭慰勞周至皆由馬參贊譯傳一徧余遂鞠躬而退禮官復導余遊宮殿規模頗極閎麗有該

國歷代君主后妃及名臣名將畫像石像暨古今彝器
國書云
大清國
大皇帝問
大英國
大君主五印度
大后帝好朕誕膺
天命寅紹丕基眷念友邦言歸於好茲特簡二品頂戴
候補三品京堂薛福成出使爲駐劄
貴國欽差大臣親齎

國書以表眞心和好之據朕稔知薛福成忠誠素著明
練有爲辦理交涉事件必能悉臻妥協惟願推誠相信
俾克盡厥職以與
貴國益敦友睦長享升平朕有厚望焉頌辭云
大清國欽差大臣薛福成欽承
簡命駐劄
貴國恭維
大英國
大君主五印度
大后帝德化懋昭治功顯著爲遐邇所欽仰使臣親奉
國書上呈
尊覽以爲永敦和好之據惟冀
大君主
大后帝體中國
大皇帝之意萬年輯睦同享升平使臣不勝慶幸之至
答辭云本君主敬問
貴國
大皇帝好本君主深願
貴國派一有名之人來駐本國聞貴欽差學問極好著
書頗多我意亦甚欣悅

貴欽差所宜
貴國
大皇帝之意旨與本君主之意相同本君主益喜兩國
永敦和好共享昇平

十八日記

拜發抵英呈遞
國書日期一摺酌派參隨各員分駐英法一片暫留主
事承厚駐法以備任使一片

十九日記

余遇英士之研精化學者稱英倫三島煤礦尚可供一

千年之開挖余詰以英之商務所以甲於地球者恃煤鐵也若一千年後恐英之商務竟至衰歇將併輪船輪車無以駕駛矣英士曰一千年後駕駛船車似可不必用煤蓋輪車之改用電氣今已有行之者化學家又研思化水之質用水之法若此事通透將來可激水力以駛舟車用代火力夫水取之不盡用之不竭比之開礦挖煤難易懸殊以水代火若有把握實爲宇宙間日用民生之大益英士又言人之年壽若調護得法可活至二百歲方今西人考究醫術不過十得二三若到一千年後醫學日精調攝合宜雖不能人人活到二百歲約

可有得半之數余意不甚謂然人之年壽雖由調攝大半天地開元氣爲之古之時生民尚少而元氣純厚今之時人數日多而元氣漸漓唐虞三代聖王賢佐多有壽逾百歲者今已無之矣而況在千年以後乎

二十一日記

英太子先於十七日在森哲模斯宮代君主行朝御會余偕各國公使皆往會焉是日君主復在柏金韓模宮行朝脊會余偕各國公使先入見君主皆鞠躬而過鞠躬者實不過點頭而已宰相及各部尚書繼入然後命婦繼之通國命婦朝君主者至千餘人之多命婦見君主皆屈一膝請安凡公侯之夫人君主皆與握手而退婦人裙皆曳地數尺裙之外復有拖裳在後曳地一丈以外蓋以愈長爲愈敬云　泰晤士報云印度加爾各搭報稱中國升大臣於西五月初三日（中三月十五日）離大吉嶺往拉薩西兵聲礮排隊相送　攷英國每噸合二千二百四十磅合中國一千六百八十斤又每立方四十英尺爲一噸約合六面方不過中國三尺高闊

二十二日記

余率馬清臣參贊往拜會俄國頭等公使狄斯大爾狄使人頗謙遜意亦殷摯　中國茶之到歐洲始於明萬

歷四十年荷蘭之東印度公司攜歸少許以供玩好國朝順治八年荷蘭始載茶至歐洲發售越十年茶市益行英京始立稅茶之律當時甚爲珍貴饋送王公不過一二磅而止又越三十年茶務益盛英京始多收茶葉之稅

二十四日記

余率同馬清臣往拜會法國頭等公使華亭登德國頭等公使伯爵哈子飛爾意國頭等公使伯爵多尼利

海風最有益於人之身體西人凡值盛暑嚴寒及有疾病者皆居海口頤養歐洲各國頗忌東南風以其由阿

非利加洲沙漠吹來受之每易得病或挾瘴氣以俱至也喜西北風以海在西北得其温煦滌蕩之氣也中國則適與相反喜東南風之和藹以海在東南也畏西北風之嚴厲以其由西北塞外而來塞外多沙漠也惟南風温煖北風寒涼則中西相同所以然者赤道之遠近爲之也

二十五日記

率馬清臣往拜會奥斯馬加國頭等公使伯爵狄姆土耳其國頭等公使洛司丹余詢洛使以土耳其國情形所答甚詳備錄如左土國近來產絲及酒頗多自用之

外尚可運售他國其餘五穀棉花等物亦自用有餘祇因運道不便故其民之種植尚未能盡地力邇年創築鐵路漸多將來運售較便則出產自亦漸廣其民皆食米飯此其風俗與中國同者也全國疆域極大半在亞細亞洲半在歐羅巴洲而阿非利加洲地亦有之自俄土交兵在柏林訂約之後歐阿兩洲之地頗多分裂今歐洲之希臘羅馬尼亞塞爾斐亞布加利亞皆爲新立自主之國論地則羅馬尼亞最大布加利亞次之希臘又次之塞爾斐亞又次之此四國本皆土耳其之屬地後因土國中衰各大將及總督皆據地自擅浸至尾大不掉漸列爲附庸入貢之國及俄之攻土也俄人使告四國曰汝若起兵助我將來議和時當立汝爲自主之國且使土人割地與汝於是羅塞布三國皆以兵助戰而土人力屈受盟希臘本欲起兵助俄而英法德三國止之曰汝若助俄我當伐爾希臘遂按兵不敢動及定柏林之約俄人勒令土人割膏腴之地兩省以畀羅馬尼亞及塞爾斐亞布加利亞皆爲自主之國希臘亦遣使告英法德人曰我悔不助俄攻土於是英法德三國復判斷土人割兩省地以畀希臘希臘雖前已自主然小國也既得兩省地其疆圉乃稍擴云又有埃及一國

即古時之麥西在阿洲境內其地山川秀美文物卓著土產亦饒向稱名邦爲土耳其屬地已久邇年所派之埃及總督亦據地自擅稱王於境內寖成附庸入貢之國又以欠借英債甚多英國派員代爲經理賦收其政權餉權兵權而土耳其之權在埃及者蓋寡似已漸折而入於英矣

二十六日記

洛使昨言土國兵皆以奉回教者入籍奮勇能戰甚屬可用祇以官員經理不善遂致衰弱即如俄土之戰土兵勝多而敗少但迫於英法之勸和不能不受虧損然

所立自主之四國向來回人無多土國不選為兵今土耳其通國尚有勝兵六十萬人不稍減於舊額也又云土耳其與中國形勢相似將來必有謀害我兩國者頗有同病相憐之意如兩國能訂和約結為友邦實屬兩有裨益蓋隱懼俄羅斯也馬清臣亦云土耳其與中國獨無條約以向無商務往來也俄之水師如出黑海必過土之君士但丁峽始能入地中海土與英法等國皆有和約如俄之水師過境將與其友邦為難土可援照公法守局外之例不許俄船過其海峽若俄所攻非土之友邦則不能矣故中國當與土立和約但結為友邦不必立詳細條約以向無商務又無交涉故也此言亦甚有理

二十七日記

土耳其公使洛司丹意大里公使多尼利俄羅斯公使狄斯大爾來答拜　北洋李傅相電開接總署電開朝鮮議借洋債此端果開後患無窮請知照外部轉諭紳商言朝鮮貧而復貲償款維艱各國紳商不宜與該國訂立合同付以鉅款將來如有借債不償之事中國不為擔保若各國因欠款而抵據朝鮮海關中國決不允許豫為聲明以昭睦誼此事業經本署會同北洋奏奉俞旨務即遵辦外部覆語如何仍希示悉等語是日辦文照會英法二國外部

二十九日記

近聞恰克圖邊外俄人穴地取金邊境一帶小山有登陟者聞地下有斧鑿聲恐是俄人越界取金據俄國礦師云俄金漏入中國歲在九萬兩上下緣各廠金砂悉應交官由官爐鎔鍊再運俄都鑄錢鎔運之費什一之稅計耗十分之二就近售與華商即少耗折故由本廠私賣者十之七八由礦夫竊賣者十之二三本廠私賣大率遣送華界與巨商大賈相交破案者少礦夫零星盜竊未能徑送華界華人於金廠附近開設店鋪陽售雜貨陰購金砂積有成數乃運華境中途被劫被獲者十之三四得脫者十之六七金砂既至恰克圖就地傾鎔以入張家口運京者十之三四運津者十之六七復有流轉入外洋者又聞東三省內外蒙古地方產金最盛兩國邊界山脈連屬河流貫通即如土謝圖汗部與俄國接壤東西數百里到處產金恰克圖迤東之切貴河分流諸水金砂尤多俄人在切貴河挖金往往侵入華疆或鑿山或淘河晝還夜往習以為常

三十日記

俄地向不產金有明中葉吞併烏拉嶺諸部尋獲金礦建議開採萬歷九年爲俄人設廠取金之始三百年來拓地日廣據有東西悉卑爾全境阿爾泰山譯義爲金山東幹北幹縱橫數千里山重水複處處有金故俄呼悉卑爾爲金穴於是招礦師設礦學置礦官頒礦律凡產金之區由官丈量聽民開廠自行熬鍊金砂送交官鑪鎔化再運俄都錢局提淨範爲金甎以十分之九鑄錢幣以十分之一作器皿業主願得金甎金錢者如數領取否則請領金票聽民交易稅收什一轉運傾鎔之費亦什一皆於業主取償開礦之地分爲八部一曰撒

爾穆部烏拉嶺東西金廠隸焉一曰鄂蘭布爾部烏拉嶺東南附近裏海金廠隸焉一曰西悉卑爾部葉尼賽河以西鄂蘭布爾以東金廠隸焉一曰東悉卑爾部葉尼賽河上下游東西境金廠隸焉一曰拜喀勒斯克部黑龍江以西喀勒湖以南金廠隸焉一曰牙庫特斯克部外興安嶺東北金廠隸焉一曰黑龍江部尼布楚以東及黑龍江上下游金廠隸焉一曰東海部黑龍江東南沿海金廠隸焉通計八部金礦共設廠一千一百四十六所常用礦夫七八萬人俄都錢局歲得淨金九十七萬九千二百餘兩約值銀二千餘萬兩此係據官冊而言歲產之金實不止此官商朋比偷漏私銷恐皆不免現在採河金者十之七八採山金者十之二三河金多而施工易故廠本較輕

四月庚子朔記

歐美兩洲各國勃焉興起之機在學問日新工商日旺而其絕大關鍵皆在近百年中至其所以橫絕地球而莫與抗者不過恃火輪舟車及電線諸務實皆創行於六七十年之內其他概可知矣今之議者或驚駭他人之強盛而推之過當或以堂堂中國何至效法西人意在擯絕而貶之過嚴余以爲皆所見之不廣也夫西人

之商政兵法造船製器及農漁牧礦諸務實無不精而皆導其源於汽學光學電學化學以得御水御火御電之法斯殆造化之靈機無久而不洩之理特假西人之專門名家以闡之乃天地間公共之道非西人所得而私也中國綴學之士聰明才力豈遜西人特無如少年精力多糜於時文試帖小楷之中非若西洋億兆人之奮其智慧各以攻其專家之學遂能直造精微斯固無庸自諱亦何必自畫也上古之世制作萃於中華自神聖迭興造耒耜造舟車造弧矢造網罟造衣裳造書契當鴻荒草昧而忽有此文明豈不較今日西人之所創

作尤爲神奇特人皆習慣而不察耳即如堯典之定四時周髀之傳算術西人星算之學未始不權輿於此其他有益國事民事者安知其非取法於中華也昔者宇宙尚無制作中國聖人仰觀俯察而西人漸效之今者西人因中國聖人之制作而踵事增華中國又何嘗不可因之若狃他人我先而不欲自形其短是諱疾忌醫也若謂學步不易而慮終不能勝人是因噎廢食也夫青出於藍而勝於藍冰凝於水而寒於水巫臣教吳而弱楚武靈變服以滅胡蓋相師者未必無相勝之機也吾又安知數千年後華人不因西人之學再闢造化之

靈機俾西人色然以驚睪然而企也

初二日記

晚十點鐘率同參贊黃公度馬清臣許靜山張聽帆赴柏金韓模宮觀跳舞會十二點半鐘回館　查舊卷前任劉大臣代張薌帥在英倫柏辣德公司訂織布整花紡紗提花各機器議定價值英金六萬七千一百十二磅十一仙令五本士而軋花機器尚不在內又在喜克哈葛里甫公司定購布機需用之汽機鍋爐等件議定價值英金一萬七千二百七十六磅六本士又織布廠內所應用之鐵水溜玻璃通氣筒火磚火泥西門士熱氣質引電機等件共需英金三千二百六十五磅尚未定購又柏辣德廠所開拉散帶子花機器二副雙軸軋花子機二十具及車牀旋竿等零件共價一千四百十七磅十三仙令十本士又喜克哈葛里甫廠所開軋花汽機鍋爐等件共價一千零十四磅均尚未定購又英工師博次廠所開布廠樑柱間架生熟鐵鋼料共價英金九千二百三十九磅十仙令又在諦塞德公司定購鍊鐵鍊鋼機器共價英金八萬三千四百九十八磅

初三日記

英君主維多利亞以西五月二十四日爲誕期今日爲

西五月二十一日先三日關請外部尚書沙侯代爲主人邀各國頭二等公使赴其家宴會晚八點鐘余往赴焉有比利時國王在座十點鐘宴畢遂至外部赴沙侯所請之茶會　查舊卷前年粵省所定鑄錢機器共價英金五萬二千五百磅

初五日記

印度幅員之廣積計一百五十萬英方里居民二百四十餘兆其歸英官管轄者十之三其餘歸土王土司分治而統轄於印度總督其商務自咸豐八年歸英主政後一切皆聽命於官迄今地方饒富百勝於前書院生

徒幾二百萬鐵路電線日接日廣出口最多之貨有三大宗一爲米麥及生牛皮一爲棉花苧麻羊毛一爲各國土產如中國之茶葉南洋之加非秘魯之橡樹呂宋之煙葉印度皆取其種而分植之

初六日記

英俄兩國形勢最關緊要者黑海至地中海中間海峽而已此峽自黑海東北至西北直達地中海峽分三段兩岸皆土耳其屬地其自東北通黑海之處曰波斯福爾一譯作波士浮羅士自西南下達地中海之處曰他大尼里一譯作達得紐耳中間較寬處曰馬爾馬拉海一譯作馬麻拉海按土耳其跨歐亞兩洲爲國其都城建於歐洲之羅美里曰君士但丁對岸即亞洲之美諸曰斯居得利中隔海峽黑海之水入焉峽名波斯福爾亦曰君士但丁峽歐洲一岸長三十二啟羅邁當亞洲一岸長三十八啟羅邁當寬自六百邁當至三千二百邁當惟歐亞兩岸礮臺之間寬祇五百五十邁當深二十七邁當至五十二邁當水流迅率每小時約有五千邁當皆自東北而至西南黑海之水過此縮爲馬爾馬拉海因其中有馬爾馬拉島得名過此海則爲他大尼里海峽長六十七啟羅邁當寬一千二百邁當至七千五百邁當深五六十邁當

礁多流駛船不易過祇可魚貫而進不能方舟並行兩岸亦有礮臺可以對擊是爲黑海及君士但丁鎖鑰由是入於額力西卑耳海譯言希臘羣島海以注於地中海焉泰西人稱君士但丁峽爲金角以其都城爲天下形勝第一也地爲土耳其之地海爲土耳其之海似與英俄兩國無涉然土既衰弱不能自守故兩國得倚以爲重輕焉土存則英恃爲拒俄之屏障土亡則俄因以撤英之藩籬兩雄不相讓兩策不並行也城在赤道北四十一度十六分北京西八十七度二十九分巴黎東二十六度三十八分

初七日記

自中國航海至歐洲凡海口緊要之地若香港新嘉坡錫蘭亞丁等處無不爲英人所扼據蓋英人以通商爲性命而又善審地勢有水師以爲之先導數十年間瀕海要害之區幾無不入其囊括者歐洲各國以地中海爲門戶英之所以能獨占地中海之形勢縱橫出入而莫與抗者則以其駐守毛爾塌島一作麻爾太及日巴拉爾大峽一作直布羅陀也毛爾塌島東距新開河口西距大西洋海口輪船約各三日程此島居地中海之中而稍近南岸四面環海周迴約可百里地勢絕佳嘉慶年間與法

王拿破崙戰勝而得之得此島則地中海之全勢在其掌握東道不至阻絕矣日巴拉爾六峽長八十里闊五十里有一海港寬約五六十里狹處僅十餘里從此而入則爲地中海出則爲大西洋海兩岸皆有高山儼然石柱對面雙峙其地三面居海中惟其迤北與西班牙國地相連康熙年間得之於西班牙屢敗之餘厥後議和盡歸侵地而此峽不返山勢彎環迴抱宛如天生城堞水師停泊可避風浪英人三面築礮臺多座高峻鞏固山麓鑿成街道置兵數千守之西班牙嘗與法蘭西會師來攻大敗而去英人遂扼地中海及大西洋之咽

喉矣以上二地英人累世營繕不遺餘力十餘年前增建鐵甲礮臺又得土耳其之徐卜洛斯（一譯作昔丕羅斯）島遴派大員築臺置戍此島在毛爾𡻕之東南距紅海口不遠三地之中惟斯爲大有三千五百八十四英方里居民十八萬六千有奇然後知五大洲內衝衢要津名埠雄關凡可以屯水師保商路者皆英人所注意經營者也

初八日記

西洋各國陸軍以德國爲最勝水師以英國爲最精固已然不必英與德也余觀各國營伍無不步伐整齊操練精熟多有一定步驟非可尺寸踰越其所以驟勝中國之故厥有兩端一則中國三代以前文武原未嘗分迨漢唐猶存此意宋明以來右文輕武自是文人不屑習武而習武者皆係麤材積弱不振外侮迭侵職此之由泰西各國選將練兵皆出學校武備一院選聰穎子弟讀書十數年再令入伍習練雖王子之貴皆視爲急務歷練既深又多學問故無不精嫻韜略夫西人選擇精讀書久閱歷深而始能當一兵其所以制勝者在此一隸營籍則平日見重於閭里如中國諸生之列膠庠即年滿告退亦有半餉以贍其老所以能使樂於從事

不憚致其畢生之力而將才亦因以輩出也一則兵事不尚空談貴乎實練中國兵法之有專家始於戰國之時厥後漢之韓信唐之李靖皆有兵法傳於世蓋此中竅要非可鹵莽宜有心得也宋明以後漸失其傳非烏合之衆僥倖於一勝即疲弱之卒糜餉於平時耳岳武穆不盡依古兵法斯其天資卓絕非可强幾後惟戚南塘氏束伍練兵著爲專書曾文正公頗用其法覈定營制而楚軍淮軍相繼並起懋著功績然亦因與粵捻諸寇相持稍久故能練之益精也歐洲各邦以戰立國一二千年矣上下一心競智爭雄目見耳聞濡染已久又

復互相師法舍短集長凡陣法之變化號令之疾徐船械之良楛槍礮之利鈍無不轡其祕要確有程度非若中國之承平稍久或并古所習之兵法而失其傳也以上二者彼之所以獲此成效本非易易中國雖不必盡改舊章專行西法但能明其意而變通之酌其宜而整頓之未始非事半功倍之術也

初十日記

西國博雅之士論及創制每推中國如新報之仿邸鈔化學之本煉丹信局則採孛羅之記印書則為馮道之遺煤燈之本於四川火井考試之本於歲科取士至於

南鍼火藥算學天文之開於中國更無論矣惟西國日求其精中國日失其傳耳

十一日記

嘉慶十九年俄普奧三國裂分波蘭之地留克喇各未一城為局外之國約以鄰國不得攻之道光二十一年此城為波蘭民之逋逃藪奧乘法國之亂攻取此城波蘭遂亡俄普幸波蘭之不復生亂也均各無辭　普自敗法稱帝日耳曼各邦皆統屬焉一切水陸軍政賦稅章程各邦商務以及鐵路電報有關軍務者均歸普皇統制列邦互相爭競並由普皇剖斷按日耳曼向分南北二會南會推奧北會推普為盟主自同治五年普勝奧後普為南北盟主奧不與會

十三日記

余購土耳其國地圖見其歐洲舊疆已去三分之二因查光緒四年俄土兩國會同各國所訂柏林之約俄立土耳其之附庸三國羅馬尼亞塞爾斐亞與門的內哥皆為自主之國惟門的內哥壤地褊小故雖稱自主而至今不能遣使於各國又立布加利亞為半主之國其地尤大境內之事俄皆得與聞按俄土未戰之先土國所屬歐洲之地原有九千四百六十七德方里自割地

以畀各國則所存之地僅有二千八百二十七德方里且往往與土京隔絕不相毗連羅馬尼亞舊地二千二百德方里新得多布魯卡一省加二百四十德方里劃去貝沙拉比亞一百五十四方里不過多得八十六方里塞爾斐亞舊地七百八十三方里新得一百五十四德方里居民二十一萬六千門的內哥舊地七十八德方里新得九十八德方里居民四萬五千多布魯卡之地係土國割與俄者在多惱河之南居民十九萬四千而俄人轉畀羅馬尼亞以易其貝沙拉比亞之故地咸豐六年英法助土攻俄之役在巴黎立約以俄屬貝沙

拉比亞南界濱於多惱河之地割歸羅馬尼亞蓋防俄
人有事於多惱河上也俄人欲廢巴黎之約而此地未
復根蒂猶存故以新得之地易之又立布加利亞爲俄
附庸其地二千五百六十三德方里居民三百八十二
萬自此以後土國之地在歐洲者僅有二千八百二十
七德方里耳而且分裂懸隔聲氣不聯按每德國一方
里約中國一百八十方里因德國每一里等於中國十
三里有奇也土國餘地僅存三處一爲魯米利亞省一
爲薩羅尼敵郡一爲阿耳巴尼亞並巴斯尼亞南北兩
處

十四日記

柏林之約非特使土耳其割地以封四國也又割波森
利牙及赫次戈偉納兩省歸之奧國因土疆三面環海
惟北面與奧毘連所有兩省及布加利亞諸國之地均
在土境深恐俄人要求無厭侵逼不已土人無以禦之
故各公使會議歸奧屯兵鎮守而各國亦歸奧保護又
割徐卜羅斯島（徐卜羅斯一譯作賽潽師）歸之英國此島在地中海
極東長五百里廣百六十里居民二十餘萬距新關河
不遠俄人如有事於蘇彝士水陸必經此島故讓英屯
兵守之又割土屬特薩耳及矮皮魯斯兩地圭利脫一
島歸之希臘并立爲自主之國又割巴統（一譯作能通）及阿
達亨卡爾斯共三地歸之俄國惟德法兩國與土非接
壤並無所割義國亦欲割土屬地以廣幅員羅馬教王
力爲排解乃止追溯前事始知衰弱之國一啟兵端非
特彼之仇敵不得利益不止也即名爲相助之國亦不
得利益不止識者於是歎公法之不足恃也

十五日記

恭讀邸鈔閏二月二十五日奉
上諭戶部右侍郎曾紀澤才猷練達任事勤能由蔭生
部屬承襲一等侯同治年間

特旨以四品京堂用朕御極後迭加遷擢洊陟卿貳簡
任出使大臣聯絡邦交熟悉一切情形辦理悉臻妥洽
嗣在總理各國事務衙門行走並幫辦海軍事務均能
盡心職守日前偶感微痾賞假調理方謂即可就痊長
資倚畀忽聞溘逝軫悼殊深加恩賞給太子少保銜照
侍郎例賜卹任內一切處分悉予開復應得卹典該衙
門察例具奏伊子蔭生曾廣鑾著俟服闋後由該部帶
領引見兵部主事曾廣銓著以員外郎補用以示篤念
藎臣至意欽此竊思曾侯奉使八年共豐功偉略在駐
英俄二國時爲多年未中壽遽爾淪謝眺懷時局爲之

愴然然飾終之典如此其隆益見其平日之忠勤有以
上孚
宸眷矣

十七日記

凡乘舟車自西而東不齊迎日而行亦即背日而行由上海東行經日本越太平洋抵美國之三藩謝司戈城即舊金山計程二萬二千一百餘里舟人測日度準時刻每日日遲早十七分有奇上海午正三藩城已交戌正再由三藩城東行一萬七百十五里抵美國之費地里費城則三藩城午正為費城申正較上海約差六時矣再由費城涉大西洋又一萬一千七百餘里為英之倫敦則費城辰初英已午正再由倫敦東行出地中海過新開河歷紅海渡印度洋抵香港而回上海計程三萬六千七百餘里則英始卯初上海已午正較費城亦約差六時水陸共八萬二千三百餘里故凡環行地球一周較之常住一處者必增多一日非真多也其按日時刻較短積之而贏一日也若自東而西環行地球一周不齊逐日而行較之常住一處者必減少一日非真少也其按日時刻較長勻之而縮一日也

十八日記

道光年間南亞美利加諸國叛西班牙而自立求援於美美人辭之及西班牙無力遠制美乃與之立約待以與國近百年來歐美各國干與他國政事者約有三端或為保護商利如英之助土攻俄美之阻西班牙是也或為保護同教如俄因布加利亞之教民受害而興師攻土是也或因關係大局如西班牙立君未定而有普法之戰是也英俄主利而普法主名

二十日記

中國近議就唐山已成之路透遞達山海關入沒溝營計程不過五六百里李傅相於恭謁
陵差入都時與海軍總理衙門王大臣商定具摺奏陳
已蒙
俞允

二十二日記

巳初二刻率參贊陳季同學生王豊鎬武弁王鐸及庖人一名乘馬車至車林克洛司車棧巳正火車開輪午正抵多甫海口計程七十八英里未到多甫之前先過編克司登停車五分時候此處亦英法往來之海口也自此傍海而行即抵多甫易比國輪船行四點鐘時候計程約六十四洋里申正抵比國之澳斯唐脫海口又乘火輪車約行八十五洋里酉正二刻抵北車棧

復換馬車酉正三刻抵客店樓房三層廠軒敞精緻地在王宮之後（街名拜來司台島發）比國都城名伯魯色爾在赤道北五十度五十二分倫敦東四度零二十分北京西一百十二度九分街道亦閎整精潔在歐洲有小巴黎之稱雖限於國勢不能如法都之壯麗然煙戶繁密頗與法之馬賽相若蓋亦一都會也（此城志略作不魯拾拉斯今譯音爲伯魯色爾）

二十三日記

俄國上海領事爾來停來謁據云駐滬二十餘年矣頗諳華語此次告假回國過此特來一見寒暄數語而別午後往觀油畫院有奇骨兩具名壹塊農長約二丈餘頭足如獸尾如魚其頭昂起似長頸鹿係從煤礦中挖出骨上黑色如煤蓋數千年或萬年前物也遂遊城外大樹林曰蒲槐待賴崗坡周約一二十里蓊然蔚然較之英法之樹林另具一種風景蓋英法之林整而疏比國之林繁而密也及既入城有直街一條亦長十餘里兩旁巨樹分行排列其整齊又與英法相似矣

二十四日記

率參贊往拜外部尚書蒲梅侍郎兼總辦郎貝爾芒（譯一作郎白蒙）總文案司達臘發榜多三人者皆其姓也中國風俗皆以姓名並行六朝唐人多有以姓字行者而滿洲

蒙古漢軍但以名行西洋之人則以姓氏行余前所載外洋往來之人大抵皆其氏也蒲梅本一小邦之名今已併於比利時其子孫遂以國爲氏然猶存侯爵舉入議院仕爲尚書蓋以族望貴也惟性健忘於外部事不甚經意一切交涉事務皆郎貝爾芒主之蒲梅畫諾照行而已郎貝爾芒貌頗不揚而學問素優於天下各國之大局均能精心研究尚言近理一切公會皆推舉之總理比國外部近三十年俱臻妥協自云二十五六年前國王方爲太子伊隨之遊歷中國行至上海聞前王得疾而返然於中國風俗教化心欽慕之不忘又言比國工藝及製造軍械船礮不後於英德諸國若中國垂顧各該廠必能格外盡心而其價較各國不過八九折耳實於兩國均有裨益頗勸中國設領事於比國專司采辦即未設領事或設招商局於比國以輪船往來運貨而比國商會亦設公司於上海承辦軍械并能與奧意諸國貼招商局歲費云　往觀刑部衙門其規模之閎壯稱歐洲刑部第一用費五千萬佛郎去歲甫經落成其監工給圖揣思凡十六年未及蕆工而卒今雕石像於門首又觀上下議院雄鉅不如英法而修整不讓焉又觀一古礮臺內有古時軍械及上古墓碑石棺之

屬又觀七百年前所造之教堂稍參希臘舊式規製亦壯然已與新式不同又觀一千二百年前之古壘模糊無甚足觀不過以其古而存之耳

二十五日記

觀萬恩尼織紗廠女工二千餘人皆散在民家居廠者數十人而已所織摺扇衣料手巾披巾之屬均極細緻然價甚昂貴中國所弗尚也而歐洲婦女皆珍重之行銷歐洲各國爲比國土產之一大宗又遊臘根花園國王之行宮也鳥語花香樹林深蔚地頗幽曠登一石塔高十丈餘供前王賴烏布耳第一石像於其中比利時

爲自主之國自此王始迄今甫五十餘年今王賴烏布耳第二即其子也（年五十五歲）又觀一天主堂規制亦鉅前王之柩葬在堂內堂右有一大墓凡富貴人皆葬於此上有石碑圍以鐵闌植以花卉而棺柩尚與其隆起之墳相去稍遠蓋在其下一層之窟室中云晚遊蠟人館觀阿剌伯回人跳舞而回　比國共有三百七十三立方洋里長一百六十洋里廣一百十五洋里東面多高岡外江曰茂斯江長五百五十洋里內河曰賽恩河繞城以通外江人民共有六百萬都城中有四十八萬（乘槎筆記云三十二萬蓋二十餘年前之數也）土產織紗銅器槍礮玻璃洋布糖之類電線鐵路四通八達縱橫交互殆如蛛網

二十六日記

先是比國外部來函約於今日未初二刻呈遞國書屆時有朝官以雙馬車二乘來迓余率陳敬如王省山同往至宮門與其朝官數人皆握手爲禮其宰相代外部來陪亦與握手少頃朝官引入內殿國王東嚮肅立余入門鞠躬國王亦免冠鞠躬與余握手余宣讀頌辭呈遞國書國王躬親祇受口述答辭慰勞殷摯立談移時復與敬如省三各寒暄數語禮成而退朝官復以馬車送

余返店遂辭去

國書云

大清國

大皇帝問

大比國

大君主好

貴國與中國換約以來夙稱和睦茲特簡二品頂戴候補三品京堂薛福成爲欽差出使大臣前往

貴國都城通問並令親賫

國書以表真心和好之據朕稔知該大臣老成練達公

正和平辦理交涉事件必能悉臻妥協朕恭膺
天命寅紹丕基中外一家罔有歧視嗣後願與
貴國益敦友誼長享昇平朕有厚望焉頌辭云
大清國欽差大臣薛福成欽承
簡命出使
貴國恭惟
大比國
大君主前嘗遊歷中華與我
中朝最稱親睦勳猷學識超越尋常內政外交蒸蒸日
上使臣親奉

國書上呈
尊覽以爲永敦和好之據惟冀
大君主體中國
大皇帝之意益篤邦交互求裨益使臣不勝欣忭之至
答辭云蒙貴大臣來遞
大清國
大皇帝國書不勝欽感本君主前經遊歷中華見其風
俗政治知爲教化最先之國而人民繁盛物產殷富實
甲於地球今雖事隔二十餘年本君主追念前遊未嘗
不神往也敝國以局外立邦丁口稠密藉可勤求製造

如中國有采辦軍械事件深願効勞敝國亦可漸習中
國之教化以補其不及煩貴大臣轉奏
大皇帝表我此心實於兩國互有裨益
二十七日記
觀鑄銅機器廠皮酒廠　亞細亞洲極北近冰海之地
有所謂使犬使鹿之邦者而比利時之人常驅三犬拉
一車或駕一犬於小車之下使之挽車而一人在後推
之其亦使犬之意歟　色稜廠前總辦薩端來謁年七
十餘近已告退該廠規模本不甚大薩端爲之整頓擴
充遂成巨廠專辦鍊鐵開礦鐵路之屬　比利時駐中

國京都之使館參贊米師麗來謁甚諳華語自稱嘗兩
署公使今告假回國秋間尚須前往中國去年余在京
都嘗與晤敘兩次
二十八日記
往見國王之弟年五十餘耳已聾矣而意氣和靄詳問
中國冠服之制展玩久之握手而別　往觀花會又往
觀馬會馬皆肥碩驃健有重至一千五百斤者較常馬
高大倍之皆牡馬也惟比國有此巨馬善牧者以重貲
養之每歲售與各國爲種價高者可贅至一萬數千佛
郎各埠購得一二馬以歸俾與牝馬交所生之子亦皆

肥碩而臕色已稍弗如三傳之後則復同常馬矣故各國必來購種大抵用之耕田者爲多　國王設讌會先一日發帖邀余與陳敬如王省三於六點鐘赴宴屆時乘馬車至宮門入宮須臾王出免冠握手爲禮王及王弟宰相尙書朝官暨外部各官會者二十一人合賓主共得二十四人設一長案以次列坐洋餐味皆適口王酬應周到禮意殷拳且謂余曰前月在英國同席見貴大臣不甚下箸恐中西口味不同若意所不欲喫者不必勉强乃於養生之道爲相宜宴畢王與其弟攜手同行導賓入別室飲加非皮酒之屬皆立而飲之賓主任

意所欲與談者或二人或三人皆立談良久郞貝爾芝與余談天下大局謂舊金山新金山土人日强一日數十年後必各自立一國不復服屬於美英美英之勢當稍衰而中國又多兩强國之交涉應付當稍費手又曰方今地球各國名相以畢士馬克爲第一而中國之李中堂亦當在二三之閒聞其所注意經營亦偉人也曾侯辦理外務亦頗有名惟在此不久而歸歸亦未聞別有建樹今已逝矣眞爲可惜中國教化最好民物最殷但能參用西法便可立致富强方今外交之道旣不能免非謂謀國當自忘其本卽如日本之自改服式我西人亦非笑之中西政俗要在集所長而去所短耳願貴大臣留意爲將別國王復與余握手而祝曰願貴大臣在歐洲身體安和爽健願貴大臣詳究我歐洲政俗願貴大臣聲望勳業隆然日起余肅謝而退

二十九日記

未初一刻余率參贊學生等由比都啟行先乘馬車至北棧換坐火輪車過明司停三分鐘街市繁盛比國之大埠也過分呢爲比法交界之地停二十分鐘亦極熱鬧有法國海關在焉車上人紛紛持行李往驗惟各國公使祇遣人送憑照一看概不查問循舊例也過雙諦

大樹林樹木茂盛一望無際酉正二刻抵巴黎之火車棧換乘馬車戌初一刻抵使館是日共行三百十一洋里

五月己巳朔記

査得小呂宋入口貨物出華人自香港運往銷售以米爲大宗每年價洋銀二百餘萬員至三百萬員不等因土人性懶不肯耕種之故麪粉每年五六十萬員其餘中國物產如紬疋油蠟食物紙張之類祇銷三十萬員以內洋布入口最多則出歐美各商運到而華商爲之運銷全島各內埠每年價自五百五十餘萬員至七百

餘萬員不等至出口貨物以白糖煙葉兩項爲大宗每年價自四百餘萬員至五百餘萬員不等其次加非出口每年銷至二百餘萬員又白麻繩索每年銷價數十萬員或百萬員不等以上貨物運售歐美各洲洋人居十之六七華人居十之二三而白糖加非則皆運銷內地者也爲洋商經紀者華人居多此小呂宋近年出入口貨物之大較也至海關出入口稅餉每年共得二百十餘萬員此外華人店稅每年納銀六十餘萬員華人丁稅每年三十餘萬員小呂宋省城即馬尼喇大埠也

初二日記

巳正由法館乘馬車至火車棧換坐輪車午初三刻抵阿明停二十分鐘未正抵布倫海口亦有法國海關街市繁盛上輪船未正一刻啟碇渡海面二十八洋里申正一刻抵英國福克司登海口又有英國海關乘火車開輪酉正一刻抵宋令克路司（即車林克洛司）車棧換馬車酉正二刻至使館計由法館至布倫海口皆法界陸程二百五十四洋里由福克司登至英館皆英界陸程七十一洋里

初四日記

恭讀邸鈔三月二十四日

上諭李鴻章奏已故大員勤勞卓著請將事蹟宣付史館立傳一摺原任戶部右侍郎曾紀澤奉使各國克勤厥職嗣在總理衙門行走辦理中外交涉事宜悉遵妥協幫辦海軍事務一切規制贊畫頗多著將生平事蹟宣付史館立傳並加恩予謚用示篤念藎臣有加無已至意欽此厥後謚爲惠敏飾終之典至優極渥矣英國官紳與余談及皆謂曾侯得此無愧若代爲欣慰焉

初五日記

湖北織布廠初擬樑柱間架全用鐵料據英國工師博次廠開價內生鐵大小各柱及水溜重六百零四噸計英金四千零三十五磅熟鐵大小各枋樑重二百十四噸計三千零五十磅鋼製大小各樑重二百十二噸十四亨德威計一千八百零七磅十九先令鐵釘鐵螺絲重二十噸計三百四十七磅合共需價九千二百三十九磅十九先令嗣改爲彈花房紡紗房織布房必須用鐵者始用鐵料計鐵柱鋼樑水溜價合六千七百五十磅（此價包括彈花房避火之裝法在內）又洋匠德金生自武昌徑電博次廠託定建造織布廠所需物料七種合價三千二百六十五磅（內水溜等件七百九十二磅玻璃一千二百四十六磅通氣筒一百四十四磅火磚火泥三百四十磅西門士二百七十五磅熱氣管三百五十磅引電機十八磅）以上兩大宗合共需

英金一萬零零十五磅又經余與博次廠議減五百磅
計需九千五百十五磅已訂定於數月內工竣運鄂
鍊鐵廠做鋼路之機爐現定可做每碼重六十磅及七
十磅之兩種拉軌

初七日記

西人皆知輿地之學每村塾中童子七八歲者先讀輿
地諸書四壁懸地球諸圖塾師隨時指示迨十三四歲
後則又擇輿地書之精者讀之蓋凡爲官爲士爲兵爲
工爲商皆當周知輿地惟其童而習之所以無人不洞
悉形勢諳練世務西士每言地之衰旺須察其氣之冷

暖即如丹國所屬之吉蓮蘭者在美洲北境一絕大之
島也其地實在寒帶從前海中有熱水一股自南洋來
環島北趨所以島中民物繁茂而其地大於丹馬本國
不止十倍丹人恃之稍稱富强近數百年來海水趨向
忽改地氣頓寒民物衰耗寖成荒島而二十年前丹又
爲德人所敗割其本國之大半并其都城割去遂爲歐
洲最弱小之國矣至英倫三島本在溫帶之北已近寒
帶亦因赤道下之海水一股由南亞美利加洲之墨西
哥海面北趨環繞三島所以入冬不甚寒冷地近寒帶
又四面皆海常有海風吹送所以入夏不甚炎熱迥來

倫敦民物之殷阜實已甲於地球則海水趨嚮爲之也
大抵地球精華所萃以居溫帶之中者爲最善如中國
及美國是也其次則地勢雖偏而得海水溫煦之氣但
海水有時或改所嚮而軌道積久亦當變易余因問西
士英倫三島地氣何時當冷據云約在四五千年之後
又問中國地氣何時當冷據云約在二三萬年之後

初九日記

湖北擇定織布廠地在大江之南武昌府城之北城外
本有護城河又有河一道引江水以入護城河廠地適
跨是河之上向來江水夏漲冬落其高下相去以三丈

六尺爲度惟二十年前夏逢大水竟有較水落時高至
五丈六尺者今廠地擬較二十年前大水所到之處再
填高一尺

初十日記

拜發馳赴比國呈遞
國書日期一摺擬請照例
優郵候補繙譯千總王鳳喈一片

十一日記

余抵倫敦已兩閱月至此酬應稍簡因繙閱英館積年
文卷仍隨手摘要錄之查舊卷英君主於丁亥年值在

位五十年之期舉行慶典總理衙門奏請致賀奉
硃批依議並頒
國書一道禮物各件計開玉如意一柄紫檀木鑲瓶盒
一分內玉香爐一件玉香盒一件玉瓶一件玉山一座有座官窰瓷罐一對
有座官窰青花白地瓷果盤一件有座白緞繡花挂屏二懸
白緞繡花圍屏十四幅香茗二桶　又查舊卷英外部
於丁亥年咨送兵部尚書節略詢取中國
國樂樂譜以備兵丁譜奏之用前任劉大臣照覆云查
中國樂章譯為歐洲宮商可合泰西樂器之用者僅有
一闋名曰普天樂相應將樂譜一册備文照送查收按

普天樂者曾侯所製也

十二日記

查舊卷乙酉三月曾侯咨總理衙門云英國佔據朝鮮
濟洲東北之安島一事當卽遵電往外部詰問旋接該
外部伯爵尚書葛蘭斐爾密咨聲明佔據韓墨爾登海
口緣見別國有佔踞此島之意不得不急於下手英廷
甚不欲有損中國聲望願與中國相商立約以保中國
之權利等語查韓墨爾登海口以中國字之地圖對其
部位似是安島今與外部談論卽以韓墨爾登立言又
咨云該島既爲英俄兩國爭據在我不能禁止該二國
均不佔據俄人若據該島則與混同江口及海參崴等
處呼吸相通其不便於中國較之英人據之爲尤甚外
部既稱不欲損中國聲望如能議訂一約保全中國上
邦之權尚不至大傷中國體面按所云安島者實巨文
島也　丙戌三月又咨云前遣馬格里告外部云駐北
京俄使屢問總理衙門英廷佔踞巨文島之意並云倘
英軍永遠佔據則俄亦欲於高麗佔據一地侍郎克雷
答云李中堂及總理衙門曾與英署使歐格訥言及退
出巨文島之事
中朝能否擔保必無歐洲別國佔踞該處倘

中朝不肯擔保英廷亦不欲久佔此口願勸
中朝請俄國及各國會商公訂一約擔保不取高麗之
地英廷甚願入會簽名約內並願立卽退出巨文島

十三日記

查舊卷丁亥八月李傅相咨朝鮮國王文開朝鮮係中
國屬邦向來兩國官員往來文牘皆有體制今貴國派
員赴東西洋各國通好查泰西及日本各國中國均已
派有大臣駐紮彼此往來文牘自應循照舊章與朝鮮
立約時照會本旨勿相違背所有朝鮮派駐各國之員
無論何項職銜遇有公事與中國駐各國之大臣交涉

應用呈文往來用銜帖中國大臣與朝鮮駐各國之員遇有公事均用硃筆照會以符體制旋於十一月奏明遵
旨與朝鮮國王籌商派使各國未盡事宜酌擬三端一韓使初至各國應請由中國大臣挈赴外部一遇有讌會交際應隨中國大臣之後一交涉大事關係緊要者先密商中國大臣核示並聲明此皆屬邦分內之體制與各國無干各國不得過問

十四日記

英國印度總督所駐之都會名嘎爾格達一譯作加剌

吉打又作甲谷他即孟加拉之省城也　查舊卷乙酉之冬曾侯與英外部商議緬甸事宜其商務界務二層則答以須先定界務乃能論及商務侍郎克蕾談及潞江以東之地自雲南南界之外起南抵暹羅北界西濱潞江即薩爾溫江東抵湄江左右其中北有南掌國南有撣人各種咸歸中國或留爲屬國或收爲屬地悉聽中朝之便曾侯咨總理衙門云南掌本係入貢中朝之國倘英人果將潞江以東讓我似宜受之將撣人南掌均留爲屬國責其按期朝貢并將上邦之權明告天下方可杜後患而固邊圉刻下本爵大臣所爭論者係索八募之地八募似即雲南張撫部院所稱新街也該處在雲南邊界之西怒江即厄勒瓦諦江上游之東龍川江下游之北大盈江即雲龍江下游之南形勢據怒江之上游屹然可爲重鎮若中國得之爲通商之埠則邊防較爲鞏固收稅亦扼要隘所惜英破緬甸之後英人之在緬甸在倫敦者咸論八募形勢之雄恐英廷爲其所搖未易讓我耳　外部侍郎克蕭後告馬格里云英於撣人地方之辦法仍照初次會議之情形英廷意見謂自緬甸歸英國之後英國所管各撣人之地中國如有權於該地者中國願行其權儘可仍行其權也又云

英廷已飭駐緬之英官赴太平江穆雷江中間一帶勘驗地方以便允中國能否在彼設一埠頭按太平江即大盈江亦即檳榔江下游也穆雷江在太平江之北又名麻里江

十六日記

綜攷今天下君主之國凡二十有六民主之國凡二十有五民主國之在南亞墨利加洲者凡十有六　晚偕張聽帆赴禮成園觀蒲丹尼會花燈蒲丹尼譯言植物也又赴翰林院畫館觀油畫遂赴埽司金星墩大博物院之茶會倫敦信局通行一本士信資印票適屆五十

年故設茶會以慶賀之也

十七日記

査舊卷丙戌之春英外部尚書伯爵勞偲伯力照覆曾侯大略云沙力思伯里侯前曾論於緬甸立一教王或喇嘛辦理十年遣使餽送儀物之事經印度總督查探萬不能行今擬由英廷吩咐駐緬之大員接辦十年遣使之事英廷將管理緬甸境內潞江以東撣人地方之一切權柄讓與中國今閱來文知

中朝可允接受此權至論其在西之邊界英廷雖不能允劃界循厄勒瓦諦江之東岸直至瑞麗江匯流之處

及八募統歸中國然已商問印度總督或可聽中朝設一船埠於厄勒瓦諦江上爲中國通海之埠英廷盼望駐緬甸官員於此節速有回音並望商議如何可使中緬商務日見興旺按瑞麗江卽龍川江下游也　譯外部所送印度報單云潞江以東撣人之地北緯度自二十度起至二十四度止東經度自九十七度起至一百零一度止東以湄江又名東埔寨大江爲界開有數處越過湄江者北以雲南爲界南邊初以紅嘎鄰地爲界後以湄江爲界撣人各國頗獻貢物於暹羅然緬甸常有上邦之權於其全地地勢高低不平有大山自北至南緜亙不斷略依湄潞兩江形勢兩江中段之地亦卽爲湄南江又名暹羅江之發源處潞江皆係石岸水流頗急因由山隘經過故也兩岸居人極少據云小船可行至北緯二十度四十分日可入雲南湄江形狀大概同潞江惟江面較寬水勢較大其在中國境內一段則甚窄有數處可架鐵橋而過　江洪地方之江面寬五十四丈深一丈五尺底皆礁石兩邊石岸寬一百六十二丈可行小船頗危險　湄江昔有行船貿易五十餘年前已停止因暹羅毁壞雲章地方故貿易不行　各山皆居有野人老撾之人徧地皆有撣人以此類人爲

半教化土番之後裔其人善治農事種靛靑甘蔗木棉又能打鐵製造刀槍身矮貌醜最大及自主之土番皆居孟林之北

十八日記

印度報單撣人節略又云嘎娓人卽山中之番人江洪及江東地方皆有之老猓人居湄江東者常入貢於江洪又野陰番滕木番滕奴番及別類番各處皆有又滕木滕奴人皆緬語或其祖由緬遷居於此又湯兵及泰尼等處近中國邊界者皆種茶之地其人勤敏和藹善染顏色爲木匠鐵匠短小壯健而白色衣服與撣人同

以上各種土番皆寄居各山中及荒野海面甚高天氣溫和滿山皆杉木其木之茂盛南抵上武納色林省至與榴方相近處榴方者山中專產榴木者也天氣寒冷冬季田中不能種稻者皆種煙及落花生山溪之間多裝水磨用水力運輪機以製糖有數處田畝纍闢不見樹木人戶富饒所出牛羊牲口極多　英屬緬甸之撥郎泰特茅及別處所出穀米足敷食用惟出產不勻須資貿易以通有無茶葉一項爲緬甸貿易之大宗其貿易大路一由納的克及別口至緬甸都城莽達拉及上緬甸厄勒瓦諦江上之各大鎮二由泰尼至雲南之西

南三由納克的克古吉或再迤南各口至湯古或至撥郎四越巴黨及其柯嶺至湯古五由卡勒尼至木緬緬甸國家有極大權勢足以駕馭潞江以西之各地主王及大臣有廢立地主之權緬軍大隊常駐猛乃以鎮轄之木比江上巴崇貢地方之礮臺亦紮緬軍至潞江以東抵景東及其附庸各小地則緬甸權勢稍減矣撣人各地之君雖入貢於緬而其起居排場則與緬王無異駐紮撣地之緬官名曰博模民塔亦駐猛乃撣君位係世襲由緬王於君家擇賢而立撣人皆不喜緬甸人心皆向英國惟不欲將繼嗣一道革除撣人亦慕中

國惟距中國官憲太遠耳

十九日記

撣人節略又云撣人共有幾國殊難查攷緬人云有九十九國此其常用之數已滅亡之孟艮孟養兩國亦在內又有輕馬梅明者係潞江外極北之國兩國聯盟合爲一國輕馬乃九城之一此國土地廣大入貢緬甸該處田地灌溉極美居民力農最衆博東吉大銀礦從前地圖誤以爲在潞江之西湯兵相近處者想必在此境內梅明地方出銀之外又有銅鐵錫及石鹽麝香又丹尼與輕馬中間又有一小國曰明田國中有一大寺寺

中老僧曾進緬都至蘭貢赴大塔進香又明田之南有一鎮曰明郎再南曰明郎吉明郎吉之西北多係野番曰老撾其山有金礦野番用金與撣人兌換食鹽檳榔子牛羊及銀野番數百家爲一村各有頭目常相爭戰明郎吉備緬甸調遣之兵三千人又明郎吉之東南乃湄江兩邊係江洪國緬人呼爲江容吉爲頭目所居至要之地有合衆聯盟之十二小國皆江洪所轄四小國在湄江西八小國在湄江東湄西於輕馬地方與嘎規之野番分開湄江之東江洪國在猛拉鎮地方與中國邊界相接矣僅有小江一道由中國思茅鎮來者在其

閒相隔而已此鎮內有雲南與撣地及暹羅各處通商要路一道江洪鎮坐落湄江之西居民僅四百家有宮殿一所係中國式樣極華美而堅實入貢緬甸之物不過金杯一隻金銀所製花各一朵又有紬緞及他物皆小頭目及總頭目所預備江洪備緬甸調遣之兵五千人　景東鎮在湄江潞江之中其地之大幾於兩江相接包括恭崙江駛及他國從前皆係自主者江駛在湄江上昔爲最要之地景東有城城內六七百家緬人呼爲剛人呼其地爲剛人之三十二城景東有兵三萬人備緬甸調遣者五千人景東經緬甸王阿郎僕拉於一

千七百六十五年克復後中國軍由八募丹尼兩處攻緬甸三次卒未獲勝三十餘年前暹羅進圍景東亦爲緬軍擊退兩國由此不和又景東屬部曰江壂係極東之小國與緬甸有來往其鎮在東埔寨江卽湄江之邊

二十日記

按後漢書西南夷傳撣國西通大秦則撣人一種由來久矣撣境之東有南掌國其弱小不過如土司而會典列之入貢九國之中詳核各種圖記又謂之老撾蓋南掌實老撾之轉音也海國圖志謂之老掌

出使英法義比四國日記

卷三

光緒十六年庚寅五月二十一日記

英御前大臣奉君主諭於前三日請余赴柏金韓模宮觀跳舞會余因事冗未往是日復請各國公使至森哲模斯宮赴朝紳會余往會焉英官有曾遊歷中國之天山者爲余述天山諸嶺風雲幾絕路徑難通高處有二千餘丈支嶺皆由此而分嶺下有澗澗多大水嶺頂有雪積而不化嶺如壁立澗中有金珍禽奇獸不一而足

二十二日記

總理衙門來函云接巴西國外政布大臣照稱巴西爲君主之國近因本國陸兵水師以及民人通同諭令將君主之政改爲民政設立暫秉國政公會國民公舉秉政大臣刻向前皇啤度路聲言請其偕眷離國前皇亦卽允從遂頒詔國中此後巴西改爲合眾民國茲秉政大臣於一千八百八十九年十一月十五日傳諭所有前皇與各國互立和約及各項合同並國債均仍舊辦理現暫秉國政公會首領卽將軍馮式嘉至外政事務卽歸本大臣管理深願貴國認本巴西國爲合眾民國是爲厚望等因查君主改爲民主泰西原有此例惟

各自主之大國若不明認未爲定局本衙門未便遽行照覆卽希詳爲訪察英國國家是否認允速覆以便酌辦可也余查巴西改爲民主係出兵部海部一兩人之私謀意在擅權劫脅君民前王亦並無失德業已遜位迄今一年亦未將此事交議院公議現惟法美二國已認法美本皆民主也其餘如英俄德意皆未認允英於巴西公使雖仍以客禮相待惟不使與朝會亦不受其國書余因函覆總理衙門請暫緩認

二十三日記

邇年以來中國整頓海防兼及江防頃閱邸鈔光緒十

年皖省籌防案內在安慶東門外造明暗礮臺各一座石營一座攔江磯突起江中洲上造明礮臺二座石營一座南岸造明礮臺一座土營一座西梁山造明礮臺四座石營一座土營二座臺左右各建藥彈兵房前後築駁岸護隄東梁山造石城礮隄各一道並藥彈兵房護以駁岸做法均照外洋式樣現因風濤震撼土鬆岸坍根腳多有刷洗下空樁折牆塌岌岌可危沈仲復中丞奏明籌款四萬餘兩設法修理或拆卸截改酌量移建

二十四日記

中西醫理不同大抵互有得失西醫所長在實事求是凡人之臟腑筋絡骨節皆考驗極微互相授受又有顯微鏡以窺人所難見之物或竟飲人以悶藥用刀剜人之腹視其臟腑之穢濁爲之洗刷然後依舊安置再用線縫其腹敷以藥水彌月卽平復如常如人腿腳得不可治之症或傾跌損折則爲截去一腳而以木腳補之驟視與常人無異若兩眼有疾則以筒取出眼珠洗去其翳但勿損其牽連之絲徐徐裝入眼疾自愈此其技通造化雖古之扁鵲華陀無以勝之然亦間有不效者如曾惠敏公之喪其一子黎蒓齋之損其一目人頗咎

其篤信西醫之過余謂西醫之精者其治外症固十得七八但於治內症之法則得於實處者多得於虛處者少其用藥但有溫性而無寒涼斂散升降補瀉之用以視古醫書之精者如張仲景孫思邈王叔和之方金元四大家之論近代喻嘉言陳修園之説其深妙之處似猶未之得也惟中國名醫數世之後往往失其眞傳外洋醫家得一良法報明國家考驗確實給以憑照卽可傳授廣遠一朝致富斷無湮廢之虞所以其醫學能漸推漸精蒸蒸日上也其他諸學之能造深際率恃此道又不徒醫學也

二十五日記

海里六十等於洋里（即邁爾）六十九又半此但用於行海日記簿至海道圖及船主每日牌示仍按洋里非海里也英國如此不知他國如何　每洋里（即邁爾）合五千二百八十英尺（即一千七百六十碼每碼三英尺也）每海里合六千零八十六英尺又十二分之七　英國人工巡捕每年七十四磅養老資三十四磅陸師每年四十八磅養老資十九磅水師同修路工役每年六十七磅送信夫役少年每年五十五磅壯年每年七十八磅養老資二十五磅自十八歲至二十五歲爲合例充役之歲滿二十一年爲

滿限滿限者給資至老

二十七日記

查舊卷丁丑三月前大臣郭筠仙侍郎奏稱西洋傳教一節最爲中國人民所深嫉近年河南福建安徽四川教案疊出甚至與居民互相仇殺地方官辦理多未如法正以西洋行教本末無能周知故也查天主教創自摩西耶穌基督始立教名數百年而阿剌伯回教與又千餘年日耳曼路得復立西教而耶穌教與希臘爲西洋文字之祖亦緣飾基督之教爲希臘教其原皆出於摩西各教教規互異而禮拜誦經敬奉天神實同天主教傳自猶太而盛行於羅馬西洋奉之以爲教皇實在各教之先憤各教之互起爭勝也遂一以行教爲業求使人宗主其教以示廣大積久而奉耶穌教者亦倣而行焉蓋西洋立教各有宗主法義日比附近羅馬皆習天主教德瑞以西至英美皆習耶穌教土耳其以東習回教俄國最北自習希臘教截然各立界限或君民異教强使從之輒至滋生事端如土耳其本天主教地而習回教各部時有叛者然同在一城之中建立禮拜堂必歸一教無相儳亂獨中國聖人之教廣大精微不立畛域是以佛教衍於漢初天主教回教傳於唐世演習

流傳在所不禁唐初大秦國阿羅本來獻經像因是立大秦寺而有景教流行中國碑寺僧景淨云其教起自拂菻則正摩西生長之猶太也所奉祆神即天主其時佛教方盛洋教傳入中國信從者鮮至明季利瑪竇東來徐光啟舍宅爲天主堂其教始遍行於天下

國初猶准洋人營建天主堂而禁民人入教所以然者由洋人立教招中國人民從之於義無取也是以雍正初并天主堂禁之而回教禮拜堂不禁則以自爲教與强民人以從其教其事不同耳竊揆摩西立誡之旨禁人之欲勸人之善與聖教初無歧異咸豐九年始開天

主教之禁而法國實祗天主教以護教爲名恃其權力以縱庇之於是作奸犯科一倚教堂爲抗官之具至有身犯重罪入教以求庇者有與人爲仇依附教士以逞其毒者府縣廳鎮一建天主堂地方輒至顛沛不能安其生而教士之勢乃張川黔兩省此禍尤烈是以各省人民一聞天主教之名莫不懷憤思與爲仇誠有以取之也臣愚以爲各種教士傳習異教之國西洋所必不能行者也中國不禁異教可以勉强行之縱教民爲姦惡動輒挾制地方官枉法寬容以屈抑良民亦現立之條約所必不能行者也亟應設法補救以求與人民相

安除去彼此猜嫌之見伏懇
皇上通飭各省督撫明定章程曉諭所屬地方一應教民人等無得歧視各州縣交涉教案據理爲斷稍有徇庇立予參辦洋人犯案應依洋律處理中國人犯案應依中國律處理不得因習天主教稍分輕重抑臣聞西洋教士傳習天主教者謂之神甫傳習耶穌教者謂之牧師其人類皆博學多能勸勤向善凡傳教中國者皆神甫也其傳教以人數多少爲課最盜賊奸民能招致多人即授以神甫之名所收姦民愈多則良民亦愈以爲恥稍有知識皆遠避之是以傳教二十年所立神甫徒爲士民所賤惡并懇
敕下總理衙門會商駐京公使斟酌妥議必保傳教信士確守教規不至恣行奸惡始准充爲神甫庶使地方昭然於教堂勸善防惡之心不生嫌怨若無故干犯教堂地方官亦得按例懲辦責成賠修其與百姓爲仇者但能照案輕重處理不得託辭賠修以相詰難臣爲各省教案交涉繁難起見是否有當

二十八日記

余自香港以至倫敦所觀博物院不下二十餘處常有詩經所詠爾雅所釋山經所誌鳥獸草木之名爲近在

中國所未見及至外洋始見之者頗足以資考證惟獅子一物中國詫爲難得而外洋處處有之其形狀不過與虎相等非若中國舊圖所繪之雄猛蓋西人豢養獅子演戲爲業者常取初生之獅飼之必養之三代而其性稍馴然後可以演戲可以鞭撻驅使然皆其雌者耳其色黃其頭項上無拳毛若雄者則頭項皆有拳毛波斯之種有灰色有青色尤爲威猛殆非人間所能畜也至若鹿之有麈也猿之有狽也牛之有犀兕也魚之有鯨也鱷也熊也比目也鳥之有鷸也鵝也爰居也獸之有狒狒也猩猩也玃父也均於博物院始見之此外殊

形異狀不可殫述即以犬論已不下數十百種惜外洋譯音詰屈無從與古書印證果使得暇詳審其形聲詳稽其種類則詩經爾雅山經之名當可十得五六然余竊謂宇宙間之物古無而今有者甚夥即古有而今無者當亦不尠也

三十日記

代鄂省在伯辣德廠訂定拉散帶子花機器二副雙軸軋花子機器二十具及車牀旋竿零件共價一千四百十七磅十三先令十本士又在喜克哈葛里甫廠訂定軋花汽機鍋爐價一千零十四磅又鄂省布廠現改全

用鐵料除前所訂鐵水溜鐵柱鋼樑價六千七百五十磅外今託搏次廠向各廠代訂鐵片瓦鐵間架等件加價五千五百磅

六月己亥朔記

泰晤士報云英屬印度已測量地道欲於緬甸創建鐵路兩條一西路接至茂芝山谷及輕特文江長九十英里一東路撒恩之地長一百五十英里此路造成運銷英貨大有利益又於厄勒瓦第江謀造鐵路至班馬即似八募是緬甸中間要地由此接至太平路麻明陽村及雲南此路造成緬甸可稱大埠惟中間有一百英里山道為中緬相連之界應當設法開通

初二日記

雲南礦務開辦有年以相隔甚遠未悉梗概今閱邸鈔喜其漸有成效節錄如左巡撫銜督辦雲南礦務唐炯奏稱宣威會澤交界之煤山已設廠開辦其餘各廠亦日有起色距巧家廠二百里之小水井經公司接濟鄉民油米俾自開槽硐百餘日數年後可望成一大廠威甯鉛廠日有起色現築塘蓄水以備淘洗礦砂修建爐房以備煎鍊並於水城梅花山等處相度推廣開辦所購外洋機器尚未到滬又奏據公司稟稱開辦銅鉛各

廠除巧家威甯兩大廠外魯甸永善平彝宣威甯州河西石屏凡產礦之區俱已開辦鉛廠除威甯州外又於水城采擇開辦總計募丁開銅購器僱馬已用工本六十餘萬金皆係集股及重慶漢滬商號挪借擬請借發工本俾趕辦銅斤無誤京運等情今已提銀十萬兩發交公司勒限二年繳還俾得趕辦京銅

初四日記

西人多以姓氏行余嘗誌之矣亦有以姓繫名後者如前明萬歷年間意大里國人利瑪竇以傳教至中國西人之顯名於中國者曰利瑪竇始按瑪竇其姓也利稍

其名也彼於其名去一稍字而以冠於姓之上名在前而姓在後西人用此例者頗多又如英國駐華公使曰卜魯士曰阿禮國曰華爾身皆其姓也額爾金世襲伯爵亦姓卜魯士額爾金則其所封爵之地名也若威妥瑪則威其姓妥瑪其名巴夏禮則巴其姓夏禮其名然威巴二使之姓亦各有三字彼但用其首一字而割去其下兩字也若德使巴蘭德法使李梅則皆其姓二使在中國又以上一字作姓下兩字一字作名矣

初五日記

近聽英法官紳議論多有聯絡中國之意不復如昔年

之壹意輕藐推原其故厥有數端一則越南一役法人欲索賠償竟不可得法人咸咎斐禮之開釁恨其得不償失各國始知中國之不受恫喝也一則十餘年中冠蓋聯翩出駐各國漸能諳其風俗審其利弊情意既浹邦交益固也一則中國於海防海軍諸要政逐漸整頓風聲所播收效無形且近年出洋學生試於書院常列高等彼亦知華人之才力不後西人也乘此振興之際遇有交涉事件相機度勢默轉潛移庶幾有裨大局

初七日記

張薌帥所訂鍊鐵鍊鋼機器及紡紗織布機器各全副原議係鐵布兩廠造成後各分五批運赴廣東適薌帥調任湖廣勘地未定築廠需時而布機皆細巧之件若無廠屋存儲恐致銹壞是以電商薌帥暫緩運鄂惟織布鍋爐六座及鍊鐵機器兩批並築廠物料業已陸續運送蓋鍊鐵織布兩大端若果辦理有效風氣大開每歲中國之銀少漏入外洋者當不下四五千萬兩惟鍊鐵必與開礦相濟為用若數端並舉事體宏鉅恐非一省之物力才力所易集事耳

初八日記

英印度之大吉嶺副巡撫保爾自印度告假回英來訪

與談移時始知英文所謂西金者即哲孟雄也哲孟雄為印藏間一小國而英人割其南面之大吉嶺一隅設官治之大吉嶺距印度省城本需二十餘日程既造鐵路僅行二十三點鐘即到山下無鐵路登山再行兩日可抵大吉嶺今亦須漸築鐵路焉

初十日記

余聞西士之精礦學者稱地中之金玉銀銅鉛鐵錫煤等物多係太古以來所含孕非若五穀草木之隨取隨產也余於是知宇宙間開闢日久人民日多攻取日繁千萬年後必有銷竭之時即就中國而論古之諸侯營

築宮室椅桐梓漆皆可就地取材今則中原千里濯濯未聞有巨材可伐東南數省民間營造皆用江西閩廣之木遠者運自南洋諸島足徵腹地之無材漢蕭何造未央宮規模閎麗而終南山鉅木用之不窮不過藉民力伐之運之而已明代營造宮殿始采木於黔楚川滇諸省迄今觀明舊殿有歎其無從再得此巨材者竊恐數百年後川滇黔楚以及江西閩廣采伐又將罄竭矣古者圭璧璜琥禮數綦詳雍州貢球琳琅玕梁州貢璆而大夫士皆佩玉若不產於中國豈能供用如此之廣今徧稽十八行省未聞有產玉之地惟雲南尙出翠玉

此外玉料則須采之緬甸和闐矣禹貢荆揚二州貢金三品今則湖廣江浙等省未聞有著名產金之地戶部鑄錢專恃滇銅倭銅而西洋鋼鐵之歲運中國者至値銀六百餘萬兩山西湖南雖稍出鐵甚屬寥寥昔漢惠帝娶宣平侯女聘以黃金二萬斤夫二萬斤則今之三十二萬兩也當時實幣之充羨若此迨平帝立配一依孝惠故事然黃金似已不足以錢代之爲錢至二萬萬夫二萬萬則今之二十萬緡也若論近今三十二萬兩之金價約可得錢一千萬緡其價之高下懸殊又若此竊意二千年來中國出金甚寡僅以前古所有輾轉相

嬗而銷磨銷鑠日用日少月少日貴勢所必然其何不至於罄絕者或以新舊金山及俄羅斯與南美洲諸國出金甚富外洋時有流入也又如鶴之爲品易與詩屢稱之衛懿公好之歷代高人逸士亦多畜之殆非難致之物江南之華亭江北之葦蕩古稱產鶴今皆歇絕余在甯波時託友購鶴一雙久之始得自朝鮮用費百金倘非佳者古之時恐不如是也夫鶴固羽族之靈物往來無常或因今人好之者寡不能多致固未可知若寶物之稀蓋因中國開闢最早取之愈盡用之愈竭雖西洋礦師謂中國寶藏甚富然其上層古法所能取者殆

已罄竭無餘若用機器開挖之力則中國未洩之寶氣猶多於外洋蓋因千餘年來井政不修轉得藏富於地之道邇來覬覦者多勢難久閟是礦務必將陸續興辦再到四五千年後當有告罄之勢而外洋則必已先罄彼時物產精華中外並耗又將如何此余所以不能不爲地球抱杞人之憂也

十一日記

前聞英人與美人擬合製氣船可從空中來往茲閱新報稱該公司會議數月須湊集資本英金二萬磅與工製造該船但用兩人駕駛其底與洋船一式船身用礬

石之類須質輕而堅韌價又便宜者船旁張兩翼如氣球傘以防不測翼旁有葉如火船上之車葉可升可降船頭有撥以主進退船尾有舵以主前後另有小舵一具可左可右坐人房艙前有空地爲引路人坐處有軌道弾弓打電氣船上舵及撥俱用電氣行使脫有不測立即拆散舵還舵撥還撥斂翼如氣球傘下墜並無窒礙即使墮落洋海亦可飄浮海面如在陸地更爲平穩該船攷究多年因欲覓得礬石之類製練始能成功其第一訣竅在此此外新式俱屬輕巧加以電氣之力控御由人第一號竣工之日先須邀同友人試遊然後由

太平洋開行五日可以周行天下以後陸續製造每六十日可成一號新報之言如此余謂此次氣船公司或集議而未必遽成或勉造而倘難盡善俱未可知要之就此法而精思之合羣力而互營之則奇肱氏之飛車必有乘雲御風之一日其在百年或數百年之後乎

十二日記

查舊卷乙酉二月總理衙門會同翰林院吏部議覆御史謝祖源請派員遊歷外洋一疏大略云竊惟周髀九數疇人命官攷工五材庶士分職班固志前代藝文於經典外列敘兵書術數方技諸略此皆專門利用之學

聖人不廢近世士大夫囿於見聞語及環球各國交際之通例富強之本計或鄙夷而不屑道夫外洋測算衍自中法制器相材原於攷工營陣束伍乃古者司馬法步伐進退之遺開採五金仿於周禮丱人之職測繪地輿亦晉人裴秀成法禮失求野豈彼智而我獨愚特中土習爲游談其平日留心講習者寔少耳是以欲周知中外之情勢必自游歷始然各國事理與中國不同彼藉游歷以傳教者無論已其他或默計中裔相通道里或私繪山川形勢或考求物產盈虛或測探煤鐵礦苗非空勞跋涉者目前我之所亟惟在察敵情通洋律諳

製造測繪之要習水師陸戰之法講求稅務界務茶桑牧礦諸事宜應請

敕下出使各國大臣隨時分飭參贊隨員遊歷境內考核紀載分門講求並督出洋武弁學生等學習各項技藝兼勸並行以收實效至翰詹部屬中如實有制器通算測地知兵之選堅樸耐勞志節超邁者可否請

旨敕下翰林院六部嚴實保薦並咨送總理衙門考核再行奏請發往各國游歷

十三日記

查舊卷丁亥四月總理衙門奏定酌擬出洋游歷人員

章程十四條一設法節省出使經費每年四萬餘兩以供派員游歷之費除繙譯外嘗以十員或十二員爲定額一除翰林人員由本衙門咨送外其各衙門人員俟保送名單彙齊後由總理衙門定期考試以長於紀載叙事有條理者入選一京官四品以上及有緊要職事者屆時請

旨方定行止五品以下每月薪水銀貳伯兩准僱請繙譯生一名月支薪水伍拾兩一往返船價及游歷火車價准開公項每人給二等船價每官一員准帶僕役一名工價自備仍給三等艙價僱船僱車責成文報局使

署領事署經理一游歷至久以二年爲限往來程途均在限內過限即自備資斧過一年半後先歸者聽一各員准豫支薪水六箇月公項銀一千兩其或不敷准在各使署借支一船價車價由各員分兩次造冊報銷一各國可游地方應支車價若干可於使署領事署詢明一游歷應將各處地形要隘防守大勢以及遠近里數風俗政治水師礮臺製造廠局火輪舟車水雷礮彈詳細紀載以備查攷一各國語言文字天文算學化學重學電學光學及一切測量之學格致之學各員有性情相近者自能審擇學習亦可以所寫手冊交總理衙門以備參攷一各員游歷回華將所習何業所精何器所著何書呈明後應擇其才識卓著之員奏請給奬一由總理衙門給文牘護照寫明由出使大臣領事官照料一各員可先後具報啟程不必齊幫同行免致游戲徵逐耽誤公事一各員如因父母老病不願出洋者准其呈明免行倘在洋聞訃丁憂俟期滿回華後補行守制

十五日記

倫敦日報譯錄中國近事云天津鐵路公司前由部領鉅款兩次七十萬金淸償積欠嗣又陸續發到五十八萬金業將洋款償淸並無帶欠所領部款於光緒十七

年起每屆臘月還三萬金十年之後每年還四萬金並不計利二十年後如有起色每年還五萬金以掃數爲度而山海關鐵路亦已有成議矣

十七日記

昔人攷俄羅斯源流者或曰卽漢之北丁零堅昆奄蔡或曰卽康居大宛大月氏烏孫或曰卽條支或曰卽北魏時之烏洛侯唐時之黠戛斯骨利幹其稱烏洛侯者謂侯爲俟之譌以國名轉音爲證然細審彼音稱其國曰嚕西牙稱其人曰路斯格其崛起歐洲之西名祿利格中國之言俄羅斯皆自荷蘭英吉利人遞譯難免訛

舛按嘉慶十一年兩廣總督吳熊光奏查明路喱國來廣貿易路喱國即俄羅斯也禮部則例亦有路喱此皆就其本國語音譯之蓋路斯格三字急呼之即路喱也詳稽載籍參以見聞則前人攷爲吐蕃之裔者較確況其說出自西人必當有據蓋俄羅斯崛起於唐季正値吐蕃衰亡之際其部落溢出散處蔓延歐洲東北荒僻之土固理勢之當然其初分居波羅的海之東南黑海裏海之東北及烏拉嶺以西者族類甚繁俄羅斯不過衆族中之一耳厥後炎炎日長各族皆被吞併隸爲臣僕前明晚季俄人始逾烏拉嶺圖悉畢爾得頭曼冒頓之王庭堅昆丁零烏洛侯黠戛斯骨利幹靺鞨室韋之故墟漸次開闢東傳於海而止近數十年來俄人吞併中亞細亞如布魯特哈薩克布哈爾諸部皆已括入封內則如以上所稱諸國固無不隸俄版圖者但不過兼有其地而未必即其苗裔也

十八日記

嘉慶初年俄法兩國會軍七萬人將有事於英屬之印度法軍道出普境俄人遣使來訂師期導法軍溯多惱河入黑海達阿魯加河泛裏海趨波斯疾走長驅直指印度適俄法皆有內憂中止越七年拿破崙以兵殘破普國俄人救之不及兩國合盟復謀印度遣使乞師於波斯且假道焉又因歐洲多故中止自法爲普蹶黑海毀盟俄軍縱横於中亞細亞收服諸回部若再得波斯之助則印度西鄙無甯歲矣俄人由中亞細亞進兵以窺印度厥路有五然英俄印亞之勢尤以波斯爲輕重得助者勝曩者俄人之取基窪結阿富汗未必不注意於波斯也議者謂爲英國計宜聯結波斯爲印度之屏蔽此亦自然之形勢抑聞英人慮俄之窺印度猶我中國慮俄之睨朝鮮中英之交合則制印之勢自固故邇來英廷之計與議院之謀頗以親睦中國爲兢兢也

二十日記

近聞湖北大冶縣一帶鐵礦豐饒擬即開採委員五人駐紮縣境勸導鄉民大約礦地皆給官價丈量照算如願入股不領價者照礦務章程每百兩爲一股官給憑據每年領息三年一派花紅鄉民頗樂從之　赫德所刊光緒十五年各關貿易總冊外國入中國口貨價共銀一百十兆八十八萬餘兩較之十四年少一千三百九十萬餘兩中國出口貨價共銀九十六兆九十四萬餘兩較之十四年增四百五十四萬餘兩入口之貨漸少出口之貨漸多是中國之起色也

二十一日記

英國所出之洋布光緒十四年在本國所銷者值英金七十二兆磅印度所銷者值二十二兆磅中國所銷者值六兆五十萬磅德國美國所銷者各值二兆五十萬磅英國所銷瓷器共值英金三十六兆磅內印度所銷者五兆五十萬磅法銷三兆磅俄銷一兆七十五萬磅中國銷七十五萬磅

二十二日記

查舊卷光緒十二年六月准兩廣總督張鄉帥咨開南洋各埠華民商務情形現經奏派記名總兵王榮和內閣侍讀候選知府余瓗前往小呂宋蘇祿衣那祿柰新嘉坡麻六甲檳榔嶼仰江卑力新金山雪梨噶羅巴泗里末三寶壠般烏西貢等處訪查體察詳細稟陳等因茲將王余二委員先後所稟開見實情摘錄如左、新嘉坡鋪戶房產田園足稱饒富除英官衙廨公產之外華人實業入成洋人不過二成閩省漳泉幫貿易甚大粵省潮幫次之廣幫又次之通埠華眾有十五萬人近年英設華民政務司專理出入華工事宜定章尚稱公允而華人招工客館作奸欺騙之事尚難杜絕由此西北至麻六甲輪船十二點鐘海程又至檳榔嶼輪船三十六點鐘海程三埠相連華人商業房產居多檳榔嶼繁盛足與新嘉坡相埒麻六甲生意不多不過商人住宅田園而已十一年前附英之巫來由種如石郎阿國之吉壠埠卑力國之鮮律埠華工採錫礦者十餘萬因其國王貪詐屢啟戰爭被華眾削平土地英官入而代之拔山通道保護華人征收錫煙酒稅華工均利賴之今吉壠鮮律等埠商務亦與三埠相表裏至嶼埠巨賈甚多兼通仰江米貨生意就近各小埠物產亦皆彙集於此即坡埠市面亦聽嶼埠號商信息也鮮律埠錫礦甚旺開礦華人約有三萬而屬粵人鄭貴者三分之一

二十三日記

仰光即仰江亦謂之南緬甸出口貨物甚富米為大宗去年出口九萬餘噸值價洋銀四五百萬員每包納稅銀一錢八分約十一包方足一噸每噸稅銀二兩零此外玉石棉花油木牛皮類甚多收稅更重田稅亦重於新嘉坡等處每年入項除本埠支用外聞尚溢出金錢三十萬磅解送倫敦此地一望平陽可英里二百餘至三百邁現墾熟田未及三分之一足稱沃壤英乘其無備而取之經營三十五年竟滅緬甸今駐英兵由華城至新街密邇騰越大為近憂仰光緬人尚守舊歷朔望

頗宗唐風衣服與中國無異華人在此者三萬有奇英德兩商最大華商次之　爪亞卽爪華卽古爪哇國　島內之噶羅巴三寶隴泗里末等埠皆屬於荷蘭此島甚大瀛環志略統謂之噶羅巴而洋人則謂之爪亞島云荷蘭有總督駐噶羅巴該處有華民七萬有奇衙署在茂物山頂總督兼轄三寶隴及疏羅及麥里芬及泗里末及嘧架等處皆荷蘭屬地華民共二十餘萬　華商華工在仰光者三萬餘人閩商居三分之一生意較大粵人雖多而生意次之此埠距騰越廳最近由仰光坐淺水輪船泝流而上六七日可到華城又陸行三四日可到

新街又遄野人山不過三四日可抵騰越現英人襲據華城收餉設戍直駐新街矣仰光粵商以新甯人爲最多建有甯陽會館此外建立合省公司名目舉董收費以備延請狀師及保護同鄉等事至此埠英官向設頭等委員爲最大屬於加剌吉打總督

二十四日記

北般鳥一埠英國設總督駐之此處僅有房屋四百餘間華人千餘土產金沙燕窩冰片及沙藤等項而鹽爲最貴以其每擔納入口稅洋銀兩員也拉畔灣一埠近北般鳥亦屬英全係華人鋪戶華人在此開埠貿易迨

五十年至道光三十年英官得此地於文萊島主遂將埠內外三十英里全割歸英轄英設禮時典一員管理地方今埠內有華人五六百名生意未甚興旺出口貨物穀米沙藤冰片樹膠煤炭最多其省城曰山打根埠內華人不過數百散處內地作工者千餘人土產有堅木冰片沙藤樹膠燕窩海參等項近年又在詩家嗎河覓出金礦但開埠僅六年地廣人稀全未開闢水土尚有毒氣伐木華工多染腳氣等症是以未甚暢旺政治之壞莫如設立賭稅又山打根本係英公司租地所租在般鳥全島不過四分之一地勢偏北號北般鳥周圍

有十萬方里而山打根本港內地河道甚多宜於種植港門外一河長四百五十里左右兩岸皆金沙也

二十五日記

新金山之雪梨地方官有請中國速派總領事之議美利濱之英總督有勸中國賽會並派兵船巡行之說亞都律及衮司倫兩省華民見中國委員如睹漢官威儀均甚歡悅蓋英屬新金山共有五省均設總督巡撫布政司及水陸提督其各埠各島已經查看者曰紐所威路曰雪梨曰紐加士均屬紐所威路省曰域多利亞曰美利濱曰叺拉辣曰仙大市　卽大金山　曰吣治活曰旺加拉

打均屬域多利亞省曰衮司倫曰庇臉市檳曰洛坑頓曰勃大嗶曰麥溪曰堅氏曰波德喂利市曰湯市喊路曰谷當均屬衮司倫省曰亞都律（即南澳士地利亞省城）曰砵盯穩均屬南澳士地利亞省南澳士地利亞省亦曰亞都律省又有西澳士地利亞省　砵盯穩埠華商華工約有千餘在坑內掘金者亦千餘合共不過三千餘人埠開不久商務未旺所收華人米稅甚重每噸英金九磅每擔約稅洋銀三員有餘其身稅每人十磅因華人裹足不前已除之矣　紐所威路稅餉以煙土爲重鴉片土每箱收英金四十八磅合洋銀二百八十餘員呂宋

煙每十二兩收仙令六枚合洋銀一元半米稅每噸收英金三磅華人新到者每人收身稅十磅　雪梨粵商二十九家華人商工共四千其在內地開店及種植者亦六千餘其苛政尤無理者華商由雪梨往美利濱又須重收身稅十磅往衮司倫省重收三十磅域多利亞總督駐紮美利濱按雪梨距中國約二萬里輪船二十餘日海程南極之區晴雨不齊寒風聿至巨浪拍天船甚顛簸距赤道四十三度夏時天氣如中國仲冬時候至冬之日可御重裘士人云若到六月寒氣更甚也由砵盯穩至雪梨海程二千七百英里由雪梨至美利濱

火車路五百四十英里由美利濱至亞都律火車路五百五十英里澳士地利全洲五省即瀛環志略之澳大利亞西人又謂之新金山縱二千英里横三千英里

雪梨美利濱英商最大美商次之近年金礦漸稀惟馬牛羊生意甚盛出口以羊毛爲大宗每埠歲得金錢五百磅入口以鐵爲大宗紐約運來木板亦不少粤人在此兩埠共二萬餘口亞都律衮司倫及近島紐詩倫美市打轟等處尚有二萬餘人商業少而傭工多來貨旺而出口少雪梨華商運售茶葉荳油居多視美利濱較大埠內華人種植煙葉者近年稍有起色又叭拉辣埠

爲美利濱英督所轄地多金礦礦深者六百尺至千尺不等華商工人約七百餘名散處挖金種植者亦數百人亞都律埠中不過二百餘華人新到者須各納身稅十磅大金山亦多金礦華商十餘家挖金種植者千餘人咇治活埠屬域多利亞省華商僅數家種植及挖金者七八百人此處與大金山及叭拉辣三埠向時金礦最盛華人約逾三萬今金礦已稀又加身稅華人艱苦甚矣惟犯案者英官以其不知英例多從輕辦理

二十六日記

紐絲士埠屬紐所威路省華人二百餘名市丹塔埠屬

衮司倫省華人開錫礦及開店者七八百人，庇釐市檳郎衮司倫之省城埠內華人二三百名，合計該省共有華人萬餘，散處洛坑頓及湯市喊路谷當等埠。自二三年前增收身税，每人三十磅，續到者七十二人耳，進口貨亦漸少，税務日減色矣。湯市喊路埠有華人三四百，附近採錫種植者又五六百。波得喂利士埠有金錫鐵等礦，華人六七百種植，居多谷當埠屬衮司倫省華商華工約千餘，身税與該省無異。　南洋諸島各埠林立，商務工務均賴華人爲骨幹，合英荷日斯巴尼亞各屬埠暹羅屬埠所在，華民或經商或傭工或種植園圃，或開採錫礦，統計約有三百餘萬，而尤以新嘉坡檳榔嶼爲要衝。其荷屬蘇門答臘之日裏埠每歲所到華工以八九千計，皆從英屬埠華人猪仔館分僱前往，猪仔館之人半由拐賣，荷之園主虐待華工，往往終身爲奴，非英屬地華人僱用華工可比。園主弊端有四：一違例虐毆，二令工頭縱賭誘工人輸銀，三縱賭爲害年年借欠，永無脱工之日，四肯定條例亦尚平允，園主不肯張掛。華工出口每歲十餘萬人，由汕頭來者十居七八，由廈門來者十居二三，而總會之區實在香港，然關繫南洋地方利源不淺，所以英人在新嘉坡特設護工司衙門以衛護華工。

二十七日記

北般烏係英國商人丁地等聯集公司，於光緒七年與般烏島主議定將北般烏三省之地割歸英公司管業，任從開埠及種植，每歲納般烏王地租洋銀一萬五千餘員；又與蘇祿王議定將東般烏一省之地割歸公司管理開埠種植，每歲納蘇祿王地租洋銀五千員。四省地形相連，周圍方里共有三萬二千英里，比之英倫蘇格蘭尚盈餘二千英里。自英公司稟准英廷，在山打根開埠，並請英廷派官監理港務，不過六年，華人數百板

壁鋪戶二百餘家，生意未見繁盛。察看北般烏英公司四省之地，此時全未開墾，即西般烏沙拉窪係英人拉乍布碌之地，華人雖逾二萬，僅種甘蜜胡椒，所開不及十分之一。此二處地土肥饒，開墾之利必賴華工，英官皆能知之。　澳土地利四省，華人約有三萬六七千，附近英屬紐詩倫等埠約有華人六七千，綜核澳大利亞全洲民人共三百六十七萬二千有奇，華民旅居各地者共四萬九千七百餘人。

二十八日記

謹率參贊隨員等恭設香案望

劉川頭遞賀

萬壽晚間使館闌欄皆懸五色小燈又使自來火公司以鐵管爲䋖而引火焉爲四大字曰

天子萬年光燭數里洋人聚觀嘖嘖稱頌

三十日記

噶羅巴城爲爪亞全島之都會亦即荷屬南洋各島之都會流寓華人七萬有餘多衣洋衣隷荷籍荷擇其賢能者爲馬腰甲必丹等官專理華人事務而審斷之權仍操自荷人華人往巴貿易須有荷領事執照方許留住一年既留一年即勒令入籍　南洋諸島棊布星羅

除澳大利亞一洲外其最大之島有四曰婆羅洲曰蘇門答臘曰爪亞曰西里百四者之中各有大埠若昆甸若馬神此婆羅洲之大埠也若日裏若亞齊若芘古魯若叭喭若巴鄰傍此蘇門答臘之大埠也若噶羅巴若三寶隴若泗里末此爪亞之大埠也若望加錫則西里百之大埠也以上皆屬荷國皆爲華人流寓之區似應在噶羅巴設一總領事而各埠選派商人充當領事

噶羅巴本巫來由部落明季爲荷蘭所踞遂占臺灣爲泰西人入我中國之始近來荷蘭開闢亞齊蠶食漸廣招募華民充兵勇入西籍　日裏埠約有華工六萬餘人

七月己巳朔記

近聞粵省虎門漁珠沙角各礮臺連日排隊操演甚勤中流砥柱礮臺及海珠礮臺爲省河屏障因沙土尙未結實規模不盡合宜須仿洋式改建已估工矣　基隆煤於機器輪船最爲合用供南北洋及閩廠要需然老井煤源愈開愈少從前礦井俱在八斗以近海口轉運便也距獅球嶺五里地名暖暖者礦苗之旺倍於八斗惟水口稍遠是以未經開採今鐵路開通便於裝運有粵商稟請官商合辦以二十年爲限現議集官款洋銀

十萬員商本洋銀二十萬員自七月朔開辦　黃埔船廠造成兵輪一號命名曰廣金閩廠造成鋼甲輪船一號命名曰龍威

初二日記

總理衙門戶部奏定整頓土藥釐稅詳查妥辦已通行各省巡撫勒限三箇月各將原定辦法迅速覆奏破除情面實力稽核按季專款開報不得於百貨釐金內籠統聲敘以免牽混

初三日記

查舊卷光緒乙酉正月福建借洋款一百萬磅廣東借

洋款七十五萬磅均係匯豐銀行經手其七十五萬磅後改爲五十萬零五千磅合銀約二百萬兩閩款百萬磅合銀約四百萬兩廣東後又添借七十五萬磅約銀三百萬兩周年利息八釐五毫分作十年還清本利乙酉二月神機營與怡和洋行訂立合同借洋款一百五十萬磅合銀約五百萬兩以外周年七釐起息分作十年還清本利

初四日記

現聞西藏布達拉札什倫布三大寺內共有喇嘛二萬餘人合境約有番兵三千五百餘人其軍器不過弓箭

鳥槍之類　自煙臺條約有許英人遊歷西藏之款光緒十三年英人馬克蕾帶兵三千人定欲入藏總理衙門因緬甸之事與英使立約不許入藏遊歷並禁止傳教只准在藏南界外通商藏番未得此信但聞英人入藏之說遂於邊外隆吐山修築礮臺派兵防守英印度總督以其地在哲孟雄境內欲遣兵驅逐英使來催將隆吐防兵速撤總理衙門行文駐藏大臣開導藏番不聽十四年三月被印兵逐回四月十三日藏兵三千餘人出攻日納宗之英寨戰十點鐘之久敗歸互有傷亡蓋日納宗係哲孟雄轄境印度兵設卡駐營於此以哲部已歸印保護而藏番則謂實係藏屬也今已議定條約彼此息兵印藏從此緩議矣　柔佛一國居麻剌甲之西南與新嘉坡僅隔一水由坡至佛僅兩點鐘地頗寥闊華民在彼貿易種植者十餘萬

初五日記

昨奉電傳

上諭總理衙門奏英使華爾身代其君主賀萬壽等語著薛福成即赴外部致謝欽此今日遵於三點半鐘至外部見其侍郎克蕾據云當轉告沙侯奏聞君主法總統遣其水師副將外部尚書李寶遣其總辦於二十六

日先後到駐法使館賀

萬壽業經據參贊來函電達總理衙門是日亦奉電傳

諭旨著即赴法外部傳旨致謝欽此當即函告參贊往謝焉　印藏條約八款經駐藏幫辦大臣副都統銜升竹瑚星使會同總理五印度執政大臣寶星上議院侯爵蘭士丹於二月二十七日在孟加臘城繕就華英文各四分蓋印畫押以兩分送北京五月十三日鈐用

御寶由總理衙門交赫德轉寄昨日稅務司金登幹北洋海軍繙譯夏立士交來余與外部侍郎克蕾訂定於十二日互換查約內第一款藏哲之界以自布坦交界

之支莫摯山起至廓爾喀邊界止分哲屬梯斯塔及近山南流諸小河藏屬莫竹及近山北流諸小河分水流之一帶山頂爲界第二款哲孟雄由英國保護督理郎爲依認其內政外交均應專由英國逕辦該部長暨官員等除由英國經理準行之事外概不得與無論何國交涉來往第三款中英兩國互允以第一款所定之界限爲準由兩國遵守並使兩邊各無犯越之事第四款藏哲通商應如何增益便利一事容後再議務期彼此均受其益第五款哲孟雄境內游牧一事彼此言明俟查明情形後再爲議訂第六款印藏官員因公交涉如

何文移往來一切彼此言明俟後再商另訂第七款自此條款批准互換之日爲始限以六箇月由中國駐藏大臣英國印度執政大臣各派委員一人將第四第五第六三款言明隨後議訂各節兼同會商以期妥協第八款以上條款既定後應送呈兩國批准隨將條款原本在倫敦互換彼此各執以昭信守

初六日記

拜發察看交涉事宜一摺密論外洋交際禮節一片代湖北購運鍊鐵織布機器一片　攷康熙年間南懷仁官欽天監後贈工部侍郎凡內廷召見

聖祖皆許其侍立不行拜跪禮雍正年間教王遣使到

京

世宗許行西禮且與之握手乾隆五十八年英國遣使馬格里來華禮臣與議禮節彼以覲見英主之禮爲言仍願演習禮式禮臣據以雙請奉

高宗特旨准行西禮筵宴日

上親賜以卮酒嘉慶中英使復來接伴大臣未與言明

禮節

仁宗命由通州馳驛進見及抵宮門

上已御寶座告以須行拜跪禮英使司當冬遂辭以疾

召副使亦辭以疾

上甚不懌停止筵宴賜物弁於賜英王書中敘及之後

召見兩廣總督孫玉庭詢以英使不肯行禮之故孫公陳其源委頗晰

上始釋然此皆散見於諸家紀載者蓋道光以前西使來華祇此數起英人亦著之筆記謂拜跪之禮萬不能遵故天津條約載明遇有礙於國體之禮斷不可行即指此也

初七日記

查檔卷光緒七年十二月總理衙門奏定覲見章程頭

等第一專贈各國之君第二給各國世子親王宗親國戚等第三給各國世爵總理各部大臣頭等公使等二等第一給各國二等公使等第二給三等公使署理公使總稅務司等第三給頭等參贊武職大員總領事官總教習等三等第一給各國二三等參贊領事官正使隨員水師頭等管駕官陸路副將教習等第二給副領事官水師二等管駕官陸路參將等第三給各繙譯遊擊都司等四等給各國兵弁等五等給各國工商人等頭等用赤金地法藍雙龍第一中嵌眞珠金龍金紅色帶第二中嵌紅寶石中嵌光面珊瑚俱銀龍大紅色帶

二等用赤金地銀雙龍中嵌起花珊瑚黃龍紫色帶三等用法藍地金雙龍中嵌藍寶石紅龍藍色帶四等用法藍地銀雙龍中嵌青金石綠龍醬色帶五等用銀地法藍龍中嵌硨磲藍龍月白帶頭等寶星式倚方計營造尺長三寸三分寬二寸二分二等以下寶星式倚圓二等徑二寸七分三等徑二寸五分四等徑一寸九分五等徑一寸六分其上皆有環首頭二等帶均長一尺三寸寬一寸五分兩頭有穗絲繩束結三等帶長一尺三寸寬一寸五分四五等帶均長五寸寬一寸一分凡頭等第一二三暨二等第一雙龍寶星均可佩用斜絡大帶大帶絡於右肩寶星垂於身左其斜絡大帶願留花紋悉照原定小帶圓式酌量展放合宜尺寸自製佩帶

初八日記

哲孟雄所轄僅有七千餘人本西藏屬部也六十餘年以前哲部爲廓爾喀所滅英人伐廓爾喀大敗之廓人求和英與立約俾以哲地復封其部長以後廓哲兩國有事均須聽英主持歸英保護然仍許其有自主之權厥後英人向哲部借一地造兵房以便戍兵養病哲酋指大吉嶺與之本荒地也既而洋房建造漸多貿易頗

盛閱三十餘年英之遊歷哲孟雄者二人爲哲官所拘禁英人伐哲又連敗之自是立約割哲部南境之地以附益於大吉嶺設副總督治之屬於印度總督而哲酋僅有半主之權矣英官於大吉嶺左右尋出野茶樹甚佳從購種播植講求採製之法由是販茶種茶者皆來居其地富商及食力之傭工日衆竟成重鎭哲酋豔其富也欲向英官索還大吉嶺之地英許每歲以數百金畀之謂之租費今已歲增至數千金矣

初九日記

北洋水師洋員提督銜琅威理本係英水師遊擊在守

國當差數年恐於本國水師官階升轉有礙經前任劉大臣於去年二月照會外部咨商海部准免扣資又北洋水師學堂管輪洋教習霍克爾希耳順二員自光緒十年九月到華去年九月已屆五年恐照英例休致旋商外部咨准海部飭司員將該二員之名列於英國駐華統領兵船冊內七月係不至移入休致人員冊內魚雷水雷學堂教習羅覺斯光緒十三年正月到北洋水師行營合同以三年為期每月俸薪三百五十兩雷匠威廉在英雇募教授北洋水師施放水雷一切用法並裝配拆卸修理水雷等事合同以三年為期每月薪水

一百五十兩操礮教習雷登費納甯賴世錫倫司希勤司古伯爾共六員於光緒十二年十一月到營合同以三年為期每月薪水各一百三十兩魚雷教習紀賚貝孫海麥爾共三員於光緒十三年正月到營合同以三年為期每月薪水各一百三十兩

初十日記

鄂省所雇鎔鍊鋼鐵總匠首一名曰亨納利賀伯生先在英國北境得爾福太音江熱羅地方之巴麥廠為匠首學藝頗精於選地建廠安機鎔鍊各事均甚諳練辭退巴麥廠事本年六月抵鄂合同以三年為期每年薪水英金一千五百磅據賀伯生稱應雇匠目六名鍊生鐵廠二名鍊貝色麻鋼西門士馬丁鋼廠二名鍊熟鐵及軋板拉條廠二名每二名中正副各一每年工資正者六百磅副者四百磅均以三年為期須歸伊在英豫為選訂將來到鄂呼應始靈

十一日記

廣東去年設西藝學堂考究礦學電學化學公法律例學植物學共五種須延洋教習五人延得倫敦律例學堂之律例師赫爾伯特充公法律例學教習之任本年正月到粵每月薪水英金七十磅又在英國干白雷池

堪斯大書院延得植物學教習葛路模每月薪水四十一磅十三先令四本士本年正月到粵又在英國阿克司福穆大林大書院延得化學教習駱丙生每月薪水如葛路模本年正月到粵以上三人合同皆以三年為期又託英國礦學大掌教選覓在義國開礦之礦師巴庚生銅鐵錫礦學化學皆精係學堂出身開礦有效每年薪水英金一千磅先訂兩年合同客冬抵粵由粵到鄂惟電學教習未經延雇又訪訂管輪機洋教習一員託英國格林尼址書院掌教藍博德訪得向在海部供差之愛得門火每月薪水七十五磅去年九月到粵合

同以五年爲限　廣東初議設織布局需用洋匠十名先訂匠首一名託工師博次在英國曼者司得省訪雇熟悉建造織布廠工程之監工匠首德金生每月工資四十四磅暫訂合同無年限去年冬間抵粵由粵到鄂光緒十三年廣東雇用鑄錢局熟悉蓋廠工程匠首衛安每月工資五十八磅六先令八本士合同以二十四月爲期又選雇副匠首遏温司每月工資五十磅鎔冶匠開耳軋片匠司叨答爾每月工資各四十五磅十六先令八本士三人合同皆以二十一月爲期衛安期滿後又留用一年

十二日記

申刻赴外部互換哲孟雄西藏條約　總理衙門議奏保護朝鮮事宜一摺營口至吉林議開鐵路鄂省專籌大冶等處採鐵造軌蘆漢一路停辦戶部所籌鐵路經費每年二百萬兩由部撥百二十萬兩十六省分攤每省五萬合八十萬兩今年二百萬兩先儘鄂用

十三日記

驗收鐵甲船之要有三一在考究全船究重心之斜正隔堵之布置碰鋒之堅利舵機之靈捷礮位之運動及機器水缸水門藥彈艙駛臺魚管等處位置一在講求

礮械德國克鹿卜大礮製成先用滿藥試放藉審礮身之堅及貫甲之力德國水師俱用克鹿卜礮械雖操法與英國大同小異而專用是器者定臻精密一在愼重試洋俾知輪機之滿力轉閧之大小船性之左右礮彈之遲速

十四日記

光緒十二年北洋在英國雅繼廠定造一百二十五尺長水雷艇一隻價英金六千磅另購艇內應需電燈礮位雷筒燐銅水雷各項器具統共支用英金一萬九千一百五十七磅　英海部驗收雷艇章程於水置浮樁岸置木表相隔一邁之遠將船裝滿臨陣時應需物件然後艇走兩樁間順流逆潮各走三匝岸上木表各置一人記明時刻如是合法之後仍須開洋滿汽逕駛三點鐘以水程表計算若干邁前後所得之數每點鐘均不得少原約二十六英邁或二十二英海里倘驗收不及此數可將原艇退還試驗北洋所造雷艇每點鐘行二十三海里八八二合英里二十七里半又照二點鐘久行試驗每點鐘行二十二海里九四零合英里二十六里又十分之四又將該艇駛入船隖用木架起拆驗船売內外船身船底及輪機鍋爐均無瑕疵

十五日記

查舊卷光緒十一年六月電傳
諭旨著照濟遠穹甲船式在英德兩國製造鋼面快船各兩隻備臺澎湖之用共在英國阿模士莊廠製造者係曾大臣承辦曰致遠曰靖遠其在德國伏耳鏗廠製造者係許大臣承辦曰經遠曰來遠致靖兩艦價英金三十六萬四千一百十磅外添兩船所帶小划上安置特製水雷之雀替記士小機器礮即荷乞開思礮價八千九百五十磅除大礮六尊在克虜伯廠另購外又與該廠添製兩船應配六寸徑旁礮四尊又旁礮及正礮共十

尊之架及一切機礮雜械電燈燐銅水雷等件價共七萬八千餘磅自立合同之日起第一船十八箇月造成第二船二十一箇月造成每點鐘行十八海里經來兩艦第一船價德銀三百萬馬克第二船價又減六萬馬克仿各國通行善式詳擬中腰水線處圍厚甲九英寸半上覆平鋼板前後覆穹板用雙層底礮臺令臺全護厚甲比前定式加寬長礮可加多喫水仍淺每船加價四十七萬馬克自立合同之日起第一船十八箇月交收第二船二十箇月交收每點鐘行十六海里　曾侯派員考究造船之法先詣抱士穆斯海口次由卜利門司至里次暨紐卡斯爾海口各廠詢訪情形知英國造船大廠二十餘處有專精機器者有專製鋼料船殼者有講求燒煤鍊鐵者有專製爐火礮彈集上等物料者皆係承造國家船械之廠分門別類製造一船必須分購各廠材料及原廠匠人經手承辦始能成功惟造船殼及礮則推阿模士莊爲最

十六日記

英德兩國之廠勢不相下中國濟遠快船德廠所造也而英廠頗嘗議之固多過當之論然亦有裨船學按阿模士莊廠匠師槐特說帖云濟遠船內有數處不及同

時兵船之造法一則分艙禦水之法未妥也尤可慮者穹甲下之各艙如鍋爐艙長約佔船身三分之一若於其下面薄鐵板處打一孔水即入之或至全船沈沒近時戰船無此造法又輪機房一間長四十四尺倘下面板穿水入輪機俱不能動矣一則穹甲艙面雖極堅固然全裝於水面之下其浮力與平穩均無有焉倘戰時船遇有水處擊穿則水入船內穹甲之上甲未損而船或沈矣一則舵柄未經保護也蓋裝舵柄及攀舵機於穹甲艙面之上可受各種礮子之擊即令船不能行駛一則無妥當望臺難保護駕駛之人也此處高出於衆

艙本易受礮子之擊此旁鐵甲之厚僅足禦礮子不能抵礮子一則前面兩礮臺及煙通艙口風艙口輪機艙口等處周圍不宜用直甲保護也今用之價値既貴斤兩又重不獲相等之益是虛糜巨貲矣若將水面下之穹甲艙面築高於水面之上則船邊有水處既可保護而輪機鍋爐等艙口周圍可不用直甲板矣至前面甲板礮臺造法亦誤緣穹甲艙面如是之低而欲使其礮高出水面相應之度其勢不能豈知保護轉輪礮盤不須一半之深即足矣一則八寸徑六寸徑礮之轉輪礮盤皆有薄鋼片之旋轉遮蓋禦彈不足反招災險也炸

彈入之必於其內轟發貽害甚巨不如無此遮蓋礮子可飛越而過也一則煤艙應加大也一則礮臺上所用厚重之直甲片既多有上重下輕之勢也且戰船有時須加猛火力趕緊速行彼時易遭覆沒即尋常行駛亦難平穩該船轉舵時及移動重礮較準船身斜側時必覺搖動不定想船上人皆知之矣以上皆槐特之言也夫外洋匠師務求相勝亦猶自古文人之相輕雖有佳文欲指其瑕不患無辭製造之學求一利或生一弊乃理勢之自然濟遠船上重下輕之病誠不能免厥後閩有補救之議似已稍改其式矣惟槐特閱歷既深語多心得余故摘其大要以備後來造船者之參攷

十七日記

阿模士莊廠匠師新任英海部驗船官槐特建議造新式兩艦（即致遠靖遠）說帖云新船長二百五十尺闊三十八尺喫水前面十四尺後面十六尺船邊中段離水面高六尺三寸船身佔水之地位約二千三百噸速率每點鐘十八海里輪機馬力五千五百匹船中人手連兵官一百八十名係英國最新最上之造法名曰蜂窠法有夾層底自此邊直達至彼邊即爲積水艙內分許多小間雖遇擱礁及水底攻擊不至沈下又有雙邊由船邊

下面直至穹甲處皆有禦水直格艙即爲煤艙之邊如此則保護機器及鍋爐之法更妥蜂窠法亦裝於穹甲艙如直隔板並煤艙出穹甲艙面直至上層艙在水面上六尺禦水共有十橫格分艙平面艙板亦多用禦水法每副鍋爐皆有禦水分間裝開即一邊破水滿入亦無懼也即使船底外層受損倘有裏層艙底水仍不能入鍋爐房倘裏層底被損倘有彼邊鍋爐可發水氣令船行走輪機裝法亦然各有禦水房間穹甲下之禦水分間亦裝建極妥火藥炸彈各房俱分開存儲穹甲上之分間亦甚多戰時可用甲板蓋護各艙口且周圍有

斜板保護即日開而水亦不易入至穹甲艙之中段高出水面之上各艙口皆開於此能令其船有浮力且不穩煤亦裝於穹甲艙而並兩邊空處兩邊斜面之上用四寸厚之甲板以護輪機鍋爐前面望臺建以三寸厚鋼板船主居之內裝把舵輪船之前後俱有高艙遇風時行駛加快邁礮亦高可以與敵相攻船頭高艙上離水面十九尺有二十一生的礮二尊有二寸厚鋼板之厚可與礮盤同轉用以保護礮手並有水力機器可以裝藥送彈放礮其機裝於穹甲艙之下船尾高艙上裝六寸徑礮二尊與船頭一樣船之中段亦擬加礮二尊

分裝兩邊凸臺上離水面約十尺可以轟遠又擬加霍乞紀司之急放礮六尊裝於極好地段所有大礮之藥彈皆儲於船之下段穹甲之下備水雷礮四尊水雷十二箇四尊雷礮以一尊裝船頭一尊裝船尾又兩邊各一尊電火查察燈亦不可不備輪機備一種三倍漲力機器用煤極省煤櫃裝煤四百五十噸可行二百四十點鐘之久至船之平穩即加猛火力亦無搖擺之慮其礮位藥彈霍乞紀司礮機器礮水雷傢伙電氣燈一切軍器均在船價之外總論新船與濟遠異同之處一外而形狀雖相似然新船首尾二端及礮位出水面較高二軍火無殊或添六寸徑礮三尊亦極要緊礮架裝法亦勝三造法遠勝處在蜂窠法之分間四穹甲同一堅固而新船浮力平穩五新船不用直甲板無濟遠上重下輕之弊六新船可保護把舵機七保護船主之望臺八新船輪機係行海之最上者既可省煤且鍋爐房皆有隔間九速率加三海里馬力亦兩倍十裝煤三倍濟遠　造船之事以監督工料爲最要材料之良窳製造之精粗全恃監驗之員隨時稽察遇物揀擇乃不至有苟且搪塞之工料儳厠其間

十八日記

曾侯在克虜伯廠定購致遠靖遠兩艦所用之三十五口徑之二十一生的邁當後膛螺紋大礮六尊準頭全備裝礮及淨礮用各零件六副各種彈子三百箇內平常鑄鐵炸彈九十箇鋼炸彈三十箇石榴鋼炸彈三十箇穿甲炸彈一百三十八箇盒彈十二箇火藥三百包炸藥若干包配彈子三百箇之用記時引線及擊撞引線亦照彈子配齊自來火四百箇共計價銀四十九萬九千八百十三馬克除每八分扣七分半淨計實銀四十六萬二千三百二十七馬克　曾侯與阿廠所訂草合同兩艦正價係英金二十八萬五千磅與續訂正合同兩艦計三十六萬四千一百十磅數目不符者初訂

時僅議製造兩船正價其後兩船添配六寸徑之旁礮四尊又正礮旁礮共十尊之架與一切機礮雜械電燈燐銅水雷（係燐銅所製之水雷）等件各價併入船價攤算故有此數

十九日記

講求礮學之進益在察火藥之性及礮膛前段後段之大小並火藥彈子之分兩多寡　阿廠總辦云克虜伯礮之後膛關門處用帽子一法不合用料之理而且礮尾必至加長礮後多佔地位在船上最有關礙敝廠後膛礮之裝法用中心螺塞不佔礮後地段亦能保護礮

手　船價內有克虜伯礮六尊之架及各項機器共價一萬七千六百磅六寸徑後膛螺紋阿模士莊大礮四尊連準頭礮架並藥彈引藥自來火一切零件共價九千八百八十二磅六磅彈霍智紀士急放礮八尊連架及藥彈鋼盒礮車一切零件共價一萬三千七百十六磅百分寸之四十五徑格林急放礮六尊連架及車及藥一切器具共價七千三百三十二磅馬丁尼韓利螺膛槍四十桿梅花手槍十五枝連皮帶藥包藥彈火箭一切零件共價一千二百四十磅水雷礮四尊十四寸徑燐銅所製刷次哥甫白頭自行水雷十二箇連抽氣機器淨氣積氣器與水閘水管雷氣放水雷機發號機安置水雷板鐵路轆轤繩索木椿配件一切零件共價二萬零二百四十磅水雷應配各件共價三千一百八十磅電氣查察燈兩盞玻球電氣燈一百五十盞連輪機發電機水氣管氣門裝設架子等件電鑰回光鏡電纜銅線共價五千九百二十磅　統計致靖經徠四艦及礮位各項定價用費除撥神機營所借洋款銀二百四十八萬兩外又續撥銀一百萬餘兩初次匯至英館銀二十一萬一千磅匯至德館銀十四萬八千磅後又找匯英館銀十九萬五千磅又抵付克虜伯廠息款二

千餘磅找匯德館銀二十六萬二千磅

二十一日記

拜發互換印藏條約一摺　緬甸舊都阿瓦城在大金沙江西岸大金沙江者中國圖志謂其上源即雅魯藏布江曲折經行西藏數千里流入番境又流入緬甸境爲大金沙江南行數千里入於南海而洋圖謂之厄勒瓦諦江又謂即怒江之別名然按中國舊圖則以怒江爲潞江之上源夫潞江在大金沙江之東洋圖所謂薩爾溫江者也今攷緬境最大之江薩爾溫與厄勒瓦諦並流南下東西相望然則謂潞江即怒江或謂大金沙

江即怒江者必有一誤余意怒江源流不在中國境内從前圖志或攷之未審若洋人之圖則皆躬親涉歷或精心測量不僅恃傳聞影響之談則潞江似與怒江絕不相涉而謂大金沙江即雅魯藏布江之下流者又未必盡然且攷洋圖雅魯藏布江自有入海之口或其枝派流入番境變其名曰怒江再流入緬境謂之大金沙江回未可知總之大金沙江之上源雖洋人亦不甚明晰蓋由藏入番中間有千數百里之地人跡所不能到者也　光緒乙酉粵督張藹帥電購阿模士莊廠八寸徑後膛螺紋新式鋼礮五尊每尊價二千五百二十六磅連苗頭及

鋼板中樞礮架鋼板座盤并圓條樞機輪格各應用器具又備二百次用各式彈子等共價二萬四千八百七十五磅又備放一千次之火藥價四千五百七十磅

二十二日記

西洋各邦立國規模以議院爲最良然如美國則民權過重法國則叫囂之氣過重其斟酌適中者惟英德兩國之制頗稱盡善德國議院章程尚待詳攷英則於八百年前其世爵或以大臣分封或以戰功積封聚而議政謂之巴力門即議院也其後分而爲二凡世爵大者富者輔君治事謂之勞爾德士一名比爾士即上議院員紳也其小者貧者謂之高門士即下議院員紳也宋度宗元年英廷始令都邑公舉賢能入下議院議事而上議院之權漸替上議院人無常額多寡之數因時損益曰王曰大教師曰公侯伯子男曰蘇格蘭世爵每七年由其院之爵首以時更易至阿爾蘭世爵則任之終其身世爵古有專職今止存其名上議院之讞獄皆以律師之賢者封爵以充之不得世襲政府必有世爵數人故上議院中皆有政府之人宰相得舉百官之有才能者入上議院而下議院之人皆由民舉舉之之數視地之大小民之衆寡其地昔寡而今衆商務日興則舉

人之數可增反是則或減或廢舉而不公亦廢其例使不得舉英倫與威爾司分五十二部舉一百八十七人大邑百九十七舉二百九十五人有國學之邑三舉五人蘇格蘭分三十一部舉三十二人大邑二十二舉二十六人有國學之邑四舉二人阿爾蘭分三十二部舉六十四人大邑三十三舉三十九人有國學之邑一舉二人上議院世爵多世及無賢愚皆得入故其人多守舊無故不建議下議院所議上諸上議院允者七八否者二三其事簡下議院爲政令之所出其事繁西例每七日一禮拜則休沐禮拜一二四五日議事時長禮拜

三日議時較短禮拜六日議否不定每歲大暑前後則散議院議紳皆避暑居鄉訂於立冬前後再議然使國無大事則常俟立春前後始再開議院云議院人無早暮皆得見君主上議院人獨見下議院人旅見凡議院坐次宰相大臣及與宰相同心之官皆居院長之右其不同心者居左其有不黨者則居前橫坐世爵不在議院及各國公使入聽議者皆坐樓上余於前月嘗往聽一次焉

二十四日記

福建船廠所造龍威鋼甲兵輪船前經北洋副統領琅

威理駛視駛回閩洋照兵船新式增修鑲配約有百數十件之多工竣後接北洋電歸併北洋操演改名平遠閩省於青洲地方創設石塢以備修理鐵甲巨船前因費絀停工今又於二月開辦備北洋兵船避凍南下及時修整之需議以閩關六成項下兩箇月六萬金作爲按年籌辦船塢之資

二十五日記

越南之中圻濱海沿山形勢狹隘初分九省蓋併南圻舊存之四省在內自屬法後復以北圻之河靜乂安清華三省割隸中圻遂爲十二省曰廣德省居適中之地爲建都之所城名富春地稱順化領一府六縣曰廣治省領二府五縣九州曰廣平省以廣平關爲南北咽喉稱天險焉領二府六縣曰河靜省領二府八縣曰乂安省領七府二十八縣曰清華省領五府十九縣此廣德以北沿海五省也廣德之南爲廣南省領二府六縣曰廣義省領一府三縣曰平定省領二府五縣曰富安省領一府二縣曰靖化省領二府四縣曰平順省領二府四縣此廣德以南沿海六省也有大山自北圻蜿蜒而來貫中圻全境而入於南圻名曰橫山中圻形勢以橫山爲綱維山之西爲苗疆山之東爲越境各省地介山

海之間東西不過三四百里南北二千五百餘里諸水皆發源橫山東流入海最著者四曰清華省之雙馬河河靜省之雙匯河廣德省之漢江又名惠河廣南省之漢瑯河此外枝流不可勝數而沿海港澳之深闊者皆在廣南之南惟漢瑯港四面環山泊船最便距富春百六十里水陸皆通爲越都南面門戶敵船所必攻者也至中圻以北山路崎嶇關隘甚多然今之時勢趨重海疆則陸險竟無足恃矣

二十六日記

中圻戶口越民約五百萬苗民衆十餘萬未入版籍但

通有無尙以化外視之華民不滿萬人經商者十之七開礦者十之三其設官則平定置總督富安置巡撫隸於平定乂安置總督河靜置巡撫隸於乂安他如廣治隸於廣德廣義隸於廣南平順隸於靖化皆於本省置總督屬省置巡撫其專置總督而不兼圻者惟廣平淸華二省蓋以本境遼闊也中圻雖歸法保護而內政之權操之越王法遣總都護使於富春監察朝政督理外務歸華印總督節制惟廣德之順安口已割爲法地矣賦稅與北圻大致相同有法官代徵者關稅船鈔是也有越官自徵者地丁土貢雜課是也有華商包辦者礦

租鹽課洋藥等稅是也地丁雜課歲徵洋銀約一百五十萬員例禁之物如肉桂鹿茸燕窩象牙洋藥寶石礦產之屬大半華商包稅開採歲交稅課共一百萬員稅關十有一處皆由法設稅務司儘徵儘解悉輸越王歲得二十餘萬員地瘠民貧入款不過如此至於山海之利頗產金銀銅鐵鉛煤多用華商開採山中藥材亦爲華商利藪而沿海之鹽場海島之燕窩亦多由華商包辦今法人苛徵華商限制華船華民生財之道漸遜矣出口貨歲值一百五六十萬員肉桂絲棉爲大宗鹽糖燕窩竹木果品之屬次之進口貨歲值二百餘萬員粟米爲大宗洋布洋藥次之中國紙茶陶器又次之此食貨出入之大較也

二十七日記

羅馬尼亞國本土耳其邊省瓦拉蝦（志略作襪拉幾）及穆爾達費亞之地即萬國公法中所譯第三卷第一章第三節所稱屬國半主之國瓦喇加馬喇達二邦舊境光緒四年俄土搆兵兩省兵民叛土助俄事定不能復隸土國而歐洲各大國又不許其屬俄於是柏林大會各國公立兩省爲羅馬尼亞國立德皇之姪沙勒爾第一爲君光緒六年彼國駐法公使勾嘎勒尼薩諾將該國王所

上

皇上一書封送曾侯請爲轉遞情詞極爲恭順蓋即位之後普發國書明告地球各國將以樹立聲名鎭服民庶也明年國王從官紳之議晉加尊號稱爲君主又送國書一通請曾侯轉遞又賽爾斐亞國係歐羅巴洲東方舊部界在奧斯馬加之南土耳其之北羅馬尼亞之西明初土耳其征服之列爲屬地厥後土國勢衰賽民叛土血戰二十餘年遂議和約作爲土國屬邦光緒四年俄土之役賽爾斐亞兵民倒戈助俄迨俄土議和不願復屬土國於是柏林大會各國同盟底定歐洲東界

事務公立賽爾斐㟴爲自主之國立密則爲國君都柏格拉城八年二月該國駐法公使馬利諾章治照會曾侯稱其國君已晉加王號特具國書奏明
大皇帝請爲代奏等語情詞亦極恭順

二十八日記

查舊卷光緒六年印度加爾各達王騷林德羅門他果耳獻所著樂譜及本國所用樂器託英國駐京傅署使送交總理衙門代爲呈進旋又函致曾侯稱冀求
賞賜品物以爲希世之寶總理衙門奏請
賞給頭等金寶星一面景泰窰藍花瓶一對　光緒九

年英前任香港總督新授麥來修總督亨乃西致書曾侯稱自製鎏金花爵一座敬獻
至聖先師孔子神座前曾侯爲轉寄北洋由李傅相專弁咨送衍聖公代爲供獻

二十九日記

江南創設水師學堂在儀鳳門隙地擇址興工招募聰穎子弟一百二十人分駕駛管輪兩班學習每六十人爲一班五年後咨報海軍衙門考選　貴州潘偉如中丞前年在諦塞德廠訂購鎔鍊礦鐵機爐全副計價英金六千八百三十五磅又另訂鍊貝色麻鋼爐價一千九百二十七磅又訂軋造鋼鐵條板機牀價一千四百七十五磅又訂軋造鋼鐵條板所用汽機等件價二千三百七十三磅　前年臺灣在英國哈湯廠所訂駕時斯美兩艘皆係搭客淺水快船每艘機器馬力三百匹載貨淨七百零四噸五六　七百零三噸四五長二百五十尺半寬三十四尺二寸中深十八尺輪機艙長四十八尺每點鐘行十五諾脱有奇　前年北洋訂購阿模士莊廠九寸二分三十五倍口徑後膛升降活架地阱鋼礮二尊用電線演放三亥礮架運動升降甚靈

八月戊戌朔記

查舊卷光緒庚辰索還伊犂一役總理衙門南北洋由大北公司發往外洋電報字數計遞俄國者一萬字遞各國者六千字收到覆電共八千字通共往來二萬四千字報費洋銀五萬二千八百員若大北不取報費祗出他電之費則但需報費一萬九千五百員　光緒丙戌續派第三屆出洋津閩學生共三十四名核估經費三十萬兩

初二日記

五金之礦鐵之爲用遠勝於金銀銅錫古者以鐵爲甲兵爲農具爲釜甑夫人而知之矣今者泰西各國航海

以鐵爲船濟渡以鐵爲橋行火車以鐵爲路通電報以鐵爲線作書記以鐵爲筆以鐵汁爲藥治血症以鐵爲藥其爲用也尤廣英國三島煤鐵之饒甲於五洲數百年來研求經理風氣日開坐擅富强之業故鍊鐵之學惟英國爲尤精其法從化學悟入治鐵之要自辨别砂石始砂石體質不同約有四類紅者黄者黑者黄而兼黑者英國出鐵甚多黄者居十之九皆在産煤之地體含三質乃炭氣養氣與鐵也更有土泥與煤攙和燒鍊較難其法於未入爐之先即以自來之煤燒之全山烈火逾月始熄煤浄而炭氣盡散所存黑質仍含泥土乃

更設爐重燒二次爐寬二丈高五丈中若葫蘆以不灰木爲裏配以煤炭而以灰石搭配鐵砂從上納之灰與泥土在爐内合爲一質輕而上浮即從上開一竇洩出所成生鐵重而下沉亦從下開一竇收於模内此爐既大鎔鐵又多須以烈風吹火舊法恆用冷風近乃多用熱風以風熱則出材多而省費也其法用火輪機爲蒸釜以生力爲汽筩以行機爲風箱内有活塞往返催風上下左右有合葉使風出入爲風櫃以積風爲風管以引風於熱處爲旁爐俾風管穿之而熱風熱至六百餘度以入大爐斯鐵化愈速矣生鐵既成於是由生而熟

由熟而爲鋼則須更燒一次其爐式横而卧與前爐豎而高者不同爲火槽於爐前以置煤炭爲煙筩於爐後中爲置鐵之所鐵與煤炭稍隔俾熱力透而融之火既熱極鐵如汁沸隨以鋼條挑撥轉動則鐵中之炭悉化而隨煙出矣出爐後俟其退凉團爲鐵丸是爲柔鐵然其質散而不堅必加以錘然後可堅可柔可折爲熟鐵從前多用水碓以運錘英人納斯米創爲火輪機運錘之具而輕重不能由人後又置小機於旁專爲可輕可重而設其重擊千鈞之石可立碎其輕擊雞卵而止傷其皮遂爲汽機運錘之善法至熟鐵製爲條片亦有軋

鐵汽機以鋼碡二具一上一下而以熱鐵置其間機行碡轉鐵隨壓力而引之隨引隨長如欲極薄則以油敷鐵面折之乃更軋之更折更軋至於五倍十倍幾如薄紙更有隨軋隨劃如刀裁者方圓大小粗細一經運軋無不如式吁神乎技矣蔑以加矣然非萃億兆人之精力積數百年之攷究耗千萬磅之金錢孰能臻斯詣哉余謂乘今日而傳其學研精竭誠罄其秘要究屬創難而因易矣

初四日記

查舊卷光緒十二年署洋監督師恭薩克稟貿侯云查

閩廠初次續次出洋學生除改充出使差事者陳季同馬建忠羅豐祿三名不計外實有學生四十五名內能造船者九名能開礦者五名能造火藥者一名通曉軍務工程者二名能造礮者一名能充水師教習者一名能充駕駛者十三名能充匠首者九名調往德國肄業無從考察者二名病故者二名其節略云製造船械學生九人除梁炳年病故外考試以陳兆翱魏瀚爲最出色可與法國水師製造監工並駕齊驅鄭清濂楊廉臣吳德章次之林怡游李壽田陳林璋又次之鄭清濂林怡游堪勝船廠總監工之任亦可派製造軍器楊廉臣

吳德章堪勝總監工之任亦可管理造礮之事李壽田陳林璋堪充總監工或造船或造水師機器礦務學生五人考試以林慶昇池貞銓爲最優張金生羅臻祿林日章次之池貞銓羅臻祿可派查看地勢製造木炭並設廠鍊鐵林慶昇張金生可派管理鐵廠并添設鋼廠林日章可派管鐵廠之化學學堂水師管駕學生二十人以劉步蟾林泰曾嚴宗光蔣超英爲最出色薩鎮冰方伯謙何心川葉祖珪次之林永升林穎啟江懋祉黃建勳又次之劉步蟾林泰曾知水師兵船緊要關鍵足與西洋水師管駕官相等均堪重任不但能管駕大小兵船更能測繪海圖防守港口布置水雷嚴宗光於管駕官應知學問以外更能探本溯源以爲傳授生徒之資足勝水師學堂教習之任薩鎮冰葉祖珪林永升勤敏穎悟歷練甚精均勝管駕官之任方伯謙可謂水師中聰明諳練之員何心川因病回華蔣超英林穎啟江懋祉黃建勳堪勝水師管駕之任藝徒劉懋勳凡上等匠首應知之藝皆能通達可充鑄鐵局匠首或派繪畫船圖郭瑞珪始終勤學可派充汽鍋局匠首或繪畫船圖裘國安大致同郭瑞珪而沈靜稍遜之王桂芳任照吳學鏗可派入拉鐵廠充當查工或在機器局襄助三

人以王桂芳爲領袖陳可會學藝可觀堪充製造戰船匠首張啟正聰明稍次可爲其副葉殿鑠與張啟正相同以上學生二十六人藝徒九人皆於光緒二年第一屆出洋者也又製造學生除陳伯璋陳才鍴調往德國王慶端因病身故外黃庭王廻瀾李芳榮三人以黃庭爲最優宜充學堂教習而不能在營練兵李芳榮聰明而好動可在軍營當差或製造槍礮王廻瀾派管製造軍器火藥各廠必能勝任並與黃庭皆通曉礮臺工程王福昌派管火藥爆藥棉花藥各廠必能勝任魏暹堪勝造船監工之任惜其未竟所學因病回華學習駕駛

學生僅李鼎新陳兆藝二人皆學有心得李鼎新尤明決嚴重有管駕大船之才陳兆藝誠實可靠能勝管駕二人兼可充船學礮學及礮臺學教習以上共學生十人皆光緒七年第二屆出洋者也

初五日記

去年監督肄業事宜補用道周懋琦稟稱第三屆出洋津閩水師學堂官學生分赴英法各國三年學成援案請獎據開清摺學習測繪海圖巡海練船兼駕駛鐵甲兵船者三員陳恩燾賈凝禧文武兼資最爲出色凋獻琛於練船用颿駛風之學尤肯不憚勞苦習操放

大礮槍隊陣圖大副等學兼駕駛鐵甲兵船者八員劉冠雄黃鳴球邱志范王學廉鄭汝成陳杜衡沈壽堃鄭文英考試皆屢列高等學習兵船管輪機者一員王桐考試甚優習水師兵船算學格物學者三員伍光鑑最爲出色陳燕年曹廉正次之學習水師海軍公法捕盜公法及英國語言文字者三員張秉圭羅忠堯較優陳庚次之習海軍製造家算學化學格物學者二員（以下皆在法國者）日鄭守箴林振峰習海軍製造之學者四員陳慶平李大受可勝輪車鐵路總監工之任陳長齡盧守孟可勝輪船監工之任習萬國公法以及法文法語等學

者六員林藩柯鴻年許壽仁王壽昌考試均列上上等高而謙游學楷列上中等均取中律科舉人又病故未卒業者陳鶴潭一員撤回者羅忠銘一員考不入格者楊濟成一員

初六日記

英國海部兵船測量定章自船主以及生徒每日早五點鐘起工晚六點鐘止工凡距海岸三十里外者則駛大船同行若近在二十里以內祇派小輪前往或測遠角必開路刊林或驗潮汐必厲深樹表或占日星以定鍼度或循沙脈以探伏礁每遇風急浪湧不但保護儀

器恐稍遺失亦必詳誌漲痕以備比較蓋小輪時有掀翻尤極艱險晚間作爲說帖更費研求全年甄別一次或薦調或留學或撤退示賞罰焉北洋定遠兵船大副陳恩燾光緒十二年出洋毅然請學海圖由英海部派上依紀理亞兵船學習由地中海駛入印度海測出前圖未載礁石兩處又駛入亞洲南洋各島由噶羅巴測至太平洋得一新島島中無土番無大獸林木蓊翳禽鳥啁伏持械褁糧躋山刊木因涉其巔苦搜山泉不得繞島一周約二百里行經馬達加斯加爾島折而東循赤道南四十度行至四十二度五十四分倫敦東一百

四十七度二十一分始望見河北鎮山中國謂之新金山坤輿圖所稱澳大里亞洲也自新加坡開行至此凡歷三十七晝夜海程一萬三千餘里不見一山不遇一船悉憑緯度以定羅盤凡遇狂風大雹十有二次陳恩燾自用大索縛身桅杆間隨同船主占鍼揆度測海駛風從容料量不爽毫釐蔵事而返期滿甄別出考給照竟列上等派赴海圖房觀刻圖等法學成回華

初八日記

總理衙門奏籌辦重慶通商停止輪船上駛一疏略云光緒十三年六月英國使臣華爾身照稱英商立德自

置小輪船擬由宜昌試行上駛重慶請照煙臺條約給發准單並轉令沿途地方官員彈壓保護等語條約既有明文本無辭可以阻止當經咨行四川總督派員前赴宜昌與英領事會商行駛防碰章程四川督臣屢次來電以輪船入川民情惶急萬不可行旋經總稅務司赫德從中調停將煙臺條約中輪船上駛一節酌量變通改議專條自宜昌至重慶准其用川江常行船隻運貨通商而罷輪船之議蓋洋人在重慶本已早有貿易今即允其作為口岸在彼不過有開設行棧之益在我亦無所損而輪船不行可免多少枝節惟立德所買固

陵輪船必須設法安頓因囑總稅務司電商立德仍以十二萬金買留船棧先在出使經費項下墊付以了此事英使遂將重慶專條節略開送前來臣等復與北洋大臣函商酌加刪改又與英使反覆商議訂為六條第一條言明雇用華船及自備華式船隻則川江往來既無擁碰之患船戶水手仍用華人亦可資其生計第五條聲明俟有中國輪船往來重慶亦准英輪駛往一節其權操之自我此時中國未用輪船入川彼自無所藉口其餘各條亦與歷屆條約相符似可就此完結所議續增專條一重慶即准作為通商口岸英國自宜昌至

重慶往來運貨或雇用華船或自備之船均聽其便一凡此等船隻自宜昌至重慶往來裝載貨物與輪船自上海赴宜昌往來所載之貨無異即照條約稅則及長江統共章程一律辦理一凡此等船隻所執船牌旗號應領貨照及擬運宜昌以上貨物如何拆動另裝並宜昌至重慶貿易之人應遵守一切規則俾獲保護利益之便一凡雇用華船在宜昌重慶兩處完納船料其有能懸英國旗號之華式船隻應照條約章程完納船鈔所有英人雇用華船及自備華式船隻由宜昌至重慶往來運貨者務須在海關承領船牌關旗倘無海關所

發船牌關照均不准享此次利益並禁華人船隻冒用英國旗號一俟有中國輪船販運貨物往來重慶時亦准英國輪船一律駛往該口」現在議定此項續增專條應與煙臺條約視同一律

初九日記

歐洲立國以商務爲本富國強兵全藉於商而尤推英國爲巨擘列國雖欲與之頡頏爭衡而終不及其心計之工規模之遠也英與法最近其通商亦與法最先唐肅宗至德二年與法王查理曼立商人之約英法同盟始見國史元武宗至大元年始用銀錢匯票與西班牙

葡萄牙兩國通商英宗至治三年與威尼士立約通商明太祖洪武十七年始設商船律法嘉靖九年始至亞美利加洲之白來齊通商二十九年與瑞典合約通商三十二年始與俄國通商萬歷二十二年始設銀號商人便之

國朝順治八年始定市舶賦稅頒定律於國中康熙三年瑞典僭據亞美利加洲地英人取之名曰新瑞典令居於新地者不許與他國通商商人咸怨是時荷蘭西班牙兩國商賈日興英人嫉之特遣水師提督伯拉格統兵船往西印度海取西班牙屬地曰買加並奪獲西班牙採金之商船至此又遣約克丟伐荷蘭此爲爭通商用兵之濫觴康熙五年始販中國茶葉至英始設保險之法雍正十三年與俄國立通商之約乾隆二年西班牙虐待英之商賈二國兵釁將自此搆王及大臣皆欲戰惟瓦爾波不可強之乃發兵五年遣安勝至南太平洋劫西班牙商船十五年仍與西班牙和始製毛氈五十二年與法國重申通商和約道光二年英迦甯爲相羅賓森掌度支墨斯基遜掌商務謀除苛政令四方食貨流通四年英人經營美洲不遺餘力於是南亞美利加諸部久不奉西班牙人約束至是英遣領事官往

復立通商之約於墨西哥五年與丹馬立約通商六年與瑞典結盟任英船出入瑞典所屬海口英人專志於行商蒸蒸日上十年之間國中富商貸貲本於他國王家者計三千六百萬兩英建輪船公司往來各處十年輪船初至印度水師總統納白爾始至中國之廣東雖未必有心於窺伺然其謀肇於此矣十八年輪船始度大西洋商人之行賈於外者於海道益稔與奧國美國俱立通商條約而創設英公司於暹羅置戍兵於紅海之亞丁埠凡行旅之經此海口者得資保護二十年與德邦擬立約通商是年方以販運鴉片啟釁英人有戒

心焉二十二年
中朝與定和議許英人在上海廣州福州厦門甯波互市通商二十五年與普西利立約通商當此之時適商船艦三萬八千艘水手二十九萬人其富如此迄今數十年來經營開拓又加倍焉自有地球以來商務之盛未有如英今日者也

初十日記

查舊卷光緒八年十月曾侯咨呈總理衙門及北洋大臣云英國前任香港總督亨乃西密交其寫呈羅馬教王之外部神父札克畢呢節略之稿內稱上年與北洋

李大臣會晤談及華民與耶穌教民相處情形始終不能和洽欲復康熙年間之舊必須教王遣使駐京按照接待各國駐京公使之禮一律接待教王之使等語甚有遠慮近年教師在中國各省設立教堂傳教與華民爭論之案層見疊出而天主教歸法國保護流弊尤多蓋法人自待教民甚爲苛刻而於教士之在他國者則藉保護爲名陰以濟其覬覦要挾之詭計也教王管轄各國之教民恃其本人之信心皈依各國朝廷管轄其本國隸籍之教民專恃政刑以鈐制之相提並論則教王之權勢尤重若與教王徑相交涉不令覇國干預其事不以兵戎商賈之事攙雜其間則遇事可以理折可以情商未必非交涉之一助也節略後段又云一二百年前英國所設之東印度公司始將鴉片引入中國繼因強賣鴉片屢與中國搆釁旋定和約約內將通商利益與教士應享權利混在一處按照條約中國應將崇奉天主教之民交歸法國保護凡此一條實於行教中國大有妨礙在那破侖第三倡行此條之日其事已屬不善近來益見頹敝當外國未干預之前中國崇奉西教之民數逾百萬今中國奉西教者僅有四十餘萬耳中國大臣言及耶穌一教則謂其鮮行於中國渺不足

觀英使威妥瑪亦謂耶穌教士雖在中國多費錢文而所得奉教之華民不能滿四千之數總之外國國家外國條約動輒干預中國之事致傷教務是以實奉天主教者已少五十萬人而所添之四千崇奉耶穌教者亦多爲虛聲非盡眞奉景教之士也

出使英法義比四國日記

卷四

光緒十六年庚寅八月十一日記

總理衙門五月十四日咨開准北洋大臣咨據北洋海軍提督丁汝昌文稱去冬奉命巡洋抵新嘉坡各島目擊流寓華民交涉懋遷尚稱安謐惟未設領事之處多受洋人欺陵剝削環求保護未便壅不以聞查新嘉坡附近英屬各島曰檳榔嶼曰麻六甲曰柔佛曰芙蓉曰石蘭莪即石郎阿國曰白蠟即卑力國華商亦頗繁多新嘉坡領事既無兼管各埠明文亦遂無遙制各埠權勢擬請以

新嘉坡領事改爲總領事其餘各島設立副領事一員即以華民公正殷實者攝之統轄於總領事每年經費若干由總領事查明撙節議章稟辦仰祈咨商核辦等因本衙門查外洋各屬境添設領事均須先與彼國外部商定核給准照方能次第籌議相應摘敘原文咨行貴大臣酌度情形試與英國外部商議如能辦到實於華民有裨須至咨者

十二日記

余查中國從前與各國訂立和約但有彼在中國設領事之語而無我在外洋設領事之文蓋因未悉洋情受彼欺朦郭前大臣初設新嘉坡領事時與英國外部文牘往來互相辯詰殊費周折曾惠敏公擬設香港領事行文數次英國外部以咨商藩部爲辭藩部以官民不便爲說管禿唇焦終無成議余與參贊等籌商以新嘉坡旁近各島華民固須保護而香港一區尤爲中外往來咽喉凡華洋各商貨物均先至香港然後運轉各省而交涉事務之緊要者一曰逃犯一曰走私一曰海界粵省每出巨案派員至港祇以未設領事聲氣隔絕動多扞格所以粵東全省政務往往爲香港一隅所牽掣此處添設領事萬不可緩其次則新金山及緬甸之仰

江亦須相機推廣逐漸設員惟是設立一處商議一處枝枝節節徒費唇舌尚難確有把握英文參贊馬格理請先辦文照會外部援照公法及各國常例聲明中國可派領事分駐英國屬境暫不必指明何地且日本暹羅等國皆已有領事在香港而彼獨堅拒中國本不公允今但與之泛論通例彼必無辭以難我一經答允則無論何處領事惟我所派矣余以爲然因屬馬參贊代擬英文照會稿照會英國丞相兼外部尚書侯爵沙力斯伯里

十三日記

馬參贊呈送英文照會稿余屬張聽帆譯漢文閱之其立言頗中肯綮惟中西文法往往不同者中國文尚簡明而彼則必須煩複且多前後倒置之句法否則閱者轉茫然不解茲特錄之雖其文法已多經譯者删潤亦猶見外洋公牘之體其文曰為照會事照得華民寓居英屬各地者極多中英往來交情日加友睦日增緊要而中國領事官仍僅新嘉坡一處本大臣欲告知貴爵部堂漸除此等立異之見稍合各國親睦之道並體我
中國
朝廷惠顧寓居外國華民之意本大臣是以奉總理衙

門來文屬與貴爵部堂相商中國設領事官於英地之事從前議設中國領事官於新嘉坡之時一千八百七十八年四月十六日貴爵部堂致郭前大臣照會內曾云中國與各國往來係照特定和約之章非遵各國通好之道況中國尚未盡准洋人入內地各處洋人商務亦未處處開辦是以不能援引別國之式准派領事官分駐英國之地等因此事於一千八百七十八年或有此等情形但於近日觀之實無此等情形中國並未不遵萬國公法辦理而近十五年之內更覺按照萬國公法辦事中國雖尚未將內地各處盡准西人通商然即中國所做之事論之亦足令中國有請准設領事官駐紮英地之理中國是以望英國允派領事官駐紮英地照英國許各友邦派領事官分駐之例一律辦理中國有二十餘處地方准令外國人民居住經商其收稅之權為各有約之別國所未有計有二十二處英國曾派領事官駐紮其地本大臣請貴爵部堂審量本大臣並非恐英廷不肯答允之意不過為貴爵部堂一講解之一千八百七十八年貴爵部堂繕寫照會時煙臺條約尚未核准約內已言中國有派領事官至英地之權又一千八百六十四年十月二十四日條約中曾明言英

國願認中國有派領事官至英國各處之權此約雖未經照行本大臣提及此者欲告知貴爵部堂英廷已早有允設中國領事官之意而其約之未經批准者係由別事之故耳本大臣又欲向貴爵部堂言明如此事商妥中國並非欲一時徧派領事官分駐於英國各處地方因有酌量派設之處並為以後陸續派領事官時請給文憑之事而已相應照會貴爵部堂請煩查照須至照會者右照會英丞相兼外部尚書侯爵沙

十四日記

印度煙土販入中國至今已七八十年英國統收印度

諸部畧地數萬里在此三四十年內販運者英商而栽種製造則皆印度人印度煙土散入南洋及諸回部不過二三分販運中國常七八分荷蘭所屬南洋諸島近皆以栽罌粟爲業多販運中國　印度西藏往來商務漸見暢旺西藏出口貨以硼砂羊毛鹽爲大宗

十五日記

今年英國陸師之數凡陸兵二十一萬一千四百六十二名馬二萬五千五百七十八匹額外陸兵五萬五千二百名民團農團十五萬五千八百四十八名馬一萬四千一百匹義壯自願當兵者二十五萬七千八百三十四名馬五百匹差捕兵一萬二千七百五十七名馬四百匹陸師經費一千六百七十萬零三百磅以上係專指英倫三島而言又英國水師凡鐵甲船二十八艘巡緝船二十一艘一枝桅船十八艘大小礮船六十三艘大小魚雷船一百四十八艘兵船一百十三艘國中遠商雇用兵船一萬七千七百二十三艘篙工四萬九千六百名水師步兵礮兵一萬三千名額外步兵礮兵二萬二千名在船司理各人約共二十萬二千五百名水師經費英金一千三百零八萬二千八百磅以上係兼指英倫三島及印度新金山等各屬地而言

十六日記

余遣參贊馬清臣赴外部探問南洋各島設領事官之事授以辭義而往且告以余意頗不憚筆舌之煩不參游移之見若英廷未允必當據理力爭雖至三四至六七不厭也清臣晤外部侍郎山特生問前送照會英廷之意云何山特生曰中英和約究無中國在英境設領事之明文所以從前議此事者每多阻礙清臣曰和約有准英國在中國設領事之明文舉此見彼原是一律若必一一詳載則約文不免太繁且中英方睦若於此等事件不稍通融友誼又將隔閡非大局之益也山特生曰他處建設領事或易商辦香港逼近廣東盡係華人所居若再設華官難免喧賓奪主之虞新金山官民與華民不能相安新設禁例方滋口舌此二處似不易商清臣曰新金山稍緩再議自屬無妨但吾問使館此次辦文注意專在香港蓋因逃犯走私關繫廣東全省政務之故且日本暹羅皆已有領事在香港而獨不許中國此理殊難解釋凡於理說不去者即於勢不可行所以特來奉勸請力顧大局以重邦交山特生曰中國風氣初開恐爲領事官者不自知其職守有侵權越分之舉實於兩國均無裨益清臣曰新嘉坡領事左秉隆

初到埠時與英國官員不甚浹洽久則熟習華洋情事
辦理恰如分量遠近均無間言若香港設中國領事關
當調左秉隆任之開辦一切必可如法山特生沈吟久
之曰來文已呈沙侯閱過我等之意原謂可行但必須
商之藩部方能定議耳清臣私告山特生曰吾聞中國
欲設香港領事此意甚決若英廷不允尙當據理力爭
雖至三四至六七而不厭恐英廷終無辭以拒之今香
港既有各國領事再添一中國領事於英並無所損而
可以聯絡邦交何憚而不速允譬之杯酒待人苦勸而
飲之已覺乏味不如先自舉觴之爲愈也山特生曰善

吾當力勸沙侯與藩部玉成此舉告以兩月內當有回
音遂別

十八日記

總理衙門保奬出洋遊歷人員一疏略云兵部候補郎
中傅雲龍戶部主事繆祐孫刑部主事顧厚焜兵部主
事程紹祖禮部主事李秉瑞兵部主事劉啟彤等各呈
有劄記及繙譯編撰之冊傅雲龍所著遊歷日本等國
圖經八十六卷纂述較多徵引尙博實屬留心蒐輯堅
忍耐勞繆祐孫劉啟彤亦採訪精詳有裨時務除未回
京報到各員俟時察看辦理外其已到各員請分別給
奬以示鼓勵傅雲龍劉啟彤請發往北洋差遣委用

二十日記

今天下戰守之具曰槍曰礮而置礮以守者則有臺載
礮以戰者則有艦防巨礮之轟擊而亦能自用巨礮者
則有鐵甲船五者戰守之具之大較也若夫工價廉於
巨礮較之築臺造艦之費更減十倍其功用則與礮臺
鐵艦相若或尙過之者莫如水雷水雷有三項曰伏雷
曰送雷曰行雷伏雷有三種一曰伺發之雷以電線通
於岸舍須藏礮臺中或敵船不及處各用弧鏡朝夕夕用電燈窺伺用三
角測量之理敵船一至急聯電線轟發不待其觸也用於

潮汐高下懸殊處尤宜操縱由我最爲穩當然有三弊一恐敵分
派小艇撈割電纜一電線總散頭緒繁多風浪易於衝
斷一鏡望不眞難以命中也一曰觸發之雷不必通至
岸上祇有玻璃管電池相連有觸必發不必伺察不必
定設於礮子所及處可多設於沿岸以防舢板偷行上岸旁流以防
抄襲淺水以防結筏偷渡及已船不到處或已船亦到而中留一
路另設浮表以免誤觸此雷有五便一省伺察二省電
纜繼撈不過一枚三逐日移置敵雖辨虛實四無總散
電線轇輵風浪不至衝斷五各雷不聯起落較易常可
查看修理然有六弊一敵用破船先發二潮高不易觸

三風浪移動浮表我船易於誤觸四撈起放落偶不留心即致誤發五已發者不辨其處不易補入六設雷之處不便常以己艇巡邏也一曰伺觸兼用之雷祇以電線通至岸舍晝派人伺察敵船將到則聯其電一觸即發夜則常聯之有觸必發矣然於伺發之雷三弊之外又有二弊一潮浪太高去船太遠則難觸發一敵人夜放破船先發其雷大船即可長驅直入也以上伏雷三種相需爲用不可偏廢又宜多設浮表疑雷以誤敵人送雷亦有三種一曰桿雷即雷船所用（有艇首桿艇旁桿單桿雙桿之異）一曰拖雷（用長索拖於艇後之左右去艇三四丈駛送於敵船之下英人哈氏所創）一曰

鼓雷（亦英人所創儲藥於花鼓桶中絡於電氣轉舵之艇旁或快艇之旁載往敵船下拋棄之少選即發）（此雷不易深入船底）行雷又有三種一爲懷台氏魚雷一爲黎氏箭雷一爲馬克登那水礮（即蒲恩請試未成者也）皆所以濟伏雷之窮也

二十一日記

魚雷乃行雷中之一種奧國人懷胎脫所造法國得其祕法較早然尚以購者爲便宜故法無製雷之廠十餘年前日意格代中國與奧商訂議至少須購五十箇每箇一萬二千佛郎中國若欲仿造又需售法之價數十萬佛郎惟德國伯靈之刷次考甫廠仿其意而修改更精用燐銅以代銅不生鏽而更準李丹崖星使遂代北洋定購二十箇每箇一萬馬克外加裝射各器不索售法之價允許中國仿造惟此器機簧繁密斷非倉猝所能試用故北洋設魚雷營於威海衛以練之又德國射魚雷之艇長二十七邁當與法國同由士旦丁廠承造

二十二日記

水雷有魚雷伏雷浮雷撞發點發機發藥發電發各種而電氣又有吸鐵化電摩電淡電濃電名目繁多水雷之殼浮於水中者常作圓錐形內容棉藥一百磅上連藥水電池五枚大約每箇價五六十金又有伏於水底

者其形如龜用藥五百磅至二千磅每箇價百金數百金不等夫置一水雷豈必盡能得力然價如此其廉不妨多備以收其效即使獲什一之效百一之效而其效勝於礮臺鐵艦多矣是故有兵船之責者不可不防水雷有守口之責者不可不知水雷之用　法國地中海水面射雷之艇每隻價合規銀二萬二三千兩

二十四日記

外洋銀錢之流入中國者向惟日斯巴尼亞所鑄華人名之曰本洋咸豐年間始行墨西哥銀餅以其面鑄一鷹呼爲鷹洋近來廣東購機器鑄銀錢已有成數所鑄

銅模將洋文改鑒蟠龍文外正面改刻廣東省造等字
一面由善後局陸續撥給紋銀本年四月開爐試鑄每
一員重庫平七錢二分配九成足銀次則三錢六分減
配八六成足銀再次則一錢四分四釐七分二釐三分
六釐三種均減配八二成足銀陸續解還善後局搭用
今津閩等處均已行用

二十五日記

英人於咸豐八年盡收印度隸入版圖其大政統於議
院特設專部領之斯時小國尚存一百五十有三皆臣
屬於英今攷英屬印度之境計八十三萬一千九百六

十三英方里居民一百八十四兆歲入之款五十兆磅
戍兵十八萬七千印度土酋所轄之境計五十六萬五
千一百有六英方里居民四十八兆歲入之款十五兆
磅兵丁三十一萬五千人礮五千三百尊均統轄於印
度總督　英屬南緬甸之都會譯音曰藍貢又曰漾貢
海國圖志作郎昆又曰仰光曰仰江曰蘭江口曰瑣玕
埠緬都曰莽達拉一作門得利又曰曼德來

二十六日記

英屬香港洋人不及華民十分之一然華民亦歸英官
治理英設總管一員統屬文武譯者遂以總督或以巡
撫稱之其副爲輔政司代行臬臺職如古之長史次爲
庫務司又次工務司又次理刑司次巡理廳華民政務
司次總緝捕官又有船務廳香港地價每一畝值洋銀
三四萬員至六七萬員不等每畝歲收地稅數十員至
百餘員不等沿海各船編列字號每歲收稅十八員至
十二員不等此外有房屋稅票稅而鴉片煙稅極重歲
入之款除津貼兵船外其餘作本處公用如官俸巡役
工食修理街道衙署等費故稅雖重而人樂輸商務日
旺焉

二十七日記

英屬新嘉坡礮臺因山建築有外斜坡以護壘牆避敵
彈之擊壘牆與外斜坡皆用泥土不用三合土始可任
擊不壞與中國沿海各礮臺以三合土作太平面之牆
顯露於外者不同此法滬局所譯之書已詳言之英臺
規模極大牆有三重臺內兵房寬敞精潔火藥庫七八
座軍械庫數座共費銀三十餘萬兩此舊臺也光緒五
六年間又於西面添建新臺其工程更鉅更堅凡四五
年而後蕆事共用經費銀七八十萬兩云

二十八日記

暹羅自乾隆以後入貢中國咸豐年間因道路梗塞貢

使被劫遂不復入貢然非暹王意也顧以缺貢旣久恐被責罰故不敢來光緒五年三月接到中國催貢劄文乃由駐暹英領事轉遞者或曰是年英官以戰船假中國旗號僞云責貢之師以脅暹人使之求助於彼則劄文虛實似尚未可知然暹王向其臣下具道所以歷年欠貢之故因貢表內前用跪具字樣近已改用西禮不無窒礙蓋其意未嘗不思轉圜也然卒莫爲代達於中國者故不能不與英人倍加親密云先是暹王因勢孤意怯下令臣民俱易西服大臣日夜泣諫王太后出爲調停許以下半體衣裳仍其舊制今亞洲各國仿效西

法者東洋則有日本南洋則有暹羅暹羅王城在曼谷亦曰船城彈丸之地也城外地名班考克爲通商巨埠十餘年前闔境華民約有三十萬人商務樞紐大半歸之其地每値夏令有黃水自海中來及時播種水退苗熟不事耕耘穀米之豐甲於南海每米一石價銀二三錢故自康熙以來閩粵等省皆賴暹米接濟其國史所紀自晉襄公時起迄於今日鑿鑿可攷也

三十日記

西人之善築隄者曰荷蘭之水因河馬斯河美之密昔西比等河洶涌澎湃從前頻年泛決今始得其法久慶安瀾其築隄也寬讓河流之勢築之於距川數里之外料實工堅五六里外又築一隄此外更築一隄每相距約五六里每河必有隄三四層此直隄也復於隄中見方五六里築一橫隄如方罫然平時無礙樹藝偶遇衝決一二方罫當之可一面力爲堵禦不致徧地洪流無從取土無從著力

九月戊辰朔記

本年長江各埠所出新茶計英商美商采買比往年少英權六百萬磅俄商采買比往年多英權六百萬磅適足相抵運英之茶一千七百三十一萬九千餘磅運美

之茶二百七十六萬五千餘磅運俄之茶二千一百六十六萬五千餘磅蓋印度種茶日旺而美商又往日本采買致奪中國利益也　西人論日本近數年來造器日精出貨日多種植製造蒸蒸日上即如洋關權收稅務租界設立巡丁皆以本國之人爲之西人莫敢誰何此則已勝於中國矣

初二日記

閱邸鈔督辦礦務巡撫銜唐炯奏稱前飭公司次第推廣開辦銅廠滇西以道遠暫緩今滇南各廠陸續見效而滇西之維西麗江順寧龍陵騰越凡屬夷地民間私

挖運出邊外現另籌辦法檄迤西道陳席珍督飭紳耆尹朝安等於適中之下關設店收買由官給價轉運省城湊供京運出示曉諭土司無論漢夷皆准開辦但須報官不准走私所獲銅斤赴下關呈繳領價俾窮民藉資生活盡力開采數年之後利源日闢亦可杜外人覬覦維西一處距省尤遠十兩三錢之價民間僅敷工本請將迤西民辦銅廠暫免課耗二年以示體恤而廣招徠又片稱公司所辦巧家廠自三月以來每月出銅七萬數千斤其餘各廠每月共出銅二三萬斤會澤宣威民開硐硐與公司接濟油米者其銅歸公司收買每月

一萬數千斤不等計在途在廠銅已三十餘萬斤所有九起二批京銅五十萬斤七月可齊抵瀘州至十起頭批五十萬斤趕飭於年內解齊

初四日記

英屬北般島海關去年五月底總結一歲進口各雜貨稅洋銀二百二十四萬五千餘員出口煙稅四百零八萬七千餘員今年五月底總結一歲進口各雜貨稅二百九十萬九千七百餘員出口煙稅五百十三萬六千餘員　美國向不種茶咸豐八年執政購中國茶秧一萬株發給農民厥後愈購愈多歲發茶秧至十二萬株今均有收成然僅供自用

初五日記

綜計地球之上約共有一千五百十兆二十八萬人中國人數約四百兆內外大抵不外儒釋道三教其從耶穌教者係歐洲北方與北亞美利加各國並澳大利亞洲如英德荷蘭瑞士瑞典挪威美國共一百三兆人南方各國亦略有此教從天主教者歐洲南方與南亞美利加各國如法西葡意奧比巴西祕魯智利等邦共一百九十兆人從希臘教者最大之國爲俄羅斯尚有諸小國共七十五兆人凡天主耶穌希臘等教皆奉耶穌

爲宗主統名之曰救世教又名基督教合計有三百九十七兆人此外從印度教者一百九十兆從回回教者一百八十五兆從猶太教者七兆從日本神道教者二十兆維教不在此數釋教行於中國日本西藏蒙古緬甸暹羅錫蘭其人數不易稽核印度教一名婆羅門教又與釋教不同凡地球受教之人一千一百六十兆作爲一百分計算內救世教有三十四分回教十六分印度教十六分儒釋道及日本神道教三十六分此外尚有三百餘兆人未受教化或雜教不足比數者也　是日接准總理各國事務衙門電開九月初二日奉

旨薛福成補授光祿寺卿欽此

初六日記

英國自乾隆五十八年始遣使臣馬格里到中國然事
畢即返道光季年始派使臣常駐中國己酉庚戌間其
公使曰文翰咸豐五六年間其公使曰包冷皆駐香港
七年始派全權大臣額爾金來華調兵攻入廣東省城
挾兩廣總督以去及庚申之變糾合諸國進至京都遂
定天津條約英人謂額爾金有大功於其國同治初年
調爲五印度節度大臣而以其弟卜魯士爲中國駐京
公使其後繼之者曰阿禮國又繼之者曰威妥瑪又繼

之者曰巴夏禮又權公使者曰歐格訥又繼之者曰華
爾身　福建省城內有烏石山九仙山屏山謂之三山
居民指爲龍脈所鍾風水所關自光緒初年烏石山教
堂被燬滋事以後閩紳以三山附近之地向無完糧槩
請大吏禁民盜賣私租以杜教士之侵佔由出使大臣
照會各國外部

初七日記

英國國家著名之廠製造軍械者有二一在烏理治(譯一
作吳爾威此在倫敦東南之根德省臨泰晤士江邊)一在拋此毛吳司(在英倫極南罕㾗此
省志略所謂蘇當波敦省臨海)二廠皆以地名名之商家製造軍械著

名之廠一在紐堪塞爾(在諾爾東北爾蘭省臨大寬江)名阿模士莊(譯一
作阿姆斯脫郎)一在滿痕切司脫(在蘭加斯德爾省歐日而江邊)名同特活德(一譯作毀脫或司)
二廠以造槍礮爲大宗一在裴明罕姆(在窩爾維
克省)名潘立塞以造各種礮彈爲大宗　英國沿海礮臺
不可勝數幾至每英里即有一臺半係舊式僅爲瞭望
海面備海船失事之用著名堅固之礮臺在泰晤士江
(一譯作達米塞江)內者則以烏理治·體而勃·爲最瀕海之處則
以都發(在根德省)拋此毛吳司·司丕舍特·瑕司拋特·(皆在罕㾗此省)
待罔拋脫·潑來毛吳司·(皆在的彎省泰馬江口)奔不羅喀·密爾妨
特·(皆在奔不羅喀省)立佛晉而·(在馬舍江口靠蘇格蘭海)爲最

初九日記

英國上下議院有公保兩黨迭爲進退互相維制公黨
者主因時變通裨益公務保黨者主保守舊章勿使損
壞兩黨勝負之數視宰相爲轉移保黨爲宰相則保黨
在院皆居右而公黨皆居左公黨爲宰相則公黨居右
亦如之今之首相侯爵沙力斯伯里實保黨也沙侯若
退則公黨必有爲相者一出一入循環無窮而國政適
以劑於平云

初十日記

拜發恭謝

天恩一摺　雲南蒙自關稅務司哈巴棠總稅務司赫德稱蒙自城建於雲南之高處約高過海面英度四千五百尺四面有大山環繞無樹木其城橫計英路二十里直十二里形勢與美國之咸湖相仿雲南一省四圍有連珠大山中央之平原高地層疊而成地仍肥澤中央地盤之至高者高過海面英度六千九百尺至低者過海面六千四百尺雲南府大理府均建在內地之河濱洋貨入雲南之路有五一由漢口至洞庭湖經湖南貴州陸路至雲南省城行程需四十日內以騾馬負貨之日過半輸納經過關卡之稅釐甚重二由川江入永

甯河已需水程十九日起貨永甯城外由陸路運至雲南省城又需二十日三由長江至宜昌起旱經施南至永甯此路經行者尙少四由北海起程十四日至南甯十七日至百色三日至保義八日至廣南十二日至雲南省城此路共計行五十四日五由越南海防附輪船運貨一日至河內又附越南民船二十日至保勝又附民船七日至蠻耗又以騾馬負貨三日至蒙自九日至雲南省城此路共需行四十日不但路程稍近且稅釐較輕入口洋貨係每値洋銀百員抽稅五員土貨在蒙自納進口稅一次較在通商別口減十之三若由蠻耗順流至河內只須十二日或十五日而已華貨除鴉片煙外由雲南廣西出口經東京運往香港各處者法國海關概免抽稅

十一日記

今外洋各國設中國領事官者英國有新嘉坡領事官一美國有舊金山總領事官一紐約有領事官一日斯巴尼亞國有古巴總領事官一馬丹薩領事官一祕魯有嘉里約領事官一嘉里約領事暫駐利馬併居駐祕參贊署中俟中祕議有招工善章再令專駐海口稽查拐販日本有長崎橫濱神戶理事官各一箱館等處副

理事官一

十二日記

西人造器以火輪舟車電線爲最獲實用其器之較小者則顯微視遠二鏡亦爲用無窮顯微鏡有裨於光學化學而醫學之獲益尤多視遠鏡有裨於觀星之學測地之學而行軍之獲益尤多

十四日記

英國富强之業始自乾隆嘉慶年間創造火輪舟車之後當其初開鐵路時國人亦相與疑阻以倫敦蘇士阿摩登海口往來車運用馬三萬餘匹若用汽車慮妨小

民生計也迨車路開通用馬乃至六七萬匹蓋以道途便利貿易日繁火輪車祇行幹路其枝路歧出不窮相距百里內外來就火輪車者用馬愈多也迄於今日鐵路六通四闢如蛛網之縱橫相接乘汽車者益眾而馬車之生意亦更旺歐美諸洲各國皆然人始知汽車馬車之互相為用也

十五日記

海軍衙門於京都藍靛廠鳩工庀材創築鐵路一道七月間告成計長八里由外火器營達健銳營沿路築垣牆以護之　基隆煤礦有圓井方井之分圓井於法人

入寇時業已衝壞方井每日可出煤五六十噸自改歸商辦後商人以方井中石閘太多且煤層愈採愈深殊多不便乃於暖暖地方新開一井　臺灣清丈田畝去年一律告竣此後每年可徵田賦銀七十萬兩較舊額溢出四十餘萬兩臺地分省稍可自立

十七日記

緬甸於漢為朱波唐為驃國至元始為邊患世祖成宗征之不克明初立緬甸孟養木邦為宣慰司蠻暮孟密為宣撫司勢力本相敵也厥後諸土司稍稍服屬於緬正統間以麓川思任發逃緬萬曆間以緬酋莽瑞體入寇兩次用兵連年不解

國朝順治年間吳三桂以兵臨緬李定國走死孟艮緬人縛獻桂王然未朝貢也滇邊斜袤四千里處處與緬連界大金沙江即洋人所謂厄勒瓦諦江也由西藏貫緬甸全國入於南海海口富魚鹽緬人載以上行十餘日抵老官屯新街蠻暮需之而江以西為孟拱土司地出琥珀江以東為孟密有寶井多寶石又波竜山者產銀華人出邊商販及屯聚開礦者常數萬迤東有茂隆廠亦產銀乾隆十年葫蘆酋長以獻遂屬內地然與緬地犬牙相錯十八年廠長吳尚賢思挾緬自重始說緬

入貢貢馴象塗金塔其冬緬酋麻哈祖為白古夷人撒翁所敗擒而沈之江撒翁據阿瓦五年緬屬之木梳頭甕藉牙起兵攻白古走之遂王緬甸漸以兵脅服諸土司於是東至整欠景邁孟艮孟勇西北至蠻暮木邦孟拱均為緬屬西南邊外騷然多事矣滇督劉藻楊應琚皆以失機獲罪傅文忠阿文成諸公屢興師征之不能克也緬雖納貢議和不過羈縻而已後數十年英人先攻奪其傅海南半國之地即今洋圖所謂南緬甸者光緒十一年乘緬王之昏暴及中國因法越事厭兵之際一舉滅之蓋甕藉牙傳國數世已一百二十餘年矣

十八日記

閱王蘭泉侍郎征緬紀略緬人致書求和其書云暹羅國得楞國得懷國白古國一勘國罕紀國結些國大耳國及金銀寶石廠飛刀飛馬飛人有福好善之王殿下掌事官拜書領兵元帥等語所敘各國雖不盡可攷然緬勢方強各國爲緬所脅制槪可想見蓋緬酋孟駮於乾隆三十六年攻滅暹羅國王詔氏竄迹他所四十三年暹羅遺民推其遺臣鄭昭爲主起兵盡復舊封進侵緬地四十六年航海來貢緬酋孟雲懼不能支乃東徙居蠻得郎今所謂莽達拉城也暹羅掣緬甸之肘遏其

方張之燄實有功於中國自是列於朝貢之國至今王暹羅者尚屬鄭氏實華種也咸豐年間因道路阻塞貢使遂絕數十年來暹羅宗尚西法與英法諸國交誼頗親國勢尚稱完固蓋東洋諸國力摹西法者日本也南洋諸國力摹西法者暹羅也南洋各邦若緬甸若越南若南掌或亡或弱矣而暹羅竟能自立不失爲地球三等之國殆西法有以輔之然則今之立國不能不講西法者亦宇宙之大勢使然也

十九日記

乾隆十八年緬甸始入貢一次厥後國內擾亂而甕藉牙之兵起吞滅諸部勢張益橫雖武臣楠卒徵調半天下而緬終不服傅文忠公征緬之役雖與議和退師而貢使終不至迨暹羅興而緬勢稍替五十二年緬酋孟雲畏暹羅之逼也遣官齎金葉表文貢金塔一馴象八寶石金箔檀香大呢象牙漆盒諸物五十四年復具表祝

萬壽並請封號願十年一貢請開關禁以通商旅乃封爲緬甸國王

賜敕書金印及

御製詩章珍珠手串用示優異由是按期入貢自道光

二十三年入貢後因道路梗塞貢使久停光緒元年又入貢一次十一年冬英國印度派兵襲滅緬甸明年六月總理衙門與英署使歐格訥議約五條第一條內緬甸每屆十年向有派員呈進方物成例英國允由緬甸最大之大臣每屆十年循例舉行所派之員應選緬甸國人當時中外注意專在申明成例惟未計及緬甸應於何年入貢大約須在光緒二十一年矣

二十日記

明萬歷間緬吞諸部并臣木邦木邦蓋在大金沙江之東猛街之南蠻暮隴川干崖孟密諸土司獨孟養再破緬而卒併於緬遂

為貝葉書與中國自稱西南金樓白象主與敵者惟南
掌暹羅景邁古剌諸國
國朝雍正九年景邁求入貢不許景邁者古八百媳婦
國也居景邁城者為大八百居景線城者為小八百在
緬甸國東戶十萬明世與緬同為宣慰司中滅於緬旋
恢復緬偵其貢見卻興兵攻之併地日廣兼有十三路
南路近海為洞吾古剌似即今之仰光等處英人所謂南緬甸也北路為孟
密在大金沙江東岸孟養孟拱孟拱在大金沙江西岸東路為木邦孟艮
緬長補短約三千里其孟密之蠻暮新街老官屯為大
金沙江達阿瓦之道直虎踞關外明桂王舟行入緬之
路也其東木邦孟艮在耿馬土司滾龍江南直普洱邊
外地稍平李定國吳三桂趨阿瓦之路也傅文忠公征
緬之役初議出九龍江又欲出臼小皆不果遂出萬仞
關由戛鳩而進又議曰元伐緬甸由阿禾阿昔二江進
兵今其蹟不可攷矣意為大金沙江無疑前聞騰越之
銀江下通新街術何之檳榔江流注蠻暮兩江皆在萬
山中行石磡肘布舟楫不可施也余按銀江殆即大盈
江亦即檳榔江之下游而蠻暮新街本係一地然則兩
江實一江也

二十一日記

乾隆年間緬甸猖獗之時滇督楊應琚移駐永昌遣軍
一路駐宛頂進剿木邦一路由鐵壁關進駐新街提督
駐杉木籠山居中調度而賊勢益橫乃議大舉分兵五
路進剿東路由孟艮及木邦錫箔中路由孟密西路渡
南大金沙江由孟拱孟養水路從新街下阿瓦議未用
旋獲罪將軍明瑞之征緬也自宛頂木邦進渡錫箔江
至象孔糧盡而還又一路兵至虎踞關由孟密至新街
水路進攻老官屯弗能下傅文忠公之征緬也經略由
江西戛鳩路阿桂由江東孟密路阿里袞由水路會軍
進抵老官屯用大礮擊賊賊懼請和乃班師而阿文成
公嘗奏稱蠻暮木邦孟密三土司外始有緬人村落距
邊已二千餘里偏師不可以深入若出近邊則所殲戮
者乃野人濮夷無損於緬綜此觀之則滇緬中間之形
勢大略可覩矣水道提綱曰雲南通緬甸諸夷水路世
但知有大金沙江可通大舟不知潞江車里一派可通
擺古瀾滄鎮竜一派可通八百交趾皆可舟可航之水
此又西南水道之形勢也

二十二日記

騰越為自滇入緬必由之路亦為至西南各土司境總
匯之區由騰越城南六十里為南甸土司由南甸左行

百十里爲杉木籠山三十里爲蠻隴六十里爲隴川百四十里爲孟卯由南甸右行百四十里爲千崖八十里至盞達三十里至太平街三十里至銅壁關由隴川八十里至腊撒而戸撒在其北三十里由腊撒八十里至鐵壁關左行二十里至蠻等七十里至虎踞關一百十里至天馬關又漢龍一關在孟密土司境內亦騰越八關之一也又由隴川西南十程至孟密轉達緬甸由隴川東道十程至木邦轉達景線國又出天馬關三百六十里可至孟密土司又百三十里至尼孤又船行兩日即至阿瓦此則水陸兼行最便捷之道也又由騰越西

行十八程抵孟養境又由千崖四程至盞達蠻哈山十程由蠻暮至孟密二十七程至緬甸

二十三日記

越南北圻江河之源流以山脈爲樞紐北圻諸山皆自雲南發派分南北兩幹橫亙數千里南幹循富良江上游蜿蜒於興化山西壽伯甯平之間直達中圻北幹亦循富良江上游盤繞於宣光太原北甯廣安之間至廣東欽州而止兩幹之分脈在山西興化之境紅江沱江諸水屬南幹太平江洮江諸水屬北幹兩幹同宗三面環抱爲中越天然界限北幹之外山嶺之陰爲諒山高

平二省皆在山脊東北數十里之下若援分水嶺爲界之例則二省當屬中國不應劃歸北圻也

二十四日記

越南南圻水道最多水利最厚尤著者有四一曰湄江（一譯作母江）即瀾滄江發源衛藏歷雲南暹羅柬埔寨入南圻分爲二支其一南流入海爲後江其一東流入海爲前江前江入海之處又分四水通舟者二淤塞者二而後江一氣貫注寬廣深闊爲暹羅柬埔寨市舶必由之路二曰溶奶江發源南圻之東北境西南流匯西貢河南入於海三曰西貢河發源南圻之北境東南流匯溶

奶河以入於海今西貢出海要路即溶奶河也溶奶河與瀾滄江實爲南圻之命脈四曰渭河發源柬埔寨東南流入海諸河上游多巖石險灘不利舟楫下游近海之處始無阻隔而支派繁衍汊港紛歧又有運河縱橫其間儼然澤國水田之利甲於南洋惟地勢低窪潮溼烝熱水土之劣亦甚於他方山嶺之正幹全在中圻此不過旁脈耳故不著稱

二十六日記

總理衙門文開本衙門具奏出使大臣將屆期滿先期請

旨簡放一摺七月二十五日奉
上諭二品頂戴候補翰林院侍讀許景澄著充出使俄
國德國奧國和國欽差大臣欽此又奉
上諭二品頂戴江蘇候補道李經方著充出使日本國
欽差大臣欽此

二十七日記

倫敦九達之衢有大石表巍然矗立與巴黎石表相同蓋土耳其之埃及總督所贈取來未二十年也當時特造機器浮海運送甚費周折談者謂埃及地氣和暖此石閱三千餘年不磨不泐一存舊觀倫敦地氣常寒入冬多雪恐不及百年鐫字即須剝削矣

二十八日記

近聞張薌帥電致海軍衙門已擇定漢陽府之大別山造鍊鐵廠期以二年畢工至大冶之鐵則取之無盡藏云　日本隨員蔣子蕃余在甯波時崇實書院課生也來書云頃著日本東西兩京賦將竣因思劉子政說苑有奉使篇欲於史漢通鑑中採錄奉使專對不辱之才如蘇武鄭眾之使匈奴班超之使鄯善于寘燕梁琛之使苻秦魏李順于什門之使涼燕後唐姚坤之使契丹宋洪皓張邵朱弁三人之不辱命自漢而唐而宋元明至
國朝同治光緒以來關涉洋務諸書無不廣輯擬次爲行人錄一書俟冋甬後再纂述也

二十九日記

張薌帥來電云大冶鐵礦極旺燐僅萬分之八賀伯生等稱加孟鐵儘可鍊鋼附近興國州即產孟鐵甚旺又云礦石係海麥太德即鐵養其色紅與麥泥太德即吸鐵石之類相和之質內含硫礦一百分一百分之六即一百分之六釐燐光一百分一百分之十二即一百分之一分二釐又電云礦鐵每百分計六十三分半燐金每百分計一百分之八非是燐酸

又電云大冶礦詳細攷驗每百分中得鐵六十四分燐百分之八硫礦百分之三紅銅百分之二十七中國熟諳機器者謂可鍊貝色麻鋼　會辦湖北鐵政局徐建寅來信云四月間於大冶之沿江地方名明家灣勘得眞煤層薌帥委員試開六七月間竟得煙煤其質極佳與英國之上上等煤足堪匹敵既無硫氣又不夾石質而煤層之厚有三四尺足供應用矣

十月丁酉朔記

洪文卿星使來信云遼金元三史人名地名乾隆年間全經更改欲攷原文須閱語解更有語解亦未載原作

何字者則須閱監本元史如行冥塗諸鉅儒有志搜輯而津筏罕得撰述爲難不料西人所攷有足證明元史者有足補所未及者非西人勝華人也元成宗時宗王合贊令波斯人修輯國史自元帝先世譜牒成吉斯汗剏業開基以及西征之師三藩之事悉入紀載其書根依蒙古國史最稱詳覈惟係波斯文字華人所不能譯此外私家箸錄多係回文近六十年中西人譯述其書今乃得假途西文稗我掌故始知朔方備乘等書都非可信前月覓得俄人所譯之書皆元太祖始起時事今計尤赤諸王察合台諸王旭烈兀諸王皆爲之補傳此

三藩也太祖本紀則爲之補證蒙古氏族則爲之補攷西域之師七年之久則爲補西域上下傳此外地名有攷中土之通泰西實始於元亦有考又紀元事者中土有親征錄元祕史宋孟珙蒙韃備錄邱長春西遊記耶律楚材西遊錄皆須一一爲之註釋有志於此欲罷不能須回華後再竭年餘之力甫能脫稿中土於輿地一門長於考古而短於知今詳於中原而略於邊外繪圖測地狃於開方計里之說斷圖爲方萬里之遙便不能合前見俄有中俄界圖精細之至爰於俄館展拓摹譯閱兩年餘而始告成上海所譯四裔編年表等書音既不合事亦不明蓋輿地族類名稱各殊考義釋名大費稽覈也

初二日記

泰唔士報云聖彼得羅堡來函稱俄國擬造西伯利亞鐵路三條一由滋拉托烏斯特（在烏拉嶺下隸烏發省）起至多木斯克省城二由多木斯克經義尒古德斯科至東海濱省西北之痾哥德斯科城並沿阿比江葉尼賽江勒拿江各要口岸三由薩拜喀勒省（譯言跨拜喀尒湖省也舊隸義尒古德斯科今別爲一省）至黑龍江（譯音阿穆尒）並西伯利亞沿海各地以上鐵路係欲開通琿春海參崴商務非僅調兵運餉也

初三日記

英屬五印度疆圉極廣英官之在印度者有總督一亦稱五印度節度大臣蓋以東印度總督兼轄中西南北四印度也一年中或駐嘎爾格達省城或往來各省城不常厥居按嘎爾格達即孟加臘之省城孟加臘乃東印度也巡撫二一在麻打拉薩一在孟買副巡撫三一在孟加臘一在印度東北省一在潑及勃總委員四一在阿薩密一在印度中省一在上緬甸一在下緬甸（駐仰光）

初五日記

緬甸物產棉花頗多次則碧霞玭翡翠玉紅藍寶石琥珀其玉石等物雲南廣東售賣較多近年英人據有全緬整頓商務以厄勒瓦諦江爲運貨出入之樞紐賦稅之旺雖不如印度猶勝於新嘉坡等處出口以米爲大宗柚木火油玉石棉花牛皮等次之　越南中南北三圻除南圻爲法地外其餘用人行政理財之權歸越王主持者在北圻不過十之四五在中圻可得十之七八無如中圻地尤磽瘠萬難自立也

初六日記

倫敦惟四月至八月天氣較爲清朗九月以後直至三

月幾於無日不陰無日不霧雖有時天氣稍晴而日爲煙霧所遮但見紅輪晃漾其光不甚明亮蓋英倫三島四面皆海本多白霧而倫敦五百萬煙戶之煤煙又爲霧所掩不能衝霄直上聚爲黃霧往往白晝晦冥室中皆燃燈火方能觀書寫字冬春尤甚每五日中必有兩三日晝晦者蓋天氣稍冷則人皆擁爐又多五百餘萬人終日夜焚煤之煙非特竈突之煙也大抵倫敦爲地球第一繁盛之區洋房幾無隙地又多三層四層之樓平房之下尚有地室已不啻五六層矣是不啻以一倫敦化爲三四倫敦也所以英之官紳每至夏冬必移居鄉間一兩月名爲避暑避寒實則欲換吸新氣謂可卻病養身蓋煤炭薰灼之氣與人身臟腑之濁氣惟倫敦爲最盛也此人煙過於稠密之患也

初七日記

新嘉坡領事左秉隆稟稱南洋英屬各地除香港仰光薩拉瓦北慕娘納閩文萊暨澳大利亞各埠暫置不論外其歸新嘉坡巡撫統轄者若檳榔嶼麻六甲皆全屬英者也若白蠟石蘭莪芙蓉彭亨皆歸英保護者也柔佛名爲自主之國實陰受英約束者也其距新嘉坡道里柔佛不及一邁麻六甲約一百十邁芙蓉一百六十

邁石蘭莪二百三十邁白蠟三百二十邁檳榔嶼三百八十邁彭亨二百邁各處華民之數新嘉坡約十四萬檳榔嶼及其附近屬地共約十萬麻六甲約三萬白蠟約八萬石蘭莪約十一萬芙蓉彭亨各約二萬柔佛約十萬通共約六十萬人如欲設官統轄宜先與英外部議請以新嘉坡領事爲新嘉坡檳榔嶼麻六甲暨其附近保護諸國之總領事並准其酌派領事或副領事等官大約檳榔嶼麻六甲應作一起辦法白蠟石蘭莪芙蓉應作一起辦法柔佛作一起辦法彭亨新歸英國保護生理尚不甚旺似可從緩檳埠宜派正領事麻埠可

派副領事至白蠟等國半屬英國半屬土酋須兩國允
准方能派員該國各有華商一人充當甲必丹既爲華
民素所仰望如飭兼充領事或可允從

初八日記

旅順興辦船塢大工丙戌夏秋間由法人德威尼包辦
工程計價一百二三十萬金現居四年大工甫竣工料
尚稱堅實惟機器房與船澳毘連基址用磚石西門土
築成磚石縫中有水沁入尚須設法至其規模宏敞實
爲中國船澳之冠　唐山向有煤礦一所井口在街前
深一百六十餘丈井底有極大吸水機器兩副又有入

風之機器筒井內上下分四層每層深四五六十丈有
東西大街約二里許又分無數小巷出煤之槽洞甚多
井內有馬車六七兩及騾馬運煤不息誠中國第一佳
礦也　數十年來洋煙貽害於中國最甚邇日印度之
人多嗜之者印度產煙之地得其利自應受其害浸至
美國日本之人亦或吸之法國之人亦吸之僑居越南
東京之法人多嗜洋煙始則猶恐人知今則不復隱諱
且其癮更甚於華人每日吸至一兩數錢之多其戍越
之兵頗多沾染猶自解曰越南水土不佳不得不藉此
以辟瘴氣也　土耳其戰船名鴉都羅路者去年奉國

王命駛赴日本贈日皇以寶星因與日本新訂和約也
停泊香港時識者見其船身過舊均謂恐遭危險今夏
始抵日本秋間在橫濱海面遭風失事沉溺死者五百
二十七人遇救者僅六十一人

初九日記

泰晤士報云住居中國之義大利主教接得義國駐
華公使傳諭謂義國教士須遵照中義兩國於西歷一
千八百八十年十二月八日所定條規辦理向賴他國
指法國官員保護者此次須領義國護照方昭妥協法報
頗訾議之且謂各教士仍願法國保護云　法人於越

南與雲南通商之水道近尋得一捷徑據稱可由紅河
直達附近滇邊之桃架地方此乃通商居中之路海防
運貨到滇祇須二十六日較舊路可省十四日英人聞
之甚爲著急擬由緬甸築鐵路直達崑崙渡以通滇緬
之貨云

初十日記

恭逢
慈禧端佑康頤昭豫莊誠壽恭欽獻皇太后萬壽謹率
參贊隨員在英館望
闕叩頭行禮　拜發英屬南洋各島擬添設領事官保

護華民一摺香港擬設領事官一片　聞俄國西伯利等省鐵路擬分三段建築每段估費須俄銀三萬五千萬羅布該戶部擬請政府商借民債

十一日記

中國駐英稅務司金登幹送到光緒十五年通商各關貿易總冊計其徵收各項稅鈔二千一百八十二萬三千餘兩較之十四年約短銀一百三十四萬四千餘兩較之十三年約贏銀一百二十萬二千餘兩內分七項計進口正稅三百五十八萬五千八百餘兩出口正稅八百二十一萬三千九百餘兩復進口半稅七十九萬

四千二百餘兩洋藥稅二百二十八萬三千三百餘兩船鈔三十二萬六千四百餘兩內地半稅四十一萬六千餘兩洋藥釐金六百八萬五千二百餘兩至洋貨進口價值共一萬一千三百二十六萬九百餘兩內除轉運出洋之數淨計洋藥價三千四十四萬四千餘兩棉布紗類價三千六百十三萬五千餘兩呢羽絨氈類價三百九十七萬五千四百餘兩雜樣布類價十二萬三千一百餘兩銅鐵類價六百七十二萬八千三百餘兩雜貨類價三千三百四十七萬六千餘兩計共進口貨價一萬一千八十八萬四千餘兩土貨出洋價值共九千六百九十四萬七千餘兩內以絲茶二項爲大宗紬緞次之棉花次之糖紙又次之草帽緶爆竹又次之牛羊皮骨毛及皮貨瓷窰器藥材又次之以入抵出此年中國之銀應耗去一千三百九十三萬七千餘兩今以所徵進口貨稅及洋藥稅釐抵之其數乃無甚出入若無洋藥之浸灌則中國之銀固可年多一年而無如此貨驟難拒絕也從前中國以絲之出口抵洋布洋紗之進口以茶之出口抵洋藥之進口均尙有贏無絀今者絲茶貿易日衰以抵紗布洋藥歲各不敷數百萬兩然補以所徵洋藥釐金約略足以當之果能多購紡紗織

布機器勸導華民廣開風氣暫勿過重土藥稅釐而於民之嗜此者徐徐設法禁戒以杜其源再於育蠶繅絲種茶製茶之法講求整頓則中國之利源尙不至見奪於外洋也他若多購機器教民製造則呢羽絨氈之利可漸收也振興礦務則銅鐵之利可漸收也能於腹地興造鐵路俾土貨運銷日暢出產日多則一切意計所未及者如天津草帽緶等物之利亦可漸收蓋草帽緶在三十年前土人視爲棄物今乃歲售得銀二百餘萬兩此商路通暢之故也又查各關所徵稅鈔釐之總數江海關綰轂長江之口又有名爲代鎮蕪潯漢等關徵

收之銀故爲最多徵銀至五百六十八萬一千餘兩次粵海關徵銀二百三十九萬八千餘兩次江漢關徵銀二百一萬三千餘兩次閩海關徵銀一百九十二萬三千餘兩次汕頭即潮海關徵銀一百四十二萬八千餘兩次浙海關徵銀一百十五萬五千九百餘兩次九江關徵銀一百十二萬八千餘兩次厦門關徵銀一百六萬五千餘兩其餘各關則皆在數十萬兩以內而淡水打狗兩口則合徵至九十九萬餘兩頗有蒸蒸日上之勢粵海關近兩年所徵視舊徵之數加倍而又過之汕頭徵數亦倍於舊皆以歸併洋藥釐金覈實徵收之故也

十二日記

英國三島豪紳富商尤萃於英倫英倫當隋唐之世分爲七國互相戰攻唐德宗貞元十六年始併爲一宋高宗時攻得阿爾蘭島然蘇格蘭島猶別爲一國與英倫各守險要時相侵伐明萬歷三十一年英女主以利撒畢（一作以利沙伯）將卒大臣問所欲立女主未嫁無子命立前王顯理第八女弟之後曰熱斯給（一譯作惹迭斯）熱斯給方爲蘇格蘭君主英人迎以嗣王位由是蘇格蘭遂與英倫合爲一國然猶各立議院政教號令不能畫一乾隆年間始將蘇格蘭議院歸併倫敦由是三島合壹而英日以強盛惟阿爾蘭之民墨守天主教與英倫之耶穌教不同其地產稍瘠民貧俗悍將弁多出於此畎田多爲倫敦紳富之產業土人不過爲其佃戶更多貧苦其流徙至美國之舊金山等處者曰埃利士人性喜生事即忌華民之奪其傭工者也

十三日記

上海製造局創造八百磅子新式後膛大礮暨仿造曼里夏連珠快槍均已有成或稱是槍駕乎德國毛瑟槍美國黎意槍之上其槍靈便堅利開放時不惟無煙而力量能及三十碼之遠穿透二分厚之鋼皮如再能由此研求利病造到一律精緻洵佳式也向來造槍所用槍筒購自外洋近議添設鍊鋼一廠自捲槍筒即數十磅子之礮筒亦可自捲派洋匠柯尼斯赴阿姆斯脫郎等廠攷究鍊鋼造礮等事

十四日記

泰西各國近於火車鐵路之外創行電車僅於通都大邑試辦不過數里或數十里而已蓋火車行於極冷之地必使煤火永無間斷稍一停燒水管等件爲寒氣所侵必致崩裂且火車笨重無論有載無載而車之大小

多少不能隨時增減電氣則可相機損益況火車之煤煙灰土尤覺可厭以電行車則清潔無比俄羅斯現於北海一帶修築電車鐵路一條長約一千五百里中分數節每節安生電機器核費每里約三千金是經費多寡與行之遲速火車電車約略相等而清潔穩便則推電車吾恐數十年後各國之鐵路火車又將悉改爲電車也　日本與西洋各國議換舊約外務卿擬有七款添入舊約一日本律例無須盡行商訂二毋庸設立外國臬司三准西人雜居內地四海關收稅倘欲加增須與各國商允方可五不准西人購買地段六添開數口

通商七此約以十二年爲期

十六日記

黎蒓齋星使由日本寄到自奈良至紀州之新宮訪徐福墓絕句十二首頗有奇氣攷證亦確奈良即神武天皇始都之橿原或稱南都其地有飛鳥山蒓齋於此訪徐福墓不得乃附輪遵海而南至新宮得之墓在田壖中央並非高冢止平土三四丈耳有古樹二株爲記父老云福初到時在新宮東北海岸七里許故其地名秦須或言福之子孫多姓秦者或言滕澤驛福岡平一郎係福之後人或言有徐姓在和歌山爲醫士云相傳捕鯨之法得自徐福故今漁船得鯨必至墓前報賽又日本人或寫福作芾始知前史稱徐市者乃芾之譌偶脫草頭耳蓋福芾本同音也

十七日記

泰唔士報稱英之帕米爾屬土與俄之邊界相距不過三日路程中間僅隔以中國之哈拉庫爾大湖也及一游牧族名爲局外之地恐未能久處局外也查英俄交界相近之故由堪殺千歸印度後奪據帕米爾地於是棘時幹大利亞沃土盡爲英人所有惟其東北之剎衣都拉礮臺爲中國喀什噶爾兵所戍守近日此處並無一

人英人甚願中國之守而勿棄免爲俄人所據也

十八日記

英國駐俄公使報外部云中俄通商向由陸路往來俄人獨獲利益自蘇彝士河開通後中俄商務年年遞減去年俄商由恰克圖運入中國貨價較之二十年前不及三十分之一因洋貨均由海道運入中國故也近來俄商集股經營東邊鐵路意在重興恰克圖貿易以便奪復英人刻下所佔俄商之利益　從前禁煙會英國官紳入會者甚多互捐鉅費不時集議大旨以英爲著名大國不應以此毒物貽害中國致負不義之名因相

約設法挽回勸其國家勉能斯舉意在不能不休嗣因中英定釐稅併徵之約會紳謂由此以觀中國亦非意在必禁且非英之以兵力欺制中國而强之以必受洋煙也況聞中國自種罌粟日甚一日自是會紳散者大半

十九日記

接英國外部尙書侯爵沙力斯伯里照會云爲照會事照得本爵部堂接准貴大臣西九月二十三日來文內開

中朝欲派領事官駐紮英地等因此事已經英廷細心

審量今本爵部堂極喜告知貴大臣英廷願給文憑與中國所派之領事官如給與外洋各友邦之領事官同様辦理但間有審量地方情形之處刻下或有不能照給文憑者此須由英廷察看情景定奪辦理相應照會貴大臣請煩查照須至照會者一千八百九十年十一月二十九日自外部衙門發

二十日記

余問馬清臣外部照會所稱間有審量地方情形之處不能照給文憑者是否指香港新金山而言清臣謂事指新金山言之香港已在允許之列余乃照復外部稱其辦事之公道且告以中國應派之領事官首在香港及新嘉坡附近之地今已選得二員候總理衙門核定此二員者歷練有識持己謹嚴接物和平允堪勝任駐香港者擬調新嘉坡領事左秉隆任之駐新嘉坡者擬派使署二等參贊黃遵憲任之非僅爲新嘉坡一處之領事官並爲檳榔嶼麻六甲及附近各處之總領事官其檳榔嶼各處有應選派副領事者俟審定後再當奉聞越數日外部照會辦已領悉並無異言此事大局遂定矣

出使英法義比四國日記

卷五

光緒十六年庚寅十月二十一日記

旅順口門雙峯對峙曰黃金山曰饅頭山如鎖鑰然琿春前造礮臺因安礮抅緊運用不靈經吉林將軍自備經費改修完竣　出使俄德奥和許大臣奏調人員曰升允潘鳴春順廣厚林怡游羅臻祿巴克他訥王鎮賢沈雲麟岳廷彬陳致遠王元錡金釆林藩　出使日本李大臣奏調人員曰潘恩榮譚國恩杜介弼羅忠堯洪遐昌張桐華伍光建黎汝謙呂增祥沈燮郭銘新孔

繁模孔祥霨查燕緒洪超楊紹霖魯說李維格薩爾博

二十二日記

出洋以來所見各口礮臺不下十餘處邇來營搆日精往往不惜工費甚至有以鐵造臺者然嘗攷其源流權其利害則臺式究竟明不如暗高聳不如低平鐵石不如三合土按丁雨生中丞疏云礮臺宜建於地險水曲敵船必旋轉如之字而後能駛行者之前方能使彼多受數礮又可從前面後面爲通行之打若臺設於水路徑直之地則敵船瞬息即過豈能礮礮中其要害北洋惟大沽口水道最曲大江自鎮江以下惟圌山前水勢迴環均可建築礮臺焦山四面受敵似不如也造臺之法極內一層須用灰牆外牆用三合土厚在二丈以外高低則視地勢之低昂與水路之中線護牆必須成交角而不可成正角斜至五分之一　敵礮若來自可斜拂而過其礮位及火藥倉上必設太平蓋以禦自上而下之礮子下必設高隔堆以禦橫掃之礮子其最下層之地隧加築堅固四面俱通溝外之小礮臺大沙堆亦必迤邐照應敵用陸兵闖入尚可側轟橫截然使專用礮臺而無木樁水雷浮墩等物阻於前則礮臺亦斷不能得力也合肥李傅相疏云水師以船爲用以礮臺爲體

有兵船而無礮臺庇護則兵船之子藥煤水一罄必爲敵所奪有池塢廠棧而無前後礮臺亦必爲敵所奪海口之臺須格外堅厚上置八寸至十二寸口徑新式長筒巨礮下藏子藥小庫內包陸兵外築斜坡凡敵船窺口我必有三處礮臺掎角擊之各國臺式皆五角六角形其舊式之四角菱花樣者久不用矣張蔭濤制軍疏云西式之臺不一或尖或圓或蓋或露或作聯堡子堡或陸路當衝作大礮壘可以啟閉往來或水路當衝作浮礮臺可以迎頭擊敵此兩式最得力而費太重驟難仿造至西人之論礮臺甚備其緊要者約有數端一山

坳嶺曲隱蔽擊敵不宜孤露一臺外須作坦坡不宜壁立一扼要處須有數臺犄角不宜聚礮於一臺一連臺多作犬牙形以便兩臺礮力相接夾擊一臺後不宜背山以免敵彈反擊一臺上不宜多人以免多傷將士一臺上礮堂不宜寬以防炸彈墮落一臺後宜有回擊小礮以防敵襲一臺旁登岸處宜作濠隄伏連響快槍快礮以防敵人舢板登岸一臺成後以礮轟試壞則更造合以上三疏觀之而西人造礮臺之祕要大旨已可概見近年英廠新出地阱礮一種坎地爲臺藏礮於中上施鐵蓋適與地平人伏地中其礮以水機升降見敵船

至則升礮擊之既可乘敵於不及覺又使敵有防不勝防之慮而築臺工費可省倍蓰是亦出奇制勝之一術也

二十四日記

攷朝鮮與西洋各國相通之始咸豐十年俄羅斯據烏蘇里地遂與咸鏡道接壤僅隔圖們一江同治五年俄兵艦抵朝鮮之元山等處力請通商九月法水師提督魯日率兵艦入漢江抵漢城礮擊多船毀一礮臺而去十月法艦又抵江華島進陷其城掠銀合十九萬佛郎朝鮮募獵虎手八百名襲之乃遁十一年六月美國水師提督勞直耳司率二鐵艦抵江華島毀礮臺三座報商船擱淺平安海岸被朝鮮殘害之隙也光緒元年日本兵艦測算朝鮮西岸國人礮擊之不克二年春日本脅以兵威朝鮮乃與訂立和約仁川元山釜山諸口通商既而中國勸其與西洋各國立約并允代爲主持派員照料七八兩年英法德美等國陸續往訂和約而俄人亦與立約云

二十五日記

余嘗謂泰西耶穌之教其原蓋出於墨子雖體用不無異同而大旨實最相近偶與趙靜涵談及墨子一書導

西學之先者甚多因令檢出數條如第九卷經說下篇光學重學之所自出也第十三卷魯問公輸數篇機器船械之學之所自出也第十五卷旗幟一篇西人舉旗燈以達言語之法之所自出也　又按墨子所云近中則所見大景亦大遠中則所見小景亦小今之作千里鏡顯微鏡者皆不出此言範圍　又檢呂氏春秋似順論云漆淖水淖合兩淖則爲蹇溼之則爲乾金柔錫柔合兩柔則爲剛燔之則爲淖此化學之所自出也淮南子主術訓曰衆智所爲則無不成也千人之羣無絕梁萬人之聚無廢功西國各學各事之所以能勝人者率

用此術即其用人行政之有議院工商諸務之有公司亦合衆智以爲智衆能以爲能所以鮮有敗事也氾論訓云老槐生火久血爲燐此即西人所言原質化合之理亦化學也說林訓曰蔭不祥之木爲雷電所撲此即西人避電氣之說也墬形訓云北方有不釋之冰蓋即今之北冰海云

二十六日記

管子一書以富國强兵爲宗主然其時去三代未遠其言之粹者非盡失先王遺意也余觀泰西各邦治國之法或暗合管子之旨則其擅强盛之勢亦較多管子云

量民力則無不成不彊民以其所惡則詐僞不生不欺其民則下親其上西國之設上下議政院頗得此意又云事者生於慮成於務不慮則不生不務則不成西國各學之重專家各業之有公司頗得此意又云兵也者審於地圖徧知天下審御機數兵主之事也有風雨之行故能不遠道里矣有飛鳥之舉故能不險山河矣彼之行軍於水陸者似之又云財蓋天下工蓋天下器蓋天下器成卒選則士知勝矣又云致天下之精材來天下之良工則有戰勝之器矣致材若何五而六之九而十之不可爲數來工若何三倍不遠千里彼之殫力於船械者似之又云上有丹砂者下有黃金上有慈石者下有銅金上有鉛者下有銀上有赭者下有鐵此山之見榮者也彼之礦學化學所以日獻菁華也又云關者諸侯之陬隧也而外財之門戶也明道以重告之虛車勿索徒負勿入以來遠人又云商無廢利民無游日財無砥墆彼之通商惠工所以日臻豐阜也此外指歸相同措施相合者尙未易以一二數豈非開闢稍遲天地之氣運有不期然而然者歟若夫一二舊國實已盛而復衰及其他弱小諸國皆不得與於此數又有國勢外彊中乾者亦已流弊潛滋矣

二十七日記

莊子一書寓言也亦巵言也而與近來泰西之學有相出入者外物篇云木與木相摩則燃金與火相守則流此電學化學之權輿也齊物論篇云一與一爲二二與一爲三自此以往巧歷不能得秋水篇云計四海之在天地之閒也不似礨空之在大澤乎計中國之在海內也不似稊米之在太倉乎此天算之學輿地之學之濫觴也逍遙遊篇云野馬也塵埃也生物之以息相吹也天之蒼蒼其正色邪其遠而無所至極邪其視下也亦若是則已矣今之登輕氣球者彷彿見此景象則陽篇

云有國於蝸之左角者曰觸氏有國於蝸之右角者曰蠻氏相與爭地而戰此與列子所謂焦螟羣飛而集於蟲睫者大旨相符今之窺顯微鏡者彷彿見此景象養生主篇云指窮於爲薪火傳也不知其盡也按羅馬等處教門好著古時之火有傳之五六百年而不滅者正即此意又天運篇云天其運乎地其處乎日月其爭於所乎孰主張是孰綱維是孰居無事推而行是意者其有機緘而不得已邪意者其運轉而不能自止邪此則啟西洋談天之士之先聲矣夫莊子當時著書不過汪洋自恣以適己意而已豈知實驗其事者在後世在異

域也然則讀莊子者安得概謂荒唐之辭而忽之

二十九日記

歐洲德法等國水師兵丁即係水手惟英國水師船中有兵丁有水手蓋以其所操之職不同不能不各專其業所以英之水師尤勝於他國也　中國六畜惟牛馬之用爲最鉅馬以行地牛以耕田也西國之馬於御車乘騎之外並以耕田實兼中國牛馬之用而牛獨無事不過加意牧養待其肥碩而宰之耳蓋與中國之豢豕相同然牛之死也甚苦不殺以刀謂恐其味之不美也每將宰牛有力者以巨鐵椎擊牛之首三四擊而牛始

倒下復連擊之乃死西人養生之具大半恃牛苟非甚貧苦者皆啖牛肉嬰兒始生多飫以牛乳其顏色格外肥白惟極貧者始以人乳哺之豕肉則謂其損人之處甚多食者頗少云

十一月丁卯朔記

昔年各國多用前膛槍其一律改尚後膛至今未二十年也英國先有恩費爾來福兵槍馬槍美國有司不林飛兵槍皆前膛也英國之後膛槍曰士乃得同治年間英人士乃得以前膛兵槍改作今則精兵皆不用矣曰亨利馬梯尼同治九年英人亨利作槍管馬梯尼作機

簧厥後軍中一律改用機簧細巧易於損壞美國畢撥的廠及瑞士國仿造甚多售於土耳其各國而美國並不自用彈重藥多透力稍大是其長也機件較繁艱於攜帶是其短也法國之後膛槍曰沙士鉢一譯作薩司浦普法交仗之時法匠沙士鉢以前膛改造始用紙捲子藥繼用銅殼底有小孔皆係刺鍼灼火後改用銅帽撞鍼曰格拉光緒五年法國通行試槍以後改定之式其用法與毛瑟相似而機簧稍異膛徑稍寬用藥稍多德國之後膛槍曰得來斯子藥亦係紙殼槍用刺鍼勝法以後換用毛瑟而得來斯廠又作新式等於毛瑟而機簧稍

筒然軍中未換用也曰毛瑟至今通國精兵用之然平日操演仍用得來斯鍼槍節糜費也美國之後膛槍曰司百林飛有前膛所改者其膛徑大有專造者其膛徑小往時軍中所用以此爲多曰林明敦此槍有邊鍼中鍼兩種美國軍營現用中鍼至西班牙法蘭西從前購而未用者不少然皆老式也曰岳者士得槍係雙筒一筒進子十三顆一筒施放美國將弁馬上用之而兵丁則不多用曰哈乞開司一譯作喝治基司槍托之內有管能容五子製甚精巧曰黎意能連五響致遠雖稍遜於哈乞開司而穩定不搖則過之俄國之後膛槍曰大

來福係前膛改造者其子徑與士乃得相類彈脊過北之兵多用之曰俾爾達吸一譯作白洛屯同治十一年所換之式俄國精兵用之其法創自美國而槍亦購造於美國者也以上五大國所用之槍權其利弊究以亨利馬梯尼哈乞開司二者爲最精之品此外商廠之槍式及各小國之品類名目甚多難以枚舉惟無論何式擇其一而精用之皆可得力萬萬不可夾雜蓋各國用器皆求一律器異則所用之藥彈亦迥然各殊有事之頃藥彈二者須常製常儲若皆一律則頒給各處亦可通有無而備緩急不致因錯雜貽誤有柄鑿不相入之患故邇來英槍悉用馬梯尼德用毛瑟美用林明敦不稍歧異也

初二日記

泰西五大國之礮英國用前膛來福大礮烏理治官廠所造也大至一百噸子重一千磅內鋼而外熟鐵其前膛鋼礮膛內三稜又有阿姆斯脫郎商廠所造者一曰阿模士莊亦曰阿穆士唐製法與烏理治廠同小礮間用後膛亦阿模士莊所造也此外商廠曰瓦瓦司曰迴特活德皆專造鋼礮法國大小礮後膛居多其前膛者有來福六楞銅礮其後膛者皆係全鋼其承造之官廠

曰羅乃爾作盧愛里曰布呵次德國大小礮皆係後膛純鋼克鹿卜商廠所造也亦曰克魯伯環地球之鑄鋼者以此廠爲最博洪廠之工料稍次於克鹿卜而大至二十一生脫即不能製矣又有斯邦道官廠葛羅松商廠皆製堅鋼礮美國大礮曰巴勒得曰迴得臥得曰布爵嘎斯曰德里氏嘎皆官廠所造之舊式也並無著名商廠俄國大小礮購之克鹿卜者爲最多其餘皆自造老式間以前膛以上五國之礮以英德爲最新最精而克鹿卜尤著北洋購備數百尊多用至十餘年並無瑕疵丁雨生中丞云從前礮後開門僅用左右雙螺近則用

臺塊圓劈叉用藥濆放千數百次膛內始加鋼圈鋼底
彈則加以鉛殼比膛略大膛有螺旋三十二轉必使彈
由膛中相摩相盪宛轉而後出口此漲力所以加大速
率所以加快也但無論如何大礮其命中須在一里內
外過遠則彈子本體之墜重力與空氣之阻攔力皆足
以累之恐攻堅不能有勁矣至美國之格林礮管多放
速有同魚貫蟬聯或欲越山越城而擊不能望見之物
則用十五寸徑口以上之礮打礮昂其首而用高弧之
度自上而下可以炸物焚營此殆揣摩有得之言竊攷
用礮之法不外臺礮船礮行營礮三種船礮輕於臺礮

行營礮又輕於船礮臺船礮皆以身長擊遠爲貴可於
克鹿卜及阿模士莊擇一用之若洋兵陸戰專恃礮隊
而槍隊次之以槍禦礮長短懸殊勝負立形故行營礮
尤不可緩如克鹿卜車礮之六生脫七生脫半口徑者
南北皆宜之八生脫口徑者北方平原以及守營攻壘
宜之其機器購之德國葛魯孫廠又有烏拉秋司行營
鋼銅礮內用鋼管外用銅套疊層緊束以水力壓擠性
純質輕亦可參用其機器購之德國與國各廠連珠礮
則那登飛哈乞開司兩種皆良而哈乞開司加爲二寸
徑之礮彈可穿雷艇其用精其機器購之德國力拂

廠又有分藏行營各礮分攏合放利於踰山行遠克鹿
卜廠有之又有田雞礮製樸價廉利於遏城據嶺夾船
英德廠皆有之以上各種中國之廠皆可仿造總之大
小前後膛各礮外洋諸廠標新領異業已無美不臻然
用之亦宜畫一不可夾雜庶免藥彈混淆手法錯亂之
患矣

初三日記

總理衙門本日電開光緒十六年十一月初一日內閣
奉
上諭各國訂約以來璽書通問歲時不絕和好之誼歷

久彌敦駐京各國使臣均能講信修睦聯絡邦交深堪
嘉悅上年正二月間疊逢慶典欽奉
懿旨命總理各國事務衙門設宴款待宴海聯情洵稱
盛舉茲朕親裁大政已閱二年在京各國使臣誼應覲
見允宜仿照同治十二年成案並增定歲見之期以昭
優禮所有各國駐京實任署任各使臣著於明年正月
由總理各國事務衙門奏請定期覲見即於次日在該
衙門設宴款待嗣後每歲正月均照此舉行續到使臣
按年覲見至國有大慶中外臚歡並著該衙門屆時奏
請筵宴用示朝廷修好睦鄰有加無已至意所有應行

禮節著該衙門先期具奏欽此卽希照會英法義比外部並轉電洪大臣照會俄德奧和崔大臣照會美日祕國

初五日記

日本當德川氏之末造俄兵艦駛入大坂入唐太（卽庫頁島）英美兵艦又入下田賀浦箱館長崎諸口往來無定舉國騷然旋以唐太歸俄而與英美立約修好倭人遂幡然改圖創議維新爲變法自强之策　邇日俄人注意東方大興鐵路限五年蕆事自提烏門至額爾庫特斯克渡拜克爾湖繞黑龍江北岸達烏蘇里至海參崴距

俄京森彼得斯堡有二萬八千華里

初六日記

邇來德義等國自行保護教士而法國藉端陵人之談稍衰可以杜其朦混侵權之弊於大局甚有裨益丁亥七月總理衙門咨行各省將軍督撫有案茲將咨稿照錄如左爲咨行事光緒十四年六月二十日准德國巴使文稱日昨在貴署面議德國天主教士若領有德國欽差公署所發護照其應爲保護及應沾利益之處應與法國教士領有法國欽差公署所發護照無異等因本衙門允其所請於六月三十日照覆在案查德國天主教士在內地各處傳教游歷住居者若執有德國欽差護照自應與法教士領有法使護教者一律看待其應爲保護及應沾利益之處亦應毫無區別相應咨行轉飭地方官查照遵辦毫無厚薄優劣之分可也再前據義使照稱該國人民前往內地游歷居住者亦由該國自行給照由地方官蓋印如有他國給與義國屬民護照視爲廢紙等語本衙門亦已准其所請並希轉飭一律辦理須至咨者

初八日記

電傳南洋大臣兩江總督曾沅浦宮太保薨於位一年

之中老成彫謝如彭雪琴宮保楊厚庵宮保曾劼剛少司農皆勳望爛然推爲
國家柱石沅帥尤以中興偉績坐鎮東南不數月間遽皆淪逝愴念時局豈僅私交之慟　九月二十一日巳刻安徽太平府城東門內火藥局不戒於火猛震一聲如天崩地裂居民死者甚衆數里內屋舍蕩然上南門夫子廟及府縣署均摧爲平地知府吳潮被壓而殞夫西洋各國火藥局多在空曠寥廓之區無在城市稠密之地者彼赳桓之武員但圖取攜之便不復顧及民生豈知貽害如此之鉅哉似宜明設例禁凡各防營之火

藥局不准設在城市違者嚴予處分則造福無涯矣

初十日記

越南之紅河上通蒙自下接北海向來商賈雲集自歸法人管理後征榷較重羣商裹足不前運貨者多避而出於北海之一塗而北海關稅日以暢旺光緒十一年北海關征銀僅八萬二千九百餘兩厥後年旺一年去年遂征至三十三萬七千八百餘兩此其明驗也　法人賴賽樸郎從前開通蘇彝士河者後復糾股集款欲開通美洲之巴拿馬海頸耗費不貲迄無成效遂已中輟近有美國人集款復於去歲開工擬以六年後蕆事

計費約須七千萬金未知果能觀厥成否也

十一日記

是日爲長至日謹率參贊隨員等向東南望闕叩頭遙賀　比利時國人錫伯乃麟來謁據稱曾爲墨西哥海濱領事官僑居墨國已三世九十七年矣所購海濱之地共有六千方里計費價二十餘萬英磅內有大河十七條居民二千餘家皆係領地承種按畝還租而收租者復歲輸國家之賦稅然其地之田畝亦未盡墾闢也又稱墨國幅員極廣大於歐洲德奧法意四國之地祇以戶口未繁大半未經墾闢而原隰肥衍天氣溫和可稱樂土其國總統四年一任今總統爲衆心所推服已聯任四次去年英商在其境內興造電線鐵路等有益之事用金已四千餘萬英磅所以國中工商農礦等務不久即可見大旺云

十二日記

有至精之火器無至精之火藥以爲之用則其器猶不精也是故外洋各國於造藥之法研之甚詳既求力猛且防漲裂蓋有炸藥棉藥餅藥之名體製不同施用亦異英廠之礮向用一孔餅藥德之克鹿卜礮向用黑色餅藥自杜屯考甫廠創製栗色餅藥而其用益彰創法

之初係本慢燒黑藥究得新理因其炭不全枯其色淡於黑藥故以栗色稱之每一藥裹之內緊靠引火處有黑色餅藥數塊作引藥譬之魚雷用溼棉花藥中必有乾棉藥作引也據德海部及克鹿卜廠歷年試驗栗藥與黑藥比較其益有數端一新礮膛加長配藥增重若仍用黑藥必逾礮質所受漲力之量非惟來復綫路易蝕且恐誤事栗藥漲力較小可以保礮一栗藥燒勢先緩後速出彈較穩取準獨審一栗藥出煙輕淡易散便於測望一栗藥受燃無轟裂之禍收儲較易西國蒐討軍實精益求精故德國於新製長礮及舊式二十二倍

口徑以上之礮悉已改用栗藥英國與杜屯好甫廠立約購其祕法設廠自造日本亦與約仿製與荷義等國亦均用之法國官廠自造栗藥均可爲舍舊圖新之證蓋大礮之用栗藥幾爲各國通行之具矣近來德國製造栗藥諸廠大要漲力求小速率求多而其妙處尤在視礮身長短口徑大小及彈重數目就藥裏輕重推算每一天氣漲力所生重積力恰好送彈出口而又毫不耗費爲能事光緒十二三年北洋議購造法杜屯好甫廠居奇特甚每百啟羅索價三百六七十馬克如購造藥祕法必須購藥價至二百五十萬馬克方肯指授自

造海岱邁廠者本與杜廠合爲一家索購栗藥至二百二十五萬馬克可傳祕法又有闊勃來脫廠所製栗藥歷經兵部試驗速率漲力亞於杜廠索價亦廉每百啟羅需價二百五六十馬克但購五十萬馬克之藥即可指授造法矣

十四日記

兵輪商輪形式截然不同凡運貨之商船貨重必置下艙則出洋安穩中層亦全裝貨物無須置礮上層則分置房間謂之客艙船身略短而中寬故食水不深兵船艙而置礮既恐其上重下輕而暗輪宜在水綫之下以避轟擊故船身較長而中狹艙下多壓重物食水較深輪船置貨不若夾板船之多以其所置機器鍋爐煤艙幾占全船三分之一也故商輪宜大不宜小以二十五丈至三十丈外者爲宜又輪船以煤炭爲性命有一種暗輪兵船其輪能起能落遇順風則提起輪葉祇用風帆或於駛輪之外加張風帆以助輪力均省煤炭之一法也

十五日記

行船最畏觸礁不獨鐵甲船爲然鐵甲船隔艙之法在船旁鐵甲之下者所以禦水雷魚雷在首尾無鐵甲處

者所以禦礮彈在船底作夾層而隔成多艙者可以免小觸礁之患而仍無救於大觸礁之險也蓋既有夾底隔艙則雖觸礁而成大孔仍可行歸修理不致沈沒若遇驚天之風捲海之濤駛行不慎而致觸礁則全船擊成齏粉雖有隔艙亦無所用然此等風浪究係罕逢之事近聞有一鐵艦由海參崴駛赴北洋觸礙摩拉抑山嘴外之石此船本有夾底及隔艙近船首之外層已破其內層亦插入石骨尙能駛行入塢修理則隔艙隔底之效也然則此爲外洋造船之要訣而兵輪鐵艦尤不可緩禦礁之法舍此竟無他術矣

十七日記

外洋水師屹然能成一軍者必須有鐵甲船以扼中權有快船以便迎敵有碰船以作衝鋒有蚊船以守海港有運船以接濟餉械有書信船有暗接電線之船以靈通消息有雷艇而行雷可以出奇伏雷可以致勝又必有礮臺以作靠山有島澳以屯全隊有廠塢以修巨艦而後海軍乃無缺陷一旦有事可進可退可戰可守矣蓋鐵艦無碰船快船爲輔佐必轉爲敵之碰船快船所困是直孤注而已而碰船快船又必得鐵艦數號始足壯聲威而資坐鎮蚊船礮大船小舷淺底平可作守港

利器但行駛旣緩風浪宜避祇能在海口及沿岸淺水處馳逐接戰難爲洋面制敵之具一中礮子即有沈破之患碰船亦有蒙鐵甲者船稍小而甲厚專爲衝陷敵船而設謂之鐵甲衝船快船有巡海快船鋼殼快船二種首尾設大礮二尊船前喫水之下暗設衝頭可以碰壞鐵艦每點鐘行四十五里徜稱迅捷總之以上各器凡經營大枝海軍者缺一不可合之則相濟爲用離之則獨立無功至西國水師擇地建闢其要有六水深不凍往來無阻一也山列屏障可避颶風二也路連腹地易運糗糧三也近山多石可修船塢四也濱臨大洋便於操練五也地出海中以扼要害六也兼此六要者其惟北洋之旅順口及威海衛乎

十八日記

南洋各島星羅棊布較之東西洋各邦形勢尤與中國切近華民往來居住或通商或傭工或種植或開礦不下三百餘萬人凡荷蘭所屬之地應專設領事者三處曰蘇門答臘之日裏埠曰噶羅巴曰三寶壠兼轄泗里末等埠日斯巴尼亞屬地一處曰小呂宋法國屬地一處曰西貢英國屬地四處曰香港曰新金山曰緬甸之仰江曰印度之嘎爾格達此外各埠可相機設法或以

就近領事兼攝或選殷商爲紳董畀以副領事之名略給經費統計全局祇須設領事十數員大勢已覺周妥加以略有添派歲費當不過十萬金而中國之隱獲裨益奚止十倍百倍即如新嘉坡一埠設立領事已十三年支領經費未滿十萬金然各省賑捐海防捐所收之款實已倍之而商傭十四五萬人其前後攜寄回華者當亦不下一二千萬兩然則保護華民之事顧可緩乎

二十日記

西國數目字之源流不外兩種曰羅馬曰阿喇伯羅馬即漢書之大秦古爲歐洲一統之國阿喇伯即唐書之

大食版境東西萬里爲回教之祖國兩國强盛之時跨
據歐亞阿三洲之地故其所用數目字迄於今皆流傳
不替羅馬之法取臘丁二十五字母中之六字以六字
分六數曰一也五也十也五十也百也千也羅馬創之
凡天主教耶穌教希臘教等國皆用之如書中之章數
西歷之年分鐘表月晷之時刻是也阿喇伯之法原於
印度漢時天竺國已用之旣而流衍於其毘連之國迨
謨罕默德創興回教所用數目字分東西二式亞洲之
回教用東式歐洲之回教用西式至北宋時西式字漸
傳於歐洲諸國遂以阿喇伯數目字名之凡回教諸國

及數學中咸重之其法與中華算術字碼蓋同類云

二十一日記

今泰西之代數學即所謂借根方法也阿喇伯語謂之
阿爾熱巴喇蓋其學亦閱千百年愈研愈精始臻此詣
非一時一人之智力所能爲也康熙年間其法始入中
國梅文穆公一見即悟爲古立天元一之法立天元一
者九章算術中加少廣章借一算以爲隅方程章別正
負以爲用實已爲之嚆矢至宋秦九韶著算學九章始
刱立天元一之法於大衍術中厥後元郭守敬朱世傑
皆嫥述之欒城李氏著測圓海鏡始合少廣方程爲一

舉立法意而暢言之其加減乘除之例與正負相消之
理足以盡奇偶和較之變凡諸法所不能御者皆能御
之是中國立天元一之法秦氏肇其端實闡幽微而李
氏暢其旨尤爲精妙西人借根方法適與相合梅氏於
所著赤水遺珍中詳解之並謂阿爾熱巴喇者譯言東
來法也中國之攷古者遂謂中法流入西域一變而爲
謨罕默德之回回術再變而爲歐羅巴之新法而西人
之明算學者則力辨之謂譯阿爾熱巴喇爲東來法者
實係譯者之譌且云千餘年前希臘印度等國已傳其
法但不必如今日之精耳余謂研精究微之學乃宇宙

間公共之理不必辨其孰爲傳習然中國之有此法亦
旣千年矣夫誰謂中國之才人學士不逮西人之智力
哉

二十二日記

查舊卷光緒十一年御史趙爾巽奏請將俄人前進書
籍檢交同文館繙譯鋟板等語總理衙門覆陳一疏略
云道光二十五年俄國君主因肄業換班學生入都繕
進其國圖書三百餘種計七百餘册奉
旨交理藩院收存咸豐八年
文宗顯皇帝御筆圈出四十一種皆地輿圖畫之書進

呈
乙覽其餘迻移存
方略館同治八年復移存總理衙門書庫兹檢俄文書
籍圖說計現存六百八十二本當即傳同文館洋文總
教習會同俄文館教習先將書目繙譯旋據總教習丁
韙良申稱單内天算地理格物醫學等書或六十年前
或百餘年前所載不如新書之詳備且俄書之立論大
抵迻於英法故俄人常從各國譯書而各國譯之俄人
者甚尠等語竊惟西藝新法風氣開自泰西諸國其書
已由上海製造局譯出五六十種天津機器局譯出兵

陣火器書二十餘種同文館先後譯出各國史略西學
諸法近二十種皆新出推勘較密之書俄國偏居北徼
風氣較晚且道光中所稱彼土屬部地形與今日開拓
形勢迥然不同彼時金山以南機窪浩罕以西呼蘭伯
力以東猶未屬彼轄境安得云帖克斯川及塔城北境
如能譯出彼圖卽可瞭如指掌乎且各國輿地兵陣之
學法日改而藝日新如利瑪竇推步之學
國朝修明史律歷志用之而後來臺官測算愈捷以後
出者爲精故知俄人進書事在四十年前其時沿用舊
法未必有裨時務應請無庸置議

二十四日記
總理衙門咨開本年七月十八日英使華爾身來署齎
到英國君主致賀
大婚國書暨自鳴鐘一座當經具摺奏
進並照復華使聲明應俟
國書俟請用
御寶後寄交出使大臣親赴外部代遞兹由軍機處領
出
國書一道咨送祇領仍將領到及齎遞日期咨復備案
可也

二十五日記
談地球各國之幅員者向以俄國第一英國第二中國
第三美國第四巴西第五今則俄國英國之地各皆八
百餘萬方里中國與美國之地各皆四百五十餘萬方
里巴西之地三百二十五萬方里蓋近十年中英人在
阿非利加洲多闢新土甚爲廣遠故其地驟能與俄國
相衡美國亦在亞美利加一洲闢地漸廣故能與中國
之地相埒然俄國雖地跨兩洲二三萬里聯爲一片而
其中多荒曠不毛之土但其居高臨下之形勢爲可慮
耳英以其本國之英倫三島及五印度最爲菁華所萃

其次則澳大利亞一洲墾闢招徠必可漸臻繁盛又其次則美洲之北冰疆及阿洲新闢之土雖地徧五洲然勢極散渙不能不藉輪船電線鐵路以通聲氣若其海道四通商務殷繁水師强盛則固遠出俄國上矣中國神皋沃壤縱横各萬餘里物產最豐聲教亦最先而戶口之衆尤甲於地球諸國若合內外上下之力精心整頓各國未嘗不心畏之美國雖新造之邦天時地勢與中國略相彷彿其經營富强之業則固不後於英俄巴西則僻處南亞美利加洲與祕魯接壤狉榛初闢草昧經營當觀其效於數百年後今固未能齒於上國也

二十六日記

大東公司大總辦本特及其幫辦海司大北公司駐倫敦之總辦尼爾生來謁暢論電務闡發頗爲精詳本特年七十餘洋人並推服其才智當電線初行之時僅有陸線間欲設線於海中或斷或蝕往往不能經久本特思得包線之法安線之法漸推漸精漸積漸長乃設海線至數萬里之遠東抵中國日本南抵新金山西抵美國今英人所設海線公司股本共有英金一萬四千萬磅之多而本特皆爲其總辦凡英國與南北美洲相通之線共有五公司英人居其二美人居其二法人居其

一英國三島及各屬地商務最繁盛之口岸以倫敦爲第一埠利文浦爲第二埠（在英倫島境）葛蘭司戈爲第三埠（在蘇格蘭島西境）香港爲第四埠

二十七日記

接李傅相電開

醇邸二十一薨逝

上期服臣民無服又接總理衙門電開

醇賢親王薨逝林署使奉其國主畫押電音弔唁應照會外部傳

旨致謝余奉此音耗與參贊等酌定禮節擬照會英法義比四國外部並下半旗十日從西俗也

二十八日記

近來中國海關每年進口洋藥約有七萬三千餘箱而內地所種之土藥銷售者當加四倍統計每年所銷洋藥土藥當不下三十六萬箱是每日銷一千箱也每箱以百斤計算則一千箱當得一百六十萬兩牽多搭少以每人每日吸煙四錢計之是有四百萬吸煙之人也合十八省男女老幼人口不下四百兆是吸煙者百人而得其一然以余所見有此癮者似斷不止百中之一則或者土藥之銷售倘不止四倍洋藥也然即以洋藥

價值計之每歲出洋之銀三千萬兩以三十年計之則九萬萬兩此九萬萬兩之銀皆一往而不還者宜中國之日趨於貧也可不惜哉可不懼哉

二十九日記

拜發保奬期滿人員一摺新嘉坡領事鹽運使銜分省補用知府左秉隆請以道員分省補用並加布政使銜吏部主事承厚請以員外郎補用並加四品銜又附一片陳明擬由倫敦移駐巴黎

十二月丙申朔記

英國新嘉坡附近各島於光緒十一年定其總名曰海門凡海門所統轄之地曰新嘉坡島曰麻六甲省與城麻六甲即明史滿剌加國也曰丹定斯羣島曰檳榔嶼曰威利司雷省暨其屬部曰科科斯羣島內分二十小島以上各地共有四十二萬三千餘人內有華民十七萬四千三百二十七名其歸海門保護各邦曰白蠟共十一萬人內華民六萬餘曰石蘭莪共四萬六千餘人內華民二萬八千曰松蓋芙蓉共一萬四千餘人內華民一萬此皆五年前之民數也

初二日記

午初余率隨員供事數人至車林克路斯棧乘坐火車

未初一刻至都市海口坐輪船渡海風靜波平未正二刻至法國之加利海口復坐火車酉初七分至阿明戍初至巴黎又換馬車約兩刻至使館先是余在倫敦連日大霧者已兩閱月倫敦數百萬戶燃煤之煙爲霧所罩猝不能散往往白晝晦冥煙氣四塞受之者無不咳嗆余頗不能耐亟欲避去是日亦煙霧蔽塞詎知出倫敦未及十里則旭日晴朗天無纖雲余以數月未覩此景神氣爲之一清比入法境亦覺天高日晶惟氣候較倫敦稍冷云

初四日記

洪文卿星使來函云前接粵電醇賢親王薨奉
諭悉遵
高宗禩議等因敝館適擬臘月中宴會主國官紳因電詢總理衙門此舉應否停緩并遇西國朝會應否往赴茲准覆電云
上縞素十一日百官一切照常西國朝會可往宴賓可緩至臘月初三日後同役海天事從一律用特布達

初六日記

駐紮巴黎之頭等國使凡八國譯查外部今年印册羅

馬教王公使曰斐得力(一作斐得禮)土耳其公使曰愛薩巴沙(一作愛薩德)義大利公使曰伯爵梅那布拉(一作梅那貝)奧斯馬加公使曰伯爵瓦猷(一作烏衣烏)俄羅斯公使曰男爵莫恩汗(一作摩亨游栁)德意志公使曰伯爵米斯代西班牙公使曰戞斯底斐(一作加司氏烏)英吉利公使曰伯爵李棣二等公使除中國外共二十九國曰比利時丹馬波斯曰兜米尼(志略作三都明谷斯)曰瑞士曰墨西哥曰尼戞阿格(志略作尼戞拉瓜)曰羅馬尼亞曰亞勒桑丁(志略作拉巴拉他今譯音亦作阿根庭)曰荷蘭曰希臘曰葡萄牙曰扑得馬拉(志略作危地馬拉)曰祕魯曰哥斯得爾黎加曰暹羅曰日本曰智利曰可侖比亞(一作勾倫)

畢曰桑薩爾瓦多耳(一作散勒法豆)曰寨爾斐亞曰美利堅曰玻利非亞曰摩納哥(一作穆那勾)曰烏拉乖曰委內瑞辣曰瑞典挪威曰海地(一作阿伊底)曰巴西三等公使一國曰南阿非利加民政國代辦公使(亦稱四等公使)三國曰勝馬里虐(一作散馬蘭)曰盧森不爾厄(一作呂克桑布爾)曰巴威葉(志略作巴威也拉)

初八日記

總理衙門初六日電開

醇邸薨逝都中循例照常辦事

皇上初三日已釋縞素初十初祭十六大祭百官齊集外洋各使館宜於此兩日酌申哀意祈轉電洪崔一律

初十日記

西洋各國經理學堂醫院監獄街道無不法良意美綽有三代以前遺風至其所奉耶穌之教亦頗能以畏天克己濟人利物爲心不甚背乎聖人之道所設上下議院亦合古之刑賞與衆共之之意惟流弊所滋間有一二權臣武將覬竊魁柄要結衆心潛設異謀迫令其君退位如近日巴西智利之事而數十年前則此等事尤多頗如孔子未作春秋以前列邦情勢此其君臣一倫稍違聖人之道者也子女年滿二十一歲卽謂有自主之權婚嫁不請命於父母子旣娶婦與父母別居異財

甚者不相聞問雖較之中國父子賊恩婦姑勃谿者轉覺稍愈然以骨肉至親不啻推遠之若塗人國家定律庶民不得相毆子毆父者坐獄三月父毆子者亦坐獄三月蓋本乎墨氏愛無差等之義所以舛盭若此此其父子一倫稍違聖人之道者也西俗貴女賤男男子在道遇見婦女則讓之先行宴會諸禮皆女先於男婦人有外遇雖公侯之夫人往往棄其故夫而再醮不以爲異夫有外遇其妻可鳴官究治正與古者扶陽抑陰之義相反女子未嫁每多男友甚或生子不以爲嫌所以女子頗多終身不嫁者惡其受夫之拘束也此其夫婦

一倫稍違聖人之道者也夫各國當勃興之際一切政教均有可觀獨三綱之訓究遜於中國即洋人亦或推中國爲教化最先之邦似未嘗不省悟及此然一時未能遽改者蓋因習俗相沿之故余謂耶穌當西土鴻荒初闢之時啟其教化魄力甚雄然究竟生於絕域其道不免偏駮失之毫釐差以千里不信然歟

十二日記

總理衙門寄到謝英君主致賀
大婚國書已於初一日赴英外部傳
旨致謝并請其轉遞君主矣茲錄存

國書底稿云

大清國
大皇帝問
大英國
大君主兼五印度
大后帝好前以朕躬慶典
貴國使臣華爾身恭傳
大君主雅意申賀茲復由
貴國使臣華爾身齎到國書並自鳴鐘一座良工巧製十二時備致嘉祥吉語遥頌億萬年永膺福祚原刻鐘上祝辭云日月同明報十二時吉祥如意天地合德慶億萬年富貴壽康披閱之餘莫名欣悅
我兩國
國家和好有年益敦睦誼今特派駐劄
貴國大臣薛福成恭齎
國書親遞致謝從此邦交永固共享昇平朕實有厚望焉光緒十六年九月初九日

十三日記

馬清臣鈔送英君主前年謝賀登位五十年國書底稿茲譯錄其書云維多利亞奉天承命英吉利愛爾蘭君主五印度后帝請

中國
大皇帝安今接得
大皇帝來函賀我登位五十年之喜並贈物
大皇帝函內友睦之意及慶賀之辭與本處所接別國君民同式賀函令我極爲欣忭曷勝感謝又惠贈珍物以誌此番盛事見
貴國工藝製造之精美尤深感謝我想此必由於貴使臣遵
大皇帝之諭辦理得法仰邀
大皇帝之悅豫我趁此機會表我極睦之誼並深祝

大皇帝萬壽無疆洪福齊天神明保佑耶穌降世一千八百八十七年即登位之第五十一年十二月初一日自温則宮發

十五日記

新嘉坡太晤士日報云荷蘭領事開列華人先爲傭於坡埠而後就傭於別埠者之總數前年共有十六萬四千餘人去年共約十五萬人所以較少於前年者緣近日荷蘭駐華之領事知會華官准由汕頭裝載華傭直往日裏埠不必如前者到坡之後而始折往也由斯以觀荷蘭南洋各島之不能不招華傭明矣抑聞荷人苛

待華工甚於英法等國華人往往不得其所且迫之入籍所以多去而少還而荷人之不願中國設領事官者亦實由此然領事之設實爲要著儻彼不允我設領事我亦不准彼招工彼斷無不就範之理若但用文牘往商口舌辯論殆無益也

十六日記

科魯蘇廠法國著名之鉅廠也在巴黎東南一千餘里乘汽車行八點鐘可到地居萬山之中有煤井鐵礦法民司丙德設大廠於此開煤鍊鐵造成各種機器汽車並代各國造鋼甲鋼礮廠內工匠共一萬五千名每日造成之物極多皆由鐵路運出又有山沙孟製造廠較科魯蘇稍小工匠共約萬人所造亦鐵甲大礮並汽車各機器而鍊鋼之法則與科魯蘇相異而更妙巴黎以外沿路稍小之鐵廠煤井不下數十百處工人數百至數千名不等

十七日記

今環中國四面皆有鐵路英由印度北行且踰廓爾喀而抵克什彌爾一路抵西藏外之大吉嶺一路由緬甸之仰江以達阿瓦由阿瓦以達新街已距滇邊不遠矣俄越烏拉嶺歲造數百里將至塔什干而抵浩罕現復

議興大工經西伯利亞循黑龍江濱東越烏蘇里以通琿春海參崴矣法取越南已探富良江之源經營滇邊通商之路其大道則將由順化河內直接於諒山矣環中國之四境凡有陸路毗連之處將無不汽車電掣鐵軌雲連一旦有事則彼從容而我倉卒彼迅捷而我稽遲彼呼應靈通而我進退隔閡吁其可不早爲之計哉

十九日記

巴黎有蠶會教習郎都來謁近來西國經營蠶務先以顯微鏡視蠶身之有黑點者即知其所生之子皆不可用凡蠶子亦可以顯微鏡辨其有用無用各國設有養

蠶學堂講求日益精微即如法國向不產蠶絲近始育蠶數年以來業已增旺五倍耶都研此甚久談之甚精據稱中國數年前寄到蠶子皆已有病此等蠶子約重八兩所出之蠶計可收絲二十五斤現在意法等國揀擇精良其蠶子約重八兩所出之蠶計可收絲七十五斤最多有收至百斤者夫飼蠶桑葉之費育蠶人工之費中西相同而中國收絲僅得西人四分之一者以蠶子未經揀擇也不但此也蠶子之病者不去則次年所出之蠶有病即所產之蠶子亦皆有病一以化百百以

化萬恐中國之蠶務日漸衰息數十年後將如印度之歇絕無餘矣欲救其弊莫如每年多寄蠶子到巴黎育蠶會中代爲查驗精揀然後寄還分給江浙民家並勸令各購顯微鏡一具華民果能漸自辨別且知其實有明效則互相傳習風氣益開中國蠶務方可保也或謂以中國蠶質加重工本則抽絲必更精良此則可以不必緣中國絲質較輕價亦甚廉惟其價廉故西人皆願購之而銷路益廣若絲質更良則本重而價亦必昂價昂則西人之購者更少而銷路絀矣耶都之言如此實能切中時務又攷法國之立墉一鎮戶口殷富家家以織紬錦緞綢爲業與中國之蘇杭相等實爲歐洲絲業薈萃之區歐亞兩洲蠶絲皆先到立墉織成紬緞然後售銷各國耶都又稱每歲立墉絲市可銷蠶絲價值七千萬佛郎其五千萬佛郎皆係中國日本之絲二千萬佛郎則意法二國所產之絲意絲得六分之五法絲僅居六分之一云

二十日記

前因柏林醫生寇赫新得療治癆症之法係用金鏽製成藥漿可殺癆蟲且能不使此蟲復生各國皆遣醫官往習其法洪文卿星使來書謂英德兩館宜各派一醫官往學並當派一德文繙譯爲之傳話若果得其祕要

行之中國從此華人患癆症者均有起死回生之望其意甚美余派醫官趙元益靜涵馳往柏林派繙譯學生王豐鎬省三偕之同往並令詳記路程及所見聞以資攷證省三先由德返英由英隨余來法昨將日記送閱茲特撮錄其程途形勢政俗之梗概焉由倫敦之車林克路斯火車棧啟行二十分鐘抵倫敦城內之鉛能斯脫里脫車棧又一點二十五分鐘抵愛扉福特又三十分鐘抵福克斯登又十分鐘抵都甫鎮又二十分鐘抵都甫海口以上所紀之候幷停留時在內每處停留不過三四分也登舟行兩點鐘始渡海峽抵法國之加利

海口赴海關査驗行李竣乘德國之寇倫火車行經加利鎮經商大梅車棧經㛮材孛雞克車棧各停二三分鐘共閱三點鐘至利勒法國大鎮也又行兩點鐘左邊見高山一帶樹影參差詢之知比利時都城伯魯色爾也又行三點五十分鐘抵利雅許此鎮係比國製造槍礮之所亦要地也又五十五分鐘抵維爾威業停二十分鐘又二十分鐘抵德國邊界曰海爾維斯他爾又赴海關查驗行李停二十五分鐘又三十五分鐘抵愛克塞拉沙貝爾又兩點半鐘抵寇倫寇倫爲德國有名之鎮上產香水甲於歐洲此處須換車稍爲停留車棧對

面有大教堂名曰杜姆卡先特勒爾歐洲推爲第二教堂高與深均五千三百二十尺能容七千人堂上之尖頂大小共五千云由寇倫開車約行四十五分鐘過來因河上之長橋抵杜就爾對甫鎮又所過之地曰杜愛斯伯來曰澳白好成曰陶脫明曰喊姆曰明度各處稍有停留共閱六點半鐘抵海挪威郎漢諾威故國也是處爲英法各國必由之路亦稱名勝焉又所過之地曰勒爾德曰斯湯特爾又過易北河上之長橋至斯邦道共閱四點半鐘遂抵柏林之弗理特里許斯脫拉賽車棧中國使館在黃大海斯脫拉賽十八號居德京之西偏斯脫拉賽者譯言街也大約由英至德經行英法比德四國之境約需三十點鐘以內可到倂各處停留在內其道里無從查攷若以中國里數計之當在三千里以外矣

二十一日記

德京天氣寒於英法而晴明爽朗令人心曠神怡民情敦厚俗尙勤儉無論貧富每七點鐘必起辦事地瘠故街道闊民貧故日用輕其自强之道有三一舉國皆兵國中風氣視武職爲最榮人人皆願當兵或三年或六年然後改爲他業平時兵額四十萬一旦有事調集新

舊兵可得三百萬最多可得五百萬一鐵路六通四闢五六日間通國之兵可盡集邊界一餉有專款不必臨渴掘井兵之所至餉即隨之二十年前法國所償巨款至今存儲未動非若他國籌餉須待議院會議也有此三者所以歐洲各國皆畏之德皇每親自閱兵演礮排隊如臨大敵大將軍毛奇精於輿地之學從前克法有大功者年逾八旬依然矍鑠前相畢士馬克年約七旬近雖退位依然不忘國事夫普魯斯本日耳曼之一國耳三十年來敗丹敗奧敗法遂爲最強之國與英俄相抗衡皆畢相經營之力也畢相綢繆國計專行霸術殆

係管商一流人物民雖微怨其征斂之繁而仍推服其智勇之略入其國中有整齊嚴肅方興未艾氣象

二十二日記

克魯伯廠歐洲製造槍礮著名絕大之廠也往觀者由德京禽獸博物院開車約需四點鐘抵海挪威鎮又五十分鐘抵明度又二點鐘抵喊㗊又三十分鐘抵陶脫明換慢車開行約兩點零十五分鐘抵愛森廠主之樹林及住宅皆在焉松柏茂密約長里許廠中所用木料皆取諸此愛森一鎮近來因河其南有溫水流入天氣和煦勝於他處此鎮煤礦甚多有四礦屬克魯伯廠每

日出煤四千噸足敷廠中之用此外各礦屬他公司者亦不少德國定制無論何礦所出之煤每百抽十以供國家之用廠主住宅周圍數里閎敞可比王宮鎮前後數里皆工人所居亦廠主之房屋先是老克魯伯祇一鐵工耳思得鍊鋼鑄礮之法與同時工作者六人創興此廠是爲克魯伯第一其子爲克魯伯第二工人已有二三萬之多三年前病卒今廠主爲克魯伯第三年約三十以外計各項工人及其室家仰食此廠者共有六七萬人廠主富可敵國德皇亦常莅廠中觀造槍礮焉由愛森乘馬車約行四十五分鐘可抵克魯伯廠一廠之中分爲子廠者數十百所大抵各事其事不相閒問所以其業能專然地大而廠多非盡一兩月之力不能窮其勝也遊觀者往往限於日期未必能徧閱各所茲姑撮敘其大略凡來觀者先至演礮廠其十二邁當之全鋼後膛小礮長約七八尺裝以鐵座先入彈子後實以火藥約重五六磅後膛門口之鋼以最硬之鋼門之闔閉既緊門有小孔即入引火之銅帽帽背接以銅線遠約二丈以線牽動礮雖小而聲甚大近處必須掩耳是礮放出可抵五百七十六匹之馬力有彈子房大小新舊各式齊備其開花彈兩面分開中實小彈頭有尖

銅蓋以螺絲釘旋緊即合爲一開花礮彈之舊式一變而爲尖式善矣再變而大礮之中實以無數小礮則更善焉礮長二丈餘者彈高二尺餘者羅列不知凡幾彈子房皆玻璃造成四面有鐵管以送暖氣蓋恐彈子遇冷裂壞也有造礮所礮大小不一有琢磨之機器有鑿孔之機器共三十四邁當之礮長二丈圍一抱者已覺笨重而意國前定造一百二十邁當之大礮歐洲推爲巨擘即本廠亦祇造過此一尊據廠人稱礮之合用究以三十餘邁當者爲最遠可禦敵近可守營運之不甚費力造之輕而易舉所以近來西洋各國銷售頗多若

意國之大礟究嫌呆笨也有鑄鋼板所約六七寸厚四五尺方之鋼板火中取出欲令其薄有鐵機將鋼板滾出滾進兩邊工匠面罩鐵絲網脚穿木鞋手持鐵絲帚以水刷之數十次鋼即漸薄又有工人以鐵尺量之適可而止然後移置大鐵錘之下錘用鐵機升降其機四方四人各立一角以手挽其樞紐其機自然升降打下一次聲震如雷五六尺之鋼未幾即薄矣有造鐵路鋼條所內多各國所定之貨車盤大小不一火中取出鋼條長約丈餘用鐵鉗鉗住其鉗亦有機器移東移西任意所嚮即有切鋼之機器雖鋼厚二三寸不啻昆吾刀

切玉如泥焉有鍊鋼所先以鐵在爐鎔化後由溜槽流入鍋爐下有空氣以透之爐內似放爆竹繼放火燄似煙火然每三十分鐘可出鋼六噸云

二十三日記

伏爾鏗德國造船著名之廠也廠在柏林東北濱臨波羅的海由德京乘馬車約行四十五分鐘抵斯塔汀火車棧換火車行約兩點零二十分鐘抵斯塔汀已在波羅的海邊矣又乘馬車行一刻鐘抵廠廠中機器房所造船身中之機器高與屋齊約有丈餘建方德國所定戰船機器也其小件各式機器房有鑿孔之機有琢光之機有磋磨之機有切斷之機又有造鍋房凡戰船用者其鍋更堅大小不一其鍋周圍鑿孔孔處用銅補之如銅帽釘然有造銅喇叭所船上所用以收風入艙內者有造船中木料所如門窗壁架櫥櫃之類有畫圖房專繪各式船樣有造船模式房小戰船一隻礟位水手旗號無不畢肖其價須英金一百餘磅又有德皇遊歷各國之小輪船適在廠修理房艙位置與中國海晏船相似又有新造運貨輪船一曰康恩脫一曰畢士馬克其行甚速七日可抵紐約又德國所造戰船兩艘甫造船身內外面鋼約各厚一寸許

二十四日記

法人斯各賴脫新出輿地圖說以緬甸暹羅越南三國謂之中國印度而柬埔寨（一譯作甘孛智）南掌（即老撾之轉音）各國撣人野人各種亦包在內其地雖非悉屬中國而地勢與中國相連故以別於英屬之五印度也茲撮錄其梗概如左據所攷史事云安南之屬中國始於秦始皇三十三年（耶穌降生以前二百十四年）印度之佛教亦同時而入迨齊明帝永元二年（耶穌降生五百年）當時佛教自錫蘭傳至白古下緬甸（即仰光）漸入緬甸暹羅柬埔寨又百年即至南掌國蓋安南之佛教本自中國來然未嘗盛行也柬埔寨者

古稱眞臘國唐德宗貞元十六年西八百年眞臘始強大循海以至南掌皆爲屬土立國亦最久康熙三十九年西一千七百年以後眞臘始衰其改國號曰柬埔寨或在已衰之後嘉慶年間西一千八百年後南境各省皆被安南侵奪即今法屬之下安南也即西貢等六省西面各省亦被暹羅據而有之漸削漸弱至今乃歸法保護矣西人之至中國印度據有其地在近百年間道光四年西一千八百二十四年英人據新嘉坡明年據麻剌甲明年入阿拉岡及台訥蒐力毋咸豐二年取白古及下緬甸光緒十一年西一千八百八十五年遂滅緬甸暹羅於康熙年間遣使至法國通好法人自同治元年奪據下安南三省六年又奪得三省爲今西貢等六省光緒十一年越南歸法爲屬國

二十五日記

法人圖說所謂中國印度者幅員之廣其約地面二百十一萬四千啟羅邁當每一千爲啟羅每二尺有奇爲邁當每啟羅邁當合中國二千七百九十三尺每一華里合法國五百七十八邁當比較法國五十三萬六千四百零八啟羅邁當方里幾大四倍其中大江有五一曰伊拉瓦第江即怒江亦曰大金沙江發源西藏流至布畏莫分爲兩派在西曰巴線河在東即伊拉瓦第江至入海處散爲汊港無數二曰撒倫江即潞江一譯作薩爾溫江發源西藏南流至緬甸之穆爾門入海三曰湄南江分爲兩派一曰湄明一曰湄南過暹羅都城邦勾克一作班考克或作曼谷入海四曰眉公江即瀾滄江下流亦曰柬埔寨河西人名之爲西貢河海國圖志謂之默南君河發源西藏出西北流至東南水勢盤曲湍流奔駛有時間斷惟江口頗利行船自發源至出滇徼已五千餘里經歷南掌暹羅柬埔寨又五千餘里至布農奔之地布農奔一譯作努邦即柬埔寨都城忽作兩岔新江名巴撒克在西舊江名天商在東此兩派江流及其餘支河總匯於下安南過西貢入海五曰富良江即紅河發源雲南境內近爲滇越通商要路流至越南山西山西譯音地方或作桑台分流稍南與他處之水及太平

河之水合焉此其江河之大略也自西北至東南山嶺狹長而聳峻山峽成峪江流其中由此峪往彼峪甚不易過水土亦迥不相同海濱石山巉巖若連若斷而以緬甸之阿拉岡及孟加臘灣尼格來地角數處爲最高阿拉岡山高二千一百六十四邁當山以東即伊拉瓦第江此山直至內格來地角包裹西南一帶曰北古山介在伊拉瓦第江及西當江一作白龍江之間高六百邁當曰商山馬山一名奔谷山在西當江之東撒倫江之西高三千一百九十四邁當撒倫江之東又有山名大能通志稍南即與商由馬山合併直趨麻剌甲全境支幹紛歧

此其山嶺之大略也地在溫帶氣候與印度相同其山樹木多叢茂其地氣和平人煙稠密之處以伊拉瓦第江湄南江眉公江富良江下游一帶爲勝文教亦最盛至於諸山礦苗甚旺如鉛鐵金銀銅錫之屬多產其地而以麻剌甲各地產錫爲最盛每年所得皆過八百萬佛郎緬甸多玉石北圻多煤礦近在阿拉岡山東面尋得火油來源已設法開采矣人民約分五種一曰安南南掌暹羅緬甸爲一類其人略與中國相同惟緬甸西境逼近印度故稍與印度人相雜此種人身材稍小膚黃髮重眼小而略斜二曰柬埔寨爲一類頗與印度人

相似三曰野人爲一類散處內地無人知之在安南者曰莫夷曰冥在緬甸者曰哈肯莫能詳考也四曰麻剌甲番人爲一類此種蓋內格來人同族然多有與馬來人相彷彿者五曰馬來一譯作巫來由即南洋羣島人人爲一類不但在麻剌甲一帶即暹緬越南亦有之地產五穀以米爲大宗尤以緬甸下安南北圻三處爲最多此外緬甸產茶北圻產棉花製造之物則緬之南境如紬緞氊毯金銀象牙皆有之北圻亦織紬緞仍以鑲嵌油漆器具爲最精此其民生物產之大略也

二十六日記

暹羅今爲自主之國南掌亦歸附之麻剌甲之地有數小國亦爲自主其餘或爲暹羅屬國或爲英國屬部茲將法人所表地面大小民數多寡摘其大略法之量地皆以啟羅見方里數起算緬甸阿拉岡及英屬台訥蒐力毋六十八萬七千方里七百七十萬人英屬馬尼布一萬九千五百方里十二萬五千人愛賽毋之東之南自主各地六萬五千五百方里二十萬人暹羅七十二萬六千八百方里五百七十萬人越南北圻四十三萬方里一千八百三十萬人柬埔寨十萬方里九十萬人麻剌甲自主各地括柔佛彭亨諸小國言之八萬一千五百方里三

十萬人麻剌甲英屬各地括新嘉坡檳榔嶼等言之三千七百方里四十萬人以上惟南掌一國暨法屬南圻六省未著里數民數似尚闕而未備余又聞柬埔寨實有一百八十萬人則法人所表容有未覈者姑誌之以備攷

二十七日記

緬甸北境有要城曰八募在厄勒瓦諦江法音譯作伊拉瓦第江之東岸大盈江洋音譯作達奔江亦曰太平江之南二啟羅邁當此係緬甸防中國極邊之要鎮商務最盛輪船亦至此而止八募城中有一街市中國人呼之曰新街均係滇商收買棉花玉石洋貨洋鹽之地八募蕞名稍有轉音呼曰

蠻暮蠻𢇁者譯言造瓦器之地也八募之東尙有兩座舊城遺址一曰舊八募在大盈江右岸一卽昔之藏波能勾佛語呼爲張巴那嘎係擺人之舊都爲新坡人所毀矣自八募至厄勒瓦諦江口多有緬甸古蹟其間有四大城曰薩艮曰阿瓦曰阿拉馬布拉曰莽達拉法音譯作曼德來四城皆緬甸所嘗建都其都莽達拉爲最後而都阿瓦爲最舊自元順帝至正二十四年至國朝道光二年有三十五王相繼都此後經野番之亂始南遷莽達拉焉

二十九日記

地球萬國內治之法不外三端有君主之國有民主之國有君民共主之國凡稱皇帝者皆有君主之全權於其國者也中國而外有俄德奧土日本五國巴西前亦稱皇帝而今改爲民主矣美洲各國及歐洲之瑞士與法國皆民主之國也其政權全在議院而伯理璽天德譯作總統無權焉歐洲之英荷義比西葡丹瑞典諸國君民共主之國也其政權亦在議院大約民權十之七八君權十之二三君主之勝於伯理璽天德者無幾不過世襲君位而已英主在英倫三島稱君主而又稱五印度后帝則其君權在印度較重其本國所以仍稱君主者

以數百年來爲其民所限制驟難更張也法國前稱皇帝而今改爲民主始稍安謐夫法國人心好動惡靜固多事之國也既爲民主其權乃散而不萃佳兵黷武之風其稍戢乎

三十日記

今天下之製槍則有前門後門單響連響之殊製礮則有前膛後膛銅鐵純鋼之異礮臺則有明式暗式泥土三合土鐵鑄之分戰艦則有蚊船雷船碰船快船鐵甲船之異其餘水雷則伏雷行雷桿雷魚雷體製不窮火藥則炸藥棉藥餅藥栗藥新奇疊出研精如此費財如此造物幾無以供其雕鐫然風氣盛開卽在此二三十年之內而此二三十年中攻守戰爭之事轉少於昔年者何也各國皆憚於先發也蓋二三十年以前泰西有三大戰一曰英法助土攻俄之戰一曰南北花旗之戰一曰普法之戰此三役者或搆兵連年或震動大局而拿破侖第一之佳兵好戰動以全國爲孤注又無論矣近年則如俄土之爭智利祕魯之爭或鄰邦爲之勸和或搆難而卽講解故烽塵之警稍靖焉卽兵民之禍亦稍紓焉大抵昔之籌攻具戰具守具也較易故其視攻戰守也亦較輕今之籌攻具戰具守具也較難故其視

攻戰守也亦較重且其費至鉅傾數十年之蓄積以僥倖於勝負不可知之數即使偶勝尤覺得不償失智者所不爲其術至酷偶一設想猶爲之心悸而神驚若一朝遂忿一念喜爭糜爛數百萬生靈之命仁者所不爲是故今之時勢善謀國者常以精籌攻戰守具爲無形之攻戰守初不必見之實事也竊嘗觀英法俄德美諸大國不憚殫其物力窮年累世聚精會神以求槍之靈礮之猛艦之精臺之堅迨各造乎其極而又無所用之非不用也殆以不用爲用也夫地球各國平時互相考校於其槍礮艦臺之孰良孰楛無不確有定評一旦有

事則弱者讓於强者强者讓於尤强者殆必至之勢固然之理强者於攻戰守早有把握則雖取千百里之地索千百萬之餉而不難弱者於攻戰守尙無把握則亦割地輸幣而有所不靳且弱國即幸而偶勝而弱固不足以敵强於是慮大國有再舉之師鄰邦有勸和之議終於棄地受盟如光緒戊寅己卯之間土耳其之於俄羅斯是也是故與其爭勝於境外不如制勝於國中蓋必營度於平時然後能操此無形之具若不得已而用攻戰則已出於下策矣然則居今之世而圖國是雖伊呂復出管葛復生謂可勿致意於槍之靈礮之猛艦之

精臺之堅吾不信也若夫修內政厚民生濬財源厲人才則又籌此數者之本原也

出使英法義比四國日記

卷六

光緒十七年辛卯正月丙寅朔記

謹率參贊隨員等向東南望

闕叩頭遥賀元旦　歐美諸洲從古與中國隔絕不通歐洲近數百年來稍稍能通中國其往來通行無阻不過在數十年之內然觀各國設官之意頗有與中國暗合者如英法義比等國辦事亦各分厥部每部設一尚書有內部戶部學部兵部刑部工部藩部等尚書內部即吏部學部即禮部藩部即理藩院也又有外部海部

中國近亦仿照其意已設總理各國事務衙門總理海軍事務衙門矣又戶部之外有農部頗見重農之意外部之外有商部殆猶中國之通商大臣惟在內在外之不同耳印度部尚書軍機處尚書惟英國有之又英法義等國有郵部尚書比國有所謂鐵路驛遞電報部者核其義實即郵部近年各國以此爲要務故特設專官也世襲之爵亦有五等譯者即以公侯伯子男稱之惟俄德等國有君主之全權者五等之上又有王爵王有二等無異親王郡王之分丞相衹有一人往往有以首相而兼一部尚書者或內部或外部或戶部或兵部各視其時所重而兼之亦與中國相彷彿惟出使一途係屬專門隨員可升參贊或總領事參贊總領事可升公使亦有由外部侍郎及總辦出爲頭二等公使者有由宰相外部尚書出爲頭等公使者有由侯伯等爵簡授頭二等公使者必視其嫻習外務者而用之亦間有以王爵公爵而充參贊隨員者則以其自願借途以資歷練也蓋西人平時多好講求公法揣摩各國形勢故凡出任使事多不至辱命焉

初二日記

中國之字以形生義故有一定之形之義外國之字以

聲傳意故凡字不必以形求亦不能以義求往往有以數音拼作一字者有以數字縮作一音者中國之字分喉舌脣齒牙五音而西人之音又往往在喉舌之間脣牙之間或且多用鼻音儘有西人有此音而中國並無此字者故中西之文不能合一天實限之即有繙譯好手衹能達其大意斷不能逐字逐句一一脗合今試以西人之文書書信交數人繙之則句語無一相同即地名人名之字形亦往往不同但能使大意無甚訛舛而已蓋斷不能強不齊者而使之齊也

初三日記

西洋各國教民之法莫盛於今日凡男女八歲以上不入學堂者罪其父母男固無人不學女亦無人不學即殘疾聾瞽瘖啞之人亦無不有學其貧窮無力及幼孤無父母者皆有義塾以收教之在鄉則有鄉塾至於一郡一省以及國都之內學堂林立有大有中有小自初學以至成材及能研究精微者無不有一定程限文則有仕學院武則有武學院農則有農政院工則有工藝院商則有通商院非僅爲士者有學即爲兵爲工爲農爲商亦莫不有學其書多曲折該備有讀之十年不能罄其奧者平時所見所聞莫非專門名家之言是以習之而無不成爲之而無不精近數十年來學校之盛以德國爲尤著而諸大國亦無不競爽德國之兵多出於學校所以戰無不勝推之於士農工賈何獨不然推之於英法俄美等國何獨不然夫觀大局之興廢盛衰必究其所以致此之本原學校之盛有如今日此西洋諸國所以勃興之本原歟

初五日記

地球最大之城市有八其一英京倫敦約五百餘萬人其二法京巴黎約二百七十餘萬人其三美國紐約埠約一百六十餘萬人其四中國京師約一百五十餘萬人其五日本東京約一百五十餘萬人其六德京柏林約一百四十餘萬人其七美國司嘎哥埠約一百餘萬人其八美國費釐爹釐費亞埠即費地里費城約一百餘萬人

陝甘電桿現已由西安接至安定再接至蘭州又接至嘉峪關均經竣工　廣東現擬創建鐵路自九龍深水浦起抵深州墟石龍所再至十字坳由此過河越大墩村入番禺地面至牛山礮臺出烏浦至省城外天字碼頭止計長三百六十里此事旋聞停止

初六日記

輿地之學本諸象緯地球渾圓界以三百六十度其南北二點正對天空南北二極起度之處各國皆有中線中國以京師觀象臺爲中英國以格林威治一作格林尼址距倫敦東四十洋里天文臺爲中法國以巴黎天文臺爲中西距格林威治二度二十分二十四秒由是而東而西每六十洋里爲一度故天文臺者測量之樞紐也巴黎跨賽納江上其北有亞拍歲候佛篤褒爾天文臺建焉一譯作岡孛受而岡多矮爾天文臺余於昨夕率使館各員往觀馬車約行五十分鐘到臺總辦提督馬宜者曾居中國多年款接頗殷先引觀各國古時儀象次觀五星月孛諸圖次展一巨幅爲中國渾天總星列次分野之圖紙色樸舊觀其題識知爲元代時物

云次觀法前王路易十四所製大地球一具次觀仿製中國欽天監渾天地平諸儀次至機器觀星房一人運動機器能自啟閉中設大千里鏡觀老人星光明如月次至一機器房四旁安輪亦設千里鏡桿下設風輪機器晝夜旋轉蓋因地球與眾星轉移不息若以有定之鏡窺之未免稍縱即逝此風輪機器能使鏡桿常隨所測之星而轉殆不爽分秒也又陟一百數十級遂登臺巔有圓頂鐵室一大間界以三百六十度於子午圈處中豁一線闊約十度如所窺諸曜有不當隙者僅一人手掇機器圜室自能旋轉對準諸曜千里鏡桿長十五

邁當邁當爲黃道四千萬分之一十五邁當即黃道四千萬分之十五每一邁當合中國二尺七寸九分三釐二毫九絲六忽此鏡桿之長合中國四丈一尺八寸九分九釐四毫四絲鏡面十四英寸英十二寸爲一尺每一英寸爲工部營造尺八分二釐一毫四絲七忽五微窺天狗星其光熊熊更大於老人星又窺婁星中之大星其光與老人星相等四角四星環繞據西人云此四星者皆行星也常繞婁星之大星而行又窺見白光一片蓋無數小星攢聚而成似即所謂星氣者因其相距過遠故并不見星之形象西人云千萬年後眾星合而爲一即又成一大世界矣最後移鏡窺月大於尋常所見者約數十倍光所映處紋如冰裂分出無數塊壘西人謂皆山而上

山影也至於沙磧之痕如大戈壁借月輪未滿難窺全體耳近來西人測天謂地球亦行星之一其繞日而行者如金木水火土五星及地球及天王海王星皆行星也其有定位而不移動如二十八宿者謂之恆星人但見恆星之旋轉不知乃地球之旋轉也惟是恆星之旁亦有行星以其離地過遠人之目力有見有不見耳行星之旁亦更有繞行星而行者如西人近測填星內有八月木星內有四月是也惟火金水三星離日較近尚無所見或本無之或爲日光所奪隱而不顯均未可知西人之言天文者如此爰追憶而書之

初七日記

地球及諸行星皆爲日之吸力所吸引而行月又爲地球之吸力所吸引而行實則皆日之吸力所統攝者也西人近窺月中謂萬餘年以前或尚有人物今則有山川而無人物以其已無生氣也蓋既不受天空之生氣則不能生火亦不能生水其中成凹形者皆旱海也無水無火人物不生自然之理

初八日記

地球即一行星行星亦一地球自他星上望吾地球固炳然一星也光從何發借日之光以爲光也西人測望

五星謂皆有空中生氣即皆當有人物惟水星離日最近受日之熱較地球多七倍以常理測之星中之水當盡變爲氣其熱必更甚焉木星離日較遠受日之光與熱較地球少二十五倍土星離日更遠受日之光與熱較地球少九十倍夫以吾地寒暑適均所以人物蕃昌假使於酷暑之時加熱兩三倍則人物不能存矣嚴寒之時加冷兩三倍則人物不能生矣若如水星之熱土木星之寒人物萬無生存之理或者造物位置此等地球別有妙用則誠非吾地球之人所能揣測矣或又謂土木星中皆別有日照之非吾地球所見之日也存之

以備一說

初九日記

或問地球在太空之中四無倚著即云爲日之吸力所攝引而以周圍九萬里如此重大之物亙古虛懸安能不墜乎日之吸力又安能若是之大乎余據西人之說應之曰今人在地球者習見重物下墜此不過爲天之壓力所壓地之吸力所吸耳壓力吸力皆趨重地心地心以外上下四旁六面均平並無偏重之處既無偏重之處則雖推之九十萬里九百萬里之大亦如鴻毛之浮於太空耳況再有日力以攝引之焉得墜

十一日記

阿非利加一洲其地三倍於歐羅巴祇以近赤道之下水土瘴毒人民蠢賤數千年來僅迤北迤東與歐亞兩洲相鄰之地開闢十之一二而其內地則草昧狉獉終古不與他國往來雖歐洲之人不知其中爲何境蓋欲其啟鴻荒爲文明也至不易矣近三十年中歐洲各國籌費遣官分往阿洲境內經營墾闢至今英之轄地十九處共二百四十四萬英方里每英一方里合中國十方里人數約三十九兆法之轄地九處共二百七十八萬英方里人數約二十二兆德之轄地四處共一百萬

英方里人數約五兆葡萄牙轄地六處共九十萬英方里人數五兆有奇比利時轄地僅剛果（一譯作孔戈）一處共八十二萬英方里人數十五兆意大里轄地止紅海南口以西共三十一萬英方里人數五兆有奇西班牙轄地四處共二十四萬英方里人數約四十四萬計阿洲之地爲諸國所闢者已有十之七八西人皆云洲內水清土腴氣候和平之地亦甚不乏將來即須通電線造鐵路集公司開商埠大抵除瘴癘沙漠之區無從經理外其餘則生聚教訓日啟菁華不難比亞歐諸洲文物之盛當於數百年後觀之夫西人果操何術以致是哉

彼所以能闢𣙜壞爲神皐變榛蕪爲繁庶者大要在不惜費不畏難不主故常之見而已

十三日記

近聞西人談及旅順口形勢不及威海衛之扼要將來北洋似應以威海爲戰艦屯泊之區而以旅順爲修船之所較爲合宜又聞大連灣業經銘軍新築礮臺六座堅而且精甲於北洋老龍頭一座當敵船之衝三面臨水塡築非易和尙山東礮臺徐家山皐礮臺築土取石亦形艱窘此三臺之精堅尤勝於各臺皆總統銘軍劉軍門盛休之所經營也英法兵艦駛閱各礮臺皆嘖嘖稱之　威海衛距了蘆蛇島六十餘里在雙公灘及深水灣之中水土溫和巨艦出入極便門戸有二雙公灘之東西各一均設影燈以照船艘出入城建於近西山麓而西面門戸尤窄水勢甚深蓋威海在八年前不過漁民耕戸所結茅屋耳今則經營周密商旅輻湊有屯營有操塲有水師學堂有巨店廣廈有數日一往返煙臺之輪船有通連內地之電線岸上要隘建臺置礮水面建築鐵碼頭爲兵輪停泊之所各輪寄碇皆在劉公島以其水深風靜雖遇東北風大作無虞也此島亦已度地議築礮臺由威海至煙臺水路一百三十里輪船

行四點鐘陸路乘馬約廿點鐘可達

十五日記

德自威廉第一始以普魯斯國王爲日耳曼列邦共主晉號德意志皇帝其先固日耳曼列邦之一也然普旱爲日耳曼最大之國地方已二千餘里其幅員不過稍亞於奧斯馬加國而國勢常足與抗衡嘉慶十一年法王拿破侖第一以兵殘滅普國盡取其地盟日耳曼諸小邦於來因河上又與俄皇亞力山德第一相會互約俄稱北帝法稱南帝而普王啡哩特威廉第三以失國之君侍立門外執事維謹俄皇憐之頗爲緩頰拿破侖許稍析故地封之而未踐言也會普王之后攜其子赴拿破侖宮茶會以無立錐之地自訴拿破侖乃僅以一郡地封爲附庸小國普王至先王墓誓曰此仇必報然地旣褊小法人復定其兵額不得逾所限之數王行寓兵於民之法募兵如額訓練精勤三年後悉數散去更募更練又三年後復如之其散去之兵酌量給貲使之爲農爲商且戒以如有戰事須一召卽至久之則通國皆精兵而法人尙未覺也迨俄皇率諸國之師以伐法普以區區之地出兵至七八萬人俄皇許以如蹶拿破侖當盡還普故地普兵每戰必爲先驅精悍無前英人

復出兵攻法法人果廢拿破侖悉返各國侵地而普之舊疆一旦驟復王旣卒而腓㗫特威廉第四即位又卒而威廉第一即位數十年中皆能勤修國政日益強盛是時畢士馬克優於謀略以一出使隨員屢上條議駸駸嚮用洊擢至首相兼外部尚書沈鷙精敏算無遺策伐丹馬敗之割其膏腴之地伐奧復敗之去其共主之名俾日耳曼諸國悉戴普爲盟主於是悉其精鋭深入法境而拿破侖第三被擒法人割地輸幣以和普之威名震於地球與英俄相匹敵然則德皇殆古之燕昭王越王句踐一流人也余聞西人謂威廉第一無甚本領

不過賴其所用數人以有大功不知君人者不必自雄其才智惟知人善任而才智乃宏當是之時畢士馬克嫺於外務用掌外部兼爲首相毛奇長於治軍用爲大將軍欒特精於訓練用掌兵部富列打力查魯士郡王智勇善戰用統大軍祇須能用此數人而霸業基諸此矣然則德皇正不必自用其本領斯所以爲絕大本領也

十六日記

地球各國人民之數中國第一英國第二俄國第三中國人數在四萬萬以外大約四倍於英五倍於俄余因攷二千年來以漢平帝元世祖明神宗爲戶口最盛之時漢平帝元始二年民戶一千二百二十三萬有奇口五千九百五十九萬有奇元世祖至元二十七年民戶一千三百十九萬有奇口五千八百八十三萬有奇而山澤溪洞之民不與焉明神宗萬歷六年民戶一千六十二萬有奇口六千六十九萬有奇恭查

本朝康熙四十九年民數二千三百三十一萬有奇乾隆五十七年民數三萬七百四十六萬有奇較之康熙年間已增十三倍之多

高宗純皇帝諭旨謂以一人耕種而供十數人之食必

致日形拮据有牧民之責者務當剴切化導俾皆儉樸成風服勤稼穡而盡地利其享昇平之福道光二十八年會計天下民數除臺灣未報外通共四萬二千六百七十三萬餘名口則較之乾隆年間又增一萬一千九百餘萬人矣自粵捻苗回各寇迭起弄兵潢池已皆蕩定今又休養二十餘年戶口漸復舊觀余嘗聞父老談及乾隆中葉之盛其時物產之豐謀生之易較之今日如在天上再追溯康熙初年物產之豐謀生之易則由乾隆年間視之又如在天上焉無他以昔供一人之衣食而今供二十人焉以昔居一人之廬舍而今居二十

人爲卽孜之漢元明戶口極盛之時又不啻析一人所用以供七八人之用蓋我
國家
列聖相承德威所暨悶闢內外煦濡涵育澤及羣萌民生不見兵革戶口蕃衍實中國數千年來所未有然生計之艱物力之竭日甚一日蓋利病相倚豐耗相因循環之理也今欲籌補苴之策謂中國地有遺利歟則凡山之坡水之滸暨海中沙田江中洲沚均已墾闢無餘抑謂人有遺力歟則因中國人數衆多所以人工之廉賤於外洋十倍竭一人終歲勤動之力往往不能仰事

俯畜彼知力難自贍則竟好逸惡勞或流爲遊手爲傭丐爲會匪者所在多有蓋倉廩不實不知禮節衣食不足不知榮辱亦理勢之所必然竊嘗橫覽地球盱衡全局而得補偏救弊之術焉方今美洲初闢地廣人稀招徠遠氓不遺餘力卽如墨西哥巴西兩國疆域之廣合計其建方里數較中國尚有贏無絀而其民數尚不能當中國二十分之一其地多神皋沃壤氣候和平不異中國而土曠未墾勤於招致且無苛待遠人之例立法頗爲公允誠乘此時與彼諸國妥訂條約許其招納華民或傭工或藝植或開礦或經商設立領事官以保護而約束之並須與訂專條彼既招我華民藉以開荒功成之後當始終優待毋許如美國設法驅逐夫有官保護則遇事理論駁其苛例不至爲遠人所欺有官約束則隨時教督阻其不法不至爲遠人所憎華民在此皆可買田宅長子孫或有數世不忘故土輦運餘財輸之中國者如此則合於古之王者有分土無分民之意且不啻於中國之外又闢一中國之地以居吾民以養吾民也於以張國勢厚民生紓內憂阜財用廣聲氣一舉而五善備焉救時之要莫切於此若夫歐洲人滿之患不亞於中國阿非利加一洲鴻荒未盡闢瘴氣未盡除

華民之願往者尚寡美國有驅逐華民之舉祕魯一國及荷蘭西班牙所屬諸島或迫之入籍或拘之爲奴而澳大利亞一洲亦有薄待華民之意自當就其舊有之華民而保護之不必導之前往也

十八日記

李傅相來函云琅威理因要求不遂自行告退現擬託藍博德布勒塞二人係英國水師學堂教習另募曾充兵船管駕技精品優者爲總教習至琅威理書謂兵船管駕不應專用閩人近日談時務者多論及此黎召民言閩學生如詞林哂其不類材武也然海軍人材必由學堂造就閩

廠開學堂最早故不得不就中擇用最者臺灣之平海寇之靖閩將輩出赫耀於時誰謂閩人不可用邪但不應專取之一隅耳沿海七千里何地無才而閩開風氣獨先前二十年之學生積資當爲裨將張孝達力言用北將究未求教練之法不足驟領舟師現在津學堂中多取北產粵學堂亦兼用閩廣前移書沅帥謂南洋選士宜在甯粵各處不必專主用閩異時南北教練有成自無偏重之慮矣

二十日記

總理各國事務衙門來書云英使華爾身來議華民入

英籍一節緣閩商蔡得喜住居海澄未經出籍而領事謂其生長新嘉坡已入英籍應照英商納稅厦門道未經允許因此華使來署請定華民入籍章程本處以約章所無拒之嗣蔡得喜案外閉亦已通融了結英使亦不再提矣商設領事之議緣近年各島樂華工之賤價而又患其不法旋招旋禁無所依歸我欲合此數十萬之華民約束而保護之舍此別無他計前年本處議復香濤摺請先由切要之小呂宋由使臣與日國熟商該外部始允終宕迄無成議現延律師與小呂宋辯論重收華人身稅之事法屬西貢亦應議及

二十一日記

英使華爾身前到總理衙門求定華民入英籍章程謂須分三等一生長中華寄居英境呈請入英籍者二生長英國呈請入英籍者三其祖父即住英境年久其子孫呈請入英籍者此三等人如來中國必先在英請領執照到口岸呈英領事請驗知照關道便同英民一樣看待但其住華卻分三樣第一等須立在華限期逾限則仍爲華民歸華管束第二等年限可稍寬逾限不回英亦仍歸華管束第三等居英已一二代則不能立限期緣此等與英民一樣也告以昔年與英前使阿禮國

曾定華民入英籍章程迄今英未照行至華人入英籍其父兄仍係華籍應如何辦法或華人有罪逃入英籍或華人已入英籍其原有之中國田產不得爭論此數層皆須想到此事爲條約所無仍須抱定前議章程斟酌辦理

二十二日記

羅馬教王昔時權力最大隱操歐洲各國君主廢立之權自法敗於德撤回保護教王之兵意大里國王遂入據羅馬建爲國都盡奪教王產業防制頗嚴教王惴惴然敢怒而不敢言德國多立新法限制天主教民既而

法國立法亦寓裁抑之意二十年來教王之勢大衰矣近聞德相畢士馬克告退以後德之新法頗行不動德國南境天主教民與國家寖不能相安遂議除去新法漸復舊章而法自茹勒斐禮告退以後限制之法亦稍寛惟意國與教王已成不解之仇一旦歐洲有事教王有遷往他國之意

二十四日記

今歐羅巴一洲有頭等之國五曰英曰俄曰德曰法曰奧二等之國四曰意大里曰荷蘭曰西班牙曰土耳其意國雖在二等駸駸乎有欲列頭等之勢三等之國五

曰葡萄牙曰丹馬曰瑞典挪威曰比利時曰瑞士又有土耳其分出之四國曰羅馬尼亞曰布加利亞曰希臘曰塞爾斐亞殆皆四等之國也以上共十八國大小相維強弱相制盟約相聯莫能相併今日歐洲之形勢與昔日之中國相衡其猶春秋戰國之閒乎此外尚有日耳曼諸邦均已統屬於德其中一二國尚有調兵遣使之權然要不過四等之國且爲德所鈐制矣匈牙利即馬加本係大國今已與奧地利亞併爲一國故曰奧斯馬加國云

二十五日記

越南之紅江轉運貨物之民船約有一百六十隻其船可載二百石至四百五十石不等沿途行駛或因避劫而停或至市鎮而泊自河內至雲南邊界之保勝洋文譯音作老開通計往返程期須六十日雲南土產與河內洋貨往往淹滯不能速運法報謂宜購辦應用各器俾得行船稍速且用竹椿攔水俾敷行船之用至紅江上游頗多險處若能興工修治并令換船二次一在陽培一在大灘急溜處則河內至保勝中汎時七日可達小汎時十三日可至再於起椗處用小火輪拖帶民船以達上游估購各種材料約需洋銀十二萬員必於商務大有

裨益

二十六日記

拜發緬甸分界通商事宜並擬催英員呈進方物一摺一片香港新嘉坡添設領事總領事官調員充補暨擬刊給關防一摺一片　巴西國政改爲民主法美二國已先認之因其皆係民主且巴西曾許以分界利益也惟歐洲君主各國未肯遽認今聞英德二國亦有將認之意

二十七日記

英外部侍郎山特生函約參贊馬格里赴外部晤談據

云滿蘆檔案或有華文要件屬其代認也余屬馬君如
有要件可暫攜至英館交張聽帆錄一清稿見示旣而
馬君來至巴黎告余曰外部有一匣黃綾包裹重疊庋
存室中七十餘年矣但相傳由中國寄來並不知爲何
物今啓視之則匣內復以黃綾包裹竹筒筒內有函軸
展視則嘉慶二十一年
仁宗睿皇帝賜英吉利國王勅諭也係
清文漢文臘丁文三樣合璧余恭閱鈔稿乃與王益吾
祭酒東華續錄所載一字不殊當時英使進抵宮門
上已御寶座接件大臣告以須行拜跪禮英使司當冬

遂辭以疾召副使亦辭以疾不獲成禮而退停其筵宴
賜物斥令回國仍派員護送至廣東登舟其國王表文
交使臣齎回但將貢物內地理圖畫像山水人像收納
而
勅諭則隨後由粵海關監督交洋商齎寄倫敦並
賜國王白玉如意一柄翡翠玉朝珠一盤大荷包二對
小荷包八箇以示懷柔厥後
仁宗召見廷臣始知英使由通州直至朝房行走一夜
自云進見朝服在後尚未趕到便服不能瞻謁而理藩
院尚書和世泰等含混具奏以至誤事於是下吏部議

予處分降諭有差自是英之貢使不復航海來庭恭讀
勅諭辭義正大洵足折服遠人但昔年風氣未開中西
語言文字莫相通曉觀其包裹完好久庋外部蓋英廷
固無人能讀者實未嘗啓視也

二十八日記

湖北鐵政局先造貝色麻鋼廠及做鋼路廠兩廠所需
鐵料諦塞德廠原估價英金一萬九千六百餘磅不肯
再減今在英國斯大福省渾司伯里地方貝丁沙甫阿
克司爾滴里公司訂定製造貝色麻鋼廠及拉鋼路廠
屋頂一切鑄鐵熟鐵料件底板方墊圓柱扁柱橫樑斜

架撐竿水溜水管螺絲釘帽釘彎紋鐵板等件於五箇
月內造成計價英金一萬三千七百三十五磅　又接
鄂帥電請代定機器傢伙房料因查諦塞德廠請單其
鑄鐵房樣子房裝配房打鐵房各種製造修理機器之
傢具原價英金八千二百六十三磅又鑄錢房裝配房
樣子房汽機房打鐵房修理鍋爐房所用之屋頂料件
及彎紋鐵板之頂及玻璃又彎紋鐵板之壁及門原價
五千五百磅共計一萬三千七百六十三磅今與諦廠
再三約核訂立合同每百磅減去七磅半淨價一萬二
千七百三十磅十五仙令六本士五箇月內分二批交

貨蓋有此等機器房則鋼鐵廠內之器設有損壞可自修理添補免得動到洋廠購製實爲不可緩之舉也又接鄉帥電在喜克哈葛里甫廠代訂織布廠救火機器價七百七十五磅送棉花機器價三十磅空中懸行起重機器價三百七十五磅惟小汽機管汽機器添油抽筒抽水機器尚未訂定　駐法二等參贊陳季同緣事撤退調駐俄參贊慶常靄堂代之

二十九日記

法報接華盛頓電報云美國管理牛啜潑沙事務之上議院卿白來派爲駐華公使以繼田貝之任中國政府

電告崔大臣知照外部謂白來（一譯作布雷爾）前往礙難接收蓋因其挑唆美民不許華工入境也美民怨華工取值太廉攙奪生計甚於怨華民之敗壞風俗白來迎合衆情創立新例禁絕華工實與條約命意相悖中國之不接收美使原非創舉昔阿爾丟兒爲美總統時奥國亦曾有其事　總理衙門二十六日來電云各使昨日覲見今日筵讌均如禮希達外部並分電洪許崔大臣知照

二月乙未朔記

前奉出使英法義比四國之命英法比三國國書已早遞惟義國羅馬都城夏秋多瘴其國王及外部尚書等皆避在外必俟八月以後陸續回國而余去年馳赴英比已在春夏之交迨九月間與英交涉頗多緊要事件急切不能歇手臘月初旬始抵巴黎旣到法館又不能不摒擋館事且與法之官紳酬酢稍示停留入春以後余感冒寒氣咳嗽頗劇不可以風今外感雖去而咳嗽未已然赴義之役不能再緩矣義國卽意大里亞國瀛環志略及中外譯音多作意大里而中國案牘及條約往往作義大利故今從之余率英文兼法文

參贊馬格里清臣三等繙譯官吳宗濂挹青學生陳星庚鈞侯武弁王鐸並一隨丁於夜八點十五分鐘乘馬車行半點鐘至里昂（一譯作立墉）車棧登火輪車凡夜行者可買輭靳臥息之車其票價較頭等坐位稍昂九點鐘開行夜半一點四十三分鐘至提從（萬國輿圖作宋秩屬法國苦多阿郡）三點三十九分鐘至馬崑（屬法國蘇阨洛哇郡）

初二日記

黎明五點五十九分鐘至居祿（屬法國）六點二十八分鐘至愛來培（屬法國）九點四十二分鐘至馬達恩（屬法國）穿法義界之阿爾魄士（一譯作亞爾伯）山下午一點五十八分鐘至

丢來（萬國輿圖作佗利諾屬義國丕厄蒙納省）阿爾魄士山勢盤礴劃分義法二國之界東起與地利亞橫亙瑞士南境袤延三千餘里鐵路蜿蜒於山谷中捲簾四望皆高峯環繞積雪彌漫一白無際盡日穿行山洞頃刻即過者約數十處最後穿一洞長十七啟羅邁當（約中國三十三里）行二十五分鐘始豁然開朗山之北爲法之馬達恩義國設關查驗客貨於此洞之南口爲義之丢來法國亦設關查驗焉旣出南口氣候溫和岡巒迴互絕澗鳴湍頗饒佳景六點十分鐘至然恩（萬國輿圖作賤諾伐德國譯音作折努阿屬義國里沽力阿省）此處爲地中海要口闤闠帆檣亞於法之馬賽與亞力山德

拿波利兩處均稱義國之大埠焉夜十點五十分鐘至必士郎往歲二月十一日輪舟所經之波賽也（萬國輿圖作帔薩屬義國拖士卡納省）由然恩至此鐵路逼近海岸火車遵海而行距水近處僅咫尺耳

初三日記

晨七點鐘至羅馬義國都城也寓大客棧名基里那耳以義國王宮之名名之也臨納徐亞那耳街街形宏整兩旁多新構巨廈直抵阜尼斯場下午遣馬清臣等赴外部遞照會詢以何日可會晤　羅馬在赤道北四十一度五十四分京師西一百零四度巴黎東十度九分近地中海之濱城跨泰擺江上聯合七山之址故西人亦謂之七山城在昔周之中葉羅馬經營締造日漸强大至漢而武功文治稱極盛焉歐洲大國此爲最古厥後國勢衰亂分爲兩國西羅馬仍都於此而東羅馬都於君士但丁峽城西羅馬亡於劉宋之世東羅馬則於前明景泰年間始爲土耳其所滅蓋自羅馬衰滅而法英俄德諸國始鼎興焉義國則僅得羅馬一隅之地耳其地之大勢已在歐洲之東覩其人民形狀服式似稍與亞洲相近然羅馬城中瓌貨之充實闤闠之完麗街道之整潔非但不如英法兩國亦幷不如比利時且貧

苦之民較多推原其故義之通國方里僅逮與法等國之半而以地勢扼要四鄰窺伺陸防海防皆不能不加意綢繆養兵較多糜餉斯鉅國債日積償息倍繁所以通籌國用常有竭蹶不遑之勢其國雖沃土然物產豐饒尚不如法講求工藝又不如比人精會計善於經商則更不如英境內幷無可開之礦茲其所以稍貧也

初四日記

近數百年來義國全境爲法奧及西班牙三國侵割分據羅馬及附近諸邑則屬教王其餘數小國稱王侯者地狹權輕均非自主之國也道光年間義地尚爲奧所

轄撒地尼亞（一譯作撒丁）國王阿爾勃脫（一譯作甲列亞伯多）修政練兵銳意振興國勢會諸小國起兵拒奧爲奧所敗而懼傳位於其子伊曼奴核第二（一譯作以馬努利第二）用賢相加弗爾除弊修教阜財惠工聲譽踔起既而法主拿破侖第三助撒敗奧稍復舊地先是嘉慶十九年拿破侖第一之敗也法人棄義大利全地諸國王侯皆得復其故土其王國曰撒地尼亞曰拿波利曰威尼斯曰倫巴多侯國曰多加納曰巴馬摩德拿迨撒王國勢日強嘗進圖羅馬教王出走又盡併拿波利王之地咸豐十一年始自稱義大利王同治七年義國議院公議迎立伊曼奴

核第二爲義大利國君主合諸小國爲一統分全國爲六十八州越二年法兵爲普魯斯所敗法人調其護衛教王之軍回國義王遂乘機入羅馬據爲都城盡奪教王轄地及其所有產業自是教王之勢大衰僅能主持教務而已光緒四年伊曼奴核第二卒國人甚感慕之其子漢恩培德第一（一譯作恆孛督）即位已十有四年矣　午後率同人覓嚮導遊城中觀谷祿背塢（義人音作科魯斯）搏獸院遺址此院原爲羅馬前王尼羅花園之池塘漢明帝時羅馬國王弗司排山（一譯作胼士巴山）與猶太國戰勝歸造此院未竣而卒其子地朵（一作地度）續成之役俘虜數千人

鬬數十年而工竣締造之初使罪人與猛獸格鬬百日獅虎五千頭（皆從阿非利加運來）獄囚一萬餘皆斃焉亦慘酷之政也自是以搏獸爲歲例閱四百餘年而始停止院周五百二十七邁當高五十二邁當中爲鬬場設銅柵啟閉之鬬場之外有大圜牆形如城堡分上中下三層每層夾以遊廊可容觀者八萬四千人當昔全盛之時金鋪玉砌鏤檻雕楹想稱傑構乃千數百年以來迭遭蹂躪折毀傾圮非止一次今其遺模屹然如故可見古時工程之堅緻材料之閎鉅焉又觀一洩水陰溝蓋一千七百年前所造者至今完固如新深廣皆逾三丈濁水

流行甚駛晝夜不息昔城中沮洳之地頗多積水自營此溝而民不苦卑溼穢氣亦有所渫始少疾病水由一古橋下流出涵洞入泰擺江（一名提斐里河）江源出阿偏乃因士山（義國全境由西北至東南中間橫亙之山）羅馬城蓋跨其下流云又觀柴語斯掰特利勿龍牌坊羅馬前王賽浮爾第七所造也坊質純用白石形甚堅壯巴黎城中拿破侖紀功坊亦仿此式坊穿四門四壁舊嵌銅像四十八今俱移以鑄錢矣又觀特來昌撫羅特來昌（一作大剌攘）者前王之名羅馬極盛時之賢主也漢章帝時卽位撫羅譯言場也四址長廣中有古時通衢一條然低於現時街道約數

丈蓋似爲泥沙所壅後乃在地下挖出者傍衛存巨廈遺址石柱半斷其後有極長圓柱一座柱紋如螺絲盤旋而上蓋紀功碑也鑿當時戰將形狀於旋螺中計二千五百人石柱之基係白石八塊合爲大方鎔銅釘貫之基上以二十三塊圓石疊而爲柱中鑿石梯亦二十三盤一百八十二級直通至巔巔設大石一方范銅肖特來昌之形手擎地球出基至銅像頂高四十二邁當有奇厥後銅像被人移去教王乃置散比愛（耶穌第一大弟子）銅像於此云又遊拜西阿高阜羅馬人營花園於此以供遊玩樹木陰翳車行綠天中山高四十二邁當路如之字山頂可俯瞰全城有石柱碑甚長矗立其巔焉

初五日記

遊拜雷特擺而安時拜雷者譯言宮也特者語助辭擺而安時者人姓也法王拿破侖第一娶其女爲后外洋例用倒文猶言某氏宅云爾宅在高阜前爲正廳用五采碁塊石砌地徧爲人物形工緻如繪四旁各室列古人石像裸立者半之最後見古王石杅一色如瑪瑙長約一丈深中圓底又列石器大小無數皆得自千餘年巨壙中者又遊邦堆塢古廟其屋渾圓對徑四十二邁當有奇從地至頂亦四十二邁當有奇周圍無窗光從透頂圓孔而入雨至則地平上有細孔洩之四阿之牆厚五邁當有奇通頂有梯百九十級貼圓屋之外爲門屋棟宇宏敞石柱八皆東方美石長條無斷痕高十二邁當有奇闊四邁當有奇礎與承盤尚不在內承盤之石尤佳艾儒略職方外紀曰意大里亞曾建一大殿圓形寬大壯麗無比圓頂悉用磚石上加鉛版頂之正中鑿空二丈餘以透天光顯其巧妙今觀之乃一一脗合此廟爲羅馬王該撒阿台非（一作該撒屋大維）之壻埃彌里拜所造迄今一千八百餘年屋頂銅樑銅椽或已移往教堂或已鎔鑄大礮然而舊構終存建造之精今猶可溯

鋪地用白石砌花紋四圍置神龕八昔祠羣神今俱改奉耶穌矣又遊散比愛大教堂散者譯言聖也比愛者耶穌高弟（法語作比愛爾英語譯作比德）當時耶穌教未盛行爲官民所深惡比愛被殺葬此前明時乃建教堂於上推爲地球各國第一而倫敦教堂稱第二焉職方外紀曰伯多琭聖人之殿悉用精石製造花素奇巧寬大可容五六萬人今觀此堂硬礙高聳層構巍然頗極營飾之美但未知伯多琭者即殿名邪抑散比愛之別稱邪堂高四十五邁當有奇南北直長一百八十七邁當兩翼東西橫長一百三十七邁當中闊二十八邁當石像無數各

國奉教之民誦經贈禮皆有分地其神甫無與僧道也

初六日記

拜會首相兼外部尚書侯爵呂提宜與言五六百年以來常有貴國深通學問之人在中國仕至高官焯著名望者是中義兩國交情實在泰西諸國之先呂提宜謂此足徵中國之善於用人實係敝國榮幸之事至今猶覺增光也復寒暄片時而別又拜會外部侍郎伯爵特爾谷其人雅嫺酬應亦頗諳各國交涉事談論稍久又拜總辦麥爾佛拿未晤　羅馬城內之七山曰蒙克比朵爾曰蒙拜賴戴曰蒙基利那耳今義王宮用其名曰蒙押望

丹曰蒙賽利亞曰蒙班西夏曰蒙石囡斯高者頂離黍擺江水面八十八邁當低者離水面四十二邁當又有小山三皆培塿也西人謂山曰蒙艾儒略紀七山中有瑪山或即蒙之轉音歟閭克比朵爾山上有大博物院馳往觀焉院內鉅石像甚夥不暇詳攷曲折登樓四壁碑碣多係臘丁文字玻璃廚十數映列古銅器刀匕權衡錯臺之屬紺碧盎然又至一所儲歷代錢幣及黃金什物大都皆出於古壙云院之對面爲南銳功綏侯博物院大致相同有千五百年前男女骸骨全具齒髮尚存掩心金扣及指環猶貫於骨上蓋皆貴人也又登一樓油畫數百幅馬清臣謂均係珍品之不易購者又循黍擺江岸之亞斯底大路至散巴爾教堂散者聖也巴爾一作保羅亦耶穌私淑弟子也當時官民憎而殺之其墓在此教王建大教堂於其上千數百年矣道光三年燬於火各國教民捐貲修復乃益閎麗迄今逾五十年尚未竣工其高廣稍遜於散比愛教堂而華美過之講經堂四柱之石色如瑪瑙基用大方綠玉俄王所贈也兩廊白石圓柱八十大皆數圍柱上五朵雲母窗二十檻承盤及礎石皆瑩潔如玉其上頂板塗飾黃金橫樑之上四周繪歷代教王神甫像二千三百六十人堂

後一室藏散巴爾之骨映以玻璃匣引者然燈參拜始啟之中設黃金十字架徧嵌百寶到此者必稍有布施余指問堂下散巴爾之墓尚有棺槨乎答云無有蓋其骸骨已被諸教堂分析供奉矣　羅馬係二千餘年舊國古亦重神祇之祀如所謂日神月神雷神火神海神土神穀神財神和合神詩文神各廟往往多有遺址今或荒廢或改爲天主教堂矣羅馬前王之有功德於民者向有大廟今亦改爲教堂並聞前王有大墓一區今亦發掘而建教堂於其上蓋耶穌之學墨子愛無差等之學也墨子知養生而不知送死其論喪葬以薄爲道

耶穌之教又加甚焉彼謂朽骨無知棄之斯已矣甚至帝王將相之有功德素爲西人所稱頌者不難取其骸骨置之博物院中以供生人之觀玩其墓中古器則備學者之攷證焉且彼日夜所希慕稱之爲聖賢者亦不難析其骸骨供人玩覽以便生者之稍得布施然則元代西僧楊璉眞伽之事士民無不悽愴而在彼則見慣不驚皆厚於生者薄於死者之一說啟之也究其根源不過見理未眞而其教之偏僻一至於此差之毫釐謬以千里豈不信哉耶穌之徒又尊耶穌爲天主謂人惟當敬天與天主而已由是則一切諸神可廢也由是則

祖宗之祭祀可輟也由是則父母之墳墓可棄也知有耶穌而已矣余觀羅馬神祠盡改爲教堂不禁爲之瞿然爲之愀然焉惟余謂西國天主等教亦已早失耶穌之眞傳觀其修造教堂之閎侈厚斂教民財殫力痡實與耶穌崇儉愛人之旨大相剌謬而貴賤老幼虔誠趨赴舉國若狂甚屬無謂蓋西人於措注國政之要及講求一切富强之術具有本末不能不謂之智而獨於奉教一事胡不深思其理也吁何其愚也

初七日記

遊伐底岡教王宮宮在散比愛大教堂之後周圍二百八十邁宮名伐底岡（譯言衆宮叢聚參錯不齊也）有廳堂走廊書庫及博物等院天井二十六大梯二小梯二百博物院范銅爲門右爲埃及國博物院正中爲希臘十字架廳殿宇廣邃推爲泰西第一惟無大門藉散比愛大教堂之長廊以壯觀瞻總門之內有整塊紫肝石所鑿巨棺二外鐫人物形希臘人所造石柱六再進爲石器室琢成獅子鱷魚駱駝孔雀之形羅列百數又有銅製龍蝦等物室之對面爲石像排立之所其下皆教王墓云石柱之質有紋如紅木花梨者不加雕鏤自成文采又有瑪瑙綠玉者進內一室爲物圂斯之像西國稱爲天神者

也中鋪細石爲五采人物遊廊外俯瞰一池有銅製三桅船一隻仿古式也又一室置五千年以前木棺十餘具皆由埃及運來者古尸二骸骨尚未化想有藥水之故包裹如舊金勒貼於胸前其餘殉葬石人石獸器皿之屬羅列數千百件又一室懸古字橫條二十七幅皆埃及文也亦自右至左但橫書耳細審埃及文字形模已與中國篆書相近大抵會意象形者爲多書庫在宮之左每日啟門三四點鐘任人遊覽有常住肄業者自歷代教王搜羅遺籍歲積月增明萬歷十六年始造書庫聚書至二萬五千六百種凡印板之書二十二萬卷

鈔本尚不在內其書廳長六十九邁當寬十五邁當書廚傍壁而立計三萬廚高低尺寸皆一式每廚設門二扇內又設鐵絲門二扇可通風以免霉爛各有鎖鑰以便啟閉其東方各書之內有阿剌伯書九百種波斯書六十五種土耳其書六十四種西里愛書四百五十九種愛伯來克書六百零九種愛底亞比愛書七十一種賽賈里丹書一種鈔本七十九種埃而美尼愛書十三種伊培里愛書二種印度書二十四種中國書十種俄羅斯書十八種書廚之旁頗列各國所贈教王寶器不少希世之珍因未暇細觀茲不具載此宮甚大今日所

覽僅得十之一二也蓋自耶穌沒後即有教王今在位者曰雷容第十三已爲二百五十八世即從前各國戰爭之時皆以其在方外而不之忌故不甚被兵燹是殆積千八百餘年之物力集歐美諸洲各大國之贈獻締造經營非一時一人之力宜其規模之閎壯若斯也

初八日記

探西比揚阿非利該古壙西比揚（一譯作昔比遊）者其姓阿非利該者其名維馬名將也嘗大敗漢尼巴（一譯作盎尼擺爾羅馬敵國加爾達額之大將嘗屢破羅馬軍名城多陷）之軍名震四境瀛環志略曾記其事後被人誣盜內庫錢流海島以死不得還葬其墓時漢高后五年也旋有人歸骨於其故鄉距羅馬稍遠此其所自營之壙乃爲妻子家人所葬秉燭入其隧道勢頗曲折約有棺十餘皆在四壁中壙盡處舊有大門門外有大街之迹從前羅馬七次被火愈塡愈高此墓沒於土中二千餘年迨乾隆四十五年始掘得之石製明器盡移於伐底剛博物院矣去西比揚古壙數十武有小阜歷級而上爲加隆排底愛火葬古壙道光十年始挖得之其壙穴地甃石爲方形敧壁累石計有九層環作橋形而置儲骨之瓶焉鐫名瓶上每層爲橋形者十餘壙有三處一爲前王亞格斯多（一作屋遼斯脫爲西羅馬末季之君

亡於劉宋元徽四年）所葬一即王之從人所葬一按其碑文爲前王該撒地必留（新莽七年即位在位二十四年）時之字又探城外散綏排底愛叢墓周圍十四畝羅邁當（合中國二十八里有奇）有二百萬人葬此秉燭歷級而下隧道繚曲縱橫相通其大街甚闊闊半爲泥壅行處極窄隧旁各室磚石四甃藻繪尚在或庋石棺木棺或僅存白骨教王宮所陳最精緻之石槨及古物大都由此掘去石鑿巨獅足跡其大如箕可徵當時飾壠之鉅麗余行不及十分之一引導者興未稍倦且謂其下尚有第二層第三層其曲折廣遠亦與第一層無異更未遑旋繞而下余恐久受陰氣或

致疾病且慮火之將滅也亟尋別道而出經阿比野吳大道回寓此道自出城後古墓夾路計長六十中里皆帝王將相名人之墓也當羅馬强盛時四征不庭翦滅歐亞阿三洲諸大國所獲珍器重寶瓌怪之物不可勝計其置之墟墓者十有六七厥後國勢衰微法奧俄英土日諸國運去大半其平時所搜得者則教王取之今夾道之古墓或剗爲平地或稍存遺蹟可慨也

初九日記

谷蘇胥塢博獻院之北有羅馬王尼魯舊宮尼魯一作該撒克老投尼羅該撒其創業之王之姓克老投其所

嗣之王之姓尼羅其名也西洋立嗣之法傳子而外或立義子或立戚黨名爲繼世實早易姓尼羅嗣克老投以嗣該撒故兼蒙兩王之姓云尼羅爲羅馬著名昏暴之主漢明帝永平十一年爲臣下所逼自刎而死該撒朝由此遂亡後十餘年羅馬王地朵一作第度又作底玉斯焚毀尼羅所造金殿用土塡塞而建宮於其上並爲國民洗祓之所二百年前人謂地下有硝礦始掘得尼羅舊殿因其久埋土中遺址屹然如故法王拿破侖第一曾令軍士搜挖積土頗得珍器古物以去然今塞土尚有未全發者而垣墉矗立藻繪精良四壁所畫人物猶隱約可辨迥非時手所及惟古時屋制並無天井但於每室之頂留圓隙以放光明入其中者深邃奧折難辨門戶則當時宏麗可想見焉宮之西北有高阜曰愛斯旣來其地本爲尼羅花園今已高於舊址約十丈再北即爲搏獸院云余遊覽旣畢復觀散帶底愛爾教堂散集杭特賴脫郎教堂陳設均極精麗

初十日記

羅馬兵官有遊歷檀香山而返者述及百年以前檀香山各島尚有土人四十萬自華民及歐人美人來者日多今土番人口僅存十分之一余謂自古以來地球大

勢皆如此矣中國春秋之世有赤狄白狄長狄等族錯居中原者甚多今皆絕無此種其餘氐羌戎蠻猲貊之類近世亦不少槪見又如日本之蝦夷美利駕之紅夷始未嘗不致死力爭以決一旦之勝負繼乃漸漸驅入山谷險阻之境終則衰耗不振在若有若無之閒將謂專用兵威斬刈攻擊以殄滅其醜類乎非也且果若此則上干造物之和遠激異族之憤必致事變頻生豈能若是靜謐哉大抵中國之民皆神明之胄最爲貴種而歐洲開闢不過稍後於中國亦旣英儁迭興且溯歐洲人類之始頗有謂由亞入歐者故其人之聰明秀拔足

與中國相頡頏外此無能及者即如南北美洲各國開闢不過二三百年今其通國士商兵農類皆英人種也否則西班牙諸國人種也各處土番殆已日即銷耗不僅紅夷而已即有土番稍自樹立能列於士商者必與歐人婚姻數世稍變其種類矣余嘗讀氏族譜竊怪天下姓氏皆出自伏羲神農黃帝之後以謂失之傅會果若此則開闢以來之庶民皆將無後矣今而知事雖不必盡然卻未嘗無此理蓋人之種類貴賤不同若各分畛域則其氣固不相錯雜如中國之苗猺獞獠自生自育於深山之中也儻既錯雜羣居則種之貴者不期蕃

昌而自蕃昌種之賤者不期衰耗而自衰耗猶之松柏茂則荆棘日枯禾黍榮則莠稗日萎自然之理也檀香山自華人西人入居僅百年土人祇存十分之一再閱百年將僅存百分之一矣其日就銷亡之故即土人亦不自知其所以然也中國氐羌戎蠻猓貊之類之湮沒無聞大率類此亦有十之一二已漸化為華種人亦無從知其為戎蠻猓貊氐羌也由此推之臺灣之生番楚粵黔滇之苗猺獞獠犵狫猓猓若能永踞其山峒則終古可自生自育萬一與華民錯處其必如檀香山之土番無疑也又推之阿非利加一洲經西人墾闢者十有七八再閱一二百年則歐洲諸國之人必日旺土人必日耗無疑也又推之澳大利亞一洲及南洋各島分屬英荷日三國而農商牧礦之事半賴華民再閱一二百年則西人華人必日旺土人必日耗無疑也或謂華民被各國之人苛待驅逐久矣其他則又何望答之曰此因經理之無法綏馭之無政也若經理綏馭果得其宜則華民與旺蕃盛之機實尚在西人之上　西人傳言丹國近來於都城之外多築營牆約可屯兵十餘萬人聞已與俄訂立密約倘一旦歐洲各國有事則此地借與俄國屯兵其海峽亦可任俄戰艦往來蓋丹自知弱

小已甚恐為他國所滅今借與俄屯兵俄皇即丹王之壻必無惡意且可得其保護之力　閱邸鈔李傅相奏稱已故道員李金墉前經奏派辦理黑龍江漠河金礦事務自光緒十三年五月由墨爾根入山勘道披榛伐木皆自古行跡所未經歷四十餘日開路千九百里始達漠河十四年十二月招集股分設廠開工於向無人煙之地鑿險縋幽規模粗具十五年出金一萬九千餘兩十六年正月至八月出金一萬八千餘兩其初礦丁不耐工作旋集旋逃設法駕馭招回民人二三千悉恃礦務以為生計調練防勇藉壯聲威商販漸與兵民相

習查李金鏞首倡義賑實開風氣之先創辦各善舉利賴至今而直東之救灾吉林長春之治行尤卓然可傳擬請照軍營立功後積勞病故例從優議邺並將事蹟宣付史館仍准在無錫原籍自行建祠以爲絕域勤事者勸

十一日記

遊攦而安時油畫院爲義之巨族攦而安時所建前所遊攦而安時之宅石像各極其妙此則集古今最精之畫其價無在英金五千磅以下者凡珍貴難得之品則值至五六萬磅蓋羅馬爲教王所居舊時每造一教

堂不惜巨貲以購名畫故畫手之高者咸集焉爲泰西精華所萃昔法王拿破侖第一以兵入羅馬盡取古畫運至巴黎英人既敗法兵勒令送還謂此係天下公共之物非一國所得而私法人頗摹得其副本而羅馬各院之畫幸未毀失今英法習畫已成家者必至羅馬一兩年始臻超詣以其有古本可臨也惟彼所最推重者必畫耶穌與耶穌之母及教門諸人余不甚知其妙雖摹繪各狀務竭精能然究嫌數見不鮮若其尋常所畫山水人物花卉轉爲有目所共賞焉中國之有畫亦數千年矣然重意不重形後世所推神品者專以超脫高澹爲宗如倪雲林唐伯虎之用水墨作畫惟其寫意斯稱大雅又如王石谷之山水惲南田之花卉雖著顏色而務取遠神顯眞趣亦得於虛處者爲多西人之油畫專於實處見長舊法尚無出色之處四百餘年前義國人辣飛爾（一譯作賴飛野彤）創尋丈尺寸之法務分淺深遠近陰陽凹凸不失分秒始覺層層凌空數十步外望之但見爲眞山川眞人物眞樓臺眞樹林正側嚮背次第不爽氣象萬千幷能繪天日之光雲霞之彩水火之形及即而諦視之始知油畫一大幅耳此誠爲中國畫家所未到實開未闢之門徑院中油畫縱橫大小數十百幅

尤以辣飛爾眞蹟爲貴男婦數輩到此臨習日日有之前歲英人有以英金七萬磅購得辣君手蹟者頗祕爲希世之寶云又有以細石合成山水城郭形者有織人物於紬絹者亦甚工緻又遊邦非利搽愛高阜在桑邦克賴徐亞門外一畝羅邁當山水淸幽林壑佳勝爲玩覽者所必至焉行經義國人喀拉攦爾提（一譯作夏利巴底）與奧法兩國接仗之所義人立坊以旌其功幷名其街曰喀拉攦爾提街而喀君之舊宅亦在焉又經引水高梁梁亦在高阜上周赧王五年羅馬城中苦無泉水迺築石隄如梁橫亙十六畝羅邁當（合中國三十二里）引潑雷南斯

脱之水以注城中漢景帝中五年又造引水隄曰麥西亞其源在低復利及蘇排谷中間水流有九十畝羅邁當之長職方外紀云羅馬造一高梁梁上立溝長六十里接遠山之水如通流之河殆指此梁而言惟艾儒略謂係當時所造者意者此梁壞而復修非一次歟然以二千三百年前之遺蹟至今完固可用其積水處瀑布懸流水聲汩汩亦可謂經久矣石梁之基皆以火山淨石砌成云

十二日記

義國功臣喀拉擺爾提本一船主耳當義大利分裂之

時國人不服奥人約束羅馬諸邑亦叛教王喀拉擺爾提倡起民兵逐奉撒地尼亞王號令管進圖羅馬走教王又與奥人戰敗之復擊敗法兵撒王畀以大將之名攻逐拿波里國王盡併其地以歸於撒迨通國全定撒王改稱義大利國王入續大統喀拉擺爾提乃辭官爵歸隱小島躬耕以給衣食義王召之不至賞之亦不受十餘年前病卒義人至今推混壹全國之功必曰喀君而又服其志高識遠不受羈束博物院皆製石像焉

下午遊拜雷加爾西尼拜雷譯言宮也加爾西尼者人名前教王之姪也洋法多用倒文猶言加爾西尼之宅云爾爲羅馬著名宏敞之宮列室十餘所懸油畫大小數百幅皆稱珍本宮之右爲藏書所創於元初藏書一千三百種計六萬冊出中國書十餘種見示焉又遊勿爾南徐矣室本前教王之別墅後爲西班牙公爵禮拜爾大所得四壁繪畫皆云出辣飛爾之手鋪設宏麗錦綉四遮亦遊人玩憩之所也

十三日記

己丑之冬余在上海行館或云義國拿波里城有中華書院昔年

聖祖仁皇帝遣華人往習西學特籌巨款爲置產業以

供負笈者之用費近年義王奪教王權利并將書院公產入官此事應與義國外部理論余深以爲然及抵使館查閱接管案卷劉前大臣任內中華書院學長郭棟臣等數人稟稱康熙年間義國教士馬國賢以善繪油畫馳名居中國京都十有三年供奉

內廷頒賜大緞馬匹等物並發路引許攜華生五名航海西歸雍正二年抵拿波里城捐貲搆造中華書院後得教門善士捐輸院業漸豐定例可留中國生徒二十二名土耳其希臘共十二名近二十年來義國朝廷派學政二員會同教士二人經理書院漸欲侵蝕院產本

院教士控之上下各衙門經刑司兼公判斷該學宜延抗不遵自續新例五條謂中華書院宜改名亞洲學館或改爲東方學館作爲義人學習東土方言並有益通商之事因議政院意見不同尚未了結擬請據情照會義國外務大臣轉咨議政院首相查照和約悉遵舊章辦理等語余詢法館參贊等劉前大臣何未核辦據云以其牽涉教士未便措辭也此次行抵羅馬余即遣馬淸臣赴教王之外部詳詢顛末始知書院擴充經久實由教門伙助鉅款所致而其所招中國學生專以習天主教爲本業其於格致星算之學不過兼涉昨聞議院

已定議將院產入官不能再改今日郭棟臣由拿波里來謁則其髮種種已改西洋教士服矣據稱馬國賢初造書院時僅集貲三萬佛郎（約合銀五千兩）大抵在中國所積存者厥後自教王以下迭有所輸院產之本至值二百萬佛郎每年入款約十二萬佛郎用款約五萬佛郎每一華生在院肄業歲給千二百佛郎皆出教王所屬官員致書中國各省主教招致資送余詢棟臣蹤迹據稱湖北潛江縣人先在此肄業十二年回華傳教十三年今再來爲學長又四年矣余問中國人入天主教者共有幾何據稱共有五十萬人江蘇四川兩省最多各有十萬左右湖北一省約有二萬三千人蓋自雍正年間驅禁以後咸豐十年與各國立約復許傳教迄今僅三十年所以止有此數也余籌思再四書院之產實係教門之產既非中國所籌欲與理論較無把柄且義國之封奪教產通行既久實爲彼大局所關繫計議早定豈能驟改即令保護此書院亦祇爲中國歲增教民數人無裨實政然既有華人在此環求保護不可無以稍慰其心遂爲繕牘照會外部允爲設法淸理焉

十四日記

拜賴戴山爲羅馬城內七山之一山頂距平地三十五

邁當距海面五十二邁當周圍一千八百邁當古時王宮多在其上余往觀其遺址有亞古司朵（即該撒阿台非係羅馬之始稱帝者國人上尊號曰亞古司朵一作奧古士都譯言帝也立於漢元帝初元三年）宮百餘年前法人始發掘得之法王拿破侖第一使精識古蹟者督工開壟歷代舊物攘剔殆盡宮爲樓二層僅存牆腳有無數名畫文石尚見規模之閎敞左有楂米尼西愛場爲觀軍士演習超距之所四周門樓石柱尙有存者又有賽浮爾第七（立於漢獻帝興平元年）宮舊址絕大長廊尙完好又有地必留（立於新莽七年）宮階砌井闌尙存進歷石梯六級有方廳尙完整五采小石砌地牆上藻飾精美山上

古宮此其僅存者矣又有該撤克力古耳立於漢光武帝建武十三年宮臘丁史家稱其最極華美石像皆取於希臘廟中今惟飯廳石梯猶存又有大米山立於漢章帝建初六年宮珍物盡移至物而南時博物院惟存頹垣斷柱又有尼羅宮基構最大全山不敷居住直通至愛斯旣來高阜亦與初九日所遊之尼羅宮本合爲一蓋包谷祿胥塢搏獸院於其中也全宮占地約十四中國里今其屋址皆在地下而地上則大半建造民房且有教王於其宮頂築土栽樹今成大林矣至賽浮爾第七宮地上四層地下七層其有十一層之多非其本在地下也年代久遠爲

積土所壅也又有壽比堆雷神廢廟未克朵戰勝之神廢廟其餘名人古蹟甚多而羅馬第一王羅慕路一作六母路所築舊城造於周平王十八年尙有遺址在山之西隅古有三門今尙可認其二一名羅馬那一名慕谷尼亞

十五日記

今泰西諸國文字往往以羅馬臘丁文字爲宗一切格致之學未嘗不溯源羅馬蓋羅馬爲歐洲大一統之國昔時英法德奧皆其屬地制度文物濫觴有素勢所必然然羅馬文明之啓肇於希臘以其初英辟名臣大半自希臘來也當希臘開國之始政教之源取法埃及則埃及文字又爲其鼻祖焉嘗攷埃及創國於上古而制作在唐虞之世希臘創國於唐虞而制作在夏商之世羅馬創國於成周而制作在兩漢之世彼皆數千年舊國其間賢智挺生創垂久遠良非偶然夫以埃及之學與希臘校則埃及爲樸略矣以希臘之學與羅馬校則希臘亦樸略矣以羅馬之學與今英法德美諸國校則諸國於近百年內迭啓神奇闡造化之靈機擴宇宙之妙用其勝於羅馬之學者又奚翅十倍蓰之造七級浮圖後來者因前人基址愈積愈高亦自然之理勢然由英法德美諸國而溯羅馬溯希臘溯埃及其根源有不

可沒者猶之觀水者見黃河下流之浩淼不能謂其非導源星宿海也埃及在阿非利加洲之北境希臘在歐羅巴洲東境當時疆域兼涉亞細亞洲之西境羅馬兼跨亞歐阿三洲之境則諸國學術之由東而西益顯然可證焉

十六日記

遊邦非利宮前教王之別業也周圍遊廊中有九廳廳內各分數室陳列石像石榨油畫之屬璀璨滿目又遊朵羅尼亞別墅亦近城佳勝之處正廳七間巡檐白石鏤刻極工樓上流丹錯采陳設富麗南臨大園畦徑交

互綠亭續紛方廣約百餘丈中設機器激水四射噴沫爲雨廳外東西皆長廊由東廊而左叢石像爲一室稍南四壁琉璃小軒敞焉角觚之所也異卉名葩紛布檻外茶花大如杯盌又南出涉草畦數十武而至南廳屋頒之脊懸報時鐘響聞數里由此而西爲墅之西園徧樹爲牆小石如棊鋪徑皆滿高柏八株矗立亭亭如華蓋其北爲茂林植巨木數百本蓊鬱陰翳蒙絡聯綴漫天皆綠縱覽無際極幽邃之勝林盡處卽廳之西廊也園周圍可逾百畝百餘年來已五六易主矣　羅馬山水清秀天氣溫和向稱福地今値春分節候而已如穀

雨之末立夏之初余到此纔兩日咳嗽卽已全痊蓋倫敦巴黎皆距海稍遠而羅馬濱臨地中海人受海氣大有裨於養生惟自五月至七月頗有瘴氣大抵阿洲沙漠炎熱之風由紅海以入地中海不免蒸爲疾癘富貴之家多出避之若自九月至四月則天氣較倫敦爲清朗較巴黎爲和煦於養病者尤相宜也

十七日記

拿破侖親王茲陸姆者法前主拿破侖第三之猶子也曾經受封親王後乃出居羅馬義王之姊卽其妻也茲陸姆於初七日病卒義王因係懿親特服十四日又値巴克節（巴克節卽耶穌死期西人視爲最大之節議政院人皆散去諸事停罷）內不能見客今日接御前掌儀大臣照會稱義王定於二十一日午後二點鐘接見賓西洋之三月三十日也　義國在歐洲之東偏與中國往來最早元明以來多有入仕中國者元世祖時威尼斯（義屬小國）人波羅馬哥爲世祖所寵任游歷封圻之寄後欲回國世祖不許乃微服由蘇門答臘經印度洋涉土耳其而歸著一書備述聞見歐洲之人始知中國之大厥後利瑪竇熊三拔艾儒略湯若望羅雅谷南懷仁等相繼東遊以其格致輿地星算醫畫之學取高官著顯蹟大抵皆教會中人自湯若望

南懷仁而外則皆義國人也雍正年間驅禁天主教以後西人頗絕跡焉迨咸豐年間立約開禁迄今義國並無績學之士來中國者蓋其人才亦稍衰矣

十八日記

自西羅馬亡而羅馬之故家遺族相率遷多惱河上占地而居生齒日漸蕃盛屬於東羅馬閱千餘年而東羅馬又亡常爲土耳其人所陵虐心滋不服三十年前國人協力起兵叛土耳其後仍服屬於土爲附庸之國號羅馬尼亞然猶難免土人之羈軛也光緒初年俄土交兵迨立約議和俄人勒令土人立羅馬尼亞爲自主之

國併割數地以附益之今羅馬尼亞遣使分駐各邦儼然自立且其地較丹馬比利時諸國爲大然溯其淵源實古羅馬之遺裔也其土俗則古羅馬之遺風也羅馬之氣脈亦長矣

十九日記

首相兼外務大臣侯爵呂提宜來答拜敘談稍久觀其爲人才調雖不甚宏而德性純厚故議院左右兩黨皆服之推爲首相未兩月也　歐洲各國英謂中國人曰采宜斯法謂中國人曰細納愛其稱中國之名英人曰采衣納（一作恰衣納）法人曰細納又曰興納（一譯作什依納又作希納）義人

曰期納德人曰赫依納臘丁之音曰西奈問其何所取義則皆秦字之譯音也西奈之轉音爲支那日本之稱中國爲支那出自佛經蓋梵音又實與西音相通者余謂秦始皇之時國勢雖極強盛其兵威並未達於歐洲何以歐人稱中國爲秦如西北塞外之呼中國爲漢東南洋各國之呼中國爲唐也揆厥由來始皇迫逐匈奴餘威震於殊俗匈奴逐水草而居其流徙極遠者往往至歐洲北境今俄與日耳曼土耳其諸國未必無匈奴遺種匈奴畏秦而永指中國爲秦歐洲諸國亦競沿其稱而稱之也後漢書稱羅馬爲大秦羅馬並無大秦之號且更與秦絕不相蒙則又似因中國之稱爲秦而輾轉相襲也蓋西人既稱中國爲秦積久遂忘其本義但能知其約略猶曰亞洲大一統之強國云爾中國爲亞洲大一統之國羅馬亦爲歐洲大一統之國東西並立聲勢相等或者歐洲之人以爲羅馬之大足與亞洲之秦相匹而競標大秦之稱東方之人偶至其國誤謂其國號如此而史家亦誤仍之耳追溯源流大抵如斯惟俄人稱中國曰迄代斯克短音曰迄代即契丹之轉音蓋俄之創國較晚正値契丹強盛之世其時猶與西洋隔絕彼但知東方最強之國爲契丹因即以之呼中國

也

二十日記

頃接京信知正月二十五日各使覲見之儀以六國實任公使爲一班四國署任公使爲一班一切仿照同治十二年成案辦理茲錄其禮節如左凡實任署任各大臣帶繙譯官一員在

福華三座門外下轎下馬總理衙門堂官相接同行先至

時應宮稍憩隨弁在

福華三座門外帳房坐落有人接待隨從人役亦於近

處等候俟
駕至
紫光閣總理衙門堂官同各實任署任大臣繙譯官至
紫光閣西行幄稍候俟
駕御
紫光閣總理衙門堂官同各大臣繙譯官由西階進
紫光閣西門以次立
御案前各大臣致辭後各將所奉國書恭陳
御案上
大皇帝答以國書已經接收並

溫語慰問王大臣敬謹轉傳各大臣繙譯官仍自西階
下自入門致辭申名並
問答之際至臨退時行五鞠躬禮總理衙門堂官仍偕
各大臣至
時應宮會齊再送出
福華門次日總理衙門遵
旨筵宴禮成　又接友人來書云各使覲見之舉夏初
醇邸本有此意未及商辦大疏適至署中九月初十日
代遞奉
旨留中而

聖意因是而決辦法悉照同治十二年成案惟不赴使
館議禮以既不綑以拜跪無須議也從前各使所奉國
書但將副本陸續送署其正本皆留待覲遞初議認國
書不認人而此次係酌照外洋賀歲之例故無國書之
代辦公使亦得進見此次禮節務使西人容易成禮不
致失儀斷不强以萬不能行之事

二十一日記

未刻禮官帶雙馬朝車來迎余恭齎
國書率同參贊官馬格里繙譯官吳宗濂至宮門內下
車掌儀大臣導入內殿義王出見慰勞殷勤立談兩刻

之久大旨謂義與中國數百年來交誼最先我雖未至
中國意極企慕聞貴大臣聲望甚好幸蒙
大皇帝派來本國自此兩國當益親睦矣又云我觀地
圖始知中國之大義國之地不及中國十分之一也因
詢在歐洲幾何年矣英法兩國事務繁簡如何此間水
土能否服習中國鐵路已否造成余一一答之查照舊
例不用頌辭鞠躬致遞
國書王免冠鞠躬接受復與參贊敘談二十餘語與繙
譯寒暄十餘語余乃鞠躬而退自進至退凡三鞠躬王
復握手不釋者久之且曰又得一中國好朋友也茲恭

錄
國書如左
大清國
大皇帝問
大義國
大君主好
貴國與中國換約以來夙稱和睦茲特簡二品頂戴候
補三品京堂薛福成爲欽差出使大臣前往
貴國都城通問並令親賫
國書以表眞心和好之據朕稔知該大臣老成練達公

正和平辦理交涉事件必能悉臻妥協朕恭膺
天命寅紹丕基中外一家罔有歧視嗣後當與
貴國益敦友誼長享昇平朕有厚望焉

二十二日記

酉刻謁見國王致遞國書之後尚須訂期謁見王后前接王宮來信訂於今日未刻余復率參贊繙譯入宮禮官導見王后后儀度端詳辭令溫雅酬應亦數十言余進退各一鞠躬后亦鞠躬迎送焉　距離馬輪車半日程有拿波里城亦義國之都會也拿波里之旁約二十中里古有名城一座近城素有火山先後常閃爍騰起二千餘年之前忽一火山迸裂山中湧出無數塵土及已焚木石之灰飛騰半空霎時間將名城填壅湮沒不見周圍數十百里田疇宮室人民皆沉壓無蹤蓋開闢以來不恒見之奇災也厥後土人復於所填之上墾田疇築宮室但相傳其下有古城而不能確指其所在近時稍挖得其遺址乃相率盡力發掘而古城一座遂顯露焉城門橋梁街衢廟宇廬舍無不如故有衣冠會集筵讌者有執鞭策馬馳車者有縫匠手鍼線縫衣者因猝爲塵沙所埋氣悶而死故其尸並不腐壞並可攷古時衣服器具之式焉今義人悉留此古跡不稍移改其

古尸皆傅以藥水以便遊人觀玩凡欲入此城者均須買票集其貲爲看守之費惟城中掘得最精之希臘石像往往分置羅馬博物各院中余亟欲往觀此古城然往返必須兩日竟無閒暇因憶客秋在倫敦見油畫二十餘幅卽繪此新掘古城景象其法以畫幅分懸暗室四壁而自室頂炳巨燭透光準對各畫人入暗室自玻璃外視之則以上所述形象一一羅列幾疑身在城中不知其爲畫也亦竟無虛親往也余因不暇遠訪特追誌於此以代遊焉

二十三日記

拜會土耳其公使徐亞培與斯馬加公使男爵白呂克法蘭西公使皮亞德意志公使伯爵宋納佛爾克惟俄使病甚重英使回國西班牙公使出外遊歷皆未得晤以上七國皆頭等公使也均須三日前訂期往見其餘二三等公使但當過門留刺亦係西國通例　羅馬開國之初曾於近城各地掘得古時兵器如刀箭劍戟之屬有以石爲之者有以骨角爲之者蓋三四千年以前羅馬人民與野番無異彼時不知用銅鐵之法而諦審其骨則皆獅虎之骨也上古榛狉初闢故野獸尚多於人云　數百年來羅馬財耗民貧頗有彫敝景象國人

皆云自義王入都以後漸見興旺廣廈既多增建商務亦稍繁盛矣詢其何故則謂從前教王管理羅馬絕無教養之政也大抵教王究竟如中國之僭道於所謂牧民治民之法茫無所知而羅馬爲其所轄已千餘年但掇拾耶穌之緒餘以愚弄其民其說謂敬事天主即可獲福而一切學問一切本業皆非所尚以致民情偷惰生計日蹙其初教王勢燄烜赫四方獻賵之琛賮絡繹而來民亦得霑其餘潤藉以存活者不少迨歷代教王時時肯竊私說幷大背乎耶穌之旨西人之稍智者亦頗覺之遂有所謂耶穌教者起而與之相角而天主教之勢已披其半教王知其教之將衰也於是立峻法以防其民諸不在天主教中凡所謂希臘教猶太教耶穌教者皆抑之甚嚴待之頗虐制其婚喪之禮不得齒乎齊民且其言曰上帝委教王天堂地獄之管鑰凡入我教者即登天堂不入我教者即歸地獄奚問其他既見晚近學術大進心益忌之無論農商牧礦製造之法毫無講求即偶談格致星算輿地之學必遭摧折甚至併種痘術禁之大有秦皇愚黔首之意民窮俗敝職此之由嗟彼羣黎豈無知覺始稍受其駕馭繼乃苦其拘制所以二十年前羣起叛之遂迎義王入都羅馬也

二十四日記

前接洪文卿侍郎來信謂三月三日可抵折努阿海口倘思一爲羅馬之遊屬余稍待以便晤談余謂公事已竣與其留此久待不如由瑞士繞赴柏林再回巴黎不過多兩日程耳近聞德國有方輿氣象久欲入境一觀申初至車棧登火車行十里許即至阿偏乃因士山之麓蓋義國全境若人股著屐橫展於地中海山乃股之骨也重岡複嶺迎面而起有大溪潺潺蓋泰擺江上流也穿山洞約數十亥初十分至刎羅耶斯屬義之土斯街尼省丑初十五分至蒲琭尼屬義之愛米省蓋已度阿偏乃因士山而

北矣

二十五日記

卯正十分至密蘭諾（一譯作迷郎屬義之郎拜而底省）義國北境通商大埠也東達奧都北通瑞士所出之絲供歐洲各國之用其富庶景象與法之立埔城相伯仲行客至此皆須換車因以其暇乘馬車遊密蘭大教堂觚稜矗起峻宇宏深復繞行街衢則洋樓皆六七層廛市雲連樹林陰翳洵稱勝境辰初三十分登火車遙望小山簇峙遠近連亙邨民多繅絲釀酒爲業女桑布野一律薙齊高三尺許柔條初芽行數百里不絕蒲萄支棚互相聯屬巳正至果穆義界盡處也遂入瑞士國境抵阿耳魄士山之麓層巒疊嶂積雪皚然一白無際山路由漸而高鐵軌斜上俯視絕壑深杳無底林麓人家蹲若雞塒側道褊峽車行亦緩午正至柳街諾（一譯作羅卡諾屬瑞士之迭山省）萬山之中忽開空曠晴湖如鏡明淨無塵倒影澄碧濱湖萬家閭閻相連蓋各國王公卿相以及文人學士富商巨族無不駕飛車挾重貲僦居數月徜徉於翠嵐綠漪之中亦多有營別墅於此者車行益北路益高峰益峻雪益深景益奇麗火車出入山洞中忽然窅黑忽然開朗霎時之閒明滅百態如岡畫之忽展忽收令閱者應接

不暇凡穿數十洞行行五六秒鐘者有行四五分鐘者惟山果得捺爾洞爲最長行至二十餘分鐘此處山高二千一百十四邁當洞當山心南口爲愛羅羅（屬瑞士之德散省即迭山省）出北口過盎推而買特又經小洞數十至果斯雪囊（屬瑞士之越利省）始穿阿耳魄士山之背矣地勢漸下雪山萬疊拔地插天又經山洞二十餘濱祖措湖（一譯作蘇克湖）及措脫爾缸東湖而行酉正度越勒嶺自入瑞士國境以後車行終日大抵皆阿耳魄士山也山中吐納萬景變幻不可名狀搜奇挹勝俄頃忽殊縱眺諸峰或遙障如城墉或巍峩如殿闕或攢簇如列笏或分峙如置棊或雄踞如虎豹或蜿蜒如龍蛇或旋折如蝸螺或昂企如獅象或樓閣如纖雲或溪澗如轟雷或噴瀑如拖練或激石如鳴玉或密林如帷幄或吐花如錦繡或麥疇如翻浪或松風如洪濤青靄迎人湖光飲淥宜其名勝甲於歐洲西人羨瑞士爲洞天福地良有以也戌初五十四分至伯勒（一譯作巴勒亦作排而）伯勒爲四國交衢過客如織凡赴法赴德赴瑞士赴比利時者均於此分道焉又換車入德之新疆挨勒賽斯省關吏譏察嚴密驗照方許入境其地蓋同治九年師丹之役與法國議和之後所得者也

二十六日記

寅初過海𡁐拉陪爾屬日耳曼列邦之拜晏卯初四十分至法耶
克福爾一譯作佛郎濮又作法蘭國屬日耳曼列邦中之海琛海琛一作挨塞又作黑辛地居
日耳曼適中嘉慶年間爲大都會各國公使昔皆駐此
畯宇凌霄大道如砥喬木周列行人不譁街政一端亦
可見德國精神氣象焉有大河一道名曰曼恩下流通
來因河較巴黎之賽納江廣約倍之跨石梁數座工程
鉅麗兩旁鐵柵闊容五車橋下環洞十餘傍岸之洞即
火車道也辰正四十五分由法郎克福爾換車啟行沿
途漸見平疇電桿林立紛布交錯未初入普魯斯國境

繁華不如英法諸國房屋之式亦較儉樸然頗有整靜
嚴肅氣象夾道樹林陸續相接枝柯繁密松柏尤多酉
正至柏林寓培爾巫大客棧臨泡斯帶模斯脫賴摁街
詢知中國舊使署在望兒海特脫街一譯作黄大海斯脫拉賽十八
號洪文卿星使尚居於此新使署在法郎培侯鋭街十
號許竹篔星使已駐於此余於戌初先往訪洪星使晤
談要務至丑正始歸寓

二十七日記

德國都城名百爾靈譯音省一字曰百靈近時公牘每
作柏林外洋地名不過譯音本無字義然余自入境以
後直抵德都見其樹林最廣柏樹尤多則核以中國字
義謂之柏林誰曰非宜柏林氣候向視巴黎爲稍寒而
天氣晴朗則過之城中街衢寬闊道路整潔望而知爲
振興之象惟瓌貨之闤闠之富麗不如英法兩國
蓋普魯斯雖稱舊邦而其統屬日耳曼諸國僅二十年
取未精而用未宏即其巨室廣廈亦多新造者貧民見
中國衣冠非但不敢玩侮或往往免冠爲禮猶可覘樸
實之風氣焉至其學堂林立武備整肅當推歐洲第一
余未及周覽僅驅車九逵之衢並至皇宮前一瞻眺耳
已因偕洪星使同遊蠟人館捻蠟爲人或立或坐驟視

與生人無異殆西國之絕技也星使邀余適大館同飽
洋餐味甚適口暢談良久而別遂訪許竹篔星使會商
要務是晚許星使爲洪星使餞行邀余與新舊兩館之
參贊隨員同赴洋館設爲廣筵酬酢盡歡夜分始散遊
數萬里重洋之外而華員雅集至三十餘人之多亦盛
事也

二十八日記

午初五十三分發柏林赴火車棧登車起程仍經大樹
林而行申初四十五分至漢諾威一譯作海挪威又名亞諾威爾本日耳曼
列邦之一同治五年爲普所滅亦大鎮也酉初四十五分至阿模屬普國之

沙而龍省始經山麓居民房屋皆銳其上如刲圭形戌初四十五分過一機器大廠徧然電燈鎔鐵所五六處火光燭天基址絕大惜未知其何名也戌正十五分至皮斯婆克亥初十五分至稠式查夫一譯作杜就爾對甫濱來因河車度來因河上之長橋亥初四十五分至果羅尼一譯作寇倫又作科隆地當孔道水陸交衢濱來因河德法兩國鐵軌不同於此必換車焉又登車前行至俾爾惟愛德界盡處也譏察嚴密非護照不能前進即火車伺候之德人盡易法人爲火車之由法界來者亦必於此盡易德人否則必遭呵禁再西越比利時北境至法之慕耳亞孫入法國界法

關亦驗照放行時巳夜深所過關隘村鎮不能覩其形勝察其利病殊可惜也

二十九日記

辰刻還至巴黎使館征裝甫卸滿牘積件復撥冗與慶靄堂參贊暢談詢以俄國近事俄之東境與中國以阿爾泰山爲界阿爾泰山即古之金山延袤數千里俄人於山之北麓開礦鍊金特派大臣駐西伯利以經理之余既誌其詳矣俄之西境近南者多產米麥雜糧頗供德奧義法等國之用每歲出口之價約值銀二萬萬兩今俄人治田以三畝抵一畝之用蓋三年中僅以一年

播種而其先兩年則以放青燒枯爲肥田之本此惟國中多曠土者能用此法今地球各邦米糧出口者以俄國美國印度爲最旺三國之中有一國報荒歉者則其餘兩國必更得善價嬴餘不啻倍蓰焉俄之富國之道如此大抵本富多而末富少也

三十日記

俄羅斯一國商務之旺不如英水師之盛亦不如英地產之富不如法工藝之良亦不如法陸師之練不如德學問之精亦不如德然則俄當爲英法德諸國所弱矣而諸國非但不敢蔑視之且嚴憚之者何也俄之地形

廣博無垠以一面制三面有長駕遠馭之威有居高臨下之勢且曠土既多以其地之產養其地之人而有餘是得地利秋冬結冰入夏始解雖有强兵猛將不足以病俄拿破侖第一壘斯科之役乃其前鑒是得天時俄之君權特重非若各國有上下議院之牽制且其開國較遲所用將相大臣頗有純樸風氣是得人和惟俄之立國有與西洋諸國不同者所以一切要務雖多不如諸國而諸國終無如彼何且覘俄爲頭等强國各有瞠乎其後之勢况俄與西洋諸國政俗略同講求要務數十年後商務未必不日旺武備未必不日精工藝未必

不日艮學問未必不日新以俄之諸務不如西國尚得最强之勝勢若其一旦諸務與西國相頡頏則若決江河沛然莫之能禦矣此英德諸國所以長慮却顧而隱憂莫釋者也夫俄不有事於天下則已俄若有事於天下東則中國當其衝西則土耳其當其衝中則印度當其衝而細察俄之隱謀則注意印度爲尤甚然果使印度折而入於俄則中國與土耳其亦豈能一日高枕而臥英之執政知俄之覬覦印度也早已密爲之防余竊聞俄皇之論亦頗躊躇審顧不欲輕動其用意在綏撫其民人輯和其部族墾闢其荒地聯絡其邦交沈幾觀

變引而不發固有虎豹在山之威然後以其全力生聚教訓積至數十百年之後地廣人衆勢力且十倍英德諸國相機而動縱横四出誰能阻之昔者戰國之初六國合力擯秦而秦乃閉關息民養精蓄鋭者數世迨開關出師六國皆從風而靡莫之能敵俄之機勢大與秦類蓄積之愈厚則基愈固蓄之愈久則勢愈雄今日者俄如多事固天下之患也俄竟息事尤俄國之利也然則中西各國將若之何曰盡其自治自强之道而已矣若俄之所以自謀則非他國所能與聞也

昔征夫原隰詩詠夫皇華使者輶軒語傳夫絶代蓋咨以四方之故定以八月之行諏謀則遠而有光謠俗則採而還奏述征紀事由來尚矣余歷聘四國已踰一年凡舟車之程途中外之交涉大而富强立國之要細而器械利用之原莫不筆之於書以爲日記總其大略可得而言焉夫晉之來兩承叔于役爰有述造此其權輿然祗涉歷於寰中尚非馳觀於域外若乃香港孤峙今爲百粤之門西貢始通古屬九眞之郡尋海崎於頓遜則有新嘉之坡望山嶼於翠藍則有錫蘭之島於是日當天而正赤水沸海而微紅蟲蟲童山浸浸暑雨遂過

亞丁之岸復經埃及之河大食荒沙駝鳥能走拂菻瀕水鯊魚善飛其間苦熱於印度之洋遇風於地中之海鳶跕跕而下墮颶隆隆以上盤蓋行三萬五千程歷三十有四日始至法國繼賦英京巴黎繁華則瓌貨山積倫敦富庶則巨貲川流義大利之通使最先申其舊誼比利時之選君差後洽此新邦舉凡飆輪電軌之馳驅俱入夕課晨書之紀載此行程之可記者也恭膺

簡命遠賫

國書所以慎固邦交恪共使職禮也於是敬涓吉日入謁王庭牘副秀行諸繙重譯君主君后備飭其儀文頒

辭荅辭務崇其體制鞠躬則禮簡而肅握手則情摰而殷雖非漢諭尉佗陸賈奉書而往差比唐親回鶻殷侑承命以行若夫時際公餘事同私覿聽樂觀舞折簡以招邀酒讌茶會肆筵而款待是蓋風殊中外禮尚往來從俗從宜在所不廢而況酬應既浹情好斯聯

天子萬年國主則簽名致賀

中朝元旦外臣則投刺傾誠宛乎縞帶之歡允矣敦槃之盛此交際之可記者也竊嘗遠稽大地四瀛之說近覽環球萬國之形沿革必詳廣輪胥準大抵政治風俗易地而不同文字語言轉音而即異溯海中之交市遞

遐於昔時料國內之勝兵遞傳夫今制故其治國以經商爲本其教民以講武爲基競利爭雄更衰迭盛擬以春秋攄伐而亦重同盟方之戰國縱橫而未聞遊說然而彊弱相制大小相維或約章之所不及遵或公法之所不能限善度地則捷足先得務勝人則不戢自焚坐大者儼若建瓴始彊者漸思方駕至於君主民主官紳其治之主爵員武員上下議院之員尊卑派其等差選舉憑以聲望其分曹治事任人而責專其出政施刑令嚴而法簡公會所以成務學堂所以儲材他若種樹專司周衢設表禮誌宿息井樹傳稱治道成梁以古方今殆不之過總而論之其道如墨子故必尚同其政如商君故必變法雖興廢固非一致而締造各逾千年此政俗之可記者也且夫和仲之宅昧谷用察璣衡伯陽之至流沙嘗擕圖籍凡茲西學實本東來故制作因於攷工測算昉於周髀唐一行銅輪之轉效之爲車船元駙馬火器之遺演之爲槍礮由是智拗巧述日異月新火船則鐵脅鋼甲遠勝於木輪鐵路則穿洞造橋較難於平地礮則圓徑殊製槍則速率異宜而且障以露堡暗臺輔之蚊船雷艇悉屬用兵之要允爲制勝之經至於電氣事興風行殆徧質分乾溼氣薄陰陽以傳郵則萬

里瞬通以製用則百方咸備織布之器頗便於民生攻礦之機有裨於地寶推之同體異體化學闡其精均髮均縣重學衍其緒溯光學之祖判二光與一光考汽學之流別蜺地與蜺水此藝器之可記者也蓋自簡書遠役問見稍多輒有日鈔藉資勝錄然且間登成案附綴部辭事有舊而可循語有奇而非創陳年公牘歐公嘗取以覆觀海外文章蘇子亦摭其論議雖云願學滋媿未能嗟乎時事方殷外交宜慎收利權於西國念流寓於南洋並著斯篇當籌厥策庶幾裨謀爲命先資乎獲野之謀騶衍大言無取乎談天之論云爾光緒十七年

長至日無錫薛福成自跋於巴黎使館

国家出版基金项目
NATIONAL PUBLICATION FOUNDATION

海上絲綢之路文獻集成

總主編　陳支平　陳春聲

歷代史籍編

62

主編　范金民

海峽出版發行集團
THE STRAITS PUBLISHING & DISTRIBUTING GROUP
福建人民出版社

本册目次

出使日記續刻十卷

〔清〕薛福成撰

《出使日記續刻》十卷，清薛福成撰。福成（一八三八—一八九四）字叔耘，號庸庵，江蘇無錫人。同治六年（一八六七）貢生，早年入曾國藩幕中，後隨李鴻章經辦洋務，歷任浙江寧紹台道、湖南按察使。薛氏有《出使英法義比四國日記》六卷，所記止光緒十七年（一八九一）二月，此書爲其續作，記自光緒十七年三月至二十年五月。原擬東歸後續刻此書，然抵滬未久，旋即病歿，其子薛瑩中親自校録，釐爲十編，刊刻行世。凡出使事務及見聞，如籌設南洋各島、香港、仰江領事，争論教案，海關貿易，中國各局翻譯西書等，皆筆録之。又多據各國地志，輯録各洲主要國家之地理方位、人數、黨派、商埠、賦税等，採摭至詳。據清光緒二十四年刻本影印。

出使日記續刻

光緒戊戌
季夏開雕

凡例

一前編以辛卯二月終卷。是編自辛卯三月朔起。至甲午五月止。併閏計之。得月四十。每卷四月。總凡十卷。

一日記中文字有已見庸盦文外編海外文編者十餘篇。茲不復錄。以免緟複。間存咨文電報與出使公牘互見。庶當日辦事情形。可以參觀而得。

一公奉使以後。嘗輯續瀛環志略。徧譯西史得數十冊。屬稾未竟。遽爾薨逝。論者惜之。是編於各國地志採輯不少。雖不能如專書之詳細。而地球形勢大致略備。

一滇緬分界事宜。與英外部往復辨論。管禿脣焦一年有餘。始得就緒。是編皆詳載之。公之苦心任事。於此可見。

一滇緬界務之外。如理論帕米爾坎巨提等部。籌設南洋各島香港仰江領事。以及爭論教案。豁除海禁等事。動關大局。事雖或就或不就。皆公精神所注。多有已具奏疏公牘而備述於是編者。讀者更可悉其委折。則此書實與奏疏公牘相爲表裏。

一歐洲立國。以商爲本。富國強兵。實基於此。是編歷論中國商務之不振。而於海關貿易總冊。每摘其大凡。

各國財賦之出入問擷其總數意存法戒非特記數備考而已

一洋文地名人名多本還音絕無意義使館英法繙譯不止一人譯音往往歧出是編勢難改歸一律閱者當自得之

一陰晴風雨前編於中途舟行逐日記載是編歸程詳之猶前志也

一前刻文編諸書句皆有點惟日記無之是編附於文編點句之例以便省覽

一續刻凡例一仍前編茲謹另就管見所及略述一二冀以表章先志幸大雅教正焉

出使日記續刻目錄

卷十
光緒二十年二月朔至五月二十日止

先君子自同治四年遊曾文正公之幕始有日記嗣是以後未嘗閒也及奉使泰西凡遇交涉見聞諸事皆筆之於書並譯西國史志新報存其大略所記尤夥已刻六卷自庚寅正月迄辛卯二月皆

先君子所手定辛卯三月至甲午五月日有纂錄閱時既久卷帙遂繁初擬東歸續刻不意甲午之夏使旋抵滬未及二旬即以積勞得疾薨於出使行臺維時不孝瑩中迎侍左右奉喪而歸泣檢

遺槀痛不欲生是年冬復丁繼母憂旋又患病經歲久置未刊乃先取海外文編出使奏疏交姊壻蕭山陳君光淞　先君子門下士鄞張君美翊刻之因日記皆係手槀獨無副本不敢輕付寫官丙申秋疾既愈乃躬自校錄釐爲十卷閱一年而工竣於是出使日記始末完具可備當世君子考覽云瑩中泣念　先君子溺苦於學雅好著書自辦公外手一卷不釋出使之時不孝雖未隨侍以往而平日趨庭應對滌几捧硯之役少習焉而心識之者於是編如將見之而今不可再也因泫然流涕而記之

光緒二十三年冬十月第三男瑩中謹識

出使日記續刻卷之一

無錫薛福成叔耘

光緒十七年辛卯三月乙丑朔記

法屬西貢暨南圻六省共有華民五萬餘人而柬埔寨一國有華民十六萬之多華商貿易較西貢尤爲暢旺

日本報云公爵三條實美爲日本元勳薨後日皇不惜帑金賜以國葬禮維新功臣之受此隆禮者惟贈內大臣大久保利通贈太政大臣巖倉具視左府島津至本戶與三條共四人而已

初二日記

亞洲諸國酷慕西法者莫如日本甚至改正朔易服色卽西人亦姗笑之然二十年來於富强之道竭力整頓頗能大著成效卽如商務一端已遠勝於中國矣大抵通商之要不外四端曰培物產工製作精仿造廣流通四者既備乃可與各國爭衡中國不知此理一切聽其自然絲茶兩宗本恃爲出洋鉅款今則日見其衰售之西人西人謂其貨愈劣若有戒心日本印度義大利法蘭西乃起而擅其利且自洋貨入中國而華貨之銷於於中國者亦日見沮滯近且停工不作洋布盛則土布微矣洋紗贏則土紗絀矣細至洋針洋綫洋鈕洋刀無不倚西人所製遞復製造食物仿織綢緞精益求精務奪我利此中國未獲通商之益反受通商之害也日本則不然國中土產培植壅護灌溉翦裁必求佳種必令豐收一切所出今勝於昔是物產培矣銅器漆器本屬擅長近如魚鮓鹿脯紫菜果實無不慎加選擇味美物良況如紙料之佳磁器之美無不販致遠近是製造工矣仿造西貨率多形似如所製寒暑針風雨表鐘表機括具備價又極廉西商射利者轉販東洋之物指爲西洋所造是仿造精矣日本地小物稀曩時通商中土其貨有限今則製造日多且精皮酒一項西人亦喜日本

所釀者自遠來沽是流通廣矣此四者振興商務之本也中國有一於是乎然則講求西法以奪西商之利者環顧亞洲舍日本其誰屬哉

初三日記

廣東沿海各礮臺皆係灰石築成恐難持久現擬改建鐵礮臺已有洋員偕同善後局員馳往海口履勘工程

海河迴環縈曲沙土停淤凡輪船入水一丈者兩年來已不能入口現擬裁彎取直以利遄行天津道胡燏棻等已赴挑甲寺等處查看地段矣　奉天籌捐爲抵補釐餉收款大宗以商販外來糧石及本地產糧爲主

雜貨收捐不過得十之二三自咸豐六年開辦起歲收釐捐錢約在一百二三十萬千有奇同治年間亦得百餘萬千（似俱指東錢而言）近年海禁大開糧貨雲集每年轉僅收錢七八十萬千其故由奉天各河口自開辦河運以來商民販糧知城市設有釐捐取巧繞避除赴沿河村鎮與農民私相交兌不惟漏釐即斗租河稅亦無從徵收現據盛京戶部侍郎綿宜奏請在奉天牛莊之三岔河口設立補徵分卡每糧一石補收東錢一百文雜貨按糧一石之價亦補收東錢一百文

初六日記

日本報云朝鮮國民分為六黨隱然對峙於朝野鬬互爭權勢一曰王黨二曰大院君黨三曰王妃黨四曰支那黨五曰日本黨六曰俄黨惟王黨有忠君愛國之意尤以妃黨為擅作威福自大院君勢弱而閔妃之族遂得恣橫一時支那黨則與商務委員袁世凱相聯絡日本黨即開化黨也勢力頗强與王黨堪伯仲俄黨另有見解時思歸俄保護惟不敢顯受賣國之名耳

初八日記

閱邸鈔正月二十五日

皇上御紫光閣各國使臣巴蘭德田貝華爾身大鳥圭介潘薩費果蓀署使臣吳禮巴闊雷明林椿米師麗同於午刻

覲見因查此次領班者為德使巴蘭德其餘則英俄法美日比荷日本義奧等國正署公使參贊繙譯等共三十二人

十一日記

鴉片煙之類有三一曰公班出明雅喇一曰孟皮出孟買一曰紅皮出曼達喇薩均由英屬印度製成為土運入中國以每年十萬箱計算約合價銀六千萬兩而各省所產土藥大約九倍於入口之洋藥以減半之價值

計算共計銀二萬七千萬兩

十二日記

亞細亞洲大江無論中國暹羅緬甸印度及俄屬之西伯利亞江源皆發自西藏之周圍高山其地勢較亞洲各處皆高嘗測量之比海面竟高至千丈藏地四周皆山其境最長之處約五千里寬處數百里至數千里不等地形長圓如雞卵其都會西人名之曰拉薩蓋即布達拉城也

十三日記

督辦雲南礦務唐炯奏稱滇省各埠股本難招而各廠

日有起色需用甚繁礦務公司稟請借發銀三十萬兩作爲辦銅底本分十年扣收以竟全功而維京運等因當公司開辦之初自未便以公帑輕擲嘗試又集股正形踴躍商力頗克自支更無庸公家接濟惟迄今將及三年費本七十餘萬幸各廠已有成效乃當喫緊之時商力已竭若不急爲接濟深虞半途而廢既非體卹商情更恐貽誤京運權衡輕重已允所請借銀三十萬兩飭司自光緒十七年起十起第二批京銅起運以後按批扣收一萬兩公司自顧成本不能不竭力籌辦俾京運逐年加增自亦不待十年即可扣收清楚

十六日記

電報云德國前大將軍毛奇卒二十年前德法交戰之時謀略以畢士麻克爲最優治兵以毛奇爲最練二人分任將相皆德之元勳也　金陵水師學堂之旁增設一廠以造魚雷魚雷者其形似魚頭身尾各一丈有奇以機關合而爲一中實火藥上有玻璃管沈伏水底遇鐵甲則管破而火發其力之鉅數倍水雷且近來鐵甲前多用鐵網以敝水雷而魚雷則前有利刃兩柄以破鐵網其功用益宏矣

十八日記

法議院議定加重西貢總督之權以專責成法總統近給西貢總督諭旨云一該督在法屬之印度中華爲法國代掌權柄之人祇該督可行文政府附藩部尚書之信皮中與各署通函若法國駐劄極東方之各公使總領事領事副領事等該督可徑行函達所有交涉事宜該督未奉政府允准亦斷不宜辦二印度中華地方各項事宜由總督佈置派員辦理一應文職亦歸該督遴委惟提督頭等駐劄大臣稽查總辦二等駐劄大臣副駐劄官頭等管事官二等管事官臬司及大事總管須總督保舉請旨簡放儻不稱職而又急無可待該督可撤其任惟須立向藩部尚書申明其故三該督可專條議定獨任干係授權於西貢提督及安南東京眞臘之頭等駐劄大臣遴委屬員并假該提督等佈置事務之權四該督所轄有提督頭等駐劄大臣統兵官水師統領及各局總管該督可給提督及頭等駐劄大臣全權或幾分之權五印度中華之安內禦外該督責無旁貸是以屯戍之水陸諸兵歸其調度除勢處危急擊退敵人外所有兵事未經總督允准不得擅動但總督無統領兵士之權兵士行動由武職大員辦理申詳六該督應設立練勇在印度中華之法屬地內爲民保護巡緝

其中各項職司亦由該督遴派七所有駐兵地方由該管之駐劄大臣及武職大員申報後該督即行指定其地武職大員在該地兼辦駐劄大臣事宜該地方等如以後不駐兵丁亦由總督定奪八稽查總辦由總督派委銀錢事宜及收支人員并核算歸并各帳至東京安南西貢頓臘各項銀錢事宜亦可由總督派委攷覈九西貢及保護地方之用款由總督按照現行律例每年列款請示政府覈准後該督即設法照辦其有擬辦工程如各項興作各種寬典如給地造火車道等各式合同溢過地方經費之外者該督應候政府批准而定十一千八百八十七年十月二十號上諭內一二三款及他款之相反此次上諭者概行廢撤十一首相兼兵部尚書商務製造藩部尚書外部尚書海部尚書承照辦理此次上諭喀爾拿押

十九日記

日本出覓貿易始於孝謙天皇神護景雲二年初唐大歷三年賜錦帛於左右大臣使其易買新羅之物至仁明天皇嘉祥二年即唐大中三年始有華船至筑前國迨醍醐天皇踐祚禁私買唐物遂絕邦交洎乎明治維新與各國立約海禁大開越四年即同治十年遣全權

大臣從二位大藏卿子爵伊達宗城至天津與我全權大臣李傅相訂立修好條規十八則指定中國通商口岸與泰西諸國相同日本則以築地橫濱長崎神戶大坂箱館新瀉夷港八口為商埠中國駐日大臣則何如璋張斯桂副使黎庶昌徐承祖黎庶昌再任李經方先後持節而往其橫濱神戶長崎三理事由何星使派設箱館新瀉夷港則徐星使始設理事然仍駐使署惟以時往巡日本派來公使則自伊達宗城後有副島種臣井上馨伊藤博文宍戶璣榎本武揚大鳥圭介分設領事於各埠而以總領事駐上海其往來中國之輪船向祇尾張丸橫濱丸東京丸薩摩丸四艘近又添西京丸神戶丸肥後丸為七艘觀明治十九年海關冊中國出口運日本貨值銀七百十萬餘兩日本出口運中國貨價值銀九萬五千餘兩迨至去年日本貨進中國口者增至七百三十八萬八千餘兩華貨運日本者祇四百八十三萬二千餘兩良由中國但聽商人之自為而國家不為經理日本農務商務則有農商務省以莞攝之保護之其署有官房有總務局有農務局有商務局有交務局有水產山林地質礦山專賣特許會計叢林製絲製綫諸局其官自大官以迄技手有條不紊秩然井然日

集善於營運之人。采其所長。去其所短。又仿造各種洋貨。精益求精。使外洋不能販貨而來。且更販仿造者出洋。充作洋貨。是以能擴充利益。商務日興。

二十日記

傳電之綫。以堅緻爲上。故能歷久不變。近聞法國改製鋼綫。經工藝師試驗。比舊製更爲靈捷。其法中用鋼綫。外包以銅。銅能運電。鋼性堅凝。以作電綫。尤爲合式。法國驛務署決計拆去舊用銅綫。改用鋼綫。

二十一日記

俄國創築西伯里亞鐵路。蓋有三意。一因中國與日本

皆有海口可以互市通商。該國若不築路。使與海口相通。恐於商務大有滯礙。一因太平洋大水迢迢。必須築路而後東西貨物可以隨便來往。且可保護邊界。一見歐洲各國皆以鐵路致富强。民皆稱便。故竭力仿效。不畏其難。共計長一千九百六十七英里。分爲三段。西至耳庫池（即西伯利亞省城濱臨白哈海口在甘肅蘭州府正北）。中至司顛屯（在中國北京正北相距一千英里）。東至琿春。約需英金一千八百餘萬鎊。

二十二日記

香港報云。俄國所屬西伯里亞之鐵路。自前年籌款興建。工程極形忙碌。從事其中者。有日不暇給之勢。近接琿春等處遞來信息。得悉此路已竣。本年春間。當可載客來往。此路由西伯里亞接至歐洲。將來由中國日本暨亞洲各國前往泰西。較曩時倍形便捷。俄人之爲此舉。因屬不惜浩費。尤爲殫竭精神。其路程計長四千八百一十西里。需費三千二百萬鎊。途中隔越三大河。僅出此建橋以渡。則用款更鉅。計自鳩工以來。斬棘披荊。鑿山通海。不知幾煩擘畫。所經之處。不少菁華薈萃。異日駕輕就熟。則西伯里亞東方之金銀銅鐵等礦。均易於開辦。蓋前因開礦機器艱於載運。故雖有美礦。而未能開採。今則負重致遠。不啻指顧間事。其附近黑龍江

暨乳蘇利轄內。向多空曠之地。因與居民相去遙遠。寒煙蔓草。一片荒涼。幾爲人跡所不到。既開此路。則轆轤銜接。不難煥然改觀。且該處水土極爲得宜。與法國佳山水之區無甚軒輊。十年以後。中日兩國之陸路商務。必盡爲俄人所奪。而俄屬琿春一帶。得此爲脣齒之依。必成重鎮。且扼其險要。進可以戰。退可以守。中俄儻有邊釁。俄人調兵運餉。呼應尤靈。不出兩旬。可將十萬援兵調赴中國邊界。由歐洲往中國。僅半閱月。即可戾止。非若目前多費轉折也。

二十三日記

法國新報云俄廷於西伯里亞部鐵路一事定計從兩頭同時動工一在海參崴部及烏蘇里江之間約四百啟羅邁當一在歐洲境內約二百啟羅邁當至中間兩路接頭之處爲地甚長經費浩大或令俄商及他國商人承辦

二十四日記

泰晤士報錄仰江電云緬甸蠻碁幫辦大臣英官報稱雲南蠻碁往來通商之路頗不安靜有大幫華商行至英屬之皮西渡譯音被華境路千人譯音攻劫華官照會蠻碁英官請其保護已即日撥兵前往　俄政府已與法商議定貸國債銀六萬萬佛郎係三釐行息前所貸俄商款三萬五千萬羅布係四釐半或五釐行息

二十五日記

余與慶靄堂等至安佛里特傳院訪法前王拿破侖第一陵寢王以佳兵當嘉慶二十年爲歐洲諸大國所廢始放於厄爾襪島在地中海再流於聖海凌那島在阿非利加西南大西洋中道光元年王卒年五十二越二十年國人奉柩以歸以皇帝禮葬於此四方官民來會者一千萬人陵係北嚮其基略低須歷級而下合五采石砌地若輪圓徑約五丈周圍鑿字記王戰勝之國也輪心置長方青金巨石一高可尋丈縱二衡一上置紫肝石式同前惟鑿小其腰又其上即紫肝石槨上侈下斂兩旁綮大環四王卒時俄王以此石爲贈石工琢十二年乃就於其中納王棺焉槨下尚有巨石承之距地可三丈並不入土輪圓地外圍以遊廊白石柱十二柱南一室立王登極時石像生前所御冠劍銅鑪咸在廊之四壁鑿生平事蹟又設王臨陣手搴敵旂若干而北歷級而上範銅爲門即陵門也肖將軍二人守之兩旁甃烏石爲牆光可以鑑傍門而上爲陵之上層飛金貼柱雲母嵌窗日光映射彪采煥發側室置王兄弟之曾爲義大利西班牙

王者石槨二具中爲大圓欄憑欄下視王之槨在焉欄距五采輪圓地計八邁當其上屋頂覆作穹形飾以金頂此陵內上下大較也陵門外爲教堂二百六十年前法前王路易十四所造者迨拿破侖王葬此乃合爲一故將士多瘞其下東西榮偏插將士所搴敵旂有趙字赤幟未知所由來也堂門之外爲大遊廊方廣百二十楹北爲大門門樓有王畫像與當時建功大將及路易十四像皆在焉又一室以玻廚儲花草樹木欄干等物各少許王流聖海凌那島閣內物也　歷代兵器博物院在大遊廊之兩旁養病兵院亦在大遊廊之旁始有

千人近僅三百餘人拿破侖朝之兵尚有養至百餘人者亦可見經理之善矣

二十六日記

午初二刻余率隨員學生等由巴黎赴車棧登火車啟行未初十三分至阿民城稍停申初三十五分至法國加利一譯作喀雷又作葛猷海口登舟又閱十分開輪渡海峽酉初十五分至英國杜甫爾海口一譯作都發換坐輪車又閱十分開行英國之車向較法車飛行更速追風逐電無以過之戌初三十五分抵倫敦采林克魯斯棧換馬車至使館

二十七日記

英屬印度戶口現有二萬二千零四十九萬人較十年前約多二千二百萬合印度附庸各土邦計之則共有二萬八千五百萬人較十年前約多二千五百萬此全印度戶口之數也

二十八日記

本年法國稽查土著客籍人數巴黎一城有居人二百四十二萬二千九百六十九人較之一千八百八十六年多十六萬二千零二十四人　法國新簡之中國印度法人謂越南西貢等處曰中國印度總督曰拉南爽一譯作拉納桑定於西五月

三十一日由馬賽搭坐郵船赴任同行者為提督來斯德候升副水師提督福祿諾即前在天津定約者

二十九日記

智利華六月十一電報云亂黨所劫智利鐵艦一號昨被官軍水雷船轟擊沉沒死亡甚眾亂黨已與總統議和矣　美國新簡駐華公使議紳布雷爾常在議院持禁止華人到美之論美政府已接中國照會不願接布君為駐華公使行至舊金山外部電令速回華盛頓政府並無驚訝之意者蓋以中國如不願接他國派來使臣自有此權利也

四月甲午朔記

馬尼布一譯作抹尼剖又作滿尼坡為印度土邦在印度之東北北距阿珊東南距緬甸西距克蓋其十年前戶口有二十二萬一千餘有地七千英方里有兵七千賦稅所入約有印度銀五六萬羅比

初二日記

泰晤士報天津電云現欲將火車路推廣添辦三千噸鐵軌限百五十日交貨又百濟公司接到津信訂定鋪輪路倒泥爪之車數輛　俄屬琿春地方因無便當口岸停泊鐵甲兵艦及商輪各船無從運貨進口俄廷之

意欲封閉該口作爲屯紮陸兵積儲軍糧之所另擇新地在琿口之南英里四十買爾ㄦ名喊斯開的作爲新闢海口以便大舟得以直達惟此口水泓甚淺口內泊船不甚方便亦不能佳於琿春也

初三日記

德國水軍計有大鐵艦十二小鐵艦十五大巡船八小巡船十尋常巡船四礮船三練船十兵船九其噸數共有十八萬九千七百九十六噸汽機馬力共有十八萬八千三百九十匹礮共有五百三十三尊官與兵共有一萬七千八百六十員名　地球各國之電綫已有一百六十八萬九百英里之長可環地球赤道三十次而無不足

初四日記

余前檄派直隸先用知府姚文棟乘遊歷印度之便查看仰光商務茲據稟稱印度各埠均有旅居華人爲數不少而華人在仰光設立行棧僅三四十年開埠最後且迭經兵燹生理艱辛非印度各埠可比近來義舉善會次第舉行宣講聖諭開設公塾實他埠所未聞又據稟稱印度一區地當熱帶物產之富甲於五洲埠之大者有三在東曰甲

谷他即加爾各搭在西曰孟買在南曰馬搭剌即麻特拉薩皆瀕海繁盛之區爲亞歐兩洲通商之樞紐孟買及馬搭剌駐有英國大員本兩大省會甲谷他乃孟加拉省之會城其大員駐此者有統轄全印度之權體制之尊擬於王者凡印度行銷西遠之貨俱從此三埠出口華人之商於印度者亦以此三埠爲多西洋人稱亞洲大埠以甲谷他爲第一而上海次之然孟買一埠亦足與甲谷他相埒查華商出洋開埠最早者惟甲谷他及孟買兩埠遠在新嘉坡開埠之先今新嘉坡設領事已逾十年而此兩埠尚未議及蓋因其地爲使節所未經故商情無由上達耳且印度北通西藏東逼雲南由甲谷他至西藏邊外之大吉嶺火車一晝夜可達由甲谷他至雲南邊外之新街輪舟十餘日可達昔年英人北取錫金東滅緬甸調兵調餉均以甲谷他爲總匯若於此埠設一領事不但維持商務亦可裨益邊防查甲谷他西至孟買輪船繞道甚迂而陸路有火車可通不過九百餘英里甲谷他南至馬搭剌火車略須繞道而沿海有輪船可通不過七十餘海里苟使甲谷他有一領事駐紮即可以一埠遙控兩埠不必再議添設以節縻費

初五日記

姚文棟又稟請在仰光設立文報局一處在八募設立分局一處俾雲南與外洋往來文書得一捷徑英國信船自大西洋入孟加拉海灣者或從檳榔嶼經過並無徑達仰光之綫路查仰光華商閩幫最大閩幫商家勝茂號最大現舉其經手人監生林作秉經理文報事宜凡遞文報由仰光西達英京北通八募輪舟火車俱有定程不致遲亦不能速惟野人山須候商隊帶過頗費躊躇然遇有緊要公文亦可僱用猓夷專送費亦甚輕猓夷之於野人猶生番之於熟番也計自英京至仰光輪舟二十餘日仰光至阿瓦火車一晝夜輪舟須行六七日因水淺之故阿瓦至八募輪舟五六日八募至騰越商隊行八日如僱猓夷不過兩晝夜騰越至省城雲南府共約二十八站遞送文信不過十晝夜統計西洋達雲南大約五十日左右斷不出兩月也惟傳電之法須至新街閱看情形後再定現聞印督派員名華麗者查看康東一帶之地彼總先我一籌耳

初六日記

近百年來西洋諸國多得養民新法其最盛者美國產業於八十年之內多至四十三倍英國於八十五年之內產業多至六倍法國於六十年之內產業多至三倍蓋美多曠土皆係膏腴可以開墾故收效最速英國得新式機器製造各貨並通商五大洲故能坐致富強美有七家共得銀四百兆兩英有五家共得銀一百兆兩德有二家共得銀二千五百兆兩法有一家得銀一千兆兩諸商之致此鉅富實眾工人胼胝辛勤所致也因此各工人設會曰同心會又曰同合會計德美各有六十餘萬人英有八十餘萬人法國人數更多動輒停工實非與上爲難不過求工資饒裕且一日中限定作工四箇時辰以資養息也

初七日記

泰晤士報云泰西天文士測量地球距太陽之遠先後不同耶穌未生前一百五十年協巴朝士謂地球距太陽英路五百九十萬里耶穌降生後一千五百四十三年高巴拿士謂地球距太陽英路四百七十萬里一千六百二十八年基布拉謂地日相距英路一千三百五十萬里一千七百九十九年拉布蘆士謂地距日英路九千二百八十萬里一千八百二十四年燕基蘆謂地距日英路九千五百二十五萬里近日天文士均算得地距日英路九千二百八十九萬里前後各說不同如此可見測算之難

初八日記

去年英國查核阿爾蘭戶口。計共男女四百六十五萬一千二百九十一人。較之前屆稽查之時。轉少四十九萬三千餘人。

初九日記

護院撫阿克達春片稱。據統領威靖營記名提督李得勝稟稱。該營駐紮亳州北關外。距城三里餘。有三皇廟。同治初年為博多勒噶台親王僧格林沁收儲軍火之處。尚有炸礮火箭各件。封存在內。該營操防火藥亦存後樓。光緒十六年八月十五日巳刻。三皇廟後樓火藥陡然轟炸。知州陳晉馳往救護。所有火藥及炸礮火箭等件同時轟發。男婦老幼死者七十六名。草房瓦屋轟燬者一百數十間。祠廟會館房屋亦多轟震之處。查威靖營火藥存該樓共計六百六十餘斤。派員經管。有勇丁看守扃鎖。慎固。惟樓北隔牆文昌殿亦係樓屋三間。弁勇宿北樓下。此次火發之由。廟中曾作木工。木匠及勇丁均在文昌殿內煮飯。時天氣旱乾。亢燥已極。或因炊爨遺火所致。惟匠作弁勇俱已被火轟斃。無可究詰。該營槍礮軍械。向係另存他所。並無遺失。

初十日記

各新報錄日本東京來電。俄太子遊歷日本。將往東京。在阿租之皮佛湖上泛小舟登岸。行不數武。被下等巡捕以刀斫傷其首。創長三寸。尚不甚深。裹傷敷藥。即乘火車往東京。或云該巡捕係瘋人。或謂係沙摹來教向嫉洋人者也。太子略受微傷。刺客二次舉劍。被希臘太子用棍擊倒。日皇率其大僚立即馳往問候。

十一日記

法國勒當報天津信云。李傅相擬在開平附近設立一廠。鑄造槍礮及鐵路等件。現正與克鹿卜商議合同。凡中國採購料件。准以若干歸克鹿卜獨自承辦。則現在

設廠之費。克鹿卜願為承認。數年後仍以此廠交還中國。其合同及詳細章程。係德使巴蘭德在總理衙門商訂。

泰晤士報。初五日蕪湖鄉民滋鬧。焚燒天主教堂。英領事署亦被燬。領事逃避兵船。中國二兵船由滬赴蕪彈壓。

湖口縣城外武曲港梅家洲有兩處礮臺。武曲港礮臺在石鍾山下。地勢向高。梅家洲地勢稍低。江湖漲時。不免淹浸。幸四國礮隄堅固。惟藥庫礮房須稍加黏補。

十二日記

客秋英國稽核南洋各島民數。麻六甲八萬五千餘人。

檳榔嶼二十二萬八千五百餘人白蠟十七萬五千人惟內有五千人係在鄉間居住新嘉坡十八萬四千五百餘人追溯前十年男婦僅有十三萬九千餘人前二十年僅有九萬七千餘人　臺灣基隆金礦每年出口過關之金約值英金一萬五千三百三十餘鎊英領事向巡撫言出口漸多應定收稅章程前議洗金之人不必納稅上山開金之人必須收稅今思最好之法莫若視出金多少照數抽稅並照洗金之人數而收之

十三日記

泰晤士報錄仰光電遞新報確信云中國現擬與英國商辦劃分中緬界限中國擬自太平河起流入厄勒瓦諦（一譯作伊羅佐的）江離蠻暮北約十五英里作為兩國交界若果以太平河為分界則附近該處之地南北長約一百五十英里寬二十五英里現歸英國管轄者勢將讓還中國矣

十四日記

徐筱雲少司農來信云重慶通商之約喫虧甚大當時若聽其試行輪船川江極險勢難上駛即使能行後准其通商而淺水輪船裝貨無多秋冬水落船即難行彼亦不甚得利無如川督力阻行輪不得已准其用華式

船隻通商彼可常年運貨自漢口至重慶數千里祇能征收正子兩稅沿途釐金所虧不少且洋商免釐華商征釐生意亦必為其所佔官民兩受其損事既至此亦無可如何矣

十五日記

許竹篔星使來書云德意志國輿地及列邦分合現令錢念劬與金楷理從事於此擬拓為圖就各邦綴之以說略存其概而已代使之名法文之音曰沙涉大斐爾即四等公使也近刻星軺指掌序例中言之以參贊署理公使者亦用此稱然各國皆派專使必其使臣有事請假乃用參贊署理中國使者兼攝數國往來駐紮未嘗離任安有另增一署理公使之理乎此其沿用洋例舊稱本屬不合亟應釐而正之此事使臣有應為之權不必請示總署但咨請立案或云令參贊某轉報而已洋文照會詞內從前或插入沙涉大斐爾字樣沙涉者譯言承當大斐爾者譯言公事其義亦無他其如為相沿之牌子名色何總在不用名色為要

十七日記

袁爽秋戶部來書云香港設領事此薌帥在粵所經營百方而不可得者我公不動聲色動刀甚微謋然理解

將來粵中交涉緝捕一切受益宏多無形之功勝於赫赫之功也喀什噶爾設英官既可牽制俄國不使獨擅商利又印度苟完隱然一敵國衛藏亦相庇而安俄英兩大莫敢先發新疆營繕其間反有磐石之勢且與英通商納稅則我之議改光緒七年新疆暫不納稅之條亦有辭此我之利非我之害無可疑也署中列憲有以喀城設領事須俟外部開談尊處勿先發端立論者乃卿憲持重過於矜愼之意相機裁決仍在台端持之耳

十八日記

西人近以最精囘光鏡測知月中多山而南半光多徧

月面幾盡山也山形皆中窪若碗口俱正圓在月邊者視之若擕圜山之大者內有小峰矗起其狀酷肖地面火山又窺月面不見有雲似已無氣無氣則受日光處其熱最猛更甚於地面赤道之午正而暗處必極冷更甚於地面之二極故月面各地每半月酷暑半月嚴寒惟當光暗之界疑有流水其或一面受日水蒸化汽一面背日汽凝爲水因各得氣之平固未可知惟自地推月徑一杪之圜面約方三里故今之遠鏡雖精尚未能證其有人與否因未能察及房屋田畝也至月面雖無氣然未必全月面如此故亦可生人物或在背地之一面也

十九日記

蟹之佳品產江浙間者凡數種曰湖蟹出於太湖殼軟而色黃至冬益美爲最上品曰紫鬚蟹出於吳江體巨而肥有一枚重二斤者曰尉遲蟹出於崑山之尉洲曰潭塘蟹出於常熟之潭塘殼軟而爪拳俗呼爲金爪今人所謂蟹爪菊蟹爪水仙者殆指此也曰玉埼蟹出於無錫之玉埼鄉大抵皆以近太湖而佳他若江蟹黃蟹之類味少減矣至若外洋之蟹琿春有蟹一種其巨異常其殼有闊至五六尺者居民鬻其肉而售於市以其

殼建作門坊小者用覆簷霤或作雨傘惟質粗味劣耳西印度之巴苗地方有蟹殼巨且重殼端尖起如峰雖負此重殼多力異常每日由海濱登山覓食橫行郭索其捷如飛西人以其多力無異於帶甲之兵因名之曰兵蟹新金山之急屆埃蘭島有蟹陸居並不在水之涯其色白其身扁有如紙狀行則跳躍傾欹反側望之如風之吹紙美國之亞仙申島中有蟹半水半陸而居善於緣木每日登樹杪啖蔬果雖參天直木上下如飛趫捷如猿不易捕之其地又有蟹一種體略巨而嗜食兔肉每登山搜得兔窟即入穴攫兔以果腹兔無得免者

夫以介族而食毛族可見造物制尅之妙無奇不有

二十日記

歐洲學堂之教士及國家之行政以地理爲始基以商務爲歸宿故其風氣皆善尋荒地而墾闢之南北美洲皆英吉利西班牙葡萄牙人所闢也今美國人固皆英人之種其餘各國人亦歐人種也其土番則日漸微滅間有與歐人聯爲婚姻者浸化爲歐人種矣至於澳大利亞一洲則全屬於英阿非利加一洲則英人法人德人比人分往占踞經營墾闢漸有成效數百年後必多富庶之區是歐洲而外凡美洲阿洲澳洲皆歐人地也

亞細亞一洲地最大自土耳其原有之中東兩土外今五印度則屬於英矣中亞細亞遊牧城郭諸國則十之八九屬於俄矣亞洲極北之境西伯利亞以東南瀕黑龍江東傅於海則盡屬於俄矣南洋諸大島則分屬於英於荷蘭於西班牙矣即緬甸越南柬埔寨亦分屬於英法矣是亞洲全境入於歐人者殆已逾十之七惟中國日本暹羅波斯阿喇伯四五國尚稱自主而阿喇伯前曾服屬於土耳其勢亦甚微中國地廣民眾其可以自強之勢庸詎不如英俄或且能駕而上之況以區區之日本尚知力圖振興豈中國反不如日本乎然中國宜爲自強之謀迫矣急矣不自強則儳焉不可終日矣而今之執政者若不甚措意焉何也蓋狃於承平時積習之過也

二十一日記

叻報云防海之法宜築礮臺於平地礮在地面之界綫下與水面之界綫平就地挖坑使礮彈由坑內衝出直擊敵船礮上用太平蓋以避田雞彈其蓋與地面平礮後與牆相距數尺以通風氣取其易散火藥之煙雖今船內康邦機器均在水綫之下平擊不能壞其機器然船可毀壞人必痍傷敵如擊我高則彈子飛空低則入

地我擊敵遠則仰礮近則平礮凡從高擊低難以命中從下擊上易得礮綫平原曠野宜用克魯伯八生後膛及五管哈乞開司車輪礮大毛瑟槍可以擊遠若山路崎嶇宜用火箭及呍啫士打快槍單管哈乞開司礮改用單輪以行山徑儻守營壘隘口宜用魚雷及四管拿騰飛礮

二十二日記

駐法參贊慶常來函云修約一事法約有十年之期而無半載之限雖已逾期五月之久如彼此願修仍可聲明法議院會議稅務有請仍舊者有請加重者尚無定

論據外部總辦葛拉物里云舊章行之已久商務亦好似可無須修改如彼此有小不便處不妨聲明量爲變通現未查出不便之處等語蓋彼所得利益無以復加所以願仍舊貫也呂宋地方日本已設領事而我獨無況日都倭無使館以駐法公使兼之用力少而成功多令人可愧駐華俄使葛希尼赴京任事兼修約章昨過巴黎晤談甚久西貢設領事減身稅皆有可圖之機義國拿波里中西書院既經教會學部商定由書院賠給一萬二千佛郎幷傢具等物似可就此收場矣

二十四日記

是日爲西五月三十日赴君主壽讌蓋後誕期六日開筵也

二十五日記

徐筱雲少司農來書云香港設領事往年未經辦到去歲華爾身來署述其外部之意欲在喀城設官本署未經允許並告以即如香港中國欲設領事英國何以不允此原是抵制之辭華使當時即云如中國許其在喀設官則香港領事亦可相商本署恐其遂欲兩相抵換又復用言支宕遂作罷論想華使必將問答之語達知本國故於閣下請設香港領事即行允諾以示先施冀可遂其所請現在此事勢難再拒且藉以牽制西鄰使之有所顧忌未始無益若能如來示所云稍索利益則更善矣領事給發准照一節爲西國通例索之不爲無辭度彼必云俄領事如給准照彼亦可以照辦此事能否辦到恐無把握至其願照稅則納稅則前數年署使歐格訥早經言之蓋其注意新疆久矣刻下華使尚未提及擬俟其開談再行函致尊處與之商議較之在此商辦自更得手閣下力任其難曷勝欽佩此事或須先行奏明請旨辦理尚須與諸公商酌也

二十六日記

巴黎覃排報云去冬馬尼布酋爲其兩弟所廢逃至嘎爾格達其弟一攝國政尊稱曰序白拉將待印度總督之核准一掌兵權名扇那蒲低序白拉爲人懦弱而扇那蒲低則精明强幹甚得民心印督將以廢兄之罪歸之扇酋仍聽序白拉久於其位派駐紮阿桑大臣（印度東北之省居民四百九十萬）經同前赴馬尼布欲捡扇酋僅帶四百人以往而馬尼布有强兵六千駐馬尼布之英員格林胡特密告經同云扇酋非低首就捡之人經同不聽遂欲誘捡扇酋屆期扇酋稱病不到經同登門搜捉格闘不

勝與其隨帶員弁皆被擒見殺格林胡特亦被殺英駐緬甸大員調兵進發馬尼布八三萬開仗而敗英國分屯葛依瑪街薩八縣之兵剋期會集於馬尼布印度前月電信云大兵已抵馬尼布該邦宮殿空無一人邦主兄弟及統兵之將皆已逃遁英官被殺者之尸尚存邦主潛入山內英兵跟追獲之以歸

二十七日記

於地面仰測諸曜見其時時行動異於恆星者不獨日月也又有諸星其近且大者曰水金火木土五緯也其遠而難見非遠鏡不能察者曰天王曰海王其微而難

見者亦必窺以遠鏡近時所已測見者約有百十餘星恐未測見者尚多與小恆星難別也諸行星之道亦自西而東除穀女武女天后諸小星外其道俱近黃道凡行星皆小於日然有大如地及大於地者諸行星上設有動植諸物其性質必較地面諸物不同蓋諸行星異於地球者三受日之光熱多少不同攝力大小不同體質疎密不同也土星質徑約二十二萬五千里體積大於地球約一千倍

二十八日記

安徽攔江磯地方形勢扼要沈仲復中丞奏請建造礮臺刻下工程告竣中丞馳往驗收　印度報云西歷一千八百八十八年印度茶錫蘭茶運進英國口岸者計英權一百十三兆磅八十九年進口者一百二十七兆磅九十年一百四十六兆磅而中國茶進英口者一千八百八十八年一百五兆磅八十九年八十八兆磅九十年七十四兆磅恐將年少一年矣

二十九日記

法屬越南之南圻度支歲入淨銀七百五六十萬員而地方公　雜派不與焉歲出不及七百萬員而地方公費不與焉計入浮於出者七八十萬員歲入以出入貨

稅爲大宗約得四百萬員次地丁兩稅約一百二三十萬員次工商之稅約七八十萬員次雜稅如洋藥材木之屬約五六十萬員次華民身稅約三十五六萬員又華民進出口及寄居執照稅約六七萬員又華民於常例之外另交身稅照稅等項歲約四十萬員有奇度支出款以俸餉爲大宗工程之費次之

三十日記

南圻賦稅之制十有六種現開稻田約九十萬頃（法每地一頃計中國方一千八百丈）歲開新田以萬頃計歲產米九百五十萬石至一千萬石不等除供民食外出口之米歲約八百

六七十萬石共得米價約一千二百五六十萬員運往中國者十之六七往南洋者十之三四售米經華商手者十之八九經西商手者十之一二故南圻米市之利華商獨擅之粟米之外產皮革材木魚鹽木棉骨角毛羽漆絲靛椒燕窩魚翅之類除本地需用外每歲出口値價四百萬員左右進口貨以洋布魚網爲大宗歲價約五百萬員次五金之屬値二百萬員次煤次雜貨每歲進口價値七八百萬員凡南圻商務之利華商得十之七西商得十之三

五月甲子朔記

石蘭莪亦曰吉隆去年核計民數西人巫來由人華人印度人雜種人共男女八萬一千四百有奇內華人五萬二千一百名白蠟民數二十一萬四千七百有奇內華人九萬四千四百有奇又統新嘉坡檳榔嶼麻六甲三府民數男女共五十萬二千有奇　中俄商務以茶爲大宗近日華茶之在俄銷流者較昔爲盛蓋華茶雖滅銷於英屬仍倍售於俄邦然絜長補短有絀無盈

初二日記

姚文棟稟稱緬甸海口之埠凡三處而仰光扼其要沿江之埠二十二處小者二十九處而阿瓦與新街扼其要海口商務閩商主之沿江商務滇商主之粵商生意之大不如閩人數之多不如滇等諸自鄶以下而已

天津林西鐵路業已竣工鐵路公司接築鐵路擬由開平古冶林西而至山海關經瀋陽以達吉林已派員在唐山一帶履勘插標　附近澳門有靑洲海島係香山縣屬地周迴二里許矗立海中在澳門租界之東葡人踞而有之英人於島中建築樓臺爲避暑之地現聞英葡議塡塞海面正對澳門蓮峰廟築馬路以達彼岸

初四日記

姚文棟函稱雲南邊外有孟拱孟養木邦蠻暮諸土司

向屬中國其地爲玉石百寶精華所萃內有紅寶石礦藍寶石礦翡翠礦琥珀礦種種不可勝計英人占其地爲己有恐中國索之是以願將擺人各地讓歸中國緬屬擺人相傳有九十九土司華人經商於其地甚衆民情願向中國山中物產亦夥有乾隆年間所遺界碑及糧豪遺蹟數處騰越人毛英德（捐分部員外郎）言之甚詳彼有分號兩處在擺人境也又商人許姓言去年外部接中國星使照會後知勘界在郎印度總督派員分道查界一查北路野人山一帶一查東路擺人一帶（此員名方華麗）兩路員弁首塗時有騰越舉人張成濂遣人潛尾其後

伺察彼之所爲以緬文詳記之北路查勘四閱月已蕆事而歸東路去已六月尚未回張成濂生長緬地熟悉緬文留心邊事與毛英德同爲有用之才

初六日記

諸行星除水金火及諸小星外皆有月少者一多者至六七月之繞行星猶行星之繞日也木星有四月土星有八月天王已測得四月或云六月海王已測得二月木星經歷代細測其四月甚明了繞行木星亦自西而東天王四月之繞本星則自東而西至彗星借日光而明無可疑者蓋彗乃薄氣積成能透日光故內外通明

也蓋彗體甚小而包體之氣甚大體與氣俱受日光而明焉

初七日記

海參崴電信云西伯里亞第一段烏蘇里鐵路已成四月二十五日俄太子首先開車衆入稱賀極其熱鬧太子在車站立一銀牌以示不忘之意此已成之路不過二俄里半云 古巴初設領事時中日所訂之約凡日國准他國設領事之處均准中國設立況日本在小呂宋已設領事日本在西班牙並無使館祇以駐法公使兼之而中國在日都早有使館然則小呂宋設領事一事但能認眞爭論未必無把握也 許竹篔星使現創赴荷欲議噶羅巴設領事事又恐難允尚在躊躇又接西班牙參贊函小呂宋設領事一層復經外部駁卻勢難再議

初八日記

李伯行星使奏稱中國與日本通商口岸橫濱神戶長崎設正理事官外嗣因箱館新潟夷港商務漸興添設副理事官一員此外築地一處歸橫濱理事兼轄大坂一處歸神戶理事兼轄近年大坂商務日盛交涉漸多而築地坐落東京華民寄寓益衆現擬請築地大坂二

處仍歸橫濱神戶理事官兼轄惟再設副領事各一員於隨員中擇其廉幹有爲者分別派充以資助理二月十三日奉

硃批著照所請該衙門知道欽此

初九日記

俄造西伯里亞鐵路三年前已有人建議自叨母斯克至歐庫資克一譯作耶庫池有一千五百六十七俄里即一千零三十四英里爲第一段越拜開湖自拜開湖之東岸沿西倫格江烏大江希爾楷江過大金山而至司屈來眞司克一譯作司頹屯有一千俄里即六百六十英里爲第二

段再由黑龍江順流而下至烏蘇里復由彼處造至琿春有三百八十三俄里卽二百五十三英里爲第三段加以枝路三十一俄里卽二十里半英里其路共長二千九百八十一俄里卽一千九百六十七里半英里其造費與備火車約需俄銀一萬萬二千二百萬盧布卽英銀一千八百三十萬鎊　俄廷會議西伯里亞太平鐵路事宜限定六年竣工

初十日記

中國所設電綫幾徧二十一行省海軍衙門王大臣又以鐵路當與電綫相輔而行奏明由林西接至山海關

俟此路告成後每年由戶部撥銀二百萬兩以作經費再由山海關經東三省而達琿春盧漢鐵路暫議罷築

十一日記

俄國之教門最雜計從希臘教者八十兆從天主教者八兆從耶穌教猶太教者各三兆從回回教者兩兆六十二萬　余前檄派姚文棟查看印度緬甸商務其所經歷之各埠曰印度曰麻打拉薩曰加剌吉打曰達芝零曰孟買曰緬甸曰仰光曰岑剌波利曰萬底除仰光一埠外皆張蔭桓前遣王余兩委員所未到者華人在加剌吉打通商已一百五十餘年開埠最早生意極大爲亞歐兩洲貿易之樞紐上年駐藏升大臣勘界到此眾商求派領事允爲設法

十二日記

美國朝廷初擬由舊金山設立海底電綫通至日本派水師副提督與路勒前往查勘勘至一處將鉛放下探其深淺至四千六百四十三尋尚未到底現已停止興工　近來俄境分十一部每部有大臣統轄此外軍機處爲朝廷辦事之所統理事權者係俄皇季父教會之事別有教部掌之國中省會分六十三處外又有十四路每省有巡撫統轄

十三日記

天空除日行星彗月之外尚有無數光體大小明暗不等而相與成方位永不變亂故名之曰恆星天文家測恆星之明暗自一等至七等光漸微自八等至十六等非遠鏡不能見矣恐十六等以下尚有無數星今未能見也前人所測定之等不盡同大約一等星二十三或二十四二等約五六十三等約二百總計一等至七等見於各家表者自一萬二千至一萬五千未定天河爲無數小星之光所積而成更不可數計蓋行星俱受日光恆星不藉日而自發光或者各自爲日而別有諸行

星繞之固未可知但遠不能測亦未敢懸斷耳

十四日記

天主教入中國以來教士被殺者前後已有九十八人此次蕪湖之變幸未傷一人查天主教在華教會有二十五處以大教士二十九人分治之傳教者計有法人七百五十一名華人四百二十一名佐之以教授一千八百五十八名尼姑三千名在三十一經院專教教門書籍以便學成教士一業一千零八十一學塾中爲生聚陶淑之計 中國現有電綫長二萬六千五百三十啟羅邁當今又在甘肅之西設立一綫接至俄西北邊界中俄新立合同載明華綫俄綫接頭處在黑龍江境內之山谷中

十五日記

越南之北圻以甯平清華兩省爲中圻之分畫截長補短東西廣九百里南北長八百里河內乃安南歷代舊都城名昇隆越人謂之東京其近海之河內等八省江河縈繞謂之江套江套諸水多發源中國最著者四一曰富良江又名紅江因江水逐紅沙以行水爲之赤故名發源衛藏由保勝入北圻歷興化山西南會沱江北會洮江貫注河內至南定甯平入海二曰太平江發源滇粵羣山之間歷太原北甯海陽廣安以入海海防一埠即太平江入海之咽喉也富良太平二江之間有運河三道水深六七尺爲貫通二江之渠曰灘河在河內之北曰渡河在海陽之南曰竹河在興安之南二江支流環繞四通八達三曰洮江又名清河發源雲南由開化之逆花灘入北圻歷興化之北東會瀧江經宣光而南入富良江其匯流處即越德關也在山西興化之間四曰沱江又名黑河發源雲南由土司地入北圻歷興化南境東流至石埔關轉流而北入富良江凡諸水上游爲山林礦廠之境下游爲水澤稻田之鄉下游多良田沃野財賦食貨之所自出也

十六日記

華民在諒山高平者由廣西陸路而來娶越婦長子孫視爲熟路故二省民數華民居三之二越民不及三之一其在各口者則來自閩廣瓊州而粵人最眾大抵海道來者爲通商陸路來者爲開礦從前華民在諒山廣安高平太原北甯諸礦者十餘萬而在河內北甯海陽南定各口貿易者三四萬開釁以後礦廠大半停工商務爲之阻滯目前各口華民二萬有奇以海防爲總匯各礦廠及邊界華民約五六萬而傭工無幾蓋北圻生齒極繁已有人滿之患凡力役之事越之男女皆優爲

之工價廉於華人也至黃黑旂之餘黨法人目爲華冦者亦有數千而越民之不服法者亦附焉

十七日記

向來英館每屆一二年或四三年必請茶會一次自丁亥年劉前大臣任內曾有茶會至今已越四年矣余到此一年有半酬應主客官紳赴招茶會已不下數十次自不能不答厚誼而聯眾歡先期一兩月卽分帖延訂是晚十點鐘至一點鐘各國公使參贊隨員及倫敦著名官紳會者五六百人此事由馬清臣悉力經營陳設華煥花草鮮美肴果豐潔僉謂此等排場爲各使館所

僅見云

十八日記

章排報云馬尼布叛酋擒獲後英官連日審訊以該酋扇那蒲低與英君主大兵抵敵且殺害英國武員厥罪難逭遂判以繯首之刑　巴黎報云駐華各使干請中國政府之事已有效驗中國

大皇帝明降諭旨申明保護西人及教士等一切章程揚子江鬧事各犯卽按律懲辦懸擱事宜亦將速結開此道

諭旨并須刊印張掛

二十日記

姚文棟密函稱滇兵有兩營度野人山至蠻弄迎候英兵欲送至野人山半路之紅蚌河交卸以爲彼界在此已力辭之并招華兵四人至新街迎接又函屬大營移至蠻弄駐紮四日而後啟行以徵露中國之意須以新街爲界而蠻弄爲吾內地也緬甸地廣人稀洋兵勢弱故汲汲趕造鐵路不日可由格薩通至嘎爾格達以便運兵往來同舟有鐵路工師一人卽係經理格薩鐵路者此路由格薩通至孟拱由孟拱通至阿桑阿桑本有鐵路接至嘎爾格達又有兵房工師一人係至新街營

築兵房聞爲剿撫野人山之計英兵駐新街者英人二百名印度人八百名皆係新調到者滇邊恐不免多事矣英派查探北路之員覓得一間道可通騰越之古永練又覓得一間道可由昔董通至蓋西（皆中國土司）或其意欲爲後來潛師入滇之地出於滇人所不防邪

二十二日記

通商以來論者慮銀錢流出外洋固矣然外洋之耗中國乃黃金非白銀也西洋制幣皆以金錢計數零星交易始用銀錢英美諸國皆然法國銀幣較重仍不敵金德國二十年前尙重銀幣近始改鑄金幣美國近來金

礦漸虛銀礦尚盛聞昔內地金價銀數兩二十年尚在十兩內外今至二十兩以外與西國金價相若非西人運往而何往哉曩者雲南出金經兵亂而止吉林出金驅逐金匪而亦止今惟恰克圖邊外俄人所採金砂經華人竊購流入中國轉碎鄰邦漏出之銀以供挹注設彼禁絕私銷內地金源將竭經營北邊金礦似爲時務所宜據俄礦師云自恰克圖至庫倫中途烏羅河烏峒山一帶皆有金苗金砂至於唐努山北葉尼賽河上游之水富有金砂俄人越界淘金前年驅逐有案

二十三日記

英屬阿洲之急打羽因地方稽核戶口西人之居是地者共三十七萬七千名土人一百十四萬七千名合計一百五十二萬四千人　開平煤礦歷年共費銀二百三十萬近來生理甚旺所出之煤不敷銷售近又在林西另開一煤礦祇費工本銀三十萬兩煤質甚佳其苗較旺

二十四日記

從前水師制勝端推水雷西語名曰託皮愓現在新製雷船如魚游泳能於水底駛行各國式樣不一惟法國價廉且堅利無前其式如魚長一丈八尺寬五尺身圓

而短全以純銅製成中坐兩人旋以螺絲水不得入進退上落不用桅而用輪不用火而用電比及敵船即解本船兩旁所繫之託皮愓潛置敵船之下引以銅絲而撥本船至極遠之區僅將銅絲捻合當即過電而託皮愓聲響如雷敵船立成齏粉並有鐵鍊兩端繫以浮樁置於敵船之下瞬即上浮纏繞重輪船難行動此船每點鐘能行二十里入水可深至三十丈又有收取空氣之區每兩點鐘能換養氣人坐其中至八點鐘無妨每船費銀不過八千兩約有十艘便足防護海口西班牙已仿造矣

二十六日記

葡萄牙幅員三萬四千六百方里比西班牙地得六分之一舊分十七省現分境內爲六省從前兼轄巴西地大於葡萄牙數十倍道光四年巴西始改爲自主葡萄牙講求航海之學始於宋末元初迨明洪武年間國王約翰勵精圖治勤於探地行海經商之要務遂以航海稱歐洲之冠明世所稱大西洋者也宏治年間先至好望角遂由好望角而至印度是爲歐洲通印度之始又與日本立通商之約嘉靖以後國勢寖弱至今商務亦大遜於前蓋爲英人所奪云

二十七日記

近核東西洋各國在中國通商者，統共八千一百七人，洋行五百二十二家，內英國三千三百十七人，洋行三百七家，美國一千一百五十三人，洋行三十二家，日本八百八十三人，洋行二十九家，德國六百四十八人，洋行八十家，葡萄牙六百十人，洋行五家，法國五百八十九人，洋行十九家，西班牙三百四人，俄一百三十一人，瑞典一百五十五人，其餘各國皆不過數十人而已。

二十八日記

俄西伯利亞鐵路自烏拉嶺南專利阿排起穿西伯利

而抵海參崴，長七千四百啟羅邁當，工部估本四百八十兆盧布，期以三十二年竣工，俄提督項聶谷夫估本三百兆盧布，期以四年竣工，其經費則擬借國債於巴黎，今日自歐運華之貨，如煤麪糖等及種種出產製造各物，每年約值三百五十兆方，俄路若成，冀分其一半生意，又有運往日本之貨，且茶葉自華運歐，亦可攬儎，從此由倫敦至海參崴，祇須旱路十七日，再由海參崴至上海，海程三日耳。

二十九日記

昨准總理衙門密電云，月來教案疊出，蕪湖丹陽武穴無錫金匱陽湖江陰凡七處，武穴斃教士一人，洋關扞手一人，皆英籍，餘皆法教堂焚燬情形不一，至謠諑所由，因蕪湖教堂華姑醫爲街上幼孩治病，孩父執送以爲迷拐，蕪令留押一宿，教士往索，即釋，匪眾遂譁，竟將教堂焚燬，上下游各案因之紛起，當拏蕪案首要正法傳首兩名，餘罪十名，武穴獲十數名，訊實兩名，擬抵償外，丹陽獲九名，無錫獲六名，尚無確供，本處申明條約保護奏請

諭旨明發，以期彼此相安，業經咨會在案，現英法德三使屢次同來爭論，尚以我辦理未速爲詞，告以匪犯四

散，各督撫已派兵兜拏，購綫訪緝，辦理毫不鬆勁，蕪令撤任，五縣摘頂，地方官應得處分亦並不姑寬，但拏犯須嚴密，抵罪須確實，地方官辦理如何，亦須全案奏結方能定奪，斷斷不能以償詞急索，以上各節，望詳告外部，免爲一面之辭所搖，致傷睦誼，並轉電竹使照辦，均電覆，余接此電，除轉電俄館外，又函屬慶參贊告法外部，余自赴英外部面見克蕾告之，克蕾以筆一一記之，且云此事除失物賠償外，竊望中國辦理嚴速，以懲匪黨，庶可日久相安。

六月癸巳朔記

總理衙門三月二十九日吉字七號函開昨接夔石制軍序初中丞咨稱據騰越鎮總兵張松林等電稟正月間傳聞有野人殺斃英人之事當即飭人密查旋探稟洋人因不時失馬帶同野子勒令清查自帶帳棚宿野寨外之山嶺野人貪夜入帳殺斃洋人三十餘名洋人燒焚汗董戶董羅哄三野寨每寨野人約五六家七八家不等又接普洱鎮總兵屈洪泰等轉據委員刁丕文稟稱正月二十五日抵猛海宣尉司駐紮處所突遇洋官二員帶有洋兵六十名亦由孟連來到猛海會該宣尉司後又來會標下據稱奉鎮守緬甸大官飭來踏勘

緬屬地界到整控一看仍轉回緬都又有洋人五六十名由猛籠到九龍江咨請查照核辦前來即希照會外部嗣後遇有差遣洋人須先行知會中國免滋事端爲要

初二日記

騰越廳鎮所稟英兵焚燒野寨情形係據隴川土司轉據鐵壁關撫夷排天貴所稟計被焚汗董戶董羅哄三野寨距排天貴麻湯五六十里洋兵旋進駐麻湯西北山上又移紮壘弄壘弄在鐵壁關外五十里麻湯內四十里又查隴川與緬甸分界係在洗帕河（一作錫箔河）麻湯

在洗帕河以內壘弄又在麻湯以內實係騰越廳所屬土司地界又普洱鎮迤南道稟孟連車里與孟艮連界洋人所以到整控踏看地界者蓋思茅之整控江以上爲糯札喇卡等江再上爲威遠雙江打環大箐等江爲鎮邊之南北等江爲緬甯之馬台等江其源則麗江府之瀾滄江也整控下游則爲九龍江流經暹羅南掌過越南入海水勢至整控下之九龍江較大只有渡口並無行船此水路也由孟艮至孟連八站由孟連至九龍江十餘站由孟艮直走九龍江亦十餘站由九龍江上至整控江五六站此旱路也思茅倚邦易武各茶山俱

在九龍江內運茶出外過思茅整控江上之糯札江爲多此茶路也以上俱係內地至孟連車里毗連孟艮自有兩土司所管舊界爲憑此中外交界所在也（車里現有宣慰司）

初三日記

傳云或多難以固其國吾於今之日本見之日本自魁柄下移而平氏源氏北條氏足利氏織田氏豐臣氏德川氏迭起稱霸國主虛擁神器逾七百年咸豐同治之間德川氏之勢日衰而諸侯並起力爭英法俄美兵船環伺互逼於是內訌外憂糾結莫解有二三豪傑潛流

起而倡議詞不合於一不足以禦外不和於敵不足以靖內因盡廢諸侯而退德川氏以全國之權歸之國主陸續與諸國通商步趨西法名曰維新之政三十年來外交之道日益講求批郤導窾措注得宜工藝益興商務益旺有蒸蒸日上之勢蓋日本之地小於中國不啻十倍而風氣之開先於中國則不止十年斯所以能轉貧弱而漸基富強也藉非多難以磨礪之激勵之安能若是是故國不在大小而在人才之奮興才不限方隅而惟識時務者斯謂之俊傑吾於今之日本見之

初四日記

德國皇帝於數日前到倫敦各國駐英公使均於午刻往謁會集柏金韓模宮德皇每見一使殷勤數語見余問近日想接中國來信

皇太后

大皇帝好否余答云好德皇又言中國近派許星使駐德已第二次來吾國矣余甚欣喜又言如有信到中國代我為

皇太后

大皇帝請安遂點頭而退午後五點鐘余又赴英太子宮茶會英君主及德皇德后皆在焉

初六日記

泰西諸國都城皆有大書庫如法義等國以印板精緻裝潢華美勝德俄丹瑞挪等國以品類繁多目錄嚴排列整齊勝大約各有短長惟英京之大書庫尤為盡善盡美庫中善本為數極多且非止存有本國三百年前印出之書甚富即存地球各國之書亦甚多即所存中國書籍非泰西他國所能企及也

初八日記

泰晤士報論法國似蓄狡謀頗有兼併暹羅全土之意力斥暹羅優待法人之非并勸暹廷豫防法國新派華印總督設謀暗害暹羅之事

初九日記

泰晤士報錄莽達拉一譯作滿得雷新報云密光譯音河東岸之小山譯音邦千昌譯音擬將併入英國所屬境內千昌本介於密光河東西兩岸將來情形究竟何如尚難定斷從前緬王每爭此地為其縣邑現為暹羅不法黨羽佔據云

初十日記

總理衙門吉字第八號函開新金山禁阻華民本處以此事於華商華工生計大有關礙曾於十四年七月間

與華使再三辯論刪擬章程六條函送華使轉達政府迄今已逾數年尙無消息則此項章程能否照辦殊難懸揣朝鮮遣使泰西上年曾有改全權爲三等使之說北洋大臣復信有先謁華使如謂無庸等往即准予通融之語嗣後亦未能遽定

十一日記

法外部總辦倪薩爾稱上海領事來電南方各省會匪蜂起其擾害西人者皆會匪之黨恐於中國大局有礙是以各國協力自守調兵船二十餘入江巡防現催李梅回華即日啟行俄使與駐法參贊慶靄堂晤談修約之事大致尙無扞格且有相抵之處不日就道矣　基隆龍潭猪出產金沙富紳設局抽釐招民淘洗近經礦師察閱金苗甚旺穿山踰嶺其勢蜿蜒自基隆迄臺北縣亙六七十里幾於無地蔑有現擬節節推廣委員開辦又飭紳董雇募淘夫六十名在錫口下游擇地試辦俟有端倪再行招徠民人由近及遠逐漸擴充

十二日記

法議院之斐理黨以德國苛待法商攻訐外部議紳亦隨聲附和外部尙書李賨請退各部留之十二日同至議院轉圜　總理衙門來函屬余與法外部商議減免

西貢華人身稅因查許前大臣前與外部辯論數次未有成議係專指中圻北圻而言並未提及南圻此次應包括三圻意方周匝余即函屬慶靄堂辦漢洋文照會稾

十三日記

總理衙門電開教案除七起外又五月杪如皋毀堂三十餘間未傷人南昌但拆華教士房一進現各省嚴防尙安靜希告法外部惟武穴已誅正兇二人而英領事意在株連並欲罪及印官多方作難並未提及卹償尙難了結庚

十四日記

法國麥丹報云俄太子抵海參崴時適火車道之鐵軌第一條造成於西五月十二日奉俄皇之命督率安置此路將來應抵烏蘇里之克拉弗斯該爲發軔之始基由此展至斯拉多思德經亞歐兩洲二車站接入烏拉嶺一段之車道與俄境之車道相合又烏蘇里迴邏向北沿水流以達克拉排祿街入黑龍江境轉西經黑龍江省城白拉谷維申斯克并順江流以達克拉排祿街由吉林界外環繞而過將近蒙古進德郎斯培格里復入西伯里西境乃經擠搭依爾哥斯克東斯克卑式祿

把佛蘇斯克及哥爾岡以合於烏拉嶺車道之接筍處路長八千啟羅邁當程期十四日若今日自海參崴赴森比德堡則須二月也

十五日記

泰晤士報云印度民數十年以來由二百五十五兆增至二百八十五兆德國民數五年以來增多二兆二十六萬五千名法國民數增多一百萬名俄國民數增多十兆又本年英國查倫敦及威爾司居民計五百四十六萬九百七十六名十年前不過四百八十一萬三千五百名九十年前僅得一百五十七萬五千九百名

十七日記

暹羅由曼谷造一鐵路直抵八克那無一譯作滑千暹京十一日來電云是日暹王親自興工觀者甚衆　英相沙侯在議院宣議云謠傳法人已佔據暹羅之勛布拉班譯音省卻不甚確余深望暹羅自主之權毋爲他人侵奪然欲聯歐洲各國以保比利時之例保暹羅尚恐不能也

十八日記

德奧意三國連和之密約蓋隱防俄法兩國也舊約初訂五年近又展訂六年法人聞之不悅英國初不在約中而外部與意國亦隱有成議沙侯曾密許意人如一旦俄法有事意之水陸全軍可盡力戰守英之水師當代爲守護各海口不必意人分神其初機事甚密厥後意王在一兵艦爲其武員洩之語漸聞於外法廷聞之滋不悅有英人自法歸者稱見法人恨英之意更甚於恨德國蓋因其有助意之密約云　俄太子在日本遇刺客受驚傷痕旋愈日本將遣有棲川親王赴俄廷謝罪俄皇發電止之乃輟其行

十九日記

英自嘉慶二十一年以來國勢蒸蒸日上即如國債一

事經格蘭斯登諾此谷德蔡爾奪哥申諸人辦理抽捐還債一法自咸豐六年至光緒十一年已還國債一萬萬佛郎英倫三島當道光十七年居民止二十六兆今則增至三十八兆咸豐六年之稅僅三百零八兆鎊及光緒十一年至六百三十一兆鎊道光十六年出煤二十兆噸出鐵一兆二十萬噸光緒十一年出煤一百五十兆噸出鐵七兆噸咸豐六年進出口貨價二百六十兆鎊光緒十一年七百四十二兆鎊道光十八年商船運出之貨二兆三十萬噸光緒十一年七兆四十萬噸道光二十年信局分送之信八十二兆四十七萬一千

封迨後按照博郎條議整頓郵政復於同治十三年成培侯恩城瑞士條約郵遞得以徧通天下光緒十一年得信一萬萬四百零三兆封以上係進款加增之一證至於居民在公家行之存款得英金一百零八兆鎊富戶之款置各項公司者尚不在內入塾之孩至四兆四十六萬五千餘名且學塾之規制益精年數亦較昔加四倍印度則自咸豐九年（一千八百五十八年）起設一總督以治二百四十兆之居民澳大利亞洲田皆開墾有議院有每年用款城之繁庶不減歐洲格那大（一譯作坎納達）自同治八年（一千八百六十七年）改爲行省後居民八兆有奇阿非利加

一洲英所得之屬地足與法國頡頏以上種種宏業人皆歸美於英主維多利亞之英明果決任賢使能五十年來執政雖分兩黨而和衷共濟朝無倖位是以能致一朝郅治之隆也

二十日記

申刻赴沙侯所招哈得飛爾花園茶會乘馬車至金司克羅司車棧坐汽車約行一點鐘到園園乃三百年前英女主以利撒畢所居舊宮也厥後以賜其宰相實沙侯之遠祖故沙侯先世居此已三百年園地極爲閎敞其室皆如宮殿之制猶多三百年前舊式余復觀其男女圖像服飾亦異於今日大抵昔時之宮室衣服其形式轉多與中國相似者非若今日之迥然不同也沙侯因意大里太子兼拿波利王（一譯作南柏爾斯王意國太子皆兼此王號云）適來到此特設茶會以款之是日天氣晴朗官紳及各國公使參贊會者頗眾　泰唔士報錄俄電云俄已整備查探路徑之人共五百名前往中亞細亞之潘密爾平原地方遊歷以壯聲威

二十一日記

近聞部庫奇窘現議開源節流四事一裁勇營一四品以上廉銀減半給發一加抽鹽斤一准捐舉人　今年

英國官册首相兼外部尚書係侯爵沙力斯伯里大律師霍爾司伯里軍機處尚書子爵克蘭白魯谷管印尚書伯爵卡多庚戶部尚書哥申內部尚書麥丟司藩部尚書納子福兵部尚書斯丹霍布印度部尚書子爵克羅司海部尚書哈密爾登商部尚書喜克司比處農部尚書車潑林郵部尚書雷克司又檢今年各國駐英公使總册法使華亭登俄使狄斯德爾土耳其使洛斯丹巴沙德使伯爵哈子飛爾德奧使伯爵代姆意使伯爵湯義利西班牙使侯爵狄卡色皆頭等也二等公使除中國外荷蘭使伯爵狄拜倫德比利時使男爵琐爾文

斯美使林庚衛使狄璵佛辣爾日本使子爵高瓦西波斯使總兵阿辣愛士巴西使蘇色柯里丹使狄比爾瑞典使阿格門阿眞丹（一譯作阿根庭即拉巴拉他國）使多明干士智利使敦卡羅士哥倫比亞使安格羅考斯德立加（一譯作哥斯得爾黎）使巴辣德希臘使陳納地士海諦（一作海地）使辣多久加秘魯使敦卡羅皆二等也暹羅署使侯爵狄忙得里葛丁馬臘（志略作危地馬拉）使敦克利生多檀香使火甫能墨西哥署使馬丁乃士尼葛辣格（志略作尼覓拉瓜）使巴利士羅馬尼亞署使南兒楊糯色飛亞（即塞爾斐亞）使姚維紀記尤辣干使阿爾白多大抵皆三等四等也瑞士向僅有總領

事近尚新派公使尚未知其姓名又衣久多國亦僅有總領事

二十五日記

統地球各國約計之共得男女一千五百十兆二十八萬人亞洲約八百三十兆五十九萬九千人歐洲約三百四十九兆八十七萬三千人阿洲約二百三十兆三十二萬一千人美洲約一百二十一兆三十二萬五千人澳大利亞洲及旁近各巨島約四百五十萬人歐地凡三百七十一萬三千三百四十英方里每方里居九十四人亞地凡一千七百十五萬零二百十英方里每方里居四十八人阿地一千一百五十一萬四千七百七十英方里每方里居十八人美地一千五百三十一萬一千四百九十英方里每方里居十人澳大利亞三百五十萬英方里每方里居二人波剌蘭各島一百七十二萬八千五百英方里每二十方里居一人

二十六日記

福州創興織布局係巨紳陳伯潛閣學爲之倡在其本鄉設局紡織名曰果善堂置機千餘架招男婦學習願領機架者聽之惟棉紗非自種自紡須由上海販運洋紗購布者嫌其著身不暖故難暢銷然各紳見其辦有

成效前年稟請卞制軍設立總局逐漸推廣邇近仿效今省城織布局已有二十九處矣南台之藤山畔已設有分局長樂縣亦另分一局　法國由河內築至諒山之鐵路其首一站現已落成　客冬德國清查戶口計通國男女共四十九兆四十二萬二千九百餘名追溯五年前戶口共男女四十六兆八十五萬五千七百餘名

二十七日記

緬甸稽核戶口英屬下緬甸約有三百七十三萬人較諸十年前增多七十萬人上緬甸約共二百五十萬人

美國紐約一埠十一年前男女共一百二十萬零六千二百餘人去年稽核戶口共有一百五十一萬三千五百餘人　白蠟即埠力國也去年所收稅課共洋銀二百五十萬員支費共二百四十四萬七千九百餘員

重慶自通商後凡挂洋旂之船駛入川中者須完落地釐金而商人尚不甚願挂旂入川者寥寥近始有兩船前往尚未知到埠後如何辦法若照舊章完正半稅而不完落地釐金則挂旂之船自必異常踴躍

二十八日記

有議東三省鐵路起訖地段者其言曰他省之鐵路爲

自強計兼爲富民計東三省則但可計自強而已今議東路起自營口輪船運貨由此舍船就車且去瀋陽僅四百里較諸山海關至瀋陽近九百里創造之費較省惟營口凍河自立冬至春分輪船不通者五閲月天津凍河由大雪至驚蟄僅三閲月且北洋水陸防軍之精銳皆在津沽則東三省之鐵路不如由津沽起手查天津鐵路已造至灤州之林西若東展三百餘里可至山海關出關三百六十里至錦州府再二百六十里至牛莊再二百七十里至瀋陽如此則東三省與津沽一氣貫注由津沽至牛莊皆爲沿海要區有事時應援更爲便速況日下官商員董人役及火車客車貨車可暫與津沽公司通融取用隨後從容購造且牛莊距營口甚近牛莊建有鐵路其赴營赴津之兩路貨物生意必旺通年常有車腳進款無須另籌養路之費此起處之宜審者也又由瀋陽經長春府而達吉林由吉林或經敦化縣或經甯古塔至涼水泉過大盤嶺而達琿春如此設防似爲周密然先後緩急之間有宜詳愼者吉林邊東極數十里不見人煙而俄人常欲赴甯古塔購運米糧牲畜若路接琿春我無利而俄有益且無事時遊歷覘覦爭搭客車較量遲腳爭端難免且琿春僅一土圩

防軍甚形單弱而距俄卡僅三十五里雖築鐵路無可恃以保護萬一失和彼族佔奪爲害更大至商民稀少養路無資猶患之小焉者也由吉至琿中間之老鵮嶺張廣才嶺海慶嶺大盤嶺皆壁立千仞天然屏蔽且徧地哈塘人過即陷若因鐵路而鏟平塡實亦屬非計因思鐵路經長春府至吉林陸路距伯都訥祇三百餘里水路達三姓呼蘭皆順流東下足攬奉吉黑三省之全局總之築路至吉林後似宜擇地勢之相宜工費之較省者再行相機籌畫目前暫至吉林爲止此訖處之宜審者也

二十九日記

申刻赴外部晤副尚書克蕾與理論蕪湖武穴教案緝兇卹償等事　黍晤士報錄俄電云俄兵部議由中亞細亞之達司哈車站造鐵路接至阿富汗邊界之撤拉司此路於運兵通商頗關緊要

三十日記

俄報云歐洲商務以倫敦爲最盛中國以上海爲最盛英滬往來若經蘇彝士河須歷程四十四日若取道紐約大西洋則歷程三十四日而川費較鉅若西伯利亞鐵路告成之後由倫敦至浮司龍勒華僅須三日再十

四日至琿春又三日至上海合計之僅二十日耳　査美國之鐵路計有四條英屬加拿達亦造一條皆自東海至於西海計長俱有萬里之遥遣民開墾徵兵調餉保國致富通商利民莫便於鐵路故俄人刻意經營不遺餘力也

出使日記續刻卷之一終

出使日記續刻卷之二

無錫薛福成叔耘

光緒十七年辛卯七月癸亥朔記

近年戸部庫帑支絀治河撥賑用款已極浩繁而太和門祈年殿頤和園各要工所費不貲帑項竭蹶七堂公擬開源節流十數款四月杪奉

硃筆批准五事一八旗兵丁季支甲米折色銀兩歲需銀一百三四十萬兩之譜自本年五月起正白廂白正紅三旗將折色銀全數停領按照例價折給米石除原有老米二成不計外其餘八成照例價每石折放實米

三斗如此變通雖無折色之銀實領米已逾二石四斗蓋因通倉存米甚多將以散放爲盤驗也已由倉場咨覆現計倉儲堪備支放一年俟一年後再斟酌辦理一八旗文武京官王公世職歲支俸米向以五成放實米五成放折色每石例折銀四錢六分此項歲支約四十萬金今亦一律停支改照例價折發老米亦俟一年後體察情形米多則放米銀多則給銀似此變通計八旗兵米俸米兩項歲可撙出銀二百萬金一各省現在水陸馬步防營再行裁汰一成一海軍衙門經費暫行停解二年仍專款解部另備撥用一加捐鹽引每包原定

抽捐東錢四千四百文今再加二千二百文共抽捐六千六百文以上各款專備經營河防修理要工建築鐵路之用

初三日記

今年英國稽核戶口倫敦方廣十五英里內之人共有五百六十三萬二千六百六十一名追溯十年前僅得四百七十六萬六千六百六十一人然則十年之間已增八十六萬六千人之衆矣

初四日記

五行之氣相磨則生光電五行之味相鍊則化藥電水氣土磨生電木氣金磨生電火氣水磨生電金氣火磨生電土氣木磨生電甘鍊鹹氣則化陰電鹹鍊苦氣則化溼電苦鍊辣氣則化乾電辣鍊酸氣則化縮電酸鍊甘氣則化陽電蓋五行之氣感於火則光發爲電五行之味化於火則氣流爲電是故電以磨氣爲感發以化氣爲流行天地人物之通靈運動皆因有此生化之電氣也西製電報用乾電其德律風亦用乾電電燈用溼電陰電其留聲機器用乾溼電石印拍相均用縮電自來火藥水用陽電救火藥水用陰電惟西人精於格致故五行之氣爲其所用若不自格致而徒用其呆法安

能深知五行之氣化以神其妙用哉

初五日記

巴黎初二日代擬報云外部接到中國消息知中國各省現已平靜不復如前日所傳之喫緊福州亦並無鬧教之舉又英外部接福州領事來電亦言並未鬧事且稱華官彈壓得宜甚爲安堵　法國官報云紅江至雲南之商務日盛一日北圻運滇之貨以所產活獸魚乾麫食水菓棉花燒酒米粟竹筐鹽末爲大宗四年以來商家獲利頗豐雖行船不易而丁亥戊子兩年運華之貨幾增三倍自華運出之貨幾增二倍己丑庚寅兩年轉運貨物則增十倍今而後雲南爲東京出產之銷場東京爲雲南商務之總匯洵可收實效而償夙願至商家得法官之助整頓紅江駛行輪船亦聲日起有功

初六日記

前浙海關稅務司葛顯理來謁余在甯紹台道任內時曾與同籌防務人甚穩練據稱此次請假三月回英養病由上海五日到日本又十三日到舊金山乘汽車五日到紐約又附輪船七日到倫敦共行三十日今回華擬由加那大一路行走僅須二十八日云　乾隆二十六年平定回疆所設阿奇木等伯克照各邊省土司之

例鑄給圖記查明回部設立阿奇木共三十一城計其大小酌為三等葉爾羌喀什噶爾阿克蘇和闐為四大城烏什英吉沙爾庫車闢展為四中城沙雅爾賽哩木拜城庫爾勒玉古爾牌租阿巴特塔什巴里克哈喇哈什克勒底雅玉隴哈什齊爾拉塔克阿斯騰阿喇圖什阿喇古玉斯騰阿喇圖什英額奇盤巴爾楚克沙爾呼勒魯克察古託克三喀喇和卓洋赫克勒品為二十三小城俱給與阿奇木伯克圖記

初七日記

東埔寨一國東西廣八百里南北長六百里近代以來

國勢陵夷東敗於越而失占城西敗於暹而亡北鄙同治初年法取南圻即占城也東既與法鄰遂為法暹兩屬之國荷日英衛視為魚肉尋割西境以與暹羅又割南境江套之地以歸南圻初分五十七郡為王畿者四十有一為王弟之食邑者五為王母之湯沐邑者三為丞相之食邑者一為五大臣之食邑者七自歸法保護後改制度廢封建併五十七郡為八省建都於努邦在瀾滄江之口四岔口之交地當要衝形勢雄勝首省亦名努邦屬縣五曰努邦曰陸安曰金鎮曰白荻曰和通曰努邦之西為漢埠省漢疆要區西南屏障也屬縣四曰漢埠曰洪豐曰唐曰港別塞努邦之東為巴南省南圻都境下游甌地也屬縣四曰巴南曰塞隴曰佩文曰隆德努邦之北為洪山省腹地通衢沿江巨鎮也屬縣五曰洛皮曰洛維曰三龍洞曰賓旅曰韓三里努邦東北為洪豐峽省乃哀牢交界之區東境要害也屬縣五曰洪豐峽曰梟壘曰託敦圖海曰干美曰喀蘇定洪山省之西北為普薩省暹東接壤西境藩籬也屬縣三曰普薩曰康曰世豐洪山省之北為洪豐洞省亦暹東接壤西北關塞也屬縣四曰洪豐洞曰志艮曰洪豐嶺曰巴萊洪豐峽之東北為剅階省越東苗蠻交會之所東北

門戶也屬縣二曰剅階曰三寶凡八省五十六縣

初八日記

東埔寨之西北有太湖周七百餘里暹得西境十之三東得東境十之七利甲南海而湖水消長以瀾滄江為樞紐瀾滄江發源衛藏經雲南南掌暹羅貫東埔寨全境南入於海東境以上三千餘里山峽灘險節節阻隔東境以下七百里至南圻又三百里入海水深丈餘輪舟暢行江流上下以努邦城之四岔口為關鎖江至此分為三一折而北注於太湖曰湖河一折而東分四支入海曰前江一折而南入海曰後江二江下游皆在南

圻咽喉巳爲法所扼每值夏秋江水盛漲汎濫下游漫溢湖濆方千餘里水退後變爲稻田米粟饒富但各省陸路恃江流爲命脈江路一塞勢成坐困耳東境東西北三面皆山東山與越南橫山同脈爲橫山之西南幹蜿蜒迄於海表是爲瀾滄江之東壁西山與暹羅之橫山同脈爲其南幹委蛇至海是爲瀾滄江之西壁江流夾於兩山之閒傾注而下溜疾水猛拖泥帶沙積淤於尾閭滄海桑田歲數十頃下游之地沃壤日增而南圻亦得分潤故水田之利與南圻相表裏焉

初九日記

乾隆六年中國男女共一垓四京三兆四億一萬一千五百有奇十六年共一垓八京一兆八億十一萬一千有奇三十六年二垓一京四兆六億零三百有奇五十六年三垓四兆三億五萬四千有奇嘉慶十六年三垓五京八兆六億一萬有奇道光二十二年四垓一京四兆六億八萬六千有奇統扯每十年內添二京七兆一億人約得一大省戶口　泰西各國日報德國有五百六十種英國一百六十九種法國一百二十八種意大利一百五種比荷二國共四十九種其餘各國共二百五十種美國日報九百六十二種南美洲共一百十五種中國各報除京報外自始至今共有七十六種大抵以西人教會報爲多其華人主筆而現存者則有循環日報中外新報維新日報皆出香港廣報出廣東滬報申報出上海時報出天津此外按月出者有萬國公報中西教會報閩省會報按季出者有格致彙編

初十日記

近來英法俄美等國每因捕魚之故致起爭端海上漁家美國最多每年得魚約值銀二千八百萬兩英人獲魚歲值銀二千萬兩多則二千五百萬兩加拿達在美洲之北獲魚約歲值銀一千五百萬兩外有紐芬蘭海

島獲魚約歲值銀四百萬兩法國那威國獲魚約各歲值銀一千二百萬兩蓋魚莫多於美洲東岸水又不深故漁人多聚於此按各國章程本境十里之內有魚不准外人網取十里之外則任漁焉美國西境有大魚漁人烹熟裝入光鐵盒每四十八盒裝一箱每年一百萬箱分運各國遠遊者攜作食品甚便美國多出蚌蛤英出靑魚又有鰵魚肝可作油日本出魚最夥土人食大米飯烹魚無二味其海參惟華人食之印度南有一島蚌蛤皆有珠歲獲珠值六七十萬兩中國捕魚之具甲於五洲十年前英國賽魚會中土人嘖嘖稱之

十一日記

柬埔寨民分四種一曰柬民本華印之苗裔華裔來自秦漢時取道黑水稱扶南人印裔來自漢晉時取道南海稱洞莫人蓋隨佛教而至者歷年既久化爲土著二曰華民乃近代航海貿遷而來者三曰越民乃越南流寓之衆而風教語言則迥不相同四曰雜夷陸有苗蠻來自北境水有島夷來自南洋約計柬民一百四十萬有奇華民十四五萬越民十二三萬雜夷七八萬共得一百八十萬衆此戶口之大略也今柬民分五類曰舊世家曰新世家曰道士係印度婆羅門教曰僧徒係佛教曰齊民

新舊世家及僧道共十餘萬人皆免賦役取給於民故民生日困民又習於惰逸好佛信巫故利權多操於華越商民華民有商有農努邦柬都名約九萬有奇居都城者二三萬餘居沿江村邑濊埠省約二萬五千劌階省約二萬人其餘各省約五六千人努邦居民約五十萬有奇得全境人數三分之一華民雖多於南圻皆耕耨傭工之類富商不及十之一二大半來自南圻隨時貿遷未嘗久居至西國商民不滿二百蓋憚柬地水土之劣視爲逆旅而已　柬國法令煩苛官墨民疲吏治遠遜越南故事有三王一爲正王一爲前王一爲副王卽正王之弟又有護國教主君民奉若神明自歸法保護後改制革弊廢前王副王之名削教主僧道之權柬王諾洛敦本法暹所立今專屬法不受暹封置丞相一操進退黜陟之柄大臣四曰廷尉曰司農曰司工曰司馬外省設總督各縣設縣官法置總都護使於柬都兼丞相之位參謀國政仍受華印總督節制設四司曰收發司文案司方言司雜務司每司置法官二三員華柬官吏數人各省置都護正使稽察吏治其下置按察使郵電使掌權使柬官雖衆皆受制於法官柬王則聽命於法使徒擁虛名法亦以其恭順未肯滅之非若越王之

隔膜猜嫌尚圖恢復者比而國勢陵夷則更甚於越矣南圻官商早有兼并之議爲今總督拉納桑阻止拉抵任後赴柬都與王通款王親至西貢報之情意相洽浮言頓息

十二日記

柬埔寨賦稅向準什一第官吏苛徵數倍正供民不聊生自歸法保護後改定新章歲入大宗款項有十一一出入口貨稅洋銀三十五六萬員二洋藥燒酒稅約三十萬員三丁稅約十二萬員四漁稅約十萬員五客民身稅約六萬員六賭稅約六萬員七田賦約五萬員八隄

稅約三四萬員九林木膠膝之稅約一萬員十絲棉煙靛等雜課五六千員每歲共得一百三十萬員而洋藥燒酒出入貨稅均有法官徵收歲得六七十萬員以充法國官俸兵餉一切經費洋藥改爲官辦設廠銷售如南圻辦法燒酒包與華商納稅出入貨稅向皆值百抽十今改行法國總例加稅數倍商民深以爲累稅課頓覺減色且法於各省徧設稅關糜費滋多此賦稅歸法徵收之弊也其仍歸東官徵收者歲得四五十萬員以充東王官吏一切經費第法人言語不通情形扞格東官苛徵莫能稽查以民爲魚肉以法爲怨府此又東官

自徵之積弊也東王屢以裁冗員節經費爲請悃爲西貢法官所格今華印總督拉納爽深知其弊東王欲藉其聲望以收利權而杜後患拉雖許諾恐難挽回　東之食貨以江湖爲淵藪湖以魚稱江以眾著二者爲出產大宗惟民惰農疲田野荒蕪沃壤雖廣墾者不及十之五六所產之糧雖足自給無甚盈餘其土產雜物如棉絲煙糖膠靛檳榔肉桂樟腦香料顏料材木藥材以及皮革骨角之屬華民皆得分其貨利出口貨約值洋銀二百六七十萬員其大宗爲鹹魚歲銷四十餘萬員次鮮魚銷十二三萬員次煙銷十五六萬員次米銷十萬員次膠銷十萬員次棉銷九萬員次木料銷八九萬員次胡椒銷六七萬員次絲麻皮革等銷一二萬員至四五萬員不等而陸路由暹羅老撾出入之貨不與焉

十三日記

東埔寨在秦爲扶南在漢爲九眞後爲眞臘國吞併占城爲占臘國戰勝攻取威震南洋自佛法流入國中始化強悍爲懦弱變勁奮爲惰逸遂爲暹羅越南所困法得其地易如拾芥君臣俯首恭順無違然數年前東王之弟名倭遂者懼社稷將危起兵恢復四方響應鏖戰不屈者三四年厥後法軍出境重立盟約但歸保護永

不兼併干戈始息今法兵駐東者僅三百人爲都護諸使之守衛而東王則無兵以守法亦不敢滅之至其水道咽喉併於南圻陸路關塞歸於暹羅固足制其死命然暹未敢圖東者畏法爲之保護也

十四日記

午初偕馬濤臣張聽帆赴干白雷池省答拜英國前任駐京使臣威妥瑪乘汽車行一點零十分鐘此地向多大書院係四五百年前所建學生三千數百人專攻格致星算輿地之學威君年已七十四而步履甚健導遊各處風景清幽書庫藏書甚富另一大間儲中國書籍

皆係威君四十年間購覓於中國者凡經史子集應藏大部之書幾無不備尤難在多精板初印大半於中國兵燹以前所得若兵燹以後則雖出善價無從訪得之矣酉刻乘汽車還使館

十五日記

瑞士居歐洲腹地東界奥西界法南界義北界德當赤道北四十五度四十八分至四十七度四十九分北京西一百十度三十四分至一百零五度五十九分東西最長處一百八十英里南北最廣處一百三十英里全境江湖不計爲地一萬五千二百三十三英方里得戶

四十萬五千得口二兆八十萬歲入四十兆四十四萬二千佛郎歲費四十二兆八十一萬八千佛郎此皆光緒四年數也境內多山爲歐洲冠山脈自阿耳魄來者由東而西環繞南境巖巒高下不啻全境之半盡於來因江岸之沙瑜自及臘山來者則由西而東綿亙北境山勢升降乍險乍夷二山之間有平地長百里廣或二三十里唐宋間聽命於日耳曼元成宗末年叛日耳曼遂日吏而自立嗣後累歲用兵屢勝法奥德三國之師邦基益固

國朝嘉慶三年爲法所滅十二年復立爲國道光二十八年內亂既平國事更新立聯盟公會公議國政若烏黎若翁德爾瓦黎的若埃奔粲衛若卡拉利斯若紛里孫若瓦來斯諸部則民權尤重無論貴賤皆得入院議事律法亦日耳曼教尙耶穌天主國內學校極盛進口貨以鹽粟生絲棉花醃魚果實各種熱地物產及金類合製鐘表之用者爲大宗出口貨以綢布木料木炭首飾時辰表畜類牛羊脂製燭之用乳油乳餅爲大宗

十六日記

天空本有電氣雷亦電氣也是氣之爲用極廣收之可以鍍金銀燃礮火遞文報代燈燭皆可以入力制之然

最忌五金之物一遇鐵器便順流而下觀於電氣行所儲之電引以鐵物不必貼近瓶邊卽相離四五寸瓶中火光激射而出故西人言大船桅杆及屋中皆不可用鐵柱恐近天空電氣卽乘之而下以致轟擊也中國雷之所擊亦往往在千尋喬木或旂杆等物時遭雷劈西人言人之遭雷殛者乃天空電氣偶然相觸死於火非死於擊死於氣非死於神

十七日記

大東公司已與荷蘭商准由檳榔嶼設電綫以達日裏埠期以一年竣工　從前中國貨物如絲茶皮草帽辮

等類皆由恰克圖陸運到俄再運歐西各國自蘇彝士河開通後華貨輪運出口者較前加多而中俄陸路生意日衰近五年內俄國稅項少進八百八十三萬兩所以不能不著意於西伯利亞鐵路也　中國海關自光緒五年至十六年通共十二年中進口貨值銀一千一百二十二兆十七萬八千餘兩出口貨值銀九百三十兆八十六萬五千餘兩實多出口銀一百九十一兆三十萬兩有奇收稅銀一百二兆六十五萬二千兩有奇

十九日記

越南國王阮福時於光緒九年卒立其弟卒立其弟之

長子又卒立其弟之次子出亡被執幽於法之阿爾治里屬部立其弟之三子又卒宗室阮本林立年甫十歲生於光緒四年即今在位之王也太王太妃有賢德與聞國政撫育幼主　美國將軍色蘇有云水師中不必用極大之礮而礮臺中當造更大更靈之礮陸路礮五可抵兵船中礮一兵船之中保護汽機船身固欲其厚且宜護以鐵甲若礮口船門則不宜於厚而宜於薄薄則礮彈之出也便即防海礮臺之上亦當如是所宜變通盡利不可徒執成見

二十日記

近者美國試驗鋼板用鋼板三種一純鋼板一鎳鋼板一雙層鋼板以八寸口徑之礮用二百十磅之彈試之純鋼板有裂痕而彈碎爲三鎳鋼板則洞穿而彈在洞中不碎雙層鋼板則粉碎而彈更深入於鋼板後護土之中此次試驗之後知鎳鋼之足恃海部將令其新造之礮臺船悉用鎳鋼板云蓋金類之中有所謂鎳者一名德國銀其性較韌　前年

皇上大婚英君主特命鐘表匠名手專製全銀大鐘一座高五尺周圍嵌寶石鐫刻極細花紋　美國上下議院請其總統商於英國並商於墨西哥國禁自英之屬

地加那大（一作坎拿達）與自墨西哥而往之華傭英外部未允

二十一日記

俄報言俄皇偕其后幸墨斯科（一譯作模士高）以聖彼得堡亂黨太多有還都墨斯科之意或謂俄欲創新都未免輕棄舊業不知墨斯科實俄舊都也按俄國古都在諾弗哥羅至西八百八十二年遷都基輔一千一百六十八年俄王安得羅遷都烏拉的米爾一千三百二十五年俄王伊高第四始遷都墨斯科當時屢被元兵所擾攻破三次迨蒙古漸衰元裔稍振計俄都墨斯科者三百

七十餘年之久至西一千七百零三年即康熙三十三年彼得羅喇起稱帝併有波羅的海之地創都城於尼窪河名曰聖彼得堡通海道便轉輸築礮臺興製造卒成一大都會俄帝仍往來兩都未嘗廢舊都也一千八百十三年法皇拿破侖舉兵襲俄直逼墨斯科都城俄皇亞力山德棄其舊都撤城堡輸糧食於僻地全都皆成焦土遂得大破法軍自是俄皇始專駐聖彼得堡

八月壬辰朔記

余前與英外部商定香港設領事新嘉坡領事改爲總領事官於正月間具摺陳奏奉

旨交總理衙門議奏曾有沮之者總理衙門遂久擱不覆而外部亦乘機稍有翻異謂香港領事先給試辦一年准照如不侵英官之權不違華民之意即可換給常年准照而沮之者因得藉以爲辭欲罷此事余屢發電爭之相持未決至是適因新嘉坡領事左秉隆以親老多病告假回籍左仰擬調香港領事者也余乃爲調停之法電致總理衙門云擬暫緩港事請先議准新嘉坡總領事并發憑以便請外部給准照此事關係南洋全局亦不牽涉他事且爲英待中國與他國一律之據似應受之旋接回電云新嘉坡總領事已奏准以黃遵憲

充補香港領事暫緩可告以一年之議未愜看其答復如何再由尊處請

旨

初六日記

喀什噶爾邊外之帕米爾地方爲中英俄三國交界之區英人聞俄有占踞之意恐其爲中英兩國患而阿富汗北界外之甌脫地英人以隔一大山不易收管且其地磽瘠無用欲會同中國勘明地界以其地讓歸中國俾免俄之來佔也茲外部送一秘密節略屬馬格里轉呈於余內云中國使館馬參贊昨在外部談及兵官楊

哈思班近日到帕探路並到喀什噶爾遊歷各節欲請將印度政府所以派楊兵官前往之故明白示知以便轉稟中國欽差當時已告知該參贊一則考查該處地方官暨居民等有認定實在界限能指明何處屬阿富汗何處屬中國與否因阿王與英交際英廷視爲甚關緊要故也據楊兵官稟稱查悉舊有界限足備攷證之用此界限自瑪司達克（一譯作麥司德）及興都哥士兩山毘連不遠之處而起有一大山嶺可以畫分南北南爲脊達司窪地北爲葉爾羌與奧克色司江自此山嶺起由克里克山峽而西共分六段云云（其說已見公牘書函中）以上所開

界限圖說並觀便知詳細此次所開界限未審中國政府以該處所轄邊界認爲相符與否英國之意認此爲無誤儻中國亦以爲然希即示知即當知照印度政府辦理可也

初七日記

前接總理衙門電開疆撫文函喀什噶爾道稟英兵現侵坎巨提部落酋目告急請詢外部搆釁情形作何了結余遣馬參贊赴外部詢問據山特生云克什彌爾回王去年開闢新路築一礮臺頗近坎境然尙隔一河並非侵坎余旣電復總理衙門矣昨又接外部函云寶星

巴克雷因坎巨提一事復來見我印度政府認坎爲克什彌爾之屬部且坎酋歲領印度政府津貼銀兩本處必先問印度總督俟總督回文來後與印度部尙書察核然後方可答覆稍覺躭延時日至本國未曾攻坎惟克什彌爾於坎界之外開闢一路並築一礮臺派兵駐守此係確音再儆處接得兵官楊哈思班來信略道已留心西首邊界派兵巡視該處有何舉動

初八日記

法外部接中國來電宜昌教堂及西商房屋均被亂民焚燬有比國教士一名義國道姑道姑一名童貞女二名均被重傷生死莫卜此處教堂爲佛耶希斯該教會公產義比二國教士所管之地如義比欲作專案則自行申訴或即歸併英法各案完結皆未可知余謂法人用意欲專收保護天主教之權旣非法人之事何必任其包攬自應專與義使比使商之隱拔法人之勢

初九日記

是日拜發密陳教案治本治標之計一摺根查教堂擬索賠款實數一片緝治哥老會匪一片遴派隨員繙譯一片

初十日記

四五月間沿江各省教案疊出總理衙門請
旨嚴飭各督撫迅速籌辦以靖地方茲錄其摺稾如左
奏爲各省教案疊出請
旨嚴飭各督撫迅速籌辦以靖地方而弭後患恭摺仰
祈
聖鑒事竊臣衙門於四月初間聞蕪湖教堂被燬當即電致南洋大臣調撥兵輪彈壓保護一面派員馳往查辦又因安慶上海等處同時均有匿名告白布散謠言並令飭屬加意防範嗣據南洋大臣安徽巡撫電稱蕪湖之事因謠傳教中女醫迷拐幼孩羣疑莫釋聚衆滋

闊遂將教堂焚燬旋經拿獲首犯二名正法示衆地方業已安靜乃未幾丹陽復有焚燬教堂之案湖北之武穴地方教堂亦被焚燬並毆殺害洋人二名尚未悉詳細情形此外若江甯九江亦有匪徒滋事幸經官兵保護登時解散似此紛紛滋擾中外人心不無惶惑推原其故蓋由沿江各省游勇會匪所在多有張貼告白無非借此搖惑人心乘機生事決非安分良民之所爲也查泰西之教本是勸人爲善徧行於西國由來已久自各國通商以後條約載明凡在中國或崇奉或傳習天主耶穌教之人皆全獲保佑身家其會同禮拜誦經等

事概聽其便等語其教中施醫育嬰皆屬善舉近年各省被災地方教士等捐資助賑者頗不乏人其樂善好施亦屬可嘉即或從教之人良莠不齊然同係中國子民仍歸地方管轄遇有詞訟案件教士亦不能干預是民教本可相安乃好事者往往揑造無根之言轉相傳播致起猜疑不逞之徒又復藉端滋事意圖搶掠若不早爲嚴防誠恐中外商民皆將不得安居於大局殊有關繫應請

旨飭下各省將軍督撫出示曉諭居民切勿輕聽謠言妄生事端儻有匿名揭帖造言惑衆即行嚴密查拿從重治罪各國商民教士地方官必當隨時設法保其身家勿涉大意儻防範不嚴保護不力致啟釁端即應據實參處至此次滋事各案除蕪湖案內首犯業經正法外其餘各案應由兩江湖廣江蘇安徽湖北各督撫迅飭查拿首要各犯從嚴懲辦以儆將來至從前各省未結各案各該將軍督撫亦應設法從速辦結不得任聽屬員畏難延宕以清積牘爲此恭摺具陳是否有當伏乞

皇上聖鑒訓示遵行謹　奏

十一日記

慶靄堂來信云西國政教判爲兩途故遇事易辦中國則混而爲一動成鉅案徒使各國居間權衡其事藉此要挾此非教會所願亦非中國之利也此次教案須銀二十餘萬兩可以了事難保外部不索虛價以挾我或爲意外之誅求若與教會自行商辦必有減無增省卻許多爭論保全中國體面彼教士在華託我庇蔭必不敢爲無理之求此釜底抽薪之策捷足先登之著也余因屬靄堂赴各教會密詢暗訪旋據報江蘇安徽教堂爲耶穌會教士之公產江西教堂爲辣薩里教士之公產均屬教王管轄另立會首於羅馬以總其綱耶穌會

最富他會次之此次閩教耶穌會受害亦最重償款居十之七八而以蕪湖一處爲最多擬索賠十三萬兩有奇無錫擬索三萬兩有奇他處各數千至一萬兩不等此蘇皖償款數目也江西教堂受害最輕約索二三萬兩通計三省賠款二十萬兩有奇均按房產物價券契底帳開單寄駐京法使教會自稱毫無浮冒不得核減而法使有無虛價則不可知然以二十五萬爲度則有減無增矣

十二日記

昨接總理衙門來電云接鄂督電英領事偕水師總兵來呈節略以奉本國札飭會同地方官保護各國民人遇有匪徒聚衆滋鬧於洋人身家性命遭有危險即用槍礮擊散等語鄂督告以保護彈壓責在有司即或楚境受傷亦必辦匪恤償現中國正力任保護若外國兵船鹵莽用武難免傷及無辜別生枝節等語即祈轉告外部電誡兵官非有華官知會約其幫助萬不可輕率登岸致傷及無辜辦理更形棘手除由本署面告英使外特電候覆余遣馬格理往告外部據云係海部之意再三與商始允勸海部電告兵官審慎行事非到萬難忍之時暫緩用武外部又密告云接華爾身電稱各使

接總理衙門覆文必滋不悅訂期會議以爲無可復商又以前奉

上諭未發京報不慊於意又謂總理衙門告以查禁匿名揭帖非國家之事爲大不協各使已皆報其國家慫恿啟釁此間法德義各使屢往外部探問消息法人尤以全力聯英外部勸英勿遽結武穴案而宜昌新案吉林毆教士案復出鄂督許給郵償費一萬一千鎊華使謂數非不足然今非議郵償之時宕而未覆惟聞蕪湖道成章已撤任前任蕪湖王令已復任云

十三日記

徐仲虎來信云法人來華准其傳授天主教地方官應爲保護原載條約而在教之人應由地方官管束荷蘭約第四款亦有明文並有歷辦成案可援即洋人教士住居中國者地方官必有管束之權方任保護之責本是各國通例其教堂之內增設育嬰婦女等堂和約中並無此款中國定章凡此等善舉如係民捐民辦者應先稟地方官批准給示方能舉行平時所辦各事亦須造册彙報俾便稽核而杜弊竇如有匪人生事官府方爲彈壓若不先行稟候批准而私設善舉雖不生事如爲官府訪聞或被他人告發例應封閉何保護之有

今以外人來此設教。於約章之外私立善舉。又不照華民之例。稟請地方官批准。本在封禁之列。自然易生猜疑。則與民不和。滋生事端。亦是自貽伊戚。不能責地方官以保護不力。爲索賠之地也。　昨准總理衙門電開

八月初十奉

硃筆薛福成補授大理寺卿。欽此。

十四日記

今年香港稽核戶口。歐美兩洲人及水陸軍兵共得八千五百四十五人。較十年前多五百五十五人。華人及附近村民蜑戶共得二十一萬零九百九十五人。較十年前多六萬零三百零五名。此外各國旅寓之民共一千九百零一人。較前多一百七十九名。總而計之。十年前共十六萬零四百餘人。今歲共約二十二萬一千餘人。

十五日記

中國電綫發源於京畿。分三大支。又從鎮江分二支。茲詳其脈絡如左。由京師至天津。天津以西達肅州爲一支。中經保定、獲鹿、太原、平遙、侯馬、潼關、西安、涇州、固原、蘭州、甘州、涼州是也。天津以東達琿春、愛琿、海蘭泡爲一支。中經紫竹林、北塘、大沽、盧臺、山海關、錦州、營口、旅順、盛京、鳳凰廳、吉林、甯古塔、伯都訥、齊齊哈爾至愛琿是也。天津以南至山東阿城爲一支。中經白塘、德州是也。自山東分三支者。阿城以南至濟甯。自濟甯西至曹縣、開封府爲一支。自濟甯東至威海衞、劉公島。中經濟南、周村、濰縣、膠州、沙河、煙臺、高村爲一支。自濟甯至臺兒莊、清江浦、揚州、鎮江爲一支。從鎮江分兩支者。西則至下關、金陵、蕪湖、大通、安慶、九江、漢口、荊州、沙市、襄陽、宜昌、夔州、萬縣、重慶、瀘州、成都、畢節、貴陽、雲南、大理、騰越是也。東則至無錫、江陰、蘇州、上海、南潯、嘉興、杭州、紹興、餘姚、甯波、鎮海、竹溪、浦城、建甯、延平、福建、馬尾、川石

山、淡水、基隆、臺北、新竹、彰化、嘉義、臺灣、打狗、安平、澎湖是也。此外又有兩支。一自福建而西。則泉州、廈門、漳州、潮州、汕頭、海豐、惠州、石龍、香港、廣州、黃埔、虎門、肇慶、梧州、昭平、桂林、潯州、橫州、南甯、龍州、憑祥、百色、剝隘、廣南、開化、蒙自、蠻耗、河口至雲南府。一自安慶至廣州。中經九江而至南昌、吉安、贛州、南雄、韶州、英德、連州、連山。由佛山以接廣州。又自廣西之橫州。南至崖州。中經廉州、欽州、防城、北海、高州、雷州、瓊州、海口、海頭、嶺門、陵水。以合於崖州而止。

十六日記

歐洲各國山之高且多者瑞士第一奧斯馬加第二奧國著名之山有三曰阿耳魄士曰漢斯納曰卡丕宣恩阿耳魄士山自瑞士入境延至多惱江東邊有卡丕宣恩山西邊有阿耳魄士山匈牙利全境平原之地圜繞其中阿山南抵意國之折阿海口並亞得亞海北抵德境來因河並康司騰司河東南岔至法國之羅尼河直東多惱江匈牙利境截長補短約計占地七萬七千五百英方里而奧斯馬加占其三萬三千五百英方里或稱奧斯山景比瑞士尤佳漢斯納山在奧境占地三萬二千英方里卡丕宣恩山在奧斯馬加最爲廣大兩倍

於阿耳魄士起於多惱江之中間迤至西南環繞匈牙利又至西北正北東北正東及東南至夏沙孚境止即多惱江之下游該山占江之長約有八百英里　奧斯馬加國有二十四萬一千英方里大於英倫四倍歐洲大國奧居第三極北至極南約七百英里極東至極西約九百英里多惱江從拜晏國（郎巴華薩）入奧境流至東南過匈牙利爲歐洲第二大河亞於俄之伏耳加江適爲兩山夾道南有阿耳魄士並蒲爾耕山北有漢斯納並卡丕宣恩山匈牙利南界之賽甫江並特萊甫江皆匯流於多惱江由東阿耳魄士山發源宣斯江橫流南界貫通匈牙利全境發源卡丕宣恩山商賈雲集並多魚亞於多惱江下流與多惱江會合長約八百英里占五萬六千英方里並占東半匈牙利之境

十七日記

南洋羣島中有白蠟者一名卑力國又譯作薛歷近接檳榔嶼由嶼對岸陸路可通緜亙數百里層巒疊嶂向爲巫來由（一作穆拉油）人所居洪荒初闢近屬於英同治間華傭始來采錫苗旺產多英人設關徵稅歲得數十萬金通島分大白蠟小白蠟二境以一河爲界草創之初民多茅舍今始有灰泥版築者土產檳榔椰山竹榴蓮

婆羅諸果此島產錫最多惟彭亨兼產金白蠟亦偶產翡翠玉石土番無部落不相統屬間有強酋亦自君其地不能兼轄他境其地無官無兵故其酋與民無所區別性悍戾好鬬亦常劫殺過客英人得白蠟後雖有輪船往來不能駛入內河近擬造車路以便行旅

十八日記

總理衙門電開武穴正法兩名軍流徒杖八名英領事復函無異議惟郵償六萬五千員祇收文贖原款存候英使批云英使聞須商允各國乃決金匱議六萬六千員陽湖議償一千四百餘員丹陽償八千四百兩此三

案教士均簽字允從如皋四千兩豐利五百兩江陰九千員無錫七千員此四案南洋報結未敘教士簽字蕪湖已梟兩犯餘仍飭拏議償十一萬一千員教士索堂外空地兩段已准令另案與訂以杜規求地方官保護不力南洋頃奏參五員各案匪犯擬定軍流徒杖二十一名凡此辦法足顧邦交各使猶以各電本國恫喝因將確切情形電請轉告英法外部並電竹使告德外部電復

十九日記

余昨電致總理衙門云寒電已分告英法外部屢常稟

稱法外部云接滬總領事電各口西人朝不保夕答使謂中國疲玩成習煌煌

上諭視爲具文口舌難爭擬即絕交會商各國爲自全計又送節略謂中國如無嚴厲痛切辦法難再顧睦誼等語探各國有添兵船分據商埠之議俟再出案即下手英外部於登岸耀武持之甚堅且謂各埠暫安賴洋輪保護之力此權一失後患無窮可否再電飭各省悉力保護有教堂處暫禁哨勇多派兵輪分巡要口查禁匿名揭帖前奉

上諭再飭徧貼聲明不准刪節處分最遲延者一員力任保護之權隱寓自強之計祈酌定電示以便答復外部又電致李傅相云各使與總署絕交應請鈞座轉圜此次各國聯幫非僅一國爲難與煙臺越南等役不同關係重幸留意

二十日記

湖北省之教堂均係佛郎希斯該教會產業此會有三二屬義大利一屬比利時荷蘭宜昌本係第三會傳教之處也　法國所籌安南東京等處費用年少一年如四年前有法銀六千二百萬佛郎逾年而減至五千一百萬佛郎又逾年減至四千五百萬佛郎去年僅三千

八百萬佛郎今年減至三千六百萬佛郎矣

二十二日記

英報云中國煤礦較歐洲多二十倍即湖北一省之煤已足抵歐洲此外山東之金銀鉛鐵煤各礦滿洲之南與直隸有出煤之地二十五萬方里山西有十四萬方里中國之煤即年用三百萬噸足供天下二千四百三十三年之用

二十三日記

德國克魯伯廠爲俄造一大礮礮身係鑄鋼所成長四十英尺礮口大十三英寸半重二百三十五噸每分時

可放二次經駐德俄官在德國愛森地方試放以十九寸厚之鐵板爲靶其彈既洞穿而過復直至一千四百碼之遠計每放一次藥彈之費英金三百鎊　阿非利加一洲雖經英法德等國開闢然曠土山林從古人跡不到之處尚多其中樹木陰森干霄蔽日者約計有二萬萬二千四百萬英畝　夏初吉林將軍長順函致總理衙門云海參崴華民二萬爲俄所虐亟宜籌設領事以保護之

二十四日記

南北亞美利加之間曰中亞美利加有一土頸甚狹曰

巴拿馬西歷一千八百七十九年法人立公司以開通其地預估十二年而成並籌十萬萬佛郎之費今逾十年所費亦已不貲尚未竣工惟是河成後每年修河及管理之費須一千萬佛郎初開後三四年所得之淨利以三千八百萬佛郎爲率以後可得五千萬佛郎十二年後可得六千一百萬佛郎是河成後可命比亞政府允給一百二十五萬英畝於公司其地饒礦產開采必能獲利　歐洲各國雖人煙日密然樹林之地尚多德有三千四百五十九萬六千畝俄有四萬萬九千四百二十二萬畝奧斯馬加有四千六百九十五萬畝瑞典有四千二百萬畝法有二千二百二十四萬畝西班牙有一千九百七十六萬畝意大利有九百八十八萬畝英有二百四十七萬一千畝以上皆西畝大於中畝約六倍

二十五日記

印度煙土近來所出日稀價亦日廉西歷一千八百六十年及六十一年每土一箱約可售至一千八百七十羅比（一譯作勞卑）至一千八百七十一年每箱僅售至一千二百羅比本年西三月每箱降至一千零十一羅比又查一千八百八十六年出口煙土尚有四萬一千箱迨

一千八百九十年出口煙土僅二萬八千箱而已

二十六日記

南北美洲各國從天主教者四百十七兆二十萬人從耶穌教者三十兆人從希臘教者無之歐洲各國從天主教者一百四十七兆八十萬人從耶穌教者七十一兆八十萬人從希臘教者七十兆二十萬人亞細亞洲各國從天主教者四兆七十萬人從耶穌教者一兆八十萬人從希臘教者八兆五十萬人阿非利加洲從天主教者一兆十萬人從耶穌教者一兆二十萬人從希臘教者三兆二十萬人澳大利亞各島從天主教者四

十萬人從耶穌教者一百五十萬人從希臘教者無之。

二十七日記

馬來斯之地。馬來斯一作巫來由印度佛經稱爲蘇佛爾那波米。譯言金地。蓋佛教來此最先也。宋甯宗慶元六年。暹羅人至其北面。同時蘇門答臘之馬來斯人亦至其南面。其地以麻剌甲一城爲最古。故稱全境亦曰麻剌甲。而兵政商務所萃之處。則在新嘉坡。新嘉坡譯言獅子城。在馬來斯土股極南。與柔佛隔一蔭賴當博羅海峽。亦稱舊峽。屹然爲南洋重地。地據兩大洋中間。又在土股盡處。遂成印度極東總匯之所。光緒十一年。英政府

聯合新嘉坡附近各地。定其名曰海門屬部。而設一總督以統轄之。先是明正德六年。葡萄牙人始據麻剌甲。其時號稱極盛。爲泰西人極東最大商埠。崇禎十四年。荷蘭人奪之。

本朝乾隆五十年。英人從吉德購得檳榔嶼。道光四年。與荷蘭立約。以蘇門答臘之萬古累易麻剌甲。而新嘉坡一島則嘉慶二十三年向柔佛購得之。此島當中國海印度洋之衝。爲諸海國之中市。英人據以通商屯兵。稱天下要口。蓋百年之間。銳意經營。幾全有馬來斯之地矣。

二十八日記

馬來斯卽巫來由之轉音。南洋之人多巫來由種也。因以名其地焉。實卽粱書海南諸夷傳所稱扶南海崎上之頓遜國。元史外夷傳所稱之麻里予兒國。按曲岸曰崎。泰西地志稱馬來斯。或謂之土股。或謂之地嘴。以其三面臨海。一面瀕岸也。則粱書所謂海崎者是已。元史言麻里予兒與暹人舊相讐殺。後漸歸順。今馬來斯諸國雖多屬英。然昔固屬暹也。則西志所謂馬來斯。以音求之。蓋麻里予兒是已。至明史外國傳之滿剌加。祗據今麻六甲一城言之。非馬來斯全境也。其地狹而長。斗

入海中。海水環其三面。惟北面接暹羅。東有暹羅海灣及中國海。西有秘古海灣及麻六甲海峽。與蘇門答臘隔海相望。自赤道北十三度三十一分。暹羅海灣起至赤道北一度二十二分三十秒阿羅馬尼角及新嘉坡島止。共長一千五百三十啟羅邁。當合中國三千餘里地形自北趨南。又自南斜伸稍向東。其極狹處曰克老。在赤道北七度。寬祗七十啟羅邁。當其極寬處曰卑剌克。在赤道北五度。自北京西十二度零七分至十八度零七分。寬約三百三十啟羅邁。當馬來斯諸地。有舊屬暹羅。或進貢之國。有新屬英吉利。或保護之國。有馬來斯蘇丹

自主之國暹羅所屬之地自赤道北三十度三十分起至四度止約長一千一百四十五啟羅邁當克老以北各部其民多暹羅人其酋皆由暹羅派之六崑以南各部其民與酋多馬來斯人皆進貢暹羅爲其屬國至吉德大呢吉蘭丹諸國則係自主雖亦入貢暹羅然一年一次不過金花銀瓶而已若英國屬部則有威利斯雷省麻六甲丹定斯檳榔嶼新嘉坡諸地歸其保護者則有白蠟石蘭莪芙蓉諸國昔時以印度總督轄之今則別立海門屬部復設一總督治其事焉

二十九日記

馬來斯自主之國凡三曰柔佛二萬零七百二十啟羅邁當方里居民十萬曰彭亨二萬五千九百啟羅邁當方里居民五萬曰尼格利桑比耶先有合眾九國今祇有五國曰繞阿爾（或曰爪訶拉）曰泗里忙打尼（或曰美爨底）曰宗波爾曰質賴（或曰遮利）曰烏魯茅（合賽陬麻爲一國）五千一百八十啟羅邁當方里居民三萬暹羅屬國及進貢之國凡五曰六崑四萬四千零三十啟羅邁當方里居民五萬曰吉德九千三百二十四啟羅邁當方里居民三萬曰大呢一萬二千九百五十啟羅邁當方里居民三萬曰吉蘭丹一萬八千一百三十啟羅邁當方里居民二萬曰

丁葛奴一萬五千五百四十啟羅邁當方里居民五萬英國保護之國凡三曰白蠟二萬零七百二十啟羅邁當方里居民十一萬曰石蘭莪一萬二千九百五十啟羅邁當方里居民五萬曰芙蓉一千二百九十五啟羅邁當方里居民一萬四千英國海門屬部凡五曰新嘉坡五百八十啟羅邁當方里居民十三萬九千二百曰檳榔嶼二百七十七啟羅邁當方里居民九萬九百五十一威利斯雷省六百七十八啟羅邁當方里居民九萬七千九百五十麻六甲一千六百五十七啟羅邁當方里居民九萬三千五百七十九丹定斯五百五十啟羅邁當方里居民二千以上統共十九萬零四百八十一啟羅邁當方里居民九十五萬七千六百八十九人

三十日記

俄報云西伯利亞鐵路種種利益關係頗大自開工後截至西歷七月計在烏蘇里第一段之一百浮而司德（每一浮而司德合中千零六十七邁當）造成路基二萬立方沙然恩（每一沙然恩合二邁當有奇）石塊工程（自橋梁山洞等）造成一百二十五立方沙然恩在佛拉隄復司多克（即海參崴）造成車棧基址一塊石砌方基一塊又醫院房屋完工所用之人計陸兵二千五百名苦工犯人九百名充發犯人三百名俄工匠

四百名中國朝鮮工匠一千七百名俄國泥匠一百二十五名中國泥匠三百九十名鐵道界綫已劃至尼谷爾司葛愛所有克拉夫司該至街排羅佛克劃綫之事亦已開辦至黑龍江上之橋擬在街排羅佛克下游相距七浮而司德處起造車棧則離城三浮而司德起造近又有劃綫人員起程辦街排羅佛克至斯忒來當斯克劃綫之事

九月壬戌朔記

日本通國肄習洋學者幾於十居四五往泰西讀書學藝者絡繹不絕拔取醫學礦學律學者皆有其人譯西

書為日本文字者汗牛充棟詢以西事西學泰西掌故無有不知者惟漢學則微矣謂其無所用之也至地球各國日報之數約計之共有四萬四千種歐洲居其大半有二萬四千種歐洲之中德國最多有五千五百種法有四千一百種英有四千種奧有三千五百種意大利有一千四百種西班牙有八百五十種瑞士有四百五十種比利時荷蘭各有三百種其餘各小邦有其零數歐洲之外美國有一萬二千五百種加那大澳大利亞各有七百種亞細亞洲共有三百種而日本居其二百

初三日記

補記八月二十日總理衙門密電各國信公使領事電報危詞幾傷睦誼其實刻下各口防範周密何致朝不保夕無論如何搖惑在我斷不弛保護之責連日分電南北洋添派兵輪沿江巡防今年教案紛起本疑會匪作祟昨初十日滬關盤獲私運洋槍三十五箱由香港運至鎮江係英人梅用梅生一作經辦又經鎮關於梅用行李搜出炸藥五磅梅為鎮關稅司幫辦當即解滬據供英人愛司美在香港代鎮江會匪購辦軍火內有頭目英人泰山另有不知姓名洋匪六名均住虹口現經本

署照會英使迅飭領事捕拏會訊並飭赫德電滬鎮各稅司究查現教案未結洋人又串同會匪謀亂辦理愈形棘手望詳告英廷俾知鬧教實緣會匪而匪黨卻有英人洋槍運自英屬請其電屬英使秉公商辦來電法以辦匪劾官償卹三事辦到允電李梅和平商辦是前此絕交雄武各節當不再恫喝至洋人串謀近事婉告有約各國并分電許崔

初八日記

泰晤士報錄上海電云中國不知時勢之喫緊所籌兵備尚嫌不足恐仍不免多事蓋刻下北洋餘賸之兵船

皆仍在波得阿爾達即旅順海灣內停泊在上海及吳淞者統其兵不滿五千人 俄國擬守局外之例不與歐洲各國會同用武以與中國爲難致失其與中國友好之情然俄國亦防將來有開釁之端是以於西伯利亞建築鐵路一旦有事便可發大股之兵至中國邊界

初九日記

絲茶兩宗爲中國利源近以日本印度意大利各種茶桑奪我厚利而中國之絲茶日形減色查光緒十四年閩漢茶葉運載出口者共五十三萬七千九百零四擔次年有二十七萬八千五百六十六擔又次年有三十

四萬六千三十四擔本年有三十六萬四千二百五十五擔上海廣州絲綢出口者光緒十四年共有五萬五千九百七十九擔次年有五萬三千六百七十四擔又次年有五萬七千三百三十六擔本年有七萬三千七百十六擔綜而計之茶務雖日形減色然於減少之中仍有增加之處若絲綢則固未嘗不暢旺也

十一日記

廬山在九江南康間磅礴鬱積峰巒層疊其支幹綿延在鄱湖中曰蝦蟆石在長江側有迴風烏石等磯或顯或隱迴風磯去湖口十餘里頗寬廣居民環繞成村落

循南岸而上距九江二十里許爲烏石磯磯分三墩在上爲擱江磯洋關設塔燈於此以利輪船中即烏石磯磯小而坦上有古廟名白石磯最險惡舟誤觸之立碎光緒十六年四月德曉峰中丞署閱兵至此籌款委前南城知縣任國銓購立鐵柱爲標識會水漲不能立署德化知縣張鳴珂先置木鼓於江面復就岸旁架琉璃鐙以燭之入冬水涸磯石畢露乃獲豎立鐵柱於上而磯之左右巉石齒齒岩崿怪偉不可名狀以篙刺之堅逾鐵遂募石工鑿孔納火藥於中然之轟去大小礁石七八十處而舟行無滯化險爲夷則德中丞與任張

二令之力也

十二日記

袁爽秋來信云喀城駐英員一節孫萊山尚書嘗問之云此事薛大臣極謂有益無損而筱雲侍郎力持以爲浩罕邊境中國小部落尚多英借駐喀爲名漸漸煽誘諸回部歸英俄必生疑何厚於英而薄於俄於是亦啟瓜分之心則覊事去矣予始亦以薛大臣之論爲然而筱老力持之意甚堅究竟其說孰長謹答之曰喀什噶爾以西與俄以依爾克什唐爲界布魯特部已盡割入俄境此外別無未歸俄之小部落葉爾羌和闐別有通

西藏一道俄之覬覦于省八城緊逼喀城將來必窺伺
西四城漸爲入藏之謀喀城得英駐員牽掣使俄人不
測中英協謀彼將有所忌而轉求好於我眞目前長算
也薛大臣議是義公終以彼老堅持不能不和衷共濟
謝之 戶部自閻相去後庫款匱乏十四五六年歲計
滯並無刊本滙關積年存出使經費一百九十萬兩從
前文文忠公煞費經營謂此款關係緊要無論何項急
需不得挪動前月海軍衙門以圖工支絀奏提一百萬
兩作
萬壽山工程矣

十三日記

光緒十六年由香港出洋華工四萬七千名往南洋者
爲最多由外埠過香港回華者九萬九千人香港土產
雖少而地當津要實爲商貨總匯之區港界連穗垣之
東南海濱其地面丁方十英里居民約四十萬每年出
入口貨物約值銀四千一百萬鎊總督每年養廉三萬
二千員 北亞墨利加洲之冰島常出大龜龜背上生
有異草可療氣痛之症其效如神

十四日記

俄人籌辦鐵路先在中亞細亞竭力經營歐亞兩洲分
隔之山曰烏拉嶺造成之路早經越此庚辰年間距中
國之塔爾巴哈台僅四千里雖有土耳其戰事而此工
不輟其電綫之設則北至恰克圖西至伊犁東至黑龍
江幾徧於中亞細亞矣西伯里亞者俄之東鄙也有大
江三一曰沃皮江江面廣闊所經由處皆繁富地也與
喀什噶爾一帶貿易甚便沿江產皮貨經拔奴城產鉛
銅極旺經湯瑪斯克省爲五穀皮貨聚會之所人民繁
盛約百萬有奇大半開礦爲業鐵路即在此交會焉用
輪船駁貨至珊迷派由陸路車行至圖爾齊斯坦地產
金石層疊可掬如螺甸尤光采陸離西伯里江中歲有

輪船往來數十艘有一地曰甌明設立製造局宏敞異
常所製之物與滿洲交易生意頗形熱鬧非有鐵路不
能致此其先擬造鐵路自裏海東北島倫伯克耳以至
撒馬兒罕計長二千六百五十俄里每俄里估費爲六
萬五千六百七十九烏勢伯共費一百七十四兆五十
萬烏勢伯即羅布俄於琿春設立船廠兵船損壞可以就
近修整輪船之取道也由黑海地中海紅海經印度太
平洋直抵琿春鐵路自琿春造至格蘭字司吉地方係
沿太平洋岸造至烏蘇里江上按俄程計之約四百俄
里已派造費二百九十萬羅布夫西伯里亞與中國接

壤。每座界石相距各亙三百里。鐵路之限。似當先與申明。毋越界石一步。界間有二水直注俄境。而發源則在中國。俄人近察得金礦之總脈。故謀使界綫作弓背形以據之云。

十五日記

滬電云。北洋兵輪由波得阿爾達（即旅順）海灣開來。僅有二隻。　司丹達報謂俄兵遊歷帕米爾者。占中國之地約二萬英方里。占英屬阿富汗之地約萬二千英方里。英之遊歷兵官楊哈思班。被俄兵所逐。遂回印度。　德國濬通波羅的海（一作保耳別克海）與北海者。盡在溪耳地方

開一運河至哀耳孛江口也。河長六十一英里。四年前早已興工。今已告竣。河面闊一百八十六英尺。河底闊八十五英尺。深二十八英尺。自有此河。凡行商於波羅的海者。大受其惠云。

十六日記

雪之爲用。俄人既以之成堆。以禦槍彈。今又爲牆以禦礮彈。曾未雪牆二道。離六百碼遠放之以礮。礮彈僅過牆後十八英尺而止。若礮彈之來較遠。則雪牆尚可較薄。俄步兵亦曾築雪牆試槍。牆長五十英尺。厚十八英尺。高四英尺半。牆後相間置以四靶。每靶放槍一排。離百步而放者。彈入九英尺。二百步而放者。彈入五英尺七寸。八百步而放者。彈入四英尺。是可見隆冬有戰事。雪大可爲保護兵丁之用也。

十七日記

奧斯馬加戶口之總數。同治八年共得男女老幼三千五百六十三萬四千有奇。而匈牙利（即馬加）得一千一百十一萬七千有奇。光緒十二年。奧斯馬加之民三千九百六十四萬有奇。居民各種分十一類。曰徐克斯。曰日耳曼。曰波爾斯（即波蘭國人）。曰羅生納斯（即俄國人）。曰施洛文斯。曰克羅茨并搜孛斯兩種。曰曼搿野斯。曰意大林斯（即意

國人）。曰羅馬尼斯（即羅馬尼種）。曰渠斯（即猶太種）。曰佛立嗄斯（保雜種）。

十八日記

巴西在南亞墨利加諸國中。爲最大幅員之廣。合歐洲俄德法奧丹義瑞典挪威諸國之地。尚有過之無不及焉。地當赤道北緯四度三十分至南緯三十三度。京師西經一百五十一度二十九分至東經一百七十度三十一分。最袤處二千六百六十英里。最廣處二千七百零五里。海岸自北至南約四千英里。而近南亞墨利加各國。除智利外。皆與接壤。全國疆域約三百二十一萬九千英方里。幾占南洲之半。明宏治十三年。葡萄牙人

始尋得之道。光二年。巴西民不悅葡政。奉葡王子為巴西王。復上尊號為皇帝。稱自主。是為湯伯祿第一。光緒十五年。逐其皇啤度路。改為民主。戶口除土番二十五萬外。其貴賤男女老幼共十二兆十六萬五千。（光緒十三年年終之數）大江曰亞馬孫。曰拉巴拉他。曰凡悉曰馬提耳臘。曰巴拉圭。曰巴拉那。曰烏拉乖。曰泊臘那亦罷。光緒十一年。歲入之款一百二十兆五萬一千七百密累。（葡錢名巴西同每一密累值二仙令）歲出之款一百五十兆四十九萬五千八百密累。

十九日記

俄人禦槍彈之新法。以積雪堆成六英尺之厚。即可禦隔三百步之槍子。若雪堆堅結。即五英尺厚已足。若澆以水。使其結冰。則雖四英尺厚已可。且在三步半之外。彈不能入。　美國人數約有六千二百五十萬。惟阿辣司楷土人所居之處。並土人之未服教化者。均不在其內。較十年前已增一千二百三十二萬有奇。然所增之中。有他國人遷往者。計五百二十四萬六千有奇。

二十日記

閱光緒十六年通商各關貿易總册。合進出口稅。船鈔。半稅。洋藥釐金計之。統共收關平銀二千一百九十九萬六千二百餘兩。較之十五年。多收十七萬二千四百餘兩。進口洋貨較十五年貨價多至一千六百二十萬九千餘兩。內有進口免稅之洋米。值銀五百萬兩之多。以順直等省薦饑故也。棉貨進口價值驟增至四千五百萬兩。較之上年溢九百萬兩。其故由棉紗運進更多。而推印度為最盛。進口值銀一千九百三十餘萬兩。較上年增至六百萬兩之多。中國若以機器紡紗。定獲厚利。又洋米進口過九龍關運銷於廣東一省者。值銀至一千一百五十萬兩之多。足徵該省人民繁盛。貿易暢旺。出口土貨較十五年價絀九百五十萬兩。其稅少征

七十五萬九千餘兩。茶葉出口值銀二千六百六十六萬三千餘兩。較上年短銀一百六十萬餘兩矣。追溯至光緒十二年。則出口茶價尚有三千六百五十萬兩也。湖絲出口值銀三千二十五萬餘兩。較上年短銀六百十五萬餘兩。

二十一日記

光緒十六年天津一口。洋貨進口價值銀一千七百十三萬餘兩。而十五年則係銀一千五百三十七萬餘兩。十四年則係銀一千三百五十七萬餘兩。所以年多一年者。緣是年順直各屬水災極重。出產稀少。不能不仰

給於進口之貨其洋貨俱由本口運往河南山西陝甘等省故能暢旺若此土貨出口價值銀四百九十七萬餘兩較上年多銀二十七萬餘兩其中徑運外洋之貨值有七萬三千餘兩而運往通商各口者乃有四百九十萬五千餘兩蓋天津一口情形向來大致如此土貨之不敵洋貨所以相去懸殊者一則北方數省物產究遠遜於大江以南各省一則水運不便鐵路未興土產運銷不多民情遂安於偷惰以致地有遺利人有餘力當事所亟宜設法也煙臺一口洋貨進口價值銀八十九萬餘兩較上年少四十四萬九千餘兩以洋布棉紗

減色也土貨出口價值銀三十九萬四千餘兩與上年無甚懸殊其沿海貿易原出口之貨共價值銀四百四十二萬餘兩較上年少一百一萬餘兩復出口之貨共價值銀二十三萬六千餘兩較上年多八萬餘兩復進口之貨共價值銀七百三十九萬九千餘兩較上年多一百七十萬餘兩綜計洋貨進口貨估值銀五百八十一萬餘兩土貨進口貨估值銀二百二十三萬餘兩二共關平銀八百四萬餘兩除去完納本口稅釐十三萬五千餘兩再除賺利及各費（以每百兩去七兩計之）共五十五萬三千餘兩實估銀以上岸為定計七百三十五萬八千餘兩綜計出口貨物市價銀四百八十一萬餘兩加完納本口稅銀十六萬七千餘兩二共四百九十八萬餘兩再加賺利及各費（以每百兩加八兩計之）共三十八萬五千餘兩實共估值以下船為定計五百三十六萬七千餘兩

二十二日記

上海一口洋貨進口按時價估算共約關平銀二千二百二十六萬餘兩加除去進口稅三百四十二萬餘兩棧租零費等項計百分之七約一百三十一萬八千餘兩起岸時計淨值銀一千七百五十二萬餘兩土貨出口按時價估算共三千二十萬餘兩加出口稅八十二

萬九千餘兩又棧租零費等項計百分之八約二百四十一萬餘兩下船時共估值銀三千三百四十四萬五千餘兩至進口貨因夏秋間銷價較賤商人有利可獲是以生意甚旺華商恐日後銷價昂貴乘機置貨因此存棧貨多來歲銷場恐須滯塞出口之紅茶貨色似較往年稍進內以下等之紅茶為最綠茶相同平水茶貨尚均勻惡劣者少絲項生意總未見佳新設織布紡紗兩局一照英美兩國之原布組織成布所紡之紗間與印度之貨可以相比兩局作工均尚未全其能否暢銷獲利尚難預擬深盼中國貿力保護以至暢旺從前總

辦局員未能得法據西人視之紡紗局之利較織布局尤厚耳　現聞各國兵輪在滬者十艘在長江各口者八艘

二十三日記

寗波出口綠茶十五萬一千餘擔聞所產較佳炒製亦似精潔內地收價廉商人得少霑利益福州一口十六年進口貨價計銀五百三十四萬九千餘兩照卸船時估計已將稅銀及經手七釐用金各費並加在內實僅四百九十一萬餘兩也出口貨價六百四十六萬九千餘兩再加稅銀一百六萬九千餘兩經手八釐用金各

費五十一萬七千餘兩則出口貨實價八百五萬餘兩矣茶葉一項光緒六年出口七十四萬擔十二年減至六十六萬餘擔十四年減至五十五萬餘擔十六年減至三十九萬擔較之前十年商民少得之銀約有四百萬兩稅釐少徵之銀約一百五十萬兩推原其故一則閩茶年遜一年久爲英人所弗喜一則印度茶日盛一日英人以其味濃樂於購用三十年前茶爲閩省獨有之物其價頗昂中外商人皆大獲利印度人遂仿而植之初未諳種製之法出產無多虧本甚巨旣而漸有起色咸豐十年印度出茶八千擔同治九年至十萬擔光緒六年至三十萬擔十六年至一百萬餘擔因印人講求種茶之法樹宜易者易之宜植者植之摘茶合乎天時製茶需乎機器故貨色均歸一律雖天氣不時無慮也不數年後恐印茶愈盛而閩茶愈減矣閩省種茶買茶之人均不肯留心講究據洋商云印茶味色之美因其種製得宜閩人則不肯漸易其老樹以致所出之葉難以製作好茶果能幡然改圖茶務仍有振興之日否則不堪設想矣今閩省種茶之地已有改種地瓜者其人亦有別謀生計者宜亟仿印度種製之法以整頓之也

二十四日記

淡水一口進口貨價銀二百二十二萬餘兩除去稅釐各項並該商所得利息溢款應作實價銀一百八十三萬餘兩出口貨價銀三百三十萬餘兩增添完稅並該商所得利息溢款應作實價銀三百八十九萬七千餘兩出口以茶煤樟腦三項爲大宗餘貨寥寥淡茶至美其超等上茶儘可獲利無加該處茶戶種製未能得法不及印度之良基隆煤礦欲求起色當厚其資本多備機器愼選幹材爲要從前樟腦出口本少本年起色之故因外國新法創製無煙火藥必須用之也打狗一口

進口貨銀一百六十二萬餘兩除去完稅及各用實一百四十九萬三千餘兩出口貨價銀一百九十五萬餘兩再加完稅等項實二百二十萬九千餘兩進口以洋藥爲大宗火油次之出口以糖爲大宗樟腦次之

二十五日記

去年廈門一口進口貨除復出口之外值銀九百二十一萬九千餘兩除進口稅及洋藥釐金並雜費實銀七百八十一萬餘兩出口貨值銀二百二十二萬九千餘兩加稅餉及雜費實銀二百五十八萬餘兩出入貨價相去懸殊蓋閩南山多地瘠之故然洋貨除洋藥火油

兩宗餘者亦屬寥寥進口貨中土貨由他口來者值銀至五百五十餘萬兩以淡水茶葉北口豆餅上海棉米爲大宗然不盡銷於廈門也汕頭一口洋貨進口價共關平銀八百九十四萬八千餘兩土貨進口價銀八百十七萬八千餘兩共一千七百十二萬餘兩除去稅項及各費及洋藥釐金實銀一千四百八十三萬餘兩土貨出口價銀七百七十八萬八千餘兩再加稅項及各費實銀八百八十一萬餘兩復進口之貨以荳餅荳子爲大宗是年運到荳餅二百八十七萬餘擔潮人用以糞蔗故甘蔗旺則銷荳餅愈多土貨出內地商人不向

洋關請給稅單故土貨不由輪船出口者洋關即不能知其數各關所載土貨出口之數實尚不止此數也

二十六日記

總理衙門議復余奏請添設香港領事摺云此案於光緒八年二月間經前使臣曾紀澤以互交逃犯一事照商英外部於香港設立領事十二年三月前兩廣督臣張之洞亦經奏請催設香港領事謂此舉有通商保民交犯巡緝防海之益者五又前出使大臣郭嵩燾暨總稅務司赫德先後籌議香港情形亦謂若於該處設官實多裨益近年以來均因英外部支展遲延迄未有成

闆此次於香港領事僅允試辦一年日後有無異言尚未可定應請

旨飭下薛福成察採情形究竟英廷之意是否不至反覆或明告以試辦一年之議中國未能滿意略作停頓看其如何答復再行商辦悉由該大臣妥愼籌議請

旨定奪奉

硃批依議欽此

二十七日記

許竹篔來信云游歷帕米爾之俄兵據俄外部稱已於八月回塔什干營其時僅有一王爵由喀什噶爾赴印

度乃另爲一事。與王府偕行者。有英館參贊曰愛里郛脫。已先回俄。亦稱俄兵已歸。自可信也。　去年廣州一口進口洋貨價銀一千一百二萬餘兩。進口土貨價銀九百九十九萬五千餘兩。兩共二千一百一萬餘兩。除去稅釐及各費實僅一千八百四萬餘兩。土貨出口價銀一千七百四十六萬六千餘兩。再加稅項及各費實共銀一千八百十六萬餘兩。所產紅茶內工夫茶一項。味可中等。花香茶一項色美力勝。惜其攙末太多。計此年稅釐併算。大約按值百抽二十一之譜。比十五年按值百抽二十九之例則見輕矣。原定值百抽五因茶價年減一年而稅不減所

以見多每年茶價低昂不同所以按值所抽之多寡亦不等　澳門葡官議招徠商旅之法。欲設輪船往來墨西哥國。以爲該國招工開造鐵路之用。有德國輪船至澳。裝載華工四百七十名。前往墨國。旋又有輪船至澳。欲載華工六七百名赴墨。或謂數萬之衆。傭工於無約之國。並無領事官彈壓保護。諸多可慮。不若先訂和約。然後赴工。始無窒礙。

二十八日記

瓊州一口進口貨價值銀一百二十三萬九千餘兩。除去稅項洋藥釐金及經手七釐用金並各費實銀一百六萬餘兩。出口貨價銀八十四萬餘兩。再加稅項及經手八釐用金並各費實共九十三萬五千餘兩。北海一口進口貨價銀三百七十一萬餘兩。除去稅項藥釐及各費實銀三百二十二萬八千餘兩。出口貨價銀八十三萬餘兩。再加稅項及各費實銀九十三萬七千餘兩。龍州一口進口貨價實銀一萬九千餘兩。出口貨價實銀一萬二千餘兩。查廣西全省銷售洋貨每年約值銀二百萬兩。土貨出口每年約值銀五十萬兩。洋貨價甚昂。貨有逾香港三倍甚至七八倍者。以釐金重疊故也。

去年四月朔。中國龍州電報與法國北圻電報在鎮南關接綫。

二十九日記

蒙自一口。每到冬令須封河數月。又紅河間有劫盜之虞。而所收稅課僅四萬三千餘兩。因照丁亥續議商務專條減海關稅則減三成收納。出口土貨減四成收納。進口貨價實銀五十七萬七千餘兩。出口貨價實銀五十二萬八千餘兩。九龍一口查核去年粵海關各廠貿易情形最爲暢旺。綜計進出口貨物估值銀三千八百五十萬餘兩。較上年增至六百三十七萬餘兩。較前年亦增三百二十九萬餘兩。是年進口貨價內洋米已居其大半。足見內地各縣收成非甚豐足。居民購食洋米。

其資財虧耗已甚。似非興旺之象。　新報云。上海英按察司審判英人梅生私運會匪購運洋槍一案。已定監禁做苦工九箇月。

三十日記

朝鮮通商三關。曰仁川。曰元山。曰釜山。統計去年進口貨值洋銀四百七十二萬餘員。出口貨值洋銀三百五十五萬餘員。共八百二十七萬餘員。溯光緒十一年則進出口貨價僅二百五萬餘員也。出口土貨以米豆牛皮爲大宗。其計三口所收稅五十一萬四千餘員。三口貿易仁川最盛。釜山次之。元山爲下。

十月壬辰朔記

泰晤士報接電報云。日本地震。死者約二萬四千名。壞火車路七十餘英里。有一地近海濱。全城被水衝去。海水變熱。如鍋中沸湯。激上邊岸。盡成澤國。蓋地之初震由東而西。徧經全國。以致居民不易逃避。　巴黎報述倫敦接遞信云。英人梅生私運軍火至鎮江接濟會匪一案。現定二年苦工之罪。并罰洋五千員。驅逐出境。其同黨之歐洲人不少。業已密查暗訪矣。據梅生自供情節云。伊所以干涉此事。實因用此軍火者誘之以良法美意也。謂會匪如能成事。所擬章程。一判劃封疆分裂

土地。二裁撤釐卡。進口貨稅則值百僅抽一釐半。三裁減茶捐。惟外國之白糖葡萄酒仍應照征。煤稅暫免。棉花紗綫稅裁減。四築鐵路。築坦衢。創行馬車。並濬河渠。五海軍陸軍海關巡捕及征收錢糧等職。准用西人。並准西人入內地貿易。

初二日記

本年八月朔日申刻。日月合璧。五星聯珠。惟木星稍違。攷日月合在張五度。火星在星三度。土星在張十五度。金星在星四度。水星在張十三度。木星在危十二度。斯時日月南北並行。五星東西一串。福建邵武府知府董

毓琦謂會合在八月朔。且在張宿文昌之宮。爲數百年罕覯之事。應在今科鄉試。可得經天緯地之才。因上條議於閩浙總督。請變通考試章程。第一場先考古學。兼及機器算法船礮。如已入選。即出榜示。有名者始準入考第二場。再考文章。兩美兼收。始能中的。第三場策論半出天算機器船械礮法礦電各題。武試於弓刀石之外。另試後膛槍礮。默武經時亦論以船械礮法沙綫風雲。庶異日可爲輪船管駕。

初三日記

印度以孟買。加爾各搭郎嘎爾彿達麻特拉薩爲三大埠。孟

買有居民八十萬零六千。加爾各搭有六十七萬四千。麻特拉薩有四十四萬七千。　竣及國度支自英國派員襄助以來。日形饒裕。今年賦稅所入。共有英金一千零二十五萬鎊。較去年多五十萬鎊。以後鐵路更將推廣。書信電報各局之取資亦已核減。　從前法越之釁。粵省之虎門海口用船石堵塞。以阻法船進口。今年大憲飭令員弁工匠速將船石撈起。以利舟行。刻下已起盡矣。無論大小舟楫可以照常行駛。不必再行繞越。　俄國礦產甚多。大半未開。近五十年來西伯利亞之東一處。已出金英權二百十六萬磅。所有銀鉛銅等礦加

以煤與石油亦多。一旦鐵路告成。則礦中所出必倍於今日矣。

初四日記

緬甸產翡翠玉石、碧霞犀、紅藍寶石、貓眼石、琥珀之類。從前中國白玉玩器多出和闐。自白彥虎阿古柏之亂。新疆肅清後。和闐遂不產玉。內地近日所貨者。皆緬甸玉也。產玉之山去阿瓦尚十餘日程。由薄摩溯流而上至蒙江。由蒙江入山。尚須數日程。其地林深箐密。為生番出沒之區。嵐瘴甚盛。水土有毒。羣商所不敢到。買玉石者多在口外及蒙江左右候之。俟蠻人攜出。則羣集

爭購。採玉之法。先掘地見石。乃伐薪以火攻之。使石裂。然後採用。可謂拙矣。碧霞犀雖間有之。不及玉石之為大宗。　每年地上出產之物。統地球計之。其值洋銀二千二百四十一兆十億四萬餘員。

初五日記

日本自設工藝學塾以來。僅十有七年。其工藝大學院之設。僅十年。造就人材已不少。大學院中董勸之人。皆貴官爵紳。有二西人贊襄其間。而其工藝之精進。有出人意料之外者。　俄國森彼德堡京城戶口共有九十五萬六千餘人。　俄國現擬造鐵路。由裏海東省通至

波斯西北境之薩臘克斯地方。在茂甫城直南。論者謂俄人於亞洲志在南下矣。

初六日記

泰西諸國近十五年間。所得新法以利用者尤多。若電學內之代拏模。又名互生電機。若電氣燈。若德律風。即通言器。若記聲器等。又如天文學內之極大折光遠鏡。火輪車之新式機器。刊印新報機器。照相印書器。開礦製金器。醫家所用之哥哥愛吼即悶藥。更有印寫機器。照相新法。此類不勝枚舉。　代拏模即互生電機一器。二十年前止能用常力磁鐵。力不甚大。而費資反多。同

治七年有德國人名西門斯者英國人名輝子敦者查出新理凡平常鍱鐵內亦略有餘磁如造互生電機可不必用常力磁鐵矣遂設新法將平常鍱鐵造成此代拿模可用人力或汽機以運動之則自生電氣轉動愈速則電力愈大費省力巨故其用處愈推愈廣有作電車者電燈者又可傳力於數十里外者

初七日記

草木叢生之區能引雨下降空曠不毛之地易攤雨外散間有樹林陰翳花草蕃蕪之處經火焚過且燒壞泥中滋養植物之料則土枯泥敗草木不生即不能引雨

下降必須栽種樹木花草使地轉有生機則雨能年多一年嘗見曠野黑雲密布久之散而不雨有若雲霓者蓋雲中水氣落至半空全爲地面乾空氣嗡收不及墜於地面而散因地面無溼力攝引之也如近地一層空中已含草木所放之溼氣則能引雨霧下降且地面空氣常溼則能生雲雲中之水仍降爲雨若無草木之地空中積雨過多必致有大雷電使雨驟降河不能容必至漲溢汎濫故多植草木可免旱災亦免水患

初八日記

叻報述教會中所出報章云西歷今正核計中國各省傳教堂共有四百十處另有土人傳教而受薪水者一百八十七人不受薪水者五十四人各堂同食聖餐會友三千零三十八人去年內新奉西教者四百二十四人自內地傳教會興辦以來奉教者四千六百餘人按此蓋專指耶穌教言之似非天主教也

初九日記

近來印度通國鐵路共長五萬餘里往往白蟻爲災無論何等木料均能嚙壞動輒變爲木屑惟鐵路下之木座車常往來受大震動蟻即避去爲害尚輕現造之路多以鐵爲之較屬妥當電桿亦屢爲蟻所蝕今改用鐵

柱空其心節節相套下端粗如人之大股　印度鐵路向爲國家所設近有集股開公司者國家保其每年洋百員得息五員過此數則國家與諸股均分又有許工人抽存工資按時給息者公司資本既得充裕而工人亦得儲財之道且可固結人心俾工人不敢曠怠　西人謂黃河在甘肅境內者清而不濁兩岸多引河水爲渠灌田獲利今爲害於河南者在甘境則至寶也自蘭州至開封河行四千餘里若於蘭州甯夏歸化城等處設立電局春夏間上游水勢漲發立報開封可於水到之前十餘日或二三十日早設備也

初十日記

恭值
慈禧端佑康頤昭豫莊誠壽恭欽獻皇太后萬壽謹率
參隨等員望
闕叩頭遥賀　海戰要訣有六一與敵船相近須用輕而速放之礮勢若連珠使彼水手兵丁無論在艙面桅上或礮門處皆不得停身勢必走避又必細看敵船大礮顯露之處並煙通與各瞭望孔及露置礮架處多放輕小快礮二與敵船近至二千碼始放中號礮即六寸礮宜向望臺舵房螺輪或無鐵甲處連放不息三離敵船一

千二百碼始放大於六寸之礮若到六百碼以內恐易受敵水雷之害四戰時切勿以本船撞敵船空費撞力我船行過彼船或左或右反可施放水雷即使撞著亦難免本船受傷利不勝害若已擊傷敵船宜再用大礮打穿其船殼彼若放大礮宜用機器礮連珠礮連放不息使彼不及放大礮五見敵敗遺有小船等物不可往取恐遭爆藥水雷等害六我船最宜慎者擺舵之器須備雙副且須易拆易換受傷可趕速修補智利秘魯之戰凡兵船敗者皆因擊毀制舵之器不能急修也

十一日記

法報云帕米爾稱爲地球之脊恐將變成戰場英俄兩國互相猜恨蓋英知帕爲俄據則印度危境也現此山爲無人收管之地一任啟爾徐野番自來自往山景遇冬時毫無足觀寒暑針可降至一度下之四十四度甚至水銀凍沍尤可異者同日同時太陽不到處寒暑表降至一度下之十度太陽照處升至七十度跋涉之難全在冬時夏則險阻全消地勢雖高草木亦濃鬱暢茂或云此爲天下最美之草料即極瘠之馬到此即可肥碩登山原屬費力但非竟不能行山距海面約高四十邁當內多羊腸鳥道皆可深入大道千條綺交脈注介

乎杠戈爾及亦西戈爾之間有一道極易行走如築成之隄堪備馬行之道亦所在多有四通八達俄礮隊穿過最高之阿來嶺未十分喫力也蓋帕米爾在英屬印度俄屬圖爾齊斯坦爾一譯作土爾給斯丹中間如一天然屏障乃行軍之頭等險要也俄據此即與英爲貼鄰矣英人所深懼者某爵紳曾慮及印度之叛謂譬有人濕牆窺我圉也此極險也　宜昌有各國教會三起一爲蘇格蘭禮拜堂二爲天主教之善就易德會三爲佛郎希斯該貞女會

十二日記

勒當報云各國公使於中八月十三日聯銜照會總理衙門請其趕辦教案如刻官緝犯賠償等事并有詰問數端日本公使亦與名焉總理衙門擱而不復者九日一面電飭各省速即清理賠款各省遵辦電復遂於八月二十二日照復各使并謂本署應辦之事毋庸各使干預業已顯而有徵現既諸事辦結應請各使會同中國辦理善後妥議章程由地方官爲各教堂保護稽查免致再生變故各使處此反覺爲難聚議兩次由十國公使畫押（日本公使亦在內）大致言亂後應謀所以慰人心之處將來如何保護罪人如何議罪應有切實憑據此數

事應由外國政府特派人員議辦至所請議立章程保護教堂並解釋民教怨嫌等事各使暫未能允須俟賠款清結保護有切實憑據士子尤爲種種病根須俟若輩明白道理而後可議善後旋問總署復文仍未能滿人意各使於中八月初六七兩日會議三次議後所定辦法較前益形利害

十三日記

製造戰艦最要之事如船上要害處必護以鐵甲放礮之人必設法遮護多備小礮與中號礮俱用速放法或機器放法最大之礮可不必備因其弊多利少也凡用

大礮必有壓水器起落之法又另備手工起落法裝放者身藏不露壓水器爲敵擊毀時仍可以人力起落惟裝放較慢耳　光緒十三年前百年即乾隆五十二年也西歷九月美國初定立國章程彼時土宇南北二千六百里東西二千二百五十里與近時德國相埒今日美地由赤道北緯二十五度至四十九度自倫敦西經六十七度至百二十五度是廣七千八百里袤四千八百里矣疆域東臨大西洋西瀕太平洋北至五大湖南濱墨西哥海灣商務較前已擴充千百倍向時民數四百萬今則六千萬矣

十六日記

西洋之造自來火始於道光十六年從前俱用布紙等炭質擊火石引火此舊式也以舊式取火多費時刻少成貨物即少得銀是費時刻無異費銀也近有人核計英國全境因易用自來火一歲節省英金二千六百萬鎊而造辦舊式火具者未免銜恨然得利者廣失利者寡祇能聽之久則失利者改就他業矣石油一物向來蜀人以代蘭膏焚爇糴得道光二十六年英人伯來佛在英國見石油泉始煉爲燭又設一法將層石所含之油蒸出製燭其價更廉今美國亦以所產石油製燭矣

亞洲之裏海石油最多有運往歐洲供燃燈者以致鯨魚油菜油所製之燭多乏銷路人皆改業

十七日記

黑龍江漠河礦務局共本銀二十五萬三千餘兩內股分銀二萬九千餘兩官商借款十二萬九千餘兩此外則保險公積及上屆結餘等項光緒十五年第一屆所提結餘銀三萬兩照章作二十成分派股主餘利十成黑龍江省兵餉六成員司花紅四成　朝鮮國有七奇一溫泉在劍山都內凡疾病瘡疥洗浴立愈二兩泉相去不遠一苦一甘一水常滿一時滿時涸三冷巖雖盛

暑大風不歇極壯之人不能在巖口久立四杉樹一枝並無枯朽火燒斧斬立即生發五有石立在離宮前兩人牽繩可在石底刮過六有一熱石在山頂極冷之時摩手若炙七有廟一區相傳佛祖在此揮汗廟周纔三十步光平如砥不生寸草並無花卉鳥雀不敢下牛羊不敢踐

十八日記

臺北鐵路由基隆海口直達龜崙嶺迤邐二百里一律告成火車每日駛行三次有火車章程十七款　泰西諸國邇來攷得文字記實之古石甚多光緒九年由巴

比倫西伯拉城得一絕古者乃五千六百三十七年前所立之石較中國唐帝堯元年尚早一千三百九十八年所以英法二國屢遣人赴巴比倫尼尼微地尋古甎瓦石中之古蹟云　俄國之創鐵路在英法美德與諸國之後道光十七年始於北京聖彼德堡城造成短路咸豐元年自聖彼德堡達墨斯科舊都城初建自國家已而歸商家公司經理迨與英法鏖戰之後益興鐵路由國家扶助商民公司遂成四萬五千里長之鐵路光緒六年以後歐洲境內成路已多俄乃專在亞洲開路高加索山鐵路六百里同治十一年畢工爲俄在亞洲

首創之路葱嶺以西裏海黑海相通連兵部所造之鐵路經始於光緒六年閱三年而工竣此中國西面之路也又於中國以北近恰克圖之處亦造鐵路年復一年俄路皆寬五尺以調兵運餉爲主不甚重商務也管理之法多師德奧二國

十九日記

美國巴拿馬地方西七月四日午刻古士高處忽有流石從空飛越五采繽紛光芒有尾恍若彗星距地不遠自南而東未幾石又倏然而起爆然而炸聲若巨雷突然四散小者如拳大者如盎紛紛而墜此地三十年前

曾見流石一次今復遭之亦異事也　粵人有遊羚羊峽者並至祿步地方一日登山見有一峰雖非峻峭然巉巖突兀儘有奇觀詢之樵人則云此火山也常有火燄乘風飛出及登山頂復見一洞洞口呀然有聲隆隆如千軍萬馬瑟縮抖戰不敢久立循徑而下復詢樵人則云此風洞也陰翳之時常有風出自洞口土人以物塞其口亦被吹去此洞之深不知其極投之以石逾刻猶聞其響常有鼠出洞中其毛茸茸然捕之必不能獲也

二十日記

許竹篔星使來函云帕米爾一案俄外部謂此處地界不淸若會中英俄三國派員分畫定界可免以後爭論現已轉告總理衙門不審如何察核竊謂回疆西四城界地袤廣日前力量但使扼守已定之界不令强鄰侵占已爲幸事若再謀葱嶺以外實是鞭長莫及惟帕米爾在三國之間各國聲勢皆主進取中國頗難退處局外專讓俄英之所爲進止殊費斟酌耳　黎純齋來函云香港領事之議恐將廢格徐筱翁持之尤力欲以抵制喀什噶爾添駐英員之舉今日時局以魄遺敷衍爲能決不喜人辦事使臣在外尤屬無拳無勇似宜虛與

委蛇以待轉圜

二十一日記

玻利非亞在南亞墨利加洲西境道光五年始建民主之國舊稱高秘魯地當赤道南緯八度至二十三度京師東經一百六十度三十一分至一百七十六度一分與秘魯巴西巴拉圭阿根廷（志略作拉巴拉他）智利接壤全境舊稱八十四萬二千七百二十九英方里光緒十四年確計之實四十三萬八千一百七十五英方里丁口於咸豐八年得二百三十萬三千其中土番過半云光緒五年至九年聯合秘魯與智利戰大敗盡失濱海諸地舊存朴硝（用製火藥）古阿奴（用以肥田）不少亦幷失之又償軍費鉅款以和光緒十四年歲入款合英金六十一萬餘鎊歲出款七十三萬餘鎊都城今在休克爾國中人種甚雜西班牙人僑寓者婚配土番其種曰敦洛斯國之得爲自主者皆此類人之心思才力所成也天主教爲國中大宗他教亦所不禁全境雖居熱帶天氣隨地勢之高下而殊物產遂與尋常熱帶諸國不同礦產甚富數百年所出金銀銅鐵錫獲利最豐計先後所產銀約值英金六百兆鎊今每歲亦得三兆鎊以上政權歸伯理璽天德副伯理璽天德輔之例以任事四年爲期然今

如限退位者甚夥。

二十二日記。

新嘉坡新報錄有造雨奇聞一則。而華盛頓報則云美國人有名知鄰科者。亦能釀雨。其術尤精。近來密蘭地方天時亢旱。農民延之往試。製一氣球。載輕養二氣。使之上騰。約至一英里之高。球忽自炸。轟然大震。遠近四十里皆聞其聲。斯時赤日行空。天無片雲。風雨針亦不降下。復以紙爲數具。繫以炸礮。乘風而起。俾轟散空中霞氣。又以火藥布於地中。計有數里之遥。未幾炸礮在空中轟發。知君從下焚其火藥。煙燄騰起有二百餘尺之高。於是陽氣銷除。約十分鐘之久。黑雲滿天。風雨針爲之陡降。俄而巨雨傾盆。被其澤者計有數百里之遥。平地水深尺餘。人皆拍手稱奇。以爲得未曾有。

二十三日記

香港新嘉坡兩地均爲英屬東南洋要埠。據核本年稅餉。香港可收至二百零三萬九千員。新嘉坡可收至三百八十九萬七千員。港稅加於去歲二萬七千員。坡稅減於去歲三十七萬二千員。覘其一增一減。而兩地之衰旺情形可見矣。　西人以商務爲重。以工藝見長。無論攻金攻石攻木。悉以機器運之。其大端不外水運火運水火運三法。水運者。順水之性以注之。水流而輪動。火運者。拂火之性以迫之。燄急而輪奔。水火運者。以火蒸水。積氣以激之。而其力更鉅。其制則大都設平豎二輪。縱橫相加。各環之以齒。承之以機。機動則輪齒相嚙以轉。而用著焉。此外又有金運石運人運牛馬運四法。金運以鋼撥輪。石運以重物引機。凡機之小者。金石皆可用。蓋水運之餘事也。機之大者。莫若汽機。如輪船輪車及耕田開礦引水。皆以汽運之。有不能設汽機者。以人與牛馬代之。究之水火汽運皆不外發機轉輪。無機則輪不動。無輪則機不行也。然其質至重。其力至宏。有

一觸即壞之虞。故必時加拂拭。使塵銹不生。樞紐不窒。苟或不慎。機捩一鬆。則其力不能適均。其機即不能流動。故其壞亦易也。蓋嘗考之機器之制。肇自三皇。庖犧製渾儀。軒轅作刻漏。書言璿璣玉衡。說者謂璣爲轉運。衡爲玉簫。運機使動。以簫規之。漢張衡以漏水轉銅儀。唐僧一行嘗爲木人。每刻擊鼓。每時擊鐘。張思訓更爲搖鈴撞鐃擊鼓之製。木偶按時而奏。分秒不忒。即自鳴鐘之權輿也。後泰西有俄汝者。始造水自鳴鐘。或謂得思訓之遺法。而金運石運之鐘表繼出焉。又周偃師作傀儡。不手而自舞。公輸子作木鳶。不翼而自飛。諸葛亮

作木牛流馬。不煩而自走。其巧思洵出西人之上。至水火既濟火水未濟兩卦爻辭。皆曰曳其輪。是隱言以水火曳之矣。周官挈壺氏有以火爨鼎水而沸之之法。是又汽運之嚆矢也。昔人言火輪船為木牛流馬遺法。豈虛語哉。丁韙良嘗言周公作指南車。蓋用磁石定方向也。磁石吸力同於電氣。其法似由中國流入西洋。人謂丁君是言不忘本云。

二十四日記

余率繙譯隨員等四人以十一點鐘由倫敦呆林克路斯棧登汽車開輪。是日白霧氤氳。大街行人對面幾不相見。既出倫敦。行半點鐘之久。天氣晴明。豁然開朗。一點十五分鐘到度甫海口登舟開輪。二點三十五分鐘抵法國之加利海口。登車五十二分鐘開輪。七點三十五分鐘到巴黎。火車棧換馬車。八點十五分鐘抵使館。是日渡海時稍遇頂風。十人中有一二人嘔吐者。

二十五日記

代攝報刊倫敦信云。英國駐緬大臣請於印度總督。在岡波呂河之西岸開一兵船埠頭。此河流入太平江。距八募約六十五啟羅邁。當自八募至邊界之半道擬設兵駐守。以護往來緬滇之商人。務使印緬中英之商務。

益加開拓。英政府又令廣開鐵路。由印度穿緬甸及撣人境。以聯接華界。現從柏谷爾販貨至雲南省城。其費每噸英金四十五鎊。倘在模爾緬興造鐵路。則至滇運貨之費。每噸祗須二鎊。英布販滇者。其價可減百分之三十三。滇省窮民購用英布。綽有餘力矣。

二十六日記

俄報云。帕米爾自光緒二年俄人據得谷岡一地。後至今未結。其時帕米爾四圍盡係小土司所轄。近則阿富汗等國頗多佔據。其地東境則有華人。華人自逐阿古柏出喀什噶爾後。漸向西進。而迤南之帕米爾。又為英人所據。自廢克什噶爾自主之權後。英人權勢向北展拓。所有摭式沙耶三岡鋤等處。盡行歸順。以近日消息而論。帕米爾中儘有佳壤。可以生聚民人。開挖地利。

法議院核定東京餉項共四十二兆方。內兵餉二十五兆方。係以巴黎協餉十七兆五十萬方。西貢稅捐提款六兆五十萬方。及兵部償款一萬方相抵。至地方經費十七兆方。由東京就地籌款。

二十七日記

絲茶為中國出產之大宗。近則外洋各國。效中國之長。奪中國之利。茶則印度錫蘭日本種植日多。烘焙亦日講究色香味俱佳洋茶銷路日昌暢旺華茶銷路日見耗竭絲則法義日本等國養蠶得法出絲日旺剔選極精繅製極良同治初年華絲每歲出口者六七萬包今不過二三萬包已減去三分之二夫茶市所以日壞者由於採摘失市烘焙未善而又加以攙雜遂讓洋茶以日盛絲市所以日疲者由於飼蠶未合其宜揀種未察其病繅絲未得其法與洋絲比較未免相形見絀今欲籌補救之法惟有勸華商精益求精勿以僞物欺人並減輕稅額而已

二十八日記

法報錄倫敦斯丹達報云柏林訪事人謂各國兵船在中國海面擬示聲威一節因俄國不允其事作爲罷論矣各國現擬各自保護其商民　英太晤士報刊滬電云風聞蒙古馬賊已據熱河之朝陽縣城或云匪勢猖獗業已向南進發近畿州縣頗形震動　爪哇島在赤道南五度五十二分至八度四十六分自京師西一度五十三分至十一度十五分（巴黎東一百二度五十二分至一百十二度十四分）自東而西島形狹長一千啟羅邁當縱寬一百至二百啟羅邁當合附近小島共得十三萬一千七百二十三啟羅邁當較之荷蘭本國大至四倍南界印度海北界爪哇海過此即婆羅洲東界巴利海峽過此即巴利島西界巽他海峽過此即蘇門答臘島其地今分二十三省合之爲三大段西段五省以巴達維亞爲都會瀛環志略所稱噶羅巴也中段九省以薩麻郎爲要埠即所稱三寶壠也東段九省以蘇拉巴亞爲要埠即所稱泗里末也島以山爲脊岡嶺疊疊若連若斷火山四十五東而已熄西面今尚出火其大者曰綏拉克在巴達維亞之南志略所稱火燄山也因之島中時有地震或巔崖迸裂火石飛空泥土涌流煙燄毒厲陷地傷人江河深通可行輪楫如索羅江發源於美勒比山給的利河

發源於蹇邁脅山其口岸可灣泊者如巴達維亞灣三寶壠灣皆是而蘇拉巴亞灣尤足以避風停船因馬都拉島在其外爲之蔽也

二十九日記

臺北大稻埕江干近大龍洞建有鐵橋以便火車來往計長十餘丈西人常到此間遊頗稱佳景　爪哇故南洋巫來由番國宋文帝元嘉中始通中國當時皆奉佛教厥後改奉回教唐昭宗天復間全島歸一土酋治之明洪武初東西二王分治其地未幾西王攻滅東王萬歷二十四年荷蘭人始至萬丹地在島之極西後設商

埠以興貿易造礮臺屯兵丁越二十年荷蘭遂設總督駐紮於噶羅巴改稱爲巴達維亞爲荷蘭屬島要口島中商務兵事總匯於此復分佔全島各部服屬附近各島其故有之土番蘇丹或歸建置或就滅絕鮮有存者國朝嘉慶十四年英吉利以舟師大礮攻巴達維亞奪之荷蘭不敢與敵越四年議和還地復屬於荷凡華人至其地者自明迄今已數百年置田園長子孫其魁傑者爲荷之甲必丹故今爪哇二十三省無一處無華人

出使日記續刻卷二終

出使日記續刻卷之三

無錫薛福成叔耘

光緒十七年辛卯十一月辛酉朔記

爪哇中東西三段共二十三省方十三萬七百十四啟羅邁當華民十九萬八千二百餘人泰西二萬八千六百餘人土番一千八百五十五萬九千五百餘人此光緒五年清册也七年增至一千九百十二萬九千餘人內有陸軍泰西人一萬六千八百餘名土軍一萬六千二百餘名水軍西人二千八百餘名土兵一千六百餘名共計水陸軍三萬七千六百餘名居民耕種稻田居十之五其他田地則又倍之產米雖多尚不敷本地之食近來商務日盛光緒七年出口貨值法銀四萬四千萬佛郎以糖煙藍靛加非錫爲大宗進口貨值法銀三萬五千八百萬佛郎創設鐵路於巴達維亞三寶壠蘇拉巴亞各埠共長五百六十二啟羅邁當皆由官經辦者也　倫敦報館接北京電云中國關事有二處一在奉天之錦州一在開平北之大口官軍已出山海關赴錦州天津淮軍由輪車駛往大口該處教民三百餘名皆被戕害比利時教士亦無免者

初二日記

巴達維亞在爪哇島北岸西濱，左爲萬丹，右爲井裏汶，中國稱爲噶羅巴，爲爪哇之會城。明萬歷四十七年，荷蘭總督在亞細亞各島尋駐紮之所，遂據其地，明年建城，改稱今名。現有華民三萬三千人，居於城河西岸街道店鋪，宛有粤東風景，合散處各地者在內，則共有七萬二千五百餘人。三寶壠在島之中段北岸，瀕爪哇海，城建於三寶壠河口，西距巴達維亞四百二十啟羅邁當。華人居於城之上游三寶壠河左岸，現有一萬四千二百餘名。蘇拉巴亞在島之東段北岸，即志略之士里莫，今作泗里末，華民一萬一千七百餘人。

初三日記

阿富汗一國在北緯二十九度至三十五度，巴黎東經五十八度至六十九度，其地自北而南約計一百四十利月，每一利月約中國八里自東而西約二百利月，大小與法國相等。東以蘇來芒山爲界，此山縣亙向北直至新河之拜石戥愛山爲止，與英之印度分界，南爲俾魯芝，西爲波斯之勾拉上省，北爲沙漠及印度孤司之雪山。一作興都哥士，或作興杜庫施，實即印度身毒之轉音也大勢分爲四部，一爲加布利思當部，二在蘇來芒山之東，因人跡罕到，知之不詳，三爲岡大亥部，四爲射思當部。加布利思當，志略作喀布爾，阿富汗都城也。岡大亥作堪達哈爾。射思當作潞斯尼全境地面，高山居其五分之四。論其形勢，實山上之平原地也。最高之峰名大雪山之蘇來芒，合英尺一萬二千八百三十一尺，合三千九百十邁當。山頂亦有平原之地，爲數大河發源之所。東北一帶與中亞細亞之高地相接，由孤司嶺直接至西麻來亞山，作供圖伊馬拉雅嶺，即西藏最高山中有無數高峰，有過二萬英尺以上者。

初四日記

阿富汗除加布勒、愛力孟兩大河之外，小河頗多，又有無數小河，自山發源，流行平地，爲沙土所蝕，不能通至大河。愛力孟河自山而下，勢趨西南，河長約二百利月，他水來會者甚多，併流入一大湖，湖名河離亞巴累，又名射魚當，又名阿們。而加布勒河身最大，長七十五利月云。地勢既高，天氣寒冷，青草不能蕃盛，物產以毛貨爲大宗，以織成之各種毛布爲最佳。貿易大路，東與印度相通，西北與中亞細亞俄羅斯相通，另一路與波斯相通。土貨出境者曰顏料、乾果、鮮果、綠煙、羊毛、鉛、硫磺、馬駝。

酉刻，接總理衙門來電云：十月十七夜，熱河朝陽、建昌等縣，突有金丹教及在理教匪揭竿爲亂，蒙古敖罕旗貝子被戕，建昌、平泉居民多被搶殺，天主堂亦被燬，殺華教士一名，華教民多命。奉諭旨飛飭北洋大臣東三省將領迅派馬步隊赴剿歸直隸提督調遣二十四日小獲勝仗各路軍兵厚集不難撲滅惟口外教堂甚多法使不願地方豫查亦不列單知照本署直不識該堂設立何處此時事起倉猝只有飛電北洋飭令派出將領保護其告急而未遭害者如永平遷安各堂亦派練軍駐守並嚴札地方文武保護祈轉達英法外部並分電許崔

初六日記

總理衙門九月初四日函云俄兵瞰邊一事前以英使來告即電詢竹篔覆電謂事屬子虛八月初英使復面

稱俄確有副將遊獵帕米爾圖據其地如地本屬華豈我自保權勿勞齊等語因又電石泉制軍轉行新疆派員酌帶弁兵前往巡歷察看情形與其部長聯絡聯際俾為我用並電竹篔詰問外部旋接覆電外部仍以遊獵為詞據係掩飾近接新疆來咨六月間塔什干總督帶馬步三百餘聲言赴帕巡閱徑出華屬黑孜吉牙克卡蘇滿卡阿克素睢衛瓦卡及塔敦巴什等處並駐隊蘇滿等卡且於雞依比達坂豎立木杆阿克他什黏貼俄文安撫阿克素睢衛瓦及黑孜吉牙克聲稱今已屬俄等語以上皆係華屬卡倫樊籬不固隱患何所底止

昨電竹篔轉告外部速電俄督將越境兵隊撤回後接竹篔電云外部言塔什干兵已回並允轉告彼督以後勿令弁兵越界所立木杆聽由華官撤毀又石泉制軍電云魏護撫電咯道接張旂官稟俄越我外卡兵勇已全撤回地方安靜塔什干督祇到阿拉依未入華屬惟俄兵頭擅給華屬回諭帖派充伯克

初七日記

教堂各案蕪湖一起七月二十一日皖撫電稱法教士戴蘭第遇白滌兩人於賠款外添索近堂之議舟亭地又名八角亭即鶴兒山又領事署旁山嘴一塊已飭道

將索地事另辦勿牽合正案以期速結李梅抵滬後八月二十日聶道與教士現議若以地近教堂防人作踐可圈築圍牆派守殊屬兩便已電李梅李覆云已飭總領事與聶商旋據聶電圍牆已允仍索兩地為墳種樹不建屋是以未能簽字議結賠款十一萬一千員亦未付丹陽天主育嬰各堂被焚事江督咨稱現與司鐸施方禮議賠八千四百兩三期交清七月初九立議畢完結通州如皋案七月廿八江督咨稱如皋賠四千兩豐利賠五百兩莫令另出三百餘員添補貝堂完案並據領事兩代各教士鳴謝陽湖案八月廿三接江督咨給

洋一千四百九十一員七月十一完案金匱三里橋一案彭安多稍索甚鉅後減至六萬六千員添索教堂西首同源興及望亭基地並將前置各縣教堂公產一體稅契均經完結江陰議賠九千員無錫七千員均咨報商妥此南洋賠款大略也至蘇屬教案共獲犯二十一名訊係附和愚民從重定軍罪二名徒杖五名枷杖十四名並獲會匪曹義祥一犯訊係同謀燬堂自須嚴究重懲一面嚴緝餘匪丹陽令已參革無錫江陰陽湖金匱令均摘頂如皋令記過各該管汛弁亦摘頂此南洋參劾屬官大略也

初八日記

湖北武穴一案鄂督電稱所獲各犯領事派教士觀審照毆人致死律擬抵郭藏二犯於絞罪上加重斬梟從犯分別重辦領事允服外與關道議三條一龍坪司巡檢及礮船哨弁請獎勵一馬口司巡檢請摘頂一廣濟令前請撤任請勿庸議均允之又咨稱郵款商定四萬員賠修二萬五千員領事函稱未奉駐使札復先收照會暫不收銀總署於八月十六照會華使主持迄未接復各案中有頭緒忽又有宜昌之事江督電稱七月二十九日宜昌游姓失落小孩在聖母堂查出又搜出男女六十五人內有數人閉日堂內及西人住屋旋即火起縣鎮護教士上船法國巴教士被石傷額已不復訊據女教士云孩係與有明拖送曾給與錢二千現懸賞緝犯等語英法以此事各派兵輪前往江督電商派撥兵輪自護北洋派兩輪往滬遞換南輪赴鄂南洋派南瑞駐鄂測海往來遊巡

初九日記

滬電云官兵與叛匪遇於朝陽城外十五米爾之遙官兵四千五百叛匪三千大半馬隊甚形勇敢約戰兩時許官兵以礮火衝之叛匪陣亂且戰且退死者一千一

百人葉提督亦受微傷官兵追寇甚勇賊竄入山內

初十日記

梅生私運軍火一事英領事以案無原告不能會審須令見證人作證始可延請律師總理衙門商之南洋案由滬鎮兩關盤獲該稅司及洋關委員均可作爲見證八月十四日聶道與裴稅司訊錄梅生即梅用名飄升又日供二十六日赫德又將梅生與裴稅司所談節略送到總署大抵謂洋人入伙甚多鎮江各處購藏軍火不少並牽涉鎮江委員陳興嗣焦山礮臺兵官易某並譯六洋人名姓曰泰森曰計因曰馬革里戈曰莫里森曰里得

曰放斯瓦而滬關譯出勞稅司面交梅生雜記內又有約福建海關細恩徐春山鎮江細恩徐春庭起事之語並未敘及陳紡此事亟應澈究乃英領事既託詞推卸華使復文絕不提及赫德言華使先欲派員往辦繼謂滬關既經訊問即不與聞而領事接外部電令其國家律師威金生主控梅已拏禁律師謂須押候緝供齊後密訊九月初又據法使及赫德到總署言福州羅星塔有匪徒謀劫船廠天津紫竹林洋人夜半忽然驚徙德稅司復於進口之太古輪船名松江查獲來復槍五百桿不悉私販姓名船主已罰五百金似係私販圖利無

從根究滬道知照領事將船主及大小副水手買辦人等研詰究辦並咨粵督照會港督查察華洋商及各輪船嚴防私售軍火福州城內洋人亦一夕數驚密查實無匪黨蹤迹

十一日記

李傅相來函云洋人入內地傳教民教往往搆釁地方官拏犯瞻徇百姓輒指爲偏護洋教愈激愈怒若稍寬容各國公使領事據約力爭謂地方官不加保護其尤難者民間紛紛傳說謂教堂慣用邪術挖眼剜心迷拐幼孩誘姦婦女種種貌法之事官既無從得其確有此事之實據以折服彼族亦無從得其確無此事之實據以解釋羣疑惟有忍心害理專用刑罰祇求目前了事不顧日後隱憂官吏豈盡無良蓋勢有不得已也西人傳教雖條約所許而民教不和勢同水火終非久計同治四年法國洪主教移川省會辦局員文內謂川省教民事務設局經理各案將盡完結欲弭未形之患宜爲先事之防酌擬規條俾期永久曾經成都將軍咨達總署可見民教不睦教士亦懷畏心乘機訂立妥章所謂因勢利導也本年沿江教案疊出前有樊安兩主教託津海關稅司德璀琳呈遞節略言中國傳教約分六路

以六主教總之擬請先由教王分派承充遇事准與地方官商辦隨後再由教王遣使駐京無須法國照料教務當易辦理法國每遇教案輒以兵船挾制教王無兵固無此慮倣處會將其函送總署如能辦到教務或有裨益然教王所轄僅止天主一教英德美等國所習之耶穌教並不在內也

十三日記

勅當報云中國

皇上現習英國語言總理衙門上摺諫阻

皇上習諸不理蓋有

皇太后之鼓勵故也　仰光電云猛卯中國官場似有煩鬧之事因英人在南邦江（似即太平江一作達冰江又作檳榔江或作紅奔江）設立兵房該處土民驚惶行文英官請其撤去英官告以奉印度總督之意不能撤退又稱已商准中朝許其在此設立兵房保護商民即指此猛弄與南邦也南邦地方已添英兵二百猛弄亦添兵矣

十五日記

九月二十六日即東歷十月二十八日日本神戶大坂迤東直達名古屋地大震動以致火輪車脫軌電竿亦悉偃仆數百里內死者二千七百餘人傷者三千四百

餘人毀房屋三萬五千餘戶半壞者約九千戶　英德兩國鐵路五年以來德多於英光緒十五年德有鐵路二萬四千八百五十二英里英有鐵路一萬九千七百七十六英里若以人數土地相較則德法鐵路較英尚少而造路之費德廉於英獲利遂厚然英路雖少於德五分之一所備客車貨車汽車皆多於德德之汽車歲得英金四千二百七十六鎊英汽車歲得四千四百四十四鎊客車之費前一年英得三千零九十八萬四千餘鎊德僅得一千五百四十九萬六千餘鎊蓋德國之人雖多於英約有千萬而富者較少故乘車者亦少也

德路每英里經費一萬七千三百餘鎊英路每英里經費三萬七千四百餘鎊

十六日記

蕪湖教案已由滬道會同法總領事華格臬商辦妥洽教士前索之鶴兒山一層作為罷論而略加償款九月十八日訂立合同三條一議賠償教士規平銀十二萬三千六百五十四兩由上海道交付法國主教一蕪湖教堂西北毗連之高地一塊名八角亭即繫舟亭應由華官自行圍築堅牆須高一丈二尺其牆如何定界由地方官會同教士相度地勢妥酌辦理自圍之後該地

不准起造房屋出入閉人並由華官派人看守自行管理三准教士在教堂左近隨時自與百姓妥商購地地方官按照條約幫同辦理

十七日記

西教士韋立生偕洋友二人金陵友二人至甯波售賣教中書籍由象山石浦而抵南田九月二十四日過蝴蝶岥地方適有土人掘沼深至八尺下臥石碑字式甚古韋立生見而愛之因將隨帶印像機器如法印出大字六箇小字五箇均古體穗書金陵識友能識其文爲言碑中大字乃越英王諸郢葬旁小字則嗣王二年表

云其石碑窬脆如灰有形無質再掘其下亦無棺木骸骨想係周時古墓故彫朽不堪如此而適遇西人掘出其文精存人世則似有鬼神呵護留待賞音也　與使於本月初十日在承光殿覲見
皇上先是法俄二使將遞國書請在宮中首殿奉
旨在承光殿定期初十日法使稱病俄使竟言有礙國體仍照前錄送副本臨時將覲事奏罷洋使好事挑剔且甚一日可慨也又閱昨日巴黎費格羅報云法使李梅於中歷十五日見
大皇帝此次在便殿召見非進貢使臣之所蓋用最優禮貌以相接云　哥老會匪創立某山某水某堂名目散給飄布傳授口號妄謂入會之人出外有人保護有事可保身家藉以斂錢惑眾愚民受其誘脅同罹法網欽奉
諭旨著嚴飭地方文武隨時留心實力查緝如有訪獲會匪首犯一面嚴行懲辦一面准將出力員弁照異常勞績隨案奏請優獎地方良民有誤買匪徒保家僞票呈繳地方官者免其治罪其有向充會匪自行投首密報匪徒姓名因而拿獲者亦一律寬釋准予自新

十八日記

李傅相來書云欽事移總署書謂帕米爾部落檢文卿新譯中俄交界圖在中國界綫之外亦非俄屬查撫魏午莊毡帕米爾地名甚多現英使所指俄兵所到之地則在喀什噶爾西南偏為各外部入華孔道該處布回皆係中屬不僅罽摩饒子惟來函帕米爾長千餘里在烏斯別里以北者屬俄以南曰大小帕米爾為中國與什克南交界英人什人皆知之不惟非俄屬並不交俄界文卿新譯圖正在舒克南與中國交界處其攷訂頗足證明也

十九日記

英之本國有英倫蘇格蘭愛爾蘭三島之地英倫幅員計五萬七千九百六十英方里人口一千四百十八萬有奇大部落五十三小部落四百八十五蘇格蘭則西歷一千六百零三年英始滅之以伊靈馬社為首部合計三萬九千六百英方里人口二百三十六萬三千八百有奇大部落三十小部落三百三十八愛爾蘭一島在倫敦西少北先為法蘭西所踞繼屬丹馬後乃屬英以膽墨簡為首部合計三萬英方里人口七百七十六萬七千四百有奇大部落三十二小部落四百四十二而其所割據之屬地則地中海島有人口十四萬阿非

利加海濱新地有人口三十五萬三千五百。印度各藩屬有人口八千餘萬。美洲加那大有人口一百二十萬。其洲東羣島有白黑居民八十二萬。而澳大利亞一洲及北般烏等島尚未計也。今天下有居國有行國。英國之在五大洲。散收諸屬地。則非居非行。遙遙相制。以師船爲藩衛。以商船爲生聚。則謂之行國亦可也。

二十日記

奧法俄三國使臣先後入都。應以抵京先後爲序。依次覲見。惟各使以紫光閣爲接見蒙古外藩之地。迭啟爭辯。總以改擇合宜之地爲請。經總署上遞封章。請

旨酌裁。嗣由署迭與奧使和衷商榷。擬改於西苑園城中

承光殿覲見。此殿不僅外藩所未至。即中朝臣工亦不克輕到。彼此議定。發押立案。又上封章。奉

旨著於九月二十五日在承光殿覲見。欽此。後不知何以改在十一月初十日屆期九點鐘。奧使畢格哩本率繙譯官赴西苑。由三座門入。與總署堂司官相晤。即同進琉璃門。於值房少憩。逾二十分。

皇上駕臨承光殿升寶座。堂官偕使臣繙譯入昭景門。至承光殿。由殿東門趨進。初進殿時。畢使繙譯向上行一鞠躬禮。前行數武。復一鞠躬。至龍柱間應立處。又一鞠躬。畢使捧國書。致洋語。繙譯以華語譯之。畢使捧國書向前。至納陛中階下。慶邸由左階下迎接國書。轉陳

御座前黃案上。畢使再一鞠躬。

皇上點頭答之。使臣退回柱間原立處。

皇上溫語宣慰。使臣繙譯將出殿。復向上一鞠躬。然後次第而出。當是時。殿內外王公侍衛官員凡百執事擁衛排班。靜穆無聲。及奧使退出昭景門。

皇上啟鑾還畫舫齋。

二十一日記

光緒丙子。自滬上之天后宮起。至吳淞四十里間。有洋商價買基地。造鐵路。行火車。但搭客而不載貨。每日開車往返凡次。上等車價來回一員。旋由中國給價銀二十六萬兩買回拆毀。然其舊址尚在也。今日風氣大開。

廷議已准造鐵路。似莫如用新式之高脚鐵路。較爲費省工速。此路創於英國拉爾提格廠。其在滬總辦者。則總兵銜權授中國副將麥士尼爲能也。路如人字形。以鋼條安置地上。占地無多。車脚等係純鋼製成。尤妙在單條行駛。較之雙條穩而且速。即有房屋墳墓河水橋梁。以有高脚之故。易於避讓。路之高低不等。或離地三

五尺至二丈有餘爲止其行駛用煤火力電氣力皆可其價每一英里離地四尺者需英金八百五十鎊其鐵路之斤兩每一里重英權七十五噸愈高則價銀斤兩亦大而重總之較雙條者約省費一半若淞滬再造此路祇十餘萬金足矣近聞英俄德法等國以其價廉物美相繼而造者已數千里矣　鄂省沿江一帶已拿獲會匪著名大頭目李典葉坤山高德華楊濤和濮雲亭陳花魁李紫榮等正法

二十二日記

是日爲長至日謹率參隨等員望

闕叩頭遥賀　查光緒九年英國造册本國男女共二千六百萬人瑞典四兆五十七萬有奇俄國八十二兆四十餘萬法國三十七兆二十餘萬德國四十五兆三十七萬日本三十六兆七十餘萬中國約四百兆

二十三日記

輪舟往來天津因北河日淺難到碼頭或云碼頭恐將移於唐沽則紫竹林必寂寥矣若以開平鐵路接至唐沽其勢甚易則煤之銷運亦必加廣唐沽距大沽口僅八里去紫竹林二百餘里陸路亦有百餘里北河水勢日淺又有沙埂以阻之近來唐沽之地價漸昂蓋有逆

料碼頭將移此者故皆購地以謀獲利也　明季西人之首至京師者葡萄牙則有陽瑪瑙日耳曼則有鄧玉函義大利則有熊三拔而英法無聞焉萬歷二十四年英女主欲修好中國遣使具書幣駕巨艦遂遇颶風而沒事遂寢崇禎十年有舟師率貨船五艘由蘇門答臘至澳門葡人阻之又至虎門具道通商意復爲葡人在粵者所沮故明史謂有洋船四艘由虎跳門薄廣州而西而西人馬利遜約史略亦謂英來通商始明萬歷間蓋本諸此

國朝康熙二十二年既平臺灣英人願通市於浙粵焉

明史南洋有滿剌加者法人欲開通市埠據而有之東行入澳門粵東等處正德十三年遣使來貢請封詔給其方物之值而遣之久留不去十六年又攜土物求市復拒之萬歷初巡撫林富陳許佛郎西互市四利部議從之遂得入香山澳爲市又越境商於閩往來不絕二十六年巡撫朱紈嚴海禁其人無所利遂內犯漳州之月港梧嶼副使柯喬等禦之紈被劾而海禁復除法人益遲遂於香山澳築城臺以自固

二十四日記

美國各礦所出之銀年多一年去年共有二萬七千八

百六十一萬磅較前年多三千三百零三萬四千磅此皆由公司開採者也至出口之銅去年值洋銀八百五十四萬八千餘員前年值洋銀九百八十六萬七千餘員　美國自改用無煙火藥歐洲各國之向業火藥者相顧失色此藥屢經試驗異於尋常火藥蓋無煙無氣而火力又久并無渣滓且可久存不壞也

二十五日記

華人願往墨西哥國開墾者墨人永免田賦遂有華人挾貲至墨南境招徠彼處華農設法開闢新疆　耶穌一教分門別類所行規矩亦各不同有所謂洗禮會者

十年前自英來華不過數人經費祇英金二千磅今則接踵至者二十餘人費用亦數倍於前矣　印度去年出煤之數共有二百四十五萬三千五百餘噸　統計英國商船現有帆船五千六百六十八艘輪船六千四百零三艘

二十六日記

今暹羅國王年三十八在暹人中已稱魁梧其才德亦較前王爲優通國賦稅歲得英金二百萬磅又有雜稅等項約百萬磅惟用款無多除支銷外稍有盈餘通國人約十兆而華人居其半他籍人亦皆行之國內儆俗

甚多必須設法革除方能振興國勢

二十七日記

法京巴黎隸於賽納府有獄十所其八在城中其二在城外城之東南蒲爾瓦提特羅大街有獄曰伯列藏麻寨在焉伯列藏譯言獄麻寨其名也余與慶藹堂張讓三王省三往觀先期函告總辦東行三十分鐘入門總辦導觀各處屋瓦牆壁內外兩重中隔複道外施鐵門有兵守之其中爲巷六條每巷樓三層每層有房七十間其房約寬六七尺長一丈二三尺有教士講經之臺適居全獄中間而六巷之首環列臺外每七日教士唪

經則開巷門使獄囚得聽焉先觀監禁之所爲犯者初捕尚未定罪之獄捕入時必令浴身更衣不許攜帶鐵器各物迺審其身貌書之册並照相留之又重犯之獄爲一巷拐騙劫盜姦殺皆有之各居一室而不作工有三犯居一室者蓋通同爲惡又恐其自盡也有瘋癲者恐其害人也又輕罪之獄爲一巷作工皆有常程不令得暇粗工細工粗細兼半之工各視其所長而派之工作之貲悉歸本犯不充公款俾自購食物甚有積貲者各巷盡處皆有黑獄凡重犯違禁而多事者輕犯怠於工作者入之惟日給膳夜不給衾或數時或數日鮮滿

七日者各犯日凡三餐有麪包每七日與肉食二次每次牛肉約一斤有半房中有窗戸牀衾厠所及一小桌門外有鎖有洞以遞飲食而便監視每日必令出步片時以得天氣地下窟室熾炭以送暖而禦寒雖屆冬令而巷中甚温此獄每冬炭費三萬佛郎有藥室有病房以待病者有書庫以待各犯之願覩書者凡各學諸藝以及遊歷教門之書無不有之亦使之散悶且警覺改悔也有犯者親友相見之所隔以鐵欄鐵網犯者坐內親友坐外可以對談仍有官以監之厨房在大門之內獄房之外即以罪犯執其役所具飲饌甚精蓋罪犯除

官給日食之外如做工有餘貲或素豐於財皆可任此買飯也法國律例亦有斬決一歲中犯殊死刑者無幾人次則流荒島作苦工次則監禁自數日數月數年以至終身不等凡罪犯由此移彼始以鐵索繫手牽之其在獄中則行坐自若並無拘攣也

二十八日記

土耳其爲突厥之轉音蓋本突厥遺種也歐洲好古之人有掘得古碑者讀其文爲番漢合璧一邊漢文係唐初某年册封突厥之文文用駢體番文本不可識然依唐文讀之知爲突厥文後復搜求舊籍連得古碑有番漢合璧者有專刻突厥文者輾轉尋繹攷究益博遂解徹突厥字體於是知今之土耳其文實以突厥文爲根源而詳考土耳其之先乃突厥之苗裔也又有掘得古碑者一邊亦係漢文觀其年號知爲西漢時物文氣古茂確係西漢之文一邊文不可辨似與蒙古文相近可決爲匈奴之文惜尚未得佐證將俟蒐訪云夫匈奴突厥皆極强盛斷無無文字之理史册失於紀載乃一二千年後攷古之士能求得之亦奇矣西人攷得回紇亦有文字與土耳其相近突厥也回紇也土耳其也文字雖有異同而同出一源大抵由突厥變爲回紇由回紇變爲土耳其也

二十九日記

俄屬西伯里亞即鮮卑之轉音鮮卑在東漢時已强盛其國勢不過稍亞於匈奴其種族亦甚繁熾流入中國者迄於南北朝時數百年不絕自唐以後日就衰微漸徙而北去塞絶遠中國遂不復知有鮮卑矣後爲蒙古所逼益徙而北立國於今之西伯里亞境內以其地荒寒得以久存迨俄羅斯旣滅其境內之蒙古遂逾烏拉嶺闢地而東至明中葉始滅鮮卑今尙有鮮卑故城俄音謂之西伯里亞遂建西伯里亞省於此　西伯里亞省所採之金自西歷一千八百三十四年至八十七年凡五十四年中計得二千九百八十二萬五千兩其黑

龍江及太平洋沿岸產金。尚不在內。又一千八百八十八年。採得二十萬三千兩。八十九年。採得二十四萬二千兩。合之前五十四年中所得之金。已值英金一萬二千萬鎊。

三十日記

地震由地中之火。鬱久而發。與火山炸烈同。一飛災殆非人力所能挽回。蓋五行之形質。如水土金木。無不流露於人間。而火係最發揚者。乃獨依物以呈形。草木有火。金石有火。膏脂有火。而不有以引之。則盈天地間。又不見有火。然火若必依物而見。則火當寄於各物之中。

不必列於五行矣。今既列於五行。則必如水土木金。各有歸宿之所。天壤間既無處可以藏火。則必藏於地下無疑。火性炎上。久鬱於地。難免發揚震動。考之易。一陽居於二陰之下。其卦為震。蓋陽氣必升。以二陰而抑一陽。雷之所以震驚百里也。地震之道。亦猶是也。

十二月辛卯朔記

今英屬印度之境。計八十三萬一千九百六十三英方里。居民一百八十四兆。歲入之款五十兆鎊。戍兵十八萬七千八。土王所轄之境。計五十六萬五千一百有六英方里。居民四十八兆。歲入之款十五兆鎊。兵丁三十一萬五千人。礮五千三百尊。土王軍內所用火藥彈子。土乃得槍後門礮。有開廠自造者。所練之兵。亦饒精銳。印民納稅貢金於土王。較之直隸於英者。更形踴躍。俄屬中亞細亞商務日興。英於中亞細亞。亦有屬疆。僅能與之爭利。無如轉運之路。必出俄疆。俄之稅於本國取百之二五。於英商取百之四十。復禁印度英茶售於俄境。防範嚴矣。

初二日記

日本有人類社會者。不知始於何時。曾著一說。名曰人類社會變遷說。茲摘其大略云。地球非不大也。而陸地

面積不過八百六十四萬七千六百七十日本方里。邦國非不多也。然統計亞細亞洲。有中國。日本。朝鮮。暹羅。及俄屬之西伯里亞。法屬之越南。英屬之緬甸。印度。俄屬之吐克斯坦。恩齊斯坦（即圖爾齊斯坦）。又有亞業加坦（內有屬俄者）。皮路直坦路芝（即俾路芝）。土耳其。阿喇伯。波斯（內有屬俄與土耳其者）。共十四國。（所云十四國者，蓋以圖爾齊斯坦西伯里亞作兩國算）而其自立之國。惟中國日本暹羅波斯而已。此外皆服屬於歐洲諸國者也。阿非利加洲之埃及土耳其半屬國也。其全洲之海岸。則為法英德比葡諸國所據。其內地有為未闢之野番者。有分裂為小部。亦不能成其為邦。而聽命於西人者。其餘

膏腴之地則並爲西人所墾闢分屬諸國四周海岸土地皆歐人行主權之地也亞細亞洲以南南洋諸大島如新金山婆羅洲噶羅巴呂宋蘇門答臘等及大小羣島二十有四則皆爲英吉利荷蘭西班牙三國所占歐羅巴洲有英法俄德奧義瑞士瑞典希臘土耳其比利時荷蘭丹馬西班牙葡萄牙羅馬尼亞塞爾非亞布加利亞共十八國除羅塞布三國外皆儼然獨立之國也亞美利加一洲本爲歐洲人所開闢分南北中三大部以美國爲最大大抵非歐人之子孫即歐人之屬地得行其主權者也所有土人僅成小部落依棲各處而已

然則今之地球雖有大小八十餘邦（合德屬之日耳曼二十六國等在內）非歐人子孫即其屬地其能自立者僅六七國其面積不過一百萬日本方里耳吁此世界其終爲高加索人所領歟如以阿伯亞人巫來由人亞美利加之銅色人自古不能自建邦國今猶蒙昧蠻野故爲高加索人所領至蒙古一種其勢向甚强大成吉思汗幾統一亞洲全部且侵略歐洲之大半有一統世界之志無如壙土未乾外藩先喪卒亡其國若高加索人則風氣已開各國皆同實有根之木有源之水也今者朝鮮爲西人香餌勢將歸俄保護臺灣彼逼於法支那之四周已在高加索人重圍中矣日本則東洋一孤島而薩格連全島前被俄人侵奪小笠原屬島亦將爲西人所占豈可不寒心耶我三千有餘萬兄弟其奈此國家何其奈此世界何

是日爲西洋元旦各國公使例集王宮致賀余於未初一刻率慶常吳宗濂潘承烈世增至王宮俟頭二三等公使齊集排班立定法總統率宰相各部大臣出而相見點頭總統立於中間各公使致賀年頌詞由教王公使讀畢（教王公使向爲頭等公使之首）總統亦宣讀答詞畢乃走至各使前每人寒暄數語握手致殷勤宰相各部大臣亦以次與各使相握手然後各使向總統點頭而出

總統仍握手送之頌辭云今値履端伊始本公使等敬來祝賀願

大法國興隆日臻

大總統福祉康泰祈天永命遐邇臚歡謹以爲頌答詞云承各國公使大臣吉語祝頌具見邦交之篤欣感交加今値改歲願各國共享昇平俾得盡心於國計民生之事我國一切權利雖無所變更而交際之道以和爲貴應與各國共勉爲之并請轉達各國

國家以表和好之意有厚望焉

初三日記

日本一國火山甚多時有發揚迸裂之虞每當火山轟炸地維即爲之震動當地震時有某員之妻出門觀望倏而坤輿拆裂陷入隙中其女趨出欲救其母復陷入焉於是塵土飛揚遮蔽天日越數日工人掘挖所傾之屋徵聞窟中有聲啟而出之即前被生埋之母女二人也絕去水粒七日不死亦異矣有一山左右俱聳高峰內有三穴闊約六十尺若由穴口拋擲石子必閱數點鐘其聲始寂則其深可知迨未震前一日此穴鎮日有聲隱隱如雷之響震時右峰崩倒空中沙飛塵捲滾滾如煙霧之迷離更有幾處山尖盡削其髻亦有變更形

狀低者忽而軒昂高者忽見平坦亦有基址移往別處者樓臺屋宇道路橋樑傾圮遷徙者不可指數有一河平日淤淺今則急流如箭又有一山甚高山頂神廟一所今皆沈沒居民於十日前目擊山頂浮露青雲終日瀑泉飛瀉云

初四日記

海軍衙門本假煤渣胡同神機營後院以資辦公前經醇賢親王擇購西四牌樓粉子胡同李將軍宅擬建海部京廨迄未開工近由慶邸飭移衙門於此將原屋拆去改建署門大堂二堂各股公廨及檔房庫房　日

本有一河名基蘇當地未震之前河底俱剛沙府舍無石粒攙混既震之後多有石塊且有一石鉅如小屋浮於河面并有汙濁之水由河底之孔湧出云

初六日記

電學有無窮之妙其大用不外四端一曰治病五百年前羅馬人有用以治癱症者今則所能治之病更多如溺水夢魘酗醉懸樑爲時不久者頭疼牙痛筋痛肉麻者皆有奇效此法實有三益一能運行筋脈感動精神二可在細管催水隨血絡運行以通脈汗三如病在一臂一股用電氣急治不必按方服藥以免全體胥受藥

力一曰傳報電路以銅絲或鐵綫爲之惟鐵綫一杪內僅行二萬洋里而銅絲一杪能行二十八萬洋里較光行尤速一曰傳聲西人貝拉所造曰傳聲器一名德律風造法用吸鐵桿圜以包絲細銅絲圈裝於木殼內接以遠處之電綫吸鐵桿前端有極薄圓鐵皮人口對此鐵皮言語彼端亦有此同式之器人耳對此鐵皮聽之即聞言語一曰燃火地雷水雷多可用電氣放之其法將火藥裝於鐵殼內或沈水底或埋地中以銅絲爲電路復以細銅絲或鉛絲接於二銅絲之中以通火藥可轟敵於數里之外以上四端皆實用之識在電學書者

也此外用以鍍金可飾器皿用以代炬可照督脊用以運機可助工藝用以航海可得南針信乎格致之學之精妙也

初七日記

西報朝鮮永清海灣有一埠名刺沙利輔者頗爲洋人所注意法水師提督率艦往遊而英水師提督亦往駐焉因此灣冬季無冰與俄之琿春相若也　廣東南海廟有二銅鼓大小各一大者徑五尺唐時高州太守林靄得之於土酋以獻節度使鄭絪納於廟中其製中空無底腰束而臍隱起旁有兩耳通體作絡索連錢及水

穀紋其色微青如鋪翠銅質欲化金精獨存蓋千數百年物也其邊際舊有蛙六今已無存小者徑四尺出潯洲銅鼓灘先是灘水湍急作銅聲一日水涸銅鼓見太守取之懸於四面樓鼓邊有金蝦蟆五被人竊去後歸廟中其色純綠作鷓鴣斑斜紋纖麗隱然作八卦象每歲二月十三日祝融誕辰粵人擊一鼓以娛神其聲鏗鍧鏜鞳宛若雷行於天近聞聲小遂聞聲大鼓內均鑄有漢伏波將軍鑄字樣蓋征交趾時所遺也說者謂三代銅器用陰識其字凹秦漢用陽識其字凸陽識易成陰識難鑄此爲漢物無疑矣或又謂南方舉祭賽鼓多

不能鳴故以銅爲之凡爲鼓紅銅爲上黃銅次之其發聲在於臍上今粵中銅鼓師僅有數人蓋其技術甚秘不傳於人僅傳於子故漸稀矣

初八日記

今地球大勢頗似春秋之後戰國之初俄羅斯以一面制三面諸國畏之忌之如六國之擯秦而俄之日趨強盛頗如秦獻公孝公之時英之國勢與俄相匹而富强過之殆猶楚宣王威王之時初併吳越地廣人眾而衰微尚未見也法蘭西本霸國之餘拿破崙第三其猶齊閔王乎德意志用賢才以勃興地不甚大而國勢可抗

英俄殆猶趙之幾與秦楚相匹乎美國僻處一洲自闢疆土亦猶燕之僻在一隅而戰爭之禍較寡焉奧斯馬加意大利四戰之國猶韓魏也中國尚文德而不競武力頗有宗周氣象然猶似在春秋之前非若戰國二周之弱小也土耳其處兩大洲之中爲英俄法所窺伺孰先得之皆足以廣地而張國勢恐不免如戰國之宋爲齊楚魏所分裂也日本國雖小常有與諸國頡頏之意其猶中山乎其餘諸國殆如泗上十二諸侯焉耳嗚呼天下事有始必有終今之形勢吾不能測其所終極儻有如佛經所謂金輪聖王者出乎當在一千年以內未

可知也

初九日記

俾路芝東界為印度西之英國新省地北界阿富汗南界海西界波斯全境自東而西約九百啟羅邁當白南而北約五百啟羅邁當在巴黎東五十五度至六十七度北緯二十五度至二十度零半分境內高低不一低下之地多在臨海高敞之地多係內地形勢與阿富汗相似極高之地距海面有二千邁當地氣迴殊窪地與印度熱地相同高地與歐西涼地相同近西沙漠地極荒瘠物產稀少偏東稍有出產草木豐茂民奉回教民

類約分二種其一土著稱為白拉烏衣多居東境一為波斯阿喇伯分來之人多居西境獸有獅豹虎狼山貓野狗狐狸山羊野驢猴鳥有鷹雕雁海岸魚極繁瀕海之民多以捕魚為生業

十六日記

西人天文格致之學不外測算如勾股和較方圓以至於弧角八綫弧圓橢圓平綫拋物綫等各有定法不失毫釐近來製造一器一物必測準分度詳列表數如開花礮彈平常重九磅者內藏藥九兩五錢重十三磅者內藏藥十兩重十六磅者內藏藥十八兩其新式劫海

奴閉思兩種開花礮彈測量遠近更為精密併炸藥配準質料計其能力炸彈中藏有時引藥一種每燃一英寸歷時七秒半綫盡藥發適當其可又如光學中折射光行速率積累而計百不失一要非精於測算不為功

邇來福州織布局共有六十餘所惟所用之紗尚須購自外洋利源外溢現購紡紗機器十月間已到閩垣不日將擇地建廠又南台三山會館布行中人會議謂閩省每年除洋布外銷售蘇松機布約三百五十萬捆自卞制軍曾同陳紳寶琛興創機器織布局以來福州本布出產約有一百萬筒此為民興利之大者也

十八日記

加那大共有華民九千數百人其六千皆係為商其三千則往來無定者也　滬報云戶部將常年入款逐細核計每歲各省海關所徵洋稅銀一千五百餘萬兩地丁銀一千餘萬兩鹽課釐等銀一千二百餘萬兩常關稅銀三百餘萬兩釐金銀一千三百餘萬兩茶稅當稅鹽商捐輸等銀三百五十餘萬兩各省雜稅銀一千五百餘萬兩裁撤長夫等銀五十三萬餘兩合計約八千數百萬兩余謂此帳與余平日所聞大約尚無甚出入惟雜稅銀一千五百餘萬兩一款似有訛舛而洋藥釐

金八百餘萬兩。則尚未敘入云。

十九日記

土耳其之君士但丁海峽。爲歐亞兩洲中道。可以出黑海而入歐洲。西歷一千八百四十一年。英德法奧義五大國暨土耳其定約。凡兵艦均不准過此海。若必不得已而過。須將所因何故向土廷報聞。求取憑照。始能過境。商船往來。亦須報明地方官。其平時管鑰之司。則土耳其任之。迨一千八百七十一年。復在倫敦酌議。七十八年。俄土戰罷。又在百靈共議。今年俄船不向土廷請照。突將戰船載兵駛過。各報咸謂俄欲故挑土釁也。

英皇長孫初定明年正月二十六日成婚。此人當繼君位。各國擬派頭等公使致賀。余電達總理衙門。十二日總署來電云。齊電已進呈。卽由貴大臣赴外部恭代致賀。毋庸辦給

國書。旋聞皇孫於十四日病故。蓋邇來倫敦疫氣甚重也。余又電達總理衙門。十八日衙門來電云。本日奉

旨。薛福成電已悉。卽著該大臣赴外部遵

旨致唁。欽此。余已於十七日發一洋文電致英外部。申弔唁之意。今日復發洋文電云。本大臣接奉本國

國家電諭。

大清國

大皇帝聞

貴國主長孫克蘭斯侯薨逝。悼惜殊深。卽令電達

貴國大君主并大太子及大太子妃。以申弔唁之情。而示休戚相關之意。本大臣奉此。卽請貴大臣奏明

貴國大君主爲禱。

二十日記

中國刻書由來已久。五代會要。後唐長興三年。卽西歷九百三十三年。命太子賓客馬縞等充詳勘九經官。於諸選人中召能書者寫付匠雕刻。每日五紙。漢隱帝乾

祐中。周禮儀禮公羊穀梁四經皆已鏤版。後周廣順三年。尚書左丞田敏進印板九經。據是則中國刻板印書。在西人前五百餘年矣。西人印書。喜用活板。創其製者。德人瞿登倍也。其法鑄鉛爲短條。約半寸許。薄且窄。一端刻一字。依文稾字序。併合成板。四周圍銅片緊束之。置諸機上。塗以墨。以紙覆之。重壓其上。揭其紙。已印文字。朗若列眉。其始行於靈納城。繼行於斯德辣步城。日耳曼各方爭相倣效。羅馬初用其法。在一千四百六十七年。又三年。巴黎行之。又三年。倫敦行之。俄人仿行在一千五百五十三年。自是愈傳愈廣。至今不過四百餘

年前此恆用寫本則西人實師華法也華書刻板在西人前五百餘年惟西人初創遽用活板而中國則始用鐫板後用活板活板起於宋大約在西歷千一百年活板之字宋人用泥明人用木國初又用銅鉛逼肖西法祇印機爲西人獨倡邇來中國亦多用之大抵木板與活板各有利弊不相掩也

二十四日記

馬格里來信云昨遵總署來電赴外部問滇緬界事曾發電戒飭管理緬甸大臣否外部答云英兵未曾實入中國邊界總署亦未指明英兵所在地名是以印度部

不能發電等語總署來電僅言騰越西北地方騰越西北無論何處皆係穆雷江之北本非緬甸所轄英雖戰勝緬甸此地不歸英屬昔曾侯已明告外部今中國若不欲失管轄之權（此地即穆雷江之北厄勒瓦諦江之東）現在必須竭力索問此處即出翡翠之地雖非盡中國人卻皆中國一類之人風俗教化衣服皆與中國同中國可云向歸我轄現仍欲管轄下去必能有效從前中國西面皆有屬地今則俄在北邊既割黑龍江大股之地又欲覬覦喀什噶爾之西朝鮮已爲自主之國日本滅琉球英人踞緬甸法人取越南暹羅不肯再進貢中國中國所有屬地僅餘西藏而已非中國之不能管轄各地實由中國於邊界之事太不加意甚可詫也

二十五日記

八月十六日字林報云致遠輪船由香港到滬被海關查出軍裝實係鎮江洋關寫字梅生所運由香港裝船出口共有三十五箱詭稱鋼條尚未露出破綻其時德臣西字報已有風聞由香港電達滬關及致遠抵滬起出快槍百桿彈萬顆對而笑五十桿彈五千顆洋槍五十桿彈萬顆另有炸藥約二十五磅在梅生行李中梅生由滬回鎮經官拘獲置之英國來的茂克兵船上又

以三輪船押解抵滬禁之滬關淩風小輪船中

二十七日記

西人精研汽學化學電學以得御水御火御風御電之法而一切製造遂能極人巧而奪天工余嘗問西士將來尚能得御雲之法乎西士云雲於天地間最無力不過乘風氣以飛揚恐不能得其用也大抵水火風電其力皆甚大西人窺其奧妙驅而用之無不如志遂致富強若雲氣之出自山川雖能頃刻布濩彌滿天地不過藉風以行耳蓋雲本自無力則其不能致用也亦宜

二十九日記

字林西報云北京西友來信恭聞皇上神聖英武萬幾餘暇典學不倦現欲通英國語言文字侍讀者爲同文館中之兩教習云　中國自蔡倫作紙之後繼起者爭奇競勝美其名曰蠶繭曰烏絲或以松花爲之或以楮皮擣就然皆以竹素爲盛類能欺霜浣玉滑澤晶瑩格物可謂精矣近日歐洲新法更能用破布敗絮及鳥毛魚皮獸皮等製紙質堅價賤卽起蔡倫於此時亦覺後來居上今又有美國人以麥心之皮製紙光滑耐久其化學之功更妙矣格致之學苟精殆可使天下無棄物歟

三十日記

中國已開之礦開平煤有九層可開現祇開五層煤質之佳甲於各處南北洋兵輪大半用之視洋煤尤勝近又開出佳泥一種可供塗修鍋鑪之用基隆之煤火力甚猛可合輪船之用以上二處皆有鐵路以便運出海口濰縣煤質頗佳開出者日以噸計惟不用機器距海口甚遠又無鐵路僅供周圍百里之用積煤甚多銷路甚緩入夏遂停開挖淄川之鉛所出亦饒可中礮彈之用近運滬局鎔鍊其用不亞洋鉛而價則較廉雲南銅錫諸礦日見起色京銅不但無欠解并可豫解箇舊之錫運至上海雖不甚多而漢口則銷用甚廣徐州利國之鐵礦産雖美限於資本未能大舉漠河金礦如照舊章所獲必可如前貴州青溪鐵礦僅開小鑪尚未能開大鑪聞因布置未善運路窵遠恐亦將以款絀停止殊可惜也惟滬局開鑪鍊鋼極爲得法前時試鍊所開者小鑪也而所鍊之鋼與外洋無異價又廉於洋鋼故近日大開鑪火決計自鍊可勿需洋鋼矣

光緒十八年壬辰正月辛酉朔記

余在巴黎適値天氣晴明格外和煦午後駕輕車赴大樹林駛行觀覽而回　婆羅洲爲亞細亞羣島之至大

者正在赤道之下自赤道北七度六分起至赤道南四度十一分止京師東二度五十二分二秒起至西七度二十九分十八秒止（巴黎東一百六度三十八分起至一百十七度止）合附近小島共得七十四萬八千七百啟羅邁當方里較之法國之地蓋半倍之西界中國海北界蘇祿海過此卽呂宋羣島東界望加錫海峽過此卽西里百島南界爪哇海過此卽爪哇島其地北境今屬英國東西南沿海各地皆屬荷蘭或歸保護內地尚有土番部落有人所未至者地溼多雨南境尤窪北境稍高居民皆處海岸縛木水上築室以居島中有大山自東北而西南劃分界

限土番稱爲一千一百嶺即志略息力大山也明史封浡泥國後山爲長甯鎮國之山當即指此其江河在浡泥者曰浡泥江在東北岸者曰慶那伯當岡此北般鳥薩巴之河在西北岸者曰沙拉窪克此西般鳥沙拉窪之河在南岸者曰班熱馬生此馬神之河曰達亞哥此戴燕之河在西岸者曰馬當曰邦的亞那在東岸者曰哥的曰巴昔爾皆河之大者也天氣漸熱不能養人瀕海寒暑表二十七度至三十二度（法國表度）

初二日記

婆羅洲在唐曰婆羅（唐書南蠻傳）在宋曰勃泥（宋史外國傳）雖據全島而言其實古婆羅國即今埔尼國（外國史略）祇有北岸之地古大今削固尙存也在明曰婆羅曰浡泥不知其爲島之北境一國曰文郎馬神即今班熱馬生（製造局圖）則在島之南境洋文譯音則稱般鳥或稱蓁娘土人自稱蟠尼阿蓋皆婆羅勃泥一聲之轉耳自唐迄明土番分部而治或奉佛教或奉回教其大者朝貢中國明正德十六年葡萄牙人墨瓦蠟始至浡泥後西班牙人亦至焉然未據其地也萬歷三十七年荷蘭始至西岸由是而南而東或踞其土或奪其權寖削寖滅瀕海之地皆爲所有昔日諸部土酋今皆歸荷蘭保護道光二十六

年遂定爲荷蘭屬部今所稱東西南般鳥皆是也島之北岸則東爲薩巴今屬英即所稱北般鳥西爲沙拉窪克今屬英亦稱西般鳥其中埔尼國即古浡泥已歸英保護爲屬部焉內地多戴燕人沿海多巫來由人華人則處處有之凡開礦經商種植諸事皆賴以辦亦已漸入漸深然島中大半榛狉未盡闢也

初四日記

去年美國編造丁册民間產業其值洋銀六萬二千五百兆員此合十三兆戶之民生計言之也內十三萬五千戶每戶每年有利十八萬六千員又教會中人四百戶每戶每年除動用外淨存餘利五十萬員又八千戶每戶每歲有二萬五千員又十萬戶每戶每歲有十萬員共合每年一千四百兆員可知美境民產之富　浡泥國或作埔尼亦稱文萊通中國最早全島亦蒙是名城在赤道北四度四分京師西一度三十分（倫敦東一百十四度五十八分）唐之婆羅宋之浡泥世居於此號爲大國至明則東奪於蘇祿西侵於荷蘭近日東西兩境皆屬英國益復不振城瀕浡泥江江寬二啟羅邁當兩岸有小河穿城而過此城當明嘉靖間居民約十六萬人今祇有一萬人矣

初五日記

薩巴卽英之北般烏。譯音卽勃里的次諾斯般烏。在婆羅洲東北。自赤道北三度五十二分。古拉山起。至七度二分三十杪。桑邦忙休角止。京師西一度八分。至東二度四十六分止。其得七萬八千九百四十八啟羅邁當方里。疆域之廣。過於錫蘭。居民踰二十萬。其地斗出海口。踞全島形勢。西界渤泥。南界荷蘭屬部。西北瀕中國海。東北瀕蘇祿海及曼陀羅海。昔時薩巴之地。分屬蘇祿渤泥。乾隆二十七年。英人始至其地。同治年間。英商丁地始租地爲公司。光緒三年。復租其北三省之地於渤泥王。歲給

洋銀一萬五千員。未幾。奧領事復將所轄之地。售與丁地。遂號爲北般烏公司。仝有薩巴之地。時光緒七年也。於是稟請英廷保護。開埠通商。派官監理。分爲九省。卽以管理之人名之。曰阿爾哥克。曰嘎力大。曰丁地。曰答烏魯斯。曰哀勃非斯多納。曰幾貝爾。曰麻爾丹。曰美居衙。曰設一總督統轄之。本地餉項。卽由地稅人稅煙酒稅抽收。進口貨如米穀布匹機器銅鐵器煤油鴉片各種酒及水之屬。出口貨如屋料船料諸木沙藤樹膠籐黄胡椒雪茄煙燕窩淡菜之屬。開礦淘金。獲利已多。光緒十四年。進口貨值洋銀一百三十萬員。出口貨值五十二萬員。稅餉贏餘四十萬員。礦産有石煤金沙。已由華人設立公司開采。又有銅鐵錫礦。有金剛鑽水銀。有鹽泉。有鐵木楠木潮腦冰片。山打根城爲北般烏之都會。瀕海依山。英人所新建也。在赤道北五度五十分二十二杪。京師東一度三十九分。貿易種植權利俱屬之華人。土番有戴燕人武吺人。種類不一。而巫來由人爲最多。

初六日記

王夔石制軍來信云。滇省西南邊防。以騰越龍陵爲門戶。騰越龍陵。又以緬甸爲藩籬。自英人襲緬。藩籬撤而

門戶寒矣。新街本卽蠻暮舊土司之地。乾隆間曾頒給宣撫司印。至今尙存騰越廳庫。自騰赴緬。路凡九條。皆總匯於新街。故新街爲騰越之鎖鑰。曾惠敏欲索回此地。誠爲卓見。然新街據大金沙江上游。猶長江之有武漢。且自緬都赴孟供玉石廠。必出此道。乃咽喉形勝之地。英人未必肯還也。老八募俗稱蠻弄。卽野人山之西口。山中現有一軍。以保護商駝爲名。時至其地。惟野人山綿亙南北。自大路九條外。小徑叢出。議者頗病其防不勝防。如能收回老八募。邊防亦屬有益。至撣人乃緬屬通稱。其實中國之耿馬車里孟連等土司外。不

華不緬之野人，亦正不少。大約以猓猓葫蘆國爲最著。在順甯思茅普洱以外，居潞江瀾滄江之間。潞江以東歸我一說，亦祇能就永昌所屬之孟定土司以南而言。若孟定以北，則龍陵騰越兩廳，已在潞西矣。目下英雖派員查勘，而尚未駐兵。南掌本入貢之國，與普洱爲鄰，何時屬於暹羅，尚未考究得實也。

初七日記

散維齒羣島，亦稱山域治，埃蘭山域治，蓋散維齒之轉音。埃蘭譯即羣島。（製造局圖作散得蔚齒羣島）泰西謂檀香爲散維齒，此島產檀香甚多，因以得名。或稱哈歪伊羣島。（志略作阿歪希）在北太平洋之中，自赤道北十九度起至二十二度十九分止，京師東八十三度十一分起至八十八度四十三分止。由東南而西北，錯列斜上，凡十三島，（一作十五島）而有居民者僅八島。以夏威仁（即哈歪伊）爲最大，以阿亞湖（一作瓦湖）爲最要。其會城王居及通商口岸曰賀挪魯魯，（約章作漢拿老路）即在瓦湖島中。其介乎夏威仁瓦湖之間者，曰脉維，（一作毛伊）曰麻拉開，（一作摩羅喀愛）曰賴恩拿，（一作拉那愛）曰開特老。（一作喀呼拉威）在瓦湖西北者，曰高哀，（一作考愛）曰納訶。其六千五百八十七英方里。乾隆間英人可克始行船至此。每島各有土酋，不相統屬。土番共有四十萬人。後傳教者

踵至。嘉慶末，建耶穌教堂。道光二十四年，羣島合爲一國，以賀挪魯魯爲都城，其酋爲其主。自歐美人來者日多，而土酋衰減日甚。咸豐後華人又麕至。光緒十四年總册，羣島居民共八萬六千六百餘人，內華人二萬二千九百九十七，歐美人一萬九千六百餘。較之二十五年前，華民多至二十倍，而土民祇有昔日十分之一。土田肥沃，氣候溫和，寒暑表自六十度至八十八度。（英國表度）洋海微風，間以小雨，足以養人。高原產麥最佳，低地產棉花桑蔗煙葉甘藷大芋椰子加非。山中旃檀極繁，因砍伐太甚，今漸稀少。畜多綿羊，亦有牛馬豬雞。西距香港五千二百八十海里，東距舊金山二千一百二十海里。（師船表遵數理精蘊推得一海里爲中國三里又一百二十步，蓋依西法以六十海里當赤道一度也）

去年檀香山稽查戶口，土人共三萬一千五百有奇，野人六千，哈歪伊人而爲外國父母所產者七千五百，美人二千，德人千二百，英人二千，葡人九千，華人一萬五千，日人一萬三千，別國人一千三百。

初八日記

近年檀香山國歲入稅餉，約英金五十七萬二千五百鎊，歲出經費八十七萬八千八百鎊，國債五十一萬九千九百鎊，進口貨值英金一百零八萬七千七百餘鎊，

出口貨值二百八十萬七千七百餘鎊。夏威仁島蓋火山土石迸聚而成，其山峰之高、火燄之奇，冠地球之冠。今尚出火者其山曰麻拿洛哀，曰啟老伊，光緒七年火山崩裂，煙燄冒出，灰水橫飛，幾滿歇羅城。城瀕東海岸。今登啟老伊火山觀之，深壑下俯，烈燄上騰，積火成湖，蔽日燭夜，亦大洋海獨絕之景也。

初十日記

恭逢

皇后千秋節，謹率參隨等員望

闕叩頭遙賀。倫敦新報：葡萄牙有售出屬地之議，已

派員到倫敦與英廷商辦。其所欲賣之地曰吉尼，即志略之幾內亞，阿非利加西土也，赤道之下，物產蕃衍，而甚酷熱。英法皆有屬地，葡僅一隅耳，曰威達，製造局圖作懷塔，即幾內亞之一地，東界英屬，西界德屬；曰卡本達，局圖作喀班塔，在阿洲東土之南，幾內亞公額河北。蓋河南葡人摒兩大部，名載志略，河北葛爾士不相聯屬，故葡人欲割棄之；曰摩山比克，即志略之莫三鼻給。壞地絕大，北界德屬之桑給巴耳，新屬於英者也；南界英屬之好望角；東部臨海，大島即法屬馬達加斯也；而莫三鼻給海道尤為南北阿洲必經之路，英若不取，德法必取之。現議以英金千二百萬鎊購之；曰諦模，即志略之帝汶，在南洋各島中，澳大利亞洲北，葡得東半，荷蘭得西半；曰澳門，本中國屬地，而葡人租之者也。大約葡賣屬地阿洲小部二、大部一，南洋則兩小部。然澳門雖小，在中國視之則關繫絕大，且本中國之地，葡人擅欲賣之，尤為無理，亦與近訂條約相背。已飭駐英馬參贊探聽實情，以便與葡人理論。

十一日記

佛家論宇宙為地水風火四大合成，西人論地球之質，則曰土水氣火。土即地也，氣即風也。而洪範所列之五

行則又有金木而無風。夫金木不過土中所生之二物，洵不足與土水火相配。竊謂洪範之五行，祇就民生日用所最切者言之，是論其用而非論其體也。若論其體，則但云土水風火，而金木自包括在內矣。西士嘗論太空中地球，其始或由日中流出餘火，或係彗星所存之火旋轉空中，終古不熄，亙數百千萬年，而火外漸生皮殼，包火在內，愈長愈厚，遂成堅石。久之，而石在太空，不能不積受寒溼之氣，而其內又極熱，於是寒熱相搏，燥溼相乘，而石之上有泥、有沙、有砂子，三者生焉。久之，而積泥稍厚，不能不生草木，草木腐爛，復為泥土，積土益

厚大地遂成於是石之凸出者爲山土之凹陷者爲川蓋土之含孕既厚未嘗不積收太空中亙數百千萬年之溼氣在內而又與空中之溼氣相感故能呼吸流通其由沙土中噴涌而上出者爲泉其由太空中凝潤而下降者爲雨皆水氣也地心之火終古不熄外與太陽之火空中之火相吸引其發而爲聲則爲雷激而爲光則爲電而鑽木擊石無不有火則地球之上無處無火氣也風則流行於空中所以攝此地球而不墜而水火之氣亦未嘗不借風氣以運之蓋自土水風火咸備而植物生又久之而化生溼生之物生蟲魚是也又久之

而卵生之羽族生又久之而胎生之毛族生最後人類蕃育而地球於是乎大成

十四日記

中國之在理教盛於直隸及東三省教有首領每年一會大較以不飲酒不吸煙不服藥爲教規入教者皆秘密異常夫不告之妻父不傳之子至於喇嘛僧分爲紅黃二教間有妖術能以咒語生死人然亦無目睹者白蓮教盛於昔日明季徐鴻儒之亂嘉慶間川楚教匪之變皆白蓮教也今則死灰不復燃矣此外邪教有所謂糍團教者當誦經之日不作粥飯惟製極大糍團蒸

捧而啖之有所謂果子教者教中人納錢於教首示期攏齋咸集齋堂喃喃宣梵唄饑則啖果子若獼猴然竟日水米不得沾唇夜分始散有所謂大被教者其首每年二次巡行各村聚入教者於一室製成大被長短廣狹恰與室符夜集被中默念南無阿彌陀佛然深自掩飾惟自稱喫素人亦能爲人超薦陰魂解穰星宿始而鄉曲顓愚信奉之凡遇喪病延之諷經禮懺且詭僧道爲不虔繼而士大夫亦有崇之者而大被之教遂密布南方各州縣中矣

十五日記

總理衙門函稱熱河朝陽教匪或曰在理教京津營口黨羽實繁而萌蘖在津此輩以勸人戒煙酒爲名入教者吸其茶膏雖老癮而七日可斷每年銷售茶膏不少其煎熬茶膏向在口外蒙古草地既配他藥亦挹草露所以吸者有效而其煎熬既多蒙古人漸以爲厭彼教未必肯如民人租種蒙古地畝之例主客之間遂成嫌隙西教天主堂之在口外者建昌縣之三十家子地方華教士林道源爲最悍在理之徒自樹一幟兩教相輕積怨日積又值熱河春旱夏潦收成甚歉在理教匪乘馬賊出沒之時託言與蒙古及天主教爲仇揭竿爲亂

始而放罕貝子被戕府第被燬繼而三十家子教堂被燬林道源被殺支解其尸懸首樹上又殺教民百十家分股燔燬平泉州教堂教士先遁獲免關內亦不遑安各教堂亦均與在理教挾恨飛電北洋設法保護矣

十六日記

有論中國物產甚富宜設製造學堂以教學生而謀富強收回洋商所奪之利者此固探源之論不如此不足敵其朘削也英國商務最精最廣所屬如印度澳大利亞加那大皆土沃產豐而少工作英乃興其藝術自機器行而成物愈多愈精如洋布呢羽鐘表五金器皿及

玻璃油皂針鈕一切日用之物販運出口所製洋布其綿花皆購自美國所織之布皆能仿效華製而花樣牌號時時翻新洋傘以綢製鋼骨牙柄者為上每柄須洋銀五六員或十餘員中國到處通行或用為送禮之物洋燈以瓷罩保險燈為上價視尋常洋燈數倍今中國務本之道約有數端一廣種植以興農利肥田之料須本西人格致之學不特振興桑茶已也一精製造以興工利如有能製新奇便用之物給予憑單優予賞賜准獨享利息若干年不許他人仿製而又酌其資本代定價值一廣開采以裕民用磷可肥田金可範器硫可製

煤炭可養火均相地開采加以鎔鍊更設鐵路散運各處豈非收回利權之要道耶

十七日記

凡人之心虛靈不昧非若肝脾肺腎之僅各司一職故能用心者可至於聖不能用心者可至於狂誠以人之聰明多在一心其所以能思慮能記憶者皆心也此中國數千年來相傳之訓也近古以來亦有驗得悟性在心記性在腦者乾隆年間齊次風侍郎博學多識十三經二十四史幾於背誦如流後因翻車傾跌腦漿迸流高宗使名醫治之補以牛腦雖完復如舊從此健忘過

於常人經史及壹切典故無復記憶於是記性在腦之說乃益審矣泰西醫書及格致諸書咸謂人之記性悟性皆在腦余每晤西士詰以人之記性悟性在腦有何證據西士云人死之後每稱其腦凡其人生平愈睿智者則腦愈重焉愈愚蠢者則腦愈輕焉試之百而無一或爽又徵之於物牛雖大於猴然猴靈而牛蠢者以牛腦質輕於猴也兔雖大於鼠然鼠黠而兔慤者以鼠腦稍重於兔也亦試之百而無一或爽至心之為用不過能由大小血管送血以通於腦以充於周身而身之百體活焉而腦之精氣足焉精氣既足而腦之思慮自益

銳記憶自益牢或有用思過度以致血管迸裂者則必血不能送入於腦大抵血管盡裂則其人立死或裂其半往往有中風不語偏痺不仁諸症稍久亦終致不治其有調養得宜使血管絕而復續者不過十之一二耳西士之說大旨如此果若所言是心不過頑然一物雖與腦有相爲維繫之用而其不獲自擅思慮記憶之能可知似與中國千古聖賢之說相背然人雖終日思慮記憶其妙用究竟在腦與否在心與否人亦不能自知也余既不能實指腦之能思慮記憶以證西說之確亦不能實指心之能思慮記憶以辯西說之誣祇有暫置

不論而已西士又言人之神明在腦人死則腦腐腦腐則冥漠而無知澌滅而無存矣是中國之所謂鬼神外洋之所謂靈魂實皆無有也余詰以鬼神靈魂既皆無有何以耶穌有天堂地獄之說西士默然不能對

十八日記

昨接總理衙門十五日電云疆撫電坎巨提頭目報稱英兵犯坎於上年十二月初二日在卡外戰據云英欲坎修路不允起釁纔又電英兵與那格爾部戰又與坎戰十一月二十八等日坎部頭目男婦五百餘人逃至塔敦巴什卡外查上年七月尊處篠電英外部謂克什彌爾築礮台近坎境非侵坎今則明是侵坎請即詢詰外部因何開釁遽爾交兵先行電覆余以英兵之駐緬者屢逾野人山窺伺滇邊土司又通匪濟械之梅生判罰太輕兩事須與英外部爭論今坎事又棘乃於本日十一點半鐘挈繙譯武弁各一人由巴黎啟行赴喀雷海口渡海至都甫口以晚八點鐘抵倫敦使館海中風浪甚大余亦爲之嘔吐頗覺疲憊然巴黎倫敦同日得雪疫氣當漸息矣一月前疫氣最盛倫敦每七日死七百人巴黎每七日死三百人

十九日記

申刻率參贊馬格理赴外部晤首相兼外部尚書侯爵

沙力斯伯里侍郎山特生及印度部侍郎一人議論兩點鐘之久坎巨提事沙侯云英廷萬無欲礙中國權利之意亦決不阻坎之進貢於中國但修路所以防俄乃欲罷不能之事坎酋出而攔阻咎由自取理所難宥余與往復理論乃云印度總督初議欲立坎酋之子未知究竟如何允發函電與印督妥商滇緬邊界事據云華爾身任滿將回秋間擬調歐格訥任之與中國商議分界之事余答以駐緬之英兵方出入滇邊致土司諸屬地騷擾不安恐即啟釁不及待到分界沙侯允電致駐緬大員屬令小心勿生事端梅生判罪事則山特生言

之似有不肯加重之意余擬俟其回文到時再行文與之辯駁因先將坎事致電總理衙門云咸電詰外部據云英兵修路通至礮臺坎酋合那格爾攔阻英兵攻之坎酋出奔揚言借俄兵恢復印督以坎酋弑父虐民不能還議立其子尚未定鈞署再向華使堅持或辦到

二十日記

新疆沿邊一帶界俄之外又與各回部毗連其附屬中國歲納貢金者惟坎巨提一回部（坎巨提一名棍雜每歲貢沙金一兩五錢領賞大緞兩端）光緒十四年據該頭目稟稱英屬溫都斯坦所屬之音底部率衆入坎欲奪其略普騎駝地方經邀同

納噶爾（即那格爾）併力拒禦擒獲多名而英公使華爾身照會則稱並非音底部攻坎實係坎酋糾同納噶爾頭目直入印度所屬之克什彌爾攻撲略普騎駝礮臺逐去戍卒（該礮臺在克什彌爾境內先於光緒二年被坎人逐去戍卒）仍前進攻即被擊卻坎巨提久懸克什彌爾膽敢肆行滋擾印度總督必不容其倖免等語十七年疆撫文稱英兵移駐奇里陡地方距坎部僅四十里並運有大礮欲在彼修城英人志在開通新疆西南一帶道路以分俄人之勢或欲借端併坎自在意中

二十一日記

西人謂一星即一地球殆經千百年才智之士測量推算而始有此論與我中國舊說迥殊余無以斷其說之或確或否茲姑述西士所言而參以余之臆見更為推而演之擴而大之夫星之布於太空者無窮也而日之吸力足以引之日之懸於太空者亦無窮也而太空之無外無不容之吾人目力之所能見祇此一日而不知日力之所不及者尚不可以數計也一日之力能統攝羣星星之質有大於吾地球十倍百倍千倍者亦有小於吾地球十分百分千分者惟日之大小亦然日愈大則所攝之星愈多此固必然之理日之為體似係純火

亙古不熄人不能測其所以然而太空中之彗星行星常有被吸入日者彗星亦純火也行星即地球也議者以為日之得此猶火之添薪焉昔釋迦牟尼與諸弟子說法因云我與汝一說法之頃不知多少世界成多少世界毀夫佛氏所謂一世界即一地球也地球之成余前已言之地球之毀厥有數端其最甚者莫如被日吸入或為彗星之芒所觸則立成灰燼無復留遺又或行失躔次兩球相碰其摩戛之力足令全地生火則人物銷滅而球亦隕墜於無何有之鄉然雖歷千萬年之流移隕墜而太空之中莫不有日有星雖不為此日所吸

引而他日之力又足引之浸假而生水土浸假而生人物而地球又成又或因地中之火迸裂以至飛隕再閱千萬年而地球又成又或因地中之火漸寒不生人物雖流轉於太空之中必閱千萬年後別遇生火之道始能復生人物又或行失軌道爲日所不照而人物自息必待千萬年後再受日照而人物復生是故有以一地球而屢毀屢成者有以一地球裂爲數地球者有以小地球合於大地球者有地球屢到將毀未毀之時積久乃復成者夫天漢大矣實係眾星叢積而成因其離吾地過遠故其光在明昧之閒可見吾人目力所能見者

地球殆如恆河沙數余嘗盛夏露坐納涼雖不過數刻而天上常見流星亦有空中有聲光熊熊如巨燈良久乃沒者斯殆地球相碰或迸裂所流之火佛氏說法之言於茲益信然並非毀球之易乃益見地球之多且吾所見空中之光未必全球俱毀亦有地球一處炸裂飛騰太虛而全球實未壞者其火或飛到吾地則凝而爲石人乃謂之隕星然其流轉空中如彈丸如車輪終古不消者斯亦一最小之地球但氣力太薄則人物不生偶行近吾地則翕附於吾地人見以爲隕墜實則爲吾地之力所吸耳或曰地球可毀之道如此其多然則吾輩所履之地豈不危哉余應之曰吾地之在太空殆不僅如滄海之一粟則所謂或碰或裂或日吸或彗觸者並無數萬萬分之一蓋行星被吸入日西士亦不過設爲此說尚非實有所見且空中諸地球吾不遑論但言吾地吾地所行之躔度推步者能知大略斷無日吸彗觸之虞大抵地球所慮以地中火熄或日光不照爲較多然就吾地而論亦總在數萬年數十萬年之後矣況此係大數雖造物者亦無如何也又奚待乎子之杞人之憂

二十二日記

天圓而地方天動而地靜此中國聖人之舊說也今自西人入中國而人始知地球之圓凡乘輪舟浮海不滿七十日即可繞地球一周其形之圓也不待言矣若天之全體則星也日也布滿於太空之中太空無外空之又空至於不可終窮殆不能以方圓言矣西人又創地動日不動之說以爲地球繞日而行每日運轉一周積年而繞日一周而日則終古不動其證據確鑿亦足自暢其說然則與吾聖人所謂天圓地方天動地靜者不大相剌謬乎余謂西人所測方圓動靜言其形也聖人所論方圓動靜言其道也夫陰陽始終寒暑往來循環

無端。豈非天道圜乎。華岱江河。各有定位。不能移易。豈非地道方乎。圜之故出於動。夫日雖不動。而二十八宿之纍布於太空者。不能謂之不動也。且地繞日而行。安知非即日之挈地以行。人既在地。不能復測日之所以動。然西人以遠鏡窺太陽。見面有黑點。時時移動。故知日亦能自轉也。自轉則動也。方之故出於靜。鎮之以山而不重。流之以川而不洩。皆靜也。譬如大舟行海。舟中之窗戶几席。雖與舟俱動。而在舟中未嘗不靜。聖人在地言地。則謂之靜而已矣。或曰。中庸有言。夫婦之愚。可以與知焉。及其至也。雖聖人亦有所不知焉。夫婦之不肖。可以能行焉。及其至也。雖聖人亦有所不能焉。地球之圜。豈非今之夫婦所知。而古之聖人所不知乎。環遊地球一周。豈非今之夫婦所能。而古之聖人所不能乎。應之曰。古之聖人。不能環遊地球審矣。若謂不知地球之圜則未必然。但未到其時。聖人不肯顯言。未涉其境。聖人不必贅言耳。

坎巨提。即西域水道記及新疆識略之所謂乾竺特。胡文忠公。　統輿地圖之所謂喀楚特。洪文卿侍郎中俄交界圖之所謂棍雜。其實一地也。不過譯音之互轉耳。坎巨提回部轄眾八千人。那格爾回部轄眾約萬人。

二十三日記

克什米爾。五印度極北大部也。與格拉伯新格接壤。近年歸英保護。在京師西經三十六度四十八分。（即英京東經七十九度四十分）至四十二度五十八分。（即英京東經七十三度三十分）赤道北緯三十二度十七分至三十六度十五分。全境居伊瑪拉雅山平地。東界西藏。（西名別倍脫）南界伻及拔。（即本若印度部落）西界伻及拔與阿富汗。北界克拉考崙模山。（從東土耳其發脈今圖作喀喇闊魯穆嶺）方二萬五千英里。居民前有七十五萬。厥後地震饑疫。今僅存二十萬。其地南分兩省。一名克什米爾。一名拉達克。跨伊瑪拉雅山兩旁。內分五小部。曰克什米爾。曰薄爾的。曰及模。曰克許塔華。曰拉達克。四面皆山。川原中啟。印度河諸水經焉。境內峰巒層疊。皆伊瑪拉雅山脈。高者距海面萬五千尺以上。東境最高之峰一萬七千八百三十九尺。山道十二。經歲冰雪無阻者四道而已。有伻及爾山石。作灰及鐵黑色。有五金之礦。全境水利。哲拉穆江為大。（入印度江）有三水注之。地既高寒。終歲飛雪。山地饒沃。物產米為大宗。有大小麥。珍珠米。瓜果。蔬菜。蓮藕。菸葉。棉花。油紙。印度麻布之屬。而蜂蜜尤佳。土人偉軀有力。婦女美容止。善製絨巾。販西藏羊毛織之。運至外國。最珍貴。數年前出口歲約三十萬銹今已稍減因麥赫拉社仿造也餘如皮料馬鞍料紙劄玫瑰花油刀件玻璃器寶石皆爲出口之物民多囘教千五百八十六年全部爲挨開拔王攻取乾隆十七年屬阿富汗嘉慶二十四年屬錫克斯道光二十五年爲仟及拔之麥赫拉社大酋管轄其冬錫克斯攻英邊境大敗英遂進據拉花挨地於是割皮斯隂杜斯兩地及克什米爾全部以抵所償兵費而印屬格拉伯新格之北境遂擴然地雖屬英民事皆歸自主和約內英許彼此保護以禦外侮近數年內聞克什米爾囘王爲英所廢別立一王則克部自主之權恐亦漸削矣　昨余

論天地方圓之理尚有應補之義乃前人所未詳者夫地球滚滚日夜旋轉於太空之中故無不圓之體卽日也月也及諸行星也其理皆如是也地球旣圓而地面所發輕淸之氣積之旣厚遂爲蒼蒼之正色人之視之作大圓形若近若遠而不知所止極則指而謂之天今人乘輕氣球者逾四十里則不能復上蓋其氣愈輕則愈淡矣以理度之設令再上越數百里或數千里漸輕漸淡以至於無恐幷蒼蒼者亦不可見矣蓋蒼蒼之氣爲地所發包裹於圓球之外故仍作大圓形人一刻離天氣則死猶魚之不能離水人日在天中而不自知且

又不知天之實與吾地球相依附也若夫日也星也月也則皆在吾地球數十萬里數百千萬里之外矣人因隔氣以望之疑其在蒼蒼者之中而不知迥在蒼蒼者之外昔人謂自地以上皆天也此言最爲名通切實蓋地上輕淸之氣固謂之天太空之悠邈亦謂之天卽燦布太空中之日月星皆謂之天斯足括一大之義矣余嘗見舟人以篙點水暈而成紋無不圓者盆水起泡無不圓者又見人繫繩於竿繫物於繩而急旋之無不作圓勢者此無他依天地自然之形也又嘗觀人之首與夫目之睛耳鼻之孔無非圓者草木之枝幹無非圓者

此無他得天地自然之氣也是故論其道則天圓而地方論其形則地圓而天亦圓惟太空則無可名焉

二十四日記

緬北野人山地在厄勒瓦諦江以東者四分之一與雲南接壤除八募一處外其餘野人山地距赤道北二十四度以上在厄勒瓦諦江以西者四分之三距赤道北二十四度二十五分以上中英如將野人山地對分似可以適中之地距北京西五十度三十八分爲界（卽英界六十五度五十分）如以厄勒瓦諦江爲界中國少得地南北六百里東西二百里又江源尚難確據細流改道亦所時有

可用人力指東說西後必多事不如以經緯度立界爲妥滇臺改道美國北界除太湖外皆以緯度爲憑　舊說謂天有九重最近者曰月輪天曰水星天曰金星天曰日輪天曰火星天曰歲星天曰塡星天曰二十八宿天最遠者曰宗動天宗動天巳爲人之目力所不到之界故不能見其星是人力所能窺測者僅八重耳惟金木水火土五星皆繞日而行地球亦繞日而行而月又繞地球而行是此七重天者實一重也再合之地球則八重而爲一重又火木二星相距軌道之閒有十四小行星爲一重又塡星之上有天王大星爲一重再上海王大星爲一重是十一重而

爲一重矣其餘繞吾日之諸小星爲遠鏡所不能見者當尚不可勝計也若夫二十八宿諸星離地巳甚遠因其光甚大故吾地之人能見之西人謂之定星實皆日也日之旁亦有行星有月西人用遠鏡測之雖能窺見一二然恐其不能測者尚多是知此一重天所占空界甚遠其或以一重天而分爲數重或十數重固理之必然者也然則舊說所謂九重天者質言之則爲八重天宗動天統言之不過兩重而已矣觀吾日所居之一重天內如火星直徑長九千里離日有一萬萬里金星直徑二萬二千一百里離日有二萬萬里其他諸星相距之遠大抵類此夫以九千里及二萬三千里之直徑而位置於一萬萬里虛空之中宜其升降上下無所阻礙卽使有不能窺見之小星繞於其旁必有互相維繫互相吸引之理斯所以能終古不離不忒不碰不隕也吾又嘗以理度之凡吾地之上下四旁可見之星有十餘重可見之日有兩重則推之至宗動天之中並出乎宗動天之外其虛空之界無終極也虛空之中有日有星亦無終極也竊謂有日有星之天雖擴之千重萬重萬萬重而莫能窮其究竟也是以聖人存而不論也　接總理衙門二十二日來電云壩撫電英令那格爾與坎修道

通帕米爾坎那合兵拒英不勝英遂據那坎逃眾已至塞勒庫爾坎酋欲奔俄請援被英防阻查坎入貢中國巳久該酋卽有不是英應與我會商豈宜徑自加兵且謀廢立上年俄兵入帕本署電知竹使告俄外部卽允撤兵並告該督以後勿令弁兵越界今英侵坎勢將及帕俄人豈肯甘休希向外部辯論英如佔坎俄必佔帕我無詞拒之應卽速電印督阻止其兵勿待俄人有詞也申刻余率參贊往晤沙侯照總署意致詰約議論一刻返署卽復總署電云外部似疑我置帕度外乃先動手告以在帕立界牌修壞合派兵巡歷彼欣然稱立電

印督妥商回覆又云我受坎貢甚微無管轄權實非屬國合先聲明復與力辯彼始無言

二十五日記

帕米爾居中亞細亞之中爲全地球最高處其平原之高計萬三千英尺東接天山南接伊瑪拉雅及興都哥士山過脈之嶺南距平地四千至五千尺最高峰離海面二萬五千五百尺兩山毘連處多深谷故名曰帕米爾西界陡下卽圖爾齊斯坦（一譯作土耳及斯坦又作杜爾覲斯丹）沙地也全境勢如建瓴天氣寒暑皆酷幷多大雪及大風雹扣歐石之地入夏爲羊牧場販者麕集地名稱著買克

破羅人至扣白拉坑亦必經此地產鳥獸甚夥馬勿隆羊類一種卽出此水道交錯河之大者一名坎勒克爾面積百二十英方里一名歇佛可爾面積百方里

二十六日記

余昨擬天有九重之舊說以爲天實不止萬萬重其說似奇而創然中庸已先我言之矣中庸言地曰及其廣厚言山曰及其廣大言水曰及其不測獨言天則曰斯昭昭之多及其無窮也日月星辰繫焉萬物覆焉夫曰無窮則雖擴之萬萬重而莫能窮其究竟也余之前說不過無窮兩字之注脚也余又嘗論日月星相繞相吸之理則一繫字之注脚也至余所論諸星位置於虛空之中升降上下無所阻礙所以能終古不礙不隕則又爲道並行而不相悖一句之注脚焉夫然後知聖人雖有所不論而一字一句義蘊宏深實已無所不該余又讀聲名洋溢中國一節舟車所至人力所通天之所覆地之所載日月所照霜露所隊凡有血氣者莫不尊親故曰配天始確然知後之聖人必有統壹五大洲之一日而孔子之道亦必徧行於五大洲爲所尊親無疑也抑余又在外洋閱歷二年深有味於論語子張問行一章忠信篤敬蠻貊可行實爲顛撲不破之道嗚呼聖人

之言何其神也　帕米爾在中國之喀什噶爾俄國之圖爾齊斯坦及布哈爾興都哥士喀喇闊魯穆之間一在東面係高阜之地一在西面係多山之地自赤道北三十六度四十五分起至三十九度四十五分止京師西四十度五十三分起至四十七度零八分止東面之地有七萬法方里居民二萬戶西面之地有八萬法方里居民五十萬戶其中北面有喀爾提錦達爾瓦斯南面有羅善什克南巴達克善諸小部落有山地方則爲草地帕米爾蓋兩帕米爾地處高山之中北有天山南有喀喇闊魯穆山西有中亞細亞大嶺又迤至伊瑪拉

雅山山脈東有崑崙山又通至喀什噶爾山雖高地諸小部自古未有著名大國然唐貞觀中元奘法師求經西域時帕米爾已有什克南及羅善等國此自主高地諸小部周圍有大國環之如浩罕布哈爾阿富汗喀什噶爾皆是因之達爾瓦斯屬於浩罕哈薩爾屬於布哈爾瓦罕羅善什克南屬於阿富汗而喀什噶爾爲中國所得浩罕布哈爾爲俄所得今帕米爾遂成中俄阿富汗平分之地中國有塔里穆江岸及塞勒庫爾高阜一帶俄有阿來嶺及哈爾果什高阜一帶蓋帕米爾高阜地方除爲俄所據外皆屬中國也什克南達爾瓦斯各

土番稱其頭目曰伯克樹土爲城駐兵其中土番納稅受役維謹例貢於伯克者有雞羊呢衣木鞋盤鏟油麪之屬及鐵五斤

二十七日記

或戲問於余曰洋人創造火輪舟車及電綫巧奪天工遂能將五大洲聯而爲一自明以前華人豈知歐美諸洲尚有絶大世界乎今人於地球已能徧歷矣然智巧日生器用日精即如輕氣球之屬尚可開拓其用漸臻美備意者數千年後必有窮極造化之妙爲人思慮所不到者乎如謂行星即一地球究竟與吾地相離過遠人力所不能達惟月輪距地最近意者吾地之人必有到月輪中通商之一日乎余曰西人所恃以奪天工者多藉水火風電之力若太空之中則水火風雷俱無矣惟日星之光或尚可借而用之然吾恐光之爲力不如水火風電之力之大也且西人嘗乘輕氣球矣四十里以上則鼻中出血漸致暈絶蓋人不能一刻離氣以生去地稍遠則地上所浮清氣漸輕漸淡以至於無也月輪離地雖近尚有六十九萬四千餘里之遥人安能飛度此六十九萬餘里無氣之界乎是故謂地球之上將來尚可尋得五洲實在人意料之中謂月輪中可以通

商則吾不敢知　福州茶務向來最旺十年前茶葉販運英國者值英金七十一兆鎊去年僅值十九兆鎊

二十九日記

余觀西洋人議論及其律例大抵最重姦盜拐騙之罪凡犯此者雖平日密友皆絶不與往來恐被涴也而懲治之法雖不抵死亦必與以終身監禁苦工之罰蓋猶中國所謂私罪也至於隱圖弒逆篡奪或謀爲君主或要結衆心謀爲大伯理璽天德雖未成發覺亦祇驅之禁之而已不甚予以重辟而輿論非惟不貶絶之轉有欽佩其爲英雄者蓋猶中國所謂公罪也夫大逆不道

不能不重其辟者所以定一尊而禁邪謀也故勝則爲王敗則爲寇古今通義今西人則於其敗者並不指爲寇焉人孰不思僥倖以希神器哉即如法前兵部尚書布朗熱謀爲法國君主事敗出奔而法人之諷思者至今未衰並不斥其覬覦之罪歐美諸國若此類者不勝枚舉此不知春秋大義之故也　臺北暖暖地方新得金礦礦沙四五十里無不出金淘沙者日三千餘人晨往夜返有人購金沙數十兩黑沙數兩化分攷驗大約純金得十之八一分半爲純銀硫質炭質五六釐耳黑沙則純金可得十之三四惟化煉稍難

二月庚寅朔記

韃爾靼斯丹之地在伊瑪拉雅與興都哥士兩山相接處克什米爾巴勒特斯坦（志略作巴勒提）之西阿富汗之北與都哥士山之東之南地圖或稱爲嘎甫利斯坦皆韃爾靼人居之其地亦名巴勒提亦名小西藏自東而西有四百啟羅邁當其東西及中間一帶自幾勒幾山谷起至身毒江止已入克什米爾其餘各地尚稱自主號爲亞什斯坦北南面分爲小部落或爲小民政國各有酋長　那戛爾韃爾靼斯丹村也在雅辛東南幾勒幾河左支棍雜河（或名那戛爾河）右岸　婆勒庫爾（一作蘇雷闊勒）

中國屬爾齊斯坦之地爲帕米爾長形高原處在赤道北三十六度四十五分至三十九度三十分南北長三百六十啟羅邁當東西寬二十至五十啟羅邁當會城曰塔什庫爾譯言石山也城內居民一萬七千五百人其餘散居村莊地爲邊境孔道居民波斯種較多雖屬中國管轄然不過羈縻而已

初五日記

中國上古之聖人不可攷矣其可攷者伏犧神農黃帝少皞顓頊帝嚳堯舜禹湯文武周公孔子皆聖人也而皋陶稷契伯益伊尹傅說召公太公顏曾思孟亦聖人之亞也宋之周二程張朱五子亦未必非聖人之亞也是中國五六千年以來可稱大聖人者十四稍亞於聖人者十七其大較也而伯夷柳下惠之聖尚不計焉歐洲各國自耶穌未生以前則奉摩西爲聖人耶穌之後則但知有耶穌而已其說以爲後之聖人較前之聖人尤精尤備則前之聖人可勿道也至如耶穌之弟子曰彼德曰保羅者西人亦以聖呼之然不過因稱誦耶穌而兼及之西人之敬耶穌如天殆有統於一尊之意今耶穌之教盛於歐美兩洲而亞洲阿洲亦頗行之生耶穌之前者則有釋迦牟尼之教近尚盛於亞洲生耶穌

之後者則有謨罕默德之教今行於歐亞阿三洲此三人者皆中國以外之聖人也若論其所行之地之廣遠則耶穌之教爲最回教次之佛教又次之余於此三教未暇攷其深淺然如謨罕默德者不過以市儈而兼姦雄耳稱說天神以愚弄其徒不服其教者則興兵以擊之其所以得尊爲聖人者大都恃智力以取之非眞聖也余姑就彼教之所謂聖者則聖之而已矣雖然釋迦牟尼生於印度耶穌生於猶太謨罕默德生於阿剌伯皆在亞細亞洲境內而歐美諸洲從古無一聖人焉意者其人之生性長於形而下之器究不長於形而上之道歟抑天地淸淑靈秀之氣鍾於亞洲故篤生中國諸聖人之外復以其餘力啟彼所謂三聖人者歟而耶穌之庇蔭泰西尤宏矣　今俄國及美洲之北冰海所出獺皮甚多獺在層冰之下捕魚爲食然不能吸受天氣捕獺者鑿冰爲洞獺遊行其下甚覺紓暢漸至洞口吸冰外之空氣人伏伺於洞邊見獺則以鐵叉取之百無一失然後知所謂南北冰海者皆不過結冰於上面而下至水底則仍有溫氣故可不凍也但地愈寒則凜烈之氣愈盛斯結冰愈厚耳

初六日記

余於初三日接總署電謂坎酋即有罪能從寬不廢最善必不得已而立其子亦須羈撫派員到坎與英會辦等語即遣馬格理往告外部外部既開此說大不謂然謂光緒十四年華使照會總署早已聲明坎事當時並未駁回中國向不管坎事今忽欲干與已未免多走一步旋聞印度總督回電已到願存坎而立其子外部亦不來告及往詢則云因有續議難送回音大有推翻前議意今日余往晤沙侯索印督回音沙侯仍僞云未到於是與之辯論磋磨約五刻之久始允仍商印督立坎酋之子由中國派員赴坎會同英員選立後不援以爲例　前輩論洋務者每謂美國自守一洲並無蠶食鄰封之意其人亦和平公正願親中國可以結爲強援有非之者曰彼既但知自守雖於中國初無惡意又惡能爲我援哉此說是矣余謂驅逐華民之事他國之人所顧忌公法而不敢爲者美人獨悍然爲之澳洲之人始出而繼之雖曰埃利士人之意然行其一切新法者美之政府也大抵民主之國政柄在貧賤之愚民而爲之君若相者轉不能不順適其意以求媚夫至可憑者民情也所謂天視自我民視天聽自我民聽也至無定者亦民情也彼其人雜言龐識卑量臨鼓其一往之氣何

所不至。是以不能無待於道之齊之也。美國之政。惟民是主。其法雖公。而其弊亦有不勝枚舉者。即如他國公使很愎。罔多有之。而美之前使西華獨以黷貨著名。每受商民之賂。屢與總理衙門饒舌。甚有毆兵船以肆挾制者。余在浙海關道任內。惟美領事司提文動多挾制。意在助商人以訛索。徐詢其故。則因彼國家給俸過嬴。不能不事搜羅也。客歲教案。惟英法兩國教堂多遭焚燬。而美教士之受損者無聞焉。乃彼不惟不自悉其前此逬逐華民之舉動。輙有派兵船責問之說。然則謂美國之可親者。其義果安在哉。夫然後知數十年前美與中國交涉之情形。或不至如英法之構怨。若至今日而謂美可恃爲援者。皆耳食之談也。皮相之識也。

初七日記

袁爽秋來信云。俄使喀希尼照會引雍正五年俄使薩

瓦在

太和殿覲見故事。無欲在

宮內前殿覲見遞國書。李梅亦云然。而

旨意已定在北海之

承光殿。届期李梅稱病。函請改日。喀使則照稱外部令其照成案。託總理衙門代遞國書。現已函致許竹篔星使。詢商俄外部矣。

初八日記

十一點鐘。率繙譯武弁等坐汽車。於一點鐘抵都甫海口。登舟渡海。二點二刻抵喀雷海口登岸。復坐汽車。於七點二刻抵巴黎。換馬車。八點鐘抵使館。是日海中風靜波平。天日晴麗。惟值兩次降雪之後。寒氣侵人。　英士有核計地球人數者。亞細亞東方教人共八萬七千四百萬人。回回教一萬七千三百萬人。猶太教八百萬人。天主教一萬九千五百萬人。希臘教八千五百萬人。耶穌教一萬三千五百萬人。全地球統共有十四萬七千萬人。

初九日記

余因坎亘提事致電總理衙門云。磋磨數日。彼慮我會辦。堅斬前議。現與言派員會立其子。顯兩屬明證。彼允商印督。稱回音難速。或囑華使要求他事。現宜堅拒。爭滇邊及梅生事。如華使探問。請答以交敵處辦理。禁單火當照商展限法。有事暫回法。　近十年來。英國每年所用之費。酒一萬三千六百萬鎊。烟包七千萬鎊。牛奶油。牛奶餅三千五百萬鎊。牛乳三千萬鎊。糖二千五百萬鎊。茶葉加非等二千萬鎊。房租七千萬鎊。田地租六

千萬鎊絨貨四千六百萬鎊棉花貨一千四百萬鎊學堂費一千一百萬鎊竹布貨六百萬鎊行教費一百零五萬鎊

十一日記

緬甸海口有三埠曰暮爾緬（即馬爾達般）曰德瓦（一名吐瓦）曰丹老（本暹羅海濱西境）以漾貢握其總核計海口華商約二萬四五千人巨商則閩多於粵至沿江各埠生涯全屬滇人計輪船停泊裝卸貨客之大埠二十三小埠二十九而滇商之眾首數阿瓦約萬二千人次則新街猛珙不下五千其餘各數十百人至行商貨駝年常二三萬秋出春歸　緬之財澤利源多在土夷土司境內該境兩倍腹地自東北而西南共分九十九司其境廣民殷以省賦為第一然江東慕乃錫卜（似即錫箔）聳澤穩蔗摩谷勒洽擇抓南坎九司亦為富庶衝要之地省賦即木邦也緬人改易其名猶猛密改為摩媒新街改為八募也木邦蠻暮猛珙同為內屬之三司書志可攷

十三日記

自普法戰後法人始知白鴿傳書之妙用足補電綫所不逮國中礮壘無不豢鴿講求教道馴熟之法今就近國計之約有馴鴿十萬頭巴黎約有八千頭其寄之簏中而待訓練者約一萬頭近又知燕子能認故巢亦將練為有事之用法國人特訶保尼者陸盤克地方人也嘗將教練之燕子由法京縱之而歸竟能至於其家雖路隔一百四十英里不誤也與鴿並飛又能略速是燕優於鴿矣　法人欲得暹羅魯萬弗來拔地方今法兵已將踞之矣法兵之在越南暹羅交界者又時越界以與暹人為難魯萬弗來拔在瀾滄江之東地名而亦省名也　亥正率慶藹堂吳挹青王省三應法總統之請東赴王宮觀跳舞會子初返館

十四日記

英與荷蘭所議婆羅洲島分地之事今已定約畫押其地自極西至英京以東經度一百十七度又自北緯四度二十分而至海復經雪拔的克一島之北皆屬於英餘仍屬於荷蘭此英荷中分婆羅洲地之始也　英國阿爾蘭人七十年前戶口居英三分之一乃去年丁冊僅居英國戶口八分之一蓋以輕去其鄉出洋謀生者之多也

十五日記

古巴一島自明宏治四年義大利人之仕於西班牙曰可侖波者（即可侖比亞）航海覓而得之移民設官遂為藩屬

其地南近赤道與臺灣相準而幅員三倍於臺灣分爲六省土客居民合計一百四十餘萬人設總督一員巡撫六員提督一員額兵二萬七千義勇六萬六千物產以蔗糖菸葉爲大宗合之五金木料藥材每年出口貨約值銀九千萬員而出入貨稅收至五千餘萬員從前西班牙視爲外府取其羨餘以贍國用近來用人多弊商務漸衰所入僅敷所出自道光季年華民聞古巴易於謀生陸續前往藏至同治十二年止來古巴者共計十四萬三千有奇光緒六年查辦以後華人始知古巴官吏之苛虐裹足不前今虐政雖革華人僅有四萬餘

名爲商者百之一其餘盡屬傭工古巴西偏夏灣拿省康熙三年法人破之乾隆二十六年英人踞之乃割北省亞羅列打以賂英始罷兵而去同治六年土人以稅重起兵與防軍血戰不勝而罷

十七日記

西人之以姓氏行猶華人之以姓名並行余既誌之矣乃中西之俗又有不同者中俗以直斥其名爲賤簡之意西俗非尊而敬之則不呼其名凡尋常之人祇有姓氏即或有名而人亦未必知惟曾封五等之爵及賜寶星者始以其名冠於姓上一國之人有尊之之意始兼呼其名姓尤尊之者乃置其姓而獨稱其名至於用其名以名其子孫名其鳥獸名其器具而敬愛之意乃愈摯矣故西人有以父母之名名其子孫者人即謂之孝於父母以其不忘父母也即如英國今之君主名維多利亞雖未必即係其幼時之名大約介於名與號之間英人或以名其舟車名其狗馬名其廠棧名其山澤而其國家功令非但不以爲禁且轉表其有尊君親上之志焉此殆與周人諱名之訓相反雖有殷人尙質之意然而近於野矣

十八日記

泰西諸大國自俄羅斯而外無不有議院實沿羅馬之遺制也其所由來數千年矣議院者所以通君民之情也凡議政事以協民心爲本大約下議院之權與上議院相維制上下議院之權與君權相權相維制英國有公保兩黨公黨退則保黨之魁起爲宰相保黨退則公黨之魁起爲宰相兩黨互爲進退而國政張弛之道以成然其人性情稍靜其議論亦較持平所以兩黨攻訐傾軋之風尙不甚熾而任事者亦猶能久於其位法國有左右中三黨而三黨之中所分小黨甚多又有君黨民黨之別其人皆負氣好爭往往嵩然不靖凡宰相所

行之政議院中是之者少非之者多則宰相必自告退宰相退而其所舉之各部大臣莫不告退由伯理璽天德另舉一人爲宰相其被舉者必先自審其黨友之中可爲各部尚書者若干人若尚闕而不備則必力辭不敢居位而伯理璽天德又別舉焉法自庚午年改易民政二十二年之中已易相二十七次其人雖多喜事而强橫之勢稍遜於前者亦實由此夫宰相不能行其意則告退頗有不得其職則去之意一相退則衆大臣牽連而退一相進則衆大臣彙茹而進亦稍有中國古風然一國中之有才德聲望衆所願推爲宰相者不過數

人可屈指而計既進不難驟退既退亦常復進即如法之現任兵部大臣莊來西尼已三爲宰相五掌兵部矣

十九日記

中國有惜字會大抵始於學士文人其說以爲文字者聖賢之精神造化之機緘而一切立德立功立言之秘要賴之以傳者也敬之惜之罔敢褻也罔敢棄也此風不知始於何時大約一二千年以來相承久矣無論智愚賢否貴賤皆知存此心偶有不知此義而穢褻字紙者則鬼神罰之雷霆殛之雖半出因果家附會之談然亦有威靈顯著爲衆人之耳目所共聞見者矣泰西之俗則不然嘗見有身坐車中閱新聞紙隨閱隨棄任其拋擲於溝渠汙穢之中不問也或揩洗器物皆用字紙男女如厠無不攜新聞紙爲拭糞之具雖西人皆知敬畏上帝從無以穢褻字紙而受罰於上帝之說豈蟹行之體不如蟲書鳥篆之根源字母所拼不如會意象形之體製乎然其爲道術所寓學問所寄政教號令所繫事物記載所關則一也余謂惜與不惜存乎人心中國風氣人人皆知惜之則天地鬼神亦從而惜之偶有一二不知惜者造物亦得致罰於一二人以儆其餘若外洋則本無此風人人皆不知惜而天地鬼神之威亦有

所窮則聽之而已矣然中西風氣必有大同之一日則惜字一會亦必由東而西其在數百年之後乎

二十日記

泰西風俗無男女之別余意其自古以來相沿久矣而正不然聞三四百年以前法國某王始改婦女之禮其用意專以謀致富强爲主而歐洲諸國從而效之者也古者歐洲婦女守禮之嚴大旨亦與中國相似男女不同席而坐不共几而食恪循閨訓不出戶庭法王思致富强之術莫先於人民之繁庶繁庶不可驟幾也則莫如化婦女之無用爲有用欲求婦女之可用則莫如略

其禮法去其防閑於是毅然以改俗變禮爲務其初不得不用非常之勸懲驅迫於無形之中厥後風氣寖成而婦女之爲用果不異於男子用之戰守則男子荷戈婦女饋餉矣用之學問則男子精銳婦女沈鬱矣於是通國之中向之有十萬人者不啻驟得二十萬人向之有百萬人者不啻驟得二百萬人此由於地不甚廣民不甚眾而欲創霸國之雄圖不得已而出此也迨其計既行其效既著歐美諸洲各國無不效之今各國之人視爲當然漸忘其所以然且有見中國之禮而笑之者矣俄羅斯在西洋之中風氣較晚其改婦女之禮始於

彼得羅皇帝亦已二百年矣西俗讌會則男女雜坐行步則男女攜手俄之婦女初有不願者至殺數人而其風始漸開然至今俄國皇宮茶會男女猶分列左右兩行非若他國之男女雜遝則較之諸國猶稍存古意焉

二十一日記

阿根廷國即志略之拉巴拉他巴他峩拿在南亞美利加之南境拉巴拉他者阿根廷之大江又爲不宜諾塞利都城阿根廷之首府阿根廷今爲合眾國幅員多未開之土其得一百十二萬五千八十六英方里明嘉靖間西班牙人開爲屬土全境舊爲秘魯之一縣嘉慶十五年

國人自建政府有自主心道光四年竟爲自主西班牙亦無如之何同治年間合巴西與巴拉圭戰不勝然自是堅忍圖治百廢具舉國勢蒸蒸日上爲南美洲之最荒土日闢國政一仿美國製造工作極力講求境內多沃壤分十四省人口光緒二年爲二百九十四萬二千有奇國債英金四十二兆五十萬鎊進款光緒十三年英金九兆七十萬鎊出款九兆四十七萬五千鎊電綫一萬五千英里有奇鐵路三千三百五十英里有奇口岸沿江者曰洛撒里約特曰三達非曰哥連德曰巴拉那沿海者曰勃黑阿勃蘭喀曰愛散那大爲最著都城

不宜諾塞利建於拉巴拉巴江口爲絕大海埠氣象閎闊民多天主教而他教亦不禁

二十四日記

巴拉圭民主國在南亞美利加腹地國以巴拉圭江得名江流自北而南分全境爲二稱曰東西巴拉圭東巴拉圭爲巴拉圭正界在赤道南二十二度至二十七度二十分京師西一百七十度二十九分至一百七十五度九分幅員得九萬九千英方里與巴西阿根廷二國爲鄰西巴拉圭居丕耳考美育里約內爾洛二江口之間西與玻利非亞接壤幅員約得十四萬二千英方里

巴拉圭於明嘉靖年間西班牙闢爲屬土爲秘魯之一省

本朝嘉慶十五年南美洲各國皆叛西班牙改爲自主巴拉圭亦成自主國同治四年至九年與巴西阿根廷烏拉乖搆兵不勝乃議和戶口耗去十分之八人數僅有二十二萬一千國債英金四百七十萬四千餘鎊鐵路尙不甚多物產則巴拉圭茶銷售甚繁又多印度麥米加非橘菸蔗靛青藥材蜂蜜蜜蠟染絳之蟲近來商務蒸蒸日上出口貨值英金五十九萬七千餘鎊進口貨值三十四萬四千餘鎊國家歲入款八十二萬四千餘鎊出款約如之教務以天主教爲大宗

二十五日記

湖北江夏縣之馬鞍山煤礦自辛卯夏開採以來出煤極旺大冶縣之界山出煤亦佳又興仁港地方煤苗頗旺現正開挖用泰西機器鑿孔之法做井字架掘採而下工省利倍各礦煤炭質極佳可供輪舟生火之用官設礦局委員監銷無論紳商准自集資本採販去臘帆檣絡繹運出之煤數百萬石載往湖南江皖銷售黃石港下游道士洑設有官局監督銷售以兼顧運出長江之總口黃石港內數十里某山銅苗極佳富池口有銀山者苗亦甚旺均議籌款採鍊　去年英國各口岸與東方互市之數由英運華花紗比上年約少一百五十萬磅疋頭約少三千六百萬碼惟羽毛織造之物比上年略增錫及鐵路等料亦遠遜於前華茶運英以銀數計比前年約少四十萬磅華糖停止運英已兩年矣

二十七日記

泰西各國專設郵政大臣歲俸至少亦英金一千五六百鎊其下有文案記錄官有專司收發員弁中國總稅務司赫德曾於海關創爲郵局寄送各處信件一例洋碼五分僅寄本處概取二分英國郵局章程有散封有

密封密封者要信文件是也每重一兩寄費約洋一分五釐散封者書籍日報是也每重一兩約洋五六釐皆須豫購信牌華人謂之人頭西人譯稱憑印紙粘貼其上如信貲一分者則粘一分信牌由此加多如有重價要件匯單銀票當向郵局掛號多出掛號之費取回收到執照謂之保險但保險之價不得逾百鎊之數

二十八日記

墨西哥爲北美洲最南之國係聯邦民主合小邦二十七總部一屬部二而成一國南北袤二千英里東西廣自一千英里至一百三十英里國在美洲爲最古闢於

李唐之世其民勤能任事學藝皆精明正德間西班牙取爲屬地礦產甚富西人驅土人採之而坐收其利道光元年始逐西人爲民主國幅員之廣幾等於英法德奧及馬加五國通國計七十五萬一千二百六十九英方里人民十一兆四十八萬七千二百十

二十九日記

墨西哥境內大半高原最高之嶺皆高於海面一萬數千英尺諸火山皆已熄滅國中礦產甚富開採最早銀礦所獲尤豐自前明嘉靖至今日所鑄金洋員一百十四兆三十八萬有奇銀洋員三千一百五兆九十七萬

有奇國中有鐵路五千五百英里大半爲英商公司建造國債有英金十兆五十萬鎊每歲進口貨值洋銀四十四兆五十萬員出口貨值六十兆十五萬餘員各類礦質出口數歲計洋銀三十八兆七十八萬餘員國政大致同米利堅伯理璽天德一人四年一舉歲入之款約英金四兆九十六萬餘鎊歲出五兆八十七萬餘鎊通國電綫三萬二千四百英里德律風綫四千三百英里民間多奉天主教而境內絕少教堂耶穌教亦興盛又有墨西哥新教其源蓋出於耶穌教云

出使日記續刻卷三終

出使日記續刻卷之四

無錫薛福成叔耘

光緒十八年壬辰三月己未朔記

波斯十一年前民數約在七百六十五萬五千內外幅員大於法蘭西三倍而人民缺至五倍或云波斯民數約得一千五百萬或云五千萬此甚不確其地分四大省六小省設四總督六巡撫治之波斯王稱爲沙特如猶太教中之繙脟舊王係同教祖師讀犂黙德弟子阿利之子孫今王則土耳其國加乍爾之可汗入奉之爲王者也波斯向無國債二十年前歲入之款約合四千

七百五十萬佛郎歲出之款約四千三百九十萬佛郎又五六年前出口貨爲一萬零九百十五萬佛郎進口貨爲一萬四千四百二十萬佛郎礦產多金銀銅鐵鉛煤亦間有白玉及寶石之礦

初三日記

英國電報總局在倫敦近諾爾拋斯脫亞非司威斯脫局設於同治九年有發電機器長三百英尺寬九十英尺（每一英尺合關平尺八寸五分零）蓋電機之至大者也總局每年經費英金二百二十九萬三千八百四十五鎊其每年俸薪電報總辦英金四百五十鎊幫辦三百鎊機器總管

一千二百鎊機器副總管兼設立事件九百五十鎊總教習一人七百鎊頭等副教習四人每人四百二十鎊至五百五十鎊二等副教習八人每人二百鎊至四百鎊管理陸綫及水綫總辦各一人每人英金六百七十鎊管理水綫幫辦一人英金四百鎊司機總匠頭四百六鎊機器匠頭十三人每人四百二十鎊至六百鎊總巡二人每人二百八十鎊至三百五十鎊考英國電報局昔不過數十所今則徧處皆是每與書信局合辦或由火車棧兼理有城中分局各郡各鎮分局大率相輔而行有電報機器廠有收核所有工料棧有修理局有照料局通國電綫其十七萬五千英里每一英里合中國二里又三百二十步四尺八寸六分五釐即以倫敦城中言之電報局共有三百所每早八點鐘開晚八點鐘閉其晝夜常開者有七所一在聖馬驄斯勒格耶書信總局二在聖摩恩克勒司火車棧三在摩定吞火車棧四在維多利亞火車棧五在肯斯克羅司火車棧六在威斯脫司脫蘭恩特火車棧七在維爾士登近克新火車棧凡寄電報每字不過十箇字母者費半本士住址地名照字核計外加簽名六本士寄電英屬各埠每字自六本士至一先令不加地名人名之費此外視地之遠近為費之多寡皆有章

程不能悉遴至德律風有兩公司其計用此者一百二十餘家近亦漸盛此英國電報之大略也

初四日記

西字報綜核英美法德之民產就美國而計若均其貧富每人可有家產英金二百八十鎊英國每人可有家產二百四十七鎊法國每人有二百二十四鎊德國每人有一百四十鎊綜核新金山之貨財產業約值英金三千一百三十六兆鎊　朝鮮向例歲貢中國黃金百兩紋銀千兩米糧一萬斛紵綢二千疋羅綾三百疋布一千疋公麻布四百疋純麻布四百疋紙貨大小各千張利刃二千柄虎皮百張獺皮四百張國王遣使臣親自賫納　申刻後偕慶靄堂赴下議院聽院紳議政事各國星使皆有坐位在樓上無日不可往聽但須持票與驗乃肅之登樓是日事甚少議一點鐘即散左邊有一議紳曰格來孟叟者年五十許靄堂指告余曰此人即攻退茹勒斐禮者也當中法爭越南時格來孟叟力主和議謂得越南無益而徒滋勞費厥後斐禮卒爲攻退法之宰相被其議駮而告退者七人矣蓋其人强辯有風力議紳往往多避其言然今日則默默未贊一辭云

初五日記

偕世益三遊巴黎東南面之碩孟碩者譯言暖也孟者譯言山也由使館乘汽車往約行一點鐘山不甚高有南北兩岡中隔一河通以長橋山頂有亭俯視一切頗敞爽有假山有瀑布然多以人力勝終乏自然之致云

俄羅斯之東部如西伯利亞等省在烏拉嶺以東黑龍江以北其地廣莫無垠去中國絕遠又爲瀚海所隔自古未聞有著名大國也然聞其地多古蹟西人之往遊歷者極意蒐羅或於地中挖得最古金石設法攜出漸爲俄人所覺關津之吏邏禁綦嚴蓋西人好古如性

命而俄人亦防之如寇盜云余謂此等曠絕不毛之地至俄始稍稍開闢其先則皆鴻荒也而何以亦有古蹟豈書契以前嘗有極盛之國於此耶抑漢魏以來匈奴鮮卑柔然諸族或被逼北徙遁逃至此時有挾持耶兩說者後一說爲稍近之

初六日記

復偕世益三登鐵塔此塔造於四五年前計高三百邁當（一邁當合工部營造尺二尺八分）初上一層每人買票給一佛郎上第二層再給一佛郎上第三層絕頂則給兩佛郎乘升高機器而上塔純以鐵爲之其式淩虛可以四眺其料

結實可以耐久其第一層占地寬廣約可數畝有飯館茶館照相館及售一切用物者無不具從前造鐵塔者皆用實鐵鑄成所以塔不能過大卽不能過高法國有一工師思得此嵌空玲瓏之法集股營造凡用四百萬佛郎是年適值賽奇大會之期登此塔者共有五百萬人以每人四佛郎計算已有二千萬佛郎（初成塔時每人登第三層須用五佛郎然亦間有僅登至頭層二層者故仍以每人四佛郎牽扯勻算）除稍去費用外凡購股分票者一年之中已獲倍利今其股票價仍騰踊蓋因再閱五六年後又將逢賽會期也而擬造之工師則已致富不貲矣近聞美國亦已照式造一塔云

初七日記

英國郵政衙門在倫敦聖馬釐斯勒格郎每年經費英金五百五十九萬八千五百五十一鎊倫敦總局及蘇阿兩島分局每年經費一百五十九萬二千四百十六鎊其每年俸薪郵部尚書英金二千五百鎊侍郎二千鎊支應總辦一千五百鎊三等總辦一千四百鎊幫辦三人每人一千鎊至一千二百鎊大寫一人九百八十鎊頭等總寫字十人每人六百二十五鎊至八百鎊二等總寫字十人每人五百鎊至六百鎊頭等寫字十六人每人四百鎊至五百鎊二等寫字二十二人每人二

百六十鎊至三百八十鎊。二等寫字二十九人每人一百五十鎊至二百五十鎊。總管郵船信件一人。總管火車信件四人。每人一百六十鎊至二百六十鎊。總管分局信件三人。每人一百六十鎊至二百六十鎊。郵部尚書有正參贊一。英金二百鎊。副參贊一。英金一百鎊。候補參贊不給俸薪。侍郎有參贊一。英金一百二十鎊。其設立局所。有辦理郵政總局。有倫敦書信總局。有各省書信分局。有倫敦地道火車書信局。有各屬地書信局。有寄包局。有匯寄銀錢票局。有兌換銀錢票局。有廢信局留信局。有製印信票所。其信票章程。凡寄英國三島

及沿海各小島。每信重不過半盎士者。（合中國關平三錢七分五釐）貼信票一本士。以次遞加。每信或每包尋常保險費二本士。格外保險費三本士。須用英二寸零四分之一信封。除保險費外。再照各信輕重量貼信票。凡寄各國各埠。每信重不過半盎士者。貼二本士有半。亦以次遞加。凡寄英國三島及沿海等處新聞紙每張貼半本士。寄各國各埠每張貼一本士。其寄包局（光緒九年創設）每包重不過一磅者（合中國關平十一兩九錢九分九釐）。寄費三本士。過此每重一磅加一本士有半。惟其包或長或圍。必不得過英六尺。重不得過十一磅。保險及賠償費亦不得過英金十鎊。

其匯寄銀錢票局。凡寄英國三島等處。每票英金一鎊。費二本士。過一鎊不及二鎊。費三本士。過二鎊不及四鎊。費四本士。過四鎊不及七鎊。費五本士。過七鎊不及十鎊。費六本士。凡寄各國（如德法荷奧等國）每票英金二鎊以內。費六本士。五鎊以內。費一先令。七鎊以內。費一先六本士。十鎊以內。費二先令。凡匯寄銀錢票。皆不得過英金十鎊。其兌換銀錢票局。每票自一先起至一鎊止。票費少則半本士。多則二本士。無論何處票局。皆可支取。其稱留信局者。假如有人自法赴英。未定抵英後寓處。其親若友之信。可徑寄該局留存。本人在英自向取閱。

然亦須護照憑據。始允交收。其稱廢信局者。假如送信不到。或其人他往。及不留者。皆轉送是局。以待原寄者來查。或限期燒燬。倫敦城中送信。其分六段。每日自六點鐘起。至十二點鐘換班。按距總局遠近。隨路遞送。城中及各鎮。皆有信筒。寄信者可以投入。下午以五點三十分鐘為限。若寄倫敦城中及各鎮。以六點鐘為限。逾時可送大總局。以七點四十五分鐘為限。信票加貼半本士。寄外國者以七點至八點鐘為限。加貼一本士至四本士。印票信片通行國中。每十張值五本士有半。或六本士。又有轉回者。其價加倍。每逢禮拜日不送往來

信件寄者投入信筒俟禮拜一日頭批分送共計倫敦城中信局及信筒凡二千所雇用送信人凡萬有一千其各鎮各埠尚不在此數此英國郵政之大略也

初八日記

暹羅地土饒沃每歲產米約可得一百二十萬噸除本國所銷七十萬噸外尚有五十萬噸販運出口　酉刻讌外部侍郎哥辣斐理（一作葛拉甫里）外部屬地股總辦哈諾彖司務股總辦柯洛吉（一作哥羅借）交涉股總辦郭爾色交涉股總辦儒思勛總領事德微理亞律法股幫辦雷諾屬地股幫辦貝諾儀注股幫辦穆拉爾司務股幫辦嘎

瓦里儀注股幫辦魯偶於使館循年例聯邦交也陪客者為前肄業監督思恭薩克前提督銜日意格之弟寶星日意格前稅務司吳秉文參贊慶常繙譯吳宗濂世增未到者為外部侍郎尼薩（一作尼塞爾）儀注股總辦多爾梅松幫辦拉布梅前署駐京公使林椿蓋法外部所分各股曰律法股司務股屬地股儀注股交涉股又有事務稽備者曰文卷股經費股又有隸於交涉股者曰領事股東方股隸於文卷股者曰新報股隸於律法股者曰詞訟股云

初九日記

卡瓦葫蘆國在雲南永昌府東南徼外距永昌十八程卡瓦者蠻種之稱葫蘆則其國名自古不通中國乾隆初有石屏州民吳尚賢與其酋長大山王蚌筑開茂隆銀廠出銀甚旺聚眾至數十萬同時有桂家宮裏雁者故明桂王遺裔也亦據波竜銀廠生聚盛而兵力強勢與尚賢相埒廠場又與茂隆相連兩廠皆緬甸所畏尚賢勸緬入貢求封葫蘆王不能得怏怏去將出邊忽為滇中當事者追回餓死於是廠徒散邊地空而緬兵亦破波竜廠宮裏雁為永昌府楊重穀所誘殺木邦土司亦降緬擾邊緬酋浸盡吞噬諸土司矣論者謂吳尚賢

宮裏雁不死邊患尚不至此蓋保廠所以綏邊生財即以馭眾惜乎其計不出此也今波竜廠洋圖譯音一作博東古廠亦作白兒洋廠實在木邦之南錫箔之北西瀕潞江而茂隆廠又在波竜之東葫蘆國居孟連之北云

初十日記

近來英法德比美等國所製無煙火藥炸力極大甚不合小鎗器之用炸燒之力極迅極猛每一藥裹限定分劑若多加一釐即增礮膛漲力每方寸處加有一萬五千磅之漲力小軍器用之欲分劑一律勻稱則甚難施

之大礮試演不多莫能測其究竟八寸徑來福礮用一百三十磅藥每方寸處漲力三萬五千磅速率每秒行一千八百尺

十一日記

西人性情亦愛名花然余終謂西洋之花不如中國者以其皆草本而又無香氣也嘗謂中國上等之花不滿十種如蠟梅也紅綠梅也山茶也海棠也牡丹也蘭也荷也桂也菊也皆上等也其餘如玉蘭如紫薇如芍藥如桃李如木芙蓉已不免稍次矣上等之花西洋所有者惟茶菊二種差堪與中國相頡頏蘭與牡丹則其種

之佳花之麗究有不如中國者荷則不能茂盛其小如拳海棠則所謂垂絲貼梗楊妃西府各種皆絕無之僅有秋海棠一種梅與桂則絕無所見蓋其地土不相宜也且中國之花惟秋海棠有色無香其餘皆色香俱美外洋則花雖鮮而絕無香氣其苾然有香者則又皆不甚美觀此其所以尤遜也至其所謂名園皆不過多亘蔭穹林蔚然深茂而已其下綠草如茵頗多葱蒨之致其花皆蒔以人力雖競新齊精緻然究不如中國之花天然可愛云

十四日記

魚雷創自德國匠師白頭外具魚形內鑲機器首配爆藥其力甚猛中蓄空氣其機最靈衝鋒摧敵莫利乎此北洋設立營廠延請德國匠師哈孫克遴選生童傳授新法夫魚雷者其形如魚鱗銅爲身首尾畢具長德尺四尺五五圓中徑三寸五五全體分爲四節第一節爲魚頭鋒尖如箭內裝爆藥棉藥轟槍炸彈等物第二節魚腮又曰深淺機爲全雷深淺升降之樞紐第三節魚腹又曰氣缸爲蓄全雷行駛之空氣運動輪機猶人身之有氣力氣動則體行如身之使臂臂之使指也第四節魚尾其物有五尾之前截曰機器艙鑲行雷之機器

有氣管通入氣缸中隔氣門閉則氣蓄於缸開則氣運其機推動輪葉如魚游行舒翅擺尾洋洋自適猶舟之轉動柁櫓也次截曰浮雷艙內係空膛用以浮雷使其在水不沈猶魚之有胞也三曰四輪箱內存拔輪保助輪機以轉輪葉四曰十字架所以定其行止左右遠近不致偏倚高下猶指南車之有針也五曰舵架是魚尾盡處左右各鑲銅舵扇按於深淺之機機動則舵扇隨之纔沈纔浮所以能自行升降之關鍵也此乃刷次考甫廠所創魚雷之形似製造之窾竅也

十五日記

魚雷演放之際必先較準雷內機關校量深淺左右遠近浮沈然後方可將雷裝入雷艇兩旁之雷筒將筒用離水而免阻水力俟指準敵船然後將筒鬆放在水拉動氣門之繩使氣門開渡運動輪機則雷自離筒乘勢衝出直擣敵船矣雖數千百噸之船一遇魚雷立時瓦解眞衝鋒之利器也夫水雷雖能守口轉礙我國行船魚雷之妙如挽弩而射潮如磁石之吸鐵犀利無前鉤探致遠且深淺浮沈由人遣用左右遠近有度較量所以進可戰退可守也

十八日記

余昨偕慶靄堂張讓三往觀賽佛爾官瓷新窯在巴黎西賽納瓦斯府東北其地背山瀕江由此而進卽散格羅大林草地風景絕勝乾隆十年法國在文散納設窯造瓷後移至賽佛爾是爲舊窯以公司集股爲之嗣歸國家經理由是製造大興通行漸廣復受法於日耳曼之薩克索國尋取泥於巴黎南之里母市遂建新窯於舊窯之西南始事於咸豐十一年竣工於光緒二年卽今官瓷窯所稱爲泰西第一者也下車入門有總辦來迎先導觀瓷器博物院中廳置花瓶高八九尺徑一尺有奇葱翠潤澤係爲議院所製價五萬佛郎云又有白地青花大瓶製仿中國瓷嘗陳於賽奇會者也其餘各器璀璨耀目中廳左右各有長廳廳凡三間以廚隔之每間有廚面背各五左右兩廳爲間凡六每間爲廚凡十左廳之廚有埃及希臘古瓦器古樸斑駁夏商時物也有羅馬及法國古瓦器亦秦漢時物也瓦器有花者素者似篆籀蟲鳥書者著色者堆油者殘缺分裂祇存片瓦零璣者大率得之古礦荒野蓋泰西陶器虞夏時埃及已有之惟瓷器仿自中國得法稍遲又有各國新舊瓦器石器砂器各色玻璃器有中國日本朝鮮印度波斯土耳其諸國瓷器右廳之廚有法國各窯瓷器其

稱上品佳製者有中國諸瓷日本瓷又有英俄德奧及薩克索瓷薩克索瓷器在泰西最早而精尤佳者與中國瓷埒惟賽佛爾能及之油色旣佳繪畫尤妙有淡青色如龍窯者有象牙色如象窯者有如硃砂紅鸚哥綠者惟天青不如柴窯純白不如定窯醬紅不如饒窯又有以銅作身以瓷作飾如古所謂大食窯佛郎嵌及餞金者其畫有人物花果蟲鳥魚藻之屬方之中國古窯佳瓷殆無以過壁間所挂哥熱班爾所寫花果瓷畫值二萬佛郎盎利底斯巴黎得勝圖瓷畫值四萬佛郎聞法人始造瓷器嘗取中國瓷之油色泥料細刮精研用

法化分求之既久方得其訣蓋製瓷必賴化學也中國之瓷橫而長西洋之瓷橢而圓而上安泥坯下燒柴火則同

十九日記

西洋各國通例有子立子無子立女女復傳其子則以外孫爲孫矣又有立其姊妹之子者則以甥爲子矣即如英君主維多利亞贅日耳曼某國公爲夫生子爲太子是英之國統暗中已易姓矣在中國必有莒人滅鄫之嫌且有不歆非類不祀非族之說然耶穌之教本以祭祀爲非英人視之並不謂爲易姓也以爲仍係舊主

之後人而已矣即從前有立姊妹之子者亦謂舊主之後人而已矣今荷蘭西班牙諸國亦皆立女爲王而俄皇實非彼得羅皇帝之後蓋日耳曼某國公爵之裔也余是以知西人辨別族姓究不如中國聖人之精

二十日記

智利亦南亞墨利加民主國也在全洲西界西濱太平洋東界安達斯山地勢南北形長如帶北起赤道南緯十八度而至極南之脫拉特弗犽正當南緯之五十六度矣其國北界秘魯東界玻利非亞阿根廷西及南皆濱太平洋智利者古秘魯文譯言雪也蓋以山巔多積雪故名明正德間葡人蠻犽蘭始探得其地嘉靖間西班牙復遣兵探之瓦爾的維亞始建桑的亞哥城即今智利京城也轄入西班牙版圖由秘魯總統遣員統治之

國朝嘉慶十五年智利叛西班牙西師征之道光六年竟成自主之國以愛坎累達爲伯理璽天德同治三年秘魯與西班牙戰甚得智利援助之力光緒五年智利與玻利非亞戰旋與秘魯搆兵秘魯舟師來攻智利沿海戒嚴是年西八月秘魯鐵艦呼阿斯喀爲智利考喀累恩及愛坎拉達兩兵艦所獲進攻秘魯又獲其兵艦

數艘七年西六月二十一日陷其利馬都城九年西十月三十日始定約議和智師乃退割秘魯之地海疆自赤道南緯二十三度至二十五度取之玻利非亞他拉泊加一省取之秘魯又得秘魯二省曰阿而立喀曰他克那爲議和費又巴他我拿以南各地及其南其西北諸島舊與阿根廷爭界未定者皆歸智利而脫拉特弗犽全地智亦有之十七年國又內亂總統兵敗自殺立蒙脫爲伯理璽天德然後國定

二十一日記

智利南北地長二千五百英里東西地廣自四十至二

百英里不等合二十五萬六千九百六十九英方里安達斯山自北而南兩脈平行直貫通國全境兩脈之間中有平原其北江河短淺其南最大之江日梅披日卯勒日薄海最要之江日勃攸拿日坎而炎而安達斯山巔積雪全境皆見阿公加瓜之最高峰高至二萬二千八百六十七英尺光緒十一年戶口册二兆五十二萬四千有奇十三年進口貨值洋銀四十八兆六十三萬員有奇出口貨值洋銀五十九兆五十四萬員有奇礦產居出口貨六分之五鐵路縱橫四達無所不通國債四十兆十萬員民債四十八兆三十三萬餘員歲入之

款三十九兆員出款三十九兆六十一萬五千餘員兵艦四十九艘其中鐵艦三艘電綫約九千英里

二十二日記

俄人於琿春一埠立船廠築礮臺修造船塢二處礮船分巡洋守口兩項又有小礮船水雷船以輔之琿春內地廣開鐵路以便轉運俄國礮船分頭二三等頭等三十六艘派駐波羅的海者二十八艘駐黑海者八艘二等四十八艘派駐波羅的海者三十八艘駐黑海者十艘三等八十八艘派駐波羅的海者四十九艘駐黑海者二十九艘餘七艘駐裏海五艘駐琿春　去年招商局與恰和太古兩公司貶價招徠互相傾軋貨價祇取三分之一計三公司其耗去洋銀二百六十萬員今已議和另訂合同

二十三日記

西國古時書籍但有鈔本而無印本印書起於近三百年內悉以活字板排印各國俱有印書公會其藏書之富法國有書樓五百所藏書四百五十九萬八千册英國書樓二百所藏書二百八十七萬二千册俄國書樓一百四十五所藏書九十五萬三千册奧國書樓五百七十七所藏書五百四十七萬六千册義國書樓四百

九十三所藏書四百三十五萬册普國書樓三百九十八所藏書二百二十四萬册法京巴黎有一書樓宏敞異常藏書最富獨得二百七萬九千册普京伯靈亦有一處獨得七十萬册羅馬有一大院萃四方之秘籍儲上古之珍兩別有鈔本書二萬五千册細若蠅頭尤各國所未有也中國四庫全書縹緗之富超軼前代他如揚州之文匯閣杭州西湖之文瀾閣鎮江金山之文宗閣皆得四庫副本亦藏書之公所也其私家藏書之富則有鄞范氏之天一閣盧氏之抱經樓吳門黃氏之滂憙園錢塘吳氏之瓶花齋常熟錢氏之絳雲樓崑山徐

氏之傳是僂石塚嚴氏之芳茮堂南海劉氏之眠琴山館杭州汪氏之振綺堂鄔鎮鮑氏之知不足齋昭文張氏之愛日精廬蒐羅皆稱宏富近今儲藏之多則推歸安陸氏之皕宋樓較之范嵛諸家有過之無不及焉別以明以後刊本及舜常鈔帙益以近人箸述之善者建守先閣以儲之復請於大府特奏於
朝歸之於公以供一郡之蒐覽沾溉藝林可謂至矣

二十四日記

余率眷屬及隨員供事武弁等於十一點半鐘由巴黎登火車起程三點半鐘抵喀雷海口登舟四點鐘開船

五點四十分鐘抵杜甫海口登輪車六點一刻鐘開駛八點半鐘抵倫敦換馬車九點鐘至使館

二十六日記

行回教之地驟強而易亡行佛教之地久存而易弱讀罕默德以鷙忍爲體以詐力爲用有不服其教者則興兵攻之故其勢無不強然人所以從之者劫於威也非心服也回教未興之時則有秦始皇回教雖興而不必存尊奉回教之心則有元太祖其道皆暗與回教合然秦得天下二世而亡元太祖力征經營威震宇宙其後裔之所以能緜延至於今日者則以佛教行於塞外蒙古各族皆轉強而爲弱也釋迦牟尼以清淨爲宗以慈悲爲主其要旨不過做到與人無忤與世無爭而止然以之經緯區宇非特不知富國強兵之術亦不講經世宰物之略若論太學次序則但有誠正一截工夫而於修齊以下缺焉且所謂誠正者並不從格致入手則已有毫釐之差此其道之不足以治國也審矣惟彼之處身應世壹以柔弱爲務故亦無太剛則折之患然余觀南洋各國盛行佛教之地近皆受制於人其效亦可覩矣於戲本末兼該體用兼備裁制得中而無可訾議者舍儒教吾誰與歸

二十七日記

余於二十日在巴黎時重遊法國天文臺臺在加西尼街（加西尼係意國天文名家以名命地志不忘也）創造於康熙六年工竣於十一年聘請意國人加西尼抵法整頓臺務臺有四面正對四方房頂皆有圓洞共兩層天文表在第二層廳內巴黎度數起綫之法乃加西尼所測算天文鏡之極大者曰有一遊管又斗重二萬斤又有一萬八千斤者價三十七萬方儀器中之最佳者觀日月星辰圜繞之器量日光遲速之器也臺內有總天文生正天文生共六人候補天文生十人司事一人臺中有議院院有總天

文生天文首領六人每月會議一次每年在學部會議一次總天文生由議院名單內挑選餘皆學部所派正天文生每年俸薪自八千方至六千方不等候補天文生每年俸薪自六千方至三千五百方不等幫辦天文生每年俸薪自三千五百方至一千五百方不等司事歲俸三千方三年一考以定黜陟此巴黎天文臺之大略也聞地球各國天文臺推法為第一美第二英第三俄第四攷泰西之有天文臺始創於亞洲之巴庇倫阿洲之埃及國叉亞勒散得造天文臺則在周赧王時厥後明嘉靖二十年有哥倫尼克者始造子午綫儀器而

各國之創造天文臺丹國哥卑納紿則在康熙六年英國格林威治在康熙十四年德國柏林在康熙五十年俄國森彼德堡在雍正三年美國華盛頓在道光二十二年至舊金山等之造臺則已在光緒年間矣

二十八日記

地球五大洲各國或君主或民主大要不外此兩端民主之國其用人行政可以集思廣益曲順輿情為君者不能以一人肆於民上而縱其無等之欲即其將相諸大臣亦皆今日為官明日即可為民不敢有恃勢陵人之意此合於孟子民為貴之說政之所以公而溥也然其弊在朋黨角立互相爭勝甚且各挾私見而不問國事之損益其君若相或存五日京兆之心不肯擔荷重責則權不壹而志不齊矣君主之國主權甚重操縱伸縮擇利而行其柄在上莫有能旁撓者苟得賢聖之主其功德豈有涯哉然其弊在上重下輕或役民如牛馬俾無安樂自得之趣如俄國之政俗是也而況輿情不通公論不伸一人之精神不能貫注於通國則諸務有墮壞於冥冥之中者矣是故民主君主皆有利亦皆有弊然則果孰為便曰得人則無不便不得人則無或便

二十九日記

與國閱兵試出速珠機器槍之弊以其發彈太快也整師而出鼓行而前兩軍相接如荼如火及至緊要時而彈已罄有數隊拔搭令往攻槍柄內彈窠皆空若果遇眞仗則殆矣初發彈裹各七十個嗣當加倍發給車再改輕前帶一日糧日後帶三日乾糧兵部現議改用更輕之槍較前須輕一半祇用阿魯米膩製造阿魯米膩即鋁也

三十日記

朝鮮派員赴巨文島察看形勢該島與釜山及對馬島鼎峙海中山門最狹而內亦深廣可容兵艦數十艘又

為俄船由北而南之要道。　英員滑脫論中國近來歲收鴉片稅釐，約英金一百五十萬鎊。印度收稅除耗費外，歲入約得五百五十萬鎊。

四月己丑朔記

中國唐虞以前皆民主也。觀於舜之所居，一年成聚，二年成邑，三年成都，故曰都君。是則匹夫有德者，民皆可戴之為君，則為諸侯矣。諸侯之尤有德者，則諸侯咸尊之為天子。此皆今之民主規模也。迨秦始皇以力征經營而得天下，由是君權益重。秦漢以後，則全乎為君矣。若夫夏商周之世，雖君位皆世及，而孟子民為貴，社稷

次之，君為輕之說，猶行於其間，其猶今之英義諸國君民共主之政乎。夫君民共主，無君主民主偏重之弊，最為斟酌得中。所以三代之隆，幾及三千年之久，為曠古所未有也。

初二日記

有一鐵路工師薩恩佩甯來謁。薩蓋瑞典人而久居倫敦者也。開平山海關鐵路，皆其所承辦。問以鐵路工價，據云各國情形不同，須合物料人工地價而兼籌者也。物料不僅在鋼鐵，又必合木石灰土而兼籌。為英國之工價最貴。凡造一英里之鐵路，須英金四萬鎊。瑞典之工價最賤。凡造一英里之鐵路，僅英金八千鎊。此皆每點鐘能行三十英里者也。惟中國工價尤賤，每造一英里，僅需六千鎊。若造一點鐘行二十英里者，祇須四五千鎊耳。然中國風氣初開，不必過求其速，但能一點鐘行二十英里，已不為遲矣。問以最遲最速之的據，云最遲者一點鐘行十二英里，其費即照常數遞減；最速者一點鐘行六十英里，其費即照常數遞增。惟英之鐵路大抵每點鐘行六十英里者為多，蓋其人數之眾，貿易之盛，可以養此極貴之路，亦須用此極速之路。他國不甚相宜也。夫路之所以愈速愈貴者，蓋愈速則工料愈

須堅實也。又或建梁於水，開洞於山，則其費又加倍云。

初三日記

總核天下人數，歐羅巴洲三百十五兆九十二萬九千人，亞細亞洲八百三十四兆七十萬七千人，阿非利加洲三百六十七兆六十七萬九千人，南北亞美利加洲九十五兆四十五萬五千五百人，澳大利亞洲暨南洋諸島四兆三萬一千人，近南北兩極八萬二千人，統計一千四百五十五兆九十二萬三千五百人。此全球之數也。由諸大國分計之，英國戶曹核算三島民數，共三十五兆二十四萬六千五百餘人。德國統計四十五兆十九

萬四千餘人。而普魯士獨得二十七兆二十六萬有奇。次則巴華里（即拜婁爾）得五兆。薩索尼得三兆。餘皆一二兆而已。撒倍克得四十五萬。爲數更微。奧斯馬加其計三十八兆六十二萬。法國三十六兆九萬人。歐洲之土耳其八兆十四萬人。希臘一兆六十七萬九千人。俄羅斯八十七兆九萬人。亞洲則中國有四百三十四兆。八日本三十四兆三萬人。香港十三萬一千四百人。印度英屬二百四十兆二萬人。印度法屬二十八萬人。安南西貢一兆六十萬人。東印度各島共三十四兆八十萬人。南洋各島八十七萬八千人。北美洲英屬三兆八十萬人。

合衆國六十兆人。墨西哥九兆四十八萬五千人。巴西十一兆十萬人。伊斯蘭（譯即冰地）七萬二千人。格林蘭（譯即青地）十萬五千人。阿洲島道紆迴。野蠻錯處。探地者夙未經心。近來地學大興。探察甚廣。有博物士核得實數共二百五兆十七萬餘人。而深山窮谷不計焉。美國戶口數將五年之中。外邦人遷往者有一百八十八萬。而英德爲尤多。華民雖經美國禁止前往。而旅居其地者尙有十萬三千人。至各國城市之大者。倫敦有三百五十七萬七千餘人。巴黎有二百七十五萬二千餘人。紐約有一百八萬四千餘人。伯靈有一百一萬九千餘人。費邐特斐爾有八十七萬六千餘人。維也納有七十二萬七千餘人。聖彼德堡有六十萬九千餘人。印度孟買有六十四萬四千人。此其大較也。以上各數。似與余前記不甚相符。姑兼誌之。以備參攷。

初四日記

英人有著新論者。謂歐洲大邦。設有戰務。所有通達印度及東方諸國之路徑。除蘇彝士河及毛耳塌。圾不勞得。亞丁等處要隘外。更有妙法足保英轄之天下。則以坎納達（即加拿大）一帶鐵路爲通東方捷徑也。又謂日後汽機之用。必以流質料代煤。　英君主所居溫則行宮。亦

在泰姆士江邊。距倫敦十五英里。　邇來法人專心製造氣球。以備軍營之用。設遇兩軍對壘。可乘球升高。俯瞰敵營虛實。並用德律風傳語而下。今法營中有兩機器師。慣乘氣球。能騰至一萬零五百尺之高。

初五日記

日本國政。初在大將軍德川氏。咸豐同治之間。英法俄美各國兵船。迭往日本海口遊弋。德川氏知外患日侵。力不能禦。於是與各國立約通商。國人之拘守舊法者。皆謂德川氏主和議。長寇氛。諸豪傑並起力爭。相與黜退德川氏。既又悟時勢難違。強敵難制。因相與擁戴國

王獨攬大權，除舊布新，力倣西法，與諸大國傾誠修好，而國政因之大變，國勢日以强盛矣。法人垂涎柬埔寨土地已非一日，柬王世子見事勢日去，出奔暹羅，法人因遂奪柬政權，柬民多忿忿不平，然以勢力衰微，莫可如何也。

初七日記

天津鐵路公司火車向由天津而至軍糧城，經新河、唐沽、北塘、漢沽、蘆臺、唐坊、胥各莊、唐山、開平、窪里，迄古冶而止，每日往來三次，封河後日行兩次，春冰既泮，二月初七日起仍行三次。英國去年商務減色，洋布出口

較前年少二百十兆碼，而前年較之又前一年，亦少八十八兆碼，至運往印度之洋布亦少二百二十五兆碼，洋紗一項，運往中國、日本者亦漸少云。德國近有新製紡織機器，專以電氣運行，較之人力更覺事省而功倍。

初九日記

未刻，率張聽帆、許靜山赴森哲模斯宮入朝紳會，係二太子代君主見客。亥刻，接總理衙門來電云：帕事總以三國各不侵佔為主，俄有公商之說，或當就緒，滇緬邊界已經滇督查明界至，速辦。法廷欲爭鐵路利益，此係北洋專辦，已將鐵橋等工特予法商，足資點綴，鐵軌早由英商將唐山鐵路接辦，東軌雖兩歧，乙酉約原有不能獨認為法國利益之語，李梅與本署屢辯無效，總恩外部，即如瑞士女子一事，李梅以中法舊約准法國保護瑞士，本署查無此款，駁之，嗣接尊電，無約之國准友邦保護，當即電粵准行，李梅遇事有意蹈隙，希婉告外部以顧邦交。

初十日記

張樵野函云：俄法兩使請覲，俄援雍正五年之例，以太和殿為請，當經駁止，俄使復文遵旨

承光殿，惟以華使到俄，俄亦另擇一地見之，為欺人之

語，署中定稿駁復，遂至臨時翻異，業奉冬月初十日覲見之

旨，而不能成禮，法使則實患病，已送到頌詞而不克到署中，又為復奏，並電許星使詢俄外部，允電俄使，俟年例賀正，各使所到之地，俄使亦到，似尚有轉機，德使為領袖，不能不責以撮合，德使闖署中與俄使照會，謂西例國君能在某處接見本國臣工，他國使者亦可於是處請見，若專定一地，餘均不准到，則使臣之體制已乖，又行宮接見，本屬權宜，今中國欲永在

承光殿各使所以必爭云云。署文有將來各使仍在承光殿之語。將來二字。洋文本有兩解。署意但言以後各使譯作未逮。此其所以致扞格也。

十一日記

明史雲南土司傳。蠻暮嘗隸於騰衝。（即今騰越地）後屬木邦。旋割歸孟密。嘗爲孟養思陸發所據。萬歷中莽體瑞起洞吾。滅緬甸。於是蠻暮土目思哲亦迎附爲其後。酋思化來降。未幾又爲緬所制。國朝乾隆三十一年。副將趙宏榜襲蠻暮之新街。克之。旋敗沒。緬禍自此始。三十四年。將軍阿桂嘗駐軍蠻暮

督造戰船。由蠻暮江出大金沙江。蠻暮江即大盈江。（亦名太平江。又名雲龍江。）檳榔江之下游也。蠻暮在赤道北二十四度十六分。京師西十九度三十四分三十五秒。在騰越邊徼西南一百十五里有奇。阿瓦東北五百二十里有奇。其城瀕江。長三里許。廣半里許。居民四五千人。新街亦稱漢人街。臨近江岸。袤延八九里。滇商數百家居中區。其街之首尾。則擇人居之。稍進五里許。有高阜相傳爲武侯故壘。滇商運貨至蠻暮。棉花爲多。綢緞羊毛次之。又蠻弄（亦作蠻隴）即西人所稱老八募。在蠻暮之東。野人山之西口。大盈江之右岸。由蠻暮至蠻弄。輪船約行二小時。由蠻暮至滇邊。陸路凡五日程。

十三日記

客歲鄂省拏獲哥老會匪頭目高德華等。研訊確供。多至數千字。大略謂會內首要頭目數十名。實過標布六萬餘方。上至沙市。下迄鎮江。各埠皆有頭目管轄。分爲兩大支。一在沙市。一在安慶。約俟洋人馬臣購到軍火。即於十月十五日揭竿起事。另派頭目在各埠備船接應。沙市一支。復分爲東西南北中五旗。大頭目有二。一爲李勝。一爲李鴻九。江頭目爲龍海鵬。鄉帥飛咨沿江各省詳訪密拏。迄今捕獲正法者不少。論者謂非遏關

搜獲梅生私槍。則禍亂不堪設想矣。從前西人扞禦水雷。以橫木護戰船。詎水雷仍能越橫木而過之。今英人思得一法。易橫木爲豎木。矗立戰船外。了叉式。長三四十尺。聯爲一牌。水雷鼓浪而前。撞至直木處。則木微動而水雷之力已盡。水雷船亦損壞難用。此行軍者所當知也。

十四日記

琉球今隸日本爲沖繩縣。人口約有三十五萬。土產以黃糖爲大宗。近年商務日與前年出口之黃糖雜貨等值洋銀九十萬員。入口雜貨值洋銀一百六十萬員。

絲爲中國出口大宗而潔白調勻尤以日本爲最自去歲七月至今年二月生絲由橫濱出口者三萬八千七百包內運美邦者二萬四千五百包餘均運往歐洲

十五日記

亥正月食子初食甚月光僅留一綫子正尚未復元此在倫敦所見如此姑誌之以驗中國如何也

十六日記

率參贊馬格里張斯栒隨員沈翊清左運璣胡惟德赴森哲模斯宮第一次朝紳會三太子代君主行朝見禮

日本本國在北緯三十一度至四十五度三十九分合所轄全地計之在北緯二十六度至五十二度英京東經一百二十八度至一百五十一度地面積爲十五萬三千三百九十二英方里光緒六年戶口有三千五百九十二萬五千餘人地形斜長其南北直長之處幾與一經綫並行者約有一千八百英里其東北庫拉爾（一作古里利）羣島光緒元年以庫頁島易自俄國者也日本除庫拉爾琉球兩羣島外其本國大島有四曰蝦夷曰杭度曰四國曰九州此外小島甚多其中有連於伏水之海岸者有高出水面如火山者核計有三千八百五十島沿海各礁嶼尚不在內日本四大島中已括佐渡

隱岐伊岐各島及對馬島八大島等而蝦夷一島日人反視爲異地不在其中杭度一島則歐洲所稱爲日本者也

十七日記

日本立國始於周惠王十七年以神武天皇爲開基之主一姓相承傳至今日已一百二十二世矣漢昭帝時日本始設大將軍一官南宋光宗三年國權盡歸大將軍而日皇僅擁虛位居密加度大將軍居東京萬歷三十一年有大將軍名矮含司者（係譯西音即德川家康也）嘗行善政國賴以安者二百年國朝咸豐三年美國兵船直達橫濱以通商爲請大將軍與之訂約五年俄羅斯荷蘭與日本立約六年西班牙丹馬立約八年英人立約九年法人立約十年葡萄牙立約當是時國中二百七十八諸侯各擁地自專見大將軍不請於皇擅與外人立約則大惡之同治初年通國之人羣起與西人爲難乘勢廢大將軍而歸其柄於日皇於是二百七十八諸侯亦各上表歸地遂爲維新之政

十八日記

許竹篔星使來書云彊撫派兵駐帕一事俄外部言得

其駐華公使喀希尼來電。疆撫已檄令退兵。惟留卡倫數處。外部謂有卡倫則必有兵。是仍未盡撤。意尚未足。總署初意帕米爾在中國界外。但主自保華境。聽英俄兩虎之自鬭。但不知中國卡倫何年築出。已半在帕地之中。其最遠一卡曰蘇滿者。竟築至洪圖所稱雅什里帕米爾。一稱阿爾楚爾帕米爾在伊西洱庫爾淖爾之濱。英報傳爲立有中國碑者。蓋乾隆中窮追霍酋。立碑紀功於此。後仍棄而不有。俄所以不肯認帕地爲我屬。此次外部覆爾斯言帕地總以約同三國分清界限爲宜。

十九日記

余在天文臺見所繪太陽圖。太陽本質有發光之孔。紅光如火。數千百道皆自孔中透出。其狀可怖。因思西人測日地相距之道有二億六千餘萬里。太陽實徑爲二百五十五萬里。此殆兼日之本質與所發之光言之。光包於質之外。殆不下數十百萬里也。惟推其實徑。既爲二百五十五萬里。則其周已有七百六十五萬里矣。以如此絕大之物懸於太空。所以能吸引諸行星而成其化工。即吾地在太陽二億六千餘萬里之外。尚能借其光以成生物之功用。則其力量之大且遠可知。蓋非此絕大體質。不能具此絕大力量也。惟亘千萬年以來。發無窮之火而不熄。嘗思其理而不可得。聞西人用最精遠鏡。隔黑色玻璃以窺太陽。其面時見大黑斑。斑之中深墨。其邊略淡。此斑累日或變大。或變小。或變形狀。或既滅而他處復見新斑。以此見太陽面爲流質之證。又其變動甚速。以此爲氣之證。又無斑之處。光非純一。其中有無數細點。若人身之毫孔。其點時時變動。極似水中沙泥欲澄時向底之狀。因意日面必有發光之質。雜於透光之質中而然也。西人又稱太陽之雲與地球之雲相似。光亮而成無定之形。似棉花與羊毛之狀。日食時能見之云。

二十日記

古時藏金之多。莫盛於漢代。屢見於史記漢書。其時每黃金一兩。僅值銀三兩。元魏以來。崇信佛事。耗金日甚。明洪武初。每金一兩。值銀四兩。晚年價至五兩。天啟中百官媚權閹者。皆進金巵。金價漸昂。每兩值銀才兩。江南則貴至十三兩。國初時曾減至六兩。乾嘉道咸之間。要不過十餘兩而止。光緒十六年金價貴至銀二十二兩。今則每金一兩。竟漲至規銀二十五六兩。合洋銀三十五六員矣。　申刻。率參贊馬格里張斯栒隨員楊振鑣王豐鎬陳星庚

赴柏金韓模宮第一次朝賓會君主因喪長孫不見客其三公主四公主代君主行禮而二太子亦在側焉

二十一日記

當同治十年日本國中分三府三十六郡九道八十四省今方生財勸學鳩工練兵汲汲不遑而國債亦日增光緒元年僅負英金二千九百六十三萬餘鎊六年竟負七千二百七十萬鎊歲息須四百六十三萬八千鎊然國賦亦日裕其賦以田賦爲首蓋居全國賦稅百分之八十七陸軍平時三萬五千五百名戰時五萬二百餘名水師船二十三兵四千二百餘名礮百四十九尊

巡捕二萬三千三百餘名鐵路光緒七年長七十六英里議開之路長五百英里電信長三千三百餘英里書信館三千九百餘處所行鈔票值英金一千七百萬鎊日本原有信德與佛二教信德爲其本教古教佛教乃其外教新教也亦行我孔子之教特不曰儒教而曰素拖今國中信耶穌教者七千五百信天主教者四千亦有信希臘教者

二十二日記

申刻率參贊張斯栒許珏隨員左運璣沈翊清赴柏金韓模宮第二次朝賓會代君主行禮者爲三公主四公主五公主而二太子三太子亦在焉此次通國官紳眷屬到者僅五十餘人殆不及前兩年之半　日本庫拉爾羣島伏水之山斷續不絕遂成此羣島曲形其曲處幾有四百英里其面積爲五千九百三十英方里日人蓋稱之爲千島云羣島起自南之擇捉島名有火山止於北之帕拉謨什爾島名長而多山帕拉謨什爾之南水峽甚闊故隔絕以南各小島各小島中以協武勒一島爲大幾有全羣島之半其面積爲二千七百五十英方里又有苛乃羅一島亦不小當日本未與俄易此羣島之先協苛二島與鄰近昔可攤一島本屬日本今設都護府於此

以統轄羣島焉蝦夷島北距庫頁島東北距庫拉爾羣島處皆山爲地球高地之一徧地成坎坎中水流火山口幾盡淹但見新湖矣杭度島與蝦夷島僅隔一峽日本名曰津輕海峽極狹處約僅十一英里杭度之東西兩口曰大坂曰新瀉四國島逼近內海之南長約內海之半小山點點幾有熱帶風景有一狹長高地與九州島同訛入內海故內海狹甚九州島山勢南北分馳亦有火山其東南一火山山麓綿亙而南直至臺灣之極北

二十三日記

旅順船塢近忽損壞水勢驟漲用大吸水機器吸之無效德人所築之塢基法人所加之西門土已全功盡棄有一兵輪亦乘流浮出　十六日天津電云中國欲於北方添設電綫長八百英里以接於恰克圖之俄國電綫今已與俄廷和衷商議矣前閱里帛丹報聞造綫之費不過四百萬方云　法國現有步兵五百八十二營馬兵四百三十八營戰礮隊四百八十四守城礮隊九十六造橋兵二旗工程兵八十三隊載運兵七十二隊

二十四日記

昨倫敦大東公司參贊海司接中國大東公司總辦裘

德電云俄官司德支昨過上海大約倫敦所議合同十日前已簽字矣天津商議條約已妥僅俟俄京答允而已恰克圖電綫聯接之後電價仍照二員以保護公司之利益亦設法防範恰克圖轉寄之弊　相人為中國數千年之舊術而西洋亦有相手之法余觀麻衣柳莊諸書於相身相頭相面之外以相手為一要訣中國術士驗人螺紋能辨其貧富貴賤智愚通塞之大略今就相術觀之亦可知中西一理矣

二十五日記

山戰與曠戰不同敵人寥星散布並無大隊可作我槍礮之大準且岡巒起伏測望易迷此施槍礮彼輒避於懸崖峭壁之下蛇行鼠伏突然來前欲圖制勝祇有用礮隊之一法上年熱河教匪之變同此戰地戰形中國迄今尚無利於山地之礮如克鹿卜阿姆斯脫郎喀納等廠大口徑礮宜於坦途且遇水須有大橋乃可施用即小口徑礮亦祇宜用於船上至機器礮因機件繁多易於損壞一臨戰事每因倉皇而見弊又法國千子礮創製在二十年前名擅一時今已漸廢亦因其尚機巧而無實用也蓋礮件愈簡便則愈利於急用歐洲山礮向有數種然皆太重用於平坦之地尚嫌笨滯不靈況

山路乎邇來格魯森廠新創一種過山快礮專為山戰而設其礮身較他種同口徑之山礮大為減輕易於運動礮件簡便故堅固而耐久欲放便放即新選之兵無不應手其彈擊之力炸裂之效雖中國七里之遙尚能命中其最妙處在彈綫甚平連放若干次均走同綫無上下左右之異彈處平則彈徑處斷不至高於所欲擊之準自能命中矣格魯森新式過山礮最小者為三十七密里口徑三十倍長用於巉巖險坂最為便利此小礮每放一次均有大效如用開花子則每子炸成二十塊如用羣子則每子炸出三十八小彈每塊及每小彈

其傷不可勝計矣。

二十六日記

外洋紡紗織布皆用機器，故費省而工速，英國尤擅此利。所用棉花多自美國、印度購運而來，國中局廠林立。一千八百六十八年，棉花廠有二千四百七十處，織機有四十萬座，紡紗挺子有三千二百萬根，以後逐年添設，厰數更多，運往各國紗布兩項之價歲增月益。棉花自印、美運至英國，水腳大半爲英船所得；紡紗織布之工費及開廠之利，亦爲英人所得；運至別國之水腳大半亦爲英船所得；國家另得棉花各項之稅，金錢千數

百萬。按英國運往各國之貨，每百分內四十分爲紗布之貨，二十分爲雜貨，可想見其生意之旺矣。美、印等處土產棉花，而其利爲英所獨擅者，則以能講求工藝，考究機器故也。中國滬上已設織布局，所出新布價值既廉，購者漸衆。閩省不出棉花，近由紳士於省會創造織布局，購洋紗以供織，試辦兩年，城鄉出布日多。卞制軍以官局所出布行銷不暢，奏請暫免稅釐，民局所出布照六折徵收。惜乎所出僅係土布，以僅購中國織機，未購外洋機器也。　閩省織局每年約出土布四十餘萬疋，惟官局售布已有利益，民局售布尚少盈餘，現又奏定土布進口免其再徵稅釐，其運售出口土布減爲四折徵收。　廣西創辦蠶桑已閱三年，頗有成效，通省共出絲二十萬零六千一百餘斤。

二十七日記

麻六甲開闢獨早，本屬暹羅，後歸葡萄牙，旋隸荷蘭，嘉慶年間乃歸於英。華人有居此二百餘年者，豪富多置田園於此。然其地只宜稻麥，絕無礦產，出入口貨物僅及新嘉坡之什一，第爲耆老退居之所，非商賈所萃也。檳榔嶼四面環海，山水淸秀，雖土產無多，各埠所產鉛錫、象牙、胡椒、蘇木、甘蜜之類多轉輸於此，十餘年來貿

易日盛，高閣連雲，頗有泰西景象。其歸英保護者，曰石蘭莪之吉隆，本巫來由地，華人得之，力不能自庇，乃求庇於英，歸英保護不過二十餘年，而其地產錫甚旺，歲出息二百餘萬員，華人廬集，日增月盛；曰芙蓉，地亦產錫，戶口不過一小都邑；曰大小白蠟，均產錫，華工雲集，頗有因此暴富者。小白蠟近海，由此乘火車一二時可至大白蠟。凡此各埠，英政崇尚寬大，進出口貨皆不課稅，惟出產最旺之錫課落地稅，無過什一。其歸商承餉征收較重者，曰鴉片煙，曰酒，曰當，曰賭，四者而已。此外則照歐洲通例，課門稅、車稅、馬稅，以供修道塗、點街燈

養巡差之用各地利權歸於華人者十之七八歐人與巫來由人僅得十之二三而已華人中如漳泉廣惠潮嘉人均有豪富每歲由華來者約有萬人近年戶口日增盛矣

二十八日記

西人既有聰明在腦之說余復攷究其旨大抵謂心主周身之血喜怒哀樂愛惡之情生焉腦有氣筋二條下垂一主知覺一主運動如將知覺之筋割斷則肌膚之痛癢不能自知如將運動之筋割斷則手足不能行動人之所以癱瘓不仁者蓋運動之氣筋斷也其或中風

不語思慮不靈者蓋知覺之氣筋斷也至心之血管亦有兩條一則送血使出以運行於周身一則收血使入以還聚於一心惟血之初出者本清而血之還入者變濁藉氣息之一呼一吸可以吐濁而納清則血之濁者復變為清焉夫人之所恃以生者血氣而已腦主氣而非血不足以充之心主血而非氣不足以養之心與腦者皆人身之主宰也

二十九日記

戌刻赴阿林登街第二十號沙侯宅內筵讌慶賀君主誕辰也讌畢復赴外部衙門茶會與奧斯馬加蓋合奧地利亞匈牙利兩國為一者也雖兩國各有議院而君主則一從前又為日耳曼列邦之共主得今德國之大半故有皇帝之號意大里未混壹之前侯王錯峙分裂疆土亦大半歸奧統轄故自俄羅斯外奧地在歐洲為最大惟所行一切新法風氣之開實較英法德為稍後嘉慶年間奧軍屢為拿破侖第一所挫奧皇計窮勢蹙割地請和僅免亡國後與德聯兵同伐丹馬稍割其地旋又為德人所攻喪師蹙地而日耳曼列邦皆歸於德奧皇遂去日耳曼共主之名既而意大里又列為自主之國奧地幾去三分之一然尙不失為歐洲大國其地

與德法猶相抗衡二三十年以來頗能力行新法國勢蒸蒸日上此奧國盛衰之大略也

五月戊午朔記

今之德意志即昔之普魯斯國也普之開國將近千年疆圉日擴地廣人眾在日耳曼諸國中為最強大其勢不過稍亞於奧耳然奧雖擁共主之稱而普自一二百年以來時時欲崛起稱雄有與奧抗衡之勢嘉慶年間為拿破侖第一所破幾至亡國繼乃經營締造盡復舊封普王威廉第一用畢士馬克為謀臣始肇霸圖於是聯奧以攻丹馬復欺奧而伐之設謀啗法使不助奧用

能裂奥之地。既而踞法之瑕。長驅入法。其計又在聯俄以圖法。激英使離法。擒其主。割其境。遂爲日耳曼列邦之共主。晉號德意志皇帝矣。夫俄之强也以地大。英之强也以國富。獨普則富不如英。大不如俄。而任賢使能。儆教勸學。練兵訓農。其强遂與英俄鼎峙而三。法美皆不如也。自威廉第一即位。席先皇之餘業。無隙可乘。雖法人報怨雪恥之心無一日忘。亦無如德何。然法人鑒於前之失俄而敗也。迺用全力結驩於俄。法俄之交合。而德國之勢孤。遂不得不聯奥意以備俄法。今尚形格勢禁。莫敢先動。余壹不知夫德法二國將來孰勝孰負也。

初二日記

西人研求化學。故能精於格致。所謂化學者。大都不外四氣十金之類。四氣者。炭氣輕氣淡氣養氣也。十金者。燐礦綠玻精鐵孟精石美鹵灰也。六合之内。必有此四氣而天地以成。一人之身亦兼此四氣而官骸以動。即飛潛動植亦具此四氣而得各遂其生。化學家由此四氣十金之類化而驗之。知萬物得是而生者。即可用此以生萬物焉。即如糞田之法。華人皆以糞肥之。西人則以化學製糞。惟用刈出禾稼與既落草木燒而成灰以糞之。蓋禾稼草木。均不外此四氣十金相合而成。其燒出之煙。即炭輕淡養四氣。其燒餘之灰。即所謂十金類也。說者謂即華人火耨野燒之法也。然此固化學中之淺焉者也。大抵植者能生。飛者能翔。潛者能泳。動者能走。其有幾分輕炭之氣者。即有幾分淡養之氣配合。悉無差謬。此則非精於化學者不知也。

初三日記

法蘭西在歐洲向稱霸國。强盛將及千年矣。自拿破侖第一精於用兵。吞滅西班牙荷蘭比利時意大利那威普魯斯諸國。又敗奥斯馬加之兵。幾有混壹歐洲之勢。

英俄聞風震懼。乃起而圖之。合羣策羣力以蹶拿破侖。而諸亡國皆得復其故封。法國炎炎之勢。爲之稍息。拿破侖佳兵黷武。戰無不勝。攻無不取。頗有吳王夫差及項羽苻堅之風。其所以一敗塗地者。則以歐洲諸國知其非盡窮歐洲不止。皆致死力以攻之也。厥後拿破侖第三繼立。席霸國之餘威。尚能稱雄天下。祇以恃强而玩敵。氣驕而謀疏。爲德所破。身擒國蹙。而法遂改爲民主之國。自是好勝喜事之意稍遜於曩時。而國民得享安靜之福。然上下一心。勵精圖治。其復仇洩恥之意未嘗一日忘也。當時償德兵餉甚鉅。乃不數年而遣欠一疴則以地多膏腴物產豐饒之故近年啟土宇於越南柬埔寨諸國法之舉坐又爲之一振而茀來西尼久掌兵部整頓戎政議者謂法之武備幾可與德國相匹敵此法國盛衰之大略也

初四日記

天地生物未有不予以一技之長者如鵲知天時鴟知風雨駝知泉脈獺知水潦𪄻鳴應更蜂衙應潮鵲巢背歲蛇盤向王狐識孤虛虎酧衝破鴉有隱巢故鷙鳥莫能見燕銜泥常避戊巳故巢不傾雁有奴而伺夜羊有頭而率羣蠅虎匿形以搏蠅穿山甲張甲而致蟻即且

能以氣禁蛇蝸牛能以涎困蝎鵝警盜鵲噪客信乎物各有知也

初六日記

近有西人攷察天下人數言一千八百九十一年地球之上人民共一千四百八十兆較之一千八百八十二年增多四十兆按中國十八省合滿州蒙古西藏計之共得三百六十一兆五十萬其地則四百六十七萬四百四十二英方里云　有精諳鐵路工師謂現在汽車巳到極快地步若再加快有所不宜極快之車每小時行九十英里常例行六十至七十英里以沿途阻滯之事甚多汽機極高速率數年內所加有限鐵路路程改短不過改路之高低以取其平改路之曲折以取其直山谷塡平而巳

初七日記

英廷新簡駐華公使歐格訥來拜會歐於五六年前曾署駐華公使駐京二年調爲駐布加利亞三等公使而華爾身爲駐華二等公使今華爾身以不能保護商務爲英商所控英廷左遷華爾身爲駐羅馬尼亞三等公使而以歐格訥代之據歐自云秋間起程赴華其人頗老成明練有殷殷聯絡之意　亥刻赴外部茶會布加

利亞國王亦在焉先是俄人割土耳其之地以封布僅許爲半主之國英相沙侯以全力陰助之俾爲自主蓋布之勢強俄人自不能越布而南侵俄恨英之助布而終無如英何至是俄布齟齬益甚布主來英遊歷且商密事今夕茶會蓋沙侯特款布王也惟俄使不至法使亦不至法俄方睦故事事皆體其意云

初八日記

英國禁煙會紳云目下擬請國家飭印度減種罌粟無論中國之能自禁與否而在印度總不宜種煙以售於中國大年巳減種三千箱然閱去年印度出口之數較

前年減四千箱。而中國進口之數。較前年轉增六千箱。此一萬箱不知何自而來。或云恐印度運往南洋諸島後。復由南洋轉運中國者。否則南洋各島自種之鴉片銷進入中國者。均未可定。然聞中國自種之土藥。又四倍於印度所產。故去年中國進口洋藥雖增一萬箱。而所出之價轉稍減於前年。以洋藥價日賤也。

初九日記

希臘一國。爲歐羅巴南土三股中近東之一股。與土耳其國相連之處。有土脈長一百六十啓羅邁。當在北緯三十九度。其餘數面均爲海所包。西面爲由尼燕海。東面爲愛日海。南面爲地中海。北面與土耳其地相接。通國地界寬長相彷。約合三百三十五啓羅邁當方里。合海島計算。共有五萬一千八百六十啓羅邁當方里。希臘本境則爲四萬二千六百二十啓羅邁當方里。居民共得一百六十七萬九千七百餘人。合每方里三十三人。境內山嶺頗多。多與班得山通連。班得山又與巴拉岡及阿勒潑大拉馬特相通。全境皆有山嶺鉤接。亦有高坡平原之地。緣其沿海地多。故泰西推爲膏腴之地。統論希臘約分四區。一曰希臘本境。一曰比婁波奈土。一曰愛日羣島。一曰由尼燕羣島。

初十日記

英屬支伯勞登島。古名開爾魄。城在西班牙南坎笛材省之東南六十英里。赤道北三十六度七分三杪。京師西一百二十一度四十九分二十二杪。倫敦西五度二十一分二杪。長三英里。闊一英里四分之三。地面積約兩英方里。四面高峰。離海一千數百尺。而西界平原。遍近海灣。有城在焉。對岸阿洲。隱約可見。相距海面祇十四英里。康熙四十三年。荷英兩國與西班牙戰。英官羅坎乘勝取之。是年十月。西法連兵來攻。大敗而去。喪師盈萬。五十二年。和議既成。遂歸英國。五十七年。西班牙復來攻。敗去。雍正二年又戰。又敗。乾隆三十九年。西師晝夜環攻。全軍盡沒。喪師四萬。費二百萬鎊。其後法國公爵克烈倫亭。精兵萬二千。礮千尊。兵船四十七。礮船十。偏布海灣。圍攻數月。不克而退。於是西法兩國始絕望焉。城居山西北邊。爲礮臺要口。亦船艘出入最便之所。其高峰曰克維埃。古稱芬斯開爾魄。又稱漢克爾河石柱。有一千四百三十七尺。與沙漠土壤相連。終歲祇有東西風。冬日嚴寒。光緒十五年進口船七千一百四十六艘。載貨六百二十五萬六千九百三十二噸。祇有煙酒納稅。故稱爲無稅之海口。光緒七年。居民一萬八千四百餘人。兵六千餘人。進口貨值七千六萬三千四百零八鎊，出口貨值三萬七千八百七十五鎊。其官巡撫兼提督，其俸歲給十二萬五千方。有山路兩道，穿鑿而成，長兩英里，闊能容車。極南有歐羅巴土尖，設鐙塔焉。地乾燥，雨後草木蕃盛，產蛇兔木雞小猴。海口有隄，一長一千一百尺，一長七百尺，爲泊船之所。此支伯勞登大略情形也。

十一日記

咨冬英外部侍郎菲爾克生在議院論禁煙事，對衆宣言云：印度政府准鴉片生理，並無加害華人之意，現已將此項竭力裁減，印度種煙立有限制，出口漸減。如中

國欲加重進口稅，或杜絕不令進口，我英國萬不肯損一兵之命，費一磅之藥彈，以强逼鴉片入中國也。據賫里威妥瑪稱：當道光年間，中英初立約時，中國離海濱極遠之地栽種罌粟，已有一千英里，可見鴉片非由英國首先運入矣。查印度帑項大概五分之一出自鴉片稅，惟現種煙之地均已裁減，而印度工藝日益振興，五年以來，印度帑項已增至七千萬鎊云。

十二日記

英吉利僻處三島，其在歐洲，初尚不如法蘭西國勢之盛，然其經理商務，實爲各國所不逮。有明萬歷以後，已有日長炎炎之勢，迨闢土於亞美理駕一洲，而其地已大莫與京。

國朝乾隆年間，英兵窺伺印度，戰勝攻取，殆無虛日。比嘉慶年間，華盛頓起兵美洲，立爲合衆國，而英盡失其膏腴之地。然英人懲前毖後，自此待屬地之政務從寬大，不敢苛刻，未幾而五印度盡爲所併，方制數萬里，無非沃壤，亦足爲亡羊補牢之計矣。自女主維多利亞即位，國威强盛，黎庶安和，大臣輯睦。始則印度諸酋尚多不服，往往興師拒戰，輒被翦夷，繼乃販章益闢，外設印度總督以治之，內設印度部尚書以統之，於是遂上五

印度皇帝之徽號矣。澳大利亞一洲，本皆榛狉之境，二十年來，英人經營墾闢，物產日豐，文明日啟，不及百年，又一美洲也。至於商務以外，如輪船、鐵路、電綫諸大端，英人皆開風氣之先，其財賦之雄，海軍之强，器械之精，工藝之盛，地球各國推爲領袖，則皆維多利亞在位五十年中之所擴充也。故維多利亞非特爲英國極盛之令辟，亦歐洲之賢主也。余觀英法兩國，法人躁而英人靜，法人恃强而英人講理。英之君若相兢兢有持盈保泰之心，儻能循是不變，英之稱雄，或尚未艾，此英國盛衰之大略也。

十三日記

西洋各國議院員紳由民推選大抵皆取器識明練才辯鋒生者而尤以家道殷實爲第一要義羣謂之體面人蓋西洋風氣與中國不同雖或以工商致富或席其先世之遺業而仍多讀書談藝研求時務之人亦有家業既豐無所事事乃求選爲議員以攄其蘊蓄者甚或散財要結民心默干時譽以求中選議員俸金初不甚豐而膺此任者之意本不在此蓋視此爲揚名成業之具而非爲養身肥家計也議員中資深望重者可舉爲宰相及各部尚書或爲伯理璽天德或有稍玷其聲譽

者則終身無再選之望故近來歐洲之官以貪墨著者尚少余謂中西用人之法截然不同中國以登士爲重故一參以富商而其弊立見外洋以厚貲爲重故明注在富人而其弊亦寡數千百年來之風氣使然也而顧有互相菲薄者何哉

十四日記

近來西人俱知雷電爲萬物公共之理且傳引電氣各物不同有易傳者有難傳者易傳者如五金木水炭汽冰雪之類是也難傳者如琥珀玻璃硫磺松香石玉絲皮之類是也遇易傳之物瞬息可逾萬里若難傳之物雖隔玻璃小片亦不能過西人有作電氣之法理奇而用大又有避雷之法各於樓房屋背插鐵針一枝自針脚以鐵條引出牆外直透入地其鐵條外層以玻璃護之不使鐵條與牆壁粘著使針尖攝引電火由鐵條而落於地則人畜屋器可免震擊之患凡戰艦檣桅亦用鐵條攝引入水云

十五日記

天地間物不外凝流二質有若金銀銅鐵鉛錫之屬其體本可凝可流有若瓦甑瓶罌罇盎之屬其體非凝其用在凝有若朱丹膠漆采色之屬其體非流其用在流

此中西一也西人精研物理專立化學一門變化物質大要有四一曰性變穀可流而爲酒煤可流而爲油米粟可凝而爲器油炭可凝而爲胰剛柔燥溼之性可互變也一曰色變硫磺與水銀合流爲朱色銅與硝強水合流爲藍色海藍與黑鉛合流爲黃色木炭與硫磺合流爲清水色青黃赤白之色可疊變也一曰味變硫硝二氣凝時無味流爲硝強水則味酸木炭二質凝時無味流爲紅白糖則味甜海水流時味薄凝成鹽則味厚牛乳流時味臚凝成精粉則味和甜酸苦辣之味亦遞變也一曰形變五金之質本純一經氣化則目不能覩

其形鹽氣之質本浮一經水銀則轉足以堅其形絮布煉之以爲紙則厚薄之形異毛羽織之以爲綢則美惡之形異虛實輕重之形且屢變也若夫天地自然之忽凝忽流則又皆空氣使然雲之流行空氣託之也風之流動空氣助之也雨之流注空氣因壓力而不勝也霞之流潤空氣得陰寒而凝縮也天之自然而流也有如此雨凝爲雪露凝爲霜微雨半空驟凝爲霰大雨半空驟凝爲雹蓋以空氣得熱則漲而上融得寒則縮而難融也天之自然而凝也有如此江湖溪澗之流有空氣推行於其間也魚龍水族沈浸於中則生畜之益蕃則

不生者空氣不足故也地之自然而流也又如此江海無冰溪澗易冰地大則空氣之往來亦大也石卵出於淺灘明珠藏於深淵其凝結者空氣孕之也金玉之精華煤產之富饒其凝實者空氣涵之也地之自然而凝也又如此

十六日記

接總理衙門來電云俄欲我壹撤邊外卡倫乃勘界斷無允理正相持不下而英與俄商帕事藉此轉圜是好機會希告竹使聯絡英館以探消息按前慶常在俄英館屢以俄事密告英英深忌俄故轉厚我帕地非界內

是屬地詳載西域圖志四月致竹使函繪圖錄說可備辯論希向竹使索觀是我屬地而願三國不佔公平極矣與外部談可告之此局不定後慮正多借力於英或可如願希助竹使妥籌須界專仗蘊蓄華使從未議及魚電堅持不讓有轉機否

十七日記

昔余友曹鏡初比部研精佛理喜談禪學余舉佛氏放生之說詰之曰若天下人人皆放生則鳥獸魚鼈充塞宇宙人類不幾絕滅乎鏡初曰不然凡物之生由乎氣氣之量有窮極之時如人之髮長至數尺之長則止矣

山之木長至數十丈之高則止矣鳥獸魚鼈亦然一山之內一池之中所生之物如已充其生氣之量蓋有不能復溢者今以人日殺之也故亦日見其生儻不殺則不生不生則更可不殺不亦善乎余無以難之泰西諸國善闢荒地雖炎洲窮島無人之境一經開墾往往成沃壤立巨埠余謂西士云地球之上民生之所以不甚蕃者以多空地以容之也今人類既日生日繁而曠土亦日墾日少儻再千百年後地力不足以養民生將若之何西士對如鏡初之旨蓋謂今民生之所以日蕃者究因空地之尚多也若空地已無可再闢則天地間之生

氣已一洩無餘而民生之務亦嘗有截止之期矣余細思其言亦頗有理因并前後兩說合而書之

十八日記

龍之爲靈昭昭也而西人獨不信之以謂有此名而實無此物與鳳凰麒麟相等蓋西人性多核實故必求其確在耳目前者然後謂之有若耳目之所不聞見或其迹在若有若無之間則雖明告之而彼終以爲無也然余觀歐洲地氣蛇蟲諸物不少概見雖時當盛暑而階砌難捕一蟻意者龍之不出於歐洲亦其地氣使然耶若中國則見於傳記不可勝述文王演易乾卦而龍之潛者見者躍者飛者亢者均已詳其形容毫無遺蘊然則龍之確有是物殆又與麟鳳稍殊矣若中國外之地氣多龍者其惟印度乎讀佛經者自能知之余嘗以爲上古人尚少則龍多中古人漸多則龍少自今以後雖中國與印度其亦將爲龍日少人日多之世乎則西人之謂無龍也固宜

十九日記

四月二十日英二太子在森哲模斯宮代君主行朝紳會禮余辭未往是日二點鐘三太子又在森哲模斯宮代君主行朝紳會禮余率馬格里張斯栒往會焉今年

朝紳會凡四次矣實爲最後一會人數不過四五百云

二十一日記

接總理衙門來電云發諫電後接陶撫電咨道報四月朔張旗官阿富汗與巴達克山什克南頭目到蘇滿稱蘇滿至六爾阿烏一帶均非中屬即要立卡堅稱伊國不屬英說甚蠻橫現張旂官退紮布隆庫爾查蘇滿卡在雅什里庫爾淖爾北十里俄所力爭我讓阿佔俄豈甘心況實是中屬地俄久爲保護此等舉動英豈不知再竹使聞俄外部言英俄有約阿不能越界可弗慮然則將越我界矣六爾阿烏無考希詢外部探其是何用意得有確情速覆　戌刻宴客於腦史恩白棱阿文鈕葛蘭德火戴兒腦史譯言北也恩白棱地名也阿文鈕譯言街有兩旁樹木者也葛蘭德譯言大也火戴兒譯言客棧也客至者爲外部正侍郎寶星飛立伯克爾外部副侍郎寶星湯麥司山特生印度部侍郎寶星施九華貝雷前駐華公使寶星威妥瑪新派駐華公使歐格訥前駐智利公使金南地外部派赴議院之侍郎勞特爾外部管書總辦寶星哈子來禮官寶星諦司兌爾又有日本波斯駐英公使均忘其姓名

二十二日記

許竹篔星使來函云：俄廷於月前電令其使喀希尼向總署請撤喀城境外在帕密爾之卡倫。署意以甫允撤兵，覆以俟勘界後再商，並令景澄告知俄外部，而彼意則以帕地尚非定屬中國，不應先設卡倫，堅請先撤卡而後勘界。總署嫌其得步進步，仍持前論，遂爲相持之局。其實各卡中惟蘇滿一處最爲窵遠，在伊西洱庫爾淖爾譯言湖也北岸，即乾隆時立碑紀功之地其地爲阿里楚爾帕密爾，即洪圖之雅什里帕密爾，據陶中丞稱係戡定後設卡。此處密邇俄之費爾干省，彼方眈視而欲得之。去年英員遊歷，俄尚派兵巡帕，先後將二員阻逐，於我未必轉有顧忌。今之相

持若僅爲不了之宕局，尚屬幸事。且阿富汗今春數次來言蘇滿之地應歸彼屬，催我退兵，總署謂必係英嗾。鄙意阿富汗忌俄逼處，名與我相爭，實仍與我同患，宜導諭之，使與俄公論界事，爲多樹俄敵之策。

二十三日記

支力雀爾帕米爾，中俄交界圖作雅什里帕密爾，一作阿里楚爾帕密爾。蘇滿塔什，即中英俄交界圖之瑣麥得舒。布隆庫爾，即中俄交界圖之布倫庫里。雅什里庫爾淖爾，即中俄交界圖之雅什里庫里湖。伊西洱庫爾湖，即英兵部所印中英俄交界圖之葉因庫爾湖。舒格南，即什克南，回部之小者也，僅有千餘人，蓋小於坎巨提五六倍矣，今與巴達克山皆爲阿富汗屬部。

二十四日記

總理衙門四月二十三日致許星使電云：喀使云奉本國電，請我將喀城西境外在帕卡倫並防兵一枝全行撤退。似此得步進步，漫無限制，萬難輕允，希告外部。前喀使所云阿爾楚爾、雅什里庫爾派駐之兵，我已照撤，此外向設卡倫，彼謂帕地，我謂非帕地，自應俟隨後會勘再商，目下礙難概撤。將來總可勘明，我總不以卡倫一立即爲定地。查西域圖志，阿爾楚爾等兩地實在境

外，已函告陶撫。此外卡倫多恐不免出境，特現難再允撤退，須心知其故也。又接陶撫電：二月十四俄兵三百餘騎至俄屬喀喇庫爾，現爰烏罕頭目率保餘址至蘇滿探俄動靜，稱中英以分水爲界，蘇滿係伊界。是英俄刻皆虎眈爭先，希密電陶撫相機行事，勿再拘執，並以西域圖志告之。五月初二日又致許星使電云：彼先請撤雅什里兵，我即允，今請盡撤邊外卡倫，斷無允理。各卡設立已將十年，是否皆帕地，未可輕斷。陶撫電：三月初，阿富汗三次遣人稱占彼地，迫我速退，即指雅什里而言，阿爲英嗾無疑。英之攻坎巨提，由通道於帕，目下情

勢卡倫斷不可撤防英非防俄會議勘界斷不可綴撇開英國勢不能行希再詳告外部與商不必氣餒作游移語

二十五日記

總理衙門來電云蒙電悉俄使來言俄因我不肯撤邊外卡將派兵進紮穆爾格阿布河據理力斥始允電告本國以阿兵佔地告之彼不甚在意三國不佔之說據云本國不以爲然但允勘界現若促阿退兵慮俄進佔英又有詞此事只可以三國分地爲歸宿試與英相機商之並轉電竹使設法辯論一面電喀城告以俄兵如進不必驚慌不可生事俄因謂非來尋釁疆電已撥款興辦

二十六日記

字林報云俄人經營中亞細亞不遺餘力而英隔重洋之外遠莫能知也今俄於蒙古界外安坐而得地二萬英方里又於阿富汗附近得地一萬英方里雖冰天雪窖荒瘠不毛然土地究國家之寶也西報因謂中國英國及阿富汗宜與俄速勘定界址云　意大利近百年來多伐樹木用之於鐵路工程並供水師製造之需而久不補種地上之水無所歸宿日光蒸之成氣騰至空

中降爲大雨下流之水洗刷泥土帶入大溜填淤海口氾濫橫流貽害地方而瘴氣亦因之而生也

二十七日記

本年德國度支估用款十二萬二千二百四十一萬六千五百馬克進款僅十萬零六千三百四十五萬七千七百馬克各邦協濟之三萬二千一百五十一萬一千八百馬克亦在此進款之內以進抵出尚虧一萬五千八百九十五萬八千八百餘馬克另籌別款撥補　奧國現議設鐵路一道舍煤炭而用電氣每點鐘可行一百二十西里至一百五十西里議先設於奧京及畢打卑士兩處待試驗合宜再爲推廣並聞美英德法皆將運而行之俄國之車亦已次第改用電氣矣

二十八日記

漢陽鐵政局在大別山下上至月湖隄下至湘鄉會館長四里餘闊數十丈下段爲鎔鍊五金廠築礮鑪座其煙囪高至二十丈房屋數十間以備工作上段爲鎗礮廠而織布局則在武昌　法國出使隨員有遊歷琿春者覽其形勢歸告人曰俄國已有裹海鐵路運兵祇數日程即達印度北界琿春一口現又添造快船船成之後俄國旌蹤即飛揚黃海之中可制英香港之兵矣琿

舂各處礮臺水陸礮局船廠運兵之鐵路及一萬士卒所用之營房等項現均迅速營造且築船塢二座亦將告成彈舂水師分兩幫一名水師船幫有大快船六艘一名悉畢爾船幫有破船雷船兩種分泊口岸

二十九日記

英君主發帖請各國公使於十點鐘赴柏金韓模宮聽樂余率張聽帆許靜山同往奏樂凡十闋其末一闋係祝頌君主之辭循舊例也是日君主以皇長孫之喪未到大太子及太子妃暨其子女等均未到樂會既罷余於一點鐘還館

六月丁亥朔記

日本全國東西自東經綫一百二十四度四十五分至一百五十六度三十分南北自北緯綫二十四度六分至五十度十六分地屬畿內者五一山城二攝津三大和四河內五和泉分爲道者八曰西海道在畿內道迤西大隅薩摩日向肥前肥後豐前豐後筑前筑後壹岐對馬十一國屬焉西南曰南海道伊豫土佐阿波讚岐淡路伊紀六國屬焉西北爲山陰道石見出雲伯耆因幡但馬丹波丹後隱岐八國屬焉西爲山陽道長門周防安藝備前備中備後美作播磨八國屬焉其東爲東海道伊賀伊勢尾張志摩三河遠江駿河伊豆甲斐相模武藏上總下總常陸安房十五國屬焉北爲北陸道若狹越前越中越後加賀能登佐渡七國屬焉東北曰東山道近江飛彈美濃信濃上野下野巖代磐城羽前羽後陸前陸中陸奥十三國屬焉東北一大島曰北海道渡島後志膽振石狩千島北見日高十勝釧路根室天鹽十一國屬焉總而計之爲府者三一東京府一京都府一大阪府爲縣者四十一與各國互市之處八爲長崎爲神戶爲大阪爲橫濱爲築地爲箱館爲新潟爲夷港此形勢之大略也

初二日記

日本礮臺東京府東海道武藏國荏原郡有六座大坂府畿內攝津國西成郡天保山有一座兵庫縣畿內攝津國武庫郡兵庫港有二座長崎縣西海道肥前國西彼杵郡長崎港有六座鹿兒島縣西海道薩摩國鹿兒島有六座北海道廳北海道渡島國龜田郡函館有六座高知縣南海道土佐國高岡郡對見港有一座和歌山縣南海道伊紀國海部郡和歌港有一座兵庫縣南海道淡路國津名郡由良港有一座長崎縣西海道對馬國對馬島長崎縣西海道肥前國南松浦郡東彼杵

那以上三處其數未詳師船三十四號曰扶桑艦金剛
艦比叡艦日進艦天城艦磐城艦孟春艦第二丁卯艦
雷電艦龍驤艦清輝艦迅鯨艦淺間艦筑波艦富士山
艦千代田形艦石川丸鳳翔艦東艦春日艦蒼龍艦海
門艦筑紫艦天龍艦葛城艦太和艦武藏艦浪速艦高
千穗艦高雄艦愛宕艦摩耶艦鳥海艦赤城艦其中扶
桑比叡金剛龍驤東艦五號爲鐵甲餘俱木質此外又
有大雷艇一水雷艇六

初三日記

天空之雷氣多容於水大雷雨之時水質所容電氣磅
礴空中有感即應速無倫比而物之能引電氣者所在
多有鱔兔雞鴿牛羊等物之動筋剸之成片俱能發電
人在曠野遇有雷電不可避於樹下電見而雷即隨之
者知其雲雷相去甚近以卧於地面爲最妥藏於低棚
或馬車或矮屋或低橋之下亦不甚險若在高房或高
樹之旁必相距二三丈之處始可免害切不可在有水
之處蓋水質易傳人身高於水電氣欲至水內必以人
身爲傳過之路則受其害矣若近於煙囪及房內拉鐘
之銅絲或鍍金包金之物亦俱危險以諸物皆易傳電
故也雷擊房屋下層受傷最重故避入地板下之房亦

甚危險若卧房上而下有厚褥上蓋氈被不通地氣必
不傳電又有設桿引雷之法雷擊高物則周圍不甚高
之物可以幸免故設立一桿高出屋脊俾引電氣至地
內而不傳於屋輪船上亦多用之其桿以紅銅爲最蓋
電氣必擇最易傳之路而紅銅則最易傳之物也電氣
順之而下不覓別路則他物不至受傷是知防電亦多
術矣

初四日記

總理衙門來書云三月中旬俄使來晤請我撤駐帕邊
兵甚急因電陶撫除原卡兵役仍舊外其添派之兵一
律撤回緣喀城沿邊向設黑孜吉牙克及蘇滿等八卡
蘇滿係十五年新設在雅什里帕米爾地雖在喀城界
外然有
御製碑文爲乾隆二十四年平定大小和卓木立功之
地自可據爲屬中之證同治十年即西歷一千八百七十二年英俄
曾議帕米爾之約以卜希路孥與阿富汗分界英廷亦
有追悔之處李梅聽法商德威尼慫慂請託遂據乙酉
續約第七款以相糾擾無如官路商路相銜鋼軌斷難
兩歧英法軌式各殊價值亦異從前商路既用英軌則
官路勢不能改用法國機車惟有鐵橋及貨車所需鐵

料尙可通融去年八月官路局請購貨車鐵料估價二萬數千兩卽交法商吉禮豐承辦略示調劑之意查關內之橋以灤河鐵橋爲最闊約長二百數十丈將來鐵路接造出關所經大河有二一遼河寬約三百餘丈一大淩河寬約五百餘丈均須訂購外洋鐵橋若法商價廉當購其貨至灤河以西各小橋鐵料估銀約四五萬兩已交法商承辦又淶水縣拒馬河內議令法商承辦鐵橋一座工料銀二萬數千兩

初五日記

天下最長之電綫在中印度造過吉司那江長六千餘

尺高一千二百尺天下最大之橋在美國紐約城經過衣斯脫江（譯言東江也）闊約英一里至白羅坎林𡉏而盡長五千九百八十九尺闊八十五尺其最長橋面一節有一千五百九十五尺零六寸（約半英里）天下最高之火山曰柏柏開脫魄爾在墨西哥布委巴拉城西南三十五英里高距海面一萬七千七百四十八尺火山之口周圍三英里深一千尺天下最大之輪船名葛雷脫衣斯吞長六百八十尺廣八十三尺深六十尺儎二萬八千六百二十七噸（係英國商船往來美洲）天下最大之礮臺在支伯勞頓海口長三英里廣一英里三分之一

初八日記

天下最大之地穴在美國干的伊省（一作根特機）與格里恩江相近（譯言綠江）曰美毛斯穴內建造房屋參差不一又有數處建於愛哥江上江產無目魚頗著名天下最長之鐵路曰聖歌柴由瑞士國盧撒爾拿省起至意大利西北密蘭諾城（在耶那而底省）穿過山洞在安特磯脫山下有九百尺開斯脫爾好恩山下有六千六百尺其山道之廣有二十六英尺之半高十八尺零十寸長有九英里之半天下最大之書庫在法京巴黎曰畢不烈斯愛勾南興納爾法王路易十四所建書有一百四十萬卷小說有

三十萬卷鈔本十七萬五千卷地圖有三十萬册頁錢幣金銀牌有十五萬刻件有一百三十萬內成卷者有十萬油畫有十萬幅

初九日記

天下最大之沙漠地在阿非利加洲北境曰撒哈拉西至愛脫蘭恩的克奧與（卽大西洋）東至埃及國尼羅江自西至東約長三千英里廣九百英里地面積二百萬英方里雨甚少竟有五年十年二十年一次者夏日格外酷烈而夜間常涼冬日寒暑表有時在冰度之下天下最大之石碑（三角共頂形）係埃及國之攷奧魄斯高四百八十

一尺方基有七百七十四尺碑石重六百三十萬六千噸此碑外面今已拆毁因造埃及京城坎羅嘗取石於此也天下最大之鐘在俄國舊京墨斯科鐘底周圍約七十六尺高二十一尺有奇厚二十三寸重四十三萬三千七百二十二磅製成後從未懸掛天下最大之樹在美國西北海濱開里福尼亞省高二百七十六尺樹根一百零八尺樹頂七十六尺天下最深之礦在比利時國曰蘭排脫煤礦深三千四百九十尺天下最長之城在中國北境秦始皇所建經過高山深谷大河等處天然形勝長約一千二百五十英里高之中數約二十

尺城脚厚二十五尺城頂十五尺歐洲最高之峰曰歐羅巴土尖在西班牙極南高距海面一千四百三十五英尺北面觀之奇峰壁立直透霄漢東面崎嶇望而生畏南與阿洲陸地隔海相望西面少高峰介乎海濱低地之間有狹道平原支伯勞登城建於此

初十日記

春間代張薌帥在比國色林地方郭克力耳廠訂定西門馬丁鍊鋼鑪廠及鍊生鐵爲熟鐵鑪廠之屋頂屋料所有鑄鐵熟鐵件計底板方墊圓柱扁柱横樑斜架撑水溜水管螺釘螺蓋帽釘彎紋鐵板等如詳細名目單

所開之數每件俱用極好之料限八箇月造成在比國安瓦爾交據計價英金一萬一千三百二十六鎊十先又有屋頂則另添價四百六十七鎊二先十一本合共一萬一千七百九十三鎊十二先十一本查郭廠本非極大之廠此項屋料先經馬參贊在英國海德來爾廠講定價銜稍廉工尙稍速後因郭廠許收教鄂省鍊鐵匠徒四十人不能不與成交以示酬勞海廠又來理論乃給津貼費一百鎊以了事

十二日記

喀什噶爾舊對音爲哈什哈爾在巴爾昌西南一百四

十里烏什西南九百三十五里距京師一萬一千九百二十五里回酋大和卓木波羅泥都舊居城也城周四里餘所屬村城一十有六乾隆二十三年七月霍集占棄庫車而西將軍兆惠率師追之抵葉爾羌波羅泥都自喀什噶爾以衆馳赴與霍集占合相掎葉爾羌城下累月我師避次阿克蘇整軍再進霍集占從葉爾羌遁而西波羅泥都亦從喀什噶爾遁去我軍進捐喀城回民迎降廓境盡歸版籍時乾隆二十四年閏六月也

十三日記

電報之法奇矣德律風則奇之又奇此器成於光緒三

年(西曆一千八百七十七年)有美國人倍爾者用電氣收入人聲出綫通彼處之電氣復發爲人聲先是光緒二年美國開百年大會倍爾製德律風已粗具規模陳之會中任人聚觀試驗之靈便異常有英國格物士黨生者記其器之形質用法謂電氣之用至此超前絕後惟此器初創恐尚未盡善願再加研究務使不及片時可傳至千百里以外倍爾遂復精思更改迨明年五月五號就桑斯敦大堂聚集衆人又於十五里外集衆亦如之以德律風傳言互相問答其應如響又歌一曲音調鏗鏘如在耳際又一綫通至一百二十九里外歌聲自器中出亦

如之衆方知德律風有如此之妙用倍爾又建於紐海紋大書院中學徒十六人相聯以手一人手執西邊電綫既而東邊屋內發聲電由十六人身上傳過而人不知斯亦奇矣其用以傳遞事務則始自某書信局員伯司斯既而市肆及煤礦俱用之後黨生經理礦政用一千八百尺長之綫出總局通至礦內向有量空氣表及用德律風相接出聲如報時鐘以報空氣之多寡焉蓋倍爾夙精格致之學謂萬物本無聲擊動空氣始得成聲試以極薄之鐵皮成一空心圓泡就其口呼吸之則鐵皮動有凹凸形即於泡外置一小筆頭用紙條移過則筆因泡動而作點畫如電報然因悟聲者擊動空氣而得遂用電綫傳聲成此德律風其聽之之法用木製一筒如人耳然筒有竅竅中以極薄銅皮置爲耳膜筒中置有電之吸鐵繞以細銅絲以接電綫傳諦時語音擊動筒內耳膜使吸鐵受其聲出電綫傳至彼處聽之絕不模糊後有謂此可備戰陳之用恐電杆易被敵毀乃將電綫埋入地中敵莫能得其端緒近又有美國人愛迭生者製成納音器開其機軸裝以蠟筒一人口向皮帶諦之則聲留蠟筒上可郵致他處供人聽聞雖相距數萬里遠隔數十年無殊晤對此則尤變化出奇矣

十四日記

西洋各國之所以致富強者以工商諸務之振興也工商諸務之無阻以各項公司之易集也凡事獨立則難支衆擎則易舉勢孤則氣餒助多則智周西洋公司貲本之雄動以數千百萬計斷非一人一家之財力所能就然尙有當辦之事可興之利則風聲一播而富商立集股票一出而巨款立致蓋其規畫之精風俗之純章程之善有使人深信不疑者也中國當辦不辦之事亦孔多矣其所以易敗而鮮成者以公司之難集也曩者庚辰辛巳之間滬上風氣驟開頗仿外洋招股之例與

辦各事苟稍有勢力可籍數十萬金往往立集無如任事者既未深知此中利病揹往不能中竅甚者恣其揮霍虧負纍纍未一二年而入股者之貲悉化爲烏有迄今皆視爲畏途雖有集數萬金之公司而無一應者以致關係大局之緊要公務無一可爲然則昔日風氣之驟開乃今之所以益閉也豈不惜哉豈不惜哉余謂中國公司之不舉半由人事半由氣運雖小端而實繫全局嗚呼時勢之岌岌如此安得有大力者出而一轉移之也

十六日記

法人賴賽樸斯（一作勒塞布）前開蘇彝士河之時與埃及王議訂合同由埃王給以開河之地并瀕河左右若干里之地作爲蘇彝士河公司之地又開河需用夫役甚多恐埃民之昂價居奇也由埃王核定酌中之數不許埃民多索亦由埃王訂定每日有若干萬人供其工作前後共用英金一千八百萬鎊皆由賴賽樸斯出票糾股所得入股者法人爲多亦間有他國之人惟須以股票之半歸之埃王以酬其地價言明二十年後方能給息迨開河工竣而商路大通股票價騰漲埃王素善揮霍所借國債日多而不能償其息萬不得已始出其蘇彝士河股票欲鬻之法國法人不受又遣員密赴英國商議是時畢根佩爲宰相兼戶部尚書適值議院已散之時畢根佩恐失此事機又慮漏洩風聲爲法人所阻於是籌墊巨款即日成交以四百萬鎊悉購其股票法人聞之大譁謂法國辛苦經營僅合各國之人得其股票之半今英人乃安坐而得其半豈不可恨然竟無法阻之也今英國之股票已值價五六千萬鎊即前以四百萬鎊得之者也賴賽樸斯從此名聞天下法國貲以伯爵且以一寠人而驟致千餘萬之富後又有集開巴拿馬河公司之舉估看須集股英金二千六百萬鎊即可蕆事人以賴賽樸斯名望素高爭輸巨金未一月而股

票售罄厥後貲盡而工不就賴賽樸斯屢次招股添本人猶以其宿望而赴之無如巨貲屢罄而工不就人始知賴賽樸斯實未親往估勘大抵他商希冀成功借其出名以招股者也厥後賴賽樸斯親赴巴拿馬一次心知其工難成業已深入重地不得不再勸人添股人尚勉強應之前後共用英金七萬二千萬鎊而工卒無成今遂廢棄不辦賴賽樸斯之家貲毀其大半聲望亦從此大損夫賴君之學識志慮豈其今昔懸殊何其智於前而瞢於後也余謂自古以來之有將相大權無端易

轍而不自知者其皆此類也夫

十七日記

泰西諸大國俄之富不如德蓋俄居極邊極寒之界而荒地甚多德則較俄爲腴地且講求農事無閒民無曠土也德之富不如法蓋法地擅歐洲上腴而製造之精工藝之良亦以法國風氣爲最先所產衞蔔酒爲各國人所嗜其獲利尤厚也法之富不如英英之土產雖遜於法而煤鐵之利甚饒萃通國上下之精神經營工商諸務超出法人之上故能羅天下之財爲一國之財也英之富不如美蓋英恃商務宛似無源之水美國地博

物阜與中國相頡頏而其經畫之方教養之法則十倍中國不待外求而自然之產已非他國所能企及且其已墾之地利尚未及半故猶有蒸蒸日上之勢也若論其源則法不如德德不如英英不如俄美其在德法之閒乎　英商部報單云西正月至六月六箇月進口貨值英金二萬一千二百六十五萬餘鎊較去年上半年多三十五萬八千餘鎊出口貨值英金一萬一千一百八十六萬餘鎊較去年上半年少一千二百二十萬五千餘鎊

十八日記

余於半月前偕王肯山坐電氣車過泰晤士江底之下至江南岸仍坐電車而返蓋電氣之可以行車近年始得其法風氣尚未大開倫敦之電車公司惟此一處且尚不能行遠也電車所行之鐵路與火車相同惟鐵路之中閒另有一銅條車上亦一銅條與之相磨時見電光迸閃蓋引電之物惟銅最速電氣必得此以流通也車上及其兩旁較火車尤爲潔淨無煙霧之迷漫無煤灰之充積江底之下開路一條車行其中上面皆砌以白石江泥不能塌下江水不能滲漏一路照以電燈光明如晝此路長不過十里內外有發車之碼頭五處其

碼頭皆自平地穿入江心之下者也每時五分車行一次每客價僅二本士每次多則二百餘人少僅一二十人其價所以如是之廉者蓋以其行之速可取償於客之多也余聞電車公司創辦不過一兩年工程尚未全竣其用意在小試其利弊卽以此爲電車暢行之嚆矢所以必行於江底者人情未有不好奇奇則赴之者多也其生電機器則在一處日夜熾煤火運動之以生電氣由地道送入江底以供運車之用云

二十日記

西洋各國駐華公使領事無不任意挾制遇事生風余

以爲洋人性情剛躁不講禮義之故及至歐洲與各國外部交接始知其應付各事頗有一定準繩周旋之間彬彬有禮亦尚能顧交誼不肯顯露恃強陵人之意亦不顯露矜智尚術之意非特英法也各國皆然非特外部也各員皆然即如前駐京英使威妥瑪我中國人皆以爲妄人也暴人也而威妥瑪與余交情文並摯隨時襄助且其學問議論即在中國亦斷不能以常人視之然苟再至中國不能保其不爲患也且洋人之恣挾制於中國也其所由來非一日矣始於道光年間之和戰無定屢戰屢敗既爲洋人所輕繼以咸豐季年爲城下

之盟定喫虧之條約益爲洋人所輕厥後雖設總理各國事務衙門而堂司各官皆未洞識洋情因應不能得訣每遇一事大抵御之以多疑示之以寡斷二者適與洋俗相反寖至格格不能相入其剛者爭非所爭柔者又讓非所讓而事益不可爲且偶有一二洋使性情稍愨不甚施挾制之術者非特要事無一可商且有以微事而受嚴拒者彼見夫善挾制者之多得所欲也於是相承而趨於挾制之一途即愨者亦漸化爲黠悍者亦漸變爲悍矣此風醸之者非一日即改之者亦非一時嗚呼安得識洋情有風力之大臣久居總理衙門而一

挽此習也

二十一日記

今年春季中國各海關所收稅銀共四百十八萬一千七百餘兩比較前三年均有贏餘內進口稅銀八十四萬五千八百餘兩較上年多六萬八千餘兩出口稅銀九十五萬餘兩較上年短八萬八千餘兩又半稅銀十一萬六千餘兩洋藥煙稅六十萬八千五百餘兩洋藥釐金二百四十六萬七千餘兩轉運稅鈔十一萬三千餘兩船鈔七萬九千九百餘兩通計通商口岸二十處除牛莊收稅無多不計外天津徵銀六萬四千六百餘

兩煙臺六萬八千四百餘兩重慶三萬八千三百餘兩宜昌四萬一千餘兩漢口二十萬二千四百餘兩九江十四萬六千餘兩蕪湖十五萬八百餘兩鎮江十四萬八千餘兩上海一百三十九萬二千餘兩甯波二十一萬六千餘兩溫州四千五百餘兩福州二十二萬九千五百餘兩淡水九萬一千餘兩打狗口十四萬一千六百餘兩厦門二十二萬三千餘兩汕頭三十六萬六千餘兩廣東五十六萬七千餘兩瓊州二萬九千四百餘兩北海五萬八千七百餘兩合計煙臺宜昌漢口九江鎮江甯波溫州福州淡水打狗厦門十一處均勝於去

歲餘則略遜　總理衙門去歲添設英法俄德文繙譯官英館以張德彝爲正沈鐸爲副德館恩光俄館塔克什錦法館現尚無人

二十二日記

中國茶務之衰因往年貪得之輩攙雜僞茶以圖漁利浸至飲者傷生販者失利西人乃僱華人出洋講求種植製焙之法先於印度西廊等處如法試植至今十餘年西人盡得其傳而中國茶利遂爲所奪所幸者天時地利中外各殊故印茶尚不及華茶之美而英美等國富商巨室亦不甚嗜之即英國醫生亦以印茶爲有損

不若華茶之有益近來西商到華辦茶者仍絡繹不絕使華商從此亟爲整頓尚可收桑榆之效也去年頭造春茶華商仍能獲利特二造以後屯積過多不免又滯銷耳西報又謂英京辦茶者有新行舊行之分新行辦印茶舊行辦華茶門戶既分議論遂各有所袒又有人致書英報館謂中國日本茶樹祇有一種印度西廊則有三種一爲彼處自有之野茶一從中國移植之新茶一則野茶與華茶相接而生三者又以接生之本產葉爲佳蓋野茶色濃味厚固不若華茶之色淡味清也印茶每一英畝可采葉一千二百磅華茶每英畝僅得二百五十磅其貴賤已不同矣華茶性喜乾燥愛潤涼故必植於山巖印茶能耐溼不畏熱平地亦可栽種惟發葉太粗但工作之輩廉其值而嗜之精粗又不同矣惟接成之本每英畝收葉不過八百磅此種茶獲利較易而爲茶商所樂購焉移植之茶其培植之工烘製之法原不甚遜乎華茶但非英人所喜仍不若華茶之銷流也近聞福州各大茶行擬立章程從新整頓凡辦茶者均不得雜以茶末加工製造精益求精果爾則尚可復振也

二十三日記

中國產茶最盛者以福建之武彝山爲最次則臺灣之

前後山又次則粵東之鶴山古勞而雲南之普洱越南之萬浩亦爲產茶之區茶種但有紅綠二色綠者爲華人所嗜紅者爲西人所珍惟俄羅斯獨用茶甎則又與中西人之用茶葉者不同俄國近頗多售印度茶未免漸奪華茶之利西報有英醫生安多羅者講求茶味優劣嘗云中國紅茶能使人胸中塊壘全消日久亦無疾病譬如有人飽食之後必飲牛乳或飲泉水或飲清茶始能養脾陰而潤躁吻若不飲茶則肢體便覺不舒然茶亦有不同者如人清晨飲印度茶一盞則一日不能

舒暢。蓋綠茶味太濃。能害筋絡血管也。如欲飲茶。或病人索飲。莫佳於中國紅茶。且泡時務須留意。大約泡以開水五分時候。即須入吻。再久則茶味已壞矣。西醫之品評印茶華茶也如此。

二十四日記

印度之東有地名阿珊者。北界西藏。南界印度。西界布丹。東界緬甸。爲自主小國。今其種茶之地。已有二十一萬六千六百英畝。每畝出茶約三百八十六磅。除去未熟之地。本年共出茶一萬二千七百六十七萬七千磅。俄國商船向運火油於印度者。今由印運回之貨。以茶

爲大宗。俄商大獲其利。蓋價既較華茶爲賤。而味又較華茶爲厚。以故行銷益廣。若運華茶須陸路由京師而北。逾蒙古沙漠。以經恰克圖等處。事艱費鉅。豈若俄運印茶由印度洋而紅海而地中海而黑海以達於俄之便哉。石油一種。亦名火油。蓋出自礦泉煤精之所化也。中國惟四川有之。而未知其用法。中國之油以黃豆花生菜子爲大宗。近年多用美國之火油。每年運華甚多。近日俄國裏海以東有地曰峇淡。與土耳其交界。日出火油八萬八千大桶。前年俄人采取。初開時已得俄銀一百五十萬羅布。此專指一泉言之也。美國出火油雖多。尚未能及其半。祇以峇淡向無鐵路。搬運維艱。故須造鐵路以達黑海。則銷流甚廣。歐洲各國可盡用俄油以奪美油之利。并可運往美國以窒其利源矣。

二十六日記

去年英屬南洋戶口總册。新嘉坡男女共十八萬四千五百餘人。檳榔嶼及鄰街一帶共二十五萬三千餘人。麻六甲共九萬二千餘人。其歸英保護者。白蠟其男女二十一萬四千餘人。石蘭莪其八萬一千餘人。芙蓉二萬三千六百餘人。拿吉里士美蘭（即尼格利森比郎）四萬一千六百餘人。彭亨六萬四千餘人。以上總數共有九十三

萬七千九百七十八人。較之十年前增多八萬八千九百五十八人。　本年北京王大臣盤查戶部銀庫。實存正項銀一千一百三十四萬兩。庫平銀七萬一千餘兩。

二十七日記

中國商務不能振興之故。厥有三端。一在於惰生意。華人創一業。稍沾微利。則必有人學步後塵。甚且貶價爭售。互相詆毀。以致兩敗。若照西例。凡創一業。官給准照。獨享其利者若干年。剿襲詐僞者罰無赦。則無此弊矣。一在攙雜詐僞。西人運來之貨。初次二次極佳。三次必漸遜。以華人之喜價廉也。中國則於絲中攙麻。或新絲

中攙舊絲或細絲中攙粗絲茶則攙以柳葉或雜以泡過茶葉其顏色則多用裝點西人不過受欺一次後不再來即眞貨亦致滯銷皆弄巧成拙者階之厲也一在電報靈速即西人亦常受此害然不若以上兩弊之爲禍烈也

二十八日記

辰刻率參隨各員遙賀

萬壽　前駐華公使威妥瑪與余交頗有親敬之意嘗稱眷戀中國至今追思風景猶往來於懷也惜年已七十有四不獲再往遊耳偶與追論總理衙門王大臣

則曰恭親王聰明絕頂實挽回中國大局且其威儀彬雅乃余生平所罕覯固宜令人欽服也文中堂謂文文忠公之公忠體國亦不愧一代人物宜其襄佐恭親王補救時艱惟間有固執不通之處則以當時風氣未開致未能諳悉洋情若在今日當更練達矣於董醞卿尚書則曰此公學問亦好著作可觀然實非辦事才問何以故曰膽太怯耳於郭筠仙侍郎則曰此公學問過於董公亦極有志辦事惜不善體世情在中國爲喫虧耳於王夔石尚書則曰聰明過人亦爲難得於毛旭初尚書譚竹崖尚書則皆曰此中國之好人又笑曰總理衙門堂官尚有恆祺崇綸景廉崇厚輩此皆不過循分當差殊無可稱述也及論至沈中堂謂沈文定公桂芬則瞠目面發赤曰此公亦辦洋務眞不可解余實在看不慣又大聲以申之曰看不慣余謂文定精細謹慎不愧名臣然辦理洋務實不相宜即余所謂多疑寡斷適與洋俗相反者也是以乙亥丙子間與威妥瑪議辦滇案幾至決裂云

二十九日記

春秋左氏傳譏齊侯不務德而勤遠略其病全在不務德三字惟不務德所以雖爲五霸首而不能進乎王道並非遠略之不當勤也後之不善讀書者將上半句意

義抹摋若謂不勤遠略即係務德之明證此大不然近世時文家更拈此四字爲王霸題目話頭而由考墨卷出身之士寖假而秉國鈞遂以此說施之政事不知其他當昔全盛之時尚可敷衍無事一值多事之秋則顛覆立見矣蓋中國素有不勤遠略之名外洋各國知之甚審莫不欲奪我所不爭乘我所不備瞷瑕伺隙事端遂百出而不窮夫惟不勤遠略是故琉球滅而越南隨之越南削而緬甸又隨之其北則琿春一帶及黑龍江以北壤地數千里其西則布哈爾布魯特哈薩克諸回部盡爲俄羅斯所吞併而哲孟雄什克南廓爾喀諸部

則皆服屬於英。即朝鮮之近在肘腋者。亦有岌岌可慮之勢。夫惟不勤遠略。是故香港西貢小呂宋暹羅巴等處。各有數十萬之華民。而不能設一領事。美屬之舊金山。英屬之新金山。華民皆有自闢之利源。而無端失之。反受他人驅逐。夫惟不勤遠略。是故商務則無一船越新嘉坡而西。越小呂宋而南者。而兵船之遊歷。亦不逾此。出使大臣。或瞢然於條約之利病。而不知久遠之計。封疆大吏。或惘然於邊防之得失。而惟偷旦夕之安。凡此皆由學術之誤。以誤國家。誤蒼生也。嗚呼。安得徧聒當軸諸公。而與之一講經義也。

三十日記

中國聖賢之訓。以言利爲戒。此固顛撲不破之道。孔子曰。放於利而行。多怨。孟子曰。苟爲後義而先利。不奪不饜。其言尤爲深切著明。然此皆指聚斂之徒。專其利於一身一家者言之也。大學平天下一章。半言財用。易言乾始能以美利利天下。可見利之溥者。聖人正不諱言利。所謂生財有大道。生之者眾。食之者寡。爲之者疾。用之者舒。此治天下之常經也。後世儒者不明此義。凡一言及利。不問其爲公爲私。概斥之爲言利小人。於是利國利民之術。廢而不講久矣。數十年來。通商之局大開。

地球萬國。不啻并爲一家。而各國於振興商務之道。無不精心研究。其糾合公司之法。意在使人人各遂其私。求人人之私利既獲。而通國之公利寓焉。故論一國之貧富強弱。必以商務爲衡。商務盛則利之來。如水之就下。而不能止也。商務衰則利之去。如水之日洩。而不自覺也。亞洲東方諸國之商務。向不如泰西諸國風氣之開。然邇來日本暹羅經營商務。亦頗蒸蒸日上。中國地博物阜。本爲地球精華所萃。徒以怵於言利之戒。在上者不肯保護商務。在下者不肯研求商情。一二饒才智知大體者。相率緘口而不敢言。偶有攘臂抵掌而談之者。則果皆忘義徇利之小人也。即使糾合巨款。爲孤注之一擲。無不應手立敗。甚且乾沒人財。以售其詐。致使天下之人。相率以商爲畏途。試取各關貿易總冊閱之。中國之財。每歲流入外洋者。白金二三千萬兩。以三四十年通計之。則白金之一去不返者。已有十萬萬兩之多矣。再閱一二十年。中國將何以爲國乎。吾用是歎息流涕於當軸者之不知變計。即有一二知變計者。而又未盡得其術也。

出使日記續刻卷四終

出使日記續刻卷之五

無錫薛福成叔耘

光緒十八年閏六月初二日記

法蘭西通國有三十三省八十七府居民共三千七百十五萬內入天主教者三千六百五十萬人入耶穌教者六十萬人入猶太教者五萬人而耶穌教又各分門戶約有數種。西人之初入中國者不以通商而以行教傳教之士如利瑪竇湯若望南懷仁輩西學頗優而亦兼通中學彼按中國字義譯彼之聖人曰耶穌者中國俗語呼父曰爺其敬而畏之者亦曰爺如金人之呼

宗爺爺岳爺爺今巴蜀漢沔間呼諸葛武侯亦曰爺耶者爺也蓋兼敬愛兩義爲穌者蘇也以其既死數日之後而復蘇也

初四日記

英法諸國外部尚書雖不時換人而其下辦事之侍郎總辦等則皆數十年在此署中往往終身不換如英之外部侍郎克蕾副侍郎山特生法之外部侍郎尼薩等皆在外部辦事二十餘年比國之侍郎郎貝爾芒已事辦外部事三十年矣其他或自使館隨員參贊升入外部或自外部出爲公使又由公使入爲侍郎尚書者不可以更僕數蓋職業專則志壹而不雜經畫久則才練而益精所以西人辦理交涉措注周詳鮮有敗事閱歷使然也中國自文文忠公而後總理衙門大臣萃畢生之全力以經理交涉事務者殆鮮其人或以官高掛名或以淺嘗自憙或驟出驟入聽其自然一閱海國圖志瀛環志略兩書之名尚有色然以驚者謂景秋坪尚書或又有一二清流如李高陽閻朝邑兩相國皆自謝爲不知洋務以終年不一至衙門爲高至於章京考取之劵皆以小楷因有居署十年尚於洋務不甚通曉者其或號爲明敏出色之人不過取能了日行公事而止若既了公

事而又稍通洋務則其人固更出色矣則必由章京而管股而幫辦而總辦如是者十年而不能放關道者則羣相與目笑之故在署十年而稍習公事無不得關道以去矣迨既得關道而外升藩臬內升京卿又不復入總理衙門矣如是而欲洋務人才之練習其可得乎如是而欲辦理洋務之不至於歧誤其可得乎吾是以謂中國欲圖自强必自精研洋務始欲精研洋務必自整頓總理衙門始欲整頓總理衙門必自堂司各官久於其任始

初五日記

希臘居歐洲極南在赤道北三十六度十分至三十九度五十分英京東十九度三十分至二十六度三十分北界土耳其南界地中海西界挨愛阿內海東界伊直安海在北有海拉斯屬地為土耳其舊境海拉斯之南有馬里土股即土耳其之剔力披里舊省希臘全境皆山大島曰拉哥羅澎在國東北界近大土海峽中分狹處不滿一英里曰坦崙泰曰澳里阿其餘小島無數通國居民一百四十五萬七千八百餘人京城名雅典居民一萬六千八百餘人全國水陸軍二萬八百餘人國教以希臘本教為最盛從者十分之九

初六日記

西人嘗謂謀國之要有三曰安民曰養民曰教民所謂養民者何也蓋查地球中販籍之數大抵每年一百人中必添一口歐洲人民約三百五十兆每年可增三百五十萬口中國約四百兆每年可增三四百萬口苟無新法以養之則必有人滿之患何以養欲而給求耶按西國養民最要之新法條目凡二十有一一曰造機器以便製造二曰築鐵路以省運費三曰設郵政局日報館以通消息四曰立和約通商以廣商權五曰增領事衙門以保商旅六曰通各國電綫以捷音信七曰籌國家公帑以助商賈八曰立商務局以資講求九曰設博物院以備考究十曰舉正副商董以賴匡襄十一曰設機器局以教閭閻十二曰定關口稅以平貨價十三曰墾荒地以崇本業十四曰開礦政以富民財十五曰行鈔票以濟錢法十六曰講化學以精格致十七曰選賢能以任庶事十八曰變漕法以利轉輸十九曰清帳項以免拖累二十曰開銀行以生利息二十一曰求新法以致富强

初七日記

西學之最有用者曰幾何學化學重學汽學熱學光學

聲學天文地理學電學兵學醫學動植學公法學律例學　英報云俄國所造之烏蘇里鐵路工人有一萬二千其中監犯一千四百軍罪之人一千六百兵二千一百俄人三百華人與高麗人六千此處鐵路為西伯利亞之東段現已興工所有造車棧電局各料亦已齊備今秋可造成一百啓羅邁當

初八日記

從前西洋各國受制於教王當教王勢燄最盛之時幾操廢立各國君主之權而各國之民信從教王殆如水就下如蟻附羶也自耶穌教另樹一幟以與天主教為

敵歐洲各國之民因爭教而互相攻戰互相殘殺至數十百萬人之多搶攘不靖者數十年繼乃定爲各行其教有不相非薄不相師之意然天主耶穌兩教隱然勢均力敵而教王之勢驟衰邇來愚民信教之心似不如前而各國君相亦能實事求是力圖自强教王之教不足以愚之力又不足以勝之即素崇天主教之國如法義德與諸大邦無不創立新法限制教民教王固熟視而無如何也教士懾於國家之威無不謹受約束恪守準繩惟其前往中國者不能人人如在其本國之馴謹而中國與法國所立條約既授以保護天主教之權中

國稍欲裁制教士輒爲法之外部及駐華公使所格即使情理兼足法人明知我當行之政然彼既欲要結教士之心又欲自示其權力之大故無不壹意沮撓者自是中國竟無法以治教士而教士之偭規錯矩者亦愈多而愚民之蓄疑積忿者遂一發而不可遏迨巨案既起教士赴愬於法使及領事法使必先藉端挾制以增其本國之權利再以保護教務之名爲教士多索利益以饜其求其有清查教堂之法如中國所宜整理者法人雖勉允一二教士亦知法之隔在鄰國威令不行且知非出法人之眞意亦竟置之不理此中國教務之所以日棘也近時議者遂有請教王遣使之說冀以隱分法人之權萬不得已之補救亦祇可如此然經營稍不得訣恐一弊去而一弊復生余今雖籌辦此事益兢兢焉不敢不愼也

初十日記

美國製造兵船有廠十處曰鄒子塢曰撥而斯富曰北羅肇林曰阜立特非亞曰離島曰紐綸敦曰華盛頓曰拿福曰奔色哥拉曰曼爾島　西歷一千八百八十年美國舊金山一埠旅居華民二萬一千七百四十五名迨一千八百九十年核計共得二萬五千八百七十名

十年之中苛例頻仍而反增華人四千有奇似皆久居美國之民生育所增之人口否則或由美國別埠而往者也　中國之以詐擾嚇騙爲事者天津謂之混星子甯波謂之空手人上海謂之流氓廣東謂之青皮黨蘇州謂之破靴黨而英法諸國皆無之則以多用巡捕之功也

十四日記

德前相畢士馬克佐德前皇敗丹墮奧蹶法由普魯士王爲日耳曼共主晉號德意志皇帝國勢遂與英俄鼎峙亦古之豪傑者流也前皇已封爲郡王平章軍國重

事年逾七十，精神矍鑠。前皇既卒，太子即位，越兩月卒，其子又即位，即今皇也。當畢士馬克用事時，前皇言聽計從，端拱無爲而已。太子娶英皇之女爲妃，才性敏慧，不能相下，畢相亦稍稍裁抑之。迨今皇即位，英女爲太后，今皇聽其母之言，稍與畢相不相能，畢相亦恃功挾長，有視今皇爲孺子之意。今皇性頗剛愎自用，益相齟齬。畢相遂於光緒十六年春致仕而歸，然素性喜任事，不甘廢退，頗譏議朝政，並以其輔佐前皇時之深謀密計漏洩於外，致國家大受不便，德皇固已心銜之矣。今年春，畢相之子小畢士馬克曾爲外部尚書者，娶奧國

女爲妻，赴奧成婚，畢相亦命駕如奧，奧人以王禮迎之，士女夾道瞻望丰采，聲華之盛，傾動一時，前此德皇過奧時所不逮也。俄人復使新聞館主執筆以隨之，日日謁見畢相，訪問從前彌成皇業之事，畢相頗盡言不諱，於是一切秘密事情及稍不滿於今皇之語，俄人皆登之報章，且加重其語氣焉。德皇見之大怒，亦令報館登報答之，且云畢相若再出言不慎，當削其王爵，沒其田產，勿謂國家寡恩也。畢相始婉謝賓客，稍務韜晦，還居別墅。近聞德皇又與畢相和好如初，然恐貌從而未必心慊耳。

十六日記

去歲新金山之維多利亞埠出金五十九萬七千六百二十九兩，較前年少出一萬一千兩。　英國天文官稱今年太陽內有許多黑點，約長十萬英里，廣六萬英里，當今生意之壞，雨水之多，皆由於此。其黑點之大，向所罕見。

十七日記

去年印度編查戶口，共有二萬八千八百十五萬九千六百餘口，內英屬之印度計二萬二千一百三十五萬六千餘口，土王所轄各邦計六千六百八十萬三千餘

口。其人如以教門分類，則有印度人二萬零七百六十五萬四千，回民五千七百三十六萬五千，天主耶穌教民則有二百二十八萬四千，不奉佛教之哲納人則有一百四十一萬六千，益札布之希克則有一百九十萬七千，佛教七百十萬一千餘人，火教八萬九千八百餘人，猶太教一萬七千一百餘人，居住樹林畜牧之人九百三十萬二千。

十八日記

米利堅合衆國全境天然形勢分四大地，其濱大西洋諸邦分三段，一爲新英吉利諸邦，曰緬，曰紐罕什爾，曰

法蘭的曰麻紗朱色士曰洛哀倫曰干捏底吉二爲中大西諸邦曰紐約曰紐折爾西曰賓夕爾勸尼安曰馬理蘭曰特爾拉華曰哥隆比亞三爲南大西諸邦曰勿爾吉尼阿曰西勿爾吉尼阿曰北喀爾勒那曰南喀爾勒那曰若耳治曰佛勒爾佛釐是也內地諸邦分二段一爲北內地諸邦曰阡的伊曰倭海阿曰英釐安納曰密執安曰亦倫諾爾曰威士干遜曰密蘇爾釐曰衣阿華曰密內沙太二爲南內地諸邦曰阿拉巴麻曰密士失必曰魯西安納曰阿甘色曰田納西是也西高原諸邦諸部分二段一爲平原諸邦諸部曰得撒曰因底阿

番部曰坎撒斯曰內勃拉斯喀曰特考太部二爲落機山諸邦諸部曰考洛拉度曰新墨西哥部曰厄華明曰芒退那是也濱太平洋大地諸邦諸部曰開爾福尼亞曰納未達曰阿里顏曰華盛頓部曰阿度化曰阿立尙那曰由塔是也

十九日記

華盛頓崛起美洲創立民主之局但合眾小國以成一國故有合眾國之名稱美理駕國者以其在美洲也其國旂多花文故又稱花旂國在南北美洲爲最富土地肥沃全境惟亞蠟斯干（一作安拉斯駱）屬部居寒帶餘悉當溫帶坎拿大在其北墨西哥在其南東濱大西洋西臨太平洋東西陸地廣約二千五百英里南北疆域長約一千七百英里幅員之大計三兆五十八萬五千七百九十英方里適與歐羅巴全洲相等自美購得亞蠟斯干新地於俄擴地乃益廣焉戶口之數白民四十三兆五十萬他種黑民六兆五十八萬一千土民僅三十二萬二千土民卽土番也雖屢經逼逐死亡眾多然攷英人闢土以前其類本不甚蕃衍近年土番僅二十五萬多在密士失必江之西種類不一可分而舉之者曰喀里克斯曰徹洛凱斯曰穌曰考克叨斯曰叨凱少斯

二十日記

拜發奧英外部商議會立坎巨提新酋一摺密陳帕米爾事宜一片　美國天氣北境夏暑溼而冬嚴寒多雪南境濱海處入冬和暖幾似熱帶矣全地廣土肥饒民多務農勤於耕作其南產木棉煙穗其北產麥玉蜀黍樹木亦富礦產尤多各機器廠日漸增廣國內各教無所不備國家待之無所軒輊而以耶穌教爲大宗正副伯理璽天德皆由通邦選立四年一任有議士院及元老紳董兩院更有審院分三等焉生聚至四萬人則建築城邑爲一部附於眾邦之後民數滿額准其自立爲

邦同列盟會水師多與商船相表裏其鐵艦則固活陋
蓋居多俗稱冒尼叨是也通國分邦三十八屬部八番
部一每邦各有議院及統領一員國內產棉每歲約一
千兆磅運英國者七百兆磅進口貨爲羊毛冬布竹布
生銅銅器鐵糖加非茶酒出口貨爲棉花麥玉蜀黍乾
麪煙木料柏油牛乳餅醃豬肉牛肉計進出口貨之價
皆逾英金一百五十兆鎊之數國中歲入之款約英金
六七十兆鎊歲出之款約五六十兆鎊此就總政府言
之而各邦歲入歲出之款不與焉

二十一日記

美國通商口岸曰紐約曰摩士敦曰非勒特爾非爾曰
勃耳偈莫曰紐澳良斯曰查爾士頓曰磨比勒曰三藩
謝司戈卽舊金山天下講商務之國英爲最法次之美又次
之東北諸省爲商埠及製造各廠所在其南其西諸省
則耕植爲宜鐵道縱橫四闢計其十萬英里惟其中單
道爲多往來一道工築亦粗而需價則更倍於英國所
築者焉國債當南北未戰之先僅十五兆英鎊今驟增
至四百兆鎊而各邦亦自有公債

二十二日記

俄兵之將赴帕米爾也其外部先告駐俄英使云阿富
汗既奪布回之羊以當貢獻而華兵仍駐紫艾力雀爾
帕米爾是以俄政府將遣遊擊喬璐夫率師巡帕大約
西八月之前可歸但此行並無據地之意不過探視情
形而已且冀阿富汗因俄師之來不再與布回爲難而
華兵或因此可以撤去閏六月十二日雪姆拉地方來
德電報云俄兵分三隊入帕阿富汗兵在蘇滿者百人
聞俄兵將至連日夜添兵三百而俄兵三十人貿然而
來與阿兵戰俄兵被殺五人被擒二十五人俄人索之
阿人不與十九日來德報云俄阿之兵鬬於尼柴搭什
帕米爾未知勝負如何又云俄兵已至華界之阿克塔

式而駐紮郎庫里湖之華兵似已被俄兵逼逐撤退於
是倫敦新報議論蠭起而英外部亦謂俄廷前說恐不
足信若中國不及早理論恐竟乘機占地云

二十三日記

輿地之學恃乎測繪由來尚矣晉裴秀製圖條陳六體
曰準望曰高下必賴乎測曰方邪曰迂直復需乎繪曰
道里曰分率尤藉乎算是測繪算三事爲作地圖者所
必需也唐賈耽曰地理之學百聞不如一見又云十說
不如一圖周官大司徒以天下土地之圖周知地域廣
輪之數職方氏掌天下之圖以掌天下之地要近今作

圖更精於前。而測繪之法。尚不如西人之美備。其故有三焉。一測繪之業。無如西人之專也。或測經綫之弧。或測緯綫之弧。或測全洲。或測一國。或因航海以識行程。或因游覽而知指向。為事既繁。練習自多。一測繪之器。無如西人之精也。測天度則有經緯儀紀限儀。測地面則有測平儀羅盤儀。測時刻則有子午儀日晷儀。而經緯儀之精。平立二圈。小則徑三四寸。大則徑三四尺。製配甚準。分度極細。一周三百六十度。度六十分。分六十秒。規制精良。為用自準。一測繪之法。無如西人之詳也。中國測地以勾股為主。西人則以三角為用。其法於平面上測定底綫。再從底綫之兩端。測得物點。如是則各物點與底綫兩端之相距。並物點彼此之相距。皆可推算而知。

二十四日記

英國向分公保兩黨。公黨之首為葛蘭斯登。保黨之首為沙力斯伯里。沙侯相英六年。國人悅服。惟議院員紳向係七年一選。今年值選議員之期。數日前各處推選甫定。而公黨之被選者多於保黨約四十人。於是沙侯告退。葛蘭斯登為宰相。阿斯奎次為內部尚書。勞特（勞特二字係侯伯子男爵之總稱）勞恩伯力為外部尚書。勞特金伯雷（郎克

蕾叔）之為印度部尚書。兼軍機處正尚書。堪白爾班納門為兵部尚書。男爵侯失勒為刑部尚書。薾斐為工部尚書。門得拉為商部尚書。孝勒邦埃為農部尚書。埃瑙爾馬萊為郵部尚書。馬蘭（一譯作麻爾）為阿爾蘭部尚書。德來維林為蘇格蘭部尚書。勒塞爾為總狀師。烈葛佩為大狀師。勞特好敦為阿爾蘭總督。伯爵施丙色（一譯作施本守）為海部尚書。賓星萊康哈谷德（一譯作哈可脫）為戶部尚書。侯爵利木（一譯作爾立本）為藩部尚書。福辣為地方官尚書。阿克倫為軍機處副尚書。阿克蘭為上議院副首領。兼學部尚書。

二十五日記

近世人情多震驚於西洋風氣之奢豪。器物之精緻。以其能順人意趣。適人嗜好也。是固然矣。然余謂亦有洋不如華者。中國讌席。山珍海錯。無品不羅。乾溼酸鹹。無味不調。外洋惟偏於煎熬一法。又擯海菜而不知用。是飲食一端。洋不如華矣。中國綢緞綾羅。男女各用以章身。均極華美。至於冬裘。百獸之皮。無所不用。尤覺異常燦爛。洋人不論貧富貴賤。皆以黑呢為衣。既短且緊。大不登樣。婦女製衣。雖多奢費。然亦僅於茶會用之。且究不逮中國婦女服飾之百一。是衣服一端。洋不如華矣。

中國房屋起於平地。輔以亭臺樓閣。乃有玲瓏曲折之觀。每平屋一進。皆有天井。於是假山奇石。曲檻清池。名葩異樹。可以隨宜布置。外洋專尚四五層之樓房。而別無他式。雖名爲宮殿者。不過樓房高大而已。尤乏之趣者。縱有絕堅緻之樓房。而全宅中無一天井。不過四面皆臨街衢。以街衢爲天井而已。是宮室一端。洋不如華矣。夫飲食衣服宮室。人生日用之最大者。而外洋皆不如中國。然則智者愼毋震驚於西洋之風俗。以爲事事勝於中國也。

二十七日記

中國欲振興商務。必先講求工藝。講求之說。不外二端。以格致爲基。以機器爲輔而已。格致如化學光學重學聲學電學植物學測算學。所包者廣。得其精則象緯輿圖律歷。皆能深造有得。得其粗則亦不難以一藝名家。既須多設書院。選聰穎子弟。肄業其中。而藝術學堂。亦不可不設也。機器能以一日之力。成十日之功。一人之力。代百人之功。如是則貨價必廉。價廉而銷售始暢矣。而所以擴商務之用者。則尤有八焉。一曰設專官。如西洋各國有商部尚書。以綜覈貿易之盈虧。又有商務委員。以稽查工作之良窳是也。一曰興公司。與之之術。不外立保護公司之法。議整頓公司之規而已。一曰勵新法。有能創一藝者。給以憑單。俾得專享其利。則才智之士。無不殫精竭能矣。一曰杜僞品。中國絲茶之不振。半由洋人仿造。半由姦商肆其詐僞。有攙雜假託諸弊。以致貨真價實者亦受其累。今宜懸明法以禁之。又使諸商公議罰辦之規條。行之數年。庶有瘳乎。一曰趨時尚。凡物能變新樣。必可善價而沽。而衆耳俗目之所好。尤不可不投也。一曰設賽會。仿英法德美日本辦法。建設會場。羅列珍奇。所以廣見聞。資則傚。開風氣。旺貿易。法至良也。一曰改稅則。宜乘各國換約之時。漸改值百抽

五之例。稍重洋貨進口之稅。則而於洋酒洋煙之稅。更加重焉。絲茶二項。宜稍輕出口稅。以減成本而廣銷流。一曰導商路。招商局輪船。既已暢行江海。宜漸多置輪船。派往南洋諸埠。以及外洋諸國。裝貨搭客。稍分西人之利。而華民之旅居外洋者。亦得聲氣聯絡。裨益豈淺鮮哉。

二十八日記

光從日發。或由亮體射回入人目。則覺爲光。如月受日光。映回入目。則見爲月也。凡光一帶。或一綫。能分七綫。各綫能使目覺有不同之色。各色並合入目。則覺爲白。

是白爲光之合。而色爲光之分。如將七色依次繪於輪邊。速轉之則勻和而顯白色。無白色則爲黑色。因無回光也。如欲將光分爲七色。法用數寸長之玻璃條。成三稜形。謂之三稜鏡。托以架置於暗室。或於門。或於窗。鑿一小孔。透進日光。使過三稜鏡。射於素屏。則屏上備呈七色。由下而上。初紅次橙次黃綠藍青紫各色。寬窄不同。如將其光色帶勻作百分。則紅居十一。橙居八。黃居十四。綠居十七。藍居十七。青居十一。紫居二十二。凡人目後有眼腦衣。乃腦氣筋細夾於二細膜間。面平滑。人活時其衣能明。光入。日之光色必先達此明衣。由內面

回至外面。人始能見。如光久過腦衣一處。則衣漸失知覺。必有相反之光色。始易見之。因目正看一物而不移動。則其物光色漸令腦筋乏力。必移目轉看他物。腦筋始能再顯其力。故凡細看一物者。必移目改觀。使其形不專注腦筋一處。否則腦筋乏而看不眞矣。

二十九日記

天上之電無異人工所作之電。天上何以生電。有云因天氣與地磨擦而生者。有云因草木生長變化而生者。此說無據有云因太陽蒸水化氣而生者。有云因空中之氣與水磨擦而生者。細察物理。大抵空中之電因太陽蒸

海水化爲溼氣。遇空中之風。彼此互相磨擦。卽能生電。但其力量大於人工所作之電耳。天上之電其類有五。有一種電俗名立閃。白光一道。長約數里。狀如蛇行。似有旁岔。常在陰雲厚處。雲內電性最大。天氣不能阻電。或與他雲相觸。或與地面相感。皆立放電發光。最能震人致死。身有傷痕。電發之味。如屋內旋轉生電機所嗅之味。因電感空中養氣。以致養氣縮濃。養氣一縮。其味卽出也。此電能劈沙地。或劈鐵條。亦能將鐵條感成磁石焉。又一種電。光發一片。每有光彩。有藍色。深紅色。紅青色。在二雲相觸處見之。不關地面相感也。因同時有

雲數萬處。所以發光成片也。其力不甚猛烈。雖偶震人致死。然不常斃人也。又一種電俗名露水閃。夏夜有之。而無雷聲。大約電發在天邊之外。因發電之處太遠。故雷聲不能到耳。所以見光者。天邊有雲返照故也。又一種電西國名爲雷彈。狀如火球。卽天火落地上。躍炸裂之聲聞之甚遠。勢甚危險。每致斃人。有云因空中溼氣感電愈聚愈濃。濃氣由雲際下落。漸漸墮地。每歷十秒之久。目能視之。又一種電。航海桅頂常見發火是也。軍行時士卒執長槍。槍尖每見發火。此二者均雲際所感而然也。

七月癸亥朔記

雷喜入臨近之物又喜入通電之物如高山高樹高樓船上高桅以及五金之類皆能引電故雷發時人不可憩於樹下宜入屋避之亦不可在平原曠野因四面俱平一人獨立亦能引電每致危險野獸被擊職是故也如人執鐵器適遇雷電宜擲遠處伏地以避之至於臺閣樓塔宜用防雷尖叉以避雷電其安設尖叉之法有八要焉一叉質宜用通電之物銅雖通電其質太脆不如用鍍錫之鐵可免生銹一鐵質宜粗以免電過被焚一鐵由房頂以至入地宜接為一條不可隔斷一鐵宜

直入地不可彎曲入地宜深若通至潮溼近水處尤佳一鐵頂宜銳尖宜鍍白金以免生銹尖鈍一鐵尖宜出房頂高數尺一安叉之處宜距房上他處之鐵較遠八事備而雷電可避矣

初二日記

格致彙編云天地之成有一定不易之理亦有一定不易之例實有無所不能之天主宰於天地未有之先匠心獨運默定權衡故天地皆依次而成先為氣質繼為流質因旋轉而成球形其後流質又成定質再後則地殼分水陸陸地成泥土而植物生焉植物生後又生動物最後人類出焉苟非無所不能之天主宰乎其間安能若此有條不紊哉又云地球未成之先本與日球為一因旋轉之勢而分始分時為極熱之氣質漸涼而成甚熱之流質再涼而凝成定質即地球之外殼是也殼外皆水水上皆氣其氣較今之空氣更為濃厚又云地球初成外殼皆水本無陸地然外殼雖成定質而其內仍為甚熱之流質外殼漸涼漸縮流質被其擠壓因將外殼湧起高出水面即成陸地其地甚小如海島然陸地初成皆為石質並無泥沙其後歷受波浪之衝擊空氣之侵蝕與冷熱之漲縮於是極熱之石變為石子石子漸變為細沙細沙漸變成泥

初三日記

格致彙編云地之所以為地如五穀之種其生也必由芽而苗而秀而實又如雞蛋其中之黃白本係流質得母雞之熱漸成小雞地球之逐漸結成亦猶是也故地能成今日之地球必已歷千萬年之久又云地學家之查攷地殼者知土石皆有層累最古者在底漸近則漸上在底層所留之物迹動物則肢體未分植物則枝幹未備而品亦極賤漸上則動物之迹肢體漸分植物之迹枝幹漸備而品亦漸貴植物初生如莓苔木賊鳳尾

大葉等類而海中亦生海藻厥後種漸變品亦漸尊乃生松柏檀楠等貴重之物動物則水中先有珊瑚蚌螺之類而後有魚陸地先有蛙與黿之類而後生飛禽再後生走獸最後始生人爲萬物之靈

初四日記

地學家論地殼之厚薄其說不一或謂六十里即英里二十或謂六百里即英里二百而人祇能掘深三里故未能得其確數若地殼厚六十里則較之地中流質同爲甚薄猶蛋殼之與黃白蓋地球對徑二萬四千里即英里八千其殼祗能得四百分徑之一若地球與蛋同大則殼較蛋爲愈薄矣　地球初成其外皆水故水成石平列地面毫無欹側然地中之流質時有變動地殼亦從而改易高者忽塌低者忽湧故水成石有豎列有斜列有平列其行列雖不同而層累秩然不紊也　海除魚鹽之外其大用有三一使陸地不至甚冷日光曬於地面受熱易散熱亦易海水受熱難散熱亦難空氣即傳其熱故陸地可不甚冷二爲雲爲雨以滋生禾稼三爲水之總匯免泛濫橫流之患而利舟楫便商賈抑其次也

初五日記

法國耕種之民漸少而出產尚佳又能用器具以合土地之宜故地價較二百年前已增四倍然農務究不如工商之有起色而葡萄爲法出產之一大宗五十九府內皆有之畜牧之政亦日見蕃盛通國牛有一千二百七十二萬餘匹馬二百七十四萬餘匹礦產除鐵之外均極稀少而工藝所出之物亦爲大宗有不用人力之手工或用氣力或用水力者而紡紗局織布局織呢局造紙局各有數百處每局有機器各數百架商務因其地三面臨海產物亦盛故能暢旺通國鐵路有二萬二千七百七十六啟羅邁當

初六日記

英開四尺八寸半寬之鐵路如每碼重五十五磅者而所鋪硬石等料深十五寸至十八寸則每英里長五千二百八十英尺其價金錢四千五百員至五千五百員之譜此輕鐵路也又如鐵路重而堅實者每鐵條一碼重七十五磅所鋪堅石等料深二十四尺其價每英里金錢五千五百員至七千員以上之價所有工程一切在內卻不包地價在內亦不包各車貨車汽車在內但包停車場房屋並鐵路橋梁而已至各國所造之單軌鐵路每一英里以金錢七百至一千員足敷備常用之

各種車輛又如山中開洞每長一碼約價以金錢二十五員起數或至四五十員不等如造尋常雙軌鐵路則穿山所開之洞每碼需金錢四十員至九十員不等其工價之貴者每碼金錢逾百五十員凡造雙軌之路較之單軌者每費百分另加五十分或至七十五分其預備房屋車輛之費雙軌比單軌不過加費百分中之十分或至三十分如果貿易暢旺自以雙軌爲合算

初八日記

器因時轉人隨事遷將來西國陸戰之法必更日異月新一鐵路日增與戰事大有關繫也同治九年普法之

戰軍士火器糧餉皆能速運皆得鐵路之益三十年前南北花旂之戰已知每興兵十萬用單軌鐵路每長一英里應有汽車二十五乘貨車六乘在交戰時鐵路運物料往載傷兵回又須運兵往戰且運糧與軍火恐不敷周轉故單軌必改雙軌尤妙又必使兵能自成鐵路而自理其各事愈妙故各國每遇戰時皆派兵若干營專理鐵路之事而又必專謀設法以毀敵之鐵路須有馬兵數千或直衝敵前或繞其左右以毀其鐵路馬路電綫糧食軍火等項則事半功倍矣一電燈宜用也兩敵相持遇夜可燃電燈以照於緊要之路防敵劫營或

潰圍之舉如有攻城已擊破者夜中能照其破處如見人修補即用羣子彈擊而散之

初九日記

一輕氣球宜精研也氣球創於百年之前法國戰事初用其器後閱七十年之久視爲廢物三十年前始復興用一千八百五十九年意國之戰及南北花旂之戰與德師困法京俱用氣球近十年前始更精求其理法以便多用於戰事惟今所放氣球仍用繩牽而鬆放之氣球尚未多進益近來法國於其電氣機器考求益精將來或能造船形氣球迎風逆氣或借旁風而速前行則

或藉以請兵解圍或通信營壘其益最大一火器宜講求也近來放槍放礮最速最遠用藥無煙燃放無聲可謂精矣數年前礮兵皆謂放礮多於二千五百碼者已屬無用以目力所難到也邇者試放尋常礮彈七箇所落俱在五十尺寬之方內量其相距知爲三千三百碼之遠德國礮兵以爲距三千八百碼尚可命中如用最精千里鏡於天氣晴明時地形合式彈能及二英里半之遠攻擊密列之步兵因此知步兵離敵礮約三英里即不宜密布成隊須疏散排列又可見成陣布列必在距敵三英里以外方爲穩妥步兵雖能放槍命中於千

三百碼之遠又能燃放最速阻攔礮兵使不及放礮然若有礮二副則每分時放𥖁彈三四箇足擊敵營使其兵馬靡亂矣

初十日記

近有新法用無煙無聲火藥燃放槍礮如兵藏籬內或密樹後連放槍數分時候敵軍已斃多人而無從辨我軍之所在後護兵與分用小隊兵能用此種火藥則敵人不知攻擊所在更可得利且藥既無煙礮手槍手瞭敵更易清楚攻擊必準而槍礮之害較前更烈矣　有英德武員討論攻守之事究竟孰利德員謂利在攻者英員謂利在守者德員云臨陣之時如及於備擇所守之方位則前行之兵可掘濠塹以護身或據所有泥堆溝壑以遮身如不及備擇則兵可平臥地面藉地稍凹凸處以資蔽護如此則敵兵最難放槍命中英員云守者能豫知各處相距或用鏡測或用尺量其相距處或石或小河或路或泥堆等敵兵向前進必露全身則可放槍縱擊且敵兵行動時足趨手動方位常改測望頗難取準又執槍不穩難以命中此皆攻兵失利之處也

十一日記

暹羅之地自赤道北四度三十分至二十度值京師西

九度十七分五十八秒至十八度十七分五十八秒按飛鳥道東西一千六百十七里有奇南北三千五十四里有奇然論其國版圖祇自赤道北十二度起至十七度止並有瀕海各地此外撣人老撾各部落以及柬埔寨之西南麻剌甲之東北或土番或小國雖屬於暹羅不過一年一貢而其地與民皆歸土王及酋長管轄邇者英取緬甸法取越南土酋皆不能自主暹人亦懼其逼也乃遣官分駐其地爲之保護所有公牘往來皆由暹官與土酋會同商酌加鈐印信方可通行每歲進款洋銀一千萬員多則一千五百萬員有各屬貢品地丁錢糧房稅船稅雜稅綜計居民有一千二百餘萬人凡暹羅土著三百五十餘萬華人及暹產華種亦三百五十餘萬老撾人三百餘萬緬甸越南柬埔寨日本印度巫來由及各種土番共二百餘萬

十二日記

暹羅於乾隆三十七年推鄭昭爲王由猶地亞遷都曼谷一作萬國今譯作邦考克光緒十一年暹羅入泰西各國之郵政會安設電綫南始曼谷北止景邁中通各城又東至西貢西接下緬甸其有電綫五千一百四十里有奇近且議造鐵路自曼谷至哥賴脫長四百九十餘里土地腴

沃。尤宜稻而易熟。稻凡四十餘種。湄南江之水。歲以五月漲。八月退。淤泥泛溢。糞田極肥。每歲出米九千一百萬石。又產香漆象牙犀角牛皮茶葉煙葉藤黃藍靛沙藤木棉苎麻橡膠包穀芋薯沙穀米罌粟花甜瓜黃瓜李橘荔支椰子菜蔬。花生。椰油。甘蔗。製糖。竹器竹席各物具備。其樹木質堅材巨。如楠木烏木文木鐵木松柏。以及蘇木黃木染料之木皆有之。其礦產鐵錫寶石。鳥則孔雀山雞野雉鷹鴉爲多。沿海山洞海燕造窩甚夥。爲南海珍品。畜獸多象。調馴服使人家皆畜之。白者稱靈獸。又有虎豹犀熊箭豬水牛紅角野牛狼狐猿獼鹿

鹿黃羊海騾灰鼠之屬。每歲曼谷出口貨值洋銀二千六萬員。進口貨值二千六百四十四萬員。

十三日記

倫敦夏間極熱之時。可御單衣兩層。而紗葛無用也。冬間極寒之時。可御棉衣兩件。而重裘無用也。然英人夏必居海口。名爲避暑。冬必居海口。名爲避寒。凡達官富商於海口及鄉間名勝之區。皆有別墅。其通年居倫敦者。不過三四月。大抵海口及鄉間天氣晴爽。迥與倫敦不同。西洋醫家又謂海氣於人之養生有益。人能多吹海風。多浴海水。則精神爽健。身體堅實。故無論貧富貴

賤。皆以避暑避寒爲名。而命意則在多受海氣。兼以遊目騁懷。至於避煤煙。避昏霧。避人戶稠密之濁氣。尚其次也。習尚相沿。浸成風俗。而避暑尤亟於避寒。儘有無力避暑之人。杜門不出。客至則謝以避暑下鄉者。是不在得其名而先欲襲其名矣。然倫敦每至春杪夏初。即通衢亦稍覺寂靜。約計人民十少六七。但見輜重纍纍。無慮皆避暑者也。余到倫敦兩年。未嘗鄉居。今歲倫敦降霧獨早。閏月以後。即連日陰雨。余姑從宜從俗。議避暑七日。先於英倫之迤南租定房屋。下午四點鐘挈眷及繙譯武弁各一人。赴維多利亞車棧。四點半鐘火車

開行。其行五十英里。五點三刻鐘抵白雷敦海口。此處亦英之名勝地也。有小倫敦之稱。戶口十一萬五千。高甍巨廈。櫛比雲連。凡避寒暑及遊覽者。皆必至焉。

十四日記

余與繙譯王省山乘馬車周行白雷敦街市。此鎮東西長而南北短。由極東至極西約四英里。南北僅一英里有半云。又至海邊舊隄。納受海風。此隄在街之東隅。南面陡入海中。長約半里。蓋植樁於海灘。復以鐵練繫木爲之。而鋪土於木上。其隄之盡處則用石砌基。勢較寬。可列坐數百人或千人。有樂工一班。奏樂以候遊客。凡

到此者每人須出本士二枚西堤相距約一英里有一新堤而新舊兩堤之間又有新築一堤工程尚未及半洋人之說每謂海濱雖可多受海風尤不如在海中者四面爲海氣所涵獲益更多故必築堤突入海中以聽遊人大抵皆集股所爲而收遊費以償工本余以巳正往至未初而返但見海邊習鳧水者甚多大半皆係婦女蓋謂身體常受海水可以一年無病其餘則有駕小艇者有放小火輪者泅洄遊泳以爲樂

十五日記

余與王省山赴新堤納涼新堤在舊堤之西其長與舊

堤相等而寬闊約四倍之惟無土石而專用木板其下亦密釘木樁人行其上轉覺穩固又有水族院在海濱凡海中鱗介羽毛之族羽族如鷗鷺之類毛族如海狗之類無物不有較倫敦水族院尤爲完備多有奇形怪狀生平所未見者有一種鳥分張兩翼飛於水中蓋形似鳥而實魚也卻又與飛魚不同有一種魚下生六足能游水中亦能行水底又有一物專以蟹爲糧平時在水中蟄伏石間不動見蟹至則追捕而食之其行甚捷既不似魚又不似蛇亦難辨其頭尾口目卽有七八蟹在前能並捕而齊食之當時即噴出蟹殼徧體有大小數十百管能自閉

動似係呼吸者聞係來自美洲云

十六日記

余與王省山赴小花園憩覽旋乘馬車遊潑辣斯登派克派克者譯言園林此地局勢寬展林木葱蔚布置甚爲佳勝遂繞至大野克特拉意甫縱觀村景蓋其地踞白雷敦山嶺之脊登高遠矚後面鄉村一帶風景悉在目中又到聖愛恩斯懷而觀一古井愛恩人名也懷而譯言泉源也傳言飲此水者一歲中筋骨強健來遊此者頗多來者每人須出三本士購水一瓶者價四本士省山飲水半杯據言味稍苦亦微有鐵氣余不敢飲也　此間

夜半後尤涼非擁厚棉被不可然聞冬令亦不過如是故避暑避寒皆必到此大抵水性無甚寒甚熱冬夏一律冬間水面爲寒氣所侵不免結冰然愈下則愈覺其暖非眞冬水之暖也以與隆冬冷氣相形則覺其暖也夏間水面爲炎日所曬不免發熱然愈下則愈覺其寒非眞夏水之寒也以與盛夏暑氣相形則覺其寒也夫天氣有寒暖而水氣無寒暖海乃水之所歸宿也則海濱之便於避暑避寒也亦宜

十七日記

明日爲與外部印度部會議滇緬界務之期余前已派

馬清臣往議兩次尚未就緒約計必再會議數次方有眉目余因發電召清臣來此面商告以就目下情形而論須以力爭野人山地爲第一要義至少須以大金沙江爲界然後沿邊諸土司可以稍安其次則爭大金沙江爲公共之江又次則爭於新街北岸劃一地與我立埠設關而爭南掌撣人之地爲最後焉因其地十之六七早已劃與暹羅又與越南之界相錯既不値受彼虛惠亦恐致與法國分界又生枝節也

十八日記

余偕王省山乘馬車赴六汀騰海口遊覽六汀騰距倫

雷敦約四英里凡居白雷敦者皆往遊焉余車循海岸而往循山徑而回其地本非大鎭而鄉村臨海頗有疏野之趣一路山不甚高墾田者皆在山半大麥甫經收穫風景絕佳中途過一貧孩院叩戶入觀之該院總辦款客殷摯導觀各處規模宏敞院中男女孩凡三百餘人有廚房有書庫有浴室有飯廳有讀書堂有講經堂有做工所有演藝場有洗衣所有男孩臥室有女孩臥室秩然不紊養牛二十五頭日取其乳以供院中之用凡貧孩二歲以上卽可送入院中迨二十歲左右皆成一藝以去俾能自給衣食無饑寒之慮焉是時適値午

飯之後須赴場操演以舒其筋骨總辦邀余觀之有孩一班專奏兵樂其餘則演槍法陣法無不手勢嫻習步伐整齊蓋遊樂也而操練之意寓焉又邀余聽諸孩奏樂年皆不過十歲左右而按之樂譜悉協宮商又邀余聽七歲以內諸孩演唱調皆一律雖甚幼穉而意象嚴肅無有敢跛倚譁笑者其教導皆用女師亦頗愛諸孩如其子聰穎之孩常有成學業以去者其次則出爲兵丁爲樂工爲畫師爲木匠爲裁衣及一切衆技歲有若干人諸孩所造器皿無不精巧卽代鬻之以供本孩之用於戲至矣盡矣毫髮無遺憾矣吾不意古先聖王慈幼之道保赤之經乃於海外遇之也

十九日記

老撾種人之稱本哀牢夷種徧於西南徼外支裔繁衍老撾始見於明史土司傳不過老撾部落之一嘉靖閒始稱南掌蓋雍正以後入貢之南掌國實卽明史之老撾土司也今考老撾全部之地當赤道北十五度至二十一度京師西九度至十八度巴黎東九十六度至一百五度共得法里四十萬方啟羅邁當北界雲南東西南與越南東埔寨緬甸暹羅爲界其牙錯午貫於暹羅者殆三分之二故暹羅屬地以老撾爲多老撾分兩大部南稱暹羅老

撾多老撾人北稱緬甸老撾即撣人撣人亦分兩種東曰白肚番其大部曰纜掌即南掌也西曰黑肚番其大部曰景邁即古大八百媳婦國也南掌景邁之北有大部曰景東亦曰魯瓦撣人其上游曰魯瓦野番蓋即中國所稱爲卡瓦者也其附近曰麥岔曰盧鹿即中國所稱爲玀玀者也老撾人性愚而嬾然務耕種畜牧亦能鑄造紡織多奉佛教故皆好生惡殺地產五金各礦稻則有秔有穤多包穀少粟麥有靛漆藤竹麻棉椰葉桄榔甘蔗檳榔荳蔻煙葉芝麻花生而以松木楢木爲最多野草可製繩織席象牛爲用最大種亦極繁景邁有

象八千隻蘭貢有象一萬隻云

二十日記

西刻挐耆及繙譯武弁等乘火車由白雷敦回倫敦使館　南掌爲老撾東面部落之最强大者其都曰隆勃剌邦當湄公江上游江由東折而南流南岡江自東來會城在山下適當南岡江會流處水即穿城而過値赤道北十九度五十四分京師西十四度二十二分巴黎東九十九度四十五分　東北距越南之河內七百四十七里居民十五萬人城中二萬人此國尙號自主每越八年入貢中國每次貢象二隻自咸豐七年貢道梗阻遂不復貢亦

進貢於越南暹羅今號爲暹羅屬國而法人亦有覬伺之意地多名馬孔雀文雉稻歲四穫土地肥沃同治十二年有雲南人盜據其地今尙爲所有云　農蓋老撾東面部落衝要之地也其會城在南掌東南四百二十里湄公江右岸江自此曲流向東値赤道北十七度五十五分京師西十三度十六分居民六千有奇農蓋長官入貢於暹羅管轄二府

二十一日記

老撾東面各部有曰邦賽者在湄公江之南農蓋之東居民八千有奇値赤道北十八度一分京師西十三度

二十八分有曰薩亞布利者在邦賽之南居民七千有奇城在湄公江東南岸之左値赤道北十七度三十八分京師西十二度有曰幾麻剌地者城在湄公江右岸値赤道北十六度三分京師西十一度十九分　景邁爲老撾西面部落之最富足者即古大八百媳婦國元明間稱爲八百土司者也城在湄南江上游湄濱江左岸今地已入暹羅爲暹地極北之境東南距曼谷一千七十八里値赤道北十八度四十八分京師西十七度三十四分滇商暹商轉運貨物必以景邁爲中路行棧土地肥沃產米頗多山中楢木尤盛附近有銀礦居民

三十萬人滇商運售紬緞及五金各貨轉販米棉花象牙紫梗白蠟香料以歸至堅硬木料多由水路運至穆爾門爲外洋造船之要需云景緬古小八百媳婦國也城值赤道北二十度十三分京師西十六度三十八分其地水陸交衝自北往南以景綫爲必由之要路土沃人稠物產繁夥稻米充溢

二十二日記

蘭邦在景邁東南四十四里城踞湄濱江之湄光河兩岸值赤道北十八度三十五分京師西十七度二十九分居民一萬二千人此城爲宋徽宗建中靖國年間建

至今稱爲富庶之地產稻米檜木蘭貢在景邁東南一百六十里城臨湄濱江之湄南斐河岸南鄰暹羅值赤道北十八度十七分京師西十六度五十七分居民二萬五千人產棉花稻米漆檜木有銅鐵諸礦山中多象喀鄰人圈獲以售於市故此地亦以象市著云猛奈值赤道北十八度四十七分京師西十五度四十四分猛波勒值赤道北十八度十分京師西十六度二十三分兩地皆近湄南江土脈肥沃　老撾北面部落景東最大即所稱撣人國進貢於緬甸者也地處湄公薩爾溫兩江中間爲老撾最高處山巒水陡皆會於此城當赤道北二十一度十九分京師西十六度四十五分部落廣袤東至湄公江岸之江鑾西至薩爾温江岸之莽甯其三十二城皆隸焉景東之北東有江洪國在赤道北二十一度五十四分京師西十五度四十分當郎十三板納土司地西有葫蘆國在赤道北二十一度五十八分京師西十八度十二分當郎卡瓦葫蘆國地

二十五日記

中國與各國衡富强之術百不如西人然有一事足以自豪者則國債獨少於諸國也二十年以前中國本無所謂國債左文襄公西陲之役需餉緊急始派道員胡

光墉商借洋債兩次然不過數百萬金耳光緒甲申乙酉之間法蘭西爭越南駛其兵艦擾我海疆各省調兵設防糜費甚鉅於是廣東福建諸省皆向洋商挪借鉅款而神機營總理衙門亦或屬出使大臣貸諸西洋爲購礮造船之用奏明由各省各關按年歸還本利計國債最多之時約有二千餘萬金迄今逐漸償還當已不滿一千萬矣東西洋諸國或地不逮中國十之一而國債動以數萬萬計蓋有十倍百倍於中國者賦稅所入大半以償債息其所以百廢具舉者在此所以不能不厚斂於民者亦在此曩歲李傅相創議借貸洋債白金

三千萬兩用以興建中國鐵路此固至急之務亦至善之計也然余意不甚謂然者蓋恐中國風氣未開承辦之人未能事事覈實難免侵蝕虧短之處而鐵路之獲利尙無把握轉恐加歲月津貼之費夫養路修路既需巨款而三千萬金之償息亦歲不能緩則中國兩受牽累財用必日朘月削恐致一蹶難振儻竟欲造鐵路毋甯枝枝節節而爲之雖無速效亦免鉅累較爲穩著余之愚計如此既而承辦洋債之陳季同果藉借債之名騙款纍纍以供私用如是則所借之三千萬金并恐未必能全到中國矣幸而廷議早罷之耳余於是恍然於

風氣未開之時籌辦一事難若登天往往利未形而害已隨之非必籌畫之未精也得人之難也

二十六日記

英法各國有所謂高車者亦謂之公車創製不過在二三十年以內其式格外高廣內層可坐二十四人上層可坐十六人通衢大街絡繹交馳傭工等人隨處搭坐每行二三里僅需一二本士然此車生意甚旺每車每日約可獲英金二鎊以一鎊養兩馬兩輿夫尙覺綽然有餘所贏之息總在一鎊以外每造一車約需工本二百鎊而購馬在外倫敦一大公司有車千六百輛云

嘗遠而望之有似樓房駕空而來者高車也余謂春秋傳所稱巢車樓車者殆有類乎是夫楚子登巢車以望晉師解揚登樓車以告宋人今其遺製雖不可見意者其高或過此車而寬廣或不逮也

二十七日記

春秋傳隕石於宋五隕星也其解確矣厥後史傳紀隕星者甚多今倫敦博物院中有隕星石其色黑其長不過數尺然或以爲一石即一星則大不然蓋一星即一地球地球之氣或太陽與彗星之氣飛散空中則當時望之如流星久而旋轉太空其大者數百千里至數萬

里不等又分爲一小地球其小者化爲一拳之石或偶近吾地則翕附於吾地矣又攷春秋左氏傳莊公四年夏恆星不見夜明也星隕如雨與雨偕也夫至星隕如雨余意空中必有與吾地相近之星或者全球迸裂火星散布故猝然見爲夜明見爲星隕如雨其或飛至他地球則必化爲石蓋受此石者不止吾地矣觀於吾地諸山之石不可殫紀則孕結成石者無日無之其初皆氣也而氣之偶散入太虛亦何足爲異也

二十八日記

總理衙門來電云華爾身言外部電云執事停商滇緬

界務恐是本署意然英仍顯和衷相商已告以並無是意或因議論不合之故當屬再商華使又力辯昔董非華界扶一統圖為證考一統圖成於乾隆年盞西土司收撫昔董在嘉慶年附聞備辯論余覆電云屢催昔董撤兵外部忽造停商之說冀聳聽聞足見氣餒擬請堅持即可就範昔董兵退則滇西土司皆安界務迎刃而解請告華使以地即非中屬緬處所爭則有道理英不能不認況早經收撫又由恰克圖遞一電云昔董亦野人山地英去昔董必退至大金沙江以西即可劃江為界以保固諸土司乙酉舊議英雖滅緬而野人山地數

千里本非緬屬勘界時尚須兩國均分夏間向沙侯申此議沙云頗有道理今爭劃江為界英自無辭因江以西野人山地尚贏兩倍也

二十九日記

英國上下兩議院凡制度刑法軍政度支悉由院中定議而後舉行上院諸員均係世爵舊臣及教中大長等貴顯異常但政事均由下議院議定而詳諸上議院上議院照行者十之七八駁改及暫停者十之二三下議院諸員例由民間公舉凡諸郡縣各舉一人預其選者即為該郡縣建白一切事宜其權甚重故有甯棄封圻之任而以舉授議員為榮者英國下議院人員之額向惟六百五十二人嗣因國戶郡縣增多光緒十一年已增至六百七十人英倫舉議員四百九十五人蘇格蘭舉七十二人阿爾蘭舉一百零三人此現在定額也英民俗尚向稱敦樸然至今推選議員亦覺隱弊叢生一則植私黨以廣扶持一則散貨財以延虛譽也即如六月間所舉諸員格蘭斯登為公黨首領其黨得舉者二百七十五人沙侯為保黨首領其黨得舉者二百六十九人此外阿爾蘭黨七十二人巴尼路黨九人更有公黨之人而持論又常與其黨相違者共四十五人其後

阿爾蘭黨又為格蘭斯登所籠絡黨勢遂盛故得居相位云

三十日記

美國近有格致士格得新法製造異樣氣球升至空中瞭望敵營又有新式火器一種並非傷人之具不過其煙極濃擲下敵營立即煙氣飛騰使敵人目迷不睹而我軍可望煙濃處燃礮擊之蔑不勝矣意國造軍燭一種略如彈子以礮擊之所著之處放大光明無異電火藉可燎望敵人（軍燭一名星彈現印度亦試用之 能令兵丁昏瞀攻敵可望必中）法國近出新式藥彈以最毒藥物置於炸彈之中被擊者無

不覺。俞即在旁觸其毒氣。亦必立死。又前創連環快礮之麥心工廠。現復造飛天機器。能載士卒及炸礮等。往來空際。可以升至半空。施放炸礮以攻敵營。此器兩旁張二巨葉。恍如飛鳥之有翼。來往空中。進止自如。至連環礮一撥其機。礮即連環而發。每一分鐘時能發九百門。其快極矣。又有連環巨礮一種。礮身甚鉅。係用開花彈子。每一分鐘時能放五十門。近日歐洲又出新式水雷。其機置於岸上。施放者在岸握其機。綫能使此雷從水底來往。非鐵網所能隔。回環轉折。或沈或浮。均由人意。雖數千噸之鐵艦。觸之無不立碎。嗚呼。殺人之器愈

出愈精。而蒼生之受毒無窮期矣。

八月壬辰朔記

日本步趨泰西。製造一項。更銳意講求。如大坂製造銅鐵等物。東京製造綢緞布匹。橫濱製造蜜酒荷蘭水火柴等物。其出口貨載往香港及中國各口者。以銅紐銅鐙管洋傘火柴爲最盛。其勝人之處。一則地在東方。與各口相距非遙。易於轉運。二則工料皆廉。成本較輕。三則煤薪產旺。製造更易。具此三者。故出物日精。價復廉賤。歐洲生意轉爲所奪矣。　光緒十七年。中國洋關報單各省所出土藥三十三萬擔有奇。華人之銷用此土

者僅有六分之一。惟於種植熬漿之法。日精一日。將來必可與印度洋藥並駕齊驅。此豈華人之本意哉。亦不得已而思其次也。

初二日記

滇緬分界一案。已力催英廷速撤昔董屯兵。余意爲爭野人山地張本。蓋欲以大金沙江劃中英之界也。外部來函。欲余辦文書申說其故。余既於七月二十六日照會外部。據理論勢。層層剖晰矣。今日外部尚無覆文。余遣馬清臣往告山特生云。中朝意在必得此地。就情理勢三者而論。英國斷無說以拒之。與其費筆墨煩口舌。

到結局時。仍不能不與。不如速與之。示若出英人之本意。以彰公道而聯睦誼。且野人山地在厄勒瓦諦江以東者四之一。在厄勒瓦諦江以西者四之三。英得其三。而中國得其一。在英已大占便利。從前中國不勤遠略。於邊徼甌脫之地。向不介意。今則漸明利害。欲保體面。故於此等事不肯放鬆。然中國能自立。則俄法不能肆其蠶食。英之商務亦不至受損。固英國之利也。英國胡不稍讓荒地。以成中國之美。而示他國以榜樣。則俄國帕米爾之兵。亦可速撤。帕歸中國。固英國之大願也。盍亦遄盤籌畫。輕小利而成大計乎。山特生曰。印度部數

日內必有回音握手而別

初四日記

光緒十五年法國各公司本有之鐵路九千九百九十五啟羅邁當新造之鐵路九千九百九十一啟羅邁當私設者一百四十四啟羅邁當國家設者一千六百四十三啟羅邁當各小公司所設者一千零八啟羅邁當阿勒日內各公司七百零七啟羅邁當綜計二萬二千七百七十六啟羅邁當法京左右多有尚未聯合一氣者往往彼此互繞頗有不便而是年兩次在議院議後又增鐵路并原有者共四萬二千啟羅邁當云　法國

各河多不相通寬窄深淺不一閘口大小亦不一來往貨物必須換船轉運七十年來鐵路方興人心財力全注於鐵路故河工稍緩近時議者又知貨由鐵路所費甚鉅故仍欲修理河道云

初五日記

法國一千八百七十七年進口稅二萬五千五百零一萬六千餘方出口稅二十五萬六千七百方船稅五百二十三萬九千餘方雜稅九百二十八萬二千餘方通共二萬七千三百七十九萬五千餘方　法自改爲民政國之大權歸兩議院奉行條例之權歸總統議員出於公舉一社公舉一人如一社過十萬家外則再計其人如近十萬之數准多舉一員上議院員約三百人內有四分之一永遠不換此三百人亦係考試而得如有乞退乞假則補之四分之三由各府議員推升以九年爲限滿合甲而爲社合社而爲縣合縣而爲府總統七年期滿上下議院公舉另代或留一次亦可國之政務得失其責任不歸總統而歸議院總統之責在議院議定後畫押并管理水陸軍務而已然有用兵之事亦非議院議定不可而選擇宰相及各部大臣之權則歸於總統

初六日記

法國步隊戰兵一百四十四營二十三萬六千三百人獵兵三十哨一萬八千二百四十八人馬隊甲兵十二營龍兵二十六營輕騎二十三營共五萬八千一百人礮兵每營分十三排共三十八營五萬五千二百四十八又十九處學堂之軍樂工共七百六十人橋兵二營三千人匠藝兵十營一千八百六十人精巧工兵三營三百十五人修路兵五十七營五千一百四十八人共六萬六千三百十五人海軍有行船者有捕魚者十八歲至五十歲止共有十五萬人　法國俗頃支銷甚鉅加以

累世用兵國債纍纍故進款不能不多較之各國爲最鉅矣國債一萬七千五百兆方通年出款二千七百八十兆九十七萬餘方通年進款二千七百九十三兆十七萬七千餘方

初七日記

法國近年進款稅項三百九十二兆十一萬餘方加重之物稅項二十五兆六十一萬餘方房產買賣之稅六百三十八兆零四萬方樹木之稅三十八兆七萬餘方海關稅二百八十三兆二萬方國家自買賣物之稅一千零五十六兆六十二萬餘方信局稅一百十三兆八

十七萬餘方人口稅三十四兆九十七萬餘方電報稅十八兆三十一萬餘方當差人俸中所出之稅五兆零六萬餘方阿勒日進項二十五兆八十九萬餘方工人工資之稅十八兆三十五萬餘方雜項七十兆十九萬餘方阿勒日境內公司之稅三兆五十萬方股分票稅六十九兆五十二萬餘方通共進款二千七百九十三兆十七萬餘方而以國家所自賣之物稅爲最大之款內國家自賣之煙可得稅三百二十一兆四十七萬餘方此外鹽酒糖紙自來火油皂等項是也出款刑部用費三十四兆四十一萬餘方外部十二兆七十一萬餘方內部一百零九兆四十四萬餘方學部一百十四兆八十六萬餘方農部商部四十二兆五十五萬餘方工部二百三十四兆六十萬餘方兵部五百三十八兆二十六萬餘方海部一百九十三兆九十五萬餘方戶部二十兆三十六萬餘方各項善舉二百四十一兆三萬餘方國債利息七百四十七兆二十二萬餘方國債抽還本銀三百十六兆三萬餘方官差退職養老之俸一百二十四兆九十八萬餘方殘兵院養老養傷之費二十三兆六十萬餘方各處刑官之俸十兆三十八萬餘方雜用十七兆二萬方通共出款二千七百八十兆九十七萬餘方

初八日記

阿爾蘭英國三島之一也古時各部自立酋長號稱自主民俗强悍善戰常持短棒赴陣死亡弗䘏西歷五百五十年卽中國南北朝時有耶穌教士巴力門至其地宣教用以柔制剛之法專以性善之理激發人心民稍化之然猶未屬於英也至一千一百五十四年英王顯理第二得國值阿內亂羣酋互爭有一酋赴英請救英出勁旅臨之阿人望風奔潰全境遂屬於英然其風俗教化與英內地殊英王惹迷斯第一在位時已大費經營欲革其舊習而不能至一千七百九十二年卽乾

匯五十八年阿人因新舊教積不相能遂自結黨名曰報國黨起與英爭先是英人奉耶穌新教而阿人仍奉天主教既多不協英復設法制之凡屬阿省議員均由新教黨人推舉衆情不服潛結法國謀叛入其黨者五十餘萬潛立文武百官儼爲一國英舉兵征之六年亂魁就擒復殲其餘黨法人救之不克阿境始平一千八百零一年其地始與英國兩省合而爲一議定阿省一切事權悉如英制並准公舉議員百人列於下議院又世爵貴族二十八員總教士四人入於上議院自是可相安矣一千八百六十八年議院中欲課重稅於阿爾

蘭之奉天主教者名爲維持國教是時格蘭斯登爲公黨之魁在議院力爭卒廢其法遂爲阿人所推戴得爲英相一千八百八十二年阿省諸佃戶相率抗糧而巴尼路黨復袒護之聲勢益雄越三年格相罷政沙侯爲相屢更律法嚴力懲辦始漸敉平然阿人久懷分治之閜麥加底黨之附於格相也先與約曰吾輩合力戴公復相但事權在握他日開院集議須首議阿爾蘭分治之事聽其自立議院無須英廷過問格相諾之今果復相矣故英人惴惴焉謂阿爾蘭若果分治英事將不堪設想也

初九日記

許竹篔星使來函云會催俄退兵一節據英署使稱外部電告俄兵未到阿富汗境不便與中國會催將來有交界事件可以幫助等語俄兵現已啟行將回費爾干省蓋因天氣已寒不能久紮之故阿富汗兵已退出蘇滿卡總署電轉據陝督電報也余昨亦接總署電云帕米爾俄兵已撤因查各新報謂俄將喬瑙夫未到帕地之先中國已調回華兵之在帕米爾俄界者又云俄兵四十四名近進塔什庫爾干爲中國所驅出云而柏林又有謠傳俄將發兵一萬二千屬喬瑙夫爲明春巡帕

之用則甚不確也　浩罕全境於光緒二年爲俄所併屬於費爾干省哈薩克一譯作葛辣格爾紀士爲昔之最大回部自咸豐十年西歷一千八百六十年至同治九年一千八百七十年盡爲俄所吞併

初十日記

萬國公法凡遇友邦開戰應守局外之例不得濟一國以糧餉軍火如有陰助此一國者則彼一國可援公法以詰責之此數百年舊例也自庚午年普法之戰英商運軍械於法者接踵獲利普相畢士馬克詰問英廷欲令嚴禁英恐自礙商利答以普之水師儘可在海搜捕

如拿獲充公英廷決無異言然英法海口相距甚近法之水師又素强於普普人竟無如之何也自是以後各國援以爲例凡値友邦開戰均不禁商人販運軍火矣惟開戰之國能否在海面搜捕則視其水師之强弱如距英海口三英里在海面捜拿英商私運之軍火英廷嘿然聽之而已甲申乙酉間中法之釁法之水師頗在海面拿獲英船運華之軍火是時中國各省在英廠訂購軍火甚多相戒不敢起運後乃先運香港起貨存棧再相機運至中國地界於是軍火絡繹於途法人雖明知其爲中國所運亦無如之何蓋英給護照運往香港

而法船捕之英水師可與開仗此項公法尙未廢也

十一日記

檳榔江之北有曰札穎江者一名麻里江洋音或譯作穆雷江自東而西經流巨石萬仞銅壁諸關之外首尾六七百里至新街合大金沙江　雲江三江水利考云大金沙江流至孟養阻隍地有二大水自西北來一名大居江又名大車江一名檳榔江二水至此合流又名大盈江而黃淋材檳榔江考則云檳榔江至干崖宣撫司與騰越之大盈江會土人呼爲海珀江　野人山本中國土司所分轄如隴川孟卯土司之地以野人山地之洗帕河爲界麻陽卽鐵壁關漢董兩隘尙在其內此邊民所其知也　允幘一譯渾門一譯黃麻扼古勇昔董兩隘之口在野人山外厄勒瓦諦江東邊爲盞達土司之屬地據厄勒瓦諦江上游形勢亞於八募對江卽爲孟拱江中有兩大洲　南甸土司與舊時蠻暮土司以野人山中之紅奔河分界紅奔河一譯作紅蚌河

十二日記

泰晤士報昨俄京來信云游擊喬瑙夫於西九月十四日（中七月二十四日）由帕米爾歸費爾干日內可抵瑪爾格蘭至所帶兵數或謂數千或謂僅馬兵數隊皆無稽之說

實其馬步軍七百人計馬兵二營步兵二營而已喬瑙夫固不能於帕米爾荒野度冬三年前有格郎出夫司者在帕屬之克什米爾邊界幾至凍斃

十三日記

日大於地球一百三十萬倍地球大於水星十四倍大於金星少許大於火星三倍土星大於地球一千倍木星大於地球一千四百倍金星離日二百三十八兆里軌道在水星與地球之中距水星一千八十五萬里距地最近時約九百四十五萬里疑有生氣包羅星體之外其象頗似月輪亦有上弦下弦光滿光半之形其行

與日漸近而伏、伏時或見其過日面、如小黑圓斑、摯史所稱日中有黑子也、此必行星過交綫而地球亦在交綫、乃有此象、與日月食之理相同、乾隆三十四年、金星過日面、同治十三年又過日面、光緒八年又過日面、本年閏六月二十八九日、滬上忽傳晝見一星、蓋太白晝見云、

十六日記

泰唔士報西十月初五日（中八月十五日）俄京來信云、喬瑙夫已於前日歸自帕米爾、抵費爾干之瑪爾格蘭、浩罕之舊都城也、該游擊於西九月十四日自帕起程、途中行

三禮拜、計程四百英里、馬步七百名、來年一交春令、恐不免復出、　甲申乙酉間中法有事、張鄭帥方督兩粵、創立牙捐、各項貨物、每價銀一兩、抽捐三分、藉充軍餉、已丑年鄭帥去粵、裁去此捐、李筱帥因海防善後需款浩繁、遂仍仿照牙捐抽收、易其名曰臺礮經費、近聞剛子良中丞擬裁此捐、冀與小民休息云、

十七日記

統地球每年銀礦所出之銀、約共得五千萬員、英國出七萬磅、法國出五千磅、奧國出九萬零五百磅、瑞典挪威出二萬磅、西班牙出十三萬磅、普魯士出十三萬磅、

意大利瑞士俄羅斯出五萬八千磅、比利時出四百四十磅、共約出五十萬磅、中國銀礦甚多、惟每年所出銀數、無從稽核也、　金類之中鐵最多、功用亦最大、質性最便於製造、利益遠勝於他金、洵天下之眞寶也、格致家云、鐵可鎔成流質、鑄成形式、可抽極長極細之絲、可軋極廣極薄之皮、彎曲任意、磨厲有鋒、退火可柔、淬水能剛、格致工藝、農田戰守、在在攸賴、又可合製藥物、大有補益、其性宜人、能存於身、非若他種金類性與人不合也、故凡動物之有脊骨者、其血內必含之、地產數層土石之內、多藏其礦、備人采取、製鍊之可爲生鐵、爲熟

鐵爲鋼、

十八日記

凡取銀於礦有兩法、一用汞引法、一和鉛鍊法、汞引法又謂之溼法、取銀先磨礦爲細粉、如食鹽十分加熱令變爲銀絲、再加水銀及鐵礦或鐵沙、使汞與銀和合、汞須六倍或八倍於銀、時調攪之、使易與銀合、汞與銀合成膏形、沖水洗去其泥、並濾出多餘之汞、再將銀汞膏置罐內、升去其汞、即得淨銀、比和鉛法更有益、因能省燒料也、和鉛法謂之乾法、將含銀之礦、和以鉛而鎔之、得其含銀之鉛、此鉛或徑用吹風法取銀、或用別法提

錬而得純銀。此爲最舊之法。凡銀硫礦、銀銻礦、銀綠礦等俱可用之。然工繁料費，故今不多用。　石者，山之骨，地之殼也。然石之中亦含金，金之中亦含石，金與石恆相麗也。石亦礦學之一門。惟其類甚繁。尤可寶者，曰金剛石類，曰晶石類，曰瑪瑙類，曰玉石類，曰寶石類。

二十日記

格致彙編云：太古之世，混沌未開，大地之體質軟而熱，儼如火球，沸蕩天空。若一小日，惟體無光，亦無太陽之熱。然其熱氣亦不小。細攷今日地球，形非正圓，南北二極大有收扁之勢。其徑較地腰赤道徑少約八十里。足

徵古之地球，體軟而有流動之形也。蓋凡軟體繞軸速轉，則中腰之質必向外伸漲，而生離心之力，即離本軸而外漲也。中腰既漲，勢必牽動軸之兩端向內縮縮。地成扁球，亦同此理。至地之內質，今仍含流火之勢，故火山恆噴熱汁，火力奮發，大地震動，皆其證也。又有溫泉熱井多處發見，或吐暖氣，或噴熱水，足徵地內火力之厚。是今日地球，向大半爲火質，吾人猶居火球之上也。

二十一日記

酉刻接准總理衙門電開：二十一日奉

硃筆：薛福成補授都察院左副都御史。欽此。　格致彙編云：地殼厚薄各處不同，最厚不過三百里，即抵地心之火，亦有僅厚一百二十里者，較之全地，猶隔一牆耳。又如居蛋之殼，吾人所謂極堅厚者，實一薄層也。惟地內所發熱氣，由全而散於天空，而地氣反漸涼漸縮。地殼因此即漸增厚，亦漸堅實。日久年深，地殼必將甚厚。其下無火力鼓蕩，地震必將自止，如月面今日之勢。今試以遠鏡窺月面，有甚大火山，周廣多里，似已熄滅。蓋月體大小，僅居地球四十九分之一，或疑其體今已涼矣。然近見月內一火山，又有變形，故又疑其仍有火燄吐發也。　地球徑約二萬四千里，周約七萬五千里。綜

核面積有六萬萬方里。其質共重二千秭磅。各料合積之重，大於水五倍有半。地體較太陽之體尤重。太陽大於地球一百二十六萬倍，其重僅加於地球三十二萬倍。故知地體更重於太陽體也。　地質一立方尺之重，比水一立方尺之重，勝五倍有半。

二十二日記

古時地球所以極熱者，或者本近太陽之故。厥後漸遠，漸涼而散其熱。地面乃有薄殼，復經火力奮發，鎔汁外溢，屢次升高陷低，堅碧鬆散爲粉，遂成泥土，而地殼增厚。初時地殼甚薄，火力易於穿透，故火山吐燄較今時

為多如今每年發二十次者古時必歲發千餘次每發時噴吐流汁即掩覆於舊磐石之上繼長增高地殼漸厚亦漸涼水氣即遠包地球之外水氣熱者復升更高漸涼而縮凝落為雨雨聚深淵成為洋海如此久之地面濃霧漸散清氣分明遂顯太陽之象漸轉生機先生草木可見地球必歷數千百世始涼成硬殼必經受若干變化始成世界也　地球大體循行天空每少時有二十萬里之速吾人附麗地面隨時遊蕩於天空不墜不撞豈非上帝智力無邊仁慈莫量豫賦地球以攝力以成神妙不測之能事也哉

二十三日記

鍊鋼之工數千年來無甚進益泰西諸國近百年內格致大興工藝愈盛西歷一千七百二十二年西人路眘兒者設法造鋼以熟鐵沁於鎔化生鐵內令變為鋼千七百四十年西人痕支曼以硬性熟鐵條鎔變為鋼千八百三十九年英人墨希德以錳炭之質鎔和鐵條之內使變成鋼千八百五十六年別色麻設法吹風入鎔化生鐵內燒去其炭質若干使變成鋼明年墨希德設法於別色麻鑪所鍊之鋼添以含生鐵料西名司拜古來孫者得成細鋼又其後西門子設煤氣鑪於鑵內鎔

鍊鋼料大能省煤前鍊鋼一噸須枯煤二噸半者今用此鑪祇用粗煙煤一噸半足矣又西門子與馬丁二人設新法鑪能成上等好鋼所需之料為零鐵或生鐵或鐵礦又陪爾奴與本沙德二人設鑪較前更精可以用更粗之料變好鋼又能用別色麻鑪提出鐵內所含燐硫二質二質有損於鋼鐵提去之則下等鐵可變為上等鋼

二十四日記

格致家以化學論鋼之性僉謂鋼有五異質大能改變其體一炭二燐三矽四錳五硫議者各宗一說如鋼含

炭質或喜其多或喜其少鋼含錳質或謂足增鋼之韌否則熱時必脆或云上等之鋼不可含錳含錳則不堅鋼內含燐利弊難定德國著名金類家云鋼含燐不能使鋼變硬英國格致家則云令鋼變硬之異質燐為最要鋼內含硫亦難定其利弊然皆謂含硫與燐愈少愈妙鋼內含矽人皆謂足令鋼質勻而加硬亦有反其說者謂有損無益　鋼內提燐之法各國尚未通行最穩之法莫如仍用不含燐硫之礦製鍊成鋼比之用下等鐵礦製鍊而後去其燐硫者更為足恃如欲以下等鐵礦鍊成上等之鋼恐易致誤且其法煩費需本過昂是

提煉之法無甚益也

二十五日記

生鐵與熟鐵之別在含炭之多寡生鐵含炭多冶之易鎔熟鐵含炭少極難鎔化生鐵置鑪以風箱鼓風即能融化熟鐵置鑪燒之止能熱至白使銲連而不能融又有別者生鐵能受擠力熟鐵能任牽力無論造房屋造橋梁造器具應豫知何處需擠力何處任牽力而配其料之尺寸為汽機機器等件定而不動者大半受擠力常行動者大半受牽力與扭力故動件以熟鐵為之定件以生鐵為之間有以紅銅或黃銅為之因過薄之件

生鐵恐易損壞故用黃銅為更穩　前人以熟鐵為定質止能加熱搥打粘合而不能鎔化近有英人別色麻者異想天開別創新法能將鎔化之生鐵於數分時變為流質熟鐵或鋼不必另加燒料止燒其生鐵內之炭質即逕變為熟鐵其法剏於一千八百八十五年精思兩年始有所成以小風箱吹風於釘面亦能燒去其鐵內炭質使變韌性且不獨使風遇鐵外面以燒其炭並可噴氣入鐵內使偏燒之則能自生大熱或云日本三百年前已用此法但不及別色麻之精耳

二十六日記

厄勒瓦諦江之兩支江匯處西江名邁立開東江名恩梅開邁立開江從艮的（即坎第）嶺順流而下其地正當齊要彌山谷南界恩梅開江源流尚未詳有一嶺曰撥模拉姆坪為野人山極北之峰在北緯二十六度十五分距邁立開江及恩梅開五十七英里距八募二百零八英里　恩梅開江衝要水部曰律鏗那渡西岸而下至薩勃克泰拉渡口遂前至梅湯撥模再至撣人所居之邁格納為厄勒瓦諦江東岸距麥開引腦（即米紀納）上約兩英里麥開引腦踞開陽（即古勇）要路云　穆雷江水道甚佳雨後大舟可至門茅商運佳埠也再東南經稻稌之

地陟高山至佇坪邊境絕佳乃穆雷江發源處清澈可觀穆雷江及大盈江之間野番所居大半開欽斯種類也（又名欽隆斯）　自穆雷江至恩梅開江皆係自主之野番並無統屬不如南界土番尚能與緬人撣人交涉也　由渾門至泰朗計三十五英里一路皆宜稻稌數年前被緬兵劫掠又為開欽野番殘破故昔時皆為良田以供渾門開克姚孟莫泰洛四城之食者今俱變為小村落矣

二十七日記

野人山高得中之數二千至三千英尺又有無數山谷

土宜罌粟。華商運販出口。開欽野番亦能自往交易。八募北四十英里有地曰升蟠。由八募至升蟠築路甚易。如有鐵路。可避江水奔瀉之險。現已由八募築至木鬮超之添稍。擬定接至升老及孟坪。以至孟拱江口之升威陘。孟拱乃的山谷。為華商採取玉礦琥珀礦及橡樹皮之通衢。而橡樹皮尤為出口大宗貨物。總計野番地面約積至三千六百英方里。或再加一千方里。因與四川西藏接壤此中界址未定恩梅開江測量得三萬三千五百英方尺。邁立開江得二萬三千英方尺。恩梅開江天氣較冷。其江源不能加長於邁立開江。且不能受西藏呂江之水。

二十八日記

別色麻設法鍊鋼之源流。僅二三十年之久。法行於世。為製造之最有益者。前者果得設掉鐵法。熟鐵一業。為之大與尼勒生設熟風法。鎔鍊之費為之大省。至痕支曼以熟鐵變鋼。墨希德以錳炭鎔鋼。皆為新法。　別氏立法。起於何時。昔英法之助土攻俄也。別氏以光膛礮放長彈。能旋轉與螺絲礮彈同。可免礮膛車劃螺槽之費。而現成之光膛礮。俱合就用。報其法於英國。英擯不用。報之法國。法人用之。多造新法長彈。大半為三千磅者。放以四寸半徑之礮彈。出如法。與放螺絲彈同。觀者歎服。惟礮皆光膛。生鐵究不甚堅。別氏攷校礮料。乃造小礮一尊。以上等生鐵為之。色白如鋼。惟較當時之生鐵礮料更韌。從此專究製鍊生鐵之法。不惜資本。不遺餘力。

二十九日記

別有造鋼之法。將熟鐵條入箱。令與木炭相切。連加大熱。閱數日任火使漸冷。取出其鐵。則質變為鋼。面有大泡。謂之泡面鋼。此熟鐵變鋼之理。化學家尚未能知也。泡面鋼剪成短條。用鐵絲捆縛。鍛至粘合。以汽鎚打連引長。則質勻密。宜作剪磋。謂之剪鋼。再剪疊成捆。和木

炭入鑪。鍛打一次。則謂之雙剪鋼。其質更佳。五十年前英國所出上等鋼。俱此法所造也。又新法以上等瑞典熟鐵。成泡面鋼。打碎盛火泥罐內。加大熱鎔之。鎔時加以木炭粉。傾鑄成塊。其質堅而勻細。較剪鋼尤佳。此之謂鑄鋼。亦謂之生鋼。後有人以錳與養和入炭粉。乘鋼鎔時每百分加以一分。能使鋼質更細。　別色麻能於鎔化生鐵內。鼓風燒去異質。而變熟鐵。變鋼。惟鍊時熱度極大。常鑪不堪任受。而熱尚難足用。久之乃造大罐形鑪。能盛鎔化生鐵。鼓以空氣。歷三十分時。已成熟鐵。初小作鑪。僅容十磅至二十磅。後造大鑪。能容七擔。已

甚得法。他鑪之熱。無更大於此者。後造鑪漸大。能容一噸至五噸。進風之法。於鑪底通數管。必先鼓風而後進。鎔化生鐵。如先進鐵料而後鼓風。鐵料易塞。

三十日記

倒焰鑪爲鍊鋼舊法。印度等處小作鍊鋼鐵者。古來用之。然攷得全益而合大造者。乃近數十年內之事。且思索多年。始成善法。究此法者。一爲西門子。一爲馬丁。西門子本格致名家。如電學。工程學。鍊金類學。皆所研究。一千八百四十六年。始攷節省燒料之法。蓋燒料若干。應發熱若干。生力若干。本有定數。西門子見各路燒鑪。

燒料甚大。而生力不足。顯有靡費。因設回熱鑪。使其熱不散而漸顯其應有之力。至一千八百六十一年。始造成回熱煤氣鑪。大爲得法。知用於鍊鋼之倒焰鑪。必能合用。乃代數廠造此種煤氣鍊鋼鑪。有一處用此鑪鎔化生鐵與零碎鐵塊成鋼。西門子在英國攷求此法之時。法國有馬丁者。亦攷得相類之法。能於倒焰鑪鍊得上等鋼。其稍有不同者。馬丁將熟鐵和於碎鋼。置於鎔化生鐵內製鍊成鋼。西門子則以生鐵或鐵礦徑變爲鋼。是以異也。變通二法。合而並用。則謂之西門子馬丁鍊鋼法。　此法鍊鋼。有一大難。蓋鑪內必得極大之熱。

尋常火甎極易鎔化。必擇用極能耐熱之料。法以淨石英軋碎成粉。每百分加生石灰若干。使有粘性。則見大熱不鎔。鑪底鋪以白沙。沙內配易鎔之細沙。和勻加熱。至鋼鎔度。則結成硬塊。用西馬二法鍊鋼。即能耐其大熱。用之多次。不必換其火甎。如鑪底偶有損處。再加以沙。即能鎔化補平。鑪內所燒煤氣。不可過快。燒之緩則火燄長而能得全勢。鑪長二十餘尺以爲常。

九月丙戌朔日記

光緒十二年。日本出口絲價洋銀一千九百五十四萬餘員。十四年增至二千八百三十四萬餘員。十七年日

絲出口者九萬五千包。其值洋銀四千萬員矣。其攙奪中國湖絲廣絲之生意。殆將日盛一日。其販往外洋者。美國最多。英法次之。恐將來新金山各埠亦必暢銷。夫日本蠶絲。並非良於中國。西人所以多購之者。其價廉也。日絲之廉於湖絲廣絲者。以中國繅絲概用人力。而日本製絲多用汽機也。中國誠能多購機器以繅絲。而於西北各省。教以蠶桑。出產既宏。人工亦簡。則絲價必較日本更廉矣。

初二日記

防海有四要。曰築礮臺。精火器。儲人材。節財源。礮臺必

與船塢相輔。船塢須地基寬廣形勢鞏固轉運近便。地險水深。海口遼緩而紆細能與內地相聯絡則妥善矣。造臺必取材異地。洋師洋匠德爲最宜美丹次之英制最良原可取法然其人或難駕馭。必有經緯以用之臺礮重足以鎮守長足以及遠必使敵船之礮不能及我而我礮足制其死命臺後必設重礮臺所用者爲攻礮戰礮連珠礮務使近礮與遠礮相間長礮與短礮相維。水雷以魚雷爲上其兼船礮雷三項之用者德國之艇裹以鐵甲并安大礮。可攻鐵艦且可禦哈乞開思連珠礮每艘費約需九萬兩槍礮式宜一律不可參差至用

器之人船舶貴能駕駛。槍礮貴能施放進退疾徐皆以敵船爲準能占上風者勝此外在能辨識風雲沙綫測量經緯度數預知趨避之方則儲材不可緩矣平日宜於海口設水師學堂武備學堂漸收其效節用之法曰裁撤廢艦如拖罟紅單鷹嘴等船宜省修葺添製之費專造礮艇即英人所謂根砵也亦以火輪行駛甚速狹流淺水無不可用曰汰除冗費曰歸併額兵曰酌收丁稅曰徧查漁船。

初四日記

紡織必用棉元太祖征西域始得木棉之種攜回中土。教民樹藝紡織成布衣被羣生五經中無棉字祗有緜字從帛從系則緜固絲屬也至紡花之工先去其子當未有機器以前去棉子者多用人工自英人懷德尼創爲機器去子紡棉者皆用其法而利乃千倍於人工以人工軋去棉子每人每日僅得淨棉三斤餘而植棉者每畝歲收花六十六斤是六畝之花可足一包之數以一人而去六畝花之子必須九十日工程自有機器而九十日之工可以六日成之近來機器愈靈每人日可得淨棉三千斤又去子之後必紡紗紡紗以一人掌車轉而運之使成紗綫以至上機爲工甚繁自有機器則

合二千餘車之紗可併爲一機以三人掌之已足織而成衣矣若夫織布每人每日至多不過二三十尺自有機器一人可掌六機一日成布四千餘匹售出之價以每十尺獲利一分計之每人每日可得銀四兩有奇工作獲利之宏無過於此近日又出新法由軋棉而至織布皆可以一機器連而屬之更覺事半功倍矣

初五日記

現所常用西門子與馬丁法先將生鐵鎔於鑪底再添熟鐵零塊或圓塊由漸而入必俟先添者鎔化後始再添以勺取其鎔料少許傾冷水淬之試其韌性驗其剖

而以定火候後每百分添以司拜古來孫六分至九分侯鎔則開鑪放出傾於模內用此法每生鐵百分須配熟鐵或零鋼料三百分至一千分如鑪內置生鐵料十噸至十二噸鎔鍊七八點鐘之久漸添熟鐵等料則七日內能成鋼塊一百噸至百二十噸每成鋼一噸需煤十三四噸另以鑪燒成煤氣通入鍊鋼之鑪用此法於鑪內亦可添上等鐵礦鍊之　西門子與馬丁法之倒焰鑪有一大益欲成上等鋼不必限以定時鑪內之料可取出少許驗之如不合宜則添零鋼或生鐵或鐵礦配其所需炭質數而後加司拜古來孫若干所配之數

亦有一定無論何種零鋼碎鐵皆可變爲美鋼近來多將廢鐵路條變爲上等精鋼又能鑄成極大鋼塊又凡造緊要之器物多用之而不敢代以別色麻鋼

初六日記

別色麻鋼西門子馬丁鋼之外尚有法國人陪爾奴鍊鋼法英國人回特活德製鋼法皆創於二三十年之內亦各有妙用　今造鐵路多改鐵條爲鋼條卽修理舊路亦以鋼代鐵統計歐洲歲造鋼軌料有四百餘萬噸之多蓋鋼條比鐵條耐久數倍有勝至十餘倍者近來造船家亦多用鋼因鋼皮比鐵皮更輕而堅也故漸廢鐵皮而用鋼皮鋼輕於鐵約四分之一故鋼船喫水淺而進出口岸較易近來造鍋鑪者用鋼板亦大得益蓋鍋鑪體可小而輕也堅過熟鐵內受汽之抵力雖大亦不致險所需燒料更少近來造礮造彈造鐵甲亦多以鋼代鐵礮體輕而裝藥更多放彈更遠造甲足禦鋭彈甚難攻穿造礮彈則體薄而多容礮藥此外鋼之爲用不勝枚舉如大小鋼絲或鋼絲繩鋼鏈汽車之輪軸輪牙兵商船之空心鋼桅鋼桿鋼繩以及鋼筆鋼鐘鋼刀鋼器不一而足前者生熟鐵與鋼三者分立局廠今合爲一蓋鍊礦成生鐵止加熱一次卽可製成鐵塊鋼塊

軋成條板薄皮一火而成大省燒料故今之鋼價最廉與生熟二鐵無甚軒輊也

初七日記

法國聖沙門地方有鍊鐵家陪爾奴者設立新法造底鑪以鍊鋼並可鍊熟鐵與掉鋼鑪底能轉動鑪蓋與火膛等定而不動四面有門可進料又有四孔闌以生鐵門以便開門用鐵桿掉撥灰膛門以熟鐵爲之鑪柵下有進風門以輪扇法進風於鑪柵塡煤若干燃火卽發煤氣通入鑪內燒之鑪爲圓形轉底爲圓盆形以熟鐵皮爲之邊有鐵圈鑪底鐵板下有齒輪等能使底轉動

以一二三馬力汽機轉之鍊鋼時有水向鑪底噴之藉煤氣以生熱與西門子馬丁同而每日成鋼更多稍有流弊者已成之鋼從鑪底流出時有變壞耳　一千八百六十五年回特活德設立新法將鎔鍊之鋼鐵傾入堅模以壓水櫃加大壓力使鋼堅實模以鋼爲之分二半以螺絲螺蓋連之甚牢加大壓力之後鋼汁每長一尺縮小一寸有半所成之質極重而堅所加壓力每平方寸大略六噸壓時有多氣放出及鋼冷再加以壓力免其内外凝結不勻之弊用之造礮能任最大之藥力迄今各國造礮均不及回氏鋼礮之堅

初八日記

英國初創鐵路在紐卡司爾康熙十五年皮豪所造專爲運煤而設由煤礦至江邊其軌以木爲之其車邁合乎軌其路直而平其車四輪單馬能運一百八十英斗之煤煤商便之乾隆三年即一千七百三十八年勞氏始創鐵軌嘉慶十八年即一千八百十三年威氏始創行達之機器頭乃廢馬運而用火運嘉慶十九年即一千八百十四年喬氏始創機器頭每一點鐘能行六十英里道光九年即一千八百二十九年勞堪氏所造鐵路每一點鐘能行二十五英里至三十五英里而後日新月盛推行盡利矣今英國東北鐵路公司稱機器與火車如皆上等每一點鐘能行八十六英里至造路工價各處不同英國地價甚昂議院需費亦鉅每造鐵路一英里計費英金四萬四千七百餘鎊其最貴之路則倫敦地下繞城之鐵道也初係兩公司議創曰末脫羅怕立吞曰笛斯得立克脫每一英里計費自六十萬鎊至一百萬鎊從鼻隙不路至歪臨墩街地下鐵道一段同治二年興造至光緒十年竣工又從檻林克洛斯至鉛能街地下鐵道一段長有兩英里并有大行臺大車棧大橋以過泰唔士江每一英里計費英金一百萬鎊若夫鄉鎮鐵道工費較輕爲國家允准不收議院之費而所造鐵軌材料亦稍遜焉　英國三島鐵路總辦去年所出報單通國鐵路所用貲本約英金八萬九千七百萬餘鎊通年所獲之利息八千餘萬鎊抵通國所入賦稅之數而用款須去四千三百餘萬鎊所養夫役約五十萬人

初九日記

美國鐵路通盤核算每一英里工價不滿一萬二千鎊澳大利亞每一英里約四千四百餘鎊瑞典國上等鐵路每一點鐘行三十英里者途中停留在內每一英里價八千鎊每一英碼鐵軌重六十四磅次等鐵路每一點鐘行二十英里者

每一英里價四千鎊。（每一英碼鐵軌重五十磅）三等鐵路每一點鐘行十二英里者。每一英里價二千鎊。（每一英碼鐵軌重三十五磅）造橋鑿山工費無定。儻所開山道係平常泥土。每一英碼費約一仙令或一仙令三本士。堅實之土。須再加二本士。若係堅沙頑石。則工費又酌加焉。蓋熟鐵爲軌。始用於英之施叨克吞及大林吞。每一英碼鐵軌重二十八磅。嗣後貝色麻鋼軌通行天下。而軌之重漸加。每一英碼有重至八十磅及八十五磅者。蓋汽車以英國爲最速。每點鐘能行四十四英里。法車次之。每點鐘行三十六英里。俄瑞典車最慢。每點鐘行二十九英里。堪納達

於光緒十七年新成鐵路。每一點鐘能行三十六英里。從黃可浮至白洛克維而。（即紐約之對岸）共行七十七點鐘。計程二千八百英里。此往中國最捷之徑也。印度從孟買至嘎爾格達京城。每一點鐘行二十五英里。　邇來天下通改鐵軌爲鋼軌。以鋼軌耐久。勝於鐵軌三倍。（鋼軌耐用五十年）而價又相等。或且較廉。以今鍊鋼之法。轉易於鍊鐵也。英之鋼軌價最廉。以各物進口無稅也。法德鋼軌價最昂。以進口稅太重也。

初十日記

光緒十七年。各國所有鐵路總數。英國三島共有二萬零七十三英里。法有二萬二千五百八十六英里。奧有一萬六千四百餘英里。皆起造於道光八年。美有十六萬七千英里。起造於道光七年。比利時有三千二百十五英里。德有二萬五千九百餘英里。皆起造於道光十八年。丹馬有一千二百餘英里。瑞士有一千九百餘英里。皆起造於道光二十年。俄有一萬九千餘英里。起造於道光二十一年。義有八千一百餘英里。荷有一千八百餘英里。皆起造於道光二十二年。堪納達有一萬四千英里。起造於道光二十七年。西班牙有一千二百餘英里。起造於道光二十八年。墨西哥有五千八百餘英

里。起造於道光二十九年。瑞典有一千六百餘英里。秘魯有九百九十四英里。皆起造於咸豐元年。智利有一千九百餘英里。起造於咸豐二年。腦威有九百七十英里。印度有一萬六千九百九十六英里。皆起造於咸豐三年。葡萄牙有一千二百餘英里。巴西有五千七百餘英里。皆起造於咸豐四年。埃及有一千四百九十四英里。起造於咸豐六年。土耳其有一千零九十六英里。起造於咸豐十年。巴拉圭有一百四十九英里。起造於同治二年。阿根廷有五千七百九十八英里。起造於同治三年。委內瑞辣有四百四十一英里。起造於同治五年。

希臘有二百三十九英里，烏拉乖有五百三十七英里，皆起造於同治八年，哥倫比亞有二百三十英里，起造於光緒六年。

十一日記

駐英稅務司金登幹送到光緒十七年通商各關華洋貿易總册，凡進口正稅七百十五萬九千八百餘兩，較上年贏六十三萬九百餘兩，出口正稅八百二十萬五百餘兩，較上年贏六十六萬七千三百餘兩，復進口半稅一百三萬九千九百餘兩，較上年贏九萬四千一百餘兩，船鈔三十九萬一千五百餘兩，較上年贏六萬一

千七百餘兩，內地半稅五十二萬八千二百餘兩，較上年短一萬二千九百餘兩，洋藥釐金六百十九萬七千餘兩，較上年贏六萬八千八百餘兩，統共二千三百五十一萬八千餘兩，較上年贏一百五十二萬一千八百餘兩。總校華洋貿易貨物之價值，計合關平銀二萬三千四百萬兩，此為通商以來鼎盛之年，亦居稅課最優之數，至洋藥稅徵二百三十五萬五千餘兩，此即括在進口正稅之內。是年進口洋貨之價值，總計關平銀一萬三千四百萬兩，較上年多七百萬兩，出口土貨價值一萬零零九十四萬兩，較上年多一千三百八十萬兩。

十二日記

西洋各國設郵政局，有郵部尚書理之，凡各港埠輪船入口，到局報明何日出口，何時開行，所至何口，所經何港，該局將官署文件、商民書函彙於一匣，名曰信箱。凡寄信必到局購入頭人頭粘貼信面，多寡視程途之遐邇。英國郵政局一千八百七十年進款英金五百七萬四千鎊，除出款三百六十六萬九千鎊，贏餘一百四十萬四千鎊。一千八百九十年贏餘三百四十四萬六千鎊，其數不為不鉅矣。又如歐洲電局，祇有大東大北兩

公司，一千八百八十九年，大北公司約進利息銀二十八萬鎊，大東公司上半年約進利息銀三十五萬二千餘鎊。此似除去官利言之

十三日記

光緒十七年各洋關徵稅統共二千三百五十一萬餘兩，內江海關徵六百八十三萬餘兩，比前數年加百萬兩，內外江漢關徵一百八十二萬餘兩，比前約減二十萬兩，閩海關徵一百六十四萬八千餘兩，比前數年減三十萬至五六十萬兩不等，潮海關徵一百六十四萬四千餘兩，比前年約加二十萬至八十萬兩不等，浙海

關徵一百二十二萬餘兩。九江關徵一百十五萬餘兩。厦門關徵九十九萬餘兩。蕪湖關徵七十一萬餘兩。津海關徵六十四萬餘兩。淡水關徵六十三萬餘兩。鎮江關徵六十萬餘兩。九龍關徵五十九萬餘兩。牛莊即山海關徵五十八萬餘兩。臺南即打狗關徵四十七萬餘兩。拱北關徵四十六萬餘兩。東海關徵三十二萬餘兩。北海關徵二十六萬餘兩。瓊海關徵十一萬餘兩。宜昌關徵十萬餘兩。重慶關徵九萬餘兩。蒙自關徵六萬餘兩。甌海關徵三萬餘兩。龍州關徵一千九百餘兩。查滬粵等關之所以驟旺者。以洋藥釐金歸併之故。閩漢等

關之所以驟減者。以茶葉銷路日衰之故。

十四日記

洋貨進口價值一萬三千四百萬餘兩。內洋藥價二千八百三十三萬餘兩。洋布羽綾棉紗棉綫類價五千三百二十九萬餘兩。內棉紗棉綫價得二千零九十八萬餘兩。呢羽嗶嘰絨氈類價四百六十九萬餘兩。鋼鐵銅錫類價七百二十五萬餘兩。雜貨類價四千零三十二萬餘兩。內米價六百五十九萬餘兩。煤油價五百二十六萬餘兩。煤價一百七十萬餘兩。海味價五百三十萬餘兩。自來火價一百五十萬餘兩。綜此觀之。則棉布呢羽等幾居洋貨價值之半。而洋藥亦幾居四分之一。為中國計。須設法漸杜洋藥之來。而

購機設廠。織布紡紗。尤為第一緊要關鍵。其次則開礦。其次則錬鐵。其次則紡織呢羽絨氈。其次則仿造自來火及製錬煤油之屬。均開其風氣。而致富之能事盡於此矣。至以一萬三千四百萬兩之價而進口正稅得七百十五萬兩。嚴諸值百抽五之數。尚多得四十五萬兩。則以洋貨之價較減於初定稅則之時之價。譬如貨價百兩。實已抽至五兩三錢三分六釐以外矣。

十五日記

土貨出口價值一萬零零九十四萬餘兩。內絲繭價二千九百八十八萬餘兩。綢緞絲貨價七百零一萬餘兩。

茶價三千一百萬餘兩。雜貨價六百八十四萬餘兩。棉花價三百八十四萬餘兩。紙價一百五十七萬餘兩。草帽鞭價一百六十萬餘兩。糖價二百五十九萬餘兩。衣服靴鞋價一百四十萬餘兩。駱駝棉羊毛價一百十一萬餘兩。煙葉煙絲價一百五萬餘兩。爆竹價一百一萬餘兩。蓆價一百三十一萬餘兩。其餘如瓷器藥材皮貨等項。價皆不滿百萬者矣。綜此觀之。則絲茶兩宗合綢緞在內尚幾占土貨價十分之七。如欲整頓土貨。仍須就絲茶著力。庶能握其綱領。其餘如棉糖紙蓆草帽鞭等類。雖皆係利源所在。尚無絕大關係。然能隨事講求隨時

整理必有大益此外土貨俟鐵路開通當必有於無意中暢銷如草帽辮之類者至以一萬萬餘兩之價而出口正稅八百二十萬兩已逾值百抽八之數與所謂值百抽五者頗相懸殊則以土貨之價已大減於初定稅則時之價蓋絲茶二者爲之也

十六日記

光緒十七年進口洋貨價值銀一萬三千四百萬三千餘兩內除復運往朝鮮貨價九十七萬四千餘兩再除進口稅銀四百八十三萬五千餘兩洋藥稅釐四百五十一萬二千餘兩又除經手七釐用金八百六十五萬

七千餘兩統計進口貨於起岸時淨值一萬一千五百二萬三千餘兩至出口土貨價值銀一萬零零九十四萬七千餘兩內加土貨往朝鮮之價值銀三十七萬八千餘兩又加出口稅銀六百十二萬餘兩再加經手八釐用金八百十萬六千餘兩統計出口貨於下船時淨價值銀一萬一千五百五十萬三千餘兩總計出口貨之價值比進口貨之價值尚多五十餘萬兩　十六年進出口照此扣算進口貨價較多於出口者尚有九百餘萬兩之數又綜覈光緒十四十五十六三年進口貨價合計三萬一千三百八十一萬五千餘兩出口貨價合計三萬一千七百五十八萬五千餘兩出口之價尚較多於進口之價三百七十七萬兩此皆已將關稅用金扣算在內矣

十七日記

前謂洋貨進口稅已值百抽至五兩三錢三分六釐以外此乃將洋貨與洋藥合併言之實則原定洋藥之稅本不止值百抽五今再分別言之按進口洋藥稅徵銀二百三十五萬五千餘兩其價值銀二千八百三十三萬三千餘兩約計值百抽至八兩三錢以外再加洋藥釐金六百十九萬七千餘兩稅釐併計共得八百五十

五萬三千餘兩是殆值百抽至三十兩零一錢矣至於進口洋貨價值銀一萬零五百六十七萬餘兩進口正稅銀四百八十三萬五千餘兩覈之值百抽四兩六錢之數尚稍歉矣此非必洋貨之價昂於初定稅則之時之價吾料彼時中國官員未必不受洋人之欺蒙所定稅則雖名爲值百抽五實斷不到抽五也

十八日記

光緒十七年出口貨價與十六年相比較茶價多四百三十六萬五千兩絲價多五百九十二萬八千兩綢緞價多一百十四萬三千兩棉花運往日本價多八十五

萬二千兩。駝絨羊毛價多二十五萬八千兩。樟腦。地蓆。麝香三項價各多十七萬兩。此爲歷年來最優之數。至進口貨價與十六年相比較。紗布價多八百二十七萬兩。絨氈呢羽價多一百五十萬三千兩。銅鐵類價多三十八萬二千兩。　歐洲各國中。俄銷紅茶年多一年。是年英國及印度及南洋英屬地共銷紅茶（茶磚茶末在內）綠茶七十六萬餘擔。俄國共銷紅綠茶六十四萬六千餘擔。美國共銷二十七萬五千餘擔。其餘皆係小數。是知華茶銷路英日減而俄日增。亦盈虛消長之數。將來必有俄勝於英之日也。

十九日記

光緒十七年牛莊出口貨價。共八百六十萬九千餘兩。較十六年贏五十九萬餘兩。其中運往南省之豆餅二百八十四萬餘擔。豆子三百八十二萬餘擔。豆油九萬餘擔。徑運外洋之豆餅二十二萬擔。豆子三十三萬擔。又關東人參價十一萬一千餘兩。高麗參價十八萬二千餘兩。進口洋貨徑由外洋運到之貨。估值三十七萬九千餘兩。復進口之洋貨由上海來者爲最多。估價五百六十九萬二千餘兩。又土貨進口。估價二百九十三萬四千餘兩。其中棉花最多。糖紙次之。藥材玉器又次之。天津進出口貨價共三千七百四萬餘兩。內進口洋貨價值共銀一千八百四十萬九千餘兩。出口赴外洋之土貨價四萬七千餘兩。出口往香港之土貨價三十九萬六千餘兩。復出口洋貨價八百餘兩。沿海出口土貨價五百五十二萬餘兩。（內開平煤出口者七萬餘噸）復出口貨價三萬八千餘兩。復進口之貨。上海貨價七百七十八萬餘兩。漢口貨價三百七十一萬餘兩。（內往俄茶葉之價最多）福州貨價銀一百八十萬餘兩。九江貨價銀六十五萬餘兩。

二十日記

煙臺進口洋貨價銀一百二十九萬五千餘兩。出口土貨價銀三十九萬七千餘兩。復出口洋貨價銀一千七百餘兩。沿海貿易出口土貨價銀三百八十七萬三千餘兩。其貨以豆餅。豆油。棗子。豆子。皮張。蠶繭。黃絲。草帽鞭爲較多。復出口之洋貨價銀二十一萬二千餘兩。如洋布。棉紗。糖。鐵。鹿茸。自來火之類。復進口貨價銀七百四十四萬九千餘兩。洋貨以洋布棉紗銅鐵錫自來火爲較多。土貨以開平煤滬局仿織布紗及糖麻絲棉花夏布爲較多。綜計洋貨進口價銀五百九十八萬八千餘兩。土貨進口價銀二百五十四萬餘兩。出口貨物價銀四百二十七萬一千餘兩重慶自開關後半年中出口貨價約銀一百三十萬九千餘兩以豬毛青麻麝香五棓子大黃紅花黃白絲繭殼川土藥材為大宗藥材值銀十七萬八千餘兩復進口之洋土各貨均由宜漢運來洋貨約值銀一百三十七萬餘兩土貨值銀九萬四千餘兩洋貨以布紗呢絨為大宗土貨以棉花海味藥材為大宗

二十一日記

宜昌一口進口洋貨淨值銀二百三十四萬餘兩復出口之貨價已除進口土貨淨值銀四十一萬五千餘兩出口土貨

淨價一百十八萬餘兩內掛旂赴重慶之貨價二十二萬餘兩又由川省下水出口貨與復出口貨共值銀二百四十九萬餘兩此皆由重慶來者與宜昌無涉也進口貨以洋紗洋布為最旺出口貨以麻木耳皮油三項為較多漢口進口洋貨淨價一千一百七十萬餘兩進口土貨淨價六百萬餘兩出口土貨淨價二千七十七萬餘兩洋貨由外洋直抵本口者祇有日本煤炭一宗係俄商製磚茶所用其餘皆係復進口之貨火油最旺呢羽倭銅荳蔻砂仁魷魚洋顏料自來火亦多土貨以茶葉為大宗徑往英俄二國者二十六萬餘擔俄商生理年盛一年遇有好貨不惜重貲爭購如甯州茶安化茶高橋茶聶家市茶羊樓峒茶皆勝往年其餘如煤棗子花生石膏麻牛皮藥材米麻油柏油亂絲頭煙葉白蠟等遜於上年豆子五棓子茯苓桐油牛油顏料芝麻白絲黃絲煙絲杉木壽木勝於上年復進口之土貨黑胡椒綢緞等物勝於上年藥材檀香糖等項遜於上年復出口洋貨無土貨出內地無

二十二日記

九江一口洋貨進口價四百五十四萬餘兩土貨進口價一百三十萬餘兩土貨出口價八百二十六萬餘兩出

多於進二百六十八萬餘兩而進口之金銀較出口者多至二百五十四萬餘兩比較前兩年亦大致若此民間能以土產易金銀足見富庶景象出口貨以茶葉為大宗本年出產頗旺貨亦暢銷共計出口紅茶十九萬八千擔估價銀五百七十四萬兩之多其餘毛茶甎茶茶末均不甚多洋貨皆由上海復進口者洋布手帕銅鐵顏料玻璃煤油羽毛皆見加增土貨進口則墨魚白糖亦見加增蕪湖進口洋貨價銀三百三十五萬餘兩復進口之土貨價銀一百六十三萬餘兩出口土貨價銀五百二十六萬餘兩內米價得三百九十萬餘兩多運往廣東者洋貨

前數除洋藥外值銀二百十三萬餘兩棉紗煤油年增一年洋布絨羽銅鐵無甚增減土貨運往上海者以茶絲毛貨爲大宗又茶絲棉花藥材紙張亦運往漢口土煤運往鎮江滬浙復進口之土貨赤白糖最旺土布次之桐油次之夏布柏油又次之

二十三日記

鎮江進口洋貨價銀九百二十萬餘兩土貨進口價銀四百九十五萬餘兩土貨出口價銀一百六十七萬餘兩洋貨以洋布棉紗呢羽舊鐵火油爲大宗出口土貨以豆子花生金針菜爲大宗草帽鞭將來亦可爲出口

大宗又山羊皮由東豫皖省辦來運往美國爲製造皮紙等用至金銀出入已丑年進口銀數一百六十一萬餘兩出口銀數二百五十九萬餘兩庚寅進口銀一百九十六萬餘兩出口銀四百十五萬餘兩辛卯進口銀九十八萬餘兩出口銀二百六十一萬餘兩　上海進口洋貨價銀二千五百十四萬餘兩（除去稅費淨值一千九百七十四萬餘兩）出口土貨價銀四千八十三萬餘兩（再加稅費估值四千五百三十四萬餘兩）洋貨以布匹棉紗絨羽機器舊鐵煤油爲大宗日本各貨價廉物美銷售亦廣土貨以絲斤爲最旺茶葉次之棉花又次之（運往日本）草帽鞭苟能認眞揀選亦可暢

銷復進口復出口之土貨如豆子絲豆豬鬃毛紅黑棗湖北煤開平煤（有幾種較東洋上等煤尤佳）鮮鴨蛋五棓子（爲外洋製牛皮之用）花生油均暢旺米進口數大減而出口者有五百八十二萬擔以本省年豐也硫磺進口較多煙絲銷路漸絀

二十四日記

甯波進口洋貨估值銀六百十五萬餘兩進口土貨估值銀一百八十萬餘兩出口土貨估值銀四百九十一萬餘兩洋貨由外洋直運甯波者煤爲大宗（計二千四百餘噸）來自日本其餘白糖靛青沙藤之屬僅裝兩輪船復進

口之洋土貨布匹（內有滬織之布六百疋似甚厚實又無漿粉塗刷之弊）火油白來火糖豆餅爲最盛土貨運滬出口以明礬帶子棉花墨魚紙扇草帽藥材花生綢緞絲茶醬豆腐魚乾魚肚魚膠草席紙張爲大宗復出口之土貨木耳藥材較多現銀進口者七十六萬餘兩出口者二百五十三萬餘兩兩年來出贏於進者一則經過常關各船運進之款可敷甯地之用一則內地商販將土產運滬匯銀來甯就地收買進口之貨市面來源得以不匱　溫州進口洋貨估值銀三十七萬餘兩進口土貨估值銀十萬二千餘兩出口土貨估值銀十六萬四千餘兩內茶葉價

銀十萬一千餘兩次甌柑杉木雨傘洋貨以煤油洋布洋藥自來火爲大宗

二十五日記

福州進口各貨價銀五百七十二萬餘兩出口土貨價銀六百二十九萬餘兩（再加稅費實銀七百八十一萬餘兩）土貨首重茶務近有江河日下之勢若非認眞講求種製恢復本來貨色之佳必至一蹶不振今年較上年又減少三萬擔適如向所運銷英國之數其販往英屬南洋各島者雖稍絀而販往歐洲美洲者則稍贏又戊子年官倡織布局係用印度棉紗每匹布値洋四角既免釐金尚覺暢

銷其餘如竹竿鴨毛古玩水菓不過小宗洋貨棉紗最旺洋布煤油（美六俄四）次之前現銀進口歲計四百萬兩皆爲購茶而來今則茶市蕭條竟短其半　廈門進口貨價銀八百四十三萬餘兩（減去稅費僅七百十二萬餘兩）出口貨價銀二百三十三萬餘兩（再加歲費實銀二百六十八萬餘兩）土貨以茶葉爲貴物臺茶爲廈門出口貨之大宗各茶出洋者共十七萬五千餘擔比上年增三萬八千餘擔興旺如此全靠臺產廈茶出口已落到極少之數藝茶者未見整頓恐日益衰減其運往沿海各口者以糖爲首計二十萬擔價銀七十九萬餘兩餘如麻布麻布袋桂圓鮮柚子煙絲紙張等亦不少洋貨棉紗最旺自來火火油洋布銅鐵呢羽等次之

二十六日記

淡水（即滬尾口）進口洋貨價銀一百六十九萬餘兩進口土貨價銀五十萬餘兩出口土貨價銀三百十萬餘兩（再加稅費實銀三百七十萬餘兩）出口樟腦暢旺計一萬六千擔値銀二十五萬三千餘兩產腦在內山生番之地須駐兵防護現定每竈月繳防費洋八角至五角（合算防費每擔約需洋銀九員）茶葉出口稍添而品色未見精美恐將衰減基隆出口之煤現俱採自民井前開之八斗官井煤苗已竭擬在暖

暖另闢新井非集鉅本難收實效鐵路自臺北抵基隆一律告成日開三次南路亦造至龜仔嶺約二十七里其餘鐵軌已設至桃仔圍地方又自十六年夏基隆八堵創建鐵橋始於夾溪中見金砂男女雲集競相淘洗自三貂嶺下直達溪口節節俱有計至年底所獲金價約値銀數十萬兩（運往香港之金砂重四千五百十九兩估値銀六萬五千餘兩）臺南（即打狗口）進口貨價銀一百四十九萬餘兩出口土貨價銀一百六十三萬餘兩土貨赤白糖爲大宗桂圓樟腦果子次之

二十七日記

汕頭進口洋貨價銀八百八十九萬餘兩。進口土貨價銀九百八萬餘兩。出口土貨價銀八百二十三萬餘兩。（再加稅費實銀九百二十九萬餘兩）洋貨以洋布棉紗火油爲最旺。鐵錫次之。呢羽絨氈又次之。土貨出口赤白糖共一百六十四萬餘擔。最爲大宗。茶葉橙子柑子次之。土布神香錫箔墨魚又次之。復進口土貨。豆餅（三百二十六萬餘擔）豆子（十一萬餘擔）爲大宗。白米蘇子棉花次之。　廣州進口洋貨。（出口者已剔除）估值銀一千二百四十一萬餘兩。進口土貨估值銀一千五百三十八萬餘兩。兩共二千七百八十萬餘兩。（減除稅費實銀二千四百十九萬餘兩）　出口土貨。（復出口者不加入）估值銀一千八百十五萬餘兩。（再加稅費實值銀二千零二十九萬餘兩）洋貨惟布鉛兩項大減。棉紗（織作土布所用致占洋布銷場）自來火。火油。銷流極暢。復進口土貨由北洋三口運來者。值銀四百二十五萬餘兩。由長江等口運來者。值銀一千四百四十六萬餘兩。以豆餅豆子豆油米麥爲大宗。米較上年多進二百五十萬擔。出口土貨如地蓆土絲桂皮及他項俱增於上年。茶葉爆竹赤糖俱減於上年。又土貨運北洋三口者值銀二百七十五萬餘兩。運上海及長江各口者值銀一百十四萬餘兩。運甯波及南洋各口者值銀十七萬餘兩。

二十九日記

九龍關進口洋貨。十六年值銀一千七百九十六萬餘兩。十七年僅值銀一千三百二十九萬餘兩。所少之價。則惟米火油洋藥三項也。其餘洋布棉紗鉛鐵等類頗皆增旺。出口土貨均係運往香港。值銀一千七百一萬餘兩。較上年多二百餘萬兩。此項增多之數。茶葉實居其半。土絲一項出口者四千四百餘萬擔。價銀一千四百六十餘萬兩。綢緞赤白糖煙葉煙絲。均有起色。由香港復進口之土貨價銀三百三十七萬餘兩。由本口運往各口之土貨價銀一百八十五萬餘兩。　拱北一關。除港澳往來之貨。其值銀三百六十七萬餘兩不計外。其進口洋貨值銀三百六十五萬餘兩。如洋藥洋布棉紗棉花火油。均較前減色。出口土貨值銀一百九十一萬餘兩。生絲紅茶較前增旺。花生油蠶繭較前減色。

出使日記續刻卷之五終

出使日記續刻卷之六

無錫薛福成叔耘

光緒十八年壬辰十月乙卯朔記

瓊海一關進口洋土貨價銀一百十三萬餘兩。內洋貨價銀八十五萬餘兩。以百成分計。洋藥得十九成。棉貨得四十七成。絨貨得五成。五金類得一成。雜貨得二十八成。出口土貨及復出口洋土貨其價銀九十四萬餘兩。內本口貨價銀九十萬餘兩。猪得二十七成。餘以熟牛皮芝蔴赤糖三項爲大宗。　北海一關洋貨進口價銀三百二萬餘兩。以洋布棉紗自來火火油爲大宗。呢羽鉛鐵棉花次之。或由西江轉運廣西。或由欽州改包挑運廣西。出口土貨價銀八十萬餘兩。運香港者三十萬兩。運各口者五十萬兩。

初四日記

龍州一關進口貨價銀二萬六千餘兩。出口貨價銀一萬五千餘兩。清淡如此。必俟北圻鐵路告成。方能暢旺。鐵路於庚寅四月自扶梁洞至郎劫。已成路三十五里。壬辰春季可造至北黎。癸巳春季或可至諒山。但恐未能如是之速。或須年底方可蕆事。聞鐵路局初擬從諒山修至那勤。即有水路直達龍州。現聞改用炸藥將飛泉灘及各險灘開濬。商船即可從諒山下松吉江到龍州。更爲便捷。松吉江之飛泉灘高一丈。用藥轟炸。較之修諒山至那勤之路。省費頗多。　蒙自一關進口貨價銀九十四萬餘兩。內洋貨值銀七十四萬餘兩。以洋布棉紗紗值銀二十四萬餘兩爲大宗。絨羽值銀四萬三千餘兩棉花東京所產計值銀七萬餘兩薄板值銀四萬餘兩煤油次之。機器銅鐵自來火又次之。復進口貨即廣東貨由香港東京運來者值銀二十萬餘兩。以廣東煙絲值銀十五萬餘兩爲大宗。出口土貨價銀五十八萬餘兩土藥價在內以錫爲大宗。值銀五十萬餘兩計二萬餘擔。皆係蒙自近地之土產。

初五日記

光緒十一年朝鮮進口貨價洋銀一百六十七萬餘員。出口貨價三十八萬餘員。十七年進口貨價五百二十五萬餘員。出口貨價三百三十六萬餘員。三關共徵稅鈔洋銀五十四萬九千餘員。進口價內洋布棉紗得二百六十四萬餘員。中華絲綢緞貨得五十萬員。至各國進口貨價。英國及所屬印度等得二百九十三萬餘員。日本得九十七萬餘員。中國得七十九萬餘員。德美等七國自二十四萬員至數千員不等。出口土貨價以百分計算。米及雜糧居五十五分。豆粒居二十七分。牛皮居六分雜貨居十二分食米一項均運往日本銷售計九十二萬餘擔估價一百八十二萬餘員此外金沙爲最多運至中國者亦不少查金沙金錠出口者光緒十二年估價洋銀一百十三萬餘員十七年減至六十八萬餘員其所以漸少者蓋因淘金所得工貲甚微即自挖出售於人所得價值僅可餬口不若耕種米豆或充他項工役獲利較豐是以棄挖金而改圖並非因金礦挖空無出產也若遇歉歲則金沙出口較多矣

初六日記

上古結繩而治後世聖人易之以書契史稱史皇造字

飛龍倉頡煥乎文章佛經言造字者兄弟三人長曰梵其字左行中曰佉盧其字右行季曰倉頡其字下行或謂文字之原起於庖犧之畫卦今先天卦圖方位次第固有下行旁行上行左右行之義實備五體總以順行爲正即今中國文也倉聖創之歷代相傳由是而篆而籀而隸楷轉相承皆順行之正軌梵與佉盧各得五體之一未足語書契之全也墨子衍佉盧之緒以自異於儒家特著於經上篇中秦漢金石諸刻亦間有用其體者其後傳入西域而爲右行即今之西文也蒙古書皆左行蓋用梵體回部亦旁行西國字體種類至繁如俄文英文法文德文意文各自爲體俄自芬蘭以西即爲波蘭書矣法用本國字而變拗脫以南又爲哀斯記書矣考欽天監舊制有所謂書拉體者即臘丁文乃希臘文之變體也希臘字文理較長而總不外以字母攝音合音成字故各國皆二十六字母惟希臘有三十六字母而法國只二十四字母於六書中僅得諧聲之義不知聲音之道年久則變中國經籍如天下華慶明行等字六朝前猶近秦漢之音唐以後則純用今音以中國之人讀中國之字而高下輕重疾徐已各自成音賴有象形會意等義相維持故數千年後猶得以考證古訓

也外國文字僅知諧聲以口相傳久而易變況以華言譯西語以今音譯古語以華字譯西書既無一定之音又無一定之字而且方言各異則安能如華文之六體兼備而四書不亂哉

國初修遼金元史於舊史譯語更易過半或謂元時大都之音與乾隆時順天之音不同宜其不合也嘗見埃及克里卑阿石柱銘有似石鼓文者有似鳥者有似馬者亦有竟作馬首者有似人眉目者有似爪者文體竟類篆隸郭筠仙氏謂西國始制文字原與中國相同自中國楷書行而六書之意隱亦自西國二十六字母立

而象形會意之學亡誠哉是言也

初七日記

總理衙門來函云接竹筼星使來電俄外部覆稱俄兵已撤回費爾干省刻下卽須籌商分界事宜測查光緒十年喀城界約兩國界綫至烏仔別里山豁爲俄國界綫轉向西南中國界綫一直往南所有界綫以西及順該處河流之西均歸俄國屬轄界綫以東及順該處河流之東均歸中國屬轄等語邊事之棘固已不自今始現惟執定一直往南四字倘可杜彼狡賴之謀已屬陶方之中丞派員履勘繪圖寄京俄人曾謂地屬中俄與

英無涉喀使屢言中國不可聽人挑唆我欲引英共議界務必非俄所樂聞然置英局外則前年英使卽來商商分帕甌脫之議英亦與聞英外部如談及帕界似可告以十年喀約已早伏根中國祇可據此爲歸宿能仍甌脫前議亦善英如欲在局中必須與俄商明中國決無不願云

初八日記

天地生物一物各具一物之性卽一物各有其性之常此其大較也而亦有反乎常者如水宜寒而有溫泉火宜熱而有涼燄石宜沉而有浮石山木宜浮而有沉水木夏宜暑而有避暑犀冬宜寒而有避寒玉莫輕於毛而弱水不能載莫堅於石而骨託獨能吞莫酷於火而有不灰之布莫勁於金而有食鐵之蟻兔絲無根而生蛇無足而行石脾入水則旋出水反溼獨活有風不動無風自搖硃砂入火殺人藥餌用其生者附子生用殺人藥中用其熟者鳥喜開曠而鵲喜稠閙菱花開必背日葵花開必向日蟬飲而不食蠶食而不飲蜉蝣不食不飲子規啼必北向鷓鴣鳴必南去飛者以翼而丹熏之鼠則以尾天池之兔則以背鳴者以口而蟬則以翼鼃則以脰行者以足而螃蟹則以背聽者以耳而龍以

角牛以鼻蛇與龍以眼水母以蝦爲目蠑蛄以蟹爲腹孕者以雄而兔之孕以望月孔雀以聞雷鶴以聲鵲以意白鷁以睛鳥以涎鰻以影鶺鴒以足騰蛇以聽凡鳥有舌而鴾無舌凡魚無舌而鱣有舌此皆物性之反常其理不可究詰者也

初九日記

可侖比亞民主國在南美洲西北隅其國西北有巴拿馬地頸屬部自赤道北十二度二十五分至赤道南五度八分北京東一百六十度五十一分至一百七十二度五十一分倫敦西七十度四十分至八十二度四十分全境幅員並沿海

大小數百島計之得五十一萬三千九百三十八英方里幾及英法西班牙三國之大戶口四兆內有野番二十萬明宏治十五年意大里人可侖比亞尋地得之始以巴拿馬爲西班牙屬土是爲美洲有西班牙屬土之始

本朝嘉慶十五年其總督叛西班牙而自立連年搆兵至波里瓦爲總統而可侖比亞始定爲民主國統括今之可侖比亞委內瑞辣厄瓜多爾三國土地命之曰新加拉那大道光十一年始分爲三咸豐十一年內訌又作可侖比亞遂成聯邦民主十三年國政一仿美國總

統二年一舉久之覺美國法制不能行越二十年而國又大亂此光緒十年十一年事也十二年悉改舊制設總政府改九邦爲九部九部者曰亞剔奎亞曰波里瓦曰抱蕖嗒曰考喀曰克第那麥喀曰馬加他曰巴拿馬曰三太特曰剔立馬總政府以伯理璽天德統之六年一選開墾之地未及十之一出口貨以皮革棉花印度樹膠爲大宗民奉天主教京城曰抱掰塔

初十日記

恭逢

慈禧皇太后萬壽聖節辰刻謹率參贊隨員等望

闕叩頭遙賀　埃及即麥西國相傳上古人諾威之子名剛者始至埃及剛之子美內斯（即迷斯拉應）立國之始君也或謂在西歷紀元前五千零四年或謂在紀元前四千四百五十四年或謂在紀元前三千八百九十二年設律法疏尼羅江拒阿剌伯人歿後民奉爲神是爲第一朝約傳二百年第二朝約傳三百年第三朝約傳二百年（或謂在紀元前三千九百六十六年）始有史事流傳第四朝傳一百六十七年（紀元前三千七百三十三年至三千五百六十六年）第五朝有九王約傳二百年自第一朝至第六朝皆稱門歪脫朝第六朝勢成分爵而文物尤爲修明古碑流傳不少嗣後至第

十一朝史闕其文第十二朝（紀元前二千四百六十六年起）則多遺蹟其第十三至第十八朝則又史闕其文約在紀元前二千年國中頗多變亂遂有下埃及之牧王（以牧爲生竄雜種）入都於阿懷立司城後爲上埃及王所奪至第二十六朝各王爭權王煞密梯楚第一得希臘之助始定其國復昔時文物之盛後數世爲波斯所滅波斯王遂有埃及是爲第二十七朝稱波斯朝第二十八朝則稱失脫朝第二十九朝則稱門提欣朝第三十朝則稱西盆尼的克朝時紀元前三百四十年也嗣後埃及爲波斯之一省至希臘之馬基頓王亞勒散得征服埃及（紀元前三百三

十二年始行希臘政教屬於希臘

十一日記

亞勒散得在埃及造一城以已名名之壯麗無比今之亞勒散得不如古城遠甚亞勒散得命將軍多利買爲埃及王子孫相繼稱多利買王者二百九十四年紀元前三十年埃及始屬於羅馬爲東羅馬之一省者六百七十年西歷六百四十年阿剌伯之沙蘭生入攻取埃及遂爲所屬者六百餘年沙蘭生王爲其親兵馬獸路古人所逐馬獸路古人遂王埃及傳二百餘年西歷一千五百十七年始爲土耳其所滅一千七百九十八年法王拿破侖攻取之鎮以將軍越三年英兵逐去法兵埃及復歸於土耳其一千八百五年以阿爾拔尼之兵阿薺爲王阿薺練兵勤學尚西法修水利越十一年以其子伊孛來希爲將軍取地於阿剌伯又八年取努比阿略地於蘇丹又四年土耳其有希臘人之亂發兵助土據希臘之毛里亞地及克拉脫島一千八百三十一年伊孛來希征取土耳其之西里亞逾年大敗土耳其兵於考尼亞土割地以和越七年埃及又攻土耳其幾覆其國英法兵救之俾返西里亞侵地乃與土和一千八百四十八年阿薺卒子伊孛來希嗣兩月卒阿薺之

孫阿排司嗣阿薺幼子賽代廢之自立一千八百五十四年始許法人賴賽楪斯開蘇彝士河一千八百六十九年河工成先三年得請於土耳其許襲爲王一千八百七十二年土耳其許埃及養兵益界以王權一千八百七十五年埃及王伊司瑪爾以蘇彝士河股分（十七萬七千股）售於英國得英金四百萬鎊然以國債纍纍英法遣員爲之經理國用一千八百八十一年埃及內亂明年英法兵船至亞勒散得法兵先退英兵進據其礮臺自是英始派大員往駐與聞埃及國政

十二日記

埃及在阿非利加之東北自赤道北二十四度六分至三十一度六分英京東二十七度十三分至三十四度十二分光緒十年以前尼羅江邊之地北起地中海南至赤道處止皆歸埃及自蘇丹亂後北緯二十二度以南之地盡失今埃及合阿剌伯屬地計之約五十萬英方里可耕之地不過十萬方里其餘大半沙漠埃及北濱地中海東界阿剌伯與紅海西界的黎波里南暫以阿闍希爲界可耕之地多恃尼羅江之漲江邊地闊不過六英里左右惟距地中海九十英里加義羅之下尼羅分江之處江間最闊之地有八十英里江邊肥沃可

耕之地共有二萬六千英方里。云民數七百萬。有阿剌伯人、考伯司人、土耳其人、希臘人、阿迷尼阿人、猶太人等。埃及名爲土屬，歲貢土耳其英金六十九萬五千七百九十二鎊。其實政自王出，且世及焉。輔政大臣皆埃人，聽命於王，英國惟從而督察之。歲入之款英金九百六十五萬鎊，出款九百五十萬鎊，國債一萬零六百九十三萬鎊。進口貨約值英金一千一百九十五萬餘鎊，棉貨、機器爲大宗；出口貨約值一千萬鎊，棉花、花子、五穀、蔗糖、鴉片、加非、樹膠爲大宗。

十三日記

埃及國地十四省，分爲上中下三段。下埃及城曰加義羅（又作喀愛羅），居民三十五萬，埃及之京城也。曰亞勒散得（係通商大埠，亦水師所聚，居民二十萬）。曰當達。曰羅舍他。曰達迷也大。中埃及城曰巴瑟，曰伊司滿里阿，曰蘇彝士。上埃及城曰西奧，曰鑾乃（亦通商要區），曰挨斯內，曰阿椿伐，曰考西厄。自亞勒散得至加義羅已有鐵路，復分枝路通達迷也大、伊司滿里阿而至蘇彝士。沿尼羅江岸至西奧亦有鐵路。通國鐵路長一千二百七十六英里，電綫長五千四百四英里。商務之盛，尤在蘇彝士河開通之後。蘇彝士河自巴瑟起，經數湖至蘇彝士止，長九十九英里，其中

七十七英里闊三百二十七英尺，餘闊一百九十六英尺，深二十六英尺。自開此河以來，由英國至印度，視前繞蝦朴（即好望角）路自一萬一千三百七十九英里省至七千六百二十八英里，時少三十六日。每歲約過船三千二百號，凡得八十四萬二三千噸，船鈔英金二百三十一萬四千餘鎊。埃及通國陸兵九千五百（另有巡捕約千人），以英國將軍統之，兵官則英、埃參半。蘇丹亂後，英國駐埃之兵三千五百。蘇丹者，同治十三年埃及所得之南土也。光緒七年，那機馬迭作亂，埃及棄蘇丹以保紅海。今馬迭已死，蘇丹之地半歸於的黎波里。

十四日記

斯丹達新聞紙云：滇緬界務目下大有束手之勢。因太平江以北、厄勒瓦諦江以東與雲南山相距中間之地，中國所議似非近情。初英既克緬甸，中英在北京定約，言明他日會議界務，當依緬王齊薄（一譯作諦保）所轄地以爲畫界之基。嗣後厄勒瓦諦江以東、雲南山以西中間空地，自太平江以北，英人未能蹤得緬甸界幾，因之稍有遲延。後英武員伊立奧脫親履其地，探覘邊界，遇中國官員商旅，據稱中國界直西至厄勒瓦諦江之岸，並稱緬王官轄之權從未到過此處。然印度政府所派之

官則稱得有證據謂該處除華商外其他華人始於近四年中漸漸來聚故中國稱厄勒瓦諾江以東皆其邊地欲以該江爲界之說當決意御之然中國亦決意不改其說因此久爭以北中緬界務一時未能就緒

十五日記

英國戶部擬定明年用款文秩衙門各項經費英金一千七百三十一萬餘鎊一切官工一百六十八萬餘鎊文官俸祿雜費一百九十八萬餘鎊刑部大小律例衙門用款三百八十一萬餘鎊學政格物技藝等事用款八百三十七萬餘鎊外國及英屬新疆支用之款六十

三萬餘鎊賑濟及各項雜費六十三萬餘鎊雜項十八萬餘鎊胸肺病症九萬鎊稅司內地租課司及郵部等用一千一百二十七萬餘鎊（內郵部用六百二十四萬餘鎊）載運船隻用七十一萬餘鎊電綫用二百五十五萬餘鎊惟陸軍水師經費尚不在內

十六日記

法人頗賽棧斯議闢巴拿馬河因經理不善估算未精以致半途而廢法民傷財十五萬萬佛郎自公司倒帳各股東控公司經手人於臬署定於西十一月二十五日傳頗賽棧斯父子男爵頁丟及造鐵塔之愛飛爾到堂聽審諸人皆遣律師到堂請展期至正月初十日許之而十一月二十一日下議院會議時首領那祿甘言有人詰問巴拿馬河工程如不復興將爲他國得去保商股而救前功政府亟須設法辦理又原告人議員蔡拉庵控追該公司何以遲延至今請派議員查辦蔡拉庵又言巴拿馬公司欲請議紳相助曾暗出賄賂三百餘萬佛郎有議員一百五十人分用之諸人請指出姓名答以派有查辦議員方可指出於是公舉查辦之員十五名以百里松爲首領　西十一月十九日刑部尚書因巴拿馬一案以議紳男爵來那被人控告查有劣迹擬定提案而來那忽報二十日晨病故且於二十四點鐘內草率歛葬二十八日下議院會議議紳謂來那入歛恐僞今若開棺祇有石塊而已首相羅培（或作羅貝）及

刑部尚書里喀不允議紳羣起毆之羅培遂詣總統告退總統允之因派百里松爲首相

十七日記

倫敦禁煙會人往見印度部尚書金白雷極言印度給發執照種煙及售煙之害力請設法禁止金白雷告之日近觀中國意見極喜抽鴉片煙稅及釐金歲入約英金二百萬鎊且中國內地所種罌粟日盛製法日精華

土當漸勝於印土若遽禁止則印度所失煙稅有五百四十萬吞吞即印度所用之羅比一吞爲十箇羅比合英銀一先三本在印度銷售者約其稅有七十五萬吞共合六百十五萬吞合英金三百八十五萬鎊印度人所失鴉片之價值總在英金一千三百萬鎊以外英廷若欲償補種煙之人及印度土酋種煙所得之利非加重印度人之稅或加重英國人之稅別無他法然豈辦得動乎且本國人嗜酒之害甚於吸煙汝等乃不爲戒酒會以利英人而但爲禁煙會以病印人何也況我聞印度所產干善干善即干蘇印度用作煙草等煙草害人亦大銷售甚廣識者謂若鴉片全禁此

等煙草將行銷益遠其害更甚於鴉片也

十八日記

法國戶部所開財賦清單同治八年法國用款十九萬三千七百二十萬佛郎光緒二年法用款三十萬萬佛郎十三年三十三萬七千萬佛郎十八年三十三萬零七百萬佛郎同治八年法國官債五萬九千四百萬佛郎光緒十六年官債增至十三萬一千一百九十萬佛郎今復估計明年用款三十三萬四千七百六十萬佛郎內軍需用款六萬八千六百萬佛郎　俄國整頓水師如將俄國羅布作英錢二個半先合計算本年動用英金六百二十六萬六千二百八十四鎊比較去歲多用十分之二所擬造船章程規模甚大新造兵艦二十二艘於光緒二十二年完工多爲防守波羅的海之用內歸黑海者一艘

十九日記

英戶部議定明年陸軍用費查英國國內及各新疆除印度戍守官兵不計外來年計有官兵十五萬四千零七十三名所有戰守官兵共支用英金一千七百六十三萬一千二百鎊內計兵餉五百六十三萬五千鎊醫藥費二十九萬零一百鎊鄉勇糧餉津貼五十三萬五

千鎊馬隊民兵支用七萬四千四百鎊運兵車船馬匹等費六十三萬九千七百鎊義官隊伍糧餉津貼七十八萬一千五百鎊糧食草料一切備用之物二百六十四萬五千鎊衣服等項八十二萬六千鎊購製修理軍裝等費一百八十四萬七千鎊營造工程等費八十萬二千一百鎊武備學堂經費十一萬三千五百鎊職守官兵各項雜差用費十二萬二千三百鎊兵部俸薪經費二十五萬七千八百鎊又辦事官兵應籌款項三宗內當差兵丁經費一百三十八萬八百鎊辦事官員經費一百五十二萬七千七百鎊養老俸餉賠償錢款撫

郵等項十五萬四十一百鎊。

二十日記

英戶部議定明年水師用款共一千四百二十四萬鎊。二百鎊。計水師兵丁水手等需用七萬四千一百名。辛工三百五十二萬鎊。伙食衣服等項二百二十一萬五千七百鎊。備用兵丁費十五萬九千鎊。造船修船養船所用辦事人員。費一百八十六萬六千一百鎊。造船材料用一百六十一萬五千五百鎊。合同定作工程用一百二十八萬九千四百鎊。槍礮彈丸火藥等項用一百三十九萬八千七百鎊。半俸半餉存留俸餉致仕之俸

等項七十六萬四千二百鎊。水師養老之餉及犒勞賞賜撫郵津貼等項九十四萬一千六百鎊。文職官員養老薪俸及賞賜津貼等項三十一萬三千七百鎊。澳洲海面所添水師。動用六萬零三百鎊。

二十一日記

法國議院所派查辦巴拿馬事之百里松奉總統命設立政府。未成而退。總統又命議紳喀西米爾卑利哀爲宰相。亦未就緒。復命外部尚書李寶往謁同僚。即日成議。復命總統。遂於西十二月初六日即中十月十八日宣旨命李寶以外部尚書兼首相。羅貝爲內部尚書兼理教務。布茄阿爾查沃一譯作蒲爲刑部一譯作公道部又作律例部尚書。沸來西尼爲兵部尚書。裕爾多一譯作皮爾杜又作巴佗爲海部兼藩部尚書。盧維爰爲戶部尚書。杜畢一譯作沙爾丟畢依又作都布亥爲學部尚書。威佗一譯作維爰德爲工部尚書。席復禮一作西爰弗里哀又作西格法利爲商部尚書。德維勒一譯作寧浮爾又作戴維爾爲農牧部尚書。石梅爲藩部侍郎。

二十二日記

王藝石制軍來函云。滇緬交界。自前明以來迄無一定。朝滇暮緬。朝緬暮滇。乾隆以後緬事粗定。遂瑩不開。遂有相沿之定界。此次給圖。只能以此爲斷。其實紅蚌河

尚在野人山中偏西。野人向來於滇緬兩非所屬。亦非中國之老界也。現定之圖。均就確有可據者。再三斟酌而出之。乃實在老本也。麻湯在鐵壁關外。非即鐵壁關。漢董爲隴川土司羈縻之野地。以相沿論實在界外盡西之昔董壩子亦然距隴川一百七十里。或云三十里者誤也。猛卯爲騰越土司之一。實在隴川江以內。寄示英圖。列在江外。乃彼族失攷也。宛頂尚在猛卯以東。非即漢董。潞江以東撣人地。如其歸我。頗難控制。爲彼所有。又虎逼處能作厲脫。最爲相宜。揣英人之所屬意。似重在騰越西北一路。蓋巨石萬仞神護諸關及古勇明光大塘等隘以外。皆

爲通藏要路由印達藏由藏達新甸其所處心積慮而必欲做到者也近則猛磦一處乃緬甸玉石礦之最著名者彼由新街而上必經我西北邊外僅有梗阻故必以進占爲暢行之地也

二十三日記

法國自新改稅則之後貿易漸衰去年四月製造貨物出口者值一萬七千六百萬佛耶本年四月出口者祇值一萬五千五百佛耶　從前普法之戰法國共用軍餉二千五百兆員（似兼賠普國軍餉在內）死者十五萬五千人普國除得法國賠償兵餉一千二百五十兆員外仍多用六百兆員傷亡者六萬人總計近三十年中各國交戰最著者克來米亞之戰用餉三千兆員（傷亡者七十五萬人）千八百五十九年意大利之戰用餉三百兆員六十四年布丹之戰用餉三十五兆員六十六年布奧之戰用餉三百三十兆員（死傷四萬五千人）又北方叛亂用餉五千一百兆員南方叛亂用餉二千三兆員俄土之戰用餉一百二十五兆員（傷亡二千五萬人）南非洲歷次戰爭共用餉一千二百二十五萬員賽爾斐亞與普拉克里亞搆釁用餉一百七十六兆員

二十四日記

美國南境諸邦商務減色蓋因棉花出產過多棉價太廉之故農政人員欲請棉戶將種棉之田酌減五分之一出棉較少則棉價可期加增矣　去年西班牙國出口貨值八萬五千五百萬貝斯達每貝斯達約合英錢九本士半進口貨值八萬六千二百萬貝斯達本年進款共有七萬四千八百萬貝斯達用款乃有七萬五千萬貝斯達以入抵出尙不敷英金八萬鎊因於各項礦穴及糖及票稅及欠債取利之憑單各增稅課可多收英金一百零五萬鎊　緬甸巴瑪至南奔河之電綫將次告成成後距中國蠻允電綫局不滿一百英里中國即可引長華綫以與英綫相聯華英通信又多一綫矣

南澳大利亞有人謁見政府懇將人力造雨之法試看效驗與否政府答以俟美國試有成效之後再試未晚

二十六日記

接總理衙門來電二十五日英使歐格訥覲見呈遞國書禮成另呈英主所贈自製書集奉
旨著薛福成遵
旨致謝申刻率參贊馬格里往晤外部尙書勞思伯力道達

皇上致謝之意勞思伯力稱即日奏明君主復敘談數語握手而退　一統輿圖之車里土司洋文譯音謂之江洪考法文地理志云細魄松板納在思茅之南暹羅老撾之北細魄松番言譯意謂十二板納則土司之總名猶言十二部落也此爲中國印度極富且肥之地有著名茶園英旣垂涎法人亦思進據即暹人未嘗不經營及之蓋十二部落與撣人節略所稱江洪十二國合又攷英文亞細亞東南地圖於江洪之下附著車里之名法文中國印度圖於江洪之下又著板納之名是板納者思茅邊外土司之總稱洋文所稱之江洪即一統

輿圖之車里皆係十二板納之地

二十七日記

西人製造愈出愈奇美國新法以紙製造各物令其堅實以代鋼鐵之用火車之輪亦以紙爲之其質較鋼鐵爲尤堅又造貨廠一所牆壁屋瓦以及樓板階磚無不以紙爲之耐久不額火不能燃水不能入較磚瓦之用爲更堅其尤妙者居此紙屋若遇酷暑則偏覺淸涼嚴寒則一室溫和他如烏木鏡架以紙製造直與木質無殊仔細觀之莫辨眞僞又造八音琴一具琴箱亦以紙爲之其色潔白而潤雕鏤花草工緻異常又造大風琴一具中置響管一千四百枚其音韻與銅管無殊又紐約大會堂中棟柱杙椈均以紙爲之或銅或木無不畢肖甚能以紙成雲母石亦無不畢肖也

二十八日記

緬甸古朱波地也漢爲撣國唐爲驃國元爲邦牙宣慰司明爲緬甸宣慰司

國朝爲緬甸國地初不廣所有孟養孟拱蠻暮孟密孟育木邦八百車里皆爲土司同奉

中朝正朔明時邊境西逾大金沙江千餘里寶井金玉等廠皆遣中使采辦明季莽體瑞崛起侵奪孟養孟硔

蠻暮孟密孟育木邦諸土司地而勢漸强陳用賓設八關築平麓城開二十二屯田以禦之設蠻哈守備統兵五百駐銅壁關轄萬仞巨石神護等處設隴把守備統兵五百駐隴川轄鐵壁虎距天馬漢龍等處

國朝乾隆中緬酋莽達拉爲得楞錫箔所殺甕藉牙起兵復仇據有其地其子莽紀覺繼之勢張甚吞噬鄰封內侵沿邊土司

高宗震怒命將出師深入其阻數年緬酋懵駮貢獻如制其地南至海北至西藏西至東印度東抵中國各土司界南北五千餘里東西二千餘里大金沙江自西藏

來中貿其國入海。

二十九日記

歷代征緬之路不同。元相答吾兒擧緬造舟於阿昔阿禾兩江。順流攻之。克江頭城。進拔太公城。緬降。改爲宣慰司。阿昔阿禾不可攷。大約卽戛鳩莫勒兩江之間。明鄧子龍劉綎征緬。子龍出姚關。大破之於攀枝花。劉綎出隴川。直抵阿瓦。子龍又屢破緬於蠻暮等練諸地。國朝大學士楊應琚征緬。出鐵壁關。屯新街。奏五路進兵。東路由孟艮木邦錫箔。中路由孟密。西路渡大金沙江。由孟拱。水路出新街。順流下阿瓦。並敎暹羅夾攻。將軍明瑞奏進兵之道。如永昌騰越順甯威遠普洱沿邊二千餘里。邁西七關。入隘旁通。側出絕少險要可守之區。若各處駐兵二三萬。不敷分布。擬自督勁兵由碗頂孟谷出木邦之右。取錫箔爲正兵。一由猛密取老官屯。至新街。由水路取阿瓦。其餘扼要總區。如九龍江黑山門。皆駐重兵。嗣經略傅恆進兵由銅壁關外至野牛壩。造船至蠻暮。一由江西戛鳩陸路。一由江東猛密陸路。先是副將軍阿里袞議三路進兵。一由木邦臘戍渡江。出卓落。走來卡。取阿瓦。一由虎踞關攻猛密。一由戛鳩渡江。襲木梳。後始定議攻老官屯。此歷代征緬進兵之道也。

三十日記

承平日久。從前華緬之要路。今俱改易。或爲野人盤踞。或煙瘴甚大。或地僻路險。野獸傷人。現在通緬之路。則以蠻允外之上中下三路。爲商賈往來大道。中隔野人山三日程。惟行旅久與習熟。往來均亦相安。神護關外野人挖取玉石琥珀。進古永販賣。無關稅。由新街進鐵壁關。走猛卯遮放芒市至龍陵。路甚平坦。從前貢象出入大道。惟夏秋煙瘴甚大。冬春商貨暢行。其由麻栗壩過蠻暮江走孟定耿馬。路亦平坦。冬春商貨往來。夏秋煙瘴。普洱出關。則由車里渡九龍江。夏秋仍少人跡。此近來沿邊通緬道里之大略也。

十一月乙酉朔日記

緬甸居中國西南極邊。土地膏腴。人民殷庶。所轄土司坐把譯言土司九十有九。繆蘊譯言賊官百餘。村寨數萬。丁口數千萬。所產美玉琥珀寶石碧霞犀象燕窩石油樹蜜竹木魚鹽布棉菽粟。其利甚溥。海船連檣。轉鬻各國。誠西南一大都會也。自漢唐通中國。元明羈縻而已。語言文字風俗。與印度同。其往來文表。必經重譯而後通曉。是以朝鮮交趾琉球各朝貢之國。皆有圖籍掌於外史。而緬甸未有者蓋其國禁棊嚴所屬輿圖秘藏故也自乙酉冬失事以後載籍圖書紛然散出以華字譯緬書中外音字各異僅譯得土司二十有六繆緬九十有五其中踏駁之處不可枚舉若莫勒江之爲瑞利江木梳之爲猛肅羽吾之爲洞烏戛鳩喳㗰則未著其名猛養得楞擺古猛密各土司則并沒其處太公城江頭城則今不知爲何地蓋其圖亦甚疏略云

初二日記

雲南候補道姚文棟稟稱自去年至今英人闢通西藏道路計有兩處一曰阿桑（阿桑一名末薩剌與格　在東薩係印緬間兩小國）

印度與緬甸之間向猶阻隔去年三月英人在此用兵（似即馬尼布）從緬甸之格薩地方開築鐵路今年想已闢通其西即印度其東即緬甸其北即西藏從此五印度之火車可通至緬甸全境而又得入西藏之間道此緬西通藏之路也一曰坎底在騰越野人山之東北即所稱樹漿廠也此處東北通打箭鑪東通永北廳北通西藏英人現欲推廣火車直至其地此緬北通藏之路也孟拱地方英人擬改爲府現經鐵路開通兼護孟拱琥珀廠

初三日記

是日爲長至日恭率參贊隨員望闕叩頭遙賀　本年美國戶部入款三萬五千三百九十五萬五千餘員出款三萬四千五百十一萬五千餘員盈餘之款計得八百八十三萬九千餘員比上年短收三千三百萬員出款少用二千一百萬員　去年中國進口洋藥不過七萬七千四百四十五石而中國每年所出土藥至少之數亦有三十三萬石是洋藥僅得土藥五分之一耳　老撾之江壑城即孟奈之第二城有小路西南通景邁相距十二日程民多野番戶口蕃

條景罕城在南哥克河岸昔爲老撾各部之都會景邁景東皆屬焉今則或歸暹羅或歸緬甸即景罕亦有暹官駐紮景糯城亦在南哥克河入湄公江之口此城最古每見於老撾暹羅碑記景邁於乾隆三十九年歸暹羅保護

初四日記

孟來村鎮甚大周圍皆稻田爲緊要商路亦用中國銀錢孟勇在南旺河之西城旁山坡下有土酋有緬官凡由緬甸老撾至江壑必過孟勇蓋車里宣慰司所屬十二板納之一也景東城在四五小嶺間城堞濠溝周圍十二啟羅邁寺廟皆中國式樣其下有二十二孟之

官皆國酋所派。向有緬官二人駐此。孟攸卽景坎。入貢緬甸。與景東國酋爲兄弟行。然不相往來。緬人又挾制之。故常有自立之志。自景東至江洪。必取道孟攸。始達云。孟嘅爲細魄松坂納四要地之一。孟臘爲往中國之路。孟龍爲往景東之路。孟豐爲往景邁之路。孟啟爲往緬甸之路。

初五日記

前駐德隨員姚文棟於去年正月銷差回華。道出法京巴黎。經余札委查看印度緬甸各埠華商情形。並密探雲南邊外與緬甸交界地勢。玆據稟稱。自光緒十七年

正月二十八日由馬賽登法公司輪船。經地中海紅海。歷意大利奧地利希臘土耳其等國。又過埃及國京城之南。阿喇伯國京城之北。二月十七日抵錫蘭。換輪船。入孟加拉海。皆印度境。二十日抵本地舍黎。二十一日抵馬搭拉斯。南印度之都城也。二十五日抵嘎爾格達。東印度之都城也。凡印度境內商埠大者三處。小者十餘處。閩粵流寓商民約六七萬人。此印度之情形也。三十日自嘎爾格達登英公司輪船。三月三日抵仰光。初九日換輪舟。入伊勒瓦諦江。十五日抵阿瓦。緬甸之都城也。二十日換輪舟。二十二日抵新街。洋名八募。通商之要埠也。凡緬甸境內商埠。海口三處。沿江大者二十二處。小者二十九處。其腹地深山之中。商埠亦不下數十處。閩商粵商多在海口。約有萬人。滇商散布於沿江及山中各埠。幾與緬商相埒。約在十萬人左右。此緬甸之情形也。四月初五日由新街雇民船入大盈江。初六日抵蠻弄登岸。是爲野人山之西麓。初七日乘竹兜度野人山。山中皆赤髮野人。地形極險。爲中外之界限。初十日抵蠻允。是爲野人山之東麓。過此則一望平夷。無險可扼矣。十三日抵盞達。十四日抵干崖。十五日抵南甸。皆土司也。十六日抵騰越。始爲雲南邊境。渡龍川江

潞江瀾滄江。皆極邊煙瘴之地。五月二十七日始抵雲南省城。是役也。自歐洲海程入亞洲。共行三萬八千餘里。行大江中三千二百六十餘里。山程二千餘里。爲時四月有奇。

初六日記

姚文棟稟稱。滇邊西路。以永昌一府騰越龍陵兩廳爲門戶。南路以順甯普洱兩府及緬甯威遠思茅他郎各廳爲門戶。而皆以緬甸爲藩籬。自英滅緬甸。藩籬撤而門戶寒矣。所幸者猶有野人山之天險。可以限隔中外。若再爲英所得。便可長驅入滇。滇無可扼之險矣。稽之

志乘訪之邊民知野人山實係中國現屬各土司之分地即明史所稱南牙山者本在雲南界內非甌脫比也乾隆以前雲南老界西包孟拱孟養蠻暮南包孟艮木邦孟密六土司在內厥後六土司皆爲緬甸所蠶食中國不復過問於是以騰越所屬之南甸隴川孟卯干崖盞達等土司龍陵所屬之遮放芒市等土司普洱所屬之車里十三猛土司爲新界西至大金沙江而止永昌騰越諸志班班可考野人山蓋在新界之內也目論之儒每謂雲南天末遐荒不關形要豈知雲南實有俯絜天下之勢由雲南入四川則據長江之上游由雲南趨

湖南而據荊襄則可搖動北方前儒顧炎武嘗論之矣況今有印度緬甸以爲後路之肩背乎英之覬覦雲南蓋非一日然則雲南之得失關乎天下而野人山之得失又關乎雲南自騰越龍陵度野人山以通緬甸其有九道皆匯於新街新街既淪於英議者乃有保守野人山九道之說守吾界以遏其闖入猶不失爲中策若并野人山棄之則邊防無險可扼此就滇西界務言之也

初七日記

西路而外又有南路北路皆關緊要南路車里土司之外爲乾隆時土司孟艮木邦之地即英所謂擺人在潞江下游之東者車里與孟艮相接處僅有小江數道無險可扼惟孟艮在潞江濱爲邊外重鎭又係商賈四集之大埠由緬渡潞而犯思茅其有三道而孟艮總扼其江道之衝竊嘗論新街孟艮之於雲南如鳥之有雙翼新街跨山爲險屏衛其西孟艮扼江爲險屏衛其南皆形勢必爭之地昔年英廷欲舉潞江下游以東歸我即指孟艮以內之地奈之何其遲疑不受也北路在野人山北有甌脫之地千八百餘里相傳爲明時茶山里麻兩土司故地今亦野人居之既不屬華亦未屬緬由此入華有三道一通西藏一通打箭爐一通永北廳若竟

淪入於英則三省邊防疲於奔命實爲隱患山中產黃果樹百千萬株多難勝計故俗呼其地爲樹漿廠外洋購樹中之漿以爲器皿凡可收放寬緊者皆此漿所成一樹歲得小洋四百員利源極大又有金礦兩處礦苗亦旺有此沃饒不及今取以爲資而棄以資敵甚非計也前過野人境時豎漿載道婦孺爭迎野官負弩執鞭咸有求庇之意即遠處樹漿廠之頭目亦遣使奉書自稱本係漢民願仍隸漢彼皆恐洋人之見逼耳以上三節如西路之野人山本係現屬土司界內之地有新舊各志可據此當折之以情理者也南路孟艮爲乾隆時

傳土司英廷嘗願歸於我此當引伸初議者也北路樹漿廠距緬最遠向未屬緬按公法云遇不屬邦國管轄者無論何國皆得據為己有此當以兵力豫占可以先入為主也

初八日記

姚文棟又密稟云去年春間野人山中本有華勇二百餘名係華商請設以保路者費由商人捐資供給管帶者為副將銜記名遊擊實缺千總張天明黃正林兩人也亦華商所公舉謀勇兼優騰越總兵張松林索賂不得稟撤兩千總而英兵遂得進紮蠻弄實係黃營舊址即所稱老蠻暮本在保路營所轄之內者也蠻弄既淪入於英我兵不得出野人山之西口蓋自蠻弄至蠻允其間有上中下三路以保路營一軍駐之儘可兼顧因張總兵索賂忌才遂失此三路之總口既而英員來文稱欲進紮紅蚌河張總兵飛飭移營退讓於是九路中之三路失矣另有三路在其南一曰麻湯路一曰孟干路（孟干又作崩岡此一帶亦隴川孟卯隴地在漢董東南）一曰漢董路此三路亦野人山之要隘其外有洗帕河為華緬之界三路相距不甚遠若駐一軍於洗帕河旁扼河為險以守吾界最為得勢乃因張鎮空額甚多無兵填紮而止然英員函

稱兩不越界至今英兵尚未闌入第於洗帕河對岸之南坎要隘駐紮重兵以伺吾釁目前九路尚未決裂者惟此三路而已最北之三路曰昔馬路曰昔董路曰古勇路內通騰越及盞達南甸土司外通大金沙江此山中有平廣之地兩區一曰里麻一曰大地方膏腴可耕而荒無人煙大可徙民屯墾為山中兩大鎮山外瀕江之戛鳩允帽兩地下接老蠻暮上接樹漿廠內護昔馬昔董古勇三路之口最為要地若駐軍允帽分防戛鳩與蠻弄保路一軍相為呼應不但總綰此三路之口即沿江形勢全在掌握且塞英人通樹漿廠之路其山內大地方一帶本盞西土目閅氏之地已令閅正太駐彼經理矣亦因張鎮無兵可撥而英人突占先手驅兵前來閅正太無援而敗退入山內而全山盡失蹙地不下數十里可為太息

初九日記

滇緬界務有三要一野人山為西路屏藩形勢所在陸抗所云如有警當傾國以爭之者也山內山外多膏腴沃饒之地或以兵屯田或招佃開荒野人本樂為我用可行保甲之法所惜事機已失全山盡為英占非以公法力爭不可耳一潞江以東下游之地為南路屏藩普

洱所屬之車里土司與邊外孟艮土司爲姻婭勢如脣齒本我督屬樂於內附收回此地形勢方完該處土司富饒足以自給但照騰越七土司之例待之自可相安無事一野人山以北之樹漿廠爲北路屏藩滇緬之交乃百物菁華所萃有琥珀礦有翡翠礦有碧璽玉礦有紅寶石礦不出孟拱孟密兩土司境內此在大金沙江以西皆乾隆以前故地前明嘗遣內監掌之近已淪入於英又有准木廠火油井廠亦在七大利源之數盡已屬英惟樹漿廠距緬最遠尚未爲英所轄樹漿一項惟阿非利加及此處有之非洲近已告竭而此山正在方輿之際華商入山採運不下千餘人其中亦有成聚成邑之處如由江外之孟拱上山則以護拱爲門戶要地由江內之允帽上山則以三鴉拱爲門戶要地而其都會所在則曰坎底先占此地可以筦川滇藏三省邊防之鎖鑰而分取七大利源之一其間又有金礦二處准木廠數處皆可招商承辦此固邊富國之要也

初十日記

哥老會匪之起其源蓋發於蜀實卽青蓮教之餘孽所謂紅錢會者其頭目曰帽頂總目曰大帽頂最大者曰坐堂老帽設有管事人員入其會者給予飄布轉相煽誘能招百人者卽領百人能招千人者卽領千人各立某山某堂字號以區別之如曰龍虎山忠義堂之類蔓延各省妄分五旗籍隸兩湖江西者爲白旗籍兩粵閩浙者爲黑旗籍皖吳河南者爲藍旗籍雲貴陝甘者爲紅旗籍四川者爲黃旗蓋尊其教之所自出也惟直隸山西兩省無之山東之兗沂曹濟亦多傳染湖南行軍日久傳衍尤多其頭目或當散勇而營官百長之資格有轉出其下者晝則拜跪立於營官等之前會中有事傳集其黨於山谷間夜升高座營官等反拜跪之或杖或罰無敢違者粵寇既平乃更傳其教於鄉謂之造臺放飄諸惡少遊勇皆歸之曾文正公之議謂但當問其匪不匪不當問其會不會是時江撫劉峴帥之議請招其才而黠者一律收標銷患無形楚督李筱帥之議全在大吏督飭地方官設法嚴拿江督沈幼帥之議以愼選牧令嚴捕盜賊爲主而曾忠襄公威惠兼施伏莽無敢竊發者

十一日記

地理字典上緬甸連野人山在內其十五萬一千八百九十九英方里下緬甸共八萬八千五百五十六英方里緬甸小誌魏恩發撰斯上下緬甸其積二十八萬英方里

比較英三島三倍之大比較印度得六分之一其地界北至赤道北二十七度南至赤道北十度東至英京東一百零三度西至英京東九十二度　由蠻允至蠻暮有三路一出蠻允上路正西五十里至五羅又六十里過火燄山至弄保又六十里至蠻暮一出蠻允中路西南四十里至白石頭又六十里至紅崩河又五十里至蠻暮一出蠻允下路傍大盈江南行五十里至蚌洗又五十里至紅崩河又五十里至蠻暮又水路一日至新街

十三日記

南洋各島自漢以來世通中國唐設結好使於廣州稅其市舶收其珍貨南宋以後遂爲國用所資明自正德年間外備寇盜遷於電白以爲互市之所嘉靖中始遷於香山之濠鏡而葡萄牙佛郎機得以闌入迨佛郎機併呂宋滿剌加二國雄據海上諸國人皆畏之

國初以海孽未平禁南洋互市康熙十八年平定臺灣藍鹿洲始倡開禁之議謂南洋諸國不能爲患宜大開禁綱聽民貿易以海外之有餘補內地之不足其救時之謀可謂宏矣惜其所慮猶未遠也蓋就市於洋而收其入口之稅不若駐兵於洋而收其出口之稅多設舟師以防奸宄之闌入不若移兵鎮守以防外患之潛萌何則南洋諸國其民柔弱其俗蠢愚不知守禦當時若乘破臺灣之勢傳檄南洋電掃飈馳指揮可定宣德威於窮荒之族加冠帶於椎跣之倫墾其膏腴以濟軍食征其稅課以佐國用扼其險要以資控制固其時也失此不圖而歐洲各國先後來蠶食之至今地各有主無可爲謀矣惜哉惜哉

十四日記

近來美國境內電綫之長爲天下冠通合單綫雙綫曳直算之則總公司所有之綫計其七十二萬五千英里

較之地球距月之二十四萬英里更逾三倍矣西國書院之法向以美爲最優計老幼一千人中在塾者可得一百九十七人瑞士則得一百七十九人奧國得一百七十二人腦威得一百五十四人英得一百四十三人瑞典得一百四十二人荷蘭得一百二十五人丹得一百二十三人西班牙得一百五人意得八十七人希臘得七十二人俄得二十四人德國未得其詳然德人嚮學與美國相等則其幼童在塾之數當與美無甚懸殊矣美國土產金礦而外以銀礦爲多紐約大埠也有一大園林中多奇景近有人入園遊憩偶於石中窺見銀

脉故今紐約產銀甚旺又美人製造日新有能自出心裁獨開生面者准向技藝院請領新法執照故有新法照會局現已期屆百年所有報單內開前五十年其出新法執照一萬二千四百十二件而去年計出執照二萬二千零八十件則美國新奇日出以一年計已過前五十年矣非格致之學進而益精何以得此然美之制度物產技藝多有駕乎西國之上者皆得之來華招工以後設非華人為之慫慂安能勃然以興哉今乃欲拒而去之亦異矣

十五日記

緬都莽達拉距舊都阿瓦城僅三十里南坎司與中國猛卯司連界為緬北緊要藩籬距緬都九百八十里木邦司在南坎東南距緬都一千一百二十里省賦司在木邦西南南坎正南為緬屬第一富大之司距都五百五十里摩媒司即猛密在緬都北稍東瑞麗江之南距緬都七百七十里產碧霞犀八募城即新街為緬北第一要區距緬都八百六十里水道輪駛上六日下三日蠻暮城在新街之北稍西八十里中隔一河曰蠻暮河與內地蠻允連界中隔野人山孟拱城在大金沙江之西緬都西北一千三百里新街之西稍北四百里產寶

玉琥珀象牙等貨有玉廠琥珀廠為緬西北至珍要之地坎底司在大金沙江之西孟拱城北二百四十里距緬都一千五百四十里猛養司在坎底司東北大金沙江之西與戛鳩江相近在戛鳩西

十七日記

瑞典那威國在歐羅巴洲極西北境有斯干的那瓦嶺為兩國之脊瑞典在嶺之東那威在嶺之西北繞冰海西瀕大西洋南枕北海東環波羅的海東北與俄羅斯之芬蘭接界西南與丹馬隔海相望形勢狹長瑞典有四十五萬五百七十四啟羅邁當方里那威有三十二萬五千四百二十二啟羅邁當方里兩國共奉一王而內政外交各自為治　瑞典國自赤道北五十五度至七十度京師西九十四度至一百六度（巴黎東八度至二十度）長二千七百八十五里强（法里一千五百五十啟羅邁當）寬五百九十三里弱（法里三百三十啟羅邁當）瑞典那威皆古日耳曼種人部落宋淳化三年始有酋長同時東西建國慶元間兩國合為一明洪武二十二年丹馬兼王瑞那兩國於是有三國一王聯盟之約嘉靖二年廢約瑞典奉瓦撒為王國以大治擊併波蘭

國朝康熙三十六年沙耳第十二嗣位材武過人擊俄

於波蘭。克之。欲進兵於墨斯科。失道大敗。奔土耳其。丹馬亦以兵助波蘭復之。四十九年。俄皇彼得羅大舉伐瑞典敗之。瑞典割芬蘭以和。由是遂弱。嘉慶十九年。諸國伐敗拿破侖。議以那威歸瑞典。瑞典常額兵三萬四千人。海軍有船六十四艘。有鐵路一萬二千二百七十四里。電綫四萬七十五里。學堂九千七百所。生徒六十三萬人。居民四百七十八萬四千六百有奇。皆奉耶穌教。氣候寒冷。土田磽瘠。可耕之地祇十五分之一。

十八日記

瑞典多鐵銅鉛諸礦。其鐵質美鍊精。甲於天下。每年出

鐵九百萬噸。每噸合中權一千六百八十斤山多樹木。材料堅良。每年運木值洋銀三百萬圓。法銀一千二百萬佛郎海產饒魚。銷售廣遠。工藝能鍊純鋼。織棉布。以木為紙。能造自來火。其國西面皆山。至東面又壁立斗絕。在北曰坎自奈盍斯山。在中央曰阿來斯。居得山溪淵。縱橫江湖。貫注其流大而且長。北有戛利克斯哀爾甫江。長七百八十五里。南流入伯特尼海灣。中有留斯納哀爾甫江。長七百十二里。東流入波羅的海。地分三大部。中曰瑞典本國。南曰葛蘭。北曰那蘭。及臘巴蘭。三大部又分為二十四小部。都城曰斯德哥爾摩。在赤道北五十九度二十分。京師西九十八度二十四分。巴黎東十五度四十三度居民二十四萬六千有奇。康熙間始都於此。城在美拉爾湖之中央。外通波羅的海。臨海有石磯千餘。峭立錯峙。背風障水。環湖小島十餘。四通八達。林巒參差。樓閣掩映。傍城諸嶼。尤稱勝地。為達官貴人避暑之所。

十九日記

那威國東界瑞典。西北瀕冰洋。西南瀕大西洋。自赤道北五十八度起至七十一度止。京師西八十五度起至一百十一度止。巴黎東三度至二十九度南北長三千五百五十七里。南寬七百十八里。北寬六十二里至一百七十九里。

俱係中里那威古稱自主。始為眾小邦。繼併為一國。宋淳化三年。為立王之始。今那威無王。由瑞典王兼攝。而內政外交。則上下議院主之。國中經制兵一萬三千人。留防兵一萬九千人。團練兵一萬一千人。將弁由瑞典遣派。兵船有鐵甲及輪船夾板共二十八艘。國人務通商。善行海商船。多至六千九百餘艘。鐵路長二萬八千三十三里。電綫長二萬五千九十一里。俱係中里通國居民一百八十萬六千有奇。學堂六千四百九十所。生徒二十萬二千五百。國人奉耶穌教。與瑞典同。北境冰疆寒凍。不毛。居民以魚為糧。南境腴壤。宜於種植。所產之麥。不足

於食礦有銀鐵鉛文石之屬工藝能鍊鐵修木亦善捕魚每年出口木料值洋銀一千二百七十五萬員法銀五千一百萬佛郎魚貨值洋銀五百萬員法銀二千萬佛郎此外硝皮窖冰牧養馬猪各畜而長角之鹿尤多

二十一日記

那威國之山在東北者曰瑞格瓦爾在西南者曰加爾多比桑山澗流水交滙互貫短而且駛其大江曰哥羅門由北而南經京城入海其大湖曰柔桑曰爾羅斯汪特其冰地九百啟羅邁當方里在諾爾蘭友斯瓦爾梯桑冰地終歲寒凝地方荒闊泰西冰地以此為最大那威地分六大部六大部又分為十八小部京城曰格立斯底阿尼亞在赤道北五十九度五十四分京師西一百五度四十五分巴黎東八度二十三分居民七萬六千出口貨以木鐵玻璃乾魚鹽魚為大宗凡近北極瀕冰洋之處陂陀高下樹木掩蔽每歲冰雪凝積者凡九閱月至六七月間西七八月則氣候炎熱蟲蠅紛集晝夜日不落者踰四十二日過此不見日輪惟見紅光蒼蒼茫茫即覺寒威游至居民以射獵捕魚為生有獸似鹿用以駕車馱運即衣其皮食其肉以其筋為弓以其油為餅以所得魚獸及所製玩具運售各處

二十二日記

昔伏羲制輭幣神農造貨布黃帝製金刀幣之制未嘗及乎銀也秦并天下幣為二等而珠玉銀錫龜貝之屬為器飾不以為幣漢武帝造白金三品尋廢不行蓋古不以銀為幣書史所稱千金為壽皆言黃金非白金也而黃金之用獨盛於漢漢初以黃金四萬斤予陳平間楚惠帝娶張皇后聘以黃金二萬斤其用如此所積可知梁孝王薨府庫有黃金四十餘萬斤且當時治郡有聲則增秩賜金如黃霸嚴助尹翁歸等動予百金周勃賜五千斤霍光前後所賜至七千斤王莽之末省中黃金尚積六十萬斤當時黃金為獨多物之盛衰聚散各有其時今雖富如英美其府庫所存黃金恐亦不能若是之多矣

二十四日記

車里之南南掌暹之北有大部曰景東即康東法人遊歷日記云亦名孟艮疑即明史地理志孟艮禦夷府地北距雲南省城三十八程亦曰魯瓦揮入其上游曰魯瓦野番蓋即中國所稱為卡瓦者也其附近曰麥岔曰盧鹿即中國所稱為玀玀者也城在老撾地面最高處當赤道北二十一度五十四分京師西十五度四十分倫敦東一百度四十八分

蹻嶺築柴以甎爲之環以濠溝周圍二十一里有人煙處不過四分之一所屬三十二孟有三十二官皆隸東王所派其上有緬官三人則阿瓦所派其地久爲緬屬當英未得緬時號東稱緬王爲蒙加阿瓦蒙譯言王加譯言金老撾稱謂以金爲貴蓋尊之也部落廣袤東至湄公江(即瀾滄江)西至潞江

二十五日記

許竹篔星使來書云帕米爾界議俄人之說我不能允彼亦不肯遵界約往南之說無從合龍兩造暫置不談所棘手者俄人號稱退兵實尚留紮二百餘人在穆爾

格阿布河總理衙門得蘇撫電其兵分駐耶庫里其地照喀城界約應屬中國現在屢催移撤外部諉爲此未定界之地遷延未發然明年春後俄兵仍必大出肆恃辨論竟有鉗舌兩窮之勢俄外部大臣喀爾斯養病在法義界中尚未回國

二十六日記

明史土司傳車里即古產里爲倭沙貂貓諸蠻雜居之地古不通中國元世祖命將伐交阯經所部降之置徹里路軍民總管府領六甸後置耿凍路耿當孟弄二州洪武十五年改置車里軍民府十九年改軍民宣慰使司嘉靖十一年緬酋莽應裏據擺古蠶食諸蠻車里宣慰司刀糯猛折而入於緬有大小車里之稱以大車里應緬而以小車里應中國天啟七年緬攻車里宣慰刀韞猛父子不能支逝至思毛地緬追執之以去中朝不及問車里遂亡

大清會典普洱所屬車里宣慰司刀穆禱自滇平投職給有印信號紙乾隆三十八年刀維屛潛逃裁革四十二年以刀士宛復襲宣慰使職歲徵米一千八十四石

明史土司傳孟連長官司永樂四年設孟連頭目刀派送來言舊屬麓川平緬宣慰司後隸孟定府素與等

夷乞改隸遂設長官司嘉靖中孟連與孟養孟密諸部仇殺司廢至萬歷十三年隴川平復設稱猛臉云

大清會典順甯府所屬孟連長官司刁派夷雍正七年投有印信號紙乾隆二十年裁三十九年以刁派金改投宣撫司頒給印信號紙歲徵廠課銀三百兩又實徵永昌府撥歸站赤銀十三兩又差發銀四十八兩(明史作刀會典作刁蓋土司實有二姓也)

二十七日記

五金以黃金爲君而論其利用則當以鐵爲君西歷一千八百九十年天下各國所出之鐵美國九百二十四

萬八千噸英國八百零三萬噸德國四百六十五萬八千噸法國一百九十七萬噸奧國九十四萬六千噸比國八十三萬二千噸俄國七十四萬六千噸瑞士四十二萬一千噸資爾斐亞十五萬二千噸加那大三萬六千噸意國一萬三千噸膩威瑞典日本新金山四國共不及一萬噸統合二千八百十五萬二千噸而美國所出所銷之鐵約得天下三分之一而鐵路里數之長機器用處之多亦無過於美國　英國駐華領事查默生冊報上海通商事宜云英國金銀雖有漲落生意仍年盛一年以中國關平銀比較一千八百六十六年至七

十年每年買賣所值之銀約一萬零三百八十萬兩又自一千八百八十六年至九十年每年買賣所值之銀約一萬六千五百五十四萬兩近兩年亦復如故足見生意今旺於昔若以金鎊計算則不覺其多因金鎊先賤而後貴也

二十八日記

法國巴拿馬一案議院以蒲來西屁有誤爲騙客請賓星之事礙難留任於是各部大臣又多更動李寶仍以首相兼內部大臣布爾若爲律例部大臣德維勒爲外部大臣本農部大臣杜布衣爲教部大臣狄拉爾爲戶部大臣陸紀隆爲兵部大臣勒費甫爲海部大臣威特爲工部大臣維若爲農部大臣莫得爲商部大臣　英領事查默生報英商在華運出茶葉之價得一千一百萬兩絲綢值銀二千六百萬兩運進棉花布匹值銀三千六百萬兩鴉片煙值銀一千六百萬兩紅茶在庚寅辛卯兩年運至英國者共七千四百五十萬鎊本年運英僅二千六百七十五萬鎊華茶每擔成本約銀十三四兩所抽稅釐約銀五兩若比較次等茶葉稅釐已抵貨價之半綠茶亦如此日本茶則每擔僅抽稅銀一員耳

二十九日記

秋初法國通商會議將巴拿馬河開成以蕆賴賽樸斯未成之功擬立一新公司集股一萬五千萬佛郎迅速開辦否則前公司與可侖比亞所訂之合同限期將到即當廢棄而十數年所用經費幾及八十兆鎊盡付東流矣如一萬五千萬佛郎之新股收齊後必查所作工程已至三分之二然後舊公司之股友可與新公司合併爲一計議已定乃徹查出舊公司之集股用費弊竇孔多議院首領福祿甘及員紳暨戶部尚書等多有得重賄者於是議論蠭起枝節叢生致興大獄今賴君父子及得賄官紳皆已下獄而風波尚未已也

三十日記

法商部册報本年法商由英運法之貨值三萬四千二百佛郎由法運英之貨值六萬四千二百佛郎英商由英運法之貨值四千六百五十二萬二千佛郎由法運英之貨值一萬四千二百七十三萬八千佛郎　英郵部册報本年分送之信共有十七萬六千七百五十萬封每年售賣信片不下二萬三千萬張獲利二萬三千鎊

十二月乙卯朔記

近數十年來中國民窮財盡小民竭終歲勤動之力往

往不能仰事俯畜生計之艱視百年以前不啻三四倍焉視二百年前又不啻七八倍焉然西洋各國人之遊中國者皆於中國物價之廉人工之賤歎羨不容口中國人民之衆雖甲於地球而食用之給仍以中國爲第一蓋以西洋養一人之資若在中國即以之養三四人七八人而有餘推原其故厥有數端西人性情自奉較奢一切起居飲食必求足以適意足以養生華人中人以下往往不甚講求不憚苟簡以節私費西洋各國取之於民者重大都什伯倍於中國其所以百事修舉者在此而百物昂貴者亦在此中國取之於民者輕所以

百事廢弛者在此而百物廉賤者亦在此至於地氣和平土脉膏腴實在歐洲之上所以戶口雖極蕃庶而括其地之產尚足養其地之人宜乎西人之津津不置也惟居今日而追溯一二百年以前則當時中國食用之廉又如在天上今之所以驟覺昂貴者議者或歸咎於西人通商之故此說未必無因蓋一則財源外溢一則奢風漸入也然此乃時勢之所爲雖人亦末如之何則自今以後固有不能不因勢利導以籌補救者矣

初四日記

余於十一月二十六日電致總署云滇事議到八分外

部徵允野人山作甌脫印督不遵忽派兵赴昔馬攻野人以逼滇邊請鈞署向歐使詰責何以昔董未退兵又紮營昔馬外部隱願我嚴詰可轉詰印督此事了則全局定二十八日接總署電云昔馬地名徧查各圖惟鄂刻有息馬山近盞達不審即此地否望速復余隨復電云息馬近盞達與鄂刻息馬山相連三十日余又發電云息馬在滇界內有華礮臺舊址印督不應不俟兩國說妥先肆侵占今日余又發電云印度部蠻橫又停商界務據云俟征復野人再議既以護商爲名擾我息馬現又派兵赴近盞西之關社請告歐使彼停商非理不

俟兩國說妥，擅派兵，更非理。若不速退，我亦須派兵赴我應分之地，保護華商。外部已示意，我必嚴詰。彼可爲力。滇局安危所繫，祈鼎力主持。再彼稱中國向不重邊務，又狃春間騰越鎮廳告示，恐漸肆侵占，請電滇帥飭整邊防，多偵確信，電達鈞署。謹候電示。

初五日記

余由恰克圖綫電致總署云：爭野山地，非期得地，期立妥約保滇疆。外部願速了，印度部有窺滇意，以數十年前事揣測鈞署及滇帥。昌言無忌，鈞署滇帥示以力爭不讓，彼自奪氣，外部可用力，必速了。了此則竹使議帕

事亦有勁少阻礙。

慶藹堂來信云：法國新任外部德維勒原籍德國人，甚樸厚。交涉大事，仍商之李寶、李與德肯，鯁直一流。河工案發，株連大臣多人，率圓融之輩，故素有老成之名者，皆爲時所重。此亦法國風氣返樸之機。至民主局面仍可持久，緣君主後裔無特出之材，而教王屢誡教民，令歸民主，以靖內亂，故民主之勢較前益固。不過總統無權，士民橫議，新報紛紜，徒亂人意而已。明秋普選議紳，大約從民主者仍居大半，而所舉之人，多老成之流，不似現在輕俘之衆也。

初六日記

咨呈總理衙門云：爲咨呈事。竊查滇緬分界並理論分劃野人山地一事，本大臣曾將切要情形節次電達在案。英外部於本大臣索問野人山地之文，遲遲不覆，意存延宕。經本大臣疊次催促，始接外部兩次來文，語意既多含混，足徵理屈辭窮。文後微露其意，若中國不索野人山地，彼可稍分緬屬撣人地以償我，而又不肯明言。誠恐一經答允，彼又狡賴，不能不示以堅持，磋磨作勢。彼又謂車里、孟連兩土司曾經貢緬，英國亦有索問之權，雖係強辭奪理，然查該兩土司昔年畏緬侵擾，實有貢緬之事，茲本大臣據理答覆，不必曲爲諱飾，而英

之無權索問，已可概見。至永昌府及騰越廳鎮會銜告示，措辭失當，致彼族執爲中國不管野人山地之鐵據。昨准雲貴督部堂王電稱，已將張鎮等記過在案，稍足示儆。印度部尚書金白雷蠻橫無理，專聽武員慫慂，不遵外部之言，非但昔董不肯退兵，又在昔馬修築礮臺，近又派兵赴盞西土司邊外之開社地方，攻擊野人，如此不顧公法，難保不恃強趁勢，窺伺滇邊。似應請雲貴督部堂密審機宜，整軍經武，庶足爲建威銷萌之計。相應鈔錄與英外部往來照會六件，咨呈貴衙門，謹請察核。須至咨呈者。

初七日記

製造以算學爲體化學爲用非點綫面體以相求無以深明底蘊非形色氣質之分合無以剖晰毫芒機器之足以制敵者莫如鋼船鋼礮船之行於海者大宜七千二百八十噸闊宜五十九尺長宜二百零八尺鋼甲厚宜二十寸喫水深宜二十尺始能出奇制勝遠涉風濤行於江者大宜二千二百噸闊宜二十八尺長宜二百四十尺喫水宜十二尺鋼甲厚宜十八寸其船皆宜置活鋼礮熏臺宜少不宜多首尾各置一大礮則猛烈異常惟鋼船尤宜配以雷艇昔意大利兵艦內有船塢專藏雷艇俄土之戰俄人造雷艇置兵艦中旁用曲架加以挺簧可以收起放落又用樹膠管運大鍋之汽入於懸掛雷艇之鍋中行駛甚速戰甚得力可見制勝之方矣製礮之術全在鍊鋼其要有二一曰命中之遠一曰擊力之大而尤要在擊力英阿姆斯脫郎所造下礮重八十噸長二十七尺口徑六尺礮膛十六尺彈一千二百磅每出須火藥三百磅礮皆用純鋼雖鋼甲船厚者亦可洞穿德克鹿卜廠造新式鋼礮重三百三十五噸長四十尺礮膛徑最大處長六尺半圓圍十九尺四寸彈長四尺容火藥七百磅可及十一英里可謂愈出愈精矣惟此礮難用於船以其過大也故船中之礮宜用阿姆斯脫郎之八十噸者臺中之礮宜用克鹿卜之三百三十五噸者

初八日記

海之最廣者曰大東洋海由亞細亞之東抵亞墨利加之西泰西人因其無風浪謂之太平洋廣約三四萬里其次曰大西洋海由歐羅巴阿非利加之西至亞墨利加之東廣處約萬四千里狹處不及萬里次曰印度海北至亞細亞東至澳大利亞西至阿非利加因由適中之印度一土而南望故謂之印度海即中國之南洋亦曰小西洋廣約萬六千里又南北極之下曰北冰海曰南冰海霜雪凝結堅冰不解其道里之闊狹長短皆不可知此其大略也大西洋海介歐阿墨三洲之間歐羅巴於四洲爲最小其地長八千里廣一萬二千里東連亞細亞裏海西距大西洋海海水由西北彎環注入大地曰波羅的海轉注東北分兩汊約三四千里波羅的海之南海水由正西注入大地曰地中海由西而東約七千餘里再分小汊注東北成巨浸曰黑海皆大西洋海之分注洲內者也

初九日記

申刻。率參贊馬格理赴外部。與該尚書勞偲伯里爭論滇緬界務及野人山地事。　蓋天地間皆空氣也。氣之所動。風即隨之。蓋地外皆包空氣。合養氣淡氣。即所謂天地絪縕之氣也。西歷一千六百四十三年。意大利人杜利幸利者。始造一器。測空氣之壓力。其法用玻璃管。長約四十三寸。徑十分寸之二至十分寸之四。先用吹火筩封其管之一端。即將水銀用小漏斗灌入管中。再用杯子亦實以水銀。乃將指按其管之上口。而倒置水銀杯中。則管之口在水銀中。而指可放去。其管內之水銀必有數分落至杯中。而所留存之水銀不能落下。其

高約三十寸。名曰水銀柱。此水銀柱所受空氣壓力之重。正與不用管之水銀柱壓於水銀面之重相等。惟因空氣之壓力時有更變。故水銀在管中亦時升時降。隨之而變。觀水銀之升降。即知空氣壓力之數。是為泰西風雨表之祖。厥後製造日精。而航海開礦測潮汐者皆用之。

初十日記

電致總理衙門云。印度恃強嘗試。恐漸侵滇。事機緊要。已赴外部爭論。告以中國議須派兵赴野人山地。保護華商。以符公法。外部允與印度部妥商。如歐使來探請免答辭兩歧。　叻報云。暹京郵信言。沙路雲（或即薩爾溫）之疆界。前月已經議定。暹國將新地一帶多山之地。約長八百西里。廣二十西里。讓與緬甸管轄。緬人則將江鎮（或即江號）一地。歸之暹國。其他處毘連之區。亦陸續查勘。以期早日妥協。

十一日記

昔軒轅氏見飛蓬而作車。見落葉而作舟。即中國製造機器之始。風車水碓。相傳亦久。至於雙錠紡車。提花織機。則愈變愈巧者也。綢緞棉織花紋。非人所能獨為。故須用機器成之。德國鄉間耕耨皆用人力。未嘗代以機

器。其餘工作之在山水間者。則皆以水機助力。磨麥則盡用風車。惟人力所不能施者。如鑄鐵甲。起重物之數萬斤者。自非機器不為功。然則機器之用。始於中國。泰西特以器力助人力之不足耳。非特機器也。即化學光學重學力學醫學算學。亦莫不自中國開之。如稼穡種植及造釀酒醬。染色漂白。燒瓷器玻璃瓦缶。煉丹藥鉛粉銀硃。打鐵點銅。製火藥和石灰。皆化學也。光學則以水晶作眼鏡。重學則造橋梁。作環洞。力學則建亭臺。起樓閣。醫學則藥物之外。亦尚針刺。算學則九章悉備。所謂西學者。無非中國數千年來所創。彼襲而精究之。分

門別類愈推愈廣所以烝烝日上青出於藍也

十二日記

俄國地跨歐亞二洲其版圖之廓居地球陸地七分之一戶口多至七十四兆異言語者四十餘處國制分四大部別設內閣以總轄之一曰國會會長一屬員四十有二相臣及王族參與其事略與他國上議院同二曰司律院職掌法律兼筦一歲之出納三曰教法院掌國中政教四曰宰相會院分內廷外國陸軍海軍教育會計刑法王室私邑製造監督各局每事須奉內閣旨意不能如他國之由議院裁定其章程可謂密矣

十三日記

西人名模力者著書一卷詳論歐洲兵制西一千八百六十九年時法國兵額祇有一百三十五萬人德國一百三十萬人俄國一百十萬人奧國七十五萬人意國五十七萬人瑞士十五萬人比國九萬五千人迄於今日法兵已增至二百五十萬人德兵二百四十一萬七千人俄兵二百四十五萬一千人奧兵一百零五萬八意兵一百五十萬四千人瑞士兵二十一萬二千人比兵十二萬八千人而近日各國又有增兵之議此舉一行法兵可增至四百三十五萬人德兵可增至五百萬人俄兵可增至四百萬人奧兵可增至一百九十萬人意兵可增至二百二十三萬六千人瑞士兵可增至四十八萬九千人比兵可增至二十五萬八千人觀此則歐洲時局可以想見嗚呼彼此增兵即不致開戰務然勞兵耗餉國安得不貧也哉

十四日記

初九日與勞偲伯里問答節略附錄於此余告勞偲伯里云昨接山特生來函轉述印度部之意目下滇緬界務及野人山地並未分定印度不俟兩國說定輒先派兵赴野人山地滋擾背馬又踞開社地方此等舉動違

背公法我想貴部意見必不與相同勞云當將尊意轉達印度部余云印度部但知管理印度聽信武員之慫慂一味以占地為心不懂兩國交涉之理此事應由貴部主政不宜推諉勞云印度各官於邊界之事較本部尤為明晰所以不能不聽其言未便勉强從事余云此事有兩國交涉在內與尋常自理邊界者不同印度擅自派兵於中國面子太下不去中國輿論憤憤不平亦建議欲派兵赴野人山地保護華商以符公法勞云此層我當記憶必告印度部知之但野人實在可惡攻打印度所派巡捕自不能不盡力懲辦余云野人自居其

地並未出巢滋擾而印度派兵深入其境能毋激變且此地於中英兩國現尚未知誰屬即使野人有罪一俟兩國分界議定無論屬中屬英及為甌脫皆可查明懲辦今印度擅自用兵則中國疑竇愈多兩國議論相去愈遠而印度部乃云商議易成此本大臣所不解者也勞云容與印度部妥商余答以靜候回音而別

十五日記

昨接總理衙門來電云支電悉滇督覆據騰越鎮稟悉稱巨石關內有錫馬地名屬盞達土司現安靜關外百餘里有息麻里野寨被英燒燬昔馬想即息麻又歐使覆接政府回電本國探路差役在昔馬被野人攻打因此差役築寨守禦昔馬離赤道二十五度五分盞達西北百餘里並云地圖有二昔馬一近盞達約五十里一即英駐兵處確在緬界云疊准電稱外部願我嚴詰似係託詞歐使述外部電頗巧滑顯與印督一氣應請再確探彼情妥籌辦法或稱接本處電請英速退兵俟界務議定再治野人之擾商者看其答語如何即覆余復電云野地昔馬亦非緬界請駁之否則彼據為默許之證外部固與印度一氣仍視鈞意鬆緊為進退祈鼎力堅持屢請英速退兵議定界務再治野人彼答妥商似

俟歐使密電者蒸電所言英廷頗顧慮亦請徵諷歐使

十六日記

英法德各國刑律皆本羅馬羅馬古律極嚴謗人者死私刈田禾者死故燒人物產者投諸火犯竊者籍貲後充奴婢奴婢犯竊加等投諸崖遇竊盜格殺勿論辱人者罰盬三十五匹折人牙齒者罰至三百匹尤奇者本夫不得擅殺姦夫惟奴僕姦主母則殺勿論逆倫之犯取雞犬蛇各一同置一囊而沈諸水蠻每殺人者罪同嗣後旋改旋輕除大逆不孝師巫邪術奴僕作姦數等之外概從寬恕英吉利本羅馬屬地羅馬既去更用嚴刑截脛剜眉挖目劓鼻水溺火灼種種凶殘民不堪命然犯罪者益眾西歷一千七百五十年法益苛而民益頑議院乃議盡改舊法減省刑罰罰鍰監禁以外至重不過絞首而已又得延狀師申辯無威嚇逼勒之虞無搒掠鋃鐺之苦雖犯罪不得相屈辱牢獄亦亢爽潔淨不致釀為疫癘且設學堂書庫醫院庖廚於其中復攷核通國罪人之數若少若多若尤多究其獲譴之故察其為惡之由以施懲戒行之不過五六十年而頑梗潛消民多知恥其收效之捷有如此者

十七日記

拜發保奬期滿人員一摺參贊併資計算援例保奬一摺保奬丁憂參贊一片供事王文藻學生郭家驥升補隨員一片　中西律有相合者如斷罪無專條闕毆上書陳言官吏受財僞造印信犯姦發冢賭博屏去人服食嫁娶違制錢債强盜竊盜費用受寄財產得遺失物強劫搶奪恐嚇取財詐欺取財是也有相類者如積累罪名類二罪俱發以重論罪犯分第一二等類罪分首從販鬻掠賣奴婢類掠人賣人祖護唆訟捏控類教唆詞訟故殺謀殺戲殺類人命故殺謀殺戲殺令人服毒危人性命類造畜蠱毒殺人拋棄遺失各物類得遺

失物白晝或進人家取財類白晝搶奪入室圖宿類夜無故入人家殺盜馬牛畜產類盜馬牛畜產巫卜詐欺類術士妄言禍福錢幣諸條類私鑄銅錢放火諸條類放火故燒人屋是也雖出入互見而原其意大都不甚懸殊所以扞格者非法異也刑異也要之法生於義中律尚理西律原情尚理則恐失理故不免用刑原情則惟求通情故不敢用刑然理可迴飾情難彌縫故中律似嚴而實寬西律似寬而實嚴亦各行其是而已

十八日記

戰艦以堅爲貴故必以最堅之物爲之出木而鐵由鐵而鋼至於製鋼甲船而堅無以復加矣乃有最剛之用而以最柔之物爲之者美國報云有宿將來士者近日研得新法以樹膠製造戰船較鋼甲尤爲堅韌今已試造一船若果利於戰攻并能以此法製造槍礮云云此法洵得以柔制剛之妙天鋼爲物之最剛者然以剛遇剛無不破之理以其脆也今以樹膠代鋼其用必神蓋樹膠之質極柔而韌若以礮彈擊之實不易於損破且即使觸礁石亦不至有洞穿迸裂之虞所難者樹膠遇木易化若有法以保全之誠爲利器惟美人之性好奇不知他日艦既造成果能適用否耳

二十日記

徐筱雲侍郎來書云閣下任期將滿本應奏請更替惟因台端實心任事而又思慮周密爲慶邸及政府所深知即華爾身亦言閣下交卸不遠頗以不能久任爲惜是爲英人信服可知現値商議滇界事關緊要此間無從著手全仗藎謀裁酌彼族志在貪多必非急切所能定久與磋磨或可收得寸得尺之效故不得不請台端暫留以竟其功且前月徐季和迴避之缺

上有薛某辦事甚好之語故得越次升補則暫遲一年年還

朝諒亦尊意所勿辭也一俟滇界定議即當奏請更換決不再行強留陳季同款經北洋爲之湊集歸楚且爲奏請開復未免寬縱祇因借洋債之議伯行與之聯手故不得不爲之迴護耳帕米爾事俄人肆意攘奪彼之兵隊紛擾邊卡現雖撤退來歲勢必復出此時不得不先與辯論商議分界然事頗棘手蓋我不能大動干戈爭此荒遠之地而空言又不足限戎馬之足將來必至喫虧俄兵殺斃阿富汗兵英竟不能爲之助則其畏俄可知矣出使經費現擬自使臣以至參隨酌加一成餘皆復舊文卿當差甚勤而樵野頗與不洽同官而有意見亦頗難處也

二十一日記

颶風爲空氣流行旋轉所致其旋轉之圈甚大有徑二三千里者海船遇之最爲危險按颶風起處多在熱帶內凡近海島其勢尤猛惟近赤道則反無此風其旋轉之勢在北半球者皆右旋在南半球者皆左旋愈近中樞則風力愈大若已在中樞之內則反覺無風蓋地球常起颶風處有三一在西印度羣島西北一在中國東南洋一在印度洋東北其風有定候約略最熱時爲多近來行海者皆能避之即或猝不及備亦能測風之所旋而駛出颶道皆風性表之力也風之所生因空氣之有冷熱空氣熱則漲而上升即有他處冷風來補其處隨補隨升循環不已風有二種自熱處吹向冷處者爲高層之風自冷處吹向熱處者近地面之風熱帶內氣候常熱故氣漲而升南北兩極氣候常冷故風向熱帶吹來至赤道相遇而合仍復上升分向兩極

二十二日記

本年西十月內由中國運入英屬之金值銀十三萬零三百八十二鎊由日本運英之金亦值銀二萬餘鎊大抵以本年金錢價貴故善權子母者趨之如騖也又查去年由各處入英之金值銀九十萬九千三百餘鎊今年運入英國之金值銀二百零九萬六千餘鎊　亞齊一島荷官欲以勢力服之無如各部土人負嵎不服荷官憂之數十年矣近聞海濱有巴山根一區其土酋攜眾六七年皆執精利軍器向與荷爲勁敵一日忽請降於荷荷官已於巴山根城豎立荷旗其投誠之故因其所轄土地被荷船封其海口諸多不便今欲求荷官弛禁也

二十三日記

泰西武員無不讀書並精通輿地水道勾股算法測量

之學統師而出則道路之遠近何處屯兵何處伏卒何處為抄襲之捷徑何處為夾攻之要路莫不瞭如指掌何處安置礮位可以及遠何處施放槍礮可以取準詳察細算百無一失不如是不足勝武員之任至於兵丁則但用其力力之超羣拔類者不過肘上三道金縧以嘉獎之不令其帶兵也間有勞苦功高錫以官階者官亦不甚顯若文員則僅司文事而不與武功是以泰西之武職較文為重能武事者人爭羨之故願學者多而兵日以强

俄京日報言某大臣近得新法造電氣船一艘每點鐘行一百二十八洋里由英屬利華堡往紐

約祇須一日零四點鐘比之輪船可快十倍現已繪成圖式如法製造船中純以電氣運動並無車輪祇近水處有機器一副而已果爾則御舟於帆行火行之外又得一電行之術也

二十四日記

莊子云北溟有魚其名為鯤鯤之大不知其幾千里也化而為鵬怒而飛其翼若垂天之雲始以為寓言也明正德末有鳥黑色大如象張翅如船篷飛入長安門內大樹上鵝鴨皆被啄食如拾蟲蟻數月乃去人以為海雕也嘉靖中海上曾墜一大鵬鳥毛萬元獻親見在某郡庫中毛已枯落獨見其孔橫置在地入之無礙又林侍書瀚於庫見大鵬羽一枝長數丈管中可容兩人坐公自作記以誌之

國朝康熙年間瓊州時當白晝忽見黑雲蔽天腥風撲鼻父老驚曰此必大鵬鳥過也恐其下糞則吾族無噍類矣乃相與走避及天色晴霽居民同村見鵬糞高積如邱陵居民數十家覆壓殆盡遺下鵬羽一枝大可覆數畝其毛管中有人乘馬而入尚覺綽然有餘觀以上三事似莊子又非寓言者然余自遊西洋見萬生苑中無奇不畜而羽族之極大者絕無所見即博物院中亦

未見絕大之鳥之骨然則說部所載三事其亦寓言耶

二十六日記

魚之最大者曰鯤曰鯨然鯤之為物莫有親見其形狀者恐係莊子之寓言鯨則今西洋博物院中皆儲其骨有長至三四丈者又攷李崇矩見沙島中有大魚剖其腹得一巨船中有人尸三具衣服俱備見秘閣閒談東海有魚遊水中一日逢魚頭七日逢魚尾產三日碧海為之變紅見元中記葱嶺上有顛天神廟前有一魚骨骨中有孔可容車騎出入見北史李德裕有巨魚脊骨一條長二丈五尺其上刻云會昌三年海中送到見劇

談錄沈作哲嘗過海上至普陀山見海中數十里外有
旌旗掩映如軍行數萬騎洶涌東下問其人曰此大魚
耳所見旌旗乃其鬐鬣也此外見於説部若此類者尚
不勝枚舉然余以爲大半亦寓言云

二十七日記

英使歐格訥之
覲見呈遞國書也先經總理衙門與之和衷商搉
覲見之地仍援去年奥使畢格哩本成案在西苑中
承光殿議既定由總理衙門上疏請
旨定期奉

旨著於十月二十五日在承光殿覲見欽此屆期十點
二刻使臣率參贊繙譯其四員趨詣西苑由三座門入
總署堂司各官晤敘寒暄然後同進琉璃門在直房小
憩二十餘分
皇上駕臨承光殿升寶座總署堂司各官偕使臣等入
昭景門至
承光殿由殿東門趨進使臣在前參贊繙譯在後初進
殿向上行一鞠躬禮前行數武復行一鞠躬禮至龍柱
間應立處又行一鞠躬禮敬謹捧國書致西語繙譯以
華語譯之使臣捧國書向前至納陛中階下慶邸由左

陛下接取轉陳
御座前黄案上使臣再行一鞠躬禮
皇帝點首答之使臣遂退回柱間原立處
皇上温語宣慰使臣參贊繙譯等將退復向上行一鞠
躬禮退與總署堂司各官偕出昭景門
皇上啟鑾由衍祥門還瀛臺英君主有自書已印之日
記致送
皇上由總理衙門代爲進呈

二十八日記

英法兩國中隔一海最狹處不過二百中里風浪平靜
時輪船往還俄頃可渡一遇大風海波震蕩則不無守

候之苦英法人别籌新法以期免此阻厄者久矣或議
於海面建橋或議於海底鑿洞均未就緒近聞英公司
以建橋較有把握估核工費大約需銀一百四十兆兩
現計各路貿易此工若成每歲進項可獲十九兆兩亦
利國便民之舉也

二十九日記

漢時西域有城郭諸國半屬於匈奴自俄羅斯掘起以
西域而併漠北兵力日强其法制頗照法蘭西而小有
異同兵額自水手以迄學習行海幼童共六萬二百三

十名兵官三千七百九十一員內有將軍提督一百十九員兵艦以波羅的海爲最多現有大鐵艦十次等者三又次等者三又次等者十六木質兵船大者三次等者六又次等者四至帆船之轉運旁擊者大者有八此外又有快船四用以遊弋兼掠商船者其藏魚雷兼碰鼻者有四安放水雷魚雷船小而行速者十一稽查各口臨戰傳遞羽書者十有五此外又有往來各口之小輪船十七帆船二十五海口小輪二百二十九蓋僅波羅的海一處而水師之盛已如此

三十日記

凡地之生物土性與物性不相合則必漸歸凋敝即相合而歷年收種僅以本地種子爲用則精氣漸薄此全恃土宜而不知遠近互換種子之妙也北人種木棉必取種於南捆載花子以往者纍纍也未聞物性土性不相合也泰西物產佳美肥碩迥勝中華非惟精求藝植之法其種子亦獨好即以西麥論粒較大穗較重美國所出之米亦然按畝計之所收殆不下五六石視中國農家又幾倍之夫中國地脈縣厚視海外諸邦有過之無不及誠取彼麥米之種而植之必能佳美又如美國棉花柔細光潔紡之如絲角大如卵幹高六七尺枝實四尺童童如小樹所生之花較中國多五分其價在英國亦貴至二三倍其花性喜斥鹵正與海濱潮汐之地相宜且凡沿海沙岸平衍寬廣竟可大收其利似當在浙江閩粵各省仿泰西設勸農局之例規度隙地廣購各種而試植之擇其最爲合宜得用者多購籽種而分賣於農家農家既得倍利自必爭購無疑十年之內物產倍增矣蓋種子逾三四年地性漸變物性亦必變宜仿西人養馬之法每越數年再由西國購辦以爲更換不過加運帶使費而已然而藝植之法尤不可不仿西人之研精講究也

光緒十九年癸巳正月乙酉朔記

中國各局繙譯西書嘗之者初謂無益之費乃十數年來地球繞日之說電氣致用之宜汽力運動之故以及照影石印水電鐵路諸大端幾於無人不講如鄉會試兼考算學則凡天學地學化學電學重學熱學光學聲學等皆可旁及而總以算學爲歸算學書以幾何原本爲最要凡考得者先予記名遇有修葺城郭與築礮臺測量輿地製造器械操練水雷等事則用之似於大局必有裨益　西洋大樹之中有數種爲中國所未見而又有大用者如澳大利亞所出之桼樹好事者以此樹

之子送至中國使西人栽種其生極疾高可二十丈幹之大徑十六尺伐下之木久則極硬可供造船之料皮可取藥其用略同於漆尤妙者性與潮溼相宜澤國皆可栽植蓋地有大樹可補風雨緣陰如幄悅目怡神使取此樹獨植荒墟故隴之間亦興利之一端也

初二日記

英國海關稅務司册報自一千八百九十一年四月朔起至一千八百九十二年三月三十日止所收關稅共有二千零零九萬二千七百餘鎊比前年多收三十四萬三千餘鎊內所收煙稅一千餘萬鎊已得進款之半

葡萄酒之稅短收約二萬七千鎊火酒稅短收一萬四千鎊茶葉稅得三百八十二萬四千八百餘鎊較前年尚多征二千六百餘鎊歲用茶葉共八百八十一萬三千鎊所銷印度茶少希臘茶多希臘茶之銷路已勝於中國茶矣現在英國所用華茶已不到十分之四云英海關於各項皆免稅所榷者惟煙酒鹽茶葉加非數項而已

初三日記

現計英國鐵路每一英里值價英金四萬五千五百三十六鎊辛卯年通國新增鐵路一百十八英里計英倫增三十七英里蘇格蘭增十里阿爾蘭增七十一里是年各路所運之煤鐵共二萬二千一百五十二萬八千噸所運雜貨共九十八萬七千二百噸西洋各國貨車無出其右者然比美國鐵路所儎貨物噸數尚不及其半今英國舊式車可裝八噸至十噸者已逐漸廢去改用美國車式每年可運二十噸至三十噸云　辛卯年澳大里亞進款共得二百七十七萬八千鎊出款約二百七十三萬九千鎊大抵田地中征收無多開礦中征收亦少銀礦歲租銀初可十萬磅今僅得三萬一千磅鐵路利息居進款百分之三議收新課則有三種一牛羊進口稅一小麥進口

稅所種葡萄有一萬二千三百七十四畝造酒有一百零四萬八千加倫現議在倫敦設一總局以售澳大利亞葡萄酒

初四日記

未刻英大太子在森哲模斯宮代君主行朝紳會禮余率馬清臣張聽帆王省山陳鈞侯往赴會　暹羅庚寅年出口貨物值英金三百二十萬九千六百餘鎊內出口之米實值二百五十萬八千八百餘鎊辛卯年出口貨物僅值英金一百六十九萬六千八百餘鎊比之上年驟減其半實以米穀無收之故米價僅得一百零八萬三千餘磅是

年鐵栗木值二十萬零七鎊胡椒乾魚牛與別物等俱一律減少　法國會計司現將西洋種釀酒葡萄之田畝一律查明其佔二千二百九十七萬三千二百英畝意國有八百五十七萬五千英畝法國有四百五十九萬二千五百英畝西班牙有四百零一萬二千四百英畝奧斯馬加有一百六十三萬七千五百英畝德國有三十萬英畝所有西洋葡萄每年造酒共二十六萬萬五千二百三十萬加倫西班牙出口之酒最多幾有二萬萬加倫然多爲常行酒值錢不過一萬一千六百萬鎊法國酒雖祗五千六百萬加倫然值錢亦有一千二百萬鎊意國出口之酒值錢二百八十萬鎊有四千五百萬加倫

初六日記

凡種樹者松柏桑柳栗竹皆在應種之列松之爲物易長松絲褪而復出褪者可以作薪春開花可以作餌松子可以煎茶味異常品大者可鋸作椿凡劍岸橋梁皆用松樁取其勁而入水不腐也柏可爲油柏子外層可以熬煉成白油用以製燭核內有仁可以榨成青油用以燃燈葉染成丹之時大可點綴秋景桑樹之用最大嘉湖蠶桑之利所以甲於天下也況桑葉可以入藥以桑飼羊食之補人柳樹雖無大用生長極易隄岸非柳根不能固柳條柳炭亦有所用春秋佳日點染光景尤不可少栗樹之理甚密結實之後即可砍以爲薪栗實既可充饑而栗樹之柴司爨者多用之至中國之竹與外國之鐵相埒造紙製筆非竹不可農具兵器用竹甚多竹屋竹樓竹牀竹几竹椅至於承水之竹筧筲也圃皮也大小所宜難更僕數又如筍可以供饌葉可以代薪以竹製器在不華不樸之間其用亦廣矣哉　亥刻赴海部尚書伯爵施丙色侯爵倫敦特里兩家茶會

初七日記

西洋各國征煙酒稅最重爲入款一大宗中國人四百兆鮮有不嗜煙酒者通扯合算每人日費煙酒三文每日需錢一百二十萬緡一年即有四萬三千二百萬緡若重徵其稅煙則查鏍以核之酒則按缸以課之通歲所得當亦不少煤鐵自開平礦外近如徐州之利國貴州之青谿皆議用機器開採他日當有可觀光緒二年有英國礦師郭師敦徧歷楚疆勘尋礦脈據云鐵以武昌興國爲最煤以荆門當陽爲最荆門之礦可造白煤與英煤無異近有英國礦師謝高禮赴山東勘驗諸礦亦云登萊青諸郡礦產甚富鉛煤五金徧地皆是　五

大洲商船噸數。歐洲共有二萬九千五百八十餘萬噸美洲共有六千二百萬噸亞洲共有四千四百八十六萬噸阿洲共有二千四百九十七萬噸澳洲共有一千二百萬噸

初八日記

俄國鐵路公會將各國鐵路編成一表此表在壬辰年春間地球共有鐵路三十八萬七千七百五十五英里。在美國者十六萬七十七百五十五里。在加拿大者一萬四千零八十二里。在墨西哥與阿根庭者共五千六百二十五里德國有二萬六千七百九十里。法國有二

萬四千三百十里英國三島有三萬二千六百八十五里俄國有一萬九千三百四十五里亞洲境內印度有一萬六千八百七十五里俄國沿海邊岸新近造成八百六十五里荷蘭屬地添有八百五十里法國新闢有六十五里葡萄牙新疆三十四里中國共有一百二十五里波斯有十八里阿洲境內首推阿爾及耳與突尼司共有一千九百里好望角有一千八百八十里野雞大山有九百六十五里那脫耳有三百四十一里與因圭非司台脫有一百五十里其餘小國共有三百里澳大利亞之特辣浦共有二千七百零三里新南威勒士

有二千二百七十五里。昆思蘭有一千六百四十五里。南澳大利亞有一千八百七十五里西澳大利亞有一百六十五里合司美尼亞有四百零一里紐西蘭有一千五百九十里以上皆英里也

初九日記

歐洲富國報載去年各國國債實數以法國爲最鉅計二萬六百十一兆佛郎其第三次改立民政時增加最多即一千八百七十七年之戰所費已逾一萬一千四百七十兆佛郎後又加造鐵路廣立電機所用更鉅宜其債之纍纍也德國債一萬三千四百九十八兆佛郎

英國債一萬六十九百四十兆佛郎奧國債一萬五千四百十三兆佛郎比國債二千三百十四兆佛郎布加利亞債二百三十兆佛郎丹馬債二百五十九兆佛郎西班牙債六千三百零七兆佛郎希臘債七百五十兆佛郎荷蘭債二千三百七十五兆方意大利債一萬二千四百四十九兆方葡萄牙債三千二百六十九兆方羅馬尼亞債一千零二十二兆方俄國債一萬七千三百二十四兆方色斐亞債三百二十八兆方瑞典債三百五十八兆方那威債一百六十一兆方瑞士債五十三兆方土耳其債二千六百十一兆方芬蘭債七十七

兆方以上各國其計居民三百五十九兆二十二萬餘人當一千八百八十六年其有國債十一萬八千七百五十八兆方至九十二年其有國債十二萬六千二百八十八兆方歐洲自德法戰後二十年中增債五萬六千兆方大半用於水陸兩軍也

初十日記

美國地廣人稀而歐洲地狹人滿故來者源源不息去歲又增六十一萬餘人核計十二年內其增六百五十萬人初至者英人德人為多繼而奧瑞丹荷瑞士法俄意無國蔑有初至者各操土音土音甚多殊難辨析入之互習英文英語為先至者入內地開墾今肥饒緊要之地俱有主者後來者至無地可耕習為製造工匠前所用機器購之英國者今皆自製矣二十年前美從英購鐵軌五十萬噸今美鐵廠所造不在英下美之木棉前則載英織布復載回美今則自織以售之於外焉中美洲早有鐵路祇八十里而已南美洲東西不易聯通有大山故也平路二千五百里俱早築就山路艱難者四百五十里有三百餘里亦已竣事再得三四年大工即可告成

十一日記

傳聞古冶至灤州一路現已築成可以開車近自灤州起至山海關南門外興修開築人夫蝟集亦可告竣今春從關外修至錦州有盛京翼長左寶貴帶同洋匠在山海關外插標丈地直達吉林西北寬城子地界係長春府所轄大約四五年內可接至吉林工竣後須由灤州向西接至通州再接至保定府云　俄人現擬開設公司在俄地種茶以分中華之利有寶博者曾久居中土力究種茶及製焙之法得其竅要回俄後察其土宜及天氣惟沓歿一地種茶最屬相宜擬聘中國工師往為試種華茶向惟英俄兩國擅厥銷場自印度種茶而華茶銷路為其所奪祇磚茶一項尚可售與俄商今俄又自種茶中國利源不將益涸矣乎

十二日記

英君主在柏金韓模宮行朝會禮余率參贊等往焉

緬甸四境所至南起麻六甲土股上游約赤道北十度北至上阿薩密之丕可嵩嶇山合野人山地約赤道北二十七度東起湄江約京師十五度有奇西至阿拉干海濱約京師二十四度有奇廣七百英里長千二百英里積二十八萬英方里全緬皆印度及中國蒙古種其初遷於周景王時越六百年又從他處漢通西南夷

時稱曰揮國。利帝承元五年。擺國王雍由調遣驛奉國珍寶。宋崇甯四年。緬甸始見於史。元設諸路於緬甸各地。是時緬都蒲甘。順帝至元四年。置邦牙宣慰司於蒲甘。不久旋廢。至正二十三年。緬始都阿瓦。明初設滇南六宣慰司。後增爲十。其緬甸軍民宣慰使司所轄。北有大金沙江。東有阿瓦河及江頭城太公城馬來城安正國城蒲甘緬王城。俺若孟密孟養木邦等司各有分地。嘉靖初。孟養酋紏木邦孟密破緬。殺宣慰莽紀歲。越十餘年。紀歲子瑞體。瑞起洞吾。奪古喇。盡復舊地。而木邦潞江兩宣撫皆淪於緬。瑞體遂襲孟密。據隴川西界出入

蠻莫等處。惟孟養未下。卒爲所并。萬歷十年。體瑞子應裏起兵。衆數十萬。分道內侵。施甸順甯盞達等地被殘。騰衝永昌大理鎮沅諸郡戒嚴。巡撫劉世曾調劉綎鄧子龍爲游擊參將。大破緬兵於姚關。乘勝出隴川孟密。直擣阿瓦。緬將之守孟養蠻莫者望風迎降。

十三日記

赴水師提督白拉塞家茶會。法國議院因執政者多爲河工案所累。思念茹勒斐禮。復舉爲上議院首領。當甲申年越南事方棘。斐禮主特大計。欲割北圻四省以界中國。曾侯未之允也。適北洋主棄全越。陳季同奔告之斐禮。遂不理曾侯。而大事去矣。今年斐禮過參贊慶常。兩次談及前事。頗稱曾侯不敢擔當。以爲中國自失機會云。

十四日記

明萬歷二十二年。雲南巡撫陳用賓設八關於騰衝。開二十二屯田。留兵戍守。築堡於猛卯。復用暹羅夾攻之。三十一年。阿瓦木邦皆入貢。厥後緬甸苦暹羅之擾。連年奔命古喇。殘燬。天啟以後。遂絕貢職。崇禎末。緬逼中國。康熙三十九年。擺古喇卽古酋長約荷蘭葡萄牙之兵抵阿瓦。擒其王。緬甸遂反屬於擺古。乾隆十九年。阿瓦

王莽達拉爲得楞子所殺。有甕籍牙者。緬東小部木梳頭目也。起兵襲阿瓦。盡收景線整賣卽景邁孟艮木邦整欠諸土司地。取波龍廠。遂攻擺古滅之。據有全緬。莽氏遂滅。木邦亦降。邊事益棘。遂犯我猛龍。犯九龍江。三十二年。我兵分兩道征緬。明瑞由木邦。額爾登額由老官屯。皆失利。迨傅恆等督師由蠻暮夾江而下。緬雖求和。卒未大創。三十六年。暹羅爲緬所滅。遺民奉其遺臣鄭昭爲王。盡復故土。緬酋孟雲不能支。東徙。竄得時合剛拉干爲一國。及中國封暹羅。緬遂入貢。五十二年。遣使封爲緬甸國王。是時緬疆南盡南海。北迄孟拱。西包阿

拉干、東聯麻爾古、土沃兵强、既英屬印度之富、道光六年、起兵侵孟加臘、大敗而還、

十六日記

緬軍敗於孟加臘之後、英人以兵船入內港、聲言直擣阿瓦、王懼、求成、償兵費三百萬兩、割阿拉干底尼色領沿海之地、以畀英、咸豐二年、再與英戰、又割擺古、以和、以緯綫十九度三十分爲界、英乃設官治之、所謂下緬甸者、卽擺古厄勒瓦諦阿拉干底尼色領也、會城名曰仰光、復溯厄勒瓦諦江至八募、駐公使於緬都、緬王貪虐無道、光緒九年、法蘭西盡取越南、暹羅亦派官分駐

老撾各部、英人慮法之取緬也、先發制之、光緒十一年十月、英相沙力斯伯里侯定議伐緬、遂借判斷木商歇業爲名、由印度派兵進攻、入莽達拉、擒其王、流之印度馬拉師海濱、遂據全緬、幷取所屬撣人地、惟入貢中國仍遵舊例、設全緬巡撫、仍駐仰光、而統轄於印度總督、

十七日記

英據全緬、大勢趨重海口、舊得南緬甸地、分爲四部、曰擺古、曰阿拉干、曰厄勒瓦諦、曰底尼色領、新得北緬甸地、分爲六部、曰北部、曰中部、曰拉歇山、曰南部、曰東部、曰喀倫山嶺、全緬山澤之地、多於平原、其有四千六百餘土司、西幹之山、由西藏而下、經厄薩密孟力坡拉歇部阿拉干部、直趨巴心、以迄南海、西人隨地命名、而統謂之偉斯登爾裔嶇斯、譯言西山嶺也、尖峰攢簇、皆在五千尺以上、東界北緬甸、西界東印度、著名之山、曰森格爾克嵐、曰嵋爾薩雷蒙、曰剖裔克嵐、南爲阿拉干遙嵋、沿海斜趨、以上諸山、高自七千四百餘尺至七千尺不等、在阿拉干省、曰郤披肩、曰孛路蒙脫、譯言藍山、曰仰拱、曰昔開、曰開模拔、曰拔克嵐、曰姚嵋、曰嶔昔千、高自七千餘尺至四千餘尺不等、嶔昔千高六千餘尺、迤邐至跋歡、東襟大江、西負滄海、至納軋力斯、愈南愈低、僅

高三百尺矣、中幹之山、居厄勒瓦諦江西當江之間、發脈阿瓦之南、至擺古北界、分爲兩支、盡於仰光、總名爲擺古遙嵋山、此山高處約二千尺、撣人遙嵋山則在西當江之東、可稱東幹之山、最著稱者爲肩裔山、在潞江西當江之間、北經喀倫尼、南至馬爾達班、其高處七千尺至九千尺、又底尼色領遙嵋山、卽底尼色領部土股之骨、在夸開列山嶺內、有高峰二、曰穆開、六千三百尺、曰穆拉、五千五百尺、此山別爲一幹、北跨撣人地、越滇境、折向西藏、直接喜馬拉雅山、又有屯遜依山斜延潞江左右、此全緬羣山大略也、

十八日記

緬甸之水莫大於厄勒瓦諦江。即大金沙江也。江有二源。東名恩梅開江。西名邁立開江。東源在西藏界口。赤道北二十八度以上。（在野人山境流已極細地學家謂其源必不能高至二十八度三十分以上）西源出於野人山中之坎底。約在赤道北二十七度四十分萬山之中。江至冷脫猶西與南龍江相會。東南行四十五英里。有南琛江自西藏邊境來會。曲折南行。合無數小水。約行一百零三英里至古拖渡口之南。赤道北二十五度四十分有奇。恩梅開江由薩騰野人境合南明南里二江自東來會。又東南流二十八英里。西經米紀納。復兩里而至允帽。江面乍闊。中有數大洲。為橡樹紫礮之要埠。形勢必爭之地也。又行一百零二英里至升威陞孟拱江合孟養江及恩沱峴湖之水。自西北來會江之東岸。平原沃壤。土宜五穀。疑即土人所稱大地方也。又行五十二英里。麼雷江來會之。又三英里至撣人舊城藏波能勾。大盈江（亦曰太平江海舶江洗帕江）會檳榔江合無數小水來會。復流里許。即為八募城。自八募至仰光約行七百英里。復受擺古江水。約行三十英里而入海。

十九日記

厄勒瓦諦江之東。緬甸川瀆之大者尙有二江。一名西當江（或作白龍江）發源撣人邁嵋山。有東西二源。亦名深隧江。在赤道北二十度三十分下。流經洞吾欸衛壓兩大城。計行二百六十五英里。受小水無數而入馬爾達般海灣。一名潞江。西稱薩爾溫（一作撒路音）江。由中國孟定土府界外南下。受南丁南卡諸水。經康東西境及芒甫芭得而至陽鐵南品江。由孟育東境受無數小水來會。地為喀倫尼山人所居。濱江一帶。木商要埠也。有捧江合眾水越喀倫尼境。自東來會。曲折南行。經暹羅邊境。有米能江合湯盈江東來入之。復合無數小水至馬爾達班入海。三江之外。沿海一帶小江皮出源不遠。流不長。其最著者。潞江西當江之間有別凌江。長百英里。餘水如泰盈江芹江。其次也。底尼色領之地以底尼色領江為最巨。發源邁嵋山中。南流至底尼色領城。計行二百五十英里入海。若亨特洛衛江。亚特模江。發源暹羅邊界。行邁嵋山中百十英里。至穆爾墨入海。尤稱海埠要地。其上緬甸西境阿拉干之北。以閗屯而屯江為最長。發源阿拉干邁嵋山中。行二百五十英里至阿開倍入海。餘如美邁江。模邁江次之。阿開倍之南。阿恩江。泰允江。散陀威江。其源俱近際山麓。又其次也。

二十日記

許竹篔星使來書云帕米爾分界之議仍閣不提其留兵在郎庫里者亦不肯退轉瞬天暖俄必派兵進巡恐邊事更至喫緊總署亦無一定辦法駐俄英使去臘與俄外部重提會勘之說外部大臣嘎爾斯病尚未愈署外部事者爲基斯徵諉云事未商定去勘無益近日未知續有所商否美昭於臘月二十二日揭曉已

尙啟楊子通觀察燕謀道楊儒　崔惠人爲華商請以優㛐赴會總署斥其非體渠本百計求留此次遽予瓜代殆因此事致動物議然聞其劣迹尙多也使臣之徒從僕之陳可謂兩難矣

二十二日記

赴格金韓模宮應朝晉會　仰光爲亨塔瓦諦緬古部四屬之一之會城英有巡撫駐此列英國印度海口第三在赤道北十六度四十七分京師西二十度二十分四十八杪江口輪艘如織貿易極盛閩粵大商不下萬人滇商亦十餘家有八家塔者前明設長官司地也塔造極古緬史稱創於周簡王元年基高一百六十六英尺頂用鑌金飾高三百餘尺大鐘高十六英尺上鑄史事　莽達拉北緬甸北部五屬之一　北控八募南通仰光英人新得北緬以此爲適中之地遂爲首部全境賓大金沙江南北長而東西狹亦曰蠻得昔爲緬都今爲北緬會城在赤道北二十二度京師西二十度二十一分四十八杪南距十二英里爲翁蕆拉布拉亦緬王舊都也紅寶石礦在莽達拉北六十英里高山之中逼近北撣人之孟密地名摩谷多出奇珍爲地球第一寶礦八募在赤道北二十四度十五分京師西十九度三十五分三十五杪距太平江口南一英里半

二十三日記

光緒十七年全緬民數七百七十萬人通國崇奉佛教

約五分之四民之有學者大半信佛其外回教及天理天性教約居十之一印度教與耶穌教亦居十之一焉物產最旺者爲稻米材木棉花次則煙葉野茶珍珠米黍麥而北境橡樹膠尤擅利藪產象最多人家畜之引重負遠其用與驢騾牛馬同惟白象一種舉國優異謂之天使築宮以居之海壖產虎豹犀熊商路多茀不可行賈客皆賴江運鐵路新築長僅六百英里今已添造不日可抵八募及孟拱矣進口貨值英金三百六十九萬九千鎊大宗之貨爲棉花爲美國所出火油爲食物船料出口貨値四百七十萬二千鎊大宗之貨爲米爲

新棉花爲鐵木柚木商埠最大者在厄勒瓦諦江一帶曰八募曰莽達拉曰芻茂拉布拉曰阿瓦曰纖耿在沿海一帶曰仰光曰穆爾豐曰阿恩培曰巴心

二十四日記

撣人立國最古自漢通西南夷撣即遣使入貢其地東際湄江西界緬甸南界暹羅北界雲南橫亙潞江中段及西當江上游族類繁而自爲長雄輻員長而不聯聲勢故其地雖與全緬相埒受命於人供其徭役不能自達於中國英既據緬因其故地區畫疆界分北撣人爲五部曰孟密曰湯平曰北省臘曰南省臘曰錫箔南撣人爲

十七部曰馬克模曰芒安曰木梳曰孟蟇曰匡次克曰孟金曰孟派曰律旆曰薩模匡勒克曰奈恩裔曰薩茄曰派控曰賽當曰孟榜又附三小部潞東撣人爲七部曰康東曰江墾曰芒浦曰孟龍曰麻塔曰狢狐曰葫蘆緬人舊云撣人有九十九國蓋舉其全數并土司之隸於中國及歸入暹羅者言之

二十五日記

赴森哲模斯宮應朝紳會　野人山地東界騰越維西兩廳邊外之雪山西界更的宛河西境之孟力坡南界八募孟拱北界西藏米納隆南之曼諸其經緯綫約起

赤道北二十四度至二十七度半京師西十九度至二十三度有奇全境據厄勒瓦諦江及更的宛江上游更的宛河源之山多琥珀礦地名烘貢距此西北約三百英里爲栢脫可山嶺（一譯丕可山）嶺北納吼山英厄薩密邊吏管理之所也循嶺而南即孟力坡至雪移蘅山峰高八千二百六十六英尺是爲野人山極西之境循嶺而北至峭干山峰峰陰爲厄薩密之狄欣江野人分境即在此峰蓋厄勒瓦諦江西境之地實逾江東地數倍也東界接壤中國南起天馬關外逾太平穆雷南太白三江所有紅髮野番異常兇惡華商至八募者結隊挺刃

乃過厥路有九太平江南三路曰麻湯曰盆干曰漢董太平江北三路曰下路中路上路皆由蠻允會於蠻暮而至八募再北亦分三路曰昔馬曰昔董曰古永皆會於允帽戛鳩渡江而至孟拱九路之內近滇西邊有雪山障之西名果期雪拱隆亦名屑雪山山之南端盡於穆雷江直接野人山南段入關九隘之所設也

二十七日記

有剛次考甫廠之魚雷必配以什好廠之船方稱雙美然什好廠之都料匠猶欲然不敢自是知法國於一千八百八十七年曾造數十艘在地中海會操有沉沒炸

裂之虞英國亦創二十餘艘在海面比較遲速因機笨重無甚大效於是採悉精微參酌盡美因將汽鼓馬力加大鍋鑪用煤減省煙囱縮短喫水改淺另加吹風機器俾得煤火磅力加猛機器汽鼓改用三連法輪括改加靈活極意經營始告厥成於是呈德國海部試演行駛迅速實超各國諸船之上海部頒給獎牌俄奥意土等國紛紛定購中國廣東亦定九艘續定一艘閩廠定大魚雷一艘艙面長一百四十四尺四寸寬十六尺五寸喫水七尺二寸五落成於千八百八十七年六月均由上海泰來洋行承辦盍什好廠之魚雷船在海面駛

行甚捷形聲不露臨陣之間船行愈速機聲愈微颯忽往來務使敵人不覺該廠近又另闢新基特建大廠製造鐵甲輪船無論商船兵輪汽機均可承造

二十九日記

遣馬格里赴外部與山特生貝雷會議野人山事仍未就緒

出使日記續刻卷之六終

出使日記續刻卷之七

無錫薛福成叔耘

光緒十八年癸巳二月甲寅朔記

東埔寨國自隋迄明久通中國即眞臘也嘗併扶南今暹羅兼占城今越南南圻其後扶南占城各自立國國勢日削介居兩大入貢暹越二國乾隆十五年廣南王阮惠攻安南始據東埔寨東南境置南圻六省而水眞臘之地盡亡嘉慶十四年暹羅割東埔寨西北境盎哥爾巴當邦兩地而陸眞臘之地亦蹙同治三年以後法人始脅歸保護其時國界自赤道北十度三十分至十三度三

十分京師西十度八分至十二度三十八分止佮有十七萬九千六百七十方里十萬敬羅邁當方里明季國王都於羅佛克亦名干波底亞城瀕東甯薩魄江右岸康熙三十九年南徙十四里都於烏東同治五年南徙六十八里地當四江匯流處曰布農奔一作努邦是為新都東南距西貢三百七十七里在赤道北十一度三十一分京師西十一度四十六分國王歲入約洋銀七十五萬員駐東之法官歲入洋銀八十三萬餘員土著之居民九十四萬五千有奇華人十萬六千有奇國境自王城外分五部曰光邦斯瓦曰達邦克門曰巴布農曰布爾沙脫曰

達利洋。

初二日記

呂宋南洋大島也北對臺灣沙馬崎南連斐獵濱犂島東濱太平洋西枕中國海其北角在赤道北十九度南角在赤道北十二度其西面值京師東四度東面值京師東八度共有十萬二千六百九十五啓羅邁當方里本巫來由番國明初始通中國朝貢時至隆慶年間西班牙屢遣兵船窺呂宋取馬尼剌築城踞守呂宋始服屬西班牙久之遂爲所併擅工商之業者華人爲多華人之至呂宋實先於西班牙人皆娶番婦長子孫今華

種人約二十一萬有奇西班牙種人祇一萬有奇全島電局三十七所綫長一千一百四十九啓羅邁當土產以阿巴加麻雪茄煙名天下麻質純淨可爲布匹織之爲帕泰西視爲珍品嗶嘰羽毛亦此麻所製原料之麻約歲值洋銀八百八十九萬員織成之麻值洋銀十三萬六千員雪茄煙歲值洋銀五十七八萬員林木尤繁烏木紅木樟木佳料頗多居民三百五十萬八野番居內地巫來由番人居沿海華人洋人居商埠要區馬尼剌部在島西南爲都會之地值赤道北十四度三十五分二十六杪京師東四度三十分四十一杪

初三日記

西域回部漢唐以來號爲屬國西人稱之爲達爾給斯丹一作圖爾齊斯坦其地在赤道北三十六度至五十六度京師西三十六度至六十五度東界中國東南界喀什噶爾南界印度阿富汗波斯西界裏海北界俄羅斯西北多流沙草場名曰都耶東南有高坡平原土脈肥沃河道暢達亦有遊牧草地爲全境精華所萃境內大山多與興都哥士山之北面相聯絡而阿克大士山實爲天山西出之幹由此分爲兩界在北界者曰費爾加拉高坡地在南界者曰蘇的亞訥高坡地費爾加拉爲納林

河之上下游蘇的亞訥爲阿母河之上下游兩河雙流入鹹海中夾一河曰射拉福散流入加拉開勒湖所謂黑湖者也在漢爲烏孫大宛月氏北境即康居奄蔡故地康居當今哈薩克諸部奄蔡實俄之西伯里亞部乾隆年間元之後裔不振回族亦日就衰替而俄日強大道光年間屢伐機窪三十年已占其東半國同治十一年取機窪全地盡有阿母河之右岸設巡撫以轄圖爾齊斯坦總部復割布哈爾之地明年脅服勾岡特國而納林河左右皆歸於俄光緒二年取勾岡特國全境設巡撫治之其地起自裏海西岸東盡伊犂皆爲俄屬駮

駸有通印度之勢矣　申刻率馬格里赴外部與勞偲伯里爭論滇事酉刻始歸

初六日記

布哈爾一國沿阿母河右岸北至納林河回人稱之曰馬外爾耶譯言近江之地在古爲最繁盛城內多祠宇北界哈薩克勾岡特東界小布加里南界阿富汗西界阿母河與機窪相近地約一百餘萬方里居民二百五十萬多哈薩克人烏士拜克人雅拉伯人波斯人卑爾夜人大哲克人猶太人印度人雜處而成國東有峻嶺南接興都哥士山餘皆平地多草場沙漠有大湖曰阿

那勒曰當日物產有駝騾驢牛羊鹿熊狼狐桃杏李蘋果梨葡萄瓜大黃稻麥穄芝麻玉米煙葉棉桑桑可育蠶皮可造紙地有五金礦運自中國之貨曰磁器水晶綢緞茶又轉運華貨於機窪及裏海之俄人而易其呢布今之有國者曰烏士拜克人以明弘治間始立國舊稱王曰可汗今改稱曰歐米爾國多內亂分合不常故易受他國陵侮俄王尼勾拉願欲由布哈爾進窺西藏事未成而中止

初七日記

機窪國北界夜末河意爾曰河河外即哈薩克故地南界自阿得雷克河至印度之奔哲潑西界裏海之東岸東界依一草地經納林河而及加布勒嶺地約九十萬方里機窪其都城也以外大城曰歐沙拉巴曰烏爾根曰對爾們曰加拉大勒境內除納林河左岸一狹地外皆平原曠野中包水澤土脈肥沃居民以牲畜爲業馬稱名種物產麥稻棉豆罌粟麻桑梨杏蘋果櫻桃葡萄瓜冬居室夏居穴游民支帳遷徙無常其地先後爲土耳其蒙古所據而哈薩克布哈爾亦皆來侵擾最後烏士拜克人據地立國與俄人爲仇敵道光十九年俄兵伐機窪潰去同治八年俄復來伐遂爲屬國　棍都

爲自主之小國在納林河上游之南東界巴達克山西界巴勒克北界細沙爾大爾哇東南爲興都哥士加拉巴二山境內高山曰昂拜爾都城爲通巴勒克庫勒末巴達克山之要路舊境本盡納林河之上游今已爲阿富汗所削奪居民盛時四十萬人今存者僅二千餘人

初八日記

細沙爾在勾岡特布哈爾之南東境爲蘇爾阿潑河所經境內諸山多巴達克山之分支土脈肥沃本布哈爾之一部有富强之名　巴達克山在阿母河上游爲阿爾齊斯坦極東南之境南接興都哥士山東界哇克山

西界棍都都城曰賓乍巴舊稱繁庶今僅四百餘家東南八十里有一邑名哲爾末人民近二千頭目居之服屬於阿富汗　俄羅斯所併回部設爲新省者曰烏拉勒士克省曰費爾格拉省（一作費爾干省）曰舍彌爾夜貞士克省曰聶爾大里雅省曰舍彌巴拉丹斯克省曰阿克摩蘭斯克省曰都爾該省　烏拉勒士克省同治七年始定爲省北界俄蘭布爾省東界都爾該省南界特耶加士邊省及裹海西界阿士特拉岡省及沙馬恭省地約七十萬方里居民五十二萬每歲產馬六十萬匹牛羊駝稱是　費爾格拉省西南界乍拉福珊省西北界聶

爾大里雅省東北界舍彌爾夜貞士克省東南界喀什噶爾南界巴馬（即帕米爾）地約十四萬方里居民八十萬爲圖爾齊斯坦著名沃土內分四部曰勾岡特曰馬爾曰耶曰阿的占（即安集延）曰烏士根本勾岡特國地同治三年俄人得之始改今名

初九日記

舍彌爾夜貞士克省一名七河省北界舍彌巴拉丹斯克省西界聶爾大里雅省費爾格拉省東南界中國地約七十餘萬方里居民八十一萬東南與中國分界處依天山爲限每年出馬百萬匹牛五十萬羊六百萬分

五部曰射爾日慈勒曰勾巴勒曰加拉庳拉曰維尼夜曰納林　聶爾大里雅省北界都爾該省阿克摩蘭士克省東界舍彌爾夜貞士克省費爾格拉省南界沙馬爾岡得省布哈爾西界機窪鹹海地約一百萬方里居民一百十四萬會城爲塔什干在諸省中爲最大歲出馬四十萬匹牛三十三萬羊三百五十一萬駝二十五萬熟田不及百分之一遊民以哈薩克人爲多約七十餘萬進出各貨值洋銀四百萬員進貨以塔什干爲總匯出貨以加乍蘭士克爲總匯其地爲各族所雜居哈薩克人常侵擾俄界俄人乃沿河設防首設礮臺於加

乍蘭士克又設加爾麻克哲礮臺年年進兵浩罕之酋怒與俄戰不勝未幾哈薩克全部服於俄浩罕愈孤危咸豐十一年俄得雅危孤爾岡同治元年得買爾介二年得阿烏離夜阿大達爾給斯丹（即圖爾齊斯坦）哲末根始設巡撫四年得塔什干光緒元年得乍拉福珊浩罕遂亡俄改其地爲今名迄十二年全有阿母河之境於是併入此省焉

初十日記

舍彌巴拉丹斯克省北界兜波來斯克省東北界兜末斯克省及中國南界舍彌爾夜貞士克省西界阿克摩

蘭斯克省。省城曰奧瀫土斯。其八十萬方里。居民五十三萬八十餘人。境內大瀰什窪村為哈薩克人通市之地。地分五部。曰巴烏路大爾。曰舍彌巴拉丹斯克。曰勾克拜丹斯克。曰烏斯加蒙耨勾斯克。曰加爾加拉爾斯克。　阿克摩蘭斯克省。北界兜波來斯克省。東界舍彌巴拉丹斯克省。南界聶爾大里雅省。西界都爾該省。其一百萬方里。居民四十六萬三千餘人。地分四部。曰阿克摩蘭斯克。曰勾克哲大福。曰奧未斯克。曰貝特羅巴烏羅烏斯克。　都爾該省未詳。

十一日記

阿喇伯為亞細亞西南之第三土股。在赤道北十二度四十分至三十四度五十分。西經五十六度至八十四度。開國於夏少康之世。唐武德五年。改名什來生司。即唐書之大食國也。是時有國者曰謨罕默德。為回教之祖。著書曰可蘭經。所謂三十本三千六百段者也。其教又分為二。曰阿所大士教。曰叶自教。阿所大士為謨罕默德之婦翁。曰安拜畢開。所傳。叶自教為其子壻愛力所傳。謨罕默德死於貞觀六年。其徒徧走四方。亦能以兵威衛教。南涉阿非利加。東入亞細亞諸國。宣宗時。攻歐洲。得西班牙地而王之。明景泰時。得土爾其全境。是為回教極盛之時。教徒有一萬萬人。

國朝乾隆十五年。有國者曰阿拜得愛爾俄海俾。嘉慶二十三年。其曾孫曰阿畢代拉。為敵兵所敗。囚於君士但丁而死。同治十二年。土爾其人來攻。英人不欲土之得阿喇伯也。為之講和而罷兵。

十二日記

阿喇伯四境皆山。在南界者尤高峻。曰哈得爾莫。曰麥臘。曰極貝爾阿開大。其內地之山曰害射。曰極貝爾土夜克。曰小昧。近海地皆荒瘠。平原曠野中又多沙磧。南沙漠曰代諾。譯言紅沙。約十餘萬方里。沙中時發大熱

氣。化為毒風。中人則死。草木不生。水無涓滴。代諾之東北曰力得爾代諾。譯言稍小之沙。又北別為一沙。中分數帶。有沙帶石帶。時見水澤。居民九百萬。文字守可蘭經。歷法與各國異。所謂回回歷也。頗究心於天文算學化學。俗好張大其教。故他教不易流入。政令不出於上。自主之族。不可以數計。以麥思恰特為都城。為摩閉特王所居。今稍稍著者。曰奧門蘇丹。曰義海卑蘇丹。曰什末蘇丹。力非足以自存。而為鄰國所不貪。觀其政令渙散。地土荒蕪。殆無振興之理。

十三日記

比利時在赤道北四十九度五十分至五十一度五十分京師西一百十一度五十二分至一百十三度九十六分古爲碩潦榛莽之區羅馬據之凡四五百年法蘭西繼有其地振興商務自雷士郎伯色爾魯一城遂爲歐洲南北之總滙始分郡縣建城郭設技藝學堂旣而法王封其子於此稱王旋爲與國所取日耳曼又得之又附於西班牙順治十六年仍歸於法乾隆六十年拿破侖第一經營比境以扼東北諸國定爲東境十三省內九省比之全境也拿破侖敗維也納之盟歸各國侵地比地乃歸荷蘭仍稱比意巴國道光十一年比人逐荷吏

而自立迎日耳曼舊族索士果布爲王稱爲比利時國同治四年王卒子雷悠波勒嗣位國設上下議院居民五百八萬七千餘人鐵路約二千四百里電綫二萬餘里進款約歲得洋銀四千五百萬員出款約四千四百萬員入浮於出而國債尤少各國所罕聞也

十四日記

淸明前四日西洋稱爲耶穌釘死十字架之期一切事皆停辦　南北亞墨利加相接之狹地謂之中亞墨利加其地在探望探潑土顛與巴拿馬土顛之間闊約七十至三百英里長較英國屬地約二倍有餘合英屬閔都拉斯地七千五百六十二英方里計之約爲方十七萬五千八百六十七英里大江曰散助伐湖曰利翁曰尼喀拉瓜多火山爲民患礦產饒金銀銅鉾一名白鉛亦產雲石美木棉花戶口二百六十萬西班牙種之白人約得四之一餘皆土人及雜種人土人面深紅壯健有力或云合閔都拉斯戶口二萬七千四百計之中亞墨利加民數有三百五萬三千云地屬西班牙者三百年其時止有危地馬拉一千八百二十一年危地馬拉始自主爲民主聯邦後以戰爭不一聯邦盡散一千八百三十九年各自爲主立民主國五曰危地馬拉曰桑薩爾

瓦多曰閔都拉斯曰尼喀拉瓜包括冒斯奎拖曰哥斯德爾黎加此外地名孛拉士者卽英屬閔都拉斯也

十五日記

危地馬拉一國墨西哥之鵲判及搖克坦省在其北閔都拉斯與桑薩爾瓦多在其東太平洋在其西南在中亞墨利加各國中爲最北北緯自十三度四十分至十七度四十分在英京西八十八度十五分至九十二度三十分地得四萬六千七百七十四英方里戶口一百四十二萬七千有奇分二十二部東西有高山橫亙國中多江有木利都城曰新危地馬拉戶口五萬九千巳

成鐵路長一百三十二英里，未成者二百二十五英里。電綫二千二百十九英里。國賦歲入約英金七十六萬九千九百鎊，國用歲出七十萬四千二百鎊，國債二百七十萬鎊。出口貨值英金一百十一萬三千八百鎊，入口貨值八十三萬九千九百鎊。

十六日記

桑薩爾瓦多一國，問都拉斯在其北與東北，危地馬拉在其西，太平洋在其南，芳西楷海股在其東，在中亞墨利加各國中爲最小，所沿太平洋岸長一百七十英里，闊處約四十三英里，約有地七千二百二十八英方里，

戶口六十五萬餘人。其地崎嶇而高，與危地馬拉僅判惹一江之隔，與尼喀拉瓜亦不過隔芳西楷海股。鐵路長五十五英里，大江曰立姆派。歲入款洋銀八百六萬餘員，出款八百八萬餘員，國內國債五百五十萬餘員，國外國債三十萬員。　哥斯德爾黎加（一作考斯德立楷）在中亞墨利加爲最南，自北緯八度十七分至十一度十分，經度英京西八十二度三十分至八十五度四十五分，地得二萬三千英方里，戶口二十一萬三千餘人。國分五省，民主四年一舉，盛行天主教，都城曰桑若塞。鐵路自大西洋岸至都城長一百十八英里，歲入之款英金六十一萬二千餘鎊，出款五十九萬七千餘鎊，國債二百萬鎊。

十七日記

情話悅親朋，莫談邑中獄訟錢糧事；交遊擇賢俊，願識天下學問經濟人。余自海外將歸，先寄此聯懸之於門。

清明前一日，西人稱爲耶穌已死復蘇之期，一切事皆停辦。　問都拉斯一國，加勒海與問都拉斯海股在其北，危地馬拉在其西，桑薩爾瓦多與芳西楷海股在其西南，尼喀拉瓜在其東南，在中亞墨利加之中。北緯自十三度十分至十六度，倫敦西八十三度十分至八

十八度四十分，地得四萬二千六百五十八英方里，並有冒司奎拖地之一小分及問都拉斯海灣中之盤島。戶口四十三萬一千九百餘人，海岸長四百英里。其大口曰脫勒克齊羅，曰坡歐拖考探士，曰亞麻，曰羅坦，曰拉西排。至太平洋一面海岸僅四十英里，大口曰阿瞞判拉。鐵路僅有三十七英里，半將漸推廣以聯太平大西兩洋之岸。都城曰哥麻牙瓜。歲入之款英金四十三萬一千鎊，出款四十二萬七千餘鎊，國內國債二十二萬七千餘鎊，國外無息之債五百九十八萬五千餘鎊。

英屬之問都拉斯北與西北皆界墨西哥之搖克坦

省南與西南皆與危地馬拉爲界東至海地得九千英方里戶口二萬四千有奇都會曰孛拉士在孛拉士江上亦爲通商聚會之處

十八日記

尼喀拉瓜一國閧都拉斯在其北太平洋在其西哥斯德爾黎加在其南加勒海在其東在中亞墨利加爲最大所沿大西洋與太平洋兩岸皆長北緯自十度四十五分至十五度在倫敦西八十三度四十分至八十七度三十八分其地合冒司奎拖之一地計之得五萬一千六百英方里戶口三十一萬其雜種人約四之三餘

爲土人及西班牙人冒司奎拖人土極肥沃而農事未備都城曰麥那瓜舊都曰㫰戶口六萬大海曰散助伐又名極來昜鐵路長九十三英里電綫一千五百九十一英里與墨西哥秘魯大海電綫通溝通太平大西兩洋之河已成自有此河其國可興利益甚大歲入之款英金三十萬六千六百餘鎊出款四十二萬五千七百餘鎊國內國債英金二十九萬六百餘鎊國外六釐息之洋債二十八萬五千鎊　冒司奎拖地在加勒海濱其土人亦稱自主然其地大半屬於尼喀拉瓜其大城曰孛羅非爾

十九日記

柔佛國在巫來由土股極南北界彭亨南界薩賴當博羅海峽（亦名舊峽）過此峽卽爲新嘉坡島明正德七年有麻六甲蘇丹名煞者被葡萄牙人所逐至此建城名曰柔佛因爲國號焉城距海岸三十二啟羅邁當中跨大河在新嘉坡東北五十六啟羅邁當柔佛居民十一萬五千人內有華民七萬五千人巫來由四萬人柔佛王今居蘭嘎（南閭老港卽舊峽也）已歸英國保護矣　彭亨者巫來由自主之國也在東南海岸赤道北二度四十分至四度五十分京師西十二度五十七分至二十四度零七分

北界丁噶奴吉蘭丹南界柔佛西北界白蠟西界石蘭莪尼格利桑比郞長一百五十啟羅邁當其有二萬五千九百啟羅邁當方里彭亨江流貫其中入於中國海居民五萬人華民不過二三百人皆作礦工彭亨諸部落其酋皆得自主不相統轄其會城曰貝幾在彭亨江口回王居焉願受英國節制又有一王僞認暹羅爲上國歲有金花銀瓶之貢

二十日記

白蠟在巫來由土股西海岸赤道北五度五十分至三度四十五分巴黎東九十八度二分至九十九度十

分北界吉德大昵東界吉蘭丹彭亨南界石蘭莪西界麻六甲海峽及英屬威利司雷丹定斯兩省長二百二十五啟羅邁當寬一百五十啟羅邁當其有二萬零七百二十啟羅邁當方里居民二十一萬四千餘人內有華民九萬四千餘人而西人祇六百餘會城曰挂拉岡煞白蠟江至此城其流始大此江亦名松蓋白臘白臘譯言銀松蓋譯言江也其地有佳礦以錫為大宗進口貨歲值洋銀八百萬員出口貨值一千三百萬員亦以錫為大宗白蠟本蘇丹自主之國昔有拉唔總督蒙得利者監查礦政所有蘇丹稅餉皆歸經理漸招華人開礦已立一城曰太平礦工漸多屢有爭戰拉唔總督不能制蘇丹不得已求英國總督相助英船既到海岸肅清英亦派大酋駐其國彈壓華人蘇丹割瀕海丹定一地及邦哥爾島酬謝英國英兵始退然巫來由人與英駐紮大臣不和光緒元年刺殺之英督大怒派兵遷蘇丹與其大臣於印度洋之荒島拉唔總督蒙得利亦與焉英人遂立阿拉嗒摩德由素夫為攝政蘇丹歸英保護光緒十三年阿拉嗒意得利士繼之國中政事悉歸海門總督管理設立議事院以蘇丹為首而英駐紮大臣監之　申刻遣馬格里赴外部與山特生貝雷議滇

事稍有就緒

二十一日記

酉刻復遣馬格里赴外部與山特生言野人山事　石蘭莪即地理備考之北刺克瀛環志略之沙刺我英國保護部落也在巫來由土股西南海岸北界白蠟南界松蓋芙蓉東界彭亨西瀕麻六甲海峽自赤道北二度四十五分至三度五十八分倫敦東一百度四十二分至一百一度五十六分地二千九百啟羅邁當方里昔係土番事蹟荒略其酋稱蘇丹奉回教性狠嗜戰同治六年吉德蘇丹之弟為石酋女婿總庶政國人不服石酋之孫興兵來攻連戰不息十二年華人為礦丁者助酋孫逐酋婿彭亨蘇丹借英兵來平亂遂歸英國保護遣官駐紮雖至今尚有蘇丹僅擁虛位為議院之長而已一切聽命於海門總督居民九萬七千有奇內華民七萬三千有奇巫來由人二萬一千有奇西人百五十餘而已所出之錫歲值法銀約二千九百萬方巫來由海崎半原之地東以彭亨為大西以石蘭莪為大中亘大嶺以為之界地分六府挂拉郎布者石蘭莪之會城也在赤道北三度十分倫敦東一百零一度四十九分其海口要埠曰吉塊在赤道北三度三分巴黎東九十九度九分此地自歸

英保護以後礦政商務蒸蒸日上矣。去年上海湖絲銷路頗有起色由滬出口者約五萬包蕪湖米市亦甚起色出口者約三百萬石運粵者十之八九

二十二日記

松盞芙蓉亦英國保護部落也在巫來由土股西南海岸壤地褊小西北界石蘭莪東南界麻六甲東界拿吉里士美郎（即尼格利桑比郎）西瀕麻六甲海峽自赤道北二度二十四分至五十四分巴黎東九十度二十分至四十四分地得一千七百啟羅邁當方里本尼格利桑比郎九部落之一因與鄰部阿倫波爭蘭慈河道輒有戰事英人為之定界通路同治十三年遂自立為國歸英保護由海門總督遣官駐紮經理錫礦諸事光緒十一年復以遮衛布部益之有議院蘇丹為首領英官副之居民二萬五千有奇內華人一萬八千餘皆巫來由人出口貨歲值法銀四百二十二萬七千方錫居四分之三進口貨值三百五十九萬七千餘方鴉片居六分之一瀕海之地有五十啟羅邁當蘭慈河中貫全境自北而南入麻六甲海峽上游山中礦場大開會城曰賽郎邦在新嘉坡西北二百五十五啟羅邁當

二十三日記

新嘉坡番言獅子城也或作息辣或作息力又作實得力為英國海門屬部之都會海門總督駐焉巫來由土股極南之島與柔佛隔薩頼當博羅海峽通島地方五百三十四啟羅邁當自赤道北一度十五分十二秒至一度二十八分三十四秒巴黎東一百零一度十七分至一百零一度四十分宋紹興二十年巫來由王始築城建國於此附近各酋及印度洋各島皆屬焉及麻六甲始盛而新嘉坡遂衰

國朝嘉慶二十三年英印度公司始至其地道光四年乃購此島於柔佛王價洋銀六萬員每年復償租費二千四百員維時英方歸爪哇諸島於荷蘭得此兵政商務足與荷蘭相敵且駕爪哇之上矣英始豎旗此島居民僅二百人期年乃至一萬今戶口十八萬四千有奇而華人得十二萬二千西人五千二百有奇進口貨歲值洋銀一萬零八百十一萬二千餘員出口貨值八千七百十四萬三千餘員

二十四日記

西四月初四日法總統諭首相兼內部大臣李寶告退以下議院議員狄畢衣（一譯作杜布義）充補刑部大臣布爾賓告退以上議院議員蓋蘭（一作哥林）充補外部大臣德維勒

留任。戸部大臣狄拉告退。以下議院議員白特拉勒一作貝特拉爾充補。兵部大臣提督斐繼洋一作陸吉爾留任。海部大臣水師提督越尼葉一作略尼業留任。學部一作教部大臣狄舉衣告退。以下議院議員班加雷一作班喀烈充補。工部大臣魏葉特留任。一作偉德商部大臣西弗利葉告退。以下議院議員德利葉一作德禮業充補。農部大臣魏賓一作威爾慕留任。

西四月朔。法兵攻湄江東岸之敦騰城。一譯作司特隆特隆城暹羅不敢與戰。遽即退出。法人又欲進收湄江中間之大島曰空地者。一譯作岡納因其在三水會流處。以形勢外治商務而論。均爲第一要地也。近來法人議論。欲盡逐

湄江以東暹兵。然後劃江爲界。以張法國聲勢。　半月以前。法上議院首領茹勒斐禮病死。斐禮者首先建議攻取越南。與中國搆釁者也。數年之間。用餉二萬萬兩。約合十二萬萬佛耶亡兵三萬。法人至今怨之。廢退已數年矣。近以巴拿馬河工一案。法官沾染者甚多。斐禮獨無可議。法人服其正派。復舉爲上議院首領。未及十日暴病而死。

二十五日記

檳榔嶼。英文譯音曰丕南一名布路檳榔。布路譯言島。近又稱勃蘭斯特嘎勒島。勃蘭斯譯言王。嘎勒今英太子名也。在

赤道北五度十五分至三十分。巴黎東九十七度五十二分至九十八度十一分。其地共有二百七十八啟羅邁當方里。爲英海門屬部之一。此島初稱吉德國。乾隆五十年。英有甲必丹利斯者。娶吉德王女。因以島爲贈。遂歸入英印度屬部。其會城曰打倘。巫來由人居之。海岸之城曰柔爾日敦。各國之人貿易於此。皆在島之東北。西面多山。此島天氣既佳。土脉尤肥。蓋勝於新嘉坡。自山下觀之。皆係檳榔樹云。一千八百七十一年。華民有四萬五千餘人。約得全島居民之半。泰西人有六百。此島與威利司雷省隔一海峽。自南至北長二十五啟

羅邁當。北面寬三啟羅邁當。中間約十一啟羅邁當。水深十拓至十二拓。合十八邁至二十邁。

二十六日記

申刻赴外部晤勞斯伯里。理論野人山地事。　麻六甲即明史滿剌加國也。爲巫來由土股最古之國。在西海岸。舊屬暹羅。宋德祐元年。其酋自立爲國。明正德六年。爲葡萄牙人所據。崇禎十四年。荷蘭奪之。失而復得。國朝道光四年。讓與英國。英人以蘇門答臘之萬古累易之。英人致求東方之事。實自麻六甲始。今爲海門屬部之一。合尼格利森比郎之那甯爲一地。計有一千六

百五十七啟羅邁當方里居民九萬三千五百餘人北有蘭嘎河與松蓋芙蓉為界南有幾桑河與尼格利桑比耶之茅國為界東有阿非爾阿倫邦太平諸山與尼格利桑比耶合衆國為界城瀕海岸傍海峽在赤道北二度十一分二十四秒巴黎東九十九度五十四分三十六秒城中居民二萬人自英開檳榔嶼新嘉坡兩埠麻六甲商務遂衰然交易樹食猶極繁盛光緒六年進口貨值二千零三十萬餘佛郎出口貨值一千九百二十六萬餘佛郎麻六甲自赤道北五度起至二度新嘉坡止西北向東南其長七百七十八啟羅邁當

二十八日記

威利司雷省在巫來由土股西海岸昔為白蠟地介于吉德白蠟之間與檳榔嶼隔一海峽英海門屬部之一其有六百七十八法方里地無城垣居民九萬七千九百餘人有華人印度人巫來由各種　丹定斯孽島亦海門屬部之一在赤道北四度二十分倫敦東一百度三十五分近傍巫來由土股西海岸麻六甲海峽之內北距檳榔嶼一百啟羅邁當其大島曰布路丹定布路譯言島也正對白蠟之拉督江口入海處故稍割白蠟瀕海地以益之其小島曰桑比耶曰遮拉　科科斯孽島亦名啟令在印度洋偏東巽他海峽口西南一千啟羅邁當自赤道南十一度四十九分至十二度十二分三十秒巴黎東九十四度三十五分總凡二十三島地面二十二啟羅邁當方里明萬歷三十七年英人啟令尋地得此見島中大半椰樹故以科科斯名之科科亦作可可譯言椰子也道光三年英國哈爾始居於極南島中八年蘇格蘭人阿羅斯率衆自爪哇島來造屋招工商務漸興今有居民四百戶皆南洋土番光緒四年遂隸錫蘭十一年改隸海門蓋壤地雖不相接而勢實聯絡也

二十九日記

尼格里桑比耶譯言合衆九國也在土股西南昔以九部合為一國今則祇有五國曰繞阿或曰爪亞曰酒里忙打尼曰宗波爾曰賀賴或曰遮利曰烏魯茅或曰對拉宜又曰賽嗄麻亦曰茅今合烏魯茅及賽嗄麻為一國其餘四國曰那爾今併入英屬麻六甲曰芙蓉曰遮爾布曰阿耶波皆歸英屬保護今合衆五國北界彭亨東界柔佛南界海峽及麻六甲之那爾西界英屬之阿耶波芙蓉石蘭義其地約有五千一百八十啟羅邁當方里居民三萬人五國各有一酋治理其事稱為打都邦古路而條例不同亦有議院其總攝五國者為酒里忙打尼之酋當光緒八年英人用兵據酒

里忙打尼而芙蓉遂分出歸英保護未幾而阿郎波遮爾布亦屬焉近來五國有事皆由英海門總督派員辦理已立約章其國東南有阿婁爾山坡谷之地尤爲肥沃產米極多果木亦盛

三月癸未朔記

大呢暹羅屬國也在赤道北五度三十分至七度北京西十四度二十七分至十五度四十七分北界宋卡西界吉德南界白蠟吉蘭丹東界暹羅海灣地有一萬二千九百五十啟羅邁當方里居民三萬人昔係麻六甲最大之國道光十二年暹羅既勝大呢恐其控制不易

分裂其地爲九部守以番酋而總其事於暹羅所派之王曰都寄曰大呢曰制令曰煞伊其在內地者曰諦巴曰丹奈曰遮羅曰阿勒忙曰利漠以阿勒忙地方爲最大以大呢居民爲最多尙佛教大率畜象及水牛地多礦產開礦者皆華人　吉蘭丹暹羅屬國也在巫來由東海岸東南距丁噶奴一百五十啟羅邁當居民六萬五千中有華人一萬五千餘皆巫來由人　丁噶奴暹羅屬國也在東海岸北界吉蘭丹南界彭亨王宮如礮臺牆有礮洞裝古銅礮華民房屋整齊巫來由人以板爲屋其陋已甚

初二日記

六崑暹羅屬國也暹人稱爲棠六崑棠者譯言王也訓六崑王所治地也在赤道北七度至九度長二百啟羅邁當其城東北距曼谷六百四十啟羅邁當在赤道北八度二十五分明成化間暹羅王始立六崑爲國今分兩部一曰打倫一曰宋卡居民其十五萬人多暹羅種間有華種巫來由種野番種　吉德暹羅屬國也在赤道北五度至七度北界六崑南界白蠟東界吉蘭丹大呢西界英屬威利斯雷省及孟加拉海灣地分一百[illegible]五社居民六萬皆暹羅及巫來由種其會城在西海岸

南距檳榔嶼之柔爾日致城一百九十啟羅邁當錫礦極多惟金較少　以上巫來由諸地凡爲暹羅屬國者五又昔稱自主今爲英附庸之國三彭亨柔佛尼格里桑比郎是也歸英保護之國三白蠟石蘭莪松蓋芙蓉是也其餘則皆爲英屬地矣蓋附庸猶不失爲半主之國歸英保護則權已八九在英再降必爲屬地

初三日記

英國鐵路長其一萬六千四百餘英里每里造費英金三萬七千一百十八鎊歲得利息以成本約之爲四分四釐九毫德國鐵路其二一萬四千七十七英里每里造

費英金一萬八千二百三十三鎊。歲息以成本約之爲六分六釐。法國鐵路共一萬一千五十英里。每里造費英金三萬七百四十六鎊。歲息約七分七釐四毫。瑞典鐵路長六百九十五英里。每里造費英金四萬五千六百七十八鎊。歲息官路三分三釐。商路六分三釐。俄國鐵路共四千七百英里。每里造費英金二萬一千八百四十六鎊。不知歲息若干。奥國鐵路共九千九百一英里。每里造費英金二萬五百十二鎊。歲息六釐。奥之南。意之北。另有奥公司鐵路共二千六百餘英里。意國鐵路共有四千二百英里。西班牙有五百二十五英里。葡萄牙有三百十五英里。比利時有一千九百餘英里。每里造費英金一萬三千二百八十一鎊。此外各小國共得鐵路五萬九千三百餘英里。以上統歐羅巴一洲計之也。又美國鐵路共七萬一千五百餘英里。每里造費英金七萬一千三百十四鎊。歲息約六分一釐。又亞洲英屬地之印度等處鐵路共六千三百餘英里。美洲英屬地鐵路共四千四十九英里。英屬之澳大利亞鐵路共一千六百餘英里。阿洲英屬地鐵路共一百三十三英里。

初四日記

西人運機器之物。不外水火。而以水運機。如桔槔也。水碓也。則中國早行之矣。今福建安徽四川等省多川水舂水磨。昔人詩所謂雲碓無人水自舂也。凡造紙者以水舂碎其竹。神速無比。若用人工則價且十倍。以水運磨研粉。與西人機器之磨無異。舂米者亦然。日本之以水運機者頗多。用以造紙織布繅絲軋花。並用以製造各種軍械。雖融化五金。不得不藉火力。此外則全恃水力矣。凡言機器者皆曰汽機。汽者水之氣也。近來運機之水不用人力增減。其水蒸久而爲汽則放出之。既而仍入於水鍋。可以循環無窮。誠善法也。中國內地山谿之水機如再能別求新法。廣用水力。其所以運機者較用火力省費奚啻倍蓰。或派人至東西洋攷求運用水機與蓄水取勢之法。以天地自然之工。興天地自然之利。豈非厚民生之一助哉。

初五日記

議者或云中國茶葉銷數。俄居其七。英居其二。各國居其一。攷去年中國紅茶售於英者祇五千二百五十萬磅。比之一千八百八十年售英一萬六千九百萬磅之數。減至一萬一千六百五十萬磅之多。是十二年間統扯每年少售一千三百萬磅矣。若仍照此數逐年遞減四年之後中國紅茶之售於英者從此絶矣推其病源西人皆曰在稅釐過重紅茶每擔出口納稅關平銀二兩五錢釐金又二兩二錢五分合計約規銀五兩紅茶售價連稅釐在內交到通商口岸每擔二十兩是每擔抽稅釐四分之一矣平常茶葉每擔售價約十一兩是每擔抽稅釐十一分之五矣按江甯天津和約註明茶葉每擔按價抽稅五釐照彼時茶價固應抽二兩五錢照今日茶價祇應抽七錢半而已查天津和約第二十七款本可更定稅則故西商頗尤各國公使之不能乘時駁論云

初六日記

光緒十三年總理衙門咨詢各國公使以整頓茶葉何者爲先各使皆舉減稅答之總稅務司赫德亦稟總署稱中國當先計民生而後籌稅餉自應減稅以衞茶業次年秋間忽又稟稱茶葉出口稅釐卽使減少亦恐無益於事總署本無減稅釐之意於是遂作罷論或又謂使英國不銷華茶他國尚有銷路此殆不然查澳大利亞洲於光緒六年購華茶二千一百萬磅去歲僅購一千四百萬磅蓋因印茶價廉改用印茶故也北美洲去歲銷中國紅茶三千一百萬磅較之光緒六年約省七百萬磅紅茶售於俄者去歲有二千五百萬磅較之光緒六年約增一千萬磅所以然者因兩國喜用紅茶者日衆又無印茶與之爭市也至中國綠茶之售於北美洲者因日本輕稅綠茶每擔僅稅一員以與華茶抗衡去歲中國綠茶銷數有一千五百七十五萬磅較之光緒六年之銷一千九百五十萬磅約減四百餘萬磅日茶則光緒六年曾銷三千九百五十萬磅去年猛至四千七百萬磅十二年間驟添七百萬磅矣可知華茶銷英爲最除英之外餘不足論也

初七日記

客秋奧國設一萬國五穀賽會集有名農師籌商各種養民之法有奧農師開報五穀之數據云本歲印度所收糧食計五百四十四萬噸美國所出麥計五百二十兆斗玉米卽珍珠米又稱包粟計一萬七千二百石大麥二百九十萬石埃及出口麥計九百五十萬石丹國於同治六年將公司所築之大鐵路購爲國路迄今二十五年之久籌款添築新路較前約多六七倍進項則多至十八倍

初八日記

德國向有氣球會德皇以銀五萬墨士賓之約合英金

二千鎊德皇所以須此重賞者其意欲令創製一大球高如四層之屋徑廣五十六西尺球內可藏炭氣二千五百三十立方碼打其製球之物則以埃及國棉料織成之竣工之日駕之上昇約高至三萬三千尺若駕以周遊地球一年之內可行五十次未知能遂觀厥成否也　中國盞達之昔馬暨滇邊外野人山地之昔馬到大金沙江邊各三十二英里野人山地之昔董大寨到大金沙江邊三十一英里滇邊之昔董壩子到江邊四十英里兩昔董中隔一大山相去十九英里昔董大寨距滇邊尙有十一英里盞達在中國昔馬東十五英里

到大金沙江邊四十七英里盞西到江邊五十英里古勇到江邊五十三英里

初九日記

未刻率張聽𩙪赴森哲模斯宮朝紳會　古人字書之字急讀爲一音緩讀輒爲二三音如句吳於越實止吳越二字自魯人效其音乃覺吳有句字發聲越有於字發聲也邾婁實止邾字自魯人聽邾音乃覺有婁字收聲也中國聽洋音亦然如肥譯爲甫意之音育譯爲尤何之音猶中國讀𦒏字得西鏖烏三音也西洋艾約瑟方言得形新法引說文生於心有節於外謂之音心繫於肺肺爲氣海氣由肺發上達氣喉氣喉乃岐爲口鼻二路但氣過處未能自成爲聲必因所過各位有阻礙壓力與氣相乘始成各聲喉中節氣得聲處狀如箱名氣喉出聲源爲第一位其上口狀如舌向後指名會厭爲第二位乃氣喉之蓋俗呼對嘴者也對嘴前卽爲口其相隔爲界者名吊鐘爲第三位吊鐘上卽鼻底孔爲第四位氣過此三位皆能舒縮開閉成聲又氣由喉出上衝口及齶其相軋處名舌背爲第五位又進而舌前爲第六位又進而舌尖爲第七位舌尖或抵上齶之前或伏下牙牀或在上下齒中間邊際移前移後各成其

聲又進而脣破氣爲亦常成聲爲第八位其圖所列之字以挨喉根餘阿發孫松爲舌背音以歌更兒爲舌前舌背合音以衣臨道瞞雨指爲舌前音則與中國字母切韻要法不謀而合

初十日記

中美洲與南美洲之接壤西人謂之土頸曰巴拿馬者又名欵林可倫比亞屬部之一也南北約長二百英里東西闊之中數四十英里最狹處不及三十英里有四省地曰巴拿馬曰阿助歐羅曰脊辣古阿曰克利奎咸豐五年新加拉那大卽今之可倫比亞議院定以巴拿馬爲民主新邦而被

有此四省。得地三萬一千八百九十英方里。戶口約二十四萬。以耕牧為首務。地土肥沃。間隔大西太平二洋。為二洋轉運之所必經。有鐵路四十七英里。以接於二洋。光緒五年。議開一河。溝通大西太平二洋。以法人賴賽樸斯主其事。越二年河始動工。光緒十五年。以費絀而止。所開土石。有四千八百四十萬立方邁當。未開者尚有三千萬立方邁當。是河議定長四十六英里有奇。深二十五英尺。河底闊七十二英尺。河面闊一百二十四英尺。統核經費。用在巴拿馬者。有英金三千一百三十三萬九百三十七鎊。用在巴黎者一千五百六十二

萬八千餘鎊。所購巴拿馬鐵路股分。有英金三百七十三萬餘鎊。用白鴿票法以集銀。計用英金一百二十九萬餘鎊。另酬於可侖比亞者九萬八千二百餘鎊。其用過五千二百七萬八千餘鎊。欲成是河。尚需三千萬鎊。法國遣人查攷弊竇。叢生不可究詰。尚未知工成在何日也。

十一日記

申刻。率馬倩臣赴外部。晤勞偲伯里。理論滇緬分界事。

奧地利亞。於同治五年。改稱奧斯馬加。厥地起赤道北緯四十二度六分至六十度四分。京師西經八十六度五十四分。倫敦格林威治天文臺東二十九度三十五分至一百零六度五十八分。倫敦東九度三十一分東界俄羅斯及羅馬尼亞。南臨亞得亞海。與意大利。西控瑞士。北扼日耳曼。地屬奧地利亞者十一部。屬匈牙利者四部。又波蘭一部。新得土耳其屬二部。共積二十六萬四千二百三十四英方里。民數四千二百七十六萬二千八百餘人。古時為勒西亞諾力加巴納尼亞等國。羅馬征服後。為北狄所據。晉安帝時。匈牙利國甚彊。略歐洲之東方。唐代宗時。法蘭西強盛。侵得奧地兩部。法中衰後。轄於日耳曼。南宋乾道元年。日耳曼列邦其主弗勒得力第一。升兩部地為公

國。以上公顯理約索美碧領之。始都維也納。嗣公勒巴爾第五拓士的里亞地。日主弗勒得力。又拓加里瓦拉地。

十二日記

宋咸淳九年。奧地利亞之哈弗斯堡侯羅爾得福剛明負權略。眾推為日耳曼之其主。得格零地亞並弗羅理地。不威迷亞的羅爾亦內附。奧於是始大。是為哈弗斯堡朝。厥後主日耳曼者。多出王裔。王卒。三傳至亞爾伯勒第五。仍為奧公。娶不威迷亞王女。遂得不威迷亞匈員益大。數傳至弗勒得力第三。雄武有大略。思由婚媾

以昌其國。與不爾艮侯婚。得荷蘭比利時二國。爲子腓立娶西班牙王女。其孫查理遂兼王西班牙。王旣王三國。遒命其弟腓地難多王奧地利亞。其弟又娶何牙利國之女主。奧遂合何爲一國。何牙利卽馬加也。幷得摩拉維亞。細勒西雅。勞塞帖亞等地。王乃遠交近攻。聯英以擊法。虜其王而質其子。遂得不爾艮。拿波里。米蘭。發蘭得斯諸地。明嘉靖六年。英法合兵來攻。拔米蘭。王欒之復米蘭。屠羅馬。與英法和。以不爾艮歸法。致王乞和。加王意大里王之冕。會土耳其侵何牙利。七山總督約翰引土兵入寇圖維也納。查理欒卻之。又合英兵迫巴

黎。與法人議和。嘉靖三十五年。王查理讓位於弟腓地難多第一。遊西班牙而卒。

十三日記

腓地難多第一旣立。爲政公溥。國乃大和。傳數世。萬歷四十六年。士的里亞公腓地難多第二立。窮治新教。被逐者三萬家。嗾英蘇三國來攻。王遣將敗之。法甚奥。日强盛。合瑞典王來伐。瑞王戰死。奥軍亦挫。王卒。腓地難多第三由何牙利入郎位。厭兵罷戰。割地賂瑞法以和。計不威迷亞一部。削地十之八。失民二百萬。子里泊德嗣。與土耳其法蘭西累歲搆兵。久而未巳。

國朝康熙四十一年。日耳曼各部皆自主。其國與奧與普魯士雄踞南北。自帝境內迤西三十六部則稱日耳曼列邦。四十九年。查理第六爲日耳曼共主。得西班牙屬土米蘭薩爾的尼拿波里。血戰十一年。至此乃息。時有地三十五萬五千英方里。雍正十三年。法蘭西西班牙薩爾的尼亞三國來伐。以羅內賂法。多多納與薩拿波里倫巴爾多與西。乾隆三十八年。與師會俄人普人入波蘭。初分其地。乾隆末年。法王拿破侖率師伐奧。遵亞爾伯山而東。所向披靡。奧屬土之在意大里者。皆淪於法。遂逼維也納。割埃奧尼諳恩及下國荷蘭與法。割米

蘭曼士亞倫巴爾多爲西撒賓其和之政。法乃罷兵。嘉慶五年。拿破侖又大舉侵奧。奧王再與議和。乃罷。十一年。英俄瑞來約伐法。拿破侖先發制之。猝圍奧京。王懼而求和。割威內薩與意。割的羅爾與巴威也。拉割蘇亞維亞與巴爾敦巴耳。於是兩國合日耳曼中部以南十四州曰萊尼聯邦。撒遜等國亦附焉。日耳曼千六百萬人皆爲法轄。王自王其國。日耳曼其主之名垂一千年。至此遂亡。

十四日記

嘉慶十四年。奧王佛朗士斯第一欲修怨於法。使皇族

查理及約翰將兵三十萬分道擣法大敗而還維也納陷王出走再戰再敗乃割壹黎里與法和又割撒爾斯堡等地與巴威也拉分加里細亞與俄及撒遜次年拿破侖米逆王女馬利爲后嘉慶十八年拿破侖敗於墨斯科王以婚姻之故居中排解法王不聽王患合縱入巴黎明年再流拿破侖各國大會於巴黎各返舊地奧盡復壹黎里亞撒爾斯堡的羅爾東加里細亞及上意大里波江之北倫巴爾多威尼西亞奴兩部以普奧聯荷合日耳曼稱同盟四十邦奧爲盟主王於是爲鄰邦弭釁息爭若拿波里西班牙希臘土耳其皆次第平其

難道光十五年王卒子腓地難多第六立二十七年國亂不咸迷亞上意大里甸牙利皆叛王遜位於姪即今王佛朗士斯約瑟福第一也乞援於俄大興師伐甸平之初倫巴爾多威尼西亞奴兩部久屬於奧若奧苛政會城米蘭威內薩人揭竿逐守吏薩爾的尼亞亦叛薩王以女嫁法謂法人曰若得大國援以倫威兩部歸薩請獻乃斯撒歪二地法許之合兵入米蘭王自將禦之敗績遂失倫巴爾多一部咸豐十一年薩人啟國號曰意大里云

十九日記

奧王佛朗士斯約瑟福自迭經失地之後乃盡心謀國開上下議院以通民志普魯斯僨王之有爲也陰約意人觀釁而動同治三年奧師會普師攻丹馬丹人獻勞英不爾厄痾爾斯德音石勒蘇益克三部於奧以和普爭之〻得遂有違言同治五年普意連兵攻奧普兵三十八萬大礮八百尊入奧境意兵二十五萬自不威迷亞入奧合撒遜兵禦之普新製針礮猛迅奧軍不支遂大潰奧京戒嚴法人出爲勸和盡割新得丹地與普并償兵費合英金二百萬鎊不得列日耳曼盟會割威尼西亞奴全部與意同時奧國水師有力撒港之捷意之

軍艦大挫焉然業許意以割地不能毀約也王乃輯和邦內以禦外侮以奧與甸並立改國號曰奧斯馬加王兼王馬加明年至甸都行即位禮民大和會積墟胥捐同治六年始與中國立約通商十二年開博覽會於維也納始廢教王權利民教由此相安光緒四年與日耳曼立約取斯必街地十三英方里又以波斯尼亞及亞剌萬兩地永隸奧屬以斯賴竭佛爲兩地會城又有琛及克一城逼近土耳其最爲首衝奧駐兵於此以振武備云

二十日記

奧地利亞通國教民天主教居百之七十九希臘教居百之十一餘皆他教匈牙利通國教民天主教居百之五十耶穌教居百之二十餘皆他教奧匈兩國歲入之款六萬零九百五十七萬餘福鹿林（奧銀之名每一福鹿林約值英銀兩仙令）歲出之款六萬零八百六十八萬餘福鹿林國債四萬一千一百九十九萬餘福鹿林常備之兵三十二萬有奇臨戰豫備之兵一百七十五萬有奇頭等鐵甲船二次鐵甲船九又次鐵甲船十五餘皆木輪商輪一百七十五隻鐵路官商各半計二萬七千結羅米特（以英里計爲八分之五每一結羅米特約半英里有奇英里名邁爾）合一萬七千一百九十八英里電綫九萬三千五百十五英里奧地利亞屬地分部十一曰下奧地利亞曰上奧地利亞曰士的里亞曰格零地亞曰加利瓦拉曰的羅爾幷伏拉爾堡曰撒爾斯堡曰壹黎里亞曰不威迷亞曰摩拉維亞曰細勒西亞匈牙利屬地分部五曰匈牙利曰達郎西里瓦尼亞曰哥羅瓦西亞曰斯加拉窩尼亞曰達爾馬西亞波蘭故地列部一曰加里細亞附部一曰布哥維納新得土耳其地分部二曰波斯尼亞曰亞剌萬（即日薩壹爾）

二十一日記

奧國岡嶺四合隱如大環域內形勢約分兩戒南戒阿耳傀士山山爲歐洲之望奧獨占形勝自瑞士國入界隨地命名約分爲五曰爾陜嶺山頂積冰雪曰諾立克山鐵軌由維也納至格雷時穴鑿懋林派斯山徑穿山洞飛橋懸崖至爲幽險曰克尼克山曰巨凌山頗擅名勝曰滌納列克山袤延哥羅達爾兩部北戒大山二一爲漢斯納山環不威迷亞全境周三萬二千英里一爲卡批提安山起多惱河北岸迤東而南包匈牙利全境復包達郎西里瓦尼亞界羅馬尼亞折而西復分爲三曰匈牙利之卡批提安哈意侖剌山緜延匈牙利加里細亞二部之間曰達郎西里哈意侖剌山袤延全省約三萬九千英方里曰卡丕宣恩華爾竭嶇山介上兩大山之間此奧國諸山大較也

二十二日記

奧境諸水多惱河爲大河夾阿耳傀士蒲爾耕並卡批提安山歷年開鑿輪舟暢行此河發源日耳曼之巴敦東流經巴威也拉（即拜晏）始入奧士地利亞有來因河自瑞士經的羅爾南來會之復東流脫倫水合諸湖南來會之至下奧地利亞愛恩斯水南來會之又萊賽水南來會之入匈牙利界瑪克河自北來會之東南流爾拉渤河合渤淪洶河自西來會懷格格浪兩水由北來會

折而南行至斯加拉部特拉法河合毋阿河自西來會
東南流梯索河自北來會再東南與塞爾斐亞國分界
撒窩河自西來會鐵美士水自北來會復東南流經羅
馬尼亞國入黑海蓋多惱河貫歐之中原俄土羅馬尼
亞諸國商船輸運皆上溯奧及日耳曼諸邦順流泛海
爲全河長千七百七十英里奧得其八百四十六英里
乘方得三十一萬英里奧占其十七萬七千英里云又
特捏士塔河發源加里細亞下流經俄境入黑海維士
克耳河發源細勒西亞下流經俄普境入波羅的海阿
得河發源摩拉維亞經細勒西亞入普界厄耳白河發

源不威迷亞過巴拉加會城入撒遜境阿的匯河爲通
亞得亞海要道發源的羅爾之格崙南經意國威內薩
入海此奧境諸水大較也

二十三日記

奧境北不逮波羅的海東不濱黑海所恃以通海道者
僅亞得亞海一隅此海爲地中海之東灣亦名威內薩
海灣奧自失威尼西亞奴一部江河下游悉歸鄰境鐵
艤東來必經阿耳魄士荒山始至壹裂里亞濱海雖屯
水師天險究與意大里共之故規以的里也斯德及坡
拉兩部爲重鎮焉奧以下奧地利亞爲首部在阿耳魄

士山東盡處多惱河貫其中西岸大城名維也納奧都
城也在赤道北四十八度十二分京師西一百度零七
分倫敦東十六度二十二分城周三英里通門十二環以深濠物產
則有綢緞絨呢地毯棉花書籍地圖樂器礮械磁器
加里細亞一部波蘭舊地也凡三萬零三百六英方里
乾隆末第三次分波蘭始全入奧地在卡批提安山背
居民六百九十萬會城曰陵卑爾谷近台尼斯聚河又
布哥維訥部四千零三十四英方里居民六十四萬
波斯尼亞及亞剌萬并諾維巴薩新得土耳其地也東
鄰塞爾斐亞國以特林諾河爲界諾維巴薩伸入土境

爲奧極南邊地居民一百四十萬

二十五日記

昨赴柏金韓模宮英君主之朝會今日午刻赴英新
造屬國會館觀英君主行開門之禮　數日前有一英
商久居巴西者來謁因聞巴西遣使中國立約招工據
稱將設公司包辦此事余告以中國即許華工赴巴西
傭墾但不願洋人往招而欲導其自往之路若公司包
辦則華人必失自主之權又將蹈古巴秘魯猪仔之覆
轍矣必不能允因詢以巴西情形據云巴西沃土甚多
田地已墾者僅四分之一天時炎熱難免疫氣都城有

六十萬人自改民主以後民氣轉多不靖蓋巴西本一統之國其改民主例與美國相同各部競思自主政令斷難畫一現議仿法國民主之例如能辦到庶有豸乎蓋法國雖稱民主而仍統於一尊各部無角崎之勢非若美之合衆國爲國也又稱十數年前巴西與中國立約後華民往者三百人工期五年既皆屆滿今乃各業所業大都皆小本營生及捕魚墾田之事云

二十六日記

電致總理衙門云滇事磋磨已久彼堅不認曾侯前議又謂新設威邊廳係卡瓦舊地與車里孟連兩土司向

均入貢於緬察爲兩屬緬官又以照約入貢爲恥隱圖狡賴外部被印度牽制動輒停商殊覺計窮力竭惟印度覬覦滇疆意甚叵測若不稍展拓無以折彼隱謀兼啓他國窺伺賴鼎力始終扶助伸金江爲界之議彼有所憚可就範圍頃外部來文據與印督商定孟定橄欖坡西南邊外讓我一地曰科干抵潞江左岸凡七百五十英方里又自猛卯土司邊外作直綫抵潞江麻栗壩之對岸止悉劃歸中國約八百英方里又久淪於緬之漢龍關勘界時可歸中國又以野山地之昔馬及其迤北迤南歸中國約三百數十英方里彼此較易分守又允我收回車里孟連威邊全權自後與英無涉又飭緬員明年呈進方物查展地皆係荒邊較易控轄其餘分界可悉照滇圖界綫似此收穫雖變換曾侯前議尚足與三端相絜明知荒地無益必稍有所展一杜各國輕視二窒印度狡謀三護滇邊土司四免彼勘界時侵入滇境彼族異常黠勒刻思乘機翻異歐使又暗中慫搆事機呼吸應否摘要先呈

御覽電示機宜迅與定局杜彼狡變容即具摺詳奏並與外部商訂條約通商章程約三箇月可了事前論分界索彼已得之地故難今議通商欲以可獲之利故易

惟新任請簡逾期到洋必在滇事全了後懇速定

二十七日記

空氣中有電即動植諸物亦莫不有電電之性分陰陽同則相驅異則相吸電之用分乾溼可藉其力以運動別物亦可借其用以大放光明近三十年來研究愈精運用愈妙工人以之鍍金銀器皿醫生以之治病將士以之施放巨礮及水雷農圃以之培養植物國家以之處決重罪人犯或用以傳聲或用以傳信雖數萬里外瞬息往來又自電燈盛行而煤氣燈爲之黯然減色如礮臺之守禦兵艦之游行皆用電燈窺伺敵人近來西

人體察愈深。咸以電燈但於夜間放光。白晝無所事事。恐將機器空擱。遂用新法以銅綫通於別種機器。一經運動。千輪萬軸旋轉不已。各處工作之場皆用之。夜則仍放光明。一舉兩便。還來又以電氣行車。較之火輪車無震動轟炸之患。無風雨遲緩之虞。如日後再用電力以行船。則更妙矣。

二十八日記

洋字由左横行向右。有大楷小楷草書行書四種。字母凡二十六。以華音呼之。曰愛。曰比。曰西。曰低。曰衣。曰愛夫。曰奇。曰愛擬。曰挨。曰哀。曰及。曰哀。曰開。曰愛尼。而曰愛姆。

曰愛恩。曰卧。曰披。曰口育。曰阿而。曰愛司。曰梯。曰宥。曰何。曰維宜。曰達勃留五。曰愛克司。曰歪哀。曰思熱梯。其拼字法。以愛衣挨哀卧宥五字為韻。猶中國翻切法用尾字為韻。其出切字用及哀開口育三字。皆喉音也。用低梯愛尼而三字。皆嘐音也。用思熱梯愛司二字。皆齒牙音也。用比披愛姆愛夫維宜五字。皆唇音也。西洋用韻。愛字有哀鴨挨阿惡五聲。衣字有衣合歐三聲。挨哀字有挨哀一三歐三聲。卧字有蛙惡凹屋烏厄六聲。宥字有尤何厄歐屋四聲。此用韻之糾紛。當通切韻以一之者也。西洋字母。考其音韻之通轉。有正紐倒紐二法。如

提卧為杜字。卧低則為惡疊字。愛甫衣為非字。衣愛甫則為愛甫字。衣字無音矣。開挨哀為卡哀字。挨哀開則為一克字。挨哀开门變為齊兩矣。愛司宥為西育字。宥愛司則為厄司字。思熱梯愛為才字。愛思熱梯則為鴨是字。愛能卧為拿字。卧愛恩則為盎字。愛能在前為嘐音為第三位。在後則為尾音也。

二十九日記

愛能愛為男字。愛愛恩則為鴨痕字。卧宥為惡何字。宥卧則為育字。此皆二字拼法。一通切音可以正倒審其音之輕重也。皮愛低為拔疊字。低愛皮為達勃字。梯愛

披為塔浦字。披愛梯為攀脫字。愛能愛披為捺浦字。披愛愛恩為攀字。愛姆愛低為礙疊字。低愛愛姆為達姆字。梯衣愛恩為吞字。愛能衣梯為納脫字。此三字拼法。一通切音可以正倒審其音之輕重也。皮愛愛為排字。皮衣衣為皮字。特勃留五卧衣為華字。特勃留五卧卧為何字。此可見尾音重複。反致無音也。愛司披歪哀為司派哀字。愛司梯歪哀為司太哀字。此可見三字均響。則皆有音也。即洋字中有同一字形而音義微異者。據華音以切之。異者亦歸於同。如洋語弓為耙。屛拜為抱何其字同為皮卧宥何。洋語風為活音。盤旋轉為槐音

疊其字同爲宥阿挨哀愛恩提又如石灰黏膠爲失門脫灰榻黏膠爲細門脫字音分輕重也快活爲瞎潘更快活爲瞎潘歐頂快活爲瞎潘愛司脫字音之加尾也大致不外切韻九音法曰牙音曰舌頭音曰舌上音曰重脣音曰輕脣音曰齒音曰正齒音曰半齒音曰喉音無論二字拼至十餘字拼皆可得而易知也中國不識洋音但能識得洋字之音則遇洋人書字欲察其是否須先問洋人如何講說今据中國之切音歐西洋之字音聽彼講說起音係何字母收音係何字母中間轉折係何字母然後勘其所書之字合與不合自無不豁然矣

四月癸丑朔記

漢諾威日耳曼之大國也昔者英吉利無主英之臣民迎漢諾威王入主英國仍兼王漢如是者累世矣漢例有與英例不同者英例君主無子則傳女漢例不能傳女今女主維多利亞卽位遂立其同宗某公爵使王漢諾威在英仍爲公在漢則爲王先是日耳曼諸國以奧地利亞爲最大普魯斯次之巴威也拉（卽拜晏）又次之漢諾威又次之漢國轄境頗廣其地幾與伯靈相接數十年來普國日長炎炎惟巴漢兩國與普頡頏有相爭相忌之勢同治初年普伐奧乘勢先滅漢諾威漢王奔法寓居巴黎普乃大敗奧師多割其地是時普相畢士麻克用事崛起稱雄以英之强坐視宗邦之覆滅竟亦不能救也普旣蹶法改號德意志皇帝日耳曼會盟諸邦無不奉普爲其主自居屬國之列德人頗風示漢王如能降心相從奉德正朔可悉返侵地俾王故國漢王不稍貶節竟不之應德乃派官治漢除去常用經費餘財悉爲存儲且曰漢王如降我財與地悉返之無何漢王卒其子仍寓巴黎自稱漢諾威王亦終不肯降德近年有人說合王乃自稱不願歸王故國亦不勸其舊民與

德爲難德於是以歷年所儲餘財返之然自是漢地終爲德有矣　武昌設自强書院分算學方言格致商務四齋

初三日記

美國大公堂前定驅逐華人之例凡華人不注册者驅逐出境但華人不肯照行十萬人中僅有四千人注册耳其餘九萬六千人皆應驅逐若照原例須用經費五百萬員而有著之款僅得三十六萬餘員有不能舉行之勢大約此例當廢矣美國議者或稱華人在太平洋各國極爲有用之工若驅逐之不啻自去地方之利益

俟下次開議院時須駁去此不善之苛例。或又慮美人在中國者中國亦仿而行之。如是則必有撤使之舉。美國總統之意非將驅逐華人事辦妥後決計不派公使駐華。現計美人在中國者僅一千人。似不畏中國之仿行報復。惟中美兩國若果因此絕交則中國茶葉之貿易將爲印度及英人所得美國火油之生意將爲俄人所得耳。

初四日記

檀香山歸併美國一事。土民願從此議者一千九百二十八人。不願從者四萬人。　中俄兩國曾立接連電綫之約。經俄使喀希尼與李中堂於去年西八月在津簽押。約內所載如有更換當以十年爲期。其接連之路有二。一由牛莊至諾倭業斜羅。一由呼倫貝爾至布拉郭威什臣斯克即海蘭泡。一由恰克圖相接由呼倫貝爾至海蘭泡之電業已竣工。歐亞來往電信已可由此發寄矣。由俄都至中國一路每字價法銀五方。由他國寄信東方者。每字八方八十生丁。此事俄國爲自收其利起見。此路電綫竟與海綫取價無異。大失眾望。駐京各使皆起而爭之。英國歐使尤爲不悅。然迄無挽回之效。各使現欲追議一千八百八十五年所定之電報公會云。

初五日記

美國駐法領事府二十年來法國興旺情形報知美國。據云自拿破倫第三失國。法地出煤較前可增一倍。逐日用煤較前多燒十分之七。鐵路運貨之噸數較前增百分之八十七。火車所載客商人數現已加倍。國家存款在銀行者加至四倍。　辛卯年法國在東京用過之款計一千零九十二萬五千員。協餉等項進款有九百四十九萬六千員。實虧一百四十二萬九千員。　法國國債截至今年西正月初一日止。實有三萬零六百十一兆六十八萬五千佛郎。較昔又增多矣。　英國進口貨多於出口貨。近十箇月中進口貨祇少英金一百五十萬鎊。出口貨少至一千九百五十萬鎊。若以一年核算。即應少二千四百萬鎊。英國生意如此。大非興旺氣象。

初六日記

德國現有國債十六萬七千一百萬馬克。約合英金八千三百五十五萬鎊。將來仍有增無減。緣俄法兩國年年整飭武備。德不能不設防也。惟以民人五千萬合算。欠債實非甚多。若以德國盟邦欠債而論。則德國欠債爲甚巨。普魯士邦欠英金三萬萬鎊。淌克生邦欠二千一百六十萬鎊巴利尼亞欠六千六百六十五萬鎊各小邦所欠之債尚未計及至各邦之債尚有鐵路作抵而普魯士進款足付常年利息並可帶還國債德戶部歲由各盟邦提款以資使用去年各邦解往德都者三萬二千一百萬馬克後兩年尚須稍增其行息則自三分至四分云

初八日記

法國礦務新報由各處查明天下所出金銀計辛卯年共出金二百零六噸值英金二千六百三十二萬鎊共出銀一千七百七十七噸值英金三千七百三十六萬

鎊出金之數首推美國次澳大利亞次俄國次南阿非利加民主國次非洲亞洲之英國新疆次則中國查美國所出之金值英金六百八十八萬鎊澳洲出金值五百零八萬鎊俄國出金值四百六十八萬鎊南非洲出金值二百七十六萬鎊阿亞兩洲英屬新疆出金值一百九十二萬鎊中國出金值一百零八萬鎊紐郎偷脫出金值七十六萬鎊其餘每國出金值二十萬鎊至二十八萬鎊不等出銀之數亦首推美國值英金一千五百六十萬鎊墨西哥出銀值一千零八十四萬鎊波利非亞出銀值三百二十萬鎊德國出銀值二百七十六萬鎊智利出銀值六十萬鎊西班牙與法國出銀各值四十萬鎊中亞美利加與英屬之亞阿那出銀各值四十萬鎊中國出銀值三十萬鎊此前年各國所產金銀大略也

初九日記

前年美國進款合計英金八千五百十七萬三千六百四十鎊出款八千三百十九萬零七百六十一萬鎊

淡巴菰出自荷蘭然後西班牙法蘭西從而效之傳至日本盛行於中國塞上價甚昂貴至以馬一匹易煙葉一斤謂可治寒病初設厲禁禁弛而播種遂廣浸假又

有鼻煙王公貴人多好之按意大利多產薦草國人碾而製之曰布露輝盧英人名之曰士那富以鬱蘊既久香氣乃釀相傳彼國有人藏煙葉甚多數十年發視變為塵土嗅之有異始仿製為鼻煙歐洲人服之者以俄法為多氣辛以辣近日鼻煙亦已多非舊質今論煙之品上者曰飛煙次則鴨頭色綠而味微酸謂之豆煙煙究以深綠為上鴨頭綠次之深綠歷百年變為深紫有近墨色者為最上乘鴨頭久亦微黃漸成紫紅質薄氣烈有白色者亦為佳品大約色以深為上淡為下黑為上黃為下味宜酸氣宜靜質宜舊其用則通百脈違九

骰調中逐穢惡解瘴疫愈頭風明目至儲煙者謂之瓶又謂之盒載煙者謂之壺取煙而注之壺者謂之漏煙在壺撥諸器以餉客者謂之疊剩於瓶以別美惡者謂之挑挑疊以象牙爲之壺之製則珠玉瓷石鼎木無不兼用

初十日記

詩有之曰相其陰陽觀其流泉後世風水家祖之記有之曰外事以剛日內事以柔日後世日者家祖之是知風水與擇日之說由來舊矣泰西風俗並無此事其墳墓則規一曠地爲叢葬之區不論貧富貴賤皆萃其中

但其邱隴在富貴者則修飾精整在貧賤者則規制卑陋耳然在地上則數千百塚纍纍排列在地下則互爲隧道四面皆如牆壁以棺推入其中而所謂龍脈形勢者皆無有也其宮室則或閎敞或庳隘無慮皆係樓房依街衢自然之勢雲連櫛比不審嚮背不擇時日卽所謂衝太歲坐三煞者皆不忌也大抵中國久有風水與擇日之說人人意中皆有此事故亦能稍稍顯其禍福西洋本無此說人人意中皆無此事故禍福亦無從著爲陰陽怕懵懂此之謂乎

十一日記

許竹篔星使來函云帕事似俄廷詞我調兵添備意在與爭始有請我另指實地再行和商之說上月初旬俄外部亦有華兵不出俄不調兵前進等語篔望見嘎爾斯力以顧全和好爲言嘎頗謂然揣度近來情形可免決裂但彼此界議尙難合龍仍是相持之局晉咨歸裝明言各按俸薪分別加復則使臣至隨員應領九成似無疑義前歲晉電乃一時權加今旣咨行前次足成之例自作罷論矣洪文卿侍郎去秋兩爲言者（余聯沅糾延茂）其界圖誤將華地劃在界外似聞因尊處摹給英外部所送圖譯者加注界圖處幾謂爲誤據俄本（其實英官圖局亦如

此）以此擡抬大爲南城士大夫口實（其疏則一留中一交署覆已了）

十二日記

中國以嗣續爲最重孟子謂不孝有三無後爲大蓋有鬼猶求食之說又有神不歆非祀之說若敖氏之鬼不其餒而令尹子文所以泣也佛氏生於印度其說亦頗相符故以人之生前造孽者爲餓鬼鬼而稱之爲餓則鬼眞求食矣求食必賴子孫之祭祀講陰騭者遂以絕嗣爲最重之罰良有由也泰西風氣則不然往往有富擁鉅萬而終身不娶將死則輸之教堂分之朋友者往往有貴爲總督或各部大臣年近耆艾猶孑然一身旣

乃娶一耆艾之處子不過聊以自娛意本不在生育者蓋彼本視子孫爲甚輕若居可有可無之列所以然者彼謂人死之後歸於溟漠無所請求食也此耶穌之說之與儒佛不同者也洋人無事不講覈實大抵如此然之死而致死之不仁而不可爲也聖人豈不能爲洋人之覈實哉蓋深有見於鬼神之德體物不遺祖宗與子孫實有相依相繫之理人人知此則爲善者有所勸爲惡者有所懲而報本追遠之意油然而生耶穌之教非不覈實然而難免不仁之譏矣

十三日記

英法兩國雖皆稱饒富之國然法自爲德人所敗國債纍纍困於輸息以至無物不稅無稅不重倘有孑孑不終日之勢英國則帑項充裕凡人所資爲衣食及日用必需之物無不優免關稅以廣招徠其重收關稅者惟煙酒茶葉加非四者而已舊時英關於綢緞米麥等亦莫不有稅厥後用議院之議漸裁各稅而以其稅加之煙酒加非茶葉之中然近來英關收數仍不減於舊者以煙酒加非茶葉之銷數甚繁也議院之言蓋謂布帛等物民所仰爲衣食者稅之則礙民生計故竟裁之煙酒加非茶葉並非人生必需之物而人必欲用之者不

過徇一時嗜好而其力亦必稍有餘者也彼既可已而不已雖重榷之亦不爲過譬之人吸雪茄煙者日費三本士今加其稅俾日出六七本士亦於其人尚無大損此所以值百抽百或抽二百而民不以爲病也此所以能用四宗之稅敵百貨之稅也余於是恍然於中國之關亦可漸用此術昔南宋以一隅之地支持強盛之女眞趙開爲張浚理財僅恃四川一省所供之餉數倍於全盛之時而能源源不竭其大端亦不過倚辦於榷酤榷茶數者英人之法殆暗與此合今中國關稅及洋藥釐金每歲收銀約二千餘萬兩誠將各物出入口之稅一概豁免而於茶葉出口稅酌減其半以輕成本所有歲收二千餘萬兩盡加之於洋藥釐金與煙酒加非之中其洋紗洋布火油自來火四項亦須加稅一二倍以保華民生計豈非自富自強之要圖乎

十四日記

余聞南北冰洋人皆短小其地不生草木以雪爲廬以冰爲牀以魚爲糧以獺皮爲茵魚與獺皆捕之冰中者也水之所產舍此無別物焉以犬與鹿爲使或駕車或運物而以魚骨養之陸之所產舍此無別物焉夫赤道之下天氣炎熱而人皆短小以其終歲發生人之氣不

一飲則長養亦不能宏也南北冰洋天氣冱寒而人皆短小以其終古嚴凝人之氣不一舒則孕育亦不能厚也然則得天地中和之氣者惟居黃道下爲最相宜乎

十五日記

西俗於養身之道無論貧富貴賤皆較華人爲講究凡稍有身家者每膳必食兼味必有牛肉有洋酒一二品食畢有水菓有加非有雪茄煙早晚必飲牛奶或牛肉湯日用之需約須以洋銀三四員爲度其衣服雖皆用黑呢短衣窄袖然間其費亦頗不菲大抵洋人性情好潔好整好便捷好示闊氣好有益於身體而卻疾病雖

工人僕御之流每七日亦必食牛肉一二次否則謂無以養生也華民之傭工外洋者每日可得工資洋銀二員或三四員而其自奉甚菲衣食至爲濫惡意在節嗇以蓄餘資洋人往往嗤鄙之其議以爲天地之間人爲貴天本予人以自養之權今華民欲等人道於牛馬則我亦不能以人道待之美國所以有驅逐華民之政也雖由貧民之忌人奪其生計然使華民稍自修飾不露寒儉之態其被嫉當不至若是之甚風氣所趨有不得不然者耳

十六日記

中國用人以富者爲嫌西俗用人以富者爲賢其道有相反者夫登龍斷以左右望而罔利市者謂之賤丈夫中國數千年來無愚智皆知賤之西漢摧折富商俾不得與齊民齒即使其中有賢能者亦往往擯不用偶或誤用之未嘗不致覆敗其矯枉過正者遂有明知其賢而避嫌不用者矣故貶之曰銅臭斥之曰守財虜中國之習俗然也泰西各國最重議紳議紳之被推選者必在殷富之家謂之體面人且其平日必散財厚施以沽名譽然後能爲眾所推間有十之一二以寒士膺選者則因其才學已著有富人代之用財冀其入議院而助

已也至其選爲各部大臣及宰相者非殷實之世爵即富厚之名人其意以爲彼皆不憂衣食專顧體面未有不竭誠謀國者而其所用之人非特犯贓罪者頗尠往往皆能稱職大抵人才視風俗爲轉移彼知爲眾所棄則竟自棄矣爲眾所重則亦自重矣且西洋之寒門貧族所以不出人才者彼自入塾讀書以後非極富則不能爲上等之學問非極富則不能交上等之朋友況復困於見聞牽於衣食其不能開拓胸襟也審矣若夫豪傑之士非以財助之不興也蓋有恆產即有恆心者吾於泰西風俗見之

十七日記

印度洋中鱷魚最夥擒之之法有三或用手槍擊中其目他處彈不能入也此非眼明手快者不能或有趫捷者躍上鱷背不齊騎鯨而去以兩手摳其目取之亦易更或用竹竿尖其兩頭手執其中立於海邊誘之魚見人影以爲可啖也張口而來捕者持竿送入一經吞噬口不能合然後再傷其兩目而魚即斃又聞南洋白蠟等埠因有鱷魚爲患土人被害者不可屈指計於是居民操強弓毒矢以與之從事一月間捕獲十六尾最巨者長十九尺圍寬九尺亦有甫經上釣即悠然長逝者然自此鱷漸息矣

十八日記

梵典分大地爲四大洲實在西洋圖說一千數百年以前其名曰南贍部洲西牛賀洲北具盧洲東神勝洲魏默深氏謂西洋圖說之四大洲僅得梵典四洲之二其說以爲水中可居曰州亞細亞歐羅巴阿非利加皆有陸地可通實爲一洲蓋即釋典之南贍部洲亞美利加即釋典之西牛賀洲至北具盧洲則隔於北冰洋東神勝洲則隔於南冰洋海船不能至其地遂不能遇其人等語魏氏解釋典之四洲視洋人圖說之四洲益遊闊矣余謂人迹所不能到之地即人物所不能生之地此可以理決者也北冰洋在俄羅斯陸地之北南冰洋在南洋大海之南居北極南極之下皆一片冰雪幽闇昏昧日光不照人物不生釋典烏得稱之乎且南北極之下爲地球南北之樞不能得大地百分之一若以地球周圍大勢測算又安能容此兩大洲乎然則釋典之四洲殆即西洋圖說之四洲無疑也魏氏引說文水中可居曰州之說謂亞歐阿三洲皆有陸地可通實爲一州未免失之太泥蓋說文之意不過就大勢而言假令其地四面有九分爲水所環僅有一分通陸固亦可謂之州矣今雖不能就釋典之四州確爲注解大約美洲即西牛賀洲其南贍部洲似指印度及南洋各島言之則東神勝洲爲亞洲無疑而北具盧洲爲歐洲無疑矣阿洲或附印度或附亞洲未可知也魏氏之說難免闊大不經之譏已

二十日記

昨赴外部讌會慶英君主生辰也君主生於西五月二十四日今讌會移於西六月初三日云　日本於辛卯年編查戶口其得四千零七十一萬八千餘人內男丁二千零五十六萬三千餘口婦女二千零十五萬五千

餘口於此十年之中竟增民三百八十萬八千餘口近三年中又增民一百十一萬二千餘口云

二十一日記

梅氏定九之言曰遠國之言歷法者如唐之九執歷元之萬年歷明洪武間所譯回回歷皆出西域而東南北無聞蓋堯命羲和仲叔分宅四方嵎夷南交朔方皆有定處獨和仲曰宅西不限以地知當時聲教之西被者尤遠迄乎周末疇人子弟分散遐方抱書器而西征者勢固然也歐羅巴在回回之西其歷法與回回同源世世增修遂篤回回之上羲和久失其傳古籍僅存周髀

一法西人渾蓋之器地圓之說皆不出周髀範圍而周髀之學直接羲和亦可知源流之由中及西西人特加精之耳何容以中西之見歧之哉明季閣臣徐光啓奉命譯西洋歷算新法書成未用

國朝始準頒行然改康熙初年疇人與西洋人爭訐不休廷臣莫能定其是非

聖祖爰於萬幾之暇搜討數十年遂造精微

御製三角形論融會中西諸術又徵梅瑴成供奉

內廷充

蒙養齋律歷洞源總裁測量日星攷核求是復遣官往新闢蜀粵分測日影月食以定諸差凡躔離朓朒交會之原五緯伏見遲留之故逐一詮解曰呈

御覽親加點定成書四十餘卷名曰歷象攷成

二十二日記

西洋諸國武備日新文教亦蒸蒸日上英國倫敦有赫來士阿斯必鐸者大學館也建自三百五十年前學徒七百人有可造者升之居斯勿大書院倫敦又有播犂地士毋席庵者爲最大書院中國經史子集無不收藏男女看書者三百餘人早入暮歸且於中國聖人之道無不悉心體會英之文教盡如此德國書庫在新皇宮

之旁屋中列數千年前樂譜及各國古字俱以羊皮爲之有掌書所亦藏中國經史子集並有梵文字彙蒙古舊史吐蕃紀載每日九點鐘至四點鐘凡來領書鈔讀者二百餘人德之文教盡如此美國人皆入書院分十餘班升首班者入郡學院專教格致史鑑歷學算法他國語言文字及藝術必用之書再上有實學院院有上下分十三班考得首班者入大學院肄業肄業既成升之仕學院蓋欲其學優而仕也院中藏書與英略同其所肄業諸學一經學專論教中事也二法學考論古今政事利弊及通商事宜也三智學格物兼性理文字爲

言諸事也四醫學博考經絡表裏及製配藥品也美之文敎蓋如此

二十三日記

鐵壁關與壘弄相近在騰越西南六十英里北緯二十四度十九分倫敦東九十七度四十七分　字林報云吳淞口內之高橋沙又名鴨窩沙淤淺日甚無論大小船隻非有大潮竟不能駛進黃浦實關上海通商全局若不設法開濬恐西商必移至他方另擇便當之處而上海市面冷淡矣　英國出口之外國貨物與出口之新疆貨物共值英金四百七十八萬八千餘鎊較之往

年均有增無減而生棉羊毛兩項爲數尤多　俄廷今年額外動用款項約計八千一百萬羅布大半建造鐵路而悉畢爾之鐵路亦在其內如擬定之數目仍不敷用俄廷即擬借債二千五百萬羅布以補不足

二十五日記

上海輪船招商局第十九屆帳略綜結一該股分資本規銀二百萬兩一該保險股款規銀二十萬兩一該洋商存款三十二萬餘兩一該往來存款四十六萬餘兩一該股分存息銀二十二萬餘兩一該自保船險一百三萬餘兩一該綵結公積規銀六十九萬餘兩又有零款三小宗其結該各款規銀四百九十七萬餘兩一存往來欠款規銀三十九萬餘兩一存朝鮮借款十二萬餘兩一存舊帳股票產契抵欠銀十萬餘兩一存現有銀洋五萬餘兩一存借發輪船保險二項股息銀二十六萬餘兩一存華棧資本五萬兩又有零款七小宗其結存規銀一百十萬餘兩一存船二十七隻其計本銀一百八十二萬兩一存各口小輪船躉船駁船各局生財濟米麻袋其計九萬兩一存上海東棧本銀二萬兩北棧二十八萬兩中棧十三萬餘兩南棧七十九萬兩一存天津棧房十六萬餘兩一存漢口棧房十七萬兩

一存九江棧房七萬兩一存鎮江棧房五萬兩一存香港棧房七萬四千兩又各口棧房十餘處其計棧本一百九十二萬兩統計結存各款規銀四百九十七萬餘兩

二十六日記

招商局第十九屆綵結一進各船餘款規銀四十九萬餘兩一進漕運局帳四萬六千餘兩一進撥補各船運漕駁力二萬餘兩一進北棧餘款六萬餘兩一進客貨棧租六萬餘兩一進各口產租五萬四千餘兩一進售舊物料六百餘兩其計結餘規銀七十四萬餘兩一支

上海地租二萬五千餘兩。一支各項修理二萬七千餘兩。一支各項繳費十二萬餘兩。一支各項息款四萬九千餘兩。一支股本官利十二萬兩。其計結支規銀三十四萬餘兩。除支結餘三十九萬七千餘兩。一各船棧折輕成本二十六萬八千餘兩。一提派股分餘利八萬兩。除支淨結餘規銀四萬九千餘兩。一提派各執事酬勞獎賞四千九百餘兩。實計結餘四萬四千餘兩。一上屆結存公積銀六十六萬餘兩。除贈郵唐景星觀察一萬五千兩。統共實存公積銀六十九萬兩。

二十七日記

招商局現有輪船計存永清船本規銀四萬兩。日新船本銀五千兩。豐順船本七萬五千兩。江寬船本七萬五千兩。江永船本七萬五千兩。鎮東船本四萬兩。海晏船本十萬兩。海琛船本五萬兩。海定船本五萬五千兩。江天船本八萬五千兩。江孚船本六萬五千兩。江通船本三萬兩。海昌船本一萬兩。江平船本五千兩。致遠船本七萬兩。拱北船本四萬兩。圖南船本七萬兩。普濟船本四萬五千兩。江裕船本十二萬兩。富順船本十一萬兩。廣利船本十一萬兩。美富船本四萬五千兩。廣濟船本三萬兩。新裕船本十四萬兩。固陵船本三萬兩。新豐船本十五萬兩。新濟船本十五萬兩。以上其商輪二十七號。結存船本規銀一百八十二萬兩。

二十八日記

上海仁濟和保險有限公司合辦第七屆帳略綜結。一該股分資本規銀八十萬兩。一該前屆股分存息一萬一千餘兩。一該本屆股分存息六萬四千兩。一該綜結公積銀四萬二千餘兩。又零款七小宗。共結該規銀九十四萬一千餘兩。一存招商局銀二十萬兩。一存織布局八萬兩。一存匯豐銀行二十七萬兩。一存法蘭西銀行十五萬兩。一存麥加利銀行五萬兩。一存招商局往

來銀十五萬五千餘兩。又零款七小宗。共結存規銀九十四萬一千餘兩。綜結。一進各局保費規銀八萬六千餘兩。一進招商局息銀（六釐）一萬二千兩。一進匯豐息銀九千二百餘兩。（四釐半）又各處息款七小宗。共結收規銀十三萬五千餘兩。一支保險賠款除轉保攤賠及溼貨拍賣外實賠銀七萬八千餘兩。一支股分（八十萬兩）六釐官利四萬八千兩。一支股分二釐餘利一萬六千兩。又零款七小宗。共計支規銀十五萬一千餘兩。淨計本屆結餘銀一萬五千九百餘兩。一提結酬勞一千兩。一上屆公積餘存五萬九千餘兩。實計結餘公債規銀四萬二

千三百餘兩

五月壬午朔記

光緒十七年英國運到中國之貨值銀二千九百六十二萬餘兩香港運到之貨值銀六千八百十五萬餘兩印度運到之貨值銀一千二百四十七萬餘兩新嘉坡來貨值一百七十六萬餘兩新金山紐西蘭來貨十一萬餘兩加那大來貨九十三萬餘兩以上英國及英屬地來貨共值銀一萬一千三百零六萬兩中國運往英國之貨值銀一千三百七十七萬餘兩運往香港之貨值銀三千七百七十萬餘兩運往印度之貨值銀一百

五十六萬餘兩運往新嘉坡貨值一百三十七萬餘兩運往新金山貨值一百十九萬餘兩運往大浪山貨值十八萬餘兩運往加那大貨值五十一萬餘兩以上運往英國及英屬地貨共值銀五千三百三十二萬餘兩出入相抵中國應虧銀五千九百七十四萬餘兩美國運到中國之貨值銀七百七十三萬餘兩中國運美之貨值銀九百三萬餘兩出入相抵中國淨贏銀一百三十萬兩俄國運到中國之貨值銀一百零六萬餘兩中國運俄之貨值銀一千一百十二萬餘兩出入相抵中國淨贏銀一千零零六萬餘兩歐羅巴（除英俄二國外）運到中國之貨值銀四百三十八萬餘兩中國運歐（除英俄二國外）之貨值一千四百八十九萬餘兩出入相抵中國淨贏銀一千零五十一萬餘兩日本運到中國之貨值銀五百七十萬餘兩中國運往日本之貨值銀五百八十萬餘兩出入相抵中國淨贏銀九萬六千餘兩

初二日記

澳門運到中國之貨值銀三百六十五萬餘兩中國往澳之貨值銀二百九十一萬餘兩出入相抵中國淨虧銀一百七十三萬餘兩呂宋運到中國之貨值銀五萬七千餘兩中國往呂之貨值銀二十三萬餘兩出入相

抵中國淨贏銀二十萬餘兩越南運到中國之貨值銀二十五萬餘兩中國往越之貨值銀二十萬八千餘兩出入相抵中國淨虧銀四萬二千餘兩暹羅運到中國之貨值銀二萬九千餘兩中國往暹之貨值銀三十五萬餘兩出入相抵中國淨贏銀三十二萬八千餘兩爪哇運到中國之貨值銀三萬六千餘兩中國往爪之貨值銀三十七萬餘兩出入相抵中國淨贏銀三十三萬餘兩埃及運到中國之貨值銀四千餘兩中國往埃之貨值銀六十六萬八千餘兩出入相抵中國淨贏銀六十六萬餘兩　統計洋貨值銀一萬三千六百零一萬

餘兩。土貨值銀一萬零零九十四萬餘兩。除洋貨轉運出洋值銀二百萬餘兩外。出入相抵。中國實虧銀三千三百五萬餘兩。

初三日記

光緒十六年。英國運到中國之貨。值銀二千四百六十萬餘兩。香港轉運來往各國運到中國之貨。值銀七千二百五萬餘兩。（并印度洋藥在內）印度來貨值銀一千零三十萬餘兩。新嘉坡來貨值銀一百七十七萬餘兩。新金山紐西蘭來貨值銀二十二萬餘兩。加那大來貨值銀六十一萬餘兩。以上英國及英屬地來貨。共值銀一萬零九百五

十七萬餘兩。中國運往英國之貨。值銀一千三百零九萬餘兩。運往香港之貨。值銀三千二百九十三萬餘兩。運往印度之貨。值銀一百五萬餘兩。運往新嘉坡之貨。值銀一百四十六萬餘兩。運往新金山紐西蘭之貨。值銀一百二十六萬餘兩。往大浪山之貨。值銀二十一萬餘兩。往加那大之貨。值銀四十八萬餘兩。以上運往英國及英屬地貨。共值銀五千零四十九萬餘兩。出入相抵。中國應虧銀五千九百零八萬餘兩。美國運到中國之貨。值銀三百六十七萬餘兩。中國往美之貨。值銀八百十六萬餘兩。出入相抵。中國贏銀四百四十九萬餘

兩。歐羅巴（除英俄二國外）運到中國之貨。值銀二百四十七萬餘兩。中國運往歐羅巴之貨。值銀一千一百六十二萬餘兩。出入相抵。中國贏銀九百十五萬餘兩。俄國運到中國之貨。值銀八十九萬餘兩。中國往俄之貨。值銀八百八十五萬餘兩。出入相抵。中國贏銀七百九十六萬餘兩。

初四日記

日本運到中國之貨。值銀七百三十八萬餘兩。中國運往日本之貨。值銀四百八十三萬餘兩。出入相抵。中國虧銀二百五十五萬餘兩。澳門運到中國之貨。值銀四

百二十七萬餘兩。中國運往澳門之貨。值銀一百八十四萬餘兩。出入相抵。中國虧銀二百四十三萬餘兩。呂宋運到中國之貨。值銀三萬八千餘兩。中國運往呂宋之貨。值銀二十二萬餘兩。出入相抵。中國贏銀十七萬餘兩。安南運到中國之貨。值銀三十四萬餘兩。中國往安南之貨。值銀十三萬餘兩。出入相抵。中國虧銀二十萬餘兩。暹羅運到中國之貨。值銀九萬餘兩。中國往暹羅之貨。值銀三十五萬餘兩。出入相抵。中國贏銀二十五萬餘兩。爪哇來貨僅值一百餘兩。中國往貨淨贏二十二萬九千餘兩。埃及來貨僅值四千五百餘兩。中國往

貨淨贏三十六萬餘兩。統計洋貨值銀一萬二千七百零九萬餘兩。土貨值銀八千七百十四萬餘兩。出入相抵。中國實虧銀三千九百九十五萬兩。

初五日記

明年恭逢慈禧皇太后六旬萬壽。敬備一切慶典。遵旨力崇節儉。戶部豫爲籌款。約已備五六百萬金。惟各衙門查照乾隆年間迭次慶典成案。實需三千六百萬金。今節至三分之一。尚與豫籌之款不符。而大典攸關。責無旁貸。除由戶部行知各衙門再將所需力籌節省。請旨遵行外。戶部現將歲出歲入各款。逐加詳覈。設法騰挪移緩就急。挹彼注茲。一俟籌有成數。再行奏聞請旨。

初六日記

光緒元年。英國運到中國之貨值銀二千一百十三萬餘兩。香港運到中國之貨值銀二千七百五十二萬餘兩。印度來貨值銀一千四百八十五萬餘兩。新嘉坡來

貨值銀六十九萬餘兩。新金山來貨值銀五十五萬餘兩。加那大來貨值銀六萬餘兩。以上英國及英屬地來貨。共值銀六千四百三十一萬餘兩。中國運往英國之貨值銀二千九百十六萬餘兩。往香港之貨值銀一千二百七十四萬餘兩。往印度之貨值銀二十四萬餘兩。往新嘉坡之貨值銀七十九萬餘兩。往新金山之貨值銀二百四萬餘兩。往紐西蘭之貨值銀十七萬餘兩。往大浪山之貨值銀九萬餘兩。往加那大之貨值銀四萬餘兩。以上運往英國及英屬地貨。共值銀四千五百三十萬餘兩。出入相抵。中國虧銀一千九百零一萬餘兩。美國運到中國之貨值銀一百零五萬餘兩。中國往美之貨值銀七百六十七萬餘兩。出入相抵。中國贏銀六百六十二萬餘兩。歐羅巴除英俄二國外運到中國之貨值銀七十六萬餘兩。中國往歐羅巴之貨值銀八百五十七萬餘兩。出入相抵。中國贏銀七百八十一萬餘兩。俄國運到中國之貨值銀十萬餘兩。中國往俄之貨值銀四百四十六萬餘兩。出入相抵。中國贏銀四百三十六萬餘兩。

初七日記

日本運到中國之貨值銀二百四十八萬餘兩。中國運

往日本之貨值銀一百九十五萬餘兩出入相抵中國虧銀五十三萬餘兩呂宋來貨值銀六萬餘兩中國往呂宋之貨值銀二十三萬餘兩出入相抵中國贏銀十七萬餘兩安南來貨值銀十二萬餘兩中國往安南之貨值銀七萬九千餘兩出入相抵中國虧銀四萬餘兩暹羅來貨值銀三十三萬餘兩中國往暹值銀十萬餘兩出入相抵中國虧銀二十二萬餘兩爪哇來貨值銀二十三萬餘兩中國往爪之貨值銀五十萬餘兩出入相抵中國贏銀二十七萬餘兩埃及來貨值銀八千餘兩中國運埃之貨值銀一萬一千餘兩出入相抵中國贏銀三千餘兩　統計洋貨值銀六千七百八十萬餘兩土貨值銀六千八百九十一萬餘兩出入相抵中國貨贏銀一百十萬餘兩

初十日記

光緒元年進口洋貨洋藥價銀二千五百三十五萬餘兩洋布棉紗價銀二千零零六萬餘兩 內棉紗價銀二百七十四萬餘兩 呢羽絨氈類價銀四百五十六萬餘兩雜樣布價銀十七萬餘兩銅鐵鉛錫類價銀四百二十二萬餘兩雜貨價銀一千三百四十二萬餘兩統其洋貨價銀六千七百八十萬餘兩光緒九年進口洋貨洋藥價銀二千五百三十四萬餘兩洋布棉紗綫價銀二千二百零四萬餘兩 內棉紗棉綫銀五百二十四萬餘兩 呢羽絨氈類價銀三百八十九萬餘兩雜樣布價銀八萬餘兩銅鐵鉛錫類價銀四百六十七萬餘兩雜貨價銀一千七百五十二萬餘兩統其洋貨價銀七千三百五十六萬餘兩光緒十六年進口洋貨洋藥價銀二千八百九十五萬餘兩洋布紗綫價銀四千五百零二萬餘兩 內棉紗棉綫價一千九百三十九萬餘兩 呢羽絨氈類價銀三百六十四萬餘兩雜樣布價銀十三萬餘兩銅鐵鉛錫類價銀六百八十七萬餘兩雜貨價銀四千二百四十六萬餘兩 內米價一千一百四十四萬餘兩 統其洋貨價銀一萬二千七百零九萬餘兩光緒十七年進口洋貨洋藥價銀二千八百三十三萬餘兩洋布紗綫價銀五千三百五十九萬餘兩 內棉紗棉綫價銀二千零九十八萬餘兩 呢羽絨氈價銀四百六十九萬餘兩雜樣布價銀十萬餘兩銅鐵鉛錫類價銀七百二十五萬餘兩雜貨價銀四千零三十二萬餘兩 內煤油價銀五百二十六萬兩米價銀六百五十九萬餘兩 統其洋貨價銀一萬三千四百萬餘兩

十一日記

光緒元年出口土貨湖絲經絲價銀一千九百四十八萬餘兩 另有粗絲等一百二十萬餘兩 綢緞價銀四百零二萬餘兩紅

茶價銀二千九百七十三萬餘兩。絲茶價銀四百九十六萬餘兩。磚茶價銀一百九十七萬餘兩。草帽緶價銀四十二萬餘兩。糖價銀一百六十一萬餘兩。合別貨共銀六千八百九十一萬餘兩。光緒九年出口土貨。湖土生經絲價銀一千六百九十五萬餘兩。粗絲等價銀二百二十九萬餘兩。綢緞價銀四百零二萬餘兩。紅茶價銀二千六百七十三萬餘兩。綠茶價銀三百九十萬餘兩。磚茶價銀一百五十萬餘兩。草帽緶價銀一百四十六萬餘兩。糖價銀二百三十三萬餘兩。合別貨共銀七千零十九萬餘兩。光緒十六年出口土貨。黃白生絲價

銀一千八百五十八萬餘兩。野絲等價銀五百九十萬餘兩。綢緞價銀五百九十六萬餘兩。紅茶價銀二千零五十七萬餘兩。綠茶價銀三百七十萬餘兩。磚茶價銀二百三十四萬餘兩。草帽緶價銀二百萬餘兩。糖價銀二百六十六萬餘兩。合別貨共銀八千七百十四萬餘兩。光緒十七年出口土貨。黃白生絲價銀二千四百五十一萬餘兩。野絲等價銀五百三十六萬餘兩。綢緞價銀七百零一萬餘兩。紅茶價銀二千四百九十七萬餘兩。綠茶價銀三百五十四萬餘兩。磚茶價銀二百四十八萬餘兩。草帽緶價銀一百六十萬餘兩。糖價銀二百

五十九萬餘兩。其銀一萬零零九十四萬餘兩。

十二日記

光緒六年進口洋貨。洋藥價銀三千六百五十三萬餘兩。洋布紗綫價銀二千二百五十九萬餘兩。內棉紗綫銀三百十九萬餘兩　呢羽氈絨價銀四百九十五萬餘兩。銅鐵鉛錫價銀四百十三萬餘兩。雜貨價銀一千三百八十八萬餘兩。統共洋貨價銀八千二百二十二萬餘兩。光緒十二年進口洋貨。洋藥價銀二千四百九十八萬餘兩。洋布紗綫價銀二千九百零四萬餘兩。內棉紗棉綫銀七百八十六萬餘兩　呢羽絨氈價銀五百六十三萬餘兩。銅鐵鉛錫價銀五

百三十一萬餘兩。雜貨價銀二千二百四十一萬餘兩。內火油二百二十一萬餘兩米價八十九萬餘兩　統共洋貨價銀八千七百四十七萬餘兩。光緒十四年。進口洋貨。洋藥價銀三千二百三十三萬餘兩。洋布紗綫價銀四千四百四十三萬餘兩。內棉紗棉綫價一千三百七十五萬餘兩　呢羽絨價銀五百零九萬餘兩。銅鐵鉛錫價銀六百八十八萬餘兩。雜貨價銀三千五百九十一萬餘兩。內米價九百六十三萬餘兩火油二百二十一萬餘兩白來火一百零八萬餘兩　統共洋貨價銀一萬二千四百七十八萬餘兩。

十三日記

光緒六年出口土貨。湖土生經絲價銀二千二百五十

九萬餘兩。野絲等價銀一百二十七萬餘兩。綢緞絲帶價銀四百七十四萬餘兩。紅茶價銀二千七百五十二萬餘兩。綠茶磚茶價銀五百七十四萬餘兩。草帽緶價銀九十六萬餘兩。糖價銀三百零四萬餘兩。合別貨共銀七千二百二十八萬餘兩。光緒十二年出口土貨。湖絲土生經絲價銀一千七百九十二萬餘兩。野絲等價銀三百九十一萬餘兩。綢緞絲帶價銀七百萬餘兩。紅茶價銀二千七百六十九萬餘兩。綠茶磚茶茶末價銀五百八十一萬餘兩。草帽緶價銀二百零八萬餘兩。糖價銀一百六十八萬餘兩。合別貨共銀七千七百二十萬餘兩。光緒十四年出口土貨。黃白生絲價銀一千八百七十萬餘兩。野絲等價銀五百零五萬餘兩。綢緞等價銀八百四十一萬餘兩。草帽緶價銀一百九十九萬兩。糖價銀二百四十八萬餘兩。紅茶價銀二千三百七十三萬餘兩。綠茶磚茶六百五十五萬餘兩。合別貨共銀九千二百四十萬餘兩。

十四日記

美使駐英者，舊係二等，今始改爲頭等。新到公使貝特洽者，曾任外部尚書，與張樵野交情頗密。余循例往拜之。貝君年近七十，和平篤厚，款語移時而別。光緒六年。中國運英紅茶九十三萬餘擔。運俄四十二萬餘擔。運香港十六萬餘擔。運北美國十四萬餘擔。運新金山九萬餘擔。其計一百八十萬餘擔。光緒十二年。中國運英紅茶（磚茶茶末在內）八十九萬餘擔。運俄五十九萬餘擔。運北美國十八萬餘擔。運香港十五萬餘擔。運新金山十二萬餘擔。其計二百零二萬餘擔。光緒十四年。中國運英紅茶六十三萬餘擔。運俄六十七萬餘擔。運美十八萬餘擔。運香港十七萬餘擔。運新金山十六萬餘擔。運澳門四萬餘擔。其計一百九十五萬餘擔。光緒十六年。中國運俄紅茶五十八萬餘擔。運英三十八萬餘擔。運美十六萬餘擔。運香港十三萬餘擔。運新金山十萬餘擔。其計一百四十六萬餘擔。光緒十七年。中國運俄紅茶六十三萬餘擔。運英三十六萬餘擔。運香港十七萬餘擔。運美國十六萬餘擔。運新金山十萬餘擔。運澳門三萬餘擔。其計一百五十四萬餘擔。

十五日記

總理衙門來信云：帕米爾界務，本年正月經竹篔星使疏請於塔什庫爾干等處屯兵設戍。當奉廷旨飭令神機營、北洋撥械，滬撫撥兵，傅德等帶二千間。竹篔來電：以俄願和商，請即指實隆霄岡當山以西隤分之地本處晤俄使喀希尼告以白烏仔別里往南至薩雷庫里東西互讓喀約斷不能廢祇可通融喀使允電外部尚未答復　楊宬裳函云帕米爾界址當軸殊費經營幸自籌防以來喀使口氣漸鬆然俄外部欲我讓至色勒庫爾而英使又欲我會勘瓦罕一時尚難定議

十六日記

上年由中國運入英國之金值銀二百零九萬六千餘磅前年中國運英之金值銀九十萬九千餘磅日本運英之金值銀二萬餘磅

十八日記

余於正月初九日電總署云騰越八關除漢龍關早淪於緬外黃楙材西輶日記謂天馬關亦淪於緬滇省繪圖尚在界綫內又滇圖銅壁關在紅蚌河內洋圖則在河西英人方爭紅蚌河爲界然恐失去銅壁請電滇帥將二關實址電查速示正月十八日接總署電云滇督覆稱天馬在猛卯土司西南界內被野人占踞實在紅綫之內銅壁在紅蚌河東爲南甸土司所轄設有撫夷洋圖在西實誤三月二十七日余電總署云英廷謂漢龍關若在猛卯土司東南可允還我否則難定請查勘確實免勘界時受彼朦混四月二十一日又電總署云滇帥前稱天馬關被野人占踞今外部稱此關早歸緬屬木邦土司管轄請電滇帥查詢可爭之鐵據本月十五日接署電云滇督稱漢龍關在猛卯東南係猛卯遮放及緬之南坎交界處宛頂山間距猛卯八十里距遮放尤近早經入緬被野人奪踞已爲遮放復回上年給呈界圖尤覺稍偏於西南云十七日接署電云滇督稱天馬關原係猛卯地後被野人占踞此頂野人現在曾否歸入木邦未能查悉至猛卯土司所屬舊有天馬關撫夷名目有案可稽

十九日記

去年新嘉坡入口貨值洋銀一萬零六百九十七萬餘員出口貨值九千七百八十五萬餘員檳榔嶼入口貨值洋銀四千一百四十二萬餘員出口貨值四千三百六十七萬餘員麻六甲入口貨值洋銀一百六十八萬餘員出口貨值一百四十八萬餘員　洪範言稼穡作甘其時甘味祇用飴即今之餳是也自宋以來始有糖霜產於閩地以蔗製成所出尚微頗爲貴重近世販之東西洋而生意甚巨泰西用萊菔製糖霜以萊菔亦有甜味也如是則中國之萊菔亦可製糖矣又有菾菜產

於沿海各處崇明擅利尤厚細膩雖不如蔗而甜味不讓似亦可以製糖又如紙之一物請川更大江西福建產紙尤多製紙之料人但知以竹以草或以樹皮西人紙料乃有以爛布製成者則更化朽腐爲神奇矣中國之棄物非不多而不思造爲有用之物何也

二十日記

西六月二十二日中五月初九日英國大鐵甲船曰維多利亞以操演被撞沈沒於地中海英人深惋惜之僉謂二十三年前英有鬬必登兵船曾經失事今不幸又失此巨艦自後操練當格外審愼云是日天氣晴朗海波不揚

地中海水師大操其兵船十二號一維多利亞一康不塘一尼爾一德拉特諾一音弗勒雪白爾一可凌霧一飛吞一愛停波一森派力爾一衣茄一阿模芬一飛挨拉斯一排模淸晨十點鐘由培羅脫海埠此埠在亞洲西里亞省會操操至三點四十分演兩行環往的黎波里屬阿非利加洲繞陣名曰葛力特倫以維船康船爲首領維船大將軍爲寶星德蕾引康船主將曰馬克模因水路太近康船首尖鋼鋒誤撞維船左身該船礮位笨重重各一百十噸船身共載一萬四千噸丁亥年落成時約費英金一百萬磅鍋崩竿裂頃刻沈溺右身側左船底向天祇十

五分鐘盡化烏有該處水深七十托距的黎波里不過七英里船中水師兵官等共有六百九十八人救出者二百五十五人內有船主巴克提督喬立可溺死兵官二十二人內水師提督德蕾引水手三百三十六人船重水急從右側左吸力過猛雖善水性者亦難逃生且水入鍋內鍋爆而裂故受傷者尤多云

二十一日記

慶爾堂來函云法人將越南廢王自阿爾洽遣送巴黎見法總統似有復位之意因今王年幼好玩越大臣請復舊王法亦可允又外部德維勒云按通使公例彼此

擬派之使須先開列詢問接待與否如允接待方可簡放此次更代何以詢英而不詢法答以法遣使臣向未詢中國而英則嘗詢問故稍有參差德云以後兩國遣使均宜按照公例豫先知照又云昨接越南來電知滇越分界之事業已告竣祇有兩處小地意見未合不難從容辦理此外尚有老撾地方亦爲滇越交界應即早爲勘定以免日後轇轕本國保護越南已屬鞭長莫及不願再佔地方老撾經本國派人查明山路崎嶇瘴癘可畏非大金沙江上游膏腴之地可比不難妥速辦結又云已飭李梅向總理衙門探問消息尚無回音

二十二日記

英皇次孫瑶克公今爲英太子之冢嗣以明日成婚余於四月二十日電達總署請傳
旨致賀旋由總署電答云卽由貴大臣傳
旨致賀遵
旨電達今日余備文親赴外部晤見外部大臣勞偲伯力告以
大皇帝致賀之意勞手接文書答云容卽日轉奏君主復殷勤數語而別又聞各國公使駐英者皆送婚儀以表賀忱中國古磁器向爲西人所愛玩余適攜有景泰

藍數件遂舉以備賀婚儀物計天球形高口瓶二座穿枝花小罐二箇十景花六楞小罐二座金地高把酒壺一把皆景泰藍也瑶克公覆函致謝稱爲第一上等禮物云是日大太子請英君主赴其花園茶會亦慶婚禮也所請各使及公侯伯及文武顯官約二千人余率參贊張聽帆往會焉

二十三日記

先是總署來電云俄人覬覦小帕米爾謂我已將坎巨提讓英力辨係兩屬而彼不信且有喀城官送羊三百與駐坎英官等語擬派員駐坎爲兩屬憑據以杜俄口而爭小帕爺先與外部說明我派員在坎決不多事俄得小帕恐不利於坎彼答語如何卽電復余遣馬清臣與外部商議再四終不就範余復總署電云派員駐坎事商外部堅不允據云坎本兩屬英未損我權若欲權反加於舊則雖小帕地屬中國各國皆知可嚴拒之余昨晤勞偲伯力又以駐坎英官不許我莎車州給諭單與坎酋責之謂如此是顯欲阻坎貢也因復申論派員之事勞云中國派員非舊例自後英當嚴飭兵官不許阻止華官給諭坎酋之事

二十五日記

猶太國人旅居西洋各國一千數百年矣善以居積致富仍自守其風俗與他國人不通婚姻所至能執其財利之權卽如英吉利豪富之國也而倫敦之稱首富者則必推猶太人雖英之世爵暨巨紳殿商莫之能敵聞倫敦猶太人發迹之由方拿破侖第一之擾亂歐洲也英大將威林登會合俄與諸軍與拿破侖相持未決猶太人多養鵓鴿攜至戰場伺候勝負迨英軍已擒拿破侖猶太人縱鴿回至倫敦飛遞密信而故縱謠言謂威林登已被法擒是時電綫之法未行通國信以爲實上下震動凡英商公司之在法國及他國者股分票價一

日數跌至不及十分之一尙無人願購者猶太人已現備英金一千萬鎊儘數收買比成林登報捷之馬馳到已遲於鴿信三日而通國英商股分之精華已大半入猶太人之手追悔無及矣迄今猶太人富可敵國各國欲借國債數千百萬鎊不與猶太人商之則事必無成而猶太人遂爲經理國債之宗主凡地球各國之安危治亂貧富強弱與其政府之密謀祕計猶太人無不知之即各處絕大銀行之股本猶太人無不有之夫以英人之善理財猶自謂不如猶太人則猶太人眞雄邁矣哉

二十六日記

接李傅相來電云現欲推廣紡紗須僱總洋匠一名購辦新樣細紗機一百張每日夜須出十四五號紗五百包每包重四百鎊配搭軋花清花梳花棉條粗紗搖紗打包各機件俱全其大機器鍋鑪須足敷紗機五百張之用又要能省煤備將來擴充此爲國家商務興大利望妥細考核先電示機器總價選總匠尤要即令監造並繪廠圖速寄

二十八日記

委內瑞辣南墨洲最北之民主國也東界英屬圭阿那南界巴西西界可侖比亞北界加勒海北緯自一度三十分至十二度十二分經度英京西五十九度五十二分至七十三度十五分得五十六萬六千一百五十九英方里戶口二百十二萬一千九百八十人氣候極熱北西南三面皆有樹林北境有安達大山之東嶺橫亘東西亞林拿可江爲其國利源所在上游通於亞馬孫河大湖曰馬來開麗甲於南亞墨利加出口有可可加非蔗糖烟葉棉花皮革牛油金剛刺草染料木料等又有所謂牛樹者出漿如乳故名有上下議院伯理璽天德正副二人國分二十一部三埠省各有總督自主其政其制悉仿美國云都城曰加拉架建於北境距海十二英里山谷中人有白人土人雜種人白人不過百之一雜種則西班牙人及阿洲黑奴與土人嫁娶所生鐵路三百七十英里財賦歲入英金一百六十一萬餘鎊歲出一百十四萬餘鎊洋債英金二百七十二萬餘鎊國債亦有一百五十七萬餘鎊

出使日記續刻卷之七終

出使日記續刻卷之八

無錫薛福成叔耘

光緒十九年癸巳六月辛亥朔記

厄瓜爾多南墨洲西海濱民主國也自赤道北一度三十八分至赤道南六度二十五分英京西七十度至八十一度北有可侖比亞係今之可侖比亞即新加拉那大古之可侖比亞或合新加拉那大厄瓜爾多委內瑞辣而言東有巴西南有秘魯西有太平洋形勢狹長東西約七百八十英里南北濱海處最闊約四百八十英里入內漸狹約百英里合十二萬方英里戶口一百二十七萬其民則白人與土人種類相雜亦間有黑人西有安達斯山爲之障東皆平原之地有亞馬孫河之上游及是河之支流浸灌於其間土產麥可可棉花加非糖金雞那珍珠米大薯烟葉五穀與果樹膠葡萄蠟歲入英金六十萬六千餘鎊歲出五十五萬三千餘鎊國債二百二十五餘鎊國分十六部一埠都城曰奎拖志略作基多厄瓜爾多古屬英開司國繼屬西班牙後叛西班牙與新加拉那大委內瑞辣合爲一國名曰可侖比亞一千八百三十一年始獨立爲國

初二日記

烏拉乖南墨洲東海濱民主國也在巴拉大河口之東北即與拉巴拉他今稱阿根庭都城名不宜諾塞利分界之處西界烏拉乖江亦與阿根庭分界者也北界巴西東與南皆濱大西洋緯度自赤道南三十度至三十五度經度自英京西五十三度二十五分至五十七度四十二分地得七萬二千一百七十二英方里戶口七十萬國分十三部先屬西班牙近合阿根庭亦屬葡萄牙又爲巴西之一省一千八百二十五年始叛巴西又與阿根庭合而復分遂爲自主之國沿海平坦中央多山土產牛馬爲大宗米麥珍珠米棉花蘢麻烟酒瓜果皆有之農功僅足自給新法機未聞知鐵路有一百九十英里都城曰蒙德維罷亦通商總匯處也

初四日記

南亞墨利加有一地東自委內瑞辣西自巴西以達於大西洋岸者歪阿那也分屬英荷法三國　英歪阿那者在歪阿那之西偏在南墨洲東北洋岸當赤道北一度至八度之中與荷蘭歪阿那不過可倫汀一江之隔沿洋岸自啞林拿可江口至可倫江口廣二百八十英里自外至內長四百英里地面積爲七萬六千英方里或云十萬九千英方里或云八萬五千四百二十英方里戶口二十七萬七千有奇沿海地形平坦內漸高聳

山嶺之勢東西相趨大江曰義斯給波長約六百英里糖爲物產大宗次則棉花加非會城曰裔諸湯在特猷拉拉江口此地先屬荷後屬英英設一官如巡撫並議政收稅各官以治之

初五日記

荷蘭歪阿那介於英法屬地之間西自可倫汀江東至與法屬分界之馬羅南其地約七千五百英方里內地最大之江曰蘇利南約長三百英里江上距洋十英里巴拉馬利波會城在焉會城戶口二萬糖與加非爲出口大宗　法歪阿那在歪阿那之東偏自馬羅南江至

與巴西分界之奧合拋克江皆其地也共二萬七千五百英方里戶口二萬二千黑人居四之一法國視爲流徙罪人之所故歐洲人中半多罪犯與監犯之兵士產糖胡椒丁香豆蔻肉桂會城曰加夜那在近洋岸島上有戶口八千地方甚陋加夜那之胡椒則著名

初六日記

新嘉坡總領事黃遵憲稟稱大小白蠟及石蘭莪之吉隆一地產錫最旺華人日增氣象方興未艾擬請大小白蠟共設副領事一員吉隆設副領事一員去歲吉隆出錫益多集工益衆商賈麕集貨物雲屯英官方於大小白蠟之間建火車路以資轉運數年之後將成一大都會華人之商於大小白蠟吉隆者多獲厚利一年之中大小白蠟增工役數萬吉隆增工役二萬有餘今歲傭工由閩越至新嘉坡者已有三萬六千大抵散居於白蠟吉隆者爲多流寓日衆良莠不齊舉凡財產錢債賭博鬬毆之事慮其輕於犯法易於啟爭必設領事可資約束而籌保護此雖係英人保護之土各國尚未設官然此處寄寓祇有華民並無他族是中國設官更屬名正言順先是總督施密司謂白蠟石蘭莪等處皆華民保英國保護之邦不必盡用英律因囑將大清律例

財產各條鈔出已爲鈔戶律戶役門凡八條施督卽譯英文札交各處承審官一體遵辦爲英人絕無僅有之事施督於華民保護甚周其行政時有將就華民之處趁其在位趕設領事此亦事機之不可失者也

初七日記

江南製造局新製一出五槍曰快槍連環不絕命中及遠可駕乎林明敦毛瑟諸槍之上矣又試放之礮計兩種一爲八百磅彈子之後膛大礮一爲四十磅彈子之快礮大礮則長式者重五十二噸口徑十二寸長三十六尺短式者重四十八噸口徑十二寸長三十尺每試

一次食六斤一孔栗色火藥三百磅彈出口時每一秒行二千尺如於相去一千碼遠近可擊穿十九寸厚之鐵甲彈力所到可擊三十餘里若近海礮臺置一二尊無論何等鐵艦皆將望而氣沮快礮重二噸有奇長十六尺二寸口徑四寸七分食黑色火藥十二磅食無烟火藥僅五磅半一秒時可連放十二尺彈出口時每一秒可行二千零八十尺彈力能擊十八里之遠此項快礮最利於兵船蓋兵船所畏者雷艇耳海面雷艇每千碼行時八分半而兵船欲瞭見雷艇須在一千五百碼之內發礮三擊不中則雷艇逼近矣有此快礮則一二

分時內能放二十餘出每兵船安置三四尊則雷艇萬不能近逼矣

初八日記

礮之有彈猶刀之有鋒從前中國礮彈僅造至二百五十磅而止鋼彈向未造過十七年春始仿造焉彈身長四十寸圓徑十二寸不足厥有數種一曰鋼質彈一曰硬質實心彈皆攻堅所用一曰開花彈彈膛內空徑六寸半深三十二寸有奇可實火藥三十二磅專爲炸裂擊敵所用一曰平頭彈兩頭皆平如大炭結然有重一千磅者八百磅者專爲試礮而設至快礮所用各彈皆

與八百磅彈之用同彈身長十四寸口徑四寸七分不足惟開花彈則與各彈迥異開花彈擅銅引於彈後不用碰力專用震力彈頭仍堅銳可以攻物攻穿後再行開花誠爲利器又恐彈坯肉厚鐵塊大而不能碎乃又別造成數珠彈視外洋之子母彈即譯言沙不乃爾彈也內皆包小彈炸裂時無數小彈飛出惟子母彈式既平頭不能攻堅工程又鉅今因其式而改造之其外仍用快礮開花彈式內則製成連珠小彈如手鐲式疊鋼十四層共小彈一百八十九丸名曰數珠殆取牟尼一串之義也外則包以生鐵彈既炸飛而彈身鐵坯亦較

薄炸時易於擊碎以此制敵何敵不摧而工程亦省較之子母礮工程僅五分之一耳滬局現由四十磅推廣至各式大彈彈內圓式小彈擬改爲三角小彈云

初九日記

礮以快名實恃有銅殼藏裝火藥連彈合而爲一如今之槍彈然若放礮者操習嫻熟即能連環不斷較之舊智紀士礮不難駕而上之矣然礮雖快彈雖銳其用又全恃火藥藥性有暴急而短於力者有和緩而力能遠者暴急則易傷膛內螺紋而送彈不遠和緩則彈於膛內螺紋優游旋轉後力且勁送彈彌遠黑色火藥與栗

色藥餅其力不同如此滬局已有造藥餅機器則火藥可精益求精矣　義輔鐵路今分官商兩軌其由天津而軍糧城而大沽北塘漢沽蘆臺唐坊胥各莊開平古冶一帶鐵道爲公司集款而成謂之商路由古冶至雷莊雷莊至灤州業經工竣開車復由灤州接至山海關其已成未成各路一切經費概由官款發給謂之官路

初十日記

余爲慶藹堂赴法外部詰問與暹羅啓釁之故該部大臣德維勒云法暹兩國近日局面驟變皆因暹人受英挑唆以致愈逼愈緊問以法國意需如何德云瀾滄江左岸之地原屬越南近年被暹侵佔逼近越都所設兵卡距越都百里之近法有保護越南之權應令暹羅反其侵地畫江爲界一也法商前在南掌貿易忽被暹官驅逐失業傷財應令暹羅賠償二也法弁越官收復城邑有被暹官謀害者應給卹款三也日前法兵船照約入其內河忽被礮臺轟擊沈引水之商輪一艘亦應賠償四也四者之外又須向索兵費以儆開釁應償三百萬佛郎本國派前任西貢總督維勒爾赴暹辦事先告暹羅限兩日答覆大約暹羅見法意已決必可就範法不願誠暹亦不廢其自主之權祇要所請五事允許即

可講和慶云瀾滄江上游兩岸皆歸中國管轄貴國何以有劃江爲界之說德云法不欲佔中國屬地但上游必須分清界限以杜爭端此事最易商辦又云法暹之事若非英國播弄早已和平了結英非有愛於暹乃欲激成兵端從中取利也即如法越之釁亦英挑唆英果眞愛中國何至乘機吞并緬甸乎上年英割暹羅北境沃壤千餘里而以其餘作英法之甌脫故法不得不收江左之地以應之耳

十一日記

法國勒當報云西貢接施敦倫（地在湄江南）電法兵官儆拉於初七日清晨在康島向暹羅開礮當日得到三礮臺一唐杜一唐哥一唐漢進圍唐沙礮臺此臺雖有精營三座保護初九日亦爲法得暹兵死者三百傷者三百法兵一無損傷康城及羣島皆爲法兵所據矣

十二日記

數十年來俄國不能肆其西封遂欲改而東略其佔日本之庫頁也甘以科爾十八島與之相易置爲東方邊郡其佔黑龍江地也亞古斯科義爾古斯科貝加爾右與外興安嶺相接咸隸於西伯利亞當時中俄之界相距尚遙自納喀逆阿古柏之獻地駸駸乎至貝加爾河

之南矣。頗意猶未饜。乘回逆之亂。漸拓而南。今又與朝鮮接壤。幸黑龍江以南。陸路山嶺叢雜。調兵運餉。跋涉維艱。乃俄人又築鐵路。志在必成。聞俄官謂英教士曰。二十年中俄之鐵路。必直達華疆。其志可知矣。　俄有黨禍由來已久。自彼得羅從英荷學藝而歸。乃有守舊維新二黨。至今守舊黨已銷聲滅迹。維新黨則通國皆然。即所謂希利尼黨也。彼因俄爲君主之國。小民無自主之權。故欲如法美西比之民之得以自由。常思乘間一逞。改君主爲民主耳。

十三日記

許竹筼來書。云五月十六日得署電。稱疆撫前電。俄馬步約七八百至六爾阿烏。即棱爾格阿布當向俄外部詰問。則以換班對。以後未有他耗。而外部頗以我進兵爲言。原案塔什庫爾干之兵春季實稍進旋接署電。現電疆撫勿再進。彼意亦解。大約今夏可以撫尋。惟議界一節。自二月指明地名告喀使後。外部謂我仍照喀約。指地殊無可商。總署令探詢彼意若何。彼以嘎爾斯初歸。須漸料理。迨後以我兵進緊。謝不肯商。日前與基斯敬晤面。則云已由兵部詢查塔什干總督。俟得覆再商等語。又似意在延宕。署中來函有將實非所重之地。稍與變通。大約在隨事操縱。

不能預有成竹。去秋駐俄英使。得其外部兩館互相關照之轉。彼此尚不隔膜。今年俄暫停兵。實賴有英牽掣。萬一英俄所商有緒。則中國勢孤。彼益無忌矣。

十四日記

有一出使隨員論西國富強之原。登之報章。云西國制治之要。約有五大端。一曰通民氣。用鄉舉里選以設上下議院。遇事昌言無忌。凡不便於民者。必設法以更張之。實查戶版生死婚嫁靡弗詳記。無一夫不得其所。則上下之情通矣。二曰保民生。凡人身家田產器用財賄。絕無意外之虞。告退官員。贈以半俸。老病弁兵。養之終

身。老幼廢疾。陣亡子息。皆設局教育之。則居官無貪墨。臨陣無畏縮矣。三曰牖民衷。年甫孩提。教以認字。稍長。教以文義。量其材質。分習算繪。氣化各學。或專一事一藝。終身無一廢學者。何也。有新報之流傳。社會之宣講。也。四曰養民恥。西國無殘忍之刑。罪止於絞。及遠戍苦工。其餘監禁罰鍰而已。監獄清潔無比。又教以誦讀。課以工藝。濟以醫藥。無拘攣。無鞭撻。而人皆知畏刑。不敢犯法。幾於道不拾遺。父母不怒責其子。家主不呵叱其僕。雍雍然。秩秩然。男女雜坐。談笑而不及淫亂。皆養恥之效也。五曰阜民財。其藏富於民者三要。一盡地力。謂講求

利種植氣化之學二盡人力各擅專門通工易事濟以機器時省工倍三盡財力有公司及銀號而錙銖之積均得入股生息集成大工大賈有鈔票及金銀錢以便轉運則一可抵十矣有此五端知西國所以坐致富强者全在養民教民上用功而世之侈談西法者僅曰精製造利軍火廣船械抑末矣

十五日記

黑龍江漠河金礦光緒十七年第三屆帳略云漠乾兩廠共得金沙愛平二萬五百九十五兩因乾北金色較低其售愛平銀二十八萬一千六百餘兩另收價利雜

餘兩項六萬二千一百餘兩除付礦丁六成金價並股票官利及各廠局營一切開銷尚應餘銀八萬一百餘兩提作保險公積銀三萬一百餘兩尚餘五萬兩照章作二十成均分黑龍江軍餉六成應分一萬五千兩員司花紅四成應分一萬兩各股友餘利十成應分二萬五千兩查前售股票四百二十五張又佳木公記借款暫改股票七百張共一千一百二十五股每股應分銀二十二兩共二萬四千七百五十兩尚餘二百五十兩歸入上二屆餘款內此次結出餘利以礦丁虧款過鉅糧貨擱本又多仍無現銀可付且佳木公記存款暫作

股票究係公款茲已陸續清還收回股票銷廢惟公司股本未足極難周轉如查有股票五張應分餘利一百十兩即塡給股票一張息摺一扣另找現銀十兩下次再有餘利即當找發現銀不再抵付股票漠河礦務公司袁大化啟

十六日記

李筱帥查覆張鄭帥被參摺云在粵五年罰繳之銀約七八十萬兩已造報未造報者皆有册案可憑無非取之闈蠹吏蠹博徒梟匪以及貪劣各員董而非抑勒乎富家用之以充餉濟賑利農恤士以及營造各要工並

非銷於無益黃江稅廠潮橋鹽務皆掃除更張拔其病本取中飽糜費之款而歸之公豈得謂虛糜掊項該前督臣任內用款均已造報實用實銷並無浮冒所建廣雅書院書局或自捐資或用罰款並非動用正項劉峴帥覆奏摺云張之洞創辦鍊鐵並開煤鐵各礦一切事宜均隸於鐵政總局原估經費二百萬兩續請七十萬兩以爲開礦鍊鐵之需所購外洋機器已運到八九成各廠房屋亦已興築過半有鍊生鐵熟鐵者有鍊精鋼粗鋼者現正接續興造安設機器規模闊大需費浩繁大冶鐵礦開采業已見鐵煤礦則江[illegible]乙馬鞍山大冶

之王三石兩處片段較厚煤質較佳王三石所採之煤已陸續運廠用項因撥款一時緩難濟急暫爲藝應事或有之所謂搜索者殆即指此

十七日記

元至正六年（西一千三百四十六年）法蘭西始用礮於陸路又四年始用礮於水師自是海戰以轟破敵舟爲勝無復短兵相接矣我朝道光元年（西一千八百二十一年）概用十八磅彈之礮嫌其太小至道光三十年概用喀倫礮三十二磅彈自是逐漸改大船礮愈重愈得力如法皇拿破侖之來復礮克滑

禮來復礮來克斯德來復礮策度滑來復礮愛墨斯德倫來復礮以及比利時藕心礮格托林連環礮普國克鹿卜礮皆無遠不中無堅不摧在製之得其法尤在用之得其人用礮之法在詳審定準凡用礮者先向左右磨令礮恰對所擊之物然後升降其礮口以定之升降時仍合物之垂線謂之劃面然必兩耳與地平合毫無偏倚可使劃面與垂線恰合望準者於礮之前段隆起令與尾箍半徑同高不用礮面線而用礮軸平得之線也舊時用木板於礮口之上作望準繼用鐵釘有法國人改用短柱上劃尺寸內面橫條可升降而表尺不動

表尺最高與橫條最低參直爲度數最遠約三千三百尺或三千九百尺表尺最高與橫條最高參直即礮軸平行之線審此定準自能命中百不失一矣

十八日記

用礮之法又宜愼防誤炸凡敵船發礮時如有實彈墮於開花彈之艙中則船必炸沈故儲彈之艙須在中間近底處否則恐船側時仍被實彈擊中凡遇敵時不可將開花彈豫置艙面凡移動開花彈須加意謹愼勿稍疎忽至於本船發礮開花彈或在礮管或初出礮即炸則因藥力太猛驟增熱度所致凡裝開花彈炸藥須用

油布擦淨用漏斗鏇入引門納以炸藥不可稍有藥粒黏於引門庶免誤炸之患又發礮時有迎風背風之別如敵船在上風用迎風一邊之礮擊之其擺動漸高時正船在浪窩時斯時不宜發礮其船在下風擺動較速者一因順風一因背風面之浪甚陡其船向上風擺動較遲者一因風阻一因迎風面之浪斜坦故須俟迎風之船旁高定而將復低之時放礮則船在浪頂恰能望見敵船發無不中矣如敵船在下風用背風一邊之礮擊之其船在浪窩時不宜發礮其向下風擺高較速故須俟背風之船旁低定而將復高之時放礮則亦船在

顛頂恰見敵船發無不中矣其餘如躍起越壁擊焚帆檣權宜發礮之法甚多要在因時制宜用得其人耳

十九日記

昨日曼谷電云暹羅於十七日照會法使願悉依法人所索各款並允盡割湄江以東越南柬埔寨之舊地近屬於暹者歸法管轄英法當即日會議界務矣因越南緬甸南掌各邊必有接界之處也　又星娬辣（在印度山上印督避暑之所）電云有一要事關係中國利益此間甚爲留意潞江瀾滄江中間野番有欲歸中國之勢因中國無意經理此等野番緬甸英官囑北撣八國之總管相機收爲英屬　俄電云中亞細亞巨商甚願將撒馬爾罕之鐵路接長議自撒馬爾罕至塔什干另分一枝通至浩罕安集延等處儻鐵路告成於裝運棉花等貨爲有益

法政府告議院以不攻曼谷之故據云曼谷居民三十五萬大半客籍轟城之際或激成內變有添兵添餉之難一也既已傷人他國可藉口保護商民從中攪擾二也城破之後或礙暹羅自主之權英國必出而干預三也

二十日記

上海製造局仿英國阿模士莊廠製成新式八百磅子之後膛大礮一尊四十磅子之全鋼快礮一尊已在局南隙地演試中西觀者嘖嘖稱歎按阿模士莊廠總辦槐特之論曰克鹿卜之後膛礮關門處用楔子一法不合用料之理而且礮尾必至加長礮後必佔地位在岸用尚可將就在船用最有關礙阿廠後膛礮之裝法用中心螺塞不佔礮後地段亦能保護礮手克鹿卜礮之好處在創有鋼管鋼箍之法近阿廠亦改用之又查歐洲巨礮無過一百二十邁當滬廠新製大礮當在三十餘磅之列用於守口礮臺最爲合宜其八百磅子有尖頭平頭炸彈群子之分所用藥爲栗色火藥至於四十

磅全鋼快礮之製取法尤新用於行營爲最宜不逾半秒鐘可連放六出所用之藥爲無煙火藥妙處更不可思議勝於數年前所出之哈乞開士連珠快礮矣

二十一日記

昨日英外部大臣勞偲伯里在上議院告沙侯曰暹羅兩次答允法國兩種戰書第一次戰書（哀的美敦書）係西八月二十九日（即中六月十七日）所允第二次戰書即第一次戰書之補編今日下午始知暹羅均已答應明日即撤去封口矣第一戰書一認堪波提及越南有統轄湄江（一名湄公江）左岸及各島之權二限一月內所有湄江左岸暹

羅兵寨全行退出。三暹羅侵陵在閔南姆江之法船並水手及寓暹法民須愜意賠禮。四賠銀給受害者之家眷並懲辦罪人。五各種受虧之法民應賠補法銀二百萬佛郎。六擔保照行第四第五條所開之事。暹羅立即出銀三百萬佛郎。如不能出銀即將先利漈一譯作錫模立魄及班德本一譯作拔得模册兩處。歸法收稅以作抵押。第二戰書。一法國佔踞車德蓬江及湛地門海口。至暹羅兵退出湄江左岸。然後讓還。二從東埔寨邊界起距湄江二萬五千法尺之內合十六英里。不准暹兵入其地。派巡捕保護地方則可。三暹羅兵船不得入大湖。四法國有設立領事於孟范一譯作模退及哥拉脫之權。

二十二日記

俄前皇亞力山德第二之被弑也。在光緒七年。前皇在俄京閱兵後。乘馬車回宮。行至中途。一婦人身穿黑服立於加新橋樑。旣見皇車。即以白巾三覆其面。有裝束似鄉愚者數人早已會意。疾趨運河旁以待之。未幾皇車至。左右列兵護衛。人有舉帽及高聲喝采以示敬者。人語喧闐之際。猝聞轟炸聲如重物下壓皇車後。煙燄上騰。木石交飛。護兵多有受傷者。馬驚而止。御者回顧皇似無恙。車亦完好。方欲向前馳騁。皇止之。且啟門以出。則見皇血糊兩手。而如死灰。皇旣下車。各官趨前叩安。且問傷否。皇搖手低聲指傷而言曰。此非傷口乎。俄而差官拘一人至。曰兇手已獲。請治之。皇顧而問曰。汝即兇手乎。對曰然。問其名。則以僞名對。其眞名實李沙哥輔也。又有兵官進叩傷狀。皇曰。獲天之祐。未見損傷。兇手微言曰。未嘗歡喜少頃便知。皇固未之聞也。乃沿運河以行。忽有人從人叢中擲一物於皇之旁。其形如雪砉然而炸。聲若巨雷。衆見皇與該匪俱倒於黑烟之中。身傷肢裂。血漬模糊。慘不忍睹。是時雪霜滿地。血染成紅。狀如紅海。皇咿唔呼痛。皇弟趨前問信。皇言斷續

不相接。口稱寒冷。命速舁至暖宮以備後事。各官以大衣裹之。置暖車中驅回暖宮。官民趨宮外問音耗者不止萬人。世子與諸大臣倉皇奔至。須臾見宮外所懸旗忽下半截。衆知皇崩矣。皆去帽跪地以弔。并爲皇祈禱新皇亞力山德第三即位。

二十三日記

般之韜鈐云。槍礮取準法至不一。而礮準尤難。然不外無定法有定法二者而已。何謂無定法。天時有寒暑燥溼。則空氣疏密不同。阻力因之而異。風勢有順逆偏側。則彈行助遏相反。能力因之而大異。地段有水陸高下

則地力與空氣兼有輕重厚薄之殊皆足以改變彈路致生諸差而各礮本差尚不在此列是在熟習審知運以精心庶幾變化無方鮮有不準矣所謂無定法非言可宣者也何謂有定法蓋即彈路所成之拋物綫可以算術得其高低遠近之數夫彈之所以必循拋物綫者係合三種力所成爲勢所必然重學理非可強也一爲彈行本重速力一爲地心吸引力一爲空氣阻力合而較之而拋物綫之理得矣拋物綫之理得則彈所能及之道里丈尺不難推算而知所謂有定法其數可測者也

二十四日記

試即二十四生特之礮求其平擊與上下斜擊之數按生特乃法國度衡取數之名二十四生特之礮略等於英國三寸徑而用六磅彈之礮也此礮始速率約一千零五十尺五千步之末速率約六百三十尺則其平速率約得八百四十尺凡礮愈遠則平速愈減愈近則平速愈增若在一尺內則平速所差無幾即始速也假如平置一礮高於地平十六尺以下彈可及一千零五十尺高於地平三十六尺以上彈可及一千五百七十四尺即高至九百尺亦可平擊敵船然彈力至此已減若更及遠則無濟矣惟山麓守口礮臺能有如許之高可以平擊敵船若海面兵船相交或平地兩軍相對此礮平擊須在半里之內方克有濟欲擊更遠則斜向上擊之昂度不可不知若敵船已近或敵已登岸而臺上平置之礮高不可及則斜向下擊之低度亦不可不知欲知低度必先明昂度凡礮昂高四十五度則彈及爲最遠如敵已迫近在一里之內宜將礮尾高墊俾口低下若干度乘勢斜擊方能命中至於避彼上擊而仍不礙我下擊則亦惟洞明順逆善測遠近俾礮無空發而已

二十五日記

德國之秤曰鐵勒葛孿每一鐵勒葛孿約重二磅二分五擔曰色納約重一百十磅尺曰米特每一米特約三十九尺三分七里曰結羅米特每一結羅米特合英里八分之五又曰買耳每一買耳合英里四里零三千一百六十五尺法國量物之器曰噸每一噸重二千二百磅尺曰米特每一米特合華尺三尺一寸十倍之曰特喀米特百倍之曰合得米特千倍之曰結羅米特里曰阿爾計三畝零八分四十倍之曰合搭兒減十倍曰生搭爾秤曰喀羅格郎每一喀羅格郎合二磅二分五百倍之稍弱曰浸篤俄國量木之尺曰藍納斯每一藍納

斯合英尺一百零三尺其他量物則以英尺爲準里曰阜斯得約英里半里強秤曰波特每一波特合四十磅奧國秤曰勝得爾每一勝得爾重一百二十三磅五量地曰約每一約合英地一畝四分三尺曰扣拉夫德郎立方每一扣拉夫德合英尺六十七尺丹國秤曰磅每一磅合英國千分磅之一百零二分尺曰福得每一福得合英尺一尺又百分尺之三意國之里曰結羅美特每一結羅美特分一千零九十三模每模合英尺三尺比國秤曰結羅格蘭每一結羅格蘭合英國二磅零二十分量地之器曰呑拿每一呑拿約二千二百磅里曰

結羅米特每一結羅米特合華里一里半強尺曰米特每一米特合英尺三尺零零二分土國秤曰瓦格每一瓦格合英磅八三零二六合四十四瓦格曰進得一百八十瓦格曰吃格尺曰杭達買每一杭達買合英尺二尺七寸斗曰格羅每一格羅合英斗九分一二其餘諸小邦不及稽考至於巴西西班牙葡萄牙荷蘭瑞典腦威瑞士等國與法相同美及印度與英相同英製爲貿易者所共知可無煩贅述也

二十六日記

叻報云西人多借日食以精測驗梁大同二年唐武德九年至貞觀元年明嘉靖二十六年日光大減皆因日面有黑斑爲之掩也日面斑多其年地球熱度大而五穀豐日面斑少其年熱度小而五穀歉太陽光體之外必有最精之氣包之日爲月掩則食道光二十二年日食天文士以遠鏡窺之見月體外發光或云如火燄或云如山咸豐元年日食既玫瑰色峰自日面發出光體之外皆有雲狀太陽光包四圍必有空氣其光成爲條縷有若光球內之大浪同治七年日食既甚久測望之士皆見日邊有發出之峰及四周光帶因以照相最精之器照得之太陽中亦有雲與地球之雲相似其形狀

若羊毛棉花此爲太陽格致之創聞非由日食則不能測得也日體必最熱恐亦猛火或光熱在外中間隔以雲氣令外之熱不得入則日非熱體轉爲冷體亦未可知總之日以光熱化生萬彙風雷雨露飛潛動植川澤消長河海流行皆日氣所爲也日之功用大矣哉

二十七日記

余於二十二日電致總署云法務暹羅劃瀾滄江東岸地與滇接壤外部屢催分界應電滇督勘查非可猝議外部告嵗常願不稍侵滇屬土司彼因暹事未了措詞和順宜仿英廷辦法由使臣請外部依言寫立憑據如

此雖一兩年後議界無妨若遲事大定彼必妄生覬覦或致棘手立據一節擬請先告李梅再令慶常試辦萬一未能辦到應出署與李梅早議以弭後患昨接總署來電云李梅論暹事總謂仍歸於和湄江東歸法法必不佔暹地請我擬界所擬界綫在緯綫二十三度零與將車里全境佔去已駁其誤仍電滇督確查來電欲外部立憑據恐辦不到闔車里部內有貢於緬暹者彼即立據後仍有詞未爲善策總之英以車里歸我正其狡計此事不能緩至三年後再議希設法探訪車里貢暹之土司能得詳圖尤妙余隨發電云車里屏蔽滇南闗

係形勝李梅朦混駁之甚當查車里有四城在湄江西八城在湄江東法所覬者東八城也法印地圖將東八城繪入法界慶常詰之外部自認錯誤英以車里歸我明知狡計然會典及一統輿圖並滇督來圖皆隸滇境斷難一旦棄之暹尚自主土司貢暹與法無涉今日余又發電云細思李梅意甚狡外部立據不過聲明車里所屬十二城在法國權利之外雖難辦到請姑試之順則旬月必成川後免大爭論不成則知法謀不善可出署速與李梅議界

二十八日記

大金沙江東岸四城之地曰邁格納曰允帽曰戞鳩曰泰洛崖戞鳩係中國撣人塔姚克司所造允帽係戞鳩人所闢那塔羅係允帽人所闢在米紀納之南泰洛崖係那塔羅人所闢邁格納係道光八年米紀納人所造有一總管四城之人名來姆姚克或云蠻暮土司所派

李仙江即黑江上游今中國與圖以瀾滄江下流爲黑江誤矣　漢龍關在瑞麗江及南碗河彙流處相近天馬關在此西北相距六七英里　猛卯孟密兩土司互爭邊界後議定南坎江流入瑞麗江處距瑞麗江與南碗河彙流處三英里半爲邊界

二十九日記

叻報客有談邊防者茲摘其大略云黑龍江眞塞外天塹也其源出自西域不入中原經行邊界東入於海盤旋曲折劈分南北界乎中央江之北爲俄地崇巒疊嶺人迹罕至荒山曠土不知幾千萬里江之南山川秀發林木蔥蔚棟樑之材取之不竭五金礦產棊布星羅沿江居民或耕或漁亦魚米之鄉也惜開墾成田者不及十之二耳乾隆初年劃江爲界沿江設卡倫置台站黑龍江形勝我獨踞之厥後俄人竊踞江之出海口岸今稱之爲尼格爾斯於是俄界渡江而南自烏子江疑卽烏蘇

江以下南北兩岸數千里盡爲俄有雖烏子江上游界限薪然俄人未敢侵越然江中險要我已與俄共之俄自踼尼格蘭斯經營商務因海輪不能行江乃創造小輪船公司以資轉輸西人旅居者各國咸集而德人尤多自尼格蘭斯迄於紅土崖沿江而北直至俄之金沙廠爲止金廠大者四座分設尤衆出金之盛勝於我南岸漠河金礦數十倍彼又過江而南迫令土酋剃髮易服均隸俄籍其地多貂皮鹿茸麝香東珠人參等貴重之物且土脈衍沃宜乎耕植乃設兵屯墾其中其地日見殷富矣

三十日記

俄人用計易我琿春地四百里兵船商輪得出入混海以海參崴爲進泊之所闢成一通商大埠招募朝鮮土民爲兵合本國戍卒不下十萬礮臺大者十餘座小者不可枚舉緣山環列水程自海參崴而進九十餘里至原濮河剏木爲舟可容千百石貨爲華商必經之處亦有重兵屯守陸行三百里抵琿春有卡倫焉距我琿春土城祇二三十里備兵房擺邏卒嚴查商貨以收重稅琿春西與朝鮮接壤有甌脫焉中國不遑顧問爲朝鮮人越界偷墾漸成村落今又爲俄所占開通站道土民供其田賦任其役使俄人通行數十里車輸馬跡可直抵黑龍江邊一無所阻至我之琿春本爲三姓甯古塔黑龍江之門戶今乃孤城獨立首當其衝內地山深箐密絕壑懸崖道路崎嶇官商往來者反借俄之臺站爲行役設有梗阻徵兵運餉豈不艱難昔年吳大澂察閱形勢居高向陽加築土城更緣山壁造礮臺又撥兵屯墾其地曾幾何時而規模漸廢矣

七月辛巳朔記

黑龍江土著之人以打獵爲生童而習之槍不虛發然所習者鳥槍也承平日久不習戰陣膽怯無勇用以捕

盜尚不足恃故恆檄調馬隊爲練軍即日可恃未必足數調遣況北地早寒八月即雪江水不流層冰堅亙居民制器名曰排犂製同車式而下無輪軸上圍毳幕身臥其中擁重裘裹餱糧駕馬前驅其勢甚溜瞬息千里反利於平時之遲滯秋冬之交江流既失其險已與敵共之矣黑龍江水清濁不一深淺懸殊松花江間有淤淺處自宜設法淘深更宜自造行江輪船以利水師今中國未有江輪故漠河金礦仍僱用俄船以烏子江下游爲俄界至中國旗幟不得懸挂誠非久計曷若自造自行以權其利哉　廣西自咸豐八年在桂林平樂梧

郴潯鬱慶遣南甯泗城百色等府廳州各要口設卡抽收貨釐鹽釐光緒十八年共收正釐銀五十八萬五千餘兩公費銀四萬六千餘兩

初七日記

俄人族種分而為三曰大俄曰小俄曰白俄各為種類不相統攝俄京彼德羅堡自貴官巨族外皆為德商所居市中銀貨漲落及貨物貴賤德商皆操其柄　去年中日兩國貿易日貨運華值銀六百三十餘萬兩比之上年祇增銀五十餘萬華貨運日值銀一千二百餘萬兩比之前年殆增四百餘萬兩華貨銷於日本者以棉花豆類及油糟草席赤糖為大宗近年頗能獲利

初八日記

日本有腰房礮之鐵甲船一曰扶桑艦甲厚九寸至八寸置二十四生特礮四尊十七生特礮二尊水綫帶鐵甲船四曰比叡艦甲厚四寸四分曰金剛艦甲厚四寸四分曰龍驤艦甲厚六寸蓋購英國舊船而修整者曰東艦甲厚四寸四分至三寸二分巡海快船十有六曰筑波艦曰淺間艦曰富士山艦曰海門艦曰天竜艦曰筑紫艦曰高千穗艦曰浪速艦曰畝旁艦曰日進艦曰天城艦曰磐城艦曰清輝艦曰春日艦曰蒼龍艦曰迅鯨艦此外尚有礮船六號曰第一丁卯艦曰第二丁卯艦曰鳳翔艦曰孟春艦曰千代形艦又一艦尚未知名水雷船大者一號兩旁鋼板厚一寸小者六號未及記其名也

初九日記

前表日本各船之外又有雷電艦為五等常備船成於道光三十年龍驤艦為三等鐵甲船成於同治四年石川丸為七等練習船成於光緒三年葛城艦為三等鐵骨木皮船成於光緒三年大和艦為三等鐵骨木皮船成於光緒元年武藏艦未詳高雄艦未詳摩耶艦為不列等之鐵船愛宕艦未詳鳥海艦成於光緒十一年赤城艦亦為不列等之鐵船又有千島艦甫從英國製成卽礚碰而沒未列於册此日本兵船細數也日本有海軍提督署二一在靜岡相模國三浦郡一在鹿耳島耶摩國鹿耳島郡

初十日記

俄跨歐亞兩洲之北境長約二萬餘里其歐洲諸國瑞典那威約一千餘里丹國約千里奧國東西三千一百餘里南北一千八百餘里德國兼普魯士及日耳曼列國南北一千一百餘里東西二千一百餘里瑞士不過

東西五六百里。南北三四百里。土耳其國縱橫約四五千里。希臘約縱五百里。橫七百五十里。意大利國縱橫約不過千里。荷蘭縱橫皆不及七百里。比利時國縱橫皆不及六百里。法蘭西縱約二千二百五十里。廣約二千六十里。西班牙國西南至東北二千四百五十里。東南至西北二千八十里。葡萄牙國縱約一千三百里。橫約五百里。英倫蘇格蘭兩島南北約二千餘里。東西闊處五六百里。狹處三四百里。迤西阿爾蘭一島南北七八百里。東西五六百里。至若阿非利加一洲南北一萬八千里。東西闊處一萬六千里。亞美利加一洲長二萬八千餘里。

十二日記

鬧教之案自同治以來。一見於河南鹿邑。再見於桐柏。三見於武安。四見於直隸永年。五見於揚州。六見於四川酉陽。七見於天津。八見於黔江。九見於瓊山。十見於龍川。十一見於九江。十二見於溫州。十三見於皖南。十四見於海豐。十五見於清遠。然未有如前年蕪湖武穴無錫丹陽江陰之教案迭起。數千里之地。響應於一兩月之內者也。

十三日記

近時法國辦理海軍。試驗以鴿傳信之法。先以數鴿交一兵輪。駛至海外。約去口岸五六百里。放之空中。倏忽不見。回岸詢之。飛歸甚速。論者謂練之得法。必有大益。西國因設專官以司之。普法之戰。法京被圍。乃以鴿傳信。用輕氣球六十四具。凌升空際。以出法京。攜鴿三百六十隻。放之。有三百二隻飛回巴黎。第二次一百餘隻。飛回九十八隻。帶有官文十五萬件。民信一百萬張。其字用照相法縮之極小。必用顯微鏡方能辨認。由是法人設局育鴿。操練屬之兵部。并立專律管理其事。國家育鴿十萬隻。民間立會育鴿者十處。每處育鴿七百二十隻。德國亦派員專理此事。柏林有二局。每局育鴿五百隻。能飛至一百二十英里外者。旌以金牌。每年育鴿費約銀一萬兩。又有民鴿會七十八處。意國亦有武備鴿房總局。外有分局十處。此外陸軍養鴿者亦復不少。西人化無用爲有用如此。又有用蜜蜂傳信一法。每一點鐘可行二十里。然遠至三十里以外。則多不能飛回。終不若鴿之能遠翔且多帶信件也。

二十一日記

粵垣大北門外三元里永安火藥局於五月十一日申刻因廚房失慎。焚燬藥房四間。附近之瑤台沙涌等鄉。

塌倒房屋灼壓斃命者不計其數儲藥之所雖環以水溝繚以高牆亦竟無益謝查道光之季上海老北門內九畝地火藥局被災焚燬火藥數十萬斤傷斃數十人震倒房屋甚多又咸豐九年秋山東火藥局失事震陷十餘里死傷姓名可查者四千餘人無可查者不知凡幾巡撫上聞奉

旨賑䘏同治六年十月二十六日正午湖北省城山前大校場火藥局被災忽然電掣雷轟牆傾壁倒閧一時許稍定中初復然盡城中有二局雖相去數里阻隔一湖而聲氣相感致此局甫舉彼局又震也並有子母礮

二尊一經燃及循環不已致塌民房數千間斃命數千口局員十餘工役數百局牛三百餘頭皆礮火藥者至是查然後挑瓦礫乃得殘骨堆積如山是役焚去硝磺數千萬斤震陷平地百餘丈重淵巨浸毘連而七淺者丈餘深者五六丈黃岡陽邏皆在江北距省六十里當時亦覺地震光緒庚寅九月二十一日太平府火藥局災前已誌之不復贅述大抵火藥係硝磺二物製成硝為陰精磺為陽精陰陽相薄故必常見風日以洩其性否則火從內出不燃自焚理固然也又查光緒十年十一月十三日辰刻佛山鎮火藥局失慎斃工匠百九十名焚

去火藥數百萬斤轟聲震動省城其局為輿方伯易簡所開因其庇護失慎之局員致列彈章　三元里火藥局焚燬現經廣東司道會同營將赴城外東北隅數里外之劉澤圍勘得一地俗名大片田田畝寬廣故以為名以建藥局極為相宜此地距城不遠村落甚遙　前歲松江紳士稟請將火藥局移建城外曠地卒以經費無出而罷

二十四日記

自美國佛勒爾勒蠻邦與墨西哥瑤克坦省之間環南美洲委內瑞辣之亞林拏可江口有西印度羣島者島

形長曲大小高下不一西人分為三大羣島一曰大安的列斯羣島二曰巴哈麻羣島三曰小安的列斯羣島大安的列斯中有島曰古巴曰海地曰波爾多黎各曰牙買加皆大島也巴哈麻則為珊瑚低平羣島在四大島之東北大西洋之中小安的列斯則皆火山之迹在大安的列斯之東更近南美洲洋岸島多風災亦多苦雨與熱病統計西印度羣島之地約九萬五千英方里而大安的列斯約得八萬民約三百五十萬或云四百五十萬分三類一阿洲黑人一歐洲白人一歐洲人與黑人所生之人黑人居四之三羣島中除海地自主外

若古巴若波爾多黎各則屬西班牙若巴哈庥若牙買加及小安的列斯中之大半皆屬英國小安的列斯中若聖召恆若聖召尚斯若散貧克羅士皆屬丹國若聖排召老慕若乖達鹿破若馬耳的尼加悉屬法國此外屬荷蘭者祇有古辣可與附近二島近委內瑞辣聖排召老慕之西北有聖庥丁小島半屬法國半屬荷蘭云

二十五日記

海地全島介於古巴與波爾多黎各之間有樹林之山島也東西長四百英里約三萬英方里在西印度羣島中肥沃稱最氣候宜人有金銀銅鐵錫各礦戶口約七

十萬黑奴過半土產紅木染料木加非可可棉花煙葉蠟藍糖海澳便於泊船通商便利惜多變故商務大壞先是全島屬西班牙一千六百九十七年島以西始割歸法國一千八百年間島西人又脫法羈絆自立爲民主國即今所稱之海地也其地有九千二百三十二英方里戶口五十七萬都會曰拋多潑林司一千八百四十四年島東人亦自立爲民主國曰山度明哥今海地全島蓋有二民主國云山度明哥之地雖倍於海地國然戶口不及海地四之一大海口與國同名都會亦然

二十六日記

光緒九年張靖達在粵督任內電致李丹崖星使定購魚雷雷艇相度虎門沙路魚珠各要口形勢訂購守口之沈浮水雷電綫等項延訂洋師在黃埔設局考取學生選募水勇認眞練習查魚雷之用可以轟敵船可以作埋伏而安放運用亦不甚易粵省魚雷雷艇皆爲重價購得式類繁多皆係鋼料不可輕視北洋本有旱澳船臺魚雷廠屋分別安放章程井井粵省亦應妥籌收藏之地勿令珍物常浸水中致多損壞雖常油飾究難持久前因廠澳工程浩大未能因時建造纔議在黃埔設廠買田塡築蓋造旱澳船臺一區內分爲二一曰正

臺一曰副臺正臺用鐵路四條可安置雷艇九艘尙餘二艘輪流停泊水面以備操演副臺用鐵路兩條以備抽換操演時前後艙挪安置艇架之用四旁餘地分建住屋並存儲船板艇臺料件等屋共七所又建魚雷廠屋一所廠前臨江建橋一座人字架一副俾魚雷水雷均可在此起落

二十七日記

歐洲地約三京五兆五億五萬方里每十方里計一百零一人共得三垓六京零二億人亞洲地約一垓四京七兆一億方里每十方里計五十七人共得八垓五京

丁口。阿洲地約一垓一京五兆一億四萬方里。每十方里計十一人。共得一垓二京七兆。澳洲並太平洋羣島之地。約三京三兆方里。每十方里計不足一口半。共得四兆七億五萬人。北美洲中美洲地約六京四兆四億六萬方里。每十方里不足一丁口半。共得八京九兆二億五萬丁口。南美洲地約六京八兆三億七萬方里。每十方里計有五人。共得三京六兆四億二萬人。北極五穀不生之地。約四京八兆八億八萬七千方里。僅得三億丁口。合五洲全地計其五垓一京二兆五億零八千方里。其人計十四垓六京七兆九億二萬口。肌膚之

色。皆緣水土之殊。比類參稽。可分為六。大抵黃色人族約六垓二京五兆有奇。白色人族約五垓七京有奇。黑色人族約二垓一京五兆有奇。半黃半白色人族約六京五兆有奇。淡黑色人族約三京三兆有奇。雜色人族約一京五兆有奇。以上雖分六族。而歷代以來。婚媾相通。彼此互為夫婦。有難過為分別者。總之今之著名族類。一黃一白耳。黃人管轄五洲之東方。約占五洲十分之三。白人轄歐美澳洲及亞洲之西壤。約占十分之八九。此其大較也。

二十八日記

余挈眷避暑於白雷登。繙譯王豐鎬武弁王錫皆從。中國西藏突厥蒙古東三省及黑龍江以北地。朝鮮日本越南暹羅緬甸諸國。皆黃色人族也。論黃人之文學。中國實肇其端。亦獨臻其盛。武功則應讓蒙古首屈一指。如元太祖之以狄臣服中國印度俄羅斯。何其偉歟。白色人族又名雅理翰族。蓋因上古之世。崑崙山有雅里翰一種人。其苗裔南至印度者。膚色白於印度人。故兼以白人名。既而西行至歐美二洲。紛紛占籍。其髮有黑色黃色之別。成周之世。白人文學著名者。推印度波斯。戰國以迄秦漢。以希臘羅馬為文人淵藪。近則白人

文學偏於歐美二洲矣。黑色人族。其居處皆在赤道之下。天時炎熱。蓋阿洲族類也。東以太平洋為界。西以中美洲為界。黑人一族從古無著名之國。近百年來始有人敎之讀書識字。或被他國虜以為奴。迄今未能盡絕也。半黃半白色人族。如古時印度西北之巴庇倫及蘇利耶埃及諸國。溯夏商周之世。此族人之名望。四遠咸知。各洲政敎之出其右者。惟中國耳。淡黑色人族。即南洋之巫來由人也。此種人大半生南洋羣島。而迤東至太平洋一帶。其文學亙古罕聞。惟祖述亞納伯所制文字。亦無幹濟之才。可以名世者。雜色人族亦分兩種。間

百年前歐人初至美洲見有一種土人肌膚皆帶紅色究所從來相傳不一或曰黃人之流亞也從亞洲轉徙至此攷其著名之兩國曰墨西哥曰祕魯然兩國素無文字往往結繩紀事居然有上古遺風焉

八月初二日記

午刻游英前王若耳日第四故宮王即今王維多利亞之伯父僅在六十餘年以前而宮室之制已有與今之洋房不同式者頗仿中國之式而壁上丹青亦多繪中國人物足見斯時中國聲威尚壯未嘗不為英人所企慕也　申刻赴脊隄觀婦女及兒童遊海　中國開礦

事事借貸於外以致得不償失蓋礦產衰旺惟礦師知之而礦師必延歐人其始必以利市三倍為之聳聽迨立合同購機器用費不貲一無所得礦師不任其咎既安享三年俸糈仍復逍遙局外而股本已早罄矣試觀日本百務振興式杜礦中值銀四十二萬兩其十三萬兩為所得之淨利意輅奴礦中值銀十八萬六百兩其中六萬為所得之淨利中國礦產之富非諸國所及即以煤礦而論較之歐洲已多二十餘倍湖北一省之煤已足抵歐洲之煤各省出煤之地合計約二十五萬方里而山西得十四萬方里每年如用二百萬噸通計足

支二千四百三十三年之用噫何其盛也

初三日記

余嘗評論光緒初年以來出洋星使究以曾惠敏公為第一以其資性聰明頗多材藝而又得文正之庭訓在任八年練習洋務並諳言語至今為洋人所欽慕伊犁改約一案弭兵修好頗著成功洋藥釐稅併征條約成於惠敏之手歲添帑項四五百萬金頗有裨於國計越南一役至於決裂則以有隱掣其肘者非辦理不善之咎也惟其持論或稍游移始終以多設領事為無益未免意存推諉此其過於聰明之失也郭筠仙侍郎次之

侍郎雖力戰清議以至聲名敗壞然其心實矢公忠且他人必無此毅力無此膽氣故居第二鄭玉軒黎蒓齋又次之玉軒蒓齋皆君子人也居心稍愨所值又非可以見功之地以至無大建樹故居第三第四陳荔秋又次之荔秋雖亦不失為君子而膽量更小於鄭黎實非幹事之材故居第五許竹篔洪文卿又次之二君皆聰明有餘而稍不肯任事然出洋三年皆有著述可傳於世故居第六第七劉芝田汪芝房又次之芝田頗有得於黃老之學芝房亦其流亞也故居第八第九□□□張樵野又次之□□樵野才非不敏而皆累於聲色之

好牟利之工故居第十第十一口口口又次之口口才學亦頗可觀口口一役身名敗裂故居第十二口口口又次之口口才品本在下中頗爲京都士大夫所鄙棄故居第十三口口口又次之口口才力有餘西學亦精一旦得志器小易盈其所爲頗近於小人晚年被譴永不敘用殆由自取故居第十四口口口又次之口口以氣節自矜居心實甚巧詐建議亦多紕謬足以貽誤大局故居第十五口口口口又次之口口以口等公使自誇與口人商定約章誤國病民爲世大戮故居第十六口口口又次之口口身居使職而以贓敗風斯下矣故以殿焉

初四日記

巳刻赴新隄觀男女遊水又觀蚤蝨戲其法選蚤蝨之肥健者以絕細銅絲繞於蚤之腹後以紙爲車驟視若木質者使蚤曳之以行車稍小則負以一蚤稍大則負以兩蚤另縛一蚤於車上若坐客者爲一小鞭俾蚤挾之若揚鞭者然又爲桔槔之形使蚤轉之又爲井與旋機之形使蚤自轉其機若汲水者據云蚤之壽不過半年未有半年而不死者而蚤之中選甚難捕數十蚤不過選得一蚤又必操演月餘始能馴伏操演之法初捕得時先以銅絲縛之磨其善跳之性兩旬以後便使負車蚤行三四步必跳跳則車便翻轉而蚤六足向上蹶動久之始將其車撥正蚤又行三四步必仍跳跳則翻轉如前如是者不知次數凡半月而蚤始不跳可壹意負車矣其養之也每夜即使伏於臂上俾嘬其膚而吮其血飫之必飽而力乃健云

初五日記

英女主維多利亞適值英國極盛之時其勳業福澤在英國君主中固爲最隆即中國帝王自漢以來堪與匹者不過數人而已大抵人主貴乘運會然後賴才德以

濟之維多利亞性行淑均聰明內蘊知人善任固爲國人所稱矣亦其適值風氣大開人才輩出商務之擴水師之練工藝之精正到極至之時如日月之方中前乎此則光未滿也後乎此則勢將昃也蓋其遭際爲獨難矣英自失去亞美利加以後君若臣殷憂數世以全力經營五印度未及百年而版壤數萬里悉爲所併富強之勢遂莫之與匹澳大利亞一洲亦已墾闢百年地博物阜幾與美洲相埒而加那大與阿非利加諸土亦皆生聚日宏炎炎之勢不可抑遏自今以後地球諸國可與英爭衡者惟俄羅斯耳然後乎此者固非維多利亞

所能自主前乎此者亦正非維多利亞所能自爲也夫亦曰時而已矣

初六日記

英國財賦出於關稅地租及國債均由巴力門議納視國家緩急爲輕重實無定額一千七百六十一年至七十四年太平無事納賦英金八百八十萬鎊至一千二十八萬鎊疊次加增至一千八百十六年納賦七千六百八十三萬鎊國債則一千六百八十八年始借六十六萬鎊積至一千八百四十八年共借七萬九千萬鎊是歲出息二千八百十四萬鎊關稅進口茶葉糖加非酒煙等物出口皮革煤等物一千八百五十二年入款關稅則一千八百七十六萬鎊地租一千三百九萬鎊印票錢五百九十三萬鎊（國中財貨出入悉以官印爲憑）戶產錢三百五十六萬鎊（以每戶所有玻璃窗片狗馬等物計）田房產丁戶租稅五百二十萬鎊信局錢一百六萬鎊林木官地租稅十五萬鎊火輪車雜稅等項十七萬鎊是歲度支所入計共四千八百萬鎊每年多寡不一前三年五千一百五十萬鎊後或五千四百萬鎊至今日大約七千餘萬鎊矣出款以一千八百五十一年計之國債之息二千八百四十八萬鎊政教官弁養老贍疾之費三十九萬六千鎊

各衙門俸祿一百九十萬鎊兵餉六百四十萬鎊兵船錢糧六百四十三萬鎊礮位錢糧二百五十五萬鎊太學及諸公會書院三百五十萬鎊每歲國用有時出浮於人若歲入有餘則以償國債之存本而減輕其息有事或更增借也

初十日記

漢口信云荆州霪雨連緜江流暴漲六月初二日荆州南學太平口之戴家場迤東之楊家灘公安所屬之黃金口先後決口驚濤駭浪平地橫流遠近鄉鎮俱遭淹沒西垸之龍王廟周家嘴水德寺西流灣蕭家臺鄧家臺等處水深六七尺東垸附近各村較西垸尤低水害過之隄內汪洋浩渺居民登屋避水坍屋數百椽沈船百餘艘此特就江陵言之所有受水之公安石首枝江松滋側不知作何情狀　京師自六月初八至十三日無日不雨或晝夜不停各巷民房倒塌死傷甚多宣武門因水過深至一點鐘始啓永定門內天橋迤南石路上水深過膝東西兩旁以及迆坡水約丈餘所奇者水中大魚甚多未悉由何而出老年人談及實數十年未經之大雨也左安門外河溢過橋泛濫各村莊田園萬頃一片汪洋京東張家灣一帶及西南地面皆成澤國

南苑一帶尤形窪下民房皆被淹沒又聞德勝門外被居庸關山澗衝決田廬民畜隨波漂沒京西自白菓河決口以後永定河涿州房山良鄉等處悉爲澤國　北通州亦自初八至十二日大雨不止將東北城外房屋衝塌風聲雨聲水聲雜以呼號哀哭之聲聞之酸楚十三日但見樹杪屋頂災民或隨流遠去或登屋抱樹較十六年水高五尺　桂林自五月至六月連日夜大雨山水陡發一望無涯居民陸沈浮家爲活登城一望未沒者僅數版耳　廉州自三月二十七日起大雨三晝夜平城水深丈餘衝倒民房淹斃人口靈山縣一帶亦

被災欽州三月二十八日風雨極大城外河漲丈餘居民被災甚重

十一日記

天津自五月十三日大雨傾盆夜以繼日至二十三日復雨各河之水同時增漲永定河水勢尤高城西三河頭等村打堤約高七八尺六月初天氣放晴九河水勢稍平初六復雨初七以後無日不大雨如注十三日尚陰晴不定低處田疇盡成澤國十四日則滔滔巨浪捲地而來矣　順屬二十四州縣已報被水者一千四百餘村此外日有續報京師連日大雨九門城牆坍塌甚

多或八九丈或十餘丈不等皆在裏面　天津自六月十七日水勢稍殺十八日驟漲如前督轅外鐵橋以東至望海樓一片汪洋法國租界房屋無不在水中央居民遷徙者十七八北河北倉白廟馬家口等村決口三道永定河漫口衝去津邑楊家河莊七八十家波及青光等邑灌入馬駒橋直抵京師安定門外京南附郭下迄通州廬墓田園半成巨浸二百四十里之京津大道不通車馬者累日豫河於十八日決口楊柳青以上三里磯嘴村南岸之水灌入南窪十九晚倒灌佟樓東西樓二十日已至梁家園右旁小營門之外

十二日記

白雷登新舊兩隄造價皆英金三萬鎊　北通州水災以道光十八年爲最重光緒十六年則水又高二尺今年水災較庚寅年又高五尺自五月十三日起無日不雨運河之水漲落靡定二十一日裏河花兒閘普濟閘決口水向西南衝刷各村六月初八至十一日霪雨尤甚東南風大作運河水漲丈許漫過塌前長隄十二夜忽聞正北似萬馬奔騰聲人皆諱言山水至矣旋由房頂漫過直至北鄉各莊民有升屋頂者有攀援上樹者號哭之聲遠聞數里京西之水由裏河五閘傾瀉與運

河之水。合成一片。漫過卧虎橋。直入北門。門洞中可以行船。一支入小北門。進東門。灌入北菜市。水深丈餘。臨城鋪戶全行塌倒。城上用圍拴繫救命繩。竪立雲梯。俾難民攀援而上。　天津九河水勢。繼長增高。幾與隄平。六月十四日東門外東浮橋東新街一帶。被水浸潤。十五日水勢愈高。三岔河口以下。節節皆水。阜船塢外之擺渡口同時漫溢。河水疾於奔馬。紫竹林亦一片汪洋。法工部局迅集人夫。運土打埝。始將來源擋住。此河西一帶情形也。更以河東言。海河東刷西淤。長隄一道。因爲駭浪奔濤所齧。每形殘缺。幸皆坨地堆積鹽斤。爲商

人貲本所關。不忍輕於一擲。當將此隄加高培厚。鹽坨可保無虞。　說者謂京師此次大雨。非但大於光緒十六年。即嘉慶六年。亦無此湯割之勢也。

十三日記

余於酉刻挈眷自白雷登還至倫敦使館。　英外部送到新圖一幅。其所擬野人山地中緬之界。較三月間所送之圖。又稍有更改。約自北緯二十五度三十五分。格林尼址東經九十八度十四分處之一高山尖岡尼格爾山尖起。其綫隨山脊而行。西南向。過高脊峰及瓦倫山尖。下至薩伯坪。自薩伯坪起。其綫向西而行。稍向南。

過沙東峰。到那緬庫峰。此間即循南太白江。亦名太白江而行。初係向南。後向西。直至與雷格拉江彙流處。然後循雷格拉江而行。至其源流處。在恩格倫相近。過恩格倫及庫公。至西邊。然後其綫循來色格江而行。由來色格江西首根源起。至與穆雷江彙流處。循穆雷江而行。至本岡又名木辣世岡相近處之根源。由此即向南及東南行。至貴高格江。循此江而行。至此江與穆雷江彙流處。然後循穆雷江向西南而行。至與既陽江彙流處。循既陽江至其根源處。在愛路本。然後由南奔江根源起。循南奔江而行。至太平江。

十五日記

古巴。西班牙屬島也。在西印度羣島中爲最大。北緯自十九度五十分至二十三度九分。經度英京西七十四度八分至八十四度五十八分。西北距美國之佛勒爾勒蠻一百四十英里。西南距墨西哥之搖克坦一百三十英里。島形狹長。極長處七百六十四英里。闊自二十五至一百三十英里。戶口一百四十萬。一千八百七十二年中有歐洲人七十六萬有奇。自主之黑奴二十八萬。內有華人約五萬。奴僕三十七萬有奇。沿海皆山礁淺灘。可以行舟者僅三之一。多小島。其較大者曰老司勞諾司。曰

羅喃拏曰士立乃拏曰克羅士東南有昔拉可百里山横亙最高之峰高六千八百九十英尺嶺勢蟠延過島長之半北有低平大地地卑溼有鹽澤山林有貴木造舟者取資焉物産惟糖爲最多甲於天下煙葉亦著名於各國島分東西二部哈瓦那西部都會也山的阿古東部都會也

十六日記

余現覆英外部所擬野人山地之界應自北緯二十五度三十五分格林尼址東經九十八度十四分卽北京西經十八度十六分處之一高山岡尼格爾山尖起兩

國邊界之綫卽隨此山脊而行向西南過高崙坪及瓦倫山尖由此過渾昌村與高崙之中間渾昌村歸緬甸高崙歸中國直至薩伯坪自薩伯坪起其綫向西而行又稍向南過沙得倫坪到那緬庫坪由此向南隨山脊而行至大薩爾河自此河源至此河與南太白江相會如是則分尤葛在東邊雷奔在西邊自大薩爾河與南太白江彙流處起界綫循南太白江而行至此江與雷格拉江相會由雷格拉江至其根源在恩格倫相近自恩格倫起星格倫在西昔馬及穆雷江在東其綫自來色江西根源起至與南美利江相會處然後由南美利江而至其根源在奔龍相近自奔龍向西南方循列紫江根源而行至其與穆雷江相會在克登相近分克登村及來色江在東界綫卽隨穆雷江向西南而行至旣陽江相會然後隨旣陽江而至其根源處在愛路坪然後由南奔江根源起循南奔江而行至太平江

十七日記

波爾多黎各亦西班牙屬島也在海地與浮金各島之間北緯自十七度五十六分至十八度三十二分經度英京西六十五度四十分至六十七度二十分南濱加勒海北濱大西洋東西長一百十英里南北闊四十英里共三千五百三十英方里戶口一千八百六十年白人三十

萬有奇自主黑人二十四萬一千有奇黑奴四萬一千有奇共六十一萬七千餘人地形崎嶇土極肥沃水土益人東西有山亘於全島山麓小川下注密如蛛網海口亦多帆檣如織人以製糖釀酒種加非烟葉爲首務牧次之耕又次之一千八百七十三年出口糖值英金一百五十八萬餘鎊糖槳值十四萬三千餘鎊加非值九十二萬九千餘鎊次年出口貨共值英金二百五十二萬四千餘鎊通商以西班牙及西班牙墨洲屬地美英德各國爲多電綫已通各大城鐵路十二英里島分

七部轄於数大武員三助佐其都會也

十八日記

羅馬尼亞國即志略所稱土耳其襪拉幾亞及穆爾達費亞兩部之地也東北界勃魯脫河過此即俄之貝沙拉比部西北界加爾巴脫嶺過此即奧之布哥維納及達那西里尼部南界多惱河過此即布加利亞國西界賽爾斐亞國東瀕黑海地當赤道北四十三度三十八分至四十八度十五分京師西八十六度四十八分至九十三度五十八分（巴黎東二十度十分至二十七度二十分）凡十二萬九千九百四十七啟羅邁當方里居民五百三十七萬六

千有奇初羅馬尼亞兩部皆希臘種人蓋古羅馬裔也所奉之教與俄同與土異土人復苛歛虐待咸豐十一年兩部合力叛土奉總兵古士為王號羅馬尼亞半主屬國歲貢方物土人無如之何越六年古士被廢同治五年各國議立沙勒爾為王德王姪也光緒三年俄復攻土沙勒爾趁機立為自主之國明年各國大會柏林議許設政府遣公使國中鐵路長四千五百九十四里（似係中里）電綫二萬一千五百六十里郵局三百九十所出口貨值洋銀六十八兆六十六萬餘員進口貨值洋銀一百九兆十七萬餘員國債二百五十八兆三十萬員

國分三十三部都城曰布加勒司當赤道北四十四度二十五分京師西九十度二十三分巴黎東二十三度四十五分

十九日記

慶藹堂來書云近日與俄外部侍郎會晤二次與戛爾斯會晤二次俄皇自丹馬國寄諭外部謂慶常所論中俄大局甚為切當爰命外部與兵部會議辦法以備還都開議按略約但有滿文俄文而無漢文查滿文原本並無華界一直往南之語不過至烏仔別里而止下文僅有向南二字而已此層總署已經明曉大約酌中之

道或能辦到然必由署中作主外間祇能催商而已始俄一味推宕置諸不理故樞堂孫尚書有調員之議幸俄主尚顧大局允許商議并飭外兵二部預備辦法約以還都開議現請戛大臣速將辦法略為指示彼力疾由鄉回城面晤兵部期以七八日內先將大旨梗概相告俟西十二月俄主回國再行商辦彼謂界務繁冗非與俄主披圖面陳不能妥協此須俄主自定不敢擅專似非欺人語也又來書云聞竹使有勸總署退讓之說竊思尚未開議先自落價彼將得步進步更難收束入春以後外部不理竹使詞色令人難堪竹使一二年以來

專與俄總辦模棱遷就未得一與嘎爾斯交談宜其不得要領耳

二十日記

賽爾斐亞國故土耳其屬部也北界奧斯馬加東北界羅馬尼亞東界布加利亞西界奧國之波斯尼亞省南界土國之沙羅尼克及馬拿斯底爾省凡四萬八千五百八十八啟羅邁當方里居民二百二十一萬三千有奇此國本歐東舊邦自明天順三年以後始屬於土嘉慶五年叛土自立土王因以封之而責其入貢後有米老斯瓦伯烈拿佛者賽國之將也屢戰勝土道光十年國人奉以爲王是爲瓦伯烈拿佛第一其孫爲今王密

朗第四賽人故斯拉夫種强武好鬭俄以其同族輒左右之與土血戰二十餘年尚未得志俄土之戰諸部蠭起應俄柏林之約立爲自主之國光緒十七年出口貨值洋銀十三兆一萬二千員進口貨值洋銀十兆五十二萬一千五百員國債洋銀七兆十八萬五千員都城曰貝爾格拉得（志略作別甲約章類纂作柏格拉）其水皆匯多惱河以注於黑海國分十五部貝爾格拉得城當赤道北四十四度四十七分京師西九十九度二分（巴黎東十八度六分）

二十一日記

布加利亞國故土耳其屬部即志略所稱西里斯的黎亞地也（志略一作不牙）北阻多惱河與羅馬尼亞交界南枕巴爾互山與東羅美里交界東瀕黑海西鄰賽爾斐亞凡六萬三千九百七十二啟羅邁當方里居民一百九十九萬八千九百有奇布加利亞種人居其三皆奉希臘教土耳其種人居其一皆奉回教兩教積不相能土廷尤暴斂其民初高加索部人有去俄奔土者數千人土人使居布地性悍喜鬭光緒二年布人戕殺回民土廷急發高加索人捕斬萬五千人俄王亞力山德第二因此伐土土人力竭請和四年柏林之約議定東羅美里

爲自主之省布加利亞爲半主之國雖附庸於土其王則由國人推立亦有政府議院今已駸駸强盛矣鐵路長一千四百四十八里（八百六法里）電綫長一萬四百四十八里（八千四百八十四法里）光緒十七年出口貨值洋銀十七兆七十六萬六千員進口貨值洋銀二十兆三十三萬七千員國債洋銀三兆四十六萬三千員國分十四郡都城曰沙非亞當赤道北四十二度三十九分京師西九十三度十四分（巴黎東二十度五十四分）

二十二日記

門得內各羅（一作門的內哥）譯言黑山故土耳其屬部即志略

所稱黑坐義部也。北界波斯尼亞、赫次戈偉納，東界哥沙伏，南界阿爾龍尼，西界阿得安海，周圍八千四百七十五啟羅邁，當方里。居民二十七萬二千有奇。四圖皆山，萬木叢列，一望如墨，故有黑山之稱。本賽爾斐亞之一地，明天順間，土兵攻賽國，下之，獨門民據險扼守，避匿車爾拿哥剌山中，至今石室如蜂房。康熙四十九年，門國王貝德羅威脫始與俄立約拒土，號稱自主，以保護希臘教。明年與土戰，土兵死者二萬人。於是門益附俄。咸豐二年，土伐門，又敗，去各國助門抑土。同治元年，土攻門，圍其塞聽納都城，門請盟，土脅使內屬，俄人不許。光緒二年，門土復戰。進踞斯居大里柏林之會，各國立門為自主國，且強土割地，因其不通海，並以盎底佛利及端爾西紐兩海口界之，又益以波特哥利槃徽臺之地，而斯居大里湖亦分其半。如是立國始定。惟地瘠產瘠，故不立議院，不遣公使，惟有執政紳員八人。國人皆隸兵籍，性勇猛，亦有鐵路電綫。每歲出口貨約值洋銀五十萬員，有牲皮毛乳油之屬。歲入約洋銀二十五萬員，有地稅關稅鹽釐牲捐之屬。都城曰塞聽納，一作塞吞

葉

當赤道北四十二度二十六分，京師西九十七度二十九分，巴黎東十六度二十九分。

二十三日記

土耳其蓋突厥之遺種，以回鶻本字譯之，音亦相近。自唐以後，突厥衰弱，散居蔥嶺東西，漸徙漸遠。今所稱圖爾齊斯坦部落及土耳其國，實皆突厥之後。泰西圖志頗述其所自出，爲蒙古盛服屬西域各回部。土耳其人逃居小亞細亞山地，諾美部部落益繁。元大德三年，其酋阿多曼第一據地立國，自稱蘇丹，變游牧爲城郭，復伐東羅馬，攻地中海諸島，是爲土耳其建國之始。泰定以後，征服小亞細亞諸地，以亞那多里亞譯言東方之布魯薩爲都城，遂過他大尼里海峽，以窺君士但丁，並略地於歐洲。至正二十年後，東取亞洲猶太敘里諸部，西取歐洲阿得利安或作安多黎諾伯勒都之，是爲土耳其建國東羅馬之始。明洪武五年，攻布加利亞、賽爾斐亞，又據波斯尼亞及亞剌萬。二十二年，巴牙府第一立，復略布加利亞、賽爾斐亞、襪拉幾亞、摩爾達維，擊匈牙利，大破日耳曼、法蘭西兵，更入希臘，圍君士但丁。建文四年，巴牙府大敗於昂哥拉，為撒馬兒罕所虜，憂死。三子分立。至永樂十一年，始復合一。景泰四年，大舉伐東羅馬，滅之，改君士但丁曰伊斯坦蕭耳，建都於此。

二十四日記

東羅馬自君士但丁第一開國越一千一百三十年至
君士但丁第十三而爲土耳其所滅土人遂攻波斯伐
阿剌伯奪希臘並侵俄羅斯南境之克雷木（即小韃靼里）意
大里東境之威尼斯戰勝攻取聲威震爍用兵慘殺尤
甚政刑繁稅嚴酷煩苛正德年間復破波斯克埃及敍
里巴雷斯丁據麥加（阿剌伯都城）阿剌伯阿爾及耳（阿洲北境）沙立曼第
二立梟雄好兵於亞洲得阿爾美尼古爾第斯丹諸地
於阿洲得突尼斯的黎波里於歐洲攻日耳曼侵奧地
利牙匈牙利諸地據地中海之羅得及毛爾他島其疆
域跨有三洲所向克捷自摩罕默都君士但丁後以此

爲極盛矣嘉靖年間奪薩魄婁斯島既而兵敗厥後漸
以不振且有內亂
國朝順治六年以兵擊干地亞島踞之然累世黷武行
暴叛者蠭起阿爾及耳突尼斯的黎波里埃及諸部皆
亂所得奧地利匈牙利侵地亦失去大半俄奧波蘭連
兵來伐大敗土兵乾隆五十二年失高加索諸地與俄
忽和忽戰又失多惱河附近諸地嘉慶二十四年英取
意阿尼諸島（兒志臘希臘志）厥後希臘復立國稱自主俄又侵
奪阿爾美尼亞邊地並以護教爲名議將襪拉幾穆爾
達維賽爾斐亞諸部建爲土附庸納貢之國

二十五日記
俄旣立賽爾斐亞等爲半土之國法國亦據阿爾及耳
而埃及巴札亦叛踞敘里土人擊之敗於可尼埃及兵
抵布爾薩君士但丁戒嚴俄兵來救埃及兵乃退道光
十九年埃及尙據阿剌伯敘里復克干地亞島土人求
救於英法俄國埃及始返侵地仍稱藩國次年各國公
使會於倫敦議定土國海峽無論何國兵船不得出入
其後俄土復以教事起釁土人奉回教輒虐待希臘教
人俄命將率師越多惱河而壓其境英法恐俄之坐大
也皆以師船駐保君士但丁土軍禦俄亦屢獲勝四年

英法水陸會師進圍俄京之克雷木五年克之遂以師
船駛入波羅的海擾俄彼此攻守死傷且近百萬六年
奧王居間排解各國遣使會於巴黎立約凡黑海之內
不許俄土置戍屯艦而許各國商賈出入瀕海諸埠兼
設領事俄恐返土侵地光緒三年俄土復搆兵羅馬尼
亞遂稱自主以兵六萬歸俄調遣俄兵益盛一軍渡多
惱河而南據多布羅卡（今屬羅國）一軍溯多惱河而西奪尼
哥波利（今屬布國）遂踰巴爾亙山據脫剌斯君士但丁大震
亞洲俄軍進攻巴統（今屬俄）圍卡爾斯（今屬俄）土雖屢勝而
終不支乞和於俄四年立定草約英人阻之德相畢士

麻出爲排解。遂以是年五月各國遣使大會於柏林。

二十六日記

先是咸豐六年俄土之約，以貝沙拉比（在黑海西北岸多偶河下游北）割歸羅馬尼亞，至是以所割多布爵卡（在黑海西岸多偶河下游南）易之。由是羅馬尼亞得多布爵卡，賽爾斐亞得尼士門，得內各羅得益底佛利、端爾西紐兩海口，以布加利亞爲附庸之國，以東羅美里爲自主之省，奥國得波斯尼亞、赫次戈偉納兩省，其後希臘又割賴利沙（希東北境）、美查瓦（希西北境）、耶尼拿（希西北境）之地，其償俄兵費三百兆盧布暫從緩繳，作爲欠款，亞洲屬地俄割卡爾斯、巴統、阿達亨（一作阿爾達罕，在黑海東南岸）三處，英得薩魄婁斯島，而埃及則自治如故。蓋歐洲舊疆去其大半，而亞洲之地亦稍蹙矣。

土爾其向回教，稱其王曰蘇丹。光緒二年，始仿泰西設上下議院。然蘇丹爲回部政教之主，其權仍在也。民多游牧而少耕種，窮而且嬾，天下棄田不耕者，以土國爲最多。近始講農牧製造之宜、材木礦冶貿易之政，而與作營運皆賴泰西人爲之。國中鐵路長九百六十三啟羅邁當，電綫長五萬三百七啟羅邁當，海綫六百四十二啟羅邁當，商輪四十三艘。光緒十六年進口貨値洋銀二千一百四兆十五萬餘員，出口貨値洋銀一千五百十七兆二十四萬餘員，國債洋銀六百二十五兆九十五萬餘員，所借民債尚不在內，各國負債之多，無如土耳其者。

二十八日記

土耳其東西跨亞歐兩洲，南涉阿非利加洲，幅員廣袤，種類龐雜。自光緒四年柏林立約以後，疆域建置今異於昔。其歐洲之地自赤道北三十八度五十五分至四十四度十七分，京師西八十七度二十分至九十六度四十八分（巴黎東十七度二十分至二十六度四十八分），凡二十六萬五千一百九十三啟羅邁當方里（合布加利亞、東羅美里在內），居民八兆七

十五萬四千三百有奇。亞洲之地自赤道北十八度至四十二度，京師西六十八度至九十度（巴黎東二十四度至四十六度），凡一兆七十七萬八千二百啟羅邁當方里（合阿剌伯在內），居民十五兆四十七萬五千有奇。阿洲之地自赤道北二十七度至三十三度，京師西九十七度至一百四度（巴黎東十度至二十二度），凡一兆三萬三千啟羅邁當方里，居民一百萬有奇，即的黎波里部也。凡歐洲新立諸邦及割歸他屬者，今皆別著於篇，即亞洲之阿剌伯、阿洲之埃及、的黎波里亦分隸於本洲，庶別部居而免雜厠云。

九月庚辰朔記

歐洲土耳其西北界與斯馬加賽爾斐亞門得內各羅北界羅馬尼亞布加利亞西南界希臘東濱黑海西濱亞得亞海南濱伊直安海外環地中海即志略所稱土耳其西土也其地西北高而東南下有巴爾互嶺西起沙非亞(布加利亞京城)東趨黑海界乎布加利亞及東羅美里之間為北界天然屏蔽其陰坡陀迤邐其陽壁立陡絕分支展脈互遞屬接自多惱河踰巴東互至於君士但丁有路七條危崖微徑不易穿越其水有多惱河經流賽羅布三國交界復東北入於黑海(今不在土境內)合上下游計之流五千里有奇矣又有馬利腕沙江東南流六百八十里入伊直安海瓦爾大利河東南流五百里入伊直安海

初三日記

歐洲土國地分九部君士但丁諾魄爾部亦稱君士但丁土國建都地也連附郭凡二千五百四十九啟羅邁當方里居民八十二萬五千城同部名當赤道北四十一度零三十秒京師西八十七度二十九分凡二十八門周圍八十二里有奇地三角形東狹西寬形勝為天下第一故號金角有小七盤王宮在其上馬罕默第二所造也土產細絲絨毯烟葉香水其鐵路自京城通安多黎諾伯勒貝路瓦梯奴瓦堆塞阿加脫克其郵船北通黑海南通地中海各口諸國商貨畢集又曰安多黎諾伯勒部曰沙羅尼克部曰馬拿斯底爾部曰哥沙伏部曰斯格大里部曰耶尼拿部曰東羅美里自主部歲貢土廷洋銀五萬員曰干地亞島部

初四日記

亞洲土耳其東北界俄屬高加索部東界波斯東南界阿剌伯沙漠西北濱馬爾馬拉海北濱黑海西南濱地中海與歐洲僅隔頗斯福爾他大尼里兩海峽即志略所稱土耳其東土中土也其地多叢山大江在高加索部及阿爾美尼部交界有阿拉辣山(志略作阿臘)高一千六百餘丈西南趨地中海岸南為朵留斯山稍北為盎底山地中海東岸則有阿馬闍山盎沙非山而尤以黎巴嫩及盎底黎巴嫩兩山為大岡嶺蜿蜒各長八百餘里東北有為徐意非馬克江流一千六百餘里入黑海又有慈格利亞江流入黑海裒爾禺日江美盎特來江皆流入伊直安海北扣摩斯江流入地中海東有歐付拉脫(志略作阿付臘底斯)底格爾(志略作底格里士)兩大江歐付拉脫江發源阿爾美尼南境山中曲折流過阿爾䰟山東南踰沙漠至古爾拿與底格爾江合曲折流入波斯灣注印度

海。計歐付拉腕江流長三千三百二十里。底格爾江流長二千二百二十里。

初五日記

亞洲土國地分十七部。曰德勒比孫達部。曰愛爾瑞羅木部。（志略作黑爾斯倫）古阿爾美尼國之都城也。自阿爾美尼爲俄土分裂。遂以城名爲部名。曰絶部。以在望湖之東而名。曰加爾蒲腕部。曰第亞爾培基爾部。曰摩蘇爾部。曰巴格大達部。卽元史所稱報達國地。亦卽巴比倫國舊地也。曰巴索拉部。譯言石地。（右四部古美索巴大米地）曰西威斯部。或名務爾木。曰加斯達摩尼部。曰昂哥拉部。曰古大房提基亞爾部。每歲出絲値洋銀一千萬員。曰愛建部。曰可尼部。卽古加拉馬尼亞地。曰亞達那部。（右七部古亞細亞美諾地）曰阿爾魄部。曰西里亞部。（亦作敍里）卽明史外國傳所稱古如德亞國地也。迤北卽古腓尼基地。中卽古西里亞地。迤南卽古猶太地。及羅馬興。皆爲所滅。厥後嘗屬於波斯阿剌伯。明正德九年。始屬於土國。今攷其分省。曰大馬士。卽西里亞會城也。曰特懲貝爾意利湧。卽黎巴嫩山地也。曰哀爾哥特。其會城曰耶路撒冷。卽巴雷斯丁地也。按哀爾哥特。西史謂卽古斐雷斯丹人所居之地。斐雷當卽拂箖之轉音。斯丹當卽斯坦之轉音。昔人

謂猶太卽唐拂菻國。據此益信。有耶穌墓。西人稱爲聖地。及爲回部所據。嘗因爭謁墓地。敎士糾各國用兵。號十字軍。血戰二百餘年。近始稍息矣。

初六日記

前儒謂乾以氣化形。乾之氣有淸中之淸。淸中之濁。坤以形化氣。坤之氣有濁中之淸。濁中之濁。西人每稱輕氣淡氣養氣炭氣。輕者淸中之淸。淡者淸中之濁也。養者濁中之淸。炭者濁中之濁也。水火者天地之大作用也。水質得天氣三分地氣四分相合而成。西人謂輕氣得二。養氣得一者。其理相通。天地間惟水火力最大。亦惟水火作用無窮。　泰西格致之學。有創有因。電學創於隨爾得。因而有電堆電池電報之致。火學始於莫斯得。因而有火車火船火機之致。譬之蒸氣創自希羅吸力。因於生薑。化學定於拉瓦泄。後各有因此創彼。愈出愈奇。　最大最速之風。每點鐘行八十英里。尋常之風。每點鐘有不到十英里者。最激最速之水。每點鐘行十英里。若泰晤士江。每點鐘不過行二三英里。　用煤火之力。百分僅能做得電氣之力八十分。稍有折耗。然潔淨無煙。而又格外明亮。則勝矣。將來有擬以江水之力做電氣者。如水磨水碓是也。有擬以風力做電氣者。如

風箑風車是也如是則煤可省矣亦可用人力牛馬力
造電氣

初七日記

英戶部尚書在議院將出入款項總數逐條宣示查一千八百九十二三兩年之間所估出款九千零二十五萬三千鎊後又多發十二萬二千鎊原估進款九千零四十五萬三千鎊厥後短收五萬八千鎊分而計之原估關稅一千九百九十萬鎊短收十八萬五千鎊內地雜課原估五千四百八十六萬二千鎊實徵多八萬餘鎊郵部進款等於原估之數然郵部用項過巨入款似

少非遂政府之願也茲查九十三四兩年之間通國經費應估九千一百四十六萬四千鎊分而言之來年關稅可徵一千九百六十五萬鎊比前少收六萬五千鎊內地造銷各貨之稅可徵二千五百十萬鎊比前少收二十六萬鎊各種雜課可徵一百三十六萬鎊比前少收二十萬五千鎊地稅房租等項可徵四十六萬鎊比前盈餘一萬鎊官民進項交課可徵一千三百四十萬鎊比前短收七萬鎊

初八日記

法人有著說者云以武備言美國實非可畏以節用論

美國强於歐洲美當南北大戰之時借債甚多今可於一千數百年以前掃數清償矣歐洲各國之債有十二萬六千兆佛郎尚無清完之日美國額設陸兵二萬六千僅及法兵十九分之一一千八百七十年間歐洲備兵用款三千兆佛郎今增至五千兆矣歐洲養兵不過二百餘萬今增至三百五十餘萬矣　英國人一名吳得凱一名克林飛者同創自放連珠槍一具此槍彈袋可裝槍彈七箇於二杪工夫以內不但能放七彈且有餘暇更換新袋故於一分之內可放一百零五彈也凡此新式之槍亦比別種之槍尤能命中及遠蓋因七彈

既放之後空袋自落既可不改槍勢復裝實彈非如他槍須將槍筒落下始能換裝彈袋也　新槍無煙火藥名曰高爾岱即繩藥也以其形似繩也利於行軍各國競相仿造然此藥必有棉花攙和久儲則壞俄國曾於八閱月前製藥備用儻再閱五月則必盡成廢物經製造人多方設法莫能奏效

初九日記

英阿姆斯脫郎廠代阿根廷即拉巴拉他國造就新式快船一隻名曰耐音德竹羅此船長三百五十尺寬四十四尺重三千五百噸所載軍器有六寸快礮四尊四

寸七分快礮八尊哈克開司三磅彈礮十二尊一磅彈礮一尊魚雷筒五具乃費優獸所創十八寸之雷雷長十六尺五寸放雷之機式樣新奇筒內先燃高爾岱藥少許藥氣催動魚雷推之出筒先是屢用常行火藥催雷出筒無如藥之壓力不勻雷之速率不準阿廠多方考究務除不勻不準及飛煙吹灰等弊爰用高爾岱藥演放魚雷多次以每方寸三十磅之壓力得每秒四十二尺之速率雷筒安有電氣放雷之具亦安機器放雷之具電氣放雷登樓瞭望毫無危險始燃藥放雷離筒而去雷筒一具安於船頭向前直放船之兩旁各有雷

筒兩具一具向前放雷一具向後放雷故可前擊後擊左擊右擊無不遂意

十三日記

是年牛莊洋貨進口價值（轉運出口之數不計）銀五百十六萬餘兩土貨出口價值銀（出口並往別口在內）九百六萬餘兩天津進口洋貨價銀一千七百八十六萬餘兩出口土貨價銀六百四十一萬餘兩煙台進口洋貨價銀五百八十七萬餘兩出口土貨價銀五百十六萬餘兩重慶進口洋貨價銀五百八十二萬餘兩出口土貨三百三萬餘兩宜昌進口洋貨價銀六十萬餘兩出口土貨三十五萬餘兩漢口進口洋貨銀一千一百九十萬餘兩出口土貨一千九百五十六萬餘兩九江進口洋貨銀四百七十五萬餘兩出口土貨銀六百二十一萬餘兩蕪湖進口洋貨銀三百九十三萬餘兩出口土貨銀五百二十四萬餘兩鎮江進口洋貨銀九百八十九萬餘兩（鎮江少出口土貨一句）上海進口洋貨銀一千五百零一萬餘兩出口土貨銀三千八百八十五萬餘兩甯波進口洋貨銀六百六十九萬餘兩出口土貨銀四百九十四萬餘兩溫州進口洋貨銀四十萬餘兩出口價銀十八萬餘兩福州進口價銀四百三十二萬餘兩出口價銀六百七十

萬餘兩淡水進口價銀一百七十八萬餘兩出口價銀三百四十二萬餘兩臺南進口價銀一百二十萬餘兩出口價銀一百五十三萬餘兩廈門進口價銀五百七十一萬餘兩出口價銀二百二十三萬餘兩汕頭進口價銀八百三十四萬餘兩出口價銀六百八十一萬餘兩廣州進口價銀一千二百四十一萬餘兩出口價銀一千八百八十八萬餘兩九龍進口價銀一千三百四十六萬餘兩出口價銀一千七百二十九萬餘兩拱北進口價銀三百十七萬餘兩出口價銀三百八十三萬餘兩瓊州進口價銀八十六萬餘兩出口價銀一百萬

餘兩北海進口價銀三百十二萬餘兩出口價銀一百零九萬餘兩龍州進口價銀二萬六千餘兩出口價銀一萬零九百兩蒙自進口價銀八十八萬餘兩出口價銀七十三萬餘兩

十五日記

法報云中國趕築鐵路以備悉畢爾運兵之用自天津起至北河口塘沽地方復向東北遵行海岸至開平煤礦其分四段首段自大津至開平煤礦約長二百九十里次段自開平至灤州約長一百二十四里此段灤河之橋尚未成功現正安打橋柱此橋安柱十六根六十

一邁寬之橋洞五空三十邁寬之橋洞十空十邁寬之橋洞五十空三段自灤州至山海關約長一百九十里四段自山海關至錦州約長二百三十六里以上鐵路四段共約九百四十里通長路已修整完畢惟鐵軌僅至灤州俟灤河橋工告竣即可造軌出山海關矣　灤河底有浮沙安柱不牢現在力求穩固結實之法

十六日記

加那大全境平衍惟西北有落機大山北自亞蠟斯干省南至中墨洲爲止崇山峻嶺長五千餘里中有三大嶺一東嶺曰杷伯文斯一西嶺多平原一太平洋嶺地勢斜狹中多火山加那大西北各部落機山居其大半有馬根西大江向西北流入於太平洋長二千三百英里中間江口無數其支江曰烏猶江拔爾江皮埃江福脫錫醜生江福脫諾門江福脫哥特化坡江又有漢江拔斯江阿泰伯斯堪江　蘇比蘆阿湖湖身之大爲地球之冠東北至加那大南至美國之密蘇安部威士干遜部西至美國新闢之明納沙泰部自東至西長四百二十九英里南北廣一百六十英里湖岸整齊不生草木

十八日記

加那大東海各島一曰恩的可斯的島屬貴北克省在桑羅稜紊海灣中判分兩邊海峽長一百四十英里極廣處三十英里島中山高六百英尺有兩福地一在島之西尖曰衣力斯灣一在島之西北曰福克司灣天氣嚴寒居民甚稀惟夏季則帆檣林立漁人皆至一曰格倫門納島屬新布倫瑞克省適居本省與新蘇格蘭兩省之間在芬田灣之入口處與美國之緬部相近南北長十英里廣八英里一曰密寬倫島在紐芬蘭之南爲法國屬島分大小密寬倫大密寬倫在赤道北四十七度四分京師西一百七十二度四十八分二十二秒小

密寬倫在大密寬倫之南或曰稜蓿居民八百捕魚爲業一曰森披挨島周圍峻峭不生蔬果亦法國屬島與密寬倫合之島面積八十一英方里居民四千餘人

十九日記

五印度古天竺也一名身毒國幅員遼闊地勢三角形每邊六千里大小數十國從古不相統一明初蒙古某王爲元駙馬鐵木兒之後兼并西域諸回部南侵印度得入版圖號曰大蒙古建都中印度之德希城廣袤二萬里歲收賦稅二萬二千四百萬各國皆賓服焉正德中葡萄牙人初至西邊貿易荷西英法等國繼之然大

蒙古王威權重大人皆畏之厥後眾子爭權內亂並起各部酋長乘間跋扈四分五裂國勢漸衰乾隆二十年孟加臘土酋與法人密約拒擊英人殄其大半英乃徵兵入安額河克之東印度望風歸服乘勝席捲中南諸部三十年又叛英人英遣將奪復疆土嘉慶十年盡驅法荷駐印之兵自是五印度之地歸其囊括者十七八蒙古王亦納款今後裔雖存食稅衣租僅擁虛號而已其餘設官置吏同於郡縣或輸賦納貢降爲藩服沿海建立三碼頭曰孟加臘所以控其東陲曰麻拉薩所以扼其南疆曰孟買所以鈐其西北

二十日記

英人又於亞加拉諸部及錫爾蘭島俱鎮以大帥戍以重兵特遣勳戚大臣爲總督便宜行事分駐孟加臘及巴勒里額設英軍三萬土軍十八萬二千或輸調駐防或派充工役其人釋教回教各半互相牽制免其同心謀叛中東二印度地勢平衍物產殷阜火車鐵路四通八達孟加臘之會城曰嘎爾格達西南洋第一繁盛之區居民八十萬戶有地稅房稅招牌稅牲畜稅水火稅百工技藝皆有捐一馬一牛必納課然民無怨言者以較昔之土酋猶少誅求也所入之財除官俸兵餉外一切

修治道路橋梁輪船火車電綫煤燈學堂醫院之類民多便之南印度瀕海多山山內之民仍其舊俗英不煩兵力而服之西北二印度風氣剛勁北印度即古之罽賓西印度即古之月氐迭爲興衰互相吞併今爲塞哥及阿富汗國素稱強大嘉慶年間塞王侵英藩屬道光二十二年大舉南侵屢挫英軍相持二年卒爲英將所破割地受盟次第削平叛者於是上尊號於英皇盡前侵佔印度皆公司所爲至是始歸英皇統轄焉阿富汗與英搆難數十年或勝或負時戰時和大抵皆俄人從中慫恿嗣後英軍大勝直搗甲布阿王遁逃俄境其子

阿古柏篡位又因民變戕英大員英人復立其弟英之力非不能滅阿特留以爲屏蔽耳夫俄欲滅土耳其而英扼之英欲滅阿富汗而俄尼之殆形勢相格也

二十一日記

印度自漢始通中國武帝明帝皆嘗遣使天竺晉唐以後中土請經求律之僧踵趾相接凡有三道一由和闐南行經毒龍池踰懸絙過沙河入罽賓國是爲東道即晉法顯北魏慧生所行之程也一由伊犂西行歷霍罕至賽馬爾罕折而東南踰鐵門渡縛芻河越興都哥士大雪山入克什彌爾是爲西道即唐僧元奘及元邱道

人處機所行之程也一由葉爾羌西南行循徙多河而上陟葱嶺至塞勒庫兒泊再南踰印度河是爲中道即唐僧元奘歸途所經之程也中國用兵印度惟唐太宗元太祖俱獲全勝憲宗之世屢征印度然終以雪山之隔鞭長莫及旋得旋失夫西藏與印度密邇中隔大山數重縣亘數千里峻嶺危峰道途險阻八月以後大雪封山往來絕迹此天所以限中外也惟大吉嶺一路最爲扼要其上酋已降於英其民語言風俗與唐古特相同地勢高寒印度富商多在此築別墅以避暑英設領事一員統兵副帥亦駐焉修建礮堡數座設鐵路以通

往來此間別無通都大邑商貨薈萃之所英人不惜重費開通道路其注意西藏通商久矣印度公司經營利源無孔不入以重賂要結布丹錫金諸族入其牢籠惟廓爾喀一部較强地形險要僅能自保

二十二日記

英人於孟加拉之東闢一地曰亞山又名阿薩密長一千餘里廣三四百里北界布魯克巴（即布丹）東界貉俞野人東南界緬甸四境多山惟蒲藍布達江兩岸平壤膏腴近年墾地種茶漸致繁盛每歲出茶數十萬箱然不若華產之良也亞山之東南有數小部俱已降附於英

再南海灣有新埠曰徹地岡曰埃克雅在阿拉干部內阿拉干之東曰跋散曰漾貢曰擺兒而曰黑尼曰梯泥色領皆通商碼頭昔本緬地道光年割隸於英自徹地岡至梯尼色領沿海七八千里英置兵吏設電綫通文報悉統於印度大帥華人但知英據印度財賦所出倚爲外府不知其得緬邏諸國海濱精華之區由印度直達新嘉坡聲勢相聯也至他國市埠之在印度者則有葡萄牙之料襪法蘭西之本得支黎哥黎架爾二郡然亦不過一城一邑寄頓貨物之所孟買本葡屬後讓於英麻力普爾本丹馬所屬距嘎爾格達四十里亦美邑

也今爲英人屯軍之所巴勒里界連後藏嘉慶十九年爲廓爾喀所據英以數萬金賄得之

二十三日記

印度總督行館所在星姆辣(一作新拉)有鐵路相通各部遇有大事仍由電報請命焉蓋印度爲佛教所興漢唐以後可謂盛矣無何回教起自天方漸染葱嶺左右迄今印度之民皆舍釋迦牟尼而拜謨罕默德贊嶺雞峯河山依舊舍衛鹿苑遺跡蕩然所謂慧光照於震旦而淨土反滋他族良可慨矣其紅教黄教行於三藏及內外蒙古者乃釋氏之别派此外惟緬甸暹羅越南尚遵佛

教夫釋氏以慈悲爲主持齋戒殺漸致柔弱回教專尚堅忍百折不回今復益以天主耶穌教三教之勢遂若冰炭或又稱印度爲婆羅門教不知此乃種類之名非教名也蓋印度人分四等上品爲婆羅門凡酋長職官皆此族爲之其下爲兵爲商爲工役各世其業無相奪倫有圖畫眉稜角及印堂等處者大抵雕題之舊俗歟此五印度之大略也

二十四日記

江洪卽車里土司也外部送來節略云江洪東北爲細醜松板納之猛狐佔括南狐江上游之全地南狐江及南德江之水流分界處卽按連近布分之法國地此地之下卽南德江又名黑江此處已算法國地矣猛狐之南江洪邊界之地至江鎮止係在猛拉地內佔括南拉江上游之全地東邊南拉江及南狐江之水流分界處可爲實在之邊界界綫可以劃得極清此嶺上一山口相近處有柱數條名曰大辣干數百年前所建大辣干(卽金柱)嶺之意今雖僅存其柱而此地自古以來皆認爲江洪與隆勃刺邦(又譯爲郎派甫防)之界綫我們游歷其地有刻字石碑一小塊今尚存於我處我想此卽所說之老辣干又名阿倫辣吉但其上無旗亦不與安南相干涉自大

辣干起猛狐之邊界轉而向西此處南狐江與南太江之水流分界處爲天然之界綫但江洪之地展及於南太江低地處南太江及南拉江之水流分界處頗低界限難分邊界綫過南太江之支江南德倫江之低地截大麥鹿高岡爲二由此上高山脊此山脊卽在江鎮之後此界綫不清無處可爲好界限因南太江之低地連江洪內各小地皆山嶺崎嶇人民稀少皆游行無定之土番亦無貴重之樹木僅一二處有鹽井南拉江低地處有比此更好之鹽井此處作邊界之故須查攷其本地史乘來歷一千八百年間猛南之土司亦如西邊邏

羅之別土司進攻江鎮時，並入江洪邊境，將許多居民捉往南邊，餘多逃往北邊，其地向無人煙。直至二十年前，老撾人始來居南奧江之低地，因有鹽井故也。由此漸開至南太江之上游，其地係暹羅人棄去者。數年前暹羅欲越江洪邊界外數英里爲暹界，密士得哥林及別位所帶暹羅測繪人屢入江洪繪圖，被孟拉官阻止，不得成功。

二十五日記

自猛狨東角至江鎮邊界全綫一帶各處地方，查得如下：曰霍南羅，即南羅江之根源；南狨江之東支曰班達，

曰班顯，曰猛安太，曰大庚，曰大辣干，曰洽潑淋，曰好南募，曰好南邁，曰葛倫德，曰大登雲，曰黃庚特，曰南緬本，曰浙倫門，曰脫辣邦，曰山布白克。老撾人皆謂往南邊之邊界，係在南分江口及梅松納約距浙倫門之北七英里。

二十六日記

車里分爲十二板納（又作猛），是以名爲細魄松板納，即十二縣之意也。每縣有一頭目管理，而車里宣慰司統轄之。宣慰司前居湄江西岸之九龍山，約距江五中里，近居湄江東岸之曉明陽，約距思茅六日程。　法人葛爾

尼遊歷江洪，書云：江洪之國分十二猛，或作十二板納，茲記其名如左：曰猛拉太（拉或作臘，中國門戶），曰猛紀（緬甸門戶），曰猛郎（江東門戶），曰猛豐（暹羅門戶），此四處係大縣。其餘八縣非若以上四縣之緊要，其名曰猛拉（一作猛臘，近猛豐），曰猛虎，曰猛洪，曰建東（近猛拉太），曰猛興，曰猛邦，曰猛衣佛。又云名單有時不同，從前包括猛尤在內，如是則十三板納矣。英國領事波恩又於一千八百八十五年遊歷江洪，亦云江洪分十三部，但未詳其名。　英國駐曼谷領事阿爾哲於一千八百九十年冬遊歷江洪，據云細魄松板納名目現已無有矣，現在各部之名如下：湄江之東曰猛分，曰

猛拉，曰猛狨（此部又分爲狨紐、狨太），曰猛拉太，曰興，曰建東；湄江之西曰猛紀，曰猛蒙，曰猛郎，曰猛海，曰猛星，曰王，曰分，曰奧，曰安，曰板，曰建陸。　英人辣葛里遊江洪時，宣慰司所住之江洪鎮雖仍在湄江西岸，而其地位則與麥克牢遊歷時不同，蓋因國內有事，老鎮燬爲平地，復於別處建新鎮矣。當時宣慰司由緬王封立，十二板納之頭目皆到云。

二十七日記

中國山西、湖南兩省煤鐵礦脈甲於地球，一省可敵歐洲全境之所產。惟山西距海較遠，又無鐵路運貨，浮於

工費惟湖南濱湖通江由江達海無處無礦德人瑟克士癸芬所著礦學書盡湖南六十三州縣礦産皆詳述焉可取而譯也貴州清谿已試辦鐵礦礦質與英産較英得十分之三四黔得十分之六七英士歎爲得未曾有乃距水道較遠資本未厚爲可惜也鐵路造費各國不同以歐洲論瑞典一里不過萬金英國一里有費至十餘萬金者人工物價地價造法不同也又觀西人所擬中國鐵道之圖一由印度直通雲南一出臨安以東趨廣州一出楚雄以北趨四川以達漢口一由廣州鑿五嶺以達湖南而會於漢口一由南京至鎮江東出上

海一由南京之浦口西北行踰定遠折而西渡淮沿潁過陳州西北繞大梁渡河出酸棗由正定抵艮鄉趨通州以達於京師此同治初年西人所繪圖也

二十九日記

總理衙門來書云法使李梅稱前定滇越邊界沿黑江一名李仙河又名把邊河至孟賓而止由孟賓至湄江地界一段約有中國二百四十里其間北屬中國南屬老撾湄江西岸爲暹羅本國現擬自孟賓起與中國分界至湄江東岸爲止檢出一洋圖指所畫紅綫爲界在赤道北二十八度零幾分與滇督寄圖普洱府之思茅廳南境盡處在十一度尊處十七年寄圖思茅南境在二十度餘十八年四月續寄之圖在二十一度均有不合暹羅公使稱暹羅北界至南掌城北五十里而止由南掌城北至思茅廳倘有車里土司等部在湄江東西兩岸者今李梅臆爲區畫將舉車里全爲法有貪狡已極　英法兩國於車里南界外商設一局外之地英人欲拓至五十英里之廣法人欲縮至二十五英里駐法英使德斐林告參贊慶常云前聞法外部願將此區脫地讓歸中國管屬今接本國外部來文知英廷亦願歸中國此地東西闊四五十英里合中國百四五十里南北長一百三

四十英里合中國三百數十里

出使日記續刻卷之八終

出使日記續刻卷之九

無錫薛福成叔耘

光緒十九年癸巳十月己酉朔記

周柱下史道德五千言爲道教之鼻祖其大旨主清淨無爲堅定自持冲虛不息又濟以能忍之力以柔制剛以退爲進於儒理尙不甚相遠也後如莊子列子文子關尹子亢倉子皆其支流也申子韓子流爲刑名之學而其教一變矣陰符經可通於兵教又一變矣迨長生之說興方士專求不死之方御老之術爲神仙家言者有服餌導引之法而又分爲內丹外丹援易象以入丹經教又一變矣內丹者以一身之水火陰陽發揮丹道其學道也專講神仙煉養以金丹換凡骨始創之者爲魏伯陽張伯端王道諸子所著書如參同契悟眞篇龍虎經皆是也道家推爲正宗大旨假眞陰眞陽之二物奪天地之一氣以爲丹餌歸丹田氣海之中以御一身則一身之氣翕然歸之若衆星之拱北極其言雖似有理然若方技家言變淺爲智一息得道嬰兒姹女金樓絳宮青蛟白虎寶鼎紅鑪皆老子所未言其爲後世所增無疑矣外丹者卽鑪火之說燒丹鍊汞點石成金所謂黃白之術是也其大旨謂眞鉛眞汞止取天地之精

日月之華混合造化以成神丹辨藥材之眞僞抉金石之異同其用功之法又必攢簇周天氣候以使金火相交淮南鴻寶秘書多言燒煉大抵皆出羽流僞託教又變而愈變矣

初二日記

至於容成之術胎孕之說別爲房中一家尤屬道家修養之外乘欲假此以求羽化飛昇長生久視亦殊謬矣此外有方藥符圖守庚申尸解諸術愈變愈下按道藏諸書名目繁多總厥大綱分爲三洞四輔十二類所謂三洞者一洞眞部元始天尊所流演是爲大乘上法二洞元部太上老君所流演是謂中乘中法三洞神部亦出太上老君是謂小乘初法所謂四輔者其一太元部洞眞之部也其二太平部洞元之輔也其三太淸部洞神之輔也其四正一部三洞三輔所會歸也所謂十二類者曰本文曰神符曰玉訣曰靈圖曰譜錄曰戒律曰威儀曰方法曰衆術曰記傳曰讚頌曰表奏欲考道家源委其總匯不外乎是今世道家之祖曰張天師至明乃改號曰眞人然實五斗米賊張魯之後亦黃巾之流亞耳演其術者爲北魏寇謙之等又以齋醮章呪入之而教復一變矣漢志所錄道家三十七部神仙家十部

本屬截然兩途黃冠者流以清淨之不足聳聽於是以丹方符籙炫其神怪名爲道家實皆神仙家也神仙之說始於秦漢之方士盛於魏晉託始於劉向而廣衍於葛洪於是道家與神仙家合而道之本旨以晦參同契假借爻象以論作丹自標其名曰周易是牽異學以亂聖經也陶宏景眞誥一書多言仙眞授受眞訣而甄命篇實竊佛家四十二經爲之至如地獄託生乃竊佛家中鄙陋淺近之說耳皆非道家之眞諦也

初三日記

海客有販茶至新金山者其友謂之曰此間有奇境頗往觀乎客曰諾乃約同志數人裹糧策馬牽犬由新金山迤東行二日程山徑榛蕪四無人迹猿啼獸嘷林木參天又半日至一處兩山環抱石壁高數十仞微露一徑闊約尺餘僅容一人側身入不能乘馬友曰至矣繫馬於林友導衆入石徑約五里許忽然空曠四面山峰羅列其中平地約廣百畝奇花異草香滿巖谷有石室一區深邃三座獸釘浮漚宛然大家而寂無人聲衆入門見四壁連瓦面以至大門屏門皆是大石成方天然造就不假人力屏門及牆壁皆有牡丹花浮凸凝滑神工鬼斧無以過也入屏門後二進三進均如一式屋中

間瓦面上有一石龍頭張口流水注地所注處有大石蓮花一朵盛之想雨水所下之道也室中既無人居亦無牀桌几席器用諸物究不知爲何地如謂人工所造則三座房舍上下內外渾然皆白石打成一片無斧鑿痕如謂上帝下都神仙洞府則應在福地名山不當在遐僻荒嶠且又非俗人所能到斯眞不可解矣聞之法苑珠林大梵天以上宮殿悉皆大造生成不假人力斯豈其流亞歟衆遊畢出山乘騎而返此光緒十七年事也

初四日記

七月朔接總署電云滇督圖內車里土司有十三猛似非十二城非將沿邊地名查明難與開談現擬由署照會法使告以前查地圖與中國界綫不符已咨滇督查明再商應先聲明車里土司界內中國應有權利毫不能損法暹界務中國亦不與聞令其電知外部候覆此亦與索據無異而不甚著迹初九日又接總署電云近已照會法使云中越兩界孟賓爲止其西係雲南車里土司所屬十三猛地方若由孟賓沿暹邊西抵湄江須向南轉西繞過車里邊界並非一直向西來圖不符俟滇督查覆再商應先聲明法國欲由孟賓逕至湄江自

無不可惟車里界內中國應有權利毫不能損法暹界
務亦不與聞請電達外部候覆等語希再照會外部九
月二十四日又接署電云昨詰法使以暹已割地賠款
法未退兵究係何意李梅諉爲不知允電外部候覆頃
歐使來言駐法英使現與法廷議論保全暹羅國權事
機甚緊欲中國助力希電慶常向外部告以聞英與貴
國商議保全暹權中國亦有此意極願調停看其如何
答覆相機應付要以踐言此即隱助英勢十月初四日
又接署電云歐使以法反覆欲中英立約合力保暹謂
法聞信必不敢逞然果立約恐結怨於法儻法不慴慮

釁竟逞志於暹便難收束如能三國同保如俾利芝故
事最善希與英廷別商保暹之計彼如提及歐使所說
請告以中國從未與他國立密約仍願向法廷勸解此
不即不離辦法尊意如何候酌

初六日記

仰光電云中國委員到八募者帶有撣人土酋一名數
日內與密士德華立同起程又有英甲必丹談維斯率
五百英兵偕往會勘虎踞天馬漢龍三關擬先勘虎踞
關中國向英索問邊界西至虎踞關爲止此關在八募
之東約十七英里中國稱此等邊界屬中國者載諸史

冊有中國關基在焉中國視此等舊界甚爲要緊搜羅
昔時證據共得十七件云

初七日記

法報云倫敦函稱前駐印度英官葛利芬議論英法在
亞洲情形云近日法俄之交甚密恐與英有礙暹事其
明徵也防之之法一欲三國聯盟以拒俄法三國者中
英阿富汗也一欲將亞洲出使章程改變另設亞洲一
部專派侍郎辦理其說以爲三國聯合亞洲可期無事
波斯於英無益阿富汗可保印度西北界中國意見尚
不可知然中英聯合兩有裨益必聯兩國方可鎮壓亞

洲且中國北面自帕米爾至太平洋邊界均經俄人攬
擾南面屬國均經法人侵吞想未嘗不思收復也設部
之事擬分四司一管波斯亞丁之事一管中國朝鮮香
港之事一管日本之事一管緬甸麻六甲北般鳥新幾
內亞之事以上各事向歸外部藩部辦理者均劃歸新
部專辦而印度部則祇辦印度錫蘭阿富汗俾路芝等
處之事云

初八日記

王夔帥八月二十九日來電云虎踞關在邦杭山半距
盆干十里西南有老公寨黃葛樹距關三十里相傳中

緬以黃葛樹爲界天馬關在猛密邦欠兩山間出關至邦欠野寨八十里又至幸布二十里夷語呼大石頭爲幸布相傳中緬交界處現英人從關後山梁上修路達南坎兩關關門營址均存九月十五日又來電云詳查虎踞關在邦杭夾谷坐東向西南爲膽撤河北爲卓濟河東至南碗河八十里盆干在關東十里由騰至關必由之路盆干看哨寨則在關西南二十餘里二十四日又來電云天馬關在邦欠兩峰間坐東北向西南營盤基址洞門均存關東至隴川江邊六十里過江至南坎城四十里西至邦侖寨四十里寨外卽猛密屬南至所

甕盞達二寨約三十里屬猛密東北至猛卯屬之蠻允六十里西北至大石頭一百里係走猛洞大路路內屬猛名路外屬猛密英人新修由新街達南坎之路係在關內

初九日記

牙買加島（一作札遺刻）大安的列斯羣島中之一英國西印度屬島中之最大者也在加勒海中北距古巴百英里北緯自十七度四十五分至十八度三十分經度英京西七十六度十一分至七十八度十九分長一百四十英里闊之中數四十英里分三郡十四縣凡四千一百三十英方里戶口五六十萬白人萬餘東西有藍山橫互高五六千英尺著名之江曰明黑曰考孛里皆南流僅行小舟進出口貨各値英金百餘萬鎊入款五十四萬餘鎊大半以進口稅酒稅印捐信局捐爲來源用款五十三萬餘鎊債六十六萬餘鎊用於橋梁道路醫院及緊要公事者爲多金司湯至西班尼湯早有鐵路今又接築新路此島闢自西班牙人閱百餘年爲英所得英人之禁販黑奴也曾以六百十六萬金鎊贖奴三十萬九千餘人此僅在牙買加一島也不可謂非善政矣西北有三小島曰大開鑾曰小開鑾曰開鑾孛蘭克皆

屬於牙買加

初十日記

巴哈麻羣島亦英國屬島也有小島數百大半不過礁石計共五千英方里民約四萬白人僅五之一除極南因那快一島外形勢低平而狹長有荒瘠者亦有松杉等樹者其會城曰納埽在紐潑老位屯司小島上有名散德林島者卽一千四百九十二年可倫波之所託足也　因那快之東土克司各島當一千八百四十九年已不列於巴哈麻羣島中今頗繁盛與西北之開考司各島同轄於牙買加　小安的列斯羣島除特尼答一

島外分爲二羣島曰溫特華曰利華在杜米尼卡島之南者爲溫特華羣島餘則利華羣島也茲將屬英者分誌於後　特尼答島小妥的列斯島中之最大者也與南亞墨利加洋岸不過派利亞海股之隔西南西北皆距陸地不遠島面積一千七百五十四英方里戶口十一萬會城曰拋叨西拆因南一城曰聖否乃杜英於是島設大吏如巡撫以治之

十一日記

新嘉坡總領事黄遵憲稟稱檳榔嶼商務日微局勢大變蓋嶼本一島素無土產全賴他處轉輸從前盛時英

屬大小白蠟之錫荷屬阿齊伊里之胡椒勞匿之甘蜜日里之呂宋煙加非商人營運多得厚利近因荷蘭征阿齊不克每封禁各海港商人遂多耗折小白蠟出錫極微大白蠟錫雖極旺而徑運新嘉坡故華商報窮倒閉之案甚多去年嘉應商李姓倒閉欠債數十萬本年閩商王姓倒虧六七十萬閩商李姓倒虧一百六七十萬此皆華人最著名之富家一經倒閉牽連俱敗者數十家商務江河日下殆將與麻六甲相等當葡人得麻六甲時貿易推南州冠冕雖其後稍衰巫來由諸部猶以此爲總匯之區乾隆五十一年英人得嶼遂以嶼爲總匯道光六年嶼與新嘉坡合而爲一近則以坡爲總匯而嶼亦衰矣嶼之對面有小島名曰吉德者一小國也英人初得檳榔嶼每歲以一萬員向吉德王賃其地後改六千員永歸英轄近嶼之威烈斯省亦向吉德劃來吉德雖極微小內政仍得自主流寓華民約有萬人多以種植爲生惟吉德毫無綱紀每遭荼毒無可申訴柔佛國有華人數萬開荒墾種國賴以富該國方廣爲招徠故政稍寬大

十三日記

英國海部報單云今歲當差頭等鐵甲船二十四防邊

巨艦三鐵甲巡船六十別項戰船七十四其未當差者頭等鐵甲十防邊艦十四巡船四十六別項戰船四十四雷艇不在其內更有已造未成者鐵艦九巡船十九戰船二十二合計共得三百二十五艘至於法國各戰艦共二百二十一艘德共八十六艘俄共一百二十艘惜巨艦甚少意國戰船共九十艘統爲比較合各國兵輪之雄不能敵英國也今年英國海軍經費其支英金一千八百四十八萬鎊法國經費支一千零六十九萬鎊德國經費支四百七十九萬鎊俄國經費支五百零四萬鎊意國經費支四百二十一萬鎊

十四日記

溫特華羣島中有多巴哥島約在特尼答島之西北十八英里樹林居多有良木美材格來那大島為羣島中風景極佳之一多川流巴巴突島稍偏於東氣候之佳甲於西印度羣島地勢崎嶇風景清麗多伐樹木獸迹已少戶口十六萬二千英屬島自牙買加外當以此島為重聖溫森島在巴巴突西九十英里有火山聖羅瀉島在溫特華羣島為最大在聖溫森島之北亦有火山以上各島皆設大吏如巡撫英政府曾議合併統轄於一共有戶口二十八萬五千

十五日記

利華羣島中有杜米尼卡島其高甲於小安的列斯羣島山多而景佳第少可耕之地土產以糖加非可可棉花煙葉銅木為大宗有忙色辣島風景亦美瘠壤居三之二餘宜耕種土產糖棉花有納位司島小山也面積二十英方里可耕者不及半有聖克里司秃否島一名聖吉多山東北六十英里有島曰安貴拉其屬也有安地瓜亞島在利華羣島中為最大面積十萬八千英方里戶口三萬五千糖棉花為土產大宗首城曰聖召恆南岸有口曰英吉利者水師要口亦西印度羣島最佳海口之一有排部大島在安地瓜亞島之北其屬也低平而肥多樹木人以牧為業有浮金各島約小島百餘半屬英半屬丹馬屬英者曰叨秃來其巨擘也曰浮金告大有銅礦曰恩尼甘大其地宜牧以上皆利華羣島也英設總督於安地瓜亞島以統理之

十六日記

百爾慕他羣島一名沙茂司羣島亦英屬島也在美國北喀爾勒那邦哈透司海角東南五百八十英里中有小島三四百大半無人迹有人煙者十六島其最大者百爾慕他也計二十英方里會城曰哈密爾登羣島地

勢低平地土肥沃氣候如春有一島名阿爾蘭上有船塢北亞墨利加兵船時往修理焉戶口一萬二千政事同於英國西印度各島教務轄於新蘇格蘭牧師更有五小島皆築礮臺為水師屯泊要區亦為流徙罪人之所玫百爾慕他羣島西南距巴哈麻羣島六百五十英里似非可括於西印度羣島然人每附列於其中概稱謂西印度羣島云

十七日記

亞蠟斯干者北亞墨利加極西北之地初屬俄羅斯同治六年售於美國得價七百二十萬金錢北至北冰洋

東至英屬加那大。值京師西二百五十七度二十八分二十秒為界。倫敦西一百四十一度西南至太平洋。沿拋脫倫海峽。值赤道北五十四度四十分為界。西至伯靈海。與亞洲極東隅祇隔一水。地面積五十七萬七千三百九十萬英方里。約合英法西班牙三國之大云。地勢斜方。自北冰洋往南過伯靈海峽。值赤道北六十五度三十分。至克勒生斯登與羅門瑙夫兩島。又斜向西南值京師西二百八十八度二十八分二十秒。倫敦西一百七十二度至森羅倫索島與考可斯紀土尖。再向西南值京師西三百零九度二十八分二十秒。倫敦西一百九十三度過伯靈海。至阿德與考伯兩島。此西南界詳細情形也。東北界地位方正。無庸詳述。

十八日記

乾隆初年西一千七百四十一年有維德伯靈者。率俄人往亞蠟斯干。始據其地。終年冰凍。土多不毛。嘉慶初年。西一千七百九十九年有俄國亞墨利加洲公司經營全境。後因地太荒僻。俄人亦鞭長莫及。遂售之美國。光緒六年。西一千八百八十年美國戶口冊居民七萬三千餘人。內阿思寬麻人一作廾斯鎷毛人居其半。雜種次之。白人又次之。餘皆印度人。遊來白人漸多。以開礦魚皮為業。全部約分三境。天氣寒暖不齊。北境介乎猶康江與北冰洋之間。崇山峻嶺。大地汪洋。地面凍至三四尺。皆曳冰而行。無道路。有樺木馬尾松。北至黑道。異常寒冷。夏季寒暑表升至五十九度。冬季降至二十三度。中境合阿羅登羣島計之。天氣較和。寒暑表恆自三十六度升至四十度。內地叢林茂密。一望無際。惟羣島則無樹木而多草地。阿羅登者。開企楷郎監札加亞細亞之極東北一隅也與亞蠟斯干中間之各島也。多高嶺。亦多火山。居民萬五千餘人。皆以皮魚為業。不生蔬果。亦無耕耘。出口貨以海獺狐狸各皮為大宗。各島形勢不一。命名不同。值赤道北五十二度至五十三度。京師西二百七十九度二十八分二十秒至三百零四度二十八分二十秒之間。

十九日記

亞蠟斯干有尼拉羣島者。值京師西三百零一度二十八分二十秒。曰埃士。曰埃格士。曰塞密起。皆羣島中之著名者。有辣脫羣島者。大小共十五。最大者曰巴爾殿。曰格。曰訥。曰辣脫。曰阿模企克。曰批克斯。值京師西三百零一度二十八分二十秒至二百九十六度二十八分二十秒之間。有安特理奴羣島者。大小共三十。最大者曰阿達開。曰阿台開。曰泰納格。曰開訥格。曰阿模萊。

值京師西二百九十六度二十八分二十杪至二百八十八度二十八分二十杪之間有福克司羣島者大小其三十一值京師西二百八十八度二十八分二十杪至二百七十九度二十八分二十杪之間曰猶尼美克曰猶那萊瀘克曰猶詩克曰阿古登皆大島也南境曰錫開地勢錯雜且多山嶺產黃柏白杉等木亞蠟斯干中南兩境尚有耕種之地地面共積二萬五千英方里土產不過番薯蔬菜地凍而堅沿海產鰍魚鱒白魚黃尾鯖而鰍魚爲大宗沿江產鯊門魚白魚猶康江每年出口鯊門乾魚其二百萬魚多寶冠地球獸有麋鹿熊

羆豺狼黑白山羊紅藍色之狐猩猩香鼠山鼠銀鼠灰鼠獴鼠黑貂野猫皮浮似水獺水陸並居華爾維侖似豺狼箭豬兔海獺江獺長毛輕毛之海騾郎狗海華爾勒斯似海馬

二十日記

亞蠟斯干居民以獵獸取皮爲業貿易日盛然較之加那大赫生灣及西伯里亞皮貨稍次因天氣冷而溼不能盡美也又產銅煤硫磺猶康江沙內亦產金沿海各埠以錫開爲都城其次福侖喝爾佩爾考甫斯坎爲屯積皮貨之要口意羅羅克在益南爾許坎島爲俄國傳教之所密開洛斯坎一名森密開爾爲猶康江運貨之要埠美國派巡撫一人輔政司數員管轄全境錫開在佩綸瑙夫島之南爲若耳日第三羣島中最大之島亦同治六年俄售於美者島之西有天文臺恆年多雨山嶺積雪皓皓窮年城居低窪之所值赤道北五十七度二分四十二杪倫敦西一百三十五度十七分十杪

二十一日記

印度之地三面距海西人謂之地舌蓋象形也大於英國三島十五倍有奇其天然界限北枕雪山以隔西藏西北倚蘇來芒哈拉兩山以隔阿富汗俾路芝東盡阿薩密此界於陸者也西自印度河口東自雅魯藏布江

口安額河口郎恆河所有西南東南沿海各岸皆南向考麻林海角而盡此界於海者也南北長一千八百六十英里西自蘇來芒山東至雅魯藏布江岸闊一千五百英里積方一百四十餘萬英里此指印度本境而言若計印度分省兼阿薩密與英屬緬甸則有一百五十五萬八千二百五十四英方里前年戶口二萬二千一百十七萬二千九百有奇緯度自赤道北八度四分至三十六度十五分經度自英京東六十六度四十四分至九十九度三十三分此印度之疆域也

二十二日記

印度北自雪山之麓南至於溫哈山皆平陽西人謂之印度大平原其地兼及北中東西四印度溫哈山嶺之南即德干即南印度有東西告次兩山環抱至南合為一峰名曰尼勒里山山北即賣索爾高地西告次山南至考麻林海角尼勒里山直南有一嶺曰哥英巴都爾搿潑搿潑者譯言缺口也印度大平原之西甲的華地舌之土頸有平原曰日瓜爾其中有小山蜿蜒至助姆那江岸劈分印度大平原為二東曰恆河平原西曰印度河低地並印度大沙漠阿拉浮里及溫哈兩山之間地亦高謂之麥爾溎高地此內地形勢也沿海自西北克辣溪而下有印

度河口地形低窪有枯楮地舌由枯楮而下越甲的華地舌則有開姆盤海股有小島曰的餘自此至考麻林海角即西海岸名麻來排有石岸其泊舟佳口曰孟買俄亞名小西洋可陣孟甘羅海角東北為孌那海股為派克海峽其北有浦里夾湖在麻打拉薩之北有吉那江口再東北有切爾楷湖越恆河雅魯藏布江各口而東則有切塔貢一地其南過尼格來海角即馬爾達班海股又東南至吞納叟林沿海之長蓋不下四千五百英里云

二十三日記

檳榔嶼在赤道北五度十六分至三十分英京東百度九分至二十五分循麻六甲海峽西上出麻六甲蘇門答臘之間為海門各島散布如星如棊最大者檳榔嶼距對岸吉打大山不遠乾隆五十一年為嶼開埠之期蓋是年吉德酋長既以嶼讓英後十四年又以威烈斯雷省畀英兩次皆未奏聞暹王暹王怒道光元年伐之奪其疆土吉酋懼逃往檳榔嶼六年嶼與坡甲兩埠合而為一仍以嶼為總匯而麻六甲益衰新嘉坡漸興未幾南洋各埠以坡為總匯而嶼亦衰光緒十一年聯合坡嶼甲及顛頂羣島威烈斯雷省科科斯羣島暨歸英保護之碩蘭莪大小白蠟彭亨諸國定其名曰實得力

塞多爾曼士譯即海門屬部而總督則駐新嘉坡

二十四日記

嘉慶十年東印度公司始在嶼埠設大酋與麻打拉薩孟買兩處大酋並行道光九年始裁嶼酋而以他員代之十七年英始改建總匯於坡埠而嶼次之檳榔嶼所設之官則有參政司議政局地租司山林司庫務司兼印務司營造司兼量地司華民副護衛司參事局船政司機器測量司郵政司按察司律政司錢債司教師監院醫官巡理廳巡捕廳司獄統兵官工部局員其各國所設領事官除中國新設副領事外則有荷國領事暹

國正領事。德國副領事。奧國正領事。比國副領事。丹國葡國副領事。法國委辦領事。美國意國委辦領事。其戶口於同治辛未。嶼則十三萬三千有奇。坡九萬一千有奇。甲七萬七千有奇。光緒辛巳。嶼十九萬五百有奇。坡十三萬九千有奇。甲九萬三千有奇。辛卯。嶼二十二萬七千有奇。坡十八萬二千有奇。甲九萬九百有奇。

二十五日記

檳榔嶼城建嶼之東北。英人名卓耳治城。前臨海峽。水闊而深。嶼中有高山。名蛇莓子。怪石入立。古樹參天。石磴瀉泉。英人引自來水於此。有海珠嶼。一名寶珠。距城五六里。境幽深。有寶樹。巖徑皆羊腸。亦幽境也。其為官商別墅者。曰長春塢。曰友石廬。曰竹土居。又天香山上有石磴千二百級。有平章會館。閩粵人合建。有南華醫院。閩粵人施醫地。嶼中義塾。借平章會館為之者。閩塾粵塾各一。在會館左右。英設義學四十二所。教華文者一。教英文者五。教巫來由者三十二。此埠人才聰敏。為南島冠。藏書家以林培元為最。謝增煜次之。餘如溫震東。林振琦。林汝舟。吳春程。林載陽。皆有儲蓄。有波知滑冢亭。閩人公建。有百年適成亭。閩人新購叢葬處也。風俗則中華流寓既多。頗重風雅。喜逢迎。善褒獎。童子見

客。揖讓為禮。人情古厚。甲於海南羣島。守家禮。重文教。昏則六禮俱備。無不親迎。新婦入門。合巹畢。皆謁家廟。喪不停柩。踰月而葬。親執紼。必素冠。婦女亦徒跣。虞祭仍凶服。或用墓誌。祭典極豐。

二十六日記

英國議院議紳巴德來以蘇彝士河事。問戶部尚書。前於一千八百七十五年。原任首相畢肯斯斐曾用英金四百萬鎊。買新開河股分票若干股。此項股分現值實價若干。何年可分利息。英船每年過河成數若干。戶部尚書答云。英國現有股票值英金一千七百七十五萬鎊。購票時於清償項下動用三百八十萬零五千鎊。各股可於明年七月分息。所分利息可得本錢百分中之十七。或二十一。每年英船過河噸數。比較各國船隻居百分中之七十五。　今年荷蘭編查戶口。共四百六十六萬九千餘口。計男丁二百三十萬九千有奇。婦女二百三十六萬有奇。

二十七日記

恆河雅魯藏布江印度河為印度北方三大江。較次之江有六。曰塔雍。曰耨白達。皆西流入阿剌伯海。曰磯安耨代。曰告台浮里。曰吉那。曰考浮里。皆東流入孟加拉

海灣德干水利沾其大半。蓋以西告次山長而且高。視考羅蠻特爾海岸之山。獨多水利。又以德干地勢東向低斜。故有東流之各江。印度在北緯八度至三十七度之間。多熱帶之地。北方氣候八十度。南方年中中數之度更高。大抵地愈高則候益涼。南風酷熱。又以海風而減。多養身之地。若昔姍拉（近色來土江之上游）若大吉嶺（在錫金）若麥哈盤爾司華（在西告次山）若烏貪開盟（在尼勒里山）西人養生者爭往焉。地多溼潤。草木暢茂。果實纍纍。柚木鐵木緞木。山中多有無花果波羅蜜香蕉芒果栗杏薑胡椒香料。取之無盡。獸有虎豹犀象獅狼猴鹿。鳥有孔雀鸚鵡。鱗族多鱷魚大蛇。

二十八日記

印度人類甚雜。言語風俗教化不同。文人言語已有二十五種。合土番計之不下五十餘種。可謂人雜言厖矣。温都斯坦尼司者。恆河上游之人也。聰明精强。冠絕各處。故以其名名全印度。（印度一名温都斯坦尼司者人也）與概稱印人者不同。印度人之多。首推孟加拉。倘婆羅門教。即古時佛教也。印度以婆羅門教人爲最多。有二萬七百七十三萬餘人。次回教。有五千七百三十二萬餘人。次靈性教。有九百二十八萬餘人。次佛教。有七百十三萬餘人。次基督教。係天主耶穌希臘等教之總名。有二百二十八萬餘人。次西克司教。（係婆羅門之別派）有一百九十萬餘人。次專恆司教。（係合婆羅門與佛教爲一者）有一百四十一萬餘人。又波斯火教八萬九千餘人。猶太教一萬七千餘人。其他無名各教四萬二千餘人。婆羅門教之先來自印度河之西北。在紀元前一千一百年。迄紀元前七百年。軒立亞王之子釋迦牟尼自稱菩提。（譯言覺也）始行佛教。歿於紀元前五百四十三年。（西人謂其壽長）歿後三百年。其教大行。印度直奉爲國教云。

二十九日記

佛教宗旨。蓋以革婆羅門之驕奢。然兩教並行千餘年。佛教旋以自相攻擊。幾不能行於印度。佛教衰而修正之婆羅門教盛。有合兩教爲一者。即專恆司教也。其教盛於日瓜爾。他處亦有之。靈性教不知始於何時。創之者史他爾也。自回人屢侵印度而回教盛。葡萄牙荷蘭丹馬各教士踵至而西教傳焉。印人善耕織渲染木工。然地宜耕而倘多荒。耕雖勤而法未備。土產米棉花靛鴉片葡萄桑蔗茶加非金雞那樹麻菖芋胡椒及各種蔬果。製造之物販運於阿剌伯波斯東印度各島者。有棉布織花巾印花布。本若與孟加拉以絲紬著。代楷（在孟加拉信地本若丹金銀綫之錦繡名洂甘羅之氈克什米爾之牔巾皆重於世英屬印度商務甚大東西洋各處輪船皆通運英之貨以生棉花羊毛麻皮苧絲靛柚木硝米糖茶加非胡椒油香水香料爲大宗鴉片販於中國約歲值英金一千二百萬鎊買易總冊無此數似有偷漏

十一月己卯朔記

近兩年中印度出口貨值英金一萬一千一百四十六萬鎊進口貨以英國製造物爲大宗其他洋酒西書器用各種皆爲駐印英人所必需值英金八千四百十五萬鎊出多於進其富可知賦稅英金八千五百七十四萬鎊其出於鴉片者八百二十五萬鎊出款八千二百五萬餘鎊國債二萬一千八百四十二萬餘鎊國學有五嘎爾格達麻打拉薩孟買本若阿拉哈巴各有其一大小學塾十三萬八千餘處男女學生三百六十九萬有奇官兵二十一萬八千餘員名內有歐洲官兵七萬四千餘員名過英國額兵之半鐵路已成者一萬七千五百六十四英里其費二萬二千七百六十六萬鎊電綫長十一萬三千五百十二英里接綫之路三萬七千餘英里

初二日記

法國新換政府名單首相兼外部大臣駱布米爾貝里葉一作卡西米巴利爾又作白立業內部大臣賴納一作貝那樂戶部大臣布爾多一作卑爾多教部大臣施普勒爾一作司比雷刑部大臣杜博兵部大臣梅爾喜一作梅悉業海部大臣洛費甫爾一作樂費優工部大臣晉貝一作秋波司特農部大臣克里畢一作威日

印度爲自古戰爭地上古有阿潦司人名人類始至其地今其後裔尚居印度民數四之三西歷紀元前二千年印度歐洲人既至歐洲其有他往者由中亞細亞而至印度之本若數百年後復南居恆河之旁與先至之人爭鬬不已洎拉馬人出征服印度之南而錫蘭烏德與孟加拉皆歸附焉紀元前三百二十七年亞勒散德順印度河而下進攻印度已在波斯第十二王得印度西北之後至西羅克司乃以亞勒散德所得之印地歸之希臘是爲希臘得地於印度之始又有西齊恩人希臘人中之一類既得希臘拔克脫里亞屬埠遂乘勝以取北印度百餘年後阿剌伯人亦大掠日瓜爾與信地嗣後波斯得地於印度回教人遂得居恆河之旁西北之地歸其統轄者百年復閱二百餘年而印度有回朝西歷九百九十年間有薩默特者一名印馬毛多自稱爲齊斯尼王一作阿富汗屢攻印度逾助姆那江得勞爾摩爾湯兩省地由是阿

富汗威行印度者五百年於一千二百六年得德列見志略圖又八十八年商得德干鯨吞蠶食蓋已久矣

初三日記

一千二百十九年成吉思汗以掃蕩中亞細亞西亞細亞而至印度兵威所至如風掃籜一千三百九十八年蒙古帖木耳以大兵攻印度取德列鎮以吉士爾汗汗皆暴其後各王相繼丕服印度至巴卑爾王廢阿富汗之末王在一千五百二十五年遂立蒙古一作莫卧耳朝於印度其子武米恩王嘗盡失巴卑爾之地後稍復之子亞格芭立盡有喀布爾堪達哈爾全印度及德干之地至日罕王

時為極盛之朝一千六百五年至二十八年後阿倫格王殺兄囚父而自立一千七百七年其朝始衰厥後數世篡弒相尋波斯攻之割印度河以西之地德干烏德孟加拉皆自主蒙古朝衰馬剌他人起兵據德干日以強盛一千七百六十年久與英人相抗先英人而商於印度者則有葡荷法三國英人之初商於印度也在一千六百年嘗鳩股一百二十五股集資七萬鎊名曰英國東印度公司未幾易其名曰通商東印度羣島倫敦總辦公司以無利可圖驟添資本至英金四十萬鎊

初四日記

英公司因荷蘭商人過昂胡椒價值既有違言又因事與葡商大鬭一千六百十五年甲必丹盤司率四兵船大敗葡水師於印度蘇辣之外遂設埠於蘇辣與印度王立約英王哲姆司第一遣使印度印度給商埠數處一千六百三十九年英得一小地於麻打拉薩建為自主藩部六十一年英王爵爾司第二娶后於葡始得孟買蓋奩物也英王以其地歸於公司年取英金十鎊八十七年公司以其地為西藩部先是公司雖在孟加拉得和約之益然除恆河口一廠外未有他地至一千六百八十九年始於林密潑地築一礮臺為今嘎爾格達

之始基一千六百九十八年又有一公司曰英國東印度公司資本二百萬鎊英市印貨山積英工以土貨難售騰怨一千七百二年兩公司又合為一改為東印度羣島合眾公司七百四十六年英公司與法公司爭利致啟爭端英勢甚危又越十四年大敗法兵明年又得其本地支黎法勢始衰與之立約所有法埠不得置戍英勢淡炎矣

初五日記

一千七百五十六年嘎爾格達人叛英英將克里胡勝之孟加拉英勢始大越二年克里胡為孟加拉總督越五

年孟加拉又叛明年平之德列王許英人在孟加拉巴哈爾痾黎薩徵稅並轄北西爾加耳後有回教人來攻英人敗之一千七百九十九年英人四戰於賣索爾亂始定得色林甘潘但越三年再與馬剌他人戰進取新的亞霍爾喀公司之地由是益大乃與土邦立約保護與悉國喀布爾波斯和權勢震動東方一千八百十八年孟買以增陷召機之地版圖益廓中印度與剌日不德皆在保護之列一千八百二十三年阿瓦王侵逼英地英有事於緬甸喪師二萬費英金一千四百萬鎊始得吞納叟林及阿薩密一千八百五十二年英取悉國

之信地明年復攻緬甸盡割其沿海各省又三年始得馬剌他統轄於中印度不煩一兵而取烏德明年孟加拉土兵叛英人大恐亂黨四萬據德列者數月事既平明年乃以管轄印度全權歸之英國君主時一千八百五十八年西十一月也

初六日記

英之印度政權在總督輔政者六人節制之者在印度部部屬十五人地方官之亞於總督者有若巡撫（西名加稔那）藩司（西名次加稔那）巡道（西名各康密欣將）輔政之人與巡撫英君主所派也更有議律例定章程者十人至十六人不等與藩司巡道皆總督所派而必先得請於印度部其餘設官行政與英略同　印度即天竺五天竺之名由來已久今西書祗言印度不分為五其古圖則以孟加拉麻打拉薩孟買錫蘭分為四大部新書則以英之印度分為八省或分為十三省云　南禹江即大宣河又名南𤝞江其上流穿過中國十三部中之猛𤝞此江兩岸皆屬中國其下游西邊之地則土番哈人所居而暹羅游民自光緒十年始侵佔此地並占車里邊界之地

初七日記

英人阿爾紀嘗遊歷江洪著論曰江洪各府雖難分別

清晰而其全國外面疆界則非因此而混亦無人能爭之者祗恐猛禹（即猛𤝞）地方法人有覬覦之勢耳湄江之東南拉江之低地為江洪南方及東南方之界綫其東方係猛禹即南𤝞江上游之地猛禹地方江洪之勢頗微恐法人欲索問其地因猛禹在南禹江上游地位與法地相連若論法人者願即湄江上之江洪亦恐有兼併之勢祗要由南禹江或由黑江發兵直搗可也中國若不援助江洪必不能禦法然中國意見似不肯去管理江洪最妥之法莫如將江洪亦歸入甌脫地內可免後患

初八日記

電學家有一種盛電之器料瓶是也其盛電之法用生電各機盤旋運動電氣自能注於料瓶然後將瓶封固使電不外洩無論何地均可攜帶以供生力生光之用員一方便法也先時電線偶或中斷在數百里數千里外一時驟難考定無由亟爲聯續有人思得一法先立一表依表推算十百千萬里無稍舛誤英國格致士艾爾吞以此法傳之印度印人能推算電線斷於何處者艾爾吞教之也又英國電車亦自艾爾吞始　德國博學士有班得式者謂世間萬物俱係各質配合而成聚

少爲多積小成大其言至爲精當而於電學尤精一千八百八十年比國設賽珍大會專延班君經理電燈之事

初九日記

英國國債至去年西三月止其欠六百七十七兆六十七萬九千餘鎊迨年底結算已償之款共六兆六十三萬六千餘鎊而欠項則爲六百七十一兆零四萬二千餘鎊查英一千六百八十九年威廉第三在位時所欠國債僅六十六萬四千餘鎊迨定禁買黑奴之律發帑收贖國債已增至二十兆零十七萬一千餘鎊又因與他國戰爭耗費甚鉅至一千八百三十七年今王維多利亞即位國債驟增至八百五十兆零十三萬二千餘鎊嗣後時減時增以至於今尚有國債六百七十餘兆云

初十日記

上海紡紗織布局於九月初十日焚燬以未保火險又在租界之外洋水龍局不肯往救以至靡有留遺嗣經上海道等查明現盤總帳借領官款銀二十六萬兩又借某公司銀十六萬兩借某大憲銀二萬兩楊觀察宗濂宗瀚兄弟二人銀十三萬兩內係借款銀五萬兩墊

款銀三萬兩股分銀五萬兩其餘各股票銀共五十萬兩以上統計實銀一百零七萬兩以現贖地基三百餘畝暨司事等所居幸未災及之屋並焚餘甎石鍋鑪煙囪等項計之祇值銀十萬兩不及十分之一滬上紳商擬再鳩股興復然有所甚難者以華人皆視合股爲畏途恐無人敢買股票也

十一日記

英國有格物者儒名貝賴者竭一生精力專究世人發言吐語之所由著書暢論其理遂創造德律風一器倫敦又有格致士席孛內者以先時德律風傳聲之綫多

用鋼鐵。既粗且重。殊欠靈敏。因偏勸德律風廠概用銅綫。既輕且細。經費半減。利益宏多。現已無廠不然。聲既及遠。音愈清朗。　德國近有格致士名伯陵丙者。謂盛電之瓶。除尋常用之淡硫水外。再加火酒。每百兩淡硫水加火酒五兩。電即起發。盛電之具。既見輕便。生電之速。尤不可思議。大約數分鐘工夫。電即隨氣而升矣。惟不用火酒者遲。尤見新法之所以廣行。舊法之宜乎漸廢。　瑞士有格致家鮑姓者。思得新法。造作機器。先用二百匹馬力傳達三英里。再借水力生電。傳六百匹馬力於工作廠肆。以為工作之用。此係傳電力於遠方之始。

十二日記

英國格致士波路斯氏思得新法。於暮夜昏黑之際。以氣球升之空中。上懸電燈。以通消息。并可借以發號施令。使軍營聯絡呼應。亦用兵時制勝之一要也。　美國格致士魯字創設電氣各燈。有極大之光。此人得電學新法。出售於某電局。給以洋銀五十萬員。　電氣必用生電機器以發之。而生電之機有二。一則所生之電無所變易。如始生者。或陽電或陰電。其終亦必係陽電陰電。用表測量電生之多寡。殊不費力。一則所生之電陰陽互輪。一秒分鐘可變易者數百。不特生力。亦可生光。供一切之用。惟此等電量之殊不易耳。　英人有名克拉克者。凡電竿纏紮電線之瓷碗。即此人所製。所以隔電不使電火燃及電竿也。迄今諸國旱線咸遵用之。

十三日記

西人多用一空桶。或隔數十丈地。或隔數百丈地。假之以運輕物。一如信局送信。從空移去。西國之從空筩移物者。即克拉克創造。數十年前設立海綫。亦克拉克所創也。電學今世所常用者。硬與軟二種。為不可少之法。亦克拉克創為之者。倫敦西南隅有人姓古奔者。以電

機發諸電報之時。或遇天空雷氣過大。致相感觸。甚為身害。因設一法。可使電氣自息。不生他害。　英國格致士哥克斯精研電學。製一電表。可以考驗更夫夜間是否守望終宵。負睡或不負睡。

十四日記

北洋海防。如金州大連灣大沽北塘山海關。皆翼蔽畿輔。而要害則尤在左延之旅順口。與右袤之登州成山衛煙臺威海衛。威海與旅順南北隔海對峙。其間有小島斷續如帶。浮於海面。而泊輪亦惟旅順威海為善。宜乎北洋海軍屯聚於此也。且此海縱橫二千五百里。其

中若老鐵山前後。亦搭連島長子島及煙臺外威海崆峒諸島。又遼海東之皮島。均有泊兵輪之錨地。防此則津沽山海關鴨綠江之門戶固矣。昔漢楊僕之擊朝鮮。魏田豫之討公孫淵。秦苻堅之襲和龍。唐張亮之趨平壤。薛萬徹之入鴨綠水。皆得此要害者也。又如海州以下。廟灣以上。爲黃河入海之口。亦登萊淮海之要衝。以有五條沙之保障。故設防可緩焉。

十六日記

南洋海防。如揚子江口之內狼山外崇明。鎖鑰長江。其由海入江之門戶。厥有四重。第一重有廖角觜營前河

兩河相對。第二重狼福兩山相對。第三重江靖兩邑相對。第四重圌山永生洲相對。至京口瓜洲則爲閫閾之內地。崇明東有陳錢山者。海中之標也。航海者東南望陳錢。東北望陳山。至陳錢則可進泊洋山。山形如箕。周圍百里。有嶼十八。山巓有泉。可汲水避風。凡海寇隨風入蘇松常鎭者。發碇必於洋山。山固由海入江之關限也。江浙外海分界處爲馬蹟山。山北屬蘇。山南屬浙。而陳錢外之盡山。普陀直東外之東霍山。其南自崎頭至昌國衞外之韭山。弔邦。皆衞屬之險要也。他如溫台所屬之內海外海。均防海者所宜留意。惟舟山爲海軍重

鎭。尤爲扼要。吳徐承李舟師自海入齊。越范蠡古庸沿海泝淮以絕吳路。唐強偉自峽抵江揚。趨萊州。皆得要害者也。

二十三日記

英屬印度各省。依一千八百九十一年之册。亞日迷爾省二千七百十一英方里。屬縣二。民五十四萬二千有奇。阿薩密省四萬九千英方里。屬縣十三。民五百四十七萬有奇。孟加拉省十五萬一千餘英方里。屬縣四十八。民七千一百三十四萬有奇。比拉爾省一萬七千餘英方里。屬縣六。民二百八十九萬七千有奇。孟買省七

萬七千英方里。屬縣十九。民一千五百九十八萬有奇。信地省四萬七千英方里。屬縣五。民二百八十七萬有奇。亞丁省八十英方里。（信地亞丁皆隸孟買）屬縣二。民四萬四千有奇。上緬甸省八萬三千餘英方里。屬縣十七。民二百九十四萬有奇。下緬甸省（以上二省歸緬甸）八萬七千餘英方里。屬縣十九。民四百六十五萬有奇。中路各省八萬六千英方里。屬縣十八。民一千七十八萬有奇。枯亞格省一千五百餘英方里。屬縣一。民十七萬有奇。麻打拉薩省十四萬餘英方里。屬縣二十一。民三千五百六十三萬有奇。西北各省八萬三千餘英方里。屬縣三十七。民

三千四百二十五萬有奇烏德省（與西北各省可分可合）二萬四千餘英方里本若省十一萬餘英方里屬縣三十一民二千八十六萬有奇寬他等省方里屬縣未詳民二萬七千有奇安台彎省二千五百英方里屬縣未詳民一萬五千有奇

二十四日記

亞日迷爾在剌日不德之中一千八百四十八年始爲英有有代辦總督（即首康密欣耨）駐於剌日不德以鎮撫之一千八百二十五年緬甸始讓阿薩密之地於英英屬之孟加拉一千八百七十四年始立爲一省今轄於首康密欣耨其地在雅魯藏布與搜馬兩江之間山嶺崇峻土產米爲大宗若西爾海脫若開扯若西孛袞加若辣克歇姆拍尤爲印度產茶極旺之地都會曰告爾潘拉

一千八百五十四年孟加拉曾轄於次加稔那今歸總督兼轄地占恆河兩岸東至皮拏司又自雪山而至礮安耨代江口皆其地也計有孟加拉本地與巴哈爾痾黎薩鑿貪納坡之地大半平原饒水利土產之豐人民之眾推爲第一產米鴉片靛印度麻山中多煤回民居三之一農夫居三之二會城曰嘎爾格達印度之都城也戶口合城鄉內外計之凡九十七萬八千有奇

英國版圖以戶口而論推爲第二曰摩亞袞台拔曰忙赫曰拍那曰白突岡皆大城

二十五日記

比拉爾（志略作彌勒爾）在海德拉巴之北一千八百五十三年英人得自尼散（即德干）蓋尼散逋欠於英而以地償者也今兼轄於海德拉巴而不全行英令土肥沃產上上棉花一千八百九十年間入款英金一百六十萬八千餘鎊出款九十一萬八千餘鎊（以印度一羅比合兩先令計）贏餘歸於尼散政府是年得十五萬餘鎊蓋自比拉爾歸英後贏餘有二百八十四萬餘鎊云大城曰哀立處坡

孟買在西海岸先爲陌召穢地英人大半得之於馬剌他與緣他拉其地除土邦外合信地亞丁計之大如德國沿海長一千五十英里多天然海口尤以孟買克辣溪兩口爲要土邦占地三之一信地占四之二餘則孟買本地土產棉花向多出口今本處紡織用者日多並產鹽戶口之數印度人居百之七十六回回居百之十七有加稔那以鎮撫之首城與省同名民八十二萬有奇在同名之島上爲印度通商極大之城信地政事稍與孟買省中不同亞丁與非洲蘇馬里海岸（歸英保護者）皆轄於孟買

二十六日記

緬甸英人再用兵僅得下緬甸地其得上緬甸則在一千八百八十五年下緬甸地在厄勒瓦諦江口地形平坦至潑羅姆古在擺以上則高而多山沿江產米甚旺出口者多柚木亦然上緬甸土肥沃富礦產金銀寶石鉛鐵錫煤煤油皆備自仰光至八募以上九百英里舟皆可達陸地貨亦可達於撣人通於中國盛行佛教鐵路已通莽達拉開拓尚未已也一千八百九十一年上緬甸有英兵一萬一千四十另巡捕兵一萬五千地方費用漸減自丙戌至戊子年歲需英金二百六十一萬餘

鎊庚寅辛卯年僅需一百八萬餘鎊下緬甸首城曰仰光或作冷宮亦曰蘭貢城中居民十八萬有奇曰穆爾璺曰吞納叟林上緬甸首城曰莽達拉城中戶口與仰光相若又有近中國境之八募為商賈輻湊之區潘干郎盆干多佛廟以聖地名

二十七日記

中路各省不止省戶口有荷蘭比利時兩國之數而地大於兩國三倍半蓋一千八百六十一年由西北各省與麻打拉薩分出者也其先為那哥不爾之馬拉他地多土酋開墾者僅四之一今自孟買至嘎爾格達通以鐵路中貫全境風氣漸開其俗大變煤鐵米麥棉花為土產大宗首城曰那哥不爾民十一萬有奇又城曰直不爾鋪日爾來坡　枯亞格省於道光十四年始併於英有首康密欣駐於賣索爾以鎮撫之　麻打拉薩沿海自切爾楷湖至考麻林海角並至麻來排海岸之加那拉皆其地也沿海長一千七百三十英里惜無一佳海口前為英法戰爭地麻打拉薩南九十英里法之商埠本地支黎也英人以孟加拉孟買麻打拉薩為三大埠而麻打拉薩為最扼要地初不廣至嘉慶六年得加爾那的而疆始擴今其地大於英三島戶口如意大里

地非饒沃礦產亦少英設加稔那以鎮撫之首城與省同名民四十五萬有奇

二十八日記

西北各省與烏德地共十萬七千五百餘英方里民四千六百九十萬有奇印度人居七之六地不及德國之半而戶口相若在孟加拉之西北枕雪山南界中印度高地之小山占恆河平原之上游西北各省本孟加拉地道光十五年英人欲立為亞加拉一部不果行越二年始設狄加稔那以分治之　烏德之地大若荷蘭比利時兩國咸豐六年始併於英初轄於首康密欣專光

緒五年，始同轄於西北各省之次加㮨那。土產麥、荳、棉花、糖、鴉片、油子。近雪山之地亦產茶。西北各省以阿拉哈巴爲首城，居民十七萬有奇。又城曰皮經司，爲印度人教中聖地，居民六十萬。曰康坡，民十五萬有奇。曰亞加拉，在助姆那江上，嘗

爲國朝順治四年，尙爲蒙古朝之都，多廟宇、宮殿、陵寢，民十六萬有奇。曰叭突華，在恆河通入大平原之處，多市集，爲德之首城。曰盧各腦，民二十七萬有奇。

二十九日記

本若（一作倷及拔又作烹齋拔）地在印度大平原北之西北，以自雪

山而下之五江通於平原入於印度河者而得名。自英人第二次用兵於塞哥，其地於一千八百四十八年始爲英有，轄於英之行政局，以首康密欣耨爲首領。越十一年，升首康密欣耨爲次加㮨那，其德列一部亦由西北各省中歸於本若。除三十四土邦外，其地坪平，意大里大半宜耕。土產以鹽、麥、米、棉花爲大宗。戶口多於西班牙、葡萄牙兩國。首城曰勞爾，在爾來維江上，民十七萬有奇。又城曰阿姆立技，爲塞哥之教地。曰德列，在助姆那江上，昔爲蒙古朝之舊都，民約二百萬，今遠遜矣。

寬他等地，一名英國俾路芝。一千八百八十八年始

行分治，轄於英駐俾路芝之首康密欣耨，亦即代辦總督。其地半得自阿富汗，半得自稀辣（即俾路芝之都城）。

十二月己卯朔記

安台蠻山島也，在孟加拉海灣東，而分爲二羣島。曰大安台蠻，曰小安台蠻，草木暢茂，多珍樹名材，居民係尼格里禿一派，近巳日少。印度恆流罪人於此，土產茶、米、沙穀米、山芋、加非、可可。　土邦有土酋以自治其民，大小不一，共有八百，略大者不過二百，英國控制之方亦不一。有納貢於英者，（各土酋歲收賦稅共印銀二百兆羅拔，以七兆五十萬貢英）有不納貢者，有徒有貢獻之名者。其酋雖名號尙存，廢立

之權操之於英。英復派員監其政府，從違予奪，悉聽英命，故稱爲英國保護之邦。有散布於英省之中者，有獨處英省之外者。　英國海部衙門圖內，中國北京經緯在格林尼址東一百十六度三十分，此係近測最準之經緯。

初三日記

土邦散布英省中者，其在孟買之曰瓜爾（一名排羅大）者，得地八千二百英方里，民二百四十一萬五千有奇。（一千八百九十一年冊，下仿此）在孟買他處者，得地六萬九千餘英方里，民八百五萬九千有奇。土邦大者曰柘榕里，（六千五百英方里，民五十五萬

有奇曰設爾哈伯•二千八百英方里民九十一萬有奇曰開亞伯•六千一百英方里民十三萬有奇其在麻打拉薩者•得地九千六百英方里•民三百七十萬有奇•土邦大者曰達拉王哥•六千七百英方里民五十五萬有奇曰可陳•一千三百英方里民七十二萬有奇其在中路各省者•爲地二萬九千餘英方里•民二百十六萬有奇•土邦大者曰拔司他•一萬三千英方里民三十一萬有奇其在孟加拉者•爲地三萬五千餘英方里•民三百二十九萬有奇•土邦大者曰枯處巴哈爾•一千三百英方里民五十七萬有奇曰希爾揚伯拉•四千英方里民十三萬七千有奇其在西北各省者•爲地五千一百英方里•民七十九萬有奇•土邦大者曰爾辣姆伯•九百餘英方里民五十五萬有奇曰歈華爾•四千一百英方里民二十四萬有奇其在本若者•爲地三萬八千餘英方里•民四百二十六萬有奇•

初四日記

本若省內土邦之大者曰拍下拉•五千九百餘英方里民五十五萬有奇曰拔霍和爾伯•一萬七千餘英方里民六十五萬有奇曰秦突•一千二百英方里民二十八萬有奇曰那哈•九百餘英方里民二十八萬有奇曰甲裘車拉•五百九十八英方里民二十九萬有奇曰巒提•一千一百英方里民十六萬有奇曰色茂•一千一百英方里民十二萬有奇曰馬摟可仙•一百六十英方里民七萬有奇曰法立敎•六百四十英方里民十一萬有奇曰閘姆排•二千一百英方里民十二萬四千曰色開•四百英方里民五萬二千曰甲爾謁•一百五十英方里民六萬八千曰錫金•志略作哲孟雄二千五百英方里民三萬有奇曰山訶會芝•卽擇八地或云有門萬英方里民三十七萬有奇以上二邦皆未的土邦獨處於英省之外者•曰賣索爾•曰尼散•一名海德拉巴曰因杜•卽中印度地惟此地西名爲中印度曰剌日不德•曰克什米爾•賣索爾地形高聳•除西北與孟買接壤外•餘皆與麻打拉薩毘連•英以前酋不君•曾於一千八百三十四年派首康密欣轉往理其政•後於一千八百八十一年政事仍歸土酋•其地廣植加非•爲印度冠•得地二萬七千九百餘英方里•民四百九十四萬有奇•首城與邦同名•舊都曰西令牙巴坦•卽北西爾加耳又有大城曰滂甘羅•水土甚美•

初五日記

尼散•南至唐甘蒲特拉江•吉那江之支流北至潘肯甘江•義他惟利江之支流得地八萬二千餘英方里•民一千一百五十三萬有奇•一千八百八十四年以前•英曾派員管理其政令仍歸尼散自主•大城曰海德拉巴•其都城也•在吉那江之分江上•又曰告爾康•大曰愛羅拉• 因杜亞在阿拉浮里與溫哈兩山之間•得地八萬英方里•其有七十一邦•較大者曰瓜利爾•卽新的亞二萬五千八百英方里民三百三十七萬有奇曰利華•一萬二千六百英方里民一百五十萬有奇曰因杜亞•九千六百英方里民一百九萬有奇曰波保爾•六千九百英方里民九十五萬有奇 剌日不德之地•東自春

爾白江即恆河之支江西至印度河約十二萬三千英方里民一萬一千一百萬皆印度人土邦十八較大者曰痾代不爾一萬二千八百英方里民一百八十四萬有奇曰八德不爾三萬七千餘英方里民二百五十二萬有奇曰比加尼爾二萬三千英方里民八十三萬有奇曰付不爾一萬五千餘英方里民二百八十三萬有奇曰排不爾一千一百餘英方里民二十七萬有奇曰道爾不爾三千餘英方里民七十六萬有奇曰阿爾華三千餘英方里民七十六萬有奇曰什來華三千餘英方里民三十四萬有奇曰當克二千八百英方里民三十八萬有奇曰哥達三千八百英方里民五十二萬有奇

初九日記

克什米爾大地也北界揩拉可蘭山東界西藏南界西

界本若與海什拉地得地八萬九百英方里民二百五十四萬有奇多水利風景亦佳水土宜人以製罽巾爲利源其物以西藏羊毛爲之羊牧於最高之地以吉爾脫爲大市近揩拉可蘭山峽再運至克什米爾城民皆印度種尙回教其王曰麥哈拉纔都城與邦同名在什楞江上東北有小湖曰什摩湖景之美聞於世在察闍字江上克王駐蹕於此　自主之土邦雖名自主英不許其結黨同盟亦禁撓英權利僅有二邦曰尼泊爾卽廓爾喀也曰不丹卽布魯克巴也　尼泊爾在雪山之南長五百十二英里闊自七十至一百五十英里凡五萬四千英方里

戶口數百萬自透來低窪之區至近西藏則漸高雪山大嶺悉在其中樹林深邃多儲貴木高山之坡宜米麥珍珠米橘波羅蜜多野獸翠鳥牧地雖少羊牧成羣製造未廣商務已興與西藏中國印度通商頗盛人皆蒙古本種而雜以印度人盛行婆羅門教都城曰加德滿都

初十日記

不丹在雪山之西北界西藏南界阿薩密高峰插天佳景層出約二萬英方里戶口未詳與尼泊爾不過錫金之隔地形水土物產悉同於尼泊爾工作專以樹皮爲

紙尙佛教都城曰達西蘇敦　法國印度屬地凡二百五英方里民二百八萬有奇一千八百九十年以本地支黎爲最大凡一百十五英方里民十七萬有奇城名同部名卽法屬印度都會也在考麻林海岸先是礮臺堅固後與英戰爲英所毀巴黎立約英不許其重築亦不許其駐兵地雖便於泊舟並無海口商務日衰此外在火立江上者曰商德爾那哥耳四英方里民二萬四千距嘎爾格達之北十七英里在加維利江口者曰加黎架爾五十三英方里民七萬有奇在我他惟利江口者曰牙那安五英方里民五千有奇在西海岸者曰馬黑一小城也二十六英方里民數近萬然商務無不日衰者

十一日記

葡萄牙印度屬埠在孟買東南二百六十五英里。地當馬拉巴爾海岸（即印度西海岸）曰痾磯。長六十英里。闊三十英里。凡一千八十英方里。民五十六萬有奇。都城同名。亦即好望角以東所有葡屬之都會。商務總匯也。舊城在內地五六英里之遙。商務日衰。新城在海口。一名潘習姆。礮臺密布。頗得形勢。進口貨以布匹象牙生絲羊毛糖爲大宗。出口貨以麻檳榔耍貨爲大宗。孟買之北更有葡國屬埠曰達蒙（三百八十英方里。民六萬有奇）。城名同。日瓜爾海岸之外有小島曰的玉（五十二英方里。民一萬有奇）。上有礮臺。即以

爲城。志略尚有葡屬之海濱小聚落數處。隨屬之西林不爾及達郎給巴爾二處。今西書中皆未詳。凡以見其無足輕重云。

十二日記

印度鴉片。官製官售已百餘年。其地在孟加拉之巴哈爾。與西北各省之皮挲司。約五十萬英畝。種者以漿入官。官取其漿而乾之。約重百四十磅爲一箱。運至嘎爾格達。招人往購。然後出口（俗名拍賣）。光緒庚寅年出口五萬七千箱。得價印銀五十九兆四萬羅披（合印度銀一千二十羅披爲一箱）。辛卯年每箱勻計價值增至一千五十八羅披。壬辰年箱數減至五萬四千。其在印度本地銷售者。得印銀二百十萬羅披。此英地所產。政府取其值以充國用。更有由孟買出口者三萬七十九箱。總名曰馬爾窪鴉片（馬爾窪阿日迷爾阿米代拔三處所產。専言馬爾窪。從多數也）。此土邦所產。英則但徵其稅。每箱徵六百羅披至六百五十羅披。實得印銀十七兆五十四萬羅披。以上英地與土邦鴉片。英政府除各費用外。入銀五十六兆九十八萬羅披。視十年前歲得八十四兆五十萬羅披者。已稍減矣。

十三日記

總署電云。英使言英俄在倫敦議帕事。俄從阿克蘇河

至阿克塔什南抵小帕嶺北爲止。已有成議。又接許竹使電。俄外部言英允酌讓小帕地歸俄。如與英議定南界。明春即須添兵在東南面劄守。又言阿克塔什設卡地段。俟分界時或可通融。餘無可商。余詰外部何以擅將中國界綫讓俄。外部謂無此說。又接許大臣函云。此間議帕事。去冬俄外部本欲劃薩雷闊勒大山爲界（即帕米爾闊赫色勒牙高嶺）。今年二月。俄外部口氣略鬆。謂請中國指出在大山以西之實地。俄可和商。總署因按喀約往南地勢。開列地名告之。彼謂我仍持喀約。遂又擱起。此次慶常來俄。始於山西之地允讓郎庫里之半。但與署意

相差太遠。無從湊泊。月前彼以英議將成。催我早定。又云署電西界酌讓一層。本令審察地勢酌辦。現已派告俄人以探俄意。俄所擬界郎庫里以南至派格士別爾山脊止。勢不可允。阿克塔什一帶尚未議定。

十七日記

印度已造之鐵路。自嘎爾格達至阿拉哈巴爲一路。由此再分西北西南二路。西北達於德列。西南達於直不爾鋪。其自德列至勞爾。勞爾至陌召穢之吉白山峽。爲支路一。勞爾西南經木耳丹。至印度河之色扣。接於克辣溪之鐵路。爲支路二。色扣至近波獨（在寬他省山峽之）悉畢。亦有鐵路。此路將欲造至阿富汗之堪達哈耳。又有自孟買東北行至直不爾鋪爲一路。以與阿拉哈巴西南一路通。其在孟買與直不爾鋪中間之地。亦有二路。一西北至因杜亞。一正西至那哥不爾。此路後欲東通爾來城以貫通印度。復有孟買鐵路二。一北通蘇辣。巴羅大。阿米代拔而至枯格海股。一東南行經坡南（一作埔拿）會海德拉巴之支路。而至麻打拉薩城。此皆幹路也。其南則由麻打拉薩而至印度之極南。所有要區鐵路皆通。其北則嘎爾格達之鐵路。已抵西藏近邊之大吉嶺。英之經營全印。可謂不遺餘力矣。

十八日記

錫蘭在印度東南印度洋中。英屬島也。（洋中有礁石沙綫接於印度）在北緯五度五十三分九度五十一分之間。英京東經七十六度四十二分至八十一度五十五分。得地二萬五千英方里。大於阿爾蘭四之三以上。其形如梨。其南較闊。南北長二百六十英里。極闊處一百四十英里。南方山嶺重疊。北方平坦。峻極之嶺曰撥突羅塔來格拉。更有高峰曰阿達姆。相傳爲佛（西名菩大即菩提之諧聲）升天之處。其地雖在熱帶。而水土益人。海風徐來。酷熱不生。平陽氣候。恆無大變。以西十二月正月爲極寒。四五兩月爲極熱。川流多而不長。大江曰瑪海懷里甘骿。源近阿達姆峰。約流二百英里。近停可馬里而入海。礦產富。黃紅藍各寶石。碧玉。貓兒眼。西北發那海股向來孕珠。今則較遜。植物蔥蔚。林多花梨緞木烏木及有用名材。土產米。加非。茶。肉桂。可可。白豆蔻。金雞那樹。種茶日盛。肉桂當荷蘭割據時爲土產中最要之物。利獨歸於國家。今出口者尚重二百八十一萬餘磅云。製鹽之利亦獨歸政府。歲贏金九十五萬餘磅云。

十九日記

光緒十七年。錫蘭民三百萬零八千有奇。以印度人種星海里司爲最多（約一百八十四萬有奇）其先蓋由印度徙此在紀元前五百四十三年次爲印度南方人種塔米爾司（約六十八萬有奇）次爲回回（十八萬有奇）又次則白厄司或名烏蘭欣司（約一萬八千）歐洲人約五千而巳若物奕司（郎土著之番）若阿富汗人巫來由人則更少矣其地盛行佛教工藝所出有金銀象牙玳瑁瓦器席扇雕刻等物先是一千五百七年葡萄牙於沿海徧設埠頭閱一百五十年荷蘭奪之一千七百九十六年英又奪之以轄於麻打拉薩六年後另立爲外藩以歸於其國家一千八百十五年英廢島王始有其全地今分九省西岸可倫破（或譯作克倫伯）

格喬坡（科郎埠）其都會也民十二萬蘭突在內地其舊都也南岸有抛因脫廿里東岸有停可馬里皆大邑

二十日記

襪爾迭胡羣島在錫蘭西南四百英里錫蘭屬島也會城曰美爾土酋歲遣公使至可倫破納貢於英之加稔那土人尚回教地瘠水惡出口大宗惟乾魚貝玳瑁可可果　安台蠻之南蘇門答臘之西北有羣島曰尼可排凡地六百餘英方里先屬丹國一千八百六十九年英始據之以轄於安台蠻土人七千狀貌如巫來由在內地與南者巳日少羣島中有人煙者十二島無人迹者七島極北一島曰梢尼可排居民得羣島之半極南一島曰大尼可排地得全羣島之半土亦肥沃　阿剌伯海中距印度馬拉巴爾海岸二百英里有羣島曰辣開迭巫皆低平珊瑚小島島凡十四有屬英者有屬印度土邦者戶口一萬四千有奇

二十一日記

上海織布局廠機被焚現存銀錢布匹僅敷抵還零星欠款該局實計官款存銀二十六萬五千三百九十兩（內有籌賑局賑餘十五萬兩綏鞏支應局十六萬兩皆未入告者）商股存銀五十五萬四千九百兩（內有前津關劉道遵飭附股銀二萬兩）仁濟和保險局存銀

八萬兩前江海關龔道存銀二萬兩楊藕記借墊各款銀十餘萬兩全局被焚之後僅存基地監工女匠房屋及損傷機器鍋鑪鋼鐵廢料值銀無多現擬逐項估價籌議攤派查織布局自招商入股十年以來毫無利息舊股則以百兩折成七十兩補交三十兩共計三十三萬四千九百兩新股則係招商保險局奉飭將暫存生息之款改作股分二十二萬兩現擬該局所賸地產物料值價若干及聶道等查辦之銀錢花布賸款統除支付應還現款外盈絀若干總計按照商股五十五萬餘兩及奉飭之存款十萬兩（係保險局八萬兩龔升道二萬兩）如數攤派

塡發新股票與新局股分一律分利其舊股票搨均作廢紙所欠官款悉歸以後局廠按每出紗一包捐銀一兩陸續歸繳免其攤分至規復原局現擬一面估價勻派一面就舊址收拾機器鍋鑪建廠開工俾昭迅速

二十二日記

許竹篔星使來函云塔敦巴什在大山以東新疆業已設卡紮兵俄人並無異言俄廷所擬界圖該地亦劃在彼線以外似無占踞之意至阿克塔什地段乃由北至南恐非俄英界線所能包括又致總署電云遵有電商論嘎云南界自薩湖及阿克塔什以南英俄已有成議中俄關涉乃是東界仍請中國照俄議經慶常力辯嘎允候鈞署指出酌讓西界地名再商　日本內務省調查明治二十五年十二月底册籍計全國七百八十一萬七千五百七十戶四千一百八萬九千九百四十口其中男二千七十五萬二千三百六十六名女二千三十三萬七千五百七十四口列華族者三千八百五十三名列士族者二百一萬四千三百六名平民三千九百七萬一千七百八十一名

二十三日記

歐洲各國通例凡郵船往來歸公司辦理而書札一項

惟朝廷獨擅利權然傳遞必賴乎公司故國君皆予以銀兩法國每年撥給一百零四萬三千鎊德國撥一百萬鎊俄國撥四十五萬鎊意國撥四十萬鎊英國撥六十六萬五千鎊民間書札無論何地均可致送且信資極廉如由上海寄往美國僅取五十文國君既籌出帑銀即收回信封上所貼印花之利信資雖少緘數甚多亦國家一大利權也　俄國鐵條造成之路計銀三十萬兆四十五萬羅布鋼條造成者一百七十三兆七萬八千羅布又造成鐵骨計二十六兆三萬七千羅布此外機車值羅布九十兆八十二萬七千裝貨車值羅布一百二十七兆七十四萬七千客車值羅布九兆三十四萬九千統計四百五十七兆五十三萬八千羅布以英金核之值四十五兆七十五萬三千八百鎊然論其價值若由他國運之不過二十一兆四十四萬三千五百十鎊足矣

二十四日記

美國本名合衆國其地甚廣區分疆界甚多據內地鐵路公司報稱去年六月止公司有一千八百二十二處往來機器車共有三萬三千一百三十六乘在各鎮預備調遣之車二千三百七十四乘載客載貨車一百二

十一萬五千餘乘。鐵路上所用人工共八十二萬一千餘名。是年坐客共五百六十兆九十五萬餘人。往來路程共三百十七兆五十三萬八千餘里。　英屬地在南阿非利加洲者。約如中國七八行省。四十年前好望角已築鐵路一條。本公司所辦。未久入官。益加推廣。十年內又於土人所居之處更闢新路。如築寬路每里用銀一萬七千兩。窄路僅需其半。用銀八九千兩。工師云窄路不如寬路之合算。蓋路窄則大車不合用。必用小車。則載貨少而用車多。用人亦多。且路有寬窄。一至兩路交接處。又須易車裝卸駁運。為費不貲。且稽延時刻。諸多不便。十餘年來多為所累。皆先時省費之見誤之也。今皆已知之矣。統計南非洲開成之路六千七百餘里。用銀八千萬兩。

二十五日記

有論電氣車之利者曰工師倍爾。其說曰。此車每一點鐘可行三百六十華里。至四百五十里。惟平常鐵路車不能用快電法行駛。現在各處鐵路。需煤甚多。然每點鐘祇能行二百里。猶且時遭危險。若快電車宜用鋼條單路。高於地五尺。下支鋼架。必須堅固。可以支拄每一寸抵三十噸之重力。每車一輛。貫注電氣在內。每二十分時可行一百五十華里。每一千二百華里祇須二點四十分時可達。中間不須停頓。亦不必緩行。由天津至京師。祇三十分時可達矣。茲聞英法德比美諸國多試行此種快電車者。製造之初。暫用雙路。以免互相碰撞。各車皆有電線相通。以相問答。車中與路畔局中亦可遙相呼應。核計經費每點鐘行三百六十華里者。連車及機器各物。約需英金一百萬鎊。每日載客二千人。每人收四先令。歲得十四萬鎊。除去開銷。尚贏八萬五千鎊。是獲八釐半之息也。京津及蘇杭上海似可行之。

二十六日記

今鐵路寬窄不一。故所費亦不一。而通用之鐵路。寬得英尺四尺八寸有半。惟阿洲地曠人稀。故築路多窄。計得三尺五寸。又有窄者二尺五寸。最窄之路。僅二尺而已。此英屬南阿洲鐵路大概也。而尤利於用者。先時土人往往不靖。有鐵路以便徵調。遂無寇警。一利也。開礦所獲諸物。前以牛車運赴海口。腳價繁重。今則異常輕便。二利也。阿洲人少。多不耕之地。有鐵路而遠近良田皆可開墾。三利也。　印度擬借國債洋銀三百五十兆羅比。常年三釐半起息。並將從前四釐半起息之舊款。准於本年十月間全還。以清款目。　英屬南阿洲好望荷埠歲入之款英金五百萬零八千餘鎊。出款四百六十八萬九千餘鎊。

二十七日記

今年上半年法國海關收稅二百零二兆佛郎。較之前年上半年則少收十兆佛郎。　英國烏理治校場屢試新創之高爾代藥。推爲上等。試藥時先以六寸快礮盛裝尋常黑色火藥二十九磅十二兩。放礮之際驗其礮膛所受壓力。計每方寸合十五噸。所得速率每秒一千八百九十尺。次用原礮盛高爾代藥十四磅三兩。驗其礮膛所受壓力。每方寸計十五噸加十分噸之二。所得速率每秒二千二百七十四尺。速放二百五十響之後驗其礮膛。鋼未受傷。可知黑藥高爾大有天壤之別也。高爾代藥爲英國官藥局所造。內有硝脂五十八分。礮棉三十七分。石膠五分。配成。按硝脂即耐德魚日克理色林。礮棉即梘考登。石膠即密理拉勒哲利也。　邇來歐洲軍營已改用無煙火藥。聞英國所用者多由印度解往。初擬在山上設局製造。繼查與居民無礙。始就山下擇地建設。其製造物料。以洋硝棉花樟腦攙和而成。入水不濡。各軍營及遊獵人用之。咸稱便利云。

二十九日記

英屬嵌撩達（即加拿大）去年捕得之魚。共值美國銀錢一千八百九十四萬餘員。出口之魚。值九百六十七萬餘員。捕魚成本七百五十萬員。所用之人六萬三千。　美國一年內由外國運入之金值洋銀一千七百五十萬餘員。由本國運出之銀亦如之　洋人德爾斌者。近創電礮。呈於法國兵部。據云能於五分鐘時施放二千五百響。礮彈可及數里之遠。礮質亦頗輕靈。曳礮祇須兩馬。放礮祇須四人。所製礮彈係質小之空殼。實以秘製化學之藥料。此藥於距礮六十碼之周圍地方。頗能轟斃多人。

光緒二十年甲午正月己卯朔記

暹法在巴黎所議草約六條。又在網咯（即曼谷）所立新約十款。暹國割去之地。幾占全國二分之一。其中陸勃辣邦（南掌都會）爲暹國精華所萃。英商聚居於此。貨物銷流甚多。北境饒礦產。已近中國邊界。英商務局稟求政府保護利權。所重實在此地。然此次新約。祇言湄江左岸暹羅不得視爲已有。幷未言明歸之法國。蓋亦恐他國出而阻撓。故於約中稍留餘地也。　英海部設法試驗各式水管鍋鑪。所試鍋鑪以分兩而論。比較車頭式之鍋鑪生汽加多。比較常式之水師鍋鑪生汽尤多也。

初三日記

五大洲產煤之地美國最多共二百五十萬方里英屬加那大計五十六萬方里英國十二萬方里西班牙四萬方里法國二萬方里德國一萬八千方里比利時五千方里其餘各國共合一百萬方里西歷一千八百九十一年共獲五百二十兆噸大約三百兆爲各國居民家用之需二百兆則輪船輪車暨一切工廠所用　英國駐日公使報日本商務要鍵有七一日本貿易增於九年前一倍有餘二週日工作大興如購棉紡紗木棉進口多於六年前十一倍製成各物而外售者多至四倍三棉布等貨自用者較增於前四進口糖貨亦增五三年以來金貴銀賤日人亦知變通賤購貴賣六賣金買銀去年出口之金一百萬鎊入口之銀三百萬鎊七英售於日本諸貨視前略減五年前百分中英得四十分去年僅獲三十五分

初四日記

英國天文生名攞那得者近在最高天文臺用最大窺天鏡測得木星即歲星內有月五顆於前人測得四月之外又得一月惟此月較四者爲小而其環行之速能於十一點鐘五十七分二十秒內周繞歲星一次此天文生游歷各國天文臺究其所用窺測之器未有若美國之精且良者也

初五日記

月體周圍二萬三千九百六十八里直徑七千六百三十里測以遠鏡見其中有高山深谷當半黑時現出火山三座另有光數點大約即月中之山巔因其高出平面得先接日光也惟似有山無海究未得實據惟月離地球一百四十萬里最近日輪居中不動地球環日而行月輪又環地球而行地球行而月輪亦隨之行月行軌道一周爲中歷一月天文家計月輪環繞地球之速每一日約行二十六萬八千八百里每一小時約行八千零五十里地球環日一周月輪環地球十二周有奇望日地球在中日月東西相對月影遮日則日食地影遮月則月食譬之有人拈一黑物懸之燈前則物後必見一黑影地球本黑物一邊既朝日向光則地後亦當有黑影射出月在望後適爲地影所蔽月面不得接日光故爲月食

初七日記

總署於十二月二十三日致許星使電云昨喀使來問帕地東西現擬如何劃界告以貴國既願和商中國亦

不執初見惟郎庫里阿克塔什平地原係中國地方斷難相讓擬於阿克塔什以西薩雷庫里以東酌讓劃分郎當在俄商讓喀於郎阿二地難讓之語並未置辯但催年內速商署意擬將阿克拜塔爾山口及卑柰烏提帕沙脫昔木甫克過喀喇蘇河至尼赤塔什等處之在烏仔往南直綫之西者讓彼改擬順阿克拜什爾河經沙展過穆爾格阿布河郎阿克蘇河由庫那克拜之西至喀馬烏推克再由沙里塔什西轉南過伊什提克河至小帕山北爲止以上東屬中西屬俄希囑慶常本此意設法次第措詞徐與磋磨以期就範漾　慶常與俄外部大臣嘎爾斯兩次會晤并送節略嘎允一二日進奏俄皇即送回音

初九日記

日本遣使中國蓋以崇神時爲始其時使驛通於漢者三十餘國自徐福東渡後已及百年崇神立國始有規模値漢武帝滅朝鮮聲教遠暨使驛遂通逮後漢光武帝安帝魏明帝時皆遣使貢獻齊王芳命太守弓遵遣建中校尉梯儁等奉詔書印綬詣倭國拜假倭王并齎詔賜金帛錦罽刀鏡采物倭王上表謝恩遣使貢獻後又入貢於晉於宋武帝孝武帝順帝高帝梁武帝隋時遣使上書自稱日出處天子致書日沒處天子煬帝不悅是時佛教已行於日本使者始得法華經以歸煬帝旋遣使報聘唐時日本貢獻不絕常遣生徒詣國子監學成而返劉仁軌之鎭百濟也屢與日本通使持統帝元年始用唐元嘉歷已而更用儀鳳歷唐明皇召見日本使臣賞其儀容呼日本曰禮義君子國元旦受朝賀敘新羅使東班在大食上日本使西班在吐蕃下接伴使仲麻呂言日本不宜班新羅後乃引倭使與新羅使易位厥後信使往還不絕暨唐衰亂始罷遣唐使蓋自隋唐以後日本禮儀文物居然大備得觀光上國之力爲多故日本至今呼中國人爲唐人云

初十日記

日本自罷遣唐使而吳越王錢元瓘錢俶常遣使附賈舟與日本互通書問商務大通唐物駢積特設唐物使一官駐於筑紫以檢查眞僞而彼此高僧雲遊往來者日衆宋太宗時一貢方物厥後聘使遂稀逮元世祖遣使徵朝徵貢至於三四頒不憚煩而北條氏方執政權兩次執斬元使或留不遣世祖怒遣經略使忻都等以兵二萬三千戰艦九百攻日本拔對馬島破壹岐遂及肥前沿海郡邑矢盡而還越數年元復多造戰艦命阿

塔海范文虎忻都等率兵壓境。會於壹岐平戶等島。日本遣官告國難於神宮。勅諸僧修熾盛光法以禳兵禍。忻都兵先進壹岐。而元將憚航海。議攻議退。多不決。會青虬見。海中硫磺氣腥臊。怪雲走空。蓋颶徵也。至夜西北風大作。明日益甚。風濤振撼。元艦自相擊撞。溺死無算。文虎擇堅艦先走得脫。惟都元帥張禧所部獨完。是役也。全軍十五萬人。歸者不及五之一。文虎軍十萬。歸者三人耳。

十一日記

元兵既敗之後。世祖復以阿塔海為日本行省右丞相。

募兵峙糧。造大小艦三千艘。謀再舉。大臣交諫不聽。姑遣使往諭之。卒不得至。日本民間流言元兵大至。眾情兇懼。十餘年間。眾寺祈禳無虛歲。所費不貲。元兵遷延未發。而世祖崩。成宗復遣僧寧詔諭日本。亦被留。是時日本禁不通商。海舶往來。皆奸利小民。元亦懸禁。久之遂流為海寇。其後日本內亂。分南北朝。盜賊競起。頻擾沿海郡縣。至明而患滋甚。明太祖遣行人齎詔書至太宰府。不報。及再遣使日本。乃遣僧九人奉表稱臣。貢馬及方物。太祖賜以大統曆及文綺紗羅。後日本屢遣僧入貢。太祖以無表命卻之。胡惟庸謀反。潛遣招倭。未發而敗。由是惡日本特甚。著祖訓。列不征之國十五。日本與焉。建文永樂間。嘗稱臣修貢。後遂告絕於明。成祖聽之。宣德成化間。日本所在用兵。使命不通。而往來通商者。皆周防大內氏豐後大官氏為多。

十二日記

宏治正德間。日本亦嘗遣使入貢。初大內氏獨有勘合勘合者木契也迨義隆死亡於兵燹。通商遂絕。諸奸民久狃互市之利。私航絡繹。漢奸多為之導。虜劫放火千百成羣。攻陷州縣。江南北。浙東西。所在騷擾。別有侵山東犯日照各縣者。海寇汪直陳東等。皆與潛結。用倭服飾旗幟。

入呼曰八幡船。胡宗憲為總督。奏請遣使諭日本禁戢海寇。招還奸商。許立功免罪。宗憲遂計擒陳東汪直等。逾年新倭大至。寇犯浙閩。蔓延潮廣。諸將討擊。久而後平。蓋自嘉靖二十六年至萬歷十六年。沿海郡縣被禍尤酷云。無何豐臣秀吉既平內亂。造大艦。會諸軍直入朝鮮。陷據王京。八道盡沒。旦暮渡鴨綠江。會明提督李如松大捷於平壤。復其四道。乘勝趨碧蹄館。敗而退師。於是封貢之議起。已就款而中變。秀吉復大起兵攻朝鮮。明誅沈惟敬等。總督邢玠撫守王京。而經理楊鎬奔潰。秀吉稍稍召還諸將。會秀吉死。諸軍引退。明將劉綎

追敗之朝鮮乃安

十三日記

國朝定鼎之初明之遺臣屢爲唐王桂王乞援適當德川氏執政權方欲以文治致太平皆不從二王既亡音問遂絶而華商赴日本者衆有船百八十四艘德川氏設官董理限以七十艘最後限至十三艘十艘初限輸出貨物歲值銀八千貫繼減至二千七百四十貫華商輸入之貨綿糖綢緞書籍文具爲多輸出之貨糖爲大宗餘則昆布（即海帶）鰒魚及銅漆雜器而日本商人絶無至中國者蓋德川氏專以鎖港爲國是長崎通商惟中國及荷蘭餘皆禁絶三十年前美艦俄船以兵劫盟國內紛擾遂廢幕府尊王室與泰西諸國互結條約同治九年爲明治三年日本遣外務權大丞柳原前光來求通好明年四月日本以大藏卿伊達宗城爲欽差大臣柳原前光副之來締盟約六月至天津七月定修好條規十八條通商章程三十三款附以海關稅則

十四日記

楊子通星使來信云美國北境毘連英屬昨有可倫比亞之智利領事官寄到一函據稱可倫比亞境內中國工商已及萬人該境所轄之萬古發埠西濱太平洋爲

華人來英登岸馬頭即加那大鐵路西邊盡處此地華商尤衆現擬稟求設立領事官以資保護等因萬古發七年前尚未開埠現甚興旺輪船開往中國日本夏威仁新金山等埠幾於每禮拜皆有本埠乃加那大鐵路之盡頭木器魚類出產甚富去歲出口帆船運木者七十艘載魚者十艘有赴中國者數艘

十九日記

辭行

國書將到而英國君主須赴意大里遊覽不能久待今日爲新到荷蘭日本兩使呈遞國書之期外部勸乘此便先謁君主辭行仍聲明隨後將國書遞送外部衙門余以爲然午刻率同參贊馬格理赴車棧則外部侍郎山特生暨禮官等先在焉少頃荷蘭日本兩使亦至同登火車詣溫則宮先飫午餐余先入謁讀頌辭既畢君主答云聞貴大臣將歸甚爲悵悵然貴大臣稱我格外優待我亦歡喜無量我深願兩國輯睦之意與貴大臣相同貴大臣在此所辦之事我深嘉之此行善自珍重從此兩國永敦和好同享隆平豈不快哉禮畢鞠躬而出荷使乃入須臾荷使出日使復入既藏事山特生等導遊宮殿復乘火車還倫敦

二十日記

慶藹堂來信云。連日與俄外部大臣嘎爾斯商論。頗費脣舌。一則帕事前年發端。新疆將帕兵卡全撤。致俄總督發兵占據。視為固有。一則此事始終未力辯。一則我兵太弱。為俄所輕。近又遷退邊內百餘里。示弱已甚。此三者皆帕事之病源也。俄人枝梧一年。不肯商議。近月許開議割讓郎庫里湖之地。尚允通融酌讓。係力爭嚴催之小效。正辯論間。嘎忽病重。醫者謂其朝不保暮。俄人有改在北京商議之說。月內即定主意。　許星使初二日致總署電云。遵慶電次第轉告。昨嘎覆慶云。俄主

謂與前議相差無多。難允。願彼此力籌兩益辦法。妥商等語。俟再與磋磨。先間十二日又致署電云。迭遵慶電催商。嘎告慶已電喀使轉告。難允之意。尚無電覆。如中國就俄擬界為根。可酌讓通融等語。現嘎忽病重甚危。一時暫不議事。頗掣肘。

二十一日記

十四日總署電致許星使云。銜俄圖寄到。冬侵電均悉。俄欲太奢。我讓而彼尤未允。嘎云就俄擬界為根酌讓通融。尚未指出地名。又因嘎病停議。惟事宜豫籌。如前議難持。應從何處起至何處止為宜。希就尊意照俄圖

地名。詳細電覆。以憑酌核。十六日許星使復總署電云。就地勢論。若順烏仔遍南山梁。接郎庫里以西山梁至留庫茲塞馬克扎拉中間山梁。轉而至阿克蘇河。自此沿河至伊什提克河匯處。改沿烏勒千吉奇克中間山嶺。南至小帕山北止。似已扼要。惟嘎前告慶阿克蘇河東阿克平地。難以割讓。界議棘手在此。嘎病未減。

二十二日記

申刻赴朝脊會。　英法德三國鐵路進款。於十年之中。德國加百分之四十一。英國加百分之二十。法國加百分之三。盈餘款項德國增至百分之二十三。英國祇增

百分之四。法國幾減百分之一。一千八百九十年間。德國鐵路資本得息百分之四分八釐六毫。英國得息百分之四分一釐。法國得息百分之三分七釐五毫。布國獨能得息百分之五分三釐九毫。若以人客貨物而論。十年之中。德國搭客增至百分之九十。較英法所增三倍之多。　洋人傳來鳴者。近由嵌捺達赴澳洲各埠。條陳安設海線。擬自澳洲太平洋底以達嵌捺達。此線應作嵌澳政府其有之產。每年辦事經費約需六萬英鎊。每字電費可減至二仙令。

二十三日記

英國預估一千八百九十四年國家進出款項計進關稅一千九百六十五萬鎊內地雜貨稅二千五百十萬鎊票課一千三百六十萬鎊地稅房稅二百四十六萬鎊産業進項等稅一千五百十五萬鎊郵部進款一千零六十萬鎊電線進款二百四十八萬鎊官田進款四十三萬鎊蘇彝士河股分利息與撤丁借款之利息兩項共二十萬鎊雜項一百九十五萬鎊統其進項九千一百六十四萬鎊出款則有常年撥動淸債之二千五百萬鎊戶部出票借債應行給去利息二十萬鎊水師防守用款一百六十九萬二千鎊文武水師額定用款

六千三百十五萬七千鎊統其出款九千二百四十七萬七千鎊

二十四日記

自壬辰閏六月接總署電音與英外部商辦滇緬分界通商條約發軔之初勢甚鑿枘又有印度部掣外部之肘印度總督又掣外部印度部之肘凡關係緊要之件往往既允復翻無從得其要領余督同參贊馬格理相機理論剛柔互用稍稍使就範圍界務於去年三月二十五日定議商務於今正初五日定議余將約稾撮要電達總署請

旨遵行十二日總署轉到電

旨著照所議辦理欽此因其中尚有一二波折又稽延十餘日始能合龍是日三點鐘余率隨臣等赴外部該部大臣勞偲伯力已在署相待先將洋文約稾漢文約稾各二分彼此均蓋用關防余與勞大臣各畫押於關防之旁以洋漢各一分留外部余亦攜洋漢各一分歸使館卽當派員賫送總理衙門又擬另備洋漢各一分用匣裝潢預備總署進呈

御覽批准施行之用

二十七日記

比利時舊荷蘭南部稱發蘭德今新造小國也東界德南界法西距北海北界荷蘭疆域十萬一千四百有三方里（以英里一萬一千二百六十七里核明）明初併歸荷蘭至侯查理時徵調煩苦南部不聽命查理與戰敗死正德中西班牙王查理第五爲日耳曼所推立雄長歐洲兼有荷比二部爲日耳曼第十郡其子腓立第二繼之酷禁西教北部阿蘭治侯維廉起兵拒戰相持數十年南部本習洋教隸西班牙未敢貳後腓立第二以女嫁奧地里亞公亞爾伯捌二部與之時荷已自立惟比爲奧藩屬垂八十年

國初嘉慶初法主拿破侖兼併諸國先後滅二部及拿破侖敗荷蘭再立國十九年諸大國爲維也納之盟以比復合於荷然語言教法風俗好尙各不相同而荷人以比夙附仇國薄而抑之積不能平道光十一年復絕荷蘭迎日耳曼之薩克生侯爲比利時王號留波的第一以法王路易非立女爲妃與荷苦戰累月伏尸盈野法將熱拉爾以兵七萬援之英法俄奧德會於倫敦許比自立且約爲局外之邦是爲比利時立國之始十九年始與荷蘭盟劃定疆場更除苛政法尙簡易與諸大國立約通好同治四年留波的第一卒子留波的第二

嗣立卽今在位之君也

二十八日記

比利時國分九部曰孛拉班脫居國之中其伯魯色爾都城在焉曰安佛斯耳接壤荷蘭築堡自固距城數里外有不連堡十二用新法曰東發蘭德會城名孛呂須曰西發蘭德會城名剛曰海諾脫會城名門斯曰列日一作勒鐵布會城同名曰那木耳會城同名曰休卜耳克會城名哈色爾克曰盧森卜爾克會城舊在厄倫今士生的於伯耳皆設古佛納以下官治之略如中國督撫戶口五百五十二萬以方里計之生齒之繁甲於歐土稱十三倍俄羅斯每四萬人舉一議員下院三十八員以四年爲期每二年更調其半上院六十九人以八年爲期每四年更調其半必有重資沃產通達政事者始得入選凡議員商定後請於王頒示各部遵行國中平原爽塏惟南境多岡陵土脈腴潤兼產煤鐵善於製造鐵路縱橫有四千三百十九啟羅邁當每一啟羅邁當合中國二里許濱海河之口曰安佛斯耳與斯唐均便舟楫故商務稱盛歲入三百十六兆十三萬佛郎歲出三百二十六兆八十七萬佛郎雖有國債二千一百十六兆九十二萬佛郎而每歲可還息及本八十五兆七萬佛郎平時兵額四萬二千戰時十萬三千六百比王近於斐洲剛果河左右創闢新土捐歲供之祿以與自然之利闢已費三十五兆佛郎商民推戴兼爲剛果國王云

出使日記續刻卷之九終

出使日記續刻卷之十

無錫薛福成叔耘

光緒二十年二月戊申朔記

荷蘭古與比利時合總名曰納壽蘭嘗屬羅馬自西歷九百年至一千三百年間分爲數小邦始合於侯爵不爾艮後屬西班牙又屬日耳曼旋立爲民主始稱之爲荷蘭時一千六百九年也荷蘭之先無異土番西歷紀元前五六十年羅馬大將愷撒率兵爭奧盧國（即法）略地而北至來因江上（由荷蘭出口志略日耳曼之來因河西名愛而字江志略訛合爲一）土湯司人者塞爾司（卽荷蘭人舊稱）人中日耳曼人之別派也

先由日耳曼徙居荷蘭之巴達卧島故名之曰巴達卧人與塞爾司人皆好遊牧今英之威爾司阿爾蘭蘇格蘭之山人以及法比等國人皆塞爾司人後也日耳曼瑞典那威丹馬以及英之英倫蘇格蘭平地之人皆土湯司人後也巴達卧在日耳曼人中最勇敢善戰洎見愷撒卽喜隸其部曲初非臣服於羅馬也荷蘭非里薩省之人稱爲非里欣人者土湯司人之流亞也好勇而喜自立初與羅馬人甚相得後齟齬生兵釁至考婆羅爲羅馬將其人始與之和羅馬人善築隄開河大有造於荷蘭然陵蔑巴達卧人巴達卧人鳩合奧盧人抗羅馬卒驅其人之在巴達卧者後又與之和屬於羅馬者二百餘年羅馬既衰各族合兵出荷蘭進攻羅馬時西歷二百五十年也亞細亞之何奴亦於是時至西人名之曰何司北狄各族日啟紛爭據地自雄遷徙無常荷蘭爲其往來孔道者又數百年

初二日記

羅馬兵既不守英吉利英人招薩遜人往平土番是時薩遜人與非里欣人爲最兇悍皆自荷蘭往英至今荷蘭非里薩省人之言多與英語相同先是土湯司人與佛郎克司薩遜非里欣人皆同教立廟宇拜日月佛郎

克司人既立國於法蘭西乃改信耶穌教欲兼轄非里欣人非里欣人惡其異教不肯下之薩遜人之在英者亦改信耶穌教視非里欣人與在日耳曼之薩遜人爲化外頑民乃遣旁尼懽司傳耶穌教於日耳曼威利孛老傳耶穌教於非里薩雖與非里欣人始相鑿枘卒有改化者厥後信耶穌教者稱兩人爲聖以其事蹟勒之金石法蘭西既立國日臻强盛至西歷八百年間其王甲利泰甫稱皇帝既取日耳曼之薩遜並轄非里欣人此爲荷蘭屬於法國之始迨甲利泰甫之子孫爭國遂召禍博人進攻之禍博人者來自那威居法北境以荷

蘭爲其南道所過殘殺至八百三十九年荷蘭更有水患非里薩省爲澤國水退北人侚時相往還而法頗習荷蘭於度外荷蘭乃得休息　初法王甲利泰甫轄地甚廣衆建諸侯或以其地之前王封爲附庸其後嗣有南王北帝之分（南即佛蘭西北即日耳曼）南王之權得行於其附庸者無幾北帝之權更蔑如也相傳荷蘭屬於北帝北帝日事征伐選立在侯伯故威令不行九百八十五年北帝奧飛第三以荷蘭封特克伯非里欣人起兵爭之殺特克之子阿瑙爾於陣阿瑙爾之子特克第三長於戰其時西非里薩（今爲北荷蘭省地）有各伯人稱之曰荷蘭各伯

荷蘭之名初不過指特克第三所得襪司江上之地荷蘭者譯言有樹林之地或云坎地也特克第三築城曰道迭來脫北帝亦惡其自忘爲附庸一千十八年率師來伐不勝荷蘭尚多各公與伯好自相攻擊亦與荷蘭各伯爲仇特克之後特克第六又得北帝魯才所封之地曰東非里薩（即今之非里薩省）非里欣人與戰海又大溢羅馬教王時有大權仇北帝荷蘭各伯昵之教王謂荷蘭伯威廉第二曰我封若爲帝爲加冕如甲利泰甫故事思往羅馬受之一千二百五十六年西非里薩人來攻威廉第二禦之渡冰未半而陷被殺自特克受封地後荷蘭各伯皆日強民亦日富於是競謀自主

初三日記

威廉第二者弗老立司第四之子也其子繼爲伯稱弗老立司第五德惠及民各伯之民役於豪強者如奴隸弗老立司第五右小民而抑豪強豪強不服乃與民合攻豪強不克被殺時一千二百九十六年也其子早恆繼爲伯守府而已歿後無傳荷蘭各伯之一伯世系遂絕表弟早恆第二繼爲伯子威廉第三繼之轄境大治數傳至威廉第六卒無子有兩女爭爲伯其表兄弟不爾艮公非立亦爭之卒得荷蘭休養生息民乃大和數

傳至抹搿習密艮遂往日耳曼爲北帝而甲列之子甲列第五爲西班牙王是爲荷蘭屬於西班牙之始甲列第五既爲西班牙王亦爲不爾艮公其祖卒亦爲北帝並爲意大利之男百里與西西利之王密錬之公兼轄亞墨利加各地（時在一千五百二十八年）彊宇之廣視甲利泰甫（即沙理曼尼）爲過之

初四日記

甲利第五與羅馬教王善而深惡耶穌教荷蘭人則多信耶穌教兩教水火甲列第五之子非立第二授意侯爵五爾巴遣往荷蘭勦治耶穌教人卒激事變變而自

立爲民主此爲荷蘭立國之始時一千六百九年也國勢恢張一時無兩航海通商與英有海上之師屢以捷聞歐莫與京然盛極者必衰當英商務未盛而荷蘭已衰一千八百六年爲法所滅法王拿破侖封其弟路易爲王先是荷蘭與比利時合荷蘭既立國比利時尚隸於西班牙無貳志西班牙又以之割歸於奧迨拿破侖喪國各國會盟悉返侵地荷蘭乃復合比利時以故伯阿蘭治之裔爲王荷蘭復國一千八百三十年比利時叛荷蘭荷蘭不能平聽其自立今荷蘭本國疆土大約等於路易王荷時

初五日記

張家口獨石口自咸豐十年舉辦抽收茶馬釐捐歸察哈爾都統衙門經理今自光緒十八年八月起至十九年七月底止共驗放出關茶票七百六十三張抽木釐銀四萬五千七百八十兩張家口獨石口共進關馬九千三百一十三匹收釐銀四百六十六兩統共收銀四萬六千二百四十六兩支放都統公費銀三千兩副都統公費銀六百兩八旗理刑官及左右兩司印房章京十二員津貼銀九百六十兩又放過精銳營步隊官兵口分等項銀一萬九千二百九十兩精銳營馬隊官兵津貼等項六千六百七十二兩更換旂幟號衣價銀四百八十兩修理洋槍匠工食銀二百五十兩減平銀四百五十一兩共開除銀三萬二千八百五十七兩

初六日記

自擬緬條約畫押後余將英館公事摒擋了結擬赴巴黎靜候交卸不復來英午刻挈同眷屬並率隨員繙譯武弁等赴車棧登火車馳至都甫海口坐渡船渡海抵加利海口復登火車戌刻至巴黎車棧換馬車入使館是日海中頗有風浪舟稍顛簸余幸未嘔吐然登岸時感冒風寒體中不適者累日

格物爲大學之始基不僅西人所尚也物性有相感相制之理如羊脂柔銀軀溺入石蟹性解漆翡翠屑金辰砂碎鐵竈脂然鐵五靈脂伏龍肝能縮錫鵲腦鶴糞能化石鸛遺枯木鵲梁敵形甘草硬角木賊軟牙銀得雉糞則枯石得鵲腦則化貂鼠之毛得風則暖象牙之文應雷而生羚羊角可碎金剛鑽柴木爲門可遣盜青陽木爲牀驅蚤夜明砂可辟蚊楝汁可去蠅蛇銜草可續已斷之指縋虎頭骨於龍湫可以致雨瘞龜板於棗根可以召雷竹蝨飲人能探其衷曲蛛網縫領可以辟健忘百勞所踏之枝可令小兒速語螳螂所執之葉可以使人蔽形吉蝶映目而

出塵沙鼠膽滴耳而愈聾疾麻得漆而溯桂得葱而軟龜得鑑而溺玳瑁得醯而甲脫雞卵聞磨聲而難成孕婦見兎而子缺脣見麋而子四目金橘藏於菉豆中經時不變鹽酒醃蟹置皂莢半挺經歲不沙生人髮掛樹鳥鳥不敢食其實種藕以酒糟塗之則盛黿腸爲燈置水中能見諸物象狒狒血飲之可見鬼鴻毛爲囊渡水不漏車渠爲杯酒滿不溢犀角置穴中狐不歸馬尾犬尾合置別人夫婦衣巾則自相憎惡門冬赤黍薏苡爲丸令婦人不妬新造屋柱下四隅以敗扇埋其下則蚊不入屋元旦雞鳴以火照桑樹則蟲不生辰日將斧斫

樹則結子不落園圃四旁種決明草則蛇不敢入以及淬鐵以膽礬則化爲銅燒銀以硫磺則化爲鐵塗錫以水銀則腐成泥印毒金鋼可以切玉蕃漬聖鐵可以辟兵此皆物理之難測者於以知多識之未易言也

十二日記

錄總署寄到英國辭行

國書云

大清國

大皇帝問

大英國

大君主五印度

大后帝好朕眷念友邦素敦睦誼前於光緒十五年特簡二品頂戴升任都察院左副都御史薛福成爲駐紮

貴國欽差大臣五年以來極承

推誠相信俾盡厥職今薛福成出使任滿特召回國諭令於臨行時親遞

國書告辭使任以昭銜命往來之禮並已另簡頭品頂戴侍郎銜候補三品京堂龔照瑗親賫

國書前往接替用示鄭重邦交至意

大清光緒十九年十一月十五日

十三日記

正月二十三日總署致許星使電云銑電悉頃喀使來告難允中國擬改之意並云嘎病已愈確否詢以彼意如何語多含糊閃爍難與開談仍應在俄和商郎庫里全歸中國尚非彼所必爭如允其在阿克塔什平地分界是否無礙中國通小帕之路總期不失郎庫阿克兩處可以南通小帕此外稍有出入尚可通融否則難邀俞允希飭慶常熟籌辦法與外部磋磨二十五日許使覆總署電云嘎病漸減尚未辦公因格勒尼堅執難商擬俟嘎痊商探情形再聞我通小帕按圖由色勒庫爾

西出尼若塔什山口卽抵小帕東冂尼若山口稍北爲壢省所稱阿克卡地俄圖曰拉巴阿克塔什帕岡有圖瀰標若拖阿克則小帕路自逦二月初五日又致署電云頃慶見嘎請其就我擬界酌商或另籌辦法嘎言兵部巳覷帕東境爲已有近病未痊難與俄主面論致難調停現允函奏請示酌讓得覆再商

十五日記

去年西七月二十二日總署接美使及各公使來文謂滬道不准軋花機器等進口一事有背和約請卽除去等語西八月二日總署覆文云照和約而論並無准各國在通商口岸做此生意之條査一千八百八十三年有一德商在厦門私運機器擬在該處擬造鐵盆經本衙門詳辯禁止一千八百八十二年有一英商欲在上海起造繅絲廠一千八百八十八年有西人格蘭脫欲在上海開軋花廠均經本衙門按照和約力行禁止一千八百八十三年二月卽光緒六年三月本衙門行文各國欽使不准洋人在中國製造各項貨物貴大臣謂只准中國人獨做獨享其利不知禁止機器進口是爲保護極貧做苦工人起見來文誤會其意謂此機器僅軋去其子並非做成洋布然軋子後卽可做布所以此

等機器應得禁其進口按照和約洋人至通商各口其從手工做成各貨者一概不問如以機器來華製造貨物卽在中國銷售實屬違背和約應請貴大臣善體此意卽如海關章程謂不在禁止進口之例亦不在免稅之例當提五釐完稅然海關章程是指貨物來往而言此等違禁之貨海關章程內書不勝書此事實爲保護貧苦工匠性命起見中國有可以禁止進口之權請貴大臣明白此意轉達各欽使當亦可以釋然矣

十六日記

紐芳蘭島爲地球中第十二之大島在桑羅稜索灣之東北値赤道北四十六度三十七分至五十一度三十九分京師西一百六十九度三分二十二秒至一百七十五度五十三分二十二秒之間（倫敦西五十二度三十五分至五十九度二十五分）長約三百十七英里廣與長相等地面積四萬二千二百英方里光緒十年台拉巴突居民計之戶口十九萬七千當明弘治十年英王顯理第七時有英人賈巴者初尋得是島越三年葡萄牙兵官考德立爾健遊此島又二年衞人法人接踵而至捕魚爲業萬歷十二年英人據而有之名曰寬恩以里素白嗣爵

國朝乾嘉之間爲奪漁利英法互爭厥後兩國立約至

島讓於英國惟許法人在沿海一帶捕魚爲業

十七日記

申刻登鐵塔第二層

十八日記

英廷於雍正六年特派巡撫一員管理紐芳蘭全島電綫長八百英里光緒八年公司擬建鐵路由桑若漢至黑爾灣長二百五十英里開工僅八十五英里因事阻止迨十九年議院議定重建應由阿克司潑老野茨江起至培斯古埠止長亦二百五十英里價四兆員每一英里計價一萬五千六百員三年造成後再建黑爾灣

至潑拉新底亞長四百七十五英里光緒十三年貨稅共收一兆七十萬員用費一兆八十三萬員國債三兆三十三萬員進口貨價七兆四十二萬員出口貨價六兆五十二萬員道光年間土產祇大麥青草迺來五穀蔬果番薯蘿蔔等日增月盛并多礦地銅礦最佳礦苗取諸蛇皮石內此蛇皮石嶺積面有五千英方里光緒五年出口礦產值四兆六十二萬員

十九日記

紐芳蘭土產大宗爲鱈魚漢林魚鯊門魚其次獵海狗捕龍蝦每年約獲海狗二十五萬頭其皮運往英國其油用之機器近年始將龍蝦醃之裝匣運往各國歲價五十萬員沿海各埠法人亦有醃龍蝦之廠漢林魚歲價六十萬員鯊門魚歲價一百萬員鱈魚爲第一利源歲價六兆零三萬四千餘員此島不生草木遙望幾如荒野形勢三角海灣港汊不計其數內多湖蕩全島三分之一皆澤國也故多沃土海灣中有極好船塢頗產佳樹杉木冬青最多紐島約長六百英里廣二百英里都城名桑若漢居民三萬餘人內有大教堂銀行公所等

二十日記

拉巴突一作臘白拉多歸紐芬蘭巡撫管轄而不屬加那大總督因沿海與紐島相近合成爲北亞墨利加洲極東一省也值赤道北四十九度至六十三度京師西一百七十一度二十八分二十二杪至一百九十五度二十八分二十二杪之間倫敦西五十五度至七十九度極長處自培爾意爾海頸至華爾司登化模計一千一百英里東界大西洋北界赫生海頸西界赫生及哲模斯海灣東南界桑羅棱索江西南界薩果納及羅伯江地面積四十五萬英方里居民僅五千餘人當魚盛之時紐島之民往來熱鬧每歲祇三箇月耳在大西洋海岸地皆不毛海汊與

小島迴環水深而險

二十一日記

拉巴突內地雖有歐人遊歷尚未測量叢林茂密樺木最多河道縱橫或長二三百英里最大之湖曰密士黍新尼夏季水旺源遠流長大江之瀑布飛泉一落千丈或曰此天下第一泉也江湖多魚曰鯊門白魚林木多獸曰豺狼狐狸熊獺礦地尚未盡開惟鐵與拉巴突石已採取矣海岸天氣無定洋中熱水流至則暖無則加冷夏季三月和暖寒暑表平時升至二十二度或二十八度沿海要城曰南音曰奧堪克曰喜白曰化潑特爾

二十二日記

西洋各國工藝日良製造日宏銷流日廣皆恃得機器爲之用也有機器則人力所不能造者而機器能造之十人百人之力所僅能造者而一人之力能造之夫以一人而兼百人之工則其所成之物必多矣然以一人所爲百人之工而減作十人之工之價則四方必爭購之矣再減作二三人之工之價則四方尤爭購之矣然則論所成之物則一可兼十百即論所獲之價亦一可兼二三加以四方之爭購其物視如減十減百之便利而謂商務有不隆盛民生有不富厚國勢有不勃興者哉中國人民之衆十倍於各國議者謂若廣用機器不啻奪貧民之生機使之不能自食其力故西洋以善用機器爲養民之法中國當以屏除機器爲養民之法然使行是說也則必有人所能造之物而我不能造者處處讓人以獨步固不待言且以一人所爲之工必收一人之工之價則其物之爲人所爭購必不能與西人之物之價減二三減十百者相敵也明矣自是而中國之貨非但不能售於各國并不能售於本國自是而中國之民非但不能自食其力且知用力之無益而遂不自用其力自是而中國之民非但不能成貨以與西人爭

利且爭購西人之貨以自供其用而厚殖西人之利然則商務有不日替民生有不日困國勢有不日蹙者哉是故守不用機器調劑貧民之說者此中古以前閉關獨治之時勢而非所施於今日也必也研精機器以取西人之長仍兼盡人力以收中國之用斟酌得宜因勢利導如日本近年之奪西人利者則以中國之大何不可爲何不可成且用機器以造物則利歸富商不用機器以造物則利歸西人利歸富商則利猶在中國必可分其餘潤以養吾貧民利歸西人則如水漸涸而禾自萎如膏漸銷而火自滅後患有不可思議者矣

二十三日記

近年中國出口貨與入口貨相準，每歲虧銀至三四千萬兩之多。溯查七八年前出入口貨往往相抵，亦有出口貨價轉贏於入口貨價數百萬兩者。近來入口貨如潮之漲，如雲之升，不外數端，曰米、布、紗綫、火油、自來火也。洋米之來，歲價約一千萬兩左右，此係昔年所無者。洋布、棉紗、棉綫之來，歲價至四五千萬兩左右，昔年不過一二千萬兩，驟增至三千萬兩，則洋布添價居其一二，而紗綫添價居其八九也。火油、自來火之來，歲價亦各數百萬兩，從前不過數十萬兩耳。余惟虧銀之故，大端盡在棉紗、棉綫。他貨之旺，中國尚可多銷各貨以與之相抵，若紗綫則爲數驟增，竟有日長炎炎之勢。又非來自英國，而實來自印度。所以然者，以其用機器紡成，工價較輕，匀細潔白，又勝於人力所製者，是以人爭購之。以織土布則工費省而銷售速，若不設法拒遏，則洋紗洋綫之源源而來者，尚恐日多一日，無窮期也。而中國之織女機婦，恐多束手以待饑寒矣。然遏之固無他法，不外設廠招工，廣購機器，自紡洋紗洋綫，漸推而至於織布，則風氣開而利源溥矣。余是以有用機器殖財養民說也。

二十四日記

丹馬國在北歐洲，臘丁文名大尼，在京師西經一百零七度二十二分五十八秒至一百零一度十七分五十八秒，北緯五十四度三十三分至五十五度四十七分。東界波羅的海，西界北海，北有孫特海峽、加堆額脫及司加垂拉克海汊。幅員之廣，其三萬八千三百零二方啟羅邁當。居民一兆九十六萬九千。境內大勢平衍，地宜農牧，牲畜蕃庶，牛乳油銷售最廣，歲值二十八兆佛郎。火酒、啤酒次之。製造則有帆布、哈喇呢、瓷器、軍裝，並多製手套，名曰瑞典手套。鐵路已成者一千九百四十二啟羅邁當，電綫長四千零三十七啟羅邁當。鐵甲船九，木質輪船三十五，商船三千三百四十二。承平時陸兵三萬六千人。順治十七年始爲君主之國，而權不甚大。

二十五日記

古之王者，有分土，無分民。春秋之世，士之求仕者，於周不可，則去之魯；於魯不可，則去之齊；於齊不可，則去之宋、之鄭、之秦、之楚。蓋猶有四海一家之意，雖聖人何獨不然。今之泰西諸國，頗存此風，或以英人而輔法，或以意人而佐德。凡食祿之國，即其所效忠之國。其間奇勳偉績。不出於土著而出於羇旅者多矣。至其民之爲商爲工爲農爲傭者。不必定居本國。凡可安居樂業者。即適之。一經入籍。即爲土著。新籍舊籍所獲權利。並無歧異。即如美國地多曠土。凡英人意人德人往墾闢者。爲數不下數十百萬。美之官紳待之。與美人一體。並不以英人意人德人視之也。埃利士人者。英之阿爾蘭人也。彼且自居土著而陵侮華民矣。則以英人入籍而華民不入籍也。華民所以不能入彼籍者。蓋以飲食衣服。依然墨守華風。究不能與西人合而爲一。華民之勝於他國人在此。而受侮於他國人亦在此。蓋我既自異於彼族。即彼族亦不能不以異類視之也。

二十六日記

中國地博物阜。甲於五大洲。欲圖自治。先謀自强。欲謀自强。先求致富。致富之術。莫如興利除弊。興利奈何。一曰煤鐵之利。每省能開一二佳礦。則船政槍礮製造各局所需。無須購之外洋。可省無窮之費。一曰五金之利。雲南產銅。山東吉林產金。廣東產水銀。四川產銀。誠能廣爲開采。妥爲經營。則貨不棄於地矣。一曰鼓鑄之利。如能仿英美諸國之鑄金銀。公家之利甚溥。而鈔票之法亦寓乎其中。即銀行之利亦可興焉。一曰織組之利。織絨機器應設於直隸天津。以取口外之駝毛羊毛。織布機器設於蘇州上海。以取濱海之木棉。織綢緞機器設於蘇杭嘉湖。以購江浙之蠶絲。一曰鐵路之利。所以與輪船招商局相表裏。而二十行省之土貨可以廣銷。則愈產愈豐矣。除弊若何。曰汰冗員也。核釐金也。清查常關之稅也。重徵煙酒洋藥之稅也。節河工之糜費也。去土木之工之中飽也。夫如是則弊無不革。即利無不興。而謂不漸致富强者。未之有也。

二十七日記

新任龔仰蘧星使於客臘之杪甫回上海。又請假一月。

赴廬州省墓。其勢不能早來。而余滯迹西洋。已逾四年。頗覺歸心如箭。又恐龔使遲到。一交夏令。紅海更覺炎蒸。或須改道加那大東歸。則攜帶眷口殊多不便。因令内子及次女率婢媪等先歸。亦有銷差隨員武弁等數人同行。二十四日晚八點鐘。余送眷口赴火車棧登火車起程。二十五日晨十點鐘抵馬賽。寓大客棧。二十六日下午二點鐘。送登法公司美爾蓬一譯作美爾濱輪船。此船儎重四千零八十噸。馬力三千四百匹。四點鐘起椗開輪。余復回至車棧。八點鐘登火車。二十七日晨十點鐘抵巴黎。　由巴黎行兩點二十三分鐘至勒羅士。停五分鐘又行兩點二十六分鐘至第榮一譯作提從停五分鐘凡由法赴意大里者從此分路折而東行又由第榮行一點四十九分鐘至馬公停三分鐘又行一點十分鐘至里昂里昂即立埔也停十二分鐘立埔爲法國第一巨鎮居民皆以繅絲織綢爲業其繁盛幾與巴黎並稱馬賽則不逮也又行一點三十八分鐘至瓦郎司停五分鐘又行一點四十五分鐘至阿非娘停八分鐘又行一點五十六分鐘至馬賽自巴黎至馬賽凡九百啟羅邁當合中國一千八百里然其行不到十四點鐘時候則火車之風馳電掣如窮日夜之力可行三千餘里矣

二十八日記

許星使於二月十三日致總署電云頃嘎告慶俄主肯通融惟請中國將實在注重之地指明界至地名以便酌定嘎病仍未痊十七日又致署電云昨邁寒電告嘎節略內但將銑電所擬地至稱爲中國最注重地仍聲明請照前擬界酌辦等語以後當仍遵潆界意磋磨惟去臘界議屢催不允歐云末後似指近事　總署於二月十四日致許星使電云有徵元電均悉俄主意肯通融似尚不至堅執前說英使云俄已備兵如議久不成四月間恐生事亦不可不慮希飭慶常告以中國總願和商須兩讓方可合拍可就銑電所擬地界再與磋磨但使無損邊防以速了爲妙如有端緒即覆電請

旨十六日又致許電云歐使來告伊接電云俄以中國末後擬辦之神氣爲妥惟問郎庫里阿克塔什全境字樣何意中國參贊問於北京等語歐謂俄有湊合之意不宜駮延果如所說似以去臘潆電擬讓之界可望合拍希相機酌辦二十又致許電云奉

旨總理衙門奏現辦帕米爾界務情形一摺著許景澄按照該衙門節次電商辦法與俄外部相機辦理自郎庫至阿克塔什一帶爲邊防扼要之地務當切實辯論俾就範圍妥籌擬結一俟議有端緒即電致該衙門奏明請

旨遵行欽此

三十日記

英吉利自合英倫阿爾蘭蘇格蘭三島爲一而國勢日以強盛其地共得十二萬一千一百十五英方里併所屬印度新金山加那大好望角等地計之實得地九百十四萬五千三百英方里居民約得三百四十六兆零二萬有奇歲入之款約得英金二百三十二兆七十二萬鎊所欠國債共英金一千一百七十三兆六十三萬

鎊。出入口貨物共值英金一千一百四十七兆八十萬鎊。國中陸兵併駐印英兵七萬二千八百餘人。實得兵士七十一萬二千餘名。內有六十五萬六千餘名。素稱勁旅。水師兵士七萬六千七百名。水手餘勇民壯均在此數。戰船礮船奉委出差者共二百七十九艘。

三月戊寅朔記

同治二年。西一千八百六十三年 丹馬王福來特里克第七卒。日耳曼爲荷耳士甸。什里士威克爭自主之權。普奧聯兵伐丹。丹師敗績。明年和議成。丹以什里士威克荷耳士甸羅益蘭三處公爵采地及阿爾孫。否孟呕二島。讓於普云。　丹馬疆域在歐洲境內者。一曰日倫島。在波羅的海中。此爲丹地之最大者。在瑞典國東南盡頭處。地面七千方啟羅邁當。居民六十五萬。會城名哥卑納給。即丹馬都城也。島內分五屬邑。一哥卑納給。二福來特里克司波爾。三狩爾培克。四蘇兒威。五溌來司多威。耕種合法。畜牧蕃滋。哥卑納給在蔡特海灣之上。居民二十二萬。有極好之口岸與礮臺。宋慶歷三年。始有此地名。祗爲漁人村落而已。元至元二十一年。建立此城。明正統八年。始爲建都之地。嗣後被焚數次。順治十五年。瑞典嘗建都於此。嘉慶年間。英人兩次來攻。礮傷其城。

初二日記

丹地一曰日倫島。二曰彝島。又名阿摩那。亦在波羅的海內。地積二百三十三啟羅邁當。三曰波爾勒窩勒姆島。又名波蘭日義牙。在波羅的海中。日倫島之東。長三十啟羅邁當。四曰發兒司推島。在加堆額脫海灣內。長四十四啟羅邁當。五曰拉郎特島。亦在波羅的海中。長五十八啟羅邁當。六曰非俄尼亞島。在波羅的海中。長八十啟羅邁當。七曰郎垂郎特島。長五十啟羅邁當。八曰人德蘭半島。長二百八十啟羅邁當。寬二百啟羅邁當。居民七十八萬。同治三年。普奧二國據之。後乃退去。九曰非合羅愛摹島。此丹國大西洋中蕞島之一也。在義斯蘭地亞與舌特蘭摹島之間。在京師西經一百二十二度至一百二十四度。北緯六十一度二十分至六十二度三十二分。共計二十二島。內十七島有民八千。十曰義斯蘭地亞島。

初三日記

義斯蘭地亞。一譯作哀斯蘭 即冰地之意。此爲北冰洋中之一大島。在歐美二洲之間。京師西經百三十二度四十八分至百四十二度二分。北緯六十三度七分至六十六度四十四分。又在蘇格蘭之西北。在哥恩蘭特一作古蓮蘭郎

綠色之意之東長三百九十啟羅邁當寬三百一十啟羅邁
當居民七萬會城名合來幾亞肥克此島雖屬丹馬而
自主之權甚大又最奇異者地面俱爲冰地中俱是火
有火山十座自宋咸平三年至咸豐十年發燄共四十
四次島上各處俱有温水亦種五穀薯蕷而樹木極少
羊毛甚多小馬頗佳鴨毛極貴重捕魚利甚大山中有
銅鐵鉛各礦其民安土重遷手藝無多

初四日記

寓美華工一事現經商允外部廢除苛例仍用戊子年
原擬之約而添入註册保護一款凡華工在美美工在

華一律辦理又因美工在華寥寥無幾除工人相抵之
外寓華別項美民按年由美國公使册報總署一次又
另訂交犯專約以上所得各項權利皆在戊子舊約之
外已於二月十一日奉總署電傳
諭旨與美外部畫押矣中美交涉之事崔任四年漫無
條理久爲彼族輕藐此次披郤導窾挽回煞費苦心自
上年仲冬開議磋磨三月甫得就緒

初五日記

光緒六年美國專使來華訂立限禁華工之約八年十
年兩次定例皆爲限禁新工而設在舊工固無所損惟
於回華給予執照俾作回美憑據尙有往來自便之意
第因此項執照輾轉相售新工仍難限制土人積忌益
深十一年秋遂有洛士丙冷等案鄭藻如懲前毖後始
延自禁之議總署釐爲自禁三端照會美使十四年二
月張蔭桓與美外部會訂限禁華工保護華民之約意
在全生命而遠禍機而華工有眷屬財產在美者仍可
往來自便約稾甫成事機忽阻是年八月美國更立新
例凡華工一離美境不准復來前給執照亦作廢紙始
與光緒六年之約大相悖矣楊儒到任與美外部和商
就十四年未經中國批准之草約酌量增減删去賠償

一款易爲互交罪犯原約二十年之期改爲十年美廷
必欲先行註册因議令寓華美民亦註册以相抵制遂
添註册保護一款寓華美民亦照辦又以美工在華無
多因力爭寓華之美國教士亦須註册理論數次始於
第五款中寓華別項美民之下註明包括教士在內數
字約稾始定綜核條約六款惟第五款註册保護之例
爲此次添入其餘各款均係十四年張蔭桓已訂未成
之約

初六日記

余嘗論中國之威行域外者曰秦始皇然南降百粵僅

及乎今之越南北逐匈奴達乎河套以北而已曰漢武帝衞霍之師屢踰瀚海而北駸駸達乎今之外盟蒙古既破大宛而今之新疆回疆內外皆被羈縻則其威視秦益遠焉曰唐太宗既遣李靖敗突厥擒頡利陰山以北斥地萬里則今內外蒙古所居之地殆無不讋服西置安西北庭都護又伐天竺執其王以歸兵力已踰回疆而入印度則其威視漢尤遠焉然其聲績縱橫所暨要不出亞細亞一洲惟元太祖吞併蒙古全部以後東西南北各踰萬里今之新疆回疆固在囊括之中遂轉戰而西蹂躪五印度及波斯阿喇伯諸部滅國四十積

人頭以爲山踰重險而無阻北翦俄羅斯及欽察諸國烽火達乎七羲德奧之郊八年之間所嚮披靡如風埽籜如火燎原歐羅巴洲諸國震其威名無不惕息幸而西略未終即班師耳設令不遇角端不聞耶律楚材之言極其兵威則歐洲必盡爲所脅服是何也昔時諸國火器未精而元之鐵騎如雲勁悍無前弧矢之威莫之能敵也至今西人談成吉斯汗者無不色變神驚推爲千古之豪傑焉元之後裔大約分爲三大支其一入主中國者兼統蒙古內外諸部至順帝而始失中國其一太祖長子朮赤之後世守俄羅斯至明季而爲俄人所驅翦其一雄據印度全境盛於明之中葉至
本朝道光年間始被英人芟刈無餘然內外蒙古之爲
本朝藩服者尚皆各守疆宇大半皆太祖之苗裔迄今已逾六百年何其神武之廣流祚之長遠邁於秦漢唐也惜其治國之經猷不逮唐太宗耳　去年倫敦共用各色茶葉計二百三十五兆鎊內計印度茶得百分中之五十一分錫蘭島茶得三十一分中國茶得十六分別國茶得二分年來印茶較前勝至十分中之七錫蘭茶商亦竭力整頓比前銷貨多至五倍

初七日記

英國屬地加那大（一譯作堪攃達）在亞美利加洲北境東至阿蘭底海（即大西洋）西至太平洋東南瀕美國緬邦南界西南鄰美國華部（即華盛頓部）北至冰洋無窮之境在赤道北四十三度二十四分至七十餘度京師西一百七十二度零八分二十秒至二百五十七度二十八分二十秒其有三百四十七萬二百五十七英方里幾等於歐羅巴一洲而江湖尚不與焉明嘉靖三年法國遊歷人弗拉成始至其地名之爲新法蘭西十三年法人加爾底復以小舟駛入欲據其地而未果萬歷三十六年法商桑白郎築貴北克城居之

國朝乾隆二十四年英國提督華爾甫興兵奪城血戰三年法兵不能支二十八年在巴黎立約以加那大讓英而以森披埃與密寬崙兩小島留爲法人捕魚之所而荷蘭之新蘇格蘭及紐芳蘭兩島先於康熙五十二年割隸於英英國招人懇地日興月盛是爲赫生灣公司以其在赫生海灣內地也同治八年英廷以金三十萬鎊償公司贖回其地改爲諾司威斯達多里省次年復將東南省改爲孟業拖白省并拓附近各地曰堪會廳部曰阿新尼巴亞部曰薩斯堪起文部曰阿爾伯泰部曰阿達伯斯堪部時則光緒二年至八年事此加那

大薪闢諸地之大略也　乾隆五十六年加那大分爲上下兩省人心不洽遂有亂事道光十七八年又亂二十年上下兩省又合爲一其時上省居民四十五萬下省居民六十五萬先是乾隆四十九年以散約翰島合新布倫瑞克爲一省咸豐八年因哥倫比亞金礦居民日衆改設一省同治五年以鬱戈洼島台哥倫比亞爲一省加那大有總督一人各省設巡撫光緒十五年入款英金七百九十六萬九千鎊出款七百五十八萬五千鎊全境居民四百四十萬有奇軍制平時馬隊礮兵三萬八千人有事則一百零三萬人天主教最盛耶穌教次之鐵路有一萬三千三百二十五英里名曰加那大太平洋鐵路東自貴北克城起西至鬱戈洼太平洋海口止凡經三大省兩部落又踰落機山之薩爾開克嶺長二千九百零六英里電綫共有五萬九千九百二十一英里進口貨值英金二十三兆六十七萬六千鎊出口貨值十八兆三十二萬六千鎊全境值赤道北五十度一帶戶口蕃衍愈北則愈荒涼極北祇有阿思寬麻土番身材短小捕魚獵獸而已地分八省曰貴北克（下加那大）曰益得利亞（上加那大）曰新布倫瑞克曰新蘇格蘭曰孟業拖白曰諾司威斯達多里曰哥倫比亞曰勃林士

退島

初八日記

阿非利加一洲居地球四分之一與歐洲有地中海之隔與亞洲有蘇彝士土頸相連今蘇彝士河已開通矣南北長五千英里東西廣四千三百六十英里沿海少海灣約長六萬六千英里視歐洲沿海之長少五之一地面積爲一千二百萬英方里至各國方里戶口之數摩洛哥二十六萬里（以下皆以英方里計）八百萬人阿爾及耳二十五萬里三百萬人突尼斯四萬五千七百里二百萬人的黎波里三十五萬里一百五十萬人埃及一百萬

里一千二百萬人阿比西尼亞十六萬里三百萬人撒哈拉一百萬里四百萬人蘇丹二百八十萬里一千萬人塞內岡比亞二十五萬里五百萬人上幾內亞八十萬里一千五百萬人下幾內亞一百萬里一千萬人中阿非利加二百五十萬里一千萬人東阿非利加一百萬里一千六百萬人南阿非利加五十萬里二百萬人馬達軋斯喀爾二十三萬里三百萬人統共約二萬萬人合內地無可攷者在內

初九日記

阿非利加洲大江十三流入地中海者一曰尼羅江流入大西洋者七曰審尼格爾江曰干比阿江曰那哀格江曰奧古完江曰康固江郎公額江曰空什江曰奧侖江流入印度洋者五曰林姆怕怕江曰散郗普江曰羅浮馬江曰羅非習江曰助排江　北非洲有四國總名曰巴巴黎譯即夷邦一為摩洛哥政歸國王自主在巴巴黎各國中為最大地面積約二十六萬英方里山中與海邊肥地有七萬六千英方里國分二邦曰非斯居民八萬曰摩洛哥居民五萬一為阿爾及耳法國屬地也地面積二十五萬英方里居民三百萬內有法人二十萬一為突尼斯主國政者曰盤而聽命於法國在巴巴黎各國

中為最小地面積四萬五千七百英方里居民約二百萬而突尼斯一城獨有民十二萬五千內有猶太人四萬一為的黎波里土耳其屬地也土有總督駐於其地合巴爾加非三而計之地面積共三十五萬英方里居民一百五十萬

十二日記

英議員謂俄海軍衙門建造新船歲用二百六十七萬英鎊法海軍衙門歲用二百八十萬英鎊今英之海軍歲費不過三百十七萬餘鎊不足兼敵兩國自應趕速籌費添造且法國現有雷艇二百四十二隻俄有雷艇一百三十五隻而英僅有雷艇九十七隻何其少也英國商船值錢一萬二千萬英鎊而海軍衙門所用造船之費不過一千八百五十萬鎊法國商船值錢一千萬鎊俄國商船值錢三百萬鎊而兩國肯用造船經費一千六百萬鎊是其籌費較英為多矣

十三日記

申刻往觀法國自來水之總水管蓋水之上源去巴黎約有三百五十中里開隧道於地中導水使行日夜滚滚不休人行其上者不知也司水管者秉燭導余入隧中觀之隧旁別有衙僅可行人視其隧則水清如碧滔

滔汩汩。其水約深二尺五寸。廣二三丈。行於隧基之上。基以西門土爲之。兩旁拄以石柱。望之（若石窴。亦西門土爲之）數百里相續不絕。此其中層也。其下尚有一層。行水。亦與中層相等。而石柱更鉅。因其壓力更重故也。導者請余觀下層。余恐火之滅也。遂出隧。既出而平地青草葱蒨可愛。蓋隧基之上層也。大抵此處爲水之總管。由此引入巴黎。分爲十管。百管。千萬管。以供闔城之飲焉。工程可謂鉅矣。問公司用費幾何。曰九千萬佛郎。蓋幾及中國之白金二千萬兩矣。然如此鉅工。僅以一叟司其啟閉。月支薪工一百四十佛郎。殊覺簡便之至。亦可謂神妙

不測云。

十五日記

余昔曾刪錄申報所記英國屬地之方里。以其譯音多非經見之字。又稍有訛脫者。因屬張讓三重加攷錄。茲記於此。英國幅員自英倫蘇格蘭阿爾蘭三島外。其開闢屬地。始於前明萬歷年間。探得北亞美利加洲據之。後華盛頓立合衆國。英屬中土諸部悉畔歸之。獨北境尚爲英有。其地北至冰瀛。南界美國。今之所謂加那大也。

本朝乾隆初年。復得五印度。厥後又開緬甸諸埠。又尋

得澳大利亞洲及新西蘭兩大島。此外又有南洋諸島。及阿非利加亞美利加諸地。今攷其地之廣狹。在地中海與大西洋交界處。曰直布羅陀。方英一里八分七。在地中海曰馬里他島。（亦作毛耳塌）方英一百十五里。曰薩魄斐斯島。（一名居百魯）方英若干里。在紅海口曰亞丁。方英五里。曰碧鱗島。（英音譯作潑立姆。一作不立姆。或作伯苓）方英七里。在亞細亞洲曰印度。方英九十五萬九百十九里。在印度洋曰錫蘭島。方英二萬四千四百五十四里。曰毛里西島。方英七百八里。曰新嘉坡。曰麻六甲。曰檳榔嶼。方英一千三百五十里。在中國海曰婆羅洲北之拉布安島。（亦作勒邦）方

英四十三里。婆羅洲北之薩巴。郎北般島。沙拉渥克。郎西般島。方英若干里。在阿非利加西北曰岡比亞。方英六千里。西曰塞拉勒窩內。（一名獅山。有英屬地哥斯達斗羅）方英四百六十八里。曰西格里格蘭。方英一萬七千八百里。西南曰公額古達多。方英六千里。東南曰那塔耳。方英一萬一千一百七十二里。極南曰好望角。方英二十萬一千里。在大西洋西北曰阿蘇阿斯島。方英三十四里。西南曰聖海凌那島。方英四十七里。曰列格斯島。方英五千里。在北亞美利加洲曰加那大。方英三十五萬二千三百六十一里。東北曰紐芳蘭島。（亦作新著大地）方英四萬二千二百

里在中亞美利加洲曰閦都拉斯按閦都拉斯有自主國有英屬地方英一萬三千五百里在南亞美利加洲曰卡阿那按卡阿那地分三部惟一屬英有若爾日城方七萬六千里東南曰福格蘭羣島方英六千五百里在中亞美利加海灣亦稱西印度北曰百爾慕他羣島方英二十四里東北曰巴哈麻羣島方英三千二十一里東曰里瓦得羣島方英七百三十八里東南曰瓦安瓦得羣島方英七百七十五里南曰特力尼達得島在委內瑞辣國北海濱方英一千七百五十五里在海灣中曰牙買加島亦作札邁刻在古巴島南海中方英六千九百里在澳大利亞洲東北曰坤士蘭亦作袞司倫譯言君主地方英六十七

萬八千六百里東南曰紐薩威而士亦作新南威耳士紐譯言新薩譯言南威而士英大太子名方英三十二萬三千四百二十七里又南曰維多利亞方英八萬八千一百九十八里正南曰薩澳大利亞亦作南澳大利亞方英七十六萬里西曰冏斯登澳大利亞亦作西澳大利亞冏斯登譯言西方英九十七萬八千里在澳洲之南曰班地曼蘭島今名達司馬尼方英二萬六千二百十五里在澳洲之東曰新西蘭兩大島亦作紐齊蘭一名搦日倫敦方英十萬二千里以視英倫本國加增三十倍其新得保護諸地及洋海小島尚不在此數蓋英雖僅三島而屬地遍於五洲亦自古以來所罕有也　中報所載英國

屬地攷一篇上半自特墨拉拉以前全據瀛寰志略英吉利篇下半自圾不洛得以後全據列國歲紀政要間有重複錯脫之處其地名還音既無所徵據而岸島亦或誤稱今校改於後　緬甸按今全境皆為英有不止阿喀喇阿薩密等埠志略所言蓋舊地也搦日倫敦即下紐齊蘭申報脫去紐齊蘭里數一段今補並據志略改為新西蘭獅山即下昔而里杭今據志略改為塞拉勒窩內特墨拉拉即下競業地今據志略改為卡阿那圾不洛得今據志略改為直布羅陀是峽非島毛耳塌今據志略改為馬里他伯罕慢得今據志略改為巴哈麻伯姆達申報誤作伯達姆今據志略改為百爾慕他喀訥塔今改為加那大杭度拉今據志略改為閦都拉斯貭美該今據志略改為牙買加盧輿特今據製造局圖改為里瓦得紐福蘭今據萬國輿圖改為紐芬蘭脫立納

特今據局圖改為特力尼達得惲滑得今據局圖改為瓦安瓦得阿勝生今據局圖改為阿蘇阿斯監別亞今據志略改為岡比亞古俄得枯得脫今據志略改為公頟古達多西格里格蘭未詳俟攷列格斯未詳俟攷馬里休申報誤作里馬休今據地理備攷改為毛里西內塔而埒今據局圖改為那塔耳山喊利吶今據局圖改為聖海凌那亞丁是峽非島拉別橫今據局圖改為拉布安伯苓今改碧麟澳洲諸地詳見另案台使美尼亞今據志略改為班地曼蘭以上校改皆有所據至赫爾固蘭島聞已與德國易地故擬削去俟後再攷緬甸全境尚擬譯其里數此外尚有香港方英二十九里亦未列入其餘小島所遺漏者不及詳也然英屬地大致已粗具矣

十四日記

英國幅員自英倫蘇格蘭阿爾蘭三島外其開闢屬地始於前明萬歷年間探得北亞美利加洲據之後華盛頓立合眾國美洲中土悉歸之英僅據有荒寒之地北至冰量南界美國今之所謂加那大也

本朝乾隆初年復得五印度旋由印度海東岸漸拓而南在緬甸之西開阿喀喇等埠再開麻六甲錫蘭又由緬甸西北開阿薩密又尋得澳大利亞全洲別有兩島曰撈日倫敦此外阿非利加之西有獅山諸地南亞美利加有特壘拉拉諸地今詳其地之廣狹地中海口與

大西洋交界處島名支佈勞登即直布羅陀也方英一里八分七近丹國海面島名赫力固蘭方英二里五分五地中海內島名馬里他亦曰毛爾塌方英一百十五里美國東南海中島約八百處名伯罕慢得方三千零二十四英里美國之西海中羣島三百處名伯達姆方二十四英里美國之北加那大一名嶔捺達方三十五萬二千三百六十一英里美洲之南羣島名福格蘭方六千五百英里南美洲名兢業方七萬六千英里中美洲名杭度拉方一萬三千五百英里墨西哥海灣島名賈美該方六千九百英里西印度海中羣島名盧奥特方四萬零二百英里加那大東名紐福蘭方四萬二百英里近美國西島名脫立納特方一千七百五十五里西印度海島名俥滑得方五百七十五里大西洋島名阿勝生方三十四里好望角方二十萬一千里阿洲西北名監別亞方英六千里阿洲西名古俄得枯得脫方六千里阿洲西名西格里格蘭方一萬七千八百里阿洲島名列格斯方五千里印度洋島名里馬利休方七百零八里阿洲東南名內塔而塌方萬一千一百七十二里阿洲西南島名山喊利哪方四十七里阿洲西名昔而里杭方四百六十八里紅海口島名亞丁方五里印度

洋島名錫蘭方二萬四千四百五十四里五印度方九十五萬九百十九里婆羅洲島名拉別横方四十三里紅海中島名碧鱗方七里新嘉坡麻六甲檳榔嶼方一千三百五十里澳洲之紐薩威爾士方三十二萬三千四百三十七里坤士蘭即袞司倫方六十七萬八千六百里薩奥斯地理蘭方八萬八千一百九十八里回斯登奥斯地理蘭方九十七萬八千里英國屬地總計有四百五十萬英方里以視英倫三島殆增三十倍

十六日記

英國地分三島一曰英格倫省曰英倫一曰蘇格蘭此二島

合爲一大島形似三角自西北至東南縱八百八十啟羅邁當（每一啟羅邁當合中國一里又二百八十六步四尺二寸一分二釐）北段寬二百七十五啟羅邁當中段寬一百二十四啟羅邁當南段寬四百八十八啟羅邁當北界大洋海東界北海南界茫司海峽（一名滿沙）西界聖佐治海峽及阿爾蘭海又有爾哥內（此係六十七島之總名在蘇格蘭之北）愛白里特（又名希白力第士亦爲羣島之總名在蘇格蘭西）一曰阿爾蘭形如橢圓自東北至西南由漸開廣長四百五十啟羅邁當光緒三年國人以所屬印度幷入大白里登（一千七百零七年女王名安者始合英蘇二國幷阿爾蘭統名曰大白里登國）爲一國於是上尊號曰大白里登王兼印度后帝明萬

歷三十一年蘇王意迷斯嗣女主以利撒伯爲英王英蘇遂合爲一然尚自成一國議院律例教會亦各不同兵端迭啟自女王安合英蘇阿三境爲一國由此承平無事

十七日記

許星使於初八日致總署電云迭令慶常催商昨據嘎覆俄主以兵部堅稱地勢緊要礙難再讓惟兩國意見難合目前料難議結本部特籌調停奏准俄主如華兵不出郎飭邊將仍紮原處不准前進俟候界議定局以免生釁並電喀使轉告等語彼欲太奢在我無可再讓似舍相持無他策候酌示總署十一日覆電云江齊電均悉呈此次嘎覆調停之說較前稍和我亦未便催迫彼以兵部難允爲辭我當告以中國衆議定約必須遵守現商之界已格外通融斷難再讓兩不進兵議由彼發須與切實訂定杜其將來改變界事仍隨時相機與商本署一面電知新疆照舊嚴防邊境勿令越界啟釁

十八日記

英倫爲三島之一北界蘇格蘭南北長五百七十啟羅邁當東西四百二十啟羅邁當地面積十五萬一千方啟羅邁當居民二十三兆都城地分五十二部東境八

部南境十部西境十八部北境六部中境十部　倫敦跨泰唔士江（法音譯作達迷斯河）之兩岸離河口約七十啟羅邁當在京師西經一百十六度二十八分二十二秒北緯五十一度三十分地面約三百方啟羅邁當居民四兆二十一萬周圍無城牆　蘇格蘭於古時爲白里登三國中之一國而又爲大白里登島內二國中之一國此島之北段介乎北緯五十四度三十九秒至五十八度三十七秒之間與英倫分隔有天然之界綫長四百啟羅邁當寬二百四十五啟羅邁當周圍小島甚多皆隸蘇格蘭居民共三兆五十萬都城名壹丁不爾厄地分

三十三部。

十九日記

蘇格蘭都城曰壹丁不爾厄（又名密特羅城）亦即壹丁不爾厄部之會城也。在北京西一百十九度三十七分赤道北五十五度五十八分。在倫敦西北七百十啟羅邁當。居民二十六萬八千。城在山岡之上。分而爲二。中有深谷隔此二城。一曰舊城。一曰新城。其間連之以橋。　阿爾蘭譯曰綠島。爲白里登三島之一。自北至南長四百五十啟羅邁當。東西二百八十啟羅邁當。道光二十一年。民九兆有餘。咸豐十一年減至五兆四十一萬。共分三

十二部。都城曰都伯林。亦即都伯林部之會城也。在北京西一百二十二度四十二分赤道北五十三度二十一分。在倫敦西北五百啟羅邁當。居民三十萬人。

二十日記

光緒十年英國三島歲入總數三千零七十九兆五十八萬七千佛郎。歲出總數三千零八十三兆五十七萬二千佛郎。進口貨值一萬零六百七十五兆佛郎。出口貨值七千八百九十兆佛郎。鐵路長三萬二千零九十五啟羅邁當（此光緒十五年之數）電路積長四萬九千四百六十九啟羅邁當電綫積長二十九萬五千四百三十八啟

羅邁當。陸軍二十八萬八千有奇。盎獨里剛教在英倫者十七兆七十八萬餘人。阿爾蘭六十六萬餘人。蘇格蘭七萬三千。共計十八兆五十二萬餘人。潑來比對爾央教在蘇格蘭者一兆四十七萬餘人。阿爾蘭四十九萬。共計一兆九十七萬餘人。各種耶穌教在英倫者三兆九十七萬餘人。蘇格蘭一兆四十八萬。阿爾蘭九萬六千。共計五兆五十五萬餘人。天主教在英倫者一兆零五萬餘人。阿爾蘭四兆十五萬。蘇格蘭三十二萬。共計五兆五十二萬餘人。猶太教在英倫者三萬九千人。蘇格蘭六千四百人。

二十二日記

亞洲南洋各國屬地。英國外首推荷蘭。曰爪哇。曰瞞杜拉（一作麥多拉在爪哇東北）共五萬八百六十二英方里。曰蘇門答臘。十七萬三千六百五十英方里。曰彭楷。（似即崗甲嶼一名丁機宜在蘇門答臘東南）四千八百九十六英方里。曰彌立登（一作比利敦在蘇門答臘與婆羅洲之間）一千八百五十六英方里。曰婆羅洲之東西南三處。二十萬四千二百八英方里。曰西里百。四萬六千六百八十六英方里。曰米乃杜（西里百東北海岸）二萬六千四十七英方里。曰德拿。十七萬四千九百二英方里。曰安門（在摩鹿加之南志略作西蘭似誤）一萬八千七百五十六英方

里曰地問。一萬七千一百四十五英方里。曰麻里。曰洛莫。四千一百八十一英方里。曰新吉尼。（即巴布亞分屬英荷德三國而荷屬有其西偏）三十萬三千四百二十一英方里。各島地當赤道。物産頗豐。荷蘭國用賴以不匱。

二十三日記

荷蘭古名巴達維亞。又名巴以旁。即低地也。在京師西一百十三度三分十抄。赤道北五十一度至五十三度。北與西皆濱北海。南界比利時。東界亞諾威爾及維士德發里亞。又界來因河濱之普魯士各部。長二百四十啟羅邁當。寬二百三十啟羅邁當。本濱海澤國。而其人

善於治水。築堤防。開溝洫。兼以風磨轉旋抽水。使達江河而趨大海。境内平原爲多。海塘堅固。河道疏通。天氣温和。惟不一律。鐵路共長二千四百五十二啟羅邁當。電報由國家設立。共長四千九百零三啟羅邁當。綫長一萬七千二百三十四啟羅邁當。農牧之事。頗能精求。最豐盛者爲草地。種菜榨油之處甚多。稍有五穀花木茂美。製造則有荷蘭布紙。哈喇呢。綢緞。絨。硝皮。粗瓷。煙管。漂白。廠牛乳餅。化學藥料。書坊。雕刻。車金剛石。

二十四日記

荷蘭進口貨之大宗。穀鹽酒木料哈喇呢等。值銀一千一百零二兆六十九萬弗羅來。（每一弗羅來合二佛郎）内從荷蘭屬地來者。值銀九十二兆四十九萬弗羅來。出口貨之大宗。布匹牛肉醃魚牛乳餅牛乳油乾鮮各貨紅菜等。值銀九百四十九兆四十八萬弗羅來。内運至荷蘭屬地者四十七兆六十二萬弗羅來。民多弗離士弗郎哥撒克遜三種。皆有自主之權。合七省爲一國。可以任便行教。時雖多亂。曾竭力辦成二大事。一宣洩水淹之地以復舊觀。并築海塘以禦海浪之衝激。保護低地十分沃饒。如有積水。則用吸水機器引入海中。二荷民散布他國。搜求荒地。開濬利源。自得南洋諸島。後竟如願以

償云。

二十五日記

荷蘭君位世襲。男女並繼。王執政權。與兩議院同定律例。藩屬之事。統由國王經理。各省舉議紳。分爲三類。一貴族。二城紳。三鄉紳。工程局之權甚廣。盧森不爾厄公爵采地之政。另作一起。學校古爲歐洲之冠。詩人文士極一時之盛。多能精究實學。各種教會。荷廷一體保護。耶穌教二兆五十萬人。内分新造會。里德會。勒蒙脱郎曾茫奴尼脱會等。天主教一兆五十萬人。猶太教八萬二千人。國分十一省。都城名亞摩斯得爾登。道光十一

年比利時叛荷自立十九年荷始認比爲自主之國荷京瀨亞摩斯得爾河口與義河交流處即北荷蘭省之首城也居民二十八萬城之全境架於水上城中河道甚多即分其城成九十島共有二百八十角近城有極寬大之口岸爲歐洲各口岸中之最穩妥者

二十六日記

荷蘭書院林立官爲督察章程美備英國嘗取法焉爲師者必給官照否則不許授徒也光緒乙酉丙戌間公私幼學各塾一千四百三所學生十萬九千六百七十六人公塾初學館二千九百二十三所四十四萬四千

六百七十八人私塾中等學各館一千二百九十四所十八萬八百九十七人弦歌之聲達乎里巷矣　二三百年前商務之盛爲歐洲冠後爲各國所分始不振然尚不失爲通商之國厥有二故東印度屬島出產甚富足供歐洲之用一也萊因米于塞士出爾德各江出海暢順又介於英與各國之間貿易便利二也鐵路已有一千六百九十三英里電綫長一萬一千三百英里戶口除盧森不爾厄省外計四百五十六萬有奇

二十七日記

荷蘭養兵不過五萬三千五百民團約四萬有奇水師兵船一百五十六艘內有鐵艦二十六國中歲入之款英金九百五十四萬餘鎊歲出之款一千一百三十二萬餘鎊國債英金九千一百三十七萬餘鎊進口貨值英金一萬零八百三十三萬餘鎊出口貨值九千零六十六萬餘鎊都城商務極大戶口四十萬有奇　盧森不爾厄省者界連比普法三國名爲荷屬實一切皆自主者也一千八百六十七年各大國定爲局外之地不得兼併亦或入日耳曼列邦之內得地九百九十八英方里戶口二十一萬有奇賦稅有英金三十七萬餘鎊國用約二十九萬餘鎊國債六十五萬鎊鐵路三百二

十英里電綫一千六百五十三英里

二十九日記

法國所屬印度毗拿疆土共有四地一曰高毗芝拿即西貢等省一曰東京即越南北圻之地一曰越南即中圻南圻之地一曰金邊即柬埔寨亦即眞臘國也四地統歸西貢總督管理而分設大員駐之金邊於同治三年認法保護四年法始兼理其政治越南於光緒元年認法保護十一年訂立約章政出法出明年進攻東京嗣中法講和始專爲法屬土高毗芝拿一地廣二萬三千英方里民二兆零二萬有奇金邊地廣三萬八千六

百英方里民一百五十萬越南地廣四萬七千英方里民三百萬有奇東京地廣三萬四千英方里民約九百萬高髲郎交趾之轉音芝拿爲支那之異文猶言中國交趾也

四月丁未朔記

法屬東方四地膏腴以東京及高髲芝拿爲最越南則中界峻嶺外接大洋內爲曠野濱臨湄江產穀米棉花香料煙糖礦多產煤五金亦多港口以海防西貢及越南之會安爲最良四屬經費初時歲用至法銀一千一百萬方今漸撙節歲費五百萬方而已法兵駐防者一萬四千名　巨文二島西人名之曰砵咸美頓介乎中日朝三國之間朝鮮屬土也曩歲英遣兵船據之旋復退去朝人知其關係緊要現派某員爲該島總督某員會學習西洋武備者也

初四日記

稅務司赫政自光緒十四年冬前赴西藏會同英員勘哲孟雄地界先謁駐藏大臣商示機宜旋赴印度規畫既定哲孟雄始歸英保護矣十六年在印度都城訂約現已互相簽押約有三款曰通商曰郵驛曰牧羊草地通商一端擬於西藏邊境野洞地方自光緒二十年起開市廛一區互相貿易准英國派員駐紮管理通商事務試辦五年爲期五年內除軍火蔴藥烈酒外印度貨物皆可運往均須納稅惟印度茶葉五年內不得運入五年後方可入市稅則須照英國抽收中國茶葉稅之數總稅務司將與總理衙門商設稅關於野洞此處現雖生理無多將來必可興旺

初五日記

酉刻謁見法國伯理璽天德嘎爾諾呈遞辭行國書　西藏出口貨以山羊棉羊犛牛等毛爲大宗今未能出口者以精粗之毛錯雜參差難以發售也然藏人已知其利五年後當能設法分別精粗矣此等毛以拿沙所產爲最良拿沙去野洞二百五十英里又有麝香鹿茸金砂可以出售目下印藏互市不過以貨易貨而已印人每以雜色布鐵器粗玩器與藏人交易藏人多用西國藥材以療病此通商情形也郵驛一端如印度官民有印信文件及信札欲寄藏中者可交藏境戍卒帶入內地代交若駐藏官員奏章文牘寄京者可交邊界英員轉寄印度附船往華較從前由藏入川由川遞京者難易遲速何啻霄壤此郵驛情形也牧地一端亦照常在哲孟雄界上放草惟每年須有期

初六日記

限又須避地方官例禁。其例由英政府與華官酌定。此牧地情形也。至西藏風俗最奇者。一婦可嫁六夫。惟家務皆婦人料理。一切惟婦命是從。所謂六夫者。其四夫於伯叔兄弟間擇之。其二夫則由異族招贅。然亦竟相安無事。可怪也。藏人身軀甚健。惟婦人罕有二三子者。想風俗如此。日久恐有丁口稀少之虞。西藏迤北之人皆遊牧而無居室。所食者惟棉羊山羊麥及蔬菜而已。印商極以洋布針綫火柴煤油市之。銷流甚易云。　巴黎爲法國最大之地。民共二百四十萬。立墉爲第二城。民二十二萬。馬賽爲第三城。民二十一萬。

初八日記

光緒十九年仁濟和第八屆保險帳略云。本屆共得保費銀七萬六千餘兩。較前兩屆短萬兩。分存銀行及招商局生息之款。得息銀三萬九千餘兩。亦比前屆短收萬兩。賠款實支銀二萬五千餘兩。官利餘利勉給一分。支銀八萬兩。出入幾相埒。不能加添公積。實存匯豐銀行十五萬兩。法蘭西銀行三十萬兩。麥加利銀行二十萬兩。德華銀行七萬兩。招商局往來暫存生息十三萬七千九百餘兩。織布局八萬兩。布局股票一萬七千兩。各銀欠息一萬餘兩。共存九十六萬五千餘兩。　前將

馬眉叔提存織布局本銀三十萬兩。竭力收回二十二萬兩。尚存八萬兩。又塗銷自存股票。應分公積織布股票一萬七千兩。布局被焚。本利無著。現擬以燼餘抵作二成。可易新股起息。雖經衆商稟請提捐歸還。須滯歲月。幾同虛擲。亟須設法補救。

初十日記

仁濟和正本八十萬。從前銀行與商局並存。今招商局全數提還。銀行息既減輕。鎊價奇漲。若使提減股分。尤慮股分愈少。擔當愈重。爰集各董熟籌。將商局提回存款二十萬。益以銀行提回十二萬。共三十二萬。附入織

布總局所改之華盛紡紗總廠。作爲股分。官利餘利悉歸公司。連前存款八萬。共成四十萬。數年之後。非特八萬之款藉得彌縫。其紗布所獲之股利。較銀行存款之期息薄厚懸殊。數年後再看局勢。或將股票售出。仍歸銀行生息。亦無不可。公司現有存銀行四十萬。隨時活動。並有紡織總廠股銀二萬。僅存八萬。輔權子母。自可彌補前虧。是本公司仍是正本八十萬之有限公司也。

十一日記

新報云。阿富汗居亞洲之北。在俄屬之圖爾齊斯坦界內。西鄰波斯。東接印度。南連俾路芝。國弱民貧。向爲俄

人所覬覦非利其土也欲由之以窺印度也然俄苟有事英必力遏其鋒攷阿富汗南北長五百英里東西廣六百英里共得二十七萬英方里民數約四五百萬國中多山多樹林冬則嚴寒夏則酷暑人以爲苦土亦膏腴歲收兩次多禾麥粟米之屬地多五金礦苗極旺狃於風氣開採甚少道路崎嶇車馬難通祇有一大道自卑梳華至加蒲係英人所建築云一千八百三十八年爲英所滅三年後國人起兵逐去英人復歸土酋治理一千八百七十九年英復來攻破加蒲及根打哈兩城阿酋見勢不支遂爲城下之盟英阿從此輯睦兩國生

意約值八百五十萬羅比（一作勞卑）每年賦稅所入約一千萬羅比印度國家歲幫一百二十萬枚兵額六萬有奇

十二日記

月前余往醫生博物院縱觀兩旁羅列死人之枯骨全具無慮數百件可以觀其骨節之相聯接及各竅會合之處其腹中之臟腑如心如肝如肺如脾如腎如大小腸之類無不以藥水浸之可以觀其形狀孔竅血管之各殊其外體如頭如耳如目如鼻如口如陽物陰物如手如足如臂如股如尻亦無不以藥水浸之可以觀脈絡筋節包皮之各異至於人之一身全體上下互相貫輸筋絡血管非常之多殆不可以數計大凡人之血脈皆由一心上通於腦動靜升降而得無窮之妙又入一室則見赫然新死之人陳尸案上纍纍如新宰之豕皆已破腹斷體血肉狼藉問之則有已死數日數月者亦有已死一二年十餘年者皆以藥水亦久不壞大抵皆在院中醫病之貧人自知不起而自鬻其尸於院中以供醫生之割驗大約每人不過十七佛郎而已又曰學生學醫不可一日無此尸以其時時須閱驗也余聞之歎曰拙哉西醫中國之良醫亦能知人之竅穴脈絡而百無一失然不必親驗諸死人亦未嘗爲此慘酷之事

也忍哉西人也導者瞠目不能對

十三日記

噶羅巴者荷蘭屬國也自二十五六年前在此掘得火油井或深至二百尺而得之或深至二千尺而得之迄今漸開漸多每月可出火油四萬五千箱近聞華人在此立一股分公司購地開掘得井之後餘地仍可種植此等火油前所未有美國始創其端今俄國所出者他國亦有之中國四川前有火井儻能設法開濬未始不可得火油也夫火之種類不一有有光之火有無光之火有有質之火有無質之火有陽火有陰火有有光有

質之火有有光無質之火有有質無光之火即如電燈之火不能燃而其光明可以遠照此有光無質之一證也有談火者謂可以已疾之火有數種灸艾火者宜用陽燧火珠承日取太陽眞火其次則槐火若急猝難備則用眞麻油燃火或蠟燭火以艾莖燒點灸瘡則不痛

二十三日記

余聞新任龔仰遽星使將到即派慶藹堂參贊迓之馬賽余於十五日晨搬至大客店中十六日晨復赴使館待至巳刻仰使率參贊隨員等到館余恭設香案行禮謹請

聖安畢起而互相一揖然後縱談公私事至四五點鐘之久連日將英法兩館文卷暨書籍器具清册並餘存英法兩館經費英金五千餘鎊湖北購運鍊鐵織布機器存款二千餘鎊銅質關防一顆移交清楚暇則援舊政告新尹之誼將交涉要務逐件告之不憚煩瑣復互相酬酢余爲仰使及參隨等設筵接風仰使爲余及參隨等設筵餞行二十日辰刻余赴使館辭行仰使恭設香案行禮寄請

聖安畢亦起而互相一揖送余出門登車回店二十一日戌刻余赴車棧登火車仰使率參隨等已在車棧拱候相送一揖而別二十二日巳刻抵馬賽暫寓客店二十三日申刻登堪爾圖甯輪船船主曰弗冷腦愛彌而酉刻起椗駛輪出口風緊浪涌船稍簸蕩同人頗多眩暈至有輟晚餐者夜半丑刻後風稍息

二十四日記

堪爾圖甯船可勝重儎四千二百三十二噸馬力三千四百匹　戌刻後驟雨海面甚黑

二十五日記

未刻過昔昔利島暨卡臘勃來山兩峽之間

二十八日記

辰初抵亞勒散得停舟卸貨巳初復啟輪亥正抵波賽始出地中海矣復停舟卸貨添煤丑初起椗駛入蘇彝士河

二十九日記

舟行蘇彝士河內不能甚速此河廣不過十丈左右僅容一大輪船行駛若兩船相遇則一船引避於旁讓來船駛過方能開行凡公司所具電綫火車挖泥機器之屬甚備公司收捐每噸須輸英銀八先令如此船能儎四千二百三十二噸照此核算每客一人亦輸八先令出輪船代輸客不過問　酉刻抵蘇彝士埠停舟戌初開駛入紅

海。是日寒暑表一百零四度。

三十日記

行紅海中寒暑表九十餘度。舟甚平穩。時有西北風從舟尾送來人頗爽適

五月丁丑朔記

午刻寒暑表九十餘度船行甚穩時有微風披拂人頗暢適。紅海皆藍色並無微紅舊說所稱有小蟲數十百萬皆紅色又云海底有珊瑚映出紅光又謂日光所照極熱而紅者皆傳聞之誤也

初二日記

午刻寒暑表九十八度。

初三日記

寒暑表如昨日水深綠色未初過流淚門流淚門者紅海之口一面碧靈島一面綠地相夾而成者也舟入亞丁灣向正東行戌正抵亞丁

初四日記

辰正啟輪夜間頗涼爽舟微蕩

初五日記

風大甚涼爽然舟已蕩矣入夜舟蕩尤甚如是者四夜三日余與同人皆不欲飲食

初八日記

風稍息舟稍平。然仍泯漾莫定。

初十日記

亥正抵錫蘭島之科倫埠

十一日記

巳正登岸遊大花園及臥佛寺酉初回船酉正開輪舟仍泯蕩未定

十二日記

舟微蕩如故

十四日記

清晨舟始平申初見羣山錯峙橫亙於船東南面者蘇門答臘島也酉初北面又有一島曰渭島綠樹葱蒨可愛與蘇門答臘相夾舟行其中酉正蘇門答臘島始不見

十六日記

申初到新嘉坡總領事黃公度率隨員那三等來見旋以馬車接余至領事府憩息夜設筵席至十一點鐘始回船

十七日記

辰正開輪

十九日記

午正抵西貢。招商局員道銜張霈霖字沃生者來謁。以馬車接至其家小憩。導遊大花園。駛往隄岸市鎮。縱觀全街。復回沃生家設宴款客。直至子正。冒雨回舟。　法屬西貢六省。每歲由西貢出口之米約一千萬石。可得米價洋銀一千八百萬員。法人收米稅一百二十萬員。其六百萬石運至香港。銷流中國粵閩等省。種稻田者多係潮州人。而土人甚少。　柬埔寨國已歸法保護。兵權餉權政權多入法人之手。其王與匹夫無異。法人日給洋銀一千員。爲王養老之費。每歲約需三十六萬員。

王死之後。恐須停給。

二十日記

晝赴華商李常之約。在其家宴飲。夜赴隄岸穗城會館。應閩廣五幫商人之招。設讌款客。甚爲殷勤。

二十一日記

辰正開輪。旋入中國海。共行三日。無大風浪。

二十四日記

寅正抵香港口外停泊。以香港有疫氣。不進內港。亦不許人登船。酉正開輪。

二十五日記

風浪較大。船頗顛簸。

二十六日記

寅初風浪極大。行船頗險。又在西貢已聞電信。知呂宋陡發颶風。計期今日當過臺灣以北洋面而至東洋。遙望東北雲霧瀰漫。若復駛船前進。恐適入風界之內。而大洋又不能拋錨。乃減火緩輪。隨風微動。卯初又撤去全船布帳。以減風力。然船尚異常簸蕩。船外高浪萬疊。如駕山云。辰刻以後。時逢驟雨。亥初始添火展輪。冒風前進。

二十七日記

風濤洶涌。船簸蕩如昨日。午正後駛出閩洋。入浙洋。風浪頓減三分之二。日光稍稍透露。酉正過佘山。風浪仍未見平。戌初過鎮海口外之遊山七里嶼招寶等山。其東則岱山金塘等山。連延不斷。亥初停輪避雨。大雨終宵不止。

二十八日記

寅正雨稍止。乃展輪。卯正暴雨復至。又停輪。午初雨止。展輪。未正抵吳淞口。家人以鈞和小火輪來接。酉正抵上海。暫寓天后宮。

出使日記續刻卷之十終

使臣之職安內和外自古與將相並重今泰西各國尤視爲專學往往以世爵貴紳厠身參贊等官以資歷練其選轉升擢不出是途外部首相多由此選故其使臣類能爲國宣勞權利日擴中朝自簡使出洋以來輶車絡繹而識者推不辱君命之才必曰曾薛二公奉使英俄皆天下莫強之國曾公索還伊犂力改原約薛公籌議滇緬分界既得科干等地並收回車里孟連兩土司全權蓋自中西交涉議界案起奉命之臣能不自蹙地者已尠況能拓地千數百里之廣扞衛邊圉此非忠誠智力浹服遠人不能折衝樽俎如是也惜乎當事不察約

未逾年遽以車里之孟阿南北讓給法人英人起而責言悉改舊約已得之地仍歸於英且償以西江通商之利而公回華未久積勞前卒已不及見矣中外臣士未嘗不爲

朝廷痛惜也公與家大人鄉榜同年公之三子慈明又爲林一妹壻今年七月慈明既刻公之奏疏公牘復裒公前所未刻日記悉付手民公嘗議續瀛寰志略分飭隨員繙繹泰西地志已十得六七而摘其大略於日記之中觀公所記當日議界一案考地之精詳持論之堅決操縱上下蓋心力交瘁僅而得之惟能明地勢審敵情故應機決策不爲所蒙此公所以措施之本也林一嘗有五洲屬國志略之作而苦聞見不詳不備今得覩公之記補所不逮則又林一之所私淑而恨不獲就正於公者矣光緒戊戌八月年姻愚姪沈林一謹跋

英軺日記二卷

〔清〕劉錫鴻撰

《英軺日記》二卷，清劉錫鴻撰。錫鴻字雲生，廣東番禺（今廣州）人。道光二十八年（一八四八）舉人，咸豐間任刑部員外郎。光緒二年（一八七六）十月任駐英副使，次年三月改派出使德國，四年七月召回。是書即其出使日記，詳載赴英之行程、見聞，於英國政制、工業、民風等記述尤多。據上海圖書館藏清光緒間排印本影印。

英軺日記上卷

番禺劉錫鴻雲生甫

皇上御極之元年總理各國事務衙門奏請照西洋事例遣使駐劄各國以通中外之氣爰派
侍郎郭嵩燾道員許鈐身偕使英業有
成命矣先是英國繙譯官馬嘉理領總署護照往緬甸迎印度派來副將柏郎等旣得遇折回
雲南正月十七日行至騰越廳屬蠻允地方馬嘉理被殺英人據探以爲雲貴總督岑毓
英實主使之
朝廷特簡湖廣督臣李瀚章前侍郎薛煥會同查訊奏言係因野匪索過山禮不遂起意殺
害駐京英公使威妥瑪不服故郭許二使尚未啟行二年七月三十日始由
欽差便宜行事大臣大學士直隷總督李鴻章在山東烟台與威妥瑪籌結議平八月十四日
許鈐身改派駐劄日本十五日奉

旨以鴻副郭嵩燾使英九月十五日陛辭二十八日出都。十月初八日到上海。郭公已駐節於是三日矣。奏帶同往者參贊官黎庶昌（純齋）繙譯官德明（在初）鳳儀（夔九）洋人馬格理（清臣）隨員劉孚翊（鶴伯）張斯栒（聽帆）姚嶽望（彥嘉）暨武弁七人跟役十餘人而已是時蘇松太道爲馮焌光（竹儒）上海縣令爲莫祥芝（善徵行九）機器局員爲李興鋭（勉林）鄭藻如（玉軒）輪船招商局員爲徐潤（雨之）陳樹棠（蔀南）朱其詔（雲甫）盛宣懷（杏生）書院掌教爲劉熙載（少司成容齋）稅務司爲洋人吉羅福其各國駐滬領事英則麥華陀也（繙譯達文波）法則葛篤也（繙譯師克勤）美則美國師（繙譯晏瑪太）奧則卜理挖皆（繙譯夏士）德則克勞爾（繙譯穆麟德）日本則品川忠道（繙譯鉅鹿篤義）大和則海騰（繙譯蔣塈）瑞典則葛德生也縣令莫君黠人氣象雄偉瞻矚非常與之談識慮尤越恒俗微叩其行誼於他人則性固剛決無脂韋習者意者其任事之才歟英公使威妥瑪在都初相見時輒言政在養民當以開煤鐵礦創造鐵路爲中國目前急務此次由天津南下同舟洋人立論亦專主於此余以中國立教尚義不尚利宜民不擾民之說曉之伊輩辨論往返殊不憚煩初不知其何樂於中國之富强而進言懇切若此及抵上海後於初十日往觀格致書院馮觀察示以洋人所獻鐵路一圖由五印度取道關外以達京師自北而南竟成一綫始知其心非猶佔埠通商之故智矣當軸若不立意堅拒之則海疆辦事諸人喜心悅奇將中其陰謀而不知悟（商賈圖利播散其說以惑官官吏喜功又張大其說以惑朝廷其禍遂以不可遏然而無足惑也市道不足以治天下技巧不足以臻上理今豈遽異於古所云耶）鐵路一成全局安危變於俄頃非細故也竊謂吾人持論當直言鐵路之造不惟有害於中國并有害於英蓋百姓此時憤心未平一旦創造鐵路復毁其田廬墳墓則衆怒益甚而伏莽之賊遂得借共殺英人爲名因衆心以作亂不惟沿海商販地方被其蹂躪且逕達印度之鐵路亦適足以資賊用而反噬爲憂衆心

齊一勢若江河斷非火器精工便能抵禦遠事如美國之華盛頓近事如廣東之三元里民皆可爲鑒勿第謀縱火而忘反風之自焚也日中則昃月盈則蝕絃過急則弓易折花過繁則樹易枯猛進之過卽是退機倚伏之理微參可悟我中國歷代聖君賢相才智非遜於西洋而卒無有剗天剖地妄矜巧力與造化爭能以圖富强者蓋見理深而慮禍遠非如英人之徒知計利一往而不復返顧也以此暢快與言可冀其知悟否

大學之言格致所以爲道也非所以爲器也身心家國天下之理有各正者有相因者不研窮其理之各正則不知所以遞致其功不究極其理之相因則不知所以綜握其要知之不眞斯行之不篤而意不誠矣不誠其意以自課斯心無由正身無由脩而齊治平皆失其本矣故聖經教人於入學之始先究明其理之各正而相因者俾見解既到自能不惑於歧趨不紛於外務不域於淺嘗以實用吾意於正脩其治平焉物之云者卽身心家

國天下也非謂用功於身心反先推求夫一器一技之巧也一器一技於正心脩身奚與入學而先事此不且役亂其意淆雜其意愈考索而愈乖其所向哉自西洋各國以富強稱論者不察其政治之根柢乃謂其富強實由製造於是慕西學者如蟻慕羶建書院以藏機器而以格致名之殆假大學條目以美其號而召衆以來學也雖然此豈可假哉原夫士之所以可貴而置諸民上者謂其志行之超越庸俗也乾嘉以前雖以時藝取士而文字必具有根柢窺見學問經濟之蘊乃能譽望重一時故先輩教人常令浸淫於經史饜飫於儒先語錄深求聖賢自治之道博攷帝王御世之方最其下者亦必集四書諸講義研悅而貫通之夫然後可以爲文爾時以讀書自命者類皆潛心一室日手簡編置紛華徵逐於不問習積之久遂不覺其人志趣漸臻遠大心思漸厎安謐言動漸見端凝而識見之澄定亦因之夫時藝之用不可以窮達相通者也身心之用則可以窮達相通者

也識見雖待閱世而精然其本體既明推廣亦易而無俟別求者也由是登科第任官職卽其讀書時之爲人以從事吏治其遽至貪侈昏隋忍心害民者十無二三是以其時庶政就理民生富庶國勢亦以强焉今之時藝則不然問嘗取一科之中選者而遍閱之往往無一語窺及聖賢命意者影響近似遂掇科名竟致應舉之人不必誦習經史語錄不必講求學問經濟之理而惟取時文之習套略觀而摹仿之卽可自謂文士夫今之讀書雖摩塼埴之百工也今之仕宦操奇計贏之商賈也以百工商賈之行而爲臨民治世之事安望有裨哉故欲拯今日之貧弱當由飭吏治始飭吏治當由端士習始端士習當由審義明道始若猶令殫心西學使益致力於百工與商賈習處是適增其商賈之行也官中多一商賈卽國多一蠹民多一賊豈政令不講民生不恤而惟船炮機器之是恃遂足治天下耶然則西學必不可講乎是又不然所謂西學蓋工匠技藝之事也易格致書院

之名而名之曰藝林堂聚工匠巧者而督課之使之精求製造以聽役於官猶百工居肆然者是則於義爲當夫士苟自治其身心以經緯斯世則戎器之不備固可指揮工匠以成之無待於自爲奈何目此爲格致乎

十月十八日。由上海搭英國搭拉萬闊輪船起程。廿一日到香港。港督克乃悌遣中軍總兵歐克勒根以乘輿來迎（輿皆以白布蒙之輿夫四人白袿而紅緣）水師提督賴德副提督瓦得三亦同時到拜客去余與郭公登岸洋兵列隊接於道旁（兵皆紅衣）鳴礮十五聲作洋樂兩騎前導中軍傍輿同赴港督署（署在山腰）沿途樹木陰森港督率刑司美拉斯廣州領事羅伯遜暨文武官迎門內（武職皆肩而手劍職之大者衣嵌金版於兩肩上長逕尺廣約二寸小金片五綴其末如組垂職小則惟右肩有之）入座主人居中客夾之如宴飲儀屬官列兩旁或朝內坐主人有所問則起對等威亦若甚嚴也者茶酒畢主人命總教習司九阿剛教習佛格那導觀學堂學堂構三層閣其下初學居之學既進則以次而升於上

所習有華文有洋文殆將混而一之也學規嚴整客至無偶語嬉笑者同舟水師亦鳴礮十五聲相送

廿二日○克乃悌到輪舟報拜命其中軍以乘輿迎往觀於獄獄亦搆三層閣下者居初犯中則在獄復犯者上則女犯及罪應淹禁者皆白衣房舍寬廠整潔各有衾薦故囚徒不染癘疫因各白飯一盂鹽漬魚數尾禁至三年者肉各一觔司獄驗而放之故囚徒無瘐死之患西洋例罪人夜拘禁晝輒令赴勞役造橋修路皆使焉克乃悌以作苦非被禁者所堪創爲弄鐵丸運石碪之法俾活動其筋骨而已鐵丸重約二十斤庋諸地兩手拾而上之與胸腹平少頃復置庋間凡十起落卽畢事碪長約尺厚廣約各六寸是日尚未見其演試也凡演試皆列隊以序進放飯與飯畢而歸其器亦以序魚貫而前不稍紊亂在獄三年者令織毯禁錮終身者運鐵軸日一萬四千轉皆司獄督課之迨罪既得釋而人

不傷技藝且成可藉以圖糊口刑罰也而教養寓焉矣同船後台灣稅務司柏卓安來謁廿三日寅刻由香港起輪行。南而略西辰初過驢耳山廿五日。遥見西面山影則安南境也廿八日午刻至新嘉坡。水程凡四千三百一十一里途間炎熱不能重衣坡與香港皆羣山環抱一水船可放椗避風故洋人利之港山高峻入口出口處較狹坡則岡阜連延或起或伏長八十一里廣五十二里不如港之收束而地勢舒展物產豐盈則過之十月猶有波羅密枇杷檬果茄瓠黃瓜諸物至之日坡督哲威斯總督兼轄檳榔嶼馬拉甲衞麓斯釐三處巡行時及之而以新嘉坡爲常駐之地遣其副德格力暨中軍巴屯以馬車來迎時福建船政廠之揚武兵船亦巡洋至此帶兵官蔡國祥國喜兩提督國祥號瑞庵國喜號月卿兄弟皆以船勇轉戰江南有功洊升今職廣東香山人也洋烟癖疾形於面偕本坡客長胡璇澤來見璇澤號瓊軒年六十携眷經商於此三十餘年番禺黃埔鄉人洋人呼之曰黃埔以其秉性忠直咸崇信之俄羅斯封以男爵英亦賜以四等寶星璇澤請先憩於其園然後往拜坡督蓋其客居積產殊富園中所蓄珍禽異物多目所未經覩也物之尤異者一曰駝鳥鳥甚巨而首如駱駝一曰袋鼠鼠面而形如小狗前兩足長僅一二三寸後兩足長尺餘一曰六足大龜龜背逕尺五六寸其足縮於內如栗子綴成一曰魚頭錐長七八尺銳其末海中巨魚頭戴之如人之插雉尾遇兵船則以此相刺其所謂鸞鳥者羽毛淺紺色遍身白點如碎花而紅爪雄者曳長尾雌則否風雨至乃鳴開屏時彩色焜燿逾孔雀也坡督鳴礮列隊率其刑司贊力檏等相接儀如香港并見其妻及二女出是處墾荒六十年洋人寓此者不及二千多由印度錫蘭來華人則不下十萬廣東五大縣及新甯人共二三萬潮嘉等屬共五六萬其餘則閩產歲徵稅課英金錢三十六萬磅合總督所轄四處言之每磅時價直洋銀三兩三錢有奇蓋銀寶百餘萬矣詢之坡督類皆茫然請觀於其學館監獄則謂監獄整肅不如香港無可寓目學館須俟料理明日乃游覽也地處偏僻不生戎心亦無屬耳目之衆故官此土者樂養庸福諸事輒不經意雖以英人之喜炫才力亦不免頹廢焉豈非勢使之然哉礮台因山爲之布置殊疏略台下棟宇雲連絶礙施礮守台兵一百三十名頭等月餉洋銀十元二等七元列二等者狀貌齷齪委瑣不堪用有豪傑者出以衆數百泛漁舟循山麓上借屋宇自障蔽直突其壘斷非其礮所能抵禦由是別築礮壘於水口及沿岸以守英人得毋有南顧之憂乎廿

九日哲威斯與其繙譯官必麒麟到輪舟報拜送客畢遂啟行○新嘉坡西北約二百餘里爲馬拉甲對面有島不知其名馬拉甲先屬葡萄牙乾隆間荷蘭奪之嘉慶元年英吉利又奪之計中尺五百七十六里土民五萬八千名自新嘉坡至錫蘭土民皆以花布裹頭及腰以下不衣不履襪面微黑其色如鍋底者則亞非利加之民也華民一萬三千四百五十六名廿九日申正由新嘉坡開船戌初遙見此洲三十日辰刻猶未盡度也十一月初一日午至檳榔嶼○嶼廣二十七里長四十二里距新嘉坡凡一千一百四十三里其民六萬一千七百九十七名華產實十之七八焉華產者亦自稱英人若不知有中國者蓋生聚於此久矣山色蔥秀瀑布長十八丈惜是日雨甚未獲登岸一游嶼之對河爲備麗斯釐地廣二百一十二里舊稱格大國乾隆五十二年英人得之謂是格大國王所讓也其民七萬一千四百三十三名華產惟二萬與馬拉甲檳榔嶼均轄於新嘉坡曾有協尉段熙奕駐守於此是日適其請假回國附載於余所乘舟華民製忠勤

英軺日記　上卷

正直四字旗以頌功德鼓樂送之行凡洋官離任民商有所餽獻則什襲之以傳子孫好名之心較中國爲勝矣

抵檳榔嶼稍停泊。夜間仍開船。折而南經蘇門答臘乃西上凡行三千六百三十九里於初六日夜至錫蘭。出新嘉坡西口卽遥見蘇門答臘本可由此逕西以達錫蘭其繞赴檳嶼者英船往其屬埠載客耳故既至檳嶼仍須折而南取道於蘇門答臘也

錫蘭之屬英吉利亦在嘉慶元年其地縱七百九十八里橫四百二十里無寄寓華民土著長髮面黑不衣履腰以下繫花布與檳嶼等處同總督葛蕾璺理駐格崙伯距錫蘭二百餘里不及親赴迎送遣其副名談布者代爲宴客於海濱酒店同席爲刑司路司瑪闊游擊克拉爾克戶部司布萊斯未宴之先遣土官得西拉瓦以馬車導客游觀途中所見多椰子樹每歲每樹稅洋銀半元有椰樹千株之家卽屬殷戶蓬寮木屋疏布林間類皆棲止貧民有臥佛寺兩殿宇狹隘僅足旋踵畫壁羅漢及所繪故事工皆粗陋不堪入目亦無堂廡可以延客僧人露頂

赤足以黃布纏身出所藏貝葉經相示貝葉狹長堅厚從葉心直紋折而複之以爲篇簡橫長尺五六寸闊約二寸字如小圓圈連屬不絕偶或間以勾撇及張弓形不可辨認令其諷誦則嘔啞嘲哳惟南無二字聽之頗分明耳詢土官以繁鬧處所則云在島中央遠不及往將觀於其海濱砲台則以日暮爲對意者台中布置猝不及整恐貽笑遠客歟是日爲中國之冬至節塔拉萬闊載至此爲易大輪舟長四十餘丈者其名曰北紹爾腳費由前舟攬出

新嘉坡馬拉甲檳榔嶼等處所產有椰子檳榔香蕉波羅蜜胡椒玉果檬果加非茶葉薯蕷藤條甘蔗樹漿皮沙穀米佳紋席蘇木丁香木香降香龍涎香翠毛燕窩牛皮牛角羚羊角犀角象牙蛤蜊螺蚌殼有如盤如椀如杓如大葵花者金鋼鑽石金銀鉛錫之類錫蘭亦大略相同而寶石玳瑁明珠象牙檀香烏木肉桂爲多肉桂勝於粵產貨寶充盈英人以此地爲西南洋衝要姑薄其稅招徠商賈冀成大埠以供其往來困乏之需迄今惟錫蘭海面巨艦尙不甚

多其三埠則帆檣雲屬初不遠遜香港然設兵均止二三百名如錫蘭帽幀之屬亦只四百名蓋其立國意在四出佔踞埠頭以圖富而又不願分駐多兵耗費餉糈故苦心孤詣創爲輪船電報（輪船本創自法國而踵事增美者則英人也）俾其往返迅速以省兵力營謀亦盡善矣然今俄羅斯因其舟檝南來水陸相隔謀併土耳其國以疏四達之海道土耳其國一失則由紅海建瓴而下不特印度須加嚴守卽亞丁東南各埠處處當設重兵左顧右盼防不勝防英人將有跋胡疐尾之憂乎

錫蘭放舟西上後。巨浸瀰漫數日絕無所覩十三日始見一山。曰梭哥得辣綿亘二百餘里十四日辰正又一山。曰加得非則亞非利加之東境也凡歷六千四百零二里十五日抵亞丁。時已薄暮不及登岸一行遥望童山濯濯高者矗立百餘丈（番書云高一百七十六丈）臨水有洋樓十數間東南兩面各立礮台（南面圓台二東面方台一）西北莽蕩平原云是亞剌伯國土（亞剌伯卽天方）以其水口峰巒對峙若別爲一港覺與新嘉坡等處無異耳據番書內載亞丁山後有小道與亞剌伯似斷實連如果蒂之與枝相綴故不名爲島計中國一十八里道光十八年英吉利以金易得其地設礮台多大砲其極大者四萬餘斤撥兵防守駐以總兵統轄於孟買總督蓋此地距紅海口三百五十里居亞細亞及亞非利加兩洲之中爲小西洋往來衝要平時屯煤於此備火船取携有事亦可扼守以固歐洲門戶亦錫蘭以南各處之咽喉故英人重焉土民遍體漆黑其數八千印度人二千兵二千粵省工匠十人緣與亞非利加洲相對故雇工人多彼洲不可以數核同治十三年英國核算每年進口貨值金錢三十五萬磅出口運載赴英之貨十九萬磅買賣亦不可謂寥落然其地古稱火山盡日陽蒸罕有雲氣凡兩三年始逢雨澤一濡生殖是以枯促惟產駱駝獨多而已駝鳥亦產於此洋婦以其毛爲飾卵大如椀過客必售數枚以爲奇玩是夜子正仍開船○地近赤道則熱以漸而近則以漸而熱如由香港以至紅海眞所謂炎方火維之域不知

有冬令者也香港在赤道北二十一度十月杪尚可重袷迨南行三日度水程約二千五百里地在赤道北十七度半則僅可單衣矣抵新嘉坡則距赤道僅一度二十分雖單衣亦汗浹腹背由是而檳嶼而錫蘭凡七八日所行均在赤道北之五六度時已冬至猶欲披襟當風初九日以後相去漸遠（初九日八度零初十日九度零十一日以至十五日皆在十五度內外）其熱乃漸殺既至亞丁則涼颸送爽儼然新秋服絺綌不可以無斁矣出香港後未至亞丁之先無日不滂沱大雨雨畢輒晴與夏令不稍異至是然後陰雨不作

紅海入口處僅闊一百二十里且多礁石船行之道隘甚小島曰碧鱗者實塞其衝英人踞之立礮台山上爲握吭計余舟十六日巳正經此嘆其布置良獨周也然亦賴其兵船較多足供策應耳否則兩岸上下游駐敵兵絕其糧道一島孤懸海中恐不可以守地利在人善用之亦在人善奪之哉入紅海後船北行而略西兩岸峰巒時隱時見東岸爲阿

西歷

剌伯十六日午正過其莫駕城樓閣玲瓏臨於海濱萬戶千門一望堊白如雪西岸爲阿非利加所過阿非洲之國有曰阿秘西尼亞者有曰牛秘阿者十九日至埃及國境洋人譯之曰埃及國瀛寰志略則曰麥西童山高下蜿蜒水濱數百里不絶對岸亦頗相稱二十一日辰抵初蘇爾士由亞丁至此水程共三千九百二十四里十七日爲西人元旦賀歲儀文固彼所不講也十八日後天氣頗寒可衣重綿在赤道北二十餘度

西歷每歲三百六十五日仍分十二月每月三十日者惟四月六月九月十一月其餘皆三十一日二月則二十八日無所謂晦朔弦望四年則加一日於二月如中歷之置閏焉夫一月之命名繫乎天之月魄月魄盡則一月以終月魄生則一月以始天顯其象於上人遂因而名之至於因餘置閏而月魄之死生仍適協其時而不稍舛容成之造歷所以可爲萬世法也西人測算之學號稱最精乃參差其日以爲月致一月之終始日與月魄絶不相符命名曰月其實則全乖矣因言西人元旦類記之

英軺日記　上卷　七

蘇爾士埃及國土也紅海與地中海判然而二者以此一片陸地隔之同治三年埃王倡議開通攢合各國股銀延請法國人羅西北士（素以開河著名者）辦理以機器代畚鍤越六年而功成併地價實費金錢約一千萬磅立約權船稅償本息而按股瓜分之半十三年英人畀以金錢四百萬遂兼承焉（兼承埃及股分各國股分則如故）今三百里水綠波平貫注兩海初不知前此之爲陸地也抵此後乘火輪車上街一游（街市洋樓數十間堊皮多已剝落婦女皆以黑帕蒙面惟自眼至額則露之此埃及風致也）徐駕小艇往觀其開河機器薄暮始回舟機器製甚巨以無蓋數艦乘之面水與陸各斜立一鐵槽夾以參天大木旁植鐵柱以爲固輪逕及丈貫於其巔槽間水戽數十有若珠串環以鐵綆可上可下機動輪轉則戽次第下扱水泥扱既盈則次第上而輸於彼槽如中國活板水車之過水焉起土之捷每時可得千數百石洋人每有創建皆商民合湊股分謂之曰公司雖數千萬金不難剋期而辦凡鑿山開河窮天究地製造奇器擬置新埠罔不恃此所

謂衆擎易舉也

中朝興建大事輒須動用國帑夫安得不自阻然使欲效其公司所爲則又有不可强致者欺詐之風流行日甚矣數人合伴以業商賈貲本或僅千百緡苟非身親注睇其間猶輒爲同夥攘竊以去况數千萬金之重誰則信之而肯通力以合作哉

余之見火輪車始諸此車制前後四輪上蓋板屋數間（載貨則數間通而爲一）機器居前（亦可倒行）屋高約六尺深廣各如車之大小一車不足輒綴屬數車行長亘百步而行不滯鐵路寬約四五尺兩旁填起如小埂以承輪程之慢者一時亦百餘里故常數晝夜而萬里可達技之奇巧逾乎縮地矣然以行諸中國則贏股肱執策綏操舟挽輦以度載人貨者莫不盡廢其業歷朝以騷動百姓爲戒鑿山開礦事難紛紛舉行萬口嗷嗷療窮何術迫而爲盜者日衆則華洋貿易安堵無期非恃强力以兵臨之卽可遏其飢焰也中國游客之多富商大

賈之衆懋遷獲利之厚皆不如歐洲火車開造鐵路工費不貲非厚取脚價不足以償本息然華俗尙儉往來販運類多日用樸素之需估利實屬無幾今粗貨百担運赴千里動須千數百金行程雖捷誰甘割膏血以相飼者故各省十數豪商而外尋常販客必不搭載火車我

聖朝綏奠羣黎同安樂土農工百藝莫肯輕去其鄉豐裕之家間有約伴游觀者亦第馳迹近鄉流瞬城市即足以豁聞見非若洋人遠志一動行縢輒越數萬里然後可洗顓蒙是即火車創行樂其奇巧者急一嘗試絡繹奔赴以就駕不及半載勢將乘坐寥寥求抵一日之煤費工需而不可必得遑問本息況撙節愛養國有常經必不肯驚擾億萬衆生靈傾輸千百兆銀幣以舉此見利欲速之工程乎是故火車之不能行於中國猶清靜之治不能行於歐洲道未可强同也余正倚船欄凝眸適洋繙繹官禧在明旁立因顧之而言此

禧君者威妥瑪所遣伴行由滬上相偕至此者也聞余言點頭英人他日有持火車之說相商相勸者當以是喻之其或相逼勒則請正告曰此我之內政也自主之國他人不得預其內政爾萬國公法固云然今奈何相强耶就其自立之法折之意必消阻

二十二日申正起輪。由新開河西上河道極狹兩舟不能幷馳有西來者東舟必停泊稍寬處以待其過且時或擱淺故蘇爾士至波賽僅二百六十一里二十四日午後始到。凡行兩晝夜矣。波賽多珊瑚石珠香油舟到此略停販者聯襟而上自是入地中海仍一望汪洋海固多島波浪殊惡船身簸蕩不可駐足二十五六日皆然。二十六夜船略穩。余與馬格理燈下談及新金山事馬君謂中國民人易鈐束愈於洋人今其在新金山者十五六萬皆改裝從英服驅駕毫不費力從未有恃衆抗官者然於本國則動輒犯法何也答曰馭衆難於馭寡也馬君曰不然其故有三中國法密而不果行行之亦不一致故人多倖免心英則法簡而必行之歷久不易一也中國待官吏寬有罪未必皆獲譴獲譴未必終廢棄故敢於干冒典刑以爲民倡民視其所爲不服於心遂藐官幷以藐法英則犯法之官永不錄用亦不使有謀食之他途故皆謹守其度以爲治民之畏官者以此二也中國官各有界限百姓非所管轄雖目覩其祟亦隱忍以避嫌故官勢孤而耳目難徧英則犯法之民凡官皆可斥治若以非職而置度外則人轉訾其惰三也今外洋欺侮中國爲自强計者先宜整飭法度使之必行然後可及船礮法度脩明人自敬畏不生覬覦心若船砲則雖多且良終出洋人技藝之下不足震懾其志徒多費錢耳江南諸路新築砲台不堪禦外寇置砲屋下其煙難散眯守卒目台高而薄不實沙於腹以藏砲子又易爲敵砲所摧中國籌餉匪易以此耗散豈不可惜余聞其言相對默然久之

日本國政令改用西法幷倣其衣冠禮俗西人皆鄙之謂摹仿求合太自失其本來也楊

武船帶兵官蔡國祥言宴會洋人應自用中國器具彼免冠我應拱手荅之若捨我而效彼且反爲笑容閎華官洋服馬格理以爲羞中國之士有事於邦交者當鑒此

波賽至摩兒大島水程二千八百十四里島在意大里國西奚里島之南阿非利加居呢司國之東其長五十一里廣二十七里周一百六十餘里居民十五萬市人以荷蘭意大里西班牙爲多亦有法郎西者本法郎西屬地嘉慶六年英人取之建砲台十一座設總督領兵五千駐焉今總督爲司坦班喜咸豐七年以襲粵功晉子爵與魁英英人稱今國主曰魁英次子愛兒弗來地協守此島凡五年英制世子歷官與庶僚同不生而貴異其於長吏亦馴馴執屬官禮今國主次子則久仕於外以葛蘭公會督此島水師者也英人以此島據海腹貫歐洲往來衝要特重視之砲台歲輒增脩砲亦隨時改易新式余於廿八日履其地匠作之聲猶隆隆然先是子刻船抵此司坦班喜伻來約辰正相過掌船者以行程甚迫辭之司氏令少留於巳初遣其

中軍訥爾泗多遜二人迎正使與余宴於其署署故王宮也白石樓三層絕閎廠鐵鑄戰卒形數十被服鎧甲持械班列路側以及於堂（戰卒高四尺有奇據云百年前英人身量僅如此今則長輒五尺餘且六尺矣非其地氣之發洩日盛使然耶）如護衞狀司氏迎於前樓導見其妻坐少頃而宴宴畢則導觀其堂所懸畫畫無軸長約丈二三尺闊約五六尺以色線織成人物卉樹無異絢繪又導觀其古鎗砲刀矛（有鎗如中國線鎗而身略粗大刀矛亦與中國製不甚殊蓋百年前戰陣猶以兵刃相接今則純用火砲不知擊刺技矣）及前人戰下各國所收械器降書及白石琢成拏破侖像（法郎西王爲英所擒者）觀既畢則又同車而往導觀其砲台名賢愛謀者沿途百姓見總督免冠或反手及額爲禮總督荅禮兵弁見總督免冠或反手及額爲禮總督亦荅禮司氏年近七旬貌慈和待客情禮周洽自言領兵赴粵時巴夏禮爲領事威妥瑪僅充小繙譯駐粵三年携花果數種歸植今皆繁茂常願見中國人一談惜限於行期不足盡悃素權非不能留此船信宿第以閒典阻擾商人事非所願耳賢愛謀砲台因山累

石爲之布砲殊密計一百餘門砲之大者七萬六千斤英人稱爲三十八噸次者三萬六千斤英人稱爲十八噸小亦二萬斤皆表裡瑩滑如葫蘆形底大而口長狹間有舊式者謂將漸次改鑄云其三萬六千斤者司氏督令演試以四人運之轉動良捷轟擊可及十二里此砲台之一耳而砲之多且大且精良如此新製益工又如此午正定期開行。餘十台不及游覽司氏令中軍送回舟迎送儀如香港是日同宴有水師提督魯阿德總兵葛蘭達等文武二十餘人愛兒弗來地過冬於聖安多尼距督署十八里未及晤會此島市宅華潔樓多五層崇麗有逾倫敦沿岸石壘重設如層城樹碧草靑藤蔓之花紅簇成錦殆所謂四時皆春者乎因山以爲礮台故堅不易摧自山麓斜上至嶺道路皆築平故升降可以馳驟礮位不覆以屋故烟不自蔽惟礮兵所棲止則以鐵板屋之凡掾墻厚皆盈丈故守者不危穴山以儲火藥故不至爲敵礮所燃兵房建於山凹以山爲障故安於憩息以便呼應此英國礮

台之制也

廿八日甫開船。逆風大作寅正大雨浪躍起數丈過船入艙船左右傾側杯盤箱篋莫不隨之撼撞之聲如墮屋壁駭心驚魄廿九日浪尤惡。所經小島曰戞呢達者地未墾闢無所屬然波掀舟舞不能憑欄一觀矣十二月初一初二日復然。初一日所見南面高山乃法郎西屬阿遮利亞幾地初三日風始息。未初抵直布羅陀。是處爲地中海西口西班牙之南界大西洋之門戶也長十里廣二里石山面海矗立千餘丈乾隆五年英人與西班牙力戰得此土鑿山開道剜空山腹爲洞穴以置砲上下數層自嶺及麓隨在可拒敵而敵不能知其砲兵所守之處岡巘斷則累石爲城補之殫勞極費六年畢工遂成奇險爲諸國所不敢覬覦由此而東而南如摩兒大如印度如亞丁如錫蘭檳嶼新坡香港如澳大利亞沿海數萬里往來衝要可以泊舟可以成市者英人皆簒取其口岸而布置之獨無所利於其內地其營謀亦可想見船抵此時總督那爾遣中軍北乃司迎至署儀如各埠共欵接者爲總兵色摩賽副總兵狄倫行司靠赤連太醫戞爾頓敘寒暄茶畢總督問所欲往語以將觀其砲台則令狄倫同車導往營務處黑爾甘相隨既出城遶石山下一周仰瞭砲眼密如蜂房狄倫告以西班牙分界處（兩國疆界以公地二里隔之隔河有小山名西王御座蓋西班牙王駐此與英人苦戰兩月矢死不去卒不得遂其志而返因得名）遶城外亦一周乃登城閱其砲砲數百門皆新式葫蘆形多三萬六千斤者砲子大或如桶徐登山四里許入砲洞（層級遞上）洞高逾二丈寬丈餘道廣狹亦如之腰脚不健未能陟巔遍觀也城內市宅略遜摩兒大街道亦狹每街鑄鐵爲柵守兵佩其鑰通城駐兵五千兵房寬廠各就其戍地建置那爾即咸豐十年領兵入通州者自摩兒大至此凡二千九百四十三里地在赤道北十三度三十六分

初三夜入葡萄牙界西北行。初四日過賢馬利雅山賢温遜山皆葡境也。由是而北過立士本風大作船身簸揚較前月廿八九日殆甚初五六日。東北行。風仍不止。初七日出比四吉而東。申正遙見紅燈閃爍。則衛拉斯之西南界。地名斯大達盤者也。厥明。距騷士庵墩（庵字以粵省土音讀）二十里天大霧迷於所往船遂擱淺倒退十數里乃利於行所過處水靜波平澄明一碧與兩岸畫樓相掩映風景有若湖蕩午初。禧在明金登幹由倫敦來接。告以館舍既定。（禧在明出蘇爾士起旱先到倫敦報信金登幹則稅務司赫德令駐倫敦爲中國辦運船砲者也未出都時正使函囑其卜宅既得卜故來告）毘魯領事官計羅穆與本地稅務司亦來見。未初抵騷士庵墩。計自直布羅陀至此三千四百五十三里。船未泊定官紳士女卽接踵而來看中國使者申正登岸乘六馬大車行約數里閒將馬脫去銜火車前進電駛風馳僅及一時已覓二百七十餘里既至倫敦換馬車赴波兒克倫伯里斯（伯里斯華言坊也）第四十五號房屋卽金登幹代賃之舍館也業主係蘇葛蘭人伯爵月租金錢一百零十二磅房三層卸車時已戌刻矣告假回籍之天津稅務司屠邁倫來欵接移

時乃晚膳

初八日。使車未至波兒克倫伯里斯之先。威妥瑪已再過相訪。初九早。遂晤。會商請先至外部衙私見總理大臣伯相德爾秘詢問一切正使領之致函德氏約相見期一面報拜威君將呈遞國書誦詞稿就商（進見國主時另有宣誦之詞言奉命來使意誦畢然後呈遞國書洋式也）威君請以私質諸德爾秘辭出後乘便周游街市衢路之寬潔第宅之崇閎店肆之繁麗直覺生平得未曾見也道上有鎧甲紅衣乘馬而立者謂是國主護軍守路彈壓遙望之如鐵鑄人入夜各街燈燭攢光火山星海殆無以過

初十日。新會人伍廷芳來謁（一名伍秩庸）蓋赴英學律三年已成考取律師者（英國審案必延請律師數人辯証是非）年約三十歲明白俊爽告余曰英國之政君主之實民主之每舉一事百姓議其失則君若臣改絃而更張此間之中國人遇有交涉案件惟憑彼商一面之詞肆口怨詈故百

姓每鼓掌而請用兵今遣使駐劄以通氣誠中肯綮然猶須多蓄才智人效爲洋語散佈此地幷刋傳新聞紙以持其曲直乃有濟也緣余命駕將出匆匆辭去送客畢偕正使同赴外部衙門德爾秘與其佐龐斯苐得出見司員桑得孫丁達坦繙譯優雅芝曁威妥瑪禧在明與焉寒暄已德爾秘曰兩大人之來將駐劄於是期敦永好乎答曰然曰君𫞐適他出未獲遽接使者當相期十日之內必不延慢旣而又曰數日閒暇盍游觀以遣懷欲有所適請見告願爲派人之前導者衙署巍峨白石爲柱大皆逕兩圍在當呢司特力達司特力達華言街也

十二日。威妥瑪偕其夫人來。戌刻接外部來信詢取駐劄文憑查驗緣各國駐劄公使均有訓條如中國勅書故也

中朝未諳此式故遣使時幷未頒發擬專摺籲請補領翌日正使晤威妥瑪以此商之威君

謂可將情轉達是日余作家書未與威君會

十三日戈登來戈登者李少泉相國撫蘇時所用之驍將也本英國人英武之氣見於眉宇十年前由江南回仕埃及國管轄其新地今假歸久將回埃及聞

中朝使者至故來見申刻參贊官黎庶昌往外部賫送

國書副本及呈遞

國書之誦詞洋例也又行文請訂進見期數日未覆

十六日咨送隨使官員丁役名單英國戶口凡用奴雇皆有稅甚重惟使者所帶人則不稅亦不受地方官管轄故須咨明

十七日總稅務司赫德之弟赫政來見未刻偕正使報拜前任駐京阿公使名里克及戈登金登幹戈登之胞兄弟在坐其兄監督英國礮局弟則遡局以居生雖同根氣象遜戈登

英国钱币

遠矣伍廷芳來見之次日余與正使商欲以繙譯處之伊皋觀繙譯不肯就至是參贊黎君文案劉君均言熟悉此地情形者少伍廷芳才實可用因令以意往留仍固辭

英國錢幣凡十一種大金錢重市平二錢二分名色伍侖值中國銀三兩三錢五分六釐八絲每枚易小金錢（重市平一錢二分）名哈夫色伍侖者二枚每哈夫色伍侖值中國銀一兩六錢七分八釐零四絲易大銀錢（重市平七錢）名克老恩者二枚每克老恩值中國銀八錢三分九釐零二絲易小銀錢（重市平一錢四分）名息零又名先林者五枚每息零值中國銀一錢六分七釐八毫四忽易次小銀錢（重市平七分）名西盤司又名西本司者二枚每西盤司值中國銀八分三釐九毫零二忽易再次小洋錢（重市平三分五厘）名薩力盤司又名色本司者二枚每薩力盤司值中國銀四分一釐九毫五絲一忽易大銅錢（重市平二錢七分）名辨尼又名邊士者三枚每邊士值中國銀一分三釐九毫八絲易中銅錢（重市平一錢五分）名海邊士者二枚每海邊

倫敦新聞紙

士值中國銀六釐九毫九絲易小銅錢名發爾英者二枚每發爾英值中國銀三釐四毫九絲五忽又中銀錢（重市平三錢五分）名哈夫克老恩者二枚作克老恩一枚每枚值中國銀四錢一分九釐五毫一絲此錢不甚通行又上中銀錢（重市平二錢八分）名福老倫者每枚值中國銀三錢三分五釐六毫六絲易息零二枚錢票名班克比拉自金錢五磅起至十百千萬總之中國庫平銀一百兩實易得英金錢二十九枚（英人謂之二十九磅）七分九釐六毫六絲六忽若以易小銅錢則得英小銅錢約二十八千六百枚以百兩之銀而換小銅錢不及三十千此英國之所以米珠薪桂居之殊不易也

倫敦新聞紙乃清議所繫國主每視其臧否為事之舉廢弛張有曰戴唔士者才識特優之紳士主之朝野所共披覽者也次則曰地哩牛士次則曰地利家其曰司丹達者則官授之意者也曰磨稜卜士者則備載仕宦往來與其升黜無異中國之宮門抄轅門報者

也論政者之有所刺譏與柄政者之有所伸辯皆於是乎著先是使車未至之前兩日國主出居温宅爾距倫敦三十餘里迨使車既至則又出居阿思本（該處有行宫地温暖國主每歲過冬在此今則英之正月下旬矣）距倫敦二百八十餘里

十八日隨員張斯栒之跟役入市採買路遇本土醉人以肱戲擊其巔落帽巡捕共擒是人送羅地美亞審辦（羅地美亞者鄉長也英制地方公事皆鄉長治之）美亞以中國使者憩駕甫數日土人遽敢妄爲從重羈晉兩月示懲併刊布新聞紙令衆力同護使署隨從人等（英國凡有號令皆以新聞紙傳之）郭正使致書德爾秘請以其醉戲寬之（凡各國使臣於地方官有所請皆須函會外部總理大臣轉飭不得逕行其下亦不得遣屬官爲其下言之西洋通例也）仍未得釋又前在北紹爾舟中有附載洋客訶詈余僕掌船者見之到亞丁遽逐洋客於岸亦經余爲之討免乃罷向疑英人僻處海島惟知逞强無敬讓之道乃上下同心以禮自處顧全國事如此是日未初英國前任兵部尚書喀得威拉偕其婦到拜戍正威妥瑪來述德爾

祕之意謂

國書無鴻名銜例不得進見其國主查

國書未及臣鴻曾於都中聞人言之時正使已奉

書先發不可追挽余意以滇案關係重大此行能左右郭公善爲修好弭釁私願卽畢不必

定著己名爲三年駐劄計故遂置之又洋例凡駐劄公使未見國君不得蒞任視事亦不

得與其國官紳及他國公使往來今英人以

國書無鴻名爲奉使無據不欲以使禮接待則鴻固無由自效其職徒耗

朝廷俸薪矣能勿自愧妥備摺稿自請撤回郭公亦以接受

國書時未及檢點備摺自請議處且以告諸威妥瑪與德爾祕再商二十一日馬格里致威

妥瑪意以事可轉圜囑余勿遽發摺至二十三日仍無確耗

倫敦街道兩旁白石平墊通男女往來中則沙土碎石築成車馬所經也道之廣者可七八車并馳狹者亦可四五車皆潔淨無稍垢穢民居官署規模不甚懸異結搆類皆四層併入地者計之則五（各屋皆有入地一層為下房為廚為屯煤所）白石為牆為柱鑄鐵為護柵為欄杆環於門外其內糊壁以花錦鋪地以細氈毯嵌牕以玻璃數尺亦鐵柵護之估肆則臨街大玻璃槅貨物咸鑒澈於外惟耶穌堂銀行客店信局電報局施醫院制度獨崇閎每游騁道上觀之左右房舍峻整華潔數百街如一式問其房價動須數十萬金錢可以知其地之富足矣數街輒有廣囿一區蔭以雜樹有池沼而無亭臺樓榭沿路安長鐵几以便游者憩息地由國主建置百姓男女均往焉蓋以其人所居層樓疊閣無呼吸通天處（民居估肆皆無院子）慮以氣鬱生疾疫故特闢此囿俾民人閒暇散步舒懷以暢其氣重育民也每夜九點鐘前市肆猶烘鬧男女絡繹途間路燈皆煤氣為之

昴虛星房四宿值日之辰卽耶穌教禮拜日廿二日虛宿所值也正使與余往拜德爾秘未遇道上車行稍遲正使曰何不鞭之馬格理曰今日禮拜不鞭馬且不特禮拜而已倫敦有仁心會禁人虐使牲畜鞭馬酷則捕役執訊（捕役爲羅地美亞所轄猶中國之團練壯丁工食由各行戶捐給）故以爲戒查禮拜日官不治事民不力作馬不効駕牛不負犂所以節羣勞也届期前一日（其俗謂之禮拜六）過午遂各游息閭左之奴雇店肆之幫夥莫不探視親屬以遂其情逶迤園囿以暢其志張而弛之七日一周則復張時氣又一振力必倍勁無疲惰偷安之患

馬格里云倫敦昔多偷盜最爲巧黠過路者囊金腰間一偎身已被摸去鑄鐵爲室以儲寶環廬邏守終夕比曉而寶已亡故街衢分段置巡捕（疏通道路彈壓喧爭皆捕役事）近宮數武一火鎗兵皆晝夜更替堅立其地不遠離別有馬隊二十人爲一班頂盔披甲挾鎗周巡日數輪轉每竊盜發一呼呵而巡捕已至巡捕一鳴哨而近街兵捕亦至防範嚴緊

倫敦無城其犖若城闕者火車所經之橋梁也民居稠密不可以行火車爰以巨石爲飛橋於萬家烟戶之巔架以鐵板墊以沙土俾往來焉臥百尺樓時聞其上雷轟隱隱不斷則火車過也乘車眺望遥見其下行人如織街市閭巷渺若重淵幾疑其穴地爲之而不知身在橋上也又或高凌寶塔之尖俯拾帆檣之頂初至其地駭心驚目無非異觀聞人言南至海口北至蘇葛蘭鐵路共數十道每行百里人納車價僅一息零較之未有火車時省費數倍故商旅賓之車有羣居之室有別室皆漆皮軟几玻璃明牕坐臥殊覺暢適其貴者所乘則錦壁繡簾文榻畫案瓶添淨水盤供鮮花雖輪行如飛風霆貫耳終不改書齋閒憩之樂車後厠牏浣器亦極整潔其價則百里一金錢或不可少矣馬車式亦不一有單馬車雙馬車以木夾漆布兩重爲車屋可敞可蔽尋常出游以之有四馬車則富人以之行數十里內者又有街道車形如畫舫而卑其輪兩馬駕之上下兩層可坐數十

人每人附載三里僅給價一邊士其高輪采畫大車亦然余嘗問不立城郭之故於英人據云前百餘年固有之自火砲盛行城不足自衞閉關以守傷人愈多故毀去今增固海口砲台禦敵較可得力即不幸被敵闖進猶可出兵各路以驅逐之外洋之無城郭正不獨英

二十四日。申刻外部來信訂期明日兩點鐘三刻於柏金哈木巴雷士遞

國書副使可以同見蓋其國君已回自阿思本矣柏金哈木者華言卜靜也巴雷士者華言宮殿也戌初正使遣德明馬格里往見威妥瑪詢問進見禮節答以不知廿五日早又往詢內務大臣席模爾亦含糊以對蓋將以試我也要之星軺指掌載有三鞠躬明文志剛孫家穀崇厚三星使前經行之各國亦一律無可頓增者使其明言無他豈不更見誠直柏金哈木宮白石爲城門形亦巍然宮闕也門外繚以鐵柵門內大院落寬廣約數百步

樓閣延亘兩旁過此爲園囿約里許爲內宮門是日兩點鐘一刻正使與余同往至內宮門下車德明馬格理相隨守門軍官頂盔被金花紅短衣者前導入升階三重至一堂金繡眩目其外部總理大臣德爾秘掌璽大臣堅爾勘士內務大臣席模爾暨威妥瑪禧在明優雅芝咸在焉鐘三刻堂之前玻璃槅扇開德爾秘等三人先入少頃復出導使臣入下階一重循迴欄至一小室國主黑衣裙披蓋項白綫織通花巾當戶立其公主曰秘阿他麗姒者侍於後餘人皆旁侍使臣入戶鞠躬國主亦鞠躬凡三鞠躬至其前德明授

國書於正使正使兩手敬捧之宣誦其所撰詞畢馬格理復以英語誦之亦畢正使遞

書國主受之轉授德爾秘謂使臣曰兩公遠來通好以後當永和睦咸答曰是又問中國

大皇帝安好答曰

大皇帝安又言既受

大皇帝書必有復書交兩公賫回答曰是遂鞠躬退威妥瑪送出又至一大堂小坐觀其所陳玩器乃歸國主即威廉第四之兄女維多里亞在位三十九年今年五十八歲面肥澤有嚴毅氣西人以黑爲素服今服黑爲其故夫博雅那持終身服也博雅那者日耳曼沙河堡侯之子死已十餘年國主築臺於囿鑄金像之位於臺與宮相對臺下鑿石爲諸名臣環臺四隅立四石鑿肖四大洲人畜大皆等身日前嘗往觀焉

附郭正使所撰誦詞

大清國

欽差大臣郭嵩燾副使劉錫鴻謹奉

國書呈遞大英國大君主五印度大后帝上年雲南邊界蠻允地方有戕斃繙譯官馬嘉理

一案當飭雲南巡撫查報嗣經

欽派湖廣總督李瀚章馳往會辦幷將南甸都司李珍國拏訊又經
欽派大學士直隸總督李鴻章馳赴烟台與貴國欽差大臣威妥瑪會商辦理威妥瑪以寬免
旣往保全將來爲詞一切均請免議中國
大皇帝之心極爲惋惜特命使臣前詣貴國陳達此意卽飭作爲公使駐劄以通兩國之情而
申永遠和好之誼敬念大君主大后帝含宏寬恕仁聲義聞遠近昭著必能體中國
大皇帝之意萬年輯睦永慶昇平使臣奉
命惋惜之辭具於
國書謹恭上御覽幷申述使臣來意爲講信脩睦之據
每新歲後國主諏吉親臨議政院集臣工士庶詢問政事得失諭衆公議幷刊示上年度
支出入之數俾共核筭名曰開會堂今歲會堂期爲西歷二月初八日。卽中國之十二月

二十六日。呈遞

國書之次日也。先期內務大臣席模爾以外部丞相意函請正使與余赴會訂明只帶繙譯一人據馬格理言向例國使畢集遂允之既而又以照票來謂另備兩坐次以俟參贊隨員往觀者是日士女塡衢塞道候觀君駕巡捕彈壓皂帽雲連沿途房店亦有懸紅張綵者會堂門外紅衣兵挾鎗排隊立使車至則兩手舉鎗爲禮入其門護軍官皆兜鍪被服金花紅短衣登其堂堂上設御几距几數武陳紅錦榻其下世爵貴臣位於庭中央女眷之尤貴者左右夾之右之上爲各國使臣坐次樓上以處庶僚及其妻及隨使官員我中國參贊黎君文案劉君固布坐於左樓上方也貴臣皆常服襲無袖朱衣其長曳地有五等爵者橫縫白羔皮長狹如版於其背之之右自四道至一道各如其等（公四道侯三道伯二道子男均一道）惟律師教士服青長袍亦曳地國使皆朝服彼所謂朝服者衣未及膝大鏤金花飾其肩背襟袂及四衩嵌寶星於襟之左多寡各如所賜西洋例有功者賜寶星各有等如中國之賞戴翎枝非官階也寶星形如菊花雕鏨金銀爲之圍腰以金帶右肩斜挂雜帛抵左肘下結之亦有以金爲絲繩攢兩膊者武職則金版飾肩圓其末綴金穗如組垂佩長刀於腰文職佩劍亦有不佩者所著褌無文武咸緣金片於兩旁自腰及足獨美利堅使臣服其常服無他飾蓋民主之國上下不異以等威也免冠則同土耳其波斯所服如各國而不免冠衆既集律師數人據案中庭攤紙執筆以俟君至無何其長嗣威兒士其名曰阿拉伯爾又名鶡達倭爾威兒士則其所封爵如中國所謂某郡王也次子以下皆稱白鄰士如所謂某國公與夫人相繼入威兒士位御几右隔以屏夫人戴鏤花鑽石爲額繡甲袒露兩臂及胸背之半西洋婦女以袒露胸背爲至敬位於紅錦榻中央朝御几坐又一刻乃聞君車護軍官八人各執儀仗前導仗長約三尺以金爲寶蓋或鏤獸形踞於其巔首相秘根士非爾持長刀樞府大臣李志門地捧御冠三公主綠衣姒四公主碧阿他麗姒繡甲袒臂皆先入左右分侍御几旁國主黑衣裙緩步而來樓

上下皆起官眷皆祖國主環向點頭就坐良久肅然俄聞會堂門開士庶擁進環庭外鐵栅立掌璽大臣堅爾勘士啟白洋紙書琅琅宣誦適刻畢國主降自御座與長媳接吻而去所宣書詞譯如右（掌璽大臣決軍國疑難大事位在王公之次）

附錄譯出英國會堂口宣書詞

諸爵紳士今重開會堂以備顧問而匡不逮此我志也上年集議會堂之先土耳其與塞爾非亞國捫德尼哥羅國搆衅我甚以爲憂深欲與盟邦從中調處塞國旋亦以調處之事來請我因之爲土耳其言和土國公會意亦願從故我商請其暫時罷戰或祈求各國駐劄公使或懇各國特簡大臣從長討論共立大概章程務使各王國與遭亂各省均賴以底定弊政賴以革除方爲盡善盡美我當時卽派公使赴會妥議如此汲汲原冀歐洲永享昇平非欲冒犯土國自主體制無如伊國會謂我與盟邦所定章程爲不協未肯俯聽事竟無成今章程儼然具在竢諸事理實屬有裨趁此罷戰之期展限未滿我國若與各盟邦實力實心共成善舉未嘗不可使諸國和睦如故凡此事始末案卷卽交汝官紳集議若夫五印度依得理地方上年加我帝后之號印度爲長黔黎同心推戴深愜予懷惟該處地方現遭荒歲在彼官吏亟宜注意所事方能登民於衽席允宜布告咸使聞知此次災患哭重情形不減於一千八百七十三年卽同治十二年馬得拉斯孟買兩大部被災尤廣我必須設法拯救并追究遭荒緣由嚴示將來之範防又現在德藍司瓦拉民主國在南阿非利加政多失道復與鄰境搆衅使我南阿非利加之民不能安居我將何以處置乃可奠定爾下議院諸紳所有額克司佛爾德暨克祐理支兩學院擬修律條以及增改斷空律增脩頒發創造文遞律闔國監牢宜如何立法撙節覈實

辦理俾省地方之累均宜一一妥籌至於增改估計英蘭財產例刪減脩改工作例整頓各地方遷行理事之例幷擬脩纂蘇葛蘭街道橋梁及贍養窮黎諸例更請於阿爾蘭設立刑部授該處各都理事之權以上應議各節暨其餘未盡之條爾諸爵紳士應各抒所見殫誠襄贊以迓天錫鴻庥

凡開會堂官紳士庶各出所見以議時政辨論之久常自晝達夜自夜達旦務適於理當於事而後已官政乖錯則舍之以從紳民故其處事恒力據上游不稍假人以踐踏而舉辦一切莫不上下同心以善成之蓋合衆論以擇其長斯美無不備順衆志以行其令斯力無不殫也聞此次紳民所詰駁如上年印度海溢漂溺丁口三十二萬所宣詔書漏未及此經畫事以遺忘謝過已無他言惟調處土塞兩國事衆議有非之者辨難數日未已惜繙譯人少未由遍讀新聞紙耳出使西洋必須熟於繙譯者多員遍觀其書報乃有濟向謂洋語洋文不必廣募入學習者誤耳

每年度支出入刊列細數普示紳民稍有虛濫則人共詰駁之此不惟見其公也英稅至重亦至煩瑣犬馬之畜家畜一馬歲稅金錢三畜一犬稅金錢一珍異之佩指環手釧非常用者歲稅洋銀十元五元不等莫不有稅而店肆

則計其贏利之多寡以爲賦住戶則計其進項之多寡以爲賦隱曲細碎剔抉殊不易易苟非條列刋示則瞞匿影射豈其民獨愚吞蝕侵挪豈其官獨潔至於弊竇百出然後立法以懲之斯閭閻之被擾不堪仕宦之藏奸日巧矣衆耳衆目故人不敢欺公用公銷故人不忍欺以通國之財治通國之事而無所沾潤於上不足則衆分任之苛斂又將誰怨此次會堂有詰秘相以歲費過多不如葛蘭斯敦之舊者祕曰葛相之省費以諸物弗追也譬諸居室補葺修蓋概所不事何需於財然而廬舍坍塌漸不支矣諸君以靡費相責請觀年來增置船砲塔築城壘凡幾衆乃噤

英國宰相之進退視乎百姓之否臧而衆官之進退又視乎宰相之進退持其失者多則當國謝去公舉賢能告諸君而代之相既易則各曹長皆易由代相者自置其人以期呼應靈動進必羣進退必羣退故黨相傾軋有一利必有一弊

英国各衙署名號

先是廿五日由柏金哈木宮退出卽往外部丞相德爾秘首相秘根士非兒御前大臣赫弗寓所拜會洋式使者未見國主而拜客以詢問一切謂之私拜既見國主仍須再往拜之謂之官拜旋拜俄法德三國公使惟法使哈爾沽爾與其夫人接晤餘皆未遇至廿七日復命駕遍拜各國公使亦惟日本使上野重景範及波斯國沙兩者會面而已波斯謂王曰沙上野景範言遞國書後三日內須遍拜該國大臣及列國公使但投刺不會面俟他日事暇再往然後拜會亦洋式也諸小國則可遣參贊代拜

法公使謂

中朝不遣使於其國殊似相慢英國之於美法締爲至交其餘則亦遣使我

中朝探其意而用之

廿八日遍拜英國各大臣其衙門有曰霹靂斐空訢者中國所謂樞府也丞相而外大臣爲李志門地有曰羅德伯里斐思樂者司璽印者也大臣爲堅爾勘士有曰呵未亞非士者理本國事務家部也總督爲哥羅士有曰福林亞非士者理各國事務外部也總督爲

武學館

丞相德爾秘有曰印度亞非士者印度部也總管爲索拉司福立有曰哥羅尼亞爾亞非士者理屬國之部也總管爲堪那萬有曰撾爾亞非士者治陸兵者也總管爲哈爾狄有曰按末地者治水師者也總管爲洼兒恒德有曰那思格德者司出納者也總管爲諾司克達有曰博兒地亞夫得黎地者理貿易者也總管爲阿達利有曰卜士地亞非士者官信局也總管爲馬訥斯各皆設有幫辦惟禮儀無專官隸於家部百工各司其事亦無總辦者刑司以其律例與國君抗衡教師以其教與國君抗衡其尊崇均若特席非老死不易其人外埠總督則以武職爲之英制武職可補文官文官不能攝武職蓋入官之始咸先讀書其所謂文非有文章詞賦之肄也天文地理算法各載籍人人自幼誦習以至長成願就文者隨所長而用之願就武則於學成後別入武學館講求兵法技藝凡數年乃赴考拔其尤而儲以待用猶且置諸行陣以歷練之然後授職文官未習其事不可以揮

麈談兵驅萬人而就死地也

鴉片烟之害不惟每歲銀出洋數千萬而已大夫君子嬰其行則爲治之本乖農工商賈怠其業則生財之源絶將帥士卒衰其氣則禦患之力弛莫非鴉片煙爲之其禁絶宜亟矣舟次香港同年生桂皓庭文燦孝廉以同鄉唐德峻諸公呈請禁烟狀及英人牧師丹拏所刻禁烟論函寄請到英後酌辦匆匆尚未暇籌及也歲除日岳斯笏書院掌教李格來謁言及鴉片事謂英國號稱仁義惟此則不仁不義故紳民共立一會欲除其害使者可於上議院侃侃陳說請斷鴉片根源勿稍畏怯國人必協力相助等語李格游吳粵三十餘年能爲粵語茲以英文繙譯四子書及詩書兩經已成思以變易其俗未審能無誤否禁鴉片事聞會紳業已集衆撰爲說帖公舉首領約期到寓面商辦理

光緒三年正月元旦東向恭拜

聖牌行三跪九叩首禮。午後與正使及參贊各員觀於蠟人館。入門右首則林文忠公則徐像也。館凡三層，前兩層摹其歷代賢國主及列國名人像，後一層爲罪人像，皆酷肖，混諸生人中不可辨別。文忠前有小案攤書一卷，爲禁鴉片烟條約，上華文，下洋文。夫文忠辦禁烟事，幾釁英人，然而彼固重之者，爲其忠正勇毅，不以苟且圖息肩也，可謂知所敬。最後一小閣，置法國鋸人刑具，幷繪土耳其非刑，懸右壁。查英國制法最恕，無殊死刑，惟謀殺叛逆者縊殺之。鬥殺、擬流、誤殺、過失殺，責賠家口終身養贍銀，或十年，或二十年，各如尸身生前歲入之數，官爲存放，按歲支給其親屬。親屬死，則餘銀充公。其他各罪犯，則第罰鍰與拘禁而已。拘禁之限，由數日、數十日，以至十年八年，皆因其罪之輕重，由司刑者臨時察例議之。瘋病者，禁錮終身，恒犯不改亦然，幷優給以食，若香港監牢所見狀。但英國無予人以坐食者，必驅以勞役，如運石、負土、築城、造橋、除道、建舍諸事。男子二十一歲，女

子十六歲謂之成人有犯乃科罪未至成人勿治也鞭撻之刑第施於兒很較甚者不數數見以民命爲重而懲誡從寬

初二日游萬生園國主所建以畜珍禽奇獸者也有獅象虎豹犀兕羚羊海豬二丈餘巨蛇及諸異鳥多生平所未經見途中馬格理言土耳其事謂其相美達德有卓識拜書蘇爾丹哈密德（土人稱國王曰蘇爾丹哈密德其名也）陳政要哈密德怒流之意大里國云土國介地中海咽喉由歐洲赴印度南洋所必經其王本韃靼種奉回回教以刑斂煩苛代傳爲衣鉢又偏袒回族非回戚不授官東西藩部服天主耶穌希臘教者皆擐甲以叛勢成瓦解俄羅斯因之謀吞併以通海道蓄志蓋有年矣咸豐六年俄人大舉侵伐英法兩國恐其滅土爲禍歐洲也夾持之勸土王入萬國公會以自固兵釁得少息上年又有布加力亞之事布加力爲瓦拉基都城與波斯黎亞赫斯哥非納兩部皆耶穌教多俄種回民許以謀叛請諸

蘇爾丹集鄉兵圍之淫掠屠殺殊慘俄人陰唆其衆連臂奮起塞爾維亞國捫德黎哥羅國遂相繼稱兵土政雖虐其類曰羅美里曰特魯西曰黑爾西者俗尚豪勇善鬥塞捫兩軍舉非其敵俄人顧畏公法不敢公言助戰爰使士卒僞爲投軍者赴塞國壘故塞帥翟乃由茀爲俄世臣又命親王尼可拉士將重兵屯黑海以觀釁英人憂之撥兵船二十握麻西戛灣（土國都城君士但丁外馬木拉海出地中海之水口）傳東德奥意法諸盟邦特簡大臣會集爲土謀息爭德奥依違其間英使沙爾斯伯里議停戰半年更土政立約章俾回族不得淩虐他教土王恥受鄰國約束辭不可行國會諸使散歸今土又逐美達德而相藹遜音巴夏土事益不可爲矣美達德所拜書大意言君民臣庶各盡其職則國強蠢回臣僕有此至語得不曰賢

國朝遣使皆正副并行所以相維制也外洋於副使則謂之幫辦聽驅遣於正使自出都後

體制從外洋凡行洋人文件皆單銜事事無從與商権徒食俸薪而已故仍拜摺自請撤回稿初就以告正使懇蓋給印花初三日晨早摺遂發

初三日英國主邀請各國公使帶同參贊隨員赴聖瞻士宮命其長嗣威而士代行接見禮聖瞻士建自數百年前體制簡易與市肆毗連非君車出入所便故道光間另建柏金哈木以自處惟大朝會乃在舊宮宮外亦白石爲城門形護軍數百紅衣挾鎗列隊於內門衛皆金鎧冑軍官入門升階兩重至一大堂有執鉛筆以記人數者（洋人書寫均以鉛筆）其名曰赫弗內大臣之侯爵者也又一大堂國使朝服畢集惟

中朝是日忌辰故使者獨行裝兩點鐘內宮門開其所謂御前大臣尚書者先入國使按序入以到國先後爲序不以國之大小爲序防爭也威兒士狀貌軒豁衣金花紅短衣立君座下左爲日耳曼士子喀士顛又左爲國戚沙蜜士乖馬士子又左爲公爵梯蜜赫弗居

前接受銜名而唱之凡進見銜名洋字書以洋白帋橫長約三寸縱約二寸著簡明進見事由初見者紅其兩旁及其背繼見則猶是拜客洋名片而已中國使者拜客亦用洋名片蓋人家無能繙譯者華字非其所識不得不從俗也國使惟書某國欽差而已正使與余率同黎庶昌德明鳳儀劉孚翊張斯栒等魚貫而入見威兒士鞠躬威兒士亦鞠躬其語正使曰貴使之來甚愜私意也語畢而退文武官紳相繼進見有與威兒士素識者亦握手致敬焉是日所過大堂凡三皆壯麗矞皇金光眩目回寓有商會請飲之事英商行販各國立總商會於其都中公舉議院紳司之商人有不便則告諸紳紳即以達議政院酌度可否行駐劄各國公使籌議故其情常通而不隔緣英商販於中國者多故亟亟以酒食結納詢知無他國使與會威妥瑪亦不赴遂辭焉

初四日巳刻◐威妥瑪禧在明到賀年偕正使答拜之又拜紳士懷德戴蛤耆老費爾釐及

倫敦羅地寔亞隨往麗如銀行一觀銀行鑿石爲門洞加堅城重關有陪客者言國帑出入之所尤宏峻凡金錢交納累千萬分兩不如制者以機器抉出之衡量選擇不事人勞蓋英制金錢重二錢二分用之久則不能無輕減倘置不問必漸至輕錢滿布闤闠奸僞且生無以一市價然人力銓擇又慮煩怠抑啟爭辯故製爲機器區別其類輕者每枚加稅三邊士官中聚而重鑄之不繳稅則剪截其錢還之使不可用所出皆新鑄者錢寶無輕重失倫之弊蓋以此申正赴內務大臣衙門與赫弗會薄暮而歸過戴唔士江邊施醫院遙望之廣廈八所皆五層每層各小屋十數間以居貧苦病民每所相距約三四丈中通以橋馬格理謂是善會所建倫敦廬舍均無隙地見天日而此獨有露橋者將使病人舒息其間吸取清暘氣以自調暢也醫士數十人病者飲食皆聽其節制俟體既健而後出布置之善惜未及停車一觀

電報局之報有二其一以銅管爲之氈筒盛函納管中用火輪機鼓水氣以催送一刻飛遞數百里此第可行諸倫敦者也其一以鐵綫爲之或橫亘半空或潛伏海底注以電氣直達其接報之處顛末皆繫於盤鍼（發報之處爲顛接報之處爲末）發處鍼一點則接處亦一點發處一畫則接處亦一畫按英國二十六字母推之即得其所報之意（亦有盼音以得者如丁聲爲一點得聲爲一畫丁丁得爲兩點一畫得得丁爲兩畫一點之類）電氣以紫銅白鉛硫黃爲之（凡兩金相合皆可爲電氣）謂之曰藥水計里遠近用藥水多寡亦一刻數百里此可遍行諸海內外者也初五日余携張斯栒觀於其總局司收發者少女凡千人各執所事者亦千人局主一一指點演試悉得其詳以歸案電報創於乾隆間由法郎西流行英倫其始第民間私製而已商民薈萃之區書柬紛馳可以獲利人皆樂爲之商民較少者則否英議院以爲利便不均也於是盡廢私局改由官局製辦各路均用電綫傳報而厚取其值局凡十數處調盈劑虛一歲可贏金錢二三十萬以濟公用謀國者

信資價目

誠巧於斂財矣尋常寄書亦然書不緘封可專足自遞緘則皆官司之每街各設書匭鍵以鐵而留其鈌以受書每家先納費官中領印票寄書則黏票書上納諸匭旋有來收集轉遞者日凡十次若寄遠則持書詣信局衡其輕重以取費每重半兩爲一等如寄香港上海半兩以內一息零二邊士一兩以內二息零四邊士按等以次遞加行較遲如蘇士愛毋登（遲七日）則費減一歲亦贏金錢五六萬綜信局電報局筭每歲共贏銀不下三百萬其取民類如此然民樂其便無或怨者

張斯栒有素識洋人曾在上海經商者寓倫敦三十里村庄初六日余本擬偕張君訪之藉以審視田野詢問農務田稅及其民家計之豐嗇據馬格里言西洋崇視公使不宜與民間往來自褻體統遂中止查使者所至庶僚百姓既未可下交當事大臣亦須有要件面商先訂期三日然後獲晤（否則謝客不見細事只應行文咨商而已）各國公使除初次投名片相拜外燕會可

以閒談燕會之地不得談公事公事可以相過餘日亦罕覯面至於會堂諸紳源源接見非例所禁惟不易與言公此外國往來之節制也聞俄國駐土使臣伊哥納地厄福俄主賚以重金令其與該處藩屬紳民廣爲結納陰唆以叛貳故土國之勢迸裂他邦得毋有鑒於是

初七日晚○正使將上海寄到湖南鹽商周復順何楚材等呈詞一件交閱內言伊鹽船至江西彭澤獅子山爲惇信輪船撞沉溺斃水手二名經赴上海道及駐滬英刑司控告斷令輪船賠償銀一萬該被告借詞上控狡脫致被拖累兩年各情初八日往外部署將爲德爾秘面言之并行文詢問此事有無上控適是日德爾秘詣會堂辨論土耳其事未獲晤會蓋國人以土事爲不當預聞訾秘相之辦理錯謬也旋往拜會秘相坐少頃以其會議事忙遂辭出在座有秘相記室曰滿得九柯黎者

初九日○拜會美公使畢爾尼邦○其人蓋未奉使以前久客倫敦者叩以往來應酬之禮據

云使者至此既見國主後應拜其各衙門總督若幫辦以下則俟其來乃答拜否則令參贊先施然非不可缺之禮也凡公使所拜之官公使夫人卽當拜其夫人公使未與夫人偕則親兼拜之凡拜客未會可不必再往俟有事然後訂期相見凡大臣國使請飲越兩日面謝逾年乃酬其席六七月而酬席者謂之至敬禮不常行國主請見辭之則爲不恭等語又拜會土國公使默蘇拉士詢知彼國與俄搆兵經英人調處酌擬和約令讓路於俄俾其舟檝可通地中海尚未知俄人允否也土國內政不脩既託英法以自固又欲援繫

中朝故其使臣一見卽以通好爲請

倫敦新聞紙將正使與余狀貌刋刻傳示而綴議論於其後如中國所謂跋文者然十二日馬格理以華言譯之其文揚詡正使學問履歷甚至謂余學雖優不如正使故文翰不

足以入詞林而武略則獨擅膽氣尤大亦肯辦事在中國曾充大統領與捻匪戰治軍嚴整爲賊所畏且亦曾與英軍對仗今其來使英人不惟不以此恨之益深敬之前到摩兒大島總督與之歡飮惜該督未知其爲疇昔之敵人耳如知之禮必倍加爲其能盡厥職也今兩使者出門百姓夾道讙呼男摘冠女搖巾以爲禮可知英人一意敬愛賢能不分疆界

英國年終稽查戶口歲除日獻其册於君凡册挨戶編號男丁女口均具實年若干歲英人以足三百六旬有五日爲一歲治何術業按名書之孩赤僕雇不遺所管田廬店肆歲入租息亦一一開載其君受册派員詳覈編分老幼少壯各爲一類士農工商各爲一類以知其人之死生壽夭勤惰貧富死而夭者多則究其所以然之故令醫生察勘其地或攘剔其障蔽以通天氣或疏濬其溝渠以通地氣或糞除其道路以免疾疫嘗有石匠羣處因勞促壽教以

運力節勞之法乃遂永年者向來倫敦市肆早開遲閉今改定九點鐘開肆八點鐘歇工亦以人死稍多特汰其工作之苦也人無業而貧者不令沿街乞丐設養濟院居之日給饔飧驅以除道造橋諸役故人知畏勞就逸轉致自勞而自賤莫不奮發以事工商國之致富亦由於此

葬死之事亦官主之制地一區爲塋兆有死者概由醫生開具病由及藥治情形報官詳核乃令赴瘞其地不能私埋亦不能他葬所以憂民之死於凍餒死於困鬱死於視疾之無人也醫生皆由官考試不易中選其中選者國主輒召見之則諸朝班故皆自愛不至有徇情受賂妄報揑報之事

凡婦女産子皆男醫爲之接生其國患民之不庶首以生齒爲重故一孩赤死必推求其致死之由責其不善字養者（其俗無論官民皆以子女多爲累子女少爲美故立法督察之）接生以醫猶是意耳慮婦媼無知

誤傷其氣血致不能育㚇以深明醫理者葆之於脫胎之始蓋意在繁衍不以男女當別爲義也第揆諸中國聖教則募令婦女習醫俾充接生義固兩全矣

十四日。再赴聖嗜士宮。見威兒士諸國使官紳亦畢集鞠躬如前儀惟不交一語不用銜名紙凡再見卽不用此紙回寓銀行主阿拉伯斯訥德偕其夥曰柏安斯曰倭拉金色耆來見柏安斯幫辦船務面請赴其廠看造船尚未與訂期也余問阿氏該行每年納稅若干答以稅課無定惟計一歲所贏之利以爲準贏一金錢則稅三邊士云

十八日。再往柏金哈木宮。見其國主各國使幷其夫人咸集皆一鞠躬而退本土官紳之妻相繼見侍其國主之側者爲威兒士之妻爲大公主綠衣姒凡婦女皆肉袒不以男子擯擁爲嫌手捧花冠裙釆不一色其後摺疊數層成蜂窩形曳地五六尺無男女但識面皆與握手進見者至國主前侍臣掬取其裙彼此相傳牽執以過防其躡之而傾蹶失容

也

直督李相國遣游擊卞長勝守備王得勝軍功朱耀彩赴德國斯邦達地方軍營學習兵法洋語以其國武弁李邁協嚮導之卞長勝等寄言到營後被其人淩虐因令德明往查

十九日偕正使拜會德國駐英公使閔士達商發路票以利德明之行（凡路票應由本使臣給發所往之國公使加蓋印章）閔言路票不如書信爲便應由彼函致其國關口免查知會火車行好護送也由德使寓所歸便道往觀由乃地德維士葛羅部由乃地華言合併也德維士華言公事也葛羅部華言會館也言其水陸營武職合併辦事之會館也倫敦文武職各有會館爲其人淸談燕息之所有事則於其處聚論之數日前該會館請正使與余入會文武職本不相混而武會乃邀請者以疇昔皆嘗在軍營耳到館時總管道秘尼耆老葛廉接陪凡入會皆先納金錢百枚每歲復納七枚酒食另給價惟余二人入會不科錢是日同籍之廣東幫

新聞紙館

辦稅務司賈雅格來拜蓋能爲華語者

戴唔士爲倫敦第一報館日售新聞紙七萬分每分四紙（每紙長約二尺六寸寬約一尺八寸）價值三邊士（每邊士值中國銀約一分四厘）計每日八紙價洋銀四千三百七十五元週年除禮拜五十二日停工外實共入洋銀一百三十六萬九千三百六十五元其有買賣各貨尋訪失物雇夥覓主請登入報中者每事每日工費銀八息零（一息零約值中國銀一錢八分登報一日以外工費銀遞減至一月兩月則益賤以字板之紙庸另雕也）積數尤鉅生計可謂大矣然新聞紙七萬分共二十八萬紙刷印固不用人力也二十三日接正使赴該館閱看館人一一演試其先以銅活字板塡砌入銅格壓印紙上爲凸凹形如其字置諸小圓鐵匣熨貼平灌鉛液以成模遂付諸司機器者機器形類小瓜蔓架前面橫貫小鐵軸二大鐵軸一小者以刷墨大者以壓模其下鐵長匣爲切刀機器前紙捲貼地大如車輪機動則紙飛過大鐵軸卽印成字轉入鐵長匣下卽截而斷之復飛上架由後面墮落

每落皆兩紙別一機器將紙各摺疊平整電馳風掣爲時僅及瞬息新聞紙之堆案者已纍纍然故一點鐘而七萬分皆就倫敦報事閱一時而畢周者以此雖其館會計之手送報之足役人非不多然就刷印新聞而論則第司字模者二人司機器者五六人卽敷用矣以余遲鈍之見籌之若專用人力當令每人自備活字板一分凡新聞撰成各限一時刷印百紙力無不給也計二十八萬紙應得二千八百人刷印之以每日所入洋銀四千三百七十五元分給諸二千八百人每人可得一元半有奇雖英國澆裹費重八口之家亦足贍養是二萬數千人之生命托於此矣何爲必用機器以奪此數萬人之口實哉說者曰此英之所以富也英人願力至大謀利輒以億兆計今製一機器而獲巨貲則側睨其旁者必各出智計以效爲營謀夫心思之用日出焉而不窮者也貨產之精並行焉而各當者也心愈用愈巧貨愈出愈多商賈之攬巨貲者乃愈衆豪富既衆則百貨自易銷

售貧民自易爲生國課自然充裕倫敦之地每有所購買賞賜動須金錢不能以銅錢應買一粗物賞一微勞亦費多金在息零以下者絕少而人不病爲過費者以其得之易也英國每歲度支動言百十兆磅一兆磅計中國銀三百三十餘萬兩政教所係溥澤無不周全而國不憂其虛耗者以其人之多也假令斤斤然以一事之利贍養數萬人則此數萬人者安於粗賤之役不進而求厚獲雖不至道殣相望然蕪廢有用之心力閉遏生物之根源爲不少矣英人技藝爭鳴各樹一幟苟可經營以立業者雖毫髮之細亦必推究其所以然雖數萬里之遥亦不憚跋涉以尋求之男女子自幼咸入學讀書天文輿圖算法雜學無不畢講十二歲以上即皆能殫竭智力以就一藝

廿三夜戌正。德爾秘宴中國使者於外部署。亥正其婦復以茶會請英俗凡宴客必夫婦親之赴宴者亦夫婦偕至賓主坐次皆先定而標識之無遜讓禮婦坐不與夫偕男賓之貴者扶挾主婦就席並坐餘皆以次挾客婦坐主人分尊則婦皆肉袒宴將畢婦人先起男賓復酌少頃乃散所謂茶會者羹加非及茗劑以白糖牛酪佐以餅餌布席堂側以俟客至而飲之客多則皆立談是夜德爾秘之婦所請客凡二百餘人婦女盛飾袒露胸背之半摩肩躡踵於堂與男子見輒握手

到倫敦後兩入其柏金哈木宮英人處我匆匆進見未由深觀其陳飾無以炫華美也二十四日內大臣拔刺佛爾德來拜約翼日往游幷言是日無暇分身惟令幫辦潘孫璧徽音爲導廿五日未刻赴焉入其堂凡六七所以及客寢以及國主燕見親臣之處用膳之處公主居息之處惟國主寢室不可入客寢者俄羅斯士耳其國王疇昔親聘曾此信宿距君寢咫尺耳其堂室皆以花錦緞爲壁衣有紅綠黃藍四色几榻鋪墊各與壁色稱藉地以雜采花毯亦各異色壁閒懸玻璃鏤金格子洋畫或方或長以多爲貴皆繪其今昔

君臣列國主狀貌與泣軍行樂之事前庭一圖維多里亞（英國主名）裸體而臥玻璃明鏡高輒丈餘亦鏤金爲格屋頂鑿花飛金懸大小各式玻璃燈几榻皆飾金有全體象牙鏤花者十數具煤爐亦飾金其陳設多花瓷瓶缸甖缶輒金其口鏤金爲座游廊夾道皆遍間以古銅瓷器有象牙船三如吳粵花船雕刻人物篙槳畢具有九層寶塔數座高盈丈嵌空玲瓏或銅或象牙爲之有雜寶攢成花卉畢以玻璃有白石琢成裸女子形全體胥露臥立不一在於衆目交集之地（各處宮觀及富室大家多以白石琢爲裸女子立於前庭街道旁亦間有之想由國主爲之倡也）其餘器具几案爲玉爲石不能盡名置身其間惟覺金光燦爛極人間之奢麗而已游覽畢又令馬厩長挪敦導觀其馬厩鑾輿所馬八匹爲一厩皆駿良膘壯毛色紅黃黑白區之以類鞍韉羈絡亦異色紅黃者飾以金黑白者飾以銀無相混用也鑾輿高大如中國制輪蓋支拄皆金爲之前後各有金身海神二鱗甲執械若護衛者然即位四十年未嘗一駕其駕以嘉會者

一高輪車蓋上以金爲臍屬以四爪持其四角餘八輛皆尋常官車惟略高耳

上議政院有四百九十九座國戚五大教十三（國人稱之曰堪特伯里阿知必什曰樂爾哥阿知必什）公二十一侯九伯一百一十三子二十四必什二十四（必什亦教士）男二百五十七此皆英倫所命官爵加以蘇葛蘭世爵十六阿爾蘭世爵二十八合而爲四百九十九座無坐次於議院者會堂不與

英國制祿雖厚然其用浩繁宰相而下皆不足以給故以富人之有才識者爲之商賈既富亦可授官惟既官則不得復事商賈蓋防其憑藉官勢以侵民利且體統尤不可褻也因病予告者按年勞酌給俸祿贍其終身以貪墨敗則奪俸不齒於人然仕宦皆富室其志在名不在利常數十年無以貪著者

下議院紳士爲英國最要之選號令政事每由此起而後上議院核定之亦有倡議自上而交議於下者然必下情胥協乃可見諸施行紳主之官成之國主肩其虛名而已城鄉

議院

鎮埠各按地段分立紳士一二人凡其利病之當興除曲直之當伸辨隨時以布諸同院而上陳之紳士由衆公舉富人充當惟房產在其地較多者之意所向蓋利害尤切身也英倫五十三部一百九十八城三大書院（學塾也紳士以曾入塾者充當）有議院紳四百八十九人蘇葛蘭三十三部二十二城四書院有議院紳六十人阿爾蘭三十二部三十一城一書院有議院紳一百零三人合必利敦而論（英倫只一島之名耳合三島總名爲必利敦）共六百五十二人蘇阿兩島之紳比英倫爲少者以戶口固遜耳伯來墩濱海市鎮也長十二里富戶厭倫敦喧且霧氣重（其地多晴朗與倫敦殊）多居此夏日炎熇倫敦人亦多徙就乘凉者其議院紳爲阿施伯利阿君固豪富歲入租息金錢十萬上年游歷諸洋以至中國余未出都曾於威妥瑪寓見之洎回英來訪訂以二十六日。迎往伯來墩一游屆期偕正使携同黎劉二君暨馬格里赴焉至維多里亞（地名也命地以國主名誌愛戴國主之意也英人每以祖父母父母伯叔父母及諸親友之名命其子女國主亦輒以巳名賜諸臣下之子女示誌之也）登火車約一點鐘飛行一百五十六里穿山洞凡五遂抵其地阿君候道左以馬車同至寓廬則布榻展衾爇炭於爐注水於瓶以備宿客久矣少憩而飯飯畢而遊既詣故行宮寥落一空房耳又觀於亞魁廉魚館該處百姓湊錢蓄魚以備游戲魚類不一各就山凹爲匳涵水蓄之如窺鏡影有蟹隆其背大如龜有蝦脊其螯大如蟹皆是處水產有巨鼉鳴如鼓有海豬狗雄有洋琴海笛笙箏諸樂器見中國使者至則樂幷作男女雜遝簇擁來覩衣履相躡禧在明優雅芝賓左右焉口指手語惟恐不及覩其物異館人司諦溫士士人梅爾美亞許德世爵黎諾志士塞錫各士城之名議院紳司葛德多發之斐來士非爾德印度之沙遜卽在中國開沙遜行者獲賞頭等寶星咸相隨將暮乃歸既宴復游覽畫影於戲園阿施伯利游歷所至各以藥鏡摹其山川人物宮室爲圖畫是夜帷臺集衆數千來觀燃火鏡匣中照畫影於其帷畫紙小不盈掌而影乃高闊數尺亦一技也叙茶話於許德宅同會多婦女寅夜乃返息於阿君之廬翼午赴宴於沙遜閱輪船於海口阿施伯利有輪船三此則與人競渡得賽者阿君供晚膳然後復登火車回倫敦則時已亥正矣

人知英人製造之巧而不知其有所獎而成也英人於物之不適於用或適用而意猶未快足者則竭其心思之力廣其耳目之助不惜貲本不避况瘁遍訪天下歷試諸法以務求其當或數年或十數年一旦有得則以告諸白丁德亞非士（官名也專管人之創製新物者）驗之而果濟於用則給以文據凡夫人之效爲此者皆納貲於創造之人焉由是遍告鄰近諸國亦官主持之有私倣其式而不納貲者則倍罰故一物既成其利輒以億兆計非然者幾經求索以發斯秘他人坐享其成無所控訴誰則甘虛費財力以創始一物者故英國之富以製造之多也其製造之所以多則官爲經理以歸利人人咸樂圖謀也他國之人之不肯用心者則反是也火輪車之行輪鐵迅激輒生火燄而車被焚阿施伯利之父創爲新法製油以凉之行久而輪不熱遂獲厚利家以豪富英之富家如是致者比比且不惟是創製既成告諸官而官不以爲異猶可訟諸刑司俾審斷之近有孖瑪士者鬻得利砲新法

不獲見收於官官中竇陰用之妥瑪士以控刑司卒斷令國主賠給金錢六千人有一得之技尊如朝廷不能以勢相抑遏夫安得不勸

二十八三十兩日英國主再接見於柏金哈木宮如前儀其文武初覲見者至前屈一膝國主握其手臣則俯而嗅之（嗅國主之手）有以勞勣賞寶星者侍臣拔劍進國主授焉倚諸肩

德明之于役德國也查明卞長勝官高自大不甘受洋人約束又與先赴斯邦達陸營學習之守備袁雨春軍功查連標劉芳圃楊得明等不相能（四人亦李相國所遣往）故李邁協惡之幷王得勝朱耀彩均逐往博洪廠（博洪係德國地名有城距斯邦達八百十里廠則製造之所也）學習木工鐵工繪圖照相之事德明知所學非遣者意而陸營又不能復入遂與德國總兵巴蘭達商改令學習水師巴蘭達囑其往見兵部尚書戛美開水師總督石多士面議既允約遂回英稟請核行二月初一日到倫敦據稱曾在斯邦達營看查連標等操演係先練腳步臂力及跳墻登山緣木

等技次練擊刺法兩人各披戴鐵鎧甲舉矛相刺以楊得明所學藝爲最優云又言德國百姓盡人爲兵雖世家子亦當兵三年乃許仕進不願者以病告廢棄終其身

赫來士呵斯必鐸者大學館也赫來士爲耶穌別名呵斯必鐸則房院之統稱也建自三百五十年前規模特大學徒自十歲至二十凡七百人衣食皆取給於館二十五人爲一所膳寢相偕領以同學年長者一老媼調護之費由公捐捐金錢五百以上則授仗可與館事可汲引學徒學徒無濫引惟聰俊有門第者乃許厠其列十五歲後見可造則升諸岳斯芴大書院衣食亦由館致之總其事者公爵襟比釐志司會計者阿刺伯每禮拜之四日晚集學徒奏樂誦耶穌經序班次行禮環堂而觀者甚衆我中國二月初一日耶穌教之禮拜四也六點鐘偕正使往觀至門持仗者出迎袈裟執銀花棒者導入學徒起迎於堂是日襟比釐志患病阿刺伯代爲主人登堂當中座客左右夾之西洋賓主相見禮皆如此執棒仗

者立侍學徒分班就長案坐堂下衆樂幷作誦經之聲如歌詩少間則飯肅靜若無人焉飯已復歌歌竟而退每班年最幼者一人携案頭花供以先最長者一人負飯箱以殿餘皆兩兩爲偶前一偶挾小筐之盛刀匕者咸詣正座前鞠躬行止有次趨步有方其衆濟濟而序不紊所衣長褂襟衩當中學長則加藍帶於襟右言是數百年前之制服之以示不忘焉奏樂亦學徒司之

火車路工師第温馴年七十餘矣初二日來謁。自言英倫印度兩處鐵路皆其所造英倫鐵路五萬一千里工料費金錢六百三十兆每年載客五百零七兆貨物二百兆噸英人以二千斤爲一噸共入車脚價金錢六十二兆除煤火工費共出金錢三十三兆外實獲利息金錢二十九兆印度鐵路一萬九千五百里工料費金錢一百零五兆每年載客二十七兆貨物四兆零四十萬噸共入車脚價金錢七兆零四十萬除煤火工費共出金錢三兆零七十六萬外實獲利息金錢三兆零六十四萬今以中國民人之多物產之富倘由廣州造火車路以達潮州長沙岳州漢口沿大江東折至江甯遂北而鎮江揚州淮安臨清景州天津直抵京師凡六千里其費只金錢二十兆中國銀六千數百萬兩獲利必厚俟行之有效然後更開支路以赴各城鎮中國氣象當煥然改觀因以平日所繪圖呈覽正使問其年若是高尚能自造否答以不能躬親惟當督率籌辦遂留圖而去

初三日禁鴉片烟會紳五十九人來見其未來也前二日會首多爾德屬其友德爾訥爾投書訂見期幷錄送陳詞稿一道馬格理謂華官辦理此事恐難實力會紳來見時只宜以囫圇之語慰謝不可堅確允行鄙意以爲是在英人耳英果欲禁之無不絕者何也數百萬稅課所自出英不肯徒自棄之以富其鄰也將必傳柬各國同立約章言明他日有聽任百姓種賣者天下共擊之畫諾既畢乃申其禁猶且派人巡查洋海訪察華民俾此

害確然葢蠲然後自捨其利而不悔信如是也疇敢先渝此盟卽官吏之疲玩較甚者亦必加意警奮求免禍首鴉片來源當悉斷矣來源既斷則雖嗜癖特深之人亦病其接濟無術不待驅迫自然力戒夫天下事未有誠懇戒之而病不除者也就令山深林密之處巡察未周亦尚有冒禁以種罌粟者然城市間不敢公然販賣稠人中不敢羣然吸食傳染之患已漸少由是延彼會紳會中皆樂為善者勘明何處根株未淨勸化督治自可損之又損以至於無解鈴還是繫鈴人豈非千載一時之機會哉然與會紳言宜謂鴉片之流傳中國受其實害英國蒙其惡名若不禁止則人終儕英於蠱術邪教留穢萬世但禁止又須善辦迫而持之是縱販賣以播毒者惟英借禁止以尋釁者亦惟英矣如此立言庶可激之必行而杜其責效太速滋生事端之弊正使深韙余論令馬格理照譯之是日接晤會紳伯爵沙富斯伯釐先起立誦其陳詞大意言鴉片流毒中國英人不能不捫心自愧四

十年來屢請議院嚴禁因華民嗜此者多疑爲樂受其毒且中朝禁種罌粟屢不果行又疑憎惡之心不實是以議院尚在觀望今特來請明示鴉片是否害人中國聰明之士是否同惡切願設法與英併力斷絶此種貿易云云誦旣畢司求爾德及李格丹拏三人復各陳其說意略相類又有教士以香港會友粤人温清溪等禁烟呈狀授余倉猝未及問教士名馬格理述使者意感慰謝之其於余論尚未繙譯明暢也是時正使已先撰就會銜請禁烟疏稿定於初六日拜發

到倫敦兩月細察其政俗惟父子之親男女之別全未之講自貴至賤皆然此外則無閒官無游民無上下隔閡之情無殘暴不仁之政無虛文相應之事宰相而下各署皆總辦一人幫辦四人司事數人不等每日自十二點鐘後咸勤其職至六點鐘乃散歸庶僚固奔走維煩即國相曹長亦五官并運有應接不暇之狀是謂無閒官士農工商各出心計以

殫力於所業貧而無業者驅之以就苦工通國無賭館烟寮暇則賽船賽馬賭拳賭跳以寓練兵之意是謂無游民城鄉鎮埠各舉議院紳一二人隨時以民情達諸官遠商於外者於倫敦立總商會亦以議院紳主之爲上下樞紐民之所欲官或不以爲便則據事理相詰駁必至衆情胥洽然後見諸施行是謂無隔閡之情制治最恕無殊死刑亦不事鞭扑犯罪者輙監禁而仍優養之牛馬之類并戒箠楚孤窮廢疾與異方難民皆處以養濟院國君時遣人查驗其寢食每數里即有廣廈爲病人調攝之所亦由國君派太醫臨視之凡搆兵惟陣前相殺死者勿問擄俘囚傷百姓并嚴禁是謂無殘暴不仁之政有職役則終其事而不惰有約令則守其法而不渝欺誑失信等諸大辱事之是非利害推求務盡委折辯論務期明晰不肯稍有含糊辭受取與亦徑情直行不僞爲殷勤不姑作謙讓男女盡人皆然成爲風俗是謂無虛文相應之事兩月來拜客赴會出門時多街市往來

從未聞有人語喧囂亦未見有形狀愁苦者觀其自直布羅陀以東以南如摩兒大如印度如亞丁如錫蘭檳嶼新嘉坡香港如澳大利亞沿海數萬里往來衝要可以泊舟可以成市者皆篡取其口岸而布置之獨無所蠶食於其內地則其營謀只在商販可見且西洋例凡入萬國公會者同盟之國不能無故加兵俄羅斯謀併土耳其以通海道執土政之亂爲詞英人約會各國夾持之俄遂未敢公然用武余於二月初七日舉出洋後所見大概致書都中諸貴暨直督李相國云然

孔子言治國之要曰節用用而無節則罄天地之藏不足以供之英國是也英之政治無一不殫力講求其於教民養民整軍經武尤能不惜重費然常有不必用而用不當用而用者如今年印度上尊號頒詔大赦民之告貸被禁者國君代償所欠釋出萬數千人之多此不必用者也珍奇玩好羅列紛綸一木一石之異越數萬里而舟車致之此不當用

者也維多里亞在位而後搆兵屢勝國勢日强迄今每歲所入皆不敷出積欠國債至八萬萬金錢實中國銀二十六萬七千二百四十萬兩有奇初七日張斯栒姚嶽望至麗如銀行司出納者爲其言之按每兩輸息三釐計歲息已八千零十七萬餘兩

余在京師卽聞英倫有播犁地士母席庵者大書院也各國之書畢備到此後急欲一往觀之初八日。家部遣其幫辦謝溫伊伯尊記室蔑德佛爾特爲導威妥瑪禱在明優雅芝暨其國所謂名儒阿温者均從焉地廣數百畝結構數百楹中央堂室連延重閣層架自顚至趾層層皮書金題錦褫各有鱗次其陳諸案者書與圖並據威妥瑪等所指說大約敘述五大洲輿地列代戰績者居多有譯出四子書及註餘皆不辨其文字故未披閱後一堂男女觀書者三百餘人早入暮歸堂內之書任其檢讀但不令攜去我中國自漢以後校定羣經立碑太學至於西蜀鋟板創行天地至文莫不公諸海內人苟有志稽古即

得取諸切問置諸笈篋而誦之其資學較優者復選直禁中俾盡窺内府之秘藏周知本
朝之掌故用是名儒輩出輝映後先文教誕敷爲遐荒所共尊仰英之僻處夫豈能然幸
其國寫書多用羊皮二千年前用蠟病其易於剝滅改用埃及國木葉又不能經久改用羊皮書衣皆以漆布雖萬爪騰挐不易滅裂
尚可聽人就讀耳雖然隋煬帝之藏書也痡博鷹狗之說無所不登唐元載之括天下圖
書也千錢易一卷人輒僞作以獻之惟我
朝四庫總羅皆有關學問政治之要至精至粹足式萬邦今英人自矜其藏書八十萬卷目
錄亦六千卷之多然觀其所贈數册闤闠之繡譜店肆之圖記得諸中華者且纂集以成
一編則其琳琅滿目得毋有擇焉而不精者乎是當有以進之旁一所十餘楹多圖畫寶
玩及歷代璽印之式璽圓如璧紅黃蠟爲之各肖其君狀貌於上由此迤邐前行又數十
楹羅列古蹟零銅斷瓦雜遝珍收其大者石碑石柱石像石棺皆埃及猶太羅馬希臘諸

國一二千年前之物間有字書如周秦篆體渾厚可貴降階復升重門洞達衢接百餘楹舉凡天地間所有之鳥獸鱗介草木穀果山川之精英淵叢之怪異博物志所不及載珍玩攷所不及辨格古論所不及詳莫不雲布星陳各呈其本然之體質其在動物則取已死者存其骨植被以全體皮毛充之紙棉以實其內屹立無異於生至於人骸大小亦十數具焉再進則爲前古後今中外各國所用之家具與一切兵器而本國之新製繼之夫英之爲此非徒誇其富有也凡人限於方域阻於時代足迹不能遍歷五洲耳目不能追及前古雖讀書知有是物是名究未得一覩形象知之非眞故既遇是物而仍不知爲何者往往皆然今博採旁搜綜萬彙而悉備之一廬每禮拜一三五等日放門縱令百姓男女往觀所以佐讀書之不逮而廣其識也英人之多方求洗荒陋如此每年經費十三萬金錢所藏有中國經史諸載籍云是書板典之者爲德葛蘭士能華語亦習華文日暮人

倦相期異日再觀此時匆匆一過卽已涉目者向多未及詳考堂室方向亦不暇究作記固自模糊也

初十日午刻斯博的斯武德請茶會與其師丁達演光學以助談柄光學者所以明色之變也其法以炭燃火置諸鏡匣炭小如指之一節鏡小如杯而圓光之印諸帳幔者則大數圍隔以方玻璃猶一色耳以三角玻璃映之則其光五色燦然界畫井井由是挈紅縉以附諸紅光縉之紅不改附諸綠光則縉變爲藍附諸白光則變爲黃又鍥水晶使縉分厚薄轉諸鏡匣中則其光善於變色燒水晶使熱復凉以水亦變色勁力以握玻璃亦變色緩之則無色又以鹽煉木爇火則人面及五色之物皆藍以五色畫一車輪而急轉之則第見其白合五色粉而勻之亦變爲白是日在坐皆其國名下士精於天文者曰侯根士曰海音德精於輿地者曰伊温士曰奥敦曰李嘉子曰吳安精於製造者曰志温士精

於勾股算法者曰霹靂佛兒曰夏黎葛衎曰勒色精於電氣者曰阿達庵士曰花士德博識花草蟲魚者曰阿拉蠻著書言珊瑚是水蟲結成曰邊敦曰赫格斯璜曰斛格爾知化學者曰葛蘭士敦知醫者曰白羅士曰錫滿探冰海者曰阿蠻呢能造火車鐵路者曰台格沙又有葛羅佛太太亦以博學著名英人皆謂之實學蓋形而下之事也未正復赴馬爾廿茶會馬爲世代將門之子其父領兵赴粵所收粵中寶玩甚富會既散往拜議院紳布羅士訂天津和約之歐爾仁是其兄前任駐京布公使是其弟談及鴉片烟事布曰中國吸此者多何等人正使答曰多衙門丁幕書差及兵弁布曰少吸能有害否正使曰既吸之則必不能少布曰我國亦禁酒然酒之爲用少飲不但無害且可益人其亂性誤事者惟多飲耳意以比例鴉片謂害由多吸之自貽不能歸咎是物也余欲與辨言及吻而止

禁烟會紳之來見也馬格理繙譯答詞誤以荷蘭禁鬻粟爲種鬻粟且於禁烟之難言之

過多轉到應示禁處亦少力量徑以中國文法殊未慊懷然不種則何由而禁義尙無大剌謬也洋人於言語之際但論意不論文詞故當時諸紳均歡愜而去及刊布新聞紙正使以所譯非其意深病馬君波及德明鳳儀兩繙譯余謂如以爲病第致書諸紳改之卽可挽回十二日正使自起草函達紳士大意言烟之爲害甚大但中國不先禁絶不敢以請諸貴國云云十四日德爾訥爾來見言此次書函有礙伊等所爲議禁烟之舉若須責諸中國則英人之設會直多事矣正使再三言新聞紙之當改伊乃謂改去荷蘭種罌粟字樣以免開罪荷蘭亦未嘗不可德爾訥爾操粵音故是日問答皆余傳之

錢幣必造自朝廷然後可以富國可以便民可以一市價之低昂可以杜奸商之欺僞然造錢幣固不易易錢過重則患在私銷錢過輕則患在私鑄一弊弭而他弊輒蹟之愈變更則害愈甚而已矣英制錢幣三等曰金曰銀曰紅銅金錢之大者重二錢二分中雜以

机器做洋钱

銀約數分其值計銀三兩三錢五分所值隨時價爲低昂然大致初不甚遠銀錢之大者重七錢中雜以銅約數分其值計銀一分四釐弱錢輕而所値者多銷之則無利故私銷之弊泯抑其造錢也皆以機器金銀銅之方質者熾而紅之一過機器而成薄片再過機器而得錢形三過機器而邊棱以彰四過機器而王面圖字以顯由是復以機器衡其輕重輕重稍不如制者機器剔出之另付工匠鎔鑄故其製造精工非木模土範刀鏨斧鑿所能仿彿則私鑄之弊亦泯無私銷故錢不虞其乏無私鑄故錢不虞其壅而錢身較輕又非如中國元寶之重滯數至累千即難遠齎須貼脚價此倫敦制錢所以通行於屬地雖程之遠如澳大利亞俗之異如五印度亦莫不遵而用之而帑藏遂收無窮之利也倫敦有羅亞泯剔者譯言皇家鑄錢局也羅亞譯言皇家泯剔譯言鑄錢局十五日禧在明導往觀之其副總管曰非蘇得兒者先與試驗其天平雖加損寸髮而輕重立見焉繼令督機器之希勒逐一試演其機器碾鑿

印刷迅捷幾不及瞬尤足異者辨別金錢輕重之具形制僅如小匣畀以玻璃入錢數十枚其間輕僅杪忽者自歸一區重僅杪忽者自歸一區無稍輕重者亦自歸一區錢之流於器如蚓之行其聲如草蟲之趯時甫半刻千錢早已衡遍故不特千萬新鑄之錢分兩一式即交納舊錢稍因磨刷而輕減者亦不能欺其權衡必令補交鑄費而銷之錢之日新而不陳者蓋以此嗣復往觀其彭克柯弗英葛蘭彭克柯弗者銀行之謂英葛蘭則其國名也猶言英國銀行也英之文法輒倒置故云然銀行之票地各異式（如印度別有紙印度之票式）皆自造堅韌殊常每日所出銀輒在一百數十萬以上（余往觀之前一日出銀一兆零二萬六千）足見其流行之廣

夫中國未嘗不知自鑄錢也明時洪武、嘉靖、萬歷均令各省鼓鑄我

朝康、雍、乾、隆間亦令各省鼓鑄其始皆以爲便民便國之計其後每因錢法壅滯得不償失輒復停止則以爲民間慣用雜錢使然然而廢古用今王莽時嘗行之矣甚銷古錢隋時

亦嘗爲之矣卒之古錢廢而新錢仍不可用者其病源蓋在上而不在下也京省開一鑄錢局凡大小官吏書役工頭之花銷澆裹期盈期侈者罔不出於其中侵蝕視爲固然得缺即以相處於是工本物料層累剋減錢身攙雜體粗質脆市上用之或隨手而破壞民間蓄之或未久而朽腐雖禁令嚴密卒皆不以爲寶廢格而不行官中病其無以應朝廷之詔也遂爲掩耳盜鈴之術惟官放官收者概用新錢以符國制不復强之於閭閻此錢法所以壅滯鼓鑄所以徒爲虛耗也銅錢且如此況其在銀又況其在金哉今使中國開金銀礦置辦機器效爲英倫錢幣私銷私鑄之患誠可免矣而弊之在上者不除則金錢之雜銀銀錢之雜銅鉛或幾及半百姓知其所值本少不以爲寶卒亦不可以流通勢必仍至官民異價以成糊弄之局且錢弊創行之始須盡民間所蓄舊錢而繳銷之民不繳銷則顯違法令固召吏胥訛索民若繳銷則舊錢一入官手發還原値將不知何時赴衙門

以待給領獲領之價必不能彌補其待領之費是使民之效未彰擾民害民之禍已立見矣無已則惟各省分設官銀號召募誠實商賈司之俾民得自與交易庶乎其可夫商賈之力能報名於官者難期其果爲誠實也就令誠實之選幸如所期然銀號之設將以官監之乎抑不以官監之乎如不監以官則呼應不靈駔儈有恃强以輕錢勒用者必待訟諸公庭批示審斷然後息爭則銀號不可以自立如監以官則索取規費又無異鼓鑄之局是粒米而蟲之攢集蛀嚙者凡再也尚望其錢幣之能行哉

余問馬格理曰錢局天平皆罩以玻璃何也荅曰不使侵以寒熱之氣也人身之與百物見熱則舒見寒則縮故熱地之人其長也恒速年二十而身軀已定寒地之人其長也恒緩三十以前猶可增高五金及木皆然故寒暑針以水銀爲之亦可以銅爲之時辰鐘盛夏則行緩隆冬則行速者熱則擺子舒而長故緩寒則擺子縮而短故速有木模於此掌

握之久則拓大而不適於用置之於地頃刻復還其原此皆寒熱之氣所爲天平之輕重不爽杪忽然偎之以人薰之以火所衡之物輒加輕者則熱氣所中其器舒長也濡之以水扇之以風所衡之物輒加重者則寒氣所中其器縮短也銅最畏寒熱銀次之鋼次之玻璃最不畏故單天平以玻璃使輕重不失本來耳英國屬地銀號大平皆須自倫敦有輕重或爽者控告至官則羅亞泯剔提其天平而比校之別爲頒給每歲官中潛派員至所屬就市肆買物以覘其秤之協否有不協則取而折之仍量示罰給以新者或鎔鐵加於其秤鍾英制之平權衡非徒具文如此

日本井上馨者十四歲入倫敦學藝十年而返以英人船砲火車之用告於其國咸惡之屏不與語有指爲私通西洋而羣毆之者迨英軍攻日本力不能支乃乞井上馨言和擢戶部尚書獻策更政令以從西洋今又來英稽求征稅之法十五日●正使與余由英國銀

行歸便道訪之井言英稅例但徵進口之貨不徵出口之貨出口者本國所產征其貨則國人苦費鉅不願販運於他國第就本土銷售獲利必微無以勸藝殖匠作而富其民故故先不征之俟其販運獲贏貲乃計磅取三邊士以爲稅民既獲利輸納自非所難由是而樂於遠販者多遠販多則銷流廣業農工者自不待驅迫而咸勤於作苦以供所需英國富民之道莫善於此又言倫敦創造火車之始國人莫不騰謗謂舉國牧御由此廢業妨民孔多羣起而沮之豈知火車既行牧御營生乃益繁盛蓋無火車則人貨之往來者少有之則商旅絡繹於途火車不能到之處須以尋常車馬濟之故其生計滋豐也正使叩以查考英之稅課當看何書幷以書名威羅士疴弗呢順士者爲答。威羅士者豐也疴弗呢順士者若國也書言豐裕其國之道故名此書係挨登思蔑士所著難於繙譯非習英文者不能閱據馬格理言不如播犂地家兒伊哥那密。書名剌蔑兒所著較易譯看。

十六日布羅士來拜正使言及土耳其虐政布曰土政之虐在二十年前今則失之寬縱兵本素强非諸國所及倘得好官何至受侮於人問官何以不好答曰愛錢不治民事嘗有彼國貴官之素識者見其怠忽規勸之以無事可治爲對蓋廢弛之久竟忘其所以然不知食祿取財而外更有何事矣普天之下雖野人亦自有賞罰政教賞罰不當政教不脩而惟恃兵能殺人從未有立國可久者今土國文恬武嬉雖有勁卒誰實驅率使前此敗亡之所以可憂也第差勝於兵亦不强者耳嘻乎布羅士之言與夫人之論土政者不合得毋有所諷刺乎其人年六十餘舉止言動似有深心遠識者又言土國制祿太薄不足養人廉恥近開火車路然亦太少不能周通往來欲强其國須增官俸而嚴懲其貪且惰者以飭政令廣開火車路以收貿易之利而富其民然後可望治

哮爾歐伍倫敦者故王宮也剏於西歷一千零七十八年石墻厚一丈五尺環宮瀦水爲

溝池建砲台以守閱三百年廢爲拘禁犯罪大臣之所今改以儲軍器并駐兵二千焉内有君公將帥鐵鑄像數十具或步或騎火藥百數十箱新式後門槍六萬桿古今刀械盈甲不可數計別一所奉今國主禮冠冠制大如冬瓜形紫倭緞爲之上綴巨珠四纏界爲四瓣頂嵌鑽石大若鴿卵冠武亦密綴金花鑽石爲飾余於十八日往觀旋赴戴唔士江閱江底火車路蓋由平地而下凡石堦八十七級乃至之巨石爲左右坦墉厚鐵板爲上蓋以隔江水如甕城然火車馳其下煤氣燈相照引搆造雖巧然非必不可少矣

廿三日○游挐慎呀兒戞拉利（挐慎譯言國家也戞拉利譯言樓也呀兒者語助辭）蓋其國聚圖畫處也繪畫各國人物爲多山水次之間有花卉皆數百年前名手所爲以鏤金格子裝成密佈壁間樓房十數座皆遍男女紛紛就其下立版染毫依樣摹擬（摹畫者皆以木版立架上）夫既有布梨地士毋席庵以便民讀書又有此以詔民學畫英之百姓男女所以咸擅一藝而無束手凍餒之憂與

英之制刑雖寬政令則甚嚴凡其民小有忿爭或動止稍不如法則巡捕弋獲之致諸其長而詰禁焉故其設獄特多然犯之輕者不與重犯混慮其伍匪染惡益不自愛也倫敦輕犯之獄凡五美亞及議院紳主之重犯之獄凡二家部主之輕犯應禁數日以至數年者期滿卽釋惟罪在監禁五年以上則送部獄拘之九閱月乃解海口獄使就脩城築壘諸苦工海口之獄不一其名（曰逶爾德穆爾曰波得蘭曰蔑庵又有海島之獄曰勃地斯毋士阿爾蘭之獄曰士擺客埃爾）部獄則有曰密拉班克者有曰弇敦維辣者其立法從同二十二日函會家部往觀於其弇敦維辣家部派幫辦錫拉溫伊必存記室樊德佛爾至其地與獄官陸士爲前導所往之處所遇之物纖悉胥詳告焉其獄則崇樓廣厦遍繞迴欄壁淨階明塵垢俱絕屋一千一百六十五間現禁犯一千零十五名凡屋高七尺深十四尺廣十一尺一犯居之皆有牖以通天陽不以湫隘閉鬱其氣也非夏令則機器送暖分布於其屋爲禦寒也初入獄者去舊衣歸諸其家授

以囚服易別識也親屬來見別有一室以鐵栅隔之獄官與犯並坐察其所言杜私弊也
飧薦器用給以完好不賤視之也日膳凡三肉食必具劑以湯茗惠養之道也樓每重各
立天平一具有以肉少爲嫌者則面衡示之昭均平也飲食寢處咸適其意而氣體充矣
每日六點鐘卽起各自洗刷房地內外墻壁料理衣物務令整潔浴室十餘所七日禮拜
一澡濯恐其垢穢致疫癘也犯衣浣以機器陳於梳枷入火櫃烘之櫃有編號防混淆也
早膳後同詣講堂聽經以一點鐘爲度禮拜日則再往導其復善之心也凡聽講獄官必
高坐臨之糾其不恭者諷經叶以洋琴琴一而五音皆備薰陶以禮樂也六工及紡織烹
炊之事各就其所能使執一藝不能者教以工師初入獄則析舊繩每日率六時作苦收
其放心且進以技藝也午膳既畢舒步院閒依所畫地按序而行以活筋脈而仍不使肆
也舒步已則觀書兩刻牖其明也操作之時與食息相閒調其勞逸也在獄無老少莫不

體胖色華而堂室几案雕鏤畫繪之巧莫非犯人爲之遇客至咸肅然端立若素嫻禮教者以此獄中有高臺矗立數十丈獄官時登臨之以察犯人從違其或不率教則禁諸黑牢牢深入地下由階梯委折而至墻垣厚一尺四寸凡三重夜不給燭惟日仍給膳饌如常數毆官者以九尾虎鞭之九尾虎形如麈拂尾綴細麻繩故名其次則棰以木杆非是不鞭撻也越獄者以火鎗逐擊之由此獄移彼獄者以鐵索繫其右手加以鎖鑰人兩兩相連非是不施鎖鏵也人或負疾則別置樓下高朗之室以精美饌食供之醫既愈則坐諸機器所爲權衡稱其輕重以瞻肥瘠而知血氣之復充與否然後復歸其舊牢病甚者聚諸一所以便省視此倫敦部獄之章程也紳士所管五獄寬嚴各隨主者家部病其參差業已商允下議院定爲畫一之法矣英制之待罪囚如此其優人猶不堪至有墜樓求死之事（此是近事）蓋拘苦爲素所未經則役作辛勞已不如家居之優游自適不在乎重以懲

之也夫鬥狠由於悍戾爲盜迫於飢寒其人未嘗不知法而自禁然忿之所起貧之所逼當時實無如何不馴其勃發之氣不予以謀生之技則雖嚴刑示懲卒難免再蹈於後英人知此故立爲規教以約之制爲役限以課之調適其身體使不至以頹弱而自廢然後其出獄也可以忍性可以效功可以耐勞不復爲鬥毆盜賊之行倫敦百姓類皆安靜勤奮有由然矣又聞有侯士呵佛哥勒格神者譯言收過房也童子孤貧無父兄之教或父兄實不能教致陷匪彝者官中勾攝至其地飲食訓誨之涖以師傅慈以保姆俟其成人學藝既足然後放歸英之育成人材用心爲艮苦與

廿七日。并上馨來與正使并接晤之井曰中國寶藏實多何爲貨棄諸地胡不效西法改絃而更張之正使未及答余曰且君之綜司戶部亦嘗革戶部之弊政否答曰甚願與革衆不我從也余曰此非衆之好爲疑沮也祖宗制法皆有深意歷年既久而不能無弊者皆以私害法之人致之爲大臣者第能講求舊制之意實力奉行悉去其舊日之所無盡還其舊日之所有卽此可以復治若改絃而更張則驚擾之甚禍亂斯生我

中朝敢不以貴國爲戒乎金銀煤鐵等礦利在焉害亦存焉非

聖天子所貪求也井唯唯其友談詩半晌而去

每歲自開會堂之日始爵紳皆集倫敦至七月乃散其未散也日赴議院商確一切惟彼教禮拜六七兩日不往旅此數月來聞其徹夜辯論者數矣廿九日○見阿師伯立囑其遇有議事知會往觀三十日○四點鐘阿氏躬親來接登樓覘之各國使與諸事外人亦多有詣此作壁上觀者凡集議之先紳士有請於官則赴院挂號聲明所請事目該官吏預辯答詞屆時俱至設几案堂中央司事三人執筆攤紙正坐以記言各官就案旁坐諸紳以次列坐司批克特立於上按挂號序次傳呼其人出請有所請答辯論者皆起立向衆言

之詞畢復位然後他人啟齒毋許儳言忿爭不如法則司批克扶出之論相錯而得失不能決則分左右袒以人多者爲勝施行其言司批克猶所謂主意之人通曉律例嫻熟議院故事者也是日在坐數百人以雜事致詰者凡數起然後及土俄兩國事會堂首事哈丁敦意主不與聞陸兵總管哈爾狄則咈之兩人言論甚繁皆逾半時而後竟當其言之未竟無急於騁辯者可謂從容有制矣嗣此發言者尚多因有演看電氣之約正使與余先衆散去雲南戕殺洋繙譯一案格參贊查訪回英約及一月或以其確實情形未登新聞紙致詰於外部答者惟以威妥瑪尚未開報爲詞不知尚有葛籐否今司批克姓博蘭馬格理每謂中國尚僞不說實話不做實事每有所議心不以爲然口則許可之及其見諸行事又不如此辦理洋人最以是爲憤恨試思人各有眞意事各有眞理己非人是固不可矯强相持若既見人言爲非何妨直陳其所以剌謬之處明白曉暢使人心服倘既

言之而仍不服別出一解以相駁亦不妨再細思量或即立時伸辯或訂異日重商務令己之意事之理咸喻於人洋人並非豺虎安能遽肆吞噬奈何含糊其詞也答曰此高一層辦法也辯論易致忿爭維口興戎故含忍優容以息爭端而安天下馬曰面從心違既諾旋背正足啟爭若據理直言人即不服氣亦須服理當辯論時似是爭競究竟兩心相喻自各恬然何爭之有余聞言而姑頷之今觀其會堂辯論得失各不相假迨事歸一是衆遂俯首相從不存勝負之見

電學者以小筒盛兩金幷硫礦水入銅鐵綫於水中但使其綫相接萬千里不斷則電氣直及萬千里可以裂金石碎銅鐵可以擊人至斃置之暗室則其光閃爍與天上之電無異是也熱學者金木之類互相磨壓力重則生火凡物閉鬱久亦生火是也天文學者日不動而地動月與五星皆動月爲地影所掩則有圓缺之類是也氣學者天地之氣最重

火氣最輕入火氣於皮毬人駕之可以凌空而起入火氣於銅鐵大鐘以機器壓而實之人坐其內入水不濡倫敦有館曰坡里提克呢克音司的究甚者其鐵鐘可坐四人曾令演試之以爲戲凡物注氣旣滿其力足達遠而摧堅是也光學說見前廿八至三十連日觀藝師演此惟力學化學向未及覩此皆英人所謂實學其於中國聖人之教則以爲空談無用中國士大夫惑溺其說者往往附和之余爲之辯曰彼之實學皆雜技之小者其用可製一器而量有所限者也子夏曰雖小道必有可觀者焉致遠恐泥君子不爲非即謂此乎聖人之教仁義而已仁者人心固有之純善義者處事自然之條理仁義之道矢之於口則爲嘉言踐之於身則爲懿行而其大用則維持夫君臣父子兄弟夫婦朋友之五倫君非臣則無手足臣非君則無頭目故君臣至親子非父無以生其身父非子無以傳其世故父子至親兄弟者同稟父母之血氣以生猶析一身而二之非他人所能同故兄弟至親夫婦者相與成家而育後嗣者也故夫

婦至親朋者吾之同類友者吾之輔助也故朋友雖疏而亦親惟親故相聯屬惟親故相愛恤此固有之善心也仁也君所以治其臣故君尊臣卑有父而後有子故父尊子卑而凡與父同等者皆尊與子同等者皆卑有兄而後有弟故兄尊弟卑而凡與兄同齒者皆尊與弟同齒者皆卑夫婦者陰陽也陽天陰地陽日陰月天高而地下日大而月小故夫尊婦卑朋友無尊卑其道主於相敬不自尊而卑人夫尊自尊卑自卑無尊卑者自無尊卑此自然之條理也義也天下生民日日相接不外此五倫果其洽以仁而不相棄不相害締以義而不相侵不相淩一家如是則家安一國如是則國安天下如是則天下安故聖人之教所以奠安宇宙而助天地惠育萬物之功者也非是則情意乖忤君與臣互爲殘賊父與子互爲傷夷兄與弟互爲摧剝夫婦朋友互爲戕殺民物無以全其生天地且爲之擾亂而不能帖然於其位教之爲用孰大於是孰實於是聖人慮人之違其教也佐

之以兵刑兵刑者不得已然後用之所以驅不仁不義之人咸歸於仁義而非以逞忿非以恃強者也故兵刑亦仁義也中國自秦漢以迄元明脩其教則治淪其教則亂其治也遐荒向德重洋慕化仁義之風遂漸及於四裔其亂也人多騖利而尚力海内糾紛然君臣父子兄弟夫婦朋友之倫皭然猶存非甚不肖猶知顧畏仁義不敢過肆其桀驁故剝擊屠戮較之聖化未被之地其慘忍終殊夫天地間含生負氣具有耳目爪牙者莫不知飲啄求多攫搏求勝非獨人而後能之人之所以可貴者爲其倫紀不紊知有善而非惟尚力知有理而非惟騖利耳今西洋之俗以濟貧拯難爲美舉是卽仁之一端以仗義守信爲要圖是卽義之一端誠因其所明推之以率由五倫之教君臣相愛而堂廉之分明父子相愛而喬梓之道明兄弟相愛而長幼之序明夫婦相愛而内外之辨明朋友相愛而敬讓之誼明藹藹乎秩秩乎雍穆整齊不因好勝而奮爭心不恣貪欲而動殺機生靈

日本兵輪船

之禍即於是乎息非然者一意講求雜技使趨利之舟車殺人之火器爭多競巧以爲富強遽謂爲有用之實學哉中國自天開地闢以來歷年最多百數十大聖繼起其間制作日加精備其言理之深有過於外洋數倍者外洋以富爲富中國以不貪得爲富外洋以強爲強中國以不好勝爲強此其理非可驟語而明而究其禁奇技以防亂萌揭仁義以立治本道固萬世而不可易彼之以爲無用者殆無用之大用也夫

日本國於英倫造兵船二號其一已告成于三月初一日下水公使上野景範集衆觀之以中華密爾其國特邀使者與會示親切也船匠頭目爲沙穆德裁定船式者爲李德皆藝之最優者其船長二十一丈載貨可四萬六千八百六十石英語曰二千三百四十三噸船尾雙輪鼓其一則船於所止之處瞬息可以轉身無俟繞行之遠所以利戰陣也氣爐別有新式可省煤火所以免煤乏退兵之患也加製風帆一點鐘能達三十里不必專藉火輪亦以作

煤力之不及近來船法之精巧如此英俗凡船下水注酒盈瓶而碎之以女賓斷其船繫岸之索則船隨流滔滔去岸上羣鼓掌讙呼以送其行事畢就船廠設宴受船者爲賓匠頭爲主人饌既畢進主賓互相頌禱以及其國坐客擊案舉盞慶之是日中國使者在坐故亦爲中國祝正使以吉語酬焉英俗凡盛宴皆有主賓互祝之事船廠在播比臘距倫敦約二十里

園囿之式大地多自生樹者曰巴爾格結搆以藝花卉者曰家爾墪倫敦之南十餘里地名曰邱者有羅亞家爾墪譯言御花園也其地周迴六里乾隆間英主若耳治第三所建仿中國形制有亭有台有橋有館今皆圮惟十層塔尚存維多里亞增廣之羅致五大洲千百國木料花草於其地各有標記著其名目功用及所自出縱令百姓往觀以資博物而擴其匠材醫藥之識余於初三日游此木料瑩澤堅緻奇形巨體爲生平所未見者甚多惜未習番書不能一一讀其所標記也園中工費每年金錢二萬實中國銀六萬六千餘

兩歸時園務總管胡格爾折鮮花盈筐以贈

製造官局在倫敦之東距使寓三十餘里地名烏里治英語呼是局爲羅亞兒遜那拉其監督曰楊何思本德副監督曰顧德訥富曰薩繆愛拉戈登薩卽李少泉相國舊部將戈登之兄戈登本其姓當時只以姓行耳初五日巳正由蔗林覺羅士（地名）附火車抵局觀其火器楊河思本德等先請看演威德哈德魚雷威德哈德蓋製造者姓名魚雷則水雷之像魚形者首尖尾銳有鬣有鬐有翅長十四尺重一百十九磅（十二兩爲一磅）身三段相接前一段有機竅銅爲之形如小菊花以定魚形之遠近中一段機竅伏於內以定入水之深淺其訣秘不示人（雖本國且同局製造者亦不使知之）後一段以貫火藥火藥用棉花練成燃速而力猛將施放以印度膠管注氣魚腹既滿乃推納水中魚行處水無聲而微浪緣爲客演試僅令入水五尺故迹象可見行僅里許旋收之若以禦敵則入水當在十尺以上水面幷不見其形

雖敵舟遠隔十五里亦一刻駛到矣一點鐘能行六十里然施放必於六十丈內乃能有準魚雷凡兩演繼則演放來福大砲砲皆新式如葫蘆形底最大腹次之口則長狹砲子亦新式如饅頭而上殺每砲子之腹實以小砲子無數皆注松香黏之如瓜瓤然空其底與心以載藥其上爲校遠近之火機至敵陣火機發則砲子炸而小砲子飛出如羣蜂傷人於數百步外故亦名蜂窠砲子身上下皆有方銅釘與砲筒中綫路相合砲筒中密爲小長阬如路然自腹至口所以免砲子之乘風滚轉也砲七萬六千斤英語曰三十八噸配以砲子之重五百廿五斤者英語曰七百磅火藥則一百五十斤英語曰二百磅凡藥之重皆視砲子約四之一藥不以粉而以磚形如小黑磚取其爇透較慢不致勢太暴以傷砲也盛藥不以紙與布而以羊毛袋取其一放再放之後砲筒餘火不至遽著於藥以傷人也羊毛不著火演試之砲週身左右有小穴三四裝子藥既畢則以螺旋鐵棒長約尺餘貫穴中鐵棒上數寸心空以銅條約一寸置其間塞以小鐵杵爲試驗藥力之用蓋藥發則其力直壓鐵杵以搗銅

條因銅條之搗扁若干即可覘其藥力之大小砲筒內子離藥以徐出斯氣漸鬆而力亦漸薄故近底之銅條搗扁較甚於近腹者近腹之銅條搗扁又較甚於近口者驗之既確則上下之間用藥多寡可以無悞矣砲之前面里許有木架橫繫電綫連延至一室與機器相屬機器上立小銅箭砲子過架則電綫斷而銅箭落因其落之時刻杪數以知砲子飛行之遲速舊式圓砲子每一杪時行二百丈行速而不能及遠今式砲子一杪時行一百二十丈行慢而力能及遠英人之於火氣其精心審驗如此七萬六千斤之砲其底大幾兩圍製以熟鐵內外瑩滑從古未聞鑄熟鐵器能至此之大者旣而往觀其工匠製造之處則莫非機器爲之鐵爐大者崇廣如里門其外闢以鐵閘能自闔闢煤亦自躍入爐不須人爲添撥煽爐之風（鐵無風則不化）以鐵扇輪鼓入洞中歸於總氣管分布各爐以供其用

凡鑄大砲化鐵爲汁灌諸模內成方鐵柱長僅二尺俟旣冷復燒諸爐而出之以自轉之

巨軸碾之軸數轉而柱已長二三丈再冷再燒繞諸倍大之軸捲爲層圈捶以鐵鎯頭鎯頭自屋頂而下其大數圍重八萬斤（英語曰四十噸）隆隆數聲而層圈之縫已合乃以鐵鼓置其上捶之入圈以廣其腹然後付諸各機器重疊刻薄之磨礲其内外刷以油套入鋼管以爲砲心鋼管取其不炸其鑄造磨刷之法大致如製砲筒惜未嘗親覩其爲之也鎗砲所需雖具長者短者大者小者圓者鋭者皆造自機器其捷無匹一堂之中匠人司機以作者千數百具咸統於巨機巨機動則凡機皆動雷鳴風激令人耳目爲之紛亂綜計一局執藝者共七千餘人每歲經費金錢三百萬實中國銀一千萬兩有奇今七萬六千斤砲鑄成八十八門十六萬斤砲（英語曰八十噸）鑄成五門其較小者則尤夥砲子大細羅列道旁不啻墉之崇櫛之比然砲身過大只宜於守城壘若以備船戰則船之小者不足以多載船之大者能多載砲又恐易爲敵砲所中故英人之於船砲務求至大至堅以相誇尙不及數年必將嫌

其鈍重一切改爲之徒浪費而已卽如後膛大砲前數年以爲新式今知其易炸悉棄諸道途惟手鎗尚用後膛者易炸之砲以賤值售諸中國採買委員利其可以冒報銀數輒與收之魚雷初製亦多不可用幷爲中國購去（美國人萊姓所造以電氣鼓雷行水中人在岸上執電氣總管如執轡以馭馬者然其雷輒露形水上敵船易拒避之絕不可用亦有一種十放九不應手者）彼人藉以稍償工料之本然耗折固已多矣以知保國之道惟治功當日進而不已戎器則第在足用無取過求誇多門巧之風一開流弊不知胡底

西洋人每練沙爲石以備修築錫蘭摩兒大島之砲壘多此技所爲堅逾於石砲子不能穿初八日閱新報荷蘭人亦有練沙築塘之事

三十年前宰相曰專勒士者年八十五矣寓李志門（地名）之偏布祿羅址（里名）相距二十四里囑威妥瑪致意訂期來相訪以其年高不欲勞之於十一日特往就見其人步履雖艱目光熒熒尚能讀書日以著述爲事自謂幸延殘年得見中國名下士告別時猶戀戀若不

捨也是日經行之處見地下亦有火車道有貿易市肆甚繁鬧過戴唔士江邊遙望小舟三兩容與中流不見有打魚者因問馬格理以漁獵之事究知英國每年自二月至八月英之二月卽中國正月八月卽中國七月禁漁獵樵採民於其時無有以網罟入洿池以斧斤火鎗入山林原野者

土俄兩國之事停戰半年期已過矣不能成盟俄責土以盡改其政土期俄以先撤其兵俄曰我師一退土王將苟安目前病曷有瘳也土曰俄不退師我方勞瘁於邊防何暇自理其政也英人左右調之俄約一年爲期土政不改則仍臨以兵英慮土政不易猝更將假俄師以名不敢允其議二月俄使至英與德爾秘面商既有成言則又於各國畫諾時以言激土人怒而罷焉蓋弔民伐罪俄第借以爲詞非眞欲土王之剏艾也十二日英倫電報俄師已於上一日渡布羅士江營於土屬魯美尼亞國界先是俄王遣人謂魯美國

助己事成當立爲自主之國魯美國善言謝之今俄師駐彼疆而不拒禦則魚已啖餌矣

彼國與土接壤戰事恐不可止

民間訟獄之事隷於美亞美亞所不能治或既治之而仍不服者則控諸議院以上聞交刑司審斷焉刑司之權足以訊治其國主王公大臣故英倫有君主不尊律例爲尊之語其推鞫之法兩造各請律師六人代質刑司據台上坐律師環台下坐台上有所詰駁則台下檢案卷起立辨答無跪審刑訊之事綜計通國大律師六百人小律師一千二百人皆考試其律學之差等而拔置之蓋恐民愚不克自達其情故代以律師也英倫問案之處曰林坤辛其堂名有六一曰迷達拉坦木布二曰印那爾坦木布三曰魁蔭司班墀四曰格蕾新五曰艾克司柴克爾六曰闊爾達敖伍靠滿普力斯然刑司不常駐此時往來三島城鄉就地訊案不勞訟者遠涉本月適其讞事於林坤辛有僖在明之友曰哈力斯

者導往觀之并入其庋置律書之室律書四萬册學律者日詣其處習讀焉又有堂曰豪四敖伍頗布力客蓄闕自係其存積案卷處門窗架閣皆鐵石爲之不雜以寸木防火眚也凡其國新君嗣位稟受大教師誡條及各國和好之約章皆藏於是案卷咸編號百姓有往抄者則司事按其所求抽示之不禁阻亦不索費

使寓之北半里許有明士德拉陸義者善雜藝十五日請正使與余往觀其演試先以銀納鏹水中（鏹水以磺或硝石合輕氣養氣成之）銀化爲粉入鹽少許則銀粉下墜瀉去鏹水而煉之則銀粉黝黑如切碎之牛角再以火吹之則仍爲銀據其言曰凡物化形皆可煉之以還原物如以炭灼火罩諸玻璃中玻璃二斤炭四兩及炭化灰則數分耳然合玻璃封固而衡之猶是二斤四兩也蓋炭雖化而氣固在也（玻璃罩物最不洩氣）以皮袋挹取其氣合灰煉之仍復爲炭置鐵於簷下久而生銹刮其銹以煉之仍復爲鐵又如爇炭於室其氣外散草木受之則復

成炭材燃煤於爐其灰下樸地土受之則復毓煤胎是故人死復生而爲人畜死復生而爲畜此物理之固然無可疑者其立論如是嗣演電氣與前所見大略不殊是日余患腹痛未及畢觀其藝偕德明先歸至夜身體殊不適馬格理曰此鬱居一室所致也外洋謂天氣爲養氣謂人腹所吐及凡物鬱積之氣爲炭氣人受養氣多則無疾受炭氣多則疾生故須游行空曠常見天日以吸養氣即止於室中亦宜廠開窗牖使與養氣相接假如有人於此其體素健也其所居廣廈也飲食非缺也闔其扉塞其牖葢彌其罅隙不及數日其人必死以養氣胥絕所吸皆炭氣也深房邃閣鍵閉之久乍入之而死者中國以爲逢祟非祟也船艙地窖儲積米荳驀進之而仆者中國以爲中毒非毒也皆炭氣所爲也火最食養氣故閉門熟睡不可熾火水最食炭氣故臥榻之旁不妨置水

十五日余患腹瀉自是頭昏面黃胸脹氣喘日漸增劇苦無醫藥不得已令洋醫視之謂

肝經有痰授以紅藥水一小瓶使服焉服後瀉血半盆神志惝恍脈息頓亂其勢甚危故十八二十等日英國主接見公使皆未赴嗣得參朮等藥日以大劑進至四月初旬乃漸愈然臥病已一月矣此數十日内諸事茫無所知亦未有以事來告者惟聞俄人已與土國搆兵屢戰獲勝三月廿七日在土東威的印及戞拉佛達地方大戰復捷英人現守局外之規不與其事云

正使在京奏調之廣東候補知縣李荆門於三月十八日到英監督學習水師官生之候選道李鳳苞洋人日意格亦於廿八日到官生共三十二人分赴法國學習者二十人留倫敦者十二人四月初一日帶領來見

余臥病中有倫敦紳士上書言英人之欺負中國有六事一鴉片流毒二中國聖教最善外洋傳教實爲多事三商人不歸地方官管束而以領事自理袒護不公四擅造吳淞火

車路反索倍償其費五雲南人命不就案辦案借以强索馬頭六接待使者禮有未至中國　欽差若許面華其詞當集合同志爲向議院爭辯等語正使以婉言辭之辦法良是盖使於其國不便妄聽紳民唇舌以與彼君國爲難也然英人之愛重中國實其本心凡宴飲茶會惟外部署及各國公使所請必有其他國使此外官紳私局非中國使者未嘗與焉每日茶會輒數家赴不勝赴與其官紳相見常諄切懇至囑以自强永敦和好且或自言其國人所爲無以對中國者

四月十二日爲維多里亞生辰西歷之五月廿三也英例每年五月二十日起至三十日止各衙署皆不治事百官休沐鄉園國主因其生辰在停差期內故改於六月初二日爲觴祝之期然官民仍有相慶者倫敦東南三十餘里有水晶宫博雅那所築館舍也穹窿廣厦上罩玻璃琢石爲人森立道左花間樹外鑄鐵肖澳大利亞洲野人形張弓矢持戈

矛若門若獵其人面色赭黑散髮裸體或釘板於唇挺出二寸許如中國之船唇然者亦有貫木於耳如耳牌然者別一所效埃及屋壁之制繪刻人物粗陋殊甚其餘數十楹遍懸洋畫皆宏麗而不免於俗惟蓄魚養花處略可觀耳今廢爲貿易場矣是夜爲烟火之戲有博樂佩芝者邀請臨觀烟火製造之巧非中國所及其最巧者氣毬燃放地上徐升空中散爲數十巨星光分五色又於水池施放火蛇飛騰數丈互相往還其旁噴水筒十餘水泉滾起如百道飛瀑與火燄相鬧又爲其國主像眉目口鼻冠縫衣褶皆以火呈現之又爲温宅宮規模巍煥萬戶千門火光中遙見層堦環檻大木扶疏青碧之色蔥蒨若活眞奇觀也

十四日接到總稅司赫德由京發來電報令金登幹帶領博郎來見以備余用博郎蓋英人幼居德國讀書長則效力於中國歷十餘年能華語者十五日偕馬格里出門謝客以

余患病時英官紳與列國公使候問者多故病愈而拜謝之也與波斯藩王相見余聞本月十一日喀什噶爾遣使來英以該王同爲回教問其知彼來意否答曰總未相見不知之也中國現與喀搆兵徒利俄人覽天下大勢俄英之强皆未有艾而貴國與敝國乃以弱承之將來必爲所併第不知歸英抑歸俄耳余曰是必不然天道禍盈而福謙如俄之貪噬無厭安知不奪其魄使之驟致喪敗若挐破侖之滅亡强弱勝敗何常之有

大清威行四裔殆二百年自咸同間粤賊內訌財力稍困

朝廷顧惜民命不肯黷武於外洋其勢遂似於弱今掃平海內漸靖西陲武功旣成壹意政教

不及數載綱維大張

國威自可復振貴國君臣苟能發憤事亦如之何至遽被蠶食於彼暫强者乎王曰中國孔

聖之教禁人言利戒人尚力知斂退而不知奮進故易弱其國也余曰是更不然孔聖之

戒言利爲斂財害民者耳其禁尙力亦爲恃强肆惡者耳足食足兵治國何嘗不務富强
但所以致富强者準繩乎仁義之中故其教爲萬古所不能易中國歷朝强盛由此我
大淸乾隆以前遐荒效順重洋慕化亦由於此今英國知仁義爲本以臻富强未始非由久
入中國得聞聖教所致奈何以爲貽害也王曰我兩國亦何嘗不求前進但西人之前進
也百步我之前進僅數步故覺瞠乎其後勢利遠不及耳余曰絕迹而奔者人喜其捷而
不知有顚隕之虞緩步而行者人苦其遲而不知無傾跌之患水雷火砲慘殺生靈以此
爲雄他日必反受其害君何慕爲王曰中國何以不製火輪車余笑曰方今政府謀於
朝廷之上製造大火車正朝廷以正百官正百官以正萬民此行之最速一日而數萬里無待
於煤火輪鐵者也王聞之亦大笑余自到倫敦凡出拜客必正使與偕未嘗向人稍伸辯
論此次每一答駁波斯藩王必點頭不已語畢辭去王曰今日領教殊快無怪是中國有

名人

英人好游歷凡五大洲踪跡所至莫不測量其道路山川之高下遠近審辨其天地之寒暑燥溼人物之大小剛柔鳥獸蟲魚花果樹木之奇常同異勒爲書繪爲圖自炫於衆以求則夫文學之林倫敦有地理會者集其圖書而收之互相參考遂成各大洲之輿圖記載故言地理以英人爲最精前任駐京公使阿里克其會首也十六日宴中國使者聚其會友之雋傑欵洽談論用示多材筵席中頌禱吉語亦不離地理之說焉

十七日請日本公使參贊及其前任戶部尚書宴於寓所井上馨問余曰中國尚有林則徐其人否答曰曾國藩左宗棠何多讓也井曰否否中國若有此忠良兩君玉趾不賁英矣林公之子嗣何如答曰有季子林拱樞在井曰覘乃父何如答曰方爲諫官未嘗見其當大事然血性見識則甚優井曰我聞林公指揮區畫滴滴皆血他人思力所不能及得

非所謂血性乎余曰然夫文忠之治夷固穆彰阿琦善之流所謂辦理不善致啟邊釁者也然而外洋諸國嘆賞企慕有若天人雖其仇敵猶且同心敬仰夫豈尚有阿私哉人之心思材力不甚相遠也畢而致諸國事已非有餘而視國事爲無與於身者乃分之以前瞻後盼於是徘徊苟且其毒害遂中於無窮惟夫肝胆許國之人一意肩承誓不返顧當其遭逢艱阻百計莫能周全方且拊膺痛心自恨無益於事而人之矚目其旁者覺一切布置莫非精神力量彌滿於中乃嘆此眞忠艮不可及也夫文忠聲名洋溢海外數萬里上下千古無與爲比者人當知所立志矣是日未宴客之先有南海人何沃生者來見年二十歲伍秩庸之妻舅也寓倫敦西南榮布定地方在議院對門之大醫院充學徒人亦聰慧廿一日卽西歷六月初二日維多理亞慶生辰伊國無朝賀之典惟倫敦數百街中結綵懸燈花氣芬馥男女往來如織歌樂之聲闐然余病甫愈未能往觀也聞夾道皆賣

香水者少女輒袖之以游青年子弟爲所屬意則以香水濺之

廿四日接赫德電報知余於三月十七日改派德國　欽差大臣出使公費銀五萬兩

凡宮中有朝會慶樂之事國使皆與敬客之禮也廿五日柏金哈木宮奏樂約國使同聽之已於前期十數日下書矣廿四日忽聞荷蘭國后之喪遂中止盟邦有大喪國主爲之素服輟樂三禮拜睦友之義也然臣下私爲宴樂則不禁故是日亞爾該公（亞爾該地名公其爵也）請茶會偕正使赴之公府有大花圃萬木陰森百卉繁盛每數十步設幄張筵餅餌茶酒畢備聽客游蹤所至飲啗之樹下伶人奏樂靜而不譁惜微雨未能暢游亞爾該公之子鸞侯（鸞地名侯其爵）三公主之壻也公夫人特出與中國使者相見坐談良久鸞侯立侍其旁無倦容不可謂無母子之禮廿六日威兒士代國主見公使及羣臣於宮中皆素服英制所謂素服者貫黑圈於左肘如射韝然入朝則隨其國主之服也臣下家居不縞素者分不足也

中國使者是日進見服行裝不蟒繡

電報之外有所謂日影報者法用鏡大如楪穴其中央小如豆迎日光立於架上距鏡約尺有小牙籤綴黑子亦以架朝鏡而立鏡與籤皆有活機可高可下演其法者務令籤之黑子與鏡之小穴高下相對則三百里外見其影知其旣見則曳活機使鏡光閃動大動爲一橫小動爲一直彌小爲一點橫直與點相繼相錯按諸二十六字母而成字字與字相因而成文可以報事於遠其法較電報爲遲慢又必須日光晴明立於高絶無障礙處乃能爲之然兩軍對壘中隔敵兵不能飛越欲使人繞出敵後偵探以施圍裏抄襲之計則非此不可以通報信息三年前印度司電報官曰㭬士者究得其法傳之於伊友沽德囘倫敦試演焉廿七日致仕水師提督何洛（嘉慶間曾隨亞麻士使中國道光末年亦嘗以水師官與南京換約之事）請茶會特令沽德弄此技於中國使者前惜日色明暗不常未獲遂意是夜赴李德宴飲（李德是善創輪船式樣者曾於伯來）

墼同
席有會堂紳薄拉錫之婦約廿九日便飯居期而往遍觀其室則倫敦之大富家也飯畢又爲觀賽馬之約

廿九日接京信知德國公使巴蘭達於本年脩約節外生枝堅執舊約只有各關分納稅餉之語意欲洋貨運入內地惟有逢關納稅不能更取其釐金查洋貨之來自各國者但經完納關稅及子口半稅則所過釐卡均只驗明領單立即放行並無重抽釐金之事其抽取釐金者第貨之已承自華人者耳以中國之官卡籌中國之兵費而斂中國民人之稅釐於洋商何與不特章程不必行之各國且各國約章亦不能涉及此事蓋我原有自主之權釐金應取諸我民則自取之非外人所能過問也彼如日釐雖出自華人貨則實爲洋貨則請應之曰貨皆有所自來然繫屬何定之有在洋人之手則爲洋貨在華人之手則爲華貨苟其已歸華人則華人之主雖盡取而用之亦非各國所能干與君民者父

予也予之貨買自外洋遂欲限禁其父使不得取用天下曾何有是理况百中僅提其一二乎彼如曰洋貨重復抽釐則華商承本太貴不肯多買有礙洋商之生理故不得不涉理也則請應之曰爾能顧爾之銷貨我獨不能顧我之立國乎假令所損於我國者小猶可曲就爾銷貨之計以惠遠人今抽釐之舉專恃以餉兵若華人之承受爾貨者不完釐則承受他國之貨者亦必不完釐我中國兵費將何自出乎爾貨之賣與華人者慮因抽釐而承本貴不能暢銷則華貨之賣於爾商者亦必慮因抽釐而承本貴不能賤買推類以及將一切釐金皆不能聽我征收矣我中國兵費更何自出乎無餉無兵即不可以立國天下容有令人自棄其國以就已買賣者否且我自棄其國則盜賊勢必充斥爾商之生理不但不能暢銷亦并不能自保是損人即以損己也大抵爾之求索免釐必有中國刁民圖益己財而以稅多貨滯之說相蠱惑者不知來自外洋之貨非貧民日用所必需

其買之者惟富戶耳中國富戶只有此數而洋貨之運赴日益無窮卽使併關稅而裁之亦難望多所銷售徒爲刁民役使妄費唇舌致人謂爾無理滋事侵我國自有之權以乖公法甚爲貴公使不取也總之我一日尙主此國卽不能一日不籌餉需非約章所得而限制若我不能自主此國則無主何有於客脩約奚爲以是嚴拒之英於此等事尙屬近理斷不任商人之妄爲洋貨槪行免釐之說當烟台定案時有蹴威妥瑪持以固爭者威氏以事非應辦置之不議

五月初一日再到播犂地士母席庵觀其所蓄中國書也禧在明偕往典書之德葛蘭士善將兵之傳理藹此人於無事時不受職不食俸若有戰事則必以統籌全軍云咸相接陪其書之最要者則有十三經注疏七經　欽定　皇清經解二十四史通鑑綱目康雍　上諭　大清會典　大清律例中樞政考六部則例康熙字典朱子全書性理大全杜佑通典續通典通志通攷佩文韻

府淵鑑類函　殿板之四書五經西清古鑑等類其餘如羣儒諸子道釋雜教各省府州縣之志地輿疆域之紀兵法律例之編示諭册帖尺牘之式古今詩賦文藝之刻經策之學琴棋圖畫之譜方技百家詞曲小說無不各備一種至於粵逆僞詔僞示亦珍藏焉不能區別各自爲類而錯雜庋閣之

由乃地德維士葛羅部旣邀兩使者入會而阿德彌庵於四月中旬亦相邀阿爾德庵文會館也阿德彌庵人姓名希臘都城是其所築遂以名其城英之文教從希臘來故以彼都城之名名會館自丞相以下凡文職貴官皆署名其間威妥瑪亦與焉各國公使入會者定限十五人正使與余旣入會遂於初二日往觀會友傳理蘭暨威氏相陪館例與由乃地德維士葛羅部無異凡會中人皆可於此閒談於此靜坐於此讀書於此膳飲而獨不能請會外之客亦不能於此夜宿每晚一點鐘後卽各歸其寓云藏書數十架漆衣金題璀璨炫目詢以何書則皆新聞紙也法國創報新聞猶存

之以誌肇事之祖其他宮室藏書多類此

英人創造火車自謂致富之奇術然業此者多至虧本蓋鐵路之稅煤火之值工食之需陳飾修理之費皆出其中度載人貨稍或減少則用必不敷加收脚價殊非易易也初四日劉孚翊以告余謂天下無奇巧之事可以久行者天道實然

賽馬之戲比官紳士庶之馬選其雄駿相類者使之幷轡而馳立欄於地校至欄之遲速爲勝負負者出銀物以犒勝者由國中迄四郊就地爲圍場分時博賽幾於周歲皆然國主及其嗣子恒往觀之所以激厲人之畜馬而爲通國名馬之招也由是畜馬之家芻豆必豐牧地必潔刷濯必時不敢輕假圉人之手故英國良馬之多視西洋爲最其以輪船相較遲疾謂之賽船意亦猶是五月初二至初五日阿思葛德賽馬之期國人豔稱其盛

余於初四日赴薄拉錫之約偕鳳劉張三隨員往觀阿思葛德距倫敦八十餘里男婦集

觀者裾裙相綴富家或築宮馬道旁分棚列坐以便登眺酒食亦有設肆而沽者其御圍監以大臣惟公主夫人國戚世爵及諸貴官乃得入余之往也先期幫辦內大臣潘孫璧崧音函會伯爵哈爾狄衞克故該爵邀入御圍與余親貴坐次之首幷餉以酒饌焉

十一日前任首相葛蘭斯敦敦請早膳有錫蘭總督哈里柯梨西印度巴兒袚多司總督某同席葛問中國文字飯畢回寓澳大利世爵師丹里來見亦英人也先是喀什噶爾僞王之遣使於英也英人亦派公使前往駐劄正使閱新聞紙知之疑爲保衞喀賊以免我征討之師舉以告余余鹵莽未及細審遽謂喀地爲中國疆域喀賊爲中國叛人英既與中國締交奈何助逆應據理詰問之正使擬會衙致詰文稿內有貴國有意相幫之語劉孚翊捧稿來畫余謂此語太實應請正使刪去旋據馬格理言新聞紙時有不足憑者遣使是否的確應先函問明白再作道理不可遽行文責詰余深然之正使從

之外部久未答覆凡各國使有所商請輒須十餘日方能得其外部回信至是師丹里來先言英人之客於各國者均歸地方官約束惟中國與土耳其則否此原西洋創見之舉甚不利於地方今土國因英商日衆訟獄已改隸於土官中國亦宜照辦方不致外人肆擾無忌正使答曰中國未嘗不知此惟刑法與西洋不同流徒笞杖恐非洋人所堪故聽領事自理耳余曰倘照理藩院刑法參酌變通以圈禁代流徒以罰贖代笞杖定爲常例以治外國寄居商民亦未嘗不可師丹里領焉師丹里曰今日之來欲有所言未識肯許以饒舌否乎正使請言之師丹里曰聞左軍將進征喀國此徒爲俄人效勞耳爲中國計不如與喀和好以省軍需喀使來英今願求見也正使曰喀什噶爾爲我內地我

朝耗費幾許兵力以撫有之百數十年矣回人乘我內亂竊取爲國能許以和好與否非使臣所能主持彼使來見則無不可余曰以和好爲言是謂失詞彼爲我叛人當曰投誠當

曰藩屬師丹里答以温言而去馬格理曰伊素與回人交故爲作說客印度丞相實未之遣也外部是否欲中國建喀爲藩俾印度借以屏蔽是未可知若遣使則不爲助喀而設蓋西洋之例凡國人有貿易於他國者必遣使護之喀地與印度緊鄰商販之往實多中國未失此地則事有曲直可言諸中國既失其地而爲回人所據是中國權力暫難相及遇事向問勢必答以不知在印度既不能收回貿易豈遂長棄商人於不顧故因回人有暫時之權力亦即遣使於回所以自保商人也此爲萬國公法所許至於中國之征喀與否許喀投順而建爲藩與否均非所遣使臣得而過問第中國不知洋例耳旋外部幫辦丁達坦函覆亦謂遣使原非助喀五年前中國未進征之先即有之當時不相詰問何至今始以爲言英廷實難收回成命等語

英軺日記下卷

跳舞會者男與女面相向互爲攜持男以一手摟女腰女以一手握男膊旋舞於中庭每四五偶並舞皆繞庭數匝而後止女子袒露男則衣襟整齊然彼國男子禮服下褲染成肉色緊貼髀足遠視之若裸其下體者然殊不雅觀也云此俗由來最古西洋類皆爲之國中大小衙門莫不有跳舞庭以備盛會若以爲公事之要者四月以來英人延請赴觀者不下十餘家余以病皆未往五月十二日晚國主請茶會乃一覩之於柏金哈木宮是夜各國公使畢集官紳男女聚觀尤衆前庭奏樂以爲舞節世子與其夫人亦在跳舞中世子則與一婦爲偶夫人又則與一男子爲偶夫婦不相偶也

兩月來官紳請茶會者日輒數家凡茶會以長筵陳茗酒果餌待客飲噉庭室門廡遍攢鮮花香豔怡人英人最善種花玫瑰月季皆大如牡丹杜鵑石竹翦春羅皆能作五色重臺並蒂每開放燦爛有若堆錦洵異觀也夜會燈燭尤繁鬧男女雜

逕肘並肩摩或召優人藝師演雜劇或歌或樂以助興趣（歌樂亦有自爲之者洋女子彈琴度曲以娛客率視爲常）每會所費金錢盈百多者五六百客之赴會者皆自就筵前立而哺啜惟中國使者則主人每親捧茶酒其好客而侈於用財如此又英人有一技藝必於衆中演試自炫其能有所儲蓄無論珍玩錦繡皆羅列於庭逐一指以示客惟恐其目不及覽故華人之才與財恒韜隱而不可見英則浮露於外分寸不能稍藏蓋慣見之則自以爲常而相忘乍有之則自以爲異而相矜意量固不可強也每歲茶會之盛自三月至六月中旬止

十五夜赴蘇葛蘭公會看跳舞巴西國王與其妻在焉（巴西國在亞美理駕洲之南）衣褌猶洋人常服民主之國其式類如此該國王遨遊阿非利加洲及歐羅巴遍歷埃及德奥法等國以至於英凡園池之勝無不夫婦偕往觀覽宴會無不並赴殆地上游行散仙而已是夜跳舞之鬧較甚於柏金哈木宮蘇葛蘭服式與倫敦殊男女皆於左肩搭紅色棋盤紋絨緞而束

其餘於腰男子不袴而靴有以紅帶繞膝以下抵足如行縢然者是夜女子有服希臘國裝者裙裾大褂甚似中國以希蠟之首被中國化也女袒其上男裸其下身首相貼緊摟而舞

倫敦人最喜行善老幼孤窮廢疾異方難民皆建大房院居之優給其養有所謂老儒會者授餐於讀書寒士慮其以就食爲耻則繼粟繼肉遣人致諸其居有所謂繡花局者世族婦女以家道中落不能自贍則聚之於深邃房室供飲饌給奔走使之紡繡而貨之仍禁男子不得擅入以遠其嫌余患病時正使皆嘗造觀焉又有所謂施醫院者已於正月初四日記其大概然倫敦正不止此每數里即有夏屋渠渠萃貧民而療其所患其他城鄉皆然凡此各項經費率爲官紳富民所湊集有不足則或闢地種花養魚或會中演戲弄雜耍縱人往觀而收其入門之費賃座之値以資善舉本月十六七八等日騷士堅星墩有貴官婦女陳雜貨邀請其國主國戚世爵大臣及國使富紳游焉選女子之美者當

肆貨皆百倍其價往游者必購取數事而後可出以其所入惠養病人十六日斂銀二千數百兩十七日余與劉孚翊張斯栒馬格理同赴之亦共擲金錢十六枚是夜國主請茶會台樂徵歌巴西王與其妻偕在中庭爲大臣男婦右爲國使男婦左爲世爵男婦洋俗以右爲上世子及夫人代國主欵客一點鐘乃散

十八日博繙譯來余問英國事博曰英俗太奢鋪陳享用務極華侈殊非久計婦女浪費尤中國所無衣裙一襲動須銀百餘兩服之僅二次卽嫌不鮮又換新製每日往來酬應車馬酒食所費浩煩月非三四百金不辦故女子擇配必以男家富有爲期而男子又病供應之難必此女力能自給方敢聘定故男終身不娶女至老不嫁者比比華人以多男爲慶英人以多男爲苦近年此地育女常倍於育男其言甚確每赴紳商宴會見有一家而三四女者罕見一家而二男者風俗之累正不知何由矯正今所恃者貿易生財周於四海將來道路或梗貨不流通卽恐易至

困匱余深然之嗣論及火車余謂中國游客較少造鐵路製火車必至虧本勢不可行博曰勢不然火車之利在載貨不在度人中國貨物最多生理最大若製火車利息必倍稅課亦增寔是足國裕民之道且藉此可省兵力各省或有變亂聞報發兵數日便至疾風掃葉權落匪難第於京師養兵十萬選良將領之天子親爲校閱以備征討即可不設重鎭於外每歲所節餉糈當在千餘萬白金以上但天下事有利必有弊西洋以造輪船火車爲前進究竟是進是退我不敢知然一國創始是物他國必漸皆踵爲之若有天意其間非可以人爲去取即如輪船華人始亦不願倣效乃今忽而二三十艘矣有輪船即必多用煤鑄餉砲即必多用鐵煤鐵不能常假諸外洋故開礦之事又起他日有以運煤鐵工價之多道路之難爲病者自然商及製造火車此是事之相因而至欲終拒之亦不可得余曰賊奪火車以襲我則奈何博曰此須司之以官賊即能奪火車不能盡佔鐵路

鐵路剗斷則火車不可行余曰一鐵路須銀六七千萬因防寇而盡斷之則他時不易脩復若僅剗去百數十步巨寇何難塡以度軍此卽有利亦有弊之說矣且創造伊始中國奚能有此巨欵博曰可借諸外國也外國罔不借債中國何懼而不爲借之既多則債主護惜中國不肯加兵擾亂之以自失本利亦維繫交誼之一道也余曰本利不償則興兵勒取奈何博曰討債以兵外洋所無士耳其負欠最鉅各國咸寬假之且代籌其國生財之方卽此可知其概余曰此皆非治國正軌恐未可恃洋人醫足疾輒斷其筋而續以他物如此滅裂辦法其何能久是夜法國公使請茶會亦奏樂徵歌

傳教中國之牧師神父（耶穌教士曰牧師　天主教士曰神父）乃各國城鄉教堂百姓醵資延請以廣勸善以脩功德非教王所遣也教王所遣於英者在耶穌教則有兩阿知必什焉掌教於南者曰堪特柏里阿知必什掌教於北者曰樂爾哥阿知必什南爲正北爲副位皆尊於五等爵又

有所謂倫敦必什者位次阿知必什一等其所居皆曰巴雷士宮殿也寶座之稱與國主同歲俸金錢二萬餘爲貴戚大臣未有之厚祿二十日倫敦必什與其女札克三姑娘請茶會於福林巴雷士堪特柏里阿知必什與其婦泰達太太亦相邀於蘭北巴雷士兩巴雷士皆有花圃而倫敦必什之圃爲最勝叢林攢翠夾路如屏古樹婆娑凉陰帀地門內門外遶以清渠戴唔士江水色烟痕跨牆而入羣花盛放香氣襲人惜其地距使寓十餘里暮景不我留耳

周禮地官州長以下有黨正族師閭胥比長縣正以下有鄙師酇長里宰鄰長管仲治齊子產治鄭莫不由是秦漢因之高帝二年令舉民年五十以上有脩行能帥衆爲善者置以爲三老鄉一人其時三老掌教化嗇夫聽獄訟游徼巡盜賊是鄉之民事即以是鄉之耆老經理之分不隔則耳目胥真事不煩則精力易給縣令丞尉監視於上而坐受其成

治法所以克舉也自隋開皇十五年盡罷州郡鄉官比及唐季遂至節度防禦觀察等使層累建置而仍不可以治明太祖復立里老以理詞訟然其人皆命自有司故常有媚官求充黨官肆虐者洪熙以後此選益衰僕隸匪人濫竽相繼知有廉恥者皆鄙之而不屑爲於是訟獄繁興賊盜四起知牧令爲不可恃乃增設總督巡撫兵備以監臨之貴官愈多牽掣愈甚供億奔走亦愈煩百姓之生路乃盡絶而無可逃免夫此貴官者固第以空文相督責而不能置身閭閻周知其情僞者也雖多奚以爲哉英制酌城鄉大小各設看司勒百數十員（倫敦則二百零六員）奥德門數員或十數員（倫敦則二十六員）以美亞一員統之看司勒猶中國所謂里長也奥德門猶所謂黨正也美亞猶所謂鄉大夫也奥德門分轄地段看司勒又各按奥德門所分之地段而分理焉由紳商士民產業多在其地者公議舉充非富民不得與選皆不食薪俸凡所轄地段教養之政詞訟之事以及工程興作商賈貿易奥

德門均得舉治上諸美亞歲收煤酒牛羊市之稅以爲經費（其他賦稅家部征收）轄下巡役謂之曰彪嚟士髮人數多寡視事繁簡爲衡（倫敦一千二百名）口糧數派於商賈富戶凡遇盜賊人命喧爭鬬毆一切不法該役拏解美亞寓所訊問寓所有暫押人犯之屋亦備鎖鐐既訊得實乃致諸其署集奥德門看司勒而會辦焉設獄以禁罪犯與官獄章程不殊罪之大者該國刑司赴其署讞定倫敦美亞署在基拉多兒司力特達（英人謂街曰司力特達）有大小事會議公堂數處有刑司讞事堂其外陳古書古器及例案數百卷任人觀閱（有三廳爲列坐觀書處）余嘗至其署其寓遍游覽也凡舉充奥德門必於曾任看司勒一年以上者舉充美亞必於曾任奥德門七年以上者美亞定限一年更替賢能者或再留一年然不數數覯退位則仍復奥德門之職每歲十月即新美亞接替之期儀仗扈從甚都其公服（長）及足遍簇金花後裾曳地踰尺袖底另綴小幅約尺亦嵌金花項上挂鏤金雜寶一串無異中國朝珠侍者左

捧金冠右捧寶劍寶劍長三尺五寸攢珠爲鈇金冠以乂俾承之長四尺餘遍飾以金以其有地方之責故崇重之此制與漢之三老明之里老略同然其所舉者富民舉之者亦富民官不復參預其事惟所舉者富故無貪黷之憂惟舉之者富故無賄囑之患惟官不預其事故無仰承俯注之難以民治民事歸公議有不獲則合紳耆之衆以圖之有不當則紳耆商諸美亞而改之道路整潔橋梁畢脩巡捕人役勤於其職而不敢惰美亞所不能治乃達諸家部制以官法焉官助紳力而不掣紳之肘

美亞稱名之義詢諸英人無或解者然英葛蘭之倫敦阿爾蘭之德布靈其美亞皆曰羅地美亞羅者侯伯之稱稱曰羅地尊之也倫敦爲英國都城阿爾蘭於數十年前別爲一國而德布靈亦其都城尊都城故尊美亞猶中國之尊京兆尹也鄉埠之小者不曰美亞而曰婆羅佛士權雖同而名則殊尤小者以邁基士德地如亭長之類讞其尋常爭訟大獄

輪機農具

則歸諸刑司不設美亞慮地狹人稀賢紳未易得也

英國田畝皆歸富戸而雇人佃耕人之工食費重故輙以機器代之機器有刀與耙齒轉側迭相爲用者刀以芟草苗耙以起草根有分綴曬之有屈鐵爲二十四巨鈎者鈎密排如人肋骨所以攏已曬之草而聚之有單刀雙刀三刀以起土者入土淺深各異其式此皆駕之以馬可代十數人之力者也有六鋼刀以起土者兩頭置火輪機繫繩牽之以自爲進退此第一人司之可代六馬之力者也有用以打稻者布稻於上其穀自落礱去粗皮復礱細皮筒各儲之幷其糠灰歛揚使盡有用以磨粉者單磨雙磨不同既磨而篩之粗細亦各爲類有用以引水者皮筒相續沉水中可行水至數里外絶高之處又有輪機不燒煤而燒草者輪自轉草投火中不假人爲推送又有輪機較輕者單氣筒可代六馬之力雙氣筒可代十馬至二十馬之力此兩項機器無論起土引水打稻隨處皆堪行使

二十一日於伊撥司外池（鄉名）見之伊撥司外池在倫敦東北約三百里其民五萬設美亞一人奥德門十人會堂紳二人是日紳士藺泌赴利文浦司脫志（利文浦英語若云裏百步司胎甚者火車站頭之謂）迎上火車其義塾總監督藺心毋美亞登納亦陸續接於道既至其地士女駢集鼓樂喧闐張幄田中列長筵以待賓客藺泌先導就更衣處小憩旋令佃人試演機器扶掖往觀觀畢而宴詢其鄉義塾多寡登納曰此地向少義塾今增至十所矣義塾多則賊少（塾學皆工商之事言人各就工商則不爲盜也）故教規特嚴凡童子自五歲至十三歲皆令入塾曠學則其師督催之至再至三仍不改則治以官法（拘諸監牢作苦工）近年人務工商各執所業不至羣爲鼠竊狗偷之行者以是嗟乎余之來此以閱耕也而所聞乃治盜之說夫農田之以機器可爲人節勞亦可使人習逸者也可爲富民省雇耕之費亦可使貧民失衣食之資者也人逸則多欲而易爲惡失衣食亦易爲惡而憂時者獨以義塾救之塾多賊少之言殆深明治道者所

必躉矣蘭泌等又導往其鐵廠木廠閱工截鐵鋸木無非機器皆非余所心屬蘭心毋有弟築室花圃中亦治酒相欵薄暮乃歸

二十四日甦温赦公請茶會（甦温赦地名公其爵也）該公爵寓遮錫格地方在倫敦西二十餘里園圃廣六里清溪繚於垣內跨以石橋有樹葉小如繁星織爲翠屏夾於道奇花異卉叢薄周遭間以古松其松枝幹皆分數層上如虬龍仰首五爪拏空下如魔女蹲身長裙撒地中如傘蓋其陰覓畝正使偕余游觀至橋上遇會堂紳多兒馬士星格黎阿（多兒馬士其名也星格黎阿其姓也）詢及鴉片之害正使暢言之多兒馬士曰或言中國惡鴉片第惡其易銀出洋（英文上下倒置類如是）非惡其播毒何也余曰銀出洋可以復還人受害不可救療多兒馬士曰印度每年税課五十兆鴉片居八兆之多可知此毒放出不少事之足憤孰過於是數日前嘗著論斥之刊諸新聞紙可共閱也時已薄暮各散歸途中見有負牌而行者以問馬格理知爲戲館

招客夫倫敦周圍僅百里耳大戲館三十餘所小戲館無數每夜九點鐘演唱坐客常萬人少亦二三千人座價輒以金磅計此非徒富厚爲然也機器之用敎之逸樂而耗其財也人之精神不用諸此則用諸彼故聖王常勤其民而不使逸余初至倫敦道上不見行乞居既久則乞者隨車求索亦自不乏且聞有乞之既獲不以供饔飧而以供飲蕩者侈靡之溺人甚矣哉然而馬格理猶謂勞逸相間乃所以養民此則非余所知矣

師丹里之來見也謂喀什噶爾使臣將投謁久之杳然二十五日晚師丹里請茶會正使囑余赴之喀使先在坐師丹里欲引以相見余謂馬格理曰此非約降地也假令爾僕據爾家私而相毆爾友乃延僕與爾并飲謂之言和其可乎馬曰不可余曰可即以此辭之喀使鼠竄而去翌日語正使且告之　國體宜爾

二十七日與博郞繙譯德國官名未竟有七十一年前廣東總領事柏老敦來見年已九

英国雜税

十一邁膝曾元耳目腰腳均極清健英國人瑞也自言在廣東二十七年與各任督撫咸相得嗣英倫遣世爵呢必亞到粵查事其人性質躁悍又聽信家丁之言逕自闖關求見制府制府以不識其人令回澳門候命該世爵恚忿性愈張伊知巨禍將興遂請解任回英道今已四十四年矣殷殷詢問粵商伍姓知其衰落浩嘆不已蓋以伍四待其商人爲公也寓所距温宅宮二十五里與八十五歲詩人德徵士爲鄰

英國稅課無人不征無物不征無事不征凡大小買販樹藝畜牧漁獵匠作當官當商律師教師婚嫁雇役皆須領取准票然後能爲之此准票之稅也凡商賈合夥之劵出貨入貨之劵發銀收銀之劵析產領產之劵買地賣地之劵舟船保險之劵皆必由官驗明蓋印然後能行之（此皆兩層分稅如出貨發銀須驗入貨收銀亦須驗餘俱倣此）此蓋印之稅也（富貴家所乘車亦蓋印其稅五金錢遞年征之）凡人每歲所入至一百磅以上（一金錢爲一磅）每磅稅三邊士（一邊士值銀一分四五釐）官俸君祿亦所不免惟佃戶則稅一邊

英軺日記　下卷

士半以恤其勞房地田畝按其初買受時蓋印之稅歲以爲常每有一人一物而稅之三四重者卽如商賈既稅之於合夥又稅之於出入貨物又稅之於發收錢銀又稅之於每歲所贏之利層層披剝類此者甚多而金銀器則尤重店肆打造銀器重三十兩金器不及二兩其稅皆兩磅六息零（一息零值銀一錢七八分）銀器過三十兩金器過二兩其稅皆五磅十五息零買者銀器每重一兩稅一息零金器每重一兩稅十七息零歲課如之汰金銀之爐匠另有征額其來自他國攜往他國者則稅倍加焉玩物賭具烟酒茶葉稅之重亦如之（近年有不征茶之議）每年國主祿地稅四十餘萬磅海口稅二千餘萬磅准票稅二三千萬磅蓋印稅一千餘萬磅房地稅二百餘萬磅人稅四百餘萬磅林藪稅四十萬磅信局稅一二百萬磅電報局稅一百餘萬磅官報稅六七千磅總計一歲所入約七千數百萬磅出項迺乎是大工程大軍旅則增稅尋常三邊士者或增至四五邊士七八邊士不等我中國百姓戴天履

地而忘其高厚之恩聞此當撫臆誓肌矣

洋砲向以生鐵與銅爲之嗣因生鐵脆而銅輭易於炸裂改用熟鐵又因全體整鑄不能勻稱改而分層遞造而砲之制遂精瓦瓦司者倫敦鑄砲商局也以爲熟鐵雖善不如純鋼之堅且輕於是復製鋼砲以求勝其始惟前膛而已年來各國競尚後膛仍苦易炸瓦瓦司又創爲必不患炸之法以自鳴於時於六月初三日赴其局觀之其砲重二十七噸者據稱定價四千四百磅五噸者一千五百磅三噸半者八百磅一噸半者四百磅索其所刊華文價單核對殊不相符至製法之精則斯米德所撰敘略已詳言之不必贅及價單幷敘略上海新載生洋行卽有之第其視烏鯉池官局內鋼外熟鐵之砲得失何如尙須考校耳所製水雷式樣不一然無甚鉅者電可以人爲冰亦可以人造其法用藥侵水注諸池水中使水益冷旋運火氣以吹之遂成冰此猶天寒時呵氣於凍玻璃中俄頃卽冰耳天下事習而

不察者多類此倫敦有造冰之室由瓦瓦司局回便道往觀
施醫院聚貧民之病者而治之男女各自爲一室衾履衣裙飲食藥餌皆院中代備老者幼者以圖畫器玩娛之或製几安四輪於足使憑之以自行飲食皆節以醫者病愈則舁送別室調養神氣完足然後聽歸每院病者千數百人醫士數十人歲費金錢數百以上咸供自一二富家房院亦富家所捐建無巨富者就地醵金爲之城鄉市鎮所在皆有大都會輒數所倫敦尤多初三日旣晡嘗入一院曰該士者觀之（捐產爲院費者姓該故曰該士）堂室布置殊整潔也英人好善此其一至其治病之法刀斬鋸截斷筋吸血奇技諸多然亦有治之不愈反益其患苦者其教醫則取死者之骨節臟腑畢諸玻璃匣中俾人辨視行其廷頭顱林立肢體橫陳血色殷殷令人不忍寓目（或云多是以蠟爲之）所蓄藥皆預煎鍊成水盛以玻璃瓶分類庋閣之又或如飴如餳注諸甕種類不甚多烟土亦備一種余於是日始見所謂鴉片

民團操演

者焉

英國官兵而外有民兵城鄉各店肆住戶願充者報名注册每處千數百人或二三千人通國民兵共十六萬八千餘人紳士領之給以火鎗每禮拜次日一操演立的命中自數十步至二三里之遙操演不懈者以三十息零爲其一年號衣費疏曠則責繳火鎗每年西歷七月比校其藝凡十有四日勝者商人捐銀酒瓶爲賞而貢數名於官國主召集各鄉親校視之擇其尤者六人樹的三里使命中勝者賞以功牌功牌以銀爲之如洋鑄銀錢得賞者綴於衣襟之左復令與官兵合操賞亦如之有戎事則自保鄉閭不徵調遠出步隊皆火鎗馬隊則用刀每年各處賽馬民兵亦與其會也倫敦東南十八里温博爾整有民兵一千人伯爵華林格里福所轄約中國使者於六月初四日卽西歷七月十四日觀其校鎗居期使哨官賀得孫來迎至則帳篷數百張於原野帳篷形制無異中國但兩三人併居一帳無定數此爲異中軍之帳如十數楹廣居華堂邃室陳設富麗統領參謀之帳亦

然兵十人爲一隊火鎗皆跪而施放放畢而起聞號復跪目覩其中的於二里外者指不勝屈惜是日雨未能周觀旋至果子林（地名）翟樂春家赴茶會翟樂春蓋嘗隸上海領事官差遣久居中國者

初五日博郎言日本公使在英監製輪船派人學習水師余曰輪船大小異式以何爲長博曰鐵甲大船英國水師官倚爲堅壁而精於船式之李德（英國工師）則慮其易沈俄人創造圓式大船以代砲台自謂無敵而李德又決其無用今且待土俄戰事勝負既分即知船式之所宜效此時難預斷也鐵甲船如可以戰則人皆造鐵甲中國木船自無裨武備矣又問水雷博曰此物譬如暗中機械足陷瞽人而不足陷攢炬探路者財有餘則備之以利用否則宜以船砲爲先嗣及新疆事博言適聞印度電報喀什噶爾王亞哥卑已死西陲事當易蕆功旋接兩江總督咨文知三月十七日余膺出使德國

欽差大臣之

命蓋因前疏請撤副使而改派也按外洋近製砲彈動輒數百斤惟冀其擊我不中耳若中則雖鐵船亦無有不壞者蓋船身即獲保固而烟筒風樯機器一處受損即不可行雖鐵奚益故私意謂不如仍製火輪木船十五日思索及此續記之以俟考證

凡洋人效力於中國者皆不得復為其本國之官然兩國有兵釁必召回其人同盟諸國亦各召回其人故稅務司船砲局諸監督惟恐中外失歡據云必能自強乃可不失歡徒然遷就則事日多且日難致被開廢以他途之謀生不易也問其人何以不改裝薙髮永隸華籍則曰中國不以此相命何顏自改也食中國俸不能昧良而廢職然未獲覲見終不以為其官華人見我洋裝則羣譟而逐曰打鬼子而本國則又視為外人切齒怨之託故莫如我輩難也查英國官制各自為一途不相攙越其外差者繙譯官仕至總領事而止威妥瑪由繙譯升公使係屬破格向來所無參贊隨員仕至公使而止撤歸惟給半俸終身閒居有他國使命或重遣之斷不予以內地職役

不惟曾仕各國者爲然今阿里克尙賦閒也

初六日馬格里談及德國求索免釐事余以四月二十九日所記應之馬曰中國釐卡於商貨或征或不征或征而輕或征而重恐非公道余曰此皆奸商勾串巡役爲之官中定例甚畫一也走私瞞稅者奸民向洋人詭訴者亦此奸民彼其意欲驅策洋人挺爭期自收數倍之利耳嘗謂洋人爲中國奸民之役者以此馬曰英國無此弊何也答曰一盂之水有草如毫末亦可剔去大江大河則垢穢無所不有雖天地亦無如何今英只此片土而萬人之目集之故無弊焉曰洋人咸謂中國抽釐事非能已惟宜於海口定一額數或兩倍或三倍合而征之既免煩擾亦不患畸重畸輕英國即是此法答曰倫敦只此片土商貨由南而北獲利維均故可不重征若中國地廣十數倍粵東之貨運至江西贏百金之利至江南則二百金矣至四川至甘肅則三四百金矣一省不設關卡則遠販而獲利

多者征此銀數近販而獲利少者亦征此銀數更爲不公焉曰商貨流通非百姓之益乎答曰百姓之害也洋貨非日用所必需不見此物則心不動若運至內地則富民之耗費必多又如洋布等類亦足蔽身然各省機杼本可自供買自遠商則女紅怠廢生財益寡我中國治法以教民勤儉爲主與外洋不同故不欲洋貨運入內地雖然此不過一家私談故詳告耳德人或以相詰富巡告之曰各國政俗攸殊非互市者所宜干預揣彼國撫辭也馬格理離食中國俸然日與英人相見議論可因以傳播有不能惜脣舌之費者

英國貨物最貴縑繒錦綵視中國體質爲粗硬而價則爲倍几案床榻每事或數金錢或十數金錢一市人手繪之圖畫亦數十金錢照影者次之機巧諸物尤不易購取至於日用零件論値且數息零焉惟金銀則與中國市價相消長米麪牛羊肉雖貴亦不大懸絶耳一雞鴨魚蟹（蝦蟹皆極大）須銀一兩內外一瓜一菜須銀一錢或數分請客酒饌每筵須銀

百餘兩三四人游觀所至偶飲一盞茗非半磅金錢不辦凡官衙住戶客至幷不獻茶常終日拜客脣吻乾燥無從稍得沾潤亦苦事也

十二日薄拉錫請赴海雲士地方宴於其輪船海雲士在倫敦南距使寓四十餘里火車三刻可到船爲伊夫婦游觀之具其製頗小然布置精麗殊勝別一大篷船曰三卑墨者亦薄拉錫家所造今捨以濟貧兒凡街市中貧而無依者收而致諸舟中供其衣食設監督教習水師限兩年藝成分派商船充當水手使得自食其力藝不成者再留學習一年仍不成則付諸改過房拘禁作苦今幼童共二百五十人經費每歲金錢六千皆婦人所湊集余初至海雲士幼童立桅頂排班以迎（洋師船迎貴官皆於桅頂橫架長圓木使水手排班其上或奏樂焉）岸上奏樂宴畢往觀其舟幼童立班舟中儀容甚肅嗣復以樂導之前行四人爲列三繞余座前每過必皆免冠旋各就位誦耶穌經教師高踞中央撫琴節之誦聲與琴聲相叶不爽毫末其人

年之小者僅十一二歲大者十五六而已據薄拉錫言倫敦似此教習水師之船不易僂指計

威士民士德兒亞卑（威士華言西方也民士德兒華言塔也亞卑華言堂也謂西方有塔之堂）建於九百年前新坡兒士（亦堂之謂）建於二百餘年前皆耶穌堂也自顛至址雕磨白石為之制度極崇閎歷代功臣名士葬於此石琢其像坐臥不一所以旌賢能也倫敦街道中多鑄鐵為功臣像亦此意威士民士德兒亞卑有其國古昔字畫錢物新坡兒士有大時辰鐘有高臺可盡覽倫敦形勢十三日往游之歸途博郎與劉孚翊論中國閨教之嚴博曰婦女亦人也何獨幽諸室而不出劉無以答泊晚余謂劉曰君何不云胸吾體背亦吾體何為胸則前而背則後乎以胸陽而背陰也頭吾皮膚少腹以下亦吾皮膚何為頭則露而少腹則覆之乎以頭陽而少腹陰也他日劉君述之博亦無以答（洋人性情能於論辨間據理相駁愈透澈則愈佩服否則自以為是其燄遂張）

塞維廉阿木士湯者塞其爵也維廉其姓也英語謂胳臂强曰阿木士湯聰慧善思索精於輪船鎗砲每出新式巧便遠過恆蹊外洋有所製辦往往資之故其富幾冠一國曩嘗充烏鯉池官砲局總管與幫辦兵部官奴不兒相得人目爲黨訾毀交集遂告退約同奴不兒設鎗砲商局於牛喀索地方局名曰矮兒錫格鑄造益務精巧以與官局角勝牛喀索大市鎮也距倫敦約八百里太瀛河所經地廣而貧居民三十餘萬業工匠者居多稅務司英人金登幹奉中國大吏之命回駐倫敦辦鎗砲火藥皆付阿木士湯經理之余欲見其人幷觀其局所製造於十六日携同劉孚翊博郞金登幹由利文浦司胎甚見前乘坐火車逕發凡行七點鐘至其地投客店宿翌午阿木士湯來迎年六十六矣以馬車同抵局與奴不兒會晤遍觀其製成之砲皆內鋼外熟鐵逐層分造而後合之與烏鯉池無異意大里所鑄二十萬斤砲洋語曰一百噸亦其所爲砲多前膛其舊式後膛者堵門之具有耳可提狀如銅手熏小而無力易

致砲炸聞中國所買多此類今改用螺旋熟鐵塞子長約八寸大稱其穴開合轉捩消息嚴固可免尾閭火洩砲子倒褪之患又有陸路砲車其砲大僅數百斤而十個以疏檽方匣盛五百小彈子（彈子以銅爲之長寸餘形如小爆竹）置於砲膛外膛有巨孔與匣相接尾有活柄以手轉之則匣中彈子次第落孔內十個齊發（用疏檽者以覘其彈子之落盡否也）其力遠及三千步以之擊一千五百步則可命中洵異製也蜂窠彈子與火藥磚均同烏鯉池鑄砲之法亦不稍異閱畢阿木士湯導觀其河上所製活鐵橋橋長約十餘丈寬約四五丈中有亭絕高兩旁飛梯層折而上護以鐵欄亭下爲行人往來又其下爲小鐵輪數十具大火輪機兩具鎔鐵河底爲礎巨以承之礎旁支以木棚數丈凡過大舟以火機鼓動河水轉小鐵輪則橋自開亦自合若一葉輕舟之移爲時不及半刻且以橋頭之附此岸者易置彼岸鑿枘無不悉投用思之巧如此是夜宿奴不兒宅奴不兒五十餘歲有子二人女四人亦富家也園圃廣五

六里茶畦花塢紅碧相間長溪激泉之聲度萬木以出心目爲之并爽

阿木士湯廬舍一在牛喀索一在惡斯布章（鄉名）山中夫婦恒往還居之其在牛喀索者園圃中叠石爲巖洞清泉細草芳潤生凉余於十七日九點鐘造之阿木士湯導觀其所建義塾義塾頗宏邃堂室數十楹學徒男女共一千二百人每百數十人延一師女子傅以女師幼孩亦女師四五歲者教唱耶穌經手足舞蹈咸使與樂節相應以觀其不犯令稍長習書算又長授以勾股開方之法其師一一面試鮮不嫻試畢余令子假各半日咸鼓掌稱慶（英人有所喜樂稱羨則鼓掌）每年經費約金錢六萬阿木士湯獨供之盛舉也惡斯布章南距牛喀索百餘里北距海五十一里爲英倫蘇葛蘭交界有山曰溪客勒賽地阿木士湯伐石山巔築室其中以山爲園植五大洲名木千萬株閒以奇花異草因德伯登河以爲湖蕩英國園囿之勝稱此第一余由義塾出馳火車一點半鐘至其地小立門外以眺環廬左

右蒼翠鬱葱其前一望開豁下臨巘巖豔紫嬌黄自罅石而出又其下湖光橋影隱現林間泉聲淙淙因風灌耳林外遥見房院恍有佛塔田疇接之數頃黄雲至遠山之麓乃盡問其山則曰西門賽地逶迤岡嶺適與門迎蓋布置之疏密有畫工焉入其門畫堂雕樓金碧輝映以花瓷飾屋壁以香木爲軒檻以錦文石爲柱礎陳設多中國古窰瓶缶其次則東洋者與其老妻相見告以憩客之室乃更衣盥濯其間盥濯既已於焉出游下層崖履危石觀飛泉於樹陰度鐵橋於木末沿叢緑之小徑登白玉之平臺則花塢在焉適所見房院即此臺之上矗立燈竿高插雲表架以巨木則所疑爲佛塔者也由所居至是不啻十里腰脚已倦而車馬之迎候者屹立花塢外矣登車前行漸上益高曠若郊原寔爲陵阜之上有新鑿兩湖於此初栽小樹如千百童子簇擁道旁可俯而摩其頂他日繁陰既成當又一勝境也由此下山不可車馬乃復縱步田野歷十餘里踰一岡抵廬舍之後

穿松林跨石磴以歸阿木士湯自言兩山之地六十里皆其所買耕常一人周遍巡覽晨夕不得暇幸步履尚健不須攜節殆富而隱者耶同行劉君謂此勝游當勒石紀之惜英人罕能讀華文者願以異日

西人不重後嗣積產數千百萬臨終盡捨以建義塾及養老濟貧等院措置既已即自謂歿世無憾詢以祀事何人則曰吾捨吾貲以成善舉雖千百載猶奉吾像於其地奚祀事足憂乎語以祖父血食之斬則曰鬼猶求食中國諺語也人死則氣散諸天地仍毓而為人無所謂鬼祖父之歿相距數十載氣散久矣求食何云且獨不思祖父生吾一人養吾一人吾乃以其財生千萬人養千萬人大孝不即在是乎其道殊近墨子視私其子孫者意量似相遠抑以產業傳世遇不肖者輒易代亡之即有賢子孫亦不能保諸曾元以降故以是為綿延血食者皆指雪為冰指冰為鐵之見也第聖人教孝教慈義固有在不能

捨親親而惟言仁民耳阿木士湯無子女因論及此

十八日由惡斯飭韋歸倫敦路程九百三十一里將發囑金登幹索取矮兒錫格局砲價目金為阿木士湯言之途中語余曰外洋刊刻價目輙浮其數果購買則核減一二成照價單以給值枉耗多矣余以是悟瓦瓦司價單與其言不符之故因問阿木士湯所辦船價金曰小者二萬八千磅大者三萬五千磅雜用在外此惟初製則然耳初擬製時延巧思人數十究心三兩月式樣乃成將畢工見有未善又集衆商改之故所費特鉅先詢阿木士湯亦如此云云若再造則已有成式無事此番煩費小者可減價五千大者可減六七千磅矣金又言向外洋借銀託諸上海商人則必倍賺利息今聞所借五百萬每銀百兩歲息須十兩有奇較諸英國銀行取利常數不止兩倍若令駐英使者籌借息之重至四釐而止所省寔多且堂堂中國不借則已借則須在一二千萬以上零星告貸足召人欺亦足使人疑

請必不可日既晡道旁有賣新聞紙者博郎閱之知土國之師連日敗北俄軍入其巴蘭根之山土人失險要大恐易將帥廢外部丞相召回美達德（日前廢逐之首相）豎祖遺大旗以召義兵（回教之祖所遺大旗有急難豎之則同教者皆出援救云）英人聞之益修防禦十六日操兵略整（地名）以地雷自試其砲台轟陷一穴昨仍大操

金登幹又與博郎同言福建造船揮金不少然船底皆尖出海則左右晃蕩不足以戰木料又不堅寔一擊便碎徒費財而無益凡建船廠必於水深之處乃便試船今廠地河狹水淺不足驗航海利鈍須改設之又造船原以防洋專恃外洋購辦殊非久計亟宜選聰慧者一二百人分赴各國船廠學習不過四五年便可自製鎗砲亦然惟學習當在商局不可在官局蓋官局爲其國謀禦敵之具必不肯盡洩巧術於人商局則意專授徒無有所隱也余曰延匠師至中國教授何如金曰眞工巧者必不往爲其在國承辦製造所得

幼童出洋學習

之利寔多中國無此厚祿也得其中下者以司教則無益矣且一人司教所學僅一人之技若派生徒赴各局學習則可集數十名師之大成受益當倍蓰余曰學習以何國爲宜曰德法美皆可惟英最富力能隨時改造新式故莫如英

二十日司密利士請茶會於亞力山泰亞巴里士小鄉名張幄場圃中爲臺於上以位使者臺下集親友百餘人朝使者誦耶穌經每有所獻主人輒面衆宣數語誦經之聲隨卽琅然迫辭去亦誦經誦已男女同詣道旁喝號鼓掌相送英人宴集之事惟此與伊撥司外池爲至敬是日傳教粵東之牧師丹拏暨德國人笛泮孫咸相隨笛泮孫園居在使寓之北嘗屢請雅集據其女郎所言則德之內務大臣也主人進使者書亦分贈參贊各員余所得乃記載之籍也會所在倫敦北二十三里

英人獄制之善余慮其有所飾以美觀也二十三日偕博郞出門突至其他禁犯之所覘

囚獄規矩

之飼養督教無異房室之潔亦無異該處禁犯一千八百人據司獄云每人工作所成毯布器物均貲諸外獲價至百息零則給其人五息零餘充公歲入貨價足敷獄所一切支應或且贏焉在獄者禁不得言語犯則減其食一次通國例式也此則曩赴奔敦維辣時所未詢及

二十四日簡多瑪以所刷大闢詩來贈請赴騷士堅星墩看印書詩曰和華爲我之牧者我不致匱乏兮使我臥於茂院引我至得憩息之水濱兮使我靈復蘇導我行於義路兮我行死蔭之谷必不懼於受害兮蓋爾必偕我爾杖爾梃必慰我兮爾必在我敵前爲我設席爾曾以膏沃我首我爵溢兮我在生之諸日惟恩寵與矜恤隨我兮我將居於耶華和之室迄於永遠兮格調頗古蓋能華文者所爲然亦有以英語爲詩者句法長短不一叶以音韻男女子從事於此往往彙稿成帙號稱詩人茶會中嘗有外部之辦中國股者

鉛板創始

導其妻與余相見謂詩稿甚富他日當呈覽也其印書以中國聚珍鉛字板。始於西歷一千四百五十年。葛吞配兒閣所創。行今驗士堅星墩猶懸其畫像以誌鼻祖字戳製以機器瞬息而成千百鎔鐵灌於筒內機器動則鉛自入模而成字亦卽次第出模而就翦截戳首圓勻如一編排成文亦以機器二十六字母之戳分爲二十六行字皆盈百列於架上別一小案爲二十六消息每按動一消息則一字戳自落有陷中小木片承之字與字相綴滿其陷中則木片自出而書板之一行以成行旣盈頁嵌而束焉遂可付印印書之機器與印造新聞紙者無殊或又以黃蠟石爲之印字於石刷墨於機軸鋪以紙石過軸轉則字現有字處墨着之無字處墨不着頗足怪也石甚平字亦無凹凸摺疊以機器亦如新聞紙館葛蘭斯敦嘗造書數萬言一日而刷印俱畢遍以贈人卽用此法然亦由英文只二十六字併湊而成故能若是速耳若以中國字類之富字畫之多雖有機器豈易全造其字戳而編排之哉造紙無異中國質則以布爲之堅韌

收儲骨董

可久馬格理謂印書機器之備無過此者常數十年不一見余因往觀然其具大小不一形狀各殊紀不勝紀大致不外巧捷而已其內多古圖書自其國主以及世臣大家所蓄畢陳於此古圖粗拙古書則筆力厚重若蟲鳥篆皆寫以羊皮有值金錢盈萬者有數千者英人最好古礜銅碎瓦破履敝冠無不珍之字則雖市易借欠之券凡數百年上者咸視若拱璧匣以玻璃供人玩覽亦漢鼎晉甎盤古卉衣羲皇幞頭之類也由騷士堅星墪歸復赴一店肆閱其製造諸物或以視遠或以測微或以記里有一器懸之車軸雖紆曲而行往來周折亦可知其里數或以度地繪圖炫其巧者皆指畫詳告焉

二十七日馬格理來告曰洋人之求集商洋貨釐額非欲損中國也欲便商而并益中國也假如有貨於此由上海將至四川除已納正子兩稅外湖北共應完釐若干四川共應完釐若干或三倍或五倍制爲定額均於上海全收之將所往省分註明票上過卡驗票

商免釐捐

概不重征惟踰越票開之境外則罰其人舉其貨如此辦法則釐金有不易之準凡爲洋商者得預計其貨本所需以定賣價而遣人代運於商情固便而中國籌餉亦可免吞蝕之虞是兩益也若釐金無定數貨本多寡不能預知常有以爲準此數可賣出者迨遣人運去又有意外之釐稅致其虧本究不知是官卡多收抑是代運之華人揑報何怪洋商之聒聒哉今英國商會亦欲請定釐額按之於事實屬無損中國似當從之如謂釐金爲各省經費所自出不能專歸上海則令江海關於征釐時將各省應得之數分劃存放以便提撥亦甚易也余曰所言尙是應再確探之

男女婚配皆自擇女有所悅於男則約男至家相欵洽（其俗女蕩而男貞女有所悅輒問其有妻否無則狎而約之男不敢先也）常避人密語相將出游父母不之禁欵洽既久兩意投合各告父母互訪家私家私不稱不爲配也（苟訪查不確而被欺則雖既嫁既娶後女仍不以男爲婿男仍不以女爲妻等諸婢僕而已）稱則以語男女使自主焉聘定之後（以戒指爲定禮約之使不

婚配

他悅也偕出入益惟其意逌過門男子三十而娶女嫁赴耶穌堂延教士誦經大會賓客供十字架於案新婦偕壻入跪案前伴親之女郎皆跪伴親人數不等美亞嫁女之日則十六人教士亦跪旋起立向新婦與壻誦戒語戒畢而祝祝亦畢導其夫婦入後堂書名册籍又同赴鄉官署各秉筆立案遂任所之恆相偕走數百里宿客店成婚見者初不知爲新婚也新婦衣白蒙首以白紗婦女尋常出行多以黑白紗蒙首避塵也不獨新婦爲然壻常服皆無異恆人嫁女賠送良厚衣服器用織悉畢備男家戚友亦添女粧無爲男助冠婚費者二十九日余至倫敦美亞家親閱視之英俗子婦向不與舅姑同居年七八十亦無侍盤匜酒漿者新婚後如何成婦禮明婦順均未之聞據禮在明言已聘定後女即常至舅姑家過門無他禮節

戴聖云男女有別然後父子有親父子有親然後義生義生然後禮作禮作然後萬物安此數語直將天地間應然之禮徹頭徹尾全數揭出至明顯亦至精深也西人不知有父

洋後膛槍價目

毋或謂耶穌教以天爲宗楄滅一切凡爲子者自成人後卽各自謀生不與父母相聞問有居官食祿之人暌離膝下十數載迨旣歸仍不一省覲者

奥兒地法兒德歐地（街名）有製鳥鎗者商局也英國官鎗多造於此故名其局爲倫敦鳥鎗局局首曰巴兒內德司其事者曰般德金登幹素善之因余欲究心火器請於七月初一日往觀鎗皆後膛熟鐵爲之長三尺餘自膛而上漸狹至口僅半寸能擊一千三百步筒內有三棱綫彈子直出可以不乖所向每鎗價銀五十五息零國主現辦五萬杆共價金錢十三萬爲士耳其供軍用也由外部遣官領匠人數十赴局逐一試驗其事件不失模式分寸然後使合成之迨既成裝以三倍火藥埋之坎中用電綫燃放以觀其炸否（埋坎中用電綫皆防其炸而傷人也）不炸則手操試演以觀其所及之遠且準頭不差否洋人用心之密代謀之忠於此可見據巴兒內德云中國辦此倘咨外部代驗無不允也巴兒內德寓士丹佛體兒

鄉名距局十二里局內工匠八百人打造事件皆用機器

倫敦人貿易亦狡黠官員親購之件十數金而後得者隨役三兩金而即得之余嘗有所雇倩囑經手人商定價值迨事畢給價則倍蓰有加又嘗因病買藥立輸以貲買人謂當彙發嗣以券取償亦倍蓰且有既給值而仍以欠聞者駁之乃自言誤記游觀時之車船價茶酒價更不可問謂洋人信直不盡然也初二日晚因事彙記之

大西洋中有江、發源赤道、燕於太陽、其水極熱、西流至墨西哥東北入英之西海由是而北而東復西南迴流沿英國海濱行故三島之地冬不嚴寒島在赤道北五十一度視中國京師距赤道爲較遠故夏不炎熱然英人每至三月猶未撤爐火者則以其所服固單衣也一交六月倫敦富戶盡人皆徙海濱避暑此則不解其故中國人旅居於是三伏之日衣猶綿夾細葛含風輕羅疊雪直無所用之週歲之中陰多晴少偶逢晴止見太陽數

恰士 音黑桱柏 其木似藤 每莖五葉

刻耳盛夏時晴天略多然亦間日一雨蘇葛蘭阿爾蘭兩島則雨尤多天尤凉

英法禁酒而酒之銷售日多倫敦之東有巴爾格蘅北爾堅士者𨠵酒釀房也以大池爲釀器以深屋爲酒缸每釀輒十數犀揚其沫而凉之然後注諸木桶一桶盛酒四百磅十二兩日一磅每年貰出六十萬桶以上皆銷諸倫敦無他出者初七日禮在明請往觀之據釀家云倫敦似此酒局凡四家較小者尚衆以是知英人之酒癖爲獨深也𨠵酒以炒麥及恰士爲之恰士木名本土所植其味頗苦能充養血氣官中病酒禁之不行特令爲此聽人沽飲以默寓轉移之術而其人乃遂狠吞鯨吸益自迷於醉鄉嘗見飲此者往往挹注盈筒一吸罄之日非數瓶不足盡興而奸儈復以鹽礬陰投其中使之愈飲愈渴愈渴愈沽於是以杯中物棄其世業奪其衣食者比比矣耶穌禮拜日例須閉門靜坐而敂酒肆之關者乃常百十成羣不可拒阻以致臨陣決戰兩軍相持病渴兵丁猶若須臾之難忍此則不可

謂非大害矣博郎常以鴉片與酒幷提余意酒害可稍減乃痛言其弊如此今觀釀房貿易之大始知博非過辭

外洋貿易之大當無有能過倫敦者其製造鎗砲車船機器賣煤鑄鐵織絨毯布帛等處固無論矣乃至一屠宰之肆一糖果之店一餅餌之室亦皆雇役數千人羣然操作而無暇旁顧隨員中有目擊而言之者初十日馬格理以畢克福林餑餑作房當一往觀通意於其行首曰喀爾曰米德者在彼迎候余因周覽焉其和麪印餅烤餅皆司以機器惟裝匣封匣貼字號乃專以人工爲之計男婦共用三千人每年所入數百萬金錢詢其所以銷流之多則曰自有火輪車船貨物通於各國各行買賣皆較前十數倍不獨餑餑爲然也英人之富宜矣

喀墪在倫敦東南一百三十里密德位江環流於此有砲台焉初九日往觀之台築以土

因山爲高砲皆露置不屋外濠深二丈三尺穴山以藏兵支穴以鐵板巨柱山低平不可穴則爲內濠伏焉濠深僅二尺慮難蔽身又以樹枝編籰寔土排數層於濠邊夾以木使濠内兵丁得所障衞不至受砲此則中國之法而外洋襲之者也編籰以樹枝乾則易脆倫敦苦無竹不得已而以是代之若印度則皆竹籰云使車未到之先台内陳兵三行以待一爲砲台兵一爲國主親兵一爲步兵砲台兵戴矮裝黑皮帽國主親兵戴高裝黑皮帽綴數雞翎於上步兵則所戴如中國小帽而金飾其武皆紅衣使者至則軍將馳馬領隊而來皆持火鎗無刀矛以軍樂隨其後軍樂惟鼓與喇叭奏之所以暢軍心也國主親兵居中餘兩行左右夾之左者旋而西向右者旋而東向若爲四面應敵之勢片刻遂撤統兵官宴使者於其治事堂觀戈登畫像焉宴既畢演放綿花火藥以巨木立柵埋藥九磅於其下燃之柵倒木亦迸碎以火車路鐵條橫於地用藥三兩轟之鐵條裂而爲二其力之大如此製藥之法以綿花浸硫黄水中晒乾後搗成餅無他巧

妙惟點放時加以銅製自來火則力大有聲如砲否則力緩不若尋常火藥之猛而驟耳

隔江倉猝渡軍以洋鐵爲帶寬約三寸帶與帶緊相扣接爲兩長條釘之於地令善泅者過彼岸亦釘之雖渡萬人而帶不斷若稍暇豫則用漆布小艇由艇底而上皆漆布兩重爲之夾以木使布不下弛可摺疊如大弓形一人攜之而走縛小木橋以渡謂之曰浮橋古法又有用鐵筒數十橫浮水面繫木成橋者筒身長約八尺質甚輕亦易攜帶近則嫌其煩重置不用矣

西洋爲德國盡人爲兵餘則多以召募募兵之法年二十二以上願充者投告由醫官驗其身體結壯長及六尺脛骨不弱足不平底乃給背爲定令歸告所親送諸大營覆驗身足不如式則前醫官罰賠定銀訊其來意果實必覆訊者慮其出於一時憤激也既訊寔則軍令雖嚴後亦無怨矣則分哨教習焉教習之法十人爲隊先練手足緩行欲其步之齊也急行欲其馳之疾也站立欲其脚之堅運動欲其腕之勁也又有所謂頂抱者以首觸物曰頂欲其撞之而仆摧之而開也兩手擒伏曰抱欲其

教習募兵

力能制之使不動也凡教練皆喝號或搖旗欲其耳目之習於號令也由是而效爲陟山跳濠跨牆緣木之事累土爲坡而趨之欲其息之不喘也懸繩於上而攀登之欲其身之不墜也橫木於室而超過之由二尺漸高至五尺欲其兩胯之張足不失陷也如是者兩三年然後授以火鎗使習攜持演放測其遠近（丈地使習觀之以知其遠近）視其準的鐫其姓名於鎗杆責令善藏之洗擦剔磨咸有方司之以隊長（鎗壞則隊長罰賠）衣冠衾履亦隊長董正焉（衣冠要鮮明行李要畫一號衣不能去身）其教馬隊卽於步隊選練（使其人雖喪馬亦可以戰）先予惡馬而不予鞍繼予以鞍而不予韂由騎坐以漸及馳騁由馳騁以漸及越險踰溝運用刀矛之技（步隊惟用火鎗馬隊則有刀有矛亦腰小鎗以備用然馬隊只以發探追敵夾護步卒未嘗驅之進戰蓋近來火器之盛不可以馬隊迎受也）莫不精熟然後以鞍韂給之凡此馬步技藝學三年不成者斥出學成乃授名糧食糧三年爲一屆願留則當六年猶願留則當九年至於二十一年爲兵其齒已老遂放歸以原日口糧贍其終身在營有所犯輕者禁一禮拜不聽出重者降

二等兵再犯而重則降三等兵（二三等但爲此名目以示優劣而愧勵之口糧則同）均註其事由於册由哨官以時進營官查驗又再犯則訊其違忤之故調赴其他營哨易人教之幷以犯罪事由錄送猶不改然後拘諸監牢作苦工（另有監禁營兵之所）其三年無過者以黃絲爲規形施諸袂加其糧銀絲遞加至三而止嗣有所犯亦遞褫之（已降三等者能知奮亦可遞升頭等）此西洋營規之大概也英國亦然今閲其册籍出戰馬兵一萬七千二百七十五名步隊十二萬八千六百二十四名大砲手三萬四千九百二十四名工匠兵五千七百一十名（工匠亦由步隊選練蓋必能戰然後有以自衛也口糧優於各兵凡造橋開道攻城築壘皆資之與中國長夫不同）其餘守護糧局運送軍火保衛醫官之兵不計（兵每千醫官四人扎營處所令醫官勘視兵丁飲食亦醫官審之凡駐軍必先求爽塏以棲止醫官及病人然後將弁得自擇）另本國守兵十五萬一千四百九十一名備調兵三十二萬零二百四十一名（即嘗當兵三年至九年者皆無口糧）香港摩兒大島安地兒士島三處共守兵二千四百八十一名兵皆食於官厨別給每日雜費銀一息零肘有黃絲者一絲加一邊士操演以兩時爲限疾病加

養老育嬰濟貧等院

意醫調所以愛恤之者至矣然兵皆嗜酒不能耐勞近年人多不願充當挑選缺額亦常將就錄用故精軍稍遜於前英人之自言如此

野士淩墩距使寓十四里有養老院焉屋一千三百七十所居男婦老者九百五十人月抽其鄉房租以爲經費每四十磅納五磅（一金錢曰一磅）少者減多者增日三飯以爲常晨飯一饅一茶一牛脂間以饘粥午飯加肉晚飯有羹皆豐潔血氣衰者醫士謂宜酒則酒之一禮拜酒三百斛不能給男外服以黑大呢內以白布女服雜色衣裙無異充裕之家禮拜一易而浣濯敝則改造寢所寬舒男女異處衾褥隨四時爲厚薄咸備自院中夫婦偕則共一室周遭各有院落可任游憩婦女未衰老或令縫紉而貨之所得值十畀以一不願居於內則飯時乃集人亦數百間有少壯者皆責以鑿石苦工乃授食（防其安於惰逸驅之以自圖生計也）僅投一宿予一飯者（別爲一所）亦令析舊繩二股乃聽去院事以四紳士督之此倫敦養老院之

一也倫敦周圍百里設二十六奥德門每奥德門轄四里有奇英人效中國官制謂之爲一縣轄内皆有養老育嬰濟貧等院與瘖盲跛躃斷者以工餼食之所經費所出或商人獨捐或抽租或醵金因地隨宜爲之然其宫室之崇廣衣食之充足則大致無稍殊各城鄉市鎮亦然奥德門不親治其事治院事者侵剋虐使則赴控而董正之國主時一臨觀倫敦外各處亦輒便道一觀或遣子女與媳代查驗以示鄭重之意十二日余與劉孚翊博郎偕至野士凌墩游覽不以公往而以私往者公往則告董事預洒掃處不得其眞耳

初余由天津赴滬同舟有英人年七十餘與其鄉里談謂西洋視君爲輕至等諸小饅頭今觀其國人奏樂誦經衆宴雜耍皆先頌祝君主畫影之戲開場必出君主像結局必出世子像烟火之戲亦以君主像終之又聞前十餘年世子疾病舉國禱天及愈舉國酬天至於外埠皆然愛戴殊不爲輕此間嘗推求其故蓋以維多里亞在位而後每戰必捷國

製棉花火藥

勢日强雖無獨斷之善舉亦能不拂輿情故咸以福德歸之也英本民政之國不必其君治事故繼世者苟自樂其樂不與上下議院爲難正國人所禱祀求其心屬世子當以是

上言棉花火藥無他巧妙惟以棉浸硫黄水曬乾搗成餅者此喀墩守將欺誑之言耳（博郎言學習技藝宜在商局而不宜在官局卽此可爲確証）其實製之固難藏之尤不易稍不慎則火患立見其勢最危倫敦之牛布洛達（街名）第二號房屋棉藥商局也商人曰阿遲博爾知余考究此藥於十三日請往司坳麻爾喀達（鄉名）觀其製造司坳麻爾喀達在倫敦東北二百餘里藥局曰帕坦達賽苐地監工者曰帕麥局內房室每所皆遠隔不相連屬慮火之延燒也製藥之法綿花紡成綫以氣爐烝之泡諸鏹水中僅四分時（鏹水用三分硫黄一分硝合成）提入銅礶（其時一磅綿有十一磅水共成十二磅）付清水池凉之竟日乃提出用機器將鏹水收乾洗以清水亦收乾其藥已成（已可施諸火攻矣）然恐鏹水未盡去也再以清水煑之煑已浸以凉水然後入水槽用機器碎其綿又入水槽終

日攪之凡三日口嘗其味無鏹水酸然後壓乾搗成餅其時綿一百磅尚有水二十五磅也綿花製以鏹水性最易燃鏹水稍不去淨則能自生火故其泡鏹水爲時無幾而洵浸清水則數日之久數度之多帕麥面以濕綿藥餅盈箱推置火爐中火只緩緩爇入餅并不烈又黙乾綿藥於溼綿藥之上溼綿幷不着火以知其製造之精便於儲藏矣然未用時仍盛以銅匣藏諸水中不啻放於外也水中雖歴兩年略曬卽可燃點此綿最易乾只須吹晾三四時辰未曬而襯諸乾綿之下加入藥製銅帽卽銅自來火大若中指長寸餘亦與乾綿幷爆惟不用銅帽則綿雖乾勢只如焚寸楮耳乾綿與銅帽合幷其力極雄一指大小燃放巨木下木卽粉碎環灼諸巨木之腰木卽中斷散爲數十劈薪裝水雷轟之河水爲之騰躍數丈立二尺餘木架於地上施盈寸厚鐵板以尋常火藥互相比較常藥二磅只倒烘鐵面成暈綿藥一磅則直透鐵背爆裂如花且穿地成洞穴其力視常藥數倍故其價亦視常藥維倍也據該局所開價

單乾綿藥每磅二息零半潮綿藥每磅二息零二邊士溼綿藥包每磅一息零半乾自來火每百十二息零溼自來火每百十息零四邊士炸藥每百五息零又有加硝者英人以爲開礦裂石之用開煤礦遇石則以此轟之力亦不如無硝是日帕麥一一演試觀者如堵演畢鄉中邁甚士德地備筵席相欵紳士皆集與劉博二君並赴之

到英七閱月未歷蘇葛蘭阿爾蘭兩島今將銜　命德國不遍游覽則其風土人情物力終非目覩亦輶軒之憾事爰令劉孚翌與博郎商之咸謂宜先赴北明根瀛寰志略作北明翰過阿爾蘭折入蘇葛蘭同車至利文浦小住而還咯恩士者北明根富商也家居哀爾歐格士鄉名距北明根二十五里將以其廬憩客於十四日來迎余訂厥明赴焉英人工賈之役皆九作半日游衍半日官紳則治事半年休沐亦半年每歲自初春開會堂至六月底即各散歸謂之曰散會堂其人或返鄉園或之他國或攜其眷屬逍遙海濱偃息蘇阿兩島林深泉美之地雖借名避暑寔則以恣遨游月來倫敦紳富家幾盡徙而空矣國主每年

居柏金哈木宮者僅三四月餘皆往來阿思本温宅兩行宮明日由倫敦命駕將巡幸於巴爾莫爾喀索兒蓋蘇葛蘭山水勝境也所乘火車鋪飾殊焜煌

十五日八點鐘偕劉博二人至猷士整司胎甚登火車禧在明相隨余邀之也涂經村莊曰爾羅姑畢者民數七千八百餘有學塾爲大家子弟習藝之所英人子弟就學貧富各異處慮惡習相染也曰柯温特尼者民數四萬一千多鐘表緞帶工匠其餘所過人居寥寥十二點半鐘抵北明根路程三百三十六里喀恩士以馬車迎往其塔燈局洋海輙有塔燈以照船行玻璃局一觀英人之製玻璃與中國同然咸炫爲奇觀者見聞之隘耳北明根長四十里鐵匠羣萃生齒甚繁喀恩士所養雇工二三千幷婦女幼孩計之共二萬餘人捐建義塾課童子六百人其家在裒爾歐格士者園圃廣數里麋鹿百餘是夜宿此

十六日晨飯畢喀恩士以馬車同行二十七里至麗池飛爐鄉名登火車向格盧謚發行五十四

里至司大佛兒德換火車此地民一萬五千格盧火車鐵路公司亦喀氏夥開也製鋼之法以鐵七噸入爐揚去鐵中煤炭硫黃加入鐵精鐵精亦生於鐵鑛鎔化成鋼注諸模中爲巨杵約尺餘付機器壓之八出八入遂成長條二三丈其製大鋼片亦以機器如壓麪焉瞬息平薄寬長盈丈造火車局開自三十五年前每年造一百五十輛共造過二千三百輛之多據喀恩士云綜計英國三島鐵路建費金錢七百兆每年獲利二十八兆該公司本錢八十兆每年獲利三百二十萬磅其息均四釐誠哉本流之大矣喀恩士延赴酒樓午飲話別余旋登火車行一百八十里至班閣投客店宿所經之地有曰徹士德兒者有曰威兒士曰白鄰士者村居稍稠亦不繁鬧威兒士白鄰士即魁英長次子分封處班閣亦威兒士所屬英三島客店均極崇侈雕牆峻宇錦墊繡幃有若王侯之居每夜宿客一人需房費一兩金錢惟此地屬鄉僻店略狹然陳飾亦復瑰麗

班閣有鐵橋長五十丈寬五丈離水面十二丈橋下有矦爵鶯閣時像（即擒拏破侖者）橋上望見獅奴鏊山山爲英倫岡嶺之最高者距班閣五十一里名勝地也十七日晨往觀乃旋乘火車行六十里至哈里赫（地名）上輪舟渡海一百九十二里（亦汪大洋）然而至阿爾蘭之德布靈都會投大客店宿是日雨十八日洋俗禮拜亦竟日雨不能出門與博郞談及海防博曰中國海面如此寬長理宜有以守之余曰不守海而守岸何如博曰砲台守口岸固不可少但口岸多不勝隄防一處有失則全局擾亂且人之相攻者即被岸兵擊退猶可全軍以歸無損分毫以中國無輪船追之故也相攻不勝亦無損則人無所恇懼而樂於嘗試中國寇患何自而消以中國之大不能制人反安坐以聽人之制乎余曰海口有要可握否博曰無之北洋南洋一望浩淼隨處可進敵軍安能握截余曰寄是則雖有輪船其可濟博曰備船非欲以握守也平時與各國交馳海外往來販運（博之意謂不籌販運則第見洋人載銀以出不見華人載銀以入不

數十年中國必盡消匱有兵釁則麕集而戰戰勝則逐擊而殲人之師不勝則退守口岸以砲台護之人亦莫奈其何北路如盛京大沽烟台南路如上海甯波温台厦門瓊州皆有島嶼港汊可以泊舟與砲台交相爲助敵人慮我復出截其運煤接濟之路卽亦不敢深入是內地可保無恙矣況輪船之多既與各國等則構兵莫卜誰勝人必潛消窺伺之心固可不戰以相安也余曰輪船當得若干博曰如阿木士湯所製較大者約二百號每號約銀十萬兩共銀二千萬借諸外洋每百兩以歲息四兩計不過歲輸息銀八十萬耳輪船既成後裁減原設水師可省銀三五百萬裁減海防陸兵可省銀三五百萬各國不相欺陵賠欵可省數十萬加以販貨外洋往來收稅又可增銀數百萬中國何憚而不爲乎由此更借三二千萬停止捐輪安插游民遣散老兵開墾田畝中國治象可成也余曰輪船駕駛非華人所習奈何博曰水手可擇師船少壯者學習充當此非所難惟司水火以保機器覘

天文以識方向則華人不能驟爲之三五年內尙可借資英美各國然非長策當亟選聰慧子弟數百人分赴各國從根底學習約四五年可有成若惟在輪船中憑督船洋人指畫僅得其皮毛莫窺其奥竅恐機器易壞破耗不少也每人出洋投師歲需銀五百兩即一切可以充裕五百人則歲費二十五萬合管領官薪水計之亦三十萬而止此項當易籌余聞其言而心口熟商之曰事理無窮因乎時勢如人之一身疾癘未起則補養元氣自可退外邪此一理也疾癘一起不先祛外邪而惟言補養則其病終不可瘳此又一理也人之一家平居無事約束子弟使不與匪爲伍則凶釁無自相尋此一理也凶釁既至則必先謀捍禦解散然後可嚴申其家教此又一理也余素持治國務本之說由今思之未可偏執也誠如博郎云每年所得之利不憂其難償所納之息至鐵船大砲等項以目前士習審之自行製買徒耗財而無益惟金登幹寔心寔力可保無欺若以此事責成赫

德督令金登幹在於各國各局分投辦理一年儘可造成百艘暫募洋人管駕游歷海外一面派人赴各國講求水戰當難我欺矣雖然法令不脩仍不足恃也船砲雖備司其事者不知料理則損朽銹蛀不十年而廢諸無用故職掌之令當嚴臨敵退縮不知效死則有船砲而棄之與無船砲同故治軍之令當嚴吏治不明民多失所市野之間遍地窮乞以及游手匪類從古無如此而可以自強者故課治之法當嚴查外官之制督撫挈其綱領司道布其教令以倡知府知府以倡州縣原皆職有所司自咸豐間軍務繁興州縣遇事逕稟督撫不但知府視同虛設即司道亦閒廢無事等諸承轉過遞之官夫以一人之精神遙制一兩省而無分治於下者以督察之耳目不及思慮不周州縣無所忌憚何怪乎教養刑政事事廢弛今似宜查明　國初定制責令府道就近督率州縣勸課農工興舉廢墜而藩臬兩司綜理之督撫大吏除整軍經武慎固封守外惟於用人行政監視其

得失以別司道賢愚州縣不得逕以公事上瀆庶幾分猷効職官無冗員亦無偏累庶政可以就理司道苟非其人廢黜較易不如易置督撫之難擇才也種殖畜牧百工技藝皆百姓生財之源能令親民官督飭紳士稽查游民而安插董勸之賦稅亦於是而出凡此諸大政　聖祖　世宗　高宗　寔錄及康雍　上諭具有典型若使翰林官隨時選擇數則進呈　御覽自足備修舉政要之助此則無待集益於外洋者矣仕途太雜太冗未得缺者虛費賠墊已得缺者貽害生靈甄別加嚴寔爲整飭官常節省經費之要治內與治外幷舉奚慮吾國威之不振哉阿木士湯鐵船之製身不寬長故敵砲不易中之船頭能安七萬餘斤大砲一位若以十船敵一大船可以環而齊施轟擊制勝定屬無疑然造十船不過一大船之費耳故此製一出英人羣驚爲妙用月來有會堂紳士建議倣造之但此船只可備戰陣之用平時以之販運則載貨無多置諸空閒又易朽壞惟

載細貨而不載粗賤之貨則庶乎兩得也英國鐵甲大船六十一號火輪木船三百號載兵夾板船一百七十號近仍製造不已故中國船不多備雖有亦等於無

西洋有代君行事之說頭等公使所至（頭等公使謂是代君親行）主國以君禮待之各國使亦以君禮見焉登寶座受朝參（三鞠躬即其朝參禮）不赧顔也使倫敦者三十四國惟俄法德奥意土六國所遣以頭等其他公使舉不敢抗顔行惟不以其體制施諸中國使者使者咸平視之五印度阿爾蘭兩總督亦然入朝位在儲君上今之督阿爾蘭者曰馬爾博羅公爵也十九日余往拜會因其先期遠出（赴遠鄉釣魚）未得見有僚佐導入其殿庭游覽御座殊巍巍然隨至其私寓赴園圃游又訪其羅地美亞曰多孫者多孫置酒相陪自言是天主教見笑大國（阿爾蘭長九百一十里寬五百八十二里民數五百四十一萬餘天主教實四百十四萬餘人耶穌教一百十八萬餘人雜教七萬四千餘人）答之曰敝國雖小何教蔑有苟爲善斯愛敬之不以此分疆畛也多孫喜甚顧其奥德門曰大國選派來此固知無劣才旋

約明日以所乘車奉迎躬親伺候游覽余再辭不獲遂諾之

二十日十點鐘多孫以車來偕游學塾書院（藏書處）監牢博物院（鳥獸蟲魚金石草木等類庋置於庭聽人觀覽以資博識）貧女院等處男女集觀者千數百人有日報館執鉛筆相隨以記使者言動書院有繙譯書經華洋合文監牢有教兒犯讀書識字以誘其善艮一法女學塾有教畫繪教縫織教烹調諸事其餘舉無異倫敦街道之潔貿易之大宮室之崇麗則稍遜據多孫云德布靈男丁十一萬五千餘婦女十三萬零七百民房一萬五千零四十間是亦繁盛之區也游畢多孫請至其署款以酒令妻子出見酒既酣謂余曰昨言中國不亦教別彊盼然而天主教屢被焚殺則何也答曰此敝國匪人累之也匪人或犯官法或負債結怨乃入貴教以自求庇教士不知其由而受之且愛護之於是益無忌憚動借教堂爲名逞兇播毒於衆百姓憤入教者深因而恨及貴教耳在教士豈有意縱匪殃民哉多孫曰然則聽其焚殺

乎抑禁使不得傳教乎（傳教係彼國百姓以爲做人第一要事）今日幸獲相見敢乞主持答曰貴國傳教意在廣脩功德誠能由地方官查明良莠乃予收錄迨既入教察其肆惡仍擯退之以衞良民此則功德無量咸服貴教之善矣他日回國當籌保護貴教俾不受玷於匪人願教士能從吾言也多孫聞言起立俯而舐余手（此禮之最重者）洎歸送出又倚車舐如前示感激之至也

英人尚舌辨專以能言爲才嘗見其丞相祕根非兒士前相葛蘭斯敦皆詞令翩翩能發人之所不能發蓋其立國首重邦交非此不足排難解紛耳余以吶吶之口强膺使職苟不前定其言烏能遇辨問而不踣哉總督請赴戲園聽演唱至夜偕劉禧二人踐約在坐男女數千皆鼓掌歡迎謂阿爾蘭人豪縱夸大抑亦尚知敬客乎

格稜得蘭閣距德布靈約一百四十里山水勝境也禧在明謂當往游遂於二十一日九點鐘乘火車行一百十一里至葛蘭斯林雇坐馬車二十餘里抵其地沿途所過日寒温

車遮士（有塔）曰維覺羅（有山甚長）其民多結草爲廬累碎甓爲短垣陋室塵垢雞騖幷集不可駐足其重樓而居門堂整潔者未嘗無之然亦僅矣英人最喜種樹（其言種樹有數利一氣清令人少病二陰冬地不乾燥三落其實四取其材）倫敦繁鬧處所二三里卽有園林屋後門前稍得隙地半弓莫不植以美蔭近郊以外卉木尤多動成叢薄蘇阿兩島皆然環山抱水之地往往一望彌漫無非綠障籠天綺霧樸地凉痕村居隱約其間洵畫景也格稜得蘭閣其佳處卽此長溪激水竟日潺湲出於樹陰之下臨流酒店花塢通橋簇簇嫣紅弄影玻璃窗外羣山蜿蜒其後湖光瀲灩其左余至此不覺復動買山之想奈前一日接滬上電報知　國書將至不日當束裝欲不捨去而不得耳回寓後知官紳有請看花者有請飲者以明日將渡海過蘇葛蘭而南皆辭之

二十二日由德布靈乘火車沿海東北行三百三十九里至畢黎發士所過村落六七處

遄行甚疾未及詢其地名然居民無多倚窗遠眺惟見老麥攢黃芳塍繡綠而已畢黎發士市鎭也織麻布店萃於此有大學塾大花園距赫德所居六十里其弟告假回籍居邁倫亦閒游至此聞余至趨赴客店相隨游觀四點鐘復趁火車行七十五里至拉恩地方東北渡海海道如峽兩旁皆山中有巨石遇風常不易行是日小雨無風一百二十三里至司特耶來兒投客店宿司特耶來兒爲蘇葛蘭南境兩岸皆居民男婦往來有赤其足者以剋期回倫敦候接　國書未及赴愛登伯拉（蘇葛蘭都會名）矣二十三日東行所過曰格鄰魯士曰牛屯都極德（民一千八百）曰多羅漢兒曰牛家橳位（有湖長三十里）曰柯羅思邁家爾曰喀思德羅德格蠟石曰姑德布來德（民一千二百）曰德爾祕地（亦大村庄）凡二百二十三里而至敦非黎士乃宿焉

敦非黎士亦市鎭也有五百年前禮拜堂遺蹟土墉卑陋地僅四楹視今之穹窿煥麗迴

不侔據洋人言倫敦宮室之崇麗亦皆近二十年所改造其先本不如此西南二十一里地名架拉非羅閣者有故侯希釐士宅高城深濠狀若砲壘其內堂皇壯闊幷設監牢英人以他釁故勒兵攻破之徙侯於愛登伯拉今子孫仍在其地蓋七百年前事矣二十四日偕劉博禧三人訪之沿途山水絕勝見有小舟牽纜而至者其狀無異中國同車覩於白恩士之墳白恩士英國所稱詩人今建屋墳上石刻其扶犂像於中央如廟貌焉廟外爲各家叢葬處豐碑林立上著死者姓名及生卒年月旁誌其子孫碑前輒有石案一似以陳祭器者英俗人死則沐浴其尸衣以生前禮服及斂遍體易白衣褌貧者木棺裹以氈及大呢富者貴者棺槨三重一松木二鐵三紅木葬於官地親友咸送之有厝諸石槨以爲掩埋者新喪婦與子女一禮拜不出不共客食喪服無定制類皆一年爲度其服純黑不及一年而赴宴聽樂嫁娶者衆必譏之無祭墓之事思憶所及則詣墓一觀插以鮮花此英之所以送死也

二十五日十點鐘由敦非黎士乘火車向利文浦而去至安南五十二里至喀拉洛四十五里喀拉洛爲英倫地界自是以下村墟綺錯棟宇鱗連皆大觀矣所過之地泳裏疵民六千六百餘根德洛民一萬一千餘蘭喀士德爾民一萬七千迫洛司敦士民八萬五千四百多作坊維根民三萬九千多銅錫作坊地產硫黃石煤孫德赫倫士民一萬八千三百多銅錫玻璃作坊及石煤工匠（英國玻璃消售極多以其房室無處不用大玻璃也）計自敦非黎士起輪凡行四百五十七里而至利文浦據博郎云英國三島倫敦之外以此爲第一大市鎮設美亞一員奥德門十六員看司勒四十八員其民四十九萬三千三百餘每年進口貨值價三千萬金磅內有棉花二百二十五萬餘捆并各貨共征稅三百六十二萬餘磅出口貨值價三千三百萬餘磅美利堅商賈多集於此瓊樓繡壁交聳雲端由客店登高望之通烟氣管之多（凡人家屋脊皆有烟通數管或十數管所以透火煤之氣也）直若千萬箭攢集空中與夕陽鬬采（烟通多赭紅色）時已疲倦不能

出游二十六日禮拜大雨亦未出

二十七日往訪美亞倭克兒美亞自稱煩忙令奥德門璧角敦代侍游覽所至學塾畫樓博物院等處規制皆如倫敦二十八日晨早美亞自以其車來請乘之令副將郗魯士相隨赴商棧一觀棧極崇廣樓五層皆白石爲之積穀特多上下其穀皆用機器敏捷如飛不假人力有侯爾特者巨富紳也歲遣輪舟販運中國凡三十餘艘各國尤不少是日以小輪舟同觀於麥西河河有新舊船塢各一商船並泊其間首尾相銜互十八里絶無空隙據侯爾特言商棧每年入地租三十兆金錢有奇新船塢十七兆舊船塢四兆間歲或有加焉又言其國輪船主大副二副及司機器數人皆考試乃能充當（考以機器天文潮信測量指南針等件）其船則由商部驗之必木料堅㝎篷索幷備機器完固然後給以驗票聽其出海船規亦商部所定水手不如數則罰裝貨溢額則罰（載過重慮其難行）往返不如期則罰度載不潔病人則

罰如疫疾天花之類洋人謂能傳染最忌之至於水手棲止之處不許太狹飲食之數人每日肉半斤麵二斤加非子酸橘水各一兩加非所以消積滯酸橘所以斂肺亦有定式毫不可踰思慮亦密矣哉對河爲商人宅眷之所有列亞德大船廠廣東輪船即造於此河中央有舊兵船三艘收集貧兒千餘人教習水師亦商戶所捐辦北口兩岸有舊砲台南口有稅廠舊砲台規模不大侯爾特謂將改築新式而鐵其壁業已估價三兆磅云兩點鐘回美亞署宴飲饌殊精良宴畢復請游其商會公館至則商人集此已數百於樓前設一座美亞囑余下觀余憑欄立衆商仰視而鼓掌余諭之云諸君勤貿易多積金帛以行善事天將畀爾厚福也禧在明代譯之衆復鼓掌不已時交四點鐘咸相送登程。回倫敦馳火車六百零三里十點鐘遂抵寓

英倫民數二千二百七十一萬二千二百六十六名口女多於男約五十九萬蘇葛蘭民數三百三十六萬零十八名口女多於男約十五萬阿爾蘭民數五百四十一萬一千四

百一十六名口女多於男約十四萬凡其民數皆并幼孩及各國旅居商販人計之

英人無事不與中國相反論國政則由民以及君論家規則尊妻而卑夫家事皆妻倡夫隨坐位皆妻上夫下出外赴宴亦然平時夫事其妻如中國孝子之事父母否則衆訾之論生育則重女而輕男論宴會則貴主而賤客主人居中客夾之論文字則自右而之左語言文字皆顛倒其先後如倫敦的套兒則曰套兒的倫敦父親的花園則曰花園的父親此繙譯之所以難也論書卷則始底而終面凡書自末一頁讀起論飲食則先飯而後酒蓋其國居於地軸下所戴者地下之天故風俗制度咸顛而倒之也晝夜亦然倫敦時刻較諸中國遲八點鐘阿爾蘭又較倫敦遲二十五分其晚也乃吾中國之午也其曉也乃吾中國之夕也英人每息於晝忙於夜毋亦夜時始爲陽盛歟

月來屢聞俄軍爲土人所敗威妥瑪曰此非佳耗也土人雖勝然勁旅之被殲者已萬二千人論餉之乏則曾備兄弟論兵之衆則俄倍蓰之捫塞等國又助以力使俄軍既獲洩憤於土猶可言和若敗則其仇愈深今年即或囘師明歲必傾國以至土勢危矣以禱在

明相隨游覽故歸時往威寓致謝八月初五日威使報拜言此十四日安友會紳來見郭星使安友者勸息兵爭以安黎庶而聯諸邦之友誼也同會萬餘人據馬格理言咸豐七年粵省之役會紳建議止戈丞相巴爾密士敦非之告國主散其會今乃其重結約者司密利士卽會中人意專行善與禁烟會相聯絡案英國之制官不稱職則輿論可以易其官紳不審義則官權可以去其紳此交相維制之道也然黜官易黜紳難黜官以就紳時多黜紳以就官時少故紳之權較足恃

此時英國官紳以行善爲志息兵安民爲心者十居六七然其俗究以理之是非爲事之行止非專恃强力者苟理無不足則明白暢快與之反覆辨駁使知事理之所歸彼外部亦不能以數人之見遽至決裂蓋官主其謀亦必紳允其議然後能行之下議院之論事據理勢以互證毫無避忌回護我理既足衆心相喻則左袒者必多紳不籌餉官卽不能

英軺日記　下卷

發兵西洋局面多是如此竊聞人謂武員與公使合謀卽可奮動干戈者傳訛耳然與洋人辨理雖可揮洒自如惟客氣之話則不可有皆有事邦交所當共戒者大約辨論之先總須將理想到明透臨時爽直出之洋人喜爽直惡含混或爲彼論所屈則別謀所以伸己意者重與頡頏苟得其錯失所在雖明斥之亦所不妨不必吐茹伸縮洋人謂辨駁道理原非爭鬥無論何人道理至是卽當從之說理不出卽是無理尤不可陰持一意而陽爲他論以抵之至於英人立國首重商販其求通於中國亦只意在商販商人一有所苦則訴諸主持商會之紳下議院卽必衆口一詞求爲伸理我中國與英人交際能持理能恤商斯盡之矣

英國教人之法紳宦殷富或自延師或公建學堂以課子弟皆不與貧兒混貧而無力就學者則收之以義塾焉都會鄉鎭各有義塾自數所以至數十所每所延師數人以至十數人均按其地大小酌行之經費公捐獨捐亦視其地有無巨富爲斷學徒皆居宿於塾

供其衣服飮噉不聽他出人家生育子女咸報鄉官鄉官歲核戶籍省知已屆五齡卽驅率入塾初學教誦耶穌經既長習書筭勾股開方之法是之謂小學小學成則令就工以謀食其資禀特優者益使習天文機器畫工醫術光學化學電學氣學力學諸技藝是之謂大學大學之處刋卜吏治地名十書院以光化電學爲主岳斯笏地名三十餘書院以各國語言文字爲主又或給巨舟爲學塾教練航海各工總之不離乎工商之事者近是雖然其教術則工商其教規則禮樂也塾中子弟言語有時趨步有方飮食行立有班行雖街市遨游不得踰越尺寸歌聲樂節孩而習之無任差忒每入其塾規矩森肅抑不惟此羣萃之地有築宮儲册籍遍揭圖畫者有羅致動植諸物狀珍異諸名色陳於庭者有聚百獸而畜之彙衆芳而蒔之以爲園囿者有葦木材藥料別其名物功用而燦列於室者有構館舍聘名師主講光化電氣各學者莫不遠近棋布縱百姓男女觀覽摹放以爲學識

之助其各種機器亦時集一區運用演試使人得審視之夫喜逸而惡勞者人之情也離善而易惡者人之習也設學以訓子弟人不志是則姑聽之未有皆驟然束身以就吾範者英人慮此特爲官法督治之不循其教令雖三尺童子猶拘諸改過房俾習苦於布麻金木諸匠作以制爲有用之器故監牢亦學藝焉英之衆庶强半勤謹不自懈廢商賈周於四海而百工竭作亦足繁生其物以供懋遷之需國之致富蓋本於此非然者火車輪船即能致遠而可販之貨國中無從造而成之金幣究如人何哉

置辦輪船鎗砲有當知者數事一據英人言大鐵甲船之無用業於土俄兩國之戰已有明徵則我中國自不宜辦此以滋虛耗英人現欲將鐵甲船賣向中國矣惟阿木士湯所創小鐵船即李中堂所辦之師丹式船英國水師官亦有以爲不足恃者蓋其所倚者只船頭一砲若大輪船用其所載舢板艇五六具各裝小砲從兩旁駛近闌擊之即無以相抵禦故製造此項小鐵船尚須於

左右兩旁另備多稜砲數位即一砲十筒連發五百彈子者以禦舢板艇當與阿木士湯商之一西洋新式大砲皆葫蘆形前膛居多其頭大尾小如瓶頭尾勻稱如筒者皆廢砲也後膛而堵門之具弱小者亦廢砲也後膛易炸新式後膛鎗極輕巧由膛漸狹至口僅半寸或不及半寸筒內有斜紋綫路彈子形如小指而粗頭尖尾圓近尾處中空有綫路然後彈子出口不致打滾然恐彈子不由綫路而行也故於近尾處空其中使受火藥之氣彈子自然張開緊依綫路其鎗身厚重而口闊或無綫路或用圓彈者皆廢鎗也洋人輒以廢砲廢鎗售諸華人華人利其價賤易於欺冒銀數輒爭買之聞東洋滋擾台灣之年各省購此最多臨渴掘井最易草率有買銀一元而報銷至四五元甚且至七元半者閩撫丁公所參吞蝕軍火銀萬餘者即冒報七元半之人如此而猶不明正典刑何以示戒上年廣東委員赴新嘉坡辦洋鎗並水腳盤費計之每鎗需銀一兩零四分而報價則以三元半他國欲脩武備而遂脩之我脩武備而徒飽貪墨之囊橐可傷也哉英國官紳最鄙夷我者是此一節謂堂堂中國被外洋相欺至此小官猶忍於圖利以自弱其兵大官猶忍於徇情以自誤其事也有嘆息言之者有嬉笑言之者其寔大官則皆苦於所不知一英國

儲積鎗械皆於宏廠之屋爲木架上接屋梁分數層排列懸挂派兵專司打磨哮兒歐伍倫敦即是如此其給各營操練者則鐫兵名於桿上令哨官隨時點驗今似宜倣此嚴武員職掌之令俾操演之鎗不至毀棄備用之鎗不至堆放潮地日久銹損而不知惟各省軍器局多係土牆泥壤雨露濡溼不能不潮且扃閉時多官員罕履其地何由目擊其完毀竊謂此項備用火鎗宜分交武營寔缺大員用層疊木架懸列該署大堂派兵專司磨擦督撫於每年冬操破費數日工夫按册親驗有不如令則罰賠無貸庶免耗費帑金置辦而無濟於用

一凡物堆積一室扃閉日久必生熱氣故衣服粟米亦須時時料晾況洋製火藥彈子及自來火各件無非硝磺尤易以鬱熱而生火不料晾之不特毀壞其物且有延燒轟震之禍今似宜選派武員嚴其職掌之令立爲料晾期限使之認眞經理至於棉花火藥尤當加謹已於擬製綿藥劄記詳言之矣照劄記所言即可自製無機器則加人力結寔以爲之亦得中國所買機器多其廢壞重脩者也

一督撫道辦

曹邃遲速分秒表

鎗砲前任所爲後任無從知之常有廢擱一處漸至銹壞而不可用或被偷盜而無由稽者（聞閩省即有此事經丁中丞查出所損已多）有急則又另購此等巨欵錙銖累之而泥沙棄之豈不可惜且旋購旋棄武備又何日克充今似宜令各省所辦輪船鎗砲咸造報兵部戶部由兵部每年綜計新舊件數冊送軍機處查核以知各省之軍定其新授督撫赴任時兵部亦即咨令確查具報有所短絀則責前任賠償雖交代之際難保其不含糊接收含糊報冊然究勝於毫無稽查等諸破缶之不顧也一凡鎗砲子出口必往下墜據洋人算法初一秒時低下一丈六尺一寸二秒時則四倍於初共低下六丈四尺四寸三秒時則九倍於初共低下十四丈四尺九寸故平日試鎗砲須先試準用藥若干則彈子之行一秒時能及若干里（洋人有此機器於烏鯉池官砲局試驗彈子遲疾曾詳敘之）臨陣審覘其所向擊趕若干里彈子至彼應低下若干丈尺因高抬鎗砲口以就之（抬高若干洋法最細）然後可以命中若施放之初鎗砲口與所擊之處相平則

彈子過低萬無中理矣測遠之器西洋咸有之然不能遍給諸兵丁故須平日習以目力如立一人於彼能辨其騎步爲若干里能辨衣褌爲若干里能辨面部爲若干里能辨男女爲若干里又如設一屋於彼若干里僅能見影若干里可辨窗戶若干里可辨壁色若干里可辨瓦縫皆於平時遠視之而丈地以昭其則至於風力大小均能推送彈子以左右故有風時須辨其方向欲擊丑位則或向子向寅放去使彈子爲風所逼到彼時適是丑位乃能中之若逕向丑位放鎗砲則只中子寅位矣此均須一一試驗的確以備陣前之用非軍火既備糊亂轟擊遂可勝敵也

国家出版基金项目
NATIONAL PUBLICATION FOUNDATION

海上絲綢之路文獻集成

總主編　陳支平　陳春聲

歷代史籍編　63

主編　范金民

海峽出版發行集團
THE STRAITS PUBLISHING & DISTRIBUTING GROUP
福建人民出版社

本册目次

曾惠敏公使西日記二卷

〔清〕曾紀澤撰

《曾惠敏公使西日記》二卷，清曾紀澤撰。紀澤（一八三九—一八九〇）字劼剛，號夢瞻，湖南湘鄉人。曾國藩子。是書係紀澤於光緒四年（一八七八）至十二年間出使英、法、俄國所撰日記，前後凡歷九年。上卷記光緒四年事，敘出使事宜及道里行程頗詳。下卷記其後八年事，然非逐日記載，僅録其要，如與各國使節會晤、陛見各國元首等，於西國政治、科技及邦交等亦多議論。據清光緒十九年江南製造總局排印本影印。

曾惠敏公日記

光緒癸巳穐月栞
江南製造總局

曾惠敏公使西日記卷一

光緒四年戊寅七月二十七日奉
旨賞戴花翎派充英國法國欽差大臣
八月初四日拜呂宋公使伊巴里久談言過地中海後宜由馬
哂色二登陸不宜繞行葡荷洋險遠之苑其人情摯亦可感也
二十八日丑初入　朝遞請　安黄摺三件綠頭牌一件至內
務府朝房謁樞密諸公至散秩大臣朝房一坐叫起單下軍機
頭起紀澤二起醇邸三起卯初入乾淸門在內朝房久坐辰初
軍機下　召見紀澤於養心殿東間掀簾入跪謝
天恩免冠叩頭著冠起立進至墊前跪聆
聖訓
西太后問你打算那日起身
東太后亦同問對臣因公私諸事須在上海料理齊備須早出
都現擬九月初四日啟程　問走天津不走對須從天津經過
且須耽擱十來日與李鴻章商量諸事　旨李鴻章熟悉洋務
你可與他將諸事細細討論對是　問上海有耽擱否對出洋
路遠應辦諸事應帶諸物均應在上海料理淸楚又臣攜帶隨
行人員亦須到上海乃能派定所以上海耽擱較久大約須住
一箇多月　問你攜帶人員到上海再奏否對臣攜帶人員有
從京城同行者有從外省調派者其外省調派之員能去不能

去未可豫定擬俟分派定局再行彙案奏　聞請
旨　問天津到上海要走多少日子對招商局輪船快慢不一
其快者從天津至上海不過三天半　問你先到英國先到法
國對臣擬於十月二十八日從上海動身賃法國公司輪船行
至馬賽兒登岸再賃火輪車行至巴黎巴黎卽法國都城法國
人見中國使臣至彼必有迎接款陪之禮臣若徑行不顧頗有
不便擬於上海發一電致郭嵩燾請其至巴黎交印臣在巴黎
接印卽可先將寄法國之　國書交給然後再赴倫敦交遞致
英國之　國書倫敦係英國都城　問國書已辦齊交與你否
對已接收　問你去住房如何定局對郭嵩燾早經賃定房屋

臣去悉當照舊近與總理衙門王大臣商並將來經費充足時
宜於各國各買房屋一所作爲使館外國公使在中國其房屋
皆係自買自造中國使臣賃屋居住殊非長局且賃價甚貴久
後亦不合算
旨你有事要辦的當與王大臣隨時討論對是　問你出洋後
奏報如何遞來對郭嵩燾於緊要事件須奏陳者係交總理衙
門代遞其尋常事件咨商總理衙門或用公牘或用信函均由
上海之文報局遞寄臣擬照舊辦理其文報局委員曾經郭嵩
燾派游擊黃惠和經理尙無貽誤臣亦擬照舊用之
旨你隨行員弁均須留意管束不可在外國多事令外洋人輕
視對臣恪遵
聖訓於隨帶人員一事格外謹愼現在能通洋務而深可信任
之人未易找尋臣意中竟無其選只好擇臣素識之讀書人中
擇其心中明白遇事皆留心者用之至於通事鳳八渡等人大
半惟利是圖斷無忠貞之悃臣不敢輕易攜帶現在攜帶之二
等參贊官陳遠濟係臣妹壻臣敢援古人內舉不辟親之例帶
之出洋緣事任較重非臣親信朋友素日深知底蘊者不敢將
就派之陳遠濟係原任安徽池州府知府陳源兗之子陳源兗
隨江忠源在安慶廬州殉節乃耿介忠藎之臣遠濟係其次子
操守廉潔甚有父風　問你這個親戚多大年紀對三十六歲

問你能懂外國語言文字對臣略識英文略通英語係從書
上看的所以看文字較易聽語言較難因口耳不熟之故　問
通行語言係英國的法國的對英語爲買賣話外洋以通商爲
重故各國人多能說英國話至於法國語言係相傳文話所以
各國於文札往來常用法文如各國修約換約等事卽每用法
文開列　問你既能通語言文字自然便當多了可不倚仗通
事繙譯了對臣雖能通識總不熟練仍須倚仗繙譯且　朝廷
遣使外洋將成常局士大夫讀書出力後再學洋文洋語有性
相近性不相近口齒易轉口齒難轉之別若遣使必通洋文洋
語則日後擇才更難且通洋文洋語洋學與辦洋務係截然兩

事辦洋務以熟於條約熟於公事爲要不必侵占繙譯之職臣將來於外國人談議公事之際即使語言已懂亦候繙譯傳述一則朝廷體制應該如此一則繙譯傳述之間亦可藉以停頓時候想算應答之語言英國公使威妥瑪能通中華語言文字共談論公事之時必用繙譯官傳話即是此意　問聞威妥瑪快來了你聽見說沒有對夏間見新聞紙言威妥瑪秋後動身其後未聞的確信

旨威妥瑪人甚狡猾對威酋能通華文華言人極狡猾抑且性情暴躁外國人也說他性情不好

旨辦洋務甚不容易聞福建又有焚毀教堂房屋之案將來必

又淘氣對辦洋務難處在外國人不講理中國人不明事勢中國臣民常恨洋人不消說了但須徐圖自強乃能爲濟斷非毀一教堂殺一洋人便算報讎雪恥現在中國人多不明此理所以有雲南馬嘉理一事致

太后

皇上宵旰勤勞　旨可不是麼我們此讎何能一日忘記但是要慢慢自強起來你方纔的話說得很明白斷非殺一人燒一屋就算報了讎的對是

旨這些人明白這理的少你替國家辦這等事將來這些人必有罵你的時候你卻要任勞任怨對臣從前讀書到事君能致其身一語以爲人臣忠則盡命是到了極處觀近來時勢見得中外交涉事件有時須看得性命尚在第二層竟須拚得將聲名看得不要緊方能替　國家保全大局即如前天津一案臣的父親先臣曾國藩在保定動身正是臥病之時即寫了遺囑分付家裏人安排將性命不要了及至到了天津又見事務重大非一死所能了事於是委曲求全以保和局其時京城士大夫罵者頗多臣父親引咎自責寄朋友的信常寫外慙淸議內疚神明八字正是拚卻聲名以顧大局其實當時事勢捨曾國藩之所辦更無辦法

旨曾國藩眞是公忠體國之人免冠叩頭未對

旨也是國家氣運不好曾國藩就去世了現在各處大吏總是瞻徇的多對李鴻章沈葆楨丁寶楨左宗棠均忠貞之臣

旨他們都是好的但都是老班子新的都趕不上對郭嵩燾總是正直之人此次亦是拚卻聲名替　國家辦事將來仍求

太后皇上恩典始終保全

旨上頭也深知道郭嵩燾是个好人其出使之後所辦之事不少但他挨這些人的罵也挨夠了對郭嵩燾恨不得中國即刻自強起來常常與人爭論所以挨罵總之係一个忠臣好在

太后

皇上知道他他就拚了聲名也還值得

旨我們都知道他王大臣等也知道他對是　問你現在在總理衙門居住對總理衙門事務勢不能不秘密臣等從前未敢與聞現因奉

旨出使須將英國法國前後案件查考一番並須摘要抄錄一點其全案雖在郭嵩燾處然臣在路上必有外國人交接應酬若言談之際全然不知原委未免不便

旨你辦事到很細心臣瞿然未對　問你帶同文館學生去否對臣帶英繙譯一名法繙譯一名供事一名均俟到上海彙　奏　問他們都好否對臣略懂英文英繙譯左秉隆臣知其可用法繙譯聯與臣未能深加考究因臣不懂法文之故然聯與在同文館已派充副教習想其法文尚可至於供事不過鈔謄公文祇要字跡乾淨就可用了　問遞國書日子係由你定係由他們外國人定對須到彼國之後彼此商量辦理　問外國也有總理衙門對外國稱外部所辦之事卽與中國總理衙門公事相同聞英國近亦改稱總理衙門其實外國話都不同也不喚外部也不喚總理衙門祇是所辦之事相同就是　問你甚麼時候可到對祇要託

太后

皇上洪福一路平安路上沒有耽擱年底總可到法國都城

問你沒到過外國這些路徑事勢想是聽得的對也有繙看書

籍地圖查考得的也有問得的　問香港安船不安船對臣賃法國公司輪船輪船總有載貨卸貨載人下人等事一路口岸必有耽擱但皆由該船作主最久

旨你就跪安罷退至臣位跪稱臣曾紀澤跪請

聖安撤簾退出巳辰刻矣

九月初一日寫西字函致裴式楷借其電報書一觀蓋就英國字典去其甚僻者取有用之語以數紀之中國電報書字不滿萬故以四位碼號紀數西字較多以五位碼號紀數也

初二日法國公使白維晛來久談西人男女並重故於親串稱謂最易淆混祖父母與外祖父母同稱曰父之父母與母之父母無異也伯叔父與舅氏姑丈姨丈同稱伯叔母與舅氏姑母姨母同稱表兄弟表姊妹從父兄弟從父姊妹同稱皆由於男女並重故親疏不甚分別白公使詢余親屬其繙譯官德微理亞不能轉達余自以英語譯而答之白德二君聞親串名目之細差等之殊矍然以爲異焉

初四日挈眷起程酉初抵通州登舟與栗弟談甚久論居家宜師陸棱山之法量月之所入以爲出行李陸續來至仍未全到

初五日未初觀僕役收檢行李夜飯後與左子興一談英人語言文字條例繁多曰實字天地日月之類是也曰依賴實字大小長短精粗美惡一二三四之類是也曰動字視聽言動之類

是也曰依賴動字如此太甚所以然後之類是也曰名稱字彼我吾儕爾曹之類是也曰位置字來自往至之類是也曰相連字然而以及因爲抑或之類是也曰太息字噫嘻吁嗟之類是也有專書以論列之子與若論其例甚精非余所及

初八日抵天津泊舟登岸至官亭中與司道出迎者如冠九年丈丁樂山鄭一峯鄭玉軒一談拜李相談極久並謁文正公祠行禮未正至吳楚公所席焉飯後李相來談極久冒雨回紅船閱郭筠仙丈致李相函及諸鈔件有郎中馬建忠者李相派至法國學院講求學術其上書略云五月下旬乃政治學院考期對策八條第一問爲萬國公法都凡一千八百葉歷來各國交

涉與兵疑案存焉第二問爲各類條約論各國通商譯信電報鐵路權量錢幣佃漁監犯及領事交涉各事第三問爲各國商例論商會匯票之所以持信於以知近今百年西人之富不專在機器之創興而其要領專在保護商會善法美政昭然可舉是以鐵路電線汽機礦務成本至鉅要之以信不患其衆擎不舉也金銀有限而用款無窮以楮代幣約之以信而一錢可得數百錢之用也第四問爲各國外史專論公使外部密札要函而後知普之稱雄俄之一統與夫俄土之宿怨英法之代興其故可觀縷而陳也第五問爲英美法三國政術治化之異同上下相維之道利弊何如英能持久而不變美則不變而多弊法則屢變而屢壞其故何在第六問爲普比瑞與四國政術治化普之鯨吞各邦瑞之聯絡各部比爲局外之國與爲新蹶之後措置庶務孰爲得失第七問爲各國吏治異同或爲君主或爲民主或爲君民共主之國其定法執法審法之權分而任之不責於一身權不相侵故其政事綱舉目張粲然可觀催科不由長官墨吏無所逞其欲罪名定於鄉老酷吏無所舞其文人人有自立之權即人人有自愛之意第八問爲賦稅之科則國債之多少西國賦稅十倍於中華而民無怨者國債貸之於民而民不疑其故安在此八條者考試對策凡三日其書策不下二十本策問細目蓋百許條逐一詳對供得學師優獎列之新報

謂能洞隱燭微提綱挈領非徒鑽故紙者可比近日工課稍寬聞至炫奇會游覽四方來巴黎者轂擊肩摩多於平日數倍但炫奇會陳各國新得之法令人細玩會總標獎其最優者原以激勵智謀之士然礮之有前膛後膛孰優孰劣彈之貯棉藥火藥何利何弊附船之鐵甲有橫直之分然海之雷鐙有數靜之別水雷則有拖帶激射浮沉之不一礮壘則有連環犄角重單之不同均無定論是軍法之無新奇者煤瘴之伏礦中無定法可免眞空以助升降無善術可行此礦務之猶有憾事也機織之布敏捷而不耐久機壓之呢耐久而不光滑機紡之綢價廉而無寶光此紡織猶待考求也下至印書釀酒農具大抵皆仿

與美二國炫奇會之舊式并求創有新製至於電線傳聲與電
報印聲徒駭見聞究無大益惟英太子之珠鑽玩好法世家之
金石古皿獨闢新奇乃前此所未有然此不過誇陳設之精供
遊觀之樂以奢靡相矜而已豈開會本意哉但法人設此會意
不在炫奇在鋪張蓋法戰敗賠款後幾難復振近則力講富强
特設此會以誇富於外人有論中國賽會之物掛一漏萬中華
以絲茶爲大宗而各省所出之綢未見鋪陳各山所產之茶未
見羅列至磁器之不古顧繡之不精無一可取他如農具人物
類同要物堂堂中國竟不及日本島族豈日本之管會乃其土
人而中華則委西人之咎乎此巴黎炫奇會大略也忠來歐一

載初到之時以爲歐洲各國富强專在製造之精兵紀之嚴及
披其律例考其文事而知其講富者以護商會爲本求强者以
得民心爲要護商會而賦稅可加則帑藏自足得民心則忠愛
倍切而敵愾可期他如學校建而智士日多議院立而下情可
達其製造軍旅水師諸大端皆其末焉者也於是以爲各國之
政盡善盡美矣及入政治院聽講又與其士大夫反覆質證而
後知盡信書不如無書之論爲不謬也英有君主又有上下議
院似乎政皆從出不知君主徒事簽押上下議院徒託空談而
政柄操之首相與二三樞密大臣遇有難事卽以議院爲藉口
美之監國由民自舉似乎公而無私矣乃每逢選舉之時賄賂

公行更一監國則更一番人物凡所官者皆其黨羽欲治得乎
法爲民主之國似入官者不由世族矣不知互爲朋比除智能
傑出之士如黠耶諸君苟非族類而欲得一優差補一美缺戞
戞乎其難之諸如此類不勝枚舉忠思於各國政事彙爲一編
名曰聞政錄首曰開財源二曰厚民生三曰裕國用四曰端吏
治五曰廣言路六曰嚴考試七曰講軍政而終之以聯邦交現
已稍有所集但恨少無所學每有辭不達意之苦然忠惟自錄
其所聞以上無負中堂栽培下無虛西人教誨敢云立說也哉
聞建忠年纔二十有六精通法文而華文函啟亦頗通暢洵英
材也爰取原函稍爲潤飾而錄存之

初九日傍夕至李相處談極久李相言電報書宜以西字爲主
勸余別製一册以通密件余謂西字必須通西文者譯之轉多
窒礙不能甚密須與譯署別製一書爲相約加減之法以通密
件尚不甚難乃另製暗號以交李相面談用法良久又談及遠
行以攜帶得力人員爲第一要義恭邸沈相寳相亦俞多挈賢
才然平日深相倚信之人而又通洋務者實無其選祇好就性
情溫厚誠篤不苟而遇事留心者帶之現擬以私函招邀至滬
取齊後然後見諸公牘以人有願有不願勢有能有不能不敢
牽爾入告也泰西尙有舊班不知幾人求歸幾人願留昨總署
已發函往詢愚意其願留者苟無大過卽不可遺撤令歸諸君

冀望三年期滿之保獎決不肯虧此一簣之功廢然而返然期滿仍求回華亦係人情是以此次帶人仍不可少又郭筠翁於派兼法國公使之時已萌退志故一切布置尚未周備紀澤奉

旨派充英法兩國公使雖交涉事件繁簡不同而法館局面亦不能過於簡略李相深以爲然

初十日夜飯後寫片緘致李相言華洋書信館初開不能周徧誠不能阻禁民間信局然不能不與民局爭利設馬遞以備封河時寄遞文牘即係爭利之法以民局斷無力設多馬也設馬後徹須接遞民局之函乃能兩益洋人於封河後亦係馬遞但皆七日一發不爲甚便中國書信較多宜變通辦理乃佳

十二日天津縣令王炳燮號樸臣談極久循吏也好爲道學門面語意見不合辯難斷斷甚爲酣暢近世談性理者好持朱陸異同之說以立門戶然學士大夫能講求實際任艱鉅者績效者出陸王之門爲多其詆陸王者大半硜硜自守之士空談無補昔年侍外舅劉霞仙丈縱談及此霞丈雖以爲狂然未嘗不韙之也法領事狄隆英領事佛禮賜俄領事賈士德先後來一談夜飯後寫稟呈九叔父甚長大略言前稟不以招募湘勇爲然者一慮餉精難敷一慮湘軍已成暮氣稍有失檢便成蛇足懼有微疵爲叔父盛名之累今見來諭布置一切精心密運無微不周劉南雲本係宿將堅定耐勞深明大體必能三命益恭保全聲望也北方風勁不能用帳棚將來南雲一軍擇地駐紮似須多造兵房以爲久計若兵勇借住民房則流弊滋多想叔父與南雲必早已籌及之矣

十七日至李相署與李伯行一談伯行聰慧絕人從朱靜山暨白狄克學英文英語甫期年已能通曉再加精進必可涉覽西書新報之屬矣西文條例雖極繁密然於空靈處輕重分寸不甚入細故較華文爲易子弟口齒明亮者熟讀之暇日令兼肄西文三五年便可通曉伯行志意專篤手操鉛筆日誦話規孜孜不倦初時甚自隱秘僅余與吳摯甫知之近日李相始有所聞余勸相國因其嗜而教之以成其志昔年吳子發太史日不

能作西音列西字而以華音譯讀是爲奇法其記性亦屬異常非人人所能學也余能西音然在湘苦無師友取英人字典鑽研逾年事倍功半又年齒漸長自憾難記而健忘一知半解無可進矣深願友朋年富而有志者相與勉焉與李相久談未刻歸飯後作函稿寄譯署總辦諸公未畢見客數次丁樂山蕭廉甫各談極久傍夕作譯署函稿畢夜飯後自繕之請檢文字子正睡

十八日夜步行至李相處談極久歸改核文件改松生所擬日本人竹添光鴻文跋又自作一律於後繕跋詩畢約六百字光鴻號漸卿遊歷中國有年所著詩文甚夥事無鉅細皆能留心

筆致亦暢達能自申其意於中華山川景象物產民風無不津津樂道有褒無訕東西洋人偶有誹議中國某事者光鴻輒面紅頸漲爭辯不休亦奇人也

十九日出門拜客五起登保大輪船見客七起李相最後至談極久登岸拜美領事德理副領事畢德格一談回船後見客多次西人有議中國街衢污穢問京師城門石路自應歸國家修理何以任其隳圮不肯補治答以城門石路道光年間曾經翻砌其後剿平粵逆捻匪　皇上俯念民生勞苦與之休息一切工程皆不忍興近歲又因西北軍務未竣各省時有災歉不可以功役勞民京師人民稠密非西洋各國之比任重之車絡繹

幅輳小治道路則雨成旋圮大治之則不惟功力責之民間國帑取之民間且須閉城阻路乃可修治爲日過久則出入行人甚爲不便故尚未與工也

二十日舟自天津啟椗午初抵大沽停泊候潮許仲韜羅耀亭來談偕乘小艇觀李相新購之蚊子船船身甚小而大礮六萬餘斤意取進退便捷而礮能及遠可以製鐵甲船也裝藥上子發火皆機器爲之不須人力粗覽一過與仲韜耀亭坐談片刻二君送余回船同飯余言燃礮以機誠省人力然有時反不如用人之靈便者鑄礮之法未甚精則後門不如前門法既漸精則前門又恐不如後門以前門入子膛口必鬆稍有不慎則子

出搖動能使礮裂塞布緊子之法宜時時留意不可疏忽仲韜等皆以爲然到歐洲仍當詢之西人耳未正二刻起椗復行

二十一日舟抵燕台作汪芝房所撰文法舉隅序登萊青道方觀察東海關稅務司辛盛先後來談

二十三日舟抵上海莫善徵徐雨之張叔和來久談飯後劉芝田陳寶渠先後來談亥正率內眷登陸至廣肇公所寓焉

十月初二日傍夕與李眉生久談眉生佐先太傅幕數年識解超卓友朋中殆無其匹論交涉事悉中肯綮奇才也以重聽徵疾無意仕進實爲可惜夜飯後寫一函寄靜臣弟教以懲忿慎言二事

初五日寫一函寄佘佐卿午後崇地山宮保來一談夜與松生逸齋等演試封摺之式寫一函復楊商農商農與余至好但不甚以洋務爲然嘗規余與松生不應講求西學每聚首論議或音問往來方枘圓鑿不相入也然終不失爲端人亦不失爲益友來函諄諄懇懇以清議爲言余答之云今世所謂清議之流不外三種上焉者硜硜自守之士除高頭講章外不知人世更有何書井田學校必欲遵行秦漢以來遂無政事此泥古者流其識不足其心無他上也中焉者好名之士附會理學之緒論發爲虛憍無薄之莊言或陳一說或奏一疏聊以自附於腐儒之科博持正之聲而已次也下焉者視洋務爲終南捷徑鑽營

不得則從而詆毀之以娼嫉之心發爲刻毒之詞就三種評之此其下矣中西通商互市交際旁午開千古未曾有之局蓋天運使然中國不能閉門而不納束手而不問亦已明矣窮鄉僻左蒸汽之輪樹不經於見聞抵掌拊髀放言高論人人能之登廟廊之上膺事會之乘蓋有不能以空談了事者吾儕考求事理貴能易地而思之也

初六日飯後封發調派人員摺並清單附片關防一片又發呈總署函並公文三角

十一日見客五次張煥綸號經堂者談最久此君英年好學器宇不凡所陳六條卓然有識非浮泛空談可比一曰固結英好以阻俄患今日之俄七國之秦而英則齊土則魏也秦人不得志於魏不能踦六國俄人不得志於土不能踦歐洲秦人遠交齊而近攻魏秦之得志於六國齊爲之也英人陽護土而陰蔽歐洲俄之不得志於歐洲英爲之也伯靈城之會各國公使多觀望游移豈不曰英之護土護印度也私也是誠然矣豈知印度危而英危英危而歐洲諸國亦必危且豈惟歐洲諸國哉誠能未雨綢繆厚結英好英既德我俄亦不敢正視而新疆回部地近印度俄人挾以要我俄人得志於新疆亦英人之憂也彼時或當得英之助出爲排解英既出全力以護土獨不能稍出餘力以助我哉或謂英俄同虎狼也英何獨可親豈知今日之

英將有外強中乾之漸故一切措施務爲保泰持盈之計與道光時迥異斷可坦然相與者也二曰開誠布公以泯形迹泰西通中國近二百年中土師資其法而秦越其人朝野一談牢不可破西人知其然也每有交涉不肯推誠相與而彼國互爲黨護雖夙爲仇讎一涉中國便相袒庇故西國勢衆而氣壯中國勢孤而氣懾夫能拒之門戶之外雖秦越之可也今既處之堂奧無事則秦越之有事則欲其肝膽我可得乎今日之計宜開誠布公相信於無事時則有事時彼亦慨然相信日本步武泰西至於改正朔易服色其愚甚矣西人雖亦笑之然有事輒相援庇此可證矣英人在中土游歷傳教最易啟釁事既決裂猝難收拾宜先事與英人妥籌善法傳教者亦須請領護照游歷者除領護照外每處由地方官派擇里老同行先期開導俾免驚疑且令各處領事禁約西人不得獨自下鄉違即不理此宜與英廷先事妥籌者也至於萬國公法西人未必盡遵然大小相維強弱相繫誠能遵行可以保世滋久謀國家者所宜寶貫也三曰暇時延見西儒以備諮訪彼中官吏固宜優接矣然交涉事多彼此畛域豈能盡泯若閑暇時延見西士接以溫詞款以虛衷彼必樂於自獻優游饜飫漸可得彼國之窾要西人在中國廣設學堂自詡義舉而彼中亦有樂讀中國書籍者宜爲別設一院擇中士教之則彼將不得擅美事既惠而不費國主

聞之且必咸悅數年之後有能通華文者勸其繙譯彼國書籍從以傳播中國當獲盛名諒亦樂從且泰西清議之權力與國敵與時設有難事或可稍得其助如此費省而益多事近而效久又人己兩利者也四曰機器利鈍價值貴賤宜隨時采訪以免欺僞中國開采煤鐵鼓鑄船礮等事在在需用機器往年購買或窳敗不合用或價值浮濫及與理論往往恃强胡賴耗費不貲縱立合同祇爲具文爲今之計宜於隨員中奏派一人專司訪察再訪稅務司吏選一西人輔之機器之製歲易月新隨時紀錄設欲購買卽責令擔保工匠教習亦令選擇器有不合用匠有不稱職惟彼是問西人重利恤名既居其任必不欺負

此事雖小益國甚大五曰機器之外選譯西國政教書籍以備採擇今之論西國者曰財貨之雄礮械之利而已豈知西國制勝之本不在富强其君民相視上下一體實有暗合於儒者之言則其爲政教必有斐然可觀者今所譯僅有機器格致各種書竊謂國家盛衰繫乎風俗人才而風俗人才尤急於蒙養西國孩童皆有書院猶得古者小學之意今雖設有出洋局然費鉅難繼所養僅百人豈能家喻戶曉不如取各國學校書院章程繙譯成書寄歸中國請先於通商各埠設蒙養書院取古人教子弟之法而略以西法參之冀漸推廣其費視出洋爲省而其功必宏遠矣教者政之本教成則政立矣外如醫學及農家

種植各書亦宜廣爲採購此古人輶軒采風之義也六曰與英國妥商禁煙之策以福中國中土禁煙久無長策操之促則生變持之緩則漸弛況海岸遼闊島嶼紛歧藏匿必多攔截匪易英商貿易煙爲大宗彼豈肯捐目前實利博將來虛名近聞彼國紳民立會議禁且向中國使臣紛紛投稟或者天心悔禍實誘其衷而彼國政府持之不肯遽下恐此數人終成畫餅然既擬此議必有所見不妨延此數人細與商推西國惟利是視或令改植木棉或與絲茶之利但令利足相當或冀幡然易轍倘聞英國利擅煤鐵今稍耗矣而中國寶藏累萬盈千尚未啟渙或以此項稍爲轉移總在衡情揣勢因時酌宜此事轉機匪伊

歲月稍盡人力冀挽天心此使臣之責也第一條論英俄情事未必盡可依據第六條論禁烟之事亦未易急切圖功至第二三四條所說則與余平昔持論大致相符第五條言出洋局費鉅難繼宜在中國設蒙養書院煩費少而成多材昔年陳荔秋容純甫率幼童出洋紀澤侍太傅前陳說利弊亦與張君之議略同當時言美國君臣上下不分等差幼童未讀中國聖賢書遽令遠赴異域專事西學上之不過爲美邦增添士民下之爲各埠洋行增添通事買辦之屬耳於國家無大益也其時事行大半不可中止由今觀之則出洋局幼童赴美者其收效固不如同文館學生與福建船廠學生上海機器局學生之收效多

也則張君之言信可採也先擇俊慧子弟於中國書院中講求學問中西並務稍有成就然後遣赴外洋樂育人材而節省經費似屬可久之策

十三日飯後莫善徵來賀余補授太常寺少卿之喜申報中所刊邸抄也賀客絡繹午後見畢飯後至崇地山處送行一談

十四日作謝　恩摺

十五日飯後寫一函致法蘭亭云日來從方在木瀆靈巖游興逸情令人神往惜鄙人俗冗紛繁不得抽暇棹舟與足下攜手槳何於早梅殘菊間也啟者鄙人此次奉　旨出使泰西承貴國白大臣盛意殷拳派委足下隨同照料公私利益銘感無涯現有極要之事須與台端一商者貴國爲秉禮之邦泰西各處禮儀大半依據貴國所行以爲榜樣中國遵至聖孔子之教亦以禮儀爲重然道途太遠風俗亦異是以彼此儀節迥然不同一切細故末節儘可通融辦理惟宴會一端尚須商酌泰西之例男女同席宴會凡貴重女賓坐近主人貴重男賓坐近主婦此大禮通例也而中國先聖之教則男女授受不親姑姊妹女子子既嫁而返兄弟不與同席而坐不與同器而食至親骨肉其嚴如此則外客更可知矣中國婦女若與男賓同宴將終身以爲大恥現在中國與泰西各國通好將成永久之局將來國家遣使亦必常行不斷公使挈眷事所常有鄙人此次挈攜

妻子同行擬請足下將鄙人之意婉達於貴國議禮大員之前中國公使眷屬祇可與西國女賓往來不必與男賓通拜尤不肯與男賓同宴即偶有公使至好朋友可使妻女出見者亦不過遙立一揖不肯行握手之禮中西和好雖殷吾輩交情雖篤然此一端卻係中國名教攸關不必舍中華之禮從泰西之禮也各國公使駐於中國北京者其眷屬亦並未與中國官宅往來可見彼此禮教不同儘可各行其是若蒙足下從中委曲商酌立有一定規矩則將來中國公使挈眷出洋者不至視爲畏途實於彼此通好長久之局更有裨益

十八日出門拜美領事貝禮副領事瑪高溫談樂律良久西人最重樂舞問中國五聲十二律呂之分與歷代八音器具沿革異同爲舉大端以告之貝禮顧瑪高溫曰嘗聽中國優伶之樂以爲華人但能爲急節繁響嬉游娛樂蕩人心志而已今乃知中國之始有樂也已逾四千餘年遠在羅馬古樂之前而考究之法如此其精奥也美國醫士有言中華醫術雖失傳然古法乃有深入數層爲吾西人思慮所未及者吾嘗不信其言今以音樂一道觀之則中華人士言古人勝於今人之說亦自可信因求余爲書編鐘編磬鎛鐘特磬簫管笙簧之名且繪變宮變徵以備旋宮之圖以中西名字兼注之再三稱謝而能

十九日至美國博物院觀禽獸種類有小鱷魚未死是物是能

忍饑半年不食而噓氣如牛蓋能服氣自養如龜如黽也
二十二日至徐家花園赴宴劉芝田陳寶渠英譯徵孫易堂公餞陪則陳劉兩參贊也
二十四日女兒廣璇因余四十初度時當在香港一帶乃陳設帳聯爲余預祝行禮僕從輩亦來謁叩偕法爾亭及松生仁山至阿馬松輪船閱看艙位良久乃歸封發奏摺一件謝授太常寺少卿　恩也
二十六日封啟程日期奏摺眉生請小宴席散後法蘭亭福法立來一坐同至徐家匯觀法國教堂三處一有女育嬰堂一有男育嬰堂初生者襁褓而乳哺之稍長者教以誦讀又長者教

以算學繪畫刺繡各種術藝分室列牀灑掃潔淨衣食周備有分司之人有分教之師術仁而法良可敬也一有博物院游覽極久夜歸
二十七日李寶堂自松江特來枉送陪談良久午初督僕役發行李申初登阿馬松船法國公司輪船也上海官場及稅務司各員均送登舟見客十餘次
二十八日送女兒廣璇乘小輪船以登威靖輪船女兒哭泣甚傷余亦不禁流涕仍乘小輪舟回船稅務司各員先後來送法繙譯白福二人英繙譯施本思禧在明均來送客去啟椗出口寫一章程諭巡捕等收發函牘凡十條阿馬松船長一十三丈

闊四丈有奇入水深淺約二丈內外載重三千四百餘噸噸合一千六百八十觔也艙分五等頭二等艙面寬狹與艙中陳設大略相似惟頭等艙住二人食肴六品二等艙住四人食肴三品爲異耳三等二十餘人共一艙疊榻而居高者四層人得一榻而已烹飪不如二等之精美然亦不減三品四等五等住船面不能入艙四等食麥餅牛肉之屬五等自攜糗糧食之船主名提舉職視中國副將有一官專司郵政不受船主節制郵官公事未畢不許起椗船主不敢違也英人名公司船曰味兒法人曰馬而譯即信袋也以信袋名船若曰此船專以遞送音問爲重云有一官專司醫藥每泊一埠則醫官偕郵官先登於岸

郵官收發文報而醫官則報船中人有無疾疫醫官未登則船主亦不敢先登也法至嚴也副船主以下船主皆得號令而賞罰之自船主至水手一百六十餘人華人居十一焉主客日食五次已初二刻爲早餐酉初爲大餐皆先二刻鳴鑼以爲號肴核既陳復鳴鑼則客皆就坐矣午亥陳茶食三次有紅茶喋啡牛乳糕餅之屬午亥二筵亦鳴鑼以爲號卯筵不鳴鑼主客晨起盥漱後自就坐而食飲焉英國人早餐多在午刻故午筵有麥餅牛肉火腿之屬專爲英人設以英人往往不就已刻之早餐也
二十九日寫一函答何子峨論文報局事當聽各出使大臣自

擇人自安之而由上海道總司其局乃可無弊夜飯後寫寄譯署總辦函畢又加一片言馬登見未隨行以鄒理堂補其缺焉

是日午正懸牌共行一千三百里

十一月初一日船搖甚不能治事牌示行一千三百五十里

初二日隨從員弁祝余四十歲生日酬應良久舟行自昨日午正至本日午正三刻凡五百五十里安抵香港香港總督亨乃西遣小火輪船來迎到岸列隊聲礮以八人輿舁余至其署中談甚久意極殷勤邀余挈眷入署小住婉辭之許以晝至其署治事夜仍回船說定後辭出拜蕎稅務司不晤

初三日亨公昨日面言將遣其夫人來船拜候內人余答以內人應先登岸拜候惟中西禮節不同不能拜男賓尤不能與男賓同宴亨公亦自知之遂約本日午初仍遣舟輿迎內人登岸余亦入其署中照應一切余與亨公談宴甚久內人在上房有女僕能傳達語言談宴亦盡歡未正辭出又至唐司獄處徧觀輕重罪犯監禁之處作工之所

初四日偕松生法蘭亭及法國領事華立雄同遊山峯峯高一百五十餘丈乘山輿而登峯頂有鐙樓電架等物憑眺良久山勢層疊甚遠扼全粵之形勝較大沽海口尤為雄闊但無淺水處耳

初五日亨公將列隊奏樂聲礮以送余行自出而號令之亨公

自乘輿送至小輪舟而歸遣其中軍巴爾門送余登大輪舟余偕其中軍及子輿乘小輪舟至水師提督安乃師立舟次久談舟為屯駐英兵之用舊式笨滯不能戰也午初登大輪舟出港以後舟甚顛簸不復能治事矣

初六日舟蕩益甚窗間常有浪入午正牌示舟行一千零五十五里

初七日內人以舟蕩成病兒女輩亦皆不能起坐飯後風濤愈洶湧海客所謂颶風也浪時時從船頂越過舟子皆恐懼盡閉樓門以防水入又因雨不能見日不知舟行所向乃繞海南灣大洋而行黑水壁立余屢臥屢起繞至船頭登樓看雨至舵樓艙撫慰眷屬傍夕颶風稍止而北風益狂夜毀船篷如拉朽船主因雨陰不能見星不敢前進竟夕在大洋中緩緩迎風鼓輪舟蕩搖如故也

初九日登樓一坐舟溯瀾滄江而上辰正抵西貢此地為法國佔據安南嘉定省之埠咸豐初年安南殺戮大主教人及法國商船水手與法構釁戰守十許年割地以和西貢亦所割之區也法人以兵數千之鎮擇形勝之地建築礮臺有總督並提督拉鳳駐紮於此遣其中軍婁龍來船迎候請余夜宴余已先遣法蘭亭往其署中告以將往拜候問何時為便遂有之來約也余答以俟蘭亭歸再有確音飯後至上房坐極久法蘭亭歸言

與總督議定未正二刻余先往拜中正總督答拜戌初請宴云云與蘭亭久談登樓坐極久飯後復坐良久未正二刻乘小艇登岸乘馬車至總督署小坐而歸申正總督來船答拜具茶酒餅果以款之送客後偕蘭亭斐龍暨參贊繙譯等官登岸游勺倫市肆皆閩廣人僑寓貿易者也西貢勺倫廣華民約二萬人土人所居卑陋穢惡華人所居甚富麗如歐洲屋式法人以六項之稅稅華民曰進口稅曰出口稅曰招牌稅曰地基稅曰房屋稅曰身口稅其政煩苛非所以持久也酉正至總督署坐良久戌初入席飲宴同席者除余處參贊繙譯及楊仁山法蘭亭外有法官五員大兵船主果斐小兵船主狄伯理傅愛德博乃

及斐龍也禮節之盛遜於香港而情意腆摯席散良久亥初二刻歸中軍來送小坐而去自初六日午正至本日辰正共行二千一百餘里其間頗有迂繞因不能見日星不敢徑行也

初十日展輪復行閱使西紀程是日風不甚大船行頗平

十一日登樓看操演水龍因家人攜帶腊肉等件致艙中有穢惡之氣不合行船章程船主怒令擲棄余自督僕役檢視可存者存之當棄者棄之是日午正牌示行一千二百八十八里

十二日辰正舟行九百三十八里抵新嘉坡總督羅斌遣其中軍奧克勤來迎一談法領事林恩來一坐新設新嘉坡領事胡璇澤來謁一談申正偕蘭亭松生仁山同游市肆英商華商各爲一市英人休息較早已閉店門英人貿易正喧鬧也廊宇會館酒樓戲臺無不具備聞其地華人約十萬人閩人居其七粵人居其三土產胡椒蔗糖檳榔椰瓜及諸果實天氣極熱如盛夏以樹林茂密故無瘴氣夜歸

十三日胡璇軒來久談戒以籌收經費之事處處宜存一體恤商民之心乃能有成在津在滬遇閩廣人談及璇軒常有貶詞大約出於忌妬者之口未足憑信然設領事而不發薪水令其就地籌費以資辦公筠仙丈專爲撙節使費起見不思事屬創辦籌費之事總不易使商民悅服也余是以儆勸璇軒且言到英後當與郭大臣商議函請總理衙門仍照章發給薪水總署

或可允行璇軒操粵中土談余不能解因以英語相問答焉辰正二刻展輪復行香港總督不答拜新嘉坡總督既不答拜又不聲礮皆非禮也

十四日午正牌示行一千零五十里

十五日舟行大洋波平如鏡而搖蕩頗甚蓋緣馬力太大故也午正牌示舟行九百九十七里

十六日午正牌示舟行一千一百二十二里

十七日午正牌示舟行一千零八十五里

十八日舟抵錫蘭島之巴德夾停泊在船面及樓艙坐極久熱甚不能治事也酉初展輪復行行二百三十九里抵錫蘭島之

格崙坡泊焉

十九日辰正偕蘭亭乘小艇船主特放隨船舢板以送余言本地刳木之舟棹行雖穩然往往濺溼衣襟不可乘也顧埠中小船往來如織皆刳木爲之使西紀程所謂舟傍繫巨木者乍見不得其解今目擊之乃知所繫之木亦爲船式但不刳耳遠望之直是一艇之旁復紮一艇相距數尺方而並進也掉半時許抵岸步游城中市肆皆歐洲及印度人無復華人矣見英人所築長隄障水避浪者方以火輪機運土石役人數百以爲之工費甚鉅然堤成則泊舟不畏風濤當亦有利惟大舟不能入埠尚須疏濬耳又見火輪車及鐵路亦新設未久者午正二刻舟復啟椗自新嘉坡至巴德夾五千三百七十二里巴德夾至科郎埠二百三十四里

二十日午正牌示行一千零五十里

二十一日舟甚搖蕩上午西南風下午西北風午正行一千一百六十五里

二十二日西北風仍未息竟日偃臥看星軺指掌二卷學法語數句午正牌示舟行一千一百四十八里

二十三日午正牌示舟行一千一百九十里

二十四日見南岸羣山盤阿非利加洲尾舟已入紅海矣午正牌示行一千二百零四里

二十五日舟抵亞丁午正牌示舟行一千一百八十三里自科郎埠至亞丁共七千三百三十二里

二十六日偕松生蘭亭乘小艇登岸乘車遊亞丁市肆地皆頑石童山常數年不得雨故草木不殖水飲維艱英人以其得紅海口形勝據爲重鎮因山爲礮臺鑿石爲城壕築隄障池以蓄雨水皆功多而効少所不惜也遊一時許而歸見獨峯駝小於常駝亦以負重又見羣羊皆白身黑首蘭亭稱其味絕肥美究不知駝羊及他畜何從得芻秣也已初回船觀羣兒水嬉如魚如蛙擲之銀錢則泅而取之申初啟椗復行溫法語良久

二十七日午正牌示舟行九百三十一里

二十八日午正牌示舟行一千零八里

二十九日午正牌示舟行一千零五十三里

三十日午正牌示舟行一千零九十二里午後行三百六十里至蘇愛斯泊焉

十二月初一日辰正啟椗行入新開河法國人雷賽布斯鑿通歐羅巴阿非利加兩洲相連處爲河以通舟楫者也自亞細亞至歐羅巴省卻水程二萬餘里厥功偉矣聞昔時此處常苦亢旱往往十餘年不得一雨自開河後雨水稍密蓋地脈流通故也西人禦旱之法曰鑿井曰種樹皆所以引地氣感天氣也收效雖遲而成功之後常得奇驗英法諸國皆以勸民種樹爲太

政伐一株者責種二株言多植樹木不獨可以除旱災兼能減民間疾病云河窄不許暢行又不能並置兩舟舟相遇須於寬處停輪以讓是日僅行一百九十里夜暗不敢行仍停泊焉是日編電報二紙作寶星執照稿將贈四等寶星與法醫官棨布爾預爲一牘擬於瀕行時給之頭二三等寶星例須奏請　須給四等則爲私贈與中國功牌略等船醫官食官俸不得受謝故以此法酬之

初二日午正舟行一百一十四里至波利㮶泊焉是爲新開河北口入地中海處地屬埃及國數年前尚爲一片沙漠今則各公司皆建立埠頭取煤取水市肆貿易漸盛埃及人多猜秀面

白髮黑無異華人相傳爲耶蘇童時避難之地土人以香木爲小器具市之其值甚昂云其木產於天主降臨之山故西人特重之未正回船啓椗復行俄頃入地中海則波濤大作諸人皆暈余亦偃臥竟夕屢睡屢起

初三日午正牌示舟行四百八十三里大風顛簸故不能速也

初四日午正牌示舟行九百五十二里

初五日看公法便覽午正行一千一百九十里

初六日丑正舟過米新卡納爾峽中北爲意大利南爲昔昔利兩岸鐙火甚繁蘭亭言昔昔利產蒲桃甚良可以釀酒東北有船埠曰莫西拿多火山產硫磺爲彼處出口貨之一大宗又言

蘇愛斯河未鑿通時公司船往往停泊於此河通後乃改赴拿波利也眺望片刻未正二刻舟抵意大利之拿波利島泊焉與蘭亭一談申初偕蘭亭登岸先至電報局發數語通知筠仙丈旋至水族院觀所畜各種魚蝦蛤蚌之屬以玻璃爲牆貯海水養之偉觀也匆匆遂歸市肆極繁盛見華人皆相與驚異兒童有譁譟者亦猶昔年中國初見歐洲人也是島爲意大利陪都居人約四十餘萬國王有行宮時時駐蹕焉是以宮室車馬皆極華麗有大教堂大苑囿數處沿海礮臺碑矺鐙塔輝煌聞巴黎倫敦亦無以遠過於此地也舟人言此處土產佳果海多珊瑚貿易極盛又言東南有火山惜時促不能往觀回船遂已曛黑

展輪復行是日午正牌示行一千一百三十七里自牌示處至拿波利七十七里

初七日午正牌示舟行九百一十三里

初八日丑正舟行六百五十里至馬賽兒口夜暗不敢入口已正入口偕眷屬暨隨行員弁登岸至店店名洛太兒格耶德得配洛太兒譯言客廳格耶德譯言大得者助語配者店名合言之則大客店配也與蘭亭及聯春卿層次商酌應辦諸事申初拜馬賽總督雷狄芒一談總督言馬賽居人約三十萬舊時海口窄狹不能安泊多舟近二十年帆檣漸趨而北爲北新口口可容二千餘艘爲地中海一大郡會新舊口各有礮臺近今注

重新整舊亭幾可廢矣

初九日爲西人元旦甚暄鬧巳初總督來答拜一談至上房久坐飯後與蘭亭一談遣隨行員弁先赴巴黎申初提督來答拜一談亥初偕蘭亭至戲園觀劇半折因總督有華美官座欲余一往爲榮故特一往亥正歸

初十日卯初醒不復成寐卯正起天未明也思電報如此昂貴擬撰集簡明句法分類編列以省字數略具腹稿復睡極久飯後至上房久坐偕眷屬坐機器房升至九層樓上觀眺良久西洋客店最華美往往賽勝王宮尋常民居樓高五六層客店高者九層以火輪機器運物上下亦可坐人最高頂俯瞰駕車之

馬小如羊犬望西南山頂有教堂矗立高可十餘丈聞堂中有銅質塗金神女大像高二丈蓋亦偉觀也偕蘭亭遊花園觀獅象獏豹暨諸異種鳥獸遊博物院觀諸物骨架皮鞟偕蘭亭步遊市肆闐西南海塘風景絕勝曛黑不及往遊歸與蘭亭商雇火車良久

十一日茶食後偕蘭亭至火輪車公司閱視坐位以便安置眷屬員役巳初歸飯後查取金錢及匯券請給店厲食用各帳未正偕蘭亭步遊市肆良久蘭亭言有二城之馬賽東南百許里一名西臥他一名桑納有法國製造局及船塢道遠不能往而歸發遣行李飯後督僕役清檢店中什物等件酉正乘車至火

輪公司小坐督僕役安置鋪蓋等件率眷屬登火車旋開行自戌初至子正停輪五次下車三次子正停處名立埔城自馬賽至此七百十六里蘭亭言立埔居民約四十萬駐防兵約三萬人有都察院駐焉有蘇安江龍納江由東北來匯於城下經馬賽而入地中海此城爲水陸通衢商賈輻輳有大機房織美錦織工幾六萬人別有義塾佛堂苑囿之屬爲法國第二大城惜停車不久又值午夜不得觀覽也

十二日巳正車抵巴黎蓋八時而行二千餘里午正抵使館郭筠丈腹疾臥牀俟其起坐乃詣榻談極久寫一柬請蔬齋李湘浦辦理拜外部遞　國書之事

十四日飯後法國接引大臣穆納來一談夜飯後批定隨行員弁分駐英法單

十五日午飯後偕筠仙丈蔬齋子振至外部拜大臣瓦定敦一談

十八日未正法國御前接引大臣穆納以朝車一兩從騎數匹來迎余率參贊官繙譯官暨松生開生仁山等同至勒立色宮宮門外陳兵一隊奏笳鼓軍樂以迓客余入其便殿三鞠躬而進伯理璽向門立待亦免冠鞠躬余手捧　國書宣讀誦詞外部繙譯大臣葛士奇侍立余旁以法文再爲宣讀伯理璽天德手受　國書答詞既畢慰勞甚殷頗及先人禮畢鞠躬退出宮

門兵隊復奏軍樂以送

十九日飯後蘭亭來一談偕之游於市肆見有作僞象牙玳瑁珊瑚玉石等器者以紙爲之皆能亂眞此新法也尚止一家製賣未有分店西人思得良法製一適用之物國家許以獨擅其利若干年乃准分店學製是以人人鼓勵研精殫思趣之若鶩也

二十一日飯後偕織齋春卿子興出門拜各國頭等公使英國使黎鏞斯敎王使梅格里亞德國使佛爾司特日斯巴尼亞使穆林士土耳其使阿里費巴沙等處各一坐俄國使阿爾羅夫引看畫相房屋談稍久意大利使些狄尼奧國使波斯特不晤午正三刻出申正歸

曾惠敏公使西日記卷二

光緒五年己卯正月元旦辰初起整理衣冠辰正率僚屬在大廳向　闕行朝賀禮禮畢更衣受賀良久茶食後與蘭亭久談巳正內眷妝飾既畢在中廳設案望空行禮相慶

初二日亥正偕蘭亭織齋眉叔赴勒立色宮謁見伯理璽天德子初同至海理色棧斯家赴茶會即此間講格致之學黎空蘇愛斯新河分歐羅巴亞細亞洲與阿非利加洲爲三者也立談極久子正歸

初三日偕織齋蘭亭同車至輪車公司久坐戌初三刻登輪車隨行者左子興聯子振曹逸齋李芳圃暨武弁汪席臣王遠耀也

初四日行抵加利海濱登舟而渡波浪頗大渡畢抵德福爾官大雪登岸復登火車開行卯正三刻抵倫敦筠仙丈率僚屬來迎同至使館談極久午正筠丈派隨員李荆門齎送關防衣冠拜印望　闕謝　恩

初八日公餞筠丈席散封一摺兩片接印謝　恩緘館木質關防分派駐英人員

初十日筠丈啟行送至車靈克羅斯車棧視其展輪而後返

十四日抵巴黎使館

十六日函致粤東劉峴帥俊星東權使暨稅務司添購應存官

晝偕蘭亭游市肆見銅器鋪甚壯闊鑄鳥獸仙靈形模極多巴黎爲西國著名富麗之所各國富人巨室往往游觀於此好虛糜鉅款徒供耳目玩好非盡能專心壹志以攻有益之事也

十七日至蘭亭家謁其母談極久言德國地瘠民貧民多出而謀食不足深毀云云蓋法人以破國之仇上下一心臥薪嘗膽以思雪恥其言德人不足毀正其怨毒之深而冀倖其衰也

十八日偕蘭亭仁山吞卿詣勒立色宮謁新伯理璽天德格勒斐西國於各國公使以四等爲序同等者又以到國之先後爲序余莅使任不久班於二等之末各國公使朝服環立伯理璽天德出廳自至各公使前免冠握手爲禮公使又各以其從官

見之俛頭禮畢退出儀文簡而肅各公使皆朝服伯理璽天德則常服也

二十三日核查已辦公牘以西字開列英國使館中員弁工役名單囑蘭亭繕之因英外部沙侯前有函來索取名單是以錄寄西人之俗公使所寓如其本國轄境不歸主國地方官管理館中人役亦不受主國官衙約束有在外犯法者詢屬某國人即交其國公使訊治主國不侵其權然必確係寓居使館派有職事之人乃然所謂公使應享之權利也若其人不隸使館而爲某國寄寓者即由地方官管轄不在優待權利之中是以公使初莅使任外部必函請開列從官姓名職業云以備宴會時

致柬邀請蓋禮文賁飾之詞也余兼使兩國擬以半年駐法半年駐英分派員弁雖經奏定然除參贊外其餘各員仍有隨帶往來以辦公務者不得不於開單之時詳爲核定

二十八日日意格來談極久與蘭亭暨外部侍郎熱格路談甚久熱君好收中國古錢談論甚詳問歷代因革損益之制舉大端以告之

二月初一日至小賽奇會一觀法國磁器絲繡日精一日而家家皆酷嗜中國古磁願繙其理不甚可解人方欣羨吾之所有自愧弗如而日事探討蓋不獨民間好之國之官長亦留意經理爲政務之一大端頗有周官考工之遺意若中國有留心時

事者於此等細物亦肯整理而精進焉或亦富民通商之一助也

初三日偕蘭亭出門拜下議政院首領剛必達自法國改爲民主之邦國之事權皆歸於上下議院兩院首領邦人亦稱之曰伯理璽天德而總伯理璽天德但主畫諾而已如中國各直省公事先由布政按察兩司具詳然後督撫據而行之顧督撫有劾黜兩司之權意所欲爲猶可授意兩司令其具詳兩司不敢違拗伯理璽天德則并此勢力而無之位雖尊崇權反不如兩院下議政院首領駐巴黎陪談時意甚殷摯其弦外之音以爲中國與法國交涉他無辯難棘手之處有時斷斷相持意見不

隨但因教士無理取鬧故耳本首領素不以教士橫恣爲然此後遇有民教交涉之事定當主持公道斷不偏袒教士神父務使中法之好日益親睦云云言之可信與否良不可知然去冬在阿馬松輪船角鬭法之副將白某昌言詆毀教士本日剛必達復爲茲語意者教燄漸有衰耗之機耶

初四日上議政院首領馬爾特爾來談言歐洲以法國爲秉禮之國亞細亞以中國爲秉禮之國兩國有交際而無傷害甚願永遠和好又言法人深羨中華人物是以巴黎富室巨紳家家皆庋置中華磁器古玩絲繡之屬以爲榮觀但恨相距太遠耳又謂巴黎人聞余奉　旨來法甚以爲喜嫌余赴英太速余告

以使臣奉　旨兼使兩邦應半年駐英半年駐法以示平等刻下赴英呈遞　國書即當駐彼數月初秋當復旋法亦有半年停留感法人相待之殷但才識有限時虞隕越尚冀列位官長僉兩國之友誼匡其不逮而恕其不周則幸甚矣是日土國公使稱中國爲　天朝言歐洲及俄美日本等邦皆有　天朝公使土國妬而羨之甚欲與中國結好云云余答以將來必有通好遣使之日蒓齋歸言在英之土國公使亦曾向郭筠翁談及欲與中國通好欲得　天使俯臨其邦以爲榮也

初五日日意格來談極久論蚊子船不便遠出大洋不如鐵甲船之適用亦自有理

初八日未正二刻偕筠丈松生清臣至外部坐極久見尚書沙力斯伯理侯一談戌初公餞筠丈宴飲良久席散復久談封一摺兩片接印謝　恩繳銷木質關防分派駐英人員也

初十日與赫德商議中國使館器具宜稍儗用中國之物余欲購置次等之貨但求堅固不須華美赫德以爲運華物出洋定須最精之品使西人稱羨乃佳否則有損又言中國器物精者包運出洋價值僅與西人尋常器具相等清臣亦言西人所以有賽珍會有博物院意欲使遠國慕而購之所以廣貿易而厚民生也使館稍置中華精緻之器所費雖多而暗中益處甚大余以經費漸形支絀猶豫未決請赫德回華時相機圖之

十三日偕清臣至外部沙侯家赴茶會未遇　國書例不得與各官酬應緣沙侯爲外部丞相曾經通拜與他署微異是以特往沙侯接待賓朋甚殷勤其平日於余處事務凡所謂公使應享之權利者無不準依故事固未嘗以使者未遞　國書稍存歧視之心也

二十二日至小學公會中縱觀良久中華所謂小學有古今之分漢學家以文字聲音訓詁爲初學津梁古小學也宋學家以灑埽應對進退爲童蒙基址今小學也西人所謂小學則以顯微鏡察驗纖細幺麼之物以助格致家考究萬物材質凝重之分生死之異動植之類胎卵溼化之所以別由細而知鉅由表

以驗褒由無用以求有用由同種以察異種以此爲小學與光學電學之屬爭奇而並重設公會邀人觀覽亦集思廣益之意也

二十三日夜與松生一談松生言西人政教多與周禮相合意者老子爲周柱下史其後西到流沙而有周之典章法度隨簡册而俱西但苦無確證耳其說甚新而可喜余謂歐羅巴洲昔時皆爲野人其有文學政術大抵皆從亞細亞洲逐漸西來是以風俗文物與吾華上古之世爲近嘗笑語法蘭亭云中國皇帝聖明者史不絕書至伯理璽天德之有至德者千古惟堯舜而已此雖戲語然亦可見西人一切局面吾中國於古皆曾有之不爲罕也至於家常日用之器物無一不刻鏤繪畫務求精美則亦吾華尊罍彝盤棜禁枓洗之遺意也或者謂火輪舟車奇巧機械爲亘古所無不知機器之巧者視財貨之贏絀以爲盛衰財貨不足則器皆苦窳苦窳則巧不如拙中國上古殆亦有無數機器財貨漸絀則人多偷惰而機括失傳觀今日之泰西可以知上古之中華觀今日之中華可以知後世之泰西必有廢巧務拙廢精務樸之一日蓋地產有數不足以供宇宙萬國之縻費則由精而入粗者勢使然也

二十八日偕清臣至巴定敦車棧展閱　國書束縛嚴整未初開赴溫則行宮未正二刻停輪乘君主所遣雙馬朝車入宮與

其侍衛大臣世爵命婦同席小宴席散至殿廊立候良久因君主之第三子娶德國公主者攜新婦方來朝謁故接見外客較遲也申初入覲君主在偏殿小室立待第四公主侍立其後沙侯立余之左少前清臣立余之右少後余入門三鞠躬君主亦鞠躬以答余手捧　國書宣讀誦詞清臣以英語再爲宣讀沙侯承君主之命宣讀答詞清臣復譯讀之大約言君主與中國

大皇帝同心欲令兩國永遠和好民人長享太平之福又敬問

大皇帝安好答詞既畢余沙侯清臣皆鞠躬退出

三月初五日拜英國大丞相畢根士費爾德其人有定力卓識年逾七十而神觀不衰英人倚爲長城清臣在車中談及俄土之相持也土人已力絀求和聽俄人之所爲既立約矣英人不利俄之得志於土以兵助土而脅俄皆畢相國之謀當時鉅卿議紳不欲用兵皆不韙畢相之說或以去就爭之而畢相不顧也遣將發兵示必戰之勢俄人震懾卒如英約斂軍退歸於是畢相之名益著每議國政老幼婦孺隨而觀之聽其談論觀其手裁無不嘖嘖稱歎額手頌祝

初八日清臣來談論天主耶穌兩教甚詳余言教者所以束縛凡民使不爲惡賢智拔萃者撕其說而邦國之君師因之以勸懲百姓舉天下爲天堂地獄之說者立旨雖異而本源實同上智不爲教所縛然亦不肯昌言攻之以其有益於政治可以補

賞罰之不足也清臣自言生平讀教書甚熟然於其荒誕不經愚蒙可笑之語常腹誹之顧不敢公言其惑於稠人廣坐之中亦不肯使子弟習爲背教之語所談與余意大略相合末談化學良久

十二日午初三刻偕清臣至倫敦豐報局觀印書暨各種機器器之靈巧工程之捷速不勝紀述最奇者能取中國字蹟照影上板而後刷印亦能毫忽無差形神畢露印千萬紙如新落筆者又有整幅紙長逾中國十二里捲爲一筩徑二尺許以筩登架則機器自印自切而自訂成册鬼斧神工眞可怪詫未初二刻歸

十四日日本駐英公使吳雅娜來談極久言日本銜遡中華通商之利益彼此同享視與西洋各國通商更爲緊要余言歐羅巴洲諸國幅員皆不甚廣所以能强盛者同心壹志以禦外侮得古人合從之義中華與日本皆在亞細亞洲輔車依倚脣齒毗連中華之富庶日本之自强皆歐洲之所敬畏也是宜官民輯睦沆瀣一氣中華財產足以沾潤於東鄰日本兵力足以屛蔽於東海邦交旣固外患可泯蓋不獨通商之利而已吳雅娜深然之又談及高麗琉球諸國余言西洋各國以公法自相維制保全小國附庸俾皆有自立之權此息兵安民最善之法蓋國之大小强弱與時遷變本無定局大國不存吞噬之心則六合長安干戈可戢吾亞細亞洲諸國大小相介强弱相錯亦宜以公法相持俾弱小之邦足以自立則强大者亦自暗受其利不可恃兵力以陵人也

十五日清臣來談極久言法國律度量衡之法爲天下第一以地球周徑四千萬分之一爲一美德合中華工部營造尺三尺一寸千美德爲一里十分美德之一爲地西美德百分之一爲桑的美德千分之一爲密利美德此度名也地西美德立方容量之物爲一立德以爲升十立德爲地立以爲斗百立德爲桑立以爲石此量名也桑的美德立方容蒸汽爲喀馬以爲分十喀爲地喀以爲錢百喀爲桑喀以爲兩千喀爲密喀以爲斤此

衡名也歐羅巴洲學者以其合於天度多遵信之英國議政院亦有欲據法尺以改英之度量衡者議之而未定也麥西哥總領事余斐勒來談極久於植物之學尤剖析入微

十八日偕清臣夔九淵浦至遮靈克羅斯車棧迎候駐德署使李丹崖觀察丹崖本令繙譯官羅豐祿由電報知會鳳夔九請余不必出迎余因去冬崇宮保行經柏林令丹崖迎於客店跪請　聖安大開店門萬目共睹閱日遂有新報言中國署使跪迎頭等公使云云歐洲視署使本與參贊無異又於形跡疑似之間啟其輕慢藐視之心於崇公無益而於公事有損余是以特著衣冠迎於車棧以示中國體制實任與署事分際相等也

二十三日酉初三刻偕清臣至倫敦城主處赴宴英之各埠皆有城主能賞罰城中之民猶美法等國公舉伯理璽天德以治其國惟每城歲一易主瓜期較促與伯理璽天德微異耳倫敦之自毀其城而更爲守險之局也留一門不毀以爲古蹟闉闍胥具而無朝夕啟閉之限君主車駕將入門則城主闔門而故爲詰問之詞前驅告以乘輿來幸然後啟門主奉黃金筦鑰以獻於君主君主曰卿總轄此城甚善其仍掌筦鑰鞠躬免冠以謝君主乃驅車而入焉蓋相承之儀文如此城主自有宮室從官有不敬於城主者爲失禮於倫敦之民衆之所共忿也本日城主以耶穌再生節特設大宴主人主婦中坐請男女客二百二十四人與國公使以諸使之長余以新蒞使任皆與焉法國公使亦新至以節序乞假回巴黎署使某在座肴核既畢上座客十餘人以次起爲頌謝之詞工師間以樂歌與公使先爲各國公使申謝然後自謝倫敦捐貲賑濟與國　水災難民之事余之謝詞則曰與國公使既爲各公使申謝各公使可以無言矣本爵初蒞使任當爲中國致謝英國上年山西河南旱災承英人慷慨好義捐貲甚多拯濟饑民不可勝數捐賑者出於至誠惻怛之懷非以邀譽而望謝也然而受貲重惠者豈可默不一言本爵敬舉此觴爲本國　大皇帝致謝爲本國執政大臣致謝爲受賑之饑民致謝且爲吾叔父巡撫山西者致謝焉語畢

滿堂拊掌稱善亥正散席車壅塞待於門良久乃得歸

二十四日新報言左相借洋款三百五十萬以供西北餉項不知確否此事有可爲長太息者二焉一則八釐行息西洋無此比例以中華之脂膏填重息以飽他人一則中國借民債往往脫空欺騙使蚩蚩之氓聞風畏懼遇有緩急不得不貸諸洋商夫洋商豈真運海外之財以濟吾華之窮哉仍購募股分取諸華民耳一轉移間而使中國之鉅款公私皆不獲其利願以子母之息歸諸居間之洋商謂之得計可乎清臣述埃及國近事言其借貸英法兩國款項甚鉅不以興辦鐵路礦務學校耕農有益之政而耗費於玩好礮械可緩之事以致隨貸隨盡無可償還英法以其政治之失當也乃各派能員代之經理復湊款而貸之意至善也埃及王既得借款而斥退兩國經理之員大有賴債之意英法執政大臣以下莫不忿怒將來恐不免與問罪之師中國力大物博區區借款雖不至於受累然自強之事固有更急於船礮軍兵者急其所緩而緩其所急謂之得計可乎

二十五日申初偕清臣出門至俄使館晤署使巴德洛密談極久電報俄京有賊以手鎗狙擊俄皇不中昨日英二世子偕其妻俄公主詣俄國教堂叩謝天神俄署使暨各國公使知其事者集於堂而候問焉中國使不詣教堂故本日特往使館慰問

巴德洛密言東方之國君皆深居簡出是以自古無起意戕賊之事今亦有之答由西洋諸國警蹕不嚴賊民易啟殺機前事多師俄人亦效尤也問中國於古有之否告以秦始皇博浪沙椎中副車事在二千年前又問中國於史事可攷者年數若干告以自黃帝八年大撓初作甲子至本年為四千五百七十六年巴德洛密語馬格里云五大洲中立國最早聲名文物可攷見者蓋無出中國之右者矣至馬格師爾家談極久餘答拜數家過門投刺而已

二十六日與金登幹談甚久言新造之蚊子船四艘西歷六月杪可以竣工李相囑丹崖選派學生護送本欲令學生歷練海上風雲沙線之術而金登幹則言船未至中國不能作為中國兵船亦不能升懸英國兵船旗號例須做照英國商船章程乃為順便蓋所僱用英國水手沿路須有章程以約束之中國學生所肄未精又無資格不能派以舟中緊要職業若所派過於輕微又於體制未合該學生祇能作為搭附商船俟抵華時再派職事如本人在舟勤學好問亦可微有進益所言不為無見當與丹崖妥商辦理也又巴西國公使男爵白乃多來談前數日新報言巴西國欲遣派兵船數隻東行與中國換約通好擬招華人至其國墾闢田地云云今日白乃多來拜首言巴西幅員廣闊與歐羅巴全洲相等物產甚富分運他邦源源不窮立

國纔五十年初時人民僅三兆今則十五兆有奇蓋南亞墨利加洲極大之國昔屬葡桃牙今則自主也君主深願與中華立約和好而事屬創始無人為之先容諭其拜中國駐英公使訂一和約余答以中國與各國訂約皆係該國遣使詣華而中朝特派大臣相與商訂斷無兩國公使冒昧訂約於他國京都之理無論中國無此辦法即歐洲諸國亦無此辦法無論密伱司德勒無此權柄即安巴薩多勒亦無此權柄無論中國駐英法之使不宜擅專即中國駐美之使亦不宜擅專反復辨難甚苦白乃多乃言巴西欲通好立約之說貴爵能為轉達總署乎答以使者職在通達中外之情貴公使若具牘來詢使者斷無不為轉達之理但允許與否則非使者所能決也問具牘奉詢而貴爵轉達貴國幾時可得回音能否由電報往詢以使巴西船隻趕早起程答以初議通好何事汲汲茲事重大必須詳細商酌不能由電報往詢也問未得總署覆音巴西船隻可先開赴中國否答以通好之說尚未議定貴國先開船隻赴華有何用處白乃多於余之答詞似已瞭然明曉而於開船之遲早仍反復辨論不休窺其意似別有為難之處豈其船隻業已啟椗不能中止耶將來中國不與定約必有徑遣兵船前往挾制之事果與訂約亦不免多費口舌之爭瀕行時又堅問貴爵揣度總署能速與敝國訂約否答以據貴公使之牘以轉達於總署吾

之職也至於事之允否事之遲速則總署自有權衡非出使大臣所能參議以事勢揣之玆事不能甚速緣西洋各國現多屆修約之期當年所訂之約中國百姓亦有不甚便者如果修約難免有更正之處貴國換約如在各國修約之後則參酌各國條約而立一約可期一勞永逸若匆匆辦理則各國修約方有變更貴國此時何所適從乎送至樓門又問巴西船隻將來可以出入無禁否答以日國古巴則招華工美國舊金山則議逐華人各邦意見不齊如此今貴國復有招工之說吾不知貴國民情土俗究竟如何若船隻專為載工而招工之事有悖於中國定章則豈徒中國不能應允即英法諸國議禁販奴者亦將

行其近年所訂之例主持公道以相阻截若招工事則無隱秘苟慮之意本國於貴國之船自當照通商各國之船一律看待

二十八日與馬清臣談極久清臣言中國若改絲捐而稅桑樹則釐課無虧而西人無可置喙其說甚有智術余答以中國自古迄今皆以勸課農桑為重稅桑樹猶之加田賦也百姓不知桑稅之本意士庶將羣起而譁譟為策雖甚善未易行也清臣又言修約之事宜由中國發端明告西洋各國云某年之約有不便於吾民者現定於某年某月約期屆滿之時截止不復遵行則各國必求頒一新約易就範圍西洋諸小國以此術更換英法之約者屢矣惟發函於各公使須在截止之前一年許庶彼國商人得以豫為料理不致臨時以改約而受累焉此說赫德亦曾言之蓋係西洋通例如此雖蕞爾小邦欲向大國改約大國均須依從斷無恃強要挾久佔便利之理蓋壤地之借屬如香港九龍司之類則係長約不變其餘通商章程與時遷變儘可商酌更改以求兩益並非一定不易者主人尋客名正言順無所庸其顧忌也

二十九日清臣論述英國婚姻之禮甚詳從父姊妹可以為妻而妻之姊妹不許續娶俗之最異者也增刪電報字數酉正至丹崖寓中赴宴同席有英之詩人傅理蘭談吐甚有風趣其人立志欲取各國從軍之詩譯為一書將使人觸目警心勝殘去

殺願雖難償而其心可嘉

閏三月初三日核定照會法外部稿請其轉飭法駐京公使白羅呢不必干預中國絲捐之事反覆經營久而後定旋思此事由吾華作主吾所不允則白使雖告知外部亦無如我何且外部有咨商中國總署之件必須由駐法公使轉達余俟其來問然後折辯乃無流弊若先因白使有告知外部之言遂遽與外部商辯反示弱矣擬以此意還詢總署暫不具牘即晤外部官亦以暫不談及為是耳是日遣清臣至巴西駐英公使白乃多處語之曰聞貴國將派兵艘五艘前赴中華曾俟命余來詢此事是何意見若貴國遣派商船多隻赴華貿易則中國各海口

向章本容無約之國商船出入共經商納稅等事統由中國稅務司經理若通好立約之事果蒙本國總理衙門允許貴國公使必須乘坐兵船以示體制則用兵船一艘足矣何必遣派多艘以驚沿海之百姓乎白乃多言巴西新立水師一軍共船五艘將使遊歷各洋而練習海上風雲沙線如曾侯之意不以驟遣多艘悉赴中華爲然則囑其酌留數艘在新嘉坡一帶停泊亦無不可清臣又曰曾侯言中國於西洋各國一視同仁據使者懸揣事勢祇要貴國諸事均講情理本國總理衙門亦未必堅執不允通好立約之請但聞貴國現時仍有黑奴茲言信否白乃多曰誠然我國國王立意釋放黑奴但舊黑奴不可驟釋

清臣又曰曾侯前言現屆各國修約之期恐總理衙門未必遽允貴國新訂一約但亦另有一說中國與各國立約所急欲删改者惟一國倘有利益之事各國一體均沾之語最不合西洋公法緣有時乙國以事求於甲國而蒙允許丙國亦欲同沾利益其實交際情形並不相同無益於丙國而徒有損於甲國也中國與日斯巴尼亞訂有古巴華工條款與祕魯亦經訂有條約於華工一事嚴立規條或云除兩國人民自願往來居住外別有招致之法均非所准或云不得收留中國逃人及另有拐賣不法情事訂約可謂詳細然試辦之初利弊猶不可知貴公使前言貴國亦有招募華工之意將來總理衙門如果允許貴

國通好立約當擇可許者許之如有礙難照辦之事雖業經允許他國而貴國情形不同即亦不能援引他國爲辭希圖一體均沾之語白乃多言此事自當斟酌兩國交涉情形以定章程將來不載一體均沾之條儘可任憑中國之意白乃多旋出其寫寄巴西國王一書以示清臣備錄前月二十六日在余處問答辨難之辭幾無一字遺漏者强記如此洵可畏也聞巴西國王之游歷歐洲各國也每日黎明即起徧覽公私各處有益政事孜孜汲汲殆無暇晷新報戲言巴西國王如最堅之機器運轉不息蓋欽服之詞也

初八日至倫敦大書院與地會聽教士馬篩諦宣講游歷四川

貴州雲南之事講罷與公因署會中首領起爲頌辭余亦贊辭數語言地球各國漸聯爲昆弟之歡歐洲有人游歷中土以考察利益之事亦中華之所甚願吾尤喜馬教士所云長途六千里未嘗一遇輕慢之事橫逆之人由此觀之是後兩國百姓更可相信相安矣

初十日紳士覺爾共甘布爾問余云中國人民衆多各洲壙土亦甚廣闊何不令人民挈眷出洋兩得其利各國皆以爲華民之出洋不挈眷屬無意久居稍得利益仍復回華是以情意終屬隔膜也答云自中國康熙年間

諭旨停止編審戶口雖增而丁稅永不復加　深仁厚澤曠古

無比然亦有一小弊曰戶口之數不甚可考然以幅員之縣邈人煙之稠密約略估計現時不下四萬二千萬人學生日繁則日用不能甚裕天道然也民人有願出洋謀生者憲章之所不禁顧祇能順民之情未嘗定法制以强之民情安土重遷苟非生計極窘斷無肯輕去父母之邦遠遊數萬里外者其自願出洋皆係貧民一身資斧尚慮不敷安所得資斧以挈眷屬耶

十六日未正公服詣柏金邯宮殿赴君主朝會君主申初視朝儀節亦與太子夫婦代視朝者略同宰相暨各尚書先入各公使夫人次之各公使次之既於廳中謁見君主占位序立然後英人男婦得入朝者魚貫入覲覲畢即出曾經入朝者鞠躬而

已初次入朝者御前大臣於唱名時奏聞君主伸其右手朝者跪一足捧君主之手而吮之獨英民行此禮他國人則否也

十七日偕清臣蘭亭至畢堅莢花園觀百花會主人引導至各玻璃房周覽各種花卉地中皆有暗鑪以寒暑表時其冷熱之度而蒔蓺之蓋緣倫敦地氣多寒少熱植物常賴人力非火不爲功也

二十二日至德依洛爾夫人家聽議論數段英國婦女極其敬重相習成俗他國視之已爲怪詫而婦人猶以不得服官不得入議院預聞國政爲恨甚矣人心之難饜也

二十六日至清臣室久坐談及刑亂國須用重典之理香港民庶既雜奸宄逋逃歷任總督皆治之以嚴今總督亨乃西自懲其曾仕數處皆以嚴而召亂也故香港乃改而從寬笞朴日輕而牢獄益滿英人上下咸毀之又云前總督於華人英人一律看待不存歧視之心是以相安無事亨乃西待華人較優轉致華英分爲二黨識者亦以是咎之二說固是實則英國君臣皆崇耶穌教亨乃西獨崇天主教毀之者蓋自書院之教士始焉一唱百和瑕疵日聞病根蓋在於是清臣所說未足以盡之也觀清臣所製新式日晷昔年在金陵時見其試作是物屢成屢改其思力索今始成也隨時皆可取影不必定在午正又能察視分杪故與常晷爲異

四月初五日與清臣談極久清臣言中國民人流落英法兩國者時時有之宜倣西洋各國之例由本國國家籌款交公使隨時收管而資遣之說雖有理然譯署肆應各國經費力苦不敷茲事未易舉行也余嘗謂中國辦洋務必須多得通達外國情形之人並於中國設立學塾聘洋人以教中國子弟之好西學者又宜於英法德等國設立中國學塾擇中華績學之士以教洋人子弟之向華學者久則聲氣相孚可以抉幽洞微暗獲助益而所費僅塾師之束脩賃物之價值其效甚速而遠

初七日核照會沙侯稿甚久論烏石山事也

初八日偕松生清臣赴水龍總局茶會得觀一切救火器具局

中共用工役四百餘人以軍法部勒之極爲整肅人執一業熟練敏捷總辦傳令啟龍表行二分而兩龍齊出矣器具以鶴頸梯最爲得力梯聯綴而上高十餘丈以備猛火封門時接救樓上人者十人運之其行如飛西洋房屋極高非此不爲功也總辦卡拍磴沙爲余言自有煤氣鐙以來倫敦常有火災密者日四五警凡物有甚利者常有甚害煤氣鐙其明徵也

初十日與清臣一談清臣言英法兩國借貸子息常例三釐有半重者不過四釐中國借洋款子息一分銀行經手者得用費二釐債主得八釐盤子息之最重者其故有二一則經手不得其人無爲國省費之心二則借得之財以供軍餉而不甚講求

償務鐵路與利之政西人以爲有出無入故不敢放手借出非貪重息者不放債也其說良是自吳淞拆毀鐵路之後西國有心人無不竊笑乃至婦人孺子時時於茶會酒筵閒推問其故余赧然無以應之託詞支吾而已蓋有執中國借券開鐵路之毀而疑券之不可恃者西人於謀生理財之道思深慮遠不視一時之窘裕以爲進退也

十六日偕清臣赴日本公使吳雅娜之請吳雅娜以換約之事奉召回國設宴以爲別也換約者當時泰西各國與日本訂約以東西刑律不同故於日本設按察使俾按察與領事共理東西爭訟之事其法與中國同與西洋各國互守本國權利之局則迥然兩歧日本現語西洋各國言日本刑律久已改從西洋之式欲將前訂條約更改數處俾西人犯法者即由日本地方官辦理不令領事等官與聞英國已顯拒之然日本此議未息召駐英法德之各公使回國將大議此條期於必行也

十八日偕清臣赴格林尼志天文館看儀象諸器見最大遠鏡一正指南方以測過中之星旁設顯微鏡以覘其分杪設電線以報星過之時刻閱電者記之一度以圓屋四面上下旋轉應手環屋窗門皆以機栝啟閉之設水運之機使鏡筩隨星而運設座於鏡架觀者坐之亦隨機而轉也精巧如神不可思議

十九日偕清臣至日本公使吳雅娜處送行談甚久問中國新

製兵船事極詳清臣言此公於中國兵船事最留意向郭筠翁處亦屢次詢訪矣其言蚊子船礮法能練上下遠近之準的而不能照應左右云云余在天津見此船時亦以此事爲疑蓋船小礮大礮左右移則船將偏側難勝是其病也余語清臣蚊子船但可名之曰水礮架而不必謂之兵船清臣言英人亦如是說也

二十九日赴董納爾德客立茶會其人駕輪船常赴阿非利加之南其船最速而蠢蓋精於航海之術者嘗獻議於議院政府言蘇愛斯新河不可恃一有阻塞關係匪輕英人改製船式專主行內海之計而於經行大海之舟不復措意是爲失策所論

亦甚有理與吾華論海運雖通而不可遂廢河運者思深慮遠異曲同工也

五月初一日蚊子船船主邱姓來久談余在天津見蚊子船有二類一曰船小礮大礮口前向不能環顧左右則不甚靈必須船頭轉運使捷方可中的則是舵工當與礮兵相應如臂指之相使較他種兵船更難精熟也一曰船艙窄狹不能載兵勇多名船中雖列洋槍當有事之時直虛設耳蓋礮兵專顧大礮無暇兼顧洋槍有時敵人小划逼近恐有坐困之勢必須稍展艙間略添兵勇金郎皆以為然言新式船已略增艙間矣

初六日偕清臣赴庚辛墩博物院技藝公會會分兩種一曰有

用之藝宮室器物鐙燭道路城堡之類成於金木等匠者也一曰耳目之玩繪畫雕刻音樂絲繡之屬成於石漆等匠者也事屬匠役而皆有讀書博物之士以維持之知其所無勿忘其所能歲有公會一次縱本國他國之人入院游觀凡舊學新知皆有圖畫式樣分類陳列洵鉅觀也

十四日萬國公法會友士愛師來談極久業東方諸國未入公法會會中人深願中國首先倡導云云余答以中國總理衙門現已公法一書擇要譯出凡遇交涉西洋之事亦常徵諸公法以立言但事須行之以漸目下斷不能錙銖必合者公法之始根於刑律公法之書成於律師彼此刑律不齊則意見不無小異要之公法不外情理兩字諸事平心斟斷自與公法不甚相悖至於中國之接待邊徼小國朝貢之邦

列聖深仁厚澤乃有遠過於公法所載者西洋人詢諸安南琉球高麗暹羅緬甸之人自能知之土愛斯問大辟之刑一死足矣何以有凌遲斬絞之分答以罪有輕重則刑有等差非獨以處犯者亦欲使齊民知所儆畏也

十八日赴阿爾倍德戲園捐助會阿爾倍德者英國君主之夫英人於其沒後為豎極高牌坊範銅為像又刻石肖四大洲土人形像百許以環之即余二月晦日游觀處也

二十二日理雅各來談極久其人為倭格師福爾德書院教師

專教中國學問即前寓廣東三十餘年曾譯五經四子書者也自言諸經皆能通曉大意惟周易難於解說余告之曰易之深處未易驟談請為君舉淺處三數事證之可見西洋人近日考求者中國聖人已曾道破如西人不信五行而言水火氣土以為創論不知易以乾坤坎離為四正即水火氣土也革之象曰澤中有火革君子以治歷明時即大地全體中心皆火大力相攝斡旋不息故得自轉以成晝夜繞日以成歲之說也雲雷經綸聖人預言電線之理出入无疾七日來復聖人預存西醫之說蠱言先甲後甲巽言先庚後庚震既濟皆言七日得則禮拜之數亦聖人所前知西人紀數號碼九與六顛倒相背易則九

爲老陽六爲老陰凡爻之陰陽皆以九六别之水火既濟火水未濟二卦皆言曳其輪皆言伐鬼方未濟又言利涉大川則火輪汽機以製舟車以勦遠略聖人亦於數千年前見之矣易於中國學問仰觀天文俯察地理形上謂道形下謂器探賾索隱鉤深致遠誠未易言即以西學而論種種精巧亦不能出其範圍安得謂之無關學問哉

六月初六日己初偕松生清臣湘蒲子興夔九莘耕赴英國水師隘口波佘子茂次閱看中國新製之蚊子船車至瓦德爾路車棧偕英國兵部官二員海部官三員同登火車午正抵波佘子茂次海口礮臺戰艦甚多以時日迫促不能處處細觀將俟

異日更來一次未初乘兵部之小輪舟行二十餘里以登蚊子船稅務司金登幹及造船匠頭某與新船主拉翁等接待便館諸人金登幹之夫人請女客數人亦登舟游觀焉船凡四艘船身長一十二丈五尺余與清臣乘第一艘松生子興乘一艘湘蒲莘耕乘一艘夔九乘一艘出洋演試余登舟後與金稅司等同飯飯後試礮礮重三十五噸噸合中國一千八百斤計重六萬三千斤礮子重五百三十五斤食藥二百三十五斤礮之進退高下以及裝藥盛子皆以汽機運之啟閉其機極爲靈便不過用斤許力耳第一礮裝藥盛子進礮皆余自啟其機船進退各然一礮然礮以電機礮聲不甚震耳子出高者行三十餘里乃濡於水復奮起三四次乃落海中第二船之礮然二次皆金登幹之妻持電發機古人稱婦人在軍兵氣不揚英人殆無是説四船進退各然二礮畢余船磨旋三次第一次專使暗輪第二次專使前舵三次專使後舵計方邊或圓徑三十丈之地足以旋舟舟旋一次時表三分五杪水兵再加練習當更速也

初八日觀法蘭亭成婚禮官據案而坐新郎新婦面官坐兩家尊長坐於其左右證盟者四人坐於阼階中坐官問夫婦是否心願夫婦皆起立點首稱諾左官宣講法律禁令以誠諭之右官頒發印據令其收執左右官各有大簿書載婚者姓氏居址夫婦各自署名其上證盟者次第署名蘭亭之證盟四人余與

白羅呢暨外部兩侍郎也署名畢出至天主堂教師爲之誦經新禍亦宣講耶穌語以誠諭之觀禮者坐於其後分爲二行東廡皆男家親友西廡皆女家親友宣講既畢在堂男婦皆投錢於囊以爲香鐙之費而酬謝教師之貲不與焉酬謝多者數千金少者數百金新男新婦湊合其財也禮畢至别廳新郎新婦暨證盟四人又各署名於簿然後散

十八日偕松生清臣仁山子興玉屏習卿欽軒至車檣克羅斯車棧未初登火車未正至烏理治礮局拜總辦雅赫師班不晤其參贊時伊洛爾遣工頭一人引觀製造各廠局中地面之大從約五六里衡約二三里有大小輪車十餘乘鐵路迴環相

通共長一百八十里大煙通二十四管皆矗立千雲如極高浮圖煙通皆開旁門略洩火焰故火旺而輕煙若煙出過重使四境居民不便者則局官有罰然鎔鐵大鑪大抵燒煤者少而然煤氣者多既使精鐵不粘渣穢亦令濁煙大減蓋雖著此令而局官固不至受罰也機器百千萬種中國歷年所購皆已具體而微前在金陵上海天津各局已屢見之昔僅耳聞而本日始得親睹者約有數事一曰已製之礮最大有一百噸者計重一十八萬斤精鋼爲膛熟鐵爲殼高六尺半長三丈六尺前口徑一十七寸後膛徑一十九寸皆英尺也英尺一十二寸每尺較工部營造尺短四分有奇食藥三百三十斤子重一千四百九

十斤則以中國權衡計之子行能於十三英里外擊穿三尺厚之鐵板礮一位值金磅一萬六千然礮一次則子藥之費需金磅四十自八十磅以下至三五十磅者數十尊物力遞減精鋼爲腹而熟鐵爲殼則大抵略同熟鐵皆揉令極碎爲絲爲板然後鎔煉爲一譬諸屈大鐵條以箍束礮身者層層包裹陰陽相錯蓋於堅剛之中寓柔韌之方焉其他小礮不可以數計有純鋼者有兼用精鋼與熟鐵者製法小異然爲前門爲來復則大小一式英人以前門爲佳德人則主後膛皆能堅持其說而不變精進其製法而不已者軒輊之說固未易定也一曰屈鐵之機大鑪容鐵條長者二十五丈機軸轉而捲之俄頃即成螺旋

圓箍復鎔而錘之則成圓筩中國局中亦有之不過容數丈之條耳一曰捶條之機大輪徑三丈許旋轉如飛撥機令左右轉不藉一手之力而輪齒遂已改向蓋亦以汽機改之故省力也鐵塊高廣數尺以機運大鉗夾之出鑪發而送於兩軸相壓之處推挽而壓之平置之則成鐵板側臥之則成鐵條鐵塊愈大則條板愈長蓋以推壓之力代錘擊之力也一曰錘鐵之機紅鐵塊重數萬斤出鑪之後十餘人以機鉗之推送至錘之下高下在心方圓如意亦俄頃而成坏焉錘鐵機中國有之而運用未熟不明移砧之法則不能錘大鐵錘條機則尚無之此機力省而功多果欲製造大器殆不可不備也一曰鋸鐵之機解三

四寸厚之鐵板如以利刃剪紙屈曲如意本日匆匆所覽此數者最奇而最適用旋觀吞鋒羅兵船炸壞之礮蓋因複裝子藥致有疏失以鐵條箍破處庋置局中繪圖貼說以示大衆前口糜碎而後膛仍完好如初亦可證煉熟鐵之得法也工頭云局中共用工匠萬許人遇有軍務急需則晝役萬八千人夜役萬二千人晝夜共用三萬工而他處大局廠如阿摩斯通等局所製者不與焉此局製子彈之處一大廳容二千餘人各司一機小廳容數十百具機輪者不可勝計蓋其規模亦合通國人士之智力積數十年之歷練耗無數之財賦而後成焉故閎博精微兼擅其勝也

二十六日巴西公使白乃多偕其國派往中國之使喀拉多來久談白乃多曰接君侯第二次來文不謂仍守前說不甚愜吾巴西之所欲也答云不愜巴西所欲吾心亦自歉然但事關國政實難通融辦理　國家命我轉達之言自當一一傳述刻下中國之意并非專駁巴西招募華工之事即居住別國之華工頗有受苛虐者中國猶將從容議定章程多方保護至本無華工之國何能遽議開招巴西與中國素無交涉本可不求換約喀大臣以不去爲是白云喀大臣奉國命來斷無不去之理答云中國各口通商即無約之國亦有船隻來往何必定求換約白喀齊聲云我國經議政院議定之事不可中止祕魯小國尚

承通好何獨於巴西而拒之答云巴西若往中國求立通商之約事或可行惟招工斷不能允耳白云巴西赴中國非專爲招工一事久欲與中國立一和好之約兩大國可源源往來中國可派公使暨正副領事等官前往巴西察看實在情形也答云巴西現赴中國祇立通商和約中國可否本大臣尚不能懸揣若貴國必提及招工則并通商和約亦將不允矣白云巴西地廣人稀必無妬忌華工不可因祕魯古巴之故遂疑巴西亦虐華民儘可與中國另定章程保護華民何必堅執不允耶答云他國地廣人稀中國生齒日衆他國招華工前往果能善視吾民匪特有益彼國即與中國亦無所損是以前此中國於出洋之工不甚禁止無如近聞別國所住華工多受陵虐此次萬難再准招工之議吾始終只此一說不能變也白云此次議約招工可提不可提中國亦不能永禁巴西提及招工之說答云永遠之說我亦不能預言或巴西生齒日繁竟不再議華工亦未可知或因巴西政教仁祕魯等國附近巴西者其先招之華工有遷移而入於巴西亦非中國所能遙禁總之現在由中國招工前赴巴西斷不行耳白云昨接君侯來文及述船隻一層云懸挂欽差旗號之一艘云云亦與前此面談無異我國現派兵船前往中國敬依君侯之言祇派小寶兵船二隻答云中國與巴西向無交涉既係通好何必多派兵船據貴大臣言兩隻亦

猶可說但吾須函知本國貴大臣亦宜囑船上兵役人等不可滋事白喀齊應曰諾余問之曰貴船前赴中國攜有貨物耶白喀同曰舟中無貨余又問曰喀公使何時啟程喀云擬於外國十月由倫敦啟程白喀又同問曰此巴西人初次赴中國君侯可否給函照應答曰洋船經過安泊之地余皆可寫信知會祇要貴國舟中人安靜中國必客禮相待白云我已將照會中要語電達本國如君侯別有指教吾固樂於傳述者答云我言已盡書於照會別無言語勞君傳述也又談數語而散

二十九日稅務司葛德立談及雅古貝之子孫被官軍俘獲者長者十餘歲極小者五歲左相援叛裔之例奏請閹割爲奴西

人不以爲逆裔而以喀什噶爾爲再亡之國以該逆子孫爲亡
王之裔是以於西陲定罪之讞極口詆毀又西人最惡宮刑目
爲殘忍使者宜以外洋議論轉達朝廷余告以中國宮揜與歐
洲迥異宮刑究竟下於大辟一等雅古貝作亂多年其子孫孑
遺科以應得之刑西人乃袒庇焉名爲好仁實多事耳葛德立
亦爲喟然
八月初八日清臣談及意大利國千餘年前有一火山噴出灰
埃數日之間平地墳壓數丈城郭掩埋人畜死者無算近者彼
處人民掘得當日歷處城郭如舊器物有存攷古者藉以校證
當時風俗又庖廚中往往鑄雙蛇以爲竈神又言埃及波斯諸

國皆喜鑄繪蛇形又言華人所稱龍德能巨能細能飛能潛西
人以爲無據余答以古有豢龍之官必確有其物周易以龍取
象不必實有其物華人稱爲龍挂者西人以爲水氣電氣激薄
而成卻與周易暗合但不可以西人未嘗見龍遂謂無是物也
二十日清臣來一談以英國最初派赴中國頭等公使馬嘉尼
像見贈當
高宗純皇帝八十聖壽
召馬公使朝於熱河是時朝臣紛紛以跪叩之禮爲言馬公使
堅執不從
諭旨特命以見英君之禮朝覲

大皇帝又　召對數次
恩禮極優初覲之日賜以　御酒
諭之曰汝勿以爲中國皇帝常觀演劇也今日乃朕八旬壽辰
時與天下臣民共樂耳朕平日寅刻即起一日萬幾未嘗須臾
暇逸也馬公使歸而載之日記清臣以示紀澤因恭記之
九月初一日卯正抵巴黎未正偕參贊官黎庶昌繙譯官聯方
兼辦法文繙譯官法蘭亭公服同詣勒立色宮法國伯理璽天
德格勒斐立迎於殿門紀澤入門鞠躬格勒斐握手爲禮參贊
奉　國書立於後紀澤顧取呈遞因陳詞曰中國　大皇帝
聞法國上堂下堂公舉伯理璽天德登御寶位　聖心嘉悅

命使臣曾紀澤恭遞此函謁見稱賀願兩國從此益敦睦誼永
慶昇平　聯與以法語譯達伯理璽天德受書復握手爲禮曰蒙
　大皇帝寄書致賀不勝感謝予亦深願彼此邦交日篤一
日蘭亭以華語譯達伯理璽天德負屏而坐延紀澤於其右從
官以次列坐問英國公事是否辦畢何時可移駐巴黎對曰此
次專爲遞　國書來即日即返英主人曰移駐之後願常晤談
紀澤稱謝起立主人復握手爲禮送出第四重門乃入
二十九日德國人倭吉格士來議論英法德人皆用黃金中國
用銀通市不便議欲鑄萬國通貨銀錢定黃白金之價較銖兩
尺寸之數折衷一是以爲標準余善其命意然一時不能通行

緣中國近雖倣用外國銀錢祇是商民私相授受既不入於稅餉則未立法律以防私鑄私鑄不止則無論何國銀錢止能行於通商海口而不能通於內地鄉曲隱僻之處倭吉格士乂問麥西哥之銀錢行於中國久矣中國既不禁麥錢亦必不禁法錢余曰麥錢雖行至今不入稅餉法錢允行中國與否尚不可知入稅餉一層則斷不能允即足下欲鑄萬國通寶祇要銀錢銖兩顆若畫一久之中國海口亦或可行然云欲入稅餉亦爲不能允也

十月初二日葛德立言及胡雪巖之代借洋款洋人得息八釐而胡道報一分五釐奸商謀利病民竊　國雖籍沒其貲財科

以漢奸之罪殆不爲枉而或委任之豈可慨已

十二日至居停主人利格夫人處談極久法國使署係郭筠丈囑馬眉叔經手賃定眉叔狂傲待西人不以禮人多銜之利格夫人談及馬建忠則軒眉切齒怒不可解巴黎士紳下至倡優妓女亦有深恨之者

二十三日實德稜引其商會總統布勒爾來談其人頗誠實而實德稜則窮困無聊之妄人也午正偕蘭亭至捧馬舍大店縱觀極久工匠暨男女隸役二千餘人每日發貨之車用馬二百餘匹炊爨之事皆以機器入店市物者視他處散店貨精而價廉是以晝夜不息

十一月十六日仁甫爲余購得神甫綽畢一幅上繪法國歷代君王之像始於法拉孟即位於耶穌降生後四百二十年當中國宋武帝永初元年終於今伯理璽天德格勒斐發位於耶穌降生後一千八百七十九年即　今上光緒五年也

十二月初二日寫一函寄松生余去秋出都時與譯署各堂面商武弁學生供事薪俸章程擬稍爲變通辦理各堂以爲然到上海時諭示隨行武弁言英法事繁故多帶候補武弁諸人因經費有限不可作正開銷宜分扣各武弁照章應得之銀以貼給公牘不列姓名之銀即所謂變通章程也至英國後詢筠仙丈亦如此辦法本日得松生函則云武弁羅雲漢郭斌忽來支

應隨員補發歷年扣減之銀乃皆歸去譖疑余私蝕其銀欲以此挾制實得罷差也刁狡如此乃函囑松生并其貲銀而停之以示懲儆余既不飽吾私橐則無論如何剋扣亦可見諸函牘而無愧也

六年庚辰正月十二日拜巴夏禮巴言日本俄人皆謀高麗中國宜豫防之其法獨有勸高麗與西洋大國通商則可藉公法以自全如高麗疑懼西洋則開口於輪船不通之處亦可獲益余曰高麗國小而貧西洋通商何益巴云君侯勿疑余言爲英人求通商之利余以駐倭日久頗知倭人叵測中國及早圖維非以利高麗且自固樊籬也余曰吾亦非謂英人求貿易之利

謂日本不能獨謀高麗必聯結俄人分據其地俄踞高麗海口則英人每歲海上須添無數水軍乃可敵俄保全高麗不得專益中國亦英人所日夕懸念也貴大臣窺日本之欲佔朝鮮較法之欲圖安南孰急巴云法距越太遠損多益少謀心不齊日之貪心較法尤甚俄有內亂未遑遠略日兵若起俄必出爭是可逆睹余曰中國惟我

大清能使高麗首先效順前朝之征高麗者皆勞而無功可見蕞尒小國未易夷滅日縱勝之斷不能有之貴大臣有未雨綢繆之心願中華與英人同保該國則均受利益矣

二月十七日至勾界爾家其人頗富而以灌園自娛得寶星十

餘枚皆獎其樹藝之術者也事母至孝母年八十有八飲食稍不如意則愁容可掬俟母復膳然後亦復初不肯娶妻謂娶妻則將怠於孝養蓋畸人而有庸行之謹者

二十一日自巴黎抵倫敦前到巴黎係正月十四日也本日閱上海申報知紀澤於去臘十七日奉

旨轉補大理寺少卿

三月初二日萬國公法會居愛士來談言兩國凡立條約分疆畫界之約與開埠通商之約須分兩次辦理以地界永遠訂定而通商則有時變更也其說極是

初六日謙盤生來問上古始制文字爲衆蒼頡爲左史沮誦爲右史暨佉盧字左行沮誦字右行蒼頡字下行等說告之

初八日閱上海函牘始讀奉派使俄之

旨係一人兼使三大國才短任重恐悚曷勝譯署見詢英法之事是否須

奏派參贊署任竊以英法交情尙洽公事刻下無多猶可勉强支持至請派署使轉恐英法人妄有輕重厚薄之論似以不奏派爲是

二十日至老城倫敦官銀行觀印票機器以定製之紙四邊有緣中有花紋字影者次第印之先印花樣圖記次印碼號次印數目次印名押皆藉輪機運轉而人工極省次觀簿據每日出

入數百萬磅次觀廢票凡票自行中發出而人持之已取金磅者則原票雖甫出即歸紙色極新亦翦角存之存滿五年則付一炬

四月初五日有軍械局送製造圖來觀末幅繪畫輿一具所以舁臨陣受傷之將士者輿旁繪十字架以紅布翦十字式綴於輿上舁夫亦翦十字綴於衣襟雖經歷敵軍不加害焉此西洋公例也治傷之醫自治本國將士亦治敵軍將士其醫亦綴十字架於衣襟以爲識雖干戈擾攘可以全身遠害無論何等詐國不遵此例其言曰將士臨陣非其本心君帥之命也殺已傷不足以示武若殺敵軍受傷者敵軍亦效尤報怨是吾自戕也

又兩軍有被獲者自誓不再預此次戰事即可縱之使歸如歸而復出本國官長罪而斥之謂輕敗公例則受累者多也此西洋風氣之未澆者書而記之

十三日金登幹來談論中英和約不公之處宜於修約之年照會更改甚與鄙意相合余謂改約之事宜從弱小之國辦起年年有修約之國即年年有更正之條至英德法俄美諸大國修約之年彼亦迫於公論不能奪我自主之權利則中國收復權利而不著痕跡矣

十五日日意格云李相欲買某局水雷十具而該局必須整賣五十具併各項費用約須英金四萬磅尚未定議余謂水雷之

器製行未久各國大戰事未聞以施放水雷奏功者效驗尚不可知豈可遽捐多金購之日君深以為然

五月十一日與清臣談及鐵甲船事余思鐵甲船為海防利器不能不購然此時俄事和戰未定若有戰事即在目前目前所急又不在鐵船而在良鎗巨礮防守淺水之器清臣以為然而言中國購辦鎗礮在兼取各國之長然有一大弊宜戒者礮子鎗彈慮有不合膛口如英之阿馬斯湯之克虜伯皆天下良工精械也然局異法異規矩尺寸輕重亦多不同假如某營慣用阿馬斯湯之礮及續請藥彈而得克虜伯局所製則所畀之礮成廢物矣西洋有以此取敗者故特論之

二十日編電寄譯署言北洋電囑緩行鈔件雖到仍候尊電俄頗望一戰藉索水陸兵費飭戒邊帥束士卒勿挑釁云云

六月初八日抵巴黎午正赴法國換旗會法自被德人擊敗改為民主之國至是軍實告成伯理璽天德躬臨閱武頒以新旗面諭將士兵三萬餘人觀者五萬餘人分隊行過校場前首為學堂練習之兵次巴黎城守兵次巡捕保甲兵次阿耳及爾土兵次水龍救火兵次礮兵最後馬兵申正閱畢不日閱兵而曰換旗會者格勒裴出身文職文官不可閱武故命兵部尚書閱兵而伯理璽天德分營頒旗焉馬步兵皆不如英軍整肅然操練至此已非朝夕之故矣

二十九日偕康侯劼堂至外部見尚書吉爾斯駐華公使布策福外部總辦梅尼廓福吉爾斯面冷詞橫始言約不可改繼言各國訂約誠有商改之事惟未經商改即罪其全權之使增兵設防有意尋釁等詰難良久最後乃允代奏國君請示畢遞國書

七月十三日偕康侯日意格夏干塔木庇往俄都西鄉彼德爾火福游觀俄皇避暑行宮在焉窮奢極麗無從描寫英法宮殿所不及也

十七日偕康侯劼堂公服齎　國書至俄皇薩思克行宮之朝房坐半時許禮官奉俄皇命設宴相款席散偕禮官暨余從官

同入殿廷進見三鞠躬而前手捧　國書宣讀誦詞俄皇受書答詞皆孟第傳譯俄皇因問崇使開釋邊界各案奏結詞色甚悅退入閣中禮畢禮官引余與從官出申初回署

八月十一日爲譯署擬嗜嚕太司特文牘稿嗜嚕太司特者譯言表理文也俄以兵船脅制吾華吾華不得已而暫棄伊犁以收回崇星使上年所議損華利俄諸事則必有此表理之文以致俄國暨西洋各邦表明中國之暫以伊犁讓俄者非中心所願長於理而詘於勢耳西洋各國常有具此牘者故自作一稿交諸譯官

十四日至外部署尚書熱梅尼處傳

旨請其電奏俄皇留布策在俄議約良久乃允奏

十八日接外部咨函云俄皇允召布策回俄相商爲之稍慰編電五十八字寄譯署

二十四日將新購中俄邊界小圖俄人所刻者注華字數十處

九月初四日閱譯官所錄與布策問答此次辨難往復話句益多記憶不全

十月初九日校閱靄堂所錄初八日在外部問答節略

十一月十八日閱譯署所記外部問答節略一本

二十七日編電語說伊犁地形給伊犁塔爾巴哈台地圖

十二月十四日謁見俄皇賀正旦

十八日閱譯署電報知紀澤所商改俄國約章已奉温旨兪允深以爲慰

七年辛巳正月初二日至清臣日意格室商改條約章程清檢地圖

初四日見吉爾斯談商改條約之事布策在座爭辨良久

十四日布策偕孟第來談將漢文約章稿議定而去飯後封發保薦人才密摺

二十三日自繕陸路通商章程凡二千一百餘字繕畢號記條約章程卡倫單數目三分

二十四日將彼村所繕條約印樣板一次批條約章程十餘段

二十六日偕彼村凱生靄堂穆庵至外部與吉爾斯布策等校閱敕書議定通商章程應添字者一處遂將條約章程卡倫單專條畫押蓋印

十四日接靄堂電報云俄皇本日閱兵歸被匪黨轟斃爲之駭愕駐俄七月有奇商改約章終得就緒實賴俄君顧全友誼而相接以禮始終不衰令人心感且其爲君慈惠愛人德政甚多特以剛斷不阿嚴於去惡遂及於難自法國大亂更爲民主歐洲各邦民心皆蠢蠢不靖俄之弑君亦非專怨一人也匪黨雖橫並無才智卓越之倫主持其間以爲弑一君即政務大變可以亂民之欲故俄君之死各國惋惜德國尤恐懼也

十九日封緘轉寄
御賜印度鄭德維王寶星花瓶等件戌初離使署展輪亥正
抵多福爾登舟渡海
三月初三日閱上海寄來函報知沈經笙相國作古爲之惘然
沈相雖規模稍隘然勤儉忠純始終如一亦救時良相也
四月十九日辰正偕內人率兒女自使署動身巳初至車棧因
杜法爾海峽常患沙涌膠舟改道由法國之博隴英之佛爾刻
師吞而行未正登舟風浪頗大人人嘔吐申正渡海畢戌初抵
倫敦
二十六日偕內人仲妹率兒女觀僬僥人始出男女二人各高

二尺許最後二人各高尺許男年十六女十八男重九磅半合
中國權七斤七兩有奇女重四磅九兩合中國權三斤十兩有
奇聲啾啾如京城傀儡戲形亦似之體段幺麽骨格軟弱如數
月之孩然語言酬應無異成人出洋所見新奇無過於此者
五月二十七日奉
旨曾紀澤補授宗人府丞
六月初五日自繕致吳蕙吟函約千餘字又自繕致李筱泉制
軍函一千四百字函畢作謝補授府丞摺
十八日接邵筱村十二日來電知紀澤於十一日奉
旨補授副都御史

二十五日未正偕署中參贊繙譯各員同至外部互換條約畢
與吉爾斯布策等一談
三十日更服偕凱生等及俄禮部總辦司徒龍乘馬車入行宮
謁見俄皇於小閣致遞　國書賀其即位俄皇答詞孟第傳譯
禮畢俄皇送出閣門接見參贊等官慰勞數語而返
閏七月二十日抵愛森下車偕僚友游觀製造各廠除造火車
鐵路鐵輪器外皆與他局無異但局面宏闊耳申初觀水龍公
所又觀鍊鋼廠兩處工匠整齊敏捷爲他處所不及
八月二十三日寫諭單一紙分付三國使署員弁回華行李運
費歸公開銷者宜定輕重限制有帶火藥鎗子及一切引火危

險之物宜交至公中成總封固寄遞不許私藏箱篋
九月初九日偕康侯霭堂率巒兒步行至拿波崙紀功坊登至
巔頂眺覽良久
十月初二日至巴黎書庫觀所藏中國書籍
十二月初十日閱上海寄來函牘中報接電報有
諭旨命紀澤留任三年使署員弁衣冠來賀
二十五日作摺稿計一千三百字
八年壬午正月二十日收檢新購法海部所印中國各埠海道
圖
二月十八日以長本界方刻尺界尺四面刻尺四種一曰工部

營造尺據會典所載營造尺一尺合民閒裁衣尺九寸二曰民
閒裁衣尺據中英和約所載中國一尺合法國邁當一千分之
三百五十五三曰法國美德尺卽邁當尺地周四千萬分之一
界方短不足一美德有寸之數乃刻三十五寸半以合中國民
閒裁衣尺之長四曰英國尺長約法國美德尺一萬分之三千
四十有奇又約如中國民閒裁衣尺八寸六分也每尺十二寸
每寸八分刻畢以標塗之
三十日巴西國駐法署公使來送寶星其國君因中巴訂約之
始由余發端以頭等玫瑰寶星贈余以謝
五月初十日長女自華來西見女兒病狀不禁流涕坐定與幼

仙甥一談
七月二十九日改公文咨呈總理衙門晉香港交犯事
二十四日更公服赴英國新造之廷訊公署觀英君親臨落成
之禮午正升殿工部尚書以公署管鑰跪呈君王君王受而以
予大律例官大律例官跪而受之誦詞甚長君主論云此署可
以開用宮樂吹觱篥以宣告庶民禮畢而退
十一月二十八日至議政院弔剛必達之喪同治九年德兵襲
破法都剛必達乘輕氣毬衝出重圍糾合民兵六十萬以商犀
統之與德兵搏戰雖不能勝然法之有以自立實賴二人之力
是以百姓歸心舉爲下議院總統而其權力隱然爲法之帝王

本日喪儀之盛亦巴黎所罕覯
九年癸未二月初四日偕清臣赴俄公使處議伊犂事
四月十六日至木司姑總督凭窗觀俄皇入城之儀先過者馬
步兵哈薩克兵次六馬輦輅十餘兩俄皇乘八駿之篷宮眷皇
親暨大臣命婦乘六馬輦數兩隨之殿以馬步兵甚多奏軍樂
良久
十七日更公服詣克力門宮殿立候良久俄皇俄后出殿接見
各國公使余位在第四立談數語引從官見之禮畢退出
十八日俄皇遣御前大臣來送陛覲禮節册且告二十一日陛
覲陪之一坐

二十一日偕清臣先赴德使署與各國公使會齊乃赴俄皇之
大教堂西人無宗廟自天子至於庶人典禮儀文皆舉行於教
堂陛覲之典蓋合郊廟爲一體也已正俄太子王公至俄皇俄
后繼至教士誦經禱天俄皇更銀鼠金黃袍袍之前稱身之長
後則長二丈餘御前大臣數人以手承之大教士進金剛石鑲
成之冠製如兜鍪俄皇自取著之又進金劍金球有十字架
俄皇次第受之俄后跪俄皇前侍臣別進一冠形製減小俄皇
取而加於后首尚衣命婦二三人侍后側安於髻上侍臣進袍
如皇袍命婦侍披袍已俄皇扶后起立執手親嘴爲禮太子公
主諸親王公皆至御座前親嘴爲禮各國王太子有姻婭者亦

如之賀者退俄皇與后坐於寶座旋起立自午至未乃畢

五月初一日赴克力門宮庭公宴俄皇俄后中坐皇族王公公主各國王公來賀者各國公使暨公使眷屬同席陪之俄官另三席席散俄皇與各公使次第立談數語問余徑回巴黎抑往森比德堡余答將赴比德堡

十年甲申四月初四日閱譯署來電知許竹筠奉旨出使法德義和奧李丹崖目下兼署使法大臣紀澤專辦英俄使事

十月初四日查譯署來電知初三日奉旨兵部右侍郎著曾紀澤補授

十一月二十六日閱課卷一本卷爲鶚堂之作題爲論西洋各國巡捕余批數語於總批之後云西洋各國莫不講求兵法其練巡捕也以練兵之步武整而齊之中國何嘗不重武備但細加考校知中國所謂兵者僅如西洋巡捕之職役耳其所以異者中國之兵隸於官與西洋之兵同而西洋之巡捕則隸於民也兵隸於官則兵民之氣不通故往往有用兵以禁暴詰奸而百姓藏奸匿盜以掣兵與官之肘者巡捕隸於民百姓糾衆集貲以養巡捕以靖閭閻人心有恃巡捕以自衛之心惟恐巡捕無權於是互相勸戒不肯干犯法紀以撓巡捕之權衆志曰堅巡捕日重倘有凶頑勢不得逞是以無凶不懲無案不破非國法使然蓋衆志使然也法紀者國家所以治百姓法紀之行不行其關鍵仍在百姓而不在國

十二月初九日查譯署來電稱本日奉旨曾紀澤鄭藻如出使期滿均暫留半年

十五日閱旗昌洋行來電知外姑劉母王夫人棄世悲傷曷已外姑之仁慈盛德天下罕見罕聞親友鄉鄰當無不惱悼者無論至親骨肉也

十一年乙酉正月十九日步游市肆至一處有一人獅四豹者肥婦人臂三尺圍者矮人二尺者高人七尺者人無腕以頭與臂鋸木及作字者人無臂以足縫紉及作字者人無腰以下者觀良久乃歸

二月二十日查譯署來電知中法和約已由畢樂金登幹畫押

六月二十一日核進呈條約摺稿

二十九日校對煙臺條約及續增專條繕正之本批葉數次序

十月二十六日閱申報讀九月初六日

皇太后諭旨派　醇親王總理海軍事務慶郡王奕劻大學士李鴻章會同辦理善慶曾紀澤幫同辦理　高厚之恩特逹之知何以圖報

十二月十七日赴上議政院觀英主親開議堂之大典見英之世爵各服其服朱衣長曳地裘積緣銀鼠橫行數畫視畫多少

以辦其等君主至寶座太子在旁稍後坐上議院官讀君主諭
旨讀畢而散
十二年丙戌正月二十日描摹乾隆年間　頒賜阿瓦緬甸國
王之印閱輪筆印字器法式
二月十二日兩次編電致譯署一論槍事一論緬甸事
十九日閱文報局寄來函牘中報知十二月二十七日奉
旨轉補兵部左侍郎
二十四日作謝　恩摺
三月初五日謁見英主辭行
四月二十日乘馬車往閱轉爾次大橋之工橋以鐵爲之架於

海汊長八千九十一英尺高距水面百五十尺欄高於橋亦如
之將以通火車刻下工成十之一已興工三年估價共英金二
百萬磅合火車公司四家之力以成此舉
九月十二日偕內人率兒女離維舉陽廬抵阿筏輪船慶靄堂
自巴黎來送行李伯行張聽帆自倫敦來送行白德勒維舉陽
呂惕棐遮爾舟各攜眷來送行已正輪船啓椗
十八日入蘇爱斯河
二十四日抵亞丁
十月初四日泊哥龍埠
初九日抵新嘉坡左子興率其母率其姪來舟迎候

十三日入西貢瀾滄江口泊而候潮潮至舟行
十八日抵香港
二十三日抵上海往天后宮廬居
二十八日自廬啓行登鈞和輪船至吳淞口登岸乘肩輿閱礮
臺形勢甚佳惜大礮不足又平衍之地工程頗艱耳閱畢登舟
復行抵大沙泊焉
二十九日抵江陰登岸閱礮臺山勢極佳土堅易於興工可以
持久礮亦粗足閱畢至韶臣軍門營小坐辭出登舟凌問樵吳
朝傑出海籌送余往甯抵七濠口泊
三十日抵草鞋夾司道以下官來迎至下關登岸閱礮臺至問

樵營中一坐登舟復行抵旱西門叔父暨豐將軍紳田織造廣
英皆迎於接官廳未正入督轅
十一月初三日出城至下關登舟展輪行
初四日抵上海
初七日登海晏輪船同舟者曹逸齋莊儆屺諸人申正啓椗
初十日抵天津李傅相吳清卿中丞偕司道以下文官鎮將以
下武官迎於官廳坐談片刻偕李相至北洋大臣行轅廬焉
十四日啟行至蔡村
十五日抵張家灣
十六日入城至賢良寺岳松弟迎於門　醇邸遣人來問

十八日辰正入乾清門在內朝房久候巳初入　養心殿跪
安謝　恩
皇太后問在途行若干日又　問英法俄大概情形末問在洋
水土何如飲食何如均隨　問奏對
命明日再遞牌子即下出西華門謁　醇親王談極久拜孫萊
山大司寇一談知紀澤已奉
派總理各國事務衙門行走
十九日入　朝辰正
召見
皇太后問各國船械各國交涉又　論海軍事宜　諭總理各

國事務衙門盡心辦理隨　問奏對午初退　朝拜閻相一談
又拜恭伯慶三邸一談

使德日記一卷

〔清〕李鳳苞撰

《使德日記》一卷，清李鳳苞撰。鳳苞（一八三四—一八八七）字丹崖，江蘇崇明（今屬上海）人。以例貢歷任主事、員外郎，累至候選道。曾供職江南製造局、吴淞炮臺工程局，翻譯西書。光緒四年（一八七八）任駐德大使，專辦採購船艦軍火事宜。是書即其時日記，起光緒四年十月，訖十二月，專記使德時之外交活動，及德國社會風貌、政治制度、文化科技等。據清光緒間刻本影印。

使德日記一卷

江氏刻之本

使德日記　崇明李鳳苞丹崖

光緒四年十月初二日晚偕郭筠帥由英國蘇格蘭回倫敦承准總理衙門咨開七月二十七日奉　上諭侯選道李鳳苞著賞加二品頂戴充署理出使德國欽差大臣欽此並接奉王大臣德字二十三號函竊念賫淺才疎自前年奉李爵相奏派監督生徒來洋學習雖與洋監督日意格和衷商榷將在英在法生徒照章安插官船官學而勉供奔走兩載於茲未報涓埃方深兢惕今蒙　恩晉頭銜試以重任撫衷循省深懼勿勝惟有實力實心宣布邦交之誼矢勤矢愼勉圖應接之方以期仰副　國恩勉酬知遇

初三日與郭筠帥談囑云今可部署一切趕速赴德舊員酌量留用調人應加夾片並以黃綾夾板奏本紙等件相贈

初四日與郭筠帥商定咨調兼辦英法繙繹之羅豐祿陳季同隨同赴德筠帥謂羅則靜默可以討論學問陳則活潑可以泛應世務再能歷練官常中外貫通可勝大任矣是日接地亞士行密臘信云委辦天津鎗子料件內油漆紙蠟等項已由斯飛力尼船運往上海其銅片等於二十日內俱可運竣又定造水雷艇之雷贏廠鐵脅已全請往驗看午刻與羅豐祿訂同干南街柏敎習之兄伯次到彎斯瓦士車場上車過窩得祿德又換車是處鐵道紛歧多如蛛絲爲往來衢道柏次留到兩次尚有迷途之慮旣下車芳草平蕪大河前橫卽倫敦達眉江之上游也渡彎斯式

士橋沿岸左折百步到嚭嬴廠主人迎廠僅數畝木栅圍之前臨江千板屋四間爲繪畫書算之處工匠不過三十人汔機唯八疋馬力者一具下具四輪可以曳走計值英錢二百五十磅沿江灌叢中支搭鐵棚高架小艇五艘旁置鑽刨等機數事其江干繫有長五十尺之小鐵艇加風扇以助火力鎗面不全用鐵未裝水雷機架蓋可懸諸大船以備巡探而非專爲水雷設也棚中五艇一長九十尺寬十尺半值五千磅亦英海部所定造也一即天津所定造脅骨已全而僅布鐵壳兩片脅骨相離爲十九英尺半龍骨脅及外殼全不鍍鋅詰之則檢出柏教習原信本未指定鍍鋅主人云如須加鍍加費百磅展限兩旬而已原

約內但須加漆且廠中無鍍鋅爐灶脅骨已合亦難再卸矣遂交付第二批價其餘三艘皆暹羅國家定造之遊舫配合既全將復折卸運寄暹國門合大者長六十三尺寬八尺三寸小者長三十七尺寬六尺六寸價不過五百磅每點鐘可行十二英國旱里蓋嚭嬴習船藝無餘貲年才二十餘交游亦未廣因僦片土集一近支栅以冀招攬日廣局面日宏而已

初五日洋監督日意格及文案陳季同高氏耶自法國來商議肄業生徒及支發經費又商定季同隨同赴德仍兼辦肄業文案繙譯事件如洋監督有倉卒須譯之件可就近令馬建忠代辦並將洋監督肄業文案雜費每月以四百

佛郎津貼建忠是日黎參贊庶昌暨使署各員設餞又偕郭筠帥謁駐英德使閔士達筠帥告以李某將接劉任閔使曰劉君尚在柏林耶筠帥曰得毋貴國人不喜閔使曰非也但劉君意氣似塾師耳筠帥曰未知貴國喜李某否閔使曰李某似武官予亦武官武官乃敝國所重且云此去所過關卡須帶路照方免查看送行時當奉上也遂別傍晚造門投刺且送路照

初六日上午邀黎參贊及各友用洋膳適西士傅蘭雅亦到謂妻病稍愈業與筠帥訂定新正伴送回華願先隨往德國將飛爾摩耳公法論譯全年後辭行晚蒙筠帥設餞於使署威公使來送行並與筠帥晤談謂西國例凡賚有國

書者爲二等公使猝有要事出行派參贊代理非國君所派稱桑賽兌費阿雖譯作四等實不列公使也非若中國官員實任署任一樣辦事也遂索筆作書囑攜至柏林面交駐德英使盧賽爾且云盧公在德最久人亦和平凡事可面商也是日收拾行李

初七日晴六點三刻偕傅蘭雅陳羅兩員並攜二僕同行日監督高氏耶亦同路至孚令克老司車塲先是問各車攜帶箱籠加費甚鉅因商諸繙譯馬君先由貨車載去馬君據僕人稱各車貨車運費相同遂於是日帶行詎知衣箱等四十餘件運費至六十餘磅車塲管事者曰若先由貨車運去只須四分之一自恨歷練之未深而已七點四十

分揖別使署諸君遂發軔車有廳房坐臥甚適九點半到都乏海口登舟十二點到喀來海口爲法國北海濱日高二君分道回巴黎五點半到比利時之白羅色耳換車八點半到勿費愛管車者曰此間停車二十分可用晚膳及入店方取茶點而車已開四五十人方進退無措間有同行之薩孫人能操英法語作一函請同行者畫押送比京公司以責管車者之誤予來歐洲幾二年常僕僕車塵見英國火車道最繁而車亦最多法次之德荷比又次之而碰車出轍歧悞諸患比荷爲最多德次之法英則不數見矣豈英法之人勤愼與亦因往來車多則聚精會神不遑他顧往來車少則優游偃息未必專心故業精於能勤而

患乘於所忽十點二十分上第二次之車十一點到阿欣在車場坐候良久阿欣爲古城本羅馬人所建其後佴爾鑾王居之西歷八百十四年王殂爲自主之城西歷八百年所建大禮拜堂用羅馬造法其規制爲德國營造所宗式城北有高山其脈迤西繞至城南地多硫泉有開式阿旭爾井最著名爲一千八百二十四年所築一千八百七十二年有就浴者二萬四千人今城中居民七萬五千鐵道自西北繞出東南車場在其城南燈火萬家居然都會

初八日早三點鐘又上車五點半到谷郎晨光熹微猶耿耿未寐也谷郎沿來因河西岸爲德國第六通商大城西歷五十年紆比阿民所築羅馬遷民於此後爲下日耳曼都城一千二百年時貿易最盛一千二百十二年爲自主之城厥後以油畫著有畫師蜚侖洛赫奈馳名於各國一千八百年時有教堂二百區建造甚工繢因民教不和改建於邦納一千七百九十四年地屬於法及拿破侖地入布國今有民十三萬餘有兵七百餘河東爲德次城有民萬餘鐵道自西北隅渡河而東過大鐵橋長四百十二邁當上層過汽車下層過馬車兩旁可步行俱麗眼鐵楞隔之橋之兩端各有國王銅像爲維令一維令四七點鐘開車緑野平疇林木森秀朝暾漸上暖風薰人如仲春氣候二點半抵漢奴乏本爲日耳曼大邦之都因一千八百六十六年背布親奥布人既勝遂收其地爲一省舊城跨來納

河開拓東北峻宇通衢整齊雄厚大戲園博物院禮拜堂無不壯觀有一千七百五十年之古王宮今爲布王離宮河南有操場瓦得爾勞曾敗英人於此有紀功石柱旁有兵房軍械院藏書樓中有書十七萬冊手抄者三千冊水族院中有海水池二十二區藝工賽奇院亦著名并臨頓鄉計之有民九萬人鐵道過城之東北車場寬廣軒敞酒饌精潔三點鐘開車此路已來往十次晝夜寒暑風景各殊隨手札記亦互有詳略是日六點四十五分抵柏林之漢奴乏車場劉子翊錢德培慶常賡音泰廕昌備車迎候七點半進使署造劉京卿房坐談

初九日十點鐘朝服拜　闕恭接關防文曰大清欽差出使

大臣關防收到卷宗什物清册當飭陳委員會同原辦人
員逐一點收開摺存查
初十日晨朝賀　慈禧皇太后萬壽午後偕劉京堂謁外部
尚書畢魯帶博郎陳季同同去京堂曰本大臣奉　國家
召回內用不及面謁監國又未有　國書呈遞畢曰昨將
貴使回國之語函告監國因遊獵未回不及而送奉　召
自宜速行既未頒　國書當為代達監國京堂曰今派李
某署理日後有話可與面談畢起立握苞手曰李君去歲
查課來此曾已聆教聞頗好學問欽仰已久今後朝夕共
事雖我輩臣子凡事遵　旨而行而倘能有益貴使者甚
願竭力相助苞稱謝且曰願兩國邦交日厚卽臣子友誼

日深畢稱是又曰許久未見英語當更純熟苞答僕僕道
途毫無長進畢臨別又曰遲日當造候並送劉大人行京
堂請改日拜見其夫人畢喜稱謝察其詞氣欣悅似非僞
飾京堂謂與前次托病時迥別矣西例既見外部可函請
頭等公使訂見遂致函於英法奧俄意各使
十一日閱總署舊函二十二件抄案二十一册是日始令慶
常傅蘭雅二人譯述公法論
十二日劉京堂請晚飯
十三日晚餞劉京堂飯罷請京堂閱馬戲演英儲君赴印度
事部藩以文馬舞女迎之男女麕集百獸率舞光怪陸離
英儲君攜藩婦坐觀神采飛揚情景逼眞馬足精良駕馭

純熟尤其本技也少息二女演步虛飛索之戲盤舞跳躍
各盡其妙既而俄人二十八歌唱跳踊無不應絃合節演
罷進觀地窖中馬廐有良馬二百疋區別井然喂養精潔
調護周至誠所罕覯豈牧馬而通於牧民者與是日下午
謁意大利使侯爵羅訥與博陳同往入其門牙籤萬軸插
架連牀望而知為學問中人詞氣懇懃傾蓋如故苞謂西
士游中國者惟貴國人最早而華人東來者一入歐洲先
見昔昔里那布里山川之勝今幸奉使來德得與貴國
績學之士同事尤為至幸羅曰閣下謙恭篤實殊深感佩
可望從此邦交日固商務日興敝國赴華運販者以絲為
大宗苞曰聞貴國絲蠶已甲于歐洲繅洗亦精羅曰誠然

但數年來屢聞戰事銷售日絀尚有二百萬綑生絲未織
若歐洲盡如中國男女俱以絲帛章身則銷路廣矣苞謂
歐洲男服呢表而帛裏是有美內含與學問人相似羅笑
頷之又論俄土未定人心惶恐商賈日窮無如民望息爭
而貪心者不免搆釁歐洲之執政無不憂慮予每羨中國
一統為治可以安享太平也苞曰君願永息兵爭共敦友
誼確是仁人之言欽佩無極羅稱謝又曰此後有所商詢
請隨時晤聚當勉效微勞苞亦稱謝羅曰感冒未愈遲日
答拜
十四日晨起拜發謝　恩摺及包封信件一點鐘謁英使盧
賽爾與博羅同往旺健果毅氣宇不凡首詢曾見威君否

芭授以威使手函羅閲畢曰署使例不面君惟朝會先期通知可以隨班參謁今德君養疴冢嗣監國遇便當爲先容也芭答曰應見與否當照西例不敢瀆請威君書中大約謂中國官員實任署任辦事相等耳羅曰是也我英國甚喜爲中國出力閣下如有委託儘可頻來勿拘形迹自當體國家之意爲中國效勞也並詢中國商務芭將稅則略爲陳說臨別訂於明日答拜又謁俄使吳布里握手迎入芭謂歐洲各國均隔重洋日本亦有衣帶水界之其壤地相接而又累代通好者無如貴國今同役於此更爲親切吳曰敝國莫士科舊京鐵道如能造成則直達北京無舟楫之險兩國交好當更親密芭謂北陲貿易清淡鐵道

尚非緊要吳曰此條鐵道敝國本有成議緣與土耳其開兵是以暫寢將來必行之也芭答西國各有本境鐵道皆是因地制宜以收本國之益吳是之芭又謂奉使在此得叨指教實爲欣幸此後尚望勿吝金玉吳曰凡有所商無不效勞惟此間典禮未能全知英使盧君在此最久熟悉情形當可詳告芭稱謝告辭吳曰夙所欽仰今蒙同事實爲慶幸送至門外握手而別是晚使寓各員公餞劉京堂於開式好甫芭亦陪坐順道往溫德爾得臨頓街閲蠟像館較之去年地段既展塑像亦增新塑柏林會議各員設棹三面畢首相起立陳說毛髮皆動坐其右者爲英之畢相沙相及俄使坐其左者爲奧使希使土使或諦聽或沈

思或看地圖神情畢肖眞神工也左屋又塑德君被創之像亦維妙維肖

十五日十點鐘巴提督來述巴公使病狀及斯邦道肄業四弁情形三點謁法使汕乏連與陳同往容貌淸癯仙骨姍姍接見甚恭卽云聞君在洋年餘芭曰曾監督生徒來洋肄習蒙法國准入學官廠實爲心感汕曰互相照應分固宜然況數萬里來學之遠人乎芭稱謝汕曰曾識駐華之白公使否芭答在京曾蒙招飲且白公和藹篤實最爲中國敬重汕曰予好友也前日惠寄繡毯一方設色運針無不精妙深佩中國靜細工巧實他國所不逮卽漆器雕牙亦無不然芭曰惟恐陳設玩物未必切用耳汕曰繪繡刻

鏤具有學問亘以怡情悅性卽是切用予曾籌思若作鋪被但可獨樂不如作桌罩以供同好者有目共賞芭曰具見公溥爲心佩服之至又論柏林巴黎天氣同異不必贅述臨別時汕曰得君同事實愜予心凡有委託自當竭力相助芭稱謝而別士旦丁之吳爾鏗廠訂於今日往觀鐵甲船下水遂委羅劉兩員帶同肄業弁查連標往觀早八點半由士旦丁車塲發軔有喀爾巴施同車係上海廣豐行夥自謂是士旦丁在華辦事之人行二十分時過乃白爾發耳代有植物學院十一點鐘抵士旦丁爲布國東北境卜美阿尼省城距柏林七十六英里古爲王國一千六百四十八年屬於瑞典一千七百二十年入於市爲通商

要邑以礮臺爲城在奧德阿江右岸江口爲水師泊船之所每年有貨船二三百艘運木酒麥魚等貨運入者值四千餘他拉運出者稱是亦爲製造名城造糖造船造機器甚多有民九萬餘是日廠主吳爾鏗鬚髮皤然備馬車數輛以迎行二刻抵廠海部尙書日本公使咸在先閱船身次登船臺尙書士叨取宣言曰國家命予名此船爲威爾登白希俾與拜晏薩孫兩船保衛海疆永與布路斯爲一家威爾登白希國屢建大功賢才蹌濟各邦宗仰今以名爾爾其永爲他船矜式語畢以酒瓶碎於船眾舉帽喝采者三斫斷曳索其船始則緩動繼則急趨俄見波濤湧立而船已下水矣入室午餐同席者一百三十人尙書首座

次製造局商水師總兵日本公使中國委員席終尙書舉觴曰第一盃賀德君增一兵船足資保衛德君幸邀天佑受傷獲痊可望壽登耄耋永庇國人共飲此酒以爲君壽廠商步恒舉觴曰今日慶幸兵船落成追憶從前德國商船全賴他國水師保護近年兵船漸眾商務漸興尤望日益加多稱雄海上俾他國畏我水軍可如今日之畏我陸軍而慶幸兵船之成必歸功海部請飲此以謝尙書尙書又舉酒答謝且稱吳爾鏗工堅料實襄助德國洵屬可嘉皆舉杯和之書院教習士密得舉觴曰東方之中國日本咸來與會應飲此以酬謝之日本使答曰德國兵船日盛駛往東方眾所欽仰吳爾鏗廠工日拓助國富強尤爲可

敬座客咸和之按此船長二百八十尺寬六十尺高二十六尺半入水十六尺半與薩孫船先後竣工裏層鐵甲厚三十二密理邁當外用二百密理之梯克木其外層鐵甲厚一百五十二密理又函二百五十四密理之梯克木而聯以徑一百密理之鐵釘船面圓臺二座後座有二十七生脫礮四尊前座二尊其圓臺之鐵甲厚二百五十四密理後座有小塔隆起亦鐵甲護之爲船主望樓載煤五百頓水手四百五十人每點鐘行十三海里有奇價一千萬馬克臺座前後有寬各三尺之浮木如帶之圍倘前後受敵擊損中段尙能浮行全賴此浮木也船前插嘴長九尺半全船內有逐段隔堵循龍骨有中綫隔堵以兩汽機運

兩螺輪每汽機二千八百馬力每馬力日需煤七磅有汽甑八每方寸受力三十磅爐門三十二船身機器皆本廠自造所成德國鐵甲船今已六號勿里格脫類之布愛森船改代克脫考懷脫類之來伯及希船泊令士阿達貝德船士叨取船潘尺考懷脫類之薩孫船威登布希船是也又成商船七十四號今俄國定購之水雷艇鋼片厚八分寸之一速率十七海里半船底敷以巴拉芬油可免鏽蝕每年又成汽車百輛一切機器無算計用機匠一千五百人船匠一千人創始於一千八百四十八年至一千八百五十三年而改爲有限公司

十六日接上海劉道臺電報詢守口水雷之電線價當卽函

詢英德大廠是夕送劉京堂至漢奴乏車場令慶常隨往
馬賽
十七日三點謁土耳其公使薩多拉貝與陳同往人頗安靜
謂吾儕東方國習歐洲話甚難一切規制亦有不同且問
中國日後究竟仍派公使與否苞答想不久必派公使薩
云既派於前不便中止敝國與中國通好已久當必格外
相待凡有所知無不實告辭出此外奧公使暫回本國有
參贊代理西例謁頭等使既徧即到二三等使處投刺並
拜頭等使夫人俟二三等使投刺報拜再往請見並拜其
夫人既徧乃謁各國參贊隨員今駐德之二等使爲比利
時之諾湯巴敦之脫噶克亨拜晏之囉脫哈脫巴西之邵

胡丹麥之套德希臘之郎噶貝日本之愛俄基黑孫之乃
脫哈脫梅令布希之派里烏司荷蘭之華霍和生美利堅
之退辣葡萄牙之里爾乏斯西班牙之貝奴馬爾瑞典之
比爾脫瑞士之和脫薩孫之漳台止瓦費次威登布希之
士必生拜爾希凡十七員三等使爲布倫瑞希奧登布希
兩邦之里白漢倍克等三城之克呂噶爾墨西哥之巴爾
雷大科士答里噶之保劄爾脫凡四員署使則奧之華根
士拖士步希海爲島之達們洛生布克之愛生並中國而
爲四員又循例謁各部尙書各營統帥各書院掌教皆造
門投刺俟其報拜然後再往請見並拜其夫人其他官紳
不徧及有先施者則答之親王宰貳非署使所應拜曾致

函外部轉詢首相畢士馬克則函復云不日嫁女下鄉未
能接見連日拜客車塵僕僕無足記述公使官紳之報拜
者間有入門小坐寒温數語而去其愿交好者則第二次
報拜亦請見如拜晏希臘日本葡萄牙比利時海爲島諸
使及禮官掌教提督數員是也
十八日巴公使來函云署使雖不面君然可知會外部照過
客例引見嗣君作函復之曰姑照此間向例不必急見也
昨晚聞在法肄業劉生病重令陳季同馳往察看
十九日博郎引照印地圖者來見謂不必重繪只用映相法
脫於石板工精價省爲他國所無姑付一圖試之
二十日英使盧賽爾函詢監國已回欲先見否亦以答巴使

者答之今之德意志列邦有王國四曰普愛孫譯者作布
路斯曰薩孫曰拜晏曰威登布希大公邦六曰巴敦曰黑
辛曰梅令布希水林曰梅令布希錫特利子曰薩孫外邁
生那曰奧登布希公邦五曰布倫瑞希曰薩孫麥寗恩曰
薩孫阿廷布希曰薩孫可部固代曰安好爾得王邦七曰
實字部爾孫特好生曰實字部爾魯德司答曰瓦爾代克
曰荷懷士允合林尼曰荷懷士愛脫林尼曰桑布額律百
曰立貝自主城三曰漢布克曰律百克曰伯爲門德相管
理者一曰愛爾賽士洛脫零恩其餘已入於布布有十三
省曰普愛孫曰波森曰班等布希曰樸門曰式里秦曰薩
孫曰囘世脫發倫曰爾恒蘭德曰奧恩初頁曰黑孫拿搔

曰漢奴乏曰式倫瑞希荷爾士登曰洛恩布希
二十一日接金登幹稅司電報知上海滙來經費五千四百
八十磅合庫平銀二萬兩午後掌東方書籍者赫美里邀
觀柏林書庫在新王宮之旁西名扣尼希力喜比伯里烏
台克同往者傅西士及劉羅兩員先觀左屋羅列數千年
前樂譜及各國古字俱羊皮爲之次入右門過掌書所架
有書目二百冊副總辦波士門迎入短小誠慤彬彬儒雅
洵績學士也穿過長巷右屋爲各國地圖說左屋爲觀書
之所鱗比設坐每日九點集四點散任領何書按籍檢付
目耕手揮者恆二百餘人每日十點鐘可上樓徧閱他書
訝其房舍曲折不若英法書庫之軒敞則云一千七百七

十五年弗里格扁王飭建書庫恩格請頒式王指書柜以
示之故作此式五年而成又過數室庋藏各國史記標題
曰英史法史分國列架秩然不紊次到大書廳排列古時
寫本以玻璃匣函之有希臘古書以楷書字母連貫而無
段落有始爲聚珍板之古登白克所印第一書亦羊皮爲
之回部之哥侖經寫作八邊形式有路得及米蘭登手抄
之耶穌經或以名人眞蹟見重或以年代湮遠見重皆希
世寶也臨窗數架爲布法戰事之書圖數百種裝褫華麗
繪印精妙亦足寶也廳分上下層周有飛廊下層皆格致
性理西名賚昔克司之類中列布國歷代王像白土摶成
精緻如石末座卽今之德君也右上爲亨保爾脫像著書

入也上螺梯循廊而右爲各國語言書西名費勞洛直之
類又進爲東方國之原書則赫美里所掌也土耳其阿剌
伯波斯古籍甚多西藏緬甸暹羅印度各有寫本印本三
四千年前之印度書皆堅薄牛皮大半作葵黃色象牙色
古香色迥非唐宋藏經箋所及其婆羅門教之里格飛答
經則四千年前物也梵文字彙蒙古舊史吐蕃記載皆中
國所罕見赫君任取何種文字輒能成誦且領畧其大旨
前在中國十年通華文操華語明晰了當知其於東方學
問枕胙深矣又進一門爲中國日本之書有大淸會典三
才圖會汲古閣十七史元史類編明史稾西淸古鑑爾雅
圖文獻通考司馬通鑑等書古今圖書集成只存草木圖

有性理眞詮一冊爲乾隆朝西國教士所撰雖發明西教
而元妙如禪理精微似宋學益其時教士尤多通儒也日
本書較多大半是唐土名勝畫譜類書綿譜花譜雜記小
說而已統計藏書九十萬冊又手抄者一萬五千冊每日
四點鐘閉門赫君又陪往邁克羅士谷比施阿夸林譯卽
顯微鏡水族院也人納馬克一上樓有室三楹中室左案
置顯微鏡七各嵌水晶竇后微如纖塵以鏡窺之燦然五
色面面不同右案置邁克羅芬顯聲機及壓氣機三角分
元鏡台拉芬傳聲機室中以五丈線懸一銅球自然擺動
數杪時往來一次恆循子午綫編右十度謂可證地動繞
日之理左室作大喇叭二徑約五尺由樹膠細管中作語

聲可及遠或以耳屬管口可聞遠處絮語可證聲音聚散之理又置芬奴格拉非傳語機以手搖轉左用飛輪助之其聲不甚分明壁懸驗血器木板長二尺上下各綴玻璃空球以細玻管盤曲通之中貯紅水別有玻璃管直通上下兩球令紅水自上球循直管下注通氣從曲管上行既見紅水滴滴魚貫隨行相離各半寸行速於蟻排列極勻若以手指輕擊木板則即兩滴相近而不勻以證人身血隨氣行周流不息之理右室排置顯微鏡六十餘架各嵌豬肉蟲疥蟲蜻翼蚊睛蟻足及毛膚等物又見生蝦蟆足鮮魚翅其中血脈紅色流行汨汨如泉又有一微點爲極小活螺窺其呼吸勻速與人相似大約爲水中微蟲居多故取名水族院實則爲售顯微鏡之所鏡光之大自七十五倍至四百五十倍

二十二日微雨近日感受潮濕癬疥煩熱夜不成寐商之西醫則云治不寐有多術一以摩飛耶水用水管注入肩臂之皮中少選即寐其水大約每次用乾者六分厘之一以化水一以克路爾海生則更毒而能立時昏臥最烈者克路爾房略嗅之則昏瞶如死臠割不覺半日方甦體弱者往往不醒醫生用此以施剖割者也予皆不敢用

二十三日議員拜阿及前駐英使之子班生來拜且謂一千八百八十年將於阿丕爾設魚會廣集各種鹹淡水魚及養魚捕魚之器將以擴充一千八百七十三年之博物院也請中國亦以魚種及養捕各法運送來會惟須開明門類所佔尺寸先期詳告定在一千八百八十年元旦以前三箇月送來其運費由各國自備惟到會火車之費及會中房室器具均由會備其保護一切亦爲會中責成會畢俱各送還願就地出售者聽其條目則一爲水族有十類曰水中酒中可浸者曰風乾或火炙者曰蠣蛤珍珠玳瑁曰海星曰長蟲乃食魚子之蟲曰蟹類曰魚類曰四足類曰食魚之禽曰食魚之獸二爲捕魚器三爲養魚法四爲運魚器五爲薰鹹各法六爲漁房漁衣七爲魚水八爲魚志九爲魚史蓋魚爲養生乃日用所需且爲天地自然之利精求其理廣播其種實與農圃並重聞美國久有魚會英國亦議設之德國魚會則德儲君主之而朝臣議員任之非玩物喪志者可比豈臧僖伯所能窺見哉

二十四日接李節相八月二十三日函傍晚答拜藏書樓副總辦波士們并見其妻及妻妹皆有儒雅風出其亡友亨保爾脫手稿一箱是老司馬司原稿而波爲續成美國土番記者也嘗謂狉獉之所以漸化教化之所以覃敷必由於士商之來往紀載之詳備苟無導其先路孰能步其後塵是地理之學爲足尚歐洲上古自乏尼斯希臘羅馬歷有載記類皆缺略紕繆自一千八百年後地理漸明論者每歸功於日耳曼人其學之精者尤推亨保爾脫嘗游亞細亞各國及美利堅人迹未到之區著考司馬司等書

芭於十年前廣採地志摘譯其要知亨保爾脫以地學通於格致其時又有爾力德耳以地學通於史傳皆為布國人而皆卒於一千八百五十九年嘗心慕之而思繼起者必有其人今權攝使篆閱藏書樓獲交波士們方知續亨氏未竟之緒者數年有心求之一旦無意遇之幸何如也檢其遺稿塗乙丹黃手澤如新夫亨氏學精品粹固足以共信而其考訂之慎著撰之勤非親閱其稿不知也其得波士們而續成之尤為相得益彰亨氏往矣而猶得交其執友睹其手稿亦何異我身親見之哉因題數語以誌欣幸

二十五日外部訂觀布國開議院午刻往大王宮登西南隅

白廳之樓各省議員咸集於廳廳寬七丈雕鏤甚工全敷白漆向南設寶座上覆紅綾華蓋下承三級鋪以紅毯丞相士吐爾白希奉書率各部尚書至南向立寶座東各部以次並立各議員北向丞相宣讀曰布王兩次被驚幸叨天佑眾情欣慰冢嗣監國亦臣民所愛戴今訂諸君開設布國議院首以籌款為要去年出入相抵所存雖多而因賠墊德國要款以致存款將罄本年必形支絀良由德國新成之事尚未伎利出款無定而進款有常且國中商務未興恆慮不能商轉日後擬改稅則以為補救今先須定國債單式凡布國各部事煩人眾款項不敷亦須以此次國債彌補之其籌款用人等事均須諸君商定又內部擬定新章係隨時改妥至要之事如各村修路設學經費宜籌而地方首務莫重於教如何幼弁可備將才如何下僚可勝大任務須從長酌議薩孫省教堂事仍應共議刑例數條亦須商定著為成例俟明年十一月初一日纂入律書前者各大學之律師紛紛辭去今宜妥定新章俾各遵守去年學部未定之稿亦宜發出再議若廣添民塾需費不貲亦宜酌中妥議至於關係通商之農田工藝國家常設法提挈俾可日勝一日總望本國所出土貨漸多鳩合貲本懋遷遠方又應立通商公會添設各省銀號俾農工商賈均沾實惠其火車棧章程能否較勝於前應添鐵路處曾否確查公司鐵道購歸國家者曾否加多各處水利

曾否興修去年所商保護園林之事應否續議均請諸君逐一斟酌近年籌款甚難惟望撙節估計以副諸君愛民保國之心宣畢各議員舉帽應之傍晚慶常回述及劉京堂於二十三日馬賽上船與英公使威君同舟又有英人麥士尼為能及海關扦手某件送

二十六日閱西們士哈爾士該電機廠主人引入先觀各種電燈及西門電機大約喀命母法之後惟西門士法最精其俄人耶白爾考夫之電燭每十六支者用汽機十二馬力四支者三馬力其配合精緻似勝於法廠中夜間工作俱用電燭照之次觀其機器廠剷牀俱用楞軸兼可磨刮鑽牀所鑽之物必以鋼殼為模亦一勞永逸開齒輪之機

亦靈活而佔地甚少次觀其電機廠則新創者甚多一爲車棧大報鐘中有重錘下墜而以電氣連於活鬬機脫鐘鳴一爲火車之行速表有針盤旋以指每點鐘行若干路如速至五十二克羅邁當則鐘鳴不絕聞者罰其司機一爲火警表每街設一長方匣聯以電綫如第十二號失愼則各匣俱現十二字樣且鐘鳴不絕俾赴救者知所趨嚮一爲電報伏綫布法戰時陸路電綫易於割斷其後布國遂用埋土之伏線與過河之電纜相同合七綫爲一而夾以麻繩六綹加麻絲鋼綫各一層再加麻綫左旋繞之髹黑漆一層又右旋繞之髹黑漆一層今柏林及諸大城已全用伏綫不似倫敦之飛綫縱橫如蛛絲也一爲探報綫

係陸軍前鋒巡探所用以三銅綫合成細電綫聯於台拉芬傳聲之機令二兵曳之一負電綫一負電池箱凡有所見地勢夷險敵兵情形以傳音機告於大營俾可籌備其傳聲機中函小電機二枚外套呌管此處吹之彼處聞呌卽摘去管而屬耳焉數十里外如聞隔壁人語此器爲本廠所創實陸軍之利用俄之攻土已購用之土兵驚以爲神是廠所造之器大至大洋電纜小至電器自鳴鐘及電報小機其各種齒輪機器以及纖悉秒針皆分類儲之每種千百無毫髮之差湊合各種便成全器工之精良實造其極較之倫敦之昔爾乏唐電器廠殆異曲而同工者歟又謁內部尙書可侖比施云其弟曾在中國頗與中國有

緣今願中國仍派公使與本國交好凡有所商情願效勞答拜書樓正監督里白休士並見其夫人論及春秋以前有無信史如外紀竹書紀年半多後人僞撰不知史記所依據者更有何書苞答竹書紀年惟伊尹事紕繆然月日干支用三統術上推悉符實非全屬僞撰里君亦首肯且謂北無入聲各國古音皆然美利堅土番亦然諒是天地元音云云知其於東方學問確有心得於中國書不能讀其音而頗解其義其夫人年五十餘亦詢中國叶韻始於何時苞答可考者只四千年前虞書有明良叶韻至三百篇而叶韻甚多里夫人曰不過是借用之韻本無一定希臘古詩多有之亦與三百篇同時又謂三百篇之後變爲

古樂其長短變換動與古合大約是論古樂府之節奏惜博繙譯傳述不明無從索解嘗疑西人之習華語不過爲通商傳教有所爲而爲耳及來歐洲方知有終身探討中國古文詩詞及滿蒙文字苦心孤詣至死不變者且有婦女詳考亞細亞古民種古文字古詩詞者鳳儀在英遇垂髫女子指曰此人頭顱是蒙古種苞在巴黎遇人謂是老子後裔適郭大臣在座甚奇之其詢古詩古字者不一而足而於德國爲尤多賡音泰嘗遇女人詢以音韻樂律瞠目不能對可見好學之人不論時地不限男女不待提倡不計致用而孜孜焉視之如性命吁可嘉也已

二十七日偕羅博兩員答拜太姆士報主筆道克得愛孛爾

左圖右史萬軸千箱詞氣溫文績學士也通九國文字尤留心蒙古回疆形勢謂俄國新報屬禁甚嚴賴有丹麥芬蘭波蘭羅明尼阿小報述其亞細亞事亦不便錄於英法德新報也檢示回疆詳細地圖七八種皆俄文回文指畫形勢動中竅要謂俄兵在高加索者十萬若渡裏海而抵謀甫才一月程耳此爲甫入阿甫干之門戶可陰助阿甫干憑陵印度俄人非眞窺印度實以聲東擊西之法挾制英人欲就汕士德發奴之約不就柏林之約可以占地中海口岸也爲英人計只有速據阿甫干腹地令俄人不及應援則俄人不得占地中海而俄土柏林之議即可書諾矣又云俄人實肯以伊犁還中國而兵部謂伊犁依山負

險進戰退守最爲得地苟欲經營腹地與英抗衡則勿還爲便又云俄國人衆而貪其將多庸材倘用法君拿破侖兵法大隊進攻勝不相讓敗不相救不若布兵之人人知書人人習武可以人自爲守人自爲戰近來尤財匱衆怨新造鈔票折半行用明知不能侵掠印度然嘗指印度以餌軍士聊爲羈縻計耳清辯滔滔不及遍記大約皆新報不載之語臨別告曰各報館采訪之事常有不便列報者執筆人俱肯口述日後當引數友來見必與中國邊防有益也

二十八日文詞會總辦猶太人請觀圖書會蓋士人集貲爲會刊圖印書之所或由會中人撰繪或以前人原本翻印其書皆裝潢華麗大半史傳詩歌爲贈遺婦女陳設客廳之用其畫各國山川人物俱以后板法印套五色與油畫無異其日耳曼古史一巨冊方印竣姑購之以備摘譯考證

二十九日北德意志報主斌台爾請觀其報館導見主筆者七友皆績學士也各坐一室類聚採訪所得而選擇之刪潤之印報處爲二大屋右印小件左印大件皆裁紙片印之不似英國之卷軸聯紙隨印隨裁也最大之架並印十紙四人司之且有既印正面復印反面者殊費工夫凡印新報八種惟北德意志者銷售最多每日不過萬紙而已造整鉛板之器甚爲簡易鑄字機亦精工利用計值六百

馬克實優於英法所製談及中國字模最少須五六千枚約須六千馬克銅質鉛鑲究嫌重笨廠主將當日在廠游覽印成花片以誌雪泥稱謝而去近日新報館友私論曰華之與俄從無釁隙通商於恰克圖而楚喀查由瑱基均有俄人行棧喀什噶爾既畔俄人恐喀酋據伊犁遂乘機先據之且與中國約收復喀地當即讓還及喀地既復俄人又思在喀通商而左帥禁不與通違者拘其人沒其貨俄民在喀者限半月出境否則改籍且欲令讓還伊犁交出喀酋近聞中國　簡放崇大臣將往俄京專辦此事諒俄人不能食言苟俄人恃强敗盟則中亞細亞非又添一勁敵乎蓋近年英國極願與中國合力同心而俄恆陰間

之因恐中英合謀則百年以來橫行於中亞細亞者卽不能復逞耳今聞俄人私議無論若何總應延約不還伊犂以用兵論之惟伊犂爲必爭之地三面距山形勢險要山徑深曲安設小礮守以數人卽莫能飛越俄人得之南可併喀什噶爾葉爾羌北可兼楚喀查塔爾巴哈臺是伊犂實爲南北之樞紐以通商論之伊犂土脈沃饒爲中亞細亞之菁華舍此而外皆入不敷出矣地鬆易耕山深多礦銅鐵尤多煤炭最佳從前華人在此開墾米穀豐收有伊犂河東西橫貫轉輸利便貿易流通地志云是城築於乾隆二十八年周不過四十中里旣城三十年民日蕃庶又拓新城有大書院俄文館及文武衙署駐防兵二萬二千

百年來闤闠喧闐居然都會及同治年間回民蠢動徧地瓦礫鞠爲茂草俄人得以經營之遂視爲久長之計而今之中國兵械精良心志堅定西征之兵精練不亞於歐洲俄人見中國有自强之機不敢顯背前言計必虛與委蛇以陰行其蠶食然延擱不還雖中國不遽興兵而俄必設重兵於伊犂且不敢逞志於回疆亦非計之得也中亞細亞之俄督考夫門卽前年以兵阻左帥者也語伊犂人曰此地旣爲俄屬永無更改語華人曰暫管伊犂實助中國非爲利也又謂中國能保永無回番起衅則可讓中國管轄苟有邊疆不靖則是中國不能管轄勢必貽患鄰國也我俄人必取其地夫俄人善用陰謀挑動盜賊助之軍械

以爲藉端吞併之計從前謀基發布哈爾土耳其俱用此術今恃爲長技又欲施諸中國我恐中國漸悉外洋情形不能如從前竊取東三省海彊之易易矣接劉丞孚翊自荷蘭來信云昨由北路赴英敏送郭筠帥黃昏時過荷蘭南境火車相撞幾瀕於危死者二人傷者數人向謂輪船有風波之險火車則更速而無險豈知撞車出軌層見疊出德國鐵道最少而聞其前月內共有出軌者三十餘次相撞者十八次死者十人傷者百人豈利大者害亦大耶

十一月初一日乘馬車往汶賽鄉謁房主芬得海德爲前戶部尙書子也其宅四面軒敞林木森秀前對河口烟波浩渺左望柏林屋宇參差傍舍栽花四時不絕其園中有鋼

鐵爲棚屈曲如廊而罩以藤蔓者主人指曰此中夏令枝密垂纓花深覆幄納涼佳處也是宅爲別墅使寓則正宅也使寓在柏林西垌氏耳噶屯園林之南半村半郭流水彎環昔爲河脣洲渚恩得伯㞑門建造此屋檐桷廊楣悉仿希臘之式大門向北白石爲梯文石爲壁旁列布王布妃后像四向西大廳雕鏤工麗高宏爽塏旁有房廳二客廳五皆雕石爲格頂鏤木爲地板上層爲房廳二臥房五又有庋衣閣則不合華人之用下層爲僕房廚房西旁小屋三楹上下三層車馬房在其下舍後有園花木數百株牡丹芍藥咸備園中各處水法不同最高者可五六丈每年房租一萬五千餘馬克外加賦稅其租價廉於舊寓而

屋較多者因塵市稍遠且急於求售不計租價多寡也今自光緒四年八月始訂租二年如有售主則三月前可通知三月後讓屋不必滿二年之限也其售價房屋四十五萬馬克器具一萬七千馬克

初二日往虛村街六十號之印地圖處在第四層樓先用映相法留影於玻璃可令永不脫落以黑漆護其四邊用油墨印之則玻片即爲印板又有銅板鉛板雕鏤甚工實非人力所爲乃先敷强水而以日光晒成之襯以木板可用印書法印之登樓頂之玻璃房見試印中國字之地圖精細明白與原本無異係用風琴式映相鏡映於玻片鏡頭徑不及三寸而收放可以自如雖玻片可作印板而不能

修改且易破裂須以油墨之印移於石板乃可任意修改即至千百不渝其刻鋅板先敷以粉用針畫紋以强水蝕之凡包印華字地圖每千紙計二百馬克欲海邊作線紋加二十馬克欲套印他色加一百馬克取回石板則每石十五馬克因令試印一百紙計付七十馬克午後致電信於上海劉觀察晤電報局總辦引觀總局有男工四百五十八女工百餘人聚於大廳列棹而坐約二百棹以達天下各路每棹通連一路置一電報器以一人專司收發其新式洋琴式之印字電機男人司之每日添藍水五六次其舊式成點畫紙條者女人司之每夕十點鐘後則祗留總路一棹輪班司之旁有斜高如鉛字架者縱橫銅條兩層各不相接不知是測電氣之强弱聯斷抑是避雷之用博繙譯不甚明了無從傳述也德國合盟各邦之電報皆歸德君管理惟拜晏威登布希兩邦自管亦遵柏林章驘紐皆德國家任之信局亦然自一千八百七十六年始造伏線自柏林至考侖至愛巴非爾特至巴門至佛郎克佛格至士他爾布希凡五路又自漢倍克以接丹國之海線本有伏綫二千四百八十七啟羅邁當今新添六路又費一千二百餘萬馬克係以七銅綫合成裹以苧麻樹膠埋伏地中既免暴風壞杆又免敵兵割線洵良法也此外飛線共長四萬八千啟羅邁當又有台拉芬傳語法在柏林已設二百七十二局其音可通五六十中國里總計去年

一歲所收電報費一千二百餘萬馬克合之信局共餘一千萬馬克

初三日保門邀觀機器所陳印書機甚多大半爲美國之式最小者爲手機值三百馬克較大者爲脚機值一千二百馬克靈敏便捷遠勝舊式其總廠在來珀即克城

初四日魚會朝官拜阿來談豢魚莫善於美國前將鯽魚鰱魚等蛋二萬五千運到此間試養頗屬相宜聞中國養魚捕魚之法自古有之如能招致魚戶來此將魚種及法制流水止水淡水鹹水之宜何時生子何時破蛋一一傳播再將此間魚種及法制傳播中國則彼此利益不淺

初五日外部總辦秘魯及巴敦使吐鏗來談良久方散近聞

倫敦新美阿薩任美阿猶中國之府尹也英相畢根士飛就宴宣言曰前任美阿薩任時東方搆兵人心惶悚予方創議設會勸和俾天下永享昇平今已定議而輿論以爲無益於英且無益各國予不得不申明之夫東方未靖與印度邊陲最有關係非謂最爾之阿富干可侵軼我也印度西北雖天然險阻皆可設法度越歷任印度督臣請英國家議令印度籌費駐兵以資防守今須及時興辦以固印度疆圉蓋近鄰固宜交好遠鄰尤宜防禦勿謂印度必無人覬覦也一旦東土耳其被人兼并由波斯建瓴而東憑陵印度是我英國剝膚之實也故柏林會議本旨是不准擅取土國寸地猶恐空言無濟故駐兵居伯魯島以助之或謂英據此島耗費無益豈知署用英制未及一年除償土國利息之外已有贏餘不但政教洋溢可化鄰近之邦且是島既得地勢又多土產爲地中海東偏各島之冠苟能經營妥善則印度可藉爲聲援東土耳其不致弱肉強食英屬亞細亞得以日漸富強永無外患矣且關係印度猶爲英國之私利而控制地中海者實維歐洲之大局國會諸君與予同心不令一國獨強方可永保平權故力求土國之能自主焉或謂既欲土國自主何必割裂其地豈知異教異族不爲分剖紛爭胡底今議土京及水道與黑海泊船善地不准他國蠶食則土國界限已清有民二千萬苟能自強猶爲善國惟向來會議不能旦夕遵行必

幾費周折方始貼然今爲時未久試觀俄人應離土京應還格里卜里爾生羅姆倍奧卜屯及代牛白江之礮臺曾已照辦否未可云毫無舉行也其餘尚可逐一照辦未聞與議各國有翻異之議未可云毫無成效也凡兩國相爭既有偏勝必予以利益方肯罷兵土國幾不能自主今酌畱疆宇不遭兼并足矣未可云毫無裨益也予爲英相我英國豈肯坐視塞盟萬一予力不逮尚望通國臣民合力助之其各國新報謗毀沸騰則各國有君相治事非物議所能搖惑固無足輕重至英國新聞自西十月後議論日多諒因將易美阿乘機謠詠耳及議院既開而浮議者已各鳥獸散今爲衆告柏林國會實有益於英有益於各國當此議定而尚未盡諾正在緊要之時總之事有遲早必底於成焉有謂英權漸替恐如古時凡尼司齊奴阿之日漸衰落者須知我英方興未艾生齒三千四百萬既能自主又能公道苟能上下一心常如近數十年之專精當必日進無疆蓋國之興衰在己而不在人耳語畢奉觴以壽君主畢相此說雖解輿論之惑而其通籌時局堅持定見已昭然若揭文亦婉轉暢達

初六日有報拜者述及奧國在波希米阿之省城帕哈考驗新舊兵鎗試得新式之庫巴乞格勝於舊式之瓦恩得因新式速而且準堅樸易用可以蹔裝藥子接連施放也其臨試時瓦恩得鎗每半分時可發七八次一千八百步已

難取準庫巴乞格鎗每半分時可發十次二千二百步尚能中的故奧國議院欲令步隊改用新鎗

初七日晴連日拜客餘暇摘譯記載參以見聞撮要如左柏林都城在士普里溪上通愛爾珀河以達波羅的海有民百萬附郭民二十五萬爲歐洲第四城兵二萬五千猶太人一萬六千西教之法國人六千乃羅意十四徙於此城洋教人五萬地高於海面九十八尺舊城僅在士普里河右卽今王宮迤東一隅道光十年後貿易製造漸興寖爲要城地皆砂磧全賴引水栽樹人力經營又無山石造屋以磚陶埴頗工勝於刻鏤古時吸飲溪水民多疾病厥後設水公司置吸水機八所民始便之城中街道縱七橫十

餘橫街之溫德爾得令登街宏麗喧闐甲於全城是街東抵大王宮以旭洛士橋通之橋列古仙石像八西抵白侖丁艮格之得勝門房屋齊整刻鏤精巧希臘羅馬各式俱備綠陰夾道中爲御道旁爲馬道又旁爲馬車道又旁爲步行道市肆羅列士女如雲實歐洲所僅見新舊王宮新舊博物院儲君宮軍器院太學試院書樓畫院大戲園水族院蠟像院咸在焉得勝門砯后爲門五道建於乾隆五十四年計費金錢七萬五千上有神女御四馬鐵車嘉慶十一年法王拿破侖奪去越八年取回其南半里有來伯吸士街房屋工整市肆繁盛稍遜於溫德爾得令登其縱街則以福爾得利街爲最長直貫城中一千一百四十丈

有鐵道馬車而房屋壓市則稍遜其東平行數街如沙路屯馬噶芬則較短惟其西之維耳令街自得勝門內折南斜東工整宏敞爲縱街之最親王之府相府大衙署咸在出得勝門迤西爲氏爾噶屯之囿緜樹萬章幽徑四出溪沼瀠洄車馬絡繹廣八百餘丈禮拜日游人尤衆彼都人士方諸文王之囿蓋古爲禁中獸院而近年與民同之者也囿中有西吸士少歐勒得勝塔下方上圓頂立金神乃勝法後所建也德爲文學薈萃之區格致詞章自古著名其各書院教習多老師宿儒是以各國訪道之士咸來印證其游觀之地則有博古院博物院油畫院冶金院營造學藝工院拳勇學水族院其太學中有生物院礦學院礦

質院肢體院大醫學院又有植物院亦屬太學而不在柏林又有議政院工學院聾啞院商議院鑄錢局鈔票局官銀號電報局及奧伯來路耶耳維克多利福里得利等大戲園德君嘗微行觀劇焉城廂火車棧九所德語謂之本好甫在北者曰漢奴乏曰罕倍克曰士旦丁在東南者曰奧士曰佛郎福格曰居里式在西南者曰恩好士狄次曰普士丹麥曰得來士屯皆以所通之地命名焉德之民俗喜禮貌惜妄費尚顯榮耽烟酒凡識面者每遇必舉冠英人謂德人之冠無五分時安穩武官則舉右手於鬢爲禮雖提督見兵丁亦答禮名片之官銜衣襟之寶星皆以多爲貴官銜有多至四五行寶星有多至四五十枚者女人見

親長尊客必屈雙膝昔無握手禮近十餘年始行之卑者不與尊者握手尊者出手則握之緊握重頓者以示親暱最親之友可接吻鬚髮皓白者亦然遇稔友之妻可以吻接其手每筵罷又各握手禮文甚周也凡男女稱謂須帶官階英人稱式爾已為尊敬而德人稱邁音罕爾未為尊敬稱婦人曰馬代姆女曰馬代馬賽亦未為尊敬必查其職守稱之方不為簡慢如稱男人必稱官職稱女人之有爵者曰某爵夫人有官者曰某官夫人及學士夫人教習夫人之類或自尚書夫人以下乃氐希弗老爾其女則概稱福來林凡男人大半加一芬字則世爵相連之字猶法國之特也德之世爵摘派支派世及罔替男女無異故幾

無人非爵即無人不芬矣又有商人自稱好夫爾拉脫者每年須納稅一百馬克左右其餘職銜皆國家論功賞錫不准自稱惟他人稱之者或可過尊也德國煙酒之嗜甚於他國市廛亦煙酒居半自將相以至傭工每啣二尺長之大煙袋斗大於杯每筵罷入旁室飲加非盡入吸煙雲霞滿室雖婦女未散不顧也昔有將軍送王女出嫁於英舞會未終將軍出煙呵吸捕役逐之主人不能綫頰也德國崇尚學問各書院學生甚眾其遨遊街市者銜煙呼酒衣冠與齊民等不似英之方巾深衣易於辨別也柏林附郭多園林每日下午士女游行扇影衣香往來雜沓常有聽樂飲酒之所王宮西邊之加非庖則終年沽酒晨夕無

間禮拜日午後游人尤眾貴賤雜處耦俱無猜每有工匠蓬首垢面挾其妻女濃裝華服姍姍其來坐飲村沽圍坐七八人中設皮酒一大甌男女合飲之惟從未見有丁役工匠酒醉滋鬧者此其謹身節用較勝於英法班葡諸國也富貴之家恆上午用茶點一次午後大餐一次葷腥二三味皮酒一杯日入後又茶點一次冷餚一二味足了一日而牛羊雞鵝恆隔數宿不似法之日餐四次英之大塊臠切靡費甚多也街市飯館甚夥每人每餐六馬克者已可宴客其傭工匠作有每日僅費一馬克者其民俗勤儉實冠於歐洲焉

十一日連日氣候潮溼胃火內燃煩熱不寐日間乘車拜客

間有入門小坐者客之來拜者亦然大率多寒暄泛語有詢及中國商務稅務者必答以賦稅本輕幅員甚廣徵稅抽厘乃按約辦理並無越收之事中國內地未與洋人交往莫不少見多怪故不准內地通商者實係保護洋商又中國貨物出入不過此數馬頭雖多亦屬無益故不准添開馬頭者實恐虧折洋商語繁不及備錄聞者每多領會彼中通例凡二等公使莅任函請外部訂見既見後乃請頭等公使訂見畢見後乃徧拜二三等使及其夫人充署使者亦然既見頭等使乃到頭等使夫人二三等使及其夫人處投刺既徧乃到參贊隨員寓投刺俟其報拜投刺則再往請見徧拜出使人員之後可拜所駐國之各部向

書司員及總教習提督總統亦初次投刺俟答刺後乃往請見惟親王將相則非署使應拜此外爵紳及文武員弁書院教習告假官員則俟其先施而後答拜欲坐談則延入之凡拜客可說明是投刺是請見既投刺者第二次必應請見不當再投刺也不願見者男可云將出門將用膳女可云未穿衣未梳洗不爲慢客也凡必欲見而不在家者不留刺次日再往如有公事面談則必先日函訂凡拜婦女而僕人辭曰主家某時在家或某日在家則屆期應往如專拜婦女其夫不必陪坐如拜客兼拜其婦女則或男人接見或男女同陪或並令子女出見各隨其便焉

十二日晴午刻德君傷愈回都先是歐洲有莎舍爾德瑪噶里會譯言平會欲天下一切平等無貴賤貧富之分其愚者遂以爲夷滅君相則窮黎皆得飽暖故屢刺德君惟夏間溫得爾令登之車中一次右臂受鎗子數枚被創最重洩血甚多旋往波希米阿之退伯力止養痾而令儲君監國今始就痊是日柏林街市徧懸旗綵聯以松柏枝自火車塲至王宮綵坊絡繹幾無空隙來伯吸士街之西端立一方塔上綴燈球而四圍密布松柏旗旛得勝門內外燈綵尤多家家懸掛國旗燃燭窗中各鋪皆奉德君后像戴以綠紙花環及德君入都盛陳兵衛夾道歡呼官民商賈亦逐隊走迎每隊數百人高冠新衣鼓樂前導街市塡塞舉國若狂較之迎神賽會殆又過之耆老奉表詣宮稱賀

德君親出降階宣辭答謝其略曰今日都城士庶因予創愈生還舉欣欣然有喜色張燈結綵情意慇懃君民相得之懽於此可見予甚慰之惟望廣布閭閻以表予感謝之忱覯此歡欣鼓舞雖云人藏其心不可測度然已見舉國同心毫無怨望予倖邀天佑遇險終夷清夜捫心何修得此此後天年有限能否與爾臣民共享昇平亦惟天所命特橫逆之來則意計所不料耳國家刑律自應從議寬減先自布國爲始而令德國各邦一律遵循以示體恤凡爾臣民應不至再有怨懟矣惟異端之黨不顧有君羣相爲亂今欲其激發天良共知悔悟應如父老賀表所云以教誨子弟爲第一要事務使通國幼穉咸得就學講讓行仁尊君親上之道童而習之自不至離經背道復萌叛亂之心獨奈柏林輦轂之下而行刺亂黨時時竊發無乃子弟之率不謹者父兄之教不先歟父老賀表禱頌之詞未免過譽予甚慚焉今特親爲答謝願爾臣民咸諒予心語畢耆老舉帽三呼而散是晚柏林闔城張燈每窗門四五燭不等各衙署前以鐵管彎曲作德君冕鷹像及各種花式然以煤氣各使署則晝懸各國本旗夜則窗內明燈恍如不夜之城夜過半始熄

十三日謁兵部噶美格晤談良久又謁學士芍克年已七十六矣著作等身兼精東方學問見其二十年前用德文所撰中國文法中國古語考等書久有印本又通清語蒙古

語手爲編纂者數十冊出三合便覽及淸文彙見示多旁
行小註手訂歧誤今雖衰邁而方將契丹國志譯作德文
已脫稿二卷且云擬譯遼金元三史眞不知老至矣苞贈
以瀛寰志略開卷數行卽能摘出誤處其夫人亦七旬矣
謙恭溫雅有儒風薄暮斯邦道營官德羅他來言肄業四
弁習至明年西九月則一哨之事可畢德君整頓步軍三
十餘年其規制之善紀律之嚴全在一哨工夫爲營爲軍
無非以一哨幷合而已四弁旣曉一哨工夫若中國欲令
再習隊一年尤足增長識見惟須由公使向德國商借
年輕未娶之營官一員俾與四弁同往中國先令四弁分
教挑選教習由四人而十六人漸得一哨一營由德營官

教以調度分合變化應敵之法幷令通德語者與譯陸營
陣法及臨敵機宜則可得一營勁旅亦可得一軍勁旅否
則四弁回華但充教練終屬無濟蓋此間營哨官必在武
備學堂讀書十餘年考選五六次而又加以歷練者也此
言頗爲中肯
十四日英使函知明日往王宮稱賀
十五日一點鐘穿公服往溫德爾令登王宮車至宮門待衞
迎入登樓禮官引至一廳爲公使聚立處未幾一二三等
使及署使咸集共二十六人唯苞帶陳季同偕往相識之
各公使咸來問訊一點一刻法使托禮官臨時呈明中國
署使初見且告以姓氏及排班英使立東南隅以次迤西

苞立西南隅陳季同立於後右禮官六人立中間旋以杖
叩地者三東邊門啟德君及后出衆鞠躬亦鞠躬答之德
君穿兵官服右臂絡於胸前左手持羽冠德后穿紫呢袍
徧絡黑縧德君宣言曰重見諸君實邀天幸今蒙惠顧感
謝良深衆又鞠躬遂挨次自英使起各立談數語德后亦
然德君與一等使或握手或否凡德君后至前先鞠躬就
前半步談畢又鞠躬退入班將至苞前禮官白曰中國署
使某帶同武隨員某初次入見德君鞠躬亦鞠躬且云中
國留人在此交好欣慰之至苞云奉　大皇帝命致賀並
問好德君答曰蒙　大皇帝垂念銘感無旣今傷已愈惟
右臂未安煩爲致謝又云前劉大臣在此曾見兩次一遞

國書一爲歲會渠起程時未及面託代請　大皇帝安
深爲抱歉又詢陳季同曰在歐洲幾年荅二年德后稱中
國衣冠大方甚壯觀瞻並詢苞云聞已到過此地想水土
相宜所住房屋頗軒敞半村半郭予甚愛之曾到數次又
云煩請　兩宮皇太后及　大皇帝安苞亦云奉　命問
好德后鞠躬稱謝又與陳季同談數語謂其法語甚熟君
與后又向衆鞠躬而入英使向苞曰今日機會甚好只此
便算面君矣日前內人抱恙未及迎候抱歉良深各略談
半晌而散是日公使皆公服唯瑞士美利堅爲民政之國
無公服禮官皆金飾斜楞衣緣胸前寶星纍纍手持短杖
又有朝太太亦華服而隨德后各宮門有侍衞兩人持戟

或刀或椎屹立兩旁亦金彩陸離皆公服也下午法隨員
德賚美桑來辭行暫返謂去年隨操墮馬傷足德后隨侍
人來問並以醫來其出使人員體恤周至如此日本參贊
三宮來言東邊學問宜於承平之日今羣雄林立極宜早
務富强庶幾有濟尤望中國日本永保權利常相和睦薄
暮爾里次叨芬來談其人精輿地學礦學曾遊歷中國各
省著書數鉅冊今舉地圖會總辦雄偉頎長氣宇軒昂指
陳國中輿地甚悉且謂與巴公使交好巴公使擬喀血少
愈將往法意南境調養郎回華任也
十六日巴合馬亞贈歎昔格拉飛字典譯言數碼傳字法也
計德英法三國文各一本欲合中國以成四國字典每字

各標數碼如某數是某解則各國皆同其用意甚精惟各
國文法不同與中國尤異決不能一律明曉隨與陳羅兩
員略譯數葉知其以德文小字典爲主選擇不精挼羅未
廣也三點謁日本使踐昨約也署屋甚精陳設亦雅談及
日本向派學生來習最久者已八年今有一人在營務處
辦事更有在陸軍考取充官者數人且亦少讀詩書未知
西國有學問也及長見地球全圖而心胸頓擴吾兄素精
輿地自應早知西人學問今願我東方國勉圖自强永遠
交好拜云劉大臣起程時曾作七絕句一首送之談次以
小杯啜綠茶相款極以潮州人飲法而葉則尤佳
十七日午後克鹿卜之友美阿及派利來談知克鹿卜新製

畢福脫礮船爲鐵殼之快船船面置大礮一尊無輪架而
有樞柱尋常時入水不深若以攻礮臺則令水入隔堵卽
船身露水不多可避敵礮其礮不用時可藏伏艙下又可
周轉開放數秒時卽已旋轉一周不必挪動其船也且船
小舵靈運掉甚便近年大鐵甲船佔地甚寬易於受擊以
此船與鐵甲船較則大小貴賤捷鈍無不懸殊以此論勝
負猶以一與百相博也設造此船數艘隨大鐵甲爲一軍
則可以大鐵甲爲營以此船迎敵則行駛輕捷礮彈魚雷
俱不必慮也今擬造者長一百尺寬十八尺入水七尺汽
機四百五十馬力每點鐘行二十海里上用十五生德邁
脫長礮一尊其鋼彈可穿五百邁脫遠九寸厚之鐵甲其

船只用十五人今克鹿卜議造此船已領德國之保憑矣
又云克鹿卜現製一寸徑及一寸半徑之礮與格得令礮
略同可擊敵人之水雷船俱有圖說可譯出送呈中國下
午芬班生來拜曾充出使中國之隨員創立和約回國後
充外部總辦其父曾爲駐英之德使兄弟三人俱娶英女
苞前譯駐德之英使瓦德日記知與其父友善班生亦魚
會紳士謂天生食物以養人生最爲要務從前侈談空理
以爲學問者直玩物喪志耳
十七日午後赴弗利德里噶爾公爵夫人之善會卽大家婦
女羅列什物招人擇購以資濟人者西名法爾恩是日係
捐養陣亡弁兵之妻子設會於刑部署入門公爵噶爾夫

入謝苞前日之捐助婦女五六十人咸鞠躬相迎陳物四屋標明價值所貴無幾亦不强勸約購七十馬克又赴帕士代洛齊太太之善會乃儲君妃維克多理亞岡伯恆司爲會首欲捐費以贍書院教習之孤寡也設會於好代耳羅馬之大廳宦家閨女四十餘人列物不多相勸甚殷計費百馬克按歐洲養老恤孤各善堂經費偶絀或他國有水旱偏災則王公將相之命婦閨秀相約成會或歌舞或演戲函招紳商觀聽或出親製之針黹石刻油畫或捐己之首飾玩存或設花果酒肴或集衣飾什物函招相識者來會抬價勸購或會集教堂跪求布施但以招徠之廣勸募之多者爲榮卽笑語詼諧勉效市井亦不惜也國后王妃亦樂爲會首以爲之提倡殆有捨身救世之遺風焉

二十一日聞薩孫之脫來司登有更士納止廠製造機器工精而價賤曾試驗數具實勝於他廠連日夜雪晝晴而氣候溫和不甚寒冱

二十二日晨起積雪皚然園中玉樹交柯幽鳥飛鳴輕風迴舞而天氣清朗直似一片碧琉璃萬樹白珊瑚矣午後巴提督來談其弟巴公使喀血未愈醫者禁勿出門特遣道謝並云凡有所詢當卽詳告薄暮出門散步冰牀甚多兩馬曳走捷於車又有馬車三四輛因路滑馬蹶而覆始知冰牀馬車各適於用大禹所以陸乘車泥乘輴也

二十三日學士芍克來筆談云昨得郭大臣使西紀程閱之既徧紀載確實並無虛語且謂中國文字可學目謀與心謀而不能與耳謀與舌謀

二十六日接崇宮保電報云西十七日抵馬賽西二十八日可抵柏林同日又接崇宮保上海所發函牘商調博郎慶常赴俄差遣

二十七日偕博郎往觀改伏爾拜乏倫阿歆台登好賽譯言工藝會市凡匠工新奇之手藝及私家製造非居肆所成者咸列其內而令匠家婦女發售之入觀者人納半馬克爲樓二層羅列磁木銅鐵金銀諸器各擅其妙測繪儀器亦多精緻刻鏤器具各式具備有黃色陶器堅緻如石所鏤花紋非人工所及詢知是先用印石法後用强水蝕法

係專門秘授不知其詳也其磁器所留映相用作桌面匣蓋亦頗雅觀各種織花之地毯桌罩係仿土耳其印度波斯花式五采陸離多目所未見酌購花布一二件價亦不貴

二十八日下議院紳鑾伏訂觀其製造廠是廠造各種機器現代俄國趕造手鎗曾於八月初七日與密臘往觀一次今與博郎往見其廠屋如曲尺形爲樓七層廠主引登昇閣自上而下次第觀看以見其位置之妥善第一層爲砂輪所木作所砂輪徑尺餘並列三四十架旋轉甚速用以磨光機件木工所造木箱木架各有成模千百如一所以裝儲俄國所購手鎗者第二層爲合攏所查驗所右室爲

煏色所作倚壁之長磚爐堆儲碎木炭厚約三四寸着火十之二三以既磨光之鎗管機件接以四尺之鐵竿埋諸炭中數分時取出以細麻絲擦之成青紫色如燕尾此等工作須熟悉火候方能千萬一色其查驗所中隔鐵楞門門外爲本廠自查門內有俄官查收凡手鎗各件各以鋼板成模逐一驗試廠主謂俄員查驗極嚴凡參差萬分之五者必剔換之然本廠正欲其嚴庶工匠均肯留心不壞甚精前有密齒輪每一來往略過數齒中段有輪將刀口微微吐出倏深至恰好則前輪機脫而鐘鳴故絕無淺深之差其向北屋則造機殼機簧一切皆用鎈輪爲之千萬

件不爽毫髮第四層造手鎗之小機關俄國所購手鎗六萬杆係用正面拆開六殼自脫之新樣計合六十五小件而成一鎗工作極爲精細其價每杆五十馬克二百邁當可以命中第五層爲修造本廠機器之所向東屋係各家定購之造火藥餅造鎗子各種機器其手鎗之藕心杆係購英國色非爾得廠鋼柱以機鋸斷之先鑽中孔又以不同心法鑽旁六孔其他鋼件亦色非爾得鋼也第六層卽平地一層左排爲剌刨大件右屋置康邦汽機旁舍有新製四游鑽排鑽等機或有人定購或尙無售主皆造鎗機器也第七層亦地下一層爲捶鐵剪鐵重大之器是廠造器之精則因全用鎈輪之法以精鋼視欲鎈之形犂作密

楞有彎曲者則合以數段淬之以火鋒利無比用以磨錯良於刨削其造手鎗之機共五千餘架計造十八月而方備廠主規畫圖稿頗多心得工匠練習二年方始熟悉甚矣創製之非易也入客廳小憩廠主云此鎗機件纖巧不可受些子塵沙俄人欲用諸漠北恐不相宜本廠曾製一種蓮蓬鎗旁面開閤較爲堅樸價四十二馬克取鎗觀之信然是廠有匠一千七百人每日成鎗一百二十杆是晚與英公使同在維克多利亞戲園觀劇爲第一日開演新戲林木雲彩無不逼眞變換靈敏匪夷所思係演公主在離宮夢與王孫訂婚醒後不知王孫所在婢告曰園外破寺有解夢婦盍詢之而婦實梟神所託王因燬其寺方銜

之許公主以明年當送綫軸入宮綫成可遇王孫明日鄰國太子方率女樂來聘公主未許而梟神適至女主及朝官皆暴卒旋有福神護之謂百年臥醒可夫婦相會極似牡丹亭事蹟

二十九日午後送美國公使美耶台勒之殯停棺室中覆以黑呢維以花圈棺形上下均斂如兩斗相合會送者男婦五百餘人各國公使隨員咸在美公使夫人衣黑掩泣陪女賓同坐美國公法師湯謨孫誦誄曰美公使台勒君去年創詩伯果次之會曾謂繼起何人良深感喟今而知繼起者卽台勒君也自古詩人幼皆貧賤勵志不衰台勒君幼牧羊長充印書苦工節膳資以遊日耳曼攻書訪友精

於化學地學史學所撰游歷記已行世而卒以詩名箋註果次詩集尤膾炙人口游歷中國日本俱有紀載美國因其久與德國都人士游遂派充公使莅任以來交涉事件秩然有序德美兩國交誼日深其人謹厚和平善誘後進是功德言三者皆不朽雖謂台勒君未死可也今日同使諸公及親友會送惟祝萬邦協和永無戰爭則天下蒼生之福亦台勒君之素願也誦畢發引客亦散按果次爲德國學士巨擘生於乾隆十四年十五歲入來伯吸士書院未能卒業往士他拉白希習律兼習化學骨格學越三年考充律師著完舍書二十三歲薩孫外末公聘之掌政府編纂昔勒詩以爲傳奇又自撰詩詞並傳於世二十七歲

游羅馬昔西里而學益粹乾隆五十七年與於湘濱之戰旋相外末公功業頗著俄王贈以愛力山得寶星法王贈以大十字寶星卒於道光十二年是晚接崇宮保電報云初四日可到柏林擬住二日計上人十五下人二十前二日先有電報囑函託外部照會稅關免稅今接外部覆函云已轉飭稅關俟崇大臣到時可請貴署使同來一會是月賓朋聚談必及英人征阿富干事新報亦常及之初本年六月二十三日俄人派提督士叨吐甫於阿富干佯爲修好實欲間英英人亦遣使桑卜隆往而阿王西爾阿力拒不納印度之英督洛令登遺書詰之不報遂興兵分兩路征之一由印度西北境入阿富干爲東路此路又分南北兩支北爲提督步郎一軍由印度之白瑱阿進兵向西取阿西摩西脫搭噶及直拉拉巴脫南爲提督瓦巴次一軍由多耳進兵向西北取科侖拜瓦及蘇答果屯山路將以夾攻阿富汗都考步耳也其南路提督士梯爾德輔以畢多爾甫合爲一軍由俾路支國之貴搭進兵將入據肯答哈再分兩支一向東北果士尼以接應東路一向西北海哈脫以扼制俄援而英督駐印度之拉和以調度之規畫已定其北支步郎一軍遂於十月二十七日歷俱中分爲三隊以一隊攻阿里摩西礮臺而以二隊潛繞其後攀緣登山直逼礮臺阿兵潰生擒者衆獲礮二十一英兵死傷者四十人礮臺距邊界三十中里築於巉巖以扼開發帕

司山路路寬四丈至二十餘丈兩崖高一百五十丈阿有重兵駐之爲邊疆第一險要迤西百里厓路寬仄不等至直拉拉巴脫而展爲平地英人既得礮臺已有建瓴深入之勢開發巴司多土番劫掠幸隨征之印度步兵熟其路徑防禦甚周十一日兵抵搭噶阿兵自潰土番與阿不洽咸導英兵且潰以餉二十四日進逼直拉拉巴脫印度兵畏寒多病幸有土番應之阿兵於先三日潰散英人遂踞之探得直拉拉巴脫迤西數十里沿江草地甚肥可以屯兵度歲其南支瓦巴次ㄙ軍於初四日由多耳取科侖山客奪其礮臺亦要害也此間山高地寒英兵十人九病常加意撫循以作銳氣卒以步隊二山礮隊一象礮隊一破

阿兵六千初六日探得前路阿兵修拜瓦礮臺作久拒計遂令全軍裹六日糧趨攻之拜瓦山勢峭削上有礮臺險峻難破英兵奮勇鏖戰至十六日受困絶糧竭力攀攻無不以一當百稍得輜重十二月初一日始破其礮臺殺傷甚多英兵死者八十人初十日進抵蘇荅果屯山路亦險固難攻至二十三日阿兵遁走始克之此間寒冱九甚乃以一半守科侖一半回拜瓦仍分兵守多耳後路各就密林避寒其南路士梯爾德於十一月二十五日進攻科耶克嶺路克之畢多爾甫之兵分攻畢興將前至科耶克取齊以合攻西北之肯荅哈肯荅哈爲南境省會阿兵深溝固壘盡力保守有步隊三營而無礮隊英軍有阿蒙士唐四十磅子礮及八寸徑田雞礮各九尊是役也阿有内亂兵皆自潰惟拜瓦則拒戰多日英人謂非貪一地只以保印度疆圉然既興師深入究必割據其地意者東踞直拉拉巴脱及科侖南踞肯荅哈方以爲防備阿人而阿幾不可爲國矣阿國有民五百萬馬隊四萬五千步隊二萬五千而戰具不精眾心不附遂至一蹶難支阿王於十一月十七日釋其子亞古柏於囚二十日北遯俄人雖於是月召回使臣而仍令布哈爾王派人駐阿俄提督阿伯亥摩甫移兵於阿摩大雅江提督拉麻金亦由高喀索東渡其結阿拒英固已顯然而英人決不聽俄人干涉阿國恐兩雄之爭不在土而在阿矣蓋爭土則各國必來排解爭阿

則各國視同秦越也英屬印度卜哈烏巴等邦咸以兵助百折不回英人實賴之俾路支本以英之勝負爲向背欲規復蘇阿瓦克省故地願以三子全入英營且甘爲之倡道殆未鑒虞虢之前車歟

十二月初一日日本參贊引美國公法師湯謨孫來談頎長莊重長於言論曾在美國紐哈芬習公法其師郎撰公法便覽之吳爾璽也湯謨孫現住柏林常往美公使署去年在佛郎克福格公法會中曾與馬建忠論西國與中國所定和約未能合忠恕之道今其所著書論索賠兵費應視興兵是否合理否則弱肉强食伊於胡底洋洋萬言可遏窮兵黷武之心藹然仁者之言也其他辯論多有印本是日接學生何心川自南阿非利加之美拉得島來函云英提督姍笑之曰今中國將助英拒俄我輩可安枕矣陳季同自暍西努會館回亦遇某國參贊云我歐洲各國莫非姻好亦莫非世仇不知中國如何助之詢知係香港新聞訛傳中國有與英同好同仇之語也季同力辯新聞之誤而新聞之喜造謠言概可見矣

初二日歐洲之有童藝院創於瑞典繼於丹麥去年德國亦效之每年開設兩次先令地方確查無業子弟挑選其稍聰慧者延師敎之今柏林有學生二十人習花鋸雕刻釘書等藝之淺近易學者限六禮拜内學成經學部尙書考驗請賞四百馬克以奬其師今方創始已由紳富捐得三

千六百馬克置器等費六百餘馬克再議籌款擴充以廣小民生計

初三日爲西歷十二月二十五日克力斯馬士相傳爲耶穌生辰凡洋敎西敎之國咸以爲大節上午男女齊集敎堂唪經聽講典至重也德雖不甚崇敎亦以是日爲令節先三日糖果玩物雜陳市肆街口徧搭木棚發售各種食物要具先一夕以食用之物饋送親友獎賞婢僕並分贈綵繪名片綴以吉語響晚每家供一柏樹密懸五綵燭枝玩具果品邀集親友男女長幼團坐一棹嘉肴旨酒棗糕糖果無不畢陳宴罷作猜枚藏鉤一切嬉戲盡歡而散雖貧賤之家亦供盈尺圍飲苦酒前後三日官師放假傭雇停工工商百藝咸各休息

初四日令博郎爲崇宮保租定客寓命僕人先往布置晚七點到開式好甫大客寓等候一面令隨員全到車棧備車恭迎八點半宮保到寓命開廳門觀者如堵芭東向跪請

聖安宮保立定答曰 皇太后 皇上安坐談半晌又謁參贊隨員命慶常在宮保寓照料一切聽候帶往俄京

初五日十點崇宮保來答拜二點赴宮保寓陪往外部既見畢魯芭謝其前日飭稅關免驗且云崇大臣因忽忽過此不能面謁德君煩爲致意宮保亦云近日德君傷愈復政煩爲致賀畢云當爲一一致意德君必甚喜悅因中國有

欽差過此甚有益於各國交涉也宮保曰現有李某在此多承照應畢曰分所應爲且李某在此極爲相宜又談數語而別五點宮保與參贊邵小村蔣丹如德明慶常來晚飯談及后板印地圖告以印五百分者約需四萬金宮保極以爲應辦八點始散

初六日訂隨員繙譯午飯僅到俄人夏千隨員慶禧純錫繙譯俄文桂榮塔克什納法文福連而已七點赴宮保寓叩送十點送至車棧是日柏林新聞譁傳中國署使跪迎頭等公使云云亦聽之而已

初七日晚雨聞德國在百扇門相近之維式廠定造鐵甲廠船名曰喀米里阿保單輪淺水船水積一千一百頓甲厚二十生特圓臺內置鋼礮一尊口徑三十生特半礮彈重

三百五十啟羅閣冷用藥七十五啟羅閣冷汽機七百馬力入水十尺速率每點鐘十海里下河時人皆頌海部之功因前次鋼片皆取貲於英此次由德國氏丙煤礦所產不必仰息於人也又定造此式船二號明年可成精於水師者咸謂吃水既淺鐵甲又堅最爲合用擬明春赴廠詳考之

初八日聞歐洲關稅重輕恆以戶口較量之德國近來勻計每年收稅一萬一千九百六十九萬馬克合每人輸二馬克十之六奧國收四千六百四十七萬馬克合每人輸一馬克三法國收一萬七千七百二十九萬馬克合每人輸四馬克八俄國收一萬九千二十七萬馬克合每人輸二

馬克六英國收四萬一千一百二十二萬馬克合每人輸十二馬克六意大利收八千一百六十四萬馬克合每人輸三馬克美國收六萬二千九百萬馬克合每人輸十六馬克三是英美爲重而奥爲輕矣

初九日爲西歷元旦上午晴申酉小雨夜晴書樓總辦波士們來談中國史事午後往王宮掛號並循例到各部署公使處投刺不必請見也

初十日仍投刺賀年德國查屢次謀弑之平會西語莎舍爾德瑪噶里各國皆有之瑞士爲民政國故混迹尤多在俄者曰尼赫力士在法者曰廓密尼士今各國禁逐令民間不得自備軍火鎗械如備獵槍亦應報領憑照又聞柏林有平會五萬八千人且有充議員者德君不能禁也晚大雪

十二日海爲島署使達們來談述及幼時在美國讀書曾與客閎交好且云海爲島在太平洋中心近年華人甚多勤苦工作食少力强居民亦不陵虐氣候長春不寒不暑

十三日午後微霰霏冷風襲人乘馬車入氐爾噶屯林中士女甚衆河凍未堅尚無冰嬉下午外部總辦古施妻來談及中國釐金應俟各國會商非德國所能自主且須北京定議非此間所可懸擬苞謂進口洋貨德居三十分之一而中國實欲與德國實心交好諒不肯以倡言免厘爲人分謗今雖巴使欲各國晳商而既由貴國發難仍須貴國主持勿損中國餉源爲是古謂釐金既爲養兵衛國自不便免奈徵無定額且多方索阻各國咸謂病商故欲會議去之耳苞荅極感貴國深明釐金難免但欲定徵收之額絕阻索之弊而已則莫如照章概完子稅嚴定越索之罪或再加半稅永不重徵似合貴國之意矣古謂會議時請以此爲立說根基貴署使既知敝國本意敝國總肯帮助但各國皆願中國先有保商實據俾無疑慮然後徵收輕重自易定議其鴉片尤可加稅巴使亦願助之苞申明苟欲免釐必定子稅未可先須免釐之據後定子稅之數還是一面加稅一面免釐合并爲妥古謂近聞各公使稍有端倪總以內地苟免釐金自當一次完納大約與子稅大同小異苞謂一次完納本有子稅向章何必再議古謂聞各公使會議時必有妥當辦法應將今日面談轉稟畢尚書總可諄屬巴使視力相助也

十四日聞英之蘇格蘭雪深數尺路爲之梗火車不能來往有雙鐵道者勉强只行單道汽車停處積雪沒車高於烟通二尺時有飛禽怗怗下墜回憶偕郭筠帥遊歷蘇格蘭北境猶和煦如春不圖轉瞬三月而一寒至此也

十五日傅蘭雅劉孚翊連日赶譯公法論無可消遣處偶談及柏林有法國戲館言語最清情景逼眞因邀往一觀蓋德君亦常往觀也

十七日晚五點偕陳季同往噶西努會館用膳肴甚精潔價

亦不貴在第二層樓縱横五六間爲閱報打球用膳議事諸廳僕人數輩皆絨褲金鈕執事甚恪是夕同膳者提督及營官十餘人出使者十餘人溯前年到柏林時卽聞有出使及本國官員之會館曰噶西努爲會講學業訪問時事之地今令陳季同入其會會館爲德君主政而舉總管副管及提調六員幇辦六員以專理之每西二月下旬總會一次以議應改章程應置器具須與會者三分之二允准方可舉辦其會友分爲三等以殷實官紳有恆產在柏林者及使署人員駐防武員列爲一等每年納費一百四十四馬克如無恆產在柏林者又非出使人員則列爲二三等不得干預選舉之事不得與於總會不得引入進會

二等者年納九十馬克三等者到則納不到則否其初進會俱先納二百馬克凡欲進會必由一等會友引入謁見執事登記姓氏籍貫於冊並懸示於廳越十四日集會友設柜提調宣言今有某欲入此會請各會友定之於是各記准否作紙鬮納於柜提調啟柜檢之如有二十八人准者令入會不足者弗納焉按歐洲都會每有官商會館所以聚會友朋通達時事法至善也柏林之噶西努選擇甚精規條尤善冠蓋相望道誼相資豈飲食徵逐者可同日語哉

十八日大雪晚五點學士芍兒請茶會與傅蘭雅陳季同同往芍夫人甚恭獻茶點三四次酒肴二次必躬親爲芍兒出所註佛經數種及清文數種又見中國文法解一書援引甚博皆其二十年前著作也同會者有赫美里及教習夫妻閨女皆彬彬儒雅者流是夕馬建忠自法國來述所學政治交涉之學頗多心得近日兼習礦學亦窺門徑

十九日與馬陳羅各員觀格凡爾白繆相譯言工件博物院也屋宇古樸地亦陰溼爲樓一行計三層長十六間中層爲刻石刻木之簷桶斗栱及箱籠櫥柜小至首飾奩匣自古及今工緻樸陋無不兼搜並蓄上層爲金銀首飾鐘表洗盆杯盞盤匜大半爲刻鏤金類之物又有各色磁器玻璃器陶器其玻璃之染五采者首飾之嵌七寶者皆工巧絕倫惟屋宇黑暗樓板參差頗不飾觀按西國博物院之

設不但資考證廣見聞也往往有搆屋置器者擇其式樣而命工仿製宜古宜今各從其願則由高曾規矩而無窮出新博物院誠有益於民生者矣

二十一日香港商人羅士脫引廠主氏脫里取來見是廠向造克鹿卜礮彈及各種機器其引水機尤爲新奇適用本爲同治八年美國總監工所創屢經修改今始妥善以整塊鑄鐵爲之下侈上銳形如蒜臼內有兩房聯以開合之戶上接通水管以蒸氣入其上口壓令右房之水達於外管氣凝而縮外水復入其氣卽壓左房之水達於外管及右房水滿而左房又縮一虛一實一出一納迭相爲用與雙鞲鞴之抽水器相同且有其利而無其弊因呼吸甚速

整鐵爲之不易損壞今所新製其力倍蓰用之更能耐久且任何安置俱屬相宜用於救火開礦灌田尤爲便利曾在巴黎大會中得獎金牌

二十二日日本使愛俄基來談及交涉公法爲當今要務而東邊條約尚多可商之處如准教士入內地傳教而不准商人買屋居住又通商口岸洋人應歸所在國管理如謂刑罰不同亦可酌定通商口應用之律阿公使在中國所議通商口百里內免釐亦屬不妥當時幸未舉行又謂明年六月十二日德君夫婦五十春金婚之慶應函告中國頒一　國書或届時發電報賀之談至上燈後方散

二十三日新報主筆道克德爾愛孛爾請宴與陳博兩員偕

往酒肴甚豐愛君斷絃未續令女即出陪約十五六齡善油畫兼通英法言語同席者二十餘人皆書院教習新報主筆油畫名師也愛君示以埃及文字並講解其字典不外象形假借轉注三類其假借又多反用之字如中國擾兆民作安字解亂臣十人作治字解之類愛君亦謂埃及與中國古文實爲同源

二十五日拜客並往愛爾孛家投刺謝宴西俗凡宴客有女人主席者客必往謝法國則次日謝之德國則兩日後謝之或請見或否是日愛君延入並令其次女出見才十三齡通六國語談中亞細亞事甚詳悉指陳各國形勢瞭如指掌出示文字不同之新報十餘種土耳其阿剌伯波斯

無不搜採羅明尼阿之文與義與俄土奧俱異布爾噶亞則全用俄文而義則迥異女曰此猶滿洲之用蒙古文也以垂髫之女子而淹博如此蓋得益於庭訓者多矣

二十六日佛郎克福格之屯杜滹門來謁爲刊印鈔票之廠主攜來各式鈔票爲意國奧國日本國及拜晏那撥各邦所定造精微工緻實無其疋日本所造計及二萬五千萬洋錢行用已久莫能僞造夫自唐以來始爲飛券鈔引以便商賈是執券引以取錢而非以券引爲錢也至宋而有交子會子直以楮爲錢元則專用寶鈔出入無所虧折至明則出而不入鈔賤錢貴上下交困而後世因噎廢食遂相戒以爲害民之弊政然　國朝順治八年嘗歲造鈔十

二萬有奇天下便之至十八年因財用充足而停止是行鈔實可以裕國便民特行之不善則爲弊政耳嘗考其弊一在印造無限制一在收發多折閲一在昏爛不倒換一在法制多更變一在鏤刻不精工欲求其有利無弊則惟印造有限而精細難僞收發同價而配搭任便而已泰西各國概行鈔票與錢兼用上下利便近聞俄土兩國鈔票現錢已迥分軒輊蓋其利弊之源中西一致焉是夕八點鐘赴日本使愛俄基之宴其夫人則德人也同席者爲隨員暨學生七八人有已考取道克德爾及已考取充德國都司者日本使在德習交涉公法八年政教風俗均所深悉飯後縱談日本地產謂日本之蝦夷島遠遜於高麗吉

林等處前年以美國羊種牧於蝦夷島亦不相宜又謂日本向用中國正朔或前後一二日則因用平朔望而不用實朔望也今改用西歷惟農工商賈仍用舊歷耳中國度歲伊邇使寓有何典禮因告以除夕小敘訂請光顧雯君欣然允之

二十八日傅蘭雅引地圖營官洛君來見係瑞士人娶英女而仕於德謂德國武弁均能測繪而另有專繪地圖之員弁設為官圖局提督掌之分遣詳測估計德國全圖須七十年而竣今已開辦十餘年矣初測者繪成二萬五千分之一高下林木房屋無不畢具又縮成五萬分之一而刋以銅板又縮成十萬分之一而刋為總圖仍隨時復測如

有增添房屋等事隨即修改其圖謂行軍勝敗全在地圖昔布兵入法每獲法兵搜其懷中必有柏林圖而無法國圖葢法人只思破布未識己國之路而布弁皆有法國圖是以所向披靡直搗巴黎今法國有鑒於此亦已設局測繪恐需數十年方能竣工也

二十九日除夕小敘有日本使青木周藏卽雯俄基隨員河島醕參贊三宮義允法國武參贊賽和及斯邦道肄業四弁盡歡而散日本使云中東兩國須一心保全高麗以全力北拒俄國則東海之國卽可常有權力又云日本與中國自應永遠相好唯臺灣生番總望中國早日化導如再有劫船殺人之事難免因而啟釁我日本亦知輕於動兵

於己實有大損無奈沿海多尙武之流奮不顧身藉端生衅國家不得不為承認實無可如何耳三宮曰德國考取道克德爾較易於英昔英國惟奧克士福德有太學只取國敎之人厥後添設倫敦太學始准兼取他敎河島讀中國書籍甚多謂慕維廉所譯英史頗有條理是夕與各員筆談援引史漢滔滔不竭習西國理學頗有所造可見日本人之勤學矣柏林城內預議明年進出之款計進款二千三百二十九萬馬克而貨稅居十之一出款八百四十六萬馬克而造屋費居百之十一城之中居民僅約百萬而進出如此之鉅洵善於理財者已德國進口貨如麥麪雜糧牲畜煤炭銅錫鋼鐵皮草麻綿絲枲之類今年共

值二十八萬五千四百二十三萬馬克向不徵稅今村農紛紛具稟謂客貨日多土貨日賤民不聊生請將進口之貨值十稅一庶幾土貨流通以甦民困首相畢士馬克韙之遂創進口加稅之議將發交議院公議焉是月新報友來述俄國官報云中國之遣使若為通商則祇應駐英何以既駐英旋駐德大約均為謀俄起見其結好於英者欲訂與同仇也其結好於德者欲斷其右臂也是皆西諺所謂欲謀近鄰須結遠鄰之法也其遣使駐俄大約只為伊犁耳所可異者適當華人集兵喀什噶爾英人深入阿富汗之時不先不後正在恰好想華人未必有此深謀必有為之畫策者今英人方與華人親密必謂乘此良時所謀

易遂在英人則竭力保護中國但恐所謂保護者不過如今日據居伯魯島以保護土耳其而已聞俄國新報凡涉國事者不准傳出境外稅關查察甚嚴見新報之涉國事者每以油墨塗之惟新報館友裁割入函可以達諸境外是月英軍在阿富汗東路者俄巴次攻考次省城降之直拉拉巴脫一軍因山路甚險不能進取拜瓦之阿兵頗勇猛惟分散而不能厚集其力實爲取敗之道印度各邦之助英者克什米耳王最爲出力英人令取齊塔哈耳以扼大路可免俄兵阻截之虞其南路兩軍於是月十六日合並進攻肯荅哈十八日聞阿兵多潰英以馬隊衝之死者二十人降者一千二百人獲礟二十尊十九日英人遂據

肯荅哈因糧息兵爲度冬計蓋是城東北達布考耳西南達海哈脫控制各路最稱扼要也又分兵取西北之果士尼二十八日抵濟爾宰是時英兵及印度兵之在阿者不及四萬人惟邊界尚有防禦及備調之兵是年歐洲大局以俄土之盟爲最有關係自去年三月間開兵土耳其勉力支持終不相敵遣使求成亦不允各國俱作壁上觀臘月二十八日破噶里波里長驅土都英人始恐是時俄方要挾多端土則俯首聽命今年二月二十七日强立生士德發奴之約將囊括波爾噶阿愛舍爾海以及康士旦丁努白爾直踞西土耳其之全土於是歐洲各國始覺剝膚之痛如夢初醒英奧尤惴惴焉英相沙力士百里執政函

召各國議舉國會俄人方師老餉匱遂勉從之四月二十九日英與俄約將土國海峽遵舊議不得侵佔並予波爾噶阿羅明里阿以自主之權五月初四日英與土約將居伯魯島讓於英以保護西土耳其頓出各國意計之外英與俄土既有成說遂於十三日開國會於柏林凡一月而散主盟者德相畢士馬克也其所議大畧如波爾噶阿立爲自主邦南界巴爾岡不以愛舍爾海爲界羅明里阿亦得自主舉羅馬教人爲之總督而聽土國節制創比芒德內堪亦畧爲展拓不屬於土土國以阿達紅喀士巴冬三地割於俄奧國希臘亦重定疆界均得少展土國旣西疆分裂其政教但能行於新界之內矣國會已散波爾噶阿

未有邦主羅明里阿東境經各國派員會理未有頭緒俄君旣未畫諾俄兵亦未退讓土國則朝官紛更百廢未舉惟望明春國會盟約一一遵行罷兵息民庶幾可永享昇平焉

通商各國條約不分卷

〔清〕佚名輯

《通商各國條約》不分卷，輯者不詳。是書凡二十一種，纂集清道光至光緒年間，清廷與英、法、俄、美、德、韓、巴西、比、葡、俄、義、日、墨西哥、荷蘭、瑞典、日斯巴尼亞（西班牙）、奧斯馬加（奧匈帝國）、丹麥、秘魯等國簽訂之專門條約，多涉商業貿易等事項。據清光緒間排印本影印。

英國條約

通商各國條約目錄

上函

茲因
大清大皇帝
大英君主欲以近來不和之端解釋息止肇衅爲此議定設
立永久和約是以
大清大皇帝特派欽差便宜行事大臣太子少保鎮守廣東
廣州將軍宗室耆英頭品頂戴花翎前閣督部堂乍浦
副都統紅帶子伊里布
大英伊耳蘭等國君主特派欽奉全權公使大臣英國所屬
印度等處三等將軍世襲男爵璞鼎查公同各將所奉

之
上諭便宜行事及
敕賜全權之命互相較閱俱屬善當卽便議擬各條陳列於
左
一嗣後
大清
大皇帝 大英國君主永存平和所屬華英人民彼此友睦
各住他國者必受該國保佑身家全安
一自今以後

大皇帝恩准英國人民帶回所屬家眷寄居沿海之廣州福州厦門甯波上海等五處港口貿易通商無礙英國君主派設領事管事等官住該五處城邑專理商賈事宜與各該地方官公文往來令英人按照下條開敘之例清楚交納貨稅鈔餉等費

一因英國商船遠路涉洋往往有損壞須修補者自應給予沿海一處以便修船及存守所用物料今

大皇帝准將香港一島給予英國君主暨嗣後世襲主位者常遠主掌任便立法治理

一因

欽差大臣等於道光十九年二月間將英國領事官及民人等强留粤省嚇以死罪索出鴉片以爲贖命今

大皇帝准以洋銀六百萬圓償補原價

一凡英國商民在粤貿易向例全歸額設行商亦稱公行者承辦今

大皇帝准其嗣後不必仍照向例凡有英商等赴各該口貿易者勿論與何商交易均聽其便且向例額設行商等內有累欠英商甚多無措清還者今酌定洋銀三百萬圓作爲商欠之數由中國官爲償還

一

欽差大臣等向英國官民人等不公强辦致須撥發軍士討求伸理今酌定水陸軍費洋銀一千二百萬圓

大皇帝准爲償補惟自道光二十一年六月十五日以後英國在各城收過銀兩之數按數扣除

一以上酌定銀數共二千一百萬圓此時交銀六百萬圓癸卯年六月間交銀三百萬圓十二月間交銀三百萬圓共銀六百萬圓甲辰年六月間交銀二百五十萬

圓十二月間交銀二百五十萬圓共銀五百萬圓乙巳年六月間交銀二百萬圓十二月間交銀二百萬圓共銀四百萬圓自壬寅年起至乙巳年止四年共交銀二千一百萬圓倘按期未能交足則酌定每年每百圓應加息五圓

一凡係英國人無論本國屬國軍民等今在中國所管轄各地方被禁者

大皇帝准即釋放

一凡係中國人前在英人所據之邑居住者或與英人

有來往者或有跟隨及伺候英國官人者均由
大皇帝俯降
諭旨謄錄天下
恩准免罪凡係中國人爲英國事被拏監禁者亦加
恩釋放
一前第二條內言明開關俾英國商民居住通商之廣州等五處應納進口出口貨稅餉費均宜秉公議定則例由部頒發曉示以便英商按例交納今又議定英國貨物自在某港按例納稅後即准由中國商人徧運天下而路所經過稅關不得加重稅例只可照估價則例若干每兩加稅不過某分

一議定英國住中國之總管大員與中國大臣無論京內京外者有文書來往用照會字樣英國屬員用申陳字樣大臣批覆用劄行字樣兩國屬員往來必當平行照會若兩國商賈上達官憲不在議內仍用奏明字樣
一倘奉
大皇帝允准和約各條施行並以此時准交之六百萬圓交
清英國水陸軍士當即退出江甯京口等處江面並不再行攔阻中國各省商賈貿易至鎮海之招寶山亦將退讓惟有定海縣之舟山海島厦門廳之古浪嶼小島仍歸英兵暫爲住守迨及所議洋銀全數交清而前議各海口均已開關俾英人通商後即將駐守二處軍士退出不復占據
一以上各條均關議和要約應俟大臣等分別奏明
大清大皇帝　大英君主各用硃親筆批准後即速行相交俾兩國分執一册以昭信守惟兩國相離遙遠不得一旦而到是以另繕二册先由

大清欽差便宜行事大臣等　大英欽奉全權公使大臣各爲
君上定事蓋用關防印信各執一册爲據俾即日按照和約開載之條施行妥辦無礙矣要至和約者
大清道光二十二年七月二十四日
大英一千八百四十二年八月二十九日

咸豐十年九月十五日內閣奉

上諭恭親王奕訢奏互換和約一摺本月十一十二等日業經恭親王奕訢將八年所定和約及本年續約與英法兩國互換所有和約內所定各條均著逐款允准行諸久遠從此永息干戈共敦和好彼此相安以信各無猜疑其和約內應行各事宜卽著通行各省督撫大吏一體按照辦理欽此

大淸國

皇帝

大英國

君主因視兩國情意未洽今願重修舊好俾嗣後得永遠相安是以

大淸國

特簡大學士桂　尚書花

大英國

特簡伯爵額各將所奉全權大臣便宜行事之

上諭互相較閱俱屬妥當現將會議商定條約開列於左

第一款

一前壬寅年七月二十四日江甯所定和約仍留照行廣東所定善後舊約並通商章程現在更章既經併入新約所有舊約作爲廢紙

第二款

一

大淸皇帝　大英君主意存睦好不絕約定照各大邦和好常規亦可任意交派秉權大員分詣

大清
大英兩國京師

第三款

一

大英欽差各等大員及各眷屬可在　京師或長行居住

或能隨時往來總候本國

諭旨遵行英國自主之邦與中國平等

大英欽差大臣作爲代國秉權大員覲

大清皇上時遇有碍於國體之禮是不可行惟

大英君主每有　派員前往泰西各與國拜國主之禮亦拜

大清皇上以昭畫一肅敬至在京師租賃地基或房屋作爲

大臣等員公館

大清官員亦宜協同勷辦僱覓夫役亦隨其意毫無阻攔

待

大英欽差公館眷屬隨員人等或有越禮欺藐等情弊該

犯由地方官從嚴懲辦

第四款

一

大英欽差大臣並各隨員等皆可任便往來收發文件行

裝囊箱不得有人擅行啓折由沿海無論何處皆可送

文專差同

大清驛站差使一律保安照料凡有

大英欽差大臣各式費用皆由英國支理與中國無涉總

之泰西各國於此等大臣向爲合宜例准應有優待之

處皆一律行辦

第五款

一

大清

皇上特簡內閣大學士尚書中一員與

大英欽差大臣文移會晤各等事務商辦儀式皆照平儀

相待

第六款

一今茲約定以上所開應有　大清優待各節日後

特派大臣秉權出使前來大英亦允優待視此均同

第七款

一

大英君主酌看通商各口之要設立領事官與中國官員於

相待諸國領事官最優者英國亦一律無異領事官署領事官與道臺同品副領事官署副領事及繙譯官與知府同品視公務應需衙署相見會晤文移均用平禮

第八款

一

耶蘇聖教暨天主教原係為善之道待人如己自後凡有傳授習學者一體保護其安分無過中國官毫不得刻待禁阻

第九款

一英國民人准聽持照前往內地各處游歷通商執照

由領事官發給由地方官蓋印經過地方如飭交出執照應可隨時呈驗無訛放行僱人裝運行李貨物不得攔阻如其無照其中或有訛誤以及有不法情事就近送交領事官懲辦沿途止可拘禁不可凌虐如通商各口有出外遊玩者地在百里期在三五日內毋庸請照惟水手船上人等不在此列應由地方官會同領事官另定章程妥為彈壓惟於江甯等處有賊處所俟城池克復之後再行給照

第十款

一長江一帶各口英商船隻俱可通商惟現在江上下游均有賊匪除鎮江一年後立口通商外其餘俟地方平靖

大英欽差大臣與

大清

特派之大學士尚書會議准將自漢口溯流至海各地選擇不逾三口准為英船出進貨物通商之區

第十一款

一廣州福州廈門甯波上海五處已有江甯條約舊准

通商外即在牛莊登州臺灣潮州瓊州等府城口嗣後皆准英商亦可任意與無論何人買賣船貨隨時往來至於聽便居住賃房買屋租地起造禮拜堂醫院墳塋等事並另有取益防損諸節悉照已通商五口無異

第十二款

一英國民人在各口並各地方意欲租地蓋屋設立棧房禮拜堂醫院墳墓均按民價照給公平定議不得互相勒掯

第十三款

一英民任便覓致諸色華庶勷執分內工藝中國官毫
無限制禁阻
第十四款
一游行往來卸貨下貨任從英商自僱小船剝運不論
各項艇隻僱價銀兩若干聽英商與船戶自議不必官
爲經理亦不得限定船數並何船攬載及挑夫包攬運
送倘有走私漏稅情弊查出該犯自應照例懲辦
第十五款
一英國屬民相涉案件不論人產皆歸英官查辦

第十六款
一英國民人有犯事者皆由英國懲辦中國人欺凌擾
害英民皆由中國地方官自行懲辦兩國交涉事件彼
此均須會同公平審斷以昭允當
第十七款
一凡英國民人控告中國民人事件應先赴領事官衙
門投稟領事官卽當查明根由先行勸息使不成訟中
國民人有赴領事官告英國民人者領事官亦應一體
勸息間有不能勸息者卽由中國地方官與領事官會

同審辦公平訊斷
第十八款
一英國民人中國官憲自必時加保護令其身家全安
如遭欺凌擾害及有不法匪徒放火焚燒房屋或搶掠
者地方官立卽設法派撥兵役彈壓查追並將焚搶匪
徒按例嚴辦
第十九款
一英國船隻在中國轄下海洋有被强盜搶劫者地方
官一經聞報卽應設法查追拏辦所有追得贓物交領
事官給還原主

第二十款
一英國船隻有在中國沿海地方碰壞擱淺或遭風收
口地方官查知立卽設法妥爲照料護送交就近領事
官查收以昭睦誼
第二十一款
一中國民人因犯法逃在香港或潛住英國船中者中
國官照會英國官訪查嚴拏查明寔係罪犯交出通商
各口倘有中國犯罪民人潛匿英國船中房屋一經中

國官員照會領事官卽行交出不得隱匿袒庇

第二十二款

一中國人有欠英國人債務不償或潛行逃避者中國官務須認眞嚴拏追繳英國人有欠中國人債務不償或潛行逃避者英國官亦應一體辦理

第二十三款

一中國商民或到香港生理拖欠債務者由香港英官辦理惟債主逃往中國地方由領事官通知中國官務須設法嚴拏果係有力能償還者務須盡數追繳秉公

辦理

第二十四款

一英商起卸貨物納稅俱照稅則爲額總不能較他國有彼免此輸之別以昭平允而免偏枯

第二十五款

一輸稅期候進口貨於起載時出口貨於落貨時各行按納

第二十六款

一前在江甯立約第十條內定進出口各貨稅彼時欲綜算稅餉多寡均以價值爲率每價百兩征稅五兩大概核計以爲公當旋因條內載列各貨種式多有價值漸減而稅餉定額不改以致原定公平稅則今已較重擬將舊則重修允定此次立約加有印信之後奏明請派戶部大員卽日前赴上海會同英員迅速商奪俾俟本約奉到

硃批卽可按照新章迅行措辦

第二十七款

一此次新定稅則並通商各款日後彼此兩國再欲重

修以十年爲限期滿須於六個月之前先行知照酌量更改若彼此未曾先期聲明更改則稅課仍照前章完納復俟十年再行更改以後均照此限此式辦理永行弗替

第二十八款

一前據江甯定約第十條內載各貨納稅後卽准由中國商人遍運天下而路所經過稅關不得加重稅則只可按估價則例若干每兩加稅不過　分等語在案迄今子口課稅實爲若干未得確數英商每稱貨物或自

某內地赴某口或自某口進某內地不等各子口恒設新章任共征稅名爲抽課寔於貿易有損現定立約之後或在現通商各口或在日後新開口岸限四個月爲期各領事官備文移各關監督務以路所經處應納稅銀寔數明晰照復彼此出示曉布漢英商民均得通悉惟有英商已在內地買貨欲運赴口下載或在口有洋貨欲進售內地倘願一次納稅免各子口征收紛繁則准照行此一次之課其內地貨則在路上首經之子口輸交洋貨則在海口完納給票爲他子口毫不另征之據

所征若干綜算貨價爲率每百兩征銀二兩五錢俟在上海彼此派員商酌重修稅則時亦可將各貨分別種式應納之數議定此僅免各子口零星抽課之法海口關稅仍照例完納兩例並無交碍

第二十九款

一英國商船應納鈔課一百五十噸以上每噸納鈔銀四錢一百五十正噸及一百五十噸以下每噸納鈔銀一錢凡船隻出口欲往通商他口並香港地方該船主稟明海關監督發給專照自是日起以四個月爲期如係前赴通商各口俱無庸另納船鈔以免重輸

第三十款

一英國貨船進口並未開艙欲行他往者限二日之內出口即不征收船鈔倘逾二日之限即須全數輸納此外船隻出進口時並無應交費項

第三十一款

一英商在各口自用艇隻運帶客人行李書信食物及例不納稅之物毋庸完鈔倘帶例應完稅之貨則每四個月一次納鈔每噸一錢

第三十二款

一通商各口分設浮樁號船塔表望樓由領事官與地方官會同酌視建造

第三十三款

一說課銀兩由英商交官設銀號或紋銀或洋錢按照道光二十三年在廣東所定各樣成色交納

第三十四款

一秤碼丈尺均按照粵海關部頒定式由各監督在各口送交領事官以昭畫一

第三十五款

一英國船隻欲進各口聽其僱覓引水之人完清稅務之後亦可僱覓引水之人帶其出口

第三十六款

一英國船隻甫臨近口監督官派委員弁丁役看守或在英船或在本艇隨便居住其需用經費由關支發惟於船主並該管船商處不得私受毫釐倘有收受查出分別所取之數多寡懲治

第三十七款

一英國船隻進口限一日該船主將船牌艙口單各件交領事官即於次日通知監督官並將船名及押載噸數裝何貨物之處照會監督官以憑查驗如過限期該船主並未報明領事官每日罰銀五十兩惟所罰之數總不能逾二百兩以外至其艙口單內須將所載貨物詳細開明如有漏報捏報者船主應罰銀五百兩倘係筆誤即在遞貨單之日改正者可不罰銀

第三十八款

一監督官接到領事官詳細照會後即發開艙單倘船主未領開艙單擅行下貨即罰銀五百兩並將所下貨物全行入官

第三十九款

一英商上貨下貨總須先領監督官准單如違即將貨物一併入官

第四十款

一各船不准私行撥貨如有互相撥貨者必須先由監督官處發給准單方准動撥違者即將該貨全行入官

第四十一款

一各船完清稅餉之後方准發給紅單領事官接到紅單始行發回船牌等件准其出口

第四十二款

一至稅則所載按價若干抽稅若干倘海關驗貨人役與英商不能平定其價即須各邀客商二三人前來驗貨客商內有願出價銀若干買此貨者即以所出最高之價爲此貨之價式免致收稅不公

第四十三款

一凡納稅寔按觔兩秤計先除皮包粉飾等料以淨貨

輕重爲準至有連皮過秤除皮核算之貨卽若茶葉一項倘海關人役與英商意見不同卽於每百箱內聽關役揀出若干箱英商亦揀出若干箱先以一箱連皮過秤得若干觔再秤其皮得若干觔除皮算之卽可得每箱淨在觔數其餘貨物凡係有包皮者均可准此類推倘再理論不明英商赴領事官報知情節由領事官通知監督官商量酌辦惟必於此日稟報遲則不爲辦理此項尚未論定之貨監督官暫緩塡簿免致後難更易須俟秉公核斷明晰再爲登塡

第四十四款

一英國貨物如因受潮濕以致價低減者應行按價減稅倘英商與關吏理論價値未定則照按價抽稅條內之法置辦

第四十五款

一英國民人運貨進口既經納清稅課者凡欲改運別口售賣須稟明領事官轉報監督官委員驗明寔係原包原貨查與底簿相符並未拆動抽換卽照數塡入牌照發給該商收執一面行文則口海關查照仍俟該船進口查驗符合卽准開艙出售免其重納稅課如查有影射夾帶情事貨罰入官至或欲將該貨運出外國亦應一律聲稟海關監督驗明發給存票一紙他日不論進口出口之貨均可持作已納稅餉之據至於外國所產糧食英船裝載進口未經起卸仍欲運赴他處概無禁阻

第四十六款

一中國各口收稅官員凡有嚴防偷漏之法均准其相度機宜隨時便宜設法辦理以杜弊端

第四十七款

一英商船隻獨在約內准開通商各口貿易如到別處沿海地方私做買賣卽將船貨一併入官

第四十八款

一英國商船查有涉走私該貨無論式類價値全數查抄入官外俟該商船賬目清後亦可嚴行驅除不准在口貿易

第四十九款

一約內所指英民罰款及船貨入官皆應歸中國收辦

第五十款

一嗣後英國文書俱用英字書寫暫時仍以漢文配送

俟中國選派學生學習英文英語熟習即不用配送漢

文自今以後遇有文詞辯論之處總以英文作為正義

此次定約漢英文字詳細較對無訛亦照此例

第五十一款

一嗣後各式公文無論京外內叙

大英國官民自不得提書夷字

第五十二款

一英國師船別無他意或因捕盜駛入中國無論何口

一切買取食物甜水修理船隻地方官妥為照料船上

水師各官與中國官員平行相待

第五十三款

一中華海面每有賊盜搶刼

大清大英視為向於內外商民大有損碍意合會議設法消除

第五十四款

一上年立約所有英國官民理應取益防損各事今仍

存之勿失倘若他國今後別有潤及之處英國無不同

獲其美

第五十五款

一

大英君主懷意恒存友睦允將前因粤城一事所致需支賠

補各項經費等款如何辦理另立專條與約內列條同

為堅定不移

第五十六款

一本約立定後俟兩國

御筆批准以一年為期彼此各　派大臣於

大清京師會晤互相交付現下

大清大英各大臣先蓋用關防以昭信守

大清咸豐戊午年五月十六日

大英降生後一千八百五十八年六月二十六日

專條

一前因粵城大憲辦理不善致英民受損

大英君主只得動兵取償保其將來守約勿失商虧銀二百

萬兩軍需經費銀二百萬兩二項

大清皇帝皆允由粵省督撫設措至應如何分期辦法

大英秉權大員酌定行辦以上款項付清方將粵城仍交

回

大清國管屬

英國條款　七

欽差大臣（二品頂戴武備院卿明 東閣大學士桂 吏部尚書花 五品卿銜段）爲照會事照得天津和約內載

貴國人民若有蓋印執照准聽前往內地各處惟此項印照務由各領事察看請領之人實係體面自愛者方准塡發不可誤給有關緊要是以不得不備文照會

貴大臣等商酌究應如何妥辦方免滋事希爲詳細示覆其無和約之國本不應與有約之國視同一律祇以本大臣等未悉外國情形不肯遽行立法防弊合先奉商再爲定見查

貴國商民如或犯案可交領事懲辦此外各國領事皆

欽差照會　一

係商人本屬無權管束且自己走私作弊事所恒有豈惟不能服衆反使衆商效尤誤事非淺本大臣等公同商議各該國欲設領事必須各國特放一員方准管事不得以商人作爲領事以致有名無實至

貴國新開通商口岸自須每口設一領事官俾得妥爲管束而昭愼重但領事官名下尚有數事本大臣等合并爽快言之蓋向來領事官屢於關礙和好事件不稟

本國上司無情無理膠執己見擅自專主恃强妄爲實於和好大有窒礙應行特請

貴大臣轉飭各口領事嗣後有與地方官意見不合彼此辯論之事各稟大憲請示遵行不得仍前由領事官自出主見務使恪遵條約以重久遠共敦友誼又如中國官憲本未輕慢領事而領事官每指爲輕慢則品級一層尤當明定章程以杜爭論查三國條約領事官與道臺同品又查法國條約大憲與中國京外大憲俱用照會二等官員與中國省中大憲公文往來用申陳中國大憲用劄行兩國平等官照相並之禮等語援照此意領事官既與道臺同品總領事應與藩臬同品如此

定明方免爭端以臻妥協又查上海近有中國船戶由各國領事給發旗號計船三十餘隻日漸增添殊多不便此等船戶向係不安本分然無外國號旗猶不敢玩法爲匪今恃旗號爲護符地方官因外國有號旗欲加之罪躊躇不決諸多掣肘遂致無所不爲犯案纍纍流弊無窮上海如此各口諒均不免尤慮煽成巨禍致啓中外爭端萬不能不立法禁絕擬請

貴大臣即飭各口領事官嗣後永不准以

貴國旗號發給中國船戶如有從前已給者一概撤銷

本大臣一面出示曉諭如有中國人擅領外國旗號張掛駕駛者應行查拏從嚴究辦俾知警戒以上各層本

大臣等均爲永全和好兩國有益無弊起見合併照會

貴大臣請煩查照

示覆施行除照會

法美國大臣外爲此照會

大英欽差世襲額羅金並金喀爾田二郡伯爵額
爲照復事前於九月三十日准貴大臣等來文內請本
大臣將數層皆關中外交涉之件公同法美兩國各大
臣會議等詞文到之日因亟行啟程前赴漢口之際其
中諸節實屬緊要俱當熟商難得直行出見故暫停置
未及牽覆惟以再四虛心籌酌外從來文所指亦同法
美兩國各大臣會議若以本國官民而論來文所敘礙
難各端本大臣則易爲置詞萬保毫無過慮一則天津
條約定准英民進入內地通商遊行之議本國切願盡

心勸辦防其借此美舉稍致反爲妄行定必嚴飭各領
事官凡非體面和厚之人萬不許給照一則英國旗號
其例甚嚴核該船任載噸數必滿定額則有英人或爲
資主或爲船主方給旗號以表秉持如有
貴國船艇未遵此例擅敢升竪英旗一經查出止須直行
知會領事官必能設法懲究杜絕此弊一則所稱領事
官名下數事凡本國派員出境常以已到各邦當待官
民必以公平和洽爲準幸在辦事之間亦有
貴國官員恒同此心一體行辦則在各口彼此官員和誼
必永存勿絕偶有不合意見之處卽據來文各宜早報
上憲此誠良法實爲妥協嗣因兩國大憲往來密邇則
有事直捷奏
聞免致兩邦爭執肇衅興戎之禍至於未立條約各國民
人貴大臣來文詢以作何辦理此語揆之本大臣似難
置答何則因有不歸本國所屬民人諸凡作爲本國不
任其責除此當立將茲款轉報秉政各大臣奏候御覽
外合爲先奉一詞果在各口海關派員曉暢練習著名
誠實之人徵餉皆從一律辦理相待商民毫無偏袒諒

貴大臣所指情弊定必大半消除來文所稱因貴大臣
等不明外國情節是以行文詢訪思
貴國原謂大邦貴大臣職推大員本大臣中懷敬慎敢問
中土大員何以必措不明外事之詞泰西各邦並無難
達秘密之景各國都城人皆可履其地恭遇
大皇帝特派稱任大員前往西土
命以凡有益於國體保其無礙應知之學必得明了本大臣
不論別國而本國則必以實心友誼接待如有意博訪
審察各節任便咨詢通徹由此兩邦永存和好之據日

見增廣保全周妥矣爲此須至照會者

咸豐八年十二月初十日

降生一千八百五十九年正月十七日

通商章程善後條約

第一款

一此次新定稅則凡有貨物僅載進口稅則未載出口稅則者遇有出口皆應照進口稅則納稅或有僅載出口稅則未載進口稅則者遇有進口亦皆照出口稅則納稅倘有貨物名目進出口稅則均未賅載又不在免稅之列者應核估時價照值百抽五例征稅

第二款

一凡有金銀外國各等銀錢麵粱米粉砂穀米麵餅熟肉熟菜牛奶酥牛油蜜餞外國衣服金銀首飾攙銀器香水碱炭柴薪外國蠟燭外國煙絲煙葉外國酒家用雜物船用雜物行李紙張筆墨氈毯鐵刀利器外國自用藥料玻璃器皿以上各物進出口通商各口皆准免稅除金銀外國銀錢行李毋庸議外其餘該船裝載無論淺滿雖無別貨亦應完納船鈔倘運往內地除前三項仍毋庸議外其餘各貨皆每百兩之物完納稅銀貳兩伍錢

第三款

一凡有違禁貨物如火藥大小彈子炮位大小鳥鎗并一切

軍器等類及內地食鹽以上各物概屬違禁不准販運進出口

第四款

一凡有稅則內所算輕重長短中國壹担卽係壹百觔者以英國壹百叁拾叁磅零叁分之壹爲準中國壹丈卽拾尺者以英國壹百肆拾壹因制爲準中國壹尺卽英國拾肆因制又拾分因制之壹英國拾貳因制爲壹幅地叁幅地爲壹碼肆碼欠叁因制卽合中國壹丈均以此爲例

第五款

一向來洋藥銅錢米穀荳石硝磺白鉛等物例皆不准通商現定稍寬其禁聽商遵行納稅貿易洋藥准其進口議定每百觔納稅銀叁拾兩惟該商止准在口銷賣一經離口卽屬中國貨物祗准華商運入內地外國商人不得護送卽天津條約第九條所載英民持照前往內地通商幷二十八條所載內地關稅之例與洋藥無涉其如何征稅聽憑中國辦理嗣後遇修改稅則仍不得按照別貨定稅　又銅錢不准運出外國惟通商中國各口准其以此口運至彼口照現定章程遵行該商赴關報明數目若干運往何口或令本商及同商二人聯名具呈保單抑或聽監督飭令另交結實信據方准給照別口監督於執照上註明收到字樣加蓋印信從給照之日起限六個月繳回驗銷若過期不繳銷執照卽按其錢貨原本照數罰繳入官其進出口均免納稅至船載無論淺滿均納船鈔　又凡米穀等糧不拘內外土產不分何處進口者皆不准運出外國惟英商欲運往中華通商別口則照銅錢一律辦理出口時照依稅則納稅其進口毋庸納稅至船載無論淺滿均遞納船鈔　又荳石荳餅在登州牛莊兩口者英國商

船不准裝載出口其餘各口該商照稅則納稅仍可帶運出口及外國俱可　又硝磺白鉛均爲軍前要物應由華官自行采辦進口或由華商特奉准買明文方准進口該關未能查明該商實奉准買定不發單起貨此三項止准英國商人於通商海口銷售不准帶入長江並各內港亦不准代華商護送除在各海口外卽係華民貨物與英商無涉以上洋藥銅錢米穀荳石荳餅硝磺白鉛等項止准照新章買賣敢違此例所運貨物全罰入官

第六款

一天津條約英國第三十七條所載英船進口限壹日報領事官知照並照第三十條所載英國貨船進口並未開艙欲行他往限貳日之內出口卽不征收船鈔以上二條無論先後總以該船進口界限時刻起算以免參差爭論至各口界限並上下貨物之地均由海關妥爲定界既要便商更不得有礙收稅知會領事官曉諭本屬商民遵辦

第七款

一天津條約第二十八條所載內地稅餉之議現定出入稅則總以照納一半爲斷惟第二款所載免稅各貨除金銀

外國銀錢行李三項毋庸議外其餘海口免稅各物若進內地仍照每值百兩完稅銀貳兩伍錢此外運入內地各貨該商應將該貨名目若干原裝何船進口應往內地何處各緣由報關查驗確實照納內地稅項該關發給內地稅單該商應向沿途各子口呈單照驗蓋戳放行無論遠近均不重征至運貨出口之例凡英商在內地置貨到第一子口驗貨由送貨之人開單註明貨物若干應在何口卸貨呈交該子口存留發給執照准其前往路上各子口查驗蓋戳至最後子口先赴出口海關報完內地稅項方許過卡俟下船出口時再完出口之稅若進出有違此例及業經報明指赴何口沿途私賣者各貨均罰入官倘有匿單少報等情將單內同類之貨全數入官所運各貨如無內地納稅實據應由海關飭令完清內地關稅始行發單下貨出口以杜隱漏內地稅則經此次議定既准一次納稅概不重征所有英國第二十八款所載經過處所應納銀實數明晰照復彼此出示曉布華英商民均得通悉一節可毋庸議

第八款

一天津條約英國第九條所載英民持照前往內地通商一款現議京都不在通商之列

第九款

一向例英商完納稅餉每百兩另交銀壹兩貳錢作爲傾鎔之費嗣後裁撤英商毋庸另交傾鎔銀兩

第十款

一通商各口收稅如何嚴防偷漏自應由中國設法辦理條約業已載明然現已議明各口畫一辦理是由總理外國通商事宜大臣或隨時親詣巡歷或委員代辦任憑總理

大臣邀請英人幫辦稅務並嚴查漏稅判定口界派人指泊船隻及分設浮樁號船塔表望樓等事毋庸英官指薦干預其浮樁號船塔表望樓等經費在於船鈔項下撥用至長江如何嚴防偷漏之處俟通商後察看情形任憑中國設法籌辦

謹按天津條約原訂在上海兩國各派委員酌議各口及內地稅則現今面爲商定彼此分送

大清欽差大臣東閣大學士正白旗滿洲都統總理刑部事務桂

欽差大臣經筵講官吏部尚書鑲藍旗漢軍都統稽察會同四譯館花

欽差大臣太子少保兵部尚書都察院右都御史江南江西總督何

欽差大臣二品頂戴武備院卿明

欽差大臣五品卿銜軍機處行走刑部員外郎段

大英欽差世襲額羅金並金喀爾田二郡伯爵額

逐款核定並另行酌定章程俾得申明條約更爲周備

所有稅則及後開各章程兩國官民與條約一同遵守爲此本大臣等親筆畫押蓋用關防以昭信實合將新定稅則開列於左

今將通商各口進出口貨物新定稅則開列於後

計開

進口貨物稅則均係外國出産

進口油蠟磬礦類

蠟日本　每百觔　陸錢伍分

蘇合油　每百觔　壹兩

硝只准按章程發賣　每百觔　伍錢

黃蠟　每百觔　壹兩

硫黃只准按章程發賣　每百觔　貳錢

進口香椒類

安息香　每百觔　陸錢

安息油　每百觔　陸錢

檀香　每百觔　肆錢

白胡椒　每百觔　伍錢

黑胡椒　每百觔　叁錢陸分

沉香　每百觔　貳兩

降香　每百觔　壹錢肆分伍釐

進口藥材類

阿魏　每百觔　陸錢伍分

上冰片　每觔　壹兩叁錢

下冰片　每觔　柒錢貳分

丁香　每百觔　伍錢

母丁香　每百觔　壹錢捌分

牛黃印度　每觔　壹兩伍錢

兒茶　每百觔　壹錢捌分

檳榔膏　每百觔　壹錢伍分

檳榔　每百觔　壹錢伍分

參美國　每百觔　陸兩

揀淨參鬚參美國　每百觔　捌兩

乳香　每百觔　肆錢伍分

沒藥　每百觔　肆錢伍分

荳蔻花即肉果花　每百觔　壹兩

肉果荳蔻　每百觔　貳兩伍錢

白荳蔻　每百觔　壹兩

木香　每百觔　陸錢

犀角　每百觔　貳兩

水銀　每百觔　貳兩
洋藥　每百觔　叁拾兩
梹榔衣　每百觔　柒分伍釐
砂仁　每百觔　伍錢
肉桂　每百觔　壹兩伍錢
虎骨　每百觔　壹兩伍錢伍分
鹿角　每百觔　貳錢伍分
血竭　每百觔　肆錢伍分
大楓子　每百觔　叁分伍釐

進口雜貨類
火石　每百觔　叁分
雲母殼 卽珠海殼　每百觔　貳錢
銅鈕釦　每壹百肆拾肆粒　伍分伍釐
漆器　每百觔　壹兩
繩 呂宋　每百觔　叁錢伍分
傘各樣　每柄　叁分伍釐
香柴　每百觔　肆錢伍分
煤 外國　每噸　伍分

火絨　每百觔　叁錢伍分
進口醃臘海味類
上燕窩　每觔　伍錢伍分
中燕窩　每觔　肆錢伍分
下燕窩　每觔　壹錢伍分
黑海參　每百觔　壹兩伍錢
白海參　每百觔　叁錢伍分
白魚翅　每百觔　壹兩伍錢
黑魚翅　每百觔　伍錢

柴魚 卽乾魚　每百觔　伍錢
魚肚　每百觔　壹兩
鹹魚　每百觔　壹錢捌分
魚皮　每百觔　貳錢
海菜　每百觔　壹錢伍分
牛鹿筋　每百觔　伍錢伍分
蝦米　每百觔　叁錢陸分
淡菜　每百觔　貳錢
鯊魚皮　每百張　貳兩

進口顏料膠漆紙劄類

呀囒米　每百觔　伍兩
大青　每百觔　壹兩伍錢
蘇木　每百觔　壹錢
紫梗　每百觔　叁錢
水靛　每百觔　壹錢捌分
魚膠　每百觔　陸錢伍分
皮膠　每百觔　壹錢伍分
籐黃　每百觔　壹兩

栲皮　每百觔　叁分

進口竹木籐椰類

沙籐　每百觔　壹錢伍分
烏木　每百觔　壹錢伍分
桅　重木　長不過肆拾幅地　每根　肆兩
桅　重木　長不過陸拾幅地　每根　陸兩
桅　重木　長過陸拾幅地　每根　拾兩
桅　輕木　長不過肆拾幅地　每根　貳兩
桅　輕木　長不過陸拾幅地　每根　肆兩伍錢

桅　輕木　長過陸拾幅地　每根　陸兩伍錢
梁　重木　長不過貳拾陸幅地　四方不到拾貳因制　每根　壹錢伍分
板　重木　長不過貳拾肆幅地　寬拾貳因制厚叁因制　每百根　叁兩伍錢
板　重木　長不過拾陸幅地　寬拾貳因制厚叁因制　每百片　貳兩
板　輕木　各樣　每四方長闊千幅地　柒錢
板　麻栗樹　長闊方圓　每幅地　叁分伍釐
紅木　每百觔　壹錢壹分伍釐
毛柹　每百觔　叁分
呀囒治木　長不過叁拾伍幅地　寬壹幅地捌因制厚壹幅地　每根　捌錢

進口鏡鐘標玩類

自鳴鐘　每值百兩　抽稅伍兩
時辰表　每對　壹兩
珠邊時辰表　每對　肆兩伍錢
千里鏡雙眼千里鏡　掛鏡穿衣鏡掛屏　每值百兩　抽稅伍兩
八音琴　每值百兩　抽稅伍兩

進口布疋花幔類

麻棉帆布　長不過伍拾碼　每疋　肆錢
棉花　每百觔　叁錢伍分

布　原色白色無花斜紋　寬過叁拾肆因制長不過肆拾碼　每疋　捌分
布　原色白色無花斜紋　寬過叁拾肆因制長過肆拾碼　每拾碼　貳分
布　美國　原色白色無花斜紋　寬不過叁拾因制長不過肆拾碼　每疋　壹錢
布　美國　原色白色無花斜紋　寬不過叁拾因制長不過叁拾碼　每疋　柒分伍厘
布　原色白色無花斜紋　寬不過叁拾肆因制長不過肆拾捌碼　每疋　捌分
布　原色白色無花斜紋　寬不過叁拾肆因制長不過貳拾肆碼　每疋　肆分
色布　有花無花　寬不過叁拾陸因制長不過肆拾碼　每疋　壹錢伍分
花布白提布白點布　寬不過叁拾陸因制長不過肆拾碼　每疋　壹錢
印花布　寬不過叁拾壹因制長不過叁拾碼　每疋　柒分

袈裟布　寬不過肆拾陸因制長不過貳拾肆碼　每疋　柒分
袈裟布　寬不過肆拾陸因制長不過拾貳碼　每疋　叁分伍厘
袈裟布　稀　即洋紗　寬不過肆拾陸因制長不過貳拾肆碼　每疋　柒分伍厘
袈裟布　稀　即洋紗　寬不過肆拾陸因制長不過貳拾碼　每疋　叁分伍厘
緞布　寬不過叁拾陸因制長不過肆拾碼　每疋　貳錢
柳條布　寬不過肆拾因制長不過拾貳碼　每疋　陸分伍厘
毛布各色　寬不過貳拾捌因制長不過叁拾碼　每疋　叁分伍厘
絨綿布各樣　長不過叁拾壹碼　每疋　貳錢
棉線　每百觔　柒錢貳分

棉紗　每百觔　柒錢
蔴布　細　長不過伍拾碼　每疋　伍錢
蔴布　粗　長不過伍拾碼即蔴竹布棉絲布　每疋　貳錢
回絨　長不過叁拾伍碼　每疋　貳錢
羽布　寬不過貳拾肆因制長肆拾碼　每疋　貳錢

進口綢緞絲絨類

手帕　四方長闊不過壹碼　每拾貳塊　貳分伍厘
金線　真　每觔　壹兩陸錢
金線　假　每觔　叁分

銀線　真　每觔　壹兩叁錢
銀線　假　每觔　叁分
哆囉呢　寬伍拾壹因制至陸拾肆因制　每丈壹百肆拾壹寸爲壹丈　壹錢貳分
嗶嘰　寬叁拾壹因制　每丈　肆分伍厘
羽緞　嗬囒國　寬叁拾叁因制　每丈　壹錢
羽紗　英國　寬叁拾壹因制　每丈　伍分
羽綢　每丈　叁分伍厘
小呢番紦等類　每丈　肆分
絨線　每百觔　叁兩

床氈	每對	貳錢
花剪絨 長不過叁拾肆碼	每疋	壹錢伍分
羽綾 寬叁拾壹因制	每丈	伍分
小羽綾 寬叁拾肆因制	每丈	叁分伍厘
下等絨 即至粗絨	每丈	壹錢
剪絨 長不過叁拾肆碼	每疋	壹錢捌分

進口酒果食物類

橄欖 無論乾鮮	每百觔	壹錢捌分
鼻烟 外國	每百觔	柒兩貳錢

進口銅鐵鉛錫類

生銅 如銅磚之類	每百觔	壹兩
熟銅 如銅扁銅條之類	每百觔	壹兩伍錢
生鐵 如鐵磚之類	每百觔	柒分伍厘
熟鐵 如鐵條鐵板鐵箍之類	每百觔	壹錢貳分伍厘
鉛塊	每百觔	貳錢伍分
鋼	每百觔	貳錢伍分
錫	每百觔	壹兩貳錢伍分
馬口鐵	每百觔	肆錢

日本銅	每百觔	陸錢
鉛片	每百觔	伍錢伍分
白鉛 只准按章程發賣	每百觔	貳錢伍分
黃銅釘黃皮銅	每百觔	玖錢
商船壓載鐵	每百觔	壹分
鐵絲	每百觔	貳錢伍分

進口珍珠寶石類

瑪瑙	每百塊	叁錢
瑪瑙珠	每百觔	柒兩

玳瑁	每觔	貳錢伍分
玳瑁碎	每觔	柒分貳厘
玻璃片	每箱 四方每壹百幅地	壹錢伍分
珊瑚	每觔	壹錢

進口纓皮牙角羽毛類

牛角	每百觔	貳錢伍分
生牛皮	每百觔	伍錢
熟牛皮	每百觔	肆錢貳分
海龍皮 即海虎皮	每張	壹兩伍錢

大狐狸皮　每張　壹錢伍分
小狐狸皮　每張　柒分伍厘
虎皮豹皮　每張　壹錢伍分
貂皮　每張　壹錢伍分
獺皮　每百張　貳兩
貉獾皮　每百張　貳兩
海騾皮　每百張　伍兩
灰鼠皮銀鼠皮　每百張　伍錢
海馬牙　每百觔　貳兩

象牙不碎的　每百觔　肆兩
象牙碎的　每百觔　叁兩
兎皮麂皮　每百張　伍錢
犀皮　每百觔　肆錢貳分
翠毛孔雀毛等類　每百張　肆錢

出口貨物稅則均係中國出產

出口油蠟礬磺類

白礬　每百觔　肆分伍厘
青礬　每百觔　壹錢

八角油　每百觔　伍兩
桂皮油　每百觔　玖兩
薄荷油　每百觔　叁兩伍錢
牛油　每百觔　貳錢
柏油　每百觔　叁錢
油芝蔴油荳油棉油茶油桐油各等　每百觔　叁錢
蓖蔴油　每百觔　貳錢
白蠟　每百觔　壹兩伍錢

出口香料椒茶類

茶葉　每百觔　貳兩伍錢
八角　每百觔　伍錢
麝香　每觔　玖錢
八角渣　每百觔　貳錢伍分
時辰香　每百觔　貳錢

出口藥材類

三奈　每百觔　叁錢
樟腦　每百觔　柒錢伍分
信石　每百觔　肆錢伍分

桂皮	每百觔　陸錢
桂子	每百觔　捌錢
土茯苓	每百觔　壹錢叁分
澄茄	每百觔　壹兩伍錢
良薑	每百觔　壹錢
石黃	每百觔　叁錢伍分
大黃	每百觔　壹兩貳錢伍分
姜黃	每百觔　壹錢
高麗日本參上等	每觔　伍錢

高麗日本參下等	每觔　叁錢伍分
鹿茸嫩	每對　玖錢
鹿茸老	每百觔　壹兩叁錢伍分
牛黃中國	每觔　叁錢陸分
班貓	每百觔　貳兩
桂枝	每百觔　壹錢伍分
陳皮	每百觔　叁錢
柚皮上等	每百觔　肆錢伍分
柚皮下等	每百觔　壹錢伍分

關東人參	每值百兩抽稅伍兩
薄荷葉	每百觔　壹錢
甘草	每百觔　壹錢叁分伍厘
石羔	每百觔　叁分
五棓子	每百觔　伍錢
蜂蜜	每百觔　玖錢

出口雜貨類

料手鐲即燒料鈪	每百觔　伍錢
竹器	每百觔　柒錢伍分

假珊瑚	每百觔　叁錢伍分
各色爆竹	每百觔　伍錢
羽扇	每百柄　柒錢伍分
料器	每百觔　伍錢
各色料珠	每百觔　伍錢
雨遮即紙傘	每百柄　伍錢
雲石	每百觔　貳錢
蒲紙畫	每百張　壹錢
紙扇	每百柄　肆分伍厘

珍珠 假　每百觔　貳兩
古玩　每值百兩抽稅伍兩
葵扇 細　每千柄　叁錢陸分
葵扇 粗　每千柄　貳錢
駱駝毛　每百觔　壹兩
棉羊毛　每百觔　叁錢伍分
山羊毛　每百觔　壹錢捌分
氈碎　每百觔　壹錢
紙花　每百觔　壹兩伍錢

工煤　每百觔　肆分

出口顏料膠漆紙劄類

銅箔　每百觔　壹兩伍錢
紅丹　每百觔　叁錢伍分
錫箔　每百觔　壹兩貳錢伍分
銀硃　每百觔　貳兩伍錢
油漆畫　每件　壹錢
鉛粉　每百觔　叁錢伍分
黃丹　每百觔　叁錢伍分

硃砂　每百觔　柒錢伍分
紙上等　每百觔　柒錢
紙次等　每百觔　肆錢
油紙　每百觔　肆錢伍分
墨　每百觔　肆兩
漆　每百觔　伍錢
櫻　每百觔　壹錢
蔴　每百觔　叁錢伍分
燈草　每百觔　陸錢

綠膠　每觔　捌錢
索 廣東　每百觔　壹錢伍分
索 蘇州　每百觔　伍錢
漆綠　每百觔　肆錢伍分
蠣殼　每百觔　玖分
綠皮　每百觔　壹兩捌錢
土靛　每百觔　壹兩
坑砂　每百觔　玖分

出口器皿箱盒類

牛骨角器　每百觔　壹兩伍錢
磁器細　每百觔　玖錢
磁器粗　每百觔　肆錢伍分
紫黃銅器　每百觔　壹兩壹錢伍分
木器　每百觔　壹兩壹錢伍分
象牙器　每觔　壹錢伍分
漆器　每百觔　壹兩
雲母殼器　每觔　壹錢
籐器各樣　每百觔　叁錢

檀香器　每觔　壹錢
金銀器　每百觔　拾兩
玳瑁器　每觔　貳錢
皮箱皮櫃　每百觔　壹兩伍錢
皮器　每百觔　壹兩伍錢
窰貨　每百觔　伍分
黃銅器　每百觔　壹兩
銅鈕釦　每百觔　叁兩
銅絲　每百觔　壹兩壹錢伍分

生銅　每百觔　伍錢
舊銅片　每百觔　伍錢

出口竹木籐椰類

各色竹竿　每千根　伍錢
籐肉　每百觔　貳錢伍分
木椿梁䑸柱　每根　叁分

出口衣帽靴鞋類

衣服布　每百觔　壹兩伍錢
衣服綢　每百觔　拾兩

靴鞋皮緞各色　每百雙　叁兩
草鞋　每百雙　壹錢捌分
綢帽　每百頂　玖錢
氈帽　每百頂　壹兩貳錢伍分
草帽緶　每百觔　柒錢

出口布疋花幔類

夏布細　每百觔　貳兩伍錢
夏布粗　每百觔　柒錢伍分
土布各色　每百觔　壹兩伍錢

舊棉絮　每百觔　肆分伍厘
棉被胎　每百件　貳兩柒錢伍分
棉花　每百觔　叁錢伍分
出口綢緞絲絨類
湖絲土絲各等絲經　每百觔　拾兩
野蠶絲　每百觔　貳兩伍錢
絲帶欄杆桂帶絲線各色　每百觔　拾兩
綢緞縐綢紗綾羅剪絨繡貨等類　每百觔　拾貳兩
絲綿雜貨如絲毛之類　每百觔　伍兩伍錢

四川廣絲　每百觔　柒兩
同功絲　每百觔　伍兩
川綢山東繭綢　每百觔　肆兩伍錢
縴線　每百觔　拾兩
各省絨　每百觔　拾兩
絨廣東土產絲做成　每百觔　肆兩叁錢
蠶繭　每百觔　叁兩
亂絲頭　每百觔　壹兩
出口氈絨毯席類

席子各樣　每百張　貳錢
地席　每捲肆拾碼　貳錢
皮毯　每張　玖分
氈毯　每百疋　叁兩伍錢
出口糖果食物類
蜜餞並各色糖果　每百觔　伍錢
醬油　每百觔　肆錢
白糖　每百觔　貳錢
赤糖　每百觔　壹錢貳分

冰糖　每百觔　貳錢伍分
烟絲各樣如黃烟水烟之類　每百觔　肆錢伍分
烟葉各樣　每百觔　壹錢伍分
鼻烟中國　每百觔　捌錢
大頭菜　每百觔　壹錢捌分
粉絲　每百觔　壹錢捌分
酒　每百觔　壹錢伍分
海菜　每百觔　壹錢伍分
火腿　每百觔　伍錢伍分

皮蛋　每千個　叁錢伍分
欖仁　每百觔　叁錢
杏仁　每百觔　肆錢伍分
香菌　每百觔　壹兩伍錢
金針菜　每百觔　貳錢柒分
木耳　每百觔　陸錢
桂圓　每百觔　貳錢伍分
桂圓肉　每百觔　叁錢伍分
荔枝　每百觔　貳錢

蓮子　每百觔　伍錢
芝蔴　每百觔　壹錢叁分伍厘
花生　每百觔　壹錢
花生餅　每百觔　叁分
瓜子　每百觔　壹錢
荳　牛莊登州不准出口　每百觔　陸分
荳餅　牛莊登州不准出口　每百觔　叁分伍厘
米麥雜糧　每百觔　壹錢
蒜頭　每百觔　叁分伍厘

栗子　每百觔　壹錢
黑棗　每百觔　壹錢伍分
紅棗　每百觔　玖分

續增條約

茲以兩國有所不愜

大清大皇帝與

大英大君主合意修好保其嗣後不至失和爲此

大清大皇帝特派和　碩　恭　親　王奕　訢

大英大君主特派内廷建議功賜佩帶頭等寶星會議國政世爵上堂内世襲額羅金並金額爾田二郡伯爵額爾金

公同會議各將本國恭奉

欽差全權大臣便宜行事之

上諭敕書等件互相較閱均臻妥善現將商定續增條約開列於

左

第一款

一前於戊午年五月在天津所定原約本爲兩國敦睦

之設後於己未年五月

大英欽差大臣進京換約行抵大沽砲臺該處守弁阻塞前

路以致有隙

大清大皇帝視此失好甚爲惋惜

第二款

一再前於戊午年九月

大清欽差大臣桂良花沙納

大英欽差大臣額爾金將

大英欽差駐華大臣嗣在何處居住一節在滬會商所定之

議茲特申明作爲罷論將來

大英欽差大員應否在京長住抑或隨時往來仍照原約第

三款明文總候本國

諭旨遵行

第三款

一戊午年原約後附專條作爲廢紙所載賠償各項

大清大皇帝允以八百萬兩相易其應如何分繳卽於十月

十九日在於津郡先將銀伍拾萬兩繳楚以本年十月

二十日卽英國十二月初二日以前應在於粤省分繳

三十三萬三千三百三十三兩內將查明該日以前粤

省大吏經支塡築沙面地方英商行基之費若干扣除

入算其餘銀兩應於通商各關所納總數內分結扣繳

二成以英月三個月爲一結卽行算清自本年英十月

初一日卽庚申年八月十七日至英十二月三十一日

卽庚申年十一月二十日爲第一結如此陸續扣繳八

百萬總數完結均當隨結淸交

大英欽差大臣專派委員監收外兩國彼此各應先期添派數員稽查數目清單等件以昭慎重再今所定取償八百萬兩內二百萬兩仍爲住粵英商補虧之款其六百萬兩少裨軍需之費載此明文庶免棼糾

第四款

一續增條約畫押之日

大清大皇帝允以天津郡城海口作爲通商之埠凡有英民人等至此居住貿易均照經准各條所開各口章程比例畫一無別

第五款

一戊午年定約互換以後

大清大皇帝允於卽日降諭各省督撫大吏以凡有華民情甘出口或在英國所屬各處或在外洋別地承工俱准與英民立約爲憑無論單身或願攜帶家屬一并赴通商各口下英國船隻毫無禁阻該省大吏亦宜時與

大英欽差大臣查照各口地方情形會定章程爲保全前項華工之意

第六款

一前據本年二月二十八日

大清兩廣總督勞崇光將粵東九龍司地方一區交與

大英駐紮粵省暫充英法總局正使功賜三等寶星巴夏禮代國立批永租在案茲

大清大皇帝定卽將該地界付與

大英大君主並歷後嗣幷歸英屬香港界內以期該港埠面管轄所及庶保無事其批作爲廢紙外其有該地華民自稱業戶應由彼此兩國各派委員會勘查明果爲該戶本業嗣後倘遇勢必令遷別地

大英國無不公當賠補

第七款

一戊午年所定原約除現定續約或有更張外其餘各節俟互換之後無不尅日盡行毫無出入今定續約均應自畫押之日爲始卽行照辦兩國毋須另行

御筆批准惟當視與原約無異一體遵守

第八款

一戊午年原約在京互換之日

大清大皇帝允於卽日降諭京外各省督撫大吏將此原約

及續約各條發鈔給閲幷令刋刻懸布通衢咸使知悉

第九款

一續增條約一經蓋印畫押戊午年和約亦已互換須俟續約第八款內載

大淸大皇帝允降諭旨奉到業皆宣布所有英國舟山屯兵立當出境京外大軍即應起程前赴津城並大沽砲臺登州北海廣東省城等處應俟續約第三款所載賠項八百萬兩總數交完方能囘國抑或早退總候

大英大君主諭旨施行

以上各條又續增條約現下

大淸 大英 各大臣同在京都禮部衙門蓋印畫押以昭信守

大淸咸豐十年九月十一日

大英一千八百六十年十月二十四日

長江通商統共章程

第一條

凡有英商之船在長江貿易者只准在鎭江九江漢口三處貿易沿途不准私自起下貨物如違此例由該關即將各該船貨均可入官長江出口土貨在以上三關出口以及無免單之進口洋貨未完半稅之進口土貨到以上三關進口均由各該江關查驗自行徵收稅餉按照條約已開通商各口辦理一切事宜

第二條

凡有英商之船在長江貿易者現議分爲兩項其一由鎭江上江暫做長江買賣之大洋船以及各項划艇風篷船隻其二由上海入江常做長江買賣之內江輪船以上兩項船隻在何口貿易均照條約及該口章程辦理如帶軍器火藥等件應於上江時先將數目報明該關由關在所給上江之照單內註明件數查驗放行之後查出該船私加其數抑或在長江私將軍器火藥出賣該船均可入官凡來往各船如遇中國之巡查輪船欲行查驗立即呈明船牌各件查驗放行

第三條

大洋船之例凡有英商之大洋船以及划艇風篷等項船隻抵鎮江時如在鎮江貿易卽在鎮江徵收稅鈔若由鎮江再行上江前往九江漢口等處者須由船主將船牌呈交鎮江領事官查收並將艙口單呈鎮江關查驗俟由領事官行文來關方由關發給護照一紙名爲鎮江護照內註明該船帶用兵器槍砲刀藥等件若干水手多寡並押載噸數以及國號由關任便將船艙封固派差押送前往上江該船抵九江或上江或下江須

由船主將其護照呈關查驗該船在九江漢口起下貨物所有納稅一切事宜均照該口章程辦理俟回鎮江須將護照繳關註銷由關查明稅鈔完清各事均妥方發給紅單准領回船牌開船出海下江時由關任便隨時派差押送至狼山凡有船在鎮江以上若該船無鎮江護照並無中國之牌照者由關查出卽將該船入官

第四條

內江輪船之例凡有英商之輪船自上海常做長江買賣者應准將船牌呈交上海領事官留署由領事官轉請江海關發給輪船江照一紙該江照以六箇月爲限期凡有此江照者卽可照內江輪船之例起下貨物完納稅餉凡有江照之輪船抵鎮江九江無論上江下江須將江照呈關查驗嗣後有江照之輪船須在鎮江九江漢口輪流完納船鈔輪船上江下江皆由各該關任便隨時派差坐船同往押送凡有江照之輪船若有違背各口章程之事除首次照例罰辦外下次再違卽由關自行將該船江照作爲廢紙以後不准該船過鎮江上江無江照之輪船抵鎮江者若過鎮江上江須照第

三款大洋船划艇風篷等項船隻之例辦理

第五條

凡有江照之輪船裝載土貨須由該商在裝貨口先將正半兩稅一併完清方准裝貨俟該貨抵上海若在三箇月限內復出口前往外國應由該商赴江海關請領執照作爲該貨已往外國之實據將執照呈交江漢九江鎮江關則可將該商所納復進口半稅發給存票以抵日後應完之稅但欲往外國之貨抵上海之時亦應報明凡有此等輪船裝載別船所發之貨該貨在未撥之先須照起

貨之例完納稅餉由關查明各進口稅完清方准撥貨

第六條

凡有洋商雇用內地船隻運貨者除按照條約納稅外仍令其照辛酉年暫定章程之例呈具保單請領執照該船到關仍照內地船例完納船料如單貨不符照保單內註明之銀數罰辦俟江面肅清卽行停止

第七條

凡大洋船輪船及領有英國船牌之划艇風篷並洋商僱用內地運貨等船由出口之關給發總單至所過通

商之口如起卸貨物卽由該船主將其總單呈關查驗方准起貨

以上各章程日後如有滯碍難行之處應隨時核議以歸妥善

同治元年九月　日

通商各口通共章程五條 咸豐十一年九月議定

第一款

洋商由上海運洋貨進長江須在上海將進口正稅完納俟到長江各口後一經離口自入內地販運如無長江各關稅單者逢關納稅過卡抽釐遇有外國商人欲在長江各關請入內地之稅單卽令該商於運貨過卡之先照約在該關完一子口稅方准發給稅單不再另徵

第二款

洋商由上海運土貨進長江其該貨應在上海交本地出口之正稅並先完長江復進口之半稅俟到長江各

口後一經離口販運無論洋商華商均逢關納稅過卡抽釐

第三款

洋商由上海運別口所來之土貨已在別口交過出口稅並在上海交過復進口稅如再出口往長江毋庸再在上海納出口稅並長江復進口之稅俟到長江各口後一經離口販運無論洋商華商均逢關納稅過卡抽

釐

第四款

洋商如在長江口岸自入內地買土貨或本商自去或用本國人或用內地人均可惟必須先向海關請領買貨報單單內註明該貨某日到某子口應運通商某口實屬本商土貨自必納完半稅等詞並於單內填註本商姓名或本行字號爲憑此等報單通商各口海關自行備辦俟准領事官咨請發給並無使費

第五款

洋商由長江口岸運土貨回上海若係洋商由內地自販之貨已在江口完一子稅卽有過卡實據可憑如在本江口所買之貨卽係已由內地人交過各內地稅則在長江下貨時均不必在長江各口完稅俟到上海進口時交長江出口之正稅並先將一半稅存在銀號如在三個月限內出口運往外國確係原包原貨並無拆動抽換情形卽將所存之銀交還如在上海銷賣或逾限未出口卽將所存一半稅入帳作爲復進口之稅或限內出口有拆動抽換情形除將一半稅入帳外仍另納出口之正稅

以上通商各口通共章程五款除長江應收進出口正稅及復進口半稅均在上海完納與別海口不同餘如洋商入內地賣洋貨買土貨復進口入內地銷賣以及土貨復進口報明不日出洋各項存銀納稅領單請照一切辦法南北各海口均照長江一律辦理

大淸欽差便宜行事大臣文華殿大學士直隸總督一等肅毅伯李　爲
大英欽差駐華便宜行事大臣勳賜二等寶星威
會議條款事現在本大臣等會商一切因本年春間威
大臣接准
總理各國事務丞相伯爵德上年十二月初五日來咨
囑將各節若何辦理共有三端一則以滇案妥爲昭雪
二則上年所定中外大臣往來相待一節妥爲辦理以
昭信守三則上年八月議定整頓通商事務一律照辦
各等因現威大臣會同商辦總以力守此件咨文爲主

所有以上三節威大臣前與
總理衙門往返商議各件無須贅述今與李大臣議定
辦法分條開列於後
第一端 昭雪滇案
一威大臣另有擬作爲滇案奏稿大概底本先與李大
臣商定或由
總理衙門或由李大臣具奏均可惟於出奏之前須將
摺稿交威大臣閱看會商妥當
一奏明奉
旨發抄後由
總理衙門將摺稿
諭旨恭錄知照並由
總理衙門通行各省將此次摺件
諭旨詳細列入告示一併照會威大臣查照威大臣即照覆
聲明限兩年爲期由英國駐京大臣隨時派員分往各
省查看張貼告示情形將來或由英國駐京大臣行文
或札行各口領事官轉爲照會即由地方大吏派委妥
員會同前往各處查看

一所有滇省邊界與緬甸地方來往通商一節應如何
明定章程於滇案議結摺內一併請
旨飭下雲南督撫俟英國所派官員赴滇後即選派妥幹大
員會同妥爲商訂
一自英歷來年正月初一日即光緒二年十一月十七
日起定以五年爲限由英國選派官員在於滇省大理
府或他處相宜地方一區駐寓察看通商情形俾商定
章程得有把握並於關係英國官民一切事宜由此項
官員與該省官員隨時商辦或五年之內或俟期滿之

時由英國斟酌訂期開辦通商至去年所議由印度派員赴滇會經發給護照應仍由印度節度大臣隨時定奪派員妥辦

一所有在滇被害人員家屬應給䘏款以及緣滇案用過經費並因各處官員於光緒二年以前辦理未協有應償還英商之款威大臣現定爲撥代共關平銀貳拾萬兩由威大臣隨時兌取

一俟此案議結時奉有中國朝廷惋惜滇案

璽書應卽由欽派出使大臣尅期起程前往英國所有欽派大臣銜名及隨帶人員均應先行知照威大臣以便咨報本國其所賚國書底稿亦應由總理衙門先送威大臣閱看

第二端 優待往來各節此端卽指駐京大臣等及各口領事官等與中國官員彼此往來之禮以及兩國審辦案件各官交涉事宜

一案查光緒元年九月十一日總理衙門奏摺有云預儲熟悉洋務人才原不僅爲辦理中外交涉事務起見而出使往來各節均寓其中等因現因兩國官員往來會晤以及文移往返一切事例京外尚有未協之處自宜明定章程免啟爭論茲議應由總理衙門照會各國駐京大臣請其會同商訂禮節條款總期中國官員看待駐居中國各口等處外國官員之意與泰西各與國交際情形無異且與各國看待在外之中國官員相同緣中國現有派員出使之舉此項

章程亟應定明方昭妥協

一咸豐八年所定英國條約第十六款所載英國民人有犯事者皆由英國懲辦中國人欺凌擾害英民皆由中國地方官自行懲辦兩國交涉事件彼此均須會同公平審斷以昭允當等語查原約內英文所載係英國民人有犯事者由英國領事官或他項奉派幹員懲辦等字樣漢文以英國兩字包括前經英國議有詳細章程並添派按察司等員在上海設立承審公堂以便遵照和約條款辦理目下英國適將前定章程酌量修正

以歸盡善中國亦在上海設有會審衙門辦理中外交涉案件惟所派委員審斷案件或因事權不一或因怕招嫌怨往往未能認眞審追茲議由

總理衙門照會各國駐京大臣請將通商口岸應如何

會同

總署議定承審章程妥爲商辦以昭公允

一凡遇內地各省地方或通商口岸有關係英人命盜案件議由英國大臣派員前往該處觀審此事應先聲敘明白庶免日後彼此另有異辭威大臣即將前情備

文照會請由

總理衙門照覆以將來照辦緣由聲明備案至中國各口審斷交涉案件兩國法律既有不同只能視被告者爲何國之人卽赴何國官員處控告原告爲何國之人其本國官員只可赴承審官員處觀審倘觀審之員以爲辦理未妥可以逐細辨論庶保各無向隅各按本國法律審斷此卽條約第十六款所載會同兩字本意以上各情兩國官員均當遵守

第三端 通商事務

一所有現在通商各口岸按前定各條約有不應抽收洋貨釐金之界茲由威大臣議請本國准以各口租界作爲免收洋貨釐金之處俾免漫無限制隨由中國議准在於湖北宜昌安徽蕪湖浙江溫州廣東北海四處添開通商口岸作爲領事官駐紮處所又四川重慶府可由英國派員駐寓查看川省英商事宜輪船未抵重慶以前英國商民不得在彼居住開設行棧俟輪船能上駛後再行議辦至沿江安徽之大通安慶江西之湖口湖廣之武穴陸溪口沙市等處均係內地處所並非

通商口岸按長江統共章程應不准洋商私自起下貨物今議通融辦法輪船准暫停泊上下客商貨物皆用民船起卸仍照內地定章辦理除洋貨半稅單照章查驗免釐其有報單之土貨只准上船不准卸賣外其餘應完稅釐由地方官自行一律妥辦外國商民不准在該處居住開設行棧

一新舊各口岸除已定有各國租界應無庸議其租界未定各處應由英國領事官會商各國領事官與地方官商議將洋人居住處所畫定界址

一洋藥一宗威大臣議請本國准爲另定辦法與他項洋貨有別令英商於販運洋藥入口時由新關派人稽查封存棧房或躉船俟售賣時洋商照則完稅並令買客一併在新關輸納釐稅以免偷漏其應抽收釐稅若干由各省察勘情形酌辦

一洋貨運入內地請領半稅單照各國條約內原已訂明自當遵辦嗣後各關發給單照應由

總理衙門核定畫一款式不分華洋商人均可請領並無參差洋商將土貨由內地運往口岸上船條約內亦

有定章英商完納子口半稅請領單照即可運往海口若非英商自置土貨該貨若非實在運往海關出口不得援照辦理所有應定章程免致滋生弊端之處威大臣即願會同

總理衙門設法商辦至通商善後章程第七款載明洋貨運入內地及內地置買土貨等語係指沿海沿江沿河及陸路各處不通商口岸皆屬內地應由中國自行設法防弊

一咸豐八年所定條約第四十五款內載英商若將已經完納稅項洋貨復運外國稟明海關監督發給存票他日均可持作已納稅餉之據等語原約並未定有年限今訂明三年爲期限滿不得將此項存票持作完納稅項之據

一香港洋面粵海關向設巡船稽查收稅事宜屢由香港官憲聲稱此項巡船有擾累華民商船情事現在議定即由英國選派領事官一員由中國選派平等官一員由香港選派英官一員會同查明核議定章遵辦總期於中國課餉有益於香港地方事宜無損

一以上議准添開通商各口岸及沿江六處准起卸貨物一節應由李大臣奏奉

旨准於半年期限開辦各口租界免洋貨釐金及洋藥在新關併納釐稅兩節俟英國會商各國再行定期開辦

另議專條

現因英國酌議約在明年派員由中國京師啟行前往

徧歷甘肅靑海一帶地方或由內地四川等處入藏以

抵印度爲探訪路程之意所有應發護照並知會各處

地方大吏暨駐藏大臣公文屆時當由

總理衙門察酌情形妥爲辦給倘若所派之員不由此

路行走另由印度與西藏交界地方派員前往俟中國

接准英國大臣知會後卽行文駐藏大臣查度情形派

員妥爲照料並由

總理衙門發給護照以免阻礙

光緒二年七月二十六日　在山東烟臺繕就華英

降生一千八百七十六年九月十三日　文各四分蓋印畫押

大清欽差便宜行事大臣李

大英欽差駐華便宜行事大臣威

續增專條約稿

一千八百七十六年九月十三日烟臺條約續增專條

大清國 大英國
國家因查一千八百七十六年九月十三日在烟臺所定條約第三端第一第二兩節所擬通商各口免輸洋貨釐金地界及劃定洋人居住地界各辦法均須再行商酌又查烟臺條約第三端第三節所載之詞於認眞整頓洋藥貿易之法尚欠詳細抑且深願聲明於行銷洋藥之事須有限制約束之意是以定此續增專條

一烟臺條約第三端第一第二兩節所擬辦法現在議定應由兩國
國家日後再行商酌

二烟臺條約第三端第三節所擬洋藥辦法今議定改爲洋藥運入中國者應由海關驗明封存海關准設具有保結之棧房或封存具有保結之躉船內必俟按照每百斤箱向海關完納正稅三十兩并納釐金不過八十兩之後方許搬出

三現在議定凡照上節所載正稅釐金兩項完納之後該貨主卽可在具有保結之封存處所眼同海關將洋藥拆改包裝其貨包各種式樣尺寸應由海關官員會同該口領事官預先酌定聽貨主擇用如貨主於此時請領運貨憑單海關卽當照給不取分文其所請憑單或每包一張或數包一張悉聽貨主之便凡有此等運貨憑單之洋藥運往內地之際如貨包未經拆開暨包上之海關印封記號碼數均未擦損私改卽無須再完稅捐等項此等運貨憑單只准華民持用而洋人牟利於此項洋藥者不許持用憑單運寄洋藥不許押送洋

藥同入內地

四現在議定給發憑單章程各口一律其憑單式樣開列於後

載運洋藥憑單

爲給發憑單事照得單內所開蓋用記號碼號之洋藥遵照每百斤箱應納正稅釐金章程業經納銀共
兩按照憑單背面附刊

上諭批准一千八百八十五年七月十八日在倫敦所定一千八百七十六年九月十三日烟臺條約之續增專條

凡照此憑單載運之洋藥無論在於何處祗查貨包未開海關印封記號碼號均未擦損私改則一切稅捐等項均免輸納

記號　碼號　第　何處進口

發單日期　海關稅務司簽名

五中國

國家應許此等貨包在行銷洋藥地方開拆者如有應納稅捐等項或當時所徵或日後所設或由明收或由暗取均不得較土烟所納稅捐等項格外加增亦不得別立稅課如此等稅捐係照貨價計課即應將洋藥與土煙價值相較均算其較算之法應於洋藥之市價內扣除進口時所納釐金

六現在議定此次所定續增專條應與一千八百七十六年九月十三日所定烟臺條約視同一律共實力遵重之處亦與逐字載入烟臺條約無異此專條應於畫押以後六箇月開辦施行此指兩國批准文據已在期內互換而言倘期內未能互換即自互換之日開辦施行

七專條所載洋藥章程議定照行四年四年以後兩國如有欲廢棄章程者無論何時皆可先期十二箇月聲明一經通知屆期卽爲廢紙惟議定倘查所發運貨憑單於海口運送洋藥前往內地行銷處所之時仍不免其輸納一切稅捐等項則無論何時英國卽有廢棄專條之權倘續增專條既經廢棄則洋藥辦法應仍照現在所行之天津條約所附章程辦理

八續增專條既經開辦如查其中有應行變通更改之處兩國

國家儘可會同商議酌改

九烟臺條約第三端第七節所載派員查禁香港至中國偷漏之事應卽作速派員

十此次專條所改之烟臺條約暨此次議定續增專條一併由兩國

朝廷批准其批准文據應在倫敦作速交換定約大臣各奉

本國

國家之命議定續增專條畫押蓋印此專條係在倫敦繕立

漢文二分英文二分共爲四分

光緒十一年六月　初七　日即
西曆一千八百八十五年七月十八日

大清國
大皇帝
大英國
大君主五印度
大后帝因欲固存兩國友睦歷久不渝並廣開振興彼此人
民通商交涉事宜茲由
大清國
特派管理總理各國事務衙門多羅慶親王總理各國事務衙門大臣工部左侍郎孫
大英國

特派賞佩二等邁吉利寶星前署駐華大臣今美京頭等參贊大臣歐
將所議條款開列於左
一因緬甸每屆十年向有派員呈進方物成例英國允
由緬甸最大之大臣每屆十年派員循例舉行其所
派之人應選緬甸國人
一中國允英國在緬甸現時所秉一切政權均聽其便
一中緬邊界應由中英兩國派員會同勘定其邊界通
商事宜亦應另立專章彼此保護振興
一煙臺條約另議專條派員入藏一事現因中國察看

情形諸多窒礙英國允即停止至英國欲在藏印邊
界議辦通商應由中國體察情形設法勸導振興商
務如果可行再行妥議章程儻多窒礙難行英國亦
不催問
一本約立定由兩國
特派大臣在中國京城將約文漢英各三分先行畫押蓋用印
章恭候兩國
御筆批准在於英國京城速行互換以昭信守

光緒十二年六月二十三日
西歷一千八百八十六年七月二十四日

茲因
大清國
大皇帝
大英國
大君主五印度大后帝實願固敦兩國睦誼永遠弗替又因
近來事故兩國情誼有所不協之處彼此欲將哲孟
雄西藏邊界事宜明定界限用昭久遠是以
大清國
大皇帝

大英國
大君主擬將此事訂立條款
特派全權大臣議辦由
大清國
特派駐藏幫辦大臣副都統銜升由
大英國
特派總理五印度執政大臣第一等三式各寶星上議院
侯爵蘭各將所奉全權便宜行事之
上諭文憑公同校閱俱屬妥協現經議定條約八款臚列

於後

第一款

藏哲之界以自布坦交界之支莫摯山起至廓爾喀邊界止分哲屬梯斯塔及近山南流諸小河藏屬莫竹及近山北流諸小河分水流之一帶山頂爲界

第二款

哲孟雄由英國一國保護督理即爲依認其內政外交均應專由英國一國逕辦該部長暨官員等除由英國經理準行之事外概不得與無論何國交涉來往

第三款

中英兩國互允以第一款所定之界限爲準由兩國遵守並使兩邊各無犯越之事

第四款

藏哲通商應如何增益便利一事容後再議務期彼此均受其益

第五款

哲孟雄界內游牧一事彼此言明俟查明情形後再爲議訂

第六款

印藏官員因公交涉如何文移往來一切彼此言明俟後再商另訂

第七款

自此條款批准互換之日爲始限以六箇月由中國駐藏大臣英國印度執政大臣各派委員一人將第四第五第六三款言明隨後議訂各節兼同會商以期妥協

第八款

以上條款既定後應送呈兩國批准隨將條款原本在倫敦互換彼此各執以昭信守

光緒十六年二月二十七日即西歷一千八百九十年三月十七日在孟臘城繕就華英文各四分蓋印畫押

光緒十六年二月二十七日即西歷一千八百九十年三月十七日藏印立約未結通商交涉游牧三款現已議訂章程接附前約

通商

第一款藏內亞東訂於光緒二十年三月二十六日開關通商任聽英國諸色商民前往貿易由印度國家隨意派員駐寓亞東查看此處英商貿易事宜

第二款英商在亞東貿易自交界至亞東而止聽憑隨意來往不須阻攔並可在亞東地方租賃住房棧所中國應允許所建住房棧所均屬合用此外另設公所一處以備如第一款內所開印度國家隨意派員駐寓其英國商民赴亞東通商無論與何人交易或

賣其貨或購藏貨或以錢易貨或以貨換貨以及僱用各項役馬夫脚皆准循照該處常規公平交易不得格外刁難所有該商民等之身家貨物皆須保護無害自交界至亞東其間朗熱打均等處已由商上建造房舍憑商人賃作尖宿之所按日收租

第三款各項軍火器械暨鹽酒各項迷醉藥或禁止進出或特定專章兩國各隨其便

第四款除第三款所開應禁貨物外其餘各貨由印度進藏或由藏進印度經過藏哲邊界者無論何處出

產自開關之日起皆準以五年爲限概行免納進出口稅俟五年限滿查看情形或可由兩國國家酌定稅則照章納進出口稅至印茶一項現議開辦時不即運藏貿易俟百貨免稅五年限滿方可入藏銷售應納之稅不得過華茶入英納稅之數

第五款各項貨物到亞東關時無論印度貨物藏內貨物立當赴關呈報請查開單註明何項貨物多少及分量若干置價若干

第六款凡英國商民在藏界內與中藏商民有爭辯之

事應由中國邊界官與哲孟雄辦事大員面商酌辦其面商酌辦者固爲查明兩造情形彼此稟公辦理如兩邊官員意見有不合處須照被告所供按伊本國律例辦理

交涉

第七款印度文件遞送西藏辦事大臣處應由印度駐紮哲孟雄之員交付中國邊務委員由驛火速呈遞西藏文件遞送印度亦由中國邊務委員交付印度駐紮哲孟雄之員照章火速呈遞

第八款中印兩官所有往來文移自應謹慎呈遞及來往送信之人亦應令兩邊委員照料

游牧

第九款從亞東開關之日起一年後凡藏人仍在哲孟雄游牧者應照英國在哲孟雄隨時立定游牧章程辦理凡該章程內一切須先曉諭通知

續款

第一款中印各駐紮委員如有議事意見不合之處應由各委員呈報該管上司議辦倘該上司意見仍屬不合應由各上司請示本國國家議辦

第二款自此次條約議定之日起於五年後如查其中有應行變通更改之處必須於六箇月之前聲明以便兩國各派員議辦

第三款藏印條約第七款內載由中英各派員將第四五六三款言明隨後議訂各節公同會商等語現經兩國派員公同將以上通商交涉游牧三款議訂九條並續款三條言明應與原約視同一律共實力奉行之處亦與逐字載入原約無異彼此會同畫押爲憑

光緒十九年十月二十八日即西歷一千八百九十三年十二月初五日在大吉嶺繕就中英文各四分畫押

大清國二品頂戴奏准會同畫押四川越巂營叅將何長榮

大英國特派政務司保爾

大清國賞戴花翎頭品頂戴雙龍二等寶星奏准會同畫押稅務司赫政

大清國
大皇帝
大英國
大君主五印度
大后帝現因兩國如此和好極願固結鄰交益加親睦訂立條約俾光緒十二年六月二十三日北京所定緬約第三款之事得以辦妥
大清國
大皇帝特派欽差駐劄英京大臣二品頂戴都察院左副都御史薛

大英國
大君主五印度
大后帝特派欽差管理外部事務大臣勳賜極尊鞸帶寶星世襲伯爵勞　各將
欽奉全權文憑互相較閱均屬妥協議定條款如左

第一條

一今議定兩國邊界自北緯二十五度三十五分起由格林尼址東經九十八度十四分卽北京西經十八度十六分之尖高山起隨山脊而行向西南過高嵛坪及瓦嵛山尖由此過華昌村與高嵛村之中間以華昌村歸緬甸高嵛村歸中國直至薩伯坪

自薩伯坪起其綫向西而行稍向南過弍脫嵛坪到納門格坪由此仍向西南隨山脊而行至大薩爾河自此河源至此河與南太白江相會處分尤克村在東列捧村在西

自大薩爾河與南太白江相會處起界綫溯南太白江而行至此江與雷格拉江相會循雷格拉江上至其源

在尼克蘭相近自雷格拉江發源處分尼克蘭古庚昇格拉在西昔馬及美利在東其綫自來色江之西源起至此江與美利江相會處復溯美利江上至其源在赫春辣希岡相近再向西南順列塞江而行自列塞江源至該江流入穆雷江處在克同相近分克同村在西列塞村在東界綫卽循穆雷江向東南而行至與旣陽江相會處然後溯旣陽江上至其源在愛路坪然後由南奔江（卽紅蚌河）西支源起順南奔江而行至流入太平江（卽大盈江一名檳榔江）之處以上係首段之邊界綫

第二條

一第二段之邊界由庫弄河（一譯作葛龍江）與太平江相會處起循庫弄河經過其西邊一條之支江至其根源自此向南而行與洗帕河（卽下南太白江）相會適在漢董之西南以麻湯歸英國壘弄格東鐵壁關漢董歸中國至此溯洗帕河之支江而上此江有根源最近孟定格江之根源卽循山脊而行向東南方至南碗河邊壟南之克沱以克沱歸中國配侖歸英國循南碗河向西南方而行下至該河轉向東南處約在北緯二十三度五十五分其

綫由此往南稍向西至南莫江以南蓋歸英國循南莫江而行至南莫江分開處約在北緯二十三度四十七分溯南邊一條之支江而行至蠻秀南邊高嶺之脊約在北緯二十三度四十五分卽循此嶺脊而行此嶺脊係向東行稍向北至瑞麗江（卽龍川江）與南莫江相會處以蠻秀地方及天馬關欣隆拱卯各村歸中國此數處在以上高嶺之北首卽溯瑞麗江而上至此江分流處再溯南邊一條之支江而上以江中大洲歸中國至此江與孟卯相對東邊合流相近之處如第三條所開

中國答允由八募至南坎各路中之最捷一條大路經南碗河之南中國一小段地內除中國商民與土人仍舊任意行走外亦可聽英國辦事官員及商民遊歷之人行走並不阻止英國如欲修理此路或設法改築可臻平穩告知中國官後便可動工辦理又有須保護商賈或防偷漏等事英國亦可籌備辦理又議定英國之兵可以隨便經過此路但如兵數過二百名者若未經中國官答允卽不准過此路所有帶軍器之兵如在二十名以上卽須豫先行文知照中國

第三條

一第三段之邊界自瑞麗江與孟卯相對東邊合流相近之處起照天然界限及本地情形東南向麻栗壩而行約到格林尼址東經九十八度零七分北京西經十八度二十三分北緯二十三度五十二分地方有一大山嶺自此循嶺脊而行過來邦及來本隴至薩爾溫江（卽潞江）約在北緯二十三度四十一分此段由瑞麗江至薩爾溫江之邊界應照第六條所開由勘界官劃定所有歸與中國之地極少須與孟卯至麻栗壩作一直綫

爲邊界所包括之地相等倘查得合式可爲邊界之處尚須加添少許之地歸中國則中國應將別處邊界之地給還少許與英國此事俟日後酌辦可也

自北緯二十三度四十一分起邊界綫循薩爾溫江至工隆北首之邊界卽循此工隆邊界向東留出工隆全地及工隆渡歸英國科干歸中國由此循英國所屬之瑣麥與中國所屬之孟定分界處之江而行仍隨此兩地土人所熟識之界綫至界綫離此江登山處以薩爾溫江及湄江（卽瀾滄江）之支江水分流處爲界綫約自格林

尼址東經九十九度北京西經十七度三十分北緯二十三度二十分約至格林尼址東經九十九度四十分北京西經十六度五十分北緯二十三度將耿馬猛董猛角歸中國在格林尼址東經九十九度四十分北京西經十六度五十分北緯二十三度處邊界綫卽上一高山嶺此山名公明山循山嶺向南而行約至格林尼址東經九十九度三十分北京西經十七度北緯二十二度三十分以鎮邊廳地方歸中國然後其綫由山之西斜坡而下至南卡江卽順南卡江而行約過緯度十

分之路以孟連歸中國孟侖歸英國然後循孟連與康東之界綫此界綫亦皆土人所熟悉至北緯二十二度稍北處卽離開南卡江向東略南循山脊而行至南壘江約在北緯二十一度四十五分格林尼址東經一百度北京西經十六度三十分由此循康東及江洪之界綫此界綫大半係順南壘江而行惟除屬江洪一小帶之地係在南壘江之西北緯二十一度四十五分稍南界綫行至江場邊界後約在北緯二十一度二十七分格林尼址東經一百度十二分北京西經十六度十八

分卽循江場與江洪之界綫而至湄江

第四條

一今議定北緯二十五度三十五分之北一段邊界俟將來查明該處情形稍詳兩國再定界綫

第五條

一現因中國不再索問永昌騰越邊界外之隙地英國

大君主於北丹尼（卽木邦）地及科干照以上所劃邊界讓與中國之外又允將從前屬中國兼屬緬甸之孟連江洪所有緬甸上邦之權均歸中國

大皇帝永遠管理英國
大君后於該地所有權利一切退讓惟訂明一事若未經
大皇帝與
大君后豫先議定中國必不將孟連與江洪之全地或片土
讓與別國

第六條

一約內所開邊界各綫及所附之地圖繪明詳細應由兩國所派勘界官比較劃定以免地方官民爭論如查得無論何處有未甚妥協者應行更正兩國勘界官應於交換批准條約之後十二箇月之內在兩國屆時所定之地相會勘界官自首次相會之日起應限定不出三年之外將兩國界綫一律勘定倘兩國勘界官查出所定界綫必須改易其互易之地不應僅視其地面之大小須論其地土之肥瘠及緊要與否倘勘界官不能商妥應速將未妥情形各報明本國國家核辦

勘界官又須設法查勘中國舊邊界名爲漢龍關者倘查得在英國境內英國當審量可否歸還中國如查係在孟卯東南即係在孟卯至麻栗壩直綫之北邊則已歸中國矣

第七條

一劃界之事經兩國勘界官勘定後兩國如有越界之兵寨等於八箇月之內一概退出彼國兵退此國立即派兵接駐兩國應將退兵駐兵日期豫相知照自駐兵之日起應各擔保界內所居之各種野人安靜無事

除保護邊界各地安靜必應有之兵寨外兩國答允各不在邊界十英里之內建修新舊礮臺營寨其量法係從最近之邊界作一直綫量之

第八條

一英國極欲振興中緬陸路商務答允自條約批准之日起以六年爲期中國所出之貨及製造之物由旱道運入緬甸除鹽之外概不收稅英國製造之物及緬甸土產運出緬甸由旱道赴中國除米之外概不收稅其餘悉照第十條第十一條辦理

以上鹽米之稅不得多於出入海口所收之稅

第九條

一凡貨由緬甸入中國或由中國赴緬甸過邊界之處准其由蠻允盞西兩路行走俟將來貿易興旺可以設

大清國大英國續議滇緬界務商務條款

立別處邊關時再當酌量添設中國欲令中緬商務興旺答允自批准條約後以六年爲期凡貨經以上所開之路運入中國者完稅照海關稅則減十分之三若貨由中國過此路運往緬甸者完稅照海關稅則減十分之四凡有陸路出入貨物應給發三聯單（即子口稅單）照通商口岸章程一律辦理

運貨經過中國地段如在此約所准之路之外及有偷漏等弊倘中國官願行查辦即可將該貨充公

第十條

一凡以下所開軍器非經國家准購不得由緬甸運入中國亦不得由中國運往緬甸此等貨物僅准售與奉國家明諭購辦之人不得售與他人如各種槍礮及實心彈開花彈大小彈子各種軍械軍火硝磺火藥炸藥棉花火藥及別種轟發之藥

第十一條

一食鹽不准由緬甸運入中國中國銅錢米豆五穀不准運往緬甸鴉片及酒不准由兩國邊界販運出入惟行路之人准其酌帶若干以備自用每人准帶之數應照關章定奪

若犯此條及前一條即將所有之貨充公

第十二條

一英國欲令兩國邊界商務興旺並使雲南及約內中國新得各地之礦務一律興旺答允中國運貨及運礦產之船隻由中國來或往中國去任意在厄勒瓦諦江（即大金沙江）行走英國待中國之船如稅鈔及一切事例均與待英國船一律

第十三條

一中國

大皇帝可派領事官一員駐劄緬甸仰光英國

大君主可派領事官一員駐劄蠻允中國領事官在緬甸英國領事官在中國彼此各享權利應與相待最優之國領事官所享權利相同如將來中緬商務興旺兩國尙須添設領事官應由兩國互相商准派設其領事官駐劄滇緬之地須視貿易爲定

中英兩國領事官在所駐之地與其地方大員往來均係平行

第十四條

一英國商民等欲由緬甸赴中國應向合宜之英員請中國派駐仰光之領事官或邊界上之中國官給發護照方能前往其護照式樣一邊英文一邊華文與通商口岸所給護照無異華民欲由中國赴緬甸如願領護照者可向華官請英國駐劄蠻允之領事官給發護照倘遇中國別地有一英國領事官亦可就近請給護照

第十五條

一英國之民有犯罪逃至中國地界者或中國之民有

犯罪逃至英國地界者一經行文請交逃犯兩國即應設法搜拿查有可信其為罪犯之據交與索犯之官行文請交逃犯之意係言無論兩國何官祇要有官印便可行文請交此種請交逃犯之文書亦可行於罪犯逃往之地最近之邊界官

第十六條

一今欲令兩國交涉與貿易日臻蕃盛並欲中國派駐仰光之領事官與中國大憲往來通電兩國答允俟可設法通電之時應將兩國電綫接連此綫創辦之始專寄滇緬官商等往來電報

第十七條

一兩國人民無論英民在中國地界或華民在英國地界凡有一切應享權利現在所有或日後所添均與相待最優之國一律不得有異

第十八條

一約內所開通商各節俱非尋常款例此由兩國察看地方情形及中緬陸路通商應辦之事互相允讓而立所有互給權利兩國之民除有同樣情形外不得在別

處接壤之地照樣索問即使有同樣情形亦必須有同樣之允讓方可

第十九條

一以上通商章程係暫行試辦俟兩國察看得詳細情形如何去礙獲益可於交換批准條約六年後或中國願行修改或英國願行修改均可商議倘兩國俱願略早修改亦可

第二十條

一此約由

大清國
大皇帝
大英國
大君主五印度
大后帝批准自畫押之日起准六箇月在倫敦互換或能略早亦可此條約應於交換後立即開辦現在
大清
大英國各大臣先蓋用關防以昭信守
此約共四分華文二分英文二分

在倫敦立

光緒二十年正月　二十四　日
西歷一千八百九十四年三月初一日

約後附載

今因照辦光緒十二年六月二十三日 西歷一千八百八十六年七月二十四日 北京所定緬甸條約第三款之事中英兩國現定條約今日簽名於簽名之前兩國簽名大臣俱認現訂條約既係專辦約內首段所言之事而立約內各款僅可用於條約所指兩國所屬之地不能用於別處

中緬條約附款

大清國

大英國

國家爲續議附款事今因英國不再索問中國於光緒二十一年五月二十八日與法國訂立條約所讓江洪界內之地致與二十年正月二十四日與英國訂立之中緬條約相違彼此和商於原訂條約或增或改擬立附款如左

第一條

今議定兩國邊界自北緯二十五度三十五分起由格林尼址東經九十八度十四分卽北京西經十八度十六分之尖高山起隨山脊而行向西南至瓦畨山尖（卽高良）由此接至薩伯坪自薩伯坪起其綫順分水山向西而行稍向南過式脫畨坪到納門格坪其綫由此分西衣岡木薩兩處而畫直至大巴江然須俟就近查考後再定自大巴江至南太白江自南太白江至巴克乃江自此順巴克乃江到該江源頭大郎坪相近處由此順大郎坪嶺至畚辣希岡自畚辣希岡綫順西南而行至列塞江順列塞江至穆雷江分克同村及列塞村於兩處綫自中畫自此順穆雷江至該江與旣陽江相會處再順旣陽江至愛路坪順南奔江（卽紅蚌河）至太平江

第二條

自太平江及南奔江相會處此綫順太平江到瓦蘭嶺相近處由此順瓦蘭嶺及瓦蘭江至南碗河順南碗河至該河與瑞麗江（卽龍川江）相會處南碗河之南那木喀相近有三角地一段西瀕南莫江之支河及蠻秀嶺之壘周尖高山從此尖高山遵嶺東北至瑞麗江此段地英國認爲中國之地惟是地乃中國永租與英國管轄其地之權咸歸英國中國不用過問其每年租價若干嗣後再議

第三條

自南碗河瑞麗江相會處綫順今之新威部落北界至薩爾溫江（卽潞江）將瑞麗江合流之處及萬定孟戈孟戛等處將及全地劃歸中國

自瑞麗江於南算相近轉北之處（卽瑞麗江與南陽江相會處）綫

順南陽江上行至該江源頭孟哥山約在北緯二十四度七分東經九十八度十五分自此順叢樹山嶺至潞江與南邁江相會處由此順潞江上行直到科干西北界順接科干東界直抵工隆界上將工隆全地劃歸英國由此循英國所屬之瑣麥與中國所屬之孟定分界處之江而行仍隨此兩地土人所熟識之界綫至界綫離此江登山處以薩爾溫江及湄江即瀾滄江之支江水分流處爲界綫約自格林尼址東經九十九度北京西經十七度三十分北緯二十三度

二十分約至格林尼址東經九十九度四十分北京西經十六度五十分北緯二十三度將耿馬猛董猛角歸中國在格林尼址東經九十九度四十分北京西經十六度五十分北緯二十三度處邊界綫即上一高山嶺此山名公明山循山嶺向南而行約至格林尼址東經九十九度三十分北京西經十七度北緯二十二度三十分以鎮邊廳地方歸中國然後其綫由山之西斜坡而下至南卡江即順南卡江而行約過緯度十分之路以孟連歸中國孟侖歸英國然後循孟連與康東之界綫此界綫亦皆土人所熟悉由南卡江分開至北緯二十二度稍北處即離開南卡江向東略南循山脊而行至南壘江約在北緯二十一度四十五分格林尼址東經一百度北京西經十六度三十分由此循康東及江洪之界綫此界綫大半係順南壘江而行惟除屬江洪一小帶之地係在南壘江之西北緯二十一度四十五分稍南界綫行至江場邊界後約在北緯二十一度二十七分格林尼址東經一百度十二分北京西經十六度十八

分即循江場與江洪之界綫而至湄江

第四條

與原約無所增改

第五條

今彼此言明日後中國未經先與英國議定不能將現在仍歸中國在湄江左岸之江洪土地以及孟連與所有在湄江右岸之江洪土地或全地或片土讓與他國

第六條

今彼此議定將原約第六條擬改如左現在所定邊界各綫應由兩國所派勘界官比較劃定以免地方官民爭論如查得無論何處有未甚妥協者應行更正兩國勘界官應於此附款畫押後十二箇月之內在兩國屆時所定之地相會勘界官自首次相會之日起應限定不出三年之外將兩國界綫一律勘定如確守附款所定界綫必有騎綫之鄉村部落地段勘界官員可量爲遷改互易倘勘界官有不能商妥之處應速將未妥情形各報明本國國家核辦

第七條

與原約無所增改

第八條

與原約無所增改

第九條

凡貨由緬甸入中國或由中國赴緬甸過邊界之處按照原約准其由蠻允盞西兩路行走茲彼此言定如將來兩國勘界官員查明另闢他路與貿遷有益所有查明之路皆准照原約所載一律開通行走

第十條

與原約無所增改

第十一條

與原約無所增改

第十二條

一英國欲令兩國邊界商務興旺並使雲南及約內中國新得各地之礦務一律興旺答允中國運貨及運礦產之船隻由中國來或往中國去任意在厄勒瓦諦江（即大金沙江）行走英國待中國之船如稅鈔及一切事例均與待英國船一律中國答允將來審量在

雲南修建鐵路與貿易有無裨益如果修建即允與緬甸鐵路相接

第十三條

按照原約中國可派領事官一員駐劄緬甸仰光英國可派領事官一員駐劄蠻允中國領事官在緬甸英國領事官在中國彼此各享權利應與相待最優之國領事官所享權利相同如將來中緬商務興旺兩國尚須添設領事官應由兩國互相商准派設其

領事官駐劄滇緬之地須視貿易爲定今言明准將駐劄蠻允之領事官改駐或騰越或順甯府一任英國之便擇定一處並准在思茅設立英國領事官駐劄所有英國人民及英國所保護之人民准在以上各處居住貿易與在中國通商各口無異英國領事官在以上各處駐劄與中國官員會晤文移及往來酬應亦與通商各口領事官無異

第十四條

原約内載華民欲赴緬甸可向華官請英國駐劄蠻允之領事官給發護照云云今既言明將駐劄蠻允之領事官改駐或騰越或順甯自應將此條内駐劄蠻允之領事官字樣改爲駐劄或騰越或順甯領事官

第十五條

與原約無所增改

第十六條

與原約無所增改

第十七條

與原約無所增改

第十八條

與原約無所增改

第十九條 原約後加增

通商章程如未能議妥如何修改則仍應遵守原約所載之章

專條

光緒二十一年十二月初六日經總理衙門照會

大英署理欽差大臣以光緒二十一年十一月十五日本衙門具奏西江口岸通商一摺奉

旨知道了欽此相應恭錄

諭旨照會查照等因今彼此言明將廣西梧州府廣東三水縣城江根墟開爲通商口岸作爲領事官駐劄處所輪船由香港至三水梧州由廣州至三水梧州往來由海關各酌定一路先期示知並將江門甘竹灘肇慶府及德慶州城外四處同日開爲停泊上下客商貨物之口按照長江停泊口岸章程一律辦理

現在議定以上所定中緬條約附款及專條各節應

於畫押後四箇月之內開辦施行其
批准文據應在中國京城速行互換爲此兩國大臣將此
附款專條畫押蓋印以昭信守
此附款專條在中國京城繕立漢文三分英文三分
共六分

光緒二十三年正月　日
西歷一千八百九十七年二月　日

展拓香港界址專條

溯查多年以來素悉香港一處非展拓界址不足以資
保衛今中英兩國政府議定大略按照粘附地圖展擴
英界作爲新租之地其所定詳細界綫應俟兩國派員
勘明後再行畫定以九十九年爲限期又議定所有現
在九龍城內駐紮之中國官員仍可在城內各司其事
惟不得與保衛香港之武備有所妨礙其餘新租之地
專歸英國管轄至九龍向通新安陸路中國官民照常
行走又議定仍留附近九龍城原舊馬頭一區以便中

國兵商各船渡艇任便往來停泊且便城內官民任便
行走將來中國建造鐵路至九龍英國管轄之界臨時
商辦又議定在所展界內不可將居民迫令遷移產業
入官若因修建衙署築造礮台等官工需用地段皆應
從公給價自開辦後遇有兩國交犯之事仍照中英原
約香港章程辦理查按照粘附地圖所租與英國之地
內有大鵬灣深圳灣水面惟議定該兩灣中國兵船無
論在局內局外仍可享用
此約應於畫押後自中國五月十三日即西歷七月初

一號開辦施行共
批准文據應在英國京城速行互換爲此兩國大臣將此專
條畫押蓋印以昭信守
此專條在中國京城繕立漢文四分英文四分共八分
大清國太子太傅文華殿大學士一等肅毅伯李 經筵講官禮部尚書許
大英國欽差駐劄中華便宜行事大臣竇

光緒二十四年四月二十一日
西歷一千八百九十八年六月初九日

英國租威海衛專條

今議定
中國政府將山東省之威海衛及附近之海面租與
英國政府以爲英國在華北得有水師合宜之處並爲多
能保護英商在北洋之貿易租期應按照俄國駐守旅
順之期相同所租之地係劉公島並在威海灣之羣島
及威海全灣沿岸以內之十英里地方以上所租之地
專歸英國管轄以外在格林尼址東經一百二十一度
四十分之東沿海暨附近沿海地方均可擇地建築砲

台駐紮兵丁或另設應行防護之法又在該界內均可
以公平價值擇用地段鑿井開泉修築道路建設醫院
以期適用以上界內所有中國管轄治理此地英國並
不干預惟除中英兩國兵丁之外不准他國兵丁擅入
又議定現在威海城內駐紮之中國官員仍可在城內
各司其事惟不得與保衛租地之武備有所妨碍又議
定所租與英國之水面中國兵船無論在局內局外仍
可享用又議定在以上所提地方內不可將居民迫令
遷移產業入官若應修建衙署築造砲台等官工須用

地段皆應從公給價此約應自畫押之日起開辦施行

其

批准文據應在英國京城速行互換爲此兩國大臣將此專

條畫押蓋印以昭信守

此專條在中國京城繕立漢文四分英文四分共八分

光緒二十四年五月十三日

西歷一千八百九十八年七月初一日

大清國管理總理各國事務衙門和碩慶親王
總理各國事務衙門刑部尚書廖　押

大英國欽差駐劄中華便宜行事大臣竇　押

法國條約

今
大清國
大皇帝
大法國
大皇帝切願將所有兩國不協之處調處和平與前立和好
貿易船隻事宜復爲申明諸逾往日妥爲處置保護懋
生以敦永久因此議定重立和約章程俾兩國均獲裨
益用是兩國特派全權大臣以便辦理
大清國
大皇帝欽差便宜行事全權大臣 東閣大學士總理刑部事務桂 吏部尚書鑲藍旗漢軍都統花
大法國
大皇帝欽差頭等全權大臣御賜勳勞大星俄羅斯大救帶
大西洋降生大星世襲男爵喏嘲㗚嘮嘶吠嚏曦噶囉
前來彼此既將所奉便宜行事之
上諭及
欽奉全權之
詔勅公同較閱查核俱屬善當即將議立條款開列於左
第一款

嗣後
大清國
皇上與
大法國
皇上及兩國商民毋論何人在何地方均永遠和好友誼敦
篤彼此僑居皆獲保護身家
第二款
茲兩國幸然復舊太平欲垂之永久因此兩國
欽差大臣議定凡有
大法國特派
欽差大臣公使等予以
詔勅前來
中國者或有本國重務辦理皆准進京僑居按照大西各
國無異又議定將來假如凡與中國有立章程之國或
派本國
欽差公使等進京長住者
大法國亦能照辦凡進京之
欽差大臣公使等當其暫居京師之時無不按照情理全獲

施恩其施恩者乃所有身家公所與各來往公文書信等件皆不得擅動如在本國無異凡欲招置人通事服役人等可以延募毫無阻擋所有費用均由本國自備

中國

大皇帝欲派

欽差大臣前往大法國京師僑居無不各按品級延接全獲

恩施照大西各國所派者無異

第三款

凡大法國大憲領事等官有公文照會中國大憲及地

方官員均用

大法國字樣惟爲辦事妥速之便亦有繙譯中國文字一件附之其件務盡力以相符候

大清國京師有通事諳曉且能譯

大法國言語即時

大法國官員照會

大清國官員公文應用

大法國字樣

大清國官員照會

大法國官員公文應用

大清國字樣自今以後所有議定各款或有兩國文詞辯論之處總以法文做爲正義茲所定者均與現立章程而爲然其兩國官員照會各以本國文字爲正不得將繙譯言語以爲正也

第四款

將來兩國官員辦公人等因公往來各隨名位高下准用平行之禮大法國大憲與中國無論京內京外大憲公文往來俱用照會大法國二等官員與中國省中大

憲公文往來用申陳中國大憲用劄行兩國平等官員照相並之禮其商人及無爵者彼此赴訴俱用稟呈大法國人每有赴訴地方官其稟函皆由領事官轉遞領事官即將稟內情詞查核適理妥當隨即轉遞否則更正或即發還中國人有稟赴領事官亦先投地方官一體辦理

第五款

大法國

皇上任憑設立領事等官在第六七款內所列中國沿海及

河各埠頭辦理本國商民交涉事件與各地方官公文往來並稽查遵守章程中國地方官與該領事等官均應以禮相待來往移文俱用平行倘有不平之事該領事等官准逕自申訴省垣大憲並控訴本國

欽差全權大臣遇有領事等官不在該口

大法國船主商人可以相託與國領事代爲料理否則逕赴海關呈明設法妥辦使該船主商人得沾章程之利益

第六款

中國多添數港准令通商屢試屢驗實爲近時切要因此議定將廣東之瓊州潮州福建之臺灣淡水山東之登州江南之江甯六口與通商之廣東福州廈門甯波上海五口准令通市無異其江甯俟官兵將匪徒勦滅後

大法國官員方准本國人領執照前往通商

第七款

自今以後凡大法國人家眷可帶往第六款所開中國沿海通商及江之各口市埠地方居住貿易工作平安無礙常川不輟若有蓋印執照任聽在議定通商各口周遊往來惟明禁不得在沿海沿江各埠私買私賣如有犯此例者船隻貨物聽憑入官但中國地方官查拏此等船隻貨物於未定入官之先宜速知會附近駐口之大法國領事

第八款

凡大法國人欲至內地及船隻不准進之各埠頭遊行皆准前往然務必與本國欽差大臣或領事等官預領中法合寫蓋印執照其執照上仍應有中華地方官鈐

印以爲憑如遇執照有遺失者大法國人無以繳送而地方官員無憑查驗不肯存留以便再與領事等官復領一件聽憑中國官員護送進口領事官收管均不得毆打傷害虐待所獲大法國人凡照舊約在通商各口地方大法國人或長住或往來聽其在附近處所散步動作毋庸領照一如內地民人無異惟不得越領事官與地方官議定界址其駐劄中國大法國官員如給執照之時惟不准前往暫有匪徒各省分其執照惟准給與體面有身家之人爲憑

第九款

凡中國與各有立章程之國會議整頓或現或後議定稅則關口稅噸稅過關稅出入口貨稅一經施行辦理大法國商人均沾用昭平允

第十款

凡大法國人按照第六款至通商各口地方居住無論人數多寡聽其租賃房屋及行棧存貨或租地自行建屋建行大法國人亦一體可以建造禮拜堂醫人院周急院學房墳地各項地方官會同領事官酌議定大法國人宜居住宜建造之地凡地租房租多寡之處彼此在事務須按照地方價值定議中國官阻止內地民人高抬租值大法國領事官亦謹防本國人強壓迫受租值在各口地方凡大法國人房屋間數地段寬廣不必議立限制俾大法國人相宜獲益倘有中國人將大法國禮拜堂墳地觸犯毀壞地方官照例嚴拘重懲

第十一款

大法國人在通商各口地方聽其任便僱買辦通事書記工匠水手工人亦可以延請士民人等教習中國語音繕寫中國文字與各方土語又可以請人幫辦筆墨作文學文藝等工課各等工價束脩或自行商議或領事官代爲酌量大法國人亦可以教習中國人願學本國及外國話者亦可以發賣大法國書籍及採買中國各樣書籍

第十二款

凡大法國人在通商各口地方所有各家產財貨中國民人均不得欺凌侵犯至中國官員無論遇有何事均不得威壓強取大法國船隻以爲公用私用等項

第十三款

天主教原以勸人行善爲本凡奉教之人皆全獲保佑身家其會同禮拜誦經等事概聽其便凡按第八款備有蓋印執照安然入內地傳教之人地方官務必厚待保護凡中國人願信崇

天主教而循規蹈矩者毫無查禁皆免懲治向來所有或寫或刻奉禁天主教各明文無論何處概行寬免

第十四款

將來中國不可另有別人聯情結行包攬貿易倘有違

例領事官知會中國設法驅除中國官宜先行禁止免敗任便往來交易之誼

第十五款

凡大法國船駛進通商各口地方之處就可自僱引水即帶進口所有鈔餉完納後欲行揚帆應由引水速帶出口不得阻止留難凡人欲當大法國引水者若有三張船主執照領事官便可著伊爲引水與別國一律辦事所給引水工銀領事等官在通商各口地方秉公酌量遠近險易情形定其工價

第十六款

凡大法國船一經引水帶進口內即由海關酌派妥役一二名隨船管押稽查透漏該役或搭坐商船或自僱艇隻均聽其便所需工食由海關給發不得向船主及代辦商人等需索倘有違例即按所索多寡照例科罪並照數追償

第十七款

凡大法國船進口在一日之內並無阻礙其船主或貨主或代辦商人即將船牌貨單等件繳送領事官該領事官於接到船牌貨單後一日內即將船名人名及所載噸數貨色詳細開明照會海關倘船主怠慢於船進口後經二日之內不將船牌貨單呈繳領事官每逾一日罰銀五十圓入中國官但所罰之數不得過二百圓追領事官照會海關後海關即發牌照准其開艙倘船主未領牌照擅自開艙卸貨罰銀五百圓所卸之貨一併入官

第十八款

凡大法國船主商人應聽任便僱各項剝船小艇載運

貨物附搭客人其船艇腳價由彼此合意商允不必地方官爲經理若有該船艇誆騙走失地方官亦不賠償其船艇不限以隻數亦不得令人把持並不准挑夫人等包攬起貨下貨

第十九款

凡大法國商人每卸貨下貨應先開明貨單呈送領事官即著通事通報海關便准其卸貨下貨當即查驗其各貨妥當彼此均無受虧大法國商人不欲自行計議稅餉另倩熟悉之人代爲計議完稅亦聽其便如有事

後異言俱不准聽至估價定稅之數若商人與華人意見不合應彼此喚集二三商人驗明貨物以出價高者定爲估價凡輸稅餉以淨貨爲率所有貨物應除去皮毛倘大法國人與海關不能定各貨皮毛輕重就將爭執各件連皮過秤先定多寡約數再復除淨皮毛稱其斤重即以所稱通計類推當查驗貨物之時如有意見不合大法國商人立請領事官前來該領事官亦即知會海關從中盡力作合均限一日之內通報否則不爲准理於議論未定之先海關不得將互爭數目姑寫册

上恐後難於核定進口貨物遇有損壞應核減稅銀照估價之例秉公辦理

第二十款

凡船進口尚未領有牌照卸貨即與第十九款所載在二日之內可出口往別口出在此不必輸納鈔餉仍在賣貨之口完納鈔餉

第二十一款

議定大法國船主或商人卸貨完稅則例俱逐次按數輸納至出口下貨亦然凡大法國船所有鈔餉一經全完海關即給與實收呈送領事官驗明即將船牌交還准令開行海關酌定銀號若干可以代中國收大法國應輸餉項該銀號所給實收一如中國官所給無異所輸之銀或紋銀或洋銀海關與領事官核其市價情形將洋銀比較紋銀應補水若干照數補足

第二十二款

凡船按照第二十款進口出口二日之外與未開艙卸貨之先即將船鈔全完按照例式凡船在一百五十噸以上者每噸鈔銀五錢不及一百五十噸者每噸納鈔銀

一錢所有從前進口出口各樣規費一概革除以後不得再生別端凡納鈔時海關給發執照開明船鈔完納倘該船駛往別口即於進口時將執照送驗毋庸輸鈔以免重複凡大法國船從外國進中國止須納船鈔一次所有大法國三板等小船無論有篷無篷附搭過客載運行李書信食物並無應稅之貨者一體免鈔若該小船載運貨物照一百五十噸以下之例每噸輸鈔銀一錢倘大法國商人僱賃中國船艇該船不輸船鈔

第二十三款

大法國貨物在通商各口已按例輸稅中國商人即便帶進內地經過稅關只照現例輸稅不得復索規費按今稅則是有準繩以後毋庸加增倘有海關書役人等不守例款詐取規費增收稅餉者照中國例究治

第二十四款

凡大法國船進通商各口如將貨在此卸去多寡即照所卸之數輸納其餘貨物欲帶往別口卸賣者其餉銀亦在別口輸納遇有大法國人在此口已將貨餉輸納轉欲載往別口售賣者報明領事官照會海關將貨驗

明果係原封不動給與牌照註明該貨曾在某口輸餉俟該商進別口時將牌照呈送領事官轉送海關查驗免稅即給與牌照卸貨一切規費俱無惟查出有夾私誆騙等弊即將該貨嚴拏入官

第二十五款

凡剝貨若非奉官特准及必須剝運之處不得將貨輙行剝運遇有免不得剝貨之處該商應報明領事官給與執照海關查驗執照准其剝貨該海關可以常著胥役監視倘有不奉准而剝貨者除遇有意外危險不及

等候外所有私剝之貨全行入官

第二十六款

凡通商各口海關均有部頒秤碼丈尺等項應照造一分比較準確送與領事官署收存輕重長短一與粵海關無異每件鐫戳粵海關字樣有鈔餉各銀輸納中國者俱依此秤碼兌交如有秤丈貨物爭執即以此式爲準

第二十七款

大法國人在通商各口貿易凡入口出口均照兩國

欽差大臣所定印押而附章程之稅則輸納鈔餉但因兩國貨物或土產或工藝一時不同而價值有低昂之殊其稅則有增減之別每七年較訂一次以資允協七年之內已定稅銀將來並不得加增亦不得有別項規費大法國人凡有鈔餉輸納其貨物經此次畫押載在則例並非禁止並無限制者不拘從本國及別國帶進及無論帶往何國均聽其便中國不得於例載各貨物別增禁止限制之條如將來改變則例應與大法國會通議允後方可酌改至稅則與章程現定與將來所定者大

法國商民每處每時悉照遵行一如厚愛之國無異

第二十八款

緣所定之稅則公當不爲走私藉口諒大法國商船將來在通商各口不作走私之事若或有商人船隻在各口走私無論何等貨價何項貨物並例禁之貨與偷漏者地方官一體拏究入官再中國可以隨意禁止走私船隻進中土亦可以押令算清帳項刻即出口倘有別國冒用大法國旗號者大法國設法禁止以遏刁風

第二十九款

大法國

皇上任憑派撥兵船在通商各口地方停泊彈壓商民水手俾領事得有威權將來兵船人等皆有束約不許滋事生端即責成該兵船主飭令遵守第三十三款各船與陸地交涉及鈐制水手之條例辦理至兵船議明約定不納各項鈔餉

第三十款

凡大法國兵船往來遊奕保護商船所過中國通商各口均以友誼接待其兵船聽憑採買日用各物若有壞爛亦可購料脩補俱無阻礙倘大法國商船遇有破爛及別緣故急須進口躲避者無論何口均當以友誼接待如有大法國船隻在中國進岸地方損壞地方官聞知即爲拯救給與日用急需設法打撈貨物不使損壞隨照會附近領事等官會同地方官設法著令該商梢人等回國及爲之拯救破船木片貨物等項

第三十一款

將來中國遇有與別國用兵除敵國布告堵口不能前進外中國不爲禁阻大法國貿易及與用兵之國交易

凡大法國船從中國口駛往敵國口所有進口出口各例貨物並無妨礙如常貿易無異

第三十二款

凡大法國兵船商船水手人等逃亡領事官及船主知會地方官實力查拏解送領事官及船主收領倘有中國人役負罪逃入大法國寓所或商船隱匿地方官照會領事官查明罪由即設法拘送中國官彼此均不得稍有庇匿

第三十三款

水手登岸須遵約束規條所有應行規條領事官議定
照會地方官查照以防該水手與內地民人滋事爭端
第三十四款
遇有大法國商船在中國洋面被洋盜打刼附近文武
官員一經聞知卽上緊緝拏照例治罪所有贜物無論
在何處搜獲及如何情形均繳送領事官轉給事主收
領倘承緝之人或不能獲盜或不能全起贜物照中國
例處分但不能賠償
第三十五款

凡大法國人有懷怨挾嫌中國人者應先呈明領事官
覆加詳核竭力調停如有中國人懷怨大法國人者領
事官亦虛心詳核爲之調停倘遇有爭訟領事官不能
爲之調停卽移請中國官協力辦理查核明白秉公完
結
第三十六款
將來大法國人在通商各口地方爲中國人陷害凌辱
騷擾地方官隨在彈壓設法防護更有匪徒狂民欲行
偷盜毀壞放火大法國房屋貨行及所建各等院宅中

國官或訪聞或領事官照會立卽飭差驅逐黨羽嚴拏
匪犯照例從重治罪將來聽憑向應行追贜者賠者責
償
第三十七款
將來若有中國人負欠大法國人船主及商人債項者
毋論虧負誆騙等情大法國人不得照舊例向保商追
取惟應告知領事官照會地方官查辦出力責令照例
賠償但負欠之人或緝捕不獲或死亡不存或家產盡
絕無力賠償大法國商人不得問官取賠遇有大法國

人誆騙中國人財物者領事官亦一體爲中國人出力
追還但中國人不得問領事官與大法國取償
第三十八款
凡有大法國人與中國人爭鬧事件或遇有爭鬬中或
一二人及多人不等被火器及別器毆傷致斃者係中
國人由中國官嚴拏審明照中國例治罪係大法國人
由領事官設法拘拏迅速訊明照大法國例治罪其應
如何治罪之處將來大法國議定例款如有別樣情形
在本款未經分晰者俱照此辦理因所定之例大法國

人在各口地方如有犯大小等罪均照大法國辦理

第三十九款

大法國人在通商各口地方如有不協爭執事件均歸
大法國官辦理遇有大法國人與各國人有爭執情事
中國官不必過問至大法國船在通商各口地方中國
官亦不爲經理均歸大法國官及該船主自行辦理

第四十款

日後大法國
皇上若有應行更易章程條款之處當就立換章程年月核

計滿十二年之數方可與中國再行籌議至別國所定
章程不在大法國此次所定條款內者大法國領事等
官與民人不能限以遵守惟中國將來如有
特恩曠典優免保祐別國得之大法國亦與焉

第四十一款

大法國
大皇帝欲表美意與
大清國
大皇帝特將凡可憶往日各不協之處而今已欣然解釋不
列於此和約章程之中因此所有把守廣東省城以前
各事宜與大法國軍兵各費用而今兩國議定妥當准
行分款開列而其款仍與在本和約章程繕列通行無
異

第四十二款

凡議立和好貿易船隻情事等章程兩國大臣畫押用
印奏上
大清國
大皇帝自畫押用印之日起約計限以一年

大皇帝
大法國
大皇帝彼此御覽欽定批准即在京師交互存照交互之後
中國即將本和約章程行文內外各憲徧行週知兩國
欽差大臣即於章程畫押蓋印以爲炳據
咸豐八年　月　日即
降生後一千八百五十八年　月　日

大清國皇上 大法國皇上 欽定和約章程遺補六款

第一款

西林縣知縣張鳴鳳敢將本國傳教人馬神父恣意殺死本係有罪之人應將該知縣革職並言明嗣後永不得蒞任

第二款

西林縣既經革職後即照會大法國

欽差大臣知照又將革職事由備載京報

第三款

大法國民人及所保護者在廣東省城所有行內物件法英軍兵未入省之先皆被百姓或燒或刧後計多寡按

據分賠

第四款

中國官員固執不允大法國以理所請各賠補之處以致軍需繁多務必由廣東海關照數賠補其賠補銀與軍兵費用約有二百萬兩之多應將此銀交大法國駐劄中國欽差大臣收入復回收單執照其二百萬兩分六次每年一次交清或用銀兩或用會單仍由廣東海關交清將來凡有本國完納出入貨稅各客商皆准量稅之多寡用銀九分會單一分完納其交銀首次從兩國

欽差大臣畫押章程之日起約一年之內交清廣東海關於抽稅時若欲每年惟收會單其會單值銀三十三萬三千三百三十三錢三分四分之數即六分之一扣稅亦無不可後在廣東中國大憲會同大法國欽差派員預行會議定立會單圖式印章如何交收每會單值銀多少交清銀兩之後如何注銷以免重複

第五款

中國將上款所開銀數或用銀兩或用海關會單一經

交清大法國軍兵即時退出粵省惟以軍兵及速退之便中國欲將各會單或先期或按次分明年號交出在領事官署寄存亦無不可

第六款

以上各款仍如各字樣列載和約章程內一律無異因此兩國

欽差大臣畫押鈐印

咸豐八年　月　日
降生後一千八百五十八年　月　日在
直隸天津鈐用關防

大法國特派頭等欽差全權大臣世襲男爵葛　為
照會事照得前八月初一日准
貴大臣等照會一件內開條約內載商虧軍需二項皆
由粵省設措款項付清粵城則交回
大清國管屬等語貴國與英國條約相同並無別指之詞本
大臣等查此項銀兩貴國係載明分作六次每年一次
交清或用銀兩或完納關稅時用銀九分會單一分均
無不可英國是否照此辦理事關交銀還城本大臣等
必當商酌定妥方可覆

命合行照會
貴大臣務請查照即與　英國　欽差大臣等會商議定
等情本大臣查此皆係和約商定之事如果遵此和約
之語辦理完結有實事可驗本法國與英國即將現守
粵城兵丁撤回粵城仍交還
貴國管屬前所新立之和約本大臣與英國大臣業已詳
本國京都矣但至今尚未接到回文至現來之公文乃
未立新和約以前之回文也俱為粵省雖已息戰而
貴國官員仍私令粵民暗殺外國兵商立心相敵等事本

國京都必須知明此等兌事悉絕方有回文告以辦理
之法至本大臣既與
貴大臣等會議後知
貴大臣等誠心和好定無二心故本大臣除將與
貴大臣往來文件詳本京都外又另修一摺備定
貴大臣忠誠美意實心與法國和睦等語以通報知本京
矣本大臣意近來必有本國來文諒必着本大臣與英
國大臣會同
貴大臣等商辦妥協及至期始行之時必無違礙之事彼

所欠二百萬軍需銀當如何還法卽註明於後此項銀
兩原議定六年還清每年宜還清三十三萬三千三百
三十三兩零三錢三分交本法國公使大臣立收單交
與　貴國官員此係二百萬中六分之一或用現銀或
用會單或本法國商人完納關稅時用現銀九分用會
單一分比喻有商人欠海關銀一千兩用現銀九百兩
外用會單一百兩之數卽共合爲一千兩矣如粵海關
一年中交出會單銀數三十三萬三千三百三十三兩
零三錢三分卽可不用現銀矣如僅交出會單銀數二
十萬兩須再交出現銀十三萬三千三百三十三兩零
三錢三分卽不須向外找現銀矣如一年中僅收會單
銀數二十萬兩須再交現銀十三萬三千三百三十三
兩零三錢三分與本法國公使大臣矣每年依此法行
去六年卽可交清矣至會單公使大臣先收轉賣于本
法國商人爲納稅使用必酌議爲商人頗有利益始可
大行論用會單只可當年好用過一年卽不能有用矣
如海關願定用當年會單並願用來歲會單亦無不可
粵海關所交出之會單須要中法兩國官員定準式樣

一面寫上中國字一面寫上法國字並兩國官員皆書
押于其上使匪類人不得假造以免兩國庫吏被累此
六年之會單可一次寫好一並交本國公使大臣收存
待本國來文後再行妥辦以上所載等件本大臣想如
此辦理爲此照會
貴大臣查照施行可也須至照會者

咸豐八年十月十五日

大法國特派頭等欽差全權大臣世襲男爵葛　爲
照覆事於九月三十日准
貴大臣照會一件內開法國人往內地執照暨領事官
等事其中事件亦有非本大臣所能專辦者故日前公
事繁冗不便回覆今已稍閑特將
貴大臣前所來照會一一細閱詳察逐條回覆一前往
內地執照本大臣在天津時已有文詳本國奏領事官
如發執照須要認明此人係正經好人前往內地何處
作何生理始行蓋印給發執照上須載中法二國字文
及本人年貌係籍何處作何生理方准領事官同中國
地方官一並蓋印此執照發出一年爲期每年更換其
執照紙費俱係本人奉納然此須待交還和約時本國
大臣來中國同
貴國大臣商酌妥協此執照如何作法本大臣定知本
國設立善法以致不得滋事一有約之國不與無約之
國視同一律
貴大臣未悉外國情形不肯遽行設法防弊合先奉商
再爲定見本大臣查此甚屬有理但刻下尚無定見只

可將貴大臣照會詳至本國飭令法官之在無和約之
國者轉告無和約國之官一一遵辦至於有商人而兼
作領事者本大臣尙不能專定業已詳明本國凡作新
開口之領事俱不得以商人兼攝方可辦事一領事官
有屢次關礙和約不詳上憲之事必有實據方可憑信
本法國定不曲從任其再有此等之事雖
貴國論法國官有不善等事法國未論及
貴國官如何善否恐中法二國官員各存己見兩不相
讓以至如此本國素諭領事按分辦事凜遵和約所以
現今重修舊好以前之事永不必追以後共敦友誼以
垂永遠
一
貴國大憲與法國大憲俱用照會二等領事官與道臺
同品總領事官與藩臬臺同品如此定方免爭端本大
臣來中國日淺未深明悉
貴國品級待交還和約時再行相商定明一中國船戶
用外國旗號中國官員礙難辦理恐啟中外爭端不能
不立法禁絕查本國例載法國之船船主係法國人水

手有法國人一半方准發給旗號本國欲與
貴國永遠和好故所辦之事俱遵和約以致二國人民
俱有和好之實交還和約之大臣俱有本國參辦事件
本大臣知
貴國與法國有實心和好之意今俟本國來文始知回
本國之期臨行時再照會
貴大臣一切之事俱可與在粵之公使大臣布一同商
辦可也爲此合行照會須至照覆者
咸豐八年十月十九日

英國照會

大法國特派頭等欽差全權大臣世襲男爵葛　爲
照會事照得本大臣前准照會二件理應即時回覆奈
忙不得暇又兼繙譯官爲稅則之事不能撥忙所以遲
延至今現本大臣接奉本京都來文內云和約業已接
到其所立條款甚屬得當等情本大臣諒本國同英國
諸件俱要即速相商以求完結但本京都發此來文時
仍知廣東兇惡之事日日加增嗣後有文行至本京都
者尚未接回文本大臣諒至回廣東或至香港時或能
接到本京都來文如回文不到本大臣亦必於回本國
之前知會全權大臣布會同英國欽差並中國官員商
量妥協一並辦妥各樣事件本大臣不數日即欲起程
所蒙
貴大臣諸般厚情筆難盡書所辦諸事悉皆允和皆大
貴大臣之鼎也自今以後中國與法國各遵和約一切
有礙之事盡行銷除　貴國諒信法國眞無二意可永
結同心之好矣爲此合行照會須至照會者
咸豐捌年拾月貳拾日

法國照會

通商章程善後條約

第一款

一此次新定稅則凡有貨物僅載進口稅則未載出口稅則者遇有出口皆應照進口稅則納稅或有僅載出口稅則未載進口稅則者遇有進口亦皆照出口稅則納稅倘有貨物名目進出口稅則均未賅載又不在免稅之列者應核估時價照值百抽五例征稅

第二款

一凡有金銀外國各等銀錢麵粟米粉砂穀米麵餅熟肉熟菜牛奶酥牛油蜜餞外國衣服金銀首飾攙銀器香水碱炭柴薪外國蠟燭外國煙絲煙葉外國酒家用雜物船用雜物行李紙張筆墨氈毯鐵刀利器外國自用藥料玻璃器皿以上各物進出口通商各口皆准免稅除金銀外國銀錢行李毋庸議外其餘該船裝載無論淺滿雖無別貨亦應完納船鈔倘運往內地除前三項仍毋庸議外其餘各貨皆每百兩之物完納稅銀貳兩伍錢

第三款

一凡有違禁貨物如火藥大小彈子炮位大小鳥鎗幷一切軍器等類及內地食鹽以上各物概屬違禁不准販運進出口

第四款

一凡有稅則內所算輕重長短中國壹担即係壹百觔者以法國陸拾吉羅葛棱壓零肆百伍拾叁葛棱壓為準中國壹丈即拾尺者以法國叁邁當零伍拾伍桑的邁當為準中國壹尺即法國叁百伍拾捌蜜理邁當均以此為例

第五款

一向來洋藥銅錢米穀荳石硝磺白鉛等物例皆不准通商現定稍寬其禁聽商遵行納稅貿易洋藥准其進口議定每百觔納稅銀叁拾兩惟該商止准在口銷賣一經離口即屬中國貨物祇准華商運入內地外國商人不得護送即天津條約第八條所載如法國人有領中法合寫蓋印執照欲至內地或到內地生理者斷不准販賣洋藥其洋藥入內地應如何征稅聽憑中國辦理嗣後遇修改稅則仍不得按照別貨定稅　又銅錢不准

運出外國惟通商中國各口准其以此口運至彼口照現定章程遵行該商赴關報明數目若干運往何口或令本商及同商二人聯名具呈保單抑或聽監督飭令另交結實信據方准給照別口監督於執照上註明收到字樣加蓋印信從給照之日起限陸箇月繳回驗銷若過期不繳銷執照即按其錢貨原本照數罰繳入官其進出口均免納稅至船載無論淺滿均納船鈔　又凡米穀等糧不拘內外土產不分何處進口者皆不准運出外國惟法商欲運往中華通商別口則照銅錢一

律辦理出口時照依稅則納稅其進口毋庸納稅至船載無論淺滿均遵納船鈔　又荳石荳餅在登州牛莊兩口者法國船不准裝載出口其餘各口該商照稅則納稅仍可帶運出口及外國俱可　又硝磺白鉛均為軍前要物應由華官自行採辦進口或由華商特奉准買明文方准進口該關未能查明該商實奉准買定不發單起貨此三項止准法國商人於通商海口銷售不准帶入長江並各內港亦不准代華商護送除在各海口外即係華民貨物與法商無涉以上洋藥銅錢米穀荳石荳餅硝磺白鉛等項止准照新章買賣敢違此例所運貨物全罰入官

第六款

一天津條約法國第十七條所載法船進口限壹日報領事官知照並照第二十條所載法國貨船進口尚未領有牌照卸貨限貳日之內可出口往別口去不必征收船鈔以上二條無論先後總以該船進口界限時刻起算以免參差爭論至各口界限並上下貨物之地均由海關妥為定界既要便商更不得有礙收稅知會領事

官曉諭本屬商民遵辦

第七款

一天津條約第二十三條所載內地稅餉之議現定出入稅則總以照納一半為斷惟第二款所載免稅各貨除金銀外國銀錢行李三項毋庸議外其餘海口免稅各物若進內地仍照每值百兩完稅銀貳兩伍錢此外運入內地各貨該商應將該貨名目若干原裝何船進口應往內地何處各緣由報關查驗確實照內地稅項該關發給內地稅單該商應向沿途各子口呈單照驗蓋

戳放行無論遠近均不重征至運貨出口之例凡法商
在內地置貨到第一子口驗貨由送貨之人開單註明
貨物若干應在何口卸貨呈交該子口存留發給執照
准其前往路上各子口查驗蓋戳至最後子口先赴出
口海關報完內地稅項方許過卡俟下船出口時再完
出口之稅若進出有違此例及業經報明指赴何口沿
途私賣者各貨均罰入官倘有匿單少報等情將單內
同類之貨全數入官所運各貨如無內地納稅實據應
由海關飭令完清內地關稅始行發單下貨出口以杜

隱漏內地稅則經此次議定既准一次納稅概不重征
均照天津所立和約第九條所載辦理

第八款

一天津條約法國第八條所載法民持照前往內地一款
現議京都不在通商之列

第九款

一向例法國完納稅餉每百兩另交銀壹兩貳錢作爲傾
鎔之費嗣後裁撤法商毋庸另交傾鎔銀兩

第十款

一通商各口收稅如何嚴防偷漏自應由中國設法辦理
條約業已載明然現已議明各口畫一辦理是由中國
總理通商事宜大臣或隨時親詣巡歷或委員代辦任
憑總理大臣邀請法人幫辦稅務並嚴查漏稅判定口
界派人指泊船隻及分設浮樁號船塔表望樓等事其
浮樁號船塔表望樓等經費在於船鈔項下撥用至長
江如何嚴防偷漏之處俟通商後察看情形任憑中國
設法籌辦

另款

一天津條約第二十七條所載因兩國貨物或土產或工
藝一時不同而價值有低昂之殊其稅則有增減之別
每柒年較訂壹次等語今兩國
欽差大臣會議將柒年之期改爲拾年共二十七條所載柒
年較訂之說作爲廢紙
右所載稅則條款及另外通商章程係兩國
欽差大臣會同議定各書押蓋印以爲永遠憑證
在上海共立新稅則底稿肆部

大清法國欽差大臣等在天津書押和約第九條內載明因
從前所定通商稅則條款略有不便故另行更換酌議
盡善等語所以中國
大皇帝特派
欽差大臣文華殿大學士正白旗滿洲都統總理刑部事務桂
欽差大臣經筵講官吏部尚書鑲藍旗漢軍都統稽察會同四譯館花
欽差大臣太子少保兵部尚書都察院右都御史江南江西總督何
欽差大臣二品頂戴武備院卿明
欽差大臣五品卿銜軍機處行走刑部員外郎段

來滬會同
大法國欽差大臣面議妥辦務於兩國商民有益前會言
明宜先查明通商情形始可定通商稅則更宜逐條註
明俾商民知各樣稅則條款以便遵行此稅則章程一
如另外和約一般所以稅則章程內所載之語雖是另
外各立而各宜遵守直若在天津所立和約無異則此
新立稅則章程與天津新立和約至期即可同日遵行
至舊日所定條款俱廢爲故紙一切事務悉照新定條
款爲斷況

大清國欽差同
大法國欽差彼此公同較閱細心查核妥善議立稅則條
款嗣後
大法國商人有進口通商之事卽宜照新定稅則完納稅
餉但貨物進口出口宜分做兩端各行合將新定稅則
條款開列於後

今將通商各口進出口貨物新定稅則開列於後

計開

進口貨物稅則 均係外國出產

進口油蠟礬磺類

蠟 日本　每百觔　陸錢伍分
蘇合油　每百觔　壹兩
硝 只准按章程發賣　每百觔　伍錢
黃蠟　每百觔　壹兩
硫磺 只准按章程發賣　每百觔　貳錢

進口香椒類

安息香　每百觔　陸錢
安息油　每百觔　陸錢
檀香　每百觔　肆錢
白胡椒　每百觔　伍錢
黑胡椒　每百觔　叁錢陸分
沉香　每百觔　貳兩
降香　每百觔　壹錢肆分伍釐

進口藥材類

阿魏　每百觔　陸錢伍分
上冰片　每觔　壹兩叁錢
下冰片　每觔　柒錢貳分
丁香　每百觔　伍錢
母丁香　每百觔　壹錢捌分
牛黃 印度　每觔　壹兩伍錢
兒茶　每百觔　壹錢捌分
檳榔膏　每百觔　壹錢伍分
檳榔　每百觔　壹錢伍分

參 美國　每百觔　陸兩
揀淨參鬚參 美國　每百觔　捌兩
乳香　每百觔　肆錢伍分
沒藥　每百觔　肆錢伍分
荳蔻花 即肉果花　每百觔　壹兩
肉果荳蔻　每百觔　貳兩伍錢
白荳蔻　每百觔　壹兩
木香　每百觔　陸錢
犀角　每百觔　貳兩

水銀　每百觔　貳兩
洋藥　每百觔　叁拾兩
梹榔衣　每百觔　柒分伍釐
砂仁　每百觔　伍錢
肉桂　每百觔　壹兩伍錢
虎骨　每百觔　壹兩伍錢伍分
鹿角　每百觔　貳錢伍分
血竭　每百觔　肆錢伍分
大楓子　每百觔　叁分伍釐

進口雜貨類

火石　每百觔　叁分
雲母殼 即珠海殼　每百觔　貳錢
銅鈕釦　每壹百肆拾肆粒　伍分伍釐
漆器　每百觔　壹兩
繩 呂宋　每百觔　叁錢伍分
傘各樣　每柄　叁分伍釐
香柴　每百觔　肆錢伍分
煤 外國　每噸　伍分

火絨　每百觔　叁錢伍分

進口醃臘海味類

上燕窩　每觔　伍錢伍分
中燕窩　每觔　肆錢伍分
下燕窩　每觔　壹錢伍分
黑海參　每百觔　壹兩伍錢
白海參　每百觔　叁錢伍分
白魚翅　每百觔　壹兩伍錢
黑魚翅　每百觔　伍錢

柴魚 即乾魚　每百觔　伍錢
魚肚　每百觔　壹兩
鹹魚　每百觔　壹錢捌分
魚皮　每百觔　貳錢
海菜　每百觔　壹錢伍分
牛鹿筋　每百觔　伍錢伍分
蝦米　每百觔　叁錢陸分
淡菜　每百觔　貳錢
鯊魚皮　每百張　貳兩

進口顏料膠漆紙劄類

呀囒米　每百觔　伍兩

大青　每百觔　壹兩伍錢

蘇木　每百觔　壹錢

紫梗　每百觔　叁錢

水靛　每百觔　壹錢捌分

魚膠　每百觔　陸錢伍分

皮膠　每百觔　壹錢伍分

籐黃　每百觔　壹兩

栲皮　每百觔　叁分

進口竹木籐椰類

沙籐　每百觔　壹錢伍分

烏木　每百觔　壹錢伍分

桅 重木 長不過拾貳邁當零拾玖桑的邁當　每根　肆兩

桅 重木 長不過拾捌邁當零貳百捌拾柒蜜理邁當　每根　陸兩

桅 重木 長過拾捌邁當零貳百捌拾柒蜜理邁當　每根　拾兩

桅 輕木 長不過拾貳邁當零拾玖桑的邁當　每根　貳兩

桅 輕木 長不過拾捌邁當零貳百捌拾柒蜜理邁當　每根　肆兩伍錢

桅 輕木 長過拾捌邁當零貳百捌拾柒蜜理邁當　每根　陸兩伍錢

梁 重木 長不過柒邁當零玖百捌拾伍蜜理邁當 四方不到叁百零伍蜜理邁當　每根　壹錢伍分

板 重木 長不過柒邁當零捌百柒拾柒蜜理邁當 寬叁百零伍蜜理邁當厚柒拾柒蜜理邁當　每百根　叁兩伍錢

板 重木 長不過柒邁當零叁拾壹桑的邁當 寬叁百零伍蜜理邁當厚柒拾柒蜜理邁當　每百片　貳兩

板 輕木 各樣　每四方長闊玖拾貳邁當零捌百貳拾柒蜜理邁當　柒錢

板 麻栗樹 長闊方圓　每叁拾桑的邁當零肆蜜理邁當　叁分伍釐

紅木　每百觔　壹錢壹分伍釐

毛柹　每百觔　叁分

呀囒治木　每根　捌錢

進口鏡鐘標玩類

自鳴鐘　每值百兩抽稅伍兩

時辰表　每對　壹兩

珠邊時辰表　每對　肆兩伍錢

千里鏡雙眼千里鏡 掛鏡穿衣鏡掛屏　每值百兩抽稅伍兩

八音琴　每值百兩抽稅伍兩

進口布疋花幔類

麻棉帆布 長不過肆拾叁邁當零捌拾捌桑的邁當　每疋　肆錢

棉花　每百觔　叁錢伍分

布　原色白色寬過捌拾陸桑的邁當　無花斜文長不過叁拾陸邁當零伍拾柒桑的邁當　每疋　捌分

布　原色白色寬過捌拾陸桑的邁當　無花斜文長過叁拾陸邁當零伍拾柒桑的邁當　每疋玖邁當零拾肆桑的邁當　貳分

布　美國原色白色寬不過柒拾陸桑的邁當　無花斜文長不過叁拾陸邁當零伍拾柒桑的邁當　每疋　壹錢

布　美國原色白色寬不過柒拾陸桑的邁當　無花斜文長不過貳拾柒邁當零肆拾叁桑的邁當　每疋　柒分伍厘

布　原色白色寬不過捌拾陸桑的邁當　無花斜文長不過肆拾叁邁當零捌拾捌桑的邁當　每疋　捌分

布　原色白色寬不過捌拾陸桑的邁當　無花斜文長不過貳拾壹邁當零玖拾肆桑的邁當　每疋　肆分

色布　有花無花　寬不過玖拾壹桑的邁當　長不過叁拾陸邁當零伍拾柒桑的邁當　每疋　壹錢伍分

荖布白提布白點布　寬不過玖拾壹桑的邁當　長不過叁拾陸邁當零伍拾柒桑的邁當　每疋　壹錢

印花布　寬不過柒拾捌桑的邁當　長不過貳拾柒邁當零肆拾叁桑的邁當　每疋　柒分

法國稅則

袈裟布　寬不過壹邁當零拾陸桑的邁當　長不過貳拾壹邁當零玖拾肆桑的邁當　每疋　柒分

袈裟布　寬不過壹邁當零拾陸桑的邁當　長不過拾邁當零玖拾柒桑的邁當　每疋　叁分伍厘

袈裟布　稀即洋紗　寬不過壹邁當零拾陸桑的邁當　長不過貳拾壹邁當零玖拾肆桑的邁當　每疋　柒分伍厘

袈裟布　稀即洋紗　寬不過壹邁當零拾陸桑的邁當　長不過拾邁當零玖拾柒桑的邁當　每疋　叁分伍厘

緞布　寬不過玖拾壹桑的邁當　長不過叁拾陸邁當零伍拾柒桑的邁當　每疋　貳錢

柳條布　寬不過壹邁當零壹桑的邁當　長不過拾邁當零玖拾柒桑的邁當　每疋　陸分伍厘

毛布各色　寬不過捌拾壹桑的邁當　長不過貳拾柒邁當零肆拾叁桑的邁當　每疋　叁分伍厘

絨綿布各樣　長不過貳拾捌邁當零叁拾肆桑的邁當　每疋　貳錢

棉線　每百觔　柒錢貳分

棉紗　每百觔　柒錢

蔴布　細　長不過肆拾叁邁當零捌拾捌桑的邁當　每疋　伍錢

蔴布　粗　長不過肆拾叁邁當零捌拾捌桑的邁當　即蔴竹布棉絲布　每疋　貳錢

回絨　長不過叁拾貳邁當　每疋　貳錢

羽布　寬不過陸拾壹桑的邁當　長叁拾陸邁當零伍拾柒桑的邁當　每疋　貳錢

進口綢緞絲絨類

手帕　四方長闊不過玖百拾伍密理邁當　每拾貳塊　貳分伍厘

金線　真　每觔　壹兩陸錢

金線　假　每觔　叁分

法國稅則

銀線　真　每觔　壹兩叁錢

銀線　假　每觔　叁分

哆囉呢　寬壹邁當零貳拾玖桑的邁當至壹邁當零陸百貳拾伍蜜理邁當　每丈叁邁當零伍拾伍桑的邁當爲丈　壹錢貳分

嗶嘰　寬柒拾捌桑的邁當　每丈　肆分伍厘

羽緞　荷蘭國　寬捌拾叁桑的邁當　每丈　壹錢

羽紗　英國　寬柒拾捌桑的邁當　每丈　伍分

羽綢　每丈　叁分伍厘

小呢番絕等類　每丈　肆分

絨線　每百觔　叁兩

床氈　每對　貳錢

花剪絨長不過叁拾壹邁當零捌拾伍蜜理邁當　每疋　壹錢伍分

羽綾寬柒拾捌桑的邁當　每丈　伍分

小羽綾寬捌拾伍桑的邁當　每丈　叁分伍厘

下等絨即至粗絨　每丈　壹錢

剪絨長不過叁拾壹邁當零捌拾伍蜜理邁當　每疋　壹錢捌分

進口酒果食物類

橄欖無論乾鮮　每百觔　壹錢捌分

鼻烟外國　每百觔　柒兩貳錢

進口銅鐵鉛錫類

生銅如銅磚之類　每百觔　壹兩

熟銅如銅扁銅條之類　每百觔　壹兩伍錢

生鐵如鐵磚之類　每百觔　柒分伍厘

熟鐵如鐵條鐵板鐵箍之類　每百觔　壹錢貳分伍厘

鉛塊　每百觔　貳錢伍分

鋼　每百觔　貳錢伍分

錫　每百觔　壹兩貳錢伍分

馬口鐵　每百觔　肆錢

日本銅　每百觔　陸錢

鉛片　每百觔　伍錢伍分

白鉛只准按章程發賣　每百觔　貳錢伍分

黃銅釘黃皮銅　每百觔　玖錢

商船壓載鐵　每百觔　壹分

鐵絲　每百觔　貳錢伍分

進口珍珠寶石類

瑪瑙　每百塊　叁錢

瑪瑙珠　每百觔　柒兩

玳瑁　每觔　貳錢伍分

玳瑁碎　每觔　柒分貳厘

玻璃片　每箱四方每玖邁當零貳百捌拾肆蜜理邁當　壹錢伍分

珊瑚　每觔　壹錢

進口纓皮牙角羽毛類

牛角　每百觔　貳錢伍分

生牛皮　每百觔　伍錢

熟牛皮　每百觔　肆錢貳分

海龍皮即海虎皮　每張　壹兩伍錢

大狐狸皮　每張　壹錢伍分
小狐狸皮　每張　柒分伍釐
虎皮豹皮　每張　壹錢伍分
貂皮　每張　壹錢伍分
獺皮　每百張　貳兩
貉貛皮　每百張　貳兩
海騾皮　每百張　伍兩
灰鼠皮銀鼠皮　每百張　伍錢
海馬牙　每百觔　貳兩

象牙不碎的　每百觔　肆兩
象牙碎的　每百觔　叁兩
兎皮麂皮　每百張　伍錢
犀皮　每百觔　肆錢貳分
翠毛孔雀毛等類　每百張　肆錢

出口貨物稅則均係中國出產

出口油蠟礬磺類

白礬　每百觔　肆分伍釐
青礬　每百觔　壹錢

八角油　每百觔　伍兩
桂皮油　每百觔　玖兩
薄荷油　每百觔　叁兩伍錢
牛油　每百觔　貳錢
桕油　每百觔　叁錢
油芝蔴油荳油棉油茶油桐油各等　每百觔　叁錢
蓖蔴油　每百觔　貳錢
白蠟　每百觔　壹兩伍錢

出口香料椒茶類

茶葉　每百觔　貳兩伍錢
八角　每百觔　伍錢
麝香　每觔　玖錢
八角渣　每百觔　貳錢伍分
時辰香　每百觔　貳錢

出口藥材類

三奈　每百觔　叁錢
樟腦　每百觔　柒錢伍分
信石　每百觔　肆錢伍分

桂皮　每百觔　陸錢
桂子　每百觔　捌錢
土茯苓　每百觔　壹錢叁分
澄茄　每百觔　壹兩伍錢
莨薑　每百觔　壹錢
石黃　每百觔　叁錢伍分
大黃　每百觔　壹兩貳錢伍分
姜黃　每百觔　壹錢
高麗日本參上等　每觔　伍錢

高麗日本參下等　每觔　叁錢伍分
鹿茸嫩　每對　玖錢
鹿茸老　每百觔　壹兩叁錢伍分
牛黃中國　每觔　叁錢陸分
斑貓　每百觔　貳兩
桂枝　每百觔　壹錢伍分
陳皮　每百觔　叁錢
柚皮上等　每百觔　肆錢伍分
柚皮下等　每百觔　壹錢伍分

關東人參　每值百兩抽稅伍兩
薄荷葉　每百觔　壹錢
甘草　每百觔　壹錢叁分伍厘
石羔　每百觔　叁分
五棓子　每百觔　伍錢
蜂蜜　每百觔　玖錢

出口雜貨類

料手鐲即燒料鈪　每百觔　伍錢
竹器　每百觔　柒錢伍分

假珊瑚　每百觔　叁錢伍分
各色爆竹　每百觔　伍錢
羽扇　每百柄　柒錢伍分
料器　每百觔　伍錢
各色料珠　每百觔　伍錢
雨遮即紙傘　每百柄　伍錢
雲石　每百觔　貳錢
蒲紙畫　每百張　壹錢
紙扇　每百柄　肆分伍厘

珍珠 假　每百觔　貳兩

古玩　每值百兩抽稅伍兩

葵扇 細　每千柄　叁錢陸分

葵扇 粗　每千柄　貳錢

駱駝毛　每百觔　壹兩

棉羊毛　每百觔　叁錢伍分

山羊毛　每百觔　壹錢捌分

氈碎　每百觔　壹錢

紙花　每百觔　壹兩伍錢

土煤　每百觔　肆分

出口顏料膠漆紙劄類

銅箔　每百觔　壹兩伍錢

紅丹　每百觔　叁錢伍分

錫箔　每百觔　壹兩貳錢伍分

銀硃　每百觔　貳兩伍錢

油漆畫　每件　壹錢

鉛粉　每百觔　叁錢伍分

黃丹　每百觔　叁錢伍分

硃砂　每百觔　柒錢伍分

紙上等　每百觔　柒錢

紙次等　每百觔　肆錢

油紙　每百觔　肆錢伍分

墨　每百觔　肆兩

漆　每百觔　伍錢

櫻　每百觔　壹錢

蔴　每百觔　叁錢伍分

燈草　每百觔　陸錢

綠膠　每觔　捌錢

索 廣東　每百觔　壹錢伍分

索 蘇州　每百觔　伍錢

漆綠　每百觔　肆錢伍分

蠣殼　每百觔　玖分

綠皮　每百觔　壹兩捌錢

土靛　每百觔　壹兩

坑砂　每百觔　玖分

出口器皿箱盒類

牛骨角器　每百觔　壹兩伍錢
磁器細　每百觔　玖錢
磁器粗　每百觔　肆錢伍分
紫黃銅器　每百觔　壹兩壹錢伍分
木器　每百觔　壹兩壹錢伍分
象牙器　每觔　壹錢伍分
漆器　每百觔　壹兩
雲母殼器　每觔　壹錢
籐器各樣　每百觔　叁錢

檀香器　每觔　壹錢
金銀器　每百觔　拾兩
玳瑁器　每觔　貳錢
皮箱皮槓　每百觔　壹兩伍錢
皮器　每百觔　壹兩伍錢
窰貨　每百觔　伍分
黃銅器　每百觔　壹兩
銅鈕釦　每百觔　叁兩
銅絲　每百觔　壹兩壹錢伍分

生銅　每百觔　伍錢
舊銅片　每百觔　伍錢

出口竹木籐椰類

各色竹竿　每千根　伍錢
籐肉　每百觔　貳錢伍分
木椿梁桅柱　每根　叁分

出口衣帽靴鞋類

衣服布　每百觔　壹兩伍錢
衣服綢　每百觔　拾兩

靴鞋皮緞各色　每百雙　叁兩
草鞋　每百雙　壹錢捌分
絨帽　每百頂　玖錢
氈帽　每百頂　壹兩貳錢伍分
草帽緶　每百觔　柒錢

出口布疋花幔類

夏布細　每百觔　貳兩伍錢
夏布粗　每百觔　柒錢伍分
土布各色　每百觔　壹兩伍錢

舊棉絮　每百觔　肆分伍厘

棉被胎　每百件　貳兩柒錢伍分

棉花　每百觔　叁錢伍分

出口綢緞絲絨類

湖絲土絲各等絲經　每百觔　拾兩

野蠶絲　每百觔　貳兩伍錢

絲帶欄杆桂帶絲線各色　每百觔　拾兩

綢緞縐紗綾羅剪絨繡貨等類　每百觔　拾貳兩

絲綿雜貨如絲毛之類　每百觔　伍兩伍錢

四川廣絲　每百觔　柒兩

同功絲　每百觔　伍兩

川綢山東繭綢　每百觔　肆兩伍錢

緯線　每百觔　拾兩

各省絨　每百觔　拾兩

絨廣東土產絲做成　每百觔　肆兩叁錢

蠶繭　每百觔　叁兩

亂絲頭　每百觔　壹兩

出口氈絨毯席類

席子各樣　每百張　貳錢

地席　每捲叁拾陸邁當零伍拾柒桑的邁當　貳錢

皮毯　每張　玖分

氈毯　每百疋　叁兩伍錢

出口糖果食物類

蜜餞並各色糖果　每百觔　伍錢

醬油　每百觔　肆錢

白糖　每百觔　貳錢

赤糖　每百觔　壹錢貳分

冰糖　每百觔　貳錢伍分

烟絲各樣如黃烟水烟之類　每百觔　肆錢伍分

烟葉各樣　每百觔　壹錢伍分

鼻烟中國　每百觔　捌錢

大頭菜　每百觔　壹錢捌分

粉絲　每百觔　壹錢捌分

酒　每百觔　壹錢伍分

海菜　每百觔　壹錢伍分

火腿　每百觔　伍錢伍分

皮蛋	每千個	叁錢伍分
欖仁	每百觔	叁錢
杏仁	每百觔	肆錢伍分
香菌	每百觔	壹兩伍錢
金針菜	每百觔	貳錢柒分
木耳	每百觔	陸錢
桂圓	每百觔	貳錢伍分
桂圓肉	每百觔	叁錢伍分
荔枝	每百觔	貳錢
蓮子	每百觔	伍錢
芝蔴	每百觔	壹錢叁分伍厘
花生	每百觔	壹錢
花生餅	每百觔	叁分
瓜子	每百觔	壹錢
荳 牛莊登州不准出口	每百觔	陸分
荳餅 牛莊登州不准出口	每百觔	叁分伍厘
米麥雜糧	每百觔	壹錢
蒜頭	每百觔	叁分伍厘

栗子	每百觔	壹錢
黑棗	每百觔	壹錢伍分
紅棗	每百觔	玖分

今
大清國
大皇帝
大法國
大皇帝切願將兩國不協之處調和以復舊好是以
大清國
大皇帝特派欽差大臣和碩恭親王奕訢
大法國
大皇帝特派內閣大學士世襲男爵葛羅爲

欽差全權大臣便宜行事彼此既將所奉便宜行事之
上諭及
欽奉全權之
詔勅公同較閱查核俱屬妥當後即將所立條款開列於左

第一款

大法國
欽差大臣於己未年五月進京換約行至大沽該處武弁攔
阻前進
大清國
大皇帝甚爲悔惜

第二款

大法國
欽差大臣進京換約時或於途次或在京師
大清官員俱以相宜
欽差之優禮接待俾得任便稱其職守

第三款

從換約之日起咸豐八年在天津所定之和約暨遺補
之款除現在所改之款外即日均應一一施行

第四款

己未年在天津所定遺補第四款內載中國賠補軍需
銀貳百萬兩茲已删去今復議定賠補銀共八百萬兩
在此數內已收到去歲粵海關繳銀三十三萬三千三
百三十三兩零其餘銀兩宜在中國各海關每年收稅
銀若干按五分之一扣歸其交銀之時係三個月交一
次首次宜於咸豐拾年八月十七日起而於十一月二
十日止但所交之銀或紋銀或洋銀俱可其銀應交
大法國駐紮中國之

欽差大臣或所派之員亦可但限定於十月十捌日在津郡
一盤現交銀五拾萬兩將來
大法國駐劄中國
欽差大臣暨中國大臣各派委員會議定立如何交收銀兩
如何立定收單等事再爲妥定
第五款
中國今所賠補之銀本係爲軍需又爲法國商人及所
保護者在廣東省城所有行內物件被百姓或燒或刼
將來

大法國將此賠補之銀均公允分攤與被累之法國人
共銀扣一百萬兩派與法國民人及其所保護者爲補
其害或爲慰其苦其餘皆抵軍費
第六款
應如道光二十六年正月二十五日
上諭即頒示天下黎民任各處軍民人等傳習
天主教會合講道建堂禮拜且將濫行査拿者予以應得處
分又將前謀害奉
天主教者之時所充之

天主堂學堂坟塋田土房廊等件應賠還交
法國駐劄京師之
欽差大臣轉交該處奉教之人並任法國傳教士在各省租
買田地建造自便
第七款
從兩國大臣畫押蓋印之日起直隸省之天津府尅日
通商與別口無異再此續約均應自畫押之日爲始立
即施行毋庸俟奉兩國
御筆批准猶如各字樣列載天津和約內一律遵守如此

大法國水陸二軍俟在天津收銀五十萬兩方能退出天
津屯佔大沽烟台二口待至中國將所賠之銀全數交
清後所有法國武弁佔踞中國各地方均應退出境界
然任水陸各大將軍於天津紮兵過冬而俟所定賠補之
現銀給清後則撤大軍退出津郡
第八款
戊午年所定原約互換之日所有法國屯於舟山之軍
立當出境續約條所定應繳銀五十萬兩繳清之日除
統兵官暫駐天津過冬諒不便即行撤兵外應如第七

款內所言卽駐津各軍亦應離城退至大沽砲臺登州北海廣東省城各等處駐劄俟續約所定賠補款八百萬兩全數繳清以上各駐軍再當掃數撤歸

第九款

亦戊午年定約互換以後

大清

大皇帝允於卽日降諭各省督撫大吏以凡有華民情甘出口或在

法國所屬各處或在外洋別地承工俱准與法民立約為憑無論單身或願攜家眷一并赴通商各口下

法國船隻毫無禁阻該省大吏亦宜時與

大法欽差大臣查照各口情形會定章程為保全前項華工之意

第十款

戊午年所定之和約第二十二款內有錯載之字樣卽係凡船在一百五十噸以上者每噸鈔銀五錢現在議定凡船在壹百五十噸以上者每噸鈔銀四錢不及壹百五十噸者每噸納銀一錢嗣後

大法國船隻進口俱按現在議定之數輸納

右續約於北京妥定法華兩國

欽差全權大臣各畫押蓋印於

降生壹千捌百六十年十月二十五日卽

咸豐拾年玖月拾貳日

更定法國商船完納船鈔章程

凡船按照第二十款進口出口二日之外與未開艙卸貨之先卽將船鈔全完按照例式凡船在一百五十噸以上者每噸納鈔銀四錢不及一百五十噸者每噸納鈔銀一錢凡船隻出口欲往中國議定通商他口並往來安南國內法國所轄埠頭與附近之日本碼頭該船主禀明海關監督發給專照自是日起以四個月爲期如係前赴議定通商各口俱毋庸另納船鈔以免重輸如在四個月之外另納船鈔一次所有大法國三板等小船無論有篷無篷均

照一百五十噸以下之例每噸輸鈔銀一錢每四個月納鈔一次其大法國商人僱賃中國船艇亦按四個月納鈔一次以上係更定第二十二款其原舊第二十二款不輸船鈔等字樣作爲廢紙

同治四年八月　日

續議法國印花布加長納稅章程

大法國欽差大臣布　爲照會事日前接奉本國

總理各國事務衙門大學士　札文內開接准工農貿易部大學士　咨文以阿里薩西亞省織布行公會禀稱現今本國與中國在天津設立和約稅則進口布疋花幔類內載印花布寬不過七十八桑的邁當長不過二十七邁當零四十三桑的邁當每疋七分應納稅項條款惟本省及普本國並不織如此狹窄之布若必遵行該稅則條款則本國商人必不能將印花布運入中

國販賣或將織布器具改易必致濫費仍無益處且彼時英美國販賣棉布商人並無同行敵手之商恐於中國無益況只有此印花布係極精緻之物中國向來喜用故我國商人可以帶赴中國售賣得獲微利而中國與本國相處愈久交易愈多不但無碍且似兩面更有益處故本會禀懇大部轉請設法託駐札中國京都全權大臣向中國

總理各國事務衙門大臣商議倚靠本國與

大清國和好及兩國交易之益請煩將該稅則印花布條款

改爲每疋寬至八十六桑的邁當長自四十至五十五邁當爲例本公會及本國各織布行莫不同深感賴等語相應咨行

總理各國衙門查辦本衙門准此應行札知貴大臣竭力商辦等語本大臣奉此應即照會

貴親王請煩查照可否辦理且此事若不改易條款則本國商人定不能運印花布進入中國似于稅項有虧故本大臣望

貴親王允許改易若不准推諉實係兩面均有利益再

貴親王屢以眞誠友誼相待此事仍望設法辦理則益徵睦好之誼矣爲此照會

貴親王請煩查照施行須至照會者

欽差大臣總理各國事務衙門　爲照復事據

貴大臣照會內稱天津議定稅則內載印花布寬不過七十八桑的邁當長不過二十七邁當零四十三桑的邁當每疋應納稅項七分惟本國並不織如此狹窄之布請煩將該稅則印花布條款改爲每疋寬至八十六桑的邁當長自四十至五十五邁當爲例等因前來本爵查原定稅則本不能更改惟印花布一款既據照會內稱

貴國並不織此狹窄之布是當日議定稅則時尚未十分明晰但查

貴國之印花布疋核與原定稅則所載寬已加增八十桑的邁當長更加增幾及一倍若照原定七分恐不足以洽他國之商情若照原定稅則按數加增每疋應加稅至一錢五分因念兩國既經和好不妨格外讓情止增長稅不增寬稅改爲每疋共納稅銀一錢二分

貴國印花布疋須照此次所議寬長永爲定式不得再行少許減長加寬以免將來再有辯論本爵實因兩國和好是以俯順商情庶貴國印花布易於流通相應知照

貴大臣嗣後遇有進口印花布務須照此次所議寬至八十六桑的邁當長自四十至五十五邁當爲例每疋納稅銀一錢二分此外各款稅則仍不能再行更改希

貴大臣轉飭各口領事官查照遵奉可也須至照復者

咸豐十一年八月　日

大清國
大皇帝
大法民主國
大伯理璽天德前因兩國同時有事於越南漸致齟齬今彼此願爲了結幷欲修明兩國交好通商之舊誼訂立新約期於兩國均有利益卽以光緒十年四月十七日在天津商訂簡明條約光緒十一年二月二十八日奉
旨允准者作爲底本爲此兩國特派全權大臣會商辦理
大清國

大皇帝欽差全權大臣文華殿大學士太子太傅北洋通商大臣直隸總督一等肅毅伯爵李
欽差總理各國事務大臣刑部尚書管理戶部三庫左翼世職官學事務鑲黃旗漢軍都統錫
欽差總理各國事務大臣鴻臚寺卿鄧
大法民主國
大伯理璽天德欽差全權大臣賞給佩帶四等榮光寶星並瑞典國頭等北斗寶星駐劄中國京都總理本國事務巴特納
各將所奉全權文憑互相校閱均屬妥協立定條約如左

第一款

一越南諸省與中國邊界毗連者其境內法國約明自行弭亂安撫其擾害百姓之匪黨及無業流氓悉由法國妥爲設法或應解散或當驅逐出境並禁其復聚爲亂惟無論遇有何事法兵永不得過北圻與中國邊界法國並約明必不自侵此界且保他人必不犯之其中國與北圻交界各省境內凡遇匪黨逃匿卽由中國設法或應解散或當驅逐出境倘有匪黨在中國境內會合意圖往擾法國所保護之民者亦由中國設法解散法國既擔保邊界無事中國約明亦不派兵前赴北圻至於中國與越南如何互交逃犯之事中法兩國應另

行議定專條凡中國僑居人民及散勇等在越南安分守業者無論農夫工匠商賈若無可責備之處其身家產業均得安穩與法國所保護之人無異

第二款

一中國既訂明於法國所辦弭亂安撫各事無所掣肘凡有法國與越南自立之條約章程或已定者或續立者現時並日後均聽辦理至中越往來言明必不致有礙中國威望體面亦不致有違此次之約

第三款

一自此次訂約畫押之後起限六箇月期內應由中法兩國各派官員親赴中國與北圻交界處所會同勘定界限倘或於界限難於辨認之處卽於其地設立標記以明界限之所在若因立標處所或因北圻現在之界稍有改正以期兩國公同有益如彼此意見不合應各請示於本國

第四款

一邊界勘定之後凡有法國人民及法國所保護人民與別國居住北圻人等欲行過界入中國者須俟法國官員請中國邊界官員發給護照方得執持前往倘由北圻入中國者係中國人民只由中國邊界官員自發憑單可也至有中國人民欲從陸路由中國入北圻者應由中國官請法國官發給護照以便執持前往

第五款

一中國與北圻陸路交界允准法國商人及法國保護之商人並中國商人運貨進出其貿易應限定若干處及在何處俟日後體察兩國生意多寡及往來道路定奪須照中國內地現有章程酌核辦理總之通商處所在中國邊界者應指定兩處一在保勝以上一在諒山以北法國商人均可在此居住應得利益應遵章程均與通商各口無異中國應在此設關收稅法國亦得在此設立領事官其領事官應得權利與法國在通商各口之領事官無異中國亦得與法國商酌在北圻各大城鎮揀派領事官駐紮

第六款

一北圻與中國之雲南廣西廣東各省陸路通商章程應於此約畫押後三個月內兩國派員會議另定條款附在本約之後所運貨物進出雲南廣西邊界應納各稅照現在通商稅則較減惟由陸路運過北圻及廣東邊界者不得照此減輕稅則納稅其減輕稅則亦與現在通商各口無涉共販運槍礮軍械軍糧軍火等應各照兩國界內所行之章程辦理至洋藥進口出口一事應於通商章程內定一專條其中越海路通商亦應議定專條此條未定之先仍照現章辦理

第七款

一中法現立此約其意係爲鄰邦益敦和睦推廣互市

現欲善體此意由法國在北圻一帶開闢道路鼓勵建設鐵路彼此言明日後若中國酌擬創造鐵路時中國自向法國業此之人商辦其招募人工法國無不盡力勸助惟彼此言明不得視此條係為法國一國獨受之利益

第八款

一此次所訂之條約內所載之通商各款以及將訂各項章程應俟換約後十年之期滿方可續修若期將滿六個月以前議約之兩國彼此不預先將擬欲修約之意聲明則通商各條約章程仍應遵照行之以十年為期以後倣此

第九款

一此約一經彼此畫押法軍立即奉命退出基隆並除去在海面搜查等事畫押後一個月內法兵必當從台灣澎湖全行退盡

第十款

一中法兩國前立各條約章程除由現議更張外其餘仍應一體遵守至此次條約現由

大清國

大皇帝批准及

大法國

大伯理璽天德批准後即在中國京都互換

光緒十一年四月　日

西歷一千八百八十五年六月　日

大清國
大法民主國
前於光緒十一年四月二十七日即西歷一千八百八十五年六月初九日立定條約第六款內開北圻與中國之雲南廣西廣東各省陸路通商章程兩國派員會議另定條款附在本約之後又第十款內開中法兩國前立各條約章程除由現議更張外其餘仍應一體遵守等語是以
大清國
大皇帝欽差全權大臣太子太傅文華殿大學士北洋通商大臣會辦海軍事務直隸總督一等肅毅伯爵李

大法民主國
大伯理璽天德欽差出使中國全權大臣御賜佩帶榮光四等寶星並義國冠冕二等大星外務部交涉科侍郎戈
欽命頭等領事官幫辦議約事務御賜佩帶瑞典國臣斯達羅三等寶星並比國禮阿波勒德五等寶星卜
各將所奉全權文憑互相校閱均屬妥協議定條約如左

第一款

一兩國議定按照新約第五款現今指定兩處一在保勝以上某處一在諒山以北某處中國在此設關通商允許法國即在此兩處設立領事官該法國領事官應得權利即照中國待最優之國領事官無異現在條款畫押時兩國勘界大臣尚未定議其諒山以北應開通商處所本年內應由中國與法國駐華大臣互商擇定至保勝以上應開通商處所亦俟兩國勘界定後再行商訂

第二款

一中國可在河內海防二處設立領事官隨後與法國商酌在北圻他處各大城鎮派領事官駐紮至法國待此等領事官並該領事官應得權利即照法國待最優之國領事官無異其所辦公事應與法國所派保護之大員商辦

第三款

一兩國議定於彼此派領事官前來駐紮時所住公館由兩國地方官相幫照拂至法國商民前來中國邊界通商處所均照咸豐八年五月十七日中法條約第七第十一十二等款辦理越南人到中國邊界通商處所中國亦一體優待

第四款

一越南各地方聽中國人置地建屋開設行棧其身家財產俱得保護安穩決不刻待拘束與最優待西國

之人一律不得有異中國官商所寄往來公文書信電報經法國郵政電報各局一律遞送並不阻止中國待法國人亦照此一律優待

第五款

一法國人及法國所保護人與別國居住北圻人等欲行過界入中國者法國官查明係體面之人卽請中國邊界官員發給護照准其執持前往回日將照繳銷每遇領照之人如必應路過土司苗蠻地方應先在照上寫明該處無中國官不能保護至有中國內

地人民欲從陸路由中國入越南者應由中國官查明係體面之人請法國官發給護照一如法國人入中國邊界辦法至彼此所給護照皆只爲遊歷而用不准作爲買賣貨物免稅憑據凡有人民之未領有護照而過邊界者其在中國則聽中國地方官扣留其在北圻則聽法國官員扣留彼此卽交各本國官員酌量情形審辦至僑居越南之中國人民由北圻回中國者只由中國官自發憑單准其過界若邊界通商處所法國人等有出外遊歷者地在五十里內毋庸請照

第六款

一凡進口之貨由法國商民及法國保護之人運至邊界通商處所已納進口稅卽可照善後章程第七款及各海關通行運洋貨入內地稅單之定章准其入中國內地銷賣凡各項洋貨進雲南廣西某兩處邊關者於到關時卽將貨色件數及運貨人姓名報明由關派人查驗屬實按照中國通商海關稅則減五分之一收納正稅如稅則未載卽按估價值百抽五

徵收正稅須俟正稅完清後方准起棧過載出售如該商願將洋貨運入內地須再報關照通商各海關稅則收納內地子口稅不得援減五分之一之正稅折半徵收此項子口稅完清後由關發給稅單准其持往所指之地方售賣凡遇關卡概不重徵倘無稅單運入內地者應照土貨之例逢關納稅遇卡抽釐

第七款

一凡法國商民及法國保護之人赴中國內地各處購買土貨運至邊界通商處所出口入北圻者均可照

善後章程第七款運貨出口之例辦理凡各項土貨運出雲南廣西某兩處通商處所於到關時即將貨色件數及運貨人姓名報明由關派人查驗屬實如係該商先領三聯單自赴內地採買並未完過內地稅釐者應照中國通商各海關稅則先徵內地子口稅再照中國通商海關稅則減三分之一徵出口正稅如稅則未載即按估價值百抽五徵收正稅方准起棧過載販運出關倘該商入內地買土貨並未領有三聯單者所過內地關卡仍應照完稅釐由關卡

發給單票爲據其抵關時驗有內地稅釐單票始准免子口稅凡法商等進出雲南廣西兩邊關運貨之車輛牲口中國商民進出北圻運貨之車輛牲口彼此一體免收鈔銀其進關水路通舟楫之處彼此可照各海關例收納船鈔以上第六第七二款兩國議明日後倘有他國在中國西南各陸路邊界通商另有互訂稅則法國亦可一體辦理

第八款

一洋貨到此邊關已完進口正稅後復因不賣轉往彼邊關者如在三十六個月限內驗明原貨並未拆動抽換則此邊關將已收之正稅發給免單准其持往彼邊關以抵應繳之稅或發給存銀票准其於三年內留抵下次應繳本關之稅概不發還現銀若將此洋貨轉入中國通商各口應照各海關洋貨進口例另收正稅不准以此項邊關存票免單作抵亦不准以此項邊關已完之稅單作抵以免轇轕至已完內地子口稅仍照各口向章概不准發給存票免單

第九款

一土貨已在此邊關完過子口稅出口正稅復轉往彼邊關售賣者到彼邊關後只照原納正稅之數收復進口半稅但須照各口定章不准洋商販入內地倘將此土貨轉入通商各海口應概照各海關洋貨進口稅則一律辦理另征正稅倘入內地仍完子口稅如有土貨出中國海口進越南海口復往中國邊界入關應照洋貨一律征收正稅倘入內地仍完子口稅

第十款

一進出口之貨到中國邊關即請查驗不得逾十八個時辰如逾期不報每日罰銀五十兩惟此罰銀至多不得過二百兩凡過關報貨時若心存欺詐以多報少冀減其應納稅項查有確據即將貨物全罰入官若無關監督准單私自過關起卸繞路拆賣及一切有心偷漏等弊亦將貨物全罰入官凡有商人報關請領內地稅單心存欺詐或揑報貨物名色件數並所出所往之區不符者亦將貨物全罰入官至其如何審辦應照同治七年閏四月初八日章程辦理其

罰令入官之貨如商人願將原貨作價交官准其與中國官按照原貨估價交官亦可至中國沿邊一帶凡有嚴防偷漏之法皆由中國官相度機宜隨時便宜設法辦理其中法以及越南船艇上下水道每過彼此邊關之時倘無單貨不符等弊可無庸卸貨登岸只由關遣差上船查驗

第十一款

一中國土貨由陸路入北圻者照法關稅則完納進口稅若係出口一概免稅日後法國在北圻另定稅則章程隨時知照中國倘北圻境內將來另定越南數種土貨製造及金銀保眞等稅中國若有此等貨運入北圻亦應照征

第十二款

一凡運土貨由中國此邊關路過北圻至中國彼邊關者或由兩邊關運出越南海口回中國者其過北圻時應照法關稅則完納過境稅均不得過貨値百抽二至此項貨物於出中國後應由法國邊關查驗給發貨單詳開貨物名色件數並所往之處等語該商

人執此貨單每過法官索驗即應沿途或抵海口後呈閱但此項土貨運入北圻後應先納進口正稅以防偷漏即由法關給發單照以便於抵海口或至邊界時呈驗並由法關在原納進口正稅內扣去過境稅銀仍將餘銀給還則該商人即將前次已領之收稅單呈繳註銷惟此項土貨運過北圻既係新章倘該商報法關時心存欺詐揑報貨物名色件數並所出所往之處不符查有確據者即將貨罰入官其罰令入官之貨如商人願將原貨作價交官准其與法

國官按照原貨估價交官亦可至中國土貨出各海關運入越南海口過北圻進邊關者其在越南境內亦應照以上過境稅則一律辦理

第十三款

一凡有金銀外國各等銀錢麪粟米粉砂穀米麪餅熟肉熟菜牛奶酥牛油蜜餞外國衣服金銀首飾攙銀器香水碱炭柴薪外國蠟燭烟絲烟葉外國酒家用雜物船用雜物行李紙張筆墨氈毯鐵刀利器外國自用藥料玻璃器皿以上各物進出口由中國邊關

驗明確係外國所產洋人自用數目無多准給免稅單放行倘不報驗不請免稅單私自起運者照商貨走私例罰辦至若運往內地除金銀外國銀錢行李三項仍無庸議外其餘各貨卽係洋人自用數目無多皆按稅則每貨值百兩完納內地子口稅銀二兩五錢凡中國人之出入北圻邊關者隨身所帶銀錢行李衣服首飾紙張筆墨書籍及自用家伙食物到法越關一概免稅至中國領事官所運自用各貨亦一律免稅

第十四款

一兩國議明洋藥土藥均不准由北圻與雲南廣東廣西之陸路邊界販運買賣

第十五款

一米穀等類不准販運出中國邊關如係進關准其免稅至火藥彈子大小鎗砲硝磺青白鉛一切軍器食鹽及各項有壞人心風俗之物均不准販運進關違者卽查拏全罰入官其軍火各項如由中國官自行採辦或由商人特奉准買明文須由關查驗明確方

准進關日後可由中國大員先商法國領事官准將兵器軍火過北圻運進邊界則法國關全行免稅至一切兵器軍火及各項有壞人心風俗之物亦不准販運進北圻

第十六款

一中國商民僑居越南所有命案賦稅詞訟等件均與法國相待最優之國之商民無異其在邊關通商處所華人與法人越南人詞訟案件歸中法官員會審至法國人及法國保護之人在通商處所如有犯大

小等罪應查照咸豐八年條約第三十八三十九等
款一律辦理

第十七款

一中國邊界某某通商處所倘有中國人民照中國律
例無論犯何罪名逃入法國人或法國所保護人民
寓所或商船隱匿者地方官照會領事官查明罪由
即設法拘送中國官審辦至中國人民因犯法逃往
越南由中國官照會法國官訪查嚴拏查明實係罪
犯交出照法國與別國所訂互交逃犯之約最優之

章辦理其法國人民及法國保護之人犯法被告逃
往中國者法國官照會中國官查明實係罪犯設法
拘送交出法國官審辦彼此不得稍有庇匿

第十八款

一此次所訂陸路通商各款如有未詳備者應查照中
國通商各海關章程與現在通行條約相符者辦理
倘再有未訂之事應由兩國官員各請示於本國以
上各款將來如須續修即照新約第八款所載換約
後十年之期再行商訂

第十九款

一此次會議通商條款俟兩國
批准後應在中國法國及越南頒行週知一體遵守仍於畫
押之後多至一年爲期在中國京都互換

光緒十二年三月　日

西歷一千八百八十六年四月　日

續議界務專條

按照光緒十一年四月二十七日由

大清國

大皇帝及

大法民主國

大伯理璽天德各派官員親赴中國與北圻交界處所會同

勘定界限業經兩國大臣親自履勘竣事現經

大清國

大皇帝特派管理總理各國事務衙門多羅慶郡王總理各國事務衙門大臣工部左侍郎孫

大法民主國

大伯理璽天德特派全權大臣下議院國會參議曾任史部尚書駐劄中國京都總理本國事務恭

將該處界務會商定議永遠遵守所有商定辦法開列

如左

一將兩國勘界大臣之節略並所繪界圖均親自畫押

者現在互相校閱各無異議

一其間有兩國勘界大臣意見不合之處及光緒十一

年四月二十七日和約第三款末節所載改正之處

照以下所開三條辦理

一廣東界務現經兩國勘界大臣勘定邊界之外芒街

以東及東北一帶所有商論未定之處均歸中國管

轄至於海中各島照兩國勘界大臣所畫紅綫向南

接畫此綫正過茶古社東邊山頭即以該綫為界茶古社漢文名萬注在芒街以南竹山西南

該綫以東海中各島歸中國該

綫以西海中九頭山越名格多及各小島歸越南若有中

國人民犯法逃往九頭等山按照光緒十二年三月

二十二日和約第十七款由法國地方官訪查嚴拏

交出

一滇越邊界第二段從小賭咒河南岸狗頭寨照圖上

甲字起由狗頭寨自西直抵東計五十餘里北邊聚

義社即聚姜社聚美社姜肥社即義肥社歸中國南

邊有朋社歸越南至圖上乙字處從乙字至丙字亦

由西抵東中越邊界路經二河共二河並歸一河入

大賭咒河又名黑河從丙字往東南約十五里至丁

字以北之南丹地方全歸中國從丁字往東北至猛

峒下村即圖上戊字處按圖上所畫從丁字至戊字

界綫其南之燈河漫美猛峒上村猛峒山猛峒中

村猛峒下村全歸越南其北全歸中國從猛峒下村
戊字起經清水河入大河之處卽圖上己字以河中
爲界從己字至庚字以大河中爲界河西之船頭歸
中國河東之偏馬寨歸越南從庚字往北至辛字經
老隘坎至白石崖（老隘坎白石崖）中越各有一半白石崖老
隘坎以東歸越南以西歸中國由辛字往北順偏保
卡北保中間入大河之小河東岸直往北至高馬白
卽圖上壬字卽接第三段勘界大臣所畫定之處
一滇越邊界第五段自龍膊寨雲南越南邊界經龍膊

河到清水河入龍膊河之處爲止此處圖上甲字由
此界自東北往西南至綿水灣入賽江河之處爲止
卽圖上乙字按現畫界則清水河綿水灣河歸中國
自乙字由東直抵西遇藤條江在大樹腳以南爲止
此段界綫以南歸越南以北歸中國圖上丙字自丙
字處起到金子河入藤條江之處爲止以河中爲界
圖上丁字從丁字起經金子河計程三十餘里又由
東至西抵圖上戊字處此界遇在猛蚌渡以東入黑
江之小河圖上己字從戊字至己字以河中爲界從

己字往西以黑江之河中爲界照兩國勘界大臣畫
定界圖並照以上所畫界綫由
大清國地方官及
大法民主國欽派駐越大臣遴派官員前往會同辦理安
設界牌事宜
現畫定界圖二分每分三張乃兩國
欽差大臣畫押用印者圖上新界以紅綫爲界雲南界圖並
註有法國阿等字中國甲等字以便易於識認

光緒十三年五月初六日
西厤一千八百八十七年六月二十六日

續議商務專條

大清國

大皇帝

大法民主國

大伯理璽天德彼此欲令兩國通商來往倍加興盛又欲將
光緒十二年三月二十二日天津所定和約彼此保固
切實施行酌定續約商改數款爲此兩國特派全權大
臣會同辦理

大清國

大皇帝特派管理總理各國事務衙門多羅慶郡王 總理各國事務衙門大臣工部左侍郎孫

大法民主國

大伯理璽天德特派全權大臣下議院國會參議曾任吏部 尚書駐劄中國京都總理本國事務 恭

各將所奉全權文憑互相校閱妥協立定條約如左

第一條

除今約所改之款外光緒十二年三月二十二日在天
津所定之和約換約後仍卽逐款切實施行

第二條

按照光緒十二年三月二十二日所定和約第一款兩
國指定通商處所廣西則開龍州雲南則開蒙自緣因
蠻耗係保勝至蒙自水道必由之處所以中國允開該
處通商與龍州蒙自無異又允法國任派在蒙自法國
領事官屬下一員在蠻耗駐紮

第三條

現因中國北圻來往商務必須設法作速振興所有光
緒十二年三月二十二日和約第六七款內所訂稅則
今暫行改定凡由北圻入中國滇粵通商處所之洋貨
卽按照中國通商海關稅則減十分之三收納正稅其

出口至北圻之中國土貨卽按照中國通商海關稅則
減十分之四收納正稅

第四條

中國土貨按照光緒十二年三月二十二日和約十一
款第一節完納進口稅後運北圻到越南海口者除中
國之外如係前往他國則出口之時應照法越稅則納
出口之稅

第五條

中國允准中國土藥由陸路邊界出口入北圻此土藥

應完納出口正稅銀貳拾兩一担（即一百觔）法國人及法國
保護之人只能在龍州蒙自蠻耗三處可以購買此項
土藥中國商人所應納內地釐金等費亦不過貳拾兩
一担（即一百觔）之數中國商人由內地運土藥者將此土藥
交與所買之人時即與收釐憑單而所買土藥之人完
納出口稅時將憑單到關呈驗繳銷再此項土藥不許
由陸路邊界通商海口再入中國作爲復進口之物

第六條

除兵船及運載兵丁軍械之船外所有法國及北圻船

隻從諒山至高平復由高平至諒山經過龍州至高平
並高平至龍州之河（此二河一名松吉江一名高平河）此項船隻每次
路過即每噸納鈔銀五分惟船內所載貨物一概免稅
運入中國貨物可用此二河其貨物並可用旱路及諒
山至龍州之官道俟中國在邊界設關之時此項經過
陸路之貨物在龍州必須完稅後方准銷售

第七條

日後若中國因中國南境西南境之事與最優待之友
國立定通商交涉之和約條款章程等類所有無論何
等益處及所有通商利益施於該友國此等約一施行
則法國無庸再議無不一體照辦

第八條

右各條經會同商定後
大清國
欽派王大臣及
大法民主國
欽派大臣將此約條款原文譯出漢字畫押用印二分

第九條

此次續約並光緒十二年三月二十二日通商和約經
兩國
欽差王大臣互換後此續約與該通商和約並載一體施行

第十條

此約現由
大清國
大皇帝批准及
大法民主國
大伯理璽天德批准後即在中國京城互換

光緒十三年五月初六日

西曆一千八百八十七年六月二十六日

光緒十三年五月初三日給法國照會

爲照會事現值本王大臣與
貴大臣將光緒十二年三月二十二日會議中越邊界通商章程十九款並光緒十一年四月二十七日議立中法新約十款公同商酌所有約章內有未盡事宜及稍須修改之處業經彼此詳商意見相合續訂商務專條十款界務專條四款即將擇期畫押尚有彼此應聲明者三端特爲陳列一按照前約中國可在北圻各大城鎮設立領事官現經彼此商酌中國允許此等領事官目前暫從緩設應俟後兩國查看該處地方情形再行設立一俟中國在河內海防兩處設立領事之時法國始可於滇桂兩省城設立領事一中國所允法國於龍州蒙自兩處設立之領事官及蠻耗設立之領事官屬下一員係屬陸路通商處所不可仿照上海等處通商口岸設立租界以上三端彼此言明雖未列入續約專條與約文所載遵行無異用特備文照會應請
貴大臣照覆存案可也須至照會者

法國照覆

大法特派全權大臣下議院國會參議駐紮中國京都總理本國事務 恭

爲照覆事於光緒十三年五月初三日接准

貴王大臣照會內稱尙有續約內未載者三端擬定一

按照前約中國可在北圻各大城鎮設立領事官現經

彼此商酌中國允許此等領事官目前暫從緩設應俟

後兩國查看該處地方情形再行設立一俟中國在河

內海防兩處設立領事之時法國始可於滇桂兩省城

設立領事一中國所允法國於龍州蒙自兩處設立之

領事官及蠻耗設立之領事官屬下一員係屬陸路通

商處所不可仿照上海等處通商口岸設立租界以上

三端彼此言明雖未列入續約專條與約文所載遵行

無異等因前來本大臣查彼此商議之時所商定各事

今照會妥洽爲憑以上三端在本大臣同

貴王大臣無不意見相符也爲此照覆須至照會者

光緒十三年五月初三日

西厤一千八百八十七年六月二十三日

大清 法國 光緒十三年五月初六日 一千八百八十七年六月二十六日 續議商務專條附章

茲値中越邊界沿至湄江業已勘定

大清國

大皇帝

大法民主國

大伯理璽天德均願在該邊界一帶鼓勵兩國通商往來展

拓興旺並照光緒十二年三月二十二日 一千八百八十六年四月二十五日 在天津互訂商約

及光緒十三年五月初六日 一千八百八十七年六月二十六日 在中國京都續議商務專

條使之辦理妥善是以定議另立此次附章內載新添

數節並就前立各約章量加更改數節是以

大清國

大皇帝欽差全權大臣管理總理各國事務衙門和碩慶親王 總理各國事務衙門大臣軍機大臣吏部左侍郎徐

大法民主國

大伯理璽天德欽差全權大臣賞給佩帶四等榮光寶星黑山國自主大星日國嘎羅斯第三大星義國冠冕大星出使中國全權大臣 施

各將所奉全權文憑互相校閱均屬妥協立定條款如

左

第一條

現由兩國議定廣東邊界與越南芒街相對之東興街

法國任派領事官駐劄以利邊界捕務至兩國官員會同巡查中越邊界應日後商定章程以憑辦理

第二條

兩國於光緒十三年五月初六日在中國京都互議續約之第二條現已改定如左以全其事

兩國議定法越與中國通商處所廣西則開龍州雲南則開蒙自至蒙自往保勝之水道允開通商之一處現議非在蠻耗而改在河口法國任在河口駐有蒙自領事官屬下一員中國亦有海關一員在彼駐劄

第三條

議定雲南之思茅開為法越通商處所與龍州蒙自無異即照通商各口之例法國任派領事官駐劄中國亦駐有海關一員至法國領事官所住公館由地方官相幫照拂其法國人民及法國保護之人前來思茅均照咸豐八年五月十七日條約第七第十一十二等款及光緒十二年三月二十二日商約第三款辦理其運往中國各貨物准由水道如羅梭河湄江等河運入並准由陸路如猛烈或倚邦至思茅普洱之官道其貨之有應納稅項者即在思茅輸納

第四條

光緒十二年三月二十二日商約第九款現議改定如左

一凡邊界所開之龍州蒙自思茅河口通商四處若有土貨經過越南來往出此口時應照十分減四之例收稅專發完稅憑單帶同貨物到彼口時免徵進口之稅

一由以上四處運土貨出口前往沿海沿江通商各口於邊界出口時應照十分減四之例收出口稅專發

完稅憑單帶同貨物前往俟到沿海沿江通商口岸應照沿海沿江各通商口岸同項土貨通例完納復進口半稅　一凡有沿海沿江通商口岸運土貨經過越南前往以上四處於出口時征收十成正稅專發完稅憑單帶同貨物前往俟到邊關進口時按照十分減四徵收復進口半稅　一以上各土貨若帶有上項專發憑單出口者未經各關以前復進口者已經各關以後均應照土貨例辦理

第五條

議定中國將來在雲南廣西廣東開礦時可先向法國廠商及礦師人員商辦其開礦事宜仍遵中國本土礦政章程辦理至越南之鐵路或已成者或日後擬添者彼此議定可由兩國酌商妥訂辦法接至中國界內

第六條

法國與中國於光緒十四年十月二十八日在烟臺互定電報接線條款第二款內應添一節如左

四思茅廳至越南應由中國思茅電局與越南之孟阿營即下猛岩（在越南萊州至兩帕邦兩處之半途）電局互相接線其電報價目應查照上項烟臺條款第六款定明

第七條

兩國議定此次附章通商各條既係專章彼此因龍州河口蒙自思茅與越南往來必需相讓而立者所載一切利益兩國人民及所保護之人祇可在以上所定邊界處所及陸路水道援以爲例

第八條

以上各條視如光緒十三年五月初六日續約所載一體施行

第九條

中法兩國前立各條約章程除由現議更改外其餘仍應一體遵守至此次續約現由

大清國

大皇帝批准俟

大法國

大伯理璽天德批准後即在中國京都互換

大清光緒十三年五月初六日
大法國一千八百八十七年六月二十六日續議界務專條附章

兩國前派勘明中國與北圻邊界末段自紅江至湄江
現已竣事經
大清國
大皇帝欽差全權大臣管理總理各國事務衙門和碩慶親王總理各國事務衙門大臣軍機大臣吏部左侍郎徐
大法民主國
大伯理璽天德欽差全權大臣賞給佩帶四等榮光寶星黑山國自主大星日國嘎羅斯第三大星義國冠冕大星出使中國全權大臣施
各執所奉全權文憑互相校閱均屬妥協並代各本國
將光緒十三年五月初六日一千八百八十七年六月二十六日互訂續議界務專條更正修
全除兩國委員互立畫押之節略界圖各件均行定准
外彼此商定辦法開列如左

一滇越邊界第二段自丁字處起至戊字處止界綫改繪
如下
界綫自丁字處起向東北至漫美止又自漫美向東至
清水河之南納止漫美歸越南猛峝上村猛峝山猛峝
中村猛峝下村各地歸中國

二滇越邊界第五段自龍膊渠起至黑江止界綫改繪如
下

自龍膊渠雲南越南第五段界綫溯龍膊河至紅崖河
入龍膊河之處即圖上甲字處為止自甲字處向西北
偏北順分水嶺至平河發源處又順平河木起河至木
起河注打保河之處又順打保河至打保河注南拱河
之處又順南拱河至南拱河注南那河之處為止又界
綫溯八寶河至八寶河與廣思河合流之處又溯廣思
河即順分水嶺以至南辣比與南辣河相注之處又順
南辣河至南辣河注黑江之處又從黑江中心至南馬
河即南納河為止

三滇越邊界自黑江與南馬河相注之處起至湄江止繪
定如下
自南馬河注黑江之處界綫順南馬河至河源處止又
向西南又向西順分水嶺至南杆河南烏江兩水發源
處又自南烏江發源處界綫順南烏江與南腊河並各
支河中間之分水嶺共西邊之漫乃倚邦易武六大茶
山等處歸中國共東邊之猛烏烏得化邦哈當賀聯盟
猛地各處歸越南又界綫以南北向東南向至南峩河
發源處又順分水嶺以西北偏西向繞南峩河及注南

腊河南岸諸水發源之山以至南腊河注湄江在於猛㑚西北之處而止其猛莽猛潤之地歸中國至八鹽泉（一名坝發呰）之地仍歸越南

四將來兩國各派官員前往遵照勘界委員所繪簽押各圖及此次界務附章所載會同辦理安設界牌事宜

五中法兩國前立勘界各件除由現議更改外其餘仍應一體遵守至此次專條附章並光緒十三年五月初六日續議界務專條現由

大清國

大皇帝批准俟

大法民主國

大伯理璽天德批准後即在中國京都互換

中越邊界會巡章程（係照光緒二十一年五月二十八日商務專條附章第一條所立）

計開各條目

第一條　兩國派員會同巡查中越邊界

第二條　如何巡查之法

第三條　陸路邊界辦理巡查條規

第四條　聚衆生事並股匪執械辦理巡查條規

第五條　責成督辦巡查大員及各對汛汛弁

第六條　越南群島辦理巡查條規

第一條　兩國派員會同巡查中越邊界
一節　兩國應行會同巡查中越之邊界分三段第一段廣東省與越南接壤邊界第二段廣西省與越南接壤邊界第三段雲南省與越南接壤邊界
二節　以上所開三段各由中法兩國選派一大員會同督辦巡查事宜
三節　法國各督辦大員於其責成巡查一段各事宜均准飭令該段邊界越南境内文武各官遵辦專受駐越大臣節制中國各督辦大員於其責成巡查一段各事宜均准飭令該省文武各官遵辦專受該省督撫節制
四節　法國督辦大員第一段駐紮芒街第二段駐紮諒山第三段駐紮保勝中國督辦大員第一段駐紮東興第二段駐紮憑祥第三段駐紮河口
五節　每段中法兩督辦大員所駐之處以德律風或電綫相接以便隨時通信
第二條　如何巡查之法
六節　巡查邊界以對汛各駐本國官兵

七節　每處對汛以法國一汛中國一汛住邊界通衢中越兩邊相望之處而設其有地勢不宜紮營處所則於或左或右斜角遙對亦可總期兩邊相望聲氣可通
八節　中法各汛至少駐官兵三十名各有軍械每汛以一弁管帶
九節　中法各對汛一俟能設德律風或電綫之時應及早相接以便隨時通信
十節　對汛所設之處開列於後

一　芒街與東興　　二　北市與里接
三　横模與泠洞　　四　越南峙馬與中國峙馬
五　同登與南關　　六　越南平而與中國平而
七　那爛與布局　　八　馱龍與水口關
九　越南里板與中國里板　　十　朔江與平孟

十一節　以上所開各對汛將來准由兩國先期知照會同商酌增删挪移至滇越邊界對汛暫且不定
第三條　陸路邊界辦理巡查條規

十二節　按照光緒十一年四月二十七日中法兩國在天津立定條約凡有法國人民及法國所保護人民與別國居住北圻人等欲行過界入中國者須俟法國官員請中國邊界官員發給護照方得執持前往倘由北圻入中國者係中國人民只由中國邊界官員自發憑單可也至有中國人民欲從陸路由中國入北圻者應由中國官請法國官發給護照以便執持前往

十三節　兩國民人往來之路現章未曾另立之先只准一律由第十節所開十路出入凡有發給護照憑單務須註明其人准由何路過界

十四節　護照憑單應於過界時到法國對汛呈驗該汛弁簽字到中國對汛呈由該汛弁驗明

十五節　兩國人民及別國寓居北圻人等有因生理通商耕種之故必須輪次過界在界限之兩邊暫住者可由兩國地方官對汛汛弁會同發給過界長行准單無庸照十二十三十四等節辦理

十六節　以上所開長行准單均應按年於西歷正月初一至初十日一換惟須先一月知會中國官員轉行週知

十七節　長行准單應由兩國發給之員弁册報本國督辦大員存案

第四條　聚衆生事並股匪執械辦理巡查條規

十八節　越南界內報有股匪聚會一經聞信法國汛弁卽當飛行轉知該對汛中國汛弁並稟明該段邊界法國督辦大員

十九節　中國界內報有股匪聚會一經聞信中國汛弁卽當飛行轉知該對汛法國汛弁並稟明該段邊界中國督辦大員

二十節　於是兩督辦大員會商妥法各自轉飭所轄查拏聚匪至中法督辦大員會商辦法轉飭汛弁遵行應由每對汛中法兩弁奉飭後卽行互相通知

二十一節　每遇事機急迫中法對汛兩汛弁應卽巡行會商查緝之法各自報明本國督辦大員

二十二節　凡有匪徒在越南境內被法軍追廹過

界入中國者卽由就近越國對汛知照中國對汛或由追匪之法軍管帶知照就近中國軍兵管帶俾中國軍兵迅速接追捕獲遇有匪徒由中國境內過界入越南者應由中國對汛或勦匪之中國軍兵管帶速卽知照法國對汛或就近法軍管帶俾法軍卽行接追捕獲至如此接追知照倘有稍涉疏忽遲延之汛弁管帶等員卽應查問重辦一經本國擬定會知彼國督辦巡查該段邊界大員

第五條　責成督辦巡查大員及各對汛汛弁

二十三節　凡中法督辦大員有不遵現章定明職分者卽由兩國大臣彼此各行查明應歸之咎俟此國擬定罰辦處分知會彼國仍各按本國律例辦理

二十四節　中法對汛汛弁或中法軍營管帶有不遵現章所定職分者卽由該段邊界中法督辦巡查大員彼此各行查明仍各按本國律例酌定罰辦並知照彼國該督辦大員

第六條　越南群島辦理巡查條規

二十五節　凡中國人之船艇駛往越南水面應領有原出之口法國領事地方等官或原出之口中國海關地方等官發給蓋印准單註明船載丁口貨色前往處所其有近村船艇或因趁墟或因渡人勢難一一令其註明船載丁口應由各地方官發給護照准其駛行惟遇有事應向發給護照之地方官是問其丁口貨物應免逐一瑣註

二十六節　此項駛船准單若遇法國兵艦或越南海關巡船查驗應卽呈閱

二十七節　如前查驗應先空放一鎗或一礮示知若須再行空放一鎗一礮亦可倘有不聽空放鎗礮查驗准單之船艇卽或疑爲匪船辦理亦屬自召

二十八節　凡中國人之船艇駛近越南海邊處所應將前領第二十五節所載發給之准單呈由關口或地方官查驗簽字

中國與費務林公司訂立龍州至鎮南關鐵路合同

現由中國

簡派總理衙門總辦章京戶部郎中舒文　與費務林公司監工葛理義會商定立合同各條開列如左

第一條

中國予令費務林公司承辦廣西龍州至鎮南關鐵路工程由中國鐵路官局稽察其辦法各款開列于後

第二條

費務林公司因此專為無名貿易公司承受中國官局令於官局名下築造鐵路由官局稽察其造路並預先勘路均係包辦凡築造及傢伙機器房屋物料車輛等件應於勘路後由官局公司會商包估價値造路須占之地均由官局自公司呈交鐵路占地各圖式之日起至多六箇月限內交清公司修造官局卽將費用與工程節次隨成隨還每月底由公司計開費用呈報官局自呈報日起至多三箇月限內飭令付價儻有限內未付之款按每年七釐（卽百分之七）行息至付清日止息至所開賬目均用法銀法郞計算俟付還銀兩時均按呈交賬目日期前三箇月內兌換（中法）銀行市折中算給至造路工程除遇有意外事故外均限自將地交與公司日後計至多三年內造成

第三條

費務林公司照以上所載專為無名貿易公司承受中國官局令於官局名下經理鐵路由官局稽察如此經理均係包辦由官局與公司勘估後會商統計特開酌算款式內以補還經理實在用費若干並貼與總用雜項若干及經理進項實存項下酬賞公司花紅若干包還公司至經理進項內所有搭客運貨係自龍州至鎮南關並自鎮南關至諒山以次各處由中國往越南或越南往中國卽仿照各電報局之例互相較對分歸清算

第四條

中國鐵路搭客運貨及越南之法國鐵路搭客運貨均由公司酌擬價目中國則請中國官局定準越南則請法官定準總宜一律相同

第五條

龍州越南各路相接爲經理鐵路之用須設沿路電綫自應照通例任各鐵路局自用不納電費或有轉送電報與經營鐵路無涉者應照各電報局價目納費如常

第六條

凡築造經理鐵路之材料什物機器車輛器具傢伙等件無論何項關稅差費一概免納至鐵路所用華洋人員中國自設妥法令其相安如命工作無滯

第七條

龍州至中國邊界鐵路其經理辦法由中國官局與越南法官會商章程總期與經理越南之鎮南關至諒山等鐵路不致絕斷其鐵軌寬窄履勘後酌量情形由中國官局自定此次合同以三十六年爲期期滿亦准會商展久新立

第八條

中國官局與此章程訂明如何承辦築造經理之公司遇因事故參差應由官局公司各擇一人此二人復公擇其一以便三者會議公斷惟三者必須法國或中國之人

此次合同繕就法漢文各二分彼此存收各一分遇有可疑不符之處以法文爲準

光緒二十二年四月二十四日

西歷一千八百九十六年六月初五日　在中國京都立

俄國條約

大清
大皇帝
大俄羅斯國
自專主依木丕業拉托爾明定兩國好和之道及兩國利益
之事另立章程十二條
大清
大皇帝欽差
東閣大學士總理刑部事務桂
吏部尚書鑲藍旗漢軍都統花　爲全權大臣

大俄羅斯國
自專主特簡
承宣管帶東海官兵戰船副將軍御前大臣公普
爲全權大臣兩國大臣各承
君命詳細會議酌定十二條永遵勿替

第一條

大清
大皇帝
大俄羅斯國

自專主今將從前和好之道復立和約嗣後兩國臣民不相
殘害不相侵奪永遠保護以固和好
第二條
議將從前使臣進京之例酌要更正嗣後兩國不必由
薩那特衙門及理藩院行文由俄國總理各國事務大
臣或逕行
大清之軍機大臣或
特派之大學士往來照會俱按平等設有緊要公文遣使臣
親送到京交禮部轉達軍機處至俄國之全權大臣與

大清之大學士及沿海之督撫往來照會均按平等兩
國封疆大臣及駐紮官員往來照會亦按平等俄國酌
定駐紮中華海口之全權大臣與中國地方大員及京
師大臣往來照會均照從前各外國總例辦理遇有要
事俄國使臣或由恰克圖進京故道或由就近海口預
日行文以便進京商辦使臣及隨從人等迅速順路行
走沿途及京師公館派人妥爲預備以上費用均由俄
國經理中國毋庸預備
第三條

此後除兩國旱路於從前所定邊疆通商外今議准由
海路之上海甯波福州府厦門廣州府臺灣瓊州府等
七處海口通商若別國再有在沿海增添口岸准俄國
一律照辦
第四條
嗣後陸路前定通商處所商人數目及所帶貨物並本
銀多寡不必示以限制海路通商章程將所帶貨物呈
單備查拋錨寄淀一律給價照定例上納稅課等事俄
國商船均照外國與中華通商總例辦理如帶有違禁

貨物即將該商船所有貨物概行查抄入官
第五條
俄國在中國通商海口設立領事官爲查各海口駐紮
商船居住規矩再派兵船在彼停泊以資護持領事官
與地方官有事相會並行文之例蓋天主堂住房並收
存貨物房間俄國與中國會議置買地畝及領事官責
任應辦之事皆照中國與外國所立通商總例辦理
第六條
俄國兵商船隻如有在中國沿海地方損壞者地方官

立將被難之人及載物船隻救護所救護之人及所有物件盡力設法送至附近俄國通商海口或與俄國素好國之領事官所駐紮海口或順便咨送到邊其救護之公費均由俄國賠還俄國兵貨船隻在中國沿海地方遇有修理損壞及取甜水買食物者惟近中國附近未開之海口按市價公平買取該地方官不可攔阻

第七條

通商處所俄國與中國所屬之人若有事故中國官員須與俄國領事官員或與代辦俄國事務之人會同辦

理

第八條

天主教原爲行善嗣後中國於安分傳教之人當一體矜恤保護不可欺侮淩虐亦不可於安分之人禁其傳習若俄國人有由通商處所進內地傳教者領事官與內地沿邊地方官按照定額查驗執照果係良民卽行畫押放行以便稽查

第九條

中國與俄國將從前未經定明邊界由兩國派出信任大員秉公查勘務將邊界清理補入此次和約之內邊界旣定之後登入地冊繪爲地圖立定憑據俾兩國永無此疆彼界之爭

第十條

俄國人習學中國滿漢文義居住京城者酌改先時定限不拘年分如有事故立卽呈明行文本國核准後隨辦事官員逕回本國再派人來京接替所有駐京俄國之人一切費用統由俄國付給中國毋庸出此項費用駐京之人及恰克圖或各海口往來京城送遞公文各

項人等路費亦由俄國付給中國地方官於伊等往來之時程途一切事務要妥速辦理

第十一條

爲整理俄國與中國往來行文及京城住居俄國人之事宜京城恰克圖二處遇有來往公文均由臺站迅速行走以半月爲限不得遲延躭悞信函一併附寄再運送應用物件每屆三箇月一次一年之間分爲四次照指明地方投遞勿致舛錯所有驛站費用由俄國同中國各出一半以免偏枯

第十二條

日後大清國若有重待外國通商等事凡有利益之處

毋庸再議即與俄國一律辦理施行以上十二條自此

次議定後將所定和約繕寫二分

大清國

聖主皇帝裁定

大俄羅斯國

聖主皇帝裁定之後將

諭旨定立和書限一年之內兩國互交永遠遵守兩無違背

今將兩國和書用俄羅斯並清漢字體抄寫專以清文

俄國條款　六

爲主由二國

欽差大臣手書花押鈐用印信換交可也

所議條款俱照中國清文辦理

大清國

欽差全權大臣大學士桂

欽差全權大臣尚書花

大俄羅斯國

欽差全權大臣普

一千八百五十八年伊云月初一日

咸豐八年五月初三日

俄國條款　七

照依前換和約擬定條款

大清國

大皇帝與

大俄羅斯國

大皇帝詳細檢閱早年所立和約現在議定數條以固兩國和好貿易相助及預防疑忌爭端所以

大清國

欽派內大臣全權和碩恭親王奕訢

大俄羅斯國派出

欽差內大臣伊格那替業福付與全權該大臣等各將本國

欽派諭旨互閱後會議酌定數條如左

第一條

議定詳明一千八百五十八年瑪乙月十六日即咸豐八年四月二十一日在愛琿城所立和約之第一條遵照是年伊云月初一日即五月初三日在天津地方所立和約之第九條此後兩國東界定為由什勒喀額爾古納兩河會處即順黑龍江下流至該江烏蘇里河會處其北邊地屬俄羅斯國其南邊地至烏蘇里河口所有地方屬中國自烏蘇里河口而南上至興凱湖兩國以烏蘇里及松阿察二河作為交界其二河東之地屬俄羅斯國二河西屬中國自松阿察河之源兩國交界踰興凱湖直至白稜河自白稜河口順山嶺至瑚布圖河口再由瑚布圖河口順琿春河及海中間之嶺至圖們江口其東皆屬俄羅斯國其西皆屬中國兩國交界與圖們江之會處及該江口相距不過二十里且遵天津和約第九條議定繪畫地圖內以紅色分為交界之地上寫俄羅斯國阿巴瓦噶達耶熱皆伊亦喀拉瑪那倭怕啦薩土烏等字頭以便易詳閱其地圖上必須兩

國

欽差大臣畫押鈐印為據

上所言者乃空曠之地遇有中國人住之處及中國人所占漁獵之地俄國均不得占仍准中國人照常漁獵從立界牌之後永無更改並不侵占附近及他處之地

第二條

西疆尚在未定之交界此後應順山嶺大河之流及現在中國常駐卡倫等處及一千七百二十八年即雍正

六年所立沙賓達巴哈之界牌末處起往西直至齋桑淖爾湖自此往西南順天山之特穆爾圖淖爾南至浩罕邊界爲界

第三條

嗣後交界遇有含混相疑之處以上兩條所定之界作爲解證至東邊自興凱湖至圖們江中間之地西邊自沙賓達巴哈至浩罕中間之地設立界牌之事應如何定立交界由兩國派出信任大員秉公查勘東界查勘在烏蘇里河口會齊於咸豐十一年三月內辦理西界查勘在塔爾巴哈台會齊商辦不必限定日期所派大員等遵此約第一第二條將所指各交界作記繪圖各書寫俄羅斯字二分或滿洲字或漢字二分共四分所作圖記該大員等畫押用印後將俄羅斯字一分或滿或漢字一分共二分送俄羅斯收存將俄羅斯字一分或滿或漢字一分送中國收存互換此記文地圖仍會同具文畫押用印當爲補續此約之條

第四條

此約第一條所定交界各處准許兩國所屬之人隨便

交易並不納稅各處邊界官員護助商人按理貿易其愛琿和約第二條之事此次重復申明

第五條

俄國商人除在恰克圖貿易外其由恰克圖照舊到京經過之庫倫張家口地方如有零星貨物亦准行銷庫倫准設領事官一員酌帶數人自行蓋房一所在彼照料其地基及房間若干並餧養牲畜之地應由庫倫辦事大臣酌核辦理

中國商人願往俄羅斯國內地行商亦可

俄羅斯國商人不拘年限往中國通商之區一處往來人數通共不得過二百人但須本國邊界官員給與路引內寫明商人頭目名字帶領人多少前往某處貿易並買賣所需及食物牲口等項所有路費由該商人自備

第六條

試行貿易喀什噶爾與伊犁塔爾巴哈台一律辦理在喀什噶爾中國給與可蓋房屋建造堆房聖堂等地以便俄羅斯國商人居住並給與設立墳塋之地並照伊

犁塔爾巴哈台給與空曠之地一塊以便牧放牲畜
以上應給各地數目應行文喀什噶爾大臣酌核辦理
其俄國商人在喀什噶爾貿易物件如被卡外之人進
卡搶奪中國一概不管

第七條

俄羅斯國商人及中國商人至通商之處准其隨便買
賣該處官員不必攔阻兩國商人亦准其隨意往市肆
鋪商零發買賣互換貨物或交現錢或因相信賒賬俱
可

居住兩國通商日期亦隨該商人之便不必定限

第八條

俄羅斯國商人在中國中國商人在俄羅斯國俱仗兩
國扶持

俄羅斯國可以在通商之處設立領事官等以便管理
商人並預防含混爭端除伊犁塔爾巴哈台二處外即
在喀什噶爾庫倫設立領事官中國若欲在俄羅斯京
城或別處設立領事官亦聽中國之便兩國領事官各
居本國所蓋房屋如願租典通商處居人之房亦任從
其便不必攔阻

兩國領事官及該地方官相交行文俱照天津和約第
二條平行凡兩國商人遇有一切事件兩國官員商辦
倘有犯罪之人照天津和約第七條各按本國法律治
罪

兩國商人遇有發賣及賒欠含混相爭大小事故聽其
自行擇人調處俄國領事官與中國地方官止可幇同
和解其賒欠賬目不能代賠

兩國商人在通商之處准其預定貨物代典鋪房等事
寫立字據報知領事官處及該地方官署遇有不按字

據辦理之人領事官及該地方官令其照依字據辦理
其不關買賣若係爭訟之小事領事官及該地方官會
同查辦各治所屬之人之罪

俄羅斯國人私住中國人家或逃往中國內地中國官
員照依領事官行文查找送回中國人在俄羅斯國內
地或私住或逃往該地方官亦當照此辦理

若有殺人搶奪重傷謀殺故燒房屋等重案查明係俄
羅斯國人犯者將該犯送交本國按律治罪係中國人

犯者或在犯事地方或在別處俱聽中國按律治罪遇有大小案件領事官與地方官各辦各國之人不可彼此妄拿存留查治

第九條

現在買賣比前較大且又新立交界所以早年在尼布楚恰克圖等處所立和約及歷年補續諸條情形多有不同兩國交界官員往來行文查辦所起爭端時勢亦不相合所以從前一切和約有應更改之處應另立新條如左

向來僅止庫倫辦事大臣與恰克圖固畢爾那托爾及西悉畢爾總督與伊犁將軍往來行文辦理邊界之事自今此外擬增阿穆爾省及東海濱省固畢爾那托爾遇有邊界事件與黑龍江及吉林將軍往來行文

恰克圖之事由恰克圖邊界廓米薩爾與恰克圖部員往來行文俱按此約第八條規模

該將軍總督等往來行文俱按天津第二條和約彼此平等且所行之文若非所應辦者一概不管

遇有邊界緊要之事由東悉畢爾總督行文軍機處或理藩院辦理

第十條

查辦邊界大小事件俱照此約第八條由邊界官員會同查辦其審訊兩國所屬之人俱照天津和約第七條各按本國法律治罪

遇有牲畜或自逸越邊界或被誘取該處官員一經接得照會即行派人尋找並將踪跡示知卡倫官兵其係逸越尋獲者或係被搶查出牲畜俱依照會之數將所失之物尋獲立即送還如無原物即照例計賍定罪不

管賠償

如有越邊逃人一經接得照會即設法查找找獲時送交近處邊界官員並將逃人所有物件一併送回其緣何逃走之處由該國官員自行審辦解送時沿途給與飲食如無衣給衣不可任令兵丁將其淩虐如尚未接得照會查獲越邊之人亦即照此辦理

第十一條

兩國邊界大臣彼此行文交官員轉送必有回投東悉畢爾總督恰克圖固畢爾那托爾行文送交恰克圖廓

米薩爾轉送部員庫倫辦事大臣行文即交部員轉送
恰克圖廓米薩爾阿穆爾省固畢爾那托爾行文送交
愛琿城副都統轉送黑龍江將軍吉林將軍行文亦送
交該副都統轉送東海濱省固畢爾那托爾與吉林將
軍彼此行文俱托烏蘇里琿春地方卡倫官員轉送西
悉畢爾總督與伊犁將軍行文送交伊犁俄羅斯領事
官轉送遇有重大緊要事件必須有人傳述東西悉畢
爾總督固畢爾那托爾等庫倫辦事大臣黑龍江吉林
伊犁等處將軍行文交俄羅斯國可靠之員亦可

第十二條

按照天津和約第十一條由恰克圖至北京因公事送
書信因公事送物件往返限期開列於後書信每月一
次物件箱子自恰克圖至北京每兩個月一次自北京
往恰克圖三個月一次送書信限期二十日送箱子限
期四十日每次箱子數目至多不得過二十隻每隻分
兩至重不得過中國一百二十斤之數所送之信必須
當日傳送不得躭延如遇事故嚴行查辦
由恰克圖往北京或由北京往恰克圖送書信物件之
人必須由庫倫行走到領事官公所如有送交該領事
官等書信物件即便留下如該領事官等有書信物件
亦即帶送
送箱隻時開寫清單自恰克圖及庫倫知照庫倫辦事
大臣自北京送時報知理藩院單上註明何時起程箱
隻數目分兩多少及每箱分兩於封皮上按俄羅斯字
繙出蒙古字或漢字寫明分兩數碼
若商人為買賣之事送書信物箱願自行雇人另立行
規准其預先報明該處長官允行後照辦以免官出花

費

第十三條

大俄羅斯國總理各外國事務大臣與
大清國軍機處互相行文或東悉畢爾總督與
軍機處及理藩院行文此項公文照例按站解送並不
拘前定時日亦可設有重要事件恐有躭悞即交俄國
可靠之員速送
大俄羅斯國
欽差大臣居住北京時遇有緊要書信亦由俄國自行派員

解送該差派送文之人行至何處不可使其躭延等候所派送文之員必係俄羅斯國之人派員之事在恰克圖由廓米薩爾前一日報明部員在北京由俄羅斯館前一日報明兵部

第十四條

日後如所定陸路通商之事內設有彼此不便之處由東悉畢爾總督會同中國邊界大臣酌商仍遵此次議定章程辦理不得節外生枝至天津所定和約第十二條亦應照舊勿再更張

第十五條

會同商定後大清國

欽差大臣　將此約條規原文譯出漢字畫押用印交付

大俄羅斯國

欽差大臣一分

大俄羅斯國

欽差內大臣亦將此條規原文譯出漢字畫押用印交付

大清國

欽派內大臣一分

此次條款從兩國

欽差大臣互換之日起與天津和約一體永遵勿替

兩國

大皇帝互換和約後各將此和約原文曉諭各處應辦事件地方

大清國

欽派全權內大臣和碩恭親王

大俄羅斯國

欽差全權內大臣伊

咸豐十年十月初二日

一千八百六十年諾雅卜爾月初二日

大清欽命總理各國事務和碩恭親王大臣
大俄欽差全權大臣倭
前於同治元年二月初四日兩國彼此擬定陸路通商章程以試行三年爲限今屆限滿復經詳查商定擬改如左

第一款

兩國邊界貿易在百里內均不納稅其稽查章程任便兩國各按本國邊界限制辦理

第二款

俄商准許前往中國所屬設官之蒙古各處及該官所屬之各盟貿易亦不納稅其不設官之蒙古地方如該商欲前往貿易中國亦斷不攔阻惟該商應有本國邊界官執照內用俄字漢字蒙古字鈐印並註商人姓名貨色包件駝牛馬匹數目若干行抵中國第一邊卡應將執照呈官查驗或用戳記或以畫押爲憑如無執照前往查明除貨入官外將該商按照北京和約第十條被逃獲送之法辦理該領事官嚴查不准未領執照商民前往貿易

第三款

俄商運俄國貨物前往天津應有俄國邊界官並恰克圖部員蓋印執照內用兩國文字註商人或隨人姓名貨色包件數目此項貨幫止准由張家口東壩通州直抵天津任憑沿途各關口中國官員迅速點數抽查驗照蓋戳放行如各口有抽查拆動之處查畢後仍由各口加封其拆動件數並於照內註明以憑查核該關查驗不得過一箇時辰其照限六箇月在天津關繳銷倘有商人遺失執照卽行報明原給執照之官並呈明日期號頭妥速補給執照註明補給字樣以便查驗放行一面至就近之關口報明查驗相符暫給憑據准其執此前行以免耽誤如在張家口報明請領憑據應由在口之俄商代出保結方給字據嗣抵天津如所報貨色件數與補給之原照不符卽按第七款辦理惟該行是問其所失之照作爲廢紙

第四款

俄商由恰運俄國貨物路經張家口按照運津之貨總數任聽酌留若干於口銷售限三日內稟明監督驗發

准單將酌留之貨交納稅項後方准銷售惟該口無庸設立領事官以及行棧

第五款

俄商運俄國貨物至天津應納進口正稅按照各國稅則三分減一在津交納其酌留張家口之貨仍按各國稅則在張家口交一正稅

第六款

如在張家口酌留俄國貨物已在該口納稅領有稅單而貨物有未經銷售者准該商運赴通州或天津銷售

不再納稅並將在張家口多交之一分補還俄商即由該口發給執照內註明

第七款

俄商所運俄國貨物如至天津除報明留張家口之貨件外查有原貨抽換或與張家口酌留之貨數目不符某商違例其貨全行入官但沿途實係包箱損壞必應改裝裝畢行抵就近關口報明如查驗原貨色相符即於單照內註明方可免其議罰倘或繞越他處不按第三款之路而行將原貨私行售賣一經查出某商違例

即將其貨全行入官如僅繞越他處並未將貨銷賣即罰令完交一正稅其罰令入官之貨如果商人情願將原貨變價交官自應與中國官妥商按照原貨從公估價交官亦可

第八款

俄商如由天津運俄國貨物由水路赴議定南北各口則應按照各國稅則在津補足原免三分之一稅銀俟抵他口不再納稅如由天津及他口運入內地均應按照各國稅則納一子稅（即正稅之半）

（以上進口事例）

第九款

俄商在議定南北各口販賣土貨由水路出口進口及由俄國販洋貨由水路進口出口仍照各國總例一律辦理

第十款

俄商在他口販賣土貨經津回國不留在彼銷售如在他口全稅交完有單可憑至此不再納稅以免重徵該領事官發給兩國文字執照天津關蓋印註明商人姓

名貨色包件若干方准起運赴恰克圖不再重徵並飭令遵照第三款之路而行沿途不得銷賣如違卽按第七款辦理所有經過通州東壩張家口查驗之例按照第三款章程辦理其照自起程日爲始限六箇月內到恰克圖繳銷如遇耽延應於限期前報明領事官及地方官等如違罰辦倘有商人遺失執照按第三款辦理

第十一款

俄商在天津通州等處販買從內地所來土貨照第三款之路由陸路回國均按照各國稅則完一正稅領取

執照不再重徵沿途不得銷賣

第十二款

俄商在津販買復進口土貨由陸路回國如在原口完清全稅於一年限內出津運往俄國一切與章相符不再重徵並將暫存天津復進口半稅給還存票沿途不得銷售領取執照一切按照第十款辦理（嗣後天津復進口納稅章程中國與各國一行擬改俄國亦一律改定）

第十三款

俄商在通州買土貨回國應預先報明東壩按各國稅則完一正稅由東壩收稅發給執照註明貨色包件若干沿途亦不准銷賣

第十四款

俄商在張家口一處販買土貨回國應交出口稅銀按照各國稅則交一子稅（卽正稅之半）在張家口交納該口發給執照以後不再重徵沿途不得銷賣

第十五款

俄商在天津或他口販買別國洋貨由陸路回國如別國已交正稅子稅有單可憑不再重徵如別國只交正稅未交子稅該商應按照各國總例在該關補交子稅

第十六款

俄商由天津通州張家口販貨回國務須單貨相隨以憑查驗放行其銷照限期及遺失執照一切按照第十款辦理（以上出口事例）

第十七款

所有各國稅則第二款所載俄商由陸路販貨亦按照一律辦理

第十八款

俄商如有偷漏及挾帶違禁之物如各國稅則第三第五兩條所載各物件均應將貨入官如該商自備軍器護身應在本國報明填入執照每人各帶兵器一件

第十九款

凡有洋貨土貨爲各國稅則未載者按照俄國天津定議續則辦理如續則及各國稅則亦未載再照各國值百抽五總例辦理

第二十款

俄商不得包庇華商貨物運往各口

第二十一款

凡有嚴防偷漏諸法按照各國總例任憑中國官隨時設法辦理

第二十二款

此次議定章程試行五年爲限俟限滿或俄國或中國有欲行更改之處應於限前六箇月內照會如限滿未經知照仍應展至五年後六箇月內會議酌改如有緊要防礙之處尚未滿限立卽會議酌改

以上各款議定兩國

欽命王大臣
欽差大臣畫押蓋印後行知各該處遵照辦理

議於中華京都

同治八年三月十六日

一千八百六十九年四月十五日

俄國續增稅則

進口貨物

布疋花幔類

布	原色 白色 如南哈科運廓耳等 照各國稅則第二種布	每拾碼貳分
色布	如南哈等	每丈壹分伍釐
印花布		每丈玖釐肆毫
回絨		每丈貳分叁釐
雨過天晴布		每丈叁分捌釐
碎花錦布		每丈叁分柒釐

絨綿布	柯西茄特 米立挪思 六色特漬 忒耳訥	每丈貳分柒釐

綢緞類

哈喇	寬不過柒拾因制	每丈壹錢叁分貳釐
哈喇	寬不過陸拾肆因制	每丈壹錢貳分
大呢	寬不過柒拾因制	每丈壹錢貳分
哈喇大呢	寬不過伍拾陸因制	每丈壹錢

皮張類

羊皮板		每百張貳兩柒錢伍分
色香羊皮		每百張貳兩貳錢伍分
香羊皮		每百張貳兩
牛皮		每拾張柒錢伍分
駱駝絨		每拾張壹兩貳錢伍分
狼皮		每拾張叁錢
香鼠皮	照各國稅則灰鼠銀鼠例	每百張伍錢
沙狐皮	科爾薩其	每拾張貳錢伍分
太平貂皮		每拾張壹兩貳錢伍分
貓皮		每百張伍錢
野貓皮		每百張柒錢伍分

公達什狐皮		每拾張叁錢
白狐皮	別斯比	每拾張貳錢伍分
月兒熊皮		每拾張叁錢
猞猁猻皮	額里西	每拾張壹兩伍錢
灰粘羢羊皮		每拾張肆錢
黑粘羢羊皮		每拾張貳錢
黑白哈喇羊皮		每拾張 黑壹錢捌分 白壹錢
貂腿 掃雪腿 皮		每百對伍錢
白狐腿皮		每百對貳錢伍分

黑狐腿皮　每拾對叁錢伍分
紅狐腿皮　每拾對柒分伍釐
海龍尾　每個壹錢貳分
生羊山羊皮　每百張陸錢
藥材類
羚羊角　每百斤壹兩
出口貨物
油蠟類
黃油　每百斤叁錢

椒茶類
磚茶別種茶葉另有稅則不得援照此例　每百斤陸錢
右所載碼因制丈尺斤兩均照各國稅則第四條款
為準
同治元年二月十一日

光緒七年中俄改訂條約

大清國
大皇帝
大俄國
大皇帝願將兩國邊界及通商等事於兩國有益者商定妥
協以固和好是以特派全權大臣會同商定
大清國欽差出使俄國全權大臣一等毅勇侯大理寺少卿曾
大俄國欽差參政大臣署理總管外部大臣薩那特爾部堂格參議大臣出使中國全權大臣布
兩國全權大臣各將所奉全權

諭旨互相校閱後議定條約如左
第一條
大俄國
大皇帝允將一千八百七十一年即同治十年俄兵代收伊
犁地方交還
大清國管屬其伊犁西邊按照此約第七條所定界址應
歸俄國管屬
第二條
大清國

大皇帝允降
諭旨將伊犂擾亂時及平靖後該處居民所爲不是無分民教均免究治免追財產中國官員於交收伊犂以前遵照
大清國
大皇帝恩旨出示曉諭伊犂居民

第三條

伊犂居民或願仍居原處爲中國民或願遷居俄國入俄國籍者均聽其便應於交收伊犂以前詢明其願遷

居俄國者自交收伊犂之日起予一年限期遷居攜帶財物中國官並不攔阻

第四條

俄國人在伊犂地方置有田地者交收伊犂後仍准照舊管業其伊犂居民交收伊犂之時入俄國籍者不得援此條之例俄國人田地在咸豐元年伊犂通商章程第十三條所定貿易圈以外者應照中國民人一體完納稅餉

第五條

兩國特派大臣一面交還伊犂一面接收伊犂並遵照約內關繫交收各事宜在伊犂城會齊辦理施行該大臣遵照督辦交收伊犂事宜之陝甘總督與土爾吉斯坦總督商定次序開辦陝甘總督奉到
大清國
大皇帝批准條約將通行之事派委妥員前往塔什千城知照土爾吉斯坦總督自該員到塔什千城之日起於三箇月內應將交收伊犂之事辦竣能於先期辦竣亦可

第六條

大清國
大皇帝允將
大俄國自同治十年代收代守伊犂所需兵費並所有前此在中國境內被搶受虧俄商及被害俄民家屬各案補卹之款共銀盧布九百萬圓歸還俄國自換約之日起按照此約所附專條內載辦法次序二年歸完

第七條

伊犂西邊地方應歸俄國管屬以便因入俄籍而棄田地之民在彼安置中國伊犁地方與俄國地方交界自

別珍島山順霍爾果斯河至該河入伊犂河匯流處再過伊犂河往南至烏宗島山廓里扎特村東邊自此處往南順同治三年塔城界約所定舊界

第八條

同治三年塔城界約所定齋桑湖迤東之界查有不妥之處應由兩國特派大臣會同勘改以歸妥協幷將兩國所屬之哈薩克分別清楚至分界辦法應自奎峒山過黑伊爾特什河至薩烏爾嶺畫一直線由分界大臣就此直線與舊界之間酌定新界

第九條

以上第七第八兩條所定兩國交界地方及從前未立界牌之交界各處應由兩國特派大員安設界牌該大員等會齊地方時日由兩國商議酌定

俄國所屬之費爾干省與中國喀什噶爾西邊交界地方亦由兩國特派大員前往查勘照兩國現管之界勘定安設界牌

第十條

俄國照舊約在伊犂塔爾巴哈台喀什噶爾庫倫設立領事官外亦准在肅州（卽嘉峪關）及吐魯番兩城設立領事其餘如科布多烏里雅蘇台哈密烏魯木齊古城五處俟商務興旺始由兩國陸續商議添設俄國在肅州（卽嘉峪關）及吐魯番所設領事官於附近各處地方關繫俄民事件均有前往辦理之責按照一千八百六十年卽咸豐十年北京條約第五第六兩條應給予可蓋房屋牧放牲畜設立墳塋等地嘉峪關及吐魯番亦一律照辦領事官公署未經起蓋之先地方官幫同租覓暫住房屋俄國領事官在蒙古地方及天山南北兩

路往來行路寄發信函按照天津條約第十一條北京條約第十二條可由台站行走俄國領事官以此事相託中國官卽妥爲照料吐魯番非通商口岸而設立領事各海口及十八省東三省內地不得援以爲例

第十一條

俄國領事官駐中國遇有公事按事體之關繫案件之緊要及應如何作速辦理之處或與本城地方官或與地方大憲往來均用公文彼此往來會晤均以友邦官員之禮相待兩國人民在中國貿易等事致生事端應

由領事官與地方官公同查辦如因貿易事務致起爭端聽其自行擇人從中調處如不能調處完結再由兩國官員會同查辦兩國人民爲預定貨物運載貨物租賃鋪房等事所立字據可以呈報領事官及地方官處應與畫押蓋印爲憑遇有不按字據辦理情事領事官及地方官設法務令照依字據辦理

第十二條

俄國人民准在中國蒙古地方貿易照舊不納稅其蒙古各處及各盟設官與未設官之處均准貿易亦照舊

不納稅并准俄民在伊犂塔爾巴哈台喀什噶爾烏魯木齊及關外之天山南北兩路各城貿易暫不納稅俟將來商務興旺由兩國議定稅則卽將免稅之例廢棄以上所載中國各處准俄民出入販運各國貨物其買賣貨物或用現錢或以貨相易俱可并准俄民以各種貨物抵帳

第十三條

俄國應設領事官各處及張家口准俄民建造鋪房行棧或在自置地方或照一千八百五十一年卽咸豐元年所定伊犂塔爾巴哈台通商章程第十三條辦法由地方官給地蓋房亦可張家口無領事而准俄民建造鋪房行棧他處內地不得援以爲例

第十四條

俄商自俄國販貨由陸路運入中國內地者可照舊經過張家口通州前赴天津或由天津運往別口及中國內地并准在以上各處銷售俄商在以上各城各口及內地置買貨物運送回國者亦由此路行走并准俄商前往肅州卽嘉峪關貿易貨幫至關而止應得利益照

天津一律辦理

第十五條

俄國人民在中國內地及關外地方陸路通商應照此約所附章程辦理此約所載通商各條及所附陸路通商章程自換約之日起於十年後可以商議酌改如十年限滿前六箇月未請商改應仍照行十年俄國人民在中國沿海通商應照各國總例辦理如將來總例有應修改之處由兩國商議酌定

第十六條

將來俄國陸路通商興旺如出入中國貨物必須另定稅則較現在稅則更爲合宜者應由兩國商定凡進口出口之稅均按值百抽五之例定擬於未定稅則以前應將現照上等茶納稅之各種下等茶出口之稅先行分別酌減至各種茶稅應由中國總理衙門會同俄國駐京大臣自換約後一年内會商酌定

第十七條

一千八百六十年卽咸豐十年在北京所定條約第十條至今講解各異應將此條聲明其所載追還牲畜之意作爲凡有牲畜被人偷盜誘取一經獲犯應將牲畜追還如無原物作價向該犯追償倘該犯無力賠還地方官不能代賠兩國邊界官應各按本國之例將盜取牲畜之犯嚴行究治并設法將自行越界及盜取之牲畜追還其自行越界及被盜之牲畜踪跡可以示知邊界兵并附近鄉長

第十八條

按照一千八百五十八年五月十六日卽咸豐八年在愛琿所定條約應准兩國人民在黑龍江松花江烏蘇里河行船并與沿江一帶地方居民貿易現在復爲申明至如何照辦之處應由兩國再行商定

第十九條

兩國從前所定條約未經此約更改之款應仍舊照行

第二十條

此約奉兩國

御筆批准後各將條約通行曉諭各處地方遵照將來換約應在森比德堡自畫押之日起以六箇月爲期

兩國全權大臣議定此約備漢文俄文法文約本兩分畫押蓋印爲憑三國文字校對無訛遇有講論以法文爲證

中俄改訂條約　八

中俄改訂條約　九

光緒七年議定專條

按照中俄兩國全權大臣現在所定條約第六條所載中國將俄兵代收代守伊犂兵費及俄民各案補䘏之款共銀盧布九百萬圓歸還俄國自換約之日起二年歸完兩國全權大臣議將此款交納次序辦法商定如左

以上銀盧布九百萬圓合英金磅一百四十三萬一千六百六十四圓零二希令勻作六次除兌至倫敦滙費毋庸由中國付給外按每次中國淨交英金磅二十三萬八千六百一十圓零十三希令八本士付與倫敦城內布拉得別林格銀號收領作為每四箇月交納一次第一次自換約後四箇月交納末一次在換約後二年期滿交納此專條應與載明現在所定條約無異是以兩國全權大臣畫押蓋印為憑

光緒七年改訂中俄陸路通商章程

第一條

兩國邊界百里之內准中俄兩國人民任便貿易均不納稅其如何稽察貿易之處任憑兩國各按本國邊界限制辦理

第二條

俄國商民前往蒙古及天山南北兩路貿易者祇能由章程所附清單內指明卡倫過界該商應有本國官所發中俄兩國文字並譯出蒙古文或回文執照漢文照內可用蒙古字或回回字註明商人姓名隨人姓名貨色包件牲畜數目若干此照應於入中國地界時在附近邊界中國卡倫呈驗該處查明後卡倫官蓋用戳記為憑其無執照商民過界者任憑中國官扣留交附近俄國邊界官或領事官從嚴罰辦遇有遺失執照貨主應報明附近領事官以便請領新照一面報明地方官暫給憑據准其執此前行其運到蒙古及天山南北路各處之貨有未經銷售者准其運往天津及肅州(即嘉峪關)或在該關口銷售或運往內地其徵收稅餉發給

運貨執照查驗放行等事均照以下章程辦理

第三條

俄商由恰克圖呢布楚運貨前往天津應由張家口東壩通州行走其由俄國邊界運貨過科布多歸化城前往天津者亦由此路行走該商應有俄官所發運貨執照並由中國該管官蓋印照內用中俄兩國文字註明商人姓名貨色包件數目任憑沿途各關口中國官員迅速點數查看驗照蓋戳放行查驗之時如有拆動之件仍由該關口加封并將拆動件數於照內註明以憑

查覈該關查驗不得過一箇時辰其照限六箇月在天津關繳銷如該商以爲限期不足應豫先報明該處官員儻有商人遺失執照應報明原給執照之官並呈明日期號頭請領新照註明補給字樣一面至就近關口報明查驗相符暫給憑據准其運貨前行如查該商所報貨數不符查該商係有隱匿沿途私賣貨物希圖逃稅情事應照第八條章程罰辦

第四條

俄商由俄國運來貨物路經張家口任聽將貨酌留若干於口銷售限五日內在該關口報明交納進口正稅後由中國官發給賣貨准單方准銷售

第五條

俄商由俄國運來貨物自陸路至天津者應納進口稅餉照稅則所載正稅三分減一交納其由俄國運來貨物至肅州（即嘉峪關）者所有完納稅餉等事應照天津一律辦理

第六條

如在張家口酌留之貨已在該口納稅而貨物有未經

銷售者准該商運赴通州或天津銷售不再納稅並將在張家口多交之一分補還俄商即於該口所發執照內註明俄商在張家口酌留之貨已在該口納稅者如欲運入內地應照各國總例再交一子稅（即正稅之半）該口發給運貨執照應於沿途所過各關卡呈驗如無執照者則逢關納稅遇卡抽釐

第七條

俄商由俄國運來貨物至肅州（即嘉峪關）欲運入內地者應照章程第九條天津運貨入內地之例一律辦理

第八條

俄商由俄國運來貨物至天津除報明酌留張家口之貨外如查有原貨抽換或數目短少與原照不符卽將所報查驗之貨全行入官但沿途實係包箱損壞必應改裝者該商行抵就近關口報明如查驗原貨相符卽於執照內註明方可免其議罰儻有沿途私售一經查出其貨全行入官如僅繞越捷徑不按第三條所載之路行走以避沿途關卡查驗一經查出罰令完一正稅如係車腳運夫作弊有違以上章程貨主實不知情該

關應體察情形分別罰辦惟此辦法係專指俄國陸路通商經過各處而言各海口及各省內地遇有以上情事不得援以爲例其罰令入官之貨如商人願將原貨作價交官准其與中國官按照原貨估價交官亦可

第九條

俄商自俄國由陸路運至天津之貨如由海道運往議定通商各口應按照稅則在天津關補交原免三分之一稅銀俟抵他口不再納稅如由天津及他口運入內地應按照稅則交一子稅（卽正稅之半）照各國總例辦理

第十條

俄商在天津販買土貨回國應由第三條所載張家口等處之路行走俄商運貨出口應交出口正稅若在天津販買復進口土貨及在他口販買土貨經津回國如在他口全稅交完有單可憑至此不再重徵該商交稅後在一年限內出口回國將在天津所交復進口半稅仍行給還俄商運貨回國領事官發給兩國文字執照註明商人姓名貨色包件數目若干由該關蓋印該商

務須貨照相隨以憑沿途各關口查驗放行其繳銷執照限期並遇有遺失執照等事均照第三條章程辦理該商應照第三條所載之路行走沿途不得銷售如違此章卽照第八條所定章程罰辦沿途各關卡查驗貨物應照第三條章程辦理至俄商由肅州（卽嘉峪關）販運該處所買土貨及在內地所買土貨運往該處回國者所有完納稅餉等事均照天津一律辦理

第十一條

俄商在通州販買土貨由陸路出口回國應照稅則完

納出口正稅其在張家口販買土貨出口回國應在該口納一子稅（即正稅之半）俄商由內地販買土貨運往通州張家口回國者照各國在內地買土貨總例應再交一子稅由各該關口收稅發給運貨執照其在通州買土貨回國者應在東壩報明收稅發給執照沿途不得銷售應於執照內載明其由以上各處運貨出口發照驗貨等事應照第三條所載章程辦理

第十二條

俄商在天津通州張家口嘉峪關販運別國洋貨由陸

路出口回國如該貨已交正稅子稅有單可憑不再重徵如祇交過正稅未交子稅該商應按照稅則在該關補交子稅

第十三條

俄商販運貨物進口出口應照各國稅則及同治元年所定俄國續則納稅如各國稅則及續則均未備載再照值百抽五之例納稅

第十四條

凡進口出口免稅之物如金銀外國各銀錢各種麪砂穀米麪餅熟肉熟菜牛奶酥牛油蜜餞外國衣服金銀首飾攙銀器香水胰城炭柴薪外國蠟燭外國煙絲煙葉外國酒家用雜物船用雜物行李紙張筆墨氈毯鐵刀利器外國自用藥料玻璃器皿以上各物由陸路進口出口皆准免稅惟由章程內載各城及各海口運往內地者除金銀外國銀錢行李三項仍毋庸議外其餘各物皆按每值百兩完納稅銀二兩五錢

第十五條

凡違禁之物如火藥大小彈子礮位大小鳥鎗并一切

軍器等類及內地食鹽洋藥均屬違禁不准販運進口出口如違此例即將所運違禁之物全罰入官俄國人民前往中國者每人准帶鳥鎗或手鎗一桿護身塡入執照又硝磺白鉛須奉中國官發給准單方准俄商運進口內如華商特奉准買明文方准銷售中國米銅錢不准販運出口外國米穀及各種糧食皆准販運進口一概免稅

第十六條

俄商不准包庇華商貨物運往各口

第十七條

凡有嚴防偷漏諸法任憑中國官隨時設法辦理

光緒七年卡倫單

中國卡倫　俄國卡倫

一胡柏里志呼　一斯他羅粗魯海圖斯基

二則林圖　二查孚額羅業甫斯基

三毛葛子格　三克留車甫斯基

四烏梁圖　四庫魯蘇他業甫斯基

五多羅洛克　五查蘇車業甫斯基

六霍林納拉蘇　六杜魯勒古業甫斯基

七呼拉查　七托克托爾斯基

八巴揚達爾噶　八

九阿深嘎　九阿深金斯基

十嗚孳　十們森斯基

十一烏阿勒嘎　十一沙拉郭勒斯基

十二庫達拉　十二庫達林斯基

十三恰克圖　十三恰克圖

十四哈拉呼志爾　十四博齊斯基

十五治爾格台　十五熱勒都林斯基

十六鄂爾托霍　十六哈拉朵斯基

十七伊勒克池拉穆　十七哈木聶斯基

十八烏尤勒特　十八克留車甫斯基

十九貝勒特斯　十九歡金斯基

二十賽郭鄂拉　二十額庚斯基

二十一金吉里克　二十一

二十二攸斯提特　二十二

二十三蘇鄂克　二十三

二十四查罕鄂博 自此卡倫以下兩國同名

二十五布爾噶蘇台

二十六哈巴爾烏蘇

二十七巴克圖

二十八喀普他蓋

二十九闊克蘇山口

三十霍爾果斯

三十一別疊里山口

三十二帖列克第山口

三十三圖魯噶爾特山口

三十四蘇約克山口

三十五伊爾克什唐

單內所開過界各卡可俟中國邊界官及俄國領事官體察情形報明後由中國總理衙門會同俄國駐京大臣商議酌改將查明可裁之處分別刪減或以便商之處酌量更易亦可

美國條約

茲中華
大清國與
大亞美理駕合衆國、因欲固存堅久、眞誠友誼、明定公
正確實規法修訂友睦條約及太平和好貿易章程以、
爲兩國日後遵守成規爲此美舉、
大清
大皇帝特派
欽差東閣大學士總理刑部事務吏部尚書鑲藍旗漢軍都統便宜行事全權大臣桂花、
大合衆國
大伯理璽天德特派
欽差駐劄中華便宜行事全權大臣列、公同酌議各將
所奉、
欽賜之權互相較閱、俱屬善當、所有議定條款、臚列於左、

第一款

一嗣後
大清與
大合衆兩國、並其民人、各皆照前和平友好、毋得或異、
更不得互相欺凌偶因小故而啟爭端若他國有何不

公輕藐之事、一經照知、必須相助、從中善爲調處、以示
友誼關切、
第二款
一俟
大清
大皇帝、
大合衆國
大伯理璽天德既得選舉國會紳耆大臣議允、各將條約
批准互易後、必須敬謹收藏、 大合衆國當着首相恭藏

大清
大皇帝批准原册於華盛頓都城、 大清國當着内閣大學
士恭藏　大合衆國
大伯理璽天德批准原册於北京都城、則兩國之友誼歷久
弗替矣、
第三款
一、條約各款、必使兩國軍民人等、盡得聞知、俾可遵守、
大合衆國於
批准互易後、立即宣布、照例刊傳、 大清國於

批准互易後、亦即通諭都城、並着各省督撫、一體頒行、
第四款
一因欲堅立友誼、嗣後 大合衆國駐劄中華之大臣、
任聽以平行之禮、信義之道、與 大清内閣大學士文
移交往、並得與兩廣、閩浙、兩江督撫、一體公文往來、至
照會 京師内閣文件、或交以上各督撫照例代送、或
交提塘驛站賫遞、均無不可、其照會公文、加有印封者、
必須謹慎賫遞、遇有咨照等件、 内閣暨各督撫當酌
量迅速照覆、

第五款
一大合衆國大臣、遇有要事、不論何時、應准到北京暫
住、與 内閣大學士或與
派出平行大憲、酌議關涉彼此利益事件、但每年不得逾一
次、到京後迅速定議、不得躭延、往來應由海口、或由陸
路、不可駕駛兵船進天津海口、先行知照地方官、派船
迎接、若係小事、不得因有此條輕請到京、至上京必須
先行照會禮部、俾得備辦一切事款、往返護送、彼此以
禮相待、寓京之日、按品預備公館、所有費用自備資斧、

其跟從
大合衆國
欽差人等、不得逾二十人之數、僱覔華民供役在外、到處不得帶貨貿易

第六款

一嗣後無論何時、倘中華
大皇帝情願與別國或立約、或爲別故、
允准與衆友國　欽差前往京師、到彼居住、或久或暫、卽毋庸再行計議、

特許應准　大合衆國
欽差一律照辦、同沾此典、

第七款

一嗣後中國大臣、與大合衆國大臣、公文往來、應照平行之禮、用照會字樣、領事等官、與中國地方官、公文往來、亦用照會字樣、申報大憲、用申陳字樣、若平民稟報官憲、仍用稟呈字樣、均不得欺藐不恭、有傷友誼、至兩國均不得互相徵索禮物、

第八款

一嗣後中國督撫、與合衆國大臣會晤、或在公署、或在行轅、均須彼此酌定合宜之處、毋得藉端推辭、常事以文移往來、不可煩瑣會面、

第九款

一大合衆國、如有官船在通商海口、遊奕巡查、或爲保護貿易、或爲增廣才識、近至沿海各處、如有事故、該地方大員、當與船中統領、以平行禮儀相待、以示兩國和好之誼、如有採買食物、汲取淡水、或須修理等事、中國官員自當襄助購辦、遇有大合衆國船隻、或因毀壞被

刼、或雖未毀壞而亦被刼被擄、及在大洋等處、應准大合衆國官船追捕盜賊、交地方官訊究懲辦、

第十款

一大合衆國領事、及管理貿易等官、在中華議定所開各港居住、保護貿易者、當與道臺知府平行、遇有與中華地方官交涉事件、或公文往來、或會晤面商、務須兩得其平、卽所用一切字樣體制、亦應均照平行、如地方官及領事等官、有侮慢欺藐各等情、准其彼此將委曲情由申訴、

本國各大憲秉公查辦、該領事等官、亦不得率意任性、致與中華官民動多牴牾、嗣後遇領事等官派到港口、大合衆國大臣、即行照知該省督撫、當以優禮款接、致可行其職守之事、

第十一款

一大合衆國民人在中華安分貿易辦事者、當與中國人一體和好友愛、地方官必時加保護、務使身家一切安全、不使受欺辱騷擾等事、倘其屋宇產業有被內地不法匪徒逞兇恐嚇焚毀侵害、一經領事官報明地方

官、立當派撥兵役彈壓驅逐、並將匪徒查拏、按律重辦、倘華民與大合衆國人有爭鬭詞訟等案、華民歸中國官按律治罪、大合衆國人無論在岸上海面、與華民欺侮騷擾、毀壞物件、毆傷損害、一切非禮不合情事、應歸領事等官按本國例懲辦、至捉拏犯人以備質訊、或由本地方官、或由大合衆國官、均無不可、

第十二款

一大合衆國民人在通商各港口貿易、或久居、或暫住、均准其租賃民房、或租地自行建樓、並設立醫館、禮拜堂、及殯葬之處、聽大合衆國人與內民公平議定租息、內民不得抬價指勒、如無碍民居、不關方向、照例稅契用印、外地方官不得阻止、大合衆國人勿許强租硬占、務須各出情願、以昭公允、倘墳墓或被中國民人毀掘、中國地方官嚴拏照例治罪、其大合衆國人泊船寄居處所、商民水手人等只准在近地行走、不准遠赴內地鄉村市鎮私行貿易、以期永久彼此相安、

第十三款

一大合衆國船隻在中國洋面遭風觸礁擱淺、遇盜致

有損壞等害者、該處地方官一經查知、即應設法拯救保護、並加撫䘏、俾得駛至最近港口修理、並准其採買糧食、汲取淡水、倘商船有在中國所轄內洋被盜搶刧者、地方文武員弁一經聞報、即當嚴拏賊盜、照例治罪、起獲原贓、無論多寡、或交本人、或交領事官、俱可、但不得冒開失單、至中國地廣人稠、萬一正盜不能緝獲、或起贓不全、不得令中國賠還貨款、倘若地方官通盜沾染、一經證明、行文大憲奏明嚴行治罪、將該員家產查抄抵償、

第十四款

一大合衆國民人嗣後均照挈眷赴廣東之廣州潮州福建之厦門福州臺灣浙江之甯波江蘇之上海並嗣後與合衆國或他國定立條約准開各港口市鎭在彼居住貿易任其船隻裝載貨物於以上所立各港互相往來但該船隻不得駛赴沿海口岸及未開各港私行違法貿易如有犯此禁令者應將船隻貨物充公歸中國入官其有走私漏稅或攜帶各項違禁貨物至中國者聽中國地方官自行辦理治罪大合衆國官民均不

得稍有袒護若別國船隻冒大合衆國旗號作不法貿易者大合衆國自應設法禁止

第十五款

一大合衆國民人在各港貿易者除中國例禁不准攜帶進口出口之貨外其餘各項貨物俱准任意販運往來買賣所納稅餉惟照粘附在望厦所立條約例册除是別國按條約有何更改卽應一體均同因大合衆國人所納之稅必須照與中華至好之國一律辦理

第十六款

一大合衆國船隻進通商各港口時必將船牌等件呈交領事官轉報海關卽按牌上所載噸數輸納船鈔每噸以方停四十官尺爲準凡在一百五十噸以上者每噸納銀四錢不及一百五十噸者每噸納銀一錢凡船隻曾在本港納鈔因貨未全銷復載往別口出售或因無回貨須將空船或未滿載之船駛赴別港覓載者領事官報明海關將鈔已完納之處在紅牌上註明並行文別口海關查照俟該船進別口時止納貨稅不輸船鈔以免重徵設立浮樁亮船建造塔表亮樓由通商各

海口地方官會同領事官酌量辦理

第十七款

一大合衆國船隻進口准其僱用引水帶進俟正項稅款全完仍令帶出並准僱覓厮役買辦工匠水手延請通事司書及必須之人並僱用內地艇隻其工價若干由該商民等自行定議或由領事等官酌辦

第十八款

一大合衆國船隻一經進口卽由海關酌派妥役隨船管押或搭坐商船或自僱艇隻均聽其便倘大合衆國

民人有在船上不安本分隨船逃走至內地避匿者一經領事官知照中國地方官即派役訪查拏送領事等官治罪若有中國犯法民人逃至大合衆國人寓館及商船潛匿者中國地方官查出即行文領事等官捉拏送回均不得稍有庇匿至大合衆國商民水手人等均歸領事等官隨時稽查約束倘兩國人有倚強滋事輕用火器傷人致釀鬬殺重案兩國官員均應執法嚴辦不得稍有偏徇致令衆心不服

第十九款

一大合衆國商船進口或船主或貨主或代辦商人限二日之內將船牌貨單等件呈遞本國領事等官收存該領事及將船名人數及所載噸數貨色詳細開明照會海關方准領取牌照開艙起貨倘有未領牌照之先擅行起貨者即罰洋銀五百大圓並將擅行卸運之貨一概歸中國入官或有商船進口止起一分貨物者按其所起一分貨物輸納稅餉未起之貨均准其載往別口售賣倘有進口並未開艙即欲他往者限二日之內即行出口不得停留亦不征收稅餉船鈔均俟到別口發售再行照例輸納倘進口貨船已逾二日之限即須輸納船鈔遇有領事等官不在港內應准大合衆國船主商人託友國領事代爲料理否則逕赴海關呈明設法妥辦

第二十款

一大合衆國商船販貨進口出口均將起貨下貨日期呈報領事等官由領事等官轉報海關屆期委派官役與該船主貨主或代辦商人等眼同秉公將貨物驗明以便按例徵稅若內有估價定稅之貨或因議價高下

不等除皮多寡不齊致有辯論不能了結者限該商於即日內稟報領事官俾得通知海關會商酌奪若稟報稽遲即不爲准理

第二十一款

一大合衆國民人運貨進口既經納清稅餉倘有欲將已卸之貨運往別口售賣者稟明領事官轉報海關檢查貨稅底簿相符委員驗明寔係原包原貨並無拆動抽換情弊即將某貨若干担已完稅若干之處填入牌照發該商收執一面行文別口海關查照俟該船進口

驗符合、即准開艙出售、免其重納稅餉、若有影射夾帶情事、經海關查出、罰貨入官、如大合衆國船隻運載外洋穀米進各港口者、若並未起卸、亦准其復運出口

第二十二款

一大合衆國船隻進口後、方納船鈔、進口貨物、於起貨時完稅、出口貨物、於下貨時完稅、統俟稅鈔全完、由海關發給紅牌、然後領事官方給還船牌等件、所有稅銀由中國官設銀號代納、或以紋銀、或以洋銀、按時價折交、均無不可、倘有未經完稅、領事官先行發還船牌者、

所欠稅鈔、當爲領事官是問、

第二十三款

一大合衆國船隻停泊口內、如有貨物必須剝過別船者、應先呈明領事官、轉報海關委員、查驗確當、方准剝運、倘不稟明候驗批准、輒行剝運者、即將所剝之貨歸中國入官、

第二十四款

一中國人有該欠大合衆國人債項者、准其按例控追、一經領事官照知地方官、立即設法查究、嚴追給領、倘大合衆國人有該欠華民者、亦准由領事官知會討取、或直向領事官控追、俱可、但兩國官員、均不保償、

第二十五款

一大合衆國官民、延請中國各方士民人等、教習各方語音、並帮辦文墨事件、不論所請係何等之人、中國地方官民等、均不得稍有阻撓陷害等情、並准其採買中國各項書籍、

第二十六款

一大合衆國、現與中國訂明和好、各處通商港口、聽其

船隻往來貿易、倘日後另有別國與中國不和、中國止應禁阻不和之國、不准來各口交易、其大合衆國人自往別國貿易、或販運其國之貨物前來各口、中國應認明大合衆國旗號、便准入港、惟大合衆國商船、不得私帶別國一兵進口、及聽受別國賄囑、換給旗號、代爲運貨入口貿易、倘有犯此禁令、聽中國查出、充公入官、

第二十七款

一大合衆國民人、在中國通商各港口、自因財產涉訟由本國領事等官訊明辦理、若大合衆國民人在中國

與別國貿易之人因事爭論者、應聽兩造查照各本國所立條約辦理、中國官員不得過問、

第二十八款

一大合衆國民人、因有要事、向中國地方官辯訴、先稟明領事等官、查明稟內字句明順、事在情理者、即爲轉行地方官查辦、中國商民因有要事、向領事等官辯訴者、准其一面稟地方官、一面到領事等官稟呈查辦、倘遇有中國人與大合衆國人因事相爭、不能以和平調處者、即須兩國官員查明公議察奪、更不得索取規費、並准請人到堂代傳、以免言語不通致受委曲、

第二十九款

一耶蘇基督聖教、又名天主教、原爲勸人行善、凡欲人施諸己者、亦如是施於人、嗣後所有安分傳教習教之人、當一體矜恤保護、不可欺侮凌虐、凡有遵照教規安分傳習者、他人毋得騷擾、

第三十款

一現經兩國議定、嗣後

大清朝有何惠政恩典利益、施及他國、或其商民、無論關涉船隻海面通商貿易政事交往等事情、爲該國並其商民從來未沾、抑爲此條約所無者、亦當立准大合衆國官民一體均沾、

以上各款條約、應由

大清國

大皇帝立賜

批准、並限於一年之內、由大合衆國

大伯理璽天德、既得選舉國會紳者大臣議允

批准、屆期互換、須至條約者、

大清國

欽差吏部尚書便宜行事全權大臣花

欽差東閣大學士便宜行事全權大臣桂

大合衆國

欽差駐劄中華便宜行事全權大臣列衛廉

咸豐八年五月　日

通商章程善後條約

第一款

一此次新定稅則、凡有貨物僅載進口稅則、未載出口稅則者、遇有出口、皆應照進口稅則納稅、或有僅載出口稅則、未載進口稅則者、遇有進口、亦皆照出口稅則納稅、倘有貨物名目進出口稅則均未賅載、又不在免稅之列者、應核估時價、照値百抽五例征稅

第二款

一凡有金銀、外國各等銀錢、麵粉、粟米粉、砂穀米、麵餅、熟肉、

熟菜、牛奶酥、牛油、蜜餞、外國衣服、金銀首飾、攙銀器、香水、礆、炭、柴薪、外國蠟燭、外國煙絲、煙葉、外國酒、家用雜物、船用雜物、行李、紙張、筆墨、氈毯、鐵刀利器、外國自用藥料、玻璃器皿、以上各物、進出口通商各口、皆准免稅除金銀、外國銀錢、行李、毋庸議外、其餘該船裝載、無論淺滿、雖無別貨、亦應完納船鈔、倘運往內地、除前三項仍毋庸議外、其餘各貨、皆每百兩之物、完納稅銀貳兩伍錢、

第三款

一凡有違禁貨物、如火藥、大小彈子、炮位、大小鳥鎗、幷一切軍器等類、及內地食鹽、以上各物、概屬違禁、不准販運進出口、

第四款

一凡有稅則內所算輕重長短、中國壹担、卽係壹百觔者、以美國壹百叁拾叁磅零叁分之一爲準、中國壹丈、卽拾尺者、以美國壹百肆拾壹因制爲準、中國壹尺、卽美國拾肆因制又拾分因制之壹、美國拾貳因制爲壹幅地、叁幅地爲壹碼、肆碼欠叁因制、卽合中國壹丈、均以此爲例、

第五款

一向來洋藥、銅錢、米穀、荳、石硝磺、白鉛等物、例皆不准通商、現定稍寬其禁、聽商遵行納稅貿易、洋藥准其進口、議定每百觔、納稅銀叁拾兩、惟該商止准在口銷賣、一經離口、卽屬中國貨物、祇准華商運入內地、外國商人、不得護送、在天津條約第三十條所載中國凡有利益施及他國者、准美國商民一體均沾、按此美國商民亦可前往內地通商、至內地關稅之例、向與洋藥無涉、其

如何征稅、聽憑中國辦理、嗣後遇修改稅則、仍不得按照別貨定稅　又銅錢不准運出外國、惟通商中國各口、准其以此口運至彼口、按照現定章程遵行、該商赴關報明數目若干、運往何口、或令本商及同商二人聯名具呈保單、抑或聽監督飭令另交結實信據、方准給照、別口監督於執照上註明收到字樣、加蓋印信、從給照之日起、限陸箇月繳回驗銷、若過期不繳銷執照、即按其錢貨原本照數罰繳入官、其進出口均免納稅、至船載無論淺滿、均納船鈔　又凡米穀等糧、不拘內外

土產、不分由何處進口者、皆不准運出外國、惟美國商人欲運往中華通商別口、則照銅錢一律辦理、出口時照依稅則納稅、其進口毋庸納稅、至船載毋論淺滿、均遵納船鈔　又荳石荳餅、在登州牛莊兩口者、外國商船不准裝載出口、其餘各口、該商照稅則納稅、仍可帶運出口、及外國、俱可　又硝磺白鉛、均爲軍前要物、應由華官自行採辦進口、或由華商特奉准買明文、方准進口、該關未能查明該商實奉准買定、不發單起貨、此三項止准外國商人、於通商海口銷售、不准帶入長江並各內港、亦不准代華商護送、除在各海口外、即係華民貨物、與美商無涉、以上洋藥銅錢米穀荳石荳餅硝磺白鉛等項、止准照新章買賣、敢違此例、所運貨物、全罰入官

第六款

一美國船隻進口、限壹日、報領事官知照、並照第十九條所載美國貨船進口、並未開艙、欲行他往、限貳日之內出口、即不征收船鈔、以上二條、無論先後、總以該船進口界限時刻起算、以免參差爭論、至各口界限、並上下

貨物之地、均由海關妥爲定界、既要便商、更不得有礙收稅、知會領事官曉諭本屬商民遵辦

第七款

一內地稅餉之議、現定出入稅則、總以照納一半爲斷、惟第二款所載免稅各貨、除金銀、外國銀錢、行李、三項、毋庸議外、其餘海口免稅各物、若進內地、仍照每值百兩完稅銀貳兩伍錢、此外運入內地各貨、該商應將該貨名目若干、原裝何船進口、應往內地何處、各緣由、報關查驗確實、照納內地稅項、該關發給內地稅單、該商應

向沿途各子口、呈單照驗、蓋戳放行、無論遠近、均不重征、至運貨出口之例、凡美國商民在內地置貨、到第一子口驗貨、由送貨之人開單註明貨物若干、應在何口卸貨、呈交該子口存留、發給執照、准其前往路上各子口查驗蓋戳、至最後子口、先赴出口海關、報完內地稅項、方許過卡、俟下船出口時、再完出口之稅、若進出有違此例、及業經報明指赴何口、沿途私賣者、各貨均罰入官、倘有匿單少報等情、將單內同類之貨全數入官、所運各貨、如無內地納稅實據、應由海關飭令完清內

地關稅、始行發單下貨出口、以杜隱漏、內地稅則經此次議定、既准一次納稅、概不重征

第八款

一現議美國商民、前往內地通商、不得到中華京都貿易、

第九款

一向例美商完納稅餉、每百兩另交銀壹兩貳錢、作為傾鎔之費、嗣後裁撤、美商毋庸另交傾鎔銀兩、

第十款

一通商各口收稅、如何嚴防偷漏、自應由中國設法辦理、

條約業已載明、然現已議明、各口畫一辦理、是由總理外國通商事宜大臣、或隨時親詣巡歷、或委員代辦、任憑總理大臣、邀請美國人幫辦稅務、並嚴查漏稅、判定口界、派人指泊船隻、及分設浮樁號船塔表望樓等事、毋庸美官指薦干預、其浮樁號船塔表望樓等經費、在於船鈔項下撥用、至長江如何嚴防偷漏之處、俟通商後察看情形、任憑中國設法籌辦、

謹按前經
大清國會同
大亞美理駕合衆國酌定和好條約各款、當於咸豐捌年伍
月初捌日、即我主降生後壹千捌百伍拾捌年陸月拾
捌日、在天津海光寺面同鈐印畫押、至伍月貳拾叁日、
即柒月初叁日、復蒙
大皇帝批准在案、現已將此約齎呈
大伯理璽天德、既得選舉國會紳耆議允批准後、自當永昭
信守、按該約條款內有云、往來買賣所納稅餉、惟照粘

附在望廈所立條約例冊、除是別國按條約有何更改
即應一體均同、因
大合衆國人所納之稅、必須照與中華至好之國、一律辦理、
等因、今自和約鈐印畫押後、稅則之中不無稍有變通
更正之處、當經
大英清法欽差大臣、委員會議妥定、仍要
大美國允行、當經
大美國欽差大臣核定、准將附粘之冊與原立條約、一體恪
守施行、嗣後通商各港於後開附粘蓋印貿易章程稅

則、直至按條約所定修改之日、均當奉以爲式、茲由
大清欽差大臣東閣大學士正白旗滿洲都統總理刑部事務桂
欽差大臣經筵講官吏部尚書鑲藍旗漢軍都統稽察會同四譯館花
欽差大臣太子少保兵部尚書都察院右都御史江南江西總督何
欽差大臣二品頂戴武備院卿明
欽差大臣五品卿銜軍機處行走刑部員外郎段
大亞美利駕合衆國欽命駐劄中華便宜行事全權大臣列
一同畫押蓋印、以昭信據、須至附粘冊者、

咸豐捌年拾月初叁日
降生壹千捌百伍拾捌年拾壹月初捌日

今將通商各口進出口貨物新定稅則開列於後

計開

進口貨物稅則 均係外國出產

進口油蠟礬磺類

蠟 日本	每百觔	陸錢伍分
蘇合油	每百觔	壹兩
硝 只准按章程發賣	每百觔	伍錢
黃蠟	每百觔	壹兩
硫磺 只准按章程發賣	每百觔	貳錢

進口香椒類

安息香	每百觔	陸錢
安息油	每百觔	陸錢
檀香	每百觔	肆錢
白胡椒	每百觔	伍錢
黑胡椒	每百觔	叁錢陸分
沉香	每百觔	貳兩
降香	每百觔	壹錢肆分伍釐

進口藥材類

阿魏	每百觔	陸錢伍分
上冰片	每觔	壹兩叁錢
下冰片	每觔	柒錢貳分
丁香	每百觔	伍錢
母丁香	每百觔	壹錢捌分
牛黃 印度	每觔	壹兩伍錢
兒茶	每百觔	壹錢捌分
桹榔膏	每百觔	壹錢伍分
桹榔	每百觔	壹錢伍分

參 美國	每百觔	陸兩
揀淨參鬚參 美國	每百觔	捌兩
乳香	每百觔	肆錢伍分
沒藥	每百觔	肆錢伍分
荳蔻花 即肉果花	每百觔	壹兩
肉果荳蔻	每百觔	貳兩伍錢
白荳蔻	每百觔	壹兩
木香	每百觔	陸錢
犀角	每百觔	貳兩

水銀　每百斤　貳兩
洋藥　每百斤　叁拾兩
梹榔衣　每百斤　柒分伍釐
砂仁　每百斤　伍錢
肉桂　每百斤　壹兩伍錢
虎骨　每百斤　壹兩伍錢伍分
鹿角　每百斤　貳錢伍分
血竭　每百斤　肆錢伍分
大楓子　每百斤　叁分伍釐

進口雜貨類
火石　每百斤　叁分
雲母殼即珠海殼　每百斤　貳錢
銅鈕釦　每壹百肆拾肆粒　伍分伍釐
漆器　每百斤　壹兩
繩呂宋　每百斤　叁錢伍分
傘各樣　每柄　叁分伍釐
香柴　每百斤　肆錢伍分
煤外國　每噸　伍分

火絨　每百斤　叁錢伍分
進口醃臘海味類
上燕窩　每斤　伍錢伍分
中燕窩　每斤　肆錢伍分
下燕窩　每斤　壹錢伍分
黑海參　每百斤　壹兩伍錢
白海參　每百斤　叁錢伍分
白魚翅　每百斤　壹兩伍錢
黑魚翅　每百斤　伍錢

柴魚即乾魚　每百斤　伍錢
魚肚　每百斤　壹兩
鹹魚　每百斤　壹錢捌分
魚皮　每百斤　貳錢
海菜　每百斤　壹錢伍分
牛鹿筋　每百斤　伍錢伍分
蝦米　每百斤　叁錢陸分
淡菜　每百斤　貳錢
鯊魚皮　每百張　貳兩

進口顏料膠漆紙劄類

呀囒米　每百觔　伍兩

大青　每百觔　壹兩伍錢

蘇木　每百觔　壹錢

紫梗　每百觔　叄錢

水靛　每百觔　壹錢捌分

魚膠　每百觔　陸錢伍分

皮膠　每百觔　壹錢伍分

籐黄　每百觔　壹兩

栲皮　每百觔　叄分

進口竹木籐椰類

沙籐　每百觔　壹錢伍分

烏木　每百觔　壹錢伍分

桅　重木　長不過肆拾幅地　每根　肆兩

桅　重木　長不過陸拾幅地　每根　陸兩

桅　重木　長過陸拾幅地　每根　拾兩

桅　輕木　長不過肆拾幅地　每根　貳兩

桅　輕木　長不過陸拾幅地　每根　肆兩伍錢

桅　輕木　長過陸拾幅地　每根　陸兩伍錢

樑　重木　長不過貳拾陸幅地　四方不到拾貳因制　每根　壹錢伍分

板　重木　長不過貳拾肆幅地　寬拾貳因制厚叄因制　每百根　叄兩伍錢

板　重木　長不過拾陸幅地　寬拾貳因制厚叄因制　每百片　貳兩

板　輕木　各樣　每四方長闊千幅地　柒錢

板　麻栗樹　長闊方圓　每幅地　叄分伍釐

紅木　每百觔　壹錢壹分伍釐

毛柿　每百觔　叄分

呀囒治木　長不過叄拾伍幅地　寬壹幅地捌因制厚壹幅地　每根　捌錢

進口鏡鐘標玩類

自鳴鐘　每值百兩抽稅伍兩

時辰表　每對　壹兩

珠邊時辰表　每對　肆兩伍錢

千里鏡雙眼千里鏡　掛鏡穿衣鏡掛屏　每值百兩抽稅伍兩

八音琴　每值百兩抽稅伍兩

進口布疋花幔類

麻棉帆布　長不過伍拾碼　每疋　肆錢

棉花　每百觔　叄錢伍分

布 原色白色 無花斜紋 寬過叁拾肆因制 長不過肆拾碼 每疋 捌分

布 原色白色 無花斜紋 寬過叁拾肆因制 長過肆拾碼 每拾碼 貳分

布 美國 原色白色 無花斜紋 寬不過叁拾因制 長不過肆拾碼 每疋 壹錢

布 美國 原色白色 無花斜紋 寬不過叁拾因制 長不過叁拾碼 每疋 柒分伍厘

布 原色白色 無花斜紋 寬不過叁拾肆因制 長不過肆拾捌碼 每疋 捌分

布 原色白色 無花斜紋 寬不過叁拾肆因制 長不過貳拾肆碼 每疋 肆分

色布 有花 無花 寬不過叁拾陸因制 長不過肆拾碼 每疋 壹錢伍分

花旗白提布白點布 寬不過叁拾陸因制 長不過肆拾碼 每疋 壹錢

印花布 寬不過叁拾壹因制 長不過叁拾碼 每疋 柒分

袈裟布 寬不過肆拾陸因制 長不過貳拾肆碼 每疋 柒分

袈裟布 寬不過肆拾陸因制 長不過拾貳碼 每疋 叁分伍厘

袈裟布 稀 即洋紗 寬不過肆拾陸因制 長不過貳拾肆碼 每疋 柒分伍厘

袈裟布 稀 即洋紗 寬不過肆拾陸因制 長不過拾貳碼 每疋 叁分伍厘

緞布 寬不過叁拾陸因制 長不過肆拾碼 每疋 貳錢

柳條布 寬不過肆拾因制 長不過拾貳碼 每疋 陸分伍厘

毛布各色 寬不過貳拾捌因制 長不過叁拾碼 每疋 叁分伍厘

絨綿布各樣 長不過叁拾壹碼 每疋 貳錢

棉線 每百觔 柒錢貳分

棉紗 每百觔 柒錢

蔴布 細 長不過伍拾碼 每疋 伍錢

蔴布 粗 長不過伍拾碼 即蔴竹布棉絲布 每疋 貳錢

回絨 長不過叁拾伍碼 每疋 貳錢

羽布 寬不過貳拾肆因制 長肆拾碼 每疋 貳錢

進口綢緞絲絨類

手帕 四方長闊不過壹碼 每拾貳塊 貳分伍厘

金線 真 每觔 壹兩陸錢

金線 假 每觔 叁分

銀線 真 每觔 壹兩叁錢

銀線 假 每觔 叁分

哆囉呢 寬伍拾壹因制 至陸拾肆因制 每丈 壹百肆拾壹寸爲壹丈 壹錢貳分

嗶嘰 寬叁拾壹因制 每丈 肆分伍厘

羽緞 啉囒國 寬叁拾叁因制 每丈 壹錢

羽紗 英國 寬叁拾壹因制 每丈 伍分

羽綢 每丈 叁分伍厘

小呢番紦等類 每丈 肆分

絨線 每百觔 叁兩

床氈　每對　貳錢
花剪絨　長不過叁拾肆碼　每疋　壹錢伍分
羽綾　寬叁拾壹因制　每丈　伍分
小羽綾　寬叁拾肆因制　每丈　叁分伍厘
下等絨　即至粗絨　每丈　壹錢
剪絨　長不過叁拾肆碼　每疋　壹錢捌分

進口酒果食物類

橄欖　無論乾鮮　每百觔　壹錢捌分
鼻烟　外國　每百觔　柒兩貳錢

進口銅鐵鉛錫類

生銅　如銅磚之類　每百觔　壹兩
熟銅　如銅扁銅條之類　每百觔　壹兩伍錢
生鐵　如鐵磚之類　每百觔　柒分伍厘
熟鐵　如鐵條鐵板鐵箍之類　每百觔　壹錢貳分伍厘
鉛塊　每百觔　貳錢伍分
鋼　每百觔　貳錢伍分
錫　每百觔　壹兩貳錢伍分
馬口鐵　每百觔　肆錢

日本銅　每百觔　陸錢
鉛片　每百觔　伍錢伍分
白鉛　只准按章程發賣　每百觔　貳錢伍分
黃銅釘黃皮銅　每百觔　玖錢
商船壓載鐵　每百觔　壹分
鐵絲　每百觔　貳錢伍分

進口珍珠寶石類

瑪瑙　每百塊　叁錢
瑪瑙珠　每百觔　柒兩

玳瑁　每觔　貳錢伍分
玳瑁碎　每觔　柒分貳厘
玻璃片　每箱　四方每壹百幅地　壹錢伍分
珊瑚　每觔　壹錢

進口纓皮牙角羽毛類

牛角　每百觔　貳錢伍分
生牛皮　每百觔　伍錢
熟牛皮　每百觔　肆錢貳分
海龍皮　即海虎皮　每張　壹兩伍錢

大狐狸皮　每張　壹錢伍分
小狐狸皮　每張　柒分伍厘
虎皮豹皮　每張　壹錢伍分
貂皮　每張　壹錢伍分
獺皮　每百張　貳兩
貉獾皮　每百張　貳兩
海騾皮　每百張　伍兩
灰鼠皮銀鼠皮　每百張　伍錢
海馬牙　每百觔　貳兩

象牙不碎的　每百觔　肆兩
象牙碎的　每百觔　叁兩
兎皮麂皮　每百張　伍錢
犀皮　每百觔　肆錢貳分
翠毛孔雀毛等類　每百張　肆錢

出口貨物稅則均係中國出產

出口油蠟礬磺類

白礬　每百觔　肆分伍厘
青礬　每百觔　壹錢
八角油　每百觔　伍兩
桂皮油　每百觔　玖兩
薄荷油　每百觔　叁兩伍錢
牛油　每百觔　貳錢
桕油　每百觔　叁錢
油芝蔴油荳油棉油茶油桐油各等　每百觔　叁錢
蓖蔴油　每百觔　貳錢
白蠟　每百觔　壹兩伍錢

出口香料椒茶類

茶葉　每百觔　貳兩伍錢
八角　每百觔　伍錢
麝香　每觔　玖錢
八角渣　每百觔　貳錢伍分
時辰香　每百觔　貳錢

出口藥材類

三奈　每百觔　叁錢
樟腦　每百觔　柒錢伍分
信石　每百觔　肆錢伍分

桂皮　每百觔　陸錢
桂子　每百觔　捌錢
土茯苓　每百觔　壹錢叁分
澄茄　每百觔　壹兩伍錢
良薑　每百觔　壹錢
石黃　每百觔　叁錢伍分
大黃　每百觔　壹兩貳錢伍分
姜黃　每百觔　壹錢
高麗日本參上等　每觔　伍錢

高麗日本參下等　每觔　叁錢伍分
鹿茸嫩　每對　玖錢
鹿茸老　每百觔　壹兩叁錢伍分
牛黃中國　每觔　叁錢陸分
班貓　每百觔　貳兩
桂枝　每百觔　壹錢伍分
陳皮　每百觔　叁錢
柚皮上等　每百觔　肆錢伍分
柚皮下等　每百觔　壹錢伍分

關東人參　每值百兩抽稅伍兩
薄荷葉　每百觔　壹錢
甘草　每百觔　壹錢叁分伍厘
石羔　每百觔　叁分
五棓子　每百觔　伍錢
蜂蜜　每百觔　玖錢

出口雜貨類

料手鐲即燒料鈪　每百觔　伍錢
竹器　每百觔　柒錢伍分

假珊瑚　每百觔　叁錢伍分
各色爆竹　每百觔　伍錢
羽扇　每百柄　柒錢伍分
料器　每百觔　伍錢
各色料珠　每百觔　伍錢
雨遮即紙傘　每百柄　伍錢
雲石　每百觔　貳錢
蒲紙畫　每百張　壹錢
紙扇　每百柄　肆分伍厘

珍珠假　每百觔　貳兩
古玩　每值百兩抽稅伍兩
葵扇細　每千柄　叁錢陸分
葵扇粗　每千柄　貳錢
駱駝毛　每百觔　壹兩
棉羊毛　每百觔　叁錢伍分
山羊毛　每百觔　壹錢捌分
氈碎　每百觔　壹錢
紙花　每百觔　壹兩伍錢

土煤　每百觔　肆分

出口顏料膠漆紙劄類

銅箔　每百觔　壹兩伍錢
紅丹　每百觔　叁錢伍分
錫箔　每百觔　壹兩貳錢伍分
銀硃　每百觔　貳兩伍錢
油漆畫　每件　壹錢
鉛粉　每百觔　叁錢伍分
黃丹　每百觔　叁錢伍分

硃砂　每百觔　柒錢伍分
紙上等　每百觔　柒錢
紙次等　每百觔　肆錢
油紙　每百觔　肆錢伍分
墨　每百觔　肆兩
漆　每百觔　伍錢
欖　每百觔　壹錢
蔴　每百觔　叁錢伍分
燈草　每百觔　陸錢

綠膠　每觔　捌錢
索廣東　每百觔　壹錢伍分
索蘇州　每百觔　伍錢
漆綠　每百觔　肆錢伍分
蠣殼　每百觔　玖分
綠皮　每百觔　壹兩捌錢
土靛　每百觔　壹兩
坑砂　每百觔　玖分

出口器皿箱盒類

牛骨角器　每百觔　壹兩伍錢
磁器細　每百觔　玖錢
磁器粗　每百觔　肆錢伍分
紫黃銅器　每百觔　壹兩壹錢伍分
木器　每百觔　壹兩壹錢伍分
象牙器　每觔　壹錢伍分
漆器　每百觔　壹兩
雲母殼器　每觔　壹錢
籐器各樣　每百觔　叁錢

檀香器　每觔　壹錢
金銀器　每百觔　拾兩
玳瑁器　每觔　貳錢
皮箱皮櫃　每百觔　壹兩伍錢
皮器　每百觔　壹兩伍錢
窰貨　每百觔　伍分
黃銅器　每百觔　壹兩
銅鈕釦　每百觔　叁兩
銅絲　每百觔　壹兩壹錢伍分

生銅　每百觔　伍錢
舊銅片　每百觔　伍錢

出口竹木籐椰類

各色竹竿　每千根　伍錢
籐肉　每百觔　貳錢伍分
木椿梁舵柱　每根　叁分

出口衣帽靴鞋類

衣服布　每百觔　壹兩伍錢
衣服綢　每百觔　拾兩

靴鞋皮緞各色　每百雙　叁兩
草鞋　每百雙　壹錢捌分
綢帽　每百頂　玖錢
氈帽　每百頂　壹兩貳錢伍分
草帽緶　每百觔　柒錢

出口布疋花幔類

夏布細　每百觔　貳兩伍錢
夏布粗　每百觔　柒錢伍分
土布各色　每百觔　壹兩伍錢

舊棉絮　每百觔　肆分伍厘

棉被胎　每百件　貳兩柒錢伍分

棉花　每百觔　叁錢伍分

出口綢緞絲絨類

湖絲土絲各等絲經　每百觔　拾兩

野蠶絲　每百觔　貳兩伍錢

絲帶欄杆桂帶絲線各色　每百觔　拾兩

綢緞綃縐紗綾羅剪絨繡貨等類　每百觔　拾貳兩

絲綿雜貨 如絲毛之類　每百觔　伍兩伍錢

四川黃絲　每百觔　柒兩

同功絲　每百觔　伍兩

川綢 山東繭綢　每百觔　肆兩伍錢

緯線　每百觔　拾兩

各省絨　每百觔　拾兩

絨 廣東土產絲做成　每百觔　肆兩叁錢

蠶繭　每百觔　叁兩

亂絲頭　每百觔　壹兩

出口氈絨毯席類

席子各樣　每百張　貳錢

地席　每捲 肆拾碼　貳錢

皮毯　每張　玖分

氈毯　每百疋　叁兩伍錢

出口糖果食物類

蜜餞並各色糖果　每百觔　伍錢

醬油　每百觔　肆錢

白糖　每百觔　貳錢

赤糖　每百觔　壹錢貳分

冰糖　每百觔　貳錢伍分

烟絲各樣 如黃烟水烟之類　每百觔　肆錢伍分

烟葉各樣　每百觔　壹錢伍分

鼻烟 中國　每百觔　捌錢

大頭菜　每百觔　壹錢捌分

粉絲　每百觔　壹錢捌分

酒　每百觔　壹錢伍分

海菜　每百觔　壹錢伍分

火腿　每百觔　伍錢伍分

皮蛋	每千個	叁錢伍分
橄仁	每百觔	叁錢
杏仁	每百觔	肆錢伍分
香菌	每百觔	壹兩伍錢
金針菜	每百觔	貳錢柒分
木耳	每百觔	陸錢
桂圓	每百觔	貳錢伍分
桂圓肉	每百觔	叁錢伍分
荔枝	每百觔	貳錢
蓮子	每百觔	伍錢
芝蔴	每百觔	壹錢叁分伍厘
花生	每百觔	壹錢
花生餅	每百觔	叁分
瓜子	每百觔	壹錢
荳 牛莊登州不准出口	每百觔	陸分
荳餅 牛莊登州不准出口	每百觔	叁分伍厘
米麥雜糧	每百觔	壹錢
蒜頭	每百觔	叁分伍厘

栗子	每百觔	壹錢
黑棗	每百觔	壹錢伍分
紅棗	每百觔	玖分

大亞美理駕合衆國欽命駐劄中華便宜行事全權大臣列

爲照覆事准

貴大臣九月三十日來文內開各等因本大臣留心細爲察閱其中所問所論俱屬歷練爲友好起見深爲欽仰本國向與中華只有和睦今仍此心詳爲覆達於後

一美國商民之進內地也按天津所立條約有云中國有何利益施及他國准美國一體均沾等語是則美國人之進內地既同他國所有請執照等情均應一體遵行當如英法兩國一般俟

大伯理璽天德既得國會紳耆議允批准和約之後定必明立律例交給領事官禁止不請執照或强請執照等事

本大臣自當呈明

國家設立章程襄助中華致免美國商民違犯　貴國憲典可也

一整理有約無約各國之法也本大臣身爲和好大國奉使之員向知此事自應變通然因稍有難行今請將中國所能行者略爲陳列首應與討問欲立約之國定立條約也前大呂宋即西班牙國來求立約而中國不允今大西洋即葡萄雅爾亦已求取矣使中國肯同定約自當稍減無約之國今姑無論即任其仍前如是本大臣尚有一法可稍通融按泰西各國公使凡此國領事奉遣至別國者若不得所往之國準信延接者即不得赴任今凡有稱領事而中華

國家或省憲地方官不肯明作準信延接者彼即無權辦事是則中國於此等兼攝領事立即可以推辭不接凡已延接者照理亦可刻即聲明不與交往設有美國人兼攝無約領事藉此作護身符以圖己益者既屬美國

之人地方官可以直卻不與延款遇有事故著彼投明美國領事自應隨時辦理間或美國人兼攝領事而代無約商民討求地方官幫助申理等情地方官礙於情面代爲辦理者亦可以對彼說明並非職守理所當然乃只由於情面而已又若此等自稱領事有與海關辦理船隻餉項事宜者地方官可卻以必須按照條約遵行之語倘彼固執已見干犯制例者中國或出於不得已地方官自應用强禁阻當五月三十日在天津時本

大臣照會

桂中堂花冢宰以中國必須購造外國戰艦火輪船隻者特為
此故足徵所言非謬也
一領事不得干預貿易也現美國業經定制凡干涉買
賣者不得派作領事官矣
一領事與地方官爭論也前此果有等情動多牴牾本
大臣深為怨憤亦與
貴大臣同心今既奉本國
大伯理璽天德命簡為使臣之職業經設法將一切事宜妥
為辦正誠願嗣後無致齟齬果有仍前事款請照知本

大臣定當修正若領事官有何不合之處地方官按理
據實直斥其非不與共事本國國家並使臣斷無可控
之端但最善之法地方官將已職守攸關並合理之處
照尊貴之法據直善言論列自可申理矣
一按定品級總領事之說也總領事之設美國奉使駐
劄中華者從無此制可毋庸議
一發給旗號也本大臣曾經面詢領事官據稱從無給
發迨細查底冊亦向無此事本大臣復嚴諭領事嗣後
無致有此也

以上業已據問直達猶有管見當須照知者以本大臣
之意
貴大臣似宜上奏
大皇帝定立國家號旗各省咸皆遵守俾中國公私船隻盡
行升用蓋美國制度凡屬本國之人必用本國旗號即
泰西各國莫不皆然今中華貿易之盛無號旗以保護
何不亦如他國之法使商船與盜賊有所區別而免商
民之借用與假冒外國號旗哉茲本大臣現已將奉使
職守之事全行妥辦一俟護理有人再行照知即當起

程返國惟願
貴大臣於一切諸事順適咸宜至天津約內所云永久
和好及遇有要事襄助之語美國固以友好為心中華
有何需用美國之處美國定當以和平之法竭力襄辦
但請
貴國亦謹守約款所載及訂定各事務使一言一字不
致脫漏是本大臣與美國之厚望也為此照覆須至照
覆者
咸豐捌年拾月初五日

大清國與
大美國於咸豐八年五月初八日卽一千八百五十八年
六月十八日議定和約後續增條款
查從
大清國於咸豐八年五月初八日與
大美國定約之後因事有宜增條款之處是以
大清國
大皇帝特派
二品頂戴辦理中外交涉事務大臣志

欽差辦理中外交涉事務重任大臣蒲
二品頂戴辦理中外交涉事務大臣孫
大美國
大伯理璽天德特派
欽命總理各國事務大臣徐　各將所奉
諭旨互閱俱屬妥實議定條款開列於左

第一條

大清國
大皇帝按約准各國商民在指定通商口岸及水路洋面貿易行走之處推原約內該款之意並無將管轄地方水面之權一併議給嗣後如別國與美國或有失和或至爭戰該國官兵不得在中國轄境洋面及准外國人居住行走之處與美國人爭戰奪貨刧人美國或與別國失和亦不在中國境內洋面及准外國人居住行走之處有爭奪之事有別國在中國轄境先與美國擅起爭端不得因此條款禁美國自行保護再凡中國已經指准美國官民居住貿易之地及續有指准之地或別國人民在此地內有居住貿易等事除有約各國款內指

明歸某國官管轄外皆仍歸中國地方官管轄

第二條

嗣後如有於兩國貿易興旺之事中國欲於原定貿易章程之外與美國商民另開貿易行船利益之路皆由中國作主自定章程仍不得與原約之義相背如此辦理似與貿易所獲利益較爲安穩

第三條

大清國
大皇帝可於

大美國通商各口岸任便派領事官前往駐紮美國接待與英國俄國所派之領事官按照公法條約所定之規一體優待

第四條

原約第二十九款內載

耶穌基督聖教暨

天主教有安分傳教習教之人當一體保護不可欺侮等語現在議定是美國人在中國不得因美國人民異教稍有欺侮凌虐嗣後中國人在美國亦不得因中國人民

異教稍有屈抑苛待以昭公允至兩國人之墳墓均當一體鄭重保護不得傷毀

第五條

大清國與

大美國切念民人前往各國或願常住入籍或隨時來往總聽其自便不得禁阻為是現在兩國人民互相來往或遊歷或貿易或久居得以自由方有利益除兩國人民自願往來居住之外別有招致之法均非所准是以兩國許定條例除彼此自願往來外如有美國及中國人將中國人勉強帶往美國或運於別國若中國及美國人將美國人勉強帶往中國或運於別國均照例治罪

第六條

美國人民前往中國或經歷各處或常行居住中國總須按照相待最優之國所得經歷常住之利益俾美國人一體均沾中國人至美國或經歷各處或常行居住美國亦必按照相待最優之國所得經歷與常住之利益俾中國人一體均沾惟美國人在中國者不得有因

此條即時作為中國人民中國人在美國者亦不得因有此條即時作為美國人民

第七條

嗣後中國人欲入美國大小官學學習各等文藝須照相待最優國之人民一體優待美國人欲入中國大小官學學習各等文藝亦照相待最優國之人民一體優待美國人可以在中國按約指准外國人居住地方設立學堂中國人亦可在美國一體照辦

第八條

凡無故干預代謀別國內治之事、美國向不以為然、至
於中國之內治、美國聲明並無干預之權、及催問之意
即如通線鐵路各等機法、於何時照何法因何情欲行
製造、總由中國
皇帝自主酌度辦理、此意預已言明、將來中國自欲製造各
項機法、向美國以及泰西各國借助襄理、美國自願指
准精練工師前往、並願勸別國一體相助、中國自必妥
為保護其身家、公平酌勞
以上續增各條現在
大清
大美各大臣、同在華盛頓京師議定、先為畫押蓋印、以昭
憑信、
大清同治七年六月初九日
大美一千八百六十八年七月二十八日

美國續增條約　三

大清國
大皇帝、
大美國
大伯理璽天德、前於咸豐八年即一千八百五十八年議定
和約及同治七年即一千八百六十八年續增條約、允
宜永遠信守、今
大美國因華工日往日多、難於整理、尚欲彼此商酌變通
仍與和約條款不致相背、是以
大清國
大皇帝欽命總理各國事務武英殿大學士署禮部尚書全權大臣寶李
大美國
大伯理璽天德欽命來華辦理修定事宜駐劄中華便宜行事來華辦理修定事宜全權大臣帥安笛
各將所奉
諭旨、公同閱看、就其可以變通之處、彼此商酌變通、特列條
款於左、
第一款
大清國
大美國公同商定、如有時

美國續修條約　一

大美國查華工前往美國或在各處居住實於美國之益有所妨礙或與美國內及美國一處地方之平安有所妨礙

大清國准

大美國可以或為整理或定人數年數之限並非禁止前往至人數年數總須酌中定限係專指華人續往美國承工者而言其餘各項人等均不在限制之列所有定限辦法凡續往承工者只能令其按照限制進口不得稍有淩虐

第二款

中國商民如傳教學習貿易游歷人等以及隨帶並雇用之人兼已在美國各處華工均聽其往來自便俾得受優待各國最厚之利益

第三款

已在美國各華工及他項華人等無論常居暫住如有偶受他人欺侮之事美國應即盡力設法保護與待各國人最優者一體相待俾得各受按約應得之利益

第四款

兩國既將以上各款議定美國如有時按照所定各款妥立章程照知中國如所定章程與中國商民有損可由中國駐美

欽差大臣與美國外部公同妥議中國總理衙門亦可與美國駐京

欽差大臣公同妥為定議總期彼此有益無損

以上續修條約各款現在

大清國

大美國各大臣同在中國京師議定繕寫漢文洋文各三分先

為畫押蓋印以昭憑信仍俟兩國

御筆批准總以一年為期在中國京都互換

光緒七年六月十六日奉

旨依議欽此

大清光緒六年十月十五日

降生一千八百八十年十一月十七日

大清國
大皇帝
大美國
大伯理璽天德現因兩國條約尚有未備之處、
大清國
特派總理各國事務武英殿大學士署禮部尚書全權大臣寶李
大美國
特派來華辦理修定事宜駐劄中華便宜行事來華辦理修定事宜全權大臣帥安笛
公同商定另立條款附於條約之後、

第一款
中國美國將來益敦和好所有兩國商民貿易等事於兩國均屬有益之處可以彼此公同商議、

第二款
中國與美國彼此商定中國商民不准販運洋藥入美國通商口岸美國商民亦不准販運洋藥入中國通商口岸並由此口運往彼口亦不准作一切買賣洋藥之貿易所有兩國商民無論雇用本國船別國船及本國船為別國商民雇用販運洋藥者均由各本國自行永遠禁止再此條兩國商定彼此均不得引一體均沾之條講解、

第三款
中國允美國船隻在中國通商各口無論該船載美國貨物與別國貨物其進口出口及由此口進彼口之稅、與其所納之鈔均照中國船隻及各國船隻一律徵納、並不額外加徵亦不另徵他項稅鈔美國允中國船隻或由中國通商口及他國各口進美國各海口或出美國各口前往他國各口及回中國通商各口無論載中

國貨物與別國貨物均照美國船隻及各別國於美國船隻不額外加稅鈔之國一律徵納進口之稅與其應納之鈔並不額外加徵亦不另徵他項稅鈔

第四款
儻遇有中國人與美國人因事相爭兩國官員應行審定中國與美國允此等案件被告係何國之人即歸其本國官員審定原告之官員於審定時可以前往觀審、承審官應以觀審之禮相待該原告之官員如欲添傳証見或查訊駁訊案中作証之人可以再行傳訊儻觀

審之員以爲辦理不公亦可逐細辯論並詳報上憲所
有案件各審定之員均係各按本國律法辦理
以上條款繕寫漢文三分洋文三分先由兩國大臣蓋印畫押
俟
大清國
大皇帝
大美國
大伯理璽天德御筆批准後彼此互換以昭信守
光緒七年六月十六日奉
旨依議欽此
大清光緒六年十月十五日
降生一千八百八十年十一月十七日

中美會訂限禁來美華工保護寓美華人約稿
大清國光緒六年十月十五日
大美國一千八百八十年十一月十七號續定條約曾限
制華工赴美嗣因華工在美國境內迭遭苛虐慮損邦
交中國政府欲自禁華工出境來至美國茲兩國政府
願合力辦理禁止來美華工並多方顧全邦交互立約
款彼此加意保護此國境內之彼國人民是以
大清國
大皇帝特簡欽差出使美國全權大臣太常寺少卿楊
大美國
大伯理璽天德特簡外部全權大臣葛禮山　各將所奉議
約之據公同校閱明白現將會訂條款開列於左
第一款
茲彼此議定以此約批准互換之日起計限十年爲期
除以下約款所載外禁止華工前往美國
第二款
寓美華工或有父母正妻兒女或有產業値銀一千元
或有經手帳目一千元未清而欲自美回華由華回美

者不入第一款限禁之例、但華工於未離美境之前、須先在離境口岸詳細縷列名下眷屬產業帳目各情、報明該處稅務司、以備回美之據、該稅務司須遵現時之例、或自後所定之例、發給該華工按此約章應得回美執照、但所立之例、不得與此約款相悖、倘查出所報各情屬僞、則該執照所准回寓美國之權利盡失、又例准回美之權利、限以一年爲期、以離美之日起計、倘因疾病、或別有要事、不能在限期內回美、則可再展一年之期、但該華工須將緣由稟報離境口岸中國領事官、給與憑批、作爲妥據、以期取信於該華工登岸處之稅務司、該華工如不在稅關呈驗回美執照、無論其由陸路水路回美、均不准入境、

第三款

此約所定限制章程、專爲華工而設、不與官員傳教學習貿易游歷諸華人等現時享受來寓美國利益有所妨礙、此項華人倘欲自行申明例准來美之利益、可將中國官員、或出口處他國官員所給執照、並經出口處美國公使或領事官簽名者、呈驗、作爲以上所敘例准

來美之據、茲又議允華工來往他國、仍准假道美境、惟須遵守美國政府隨時酌定章程、以杜弊端、

第四款

查光緒六年十月十五日、卽一千八百八十年十一月十七號、中美在北京所立華人來美續約第三款、本已敘明茲復會訂在美華工、或別項華人、無論常居或暫居、爲保護其身命財產起見、除不准入美國籍外、其餘應得盡享美國律例所准之利益、與待各國人最優者一體相待無異、茲美國政府仍允按照續約第三款所訂、盡用權力保護在美華人身命財產、

第五款

美國政府爲加意保護華工起見、一千八百九十二年五月五號、美國議院定例、一千八百九十三年十一月三號、此例又經修改、凡在定例以前所有美國境內一切例准住美之華工、均須照例註冊、中國政府現聽美國辦理、美國政府亦應聽中國政府定立相類條例、凡一切美國粗細工人、（商人亦如議院定例不計）寓居中國、無論是否在通商口岸、均令註冊、概不收費、又美國政府允准自

此約批准互換之日起、於十二箇月內、將寓居中國無
論是否在通商口岸之一切他項美國人民（包括教士在內）
姓名年歲行業居址、造册報送中國政府、以後每歲册
報一次、惟美國公使人員、或一切奉公官員、在中國駐
紮、或游歷及其隨從僱用人等、不入此款、

第六款

此約彼此互須遵守、以十年爲期、敬候
大清國
大皇帝

大美國
大伯理璽天德批准互換之日起、計至限期屆滿、倘於六箇
月前、彼此並不將停止限禁之意行文知照、則限禁再
展十年爲期、

光緒二十年二月　十一　日

西歷一千八百九十四年三月十七日

大清欽差大臣楊鈐　押

大美外部大臣葛鈐　押

布國條約

大清國
大布路斯國暨德意志通商稅務公會各國並　模令布
而額水林　模令布而額錫特利子兩邦　律百克
伯爾門　昂布爾　三漢謝城和好貿易船隻事宜和
約章程茲
大清國
大皇帝
大布國
大君主爲本國並爲德意志通商稅務公會各國拜晏　撒

遜　漢諾威　威而顛白而額　巴敦　黑辛加習利
黑星達而未司大　布倫帥額　阿爾敦布爾額
魯生布而額　撒孫外抹艾生納　撒孫麥甯恩　撒
孫阿理廷部而額　撒孫各部而額大　拏掃　宼得
克比而孟地　安阿而得疊掃郭定　安阿而得比爾
你布而額　立貝　實瓦字部而魯德司答　實瓦字
部而孫德而士好遜　大支派之各洛以斯　小支派
之各洛以斯　法郎格缶而德　昂布而士　並模令
布而額水林　模令布而額錫特利子二邦　以及律

百克　伯磊門　昂布爾　三漢謝城切願與中國及
前開各國立定友睦之誼以敦永久因此議定修釐和
好通商和約章程俾兩國民人均獲裨益用是兩國特
派全權大臣以便辦理
大清國
大皇帝欽差總理各國事務全權大臣倉場總督部堂崇 侍郎銜辦理三口通商事務特加全權大臣大理寺少堂崇
大布國
大君主欽差內廷大臣御賜紅鷹大星 聖喏喻大帶世襲伯爵斐悌理阿理不艾
前來彼此既將所奉便宜行事之

上諭及
欽奉全權之
詔敕公同較閱俱屬妥善卽將議立條款開列於左
第一款
嗣後
大清國與
大布路斯國暨德意志通商稅務公會和約各國均永遠
和好敦篤友誼各國商民彼此僑居皆獲保護身家
第二款
大布路斯國
大君主欲派秉權大臣一員進中國京師亦無不可
大清國
大皇帝欲派秉權大臣一員至比耳令京師事同一律其德
意志和約各國不得自派秉權大臣進京是以布路斯
國所派大臣並爲和約各國大臣所至京師之秉權大
臣欲帶家眷隨員人等在京師長行居住或隨時往來
總候本國
諭旨遵行

第三款
大清 大布 國所派秉權大臣於居住之處無不按照情理全獲
恩施所有身家公所與各來往公文書信等件皆不得
被人擅動凡欲雇募送信人通事服役人等皆聽其便
所有費用兩國自備資斧至在京師租賃地基或房屋
作爲大臣等員公館兩國官員亦宜協同勷辦雇覓夫
役亦隨其意毫無阻攔
第四款
現已議准通商各口布國暨德意志通商稅務公會和

約各國任憑設立總領事一員領事副領事署領事等官每口一員前往辦理本國商民交涉事件中國官員於該領事等官均應從優款待如相待諸國領事官最優者無異凡別國所邀優恩之處德意志官員一律相邀遇有領事等官不在該口德意志國商民可以相託與國領事代爲料理否則逕赴海關呈明設法妥辦使本國商民得沾章程之利益

第五款

凡

大布國秉權大臣以及德意志通商稅務公會和約各國領事官有公文照會中國大憲暨地方官均用德意志字樣書寫惟暫時仍以漢文配送倘配送漢文內有旨義不合之處仍以德意志字樣爲正中國官員有公文照會亦以中國文字爲正不得將繙譯文字以爲正也至於現定和約章程用中國文字並德意志字樣合寫兩國公同校對無訛因法國文字係歐羅巴人所通習是以另備法國字樣稿本各一分倘日後中國與布國有辨論之處卽以法文稿本爲證以免舛錯而昭公允

第六款

廣州　潮州　厦門　福州　甯波　上海　芝罘

天津　牛莊　鎭江　九江　漢口　瓊州　台灣

淡水等口

大布國暨德意志通商稅務公會和約各國民人家眷等皆准居住來往貿易工作平安無礙船貨隨時往來常川不輟至於賃房買屋租地造堂醫院墳塋等事皆聽其便

第七款

布國暨德意志通商稅務公會和約各國商船除約內准開通商之口外其餘各口皆不准前往貿易如到別口或在沿海各處地方私做買賣卽將船貨一併入官

第八款

布國暨德意志通商稅務公會和約各國民人皆准在通商各口近處游玩如地在百里期在三五日內毋庸請照其欲前往內地須由領事暨地方官發給蓋印執照隨時飭交隨時呈驗如遇執照遺失無以繳呈中國官員務准亡執照之人暫憩以待另請執照或護送其

人至近口領事官收管亦可然皆不得毆打或聽他人傷害至各口有賊處所亦應俟地方平靖方准前往

第九款

中國無論何省之買辦通事書記工匠水手工人等布國暨德意志通商稅務公會和約各國民人皆准其雇用其工錢束脩任聽兩家自爲約議若欲雇覓小船送人運貨亦無禁阻至於延請士民人等學習中國文字與各方土語或以外國之言教內地之人亦可德意志書籍與中國各樣書籍彼此亦可發賣採買

第十款

凡在中國者或崇奉或傳習天主教暨耶穌聖教之人皆全獲保佑身家其會同禮拜誦經等事概聽其便

第十一款

凡布國暨德意志通商稅務公會和約各國船隻駛進通商各口任聽自雇引水之人即行帶進迨其船貿易輸稅全完欲行回駛亦准僱覓引水之人隨時帶出

第十二款

凡議准通商各口每遇布國暨德意志通商稅務公會和約各國商船到口監督官即派妥役一二名看守稽查偷漏該役或搭坐自雇之船或在德船均聽其便所需工食等費皆由中國海關支給惟不得於船主或管船之人需索銀錢倘有違例即按所索之多寡按例科罪照數追還

第十三款

布國暨德意志通商稅務公會和約各國船隻進口一日後毫無阻滯之處其船主或貨主或管船商人即將

船牌貨物清單繳送領事官領事官於接到船牌貨單後一日內即將船名人名及所載噸數貨色詳細開明照會海關以憑查驗倘船主怠慢於船進口後二日內不將船牌等件呈繳領事官每逾一日可罰銀五十元但所罰之數不得逾二百元之外監督官接到領事官詳細照會後即准該船開艙倘船主未領牌照自行開艙卸貨可罰銀五百元所卸貨物一併入官

第十四款

布國暨德意志通商稅務公會和約各國商人欲上貨

下貨總須先領監督官准牌然後方可准行如違卽將貨物入官

第十五款

布國暨德意志通商稅務公會和約各國商民在通商各口凡有進口出口貨物皆按後附稅則上稅定稅之外更不得加增別項規費和約章程後所附通商稅則必視同和約章程無異兩國務必信守

第十六款

至稅則所載按價若干抽稅若干如商人與華人不能平定其價卽須兩家各邀客商二三人前來明驗其貨商客願買出價高者定爲估價照此抽稅

第十七款

凡輸稅項以淨貨爲率所有貨物應除去包皮倘布國及德意志通商稅務公會和約各國商人與海關人役不能定各貨包皮輕重就將爭執各件連皮過秤先定多寡約數再復除淨包皮秤其輕重卽以所秤通計類推

第十八款

當查驗貨物之時如有意見不合布國及德意志通商稅務公會和約各國商人可赴領事官稟報該領事官將情知照海關從中儘力作合惟應於一日內稟報否則不爲辦理於議論未定之先海關不得將互爭數目姑寫册上恐後難於核定

第十九款

進口貨物遇有損壞應核損壞多寡按價減稅秉公辦理倘彼此理論不能定價則按照第十六款所載按價抽稅之例辦理

第二十款

凡布國及德意志通商稅務公會和約各國貨船進口並未開艙欲行他往者限二日內出口不必輸納鈔餉並無應交費項倘逾二日之限卽須全數輸納

第二十一款

進口稅卸貨時完納出口稅下貨時完納所有稅鈔一經全完監督官卽准發給紅單呈送領事官驗明卽將船牌交還准令開行

第二十二款

監督官設定銀號若干可以代監督官收布國及德意志通商稅務公會和約各國應輸稅項該銀號所給收單一如監督官所給無異所輸之銀或紋銀或洋銀監督官與領事官核其市價情形將洋銀比較紋銀應補水若干照數補足

第二十三款

布國及德意志通商稅務公會和約各國商船應納鈔課各按船牌所載若干頓而納一百五十頓以上每頓納鈔銀四錢一百五十頓正及一百五十頓以下每頓

納鈔銀一錢既納鈔後監督官給發執照開明船鈔完納倘該船駛往別口卽於進口時將照送驗逐按照第二十一款自領執照之日起以及四個月止無庸再輸船鈔以免重複布國及德意志通商稅務公會和約各國屬民在各口用艇隻運帶客人行李書信食物及例不納稅之物毋庸完鈔倘該小船一併載運例應完稅之貨物卽按照一百五十頓以下之例每頓納鈔一錢

第二十四款

布國及德意志通商稅務公會和約各國貨物在通商無論何口既已按例輸稅倘欲轉販內地者經過各關只照現定通商則例輸稅不得另有加增凡在內地買貨欲運赴口下載或在口有洋貨欲進售內地倘願一次納稅免各子口徵收紛繁應查照各國通商稅則辦理中國海關書役人等不守例款詐取規費或多收稅餉者照中國例究治

第二十五款

凡布國及德意志通商稅務公會和約各國船主一進通商各口欲將貨物在該口但卸幾分卽照所卸之數

納稅其餘貨物欲帶往別口卸賣者其稅銀亦在別口輸納

第二十六款

布國及德意志通商稅務公會和約各國商人在通商一口已將進口貨物納稅後轉欲載往別口售賣者卽報明監督官將貨驗明果係原封不動載往通商別口時監督官給與牌照註明該貨曾在某口輸稅此口監督官驗過牌照卽准卸貨不收稅餉一切規費俱無惟查出有影射夾帶情弊該貨嚴拏入官如欲將貨運出

外國海關監督官發給存票一紙言明運貨出口之商人業已多納稅課若干待他日有貨上稅不論進口出口均可持票作已納稅餉之據照數除算

第二十七款

凡剥貨若非奉監督官特准不得將貨自行剥運如違除意外危險不及等候外所有私剥之貨全行入官

第二十八款

凡通商各口海關監督官須有部頒秤碼丈尺等項一副送與領事官署存留其輕重長短一與粤海關無異所有鈔稅各銀輸納中國者俱依此秤碼兑交如有秤丈貨物爭執即以此式爲準

第二十九款

凡有商人違約與後附通商稅則致有罰銀抄貨入官之處應歸中國官收辦

第三十款

布國及德國官船別無他意或因捕盜駛入中國無論何口一切買取食物甜水修理船隻地方官妥爲照料船上水師各官與中國官員平行相待

第三十一款

布國及德意志通商稅務公會和約各國商船遇有破爛及別緣故急須進口躲避者無論何口均可進去不用完納船鈔船內貨物如爲修船之故而須上岸者亦不納稅惟將該貨留在監督官照顧以免影射情弊如該船在中國近岸地方損壞擱淺收口地方官聞知立即設法妥爲拯救商梢保存船隻以及打撈貨物不使損壞所救水手人等務必妥爲照料設法護送就近領事官查收以昭睦誼

第三十二款

凡布國暨德意志通商稅務公會和約各國官船商船水手人等逃亡領事官或船主將情報明地方官務必實力查拏解送領事官及船主收領倘有中國人役負罪逃入布國暨德意志通商稅務公會和約各國人寓所或商船隱匿地方官將情照會領事官立即設法拘送中國官收領

第三十三款

凡布國暨德意志通商稅務公會和約各國船隻在中

國洋面被洋盜打刦地方官一經聞報卽應設法查拏照例治罪所刦贓物無論在何處搜獲及如何情形均繳送領事官轉給事主收領倘承緝之官或不能獲盜或不能全起贓物照中國例處分但不能賠償贓物

第三十四款

布國暨德意志通商稅務公會和約各國民人每有赴訴地方官之處其稟函應先投遞領事官察核適理妥當允宜隨卽代爲轉遞否則發還更正中國人有稟赴領事官亦先投遞地方官一體辦理

第三十五款

布國暨德意志通商稅務公會和約各國民人有控告中國人者應先赴領事官署投稟鳴寃領事官查明情由後竭力勸息使不成訟中國人有受布國及德意志通商稅務公會和約各國人之寃欲訴諸領事官者領事官亦應一體勸息間有不能勸息者卽移請中國官會同領事官核明秉公完結

第三十六款

布國及德意志通商稅務公會和約各國民人中國官憲自必時加保護令其身家安全如遭欺凌擾害及有不法匪徒放火焚燒房屋或搶掠者地方官立卽設法派撥兵役彈壓查追並將焚搶匪徒按例嚴辦

第三十七款

中國人有負布國及德意志通商稅務公會和約各國屬民欠項而不償還或潛行逃避者中國官一經收到債主呈詞務須認眞責令欠主賠償嚴拏逃犯追繳債主布國及德意志通商稅務公會和約各國民人有欠中國人之債而不還或潛行逃避者布國及德意志通

商稅務公會和約各國官員亦應一體辦理但均不得向兩國官員取償

第三十八款

中國人有與布國及德意志通商稅務公會和約各國民人欺凌擾害之處致干法紀者由中國官嚴拏照中國例治罪布國及德意志通商稅務公會和約各國民人有與中國人欺凌擾害之處致干法紀者由本國領事官嚴拏而照本國之例治罪以昭允當

第三十九款

凡布國及德意志通商稅務公會和約各國屬民所有
或人或產相涉案件皆歸本國官員查辦如本國屬民
與外國屬民有爭執情事中國官亦不爲之申理

第四十款

兩國議定中國

大皇帝今後所有恩渥利益施於別國布國及德意志通商
稅務公會和約各國無不一體均沾實惠日後如將稅
則關口稅噸稅過關稅出入口貨稅無論何國施行改
變一經通行布國及德意志通商稅務公會和約各國

商民船主人等亦一體遵照無庸再議條款

第四十一款

日後布國暨德意志通商稅務公會和約各國若於現
議章程條款內有欲行變通之處應俟自章程互換之
日起至滿十年爲止先期六箇月備文知照中國如何
酌量更改方可再行籌議若未曾先期聲明則章程仍
照此次議定辦理復俟十年再行更改

第四十二款

現在議定章程應由兩國

御筆批准並定期以兩國
欽差大臣畫押之日起至一年之內彼此互換至於互換之
處或在上海或在天津仍俟布國
上裁互換後中國即將所議章程行文內外各省大吏按照
辦理兩國
欽差大臣仍於議定和好貿易船隻章程內均畫押鈐蓋關
防以昭信守

咸豐十一年七月二十八日即

降生後一千八百六十一年九月初二日

在天津鈐用關防

三漢謝城附列條款
大清國與
大布國既經議定德意志通商稅務公會和約各國並模
令布爾額水林模令布爾額錫特利子兩邦和約章程
所有附入之律伯克　百磊門　昂布爾　三漢謝城
議事廳亦准自派領事官前往通商口岸辦理本城事
務附此條款與前定和約章程一體信守既經
批准仍由
大清國

大布國欽差畫押蓋印
咸豐十一年七月二十八日即
降生後一千八百六十一年九月初二日
在天津鈐用關防

通商章程善後條約
第一款
一此次新定稅則凡有貨物僅載進口稅則未載出口稅則者遇有出口皆應照進口稅則納稅或有僅載出口稅則未載進口稅則者遇有進口亦皆照出口稅則納稅倘有貨物名目進出口稅則均未賅載又不在免稅之列者應核估時價照值百抽五例徵稅
第二款
一凡有金銀外國各等銀錢麵粟米粉砂穀米麵餅熟

肉熟菜牛奶酥牛油蜜餞外國衣服金銀首飾攙銀器香水碱炭柴薪外國蠟燭外國煙絲煙葉外國酒家用雜物船用雜物行李紙張筆墨氈毯鐵刀利器外國自用藥料玻璃器皿以上各物進出口通商各口皆准免稅除金銀外國銀錢行李毋庸議外其餘該船裝載無論淺滿雖無別貨亦應完納船鈔倘運往內地除前三項仍毋庸議外其餘各貨皆每百兩之物完納稅銀貳兩伍錢
第三款

一凡有違禁貨物如火藥大小彈子礮位大小鳥鎗並一切軍器等類及內地食鹽以上各物概屬違禁不准販運進出口

第四款

一凡有稅則內所算輕重長短中國壹擔即係壹百觔者以布國暨德意志公會各國壹百貳拾唪呔貳拾柒嗶呔壹咕嚧呔捌噓呔即法國陸拾吉羅葛稜麼零肆百伍拾叁葛稜麼是爲中國壹百觔中國壹丈即拾尺者以布國暨德意志公會各國拾壹呋嘶叁昨哩零玖

分即法國叁邁當零伍拾伍桑的邁當是爲中國壹丈中國壹尺即布國拾叁因制零柒分即法國叁百伍拾捌密理邁當照此爲例

第五款

一向來洋藥銅錢米穀荳石硝磺白鉛等物例皆不准通商現定稍寬其禁聽商遵行納稅貿易洋藥准其進口議定每百觔納稅銀叁拾兩惟該商只准在口銷賣一經離口即屬中國貨物祇准華商運入內地外國商人不得護送即現定和約章程第八款所載布國暨德意志各國有領蓋印執照前至內地者斷不准販運洋藥其洋藥入內地如何徵稅聽憑中國辦理嗣後遇修改稅則仍不得按照別貨定稅　又銅錢不准運出外國惟通商中國各口准布國暨德意志和約各國商民以此口運至彼口照現定章程遵行該商赴關報明數目若干運往何口或令本商及同商二人聯名具呈保單抑或聽監督飭令另交結實信據方准給照別口監督於執照上註明收到字樣加蓋印信從給照之日起限陸箇月繳回驗銷若過期不繳銷執照即按其錢貨

原本照數罰繳入官其進出口均免納稅至船載無論淺滿均納船鈔　又凡米穀等糧不拘內外土產不分何處進口者皆不准運出外國惟布國暨德意志和約各國商民欲運往中華通商別口則照銅錢一律辦理出口時照依稅則納稅其進口毋庸納稅至船載無論淺滿均遵納船鈔　又荳石荳餅在登州牛莊兩口者布國暨德意志和約各國商船不准裝載出口其餘各口該商照稅則納稅仍可帶運出口及外國俱可　又硝磺白鉛均爲軍前要物應由華官自行採辦進口或

由華商特奉准買明文方准進口該關未能查明該商實奉准買定不發單起貨此三項止准布國暨德意志和約各國商人於通商海口銷售不准帶入長江並各內港亦不准代華商護送除在各海口外卽係華民貨物與布國暨德意志和約各國無涉以上洋藥銅錢米穀荳石荳餅硝磺白鉛等項止准照新章買賣敢違此例所運貨物全罰入官

第六款

一和約章程第十三款所載布國暨德意志和約各國

船隻進口限一日報領事官知照第二十款所載布國暨德意志和約各國貨船進口並未開艙欲行他往限二日之內出口卽不徵收船鈔以上二款無論先後總以該船進口界限時刻起算以免參差爭論至各口界限並上下貨物之地均由海關妥爲定界既要便商更不得有礙收稅知會領事官曉諭本屬商民遵辦

第七款

一和約章程第二十四款所載內地稅餉之議現定出入稅則總以照納一半爲斷惟第二款所載免稅各貨除金銀外國銀錢行李三項毋庸議外其餘海口免稅各物若進內地仍照每值百兩完稅銀貳兩伍錢此外運入內地各貨該商應將該貨名目若干原裝何船進口應往內地何處各緣由報關查驗確實照納內地稅項該關發給內地稅單該商應向沿途各子口呈單照驗蓋戳放行無論遠近均不重徵至運貨出口之例凡布國暨德意志和約各國在內地置貨到第一子口驗貨由送貨之人開單註明貨物若干應在何口卸貨呈交該子口存留發給執照准其前往路上各子口查驗

蓋戳至最後子口先赴出口海關報完內地稅項方許過卡俟下船出口時再完出口之稅若進出有違此例及業經報明指赴何口沿途私賣者各貨均罰入官倘有匿單少報等情將單內同類之貨全數入官所運各貨如無內地納稅實據應由海關飭令完清內地關稅始行發單下貨出口以杜隱漏

第八款

一和約章程第八款所載布國暨德意志和約各國商民持照前往內地一款現議京都不在通商之例

第九款

一向例布國暨德意志和約各國商民完納稅餉每百兩另交銀壹兩貳錢作爲傾鎔之費嗣後裁撤布國暨德意志和約各國商民毋庸另交傾鎔銀兩

第十款

一通商各口收稅如何嚴防偷漏自應由中國相度機宜隨時便宜設法辦理中國總理外國通商事宜大臣或隨時親詣巡歷或委員代辦任從其便總理大臣欲邀布國暨德意志和約各國之人幫辦稅務並嚴查漏稅判定口界派人指泊船隻及分設浮樁號船塔表望樓等事毋庸布國暨德意志和約各國之官指薦干預其浮樁號船塔表望樓等經費在於船鈔項下撥用至長江如何嚴防偷漏之處俟通商後察看情形任憑中國設法籌辦

另款

一現在議定將來兩國貨物或土產或工藝一時不同而價值有低昂之殊其稅則有增減之別每十年較訂一次

右所載稅則條款及另外通商章程係兩國欽差大臣會同議定各畫押蓋印以爲永遠憑證

在天津共立新稅則底稿四部

今將通商各口進出口貨物新定稅則開列於後

計開

進口貨物稅則 均係外國出產

進口油蠟礬磺類

蠟 日本　每百觔　陸錢伍分

蘇合油　每百觔　壹兩

硝 只准按章程發賣　每百觔　伍錢

黃蠟　每百觔　壹兩

硫磺 只准按章程發賣　每百觔　貳錢

進口香椒類

安息香　每百觔　陸錢

安息油　每百觔　陸錢

檀香　每百觔　肆錢

白胡椒　每百觔　伍錢

黑胡椒　每百觔　叁錢陸分

沉香　每百觔　貳兩

降香　每百觔　壹錢肆分伍釐

進口藥材類

阿魏　每百觔　陸錢伍分

上冰片　每觔　壹兩叁錢

下冰片　每觔　柒錢貳分

丁香　每百觔　伍錢

母丁香　每百觔　壹錢捌分

牛黃 印度　每觔　壹兩伍錢

兒茶　每百觔　壹錢捌分

檳榔膏　每百觔　壹錢伍分

檳榔　每百觔　壹錢伍分

參 美國　每百觔　陸兩

揀淨參鬚參 美國　每百觔　捌兩

乳香　每百觔　肆錢伍分

沒藥　每百觔　肆錢伍分

荳蔻花 即肉果花　每百觔　壹兩

肉果荳蔻　每百觔　貳兩伍錢

白荳蔻　每百觔　壹兩

木香　每百觔　陸錢

犀角　每百觔　貳兩

水銀　每百觔　貳兩
洋藥　每百觔　叁拾兩
梹榔衣　每百觔　柒分伍釐
砂仁　每百觔　伍錢
肉桂　每百觔　壹兩伍錢
虎骨　每百觔　壹兩伍錢伍分
鹿角　每百觔　貳錢伍分
血竭　每百觔　肆錢伍分
大楓子　每百觔　叁分伍釐

進口雜貨類

火石　每百觔　叁分
雲母殼 即珠海殼　每百觔　貳錢
銅鈕釦　每壹百肆拾肆粒　伍分伍釐
漆器　每百觔　壹兩
繩 呂宋　每百觔　叁錢伍分
傘各樣　每柄　叁分伍釐
香柴　每百觔　肆錢伍分
煤 外國　每頓　伍分

火絨　每百觔　叁錢伍分

進口醃臘海味類

上燕窩　每觔　伍錢伍分
中燕窩　每觔　肆錢伍分
下燕窩　每觔　壹錢伍分
黑海參　每百觔　壹兩伍錢
白海參　每百觔　叁錢伍分
白魚翅　每百觔　壹兩伍錢
黑魚翅　每百觔　伍錢

柴魚 即乾魚　每百觔　伍錢
魚肚　每百觔　壹兩
鹹魚　每百觔　壹錢捌分
魚皮　每百觔　貳錢
海菜　每百觔　壹錢伍分
牛鹿筋　每百觔　伍錢伍分
蝦米　每百觔　叁錢陸分
淡菜　每百觔　貳錢
鯊魚皮　每百張　貳兩

進口顏料膠漆紙劄類

呀嘯米　每百觔　伍兩

大青　每百觔　壹兩伍錢

蘇木　每百觔　壹錢

紫梗　每百觔　叁錢

水靛　每百觔　壹錢捌分

魚膠　每百觔　陸錢伍分

皮膠　每百觔　壹錢伍分

籐黄　每百觔　壹兩

栲皮　每百觔　叁分

進口竹木籐椰類

沙籐　每百觔　壹錢伍分

烏木　每百觔　壹錢伍分

桅 重木 長不過拾貳邁當零拾玖桑的邁當　每根　肆兩

桅 重木 長過拾捌邁當零貳百捌拾柒蜜理邁當　每根　陸兩

桅 重木 長過拾捌邁當零貳百捌拾柒蜜理邁當　每根　拾兩

桅 輕木 長不過拾貳邁當零拾玖桑的邁當　每根　貳兩

桅 輕木 長不過拾捌邁當零貳百捌拾柒蜜理邁當　每根　肆兩伍錢

桅 輕木 長過拾捌邁當零貳百捌拾柒蜜理邁當　每根　陸兩伍錢

梁 重木 長不過柒邁當零玖百捌拾伍蜜理邁當四方不到叁百零伍蜜理邁當　每根　壹錢伍分

板 重木 長不過柒邁當零捌百柒拾柒蜜理邁當寬叁百零伍蜜理邁當厚柒拾柒蜜理邁當　每百根　叁兩伍錢

板 重木 長不過柒邁當零叁拾壹桑的邁當寬叁百零伍蜜理邁當厚柒拾柒蜜理邁當　每百片　貳兩

板 輕木 各樣　每四方長濶玖拾貳邁當零捌百貳拾柒蜜理邁當　柒錢

板 麻栗樹 長濶方圓　每叁拾桑的邁當零肆蜜理邁當　叁分伍釐

紅木　每百觔　壹錢壹分伍釐

毛柿　每百觔　叁分

呀嘯治木　每根　捌錢

進口鏡鐘標玩類

自鳴鐘　每值百兩抽稅伍兩

時辰表　每對　壹兩

珠邊時辰表　每對　肆兩伍錢

千里鏡雙眼千里鏡 掛鏡穿衣鏡掛屏　每值百兩抽稅伍兩

八音琴　每值百兩抽稅伍兩

進口布疋花幔類

麻棉帆布 長不過肆拾叁邁當零捌拾捌桑的邁當　每疋　肆錢

棉花　每百觔　叁錢伍分

查印花布一項法國章程於咸豐十一年八月內議改每疋寬至八十六系的邁當長自四十至五十五邁當爲例每疋共繳稅銀壹錢貳分理合註明

布 原色白色 寬過捌拾陸系的邁當 無花斜文 長不過叁拾陸邁當零伍拾柒系的邁當 每疋 捌分

布 原色白色 寬過捌拾陸系的邁當 無花斜文 長過叁拾陸邁當零伍拾柒系的邁當 每玖邁當零拾肆系的邁當 貳分

布 美國原色白色 寬不過柒拾陸系的邁當 無花斜文 長不過叁拾陸邁當零伍拾柒系的邁當 每疋 壹錢

布 美國原色白色 寬不過柒拾陸系的邁當 無花斜文 長不過貳拾柒邁當零肆拾叁系的邁當 每疋 柒分伍厘

布 原色白色 寬不過捌拾陸系的邁當 無花斜文 長不過肆拾柒邁當零捌拾捌系的邁當 每疋 捌分

布 原色白色 寬不過捌拾陸系的邁當 無花斜文 長不過貳拾壹邁當零玖拾肆系的邁當 每疋 肆分

色布 有花 無花 寬不過玖拾壹系的邁當 長不過叁拾陸邁當零伍拾柒系的邁當 每疋 壹錢伍分

花布白提布白點布 寬不過玖拾壹系的邁當 長不過叁拾陸邁當零伍拾柒系的邁當 每疋 壹錢

印花布 寬不過柒拾捌系的邁當 長不過貳拾柒邁當零肆拾叁系的邁當 每疋 柒分

布國稅則　七

袈裟布 寬不過壹邁當零拾陸系的邁當 長不過貳拾壹邁當零玖拾肆系的邁當 每疋 柒分

袈裟布 寬不過壹邁當零拾陸系的邁當 長不過拾邁當零玖拾柒系的邁當 每疋 叁分伍厘

袈裟布 稀 即洋紗 寬不過壹邁當零拾陸系的邁當 長不過貳拾壹邁當零玖拾肆系的邁當 每疋 柒分伍厘

袈裟布 稀 即洋紗 寬不過壹邁當零拾陸系的邁當 長不過拾邁當零玖拾柒系的邁當 每疋 叁分伍厘

緞布 寬不過玖拾壹系的邁當 長不過叁拾陸邁當零伍拾柒系的邁當 每疋 貳錢

柳條布 寬不過壹邁當壹系的邁當 長不過拾邁當零玖拾柒系的邁當 每疋 陸分伍厘

毛布各色 寬不過捌拾壹系的邁當 長不過貳拾柒邁當零肆拾叁系的邁當 每疋 叁分伍厘

絨綿布各樣 長不過貳拾捌邁當零叁拾肆系的邁當 每疋 貳錢

棉線 每百觔 柒錢貳分

棉紗 每百觔 柒錢

蔴布 細 長不過肆拾叁邁當零捌拾捌系的邁當 每疋 伍錢

蔴布 粗 長不過肆拾叁邁當零捌拾捌系的邁當 即蔴竹布棉蔴布 每疋 貳錢

回絨 長不過叁拾貳邁當 每疋 貳錢

羽布 寬不過陸拾壹系的邁當 長叁拾陸邁當零伍拾柒系的邁當 每疋 貳錢

進口綢緞絲絨類

手帕 四方長闊不過玖百拾伍密理邁當 每拾貳塊 貳分伍厘

金線 眞 每觔 壹兩陸錢

金線 假 每觔 叁分

布國稅則　八

銀線 眞 每觔 壹兩叁錢

銀線 假 每觔 叁分

哆囉呢 寬壹邁當零貳拾玖系的邁當至壹邁當零陸百貳拾伍密理邁當 每丈 叁邁當零伍拾伍系的邁當爲丈 壹錢貳分

嗶嘰 寬柒拾捌系的邁當 每丈 肆分伍厘

羽緞 荷蘭國 寬捌拾叁系的邁當 每丈 壹錢

羽紗 英國 寬柒拾捌系的邁當 每丈 伍分

羽綢 每丈 叁分伍厘

小呢番紀等類 每丈 肆分

絨線 每百觔 叁兩

床氈　每對　貳錢
花剪絨　長不過叁拾壹邁當零捌拾伍蜜理邁當　每疋　壹錢伍分
羽綾　寬柒拾捌粢的邁當　每丈　伍分
小羽綾　寬捌拾伍粢的邁當　每丈　叁分伍厘
下等絨　即至粗絨　每丈　壹錢
剪絨　長不過叁拾壹邁當零捌拾伍蜜理邁當　每疋　壹錢捌分

進口酒果食物類

橄欖　無論乾鮮　每百觔　壹錢捌分
鼻烟　外國　每百觔　柒兩貳錢

布國稅則　九

進口銅鐵鉛錫類

生銅　如銅磚之類　每百觔　壹兩
熟銅　如銅扁銅條之類　每百觔　壹兩伍錢
生鐵　如鐵磚之類　每百觔　柒分伍厘
熟鐵　如鐵條鐵板鐵箍之類　每百觔　壹錢貳分伍厘
鉛塊　每百觔　貳錢伍分
鋼　每百觔　貳錢伍分
錫　每百觔　壹兩貳錢伍分
馬口鐵　每百觔　肆錢

日本銅　每百觔　陸錢
鉛片　每百觔　伍錢伍分
白鉛　只准按章程發賣　每百觔　貳錢伍分
黃銅釘黃皮銅　每百觔　玖錢
商船壓載鐵　每百觔　壹分
鐵絲　每百觔　貳錢伍分

進口珍珠寶石類

瑪瑙　每百塊　叁錢
瑪瑙珠　每百觔　柒兩

布國稅則　十

玳瑁　每觔　貳錢伍分
玳瑁碎　每觔　柒分貳厘
玻璃片　每箱　四方每玖邁當零貳百捌拾肆蜜理邁當　壹錢伍分
珊瑚　每觔　壹錢

進口纓皮牙角羽毛類

牛角　每百觔　貳錢伍分
生牛皮　每百觔　伍錢
熟牛皮　每百觔　肆錢貳分
海龍皮　即海虎皮　每張　壹兩伍錢

大狐狸皮　每張　壹錢伍分
小狐狸皮　每張　柒分伍厘
虎皮豹皮　每張　壹錢伍分
貂皮　每張　壹錢伍分
獺皮　每百張　貳兩
貉貛皮　每百張　貳兩
海騾皮　每百張　伍兩
灰鼠皮銀鼠皮　每百張　伍錢
海馬牙　每百觔　貳兩

象牙不碎的　每百觔　肆兩
象牙碎的　每百觔　叁兩
兎皮麂皮　每百張　伍錢
犀皮　每百觔　肆錢貳分
翠毛孔雀毛等類　每百張　肆錢

出口貨物稅則均係中國出產

出口油蠟礬磺類

白礬　每百觔　肆分伍厘
青礬　每百觔　壹錢

八角油　每百觔　伍兩
桂皮油　每百觔　玖兩
薄荷油　每百觔　叁兩伍錢
牛油　每百觔　貳錢
桕油　每百觔　叁錢
油芝蔴油荳油棉油茶油桐油各等　每百觔　叁錢
蓖麻油　每百觔　貳錢
白蠟　每百觔　壹兩伍錢

出口香料椒茶類

茶葉　每百觔　貳兩伍錢
八角　每百觔　伍錢
麝香　每觔　玖錢
八角渣　每百觔　貳錢伍分
時辰香　每百觔　貳錢

出口藥材類

三奈　每百觔　叁錢
樟腦　每百觔　柒錢伍分
信石　每百觔　肆錢伍分

桂皮　每百觔　陸錢
桂子　每百觔　捌錢
土茯苓　每百觔　壹錢叁分
澄茄　每百觔　壹兩伍錢
艮薑　每百觔　壹錢
石黃　每百觔　叁錢伍分
大黃　每百觔　壹兩貳錢伍分
姜黃　每百觔　壹錢
高麗日本參上等　每觔　伍錢

高麗日本參下等　每觔　叁錢伍分
鹿茸嫩　每對　玖錢
鹿茸老　每百觔　壹兩叁錢伍分
牛黃中國　每觔　叁錢陸分
斑貓　每百觔　貳兩
桂枝　每百觔　壹錢伍分
陳皮　每百觔　叁錢
柚皮上等　每百觔　肆錢伍分
柚皮下等　每百觔　壹錢伍分

關東人參　每值百兩抽稅伍兩
薄荷葉　每百觔　壹錢
甘草　每百觔　壹錢叁分伍厘
石羔　每百觔　叁分
五棓子　每百觔　伍錢
蜂蜜　每百觔　玖錢

出口雜貨類

料手鐲即燒料鈪　每百觔　伍錢
竹器　每百觔　柒錢伍分

假珊瑚　每百觔　叁錢伍分
各色爆竹　每百觔　伍錢
羽扇　每百柄　柒錢伍分
料器　每百觔　伍錢
各色料珠　每百觔　伍錢
雨遮即紙傘　每百柄　伍錢
雲石　每百觔　貳錢
蒲紙畫　每百張　壹錢
紙扇　每百柄　肆分伍厘

珍珠假　每百觔　貳兩
古玩　每值百兩抽稅伍兩
葵扇細　每千柄　叁錢陸分
葵扇粗　每千柄　貳錢
駱駝毛　每百觔　壹兩
棉羊毛　每百觔　叁錢伍分
山羊毛　每百觔　壹錢捌分
氈碎　每百觔　壹錢
紙花　每百觔　壹兩伍錢

土煤　每百觔　肆分

出口顏料膠漆紙劄類

銅箔　每百觔　壹兩伍錢
紅丹　每百觔　叁錢伍分
錫箔　每百觔　壹兩貳錢伍分
銀硃　每百觔　貳兩伍錢
油漆畫　每件　壹錢
鉛粉　每百觔　叁錢伍分
黃丹　每百觔　叁錢伍分

硃砂　每百觔　柒錢伍分
紙上等　每百觔　柒錢
紙次等　每百觔　肆錢
油紙　每百觔　肆錢伍分
墨　每百觔　肆兩
漆　每百觔　伍錢
椶　每百觔　壹錢
蔴　每百觔　叁錢伍分
燈草　每百觔　陸錢

綠膠　每觔　捌錢
索廣東　每百觔　壹錢伍分
索蘇州　每百觔　伍錢
漆綠　每百觔　肆錢伍分
蠣殼　每百觔　玖分
綠皮　每百觔　壹兩捌錢
土靛　每百觔　壹兩
坑砂　每百觔　玖分

出口器皿箱盒類

牛骨角器	每百觔	壹兩伍錢
磁器細	每百觔	玖錢
磁器粗	每百觔	肆錢伍分
紫黃銅器	每百觔	壹兩壹錢伍分
木器	每百觔	壹兩壹錢伍分
象牙器	每觔	壹錢伍分
漆器	每百觔	壹兩
雲母殼器	每觔	壹錢
籐器各様	每百觔	叁錢
檀香器	每觔	壹錢
金銀器	每百觔	拾兩
玳瑁器	每觔	貳錢
皮箱皮櫃	每百觔	壹兩伍錢
皮器	每百觔	壹兩伍錢
窰貨	每百觔	伍分
黃銅器	每百觔	壹兩
銅鈕釦	每百觔	叁兩
銅絲	每百觔	壹兩壹錢伍分

生銅	每百觔	伍錢
舊銅片	每百觔	伍錢
出口竹木籐椰類		
各色竹竿	每千根	伍錢
籐肉	每百觔	貳錢伍分
木椿梁舵柱	每根	叁分
出口衣帽靴鞋類		
衣服布	每百觔	壹兩伍錢
衣服綢	每百觔	拾兩
靴鞋皮緞各色	每百雙	叁兩
草鞋	每百雙	壹錢捌分
綢帽	每百頂	玖錢
氈帽	每百頂	壹兩貳錢伍分
草帽緶	每百觔	柒錢
出口布疋花幔類		
夏布細	每百觔	貳兩伍錢
夏布粗	每百觔	柒錢伍分
土布各色	每百觔	壹兩伍錢

舊棉絮　每百觔　肆分伍厘
棉被胎　每百件　貳兩柒錢伍分
棉花　每百觔　叁錢伍分

出口綢緞絲絨類

湖絲土絲各等絲經　每百觔　拾兩
野蠶絲　每百觔　貳兩伍錢
絲帶欄杆桂帶絲線各色　每百觔　拾兩
綢緞縐紗綾羅剪絨繡貨等類　每百觔　拾貳兩
絲綿雜貨 如絲毛之類　每百觔　伍兩伍錢

四川黃絲　每百觔　柒兩
同功絲　每百觔　伍兩
川綢 山東繭綢　每百觔　肆兩伍錢
緯線　每百觔　拾兩
各省絨　每百觔　拾兩
絨 廣東土產絲做成　每百觔　肆兩叁錢
蠶繭　每百觔　叁兩
亂絲頭　每百觔　壹兩

出口氈絨毯席類

席子各樣　每百張　貳錢
地席　每捲 叁拾陸邁當零伍拾柒桑的邁當　貳錢
皮毯　每張　玖分
氈毯　每百疋　叁兩伍錢

出口糖果食物類

蜜餞並各色糖果　每百觔　伍錢
醬油　每百觔　肆錢
白糖　每百觔　貳錢
赤糖　每百觔　壹錢貳分

冰糖　每百觔　貳錢伍分
烟絲各樣 如黃烟水烟之類　每百觔　肆錢伍分
烟葉各樣　每百觔　壹錢伍分
鼻烟 中國　每百觔　捌錢
大頭菜　每百觔　壹錢捌分
粉絲　每百觔　壹錢捌分
酒　每百觔　壹錢伍分
海菜　每百觔　壹錢伍分
火腿　每百觔　伍錢伍分

皮蛋　每千個　叁錢伍分
欖仁　每百觔　叁錢
杏仁　每百觔　肆錢伍分
香菌　每百觔　壹兩伍錢
金針菜　每百觔　貳錢柒分
木耳　每百觔　陸錢
桂圓　每百觔　貳錢伍分
桂圓肉　每百觔　叁錢伍分
荔枝　每百觔　貳錢
蓮子　每百觔　伍錢
芝蔴　每百觔　壹錢叁分伍厘
花生　每百觔　壹錢
花生餅　每百觔　叁分
瓜子　每百觔　壹錢
荳牛莊登州不准出口　每百觔　陸分
荳餅牛莊登州不准出口　每百觔　叁分伍厘
米麥雜糧　每百觔　壹錢
蒜頭　每百觔　叁分伍厘

栗子　每百觔　壹錢
黑棗　每百觔　壹錢伍分
紅棗　每百觔　玖分

續修條約

大清國

大皇帝

大德國

大皇帝兼

布國

大君主今欲將咸豐十一年七月二十八日所定通商和約

章程益臻恰守因案查前定條約第四十一款內載日

後德國若於現議章程條款內有欲行變通之處應俟

自章程互換之日起至滿十年爲止方可再行籌議等

語茲彼此循照前約量加修增是以

大清國

大皇帝特派總理各國事務協辦大學士兵部尚書沈 總理各國事務戶部尚書景

大德國

大皇帝兼

布國

大君主特派欽差駐劄中華便宜行事大臣巴　各將所奉

全權大臣便宜行事之

上諭互相校閱俱屬妥當現將會議修增各款開列於後

第一款

一中國允除在湖北宜昌安徽蕪湖浙江溫州廣東北海前已添開通商口岸並沿江安徽之大同安慶江西之湖口湖廣之武穴陸溪口沙市等處前已作爲上下客貨之處外現又允江蘇吳淞口一處德國船隻暫准停泊上下客商貨物一切由江海關道等自行妥議章程辦理

一德國允中國如有與他國之益彼此立有如何施行

專章德國既欲援他國之益使其人民同霑亦允於所議專章一體遵守其咸豐十一年七月二十八日所立條約內第四十款特爲言明仍遵其舊嗣後中國所有施於他國及他國人民各益德國人民如欲照第四十款之意一體均霑則亦應於彼此訂明專章一律遵守

第二款

一中國允德國船隻已在中國完納船鈔者如往中國通商各口或往各國口岸在四個月限內均不重征再德國夾板在中國口岸停泊十四日以外者則自第十

五日起即於應交正數船鈔減半
一德國允凡德國各處准各國領事官駐紮者中國亦可派員駐紮按照待各國官員最優之禮相待

第三款

一中國允凡中國通商各口由該監督等酌量情形如係衆洋商情願無碍地方者該監督等妥議章程自行設立關棧
一德國允德國船隻進中國通商各口其貨物清單須將貨色件數開明內有舛錯處准於十二時限內改正

（禮拜節期不計）倘有漏報揑報之事除將該貨物充公外仍應罰該船主惟所罰之數不得過五百兩

第四款

一中國允凡德國商人裝運中國土煤出通商各口者應完出口正稅銀兩定爲每噸三錢並允如有某口前定不及三錢者將來仍照不及三錢之數征收
一德國允凡無照冒充各項船隻引水者即應議罰惟所罰之數每次不得過一百兩並允妥速會定約束水手章程

第五款

一中國允凡德國船隻或在通商各口內口外受損應行修理者准由該口海關查明日期扣算該船應完之鈔項
一德國允中國商民自備各項船隻不准張掛德國旗號德國船隻亦不准張掛中國旗號

第六款

一中國允凡德國損壞船隻有在中國通商各口內拆賣該船各料者准其不另徵進口稅銀惟起岸時仍須

照各貨一律赴關請領起貨准單爲憑
一德國允德國人等如有未領領事所發中國地方官蓋印執照赴中國內地游歷者惟該地方官將其人解交附近領事官管束外仍應議罰惟所罰之數不得過三百兩

第七款

一中國允凡德商船廠應用雜物准其免稅由總稅務司將應行免稅進口各物名目頒發清册曉諭
一德國允凡德國人等運洋貨入內地及入內地游歷

所領單照自發給之日起均以十三箇月爲限均照中國月日計算

第八款

一中外官員審辦交涉案件以及商人運洋貨入內地及洋商入內地買土貨如何科征又中外官員如何往來一切事宜此三節應歸另議今兩國暫先訂明彼此均允妥商

第九款

一咸豐十一年七月二十八日兩國前定條約除現修

條款未改舊章者均經特爲言明仍舊恪遵外其有變通舊章者均照現修各款辦理

第十款

一現修增各款恭候兩國

御筆批准仍自畫押之日起限一年內在

大清京師互換並經言明所有各款自互換之日起卽行遵辦現兩國

欽差大臣將漢文德文條約章程各四分校對無訛先爲親筆畫押蓋用關防圖記以昭信守

光緒七年七月二十八日奉

旨依議欽此

續修條約善後章程

現將續修條約再行酌定章程俾得申明以昭周備所有後開各章程兩國官民應與條約一同遵守爲此兩國大臣蓋印畫押以昭信實

第一款

一江蘇吳淞口一處議准通融辦法如有德國船隻欲在該處載卸客商貨物或由他處運來上海或由上海運往他處均聽其便由江海關道等自行設法嚴定偷漏稅課及防各項弊端章程中外商民一體遵守仍不

准德國商民在該處起造馬頭設立行棧

第二款

一中國通商口岸如可設立關棧先由上海試辦卽由該監督會同總稅務司酌量情形妥議章程由該監督等自行設立

第三款

一凡德國船隻有應領海關准單方准起下之貨物而清單未開明者無論船主有無畫押收據在先均爲漏報

第四款

一德國船隻或在中國通商各口內口外受損應行修理者其修理日期扣算在免鈔期內准中國官前往查明辦理如查係飾詞偷漏者卽照該船圖免噸鈔之數加倍議罰

第五款

一中國人等自備各項船隻不准張掛德國旗號如有可疑之跡中國該管官知照德國領事官查明實係不應掛德國旗號之船當將該船及船上華商之貨卽行解交中國地方官辦理倘有德國人等知情通同舞弊

者卽將船內所有該德國人貨物全行入官仍將其人按例懲辦德國船隻如張掛中國旗號卽將其事由中國地方官查明如實係不應張掛中國旗號之船當將其船並船上德商貨物卽行解交德國領事官辦理並將舞弊之人由領事官照例懲辦倘查明有德國貨主人等知情通同舞弊者卽將其人船上貨物交中國全行入官其船上華人貨物可由中國地方官卽行入官

第六款

一凡德國損壞船隻有在中國通商各口內拆賣該船各料者如有將船內裝運各項貨物影射偷漏者除將漏報貨物入官外仍照應完進口稅銀加倍議罰

第七款

一德國人等運洋貨入內地或入內地游歷所領單照均係自發給之日起以十三箇月爲限（均照中國月日計算）逾限作爲廢紙仍呈本關繳銷（如游歷道路太遠不能一年爲限者發照時卽將此節照內由地方官會商領事官批明）倘未繳銷在補繳之前不准再行請領倘或遺失單照無論限內限外卽向就近中國官員據

實報明由該官員設法查辦以杜假冒如查係捏報運貨者貨物入官游歷者解交附近領事官懲辦

第八款

一德商船廠應用雜物實係修理船隻者方准免稅進通商口岸一面由關派員進廠將其如何使用各物之處眼同閱看如係製造新船共進出口稅則內所載之貨照稅則辦理其未載明之物均照值百抽五例徵稅令該商赴關補納至開船廠者必先赴關領照（此照並無關費）並具保結內所註明各節悉由該關妥議酌辦

第九款

一所有續修條約內各罰款仍照咸豐十一年七月二十八日所定條約第二十九款辦理

光緒七年七月二十八日奉

旨依議欽此

大清光緒六年二月二十一日

大德一千八百八十年三月三十一日

大清欽命總理各國事務
署刑部左侍郎內閣學士兼禮部侍郎銜崇
吏部左侍郎麟
軍機大臣戶部尚書景
軍機大臣協辦大學士兵部尚書沈
和碩恭親王
軍機大臣大學士管理吏部事務寶
軍機大臣署吏部尚書李
戶部尚書董
軍機大臣戶部左侍郎王
二品頂戴宗人府府丞夏　為
照會事查此次修約第二款內稱德國夾板在中國口岸停泊十四日以外者則自第十五日起卽於應交正數船鈔減半等語此節現經兩國大臣訂明先行試辦如有窒礙難行之處可由兩國從新另議特此聲明須至照會者

中國照會　二

光緒六年二月二十一日

大德欽差入華便宜行事大臣巴　為
照復事頃接
來文內開此次修約第二款內稱德國夾板在中國口岸停泊十四日以外者則自第十五日起卽於應交正數船鈔減半等語此節現經兩國大臣訂明先行試辦如有窒礙難行之處可由兩國從新另議等語披閱之餘本大臣均無異議嗣後彼此卽應遵照施行特此備文聲明可也須至照會者

德國照會　三

大清光緒六年二月二十一日
大德一千八百八十年三月三十一日

照錄憑單

大清國總理各國事務衙門大臣王麟沈景崇

大德國欽差入華便宜行事大臣巴　爲

公立文憑事案照兩國特派

欽差大臣於光緒六年二月二十一日（一千八百八十年三月三十一日）續修條約末後第十款內所載自畫押之日起限一年內互換一條現議將期限改在光緒七年十月初十日（一千八百八十一年十二月初一日）互換除此款其餘以上議定各款概不更改現經

兩國

欽差大臣將漢德文約章各二分校對無訛先爲親筆畫押蓋用關防圖記以昭信守須至文憑者

大清光緒六年七月十六日

大德一千八百八十年八月二十一日

展限憑單　一三

山東曹州府教案現已商結中國另外酬德國前經相助之誼故

大清國

國家

大德國

國家彼此願將兩國睦誼益增篤實兩國商民貿易使之格外聯絡是以和衷商定專條開列於左

第一端

膠澳租界

第一款

大清國

大皇帝欲將中德兩國邦交聯絡並增武備威勢允許離膠澳海面潮平周遍一百里內係中國里准德國官兵無論何時過調惟自主之權仍全歸中國如有中國飭令設法等事先應與德國商定如德國須整頓水道等事中國不得攔阻該地內派駐兵營籌辦兵法仍歸中國先與德國會商辦理

第二款

大德國
大皇帝願本國如他國在中國海岸有地可修造排備船隻存棧料物用件整齊各等之工因此甚爲合宜
大清國
大皇帝已允將膠澳之口南北兩面租與德國先以九十九年爲限德國於所租之地應蓋礮臺等事以保地棧各項護衛澳口

第三款

德國所租之地租期未完中國不得治理均歸德國管

轄以免兩國爭端茲將所租各段之地開列於後一膠澳之口北面所有連旱地之島其東北以一綫自陰島東北角起至勞山灣爲限二膠澳之口南面所有連旱地之島其西南以一綫自離齊伯山島西南偏南之灣西南首起往笛羅山島爲限三齊伯山陰島兩處四膠澳之內全海面至現在潮平之地五膠澳之前防護海面所用羣島如笛羅山炸連等嶼至德國租地及膠澳周徧一百中國里界址將來兩國派員查照地情詳細定明在膠澳中國兵商各船與德國相交之國各船德國擬一律優待因膠澳內海面均歸德國管轄德國國家無論何時可以定妥章程約束他國往來各船此章程卽中國之船亦應一體照辦另外決無攔阻之事

第四款

膠澳外各島及險灘德國應設立浮樁等號各國船均應納費中國船亦應納費爲修整口岸各工程之用其餘各費中國船均無庸納

第五款

嗣後如德國租期未滿之前自願將膠澳歸還中國德

國所有在膠澳費項中國應許賠還另將較此相宜之處讓於德國德國向中國所租之地德國應許永遠不轉租與別國租地界內華民如能安分並不犯法仍可隨意居住德國自應一體保護儻德國需用地土應給地主地價並中國原有稅卡設立在德國租地之外惟所商定一百里地之內此事德國卽擬將納稅之界及納稅各章程與中國另外商定無損於中國之法辦結

第二端

鐵路礦務等事

第一款

中國

國家允准德國在山東省蓋造鐵路二道其一由膠澳經過濰縣靑州博山淄川鄒平等處往濟南及山東界其二由膠澳往沂州及由此處經過萊蕪縣至濟南府其由濟南府往山東界之一道應俟鐵路造至濟南府後始可開造以便再商與中國自辦幹路相接此後段鐵路經過之處應於另立詳細章程內定明

第二款

蓋造以上各鐵路設立德商華商公司或設立一處或設立數處德商華商各自集股各派妥員領辦

第三款

一切辦法兩國迅速另訂合同中德兩國自行商定此事惟所立德商華商公司造辦以上鐵路中國

國家理應優待較諸在中國他處之華洋商務公司辦理各事所得利益不使向隅查此款專爲治理商務起見並無他意蓋造以上鐵路決不佔山東地土

第四款

於所開各道鐵路附近之處相距三十里內如膠濟北路在濰縣博山縣等處膠沂濟南路在沂州府萊蕪縣等處允准德商開挖煤斤等項及須辦工程各事亦可德商華商合股開採其礦務章程亦應另行妥議德國商人及工程人中國

第三端

國家亦應按照修蓋鐵路一節所云一律優待較諸在中國他處之華洋商務公司辦理各事所得利益不使向隅查此款亦係專爲治理商務起見並無他意

山東全省辦事之法

在山東省內如有開辦各項事務商定向外國招集幫助爲理或用外國人或用外國資本或用外國料物中國應許先問該德國商人等願否承辦工程售賣料物如德商不願承辦此項工程及售賣料物中國可任憑自便另辦以昭公允

以上各條由兩國

大皇帝批准中國批准之約到德國柏林之後德國批准之約交給中國駐德國大臣收領作爲互換之據

此專條應繕四分華文德文各二由兩國大臣畫押蓋
印各執華德文一分以昭信守

大德一千八百九十八年三月　初六　日

大清光緒二十四年二月　十四　日

大德欽差駐紮中華便宜行事大臣海

大清欽命
總理各國事務大臣太子太傅文華殿大學士一等肅毅伯李
總理各國事務大臣軍機大臣協辦大學士戶部尚書翁

韓國條約

大清國
大韓國切欲敦崇和好惠顧彼此人民是以
大清國
大皇帝特派全權大臣二品銜太僕寺卿徐壽朋
大韓國
大皇帝特派全權大國從二品議政府贊政外部大臣朴齊純各將所奉全權字據互相較閱俱屬妥善訂立
通商約款臚列於左

第一款

嗣後
大清國
大韓國永遠和好兩國商民人等彼此僑居皆全獲保護優待利益若他國遇有不公輕藐之事一經照知均須相助從中善爲調處以示友誼關切

第二款

自此次訂立通商和好之約後兩國可交派秉權大臣駐劄彼此都城並於通商口岸設立領事等官均可聽便此等官員與本地方官交涉往來俱用品級相當之禮兩國秉權大臣與領事等官享獲種種恩施與彼此相待最優之國官員無異領事官必須奉到駐劄之國批准文憑方可視事使署人員往來及專差送文等事均不得留難阻滯惟所派領事等官必須眞正官員不得以商人兼充亦不得兼作貿易倘各口未設領事官或請別國領事兼代亦不得以商人兼充若兩國所派領事官辦事不合可知照駐
京公使撤回更換

第三款

韓國商民並其商船前往中國通商口岸貿易凡應完進出口貨稅船鈔並一切各費悉照中國海關章程與徵收相待最優之國商民稅鈔相同中國商民並其商船前往韓國通商口岸貿易應完進出口貨稅船鈔並一切各費亦悉照韓國海關章程與徵收相待最優之國商民稅鈔相同凡兩國已開口岸均准彼此商民前往貿易其一切章程稅則悉照相待最優之國訂定章程稅則相同

第四款

一韓國商民前往中國通商口岸在所定租界內賃房居住或租地起蓋棧房任其自便所有土產以及製造之物與不違禁之貨均許售賣中國商民前往韓國通商口岸在所定租界內賃房居住或租地起蓋棧房任其自便所有土產以及製造之物與不違禁之貨均許售賣在彼此通商口岸租地蓋房修建墳塋及交完地租地稅等事均應遵守該租界章程及紳董公司章程辦理不得違越

二兩國通商口岸除各外國公同租界外如有一外國專管之租界則租地賃房等事一遵該租界章程不得違越

三在韓國通商口岸所定租界外准外國人永租或暫租地段賃購房屋之處中國商民亦應享獲一切利益惟租住此項地段之人於居住納稅各事應行一律遵守韓國自定地方稅課章程在中國通商口岸所定租界外准外國人永租或暫租地段賃購房屋之處韓國商民亦應享獲一切利益惟租住此項地段之人於居住納稅各事應行遵守中國自定地方稅課章程

四兩國商民在兩國口岸通商界限外不得租地賃房開棧違者將地段房棧入官按原價加倍施罰

五凡在各口租地時均不得稍有勒逼其出租之地仍歸各本國版圖

六兩國商民由貨物所在之國內此通商口岸運至彼通商口岸一遵相待最優之國人民所納之稅鈔及章程禁例

第五款

一中國民人在韓國者如有犯法之事中國領事官按照中國律例審辦韓國民人在中國者如有犯法之事韓國領事官按照韓國律例審辦韓國民人性命財產在中國者被中國民人損傷中國官按照中國律例審辦中國民人性命財產在韓國者被韓國民人損傷韓國官按照韓國律例審辦兩國民人如有涉訟該案應由被告所屬之國官員按照本國律例審斷原告所屬之國可以派員聽審承審官當以禮相待聽審官如欲傳詢證見亦聽其便如以承審

官所斷為不公猶許詳細駁辯

二兩國民人或有犯本國律禁私逃在彼國商民行棧及船上者由地方官一面知照領事官一面派差協同設法拘拏聽憑本國官懲辦不得隱匿袒庇

三兩國民人或有犯本國律禁私逃在彼國地方者一經此國官員知照應即查明交出押歸本國懲辦不得隱匿袒庇

四日後兩國政府整頓改變律例及審案辦法視以為現在難服之處俱已革除即可將兩國官員在彼國審理己國民人之權收回

第六款

中國向不准將米穀運出外洋韓國雖無此禁如或因事恐致境內缺食暫禁米糧出口經地方官照知後自應由中國官轉飭在各口貿易商民一體遵辦

第七款

倘有兩國商民欺罔衒賣貸借不償等事兩國官吏嚴拏該逋商民令追辦債欠但兩國政府不能代償

第八款

中國民人准領護照前往韓國內地游歷通商但不准坐肆賣買違者將所有貨物入官按原價加倍施罰韓國民人亦准請領執照前往中國內地游歷通商照相待最優之國民人游歷章程一律辦理

第九款

一凡兵器各項軍物如大小礮位及礮子開花彈子各種火槍裝槍藥筒附槍刀刺佩帶腰刀等札槍硝火藥棉火藥烈火藥及他轟烈各藥等應由兩國官員自行採辦或商人領有進口之國官員准買明文方許進口如有私販運售者查拏入官按原價加倍施罰

二鴉片在韓國係禁運之物中國人如有將洋藥土藥運進韓國地方者查拏入官按原價加倍施罰

三紅蔘一項韓國舊禁出口中國人如有潛買及出口未經政府特允者均查拏入官仍分別懲罰

第十款

兩國船隻在彼此附近海面如遇颶風或缺糧食煤水應許其收進口內避風購糧修理船隻所有經費

均由船主自備地方官民應加援助供其所需如該
船在不通商口岸及禁往處所私行貿易不論已行
未行由地方官及附近海關官員拏獲船隻貨物入
官違犯之人按原價加倍施罰如兩國船隻在彼此
海岸破壞地方官一經聞知卽應飭令將水手先行
救護供其糧食一面設法保護船隻貨物並行知照
領事官俾將水手送回本國並將船貨撈起一切費
用或由船主或由本國官認還

第十一款

凡兩國官員商民在彼此通商地方居住均可雇請
各色人等襄執分內工藝

第十二款

兩國陸路交界處所邊民向來互市此次應於定約
後重訂陸路通商章程稅則邊民已經越墾者聽其
安業俾保性命財產以後如有潛越邊界者彼此均
應禁止以免滋生事端至開市應在何處俟議章時
會同商定

第十三款

兩國師船無論是否通商口岸彼此均許駛往船上
不准私帶貨物惟有時買取船上食用各物均准免
稅其船上水手人等准聽隨時登岸但非請領護照
不准前往內地如有因事將船上所用雜物轉售則
由買客將應完稅項補交

第十四款

此次所立條約俟兩國
御筆批准至遲以一年爲期在韓國都城互換然後將此
約各款彼此通諭本國官商俾得咸知遵守

第十五款

中韓兩國本屬同文此次立約及日後公牘往來自
應均用華文以歸簡易

大清帝國欽差議約全權大臣二品銜太僕寺卿徐壽朋
大韓帝國特命議約全權大臣從二品議政府贊政外部大臣朴齊純

光緒二十五年八月初七日

光武三年九月十一日

大清國欽差全權大臣
大韓國外部大臣爲互換條約事謹照

大清光緒二十五年八月初七日

大清國

大皇帝

大韓國

大皇帝所派全權大臣在韓國都城議立和好通商條約

玆經兩國

大皇帝批准蓋用

御寶本大臣等遵

旨互換謹卽會同逐一分別恭對縷悉相符毫無參差之處當於本日在韓國都城將以上各件謹照成式互相交換並將互換文憑彼此親行蓋印畫押爲據

光緒二十五年十一月　十二　日

大清帝國欽差全權大臣徐壽朋

光武三年十二月　十四　日

大韓帝國外部大臣朴齊純

照錄給韓外部照會 光緒二十五年十一月初十日發

爲照會事照得中韓兩國和好通商條約經本大臣與貴大臣會同議定一俟互換之後兩國人民在彼此通商口岸貿易工作均獲同沾利益與各有約之國人民毫無軒輊我國

大皇帝視爲妥洽業經

批准用寶由敝使署參贊將約本賫回並准我國政府文函以條約內詳細節目多有未備修約亦未載明期限均應查照與各國所訂約章辦理如日後兩國政府有與別國訂立新章彼此商民亦應一體遵守令卽知照備案等因所有議定條約

貴國

大皇帝是否亦已

批准何日可以互換相應備文照會

貴大臣請煩查照備案並希訂明換約日期見復須至照會者

照錄韓外部復文 十一月十一日到

大韓外部大臣朴齊純為照復事照得光武三年十二月十二日接到
貴大臣照會內開通商條約經會同議定一俟互換之後兩國人民在彼此通商口岸貿易工作均獲同沾利益我國
大皇帝視為妥洽業經
批准用寶由使署參贊帶回請訂換約日期等因准此查所有議定條約經本臣與
貴大臣會同簽名蓋印嗣由本大臣具
奏請
旨已於光武三年十月六日奉我
大皇帝批准茲接
來文擬訂於韓歷十二月十四日正午十二時會同互換請煩
貴大臣查照再
貴照會謂條約內詳細節目多有未備修約亦未載明限期均應查照各國所訂約章辦理一節查原約

第三款內開彼此商民前往貿易一切章程稅則悉照相待最優之國訂定章程稅則相同等語詳細節目均已載明於各國所訂章程之內總不能謂之有所未備也如日後兩國政府與別國訂立新章彼此商民自可一體遵守以副原約內悉照相待最優國之意也至修約限期雖未載明而亦可倣照各與國之例也須至照會者

右　　照　　復

大清欽差出使大臣徐壽朋閣下

光武三年十二月十三日

巴西國條約

大清國 大巴西國 會訂和好通商條約

大清國

大皇帝

大巴西國

大皇帝切願敦友睦之誼俾兩國均獲利益公訂和好通商

行船條約是以

大清國

大皇帝特派

欽差全權大臣太子太傅文華殿大學士兵部尚書都察院右都御史直隸總督一等肅毅伯加騎都尉世職李

大巴西國

大皇帝特派

欽差全權內大臣勳賜佩帶羅斯並土爾基墨基地嘎各等寶星喀

各將所奉

上諭互相閱看均屬妥善即經議定條款如左

第一款

嗣後

大清國與

大巴西國暨厥人民永存和好永敦友誼彼此皆可前往

僑居須由本人自願各獲保護身家財產並一體與相
待最優之國民人同獲恩施利益

第二款

此次定約以便嗣後往來通好

大清國

大皇帝可派使臣駐劄巴國京都

大巴西國

大皇帝亦可遣使臣駐劄中國京都各准兩國使臣並眷屬
隨員人等前往彼此京城或常川居住或隨時往來一

遵本國之
旨兩國使臣在公署時享獲種種恩施與待最優之國使臣
無異

第三款

兩國於彼此通商口岸設立總領事領事副領事並署
領事等官均聽其便惟此等官員必須奉到駐劄之國
批准文憑方得視事其臨時彼此交發文憑均無費用
所派領事官必須眞正官員不得以商人兼充亦不得
兼作貿易各口儻未設領事官或請別國領事兼代亦

不得以商人兼充或即由地方官照現定條約代辦兩
國領事官享獲種種恩施與彼此所待最優之國領事
官無異至商民交涉事件有與本地官民齟齬者領事
官均不得任意爭執如領事官辦事不合彼此均可按
照公例即將批准文憑追回

第四款

中國人民在巴國如安本分但能不違巴國律例章程
無論何處任便游歷巴國人民亦准前往中國內地游
歷須由領事官照會關道請領印照前往回日繳銷其

印照繕寫中巴兩國文字所經過地方如飭交出執照即
應隨時呈驗該民雇人雇船雇車裝運行李不得攔阻
如其照內有誤以及查出沿途或有不法情事即送交
就近領事查辦惟於途中止可拘禁不得凌虐如在通
商各口出外游玩者地在百里之中期在五日之內可
以無庸請照至於船上諸色人等不在此例如有上岸
應由地方官會同領事官另定章程妥爲彈壓

第五款

中國民人准赴別國民人所至之巴國通商各處往來

運貨貿易巴國民人准赴別國民人所至之中國通商各口往來運貨貿易嗣後兩國如有優待他國利益之處係出於甘讓立有專條互相酬報者彼此須將互相酬報之專條或互訂之專章一體遵守方准同霑優待他國之利益

第六款

兩國商人商船凡在此國通商口岸卽應遵從此國與各國原議續議通行商務章程辦理至進出口稅則亦不能較相待最優之國或有增加

第七款

兩國兵船可以赴別國兵船所至口岸彼此接待與相待最優之國無異一切買取食物煙煤甜水修理船隻各無阻礙該兵船進出口一切稅鈔俱不輸納巴國兵船管駕官中國地方官與之平行相待

第八款

兩國商船准在彼此通商各口往來運貨貿易彼此相待與別國商船無異儻兩國船隻遇有天災在彼此沿海地方收口者該處官員自當設法相幫所有未遭失險之貨物如不欲出售自應不納稅銀遇險船隻兩國均與待別國船隻一律

第九款

巴國人民在中國遇有控告華民事件皆應先稟領事官查明根由先行勸息使不成訟華民有赴領事官控告巴國民在中國者領事官亦應一體勸息間有不能聽勸者無論原告或係華民或係巴民皆專由被告所屬之官員公平訊斷

第十款

巴國民人在中國有被華民違例相欺准地方官查拏照例審辦華民有被巴國人在中國違例相欺巴國官亦按例查拏究治總之兩國民人交涉財產犯罪各案俱由被告者所屬之官員專行審斷各照本國律例定罪惟逋欠案件應由欠戶所屬之官員勉力設法使其償還竊盜案件應照被告者之國律例辦理兩國官員均不能代償至中國民人遇有本身犯案或牽涉被控凡在巴人公館寓所行棧及商船隱匿者由地方官一面知照領事官一面立卽派差協同設法拘拏不得庇

縱措留

第十一款

巴國屬民在中國有自相控告案件不論人產皆歸巴國官查辦設與別國有事在中國涉訟應由巴國領事與該國領事辦理以上案內如牽涉中國人仍應按前兩款辦理若將來中國與各國另行議立中西交涉公律巴國亦應照辦

第十二款

凡兩國船隻駛至通商口岸本船諸色人等如有上岸

滋事各照兩國常例拏辦至巴國船隻或在中國沿海通商口岸有與本地船隻相碰互控情事可由被告所屬之官員查照各國碰船現行章程審理儻未甘服應聽原告所屬之官員照會審理之員秉公復訊核斷了結

第十三款

中國民人在巴國有控告事件聽其至審院控告應得名分與巴國民人及與相待最優之國民人無異

第十四款

中國與巴國彼此商定中國商民不准販運洋藥入巴國通商口岸巴國商民亦不准販運洋藥入中國通商口岸並由此口運往彼口亦不准作一切買賣洋藥之貿易所有兩國商民無論雇用本國船別國船及本國船爲別國商民雇用販運洋藥者均由各本國自行永遠禁止此係兩國公同商定不得引一體均霑之條講解

第十五款

此次所定條約係用中國文巴西文法國文各四紙業

經公同譯校各相符合毫無訛誤嗣後如有彼此不明之處除各用本國文字外兼以法文爲正

第十六款

日後兩國若於現議條款內有欲行變通之處應俟自互換條約之日起至滿十年爲止先期六箇月彼此備文知照如何酌量更改方可再行籌議若未曾先期聲明仍照此次議定條約辦理

第十七款

今將以上議定條約由兩國

欽派全權大臣先行畫押蓋印用昭憑信一俟兩國
御筆批准或在上海或在天津彼此卽行互換後再刋刻通
行使兩國官民咸知遵守
大清欽差全權大臣李
大巴西欽差全權大臣喀
光緒七年八月十一日
一千八百八十一年十月初三日

巴西國條約

墨西哥國通商條約

大清國 大墨西哥國 通商條約

大清國
大皇帝
大墨西哥國
大伯理璽天德欲兩國及其人民敦友睦之誼公訂和好通商行船條約是以
大清國
大皇帝特派
欽差出使美日秘國大臣二品銜四品卿銜伍廷芳

大墨西哥國
大伯理璽天德特派
欽差頭等出使美國大臣阿斯托羅斯爲全權大臣各將所奉議約之據公同校閱均屬妥善現將議定條款開列於左

第一款

嗣後
大清國
大墨西哥國暨兩國人民永敦友誼堅固篤誠彼此皆可任便前往僑居其身體家屬財產皆全獲保護與相待最優之國人民同獲恩施權利

第二款

嗣後
大清國
大皇帝可派使臣駐劄墨國京都
大墨西哥國
大伯理璽天德亦可派使臣駐劄中國京都以便往還通好各准兩國使臣並眷屬隨員人等前往彼此京都或常

川居住或隨時往來兩國使臣在駐紮之國得享權利優例恩施及應得豁免利益均與相待最優之國同等使臣無異

第三款

兩國於彼此通商口岸可設立總領事領事副領事並代理領事等官惟此等官員必須奉到駐劄之國認准文憑方得視事交發此項文憑均不收費於未設領事官之各口可請友邦領事兼代如無領事之處即由地方官照現定條約使兩國人民享獲種種恩施其領事

官應得分位職權豁免利益及優例均與相待最優之國領事官無異至商民交涉事件有與地方官民齟齬者領事官均不得任意爭執如領事官辦事不合違背地方條例彼此均可將認准文憑收回

第四款

中國人民在墨西哥國如安本分不違墨國律例章程無論何處任便游歷墨國人民亦准前往中國內地游歷惟須由領事官照會關道請領執照方可前往此項執照繕寫中墨兩國文字所過地方如飭交出執照即應

隨時呈驗回日繳銷該民僱人僱船僱車裝運行李不得攔阻如其照內有誤或查出沿途有不法情事即送交就近墨國領事或墨國委令兼理之友邦領事查辦沿途只可拘禁不得凌虐如在通商各口出外游玩者地在百里之中期在五日之內可以毋庸請照至於船上諸色人等不在此例如有上岸應照地方官會同領事所定章程遵守辦理

第五款

兩國允准嗣後彼此人民出洋無論單身或攜眷屬皆須出於情甘自願不准或在中國各口或在他處妄用勉強之法或施詭譎之計誘令中國人民不出情願而往如有兩國人民及船隻違背此約則兩國必從嚴究辦均照本國律例從重擬定罪名

第六款

中國人民准赴墨國各處地方往來運貨貿易與別國人民一律無異墨國人民准赴別國人民所至之中國通商口岸往來運貨貿易嗣後兩國如有給與他國利益之處係出於甘讓立有互相酬報專條者彼此均須

將互相酬報之專條一體遵守或互訂專章方准同霑所給他國之利益

第七款

兩國人民及商船凡在此國通商口岸即應遵照此國與各國現在合例通行商務章程或日後續議新章一律辦理

第八款

中國土產及製造各物運入墨國或墨國土產及製造各物運入中國彼此征進口稅不得較相待最優之國

之同樣物產現在或將來所征之稅稍有區別或有加增各物出口征稅亦照此辦理兩國彼此通商若非通商各別國一律照辦無論進口出口貨物不得稍有禁止或立限制惟國中遇有辦理人畜疫禁或隄防損害豐收或爲軍務起見則不在此例

第九款

兩國兵船准赴別國兵船所至口岸彼此接待與相待最優之國無異購買食物煙煤甜水以及行船必需之件修理船隻各聽其便該兵船進口出口一切稅鈔概不輸納墨國兵船管駕官中國地方大官與之平行相待

第十款

此國人民寓居彼國境內不得勒令充當水師陸師義勇等役亦不得勒令出資捐免亦不得以軍需等名目勒借強派惟遇有捐產抽捐之事此國人民在彼國置有產業則照彼國人民一律辦理所有船隻器具各項貨物以及家用什物均不得強令捐出以供軍務等用須先訂價議妥方可

第十一款

兩國商船准在彼此現在或將來開准通商各口與外洋往來貿易但不准在一國之內各口岸往來載貨貿易蓋於本國之地往返各口運貨乃本國子民獨享之利也如此國將此例施於別國則彼國商民自應一律均霑但須妥立互相酬報專條方可照行此國商船出入灣泊彼國各口其應輸關稅船鈔燈樓入口帶水疫禁救生救貨以及國家地方抽收各費不得較抽別國船隻稍有殊異或有加增此次立約所言各口即指現在及將來准設貨物進出通商之口岸彼此均以海岸去地三力克（每力克合中國十里）爲水界以退潮時爲準界內由本國將稅關章程切實施行並設法巡緝以杜走私漏稅兩國船隻遇有天災在彼此沿海地方收口者該處官員須設法相助所有未遭失險之貨物如不出售准免納稅此項遇險船隻均與別國遇險船隻一律相待

第十二款

此國人民訂立合同在彼國承工不論田寮機器廠行店住宅等處應遵照兩國妥定章程辦理

第十三款

墨國人民在中國遇有控告華民事件須先稟墨國領事查明根由先行勸息使不成訟中國人民有赴墨國領事控告墨國人民在中國者墨國領事亦應一體勸息間有不能聽勸者無論原告或係華民或係墨民皆專由被告所屬之官員公平訊斷

第十四款

中國人民有被墨國人民在中國欺凌擾害墨國官依照墨國法律拏獲懲辦墨國人民在中國有被中國人

民欺凌擾害地方官亦依照中國法律拏獲懲辦總之兩國人民在中國遇有交涉財產犯罪各案俱由被告所屬之官員專行審斷各照本國法律定罪惟逋欠案件應由欠戶所屬之官員勉力設法使其償還竊盜棍騙案件應照被告所隸之國法律辦理兩國官員均不能代償至中國人民在中國遇有本身犯案或牽涉被控凡在墨國人房屋行棧及商船隱匿者由地方官知照領事官會同派差拘拿不得庇縱措留

第十五款

墨國人民在中國有自相控告案件不論人產皆歸墨國官審辦儻與別國人民有事在中國涉訟應由墨國官員與該國官員辦理以上案內如牽涉中國人民仍應按照前兩款辦理若將來中國與各國另行議立中外交涉公律以治僑居中國之外國人民墨國亦應照辦

第十六款

凡此國船隻駛至彼國通商口岸該船諸色人等如有上岸在二十四點鐘內滋事者應由的當地方官懲辦

只照該口常例罰鍰或監禁至墨國船隻在中國水界之內有與中國船隻相碰互控情事可由被告所屬之官員查照各國現行碰船章程審理倘未甘服應聽原告所屬之官員照會審理之員秉公覆訊核斷了結

第十七款

中國人民在墨國有控告事件聽其至審院控告應得權利恩施與墨國人民或與相待最優之國人民無異

第十八款

此次所定條約係用中國文墨國文英國文在本國各

用本國文字如有不符應以英文爲主

第十九款

此次議定條約彼此恪守自互換之日起至滿十年爲期若於款內有欲行變通之處應俟計至期滿之日先期六個月彼此備文知照若未先期知照仍應照此次議定條約辦理倘欲停止此約必須預先知照惟自知照之日起仍須照行一年

第二十款

此次所定條約由兩國

批准後即在美國華盛頓京都迅速互換

此約在美國華盛頓繕寫漢文墨文英文各二分由兩國全權大臣署名蓋印以昭信守

光緒二十五年十一月十二日

西歷一千八百九十九年十二月十四日

大清國欽差大臣　伍

大墨西哥國欽差大臣阿斯苙羅斯

比國條約

現因
大清國與
大比國彼此意存睦好不絕擬定和約通商章程以昭深願
共敦友誼內外商民交易相安永遠不替是以
大清國
大皇帝特簡
欽差大臣總理各國事務戶部右侍郎兼管錢法事務
實錄館副總裁董
欽差大臣兵部侍郎鑲紅旗漢軍副都統辦理三口通商事

務兼管天津等關崇
大比國
大君主特派
欽差便宜行事大臣功賜佩帶禮阿波勒德寶星並佩帶西
班牙國寶星法國寶星和國寶星嗎啦三等寶星金德
俄固斯德　各將所奉本國
上諭璽書等件互相較閱俱屬妥協現將會議商定條約開列於
左

第一款

嗣後
大清國
大皇帝與
大比利時國
大君主以及兩國商民毋論何人在何地方均永遠和好友
誼敦篤彼此僑居皆獲保護身家
第二款
大比利時國
大君主欲派秉權大臣一員進中國京師亦無不可

大清國
大皇帝欲派秉權大臣一員至布往斯京師事同一律
第三款
大比利時國欽差大臣凡有要務商酌約准前赴
京都會議定辦即照各國行權大員常規一體優待所有
身家公所與各來往公文書信等件皆不得被人擅動
凡欲雇募送信人通事服役人等皆聽其便儻若有人
擅將
大比利時國欽差公館眷屬隨員人等越禮欺藐該犯由中
國地方官從嚴懲辦
第四款
大比利時國欽差大臣並各隨員等皆可往來內地各處所
有收發文件行裝囊箱無論沿海何處皆可送文所差
之人應同
大清驛站弁兵一律保安照料總之比國大臣入華當照泰
西各國於代國大臣向爲合宜優待之處同一優禮相
待凡有大臣並各眷屬隨員等各項費用皆由比國支
領與中國無涉

第五款
凡有比國事務均歸
大比欽差大臣與
大清中國大臣會議商辦無論文移會晤皆應按照平儀相
待
第六款
所開
大清國應行優待比國大臣各節日後中華秉權大臣出使
前往

大比利時國亦應同一優待以昭平允

第七款

中華通商港口

大比利時國設立領事等官或一員或數員酌量比商情形隨時定派中國官員接待各國領事官最優之禮亦於比國不使或異定其品級即領事官署領事官與道臺同品副領事官與署副領事官及繙譯官與知府同品因公來往衙署相見會晤文移悉用平禮為是設若通商無論何口

大比國以為無須設官均可暫交友國領事從權代辦比國事務以歸簡易

第八款

大比利時國大臣並領事官等員所有行知

大清國大臣官員等公文各件俱用法字書寫仍以漢文譯錄暫為配送中國官員有公文照會比國官員亦用漢字書寫儻日後有辯論之處各以本國文字為正此次議定條約漢法文字詳細校對以期無訛亦依此例

第九款

兩國職員來往行文各應按照品級官階定式比國大憲與中國大憲公文往來俱用照會比國二等官員與中國省中大憲公文往來用申陳中國大憲用劄行兩國平等官員照相並之禮其商人及無爵者彼此赴訴應用具稟字樣以示區別

第十款

比國民人准聽持照前往內地各處游歷通商所領執照應由

欽差大臣或領事等官發給中法合寫蓋用印信其執照上

仍應用地方官鈐印為憑如遇執照有遺失者比國人無以繳送而地方官員無憑查驗不肯存留以便再與領事等官復領一件如查出沿途或有不法情事聽憑中國官員就近送交領事官收管懲辦惟於途中止可拘禁不得淩虐所獲比國之人如在通商各口出外遊玩者地在百里之中期在三五日內可以無庸請照至於各色船隻水手人等不在此例應由地方官會同領事官另定章程其駐紮中國之比國官員如給執照之時惟不准前往暫有匪徒各省分共執照只准給與體

面有身家之人爲憑

第十一款

各國議定通商口岸如牛莊天津烟臺上海甯波福州厦門臺灣淡水廣州汕頭瓊州及長江之漢口九江鎮江江甯各口比國商民亦可攜眷前往居住貿易工作平安無礙常川不輟

第十二款

凡比國人按照十一款至通商各口地方居住無論人數多寡聽其租賃房屋及行棧存貨或租地自行建屋

建行比國人亦一體可以建造禮拜堂醫人院周急院學房墳地各項地方官會同領事官酌議定比國人宜居住宜建造之地凡地租房租多寡之處彼此在事務須按照地方價值定議中國官阻止內地民人高擡租值比國領事官亦謹防本國人强壓迫受租值

第十三款

比國人在通商各口地方聽其任便雇買辦通事書記工匠水手工人亦可以延請士民人等教習中國語音繕寫中國文字與各方土語又可以請人幫辦筆墨作文學文藝等工課各等工價束修自行商議比國書籍與中國各樣書籍彼此亦可發賣採買

第十四款

比國人在通商各口地方所有各家產財貨中國民人均不得欺凌侵犯至中國官員無論遇有何事均不得威壓强取比國船隻以爲公用私用等項

第十五款

天主教原以勸人行善爲本凡奉教之人皆全獲保佑身家其會同禮拜誦經等事概聽其便凡按第十款備有蓋

印執照安然入內地傳教之人地方官務必厚待保護凡中國人願崇信
天主教而循規蹈矩者毫無查禁皆免懲治向來所有或寫或刻奉禁
天主教各明文無論何處概行寬免

第十六款

比國民人遇有控告華民事件皆應先稟領事官查明根由先行勸息使不成訟中國民人有赴領事官告比民者領事官亦應一體調處間有不能使和者卽由地

方官與領事官會同審辦公平訊斷

第十七款

比國民人約准中國官憲自必時加保護令其身家全安如遭欺凌擾害及有不法匪徒放火焚燒房屋搶掠財貨又准地方官立即設法派撥兵役彈壓查拏將該犯按例嚴辦並將所搶財物盡力追交儻承緝官不能獲犯起贜祗可准照中國例處分

第十八款

比國民人若有華民欠債不償約准地方官認眞代爲

催繳或有潛行逃避情事應嚴爲緝拏追還比人欠債不償或潛行逃避者比國官亦應一體辦理但均不能官爲賠償

第十九款

比國民人有被華民違例相欺約准地方官查拏照例審辦華民有被比國人違例相欺比國官員亦應按例查拏究治嗣定約之後比國卽專定約束比民章程比民如在各口地方有犯大小等罪均照比國例辦理中國亦一律約束華民以昭平允如有別樣情形在本約

未經分晰者俱照此辦理

第二十款

比國人與比國人在通商各口地方如有不協爭執事件均歸比國官辦理遇有比國人與各國人有爭執情事中國官不必過問

第二十一款

比國商船准在條約內列通商各口往來運貨貿易如到別處沿海地方私作買賣船貨一併入官但中國地方官查拏此等船隻貨物於未定入官之先宜速知會

附近駐口之比國領事

第二十二款

比國船隻欲進各口聽其雇覔引水之人完清稅務之後亦可雇覔引水之人帶其出口

第二十三款

凡議准通商各口每遇比國商船到口監督官卽派妥役一二名看守稽查偷漏該役或搭坐自雇之船或在比船均聽其便所需工食等費皆由中國海關支給惟不得於船主或管船之人需索銀錢儻有違例卽按所

索之多寡按例科罪照數追還

第二十四款

比國商船進口在一日之內並無阻礙其船主或貨主或代辦商人即將船牌貨單等件交送領事官該領事官於接到船牌貨單後一日內即將船名人名及所載噸數貨色詳細開明照會海關儻船主怠慢於船進口後經二日之內不將船牌貨單呈繳領事官每遇一日罰銀五十圓入中國官但所罰之數不得過二百圓迨領事官照會海關後海關即發牌照准其開艙儻船主

未領牌照擅自開艙卸貨罰銀五百圓所卸之貨一併入官

第二十五款

凡比國貨船進口並未開艙欲行他往者限二日內出口不必輸納鈔餉並無應交費項儻逾二日之限即須全數輸納

第二十六款

凡比國船隻一進通商各口欲將貨物在該口但卸幾分即照所卸之數納稅其餘貨物欲帶往別口卸賣者其稅銀亦在別口輸納

第二十七款

凡剝貨若非奉監督官特准不得將貨自行剝運如違除意外危險不及等候外所有私剝之貨全行入官

第二十八款

比國商人上貨下貨總須先領監督官准單如違即將貨物一併入官

第二十九款

比國民人凡欲游行卸貨下貨各等事務約准自雇小

船剝運不論何項艇隻雇價銀兩若干均聽比民與船主自議不必官爲經理該船不得限定額數並船戶攬載挑夫攬運一切情弊俱不准行惟該艇干涉走私漏稅情弊查出照例罰辦

第三十款

比國商民起卸貨物輸納稅餉約准均照本約後附稅則爲例總不能較諸他國或有此免彼輸之弊以示均平　比國出入各貨如係值百抽五之貨儻海關驗貨丁役偶與該商各存己見不能定價約准各邀客商二

三人前來驗貨該客商内有出最高之價者卽以爲該貨之價式免致收稅不公　凡輸稅餉以淨貨爲率所有貨物應除去皮毛儻比國人與海關不能定各貨皮毛輕重就將爭執各件連皮過秤先定多寡約數再復除淨皮毛秤其斤重卽以所稱通計類推當查驗貨物之時如有意見不合比國商人立請領事官前來該領事官亦卽知會海關從中盡力作合均限一日之內通報否則不爲准理於議論未定之先海關不得將互爭數目姑寫册上恐後難於覈定　比商貨物或因潮溼

等由損壞致價低減該關應行按價減稅儻該商與關吏理論價值未定則照值百抽五之貨同法定辦

第三十一款

進口稅卸貨時完納出口稅下貨時完納所有稅鈔一經全完監督官卽准發給紅單呈送領事官驗明卽將船牌交還准令開行

第三十二款

比國商船應納鈔課各按船牌所載若干噸而納一百五十噸以上每噸納鈔銀四錢一百五十噸正及一百五十噸以下每噸納鈔銀壹錢既納鈔後監督官給發執照開明船鈔完納儻該船駛往別口卽於進口時將照送驗遂按照第三十一款自領執照之日起以及四個月止無庸再輸船鈔以免重複比國屬民在各口用艇隻運帶客人行李書信食物及例不納稅之物毋庸完鈔儻該小船一併載運例應完稅之貨物卽按照一百五十噸以下之例每噸輸鈔銀一錢

第三十三款

比國商民販買土貨運口出洋或將洋貨運入內地銷

賣應納內地稅餉或於過卡隨時分數報完或在海關一次全行完納均准聽便輸交一次納完之例准照續定稅則章程第七款所載除有第二款指明每值百兩完稅二兩五錢外其餘各貨總以出入稅則照納一半爲準其該貨應納正稅仍宜於卡稅半稅完納外如數完繳

第三十四款

比國商民沿海議定通商各口載運土貨約准出口先納正稅復進他口再納半稅後復欲運他口以一年爲

期准向該關取給半稅存票不復更納正稅嗣到改運之口再行照納半稅

第三十五款

比國商民洋貨進口納清稅課後欲改運他國抑或通商別口約准稟明領事官轉報監督委員驗明實係原包原貨查與底簿相符並未拆動抽換即當按照該貨經納正稅之數發給存票至於土貨自通商各口運入他口按例納完半稅後該商再欲運往外國以一年爲期期內亦准一律發給半稅存票該票無論何商呈驗

均准專抵該關進出口貨稅不准持赴別關抵課儻於委員查驗之間查有揑報各等情弊全貨俱罰入官其外國所產糧食比船裝載進口未經起卸仍欲出洋概無禁阻

第三十六款

凡通商各口海關監督官須有部頒秤碼丈尺等項一副送與領事官署存留其輕重長短一與粵海關無異所有鈔稅各銀輸納中國者俱依此秤碼兌交如有秤丈貨物爭執即以此式爲準

第三十七款

監督官設定銀號若干可以代監督官收比國應輸稅項該銀號所給收單一如監督官所給無異所輸之銀或紋銀或洋銀監督官與領事官覈其市價情形將洋銀比較紋銀應補水若干照數補足

第三十八款

比國商船查出有涉走私該貨無論式類價値全數查抄入官外俟該商船帳目清後亦可嚴行驅除不准在口貿易

第三十九款

中國各口官員凡有嚴防偷漏之法均准相度機宜隨時便宜設法辦理以杜弊端

第四十款

條約所載比民罰款以及船貨入官各項皆歸中國收辦以充公用

第四十一款

比國師船別無他意或因捕盜駛入中國無論何口一切置取食物甜水修理船隻地方官妥爲照料並約定

不納各項稅餉船上水師各官與中國官員平行相待
以昭友誼

第四十二款

比國商船遇有破爛及別緣故急須進口躲避者無論何口均可進去無庸完納船鈔船內貨物如爲修理之故而須上岸者亦不納稅惟將該貨留在監督官照顧以免影射情弊如該船在中國近岸地方損壞擱淺收口地方官聞知立即設法妥爲拯救商梢保存船隻以及打撈貨物不使損壞所救水手人等務必妥爲照料設法護送就近領事官查收以昭友誼

第四十三款

凡比國兵船商船水手人等逃亡領事官或船主知會地方官實力查拏解送領事官及船主收領儻有中國人役負罪逃入比國寓所或商船隱匿地方官照會領事官查明罪由卽設法拘送中國官彼此均不得稍有庇匿

第四十四款

遇有比國商船在中國洋面被洋盜打刧附近文武官員一經聞知卽上緊緝拏照例治罪所有贓物無論在何處搜獲及如何情形均繳送領事官轉給事主收領儻承緝之人或不能獲盜或不能全起贓物照中國例處分但不能賠償

第四十五款

兩國議定中國
大皇帝今後所有
恩渥利益施於別國比國無不一體均霑實惠日後如將稅則關口稅噸稅過關稅出入口貨稅無論何國施行改變一經通行比國商民船主人等亦一體遵照無庸再議條款

第四十六款

日後比國若於現議章程條款內有欲行變通之處應俟自章程互換之日起至滿十年爲止先期六個月備文知照中國如何酌量更改方可再行籌議若未曾先期聲明則章程仍照此次議定辦理復俟十年再行更改

第四十七款

今將以上各款既定條約理應恭候兩國
御筆批准遵行約以一年之內為期彼此
特派大臣在滬會晤互換現各
欽差大臣先為親筆畫押蓋用關防以昭信守

同治四年九月十四日
一千八百六十五年十一月初二日

今日
大清　大比兩國大臣商定條約外有另行酌定出入稅則以及通
商章程俾得申明條約更為周備嗣後兩國官民務與
條約一同遵守合將稅則章程開列於左

第一款

一乙丑年新定稅則凡有貨物僅載進口稅則未載出口稅則者遇有出口皆應照進口稅則納稅或有僅載出口稅則未載進口稅則者遇有進口亦皆照出口稅則納稅儻有貨物名目進出口稅則均未賅載又不載免稅之列者應覈估時價照值百抽五例徵稅

第二款

一凡有金銀外國各等銀錢麵粟米粉砂穀米麵餅熟肉熟菜牛奶酥牛油蜜餞外國衣服金銀首飾攙銀器香

水鹼炭柴薪外國蠟燭外國煙絲煙葉外國酒家用雜物船用雜物行李紙張筆墨氈毯鐵刀利器外國自用藥料玻璃器皿以上各物進出口通商各口皆准免稅除金銀外國銀錢行李毋庸議外其餘該船裝載無論淺滿雖無別貨亦應完納船鈔儻運往內地除前三項仍毋庸議外其餘各貨皆每百兩之物完納稅銀貳兩伍錢

第三款

一凡有違禁貨物如火藥大小彈子礮位大小鳥鎗並一切軍器等類及內地食鹽以上各物概屬違禁不准販運進出口

第四款

一凡有稅則內所算輕重長短中國一担即係一百斤者以比國一百三十三磅零三分之一爲准中國一丈即十尺者以比國一百四十一因制爲准中國一尺即比國十四因制又十分因制之一比國十二因制爲一幅地三幅地爲一碼四碼欠三因制即合中國一丈均以此爲例

第五款

一洋藥准其進口議定每百斤納稅銀三十兩惟比商止准在口銷賣一經離口即屬中國貨物祇准華商運入內地比國商人不得護送即條約第十條所載比民持照前往內地通商並三十三條所載內地關稅之例與洋藥無涉其如何徵稅聽憑中國辦理嗣後遇修改稅則仍不得按照別貨定稅　又銅錢不准運出外國惟通商各口准其以此口運至彼口照現定章程遵行該商赴關報明數目若干運往何口或令本商及同商二

人聯名具呈保單抑或聽監督飭令另交結實信據方准給照別口監督於執照上註明收到字樣加蓋印信從給照之日起限六箇月繳回驗銷若過期不繳銷執照即按其錢貨原本照數罰繳入官其進出口均免納稅至船載無論淺滿均納船鈔　又凡米穀等糧不拘內外土產不分何處進口者皆不准運出外國惟比商欲運往中華通商別口則照銅錢一律辦理出口時照依稅則納稅其進口毋庸納稅至船載無論淺滿均遵納船鈔

又硝磺白鉛均爲軍前要物應由華官自行採辦或由華商特奉准買明文方准起貨該關未能查明該商實奉准販定不發單起貨此三項止准比國商人於通商海口銷售不准帶入長江並各內港亦不准帶華商護送除在各海口外卽係華民貨物與比商無涉以上洋藥銅錢米穀硝磺白鉛等項止准照新章買賣敢違此例所運貨物全罰入官

第六款

一本約第二十四條所載比船進口限十二時報領事官知照並照第二十五條所載比國貨船進口並未開艙欲行他往限二十四時之內出口卽不准收船鈔以上二條無論先後總以該船進口界限時刻起算以免參差爭論至各口界限並上下貨物之地均由海關妥爲定界既要便商更不得有礙收稅知會領事官曉諭本屬商民遵辦

第七款

一比國商民運入內地各貨該商應將該貨名目若干原裝何船進口應往內地何處各緣由報關查驗確實照

納內地稅項該關發給內地稅單該商應向沿途各子口呈單照驗蓋戳放行無論遠近均不重徵至運貨出口之例凡比商在內地置貨到第一子口驗貨由送貨之人開單註明貨物若干應在何口卸貨呈交該子口存留發給執照准其前往路上各子口查驗蓋戳至最後子口先赴出口海關報完內地稅項方許過卡俟下船出口時再完出口之稅若進出有違此例及業經報明指赴何口沿途私賣者各貨均罰入官儻有匿單少報等情將單內同類之貨全數入官所運各貨如無內

地納稅實據應由海關飭令完清內地關稅始行發單
下貨出口以杜隱漏

第八款

一本約第十條所載比民持照前往內地通商一款現議
京都不在通商之列

第九款

一通商各口收稅如何嚴防偷漏自應由中國設法辦理
條約業已載明外現定各口畫一辦理以期妥善至長
江如何嚴防偷漏之處俟通商後察看情形任憑中國

設法籌辦
以上所定稅則章程兩國各大臣等親筆畫押蓋用關
防以昭信實

同治四年九月十四日

一千八百六十五年十一月初二日

今將通商各口進出口貨物新定稅則開列於後

計開

進口貨物稅則 均係外國出產

進口油蠟礬磺類

蠟 日本　每百觔　陸錢伍分

蘇合油　每百觔　壹兩

硝 只准按章程發賣　每百觔　伍錢

黃蠟　每百觔　壹兩

硫磺 只准按章程發賣　每百觔　貳錢

進口香椒類

安息香　每百觔　陸錢

安息油　每百觔　陸錢

檀香　每百觔　肆錢

白胡椒　每百觔　伍錢

黑胡椒　每百觔　叁錢陸分

沉香　每百觔　貳兩

降香　每百觔　壹錢肆分伍厘

進口藥材類

阿魏	每百觔	陸錢伍分
上冰片	每觔	壹兩叁錢
下冰片	每觔	柒錢貳分
丁香	每百觔	伍錢
母丁香	每百觔	壹錢捌分
牛黃 印度	每觔	壹兩伍錢
兒茶	每百觔	壹錢捌分
檳榔膏	每百觔	壹錢伍分
檳榔	每百觔	壹錢伍分
參 美國	每百觔	陸兩
揀淨參鬚參 美國	每百觔	捌兩
乳香	每百觔	肆錢伍分
沒藥	每百觔	肆錢伍分
荳蔻花 即肉果花	每百觔	壹兩
肉果荳蔻	每百觔	貳兩伍錢
白荳蔻	每百觔	壹兩
木香	每百觔	陸錢
犀角	每百觔	貳兩

水銀	每百觔	貳兩
洋藥	每百觔	叁拾兩
檳榔衣	每百觔	柒分伍厘
砂仁	每百觔	伍錢
肉桂	每百觔	壹兩伍錢
虎骨	每百觔	壹兩伍錢伍分
鹿角	每百觔	貳錢伍分
血竭	每百觔	肆錢伍分
大楓子	每百觔	叁分伍厘

進口雜貨類

火石	每百觔	叁分
雲母殼 即珠海殼	每百觔	貳錢
銅鈕釦	每壹百肆拾肆粒	伍分伍厘
漆器	每百觔	壹兩
繩 呂宋	每百觔	叁錢伍分
傘各樣	每柄	叁分伍厘
香柴	每百觔	肆錢伍分
煤 外國	每噸	伍分

火絨　每百觔　叁錢伍分

進口醃臘海味類

上燕窩　每觔　伍錢伍分
中燕窩　每觔　肆錢伍分
下燕窩　每觔　壹錢伍分
黑海參　每百觔　壹兩伍錢
白海參　每百觔　叁錢伍分
白魚翅　每百觔　壹兩伍錢
黑魚翅　每百觔　伍錢

柴魚（即乾魚）　每百觔　伍錢
魚肚　每百觔　壹兩
鹹魚　每百觔　壹錢捌分
魚皮　每百觔　貳錢
海菜　每百觔　壹錢伍分
牛鹿筋　每百觔　伍錢伍分
蝦米　每百觔　叁錢陸分
淡菜　每百觔　貳錢
鯊魚皮　每百觔　貳兩

進口顏料膠漆紙劄類

呀囒米　每百觔　伍兩
大青　每百觔　壹兩伍錢
蘇木　每百觔　壹錢
紫梗　每百觔　叁錢
水靛　每百觔　壹錢捌分
魚膠　每百觔　陸錢伍分
皮膠　每百觔　壹錢伍分
藤黃　每百觔　壹兩

栲皮　每百觔　叁分

進口竹木藤椰類

沙藤　每百觔　壹錢伍分
烏木　每百觔　壹錢伍分
桅（重木　長不過肆拾幅地）　每根　肆兩
桅（重木　長不過陸拾幅地）　每根　陸兩
桅（重木　長過陸拾幅地）　每根　拾兩
桅（輕木　長不過肆拾幅地）　每根　貳兩
桅（輕木　長不過陸拾幅地）　每根　肆兩伍錢

桅	輕木長過陸拾幅地	每根	陸兩伍錢
梁	重木長不過貳拾陸幅地 四方不到拾貳因制	每根	壹錢伍分
板	重木長不過貳拾肆幅地 寬拾貳因制厚叁因制	每百根	叁兩伍錢
板	重木長不過拾陸幅地 寬拾貳因制厚叁因制	每百片	貳兩
板	輕木各樣	每四方長闊千幅地	柒錢
板	麻栗樹長闊方圓	每幅地	叁分伍厘
紅木		每百觔	壹錢壹分伍厘
毛柿		每百觔	叁分
呀喃治木	長不過叁拾伍幅地 寬壹幅地捌因制厚壹幅地	每根	捌錢

進口鏡鐘標玩類

自鳴鐘		每值百兩抽稅伍兩	
時辰表		每對	壹兩
珠邊時辰表		每對	肆兩伍錢
千里鏡雙眼千里鏡	掛鏡穿衣鏡掛屏	每值百兩抽稅伍兩	
八音琴		每值百兩抽稅伍兩	

進口布疋花幔類

麻棉帆布	長不過伍拾碼	每疋	肆錢
棉花		每百觔	叁錢伍分

布	原色白色無花斜紋 寬過叁拾肆因制 長不過肆拾碼	每疋	捌分
布	原色白色無花斜紋 寬過叁拾肆因制 長過肆拾碼	每拾碼	貳分
布	美國原色白色無花斜紋 寬不過叁拾肆因制 長不過肆拾碼	每疋	壹錢
布	美國原色白色無花斜紋 寬不過叁拾肆因制 長不過叁拾碼	每疋	柒分伍厘
布	原色白色無花斜紋 寬不過叁拾肆因制 長不過肆拾捌碼	每疋	捌分
布	原色白色無花斜紋 寬不過叁拾肆因制 長不過貳拾肆碼	每疋	肆分
色布	有花無花 寬不過叁拾陸因制 長不過肆拾碼	每疋	壹錢伍分
漂白提布白點布	寬不過叁拾陸因制 長不過肆拾碼	每疋	壹錢
印花布	寬不過叁拾壹因制 長不過叁拾碼	每疋	柒分

袈裟布	寬不過肆拾陸因制 長不過貳拾肆碼	每疋	柒分
袈裟布	寬不過肆拾陸因制 長不過拾貳碼	每疋	叁分伍厘
袈裟布	稀卽洋紗 寬不過肆拾陸因制 長不過貳拾肆碼	每疋	柒分伍厘
袈裟布	稀卽洋紗 寬不過肆拾陸因制 長不過拾貳碼	每疋	叁分伍厘
緞布	寬不過叁拾陸因制 長不過肆拾碼	每疋	貳錢
柳條布	寬不過肆拾因制 長不過拾貳碼	每疋	陸分伍厘
毛布各色	寬不過貳拾捌因制 長不過叁拾碼	每疋	叁分伍厘
絨綿布各樣	長不過叁拾壹碼	每疋	貳錢
棉線		每百觔	柒錢貳分

棉紗		每百觔	柒錢
蔴布 細	長不過伍拾碼	每疋	伍錢
蔴布 粗	長不過伍拾碼 即蔴竹布棉絲布	每疋	貳錢
回絨	長不過叁拾伍碼	每疋	貳錢
羽布	寬不過貳拾肆因制 長肆拾碼	每疋	貳錢

進口綢緞絲絨類

手帕	四方長闊不過壹碼	每拾貳塊	貳分伍厘
金線 真		每觔	壹兩陸錢
金線 假		每觔	叁分
銀線 真		每觔	壹兩叁錢
銀線 假		每觔	叁分
哆囉呢	寬伍拾壹因制至陸拾肆因制	每丈 壹百肆拾壹寸為壹丈	壹錢貳分
嗶嘰	寬叁拾壹因制	每丈	肆分伍厘
羽緞 荷蘭國	寬叁拾叁因制	每丈	壹錢
羽紗 英國	寬叁拾壹因制	每丈	伍分
羽綢		每丈	叁分伍厘
小呢番紦等類		每丈	肆分
絨線		每百觔	叁兩
床氈		每對	貳錢
花翦絨	長不過叁拾肆碼	每疋	壹錢伍分
羽綾	寬叁拾壹因制	每丈	伍分
小羽綾	寬叁拾肆因制	每丈	叁分伍厘
下等絨 即至粗絨		每丈	壹錢
翦絨	長不過叁拾肆碼	每疋	壹錢捌分

進口酒果食物類

橄欖 無論乾鮮		每百觔	壹錢捌分
鼻烟 外國		每百觔	柒兩貳錢

進口銅鐵鉛錫類

生銅	如銅磚之類	每百觔	壹兩
熟銅	如銅扁銅條之類	每百觔	壹兩伍錢
生鐵	如鐵磚之類	每百觔	柒分伍厘
熟鐵	如鐵條鐵板鐵箍之類	每百觔	壹錢貳分伍厘
鉛塊		每百觔	貳錢伍分
鋼		每百觔	貳錢伍分
錫		每百觔	壹兩貳錢伍分
馬口鐵		每百觔	肆錢

日本銅	每百觔	陸錢
鉛片	每百觔	伍錢伍分
白鉛只准按章程發賣	每百觔	貳錢伍分
黃銅釘黃皮銅	每百觔	玖錢
商船壓載鐵	每百觔	壹分
鐵絲	每百觔	貳錢伍分
進口珍珠寶石類		
瑪瑙	每百塊	叁錢
瑪瑙珠	每百觔	柒兩

玳瑁	每觔	貳錢伍分
玳瑁碎	每觔	柒分貳厘
玻璃片	每箱四方每壹百幅地	壹錢伍分
珊瑚	每觔	壹錢
進口纓皮牙角羽毛類		
牛角	每百觔	貳錢伍分
生牛皮	每百觔	伍錢
熟牛皮	每百觔	肆錢貳分
海龍皮即海虎皮	每張	壹兩伍錢

大狐狸皮	每張	壹錢伍分
小狐狸皮	每張	柒分伍厘
虎皮豹皮	每張	壹錢伍分
貂皮	每張	壹錢伍分
獺皮	每百張	貳兩
貉獾皮	每百張	貳兩
海騾皮	每百張	伍兩
灰鼠皮銀鼠皮	每百張	伍錢
海馬牙	每百觔	肆兩

象牙不碎的	每百觔	肆兩
象牙碎的	每百觔	叁錢
兎皮麂皮	每百觔	伍錢
犀皮	每百觔	肆錢貳分
翠毛孔雀毛等類	每百張	肆錢
出口貨物稅則均係中國出產		
出口油蠟礬磺類		
白礬	每百觔	肆分伍厘
青礬	每百觔	壹錢

八角油　每百觔　伍兩
桂皮油　每百觔　玖兩
薄荷油　每百觔　叁兩伍錢
牛油　每百觔　貳錢
柏油　每百觔　叁錢
油芝蔴油荳油棉油茶油桐油各等　每百觔　叁錢
蓖蔴油　每百觔　貳錢
白蠟　每百觔　壹兩伍錢

出口香料椒茶類

茶葉　每百觔　貳兩伍錢
八角　每百觔　伍錢
麝香　每觔　玖錢
八角渣　每百觔　貳錢伍分
時辰香　每百觔　貳錢

出口藥材類

三奈　每百觔　叁錢
樟腦　每百觔　柒錢伍分
信石　每百觔　肆錢伍分

桂皮　每百觔　陸錢
桂子　每百觔　捌錢
土茯苓　每百觔　壹錢叁分
澄茄　每百觔　壹兩伍錢
良薑　每百觔　壹錢
石黃　每百觔　叁錢伍分
大黃　每百觔　壹兩貳錢伍分
姜黃　每百觔　壹錢
高麗日本參上等　每觔　伍錢

高麗日本參下等　每觔　叁錢伍分
鹿茸嫩　每對　玖錢
鹿茸老　每百觔　壹兩叁錢伍分
牛黃中國　每觔　叁錢陸分
斑貓　每百觔　貳兩
桂枝　每百觔　壹錢伍分
陳皮　每百觔　叁錢
柚皮上等　每百觔　肆錢伍分
柚皮下等　每百觔　壹錢伍分

關東人參　每值百兩抽稅伍兩
薄荷葉　每百觔　壹錢
甘草　每百觔　壹錢叁分伍厘
石膏　每百觔　叁分
五棓子　每百觔　伍錢
蜂蜜　每百觔　玖錢

出口雜貨類

料手鐲即燒料鈪　每百觔　伍錢
竹器　每百觔　柒錢伍分

假珊瑚　每百觔　叁錢伍分
各色爆竹　每百觔　伍錢
羽扇　每百柄　柒錢伍分
料器　每百觔　伍錢
各色料珠　每百觔　伍錢
雨遮即紙傘　每百柄　伍錢
雲石　每百觔　貳錢
蒲紙畫　每百張　壹錢
紙扇　每百柄　肆分伍厘

珍珠假　每百觔　貳兩
古玩　每值百兩抽稅伍兩
葵扇細　每千柄　叁錢陸分
葵扇粗　每千柄　貳錢
駱駝毛　每百觔　壹兩
棉羊毛　每百觔　叁錢伍分
山羊毛　每百觔　壹錢捌分
氈碎　每百觔　壹錢
紙花　每百觔　壹兩伍錢

土煤　每百觔　肆分

出口顏料膠漆紙劄類

銅箔　每百觔　壹兩伍錢
紅丹　每百觔　叁錢伍分
錫箔　每百觔　壹兩貳錢伍分
銀硃　每百觔　貳兩伍錢
油漆畫　每件　壹錢
鉛粉　每百觔　叁錢伍分
黃丹　每百觔　叁錢伍分

硃砂	每百觔　柒錢伍分
紙上等	每百觔　柒錢
紙次等	每百觔　肆錢
油紙	每百觔　肆錢伍分
墨	每百觔　肆兩
漆	每百觔　伍錢
樱	每百觔　壹錢
蔴	每百觔　叁錢伍分
燈草	每百觔　陸錢
綫膠	每觔　捌錢
索廣東	每百觔　壹錢伍分
索蘇州	每百觔　伍錢
漆綠	每百觔　肆錢伍分
蠣殼	每百觔　玖分
綠皮	每百觔　壹兩捌錢
土靛	每百觔　壹兩
坑砂	每百觔　玖分

出口器皿箱盒類

牛角骨器	每百觔　壹兩伍錢
磁器細	每百觔　玖錢
磁器粗	每百觔　肆錢伍分
紫黃銅器	每百觔　壹兩壹錢伍分
木器	每百觔　壹兩壹錢伍分
象牙器	每觔　壹錢伍分
漆器	每百觔　壹兩
雲母殼器	每觔　壹錢
籐器各樣	每百觔　叁錢
檀香器	每觔　壹錢
金銀器	每百觔　拾兩
玳瑁器	每觔　貳錢
皮箱皮櫃	每百觔　壹兩伍錢
皮器	每百觔　壹兩伍錢
窰貨	每百觔　伍分
黃銅器	每百觔　壹兩
銅鈕釦	每百觔　叁兩
銅絲	每百觔　壹兩壹錢伍分

生銅	每百觔	伍錢
舊銅片	每百觔	伍錢
出口竹木籐椰類		
各色竹竿	每千根	伍錢
籐肉	每百觔	貳錢伍分
木 椿梁舵杆	每根	叁分
出口衣帽靴鞋類		
衣服 布	每百觔	壹兩伍錢
衣服 綢	每百觔	拾兩

靴鞋皮緞各色	每百雙	叁兩
草鞋	每百雙	壹錢捌分
綢帽	每百頂	玖錢
氈帽	每百頂	壹兩貳錢伍分
草帽緶	每百觔	柒錢
出口布疋花幔類		
夏布 細	每百觔	貳兩伍錢
夏布 粗	每百觔	柒錢伍分
土布各色	每百觔	壹兩伍錢

舊棉絮	每百觔	肆分伍厘
棉被胎	每百件	貳兩柒錢伍分
棉花	每百觔	叁錢伍分
出口綢緞絲絨類		
湖絲土絲各等絲經	每百觔	拾兩
野蠶絲	每百觔	貳兩伍錢
絲帶欄杆桂帶絲線各色	每百觔	拾兩
綢緞絹縐紗綾羅剪絨繡貨等類	每百觔	拾貳兩
絲綿雜貨 如絲毛之類	每百觔	伍兩伍錢

四川黃絲	每百觔	柒兩
同功絲	每百觔	伍兩
川綢 山東繭綢	每百觔	肆兩伍錢
緯線	每百觔	拾兩
各省絨	每百觔	拾兩
絨 廣東土産絲做成	每百觔	肆兩叁錢
蠶繭	每百觔	叁兩
亂絲頭	每百觔	壹兩
出口氈絨毯席類		

席子各様　每百張　貳錢
地席　每捲肆拾碼　貳錢
皮毯　每張　玖分
氈毯　每百疋　叁兩伍錢

出口糖果食物類

蜜餞並各色糖果　每百觔　伍錢
醬油　每百觔　肆錢
白糖　每百觔　貳錢
赤糖　每百觔　壹錢貳分

冰糖　每百觔　貳錢伍分
烟絲各様如黄烟水烟之類　每百觔　肆錢伍分
烟葉各様　每百觔　壹錢伍分
鼻烟中國　每百觔　捌錢
大頭菜　每百觔　壹錢捌分
粉絲　每百觔　壹錢捌分
酒　每百觔　壹錢伍分
海菜　每百觔　壹錢伍分
火腿　每百觔　伍錢伍分

皮蛋　每千個　叁錢伍分
欖仁　每百觔　叁錢
杏仁　每百觔　肆錢伍分
香菌　每百觔　壹兩伍錢
金針菜　每百觔　貳錢柒分
木耳　每百觔　陸錢
桂圓　每百觔　貳錢伍分
桂圓肉　每百觔　叁錢伍分
荔枝　每百觔　貳錢

蓮子　每百觔　伍錢
芝蔴　每百觔　壹錢叁分伍厘
花生　每百觔　壹錢
花生餅　每百觔　叁分
瓜子　每百觔　壹錢
荳　每百觔　陸分
荳餅　每百觔　叁分伍厘
米麥雜糧　每百觔　壹錢
蒜頭　每百觔　叁分伍厘

栗子　每百觔　壹錢
黑棗　每百觔　壹錢伍分
紅棗　每百觔　玖分

大比利時國欽差特簡前往中華便宜行事大臣金　爲
照會事照得兩國既定和約通商章程各節已臻妥善
嗣後比國所派駐劄各口領事副領事各等官如有辦
理不按條約有不協之處
貴國卽行照會比國
欽差大臣或代國大員一准來文一面卽將該領事官撤任
該口另設別員接辦一面鈔錄原文繕摺
奏請查辦另派領事官來華至於所託別國領事副領事
各等官代辦事務一有不協之處亦應一例同辦爲此
照會須至照會者

右　照　會

大清
欽差大臣總理各國事務戶部右侍郎董
欽命總理三口通商事務大臣崇

一千八百六十五年十一月初二日
乙丑年九月十四日

荷兰條約

荷蘭國條約

同治二年八月二十四日在天津議定咨行四年六月初四日在廣東互換發刊

大清大皇帝、大和大君主往來交好、由來舊矣、茲欲增加親睦、歷久不渝、

建立章程、萬年永遵弗替、是以

大清國

特簡欽差兵部侍郎全權大臣辦理三口通商事務鑲紅旗漢軍副都統兼管天津等關崇、

大和國

特派欽差駐劄中華便宜行事全權大臣礬、

各將所奉全權大臣便宜行事之

上諭、公同較閱、悉屬善當、卽將議定條約、開列於左、

第一款

一

大清大皇帝、大和大君主自立約以後、

大和君主可特派秉權大員、前來中國照料通商事件、其通商各口、亦可分派正副領事官、或署正副領事官駐劄、以撫馭和國民人、和國所派正副領事官、或署領事官、必須各省督撫通商大臣、接有和國秉權大臣公文、方可通行各口、監督地方等官、會同辦事、

大和欽差大臣若有公務可往京師辦理往還費用皆由和國支理與中國無干凡有和國官員往來中國地方官務必設法照料不得攔阻欺凌和國係是自主之邦若遇有礙國體之禮不可飭其必行和國秉權大臣與中國大臣文移會晤俱用平行儀式相待其通商各口正領事官署領事官與道台同品副領事官署副領事官與知府同品會晤文移各按品級

第二款

一廣州潮州福州廈門甯波上海天津牛莊登州台灣

淡水瓊州等口和商皆准貿易船貨任便往來若欲租賃地畝房屋設立棧房禮拜堂醫院墳塋等事各聽其便租價公平定議不得互相勒措其漢口鎮江九江等口和商亦可一律前往通商至長江如何防弊之法任憑中國隨時設法辦理惟有賊匪地方和國民人不得前往游歷出入和國商船亦不得私自往來接濟軍火粮食如查有違犯者將船貨全行入官其違例之人交就近領事官辦理

第三款

一和國民人可往內地游歷通商若要前往內地各處游歷須由起程處所領事官發給執照地方官蓋印為憑經過地方官驗照放行若欲僱船僱人悉從其便倘無執照或有照訛誤以及有作為不法等情該處官長拿交就近領事官懲辦沿途止可拘禁不可凌虐惟通商各口有欲出外遊玩者路在百里內期在三五天無庸請照惟水手船上人等不在此例如入內地販運貨物須按照各國新定章程辦理不准在內地開設行店

第四款

一和國所奉基督聖教即耶穌天主教傳教之士若安分傳教在內地中國官一體保護如中國習教民人犯中國律令之事仍由地方官照例懲辦如無過犯不得刻待禁阻

第五款

一和民任便覓致諸色華庶勷執分內工藝中國官毫無限制禁阻游行往來卸貨下貨任從和商自僱小船剝運不論各項艇隻僱價銀兩若干聽和商與船戶自議不必官為經理亦不得限定船數並何船攬載及挑

夫包攬運送、倘有走私漏稅情弊、查出該犯自應照例懲辦、

第六款

一和國屬民相涉案件、皆歸領事官審判、與中國無涉、和國民人與中國民人有控告案件、必須領事官與地方官各先爲勸息、如不能勸息、再行照會公平訊斷、中國民人有欺凌擾害和民者、皆歸地方官審判、和國民人有犯事在中國者、皆由領事官審判、各按本國法律嚴辦、以昭平允、如和民有犯罪潛逃入中國內地、華民

有犯罪潛逃入和民船屋、均應領事官與地方官、隨時照會查實、即行送出、均不得隱匿袒庇、倘華民有欠和民債務潛逃者、若地方官查知、自當嚴拿追究、和民有欠華民債務潛逃者、和國官查知、亦當嚴拿追究、兩國官均不代爲賠償、

第七款

一和民在中國者、地方官必時加保護、如有欺凌擾害、恣意搶掠、即當設法查追、並將該犯按律嚴辦、和船在中國轄下海洋被刦、地方官聞報、迅即設法查拿、如追有贓物、交領事官給還原主、中國官不能代爲賠償、和船在中國沿海地方擱淺碰壞、或遭風收口、地方官聞報、即當設法照料、護交就近領事官、以敦和睦、

第八款

一和國商船、應納噸鈔、八十六拉四以上、當作英國一百五十噸以上、每噸納鈔銀四錢、八十六拉四正及八十六拉四以下、每噸納鈔銀一錢、凡船隻納淸船鈔、由監督官發給執照、開明船鈔完納、倘該船欲往他處、自領照日起、在四個月期內、前赴通商各口、無庸另納噸

鈔、和船初進口、並未開艙、欲往他處、限兩日內出口、即免征收噸鈔、倘逾二日之限、雖不開艙、亦須全數輸納、此外並無他項雜費、若犯風打壞船隻、入口修理、不在此例、免其完納噸鈔、如係通商之口、起貨販賣、仍應完納稅鈔、和商在各口自用艇隻、帶運客人行李書信、以及例不納稅等物、無庸完鈔、如駁運例應完稅貨物、每四個月納鈔一次、每噸納鈔銀一錢、

第九款

一和國船隻進口、限一日內、該船主即將船牌艙口單

等件、撿交領事官、領事官卽於次日、將船名及運載噸數、裝何貨物等情、照會監督官、以便查驗、倘過限期、該船主並未報明領事官、每日罰銀五十兩、所罰之數、總不能逾二百兩、其艙口單內、須將所載貨物、詳細開明如有漏報揑報等項、船主罰銀五百兩、若係誤筆、速於遞單之日改正、可以不罰、俟監督官接到領事官照會發給開艙單、方准起貨、倘船主未領開艙單、擅行起貨、亦罰銀五百兩、並將所現起之貨物、全行入官、至於欲出口之時、必待完清噸鈔稅餉後、方准發給紅單、領事

官接閱紅單、始行發回船牌艙口單等件、准其出口、若領事官、或署領事官、不在該處、則將船牌艙口單等件撿交監督官辦理、

第十款

一和商起落貨物、及經過內地稅關納稅、俱照稅則為準、總不能較他國有多寡不均之數、輸稅之期、進口貨於起貨之時、出口貨於落貨之時、過內地關洋貨於給票之時、各行按納各商船隻、不准擅行撥貨、如欲撥貨、必先由監督官給領准單、方准動撥、違者將所現撥之貨入官、和船上貨下貨、亦須先領監督官准單、如違、亦將貨物一併入官、和商販運外國貨物進口、已經納清課稅、仍欲將貨轉運別口售賣、須稟明監督官、委員撿驗、果係原包原貨、與納稅底簿相符、並無拆動抽換情弊、則該商可向監督官請領存票一紙、內註明所完稅銀若干、他日不論本關進口出口之貨、均可將此存票、當作完納稅項之用、其轉運之貨抵他口時、再行納稅若查有影射假冒夾帶等情、將貨亦罰入官、或欲仍將該貨運出外國、若經完稅、亦當一體聲明稟監督官驗

明、發給存票一紙、他日不論進口出口之貨、均可將此存票、當作完納稅項之用、至於外國所產糧食和船裝載進口、全未經起卸、准其復運出口、如已經起卸轉運中國別口、仍照稅則納稅章程辦理、

第十一款

一凡納稅以觔兩計者、務必先除皮包粉飾等料、以淨貨輕重為準、倘稅關人役與和商意見不合、自當兩造同往驗貨、若目力不能瞭察之貨、再有理論不明、和商於一日內赴領事官稟知情由、領事官會同監督官商

量酌辦惟此未論定之貨監督官暫緩謄簿至稅則所載按價若干抽稅若干倘海關人役與和商不能平定其價即須各邀客商二三人前來驗貨客商內有願出價銀若干買此貨者即以所出最高之價爲此貨之價式如貨物因受潮濕以致價值低減者應行按價減稅倘和商與關吏理論價值未定即照按價抽稅之法辦理

第十二款

一中國各口收稅官員凡有嚴防偷漏之法均准其相

度機宜隨時便宜設法辦理以杜弊端和商船隻惟在約內准通商各口貿易如到沿海沿江別處地方私作買賣船貨一併入官倘船隻遭風犯險避入者不在此例該處官長自當設法照料俟諸務允妥令其出口起程不准在彼私行買賣如有私行起岸販貨者仍將船貨入官若和國商船在通商各口查有涉走私該貨無論式類價值全數查抄入官外仍可將該船驅逐不准在各口通商凡約內所有和商罰款船貨入官歸中國收用

第十三款

一和國師船在中國轄下海洋別無他意或因捕盜駛至各口買賣一切食物薪水修理船隻船上水師各官與中國官員平行相待

第十四款

一嗣後

大和欽差大臣及領事等官行移文書與

大清特簡大員及地方監督等官和國俱依和字書寫仍以漢字配送若遇有文辭辨論之處各以本國文字爲正

此次定漢和文字詳細較對無訛亦依此例

第十五款

一現經兩國所定條約凡有取益防損之道尚未議及者若他國今後別有潤及之處和國無不同獲其美

第十六款

一本約條款立定俟兩國

御筆硃批一年期內彼此各派大員於天津或廣東地方會晤互相交付現令

大清大和各大臣先蓋關防以昭誠信

大清同治二年八月二十四日
大和一千八百六十三年十月初六日

另款

此次新定條約凡各國稅則届重修年分和國亦可與曾經換約各國一體辦理不必另立年限

大清同治二年八月二十四日
大和一千八百六十三年十月初六日

瑞典國哪威國條約

通商各國條約目錄

下函

茲中華
大清國
大瑞典國那威國等欲堅定三國誠實永遠友睦之條約
及太平和好貿易之章程以爲三國日後遵守成規是
以
大清
大皇帝特派
欽差大臣太子少保協辦大學士兵部尚書兩廣總督部堂
總理五口通商善後事宜辦理外國事務宗室耆

大瑞典國那威國等
大君主特派
欽差嗃䟽男爵全權大臣李利華　各將所奉便宜行事之
上諭及欽奉全權之
敕諭公同較閱照驗俱屬善當因將議明各條款臚列於左
酌定貿易章程
一嗣後
大清與瑞典國那威國等及三國民人無論在何地方均
應互相友愛眞誠和好共保萬萬年太平無事

一瑞典國哪威國等來中國貿易之民人所納出口入口貨物之稅餉俱照現定例冊不得多於各國一切規費全行革除如有海關胥役需索中國照例治罪倘中國日後欲將稅例更變須與瑞典國哪威國等領事等官議允如另有利益及於各國瑞典國哪威國等民人應一體均沾用昭平允

一嗣後瑞典國哪威國等民人俱准其挈帶家眷赴廣州福州廈門甯波上海共五港口居住貿易其五港口之船隻裝載貨物互相往來俱聽其便但五港口外不得

有一船駛入別港擅自遊奕又不得與沿海奸民私相交易如有違犯此條禁令者應按現定條例將船隻貨物俱歸中國入官

一瑞典國哪威國等民人既准赴五港口貿易應須各設領事等官管理本國民人事宜中國地方官應加款接遇有交涉事件或公文往來或會晤面商務須兩得其平如地方官有欺藐該領事各官等情准該領事等將委曲申訴中國大憲秉公查辦但該領事等官亦不得率意任性致與中國官民動多牴牾

一瑞典國哪威國等民人在五港口貿易除中國例禁不准携帶進口出口貨物外其餘各項貨物均准其由本國或別國販運進口售賣並准其將中國貨物販運出口赴本國或別國售賣均照現定條例納餉不得另有別項規費

一凡瑞典國哪威國等船隻赴五港口貿易者均由領事等官查驗船牌報明海關按所載噸數輸納船鈔計所載貨物在壹百五十噸以上者每噸納鈔銀五錢不及一百五十噸者每噸納鈔銀壹錢所有以前丈量及各

項規費全行裁革或有船隻進口已在本港海關納完鈔銀因貨未全銷復載往別口轉售者領事等官報明海關於該船出口時將鈔已完納之處在紅牌內註明並行文別口海關查照俟該船進別口時止納貨稅不輸船鈔以免重徵

一凡瑞典國哪威國等民人在各港口以本國三板等船附搭客商運帶行李書信及例不納稅之零星食物者其船隻均不須輸納船鈔外若載有貨物即應按不及一百五十噸之數每噸納銀一錢若雇用內地艇隻不

在按噸納鈔之例

一凡瑞典國哪喴國等民人貿易船隻進口准其自雇引水赴關隘處所報明帶進俟稅鈔全完仍令引水隨時帶出其雇覓跟隨買辦及延請通事書手雇用內地艇隻搬運貨物附載客商或添雇工匠厮役水手人等均屬事所必需例所不禁應各聽其便所有工價若干由該商民等自行定議或由各領事官酌辦中國地方官勿庸經理

一瑞典國哪喴國等貿易船隻到口一經引水帶進即由

海關酌派妥役隨船管押該役或搭坐商船或自雇艇隻隨同行走均聽其便其所需食用由海關按日給銀不得需索商船絲毫規費違者計贓科罪

一瑞典國哪喴國等商船進口或船主或貨主或代辦商人限二日之內將船牌貨單等件呈遞本國領事等官存貯該領事即將船名人名及所載噸數貨色詳細開明照會海關方准領取牌照開艙起貨倘有未領牌照之先擅行起貨者即罰洋銀五百大圓並將擅行卸運之貨一概歸中國入官或有商船進口止起一分貨物

者按其所起一分之貨輸納稅餉未起之貨均准其載往別口售賣倘有進口並未開艙即欲他往者限二日內即行出口不得停留亦不徵收稅餉船鈔均俟到別口發售時再行照例輸納倘進口貨船已逾二日之限即須輸納船鈔仍由海關塡發紅牌知照別口以免重徵

一瑞典國哪喴國等商船販貨進口出口均將起貨下貨日期呈報領事等官由領事等官轉報海關屆期派委官役眼同該船主貨主或代辦商人等秉公將貨物驗明以便按例征稅若內有估價定稅之貨或因議價高

下不等除皮多寡不齊致有辯論不能了結者限該商於即日內稟報領事官俾得通知海關會商酌奪若稟報稽遲即不爲准理

一瑞典國哪喴國等各口領事官處應由中國海關發給丈尺秤碼各一副以備丈量長短權衡輕重之用即照粵海關部頒之式蓋戳鐫字五口一律以免參差滋弊

一瑞典國哪喴國等商船進口後於領牌起貨時應即將船鈔交清其進口貨物於起貨時完稅出口貨物於下

貨時完稅統俟稅鈔全完海關給發紅單由領事官驗明再行發還船牌准該商船出口回國其完納稅銀由中國官設銀號代納或以紋銀納餉或以洋銀折交均照現定章程辦理其進口貨物由中國商人轉販內地者經過各關均照舊例納稅不得另有加增

一瑞典國哪威國等商船停泊口內不准互相剝貨倘有必須剝過別船者由該商呈報領事官報明海關委員查驗明確方准剝運倘不稟明候驗輒行剝運者卽將其剝運之貨一併歸中國入官

一各國通商舊例歸廣州官設洋行經理現經議定將洋行名目裁撤所有瑞典國哪威國等民人販貨進口出口均准其自與中國商民任便交易不加限制以杜包攬把持之弊

一中國商人遇有拖欠瑞典國哪威國等人債項或誆騙財物聽瑞典國哪威國等人自向討取不能官爲保償若控告到官中國地方官接到領事官照會卽應秉公查明催追還欠倘欠債之人實已身亡產絕誆騙之犯實已逃匿無踪瑞典國哪威國等人不得執洋行代賠之舊例呈請著賠若瑞典國哪威國等人有拖欠誆騙華商財物之事仿照此例辦理領事官亦不保償

一瑞典國哪威國等民人在五港口貿易或久居或暫住均准其租賃民房或租地自行建樓並設立醫館禮拜堂及殯葬之處必須由中國地方官會同領事等官體察民情擇定地基聽瑞典國哪威國等人與內民公平議定租息內民不得抬價勒掯遠人不許強租硬占務須各出情願以昭公允倘墳墓或被中國民人毀掘中國地方官嚴拿照例治罪其瑞典國哪威國等人泊船

寄居處所商民水手人等止准在近地行走不准遠赴內地鄉村任意閒遊尤不得赴市鎮私行貿易應由五港口地方官各就民情地勢與領事官議定界址不許踰越以期永久彼此相安

一准瑞典國哪威國等官民延請中國各方士民人等教習各方語音並幫辦文墨事件不論所延請者係何等樣人中國地方官民等均不得稍有阻撓陷害等情並准其採買中國各項書籍

一嗣後瑞典國哪威國等民人在中國安分貿易與中國

民人互相友愛地方官自必時加保護令其身家全安並查禁匪徒不得欺凌騷擾倘有內地不法匪徒逞兇放火焚燒洋樓掠奪財物領事官速即報明地方官派撥兵役彈壓查拏併將焚搶匪徒按例嚴辦

一瑞典國那威國等民人運貨進口既經納清稅餉倘有欲將已卸之貨運往別口售賣者禀明領事官轉報海關檢查貨稅底簿相符委員驗明實係原包原貨並無拆動抽換情弊即將某貨若干担已完稅若干之處填入牌照發該商收執一面行文別口海關查照俟該船

進口查驗符合即准開艙出售免其重納稅餉若有影射夾帶情事經海關查出罰貨入官

一嗣後中國民人與瑞典國那威國等民人有爭鬪詞訟交涉事件中國民人由中國地方官捉拿審訊照中國例治罪瑞典國那威國等民人由領事等官捉拿審訊照本國例治罪但須兩得其平秉公斷結不得各存偏護致啟爭端

一瑞典國那威國等現與中國訂明和好五處港口聽其船隻往來貿易倘日後另有別國與中國不和中國止應禁阻不和之國不准來五口交易其瑞典國那威國等人自往別國貿易或販運其國之貨物前來五口中國應認明瑞典國那威國等旗號便准入港惟瑞典國那威國等商船不得私帶別國一兵進口及聽受別國商人賄囑換給旗號代為運貨入口貿易倘有犯此禁令聽中國查出拿辦

一每屆中國年終分駐五港口各領事官應將瑞典國那威國等一年出入口船隻貨物數目及估定價值詳細開報各本省總督轉咨

戶部以憑查驗

一瑞典國那威國等民人因有要事向中國地方官辦訴先禀明領事等官查明禀內字句明順事在情理者即為轉行地方官查辦中國商民因有要事向領事等官辦訴先禀明地方官查明禀內字句明順事在情理者即為轉行領事等官查辦倘遇有中國人與瑞典國那威國等人因事相爭不能以和平調處者即須三國官員察明公議察奪

一瑞典國那威國等民人在中國各港口自因財產涉訟

由本國領事等官訊明辦理若瑞典國哪嗹國等民人在中國與別國貿易之人因事爭論者應聽兩造查照各本國所立條約辦理中國官員均不得過問

一瑞典國哪嗹國等貿易船隻進中國五港口灣泊仍歸各領事等官督同船主人等經管中國無從統轄倘遇有外洋別國凌害瑞典國哪嗹國等貿易民人中國不能代為報復若瑞典國哪嗹國等商船在中國所轄內洋被盜搶刼該中國地方文武官一經聞報即須嚴拿強盜照例治罪起獲原贓無論多少均交近地領事等

官全付本人收回但中國地廣人稠萬一正盜不能緝獲或有盜無贓及起贓不全中國地方官例有處分不能賠還贓物

一瑞典國哪嗹國等貿易船隻若在中國洋面遭風觸礁擱淺遇盜致有損壞沿海地方官查知即應設法拯救酌加撫恤俾得駛至本港口修整一切採買米糧汲取淡水均不得稍為禁阻如該商船在外洋損壞漂至中國沿海地方者經官查明亦應一體撫恤妥為辦理

一瑞典國哪嗹國等民人貿易船隻財物在中國五港口者地方官均不得強取威脅如封船公用等事應聽其安生貿易免致苦累

一瑞典國哪嗹國等民人間有在船上不安本分離船逃走至內地避匿者中國地方官即派役拿送領事等官治罪若有中國犯法民人逃至瑞典國哪嗹國等人寓館及商船潛匿者中國地方官查出即行文領事等官捉拿送回均不得稍有庇匿至瑞典國哪嗹國等商民水手人等均歸領事等官隨時稽查約束倘三國人有倚強滋事輕用火器傷人致釀鬬殺重案三國官員均

應執法嚴辦不得稍有偏狥致令衆心不服

一嗣後中國大臣與瑞典國哪嗹國等大臣公文往來應照平行之禮用照會字樣領事等官與中國地方官公文往來亦用照會字樣申報大憲用申陳字樣若平民稟報官憲仍用稟呈字樣均不得欺藐不恭有傷公誼至三國均不得互相徵索禮物

一瑞典國哪嗹國等日後或有國書遞達中國
朝廷者應由中國辦理外國事務之
欽差大臣或兩廣閩浙兩江總督等大臣將原書代

奏
一嗣後瑞典國哪威國等如有兵船巡查貿易至中國各
港口者其兵船之水師提督及水師大員與中國該處
港口之文武大憲均以平行之禮相待以示和好之誼
該船如有採買食物汲取淡水等項中國均不得禁阻
如或兵船損壞亦准修補
一瑞典國哪威國等民人凡有擅自向別處不開關之港
口私行貿易及走私漏稅或攜帶鴉片及別項違禁貨
物至中國者聽中國地方官自行辦理治罪瑞典國哪

威國等官民均不得稍有袒護若別國船隻冒瑞典國
哪威國等旗號作不法貿易者瑞典國哪威國等自應
設法禁止
茲將現定條約由
大清
欽差大臣太子少保協辦大學士兵部尚書兩廣總督部堂
總理五口通商善後事宜辦理外國事務宗室耆
大瑞典國哪威國
欽差便宜行事全權駐中國公使大臣嘀琉男李利華　鈐

蓋關防印信書名畫押以昭信據須至和約者
我主耶穌基理斯督降生後紀年之一千八百四十七年三月　日　印
道光二十七年二月初四日
在廣東鈐蓋印信

葡國條約

大清國
大皇帝
大西洋國
大君主兩國彼此友睦歷有三百餘年因願倍敦友誼俾永
相安會於光緒十三年三月初二日在
大西洋國京都理斯波阿兩國派員會議節略四條茲欲
訂立通商和好條約彼此遵守是以
大清國
大皇帝特派管理總理各國事務衙門多羅慶郡王總理各國事務衙門大臣工部左侍郎孫

大西洋國
大君主特派欽差便宜行事全權大臣欽賜佩帶聖母寶星
佩帶暹羅日本紅帶佩帶大日斯巴尼亞國嘎羅斯第
三頭等寶星佩帶意薩貝勒嘎多利格頭等寶星暨佩
帶大奧國鐵寶蓋寶星羅沙
各將所奉便宜行事之
上諭公同較閱俱屬妥善特將議定條款開列於後

第一款

一

大清國
大皇帝
大西洋國
大君主兩國仍舊永遠敦篤友誼和好並兩國商民人等彼
此僑居皆全獲保護身家
第二款
一前在
大西洋國京都理斯波阿所訂預立節略内
大西洋國永居管理澳門之第二款

大清國仍允無異惟現經商定俟兩國派員妥為會訂界
址再行特立專約其未經定界以前一切事宜俱照依
現時情形勿動彼此均不得有增減改變之事
第三款
一前在
大西洋國京都理斯波阿所訂預立節略内
大西洋國允准未經
大清國首肯則
大西洋國永不得將澳門讓與他國之第三款

大西洋國仍允無異
第四款
一
大西洋國堅允在澳門協助中國徵收由澳門出口運往
中國各海口洋藥之稅釐其如何設法協助並助理久
長一如英國在香港協助中國徵收由香港出口運往
中國各海口洋藥之稅釐無異其應議協助章程之大
旨今另定專約附於本約之後與本約一體遵行
第五款

一
大西洋國
大君主可派
欽差大臣各等員詣
大清國京都駐紮其
欽差大臣各等員並隨員眷屬人等可在
大清國京都或常行居住或隨時往來抑或在准別國
欽差大臣所寓之處居住皆候奉本國
諭旨遵行

大清國亦可派
欽差大臣駐紮
大西洋京都理斯波阿或隨時到京亦欽候本國之
旨
第六款
一
大清國、大西洋國所派欽差大臣各等員於居住之處無不按照
情理以禮優待所有身家公所與各來往公文書信等
件皆不得被人擅動

第七款
一
大西洋國官員有公文照會
大清國官員均用
大西洋國字樣繕寫並繙譯漢文相連配送各以其本國
之字爲憑
第八款
一將來兩國官員辦公人等因公往來各隨名位高下
准用平行之禮

大西洋國大憲與
大清國無論京內京外各大憲公文往來俱用照會
大西洋國二等官員與
大清國省中大憲公文往來用申陳
大清國大憲用劄行兩國平等官員則照相並之禮其商
人及無爵位者赴訴俱用稟呈字樣
第九款
一
大西洋國

大君主可設立總領事官領事官副領事官委辦領事官駐
紮
大清國通商各口地方並如准別國在他處設立領事官
亦准
大西洋國設立該領事官職分權柄皆與別國領事官所
操行者無異無論何時別國領事官享獲優免利益防
損種種恩施
大西洋國領事官亦如
大清國相待最優之國領事官一律無異

大清國地方官於該領事等官均應以禮相待文移往來
均用平行之禮凡領事官署領事官與道員同品副領
事官署副領事官委辦領事官及繙譯官與知府同品
至所派之員必須西國眞正職官不得派商人作領事
官一面又兼貿易但不拘何口
大西洋國若未便設立領事官可暫請別國領事官代爲
料理
大清國亦聽其便
第十款
一所有中國恩施防損或關涉通商行船之利益無論
減少船鈔出口入口稅項內地稅項與及各種取益之
處業經准給別國人民或將來准給者亦當立准
大西洋國人民惟中國如有與他國之益彼此立有如何
施行專章
大西洋國既欲援他國之益使其人民同沾亦允於所議
專章一體遵守
第十一款
一所有

大清國通商口岸均准
大西洋國商民人等眷屬居住貿易工作平安無礙船隻
隨時往來通商常川不輟其應得利益均與
大清國相待最優之國無異
第十二款
一
大西洋國商人起卸貨物納稅俱照咸豐八年各國稅則
爲額總不能較他國有彼免此輸之別以昭平允而免
偏枯
第十三款
一游行往來卸貨下貨任從
大西洋國商人自僱小船撥運不論各項艇隻僱價銀兩
若干聽
大西洋國商人與船戶自議不必官爲經理亦不得限定
船數其船及挑夫人等亦不准人包攬運送倘有走私
漏稅情弊查出該犯自應照例懲辦
第十四款
一

大西洋國商民居住通商口岸任便雇覔諸色華庶在中國襄執分內工藝大清國官毫無限制禁阻唯不得違例僱覔前往外洋

第十五款

一　大西洋國人民在中國地方如有被人欺凌擾害大清國官憲自必時加保護令其身家財產得以安全倘或被人搶奪放火燒燬房屋搶刧財物者地方官即行設法派撥兵役彈壓查追並將焚搶匪徒按照律例嚴

辦大清國人在大西洋國所屬地方如有被人欺凌擾害大西洋國官員亦照此一體辦理

第十六款

一　大西洋國商民在通商各口地方買地租地或租房爲建造房屋設立棧房禮拜堂醫院墳墓均按民價公平定議照給惟須由業主報明地方官查明無礙民居方嚮者方可交易不得互相勒掯至於內地各處並非通商口岸均議定不得設立行棧

第十七款

一　大西洋國商人運貨赴通商口岸貿易其單照等件均照各國章程由各關監督發給其並不攜帶貨物之民人專爲持往內地遊歷執照由領事官發給由地方官蓋印經過地方如飭交出執照應可隨時呈驗無訛放行雇船雇人裝運行李貨物均不得攔阻如其無執照或

其中有訛誤以及有不法情事可就近交送領事官懲辦沿途只可拘禁不可凌虐如通商各口有出外游玩者地在百里期在五日內毋庸請照惟水手船上人等不在此列應由地方官會同領事官另定章程

第十八款

一　大西洋國船隻在大清國轄下海洋地方有被强盜搶刧者地方官一經聞報即行設法查追拏辦如能追得贓物交領事官給還

原主

第十九款

一

大西洋國船隻有在

大清國沿海地方碰壞擱淺或遭風等事該口地方官查知即設法妥爲照料護送交就近領事官查收以昭睦誼

第二十款

一

大西洋國商船應納鈔課各按船牌可載若干頓而納一百五十頓以上每頓納鈔銀四錢一百五十頓正及一百五十頓以下每頓納鈔銀一錢既納鈔後監督官給發執照開明船鈔完納

第二十一款

一輸稅期候進口貨於起載時出口貨於落貨時各行按納

第二十二款

一

大西洋國船主一進通商各口欲將貨物在該口但卸幾分即以所卸多寡照數納稅其餘貨物欲帶往別口卸者其稅銀亦在別口輸納

第二十三款

一

大西洋國貨船進口並未開艙欲行他往者限二日之內出口即不徵收船鈔倘逾二日之限即須全數輸納此外船隻出進口時並無應交費項凡船進口一到之時即應報明以備查核如於二日時刻內漏報照例罰辦

第二十四款

一

大西洋國商人在各口自用艇隻運帶客人行李書信食物及例不納稅之物毋庸完鈔倘帶例應完稅之貨則每四箇月一次完鈔每頓一錢

第二十五款

一

大西洋國船隻欲進各口聽其雇覓引水之人完清稅務之後亦可雇覓引水之人帶其出口

第二十六款

一　大西洋國船隻甫臨近口監督官派委員弁丁役看守或在西洋船或在本艇隨便居住其需用經費由關支發惟於船主並該管船商處不得私受毫釐倘有收受查出分別所取之數多寡懲治

第二十七款

一　大西洋船隻進口限一日內該船主將船牌艙口單各件交領事官即於次日通知監督官並將船名及押載噸數裝何貨物之處照會監督官以憑查驗如過限期該船主並未報明領事官每日罰銀五十兩惟所罰之數總不逾二百兩以外至其艙口單內須將所載貨物詳細開明如有漏報揑報者船主應罰銀五百兩倘係筆誤即在遞貨單之日改正者可不罰銀

第二十八款

一　監督官接到領事官詳細照會後即發開艙單倘船主未領開艙單擅行下貨即罰銀五百兩並將所下貨物全行入官

第二十九款

一　大西洋國商人上貨下貨總須先領監督官准單如違即將貨物一併入官

第三十款

一　各船不准私行撥貨如有互相撥貨者必須先由監督官處發給准單方准動撥違者即將該貨全行入官

第三十一款

一　各船完清稅餉之後方准發給紅單領事官按到紅單始行發回船牌等件准其出口

第三十二款

一　至稅則所載按價若干抽稅若干倘海關驗貨人役與
大西洋國商人不能平定其價即須各邀客商二三人前來驗貨客商內有願出價銀若干買此貨者即以所出最高之價爲此貨之價式免致收稅不公

第三十三款

一凡納稅實按觔兩秤計先除皮包粉飾等料以淨貨輕重爲準至有連皮過秤除皮核算之貨即若茶葉一項倘海關人役與

大西洋國商人意見不同即於每百箱內聽關役揀出若干箱

大西洋國商人亦揀出若干箱先以一箱連皮過秤得若干觔再秤其皮得若干觔除皮算之即可得每箱實在觔數其餘貨物凡係有包皮者均可准此類推倘再理論不明

大西洋國商人赴領事官報知情節由領事官通知監督官商量酌辦惟必於此日稟報遲則不爲辦理此項倘未論定之貨監督官暫緩塡簿免致後難更易須俟秉公覈斷明晰再爲登塡

第三十四款

一

大西洋國貨物如因受潮濕以致價低減者應行按價減稅倘

大西洋國商人與官吏理論價値未定則照按價抽稅條內之法辦理

第三十五款

一

大西洋國商人運洋貨進口既經納清稅課者凡欲改運別口售賣須稟明領事官轉報監督官委員驗明實係原包原貨查與底簿相符並未拆動抽換即照數塡入牌照發給該商收執一面行文別口海關查照仍俟該船進口查驗符合即准開艙出售免其重納稅課如查有影射夾帶情事貨罰入官至或欲將該貨運出外國亦應一律聲稟海關監督驗明發給存票一紙他日不論進口出口之貨均可持作已納稅餉之據至於外國所產粮食

大西洋國船裝載進口未經起卸仍欲運赴他處概無禁阻

第三十六款

一

大清國各口收稅官員凡有嚴防偷漏之法均應相度機宜隨時便宜設法辦理以杜弊端

第三十七款

一凡約內載明

大西洋國商民何者當罰何者充公入官等項均係歸於

大清國充公與別國無涉

第三十八款

一

大西洋國貨物在通商不論何口既已按例輸納進口正稅倘欲自入內地販運者應照各國現定章程辦理其在內地買土貨販運出口或前赴長江各口或欲運往

外國亦俱照各國現定章程辦理

大清國各關書役人等如有不遵條例詐取規費者由

大清國照例究治倘有多收稅餉查明實係悞收者由

大清國隨時酌辦

第三十九款

一通商各口分設浮樁號船塔表望樓由領事官與地方官會同酌視建造

第四十款

一稅課銀兩由

大西洋國商人交官設銀號或紋銀或洋錢按照道光二十三年在廣東所定各樣成色交納

第四十一款

一秤碼丈尺均按照粵海關部頒定式由各監督在各口送交領事官以昭畫一

第四十二款

一

大西洋國船隻只准在通商各口處所出入貿易除第十九款所議未能防範之事外如有在別處沿海地方入

口或私行買賣者卽將船貨一併入官

第四十三款

一凡船隻由通商各口前往別口並澳門地方該船主稟明海關監督給發執照自是日起以四閱月爲期毋庸輸納船鈔

第四十四款

一

大西洋國商船如查有涉走私情弊卽將該走私之貨無論何項何價全數查抄入官仍俟該商船賬目清楚後

嚴行驅逐不准在港口貿易

第四十五款

一

大清國
大西洋國交犯一節除中國犯罪民人有逃至澳門地方潛匿者由兩廣總督照會澳門總督即由澳門總督仍照向來辦法查獲交出外其通商各口岸有犯罪華民逃匿

大西洋國寓所及船上者一經中國地方官照會領事官即行查獲交出其

大西洋國犯罪之人有逃匿中國地方者一經

大西洋國官員照會中國地方官亦即查獲交出均不得遲延袒庇

第四十六款

一此次新定稅則並通商各款日後彼此兩國再欲重修以十年為限期滿須於六箇月之前先行知照酌量更改若彼此未曾先期聲明更改則稅課仍照前章完納復俟十年再行更改以後均照此限此式辦理永行弗替

第四十七款

一在

大清國地方所有

大西洋國屬民互控案件不論人產皆歸

大西洋國官審辦

第四十八款

一

大清國人如有欺凌擾害

大西洋國人者由

大西洋國官知照

大清國地方官按

大清國律例自行懲辦

大西洋國人如有欺凌擾害

大清國人者亦由

大清國官知照

大西洋國領事官按

大西洋國律例懲辦

第四十九款

一大清國人有欠
大西洋國人債務不償或潛行逃避者中國官必須認眞
嚴行查拏如果係帳據確鑿力能賠繳者務須追繳
大西洋國人有欠
大清國人債務不償者
大西洋國領事官亦一體追繳但不論是何情形兩國均
不保償民人欠項

第五十款

一大西洋國人每有赴訴地方官其稟呈皆由領事官轉遞
領事官即將稟內情詞查核適理妥當隨即轉遞否則
更正或發還
大清國人有稟赴領事官呈遞亦先報地方官一體辦理

第五十一款

一大西洋國民人如有控告
大清國民人事件應先赴領事官衙門遞稟領事官查核
其情節須力爲勸和息訟
大清國民人如有赴領事官衙門控告
大西洋國人者領事官亦應查核其情節力爲勸息若有
不能勸息者應由
大清國地方官與領事官會同審辦各按本國之律例公
平訊斷

第五十二款

一天主聖教原以勸人行善爲本自後凡有傳授習學者一體

全獲保護其安分無過者
大清國官不得苛待禁阻

第五十三款

一各國議立和約原係漢洋文字惟因欲防嗣後有辯
論之處茲查英國文字中外人多熟悉是以此次所定
之和約以及本和約所附之專約均以中國文
大西洋國文暨英國文三國文字譯出繕寫畫押六紙
每國文字二紙均屬同意倘遇有
大西洋國文與中國文有未妥協之處則以英文解明所

有之疑

第五十四款

一所有現議定之和約並所附之專約俟

大清國

大皇帝

大西洋國

大君主兩國

御筆批准則在天津彼此即早互換後再行刊刻通行使兩

國官民咸知遵守現經兩國

欽派大臣將英漢西譯文條約章程各二分校對無訛親筆畫押鈐

用關防以昭信守

會議專約

大清國

大皇帝特派欽差便宜行事大臣管理總理各國事務衙門多羅慶郡王總理各國事務衙門大臣工部左侍郎孫

大西洋國

大君主特派欽差駐紮中國便宜行事大臣羅

為議立專約現因於光緒十三年十月十七日兩國經

已議定和好通商條約第四款載明彼此必須議立專

約以便畧定如何設法協助中國征收由澳門出口運

往中國各海口洋藥之稅厘是以兩國便宜行事大臣

互相定議專約三款臚列於左

第一款

大西洋國應允頒行律例一條以為飭令澳門洋藥生意

必須遵循後列之規例

一除洋藥裝滿箱之外其餘零星碎件不准運入澳門

二大西洋國應簡派官員一員在澳門以為督理查緝

出口入口之洋藥所有載運洋藥入口一經到澳須立

即報知督理官衙門

三所有運入澳門之洋藥如欲由此船搬過彼船或由

船而起上岸抑或運入棧房或由此棧而搬至彼棧又或將該洋藥轉運出口均須先到督理官衙門領取准照方准搬運

四所有澳門出口入口洋藥之商人應有登記簿而該簿之格式係由官酌定發給其所有運入口之洋藥應照依官給予之格式將該洋藥賣出若干箱或賣與何人抑或運往何處以及在鋪內存有若干箱均須據實逐一註明簿內

五除承充澳門洋藥之商人及領牌照售賣零星洋藥之人外無論何人均不准收存不足一箱之生洋藥

六此律例頒行之後必須詳細定立章程俾令各人在澳門遵守至於該章程應與香港辦理此項之章程相同

第二款

所有澳門出口前往中國各海口之洋藥必須到督理洋藥衙門領取准照一面由該衙門官員立將轉運出口之准照轉致拱北關稅務司辦理

第三款

大清國與

大西洋國嗣後如欲將此專約之條款更改必須兩國會議允行方可隨時刪更

右載專約於

大清國光緒十三年十月十七日
大西洋國西歷一千八百八十七年十二月初一日

兩國所派

欽差便宜行事大臣在京都親各畫押鈐用關防以昭信守

日斯巴尼亞國條約

大清國
大皇帝
大日斯巴尼亞國
大君主因欲立定切實至當章程以存多年兩國和好貿易
友誼是以
大清國
大皇帝特派
欽差全權大臣頭品頂戴總理各國事務大臣薛 兵部左侍郎辦理三口通商大臣崇
大日斯巴尼亞國

大君主特派
欽差全權大臣御賜勳勞大星依撒別拉嘎多利嘎瑪
彼此將所奉便宜行事之
上諭公同較閱俱屬妥善兩國全權大臣互相定議所立條
款開列於左

第一款

大清國
大皇帝
大日斯巴尼亞國

大君主及兩國商民永遠照舊敦篤友誼兩國商民人等彼
此僑居皆全獲保護身家
第二款
大日斯巴尼亞國
大君主欲派秉權大臣一員至中國京師亦無不可
大清國
大皇帝欲派秉權大臣一員至日斯巴尼亞國京師事同一
律所派秉權大臣於居住之處無不按照情理全獲恩
施所有身家公館與各來往公文書信等件皆不得被

人擅動凡欲僱募送信人通事服役人等皆聽其便所
有費用彼此自備資斧至在京師租賃地基或房屋作
爲大臣等員公館兩國官員亦宜協同襄辦僱覓夫役
亦隨其便毫無阻攔
第三款
一日斯巴尼亞國
欽差大臣並各隨員等皆可任便往來收發文件行裝囊箱
不得有人擅行啟拆由沿海無論何處皆可送文專差
同中國驛站差使一律保安照料總之泰西各國於此

等大臣向爲合宜例准應有優待之處皆一律行辦
第四款
大日斯巴尼亞國
大君主可設立領事等官在中國通商之各口辦理本國商
人貿易事務並稽查遵守章程凡領事官及署領事官
與道員同品副領事官及署副領事並繙譯官與知府
同品其權職均與別大國領事等官無異因公來往衙
署相見會晤文移悉用平禮至所派之員必須日斯巴
尼亞國眞正職官不得派商人作領事官一面又兼貿

易若係小口貿易不多日斯巴尼亞國可暫令別國眞
正領事官料理仍不得託商人代辦
第五款
一各國議定通商口岸如牛莊天津烟台上海甯波福
州厦門臺灣淡水廣州汕頭瓊州及長江之漢口九江
鎭江江甯各口日斯巴尼亞國商民亦可任便出入通
市准與無論何人均得聽意買賣所有賃房買屋租地
起造建立廟堂醫院墳塋等事亦隨其便
第六款

一
天主聖教原係爲善之道待人如己自後凡有傳授習學者一體保護其安分守法中國官毫不得刻待禁阻

第七款

一日斯巴尼亞國商人除運貨赴各處通商貿易單照等件均照各國章程由各關監督發給外其併不携帶貨物之民人專爲持往內地遊歷執照由領事官發給由地方官蓋印經過地方如飭交出執照應可隨時呈驗無訛放行僱船僱人裝運行李貨物不得攔阻如其無照其中或有訛誤以及有不法情事就近送交領事官懲辦沿途止可拘禁不可淩虐如通商各口有出外遊玩者地在百里期在三五日內毋庸請照惟水手船上人等不在此例應由地方官會同領事官另定章程妥爲彈壓惟於有賊處所不准給照前往俟地方平靜之後再行給照

第八款

一日斯巴尼亞國商民在通商各口地方租地蓋屋設立棧房禮拜堂醫院墳塋均按民價公平定議照給不得互相勒掯至內地各處並非通商口岸均議定不得設立行棧

第九款

一日斯巴尼亞國商民任便覓致諸色華庶勤執分內工藝中國官毫無限制禁阻如中國人覓致日斯巴尼亞國人承工亦照此辦理

第十款

一凡有華民情甘出口在日斯巴尼亞國所屬各處承工俱准與日斯巴尼亞國民人立約爲憑無論單身或願携帶家屬一并由通商各口前往該處官員與日斯巴尼亞國官員查照各口地方情形會定章程爲保全此項華工之意但不得收留中國逃人及另有拐賣不法情事如有前項情弊一經地方官知會領事官卽行查出送還中國究辦不得掯留

第十一款

一遊行往來卸貨下貨任從日斯巴尼亞國商人自僱小船剝運不論各項艇隻僱價銀兩若干聽日斯巴尼亞國商人與船戶自議不必官爲經理亦不得限定船

數並何船攬載及挑夫包攬運送倘有走私漏稅情弊
查出該犯自應照例懲辦

第十二款

一日斯巴尼亞國屬民相涉案件不論人產皆歸日斯
巴尼亞國官查辦設與別國有事涉訟應遵某國前與
日斯巴尼亞國定約辦理中國不必與聞以上案內如
牽涉有中國人仍應按第十三十四兩款會同中國官
辦理

第十三款

一中國人有欺凌擾害日斯巴尼亞國人者由日斯巴
尼亞國領事官知照中國地方官自行懲辦日斯巴尼
亞國人有欺凌擾害中國人者亦由中國官知照日斯
巴尼亞國領事官一體懲辦若有殺人搶奪重傷謀殺
故燒房屋等重案查明係日斯巴尼亞國人犯者將該
犯送交領事官轉送小呂宋地方按律治罪

第十四款

一日斯巴尼亞國民人控告中國民人事件應先赴領
事官衙門投禀領事官即當查明根由先行勸息使不
成訟中國民人有赴領事官署告日斯巴尼亞國民人
者領事官亦一體勸息間有不能勸息者亦由中國地
方官與領事官會同審辦公平訊斷

第十五款

一日斯巴尼亞國民人中國官憲自必時加保護令其
身家全安如遭欺凌擾害及有不法匪徒放火焚燒房
屋或搶掠者地方官立即設法派撥兵役彈壓查追並
將焚搶匪徒按例嚴辦

第十六款

一日斯巴尼亞國船隻在中國轄下海洋有被強盜搶
刼者地方官一經聞報即應設法查拏追辦所有追得
贓物交領事官給還原主倘承緝官不能獲盜起贓祇
可照中國例處分不能賠償

第十七款

一日斯巴尼亞國船隻有在中國沿海地方碰壞擱淺
或遭風收口地方官查知即設法妥爲照料護送交就
近領事官查收以昭睦誼

第十八款

一通商各口倘有中國犯罪之人潛匿於日斯巴尼亞國房屋及船中者一經中國官員照會領事官即行查明交出不得隱匿袒庇若有日斯巴尼亞國水手民人因犯法逃在中國房屋或船中潛住一經日斯巴尼亞國領事官照會地方官即行查拏交送

第十九款

一日斯巴尼亞國民人若有華民欠債不償約准地方官認眞代爲催繳或有潛行逃避情事應嚴爲緝拏追還日斯巴尼亞國人欠債不償或潛行逃避者日斯巴尼亞國官亦應一體辦理均不能官爲賠償

第二十款

一日斯巴尼亞國商船應納鈔課各按船牌可載若干噸而納凡一百五十噸以上每噸納鈔銀四錢一百五十噸正及一百五十噸以下者每噸納鈔銀一錢既納鈔後監督官發給執照開明船鈔完納所有噸數照依英國噸數計算

第二十一款

一日斯巴尼亞國商人起卸貨物納稅俱照咸豐八年各國稅則爲額總不得較他國有彼免此輸之別以昭平允而免偏枯

第二十二款

一輸稅期候進口貨於起載時出口貨於落貨時各行按納

第二十三款

一此次新定稅則並通商各款日後彼此兩國再欲重修以十年爲限期滿須於六箇月之前先行知照酌量更改若彼此未曾先期聲明更改則稅課仍照前章完納復俟十年再行更改以後均照此式此限辦理永行弗替

第二十四款

一日斯巴尼亞國商民販買土貨運口出洋或將洋貨運入內地銷賣應納內地稅餉或於過卡隨時分數報完或在海關一次全行完納均准聽便輸交一次完納之例准照各國續定稅則章程第七款所載除有第二款指明每值百兩完稅二兩五錢外其餘各貨總以出入稅則照納一半爲准其該貨應納正稅仍宜於卡稅

半稅完納外如數完繳

第二十五款

一日斯巴尼亞國船隻出口欲往通商他口並香港及澳門地方該船主應稟明海關監督發給專照自是日起以四箇月爲期如係前赴通商各口俱毋庸納船鈔以免重輸

第二十六款

一日斯巴尼亞國貨船進口並未開艙欲行他往者限二日之內出口卽不徵收船鈔倘逾二日之限卽須全數輸納此外船隻出進口時並無應交費項凡船進口一到之時卽應報明以備查核如於二日時刻內漏報照例罰辦

第二十七款

一日斯巴尼亞國商人在各口自用艇隻運帶客人行李書信食物及例不納稅之物毋庸完鈔倘帶例應完稅之貨則每四箇月一次納鈔每頓一錢

第二十八款

一通商各口分設浮樁號船塔表望樓由領事官與地

方官會同酌視建造

第二十九款

一稅課銀兩由日斯巴尼亞國商人交中國官設銀號或紋銀或洋錢其應何色銀兩與各國商人一律以免此重彼輕

第三十款

一秤碼丈尺均按照粵海關部頒定式由各監督在各口送交領事官以昭畫一

第三十一款

一日斯巴尼亞國船隻欲進各口聽其僱覓引水之人完清稅務之後亦可僱覓引水之人帶其出口

第三十二款

一日斯巴尼亞國船隻甫臨近口監督官派委員弁丁役看守或在日斯巴尼亞國船或在本艇隨便居住其需用經費由關支發惟於船主並該管船商處不得私受毫釐倘有收受查出分別所取之數多寡懲治

第三十三款

一日斯巴尼亞國船隻進口限一日該船主將船牌艙

口單各付交領事官即於次日通知監督並將船名及押載噸數裝何貨物之處照會監督官以憑查驗如過限期該船主並未報明領事官每日罰銀五十兩惟所罰之數總不得逾二百兩以外至其艙口單內須將所載貨物詳細開明如有漏報揑報者船主應罰銀五百兩倘係筆誤即在遞貨單之日改正者可免罰銀

第三十四款

一日斯巴尼亞國商船進口該口監督官接到領事官詳細照會後即發開艙單倘船主未領開艙單擅行下

貨即罰銀五百兩並將所下貨物全行入官

第三十五款

一日斯巴尼亞國商人上貨下貨總須先領監督官准單如違即將貨物一併入官

第三十六款

一日斯巴尼亞國商船不准私行撥貨如有互相撥貨者必須由監督官處發給准單方准動撥違者即將該貨全行入官

第三十七款

一日斯巴尼亞國船隻完清稅餉之後方准發給紅單領事官接到紅單始行發回船單等件准其出口

第三十八款

一至稅則所載按價若干抽稅若干倘海關驗貨人役與日斯巴尼亞國商人不能平定其價即須各邀客商二三人前來驗貨客商內有願出價銀若干買此貨者即以所出最高之價為此貨之價式免致收稅不公

第三十九款

一凡納稅實按斤兩秤計先除皮包粉飾等料以淨貨

輕重為准至有連皮過秤除皮核算之貨即若茶葉一項倘海關人役與日斯巴尼亞國商人意見不同即於每百箱內聽關役揀出若干箱日斯巴尼亞國商人亦揀出若干箱先以一箱連皮過秤得若干斤再秤其皮得若干斤除皮算之即可得每箱實在斤數其餘貨物凡係有包皮者均可准此類推倘再理論不明日斯巴尼亞國商人赴領事官報知情節由領事官通知監督商量酌辦惟必於此日稟報遲則不為辦理此項倘未論定之貨監督官暫緩填簿免致後難更易須俟秉公

核斷明晰再爲登塡

第四十款

一日斯巴尼亞國貨物如因受潮濕以致價低減者應行按價減稅倘日斯巴尼亞國商人與關吏理論價值未定則照第三十八款所載值百抽五之貨同法定辦

第四十一款

一日斯巴尼亞國商民洋貨進口納清稅課後欲改運他國抑或通商別口約准稟明領事官轉報監督委員驗明實係原包原貨查與底簿相符並未拆動抽換卽當按照該貨經納正稅之數發給存票至於土貨自通商各口運入他口按例納完半稅後該商再欲運往外國以一年爲期期內亦准一律發給半稅存票該票無論何商呈驗均准專抵該關進出貨稅不准持赴別關抵課倘於委員查驗之間查有揑報各等情弊全貨俱罰入官其外國所產糧食日斯巴尼亞國船裝載進口未經起卸仍欲出洋概無禁阻

第四十二款

一中國各口收稅官員凡有嚴防偸漏之法均應相度機宜隨時便宜設法辦理以杜弊端

第四十三款

一日斯巴尼亞國船隻獨在約內准開通商各口貿易如到別處沿海沿江地方私作買賣卽將其船貨一併入官

第四十四款

一日斯巴尼亞國商船議定沿海通商各口載運土貨約准出口先納正稅復進他口再納半稅後欲復改運他口以一年爲期准向該關取給半稅存票不復更納正稅嗣到改運之口再行照納半稅

第四十五款

一日斯巴尼亞國商船查有涉走私該貨無論式類價值全數查抄入官外俟該商船賬目清後亦可嚴行驅除不准在口貿易

第四十六款

一約內所指日斯巴尼亞國商民罰款及船貨入官皆應歸中國收辦

第四十七款

一中國商船不論多寡均准前往小呂宋地方貿易必按最好之國一律相待若日斯巴尼亞國嗣後有何優待別國商人之處應照最優之國以待中國商人用昭平允

第四十八款

一日斯巴尼亞國師船別無他意或因捕盜駛入中國無論何口買取一切食物甜水及修理船隻地方官妥爲照料船上水師各官與中國官員平行相待

第四十九款

一所有米糧各樣食物鎗礮火藥火器等件及一切貨物日斯巴尼亞國商人幷船不得私行販運赴有賊處所接濟賊匪違者一經查出將船貨全行入官其違例之商人仍交日斯巴尼亞國照各國例嚴行懲辦

第五十款

一各國所有已定條約內載取益防損各事日斯巴尼亞國官民亦准無不同獲其美嗣後中國或與無論何國加有別項潤及之處亦可同歸一致期免輕重之分

第五十一款

一日斯巴尼亞國官員有公文照會中國官員均用日斯巴尼亞國字樣書寫並繙譯中國字相連配送至於此次所定各款章程以應漢洋字同寫公同較對無訛各以其國字爲憑將來兩國官員辦公人等因公往來各隨名位高下准用平行之禮日斯巴尼亞國大憲與中國無論京內京外大憲公文往來俱用照會日斯巴尼亞國二等官員與中國省中大憲公文往來俱用申陳中國大憲用劄行兩國平等官員照相並之禮其商人及無爵者彼此赴訴俱用稟呈日斯巴尼亞國人每有

赴訴於地方官其稟函皆由領事官轉遞領事官卽將稟內情詞查核適理妥當隨卽轉遞否則更正或卽發還中國人有稟赴領事官者亦先投地方官一體辦理

第五十二款

一現在議定章程應俟兩國
御筆批准並定期以兩國
欽差大臣畫押之日起至一年之內彼此互換至於互換之處或在上海或在天津互換後中國卽將所議章程行文內外各省大吏按照辦理兩國

欽差大臣仍於議定和好貿易船隻章程內均畫押鈐蓋關
防以昭信守

同治三年九月初十日

降生後一千八百六十四年十月初十日

專條

大清國與
大日斯巴尼亞國已議定和好貿易章程彼此畫押鈐蓋
關防後定限一年之內互換施行之時日斯巴尼亞國
所派秉權大臣進京居住惟因現時好繙譯官缺少經
大清國
大日斯巴尼亞國
欽差全權大臣兩相約中議定一俟和約章程畫押之日起
如滿三年後日斯巴尼亞國方派秉權大臣並帶家眷

隨員人等來京居住均與最好之國
欽差無異限內仍准每年一次抵京餘毋庸再行計議為此
另立專條一體畫押鈐印以昭信守

同治三年九月初十日

降生後一千八百六十四年十月初十日

大清欽差全權大臣兵部左侍郎辦理三口通商大臣崇
大日斯巴尼亞國欽差全權大臣瑪斯　爲
公立文凴事現行互換我兩國於同治三年九月初
十日所有議立貿易和約章程當經畫押嗣奉中國
大皇帝日斯巴尼亞國
大君主欽定俞允各條款既經彼此敬將奉到
欽定俞允硃批公同較閱查核俱屬妥善應即時互換適
因有意外之情故未能按照章程第五十二款期內
相與互換今已踐約當立文凴因此中國
欽差全權大臣崇　日斯巴尼亞國
欽差全權大臣瑪斯　公同畫押蓋用關防各執兩張以
昭信守須至文凴者
同治六年丁卯四月　初七　日
降生後一千八百六十七年　月　日在　書立

茲
大清國大皇帝、大日國大君主甚願將中國人民前往古巴寓居之事重新
商訂妥協以期永無相左之處爲此
大清國大皇帝特派總理各國事務衙門大臣成毛沈董夏作爲全權大臣
大日國大君主特派駐劄中國欽差兼駐劄粵南暹羅欽差御賜頭等意薩貝勒等寶星大臣伊作爲全權大臣　妥議其事
所有議定各條開列於後
第一款
所有同治三年九月初十日
大清國、大日國在天津定立條約內載立約爲憑招華人承工各節
嗣後既不招人出洋承工自無庸立約爲憑惟前約第
十款內有不得收留中國逃人之語仍遵其舊
第二款
前約承工出洋未能盡善之情既經今已除去自應將
前者議及賠償一層
兩國互相罷論
第三款
兩國定准嗣後彼此庶民出口前往無論單身或攜帶家屬

皆以出於情甘自願爲要總不准或在中國各口或在他處妄用勉强之法及施詭譎之計誘令華民人等不出情願而往如有兩國人民船主人等違背此約者則兩國必將其人從嚴查辦均照本國律例從重定擬罪名

大日國又允所有待各大國同類之人最優之處中國人民或已在古巴者或嗣後前往者亦應一體均霑

第四款

中國所開之通商各口如有中國男女人等自願備川資往古巴居住者

大清國自此聽其自便并無禁阻之意並令通商各口關道及地方等官如有遵照此次之約願載該民前往者通商各口關道及地方等官自聽各國之船在該口內自備應用之物以便載客出口所有該船之船東船行及經手各事人等如果能遵守此約通商各口關道及地方等官亦不攔阻

第五款

所有華民出口前往一切情事是否果遵此約各章之

處各該口關道及地方等官自可自行詳細查明以昭愼重如有華人自願出洋者應先赴關道處報名掛號請領蓋印執照（此項執照各關道預先備辦）送交日國領事官畫押蓋印由關道發給該華人上船出洋俟船到古巴後由該處該管官將關道原給蓋印執照送交中國領事官查驗其通商各口載客出洋之船該關道仍可派中國委員

大日國領事官亦派委員同往該船親爲訪察如查出華人內有並未領關道所給蓋印執照者立將此等華人撤回倘到古巴後有未領關道所給蓋印執照之華人卽由該處日國官員會同中國領事官商辦至船欲何時出口該船主船東務將開船時刻先期報明以期委員於應查各節詳細驗明不致因循貽誤如該船主不遵此章輒以開船在卽不及候驗爲辭則照會日國領事官先將船牌等件存署不發並准將該船扣留照日國律例辦理俟各章遵辦後方可放行

第六款

大清國卽派總領事官前往古巴夏灣拏地方駐劄此外所

有日國准各國領事官等員駐劄之各處地方中國亦可一律派員前往駐紮惟所有中國派總領事等官一節均照互相訂明辦法辦理日國允待中國各員與待各國駐紮古巴各官一樣

大清國所派之總領事領事副領事等員

大日國古巴各官自應盡力照料令其易於稱職妥為保護在彼本國之民

第七款

所有在古巴中國人等均准隨便出島他往唯其中倘有罪犯應行候訊者不在此例至華民在島隨便來往立業自應設法以與第三款所言之利益相符以上或應由日國執政大臣會同中國駐劄日國

欽差大臣抑或由日國夏灣拏地方官會同中國總領事官妥設良法俾令中國人等均能獲此約內所言之益與各大國在彼同類之人一例相待唯所設之法既應與該處防範滋事之章均宜相符即以後在島再立防範滋事之章亦皆包括又應由日國地方官每人予以隨便往來之准單一紙至此准單自應與各國人所執之單式樣相符

第八款

一中國人等或自被告赴署分辯者或為原告赴署理論者所有該處日國讞局優待各國兩造之處該讞局應令中國人等一律均霑

一中國人等在讞局有事之時准其延請律師及傳話之人無論他國日國均准請去且或自覓其人或請中國總領事領事等員代覓均可惟其人必須按照日國律例能在日國讞局承辦此事者方可延請

一至現今在古巴島之華民人等內有未行互換此次條約之前自言曾受委屈者均可前往該處日國讞局訴其冤枉該處讞局即將各案次序確查秉公斷結與優待各國人所能得者一樣

第九款

大清國所派夏灣拏之總領事官急與該島各該管官妥訂章程令現今在古巴之華民人等以及嗣後再來之華民均皆報名掛號立花名冊其冊存於中國總領事等官署內每人由領事官發給執照一紙以為業經報名

之據此等執照應呈各府城莊寮等所查驗

一古巴地方官急將該島各處現有華人多寡之數並其姓名知會中國總領事等官並設良法令中國總領事等官易於前往該島莊寮等處以便將中國在彼承工之人實在情形親自詳察

第十款

各國之船願載華民出洋除此約各條自應一體遵照外尚宜遵守其本國載客之章以免船上或乏應用之物或缺防客染病之法各等情形是各國之船若不遵守此二項規矩即不准載客出洋

第十一款

一現今在古巴承工之華人內恐有從前在中國或讀書或作官及此項人之親屬

大日斯巴呢啞國敦崇和誼願將此項人等由日國自出船資載回中國以昭誠衷俟此次條約互換後即行開辦惟應由中國總領事領事等員先將實在情形查明知會日國該處地方官俟該處地方官將各情詳細核明如果屬實即將其人放行載回

一現今在古巴之華工內所有年老力衰以致不能作工之人並中國孤寡婦女茲

大日國允將此二項內自願出島回國之人亦由日國出資送回

第十二款

一現今在古巴之華工合同期滿原合同內如有僱主人等應送回國等語

大日國自應督令該僱主人等按照合同而行

一現今在古巴之華工人等內亦有工期已滿而原合同未載送回本國之語者至此項內誠恐有無力自備船資回國之人應由古巴地方官與中國總領事等官詳商設法以便送回

一所有現今在古巴合同之期已滿之華工俟此次條約互換之後即應一體予以期滿之執照一紙所有以上第七款所言之利益其人自應一體均霑其人或願仍在該島居住或願出島他往均聽其便

第十三款

古巴島各處地方官倘察某處當時情形其處若聚人

過衆恐滋事端以致地方不靖該地方官一面禁止中國人等一面知照領事官不准前往居住與待各國人一律辦理若果有此情形卽不得以第七款有隨便來往之語爲辭

第十四款

一現今在古巴工期未滿之華人仍應按合同之期將工作滿其餘如執照准單等一切事宜新到之華人與期滿之華人所獲利益亦應一律同霑

一現今在古巴所有拘於各處工所之華人俟此次條

約互換之後一體放出並將應立之章內所定各項執照亦皆發給總將其人與在彼處各項華人一律相待至於犯罪已未定案之人仍送官監候結

第十五款

大清國 大日國 在此次所立各條內日後如有願行删改之意則應至少於一年之前預行知會以備日後詳商

大清國如於華民出洋一事內以後若將此次條約未載之利益施及他國則日國卽應一體均霑

第十六款

現今所立各條應由

兩國

御筆批准於八箇月限內在

大清國都中互換或能先期互換均可

右載條約

今已將日文 法文 漢文各二分校對無訛在

大清國光緒三年十月十三日 大日國一千八百七十七年十一月十七日由

兩國所派秉權之大臣在京師親各畫押鈐用關防以昭信

守

憑單

大清國總理各國事務衙門大臣全權大臣周董寶景王夏

大日斯巴呢亞國特派駐劄中國　欽差兼駐劄越南暹羅　欽差御賜頭等意薩貝勒等寶星大臣全權大臣伊　爲

公立文憑事案照兩國大臣於

大清國光緒三年十月十三日
大日國一千八百七十七年十一月十七日在中國京都公同商允議立中

國民人前往古巴如何優待條約十六款當經繕寫中

國文日文法文三體文字兩國大臣畫押蓋印各執一

分詳細校對均係一律相符彼此奏明欽奉

諭旨允准今於光緒四年十一月十三日謹奉

大清國大皇帝允准諭旨用寶頒發漢文條款憑據

大日斯巴呢亞國大君主允准諭旨畫押用寶日文法文條

款憑據在中國京都總理各國事務衙門由兩國派換

條約大臣同時互換與光緒三年十月十三日兩國大

臣議立中國民人前往古巴如何優待條約十六款畫

押蓋印三體文字條款詳細校對均係一律相符彼此

訂明將現換

諭旨條款憑據及各執一分之兩國大臣畫押蓋印三體文

字條款一同永遠遵守勿替爲此公立漢文日文法文文憑各二

紙兩國大臣同時畫押蓋印各執二紙聲明前項各節

以垂久遠而昭信守須至文憑者

大清光緒四年十一月十三日

大日一千八百七十八年十二月初六日　立

大清國總理各國事務衙門奏陳
大清國大日國會訂中國民人前往古巴如何優待條約十六款請
用
御寶並公立憑單訂期互換請
旨一摺
光緒四年十一月十一日奉
旨依議欽此

諭旨　三

大清光緒四年十一月十三日
大日一千八百七十八年十二月初六日

十月十二日收日國伊使照會
爲照會事照得中國人前往古巴居住一事經
貴衙門各大臣與本大臣屢次商議定立條款而現今
所定條約第六款內載所有派中國總領事等官一節
均照互相訂明辦法辦理等因查嗣後
貴國派此等官員前往該處自爲保定各節謹照條款
辦理起見若非慎重之人難盡其責本大臣前已將該
處較他處尤難之情形在
貴大臣前屢次述明并請如派總領事領事副領事官

照會　十三

務希專派中國本國之人爲此現請
貴衙門將
貴國允否此節照此辦理之處妥爲示覆可也爲此照
會須至照會者
十月十三日給日國伊使照覆
爲照復事本月十二日接准
貴大臣照會內稱中國人前往古巴居住一事經貴衙
門各大臣與本大臣屢次商議定立條款而現今所定
條約第六款內載所有派中國總領事等官一節均照

互相訂明辦法辦理等因查嗣後貴國派此等官員前往該處自爲保定各節謹照條款辦理起見若非慎重之人難盡其責本大臣前已將該處較他處尤難之情形在貴大臣前屢次述明并請如派總領事領事副領事官務希專派中國本國之人爲此現請貴衙門將貴國允否此節照此辦理之處妥爲示復等因前來查條款第六款內中國派總領事等官一節本王大臣等與貴大臣屢行籌議已極詳明茲准前因自當查照辦理相應照復

貴大臣查照可也須至照會者

十月十三日給日國伊使照會

爲照會事照得古巴華工章程各款本大臣等已與貴大臣逐款當面訂定一俟彼此畫押蓋印後本衙門應即奏明飭令南北洋大臣轉飭通商各口關道及該地方官等一體遵照辦理此後倘有自願出洋之華人已經前赴該關道衙門報名掛號領有該關道蓋印執照下船時忽又不願出洋者如該船船東船主有借墊該華人銀錢若干該關道及該地方官應令該華人將親立劵約呈驗相符後卽行勒令如數繳還倘有未能繳還情事應由該關道及該地方官取具的保俾歸有著可也相應照會

貴大臣轉飭領事官一切查照辦理並希　先行照復為要須至照會者

十月十三日收日國伊使照覆

爲照覆事本日接到

來文內開俟彼此畫押蓋印後本衙門應卽奏明飭令南北洋大臣轉飭通商各口關道等官此後倘有自願

出洋之華人已經領有該關道執照下船時忽有不願出洋者如該船船東船主有借墊該華人銀錢若干該關道等應令該華人將親立劵約呈驗相符後卽行勒令如數繳還倘有未能繳還情事應由該關道等取具的保俾歸有著等因前來查如此辦理實於今已畫押之條款易於得手自應由本大臣卽行轉飭各口本國領事官查照一切辦理可也爲此照覆須至照會者

奧斯馬加國條約

大清國與
大奧斯馬加國切願彼此意存友睦定議和好通商和約章
程俾兩國人民均獲裨益因此
大清國
大皇帝特簡
欽差全權大臣戶部尚書總理各國事務董
欽差全權大臣太子少保兵部侍郎鑲紅旗漢軍副都統辦
理三口通商事務崇
大奧斯馬加國

大皇上特簡
欽差全權大臣佩帶頭等寶星畢　各將所奉便宜行事
上諭互相較閱俱屬妥善特將議定條約開列於後
第一款
嗣後
大清國與
大奧斯馬加國永遠和好敦篤友誼兩國商民彼此僑居皆
獲保護身家
第二款

一凡爲大邦敦好睦隣向有各遣
欽差大臣通好之禮今兹兩國定約亦可按照常例彼此交
派代國行權大員往來通好以期永守和誼

第三款

大清國
大奧斯馬加國所派秉權大臣若有公務或住兩國京城或
隨時往來各聽其便居住之處無不按照情理全獲恩
施所有身家公所與各來往公文書信等件皆不得被
人擅動凡欲僱募送信人通事服役人等均無不可倘

有人擅將兩國
欽差公館眷屬隨員人等越禮欺藐等情查係何國之人卽
由何國按理從嚴懲辦

第四款

大奧斯馬加國欽差大臣並各隨員等皆可往來內地各處
所有收發文件行裝囊箱無論沿海何處皆可送交不
得有人擅行拆啟專差同
大清驛站幷兵一律保安照料凡有大臣並各眷屬隨員等
各項費用皆由本國支領總之奧斯馬加國大臣入華

當照泰西各國於代國大臣向爲合宜優待之處同一
優禮相待

第五款

凡有奧斯馬加國事務均歸
大奧斯馬加國欽差大臣與
大清中國大臣會議商辦無論文移會晤皆應按照平儀相
待

第六款

奧斯馬加國設立總領事一員並領事副領事署領事

等官前往已通商各口辦理本國商民交涉事件中國
官員於該領事等均應從優款待與相待諸國領事官
最優者無異如奧斯馬加國於各口不派領事官可以
相託別國眞正領事官代爲料理

第七款

大奧斯馬加國大臣並領事官等員所有行知
大清國大臣官員等公文各件俱用德意志字書寫仍以漢
文譯錄暫爲配送中國官員有公文照會奧國官員亦
用漢字書寫倘日後有辯論之處各以本國文字爲正

此次議定條約漢洋文字詳細校對以期無訛亦依此例

第八款

各國議定通商口岸如牛莊天津烟台上海甯波福州厦門台灣淡水廣州汕頭瓊州及長江之漢口九江鎭江江甯各口奥斯馬加國商民亦可攜眷前往居住貿易工作平安無碍常川不輟如入內地販運貨物須按照各國章程辦理不准在內地開設行店

第九款

凡奥斯馬加國人按照第八款至通商各口地方居住

無論日期多寡聽其租賃房屋及行棧存貨或租地自行建屋建行奥斯馬加國人亦一體可以建造禮拜堂醫人院周急院學房墳地各項地方官會同領事官酌議奥斯馬加國人宜居住宜建造之地凡地租房租多寡之處彼此在事務須按照地方價值定議中國官阻止內地民人高抬租值奥斯馬加國領事官亦謹防本國人誆買迫受租值

第十款

奥斯馬加國商船准在條約內列通商各口往來運貨貿易如到別處沿海地方私作買賣船貨一併入官但中國地方官查拏此等船隻貨物於未定入官之先宜速知會附近駐口之奥斯馬加國領事共入官各項皆歸中國收用中國各省地方設有賊匪奥斯馬加國商民不得請照前往游歷出入尤不得私自往來接濟軍火糧食如查有違犯者將船貨全行入官共違例之人交就近領事官辦理奥斯馬加國商船查有涉走私情弊該貨無論式類價值全數查抄入官外押令該商船算清賬目刻卽嚴行驅逐不准在各口貿易倘有冒用

奥國通商條款

奥斯馬加國旗號者奥斯馬加國設法禁止

第十一款

一奥斯馬加國商人除運貨赴各處通商貿易單照等件均照各國章程由各關監督發給外其併不攜帶貨物之民人專爲持往內地游歷執照由領事官發給由地方官蓋印經過地方如飭交出執照應可隨時呈驗無訛放行僱船僱人裝運行李貨物不得攔阻如其無照其中或有訛誤以及有不法情事就近送交領事官懲辦沿途只可拘禁不可凌虐如通商各口有出外游

玩者地在百里期在三五日內毋庸請照惟水手船上人等不在此例應由地方官會同領事官另定章程妥爲彈壓其駐劄各口之奧斯馬加國領事官如給商民執照之時只准給與體面有身家之人爲憑

第十二款

奧斯馬加國人在通商各口地方聽其任便僱買辦通事書記工匠水手工人亦可以延請士民人等教習中國語音繕寫中國文字與各方土語又可以請人幫辦筆墨作文學文藝等工課各等工價束修自行商議奧斯馬加國書籍與中國各樣書籍彼此亦可發賣採買

第十三款

奧斯馬加國人在通商各口地方所有各家產財貨中國民人均不得欺凌侵佔至中國官員無論遇有何事均不得威壓强取奧斯馬加國船隻以爲公用私用等項

第十四款

奧斯馬加國船隻欲進各口聽其僱覓引水之人完淸稅務之後亦可僱覓引水之人帶其出口

第十五款

奧斯馬加國船隻甫臨近口約准該關監督任意派委員弁丁役看守或在該船或在本艇隨便居住其需用經費由關支發惟該員役不得向船主船商私取毫厘

第十六款

奧斯馬加國船隻進口限一日該船主將船牌艙口單各件交領事官卽於次日通知監督官並將船名及押載噸數裝何貨物之處照會監督官以憑查驗如過限期該船主並未報明領事官每日罰銀伍拾兩惟所罰之數總不能逾二百兩以外至其艙口單內須將所載貨物詳細開明如有漏報揑報者船主應罰銀伍百兩倘係筆誤卽在遞貨單之日改正者可不罰銀監督官接到領事官詳細照會後卽發開艙單倘船主未領開艙單擅行下貨卽罰銀伍百兩並將所下貨物全行入官

第十七款

奧斯馬加國商人上貨下貨總須先領監督官准單如違卽將貨物一併入官

第十八款

各船不准私行撥貨如有互相撥貨者必須先由監督官處發給准單方准動撥違者卽將私撥之貨全行入官

第十九款

奧斯馬加國民人凡欲游行卸貨下貨各等事務准自僱小船剝運不論何項艇隻僱價銀兩若干均聽奧斯馬加國民與船主自議不必官爲經理該船不得限定額數並船戶攬載挑夫攬運一切情弊俱不准行惟該艇干涉走私漏稅情弊查出照例罰辦貨物入官

第二十款

奧斯馬加國商民起卸貨物輸納稅餉約准俱照稅則爲額總不能較諸相待最優之國或有加增之處如未至修約之年中國與無論何國將現定稅額或增或減一經定議各國一律通行奧斯馬加國亦一律遵照至和約後附通商章程必視同和約無異兩國務必信守

第二十一款

奧斯馬加國出入各貨如係值百抽五之貨倘海關驗貨丁役偶與該商各存己見不能定價約准各邀客商二三人前來驗貨該客商內有出最高之價者卽以爲該貨之價式免致收稅不公

第二十二款

奧斯馬加國商民輸納稅餉實按斤兩秤計先除皮包粉飾等料以淨貨輕重爲準至有連皮過秤除皮核算之貨卽若茶葉一項倘海關丁役偶與奧斯馬加國商意見不同卽於每百箱內聽役揀出若干箱奧斯馬加國商亦揀出若干箱先以一箱連皮過秤得若干斤再秤其皮得若干斤除皮算之卽可得每箱實在斤數其餘貨物凡係有包皮者均可准此類推倘再理論不明奧斯馬加國商赴領事官報知情節由領事官通知監督會議酌辦惟必於此日稟報遲則不准稟聞此項未定斤數之貨監督暫緩填簿免致後難更易須俟秉公核斷明晰再爲登塡

第二十三款

奧斯馬加國商貨物或因潮濕等由損壞致價低減該關應行按價減稅儻該商與關吏理論價值未定則照

第二十一款所載值百抽五之貨同法定辦

第二十四款

奧斯馬加國貨船進口並未開艙欲行他往者限二十四時之內出口卽不征收船鈔倘逾二十四時之限卽須全數輸納此外船隻出進口時並無應交費項

第二十五款

奧斯馬加國商民輸稅期候約准進貨之稅於起載時輸納出貨之稅於落貨時繳餉以示限制各船完清稅餉之後方准發給紅單領事官接到紅單始行發回船牌等件准其出口其未經完稅領事官斷不可發還船牌

第二十六款

奧斯馬加國商民輸納稅課銀兩應交官設銀號或以紋銀或以洋錢共應何色銀兩與各國商人一律以免此重彼輕

第二十七款

奧斯馬加國商船應納鈔課各按船牌所載若干頓而納一百五十頓以上每頓納鈔銀四錢一百五十頓並及一百五十頓以下每頓納鈔銀一錢既納鈔後監督官給發執照開明船鈔完納倘該船駛往別口卽於進口時將照送驗遂按照第二十五款自領執照之日起以及四個月止無庸再輸船鈔以免重複奧斯馬加國屬民在各口用艇隻運帶客人行李書信食物及例不納稅之物毋庸完鈔倘該小船一併載運例應完稅之貨物卽按照一百五十頓以下之例每頓納鈔一錢所有頓數照英國頓數計算

第二十八款

奧斯馬加國商民販買土貨運口出洋或將洋貨運入內地銷賣應納內地稅餉或於過卡隨時分數報完或在海關一次全行完納均准聽便輸交一次完納之例准照續定稅則章程第七款所載除有第二款指明每值百兩完稅二兩五錢外其餘各貨總以出入稅則照納一半爲準共該貨應納正稅仍宜於卡稅半稅完納外如數完繳倘日後出入貨正子各稅或增或減並如何交納之處中國與無論何國議有定章一經通行奧斯馬加國亦一體遵照

第二十九款

凡奥斯馬加國船主一進通商各口欲將貨物在該口但卸幾分即照所卸之數納稅其餘貨物欲帶往別口卸賣者其稅銀亦在別口輸納

第三十款

奥斯馬加國商民沿海議定通商各口載運土貨約准出口先納正稅復進他口再納半稅後欲復運他口以一年爲期准向該關取給半稅存票不復更納正稅嗣到改運之口再行照納半稅

第三十一款

奥斯馬加國商民洋貨進口納清稅課後欲改運他國抑或通商別口約准稟明領事官轉報監督委員驗明寔係原包原貨查與底簿相符並未拆動抽換即當按照該貨經納正稅之數發給存票倘查有漏稅情形中國將貨物入官至土貨自通商各口運入他口按例納完半稅後該商再欲運往外國以一年爲期期內亦准一律發給半稅存票該票無論何商呈驗均准專抵該關進出貨稅不准持赴別關抵課倘若該商將已納稅之貨載往別口售賣欲請海關發給免稅單者海關應給免稅單不發存票俟該商進別口時將此單呈送海關查驗後即給卸貨牌照一切稅課毋庸再納至於外國所產糧食奥斯馬加國船裝載進口未經起卸仍欲出洋概無禁阻嗣後中國與無論何國定立給發存票限期一經通行奥斯馬加國亦一體遵照

第三十二款

秤碼丈尺約准按照粤海關部頒定式由各監督送交各口領事官收用所有鈔稅各銀輸納中國者俱依此

秤碼兌交如有秤丈貨物爭執即以此式爲準並秤碼等項其分量均照續定通商章程第四款爲例以免歧異

第三十三款

條約所載奥斯馬加國商民罰款以及船貨入官各項皆歸中國收用中國各口收稅官員凡有嚴防偷漏之法均准其相度機宜隨時便宜設法辦理以杜弊端

第三十四款

奥斯馬加國師船別無他意或因捕盜駛入中國無論

何口一切買取食物甜水修理船隻地方官妥爲照料船上水師各官與中國官員平行相待該師船進出口一切稅鈔俱不輸納

第三十五款

奥斯馬加國船隻有在中國沿海地方碰壞擱淺或遭風收口地方官查知立卽設法妥爲照料護送就近領事官查收以昭睦誼

第三十六款

奥斯馬加國官船商船水手人等逃亡領事官或官弁船主將情報明地方官務必實力查拏解送領事官及官弁船主收領倘有中國人役負罪逃入奥斯馬加國人寓所或商船隱匿地方官將情照會領事官立卽設法拘送中國官收領不得徇庇措留

第三十七款

奥斯馬加國船隻在中國轄下海洋有被强盜搶刦者地方官一經聞報卽應設法查拏追辦所有追得贓物交領事官給還原主倘承緝官不能獲盜起贓祇可照中國例處分不能賠償

第三十八款

奥斯馬加國民人遇有控告華民事件皆應先稟領事官查明根由先行勸息使不成訟中國民人有赴領事官告奥斯馬加民者領事官亦應一體調處間有不能使和者卽由地方官與領事官會同審辦公平訊斷

第三十九款

凡奥斯馬加國民人有被華民違例相欺約准地方官查拏照例審辦華民有被奥斯馬加國人違例相欺奥斯馬加國官員亦應按例查拏究治

第四十款

奥斯馬加國屬民相涉案件不論人產皆歸奥斯馬加國查辦設與別國有事涉訟應遵某國前與奥斯馬加國定約辦理中國不必與聞以上案內如牽涉中國人仍應按第三十八三十九兩款會同中國官辦理

第四十一款

奥斯馬加國民人約准中國官憲自必時加保護令其身家全安如遭欺淩擾害及有不法匪徒放火焚燒房屋搶擄財貨應由地方官立卽設法派撥兵役彈壓查

拏將該犯按例嚴辦並將所搶財物盡力追交倘承緝官不能獲犯起贓祇可准照中國例處分不能賠償

第四十二款

奥斯馬加國民人若有華民欠債不償約准地方官認眞代爲催繳或有潛行逃避情事應嚴爲緝拏追還奥斯馬加人欠債不償或全行逃避者奥斯馬加國官亦應一體辦理但均不能官爲賠償

第四十三款

今後中國如有恩施利益別國之處奥斯馬加國亦無

不一體均沾寔惠如中國將稅則關口稅噸稅過關稅出入貨稅及各口隨時設法杜弊各章程無論與何國議定一經通行奥斯馬加國商民船主人等亦一體遵照毋庸再議條款中國商民如赴奥斯馬加國貿易應與奥斯馬加國最爲優待之國商民一律

第四十四款

此次新定稅則並通商各款日後彼此兩國再欲重修以十年爲限期滿須於六箇月之前先行知照酌量更改若彼此未曾先期聲明更改則稅課仍照前章完納

復俟十年再行更改以後均照此限此式辦理永行弗替若嗣後中國與有約各國或有更改稅則重修修約之事奥斯馬加國亦可不拘年限一律照改

第四十五款

今將以上各款既定條約理應恭俟兩國
御筆批准遵行約一年爲期彼此兩國
特派大臣或在上海或在天津會晤互交現各
欽差大臣先爲親筆畫押蓋用關防以昭信守

一千八百六十九年九月初二日

己巳年七月二十六日

照錄奧國使臣畢　照會

爲照會事照得本大臣與

大清欽差特簡全權大臣董　會商條約各款當經董大臣議及各口領事官斷不能派令商人充當本大臣亦即言定本國所派各口領事等官必係本國眞正職官概不用商人充當又經商定若係本國不便遣派領事官之口共領事一切事務可託別國眞正領事官料理仍不得託商人代辦以上各節卽與各條款視同一律爲此合行照會

貴衙門查照可也須至照會者

同治八年七月二十日

今將通商各口進出口貨物新定稅則開列於後

計開

進口貨物稅則 均係外國出產

進口油蠟礬磺類

蠟 日本	每百觔	陸錢伍分
蘇合油	每百觔	壹兩
硝 只准按章程發賣	每百觔	伍錢
黃蠟	每百觔	壹兩
硫磺 只准按章程發賣	每百觔	貳錢

進口香椒類

安息香	每百觔	陸錢
安息油	每百觔	陸錢
檀香	每百觔	肆錢
白胡椒	每百觔	伍錢
黑胡椒	每百觔	叁錢陸分
沉香	每百觔	貳兩
降香	每百觔	壹錢肆分伍釐

進口藥材類

阿魏　每百觔　陸錢伍分
上冰片　每觔　壹兩叁錢
下冰片　每觔　柒錢貳分
丁香　每百觔　伍錢
母丁香　每百觔　壹錢捌分
牛黃印度　每觔　壹兩伍錢
兒茶　每百觔　壹錢捌分
梹榔膏　每百觔　壹錢伍分
梹榔　每百觔　壹錢伍分

參美國　每百觔　陸兩
揀淨參鬚參美國　每百觔　捌兩
乳香　每百觔　肆錢伍分
沒藥　每百觔　肆錢伍分
荳蔻花即肉果花　每百觔　壹兩
肉果荳蔻　每百觔　貳兩伍錢
白荳蔻　每百觔　壹兩
木香　每百觔　陸錢
犀角　每百觔　貳兩

水銀　每百觔　貳兩
洋藥　每百觔　叁拾兩
梹榔衣　每百觔　柒分伍釐
砂仁　每百觔　伍錢
肉桂　每百觔　壹兩伍錢
虎骨　每百觔　壹兩伍錢伍分
鹿角　每百觔　貳錢伍分
血竭　每百觔　肆錢伍分
大楓子　每百觔　叁分伍釐

進口雜貨類

火石　每百觔　叁分
雲母殼即珠海殼　每百觔　貳錢
銅鈕釦　每壹百肆拾肆粒　伍分伍釐
漆器　每百觔　壹兩
繩呂宋　每百觔　叁錢伍分
傘各樣　每柄　叁分伍釐
香柴　每百觔　肆錢伍分
煤外國　每噸　伍分

火絨　每百觔　叁錢伍分

進口醃臘海味類

上燕窩　每觔　伍錢伍分

中燕窩　每觔　肆錢伍分

下燕窩　每觔　壹錢伍分

黑海參　每百觔　壹兩伍錢

白海參　每百觔　叁錢伍分

白魚翅　每百觔　壹兩伍錢

黑魚翅　每百觔　伍錢

柴魚即乾魚　每百觔　伍錢

魚肚　每百觔　壹兩

鹹魚　每百觔　壹錢捌分

魚皮　每百觔　貳錢

海菜　每百觔　壹錢伍分

牛鹿筋　每百觔　伍錢伍分

蝦米　每百觔　叁錢陸分

淡菜　每百觔　貳錢

鯊魚皮　每百張　貳兩

進口顏料膠漆紙劄類

呀囒米　每百觔　伍兩

大青　每百觔　壹兩伍錢

蘇木　每百觔　壹錢

紫梗　每百觔　叁錢

水靛　每百觔　壹錢捌分

魚膠　每百觔　陸錢伍分

皮膠　每百觔　壹錢伍分

籐黃　每百觔　壹兩

栲皮　每百觔　叁分

進口竹木籐椰類

沙籐　每百觔　壹錢伍分

烏木　每百觔　壹錢伍分

桅重木　長不過肆拾幅地　每根　肆兩

桅重木　長不過陸拾幅地　每根　陸兩

桅重木　長過陸拾幅地　每根　拾兩

桅輕木　長不過肆拾幅地　每根　貳兩

桅輕木　長不過陸拾幅地　每根　肆兩伍錢

桅　輕木長過陸拾幅地　每根　陸兩伍錢
梁　重木　長不過貳拾陸幅地　四方不到拾貳因制　每根　壹錢伍分
板　重木　長不過貳拾肆幅地　寬拾貳因制厚叁因制　每百根　叁兩伍錢
板　重木　長不過拾陸幅地　寬拾貳因制厚叁因制　每百片　貳兩
板　輕木　各樣　每四方長闊千幅地　柒錢
板　麻栗樹　長闊方圓　每幅地　叁分伍釐
紅木　每百觔　壹錢壹分伍釐
毛柿　每百觔　叁分
呀囒治木　長不過叁拾伍幅地　寬壹幅地捌因制厚壹幅地　每根　捌錢

進口鏡鐘標玩類
自鳴鐘　每值百兩抽稅伍兩
時辰表　每對　壹兩
珠邊時辰表　每對　肆兩伍錢
千里鏡雙眼千里鏡　掛鏡穿衣鏡掛屏　每值百兩抽稅伍兩
八音琴　每值百兩抽稅伍兩

進口布疋花幔類
麻棉帆布　長不過伍拾碼　每疋　肆錢
棉花　每百觔　叁錢伍分

布　原色白色　無花斜紋　寬過叁拾肆因制　長不過肆拾碼　每疋　捌分
布　原色白色　無花斜紋　寬過叁拾肆因制　長過肆拾碼　每拾碼　貳分
布　美國　原色白色　無花斜紋　寬不過叁拾因制　長不過肆拾碼　每疋　壹錢
布　美國　原色白色　無花斜紋　寬不過叁拾因制　長不過叁拾碼　每疋　柒分伍厘
布　原色白色　無花斜紋　寬不過叁拾肆因制　長不過肆拾捌碼　每疋　捌分
布　原色白色　無花斜紋　寬不過叁拾肆因制　長不過貳拾肆碼　每疋　肆分
色布　有花　無花　寬不過叁拾陸因制　長不過肆拾碼　每疋　壹錢伍分
蔴布白提布暗點布　寬不過叁拾陸因制　長不過肆拾碼　每疋　壹錢
印花布　寬不過叁拾壹因制　長不過叁拾碼　每疋　柒分

袈裟布　寬不過肆拾陸因制　長不過貳拾肆碼　每疋　柒分
袈裟布　寬不過肆拾陸因制　長不過貳拾碼　每疋　叁分伍厘
袈裟布　稀　即洋紗　寬不過肆拾陸因制　長不過貳拾肆碼　每疋　柒分伍厘
袈裟布　稀　即洋紗　寬不過肆拾陸因制　長不過貳拾碼　每疋　叁分伍厘
緞布　寬不過叁拾陸因制　長不過肆拾碼　每疋　貳錢
柳條布　寬不過肆拾因制　長不過拾貳碼　每疋　陸分伍厘
毛布各色　寬不過貳拾捌因制　長不過叁拾碼　每疋　叁分伍厘
絨綿布各樣　長不過叁拾壹碼　每疋　貳錢
棉線　每百觔　柒錢貳分

棉紗		每百觔	柒錢
蔴布 細	長不過伍拾碼	每疋	伍錢
蔴布 粗	長不過伍拾碼 即蔴竹布棉絲布	每疋	貳錢
回絨	長不過叁拾伍碼	每疋	貳錢
羽布	寬不過貳拾肆因制 長肆拾碼	每疋	貳錢

進口綢緞絲絨類

手帕	四方長闊不過壹碼	每拾貳塊	貳分伍厘
金線 真		每觔	壹兩陸錢
金線 假		每觔	叁分

銀線 真		每觔	壹兩叁錢
銀線 假		每觔	叁分
哆囉呢	寬伍拾壹因制至陸拾肆因制	每丈 壹百肆拾壹寸為壹丈	壹錢貳分
嗶嘰	寬叁拾壹因制	每丈	肆分伍厘
羽緞 嗬囒國	寬叁拾叁因制	每丈	壹錢
羽紗 英國	寬叁拾壹因制	每丈	伍分
羽綢		每丈	叁分伍厘
小呢番紀等類		每丈	肆分
絨線		每百觔	叁兩

床氊		每對	貳錢
花剪絨	長不過叁拾肆碼	每疋	壹錢伍分、
羽綾	寬叁拾壹因制	每丈	伍分
小羽綾	寬叁拾肆因制	每丈	叁分伍厘
下等絨 即至粗絨		每丈	壹錢
剪絨	長不過叁拾肆碼	每疋	壹錢捌分

進口酒果食物類

橄欖 無論乾鮮		每百觔	壹錢捌分
鼻烟 外國		每百觔	柒兩貳錢

進口銅鐵鉛錫類

生銅	如銅磚之類	每百觔	壹兩
熟銅	如銅扁銅條之類	每百觔	壹兩伍錢
生鐵	如鐵磚之類	每百觔	柒分伍厘
熟鐵	如鐵條鐵板鐵箍之類	每百觔	壹錢貳分伍厘
鉛塊		每百觔	貳錢伍分
鋼		每百觔	貳錢伍分
錫		每百觔	壹兩貳錢伍分
馬口鐵		每百觔	肆錢

日本銅　每百觔　陸錢
鉛片　每百觔　伍錢伍分
白鉛只准按章程發賣　每百觔　貳錢伍分
黃銅釘黃皮銅　每百觔　玖錢
商船壓載鐵　每百觔　壹分
鐵絲　每百觔　貳錢伍分

進口珍珠寶石類

瑪瑙　每百塊　叁錢
瑪瑙珠　每百觔　柒兩

玳瑁　每觔　貳錢伍分
玳瑁碎　每觔　柒分貳厘
玻璃片　每箱四方每壹百幅地　壹錢伍分
珊瑚　每觔　壹錢

進口纓皮牙角羽毛類

牛角　每百觔　貳錢伍分
生牛皮　每百觔　伍錢
熟牛皮　每百觔　肆錢貳分
海龍皮即海虎皮　每張　壹兩伍錢

大狐狸皮　每張　壹錢伍分
小狐狸皮　每張　柒分伍厘
虎皮豹皮　每張　壹錢伍分
貂皮　每張　壹錢伍分
豪子皮　每百張　貳兩
獺皮　每百張　貳兩
大狼皮　每張　壹錢伍分
小狼皮　每張　柒分伍厘
貉獾皮　每百張　貳兩

海騾皮　每百張　伍兩
灰鼠皮銀鼠皮　每百張　伍錢
海馬牙　每百觔　貳兩
象牙不碎的　每百觔　肆兩
象牙碎的　每百觔　叁兩
兎皮麂皮　每百張　伍錢
犀皮　每百觔　肆錢貳分
翠毛孔雀毛等類　每百張　肆錢

出口貨物稅則均係中國出產

出口油蠟礬磺類

白礬	每百觔	肆分伍厘
青礬	每百觔	壹錢
八角油	每百觔	伍兩
桂皮油	每百觔	玖兩
薄荷油	每百觔	叁兩伍錢
牛油	每百觔	貳錢
桕油	每百觔	叁錢
油 芝蔴油荳油棉油茶油桐油各等	每百觔	叁錢

蓖蔴油	每百觔	貳錢
白蠟	每百觔	壹兩伍錢

出口香料椒茶類

茶葉	每百觔	貳兩伍錢
八角	每百觔	伍錢
麝香	每觔	玖錢
八角渣	每百觔	貳錢伍分
時辰香	每百觔	貳錢

出口藥材類

三奈	每百觔	叁錢
樟腦	每百觔	柒錢伍分
信石	每百觔	肆錢伍分
桂皮	每百觔	陸錢
桂子	每百觔	捌錢
土茯苓	每百觔	壹錢叁分
澄茄	每百觔	壹兩伍錢
莨薑	每百觔	壹錢
石黃	每百觔	叁錢伍分

大黃	每百觔	壹兩貳錢伍分
姜黃	每百觔	壹錢
高麗日本參上等	每觔	伍錢
高麗日本參下等	每觔	叁錢伍分
鹿茸 嫩	每對	玖錢
鹿茸 老	每百觔	壹兩叁錢伍分
牛黃 中國	每觔	叁錢陸分
班貓	每百觔	貳兩
桂枝	每百觔	壹錢伍分

陳皮　每百觔　叁錢
柚皮上等　每百觔　肆錢伍分
柚皮下等　每百觔　壹錢伍分
關東人參　每值百兩抽稅伍兩
薄荷葉　每百觔　壹錢
甘草　每百觔　壹錢叁分伍厘
石羔　每百觔　叁分
五棓子　每百觔　伍錢
蜂蜜　每百觔　玖錢

出口雜貨類
料手鐲即燒料鈪　每百觔　伍錢
竹器　每百觔　柒錢伍分
假珊瑚　每百觔　叁錢伍分
各色爆竹　每百觔　伍錢
羽扇　每百柄　柒錢伍分
料器　每百觔　伍錢
各色料珠　每百觔　伍錢
雨遮即紙傘。　每百柄　伍錢

雲石　每百觔　貳錢
蒲紙畫　每百張　壹錢
紙扇　每百柄　肆分伍厘
珍珠假　每百觔　貳兩
古玩　每值百兩抽稅伍兩
葵扇細　每千柄　叁錢陸分
葵扇粗　每千柄　貳錢
駱駝毛　每百觔　壹兩
棉羊毛　每百觔　叁錢伍分

山羊毛　每百觔　壹錢捌分
氈碎　每百觔　壹錢
紙花　每百觔　壹兩伍錢
土煤　每百觔　肆分
出口顏料膠漆紙劄類
銅箔　每百觔　壹兩伍錢
紅丹　每百觔　叁錢伍分
錫箔　每百觔　壹兩貳錢伍分
銀硃　每百觔　貳兩伍錢

油漆畫	每件	壹錢
鉛粉	每百觔	叁錢伍分
黃丹	每百觔	叁錢伍分
硃砂	每百觔	柒錢伍分
紙上等	每百觔	柒錢
紙次等	每百觔	肆錢
油紙	每百觔	肆錢伍分
墨	每百觔	肆兩
漆	每百觔	伍錢
櫻	每百觔	壹錢
蔴	每百觔	叁錢伍分
燈草	每百觔	陸錢
綠膠	每觔	捌錢
索廣東	每百觔	壹錢伍分
索蘇州	每百觔	伍錢
漆綠	每百觔	肆錢伍分
蠣殼	每百觔	玖分
綠皮∴∴	每百觔	壹兩捌錢

土靛	每百觔	壹兩
坑砂	每百觔	玖分

出口器皿箱盒類

牛骨角器	每百觔	壹兩伍錢
磁器細	每百觔	玖錢
磁器粗	每百觔	肆錢伍分
紫黃銅器	每百觔	壹兩壹錢伍分
木器	每百觔	壹兩壹錢伍分
象牙器	每觔	壹錢伍分
漆器	每百觔	壹兩
雲母殼器	每觔	壹錢
籐器各樣	每百觔	叁錢
檀香器	每觔	壹錢
金銀器	每百觔	拾兩
玳瑁器	每觔	貳錢
皮箱皮槓	每百觔	壹兩伍錢
皮器	每百觔	壹兩伍錢
窰貨	每百觔	伍分

黃銅器　每百觔　壹兩
銅鈕釦　每百觔　叁兩
銅絲　每百觔　壹兩壹錢伍分
生銅　每百觔　伍錢
舊銅片　每百觔　伍錢

出口竹木籐椰類

各色竹竿　每千根　伍錢
籐肉　每百觔　貳錢伍分
木（檣架舵柱）　每根　叁分

出口衣帽靴鞋類

衣服（布）　每百觔　壹兩伍錢
衣服（綢）　每百觔　拾兩
靴鞋皮緞各色　每百雙　叁兩
草鞋　每百雙　壹錢捌分
綢帽　每百頂　玖錢
氈帽　每百頂　壹兩貳錢伍分
草帽緶　每百觔　柒錢

出口布疋花幔類

夏布（細）　每百觔　貳兩伍錢
夏布（粗）　每百觔　柒錢伍分
土布各色　每百觔　壹兩伍錢
舊棉絮　每百觔　肆分伍厘
棉被胎　每百件　貳兩柒錢伍分
棉花　每百觔　叁錢伍分

出口綢緞絲絨類

湖絲土絲各等絲經　每百觔　拾兩
野蠶絲　每百觔　貳兩伍錢

絲帶欄杆桂帶絲線各色　每百觔　拾兩
綢緞綃縐紗綾羅剪絨繡貨等類　每百觔　拾貳兩
絲綿雜貨（如絲毛之類）　每百觔　伍兩伍錢
四川黃絲　每百觔　柒兩
同功絲　每百觔　伍兩
川綢（山東繭綢）　每百觔　肆兩伍錢
緯線　每百觔　拾兩
各省絨　每百觔　拾兩
絨（廣東土產絲做成）　每百觔　肆兩叁錢

蠶繭	每百觔　叁兩
亂絲頭	每百觔　壹兩

出口氈絨毯席類

席子各樣	每百張　貳錢
地席	每捲肆拾碼　貳錢
皮毯	每張　玖分
氈毯	每百疋　叁兩伍錢

出口糖果食物類

蜜餞並各色糖果	每百觔　伍錢

醬油	每百觔　肆錢
白糖	每百觔　貳錢
赤糖	每百觔　壹錢貳分
冰糖	每百觔　貳錢伍分
烟絲各樣如黄烟水烟之類	每百觔　肆錢伍分
烟葉各樣	每百觔　壹錢伍分
鼻烟中國	每百觔　捌錢
大頭菜	每百觔　壹錢捌分
粉絲	每百觔　壹錢捌分

酒	每百觔　壹錢伍分
海菜	每百觔　壹錢伍分
火腿	每百觔　伍錢伍分
皮蛋	每千個　叁錢伍分
欖仁	每百觔　叁錢
杏仁	每百觔　肆錢伍分
香菌	每百觔　壹兩伍錢
金針菜	每百觔　貳錢柒分
木耳	每百觔　陸錢

桂圓	每百觔　貳錢伍分
桂圓肉	每百觔　叁錢伍分
荔支	每百觔　貳錢
蓮子	每百觔　伍錢
芝蔴	每百觔　壹錢叁分伍釐
花生	每百觔　壹錢
花生餅	每百觔　叁分
瓜子	每百觔　壹錢
荳	每百觔　陸分

荳餅　每百觔　叁分伍厘
米麥雜糧　每百觔　壹錢
蒜頭　每百觔　叁分伍厘
栗子　每百觔　壹錢
黑棗　每百觔　壹錢伍分
紅棗　每百觔　玖分

第一款
一此次新定稅則凡有貨物僅載進口稅則未載出口稅則者遇有出口皆應照進口稅則納稅或有僅載出口稅則未載進口稅則者遇有進口亦皆照出口稅則納稅儻有貨物名目進出口稅則均未賅載又不在免稅之例者應核估時價照值百抽五例徵稅
第二款
一凡有金銀外國各等銀錢麪粟米粉砂穀米麪餅熟肉熟菜牛奶酥牛油蜜餞外國衣服金銀首飾攙銀器香水碱炭柴薪外國臘燭外國烟絲烟葉外國酒家用雜物船用雜物行李紙張筆墨氈毯鐵刀利器外國自用藥料玻璃器皿以上各物進出口通商各口皆准免稅除金銀外國銀錢行李毋庸議外其餘該船裝載無論淺滿雖無別貨亦應完納船鈔儻運往內地除前三項仍毋庸議外其餘各貨皆每百兩之物完納稅銀貳兩伍錢
第三款
一凡有違禁貨物如火藥大小彈子礮位大小鳥鎗並

一切軍器等類及內地食鹽以上各物概屬違禁不准販運進出口

第四款

一凡有稅則內所算輕重長短中國壹擔卽係壹百觔者以奥斯馬加國壹百貳拾唪吥貳拾柒嗶吥壹咕嚧吥捌嗻吥卽法國陸拾吉羅葛稜麼零肆百伍拾叁葛稜麼是爲中國壹百觔中國壹丈卽拾尺者以奥斯馬加國拾壹吠嘶貳昨哩零玖分卽法國叁邁當零伍拾伍桑的邁當是爲中國壹丈中國壹尺卽奥斯馬加國拾叁因制零伍分卽法國叁百伍拾伍密理邁當照此爲例

第五款

一向來洋藥銅錢米穀硝磺白鉛等物例皆不准通商現定稍寬其禁聽商遵行納稅貿易洋藥准其進口議定每百觔納稅銀叁拾兩惟該商止准在口銷賣一經離口卽屬中國貨物衹准華商運入內地外國商人不得護送卽條約第八條所載奥民持照前往內地通商並二十八條所載內地關稅之例與洋藥無涉其如何征稅聽憑中國辦理嗣後遇修改稅則仍不得按照別貨定稅　又銅錢不准運出外國惟通商中國各口准其以此口運至彼口照現定章程遵行該商赴關報明數目若干運往何口或令本商及同商二人聯名具呈保單抑或聽監督飭令另交結實信據方准給照別口監督於執照上註明收到字樣加蓋印信從給照之日起限六個月繳回驗銷若過期不繳銷執照卽按其錢貨原本照數罰繳入官其進出口均免納稅至船載無論淺滿均納船鈔　又凡米穀等糧不拘內外土產不

分何處進口者皆不准運出外國惟奥商欲運往中華通商別口則照銅錢一律辦理出口時照依稅則納稅其進口無庸納稅至船載無論淺滿均遵納船鈔　又硝磺白鉛均爲軍前要物應由華官自行採辦進口或由華商特奉准買明文方准進口該關未能查明該商實奉准買定不發單起貨此三項止准奥國商人於通商海口銷售不准帶入長江並各內港亦不准代華商護送除在各海口外卽係華民貨物與奥商無涉以上洋藥銅錢米穀硝磺白鉛等項止准照新章買賣敢違

此例所運貨物全罰入官

第六款

一奥斯馬加國第十六條所載奥船進口限壹日報領事官知照並照第二十四條所載奥國貨船進口並未開艙欲行他往限貳日之內出口即不征收船鈔以上二條無論先後總以該船進口界限時刻起算以免參差爭論至各口界限並上下貨物之地均由海關妥爲定界既要便商更不得有碍收税知會領事官曉諭本屬商民遵辦

第七款

一條約第二十八條所載內地税餉議之現定出入税則總以照納一半爲斷惟第二款所載免税各貨除金銀外國銀錢行李三項毋庸議外其餘海口免税各物若進內地仍照每值百兩完税銀貳兩伍錢此外運入內地各貨該商應將該貨名目若干原裝何船進口應往內地何處各緣由報關查驗確實照納內地税項該關發給內地税單該商應向沿途各子口呈單照驗蓋戳放行無論遠近均不重徵至運貨出口之例凡奥商在內地置貨到第一子口驗貨由送貨之人開單註明貨物若干應在何口卸貨呈交該子口存留發給執照准其前往路上各子口查驗蓋戳至最後子口先赴出口海關報完內地税項方許過卡俟下船出口時再完出口之税若進出有違此例及業經報明指赴何口沿途私賣者各貨均罰入官倘有匿單少報等情將單內同類之貨全數入官所運各貨如無內地納税實據應由海關飭令完清內地關税始行發單下貨出口以杜隱漏

第八款

一奥國條約第八條所載奥民持照前往內地通商一款現議京都不在通商之列

第九款

一通商各口收税如何嚴防偷漏自應由中國設法辦理條約業已載明然現已議明各口畫一辦理是由總理外國通商事宜大臣或隨時親詣巡歷或委員代辦任憑總理大臣邀請奥人幫辦税務並嚴查漏税判定口界派人指泊船隻及分設浮樁號船塔表望樓等事

毋庸奥斯馬加國官指薦干預其浮樁號船塔表望樓等經費在於船鈔項下撥用至長江如何嚴防偷漏之處中國設法籌辦

中俄會訂條約

中俄會訂條約

大清國

大皇帝

大俄國

大皇帝欲更敦兩國盟誼互籌相助之法爲此

大清國

大皇帝派總理各國事務大臣太子太傅文華殿大學士一等肅毅伯李　尚書銜戶部左侍郎張　爲全權大臣

大俄國

大皇帝派駐華署理全權大臣內廷郎巴布羅福爲全權大臣該大臣等各以所奉全權之據視爲妥協商訂條款如左

第一款

爲保全俄國水師在中國北方海岸得有足爲可恃之地

大清國

大皇帝允將旅順口大連灣暨附近水面租與俄國惟此項所租斷不侵中國

大皇帝主此地之權

第二款

因以上緣由所租地段之界經大連灣迤北酌視旱地合宜保守該段所需應相離若干里即准相離若干里其確切界限以及此約各項詳細俟此約畫押後在森彼得堡會同許大臣刻即商訂另立專條此界綫商定後所有劃入租界綫內之地及附近水面專歸俄國租用

第三款

租地限期自畫此約之日起定二十五年爲限然限滿後由兩國相商展限亦可

第四款

所定限內在俄國所租之地以及附近海面所有調度水陸各軍並治理地方大吏全歸俄官而責成一人辦理但不得有總督巡撫名目中國無論何項陸軍不得駐此界內界內華民去留任便不得驅迫設有犯案該犯送交就近中國官按律治罪按照咸豐十年中俄約

第八款辦理

第五款

所租地界以北定一隙地此地之界由許大臣在森彼得堡與外部商定此隙地之內一切吏治全歸於中國官惟中國兵非與俄官商明不得來此

第六款

兩國政府相允旅順一口既專爲武備之口獨准華俄船隻享用而於各國兵商船隻以爲不開之口至於大連灣除口內一港亦照旅順口之例專為華俄兵艦之

用其餘地方作爲通商口岸各國商船任便可到

第七款

俄國認在所租之地而旅順大連灣兩口尤爲要備資自行蓋造水陸各軍所需處所建築砲臺安置防兵總設所需各法藉以著實禦侮并認以己資修養燈塔以及保航海無虞之所需各項標誌

第八款

中國政府允以光緒二十二年所准中國東方鐵路公司建造鐵路之理而今自畫此約日起推及由該幹路某一站起至大連灣或酌量所需亦以此理推及由該幹路至遼東半島營口鴨綠江中間沿海較便地方築一枝路所有光緒二十二年八月初二日中國政府與華俄銀行所立合同內各例宜於以上所續枝路確切照行其造路方向及經過處所應由許大臣與東方鐵路公司議商一切惟此項讓造枝路之事永遠不得藉端侵佔中國土地亦不得有礙

大清國

大皇帝應有權利

第九款

此約自兩國全權大臣彼此互換之日起舉行此約

御筆批准之本自畫押後趕緊在森彼得堡互換茲兩國全權大臣將此約備中俄二國文字各二分畫押蓋印爲憑兩國文字較對無訛惟辯解之時以俄文爲本此約在北京繕就二本

光緒二十四年三月初六日

一千八百九十八年三月十五日

大清國國家與
大俄國國家願在俄歷九十八年三月十五日北京所定條約增立數款兩國秉權大臣議定如下

第一款

按照原約第二條租與俄國之旅順口及大連灣遼東半島陸地其北界應從遼東西岸亞當灣之北起穿過亞當山脊（山脊亦在俄國租地內）至遼東東岸皮子窩灣北盡處止租界附近水面及陸地周圍各島均准俄國享用兩國各派專員就地詳確勘定所租地段之界綫

第二款

從第一款所定地段北界起應照北京約第五款所定隙地其北界綫應從遼東西岸蓋州河口起經岫巖城北至大洋河沿河左岸至河口此河亦在隙地內

第三款

俄國
國家允西畢利鐵路通接遼東半島之支路末處在旅順口及大連灣海口不在該半島沿海別處又公同商定此支路經過地方不將鐵路利益給與別國人至中國以後自造路從山海關接長至此支路最近之地俄國允不干預

第四款

俄國
國家允中國
國家所請允聽金州城自行治理並城內設立應需巡捕人等中國兵應退出金州用俄兵替代此城居民有權往來金州至租地北界各道路並日常需用附城准俄國享用之水但無權兼用海岸

第五款

中國
國家允認一非俄國應允不將隙地地段讓與別國人享用　二不將隙地東西沿海口岸與別國通商　三非俄國應允不將隙地地段內造路開礦及工商各利益讓給

第六款

以上議定各款繕立華文俄文專條各一分由兩國全權大臣畫押鈐印遇有講論以俄文為證

光緒二十四年閏三月十七日

俄歷一千八百九十八年四月二十五日

查三月三十日電陳專條全稿係據俄外部所交法文稿譯出嗣外部商定應照北京條約配用俄文漢文各一分所配漢文係從俄文譯出與上次電稿字面微有不同數處第一款電稿山脊亦在所租地段內今照俄文譯為亦在俄國租地內語意並無出入又電稿至遼東東岸近皮子窩灣北止蓋謂皮子窩灣北之附近處地界應適灣北今照俄文譯為皮子窩灣北盡處止地界應以灣北盡處為止較前稿語意似稍明確第三款電稿在旅順大連灣不在該半島別海口今照俄文譯為在旅順及大連灣海口不在該半島沿海別處第四款日常需用附城之水今照俄文譯為附城准俄國享用之水語意均無出入又第三款中國以後自造路一語俄文改為自己力量造路語意有別經與外部辨明另備文聲明已據外部照覆與法文語意講解無異故漢文並不改譯合并聲明

為續補俄歷九十八年三月十五日條約所附專條事

本部奉俄主諭稱俄國國家體中國

國家所商之意并顧念兩國睦誼允將俄兵屯紮金州城外作為試辦惟萬一城內有亂或居民與俄兵攻打則俄兵即行入城等因特此照會貴大臣查照

俄歷一千八百九十八年四月二十五號（即中歷閏三月十七日）

欽差頭等出使大臣許
出使俄國大臣楊　欽奉光緒二十四年五月初七日
即俄歷九十八年六月十三日
諭旨允准與東省鐵路公司訂定合同
按照中國與俄國於光緒二十四年三月初六日（俄歷九十八年三月十五日）在北京會訂條約及閏三月十七日（四月二十五日）在森彼德堡續訂專條內開中國政府從條約畫押日起允照光緒二十二年所准東省鐵路公司建造鐵路之事推廣建造經理一枝路在東省鐵路幹路上擇站起造達至遼東半島之大連灣及旅順口海口此枝路應悉照光緒二十二年八月初二日（九十六年八月二十七日）中國政府與華俄銀行所訂合同之各章程辦理等情因此議定按照前訂建造經理東省鐵路合同各節開列如下

第一款

此東省鐵路幹路之枝路達至旅順大連灣海口取名東省鐵路南滿洲枝路

第二款

按照光緒二十二年八月初二日（九十六年八月二十七日）合同第四條造路需用料件水陸轉運應由中國政府隨事設法使其便捷現准公司用輪船及別船挂公司旗行駛遼河幷該河之枝河及營口幷隙地內各海口合用而有益此路路工者均可駛入及運卸料件

第三款

東省鐵路公司為建造南滿洲鐵路需用料件糧草運載便捷起見准其由此路暫築枝路至營口及隙地海口惟造路工竣全路通行貿易後公司應遵中國政府知照將諸枝路拆去總之自勘定路線撥給地段日起一過八年必定拆去

第四款

按照光緒二十三年（九十七年）中國政府允准公司開采本植煤斤為鐵路需用現准公司在官地樹林內自行采伐每株繳價若干由總監工或其代辦與地方官公同酌定惟不得過地方時價凡
盛京省
御用產業或關係風水歸北京政府管屬樹林不得損動並准公司在此枝路經過一帶地方開采建造經理鐵路

需用之煤礦計斤納價由總監工或其代辦與地方官公同酌定不得過別人在該地采煤所納之稅數

第五款

俄國可在遼東半島租地內自行酌定稅則中國可在交界征收貨物從該租地運入或運往該租地之稅此事中國政府可商允俄國國家將稅關設在大連灣自該口開埠通商之日爲始所有開辦及經理之事委派東省鐵路公司作爲中國戶部代辦人代爲征收此關專歸北京政府管轄該代辦人將所辦之事按時呈報

另派中國文官爲駐札該處稅關委員　搭客行李及貨物由俄境車站運經該路至遼東半島租與俄國之地段內或由此租地運赴俄境概免關稅及內地稅釐貨物經鐵路從中國內地運往租地或從租地運入內地應照中國海關稅則分別完納進口出口稅無減無增

第六款

公司可自行擔當備設行海商船掛公司旗照各國通商行船章程此項船隻及經理此事若有虧折與中國政府無涉搭客票價及貨物運價由公司自行酌定此事與鐵路不相干涉其經理之期自無限制無庸按照光緒二十二年中國政府與華俄銀行所定合同第十二條價買及歸還期限章程辦理

第七款

南滿洲鐵路方向及經過地方應俟總監工在滿洲地方勘定將情形報明公司總局後由公司或在北京之代辦人與鐵路總辦公同商定

光緒二十四年五月十八日

俄歷一千八百九十八年六月二十四日

光緒二十四年四月初三日發
貴衙門電 附錄備查對
合同稿起首照三月初六京約閏月專條推廣東省鐵
路公司建造經理　一支路由幹路擇站至遼東旅大
海口悉照華俄銀行所訂合同章程並續擬各節如下
一此支路達至旅大取名東省鐵路南滿洲支路　二
原合同第四條水陸轉運造路料件中國政府設法便
捷准公司用輪船或別船挂公司旗駛入遼河及該支
河并營口及隙地內各海口運卸料件　三公司爲運
載料件糧草便捷准由南路暫築支路至營口及隙地
海口惟造路工竣全路通行貿易後應遵中國政府將
諸支路拆去　四中國政府上年九月允准開采煤木
現准公司在官地樹林自行采伐每株地方官與總監
工公同酌定繳價不得過時價惟
盛京省內
御用產業暨關係風水北京政府管屬樹林不准采動又准
此支路經過一帶地方開挖煤礦亦公酌計斤納費不
得過別人所納　五俄國在租地自酌稅則中國應征
租地交界貨稅此事可商允俄國在大連灣俟開埠後
即行設關派公司作爲中國戶部代辦人征收逕歸北
京政府管轄將所辦事按時呈報貨物由俄境車站往
來租地內概免稅厘其由租地經鐵路出入中國內地
照海關稅則征收無減增　六公司准自備行海商輪
挂公司旗若有虧折與中國無涉此事與鐵路無涉不
照原合同價買及歸還期限辦理　七南滿洲鐵路方
向及經過地方俟以後總監工在滿洲勘定由公司或
北京代辦與總辦公同商定以上照全文節去冗字句
澄儒江一

照譯光緒二十四年五月十七日 俄九十八年六月二十三日
東省鐵路公司來函
接奉五月二十一日來函聲明
二陵寢處所現有全權奉告貴大臣本公司悉遵中國政府
之意允設法使現在擬造之南滿洲支路不經
福陵
昭陵中間而繞
二陵寢之外在鐵路地段與

二陵寢相距之間至少留存三十里不可損動之地將來公
司如在
福陵
昭陵及
永陵附近處所尋得煤礦開採亦以此里數相距爲度本公
司當照此意飭知總監工遵照特此奉告
照譯光緒二十四年五月十八日俄九十八年六月二十四日

俄國外部大臣來函
中國政府與東省鐵路公司商訂南滿洲支路合同載
明章程願俟大連灣開埠日起在該口設立稅關等情
俄國國家可照所議允行惟此關開辦及經理事宜等
項均應查照合同辦理

丹國條約

現因
大清國與
大丹國彼此意存睦好不絕擬定和約通商章程以昭深願
共敦友誼內外商民交易相安永遠不替是以
大清國
大皇帝特簡
欽差大臣總理各國事務頭品頂戴工部左侍郎鑲紅旗蒙
古副都統恒 會同

欽差辦理三口通商大臣兵部侍郎鑲紅旗漢軍副都統崇
大丹國
大君主特派原任駐劄
大美國京都代國大臣功賜佩帶丹波羅格三等寶星准帶
大法國五等寶星步軍總兵拉斯勒福窪地碼羅多羅福
各將所奉各國
上諭詔書等件互相較閱俱屬妥協現將會議商定條約開列於
左

第一款
一溯維年來
大清國與
大丹國素無失睦現欲定約從此永遠和好敦篤友誼兩國
商民人等彼此僑居皆全獲保護身家資財
第二款
一凡爲大邦敦好睦鄰向有各遣
欽差大臣通好之禮今茲兩國定約亦可按照常例彼此交
派代國行權大員往來通好以期永守和誼

第三款
一
大丹國欽差大臣凡有要務商酌約准前赴
京都會議定辦卽照各國行權大員常規一體優待所有
僱覓內地夫役均隨其意各官不得偏爲拘治倘若有
人擅將
大丹欽差公館眷屬隨員人等越禮欺藐該犯由中國地方
官從嚴懲辦
第四款

一
大丹君主欽差大臣並各隨員等皆可往來內地各處所有
收發文件行裝囊箱無論沿海何處皆可遞文不得有
人擅行拆啟專差同
大清驛站弁兵一律保安照料凡有大臣並各眷屬隨員等
各項費用皆由丹國支領與中國無涉總之丹國大臣
入華當照泰西各國於代國大臣向為合宜優待之處
同一優禮相待

第五款

一凡有丹國事務均歸
大丹欽差大臣與
大清中國大臣會議商辦無論文移會晤皆應按照平儀相
待

第六款

一所開
大清國應行優待丹國大臣各節日後中華秉權大臣出使
前往
大丹國亦應同一優待以昭平允

第七款

一中華通商港口
大丹國設立領事等官或一員或數員酌量丹商情形隨時
定派中國官員接待各國領事官最優之禮亦於丹國
不使或異定其品級即領事官署領事官與道臺同品
副領事官署副領事官及繙譯官與知府同品因公來
往衙署相見會晤文移悉用平禮為是設若通商無論
何口
大丹國以為無需設官均可暫交友國領事從權代辦丹國

事務以歸簡易

第八款

一丹國民人傳授
耶穌聖教果係安分無過中國官員不得刻待阻難均應保
護相安

第九款

一丹國民人准聽持照前往內地各處游歷通商所領
執照由領事官發給由地方官蓋印經過地方如飭交
出執照即應隨時呈驗無訛放行該民僱船僱人裝運

行李貨物不得攔阻如其無照其中或有訛誤以及查出沿途或有不法情事就近送交領事懲辦惟於途中止可拘禁不得淩虐如在通商各口出外遊玩者地在百里之中期在三五日內可以毋庸請照至於水手船上人等不在此列應由地方官會同領事官另定章程妥爲彈壓其江甯等處有賊處所俟城池克復之後再行給照前往

第十款

一兩國職員來往行文各應按照品級官階定式所有

平行各官文移均用照會丹國領事官以下詳皇各省督撫均用申陳督撫均用札行各等字樣至於各國商民人等設若有事請由各官查辦應用具稟字樣以示區別

第十一款

一各國議定通商口岸如牛莊天津烟台上海甯波福州厦門台灣淡水廣州汕頭瓊州及長江之漢口九江鎮江江甯各口丹國商民亦可任便出入通市准與無論何人均得聽意買賣所有賃房買屋租地起造建立廟堂醫院墳塋等事亦隨其便

第十二款

一丹國民人准在通商各口一帶地方意欲租地蓋屋設立棧房建造廟堂醫院墳塋等事均按民價照給公平定議不得互相勒掯

第十三款

一丹國民人約准任便覓致諸色華庶襄執分內工藝中國不得限制禁阻

第十四款

一丹國民人凡欲游行卸貨下貨各等事務約准自雇小船剝運不論何項艇隻雇價銀兩若干均聽丹民與船主自議不必官爲經理該船不得限定額數並船戶攬載挑夫攬運一切情弊俱不准行惟是該艇干涉走私漏稅情弊查出該犯自應照例懲辦

第十五款

一丹國屬民相涉案件不論人產皆歸丹官查辦設與別國有事涉訟應遵某國前與丹國定約辦理中國不必與聞以上案內如牽涉有中國人仍應按第十六七

兩款會同中國官辦理

第十六款

一凡丹國民人有被華民違例相欺約准地方官查拏照例審辦華民有被丹國人違例相欺丹國官員亦應按例查拏究治嗣定約之後丹國即專定約束丹民章程中國亦須一同約束華民以昭公允

第十七款

一丹國民人遇有控告華民事件皆應先稟領事官查明根由先行勸息使不成訟中國民人有赴領事官告

丹民者領事官亦應一體調處間有不能使和者即由地方官與領事官會同審辦公平訊斷

第十八款

一丹國民人約准中國官憲自必時加保護令其身家全安如遭欺凌擾害及有不法匪徒放火焚燒房屋搶掠財貨又准地方官立即設法派撥兵役彈壓查拏將該犯按例嚴辦並將所搶財物盡力追交倘承緝官不能獲犯起贓祇可准照中國例處分

第十九款

一丹國船隻在中國管下洋面有被强盜搶刧者約准地方官一經聞報即應設法追拏查辦所有追獲贓物直交領事官發還失主倘承緝官不能獲盜起贓祇可准照中國例處分但不能賠償

第二十款

一丹國船隻有在中國沿海各處或有碰壞擱淺以及遭風收口約准地方官查知立即設法妥為照料船上丹民就近送交領事官查收以昭睦誼

第二十一款

一丹國民人居住房屋以及丹國船隻適地方官查出有內地逃犯潛匿不出約准行知丹國領事官即行交出不得隱匿袒庇

第二十二款

一丹國民人若有華民欠債不償約准地方官認眞代爲催繳或有潛行逃避情事應嚴爲緝拏追還丹人欠債不償或潛行逃避者丹國官亦應一體辦理但均不能官爲賠償

第二十三款

一丹國商民起卸貨物輸納稅餉約准俱照稅則爲額總不能較諸他國或有此免彼輸之弊以示均平

第二十四款

一丹國商民輸稅期候約准進貨之稅於起載時輸納出貨之稅於落貨時繳餉以示限制

第二十五款

一丹國商民出入各貨應納稅務均照本約後附稅則爲例

第二十六款

一此次定約其中關於通商各款以及稅則日後彼此兩國再欲重修以戊辰年六月底爲期滿須於六箇月之前先行知照酌量更改倘若彼此未於六箇月之前聲明更改則稅課仍照前章完納復俟十年再行更改以後均照此限此式辦理永行弗替

第二十七款

一丹國商民販買土貨運口出洋或將洋貨運入內地銷賣應納內地稅餉或於過卡隨時分數報完或在海關一次全行完納均准聽便輸交一次完納之例准照續定稅則章程第七款所載除有第二款指明每値百兩完稅二兩五錢外其餘各貨總以出入稅則照納一半爲准其該貨應納正稅仍宜於卡稅半稅完納外如數完繳

第二十八款

一丹國商船應納鈔課一百五十頓以上每頓納鈔銀四錢一百五十頓正及一百五十頓以下每頓納鈔銀一錢凡船隻出口欲往通商他口並香港地方該船主稟明海關監督發給專照自是日起以四箇月爲期如

係前赴通商各口俱無庸另納船鈔以免重輸至丹國船隻觔兩以拉四噠爲準約定一拉四噠爲兩頓以示均平

第二十九款

一丹國貨船進口並未開艙欲行他往者限二十四時之內出口准不征收船鈔倘逾二十四時之限必須全數輸納此外船隻出進口時並無應交費項

第三十款

一丹國商民准聽在各口自用艇隻運代客人行李書

信食物以及例不納稅之物約准毋庸完鈔倘若裝載例應完鈔之貨則定按照四箇月一次納鈔每噸一錢

第三十一款

一通商各口分設浮樁號船塔表望樓由丹國領事官與地方官會同酌視建造

第三十二款

一丹國商民輸納稅課銀兩應交官設銀號或以紋銀或以洋錢其應何色銀兩與各國商人一律以免此重彼輕

第三十三款

一秤碼丈尺約准均按照粵海關部頒定式由各監督送交各口領事官收用又准該秤碼等項其分量均照續定通商章程第四款為例

第三十四款

一丹國船隻欲進各口聽其僱覓引水之人完清稅務之後亦可僱覓引水之人帶其出口

第三十五款

一丹國船隻甫臨近口約准該關監督任意派委員弁丁役看守或在該船或在本艇隨便居住其需用經費由關支發惟該員役不得向船主船商私取毫釐倘敢收受查出分別所受之數多寡由該關監督按例酌量輕重懲治其罪

第三十六款

一丹國商船進口之後約准以十二時為限該船主必將船牌艙口單各件交領事官即於次日通知海關並將船名及押載噸數裝何貨物之處照會監督以憑查驗船主如過限期並未報明領事官每日罰銀五十兩惟所罰之數總不能逾二百兩至其艙口單內須將所

載貨物詳細開明如有漏報揑報者船主應罰銀五百兩倘呈單入關後該商自查筆誤倘准刻即赴關改正惟總以十二時為限可不罰銀

第三十七款

一丹國商船進口經該關監督接到領事官按約詳細知照後即發開艙單倘該船主未領開艙單擅行卸貨罰銀五百兩並將各該貨物全行入官

第三十八款

一丹國商人上貨下貨總須先領監督官准單如違卽將貨物一併入官

第三十九款

一丹國商船不准私行撥貨如欲互相撥貨必須先由監督發給准單方准動撥違者卽將該貨全行入官

第四十款

一丹國商人完清稅餉之後該關監督發給紅單爲出口之據

第四十一款

一丹國出入各貨如係值百抽五之貨倘海關驗貨丁役偶與該商各存己見不能定價約准各邀客商二三人前來驗貨該客商內有出最高之價者卽以爲該貨之價式免致收稅不公

第四十二款

一丹國商民輸納稅餉實按斤兩秤計先除皮包粉飾等料以淨貨輕重爲準至有連皮過秤除皮核算之貨卽若茶葉一項倘海關丁役偶與丹商意見不同卽於每百箱內聽役揀出若干箱丹商亦揀出若干箱先以

一箱連皮過秤得若干斤再秤其皮得若干斤除皮算之卽可得每箱實在斤數其餘貨物凡係有包皮者均可准此類推倘再理論不明丹商赴領事官報知情節由領事官通知監督會議酌辦惟必於此日稟報遲則不准稟聞此項未定斤數之貨監督暫緩塡簿免致後難更易須俟秉公核斷明晰再爲登塡

第四十三款

一丹商貨物或因潮濕等由損壞致價低減該關應行按價減稅倘該商與關吏理論價值未定則照第四十一款所載值百抽五之貨同法定辦

第四十四款

一丹國商民沿海議定通商各口載運土貨約准出口先納正稅復進他口再納半稅後欲復運他口以一年爲期准向該關取給半稅存票不復更納正稅嗣到改運之口再行照納半稅

第四十五款

一丹國商民洋貨進口納清稅課後欲改運他國抑或通商別口約准稟明領事官轉報監督委員驗明實係

厚包原貨查與底簿相符並未拆動抽換卽當按照該貨經納正稅之數發給存票至於土貨自通商各口運入他口按例納完半稅後該商再欲運往外國以一年爲期期內亦准一律發給半稅存票該票無論何商呈驗均准專抵該關進出貨稅不准持赴別關抵課儻於委員查驗之間查有揑報各等情弊全貨俱罰入官至於外國所產糧食丹船裝載進口未經起卸仍欲出洋槪無禁阻

第四十六款

一中國各口官員凡有嚴防偷漏之法均准相度機宜隨時便宜設法辦理以杜弊端

第四十七款

一丹國商船獨在條約內列通商各口准其貿易如到別處沿海地方私做買賣船貨一併入官

第四十八款

一丹國商船查出有涉走私該貨無論式類價值全數查鈔入官外倏該商船帳目清後亦可嚴行驅除不准在口貿易

第四十九款

一條約所載丹民罰款以及船貨入官各項皆歸中國收辦以充公用

第五十款

一

大丹國大臣並領事官等員所有行知

大清國大臣官員等公文各件俱用英字書寫仍以漢文譯錄暫爲配送俟中國學習英文熟習通撤卽不必配送漢文惟遇日後設有文詞辯論之處丹國總以英文作

爲正義此次定議漢英文字詳細較對以期無訛

第五十一款

一

大清國所行各式公文無論京外內敘

大丹國官民嗣不得提書夷字以消畛域

第五十二款

一丹國師船別無他意或因捕盜駛入中國無論何口一切買取食物甜水修理船隻地方官妥爲照料船上水師各官與中國官員平行相待以昭友誼

第五十三款

一中華海面近有賊盜搶刧向於內外商民大有損礙

大清大丹各國約定會議設法消除

第五十四款

一各國所有已定條約內載取益防損各事

大丹國官民亦准無不同獲其美嗣後

大清國或與無論何國加有別項潤及之處亦可同歸一致

期免輕重之分

第五十五款

一今將以上各款既定條約理應恭候兩國

御筆批准遵行約以一年爲期彼此各國

特派大臣或在上海或在天津會晤互交現各

欽差大臣先爲親筆畫押蓋用關防以昭信守

癸亥年五月二十八日

一千八百六十三年七月十三日

謹按

大清欽差大臣總理各國事務頭品頂戴工部左侍郎鑲紅

旗蒙古副都統恒

欽差辦理三口通商大臣兵部侍郎鑲紅旗漢軍副都統崇

大丹欽差大臣原任駐札

大美國京都代國大臣功賜佩帶丹波羅格三等寶星准帶

大法國五等寶星步軍總兵拉斯勒福窪地瑪羅多羅福

今日商定條約外有另行酌定出入稅則以及通商章

程俾得申明條約更爲周備嗣後兩國官民務與條約

一同遵守今兩國各大臣等親筆畫押蓋用關防以昭

信實合將稅則章程開列於左

今將通商各口進出口貨物新定稅則開列於後

計開

進口貨物稅則 均係外國出產

進口油蠟礬磺類

蠟 日本　每百觔　陸錢伍分

蘇合油　每百觔　壹兩

硝 只准按章程發賣　每百觔　伍錢

黃蠟　每百觔　壹兩

硫磺 只准按章程發賣　每百觔　貳錢

進口香椒類

安息香　每百觔　陸錢

安息油　每百觔　陸錢

檀香　每百觔　肆錢

白胡椒　每百觔　伍錢

黑胡椒　每百觔　叁錢陸分

沉香　每百觔　貳兩

降香　每百觔　壹錢肆分伍釐

進口藥材類

阿魏　每百觔　陸錢伍分

上冰片　每觔　壹兩叁錢

下冰片　每觔　柒錢貳分

丁香　每百觔　伍錢

母丁香　每百觔　壹錢捌分

牛黃 印度　每觔　壹兩伍錢

兒茶　每百觔　壹錢捌分

檳榔膏　每百觔　壹錢伍分

檳榔　每百觔　壹錢伍分

參 美國　每百觔　陸兩

揀淨參鬚參 美國　每百觔　捌兩

乳香　每百觔　肆錢伍分

沒藥　每百觔　肆錢伍分

荳蔻花 即肉果花　每百觔　壹兩

肉果荳蔻　每百觔　貳兩伍錢

白荳蔻　每百觔　壹兩

木香　每百觔　陸錢

犀角　每百觔　貳兩

水銀　每百觔　貳兩
洋藥　每百觔　叁拾兩
梹榔衣　每百觔　柒分伍釐
砂仁　每百觔　伍錢
肉桂　每百觔　壹兩伍錢
虎骨　每百觔　壹兩伍錢伍分
鹿角　每百觔　貳錢伍分
血竭　每百觔　肆錢伍分
大楓子　每百觔　叁分伍釐

進口雜貨類

火石　每百觔　叁分
雲母殼即珠海殼　每百觔　貳錢
銅鈕釦　每壹百肆拾肆粒　伍分伍釐
漆器　每百觔　壹兩
繩呂宋　每百觔　叁錢伍分
傘各樣　每柄　叁分伍釐
香柴　每百觔　肆錢伍分
煤外國　每頓　伍分

火絨　每百觔　叁錢伍分

進口醃臘海味類

上燕窩　每觔　伍錢伍分
中燕窩　每觔　肆錢伍分
下燕窩　每觔　壹錢伍分
黑海參　每百觔　壹兩伍錢
白海參　每百觔　叁錢伍分
白魚翅　每百觔　壹兩伍錢
黑魚翅　每百觔　伍錢

柴魚即乾魚　每百觔　伍錢
魚肚　每百觔　壹兩
鹹魚　每百觔　壹錢捌分
魚皮　每百觔　貳錢
海菜　每百觔　壹錢伍分
牛鹿筋　每百觔　伍錢伍分
蝦米　每百觔　叁錢陸分
淡菜　每百觔　貳錢
鯊魚皮　每百張　貳兩

進口顏料膠漆紙劄類

呀囒米　每百觔　伍兩

大青　每百觔　壹兩伍錢

蘇木　每百觔　壹錢

紫梗　每百觔　叁錢

水靛　每百觔　壹錢捌分

魚膠　每百觔　陸錢伍分

皮膠　每百觔　壹錢伍分

籐黃　每百觔　壹兩

栲皮　每百觔　叁分

進口竹木籐椰類

沙籐　每百觔　壹錢伍分

烏木　每百觔　壹錢伍分

桅 重木 長不過肆拾幅地　每根　肆兩

桅 重木 長不過陸拾幅地　每根　陸兩

桅 重木 長過陸拾幅地　每根　拾兩

桅 輕木 長不過肆拾幅地　每根　貳兩

桅 輕木 長不過陸拾幅地　每根　肆兩伍錢

桅 輕木 長過陸拾幅地　每根　陸兩伍錢

梁 重木 長不過貳拾陸幅地 四方不到拾貳因制　每根　壹錢伍分

板 重木 長不過貳拾肆幅地 寬拾貳因制厚叁因制　每百根　叁兩伍錢

板 重木 長不過拾陸幅地 寬拾貳因制厚叁因制　每百片　貳兩

板 輕木 各樣　每四方長闊千幅地　柒錢

板 麻栗樹 長闊方圓　每幅地　叁分伍釐

紅木　每百觔　壹錢壹分伍釐

毛柹　每百觔　叁分

呀囒治木 長不過叁拾伍幅地 寬壹幅地捌因制厚壹幅地　每根　捌錢

進口鏡鐘標玩類

自鳴鐘　每值百兩抽稅伍兩

時辰表　每對　壹兩

珠邊時辰表　每對　肆兩伍錢

千里鏡雙眼千里鏡 掛鏡穿衣鏡掛屏　每值百兩抽稅伍兩

八音琴　每值百兩抽稅伍兩

進口布疋花幔類

麻棉帆布 長不過伍拾碼　每疋　肆錢

棉花　每百觔　叁錢伍分

布 原色白色無花斜紋 寬過叁拾肆因制長不過肆拾碼 每疋 捌分
布 原色白色無花斜紋 寬過叁拾肆因制長過肆拾碼 每拾碼 貳分
布 美國 原色白色無花斜紋 寬不過叁拾因制長不過肆拾碼 每疋 壹錢
布 美國 原色白色無花斜紋 寬不過叁拾因制長不過叁拾碼 每疋 柒分伍厘
布 原色白色無花斜紋 寬不過叁拾肆因制長不過肆拾捌碼 每疋 捌分
布 原色白色無花斜紋 寬不過叁拾肆因制長不過貳拾肆碼 每疋 肆分
色布 有花無花 寬不過叁拾陸因制長不過肆拾碼 每疋 壹錢伍分
蔴白提布白點布 寬不過叁拾陸因制長不過肆拾碼 每疋 壹錢
印花布 寬不過叁拾壹因制長不過叁拾碼 每疋 柒分

袈裟布 寬不過肆拾陸因制長不過貳拾肆碼 每疋 柒分
袈裟布 寬不過肆拾陸因制長不過貳拾碼 每疋 叁分伍厘
袈裟布 稀 即洋紗 寬不過肆拾陸因制長不過貳拾肆碼 每疋 柒分伍厘
袈裟布 稀 即洋紗 寬不過肆拾陸因制長不過拾貳碼 每疋 叁分伍厘
緞布 寬不過叁拾陸因制長不過肆拾碼 每疋 貳錢
柳條布 寬不過肆拾因制長不過拾貳碼 每疋 陸分伍厘
毛布各色 寬不過貳拾捌因制長不過叁拾碼 每疋 叁分伍厘
絨綿布各樣 長不過叁拾壹碼 每疋 貳錢
棉線 每百觔 柒錢貳分

棉紗 每百觔 柒錢
蔴布 細 長不過伍拾碼 每疋 伍錢
蔴布 粗 長不過伍拾碼即蔴竹布棉絲布 每疋 貳錢
回絨 長不過叁拾伍碼 每疋 貳錢
羽布 寬不過貳拾肆因制長肆拾碼 每疋 貳錢
手帕 四方長闊不過壹碼 每拾貳塊 貳分伍厘

進口綢緞絲絨類

金線 眞 每觔 壹兩陸錢
金線 假 每觔 叁分

銀線 眞 每觔 壹兩叁錢
銀線 假 每觔 叁分
哆囉呢 寬伍拾壹因制至陸拾肆因制 每丈 壹百肆拾壹寸爲壹丈 壹錢貳分
嗶嘰 寬叁拾壹因制 每丈 肆分伍厘
羽緞 嗬囒國 寬叁拾叁因制 每丈 壹錢
羽紗 英國 寬叁拾壹因制 每丈 伍分
羽綢 每丈 叁分伍厘
小呢番絕等類 每丈 肆分
絨線 每百觔 叁兩

床氈　每對　貳錢
花剪絨 長不過叁拾肆碼　每疋　壹錢伍分
羽綾 寬叁拾壹因制　每丈　伍分
小羽綾 寬叁拾肆因制　每丈　叁分伍厘
下等絨 即至粗絨　每丈　壹錢
剪絨 長不過叁拾肆碼　每疋　壹錢捌分

進口酒果食物類

橄欖 無論乾鮮　每百觔　壹錢捌分
鼻烟 外國　每百觔　柒兩貳錢

進口銅鐵鉛錫類

生銅 如銅磚之類　每百觔　壹兩
熟銅 如銅扁銅條之類　每百觔　壹兩伍錢
生鐵 如鐵磚之類　每百觔　柒分伍厘
熟鐵 如鐵條鐵板鐵箍之類　每百觔　壹錢貳分伍厘
鉛塊　每百觔　貳錢伍分
鋼　每百觔　貳錢伍分
錫　每百觔　壹兩貳錢伍分
馬口鐵　每百觔　肆錢

日本銅　每百觔　陸錢
鉛片　每百觔　伍錢伍分
白鉛 只准按章程發賣　每百觔　貳錢伍分
黃銅釘黃皮銅　每百觔　玖錢
商船壓載鐵　每百觔　壹分
鐵絲　每百觔　貳錢伍分

進口珍珠寶石類

瑪瑙　每百塊　叁錢
瑪瑙珠　每百觔　柒兩

玳瑁　每觔　貳錢伍分
玳瑁碎　每觔　柒分貳厘
玻璃片　每箱 四方每壹百幅地　壹錢伍分
珊瑚　每觔　壹錢

進口纓皮牙角羽毛類

牛角　每百觔　貳錢伍分
生牛皮　每百觔　伍錢
熟牛皮　每百觔　肆錢貳分
海龍皮 即海虎皮　每張　壹兩伍錢

大狐狸皮	每張	壹錢伍分
小狐狸皮	每張	柒分伍厘
虎皮豹皮	每張	壹錢伍分
貂皮	每張	壹錢伍分
獺皮	每百張	貳兩
貉獾皮	每百張	貳兩
海騾皮	每百張	伍兩
灰鼠皮銀鼠皮	每百張	伍錢
海馬牙	每百觔	貳兩

象牙不碎的	每百觔	肆兩
象牙碎的	每百觔	叁兩
兎皮麂皮	每百張	伍錢
犀皮	每百觔	肆錢貳分
翠毛孔雀毛等類	每百張	肆錢

出口貨物稅則均係中國出產

出口油蠟礬磺類

白礬	每百觔	肆分伍厘
青礬	每百觔	壹錢
八角油	每百觔	伍兩
桂皮油	每百觔	玖兩
薄荷油	每百觔	叁兩伍錢
牛油	每百觔	貳錢
桕油	每百觔	叁錢
油芝蔴油荳油棉油茶油桐油各等	每百觔	叁錢
蓖蔴油	每百觔	貳錢
白蠟	每百觔	壹兩伍錢

出口香料椒茶類

茶葉	每百觔	貳兩伍錢
八角	每百觔	伍錢
麝香	每觔	玖錢
八角渣	每百觔	貳錢伍分
時辰香	每百觔	貳錢

出口藥材類

三奈	每百觔	叁錢
樟腦	每百觔	柒錢伍分
信石	每百觔	肆錢伍分

桂皮　每百觔　陸錢
桂子　每百觔　捌錢
土茯苓　每百觔　壹錢叁分
澄茄　每百觔　壹兩伍錢
良薑　每百觔　壹錢
石黃　每百觔　叁錢伍分
大黃　每百觔　壹兩貳錢伍分
姜黃　每百觔　壹錢
高麗日本參上等　每觔　伍錢

高麗日本參下等　每觔　叁錢伍分
鹿茸嫩　每對　玖錢
鹿茸老　每百觔　壹兩叁錢伍分
牛黃中國　每觔　叁錢陸分
班貓　每百觔　貳兩
桂枝　每百觔　壹錢伍分
陳皮　每百觔　叁錢
柚皮上等　每百觔　肆錢伍分
柚皮下等　每百觔　壹錢伍分

關東人參　每値百兩抽稅伍兩
薄荷葉　每百觔　壹錢
甘草　每百觔　壹錢叁分伍厘
石羔　每百觔　叁分
五棓子　每百觔　伍錢
蜂蜜　每百觔　玖錢
出口雜貨類
料手鐲即燒料鈪　每百觔　伍錢
竹器　每百觔　柒錢伍分

假珊瑚　每百觔　叁錢伍分
各色爆竹　每百觔　伍錢
羽扇　每百柄　柒錢伍分
料器　每百觔　伍錢
各色料珠　每百觔　伍錢
雨遮即紙傘　每百柄　伍錢
雲石　每百觔　貳錢
蒲紙畫　每百張　壹錢
紙扇　每百柄　肆分伍厘

珍珠假 每百觔 貳兩
古玩 每值百兩抽稅伍兩
葵扇細 每千柄 叁錢陸分
葵扇粗 每千柄 貳錢
駱駝毛 每百觔 壹兩
棉羊毛 每百觔 叁錢伍分
山羊毛 每百觔 壹錢捌分
氈碎 每百觔 壹錢
紙花 每百觔 壹兩伍錢

土煤 每百觔 肆分

出口顏料膠漆紙劄類

銅箔 每百觔 壹兩伍錢
紅丹 每百觔 叁錢伍分
錫箔 每百觔 壹兩貳錢伍分
銀硃 每百觔 貳兩伍錢
油漆畫 每件 壹錢
鉛粉 每百觔 叁錢伍分
黃丹 每百觔 叁錢伍分

硃砂 每百觔 柒錢伍分
紙上等 每百觔 柒錢
紙次等 每百觔 肆錢
油紙 每百觔 肆錢伍分
墨 每百觔 肆兩
漆 每百觔 伍錢
櫻 每百觔 壹錢
蔴 每百觔 叁錢伍分
燈草 每百觔 陸錢

綠膠 每觔 捌錢
索廣東 每百觔 壹錢伍分
索蘇州 每百觔 伍錢
漆綠 每百觔 肆錢伍分
蠣殼 每百觔 玖分
綠皮 每百觔 壹兩捌錢
土靛 每百觔 壹兩
坑砂 每百觔 玖分

出口器皿箱盒類

牛骨角器　每百觔　壹兩伍錢
磁器細　每百觔　玖錢
磁器粗　每百觔　肆錢伍分
紫黃銅器　每百觔　壹兩壹錢伍分
木器　每百觔　壹兩壹錢伍分
象牙器　每觔　壹錢伍分
漆器　每百觔　壹兩
雲母殼器　每觔　壹錢
籐器各樣　每百觔　叁錢
檀香器　每觔　壹錢
金銀器　每百觔　拾兩
玳瑁器　每觔　貳錢
皮箱皮槓　每百觔　壹兩伍錢
皮器　每百觔　壹兩伍錢
窰貨　每百觔　伍分
黃銅器　每百觔　壹兩
銅鈕釦　每百觔　叁兩
銅絲　每百觔　壹兩壹錢伍分

生銅　每百觔　伍錢
舊銅片　每百觔　伍錢
出口竹木籐椰類
各色竹竿　每千根　伍錢
籐肉　每百觔　貳錢伍分
木椿架舵杆　每根　叁分
出口衣帽靴鞋類
衣服布　每百觔　壹兩伍錢
衣服綢　每百觔　拾兩
靴鞋皮緞各色　每百雙　叁兩
草鞋　每百雙　壹錢捌分
綢帽　每百頂　玖錢
氈帽　每百頂　壹兩貳錢伍分
草帽緶　每百觔　柒錢
出口布疋花幔類
夏布細　每百觔　貳兩伍錢
夏布粗　每百觔　柒錢伍分
土布各色　每百觔　壹兩伍錢

舊棉絮	每百觔	肆分伍厘
棉被胎	每百件	貳兩柒錢伍分
棉花	每百觔	叁錢伍分

出口綢緞絲絨類

湖絲土絲各等絲經	每百觔	拾兩
野蠶絲	每百觔	貳兩伍錢
絲帶欄杆桂帶絲線各色	每百觔	拾兩
綢緞縐綢紗綾羅剪絨繡貨等類	每百觔	拾貳兩
絲綿雜貨 如絲毛之類	每百觔	伍兩伍錢

四川黃絲	每百觔	柒兩
同功絲	每百觔	伍兩
川綢 山東繭綢	每百觔	肆兩伍錢
緯線	每百觔	拾兩
各省絨	每百觔	拾兩
絨 廣東土產絲做成	每百觔	肆兩叁錢
蠶繭	每百觔	叁兩
亂絲頭	每百觔	壹兩

出口氈絨毯席類

席子各樣	每百張	貳錢
地席	每捲肆拾碼	貳錢
皮毯	每張	玖分
氈毯	每百疋	叁兩伍錢

出口糖果食物類

蜜餞並各色糖果	每百觔	伍錢
醬油	每百觔	肆錢
白糖	每百觔	貳錢
赤糖	每百觔	壹錢貳分

冰糖	每百觔	貳錢伍分
烟絲各樣 如黃烟水烟之類	每百觔	肆錢伍分
烟葉各樣	每百觔	壹錢伍分
鼻烟 中國	每百觔	捌錢
大頭菜	每百觔	壹錢捌分
粉絲	每百觔	壹錢捌分
酒	每百觔	壹錢伍分
海菜	每百觔	壹錢伍分
火腿	每百觔	伍錢伍分

皮蛋　每千個　叄錢伍分
橄仁　每百觔　叄錢
杏仁　每百觔　肆錢伍分
香菌　每百觔　壹兩伍錢
金針菜　每百觔　貳錢柒分
木耳　每百觔　陸錢
桂圓　每百觔　貳錢伍分
桂圓肉　每百觔　叄錢伍分
荔枝　每百觔　貳錢

蓮子　每百觔　伍錢
芝蔴　每百觔　壹錢叄分伍厘
花生　每百觔　壹錢
花生餅　每百觔　叄分
瓜子　每百觔　壹錢
荳　每百觔　陸分
荳餅　每百觔　叄分伍厘
米麥雜糧　每百觔　壹錢
蒜頭　每百觔　叄分伍厘

栗子　每百觔　壹錢
黑棗　每百觔　壹錢伍分
紅棗　每百觔　玖分

第一款

一戊午年新定稅則凡有貨物僅載進口稅則未載出口稅則者遇有出口皆應照進口稅則納稅或有僅載出口稅則未載進口稅則者遇有進口亦皆照出口稅則納稅儻有貨物名目進出口稅則均未賅載又不載免稅之例者應覈估時價照值百抽五例征稅

第二款

一凡有金銀外國各等銀錢麵粟米粉砂穀米麪餅熟肉熟菜牛奶酥牛油蜜餞外國衣服金銀首飾攙銀器

香水堿炭柴薪外國蠟燭外國烟絲烟葉外國酒家用雜物船用雜物行李紙張筆墨氈毯鐵刀利器外國自用藥料玻璃器皿以上各物進出口通商各口皆准免稅除金銀外國銀錢行李毋庸議外其餘該船裝載無論淺滿雖無別貨亦應完納船鈔儻運往內地除前三項仍毋庸議外其餘各貨皆每百兩之物完納稅銀二兩五錢

第三款

一凡有違禁貨物如火藥大小彈子砲位大小鳥鎗並一切軍器等類及內地食鹽以上各物概屬違禁不准販運進出口

第四款

一凡有稅則內所算輕重長短中國一担即係一百斤者以丹國一百三十三磅零三分之一爲準中國一丈即十尺者以丹國一百四十一因制爲准中國一尺即丹國十四因制又十分因制之一丹國十二因制爲一幅地三幅地爲一碼四碼欠三因制即合中國一丈均以此爲例

第五款

一洋藥准其進口議定每百斤納稅銀三十兩惟丹商止准在口銷賣一經離口即屬中國貨物祇准華商運入內地丹國商人不得護送即條約第九條所載丹民持照前往內地通商並二十七條所載內地關稅之例與洋藥無涉其如何征稅聽憑中國辦理嗣後遇修改稅則仍不得按照別貨定稅　又銅錢不准運出外國惟通商各口准其以此口運至彼口照現定章程遵行該商赴關報明數目若干運往何口或令本商及同商

二人聯名具呈保單抑或聽監督飭令另交結實信據方准給照別口監督於執照上註明收到字樣加蓋印信從給照之日起限六箇月繳回驗銷若過期不繳銷執照即按其錢貨原本照數罰繳入官其進出口均免納稅至船載無論淺滿均納船鈔　又凡米穀等糧不拘內外土產不分何處進口者皆不准運出外國惟丹商欲運往中華通商別口則照銅錢一律辦理出口時照依稅則納稅其進口毋庸納稅至船載無論淺滿均遵納船鈔　又硝磺白鉛均為軍前要物應由華官自行採辦或由華商特奉准買明文方准起貨該關未能查明該商實奉准買定不發單起貨此三項止准丹國商人於通商海口銷售不准帶入長江並各內港亦不准帶華商護送除在各海口外即係華民貨物與丹商無涉以上洋藥銅錢米穀硝磺白鉛等項止准照新章買賣敢違此例所運貨物全罰入官

第六款

一本約第三十六條所載丹船進口限十二時報領事官知照並照第二十九條所載丹國貨船進口並未開艙欲行他往限二十四時之內出口即不准收船鈔以上二條無論先後總以該船進口界限時刻起算以免參差爭論至各口界限並上下貨物之地均由海關妥為定界既要便商更不得有礙收稅知會領事官曉諭本屬商民遵辦

第七款

一丹國商民運入內地各貨該商應將該貨名目若干原裝何船進口應往內地何處各緣由報關查驗確實照納內地稅項該關發給內地稅單該商應向沿途各子口呈單照驗蓋戳放行無論遠近均不重征至運貨出口之例凡丹商在內地置貨到第一子口驗貨由送貨之人開單註明貨物若干應在何口卸貨呈交該子口存留發給執照准其前往路上各子口查驗蓋戳至最後子口先赴出口海關報完內地稅項方許過卡俟下船出口時再完出口之稅若進出有違此例及業經報明指赴何口沿途私賣者各貨均罰入官倘有匿單少報等情將單內同類之貨全數入官所運各貨如無內地納稅實據應由海關飭令完清內地關稅始行發

單下貨出口以杜隱漏

第八款

一本約第九條所載丹民持照前往內地通商一款現議京都不在通商之列

第九款

一通商各口收稅如何嚴防偷漏自應由中國設法辦理條約業已載明外現定各口畫一辦理以期妥善至長江如何嚴防偷漏之處俟通商後察看情形任憑中國設法籌辦

癸亥年五月二十八日

一千八百六十三年七月十三日

交收東三省條約

交收東三省條約

大清國

大皇帝與

大俄國

大皇帝願將於華歷光緒二十六年卽俄歷一千九百年在中國生出之變亂所傷鄰交復行敦固茲爲商議東三省各事

大清國

大皇帝特派總理外務部事務和碩慶親王軍機大臣文淵閣大學士外務部會辦大臣王文韶爲全權大臣

便宜行事

大俄國

大皇帝特派駐華全權大臣正參政大臣雷薩爾爲全權大臣便宜行事該大臣等各以所奉全權

諭旨查核均屬妥協會同議訂各條款開列於左

第一條

大俄國

大皇帝願彰明與

大清國

大皇帝和睦及交誼之新證據而不顧由東三省與俄國交界各處開仗攻打俄國安分鄉民各情允在東三省各地歸復中國權勢並將該地方一如俄軍未經佔據以前仍歸中國版圖及中國官治理

第二條

大清國

國家今自接收東三省自行治理之際申明與華俄銀行於華歷光緒二十二年八月初二日卽俄歷一千八百九十六年八月二十七日所立合同年限及各條款實

力遵守並按照該合同第五款承認極力保護鐵路暨在該鐵路職事各人並分應保護在東三省所有俄國所屬各人及該人各事業

大俄國

國家因有

大清國

國家所認以上各情允認如果再無變亂並他國之舉動亦無牽制卽將東三省俄國所駐各軍陸續撤退其如何撤退開列於後

由簽字畫押後限六箇月撤退
盛京省西南段至遼河所駐俄國各官軍並將各鐵路交
還
中國
再六箇月撤退
盛京其餘各段之官軍暨吉林省內官軍
再六箇月撤退其餘之黑龍江省所駐俄國各官軍
第三條
大清國

國家暨
大俄國
國家為免華歷光緒二十六年即俄歷一千九百年變亂
後來再行復熾且此變亂皆屬中國駐紮於俄國交界
各省之官兵所為今令各將軍與俄國兵官會同籌定
俄兵未退之際駐劄東三省中國兵隊之數目及駐劄
處所中國允認除將軍與俄國兵官籌定必須敷剿辦
賊匪彈壓地方之用兵數中國不另添練兵惟在俄國
各軍全行撤退後仍由中國酌核東三省所駐兵數應

添應減隨時知照俄國
國家蓋因中國如在各該省多養兵隊俄國在交界各處
亦自不免加添兵隊以致兩國無益而加增養兵各費
也至於東三省安設巡捕及綏靖地方等事除指給中
國東省鐵路公司各地段外各省將軍教練專用中國
馬步捕隊以充巡捕之職
第四條
大俄國
國家允准將自俄歷一千九百年九月底即華歷光緒二

十六年閏八月間起被俄兵所佔據並保護之山海關
營口新民廳各鐵路交還本主
大清國
國家允許
一設有應行保護該鐵路情節則專責成中國保護毋
庸請他國保護修養並不可准他國佔據俄國所退
各地段
二修完並養各該鐵路各節必確照俄國與英國一千
八百九十九年四月十六日即華歷光緒二十五年

三月十九日所定和約及按照一千八百九十八年九月二十八日即華歷光緒二十四年八月二十五日與公司所立修該鐵路借款合同辦理且該公司應遵照所出各結不得佔踞或藉端經理山海關營口新民廳鐵路

三至日後在東三省南段續修鐵路或修枝路並或在營口建造橋梁遷移鐵路盡頭等事應彼此商辦

四應將

大俄國

國家交還山海關營口新民廳各鐵路所有重修及養路各費由

中國

國家與

俄國

國家商酌賠償俄國因此項未入大賠款內

兩國從前所定條約未經此約更改之款應仍舊照行

此約自兩國全權大臣彼此簽押蓋印之日起施行並

御筆批准之本限三箇月內在森彼得堡互換茲兩國全權大臣將此約備漢俄法三國文字各二分畫押蓋印以昭信守三國文字校對相符惟辯解之時以法文為本

訂於北京繕就二分

光緒二十八年三月初一日

俄歷一千九百二年三月二十六日

義國條約

現因
大清國與
大義國彼此意存睦好不絕擬定和約通商章程以昭深願共
敦友誼內外商民交易相安永遠不替是以
大清國
大皇帝特簡
欽差總理各國事務全權大臣戶部左侍郎兼管三庫事務譚
會同
欽差辦理三口通商大臣兵部侍郎鑲紅旗漢軍副都統崇

大義國
大君主特派
大義國欽差全權大臣便宜行事水營副提督阿
各將所奉各國
上諭詔書等件互相較閱俱屬妥協現將會議商定條約開列於左

第一款

大清國與
大義國素無失睦現欲定約從此永遠和好敦篤友誼及兩國
商民人等彼此僑居皆全獲保護身家貲財

第二款
凡爲大邦敦好睦鄰向有各遣
欽差大臣通好之禮今茲兩國定約亦可按照常例彼此交派代
國行權大員往來通好以期永守和誼
第三款
大義欽差各等大員及各眷屬可在　京師或長行居住或能
隨時往來總俟本國
諭旨遵行儻
大義欽差到中國時中國卽照各國駐京欽差大臣常規一體

優待所有雇覓內地夫役均隨其意各官不得偏爲拘治儻
若有人擅將
大義欽差公館眷屬隨員人等越禮欺藐該犯由中國地方官
從嚴懲辦
第四款
大義國欽差大臣並各隨員等皆可往來內地各處所有收發
文件行裝囊箱無論沿海何處皆可送文不得有人擅行拆
啟專差同
大清驛站弁兵一律保安照料凡有大臣並各眷屬隨員等各
項費用皆由義國支領與中國無涉總之義國大臣入華當
照泰西各國於代國大臣向爲合宜優待之處同一優禮相
待
第五款
凡有義國事務均歸
大義欽差大臣與
大清中國大臣會議商辦無論文移會晤皆應按照平儀相待
第六款
所開

大清國應行優待義國大臣各節日後中華秉權大臣出使前
往
大義國亦應同一優待以昭平允
第七款
大義國
大君主任憑設立領事等官在中國沿海及河各埠頭通商之所
辦理本國通商交涉事件並稽查遵守章程中國官員接待
各國領事官最優之禮亦於義國不使或異定其品級卽領
事官署領事官與道台同品副領事官署副領事官及繙譯

官與知府同品因公往來衙署見相會晤文移悉用平禮爲是儻有不平之事該領事等官准逕自申訴省垣大憲並控訴本國

欽差全權大臣設若遇商無論何口

大義國以爲無需設官均可暫交友國領事從權代辦義國事務以歸簡易遇有領事等官不在該口義國船主商人可以相託別國領事代爲料理否則逕赴海關呈明設法妥辦使該船主商人得霑章程之利益

第八款

義國民人傳授

天主聖教果係安分無過中國官員不得刻待阻難均應保護相安凡中國人願信崇

天主教而循規蹈矩者毫無查禁懲治

第九款

義國民人准聽持照前往內地各處遊歷通商所領執照由領事官發給由地方官蓋印經過地方如飭交出執照卽應隨時呈驗無訛放行該民雇船雇人裝運行李貨物不得攔阻如其無照其中或有訛誤以及查出沿途或有不法情事就近送交領事官辦理惟於途中止可拘禁不得凌虐如在通商各口出外遊玩者地在百里之中期在三五日內可以毋庸請照至於水手船上人等不在此例應由地方官會同領事官另定章程妥爲彈壓其有賊處所俟城池克復之後再行給照前往

第十款

兩國職員來往行文各應按照品級官階定式所有平行各官文移均用照會義國領事官以下詳呈各省督撫均用申陳督撫均用劄行各等字樣至於各國商民人等設若有事

請由各官查辦應用具稟字樣以示區別義國人每有赴訴地方官其稟函皆由領事官轉遞領事官卽將稟內情詞查核適理妥當隨卽轉遞否則更正或卽發還中國人有稟赴領事官亦先投地方官一體辦理

第十一款

各國議定通商口岸如牛莊天津烟台上海甯波福州厦門臺灣淡水廣州汕頭瓊州及長江之漢口九江鎮江江甯各口義國商民任便出入通市准與無論何人均得聽意買賣所有賃房買屋租地起造建立廟堂醫院墳塋等事亦隨其

便

第十二款

義國民人准在通商各口一帶地方意欲租地蓋房設立棧房建造廟堂醫院墳塋等事均按民價照給公平定議不得互相勒措

第十三款

義國民人約准任便雇覓厮役買辦工匠水手人等中國不得限制禁阻再延請士民人等教習中國語言及各方土語或教習中國人願學義國語音均聽其便亦可以發賣義國

書籍及採買中國各樣書籍中國均不得攔阻

第十四款

義國民人凡遇遊行卸貨下貨各等事務約准自雇小船剝運不論何項艇隻雇價銀兩若干均聽義民與船主自議不必官爲經理若有該船艇誆騙走失地方官亦不賠償義國所雇之船不得限定額數該船戶攬載挑夫攬運一切情弊俱不准行惟是該艇干涉走私漏稅情弊查出該犯自應照例懲辦

第十五款

義國屬民相涉案件不論人產皆歸義官查辦設與別國有事涉訟應遵某國前與義國定約辦理中國不必與聞以上案內如牽涉中國人仍應按第十六七兩款會同中國官辦理

第十六款

凡義國民人有被華民違例相欺約准地方官查拏照例審辦華民有被義國人違例相欺義國官員亦應按例查拏究治嗣定約之後義國卽專定約束義民章程中國亦須一同約束華民以昭公允

第十七款

義國民人遇有控告華民事件皆應先稟領事官查明根由先行勸息使不成訟中國民人有赴領事官告義民者領事官亦應一體調處間有不能使和者卽由地方官與領事官會同審辦公平訊斷

第十八款

義國民人約准中國官憲自必時加保護令其身家全安至中國官員無論遇有何事均不得威壓强取義國船隻以爲公用私用等項如遭欺凌擾害及有不法匪徒放火焚燒房

屋搶掠財貨應由地方官立即設法派撥兵役彈壓查拏將該犯按例嚴辦並將所搶財物盡力追交儻承緝官不能獲犯起贓祇可准照中國例處分

第十九款

義國船隻在中國管下洋面有被强盜搶劫者約准地方官一經聞報即應設法追拏查辦所有追獲贓物直交領事官發還失主儻承緝官不能獲盜起贓祇可准照中國例處分但不能賠償

第二十款

義國船隻有在中國沿海各處或有碰壞擱淺以及遭風收口約准地方官查知立即設法妥爲照料船上義民就近送交領事官查收以昭睦誼

第二十一款

將來中國遇有與別國用兵除敵國布告堵口不能前進外中國不爲禁阻義國貿易及與用兵之國交易凡義國船從中國口駛往敵國口所有出口進口各樣貨物並無妨礙如常貿易無異

第二十二款

義國民人居住房屋以及義國船隻適地方官查出有內地逃犯潛匿不出約准行知義國領事官即行交出不得隱匿袒庇凡義國兵船商船水手人等逃亡領事官或船主知會地方官實力查拏解送領事官及船主收領

第二十三款

義國民人若有華民欠債不償約准地方官認眞代爲催繳或有潛行逃避情事應嚴爲緝拏追還義人欠債不償或潛行逃避者義國官亦應一體辦理但均不能官爲賠償

第二十四款

義國商民起卸貨物輸納稅餉約准俱照稅則爲額總不能較諸他國或有此免彼輸之弊以示均平和約章程後所附通商章程必視同和約章程無異兩國務必信守

第二十五款

義國商民輸稅期候約准進貨之稅於起載時輸納出貨之稅於落貨時繳餉以示限制

第二十六款

此次定約其中關於通商各款以及稅則日後彼此兩國再欲重修以己卯年六月底爲期滿須於六個月之前先行知

照酌量更改儻若彼此未於六箇月之前聲明更改則稅課仍照前章完納復俟十年再行更改以後均照此限此式辦理永行弗替如未到己卯年以前別國更改稅則義國亦准與中國商議更改

第二十七款

義國商民販買土貨運口出洋或將洋貨運入內地銷賣應納內地稅餉或於過卡隨時分數報完或在海關一次全行完納均准聽便輸交一次完納之例准照續定稅則章程第七款所載除有第二款指明每值百兩完稅貳兩伍錢外其

餘各貨總以出入稅則照納壹半爲准其該貨應納正稅仍宜於卡稅半稅完納外如數完繳

第二十八款

義國商船應納鈔課壹百伍拾噸以上每噸納鈔銀肆錢壹百伍拾噸正及壹百伍拾噸以下每噸納鈔銀壹錢凡船隻出口欲往通商他口並香港該船主稟明海關監督發給專照自是日起以四箇月爲期如係前赴通商各口俱毋庸另納船鈔以免重輸

第二十九款

義國貨船進口並未開艙欲行他往者限二十四時之內出口准不徵收船鈔儻逾二十四時之限必須全數輸納此外船隻出進口時並無應交費項

第三十款

義國商民准聽在各口自用艇隻運代客人行李書信食物以及例不納稅之物約准毋庸完鈔儻若裝載例應完鈔之貨則定按照四箇月一次納鈔每噸壹錢

第三十一款

通商各口分設浮樁號船塔表望樓由義國領事官與地方

官會同酌視建造

第三十二款

義國商民輸納稅課銀兩應交官設銀號或以紋銀或以洋錢其應何色銀兩與各國商人一律以免此重彼輕

第三十三款

秤碼丈尺約准均按照粵海關部頒定式由各監督送交各口領事官收用又准該秤碼等項其分量均照續定通商章程第四款爲例

第三十四款

義國船隻欲進各口聽其雇覓引水之人完清稅務之後亦可雇覓引水之人帶其出口所給引水工銀及引水人等應遵規條地方官會同各國領事官酌量定立

第三十五款

義國船隻甫臨進口約准該關監督任意派委員弁丁役看守或在該船或在本艇隨便居住其需用經費由關支發惟該員役不得向船主船商私取毫釐倘敢收受查出分別所受之數多寡由該關監督按例酌量輕重懲治其罪並將所索多寡照數追償

第三十六款

義國商船進口之後約准以十二時爲限該船主必將船牌艙口單各件交領事官即於次日通知海關並將船名及押載噸數裝何貨物之處照會監督以憑查驗船主如過限期並未報明領事官每日罰銀伍拾兩惟所罰之數總不能逾貳百兩至其艙口單內須將所載貨物詳細開明如有漏報揑報者船主應罰銀伍百兩儻呈單入關後該商自查筆誤尚准刻即入關改正惟總以十二時爲限可不罰銀

第三十七款

義國商船進口經該關監督接到領事官按約詳細知照後即發開艙單儻該船主未領開艙單擅行卸貨罰銀伍百兩（洋文誤作五十兩合行註明）並將各該貨物全行入官

第三十八款

義國商人上貨下貨總須先領監督官准單如違即將貨物一併入官

第三十九款

義國商船不（洋文漏寫不字合行註明）准私行撥貨如欲互相撥貨必須先由監督發給准單方准動撥違者即將該貨全行入官

第四十款

義國商人完清稅餉之後該監督發給紅單爲出口之據

第四十一款

義國出入各貨如係值百抽五之貨儻海關驗貨丁役偶與該商各存己見不能定價約准各邀客商二三人前來驗貨該客商內有出最高之價者即以爲該貨之價式免致收稅不公

第四十二款

義國商民輸納稅餉實按斤兩秤計先除皮包粉飾等料以

淨貨輕重爲準至有連皮過秤除皮核算之貨即若茶葉一項儻海關丁役偶與義商意見不同即於每百箱內聽役揀出若干箱義商亦揀出若干箱先以一箱連皮過秤得若干斤再秤其皮得若干斤除皮算之即可得每箱實在斤數其餘貨物凡係有包皮者均可准此類推儻再理論不明義商赴領事官報知情節由領事官通知監督會議酌辦惟必於此日稟報遲則不准稟聞此項未定斤數之貨監督暫緩塡簿免致後難更易須俟秉公覈斷明晰再爲登塡

第四十三款

義商貨物或因潮濕等由損壞致價低減該關應行按價減稅儻該商與關吏理論價值未定則照第四十一款所載值百抽五之貨同法定辦

第四十四款

義國商民沿海議定通商各口載運土貨約准出口先納正稅復進他口再納半稅後欲復運他口以一年爲期准向該關取給半稅存票不復更納正稅嗣到該運之口再行照納半稅

第四十五款

義國商民洋貨進口納清稅課後欲改運他國抑或通商別口約准稟明領事官轉報監督委員驗明實係原包原貨查與底簿相符並未拆動抽換即當按照該貨經納正稅之數發給存票至於土貨自通商各口運入他口按例納完半稅後該商再欲運往外國以一年爲期期內亦准一律發給半稅存票該票無論何商呈驗均准專抵該關進出貨稅不准持赴別關抵課儻若該商欲將已納稅之貨載往別口售賣海關應給免稅單俟該商進別口再將此單呈送海關查驗後即給卸貨牌照一切規費俱毋庸再納至於外國所產糧

食義船裝載進口未經起卸仍欲出洋概無禁阻查核洋文內發給存票下載有儻查有漏稅情形中國將貨物入官語句遇事應行照辦

第四十六款

中國各口官員凡有嚴防偷漏之法均准相度機宜隨時便宜設法辦理以杜弊端

第四十七款

義國商船獨在條約內列通商各口准其貿易如到別處沿海地方私作買賣即將船貨一併入官

第四十八款

義國商船查出有涉走私該貨無論式類價值全數查鈔入
官外倏該商船帳目清後亦可嚴行驅除不准在口貿易
第四十九款
條約所載義民罰款以及船貨入官各項皆歸中國收辦以
充公用
第五十款
大義國大臣領事官等員所有行知
大清國大臣官員等公文各件均用義字書寫仍以漢文譯錄
暫爲酌送中國官員有公文照會義國官員亦用漢字書寫

儻日後設有文詞辯論之處各以本國文字爲正此次議定
條約漢義文字詳細較對以期無訛亦依此例
第五十一款
大清國所行各式公文無論京外內敘
大義國官民嗣後不得提書夷字以消畛域
第五十二款
義國師船別無他意或因捕盜駛入中國無論何口一切買
取食物甜水修理船隻地方官妥爲照料船上水師各官與
中國官員平行相待以昭友誼

第五十三款
中華海面近有賊盜搶刼向於內外商民大有損礙
大清大義各國約定會議設法消除
第五十四款
各國所有已定條約內載取益防損各事
大義國官民亦准無不同獲其美嗣後
大清國或與無論何國加有別項潤及之處亦可同歸一致至
各國如有與
大清國有利益之事與義國民人無礙義國亦出力行辦以昭

睦誼
第五十五款
今將以上各款既定條約理應恭俟兩國
御筆批准遵行約以一年爲期彼此各國
特派大臣或在上海或在天津會晤互交現各
欽差大臣先爲親筆畫押蓋用關防以昭信守
同治五年九月十八日
一千八百六十六年十月二十六日

第一款

一此次新定稅則凡有貨物僅載進口稅則未載出口稅則者遇有出口皆應照進口稅則納稅或有僅載出口稅則未載進口稅則者遇有進口亦皆照出口稅則納稅儻有貨物名目進出口稅則均未賅載又不在免稅之例者應核估時價照值百抽五例徵稅

第二款

一凡有金銀外國各等銀錢麪粟米粉砂穀米麪餅熟肉熟菜牛奶酥牛油蜜餞外國衣服金銀首飾攙銀器香水鹼

炭柴薪外國蠟燭外國烟絲烟葉外國酒家用雜物船用雜物行李紙張筆墨氈毯鐵刀利器外國自用藥料玻璃器皿以上各物進出口通商各口皆准免稅除金銀外國銀錢行李毋庸議外其餘該船裝載無論淺滿雖無別貨亦應完納船鈔儻運往內地除前三項仍毋庸議外其餘各貨皆每百兩之物完納稅銀二兩五錢

第三款

一凡有違禁貨物如火藥大小彈子礮位大小鳥鎗並一切軍器等類及內地食鹽以上各物概屬違禁不准販運進出口

第四款

一凡有稅則內所算輕重長短中國一擔即係一百斤者以義國六十吉羅葛稜麼零四百五十三葛稜麼爲准中國一丈即十尺者以義國三邁當零五十五桑的邁當爲准中國一尺即義國三百五十八密理邁當均以此爲例

第五款

一洋藥准其進口議定每百斤納稅銀三十兩惟義國只准在口銷賣一經離口即屬中國貨物祇准華商運入內地

義國商人不得護送即條約第九條所載義民持照前往內地通商並二十七條所載內地關稅之例與洋藥無涉其如何徵稅聽憑中國辦理嗣後遇修改稅則仍不得按照別貨定稅又銅錢不准運出外國惟通商各口准其以此口運至彼口照現定章程遵行該商赴關報明數目若干運往何口或令本商及同商二人聯名具呈保單抑或聽監督飭令另交結實信據方准給照別口監督於執照註明收到字樣加蓋印信從給照之日起限六箇月繳回驗銷若過期不繳銷執照即按其錢貨原本照數罰繳入

官其進出口均免納稅至船載無論淺滿均納船鈔　又凡米穀等糧不拘內外土產不分何處進口者皆不准運出外國惟義商欲運往中華通商別口則照銅錢一律辦理出口時照依稅則納稅其進口毋庸納稅至船載無論淺滿均遵納船鈔　又硝磺白鉛均爲軍前要物應由華官自行採辦或由華商特奉准買明文方准起貨該關未能查明該商實奉准買定不發單起貨此三項止准義國商人於通商海口銷售不准帶入長江並各內港亦不准代華商護送除在各海口外卽係華民貨物與義商無涉

以上洋藥銅錢米穀硝磺白鉛等項只准照新章買賣敢違此例所運貨物全罰入官

第六款

一本約第三十六條所載義船進口限十二時報領事官知照並照第二十九條所載義國貨船進口並未開艙欲行他往限二十四時之內出口卽不徵收船鈔以上二條無論先後總以該船進口界限時刻起算以免參差爭論至各口界限並上下貨物之地均由海關妥爲定界既要便商更不得有礙收稅知會領事官曉諭本屬商民遵辦

第七款

一義國商民運入內地各貨該商應將該貨名目若干原裝何船進口應往內地何處各緣由報關查驗確實照納內地稅項該關發給內地稅單該商應向沿途各子口呈單照驗蓋戳放行無論遠近均不重徵至運貨出口之例凡義商在內地置貨到第一子口驗貨由送貨之人開單註明貨物若干應在何口卸貨呈交該子口存留發給執照准其前往路上各子口查驗蓋戳至最後子口先赴出口海關報完內地稅項方許過卡俟下船出口時再完出口

之稅若進出有違此例及業經報明指赴何口沿途私賣者各貨均罰入官儻有匿單少報等情將單內同類之貨全數入官所運各貨如無內地納稅實據應由海關飭令完清內地關稅始行發單下貨出口以杜隱漏

第八款

一本約第九條所載義民持照前往內地通商一款現議京都不在通商之例

第九款

一通商各口收稅如何嚴防偸漏自應由中國設法辦理條

約業經載明外現定各口畫一辦理以期妥善至長江如
何嚴防偷漏之處俟通商後察看情形任憑中國設法籌
辦

今將通商各口進出口貨物新定稅則開列於後

計開

進口貨物稅則 均係外國出產

進口油蠟礬磺類

蠟 日本	每百觔	陸錢伍分
蘇合油	每百觔	壹兩
硝 只准按章程發賣	每百觔	伍錢
黃蠟	每百觔	壹兩
硫磺 只准按章程發賣	每百觔	貳錢

進口香椒類

安息香	每百觔	陸錢
安息油	每百觔	陸錢
檀香	每百觔	肆錢
白胡椒	每百觔	伍錢
黑胡椒	每百觔	叁錢陸分
沉香	每百觔	貳兩
降香	每百觔	壹錢肆分伍釐

進口藥材類

阿魏　每百觔　陸錢伍分
上冰片　每觔　壹兩叁錢
下冰片　每觔　柒錢貳分
丁香　每百觔　伍錢
母丁香　每百觔　壹錢捌分
牛黃印度　每觔　壹兩伍錢
兒茶　每百觔　壹錢捌分
桹榔膏　每百觔　壹錢伍分
桹榔　每百觔　壹錢伍分

參美國　每百觔　陸兩
揀淨參鬚參美國　每百觔　捌兩
乳香　每百觔　肆錢伍分
沒藥　每百觔　肆錢伍分
荳蔻花即肉果花　每百觔　壹兩
肉果荳蔻　每百觔　貳兩伍錢
白荳蔻　每百觔　壹兩
木香　每百觔　陸錢
犀角　每百觔　貳兩

水銀　每百觔　貳兩
洋藥　每百觔　叁拾兩
桹榔衣　每百觔　柒分伍釐
砂仁　每百觔　伍錢
肉桂　每百觔　壹兩伍錢
虎骨　每百觔　壹兩伍錢伍分
鹿角　每百觔　貳錢伍分
血竭　每百觔　肆錢伍分
大楓子　每百觔　叁分伍釐

進口雜貨類

火石　每百觔　叁分
雲母殼即珠海殼　每百觔　貳錢
銅鈕釦　每壹百肆拾肆粒　伍分伍釐
漆器　每百觔　壹兩
繩呂宋　每百觔　叁錢伍分
傘各樣　每柄　叁分伍釐
香柴　每百觔　肆錢伍分
煤外國　每噸　伍分

火絨	每百觔	叁錢伍分
進口醃臘海味類		
上燕窩	每觔	伍錢伍分
中燕窩	每觔	肆錢伍分
下燕窩	每觔	壹錢伍分
黑海參	每百觔	壹兩伍錢
白海參	每百觔	叁錢伍分
白魚翅	每百觔	壹兩伍錢
黑魚翅	每百觔	伍錢

柴魚即乾魚	每百觔	伍錢
魚肚	每百觔	壹兩
鹹魚	每百觔	壹錢捌分
魚皮	每百觔	貳錢
海菜	每百觔	壹錢伍分
牛鹿筋	每百觔	伍錢伍分
蝦米	每百觔	叁錢陸分
淡菜	每百觔	貳錢
鯊魚皮	每百張	貳兩

進口顏料膠漆紙劄類		
呀囒米	每百觔	伍兩
大青	每百觔	壹兩伍錢
蘇木	每百觔	壹錢
紫梗	每百觔	叁錢
水靛	每百觔	壹錢捌分
魚膠	每百觔	陸錢伍分
皮膠	每百觔	壹錢伍分
籐黃	每百觔	壹兩

樠皮	每百觔	叁分
進口竹木籐椰類		
沙籐	每百觔	壹錢伍分
烏木	每百觔	壹錢伍分
桅 重木 長不過拾貳邁當零拾玖桑的邁當	每根	肆兩
桅 重木 長不過拾捌邁當零貳百捌拾柒蜜理邁當	每根	陸兩
桅 重木 長過拾捌邁當零貳百捌拾柒蜜理邁當	每根	拾兩
桅 輕木 長不過拾貳邁當零拾玖桑的邁當	每根	貳兩
桅 輕木 長不過拾捌邁當零貳百捌拾柒蜜理邁當	每根	肆兩伍錢

桅 輕木 長過拾捌邁當零貳百捌拾柒密理邁當 每根 陸兩伍錢

梁 重木 長不過柒邁當零玖百捌拾伍蜜理邁當 四方不到叁百零伍蜜理邁當 每根 壹錢伍分

板 重木 長不過柒邁當零捌百柒拾柒蜜理邁當 寬叁百零伍蜜理邁當厚柒拾柒蜜理邁當 每百根 叁兩伍錢

板 重木 長不過柒邁當零叁拾壹桑的邁當 寬叁百零伍蜜理邁當厚柒拾柒蜜理邁當 每百片 貳兩

照 正副本漢文皆作柒拾柒蜜理邁當 正副本洋文皆作柒拾伍蜜理邁當 新換本洋文皆作柒拾陸蜜理邁當 查法布二國皆作柒拾柒蜜理邁當

玆洋文雖小異仍當與法布二國一律辦理

板 輕木 各樣 每 四方長濶玖拾貳邁當零捌百貳拾柒蜜理邁當 柒錢

板 麻栗樹 長闊方圓 每 叁拾桑的邁當零肆蜜[illegible]邁當 叁分伍釐

紅木 每百觔 壹錢壹分伍釐

義國稅則　三十一

毛柿 每百觔 叁分

呀囒治木 每根 捌錢

進口鏡鐘標玩類

自鳴鐘 每值百兩抽稅伍兩

時辰表 每對 壹兩

珠邊時辰表 每對 肆兩伍錢

千里鏡雙眼千里鏡 掛鏡穿衣鏡掛屏 每值百兩抽稅伍兩

八音琴 每值百兩抽稅伍兩

進口布疋花幔類

麻棉帆布 長不過肆拾叁邁當零捌拾捌桑的邁當 每疋 貳錢

此條麻綿帆布 正副本漢文長不過四十三邁當零八十八桑的邁當 新換本洋文長不過四十五邁當零七十一桑的邁當 正副本洋文長不過四十五邁當零七十二桑的邁當 查法布二國

稅則均係長不過四十三邁當零八十八桑的邁當玆洋文雖小異仍當與法布二國一律辦理

棉花 每百觔 叁錢伍分

布 原色白色寬過捌拾陸桑的邁當 無花斜文長不過叁拾陸邁當零伍拾柒桑的邁當 每疋 捌分

布 原色白色寬過捌拾陸桑的邁當 無花斜文長過叁拾陸邁當零伍拾柒桑的邁當 每玖邁當零拾肆桑的邁當 貳分

布 美國原色白色寬不過柒拾陸桑的邁當 無花斜文長不過叁拾陸邁當零伍拾柒桑的邁當 每疋 壹錢

布 美國原色白色寬不過柒拾陸桑的邁當 無花斜文長不過貳拾柒邁當零肆拾叁桑的邁當 每疋 柒分伍釐

布 原色白色寬不過捌拾陸桑的邁當 無花斜文長不過肆拾叁邁當零捌拾捌桑的邁當 每疋 捌分

義國稅則

布 原色白色寬不過捌拾陸桑的邁當 無花斜文長不過貳拾壹邁當零玖拾肆桑的邁當 每疋 肆分

色布 有花 無花 寬不過玖拾壹桑的邁當 長不過叁拾陸邁當零伍拾柒桑的邁當 每疋 壹錢伍分

花旗白提布白點布 寬不過玖拾壹桑的邁當 長不過叁拾陸邁當零伍拾柒桑的邁當 每疋 壹錢

印花布 寬不過柒拾捌桑的邁當 長不過貳拾柒邁當零肆拾叁桑的邁當 每疋 柒分

袈裟布 寬不過壹邁當零拾陸桑的邁當 長不過貳拾壹邁當零玖拾肆桑的邁當 每疋 柒分

袈裟布 寬不過壹邁當零拾陸桑的邁當 長不過拾邁當零玖拾柒桑的邁當 每疋 叁分伍釐

袈裟布 稀 即洋紗 寬不過壹邁當零拾陸桑的邁當 長不過貳拾壹邁當零玖拾肆桑的邁當 每疋 柒分伍釐

袈裟布 稀 即洋紗 寬不過壹邁當零拾陸桑的邁當 長不過拾邁當零玖拾柒桑的邁當 每疋 叁分伍釐

緞布 寬不過玖拾壹桑的邁當 長不過叁拾陸邁當零伍拾柒桑的邁當 每疋 貳錢

貨名	註	每	稅
柳條布	寬不過壹邁當壹桑的邁當 長不過拾邁當零玖拾柒桑的邁當	每疋	陸分伍厘
毛布各色	寬不過捌拾壹桑的邁當 長不過貳拾柒邁當零肆拾叁桑的邁當	每疋	叁分伍厘
絨綿布各樣	長不過貳拾捌邁當零叁拾肆桑的邁當	每疋	貳錢
棉線		每百觔	柒錢貳分
棉紗		每百觔	柒錢
蔴布 細	長不過肆拾叁邁當零捌拾捌桑的邁當	每疋	伍錢
蔴布 粗	長不過肆拾叁邁當零捌拾捌桑的邁當 即蔴竹布棉綵布	每疋	貳錢
回絨	長不過叁拾貳邁當	每疋	貳錢
羽布	寬不過陸拾壹桑的邁當 長叁拾陸邁當零伍拾柒桑的邁當	每疋	貳錢

進口綢緞絲絨類

貨名	註	每	稅
手帕	四方長闊不過玖百拾伍密理邁當	每拾貳塊	貳分伍厘
金線 眞		每觔	壹兩陸錢
金線 假		每觔	叁分
銀線 眞		每觔	壹兩叁錢
銀線 假		每觔	叁分
哆囉呢	寬壹邁當零貳拾玖桑的邁當至壹邁當零陸百貳拾伍密理邁當	每丈 叁邁當零伍拾伍桑的邁當爲丈	壹錢貳分
嗶嘰	寬柒拾捌桑的邁當	每丈	肆分伍厘
羽緞 荷蘭國	寬捌拾叁桑的邁當	每丈	壹錢

貨名	註	每	稅
羽紗 英國	寬柒拾捌桑的邁當	每丈	伍分
羽綢		每丈	叁分伍厘
小呢番紦等類		每丈	肆分
絨線		每百觔	叁兩
床氈		每對	貳錢
花剪絨	長不過叁拾壹邁當零捌拾伍密理邁當	每疋	壹錢伍分
羽綾	寬柒拾捌桑的邁當	每丈	伍分
小羽綾	寬捌拾伍桑的邁當	每丈	叁分伍厘
下等絨 即至粗絨		每丈	壹錢
剪絨	長不過叁拾壹邁當零捌拾伍密理邁當	每疋	壹錢捌分

進口酒果食物類

貨名	註	每	稅
橄欖	無論乾鮮	每百觔	壹錢捌分
鼻烟	外國	每百觔	柒兩貳錢

進口銅鐵鉛錫類

貨名	註	每	稅
生銅	如銅磚之類	每百觔	壹兩
熟銅	如銅扁銅條之類	每百觔	壹兩伍錢
生鐵	如鐵磚之類	每百觔	柒分伍厘
熟鐵	如鐵條鐵板鐵穯之類	每百觔	壹錢貳分伍厘

鉛塊　每百觔　貳錢伍分
鋼　每百觔　貳錢伍分
錫　每百觔　壹兩貳錢伍分
馬口鐵　每百觔　肆錢
日本銅　每百觔　陸錢
鉛片　每百觔　伍錢伍分
白鉛只准按章程發賣　每百觔　貳錢伍分
黃銅釘黃皮銅　每百觔　玖錢
商船壓載鐵　每百觔　壹分

鐵絲　每百觔　貳錢伍分

進口珍珠寶石類

瑪瑙　每百塊　叁錢
瑪瑙珠　每百觔　柒兩
玳瑁　每觔　貳錢伍分
玳瑁碎　每觔　柒分貳厘
玻璃片　每箱四方每玖尺當壹箱貳百捌拾肆寸理當　壹錢伍分
珊瑚　每觔　壹錢

進口纓皮牙角羽毛類

牛角　每百觔　貳錢伍分
生牛皮　每百觔　伍錢
熟牛皮　每百觔　肆錢貳分
海龍皮即海虎皮　每張　壹兩伍錢
大狐狸皮　每張　壹錢伍分
小狐狸皮　每張　柒分伍厘
虎皮豹皮　每張　壹錢伍分
貂皮　每張　壹錢伍分
獺皮　每百張　貳兩

貉獾皮　每百張　貳兩
海騾皮　每百張　伍兩
灰鼠皮銀鼠皮　每百張　伍錢
海馬牙　每百觔　貳兩
象牙不碎的　每百觔　肆兩
象牙碎的　每百觔　叁兩
兎皮麂皮　每百張　伍錢
犀皮　每百觔　肆錢貳分
翠毛孔雀毛等類　每百張　肆錢

出口貨物稅則 均係中國出產

出口油蠟礬磺類

白礬 每百觔 肆分伍厘
青礬 每百觔 壹錢
八角油 每百觔 伍兩
桂皮油 每百觔 玖兩
薄荷油 每百觔 叁兩伍錢
牛油 每百觔 貳錢
柏油 每百觔 叁錢

油 芝蔴油荳油棉油茶油桐油各等 每百觔 叁錢
蓖蔴油 每百觔 貳錢
白蠟 每百觔 壹兩伍錢

出口香料椒茶類

茶葉 每百觔 貳兩伍錢 洋文誤作貳錢五分合行註明
八角 每百觔 伍錢
麝香 每觔 玖錢
八角渣 每百觔 貳錢伍分
時辰香 每百觔 貳錢

出口藥材類

三奈 每百觔 叁錢
樟腦 每百觔 柒錢伍分
信石 每百觔 肆錢伍分
桂皮 每百觔 陸錢
桂子 每百觔 捌錢
土茯苓 每百觔 壹錢叁分
澄茄 每百觔 壹兩伍錢
莨薑 每百觔 壹錢

石黃 每百觔 叁錢伍分
大黃 每百觔 壹兩貳錢伍分
薑黃 每百觔 壹錢
高麗日本參上等 每觔 伍錢
高麗日本參下等 每觔 叁錢伍分
鹿茸嫩 每對 玖錢
鹿茸老 每百觔 壹兩叁錢伍分
牛黃中國 每觔 叁錢陸分
班貓 每百觔 貳兩

桂枝　每百觔　壹錢伍分
陳皮　每百觔　叁錢
柚皮上等　每百觔　肆錢伍分
柚皮下等　每百觔　壹錢伍分
關東人參　每值百兩抽税伍兩
薄荷葉　每百觔　壹錢
甘草　每百觔　壹錢叁分伍厘
石羔　每百觔　叁分
五棓子　每百觔　伍錢

蜂蜜　每百觔　玖錢

出口雜貨類

料手鐲即燒料鈪　每百觔　伍錢
竹器　每百觔　柒錢伍分
假珊瑚　每百觔　叁錢伍分
各色爆竹　每百觔　伍錢
羽扇　每百柄　柒錢伍分
料器　每百觔　伍錢
各色料珠　每百觔　伍錢

雨遮即紙傘　每百柄　伍錢
雲石　每百觔　貳錢
蒲紙畫　每百張　壹錢
紙扇　每百柄　肆分伍厘
珍珠假　每百觔　貳兩
古玩　每值百兩抽税伍兩
葵扇細　每千柄　叁錢陸分
葵扇粗　每千柄　貳錢
駱駝毛　每百觔　壹兩

棉羊毛　每百觔　叁錢伍分
山羊毛　每百觔　壹錢捌分
氈碎　每百觔　壹錢
紙花　每百觔　壹兩伍錢
土煤　每百觔　肆分

出口顏料膠漆紙劄類

銅箔　每百觔　壹兩伍錢
紅丹　每百觔　叁錢伍分
錫箔　每百觔　壹兩貳錢伍分

銀硃	每百觔	貳兩伍錢
油漆畫	每件	壹錢
鉛粉	每百觔	叁錢伍分
黃丹	每百觔	叁錢伍分
硃砂	每百觔	柒錢伍分
紙上等	每百觔	柒錢
紙次等	每百觔	肆錢
油紙	每百觔	肆錢伍分
墨	每百觔	肆兩

漆	每百觔	伍錢
欆	每百觔	壹錢
蔴	每百觔	叁錢伍分
燈草	每百觔	陸錢
綠膠	每觔	捌錢
索廣東	每百觔	壹錢伍分
索蘇州	每百觔	伍錢
漆綠	每百觔	肆錢伍分
蠣殼	每百觔	玖分

綠皮	每百觔	壹兩捌錢
土靛	每百觔	壹兩
坑砂	每百觔	玖分

出口器皿箱盒類

牛骨角器	每百觔	壹兩伍錢
磁器細	每百觔	玖錢
磁器粗	每百觔	肆錢伍分
紫黃銅器	每百觔	壹兩壹錢伍分
木器	每百觔	壹兩壹錢伍分

象牙器	每觔	壹錢伍分
漆器	每百觔	壹兩
雲母殼器	每觔	壹錢
籐器各樣	每百觔	叁錢
檀香器	每觔	壹錢
金銀器	每百觔	拾兩
玳瑁器	每觔	貳錢
皮箱皮槓	每百觔	壹兩伍錢
皮器	每百觔	壹兩伍錢

窰貨　每百觔　伍分
黄銅器　每百觔　壹兩
銅鈕釦　每百觔　叁兩
銅絲　每百觔　壹兩壹錢伍分
生銅　每百觔　伍錢
舊銅片　每百觔　伍錢

出口竹木籐椰類

各色竹竿　每千根　伍錢
籐肉　每百觔　貳錢伍分

木椿槊舵柱　每根　叁分

出口衣帽靴鞋類

衣服布　每百觔　壹兩伍錢
衣服綢　每百觔　拾兩
靴鞋皮緞各色　每百雙　叁兩
草鞋　每百雙　壹錢捌分
綢帽　每百頂　玖錢
氈帽　每百頂　壹兩貳錢伍分
草帽緶　每百觔　柒錢

出口布疋花幔類

夏布細　每百觔　貳兩伍錢
夏布粗　每百觔　柒錢伍分
土布各色　每百觔　壹兩伍錢
舊棉絮　每百觔　肆分伍厘
棉被胎　每百件　貳兩柒錢伍分
棉花　每百觔　叁錢伍分

出口綢緞絲絨類

湖絲土絲各等絲經　每百觔　拾兩

野蠶絲　每百觔　貳兩伍錢
絲帶欄杆桂帶絲線各色　每百觔　拾兩
綢緞絹綿紗綾羅剪絨繡貨等類　每百觔　拾貳兩
絲綿雜貨如絲毛之類　每百觔　伍兩伍錢
四川黄絲　每百觔　柒兩
同功絲　每百觔　伍兩
川綢山東繭綢　每百觔　肆兩伍錢
緯線　每百觔　拾兩
各省絨　每百觔　拾兩

絨 廣東土產絲做成	每百觔	肆兩叁錢
蠶繭	每百觔	叁兩
亂絲頭	每百觔	壹兩

出口氈絨毯席類

席子各樣	每百張	貳錢
地席	每捲叁拾陸邁當零伍拾柒寸的邁當	貳錢
皮毯	每張	玖分
氈毯	每百疋	叁兩伍錢

出口糖果食物類

蜜餞並各色糖果	每百觔	伍錢
醬油	每百觔	肆錢
白糖	每百觔	貳錢
赤糖	每百觔	壹錢貳分
冰糖	每百觔	貳錢伍分
烟絲各樣 如黃烟水烟之類	每百觔	肆錢伍分
烟葉各樣	每百觔	壹錢伍分
鼻烟 中國	每百觔	捌錢
大頭菜	每百觔	壹錢捌分

粉絲	每百觔	壹錢捌分
酒	每百觔	壹錢伍分
海菜	每百觔	壹錢伍分
火腿	每百觔	伍錢伍分
皮蛋	每千箇	叁錢伍分
欖仁	每百觔	叁錢
杏仁	每百觔	肆錢伍分
香菌	每百觔	壹兩伍錢
金針菜	每百觔	貳錢柒分

木耳	每百觔	陸錢
桂圓	每百觔	貳錢伍分
桂圓肉	每百觔	叁錢伍分
荔支	每百觔	貳錢
蓮子	每百觔	伍錢
芝蔴	每百觔	壹錢叁分伍釐
花生	每百觔	壹錢
花生餅	每百觔	叁分
瓜子	每百觔	壹錢

荳 牛莊登州不准出口　每百觔　陸分

荳餅 牛莊登州不准出口　每百觔　叁分伍厘

米麥雜糧　每百觔　壹錢

蒜頭　每百觔　叁分伍厘

栗子　每百觔　壹錢

黑棗　每百觔　壹錢伍分

紅棗　每百觔　玖分

照錄給義國照會 五年九月十九日已發

大清欽差 總理各國事務全權大臣戶部左侍郎兼管三庫事務譚 辦理三口通商大臣兵部侍郎鑲紅旗漢軍副都統崇

照得本大臣與貴大臣酌議和約章程現已一律定准惟查各國在各口通商設立領事官均須揀派眞正官員不得兼做買賣更不可用商人濫充此職現在貴國既議換約自應按照各國一律辦理本大臣已將此節與貴大臣面定由本大臣照會貴大臣辦理爲此特備照會嗣後貴國如在各口設立領事官務希揀派眞正官員不得以商人濫充此職以杜弊端而昭慎重相應照會貴大臣查照可也

大義國欽差全權大臣便宜行事水營副提督阿

照錄義國照覆 五年九月十九日收到

大義國欽差全權大臣便宜行事水營副提督阿

接准貴大臣本月十五日來文以本國如在中國通商各口設立領事官務希揀派眞正官員不得以商人濫充此職等因照會前來本大臣均已閱悉除將貴大臣來文各等節詳細達知本國特請於派員妥爲查核辦理外合先照覆貴大臣查照可也

大清欽差 總理各國事務全權大臣戶部左侍郎兼管三庫事務譚 辦理三口通商大臣兵部侍郎鑲紅旗漢軍副都統崇

日本國通商行船條約

通商行船條約

大清國
大皇帝陛下及
大日本國
大皇帝陛下因光緒二十一年三月二十三日卽明治二十八年四月十七日馬關所訂條約第六款聲明商訂通商行船條約是以
大清國
大皇帝陛下特派

欽差全權大臣總理各國事務大臣尙書銜戸部左侍郎張
大日本國
大皇帝陛下特派
欽差駐劄北京全權大臣正四位勳一等男爵林
為全權大臣彼此將所奉全權文憑較閱均屬妥善會同議定各條款開列於左

第一款
大清國
大皇帝陛下與
大日本國
大皇帝陛下及兩國臣民均永遠和好友誼敦睦彼此臣民
僑居其身家財產皆全獲保護無所稍缺
第二款
大日本國
大皇帝陛下可任便派一秉權大員駐劄中國北京

大清國
大皇帝陛下可任便派一秉權大員駐劄日本國東京兩國
所派秉權大員應照各國公法得享一切權利並優例
及應豁免利益均照相待最優之國所派相等大員一
體接待享受其本員及眷屬隨員人等並公署住處及
來往公文書信等件均不得擾犯擅動凡欲選用役員
使丁通譯人及僕婢隨從等均准隨意僱募毫無阻攔
第三款
大日本國

大皇帝陛下酌視日本國利益相關情形可設立總領事領
事副領事及代理領事駐中國已開及日後約開通商
各口岸城鎮各領事等官中國官員應以相當禮貌接
待並各員應得分位職權裁判管轄權及優例豁免利
益均照現時或日後相待最優之國相等之官一律享
受
大清國
大皇帝陛下亦可設立總領事領事副領事及代理領事駐
劄日本國現准及日後准別國領事駐劄之處除管轄

在日本之中國人民及財產歸日本衙署審判外各領
事等官應得權利及優例悉照通例給予相等之官一
律享受
第四款
日本臣民准帶家屬員役僕婢等在中國已開及日後
約開通商各口岸城鎮來往居住從事商業工藝製作
及別項合例事業又准其於通商各口任意往返隨帶
貨物家具凡通商各口岸城鎮無論現在已定及將來
所定外國人居住地界之內均准賃買房屋租地起造

禮拜堂醫院墳塋其一切優例豁除利益均照現在及將來給與最優待之國臣民一律無異

第五款

中國現已准作停泊之港如安慶大通湖口武穴陸溪口吳淞等處及將來所准停泊之港均准日本船卸載貨物客商悉照現行各國通商章程辦理如日本船違章到中國別口非係准停泊之港亦非准通商口岸或在沿海沿江各處地方私作買賣卽將船貨一併由中國罰充入官

第六款

日本臣民准聽持照前往中國內地各處游歷通商執照由日本領事發給由中國地方官蓋印經過地方如飭交出執照應隨時呈驗無訛放行所有僱用車船人夫牲口裝運行李貨物不得攔阻如查無執照或有不法情事就近送交領事官懲辦沿途止可拘禁不可淩虐執照自發給之日起以華十三箇月爲限若無執照進內地者罰銀不過三百兩之數惟在通商各口岸有出外游玩地不過華百里期不過五日者無庸請照船上水手人不在此列

第七款

日本臣民在中國通商各口岸可僱用中國人民辦理合例事務中國政府及官吏不得阻礙禁止

第八款

日本臣民任從自僱船隻剝運客貨不論何項船隻僱價銀兩聽其與船戶自議中國政府官吏均無庸干涉其船不得限定隻數並不准船戶挑夫及各色人等把持包攬運送等情倘有走私漏稅情弊查出該犯自應照例懲辦

第九款

凡各貨物日本臣民運進中國或由日本運進中國者又日本臣民由中國運出口或由中國運往日本者均照中國與泰西各國現行各稅則及稅則章程辦理凡貨物於中國與泰西各國現行稅則及稅則章程之內並無限制禁止進出口明文亦准任便照運其運進中國口者只輸進口稅運出中國口者只輸出口稅至日本臣民在中國所輸進出口稅比相待最優之國臣民

不得加多或有殊異又凡貨物由日本運進中國或由中國運往日本其進出口稅亦比相待最優之國人民運進出口相同貨物現時及日後所輸進出口稅不得加多或有殊異

第十款

凡貨物照章係日本臣民運進中國或由日本運進中國在中國照現行章程由此通商口運至彼通商口時不論貨主及運貨者係何國之人不論運器船隻係屬何國所有稅賦鈔課釐金雜派各項一概豁免

第十一款

日本臣民有欲將照章運入中國之貨進售內地儻願一次納稅以免各子口徵收者則聽自便如係應完稅之貨則應照進口稅一半輸納如係免稅之貨則按值每百兩徵收二兩五錢輸納時領取票據執持此票內地各征一概豁免惟運進鴉片烟不在此條之內

第十二款

日本臣民於中國通商各口岸之外購買中國貨物土產爲運出外洋者除出口時完出口正稅外如照以上第十一款所列數目照出口稅則核算完納子口稅以抵各子口稅項此後不論在中國何處所有稅賦鈔課釐金雜派一概豁免惟完子口稅之日起限十二箇月內運往外國又日本臣民在通商各口岸購買中國貨物土産非係禁運出外洋之物運出口時只完出口正稅所有內地稅賦鈔課釐金雜派一概豁免又日本臣民在中國各處購買貨物以備出外洋准由此通商口岸運到彼通商口岸惟應照現行章程條規辦理

第十三款

凡貨物如實係洋貨已完進口稅後自進口之日起限三年內不論何時准日本臣民復運出口俾往外國毋庸再納出口稅惟復運出口之貨須實係原包原貨並未拆動抽換准將已完之進口稅由海關給發收稅存票付執如該臣民願持票赴關領取現銀者聽

第十四款

中國國家允在通商口岸設立關棧所有章程日後酌定

第十五款

日本商船進中國通商各口應納船鈔按註册噸數在一百五十噸以上者每噸納鈔銀四錢一百五十噸及以下者每噸納鈔銀一錢如該船進口後未經開艙欲行他往限四十八點鐘之內出口不納船鈔如已納船鈔之船自領出口紅票之日起限四箇月之內可往中國通商各口及准停泊之港毋庸再納船鈔凡日本商船在中國修理之時亦毋庸納船鈔又日本臣民使用各種小船裝運客商行李書信及應免稅之貨往來中國通商各口均毋庸納船鈔惟各種小船及貨艇等運往貨物其貨於運載時應輸稅課者該船須按四箇月納船鈔一次每噸納銀一錢所有日本大小船隻除納船鈔外並無別項規費至所納船鈔不得過於最優之國各船所納之數

第十六款

日本商船進中國通商各口聽其僱覓引水之人完清應納稅項之後亦聽僱覓引水之人帶領出口

第十七款

日本商船遇有損壞或別項事故致逼覓避難之處不論中國何處准其駛進附近各口暫泊毋庸納船鈔其船因修理起卸貨物報歸海關委員查察則毋庸納稅凡日本船在中國沿海地方碰壞擱淺中國官員須立卽設法救護搭客及船上一切人等並照料船貨所救之人當加意看待並隨時察看情形有須設立護送者卽妥送就近領事官查收如中國商船遇有損壞或別項事故逼入日本附近海口暫避日本官員亦照以上所載一律辦理

第十八款

中國通商各口官員凡有嚴防偷漏之法任憑相度機宜設法辦理

第十九款

日本船隻被中國强盜海賊搶刧者中國官員卽應設法將匪徒拏辦追贓

第二十款

日本在中國之人民及其所有財產物件專歸日本妥派官吏管豁凡日本人控告日本人或被別國人控告均歸日本妥派官吏訊斷與中國官員無涉

第二十一款

凡中國官員或人民控告在中國之日本臣民負欠錢債等項或爭在中國財產物件等事歸日本官員訊斷凡在中國日本官員或人民控告中國臣民負欠錢債等項或爭中國人之財產物件等事歸中國官員訊斷

第二十二款

凡日本臣民被控在中國犯法歸日本官員審理如果審出眞罪依照日本法律懲辦中國臣民被日本人在中國控告犯法歸中國官員審理如果審出眞罪依照

中國法律懲辦

第二十三款

中國人有欠日本人債務不償或詭詐逃避者中國官務須嚴拏追繳日本人有欠中國人債務不償或詭詐逃避者日本官亦應一體辦理

第二十四款

日本人在中國犯罪或逃亡負債者潛往中國內地或潛匿中國臣民房屋或船上一經日本領事照請即將該犯交出中國人在中國犯罪或逃亡負債者潛匿在中國之日本臣民所住房屋或中國水面日本船上一經中國官照請日本官即將該犯交出

第二十五款

按照中國與日本國現行各約章日本國家及臣民應得優例豁除利益今特申明存之勿失又

大清國

大皇帝陛下已經或將來如有給予別國國家或臣民優例豁除利益日本國家及臣民亦一律享受

第二十六款

此次所定稅則及此約內關涉通商各條款日後如有一國再欲重修由換約之日起以十年爲限期滿後須於六箇月之內知照酌量更改若兩國彼此均未聲明更改則條款稅則仍照前辦理復俟十年再行更改以後均照此限此式辦理

第二十七款

今兩國欲照此次所立條約遵行須商定通商章程條規惟於未定以前應照中國與泰西各國現行章程條規與此約所訂不相違背者兩國一律遵辦

第二十八款
本條約繕寫漢文日本文英文署名為定惟防以後有所辯論兩國全權大臣訂明如將來漢文日本文有參差不符均以英文為準
第二十九款
本條約兩國
大皇帝批准後在北京迅速互換其互換日期由本日署名起至遲不逾三箇月
為此兩國全權大臣署名蓋印以昭信守
光緒二十二年六月　十一　日
明治二十九年七月　二十一　日

大清欽命全權大臣總理各國事務尚書銜戶部左侍郎張　為
照會事照得現訂中日通商行船條約日本臣民應得優待利益均經詳載惟中國商民如何辦法屢經商論
貴大臣以按照歐洲條約並無華民在外國一律優待之條本大臣舉奧國條約相證
貴大臣以奧國路遠華民足跡不到故奧國肯註於約惟本大臣重覈馬關條款有此次商約以歐洲各國條約為本美國本有一律優待之約
貴大臣謂美非歐洲似也然則奧斯馬加非歐洲帝國乎
貴大臣若按照馬關約辦理以歐洲各國約章為本則奧國之約不能抹煞不算
貴大臣屢言
貴國家無不優待華人但不必分註約內
貴大臣言必有信本大臣深相敬佩現在約款大致已具惟中國商民商船往來
貴國者
貴國究何以處之尚祈

貴大臣查照歷次會議問答迅賜見覆爲荷須至照會
者
右　　　照　　　會
大日本國欽差全權大臣正四位勳一等男爵林
光緒貳拾貳年陸月　　　拾壹　　　日

大日本國欽差全權大臣男爵林　　　　　　爲
照復事明治二十九年七月二十一日接准
照稱現在中日通商行船條約大致已具惟中國商民商
船往來者貴國究何以處之等因前來案查歷次會議
問答
貴大臣屢以優待華人一節爲言而本爵大臣不肯分
註約內者我國近與歐各國更改條約數年之內應開
通國俾各該國人往來居住從事生業此次帖約內若
將優待華人一節一經分註屆時不可不照歐各國人
應得優例一律辦理顧觀
貴國未開通國日本臣民除在通商口岸居住從事生
業外其往來内地者亦爲條約所限制不甚自便彼此
所享大形輕重且
貴國曩與別國訂立通商條約雖有華民應得按照相
待最優之國一律相待之條後因於該國内之益有所
妨礙或與該國内或該國內一處地方之平安有所妨
礙該國終立限制之條
貴大臣當能記憶也若夫與國華人稀到所有條約未

可比照而論以上情節本爵大臣屢與
貴大臣會議業已面告一切矣至其將
貴國商民商船應如何辦理之處苟非於國內之益或
平安有所妨礙我
政府務期公允而昭睦誼須至照復者
右　照　會
大清欽差全權大臣總理各國事務尚書銜戶部左侍郎張
明治貳拾玖年柒月　貳拾壹　日

大清欽命全權大臣總理各國事務尚書銜戶部左侍郎張　爲
照會事案查馬關約第八款內開中國爲保明認眞實
行約內所訂各款聽允日本軍隊暫行佔守山東省威
海衛又於中國將本約所訂第一第二兩次賠款交清
通商行船條約亦經批准互換之後中國政府與日本
政府確定周全妥善辦法將通商口岸關稅作爲賸款
並息之抵押日本可允撤回軍隊等語兩國自應照依
辦理今第一第二兩次賠款業經如期交清通商行船
條約已經本大臣與
貴大臣逐款議定於六月十一日署名蓋印訂明至遲
不逾三箇月在北京互換一俟此次通商行船條約互
換後中國政府自可與日本政府妥商賸款及息如何
交收以便撤回駐威軍隊此係按照馬關約辦理應即
備文照會
貴大臣查照並祈
見覆爲荷須至照會者
右　照　會
大日本國欽差全權大臣正四位勳一等男爵林

光緒貳拾貳年陸月　拾壹　日

大日本國欽差全權大臣男爵林　爲

照覆事明治二十九年七月二十一日接准

照稱此次通商行船條約互換後中國自可與日本政

府妥商賸款及息如何交收以便撤回駐威軍隊等因

前來案查此層共應如何辦理之處馬關條約載有明

文除遵照外本爵大臣似勿庸贅一辭須至照覆者

右　照　會

大清欽差全權大臣總理各國事務尚書銜戶部左侍郎張

明治貳拾玖年柒月　貳拾壹　日

大日本國欽差全權大臣男爵林　爲
照會事本日經署名蓋印之帖通商行船條約第九款
內開凡各貨物日本臣民運進中國或由日本運進中
國者又日本臣民由中國運出口或由中國運往日本
者均照中國與泰西各國現行各稅則及稅則章程辦
理等語所有日本蔘應按照美國蔘稅則一律辦理特
此聲明須至照會者
右　　照　　會
大清欽差全權大臣總理各國事務尚書銜戶部左侍郎張
明治貳拾玖年柒月　　貳拾壹　　日

大清欽命全權大臣總理各國事務尚書銜戶部左侍郎張　爲
照覆事頃接
來文內開本日經署名蓋印之通商行船條約第九款
內開凡各貨物日本臣民運進中國或由日本運進中
國者又日本臣民由中國運出口或由中國運往日本
者均照中國與泰西各國現行各稅則及稅則章程辦
理等語所有日本蔘應按照美國蔘稅則一律辦理特
此聲明等語披閱之餘本大臣並無異議特此備文聲
明可也須至照覆者
右　　照　　會
大日本國欽差全權大臣正四位勳一等男爵林
光緒貳拾貳年陸月　　拾壹　　日

日本林大臣説帖 光緒二十二年四月二十六日

自去冬十二月二十九號開議商約將閲半年尚無成議按馬關條約日本臣民僑寓中國已得按照相待最優之國臣民一律相待是則商約不定於日人固無窒礙此顯而易見者也然商約未定究非有裨於兩國睦誼本大臣深懷此義極願此約從速議成故於前亥李大臣原稿之中曾酌改大半滿謂必邀允諾不料貴大臣重加删駁至爲歉然本大臣素願以和衷共事終始不渝茲再就來稿細加酌量再三商讓審時度勢本國家能許讓者本大臣於此次改稿一一允許若如此將就仍復見駁本大臣卽萬無再讓之處惟有堅持此次擬稿必至罷議而後已矣此約成否在此一稿維貴大臣實圖之至日本臣民在中國機器造貨免抽釐税一節馬關條約既准日人機器製造若尚須徵收釐税斷無不提及之理蓋收税者卽與機器製造原意權利背棄也是馬關約第六款應照本國家所立見解乃爲妥協但審貴大臣詞意貴國家於此一節見解迥殊此時既無從解釋本大臣擬將此節於新約内不提一俟起有專案卽按馬關約應如何譯解辦理若貴大臣仍復堅持不允深恐此約成議無期爾時中國國家及中國臣民在日本者既無條約之權利自必諸多窒礙望細思之至馬關約所載字句詞意遲早總當商議辯解則俟案另商於中國似尚無礙若區區以抽税一層與此約合辦則商約恐難成議利害相形尚望裁奪不勝切盼之至

覆日本林大臣說帖 光緒二十二年五月十四日

四月二十六日貴大臣送來說帖並續改約稿閱悉一切貴大臣謂商約自去冬十二月二十九號即中歷十一月十四日由李中堂開議將閱半載惟本大臣奉命接辦始於本年正月二十八日與貴大臣會議本大臣日行公事本極繁重早荷貴大臣涵鑒此次約稿又最緊要條目紛如既不敢輕率從事自難倉卒告成疊次會議逐款詳論煩徵博引筆舌並勞固非託故延宕當亦貴大臣所鑒諒也茲幸彼此相讓再三酌改僅適三月

大致已具亦不得謂之遲緩矣至在中國機器製造貨物徵收稅項一節本大臣屢次與貴大臣面晤和衷商議以期妥籌善法今閱台牘貴國仍執前議必欲剔開另商意者本大臣歷次面談尚有未能詳盡者乎查馬關條約詎言內地運送稅內地稅鈔課雜派以及在內地沾及寄存棧房之益耳至製造貨離廠等稅應否豁免一字未提如果可以免徵斷無不提明之理既不提及其為應征自無疑義且中國係自主之國原可任便妥定公平章程徵收稅項若慮中國將製造貨稅加重苛徵使製造之權利化為烏有無乃以不公不平相待乎中國應征製造貨之離廠稅不過以之抵所失洋貨之進口稅於就貨抽稅之間仍寓恤商惠工之意貴大臣擬將此款於新約內不提又以馬關條約字句詞意遲早總當商議辨解於中國無礙若區區以抽稅一層與此約合辦則商約恐難成議具紉貴大臣和平忠亮之雅惟是事關國課義重國權條約中既未讓去然則中國分內所應為之事貴國政府當不見怪也各國商情所繫有以徵稅為損者亦有以不徵稅為損者統俟

中日马关條約

第一款

中國認明朝鮮國確爲完全無缺之獨立自主故凡有虧損獨立自主體制即如該國向中國所修貢獻典禮等嗣後全行廢絕

第二款

中國將管理下開地方之權併將該地方所有堡壘軍器工廠及一切屬公物件永遠讓與日本

一下開劃界以內之奉天省南邊地方從鴨綠江口溯該江以抵安平河口又從該河口劃至鳳凰城海城及營口而止畫成折線以南地方所有前開各城市邑皆包括在劃界線內該線抵營口之遼河後即順流至海口止彼此以河中心爲分界遼東灣東岸及黃海北岸在奉天省所屬諸島嶼亦一併在所讓境內

二臺灣全島及所有附屬各島嶼

三澎湖列島即英國格林尼次東經百十九度起至百二十度止及北緯二十三度起至二十四度之間諸島嶼

第三款

前款所載及粘附本約之地圖所劃疆界俟本約批准互換之後兩國應各選派官員二名以上為公同劃定疆界委員就地踏勘確定劃界若遇本約所訂疆界於地形或治理所關有礙難不便等情各該委員等當妥為參酌更定

各該委員等當從速辦理界務以期奉委之後限一年竣事但遇各該委員等有所更定劃界兩國政府未經認准以前應據本約所定劃界為正

第四款

中國約將庫平銀貳萬萬兩交與日本作為賠償軍費該款分作八次交完第一次伍千萬兩應在本約批准互換後六箇月內交清第二次伍千萬兩應在本約批准互換後十二箇月內交清餘款平分六次遞年交納其法列下第一次平分遞年之款於兩年內交清第二次於三年內交清第三次於四年內交清第四次於五年內交清第五次於六年內交清第六次於七年內交清其年分均以本約批准互換之後起算又第一次賠款交清後未經交完之款應按年加每百抽五之息但無論何時將應賠之款或全數或幾分先期交清均聽中國之便如從條約批准互換之日起三年之內能全數清還除將已付利息或兩年半或不及兩年半於應付本銀扣還外餘仍全數免息

第五款

本約批准互換之後限二年之內日本准中國讓與地方人民願遷居讓與地方之外者任便變賣所有產業退去界外但限滿之後尚未遷徙者酌宜視為日本臣

民

又臺灣一省應於本約批准互換後兩國立即各派大員至臺灣限於本約批准互換後兩箇月內交接清楚

第六款

中日兩國所有約章因此次失和自屬廢絕中國約俟本約批准互換之後速派全權大臣與日本所派全權大臣會同訂立通商行船條約及陸路通商章程其兩國新訂約章應以中國與泰西各國現行約章為本又本約批准互換之日起新訂約章未經實行之前所有

日本政府官吏臣民及商業工藝行船船隻陸路通商
等與中國最爲優待之國禮遇護視一律無異
中國約將下開讓與各款從兩國全權大臣畫押蓋印
日起六箇月後方可照辦
第一現今中國已開通商口岸之外應准添設下開
各處立爲通商口岸以便日本臣民往來僑寓從
事商業工藝製作所有添設口岸均照向開通商
海口或向開內地鎮市章程一體辦理應得優例
及利益等亦當一律享受

一湖北省荊州府沙市
二四川省重慶府
三江蘇省蘇州府
四浙江省杭州府
日本政府得派遣領事官於前開各口駐紮
第二日本輪船得駛入下開各口附搭行客裝運貨
物
一從湖北省宜昌溯長江以至四川省重慶府
二從上海駛進吳淞江及運河以至蘇州府杭州
府
中日兩國未經商定行船章程以前上開各口行
船務依外國船隻駛入中國內地水路現行章程
照行
第三日本臣民在中國內地購買經工貨件若自生
之物或將進口商貨運往內地之時欲暫行存棧
除勿庸輸納稅鈔派徵一切諸費外得暫租棧房
存貨
第四日本臣民得在中國通商口岸城邑任便從事
各項工藝製造又得將各項機器任便裝運進口
只交所定進口稅

日本臣民在中國製造一切貨物其於內地運送
稅內地稅鈔課雜派以及在中國內地沾及寄存
棧房之益卽照日本臣民運入中國之貨物一體
辦理至應享優例豁除亦莫不相同
嗣後如有因以上加讓之事應增章程規條卽載
入本款所稱之行船通商條約內
第七款

日本軍隊現駐中國境內者應於本約批准互換之後三箇月內撤回但須照次款所定辦理

第八款

中國爲保明認眞實行約內所訂條款聽允日本軍隊暫行佔守山東省威海衛又於中國將本約所訂第一第二兩次賠款交清通商行船約章亦經批准互換之後中國政府與日本政府確定周全妥善辦法將通商口岸關稅作爲剩款並息之抵押日本可允撤回軍隊倘中國政府不卽確定抵押辦法則未經交清末次賠款之前日本應不允撤回軍隊但通商行船約章未經批准互換以前雖交清賠款日本仍不撤回軍隊

第九款

本約批准互換之後兩國應將是時所有俘虜盡數交還中國約將由日本所還俘虜並不加以虐待若或置於罪戾

中國約將認爲軍事間諜或被嫌逮繫之日本臣民卽行釋放并約此次交仗之間所有關涉日本軍隊之中國臣民概予寬貸并飭有司不得擅爲逮繫

第十款

本約批准互換日起應按兵息戰

第十一款

本約奉

大清帝國

大皇帝陛下及

大日本帝國

大皇帝陛下批准之後定於光緒二十一年四月十四日卽明治二十八年五月初八日在煙台互換爲此兩國全權大臣署名蓋印以昭信守

另約

第一款

遵和約第八款所訂暫爲駐守威海衛之日本國軍隊應不越一旅團之多所有暫行駐守需費中國自本約批准互換之日起每一周年屆滿貼交四分之一庫平銀五十萬兩

第二款

在威海衛應將劉公島及威海衛口灣沿岸照日本國

里法五里以內地方約合中國四十里以內爲日本
國軍隊駐守之區
在距上開劃界照日本國里法五里以內地方無論其
爲何處中國軍隊不宜偪近或紮駐以杜生衅之端
第三款
日本國軍隊所駐地方治理之務仍歸中國官員管理
但遇有日本國軍隊司令官爲軍隊衞養安甯軍紀
及分佈管理等事必須施行之處一經出示頒行則
於中國官員亦當責守

在日本國軍隊駐守之地凡有犯關涉軍務之罪均歸
日本國軍務官審斷辦理
此另約所定條款與載入和約其效悉爲相同爲此兩
國全權大臣署名蓋印以昭信守

秘魯國條約

大清國
大秘國會議專條

大清國

欽差全權大臣太子太保武英殿大學士兵部尚書直隸總督部堂一等肅毅伯李

爲

大秘國

欽差全權大臣水師總兵葛爾西耶

議定專條事現因秘國地方有華民多名且有稱該華民有受委屈之處茲本大臣李本大臣葛意欲兩國通好會同商訂先立通商條約和好往來庶幾彼此無不同心合意

一面由中國派員前往秘國將華民情形徹底查辦並出示曉諭華工以便周知一切秘國無不全力相助以禮接待俟中國委員到時秘國無不諭知各處地方官實力襄助盡職辦理如查得實有受苦華工合同年限未滿不拘人數多寡均議定由委員開單知照地方官僱主倘不承認卽由地方官就近傳案訊斷若華工仍抱不平立許上告秘國各大員再爲覆查凡僑寓秘國無論何國人民呈禀式樣最優者華工應一體均沾其從自秘國核定此項章程之日起凡華工合同已經期滿若合同內有僱主應出回國船腳之議該工人有願回國者卽當嚴令僱主出資送回又各華工合同若無送回字樣合同已經期滿該工人無力自出船資有願回國者秘國應將該工人等附搭往華船上送回船資一切無須工人自備秘國自行料理爲此將所議以上各節定爲專條應按漢洋文字譯出六紙中國文日斯巴尼亞文英國文各二紙皆係一意以上專條由

大清國

大皇帝

批准

大秘國

大伯理璽天德選舉國會紳耆大臣議允

批准卽當

特派大臣或在上海或在天津會晤互交現各

欽差大臣在天津先爲親筆畫押蓋用關防以昭信守

同治十三年五月十三日

一千八百七十四年六月二十六日

大清國
大清國
大秘國會訂通商條約
大秘國彼此實意欲訂友睦之誼因先立通商條約以便
往來通好是以
大清國
大皇帝特派
欽差全權大臣太子太保武英殿大學士兵部尚書直隸總督部堂一等肅毅伯李
大秘國
大伯理璽天德特派
欽差全權大臣水師總兵葛爾西耶
各將所奉
上諭互相閱看會同議定往來通商條約俾兩國商民均獲
利益茲將條約開列於左
第一款
嗣後
大清國與
大秘國既經和好敦篤友誼兩國商民人等彼此僑居皆
獲保護身家資財

第二款
凡友邦睦鄰向有各遣
欽差大臣通好之禮今兩國定約亦可按照常例彼此交派
代國行權大員往來駐劄京師茲准中國
欽差大臣並眷屬隨員人等駐劄利馬都城亦准秘國
欽差大臣並眷屬隨員人等駐劄京都彼此或久住或隨時
往來均聽其便
第三款
兩國
欽差大臣公館應照各國行權大員常規一體優待
第四款
大清國派總領事並領事副領事署領事等官前赴秘國
各處有別國領事駐劄地方辦理本國商民交涉事件
秘國亦按待各國領事最優之禮一體相待
大秘國派總領事並領事副領事署領事等官前往中國
已通商各口辦理本國商民交涉事件中國官員接待
各國領事官最優之禮亦於秘國領事官不使或異惟
必須眞正官員不得委商人代理

第五款

中國民人在秘國如安本分但能不違秘國律例章程無論何處任便游歷秘國民人亦准聽持照前往內地各處游歷通商所領執照由領事官蓋印發給復由地方官蓋印內係日斯巴尼亞文字並中華文字所經過地方如飭交出執照即應隨時呈驗無訛放行該民僱人僱船僱車裝運行李貨物不得攔阻其貨物應照報單章程辦理如其無照或有訛誤以及查出沿途或有不法情事送交就近領事查辦惟於途中止可拘禁不

得凌虐如在通商各口出外遊玩者地在百里之中期在五日之內可以無庸請照至於水手船上人等不在此例應由地方官會同領事官另定章程妥爲彈壓

第六款

大清國與
大秘國切念民人前往各國或願常住入籍或隨時來往或游歷或貿易或傭工或久居得以自由方有利益除兩國人民自願往來居住外別有招致之法均非所准現經兩國嚴行禁止不准在澳門地方及各口岸勉強誘騙中國人運載出洋違者其人各照本國例從嚴懲治至所載運之船一併按例罰辦

第七款

茲議定秘國保護華民擬於秘國各府地方凡有華民居住之處即在該處衙門內設一漢文繙譯官以便通曉華民語言隨時保護

第八款

中國商民准在秘國通商各處往來運貨貿易一體與別國商民同獲利益秘國商船准在中國通商各口往

來運貨貿易別國凡有利益之處秘國亦無不均沾

第九款

中國商人在秘國通商各處起卸貨物輸納稅項不能較諸相待最優之國稍有增加秘國商人在中國通商各口起卸貨物輸納稅餉俱按通商總例稅則亦不能較諸相待最優之國或有增加之處

第十款

兩國兵船可以赴彼此凡有別國兵船所至各口一切買取食物煙煤甜水修理船隻地方官妥爲照料船上

水師各官與地方官平行相待該兵船進出口一切税鈔俱不輸納

第十一款

中國船隻如遇天災在秘國沿海地方碰壞擱淺以及遭風收口該處海關官員自當設法相幫所有未遭失險之貨物如不欲出售自應不納税銀遇險船隻秘國亦與待別國船隻一律至秘國船隻遇有天災在中國沿海地方或碰壞擱淺以及遭風收口有時將貨卸岸修理船隻槪不納税亦不給船鈔地方官查知自當設法妥爲照料船上商民送交就近領事官查收以昭睦誼

第十二款

秘國民人在中國遇有控告華民事件皆應先稟領事官查明根由先行勸息使不成訟華民有赴領事官告秘國民在中國者領事官亦應一體調處間有不能使和者卽由地方官與領事官會同審辦公平訊斷

第十三款

秘國民人在中國有被華民違例相欺准地方官查拏照例審辦華民有被秘國人在中國違例相欺秘國官亦應按例查拏究治

第十四款

秘國屬民在中國有相涉案件不論人產皆歸秘國官查辦設與別國有事涉訟在中國應遵某國前與秘國定約辦理以上案內如牽涉中國人仍應按第十二十三兩款會同中國官辦理

第十五款

中國商民在秘國有控告事件准其原被告任便呈稟地方官照例審斷與秘國商民及待各國商民之例一律辦理

第十六款

今後中國如有恩施利益之處舉凡通商事務別國一經獲其美善秘國官民亦無不一體均沾實惠中國官民在秘國亦應與秘國最爲優待之國官民一律

第十七款

各國議立和約原係漢洋文字惟有英國文中外人多熟習此次所定之約係中國文日斯巴尼亞文英國文三

國文字譯出九紙嗣後如有未甚妥協之處彼此除各
用本國文字外亦可兼看英文庶無訛誤

第十八款

日後兩國若於現議章程條款內有欲行變通之處應
俟自章程互換之日起至滿十年爲止先期六個月彼
此備文知照如何酌量更改方可再行籌議若未曾先
期聲明則章程仍照此次議定辦理

第十九款

今將以上各款既定條約應由

大清國

大皇帝

批准

大秘國

大伯理璽天德選舉國會紳耆大臣議允

批准即當

特派大臣或在上海或在天津會晤互交務期迅速茲各
欽差大臣先爲親筆畫押蓋用關防以昭信守

同治十三年五月十三日

一千八百七十四年六月二十六日

秘國條約

大清欽差大臣前江蘇巡撫部院丁　　爲
照會事照得本日本大臣與
貴大臣已將彼此現存條約並專條憑單等件互換案
查前於十三年五月議約之後即由本國派委員於七
月間前往
貴國查明華工情形旋據送到華民呈詞口供以及見
證人所錄情形皆經指實華工所受委曲之處現在兩
國業已立約志在永遠和好務望
貴大臣行知
貴國查照妥將以前苛待華工弊端盡行革除遵照專
條及和約辦理嚴令將華工身家資財皆得保護以昭
信守本國亦當或派
欽差或派委員前往確查凡遇可以爲華工保護除弊之處
隨時商同
貴國全力襄助妥立章程以歸盡善並附去華工見證
供詞一本爲此照會
貴大臣請煩照覆施行須至照會者
外附華工見證供詞一本

右照會
大秘魯欽差大臣愛
光緒元年七月初七日

大秘魯欽差駐紮中華大臣愛　　爲

照覆事照得今接

貴大臣來文內開我兩國所立條約並專條兩件互換

案查前於議約之後卽由本國派委員於七月間前往

查明華工情形旋據送到華民呈詞口供以及見證人

所錄情形皆經指實華工所受委曲之處現在兩國業

已立約志在永遠和好務望貴大臣行知貴國查照等

因前來查華民在於本國傭工者本國志在實力保護

不容稍受委曲情事俟

貴國選派

欽差大臣前往本國商辦一切本國定必實力會商華工事

宜以期爲華工盡除一切弊端使其皆得安居身家貲

財無不護全以符條約及專條所定章程並昭信守現

准

貴大臣送來華工見證供詞一件本大臣自當譯出轉

送回國查照辦理可也爲此照覆

貴大臣請煩查照施行須至照覆者

右　照　會

大淸欽差大臣丁

降生一千八百七十五年八月初七日

光　緒　元　年　七　月　初　七　日

国家出版基金项目
NATIONAL PUBLICATION FOUNDATION

海上絲綢之路文獻集成

總主編 陳支平 陳春聲

歷代史籍編 64

主編 范金民

海峽出版發行集團
THE STRAITS PUBLISHING & DISTRIBUTING GROUP
福建人民出版社

本册目次

通商約章類纂三十五卷（卷一至卷一七）

〔清〕徐宗亮編

《通商約章類纂》三十五卷，清徐宗亮編。宗亮（一八三四—一九〇四）字晦甫，號菽岑，安徽桐城人。是書由李瀚章首倡，責成宗亮等纂輯。因就南北通商衙門抄録案牘而成書。首有光緒十二年（一八八六）李鴻章序，謂「勒爲一書，曉示天下，冀泯異同之見，以銷内外之憂」。全書以條約章程爲主，附列奏頒章程及通行成案，分吏、户、禮、兵、刑、工六類，又就六類中分十五子目，據各國通商年月前後相序排列。卷一至卷二總類，分各國立約年月、訂約；卷三至卷四吏類，分遣使、設領事等官；卷五至卷十七户類，分税務（中外權度、免税各物、罰例、内地税釐、違禁貨物、各國税則等）、償恤；卷十八至卷二十二禮類，分交際儀文、優待保護、游歷、學習文藝、傳教；卷二十三兵類，疆界；卷二十四至卷二十七刑類，分法禁、獄訟；卷二十八至卷三十工類，分租傭建置、招工、行船；卷三十一至卷三十五附録，分彼此相助、選募洋將、江海各關關政、江海各關船政、各國賽會等。據天津圖書館藏清光緒十二年刻本影印。

通商約章類纂

通商約章類纂

光緒十二年集刊
板存天津官書局

通商約章類纂序

欽差大臣會辦海軍事務太子太傅文華殿大學士直隸總督一等肅毅伯合肥李鴻章撰

泰西立國之道以互市爲經以交隣爲緯而訂約之議行焉蓋猶春秋會盟載書遺意從則直違則曲和戰之局由是而決其關於兩國利害抑重矣哉自入中國交涉以來率循是道

朝廷昭示大信嘗特遣重臣經營其間頒下所司奉行毋怠顧民習故常耳目所觸動多驚疑或至芥豆之微上廑

宵旰吏亦瞠目束手莫辨所由予伯兄昔深慨之就南北通商衙門鈔録案牘思勒爲一書曉示天下冀泯異同之見以銷內外之釁二三同志賡續而成卒有約章類纂之刻意甚盛也夫以天下之大人材之衆不患事之不辦特患事之不明知其當然審其所以然則萃吾心與力所至以赴厥事烏有不辦者哉記曰以其昭昭使人昭昭吾於是書亦云然已光緒十有二年秋八月

通商約章類纂凡例

一各國通商以來條約與章程並重每案定議之後總理各國事務衙門通咨各省刊布遵行有司據爲信守然未輯有成書也光緒初年直隸省垣始有通商條約類編之刻就事立名區分頗晰而總署奏頒之章程各省通行之成案均未入錄卽各國條約章程亦未能一一詳具僅備規模而已是書畧仿其義廣收博采增至數倍之多更以吏戶禮兵刑工六類總其綱領庶便服官佐治者考核有資

一是書以條約章程爲主而奏頒章程及通行成案以次附列名曰約章類纂從其朔也然通商事務固準條約章程亦時有因事立論變通辦理者參攷互證貴有折中初不以序次後先別爲輕重惟條約章程兩國議准遵行概不敢增減一字其奏定章程通行成案間有繁重語句稍從節要至洋文異解及胥鈔誤字隨在多有則姑仍之

一是書大綱分吏戶禮兵刑工六類又就六類分十有五門而悉據各國通商年月前後以爲次序庶乎有條不紊惟通商所重講信修睦無事談兵而周禮夏官職方之屬輿地疆界是所專司足以取備兵類今綜其大凡曰吏類者二遣使門設官門是也爲卷二曰戶類者二稅務門償恤門是也而稅務門則分十二子目戶類遂分爲十三爲卷

十三日禮類者五交際儀文門優待保護門遊歷門學習藝文門傳教門是也爲卷五日兵類者一疆界門是也爲卷一日刑類者二法禁門獄訟門是也而獄訟門則分五子目刑類遂分爲四爲卷四日工類者三租傭建置門招工門行船門是也爲卷三其各國立約年月及訂約兩門則仿律例全書名例冠首之義別爲總類上下列於六類之前爲卷二其不入諸類義當存考者則有彼此相助選募洋將江海各關關政江海各關船政各國賽會別爲附錄五列於六類之後爲卷五通凡三十五卷終焉

一通商事務已歷四十餘年事變日增莫知所居是書所錄

統以光緒十一年前爲斷分類排纂不厭其詳而悉皆奏准頒行中外臣民所宜周知無庸避忌至於事關機要未奉宣示者不錄案情瑣細不足援引者不錄私家述作難資取證者不錄惟間有攷訂異同之處應附注者則加按字別之其原有注者則依附正文備錄於下

一是書條約章程悉以各國通商年月前後爲次而奏頒章程與通行成案則以統論各事者居前專指一事者居後其事無等第及一類數案者亦仍以年月前後爲次併各注明年月以備參考至中國朝鮮貿易章程亦通商各國共知則附錄於後

一各國條約章程具載君主大臣號名而訂約之由換約之地守約之議行約之期皆關交涉大凡不可從畧今悉分門纂入首段末段概行標注餘凡條款則悉依各國原次標注惟英舊約及喘㖘哪喊約原無第一條第二條等目今依原次補加標注而俄續約英煙臺會議德續約每條每端皆有數則今散歸各類各門亦悉依原次詳加標注

一是書六類中條約章程有一款一案並指數事例應分隸各門則於前見某門下全錄併注明見後某門而於後見某門下仍錄全文以省通尋全卷之勞若次列章程成案文句較繁未便逐門複錄則錄全文於前見門下而後見

門下只列條目注明已見前某門遇有全文例應錄於後見門者則前見門內節錄大端注明詳見後某門以免疊見重文之贅至於各國稅則皆係一律惟俄國陸路及日本海關別有專則又各國稅貨稱名不同並續有加減之處悉一一考訂附案語下方不敢繁稱炫博亦不敢簡取失要

一戶類稅務內稽稅杜漏一門凡驗貨納稅稽查牌照嚴防偷漏等事歸之而走私事涉越界者則歸刑類法禁門涉漏稅者仍歸本門又罰例一門凡事涉罰條等事歸之其餘照約罰辦之案仍別歸各類本門禮類傳教一門凡關

涉教士買房等事歸之而外此洋商在口岸租賃置買等事則歸工類租傭建置門刑類法禁一門凡約束水手等事歸之而接待保護兵船等事則歸禮類交際儀文優待保護二門矣畧舉數端以概其餘

一是書戶類執照諸式胥關稅務出入而禮類寶星諸式交際所重工類各國旗號諸式行船在所必講餘亦交涉中應有之義今悉分門摹寫各歸各卷之末古人圖書並重意在徵實不取空譚就是書推廣言之如兵類疆界宜取中俄兩國畫界爲圖工類租傭建置宜取江海各關租界爲圖庶便考鏡然身有未經不能備曉姑從舍旃

一是書之輯肇始光緒初年湖廣督部合肥李筱荃尚書瀚吾鄉張藕舫司馬開運赴南北洋備錄成案嗣經閻襲藹人方伯加以修葺略具草稾陳於兩廣督部合肥張靖達公展轉而歸津海關道署建德周郁山觀察討論屢年長白裕閬西太守庚桐鄉勞育初大令乃宣贊襄其事始有專編而長興朱子木刺史幹臣寶應劉丹廷主政啟彤績溪邵班卿明經作舟祁門洪述軒大令壽彭隨時增補勞勛居多茲更覆審體例集貲梓刊以底於成則吾鄉張筱傳觀察暨漢陽洪曾軒學博子彬翰香别駕恩廣泰安汪謝階大令寶樹安康謝丹圃大令裕楷六安劉偉齋貳尹獻謨實相始終時逾十數年事經十數手其難如此惟是各省案牘至散且繁莫由彙見區區私述不免疏漏貽譏而辦理交涉事件尤貴因應無方不拘於法而亦不背於法所冀通材達識聞一知十以收折衝樽俎之效嚆矢之列所不辭已

光緒十有二年歲在丙戌夏六月桐城徐宗亮椒岑識

通商約章類纂總目

卷一總類上
各國立約年月
卷二總類下
訂約
卷三吏類一
遣使
卷四吏類二
設領事等官
卷五戶類一
稅務一口岸貿易　長江口岸貿易　陸路口岸貿易

卷六戶類二
稅務二貨稅　長江貨稅　陸路貨稅
卷七戶類三
稅務三船鈔　長江船鈔
卷八戶類四
稅務四子口稅　長江子口稅　陸路子口稅
卷九戶類五
稅務五稽稅杜漏　長江稽稅杜漏　陸路稽稅杜漏
卷十戶類六
稅務六改運　長江改運　陸路改運
卷十一戶類七
稅務七中外權度
卷十二戶類八
稅務八免稅各物
卷十三戶類九
稅務九罰例
卷十四戶類十
稅務十內地稅釐
卷十五戶類十一

稅務十一違禁貨物
卷十六戶類十二
稅務十二稅則
卷十七戶類十三
償卹
卷十八禮類一
交際儀文
卷十九禮類二
優待保護
卷二十禮類三

通商約章類纂卷一目錄　總類上

各國立約年月

俄國立約年月 按各類約章條款之前不另標某國子目本類以專列立約年月各爲標明以示區別餘仿此

俄國黑龍江和約六條

恰克圖界約十一條

恰克圖市約五條

伊犁塔爾巴哈臺通商章程十七條

愛琿城和約三條

俄國和約十二條

俄國續增條約十五條

勘分東界約記

陸路通商章程二十一款

俄國續增稅則

勘分西北界約記十條

改訂俄國陸路通商章程二十二款

科布多界約三條

塔爾巴哈臺界約三條

烏里雅蘇臺界約二條

中俄改訂條約二十條 後附專條　改訂陸路通商章程十七條 後附卡倫單

英國立約年月

英國舊立和約十三條

英國重修新約五十六款 後附專條

英國稅則暨通商章程十款

英國續增條約九款

煙臺會議條款三端 後附專條

喘㖙國哪喴國立約年月

喘㖙國哪喴國和約三十三條

美國立約年月

美國和約三十款

美國稅則暨通商章程十款

美國續增條約八條

美國續修條約四款　另附條款四款

法國立約年月

法國和約四十二款　和約章程遺補六款

法國稅則暨通商章程十款 後附另款

法國續增條約十款

更定法國商船完納船鈔章程

中法會訂越南新約十款

通商約章類纂卷一　總類上

各國立約年月

俄國立約年月

俄國黑龍江和約六條

康熙二十八年領侍衛內大臣索額圖等與俄國使臣費岳多等在尼布楚議定

恰克圖界約十一條

雍正五年九月初七日理藩院尚書圖禮善會同俄官伊立禮在恰克圖議定

恰克圖市約五條

乾隆五十七年庫倫大臣與俄國議定

伊犁塔爾巴哈臺通商章程十七條

咸豐元年八月二十一日伊犁將軍奕山參贊大臣布彥泰奏定

愛琿城和約三條

咸豐八年四月十六日黑龍江將軍奕山會同俄國東悉畢爾將軍岳福在愛琿城議定

俄國和約十二條

咸豐八年五月初三日即俄國一千八百五十八年伊云月初一日在天津議定

俄國續增條約十五條

咸豐十年十月初二日即俄國一千八百六十年諾雅卜爾月初二日在京都議定

勘分東界約記

咸豐十一年五月二十一日倉場侍郎成琦會同俄國大臣在黑龍江議定

陸路通商章程二十一款

同治元年二月初四日在京都議定

俄國續增稅則

同治元年二月十一日在京都議定

勘分西北界約記十條

同治三年九月初七日勘辦西北界大臣明誼會同俄國大臣雜哈勞在塔城議定

改訂俄國陸路通商章程二十二款

同治八年三月十六日即俄國一千八百六十九年四月十五日在京都議定

科布多界約三條

同治八年立界大臣奎昌會同俄國立界大臣巴布闊福議定

塔爾巴哈臺界約三條

同治九年立界大臣奎昌會同俄國大臣穆嚕木策傳議
定
烏里雅蘇臺界約二條
同治九年烏里雅蘇臺大臣榮全會同俄臣議定
中俄改訂條約二十條後附專條　改訂陸路通商章程十
七條後附卡倫單
光緒七年　月　日
英國立約年月
英國舊立和約十三條
道光二十二年七月二十四日卽英國一千八百四十二

年八月二十九日在江寧議定
英國重修新約五十六款後附專條
咸豐八年五月十六日卽英國一千八百五十八年六月
二十六日在天津議定
英國稅則暨通商章程十款
咸豐八年　月　日在上海議定
英國續增條約九款
咸豐十年九月十一日卽英國一千八百六十年十月二
十四日在京都議定
煙臺會議條款三端後附專條

光緒二年七月二十四日
嗹嘓國哪喊國立約年月
嗹嘓國哪喊國和約三十三條
道光二十七年二月初四日卽嗹嘓哪喊國一千八百四
十七年三月　日在廣東議定
美國立約年月
美國和約三十款
咸豐八年五月初八日卽美國一千八百五十八年六月
十八日在天津議定
美國稅則暨通商章程十款

咸豐八年十月初三日卽美國一千八百五十八年十一
月初八日在上海議定
美國續增條約八條
同治七年六月初九日卽美國一千八百六十八年七月
二十八日在美國華盛頓京都議定
美國續修條約四款　另附條款四款
光緒六年十月十五日卽美國一千八百八十年十一月
十七日在京都議定
法國立約年月
法國和約四十二款　和約章程遺補六款

咸豐八年　月　日卽法國一千八百五十八年　月
日在天津議定按與英國同日
法國稅則暨通商章程十款後附另款
咸豐八年　月　日在上海議定
法國續增條約十款
咸豐十年九月十二日卽法國一千八百六十年十月二
十五日在京都議定
更定法國商船完納船鈔章程
同治四年八月　日
中法會訂越南新約十款

光緒十一年四月　日卽西歷一千八百八十五年六
月　日在天津議定
布國立約年月
布國及德意志通商稅務公會和約四十二款又三漢謝城附
列條款　稅則暨通商章程十款後附另款
咸豐十一年七月二十八日卽布國一千八百六十一年
九月初二日在天津議定
德國續修條約十款　善後章程九款
光緒六年二月二十一日卽德國一千八百八十年三月
三十一日在京都議定

德國換續約展限憑單一件
光緒六年七月十六日卽德國一千八百八十年八月二
十一日
丹國立約年月
丹國和約五十五款　稅則暨通商章程九款
同治二年五月二十八日卽丹國一千八百六十三年七
月三十日
荷蘭國立約年月
荷蘭國和約十六款後附另款
同治二年八月二十四日卽荷蘭國一千八百六十三年

十月初六日
日斯巴尼亞國立約年月
日斯巴尼亞國和約五十二款後附專條
同治三年九月初十日卽日斯巴尼亞國一千八百六十
四年十月初十日
日斯巴尼亞國換約文憑一件
同治六年四月初七日卽日斯巴尼亞國一千八百六十
七年　月　日
日斯巴尼亞古巴華工條款十六款
光緒三年十月十三日卽日斯巴尼亞國一千八百七十

七年十一月十七日
比國立約年月
比國和約四十七款　稅則暨通商章程九款
同治四年九月十四日卽比國一千八百六十五年十一
月初二日
義國立約年月
義國和約五十五款　稅則暨通商章程九款
同治五年九月十八日卽義國一千八百六十六年十月
二十六日
奥國立約年月
奥國和約四十五款　稅則暨通商章程九款
同治八年七月二十六日卽奥國一千八百六十九年九
月初二日
日本國立約年月
日本國修好條規十八條　通商章程三十三款　中
國海關稅則　日本國海關稅則
同治十年七月二十九日卽日本國明治四年七月二十
九日
中日天津會議專款三條
光緒十一年三月　日卽日本國明治十八年四月

日在天津議定
秘魯國立約年月
秘魯國會議專條暨和約十九款
同治十三年五月十三日卽秘魯國一千八百七十四年
六月二十六日
巴西國立約年月
巴西國和約十七款
光緒七年八月十一日卽巴西國一千八百八十一年十
月初三日在天津議定
長江章程議定年月
通商各口通共章程五款
咸豐十一年九月　日
長江通商統共章程七條
同治元年九月　日

通商約章類纂卷一

通商約章類纂卷二目錄　總類下

訂約

條約章程

通商約章類纂卷二

訂約

條約章程

伊犁塔爾巴哈臺通商章程第十七條

一此次議定一切章程互相給與憑文中國繕寫清字四張鈐用伊犁將軍印信俄國繕寫俄字四張用使臣圖記中國伊犁將軍衙門俄使臣各收存一分永遠遵行外其餘各二分咨送理藩院薩那特衙門互相鈐用印信彼此咨換各收存一分

愛琿城俄約第三條

一俄國結聶喇勒固畢爾那托爾木喇福岳福中國鎮守黑龍江等處將軍奕山會同議定之條永遠遵行勿替等因俄國結聶喇勒固畢爾那托爾木喇福岳福繕寫俄羅斯字滿洲字親自畫押交與中國將軍宗室奕山並中國將軍宗室奕山繕寫滿洲字蒙古字親自畫押交於俄羅斯國結聶喇勒固畢爾那托爾木喇福岳福照依此文繕寫曉諭兩國交界上人等

俄約首段

大清大皇帝　大俄羅斯國自專主依木丕業拉托爾明定兩國和好之道及兩國利益之事另立章程十二條

大清大皇帝欽差東閣大學士總理刑部事務桂吏部尚書鑲藍旗漢軍都統花爲全權大臣　大俄羅斯國自專主特簡承宣管帶東海官兵戰船副將軍御前大臣公普爲全權大臣兩國大臣各承
君命詳細會議酌定十二條永遵勿替

俄約第一條

大清大皇帝　大俄羅斯國自專主今將從前和好之道復立和約嗣後兩國臣民不相殘害不相侵奪永遠保護以固和好

俄約第十二條

日後
大清國若有重待外國通商等事凡有利益之處毋庸再議卽與俄國一律辦理施行以上十二條自此次議定後將所定和約繕寫二分
大清國聖主皇帝裁定　大俄羅斯國聖主皇帝裁定之後將
諭旨定立和書限一年之內兩國互交永遠遵守兩無違背今將兩國和書用俄羅斯並清漢字體鈔寫專以清文爲主由二國
欽差大臣手書花押鈐用印信換交可也

俄約末段（併見禮類交際儀文）

所議條款俱照中國清文辦理

俄續約首段

大清國大皇帝與　大俄羅斯國大皇帝詳細檢閱早年所立和約現在議定數條以固兩國和好貿易相助及預防疑忌爭端所以
大清國欽派內大臣全權和碩恭親王奕訢　大俄羅斯國派出欽差內大臣伊格那替業福付與全權該大臣等各將本國
欽派諭旨互閱後會議酌定數條如左

俄續約第九條之一

現在買賣比前較大且又新立交界所以早年在尼布楚恰克圖等處所立和約及歷年補續諸條情形多有不同兩國交界官員往來行文查辦所起爭端時勢亦不相合所以從前一切和約有應更改之處應另立新條如左

俄續約第十四條

日後如所定陸路通商之事內設有彼此不便之處由東悉畢爾總督會同中國邊界大臣酌商仍遵此次議定章程辦理不得節外生枝至天津所定和約第十二條亦應照舊勿再更張

俄續約第十五條

會同商定後
大清國欽派大臣將此約條規原文譯出漢字畫押用印交付
大俄羅斯國欽差大臣一分　大俄羅斯國欽差內大
臣亦將此條規原文譯出漢字畫押用印交付
大清國欽派大臣一分

俄續約末段

此次條款從兩國
欽差大臣互換之日起與天津和約一體永遵勿替兩國
大皇帝互換和約後各將此和約原文曉諭各處應辦事件地
方

俄陸路通商章程第二十款

此次新定章程試行三年為限俟限滿或俄國或中國有
欲行更改之處應於六個月內照會如限滿未經知照仍
應展至五年後六個月內會議酌改如有緊要妨礙之處
尚未滿限立即會議酌改

改訂俄陸路通商章程首段

大清欽命總理各國事務和碩恭親王大臣　大俄欽差全權
大臣倭前於同治元年二月初四日兩國彼此擬定陸路
通商章程以試行三年為限今屆限滿復經詳查商定擬
改如左

改訂俄陸路通商章程第二十二款

此次議定章程試行五年為限俟限滿或俄國或中國有
欲行更改之處應於限前六箇月內照會如限滿未經知
照仍應展至五年後六箇月內會議酌改如有緊要妨礙
之處尚未滿限立即會議酌改

改訂俄陸路通商章程末段

以上各款議定兩國
欽命王大臣　欽差大臣畫押蓋印後行知各該處遵照辦理

中俄改訂條約首段

大清國大皇帝　大俄國大皇帝願將兩國邊界及通商等事

於兩國有益者商定妥協以固和好是以特派全權大臣
會同商定
大清國欽差出使俄國全權大臣一等毅勇侯大理寺少卿曾
大俄國欽差參政大臣署理總管外部大臣薩那特爾
部堂格參議大臣出使中國全權大臣布兩國全權大臣
各將所奉全權
諭旨互相較閱後議定條約如左

中俄改訂條約第十五條（併見戶類稅務口岸貿易陸路口岸貿易）

俄國人民在中國內地及關外地方陸路通商應照此約
所附章程辦理此約所載通商各條及所附陸路通商章

程自換約之日起於十年後可以商議酌改如十年限滿前六箇月未請商改應仍照行十年俄國人民在中國沿海通商應照各國總例辦理如將來總例有應修改之處由兩國商議酌定

中俄改訂條約第十八條　併見戶類稅務陸路口岸貿易

按照一千八百五十八年五月十六日卽咸豐八年在愛琿所定條約應准兩國人民在黑龍江松花江烏蘇里河行船并與沿江一帶地方居民貿易現在復爲申明至如何照辦之處應由兩國再行商定

中俄改訂條約第十九條

兩國從前所定條約未經此約更改之款應仍照舊行

中俄改訂條約第二十條

此約奉兩國

御筆批准後各將條約通行曉諭各處地方遵照將來換約應在森比德堡自畫押之日起以六箇月爲期兩國全權大臣議定此約備漢文俄文法文約本兩分畫押蓋印爲憑三國文字較對無訛遇有講論以法文爲證

英舊約首段

茲因

大清大皇帝　大英君主欲以近來不和之端解釋息止肇衅爲此議定設立永久和約是以

大清大皇帝特派欽差便宜行事大臣太子少保鎮守廣東廣州將軍宗室耆英頭品頂戴花翎前閣督部堂乍浦副都統紅帶子伊里布　大英伊耳蘭等國君主特派欽奉全權公使大臣英國所屬印度等處三等將軍世襲男爵璞鼎查公同各將所奉之

上諭便宜行事及

勅賜全權之命互相較閱俱屬善當卽便議擬各條陳列於左

英舊約第一條

一嗣後

大清大皇帝　大英君主永存平和所屬華英人民彼此友睦

各住他國者必受該國保佑身家全安

英舊約第十三條

一以上各條均關議和要約應俟大臣等分別奏明

大清大皇帝　大英君主各用硃親筆批准後卽速行相交俾兩國分執一冊以昭信守惟兩國相離遙遠不得一旦而到是以另繕二冊先由

大清欽差便宜行事大臣等　大英欽奉全權公使大臣各爲

君上定事蓋用關防印信各執一冊爲據俾卽日按照和約開載之條施行妥辦無礙矣要至和約者

英約首段

大清國皇帝　大英國君主因視兩國情意未洽今願重修舊好俾嗣後得永遠相安是以
大清國特簡大學士桂尚書花　大英國特簡伯爵額各將所
奉全權大臣便宜行事之
上諭互相較閱俱屬妥當現將會議商定條約開列於左

英約第一款

一前壬寅年七月二十四日江寗所定和約仍留照行廣東所定善後舊約並通商章程現在更章既經併入新約所有舊約作為廢紙

英約第二十七款（併見戸類稅務貨稅）

一此次新定稅則並通商各款日後彼此兩國再欲重修以十年為限期滿須於六個月之前先行知照酌量更改若彼此未曾先期聲明更改則稅課仍照前章完納復俟十年再行更改以後均照此限此式辦理永行弗替

英約第五十款（併見禮類交際儀文）

一嗣後英國文書俱用英字書寫暫時仍以漢文配送俟中國選派學生學習英文英語熟習即不用配送漢文自今以後遇有文詞辯論之處總以英文作為正義此次定約漢英文字詳細較對無訛亦照此例

英約第五十四款

一上年立約所有英國官民理應取益防損各事今仍存之勿失倘若他國今後別有潤及之處英國無不同獲其美

英約第五十六條

一本約立定後俟兩國
御筆批准以一年為期彼此各派大臣於
大清京師會晤互相交付現下
大清大英各大臣先蓋用關防以昭信守

英通商章程首段

謹按天津條約原訂在上海兩國各派委員酌議各口及內地稅則現今面為商定彼此分送

大清欽差大臣東閣大學士正白旗滿洲都統總理刑部事務
桂
欽差大臣經筵講官吏部尚書鑲藍旗漢軍都統稽察會同四
譯館花
欽差大臣太子少保兵部尚書都察院左都御史江南江西總
督何
欽差大臣二品頂戴武備院卿明
欽差大臣五品卿銜軍機處行走刑部員外郎段　大英欽差

世襲額羅金並金額爾田二郡伯爵額逐款核定並另行
酌定章程俾得申明條約更爲周備所有稅則及後開各
章程兩國官民與條約一同遵守爲此本大臣等親筆畫
押蓋用關防以昭信實合將新定稅則開列於左

英續約首段

茲以兩國有所不愜

大清大皇帝與　大英大君主合意修好保其嗣後不致失和
爲此

大清大皇帝特派和碩恭親王奕訢　大英大君主特派內廷
建議功賜佩帶頭等寶星會議國政世職上堂內世襲額

羅金並金額爾田二郡伯爵額爾金公同會議各將本國
恭奉
欽差全權大臣便宜行事之
上諭敕書等件互相較閱均臻妥善現將商定續增條約開列
於左

英續約第一款

一前於戊午年正月在天津所定原約本爲兩國敦睦之
設後於已未年五月　大英欽差大臣進京換約行抵大
沽礮臺該處守弁阻塞前路以致有隙
大清大皇帝視此失好甚爲惋惜

英續約第七款

一戊午年所定原約除現定續約或有更張外其餘各節
俟互換之後無不剋日盡行毫無出入今定續約均應自
畫押之日爲始即行照辦兩國無須另行
御筆批准惟當視與原約無異一體遵守

英續約第八款

一戊午年原約在京互換之日
大清大皇帝允於即日降諭京外各省督撫大吏將此原約及
續約各條發鈔給閱并令刊刻懸布通衢咸使知悉

英續約末段

以上各條又續增條約現下
大清大英各大臣同在京都禮部衙門蓋印畫押以昭信守

煙臺會議條款首段

大清欽差便宜行事大臣文華殿大學士直隸總督一等肅毅
伯李　大英欽差駐華便宜行事大臣勲賜二等寶星威
爲會議條款事現在本大臣等會商一切因本年春間威
大臣接准總理各國事務丞相伯爵德上年十二月初五
日來咨囑將各節若何辦理共有三端一則以滇案妥爲
昭雪二則上年所定中外大臣往來相待一節妥爲辦理
以昭信守三則上年八月議定整頓通商事務一律照辦

各等因現威大臣會同商辦總以力守此件咨文為主所有以上三節威大臣前與總理衙門往返商議各件無須贅述今與李大臣議定辦法分條開列於後

嗹典哪嘁約首段

茲中華

大清國大嗹典國哪嘁國等欲堅定三國誠實永遠友睦之條約及太平和好貿易之章程以為三國日後遵守成規

是以

大清大皇帝特派欽差大臣太子少保協辦大學士兵部尚書兩廣總督部堂總理五口通商善後事宜辦理外國事務

宗室耆　大嗹典國哪嘁國等大君主特派欽差噶嚨男爵全權大臣李利華各將所奉便宜行事之

上諭及欽奉全權之

敕諭公同較閱照驗俱屬善當因將議明各條款臚列於左

嗹典哪嘁約第一條

一嗣後

大清與嗹典國哪嘁國等及三國人民無論在何地方均應互相友愛眞誠和好共保萬萬年太平無事

嗹典哪嘁約第二條　併見戶類稅務貨稅

一嗹典國哪嘁國等來中國貿易之民人所納出口入口貨物之稅餉俱照現定例冊不得多於各國一切規費全行革除如有海關胥役需索中國照例治罪倘中國日後欲將稅例更變須與嗹典國哪嘁國等領事等官議允如另有利益及於各國嗹典國哪嘁國等民人應一體均沾用昭平允

嗹典哪嘁約末段

茲將現定條約由

大清欽差大臣太子少保協辦大學士兵部尚書兩廣總督部堂總理五口通商善後事宜辦理外國事務宗室耆　大嗹典哪嘁國欽差便宜行事全權駐中國公使大臣噶嚨

男李利華鈐蓋關防印信書名畫押以昭信據須至和約者

美約首段

茲中華

大清國與大亞美理駕合衆國因欲固存堅久眞誠友誼明定公正確實規法修訂友睦條約及太平和好貿易章程以為兩國日後遵守成規為此美舉

大清大皇帝特派欽差東閣大學士總理刑部事務便宜行事全權大臣桂吏部尚書鑲藍旗漢軍都統便宜行事全權

大臣花　大合衆國大伯理璽天德特派欽差駐劄中華

便宜行事全權大臣列公同酌議各將所奉
欽賜之權互相較閱俱屬善當所有議定條款臚列於左

美約第一款併見附錄彼此相助

一嗣後
大清與大合衆兩國並其民人各皆照前和平友好毋得或異更不得互相欺淩偶因小故而起爭端若他國有何不公輕藐之事一經照知必須相助從中善爲調處以示友誼關切

美約第二款

一俟

大清大皇帝　大合衆國大伯理璽天德既得選舉國會紳耆大臣議允各將條約批准互易後必須敬謹收藏　大合衆國當著首相恭藏
大清大皇帝批准原冊於華盛頓都城
大清國當著內閣大學士恭藏　大合衆國大伯理璽天德批准原冊於北京都城則兩國之友誼歷久弗替矣

美約第三款

一條約各款必使兩國軍民人等盡得聞知俾可遵守大合衆國於批准互易後立卽宣布照例刊傳
大清國於批准互易後亦卽通諭都城並著各省督撫一體頒行

美約第三十款

一現經兩國議定嗣後
大清朝有何惠政恩典利益施及他國或其商民無論關涉船隻海面通商貿易政事交往等事情爲該國並其商民從來未沾抑爲此條約所無者亦當立准大合衆國官民一體均沾

美約末段

以上各款條約應由
大清國大皇帝立賜批准並限於一年之內由　大合衆國大

伯理璽天德既得選舉國會紳耆大臣議允批准屆期互換須至條約者

美通商章程首段

謹按前經
大清國會同大亞美理駕合衆國酌定和好條約各款當於咸豐八年五月初八日卽我主降生後一千八百五十八年六月十八日在天津海光寺面同鈐印畫押至五月二十三日卽七月初三日復蒙
大皇帝批准在案現已將此約賫呈　大伯理璽天德既得選舉國會紳耆議允批准後自當永昭信守按該約條款內

有云往來買賣所納稅餉惟照附粘在望厦所立條約例冊除是別國按條約有何更改即應一體均同因大合衆國人所納之稅必須照與中華至好之國一律辦理等因今自和約鈐印畫押後稅則之中不無稍有變通更正之處當經

大清　大英　大法欽差大臣委員會議妥定仍要大美國允行當經　大美國欽差大臣核定准將附粘之冊與原立條約一體恪守施行嗣後通商各港於後開附粘蓋印貿易章程稅則直至按條約所定修改之日均當奉以為式

茲由

大清欽差大臣東閣大學士正白旗滿洲都統總理刑部事務

桂

欽差大臣經筵講官吏部尚書鑲藍旗漢軍都統稽察會同四譯館花

欽差大臣太子少保兵部尚書都察院左都御史江南江西總督何

欽差大臣二品頂戴武備院卿明

欽差大臣五品卿銜軍機處行走刑部員外郎段　大亞美利駕合衆國欽命駐劄中華便宜行事全權大臣列一同畫押蓋印以昭信據須至附粘冊者

美續約首段

查從

大清國於咸豐八年五月初八日與大美國定約之後因事有宜增條款之處是以

大清國大皇帝特派欽差辦理中外交涉事務重任大臣蒲二品頂戴辦理中外交涉事務大臣志二品頂戴辦理中外交涉事務大臣孫　大美國大伯理璽天德特派欽命總理各國事務大臣徐各將所奉

諭旨互閱俱屬妥實議定條款開列於左

美續約第二條

嗣後如有於兩國貿易興旺之事中國欲於原定貿易章程之外與美國商民另開貿易行船利益之路皆由中國作主自定章程仍不得與原約之義相背如此辦理似與貿易所獲利益較為妥穩

美續約末段

以上續增各條現在

大清大美各大臣同在華盛頓京師議定先為畫押蓋印以昭憑信

美續修條約首段

大清國大皇帝　大美國大伯理璽天德前於咸豐八年即一

千八百五十八年議定和約及同治七年即一千八百六十八年續增條約允宜永遠信守今大美國因華工日往日多難於整理尚欲彼此商酌變通仍與和約條款不致相背是以

大清國大皇帝欽命總理各國事務武英殿大學士全權大臣寶署禮部尚書全權大臣李　大美國大伯理璽天德欽命駐劄中華便宜行事全權大臣安來華辦理修定事宜全權大臣笛帥各將所奉

諭旨公同閱看就其可以變通之處彼此商酌變通特列條款於左

美續修條約第四款

兩國既將以上各款議定美國如有時按照所定各款妥立章程照知中國如所定章程與中國商民有損可由中國駐美

欽差大臣與美國外部公同妥議中國總理衙門亦可與美國駐京　欽差大臣公同妥爲定議總期彼此有益無損

美續修條約末段

以上續修條約各款現在

大清國大美國各大臣同在中國京師議定繕寫漢洋文各三分先爲畫押蓋印以昭憑信仍候兩國

御筆批准總以一年爲期在中國京都互換

美續約另附首段

大清國大皇帝　大美國大伯理璽天德現因兩國條約尚有未備之處

大清國特派總理各國事務武英殿大學士全權大臣寶署禮部尚書全權大臣李　大美國特派駐劄中華便宜行事全權大臣安來華辦理修定事宜全權大臣笛帥公同商定另立條款附於條約之後

美續約另附第一款（併見戶類稅務口岸貿易）

中國美國將來益敦和好所有兩國商民貿易等事於兩

國均屬有益之處可以彼此公同商議

美續約另附末段

以上條款繕寫漢洋文各三分先由兩國大臣蓋印畫押俟

大清國大皇帝　大美國大伯理璽天德御筆批准後彼此互換以昭信守

法約首段

今

大清國大皇帝　大法國大皇帝切願將所有兩國不協之處調處和平與前立和好貿易船隻事宜復爲申明諸適往日妥爲處置保護懋生以敦永久因此議定重立和約章

程俾兩國均獲裨益用是兩國特派全權大臣以便辦理
大清國大皇帝欽差便宜行事全權大臣東閣大學士總理刑
部事務桂吏部尚書厢藍旗漢軍都統花　大法國大皇
帝欽差頭等全權大臣御賜勲勞大星俄羅斯大救帶大
西洋降生大星世襲男爵啫嘣喍嘜斷吠嗺嘰噶囉前來
彼此既將所奉便宜行事之
上諭及欽奉全權之
詔敕公同較閱查核俱屬善當即將議立條款開列於左

法約第一款

嗣後

大清國皇上與　大法國皇上及兩國商民無論何人在何地
方均永遠和好友誼敦篤彼此僑居皆獲保護身家

法約第三款 併見禮類交際儀文

凡大法國大憲領事等官有公文照會中國大憲及地方
官員均用大法國字樣惟爲辦事妥速之便亦有繙譯中
國文字一件附之其件務盡力以相符候
大清國京師有通事諳曉且能譯大法國言語即將大法國
官員照會
大清國官員公文應用大法國字樣
大清國官員照會大法國官員公文應用
大清國字樣自今以後所有議定各款或有兩國文詞辯論
之處總以法文作爲正義茲所定者均與現立章程而爲
然其兩國官員照會各以本國文字爲正不得將繙譯言
語以爲正也

法約第九款 併見戶類稅務貨稅

凡中國與各有立章程之國會議整頓或現或後議定稅
則關口稅噸稅過關稅出入口貨稅一經施行辦理大法
國商人均沾用昭平允

法約第二十七款 併見戶類稅務貨稅

大法國人在通商各口貿易凡入口出口均照兩國

欽差大臣所定印押而附章程之稅則輸納鈔餉但因兩國貨
物或土產或工藝一時不同而價值有低昂之殊其稅則
有增減之別每七年較訂一次以資允協七年之內已定
稅銀將來並不得加增亦不得有別項規費大法國人凡
有鈔餉輸納其貨物經此次畫押載在則例並非禁止並
無限制者不拘從本國及別國帶進及無論帶往何國均
聽其便中國不得於例載各貨物別增禁止限制之條如
將來改變則例應與大法國會通議允後方可酌改至稅
則與章程現定與將來所定者大法國商民每處每時悉
照遵行一如厚愛之國無異

法約第四十款

日後　大法國皇上若有應行更易章程條款之處當就立換章程年月核計滿十二年之數方可與中國再行籌議至別國所定章程不在大法國此次所定條款內者大法國領事等官與民人不能限以遵守惟中國將來如有特恩曠典優免保佑別國得之大法國亦與焉

法約第四十二款

凡議立和好貿易船隻情事等章程兩國大臣畫押用印奏上

大皇帝自畫押用印之日起約計限以一年

大清國大皇帝　大法國大皇帝彼此御覽欽定批准卽在京師交互存照交互之後中國卽將本和約章程行文內外各憲徧行週知兩國

欽差大臣卽於章程畫押蓋印以爲炳據

法約遺補第六款

以上各款仍如各字樣列載和約章程內一律無異因此兩國

欽差大臣畫押鈐印

法通商章程首段

大清國　大法國欽差大臣等在天津書押和約第九條內載明因從前所定通商稅則條款略有不便故另行更換酌議盡善等語所以中國

大皇帝特派欽差大臣文華殿大學士正白旗滿洲都統總理刑部事務桂

欽差大臣經筵講官吏部尚書鑲藍旗漢軍都統稽察會同四譯館花

欽差大臣太子少保兵部尚書都察院右都御史江南江西總督何

欽差大臣二品頂戴武備院卿明

欽差大臣五品卿銜軍機處行走刑部員外郎段來滬會同

大法國欽差大臣面議妥辦務於兩國商民有益前曾言明宜先查明通商情形始可定通商稅則更宜逐條註明俾商民知各樣稅則條款以便遵行此稅則章程一如另外和約一般所以稅則章程內所載之語雖是另外各立而各宜遵守直若在天津所立和約無異則此新立稅則章程與天津新立和約至期卽可同日遵行至舊日所定條款俱廢爲故紙一切事務悉照新定條款爲斷況

大清國欽差同　大法國欽差彼此公同較閱細心查核妥善議立稅則條款嗣後大法國商人有進口通商之事卽宜照新定稅則完納稅餉但貨物進口出口宜分作兩端各

行合將新定稅則條款開列於後
法通商章程另款（併見戶類稅務貨稅）
一天津條約第二十七條所載因兩國貨物或土產或工藝一時不同而價值有低昂之殊其稅則有增減之別每七年較定一次等語今兩國
欽差大臣會議將七年之期改為十年其二十七條所載七年較訂之說作為廢紙
法通商章程末段
右所載稅則條款及另外通商章程係兩國
欽差大臣會同議定各書押蓋印以為永遠憑證

法續約首段
今
大清國大皇帝　大法國大皇帝切願將兩國不協之處調和以復舊好是以
大清國大皇帝特派欽差大臣和碩恭親王奕訢　大法國大
皇帝特派內閣大學士世襲男爵葛羅為
欽差全權大臣便宜行事彼此既將所奉便宜行事之
上諭及欽奉全權之
詔敕公同較閱查核俱屬妥當後即將所立條款開列於左
法續約第一款
大法國欽差大臣於己未年五月進京換約行至大沽該處武弁攔阻前進
大清國大皇帝甚為悔惜
法續約第三款
從換約之日起咸豐八年在天津所定之和約暨遺補之款除現在所改之款外即日均應一一施行
法續約第七款（併見戶類稅務口岸貿易償卹）
從兩國大臣畫押蓋印之日起直隸省之天津府剋日通商與別口無異再此續約均應自畫押之日為始立即施行毋庸俟奉兩國

御筆批准猶如各字樣列載天津和約一律遵守如此大法國水陸二軍俟在天津收銀五十萬兩方能退出天津屯佔大沽礮臺二口待至中國將所賠之銀全數交清後所有法國武弁佔踞中國各地方均應退出境界然任（水陸）各大將軍於天津紮兵過冬而俟所定賠補之現銀給清後則撤大軍退出津郡
法續約末段
右續約於北京妥定（華法）兩國
欽差全權大臣各畫押蓋印
中法會訂越南新約首段

大淸國大皇帝　大法民主國大伯理璽天德前因兩國同時有事於越南漸致齟齬今彼此願爲了結並欲修明兩國交好通商之舊誼訂立新約期於兩國均有利益卽以光緒十年四月十七日在天津商訂簡明條約光緒十一年二月二十八日奉

旨允准者作爲底本爲此兩國特派全權大臣會商辦理

大淸國大皇帝欽差全權大臣文華殿大學士太子太傅北洋大臣直隸總督一等肅毅伯爵李

欽差總理各國事務大臣刑部尚書管理戶部三庫左翼世職官學事務鑲黃旗漢軍都統錫

欽差總理各國事務大臣鴻臚寺卿鄧　大法民主國大伯理璽天德欽差全權大臣賞給佩帶四等榮光寶星並瑞典國頭等北斗寶星駐劄中國京都總理本國事務巴特納各將所奉全權文憑互相較閱均屬妥協立定條約如左

中法會訂越南新約第二款

一中國旣訂明於法國所辦弭亂安撫各事無所掣肘凡有法國與越南自立之條約章程或已定者或續立者現時並日後均聽辦理至中越往來言明必不致有礙中國威望體面亦不致有違此次之約

中法會訂越南新約第八款

一此次所訂之條約內所載之通商各款以及將訂各項章程應俟換約後十年之期滿方可續修若期將滿六個月以前議約之兩國彼此不預先將擬欲修約之意聲明則通商各條約章程仍應遵照行之以十年爲期以後倣此

中法會訂越南新約第九款

一此約一經彼此畫押法軍立卽奉命退出基隆並除去在海面搜查等事畫押後一個月內法兵必當從臺灣澎湖全行退盡

中法會訂越南新約第十款

一中法兩國前立各條約章程除由現議更張外其餘仍應一體遵守至此次條約現由

大淸國大皇帝批准及　大法國大伯理璽天德批准後卽在中國京都互換

布約首段

茲

大淸國大皇帝　大布國大君主爲本國並爲德意志通商稅務公會各國拜晏撒遜漢諾威威而顛白而額巴敦黑辛加習利黑星達而末司大布倫帥額阿爾敦布爾額曾生布而額撒孫外抹艾生納撒孫麥寗恩撒孫阿理廷郎而

額撒孫各部而額大拏掃宜得克比而孟地安阿而得疊
掃郭定安阿而得比爾你布而額立貝實瓦字部而魯德
司答實瓦字部而孫德而士好遜大支派之各洛以斯小
支派之各洛以斯法郎格缶而德昻布而士並模令布而
額水林模令布而額錫特利子二邦以及律百克伯磊門
昻布爾三漢謝城切願與中國及前開各國立定友睦之
誼以敦永久因此議定修釐和好通商和約章程俾兩國
民人均獲裨益用是兩國特派全權大臣以便辦理
大淸國大皇帝欽差總理各國事務全權大臣倉場總督崇侍
郎銜辦理三口通商事務全權大臣大理寺少卿崇一大

布國大君主欽差內廷大臣御賜紅鷹大星聖啫嗡大帶
世襲伯爵斐悌理阿理丕艾彼此既將所奉便宜行事之
上諭及欽奉全權之
詔敕公同校閱俱屬妥善即將議立條款開列於左

布約第一款

嗣後
大淸國與大布路斯國暨德意志通商稅務公會和約各國
均永遠和好敦篤友誼各國商民彼此僑居皆獲保護身
家

布約第五款 併見禮類交際儀文

凡大布國秉權大臣以及德意志通商稅務公會和約各
國領事官有公文照會中國大憲暨地方官均用德意志
字樣書寫惟暫時仍以漢文配送倘配送漢文內有旨義
不合之處仍以德意志字樣為正中國官員有公文照會
亦以中國文字為正不得將繙譯文字以為正也至於現
定和約章程用中國文字並德意志字樣合寫兩國公同
較對無訛因法國文字係歐羅巴人所通習是以另備法
國字樣稿本各一分倘日後中國與布國有辯論之處即
以法文稿本為證以免舛錯而昭公允

布約第四十款

兩國議定中國
大皇帝今後所有恩渥利益施於別國布國及德意志通商稅
務公會和約各國無不一體均沾實惠日後如將稅則關
口稅噸稅過關稅出入口貨稅無論何國施行改變一經
通行布國及德意志通商稅務公會各國商民船主人等
亦一體遵照無庸再議條款

布約第四十一款

日後布國暨德意志通商稅務公會和約各國若於現議
章程條款內有欲行變通之處應俟自章程互換之日起
至滿十年為止先期六個月備文知照中國如何酌量更

改方可再行籌議若未曾先期聲明則章程仍照此次議
定辦理復俟十年再行更改
布約第四十二款
現在議定章程應由兩國
御筆批准定期以兩國
欽差大臣畫押之日起至一年之內彼此互換至於互換之處
或在上海或在天津仍候布國　上裁互換後中國卽將
所議章程行文內外各省大吏按照辦理兩國
欽差大臣仍於議定和好貿易船隻章程內均畫押鈐蓋關防
以昭信守

布約三漢謝城附列條款
大清國與大布國既經議定德意志通商稅務公會和約各
國並模令布爾額水林模令布爾額錫特利子兩邦和約
章程所有附入之律伯克百呑門昂布爾三漢謝城議事
廳亦准自派領事官前往通商口岸辦理本城事務附此
條款與前定和約章程一體信守既經
批准仍由
大清國　大布國欽差畫押蓋印
布通商章程另款併見戶類稅務貨稅
一現在議定將來兩國貨物或土產或工藝一時不同而
價值有低昂之殊其稅則有增減之別每十年較訂一次
布通商章程末段
右所載稅則條款及另外通商章程係兩國
欽差大臣會同議定各畫押蓋印以爲永遠憑證
德續約首段
大清國大皇帝　大德國大皇帝兼布國大君主今欲將咸豐十
一年七月二十八日所定通商和約章程益臻恪守因案查
前定條約第四十一款內載日後德國若於現議章程條款
內有欲行變通之處應俟自章程互換之日起至滿十年爲
止方可再行籌議等語茲彼此循照前約量加修增是以

大清國大皇帝特派總理各國事務協辦大學士兵部尚書沈
總理各國事務戶部尚書景　大德國大皇帝兼布國大
君主特派欽差駐劄中華便宜行事大臣巴各將所奉全
權大臣便宜行事之
上諭互相較閱俱屬妥當現將會議修增各款開列於後
德續約第一款之二
一德國允中國如有與他國之益彼此立有如何施行專
章德國既欲援他國之益使其人民同霑亦允於所議專
章一體遵守其咸豐十一年七月二十八日所立條約內
第四十款特爲言明仍遵其舊嗣後中國所有施於他國

及他國人民各並德國人民如欲照第四十款之意一體
均霑則亦應於彼此訂明專章一律遵守
德續約第八款 併見戶類稅務子口稅禮類交際儀文刑類獄訟控告審斷
一中外官員審辦交涉案件以及商人運洋貨入內地及
洋商入內地買土貨如何科征又中外官員如何往來一
切事宜此三節應歸另議令兩國暫先訂明彼此均允妥
商
德續約第九款
一咸豐十一年七月二十八日兩國前定條約除現修條
款未改舊章者均經特為言明仍舊恪遵外其有變通舊

章者均照現修各款辦理
德續約第十款
一現修增各款恭候兩國
御筆批准仍自畫押之日起限一年內在
大清京師互換并經言明所有各款自互換之日起即行遵
辦現兩國
欽差大臣將漢德文條約章程各四分較對無訛先為親筆畫押
蓋用關防圖記以昭信守
德續約善後章程首段
現將續修條約再行酌定章程俾得申明以昭周備所有

後開各章程兩國官民應與條約一同遵守為此兩國大
臣蓋印畫押以昭信實
德續約善後章程第九款 併見戶類稅務罰例
一所有續修條約內各罰款仍照咸豐十一年七月二十
八日所定條約第二十九款辦理
德換續約展限憑單
大清國總理各國事務衙門大臣沈等　大德國欽差入華
便宜行事大臣巴為公立文憑事案照兩國特派
欽差大臣於光緒六年二月二十一日一千八百八十年三月三十一日續修條約末後
第十款內所載自畫押之日起限一年內互換一條現議

將期限改在光緒七年十月初十日一千八百八十一年十二月初一日互換除
此款其餘以上議定各款概不更改現經兩國
欽差大臣將漢德文約章各二分校對無訛先為親筆畫押蓋用
關防圖記以昭信守須至文憑者
丹約首段
現因
大清國與大丹國彼此意存睦好不絕擬定和約通商章程
以昭深願共敦友誼內外商民交易相安永遠不替是以
大清國大皇帝特簡欽差大臣總理各國事務頭品頂戴工部
左侍郎鑲紅旗蒙古副都統恒會同

欽差辦理三口通商大臣兵部侍郎鑲紅旗漢軍副都統崇
大丹國大君主特派原任駐劄大美國京都代國大臣功
賜佩帶丹波羅格三等寶星准帶大法國五等寶星步軍
總兵拉斯勒福窪地瑪羅多羅福各將所奉各國
上諭詔書等件互相較閱俱屬妥協現將會議商定條約開列
於左

丹約第一款

一溯維年來
大清國與大丹國素無失睦現欲定約從此永遠和好敦篤
友誼兩國商民人等彼此僑居皆全獲保護身家資財

丹約第二十六款（併見戶類稅務貨稅）

一此次定約其中關於通商各款以及稅則日後彼此兩
國再欲重修以戊辰年六月底為期滿須於六個月之前
先行知照酌量更改倘若彼此未於六個月之前聲明更
改則稅課仍照前章完納復俟十年再行更改以後均照
此限此式辦理永行弗替

丹約第五十款（併見禮類交際儀文）

一大丹國大臣並領事官等員所有行知
大清國大臣官員等公文各件俱用英字書寫仍以漢文譯
錄暫為配送俟中國學習英文熟習通澈即不必配送漢
文惟遇日後設有文詞辯論之處丹國總以英文作為正
義此次定議漢英文字詳細較對以期無訛

丹約第五十四款

一各國所有已定條約內載取益防損各事大丹國官民
亦准無不同獲其美嗣後
大清國或與無論何國如有別項潤及之處亦可同歸一致
期免輕重之分

丹約第五十五款

一今將以上各款既定條約理應恭俟兩國
御筆批准遵行約以一年為期彼此各國

特派大臣或在上海或在天津會晤互交現各
欽差大臣先為親筆畫押蓋用關防以昭信守

丹通商章程首段

謹按
大清欽差大臣總理各國事務頭品頂戴工部左侍郎鑲紅旗
蒙古副都統恒
欽差辦理三口通商大臣兵部侍郎鑲紅旗漢軍副都統崇
大丹欽差大臣原任駐劄大美國京都代國大臣功賜佩
帶丹波羅格三等寶星准帶大法國五等寶星步軍總兵
拉斯勒福窪地瑪羅多羅福今日商定條約外有另行酌

定出入稅則以及通商章程俾得申明條約更爲周備嗣後兩國官民務與條約一同遵守今兩國各大臣等親筆畫押蓋用關防以昭信實合將稅則章程開列於左

荷蘭約首段

大清大皇帝　大和大君主往來交好由來舊矣茲欲增加親睦歷久不渝建立章程萬年永遵弗替是以

大清國特簡欽差兵部侍郎全權大臣辦理三口通商事務鑲紅旗漢軍副都統兼管天津等關崇　大和國特派欽差駐劄中華便宜行事全權大臣碁各將所奉全權大臣便宜行事之

上諭公同較閱悉屬善當即將議定條約開列於左

荷蘭約第十四款（併見禮類交際儀文）

一嗣後　大和欽差大臣及領事等官行移文書與

大清特簡大員及地方監督等官和國俱依和字書寫仍以漢字配送若遇有文詞辯論之處各以本國文字爲正此次定漢和文字詳細較對無訛亦依此例

荷蘭約第十五款

一現經兩國所定條約凡有取益防損之道尚未議及者若他國今後別有潤及之處和國無不同獲其美

荷蘭約第十六款

一本約條款立定俟兩國

御筆硃批一年期內彼此各派大員於天津或廣東地方會晤互相交付現今

大清大和各大臣先蓋關防以昭誠信

荷蘭約另款（併見戶類稅務貨稅）

此次新定條約凡各國稅則屆重修年分和國亦可與曾經換約各國一體辦理不必另立年限

日斯巴尼亞約首段

大清國大皇帝　大日斯巴尼亞國大君主因欲立定切實至當章程以存多年兩國和好貿易友誼是以

大清國大皇帝特派欽差全權大臣頭品頂戴總理各國事務大臣薛兵部左侍郎辦理三口通商大臣崇　大日斯巴尼亞國大君主特派欽差全權大臣御賜勲勞大星依撒朋拉嘎多利嘎瑪彼此將所奉便宜行事之

上諭公同較閱俱屬妥善兩國全權大臣互相定議所立條款開列於左

日斯巴尼亞約第一款

大清國大皇帝　大日斯巴尼亞國大君主及兩國商民永遠照舊敦篤友誼兩國商民人等彼此僑居皆全獲保護身家

日斯巴尼亞約第二十三款（併見戶類稅務貨稅）

一此次新定稅則並通商各款日後彼此兩國再欲重修以十年為限期滿須於六個月之前先行知照酌量更改若彼此未曾先期聲明更改則稅課仍照前章完納復俟十年再行更改以後均照此式此限辦理永行弗替

日斯巴尼亞約第五十款

一各國所有已定條約內載取益防損各事日斯巴尼亞國官民亦准無不同獲其美嗣後中國或與無論何國加有別項潤及之處亦可同歸一致期免輕重之分

日斯巴尼亞約第五十一款（併見禮類交際儀文　刑類獄訟控告審斷）

一日斯巴尼亞國官員有公文照會中國官長均用日斯巴尼亞國字樣書寫並繙譯中國字相連配送至於此次所定各款章程以應洋漢字同寫公同較對無訛各以其國字為憑將來兩國官員辦公人等因公往來各隨名位高下准用平行之禮日斯巴尼亞國大憲與中國無論京內京外大憲公文往來俱用照會日斯巴尼亞國二等官員與中國省中大憲公文往來俱用申陳中國大憲用劄行兩國平等官員照相並之禮其商人及無爵者彼此赴訴俱用稟呈日斯巴尼亞國人每有赴訴於地方官其稟函皆由領事官轉遞領事官即將稟內情詞查核適理妥當隨即轉遞否則更正或即發還中國人有稟赴領事官者亦先投地方官一體辦理

日斯巴尼亞約第五十二款

一現在議定章程應俟兩國
御筆批准並定期以兩國
欽差大臣畫押之日起至一年之內彼此互換至於互換之處或在上海或在天津互換後中國即將所議章程行文內外各省大吏按照辦理兩國
欽差大臣仍於議定和好貿易船隻章程內均畫押鈐蓋關防以昭信守

日斯巴尼亞換約文憑

大清欽差全權大臣兵部左侍郎辦理三口通商大臣崇　大日斯巴尼亞國欽差全權大臣瑪斯為公立文憑事現行互換我兩國於同治三年九月初十日所有議立貿易和約章程當經畫押嗣奉中國
大皇帝　日斯巴尼亞國大君主欽定俞允各條款既經彼此敬將奉到
欽定俞允硃批公同較閱查核俱屬妥善應即時互換適因有意外之情故未能按照章程第五十二款期內相與互換今已踐約當立文憑因此中國

欽差全權大臣祟　日斯巴尼亞國欽差全權大臣瑪斯公同
畫押蓋用關防各執兩張以昭信守須至文憑者

日斯巴尼亞古巴華工條欵首段

茲
大清國大皇帝　大日國大君主甚願將中國人民前往古巴
寓居之事重新商訂妥協以期永無相左之處爲此
大清國大皇帝特派總理各國事務衙門大臣沈等作爲全權
大臣　大日國大君主特派駐劄中國欽差兼駐劄越南
暹羅欽差御賜頭等意薩貝勒等寶星大臣伊作爲全權
大臣妥議其事所有議定各條開列於後

日斯巴尼亞古巴華工條欵第十五欵（併見工類招工）
大清國大日國在此次所立各條內日後如有願行删改之
意則應至少於一年之前預行知會以備日後詳商
大清國如於華民出洋一事內以後若將此次條約未載之
利益施及他國則日國卽應一體均霑

日斯巴尼亞古巴華工條欵第十六欵（併見工類招工）
現今所立各條應由兩國
御筆批准於八個月限內在
大清國都中互換或能先期互換均可

日斯巴尼亞古巴華工條欵末段

今已將湖漢文各二分較對無訛在
大清國光緒三年十月十三日大日國一千八百七十七年
十一月十七日由兩國所派秉權之大臣在京師親各畫
押鈐用關防以昭信守

比約首段

現因
大清國與大比國彼此意存睦好不絕擬定和約通商章程
以昭深願共敦友誼內外商民交易相安永遠不替是以
大清國大皇帝特簡欽差大臣總理各國事務戶部右侍郎兼
管錢法事務　實錄館副總裁董

欽差大臣兵部侍郎鑲紅旗漢軍副都統辦理三口通商事務
兼管天津等關崇　大比國大君主特派欽差便宜行事
大臣功賜佩帶禮阿波勒德寶星並佩帶西班牙國寶星
法國寶星和國寶星晃施三等寶星金德俄固斯德各將
所奉本國
上諭璽書等件互相較閱俱屬妥協現將會議商定條約開列
於左

比約第一款
嗣後
大清國大皇帝與　大比利時國大君主以及兩國商民毋論

何人在何地方均永遠和好友誼敦篤彼此僑居皆獲保
護身家

比約第八款併見禮類交際儀文

大比利時國大臣並領事官等員所有行知
大清國大臣官員等公文各件俱用法字書寫仍以漢文譯錄暫爲配送中國官員有公文照會比國官員亦用漢字書寫儻日後有辯論之處各以本國文字爲正此次議定條約漢法文字詳細較對以期無訛亦依此例

比約第四十五款

兩國議定中國

大皇帝今後所有
恩渥利益施於別國比國無不一體均霑實惠日後如將稅則關口稅噸稅過關稅出入口貨稅無論何國施行改變一經通行比國商民船主人等亦一體遵照無庸再議條款

比約第四十六款

日後比國若於現議章程條款內有欲行變通之處應俟自章程互換之日起至滿十年爲止先期六個月備文知照中國如何酌量更改方可再行籌議若未曾先期聲明則章程仍照此次議定辦理復俟十年再行更改

比約第四十七款

今將以上各款既定條約理應恭候兩國
御筆批准遵行約以一年之內爲期彼此
特派大臣在滬會晤互換現各
欽差大臣先爲親筆畫押蓋用關防以昭信守

比通商章程首段

今日
大清大比兩國大臣商定條約外有另行酌定出入稅則以及通商章程俾得申明條約更爲周備嗣後兩國官民務與條約一同遵守合將稅則章程開列於左

比通商章程末段

以上所定稅則章程兩國各大臣等親筆畫押蓋用關防以昭信實

義約首段

現因
大清國與大義國彼此意存睦好不絕擬定和約通商章程以昭深願共敦友誼內外商民交易相安永遠不替是以
大清國大皇帝特簡欽差總理各國事務全權大臣戶部左侍郎兼管三庫事務譚會同
欽差辦理三口通商大臣兵部侍郎鑲紅旗漢軍副都統崇
大義國大君主特派大義國欽差全權大臣便宜行事水

營副提督阿各將所奉各國
上諭詔書等件互相較閱俱屬妥協現將會議商定條約開列
於左

義約第一款

大清國與大義國素無失睦現欲定約從此永遠和好敦篤
友誼及兩國商民人等彼此僑居皆全獲保護身家資財

義約第二十六款

此次定約其中關於通商各款以及稅則日後彼此兩國
再欲重修以已卯年六月底爲期滿須於六個月之前先
行知照酌量更改倘若彼此未於六個月之前聲明更改

則稅課仍照前章完納復俟十年再行更改以後均照此
限此式辦理永行弗替如未到已卯年以前別國更改稅
則義國亦准與中國商議更改

義約第五十款併見禮類交際儀文

大義國大臣並領事官等員所有行知
大清國大臣官員等公文各件均用義字書寫仍以漢文譯
錄暫爲配送中國官員有公文照會義國官員亦用漢字
書寫倘日後設有文詞辯論之處各以本國文字爲正此
次議定條約漢義文字詳細較對以期無訛亦依此例

義約第五十四款併見附類彼此相助

各國所有已定條約內載取益防損各事大義國官民亦
准無不同獲其美嗣後
大清國或與無論何國如有別項潤及之處亦可同歸一致
至各國如有與
大清國有利益之事與義國民人無礙義國亦出力行辦以
昭睦誼

義約第五十五款

今將以上各款既定條約理應恭俟兩國
御筆批准遵行約以一年爲期彼此各國
特派大臣或在上海或在天津會晤互交現各

欽差大臣先爲親筆畫押蓋用關防以昭信守

奧約首段

大清國與大奧斯馬加國切願彼此意存友睦定議和好通
商和約章程俾兩國人民均獲裨益因此
大清國大皇帝特簡欽差全權大臣戶部尚書總理各國事務
董
欽差全權大臣太子少保兵部侍郎鑲紅旗漢軍副都統辦理
三口通商事務崇　大奧斯馬加國大皇上特簡欽差全
權大臣佩帶頭等寶星畢各將所奉便宜行事
上諭互相較閱俱屬妥善特將議定條約開列於後

奥約第一款

嗣後

大清國與大奥斯馬加國永遠和好敦篤友誼兩國商民彼此僑居皆獲保護身家

奥約第七款 併見禮類交際儀文

大奥斯馬加國大臣並領事官等員所有行知

大清國大臣官員等公文各件俱用德意志字書寫仍以漢文譯錄暫爲配送中國官員有公文照會奥國官員亦用漢字書寫倘日後有辯論之處各以本國文字爲正此次議定條約洋漢文字詳細較對以期無訛亦依此例

奥約第二十款 併見戸類稅務貨稅

奥斯馬加國商民起卸貨物輸納稅餉約准俱照稅則爲額總不能較諸相待最優之國或有加增之處如未至修約之年中國與無論何國將現定稅額或增或減一經定議各國一律通行奥斯馬加國亦一律遵照至和約後附通商章程必視同和約無異兩國務必信守

奥約第四十三款

今後中國如有恩施利益別國之處奥斯馬加國亦無不一體均沾實惠如中國將稅則關口稅噸稅過關稅出入貨稅及各口隨時設法杜弊各章程無論與何國議定一經通行奥斯馬加國商民船主人等亦一體遵照毋庸再議條款中國商民如赴奥斯馬加國貿易應與奥斯馬加國最爲優待之國商民一律

奥約第四十四款 併見戸類稅務貨稅

此次新定稅則並通商各款日後彼此兩國再欲重修以十年爲限期滿須於六個月之前先行知照酌量更改若彼此未曾先期聲明更改則稅課仍照前章完納復俟十年再行更改以後均照此限此式辦理永行弗替若嗣後中國與有約各國或有更改稅則重修條約之事奥斯馬加國亦可不拘年限一律照改

奥約第四十五款

今將以上各款既定條約理應恭候兩國

御筆批准遵行約一年爲期彼此兩國

特派大臣或在上海或在天津會晤互交現各

欽差大臣先爲親筆畫押蓋用關防以昭信守

日本修好條規首段

大清國大日本國素敦友誼歷有年所茲欲同修舊好益固邦交是以

大清國欽差全權大臣辦理通商事務太子太保協辦大學士兵部尚書直隸總督部堂一等肅毅伯李　大日本國欽

差全權大臣從二位大藏卿伊達各遵所奉
諭旨公同會議訂立修好條規以期彼此信守歷久弗渝所有
議定各條開列於左

日本修好條規第一條

嗣後
大清國大日本國倍敦和誼與天壤無窮即兩國所屬邦土
亦各以禮相待不可稍有侵越俾獲永久安全

日本修好條規第六條 併見禮類交際儀文

嗣後兩國往來公文中國用漢文日本國用日本文須副
以譯漢文或只用漢文亦從其便

日本修好條規第十八條

兩國議定條規均係預為防範俾免偶生嫌隙以盡講信
修好之道為此兩國
欽差全權大臣先行畫押蓋印用昭憑信俟兩國
御筆批准互換後即刊刻通行各處使彼此官民咸知遵守永
以為好

日本通商章程第三十一款 併見戶類稅務貨稅

兩國商民在通商各口如彼此海關章程嗣後有變通之
處由理事官詳請駐京大臣隨時照會商辦

日本通商章程第三十二款

兩國現定章程嗣後若彼此皆願重修應自互換之年起
至十年為限可先行知照會商酌改

日本通商章程第三十三款

兩國現定通商章程及海關稅則應與修好條規一體信
守無渝為此兩國
欽差全權大臣畫押鈐印即日遵行

中日天津會議專款首段

大清國特派全權大臣太子太傅文華殿大學士北洋通商大
臣兵部尚書直隸總督一等肅毅伯李　大日本國特派
全權大使參議兼宮內卿勳一等伯爵伊藤各遵所奉
諭旨公同會議訂立專條以敦和誼所有約款臚列於左

秘約首段

大清國大秘國彼此實意欲訂友睦之誼因先立通商條約
以便往來通好是以
大清國大皇帝特派欽差全權大臣太子太保武英殿大學士
兵部尚書直隸總督部堂一等肅毅伯李　大秘國大伯
理璽天德特派欽差全權大臣水師總兵葛爾西耶各將
所奉
上諭互相閱看會同議定往來通商條約俾兩國商民均獲利
益茲將條約開列於左

秘約第一款

嗣後

大清國與大秘國既經和好敦篤友誼兩國商民人等彼此僑居皆獲保護身家資財

秘約第十七款 併見禮類交際儀文

各國議立和約原係洋漢文字惟有英國文中外人多熟習此次所定之約係中國文日斯巴尼亞文英國文三國文字譯出九紙嗣後如有未甚妥協之處彼此除各用本國文字外亦可兼看英文庶無訛誤

秘約第十八款

日後兩國若於現議章程條款內有欲行變通之處應俟自章程互換之日起至滿十年爲止先期六個月彼此備文知照如何酌量更改方可再行籌議若未曾先期聲明則章程仍照此次議定辦理

秘約第十九款

今將以上各款既定條約應由

大清國大皇帝批准　大秘國大伯理璽天德選舉國會紳耆大臣議允批准即當

特派大臣或在上海或在天津會晤互交務期迅速茲各

欽差大臣先爲親筆畫押蓋用關防以昭信守

巴約首段

大清國大皇帝　大巴西國大皇帝切願敦友睦之誼俾兩國均獲利益公訂和好通商行船條約是以

大清國大皇帝特派欽差全權大臣太子太傅文華殿大學士兵部尚書都察院右都御史直隸總督一等肅毅伯加騎都尉世職李　大巴西國大皇帝特派欽差全權內大臣勲賜佩帶羅斯并土爾基墨基地嘜各等寶星喀各將所

奉

上諭互相閱看均屬妥善即經議定條款如左

巴約第一款 併見禮類優待保護

嗣後

大清國與大巴西國暨厥人民永存和好永敦友誼彼此皆可前往僑居須由本人自願各獲保護身家財產並一體與相待最優之國民人同獲恩施利益

巴約第五款 併見戶類稅務口岸貿易

中國民人准赴別國民人所至之巴國通商各處往來運貨貿易巴國民人准赴別國民人所至之中國通商各口往來運貨貿易嗣後兩國如有優待他國利益之處係出於甘讓立有專條互相酬報者彼此須將互相酬報之專條或互訂之專章一體遵守方准同霑優待他國之利益

巴約第六款併見戶類稅務口岸貿易貨稅

兩國商人商船凡在此國通商口岸即應遵從此國與各國原議續議通行商務章程辦理至進出口稅則亦不能較相待最優之國或有增加

巴約第十五款併見禮類交際儀文

此次所訂條約係用中國文巴西文法國文各四紙業經公同譯校各相符合毫無訛誤嗣後如有彼此不明之處除各用本國文字外兼以法文為正

巴約第十六款

日後兩國若於現議條款內有欲行變通之處應俟自互

換條約之日起至滿十年為止先期六個月彼此備文知照如何酌量更改方可再行籌議若未曾先期聲明仍照此次議定條約辦理

巴約第十七款

今將以上議定條約由兩國

欽差全權大臣先行畫押蓋印用昭憑信一俟兩國

御筆批准或在上海或在天津彼此即行互換後再刊刻通行使兩國官民咸知遵守

長江通商統共章程末段

以上各章程日後如有滯礙難行之處應隨時核議以歸

妥善

成案

法國戊午年訂約照會

大法國特派頭等欽差全權大臣世襲男爵葛爲照會事照得本大臣前准照會二件理應即時回覆奈忙不得暇又兼繙譯官爲稅則之事不能撥忙所以遲延至今現本大臣接奉本京都來文內云和約業已接到其所立條款甚屬得當等情本大臣諒本國同英國諸件俱要即速相商以求完結但本京都發此來文時仍知廣東凶惡之事日日加增嗣後有文行至本京都者尚未接回文本大臣諒至回廣東或至香港時或能接到本京都來文如回文

不到本大臣亦必於回本國之前知會全權大臣布會同英國欽差並中國官員商量妥協一併辦妥各樣事件本大臣不數日即欲起程所蒙貴大臣諸般厚情筆難盡書所辦諸事悉皆允和皆貴大臣之鼎力也自今以後中國與法國各遵和約一切有礙之事盡行銷除　貴國諒信法國眞無二意可永結同心之好矣爲此照會咸豐八年十月二十日

漢諾威四國歸併布屬

總理衙門咨同治五年十二月十八日接據布國照會內稱現在漢諾威等四國均已取其地土由布國派員辦理並請飭各口該管官此後遇有挂漢諾威旗號之船即飭領事官更換布國旗號等因前來本衙門查漢諾威等四國載在布國條約均係公會之國是以通商各口均准該四國船隻往來今該四國現已歸入布國所有應派在通商各口等官既據布國公使照稱舊係布國派員代辦不必更改核與條約相符應毋庸議惟查漢諾威一國船隻向在通商各口是否自挂伊國旗號現在有無更換自應由布國自行辦理除由本衙門照覆布國公使外相應咨行一體遵照同治六年二月十三日咨各省

布國改爲德意志

總理衙門咨同治十一年正月十三日布國安署公使照會稱本大臣奉德意志去歲改變德意志國情形將中國各口原設之北德意志公會領事公館皆改爲德意志領事公館嗣後凡德意志各國一切事務俱著各口德意志領事公館辦理至所派之領事副領事等官仍係原派之人祇皆改爲德意志領事副領事等官今將各口德意志領事等員開列祈咨明各省大憲轉飭各該口地方官一體知悉等因正月十四日復接安署公使函稱昨將各口領事等官皆改爲德意志領事等官照會在案所有以後各口公文皆不用大布或布國等字俱改爲大德或德國

或德意志等字樣各等因前來相應咨行一體知照同治十一年正月十八日咨北南洋

布商繡貨免稅并附辯證洋漢文務免稅各物（併見戶類稅）

總理衙門咨同治六年七月二十九日據布國公使照會內稱上海泰妥洋行去歲以一項繡貨進口海關使其按值百抽五之例納稅上海本國總領事官因此等繡貨按布國條約通商章程第二款內載作爲免稅請飭海關使該繡貨卽係阿的戈得大必司里免稅進口等因當經本衙門劄交赫總稅司查明聲覆並照復布國公使在案茲據赫總稅司復稱查明阿的戈得大必司里委係約內載

明應免稅之貨並請劄知各關除英約第二款內載應免稅貨物外其布約另載有應免稅之貨阿的戈得大必司里卽係繡貨凡遇此等繡貨進口出口均應一體免稅等因申覆前來本衙門查此案旣經該總稅司查明阿的戈得大必司里實屬約內載明應免稅之貨自應將所征稅銀發還該商收領至布國照會內稱利銀一節應毋庸置議除由本衙門知照上海通商大臣照會布國公使並劄知總稅司一體查照外相應抄錄申陳咨行轉飭各口遵照同治六年十二月十六日咨三口

附錄赫總稅司申呈

爲申呈事布商泰妥洋行繡貨一事日前由貴衙門將布大臣十月初九日之照會函送到本司業經詳閱竊查該江海關誤以布國善後條約第二款法文所載阿的戈得大必司里字樣與漢文所載之氈字其物似屬一類是以飭泰妥洋行將運進口之繡貨照值百抽五之例報稅現據該商向該駐京大臣稟稱阿的戈得大必司里與繡貨一類應歸免稅之例請將所完之稅銀連本帶利一併發還等情按法國所定字典大必司里之意係以針穿絨線或絲線金線在紗中上下針穿繡物有以手持紗而繡者亦有以木架將紗綳緊而繡者等語旣以該字典講義爲

憑則江海關此次誤收繡貨之稅自與條約所載以上各物進出口皆准免稅之例不合卽應將誤收之稅由該關發還飭交該商領取惟所請連本帶利發還一節查條約內載凡有辯論之處自應照條約第五款以法文爲證而第五款載明有至於現定和約章程用中國文字並德意志字樣合寫兩國公同較對無訛數語江海關當以洋文之阿的戈得大必司里字樣與漢文之氈字實屬一類是憑條約之合寫無訛辦理豈得謂有違悖條約處耶蓋旣屬兩國大臣商定其洋文漢文定已同歸於無訛該關以一屬員豈能另出已見致違兩國大臣已訂之約耶江海

闗以爲若氈字與大必司里字樣實屬一類則繡貨旣非
氈貨其非條約所指應免稅之大必司里可知也且英美
兩國前數年所定條約均載有氈字而英文美文所譯之
加巴丁之樣實屬氈類並非大必司里是以江海關更以
該商之繡貨未便照免稅氈貨辦理飭照值百抽五例納
稅一面請駐滬總領事將辯論之處詳駐京大臣再爲商
訂查江海關所辦各節實爲正辦且旣照章辦理並恐猶
有不合之處復請總領事詳駐京大臣再行商定亦屬公
便現旣經詳明駐京大臣繡貨卽大必司里之類應行免
稅則漢文之氈字卽英文應譯爲加巴丁之貨名而加巴

丁與大必司里實屬兩類其氈字則不能譯作法文之呵
的戈得大必司里之用以致條約之較訂無訛一語爲非
而易生誤會江海關起初之不肯免繡貨稅者其誤實出
於該條約洋漢文較對無訛之故也至該商因本失利而
喫虧一節試問其利應中國賠乎應布國賠乎伏思當時
原係布國來至中國請訂條約二則其在事傳話之人均
係布國所派之人中國並無一官約內洋文中國無人可
識三則中國商訂條約之大臣並無另有他議皆照前所
訂約相同因此倘該約內有另行立異之處自係出自布
國商訂大臣之意四則中國本設繙譯之官並無識洋文

之人條約雖有公同較對字樣然詳核字字均符並亦無
訛其責重事宜在布大臣繙譯身上以上四節中國官照
約內漢文辦理施行倘遇畧有誤會之處則布國似不必
急切卽如以氈字當大必司里作用布商順約貿易而喫
虧其喫虧處似難以向中國是問然則應何國賠補乎實
係布國而無疑也再布國與中國所訂之約第一因欲立
定友睦之誼且條約之大意係遇有不洽之事應竭力勸
息江海關本執有繡貨不准免稅之原委復仍請駐京大
臣商訂其所辦則卽勸息之意若如該商請本利俱還豈
知征稅者原係因條約有載明無訛而始收其稅而其中

既猶有存訛之處則帶利發還似覺有見責之意茲繡貨
已查明係大必司里所納之稅自應發還惟論條約商定
之情形並所載較對無訛之明文及漢文用氈字作爲大
必司里之錯處各節則利息應在布國發給倘必須中國
發還則似謂中國有故違定章並有失約責罰之意也總
之江海關既係將應免之貨物征稅則應照數發還惟帶
利發還一節實有不合之處礙難照行專此備申卽請查
奪十一月十七日

奧國更正筆誤洋文條約

總理衙門咨同治十年十一月二十六日准原任兩江總

督曾咨蘇藩司恩錫等與奧國公使互換條約查閱約本內華文善後章程第五款及第八款均有引用條約第八條字樣而奧文則誤寫爲第十一條又稅則進口項下有呀嘯治木華文載明長不過三十五幅地而奧文則誤寫爲五十五幅地又羽綾羽紗羽綢小呢嗶嘰等類華文均載明每丈而奧文則誤寫爲每疋均經與奧國公使言明繕立憑單並接據照復聲明日後會同總理衙門改定等因當於去年十二月間據文照會奧國公使在案茲奧國嘉公使於本年六月間到津隨具來文請定期改正當於六月二十五日在本衙門與奧國公使將約本內奧文筆

誤之處逐一更正無訛除咨行南洋大臣查照本衙門前咨將約本及隨約照會刊刻通行外相應將此次更正奧文之處開單咨行同治十一年七月初八日咨北洋

無約之國呈遞國書由出使大臣轉遞

出使英法俄國大臣承襲一等毅勇侯曾咨呈竊照本爵大臣於六月二十九日在俄都接據駐法錄馬尼國公司勾嘎勒尼薩諾來文錄馬尼現成自主之國奉沙勒爾第一爲君本國國王特將此事奉達　貴國謹將國書一通封送懇請代爲呈遞前來查錄馬尼國本土耳其邊省瓦拉蝦及穆爾達費亞之地即萬國公法中所譯第三卷第一章第三節所稱屬國半主之國瓦喇加馬喇達二邦舊境上年俄土搆兵兩省兵民叛土助俄事定不能復隸土國而西洋各國又不准其屬俄於是伯爾鄰大會各國公立兩省爲錄馬尼國立德皇之姪沙勒爾第一爲君今據該國駐法公使奉其國王之命將國書咨請轉呈查西洋各國既經公立該國認爲自主之國與從前稱爲屬國半主之邦者情形迥異該國王即位之後普發國書明告地球各國自係爲樹立該國之聲名鎮服該國之民庶起見該國地介俄土之間與中國本無交涉西洋各大國既已認之該國王又係德皇之姪中國自應亦認其國受其國書不

拒小邦景仰之忱以昭
聖主懷柔之意除將該國國書及該公使來文分譯漢文彙同原來國書封送總理衙門查核可否據情奏請
頒給覆書之處酌奪示覆光緒六年　月　日咨呈總署

附譯錄馬尼國王原來國書

錄馬尼王沙勒爾謹上書
大清國大皇帝陛下竊本國自一千八百七十八年土耳其之役立爲自主之國旋經各國會盟於伯爾鄰載入和約蓋嘉尚錄人之志勇以冀有益於歐洲值此開國之際理合
呈報

大淸國大皇帝陛下瞻望
聖慈之溥護
垂友睦之懷更願
大皇帝奉
天承運國祚綿長敬頌無疆
一千八百八十年五月初十日書於布加勒司王宮
附譯綠馬尼駐法公使來文
爲咨請轉呈事竊照綠馬尼現成自主之國奉沙勒爾第
一爲君本國國王特將此事奉達
貴國

大皇帝謹將國書封送貴爵大臣懇祈代爲呈遞不勝感謝之
至
計送國書一件一千八百八十年七月三十日綠馬尼駐
法公使勾嘎勒尼薩諾押
附錄復綠馬尼駐法公使照會
爲照復事照得本爵大臣接准貴大臣七月三十日來文
並封送貴國王國書一通咨請轉奏等因前來本爵大臣
自當代爲恭進合先照覆
又咨呈竊照本爵大臣接據賽爾維亞國駐法公使馬利
諾韋治二月二十日來文內稱賽爾維亞國君現已晉加

王號特具國書一通封送並錄國書底稿懇請代奏前來
查賽爾維亞國係歐羅巴洲東方舊部界在奧斯馬加之
南土耳其之北綠馬尼之西明初爲土耳其征服列爲屬
地迨後土國勢衰賽民叛土血戰二十餘年遂議和約作
爲土國屬邦光緒四年俄土搆兵賽爾維亞兵民倒戈助
俄其後俄土議和不願復屬土國於是柏林大會西洋各
國同盟底定歐洲東界事務公立賽爾維亞爲自主之國
此該國王立國之原委也查前此綠馬尼自立爲國暨國
王晉號君主兩案曾據該國駐法公使先後來文懇請代
遞國書承准貴衙門公衙徑咨該國公使轉達國君傳

旨致賀在案今賽爾維亞國君晉加王號據該國駐法公使奉
其國王之命將國書咨請轉呈核與綠馬尼國情形相似
該國國書封爲尋常公函式樣與綠馬尼第一次國書裏
以緞袱圓筩者形勢不同而與綠馬尼第二次晉稱君主
之國書形製相同其爲國君親筆簽名之國書則均無以
異也除將該國國書及駐法公使馬利諾韋治來文分譯
漢文彙同原來國書封寄外相應據情咨呈查核可否援
照綠馬尼國之案由貴衙門公衙徑咨致賀之處酌奪示
復再西人以法文爲各國通行文字識漢文者絕少如奉
徑咨答賀可否照錄一稿見示抑將公文露封由本爵大

臣繙譯洋文彙交該國公使轉達致賀光緒八年　月
日洛呈總署
附錄譯賽爾維亞國公使馬利諾韋治照會
爲照會事照得本國國君現已尊加王號特具國書奏明
大清國大皇帝本大臣奉此敬謹封送貴爵大臣請爲代奏並
以國書錄送查閱爲此照會光緒八年二月二十日即一
千八百八十二年四月初七日
附錄譯賽爾維亞國王國書
賽爾維亞國王密朗謹上書
大清國大皇帝陛下竊自柏林之會承諸大邦立爲自主之國

統緒既定政由己出是以國人建議尊加王號以重君權
而保國祚寡人爲治斯邦俯順輿情故敢受此崇稱以繼
子孫惟此曠典理當具表奏聞以伸我國景慕之忱而叨
熙朝眷顧之佑並祝
大皇帝萬壽無疆謹奏

通商約章類纂卷二

通商約章類纂卷三目錄　吏類一

遣使

條約章程

比約第二款
比約第六款
義約第二款
義約第六款
奧約第二款
日本修好條規第四條
秘約第二款
巴約第二款

章程

核定出使外洋各員俸薪等第
核定出使章程並使臣等第
出使隨帶各員章程
各項事故隨員歸裝限制並出洋經費按期造報
出使摺報由北洋轉寄信函由招商局員遞送並上海
設立兩洋文報局章程
附遣使編年

成案

各國公使及領事等游歷各省飭地方官先為申報併見禮類交際儀文游歷本類設領事等官
中國初次派員出使外洋

出使隨員應遵章由使臣揀派奏調並知照總署
洋員照料出使事宜出力給獎
出使人員奬章量為變通

遣使

條約章程

恰克圖界約第九條

一兩國所遣送文之人既因事務緊要則不得稍有耽延推諉嗣後如彼此咨行文件有勒掯差人並無回咨耽延遲久回信不到者既與兩國和好之道不符則使臣難以行商暫為止住俟事明之後照舊通行

俄約第二條 併見禮類交際儀文優待保護

議將從前使臣進京之例酌要更正嗣後兩國不必由薩

那特衙門及理藩院行文由俄國總理各國事務大臣或逕行

大清之軍機大臣或

特派之大學士往來照會俱按平等設有緊要公文遣使臣親送到京交禮部轉達軍機處至俄國之全權大臣與

大清之大學士及沿海之督撫往來照會均按平等兩國封疆大臣及駐紮官員往來照會亦按平等俄國酌定駐紮中華海口之全權大臣與中國地方大員及京師大臣往來照會均照從前各外國總例辦理遇有要事俄國使臣或由恰克圖進京故道或由就近海口預日行文以便進京商辦使臣及隨從人等迅速順路行走沿途及京師公館派人妥為預備以上費用均由俄國經理中國毋庸預備

英約第二款

一

大清皇帝　大英君主意存睦好不絕約定照各大邦和好常規亦可任意交派秉權大員分詣

大清大英兩國京師

英約第五款 併見禮類交際儀文

一

大清皇上特簡內閣大學士尚書中一員與大英　欽差大臣文移會晤各等事務商辦儀式皆照平儀相待

英約第六款

一今茲約定以上所開應有

大清優待各節日後

特派大臣秉權出使前來大英亦允優待視此均同

英續約第二款

一再前於戊午年九月

大清欽差大臣桂良花沙納　大英欽差大臣額爾金將大英

欽差駐華大臣嗣在何處居住一節在滬會商所定之

議茲特申明作爲罷論將來大英　欽差大員應否在京
長住抑或隨時往來仍照原約第三款明文總候本國
諭旨遵行
煙臺會議條款第一端之六（併見禮類交際儀文）
一俟此案議結時奉有中國
朝廷惋惜滇案
璽書應卽由
欽派出使大臣剋期起程前往英國所有
欽派大臣銜名及隨帶人員均應先行知照威大臣以便咨報
本國其所齎

國書底稿亦應由總理衙門先送威大臣閱看
美約第五款
一大合衆國大臣遇有要事不論何時應准到北京暫住
與內閣大學士或與派出平行大憲酌議關涉彼此利益
事件但每年不得逾一次到京後迅速定議不得耽延往
來應由海口或由陸路不可駕駛兵船進天津海口先行
知照地方官派船迎接若係小事不得因有此條輕請到
京至上京必須先行照會禮部俾得備辦一切事款往返
護送彼此以禮相待寓京之日按品預備公館所有費用
自備資斧其跟從大合衆國　欽差人等不得逾二十人
之數僱覓華民供役在外到處不得帶貨貿易
美約第六款
一嗣後無論何時倘中華
大皇帝情願與別國或立約或爲別故
允准與衆友國欽差前往京師到彼居住或久或暫卽毋庸再
行計議
特許應准大合衆國　欽差一律照辦同沾此典
法約第二款（併見禮類交際儀文優待保護工類租傭建置）
茲兩國幸然復舊太平欲垂之永久因此兩國
欽差大臣議定凡有大法國　特派欽差大臣公使等予以

詔勅前來中國者或有本國重務辦理皆准進京僑居按
照大西各國無異又議定將來假如凡與中國有立章程
之國或派本國欽差公使等進京長住者大法國亦能照
辦凡進京之　欽差大臣公使等當其暫居京師之時無
不按照情理全獲施恩其施恩者乃所有身家公所與各
來往公文書信等件皆不得擅動如在本國無異凡欲招
置人通事服役人等可以延募毫無阻攔所有費用均由
本國自備中國
大皇帝欲派欽差大臣前往大法國京師僑居無不各按品級
延接全獲恩施照大西各國所派者無異

布約第二款
大布路斯國大君主欲派秉權大臣一員進中國京師亦
無不可
大清國大皇帝欲派秉權大臣一員至比耳令京師事同一律
其德意志和約各國不得自派秉權大臣進京是以布路
斯國所派大臣並爲和約各國大臣所至京師之秉權大
臣欲帶家眷隨員人等在京師長行居住或隨時往來總
候本國　諭旨遵行
丹約第二款
一凡爲大邦敦好睦鄰向有各遣欽差大臣通好之禮今

茲兩國定約亦可按照常例彼此交派代國行權大員往
來通好以期永守和誼
丹約第三款併見禮類交際儀文優待保護工類租傭建置
一大丹國　欽差大臣凡有要務商酌約准前赴京都會
議定辦即照各國行權大員常規一體優待所有僱覓內
地夫役均隨其意各官不得徧爲拘洽倘若有人擅將大
丹　欽差公館眷屬隨員人等越禮欺藐該犯由中國地
方官從嚴懲辦
丹約第六款
一所開

大清國應行優待丹國大臣各節日後中華秉權大臣出使
前往大丹國亦應同一優待以昭平允
荷蘭約第一款併見禮類交際儀文優待保護本類設領事等官
一
大清大皇帝　大和大君主自立約以後　大和君主可特派
秉權大員前來中國照料通商事件其通商各口亦可分
派正副領事官或署正副領事官駐劄以撫馭和國民人和國
所派正副領事官或署領事官必須各省督撫通商大臣接
有和國秉權大臣公文方可通行各口監督地方等官會
同辦事大和　欽差大臣若有公務可往京師辦理往還

費用皆由和國支理與中國無干凡有和國官員往來中
國地方官務必設法照料不得攔阻欺淩和國係是自主
之邦若遇有礙國體之禮不可飭其必行和國秉權大臣
與中國大臣文移會晤俱用平行儀式相待其通商各口
正領事官署領事官與道臺同品副領事官署副領事官
與知府同品會晤文移各按品級
日斯巴尼亞約第二款併見禮類優待保護工類租傭建置
大日斯巴尼亞國大君主欲派秉權大臣一員至中國京
師亦無不可
大清國大皇帝欲派秉權大臣一員至日斯巴尼亞國京師事

同一律所派秉權大臣於居住之處無不按照情理全獲
恩施所有身家公館與各來往公文書信等件皆不得被
人擅動凡欲僱募送信人通事服役人等皆聽其便所有
費用彼此自備資斧至在京師租賃地基或房屋作爲大
臣等員公館兩國官員亦宜協同襄辦僱覓夫役亦隨其
便毫無阻攔

日斯巴尼亞約專條

大清國與大日斯巴尼亞國已議定和好貿易章程彼此畫
押鈐蓋關防後定限一年之內互換施行之時日斯巴尼
亞國所派秉權大臣進京居住惟因現時好繙譯官缺少

經
大清國大日斯巴尼亞國
欽差全權大臣兩相約中議定一俟和約章程畫押之日起扣
滿三年後日斯巴尼亞國方派秉權大臣並帶家眷隨員
人等來京居住均與最好之國欽差無異限內仍准每年
一次抵京餘無庸再行計議爲此另立專條一體畫押鈐
印以昭信守

比約第二款

大比利時國大君主欲派秉權大臣一員進中國京師亦
無不可

大清國大皇帝欲派秉權大臣一員至布律斯京師事同一律

比約第六款

所開
大清國應行優待比國大臣各節日後中華秉權大臣出使
前往大比利時國亦應同一優待以昭平允

義約第二款

凡爲大邦敦好睦鄰向有各遣欽差大臣通好之禮今茲
兩國定約亦可按照常例彼此交派代國行權大員往來
通好以期永守和誼

義約第六款

所開
大清國應行優待義國大臣各節日後中華秉權大臣出使
前往大義國亦應同一優待以昭平允

奧約第二款

一凡爲大邦敦好睦鄰向有各遣欽差大臣通好之禮今
茲兩國定約亦可按照常例彼此交派代國行權大員往
來通好以期永守和誼

日本修好條規第四條

兩國均可派秉權大臣並攜帶眷屬隨員駐劄京師或長
行居住或隨時往來經過內地各處所有費用均係自備

其租賃地基房屋作爲大臣等公館並行李往來及專差送文等事均須妥爲照料

秘約第二款

凡友邦睦鄰向有各遣欽差大臣通好之禮今兩國定約亦可按照常例彼此交派代國行權大員往來駐劄京師茲准中國欽差大臣並眷屬隨員人等駐劄利馬都城亦准秘國　欽差大臣並眷屬隨員人等駐劄京都彼此或久住或隨時往來均聽其便

巴約第二款

此次定約以便嗣後往來通好

大清國大皇帝可派使臣駐劄巴國京都　大巴西國大皇帝亦可遣使臣駐劄中國京都各准兩國使臣並眷屬隨員人等前往彼此京城或常川居住或隨時往來一遵本國之

旨兩國使臣在公署時享獲種種恩施與待最優之國使臣無異

章程

核定出使外洋各員俸薪等第

總理衙門　奏爲出使各國經費分別酌定數目開單具陳恭摺仰祈

聖鑒事竊查前因儲才出使條議臣　衙門先後奏請

簡派英美日祕等國使臣奉

上諭候補侍郎郭嵩燾候補道許鈐身著出使英國候補三品京堂陳蘭彬同知容閎著出使美國日國秘國等因欽此現在滇案已經議結直隸督臣李鴻章與英國使臣議定條款內有

簡派使臣賫奉

璽書前往英國表明惋惜一條是前派出使英國使臣亟須剋期出洋其美日秘魯等國既經派定亦應前往所有出使經費自應酌核定數以便開支查同治四年臣　衙門奏派斌椿並同文館學生等游歷外洋暨同治六年奏派志剛孫家穀及蒲安臣等出使各國均因事屬創始所需經費無由核定先由總稅務司赫德墊發俟出使事竣動用三成船鈔及輪船變價銀兩分別支銷同治九年臣　崇厚出使法國雖經查照前次出使費用動支津關八分經費亦係酌量給發並未議有定章此次使臣常駐各國事期經

久與歷屆情形有異現經臣衙門奏准動用各海關六成洋稅尤宜撙節動支以昭核實查泰西各國派駐中國人員向係分別使臣及參贊繙譯領事等官支給薪水現在出差外洋自應分別等差核給臣等公同商酌定擬除往來火輪車船租賃公館寄信費用公會公宴一切公件難以預計應准隨時酌核作正開銷外所有使臣並隨帶各員每月應需火食包車僱車價值跟役工價飯食等項分別月給俸薪自二百兩至一千四百兩不等謹擬清單恭

呈

御覽俟奉

旨後即照奏准日期開支仍於年終核實造報所有臣等酌擬

出使經費緣由理合恭摺具陳伏乞

聖鑒光緒二年八月十三日奉

旨依議欽此

謹擬給出使各員俸薪銀數繕具清單恭呈

御覽

頭等一二品充月給俸薪一千四百兩

二等二三品充月給俸薪一千二百兩

三等三四品充三品/四品月給俸薪一千兩/八百兩

署任　月給俸薪六百兩

總領事官　月給俸薪六百兩

正領事官　月給俸薪五百兩

副領事官　月給俸薪四百兩

署領事官　月給俸薪四百兩

頭等參贊官　月給俸薪五百兩

二等參贊官　月給俸薪四百兩

三等參贊官　月給俸薪三百兩

頭等繙譯官　月給俸薪四百兩

二等繙譯官　月給俸薪三百兩

三等繙譯官　月給俸薪二百兩

領事處繙譯官　月給俸薪三百兩

欽差大臣處隨員醫官　月給俸薪二百兩

以上本員火食包車僱車價跟役工價飯食在內此外一切公用作正開銷其餘武弁供事學生每月每人約須百兩以內由出使大臣屆時酌定準數作正開銷如有未盡事宜統由隨時核實辦理

核定出使章程並使臣等第

總理衙門　奏再臣衙門前因出使各國每年俸薪等項約需銀五六十萬兩擬請於各關六成洋稅項下提撥等因於本年八月初九日會同戶部具奏奉

旨依議欽此十三日臣衙門又將出使俸薪等項酌定銀數開
單具奏並經聲明即臣奏進日期開支奉
旨依議欽此欽遵各在案照等查此次
簡派使臣分駐各國統率參贊領事等官辦理一切交涉事件
責任既甚重大經費尤覺繁多且事屬創始並無成案可
循自應明定章程以資遵守而昭核實臣等公同商酌謹
擬出使章程並於前奏稍爲變通共十二條繕單恭呈
御覽如蒙
俞允即由臣衙門分別行知遵照此外如有未盡事宜仍由臣
等隨時參酌奏明辦理爲此附片謹
奏光緒二年九月十二日奉
旨依議欽此

謹擬出使章程十二條繕單恭呈
御覽
一擬由禮部鑄造銅關防頒發出使各國大臣各一顆以
昭信守其文曰
大清欽差出使大臣關防其未頒發以前先刊木質關防行用
一出使各國大臣擬自到某國之日起約以三年爲期期
滿之前由臣衙門預請
簡派大臣接辦各國副使亦一律辦理

一出使各國大臣分頭二三等名目此次辦理伊始所有
現在業經
派出各國大臣擬請均暫作爲二等
一出使各國大臣所帶參贊領事繙譯等員應由該大臣
酌定人數開列姓名等項知照臣衙門查核各該員亦隨
同出使大臣以三年爲期年滿奏獎如有堪留用者應由
接辦大臣酌留倘不能得力亦即隨時撤回
一出使各國大臣到各國後除緊要事件隨時陳奏外其
尋常事件函咨臣衙門轉爲入奏
一出使各國大臣有兼攝數國事務者應如何分駐之處

由該大臣酌定知照臣衙門查核
一出使各國大臣月給俸薪請照現在實職官階支給惟
原擬二三品充二等
欽差者月給俸薪一千二百兩三四品充三等
欽差者三品一千兩四品八百兩其四品充二等者未經議及
今酌中定擬月給一千兩至各國副使俸薪擬月給銀七
百兩
一出使各國大臣有兼攝數國事務者月給俸薪毋庸另
加各國副使亦一律辦理
一出使各國大臣及副使以下各員月給俸薪自到某國

之日起各按應得銀數支給扣足三年爲期期滿停支俸
薪如接辦大臣尚未能到期滿大臣尚未交卸應按照在
任日期算給俟接辦大臣到後住支副使以下各員亦一
律辦理其參贊領事繙譯等員如經接辦大臣留用者俸
薪即從年滿日接算支給
一出使各國大臣及副使以下各員由中國起程及由差
次回華行裝歸裝均需整頓所有往返兩項整裝擬各按
照三個月俸薪銀數支給均由臣衙門前撥各關六成洋
稅內動支
一出使各國大臣等每年俸薪及往返盤費駐劄各國一

切經費等項由該大臣按年分晰造報臣衙門查核
一出使各國大臣等俸薪及往返盤費駐紮各國一切經
費等項由江海關彙齊按年匯寄應如何分別匯寄之處
由臣衙門劄知總稅務司遵照辦理
又　奏再查前奉
派出使日本國大臣升用翰林院侍講何如璋出使德國大臣
光祿寺少卿劉錫鴻均應遵照上年九月間奏定出使章
程作爲二等又查奏定章程內開出使各國大臣月給薪
水請照現在實職官階支給二三品充二等
欽差者月給俸薪一千二百兩四品充二等者月給一千兩各

等因惟於五品充二等
欽差人員未經議及今何如璋劉錫鴻俱係五品官階其每月
應支俸薪臣等公同商酌擬請均照四品充二等者月給
銀一千兩以示體卹如蒙
俞允仍應遵照臣衙門上年奏定章程自到某國之日起各按
應得銀數支給嗣後遇有奉
派出使前項品級人員均按照此次奏案辦理所有臣等酌擬
支給五品出使大臣俸薪銀兩緣由理合附片陳明伏乞
聖鑒
又　奏爲查明請

旨事竊臣衙門前於光緒二年八月酌定出使各國經費摺內
聲明出使大臣頭等一二品充月給俸薪一千四百兩二
等二三品充月給一千二百兩三等三四品充三品月給
一千兩四品月給八百兩是年九月擬定出使章程十二
條內開出使各國大臣分頭二三等名目此次辦理伊始
所有現在業經
派出各國大臣均暫作爲二等出使各國大臣月給俸薪照現
在實職官階支給其四品充二等者擬月給一千兩嗣因
出使日本國大臣何如璋出使德國大臣劉錫鴻俱係五
品官階其應支俸薪擬照四品充二等者月給一千兩等

因先後奏准行知遵照各在案本年五月臣衙門奏請
簡派出使俄國大臣二十二日奉
上諭吏部左侍郎崇厚著充出使俄國欽差大臣欽此七月二
十一日奉
上諭崇厚著作為全權大臣便宜行事等因欽此二十七日臣
衙門奏請
派員接辦出使英法德國大臣奉
上諭一等毅勇侯候補四五品京堂曾紀澤著派充出使英國
法國欽差大臣等因欽此臣等查崇厚曾紀澤奉
命出使俄英法各國按照奏定章程均應作為二等惟崇厚欽

奉
特旨畀以全權大臣之任原以出使俄國現在有議辦交涉事
件關繫重大與出使他國情形不同可否作為頭等以崇
體制查西洋各國凡充頭等者有代君行權之責從不輕
以除授擬請嗣後出使各國大臣如非實任一二品及有
應辦緊要事件者毋庸
賞加全權字樣以示區別至曾紀澤以前大學士曾國藩之子
承襲侯爵
加恩以四五品京堂候補爵秩較崇自應量予優異可否比照
二三品充二等者辦理如蒙

俞允臣衙門應即行知遵照所有應得俸薪仍令均自到任之
日起照章支給理合恭摺具陳伏乞
聖鑒
又　奏再出使英法國大臣一等毅勇侯都察院左副都
御史曾紀澤於光緒七年十一月初八日奉
旨著再留三年欽此欽遵行知在案查臣衙門奏定章程一二
品充頭等出使大臣給俸薪銀一千四百兩二三品充二
等者一千二百兩三品充三等者一千兩四品充三等者
八百兩光緒四年曾紀澤由四五品候補京堂
派充出使英法國大臣當經臣等以曾紀澤承襲侯爵所有俸

薪請照二三品充二等者辦理奉
旨依議欽此今曾紀澤以都察院左副都御史留使英法兩國
本係三品充二等之員月支俸薪照章應給銀一千二百
兩臣等公同商酌曾紀澤前以候補四五品京堂出使英
法兩國其俸薪既照二三品充二等者支領現在升任三
品且兼充出使俄國大臣其俸薪擬請按照頭等辦理以
示優異如蒙
俞允即由臣衙門咨行遵照仍令自本年十一月初八日奉
旨留任之日為始照章支給是否有當理合附片具陳伏乞
聖鑒

出使隨帶各員章程

總理衙門　奏爲遵
旨議奏事欽差大臣署禮部左侍郎郭嵩燾等奏出使英國酌帶隨員摺一件單一件光緒二年九月十五日軍機大臣
面奉
諭旨著該衙門議奏欽此欽遵由軍機處抄交到臣衙門據原奏內稱此次遣派公使實爲創行之典請酌定參贊二員繙譯四員其餘文案武弁醫生均應分別調派謹開清單
恭呈
御覽並請

飭下江蘇湖南各撫臣分別知照各該員趕速料理隨同出洋英國三島並無華商貿易無從設立領事而所轄南洋沿海地方如新嘉坡孟加拉檳榔嶼錫蘭等處華民流寓至數十萬人應否設立領事須俟察看情形所帶參贊文案各員皆可斟酌委派　奏明請
旨其應用工役並由公使攜帶不另開支經費等語臣等伏查本年八月十三日臣衙門於具奏出使各國經費分別酌定數目摺內聲明頭等參贊官月給俸薪五百兩二等月給四百兩三等月給三百兩頭等繙譯官月給俸薪四百兩二等月給三百兩三等月給二百兩隨員醫官月給俸薪二百兩其餘武弁供事學生每月每人約百兩以內由出使大臣屆時酌定準數作正開銷又於九月十二日臣衙門奏陳出使章程十二條內聲明出使各國大臣所帶參贊領事繙譯等官應酌定人數開列姓名等項知照臣衙門查核各該員亦隨同出使大臣以三年爲期年滿奏獎倘不能得力亦即隨時撤回其月給俸薪自到某國之日起各按應得銀數支給扣足三年爲期期滿停支俸薪由中國起程及由差次回華行裝歸裝均按三個月俸薪銀數支給等因先後奏准行知各該大臣遵照在案今據出使英國大臣郭嵩燾奏請酌定參贊繙譯等員名數並

聲明給發薪水應否分別等第等因臣等公同商酌請將該大臣等派充參贊之布政使銜貴州候補道張自牧作爲二等參贊官江蘇候補知州黎庶昌作爲三等參贊官派充繙譯之兵部候補員外郎德明戶部候補員外郎鳳儀作爲三等繙譯官此外如有應用外國繙譯應由該大臣等隨時酌定連中國繙譯在內不得過該大臣所定四員之數以示限制至該大臣所請將刑部主事汪樹堂候補通判張斯栒廣東候補知縣李荆門候選縣丞羅世琨等四員派充文案臣等查臣衙門前奏出使經費摺內祇有隨員醫官並無文案名目應請將該大臣等隨帶之文

案四員作為隨員各按月給俸薪二百兩之數支給此外自無須另行咨調人員以節糜費至該大臣等奏稱英國三島無從設立領事而所轄南洋新嘉坡等處華民流寓數十萬人倘應設立領事所攜叅贊等員內皆可斟酌委派 奏明請

旨等因應如所擬辦理居時人數或有不符再由該大臣等酌度分別奏咨調往如蒙

俞允即由臣衙門行知該大臣等遵照並咨令在京各衙門及該督撫等轉飭各該員即日束裝起程探明該大臣等行抵何處星速前赴隨同出洋毋得稍延其各該員出洋時

應得行裝銀兩准其查照臣衙門奏定章程各按三個月俸薪銀數支給俾利遄行如有不能得力及緣事未能隨同前往者該員所得行裝銀兩應由該大臣飭令繳回以重款項所有臣等遵議緣由理合恭摺具陳伏乞

聖鑒光緒二年九月十七日奉

旨依議欽此

各項事故隨員歸裝限制並出洋經費按期造報

總理衙門 奏再臣衙門奏定出使章程內載出使各國大臣及副使以下各員均自到某國之日起以三年為期由中國起程及由差次回華行裝歸裝各按照三個月俸薪銀數支給往返盤費駐紮各國一切經費等項由該大臣按年分晰造報臣衙門查核嗣於議復出使英國臣郭嵩燾等奏帶隨員摺內聲明各該員出洋所得行裝銀兩如有不能得力及緣事未能隨同前往者由該大臣飭令繳回各等因奏准行知遵照在案臣等查出使各國大臣等自到某國以後照章應俟三年期滿始能回華給予歸裝銀兩惟其中倘因各項事故未能俟至三年者自應分別辦理臣等公同商酌除緣事撤回因病開缺人員未滿三年回華毋庸支給歸裝銀兩外如有丁憂身故之員歸裝一項照期滿者給領其回華盤費無論已未三年期滿

均准一體開支以示體恤所有副使以下各員並准一律查照辦理至各國出使大臣等自到某國後除本員火食車價跟役工食係由各該員月給俸薪項下自行支給此外一切公用作正開銷其餘隨帶出洋之武弁供事學生每月每人約須百兩以內由出使大臣屆時酌定準數作正開銷等因經臣衙門奏准在案此次遣使兩洋事屬創始一切作正開銷款項自難預定然亦須事事核實撙節以免虛糜應請

飭下東西洋各國出使大臣等將出洋盤費及到某國後一切經費凡係作正開銷之款務須遵照奏章俟一年期滿後

即行逐款分晰造報臣衙門查核毋得遲逾臣衙門各按其每年應用款項若干再行酌中定額奏明辦理爲此附片具陳光緒三年十一月初一日奉
旨依議欽此

出使摺報由北洋轉寄信函由招商局員遞送並上海設立兩洋文報局章程

恭親王等　奏再昨據郭嵩燾等始抵上海定於十月十八日開行出洋嗣後軍機處發還該署侍郎摺報未能由驛遞寄擬由兵部遞交直隸督臣李鴻章收下由該督設法轉寄並嗣後出使他國大臣之摺報亦照此辦理以免

貽誤至郭嵩燾等與總理各國事務衙門來往信函暨由該衙門代奏各件應如何遞寄之處仍歸該衙門辦理謹附片陳明伏乞
聖鑒光緒二年十月二十八日奉
旨依議欽此

出使英國大臣郭　奏再臣等出使英國據總理衙門奏定章程以駐紮三年爲期海道相距約四五萬里每月公司輪船來往皆停泊上海一口臣等陳奏事件關係緊要應由駐紮地方拜發餘皆函達總理衙門代奏其遞送函信及由長江遞發家信應飭上海招商局經理已劄招商局員游擊銜黃惠和收管來往信件以專責成謹附片陳明伏乞
聖鑒光緒二年十月二十七日奉
旨該衙門知道欽此

北洋大臣李劄據署理江海關道劉瑞芬稟稱光緒三年九月二十八日奉總理衙門劄准出使大臣郭咨上年十月間奉使出洋設立上海文報局派委黃游擊經理黃游擊在招商局當差來往公司輪船聲息易通亦省一切開支其設立文報局之意實因出使各國並以上海爲出洋總匯之地可以彙總辦理黃游擊是否能勝此任應由江

海關道體察情形分別核議定有章程六條飭道妥籌呈報又准出使大臣劉咨現在出使德國所有文報往來已照會江海關稅務司經理應需信資等項已飭上海道照章給領各等因查本衙門奏准章程出使各國大臣等薪俸及往返盤費駐紮各國一切經費等項由江海關彙齊按年匯寄在案此項章程內所云一切經費自係將來往文報費用該括在內惟每年文報費用亦出使經費之一大宗自應妥議章程核實辦理以省虛糜今大臣郭所定章程各條既交江海關道妥籌應令該關道逐條酌核後申報本衙門查核至上海爲出洋總匯之區所有出使東

西兩洋各國大臣往來文報本應統歸一處收遞以專責成現在大臣郭旣派黃游擊辦理大臣劉又照會上海稅務司經理未免兩歧究應統歸何處始臻妥協之處並令該道察核情形一併申報本衙門酌奪等因並先奉郭大臣劄發章程六條飭卽籌辦又蒙函諭內開黃游擊或改派或添幫辦卽與招商局唐道廷樞會商核復各等因遵卽移商唐道酌核因唐道公出未在上海以致一時不及更改新章仍責成黃游擊惠和一手經管先行稟覆茲於光緒四年正月十三日奉郭大臣覆諭催劄以公使四出文報歸併事屬正辦務速議覆並接唐道文函出使各國

文報彙歸一處遞送誠爲劃一良規各輪船開行皆赴稅務司處請領牌照各處文報統歸新關稅務司彙辦仍由道派委熟諳漢洋文字人員駐關襄理可期妥善覆請核奪等由伏查出使東西兩洋各國大臣往來文報上海實爲總匯之區且文報中每有緊要機密事件關係甚大設有疏失恐誤要公非結實可靠之員經理其事難免貽誤且必熟悉中外情形通曉外國語言文字者方能勝任向來駐美國肄業華童洋局文報書信係由司事陸湛源在滬經理收發其薪水信資等項每年給銀二百兩在區主事容道額領洋局經費項下扣給並不由關另行開支其

出使日本何張兩星使文報係派上海招商局王委員松森辦理所需薪水信資由何張兩星使逕給亦不由關開支惟出使英國郭大臣奏派黃游擊駐滬收發文報其薪水信資等項按月由關給發又出使德國劉大臣派滬關稅務司經辦其信資等項奉飭由道給領此皆在奉撥郭劉大臣年支駐洋經費之外另行由關於提存出使經費款內動支彙報每月用數多寡不等黃游擊自光緒二年冬間奉委承辦迄今載餘尚無失誤該游擊曾駐英國讀書有年於英國情形及語言文字素所熟諳辦理英國文報事件甚爲相宜然與德美日本諸國卽不相熟非有佐理之人

深慮照料難周滬關稅務司向有本分應辦關務若兼理各國文報亦恐未能專一黃游擊駐紮招商局凡遇各國輪船開行無不盡悉收寄文報甚爲便捷上冬奉郭大臣劄知黃游擊辦理周妥每月於原支薪水銀二十兩外加給十兩並准開支司事用人辛資等因黃游擊旣經得力應請無須改派所有上海收發出使東西兩洋各國文報總局事宜應卽責成黃游擊總理此外出使日本何張兩星使所派王委員松森及美國肄業華童駐洋局區主事容道所派陸司事湛源皆作文報總局委員司事幫同黃游擊辦理其王松森陸湛源薪水信資等項仍由何張星使暨

匯主事容道按照向章自行逕給不由關道支放其黃游擊薪
水信資按月由道給發歸入郭大臣出使用款項下彙報
至德國劉大臣文報光緒四年二月初七日奉到南洋通
商大臣沈劄准總理衙門咨具　奏出使英國大臣請議
經費各節分別酌辦一片四年正月十二日奉
旨依議欽此咨行遵辦並蒙抄片內開各國出使大臣往來文
報均歸招商局員一手經理等因是此後德國文報亦應
由黃游擊收遞所有滬關稅務司自奉劉大臣委辦至今
用過信資等款俟吉司稅開單函取即當在關庫提存出
使經費項下動支照付彙冊造銷謹將上海設立文報總

局奉郭大臣劄發議章六條遵飭籌酌另開清摺稟送是
否有當仰祈察核示遵並請咨明總理衙門酌奪等情查
該道所議章程尚屬周妥除抄摺咨送總理衙門查核外
合行劄飭光緒四年二月二十八日劄津海關

計開遵飭籌議章程六條

一奉發定章內開凡來往奏摺夾板部文及各省印文均
關緊要宜設立號簿挨次掛號倘遇輪船疎失即可查照
號簿按照各省遞來文件行文知照各處迅速補發遞寄
如有託寄信件及附寄物件亦當知會原人趕緊補發遞
寄　前件查文報總局收發文函等必須將何衙門及何
處於何年月日發行幾角幾件逐細登簿何月日交何輪
船寄洋及分送何處交收亦須詳載以備稽考遇有疎失
由局知照原處補發此則最關緊要之事應請遵照郭大
臣定章辦理

一奉發定章內載文報局倚附招商局辦理除酌給委員
薪水外無須開支局費其繕寫司事遞送文報工役每項
酌用一二人均應發給工食每月應需紙張筆費亦應酌
定數目一切核實開支以十金內外爲率如須另設一局
所需局費即另核議　前件查文報總局現仍附入招商
局無須另支房租等費黃游擊應用繕寫書識送文工役

各項人數以及工食紙張等款每月額給銀若干已由黃
游擊稟請郭大臣核示應俟奉批由道照發惟黃游擊總
理各國文報較之僅辦英國一處事務增繁恐用款不免
稍多其幫辦之王松森陸湛源所需寫字書識送文工役
不須另僱應由黃游擊彙總併辦

一奉發定章內載凡發遞電報及包封信資即抄申報等
費粘有圖記爲憑分兩多寡均有定價自應核實開支無
任浮冒　前件查黃游擊轉寄文函向交外國書信館由
輪船遞送每次信資多寡以包封之輕重爲定所付信資
若干由書信館給發收據即電報價值亦有一定不能浮

員應由黃游擊遵照郭大臣定章隨時核實開支並取收據存查以昭信實

一奉發定章內載設立文報局不獨往來公牘信件應當經理周密並各處地方或有水旱偏災及遇有緊要事件關係中外大局者均應隨時報知俾廣見聞不得故意隱瞞為無名之謹慎　前件查上海新報申報凡遇中外新聞無不列報黃游擊已將新申報隨時購寄此外如有地方要務為各報所不載者自應由局員稟報倘有風聞謠傳不實不盡之事以及不經之談則未便妄稟蓋恐徒亂人意有礙要公必須真知灼見確實無疑者據實上聞此在

局員臨時斟酌既不可拘泥緘默亦不宜妄言生事

一奉發定章內載凡備買物件及遞送家信各費何人出名即責成何人備送文報局不得墊付家信由信局轉遞均於信面批明送到各家時加給信資庶可不致遺失

前件查各人私信原難動用公款惟外洋來信由局轉寄每有不能直抵其家必須轉託數處方能達到者其各家寄往外洋之信亦有不能直達上海必須轉寄數處始抵滬局者既須數處轉送其信資不能不由局給且為數無多空信每封不過數百文滬局若不照付其信必致遺失重洋遠隔望信者每有一紙家書抵萬金之勢自應格外體恤擬請滬局遇有外洋隨員人等家信有不能直寄其家及各家來信由各處轉寄到滬未能由其家屬付給信資必須由局照給每封不及一千文者准其由局付給彙總具領造報免由本員繳還其往來家信附入公文包封彙寄者亦免攤派信資惟各人家信物件由滬局代為專寄者其信資水腳等項自應由本人及家屬付給不得開銷公款似此分別辦理於體恤遠行之中仍寓限制之意是否可行伏候鈞裁

一奉發定章內載現在出使德國

欽差已照會稅務司遞送文報自應另行辦理其餘出使各國

文報均應彙歸該局委員遞送以免紛歧　前件現於光緒四年二月初七日奉到南洋通商大臣劄准總理衙門咨本衙門具奏出使英國大臣郭嵩燾請核議開支經費各節分別酌辦一片光緒四年正月十二日奉

旨依議欽此咨行遵辦並奉抄片內開各國出使大臣出洋後往來文報以上海為總匯應於該處設局派員收遞前據郭嵩燾派游擊黃惠和經理該員在招商局當差輪船往來亦便嗣因劉錫鴻又派上海稅務司經理本衙門以辦理兩歧劄屬查覆在案應請

飭下南洋大臣轉飭江海關道將以後所有出使往來文報均

歸招商局員一手經理如果黃惠和不能勝任另行遴派該局內熟悉洋文之員接辦其費用即在該關按年彙寄各國出使經費內支給不得另款開銷等因是此後德國劉大臣文報亦應改由黃惠和收遞無須再由稅司經管此外出使東西兩洋各國大臣文報槪由招商局員接遞已奉總理衙門奏明有案應請遵照奏案辦理

以上六條係就郭大臣劄發章程核覆此外如有未盡事宜另由局員隨時稟請酌辦理合陳明

附遣使編年（按出使常駐章程自光緒二年始爲大備自元年遴派使事迄於今日屢有更調兼理案卷既繁未能槪錄而紀載又不可缺如爰略仿命官編年之例逐年敘錄於左以備叅考）

光緒元年　出使英國郭嵩燾（七月派充）

出使美日秘國陳蘭彬（十一月派充）

副使容閎

光緒二年　出使英國郭嵩燾

副使劉錫鴻（八月派充）

出使美日秘國陳蘭彬

副使容閎

出使日本國何如璋（十二月派充）

副使張斯桂

光緒三年　出使英國郭嵩燾

出使美日秘國陳蘭彬

副使容閎

出使日本國何如璋

副使張斯桂

出使德國劉錫鴻（三月派充）

光緒四年　出使英法國郭嵩燾（正月兼充法使）

出使英法國曾紀澤（七月改派）

出使美日秘國陳蘭彬

副使容閎

出使日本國何如璋

副使張斯桂

出使俄國崇厚（五月派充）

出使德國李鳳苞（七月派署）

光緒五年　出使英法國曾紀澤

出使美日秘國陳蘭彬

副使容閎

出使日本國何如璋

副使張斯桂

出使俄國邵友濂（九月派署）

出使德國李鳳苞（閏三月派充）

光緒六年　出使英俄法國曾紀澤正月兼充俄使
出使美日秘國陳蘭彬
出使德國李鳳苞
光緒七年　出使英俄法國曾紀澤十一月再留三年
出使美日秘國鄭藻如七月改派
出使日本國黎庶昌三月改派
出使德義和奥國李鳳苞三月兼充義和奥使
光緒八年　出使英俄法國曾紀澤
出使美日秘國鄭藻如
出使日本國黎庶昌

出使德義和奥國李鳳苞三月再留一年
光緒九年　出使英俄法國曾紀澤
出使美日秘國鄭藻如
出使日本國黎庶昌
出使德義和奥國李鳳苞二月再留一年
光緒十年　出使英俄國曾紀澤
出使美日秘國鄭藻如十二月再留半年
出使法德義和奥國許景澄九月派充
出使日本國徐承祖十一月派充
光緒十一年出使英俄國曾紀澤

出使英俄國劉瑞芬六月改派
出使美日秘國鄭藻如
出使美日秘國張蔭桓六月改派
出使法德義和奥國許景澄
出使日本國徐承祖

成案

各國公使及領事等游歷各省飭地方官先爲申報併見

禮類交際儀文游歷 本類設領事等官

總理衙門咨同治六年六月十四日准咨稱閩浙總督咨據總局司道詳據稅務司美理登函陳比國大臣姓金名德來閩赴轅謁見惟僅據美理登來函究未奉准先期咨照似難辦認請照會駐京公使如有外國大臣前往各省應由京先期行文閩省等因本衙門查比國使臣金德於上年九月在滬業經換約已將條約咨行各省既係曾經立約之國自爲通商各岸地方所周知今比國現在並無

駐京公使其公使金德到閩本衙門未接先期照會亦未准經由地方官申報無從知曉且比使並非由京前往更無從知其行止既有稅務司代爲陳明自當按約接待嗣後如有各國公使以及洋人領事等經歷通商各省即希
貴大臣通飭各該地方官先爲申報仍一面咨照本衙門查核相應咨行同治六年七月咨南洋

中國初次派員出使外洋

總理衙門咨同治六年十一月初一日奉
旨總理衙門奏請派員前往有約各國辦理中外交涉事件一摺據稱花翎記名海關道志剛樸實懇摯器識閎通道銜記名繁缺知府禮部郎中孫家穀老成勤慎穩練安詳以之出使洵堪勝任等語此次出差事屬創始自應量示優異志剛孫家穀均著賞加二品頂戴孫家穀並賞戴花翎即派該二員前往有約各國充辦理中外交涉事務大臣以重委任相應恭錄咨行欽遵查照可也按出使常駐章程自光緒二年始爲大備所有總署核定各章均已列前此案因係初次派使之案故列之以存原起其自光緒元年以後使事則另紀於編年內

出使隨員應遵章由使臣揀派奏調並知照總署

總理衙門　奏爲出使德國大臣擬調隨帶繙譯人員由臣衙門分別辦理恭摺具陳仰祈

聖鑒事竊臣等前於三月間遵議具奏英國副使可否裁省一摺光緒三年三月十七日奉
上諭前經簡派三品銜候補五品京堂劉錫鴻充出使英國副使著改派該員充出使德國欽差大臣並賞加二品頂戴欽此欽遵由臣衙門於三月二十一日恭錄
諭旨並抄錄原奏咨行該大臣查照在案嗣據署蘇松太道劉瑞芬函稱奉寄出使大臣第六次公文交法國公司美江輪船遞寄茲查新聞紙內有美江輪船在江海南口失事所帶公文恐已遺失請查案加函補發等因復經臣衙門於六月初二日將前項公文等件照錄補發亦在案茲據

該大臣致臣等函稱六月初六日接到南洋大臣來咨知
奉
旨改派出使德國大臣並稱隨帶人員以繙譯爲最要洋繙譯官已擬將總稅務司赫德所薦來之博郎派充並請派同文館學生賡音泰廕昌爲中國繙譯官飭令作速起程前來以免延誤其他隨帶人員由總理衙門揀派兩員俾資臂助各等因臣等查同文館內設立德館最遲且德國文字較難於他國故現在德館學生堪膺繙譯之任者尚難其選本年四月間臣等與德國使臣巴蘭德會晤詢以各國欽差駐劄德國德國外務大臣與其來往文信是否必

用德文抑可通用英法等國文字巴蘭德答言英法文字亦可通用但須預先告知熟悉何國文字即用何國之文等語經臣衙門抄錄與該使臣問答節略函致劉錫鴻並告以中國繙譯官可在法館學生中商擇等因茲該大臣來函欲派德館學生賡音泰廕昌前往臣等查上年九月間奏定出使章程內開出使各國大臣所帶參贊領事繙譯等員應由該大臣酌定人數開列姓名知照臣衙門查核所有劉錫鴻調派之賡音泰廕昌兩學生作爲繙譯官正與章程符合自當飭令趕速整裝起程前往惟查該兩學生習德文雖通門徑而於繙譯漢洋文字恐尚未能精通臣等公同商酌擬再添派法館學生慶常一同前往以備任使至該大臣所稱由臣衙門另派隨帶兩員等語查出使隨帶人員固以熟習洋務爲上選然必該大臣素所深信性情契合之人方可期其得力且亦有所責成若由臣衙門代爲選派殊與出使章程未符應請
飭下該大臣自行揀派奏調並知照臣衙門查核辦理以符定章除臣衙門函致該大臣外所有出使德國大臣劉錫鴻調取繙譯學生及臣衙門未便代派隨帶人員各緣由理合據實陳明伏乞
聖鑒光緒三年八月初六日奉

旨依議欽此

洋員照料出使事宜出力給獎

出使英法大臣曾　奏再臣此次出洋准法國駐京大臣白羅呢派副繙譯官法蘭亭護送同行沿途照料極爲周密行抵巴黎以後一切應辦之事該員逐日來署相與商酌不憚煩勞情誼甚爲殷摯臣查該副繙譯官向官外部自其大臣瓦定敦以下無不熟識聲氣易通該員係法國職官例不得明充中國差使此次偕至巴黎既未給與俸薪亦未請領船費然其關照中國之情實堪嘉尚合無仰
懇

天恩俯准將法蘭亭
賞給二等寶星以酬勞勩如蒙
俞允不特可以獎法蘭亭之微勞即其外部諸臣及公使白羅呢等亦皆與有榮耀此後交涉事件必可藉資得力理合附片陳請伏乞
聖鑒

出使人員獎章量爲變通

總理衙門　奏爲出使人員保獎章程擬請量爲變通以
昭激勸恭摺仰祈
聖鑒事竊查光緒七年六月初五日吏部奏定出使隨員保獎

章程內開凡出使外洋隨帶各員請獎仍照異常勞績辦理如有保請京堂及京職無論題選各留班次均一律議駁等因是原定章程特不准保舉京職之無論題選各留班次並非不准保舉京職也嗣准吏部咨稱光緒七年六月初五日具奏出洋隨帶人員如有本係京官保舉無論題選各留暨各項班次並京職升階均一律議駁等因一摺奉
旨依議欽此欽遵抄錄原奏知照前來原奏內稱定章各衙門漢司員如在外省出力保奏無論何項勞績不准保舉留補京職若出使人員准保京職與章程兩歧等語自係爲愼重保案起見第念該員等遠涉重洋備嘗艱險較之在外省出力者情形本屬不同舊章不准保舉無論題選各留而猶准保以應陞之階及別項班次辦理最爲允當若凡京職人員一經出使便非改就外官不可勢必致視出使爲畏途遴選人才更爲不易且臣衙門同文館學生多係京職其於外國語言文字非習練精通不足以膺隨帶出洋之選倘差滿回華盡改外任是學業有成者槪令舍而之他既非儲才待用之意並恐後起之人不足以繼之於使事尤多窒礙臣等公同商酌擬請就吏部此次章程量爲變通嗣後凡出使各國保獎人數每三員准其酌保

京職一員以次遞推任缺無濫仍照原定章程不准保舉無論題選各留班次別項勞績均不得援以爲例庶於鼓勵之中仍寓限制之意如蒙
俞允應由臣衙門知照吏部及出使各國大臣等遵照辦理是否有當理合恭摺具陳伏乞
聖鑒訓示光緒七年十二月初五日奉
旨依議欽此

通商約章類纂卷三

通商約章類纂卷四目錄　吏類二

設領事等官

條約章程

伊犂塔爾巴哈臺通商章程第三條

俄約第五條并見工類租傭建置

俄續約第五條并見戶類稅務陸路口岸貿易

俄續約第八條之二并見工類租傭建置

中俄改訂條約第十條并見戶類稅務陸路口岸貿易禮類交際儀文優待保護刑類

法禁工類租傭建置

中俄改訂條約第十一條并見戶類稅務口岸貿易陸路口岸貿易禮類交際儀文

刑類獄訟控告審斷工類租傭建置

英舊約第二條并見戶類稅務口岸貿易

英約第七款并見禮類交際儀文

嗬嗅哪喊約第四條并見禮類交際儀文刑類獄訟控告審斷

美約第十款并見禮類交際儀文刑類獄訟控告審斷

美續約第三條

法約第五款并見禮類交際儀文刑類獄訟控告審斷

中法會訂越南新約第五款并見戶類稅務陸路口岸貿易

布約第四款并見禮類交際儀文優待保護

德續約第二款之二

丹約第七款并見禮類交際儀文

荷蘭約第一款并見禮類交際儀文優待保護本類遣使

日斯巴尼亞約第四款并見禮類交際儀文

比約第七款并見禮類交際儀文

義約第七款并見禮類交際儀文

奧約第六款并見禮類交際儀文

日本修好條規第八條并見刑類獄訟控告審斷命盜債務

日本修好條規第十六條

秘約第四款并見禮類交際儀文

巴約第三款

章程

駐劄日本口岸理刑事宜專章

成案

游歷執照必須體面自愛者方准塡發并領事不得以商人兼充暨核定接待品級禁止濫發旗號并見禮類交際儀文游歷

領事辦事不協照會撤換

領事不得兼作買賣并不可用商人濫充

領事不准擅代他國發照

領事不合隔省擅遞申呈

設領事等官

條約章程

伊犂塔爾巴哈臺通商章程第二條

一兩國商人互相交易雖屬自定價值不能不為之設官照管中國由伊犂營務處派員俄國尚派管貿易之匡蘇勒官照管遇有兩邊商人之事各自秉公辦理

俄約第五條併見工類租傭建置

俄國在中國通商海口設立領事官為查各海口駐紮商船居住規矩再派兵船在彼停泊以資護持領事官與地方官有事相會並行文之例蓋天主堂住房並收存貨物房間俄國與中國會議置買地畝及領事官責任應辦之事皆照中國與外國所立通商總例辦理

俄續約第五條併見戶類稅務陸路口岸貿易

俄國商人除在恰克圖貿易外其由恰克圖照舊到京經過之庫倫張家口地方如有零星貨物亦准行銷庫倫准設領事官一員酌帶數人自行蓋房一所在彼照料其地基及房間若干並餧養牲畜之地應由庫倫辦事大臣酌核辦理中國商人願往俄羅斯國內地行商亦可俄羅斯國商人不拘年限往中國通商之區一處往來人數通共

不得過二百人但須本國邊界官員給與路引內寫明商人頭目名字帶領人多少前往某處貿易並買賣所需及食物牲口等項所有路費由該商人自備

俄續約第八條之二（併見工類租傭建置）

俄羅斯國可以在通商之處設立領事官等以便管理商人並預防舍混爭端除伊犁塔爾巴哈臺二處外即在喀什噶爾庫倫設立領事官中國若欲在俄羅斯京城或別處設立領事官亦聽中國之便兩國領事官各居本國所蓋房屋如願租典通商處居人之房亦任從其便不必攔阻

中俄改訂條約第十條（併見戶類稅務陸路口岸貿易禮類交際儀文優待保護刑類法禁工類租傭建置）

俄國照舊約在伊犁塔爾巴哈臺喀什噶爾庫倫設立領事官外亦准在肅州（即嘉峪關）及吐魯番兩城設立領事其餘如科布多烏里雅蘇臺哈密烏魯木齊古城五處俟商務興旺始由兩國陸續商議添設俄國在肅州（即嘉峪關）及吐魯番所設領事官於附近各處地方關繫俄民事件均有前往辦理之責按照一千八百六十年即咸豐十年北京條約第五第六兩條應給予可蓋房屋牧放牲畜設立墳塋等地嘉峪關及吐魯番亦一律照辦領事官公署未經起蓋之先地方官幫同租覓暫住房屋俄國領事官在蒙古地方及天山南北兩路往來行路寄發信函按照天津條約第十一條北京條約第十二條可由臺站行走俄國領事官以此事相託中國官即妥爲照料吐魯番非通商口岸而設立領事各海口及十八省東三省內地不得援以爲例

中俄改訂條約第十一條（併見戶類稅務口岸貿易陸路口岸貿易禮類交際儀文刑類獄訟控告審斷工類租傭建置）

俄國領事官駐中國遇有公事按事體之關繫案件之緊要及應如何作速辦理之處或與本城地方官或與地方

大憲往來均用公文彼此往來會晤均以友邦官員之禮相待兩國人民在中國貿易等事致生事端應由領事官與地方官公同查辦如因貿易事務致起爭端聽其自行擇人從中調處如不能調處完結再由兩國官員會同查辦兩國人民爲預定貨物運載貨物租賃鋪房等事所立字據可以呈報領事官及地方官處應與畫押蓋印爲憑遇有不按字據辦理情事領事官及地方官設法務令照依字據辦理

英舊約第二條（併見戶類稅務口岸貿易）

一自今以後

大皇帝恩准大英國人民帶同所屬家眷寄居大清沿海之廣州福州廈門寧波上海等五處港口貿易通商無礙且　大英君主派設領事管事等官住該五處城邑專理商賈事宜與各該地方官公文往來令英人按照下條開叙之例清楚交納貨税鈔餉等費

英約第七款（併見禮類交際儀文）

一　大英君主酌看通商各口之要設立領事官與中國官員於相待諸國領事官最優者英國亦一律無異領事官署領事官與道臺同品副領事官署副領事官及繙譯官與知府同品視公務應需衙署相見會晤文移均用平

禮

嗹嚧哪喊約第四條（併見禮類交際儀文刑類獄訟控告審斷）

一　嗹嚧國哪喊國等民人既准赴五港口貿易應須各設領事等官管理本國民人事宜中國地方官應加款接遇有交涉事件或公文往來或會晤面商務須兩得其平如地方官有欺藐該領事各官等情准該領事等將委曲申訴中國大憲秉公查辦但該領事等官亦不得率意任性致與中國官民動多牴牾

美約第十款（併見禮類交際儀文刑類獄訟控告審斷）

一　大合衆國領事及管理貿易等官在中華議定所開各港居住保護貿易者當與道臺知府平行遇有與中華地方官交涉事件或公文往來或會晤面商務須兩得其平即所用一切字様體制亦應均照平行如地方官及領事等官有侮慢欺藐各等情准其彼此將委曲情由申訴本國各大憲秉公查辦該領事等官亦不得率意任性致與中華官民動多牴牾嗣後遇領事等官派到港口大合衆國大臣即行照知該省督撫當以優禮款接致可行其職守之事

美續約第三條

大清國大皇帝可於大美國通商各口岸任便派領事官前往駐紮美國接待與英國俄國所派之領事官按照公法條約所定之規一體優待

法約第五款（併見禮類交際儀文刑類獄訟控告審斷）

大法國皇上任憑設立領事等官在第六七款內所列中國沿海及河各埠頭辦理本國商民交涉事件與各地方官公文往來並稽查遵守章程中國地方官與該領事等官均應以禮相待來往移文俱用平行倘有不平之事該領事等官准逕自申訴省垣大憲並控訴本國　欽差全權大臣遇有領事等官不在該口大法國船主商人可以相託與國領事代爲料理否則逕赴海關呈明設法妥辦

使該船主商人得沾章程之利益

中法會訂越南新約第五款（併見戶類稅務陸路口岸貿易）

一中國與北圻陸路交界允准法國商人及法國保護之商人並中國商人運貨進出其貿易應限定若干處及在何處俟日後體察兩國生意多寡及往來道路定奪須照中國內地現有章程酌核辦理總之通商處所在中國邊界者應指定兩處一在保勝以上一在諒山以北法國商人均可在此居住應得利益應遵章程均與通商各口無異中國應在此設關收稅法國亦得在此設立領事官其領事官應得權利與法國在通商各口之領事官無異中國亦得與法國商酌在北圻各大城鎮揀派領事官駐紮

布約第四款（併見禮類交際儀文優待保護）

現已議准通商各口布國暨德意志通商稅務公會和約各國任憑設立總領事一員領事副領事署領事等官每口一員前往辦理本國商民交涉事件中國官員於該領事等官均應從優款待如相待諸國領事官最優者無異凡別國所邀優恩之處德意志官員一律相邀遇有領事等官不在該口德意志國商民可以相託與國領事代為料理否則逕赴海關呈明設法妥辦使本國商民得沾章程之利益

德續約第二款之二

一德國允凡德國各處准各國領事官駐紮者中國亦可派員駐紮按照待各國官員最優之禮相待

丹約第七款（併見禮類交際儀文）

一中華通商港口大丹國設立領事等官或一員或數員酌量丹商情形隨時定派中國官員接待各國領事官最優之禮亦於丹國不使或異定其品級即領事官署領事官與道臺同品副領事官署副領事官及繙譯官與知府同品因公來往衙署相見會晤文移悉用平禮為是設若通商無論何口大丹國以為無需設官均可暫交友國領事從權代辦丹國事務以歸簡易

荷蘭約第一款（併見禮類交際儀文優待保護本類遣使）

一

大清大皇帝　大和大君主自立約以後　大和君主可特派秉權大員前來中國照料通商事件其通商各口亦可分派（正副）領事官或署（正副）領事官駐劄以撫馭和國民人和國所派（正副）領事官或署領事官必須各省督撫通商大臣接有和國秉權大臣公文方可通行各口監督地方等官會同辦事大和　欽差大臣若有公務可往京師辦理往還費用皆由和國支理與中國無干凡有和國官員往來中

國地方官務必設法照料不得攔阻欺凌和國係是自主之邦若遇有礙國體之禮不可飭其必行和國秉權大臣與中國大臣文移會晤俱用平行儀式相待其通商各口正領事官署領事官與道臺同品副領事官署副領事官與知府同品會晤文移各按品級

日斯巴尼亞約第四款 併見禮類交際儀文

大日斯巴尼亞國大君主可設立領事等官在中國通商之各口辦理本國商人貿易事務並稽查遵守章程凡領事官及署領事官與道員同品副領事官及署副領事並繙譯官與知府同品其權職均與別大國領事等官無異

因公來往衙署相見會晤文移悉用平禮至所派之員必須日斯巴尼亞國真正職官不得派商人作領事官一面又兼貿易若係小口貿易不多日斯巴尼亞國可暫令別國真正領事官料理仍不得託商人代辦

比約第七款 併見禮類交際儀文

中華通商港口大比利時國設立領事等官或一員或數員酌量比商情形隨時定派中國官員接待各國領事官最優之禮亦於比國不使或異定其品級即領事官署領事官與道臺同品副領事官與署副領事官及繙譯官與知府同品因公來往衙署相見會晤文移悉用平禮為是設若通商無論何口大比國以為無需設官均可暫交友國領事從權代辦比國事務以歸簡易

義約第七款 併見禮類交際儀文

大義國大君主任憑設立領事等官在中國沿海及河各埠頭通商之所辦理本國通商交涉事件並稽查遵守章程中國官員接待各國領事官最優之禮亦於義國不使或異定其品級即領事官署領事官與道臺同品副領事官署副領事官及繙譯官與知府同品因公往來衙署相見會晤文移悉用平禮為是倘有不平之事該領事等官准逕自申訴省垣大憲並控訴本國　欽差全權大臣設

若通商無論何口大義國以為無需設官均可暫交友國領事從權代辦義國事務以歸簡易遇有領事等官不在該口義國船主商人可以相託別國領事代為料理否則逕赴海關呈明設法妥辦使該船主商人得霑章程之利益

奧約第六款 併見禮類交際儀文

奧斯馬加國設立總領事一員並領事副領事署領事等官前往已通商各口辦理本國商民交涉事件中國官員於該領事等均應從優款待與相待諸國領事官最優者無異如奧斯馬加國於各口不派領事官可以相託別國

眞正領事官代爲料理

日本修好條規第八條 併見刑類獄訟控告審斷命盜債務

兩國指定各口彼此均可設理事官約束已國商民凡交涉財產詞訟案件皆歸審理各按已國律例覈辦兩國商民彼此互相控訴俱用稟呈理事官應先爲勸息使不成訟如或不能則照會地方官會同公平訊斷其竊盜逋欠等案兩國地方官只能查拏追辦不能代償

日本修好條規第十六條

兩國理事官均不得兼作貿易亦不准兼攝無約各國理事如辦事不合衆心確有實據彼此均可行文知照秉權

大臣查明撤回免因一人僨事致傷兩國友誼

秘約第四款 併見禮類交際儀文

大清國派總領事並領事副領事署領事等官前赴秘國各處有別國領事駐劄地方辦理本國商民交涉事件秘國亦按待各國領事最優之禮一體相待大秘國派總領事並領事副領事署領事等官前往中國已通商各口辦理本國商民交涉事件中國官員接待各國領事官最優之禮亦於秘國領事官不使或異惟必須眞正官員不得委商人代理

巴約第三款

兩國於彼此通商口岸設立總領事領事副領事并署領事等官均聽其便惟此等官員必須奉到駐劄之國批准文憑方得視事其臨時彼此交發文憑均無費用所派領事官必須眞正官員不得以商人兼充亦不得兼作貿易各口倘未設領事官或請別國領事兼代亦不得以商人兼充或即由地方官照現定條約代辦兩國領事官享獲種種恩施與彼此所待最優之國領事官無異至商民交涉事件有與本地官民齟齬者領事官均不得任意爭執如領事官辦事不合彼此均可按照公例即將批准文憑追回

章程

駐劄日本口岸理刑事宜專章

出使日本大臣何張咨呈竊照本大臣奉使日本以遵照修好條規設立理事官所有約束華民均應按巳國律例嚴辦惟是案發海外如有斬絞重犯未便於他國通商口岸處決而多與東西洋各國交涉又未能將案中見證人等一一解回中國審辦當經酌議理事官理刑事宜七條函請總理衙門核示嗣承准函開所載各議尋屬可行如有未盡事宜仍隨時隨事咨明本處並北南洋大臣備查等因當將酌議條件札交各口理事官遵照辦理在案茲旣辦

理三年其尋常輕犯經由該理事官隨時發落又雖係重案要犯而該犯或因鬬殺互斃或因案發自戕無犯可解者亦經由理事官申明本大臣擬結現查尙有審明定擬監押之重犯自應解回上海縣辦理除一面飭該理事備文並抄原案選派幹役移解外相應鈔粘原議理刑事宜七條咨呈備案並希飭知上海道轉飭上海縣查照辦理

光緒七年二月　日咨呈北南洋

計開理刑事宜七條

一有犯笞杖罪名者應請令理事審訊斷擬隨時發落徒犯準此

一有犯軍流罪名者擬請令理事官審訊斷擬隨案分別其情節輕重或就地發落或解回本國由理事官申明出使大臣核辦

一有犯絞斬罪名者擬請由理事官訊取確供定擬備文移回本國上海縣辦理上海去日本最近故擬請交上海縣緣日本近用西律舊日斬絞罪名多改爲禁錮終身者若有此項要犯應處極刑遠近傳聞必駭觀聽故未便於他國通商口岸處決然案發海外所有鄰右見證一切案中牽連之人均在於此若一一解回本國則此輩商民株累無窮且見證之人有出日本人西洋人者擬卽由理事官於案發之日卽

行提集案犯要證訊取確供按律定擬申請出使大臣覆核仍飭該理事備文發役解交上海縣照例辦結其案內見證等人應毋庸起解以省波累此項解費卽由該地理事官就地籌辦

一若有殺人凶犯律應斬絞者除將該凶犯解回本國處決外其被殺之人由理事官立卽親自驗視妥令棺殮其有親故在此者令其領回或寄葬義園或運回本籍均聽其便所遺財物若在客中並無親屬者行文査詢本籍親屬妥寄飭領若願領屍棺亦聽其便其殺人凶犯旋卽自殺者所遺財物亦準此此條所遺物或解回上海縣轉寄或卽寄其本籍均看地方遠近隨時辦理

一華人與日本人東西人鬬殺之案由理事官會同該國理事官驗明審擬各按已律辦理若華人被外國人民殺死者其凶犯係由他國官自辦擬請於案結之後由理事官備文知照本籍地方官

一理事官辦擬罪犯除一切遵照律例外惟理事署未能事設作作一役若有相驗之事擬即借傳該地警視局醫生驗明即巡捕凡有關毆傷殺人者是其專責此項醫生即兼相驗者即以警視局醫生驗明傷單據以辦案

一理事官所有刑名均申明出使大臣覆核其情節重大者應否由出使大臣摘案彙呈總署並咨呈北南洋大臣之處請示遵行

成案

游歷執照必須體面自愛者方准塡發并領事不得以商人兼充暨核定接待品級禁止濫發旗號併見禮類交際儀文游歷

欽差大臣東閣大學士桂等爲照會事照得天津和約內載貴國人民若有蓋印執照准聽前往內地各處惟此項印照務由各領事察看請領之人實係體面自愛者方准塡發不可誤給有關緊要是以不得不備文照會貴大臣等商酌究應如何妥辦方免滋事希爲詳細示覆其無和約之國本不應與有約之國視同一律祇以本大臣等未悉外

國情形不肯遽行立法防弊合先奉商再爲定見查貴國商民如或犯案可交領事懲辦此外各國領事皆係商人本屬無權管束且自已走私作弊事所恒有豈惟不能服衆反使衆商效尤誤事非淺本大臣等公同商議各該國欲設領事必須各國特放一員方准管事不得以商人作爲領事以致有名無實至貴國新開通商口岸自須每口設一領事官俾得妥爲管束而昭慎重但領事官名下尙有數事本大臣等合并爽快言之蓋向來領事官屢於關礙和好事件不稟本國上司無情無理膠執已見擅自專主恃強妄爲實於和好大有窒礙應行特請貴大臣轉飭

各領事嗣後有與地方官意見不合彼此辯論之事各稟大憲請示遵行不得仍前由領事官自出主見務使恪遵條約以垂久遠共敦友誼又如中國官憲本未輕慢領事而領事官每指為輕慢則品級一層尤當明定章程以杜爭論查三國條約領事官與道臺同品又查法國條約大憲與中國京外大憲俱用照會二等官員與中國省中大憲公文往來用申陳中國大憲用劄行兩國平等官照相並之禮等語援照此意領事官既與道臺同品總領事應與藩臬同品如此定明方免爭端以臻妥協又查上海近有中國船戶由各國領事給發旗號計船三十餘隻日漸

增添殊多不便此等船戶向係不安本分然無外國旗號猶不敢玩法為匪今恃旗號為護符地方官因有外國旗號欲加之罪躊躇不決諸多掣肘遂致無所不為犯案纍纍流弊無窮上海如此各口諒均不免尤慮煽成巨禍致啟中外爭端萬不能不立法禁絕擬請貴大臣即飭各口領事官嗣後永不准以貴國旗號發給中國船戶如有從前已給者一概撤銷本大臣一面出示曉諭如有中國人擅領外國旗號張掛駕駛者應行查拏從嚴究辦俾知警戒以上各層本大臣等均為永全和好兩國有益無弊起見合并照會貴大臣請煩查照示覆施行除照會法英美國大臣外為此照會

附錄英國照覆

為照覆事前於九月三十日准貴大臣等來文內請本大臣將數層皆關中外交涉之件公同法美兩國各大臣會議等詞文到之日因亟行啟程前赴漢口之際其中諸節實屬緊要俱當熟商難得直行出見故暫停置未及率覆惟以再四慮心籌酌外從來文所指亦同法美兩國各大臣會議若以本國官民而論來文所敘礙難各端本大臣則易為置詞萬保毫無過慮一則天津條約定准英民進入內地通商游行之議本國切願盡心勷辦防其借此美

舉稍致反為妄行定必嚴飭各領事官凡非體面和厚之人萬不許給照一則英國旗號其例甚嚴核該船任載噸數必滿定額則有英人或為資主或為船主方給旗號以表秉持如有 貴國船艇未遵此例擅敢升豎英旗一經查出止須直行知會領事官必能設法懲究杜絕此弊一則所稱領事官名下數事凡本國派員出境常以已到各邦當待官民必以公平和洽為準幸在辦事之間亦有貴國官員恒同此心一體行辦則在各口彼此官員和誼自必永存勿絕偶有不合意見之處即據來文各宜早報上憲此誠良法實為妥協嗣因兩國大憲往來審邇則有

事直捷奏
聞免致兩邦爭執肇衅與戎之禍至於未立條約各國民人貴
大臣來文詢以作何辦理此語揆之本大臣似難置答何
則因有不歸本國所屬民人諸凡作爲本國不任其責除
此當立將茲欵轉報秉政各大臣奏候御覽外合爲先奉
一詞果在各口海關派員曉暢練習著名誠實之人徵餉
皆從一律辦理相待商民毫無偏袒諒貴大臣所指情弊
定必大半消除來文所稱因貴大臣等不明外國情節是
以行文詢訪思　貴國原爲大邦貴大臣職推大員本大
臣中懷敬慎敢問中土大員何以必措不明外事之詞奏

西各邦並無難達秘密之景各國都城人皆可履其地恭
遇
大皇帝特派稱任大員前往西土
命以凡有益於國體保其無礙應知之學必得明了本大臣不
論別國而本國則必以實心友誼接待如有意博訪審察
各節任便咨詢通徹由此兩邦永存和好之據日見增廣
保全周妥矣咸豐八年十二月初十日

附錄美國照覆

爲照覆事准貴大臣九月三十日來文內開各等因本大
臣留心細爲察閱其中所問所論俱屬歷練爲友好起見

深爲欽仰本國向與中華只有和睦今仍此心詳爲覆達
於後一美國商民之進內地也按天津所立條約有云中
國有何利益施及他國准美國一體均沾等語是則美國
人之進內地既同他國所有請執照等情均應一體遵行
當如英法兩國一般俟大伯理璽天德旣得國會紳耆議
允批准和約之後定必明立律例交給領事官禁止不請
執照或强請執照等事本大臣自當呈明國家設立章程
襄助中華致免美國商民違犯　貴國憲典可也一整理
有約無約各國之法也本大臣身爲和好大國奉使之員
向知此事自應變通然因稍有難行今請將中國所能行

者略爲陳列首應與討問欲立約之國定立條約也前大
呂宋即西班牙國來求立約而中國不允今大西洋即葡
萄雅爾亦已求取矣使中國肯同定約自當稍減無約之
國今姑無論即任其仍前如是本大臣尙有一法可稍通
融按泰西各國公使凡此國領事奉遣至別國者若不得
所往之國準信延接者即不得赴任今凡有稱領事而中
華國家或省憲地方官不肯明作準信延接者彼即無權
辦事是則中國於此等兼攝領事立即可以推辭不接凡
已延接者照理亦可刻即聲明不與交往設有美國人兼
攝無約領事藉此作護身符以圖己益者旣屬美國之人

地方官可以直郤不與延欵遇有事故著彼投明美國領
事自應隨時辦理間或美國人兼攝領事而代無約商民
討求地方官幫助申理等情地方官礙於情面代爲辦理
者亦可以對彼說明並非職守理所當然乃只由於情面
而已又若此等自稱領事有與海關辦理船隻餉項事宜
者地方官可郤以必須按照條約遵行之語倘彼固執已
見干犯制例者中國或出於不得已地方官自應用强禁
阻當五月三十日在天津時本大臣照會桂中堂花冢宰以中國
必須購造外國戰艦火輪船隻者特爲此故足徵所言非
謬也一領事不得干預貿易也現美國業經定制凡干涉

買賣者不得派作領事官矣一領事與地方官爭論也前
此果有等情動多牴牾本大臣深爲怨憤亦與貴大臣同
心今既奉本國大伯理璽天德命簡爲使臣之職業經設
法將一切事宜妥爲辦正誠願嗣後無致齟齬果有仍前
事款請照知本大臣定當修正若領事官有何不合之處
地方官按理據實直斥其非不與共事本國國家並使臣
斷無可控之端但最善之法地方官將已職守攸關並合
理之處照尊貴之法據直善言論列自可申理矣一按定
品級總領事之說也總領事之設美國奉使駐劄中華者
從無此制可毋庸議一發給旗號也本大臣會經而詢領
事官據稱從無給發迨細查底冊亦向無此事本大臣復
嚴諭領事嗣後無致有此也以上業已據問直達猶有管
見當須照知者以本大臣之意貴大臣似宜上奏
大皇帝定立國家號旗各省咸皆遵守俾中國公私船隻盡行
升用蓋美國制度凡屬本國之人必用本國旗號卽泰西
各國莫不皆然今中華貿易之盛無號旗以保護何不亦
如他國之法使商船與盜賊有所區別而免商民之借用
與假冒外國號旗哉茲本大臣現已將奉使職守之事全
行妥辦一俟護理有人再行照知卽當起程返國惟願貴
大臣於一切諸事順適咸宜至天津約內所云永久和好

及遇有要事襄助之語美國固以友好爲心中華有何需
用美國之處美國定當以和平之法竭力襄辦但請　貴
國亦謹守約款所載及訂定各事務使一言一字不致脫
漏是本大臣與美國之厚望也爲此照覆咸豐八年十月
初五日

附錄法國照覆

爲照覆事於九月三十日准貴大臣照會一件內開法國
入往內地執照暨領事官等事其中事件亦有非本大臣
所能專辦者故日前公事繁冗不便囘覆今已稍閒特將
貴大臣前所來照會一一細閱詳查逐條囘覆一前往內

地執照本大臣在天津時已有文詳本國奕領事官如發執照須要認明此人係正經好人前往內地何處作何生理始行蓋印給發執照上須載中法二國文字及本人年貌係籍何處作何生理方准領事官同中國地方官一並蓋印此執照發出一年爲期每年更換其執照紙費俱係本人奉納然此須待交還和約時本國大臣來中國同貴國大臣商酌妥協此執照如何作法本大臣定知本國設立善法以致不得滋事一有約之國不與無約之國視同一律貴大臣未悉外國情形不肯遽行設法防弊合先奉商再爲定見本大臣查此甚屬有理但刻下尚無定見

只可將貴大臣照會詳至本國飭令法官之在無和約之國者轉告無和約國之官一一遵辦至於有商人而兼作領事者本大臣尚不能專定業已詳明本國凡作新開口之領事俱不得以商人兼攝方可辦事一領事官有屢次關礙和約不詳上憲之事必有實據方可憑信本法國定不曲從任其再有此等之事雖　貴國諭法國官有不善等事法國未論及　貴國官如何善否恐中法二國官員各存己見兩不相讓以至如此本國素諭領事安分辦事懍遵和約所以現今重修舊好以前之事永不必追以後共敦友誼以垂永遠一　貴國大憲與法國大憲俱用照會二等領事官與道臺同品總領事官與藩臬臺同品如此定方免爭端本大臣來中國日淺未深明悉　貴國品級待交還和約時再行相商定明一中國船戶用外國旗號中國官員礙難辦理恐啟中外爭端不能不立法禁絕查本國例載法國之船船主係法國人水手有法國人一半方准發給旗號本國欲與　貴國永遠和好故所辦之事俱遵和約以致二國人民俱有和好之實交還和約之大臣俱有本國參辦事件本大臣知　貴國與法國有實心和好之意今俟本國來文始知同本國之期臨行時再照會貴大臣一切之事俱可與在粵之公使大臣布一同

商辦可也爲此合行照會咸豐八年十月十九日

領事辦事不協照會撤換

大比利時國欽差特簡前往中華便宜行事大臣金爲照會事照得兩國既定和約通商章程各節已臻妥善嗣後比國所派駐劄各口領事副領事各等官如有辦理不按條約有不協之處　貴國即行照會比國欽差大臣或代國大員一准來文一面即將該領事官撤任該口另設別員接辦一面抄錄原文繕摺奏請查辦另派領事官來華至於所託別國領事副領事各等官代辦事務一有不協之處亦應一例同辦爲此照會同治四年九月十四日

領事不得兼作買賣并不可用商人濫充

大清欽差總理各國事務全權大臣戶部左侍郎兼管三庫事務譚等照得本大臣與貴大臣酌議和約章程現已一律定准惟查各國在各口通商設立領事官均須揀派眞正官員不得兼做買賣更不可用商人濫充此職現貴國既議換約自應按照各國一律辦理本大臣已將此節與貴大臣面定由本大臣照會貴大臣辦理爲此特備照會嗣後貴國如在各口設立領事官務希揀派眞正官員不得以商人濫充此職以杜弊端而昭愼重相應照會同治五年九月十五日照會義國

附錄義國照覆

准貴大臣本月十五日來文以本國如在中國通商各口設立領事官務希揀派眞正官員不得以商人濫充此職等因照會前來本大臣均已閱悉除將貴大臣來文各等節詳細達知本國特請於派員時妥爲查核辦理外合先照覆同治五年九月十九日

附錄奧國照會

爲照會事照得本大臣與

大清欽差特簡全權大臣董會商條約各款當經董大臣議及各口領事官斷不能派令商人充當本大臣亦即言定本國所派各口領事等官必係本國眞正職官概不用商人充當又經商定若係本國不便遣派領事官之口其領事一切事務可託別國眞正領事官料理仍不得託商人代辦以上各節即與各條款視同一律爲此合行照會貴衙門查照同治八年七月二十日

領事不准擅代他國發照

總理衙門咨准　盛京將軍咨稱營口現有暫波里國商人德勒耶領法國執照來口租房設行並咘咨國商人阿文亦欲設行尙未租得房間請核覆遵行等因前來當經本衙門將開行一節礙難准辦詳爲咨覆　盛京將軍在案因將法國領事官代別國商人濫行發照與條約不符各情函致法國哥大臣茲據函復暫波里國名目未經列入布國和約究係何國屬國本大臣亦全然不知惟本國領事並未陳請本大臣批准遽敢代爲發照實屬荒謬本大臣現已飭查天津上海等處此照究係何處領事所給並嚴飭各該領事以後務遵和約不得濫爲別國商人代發執照以致難於查核仍當函致英國住牛莊領事官請其立向暫波里國商人德勒耶將所領本國執照即行掣回等語本衙門查核商人德勒耶雖領有法國執照既據哥大臣函稱即行掣回自應與並無執照之咘咨國商人

阿文均不准其在口租房開行倘英領事詢及亦可據此與之理論已咨　盛京將軍轉飭牛莊委員等查照前咨妥爲阻止相應咨行同治元年八月二十五日咨三口

領事不合隔省擅遞申呈

總理衙門咨前據河南巡撫函稱漢口法領事達布理有在河南巡撫衙門擅遞申呈情事經本衙門以法國領事隔省投遞申呈殊屬不合迭次函致法國公使查辦茲據法國公使函稱各口領事與各口省分大憲公文往來可以依此節辦法惟恐本住省分大憲推辭並他省大憲嗔其侵越等語又經本衙門逐層分晰函復在案嗣後如遇

領事在本住省分大憲衙門投遞申呈必須一面收受一面即爲行文其公文所行省分之大憲亦須查明案情斟酌詳審妥爲辦理是爲至要相應咨行同治三年六月十一日咨三口

領事升總領事仍用申陳

總理衙門咨正月二十三日准咨據美國領事西華申稱現授總領事之職請與往來公文改用平行等因並抄函稿前來本衙門查上年十一月二十五日接據美國公使照會內稱本國西領事升授總領事請知照江蘇巡撫李務宜相與和衷辦事等語當經本衙門查蒲公使來文雖未言明總領事請與巡撫平行而文內既有相與和衷辦事一語恐其以平行相待必得明白駁正隨即備文照復以總領事應與藩臬平行在案今西華具牘請與巡撫平行業經貴大臣據理駁斥措詞亦甚妥協相應咨行同治三年二月初八日咨南洋按此案及後二案皆係同治三四年間之案嗣光緒二年煙臺條款內訂明中外往來儀式節略復經酌訂聲明已列入禮類交際儀文內並註又按總領事領事接待品級於戊午年照會英法各國文內重經申訂以後凡遇此等交涉皆係照戊午年訂章辦理紬軸繹輊嗰條嗣於丙子年煙臺條款內議訂中外往來儀式始將此節酌爲更訂節略內所謂以賓禮相待者蓋謂督撫與領事本分非平行而中外又不相轄屬故用賓禮以示優待亦隱示別乎平行之意是以於行文內又聲明尋常公務照舊照會道臺轉申若事關緊要彼此概用照會云云今將此案及後二案列入設領事本門以存原案其交際儀文內則不再重列

以免後來誤會引用

總領事署欽差仍應以領事相待並發還照會

總理衙門咨八月十二日准布國署欽差大臣上海總領事拉照會內稱現派民人德爾孫作爲上海總領事官派往寗波辦事之人等因前來本衙門查所派民人德爾孫作爲上海領事官派往寗波辦事之人此人並非領事官未便以領事相待相應抄錄原照會一件咨行查照至該總領事雖據稱現署欽差大臣而究係領事官之職未便由本衙門照覆並希查明應由何處與之行文即給予照會告以所派民人德爾孫既係往來辦事之人只代商人

赴關呈報各事如有應辦之事令其轉達上海領事官該
民人在口中國不能照領事官體制相待等語以杜弊端
同治三年八月二十二日咨南洋
通商大臣李咨呈同治三年九月初三日准咨等因查布
總領事雖稱署理該國欽差仍應以領事官相待該拉領
事前日因公來蘇謁見本爵大臣即以接見領事之禮待
之自應仍由承辦洋務之上海道給予照會以示體制相
應咨呈同治三年九月咨呈總署
總理衙門咨同治四年正月十四日據英國威公使送到
布國署理欽差大臣兼管上海總領事事務德照會一件

內稱該總領事於十月初十日抵滬十一月二十日准前
總領事拉啟行回國交來印件當於是日接印任事等情
本衙門查同治元年布國派公使前來上海換約其官銜
係欽差大臣總領事列字樣遞到本衙門照會一件經本
王大臣等查布國此次公使雖稱欽差大臣其本職究係
總領事應與藩臬同品乃徑遞本衙門照會與體制不合
當將原照會一件發遞上海通商大臣薛轉飭兼署江蘇
布政使蘇松太道備文交還列總領事隨據該總領事列
裴士改具申陳一件由吳道呈遞轉咨來京有案茲該總
領事德係以總領事兼代理大臣仍復誤用照會呈遞本

衙門殊與體制不符相應咨行轉飭藩司按照前次章程
給予照會將該總領事原遞照會一件隨文交還如該總
領事有應陳本衙門之件須照前案改用申陳本衙門方
能接收核辦也同治四年正月二十七日咨南洋
各國公使及領事等游歷各省飭地方官先爲申報已見
本類遣使并見禮類交際儀文游歷
美商代充俄領事
南洋大臣咨據署湖北江漢關道王文韶詳奉劄開准總
理衙門咨據俄國公使照會內稱漢口前任領事官回國
現換新領事別已經到任等因曾於九月初六日抄錄照

會咨貴大臣查照轉行該監督遵照並查明是否商人充
當分別辦理等因在案查漢口俄國衛領事回國託美國
人名別列者代辦本衙門於本年閏五月間接據湖廣總
督咨文當即咨覆飭查去後茲據覆稱據漢黄德道鄭蘭
詳遵查代辦漢口俄領事之別列者即係前在九江之美
領事別列子實係不通漢語其是否商人充當並可否與
之辦事尚待查視並聲明別列子雖不通漢語惟以美人
而代俄國領事來往之事究亦有限且係暫代之員可否
准予代理等因據情咨復前來本衙門查別列子前在九
江充當美國領事因不通漢語於元年正月間照會美國

公使吏換在案茲據漢黃德道查現在代辦俄領事之別列者卽係其人而於是否商人充當並可否與之辦事之處據稱尙待查覈等因相應抄錄湖廣總督來文咨行查照轉飭該道詳查別領事究竟是否商人充當可否與之辦事是否暫無更換之處詳由貴大臣酌核辦理仍咨復本衙門查照至未經查復之先該關與俄國交涉事件應如何辦理統由貴大臣飭知該關道遵照可也等因到本大臣承准此查漢口之代辦俄國領事別列是否商人充當前據江漢關道詳稱尙待查覈係在七月內之事迄今數月自必查確可否與之辦事是否毋庸更換不難核見

茲准前因應卽由江漢關道作速據實詳復以憑咨報飭遵其未經查復之先俄國如有交涉事件原不能因該國在漢者僅止阜通一行公事有限爲詞若別列果係商人充當所有未經查復以前江漢關如與俄國有交涉事件暫不往來照會卽與面爲商辦似於公事不致掣肘除咨復總理衙門外合行劄飭分別遵辦詳咨等因當卽密爲訪查並飭委員暗地查詢茲訪聞得別列者卽別列子係美國瓊記商人代充領事等情查各國商人照約不准兼充領事茲別列者以美商而代俄國領事於例已屬不符而美國領事官自去年沙德離漢後亦係別列者代理是

直以本國商人而充本國領事尤屬窒礙難行仰乞咨明總理衙門照會俄美兩國公使各派眞正領事官來漢辦理通商事務至此次已經查復以後未奉復示以前職關遇有與兩國交涉事件不能不變通辦理卷查同治三年鄭前道詳撤美國領事畢理格一案奉總理衙門行知畢理格旣以商人充當領事又復恃强妄爲本衙門已知照以後該領事如來謁見監督應不准其進見如以公文來投立卽退回不收等因茲別列者尙不至恃强妄爲似應稍爲變通茲擬自此次查復以後至未奉復文以前兩國如有交涉事件則以信劄往還仍不與之照會並不准進見

以示限制倘遇有通商事件知會各國不能不用照會者則書某國領事府存其國之官名而不著其官之姓氏以示慎重體制之意是否有當理合詳請核咨等情爲此咨呈再此案前經本大臣酌定如有交涉事件卽與面爲商辦已屬曲示圓融若謂別列者現無恃强妄爲情事改以信劄往還或予照會僅書某國領事不著姓氏固爲因勢變通然一涉此等形迹直與照常辦事何異所有未奉復文以前凡有事件應仍與面爲商辦除批示外合併咨明

同治五年二月初一日咨呈總署

英商兼充駐鎭法副領事

鎮江關稟接奉抄示總理衙門來函以英商甘霓仁派充法國駐鎮副領事一案查商人兼充領事與條約不符或不與往來照會遇有交涉事件與之面爲商辦等因誠於公事體制兩無格礙惟恐有輾轉籌辦之事或彼此因公他出不及面商祇能暫用信函傳遞庶無稽誤是否有當仍乞示遵惟甘霓仁迄未來署會晤如竟派充領事該國公使自應知照總理衙門應俟行知到日遇有交涉之事再當遵照辦理同治七年九月初三日稟南洋大臣奉批稟悉如有不及面商者暫用信函所論正與江海關稟報之意相合仰即照依妥辦以重體制滬關稟抄發閱看繳

附錄江海關稟

江海關稟八月十八日接奉鈞函以鎮江蔡道稟報英商甘霓仁派充法國駐鎮副領事一案等因奉此伏查上海一口無論有約無約各小國所設領事類多商人兼充向係照案不與印文往來間或一用信函亦力避領事二字現有丹國帛不爾瑞威敦各國領事莊純臣福四得等均係商人兼充即照此法辦理該國所以不得不設一領事者因無約之國不准與英法俄美諸國同一章程以致勉強出此職道以爲中國宜從格外優卹之列第恐既係商人兼充或有包庇本行稅務情事是以不敢妄有陳說以開流弊用敢附陳合將上海辦理情形稟請鑒核同治七年九月初三日稟南洋大臣奉批稟悉現據鎮江關蔡道稟復亦有如不及面商者暫用信函之諭已將該關來稟抄發閱看矣繳

美領事代辦無約之國通商事務

總理衙門咨案查美國領事代辦遂次蘭國事務一案上年經本衙門咨行貴大臣暨南洋通商大臣查覆嗣迭准來咨以無約小國商船請由有約各國領事代辦之事南洋往往原情准行此次遂次蘭國請由美領事代辦照料則可若美國人自稱兼攝無約領事則斷不准行各等因

前來本衙門查遂次蘭國係無約之國向來無約各國不能由別國兼攝領事此次美國領事代辦該國事務只可照料不能兼攝至通商納稅等事仍照向來無約各國成案辦理惟只准在海口通商其內江口岸以及內地游歷設局招工等事均不准一律均霑以示限制除由本衙門知照南洋通商大臣暨劄總稅務司並照會美國公使查照外相應咨行轉飭各口一體遵照同治十一年二月二十五日咨三口

又咨案查美國領事代辦遂次蘭國事務一節前經本衙門以遂次蘭國係無約之國向來無約各國不能由別國

兼攝領事此次美國領事代辦該國事務只可照料不能兼攝至通商納稅等事仍照向來無約各國成案辦理惟只准在海口通商其內江口岸以及內地游歷設局招工等事均不准一律均需以示限制等情咨行貴大臣暨劄總稅務司並照會美國公使各在案茲准美國公使照覆稱同治十一年二月二十五日准照會美國領事官可以照料瑞士事務仍不得謂為瑞士領事官如此情形最為妥當應自行知照美國領事官遵照辦理從前本大臣照會內遂次蘭係筆誤今請更改為瑞士國以後文件皆作瑞士國等因前來相應咨行轉飭各關一體查照同治十

一年四月初四日咨三口

美教士兼充領事

浙海關稟案奉劄行光緒元年六月十四日准總理衙門咨光緒元年五月二十七日准美國艾公使照會本國駐劄寧波正領事官羅爾梯現奉給假回國該領事任內一切交涉事務本大臣暫派衛美斯前往護理相應照會咨行轉行該處地方官知照等因前來相應抄錄美國照會一件咨行飭知該地方官並查明衛美斯是否係商人兼充照章辦理仍聲覆本衙門可也為此仰該關道即便遵照辦理具覆等因奉經照會德稅務司查覆去後茲准照覆查該領事係屬傳教士並非商人兼充等因前來理合具文申覆仰祈轉咨光緒元年七月初八日稟南洋大臣奉批據申已悉查各國設立領事辦理一切交涉事件本應特派真正領事方為正辦前因各國屢以商人兼充已屬不成體制當經立有接待定章以昭區別而示防微之意今美國以教士衛美斯護理領事尤為向來所未有教士只能傳教向不准干預公事茲既身為領事萬一遇有教案經其查辦誠恐徇情任意在所不免不但此後辦理諸多棘手似應乘其初派之始力為阻止俟咨呈總理衙門查核酌辦刻下該關道如遇有與該國交涉事件姑准

暫照商人兼充領事向章辦理一俟總理衙門復文至日另行飭遵繳

德國派定駐華領事地界

總理衙門咨准德國和署公使照稱本國新添之福州克領事官本署大臣暫令其將福建省以及臺灣島遇有德意志人被告案件或犯罪情事統歸該領事審判其本國駐紮廈門臺灣府淡水領事官亦均令該領事督率此乃本署大臣暫且自行擬辦試行倘應俟本國執政大臣允准方可立定再德意志人在廣東省以及海南島如有被告犯罪案件均歸本國駐紮廣州領事官審斷其駐紮汕

頭領事官亦應歸廣州領事官督管嗣後如派領事官赴
海南島亦應歸廣州領事官督管至於德意志人在江蘇
安徽湖北江西浙江等省遇有被告犯罪等情統歸本國
駐紮上海領事官審結其本國駐紮寧波領事官亦係上
海領事官督率若直隸山東以及　盛京等省德意志人
如有被告犯罪者統歸本國駐紮天津領事官所辦案件
之內審理其本國駐紮牛莊煙臺二處副領事官亦係聽
天津領事官督率等因前來相應咨行轉行各督撫將軍
並飭知各海關查照同治十二年十月初二日咨北洋

美商兼充領事捏報漏稅照約罰辦（併見戶類稅務 長江稽稅杜漏）

總理衙門咨前據總稅務司申稱鎮江署稅務司那威勇
申報美國副領事易美利兼充行主由內地運鹽到關擅
填運照少報斤兩希圖影射應飭罰繳銀三百兩以昭烱
戒其商人充領事者向章止准與地方官面商事件不准
行文往來如此則上半天勾通作弊之商人下半天即可
親身赴道署商辦公事此日到關受罰之商人即明日道
臺來拜之領事不若即此改章商人充領事者不准謁見
地方官止准以公文辦事等因本衙門現已劄復總稅務
司以易美利運鹽少報已經鎮江關道罰繳銀三百兩照
該署稅務司所請辦理所議改章一節查印信公文攸關
體制必須眞正領事官方可動用若商人充領事者不准
用公文往來所以示限制其親身赴道署一事原因不准
其動用公文所以不得不准其面陳事件至關道與之相
見自與接待眞正領事官有別雖准其因公晉謁原無須
拘定往來答拜如或以私事相求關道即可拒而不納應
仍照舊章辦理毋庸議改相應咨行轉飭各關道遵照同
治二年十月十三日咨南洋

新嘉坡設立領事

總理衙門　奏再前據出使英國大臣郭嵩燾奏稱英國
屬地新嘉坡擬設領事官委道員胡璇澤充當等因當經

臣衙門議覆以胡璇澤應即作為新嘉坡領事官於光緒
三年九月二十五日奉
旨依議欽此欽遵行知在案嗣據郭嵩燾咨據英國外部照覆
以按向派領事之例於派充領事之時發給該領事派充
敕書一道並由英國君主應給識認領事官敕書一道等因查
中國辦理此等事件向未定有章程無憑查照當由郭嵩
燾照錄臣衙門具奏奉
旨之案作為文憑知照英國外部發給執照等因知照臣衙門
在案茲又據郭嵩燾咨稱准外部覆稱已將來文轉咨屬
部劄飭新嘉坡總督暫認胡璇澤為中國駐劄新嘉坡領

事官一面仍應等候該員文憑本國君主敕書須待本部
接到胡領事文憑之後方能給發等語咨臣衙門查照核
辦頒給等因臣等查出使東西洋各國該處有應添設領
事官者發給文憑均須一律辦理此次新嘉坡設立領事
官旣據郭嵩燾以英國外部須以文憑爲領事官之信守
所有新嘉坡領事官胡璇澤文憑自應由臣衙門奏明
繕辦頒發並請嗣後於外國設立領事官如須繕給文憑
者一併援照辦理理合附片陳明光緒四年七月十八日
奉
旨知道了欽此

再臣衙門前於光緒二年九月間片奏出使章程內開一
擬由禮部鑄造銅關防頒發出使各國大臣各一顆以昭
信守其未頒發以前先刊木質關防行用等因奉准
諭旨行知遵照各在案除臣崇厚已由禮部鑄造關防外查出
使英法國大臣曾紀澤尚未前往接任前次臣衙門刊給
郭嵩燾等木質關防業經奏明銷燬自應照章另行刊給
木質關防一顆以資行用俟該大臣行抵倫敦接任後即
將此項木質關防繳銷至英國新嘉坡領事官前經郭嵩
燾派道員胡璇澤承充並由臣衙門給予文憑奏明辦理
在案其需用關防前據郭嵩燾咨商候臣衙門頒給當經
咨復以該處應辦事件悉由出使大臣主裁此項關防亦
應由出使大臣刊給查日本新設中國理事官經出使大
臣何如璋等咨明刊給鈐記行用似可一律辦理等因咨
復去後旋據郭嵩燾咨復以新嘉坡距英國程途較遠與
日本各口理事官情形不同西洋公例一切取信
國家若由出使大臣刊給關防不足以昭愼重仍請查照前
咨辦理等語自應由臣衙門刊刻頒發茲已仿照日本理
事官鈐記式樣刊就一併發交曾紀澤轉給行用理合附
片奏
聞光緒四年八月二十三日奉

旨知道了欽此
又　奏爲新嘉坡設立中國領事應給俸薪等項查照章
程成案酌核辦理恭摺仰祈
聖鑒事據出使英法大臣郭嵩燾奏新嘉坡設立領事懇給俸
薪一摺光緒四年十一月初一日軍機大臣奉
旨該衙門知道欽此欽遵於初二日由軍機處抄交到臣衙門
據原摺內稱准總理衙門咨覆查上年奏請設立領事摺
內有在新嘉坡諭知胡璇澤但允發給開辦經費其應支
薪水聽從籌畫等語今准咨稱領事繙譯等俸薪由江海
關道歸入出使經費內滙撥自係變通前奏辦理應由臣

專摺奏明等因臣自受
命出洋以來實見開支出使經費歲益繁多領事保護民商尙
有身格紙費足資籌畫是以舉胡璇澤以爲例非謂各國
選派領事皆應開支經費獨新嘉坡一處可以責成籌辦
也
國家所定經制須歸一例不能以胡璇澤一人獨示區別至
該處所收經費自應責成按年開報抵銷所支薪俸其需
用人員文案委員亦不可少繙譯之設專取傳達語言領
事能通知該處言語繙譯一節即可從省伏乞
飭下總理衙門仍照通定章程發給新嘉坡領事及委員等薪

俸從開辦之日爲始均歸出使經費內開支所用委員亦
責成使臣酌核名數咨報總理衙門以昭畫一等語臣等
伏查上年八月間據郭嵩燾片奏領事之名可立領事之
費不可多各口民商盼望保護皆願湊集領事經費在新
嘉坡諭知胡璇澤但允發給開辦經費其應支薪水聽從
籌畫報銷胡璇澤亦欣然允從南洋各埠應令胡璇澤切
實考求即飭作爲南洋總領事仍統歸南北洋大臣及兩
廣總督就近經理等因當經臣等以新嘉坡須設領事該
大臣擬委胡璇澤承充應即作爲新嘉坡領事官南洋各
埠相隔甚遠南北洋大臣等勢不能節制該大臣擬飭胡

璇澤作爲南洋總領事等情應請從緩妥籌該大臣議給
開辦經費不給薪水即就中國流寓民商願出戶口年貌
等費內報銷開支係爲力求節省起見各處情形有與新
嘉坡相似者即照此一律辦理等因奏准行知各該大臣
遵照嗣於本年二月間據北洋大臣咨准郭嵩燾咨胡璇
澤駐劄新嘉坡領事所需經費未據總理衙門核定似應
照奏定出使經費通行章程正領事官月給薪俸五百兩
領事處繙譯官月給薪俸三百兩即由報明開辦之日起
飭江海關道就近滙交其中國流寓民商願出戶口年貌
等費每年若干令該領事據實詳細開報酌核抵銷等因

經臣衙門咨令詳細察核咨復六月間據郭嵩燾咨新嘉
坡領事經費應自胡璇澤具報二月十九開辦之日起支
所收商民船牌及身格紙費飭由領事據實開報扣抵臣
衙門復咨令專摺奏明等因各在案今准郭嵩燾奏請仍
照通定章程發給新嘉坡領事及委員等薪俸等語既據
該大臣查明據實奏請應請查照臣衙門奏定出使章程
內開正領事月給薪俸銀五百兩之例按月由郭嵩燾發
給新嘉坡領事胡璇澤照數支領胡璇澤通曉西洋語言
即毋庸添設繙譯以歸節省至領事官需用文案委員之
處查臣衙門前議復郭嵩燾等奏隨帶人員摺內聲明出

使章程祇有隨員醫官並無文案名目請將該大臣等隨帶之文案作爲隨員按月照俸薪二百兩之數支給現在新嘉坡領事處需用人員未便創立文案名目應令查照奏案將文案委員作爲領事隨員照出使大臣隨員月給俸薪銀二百兩之數酌減每月給予俸薪一百六十兩稍示等差該領事應用隨員名數仍由該大臣核定後咨報臣衙門查核所有領事及隨員等俸薪等項均自開辦之日起支統於該大臣出使經費內發給仍彙入一年期滿奏銷冊內一併列欵請銷至該處所收身格紙費等項臣衙門前咨復郭嵩燾以現與日國有議訂招工章程華人

前往新嘉坡可按此章程商辦所有出洋身格紙費無庸另議以歸一律惟出洋船牌費一項各國征收有無異同轉飭胡璇澤詳細稟復應令該大臣查照前咨即飭胡璇澤將船牌費一節迅即查明稟由該大臣咨復臣衙門核辦併令該大臣飭將該處每年所收船牌費若干抵支開辦薪俸等項不敷若干再由出使經費內撥給以昭核實所有新嘉坡設立領事議給俸薪等項緣由理合恭摺具陳伏乞

聖鑒光緒四年十一月初八日奉

旨依議欽此

出使英法國大臣郭咨開前准總理衙門奏頒新嘉坡領事胡璇澤文憑一案當經照准英國外部覆稱應轉由其藩部尚書陳請頒發敕書並將遞到文憑日期於十月十四日咨覆總理衙門查照在案茲准英國外部將英君主頒給識認敕書連同送驗文憑一併函答前來除將文憑敕書劄發胡領事祇領外合將英君主敕書外部來函照譯一紙隨文粘呈查照備案光緒五年二月　日咨北洋

照譯英國君主敕書一件

英國大君主維多里亞奉

上帝意旨爲大英及愛爾蘭合國君主維多里亞誠心保護曉諭忠愛百姓事中國

國家頒發文憑一通派胡璇澤爲駐紮新嘉坡領事官本君主允接胡璇澤爲中國

國家之領事今特申諭新嘉坡百姓遵照從此爾等應接認胡璇澤爲領事官其任內事務應即優爲協助並應享權利一切得以自主

一千八百七十八年十二月二十一日本君主在位之第四十二年於賢眞穆宮頒發

御前大臣奉君主諭沙里斯白里

照譯英國外部來函一件
侯爵沙里斯白里薩問郭大人安好前於上月初二日接
讀來函一件現將中國
國家派胡璇澤爲新嘉坡中國領事官承示中國
國家畫押文憑一道用特送還並將君主允許胡璇澤充當
新嘉坡領事之識認敕書一件封送查收所有君主應允
胡璇澤充任新嘉坡領事之諭想郭大人必見於本月二
十四日官報之內矣肅此奉復一千八百七十八年十二
月二十一日外部發實爲十一月二十八日

出使英法國大臣郭咨准英國外部照會轉准本國理藩

院咨送通行英國屬地各官原文一件內稱現已定立章
程通行嗣後凡在英國屬地爲官者不得充任他國領事
茲將原文照錄送呈請貴大臣將此通行轉達等因前來
查中國領事駐紮英國屬地者僅新嘉坡胡道一員該領
事籍隸廣東並非英國官員核與現在藩部通行章程不
同照准前因除咨呈總理衙門備案外相應咨會光緒五
年二月　日咨北洋

出使英法大臣曾　奏爲揀員充補領事官恭摺馳陳仰
祈
聖鑒事竊臣於光緒六年七月二十四日附片陳明駐紮英國
屬地新嘉坡領事官候選道胡璇澤因病出缺並派委領
事隨員鹽提舉銜布政司經歷蘇溎清暫行代理仰蒙
聖慈垂鑒查該埠萬國通衢五方雜處英人既竭力經營而華
民之經商寄寓於該處者輻輳往來日臻繁盛該處領事
官實有聯絡邦交保護商民之責必得精明强幹之員方
足以膺茲劇任臣與總理衙門往返函商查有五品銜都
察院學習都事左秉隆駐防廣州正黃旗漢軍忠山佐領
下人由同文館學生派充英文副教習歷保今職光緒四
年十月隨臣出洋派充英文三等繙譯官該員年力正富
學識俱優通達和平有爲有守熟習英國情形通曉西洋

律例以之充補新嘉坡領事官實屬人地相宜合無仰懇
天恩俯准以五品銜都察院學習都事左秉隆充補新嘉坡領
事官之處出自
高厚鴻慈所有微臣與總理衙門函商揀員充補領事官緣由
理合恭摺陳明伏乞
聖鑒光緒七年六月二十五日奉
旨著照所請該衙門知道欽此

日本口岸設立理事

出使日本大臣何等　奏爲日本通商口岸分設理事官
試辦並添調人員布置粗定恭摺仰祈

聖鑒事竊臣等自去年十一月間到東以來各口華商紛紛稟
求設官保護查得日本通商口岸共有八處除新潟夷港
二口向乏之商人無庸議設理事官外橫濱築地兩口擬設
正理事官一員業於今正月間將隨帶正理事官候選同
知范錫朋派充神戶大阪兩口擬設正理事官一員於五
月間續調候選同知劉壽鏗派充長崎一口擬設正理事
官一員亦於五月間將隨帶副理事官內閣中書余瓗派
充至箱館一口華商祇二三十人未便遽設理事官又距
別口太遠勢難兼顧經與該外務省商辦有案暫由該口
地方官代理隨時移知橫濱理事官查照或遣員前往審

辦或即移解橫濱其交涉詞訟一面由臣等再與該外務
省妥籌善法所有三處分設理事官各宜分派西學繙譯
官一員隨員一員臣等均於隨帶人員中揀派前往隨同
各該理事官辦事並飭就地舉董藉資鈐束聯絡惟前隨
帶西學繙譯自美國人麥嘉締外祇有沈鼎鐘張宗良二
員經三處分派繙譯即不敷用是以臣續調候選州同梁
殿勳於五月間來東充當繙譯官隨又函請總理各國事
務衙門派同文館繙譯學生前來嗣准總理衙門咨經附
片　奏派戶部學習主事楊樞於本年九月十四日奉
旨允准在案至東學繙譯最難其選因日本文字顛倒即求精

熟其語言者亦自無多臣署只得暫覓通事二名該三處
理事官亦各飭令就地覓一通事以供傳宣奔走之用所
有微臣出使分設理事官並添調人員布置粗定各緣由
理合繕摺具陳至以後人員續有調換增減之處臣等謹
當遵照出使章程隨時咨請總理各國事務衙門附片代
奏合並陳明伏乞
聖鑒
再臣等分設理事官自應頒給鈐記以昭信守當經函請
總理各國事務衙門准由臣等就近刊給臣等謹刊三處
理事官木質鈐記文曰

大清駐劄橫濱正理事官鈐記
大清駐劄神戶正理事官鈐記
大清駐劄長崎正理事官鈐記發交各該員祇領遵用理合
附片陳明伏乞
聖鑒光緒　年　月　日奉
旨該衙門知道欽此
附錄日本橫濱駐劄理事外務省認可狀
大日本國外務卿寺島宗則茲因詳悉奉
大淸國皇帝陛下誥授簡派范氏錫朋駐劄橫濱理事官辦理
通商事務之

旨意今由駐京
大清國欽差大臣何如璋閣下以光緒三年十二月十二日緘
發公文照會前來准此認存范氏駐在橫濱
大清國理事官爲予其奉職掌之權通行關涉各官衙以期副
執掌之事宜爲商辦均沾裨益爲十二月二十日
美國金山設立總領事
出使美日秘國大臣陳等　奏爲派設總領事等官駐劄
美國金山恭摺仰祈
聖鑒事竊臣等奉
命出使美國日國秘國前經臣蘭彬　奏明美國之金山日國之

古巴秘國之嘉里約等處華民較多應設領事等官料理
臣等到美國呈遞
國書後查美國各邦華人約共十四萬餘計金山一帶已有
六萬大半係傭力謀生近因與外來洋人及本處工人積
不相能事端百出自須亟設領事等官以資保護臣等公
同熟商現帶隨員候選道陳樹棠穩練老成堪以派充總
領事駐劄金山惟該處交涉事件紛繁開辦之初必得情
形熟悉之洋人勷助查有金山洋紳傳列秘前此遇事屢
爲華人排解尚堪任使當即派充金山領事隨同陳樹棠
辦理業於十月十四日發給劄委十五日照會美國外部

十八日由外部送到伯理璽天德畫押准照二紙分別給
發並由臣等刊發木質關防一顆文曰
大清總領事之關防交陳樹棠領用茲據報已於十一月二
十日到任視事理合將派設總領事等官緣由恭摺具陳
伏乞
聖鑒光緒　年　月　日奉
旨該衙門知道欽此
美國紐約設立領事
出使美日秘國大臣鄭　奏爲美國紐約地方華民日衆
擬請設立領事官藉資保護恭摺仰祈

聖鑒事竊查美國地方西通太平洋以金山埠爲首站東通大
西洋以紐約埠爲首站皆爲往來必經之路從前華民寓
居美國者以金山爲最多業經前任出使大臣等　奏設
領事駐劄金山料理一切近則紐約一埠華民往者亦日
見增多土人不無嫉忌兼以日斯巴尼亞國所屬之古巴
一島與紐約水程相通華民由古巴回籍必須假道紐約
實爲通行要路現值美國設立整理華工新章凡華工由
紐約出境者亦須有中國官發給執照以爲再來美國之
據臣迭次與總理各國事務衙門函商似非在紐約添設
領事官不足以嚴約束而資保衛可否仰懇

天恩俯念該處地居衝要准設領事官駐劄料理實於華民大
有裨益如蒙
俞允擬俟奉到
諭旨妥酌章程欽遵開辦並擬於隨帶各員中遴派江蘇試用
通判歐陽明充當紐約領事官同知銜鄭鵬翀充當繙譯
官五品銜賴鴻逵充當隨員飭令妥慎經理冀收實益但
事屬創始必先與洋人聲氣相通乃易集事如開辦時或
須暫用洋員以備差遣容俟臨時妥酌選用合併陳明所
有美國紐約地方擬設領事緣由理合據實縷陳伏乞
聖鑒光緒　年　月　日奉

旨該衙門知道欽此

日國古巴島設立總領事

出使美日秘國大臣陳等　奏為派設總領事等官駐劄
日國古巴島恭摺具陳仰祈
聖鑒事竊臣　奉
命出使日斯巴尼亞國該國有古巴屬島距其國都約二萬三
千里有奇同治十三年春間臣曾親往查看見有華民六
萬餘人在彼傭作苦工嗣經總理各國事務衙門與該國
商訂優待華民條約十六款於去冬互換在案臣到日國
應即遵照辦理設立領事等官前往駐劄以資保護現查
所帶隨員戶部候補主事劉亮沅練達持重堪以派充總
領事候選同知陳善言諳習洋務堪以派充領事當經發
給委劄照會日國外部六月二十九日據該外部交到准
文二件分別給發并由臣刊發木質關防一顆文曰
大清總領事之關防交劉亮沅領用惟是開辦之始事務較
繁除飭陳善言勷助外仍劄委主事銜戶部筆帖式廷鐸
候選州判劉宗駿候選縣丞譚乾初從九品楊榮忠隨同
經理七月初四日劉亮沅等已由日國都城起程前往理
合將派設古巴總領事等官緣由恭摺具陳伏乞
聖鑒光緒　年　月　日奉

旨該衙門知道欽此

檀香山初派商董改為領事

總理衙門　奏為出使美日秘國大臣陳蘭彬擬發現住
山域治埃蘭國商董諭帖約束華民據情具奏請
旨辦理仰祈
聖鑒事竊臣　衙門接准陳蘭彬函稱太平洋中有國曰山域治
埃蘭譯稱檀香山共轄八島內有大島曰阿亞湖正埠曰
漢拿老路為各國商人聚集之所距廣東香港一萬六千
餘里咸豐初年華人前往貿易繼以耕種畜牧合計止有
千餘人自美國與該國立約通商互相免稅生計日蕃又

値金山土人遏逐華工因之前赴該島者添至七八千人游手既多華商經理無權土人寖滋疑忌現據同知銜陳國芬等聯名稟請該大臣就近迅派領事官駐紮檀香山一切經費各商情願籌備等語查陳國芬請設領事原係該處急務惟未經換約之國既不便設立領事又不屬美邦非使美之員所能派設但念此地本爲由洋要衝又爲金山後路且係秘魯來華中站若得有人照料爲中國萬數窮民棲身謀食之地亦屬相宜並查陳國芬係廣東香山縣人已在該島貿易有年華洋夙著聲望可否變通酌辦或由南洋大臣或由兩廣總督或由該大臣發給商董

諭帖飭令陳國芬隨時稽查約束即將該處華民人數若干作何生業有何章程料理限於一年之內稟報如所辦實合機宜隨後即可接辦否則即將諭帖撤銷各等語臣等查泰西有約各國業經
欽派出使大臣前往駐紮且於英國新嘉坡美國舊金山各處設立領事官原爲保護華民在外貿易傭工起見檀香山與中國並未立約原未便按照各國在於該處設立領事惟現據該大臣查明該島華民聚至七八千人之多若不妥籌保護時加約束誠恐華民愈聚愈多該島之人漸生忌嫉他日更難辦理該大臣現擬發給商董諭帖交由陳

國芬稽查約束並擬嗣後或辦或撤再行隨時酌度原於保護之中仍作權宜之計今若由南洋大臣或兩廣總督發給諭帖地在萬里以外未免遙制爲難自以由出使大臣就近辦理較爲合宜應否即照陳蘭彬所商由該大臣趕辦商董諭帖飭交陳國芬暫行試辦與領事官示有區別如蒙
俞允再由臣衙門咨行該大臣遵照將來該島遇有應辦事件即由該商董逕詳該大臣酌核辦理以期周妥而免稽遲所有臣等現擬檀香山暫設商董試辦緣由是否有當理合恭摺具陳伏乞

聖鑒光緒五年二月二十三日奉
旨依議欽此

附錄美日秘國副使稟

出使美日秘國補用道容閎稟檀香山派設商董一節事屬創始應先行知照該國允許接納方得派員前往前以該國派駐美京公使避暑他往擬俟訪知寓處先與面商妥協然後飭朱主政和鈞前往該處會同陳國芬妥定章程辦理曾經稟明在案嗣查該公使避暑鄰省相距遥遠於六月二十四日繕就洋文照會該公使商派商董二十八日接到復文內稱檀香山華民日聚日多應設商董以

資保護於兩國均有裨益無不樂從自後遇有交涉事件由商董呈報卽由兩國派駐華盛頓公使商量辦理甚爲妥協各等因當卽電知朱主政和鈞摒擋一切由金山覓便船前往現接朱主政呈報定於本月十六日由金山起程一俟抵彼後辦理如何再行縷晰上陳所有委員前赴檀香山日期合先稟明並將與檀香山公使來往照會各件錄呈光緒五年　月　日稟北洋

附錄致檀香山駐美公使照會

爲照會事照得本大臣與正使陳大臣奉我政府來文著派檀香山島華民陳國芬爲中國商董以便保護該島華

民等因奉此當經劄飭陳國芬遵照并派兵部主政朱和鈞前往該處會同陳國芬妥定章程辦理查本國與貴國向未通使此次派官伊始未審貴國允否接納如貴大臣以爲事屬可行應否由貴大臣先行備文關照貴國以便妥爲接納如須覲見貴國君主并請備文發交陳國芬等親賫覲見於陳國芬未到任以前應如何辦法方邀接納之處務望貴大臣詳明見復爲此照會

附錄檀香山駐美公使照復

爲照會事昨接貴大臣本月十一號中國六月二十四日來文備悉陳國芬奉陳大臣貴大臣劄派爲中國商董本大臣樂於允從竊謂檀香山島華民甚衆理宜派設商董以保護之於兩國均有裨益陳國芬忠誠任事久著聲望以之充當貴國商董應有以洽本國君主之意屆時只須由該員呈報外部便可接見茲附上致敝外部大臣一函交朱君親賫往見至陳國芬係敝國君主及外部大臣所素識無須本大臣修函引見所有派設商董一事現經備文知照本國嗣後遇有交涉事件由該商董呈報貴署由我兩國派駐美京公使會同商議辦理甚屬妥協爲此照復

譯錄檀香山駐美公使致其外部大臣書

啟者本日曾將陳國芬奉派爲

大清國駐劄檀香山商董一事備文知照在案茲有
大清國兵部主事金山總領事府人員朱君和鈞奉其國駐劄華盛頓公使派往檀香山會同陳國芬於領到大王准照之後妥定章程辦理用特修函付朱君親賫以爲介紹伏惟以禮接待爲禱

出使美日秘國大臣陳容呈案照本大臣於光緒五年四月初三日奉總理各國事務衙門來文內開光緒五年二月二十三日本衙門具　奏出使美日秘國大臣陳擬發現住山域治埃蘭國商董諭帖約束華民據情具　奏請
旨辦理一摺本日奉

旨依議欽此相應恭錄
諭旨抄錄原奏咨行貴大臣欽遵辦理等因到本大臣當即諭
委該處商董同知銜陳國芬設法試辦並以開辦之初須
得委員前往查勘以期洞悉底蘊而臻周妥復經酌委隨
員兵部候補主事朱和鈞前往會同商董陳國芬細心查
察妥愼辦理各在案茲接據該商董並委員朱主事稟報
已於本年正月十一日接到彼國外部准照傳知商民試
行開辦除分咨外相應咨請查照

附錄檀香山商董與檀香山官員酌議允行事宜六條

一所有華人在夏威仁國轄內居住者須按照相待最優

之國所得權利俾華人一體均霑准其任便往來購買田
產物業並准入衙門作證凡一切合法生理應准華人任
便營爲及准華人子弟得入義學讀書以廣學業

一凡待華人不得有分畛域並不得侮慢

一所有華人在夏威仁國轄內居住者必時加保護務使
身家一切安全如有告訟等情准華人到案任由請訟師
代審以比各國及本國視同一體

一所有華人如有不測存下家財物業地方官按律公辦
應將所辦情節錄明交領事查閱若遇有交涉華人案情
應准領事到署聽審

一華人招工合同應出於自願務與待各國及本國工人
同一章程

一華人凡有以違法營生者應由地方官辦理倘領事官
察知邀請地方官助理地方官務必相助

附錄出使大臣議發檀香山商董章程九條

一稽查航海通商事務保護本國商民調處爭訟代向地
方官伸訴冤抑遇有緊要事件務須稟報聽候核奪

一辦理交涉事件當按照前稟與彼國官員酌擬允行六
條妥愼辦理其餘一切應行事宜仍查照萬國公法星軺
指掌公法便覽等書及參酌各國事例而行

一遇有華民搭客來往必須嚴密訪察有無販賣豬仔情
事倘有各國招工船隻附搭華民抵境或由該島附搭華
民他往查係何國船隻即與該國駐島領事商議查驗辦
理據實稟報

一每月華人出口進口人數務必在稅關確切查明按季
稟報至華人在彼國犯事監禁者共有若干其中所犯何
罪情節輕重罪名大小均須確查按季彙報

一辦理華民投訴事件及與彼國交涉各事除事關緊要
專稟候批遵行外其餘一切事務均須逐件詳查按季彙
報

一商董公署不可收留逃犯致招物議
一每逢宴會切不可談論公事及刊刻新聞紙說自己暨
別國所辦公事
一另有未盡事宜果於華人有益無損者該商董務須傳
集公正華商和衷妥議顧全大局爲要仍一面將辦理情
形稟明察核
一印信卷宗暨收支册簿均須妥存或遇有新舊交替移
交接收取具迴文呈報
總理衙門　奏再臣衙門前於光緒五年二月間據出使
美日秘國大臣陳蘭彬函請擬發現駐山域治埃蘭即檀

香山國商董陳國芬諭帖約束在彼華民等情當經據情
具奏請
旨辦理並聲明檀香山與中國並未立約即由出使大臣陳蘭
彬飭令商董陳國芬隨時稽查該處華民若干有何章程
限一年內稟由陳蘭彬酌核辦理等因奉
旨依議欽此咨行該大臣欽遵辦理在案茲據出使大臣陳蘭
彬容閩咨稱轉據駐檀香山國商董同知銜陳國芬稟報
試辦一年期滿請派委員接替又據陳蘭彬致臣衙門另
函內稱檀香山國雖未與中國立約但未與該國立約之
俄羅斯等國皆有領事在彼駐紮今陳國芬試辦一年尚
無貽誤人地亦覺相宜似應奏改領事即以該商董承充
至該商董試辦期內原有繙譯文案各一人所需用費委
係自行捐給嗣後可否由出使美國經費項下定明每年
酌撥銀二三千兩以資辦公各等語臣等查泰西有約各
國如英國之新嘉坡美國之舊金山各處現均設有領事
官原爲保護華民在外貿易傭工起見檀香山雖與中國
未立和約而該處本爲華民出洋要衝又爲美國金山後
路且係秘魯來華中站華民往彼謀生者日多一日近又
有中國招商局和衆輪船在彼常川往來華商亦可陸續
僱船赴彼貿易若不設領事官妥爲保護誠恐華民聚集

該處土人寖滋疑忌既據陳蘭彬函稱俄羅斯等國皆有
領事在彼駐紮可否將現駐檀香山國商董同知銜陳國
芬改爲領事官以資約束如蒙
俞允即由臣衙門咨行該大臣轉飭遵照至該領事官應需薪
俸等項應由出使大臣陳蘭彬在出使美國經費項下每
年酌撥銀二三千兩歸出使美國經費案內造報臣衙門
核銷以憑查核所有臣等據情擬議緣由是否有當理合
附片陳明光緒七年二月十八日奉
旨依議欽此
新嘉坡領事兼充日本領事

北洋大臣李劄准出使英法國大臣曾咨開正月十七日接據新嘉坡胡領事稟報兼理日本國領事等情一案當經批飭胡領事稟候貴大臣批示遵行除咨呈總理衙門察核示復外相應鈔錄原稟及本爵大臣批飭各情粘單咨請查照核復施行等因查胡領事兼理日本國領事於本年正月間稟報北洋當以該領事既稱中外官商可以聯絡和睦耳目相通與通商事務有裨似無不可兼充即經批復在案該領事現已病故無庸飭遵除咨復外合行劄知光緒六年三月十九日劄津海關

附錄胡領事原稟

再現奉日本國全權公使從四位上野景範文開現經奏奉日國皇諭旨新嘉坡領事著胡璇澤兼理欽此當經奏奉英國皇懿旨以胡璇澤兼理日國領事并蒙頒給敕書一道轉行到領事奉此伏查各國通商立約一切事務准可派委外國人員兼辦今蒙日國委充兼新嘉坡領事又蒙英國皇允准頒發敕書領事撫衷自愧深懼弗勝但再四籌思未敢遽辭恐啟猜嫌於他族且日人赴新嘉坡貿易者尚少其事務簡便領事查照公法代為兼理亦祇徒領虛名庶幾中外官商聯絡和睦使耳目相通於

朝廷通商事務不無稍裨領事愚昧之見是否有當仍候訓示祇遵再日國領事關防旗號未奉給發現未開辦合併陳明

通商約章類纂卷四

通商約章類纂卷五目錄　戶類一

稅務一　口岸貿易　長江口岸貿易　陸路口岸貿易

條約章程

以上口岸貿易

章程

成案

通商約章類纂卷五　戸類一

稅務一 口岸貿易　長江口岸貿易　陸路口岸貿易

條約章程

俄約第三條

此後除兩國旱路於從前所定邊疆通商外今議准由海路之上海寧波福州府廈門廣州府臺灣瓊州府等七處海口通商若別國再有在沿海增添口岸准俄國一律照辦

俄約第四條 併見本類稽稅杜漏罰例違禁貨物陸路口岸貿易

嗣後陸路前定通商處所商人數目及所帶貨物並本銀多寡不必示以限制海路通商章程將所帶貨物呈單備查拋錨寄椗一律給價照定例上納稅課等事俄國商船均照外國與中華通商總例辦理如帶有違禁貨物卽將該商船所有貨物槪行查抄入官

俄續約第七條

俄羅斯國商人及中國商人至通商之處准其隨便買賣該處官員不必攔阻兩國商人亦准其隨意往市肆鋪商零發買賣互換貨物或交現錢或因相信賒帳俱可居住兩國通商日期亦隨該商人之便不必定限

俄續約第八條之五 併見刑類獄訟控告審斷

兩國商人在通商之處准其預定貨物代典鋪房等事寫立字據報知領事官處及該地方官署遇有不按字據辦理之人領事官及該地方官令其照依字據辦理

中俄改訂條約第十一條 併見吏類設領事等官禮類交際儀文刑類獄訟控告審斷工類租傭建置本類陸路口岸貿易

俄國領事官駐中國遇有公事按事體之關繫案件之緊要及應如何作速辦理之處或與本城地方官或與地方大憲往來均用公文彼此往來會晤均以友邦官員之禮相待兩國人民在中國貿易等事致生事端應由領事官與地方官公同查辦如因貿易事務致起爭端聽其自行擇人從中調處如不能調處完結再由兩國官員會同查辦兩國人民爲預定貨物運載貨物租賃鋪房等事所立字據可以呈報領事官及地方官處應與畫押蓋印爲憑遇有不按字據辦理情事領事官及地方官設法務令照依字據辦理

中俄改訂條約第十五條 併見總類訂約本類陸路口岸貿易

俄國人民在中國內地及關外地方陸路通商應照此約所附章程辦理此約所載通商各條及所附陸路通商章程自換約之日起於十年後可以商議酌改如十年限滿前六箇月未請商改應仍照行十年俄國人民在中國沿

海通商應照各國總例辦理如將來總例有應修改之處
由兩國商議酌定
英舊約第二條 併見吏類設領事等官
一自今以後
大皇帝恩准大英國人民帶同所屬家眷寄居
大清沿海之廣州福州厦門寧波上海等五處港口貿易通
商無礙且　大英君主派設領事管事等官住該五處城
邑專理商賈事宜與各該地方官公文往來令英人按照
下條開敘之例清楚交納貨稅鈔餉等費
英舊約第五條 併見本類償卹

一凡大英商民在粤貿易向例全歸額設行商亦稱公行
者承辦今
大皇帝准以嗣後不必仍照向例凡有英商等赴各該口貿易
者勿論與何商交易均聽其便且向例額設行商等內有
累欠英商甚多無措清還者今酌定洋銀三百萬圓作爲
商欠之數准明由中國官爲償還
英約第十一款 併見工類租價建置
一廣州福州厦門寧波上海五處已有江寧條約舊准通
商外卽在牛莊登州臺灣潮州瓊州等府城口嗣後皆准
英商亦可任意與無論何人買賣船貨隨時往來至於聽
便居住賃房買屋租地起造禮拜堂醫院墳塋等事並另
有取益防損諸節悉照已通商五口無異
英續約第四款
一續增條約畫押之日
大清大皇帝允以天津郡城海口作爲通商之埠凡有英民人
等至此居住貿易均照經准各條所開各口章程比例畫
一無別
英通商章程第六款 併見本類船鈔稽稅杜漏
一天津條約英國第三十七條所載英船進口限壹日報
領事官知照並照第三十條所載英國貨船進口並未開

艙欲行他往限貳日之內出口卽不徵收船鈔以上二條
無論先後總以該船進口界限時刻起算以免參差爭論
至各口界限並上下貨物之地均由海關妥爲定界既要
便商更不得有礙攷稅知會領事官曉諭本屬商民遵辦
英通商章程第八款
一天津條約英國第九條所載英民持照前往內地通商
一款現議京都不在通商之列
煙臺會議條款第三端之一 併見刑類法禁本類內地稅釐長江口岸貿易
一所有現在通商各口岸按前定各條約有不應抽收洋
貨釐金之界茲由威大臣議請本國准以各口租界作爲

免收洋貨釐金之處俾免漫無限制隨由中國議准在於湖北宜昌安徽蕪湖浙江溫州廣東北海四處添開通商口岸作爲領事官駐紮處所又四川重慶府可由英國派員駐寓查看川省英商事宜輪船未抵重慶以前英國商民不得在彼居住開設行棧俟輪船能上駛後再行議辦至沿江安徽之大通安慶江西之湖口湖廣之武穴陸溪口沙市等處均係內地處所並非通商口岸按長江統共章程應不准洋商私自起下貨物今議通融辦法輪船准暫停泊上下客商貨物皆用民船起卸仍照內地定章辦理除洋貨半稅單照章查騐免釐其有報單之土貨只准

上船不准卸賣外其餘應完稅釐由地方官自行一律妥辦外國商民不准在該處居住開設行棧

煙臺會議條款第三端之二 併見工類租傭建置

一新舊各口岸除已定有各國租界應無庸議其租界未定各處應由英國領事官會商各國領事官與地方官商議將洋人居住處所畫定界址

煙臺會議條款第三端之七 併見本類內地稅釐長江口岸貿易

一以上議准添開通商各口岸及沿江六處准起卸貨物一節應由李大臣奏奉

旨准於半年期限開辦各口租界免洋貨釐金及洋藥在新關併納釐稅兩節俟英國會商各國再行定期開辦

喘典哪喊約第三條 併見刑類法禁本類罰例

一嗣後喘典國哪喊國等民人俱准其挈帶家眷赴廣州福州廈門寧波上海共五港口居住貿易其五港口之船隻裝載貨物互相往來俱聽其便但五港口外不得有一船駛入別港擅自遊奕又不得與沿海奸民私相交易如有違犯此條禁令者應按現定條例將船隻貨物俱歸中國入官

喘典哪喊約第五條

一喘典國哪喊國等民人在五港口貿易除中國例禁不

准攜帶進口出口貨物外其餘各項貨物均准其由本國或別國販運進口售賣並准其將中國貨物販運出口赴本國或別國售賣均照現定條例納餉不得另有別項規費

喘典哪喊約第十五條

一各國通商舊例歸廣州官設洋行經理現經議定將洋行名目裁撤所有喘典國哪喊國等民人販貨進口出口均准其自與中國商民任便交易不加限制以杜包攬把持之弊

喘典哪喊約第二十二條 併見刑類法禁

一嗹噸國哪嘁國等現與中國訂明和好五處港口聽其船隻往來貿易倘日後另有別國與中國不和中國止應禁阻不和之國不准來五口交易其嗹噸國哪嘁國等人自往別國貿易或販運其國之貨物前來五口中國應認明嗹噸國哪嘁國等旗號便准入港惟嗹噸國哪嘁國等商船不得私帶別國一兵進口及聽受別國商人賄囑換給旗號代為運貨入口貿易倘有犯此禁令聽中國查出拏辦

嗹噸哪嘁約第二十三條

一每屆中國年終分駐五港口各領事官應將嗹噸國哪

嘁國等一年出入口船隻貨物數目及估定價值詳細開報各本省總督轉咨戶部以憑查驗

美約第十四款併見刑類法禁本類罰例

一大合眾國民人嗣後均照挈眷赴廣東之廣州潮州福建之廈門福州臺灣浙江之寧波江蘇之上海並嗣後與合眾國或他國定立條約准開各港口市鎮在彼居住貿易任其船隻裝載貨物於以上所立各港互相往來但該船隻不得駛赴沿海口岸及未開各港私行違法貿易如有犯此禁令者應將船隻貨物充公歸中國入官其有走私漏稅或攜帶各項違禁貨物至中國者聽中國地方官自行辦理治罪大合眾國官民均不得稍有袒護若別國船隻冒大合眾國旗號作不法貿易者大合眾國自應設法禁止

美約第二十六款併見刑類法禁

一大合眾國現與中國訂明和好各處通商港口聽其船隻往來貿易儻日後另有別國與中國不和中國止應禁阻不和之國不准來各口交易其大合眾國人自往別國貿易或販運其國之貨物前來各口中國應認明大合眾國旗號便准入港惟大合眾國商船不得私帶別國一兵進口及聽受別國賄囑換給旗號代為運貨入口貿易倘

有犯此禁令聽中國查出充公入官

美通商章程第六款併見本類船鈔稽稅杜漏

一美國船隻進口限壹日報領事官知照並照第十九條所載美國貨船進口並未開艙欲行他往限貳日之內出口即不征收船鈔以上二條無論先後總以該船進口界限時刻起算以免參差爭論至各口界限並上下貨物之地均由海關妥為定界既要便商更不得有礙收稅知會領事官曉諭本屬商民遵辦

美通商章程第八款

一現議美國商民前往內地通商不得到中華京都貿易

美續約第一條（併見兵類疆界刑類法禁）

大清國大皇帝按約准各國商民在指定通商口岸及水路洋面貿易行走之處推原約內該款之意並無將管轄地方水面之權一併議給嗣後如別國與美國或有失和或至爭戰該國官兵不得在中國轄境洋面及准外國人居住行走之處與美國人爭戰奪貨刦人美國或與別國失和亦不在中國境內洋面及准外國人居住行走之處有爭奪之事有別國在中國轄境先與美國擅起爭端不得因此條款禁美國自行保護再凡中國已經指准美國官民居住貿易之地及續有指准之地或別國人民在此地內

有居住貿易等事除有約各國款內指明歸某國官管轄外皆仍歸中國地方官管轄

美續修條約第二款（併見禮類優待保護游歷學習文藝傳教工類招工）

中國商民如傳教學習貿易游歷人等以及隨帶並僱用之人兼已在美國各處華工均聽其往來自便俾得受優待各國最厚之利益（按美國於中國貿易學習游歷人等赴美均由中國給發華洋文護照已列游歷　又美國於壬午十二月更定華工過境章程凡華工由此國至彼國道經美境上岸者無論持有中國領事憑據或別項憑據皆可放行已列招工並註於游歷給發中國護照案內　又華商自他國赴美無須執照亦列招工）

美續約另附第一款（併見總類訂約）

中國美國將來益敦和好所有兩國商民貿易等事於兩國均屬有益之處可以彼此公同商議

法約第六款（併見本類長江口岸貿易）

中國多添數港准令通商屢試屢驗實為近時切要因此議定將廣東之瓊州潮州福建之臺灣淡水山東之登州江南之江寧六口與通商之廣東福州廈門寧波上海五口准令通市無異其江寧俟官兵將匪徒剿滅後大法國官員方准本國人領執照前往通商

法約第七款（併見刑類法禁本類罰例）

自今以後凡大法國人家眷可帶往第六款所開中國沿

海通商及沿江之各口市埠地方居住貿易工作平安無礙常川不輟若有蓋印執照任聽在議定通商各口周遊往來惟明禁不得在沿海沿江各埠私買私賣如有犯此例者船隻貨物聽憑入官但中國地方官查拏此等船隻貨物於未定入官之先宜速知會附近駐口之大法國領事

法約第十四款

將來中國不可另有別人聯情結行包攬貿易倘有違例領事官知會中國設法驅除中國官宜先行禁止免敗任便往來交易之誼

法約第三十一款
將來中國遇有與別國用兵除敵國布告堵口不能前進外中國不爲禁阻大法國貿易及與用兵之國交易凡大法國船從中國口駛往敵國口所有進口出口各例貨物並無妨礙如常貿易無異

法通商章程第六款 併見本類船鈔稽稅杜漏
一天津條約法國第十七條所載法船進口限壹日報領事官知照並照第二十條所載法國貨船進口倘未領有牌照卸貨限貳日之內可出口往別口去不必征收船鈔以上二條無論先後總以該船進口界限時刻起算以免參差爭論至各口界限並上下貨物之地均由海關妥爲定界既要便商更不得有礙收稅知會領事官曉諭本屬商民遵辦

法通商章程第八款
一天津條約法國第八條所載法民持照前往內地一款現議京都不在通商之列

法續約第七款 併見總類訂約本類償卹
從兩國大臣畫押蓋印之日起直隸省之天津府克日通商與別口無異再此續約均應自畫押之日爲始立即施行毋庸俟奉兩國

御筆批准猶如各字樣列載天津和約內一律遵守如此大法國水陸二軍俟在天津收銀五十萬兩方能退出天津屯佔大沽煙臺二口待至中國將所賠之銀全數交清後所有法國武弁佔踞中國各地方均應退出境界然任水陸各大將軍於天津紮兵過冬仍俟所定賠補之現銀給清後則撤大軍退出津郡

布約第六款 併見工類租僦建置
廣州潮州厦門福州寧波上海芝罘天津牛莊鎮江九江漢口瓊州臺灣淡水等口大布國暨德意志通商稅務公會和約各國民人家眷等皆准居住來往貿易工作平安無礙船貨隨時往來常川不輟至於賃房買屋租地造堂醫院墳塋等事皆聽其便

布通商章程第六款 併見本類船鈔稽稅杜漏
一和約章程第十三款所載布國暨德意志和約各國船隻進口限壹日報領事官知照第二十款所載布國暨德意志和約各國貨船進口並未開艙欲行他往限貳日之內出口卽不徵收船鈔以上二款無論先後總以該船進口界限時刻起算以免參差爭論至各口界限並上下貨物之地均由海關妥爲定界既要便商更不得有礙收稅知會領事官曉諭本屬商民遵辦

布通商章程第八款

一和約章程第八款所載布國暨德意志和約各國商民持照前往內地一款現議京都不在通商之列

德續約第一款之一（併見本類長江口岸貿易）

一中國允除在湖北宜昌安徽蕪湖浙江溫州廣東北海前已添開通商口岸並沿江安徽之大通安慶江西之湖口湖廣之武穴陸溪口沙市等處前已作爲上下客貨之處外現又允江蘇吳淞口一處德國船隻暫准停泊上下客商貨物一切由江海關道等自行妥議章程辦理

德續約第三款之一（併見工類租傭建置　本類長江口岸貿易）

一中國允凡中國通商各口由該監督等酌量情形如係衆洋商情願無礙地方者該監督等妥議章程自行設立關棧

德續約善後章程第一款（併見刑類法禁本類稽稅杜漏長江口岸貿易）

一江蘇吳淞口一處議准通融辦法如有德國船隻欲在該處載卸客商貨物或由他處運來上海或由上海運往他處均聽其便由江海關道等自行設法嚴定偷漏稅課及防各項弊端章程中外商民一體遵守仍不准德國商民在該處起造碼頭設立行棧

德續約善後章程第七款（併見禮類游歷刑類法禁本類子口稅罰例）

一德國人等運洋貨入內地或入內地游歷所領單照均係自發給之日起以十三箇月爲限（均照中國月日計算）逾限作爲廢紙仍呈本關繳銷（如游歷道路太遠不能一年爲限者發照時即將此節照內由地方官會商領事官批明）倘未繳銷在補繳之前不准再行請領倘或遺失單照無論限內限外即向就近中國官員據實報明由該官員設法查辦以杜假冒如查係揑報運貨者貨物入官游歷者解交附近領事官懲辦

丹約第十一款（併見工類租傭建置　本類長江口岸貿易）

一各國議定通商口岸如牛莊天津煙臺上海寧波福州廈門臺灣淡水廣州汕頭瓊州及長江之漢口九江鎮江

江寧各口丹國商民亦可任便出入通市准與無論何人均得聽意買賣所有賃房買屋租地起造建立廟堂醫院墳塋等事亦隨其便

丹通商章程第六款（併見本類船鈔稽稅杜漏）

一本約第三十六條所載丹船進口限十二時報領事官知照並照第二十九條所載丹國貨船進口並未開艙欲行他往限二十四時之內出口即不征收船鈔以上二條無論先後總以該船進口界限時刻起算以免參差爭論至各口界限並上下貨物之地均由海關妥爲定界既要便商更不得有礙收稅知會領事官曉諭本屬商民遵辦

丹通商章程第八款

一本約第九條所載丹民持照前往內地通商一款現議

京都不在通商之列

荷蘭約第二款併見刑類法禁工類租傭建置本類罰例長江口岸貿易

一廣州潮州福州廈門寧波上海天津牛莊登州臺灣淡水瓊州等口和商皆准貿易船貨任便往來若欲租賃地畝房屋設立棧房禮拜堂醫院墳塋等事各聽其便租價公平定議不得互相勒掯其漢口鎮江九江等口和商亦可一律前往通商至長江如何防弊之法任憑中國隨時設法辦理惟有賊匪地方和國民人不得前往游歷出入

和國商船亦不得私自往來接濟軍火糧食如查有違犯者將船貨全行入官其違例之人交就近領事官辦理

日斯巴尼亞約第五款併見工類租傭建置本類長江口岸貿易

一各國議定通商口岸如牛莊天津煙臺上海寧波福州廈門臺灣淡水廣州汕頭瓊州及長江之漢口九江鎮江江寧各口日斯巴尼亞國商民亦可任便出入通市准與無論何人均得聽意買賣所有賃房買屋租地起造建立廟堂醫院墳塋等事亦隨其便

日斯巴尼亞約第四十七款併見禮類優待保護

一中國商船不論多寡均准前往小呂宋地方貿易必按最好之國一律相待若日斯巴尼亞國嗣後有何優待別國商人之處應照最優之國以待中國商人用昭平允

比約第十一款併見本類長江口岸貿易

各國議定通商口岸如牛莊天津煙臺上海寧波福州廈門臺灣淡水廣州汕頭瓊州及長江之漢口九江鎮江江寧各口比國商民亦可攜眷前往居住貿易工作平安無礙常川不輟

比通商章程第六款併見本類船鈔稽税杜漏

一本約第二十四條所載比船進口限十二時報領事官知照並照第二十五條所載比國貨船進口並未開艙欲

行他往限二十四時之內出口即不征收船鈔以上二條無論先後總以該船進口界限時刻起算以免參差爭論至各口界限並上下貨物之地均由海關妥為定界既要便商更不得有礙收税知會領事官曉諭本屬商民遵辦

比通商章程第八款

一本約第十條所載比民持照前往內地通商一款現議

京都不在通商之列

義約第十一款併見工類租傭建置本類長江口岸貿易

各國議定通商口岸如牛莊天津煙臺上海寧波福州廈門臺灣淡水廣州汕頭瓊州及長江之漢口九江鎮江江

寗各口義國商民任便出入通市准與無論何人均得聽意買賣所有貨房買屋租地起造建立廟堂醫院墳塋等事亦隨其便

義約第二十一款

將來中國遇有與別國用兵除敵國布告堵口不能前進外中國不爲禁阻義國貿易及與用兵之國交易凡義國船從中國口駛往敵國口所有出口進口各樣貨物並無妨礙如常貿易無異

義通商章程第六款 併見本類船鈔稽稅杜漏

一本約第三十六條所載義船進口限十二時報領事官

知照並照第二十九條所載義國貨船進口並未開艙欲行他往限二十四時之內出口卽不征收船鈔以上二條無論先後總以該船進口界限時刻起算以免參差爭論至各口界限並上下貨物之地均由海關妥爲定界既要便商更不得有礙收稅知會領事官曉諭本屬商民遵辦

義通商章程第八款

一本約第九條所載義民持照前往內地通商一款現議京都不在通商之列

奧約第八款 併見刑類法禁本類長江口岸貿易

各國議定通商口岸如牛莊天津煙臺上海寗波福州厦門臺灣淡水廣州汕頭瓊州及長江之漢口九江鎭江江寗各口奧斯馬加國商民亦可攜眷前往居住貿易工作平安無礙常川不輟如入內地販運貨物須按照各國章程辦理不准在內地開設行店

奧通商章程第六款 併見本類船鈔稽稅杜漏

一奧斯馬加國第十六條所載奧船進口限壹日報領事官知照並照第二十四條所載奧國貨船進口並未開艙欲行他往限貳日之內出口卽不征收船鈔以上二條無論先後總以該船進口界限時刻起算以免參差爭論至各口界限並上下貨物之地均由海關妥爲定界既要便

商更不得有礙收稅知會領事官曉諭本屬商民遵辦

奧通商章程第八款

一奧國條約第八條所載奧民持照前往內地通商一款現議京都不在通商之列

日本修好條規第七條

兩國既經通好所有沿海各口岸彼此均應指定處所准聽商民來往貿易並另立通商章程以便兩國商民永遠遵守

日本修好條規第十五條 併見刑類法禁

嗣後兩國倘有與別國用兵情事應防各口岸一經布知

便應暫停貿易及船隻出入免致誤有傷損其平時日本人在中國指定口岸及附近洋面中國人在日本指定口岸及附近洋面均不准與不和之國互相爭鬬搶刦

日本通商章程第一款 併見本類長江口岸貿易

修好條規既經載明兩國沿海各口岸准聽商民來往貿易茲特將指定各口臚列於左

中國准通商各口

上海口 隸江蘇松江府上海縣

鎮江口 隸江蘇鎮江府丹徒縣

寗波口 隸浙江寗波府鄞縣

九江口 隸江西九江府德化縣

漢口鎮 隸湖北漢陽府漢陽縣

天津口 隸直隸天津府天津縣

牛莊口 隸奉天海城縣

芝罘口 隸山東登州府福山縣

廣州口 隸廣東廣州府南海縣

汕頭口 隸廣東潮州府潮陽縣

瓊州口 隸廣東瓊州府瓊山縣

福州口 隸福建福州府閩縣

厦門口 隸福建泉州府厦門廳

臺灣口 隸福建臺灣府臺灣縣

淡水口 隸福建臺灣府淡水廳

日本國准通商各口

橫濱 東海道武藏州神奈川縣管轄

箱館 北海道渡島州開拓使管轄

大阪 畿內攝津州大阪府管轄

神戶 畿內攝津州兵庫縣管轄

新潟 北路道越後州新潟縣管轄

夷港 北路道佐渡州佐渡縣管轄附於新潟

長崎 西海道肥前州長崎縣管轄

築地 東海道武藏州東京府管轄現稱開市場

日本通商章程第三款

兩國商船往來通商各口須在已國海關及地方官衙門領取船牌註明梁頭丈尺噸數船名及舵水姓名年歲籍貫加蓋印信以便持赴理事官處及各海關查驗如無船牌不准往來倘船牌損失准其呈明海關發給護照回籍補領

日本通商章程第十三款 併見禮類游歷

兩國通商各口界限並上下貨物之地均由海關妥為定界既須便商更不得有礙收稅至官民游歷均照兩國通

行舊章辦理惟請領執照應責成理事官查明實係安分之人方可發給免致滋生事端

秘約第八款

中國商民准在秘國通商各處往來運貨貿易一體與別國商民同獲利益秘國商船准在中國通商各口往來運貨貿易別國凡有利益之處秘國亦無不均沾

巴約第五款 併見總類訂約

中國民人准赴別國民人所至之巴國通商各處往來運貨貿易巴國民人准赴別國民人所至之中國通商各口往來運貨貿易嗣後兩國如有優待他國利益之處係出

於甘讓立有專條互相酬報者彼此須將互相酬報之專條或互訂之專章一體遵守方准同霑優待他國之利益

巴約第六款 併見總類訂約本類貨稅

兩國商人商船凡在此國通商口岸即應遵從此國與各國原議續議通行商務章程辦理至進出口稅則亦不能較相待最優之國或有增加

巴約第八款 併見禮類優待保護

兩國商船准在彼此通商各口往來運貨貿易彼此相待與別國商船無異倘兩國船隻遇有天災在彼此沿海地方收口者該處官員自當設法相幫所有未遭失險之貨物如不願出售自應不納稅銀遇險船隻兩國均與待別國船隻一律

以上口岸貿易

英約第十款

一長江一帶各口英商船隻俱可通商惟現在江上下游均有賊匪除鎮江一年後立口通商外其餘俟地方平靖

大英君主欽差大臣與

大清大皇帝特派之大學士尚書會議准將自漢口溯流至海各地選擇不逾三口准爲英船出進貨物通商之區

煙臺會議條款第三端之一 併見刑類法禁本類內地稅釐口岸貿易

一所有現在通商各口岸按前定各條約有不應抽收洋貨釐金之界茲由威大臣議請本國准以各口租界作爲免收洋貨釐金之處俾免漫無限制隨由中國議准在於湖北宜昌安徽蕪湖浙江溫州廣東北海四處添開通商口岸作爲領事官駐紮處所又四川重慶府可由英國派員駐寓查看川省英商事宜輪船未抵重慶以前英國商民不得在彼居住開設行棧俟輪船能上駛後再行議辦至沿江安徽之大通安慶江西之湖口湖廣之武穴陸溪口沙市等處均係內地處所並非通商口岸按長江統共章程應不准洋商私自起下貨物今議通融辦法輪船准

暫停泊上下客商貨物皆用民船起卸仍照內地定章辦理除洋貨半稅單照章查驗免釐其有報單之土貨只准上船不准卸賣外其餘應完稅釐由地方官自行一律妥辦外國商民不准在該處居住開設行棧

煙臺會議條款第三端之七（併見本類內地稅釐口岸貿易）

一以上議准添開通商各口岸及沿江六處准起卸貨物一節應由李大臣奏奉

旨准於半年期限開辦各口租界免洋貨釐金及洋藥在新關併納釐稅兩節俟英國會商各國再行定期開辦

法約第六款（併見本類口岸貿易）

中國多添數港准令通商屢試屢驗實為近時切要因此議定將廣東之瓊州潮州福建之臺灣淡水山東之登州江南之江寧六口與通商之廣東福州廈門寧波上海五口准令通市無異其江寧俟官兵將匪徒剿滅後大法國官員方准本國人領執照前往通商

德續約第一款之一（併見本類口岸貿易）

一中國允除在湖北宜昌安徽蕪湖浙江溫州廣東北海前已添開通商口岸並沿江安徽之大通安慶江西之湖口湖廣之武穴陸溪口沙市等處前已作為上下客貨之處外現又允江蘇吳淞口一處德國船隻暫准停泊上下客商貨物一切由江海關道等自行妥議章程辦理

德續約第三款之一（併見工類租傭建置本類口岸貿易）

一中國允凡中國通商各口由該監督等酌量情形如係眾洋商情願無礙地方者該監督等妥議章程自行設立關棧

德續約善後章程第一款（併見刑類法禁本類稽稅杜漏口岸貿易）

一江蘇吳淞口一處議准通融辦法如有德國船隻欲在該處載卸客商貨物或由他處運來上海或由上海運往他處均聽其便由江海關道等自行設法嚴定偷漏稅課及防各項弊端章程中外商民一體遵守仍不准德國商

民在該處起造碼頭設立行棧

丹約第十一款（併見工類租傭建置本類口岸貿易）

一各國議定通商口岸如牛莊天津煙臺上海寧波福州廈門臺灣淡水廣州汕頭瓊州及長江之漢口九江鎮江江寧各口丹國商民亦可任便出入通市惟與無論何人均得聽意買賣所有賃房買屋租地起造建立廟堂醫院墳塋等事亦隨其便

荷蘭約第二款（併見刑類法禁工類租傭建置本類口岸貿易）

一廣州潮州福州廈門寧波上海天津牛莊登州臺灣淡水瓊州等口和商皆准貿易船貨任便往來若欲租賃地

畝房屋設立棧房禮拜堂醫院墳塋等事各聽其便租價公平定議不得互相勒指其漢口鎮江九江等口和商亦可一律前往通商至長江如何防弊之法任憑中國隨時設法辦理惟有賊匪地方和國民人不得前往游歷出入和國商船亦不得私自往來接濟軍火糧食如查有違犯者將船貨全行入官其違例之人交就近領事官辦理

日斯巴尼亞約第五款併見工類租傭建置本類口岸貿易

一各國議定通商口岸如牛莊天津煙臺上海寧波福州厦門臺灣淡水廣州汕頭瓊州及長江之漢口九江鎮江江寧各口日斯巴尼亞國商民亦可任便出入通市准與

無論何人均得聽意買賣所有賃房買屋租地起造建立廟堂醫院墳塋等事亦隨其便

比約第十一款併見本類口岸貿易

各國議定通商口岸如牛莊天津煙臺上海寧波福州厦門臺灣淡水廣州汕頭瓊州及長江之漢口九江鎮江江寧各口比國商民亦可攜眷前往居住貿易工作平安無礙常川不輟

義約第十一款併見工類租傭建置本類口岸貿易

各國議定通商口岸如牛莊天津煙臺上海寧波福州厦門臺灣淡水廣州汕頭瓊州及長江之漢口九江鎮江江寧各口義國商民任便出入通市准與無論何人均得聽意買賣所有賃房買屋租地起造建立廟堂醫院墳塋等事亦隨其便

奧約第八款併見刑類法禁本類口岸貿易

各國議定通商口岸如牛莊天津煙臺上海寧波福州厦門臺灣淡水廣州汕頭瓊州及長江之漢口九江鎮江江寧各口奧斯馬加國商民亦可攜眷前往居住貿易工作平安無礙常川不輟如入內地販運貨物須按照各國章程辦理不准在內地開設行店

日本通商章程第一款併見本類口岸貿易

修好條規既經載明兩國沿海各口岸准聽商民來往貿易茲特將指定各口臚列於左

中國准通商各口

上海口隸江蘇松江府上海縣

鎮江口隸江蘇鎮江府丹徒縣

寧波口隸浙江寧波府鄞縣

九江口隸江西九江府德化縣

漢口鎮隸湖北漢陽府漢陽縣

天津口隸直隸天津府天津縣

牛莊口隸奉天海城縣

芝罘口隸山東登州府福山縣

廣州口隸廣東廣州府南海縣

汕頭口隸廣東潮州府潮陽縣

瓊州口隸廣東瓊州府瓊山縣

福州口隸福建福州府閩縣

廈門口隸福建泉州府廈門廳

臺灣口隸福建臺灣府臺灣縣

淡水口隸福建臺灣府淡水廳

日本國准通商各口

橫濱東海道武藏州神奈川縣管轄

箱館北海道渡島州開拓使管轄

大阪畿內攝津州大阪府管轄

神戶畿內攝津州兵庫縣管轄

新潟北路道越後州新潟縣管轄

夷港北路道佐渡州佐渡縣管轄附於新潟

長崎西海道肥前州長崎縣管轄

築地東海道武藏州東京府管轄現稱開市塲

長江通商統共章程第一條併見本類長江貨稅長江子口稅長江稽稅杜漏罰例

凡有英商之船在長江貿易者只准在鎮江九江漢口三處貿易沿途不准私自起下貨物如違此例由該關即將各該船貨均可入官長江出口土貨在以上三關出口以及無免單之進口洋貨未完半稅之進口土貨到以上三關進口均由各該江關查驗自行徵收稅餉按照條約已開通商各口辦理一切事宜

長江通商統共章程第二條併見本類長江稽稅杜漏罰例違禁貨物

凡有英商之船在長江貿易者現議分爲兩項其一由鎮江上江暫做長江買賣之大洋船以及各項划艇風篷船隻其二由上海入江常做長江買賣之內江輪船以上兩項船隻在何口貿易均照條約及該口章程辦理如帶軍

器火藥等件應於上江時先將數目報明該關由關在所給上江之照單內註明件數查驗放行之後查出該船私加其數抑或在長江私將軍器火藥出賣該船均可入官凡來往各船如遇中國之巡查輪船欲行查驗立即呈明船牌各件查驗放行

以上長江口岸貿易

黑龍江俄約第六條

一和好既定以後一切行旅有准令往來文票者許其貿易不禁

恰克圖界約第四條

一按照所議准其兩國通商既已通商其人數仍照原定不得過二百人每間三年進京一次除兩國通商外有因在兩國交界處所零星貿易者在色楞額之恰克圖尼布朝之本地方擇好地建蓋房屋情願前往貿易者准其貿易周圍牆垣柵子酌量建造亦毋庸取稅均指令由正道行走倘或繞道或有往他處貿易者將其貨物入官

恰克圖市約第一條

一恰克圖互市於中國初無利益因你薩那特衙門籲請是以開市

恰克圖市約第二條

一中國與你國貨物原係兩邊商人自相定價你國商人應由你國嚴加管束彼此貨物交易後各令不爽約期即時歸結勿令負欠致起爭端

伊犁塔爾巴哈臺通商章程第一條

一兩國議定通商之後各諭屬下人等安靜交易以敦和好

伊犁塔爾巴哈臺通商章程第八條

一俄商每年前來貿易定於清明後入卡冬至即停止倘於定限之內其貨物尚未賣完聽該商人在此居住售賣完竣時由俄管貿易官飭令旋回其往來貨物駝馱如不敷二十疋頭不准其往來行走至匡蘇勒官員或商人遇有事故嵩派人出卡每月只准兩次以免沿卡官兵照護之累

伊犁塔爾巴哈臺通商章程第九條

一俄商前來貿易亭居住自有俄管貿易官管束兩國商人交易之事自行往來貿易如俄商前往街市必由俄管貿易官給與執照方准前往不得任意出外如無執照者即送俄管貿易官究辦

伊犁塔爾巴哈臺通商章程第十五條

一俄商帶來羊隻每十隻內官買二隻每羊一隻給布一疋其餘一切貨物均在貿易亭聽兩國商人自行定價交

易概不由官經管

愛琿城俄約第二條

一兩國所屬之人互相取和烏蘇里黑龍江松花江居住兩國所屬之人令其一同交易官員等在兩岸彼此照看兩國貿易之人

俄約第四條（併見本類稽稅杜漏罰例違禁貨物口岸貿易）

嗣後陸路前定通商處所商人數目及所帶貨物並本銀多寡不必示以限制海路通商章程將所帶貨物呈單備查拋錨寄椗一律給價照定例上納稅課等事俄國商船

均照外國與中華通商總例辦理如帶有違禁貨物即將該商船所有貨物概行查抄入官按俄國赴中國通商之條訂明一處通共不得過二百人須本國邊界官員給與路引寫明數目等事已列後條

俄續約第四條

此約第一條所定交界各處准許兩國所屬之人隨便交易並不納稅各處邊界官員護助商人按理貿易其愛琿和約第二條之事此次重復申明

俄續約第五條併見吏類設領事等官

俄國商人除在恰克圖貿易外其由恰克圖照舊到京經過之庫倫張家口地方如有零星貨物亦准行銷庫倫准

設領事官一員酌帶數人自行蓋房一所在彼照料其地基及房間若干並餧養牲畜之地應由庫倫辦事大臣酌核辦理中國商人願往俄羅斯國內地行商亦可俄羅斯國商人不拘年限往中國通商之區一處往來人數通共不得過二百人但須本國邊界官員給與路引內寫明商人頭目名字帶領人多少前往某處貿易並買賣所需及食物牲口等項所有路費由該商人自備

俄續約第六條併見刑類獄訟命盜工類租傭建置

試行貿易喀什噶爾與伊犂塔爾巴哈臺一律辦理在喀什噶爾中國給與可蓋房屋建造堆房聖堂等地以便俄羅斯國商人居住並給與設立墳塋之地並照伊犂塔爾巴哈臺給與空曠之地一塊以便牧放牲畜

以上應給各地數目應行文喀什噶爾大臣酌核辦理其俄國商人在喀什噶爾貿易物件如被卡外之人進卡搶奪中國一概不管

俄陸路通商章程第一款

兩國邊界貿易在百里內均不納稅其稽查章程任便兩國各按本國邊界限制辦理

俄陸路通商章程第二款

俄商小本營生准許前往中國所屬設官之蒙古各處及

該官所屬之各盟貿易亦不納稅其不設官之蒙古地方如該商欲前往貿易中國亦斷不攔阻惟該商應有本國邊界官執照內用俄字漢字蒙古字鈐印並註商人姓名貨色包件駝牛馬匹數目若干如無執照前往查明除貨入官外將該商按照北京和約第十條被逃獲送之法辦理該領事官嚴查不准未領執照商民前往貿易

俄陸路通商章程第三款

俄商運俄國貨物前往天津應有俄國邊界官並恰克圖部員蓋印執照內用兩國文字註商目及隨人姓名貨色包件數目此項貨幫止准由張家口東壩通州直抵天津

任憑沿途各關口中國官員迅速點數抽查驗照蓋戳放行其照限六個月在天津關繳銷如各口有抽查拆動之處查畢後仍由各口加封其拆動件數並於照內註明以憑查核該關查驗不得過一個時辰倘有商人遺失執照將貨物扣留中途即行報明原給執照之官並呈明日期號頭妥速補給執照註明補給字樣以便查驗放行

俄陸路通商章程第四款

俄商路經張家口按照運津之貨總數酌留十分之二於口銷售限三日內稟明監督官於原照內註明驗發准單方准銷售該口不得設立行棧

改訂俄陸路通商章程第一款

兩國邊界貿易在百里內均不納稅其稽查章程任便兩國各按本國邊界限制辦理

改訂俄陸路通商章程第二款（併見刑類法禁本類罰例）

俄商准許前往中國所屬設官之蒙古各處及該官所屬之各盟貿易亦不納稅其不設官之蒙古地方如該商欲前往貿易中國亦斷不攔阻惟該商應有本國邊界官執照內用俄字漢字蒙古字鈐印並註商人姓名貨色包件駝牛馬匹數目若干行抵中國第一邊卡應將執照呈官查驗或用戳記或以畫押爲憑如無執照前往查明除貨

入官外將該商按照北京和約第十條被逃獲送之法辦理該領事官嚴查不准未領執照商民前往貿易

改訂俄陸路通商章程第三款（併見本類陸路稽稅杜漏）

俄商運俄國貨物前往天津應有俄國邊界官並恰克圖部員蓋印執照內用兩國文字註商人或隨人姓名貨色包件數目此項貨幫止准由張家口東壩通州直抵天津任憑沿途各關口中國官員迅速點數抽查驗照蓋戳放行如各口有抽查拆動之處查畢後仍由各口加封其拆動件數並於照內註明以憑查核該關查驗不得過一箇時辰其照限六箇月在天津關繳銷倘有商人遺失執照

即行報明原給執照之官並呈明日期號頭妥速補給執照註明補給字樣以便查驗放行一面至就近之關口報明查驗相符暫給憑據准其執此前行以免躭誤如在張家口報明請領憑據應由在口之俄商代出保結方給字據嗣抵天津如所報貨色件數與補給之原照不符即按第七款辦理惟該行是問其所失之照作爲廢紙

改訂俄陸路通商章程第四款（併見本類陸路稽稅杜漏）

俄商由恰運俄國貨物路經張家口按照運津之貨總數任聽酌留若干於口銷售限三日內稟明監督驗發准單將酌留之貨交納稅項後方准銷售惟該口無庸設立領

事官以及行棧

改訂俄陸路通商章程第十六款（併見本類陸路稽稅杜漏）

俄商由天津通州張家口販貨回國務須單貨相隨以憑查驗放行其銷照限期及遺失執照一切按照第十款辦理（以上出口事例）

中俄改訂條約第十條（併見吏類設領事等官禮類交際儀文優待保護刑類法禁工類租傭建置）

俄國照舊約在伊犁塔爾巴哈臺喀什噶爾庫倫設立領事官外亦准在肅州（即嘉峪關）及吐魯番兩城設立領事其餘如科布多烏里雅蘇臺哈密烏魯木齊古城五處俟商務

興旺始由兩國陸續商議添設俄國在肅州（即嘉峪關）及吐魯番所設領事官於附近各處地方關繫俄民事件均有前往辦理之責按照一千八百六十年即咸豐十年北京條約第五第六兩條應給予可蓋房屋牧放牲畜設立墳塋等地嘉峪關及吐魯番亦一律照辦領事官公署未經起蓋之先地方官幫同租覓暫住房屋俄國領事官在蒙古地方及天山南北兩路往來行路寄發信函按照天津條約第十一條北京條約第十二條可由臺站行走俄國領事官以此事相託中國官即妥爲照料吐魯番非通商口岸而設立領事各海口及十八省東三省內地不得援以爲例

中俄改訂條約第十一條（併見吏類設領事等官禮類交際儀文刑類獄訟控告審斷工類租傭建置本類口岸貿易）

俄國領事官駐中國遇有公事按事體之關繫案件之緊要及應如何作速辦理之處或與本城地方官或與地方大憲往來均用公文彼此往來會晤均以友邦官員之禮相待兩國人民在中國貿易等事致生事端應由領事官與地方官公同查辦如因貿易事務致起爭端聽其自行擇人從中調處如不能調處完結再由兩國官員會同查辦兩國人民爲預定貨物運載貨物租賃鋪房等事所立

字據可以呈報領事官及地方官處應與畫押蓋印爲憑遇有不按字據辦理情事領事官及地方官設法務令照依字據辦理

中俄改訂條約第十二條（併見本類陸路貨稅）

俄國人民准在中國蒙古地方貿易照舊不納稅其蒙古各處及各盟設官與未設官之處均准貿易亦照舊不納稅並准俄民在伊犁塔爾巴哈臺喀什噶爾烏魯木齊及關外之天山南北兩路各城貿易暫不納稅俟將來商務興旺由兩國議定稅則即將免稅之例廢棄以上所載中國各處准俄民出入販運各國貨物其買賣貨物或用現

錢或以貨相易俱可並准俄民以各種貨物抵帳
中俄改訂條約第十三條併見刑類法禁工類租傭建置
俄國應設領事官各處及張家口准俄民建造鋪房行棧
或在自置地方或照一千八百五十一年即咸豐元年所
定伊犂塔爾巴哈臺通商章程第十三條辦法由地方官
給地蓋房亦可張家口無領事而准俄民建造鋪房行棧
他處內地不得援以為例
中俄改訂條約第十四條
俄商自俄國販貨由陸路運入中國內地者可照舊經過
張家口通州前赴天津或由天津運往別口及中國內地
並准在以上各處銷售俄商在以上各城各口及內地置
買貨物運送回國者亦由此路行走並准俄商前往肅州
即嘉峪關貿易貨幫至關而止應得利益照天津一律辦理
中俄改訂條約第十五條併見總類訂約本類口岸貿易
俄國人民在中國內地及關外地方陸路通商應照此約
所附章程辦理此約所載通商各條及所附陸路通商章
程自換約之日起於十年後可以商議酌改如十年限滿
前六個月未請商改應仍照行十年俄國人民在中國沿
海通商應照各國總例辦理如將來總例有應修改之處
由兩國商議酌定

中俄改訂條約第十八條併見總類訂約
按照一千八百五十八年五月十六日即咸豐八年在璦
琿所定條約應准兩國人民在黑龍江松花江烏蘇里河
行船並與沿江一帶地方居民貿易現在復為申明至如
何照辦之處應由兩國再行商定
改訂中俄陸路通商章程第一條
兩國邊界百里之內准中俄兩國人民任便貿易均不納
稅其如何稽察貿易之處任憑兩國各按本國邊界限制
辦理
改訂中俄陸路通商章程第二條併見刑類法禁本類陸路稽稅杜漏罰例
俄國商民前往蒙古及天山南北兩路貿易者祇能由章
程所附清單內指明卡倫過界該商應有本國官所發中
俄兩國文字並譯出蒙古文或回文執照漢文照內可用
蒙古字或回回字註明商人姓名隨人姓名貨色包件牲
畜數目若干此照應於入中國地界時在附近邊界中國
卡倫呈驗該處查明後卡倫官蓋用戳記為憑其無執照
商民過界者任憑中國官扣留交附近俄國邊界官或領
事官從嚴罰辦遇有遺失執照貨主應報明附近領事官
以便請領新照一面報明地方官暫給憑據准其執此前
行其運到蒙古及天山南北路各處之貨有未經銷售者

准其運往天津及肅州（卽嘉峪關）或在該關口銷售或運往內地其徵收稅餉發給運貨執照查驗放行等事均照以下章程辦理

改訂中俄陸路通商章程第三條（併見本類陸路稽稅杜漏罰例）

俄商由恰克圖呢布楚運貨前往天津應由張家口東壩通州行走其由俄國邊界運貨過科布多歸化城前往天津者亦由此路行走該商應有俄官所發運貨執照並由中國該管官蓋印照內用中俄兩國文字註明商人姓名貨色包件數目任憑沿途各關口中國官員迅速點數查看驗照蓋戳放行查驗之時如有拆動之件仍由該關口

加封並將拆動件數於照內註明以憑查覈該關查驗不得過一個時辰其照限六個月在天津關繳銷如該商以為限期不足應豫先報明該處官員倘有商人遺失執照應報明原給執照之官並呈明日期號頭請領新照註明補給字樣一面至就近關口報明查驗相符暫給憑據准其運貨前行如查該商所報貨數不符查該商係有隱匿沿途私賣貨物希圖逃稅情事應照第八條章程罰辦

改訂中俄陸路通商章程第四條（併見本類陸路稽稅杜漏）

俄商由俄國運來貨物路經張家口任聽將貨酌留若干於口銷售限五日內在該關口報明交納進口正稅後由中國官發給賣貨准單方准銷售

煙臺會議條款第一端之三

一所有滇省邊界與緬甸地方來往通商一節應如何明定章程於滇案議結摺內一併請

旨飭下雲南督撫俟英國所派官員赴滇後卽選派妥幹大員會同妥爲商訂

煙臺會議條款第一端之四

一自英歷來年正月初一日卽光緒二年十一月十七日起定以五年爲限由英國選派官員在於滇省大理府或他處相宜地方一區駐寓察看通商情形俾商定章程得

有把握並於關係英國官民一切事宜由此項官員與該省官員隨時商辦或五年之內或俟期滿之時由英國斟酌訂期開辦通商至去年所議由印度派員赴滇會經發給護照應仍由印度節度大臣隨時定奪派員妥辦

中法會訂越南新約第五款（併見吏類設領事等官）

一中國與北圻陸路交界允准法國商人及法國保護之商人並中國商人運貨進出其貿易應限定若干處及在何處俟日後體察兩國生意多寡及往來道路定奪須照中國內地現有章程酌核辦理總之通商處所在中國邊界者應指定兩處一在保勝以上一在諒山以北法國商

人均可在此居住應得利益應遵章程均與通商各口無異中國應在此設關收稅法國亦得在此設立領事官其領事官應得權利與法國在通商各口之領事官無異中國亦得與法國商酌在北圻各大城鎮揀派領事官駐紮

以上陸路口岸貿易

章程

議定租界洋貨免釐及存票改限各開辦日期（併見本類改運內地稅釐）

總理衙門咨光緒二年十一月二十九日據赫總稅司申稱奉到劄開現與德國巴大臣面議洋貨在上海租界內免其抽釐及發給存票准以三十六個月爲限各國開辦日期並存票換銀當先由稅務司蓋印畫押等因前來除由本衙門照會各國駐京大臣外相應抄錄赫總稅務司申復咨行即飭各關遵辦光緒二年十二月咨（北洋南洋）

附錄赫總稅司申呈

爲申復事奉到本年十月二十七日鈞劄內開本衙門現與德國巴大臣面議洋商出售洋貨在上海租界內免其抽釐及發給存票准其以三十六個月爲限各開辦日期准巴大臣面稱曾經會商各國大臣在案應將開辦日期開列於後

一上海租界內不再抽釐

查新舊各口岸除尚未定有各國租界應俟會商畫定再行將洋貨免釐一事定期開辦外其上海一口已定有洋商租界凡有洋商進口眞正洋貨無論賣與華商洋商自光緒三年正月初一日起上海租界內不再抽收釐金

二存票定限

查凡有真正洋貨已完進口正稅後如欲運往外國實係原包原貨並無拆動抽換自光緒三年正月初一日起核計該貨進口之日到該貨出口下船之日在三十六箇月限內准其請領存票或將存票換取現銀聽商自便其光緒三年正月初一日以前發給存票不扣限期准抵稅銀不換現銀

以上兩條除由本衙門照會各國大臣並通行南北洋大臣飭屬遵照辦理外相應劄行查照辦理等因奉此當經由總稅務司通飭各口稅務司遵照並以存票准換現銀

一節於小本商人不無裨益惟恐或有藉此舞弊致於已收之稅銀易有虧損應由各關稅務司與本關銀號議定凡有交存票換現銀應由該商先行呈請稅務司驗明蓋印畫押後方准執赴銀號取銀一面由稅務司在存票冊內註明並按日開單封送銀號備查此項存票既由稅務司印押後只准取換現銀不准抵完他稅以免參差至如何確驗印押無誤之處應由稅務司會同銀號商訂又以天津牛莊兩口現值冬令船隻暫停往來該二口倘有洋貨運往外國而其進口時已逾三十六箇月限外者應准由該商於光緒三年正月初一日以先報關俟開河後從頭船到時核計若該貨在十五天限內下船出口即可發給存票各等語通行各口一體遵照理合備文申請並請照會各國駐京大臣為要

京縣轄境不在通商之列查明交界清單

總理衙門咨同治十二年十月初一日准咨據津海關詳前准德國章代理領事函稱瑞林魁洋行擬派人前往京北德勝門外小關馬市採買駝絨等物請領三聯報單等因當以京師不在通商之列業將函駁緣由具文呈報在案茲於九月二十二日復准章代理領事函請飭發旋准函復以條約載明京師不在通商之列係舉大宛二縣所

管地方而言該商所請未便照辦等因本代理領事接信後即一面諭知該商一面報明德國駐京大臣在案茲奉劄開條約指明京都不在通商之列並無大宛境內不准貿易之語飭即知會貴道等因本代理領事奉此理合函致除瑞林魁行商所請已作罷論外此後如遇前項情事再須隨時商辦等因准此復以京縣境內可否准其通商尚須請示遵辦容俟詳奉批飭再行知照等語自應預先請示以便遵循所有京縣境內可否准其通商緣由理合具文詳請核咨等情相應咨請核示前來旋於十月初十日接德國和署公使函稱查通商章程第八款內載德國

商民不准持照前往京都貿易惟近來本國商人請照前往京都相近之地採買土貨則有辨論京師邊界在何處之事因此希請將京城各衙門外所有屬京管轄地界詳細開示以免疑誤等因當經本衙門劄行順天府尹轉飭大宛兩縣將所轄地界地方查明申覆去後茲據查明開單呈送前來除錄清單函覆德署公使外相應抄錄咨覆

同治十二年十二月十三日咨北洋

照錄大興縣所轄交界清單

安定門外東北至來廣營距城二十里係京營地面自來廣營西北至白廟村止係京縣所轄距城三十六里迤北

係昌平州交界

東直門外東北至新店村距城十八里係京營地面自新店村東北起至金盞村止係京縣所轄距城二十八里迤東通州交界

朝陽門外正東至定福莊距城二十里係京營地面自定福莊至康各莊係京縣所轄距城三十里迤東係通州交界

東便門外係京營地面並無京縣所轄地面

廣渠門外東南至孫家坡係京營地面孫家坡係京縣所轄距城二十里往東係通州交界

左安門外係京營地面並無京縣所轄地面

永定門外起至南苑大紅門係京營地面自北大紅門起至南大紅門止係奉宸苑管轄由南大紅門往西南至禮賢鎮係京縣所轄距城八十五里迤東係固安永清兩縣交界迤西係固安縣交界

右安門外西南至高米店村係京營地面距城二十七里自高米店迤南至黃村鎮大莊村係京縣所轄距城四十三里迤南係宛平縣交界理合登明

照錄宛平縣所轄交界清單

德勝門外正北至清河村距縣十八里係京營地面自清河村橋北起至廻龍觀係宛平縣所轄距縣三十里接昌

平州交界

西直門外西北至茶房菴距縣二十里係京營地面自茶房菴起至後廠村係宛平縣所轄距縣三十里接昌平州交界

阜城門外正西至田村距縣十六里係京營地面自田村正西起大塞山杜家莊子係宛平縣所轄距縣二百里接懷來縣交界

彰儀門外正西至大井牌樓距縣十八里係京營地面自大井牌樓起至董公菴係宛平縣所轄距縣四十五里接

良鄉縣交界
西便門外係京營地面
右安門外正南至高碑店距縣二十里係京營地面自高碑店起至大莊係大興縣地面自大莊起至天宫院胡林村係宛平縣所轄距縣九十里接固安縣交界

中國朝鮮商民水陸貿易章程第一條（併見禮類優待保護）

嗣後由北洋大臣劄派商務委員前往駐紮朝鮮已開口岸專爲照料本國商民該員與朝鮮官員往來均屬平行優待如禮如遇有重大事件未便與朝鮮官員擅自定議則詳請北洋大臣咨照朝鮮國王轉劄其政府籌辦朝鮮

國王亦遣派大員駐紮天津並分派他員至中國已開口岸充當商務委員該員與道府州縣等地方官往來亦以平行相待如遇有疑難事件聽其由駐津大員詳請北洋南洋大臣定奪兩國商務委員應用經費均歸自備不得私索供億若此等官員執意任性辦事不合則由北洋大臣與朝鮮國王彼此知會立即撤回

中國朝鮮商民水陸貿易章程第三條（併見禮類優待保護刑類法禁）

兩國商船聽其駛入彼此通商口岸交易所有卸載貨物與一切海關納稅則例悉照兩國已定章程辦理倘在彼此海濱遭風擱淺可隨處收泊購買食物修理船隻一切經費均歸船主自備地方官第妥爲照料如船隻破壞地方官當設法救護將船內客商水手人等送交就近口岸彼此商務委員轉送回國可省前此互相護送之費若兩國商船於遭風觸損需修外潛往未開口岸貿易者查拏船貨入官惟朝鮮平安黃海道與山東奉天等省濱海地方聽兩國漁船往來捕魚並就岸購買食物甜水不得私以貨物貿易違者船貨入官其於所在地方有犯法等事即由該地方官拏交就近商務委員按第二條懲辦至彼此漁船應徵魚稅俟遵行兩年後再行會議酌定（查山東漁戸因海濱之魚爲輪船驚至對岸每年私至朝鮮黃海道大小青島捕魚者歲以千計）

中國朝鮮商民水陸貿易章程第七條（併見禮類優待保護刑類法禁）

兩國驛道向由柵門陸路往來所有供億極爲煩費現在海禁已開自應就便聽由海道來往惟朝鮮現無兵商輪船可由朝鮮國王商請北洋大臣暫派商局輪船每月定期往返一次由朝鮮政府協貼船費若干此外中國兵船往朝鮮海濱游奕並駛泊各處港口以資捍衛地方官所有供應一切豁除至購辦糧物經費均由兵船自備該兵船自管駕官以下與朝鮮地方官俱屬平行優禮相待水手上岸由兵船官員嚴加約束不得稍有騷擾滋事

以上口岸貿易

沿江六處試辦章程（并見本類內地稅釐）

總理衙門咨案查煙臺條款第三款內載至沿江安徽之大通安慶江西之湖口湖廣之武穴陸溪口沙市等處均係內地處所並非通商口岸按長江統共章程應不准洋商私自起下貨物今議通融辦理輪船暫准停泊上下客商貨物皆用民船起卸仿照內地定章辦理除洋貨半稅單照章查驗免釐其有報單之土貨只准上船不准卸賣外其餘應完稅釐由地方官自行一律妥辦外國商民不准在該處居住開設行棧等語所載不過是大概辦法現將詳細章程十二款開列於後相應咨行光緒　年　月

日咨各省

一條款所載輪船字樣並非出洋輪船乃指內江輪船而言

一條款所載民船字樣並非各項船隻乃指該六處由卡挂號准作撥船編列字號而言

一六處除領有稅單之洋貨並領有報單運照之土貨驗明單貨相符洋貨即准其裝船或起岸放行土貨即准裝船前赴所報出口海關該六處均不另徵稅釐外其餘無單照各貨均照後開章程辦理

一由六處裝船運往六處起岸之貨先完裝船處釐金報明由此處運往彼處並不過關者（如自大通赴安慶自陸溪赴沙市）無庸完稅其須過一關者（如自大通安慶至武穴自武穴至陸溪沙市）俟到該關照完正稅此兩項均應將此去途中所經釐卡由裝船處釐局核明其有幾卡即照所完釐數令其再完幾倍以補應完之釐其須經過兩關者俟到第一關照完正半兩稅應由裝船處釐局將此去所經第一關以前第二關以後共有釐卡幾所照所完釐數令其再完幾倍以補應完之釐（如由大通安慶運至沙市陸溪口起岸由沙市陸溪口運至大通安慶起岸中間一關以後二關以前釐卡准其免補若祗過一關及不過關者不得援免）

一由六處裝船運往長江各關暨上海關起岸之貨先完

裝船處釐金報明運赴何關俟到第一關照完正半兩稅應由裝船處將此去所經第一關以前共有釐卡幾所即照所完釐數令其再完幾倍以補應完之釐如所報起岸之關即係第一關（如自大通安慶至九江關自武穴至江漢關自陸溪口沙市至宜昌關）到關只完正稅不完半稅

一由上海關暨長江各關裝船運往六處起岸之貨除先在該關照完正半兩稅或只完正稅（如自蕪湖關報運大通是僅經一關只完正稅如自鎮江關報運大通是所經兩關應完正半兩稅其經三四關者亦只完正半兩稅一次而止以上正半各稅均在裝船之關照完）報裝輪船指赴某處並領收稅單到起岸處呈驗外應於起岸處照完該處釐金並由該釐局核明所

經末尾一關以後其有釐卡幾所即照所完釐數令其再完幾倍以補應完之釐如所經僅只裝船一關即以該關爲末尾之關

一凡裝船處收釐均須塡發收釐單交該商於到關及起岸處呈驗如該貨須到關完稅該裝船處釐局仍應另寫總釐單封好交與船主送到所經第一關稅務司查收一面由該商持收釐單赴關呈驗完稅該關另給收稅單並將所呈收釐單加戳給還俾到起岸處再行呈驗倘六處裝船之貨到關及起岸處該商竟無完釐完稅各單呈驗者該貨入官其有以遠報近希圖偷漏者查出罰辦倘有在不准停輪之處私行上下貨物者該貨入官該輪船照

章查辦

一六處內湖口一處應行另立完稅專章惟因湖口情形現在尚未查明其餘五處應照現議之章先行試辦湖口一處須俟查明再議

一六處抽收釐金本與稅則無涉向就貨價每百抽二各按本處時價核收其收銀驗貨秤碼應與各關一律均不得稍有高下

一六處自沙市以至大通沿江抽收來往貨船釐卡查有沙市北河口鸚鵡洲樊口武穴以上湖北五卡二套口以上江西一卡華陽安慶大通以上安徽三卡共爲九卡該六處應各將沿江釐卡

按上下游遠近次序懸牌寫明備查其應補釐金卽在六處之間不逾大通以東沙市以西並使各商知悉

一六處裝船之貨必須聽查驗完清釐金將貨由官碼頭上挂號撥船上輪船六處起岸之貨由挂號撥船向輪船撥出送到官碼頭聽候查驗辦理倘有私用未曾挂號之民船送貨撥貨者該貨入官船戶提究

一六處所收釐金應分別各還各卡定期彙解以清款項所有釐金細數及貨色觔件應由各該處委員按七日造具清册並按外國月分造其總册分別呈送本省稅關及駐紮江漢關巡查六處副稅務司查核以便按結詳報

以上各款均擬試辦一年如有未盡事宜及或有窒礙之處隨後相機酌改以期妥善查本年五月二十一日係泰西七月初一日卽爲第六十八結之始若此章可以暫爲試行擬卽從此日開辦

以上長江口岸貿易

頒行發給陸路俄商三聯單章程併見本類陸路稽稅杜漏陸路改運按式列卷末

總理衙門咨本衙門查俄國陸路通商章程俄商由恰克圖販洋貨赴津須有俄國邊界官及恰克圖部員蓋印之兩國文字執照限六個月到天津繳銷由天津販土貨回

國須有領事官及天津關蓋印之兩國文字執照由張家口通州買土貨販運回國須有張家口東壩兩處蓋印執照均限六個月到恰克圖繳銷立法本極周密現在各關雖已照章辦理惟收發均不由本衙門經理偶遇各關所報稅數有彼此不符之處本衙門即無從稽查因思本衙門爲洋稅總匯之所豈可聽其漫無考核現在再三斟酌議定三聯執照辦法以爲各關互相箝制之具不但以後各關所報稅數可期不致參差並洋商如有繞越偷漏等弊亦可一覽而知無煩詰問本衙門現已與俄國駐京公使議定將此項三聯執照刊刻刷印編定字號按照俄商

陸路所經各關分別發交各關收到後即於同治三年二月初一日起一律照辦除照會俄國公使轉飭該俄商遵辦外相應發去新刊三聯執照各行轉交該關委員查明號數收領以備應用其如何填註貨數稅數以及蓋印加印並截留彙送本衙門各章程均已詳載此項執照之內務飭各該員悉心閱看明晰方不致有錯悞其照內不能備詳之處另開清單九條粘附文後亦希轉飭各該員細加閱看以便照辦同治三年正月咨三口

一此項執照係過一關截下一聯如到此關而前關未經將應截之聯截下或已截下而無前關騎縫印信即係該

商繞越務即扣留照章罰辦該商無可狡執各關亦不可含糊

一照根及各關應行截留之聯務須從某字第幾號字樣中間裁截使號數等字前後聯各留一半以備本衙門湊合比對不可整字裁去轉致無從稽核

一此項執照與邊界官領事官原照粘連之處須將三聯照內所載某字第幾號字樣騎縫填明並加蓋印信一顆以防更換如執照由津關發給即由津關加印如執照由恰克圖發即由恰克圖加印不可遺漏

一照內所填貨數稅數須與邊界及領事等官原照一律

不可稍有參差如原照所填只係貨物總數此照內仍應查明細數分晰開載但總數不可不與原照相合

一此項執照除張家口東壩俱無邊界領事等官原照可徑行發給外其天津恰克圖均係粘於邊界官領事官所發原照之右其粘連處務須設法使之堅固緣俄國照紙明滑恐粘連不固該商長途攜帶日久或致脫落轉滋意外之弊

一嗣後各關領取此項執照只須備文請領本衙門由驛發遞不致遲誤一切使費俱無各關亦不必專差赴領以省盤費

一各關監督滿任交卸之時必須將任內經手所領三聯執照若干張用過若干張存剩未用若干張造具清册移交後任一面申報本衙門查核後任按數接收亦即申報本衙門查核

一查陸路章程第三款內載各關查驗貨照不得過一個時辰等語所有俄商經過各關務須嚴飭查驗員役人等不得刻離該卡務須隨到隨查不得有意刁難遲延時刻致令該商稽日其應蓋印信亦須速爲蓋用如無印信之處即將所用戳記加蓋亦可不必拘泥

一執照內年月日期凡發照之關均就發照日期填寫某

月某日某處發其經過各關日期即於發照日期之下接寫某月某日經過某處字樣以備查對

中國朝鮮商民水陸貿易章程第五條（併見禮類優待保護刑類獄訟控告審斷債務）

向來兩國邊界如義州會寧慶源等處例有互市統由官員主持每多窒礙茲定於鴨綠江對岸栅門與義州二處又圖們江對岸琿春與會寧二處聽邊民隨時往來交易兩國第於彼此開市之處設立關卡稽察匪類徵收稅課其所徵稅則無論出入口貨除紅蔘外概行值百抽五從前館宇餼廩芻糧迎送等費悉予罷除至邊民錢財罪犯等案仍由彼此地方官按照定律辦理其一切詳細章程應俟北洋大臣與朝鮮國王派員至該處踏勘會商稟請

奏定

以上陸路口岸貿易

成案

江海關稟租界洋貨免釐及存票改限辦理情形（併見本類改運內地稅釐）

江海關稟奉南洋大臣劄准總理衙門咨本衙門具奏上海租界免釐及存票定限開辦日期一摺光緒二年十月二十八日具奏本日奉

旨依議欽此抄奏咨行遵辦並奉抄奏內開光緒三年正月初一日為始在上海租界內洋商售賣洋貨不再抽收釐金洋貨進口已完正稅在三十六個月限內仍往外國准其請領存票並准其以存票換取現銀其光緒三年正月初

一日以前發給存票不扣限期准抵稅銀但不准換取現銀等因奉經移行遵照並將辦理情形節次稟報在案所有上海租界洋貨免釐一事洋藥不在免釐之內與土貨釐金均仍照常抽收當由松滬釐局與海關出示曉諭其洋貨入內地在關完納子口半稅者由新關及南北兩卡驗貨委員認眞查驗實係眞正洋貨始准填給稅單起運以杜夾帶抽換之弊倘各口運入內地之貨照此稽查除洋貨已完半稅領有稅單者沿途免釐外其餘土貨及未完半稅之洋貨一切釐捐尚應照常抽收向來上海洋貨運入內地稅單由道署填給此次改派委員分駐新關及南北兩卡隨時驗貨核實填發凡各商報關完半稅後先由新關稅務司函致道署核對進口船號貨數相符照填赴卡換單之票送交司稅給商持往南北兩卡呈候委員驗明票貨相符換填稅單給發該商運往內地銷售倘商人有將運入內地之洋貨載赴新關碼頭請驗者即由司稅派撥扦手隨同委員查驗相符再由司稅函致道署照填稅單送關給商執運並於稅單之後照填驗單一紙由首經第一釐卡查驗截留繳道以便比對單根而免弊混至洋貨進口完稅後復往外國准領存票換銀一事當即函致稅司自光緒三年正月初一日起進口洋貨有在三

十六個月限內運回外國者將進口稅銀給還存票准換現銀其三年正月初一日以前進口洋貨運往外國者所給存票不換現銀此等出口洋貨必須由委員查驗實係原包原貨並無拆動抽換方准填給存票旋接稅司吉羅福覆稱洋貨改運外國不論何時進口自三年正月初一日起報關出口原貨核計進口日期在三十六個月限內者准發存票換取現銀各商有以存票換領現銀者由司稅加押蓋印知照銀號給領等因嗣奉行准總理衙門抄發赫總稅務司申覆存票准換現銀一節應由司稅蓋印畫押後方准赴銀號取銀核與吉司稅所言相同伏讀總

理衙門照會各國公使稿內敘明眞正洋貨完進口正稅後如往外國實係原包原貨自光緒三年正月初一日起核計該貨進口之日到該貨出口上船之日在三十六個月限內准領存票或換現銀等因是換銀存票並未專指三年正月初一日起進口之貨吉司稅謂洋貨改運外國不論何時進口但從三年正月初一日起報關出口洋貨如核計進口日期在三十六個月限內運往外國准給存票換銀尚可照辦惟存票既准換取現銀則原貨出口之時必須確切查驗方免影射滋弊是以由道專派委員駐關遇有洋貨報運外國由稅務司知照委員偕同扦手人

等前往查驗確係原包原貨並無拆動等弊方准將前完稅銀給還存票換取現銀倘有情願抵完別稅者亦准作抵聽商自便一面將存票另刊新板註明准換現銀字樣給商收執並於票後加刊銀號諭單交號稽核以示區別所有存票換給現銀數目按結截算彙總開報即在現收正稅內扣除俾昭核實合將稅單驗票及存票諭單各式稟送仰祈察核示遵並請咨明總理衙門查照實爲公便再吉司稅示稿照錄附呈光緒三年正月稟北洋大臣（按洋貨存票式已列改運）

附錄吉稅務司示稿

稅務司諭照得洋貨入內地請領稅單之事現定辦法凡有運入內地之洋貨在關報完內地半稅後由關先給赴卡換領稅單之票一紙將該洋貨運赴內地第一卡即南北兩卡呈由駐卡委員查驗所有應領稅單係預發該卡備用商人運洋貨到卡經委員查與原票相符即便換給稅單以憑運往內地倘有商人不願照辦應將該洋貨先運本關碼頭查驗相符後再完內地半稅給發稅單此諭

光緒三年正月十二日

布國釐定旗號（併見工類行船）

總理衙門咨同治六年十月二十四日准布國李公使照

會稱公會各國之名已定皆歸本國統領必須設立一定旗色現已立定北德意志公會總旗一係國家公務之旗一係通商之旗希請咨行通商各口等因前來本衙門當因照會內開有稍恩布而克立貝字樣原定條約無此國名劄飭赫總稅司聲覆旋據復稱立貝名目係包括兩小地方在內一名立貝得特墨勒特一名稍恩布而克立貝其國行文時常以立貝二字包括兩地在內等語查公會各國既載在布國條約准其通商自當專設旗色式樣便於識認茲既由布國照送旗色樣式前來爲公會各國總旗與條約並無改易自可照行相應咨行轉飭通商各口

照辦如有此樣旗式船隻進口即按照布國條約辦理惟條約內公會國名甚多譯音稍異難免混淆仍當飭知各口按照布國原約內譯定漢字書寫勿得稍有更易致滋舛誤爲此咨行同治六年十二月初一日咨三口

中國商民往俄界琿春須地方官給照領事蓋印

總理衙門咨光緒六年三月十六日准咨據江海關道劉稟稱俄領事所稱華人自上海乘船至琿春須華官發照領事蓋印等因詢據新關稅務司赫政復稱琿春河之西有琿春城是琿春本係中國所管原在內地並非海口至運春或琿春乃係海口其地在琿春河東北相離二度約

四百餘里按照條約該地本屬俄人所管是以運往之貨均照運往外國一律辦理華商皆託洋商報關是由滬往琿春之船均係前赴俄國運春海口與中國內地之琿春實係兩地如琿春則無報貨運往等由伏查運春琿春既皆海口係俄國所管非中國所屬之琿春內地現在華人前往俄國運春地方官請中國官給照由駐滬俄領事簽名蓋印持往查驗無照不令上岸諒爲稽查華人嚴防匪徒起見應否照辦咨請核復前來查三月初八日准北洋大臣咨據俄國韋領事函稱現接本國署理欽差凱文開本國所屬距琿春不遠之拉提窪斯叨克地方時有中國各處附船到彼特飭領事稟請轉行煙臺天津地方官倘有華民欲往該處必須先請地方官發給執照等因查該領事所稱琿春不遠地方似即係吉林迤東琿春河口及海參崴一帶除分劄津海東海山海關道查核妥辦外咨會查照等因又准吉林將軍咨據寧古塔副都統呈報與俄國官議立華人往海參崴起票章程並抄俄官照會章程三條前來本衙門查俄領事所稱凡中國人乘船往俄界者須地方官給照雖措詞互異大致相同既據北洋大臣吉林將軍分飭照辦並據將運春琿春地名飭查明確所有發照事宜自應由貴大臣轉飭各海關道一律查照

辦理除咨復北洋大臣並吉林將軍外相應抄錄吉林來文暨俄官照會條款咨行查照光緒六年五月二十三日咨各省

附錄吉林將軍等來文

爲呈報事案查光緒五年十二月間准寧古塔副都統咨報據署琿春協領瑚圖禮呈報俄國廓米薩爾照會內稱現經海參崴地方管理總商衙門引定中國人民起換票照章程三條凡中國人赴往海參崴一帶地方漁採者須由各國地方官分別良莠取具妥保發給票照至海參崴管商衙門更換俄票倘若無票之人即係莠民以便拏送

琿春發落等語查其擬定起票章程三條凡中國人民有赴俄界海參葳漁採者須由各地方官取保發給票照至彼由俄所設管商衙門查驗更換俄照第二條內中國人民若無地方官即該處所住孔孫官之票不准前往一語惟孔孫官係何官劄飭該協領與通事詢悉明白再行咨報等情當即咨行查詢明白迅速具復據副都統查明所云孔孫官即各國領事官條內所言之事詢據俄廓米薩爾亦謂事須減議始定擬凡赴海參葳俄界者必在琿春領票並嚴杵河廓米薩爾處添註俄字俄印票用俄國原紙以杜假充之弊如此辦理可以清盜匪而免枉拏等情

互相給照存查現接到俄照一面備文呈報一面購買俄紙印發票式發給俄官即曉示海漁商賈人等一體遵行合將來照抄錄粘單呈報總理衙門查核

第一條中國民人發給印票者務須有海參葳居住民人承保方准中國屬界民人一年內由該處請領印票由海參葳管商衙門報明更換俄照

第二條中國各內地居住各國之孔孫官即傳知烏蘇里邊界官廓米薩爾倘中國民人如無該國地方官即駐紮孔孫官票照赴海參葳者船主不准載過

第三條嗣後凡過一年後本處照定第一條章程如有無票者或由陸路來者拏獲解送琿春由船經過者亦由船送回

以上口岸貿易

英商在張家口租棧張挂招牌違約飭禁（併見刑類法禁本類子口稅）

總理衙門咨准察哈爾都統來文內稱英商利渣士洛詢在張家口租定棧房張挂招牌係屬違約呈請核定示覆前來本衙門當即知會英國駐京大臣嗣據覆稱英商欲在內地售貨無不准行惟欲開設行棧僅可在通商各口不准在內地設立地方官示諭英商利渣照約之後倘敢

仍不遵循本大臣查出必劄行天津領事官嗣後該商請發執照概不聽發復配送英文一分由本衙門轉行察哈爾都統持以曉諭英商等因在案查英商利渣違約在張家口開設行棧經英國駐京大臣此次設法切實辦理已經本衙門將英文一分備文咨行察哈爾都統曉諭該商諒必不敢再違因思英國大臣向來辦事極為公平此次照會所稱周詳妥善嗣後各處地方倘有洋商在內地城鎮設行者皆宜一律倣照辦理惟查天津條約第九款內載英國民人准聽執照前往內地各處游歷通商等語是洋商入內地買賣貨物原為條約所不禁但不准設立行

棧各地方官務當謹守條約毋得因有不許設行之事遂誤認爲不許洋商入內地售貨概爲攔阻以致與條約不符相應粘抄來往照會及英國通飭各口領事劄文底稿咨行同治元年五月初二日咨南洋

附錄英國照會

爲照會事照得英商利渣將貨運赴張家口又欲開設行棧一案本大臣查條約所載英商在海口欲進內地先宜報關請發執照爲已納半稅之憑方能前往如未請執照之前私自運貨均罰入官此條約明文至於欲在內地賣貨而條約無不准行惟欲開行設棧僅在通商各口不准

在內地設立地方官示諭英商利渣之後倘敢仍不遵循經本大臣查出必劄行天津領事官嗣後該商請發執照概不聽發爲此照會

附錄給英國照覆

爲照覆事接准照會內稱英商將貨運赴張家口又欲開設行棧一案查條約所載英商欲在內地賣貨條約無不准行惟欲開行設棧僅可在通商各口不准在內地設立地方官示諭英商利渣照約之後倘敢仍不遵循經本大臣查出必劄行天津領事官嗣後該商請發執照概不聽發等因並配送英文一分照會前來本爵查前因安徽祁門縣江西吳城鎮有外國人開設行棧之事迭經照會貴大臣辦理在案並因英商利渣等在張家口開設隆泰行故復查照舊案辦理昨接來文具見持論公平毫無偏倚曷勝忻慰本爵現已將另送英文一分咨行察哈爾都統會同張家口監督派委妥員以此英文持送該商等閱看諒必恪遵不敢再生異議並即通行各省俾中國地方官咸曉然於貴大臣辦理通商事件悉秉大公自必益加悅服謹守條約仍希通飭各口領事官一體照辦至通行文內已分別洋商入內地售貨不在禁止之列毋得含混概爲攔阻相應照復

附錄英國給通商各口領事官劄文

爲劄行事照得天津條約第二十八款所載英商准將洋貨進入內地各處售賣一節近來在於各等處准否長住每生疑問本大臣詳查英商條約章程善後條約第七款之義凡有英商欲將洋貨或親自運往或擬派他人代運均必先納半稅請取運貨單方准運貨前往任便銷售此定約之意原因英商運進則在內地徵納稅餉仍照內地各處子口章程辦理特恐隨時多生辯論訴屈之累爲此設法以爲防範辯論之計至在內地長住一節條約雖准進入內地賣貨仍不准其長住倘英商或欲租房開設行

棧此為條約所不准行惟進入內地賣貨乃係條約明文該商或坐船艇或下客店或居華商行鋪俾得洋土貨物交相買賣此均准行為此劄飭該口領事官轉行曉諭可也須至劄者

俄商運貨由張家口回國單貨相離照章扣留（併見本類陸路稽稅杜漏）

三口大臣咨呈准總理衙門咨准張家口監督呈稱四月初二日據差役報有腳戶駝來茶葉布疋等物聲稱係俄商之貨卸載通海客店僅有腳夫發帖呈驗並無俄商跟隨初三日據店戶報稱俄商到口經查街章京將貨單呈

送都統閱看亥刻據察哈爾都統咨來稅單二紙職查驗後仍將稅單咨回查通商章程內載俄商販貨回國務須單貨相隨以憑查驗現來各貨交付腳人本商並無一人同行貨單亦未相隨誠恐沿途各關口查無貨單倘有攔阻致生事端請轉行三口通商大臣查辦前來本衙門查新定俄國陸路通商章程內載俄商由天津通州張家口販貨回國務須單貨相隨以憑查驗等語原因單貨相離易啟影射偷漏私行銷售之弊是以於章程內載明此條以便各關口易於稽查茲據張家口監督呈稱腳人駝貨到口俄商並無一人同行貨單亦未相隨實屬有違定章

且據差報並無俄商跟隨而店戶又報俄商到口經查街章京將貨單呈送都統閱看兩報相歧究竟有無俄商押貨同行殊難懸信況張家口監督為該口管稅之官何以俄商既經到口不親將貨稅單呈送監督查驗而由查街章京呈送都統閱看復由都統咨送監督種種情形難保非從中舞弊因思章程中只有務須單貨相隨一語而單貨如不相隨應作何辦理以杜其弊則未之及相應據呈咨明查照或將單貨相離一層仍照漏稅等事酌定一如何罰辦之法以補章程之不及與布領事官詳細議定知照各關口一同照辦以示限制而資儆戒或者該商有所

顧忌亦未可知是否可行即希妥酌辦理並一面咨覆本衙門以憑核辦等因查俄商販貨回國章程內載明務須單貨相隨以憑查驗倘有商人遺失執照將貨物扣留中途即行報明原給執照之關並呈明日期號頭該關妥速補給執照註明補給字樣以便查驗放行等語並無議定如何罰辦之法今詳繹張家口監督原文該商茶葉布疋據差役稟明係四月初二日到口旋據店戶報稱該商於初三日到口並查街章京亦係初三日呈送稅單核計單貨相離尚僅祇一日之期其為腳戶駝貨在前該商隨行落後以致中途參差似有明證且復經張家口監督將稅

單二紙查驗自必單貨相符其為完納稅餉之貨無疑於稅餉並無出入祇須查明沿途並無拆動抽換銷賣情弊即准查驗放行核與別項單貨相離有關稅項之例有間惟該商始則既不押貨同行繼又不親將貨稅單呈送監督查驗而由查街章京呈送都統閱看究有不合之處是應議明辦法以杜將來茲本大臣面與俄國布領事將該商前項情節詳細酌核已與該領事議定此次該商初次違例姑准從寬嗣後飭知該國商人務令押貨同行到口後即將貨稅單逕呈張家口監督查驗如查有貨物到口並無商人跟隨呈驗稅單者援照十五款內所載商人遺

失執照之例將貨物扣留中途俟該商到口驗明單貨相符方准放行倘有沿途銷售等情照例罰辦庶不致有影射偷漏之弊理合咨呈同治九年五月咨呈總署

俄商請將貨幫改道復查窒礙

直隸口北道詳據多倫諾爾理事同知詳覆同治十一年正月初十日奉北洋大臣李劄開同治十年十二月二十一日准總理衙門咨准俄國公使照會內稱俄商因恰克圖向東居住較遠所有貨幫擬走多倫諾爾過鄂博圖卡倫至尼布楚城並非另創新意擬請改道行走等因前來本衙門查尼布楚城非中國境無官住紮稽查難周現在西北多事蒙古驚疑種種窒礙難以遽改已將以上各情先行照覆俄使之意不過為體恤俄商起見而由多倫諾爾過鄂博圖卡倫至尼布楚城道路既遙窒礙必多本衙門難以懸揣相應抄錄往來照會咨行詳細查核飭所轄之地方官弁逐一聲叙並繪圖貼說迅速詳覆以憑核辦等因飭由道督飭該廳查明俄商擬改路徑有無窒礙迅速詳細議覆核咨等因奉此遵查卑廳駐紮察哈爾正藍旗地面去西北千餘里西林郭勒河一道為內外札薩克分界河南係西林郭勒盟十旗游牧廳屬商民赴外札薩克各旗貿易由阿巴垓旗地面行走河北即車臣汗部落

歸庫倫管轄鄂博圖卡倫究在該處何旗界內其北距尼布楚城南接西林郭勒河各若干遠近無從查考緣蒙古部落均係游牧草地疆界四址各該旗或自知其分限卑廳祇理蒙民交涉事件其與地界址無從知悉難以意度繪圖再查俄商改道行走由該國至諸數千里間無關無卡其攜帶貨物往來倘沿途乘便與蒙人私相交易現當西北未靖蒙部正懷疑慮俄商往來其間必多窒礙且卑廳本非通衢管內向無留寓過客店座僅止七八牲畜店係口內牛羊販子租賃住居長年坐莊買賣並無閒房可寓客商將來俄商經由此地無處安寓恐亦未必方便不

僅此也諸地僻在塞北五方雜處良莠不齊從前海口中外交涉每因奸民惹事生釁今俄商初議改道事多窒礙卑職瞻前慮後通籌全局萬一將來本地奸民因其異言異服視爲可欺藉生狡計欺矇詐騙甚至生事致失中外和好之道非惟於內地有損而於俄商亦甚無益似不若仍令該商照舊行走毋庸改道實於中外兩便等情所有俄商改道由多倫行走諸多未便並蒙部地面難以繪圖貼說緣由擬合具文詳覆同治十一年三月十九日詳北洋大臣奉批仰候咨明總理衙門查核繳

以上陸路口岸貿易

恰克圖三聯執照式

恰克圖加給執照第一聯

恰克圖部員爲給照事今據俄國邊界官發來執照一紙內開同治某年某月某日俄商某自本國販運洋貨幾色共計幾箱幾包前赴天津售銷已由本部員查明貨照相符合將原照蓋印發給並運來貨色名目逐件開清粘於原照之右加蓋騎縫印信將此第一聯截下作爲照根按月呈送庫倫辦事大臣衙門彙送總理衙門備查須照

計開

某貨幾箱幾包

某貨幾箱幾包

同治某年某月某日

此聯恰克圖截下

此處恰克圖部員蓋印

恰字第幾號

恰克圖加給

恰克圖部員爲給照事今據俄國邊界官發來執照一紙內開同治某年某月某日俄商某自本國販運洋貨幾色共計幾箱幾包前赴天津銷售已由本部員查明貨照相符合將原照蓋印發給並遵總理衙門現定章程加此三聯執照將原來貨色名目逐件開清粘於原照

執照第二聯

之右該商運貨到張家口時應將此照呈驗該口監督務即逐細查驗實係貨照相符方可放行該商如有酌留二成在口銷售之貨該口應收三成減一之稅即飭該商照完清後監督於各聯執照內一律註明以便東壩通州天津等處按照查驗并將此第二聯執照加蓋騎縫印信截留按月彙送總理衙門備查如該口查出貨照不符即行按約扣留罰辦須照

計開

某貨幾箱幾包

某貨幾箱幾包

同治某年某月某日

此聯張家口截下

此處恰克圖蓋印　　此處張家口加印

恰字第幾號

恰克圖加給執

恰克圖部員為給照事今據俄國邊界官發來執照一紙內開同治某年某月某日俄商某自本國販運洋貨幾色共計幾箱幾包前赴天津銷售已由本部員查明貨照相符合將原照蓋印發給並遵總理衙門現定章程加此三聯執照將原來貨色名目逐件開清粘於原照之右該商運貨到東壩時應將此照呈驗該處委員務

照第三聯

即逐細查驗如張家口註有酌留二成貨物亦應查照驗明實係貨照相符方可放行並將此第三聯執照加蓋騎縫印信截留按月彙送總理衙門備查如該處查出貨照不符即行按約扣留罰辦須照

計開

某貨幾箱幾包

某貨幾箱幾包

同治某年某月某日

此聯東壩截下

此處恰克圖蓋印　　此處東壩蓋印

恰字第幾號

後粘俄國邊界官由恰克圖原發執照一張

查陸路章程內載明限六個月在天津繳銷此次俄商某由恰運貨到津時該關將貨色驗明與照相符並將應收稅銀收訖即飭該商將此照繳銷按月由辦理三口通商大臣彙送總理衙門查核如該商匿照不繳不准將貨銷售切切須照

同治某年某月某日

此照尾連同原照送總理衙門毋庸截留

通商約章類纂卷五

通商約章類纂卷六目錄

稅務二　貨稅　長江貨稅　陸路貨稅

條約章程

俄陸路通商章程第八款

俄陸路通商章程第九款

改訂俄陸路通商章程第八款　併見本類子口稅

改訂俄陸路通商章程第九款

改訂中俄陸路通商章程第九條　併見本類子口稅

改訂中俄陸路通商章程第十三條　併見本類陸路貨稅

英舊約第十條　併見本類子口稅

英約第二十四款

英約第二十六款

英約第二十七款　併見總類訂約

英通商章程第一款

英通商章程第五款　併見本類船鈔罰例違禁貨物

喘典哪威約第二條　併見總類訂約

美約第十五款

美通商章程第一款

美通商章程第五款　併見本類船鈔罰例違禁貨物

美續約另附第三款　併見本類船鈔

中國朝鮮商民水陸貿易章程第五條已見本類陸路口岸貿易

以上陸路貨稅

成案

暹羅進口船分別報納稅鈔併見本類船鈔稽稅杜漏內地稅釐

法國印花布照長加稅

駝絨估價征稅

英商赴內地購買茶子出洋照值百抽五征稅

蜜棗照值百抽五征稅

俄產海菜減稅復議區別等次定稅照征

細茶圓餅朦報磚茶查出嚴行罰辦併見本類稽稅杜漏

由香港運來土貨照洋貨收稅

書籍仍須納稅

舊洋鐵箍轉運別口在原口註明總單俟到別口估價征進口稅

哆囉呢加稅日後復出口應照算分別發給免照存票併見本類改運

古銅器照則征稅併見本類子口稅

臺煤出口減稅

開平煤出口減稅

圓梁木變通征稅

議定無論官運商運外洋機器進口應照值百抽五之例征稅

布底絲面裁料進口按照估值完稅

以上貨稅

洋商在內地置買土貨出口照則完稅後發給收稅單

停止免單併見本類子口稅改運

洋商運土貨復進他口征收復進口半稅并復進口後如運入內地逢關納稅遇卡抽釐併見本類子口稅改運內地稅釐

洋船裝運炭斤納稅

洋商採辦茶葉免交復進口半稅併見本類長江子口稅

廣濟煤出口減稅

徐州煤出口減稅

輪船所用免征復進口稅土煤限制

詳覆長江出口土煤毋庸議減稅

洋商請免漢關土煤出口稅辯駁不准

以上長江貨稅

俄商未領聯單運赴張家口內地牛皮等貨照內地土貨例逢關納稅併見本類陸路改運內地稅釐

朝鮮使臣等行李貨物酌量蠲徵并減輕商民紅蔘稅項併見本類免稅各物

以上陸路貨稅

稅務二　貨稅　長江貨稅　陸路貨稅　戶類二

條約章程

俄陸路通商章程第八款

俄商如由天津運俄國貨物由水路赴議定南北各口則應按照各國稅則在津補足原免三分之一稅銀俟抵他口不再納稅如由天津及他口運入內地均應按照各國稅則納一子稅（以上進口事例）

俄陸路通商章程第九款

俄商在議定南北各口販買土貨由水路出口進口及由俄國販洋貨由水路進口出口仍照各國總例一律辦理

改訂俄陸路通商章程第八款（子口稅 併見本類）

俄商如由天津運俄國貨物由水路赴議定南北各口則應按照各國稅則在津補足原免三分之一稅銀俟抵他口不再納稅如由天津及他口運入內地均應按照各國稅則納一子稅（即正稅之半）

改訂俄陸路通商章程第九款

俄商在議定南北各口販賣土貨由水路出口進口及由俄國販洋貨由水路進口出口仍照各國總例一律辦理

改訂中俄陸路通商章程第九條（子口稅 併見本類）

俄商自俄國由陸路運至天津之貨如由海道運往議定
通商各口應按照稅則在天津關補交原免三分之一稅
銀俟抵他口不再納稅如由天津及他口運入內地應按
照稅則交一子稅（卽正稅之半）

改訂中俄陸路通商章程第十三條（併見本類陸路貨稅）

俄商販運貨物進口出口應照各國稅則及同治元年所
定俄國續則納稅如各國稅則及續則均未備載再照值
百抽五之例納稅

英舊約第十條（併見本類子口稅）

一前第二條內言明開關俾英國商民居住通商之廣州

等五處應納進口出口貨稅餉費均宜秉公議定則例由
部頒發曉示以便英商按則交納今又議定英國貨物自
在某港按則納稅後卽准由中國商人徧運天下而路所
經過稅關不得加重稅例只可按估價則例若干每兩加
稅不過幾分

英約第二十四款

一英商起卸貨物納稅俱照稅則爲額總不能較他國有
彼免此輸之別以昭平允而免偏枯

英約第二十六款

一前在江寧立約第十條內定進出口各貨稅彼時欲綜
算稅餉多寡均以價值爲率每價百兩征稅五兩大概核
計以爲公當旋因條內載列各貨種式多有價值漸減而
稅餉定額不改以致原定公平稅則今已較重擬將舊則
重修允定此次立約加有印信之後奏明請派戸部大員
卽日前赴上海會同英員迅速商奪俾俟本約奉到
硃批卽可按照新章迅行措辦

英約第二十七款（併見總類訂約）

一此次新定稅則並通商各款日後彼此兩國再欲重修
以十年爲限期滿須於六個月之前先行知照酌量更改
若彼此未曾先期聲明更改則稅課仍照前章完納復俟

十年再行更改以後均照此限此式辦理永行弗替

英通商章程第一款

一此次新定稅則凡有貨物僅載進口稅則未載出口稅
則者遇有出口皆應照進口稅則納稅或有僅載出口稅
則未載進口稅則者遇有進口亦皆照出口稅則納稅儻
有貨物名目進出口稅則均未載又不在免稅之列者
應核估時價照值百抽五例征稅

英通商章程第五款（併見本類船鈔 罰例違禁貨物）

一向來洋藥銅錢米穀豆石硝磺白鉛等物例皆不准通
商現定稍寬其禁聽商遵行納稅貿易洋藥准其進口議

定每百斤納稅銀三十兩惟該商止准在口銷賣一經離口即屬中國貨物祇准華商運入內地外國商人不得護送即天津條約第九條所載英民持照前往內地通商並二十八條所載內地關稅之例與洋藥無涉其如何徵稅聽憑中國辦理嗣後遇修改稅則仍不得按照別貨定稅

又銅錢不准運出外國惟通商中國各口准其以此口運至彼口照現定章程遵行該商赴關報明數目若干運往何口或令本商及同商二人聯名具呈保單抑或聽監督飭令另交結實信據方准給照別口監督於執照上註明收到字樣加蓋印信從給照之日起限六個月繳回驗

銷若過期不繳銷執照即按其錢貨原本照數罰繳入官其進出口均免納稅至船載無論淺滿均納船鈔　又凡米穀等糧不拘內外土產不分何處進口者皆不准運出外國惟英商欲運往中華通商別口則照銅錢一律辦理出口時照依稅則納稅其進口毋庸納稅至船載無論淺滿均遵納船鈔　又豆石豆餅在登州牛莊兩口者英國商船不准裝載出口其餘各口該商照稅則納稅仍可帶運出口及外國俱可　又硝磺白鉛均為軍前要物應由華官自行採辦進口或由華商特奉准買明文方准進口該關未能查明該商實奉准買定不發單起貨此三項止准英國商人於通商海口銷售不准帶入長江並各內港亦不准代華商護送除在各海口外即係華民貨物與英商無涉以上洋藥銅錢米穀豆石豆餅硝磺白鉛等項止准照新章買賣敢違此例所運貨物全罰入官

瑞典哪威約第二條（併見總類訂約）

一瑞典國哪威國等來中國貿易之民人所納出口入口貨物之稅餉俱照現定例冊不得多於各國一切規費全行革除如有海關胥役需索中國照例治罪儻中國日後欲將稅例更變須與瑞典國哪威國等領事等官議允如另有利益及與各國瑞典國哪威國等民人應一體均沾

用昭平允

美約第十五款

一大合衆國民人在各港貿易者除中國例禁不准攜帶進口出口之貨外其餘各項貨物俱准任意販運往來買賣所納稅餉惟照粘附在望厦所立條約例冊除是別國按條約有何更改即應一體均同因大合衆國人所納之稅必須照與中華至好之國一律辦理

美通商章程第一款

一此次新定稅則凡有貨物僅載進口稅則未載出口稅則者遇有出口皆應照進口稅則納稅或有僅載出口稅

則未載進口稅則者遇有進口亦皆照出口稅則納稅倘有貨物名目進出口稅則均未賅載又不在免稅之列者應核估時價照值百抽五例征稅

美通商章程第五款（併見本類船鈔罰例違禁貨物）

一向來洋藥銅錢米穀豆石硝磺白鉛等物例皆不准通商現定稍寬其禁聽商遵行納稅貿易洋藥准其進口議定每百斤納稅銀三十兩惟該商止准在口銷賣一經離口即屬中國貨物祇准華商運入內地外國商人不得護送在天津條約第三十條所載中國凡有利益施及他國者准美國商民一體均沾按此美國商民亦可前往內地

通商至內地關稅之例向與洋藥無涉其如何征稅聽憑中國辦理嗣後遇修改稅則仍不得按照別貨定稅　又銅錢不准運出外國惟通商中國各口准其以此口運至彼口按照現定章程遵行該商赴關報明數目若干運往何口或令本商及同商二人聯名具呈保單抑或聽監督飭令另交結實信據方准給照別口監督於執照上註明收到字樣加蓋印信從給照之日起限六個月繳回驗銷若過期不繳銷執照即按其錢貨原本照數罰繳入官其進出口均免納稅至船載無論淺滿均納船鈔　又凡米穀等糧不拘內外土產不分由何處進口者皆不准運出外國惟美國商人欲運往中華通商別口則照銅錢一律辦理出口時照依稅則納稅其進口毋庸納稅至船載毋論淺滿均遵納船鈔　又豆石豆餅在登州牛莊兩口者外國商船不准裝載出口其餘各口該商照稅則納稅仍可帶運出口及外國俱可　又硝磺白鉛均為軍前要物應由華官自行採辦進口或由華商特奉准買明文方准進口該關未能查明該商實奉准買定不發單起貨此三項止准外國商人於通商海口銷售不准帶入長江並各內港亦不准代華商護送除在各海口外即係華民貨物與美商無涉以上洋藥銅錢米穀豆石豆餅硝磺白鉛等

項止准照新章買賣敢違此例所運貨物全罰入官

美續約另附第三款（併見本類船鈔）

中國允美國船隻在中國通商各口無論該船載美國貨物與別國貨物其進口出口及由此口進彼口之稅與其所納之鈔均照中國船隻及各國船隻一律徵納並不額外加徵亦不另徵他項稅鈔美國允中國船隻或由中國通商口及他國各口進美國各海口或出美國各口前往他國各口及回中國通商各口無論載中國貨物與別國貨物均照美國船隻及各別國於美國船隻不額外加稅鈔之國一律徵納進口之稅與其應納之鈔並不額外加

徵亦不另徵他項稅鈔

法約第九款（併見總類訂約）

凡中國與各有立章程之國會議整頓或現或後議定稅則關口稅噸稅過關稅出入口貨稅一經施行辦理大法國商人均沾用昭平允

法約第二十七款（併見總類訂約）

大法國人在通商各口貿易凡入口出口均照兩國欽差大臣所定印押而附章程之稅則輸納鈔餉但因兩國貨物或土產或工藝一時不同而價值有低昂之殊其稅則有增減之別每七年較訂一次以資允協七年之內已定

稅銀將來並不得加增亦不得有別項規費大法國人凡有鈔餉輸納其貨物經此次畫押載在則例並非禁止並無限制者不拘從本國及別國帶進及無論帶往何國均聽其便中國不得於例載各貨物別增禁止限制之條如將來改變則例應與大法國會通議允後方可酌改至稅則與章程現定與將來所定者大法國商民每處每時悉照遵行一如厚愛之國無異

法通商章程第一款

一此次新定稅則凡有貨物僅載進口稅則未載出口稅則者遇有出口皆應照進口稅則納稅或有僅載出口稅則未載進口稅則者遇有進口亦皆照出口稅則納稅倘有貨物名目進出口稅則均未賅載又不在免稅之列者應核估時價照值百抽五例征稅

法通商章程第五款（併見本類船鈔罰例違禁貨物）

一向來洋藥銅錢米穀豆石硝磺白鉛等物例皆不准通商現定稍寬其禁聽商遵行納稅貿易洋藥准其進口議定每百斤納稅銀三十兩惟該商止准在口銷賣一經離口即屬中國貨物祇准華商運入內地法國商人不得護送即天津條約第八條所載如法國人有領執照欲至內地或到內地生理者斷不准販賣洋藥其洋

藥入內地應如何征稅聽憑中國辦理嗣後遇修改稅則仍不得按照別貨定稅　又銅錢不准運出外國惟通商中國各口准其以此口運至彼口照現定章程遵行該商赴關報明數目若干運往何口或令本商及同商二人聯名具呈保單抑或聽監督飭令另交結實信據方准給照別口監督於執照上註明收到字樣加蓋印信從給照之日起限六個月繳回驗銷若過期不繳銷執照即按其錢貨原本照數罰繳入官其進出口均免納稅至船載無論淺滿均納船鈔　又凡米穀等糧不拘內外土產不分何處進口者皆不准運出外國惟法商欲運往中華通商別

口則照銅錢一律辦理出口時照依稅則納稅其進口毋
庸納稅至船載無論淺滿均遵納船鈔　又豆石豆餅在
登州牛莊兩口者法國船不准裝載出口其餘各口該商
照稅則納稅仍可帶運出口及外國俱可　又硝磺白鉛
均為軍前要物應由華官自行採辦進口或由華商特奉
准買明文方准進口該關未能查明該商實奉准買定不
發單起貨此三項止准法國商入於通商海口銷售不准
帶入長江並各內港亦不准代華商護送除在各海口外
即係華民貨物與法商無涉以上洋藥銅錢米穀豆石豆
餅硝磺白鉛等項止准照新章買賣敢違此例所運貨物

全罰入官

法通商章程另款（併見總類訂約）

一天津條約第二十七條所載因兩國貨物或土產或工
藝一時不同而價值有低昂之殊其稅則有增減之別每
七年較訂一次等語今兩國
欽差大臣會議將七年之期改為十年其二十七條所載七年
較訂之說作為廢紙

布約第十五款

布國暨德意志通商稅務公會和約各國商民在通商各
口凡有進口出口貨物皆按後附稅則上稅定稅之外更
不得加增別項規費和約章程後所附通商稅則必視同
和約章程無異兩國務必信守

布通商章程第一款

一此次新定稅則凡有貨物僅載進口稅則未載出口稅
則者遇有出口皆應照進口稅則納稅或有僅載出口稅
則未載進口稅則者遇有進口亦皆照出口稅則納稅倘
有貨物名目進出口稅則均未賅載又不在免稅之列者
應核估時價照值百抽五例徵稅

布通商章程第五款（併見本類船鈔罰例違禁貨物）

一向來洋藥銅錢米穀豆石硝磺白鉛等物例皆不准通

商現定稍寬其禁聽商遵行納稅貿易洋藥准其進口議
定每百斤納稅銀三十兩惟該商只准在口銷賣一經離
口即屬中國貨物祇准華商運入內地外國商人不得護
送即現定和約章程第八款所載布國暨德意志各國有
領蓋印執照前至內地者斷不准販賣洋藥其洋藥入內
地如何徵稅聽憑中國辦理嗣後遇修改稅則仍不得按
照別貨定稅　又銅錢不准運出外國惟通商中國各口
准布國暨德意志和約各國商民以此口運至彼口照現
定章程遵行該商赴關報明數目各干運往何口或令本
商及同商二人聯名具呈保單抑或聽監督飭令另交結

實信據方准給照別口監督於執照上註明收到字樣加蓋印信從給照之日起限六個月繳回驗銷若過期不繳銷執照即按其錢貨原本照數罰繳入官其進出口均免納稅至船載無論淺滿均納船鈔　又凡米穀等糧不拘內外土產不分何處進口者皆不准運出外國惟布國暨德意志和約各國商民欲運往中華通商別口則照銅錢一律辦理出口時照依稅則納稅其進口毋庸納稅至船載無論淺滿均遵納船鈔　又豆石豆餅在登州牛莊兩口者布國暨德意志和約各國商船不准裝載出口其餘各口該商照稅則納稅仍可帶運出口及外國俱可　又

硝磺白鉛均為軍前要物應由華官自行採辦進口或由華商特奉准買明文方准進口該關未能查明該商實奉准買定不發單起貨此三項止准布國暨德意志和約各國商人於通商海口銷售不准帶入長江並各內港亦不准代華商護送除在各海口外即係華民貨物與布國暨德意志和約各國無涉以上洋藥銅錢米穀豆石豆餅硝磺白鉛等項止准照新章買賣敢違此例所運貨物全罰入官

布通商章程另款　併見總類訂約

一現在議定將來兩國貨物或土產或工藝一時不同而價值有低昂之殊其稅則有增減之別每十年較訂一次

德續約第四款之一

一中國允凡德國商人裝運中國土煤出通商各口者應完出口正稅銀兩定為每噸三錢並允如有某口前定不及三錢者將來仍照不及三錢之數徵收

德續約第六款之一　併見本類稽稅杜漏

一中國允凡德國損壞船隻有在中國通商各口內拆賣該船各料者准其不另徵進口稅銀惟起岸時仍須照各貨一律赴關請領起貨准單為憑

德續約善後章程第八款　併見工類租傭建置本類稽稅杜漏免稅各物

一德商船廠應用雜物實係修理船隻者方准免稅進通商口岸一面由關派員進廠將其如何使用各物之處眼同閱看如係製造新船其進出口稅則內所載之貨照稅則辦理其未載明之物均照值百抽五例徵稅令該商赴關補納至開船廠者必先赴關領照此照並無關費并具保結內所註明各節悉由該關妥議酌辦

丹約第二十三款

一丹國商民起卸貨物輸納稅餉約准俱照稅則為額總不能較諸他國或有此免彼輸之弊以示均平

丹約第二十五款

一丹國商民出入各貨應納稅課均照本約後附稅則爲例

丹約第二十六款（併見總類訂約）

一此次定約其中關於通商各款以及稅則日後彼此兩國再欲重修以戊辰年六月底爲期滿須於六個月之前先行知照酌量更改儻若彼此未於六個月之前聲明更改則稅課仍照前章完納復俟十年再行更改以後均照此限此式辦理永行弗替

丹通商章程第一款

一戊午年新定稅則凡有貨物僅載進口稅則未載出口

稅則者遇有出口皆應照進口稅則納稅或有僅載出口稅則未載進口稅則者遇有進口亦皆照出口稅則納稅儻有貨物名目進出口稅則均未賅載又不載免稅之例者應覈估時價照值百抽五例徵稅

丹通商章程第五款（併見本類船鈔罰例違禁貨物）

一洋藥准其進口議定每百斤納稅銀三十兩惟丹商止准在口銷賣一經離口卽屬中國貨物祇准華商運入內地丹國商人不得護送卽條約第九條所載丹民持照前往內地通商並二十七條所載內地關稅之例與洋藥無涉其如何征稅聽憑中國辦理嗣後遇修改稅則仍不得按照別貨定稅　又銅錢不准運出外國惟通商各口准其以此口運至彼口照現定章程遵行該商赴關報明數目若干運往何口或令本商及同商二人聯名具呈保單抑或聽監督飭令另交結實信據方准給照別口監督於執照上註明收到字樣加蓋印信從給照之日起限六個月繳回驗銷若過期不繳銷執照卽按其錢貨原本照數罰繳入官其進出口均免納稅至船載無論淺滿均納船鈔　又凡米穀等糧不拘內外土產不分何處進口者皆不准運出外國惟丹商欲運往中華通商別口則照銅錢一律辦理出口時照依稅則納稅其進口毋庸納稅至船

載無論淺滿均遵納船鈔　又硝磺白鉛均爲軍前要物應由華官自行採辦或由華商特奉准買明文方准起貨該關未能查明該商實奉准買定不發單起貨此三項止准丹國商人於通商海口銷售不准帶入長江並各內港亦不准代華商護送除在各海口外卽係華民貨物與丹商無涉以上洋藥銅錢米穀硝磺白鉛等項止准照新章買賣敢違此例所運貨物全罰入官

荷蘭約另款（併見總類訂約）

此次新定條約凡各國稅則屆重修年分和國亦可與曾經換約各國一體辦理不必另立年限

日斯巴尼亞約第二十一款

一日斯巴尼亞國商人起卸貨物納稅俱照咸豐八年各國稅則爲額總不得較他國有彼免此輸之別以昭平允而免偏枯

日斯巴尼亞約第二十三款倂見總類訂約

一此次新定稅則並通商各款日後彼此兩國再欲重修以十年爲限期滿須於六個月之前先行知照酌量更改若彼此未曾先期聲明更改則稅課仍照前章完納復俟十年再行更改以後均照此式此限辦理永行弗替

比約第三十款倂見本類稽稅杜漏

比國商民起卸貨物輸納稅餉約准均照本約後附稅則爲例總不能較諸他國或有此免彼輸之弊以示均平

比國出入各貨如係値百抽五之貨儻海關驗貨丁役偶與該商各存己見不能定價約准各邀客商二三人前來驗貨該客商內有出最高之價者卽以爲該貨之價式免致收稅不公　凡輸稅餉以淨貨爲率所有貨物應除去皮毛儻比國人與海關不能定各貨皮毛輕重就將爭執各件連皮過秤先定多寡約數再復除淨皮毛秤其斤重卽以所秤通計類推當査驗貨物之時如有意見不合比國商人立請領事官前來該領事官亦卽知會海關從中盡力作合均限一日之內通報否則不爲准理於議論未定之先海關不得將互爭數目姑寫册上恐後難於覈定

比商貨物或因潮溼等由損壞致價低減該關應行按價減稅儻該商與關吏理論價値未定則照値百抽五之貨同法定辦

比通商章程第一款

乙丑年新定稅則凡有貨物僅載進口稅則未載出口稅則者遇有出口皆應照進口稅則納稅或有僅載出口稅則未載進口稅則者遇有進口亦皆照出口稅則納稅儻有貨物名目進出口稅則均未賅載又不載免稅之例者

應覈估時價照値百抽五例徵稅

比通商章程第五款倂見本類船鈔罰例違禁貨物

一洋藥准其進口議定每百斤納稅銀三十兩惟比商止准在口銷賣一經離口卽屬中國貨物祇准華商運入內地比國商人不得護送卽條約第十條所載比民持照前往內地通商並三十三條所載內地關稅之例與洋藥無涉其如何徵稅聽憑中國辦理嗣後遇修改稅則仍不得按照別貨定稅　又銅錢不准運出外國惟通商各口准其以此口運至彼口照現定章程遵行該商赴關報明數目若干運往何口或令本商及同商二人聯名具呈保單

抑或聽監督飭令另交結實信據方准給照別口監督於
執照上註明收到字樣加蓋印信從給照之日起限六個
月繳回驗銷若過期不繳銷執照即按其錢貨原本照數
罰繳入官其進出口均免納稅至船載無論淺滿均納船
鈔　又凡米穀等糧不拘內外土產不分何處進口者皆
不准運出外國惟比商欲運往中華通商別口則照銅錢
一律辦理出口時照依稅則納稅其進口毋庸納稅至船
載無論淺滿均遵納船鈔　又硝磺白鉛均為軍前要物
應由華官自行採辦或由華商特奉准買明文方准起貨
該關未能查明該商實奉准買定不發單起貨此三項止

准比國商人於通商海口銷售不准帶入長江並各內港
亦不准代華商護送除在各海口外即係華民貨物與比
商無涉以上洋藥銅錢米穀硝磺白鉛等項止准照新章
買賣敢違此例所運貨物全罰入官

義約第二十四款

義國商民起卸貨物輸納稅餉約准俱照稅則為額總不
能較諸他國或有此免彼輸之弊以示均平和約章程後
所附通商章程必視同和約章程無異兩國務必信守

義通商章程第一款

一此次新定稅則凡有貨物僅載進口稅則未載出口稅
則者遇有出口皆應照進口稅則納稅或有僅載出口稅
則未載進口稅則者遇有進口亦皆照出口稅則納稅儻
有貨物名目進出口稅則均未賅載又不在免稅之例者
應核估時價照值百抽五例徵稅

義通商章程第五款罰例違禁貨物併見本類船鈔

一洋藥准其進口議定每百斤納稅銀三十兩惟義國只
准在口銷賣一經離口即屬中國貨物祇准華商運入內
地義國商人不得護送即係約第九條所載義民持照前
往內地通商並二十七條所載內地關稅之例與洋藥無
涉其如何徵稅聽憑中國辦理嗣後遇修改稅則仍不得

按照別貨定稅　又銅錢不准運出外國惟通商各口准
其以此口運至彼口照現定章程遵行該商赴關報明數
目若干運往何口或令本商及同商二人聯名具呈保單
抑或聽監督飭令另交結實信據方准給照別口監督於
執照註明收到字樣加蓋印信從給照之日起限六個月
繳回驗銷若過期不繳銷執照即按其錢貨原本照數罰
繳入官其進出口均免納稅至船載無論淺滿均納船鈔
　又凡米穀等糧不拘內外土產不分何處進口者皆不
准運出外國惟義商欲運往中華通商別口則照銅錢一
律辦理出口時照依稅則納稅其進口毋庸納稅至船載

無論淺滿均遵納船鈔　又硝磺白鉛均為軍前要物應由華官自行採辦或由華商特奉准買明文方准起貨該關未能查明該商實奉准買定不發單起貨此三項止准義國商人於通商海口銷售不准帶入長江並各內港亦不准代華商護送除在各海口外卽係華民貨物與義商無涉以上洋藥銅錢米穀硝磺白鉛等項只准照新章買賣敢違此例所運貨物全罰入官

奧約第二十款〔併見總類訂約〕

奧斯馬加國商民起卸貨物輸納稅餉約准俱照稅則為額總不能較諸相待最優之國或有加增之處如未至修約之年中國與無論何國將現定稅額或增或減一經定議各國一律通行奧斯馬加國亦一律遵照至和約後附通商章程必視同和約無異兩國務必信守

奧約第四十四款〔併見總類訂約〕

此次新定稅則並通商各款日後彼此兩國再欲重修以十年為限期滿須於六個月之前先行知照酌量更改若彼此未曾先期聲明更改則稅課仍照前章完納復俟十年再行更改以後均照此限此式辦理永行弗替若嗣後中國與有約各國或有更改稅則重修條約之事奧斯馬加國亦可不拘年限一律照改

奧通商章程第一款

一此次新定稅則凡有貨物僅載進口稅則未載出口稅則者遇有出口皆應照進口稅則納稅或有僅載出口稅則未載進口稅則者遇有進口亦皆照出口稅則納稅倘有貨物名目進出口稅則均未賅載又不在免稅之列者應核估時價照值百抽五例征稅

奧通商章程第五款〔併見本類船鈔罰例違禁貨物〕

一向來洋藥銅錢米穀硝磺白鉛等物例皆不准通商現定稍寬其禁聽商遵行納稅貿易洋藥准其進口議定每百斤納稅銀三十兩惟該商止准在口銷賣一經離口卽屬中國貨物祇准華商運入內地外國商人不得護送卽條約第八條所載奧民持照前往內地通商並二十八條所載內地關稅之例與洋藥無涉其如何征稅聽憑中國辦理嗣後遇修改稅則仍不得按照別貨定稅　又銅錢不准運出外國惟通商中國各口准其以此口運至彼口照現定章程遵行該商赴關報明數目若干運往何口或令本商及同商二人聯名具呈保單抑或聽監督飭令另交結實信據方准給照別口監督於執照上註明收到字樣加蓋印信從給照之日起限六個月繳回驗銷若過期不繳銷執照卽按其錢貨原本照數罰繳入官其進出口

均免納稅至船載無論淺滿均納船鈔　又凡米穀等糧不拘內外土產不分何處進口者皆不准運出外國惟奧商欲運往中華通商別口則照銅錢一律辦理出口時照依稅則納稅其進口無庸納稅至船載無論淺滿均遵納船鈔　又硝磺白鉛均為軍前要物應由華官自行採辦進口或由華商特奉准買明文方准進口該關未能查明該商實奉准買定不發單起貨此三項止准奧國商人於通商海口銷售不准帶入長江並各內港亦不准代華商護送除在各海口外卽係華民貨物與奧商無涉以上洋藥銅錢米穀硝磺白鉛等項止准照新章買賣敢違此例所運貨物全罰入官

日本通商章程第十一款

中國商船貨物進日本通商各口應照日本海關稅則完納日本商船貨物進中國通商各口應照中國海關稅則完納至兩國各口海關已經較准稱碼丈尺並完稅銀色彼此商民均應隨地遵照舊章辦理不得稍有異議

日本通商章程第十二款

兩國貨物如有稅則未經賅載者由海關按照市價估計每值價百兩收稅銀五兩若貨主不肯照海關所估之價售賣應聽其便仍令照海關所估之價完稅

日本通商章程第二十八款

兩國稅則如有僅載進口稅則未載出口稅則者遇有出口皆應照進口稅則納稅或有僅載出口稅則未載進口稅則者遇有進口亦皆照出口稅則納稅

日本通商章程第三十一款　併見總類訂約

兩國商民在通商各口如彼此海關章程嗣後有變通之處由理事官詳請駐京大臣隨時照會商辦

秘約第九款

中國商人在秘國通商各處起卸貨物輸納稅項不能較諸相待最優之國稍有增加秘國商人在中國通商各口

起卸貨物輸納稅餉俱按通商總例稅則亦不能較諸相待最優之國或有增加之處

巴約第六款　併見總類訂約本類口岸貿易

兩國商人商船凡在此國通商口岸卽應遵從此國與各國原議續議通行商務章程辦理至進出口稅則亦不能較相待最優之國或有增加

以上貨稅

通商各口通共章程第一款　併見本類長江子口稅內地稅釐

洋商由上海運洋貨進長江須在上海將進口正稅完納俟到長江各口後一經離口自入內地販運如無長江各

關稅單者逢關納稅遇卡抽釐遇有外國商人欲在長江各關請入內地之稅單卽令該商於運貨過卡之先照約在該關完一子口稅方准發給稅單不再另徵按長江統共章程內長江出口土貨在漢九鎭三關出口以及無免單之進口洋貨未完半稅之進口土貨均由各江關查驗自行徵收稅餉有關係此三項者應照統共章程辦理

通商各口通共章程第二款併見本類長江子口稅內地稅釐

洋商由上海運土貨進長江其該貨應在上海交本地出口之正稅並先完長江復進口之半稅俟到長江各口後一經離口販運無論洋商華商均逢關納稅遇卡抽釐

通商各口通共章程第三款併見本類長江子口稅內地稅釐

洋商由上海運別口所來之土貨已在別口交過出口稅並在上海交過復進口稅如再出口往長江毋庸再在上海納出口稅並長江復進口之稅俟到長江各口後一經離口販運無論洋商華商均逢關納稅遇卡抽釐按土貨復進口半稅除長江外均應在進口之關徵收不能由出口之關發給免單其出口仍收正稅只能給發憑單此節已詳註改運門內其現行憑單式幷列改運

通商各口通共章程第五款併見本類長江子口稅長江改運

洋商由長江口岸運土貨回上海若係洋商由內地自販之貨已在江口完納一子稅卽有過卡實據可憑如在本江口所買之貨卽係已由內地人交過各內地稅則在長江下貨時均不必在長江各口完稅俟到上海進口時交長江出口之正稅並先將一半稅存在銀號如在三個月限內出口運往外國確係原包原貨並無拆動抽換情形卽將所存之銀交還如在上海銷賣或逾限未出口卽將所存一半稅入賬作爲復進口之稅或限內出口有拆動抽換情形除將一半稅入賬外仍另納出口之正稅按此條完稅章程已於長江統共章程第五條內改訂應照統共章程辦理並於茶末減稅案內申明又長江土貨出口三個月期限於同治二年五月改爲期限一年又土貨復進口半稅實在限內出洋定爲發給存票不還現銀均列後案

長江通商統共章程第一條併見本類長江口岸貿易長江子口稅長江稽稅杜漏罰例

凡有英商之船在長江貿易者只准在鎭江九江漢口三處貿易沿途不准私自起下貨物如違此例由該關卽將各該船貨均可入官長江出口土貨在以上三關出口以及無免單之進口洋貨未完半稅之進口土貨到以上三關進口均由各該江關查驗自行徵收稅餉按照條約已開通商各口辦理一切事宜

長江通商統共章程第三條併見本類長江船鈔長江稽稅杜漏罰例

大洋船之例凡有英商之大洋船以及划艇風遂等項船隻抵鎭江時如在鎭江貿易卽在鎭江徵收稅鈔若由鎭江再行上江前往九江漢口等處者須由船主將船牌呈

交鎮江領事官查收並將艙口單呈鎮江關查驗俟由領事官行文來關方由關發給護照一紙名爲鎮江護照內註明該船帶用兵器槍礮刀藥等件若干水手多寡並押載噸數以及國號由關任便將船艙封固派差押送前往上江該船抵九江或上江或下江須由船主將其護照呈關查驗該船在九江漢口起下貨物所有納稅一切事宜均照該口章程辦理俟回鎮江須將護照繳關註銷由關查明稅鈔完淸各事均妥方發給紅單准領回船牌開船出海下江時由關任便隨時派差押送至狼山凡有船在鎮江以上若該船無鎮江護照並無中國之牌照者由關

查出即將該船入官

長江通商統共章程第五條（併見本類長江子口稅長江稽稅杜漏長江改運）

凡有江照之輪船裝載土貨須由該商在裝貨口先將（正半）兩稅一併完淸方准裝貨俟該貨抵上海若在三個月限內復出口前往外國應由該商赴江海關請領執照作爲該貨已往外國之實據將執照呈交（鎮江九江漢口）關則可將該商所納復進口半稅發給存票以抵日後應完之稅但欲往外國之貨抵上海之時亦應報明凡有此等輪船裝載別船所撥之貨該貨在未撥之先須照起貨之例完納稅餉由關查明各進口稅完淸方准撥貨

以上長江貨稅

伊犂塔爾巴哈臺通商章程第三條

一通商原爲兩國和好彼此兩不抽稅

俄陸路通商章程第五款

俄商運俄國貨物至天津應納進口正稅按照各國稅則三分減一在津交納其留張家口二成之貨亦按稅則三分減一在張家口交納

俄陸路通商章程第十一款

俄商在天津通州販買土貨照第三款之路由陸路回國均按照各國稅則完一正稅領取執照不再重徵沿途不

得銷賣如違罰辦

俄陸路通商章程第十三款

俄商在通州買土貨應預先報明東壩按各國稅則完一正稅由東壩收稅發給執照註明貨色包件若干沿途亦不准銷賣如違罰辦

俄陸路通商章程第十四款

俄商在天津或他口販買別國洋貨由陸路回國如別國已交正稅子稅有單可憑不再重徵如別國只交正稅未交子稅該商應按照各國總例在該關補交子稅

俄陸路通商章程第十六款

所有各國稅則第二款所載俄商由陸路販貨亦按照一
律辦理

俄陸路通商章程第十八款

凡有洋貨土貨爲各國稅則未載者應照各國值百抽五
總例一律辦理惟值百抽五總例定稅數目以後俄商與
中國各關恐有爭端即將所有俄國貨物於各國稅則未
載者或幾處不符者及中國磚茶各等貨現應於天津定
議續則補於此款以及各國稅則之內

改訂俄陸路通商章程第五款

俄商運俄國貨物至天津應納進口正稅按照各國稅則

三分減一在津交納其酌留張家口之貨仍按各國稅則
在張家口交一正稅

改訂俄陸路通商章程第十一款

俄商在天津通州等處販買從內地所來土貨照第三款
之路由陸路回國均按照各國稅則完一正稅領取執照
不再重徵沿途不得銷賣

改訂俄陸路通商章程第十三款

俄商在通州買土貨回國應預先報明東壩按各國稅則
完一正稅由東壩收稅發給執照註明貨色包件若干沿
途亦不准銷賣

改訂俄陸路通商章程第十五款（併見本類陸路子口稅）

俄商在天津或他口販買別國洋貨由陸路回國如別國
已交正稅子稅有單可憑不再重徵如別國只交正稅未
交子稅該商應按照各國總例在該關補交子稅

改訂俄陸路通商章程第十七款

所有各國稅則第二款所載俄商由陸路販貨亦按照一
律辦理

改訂俄陸路通商章程第十九款

凡有洋貨土貨爲各國稅則未載者按照俄國天津定議
續則辦理如續則及各國稅則亦未載再照各國值百抽

五總例辦理

中俄改訂條約第十二條（併見本類陸路口岸貿易）

俄國人民准在中國蒙古地方貿易照舊不納稅其蒙古
各處及各盟設官與未設官之處均准貿易亦照舊不納
稅並准俄民在伊犁塔爾巴哈臺喀什噶爾烏魯木齊及
關外之天山南北兩路各城貿易暫不納稅俟將來商務
興旺由兩國議定稅則即將免稅之例廢棄以上所載中
國各處准俄民出入販運各國貨物其買賣貨物或用現
錢或以貨相易俱可並准俄民以各種貨物抵賬

中俄改訂條約第十六條

將來俄國陸路通商興旺如出入中國貨物必須另定稅則較現在稅則更為合宜者應由兩國商定凡進口出口之稅均按值百抽五之例定擬於未定稅則以前應將現照上等茶納稅之各種下等茶出口之稅先行分別酌減至各種茶稅應由中國總理衙門會同俄國駐京大臣自換約後一年內會商酌定

改訂中俄陸路通商章程第五條

俄商由俄國運來貨物自陸路至天津者應納進口稅餉照稅則所載正稅三分減一交納其由俄國運來貨物至肅州（即嘉峪關）者所有完納稅餉等事應照天津一律辦理

改訂中俄陸路通商章程第七條（併見本類陸路子口稅）

俄商由俄國運來貨物至肅州（即嘉峪關）欲運入內地者應照章程第九條天津運貨入內地之例一律辦理

改訂中俄陸路通商章程第十條（併見本類陸路改運罰例）

俄商在天津販買土貨回國應由第三條所載張家口等處之路行走俄商運貨出口應交出口正稅若在天津販買復進口土貨及在他口販買土貨經津回國如在他口全稅交完有單可憑至此不再重徵該商交稅後在一年限內出口回國將在天津所交復進口半稅仍行給還俄商運貨回國領事官發給兩國文字執照註明商人姓名貨色包件數目若干由該關蓋印該商務須貨照相隨以憑沿途各關口查驗放行其繳銷執照限期並遇有遺失執照等事均照第三條章程辦理該商應照第三條所載之路行走沿途不得銷售如違此章即照第八條所定章程罰辦沿途各關卡查驗貨物應照第三條章程辦理至俄商由肅州（即嘉峪關）販運該處所買土貨及在內地所買土貨運往該處回國者所有完納稅餉等事均照天津一律辦理

改訂中俄陸路通商章程第十一條（併見本類陸路子口稅）

俄商在通州販買土貨由陸路出口回國應照稅則完納

出口正稅其在張家口販買土貨出口回國應在該口納一子稅（即正稅之半）俄商由內地販買土貨運往通州張家口回國者照各國在內地買土貨總例應再交一子稅由各該關口收稅發給運物執照其在通州買土貨回國者應在東壩報明收稅發給執照沿途不得銷售應於執照內載明其由以上各處運貨出口發照驗貨等事應照第三條所載章程辦理

改訂中俄陸路通商章程第十二條（併見本類陸路子口稅）

俄商在天津通州張家口嘉峪關販運別國洋貨由陸路出口回國如該貨已交正稅子稅有單可憑不再重徵如

祇交過正稅未交子稅該商應按照稅則在該關補交子稅

改訂中俄陸路通商章程第十三條（併見本類貨稅）

俄商販運貨物進口出口應照各國稅則及同治元年所定俄國續則納稅如各國稅則及續則均未備載再照值百抽五之例納稅

中法會訂越南新約第六款（併見本類違禁貨物）

一北圻與中國之雲南廣西廣東各省陸路通商章程應於此約畫押後三個月內兩國派員會議另定條款附在本約之後所運貨物進出雲南廣西邊界應納各稅照現

在通商稅則較減惟由陸路運過北圻及廣東邊界者不得照此減輕稅則納稅其減輕稅則亦與現在通商各口無涉其販運槍砲軍械軍糧軍火等應各照兩國界內所行之章程辦理至洋藥進口出口一事應於通商章程內定一專條其中越海路通商亦應議定專條此條未定之先仍照現章辦理

以上陸路貨稅

章程

議定鐘表減稅幷嚴防偷漏章程（併見本類稽稅杜漏罰例）

總理衙門咨同治八年正月二十二日據法國照會稱前接本國總理衙門以鐘表生意日微實由關稅太重因而偷漏擬請將稅項減免當經本衙門以寬不如減函詢妥善辦法去後旋准法國羅使函送酌擬章程錄送前來本衙門查法國通商各口稅則內載洋鐘進口每值百兩抽稅五兩表每對一兩今將進口稅一體改照值百抽五之例並酌定嚴防偷漏章程辦法尚屬周密擬即改照現擬新章定期於本年四月初一日開辦除照會各國駐京公

使並劄知赫總稅司遵照外相應抄錄新章咨行通飭通商各口遵照同治八年三月咨南洋

計開鐘表減稅新章

凡鐘表進口完稅現准一體照值百抽五例辦理各商報關請驗單納稅時除件數價值外須將其運進口之鐘表註明匠人行名鐘表號數開列清單存關以備稽查由關按件壓印戳記作為此鐘表完稅之據倘有假作此戳記者除將此鐘表入官充公外華商則照例從重治罪洋商則由領事官從重懲辦日後凡已有號數存關之鐘表復運出口回國者給以存票復進口者給以免單倘有商人

將未經掛號之鐘表存行發賣或復運出口一經查出則准該關照各口貨物違章漏稅應行查拏之總例查獲入官凡有以細報粗以貴價報賤價者准該關隨事酌情照該商自開之價收買至各行現存之鐘表自係已經納稅之物應限商人以六個月爲期將行內鐘表按匠人號數開列清單赴關報明備查六個月已滿違者不准發給存票免單等件並隨時將未經掛號之物查拏入官

進口糖斤分別中外貨物納稅章程併見本類子口稅稽稅杜漏

三口大臣照覆本月二十一日接據照會內開天津新關徵收曾麟昆記兩行糖斤正半各稅一案查昆記所運本

係外國糖斤應將新關所收之半稅及厦門稅務司所給之執照給還等因本大臣查此事係因分別中國外國糖斤以致爭論當經邀請貴領事來署面商妥辦據貴領事面稱昆記洋行所運糖斤實係外國貨物確有憑據新關所收之半稅自應給還其曾麟之糖是否係外國貨物無憑查考自應無庸給還等語並經面商以後如再有進口糖斤爭論中外貨物之事自應明定章程查明該船如並無帶有別貨免重征執照又未在他口上過船鈔明係由外洋地面而來所載如有外國糖斤自應准其照外國貨物進口例納一正稅如該船無論何貨攜有免重征執照或持有他口上過船鈔專照則此船明係內地自別處海口而來如裝有糖斤不必看其貨色總應照內地貨出口復進口之例完一半稅如無該口納稅憑據再令補一正稅以杜影射之弊貴領事亦以爲然以後此案事件總應查明辦理即當轉飭本關稅務司隨事會同領事查明船隻妥辦以免爭論同治二年十二月照會美領事

德商船廠免稅各物章程摘錄第五條詳見本類免稅各物

五修船免稅物件進廠後如欲製作新船或舊船改新或將短改長或夾板改爲輪船或明輪改作暗輪或暗輪改作明輪以及賣與他人不作修船之用者應由本廠先行

開單赴關報明隨將單內各物需用若干或賣出若干請發補稅驗單立即照例完稅倘有稅則未經賅載者均照值百抽五之例完納再此項物件均應先行完稅方可動用或發賣出廠一面於清册內將各物斤兩價值並如何使用賣出行名稅數等項一律登記註銷

中國朝鮮商民水陸貿易章程第四條併見禮類游歷刑類法禁工類租傭建置本類船鈔子口稅內地稅釐

兩國商民前往彼此已開口岸貿易如安分守法准其租地賃房建屋所有土產與非干例禁之貨均許交易除進出貨物應納貨稅船鈔悉照彼此海關通行章程完納外

其有欲將土貨由此口運往彼口者於已納出口稅外仍於進口時驗單完納出口稅之半朝鮮商民除在北京例准交易與中國商民准入朝鮮楊花津漢城開設行棧外不准將各色貨物運入內地坐肆售賣如兩國商民欲入內地採辦土貨應稟請彼此商務委員與地方官會銜給與執照塡明採辦處所車馬船隻聽該商自僱仍照納沿途應完釐稅如有彼此入內地游歷者應稟請商務委員與地方官會銜給予執照然後前往其於沿途地方有犯法等事統由地方官押交就近通商口岸照第二條懲辦途中止可拘禁不得淩虐

中國朝鮮商民水陸貿易章程第六條併見本類違禁貨物

兩國商民無論在何處口岸與邊界地方均不准將洋藥土藥與製成軍器販運售賣違者查出分別嚴加處治至紅蔘一項例准朝鮮商民帶入中國地界應納稅則按價値百抽十五其有中國商民將紅蔘私運出朝鮮地界未經政府特允者查出將貨入官

以上貨稅

核定茶末減稅章程併見本類長江子口稅

總理衙門咨案查同治七年十月初三日據赫總稅司將茶末減稅擬定簡明新章四條申送到本衙門當經本衙門於十月十四日鈔錄照會布俄英法美日各國駐京大臣去後除日國未據照復外茲據美法英俄布各國駐京大臣先後照復允飭各口領事遵辦等因前來除劄知赫總稅司遵照外相應抄錄各國照會五件赫總稅司新定章程四條咨行查照轉行各該關卽將新定茶末減稅章程飭令遵照辦理同治七年十一月咨南洋

附錄俄國照會

爲照復事本年十月十四日接准貴親王照會附錄茶末納稅章程前來查閱未見另有難允之處卽請將開辦之期先行知會以便轉飭各口領事官遵照惟查貴國每逢

擬改稅則或變通章程等事皆應預定開辦日期方妥其增稅一事定期宜從寬展以免商人照舊則謀算經營致虧資本其更改他章或限期少促亦無甚妨似此辦理則商人預知改則庶不致因突然更變紛紛置辯矣相應照復

附錄美國照會

爲照復事本月十四日准貴親王來文內開茶末一項止議及正稅並未言及內地稅如何辦法現據總稅司擬定簡明新章四條以免一切影射朦混之弊於茶末未到口岸未曾裝載之先均應照茶葉完納各項內地稅餉照錄

新章四條第二條內言茶末在江口裝船者完正稅外亦應取其復進口半稅之保單請飭各口領事遵照等因前來本大臣擬即將新章四條行知各口領事以便開辦

附錄英國照會

爲照復事十月十四日接到貴親王來文幷照錄赫總稅司申送改定茶末章程以示區別及茶末自內地販運通商口岸暨在各口裝船謹防影射朦混之弊等因本大臣希請轉飭各口監督將所定章程之漢英各文抄錄照會各領事官本大臣一面劄飭各口領事官曉諭各商一體遵照

附錄布國照會

爲照覆事同治七年十月十四日接准貴親王照會內開茶末一項以後如何征稅一切事宜本大臣查茶末征稅一事一載之間屢有更改以致常有爲此虧本而稟請賠補者此中是非殊爲難定本大臣以爲新定茶末章程一事經此次再改之後此事郎可不必再行更張爲此本大臣應允暫照本年十月十四日所定章程試行辦理可也惟查今如欲免商人稟請賠補之處必須將此章程預先明示限期係從何日開辦以便商人販賣茶末以及定立合同均能按照情形定擬惟祈將所定日期復知爲要

附錄法國照會

爲照覆事本年十月十四日准貴親王照會內開以茶末一項前經二次分別減稅均巳知照在案現又擬定新章四條益昭妥善本大臣閱悉之下並無不合並聞各國駐京大臣均各允從按照辦理是以本大臣郎將此新章四條轉飭各口領事官一體遵照所有此次旣經定明嗣後可以毋庸再議矣

附錄赫總稅司申呈並章程四條

爲申復事奉到同治七年九月二十六日劄知以九江英商英茂茶末納稅一事因該領事李蔚海以每担茶末值

不出十兩外者運往通商各口完銀一兩二錢五分謂爲半稅於稅司康發達另征之復進口半稅誤爲半稅之半稅司暫照茶葉稅例取具半稅保單辦理等情經兩江總督咨請核覆並溯引土貨出口之例揭問半稅保單之所指及販買茶末之來由飭爲詳敘聲覆以便通照其阿化威茶末之事應分案詳明等語本總稅司詳閱劄文內開有巳交過內地稅餉則在長江下貨時均不必在長江各口完稅之語按此語意乃咸豐十一年通共章程第五款之例是究查此案所引證者係據舊章而言現在長江辦理稅務則係照同治元年更訂長江通商通共章程辦理

查同治元年訂章第五款內載凡有江照之輪船裝載土貨須由該商在裝貨之口先將出口正稅復進口半稅兩項稅餉一併完清且同治三年又有茶葉一項准暫時不納復進口半稅祇取半稅保單之章劄文內開何以茶葉一項只完出口正稅取具保單此半稅之保單係指何項半稅而言查茶葉一項係先行完納內地稅餉內地稅餉完清後即行完納出口正稅取具保單是保單所指之半稅即係指復進口半稅而言也至劄文內開此項茶末是否該洋商由內地自販之貨抑係在本江口所買之貨如係由內地自販應令按章在該關完一末後子口稅再交

長江出口正稅方准出洋查保單內之半稅既係指復進口之半稅而言其內地稅餉即係在未完出口正稅之先已經完納所飭查明之處自可無庸議矣咸豐年間定章除內地稅項外其出口正稅復進口半稅均俟進上海口時交納其同治元年更訂新章凡有江照之輪船土貨須在裝貨之口先將出口正稅復進口半稅兩稅一併完清而四年正月間於土貨中特將茶葉一項變通辦理因茶葉係出洋運往外國之貨除按章完出口正稅外祇需取具復進口半稅之保單所以如此變通者一免洋商日久空存現銀一免發給存票之累至茶末一項若係往外洋之貨自應照茶葉一律辦理若不往外洋者其值在十兩以內例准減半納收惟既非往外洋之貨即與出洋之茶葉有別自應照各項土貨例一併完出口正稅復進口半稅不應按茶葉取具保單似爲平允茶末稅項嗣後各口應如何一體遵辦不致有轇轕之處特爲開擬定章於後

一凡有茶末自內地販運通商口岸者各項內地稅均應照茶葉一律完稅以免影射朦混之弊

一凡有茶末裝船往外洋者無論江口海口均應照茶葉例一律完納出口正稅銀二兩五錢惟江口裝船者完正稅之外亦應取具復進口半稅之保單

一凡有茶末前往通商別口者其每百斤值銀不出十兩外無論在江口海口裝船均應照減半之新章完出口正稅銀一兩二錢五分惟江口裝船者於出口正稅外亦應一併完清復進口半稅銀六錢二分五釐與各項土貨一律辦理

一凡有茶末減半新章納稅者若在海口裝船僅納出口正稅銀一兩二錢五分復進口時再完復進口半稅銀六錢二分五釐若係在江口裝船自係已經一併完清出口正稅復進口半稅者日後再行裝船運往外洋時無論來自江口海口均應補納出口稅銀六錢二分五釐以符茶

末往外洋與茶葉往外洋一律之意

以上所擬之章四條其第一條茶末與茶葉一律完各項內地稅查善後條約第七款內載有內地稅餉之議現定出入稅則照納一半爲斷之語若依此而論其由內地往通商各口之茶末每百斤值銀不出十兩外者既准減半完出口正稅似亦應減半完內地之稅然茶末未到各口之先仍在內地之時往外洋與不往外洋者並值在十兩內值在十兩外者均難預分則一切影射朦混之弊勢必層出不窮前者兩次更定茶末新章止議及出口稅減半納收並未言及內地稅銀如何辦理且復進口之後若洋

商運入內地須照華商逢關納稅一體辦理則是以不出洋減半納稅之茶末即復進口後須照各項土貨完內地稅之例辦理因思在未到口岸未曾裝貨之先不如照茶葉例完納各項內地稅餉之爲是此案英茂茶末之稅確係該領事並該商之誤會稅司暫照茶葉辦理之處與例甚合現奉前因合行申復即希查照可也

議定中俄新約內下等茶減稅章程

總理衙門咨本衙門現與俄國布使議定新約第十六條下等茶減稅一事相應抄錄來往照會並布使原信咨行

光緒八年十月初八日咨北洋

附錄給俄國照會

爲照會事照得新約第十六條分別酌減下等茶進口之稅一事迭經往返會商尚未定議前日貴大臣來署辭行聲明此項茶葉均係粗梗其品在茶末之下迥非各種茶葉之比本衙門因函請貴大臣將此項粗梗茶種類指出並分別價值以便酌核定議昨准函開第十六條約內之意欲將形如根木而茶微薄者免其完極貴之稅此項茶與散葉及茶末毫不相涉並開列內分各種茶之酌中價值擬減稅數等因前來本衙門視貴大臣所言極爲公允逕擬就此定議千兩一種每百斤徵銀五錢百兩內之貢

尖每百斤徵銀八錢百兩之天尖每百斤徵銀一兩百兩之京尖每百斤徵銀一兩二錢五分均以貴大臣所稱形如根木並非正葉即梗子者爲斷其各種散葉及茶末如有與以上名目相同者不在此例嗣後照此減定之數納稅惟望轉行漢口領事官等飭知俄商自減定下等茶稅之後切勿將上等茶攙入此等粗梗之內以免牽混而滋爭執仍望照復以便行知各關口遵照辦理以爲新約第十六條下等茶減稅定議之案相應照會

附錄俄國照復

爲照復事本月初六日准照開所有本大臣擬形爲根木

之茶減稅數目貴署視爲公允隨定嗣後此項形爲根木之茶並非正葉卽梗子者均照本大臣十月初五日函擬減定之數納稅而各種散葉及茶末如有與以上名目相同者不在此減稅之例等因照復前來本大臣與貴王大臣聲明本大臣所擬議者視爲同意故新約第十六條下等茶減稅一事以爲了局所有彼此相定各節本大臣自致漢口領事查照

附錄俄國布使來函

日昨因本大臣在貴署相談貴大臣致函內以前函所稱曲沃裝茶或在所謂藥茶之內及大花簍亦名千兩小花

簍亦名百兩並小花簍之內各茶是否用茶梗而製並非別項散葉之茶其品亦在茶末之下各節願由本大臣講明並欲知本大臣擬定稅數若干等因前來茲如所願達知以前函所稱形爲根木者千兩百兩在漢口總名爲曲沃裝茶而稱其爲藥茶之名者乃係自海關而啟也惟其立新約第十六條之時欲減稅各條而用此藥茶之名目而名之此名未必能確當原因藥茶之名目凡所謂藥茶皆涵入其中至貴而不能歸入下等茶之內者亦涵入其中其第十六條所載列入於約內之意欲在中亞細亞州所專用形如根木而其內茶誠微薄並非正葉卽梗子者免其完納極貴之稅是此項茶與散茶及茶末毫不相涉似形如根木之茶且內中藥草居中十成之七成五乃係千兩百兩及百兩內之各茶也至於議定稅數之稅則本大臣同貴大臣所言之意視爲逕定其稅數强於估價定稅茲據漢口所報擬定千兩一種酌中之價每百斤銀三兩五錢每百斤擬徵稅五錢百兩內之貢尖酌中之價每百斤銀五兩五錢每百斤擬征稅八錢百兩之天尖酌中之價每百斤銀十兩每百斤擬征稅一兩二錢五分惟望此項稅數貴大臣視爲公平准於以前所稱形爲根木之茶照此而定耑此佈復光緒八年十月初五日

以上長江貨稅

中國朝鮮商民水陸貿易章程第五條已見本類陸路口岸貿易

以上陸路貨稅

成案

暹羅進口船分別報納稅鈔（併見本類船鈔稅杜漏內地稅釐）

總理衙門咨同治三年八月初三日准赫總稅務司呈稱現據天津關貝稅務司申報有暹羅國船進口掛有暹羅旗號帶有暹羅船牌水手多係外洋之人應赴何關報稅等情查向年暹羅來船係有額數均赴戶關報稅嗣後請將天津一口每年由暹羅來船在額內者赴戶關報稅先須赴新關報明貨色件數請領起貨下貨准單並將進出口貨物各項總單呈新關備案至額外者概赴新關報稅並請將該國額船數目查核示覆等因前來本衙門查上

年八月十八日准貴大臣咨稱據東海關監督稟稱暹羅石立安各國商人之船主貨主均係閩廣商人因遠涉重洋不過借外國旗號以禦盜警其實並不在泰西屬國之列若統以外國船貨歸入新關納稅與戶關舊制不符等語本衙門當以南洋各口暹羅等國之船係由新關徵稅如議改章必須南北劃一應由本衙門督商總稅務司妥議章程其章程未定以前所有東海關暹羅等國船隻完納稅鈔暫飭由新關徵收另款存儲毋庸抑交二成至如何撥補之處統俟章程議定再行知照各口一律辦理業於上年八月二十一日行文知照轉飭東海關監督遵辦在案查暹羅國船隻向由戶關納稅且現在戶關屢報短徵不能足額皆為洋稅侵佔所致此項暹羅船向章既歸戶關常稅徵收此時若照赫總稅司所議辦理則戶關徵稅必致益虧本衙門現擬辦法嗣後如遇此項船隻到關無論額外額內船隻於過關時先持船牌呈驗如係中國船牌即赴戶關報稅如係外國船牌即赴新關報稅無論何項船牌均先由新關將進口出口貨物總單查明貨色另行立簿登記並於船牌內蓋用稅務司查驗戳記後再行飭赴戶關或新關報稅此項暹羅船現在辦法既以船牌為憑嗣後該商船如持有中外兩項船牌希圖避重就

輕意存影射一經查出即將該船貨一併入官如係新關查出歸新關入官如係舊關查出歸舊關入官以免彼此爭競除札知總稅務司查照外相應知照轉飭天津東海兩關遵照其南洋各口仍照舊章辦理同治三年九月十九日咨三口

法國印花布照長加稅

總理各國事務衙門為照復事據貴大臣照會內開天津議定稅則內載印花布寬不過七十八桑的邁當長不過二十七邁當零四十三桑的邁當每疋應納稅項七分惟本國並不織如此狹窄之布請煩將該稅則印花布條款

改爲每疋寬至八十六桑的邁當長至四十至五十五邁
當爲例等因前來本爵查原定稅則本不能更改惟印花
布一款既據照會內稱貴國並不織此狹窄之布是當日
議定稅則時尚未十分明晰但查貴國之印花布疋核與
原定稅則所載寬巳加增八十桑的邁當長更加增幾及
一倍若照原定七分恐不足以洽他國之商情若照原定
稅則按數加增每疋應加稅至一錢五分因念兩國既經
和好不妨格外讓情止增長稅不增寬稅改爲每疋共納
稅銀一錢二分貴國印花布疋須照此次所議寬長永爲
定式不得再行少許減長加寬以免將來再有辯論本爵

實爲兩國和好是以俯順商情庶貴國印花布易於流通
相應知照貴大臣嗣後遇有進口印花布務須照此次所
議寬至八十六桑的邁當長自四十至五十五邁當爲例
每疋納稅銀一錢二分此外各款稅則仍不能再行更改
希貴大臣轉飭各口領事官查照遵行可也咸豐十一年
八月照會法公使

附錄法國來文

大法國欽差大臣布爲照會事日前接奉本國總理各國
事務衙門大學士劄文內開接准工農貿易部大學士咨
文以阿里薩西亞省織布行公會稟稱現今本國與中國
在天津設立和約稅則進口布疋花幔類內載印花布寬
不過七十八桑的邁當長不過二十七邁當零四十三桑
的邁當每疋七分應納稅項條款惟本省及普本國並不
織如此狹窄之布遵行該稅則條款則本國商人必不能
將印花布運入中國販賣或將織布器具改易必致濫費
仍無益處且彼時英美國販賣棉布商人並無同行敵手之
商恐於中國無益況只有此印花布係極精緻之物中國
向來喜用故我國商人可以帶赴中國售賣得獲微利而
中國與本國相處愈久交易愈多不但無礙且似兩面更
有益處故本會稟懇大部轉請設法託駐紮中國京都全

權大臣向中國總理各國事務衙門大臣商議倚靠本國
與
大清國和好及兩國交易之益請將該稅則印花布條款改
爲每疋寬至八十六桑的邁當長自四十至五十五邁當
爲例本公會及本國各織布行莫不同深感賴等語相應
咨行總理各國衙門查辦本衙門准此應行札知貴大臣
竭力商辦等語本大臣奉此應即照會貴親王請煩查照
可否辦理且此事若不改易條款則本國商人定不能運
印花布進入中國似於稅項有虧故本大臣望貴親王允
許改易若不准推諉實係兩面均有利益再貴親王屢以

真誠友誼相待此事仍望設法辦理則益徵睦好之誼矣

為此照會

駝絨估價徵稅

總理衙門咨同治三年九月初七日准三口通商大臣崇函稱津關前議征收駝絨稅赫總稅司原議每百斤徵銀三錢五分本大臣擬征七錢尚未定妥茲與赫總稅司核定以後駝絨一項仍應隨時按照估價抽稅如時值每百斤十五六兩則按照時價值百抽五徵稅若時價但值七八兩則即按七八兩徵收總按時值之貴賤以定徵收之多寡現已與之定明等因前來本衙門查通商善後條約

第一款內開倘有貨物名目進出口稅則均未賅載又不在免稅之例者應核估時價照值百抽五例徵稅等語駝絨一項既為稅則所不載應即核估時價照值百抽五例徵稅相應咨覆同治三年九月十六日咨三口

英商赴內地購買茶子出洋照值百抽五征稅

總理衙門咨准福州將軍福建巡撫文稱據署福州府詳英商寶順行欲赴內地購買茶子出洋咨請察照等因本衙門正在核辦間四月十九日接據英國卜公使照會內稱英商寶順行欲運茶子下船出洋閩關禁止不准請速飭知該省遵約辦理前來本衙門查例禁之物均載在稅則茶子既未載在例禁之條自應查照善後條約第一條按值百抽五徵稅准其販運出口除照覆外相應咨行同治二年四月二十四日咨南洋

蜜棗照值百抽五徵稅

總理衙門咨同治五年八月二十四日准咨稱紅棗黑棗稅餉均有定則而蜜棗一項稅則未載九江關前稅務司按照蜜餞稅則每百斤抽稅五錢與善後條約未符茲經該關俊道與駱署稅務司商晤擬照值百抽五徵稅每担約值銀十餘兩實於稅餉有多無少應准照辦等語並請立案核覆前來查蜜棗一項既為稅則所未載該關駱稅

司請照值百抽五之例徵收自應准其照辦相應咨覆通行各口一體遵辦同治五年九月咨南洋

俄產海菜減稅復議區別等次定稅照征

總理衙門咨所有俄產海菜擬令作為二等海菜每百斤納稅銀一錢等因前經咨行並准轉據東海關盧稅務司查明定議核與每百抽五之數不甚相懸咨復前來本衙門當即據情照會俄國公使去後茲於本年八月初五日據俄使照復內稱俄國海口所運海菜一項與日本海菜質味不同擬將前定每百斤關稅銀一錢五分減為一錢等情均為允洽其開辦日期自應靜候示知等因現在本

衙門酌定於中國十月初一日開辦除十月初一日以前
仍照舊章辦理外相應咨行轉飭各關遵照辦理同治六
年八月十二日咨三口
北洋大臣李爲劄飭事准總理衙門咨開光緒十一年九
月二十三日接准總稅務司申稱海菜進口一事現據東
海關稅務司穆申報現由俄國運海菜進口驗係日本所
產即非日產亦係與日產同類之物或俄產海菜近年有
與日產相同者抑或日本鄰近之島產有海菜不運日本
而運俄國查俄產海菜列於下等故進口時按百斤納稅
一錢征收今俄國所運海菜既非下等與日產之物無所

區別獨將俄產者減稅征納似未公允嗣後此項海菜進
口應否照所值二兩五錢以上者作爲頭等海菜征收每
百斤納稅一錢五分之處申請酌度通飭遵辦等因當經
本衙門函商俄國駐京博大臣嗣後俄商所運海菜自應
驗明頭等二等之貨分別納稅在案茲於十一月初三日
准俄國博大臣函復分別海菜一節悉從施行所擬辦法
應令海關於俄商自俄境所運海菜詳細區別等次核準
定稅藉免官商執辯等語前來相應抄錄來往原函咨行
貴大臣查照通飭酌核辦理可也等因到本閣爵大臣准
此合行劄飭劄到該道即便查核辦理此劄光緒十一年

十一月十一日劄津海關
照錄致俄國公使博大臣函
光緒十一年九月二十三日准總稅務司申稱海菜進口
一節前於同治六年三月間奉本衙門札開准倭大臣照
會以俄產海菜素下日本而進口征稅均係每百斤納稅
一錢五分與值百抽五之例未符請秉公更定等語當經
總稅務司核議申復並經三口通商大臣咨查俄產海菜
委係不如日本所征稅項自可量爲變通用示區別所有
俄國所產此項海菜應作爲二等海菜每百斤納稅一錢
核與每百抽五之數不甚相懸業經本衙門照會查核去

後旋於是年八月初五日准倭大臣照復稱爲允洽定於
是年十月初一日開辦遵行在案現據東海關稅務司穆
申稱現有商人報由俄國運海菜進口本關驗係日本所
產即非日產亦係與日產同類之物該運海菜之船係由
俄國駛過東洋而來商人呈驗起貨單暨信函等件皆有
該貨係在俄國上船之據或俄產海菜近年有與日產相
同者抑或日本鄰近之島產有海菜不運日本而運俄國
查因俄產海菜列入下等故進口時准按每百斤減稅一
錢征收使俄國海菜非屬下等與日產之物無所區別而
獨將俄產者減稅征納兩歧似未公允申請核示等因總

稅務司查嗣後此項海菜進口應否照所值二兩五錢以上者作爲頭等海菜征收每百斤納稅一錢五分之處備文申請酌奪會商以便遵飭通辦前來本衙門查海菜一項無論俄產日產應以價値之高下定稅則之多寡前因俄產海菜比日產形色較粗是以照二等納稅現在俄商所運海菜與日產無所區別質味旣美價値必多應照各國總例辦理嗣後俄商所運海菜自應驗明頭等二等之貨分別納稅方昭公允相應函商貴大臣查核見復以便通飭辦理可也

照錄俄國博使來函

九月二十七日准貴署來函內稱嗣後俄商所運海菜自應驗明頭等二等之貨分別納稅方昭公允相應函商貴大臣查核見復等因前來查貴署所擬近理之端本大臣礙難剖駮是以改變分別海菜一節悉從任貴署斟酌施行務望貴署所擬辦法應令海關於俄商自俄境所運海菜詳細區別等次核准定稅藉免官商相爲執辯也

細茶圓餅朦報磚茶查出嚴行罰辦（併見本類稽稅杜漏）

總理衙門咨同治六年十一月十五日准咨稱茶磚分別收稅一案據江漢關道王文韶據駱稅司查明方式者實係茶末之磚每八十餘斤約價六兩另一種方式者係粗茶打成磚式其圓筒者實係紅茶粗梗因不能做成磚樣用水團成圓餅以爲陸路車中之用其價均只四兩請仍舊統照磚茶每担六錢收稅且朦混之弊不可不防擬請嗣後倘有以紅茶作成磚式圓筒朦報前項茶磚出口一經查出卽將全貨入官再中國尙有普洱安化等茶均係細茶團成圓餅其成本十倍於茶梗之筒雖非外國銷場誠恐朦混納稅應請載明如有以普洱安化等類細茶圓餅朦報茶磚者查出將單內同類之貨一併入官以杜影射而重稅餉並請附增稅則以示遵守等因前來本衙門查俄國續增稅則內載磚茶每百斤六錢註有別種茶葉

另有稅則不得援照此例乃近來奸商影射竟有將細茶團成圓餅朦報磚茶希圖減稅並有以細報粗謂式樣與磚茶雖異成色與磚茶略同擬請照磚茶納稅殊不知茶葉茶磚各有一定稅則不得互相牽混致滋弊竇查本衙門於十月間接據俄使照會以漢口商人販運千兩百兩茶成色與磚茶一類擬請減稅等因本衙門業已駮復令仍照二兩五錢完稅嗣後磚茶報關自應分別嚴查如有以各種細茶冒充磚茶者一經查出准照來文所擬嚴行罰辦並將同類之貨一併入官同治六年十二月咨南洋

附錄給俄國照會

爲照復事前接照會內稱現有本國漢口商人擬販千兩百兩等茶關口徵稅均每百斤二兩五錢其成色均歸磚茶等項一類但因式樣各異而徵稅似此懸殊實未平允請速飭酌定等因前來查陸路通商章程第十一款內載俄商販買土貨回國均按照各國稅則完一正稅查各國稅則千兩百兩等茶並無專條只有茶葉每百斤二兩五錢又查俄國續增稅則內載磚茶每百斤六錢註有別種茶葉不得援照此例等語是除磚茶外無論何項茶葉均應按照二兩五錢徵稅且查千兩茶即係安化茶係細茶團成圓餅並非磚形上年英商寶順行曾有安化茶欲請

減稅經本衙門與各海關議定仍按二兩五錢收稅百兩茶與千兩茶大約相同今漢口商人擬販之千兩百兩茶自不得與磚茶牽混應仍照二兩五錢完納稅餉至磚茶一項係專指茶末茶梗團成磚形者而言其式須方始爲茶磚其物價本較輕之粗貨始准照六錢納稅如有以茶葉及普洱安化等細茶團成圓餅朦報磚茶者自應由各海關嚴查罰辦因茶葉茶磚大有分別徵稅均應按照定章所有漢口商人販運之大花簍小花簍天尖貢尖芙蓉等茶在中國品茶而言均係上等細茶萬難照磚茶稅則一律辦理相應照覆十二月初五日按中俄新約內議定將形如根木之千兩茶一種及百兩內之貢尖天尖京尖均酌量減稅已列前案與別項茶葉無涉已註明稅則內

由香港運來土貨照洋貨收稅

南洋大臣咨覆同治八年五月十九日准總理衙門咨案查美商在香港販運糖貨一案上年十月間准前通商大臣會咨可否作洋貨一律而論等因當經本衙門以並無辦過似此前案仍咨前通商大臣飭各關口查明向來辦法若向係如此應即照行倘向不如此即駁正妥辦本年二月間准咨復據閩海等關覆稱香港運來土貨向與洋貨一律而論等因各在案茲准湖廣總督咨稱據署漢黃德道鍾謙鈞轉據代理稅務司好博遜查復香港口岸本

作外國埠頭但粵省所産土貨多有從香港運往別口者至本關進口各貨俱由江漢關驗明徵納稅餉給照前來應分別洋貨土貨爲憑江海關單照爲准如該商運貨來漢呈有江海關發給例免重徵稅單者本關查驗數目相符即作爲洋貨辦理如無免重徵稅單呈關均照內地土貨一律辦理歷來如此辦法等情據此查條約及向行章程土貨與洋貨本有區別香港雖係外國埠頭然粵省所産土貨多從香港運往別口並非外洋所來之貨自應分別辦理嗣後江海關發給免其重徵稅單應令仍照舊章查核分別妥辦如係土貨似未便擅給免單致滋洋商包

攙華商冒混之弊應飭江海關查照條約及舊章核明妥辦等因前來相應咨行查照轉飭江海關道查核妥辦等因查此案前准湖廣督部堂李咨當飭江海關查明具復去後嗣據該關詳稱奉經函詢稅務司狄妥瑪復稱查各口海關辦法凡有土貨報運香港所收出口正稅概不給發收稅單如抵香港後再往通商海口必至再完進口正稅蓋已將香港照外洋辦理是以由香港運來之土貨亦照洋貨收稅因已受作爲外洋之虧故應得作爲外洋之益所有該土貨進口時既照洋貨辦理則復出口時自應查照洋貨或發免照或發存票以昭劃一等由據此伏查

洋貨土貨各有定章無所謂之吃虧受益惟香港土貨進口時既照洋貨辦理則復出口時自可亦照洋貨辦理以歸畫一等情旋卽咨復查照轉飭在案茲准前因相應咨復爲此咨呈五月二十五日咨呈總理衙門

書籍仍須納稅

總理衙門咨同治十年十二月二十八日准赫總稅司申稱據江漢關稅務司馬福臣申報據該關監督文開嗣後凡有書籍裝運進出口者准免納稅又據東海關署稅務司好博遜申報現有書籍十七件進口在江海關出口時曾免納稅此次進東海關之口應否並免復進口半稅監督因無免稅明文卽令該商將半稅完清各等情事關公務一案兩歧申請酌核示復等語查此案先於十一月間據湖廣總督咨稱據江海關監督詳稱書籍一項向照上等紙張收稅惟兵燹以後書板毁失各省設局校刊似應免稅俾廣流傳等因咨經核復當經本衙門以該口書籍一項向來既照紙稅徵收每百斤只徵銀七錢稅項輕微於流通書籍並無妨礙若遽予免稅設或因販運書籍夾帶紙張別貨希圖走漏轉於稅務有虧咨令湖廣總督轉飭該監督仍照向章收稅在案今據赫總稅司申報前因是該監督未奉本衙門核復明文已將書籍免稅殊屬非

是此項書籍十七件該關應完出口稅銀若干自應責令該監督照數賠繳以重稅課爲此咨行通飭各海關監督所有販運書籍一項嗣後務須一律遵照向章辦理毋得擅自更張同治十一年正月初八日咨南洋

舊洋鐵箍轉運別口在原口註明總單俟到別口估價徵進口稅

總理衙門咨同治十一年十二月二十一日據總稅務司申稱據江海關狄稅務司申報洋貨進口時箱包原用之洋鐵箍拆湊一處復運通商別口與監督函商准照估價徵稅如有願領免照出口其稅自然照徵倘願至別口納

稅本關將該貨載入英文總單令在別口完稅等語查此兩項辦法若出口時令補納進口稅則有多發免照之累不如在總單內註明俟其復進口時再完進口稅爲善等因申請酌復前來查鐵箍一項載在進口貨物稅則洋貨箱包所用鐵箍既有破眼自與專運進口之新鐵箍不同該稅務司所擬按照估價徵稅辦法尚屬平允至完稅一節總稅務司請專收復進口稅較爲簡便應如所稱辦理爲此照錄總稅務司原申呈一件咨行貴大臣轉飭通商各口一體查照辦理同治十二年正月初五日咨北洋

附錄赫總稅司申呈

爲申呈事竊據江海關稅務司狄妥瑪申報以洋貨進口時箱包原用之洋鐵箍拆湊一處復行轉運外國已與監督酌准免稅惟復運通商別口是否一律免稅當經與監督函商嗣准監督來函內開查洋鐵箍一項每百斤完稅銀一錢二分五釐載入進口稅則現據積躉轉運外國本應補徵進口稅銀因英約第四十五款內洋貨轉運外國有給還存票之例是以准免出口稅銀嗣後轉運外國驗明實係洋鐵製成並非中國鐵斤准其一律免稅如轉運通商別口仍應照例完稅等語本稅司當經函復監督以洋鐵箍轉運通商別口如有願領免照出口其稅自然照

徵倘有願至別口納稅則本關將該貨載入英文總單令在別口完稅再此項鐵箍均有破眼非新鐵可比應准照估價完稅又於六月二十九日接准監督來函內開查洋鐵箍轉運通商別口願領本關免照既非新鐵可比准照估價徵稅如有願至別口完稅者務於英文總單內聲明情節此稅上海未經完納准其在所運之口查驗補完等語爲此申請核奪等因前來據此查洋貨進口箱包原用之鐵箍本爲堅固之意是進口時此項鐵箍實與箱包同類自無進口稅可收惟日後商人拆湊一處擬販運銷售此物復入百貨之內逢關自應納稅鐵箍原係粗鐵所存

且經風雨而生銹日久漸至剝蝕與稅則所載之生鐵熟鐵有異江海關監督稅司商定估價徵稅固屬得宜應准照辦惟所擬由商人於出口時納稅請免照或出口時不納稅俟復進口時再納稅各議總稅務司以爲此兩項辦法尚有欠於畫一之意若出口時令其補納進口稅則有多發免照之累是此辦法不如在總單內註明俟其復進口時再完進口稅爲善此項鐵箍買賣自係微末生意其所收之稅亦自纖微無幾惟既應徵其稅則應有通行之章以便各關一體遵辦不致兩歧合行申請酌奪示覆十二月二十一日

哆囉呢加稅日後復出口應照算分別發給免照存票
併見本類改運

總理衙門咨同治十一年十二月二十五日據總稅務司申稱九月初八日鈞札內開八月二十三日准署南洋大臣咨據江南海關道稟稱案據新關稅務司狄妥瑪來函以進口稅則哆囉呢一款註明寬五十一因制至六十四因制每丈稅銀一錢二分茲有德全旗昌等行進口俄呢計寬至七十二因制仿照原布過於稅則所載核加稅數該商未服其應如何徵稅函請核示當查稅司核加稅數其法甚善應即按照辦理嗣據德國領事官函請給還多

徵稅銀又經照案駁復現在德全廣豐加增之稅雖完終未允服據情咨呈查核前來查哆囉呢花布兩項既與稅則因制不符狄稅司加增稅銀辦理甚屬公允查從前咸豐十一年法國哥大臣士者曾以印花布比英美兩國較爲寬長請中國加稅當經改爲每疋共納稅銀一錢二分並照此次所議寬長永爲定式等因照辦十餘年均無異議此次德全廣豐哆囉呢一項既是因制與稅則有增自宜比照法國所定印花布稅數加稅一律辦理札行總稅務司查復等因查哆囉呢進口每疋計寬五十一至六十四因制自應按照稅則明文每丈完納稅銀一錢二分若寬過六十四因制即應按照多出寬長若干折增丈數徵收稅銀惟日後倘有復出口之事該關應照此核算分別發給免照存票等件庶不致於轇轕矣合行備文申請查照施行前來除咨復南洋大臣查照並劄復總稅務司轉飭各關稅務司遵照外相應咨行轉飭各口一律查照辦理同治十二年正月十九日咨北洋

古銅器照則徵稅 併見本類子口稅

總理衙門咨同治十二年七月初一日准咨據津海關道詳前因各洋商販運古銅器出口並無完過內地稅項憑據詢據鈔關委員面稱古玩一項未載戸部稅則當經函

商稅務司凡洋商販運古玩出口於估徵出口正稅後令再補交子稅方准放行近來洋商販運古銅器串通華商代赴鈔關報稅比照銅料器折中完納每百斤按五錢五分徵收較新關估價徵稅輕重大相懸殊復查該商等所運古銅器均係贋製景泰藍內地銷售甚稀聞各西國頗皆珍愛天津出口貨向來稀少此貨現在出口甚多擬請嗣後無論華洋各商凡販運古銅器均歸新關令一律按估價報納子稅以杜勾串避就是否有當理合將上年函商稅司洋商販運古玩估徵子稅全卷抄錄具文詳請查核立案等情據此除批據詳並摺均悉嗣後遇有華洋各

商販運古銅器仰歸新關按照估價令其一律完納子稅
以杜避重就輕之弊應准立案等因抄錄函件咨明前來
查稅則內出口襍貨類內開古玩每值百兩抽稅五兩此
項古銅器係古玩之物應照稅則抽稅洋商入內地置買
應照條約完納子口半稅俟出口時再完出口正稅倘該
商將此項銅器復運進通商別口並應完復進口半稅以
符舊制除劄行總稅務司轉飭各口稅司遵照外相應咨
復轉飭各海關一律查照辦理同治十二年七月十九日
咨北洋

臺煤出口減稅

船政大臣沈　奏再臣等於本年七月二十九日附片奏
稱臺灣産煤甚富將出口土煤照進口洋煤一律徵收八
月十九日奉
硃批該衙門議奏欽此嗣經總理衙門覆奏臺灣一口既據該
大臣等稱該處産煤甚富應准其酌量核減妥籌辦理等
因臣等伏思臺灣病於土曠土曠之病由於人稀重洋遠
隔必利市三倍而後內地食力之衆不召而來墾田之利
微不若煤礦之利鉅墾田之利緩不若煤礦之利速全臺
之利以煤礦爲始基而煤礦之利又以暢銷爲出路南北
各省按日以煤炊爨入冬以煤禦寒若出口暢旺煤價必
昂於民間不無窒礙臺地則炊爨禦寒均無藉於煤除出
口外別無銷路其煤質鬆脆不敵西洋所産而與東洋之
煤尙相去不遠然臺煤雖富年來開採仍不甚旺其所以
不旺之故則由於滯銷西洋産煤金山最夥從前夾板船
隻皆繞金山而來貨物而外以煤壓載煤佳而價平此固
非臺煤所能敵自埃及紅海開通以後洋船無須繞道金
山金山之煤遂稀其價亦日昂而臺煤仍不暢銷必將臺
煤減稅以廣招徠以後稅則雖減而總計稅入仍不懸殊
於民間生計當有起色至船局所用臺煤向係免稅不在
定則之內今擬請將出口煤每噸減爲稅銀一錢如蒙

天恩允准伏懇
飭下總理衙門劄行總稅司明言臺煤無關民間日用爲洋船
所必需是以減稅惠商南北洋各口均不得援以爲例謹
附片覆陳光緒元年正月初十日軍機大臣奉
旨該衙門知道欽此按光緒元年正月十六日總署咨行內稱查臺灣所出土煤無關民間日用此次沈奏減稅係專指臺灣一口出口土煤而言此外南北洋各口仍照舊定稅則辦理不得援以爲例

開平煤出口減稅

北洋大臣李　奏再據候選道唐廷樞稟稱開辦礦局以
來購備機器延訂洋匠工司及買地築路挑河經費成本
既重煤價亦因之而昂若再加現定之稅額其勢必不能

暢銷而關稅亦鮮有實獲與其稅重而少所收不若減輕
而多所納以煤斤而論洋煤每噸稅銀五分土煤每担稅
銀四分合之一噸實有六錢七分二釐若加復進口半稅
已合每噸銀一兩有奇盈絀懸殊前兩江督臣沈葆楨於
臺灣基隆開煤時奏准土煤每噸徵稅一錢較洋煤業已
加重嗣湖北用機器開採亦奉
諭旨准照臺灣稅則在案從前嚴定土煤稅章之意或恐煤稅
減輕則土煤出口日多內地煤價必長故特重其稅以示
限制惟是土法採煤只能售於近地若從陸路車運出口
脚價太重斷不合算況其所採浮面之煤實不足供輪船

製造等用如直隸山西等處煤產尃濟京城內外之需並
無轉運來津者是其明證似多運出口一節本可無慮今
開平煤礦全用西法每日出至五六百噸之多據洋師測
量足供六十年採取除運往要口分供各局及中外輪船
之用並可兼顧內地民間日用刻下運道疏通脚價既省
若再將稅則減輕煤之售價必廉可以暢銷無滯而運售
於各局者不致再用洋商昂貴之煤其有裨於公款不少
等情前來臣復飭津海關查明歷年洋煤土煤進口數目
開具清摺自同治十年起至光緒六年止洋煤進口計八
萬一千五百餘噸土煤進口僅五千五百餘噸而出口土

煤則天津向所未有蓋由稅則厚薄不一土煤壅滯難銷
若不變通設法更定章程殊非通籌理財之大計合無仰
懇
天恩俯准開平出口煤斤援照臺灣湖北之例每噸徵收稅銀
一錢以恤華商而敵洋煤庶風氣日開利源日旺而關稅
亦必日有起色矣理合附片具陳伏祈
聖鑒光緒七年四月奉
旨著照所請該衙門知道欽此

圓梁木變通徵稅

總理衙門咨上年七月間據粵海關監督呈稱加羅威治

洋行由香港僱用華船載木來省前任崇監督酌定嗣後
德國商人僱用內地船隻裝運梁木雜木進口凡稅則已
按定者按稅則徵收其稅內所無者按估價例輸稅照會
呂領事官飭商遵照現與德國福署領事官往來辯論意
見不合抄案呈請核復等因當經本衙門照會德國和署
公使轉飭福署領事官照約辦理嗣接和使函稱加羅威
治洋行一事已由呂領事與粵海關辦理完竣無庸再提
惟恐事後無定例可憑不如將稅則內所載梁木一節預
為詳訂請貴衙門明示粵海關令其將樑木長不過若干
邁當厚不過方三百零五密理邁當無論其木之方圓均

例入稅則等語經本衙門劄飭粵海關監督暨赫總稅務司酌核申復各在案茲據總稅務司申稱查木植按稅則內載應分三大項一曰桅木一曰梁木一曰板木倘木植進口有未能按照此三項木植比例納稅者只可按照監督意見以襍木論照襍木估價納稅緣板木一項既不能作梁亦不能作桅是以稅則內按其長若干寬厚若干定其稅餉若干至梁木一項可以作樑亦可以分鋸爲板而究不可以作桅是以稅則按其長若干四方若干訂其稅餉若干至桅木一項可以分鋸爲板亦可以截而爲梁然祗此桅木始可以作桅是以稅則按其長短若干以訂其

稅餉若干木植雖難區別惟以板桅梁三大項分別清楚各適其用者自各有定規既易剖別亦無牽混而梁木一項稅則並無四方梁木之名目不過僅註明梁木每根應照其長若干四方若干納稅若干四方之梁木比較圓木輪角稍濶而運圓木者願將圓徑作爲方徑納稅似於稅則三項之分易於相符卽徵收稅數亦覺易於核算至稅則所載貨物名目其應納之稅數起初原無非按值百抽五之義而核定納數故於所未賅者復增一值百抽五之例其意不過因此外有未賅備者之名目亦歸畫一耳此案粵海監督照襍木估價值百抽五之例收稅在該商其不願照此輸納者何故蓋因各項貨物各有時價之不同溯自通商徵稅以來迄今已逾十有餘年之久各貨色不特先後時價懸殊卽早晚時價亦各有重輕不能相若故在商情頗願稅數有一定不易之規以便在置貨時預爲籌計其本利之盈虧卽在關務亦必各有一定不易之稅數亦可爲免互相嘵舌之事此案德商加羅威治行圓梁木係可以作板而不可以作桅者之木且其圓徑與稅則之方徑堪以比例似應按稅則中之梁木每根一錢五分之例辦理倘有他商不願照此輸納者卽將鐘表之例比擬納稅亦可其願估價值納稅者則值百抽五其願照稅

則納稅者則每根一錢五分如此辦理各商既無可藉口卽於稅餉亦無甚出入等因前來本衙門查總稅務司申復各情既稱於商人有便而於稅餉無甚出入應照所請自第六十一結起開辦其六十一結以前仍照舊章辦理以清界限除由本衙門照會德國並劄粵海關監督暨總稅務司遵照外相應咨行光緒元年六月二十四日咨北洋

議定無論官運商運外洋機器進口應照值百抽五之例徵稅

總理衙門咨據赫總稅務司申稱汕頭現有洋商裝運外

國機器進口在汕頭本行內熬作糖斤又煙臺另有洋商運外國機器進口在煙臺本行內作爲抽絲之用又上海有洋商擬辦外國機器在上海本行內製造洋布以上三行洋商均請以所辦機器准予免稅進口據稱所辦機器請免稅因係本行自用並非出售於人等語惟查應稅之百貨其終無非歸於自用而機器與善後章程第二款所載之尋常日用物件迥不相同又據云請免稅因外國機器宜廣開來路等語惟查凡有益於實濟之機器按其原價每百兩徵銀五兩不足以礙其來路又據云機器局造船局所用之機器皆准免稅進口惟查此局內之物乃官

用之件不得比擬此事再四思維擬嗣後凡有機器進口無論官民運來均令按原價每值百兩徵稅五兩爲例伏思官用機器係動公款購辦若於進口時復令完稅不過在原價外每百兩加銀五兩其物爲公用之物其價爲公用之款其所納之稅係本自公項其所收之稅亦歸於公項是有徵收稅之事而無輸納吃虧之人如此則凡機器進口即不致有兩歧辦法所有機器之稅應徵應免請酌核示復等因前來本衙門查約章內外國機器既無免稅之條若遽予免徵恐將來紛紛效尤自應按照值百抽五之例無論官運商運均應一律照章完納以昭公允而

重稅餉除劄行總稅務司查照辦理外相應咨行轉飭各關監督局務委員遵照光緒四年正月咨北洋

布底絲面裁料進口按照估值完稅

總理衙門咨開前據總稅務司申稱英商泰和行運進布底絲棉裁料入口江海關令照估值完稅該行請照絲棉雜貨收稅一案請飭向在行商家質明辦理等因當經本衙門照抄原呈咨行南洋大臣飭查明確去後茲據復稱此項裁料雖係絲棉兩種參織而成但係絲緞面與絲棉雜貨有別令照估值納稅似尚公允各等情前來除由本衙門咨復南洋大臣暨劄總稅務司轉飭各關稅務司一

律遵辦外相應照抄原文咨行查照轉飭所屬各關道遇有此等貨物進口即按照所擬估值收稅辦理毋稍歧異可也光緒十一年十一月二十九日咨各省

附錄南洋大臣來文

爲咨復事據江海關道邵友濂詳稱光緒十一年八月初一日奉總理衙門咨光緒十一年七月初一日據總稅務司申稱英商泰和行運進布底絲面裁料入口江海關令照估值完稅該行請照絲棉雜貨收稅一案查此次進口物件是否確係絲棉一類尚未查明若實係絲棉即應每百斤納稅五兩五錢若非絲棉即應照值百抽五之例辦

理請飭江海關向彼在行之商家等質證明確由總稅務司劄飭江海關稅務司詳爲辦理各等因申復前來查出口稅則內載絲棉雜貨註云如絲毛之類此指未成裁料之物而言今布底絲面旣係成疋裁料實與絲棉雜貨不同今總稅務司未能遽斷相應照抄原呈咨行貴大臣轉飭江海關道查核明確酌定辦理聲復本衙門可也等因並抄粘到本爵大臣承准此合行抄粘劄關卽便遵照查核明確酌定辦理詳候核咨等因到關奉此遵經函致新關稅務司查證去後茲接好稅務司復稱查該貨第一次由泰和行報運進口係於光緒六年三月十二日報由法

國公司俺納達輪船自法京巴黎都城運來緞面色布二包計五十六疋寬三十因制估值關平銀八百兩經本關按照稅則內所載之色布征稅每疋征收正稅銀一錢五分共征稅銀八兩四錢第二次係於光緒六年四月初七日據該商報由法國衣老滑地輪船自法京運來緞面色布一包計三十疋寬三十因制估值關平銀三百二十兩經本關亦按照色布征稅每疋稅銀一錢五分共征稅銀四兩五錢第三次據該商報由法國揚子輪船自法京運來絲棉雜貨一件計一疋重九斤寬三十因制估值關平銀二十兩經本關按照估價收稅銀一兩茲因接奉抄劄

粘單內有須飭由江海關向在行商家等質證明確一節曾經本稅務司詳爲質證據在行兩英商均稱係法國緞面布布底絲面係用七分棉三分絲織成又詢據在行之華商亦稱係光面緞布其原底係用棉織成而面上則光滑輭弱係用絲參織而成大概用棉七成絲三成此貨本處甚少未有常來所銷之處不過牛莊在山東北方省分云云現在該商欲按照絲棉雜貨完稅本稅務司查該貨雖係用絲棉兩種參織而成但實係緞面究與稅則所載平常之絲棉雜貨有別在本稅務司之意不如仍照估價征稅最爲公道復請查核辦理等因前來職道覆查此項

緞面布底裁料雖進口爲數無多惟旣經稅務司邀集在行華洋商人質證明確實與平常之絲棉雜貨有別令其按照估價納稅似尙公允等情爲此咨呈查核酌辦施行

以上貨稅

洋商在內地置買土貨出口照則完稅後發給收稅單

停止免單　併見本類子口稅改運

南洋大臣咨據鎭江關詳准江海關移奉劄開本年六月初六日准總理衙門咨查免單一項載在條約原係專指洋貨而言至洋商置買內地貨其出口時按則完稅後欲再運別口查條約稅則均無作何辦理明文現在本王大

臣與稅務司赫德等商議凡復進口之內地貨或令洋商再交一正稅或再交一半正稅尙須照會英法公使俟照復到日再行辦理所有洋商置買內地貨如欲再運別口雖已完清稅課不准發給免稅單此節英國卜公使赫稅司等已經議定相應飛咨轉飭各海口監督自接到此次咨文之日起凡洋商置買內地貨出口按照稅則完清子口稅正稅後由海關發給收稅單單內註明內地貨字樣不准發給免稅單如洋船所載洋貨及內地貨各半該商均欲運至別口其洋貨照舊發給免稅單其內地貨則發給收稅單仍註明內地貨字樣此項收稅單與免稅單有

別不得抵作別口稅課現在未經議定之先所有復進各口之內地貨卽照稅則先收一正稅俟議明後再行咨明辦理等因劄行遵照等因奉經本關擬給收稅單式照會各國領事定於本月初十日起一律遵辦粘同單式移關一體仿照辦理等因到關查此案前據本關休稅務司接准天津赫稅務司來函知會到道當經定於六月十五日起凡洋商販運內地出產貨物出口一概不給免照備文照會各國領事轉飭各商遵照在案准奉前因除出示曉諭各商遵辦並抄粘收稅單式照會各國領事查照外理合將遵照倣辦日期具文詳祈鑒核等情據此相應咨會移行各關一體知照咸豐十一年七月二十四日咨三口

洋商運土貨復進他口徵收復進口半稅並復進口後如運入內地逢關納稅遇卡抽釐併見本類子口稅改運內地稅釐

總理衙門咨七月十五七日准英法國照會復進口之土貨再令洋商交一半稅此項稅銀與內地稅餉相等二成毋庸扣歸等因所有通商各口應從奉文之日起凡洋商運土貨出口不准再發免稅單復進他口再收一復進口之半稅此項銀兩無庸扣歸英法國二成再英國照會內粘抄劄文新議長江辦法及土貨交過復進口稅再往內地販運納稅之法尙有未盡嚴密之處本衙門現擬另立長江

通商納稅章程俟議定後再行備文知照至土貨進口交過復進口半稅後本衙門擬令如運入內地應無論洋商華商仍逢關納稅遇卡抽釐不准發給過卡關票當由本衙門再行照會英法國公使俟有照復前來一併知照此時未經議定各海關應酌量先收復進口之半稅相應咨行查照通飭各口知悉咸豐十一年八月初一日咨南洋

洋船裝運炭斤納稅

總理衙門咨同治三年二月十一日准咨據江南江海關詳稱案奉劄據狄稅務司覆稱查本關現於炭斤一項凡由洋商之外國船裝運進出口者均照善後章程第二款

之例免稅其洋商所用華船由內江漢等關裝運炭斤來
滬者本關即將該炭照徵復進口半稅等情函復前來查
洋商僱用內地船由長江各口裝炭來滬既已照徵復進
口半稅並無歧異至洋商由輪船裝運來滬照章應將正
半兩稅在長江出口之關完納滬關本無應徵之稅似可
無庸再議緣奉前因理合具文詳請等情除批查煤炭二
宗除煤斤進出口均有稅則可依又承准總理衙門核覆
應照徵正半兩稅自毋庸再議外其炭斤一項檢核楚省
原文係與煤斤並說統稱尚各遵完正稅今該關所詳之
意以由外國船裝運進出口之炭照善後章程第二款免

稅凡由通商別口運來再除輪船照章應於所出之口完
納正半二稅自指領有江照之輪船而言其餘所用內地
等船裝運之炭至滬者該關現已照徵復進口半稅而鎮
江關亦將裝入土洋船進口炭斤照估價值百抽五徵收
應即通行各口一律照辦仰候咨行查照可也繳掛發並
咨行南北洋長江各關照辦外相應咨呈等因查貫大臣
咨於煤炭二字分析甚屬清楚惟所稱由外國船裝運進
口之炭照善後章程第二款免稅殊與條約不符查善後
章程第二款所載免稅各貨上皆冠以外國二字是免稅
者乃係外國之炭今漢口之炭係中國所產雖由外國船

裝載仍應完稅相應咨復即轉行各關遵照並就近劄知
總稅務司知悉同治三年二月咨南洋

洋商採辦茶葉免交復進口半稅（併見本類長江子口稅）

總理衙門咨同治三年十月二十五日准咨據江海關道
等詳稱准總理衙門咨漢九兩關出口茶葉洋商販運到
滬後是否均係運回本國銷售此項半稅應否仍在漢九
兩關預行完納如該商並無在中國各口販賣茶葉之事
此項保結應否飭令該商於運茶到滬時在滬關呈具保
結之處統希督飭江海關道並承辦通商委員妥議章程
迅即咨復本衙門以憑核辦等因合行抄單劄關即便確

細查明妥議章程具復以憑咨報奉此遵經函商稅務司
狄妥瑪復稱查此項茶葉均係運往外國之貨所有不復
出口之茶葉係途中或因水溼或有損壞之故查咸豐十
一年由漢九兩關來滬茶葉十五萬六千三百十一担復
出口往外國者十萬零九十二担六十斤同治元年由漢
九兩關來滬茶葉三十四萬七千一百六十三担復出口
往外國者三十四萬六千七百十四担同治二年由漢九
兩關來滬茶葉四十二萬四千一百零四担二十斤復出
口往外國者四十三萬六千零五十四担九十斤係轉運
外國之數其咸豐十一年進口多而出口少而同治二年

出口之數轉多於進口之數者皆因每年進口之茶不能定於當年全數復出口亦有年底進口之茶須至開年方能出口者至於半稅應否仍在漢九兩關預行完納查暫存半稅章程原爲免商人所報復出口之貨在口私銷漏完半稅之弊是思章程原意係體查以上復出口實在情形此項茶葉暫存之稅實可不必徵收所有呈具保結一節應於交存半稅之口呈具至於現在該茶已在漢九等關完出口正稅應由該口發給出口正稅執照由商人帶至本關呈繳日後復出口時本關即發轉運外國執照回漢呈驗至由鎮江照之船或內地土船運來照現在章程

係於原進之口完納暫存半稅據本稅務司所見此項鎮江照之船及內地土船運來茶葉將來到上海可不必徵收半稅亦令呈具保結緣皆係復出口茶葉應一律辦理免交暫存半稅各等語函復前來伏查狄稅務司所議各層尚稱妥洽應請嗣後洋商在漢九等關由江照輪船裝運茶葉來滬既係運往外國之貨所有暫存半稅免其預納以順商情飭令仍在原口呈具保結發給出口正稅執照由商人帶至江海關呈繳日後復出上海口時本關驗明實係原包原貨並無拆動抽換情弊並查明該貨果在一年限內轉運出口即行發給轉運外國執照並於照內

塡明該貨前在某口某號出口正稅執照內撥出之貨該商持回原口呈驗請將所具保結註銷如該茶在長江各口呈具保結之日起已逾一年限外並無江海關轉運外國執照呈驗即係未經復出口之貨仍令裝貨各關隨時查明保結飭令補完半稅似此辦理所有逾限出口之茶葉在原口既有稽考於稅餉亦不致隱漏核與向辦章程仍相符合至由鎮江照之船及內地土船運來茶葉到上海時亦免其徵收半稅飭令呈具保結以歸畫一是否有當理合詳祈鑒核俯賜咨復總理衙門核示飭遵等情據此相應咨請查核見復等因本衙門查漢九兩關茶葉洋

商販運出口既據貴大臣轉飭查明每年均係運往外國並無在口私行銷售偷漏等項情事議請免其預交復進口半稅並明定章程使漢九兩關與江海關互相稽考所議尚屬周妥應准照辦除照會英法國駐京公使外相應咨覆轉飭江漢九江鎮江上海各該關道一體遵照辦理並就近劄飭赫總稅務司查照同治三年十一月咨南洋

廣濟煤出口減稅

總理衙門　奏據兩江總督沈葆楨等附片奏稱湖北開採煤鐵前經派委道員盛宣懷等設局試辦茲據局員盛宣懷以廣濟試用洋法開煤本爲各省現設船炮等局需

煤日多與其購自外洋不若採自中土惟土煤稅重銷路
難期通暢可否援照臺灣減稅成案辦理詳請核覆前來
臣等查咸豐年間所定稅則土煤每百斤稅銀四分以噸
數計每噸稅銀六錢七分二釐較洋煤重至十數倍現用
洋法開採煤產必旺勢須酌減煤稅銷路乃可流通該局
請將土煤出口每噸減爲稅銀一錢較洋煤進口稅仍重
一倍尚係酌中定議懇准援照臺灣成案辦理等語光緒
三年三月初四日軍機大臣奉
旨該衙門議奏欽此欽遵由軍機處抄交到臣衙門臣等查通
商稅則載外國煤進口每噸銀五分土煤出口每百斤稅

銀四分查外國噸數每噸約計重一千六百七十斤以每
百斤徵銀四分計之實與每噸徵銀五分輕重大相懸殊
當時中國尚未用西法開挖煤窑亦尚無輪船機器等局
出煤不旺用煤不多是以不妨重出口之稅自臺灣用西
法開採土煤沈葆楨在臺灣辦理海防時卽以臺灣産煤
甚富各省船炮等局用煤日增奏請將出口土煤照進口
洋煤稅則一律徵收當經臣衙門議復以北地民間日用
無不需煤若一律准其減稅必至出口愈多價值昂貴於
民生大有關係請將天津登州牛莊三口出口土煤仍照
前定稅則徵收其臺灣一口准其酌量核減此外南洋通

商各口出口煤稅應否酌減請
飭下南洋通商大臣與沈葆楨等會商妥籌辦理於同治十三
年八月二十六日奏奉
硃批依議欽此欽遵行知去後旋於光緒元年正月間據沈葆
楨等奏請將出口臺煤每噸減爲稅銀一錢南北洋各口
均不得援以爲例等語奉
旨該衙門知道欽此欽遵行知在案茲據該督等奏稱前因查
土煤出口每噸減爲稅銀一錢較之洋煤進口稅銀仍增
至一倍之多湖北廣濟用洋法開煤既據該督等奏稱與
臺灣情事相同應准其援照成案每噸減爲稅銀一錢此

外出煤處所既不加增其出口稅銀應仍照舊徵收以示
限制而防流弊所有臣等遵議緣由理合附片陳明伏祈
聖鑒光緒三年二月十七日奉
旨依議欽此

徐州煤出口減稅

南洋大臣左　奏爲開採徐州銅山縣境煤鐵援案請減
稅銀以期暢銷恭摺仰祈
聖鑒事竊照南北洋籌辦防務以製造船炮爲第一要義而各
省所設機器輪船等局製造一切又以煤鐵爲大宗近來
湖北安徽等處礦山均經仿照西法設廠開挖本年夏間

據徐州道程國熙稟稱銅山縣屬利國驛等處多產煤鐵若以機器開採足供輪船等局之用飭令候選知府胡恩燮延聘洋礦師入山探驗煤鐵均堪開採酌擬招商集資章程由道稟請試辦當將章程逐條批示並准委胡恩燮承辦續據該道呈報已於八月二十四日設局開採並稱創辦之始購辦機器有費倩約礦司有費以及起造廠屋廠爐一切無不有費所需成本為數甚鉅擬照湖北等處土煤出口每噸完稅銀一錢之案一律請減等情前來臣查該局用西法開採出煤必多核與安徽湖北諸廠情事相同且該局礦山深處江境極邊運道綿長又多淺瀨懸

流每一阻險動須盤剝較之貴池等處運路近江尤覺為難所挖土煤應准一律減稅合無籲懇
天恩俯准援照湖北安徽成案辦理以維商本而塞漏卮謹會同恭摺具陳伏祈
聖鑒光緒八年十二月十一日奉
旨著照所請該部知道欽此

輪船所用免徵復進口稅土煤限制

總理衙門咨同治三年八月三十日准咨據兼護江漢關道鍾謙鈞詳稱案奉總理衙門咨准咨稱輪船自漢至滬自用之煤與運別口銷售者有別請免徵復進口半稅一節此為體恤商情起見當准如所議辦理至輪船大者約用煤六七百石小者四五百石該道當照依此數明立規條示以限制倘所用之煤浮於所用之數自必責令仍交復進口半稅等因行關奉此當經照會稅務司馬福臣妥議條規並照會各國領事官會議去後茲准該稅務司覆稱據寶順洋行等稟稱從前到漢往來大江之火輪船均係小船近日多係大船自漢至滬須備用煤一千六七百石方免中途缺乏之虞等語敝司查現在船大前次船小卻係實情並深悉該火輪船自漢至滬願載雜貨斷無裝煤至上海銷售之理所有用煤一項自後請以船小者載

用煤六七百石大者不過二千石為則只徵出口正稅准免復進口半稅並請照會鎮江海關如遇輪船自漢抵岸有煤出售請代江漢關再徵復進口半稅如此定章則該輪船不致以用煤太少恐中途有缺乏之虞及至抵岸有煤出售仍須完納復進口半稅無從影射似覺妥協等情查馬稅務司覆據各商稟稱前情自係實在情形復據定以限制而於上海有煤出售仍徵復進口半稅實已無從影射亦不令該商藉口有用煤太少之詞請咨達總理衙門俯准施行等因前來查輪船用煤一項本衙門前咨業已准其於自用之煤免徵復進口半稅惟所裝之煤不得

浮於所用之數茲據稅務司馬福臣請以船小者載用煤六七百石船大者不得過二千石爲則且請定以限制於輪船自漢抵岸有煤出售仍由鎮江海關代徵半稅等因既據該關查係實在情形應即准其照辦相應咨復同治三年九月初五日咨南洋

詳復長江出口土煤毋庸議減稅

江海關詳奉劄開出口土煤除臺灣關現經奏准減稅外其餘南洋各關有無洋船裝運土煤出口此項土煤出口減稅是否與該處民間日用煤斤有礙亟應查明會商核辦鈔單劄關查明具復等因奉此當查南洋除臺灣外其

餘各關有無洋船裝運土煤出口其出口稅如何徵收即經抄錄原劄函詢稅務司查復去後茲據新關稅務司吉羅福復稱洋船由南洋各口運出土煤除臺灣之淡水雞籠兩口外只有長江各口時有土煤運出一係江照輪船所運爲本船自用每担照則完出口稅四分因不在別口起岸故免完復進口半稅一係洋商僱用之華船所運亦每担照則完出口稅四分到上海時照完復進口半稅每担二分此外別無運出土煤之口等因前來伏查長江各口運出土煤既係照則完稅似可無庸議減且出煤不多一經減稅則銷數必廣與民間日用不無有礙奉飭前因理合具文詳祈察核辦理同治十三年九月二十四日詳南洋大臣

洋商請免漢關土煤出口稅辨駮不准

總理衙門洛准咨據江漢關詳光緒元年四月十七日准英國領事官呵哩吧吐噫照會據英商太古稟稱緣本行長江來往之輪船所有自已應用煤炭免徵關稅等情查既係本船燒用之需即在船用襍物之列該行所稟頗近情理請查照核辦見復等因當經職關以土煤載列稅則並未分別販賣自用之貨凡係免稅者條款內均已逐件註明並無用煤免稅在內引證同治三年前道詳奉總理

衙門核復輪船自用之煤徵收正稅免徵復進口半稅明文照會領事飭商遵辦嗣據領事照復仍以煤爲船用襍物照請免稅又經按照條約逐款剖晰指驗聲明職關辦理有年未便遽爲更張照復領事去後茲准領事來文擬詳請駐滬英按察司詳定船用襍物是否有自用煤炭在內惟以後不應徵稅至已徵之稅及利息銀兩一併償還等情前來復據美領事官楊生以旗昌輪船用煤亦係船用襍物應請免稅照同前情伏查土煤一項爲職關土貨出口大宗其初輪船裝載土煤出口無論販運自用均照長江章程徵收正半兩稅迨至同治三年前英領事官金

執爾照請免稅由前道會商稅務司妥議具詳凡輪船需用之煤船小者准載煤六七百担大者不能過兩千担江漢關只徵出口正稅免徵進口半稅業經詳咨總理衙門核准復飭遵辦在案茲英領事以善後條約有船用䅁物進出口免稅一語卽以船用土煤亦在免稅之例並援山東煙臺福建臺灣兩關免稅爲詞照請免收正稅並索還已徵之稅雖經職道據約辨駁復以條約䅁物係指零星物件而言土煤爲出口大宗不得稱爲䅁物至煙臺臺灣與本關情形不同未便援引比例況臺灣減稅案內曾經聲明南北洋各口不得援以爲例既不能援例減稅更不

能援例免稅迭次照復事關稅餉出入詳請咨達核復飭遵前來查土煤納稅載在稅則自通商以來各國商人均按約辦理從無異議至輪船需用土煤前於同治三年經稅務司按照船之大小議定担數分別徵稅當經本衙門核准咨復在案其煙臺臺灣兩處並未另議專章與長江三關情形不同未便援引查閱該監督所給領事數次照復業經分辯明晰乃英領事仍復堅執如前且以詳駐滬英臬司評定爲詞查中國稅務非英臬司所能管理此案仍應由該監督堅守約章照常徵稅毋得任令更改致滋流弊相應咨行轉飭查照光緒元年七月咨湖廣

以上長江貨稅

俄商未領聯單運赴張家口內地牛皮等貨照內地土貨例逢關納稅（併見本類陸路改運內地稅釐）

總理衙門咨茲准函稱前因俄國領事來文內有俄商由張家口運貨赴南省販賣均經照章完過正半各稅現有未經銷售之牛皮由漢口水路運至天津仍運回張家口請發給執照以便前往等因當查新章俄商由津運貨赴張家口應用三聯執照該商所運牛皮雖係出口時完過稅餉與由天津起運土貨赴恰克圖不同惟既由陸路通商章程路途運送自應一律發給三聯執照以期沿途有

所稽考因於三聯照尾上註明該俄商運貨如在張家口全數銷售所有照尾及俄國原發執照卽由張家口監督一併截留彙送總署備案以淸眉目而免兩歧業經辦理在案昨又據俄領事來文俄商又有牛皮六包於上年到津完過稅銀至今亦未售出仍欲運回張家口請領執照不願請領三聯執照當告以前次所辦係於照尾後註明今可仍照前次辦法如該商販貨運入內地不按通商陸路章程仍可請領入內地執照今該商運送牛皮由陸路前赴張家口總應遵照總署新章一概請領三聯執照以期一律辦理而俄領事再三面請總以該貨係因未經銷

售運回張家口似可無須發給三聯執照請示遵辦等因前來本衙門查俄國陸路通商章程第九款俄商在議定南北各口販買土貨及由俄國販洋貨由水路出口進口仍照各國總例辦理又第四款俄商路經張家口酌留十分之二於口銷售該口不得設立行棧又十一年本衙門與各國大臣議定海口章程洋商運土貨復進口交復進口半稅如再轉運別口應發給半稅存票至別口時仍交復進口半稅又議定洋商在內地買土貨出口章程應先向各海關請領報單然後准其前往等語此項牛皮如果係由俄國運來按照陸路章程亦只准在經過之張家口

留銷十分之二是該貨於前經張家口時業已留過二成此次不得運回張家口銷售若係張家口土產俄領事欲引照各國買土貨出口總例則應查明從前未置貨之先曾否預向海關請領報單如未經領報單則是有違定章例應罰辦如已經領過報單並完過出口正半各稅其運至上海漢口應領有交過復進口半稅存票實據運回天津仍應納復進口半稅始准在津售賣從無該處所買貨物仍准運回該處之理是此項牛皮無論是俄國所產中國所產不得運回張家口銷售即希轉飭俄領事知照一面詳細查明以上各情節分別辦理同治三年二月十七

日咨三口

三口大臣咨呈查俄商所運牛皮貨物前據俄國領事官照會或完子口半稅或照內地土貨逢關納稅均無不可當經本大臣函商總署旋准函覆准其照土貨逢關納稅辦理等因現據俄商將運赴張家口牛皮八十張報請查驗收稅已按照天津鈔關稅則徵收內地稅餉給予正稅單除行文戶部坐糧廳張家口監督查照如遇俄商運往牛皮到境各照本關內地稅則徵收稅餉切不可照洋稅徵收免其藉口嗣後俄商販運內地牛皮等貨赴張家口銷售未領三聯單者係應逢關納稅均照此次各按本關內地稅則徵

收內地稅餉並咨明崇文門監督查照轉飭東壩委員一體遵照外理合咨呈同治三年四月初六日咨呈總署

朝鮮使臣等行李貨物酌量蠲徵并減輕商民紅蔘稅項併見本類免稅各物

北洋大臣李　奏為奉天與朝鮮原訂邊民交易章程內使臣等行李貨物一條應酌量蠲徵並減輕商民紅蔘稅項以恤藩邦恭摺仰祈

聖鑒事竊本年七月間准朝鮮國王李㷩來咨海禁既開商務伊始中江徵稅雖不得不舉第事係刱行使臣等行李貨包除照斤數蠲免外概用抽徵行之未幾其害已形現紅

蔘值百抽十五已有偏重之患同貨之稅分毫釐亦多吃虧
之歎每一番使行便有多少礙難前准禮部奏咨欽奉光緒
八年十月二十二日
上諭朝鮮國朝賀陳奏等使臣賫咨官自入境以及到京所帶貨
物仍照例免稅欽此欽遵在案竊請據情轉奏嗣後貢使及賫
咨官來回所帶行李貨包並照舊章特准蠲徵等因並據賫
咨官李應浚到津聲稱紅蔘既值百抽十五而稅外又有秤
頭加色及釐金等項商民苦累不堪等語當經督飭津海關
道周馥查得光緒八年議訂中國朝鮮商民水陸貿易章程
首載朝鮮久列藩封典禮所關一切均有定制毋庸更議原

知貢使免稅載在會典及禮部則例遵行已久本與通商無
涉其貿易章程第五條所載設立關卡徵收稅課亦指商民
貿易而言並未將使臣隨帶之貨併入應徵之內嗣據原任
東邊道陳本植會同朝鮮陪臣魚允中續議詳細章程遂有
使臣等准帶行李貨物若於逾額不准免稅之條查其章程
第八條內開使臣不攜帶貨物所帶衣服行李書籍藥物每
員以三百斤爲度差官每員准帶紅蔘二十斤衣服行李零
星貨物一百六十斤從人每名准帶紅蔘十斤衣服行李零
星貨物八十斤均照報部員名實數以爲定限另有包裹確
係屏帳麤重途中食物再行量予免稅此外裝箱成捆查係

貨物仍報明納稅等語至紅蔘稅一項津海關道周馥等
與朝官原議時因泰西各國凡富家所用之物稅則加重
故定爲值百抽十五然章程內曾載明後有增損之處應
隨時由北洋大臣與該國王咨商妥善請
旨定奪施行今查禮部既於光緒八年奏奉
諭旨將使臣賫咨官所帶貨物免稅自應遵辦紅蔘稅既偏重
商民苦累亦應酌減經臣咨會奉天轉飭東邊道查明妥
細擬議並咨總理衙門查核旋准總理衙門奏稱朝鮮恪
修職貢自宜量加體恤應由臣與奉天將軍府尹詳細酌
核奏明辦理等因復經臣咨函商榷准將軍臣慶裕飭查
擬議咨請察核會奏前來臣就奉天來咨現擬減免各節

查照光緒八年禮部原奏欽奉
諭旨並東邊道原訂章程核對釐訂查得從前朝鮮貨物均搭
附貢使隨行別無商販每將商貨混入貢使行李之內中
江稅課未充是以前道陳本植議章較嚴今稅收不但無
絀且較舊額增至十倍有餘可見商販並未混冒該使臣
等長途遠涉貲費維艱自應變通辦理酌量蠲徵用示寬
大應請嗣後朝鮮貢使由陸路至京所帶行李零星貨物
概行免稅毋庸核計斤數其差官從人所帶紅蔘行李零
星貨物均照原訂章程加增一倍每員名原准帶紅蔘二

十斤十斤者改爲四十斤二十斤原准帶行李零星貨物一百六十斤八十斤者改爲三百二十斤一百六十斤另有包裹係屏帳麤重途中食物仍照原訂章程量予免稅此外如有附帶商貨應照則納稅以杜包攬偷漏之弊近來該國間有齎奏咨官由陸路來京津聲請代奏事件其情形與貢使相同並應欽遵

諭旨將其行李貨物與貢使一體免稅其隨行差官從人查照現定斤數辦理仍各以報部員名實數爲限此外別項公務差官往來如有攜帶貨物應照則納稅又貢使及齎奏咨官回國按禮部則例本有外國貢使回國帶去貨物俱

停其稅及朝鮮人出入山海關驗明印文劄付免稅之條是以該國王來咨請照舊章免回貨之稅今議使臣及齎奏咨官等由陸路回國所帶貨物如係在京購買並非在奉省包攬有禮部公文可據者不限數目概予免稅至朝鮮土產稅課半賴紅蔘若因稅重滯銷轉非字小之義自應將紅蔘稅減爲值百抽十據東邊道聲稱九連城應徵釐金輸自內地商人與朝鮮無涉應照舊向內地商人征收惟李應浚所稱加秤頭加平色等項本非章程所有應即永遠革除不准局卡胥役於正稅外絲毫需索伏惟

朝廷撫綏藩服向與各國體例不同況朝鮮貧弱已久近復變亂相尋官民疾苦誠如禮部前奏准其商民交易所以優加體恤非爲推擴利權起見今就原訂稅章量予減免仍明定限制於稅收不致大損庶以維典禮而示懷柔理合會同

盛京將軍臣慶裕奉天府府尹臣裕長恭摺具陳伏乞

聖鑒訓示施行再吉林與朝鮮邊民交易事同一律其紅蔘減稅一條俟奉准後再由臣知照吉林將軍一體查照辦理合併聲明光緒十一年十二月初四日奉

旨著照所請該衙門知道欽此

以上陸路貨稅

通商約章類纂卷六

通商約章類纂卷七目錄　　戶類三

稅務三 船鈔 長江船鈔

條約章程

英約第二十九款

英約第三十款

英約第三十一款

英通商章程第二款 併見本類子口稅免稅各物

英通商章程第五款 併見本類罰例違禁貨物稅

英通商章程第六款 併見本類口岸貿易稽稅杜漏

嗹興哪喊約第六條

嗹興哪喊約第七條

嗹興哪喊約第十條 併見本類稽稅杜漏罰例

美約第十六款

美通商章程第二款 併見本類子口稅免稅各物

美通商章程第五款 併見本類罰例違禁貨物稅

美通商章程第六款 併見本類口岸貿易稽稅杜漏

美續約另附第三款 併見本類貨稅

法約第二十二款

法通商章程第二款 併見本類子口稅免稅各物

法通商章程第五款 併見本類罰例違禁貨物稅

法通商章程第六款 併見本類口岸貿易稽稅杜漏

法續約第十款

更定法國商船完納船鈔章程

布約第二十款

布約第二十三款

布通商章程第二款 併見本類子口稅免稅各物

布通商章程第五款 併見本類罰例違禁貨物稅

布通商章程第六款 併見本類口岸貿易稽稅杜漏

德續約第二款之一

德續約第五款之一

德續約善後章程第四款 併見本類稽稅杜漏罰例

丹約第二十八款

丹約第二十九款

丹約第三十款

丹通商章程第二款 併見本類子口稅免稅各物

丹通商章程第五款 併見本類罰例違禁貨物稅

丹通商章程第六款 併見本類口岸貿易稽稅杜漏

荷蘭約第八款

日斯巴尼亞約第二十款

日斯巴尼亞約第二十五款

日斯巴尼亞約第二十六款
日斯巴尼亞約第二十七款
比約第二十五款
比約第三十二款
比通商章程第二款 併見本類子口稅免稅各物
比通商章程第五款 併見本類貨稅罰例違禁貨物
比通商章程第六款 併見本類口岸貿易稽稅杜漏
義約第二十八款
義約第二十九款
義約第三十款

義通商章程第二款 併見本類子口稅免稅各物
義通商章程第五款 併見本類貨稅罰例違禁貨物
義通商章程第六款 併見本類口岸貿易稽稅杜漏
奧約第二十四款
奧約第二十七款
奧通商章程第二款 併見本類子口稅免稅各物
奧通商章程第五款 併見本類貨稅罰例違禁貨物
奧通商章程第六款 併見本類口岸貿易稽稅杜漏
日本通商章程第十七款
以上船鈔

長江通商統共章程第三條 併見本類長江貨稅長江稽稅杜漏罰例
長江通商統共章程第四條 併見本類長江稽稅杜漏罰例
長江通商統共章程第六條 併見本類長江稽稅杜漏
以上長江船鈔

章程

初議洋商躲避收口船鈔分別征免章程
核定各項船鈔分別征免章程 併見本類中外權度
續定各項船鈔分別征免章程
日國商定噸數章程 併見本類中外權度
核定客船行李免稅貨物拖帶輪船三項章程摘錄第

三條 詳見本類稽稅杜漏
中國朝鮮商民水陸貿易章程第四條 已見本類貨稅併見禮類游歷刑類法禁工類租傭建置本類子口稅內地稅釐
以上船鈔

成案

完納船鈔照外國日月計算
暹羅進口船分別報納稅鈔 已見本類貨稅併見本類稽稅杜漏內地稅釐
更定法國三板等船完鈔通行
俄船照法國新章納鈔
日船照法國新章納鈔

通商約章類纂卷七　戶類三

稅務三　船鈔　長江船鈔

條約章程

英約第二十九款

一英國商船應納鈔課一百五十噸以上每噸納鈔銀四錢一百五十噸正及一百五十噸以下每噸納鈔銀一錢凡船隻出口欲往通商他口並香港地方該船主稟明海關監督發給專照自是日起以四個月爲期如係前赴通商各口俱無庸另納船鈔以免重輸

英約第三十款

一英國貨船進口並未開艙欲行他往者限二日之內出

口卽不征收船鈔倘逾二日之限卽須全數輸納此外船隻出進口時並無應交費項

英約第三十一款

一英商在各口自用艇隻運帶客人行李書信食物及例不納稅之物毋庸完鈔倘帶例應完稅之貨則每四個月一次納鈔每噸一錢

英通商章程第二款 併見本類子口稅免稅各物

一凡有金銀外國各等銀錢麪粟米粉砂穀米麪餅熟肉熟菜牛奶酥牛油蜜餞外國衣服金銀首飾攙銀器香水

𥻘炭柴薪外國蠟燭外國煙絲煙葉外國酒家用雜物船用雜物行李紙張筆墨氈毯鐵刀利器外國自用藥料玻璃器皿以上各物進出口通商各口皆准免稅除金銀外國銀錢行李毋庸議外其餘該船裝載無論淺滿雖無別貨亦應完納船鈔倘運往內地除前三項仍毋庸議外其餘各貨皆每百兩之物完納稅銀二兩五錢

英通商章程第五款（併見本類貨稅罰例違禁貨物）

一向來洋藥銅錢米穀豆石硝磺白鉛等物例皆不准通商現定稍寬其禁聽商遵行納稅貿易洋藥准其進口議定每百斤納稅銀三十兩惟該商止准在口銷賣一經離

口卽屬中國貨物祇准華商運入內地外國商人不得護送卽天津條約第九條所載英民持照前往內地通商並二十八條所載內地關稅之例與洋藥無涉其如何徵稅聽憑中國辦理嗣後遇修改稅則仍不得按照別貨定稅　又銅錢不准運出外國惟通商中國各口准其以此口運至彼口照現定章程遵行該商赴關報明數目若干運往何口或令本商及同商二人聯名具呈保單抑或聽監督飭令另交結實信據方准給照別口監督於執照上註明收到字樣加蓋印信從給照之日起限六個月繳回驗銷若過期不繳銷執照卽按其錢貨原本照數罰繳入官

其進出口均免納稅至船載無論淺滿均納船鈔　又凡米穀等糧不拘內外土產不分何處進口者皆不准運出外國惟英商欲運往中華通商別口則照銅錢一律辦理出口時照依稅則納稅其進口毋庸納稅至船載無論淺滿均遵納船鈔　又豆石豆餅在登州牛莊兩口者英國商船不准裝載出口其餘各口該商照稅則納稅仍可帶運出口及外國俱可　又硝磺白鉛均爲軍前要物應由華官自行采辦進口或由華商特奉准買明文方准進口該關末能查明該商實奉准買定不發單起貨此三項止准英國商人於通商海口銷售不准帶入長江並各內港

亦不准代華商護送除在各海口外卽係華民貨物與英商無涉以上洋藥銅錢米穀豆石豆餅硝磺白鉛等項止准照新章買賣敢違此例所運貨物全罰入官

英通商章程第六款（併見本類口岸貿易稽稅杜漏）

一天津條約英國第三十七條所載英船進口限一日報領事官知照並照第三十條所載英國貨船進口並未開艙欲行他往限二日之內出口卽不征收船鈔以上二條無論先後總以該船進口界限時刻起算以免參差爭論至各口界限並上下貨物之地均由海關妥爲定界既要便商更不得有礙收稅知會領事官曉諭本屬商民遵辦

瑞典哪喴約第六條

一凡瑞典國哪喴國等船隻赴五港口貿易者均由領事等官查驗船牌報明海關按所載噸數輸納船鈔計所載貨物在一百五十噸以上者每噸納鈔銀五錢不及一百五十噸者每噸納鈔銀一錢所有以前丈量及各項規費全行裁革或有船隻進口已在本港海關納完鈔銀因貨未全銷復載往別口轉售者領事等官報明海關於該船出口時將鈔已完納之處在紅牌內註明並行文別口海關查照俟該船進別口時止納貨稅不輸船鈔以免重徵

瑞典哪喴約第七條

一凡瑞典國哪喴國等民人在各港口以本國三板等船附搭客商運帶行李書信及例不納稅之零星食物者其船隻均不須輸納船鈔外若載有貨物即應按不及一百五十噸之數每噸納銀一錢若僱用內地艇隻不在按噸納鈔之例

瑞典哪喴約第十條 併見本類稽稅杜漏罰例

一瑞典國哪喴國等商船進口或船主或貨主或代辦商人限二日之內將船牌貨單等件呈遞本國領事等官存貯該領事即將船名人名及所載噸數貨色詳細開明照會海關方准領取牌照開艙起貨倘有未領牌照之先擅

行起貨者即罰洋銀五百大圓並將擅行卸運之貨一概歸中國入官或有商船進口止起一分貨物者按其所起一分之貨輸納稅餉未起之貨均准其載往別口售賣倘有進口並未開艙即欲他往者限二日內即行出口不得停留亦不徵收稅餉船鈔均俟到別口發售時再行照例輸納倘進口貨船已逾二日之限即須輸納船鈔仍由海關填發紅牌知照別口以免重徵

美約第十六款

一大合衆國船隻進通商各港口時必將船牌等件呈交領事官轉報海關即按牌上所載噸數輸納船鈔每噸以方停四十官尺爲準凡在一百五十噸以上者每噸納銀四錢不及一百五十噸者每噸納銀一錢凡船隻曾在本港納鈔因貨未全銷復載往別口出售或因無回貨須將空船或未滿載之船駛赴別港覓載者領事官報明海關將鈔已完納之處在紅牌上註明並行文別口海關查照俟該船進別口時止納貨稅不輸船鈔以免重徵設立浮桴亮船建造塔表亮樓由通商各海口地方官會同領事官酌量辦理

美通商章程第二款 併見本類子口稅免稅各物

一凡有金銀外國各等銀錢麪粟米粉砂穀米麪餅熟肉

熟菜牛奶酥牛油蜜餞外國衣服金銀首飾攙銀器香水鹻炭柴薪外國蠟燭外國煙絲煙葉外國酒家用雜物船用雜物行李紙張筆墨氈毯鐵刀利器外國自用藥料玻璃器皿以上各物進出口通商各口皆准免稅除金銀外國銀錢行李毋庸議外其餘該船裝載無論淺滿雖無別貨亦應完納船鈔倘運往內地除前三項仍毋庸議外其餘各貨皆每百兩之物完納稅銀貳兩伍錢

美通商章程第五款併見本類貨稅罰例違禁貨物

一向來洋藥銅錢米穀豆石硝磺白鉛等物例皆不准通商現定稍寬其禁聽商遵行納稅貿易洋藥准其進口議

定每百觔納稅銀叁拾兩惟該商止准在口銷賣一經離口卽屬中國貨物祇准華商運入內地外國商人不得護送在天津條約第三十條所載中國凡有利益施及他國者准美國商民一體均沾按此美國商民亦可前往內地通商至內地關稅之例向與洋藥無涉其如何征稅聽憑中國辦理嗣後遇修改稅則仍不得按照別貨定稅　又銅錢不准運出外國惟通商中國各口准其以此口運至彼口按照現定章程遵行該商赴關報明數目若干運往何口或令本商及同商二人聯名具呈保單抑或聽監督飭令另交結實信據方准給照別口監督於執照上註明

收到字樣加蓋印信從給照之日起限六箇月繳回驗銷若過期不繳銷執照卽按其錢貨原本照數罰繳入官其進出口均免納稅至船載無論淺滿均納船鈔　又凡米穀等糧不拘內外土產不分由何處進口者皆不准運出外國惟美國商人欲運往中華通商別口則照銅錢一律辦理出口時照依稅則納稅其進口毋庸納稅至船載毋論淺滿均遵納船鈔　又豆石豆餅在登州牛莊兩口者外國商船不准裝載出口其餘各口該商照稅則納稅仍可帶運出口及外國俱可　又硝磺白鉛均為軍前要物應由華官自行採辦進口或由華商特奉准買明文方准

進口該關未能查明該商實奉准買定不發單起貨此三項止准外國商人於通商海口銷售不准帶入長江並各內港亦不准代華商護送除在各海口外卽係華民貨物與美商無涉以上洋藥銅錢米穀豆石豆餅硝磺白鉛等項止准照新章買賣敢違此例所運貨物全罰入官

美通商章程第六款併見本類口岸貿易稽稅杜漏

一美國船隻進口限壹日報領事官知照並照第十九條所載美國貨船進口並未開艙欲行他往限貳日之內出口卽不征收船鈔以上二條無論先後總以該船進口界限時刻起算以免參差爭論至各口界限並上下貨物之

地均由海關爰為定界既要便商更不得有礙收稅知會領事官曉諭本屬商民遵辦

美續約另附第三款（并見本類貨稅）

中國允美國船隻在中國通商各口無論該船載美國貨物與別國貨物其進口出口及由此口進彼口之稅與其所納之鈔均照中國船隻及各國船隻一律徵納并不額外加徵亦不另徵他項稅鈔美國允中國船隻或由中國通商口及他國各口進美國各海口或出美國各口前往他國各口及同中國通商各口無論載中國貨物與別國貨物均照美國船隻及各別國於美國船隻不額外加稅

鈔之國一律徵納進口之稅與其應納之鈔并不額外加徵亦不另徵他項稅鈔

法約第二十二款

凡船按照第二十款進口出二日之外與未開艙卸貨之先即將船鈔全完按照例式凡船在一百五十噸以上者每噸納鈔銀五錢不及一百五十噸者每噸納鈔銀一錢所有從前進口出口各樣規費一概革除以後不得再生別端凡納鈔時海關給發執照開明船鈔完納倘該船駛往別口即於進口時將執照送驗無庸輸鈔以免重複凡大法國船從外國進中國止須納船鈔一次所有大法國

三板等小船無論有篷無篷附搭過客載運行李書信食物並無應稅之貨者一體免鈔若該小船載運貨物照一百三十噸以下之例每噸輸鈔銀一錢倘大法國商人僱賃中國船艇該船不輸船鈔（按此約內三板船納鈔章程續經申定已列後）

法通商章程第二款（并見本類子口稅免稅各物）

一凡有金銀外國各等銀錢麪粟米粉砂穀米麪餅熟肉熟菜牛奶酥牛油蜜餞外國衣服金銀首飾攙銀器香水鹻炭柴薪外國蠟燭外國煙絲煙葉外國酒家用雜物船用雜物行李紙張筆墨氈毯鐵刀利器外國自用藥料玻璃器皿以上各物進出口通商各口皆准免稅除金銀外

國銀錢行李毋庸議外其餘該船裝載無論淺滿雖無別貨亦應完納船鈔倘運往內地除前三項仍毋庸議外其餘各貨皆每百兩之物完納稅銀貳兩伍錢

法通商章程第五款（并見本類貨稅罰例違禁貨物）

一向來洋藥銅錢米穀豆石硝磺白鉛等物皆不准通商現定稍寬其禁聽商遵行納稅貿易洋藥准其進口議定每百觔納稅銀叁拾兩惟該商止准在口銷賣一經離口即屬中國貨物祇准華商運入內地法國商人不得護送即天津條約第八條所載如法國人有領（中法合）寫蓋印執照欲至內地或到內地生理者斷不准販賣洋藥其洋藥

入內地應如何征稅聽憑中國辦理嗣後遇修改稅則仍不得按照別貨定稅　又銅錢不准運出外國惟通商中國各口准其以此口運至彼口照現定章程遵行該商赴關報明數目若干運往何口或令本商及同商二人聯名具呈保單抑或聽監督飭令另交結實信據方准給照別口監督於執照上註明收到字樣加蓋印信從給照之日起限六箇月繳回驗銷若過期不繳銷執照卽按其錢貨原本照數罰繳入官其進出口均免納稅至船載無論淺滿均納船鈔　又凡米穀等糧不拘內外土產不分何處進口者皆不准運出外國惟法商欲運往中華通商別口

則照銅錢一律辦理出口時照依稅則納稅其進口毋庸納稅至船載無論淺滿均遵納船鈔　又豆石豆餅在登州牛莊兩口者法國船不准裝載出口其餘各口該商照稅則納稅仍可帶運出口及外國俱可　又硝磺白鉛均為軍前要物應由華官自行採辦進口或由華商特奉准買明文方准進口該關未能查明該商實奉准買定不發單起貨此三項止准法國商人於通商海口銷售不准帶入長江並各內港亦不准代華商護送除在各海口外卽係華民貨物與法商無涉以上洋藥銅錢米穀豆石豆餅硝磺白鉛等項止准照新章買賣敢違此例所運貨物全罰入官

法通商章程第六款并見本類口岸貿易稽稅杜漏

一天津條約法國第十七條所載法船進口限壹日報領事官知照並照第二十條所載法國貨船進口尚未領有牌照卸貨限貳日之內可出口往別口去不必征收船鈔以上二條無論先後總以該船進口界限時刻起算以免參差爭論至各口界限並上下貨物之地均由海關妥為定界既要便商更不得有礙收稅知會領事官曉諭本屬商民遵辦

法續約第十款

戊午年所定之和約第二十二款內有錯載之字樣卽係凡船在一百五十噸以上者每噸鈔銀五錢現在議定凡船在一百五十噸以上者每噸鈔銀四錢不及一百五十噸者每噸納銀一錢嗣後大法國船隻進口俱按現在議定之數輸納

更定法國商船完納船鈔章程

凡船按照第二十款進口出口二日之外與未開艙卸貨之先卽將船鈔全完按照例式凡船在一百五十噸以上者每噸納鈔銀四錢不及一百五十噸者每噸納鈔銀一錢凡船隻出口欲往中國議定通商他口並往來安南國內

法國所轄埠頭與附近之日本碼頭該船主稟明海關監督發給專照自是日起以四個月為期如係前赴議定通商各口俱毋庸另納船鈔以免重輸如在四個月之外另納船鈔一次所有大法國三板等小船無論有篷無篷均照一百五十噸以下之例每噸輸鈔銀一錢每四個月納鈔一次其大法國商人僱賃中國船艇亦按四個月納鈔一次以上係更定第二十二款其原舊第二十二款不輸船鈔等字樣作為廢紙同治四年八月　日

布約第二十款

凡布國及德意志通商稅務公會和約各國貨船進口並

未開艙欲行他往者限二日內出口不必輸納鈔餉並無應交費項倘逾二日之限即須全數輸納

布約第二十三款

布國及德意志通商稅務公會和約各國商船應納鈔課各按船牌所載若干噸而納一百五十噸以上每噸納鈔銀四錢一百五十噸正及一百五十噸以下每噸納鈔銀一錢既納鈔後監督官給發執照開明船鈔完納倘該船駛往別口即於進口時將照送驗遂按照第二十一款自領執照之日起以及四個月止無庸再輸船鈔以免重複

布國及德意志通商稅務公會各國屬民在各口用艇隻運帶客人行李書信食物及例不納稅之物毋庸完鈔倘該小船一併載運例應完稅之貨物即按照一百五十噸以下之例每噸納鈔一錢

布通商章程第二款 併見本類子口稅免稅各物

一凡有金銀外國各等銀錢麪粟米粉砂穀米麪餅熟肉熟菜牛奶酥牛油蜜餞外國衣服金銀首飾攙銀器香水鹻炭柴薪外國蠟燭外國煙絲煙葉外國酒家用雜物船用雜物行李紙張筆墨氊毯鐵刀利器外國自用藥料玻璃器皿以上各物進出口通商各口皆准免稅除金銀外國銀錢行李毋庸議外其餘該船裝載無論淺滿雖無別

貨亦應完納船鈔倘運往內地除前三項仍毋庸議外其餘各貨皆每百兩之物完納稅銀貳兩伍錢

布通商章程第五款 併見本類貨稅罰例違禁貨物

一向來洋藥銅錢米穀豆石硝磺白鉛等物例皆不准通商現定稍寬其禁聽商遵行納稅貿易洋藥准其進口議定每百觔納稅銀叁拾兩惟該商只准在口銷賣一經離口即屬中國貨物祇准華商運入內地外國商人不得護送即現定和約章程第八款所載布國暨德意志各國有領蓋印執照前至內地者斷不准販賣洋藥其洋藥入內地如何徵稅聽憑中國辦理嗣後遇修改稅則仍不得按

照別貨定稅　又銅錢不准運出外國惟通商中國各口准布國暨德意志和約各國商民以此口運至彼口照現定章程遵行該商赴關報明數目若干運往何口或令本商及同商二人聯名具呈保單抑或聽監督飭令另交結實信據方准給照別口監督於執照上註明收到字樣加蓋印信從給照之日起限陸箇月繳回驗銷若過期不繳銷執照卽按其錢貨原本照數罰繳入官其進出口均免納稅至船載無論淺滿均納船鈔　又凡米穀等糧不拘內外土產不分何處進口者皆不准運出外國惟布國暨德意志和約各國商民欲運往中華通商別口則照銅錢

一律辦理出口時照依稅則納稅其進口毋庸納稅至船載無論淺滿均遵納船鈔　又豆石豆餅在登州牛莊兩口者布國暨德意志和約各國商船不准裝載出口其餘各口該商照稅則納稅仍可帶運出口及外國俱可　又硝磺白鉛均爲軍前要物應由華官自行採辦進口或由華商特奉准買明文方准進口該關未能查明該商實奉准買定不發單起貨此三項止准布國暨德意志和約各國商人於通商海口銷售不准帶入長江並各內港亦不准代華商護送除在各海口外卽係華民貨物與布國暨德意志和約各國無涉以上洋藥銅錢米穀豆石豆餅硝磺白鉛等項止准照新章買賣敢違此例所運貨物全罰入官

布通商章程第六款（併見本類口岸貿易稽稅杜漏）

一和約章程第十三款所載布國暨德意志和約各國船隻進口限一日報領事官知照第二十款所載布國暨德意志和約各國貨船進口並未開艙欲行他往限二日之內出口卽不徵收船鈔以上二款無論先後總以該船進口界限時刻起算以免參差爭論至各口界限並上下貨物之地均由海關妥爲定界既要便商更不得有礙收稅知會領事官曉諭本屬商民遵辦

德續約第二款之一

一中國允德國船隻已在中國完納船鈔者如往中國通商各口或往各國口岸在四個月限內均不重征再德國夾板在中國口岸停泊十四日以外者則自第十五日起卽於應交正數船鈔減半

德續約第五款之一

一中國允凡德國船隻或在通商各口內口外受損應行修理者准由該口海關查明日期扣算該船應完之鈔項

德續約善後章程第四款（併見本類稽稅杜漏罰例）

一德國船隻或在中國通商各口內口外受損應行修理

者其修理日期扣算在免鈔期內准中國官前往查明辦理如查係飾詞偷漏者卽照該船圖免噸鈔之數加倍議罰

丹約第二十八款

一丹國商船應納鈔課一百五十噸以上每噸納鈔銀四錢一百五十噸正及一百五十噸以下每噸納鈔銀一錢凡船隻出口欲往通商他口並香港地方該船主禀明海關監督發給專照自是日起以四個月爲期如係前赴通商各口俱無庸另納船鈔以免重輸至丹國船隻𠬝兩以拉四嘡爲準約定一拉四嘡爲兩噸以示均平

丹約第二十九款

一丹國貨船進口並未開艙欲行他往者限二十四時之內出口准不征收船鈔倘逾二十四時之限必須全數輸納此外船隻出進口時並無應交費項

丹約第三十款

一丹國商民准聽在各口自用艇隻運帶客人行李書信食物以及例不納稅之物約准毋庸完鈔倘若裝載例應完鈔之貨則定按照四個月一次納鈔每噸一錢

丹通商章程第二款 併見本類子口稅免稅各物

一凡有金銀外國各等銀錢麪粟米粉砂穀米麪餅熟肉熟菜牛奶酥牛油蜜餞外國衣服金銀首飾攙銀器香水鹼炭柴薪外國蠟燭外國煙絲煙葉外國酒家用雜物船用雜物行李紙張筆墨氈毯鐵刀利器外國自用藥料玻璃器皿以上各物進出口通商各口皆准免稅除金銀外國銀錢行李毋庸議外其餘該船裝載無論淺滿雖無別貨亦應完納船鈔儻運往內地除前三項仍毋庸議外其餘各貨皆每百兩之物完納稅銀二兩五錢

丹通商章程第五款 併見本類貨稅罰例違禁貨物

一洋藥准其進口議定每百斤納稅銀三十兩惟丹商止准在口銷賣一經離口卽屬中國貨物祇准華商運入內

地丹國商人不得護送卽條約第九條所載丹民持照前往內地通商並二十七條所載內地關稅之例與洋藥無涉其如何征稅聽憑中國辦理嗣後遇修改稅則仍不得按照別貨定稅　又銅錢不准運出外國惟通商各口准其以此口運至彼口照現定章程遵行該商赴關報明數目若干運往何口或令本商及同商二人聯名具呈保單抑或聽監督飭令另交結實信據方准給照別口監督於執照上註明收到字樣加蓋印信從給照之日起限六箇月繳回驗銷若過期不繳銷執照卽按其錢貨原本照數罰繳入官其進出口均免納稅至船載無論淺滿均納船

鈔　又凡米穀等糧不拘內外土產不分何處進口者皆不准運出外國惟丹商欲運往中華通商別口則照銅錢一律辦理出口時照依稅則納稅其進口毋庸納稅至船載無論淺滿均遵納船鈔　又硝磺白鉛均為軍前要物應由華官自行採辦或由華商特奉准買明文方准起貨該關未能查明該商實奉准買定不發單起貨此三項止准丹國商人於通商海口銷售不准帶入長江並各內港亦不准代華商護送除在各海口外即係華民貨物與丹商無涉以上洋藥銅錢米穀硝磺白鉛等項止准照新章買賣敢違此例所運貨物全罰入官

丹通商章程第六款併見本類口岸貿易稽稅杜漏

一本約第三十六條所載丹船進口限十二時報領事官知照並照第二十九條所載丹國貨船進口並未開艙欲行他往限二十四時之內出口即不征收船鈔以上二條無論先後總以該船進口界限時刻起算以免參差爭論至各口界限並上下貨物之地均由海關妥為定界既要便商更不得有礙收稅知會領事官曉諭本屬商民遵辦

荷蘭約第八款

一和國商船應納噸鈔八十六拉四以上當作英國一百五十噸以上每噸納鈔銀四錢八十六拉四正及八十六拉四以下每噸納鈔銀一錢凡船隻納清船鈔由監督官發給執照開明船鈔完納倘該船欲往他處自領照日起在四個月期內前赴通商各口毋庸另納噸鈔和船初進口並未開艙欲往他處限兩日內出口即免征收噸鈔倘逾二日之限雖不開艙亦須全數輸納此外並無他項雜費若犯風打壞船隻入口修理不在此例免其完納噸鈔如係通商之口起貨販賣仍應完納稅鈔和商在各口自用艇隻帶運客人行李書信以及例不納稅等物毋庸完鈔如駁運例應完稅貨物每四個月納鈔一次每噸納鈔銀一錢

日斯巴尼亞約第二十款

一日斯巴尼亞國商船應納鈔課各按船牌所載若干噸而納凡一百五十噸以上每噸納鈔銀四錢一百五十噸正及一百五十噸以下者每噸納鈔銀一錢既納鈔後監督官發給執照開明船鈔完納所有噸數照依英國噸數計算

日斯巴尼亞約第二十五款

一日斯巴尼亞國船隻出口欲往通商他口並香港及澳門地方該船主應稟明海關監督發給專照自是日起以四個月為期如係前赴通商各口俱毋庸納船鈔以免重

輸

日斯巴尼亞約第二十六款

一日斯巴尼亞國貨船進口並未開艙欲行他往者限二日之內出口即不征收船鈔倘逾二日之限即須全數輸納此外船隻出進口時並無應交費項凡船進口一到之時即應報明以備查核如於二日時刻內漏報照例罰辦

日斯巴尼亞約第二十七款

一日斯巴尼亞國商人在各口自用艇隻運帶客人行李書信食物及例不納稅之物毋庸完鈔倘帶例應完稅之貨則每四箇月一次納鈔每噸一錢

比約第二十五款

凡比國貨船進口並未開艙欲行他往者限二日內出口不必輸納鈔餉並無應交費項倘逾二日之限即須全數輸納

比約第三十二款

比國商船應納鈔課各按船牌所載若干噸而納一百五十噸以上每噸納鈔銀四錢一百五十噸正及一百五十噸以下每噸納鈔銀壹錢旣納鈔後監督官給發執照開明船鈔完納倘該船駛往別口即於進口時將照送驗遂按照第三十一款自領執照之日起以及四個月止無庸再輸船鈔以免重複比國屬民在各口用艇隻運帶客人行李書信食物及例不納稅之物毋庸完鈔倘該小船一併載運例應完稅之貨物即按照一百五十噸以下之例每噸輸鈔銀一錢

比通商章程第二款 併見本類子口稅免稅各物

一凡有金銀外國各等銀錢麪粟米粉砂穀米麪餅熟肉熟菜牛奶酥牛油蜜餞外國衣服金銀首飾攙銀器香水鹻炭柴薪外國蠟燭外國煙絲煙葉外國酒家用雜物船用雜物行李紙張筆墨氈毯鐵刀利器外國自用藥料玻璃器皿以上各物進出口通商各口皆准免稅除金銀外

國銀錢行李毋庸議外其餘該船裝載無論淺滿雖無別貨亦應完納船鈔倘運往內地除前三項仍毋庸議外其餘各貨皆每百兩之物完納稅銀二兩五錢

比通商章程第五款 併見本類貨稅罰例違禁貨物

一洋藥准其進口議定每百斤納稅銀三十兩惟比商止准在口銷賣一經離口即屬中國貨物祗准華商運入內地比國商人不得護送即條約第十條所載比民持照前往內地通商並三十三條所載內地關稅之例與洋藥無涉其如何徵稅聽憑中國辦理嗣後遇修改稅則仍不得按照別貨定稅　又銅錢不准運出外國惟通商各口進

共以此口運至彼口照現定章程遵行該商赴關報明數目若干運往何口或令本商及同商二人聯名具呈保單抑或聽監督飭令另交結實信據方准給照別口監督於執照上註明收到字樣加蓋印信從給照之日起限六箇月繳回驗銷若過期不繳銷執照卽按其錢貨原本照數罰繳入官其進出口均免納稅至船載無論淺滿均納船鈔　又凡米穀等糧不拘內外土產不分何處進口者皆不准運出外國惟比商欲運往中華通商別口則照銅錢一律辦理出口時照依稅則納稅其進口毋庸納稅至船載無論淺滿均遵納船鈔　又硝磺白鉛均爲軍前要物

應由華官自行採辦或由華商特奉准買明文方准起貨該關未能查明該商實奉准買定不發單起貨此三項止准比國商人於通商海口銷售不准帶入長江並各內港亦不准代華商護送除在各海口外卽係華民貨物與比商無涉以上洋藥銅錢米穀硝磺白鉛等項止准照新章買賣敢違此例所運貨物全罰入官

比通商章程第六款（併見本類口岸 貿易偷稅杜漏）

一本約第二十四條所載比船進口限十二時報領事官知照並照第二十五條所載比國貨船進口並未開艙欲行他往限二十四時之內出口卽不征收船鈔以上二條無論先後總以該船進口界限時刻起算以免參差爭論至各口界限並上下貨物之地均由海關妥爲定界既要便商更不得有礙收稅知會領事官曉諭本屬商民遵辦

義約第二十八款

義國商船應納鈔課壹百伍拾噸以上每噸納鈔銀肆錢壹百伍拾噸正及壹百伍拾噸以下每噸納鈔銀壹錢凡船隻出口欲往通商他口並香港該船主稟明海關監督發給專照自是日起以四箇月爲期如係前赴通商各口俱毋庸另納船鈔以免重輸

義約第二十九款

義國貨船進口並未開艙欲行他往者限二十四時之內出口准不徵收船鈔儻逾二十四時之限必須全數輸納此外船隻出進口時並無應交費項

義約第三十款

義國商民准聽在各口自用艇隻運帶客人行李書信食物以及例不納稅之物約准毋庸完鈔儻若裝載例應完鈔之貨則定按照四箇月一次納鈔每噸壹錢

義通商章程第二款（併見本類子口 稅免稅各物）

一凡有金銀外國各等銀錢麪粟米粉砂穀米麪餅熟肉熟菜牛奶酥牛油蜜餞外國衣服金銀首飾攙銀器香水

𪉖炭柴薪外國蠟燭外國煙絲煙葉外國酒家用雜物船用雜物行李紙張筆墨氈毯鐵刀利器外國自用藥料玻璃器皿以上各物進出口通商各口皆准免稅除金銀外國銀錢行李毋庸議外其餘該船裝載無論淺滿雖無別貨亦應完納船鈔儻運往內地除前三項仍毋庸議外其餘各貨皆每百兩之物完納稅銀二兩五錢

義通商章程第五款（併見本類貨稅 罰例違禁貨物）

一洋藥准其進口議定每百斤納稅銀三十兩惟義國只准在口銷賣一經離口即屬中國貨物祇准華商運入內地義國商人不得護送即條約第九條所載義民持照前

往內地通商並二十七條所載內地關稅之例與洋藥無涉其如何徵稅聽憑中國辦理嗣後遇修改稅則仍不得按照別貨定稅　又銅錢不准運出外國惟通商各口准其以此口運至彼口照現定章程遵行該商赴關報明數目若干運往何口或合本商及同商二人聯名具呈保單抑或聽監督飭令另交結實信據方准給照別口監督於執照註明收到字樣加蓋印信從給照之日起限六箇月繳回驗銷若過期不繳銷執照即按其錢貨原本照數罰繳入官其進出口均免納稅至船載無論淺滿均納船鈔　又凡米穀等糧不拘內外土產不分何處進口者皆不准運出外國惟義商欲運往中華通商別口則照銅錢一律辦理出口時照依稅則納稅其進口毋庸納稅至船載無論淺滿均遵納船鈔　又硝磺白鉛均爲軍前要物應由華官自行採辦或由華商特奉准買明文方准起貨該關未能查明該商實奉准買定不發單起貨此三項止准義國商人於通商海口銷售不准帶入長江並各內港亦不准代華商護送除在各海口外即係華民貨物與義商無涉以上洋藥銅錢米穀硝磺白鉛等項只准照新章買賣敢違此例所運貨物全罰入官

義通商章程第六款（併見本類口岸 貿易稽稅杜漏）

一本約第三十六條所載義船進口限十二時報領事官知照並照第二十九條所載義國貨船進口並未開艙欲行他往限二十四時之內出口即不征收船鈔以上二條無論先後總以該船進口界限時刻起算以免參差爭論至各口界限並上下貨物之地均由海關妥爲定界既要便商更不得有礙收稅知會領事官曉諭本屬商民遵辦

奧約第二十四款

奧斯馬加國貨船進口並未開艙欲行他往者限二十四時之內出口即不征收船鈔倘逾二十四時之限即須全數輸納此外船隻出進口時並無應交費項

奥約第二十七款

奥斯馬加國商船應納鈔課各按船牌所載若干噸而納一百五十噸以上每噸納鈔銀四錢一百五十噸正及一百五十噸以下每噸納鈔銀一錢旣納鈔後監督官給發執照開明船鈔完納倘該船駛往別口卽於進口時將照送驗遂按照第二十五款自領執照之日起以及四個月止無庸再輸船鈔以免重複奥斯馬加國屬民在各口用艇隻運帶客人行李書信食物及例不納稅之物毋庸完鈔倘該小船一併載運例應完稅之貨物卽按照一百五十噸以下之例每噸納鈔一錢所有噸數照英國噸數計

算

奥通商章程第二款 併見本類子口稅免稅各物

一凡有金銀外國各等銀錢麪粟米粉砂穀米麪餅熟肉熟菜牛奶酥牛油蜜餞外國衣服金銀首飾攙銀器香水鹻炭柴薪外國蠟燭外國煙絲煙葉外國酒家用雜物船用雜物行李紙張筆墨氊毯鐵刀利器外國自用藥料玻璃器皿以上各物進出口通商各口皆准免稅除金銀外國銀錢行李毋庸議外其餘該船裝載無論淺滿雖無別貨亦應完納船鈔倘運往內地除前三項仍毋庸議外其餘各貨皆每百兩之物完納稅銀貳兩伍錢

奥通商章程第五款 併見本類貨稅罰例違禁貨物

一向來洋藥銅錢米穀硝磺白鉛等物例皆不准通商現定稍寬其禁聽商遵行納稅貿易洋藥准其進口議定每百觔納稅銀叁拾兩惟該商止准在口銷賣一經離口卽屬中國貨物祇准華商運入內地外國商人不得護送卽條約第八條所載奥民持照前往內地通商並二十八條所載內地關稅之例與洋藥無涉其如何征稅聽憑中國辦理嗣後遇修改稅則仍不得按照別貨定稅　又銅錢不准運出外國惟通商中國各口准其以此口運至彼口照現定章程遵行該商赴關報明數目若干運往何口或

令本商及同商二人聯名具呈保單抑或聽監督飭令另交結實信據方准給照別口監督於執照上註明收到字樣加蓋印信從給照之日起限六個月繳回驗銷若過期不繳銷執照卽按其錢貨原本照數罰繳入官其進出口均免納稅至船載無論淺滿均納船鈔　又凡米穀等糧不拘內外土產不分何處進口者皆不准運出外國惟奥商欲運往中華通商別口則照銅錢一律辦理出口時照依稅則納稅其進口無庸納稅至船載無論淺滿均遵納船鈔　又硝磺白鉛均爲軍前要物應由華官自行採辦進口或由華商特奉准買明文方准進口該關未能查明

該商賓奉准買定不發單起貨此三項止准與國商人於通商海口銷售不准帶入長江並各內港亦不准代華商護送除在各海口外即係華民貨物與奥商無涉以上洋藥銅錢米穀硝磺白鉛等項止准照新章買賣敢違此例所運貨物全罰入官

奥通商章程第六款（併見本類口岸貿易稽稅杜漏）

一奥斯馬加國第十六條所載奥船進口限壹日報領事官知照並照第二十四條所載奥國貨船進口並未開艙欲行他往限貳日之內出口即不征收船鈔以上二條無論先後總以該船進口界限時刻起算以免參差爭論至各口界限並上下貨物之地均由海關妥爲定界既要便商更不得有礙收稅知會領事官曉諭本屬商民遵辦

日本通商章程第十七款

日本國商船進中國通商各口應納船鈔凡船在一百五十噸以上者每噸納鈔銀四錢一百五十噸以下者每噸納鈔銀一錢由海關給照以四個月爲期如在四個月限內進出中國通商各口無庸另納船鈔四個月限滿仍應照納倘船進通商各口並未開艙欲行他往者限二日之內出口不收船鈔如逾二日之限即須全數輸納此外均無別項規費至中國商船進日本國通商各口無庸完納船鈔只納規費每進口十五元出口七元

以上船鈔

長江通商統共章程第三條（併見本類長江貨稅 長江稽稅杜漏罰例）

大洋船之例凡有英商之大洋船以及划艇風篷等項船隻抵鎮江時如在鎮江貿易即在鎮江征收稅鈔若由鎮江再行上江前往九江漢口等處者須由船主將船牌呈交鎮江領事官查收並將艙口單呈鎮江關查驗俟由領事官行文來關方由關發給護照一紙名爲鎮江護照內註明該船帶用兵器槍炮刀藥等件若干水手多寡並押載噸數以及國號由關任便將船艙封固派差押送前往上江該船抵九江或上江或下江須由船主將其護照呈關查驗該船在九江漢口起下貨物所有納稅一切事宜均照該口章程辦理俟回鎮江須將護照繳關註銷由關查明稅鈔完清各事均妥方發給紅單准領回船牌開船出海下江時由關任便隨時派差押送至狼山凡有船在鎮江以上若該船無鎮江護照並無中國之牌照者由關查出即將該船入官

長江通商統共章程第四條（併見本類長江稽稅杜漏罰例）

內江輪船之例凡有英商之輪船自上海常做長江買賣者應准將船牌呈交上海領事官留署由領事官轉請江

海關發給輪船江照一紙該江照以六個月爲限期凡有此江照者即可照內江輪船之例起下貨物完納稅餉凡有江照之輪船抵鎮江九江無論上江下江須將江照呈關查驗嗣後有江照之輪船須在鎮江九江漢口輪流完納船鈔輪船上江下江皆由各該關任便隨時派差坐船同往押送凡有江照之輪船若有違背各口章程之事除首次照例罰辦外下次再違即由關自行將該船江照作爲廢紙以後不准該船過鎮江上江無江照之輪船抵鎮江者若過鎮江上江須照第三款大洋船划艇風蓬等項船隻之例辦理

長江通商統共章程第六條〔並見本類長江稽稅杜漏〕

凡有洋商僱用內地船隻運貨者除按照條約納稅外仍令其照辛酉年暫定章程之例呈具保單請領執照該船到關仍照內地船例完納船料如單貨不符照保單內註明之銀數罰辦俟江面肅清即行停止

以上長江船鈔

章程

初議洋商躲避收口船鈔分别征免章程

總理衙門咨同治九年九月十三日布國公使函稱布國條約第二十一款內載布國及德意志各國商船遇有破爛及别緣故急須進口躲避者無論何口均可進去不用完納船鈔等語現在本國與法國交戰本國商船恐在海中被法軍所獲有躲入中國口內者其在該口內躲避並非所願即與條約所載遇有别項緣故急須躲避進口者相同應請不納該商船鈔祈迅爲行知總稅務司轉飭各口海關遇有此項商船躲避進口者即按約不得收納該

商船鈔等因到本衙門劄行總稅務司將此事應如何辦理之處即日具文申覆以憑核辦在案茲據總稅務司申稱查布約第二十款內開商船進口逾二日之限即須全數納鈔等語是凡有布商船隻在口內逾二日之限者應須納鈔惟其中船隻有從外國而來者有回外國而去者又有在沿海通商口岸貿易來往者各有不同其從外國所來之船係進口一次納一次鈔其沿海來往之船係每四箇月按專章納鈔一次查第二十三款內開納鈔後監督發給執照開明船鈔完納倘該船駛往别口即於進口時將照送驗遂按照第二十一款自領執照之日起以及

四個月止毋庸再輸船鈔以免重複等語是照第二十一款自領照之日起核之各該船或進口時納鈔或出口時納鈔事皆一樣並無出入至商船進口躲避一節凡因躲避進口者自非作買賣之船可比布約第三十一款有進口躲避者不用納鈔等語是實因躲避而非為買賣進口者自應照約免其納鈔但其中船隻不同有執別口所發專照而進口者有無專照而進口者有專照者係常在通商口岸貿易之船應照四個月之例辦理無專照者係從外國來或回外國去之船應酌情辦理其有專照進口躲避之船若日後得復出口毋庸躲避可以仍往他處照舊

作買賣者其出口時四個月之限已滿則於其復出口仍作買賣之日似應照四個月之例再征其鈔其無專照進口者是不在通商各口貿易非從外國來即回外國去之船躲避口內不起貨不下貨者於其復出口時自應免其完納船鈔惟此各項船隻既因躲避而進口應即由該口領事官行文知照海關報明一切以便稽查等因前來正在核辦間復接布公使函稱凡德意志商船因躲避進口者即無須納鈔至於有專照常在通商口岸貿易之船因躲避進口者即俟其復出口作買賣時可將其在口內躲避不作買賣時日除去仍按其照內四個月之例接算辦

理等語復經本衙門劄行總稅務司將此事扣除不作買賣時日與現議有無不符之處查明申覆刻又據總稅務司覆稱布國商船由領事官知照海關查明實係因躲避進口者其躲避已過之後或在口內作買賣或復出口駛往他處應扣除該船躲避日期仍按四個月之例接算辦理其扣除不作買賣時日與現議並無不符之處等因除由本衙門函覆布公使轉飭各口領事官曉諭各洋商遵照並劄總稅務司分飭各口稅務司照辦外相應咨行同治九年十月十三日咨三口

又咨查所有洋商船鈔分別征免一案前於十月間曾經

咨達署三口大臣洋商船隻收口躲避應將不作買賣時日除去仍按其四個月之例接算辦理轉飭海關等因各在案查船鈔一項條約載明有沿海遭風或因他故躲避進其免納船鈔等語向未定有分別征免章程辦理恐致兩歧各國條約雖間有不同約內既有一體均沾明文各商船亦應一律征免現有新擬通行各口章程二條已由本衙門通行照會有約各國公使並劄知總稅務司轉飭各口稅務司外相應抄錄章程兩條咨行轉飭各海關一體照辦同治九年閏十月初七日咨沿海各省

計凡有商船收口躲避者其進口時須由領事官行文知

照海關並將其末後出口單送關查閱以資稽查

一凡有商船由領事官知照係躲避收口者該船須遵守該口一切章程由關擇訂停泊處所不致與別項貿易船隻日行事宜有所窒礙並隨時派差看守倘係從外國來者亟應按約免征船鈔放行倘係從通商別口執有四個月專照者則計在口內躲避日期應扣除核算由該關註明專照放行惟該船除應修理准照章起貨暫時存棧外其餘各船若係空船進口仍須空船出口若係裝貨進口仍須原船原貨出口凡有收口後在本口起卸貨物或零裝貨物販運出口者自應照約完納船鈔仍由該關查明有無專照進口按躲避日期核算辦理

核定各項船鈔分別征免章程併見本類中外權度

總理衙門咨前因船鈔分別辦理一事經本衙門擬定章程二條照會各國並咨行查照在案今據總稅務司赫德申稱竊查洋商船隻完納鈔課原應畫一辦理始爲允協惟其間應征應免各事非但各國條約本有不同即善後所添章程亦多零星未能齊楚且有隨時更改因時制宜修補文件以致條款重複章程紛雜擬議不一其勢實難一律遵行茲將條約章程善後條款並往來文件詳加核對復以各口情形各關辦法細爲比較總分諸各條核存備各款作成各關征免洋商船鈔章程十一款彙訂清單即煩核奪轉飭遵行以免紛歧而歸畫一等因前來當經本衙門詳加查核似尚周妥除照會各國公使並劄知總稅務司轉飭遵照外相應抄錄章程十一條咨行轉飭各關一體照辦同治九年十一月十四日咨沿海各省

一洋商船隻應納鈔課一百五十噸以上每噸納鈔銀四錢一百五十噸正及一百五十噸以下每噸納鈔銀一錢惟各國噸數拉司數大小多寡不同而各關以英噸爲準則應照泰西一千八百六十五年在噶拉所立之核算清單辦理茲列於左

奧國噸數乘以八十二除以一百其數爲英噸

法國噸數乘以一百除以一百與英噸同

意國噸數乘以八十九除以一百其數爲英噸

土耳其國噸數乘以一百除以六千一百五十三其數爲英噸

布國拉司乘以一百十五除以一百其數爲英噸

俄國噸數拉司乘以一百零八一百八十九除以一百其數爲英噸

美國噸數乘以一百除以一百與英噸同

比國噸數拉司乘以九十五一百八十一除以一百其數爲英噸

伯爾門拉司乘以一百八十九除以一百其數爲英噸

丹國噸數拉司乘以一百零二一百九十六除以一百其數爲英噸

日國噸數乘以一百除以一百與英噸同

希國噸數乘以七十六除以一百其數爲英噸

昂布耳拉司乘以二百二十五除以一百其數爲英噸

漢諾威噸數拉司乘以九十八二百二十五除以一百其數爲英噸

荷蘭國噸數拉司乘以八十九一百七十五除以一百其數爲英噸

律伯克拉司乘以一百八十九除以一百其數爲英噸

模令布爾額噸數拉司乘以一百零九二百四十四除以一百其數爲英噸

挪爾爲國噸數拉司乘以九十八二百零八除以一百其數爲英噸

阿爾敦布爾額拉司乘以一百五十除以一百其數爲英噸

合一國噸數乘以一百除以一百與英噸同若係噶拉基羅乘以一百除以四百八十二若辦拉基羅乘以一百除以三百零一

瑞國噸數拉司乘以一百零二一百九十八除以一百其數爲英噸

一各國商船進口尚未開艙欲行他往者限二日之内赴關報明則出口時不征船鈔倘逾二日之限即須全數輸納若未逾二日之限始領開艙准單即須當時輸納船鈔

一各國商船出口欲往通商他口並香港呂宋安南日本呢廓來業福斯克等處該船主赴關報明由關發給專照自領紅單之日起以四個月爲期如係往以上所指各口者其復進通商口岸時如在限内仍毋庸另行納鈔

一各國商船准赴各關請由該關派人度量其船再照所算之噸數納鈔由關發給量船執照爲憑此等船出口時無論赴何地何處均須自領紅單之日起以四個月爲期復在通商口岸往來毋庸另納船鈔凡遇進口時應將量船執照呈關查驗以便各關征鈔之事得以畫一辦理試辦再議

一凡通商口岸洋商自用艇隻運帶客人行李書信食物

及例不納税之物勿庸完鈔倘帶例應完税之貨其船在一百五十噸以上下者則每四箇月納鈔一次每噸銀四一錢

惟由他國所來之船進口時雖係搭客未裝貨物仍應納鈔其執有四箇月專照者倘係向常運貨來往若過專照應銷之日雖係祇搭客進口仍應照四箇月例納鈔辦理

一凡有公司輪船其由某國立定合同設傳文信按期定數由外國來往外國去者各關所給之四個月專照即可勿用指定某船收執緣此項船隻有時抵充往來既係公司按期出口之船即按其已納一次之鈔免四個月之鈔計算凡有該公司另項輪船進口並非抵額設等船之用

者不在此例仍應按某船進口某船完鈔辦理試辦再議

一凡有商船收口躲避者其進口時須由領事官行文知照海關並將其末後出口單送關查閱以資稽查該船須遵守該口一切章程由關擇定停泊處所不致與另項貿易船隻日行事宜有所窒礙並隨時派差看守倘係外國來者則應按約免征船鈔放行倘係來自通商別口執有四個月專照者則計在口內躲避日期應扣除核算由該關註明專照放行惟該船除應修理方准照章起貨暫時存棧外其餘各船若係空船進口仍須空船出口若係裝貨進口仍須原船原貨出口凡有收口後在本口起卸貨物或零裝貨物販運出口者自應照約完納船鈔仍由該關查明有無專照進口按躲避日期該算辦理

一凡有往他口之輪船因煤炭燒完進此口買煤炭而復行者該船實非搭客進口在口內並無起貨下貨等事自應按躲避收口例免征其鈔放行（自納鈔者其牌內註明煤艙及內輪器具各處之噸數均應免納）

一凡有洋商僱用內地船隻在長江一帶運貨者該船到關仍照內地船隻完納船料若在沿海各口來往者其船在一百五十噸以（上下）者卽應每四個月納鈔一次每噸銀（四一）錢

一通商各口凡有拖帶船隻之輪船均應每逢四個月按其噸數納鈔一次

一凡引水之船自與商船有別准照引水章程免納船鈔來往

續定各項船鈔分別征免章程

總理衙門咨查洋商船隻完納鈔課一事前於同治九年閏十月間據赫總稅司申稱船鈔徵免各事原應畫一辦理始爲允協惟其間應徵應免等項非但各國條約本有不同卽善後所添章程亦多零星未能齊楚且有隨時更改因時制宜修補文件以致條款重複章程紛雜擬議不一其勢實難一律遵行特將條約章程善後條約並往來文件詳加核對復以各口情形各關辦法細較各款作成各關徵免洋商船鈔章程十一條請爲施行等因當經本衙門照會各國並抄錄咨行貴處查照在案玆復據赫總稅司申稱同治九年距今歷有年所旣各處不無增擬之端各國値修約之時其間亦有不同之款鉅細章程諸多紛歧宜歸畫一玆復綜核徵免各事追繼前轍更擬定九條與各國原議之約復修之款並貴衙門敬允駐京大臣數條以及各關現辦之情形一一相符呈請查核施行等因前來經本衙門查核各條殊爲賅備除照會各國大臣

並劄知總稅務司轉飭遵照外相應刊刷章程九條咨行
轉飭各關一體照辦光緒八年十一月日咨北洋南洋
一何船應納鈔也凡兵船以及引水游歷等船不輸船鈔
外所有夾板火輪商船與拖船躉船並艇隻剝船等項除
後列從權免鈔時不計外均須照此章程所註噸數限期
輸鈔
一何時應納鈔也凡商船進口二日限滿均應納鈔若在
限內開艙起貨下貨除銀錢不計外或上下客八至二十
名之多者卽須納鈔
一憑何納鈔也凡商船一百五十噸以上每噸納鈔銀四

錢一百五十噸正及一百五十噸以下每噸納鈔銀一錢
一噸鈔專照之例也凡商船完清鈔後於請領出口紅單
之日由關發給船鈔之專照自是日起以四個月爲限若
該船在限內復進通商口岸將照呈驗則免復征船鈔俟
限滿復行納鈔於此後之第一次請領紅單之日換發新
照自該日起以四個月爲限後皆以此類推
一何故免鈔也兵船以及引水游歷等船外所有應納鈔
之船如出有實在事故並恪遵免鈔專章卽准免納茲將
實在事故三條類列於後　一係商民自用船隻若運帶
客人行李書信食物以及例不納稅之物約准毋庸完鈔

一係商船進口若祇有起下銀錢行李及上下客人不
滿二十名之事如在二日限內復出口者約准毋庸完鈔
一係商船進口由領事官知會海關或因收口躲避或
因受損進口修理或因煤不敷用進口添增該船按照關
指處所停泊遵守關章並無上下貨物客人之事空船進
口仍係空船出口或裝貨進口仍係原船原貨出口倘因
修理須暫行起貨存棧者准赴關請領專單俟修理完竣
仍將所起之貨裝載原船出口者此等船隻均行一律照
免納鈔　又此等船隻執有船鈔專照者其辦法七條亦
列於後　一船隻收口躲避准將在口日期多少於專照

內註明照數展限　一船隻進口修理並未上下貨客或
係本因修理進口俟完竣後復有上下貨客等事或係本
爲交易進口嗣後有修理之事均應核計在口修理實至
多少日在專照內註明照數展限　一船隻如以收口躲
避及進口修理餙詞偷漏者卽照該船圖免鈔之數加倍
議罰　一凡船非因躲避修理等事進口在二日限內復
出口而並無上下貨客事者所有之船鈔專照若在口時
限滿無庸在此口復征船鈔俟抵他口完鈔後於請領紅
單之日再發新照辦理　一凡船進口非因躲避修理等
事在二日限內復出口者所有之船鈔專照如未至限滿

自無免納展限之事　一凡船進口並無船鈔專照雖不起下貨物而但搭客人至二十名之多均須納鈔　一凡船進口出口各艙口單內須將所載之金銀所搭之客人數目情形註明如銀若干箱計值關平銀若干兩金若干箱計值關平銀若干兩洋錢若干箱計值關平銀若干兩以及客人上等艙若干名下等艙若干名艙面若干名一一明晰登註

一夾板船展限之例也凡夾板船在口內停泊出十四日以外者則自第十五日起共核若干日按一半扣算將其船鈔專照展限其請領紅單之日不計

一公司輪船試辦專章也凡有各國撥動公款約僱公司輪船按洋歷月內之七日分期逢訂日寄送公私文信從外國赴中國自中國回外國者其船完鈔後所領之專照可毋庸作爲某船完鈔之據係准作爲嗣後四個月限內逢訂日按次接替寄信船出口免鈔之件如此辦理月內第一期之專照應作爲後此二三四個月內第一期按次出口輪船免鈔之據是月內祗有一隻船按訂期出口四個月內該公司祗應納鈔一次月內有兩隻船按訂期出口應納鈔兩次有四隻船出口應納鈔四次類推辦理凡有該公司另項輪船進口並非抵額設等船之用者不在此例仍應按某船進口某船完鈔辦理此條係專爲上海一口所立並屬試辦再議之章

一洋商僱華船鈔例也凡有洋商僱用內地船隻在長江一帶運貨者該船在口仍照內地船隻應納船料若在沿海通商各口來往者其船即應按照洋船納鈔之例一律赴關輸納

一量船辦法也凡有船隻欲度量其噸數者均准赴關請派人度量按照海關向辦之法度量其噸之總數係照英國管理商船章程第一條量算於所得總數內欲求除淨下存應納鈔課之實數係照通商海關比擇該章內之專

條並美國所訂應扣除與船身相連上艙以上所設房屋之專章辦理其量船時已經該關派人外若仍須另覓人會同度量者其會同量船之費應由該船商按照通行之例自備

日國商定噸數章程 併見本類中外權度

總理衙門咨同治十一年九月初二日據總稅務司申稱日國商船噸數既有與英國不同之說應議定善法轉飭照行等語當經本衙門劄飭總稅務司會同日國大臣妥議辦理本年四月十八日准日國丁署大臣函送章程六條又經本衙門劄行總稅務司詳核辦理茲據總稅務司

申稱本年三月暀丁署大臣將噸數商訂署大臣擬章程五條與總稅務司原意相同現在函送章程六條即係所商五條之意應請轉飭照辦章程內尙有應剖之處另條漢文以爲註釋仍依原件爲定等因前來相應抄錄日國丁使函送章程六條並總稅務司復註章程五條一併咨行轉飭各海關一體查照辦理同治十二年五月咨各省

照錄日使函送章程六條並總稅務司復註章程五條

第一款云凡日國船進中國海口時理船廳丈量噸數按照英國丈量爲準照數完鈔以符約制

第二款云凡量船之事新關不得與承辦之人和船主另

取稅課使費

第三款云凡一船之中客艙卧艙照量噸數均納船鈔惟貯煤之艙與火輪之處不得納稅

第四款云理船廳量船之後發給憑單與船主收執或在本口通商抑或赴中國沿海一帶通商各口所到之處驗看憑單以免再行丈量兩相有益

第五款云丈量之後或給執照如若本承辦之人查丈量之數目內有舛錯不符之處准其該船派委理事一人自備薪費會同理船廳之人商辦

第六款云以上各六條章程即行通商各口照章辦理至一千八百七十四年十二月三十一日爲止俟到彼時再行商辦

第一款云凡日斯國商船進中國通商口岸應由理船廳按英國量法量其船以便照所得之噸數完納船鈔量船時勿庸由船商出量船費

第二款云凡量船後即由該關發給噸數執照該船執領日後前往通商各口均憑此執照辦理勿庸復行量船

第三款云凡船艙內大廳小房等處均應量計噸數照納船鈔惟其機器艙以及裝自用煤炭之艙應按通行之例准行免鈔

第四款云凡量船之時若船商不以理船廳所量之數爲然准船商另延請量之人會同理船廳量船共訂其數惟其另延人量船之經費須船商自出

第五款云凡以上各章應由通商各口即行開辦至泰西一千八百七十四年底爲止其或更章或另有善法統俟彼時再議

又咨同治十三年十月十七日准稅司申稱奉鈞劄內開准丁署大臣照稱去年五月議定船鈔一事五款之內各條均係公道現在本國各船主願由此接連辦理等因相應抄錄照會劄行總稅務司查核申覆等因查去年議定

五條係應由理船廳量其商船勿庸令出經費若船商願另延人會同量船其經費須其自出量後由關發給執照各口均憑辦理將機器及自用煤炭之艙應按通行例免鈔各等語總稅司細譯此章本無不合茲署大臣丁既以此章爲公道願接連辦理自無不可之處備文申覆前來轉飭各口一體查照辦理同治十三年十月咨北洋南洋

核定客船行李免稅貨物拖帶輪船三項章程摘錄第三條詳見本類稽稅杜漏

一通商各口凡有拖帶船隻之輪船應將船牌存領事官署內由領事行文報明係拖帶之輪船並無裝貨來往等事由該關將船名登簿該船平常拖帶進出毋庸赴關稟明亦毋庸請領出口紅單倘欲赴通商別口仍須照條約定章赴關請領紅單赴領事官署取回船牌若有此等拖帶輪船私赴別口未在原口領有紅單應將該船罰銀五百兩該船每四個月完納船鈔一次如有私帶貨物或偷漏稅餉一經查出除將貨物入官外應由關於拖帶簿內將其船名除刪嗣後須照條約明定洋船之例時行報關請領紅單辦理

中國朝鮮商民水陸貿易章程第四條已見本類貨稅併見禮類游歷刑類法禁工類租傭建置本類子口稅內地稅釐

以上船鈔

成案

完納船鈔照外國日月計算

總理衙門咨五月初二日准英國照會內稱通商各口交納鈔課一節每年納鈔三次之意原因泰西月建並無加閏年年不同之異各國商人既易明曉所有原定條約以及通商章程內載月分之議無不按照外國月建爲准納鈔一節亦歸此例希即遵行各關飭令一律遵辦等因前來本衙門查英國商船交納鈔課按四箇月納鈔一次應否按照外國日月計算條約內並未載有明文唯通商各關扣繳二成條約內載明以英月三箇月爲一結是扣款

一項既照外國月建核算則交納鈔課一節自可准其亦照外國月建核算除照覆英國外相應咨行同治二年五月咨沿海各省

暹羅進口船分別報納稅鈔已見本類貨稅併見本類稽稅杜漏內地稅釐

更定法國三板等船完鈔通行

總理衙門咨前准法國照會內稱此後可將和約之第二十二款所載法國三板等小船免鈔一節姑置勿論即按照上年十一月初十日照覆所定章程辦理本衙門查與上年十一月初十日所給法國照覆之意相符當即照覆允行在案凡法國在中國各埠頭常川來往每届四箇月納鈔一次爲填補法國所讓免鈔一節再無論何船凡掛法國旗號往來安南埠頭及日本等處中國各海關查驗時均照往香港一律辦理其船在一百五十噸以上每噸完鈔銀四錢一百五十噸以下每噸完鈔銀一錢無論有蓬無蓬均照一百五十噸以下之例每噸鈔銀一錢每四箇月納鈔一次其商人僱賃中國船艇亦按四箇月納鈔一次以上係更定第二十二款其原舊二十二款不輸船鈔等字樣作爲廢紙准即按照上年十一月初十日照覆所定章程辦理應由本衙門行知通商大臣轉飭各海口一律照辦至所稱法商所僱等船入江貿易其一切事宜

亦概照長江通商章程第六款辦理亦與本衙門上年十一月初十日照覆之意相符均即行知轉飭一律照辦同治四年九月咨各省按此條所更訂章程已列入條約之後此件係更定時行文

俄船照法國新章納鈔

總理衙門咨同治四年九月二十九日准俄國照會內稱現准法國酌改船鈔章程欲將俄國船隻前往中國海口亦按法國之律辦理等因當經本衙門詳加酌核所有呢廓來業福斯克海口至圖們江海口商船由該處至中國原定通商海口允照每四箇月納鈔一次等因照覆去後兹於十一月初八日據俄國公使以允改納鈔一節即希

任定日期開辦照會前來本衙門當即照會俄國公使定於同治五年正月初一日開辦相應知照同治四年十一月十五日咨沿海各省

日船照法國新章納鈔

總理衙門咨准日國公使瑪斯照會內稱小吕宋海島距潮州厦門均不過九百餘里每四箇月商船往返可行十五次其船盡載米石於中國不無裨益惟照納十五次船鈔較歐羅巴甚爲吃虧亦請照法國新章四箇月納鈔一次查小吕宋海口距潮州厦門相近援照法國安南日本商船入華之例道里不甚相懸未便辦理兩歧因給予照

會日國商船吕宋海口至通商各口均准每四箇月納鈔一次北洋各口於同治七年九月初一日南洋各口於九月二十日先後開辦相應咨行轉飭各口遵照辦理同治七年八月咨沿海各省

買已完鈔船限內免再納鈔并令補納多報噸數

總理衙門咨同治八年五月初九日准閩浙總督來文內開荷蘭國三枝桅夾板船名巴舟班站進口已完鈔銀嗣賣與日國商人嗶喇哦作爲招工船名非拉抳家米粒而所報桅枝噸數不符應否再納船鈔請行令總稅務司查明別口辦過成案申覆辦理等因前來當經本衙門以荷蘭國船前據該國領事報係三枝桅計五百二十四噸何以賣與日國商人該國領事報係二枝半桅計五百四十二噸六角該船於進口時係荷蘭國船隻業據完納船鈔今作爲日國船既改旗號又改船名且噸數兩歧顯有不符應否復納噸數銀兩各口有無辦過似此成案等情劄行總稅務司逐一詳查聲復以資核辦去後茲據覆稱查各國洋船進口於完過船鈔後賣與別國商人其船改旗換名是否應行納鈔之處向來各口均未辦有此等成案惟同治三年間潮海關署稅務司威佩厲曾經申詢此節當經劄復遇有此事祇應在其專照中將某船已完鈔餉

後改換旗名情形註明以便第二口查照放行勿庸再行完鈔等語復思商船按四箇月納鈔一次若本國商人賣與本國商人船不改旗不換名當其議買之時必已問明曾否完過船鈔始定價交易其完鈔餉者自不應令該船復行完鈔即此國商人賣與彼國商人者雖有改旗換名之不同而買賣船隻則事同一律似亦無庸復行納鈔至日國領事官報稱該船係二枝半桅一節查南洋之船其尾桅不掛四方之篷止掛斜篷者常謂爲二枝半桅而此船確係三枝桅荷蘭國原報五百二十四噸而日國報係五百四十二噸六角一節既後報之數多於先報之數即

係後報者並無揑漏情弊似可令其補納十八噸之鈔銀完案再以後凡有此國船賣與彼國若係已完鈔在先者應請毋庸令該船復行納鈔俟四個月期滿照新牌所開之噸數再行照例完納以爲各口通行之章等語相應咨行轉飭各口一體遵辦同治八年六月十三日咨各省

轉售遭風船隻由買主納鈔

總理衙門咨同治十一年八月初六日准咨據東海關稟署本關稅務司赫照會七月初九日據寶興洋行稟有布國暎西士夾板船由牛莊裝豆運往厦門行至海洋猝遇大風船被傷損所載豆担多有著水淹濕現收煙臺口躲

避修理並將濕壞之豆擇出售賣其未濕之豆仍擬裝赴厦門稟請按照躲避修理免納船鈔之條辦理等情前來本稅務司查同治九年間奉到總稅務司行文轉奉總署通飭十一條章程內開商船躲避修理免納船鈔一條載明空船進口仍須空船出口若裝貨進口仍須原船原貨出口倘在躲避之口裝卸貨物自應照章納鈔等語今查該夾板船在海遇風如係修理仍應照躲避之條免納船鈔惟該船在本口售賣水濕壞豆雖所賣之豆勢出必不得已與尋常裝卸貨物不同然係在本口售賣貨物是否應令納鈔本稅務司未便擅專除申請總稅務司裁奪示遵外理合照會卽請按照前情詳悉酌奪並希照復則不惟此次辦理有章將來若遇此等事件亦可照依成案辦理實爲公便等情到關詳請示遵等情查章程內商船躲避修理免納船鈔一條載明空船進口仍須空船出口若裝貨進口仍須原船原貨出口倘在躲避之口裝卸貨物自應照章納鈔等語語意極爲明晰據詳布國夾板船在海洋遭風躲入煙臺修理船隻如僅只修理並未裝卸貨物自應照躲避修理之議免其納鈔今該船因豆被水濕恐將其全船豆貨併致腐爛卽在本口將濕豆卸售雖係情形出於萬不得已而照約辦理旣已卸貨售賣卽不得

謂之原貨且係約載明裝卸貨物并未有添裝字樣卽事衡情自與裝卸貨物照章納稅之條相符應不能免其納鈔況章程內所定躲避修理而復於後申明躲避之口裝卸貨物自應照章納鈔用意極爲周詳蓋船僅遭風不壞則躲避不必修理若躲避修理則船之遭風損壞可知船損壞則裝載貨物必不能不壞貨物旣壞則裝卸勢所必有乃定章不以其裝卸而免其納鈔豈不知船貨損壞情非得已而必令其於卸貨亦應照章納鈔者所以杜漸防微預除弊混俾人確有遵守不致歧異自應照章辦理斷斷不可違逾所有布國船隻躲避修理將水濕之豆卸售

仍應令照章分别妥辦以符定約而免弊混等因前來本
衙門查前定船鈔章程十一條內載凡有商船收口躲避
者除應修理方准照章起貨存棧外其餘空船進口仍須
空船出口若裝貨進口仍須原船原貨出口凡有收口後
在本口起卸貨物或零裝貨物販運出口應照約納鈔等
語該夾板船在煙臺口將水濕豆石售賣卽係卸貨復查
德國條約第十九款內載進口貨物遇有損壞應核損壞
多寡按價減稅倘彼此理論不定則按照十六款所載按
價抽稅之例辦理等語是貨物損壞既未准其免稅豈能
免其納鈔該夾板船所賣豆石若干仍裝出口若干及該

船收稅若干均未將數目敘明除劄總稅務司轉飭查明
並將如何分别辦理之處妥議申復再由本衙門核辦外
相應咨復同治十一年九月咨北洋
山東登萊青道申同治十一年八月二十六日蒙劄開同
治十一年八月十二日接准總理衙門公函以德國夾板
船遭風擇出損壞豆石在煙臺口售賣請免納鈔一事行
令本大臣面與赫總稅務司詢商此次若免納鈔以後如
何防弊之處妥為辦法等因查赫總稅司已於八月十一
日起程赴京除咨明總理衙門俟該稅司到京晋謁時諭
飭妥議見復外合行劄飭等因查此案先於八月初九日

蒙批據詳該船所運豆石並未將已經卸賣若干仍裝出
口若干分晰敘明第該船出口雖無添裝別貨究將已卸
豆石在口售賣似應照章分别妥辦候咨請總理衙門查
核覆到再行飭遵等因當卽函信本關稅務司查復卽據
函稱該夾板船共裝豆子四千六百十一石在洋拋棄六
十二石七十九斤在本口賣去水濕豆子五百零一石四
十六斤下餘未遭水濕之豆四千零四十六石七十五斤
查與牛莊出口稅單相符所有未濕之豆現卸存寶興洋
行已飭令完納進口半稅等情茲又據該稅務司函稱查
布國夾板船名嘜西士前由牛莊裝載豆子擬赴廈門在

海遭風躲避至本口禀請按照躲避修理之條免納船鈔
一案業經照會貴監督裁奪並申請總稅務司核示遵辦
尚未奉到行知茲據寶興洋行禀稱嘜西士船主因傷損
太重不願修理已將此船賣與英國商人執管其未經濕
水之豆四千零四十六石七十五斤另僱布國夾板船名
安納裝赴廈門並請將完進口半稅給發存票等因前來
本稅務司查該行前報未經水濕之豆四千零四十六石
七十五斤已納進口半稅今雖改裝出口仍係原包原貨
應照章發還半稅存票准其出口至該夾板船既已轉賣
英國商人執管改名佐金納更換英國旗號當卽飭令該

船主遵照英國條例完納船鈔茲查佐金納船計裝二百零二噸已據該船主照章完繳鈔銀八十兩零八錢由銀號核收矣等情到關查該夾板船因損傷太重不願修理賣給英國商人業已完納船鈔銀兩所有未遭水濕豆子四千零四十六石七十五斤另行換船裝赴厦門委員查明確係原卸貨物與條約四十五款發給存票之例相符自應即如所請辦理除函復外擬合申請咨明總理衙門查考同治十一年九月申北洋大臣

奥船丈量噸數與英國相同

總理衙門咨同治十一年六月十九日准奥國嘉大臣照

會以接奉本國文稱去歲本國出有政令自同治十年七月十七日起凡量奥斯馬加各樣海船噸數之法皆與英國丈量噸數之法相同嗣後奥國噸之多寡與英國噸之多寡毫無歧異等語請劄知總稅務司轉知各口海關一體遵行等因前來相應據文咨行同治十一年六月咨北南洋

拆賣舊船照値百抽五收稅不納鈔

總理衙門咨同治十三年正月二十六日據粵海關監督呈稱准英國羅領事照會本國人徐士買到舊兵船一隻轉賣於中國人周姓將船送到省河康稅務司令該船照估價抽稅因此徐士來控等因當經照會康稅務司查覆令該商將稅銀繳關存庫咨呈總理衙門及總稅務司批示遵行續查同治八年英船麻吉麻各里恩被風在汕頭收口壞船拆毀木料在該處售賣經總理衙門核定按値百抽五例抽稅一案核與此案拆毀銷售情節相同又經函致羅領事照辦據復已呈本國駐京大臣核奪只有聽候劄知辦理等因抄錄全案呈請核覆查同治八年間准英國阿大臣照會英商船名麻吉麻各里恩被風在汕頭收口貨物另換船載壞船拆毀木料在該處售賣該處監督必欲商人完納船鈔此船並非前往該口貿易希飭退

還船鈔當經本衙門查據咨復據康稅務司查復此船由新加坡前往上海路過因風收口船主查看船身損壞斷難駕駛將貨物全搬別船裝載該船即在本口拆毀售賣共得價銀洋銀三千一百五十元該船並無貿易其時收納船鈔稍有誤會若按拆賣數目抽稅似覺平允旋經本衙門劄據總稅務司申覆此船拆賣按値百抽五例抽稅應完稅銀即在應退船鈔銀內算除以完此案並由本衙門照會英國威大臣並劄知赫總稅務司轉飭領事及該稅務司遵照外相應咨行轉飭遵辦嗣後遇有此等案件務須均照成案核辦以免歧異而重稅課可也同治十三

年三月初五日咨兩廣

進口船隻只卸搭客亦應完鈔

津海關申同治十三年十月初一日蒙劄開同治十三年九月二十九日據東海關申八月二十九日准本關稅務司狄妥瑪函稱本月二十六日有德國夾板船一隻名比當由俄國裝載客商貨物停泊煙臺山後不報進口當據扦子手查該夾板船卸有中國客商二十五名外國客商二名本稅司卽飭該船主完納船鈔詎意該船主并不遵完隨卽知會德國領事官轉飭亦推諉不遵查同治九年間本關奉到總稅務司議定章程內載凡各關船隻到口

雖未卸貨如卸有客商上岸亦應照章完納船鈔等因今該夾板船雖未卸貨物但卸中外客商二十餘名之多有意不報進口不完鈔銀竟至開赴天津殊屬不遵定章除稟請總稅司核奪並移知津海關稅司查辦外理合函請裁酌辦理等因當經函詢德國領事海健查辦去後茲據海領事復稱前准函詢本國比當夾板船進口卸客二十餘名之多何以不報進口不納船鈔等因緣本國船隻進煙臺口向無僅只卸客而不卸貨者從未辦理以致本領事未經查章船卽開赴津口追問及英荷各領事後本領事亦自知錯誤隨卽親赴津口函商駐京領事轉稟總稅務司以十月八號卽中國八月二十八該船進煙之日併由津關完納船鈔訖隨於月之六日同署合將本領事錯誤及親赴津關辦理各緣由用特函復前來擬合申報轉咨總理衙門札行總稅務司知照等情劄飭到道查准東海關道咨會當經函致新關代理稅務司屠邁倫查明將代收東海關應征船鈔銀兩送由職道移解歸款去後茲據函復查此項船鈔本關係飭該船主按照該船出煙之日卽中國八月二十八日止遵納船鈔計銀一百二十四兩四錢茲特送請查收等情前來除將代收船鈔銀兩咨送東海關道查收歸款外理合具文申覆查核同治十

三年十月申北洋大臣

德續約夾板船停泊第十五日減半交鈔先行試辦

大清欽命總理各國事務和碩恭親王等爲照會事查此次修約第二款內稱德國夾板船在中國口岸停泊十四日以外者則自十五日起卽於應交正數船鈔減半等語此節現經兩國大臣訂明先行試辦如有窒礙難行之處可由兩國從新另議特此聲明光緒六年二月二十一日照會

德使

附錄德國照復

爲照復事頃接來文內開此次修約第二款內稱德國夾

板在中國口岸停泊十四日以外者則自第十五日起卽於應交正數船鈔減半等語此節現經兩國大臣訂明先行試辦如有窒礙難行之處可由兩國從新另議等語披閱之餘本大臣均無異議嗣後彼此卽應遵照施行特此備文聲明光緒六年二月二十一日卽德國一千八百八十年三月三十一日

洋商僱用華船分別納鈔

總理衙門咨前據總稅務司申稱英德兩商運貨進口均用華船裝貨一願常關完稅一用新關完稅彼此互異並稱華船有涉於通商者有四項歸新關完稅一係洋商洋船一係洋商僱用華船一係華商來往外國如香港澳門等處華船一係通商各口新添華商火輪夾板等項洋船凡非通商口岸華商不准前往外國凡通商口岸准往外國華船均須請領新關牌照至華船應完船鈔德國商人加羅威治並未照納德國領事以完鈔章程係法國之事與德國無涉等語申請酌復前來本衙門當經咨行轉飭各關監督核議並劄復總稅務司在案茲准將核議各緣由先行咨送本衙門查核等因查通商各口各項船隻內洋商洋船本係照約歸新關完稅新添華商火輪夾板等項洋船現在招商船局已定章程歸新關完稅以上兩項

船隻來往通商各口自應均歸新關完稅其華商往來外國如香港澳門等處華船一項現據南洋大臣咨稱江浙閩粵各海關此項船隻已有地方官給領執照若必令赴新關請領牌照不無窒礙貴大臣咨稱南洋沿海各處華船赴香港安南琉球暹羅新加坡小呂宋等處貿易者領有地方官牌照應准通行出口入口常關納稅總稅務司申呈等語實於華商生計常關稅額俱多窒礙是總稅務司所稱華商往來外國華船應歸新關完稅並由新關請領牌照一節既經查明窒礙難行應毋庸議所有華商前往外國貿易華船無論是否通商口岸之船但有地方官給領牌照卽准前往貿易應完稅項統歸常關完納其洋商僱用華船一項查英約第十四款往來卸貨下貨任從英商僱船剝運不論各項船隻倘有走私漏稅查出照例懲辦又第三十一款英商在各口自用艇隻倘帶例應免稅之貨每四箇月一次納鈔又長江通商統共章程第六條洋商僱用內地船隻按照條約納鈔各等語總稅務司以此項船隻沿海祇有納鈔明文沿江本有納稅明文可引長江之章作證南洋大臣咨稱洋商僱用華船通商各口無論暫僱常僱所用何船均應歸新關完稅以昭畫一貴大臣咨稱洋商僱用華船有請單不請單之分請單者

照新關定章完稅不請單者照華商例逢關納稅遇卡抽
釐查洋商運貨進通商各口完正稅後運入內地完過子
口半稅者領有新關稅單爲憑洋商在通商各口報明入
內地置買運回外國之土貨領有新關報單爲憑回至最
後子口先赴新關完納子口半稅方准過卡其未領有稅
單報單者均照華船沿途逢關納稅遇卡抽釐今洋商僱
用華船運貨納稅除長江通商三口仍照統共章程條款
辦理外洋商如在通商各口僱用華船運洋貨入內地及
入內地置買回國土貨無論僱用何項華船亦無論常僱
暫僱自應以有無稅單報單爲憑分別完納稅釐其領有

稅單報單僱用之華船該船倘有走私漏稅情事一經查
出應令該監督照例懲辦以杜弊端除由本衙門劄行總
稅務司轉飭各關稅務司遵照外相應咨行即飭各關監
督一體遵照至洋商僱用華船運貨英國條約本有四箇
月一次納鈔明文法國更定條約第二十二款本衙門亦
已通行各關遵辦且德國條約第四十款載明日後如將
噸稅無論何國施行改變一經通行德意志通商稅務公
會各國商民等一體遵照毋庸再議條款茲德國領事以
完鈔章程與德國無涉未免强辯應由南洋大臣轉飭粵
海關監督照會該領事照約辦理毋任違背同治十三年

三月咨北洋

以上船鈔

洋商僱用土船常關征料

總理衙門咨光緒六年准咨據九江關稟近來有華商投
託洋行私買單照扯用洋旗將所販木植僱用土船跨帶
兩旁在江漢關報完洋稅一次到九江時查驗放行經過
常關釐卡向不完納鈔釐擬請嗣後洋商僱用內地船隻
應遵長江統共章程第六條照內地例完交船料庶奸商
無可取巧而於常稅大有裨益等情當經批示並飭江漢
關道查復等因本衙門查長江統共章程第六條內載凡

洋商僱用內地船隻運貨者該船到關仍照內地船例完
納船料等語本爲洋商在長江僱用內地船之事章各該
關自應一體遵照光緒三年四月間英人乘坐湖廣鴉稍
划船經過蕪湖常關徵收船料經本衙門與英國傅署大
臣辦明內地船隻應交船料並請其轉行各關領事官曉
諭洋商此項船鈔係征自船戶與商人無干嗣後如僱貨
內地船隻應由船戶輸納船料勿聽船戶取巧之詞干預
其事實爲兩便等因相應抄錄來往兩件咨行查照轉飭
常洋各關知悉以後此項船隻應由常關征收船料洋關
毋庸征收船鈔俾免船戶取巧轉滋口實至華商擅用洋

旗希圖闖漏稅既於　國課有關自應從嚴查禁其英法國條約內均載有照會可憑各領事官自必查拏從嚴究辦俾知警戒各關如果查有中國人擅領外國旗號張掛駕駛者應即照會領事官查拏懲究庶足以杜絶流弊於稅項自不無裨益並希轉行飭遵辦理是為至要光緒六年十月咨湖廣

附錄復英國傅署使

昨准函稱本國駐紮蕪湖領事官詳稱有本國人從江甯僱搭華船一隻路經蕪湖由關令捐船鈔該船戶不服輸納被關扣留該英人只得代墊捐款此次所徵船鈔既與

稅則章程不符又與條約章程不合祈為查核等因前來查此案現准北洋大臣咨據蕪湖關道詳稱三月初十日有湖廣鵶稍划船一隻裝坐從金陵來之英人家屬經閱查驗照例量算征收船料該船戶以為裝坐洋人可圖邀免不肯完納查船料係中國定章無論空船重船裝貨裝人均應完納中外一律並無二致且係征之船戶並不出自坐客該船現已按章抽單開駛等語是蕪湖關所征係屬船料戶部則例載有明文與前次鳳陽關所征船料事同一律中國未經通商以前即已照例征收且征自船主與運貨客商及坐船之人兩無干涉前因鳳陽關征收船料已將詳細情形備具文函復達貴署大臣查照并抄錄鳳陽關船隻梁頭稅則附閱各在案茲准函述英約載明英商在各口自雇艇隻運帶客人書信食物及例不納稅之物毋庸完鈔等因查自用艇隻與僱用船隻不同僱用船隻應照長江通商統共章程第六款所載該船到關仍照內地船例完納船料明文辦理至法約二十二款僱貨中國船艇該船不輸船鈔等因已於同治四年七月間經本衙門與法國伯大臣議定改為法商僱貨中國船艇亦按四箇月納鈔一次其原舊第二十二款不輸船鈔等字樣作為廢紙等因業已通行照會行知各口照辦在案此

次蕪湖關情事既與鳳陽關相同貴署大臣自可洞悉勿庸贅叙應請轉行各國領事官曉諭洋商此項船料向係征自船戶與商人無干嗣後如僱貨內地船隻應由船戶輸納船料勿聽船戶取巧之詞干預其事實為兩便

附錄英國傅署使函

四月初三日接准來函內開蕪湖關征收船料一節現准北洋大臣咨據蕪湖關道詳稱云云至法約二十二款僱貨中國船艇該船不輸船鈔等因已於同治四年七月間議改各等由本署大臣均已閱悉查此次本國壁署領事官詳文內引法約第二十二款原文所載船艇不輸船鈔

等語實與現在情形不符本署大臣一時又未見及尚希見諒惟查近年以來刷印法國條約漢文各部內第二十二款明文仍係原約字樣並未補註同治四年改議事由以致璧署領事官誤行引用尚屬可原至來函所稱蕪湖關所征係屬船料戶部則例載有明文一節查璧署領事官詳文原稱此次所征該船之鈔並非按照稅關則例論年分抽征係過關捐納之款除已飭復璧署領事官詳細查明本案一切緣由具報再行函達理合先行函復

以上長江船鈔

通商約章類纂卷七

丹約第二十七款
丹約第四十四款 併見本類改運
丹約第四十五款 併見本類改運
丹通商章程第二款 併見本類船鈔免稅各物
丹通商章程第七款 併見本類罰例
日斯巴尼亞約第二十四款
日斯巴尼亞約第四十四款 併見本類改運
比約第三十三款
比約第三十四款 併見本類改運
比約第三十五款 併見本類改運

比通商章程第二款 併見本類船鈔免稅各物
比通商章程第七款 併見本類罰例
義約第二十七款
義約第四十四款 併見本類改運
義約第四十五款 併見本類改運
義通商章程第二款 併見本類船鈔免稅各物
義通商章程第七款 併見本類罰例
奧約第二十八款
奧約第三十款 併見本類改運
奧約第三十一款 併見本類改運

奧通商章程第二款 併見本類船鈔免稅各物
奧通商章程第七款 併見本類罰例
以上子口稅
通商各口通共章程第一款 併見本類長江貨稅內地稅釐
通商各口通共章程第二款 併見本類長江貨稅內地稅釐
通商各口通共章程第三款 併見本類長江貨稅內地稅釐
通商各口通共章程第五款 併見本類長江貨稅長江改運
長江通商統共章程第一條 併見本類長江口岸貿易長江貨稅長江稽稅杜漏
罰例
長江通商統共章程第五條 併見本類長江貨稅長江稽稅杜漏長江改運

以上長江子口稅
俄陸路通商章程第十二款
改訂俄陸路通商章程第十四款
改訂俄陸路通商章程第十五款 併見本類陸路貨稅
改訂中俄陸路通商章程第六條 併見本類陸路改運內地稅釐
改訂中俄陸路通商章程第七條 併見本類陸路貨稅
改訂中俄陸路通商章程第十一條 併見本類陸路貨稅
改訂中俄陸路通商章程第十二條 併見本類陸路貨稅
以上陸路子口稅
章程

通商約章類纂卷八

稅務四 子口稅　長江子口稅　陸路子口稅　戶類四

條約章程

改訂俄陸路通商章程第八款 併見本類貨稅

俄商如由天津運俄國貨物由水路赴議定南北各口則應按照各國稅則在津補足原免三分之一稅銀俟抵他口不再納稅如由天津及他口運入內地均應按照各國稅則納一子稅 即正稅之半

改訂中俄陸路通商章程第九條 併見本類貨稅

俄商自俄國由陸路運至天津之貨如由海道運往議定通商各口應按照稅則在天津關補交原免三分之一稅銀俟抵他口不再納稅如由天津及他口運入內地應按照稅則交一子稅 即正稅之半 照各國總例辦理

英舊約第十條 併見本類貨稅

一前第二條內言明開關俾英國商民居住通商之廣州等五處應納進口出口貨稅餉費均宜秉公議定則例由部頒發曉示以便英商按則交納今又議定英國貨物自在某港按則納稅後即准由中國商人徧運天下而路所經過稅關不得加重稅例只可按估價則例若干每兩加稅不過　分

英約第二十八款

一前據江甯定約第十條內載各貨納稅後卽准由中國商人徧運天下而路所經過稅關不得加重稅則只可按估價則例若干每兩加稅不過　分等語在案迄今子口課稅實爲若干未得確數英商每稱貨物或自某內地赴某口或自某口進某內地不等各子口恒設新章任其征稅名爲抽課實於貿易有損現定立約之後或在現通商各口或在日後新開口岸限四個月爲期各領事官備文移各關監督務以路所經處應納稅銀實數明晰照覆彼此出示曉布漢英商民均得通悉惟有英商已在內地買貨欲運赴口下載或在口有洋貨欲進售內地倘願一次納稅免各子口征收紛繁則准照行此一次之課其內地貨則在路上首經之子口輸交洋貨則在海口完納給票爲他子口毫不另征之據所征若干綜算貨價爲率每百兩征銀二兩五錢俟在上海彼此派員商酌重修稅則時亦可將各貨分別種式應納之數議定此僅免各子口零星抽課之法海口關稅仍照例完納兩例並無交礙拔土貨輸課章程後因產貨地方未必皆有關卡勢難一律辦理已於通商章程第七款通商章程卽訂爲第一子口驗貨發照至最後子口先赴海關報完內地稅項章程已列後均照此章辦理並於山西歸化補稅案內經總署重經申明亦列後案

英通商章程第二款併見本類船鈔免稅各物

一凡有金銀外國各等銀錢麪粟米粉砂穀米麪餅熟肉熟菜牛奶酥牛油蜜餞外國衣服金銀首飾攙銀器香水鹻炭柴薪外國蠟燭外國煙絲煙葉外國酒家用雜物船用雜物行李紙張筆墨氈毯鐵刀利器外國自用藥料玻璃器皿以上各物進出口通商各口皆准免稅除金銀外國銀錢行李毋庸議外其餘該船裝載無論淺滿雖無別貨亦應完納船鈔倘運往內地除前三項仍毋庸議外其餘各貨皆每百兩之物完納稅銀二兩五錢

英通商章程第七款併見本類罰例

一天津條約第二十八條所載內地稅餉之議現定出入稅則總以照納一半爲斷惟第二款所載免稅各貨除金銀外國銀錢行李三項毋庸議外其餘海口免稅各物若進內地仍照每值百兩完稅銀二兩五錢此外運入內地各貨該商應將該貨名目若干原裝何船進口應往內地何處各緣由報關查驗確實照納內地稅項該關發給內地稅單該商應向沿途各子口呈單照驗蓋戳放行無論遠近均不重征至運貨出口之例凡英商在內地置貨到第一子口驗貨由送貨之人開單註明貨物若干應在何口卸貨呈交該子口存留發給執照准其前往路上各子

口查驗蓋戳至最後子口先赴出口海關報完內地稅項方許過卡俟下船出口時再完出口之稅若進出有違此例及業經報明指赴何口沿途私賣者各貨均罰入官倘有匿單少報等情將單內同類之貨全數入官所運各貨如無內地納稅實據應由海關飭令完清內地關稅始行發單下貨出口以杜隱漏內地稅則經此次議定既准一次納稅概不重征所有英國第二十八款所載經過處所應納銀實數明晰照復彼此出示曉布華英商民均得通悉一節可毋庸議（按洋商在內地置買土貨如有未經換回運照者津關章程酌准於鈔關入境首卡通融換給以杜一單重用之弊已列後案）

煙臺會議條款第三端之四

一洋貨運入內地請領半稅單照各國條約內原已定明自當遵辦嗣後各關發給單照應由總理衙門核定畫一款式不分華洋商人均可請領並無參差洋商將土貨由內地運往口岸上船條約內亦有定章英商完納子口半稅請領單照即可運往海口若非英商自置土貨該貨若非實在運往海關出口不得援照辦理所有應定章程免致滋生弊端之處威大臣即願會同總理衙門設法商辦至通商善後章程第七款載明洋貨運入內地及內地置買土貨等語係指沿海沿江沿河及陸路各處不通商口岸皆屬內地應由中國自行設法防弊（按洋貨半稅單後經更定畫一式樣華洋商皆可請領式樣已列後案又按洋商入內地買土貨報單式樣亦列後案）

美通商章程第二款（併見本類船鈔免稅各物）

一凡有金銀外國各等銀錢麵粟米粉砂穀米麵餅熟肉熟菜牛奶酥牛油蜜餞外國衣服金銀首飾攙銀器香水鹻炭柴薪外國蠟燭外國煙絲煙葉外國酒家用雜物船用雜物行李紙張筆墨氊毯鐵刀利器外國自用藥料玻璃器皿以上各物進出口通商各口皆准免稅除金銀外國銀錢行李毋庸議外其餘該船裝載無論淺滿雖無別貨亦應完納船鈔倘運往內地除前三項仍毋庸議外其餘各貨皆每百兩之物完納稅銀二兩五錢

美通商章程第七款（併見本類罰例）

一內地稅餉之議現定出入稅則總以照納一半為斷惟第二款所載免稅各貨除金銀外國銀錢行李三項毋庸議外其餘海口免稅各物若進內地仍照每值百兩完稅銀二兩五錢此外運入內地各貨該商應將該貨名目若干原裝何船進口應往內地何處各緣由報關查驗確實照納內地稅項該關發給內地稅單該商應向沿途各子口呈單照驗蓋戳放行無論遠近均不重征至運貨出口之例凡美國商民在內地置貨到第一子口驗貨由送貨

之人開單註明貨物若干應在何口卸貨呈交該子口存留發給執照准其前往路上各子口查驗蓋戳至最後子口先赴出口海關報完內地稅項方許過卡俟下船出口時再完出口之稅若進出有違此例及業經報明指赴何口沿途私賣者各貨均罰入官倘有匿單少報等情將單內同類之貨全數入官所運各貨如無內地納稅實據應由海關飭令完清內地關稅始行發單下貨出口以杜隱漏內地稅則經此次議定既准一次納稅概不重征

法通商章程第二款（併見本類船鈔免稅各物）

一凡有金銀外國各等銀錢麪粟米粉砂穀米麪餅熟肉熟菜牛奶酥牛油蜜餞外國衣服金銀首飾攙銀器香水鹻炭柴薪外國蠟燭外國煙絲煙葉外國酒家用雜物船用雜物行李紙張筆墨氈毯鐵刀利器外國自用藥料玻璃器皿以上各物進出口通商各口皆准免稅除金銀外國銀錢行李毋庸議外其餘該船裝載無論淺滿雖無別貨亦應完納船鈔倘運往內地除前三項仍毋庸議外其餘各貨皆每百兩之物完納稅銀二兩五錢

法通商章程第七款（併見本類罰例）

一天津條約第二十三條所載內地稅餉之議現定出入稅則總以照納一半為斷惟第二款所載免稅各貨除金

銀外國銀錢行李三項毋庸議外其餘海口免稅各物若進內地仍照每值百兩完稅銀二兩五錢此外運入內地各貨該商應將該貨名目若干原裝何船進口應往內地何處各緣由報關查驗確實照內地稅項該關發給內地稅單該商應向沿途各子口呈單照驗蓋戳放行無論遠近均不重征至運貨出口之例凡法商在內地置貨到第一子口驗貨由送貨之人開單註明貨物若干應在何口卸貨呈交該子口存留發給執照准其前往路上各子口查驗蓋戳至最後子口先赴出口海關報完內地稅項方許過卡俟下船出口時再完出口之稅若進出有違此例及業經報明指赴何口沿途私賣者各貨均罰入官倘有匿單少報等情將單內同類之貨全數入官所運各貨如無內地納稅實據應由海關飭令完清內地關稅始行發單下貨出口以杜隱漏內地稅則經此次議定既准一次納稅概不重征均照天津所立和約第九條所載辦理

布約第二十四款

布國及德意志通商稅務公會和約各國貨物在通商無論何口既已按例輸稅倘欲轉販內地者經過各關只照現定通商則例輸稅不得另有加增凡在內地買貨欲運赴口下載或在口有洋貨欲進售內地倘願一次納稅免

各子口徵收紛繁應查照各國通商稅則辦理中國海關書役人等不守例款詐取規費或多收稅餉者照中國例究治

布通商章程第二款（併見本類船鈔免稅各物）

一凡有金銀外國各等銀錢麵粟米粉砂穀米麵餅熟肉熟菜牛奶酥牛油蜜餞外國衣服金銀首飾攙銀器香水鹼炭柴薪外國蠟燭外國煙絲煙葉外國酒家用雜物船用雜物行李紙張筆墨氈毯鐵刀利器外國自用藥料玻璃器皿以上各物進出口通商各口皆准免稅除金銀外國銀錢行李毋庸議外其餘該船裝載無論淺滿雖無別

貨亦應完納船鈔倘運往內地除前三項仍毋庸議外其餘各貨皆每百兩之物完納稅銀二兩五錢

布通商章程第七款（併見本類罰例）

一和約章程第二十四款所載內地稅餉之議現定出入稅則總以照納一半為斷惟第二款所載免稅各貨除金銀外國銀錢行李三項毋庸議外其餘海口免稅各物若進內地仍照每值百兩完稅銀二兩五錢此外運入內地各貨該商應將該貨名目若干原裝何船進口應往內地何處各緣由報關查驗確實照納內地稅項該關發給內地稅單該商應向沿途各子口呈單照驗蓋戳放行無論

遠近均不重徵至運貨出口之例凡布國暨德意志和約各國在內地置貨到第一子口驗貨由送貨之人開單註明貨物若干應在何口卸貨呈交該子口存留發給執照准其前往路上各子口查驗蓋戳至最後子口先赴出口海關報完內地稅項方許過卡俟下船出口時再完出口之稅若進出有違此例及業經報明指赴何口沿途私賣者各貨均罰入官倘有匿單少報等情將單內同類之貨全數入官所運各貨如無內地納稅實據應由海關飭令完清內地關稅始行發單下貨出口以杜隱漏

德續約第七款之二（併見禮類游歷）

一德國允凡德國人等運洋貨入內地及入內地游歷所領單照自發給之日起均以十三箇月為限（均照中國月日計算）

德續約第八款（併見總類訂約禮類交際儀文刑類獄訟控告審斷）

一中外官員審辦交涉案件以及商人運洋貨入內地及洋商入內地買土貨如何科征又中外官員如何往來一切事宜此三節應歸另議今兩國暫先訂明彼此均允妥商

德續約善後章程第七款（併見禮類游歷刑類法禁本類口岸貿易罰例）

一德國人等運洋貨入內地或入內地游歷所領單照均係自發給之日起以十三箇月為限（均照中國月日計算）逾限作為

廢紙仍呈本關繳銷（如游歷道路太遠不能一年為限者發照時即將此節照內由地方官會商領事官批明）倘未繳銷在補繳之前不准再行請領倘或遺失單照無論限內限外即向就近中國官員據實報明由該官員設法查辦以杜假冒如查係捏報運貨者貨物入官游歷者解交附近領事官懲辦

丹約第二十七款

一丹國商民販買土貨運口出洋或將洋貨運入內地銷賣應納內地稅餉或於過卡隨時分數報完或在海關一次全行完納均准聽便輸交一次納完之例准照續定稅則章程第七款所載除有第二款指明每值百兩完稅二

兩五錢外其餘各貨總以出入稅則照納一半為准其該貨應納正稅仍宜於卡稅半稅完納外如數完繳

丹約第四十四款（併見本類改運）

一丹國商民沿海議定通商各口載運土貨納准出口先納正稅復進他口再納半稅後欲復運他口以一年為期准向該關取給半稅存票不復更納正稅嗣到改運之口再行照納半稅

丹約第四十五款（併見本類改運）

一丹國商民洋貨進口納清稅課後欲或運他國抑或通商別口約准稟明領事官轉報監督委員驗明實係原包原貨查與底簿相符並未拆動抽換即當按照該貨經納正稅之數發給存票至於土貨自通商各口運入他口按例納完半稅後該商再欲運往外國以一年為期期內亦准一律發給半稅存票該票無論何商呈驗均准專抵該關進出貨稅不准持赴別關抵課儻於委員查驗之間查有捏報各等情弊全貨俱罰入官至於外國所產糧食丹船裝載進口未經起卸仍欲出洋概無禁阻

丹通商章程第二款（併見本類船鈔免稅各物）

一凡有金銀外國各等銀錢麪粟米粉砂穀米麪餅熟肉熟菜牛奶酥牛油蜜餞外國衣服金銀首飾攙銀器香水

鹻炭柴薪外國蠟燭外國煙絲煙葉外國酒家用雜物船用雜物行李紙張筆墨氈毯鐵刀利器外國自用藥料玻璃器皿以上各物進出口通商各口皆准免稅除金銀外國銀錢行李毋庸議外其餘該船裝載無論淺滿雖無別貨亦應完納船鈔儻運往內地除前三項仍毋庸議外其餘各貨皆每百兩之物完納稅銀二兩五錢

丹通商章程第七款（併見本類罰例）

一丹國商民運入內地各貨該商應將該貨名目若干原裝何船進口應往內地何處各緣由報關查驗確實照納內地稅項該關發給內地稅單該商應向沿途各子口呈

單照驗蓋戳放行無論遠近均不重征至運貨出口之例凡丹商在內地置貨到第一子口驗貨由送貨之人開單註明貨物若干應在何口卸貨呈交該子口存留發給執照准其前往路上各子口查驗蓋戳至最後子口先赴出口海關報完內地稅項方許過卡俟下船出口時再完出口之稅若進出有違此例及業經報明指赴何口沿途私賣者各貨均罰入官倘有匿單少報等情將單內同類之貨全數入官所運各貨如無內地納稅實據應由海關飭令完清內地關稅始行發單下貨出口以杜隱漏

日斯巴尼亞約第二十四款

一日斯巴尼亞國商民販買土貨運口出洋或將洋貨運入內地銷賣應納內地稅餉或於過卡隨時分數報完或在海關一次全行完納均准聽便輸交一次完納之例准照各國續定稅則章程第七款所載除有第二款指明每值百兩完稅二兩五錢外其餘各貨總以出入稅則照納一半為准其該貨應納正稅仍宜於卡稅半稅完納外如數完繳

日斯巴尼亞約第四十四款　併見本類改運

一日斯巴尼亞國商船議定沿海通商各口載運土貨約准出口先納正稅復進他口再納半稅後欲復改運他口以一年為期准向該關取給半稅存票不復更納正稅嗣到改運之口再行照納半稅

比約第三十三款

一比國商民販買土貨運口出洋或將洋貨運入內地銷賣應納內地稅餉或於過卡隨時分數報完或在海關一次全行完納均准聽便輸交一次納完之例准照續定稅則章程第七款所載除有第二款指明每值百兩完稅二兩五錢外其餘各貨總以出入稅則照納一半為准其該貨應納正稅仍宜於卡稅半稅完納外如數完繳

比約第三十四款　併見本類改運

一比國商民沿海議定通商各口載運土貨約准出口先納正稅復進他口再納半稅後欲復運他口以一年為期准向該關取給半稅存票不復更納正稅嗣到改運之口再行照納半稅

比約第三十五款　併見本類改運

一比國商民洋貨進口納清稅課後欲改運他國抑或通商別口約准稟明領事官轉報監督委員驗明實係原包原貨查與底簿相符並未拆動抽換即當按照該貨經納正稅之數發給存票至於土貨自通商各口運入他口按例納完半稅後該商再欲運往外國以一年為期期內亦

出一律發給半稅存票該票無論何商呈驗均准專抵該關進出貨稅不准持赴別關抵課儻於委員查驗之間查有捏報各等情弊全貨俱罰入官其外國所產糧食比船裝載進口未經起卸仍欲出洋概無禁阻

比通商章程第二款（併見本類船鈔免稅各物）

一凡有金銀外國各等銀錢麵粟米粉砂穀米麵餅熟肉熟菜牛奶酥牛油蜜餞外國衣服金銀首飾攙銀器香水鹻炭柴薪外國蠟燭外國煙絲煙葉外國酒家用雜物船用雜物行李紙張筆墨氈毯鐵刀利器外國自用藥料玻璃器皿以上各物進出口通商各口皆准免稅除金銀外

國銀錢行李毋庸議外其餘該船裝載無論淺滿雖無別貨亦應完納船鈔儻運往內地除前三項仍毋庸議外其餘各貨皆每百兩之物完納稅銀二兩五錢

比通商章程第七款（併見本類罰例）

一比國商民運入內地各貨該商應將該貨名目若干原裝何船進口應往內地何處各緣由報關查驗確實照納內地稅項該關發給內地稅單該商應向沿途各子口呈單照驗蓋戳放行無論遠近均不重徵至運貨出口之例凡比商在內地置貨到第一子口驗貨由送貨之人開單註明貨物若干應在何口卸貨呈交該子口存留發給執照准其前往路上各子口查驗蓋戳至最後子口先赴出口海關報完內地稅項方許過卡俟下船出口時再完出口之稅若進出有違此例及業經報明指赴何口沿途私賣者各貨均罰入官儻有匿單少報等情將單內同類之貨全數入官所運各貨如無內地納稅實據應由海關飭令完清內地關稅始行發單下貨出口以杜隱漏

義約第二十七款

一義國商民販買土貨運口出洋或將洋貨運入內地銷賣應納內地稅餉或於過卡隨時分數報完或在海關一次全行完納均准聽便輸交一次納完之例准照續定稅

則章程第七款所載除有第二款指明每值百兩完稅二兩五錢外其餘各貨總以出入稅則照納一半為准其該貨應納正稅仍宜於卡稅半稅完納外如數完繳

義約第四十四款（併見本類改運）

一義國商民沿海議定通商各口載運土貨約准出口先納正稅復進他口再納半稅後欲復運他口以一年為期准向該關取給半稅存票不復更納正稅嗣到改運之日再行照納半稅

義約第四十五款（併見本類改運）

一義國商民洋貨進口納清稅課後欲改運他國抑或通

商別口約准稟明領事官轉報監督委員驗明實係原包原貨查與底簿相符並未拆動抽換即當按照該貨經納正稅之數發給存票至於土貨自通商各口運入他口按例納完半稅後該商再欲運往外國以一年為期期內亦准一律發給半稅存票該票無論何商呈驗均准專抵該關進出貨稅不准持赴別關抵課儻若該商欲將已納稅之貨載往別口售賣海關應給免稅單俟該商進別口再將此單呈送海關查驗後即給卸貨牌照一切規費俱毋庸再納至於外國所產糧食義船裝載進口未經起卸仍欲出洋概無禁阻按查核洋文內發給存票下載有儻查有漏稅情形中國將貨物入官語句遇

事應行照辦又按洋貨改運免單並土貨改運收正稅單均詳列改運案內

義通商章程第二款併見本類船鈔免稅各物

一凡有金銀外國各等銀錢麵粟米粉砂穀米麵餅熟肉熟菜牛奶酥牛油蜜餞外國衣服金銀首飾攙銀器香水鹻炭柴薪外國蠟燭外國煙絲煙葉外國酒家用雜物船用雜物行李紙張筆墨氊毯鐵刀利器外國自用藥料玻璃器皿以上各物進出口通商各口皆准免稅除金銀外國銀錢行李毋庸議外其餘該船裝載無論淺滿雖無別貨亦應完納船鈔儻運往內地除前三項仍毋庸議外其餘各貨皆每百兩之物完納稅銀二兩五錢

義通商章程第七款併見本類罰例

一義國商民運入內地各貨該商應將該貨名目若干原裝何船進口應往內地何處各緣由報關查驗確實照納內地稅項該關發給內地稅單該商應向沿途各子口呈單照驗蓋戳放行無論遠近均不重徵至運貨出口之例凡義商在內地置貨到第一子口驗貨由送貨之人開單註明貨物若干應在何口卸貨呈交該子口存留發給執照准其前往路上各子口查驗蓋戳至最後子口先赴出口海關報完內地稅項方許過卡俟下船出口時再完出口之稅若進出有違此例及業經報明指赴何口沿途私

賣者各貨均罰入官儻有匿單少報等情將單內同類之貨全數入官所運各貨如無內地納稅實據應由海關飭令完清內地關稅始行發單下貨出口以杜隱漏

奧約第二十八款

一奧斯馬加國商民販買土貨運口出洋或將洋貨運入內地銷賣應納內地稅餉或於過卡隨時分數報完或在海關一次全行完納均准聽便輸交一次完納之例准照續定稅則章程第七款所載除有第二款指明每值百兩完稅二兩五錢外其餘各貨總以出入稅則照納一半為準其該貨應納正稅仍宜於卡稅半稅完納外如數完繳

倘日後出入貨正子各稅或增或減並如何交納之處中國與無論何國議有定章一經通行奧斯馬加國亦一體遵照

奧約第三十款（併見本類改運）

一奧斯馬加國商民沿海議定通商各口載運土貨約准出口先納正稅復進他口再納半稅後欲復運他口以一年爲期准向該關取給半稅存票不復更納正稅嗣到改運之口再行照納半稅

奧約第三十一款（併見本類改運）

奧斯馬加國商民洋貨進口納淸稅課後欲改運他國抑或通商別口約准稟明領事官轉報監督委員驗明實係原包原貨查與底簿相符並未拆動抽換卽當按照該貨應納正稅之數發給存票倘查有漏稅情形中國將貨物入官至土貨自通商各口運入他口按例納完半稅後該商再欲運往外國以一年爲期期內亦准一律發給半稅存票該票無論何商呈驗均准專抵該關進出貨稅不准持赴別關抵課倘若該商將已納稅之貨載往別口售賣欲請海關發給免稅單者海關應給免稅單不發存票俟該商進別口時將此單呈送海關查驗後卽給卸貨牌照一切稅課毋庸再納至於外國所產糧食奧斯馬加國船

裝載進口未經起卸仍欲出洋槪無禁阻嗣後中國與無論何國定立給發存票限期一經通行奧斯馬加國亦一體遵照

奧通商章程第二款（併見本類船鈔免稅各物）

一凡有金銀外國各等銀錢麪粟米粉砂穀米麪餅熟肉熟菜牛奶酥牛油蜜餞外國衣服金銀首飾攙銀器香水鹻炭柴薪外國蠟燭外國煙絲煙葉外國酒家用雜物船用雜物行李紙張筆墨氈毯鐵刀利器外國自用藥料玻璃器皿以上各物進出口通商各口皆准免稅除金銀外國銀錢行李毋庸議外其餘該船裝載無論淺滿雖無別貨亦應完納船鈔倘運往內地除前三項仍毋庸議外其餘各貨皆每百兩之物完納稅銀二兩五錢

奧通商章程第七款（併見本類罰例）

一條約第二十八條所載內地稅餉之議現定出入稅則總以照納一半爲斷惟第二款所載免稅各貨除金銀外國銀錢行李三項毋庸議外其餘海口免稅各物若進內地仍照每值百兩完稅銀二兩五錢此外運入內地各貨該商應將該貨名目若干原裝何船進口應往內地何處各緣由報關查驗確實照納內地稅項該關發給內地稅單該商應向沿途各子口呈單照驗蓋戳放行無論遠近

均不重徵至運貨出口之例凡奧商在內地置貨到第一子口驗貨由送貨之人開單註明貨物若干應在何口卸貨呈交該子口存留發給執照准其前往路上各子口查驗蓋戳至最後子口先赴出口海關報完內地稅項方許過卡俟下船出口時再完出口之稅若進出有違此例及業經報明指赴何口沿途私賣者各貨均罰入官倘有匿單少報等情將單內同類之貨全數入官所運各貨如無內地納稅實據應由海關飭令完清內地關稅始行發單下貨出口以杜隱漏

以上子口稅

通商各口通共章程第一款（併見本類長江貨稅內地稅釐）

洋商由上海運洋貨進長江須在上海將進口正稅完納俟到長江各口後一經離口自入內地販運如無長江各關稅單者逢關納稅遇卡抽釐遇有外國商人欲在長江各關請入內地之稅單即令該商於運貨過卡之先照約在該關完一子口稅方准發給稅單不再另徵

通商各口通共章程第二款（併見本類長江貨稅內地稅釐）

洋商由上海運土貨進長江其該貨應在上海交本地出口之正稅並先完長江復進口之半稅俟到長江各口後一經離口販運無論洋商華商均逢關納稅遇卡抽釐

通商各口通共章程第三款（併見本類長江貨稅內地稅釐）

洋商由上海運別口所來之土貨已在別口交過出口稅並在上海交過復進口稅如再出口往長江毋庸再在上海納出口稅並長江復進口之稅俟到長江各口後一經離口販運無論洋商華商均逢關納稅遇卡抽釐（按土貨逾一年之限復運他口仍應照丹比奧各國條約完正半兩稅已列後案又按土貨一經離口運入內地即應逢關納稅遇卡抽釐有豆石離口及中國白糖離口誤發稅單已列後案）

通商各口通共章程第五款（併見本類長江貨稅長江改運）

洋商由長江口岸運土貨回上海若係洋商由內地自販之貨已在江口完納一子稅即有過卡實據可憑如在本江口所買之貨即係已由內地人交過各內地稅則在長江下貨時均不必在長江各口完稅俟到上海進口時交長江出口之正稅並先將一半稅存在銀號如在三個月限內出口運往外國確係原包原貨並無拆動抽換情形即將所存之銀交還如在上海銷賣或逾限未出口即將所存一半稅入帳作為復進口之稅或限內出口有拆動抽換情形除將一半稅入帳外仍另納出口之正稅

長江通商統共章程第一條（併見本類長江口岸貿易長江貨稅長江稽稅杜漏罰例）

凡有英商之船在長江貿易者只准在鎮江九江漢口三處貿易沿途不准私自起下貨物如違此例由該關即將

各該船貨均可入官長江出口土貨在以上三關出口以及無免單之進口洋貨未完半稅之進口土貨到以上三關進口均由各該江關查驗自行徵收稅餉按照條約已開通商各口辦理一切事宜

長江通商統共章程第五條（併見本類長江貨稅長江稽稅杜漏長江改運）

凡有江照之輪船裝載土貨須由該商在裝貨口先將（正半）兩稅一併完清方准裝貨俟該貨抵上海若在三個月限內復出口前往外國應由該商赴江海關請領執照作為該貨已往外國之實據將執照呈交（江漢九江鎮江）關則可將該商所納復進口半稅發給存票以抵日後應完之稅但欲往外國之貨抵上海之時亦應報明凡有此等輪船裝載別船所撥之貨該貨在未撥之先須照起貨之例完納稅餉由關查明各進口稅完清方准撥貨

以上長江子口稅

俄陸路通商章程第十二款

俄商在張家口一處販買土貨應交出口稅銀按照各國稅則交一子稅（即正稅之半）在張家口交納該口發給執照以後不再重徵沿途不得銷賣如違罰辦

改訂俄陸路通商章程第十四款

俄商在張家口一處販買土貨回國應交出口稅銀按照各國稅則交一子稅（即正稅之半）在張家口交納該口發給執照以後不再重徵沿途不得銷賣

改訂俄陸路通商章程第十五款（併見本類陸路貨稅）

俄商在天津或他口販買別國洋貨由陸路回國如別國已交正稅子稅有單可憑不再重徵如別國只交正稅未交子稅該商應按照各國總例在該關補交子稅

改訂中俄陸路通商章程第六條（併見本類陸路改運內地稅釐）

如在張家口酌留之貨已在該口納稅而貨物有未經銷售者准該商運赴通州或天津銷售不再納稅並將在張家口多交之一分補還俄商即於該口所發執照內註明

俄商在張家口酌留之貨已在該口納稅者如欲運入內地應照各國總例再交一子稅（即正稅之半）該口發給運貨執照應於沿途所過各關卡呈驗如無執照者則逢關納稅遇卡抽釐

改訂中俄陸路通商章程第七條（併見本類陸路貨稅）

俄商由俄國運來貨物至肅州即嘉峪關欲運入內地者應照章程第九條天津運貨入內地之例一律辦理（按第九條見本類貨稅及子口稅）

改訂中俄陸路通商章程第十一條（併見本類陸路貨稅）

俄商在通州販買土貨由陸路出口回國應照稅則完納

出口正稅其在張家口販買土貨出口回國應在該口納一子稅（即正稅之半）俄商由內地販買土貨運往通州張家口回國者照各國在內地買土貨總例應再交一子稅由各該關口收稅發給運物執照其在通州買土物回國者應在東壩報明收稅發給執照沿途不得銷售應於執照內載明其由以上各處運貨出口發照驗貨等事應照第三條所載章程辦理

改訂中俄陸路通商章程第十二條（併見本類陸路貨稅）

俄商在天津通州張家口嘉峪關販運別國洋貨由陸路出口回國如該貨已交正稅子稅有單可憑不再重徵如祇交過正稅未交子稅該商應按照稅則在該關補交子稅

以上陸路子口稅

章程

頒行稅單運照報單式

總理衙門咨本衙門前與英國議定長江通商章程及通商各口通共章程業經咨送在案茲據江蘇巡撫咨本署大臣與赫總稅司將洋商入內地買土貨報單商定式樣中間列入英文並將買土貨運照內照善後條約酌添數語其賣洋貨稅單仍照來樣一並飭令江海關刊刻去後茲據該關刷印呈送前來此項單照係因洋商自赴內地買土貨賣洋貨而設所有各直省之內地各關口請由總理衙門通行各省一體遵照等語本衙門查洋商從海口入內地賣洋貨完清半稅海關應給該商稅單持赴經過各關卡查驗免其重徵洋商從海口入內地買土貨一經該商呈報海關應給該商三連報單俟到單內指定地方買齊土貨欲運至海口下船該商即將三連報單在首經第一子口呈交該第一子口收下三連報單即將一單蓋印加封飛速移送該商所報出口海關查照又將一單蓋印按月呈送本衙門備查其餘一單留該子口即照單填發該貨運照給該商前往路上各子口呈驗蓋戳放行俟到出口海關設卡之處則由卡帶同運貨之人赴海關請領已在海關完納半稅單據方准過卡是前項稅單及買

土貨三連報單惟通商各口海關可發至買土貨運照內地各關及近年所設釐卡均可謂之子口應將此照如式刷印發交各關卡備用相應咨送稅單報單運照式樣各一紙即希查照通飭所管各稅關釐卡一體遵辦咸豐十一年十二月咨各省（按此係初設單照之始所有稅單報單運照後有核定通行式樣列後）

煙臺條款內核定華洋各商請領稅單附單式（按式列卷末）

北洋大臣劄據江海關劉道呈光緒六年十月十七日奉南洋大臣劄案准總理衙門來函洋貨稅單應照煙臺條款華洋商人均可請領轉飭各關畫一辦理等因當飭各關遵照並飭該關將光緒三年間總理衙門所送稅單樣

式移送各關刊刻至單上應加戳式已由本衙門復加酌改函請核覆以便飭遵在案茲准復開酌定戳式於除弊之法頗稱周備應通行各關一律辦理等因抄錄戳式劄關遵照辦理到關奉此除將奉頒單式戳記一律刊刻刷印擬自光緒六年十二月初一日起填用一面函致新關稅務司並分別呈報咨行外合將加戳單式呈送察收備查等情據此合行劄飭光緒六年十二月十四日劄津海等關

洋商入內地置買土貨認眞查驗單照暨津關准於入境首卡通融換給運照附報單運照式（按式列卷末）

總理衙門咨查洋商在內地買土貨呈驗報單一事前由本衙門知照飭議具復茲由貴大臣轉飭津滬兩道詳細核議前來查土貨三聯報單按照定章本應在第一子口換給運照滬關則於洋商請單時行文置貨處所地方官俟貨物辦齊即於報單內加印驗放並將三聯報單截出一聯交該商收執以備沿途關卡查驗加戳放行再以一聯申送滬關更以一聯留縣存查並無由關發照請換運照之事與他口辦法有異既因從前髮捻竄擾無從將運照發內地州縣換給肅清後又相沿不改非一時所能更正應由該關察酌情形漸復運照規模以歸一律其津關

所稱買貨回來之子口原不必定在路上總以何處買貨即在何處呈單換照為正辦惟北路各省洋商時時領單前往各州縣均無局卡洋商迄無換回運照之時日久相沿幾為成例將來由津關領單買回之貨祇可由天津鈔關入境首卡換給運照等情仍應由該關於洋商請領報單時行知該處地方官并抄發運照式樣飭令照章換給倘有未換者准其通融於到津首卡換給以杜重用其沿途關卡總以有無單照為憑有單照者雖華人承運亦不收釐無單照者雖洋人自運亦應收釐單貨不符照章查辦實為此事扼要關鍵至由關稽查出口貨數一節應由

發單之關查其運到之貨與將來出口之貨數目是否相符如運到者多出口者少應向請單之洋商追問除由本處劄行總稅務司轉飭各關稅務司一體遵照外仍應由貴大臣轉飭各關道認眞稽查庶有裨益相應咨行光緒四年十一月咨北洋

津海關詳十一月初五日蒙劄准總理衙門咨洋商在內地買土貨請領聯單北路各省洋商時時領單前往各州縣均無局卡洋商迄無換同運照之時日久相沿幾爲成例將來由津關領單買同之貨由天津鈔關入境首卡換給運照仍應由該關於洋商請單時行知該處地方官並

抄發運照式樣飭令照章換給倘有未換者准其通融於到津首卡換給以杜重用其沿途關卡總以有無單照爲憑有單照者雖華人承運亦不收釐無單照者雖洋商自運亦應收釐單貨不符照章查辦行令遵照辦理等因查洋商請領三聯報單赴內地採買土貨按照善後條約應在路上首經子口呈單換照近來洋商請單赴內地買貨者甚爲不少只因內地州縣多無關卡洋商不肯赴地方官衙門呈報以致不能換同運照因而一紙報單屢次持用實與約章不合茲遵即刊刻運照須發各局卡凡洋商在津關請單未經換同運照之貨統由鈔關入境首卡換給以期漸復舊規除諭發各局卡遵辦並飭照章認眞稽查暨照會各國領事轉飭各洋商遵行外理合將運照式樣具文詳送查核轉咨光緒四年十一月　日詳北洋大臣

核定徵收子口稅章程

總理衙門咨三月二十四日准署通商大臣李咨據署總稅務司赫德申呈內開竊查公平行湖絲兩案會於同治元年十月初六日將案內原由申呈其六十三包一案係該商私行過卡希圖漏稅自應照充公之例核辦其四十二包一案係該商運絲一百三十三包到卡當時雖服稽

查然藉口聲說此次所來之絲毋庸完納子稅須聽領事官分斷是否完納等語因而關卡將其土絲扣留四十二包爲質各等情形在案現奉來劄查兩案辦理兩歧等諭竊思此兩案情節原屬不同一係不服盤查私自過卡故意漏稅一係遵照查驗不過辯論應否完納子稅較之前案殊有分別故該關將其不服查過卡之湖絲六十三包充公變價其遵查不肯完子稅之湖絲所以扣留四十二包聽候大憲定斷況當時湖絲六十三包實屬係走私之貨自應拿獲入官惟湖絲四十二包並非過卡漏稅之貨可比該關萬不能將其充公且該商不情願完納子口稅

者據稱此次之絲已在內地完過稅項抽過釐金是以在此處不應重納子稅然本商情願出結聽候大憲定斷等語故該關扣其四十二包為質俟該商出結之後方准領回所留之絲因上各原委足見事有不同即不能一律辦理至來劄所令嗣後應援照何案辦理之處妥為酌議刻日申覆等諭查自通商各口前往內地各路情形不一而本司亦未知各處總卡設在何處四處係何樣地道殊難細定章程只可商議大概章程令各口將其內中之頭緒比照地方情形分別照辦茲議一凡有商人將土產貨物自內地運赴海口到該海口總卡之時若已過卡而載貨

之船隻車輛並帶貨之挑夫雖入海口界內然在彼離卡不遠俟驗其貨主在該卡未經查出拿獲之先自行赴卡請驗則其尚未有意走漏然過卡不聽查驗自行過去亦屬不合議將其貨罰稅餉五倍方准放行如運貨入內地者亦照一律辦理一凡有商人將土產貨物自內地運赴海口到該海口總卡之時若私自過卡而載貨之船隻車輛並帶貨之挑夫已入海口界內未曾報卡經該卡拿獲即將所拿之貨照數充公如運貨入內地者亦照一律辦理一凡有商人運貨抵卡遵驗如不肯完納子稅者應由關卡將該貨全數扣留立刻將情形稟明海關監督以便

查明是否應納如若查明不應納者立即放行倘或監督之見查明應納者而該商仍不肯照納應將其貨依舊扣留俟該國領事官行文詢問該監督即將因何扣留之處詳細照覆若該領事以應納子稅為然當亦無難徵收倘該領事以不應納子稅為詞而監督之意仍應行納稅即應由監督並領事官將此案詳細情事申明總理衙門及駐京公使聽候酌議查辦並應由監督將扣留之貨算清應納之稅數知會領事官由領事官即令該商照數出結聽候大憲定斷將此結單送交監督收存則准該貨放行俟大憲斷後再行照辦以上開列愚見三條是否可照辦

理之處請查核定奪並請酌定後劄復本司以便轉行各口稅務司會同各關監督一體遵照等情前來本署大臣查核所擬三條尚屬妥協所有長江各口如有似此之案自應一體照辦以歸畫一除咨行各關查照辦理並飭江海關赶將四十二包湖絲一案催令補交子稅作速完案詳覆另咨外相應咨呈前來本衙門查該總稅務司所擬章程三條均為徵收子口稅而設其第一條係指未經查驗之貨已過總卡而該貨主於未經被拿之先自行赴卡請驗似該商尚未有意走漏議令罰交稅餉五倍免其將貨物罰充入官其第二條係指未經查驗之貨已過總卡

而該貨主仍不補報一經該卡拿獲即將所拿之貨照數充公其第三條係指該商不肯完納子稅之貨而監督必欲飭令完子稅議令該商出結交監督收存聽候總理衙門與駐京公使核辦所擬均屬妥協應准照辦所有南洋長江各口現已經署通商大臣李咨行各關查照辦理其北洋三口應由貴大臣分飭遵照此三條章程內如尚有未臻周密之處赫總稅務司到津後儘可與該總稅務司當面酌核至上海四十二包湖絲一案究應補交子稅若干以及曾否交清之處應仍由署通商大臣李轉飭江海關照約辦理同治二年三月十八日咨三口

洋商請照入內地摘要章程（併見禮類游歷刑類法禁本類稽稅杜漏罰例內地稅釐）

南洋大臣劄案查浙江海關於法國領事官代商人得來那始以請給護照前往舟山接取貨物復由該口司稅以前往舟山置貨請給三聯報單均經該關道按照條約駁詰未發一案茲由總理衙門飭據赫總稅務司將所引所辦各節詳具說帖咨行查辦前來本大臣披閱赫總稅務司說帖講解明晰惟其中尚有應添案據現經本大臣核照總理衙門與英公使商定各案分別添入酌爲摘要五條以後凡遇洋商入內地請照各關易於照辦合行劄知

同治四年十二月十一日劄飭各關

一游歷執照法約第八款只載游行原無准以接取貨物之句然英約第九款既有游歷通商字樣法商領照亦可一律用游歷通商字樣蓋印發給（無約各國不在此例）惟此項游歷通商執照與入內地買賣三聯運照稅單有別游歷執照係護本身之件三聯運照報單係免中途重征之據凡僅持游歷執照入內地買賣而無運照稅單者應逢關納稅遇卡抽釐若並無單照又無准其前往執照者該商所有貨物全數查罰入官

一買賣貨物請領三聯運照稅單者單內須註明本商允

納內地半稅並書明本商姓名本行字號爲憑如沿途查驗貨物有與單照不符或有在途私賣者均照單照內所註章程分別罰辦其入內地只准僱坐中國船艇或居華商行舖之中不准在彼長住租賃房屋私開行棧凡照章請有單照照完稅餉者此外一切抽釐概與洋商無涉

一法約第七款明禁不得在沿海私買一條須並看善後條約第七款法商准赴內地各處無論遠近買賣並無不准赴沿海字樣且所禁重在私字並禁止洋船前去若請有各項執照又非搭坐外國商船者不在犯禁之例如有私用外國船隻開往沿海貿易者仍行查拏入官

一洋商入内地凡請游歷執照與買賣單照者均應加用該商前往内地須用中國華船不准搭坐洋船致犯入官之例等字紅戳
一内地水陸及沿海口岸紛歧應如何另行設法多加嚴查可杜走私弊端應由各該關監督妥晰查明愼重照辦隨時稟報不得虛應故事以内地條約爲具文致任洋商私行買賣獲利有虧中國稅餉
以上五條係在條約案據中摘要講解各該關監督務當核明妥辦以昭允協
進口糖斤分别中外貨物納稅章程已見本類貨稅併見本類稽稅杜漏
中國朝鮮商民水陸貿易章程第四條已見本類貨稅併見禮類游歷
刑類法禁工類租僱建置本類船鈔内地稅釐
以上子口稅
核定茶末減稅章程已見本類長江貨稅
以上長江子口稅

成案
洋商在内地置買土貨出口照則完稅後發給收稅單
停止免單已見本類貨稅併見本類改運
洋商運土貨復進他口征收復進口半稅併復進口後如運入内地逢關納稅遇卡抽釐已見本類長江貨稅併見本類改運
内地稅釐
議定洋商運洋貨入内地稅單運土貨往海口運照
總理衙門咨照得洋商入内地賣洋貨應有子口稅其子口稅應在海關所設總卡徵收凡洋商運洋貨到卡應令先交子口稅即正稅一半完淸後發給稅單方准過卡過卡後無論運往何處免其重徵又洋商入内地買土貨應有子口稅其買定土貨後應在首經之第一子口開單呈明發給運照付洋商交路上各子口查驗蓋戳放行至最後子口報完子口稅方許過卡下船此係按照條約辦理所有運洋貨入内地之稅單運土貨往海口之運照本衙門與總稅務司酌定式樣二張相應查照轉飭浙江粤閩各口一律遵辦再洋商入内地買土貨係條約内只收一子口稅免其重徵惟出口再交正稅本衙門風聞近日内地商人頗有冒充洋商抗不交稅納釐並於買土貨後沿途銷售任意偷漏稅餉各關口無從稽查殊於内地稅課

有礙是以現與英國卜大臣議定凡洋商入內地買土貨或本商自去或使用本國人或用內地人均聽其便惟必須向關請領買土貨報單單內註明該貨某日到某子口應運至通商某口實屬本商土貨自必完納半稅等詞並於單內註明本商姓名或本行字號為憑此等報單通商各口海關自行備辦俟准領事官咨請發給並無使費現已列入通商章程內應令各口查照辦理本衙門給予赫稅務司劄文令其妥擬三連報單式樣其應如何酌擬之處業已詳細聲明令其妥擬後發給各口一律照辦並聲復本衙門查照此樣報單專為杜絕沿途私賣而設倘經

各關卡查出該貨與單照內數目不符或非單內指定海口即可知其沿途私賣除將貨物照例納稅外仍將該商交關議罰此節最關緊要務敘入報單之內除將稅單運照報單式咨送各關口遵辦外轉行查照咸豐十一年九月二十七日咨南洋（按此案暨後案係初次議設稅單報單運照之始嗣後重經核定式樣已列前章內）

議定洋商入內地買土貨三聯報單

總理衙門咨本衙門前於九月十二日將新定長江通商章程十二款通商各口通共章程五款稅單運照式樣二張英國告示二張備文知照在案茲本衙門於通共章程五款之後另加數行於英國告示之後另添註解數行閱之更易顯明相應再行咨送至稅單運照式樣本係總稅務司所擬如有應行酌改統希再加斟酌通飭所屬各口一體遵照再本衙門前曾行知貴撫稅單運照之外另有洋商入內地買土貨之報單未經議有樣式現在本衙門給予赫德劄文令其妥擬三連報單式樣其應如何酌擬之處業已劄內詳細聲明令其議妥後就近交貴撫核定如果可行即行發給各口一律照辦並聲復本衙門查照此樣報單專為杜絕沿途私賣而設倘經各關卡查出該貨與單照內數目不符或非單內指定之海口即可知其

沿途私賣除將貨物照例納稅外仍將該商交關議罰此節最關緊要務敘入報單之內現擬凡有英商欲運土貨令其於呈報單內註明本商承納內地半稅並書明本商姓名本行字號為憑除長江十二款專為長江而設各海口勿庸照辦其通商各口通共章程五款除長江應收進出口正稅及復進口半稅均在上海完納與別海口不同餘如洋商入內地賣洋貨買土貨復進口入內地銷賣以及土貨復進口報明不日出洋各項存銀納稅領單請照一切辦法南北各海口均照長江一律辦理咸豐十一年十二月二十一日咨南洋（按長江收稅章程於同治元年統共章程內續經改訂已誌貨

稅門條約下

復進口土貨半稅均應於所進海口呈交不准於所出
之口預納（併見本類改運）
總理衙門咨准咨稱二月十七日英商寶順行由上海載
運柏油一百塊上紙六百八十九件下紙八百六件復進
天津口該商呈出江海關收稅單內批按則征收出口正
稅若干外又收復進口半稅若干因與稅務司再三駁斥
既據該商在江海關報完半稅應令該商赴該關自行請
換存票與津關無涉斷不能將此作抵現雖照章辦理恐
將來紛至沓來且本年天津關開河以來進口船隻各貨

大半皆持江海關免單並現有商船進口並未納稅據克
稅司知照該商已在上海請有免單尚未帶來此時暫將
銀兩作抵俟將來免單寄到再爲發還等語請咨行江蘇
巡撫轉飭江海關查照定章不得率將復進口土貨半稅
任意徵收並嚴查各商改口免單不准單貨相離俾各關
稅課不致虛懸等因前來本衙門查土貨復進口照章應
交半稅除長江不計外其餘各口均應於所進之口呈交
不應於所出之口預行收納至於洋商販運洋貨自應單
貨相隨方有稽察乃茲據貴大臣咨稱英商寶順行由上
海載運柏油等土貨進天津口其應交半稅江海關竟有
預行收納情事殊屬有違定章意存壟斷至於洋貨改運
他口按照條約固應准發免單但既收其進口正稅改運
他口查無拆動抽換即應迅速發給免單令其帶往他口
隨貨呈驗乃天津關洋船載洋貨進口該商每稱有上海
免單而又不立時呈出往往遲至數旬後補驗亦屬不成
事體應由江蘇巡撫嚴飭管關道嗣後洋商販土貨由上
海販運他口該關不准再行預收致虧他口稅項如再有
預收他口土貨復進口半稅之事本衙門定行指名嚴參
決不寬貸其應發洋貨免單務飭江海關迅速發給令其
帶往他口呈驗不准單貨相離除咨行江蘇巡撫轉飭江

海關遵照外相應咨行同治元年二月二十八日咨三口

津關運內地洋貨照章改發稅單
三口大臣咨呈准總理衙門咨據南洋大臣薛咨稱內地
徵收子稅運照稅單報單即經分咨各關一體遵照辦理
並咨送三口轉行照辦等因查俄商在張家口東壩通州
陸路通商間有在張家口販買土貨運出天津海口之事
所有稽征一切自應查照各國總例辦理除由本衙門將
各口通共章程五條並大概辦法開單咨行崇文門東壩
委員並張家口坐糧廳各監督外相應再將運照稅單報
單通行遵照等因查津海新關洋商進口洋貨或完正稅

或有免單驗明將貨起卸後運赴內地銷售均係報完子口半稅由津海新關發給憑照運赴內地不再完稅所領憑照本係查照條約辦理業已行用兩年今因南洋各口將進口運入內地洋貨均係給予稅單並將式樣送由總理衙門咨行照辦自應改用稅單以歸畫一除將津海新關所用憑照停止即於本年四月初四日起改用稅單至報單運照因無洋人入內地採買土貨向未用過昨俄國報買駝毛始發兩張現將稅單報單運照各式樣暨通共章程五條同一切辦法分別抄單咨行分送外理合將改用稅單添用報單運照緣由咨覆同治三年四月初二日

咨呈總署

牛莊籌辦子口稅

盛京將軍衙門咨會辦通商處案呈同治五年二月十二日准總理衙門咨開同治五年正月三十日據山海關監督申稱辦理子口稅一節各口情勢彼此不同即據牛莊而論必須由將軍府尹派出委員會同該地方官與營口衆商妥籌酌奪俟該商均允後即由該委員及地方官申詳監督衙門方能據詳開辦設卡征收庶無掣肘等因前來查子稅舉辦有年牛莊一口勢難中止現當冰凍漸開商船雲集一切稅務正當興旺之時所有牛莊子稅必須及時興辦方無遲誤爲此據情咨行查照迅將議辦牛莊子稅遴派委員會同該地方官與營口衆商妥籌酌定行知山海關監督設卡征收以裕　國課倘該委員等有意因循即行嚴參究辦可也等因查此案先准山海關監督咨爲牛莊通商口岸自咸豐十一年設立海關徵收洋稅數年以來頗形暢旺惟子口半稅屢經總理衙門劄飭開辦迄未定議茲值春融之際南船將至貨物轉運暢行查營口附近地方靑堆子二道溝田莊臺牛莊城皆爲扼要之地擬於此四處各設關卡一座又海關公所作爲總卡酌派委員書差扦子手人等分班駐守以便稽查現擬擇

日安設關卡援照天津成案出示開辦等因咨會本衙門等衙門繕發出示張貼各城仍希飭令牛海蓋及通省旗民地方官一體會同出示曉諭通行前來查牛莊子口稅之議現准總理衙門來咨指示既令派員會同該地方官與營口衆商妥籌酌奪俟該商均允後方能據詳開辦設卡征收自應照咨辦理以裕課稅而順輿情相應會同遴派委員副都統衙協領毓昌等馳抵沒溝營通商口岸會同牛海蓋旗民地方官遵將議辦牛莊子稅事宜速與營口衆商妥議酌定總令該商均允行知監督及時設卡興辦毋再因循致干參辦外仍劄飭牛海蓋旗民地方官遵

郎會同委員迅將牛口子稅妥為籌酌辦理毋稍延誤並咨行山海關監督查照辦理知照府尹衙門飭知營口值班尉縣遵辦所有遵文派員會辦牛口子稅緣由先行咨報總理衙門查照同治五年二月二十五日咨總署

遺失稅單仍徵正半稅（併見本類改運）

南洋大臣薛咨同治元年十一月十三日准總理衙門咨十月二十三日准福州將軍文咨洋商販運土貨復進口如遇失去收稅單者究應如何限令補繳之處祈即核明章程示覆遵辦相應抄錄福州將軍原文咨行督同總稅務司核議俟議定後再行通行各口查照辦理並聲覆本

衙門可也等因查此案前准福州將軍咨覆當經本大臣查失去稅單如何限令補繳條約並無明文惟以稅抵稅向以稅票為憑若無稅票呈驗自應不准抵稅即使果係遺失亦係該洋商自誤中國不能過問咨呈總理衙門暨咨覆福州將軍查照在案茲承准前因當即督同署總稅務司赫德核議據該署總稅務司稱如商人遺失稅單到口仍須征收出口正稅及復進口半稅以杜揑混倘該商實係遺失應由該商自行向會收該商稅銀之口取具貨件日期相符之文果係重完准發存票以抵後稅等語本大臣覆查所議尚屬周密不致有揑混之弊應即照議辦理以昭核實除咨行南洋長江各口督撫關権轉飭該管關口官吏遵照如遇前項事件到口一體照章辦理外相應咨明同治元年十一月二十九日咨三口

進口土貨逾限復運他口仍完正半兩稅（併見本類改運）

總理衙門咨前准咨據東海關詳英商滋大洋行有進口赤糖二百四十二包已完半稅現過一年期限因不合銷售擬裝天津請發憑單並給存票等因當經本衙門查照丹比奧各國條約所載土貨復進口後復欲運往他口以一年為期准給半稅存票不復更納正稅等語劄行總稅務司轉飭遵照期限辦理並咨復在案嗣於四月十二日

據赫總稅務司申請示復前來復經本衙門劄行仍照前劄辦理等因去後茲於四月十八日據赫總稅司申稱已飭該署稅務司遵照本衙門前劄辦理等因相應抄錄本衙門前後劄文兩件並總稅務司申呈一件咨行轉飭查照同治十二年四月二十四日咨北洋

附錄給赫總稅司劄文

為劄復事同治十二年四月十二日據赫總稅司呈稱英商滋大行其糖貨正半兩稅既經完清執有收據復行前往通商各口自勿庸再行納稅前據東海關班署稅司請示前來業經明白示復現奉本衙門劄文於所復該署稅

司之意兩歧應如何辦理申請酌覆因查本衙門前次劄文內所引丹比奧三國條約均載有通商各口載運土貨出口先納正稅復進他口再納半稅後復欲運他口以一年爲期准給半稅存票不復更納正稅到改運之口再納半稅等語文內於不復更納正稅一語緊接上文一年爲期而言若過一年之限卽須更納正稅更納卽重納之謂亦卽重征之稅若如總稅司所稱限外者條約並無重征之說則當時條約內於一年爲期准給半稅存票文後卽不應更贅此不復更納正稅一語總稅司向來辦理公事極爲細心於一字一句無不推敲盡致試將此條約文義

略爲體玩當自恍然至引各口通商章程五款查係咸豐十一年間所定丹比奧各國條約均係同治年間所定章程與條約既有不符自應以後定之條約爲據況各國大臣於議及公事文內常有援引丹比奧各國條約者卽如土貨復進口一事本非條約所准行嗣於咸豐十一年間續議章程准其復運進口不過中國格外體恤洋商之意此係約外之章原屬可行可止乃嘗議論及之竟有謂此事已經載入丹比奧各國條約卽應一體均沾是土貨准令復進口方將執後定之條約以爲據其土貨復進口應如何按照限期輸納稅銀之處卽應照後定之條約以爲

斷所有英商滋大洋行糖貨復運出口一案自應仍照本衙門前劄辦理相應劄復總稅務司查照可也四月十七日

附錄赫總稅司申呈

爲申復事奉到同治十二年四月十七日劄文內開以英商滋大洋行糖貨復運出口一案自應仍照本衙門前劄辦理相應劄復查照等因奉此查英商滋大洋行糖貨一案原係班署稅務司先經函詢請示前來當經總稅務司僅就所見函復一切嗣奉到鈞劄始知貴衙門已以他意咨復通商大臣是以總稅務司卽將前復班署稅務司之

意劄別申復請示酌奪非辯論也現奉前因除飭該署稅務司遵照前劄辦理並飭各稅務司知悉以便歸於畫一外合行備文申請查照四月十八日

又咨同治十二年六月十五日准來咨以滋大洋行赤糖復出口一案經東海關道按照本衙門咨文照會署稅司班謨將復出口赤糖令其完納正稅毋庸發給存票據該稅司函復該行抗不遵辦請照會英領事飭繳卽據情照會英領事郇和據領事復稱該商等按總稅務司復函稱該貨進口時既完半稅此後無論復出何口均毋須再納稅銀等語同日准貴大臣咨稱據東海關道詳據洋關委

員稟稱有英商和記洋行報赤糖復出口亦過一年限期班稅司發給存票准其出口等情當即面詢稅司果有其事並據稅司函稱准貴監督轉奉總理衙門行知並奉總稅司傳知遵即諭令和記行照繳該行玩抗不遵請照會英領事追繳等情經照會領事茲據照復據該商稟稱前報復出口赤糖係按照海關定章土貨出口並無一年期限自應收回半稅存票等語均咨請查核示復前來查滋大洋行赤糖復出口一案前經本衙門以丹比與三國條約載明復進口已完半稅之土貨復運出口以一年為限可見一年限內貨復出口准發存票不納正稅一年限外

貨復出口不但不發存票並應再納正稅此案滋大洋行復出口之赤糖已過一年限期自應毋庸發給存票並令納出口正稅當咨行貴大臣轉飭遵辦並劄行總稅司轉飭東海關稅司遵照在案今該稅司既經奉到總稅司傳知反以該商抗不遵辦請照會領事為詞領事又以該商等奉有總稅司復函空言搪塞似此任意推延置條約於不顧將來何所底止所有滋大洋行赤糖復出口一案應仍由貴大臣轉飭東海關查照本衙門前咨追回存票仍責令補交出口正稅以清稅餉而儆效尤至該商等所稱咸豐十一年九月二十七日所定章程查咸豐十一年九

月本衙門與英國卜公使議定長江暫行章程十二款又各口通商章程五款即後來更正刊刻之長江通商統共章程七條與刊刻通商各口通共章程五條是也從前卜公使以英文繙譯出示曉諭英商雖次序不同文義稍減其大致與所定十二款五款無異今該商等所引章程內第三款內之第一第五兩款核與卜公使告示內第三款之一條五條文雖小異義則相同諒由英文譯出故有參差應即係此項章程惟章程內雖無一年後必補交復出口正稅明文亦無一年後不必補交復出口正稅明文而丹比與三國條約業將一年之限聲叙明確何得因章程

而廢條約况章程第三款內之第二款於土貨運往外國尚有三個月限期豈在本口復出口竟可漫無限制由該關道切實辦駁勿任狡展相應抄錄咸豐十一年章程一分咨行轉飭該關道查照辦理同治十二年閏六月十三日咨北洋

又咨同治十三年六月十七日據總稅務司申稱同治十二年四月間奉劄以一年限外土貨復出口不但不發存票並應再納正稅東海關滋大洋行復出口赤糖已過一年期限應毋庸發存票並令該商再納出口正稅方准改運別口俟到別口後再納復進口半稅方為照約正辦查

此事既滋大洋行一商應如是照辦各口亦應一體通行方昭畫一現據江海關稅務司申呈自奉總稅務司通行劄飭之後迄今南洋通商大臣未曾劄行本關監督呈請查明分晰咨行轉飭以便南北各口不致兩歧等因前來查前准貴大臣咨東海關英商滋大洋行有進口赤糖已完半稅現過一年期限擬裝赴天津請給存票當經本衙門查丹比輿各國條約載明土貨復進口後復欲運他口以一年爲期准給半稅存票不納正稅等語劄行總稅務司轉飭遵照期限辦理並咨復在案嗣據總稅務司申稱並飭各口稅務司知悉以便歸於畫一等因復經本衙門

抄錄申呈咨行轉飭查照亦在案玆據總稅務司申請前因相應咨行轉飭各關監督嗣後遇有此等復出口已過一年期限土貨一律查照東海關滋大洋行一案辦理以符條約而免歧異並劄知總稅務司可也同治十三年六月二十三日咨北洋

復進口土貨按照出口原估稅單征收一半毋庸另估（并見本類改運）

總理衙門咨光緒元年十一月二十一日據赫總稅務司申稱案查咸豐十一年八月初三日劄開凡洋商運土貨出口不准再發免稅單復進他口再收一半稅餉等因當即轉飭各口稅務司歷經遵辦在案查各色土貨有載入稅則者有未載入稅則者其載入稅則者於出口時按照稅則完納正稅由海關填發完稅憑據該貨於復進口時按單所開之稅數再行照完一半其未載入稅則者於出口時自應按估價值百抽五之例征收正稅填發完稅憑據惟各貨市價在原出之口與復進之口時有懸殊故各海關凡遇值百抽五之貨現有按原出口價照單開數目征收一半者有按本口市價另行核估照收者各關所辦不同商人藉以饒舌總稅務司現經通飭各口稅務司以後凡復進口之貨均應按照原出口完稅之憑據所開正

稅之數目再收一半以爲復進口稅毋庸另行核估如此辦理於稅餉並無大出入而於關務亦可歸於畫一理合呈請咨行轉飭遵照等因前來相應咨行光緒元年十一月二十九日咨各省

洋商運貨入內地漏稅不容查驗照約罰銀（并見本類稽稅杜漏）

總理衙門咨同治三年三月二十一日據山海關監督寶章呈稱英商美林攜帶木箱十六隻不容查驗運赴瀋陽英國署領事嘉托瑪罰該商銀二百兩又該買辦不吐實情罰銀三百兩稟請該國公使批准辦理申明查核等語又三月二十五日准咨同前由當經本衙門查核以此項

罰款應歸中國收辦該署領事嘉托瑪既有詳明卜公使批准辦理之語應由卜公使劄飭該署領事將前項罰款如數送交營口委員查收以符條約並禁止該商嗣後不得再入內地於三月二十八日照會卜公使在案茲於四月初九日據卜公使照覆稱所罰之銀三百兩本大臣難以允准只可劄知該領事交還美林領收至因漏稅所罰之銀二百兩自應抵作應罰入官貨物本大臣已經劄嘉署領事將此項銀兩移交該管地方官查收等語相應抄錄來往照會咨行查照辦理此項銀兩即收該關罰款項下造報以憑查核至英商美林嗣後應不准再入內地本

衙門業已照會英國卜公使查照卜公使並無異議應由該監督一並告知嘉署領事轉諭該商知悉如該商再請入內地通商執照該監督務遵照此次劄文不可再行發給是爲至要同治三年三月　日咨　盛京將軍

附錄英國照會

爲照覆事接准來文内開英商美林一案並祈本大臣劄飭牛莊署領事官嘉將所罰美林銀兩交地方官兌收等情前來查善後條約第七款内載入内地各貨該商應將該貨物名目若干應往内地何處各緣由報關查驗確實照納内地稅項又若進出有違此例各貨均罰入官等語

細思條約之意每遇此等案件該地方官即應將該商之貨扣留該商若不能駁地方官指爲背約之語即將貨物照約全罰入官此外別無治法故領事官亦決無另外罰銀之權其因捏報所罰之銀三百兩本大臣難以允准只可劄知該領事官交還美林領收至因漏稅所罰之銀二百兩若該商運貨時地方官未能查詢迨賣貨之後始向領事官通報亦礙難議罰惟此案既經地方官查驗美林令其通事捏報並阻地方官罰貨入官自應將所罰之二百兩銀抵作應罰入官貨物價值緣設非該商藐法阻攔地方官自必罰辦扣留本大臣已經劄飭嘉領事將此項

銀兩移交該管之地方官查收似此辦理係本大臣極盡權力辦法若使該商未遵嘉領事斷完本大臣亦難如此飭辦且據嘉領事所云該商運貨之先地方官已知所運何物若即在半途阻攔亦可免卻此刻諸多礙難之處相應照覆（按洋商罰款等事凡貨未截留者洋人每援外國律以爲已過之事欲置不論動煩論辨是以遇此等漏稅事件必以當時阻留爲第一辦法）

豆石開禁准出口運往他口一經離口自入内地逢關納稅遇卡抽釐（併見本類内地稅釐違禁貨物）

總理衙門咨前本衙門奏開牛莊登州豆禁一摺奉旨允准業經備文知照在案茲接英國照會所有此項豆石按

照新定各項土貨之例於下船出口之時按照稅則所載納一正稅迨到他口復納一進口半稅如已在他口納完半稅之後該商復欲下船出洋該關即照各貨運出外國之例發給存票一紙以爲日後持作已納稅餉之據等因前來本衙門現給與照復查照新定南北通商通共章程各項土貨之例除完過出口正稅並復進口半稅後一經離口自入內地販運無論洋商華商均逢關納稅遇卡抽釐等語相應粘抄照會照覆咨行查照同治元年正月二十七日咨沿海各省

附錄給英國照會

爲續行照會事昨因牛莊登州兩口豆石解禁奏奉

諭旨允准業於二十四日照會在案惟該貨應如何納稅尚未定有章程現屆春融各國商船北上餉額不定恐該商等無所遵從本衙門現在酌定所有此項豆石即照新定各項土貨之例於下船出口之時按稅則所載納一正稅迨到他口復納一進口半稅如已在他口納完半稅之後該商復欲下船出洋該關即照各貨運出外國之例發給存票一紙以爲日後持作已納稅餉之據再查新定各項土貨之例除完過本地出口之正稅並完進口之半稅後一經離口自入內地販運無論洋商華商均逢關納稅遇卡抽釐此項豆稅亦應照此辦理以歸畫一正在辦文照會間接准貴大臣來文意見相同相應照會轉飭各領事官一體遵照辦理

附錄英國照會

爲照復事昨准本月二十四日來文內以登州牛莊兩口豆貨一層今奉

恩准解禁本大臣閱悉之下深爲欣幸惟屆春令將近商船不日北上要在早將稅餉速爲商定本大臣查善後條約第五款內載豆石豆餅在登州牛莊兩口者英國商船不准裝載出口其餘各口該商照稅則納稅仍可帶運出口及

外國俱可等因又查稅則所定兩口不准出洋之外皆定豆稅每百斤六分豆餅稅每百斤三分五釐登州牛莊兩口既經解禁可否通商各口商民欲下豆貨出口即納稅則曾定正稅運到他口另納半稅迨到他口納稅以後欲運外國即照各項土貨之例該關發給存單備抵似此辦理豆貨出入海口俱照別項土貨轉運實爲公妥之議合請貴親王速議照覆

洋商赴錦州買煤由牛莊出口方准照入內地買土貨例納稅

總理衙門咨案查美國總領事在津海關請領報單派人

往錦州買煤一事前於七月間經本衙門分別在何處進口出口咨行查照辦理在案茲復准　盛京將軍咨稱據錦州府呈稱准錦州協領衙門移文內開本年九月十四日據天橋廠卡倫官禀稱本月初七日進來衜船六隻隨有該船司事人林錫蕃赴卡持單報稱伊由天津僱船十二隻來錦州口採買煙煤以備美國使用職卽遵前劄設法開導令其照依條約仍赴牛口裝運伊持有天津道鈐印三連單一紙各海口均應採買不遵開導職卽派兵訪詢已將煙煤運至海口春雨棧堆積裝運查驗三連單內並未載有差派何人前往何處採買字樣再查前劄美國

所派係夏蔭富之名今報林錫蕃姓名與前劄互異不符可否准其裝運之處職未敢擅便本衙門查洋商由通商口入內地買土貨應到出口海關之第一子口先赴出口海關報完半稅俟貨運至海關下船出口時再完出口之正稅如運往通商口岸再交復進口稅茲美國密領事派人往錦州買煤不由通商之牛莊海口進口出口乃僱用華船持執天津所發三聯報單欲由天橋廠裝運查天橋廠並非通商口岸在彼裝運則此項煤斤應完之內地子稅及出口正稅在於何處交納且密領事前請領報單時稱派夏蔭富前往現在持單赴卡之人又報稱林錫蕃姓名亦屬不符此案美國欲往錦州買煤領有報單若由牛莊裝運出口則應照洋商入內地買土貨之章飭令完交正子兩稅若僱用華船由天橋廠裝運則所買煤斤只可照華船買貨納稅及交納各項規費之例辦理不得以領有報單卽欲援洋商入內地買土貨之章照辦以免弊混

同治十一年十一月咨北洋

洋商運中國土貨離口入內地鎮江關誤發洋貨稅單仍照完內地稅釐（併見本類長江稽稅杜漏內地稅釐）

金陵釐捐局禀稱據灣頭釐局委員候補知縣羅令逢謙等禀稱竊於本年六月二十一日有美商德和裝運白糖

七十包計剝船二隻前赴涂州清江銷售手持鎮江關稅單護照到局呈驗查通商條約惟鎮江九江漢口三處由此口運至彼口無論洋貨土貨並無中途應納稅捐之條到口後如欲運入內地除洋貨驗有入內地稅單應免另征外其餘入內地之洋貨土貨不論華商洋商一經離口均應逢關納稅遇卡抽釐等因通飭各局卡在案今美商德和所運白糖乃係福建所產係屬中國土貨不在洋貨之列似應查照通商條約遇卡抽釐以免朦混惟念此起白糖既奉鎮江關給有稅單護照而又事關洋人未便將貨扣留此後如有洋人裝運土貨入內地售賣究應如何

辦理之處理合檢查通商條約並現據呈驗稅單護照分別照抄清摺稟呈核明定章深爲公便等情卷查同治三年五月內准前監督鎮江關許道咨准前辦揚州糧臺萬藩司及前辦江北釐局郭道會咨以寶順洋行夥林傑齋兩次運赴口岸桐油皮油青蔴花箋等貨由廣昌棧代售抗不繳捐咨請核明通商章程凡遇洋商貨物至江北各口者應否照離口販運例毋論洋商華商逢關納稅遇卡抽釐之處見復核辦等因查長江通商惟鎮江九江漢口三處由此口運往彼口無論洋土貨並無中途應納稅捐之條到口之後如欲運入內地除洋貨驗有內地稅單

應免另征外此外運入內地之洋貨土貨不論華商洋商一經離口均應逢關納稅遇卡抽釐至由內地置買土貨運出如果呈驗運照亦應免捐等因咨復通飭遵辦在案是洋商貨物到口之後如欲運入內地除洋貨驗有入內地稅單應免另征又洋商由內地置買土貨運出如有運照呈驗亦應免捐其餘入內地之洋貨土貨不論華商洋商均應照通商條約所載一經離口逢關納稅遇卡抽釐辦理所有此次美商德和運往徐州清江銷售之白糖七十包係中國土貨今由鎮江關蔡道給有稅單護照呈驗前來將來如遇洋商裝運土貨入內地售賣究應如何抽

收辦理之處本司等因事涉通商未敢遽爲臆斷理合照抄清摺稟祈鑒核批示祇遵實爲公便同治七年八月初六日稟南洋大臣奉批查洋商准入內地買賣天津條約第二十八款善後第七款均有明條嗣於同治二年九月間准總理衙門來咨英國卜公使給洋商告示聲明凡洋商運洋貨進入內地貿易或運土產前往海口下船准其或照內地例逢關納稅遇卡抽釐或照善後條約第七款所載洋貨請有稅單土貨請有運照照約完一次子稅即正稅一半以上兩層各聽其便是洋商入內地買賣其不領稅單運照以及三連單者應行逢關納稅遇卡抽釐毫

無疑義等因在案議論極爲明晰現在各處辦法總以查驗有無前項單照爲憑有單照可驗者俱不重征其無單照者即係自入內地買賣均應照收釐稅此外並無分別亦不論運貨之人是華是洋又入內地買賣貨物到地之後一經繳銷稅單貨歸華商應照該處華商貨物例完納捐稅亦據江南海關咨覆有案惟此次美商德和裝運白糖在鎮江關請領稅單運入內地檢核稅則糖斤一項係屬出口貨物即屬中國土貨按照條約只宜運至海口下船而不能運入內地亦不得以洋貨稱之該鎮江關蔡道塡給稅單准運清江徐州所引通商章程內載運入內地

洋貨字樣而後開之貨乃是白糖引章與單貨不符究竟有無依據除飭蔡道查明申覆外仰將發來條約稅則各一本抄案一件分晰核明轉飭該局卡妥細遵照辦理不另牽引別條致涉歧誤繳

洋商運洋貨入內地無海關稅單照納內地稅釐併見本類長江稽稅杜漏內地稅釐

總理衙門咨同治十一年十一月二十八日據張家口監督呈報有布國商人林甫成來居庸關聲稱由通州地方起運洋貨六十六捆前往張家口情願在關按照內地稅則輸納一半稅銀等語旋於次日據本口通橋稅司報稱本日布國商人馱駝斜紋布等貨由局經過卸在天長院店內職當即派役查驗貨數與居庸關所報相符隨詢其貨運往何處據稱欲在張家口售賣復詰有無在口銷售貨物印信執照該商亦不能交出可否准其在口售賣稅銀應如何征收爲此呈請裁奪應如何辦理之處伏候批示等因嗣於十一月初一日復准崇文門商稅事務衙門咨稱所屬東壩稅局於十一月初一日有洋布二十六馱駝由該處經過據稱係布國商人林甫成由通州東關義成棧起運送往張家口當經該局查驗並無持有三連單亦無印花該局因其聲稱係洋人貨物當即放行惟查向

來該處經過洋人貨物均以三連單印花爲憑此次布國商人林甫成所運洋布並無三連單印花等項執照相應移會查明此項洋布是否果係布國商人之貨並嗣後遇有經過洋人貨物如無三連單印花者應如何辦理希即逐款查復以憑辦理各等因前來本衙門查洋商運洋貨入內地須由進口之海關發給稅單以憑查驗若無海關所發之稅單應照通商各口統共章程第一款所載逢關納稅遇卡抽釐之例辦理茲該商林甫成所運既係洋貨又無稅單自應按照通商各口統共章程第一款查辦除已由本衙門咨復崇文門商稅事務衙門並劄復張家口監督遵照外相應咨行同治十一年十二月十五日咨北洋

古銅器照則征稅已見本類貨稅

洋人以游歷執照入內地買運土煤未領海關報單照華商運土貨例納稅併見禮類游歷本類稽稅杜漏內地稅釐

盛京將軍崇咨光緒二年四月初十日准錦州副都統咨開據錦州協領德音泰等呈稱本年三月二十六日有口外小船六隻抵口內有洋人克來的登岸僱車裝運煤炸並未報明職等聞知立即差派兵役攔阻訊其有無執照茲據該洋人聲稱伊於年前預先買妥窑商吳錦堂炸子

二十餘萬斤在海堆存現今請領英國執照前來裝運驗明照內僅稱條約第九款洋人行入內地游歷各地方官一體保衛毋得淩虐等語並未聲明買裝煤炸查前於同治十一年九月據天橋廠卡倫官稟稱進來衛船六隻隨有該船司事人林錫蕃赴卡持單報稱伊由天津僱船十二隻來錦口採買煙煤以備美國使用等情當經詳蒙接准總理衙門咨開查美國密領事派人往錦州買煤不由通商之牛莊海口進出乃僱用華船持執天津所發三連報單欲由天橋廠裝運查天橋廠並非通商口岸惟領有報單若由牛莊裝運出口則應照洋商入內地買土貨之

章飭令完交正子兩稅若僱用華船由天橋廠裝運則所買煤斤只可照華船買貨納稅及交納各項規費之例辦理不得以領有報單即欲援洋商入內地買土貨之章照辦以免弊混等因咨行飭遵在案今洋人亢來的隨來小船六隻抵口登岸裝運煤炸查其僅有洋人行入內地游歷護照卽行裝運其中難保非內地船戶勾結洋人違禁販運自應聽候核示辦理以符成約前來查前於同治十一年間准總理衙門咨通共章程第四款內載洋商入內地買土貨必須先向海關請領土貨之報單內註明該貨某日到某子口應運通商某口方與章程相符今來咨內稱據錦州協領呈報有洋人亢來的乘小船六隻抵口登岸裝運煤炸索照查驗僅呈出游歷內地執照並非洋商入內地買土貨之報單核與條約不符應令照華商運土貨例完納稅項准其出口以符成約除咨復轉飭遵照外相應咨會光緒二年四月十四日咨北洋

各關子口稅不准率行撥補他關稅項

總理衙門等　奏爲遵

旨議奏事據署北洋通商大臣李鴻章奏歸化關稅項短絀擬請援案撥補等因一摺光緒八年十月初二日軍機大臣

奉

旨該衙門議奏欽此欽遵於十月初七日由內閣抄出到部據原奏內稱准山西撫臣張之洞咨稱近因歸化關常年額稅征收短絀飭據歸綏道稟稱因洋商執持津海關三連單赴歸採買土貨稅項均歸津關代征以致每年短征至五千餘兩之多前經咨請應由總理衙門核定飭遵現准覆稱查洋商請領報單赴內地採買土貨應完內地半稅原約係在首經之子口輸交又善後條約第七款聲明由第一子口驗貨給照至最後子口先赴出口海關報完內地稅項若令於歸化一處專歸首經之子口完納辦理未免兩歧惟歸化關稅項因此短絀查光緒五年十月間四

川總督丁寶楨會同湖廣總督李瀚章奏請將夔關短征額稅按照宜昌江漢兩關每年所收出入川省子口半稅銀數准其劃抵經本衙門會同戶部核准有案行令會商北洋大臣奏明辦理咨請酌核會奏復經飭據津海關道周馥詳稱新關征收子口稅銀向係隨同戶關一年期滿時分晰造報並於新關洋稅奏銷案內按三個月一結聲明子口稅若干彙入各項六成洋稅內撥發天津海防支應局練兵月餉從前天津戶關張家口崇文門坐糧廳等關短征盈餘銀兩亦經戶部議奏將天津海關所收子稅酌中撥補但實銀並未解部仍循案支放兵餉又同治四年戶部議奏張家口短收稅銀案內稱張家口短收盈餘稅為數甚鉅津關子稅所收不敷撥補嗣後各關如有短收除本關所征洋商子稅准其照案撥補由部隨時酌核辦理外其餘概不准紛紛撥補以免紛歧各等情查歸化關近因洋商領單採買土貨以致稅項短絀自係實情既經總理衙門援引四川夔關核准撥補成案自應奏明變通辦理擬請自光緒八年四月十八日天津戶關關期為始每屆一年期滿由津海關道將所收洋商採買歸化土貨子口半稅開單咨明山西核入歸化關奏銷案內辦理惟關期不同津關所收之數與歸關所免之數必有參差

應如何酌中撥補之處仍應查照戶部奏准成案由部酌核辦理至此次議撥歸化關子口稅銀亦應查照津海關歷辦撥補成案循舊撥發天津海防兵餉毋庸解部以符向章而濟要需等語臣等伏查歸化關每年應征正額銀一萬五千兩盈餘銀一千六百兩錢九千串又查同治四年議覆張家口短征摺內聲明嗣後各關如有短征者除本關所征洋商子稅准其援案撥補仍隨時酌核辦理外其餘概不准紛紛撥補以免紛歧等因奉

旨允准在案又查光緒五年十月間據四川總督丁寶楨奏夔關洋票日多短征愈鉅請核實辦理一摺臣等以事關兩省稅項議令四川湖廣兩督臣據實會奏再行核辦嗣於光緒七年正月據李瀚章等會同奏請將夔關短征額稅按照宜昌江漢兩關每年所收出入川省子口半稅銀數准其劃抵經總理衙門同戶部奏准亦在案今據北洋通商大臣李鴻章奏稱歸化關稅項短絀近因洋商領單採買土貨稅項均歸津關代征以致短征至五千餘兩之多既經總理衙門援引四川夔關核准撥補成案擬請自光緒八年四月十八日天津戶關關期為始每屆一年由津海關道將所收洋商採買歸化土貨子口半稅開單咨明山西核入歸化關奏銷辦理其關期參差應如何酌中撥

補之處仍應查照奏准成案由部酌核辦理等因戶部查歸化關稅項現據山西巡撫咨報至光緒七年十月十二日關期止歷年所征銀錢兩項均係照額征足並無虧短今據原奏內稱每年短征至五千餘兩之多戶部無從查核至洋商執持津單赴歸採買土貨查核通商條約行之已久從前該關征稅既皆足額則此後照舊實力稽征似可無虞虧短自應仍查照同治四年奏准成案概不准紛紛撥補以免紛歧其奏稱援引四川夔關核准撥補成案一節現查歸化關歷居並無短征所請援引撥補之處應毋庸議應請

飭下山西巡撫轉飭該關道仍舊實力稽征足額毋得率行瀆請撥補以裕稅課所有臣等遵議緣由理合恭摺具陳伏

乞

聖鑒光緒八年十月　日奉

旨依議欽此

以上子口稅

長江改土貨出口限期併見本類長江改運

總理衙門咨照得長江通商章程第五條內載凡有江照之輪船裝載土貨須由該商在裝貨口先將正半兩稅一併完清方准裝貨俟該貨抵上海若在三個月限內復出口前往外國應由該商赴江海關請領執照作爲該貨已往外國之實據將執照呈交漢口九江鎮江關則可將該商所納復進口半稅發給存票以抵日後應完之稅等語本年三月間據英美俄國照會以給發復進口土貨存票必該貨在三個月限內出口爲期太促請改爲一年等情本衙門現在給與照覆准將給發土貨復進口存票限期改爲一年相應咨行一體遵照同治二年五月三十日咨各省

洋商採辦茶葉免交復進口半稅已見本類長江貨稅

輪船所用免征復進口稅土煤限制已見本類長江貨稅

以上長江子口稅

英商在張家口租棧張挂招牌違約飭禁已見本類陸路口岸貿易併見刑類法禁

以上陸路子口稅

運洋貨稅單式

存查

茲據華　國商人　商

稟報現有後開單之洋貨欲運往內地　省

府　州縣銷售

計開

其內地稅業已完清

光緒　年　月　日

字第　號

運洋貨入內

為

給發稅單事照得通商章程內載運入內地洋貨該商應將該貨名目若干往內地何處報關查驗照納內地稅項該關發給內地稅單該商應向沿途各子口呈單照驗蓋戳放行無論遠近俱不重徵又通商各口通共章程第一款載明洋商由上海運洋貨進長江俟到長江各口後一經離口自入內地販運如無長江各關稅單者逢關納稅過卡抽釐末後聲明南北各海口均照長江一律辦理又煙臺會議條款載明洋貨運入內地請領半稅單照應由總理衙門核定畫一款式不分華洋商人均可請領各等因除運入內地不領稅單之洋貨仍照通共章程辦理外茲據

華　國商人　商報關欲將後開洋貨販運前往　省　府　州縣請給

發內地稅單等情據此合應發給稅單以便沿途查驗蓋戳放行須至單照者

計開

地之稅單

真正洋貨華洋商人均准請領稅單照完半稅運入內地不得出入海口沿途關卡倘查出貨少於單即註明單內仍蓋戳放行一面行文給單原關查辦查出貨多於單即係漏完半稅夾帶私運應將所多之洋貨扣留一面知照原關辦理倘查有土貨冒充洋貨及將單內所塡貨名及數目字樣塗改挖補均將單貨扣留行查原關分別辦理此單應於運貨已到所指地方即赴地方官衙門或釐局繳銷

其內地稅業已完清

右照給華　國商人　商　收執

光緒　年　月　日

限　日繳銷

買土貨報單式

報單根

茲據　國領事官來文有　國商人　稟明現買土貨請發空白報單俟抵第一子口呈單驗看該貨
件數斤兩並現往何海關出口註明單內子口收下報單即將一單蓋印加封飛速由驛移送該商所報
出口海關查照又將一單蓋印按月呈送
總理各國事務衙門備查其餘一單存留子口即照單填發該貨運照給該商前往路上各子口呈驗蓋
戳放行俟將到出口海關設卡之處則由卡帶同運貨之人赴海關請領已在海關完納半稅單據方准
過卡須至存根者
計開
光緒　年　月　日發給

買土貨之報單

字第　號　為
給發空白報單事據　國領事官來文內開茲有　國商人　稟明後開之貨既抵第一子口該商自
必在海口照通商稅則完納半稅茲請先發空白報單等因據此本關合給空白報單同樣三紙由領事
官飭該商在單上當堂畫押給領准往買貨所經第一子口或該商或商夥呈此三單眼同子口驗看該
貨件數斤兩並現往何海關出口商人均自行註明單內子口收下三單即將一單蓋印加封飛速由驛
移送該商所報出口海關查照又將一單蓋印按月呈送
總理各國事務衙門備查其餘一單存留子口即照單填發該貨運照給該商前往路上各子口呈驗査
問放行俟將到出口海關設卡之處則由卡帶同運貨之人赴海關請領已在海關完納半稅單據方准
過卡若有違此例及業經報明指赴何口沿途私賣者或別有隱漏之弊除將該貨均罰入官外仍令該
商在海口照第一子口所註明之貨數完納稅則半稅如有匿單少報等情應將單內同類之貨全數入
官須至報單者
所買土貨數目開列於後
右貨於　年　月　日抵第一子口即　關查驗現在運往　海關出口
光緒　年　月　日由　海關發給
此紙應由子口飛送該商所報進之　海關查收以憑徵稅

戶四　六十八

買土貨之報單

字第　號　為
給發空白報單事據　國領事官來文內開茲有　國商人　稟明後開之貨既抵第一子口該商自
必在海口照通商稅則完納半稅茲請先發空白報單等因據此本關合給空白報單同樣三紙由領事
官飭該商在單上當堂畫押給領准往買貨所經第一子口或該商或商夥呈此三單眼同子口驗看該
貨件數斤兩並現往何海關出口商人均自行註明單內子口收下三單即將一單蓋印加封飛速由驛
移送該商所報出口海關查照又將一單蓋印按月呈送
總理各國事務衙門備查其餘一單存留子口即照單填發該貨運照給該商前往路上各子口呈驗蓋
戳放行俟將到出口海關設卡之處則由卡帶同運貨之人赴海關請領已在海關完納半稅單據方准
過卡若有違此例及業經報明指赴何口沿途私賣者或別有隱漏之弊除將該貨均罰入官外仍令該
商在海口照第一子口所註明之貨數完納稅則半稅如有匿單少報等情應將單內同類之貨全數入
官須至報單者
所買土貨數目開列於後
右貨於　年　月　日抵第一子口即　關查驗現在運往　海關出口
光緒　年　月　日由　海關發給
此紙應由子口按月呈送　總理各國事務衙門備查

買土貨之報單

字第　號　為
給發空白報單事據　國領事官來文內開茲有　國商人　稟明後開之貨既抵第一子口該商自
必在海口照通商稅則完納半稅茲請先發空白報單等因據此本關合給空白報單同樣三紙由領事
官飭該商在單上當堂畫押給領准往買貨所經第一子口或該商或商夥呈此三單眼同子口驗看該
貨件數斤兩並現往何海關出口商人均自行註明單內子口收下三單即將一單蓋印加封飛速由驛
移送該商所報出口海關查照又將一單蓋印按月呈送
總理各國事務衙門備查其餘一單存留子口即照單填發該貨運照給該商前往路上各子口呈驗蓋
戳放行俟將到出口海關設卡之處則由卡帶同運貨之人赴海關請領已在海關完納半稅單據方准
過卡若有違此例及業經報明指赴何口沿途私賣者或別有隱漏之弊除將該貨均罰入官外仍令該
商在海口照第一子口所註明之貨數完納稅則半稅如有匿單少報等情應將單內同類之貨全數入
官須至報單者
所買土貨數目開列於後
右貨於　年　月　日抵第一子口即　關查驗現在運往　海關出口
光緒　年　月　日由　海關發給
此紙存留第一子口照單填發運照

戶四　六十九

運土貨運照式

洋商運土貨往海

爲

給發運照事查通商善後條約內載凡洋商在內地買貨到第一子口開單註明貨物若干應在何口卸貨呈交該子口存留發給執照准其前往路上各子口查驗蓋戳至最後子口先赴出口海關報完內地稅項方許過卡等語茲據　國商人　　呈到報單欲將後開土貨運往海口請發給運照等情據此經本口眼同該洋商將買定貨物於單內一切註明換給運照准其前往路上各子口呈驗查核蓋戳放行俟將到出口海關設卡之處由該卡帶同運貨之人持照赴海關請驗完納內地稅項領有半稅單據方准過卡若有違此例及業經報明指赴何口後沿途私賣者查出按所運貨數追價入官仍令該商補完半稅如有匿單少報及隱漏影射各情弊卽將單內同類之貨全數入官須至運照者

計開

戶四　七十

口之運照

右照給　國商人　收執

光緒　年　月　日

限到　海關繳

通商約章類纂卷八

戶四　七十

通商約章類纂卷九目錄　　戶類五

稅務五　稽稅杜漏　長江稽稅杜漏　陸路稽稅杜漏

條約章程

俄約第四條 併見本類口岸貿易陸路口岸貿易罰例違禁貨物

英約第十四款 併見工類租傭建置

英約第二十五款

英約第三十二款 併見工類租傭建置

英約第三十三款

英約第三十六款

英約第三十七款 併見本類罰例

英約第三十八款 併見本類罰例

英約第三十九款 併見本類罰例

英約第四十款 併見本類罰例

英約第四十一款

英約第四十二款

英約第四十三款

英約第四十四款

英約第四十六款

英通商章程第六款 併見本類口岸貿易船鈔

英通商章程第九款

英通商章程第十款

煙臺會議條款第三端之三 併見本類內地稅釐

煙臺會議條款第三端之四

瑞典那威約第九條

瑞典那威約第十條 併見本類船鈔罰例

瑞典那威約第十一條

瑞典那威約第十三條

瑞典那威約第十四條 併見本類罰例

美約第十八款 併見刑類獄訟命盜捕亡

美約第十九款 併見本類罰例

美約第二十款

美約第二十二款

美約第二十三款 併見本類罰例

美通商章程第六款 併見本類口岸貿易船鈔

美通商章程第九款

美通商章程第十款

法約第十六款

法約第十七款 併見本類罰例

法約第十九款

法約第二十款

以上稽稅杜漏

章程

改運

俄陸路通商詳辦章程十二條

以上陸路稽稅杜漏

成案

通商各口船貨於洋文總單之外另備漢文總單

津關變通塡發漢文總單

官輪船進口由委員查驗

暹羅進口船分別報納稅鈔已見本類貨稅幷見本類船鈔內地稅釐

英商未領開艙單擅行卸貨照約罰辦

英商煤船進口不領關單擅行起卸照約罰辦

美商遞假艙口單暫照英約罰辦幷見本類罰例

洋商運貨入內地漏稅不容查驗照約罰銀已見本類子口稅

洋船載運黃銅片稅分別征免幷見本類免稅各物

剝貨小火輪船走私議罰

細茶圓餅朦報磚茶查出嚴行罰辦已見本類貨稅

英商販運色點布揑報白點布罰辦

完稅出口貨物在口失事照章不准發還稅銀

英船進口按單先納全稅查明有中途拋棄貨物准還

存票

洋人以游歷照入內地買運土煤未領海關報單照華

商運土貨例納稅已見本類子口稅幷見禮類游歷本類內地稅釐

由滬運往北洋三口洋藥分別給停免單

津關進口洋藥按觔征稅

以上稽稅杜漏

洋商買僱內地船隻運貨仍令呈具保單執照出口

商船抵九鎭兩關仍照向章呈驗護照

英商離口私行開艙添貨照約究罰並將內地船主罰

辦

英艇單照不符且短少照內兵器入官變價幷見本類違禁貨物

英商舺艇船無江照牌照入官變價

美商土船裝運煤炭石膏匿單少報照約罰辦

美商兼充領事揑報漏稅照約罰辦已見吏類設領事等官

洋商運中國土貨離口入內地鎭江關誤發洋貨稅單

仍照完內地稅釐已見本類子口稅幷見本類內地稅釐

洋商運洋貨入內地無海關稅單照納內地稅釐已見本類

子口稅幷見本類內地稅釐

以上長江稽稅杜漏

俄商運貨由張家口回國單貨相離照章扣留已見本類陸路

口岸貿易

以上陸路稽稅杜漏

稅務五　稽稅杜漏　長江稽稅杜漏　陸路稽稅杜漏

條約章程

俄約第四條（併見本類口岸貿易陸路口岸貿易罰例違禁貨物）

嗣後陸路前定通商處所商人數目及所帶貨物並本銀多寡不必示以限制海路通商章程將所帶貨物呈單備查拋錨寄碇一律給價照定例上納稅課等事俄國商船均照外國與中華通商總例辦理如帶有違禁貨物即將該商船所有貨物概行查抄入官

英約第十四款（併見工類租傭建置）

一游行往來卸貨下貨任從英商自僱小船剝運不論各項艇隻僱價銀兩若干聽英商與船戶自議不必官爲經理亦不得限定船數並何船攬載及挑夫包攬運送倘有走私漏稅情弊查出該犯自應照例懲辦

英約第二十五款

一輸稅期候進口貨於起載時出口貨於落貨時各行按納

英約第三十二款（併見工類租傭建置）

一通商各口分設浮樁號船塔表望樓由領事官與地方官會同酌視建造

英約第三十三款

一稅課銀兩由英商交官設銀號或紋銀或洋錢按照道光二十三年在廣東所定各樣成色交納

英約第三十六款

一英國船隻甫臨近口監督官派委員弁丁役看守或在英船或在本艇隨便居住其需用經費由關支發惟於船主並該管船商處不得私受毫釐儻有收受查出分別所取之數多寡懲治

英約第三十七款（併見本類罰例）

一英國船隻進口限一日該船主將船牌艙口單各件交領事官即於次日通知監督官並將船名及押載噸數裝何貨物之處照會監督官以憑查驗如過限期該船主並未報明領事官每日罰銀五十兩惟所罰之數總不能逾二百兩以外至其艙口單內須將所載貨物詳細開明如有漏報揑報者船主應罰銀五百兩儻係筆誤即在遞貨單之日改正者可不罰銀

英約第三十八款（併見本類罰例）

一監督官接到領事官詳細照會後即發開艙單倘船主未領開艙單擅行下貨即罰銀五百兩並將所下貨物全行入官

英約第三十九款（併見本類罰例）

一英商上貨下貨總須先領監督官准單如違卽將貨物一併入官

英約第四十款（併見本類罰例）

一各船不准私行撥貨如有互相撥貨者必須先由監督官處發給准單方准動撥違者卽將該貨全行入官

英約第四十一款

一各船完清稅餉之後方准發給紅單領事官接到紅單始行發回船牌等件准其出口

英約第四十二款

一查稅則所載按價若干抽稅若干倘海關驗貨人役與英商不能平定其價卽須各邀客商二三人前來驗貨客商內有願出價銀若干買此貨者卽以所出最高之價爲此貨之價式免致收稅不公

英約第四十三款

一凡納稅實按斤兩秤計先除皮包粉飾等料以淨貨輕重爲準至有連皮過秤除皮核算之貨卽若茶葉一項倘海關人役與英商意見不同卽於每百箱內聽關役揀出若干箱英商亦揀出若干箱先以一箱連皮過秤得若干斤再秤其皮得若干斤除皮算之卽可得每箱實在斤數其餘貨物凡係有包皮者均可准此類推倘再理論不明英商赴領事官報知情節由領事官通知監督官商量酌辦惟必於此日稟報遲則不爲辦理此項尚未論定之貨監督官暫緩填簿免致後難更易須俟秉公核斷明晰再爲登填

英約第四十四款

一英國貨物如因受潮濕以致價低減者應行按價減稅倘英商與關吏理論價值未定則照按價抽稅條內之法置辦

英約第四十六款

一中國各口收稅官員凡有嚴防偷漏之法均准其相度機宜隨時便宜設法辦理以杜弊端

英通商章程第六款（併見本類口岸貿易船鈔）

一天津條約英國第三十七條所載英船進口限一日報領事官知照並照第三十條所載英國貨船進口並未開艙欲行他往限二日之內出口卽不征收船鈔以上二條無論先後總以該船進口限界時刻起算以免參差爭論至各口界限並上下貨物之地均由海關妥爲定界既要便商更不得有礙收稅知會領事官曉諭本屬商民遵辦

英通商章程第九款

一向例英商完納稅餉每百兩另交銀一兩二錢作爲傾
鎔之費嗣後裁撤英商無庸另交傾鎔銀兩

英通商章程第十款

一通商各口收稅如何嚴防偷漏自應由中國設法辦理
條約業已載明然現已議明各口畫一辦理是由總理外
國通商事宜大臣或隨時親詣巡歷或委員代辦任憑總
理大臣邀請英人幫辦稅務並嚴查漏稅判定口界派人
指泊船隻及分設浮樁號船塔表望樓等事毋庸英官指
薦干預其浮樁號船塔表望樓等經費在於船鈔項下撥
用至長江如何嚴防偷漏之處俟通商後察看情形任憑

中國設法籌辦

煙臺會議條款第三端之三 併見本類內地稅釐

一洋藥一宗威大臣議請本國准爲另定辦法與他項洋
貨有別令英商於販運洋藥入口時由新關派人稽查封
存棧房或躉船俟售賣時洋商照則完稅並令買客一併
在新關輸納釐稅以免偷漏其應抽收釐稅若干由各省
察勘情形酌辦

煙臺會議條款第三端之四

一洋貨運入內地請領半稅單照各國條約內原已定明
自當遵辦嗣後各關發給單照應由總理衙門核定畫一
款式不分華洋商人均可請領並無參差洋商將土貨由
內地運往口岸上船條約內亦有定章英商完納子口半
稅請領單照即可運往海口若非英商自置土貨該貨若
非實在運往海關出口不得援照辦理所有應定章程免
致滋生弊端之處威大臣即願會同總理衙門設法商辦
至通商善後章程第七款載明洋貨運入內地及內地置
買土貨等語係指沿海沿江沿河及陸路各處不通商口
岸皆屬內地應由中國自行設法防弊

喘典哪喴約第九條

一喘典國哪喴國等貿易船隻到口一經引水帶進即由

海關酌派妥役隨船管押該役或搭坐商船或自雇艇隻
隨同行走均聽其便其所需食用由海關按日給銀不得
需索商船絲毫規費違者計贓科罪

喘典哪喴約第十條 併見本類船鈔罰例

一喘典國哪喴國等商船進口或船主或貨主或代辦商
人限二日之內將船牌貨單等件呈遞本國領事等官存
貯該領事即將船名人名及所載噸數貨色詳細開明照
會海關方准領取牌照開艙起貨倘有未領牌照之先擅
行起貨者即罰洋銀五百大員並將擅行起運之貨一概
歸中國入官或有商船進口止起一分貨物者按其所起

一分之貨輸納稅餉未起之貨均准其載往別口售賣倘有進口並未開艙即欲他往者限二日內即行出口不得停留亦不徵收稅餉船鈔均俟到別口發售時再行照例輸納倘進口貨船已逾二日之限即須輸納船鈔仍由海關塡發紅牌知照別口以免重徵

嘀㖑哪喊約第十一條

一嘀㖑國哪喊國等商船販貨進口出口均將起貨下貨日期呈報領事等官由領事等官轉報海關屆期派委官役眼同該船主貨主或代辦商人等秉公將貨物驗明以便按例徵稅若內有估價定稅之貨或因議價高下不等除皮多寡不齊致有辨論不能了結者限該商於即日內稟報領事官俾得通知海關會商酌奪若稟報稽遲即不爲准理

嘀㖑哪喊約第十三條

一嘀㖑國哪喊國等商船進口後於領牌起貨時應即將船鈔交清其進口貨物於起貨時完稅出口貨物於下貨時完稅統俟稅鈔全完海關給發紅單由領事官驗明再行發還船牌准該商船出口回國其完納稅銀由中國官設銀號代納或以紋銀納餉或以洋銀折交均照現定章程辦理其進口貨物由中國商人轉販內地者經過各關

均照舊例納稅不得另有加增

嘀㖑哪喊約第十四條併見本類罰例

一嘀㖑國哪喊國等商船停泊口內不准互相剝貨倘有必須剝過別船者由該商呈報領事官報明海關委員查驗明確方准剝運倘不稟明候驗輒行剝運者即將其剝運之貨一併歸中國入官

美約第十八款併見刑類獄訟命盜捕亡

一大合衆國船隻一經進口即由海關酌派妥役隨船管押或搭坐商船或自雇艇隻均聽其便倘大合衆國民人有在船上不安本分離船逃走至內地避匿者一經領事官知照中國地方官即派役訪查拏送領事等官治罪若有中國犯法民人逃至大合衆國人寓館及商船潛匿者中國地方官查出即行文領事等官捉拏送回均不得稍有庇匿至大合衆國商民水手人等均歸領事等官隨時稽查約束倘兩國人有倚强滋事輕用火器傷人致釀鬬殺重案兩國官員均應執法嚴辦不得稍有偏徇致令衆心不服

美約第十九款併見本類罰例

一大合衆國商船進口或船主或貨主或代辦商人限二日之內將船牌貨單等件呈遞本國領事等官收存該領

事及將船名人數及所載噸數貨色詳細開明照會海關方准領取牌照開艙起貨倘有未領牌照之先擅行起貨者即罰洋銀五百大員並將擅行卸運之貨一概歸中國入官或有商船進口止起一分貨物者按其所起一分貨物輸納稅餉未起之貨均准其載往別口售賣倘有進口並未開艙即欲他往者限二日之內即行出口不得停留亦不徵收稅餉船鈔均俟到別口發售再行照例輸納倘進口貨船已逾二日之限即須輸納船鈔遇有領事等官不在港內應准大合衆國船主商人託友國領事代爲料理否則逕赴海關呈明設法妥辦

美約第二十款

一大合衆國商船販貨進口出口均將起貨下貨日期呈報領事等官由領事等官轉報海關届期委派官役與該船主貨主或代辦商人等眼同秉公將貨物驗明以便按例徵稅若內有估價定稅之貨或因議價高下不等除皮多寡不齊致有辯論不能了結者限該商於即日內稟報領事官俾得通知海關會商酌奪若稟報稽遲即不爲准理

美約第二十二款

一大合衆國船隻進口後方納船鈔進口貨物於起貨時完稅出口貨物於下貨時完稅統俟稅鈔全完由海關發給紅牌然後領事官方給還船牌等件所有稅銀由中國官設銀號代納或以紋銀或以洋銀按時價折交均無不可倘有未經完稅領事官先行發還船牌者所欠稅鈔當爲領事官是問

美約第二十三款　併見本類罰例

一大合衆國船隻停泊口內如有貨物必須剝過別船者應先呈明領事官轉報海關委員查驗確當方准剝運倘不稟明候驗批准輒行剝運者即將所剝之貨歸中國入官

美通商章程第六款　併見本類口岸貿易船鈔

一美國船隻進口限一日報領事官知照並照第十九條所載美國貨船進口並未開艙欲行他往限二日之內出口即不徵收船鈔以上二條無論先後總以該船進口界限時刻起算以免參差爭論至各口界限並上下貨物之地均由海關妥爲定界既要便商更不得有礙收稅知會領事官曉諭本屬商民遵辦

美通商章程第九款

一向例美商完納稅餉每百兩另交銀壹兩貳錢作爲傾鎔之費嗣後裁撤美商毋庸另交傾鎔銀兩

美通商章程第十款

一通商各口收稅如何嚴防偷漏自應由中國設法辦理條約業已載明然現已議明各口畫一辦理是由總理外國通商事宜大臣或隨時親詣巡歷或委員代辦任憑總理大臣邀請美國人幫辦稅務並嚴查漏稅判定口界派人指泊船隻及分設浮樁號船塔表望樓等事毋庸美官指薦干預其浮樁號船塔表望樓等經費在於船鈔項下撥用至長江如何嚴防偷漏之處俟通商後察看情形任憑中國設法籌辦

法約第十六款

凡大法國船一經引水帶進口內即由海關酌派妥役一二名隨船管押稽查偷漏該役或搭坐商船或自僱艇隻均聽其便所需工食由海關給發不得向船主及代辦商人等需索倘有違例即按所索多寡照例科罪並照數追償

法約第十七款 併見本類罰例

凡大法國船進口在一日之內並無阻礙其船主或貨主或代辦商人即將船牌貨單等件繳遞領事官該領事官於接到船牌貨單後一日內即將船名人名及所載噸數貨色詳細開明照會海關倘船主怠慢於船進口後逕二日之內不將船牌貨單呈交領事官每逾一日罰銀五十圓入中國官但所罰之數不得過二百圓迴領事官照會海關後海關即發牌照准其開艙倘船主未領牌照擅自開艙卸貨罰銀五百圓所卸之貨一併入官

法約第十九款

凡大法國商人每卸貨下貨應先開明貨單呈送領事官即着通事通報海關便准其卸貨下貨當即查驗其各貨妥當彼此均無受虧大法國商人不欲自行計議稅餉另倩熟悉之人代為計議完稅亦聽其便如有事後具言俱不准聽至估價定稅之數若商人與華人意見不合應彼此喚集二三商人驗明貨物以出價高者定為估價凡輸

稅餉以淨貨為率所有貨物應除去皮毛倘大法國人與海關不能定各貨皮毛輕重就將爭執各件連皮過秤先定多寡約數再復除淨皮毛稱其斤重即以所稱通計類推當查驗貨物之時如有意見不合大法國商人立請領事官前來該領事官亦即知會海關從中盡力作合均限一日之內通報否則不為准理於議論未定之先海關不得將互爭數目姑寫冊上恐後難於核定進口貨物遇有損壞應核減稅銀照估價之例秉公辦理

法約第二十款

凡船進口尚未領有牌照卸貨即與第十九款所載在二日之內可出口往別口去在此不必輸納鈔餉仍在賣貨之口完納鈔餉

法約第二十一款

議定大法國船主或商人卸貨完稅則例俱逐次按數輸納至出口下貨亦然凡大法國船所有鈔餉一經全完海關即給與實收呈送領事官驗明即將船牌交還准令開行海關酌定銀號若干可以代中國收大法國應輸餉項該銀號所給實收一如中國官所給無異所輸之銀或紋銀或洋銀海關與領事官核其市價情形將洋銀比較紋

銀應補水若干照數補足

法約第二十五款 併見本類罰例

凡剝貨若非奉官特准及必須剝運之處不得將貨輒行剝運遇有免不得剝貨之處該商應報明領事官給與執照海關查驗執照准其剝貨該海關可以常著胥役監視倘有不奉准而剝貨者除遇有意外危險不及等候外所有私剝之貨全行入官

法通商章程第六款 併見本類口岸貿易船鈔

一天津條約法國第十七條所載法船進口限一日報領事官知照並照第二十條所載法國貨船進口尚未領有牌照卸貨限二日之內可出口往別口去不必征收船鈔以上二條無論先後總以該船進口界限時刻起算以免參差爭論至各口界限並上下貨物之地均由海關妥為定界既要便商更不得有礙收稅知會領事官曉諭本屬商民遵辦

法通商章程第九款

一向例法國完納稅餉每百兩另交銀一兩二錢作為傾鎔之費嗣後裁撤法商毋庸另交傾鎔銀兩

法通商章程第十款

一通商各口收稅如何嚴防偷漏自應由中國設法辦理

條約業已載明然現已議明各口畫一辦理是由中國總理通商事宜大臣或隨時親詣巡歷或委員代辦任憑總理大臣邀請法人幫辦稅務並嚴查漏稅判定口界派人指泊船隻及分設浮樁號船塔表望樓等事其浮樁號船塔表望樓等經費在於船鈔項下撥用至長江如何嚴防偷漏之處俟通商後察看情形任憑中國設法籌辦

布約第十二款

凡議准通商各口每遇布國暨德意志通商稅務公會和約各國商船到口監督官即派妥役一二名看守稽查偷漏該役或搭坐自雇之船或在德船均聽其便所需工食

等費皆由中國海關支給惟不得於船主或管船之人需索銀錢倘有違例即按所索之多寡按例科罪照數追還

按此款內稽有議定船主漏報捏報罰條已列後案

布約第十三款 併見本類罰例

布國暨德意志通商稅務公會和約各國船隻進口一日後毫無阻滯之處其船主或貨主或管船商人即將船牌貨物清單繳送領事官領事官於接到船牌貨單後一日內即將船名人名及所載噸數貨色詳細開明照會海關以憑查驗倘船主愈限於船進口後二日內不將船牌等件呈繳領事官每逾一日可罰銀五十元但所罰之數不

得逾二百元之外監督官接到領事官詳細照會後即准該船開艙倘船主未領牌照自行開艙卸貨可罰銀五百元所卸貨物一併入官

布約第十四款 併見本類罰例

布國暨德意志通商稅務公會和約各國商人欲上貨下貨總須先領監督官准牌然後方可准行如違即將貨物入官

布約第十六款

至稅則所載按價若干抽稅若干如商人與華人不能平定其價即須兩家各邀客商二三人前來明驗其貨商客願買出價高者定爲估價照此抽稅

布約第十七款

凡輸稅項以淨貨爲率所有貨物應除去包皮倘布國及德意志通商稅務公會和約各國商人與海關人役不能定各貨包皮輕重就將爭執各件連皮過秤先定多寡約數再復除淨包皮秤其輕重即以所秤通計類推

布約第十八款

當查驗貨物之時如有意見不合布國及德意志通商稅務公會和約各國商人可赴領事官稟報該領事官將情知照海關從中儘力作合惟應於一日內稟報否則不爲

辦理於議論未定之先海關不得將互爭數目姑寫冊上恐後難於核定

布約第十九款

進口貨物遇有損壞應核損壞多寡按價減稅秉公辦理倘彼此理論不能定價則按照第十六款所載按價抽稅之例辦理

布約第二十一款

進口稅卸貨時完納出口稅下貨時完納所有稅鈔一經全完監督官即准發給紅單呈送領事官驗明即將船牌交還准令開行

布約第二十二款

監督官設定銀號若干可以代監督官收布國及德意志通商稅務公會和約各國應輸稅項該銀號所給收單一如監督官所給無異所輸之銀或紋銀或洋銀監督官與領事官核其市價情形將洋銀比較紋銀應補水若干照數補足

布約第二十五款

凡布國及德意志通商稅務公會和約各國船主一進通商各口欲將貨物在該口但卸幾分即照所卸之數納稅其餘貨物欲帶往別口卸賣者其稅銀亦在別口輸納

布約第二十六款 併見本類改運罰例

布國及德意志通商稅務公會和約各國商人在通商一口已將進口貨物納稅後轉欲載往別口售賣者即報明監督官將貨驗明果係原封不動載往通商別口時監督官給與牌照註明該貨曾在某口輸稅此口監督官驗過牌照即准卸貨不收餉稅一切規費俱無惟查出有影射夾帶情弊該貨嚴拿入官如欲將貨運出外國海關監督官發給存票一紙言明運貨出口之商人業已多納稅課若干待他日有貨上稅不論進口出口均可持票作已納稅餉之據照數除算

布約第二十七款 併見本類罰例

凡剝貨若非奉監督官特准不得將貨自行剝運如違除意外危險不及等候外所有私剝之貨全行入官

布約第三十一款 併見禮類優待保護

布國及德意志通商稅務公會和約各國商船遇有破爛及別緣故急須進口躲避者無論何口均可進去不用完納船鈔船內貨物如為修船之故而須上岸者亦不納稅惟將該貨留在監督官照顧以免影射情弊如該船在中國近岸地方損壞擱淺收口地方官聞知立即設法妥為拯救商梢保存船隻以及打撈貨物不使損壞所救水手人等務必妥為照料設法護送就近領事官查收以昭睦誼

布通商章程第六款 併見本類口岸貿易船鈔

一和約章程第十三款所載布國暨德意志和約各國船隻進口限一日報領事官知照第二十款所載布國暨德意志和約各國貨船進口並未開艙欲行他往限二日之內出口即不徵收船鈔以上二款無論先後總以該船進口界限時刻起算以免參差爭論至各口界限並上下貨物之地均由海關妥為定界既要使商吏不得有礙收稅仰會領事官曉諭本屬商民遵辦

布通商章程第九款

一向例布國暨德意志和約各國商民完納稅餉每百兩另交銀壹兩貳錢作爲傾鎔之費嗣後裁撤布國暨德意志和約各國商民毋庸另交傾鎔銀兩

布通商章程第十款

一通商各口收稅如何嚴防偷漏自應由中國相度機宜隨時便宜設法辦理中國總理外國通商事宜大臣或隨時親詣巡歷或委員代辦任從其便總理大臣欲邀布國暨德意志和約各國之人幫辦稅務並嚴查漏稅判定口界派人指泊船隻及分設浮樁號船塔表望樓等事毋庸

布國暨德意志和約各國之官指薦干預其浮樁號船塔表望樓等經費在於船鈔項下撥用至長江如何嚴防偷漏之處俟通商後察看情形任憑中國設法籌辦

德續約第三款之二　併見本類罰例

一德國允德國船隻進中國通商各口其貨物清單須將貨色件數開明內有舛錯處准於十二時限內改正禮拜節期不計倘有漏報捏報之事除將該貨物充公外仍應罰該船主惟所罰之數不得過五百兩

德續約第六款之一　併見本類貨稅

一中國允凡德國損壞船隻有在中國通商各口內拆賣該船各料者准其不另徵進口稅銀惟起岸時仍須照各貨一律赴關請領起貨准單爲憑

德續約善後章程第一款　併見刑類法禁本類口岸貿易長江口岸貿易

一江蘇吳淞口一處議准通融辦法如有德國船隻欲在該處載卸客商貨物或由他處運來上海運往他處均聽其便由江海關等自行設法嚴定偷漏稅課及防各項弊端章程中外商民一體遵守仍不准德國商民在該處起造馬頭設立行棧

德續約善後章程第三款　併見本類罰例

一凡德國船隻有應領海關准單方准起下之貨物而清

單未開明者無論船主有無畫押收據在先均爲漏報

德續約善後章程第四款　併見本類船鈔罰例

一德國船隻或在中國通商各口內口外受損應行修理者其修理日期扣算在免鈔期內准中國官前往查明辦理如查係飾詞偷漏者即照該船圖免噸鈔之數加倍議罰

德續約善後章程第六款　併見本類罰例

一凡德國損壞船隻有在中國通商各口內拆賣該船各料者如有將船內裝運各項貨物影射偷漏者除將漏報貨物入官外仍照應完進口稅銀加倍議罰

德續約善後章程第八款併見工類租傭建置本類貨稅免稅各物

一德商船廠應用雜物實係修理船隻者方准免稅進通
商口岸一面由關派員進廠將其如何使用各物之處眼
同閱看如係製造新船其進出口稅則內所載之貨照稅
則辦理其未載明之物均照值百抽五例徵稅令該商赴
關補納至開船廠者必先赴關領照此照併無關費并具保清結
內所註明各節悉由該關妥議酌辦

丹約第十四款併見工類租傭建置

一丹國民人凡欲游行卸貨下貨各等事務約准自雇小
船剝運不論何項船艇雇價銀兩若干均聽丹民與船主

自議不必官爲經理該船不得限定額數並船戶攬載挑
夫攬運一切情弊俱不准行惟是該艇干涉走私漏稅情
弊查出該犯自應照例懲辦

丹約第二十四款

一丹國商民輸稅期候約准進貨之稅於起載時輸納出
貨之稅於落貨時繳餉以示限制

丹約第三十一款併見工類租傭建置

一通商各口分設浮椿號船塔表望樓由丹國領事官與
地方官會同酌視建置

丹約第三十二款

一丹國商民輸納稅課銀兩應交官設銀號或以紋銀或
以洋銀其應何色銀兩與各國商人一律以免此重彼輕

丹約第三十五款

一丹國船隻甫臨近口約准該關監督任意派委員弁丁
役看守或在該船或在本艇隨便居住其需用經費由關
支發惟該員役不得向船主船商私取毫釐倘敢收受查
出分別所受之數多寡由該關監督按例酌量輕重懲治
其罪

丹約第三十六款併見本類罰例

一丹國商船進口之後約准以十二時爲限該船主必將

船牌艙口單各件交領事官即於此日通知海關並將船
名及押載噸數裝何貨物之處照會監督以憑查驗船主
如過限期並未報明領事官每日罰銀五十兩惟所罰之
數總不能逾二百兩至其艙口單內須將所載貨物詳細
開明如有漏報捏報者船主應罰銀五百兩倘呈單入關
後該商自查筆誤尚准刻即赴關改正惟總以十二時爲
限可不罰銀

丹約第三十七款併見本類罰例

一丹國商船進口經該關監督接到領事官按約詳細知
照後即發開艙單倘該船主未領開艙單擅行卸貨罰銀

五百兩並將各該貨物全行入官

丹約第三十八款 併見本類罰例

一丹國商人上貨下貨總須先領監督官准單如違即將貨物一併入官

丹約第三十九款 併見本類罰例

一丹國商船不准私行撥貨如欲互相撥貨必須先由監督發給准單方准動撥違者即將該貨全行入官

丹約第四十款

一丹國商人完清稅餉之後該關監督發給紅單為出口之據

丹約第四十一款

一丹國出入各貨如係值百抽五之貨倘海關驗貨丁役偶與該商各存己見不能定價約准各邀客商二三人前來驗貨該客商內有出最高之價者即以為該貨之價式免致收稅不公

丹約第四十二款

一丹國商民輸納稅餉實按斤兩秤計先除皮包粉飾等料以淨貨輕重為準至有連皮過秤除皮核算之貨即若茶葉一項倘海關丁役偶與丹商意見不同即於每百箱內聽役揀出若干箱丹商亦揀出若干箱先以一箱連皮過秤得若干斤再秤其皮得若干斤除皮算之即可得每箱實在斤數其餘貨物凡係有包皮者均可准此類推倘再理論不明丹商赴領事官報知情節由領事官通知監督會議酌辦惟必於此日稟報遲則不准稟聞此項未定斤數之貨監督暫緩填簿免致後難更易須俟秉公核斷明晰再為登填

丹約第四十三款

一丹商貨物或因潮濕等由損壞致價低減該關應行按價減稅倘該商與關吏理論價值未定則照第四十一款所載值百抽五之貨同法定辦

丹約第四十六款

一中國各口官員凡有嚴防偷漏之法均准相度機宜隨時便宜設法辦理以杜弊端

丹通商章程第六款 併見本類口岸貿易船鈔

一本約第三十六條所載丹船進口限十二時報領事官知照並照第二十九條所載丹國貨船進口並未開艙欲行他往限二十四時之內出口即不征收船鈔以上二條無論先後總以該船進口界限時刻起算以免參差爭論至各口界限並上下貨物之地均由海關妥為定界既要便商更不得有礙收稅如會領事官曉諭本屬商民遵辦

丹通商章程第九款

一通商各口收稅如何嚴防偷漏自應由中國設法辦理條約業已載明外現定各口畫一辦理以期妥善至長江如何嚴防偷漏之處俟通商後察看情形任憑中國設法籌辦

荷蘭約第五款 併見工類租傭建置

一和民任便覔致諸色華庶勤執分內工藝中國官毫無限制禁阻游行往來卸貨下貨任從和商自雇小船剝運不論各項艇隻雇價銀兩若干聽和商與船戶自議不必官為經理亦不得限定船數並何船攬載及挑夫包攬運

送倘有走私漏稅情弊查出該犯自應照例懲辦

荷蘭約第九款 併見本類罰例

一和國船隻進口限一日內該船主即將船牌艙口單等件檢交領事官領事官即於次日將船名及運載噸數裝何貨物等情照會監督官以便查驗倘過限期該船主並未報明領事官每日罰銀五十兩所罰之數總不能逾二百兩其艙口單內須將所載貨物詳細開明如有漏報捏報等項船主罰銀五百兩若係誤筆速於遞單之日改正可以不罰俟監督官接到領事官照會發給開艙單方准起貨倘船主未領開艙單擅行起貨亦罰銀五百兩並將所現起之貨物全行入官至於欲出口之時必待完清噸鈔稅餉後方准發給紅單領事官接閱紅單始行發回船牌艙口單等件准其出口若領事官或署領事官不在該處則將船牌艙口單等件檢交監督官辦理

荷蘭約第十款 併見本類改運罰例

一和商起落貨物及經過內地稅關納稅俱照稅則為準總不能較他國有多寡不均之數輸稅之期進口貨於起貨之時出口貨於落貨之時過內地關洋貨於給票之時各行按納各商船隻不准擅行撥貨如欲撥貨必先由監督官給領准單方准動撥違者將所現撥之貨入官和船

上貨下貨亦須先領監督官准單如違亦將貨物一併入官和商販運外國貨物進口已經納清課稅仍欲將貨轉運別口售賣須稟明監督官委員檢驗果係原包原貨與納稅底簿相符並無拆動抽換情弊則該商可向監督官請領存票一紙內註明所完稅銀若干他日不論本關進口出口之貨均可將此存票當作完納稅項之用其轉運之貨抵他口時再行納稅若查有影射假冒夾帶等情將貨亦罰入官或欲仍將該貨運出外國若經完稅亦當一體聲明稟監督官驗明發給存票一紙他日不論進口出口之貨均可將此存票當作完納稅項之用至於外國所

產糧食和船裝載進口全未經起卸准其復運出口如已經起卸轉運中國別口仍照稅則納稅章程辦理

荷蘭約第十一款

一凡納稅以斤兩計者務必先除皮包粉飾等料以淨貨輕重爲準倘稅關人役與和商意見不合自當兩造同往驗貨若日力不能瞭察之貨再有理論不明和商於一日內赴領事官稟知情由領事官會同監督官商量酌辦惟此未論定之貨監督官暫緩謄簿至稅則所載按價若干抽稅若干倘海關人役與和商不能平定其價即須各邀客商二三人前來驗貨客商內有願出價銀若干買此貨

者即以所出最高之價爲此貨之價式如貨物因受潮濕以致價值低減者應行按價減稅倘和商與關吏理論價值未定即照按價抽稅之法辦理

荷蘭約第十二款 併見刑類法禁本類罰例

一中國各口收稅官員凡有嚴防偷漏之法均准其相度機宜隨時便宜設法辦理以杜弊端和商船隻惟在約內准通商各口貿易如到沿海沿江別處地方私作買賣船貨一併入官倘船隻遭風犯險避入者不在此例該處官長自當設法照料俟諸務允妥令其出口起程不准在彼私行買賣如有私行起岸販貨者仍將船貨入官若和國商船在通商各口查有涉走私該貨無論式類價值全數查抄入官外仍可將該船驅逐不准在各口通商凡約內所有和商罰款船貨入官皆歸中國收用

日斯巴尼亞約第十一款 併見工類租傭建置

一遊行往來卸貨下貨任從日斯巴尼亞國商人自雇小船剝運不論各項艇隻僱價銀兩若干聽日斯巴尼亞國商人與船戶自議不必官爲經理亦不得限定船數並何船攬載及挑夫包攬運送倘有走私漏稅情弊查出該犯自應照例懲辦

日斯巴尼亞約第二十二款

一輸稅期候進口貨於起載時出口貨於落貨時各行按納

日斯巴尼亞約第二十八款 併見工類租傭建置

一通商各口分設浮樁號船塔表望樓由領事官與地方官會同酌視建造

日斯巴尼亞約第二十九款

一稅課銀兩由日斯巴尼亞國商人交中國官設銀號或紋銀或洋錢其應何色銀兩與各國商人一律以免此重彼輕

日斯巴尼亞約第三十二款

一日斯巴尼亞國船隻甫臨近口監督官派委員弁丁役看守或在日斯巴尼亞國船或在本艇隨便居住其需用經費由關支發惟於船主並該管船商處不得私受毫釐倘有收受查出分別所取之數多寡懲治

日斯巴尼亞約第三十三款併見本類罰例

一日斯巴尼亞國船隻進口限一日該船主將船牌艙口單各件交領事官即於次日通知監督並將船名及押載噸數裝何貨物之處照會監督官以憑查驗如過限期該船主並未報明領事官每日罰銀五十兩惟所罰之數總不得逾二百兩以外至其艙口單內須將所載貨物詳細開明如有漏報捏報者船主應罰銀五百兩倘係筆誤即在遞貨單之日改正者可免罰銀

日斯巴尼亞約第三十四款併見本類罰例

一日斯巴尼亞國商船進口該口監督官接到領事官詳細照會後即發開艙單倘船主未領開艙單擅行下貨即罰銀五百兩並將所下貨物全行入官

日斯巴尼亞約第三十五款併見本類罰例

一日斯巴尼亞國商人上貨下貨總須先領監督官准單如違即將貨物一併入官

日斯巴尼亞約第三十六款併見本類罰例

一日斯巴尼亞國商船不准私行撥貨如有互相撥貨者必須由監督官處發給准單方准動撥違者即將該貨全行入官

日斯巴尼亞約第三十七款

一日斯巴尼亞國船隻完清稅餉之後方准發給紅單領事官接到紅單始行發同船牌等件准其出口

日斯巴尼亞約第三十八款

一至稅則所載按價若干抽稅若干倘海關驗貨人役與日斯巴尼亞國商人不能平定其價即須各邀客商二三人前來驗貨客商內有願出價銀若干買此貨者即以所出最高之價為此貨之價式免致收稅不公

日斯巴尼亞約第三十九款

一凡納稅實按觔兩秤計先除皮包粉飾等料以爭貨輕重為准至有連皮過秤除皮核算之貨即若茶葉一項倘海關人役與日斯巴尼亞國商人意見不同即於每百箱內聽關役揀出若干箱日斯巴尼亞國商人亦揀出若干箱先以一箱連皮過秤得若干觔再秤其皮得若干觔除皮算之即可得每箱實在觔數其餘貨物凡係有包皮者均可准此類推倘再理論不明日斯巴尼亞國商人赴領事官報知情節由領事官通知監督商量酌辦惟必於此

日稟報遲則不爲辦理此項尚未論定之貨監督官暫援
填簿免致後難更易須俟秉公核斷明晰再爲登填
日斯巴尼亞約第四十款
一日斯巴尼亞國貨物如因受潮濕以致價低減者應行
按價減稅倘日斯巴尼亞國商人與關吏理論價值未定
則照第三十八款所載值百抽五之貨同法定辦
日斯巴尼亞約第四十二款
一中國各口收稅官員凡有嚴防偷漏之法均應相度機
宜隨時便宜設法辦理以杜弊端
比約第二十三款

凡議准通商各口每遇比國商船到口監督官即派妥役
一二名看守稽查偷漏該役或搭坐自雇之船或在比船
均聽其便所需工食等費皆由中國海關支給惟不得於
船主或管船之人需索銀錢儻有違例即按所索之多寡
按例科罪照數追還
比約第二十四款 併見本類罰例
比國商船進口在一日之內並無阻礙其船主或貨主或
代辦商人即將船牌貨單等件交送領事官該領事官於
接到船牌貨單後一日內即將船名人名及所載噸數貨
色詳細開明照會海關儻船主怠慢於船進口後經二日

之內不將船牌貨單呈繳領事官每逾一日罰銀五十圓
入中國官但所罰之數不得過二百圓迨領事官照會海
關後海關即發牌照准其開艙儻船主未領牌照擅自開
艙卸貨罰銀五百圓所卸之貨一併入官
比約第二十六款
凡比國船隻一進通商各口欲將貨物在該口但卸幾分
即照所卸之數納稅其餘貨物欲帶往別口卸賣者其稅
銀亦在別口輸納
比約第二十七款 併見本類罰例
凡剝貨若非奉監督官特准不得將貨自行剝運如違除

意外危險不及等候外所有私剝之貨全行入官
比約第二十八款 併見本類罰例
比國商人上貨下貨總須先領監督官准單如違即將貨
物一併入官
比約第二十九款 併見工類租傭建置
比國民人凡欲游行卸貨下貨各等事務約准自雇小船
剝運不論何項艇隻雇價銀兩若干均聽比民與船主自
議不必官爲經理該船不得限定額數並船戸攬載挑夫
撞運一切情弊俱不准行惟該艇干涉走私漏稅情弊查
出照例罰辦

比約第三十款 併見本類貨稅

比國商民起卸貨物輸納稅餉約准均照本約後附稅則為例總不能較諸他國或有此免彼輸之弊以示均平

比國出入各貨如係值百抽五之貨倘海關驗貨丁役偶與該商各存己見不能定價約准各邀客商二三人前來驗貨該客商內有出最高之價者即以為該貨之價式免致收稅不公　凡輸稅餉以淨貨為率所有貨物應除去皮毛倘比國人與海關不能定各貨皮毛輕重就將爭執各件連皮過秤先定多寡約數再復除淨皮毛秤其斤重即以所稱通計類推當查驗貨物之時如有意見不合比

國商人立請領事官前來該領事官亦即知會海關從中盡力作合均限一日之內通報否則不為准理於議論未定之先海關不得將互爭數目姑寫冊上迨後難於覈定

凡比商貨物或因潮濕等由損壞致價低減該關應行按價減稅倘該商與關吏理論價值未定則照值百抽五之貨同法定辦

比約第三十一款

進口稅即貨時完納出口稅下貨時完納所有稅鈔一經全完該監督官即准發給紅單呈送領事官驗明即將船牌交還准令開行

比約第三十七款

監督官設定銀號若干可以代監督官收比國應輸稅項該銀號所給收單一如監督官所給無異所輸之銀或紋銀或洋銀監督官與領事官覈其市價情形將洋銀比較紋銀應補水若干照數補足

比約第三十九款

中國各口官員凡有嚴防偷漏之法均准相度機宜隨時便宜設法辦理以杜弊端

比約第四十二款 併見禮類優待保護

比國商船遇有破爛及別緣故急須進口躲避者無論何

口均可進去無庸完納船鈔船內貨物如為修理之故而須上岸者亦不納稅惟將該貨留在監督官照顧以免影射情弊如該船在中國近岸地方損壞擱淺收口地方官聞知立即設法妥為拯救商梢保存船隻以及打撈貨物不使損壞所救水手人等務必妥為照料設法護送就近領事官查收以昭友誼

比通商章程第六款 併見本類口岸貿易船鈔

一本約第二十四條所載比船進口限十二時報領事官知照並照第二十五條所載比國貨船進口並未開艙欲行他往限二十四時之內出口即不准收船鈔以上二條

無論先後總以該船進口界限時刻起算以免參差爭論至各口界限並上下貨物之地均由海關妥為定界既要便商更不得有礙收稅知會領事官曉諭本屬商民遵辦

比通商章程第九款

一通商各口收稅如何嚴防偷漏自應由中國設法辦理條約業已載明外現定各口畫一辦理以期妥善至長江如何嚴防偷漏之處俟通商後察看情形任憑中國設法籌辦

義約第十四款 併見工類 租僱建置

義國民人凡遇游行卸貨下貨各等事務約准自雇小船剝運不論何項艇隻雇價銀兩若干均聽義民與船主自議不

必官為經理若有該船艇誆騙走失地方官亦不賠償義國所僱之船不得限定噸數該船戶攬載挑夫攬[illegible]一切情弊俱不准行惟是該艇干涉走私漏稅情弊查出該犯自應照例懲辦

義約第二十五款

義國商民輸稅期候約准進貨之稅於起載時輸納出貨之稅於落貨時繳備以示限制

義約第三十一款 併見工類 租僱建置

通商各口分設浮樁號船塔表望樓由義國領事官與地方官會同酌視建造

義約第三十二款

義國商民輸納稅課銀兩應交官設銀號或以紋銀或以洋錢其應何色銀兩與各國商人一律以免此重彼輕

義約第三十五款

義國船隻甫臨近口約准該關監督任意派委員弁丁役看守或在該船或在本艇隨便居住其需用經費由關支發惟該員役不得向船主辦商私取毫釐倘敢收受查出分別所受之數多寡由該關監督按例酌量輕重懲治其罪並將所索多寡照數追償

義約第三十六款 併見本類罰例

義國商船進口之後約准以十二時為限該船主必將船牌艙口單各件交領事官即於次日通知海關並將船名及押載噸數裝何貨物之處照會監督以憑查驗船主如過限期並未報明領事官每日罰銀伍拾兩惟所罰之數總不能逾貳百兩至其艙口單內須將所載貨物詳細開明如有漏報捏報者船主應罰銀伍百兩倘呈遞入關後該商自查筆誤尚准刻即入關改正惟總以十二時為限可不罰銀

義約第三十七款 併見本類罰例

義國商船進口經該關監督接到領事官按約詳細知照

後即發開艙單儻該船主未領開艙單擅行卸貨罰銀五百兩洋文誤作五十兩合行註明並將各該貨物全行入官

義約第三十八款併見本類罰例

義國商人上貨下貨總須先領監督官准單如違即將貨物一併入官

義約第三十九款併見本類罰例

義國商船不洋文漏寫不字合行註明准私行撥貨如欲互相撥貨必須先由監督發給准單方准動撥違者即將該貨全行入官

義約第四十款

義國商人完清稅餉之後該監督發給紅單為出口之據

義約第四十一款

義國出入各貨如係值百抽五之貨儻海關驗貨丁役偶與該商各存己見不能定價約准各邀客商二三人前來驗貨該客商內有出最高之價者即以為該貨之價式免致收稅不公

義約第四十二款

義國商民輸納稅餉貨按斤兩秤計先除皮包粉備等料以淨貨輕重為準至有連皮過秤除皮核算之貨即若茶葉一項儻海關丁役偶與義商意見不同即於每百箱內聽役揀出若干箱義商亦揀出若干箱先以一箱連皮過秤得若干斤再秤其皮得若干斤除皮算之即可得每箱實在斤數其餘貨物凡係有包皮者均可准此類推儻再理論不明義商赴領事官報知情節由領事官通知監督會議酌辦惟必於此日稟報遲則不准稟聞此項未定斤數之貨監督暫緩填簿免致後難更易須俟秉公覈斷明晰再為登填

義約第四十三款

義商貨物或因潮濕等由損壞致價低減該關應行按價減稅儻該商與關吏理論價值未定則照第四十一款所

載值百抽五之貨同法定辦

義約第四十六款

中國各口官員凡有嚴防偷漏之法均准相度機宜隨時便宜設法辦理以杜弊端

義通商章程第六款併見本類口岸貿易船鈔

一本約第三十六條所載義船進口限十二時報領事官知照並照第二十九條所載義國貨船進口並未開艙欲行他往限二十四時之內出口即不徵收船鈔以上二條無論先後總以該船進口界限時刻起算以免參差爭論至各口界限並上下貨物之地均由海關妥為定界既要

便商更不得有凝收稅知會領事官曉諭本屬商民遵辦

義通商章程第九款

一通商各口收稅如何嚴防偷漏自應由中國設法辦理條約業經載明外現定各口畫一辦理以期妥善至長江如何嚴防偷漏之處俟通商後察看情形任憑中國設法籌辦

奧約第十五款

奧斯馬加國船隻甫臨近口約准該關監督任意派委員弁丁役看守或在該船或在本艇隨便居住其需用經費由關支發惟該員役不得向船主船商私取毫釐

奧約第十六款 併見本類罰例

奧斯馬加國船隻進口限一日該船主將船牌艙口單各件交領事官即於次日通知監督官並將船名及押載噸數裝何貨物之處照會監督官以憑查驗如過期限該船主並未報明領事官每日罰銀伍拾兩惟所罰之數總不能逾二百兩以外至其艙口單內須將所載貨物詳細開明如有漏報捏報者船主應罰銀伍百兩倘係筆誤即在遞貨單之日改正者可不罰銀監督官接到領事官詳細照會後即發開艙單倘船主未領開艙單擅行下貨即罰銀伍百兩並將所下貨物全行入官

奧約第十七款 併見本類罰例

奧斯馬加國商人上貨下貨總須先領監督官准單如違即將貨物一併入官

奧約第十八款

各船不准私行撥貨如有互相撥貨者必須先由監督官處發給准單方准動撥違者即將私撥之貨全行入官

奧約第十九款 併見工類租僱建置

奧斯馬加國民人凡欲游行卸貨下貨各等事務准自僱小船剝運不論何項艇隻僱價銀兩若干均聽奧斯馬加國民與船主自議不必官為經理該船不得限定額數並

船戶攬載挑夫攬運一切情弊俱不准行惟該艇干涉走私漏稅情弊查出照例罰辦貨物入官

奧約第二十一款

奧斯馬加國出入各貨如係值百抽五之貨倘海關驗貨丁役偶與該商各存己見不能定價約准各邀客商二三人前來驗貨該客商內有出最高之價者即以為該貨之價式免致收稅不公

奧約第二十二款

奧斯馬加國商民輸納稅餉實按斤兩秤計先除皮包紛飾等料以淨貨斤重為準至有連皮過秤除皮核算之貨

卽若茶葉一項倘海關丁役偶與奧斯馬加國商意見不同卽於每百箱內聽役揀出若干箱奧斯馬加國商亦揀出若干箱先以一箱連皮過秤得若干斤再秤其皮得若干斤除皮算之卽可得每箱實在斤數其餘貨物凡係有包皮者均可准此類推倘再理論不明奧斯馬加國商赴領事官報知情節由領事官通知監督會議酌辦惟必於此日稟報遲則不准稟聞此項未定斤數之貨監督暫緩塡簿免致後難更易須俟秉公核斷明晰再爲登塡

奧約第二十三款

奧斯馬加國商貨物或因潮濕等由損壞致價低減該關

應行按價減稅儻該商與關吏理論價值未定則照第二十一款所載値百抽五之貨同法定辦

奧約第二十五款

奧斯馬加國商民輸稅期候納准進貨之稅於起載時輸納出貨之稅於落貨時繳餉以示限制各船完清稅餉之後方准發給紅單領事官接到紅單始行發回船牌等件准其出口其未經完稅領事官斷不可發還船牌

奧約第二十六款

奧斯馬加國商民輸納稅課銀兩應交官設銀號或以紋銀或以洋銀其應何色銀兩與各國商人一律以免此重彼輕

奧約第二十九款

凡奧斯馬加國船主一進通商各口欲將貨物在該口但卸幾分卽照所卸之數納稅其餘貨物欲帶往別口卸賣者其稅銀亦在別口輸納

奧約第三十三款（併見本類罰例）

條約所載奧斯馬加國商民罰款以及船貨入官各項皆歸中國收用中國各口收稅官員凡有嚴防偷漏之法均准其相度機宜隨時便宜設法辦理以杜弊端

奧通商章程第六款（併見本類口岸貿易船鈔）

一奧斯馬加國第十六條所載奧船進口限壹日報領事官知照並照第二十四條所載奧國貨船進口並未開艙欲行他往限貳日之內出口卽不徵收船鈔以上二條無論先後總以該船進口界限時刻起算以免參差爭論至各口界限並上下貨物之地均由海關妥爲定界既要便商更不得有礙收稅知會領事官曉諭本屬商民遵辦

奧通商章程第九款

一通商各口收稅如何嚴防偷漏自應由中國設法辦理條約業已載明然現已議明各口畫一辦理是由總理外國通商事宜大臣或隨時親詣巡歷或委員代辦任憑總

理大臣邀請奥人幫辦稅務並嚴查漏稅判定口界派人指泊船隻及分設浮樁號船塔表望樓等事毋庸奥斯馬加國官指薦干預其浮樁號船塔表望樓等經費在於船鈔項下撥用至長江如何嚴防偷漏之處中國設法籌辦

日本通商章程第四款

兩國商船進通商各口海關即派員弁丁役看守或在商船或在關艇隨便居住其需用經費由關支發不得向商船稍有需索違者按律追辦

日本通商章程第五款（併見本類罰例）

兩國商船進通商各口限一日内該船主將船牌艙口單交理事官即於次日通知海關並將船名及押載噸數裝何貨物之處開單同送以便海關查驗如過二日限期（除日曜日不計以進口之時算起歷十二時爲一日）尚未報關在中國每日罰船主銀五十兩所罰之數不得逾二百兩之外在日本國每日罰船主洋銀六十元至艙口單内須將所載貨物詳細開明如查有漏報捏報之貨在中國將貨入官並罰船主銀五百兩在日本國漏報者罰如貨稅之數捏報者罰貨主洋銀一百二十五元倘有誤報即在遞單之日改正免議逾限不改在中國每日罰銀二十兩所罰之數不得過一百兩之外在日本國罰洋銀十五元如該口未設理事官准船主將船牌艙口單自赴海關呈驗照章辦理

日本通商章程第七款

海關接到理事官知照後即發開艙單倘船主未領開艙單擅行卸貨在中國罰銀五百兩並將所卸貨物入官在日本國將所卸貨物入官商船上貨下貨須先領海關准單如違即將貨物入官至撥貨亦先由海關發給准單方准動撥違者在中國將貨物入官在日本國罰洋銀六十元

日本通商章程第八款

兩國商船輸稅期候進口貨於起載時出口貨於落貨時各行按納一經完清稅項海關發給紅單理事官接到紅單即發船牌准其出口

日本通商章程第九款（併見工類租傭建置）

兩國商民在通商各口撥運貨物聽其自雇夫船給發雇價官不經理亦不限定何船何夫攬運倘有走私漏稅海關查出照章辦理

日本通商章程第十款

兩國商人完稅以淨貨實數爲准將包皮除算至包皮輕重由關抽秤一二件餘則類推如有受潮損壞貨物不能按則完納者估價抽收每值百兩收稅銀五兩

日本通商章程第二十一款併見工類租傭建置

兩國通商口岸若欲設立官棧以備儲貨所有官棧章程當由兩國自行酌定惟貨初行入棧均應暫免納稅至銷售時必須完清稅項棧租方准領出倘欲照章轉運別口只交棧租亦免納稅

日本通商章程第三十款

兩國各口收稅官員凡有嚴防偷漏之法隨時察看情形設法辦理各商皆應遵行

通商各口通共章程末段

以上通商各口通共章程五款除長江應收進出口正稅及復進口半稅均在上海完納與別海口不同餘如洋商入內地賣洋貨買土貨復進口入內地銷賣以及土貨復進口報明不日出洋各項存銀納稅領單請照一切辦法南北各海口均照長江一律辦理

以上稽稅杜漏

通商各口通共章程第四款

洋商如在長江口岸自入內地買土貨或本商自去或用本國人或用內地人均可惟必須先向海關請領買貨報單單內註明該貨某日到某子口應運通商某口實屬本商土貨自必完納半稅等詞並於單內填註本商姓名或本行字號爲憑此等報單通商各口海關自行備辦俟准領事官咨請發給並無使費

長江通商統共章程第一條併見本類長江口岸貿易長江貨稅長江子口稅罰例

凡有英商之船在長江貿易者只准在鎮江九江漢口三處貿易沿途不准私自起下貨物如違此例由該關即將各該船貨均可入官長江出口土貨在以上三關出口以及無免單之進口洋貨未完半稅之進口土貨到以上三關進口均由各該江關查驗自行徵收稅餉按照條約已開通商各口辦理一切事宜

長江通商統共章程第二條併見本類長江口岸貿易罰例違禁貨物

凡有英商之船在長江貿易者現議分爲兩項其一由鎮江上江暫做長江買賣之大洋船以及各項划艇風篷船隻其二由上海入江常做長江買賣之內江輪船以上兩項船隻在何口貿易均照條約及該口章程辦理如帶軍器火藥等件應於上江時先將數目報明該關由關在所給上江之照單內註明件數查驗放行之後查出該船私加其數抑或在長江私將軍器火藥出賣該船均可入官凡來往各船如遇中國之巡查輪船欲行查驗立即呈明船牌各件查驗放行

長江通商統共章程第三條（併見本類長江貨稅長江船鈔罰例）

大洋船之例凡有英商之大洋船以及划艇風篷等項船隻抵鎮江時如在鎮江貿易即在鎮江徵收稅鈔若由鎮江再行上江前往九江漢口等處者須由船主將船牌呈交鎮江領事官查收並將艙口單呈鎮江關查驗俟由領事官行文來關方由關發給護照一紙名爲鎮江護照內註明該船帶用兵器鎗礮火藥等件若干水手多寡並押載噸數以及國號由關任便將船艙封固派差押送前往上江該船抵九江或上江或下江須由船主將其護照呈關查驗該船在九江漢口起下貨物所有納稅一切事宜均照該口章程辦理俟回鎮江須將護照繳關註銷由關查明稅鈔完清各事均妥方發給紅單准領回船牌開船出海下江時由關任便隨時派差押送至狼山凡有船在鎮江以上若該船無鎮江護照並無中國之牌照者由關查出即將該船入官

長江通商統共章程第四條（併見本類長江船鈔罰例）

內江輪船之例凡有英商之輪船自上江常做長江買賣者應准將船牌呈交上海領事官留署由領事官轉請江海關發給輪船江照一紙該江照以六個月爲限期凡有此江照者即可照內江輪船之例起下貨物完納稅餉凡有江照之輪船抵鎮江九江無論上江下江須將江照呈關查驗嗣後有江照之輪船須在鎮江九江漢口輪流完納船鈔輪船上江下江皆由各該關任便隨時派差坐船同往押送凡有江照之輪船若有違背各口章程之事除首次照例罰辦外下次再違即由關自行將該船江照作爲廢紙以後不准該船過鎮江上江無江照之輪船抵鎮江者若過鎮江上江須照第三款大洋船划艇風篷等項船隻之例辦理

長江通商統共章程第五條（併見本類長江貨稅長江子口稅長江改運）

凡有江照之輪船裝載土貨須由該商在裝貨口先將正半

兩稅一併清完方准裝貨俟該貨抵上海若在三個月限內復出口前往外國應由該商赴江海關請領執照作爲該貨已往外國之實據將執照呈交（江漢九江鎮江）關則可將該商所納復進口半稅發給存票以抵日後應完之稅但欲往外國之貨抵上海之時亦應報明凡有此等輪船裝載別船所撥之貨該貨在未撥之先須照起貨之例完納稅餉由關查明各進口稅完清方准撥貨

長江通商統共章程第六條（併見本類長江船鈔）

凡有洋商雇用內地船隻運貨者除按照條約納稅外仍令其照辛酉年暫定章程之例呈具保單請領執照該船

到關仍照內地船例完納船料如單貨不符照保單內註明之銀數罰辦俟江面肅清卽行停止

長江通商統共章程第七條

凡大洋船輪船及領有英國船牌之划艇風篷並洋商雇用內地運貨等船由出口之關給發總單至所過通商之口如起卸貨物卽由該船主將其總單呈關查驗方准起貨

以上長江稽稅杜漏

俄陸路通商章程第七款

俄商所運無論何項貨物如至天津查有拆動抽換或張

家口截留之貨數目多於十分之二及繞越他處不按第三款之路而行一經中國官查出某商違例其貨物全行入官

俄陸路通商章程第十五款

俄商由天津通州張家口販貨回國務須單貨相隨以憑查驗自起程日爲始限六個月內到恰克圖銷照如遇有躭延應於限期前報明領事及地方官如違罰辦倘有商人遺失執照將貨物扣留中途卽行報明原給執照之關並呈明日期號頭該關妥速補給執照註明補給字樣以便查驗放行以上出口事例

俄陸路通商章程第十七款

俄商如有偷漏及挾帶違禁之物如各國稅則第三第五兩條所載各物件均應將貨入官如該商自備軍器護身應在恰克圖報明填入執照每人各帶兵器一件

俄陸路通商章程第二十一款

凡有嚴防偷漏諸法按照各國總例任憑中國官隨時設法辦理

改訂俄陸路通商章程第三款併見本類陸路口岸貿易

俄商運俄國貨物前往天津應有俄國邊界官並恰克圖部員蓋印執照內用兩國文字註商人或隨人姓名貨色

包件數目此項貨幫只准由張家口東壩通州直抵天津任憑沿途各關口中國官員迅速點數抽查驗照蓋戳放行如各口有抽查拆動之處查畢後仍由各口加封其拆動件數並於照內註明以憑查核該關查驗不得過一個時辰其照限六個月在天津關繳銷倘有商人遺失執照卽行報明原給執照之官並呈明日期號頭妥速補給執照註明補給字樣以便查驗放行一面至就近之關口報明查驗相符暫給憑據准其執此前行以免躭誤如在張家口報明請領憑據應由在口之俄商代出保結方給字據前抵天津如所報貨色件數與補給之原照不符卽按

第七款辦理惟該行是問其所失之照作爲廢紙

改訂俄陸路通商章程第四款併見本類陸路口岸貿易

俄商由恰運俄國貨物路經張家口按照運津之貨總數任聽酌留若干於口銷售限三日內稟明監督驗發准單將酌留之貨交納稅項後方准銷售惟該口無庸設立領事官以及行棧

改訂俄陸路通商章程第七款併見本類罰例

俄商所運俄國貨物如至天津除報明留張家口之貨件外查有原貨抽換或與張家口酌留之貨數目不符其商違例其貨全行入官但沿途實係包箱損壞必應改裝

畢行抵就近關口報明如查驗原貨色相符即於單照內註明方可免其議罰倘或繞越他處不按第三款之路而行將原貨私行售賣一經查出某商違例即將其貨全行入官如僅繞越他處並未將貨銷賣即罰令完交一正稅其罰令入官之貨如果商人情願將原貨變價交官自應與中國官妥商按照原貨從公估價交官亦可按第十款續經改定章程已列後改定中俄陸路通商章程第十條內其原章別見稅務陸路改運茲不重錄

改訂俄陸路通商章程第十六款併見本類陸路口岸貿易

俄商由天津通州張家口販貨回國務須單貨相隨以憑查驗放行其銷照限期及遺失執照一切按照第十款辦理

改訂俄陸路通商章程第十八款併見本類違禁貨物

俄商如有偷漏及挾帶違禁之物如各國稅則第三第五兩條所載各物件均應將貨入官如該商自備軍器護身應在本國報明填入執照每人各帶兵器一件

改訂俄陸路通商章程第二十一款

凡有嚴防偷漏諸法按照各國總例任憑中國官隨時設法辦理

改訂中俄陸路通商章程第二條併見刑類法禁本類陸路口岸貿易罰例

俄國商民前往蒙古及天山南北兩路貿易者祇能由章

程所附清單內指明卡倫過界該商應由本國官所發中俄兩國文字並譯出蒙古文或回文執照漢文照內可用蒙古字或回回字註明商人姓名隨人姓名貨色包件牲畜數目若干此照應於入中國地界時在附近邊界中國卡倫呈驗該處查明後卡倫官蓋印戳記爲憑其無執照商民過界者任憑中國官扣留交附近俄國邊界官或領事官從嚴罰辦遇有遺失執照貨主應報明附近領事官以便請領新照一面報明地方官暫給憑據准其執此前行其運到蒙古及天山南北路各處之貨有未經銷售者准其運往天津及肅州即嘉峪關或在該關口銷售或運往內

地其徵收稅餉發給運貨執照查驗放行等事均照以下章程辦理

改訂中俄陸路通商章程第三條 併見本類陸路口岸貿易罰例

俄商由恰克圖呢布楚運貨前往天津應由張家口東壩通州行走其由俄國邊界運貨過科布多歸化城前往天津者亦由此路行走該商應有俄官所發運貨執照並由中國該管官蓋印照內用中俄兩國文字註明商人姓名貨色包件數目任憑沿途各關口中國官員迅速點數查看驗照蓋戳放行查驗之時如有拆動之件仍由該關口加封併將拆動件數於照內註明以憑查覈該關查驗不

得過一個時辰其照限六個月在天津關繳銷如該商以為限期不足應豫先報明該處官員倘有商人遺失執照應報明原給執照之官並呈明日期號頭請領新照註明補給字樣一面至就近關口報明查驗相符暫給憑據准其運貨前行如查該商所報貨數不符查該商係有隱匿沿途私賣貨物希圖逃稅等事應照第八條章程罰辦

改訂中俄陸路通商章程第四條 併見本類陸路口岸貿易

俄商由俄國運來貨物路經張家口任聽將貨酌留若干於口銷售限五日內在該關口報明交納進口正稅後由中國官發給賣貨准單方准銷售

改訂中俄陸路通商章程第八條 併見本類罰例

俄商由俄國運來貨物至天津除報明酌留張家口之貨外如查有原貨抽換或數目短少與原照不符即將所報查驗之貨全行入官但沿途實係包箱損壞必應改裝者該商行抵就近關口報明如查驗原貨相符即於執照內註明方可免其議罰倘有沿途私售一經查出其貨全行入官如僅繞越捷徑不按第三條所載之路行走以避沿途關卡查驗一經查出罰令完一正稅如係車腳運夫作弊有違以上章程貨主實不知情該關應體察情形分別罰辦惟此辦法係專指俄國陸路通商經過各處而言各

海口及各省內地遇有以上情事不得援以為例其罰令入官之貨如商人願將原貨作價交官准其與中國官按照原貨估價交官亦可

改訂中俄陸路通商章程第十七條

凡有嚴防偷漏諸法任憑中國官隨時設法辦理

以上陸路稽稅杜漏

章程

洋商請照入內地摘要章程已見本類子口稅併見禮類游歷刑類法禁本類罰例內地稅釐

津關各國商船進口下貨章程

第一款凡商船抵本口應照例將船牌等件呈交領事官如該國無領事官者則自行赴關稟報該船係在攔港沙內外停泊限二日報官

第二款凡商船進口先將艙內所載貨物據實開單赴關報明方能照所呈貨單領取開艙准照

第三款凡商船領取開艙准照之後方准將艙內之貨下

載剝船若係停泊攔港沙之大船剝船起貨行抵大沽由大沽委員督率號船巡役查明封貼船艙方准前來天津凡剝船運貨至新碼頭者貨主即應將所載貨件詳細開漢字清單並書英國字或法國字開單請驗由本關發給驗單俟該商完納稅餉呈同銀號發給之號收方准該剝船過關起貨

第四款凡商船欲裝出口之貨應照起貨之例赴關呈請查驗驗明後將艙口封貼發給驗單俟完淸出口稅餉方准剝船過關前赴海口裝入洋船如該洋船係在關下內口停泊即派差押送前往如該洋船係在大沽攔港沙停泊該剝船到大沽報明號船扞子手由扞子手查驗開艙方准將貨裝入洋船

第五款凡載出進口貨之剝船須在紫竹林碼頭以上起裝貨違者議罰

第六款凡兩船欲行互撥貨物必先請領本關特准單據方准互撥

第七款凡請免稅單存票等件者須將復出口之貨詳細開明包箱花色數目字號係何船裝載進口何時完淸稅餉現裝何船前赴某口各等情逐細稟明並將該貨運到新關碼頭驗明請領過關准照

第八款凡商船在請領出口紅單之先應將出口貨單呈

交本關

第九款凡洋人領單下貨因船已載滿復行退回者須帶貨赴本關碼頭查驗方准上岸

第十款凡商船在攔港沙起下貨物者須在本關號船之外停泊其餘小號各船可入內河者須在梁家園以上紫竹林以下停泊如違此界限在中途起下貨物即以走私議罰

第十一款本關每日自十點鐘時開關至四點鐘閉關凡禮拜及給假日期停止辦公

附錄英領事覆文

為照覆事照得四月十六日准照會代辦總稅務司赫德隨帶有天津海關稅務司克士可士吉併請辦寫字照及扦子手人等來津自應照例辦理現將議定商船進出口收稅章程十一條款抄錄備文照會本領事即當日諭知各商一體遵照按例辦理惟於第三款內漢字清單並書英字或法字共十一字即可刪去改為即應將所載貨件詳細開單請驗第五款內在紫竹林碼頭以上起裝貨躉者議罰應加暫且二字於起裝貨之上曾已先行面晤貴大臣時聲明至在內口起下貨之小船仍照舊章辦理停泊攔港沙各船由委員就近發給准照一面將船牌照封送來津由稅務司送交本領事等因本領事一概均准照此章辦理為此照復咸豐十一年四月二十一日

津關海口專設章程

凡有洋船欲進津口小船到大沽大船到攔港沙外灣泊之時仍將總單轉呈海關俟在大沽駐劄扦手報明經過沽卡各貨委係與單相符設該船主或該管洋行如欲急取紅牌俾得速出海口應聽另備細單內將各貨各式該管各行詳為註清呈關查明該單各情無不可信計其應納稅餉若干核清定數則准該船主抑或該管船之行即以該貨應承查驗之日必須按則完納稅餉各等情或為具結或以重物為質該關即發給紅牌俾該船速得即日出口庶免多日躭延之累俟稅餉交清後其具結者即行銷去押質者即行撤回惟有船主或各該行不願按照新章仍當遵照和約四十一條先完餉之後方准發給紅單領事官接到紅單始行發回船牌等件准其出口之例此條同治二年正月英國大臣照會粘送由總理衙門咨三口議復旋經董大臣議准咨行

核定津關拖帶小輪船章程

總理衙門咨同治十年三月十八日准咨據津海關詳據

天津漢稅司函稱本口有八士番得小輪船一隻係充當引水人公同夥置以為拖帶輪船之用此船即非一國人民應與未換約各國之船同歸本關管理並擬定章程發給執照以憑稽查該關道查核所議係為便商起見與七年九月間總稅司所擬章程最後聲明隨時酌擬之意相符詳由貴大臣咨照本衙門核復等因查天津海口由紫竹林至大沽一帶相距尚遠水淺路由原與他處口岸不同若概照從前定章一律不准起剝貨物設有輪船夾板各商船擱淺不能行駛河面窄狹竟被橫阻於中外商船均有未便應如該稅司所請此項八士番得船往來拖帶

遇有擱淺船貨准其起剝但不准於起剝擱淺船貨外私
行夾帶別項商貨以符舊章此船旣係由漢稅司發給專
照與英瑞兩國無涉所有八士番得船應卽歸本關管束
以資查考該稅司原擬四款現經本衙門逐細復核或引
伸其未盡或防弊於將來另爲改訂七條先令試辦一二
年如此一二年內行之無弊卽作爲天津一口定章他處
各口均不得援以爲例除將本衙門現定章程七條劄交
總稅務司一體遵照外相應抄章咨行轉飭津海關道行
知天津稅司遵照辦理同治十年六月咨北洋
一本口拖輪船之八士番得船應准赴關請領津關拖帶

輪船之專照方准照章剝貨往來
一此船往來若欲剝裝別船貨物係在紫竹林裝運到大
沽剝載別船者應於未裝貨之先由船主赴關將貨物件
數裝剝何船等事報明請領下貨單後方准下貨前往若
係大沽之貨剝裝至紫竹林者應先到大沽津關公所將
貨物件數並何船之貨報明請領下貨單後方准下貨前
往凡遇未領准單先下貨者一經查出卽將所下貨物全
行入官充公
一此船若係從大沽剝裝擱淺船之貨物運到紫竹林者
應由船主赴本關開明艙單查驗請領准單後方准起貨

若係由紫竹林剝裝擱淺船之貨物送至大沽者經過津
關公所碼頭時應由船主赴公所將裝運何貨剝載何船
等情報明倘有到紫竹林時不領准單先行起貨者或赴
大沽不赴碼頭遵驗先行剝貨者一經查出卽將所剝之
貨全行入官充公
一此船往來在紫竹林以下大沽以上所裝貨物及行李
等件沿途俱不准其起卸若違章者卽將該貨等件全行
入官充公
一凡有商船在天津海河內若遇擱淺無法可救者卽准
此拖帶船起封開艙將商船之貨剝載代運凡遇此等之
事拖帶輪船抵關時務須迅速將所剝何貨物件數報明

本關備查
一此船往來不拘何時本關可派人役登船看守該船人
等不得攔阻
一此船若違背應遵之章除將所剝貨物各件入官仍照
本關將所發專照銷除永不准其剝貨往來
以上七條係專爲天津海口八士番得拖帶輪船而設他
處不得援以爲例
又咨同治十二年閏六月二十三日准咨據津海關詳據
新關赫稅司函稱寶順洋行有飛雲小輪船一隻欲由大

沽至紫竹林或由葛沽鹹水沽至紫竹林往來載客剝貨准英國孟領事函請發給執照當以八士番得小輪船前於同治十年三月間請領執照詳蒙總理衙門酌定章程七條行令試辦一二年如行之無弊即作為天津一口定章是年八月間美國小米輪船援例請照亦經詳明在案現屆兩年之期是否無弊應查明再行照辦函復去後旋據赫稅司函稱迄今兩年並無違章原定章程七條已極周密嗣後該小輪船由大沽紫竹林起剝貨物必須由本關派役登船看守更昭慎重等情查飛雲小輪船核與前兩船事同一律是否准其剝貨詳請核咨據此除批飛雲

小輪船應准其照章往來惟不准於起剝擱淺船貨之外私行夾帶別項商貨亦不准私作買賣裝載內地鮮魚菜蔬米糧等類致有華船生計仰即知照稅務司轉飭該船悉遵定章辦理毋任稍有違悮致干究罰外咨請核復前來查同治十年三月准貴大臣咨報天津漢稅務司函致津海關道內稱本口有小輪船一隻名八士番得本口充當引水人公同夥置以為拖帶輪船所用此船應歸本關管理該船於拖帶輪船時遇有載重擱淺必須中途剝運請擬章程發給專照以憑稽查等因當經本衙門劄交總稅務司酌定章程七條復由本衙門改定咨行轉飭照章試辦在案今准咨稱該關道查據赫稅司函稱現已兩年小輪船並無違章嗣後小輪船由大沽紫竹林起剝貨物須由本關派役登船看守等語是於本衙門前定章程之外更添周密辦法應如所稱辦理惟八士番得輪船領照以後已有小米輪船援例領照之案今飛雲小輪船欲在大沽紫竹林往來載客剝貨請發專照與前兩船事同一律應如貴大臣批示准其悉遵定章辦理仍不准夾帶別項商貨私作買賣以防滋弊除由本衙門劄行總稅務司即飭該稅務司轉飭該輪船一切確遵同治十年間本衙門所定章程七條並此次批示各節辦理毋得違悮外為

此咨行同治十二年七月初一日咨北洋

核定出口土貨拆動改裝章程 併見本類長江改運罰例

總理衙門咨前准上海大臣將江海關道應寶時與新關稅務司日意格參酌赫總稅務司所議土貨改裝章程四條並單式等件咨請核辦當經本衙門劄交赫總稅司詳細核復去後茲於同治四年十一月三十日據該總稅務司申稱遵查所議章程四條及准改單式詳細周妥均屬可行惟既有罰貨入官之條此案應請行文各國大臣轉飭該口各領事遵辦等因申覆前來除由本衙門照會各國大臣外相應抄錄章程四條並單式一紙咨行同治四

年十二月十二日

一洋商凡有土貨於復進口時先由該商報明係日後復出口之貨給單起卸倘因包箱式樣不合必須改裝者該商赴關報明派人眼同查驗所請改裝者如實係本關進口原貨並無情弊方准給發准單派撥扦子手赴行監視拆改若在一年限內復出口時該商檢同改裝准單赴關報明係某日由某處進口某日請單改裝之貨如原來二包改作一包者即以原驗二包之斤重為准如原來一箱改作數箱者即以原驗一箱之斤重為准斤重相符准作為原貨出口毋庸再納出口正稅並將暫存半稅照章給還存票或給執照飭回原口註銷保結所有給票給照總在原定原貨出口一年限內給發倘該商報明出口時改裝之貨斤重比前溢出即非進口原貨除所完半稅不准給還併保結不准註銷外仍令照完出口正稅以昭核實而杜影射

一凡有商人將復進口土貨並未稟明本關給發准單私自拆包改裝一經查出除將所存半稅入帳俟日後復出口仍令另完一出口正稅

一凡商人私自拆改包件內載他物或已請准單於改裝時抽換別貨混以原貨出口報關請下船准單時被關抽驗查出立將所報復出口之貨全行入官

一領有改裝准單之貨將來出口時如係全數運出本關即將原單收回於給發長江半稅執照內將該貨改裝件數原係若干件一併註明如未全數運出即將現在運出改裝若干件原係若干件批明單內仍還該商收執本關於給發執照內亦將現運出之改裝若干件係在原數某某件內若干件之所改以備原口稽查所有該商繳還改裝准單由關按月逕咨註銷

又咨前據赫總稅務司申稱遵查所議土貨改裝章程四條及准改單式詳細周妥均屬可行惟既有罰貨入官之條應請行文各國大臣轉飭該口領事遵辦方無掣肘等因當經本衙門於同治四年十二月內照會各國公使並知照貴大臣在案茲准英法俄美布五國公使均以章程可行已劄知各口領事官曉諭各商一體遵照等因照覆前來相應咨行轉飭各關口一體遵照同治五年正月十一日咨南洋

核定客船行李免稅貨物拖帶輪船三項章程（併見本類免稅各物罰例）

總理衙門咨案查同治五年正月間據赫總稅司申陳通商各口有各應辦之事於中外均有裨益開具章程四條

請爲核辦前來內載引水一款經本衙門與赫總税司議定章程十五條照會各國駐京公使均無異議業於本年五月初三日照錄一分並抄各國照覆咨行轉飭各口照辦在案此外章程三條復經本衙門照會各國駐京公使亦無異詞相應抄錄五國照覆各一件並章程三條咨行通飭各口及各國領事官一體遵辦同治六年六月初四日咨各省

一凡有商船進口搭船之人客應俟扦子手上船方准將行李起岸倘有未遵應將該船艄工議罰以專責成若扦子手所起行李內有違禁漏税物件該客人如願自行打

開備查如不願查即由扦子手將該件扣留送該關税務司限該客三日內赴關眼同開看如逾限不到請由關上開驗倘查有或違禁或漏税之物除將扣留之件全行入官另將該客議罰

一凡有船進口除客人行李外倘裝有善後章程第二款所載免税各物須俟該關發給開艙准單方准起出倘有未領准單之先自行起卸或已入撥船或已起上岸一經查出除將所起之件入官外另照條約明文罰該船艄工銀五百兩至各省免税物件該船艙口單均須註明貨主亦須照納税物件章程先請起下貨各准單並將該貨赴

關遵驗方准分別入棧下船

一通商各口凡有拖帶船隻之輪船應將船牌存領事官署內由領事行文報明係拖帶之輪船並無裝貨來往等事由該關將船名登簿該船平常拖帶進出毋庸赴關稟明亦毋庸請領出口紅單倘欲赴通商別口仍須照條約定章赴關請領紅單赴領事官署內取回船牌若有此等拖帶輪船私赴別口未在原口領有紅單應將該船罰銀五百兩該船每四個月完納船鈔一次如有私帶貨物或偷漏税餉一經查出除將貨物入官外應由關於拖帶簿內將其船名刪除嗣後須照條約明定洋船之例時行報

關請領紅單辦理

附錄英國照會

爲照覆事本月十八日接准照會內以商船搭客行李免税貨物拖帶船隻等三項應遵條例擬定章程三條粘送前來本大臣詳將該章程會同各國駐京大臣詳細商酌似爲妥協照辦可期得益除行本國批准外理合即將章程三條劄飭各口出示曉諭本國商民一體遵守相應照覆三月二十五日

附錄法國照會

爲照覆事本月十八日本大臣接准照會一件其中節次

本大臣均已詳閱而前所允之三條本大臣業經行知各口領事官一體遵照辦理矣三月二十八日

附錄俄國照會

為照覆事照本年三月十八日接准照會附錄查驗船客行李免稅各貨及拖帶輪船等項章程三款前來詳加查閱與歷定諸約並無相悖於商情亦無所損尚未見照依施行另有窒礙之處除不日即行飭知各口領事官遵辦外相應照覆四月初一日

附錄美國照會

為照覆事准接本月十八日來文內開據總稅務司擬定

通商各口應辦之章程三條況有益於稅課且無損於商情等因前來本大臣披閱三條一論客船行李一論免稅貨物一論拖帶輪船理既精詳亦合善後條約章程洵中外通商須辦之術現擬將此三條行知各口領事官宜示遵照可也三月二十二日

附錄布國照會

為照覆事五月二十六日接奉照會內稱前因拖帶輪船一節接本大臣照會後即將本大臣所擬節單劄行總稅務司遵照辦理並照會本大臣查照上次章程三條轉行各口領事官遵照等因前來本大臣備悉一切現已將章程三條劄飭各口本國領事官一體遵此照辦相應照復五月二十八日

布國續定漏報揑報罰條（併見本類罰例）

總理衙門咨案查布國條約第十三款內未將船主漏報揑報罰辦章程詳細載明本衙門曾於上年十二月間照會布國公使酌辦並咨行貴大臣暨上海通商大臣及劄知總稅務司各在案茲准布國李使照覆內稱貴衙門所擬漏報揑報之船主應罰若干兩業經詳文本國請為按照所擬辦理茲已奉本國回文德意志各國嗣後皆願按照所擬罰條辦理並將此作為章程今將德意志文法郎

西文漢文三分文底特送查閱等因前來除由本衙門咨行上海通商大臣並劄知總稅務司一體照辦外相應抄錄布國照會一件並照會內漢文罰條文底一紙咨行查照轉飭各口遵照辦理可也同治七年九月十三日咨三口

附錄布國照會並罰條譯文

溯查同治六年十二月二十九日本大臣已將貴王大臣所擬漏報揑報之船主應罰銀若干兩業經詳文本國請為按照所擬辦理等因照覆在案茲本大臣已奉本國羅內稱此事係北德意志公會所應管者是以本國令北德

意志公會各該管官商議妥定今本國總管北德意志公會議事廳事務大臣壁斯瑪來文行知本大臣令爲聲明所有北德意志公會暨不屬北德意志公會之德意志通商稅務公會各國嗣後皆願按照所擬罰條辦理並將此作爲章程因此本大臣將德意志文法郎西文漢文三分文底特送貴衙門查閱本大臣諒貴王大臣見此章程不能不知德意志各國凡遇　貴國循理之事端無不願遵行也七月十六日

爲聲明遵照罰條事查所立和好貿易船隻事宜和約章程第十三款內有不妥之處特爲指明漏報揑報等弊應照中國與各國所立和約內罰銀之數辦理彼時本大臣即將此事詳文本國曾奉本國回文命本大臣聲明所有北德意志公會暨不屬北德意志公會之德意志通商稅務公會各國皆准概行按照中國所擬罰條將漏報揑報之船主罰銀若干兩但須知每遇此等事件必按其所犯之事輕重定其所罰之數多寡惟所罰最重者亦不可過五百兩之數再者該商貨單內舛錯之處如於一日內即外國二十四時之內改正者即不應罰至有漏報揑報之時應如何查明之處須該口海關所派委員與該口本國領事官所派委員當堂公同會訊確查如該二委員同意

擬罰銀兩若干該商即應將銀兩按數交清此事即算完結倘該二委員意見不同即應將此事詳送駐京之總稅務司與管理北德意志公會事務大臣公同查核定奪可也爲此聲明本大臣並親手畫押鈐蓋關防同治七年七月十六日即西歷一千八百六十八年九月初二日

議定代客報關章程

總理衙門咨前據赫總稅司申呈以江海關狄稅司請照英美兩國之例凡海關代報貨物必將貨主或管貨之人行號姓名一併報出等因當經本衙門抄錄原申呈一件咨行查復去後茲於二月十四十八等日先後准南洋大臣及貴大臣咨復前來查赫總稅司前呈各節係爲稽查報稅有無隱匿並責成報稅之人起見所稱或貨主親身赴關報貨或借人持有貨主憑據代爲赴關報貨其代報之人須呈明貨主之行號姓名並將貨主所交之憑據呈出查驗若無貨主行號姓名即以此報貨之人作爲貨主一切惟報貨人是問等情均於關務有益應如赫總稅司所議辦理至所稱各國章程凡有替人報關者須先赴關請領充代報之准單方准充爲代報之人又須由代報之人帶同保人出具有弊認罰甘結等情查商人運貨原應親身赴關報明其不親身赴關具報偶有倩人代報者亦

係出自貨主各自情願並非必須託人代替若各關先有
請領准單充爲代報之人反似商人運貨必須請託此人
代報難保無把持情弊與其犯後罰辦不如免事更張至
各關稽查稅務是其專責嗣後無論貨主自行赴關報貨
抑或托人代報雖有所報行號姓名可憑總須由關認眞
稽查無論自報代報不得潦草過目即云完事倘查驗稍
有不符即行照約罰辦總之海關所驗者係屬貨物但須
論貨不必論人各關憑此辦理最爲確有把握除由本衙
門劄行赫總稅司轉飭各口稅司一體遵照外相應照錄
劄赫總稅司文一件咨行轉飭遵照辦理同治十二年三

月三十日咨北洋

附錄給赫總稅司劄文

爲劄復事前准總稅務司申稱向聞各國之例凡遇運貨
到關報貨者或貨主親身赴關報貨或倩人持有貨主憑
據代爲赴關報貨其代報之人須呈明貨主之行號姓名
並將貨主所交之憑據呈出查驗若無貨主行號姓名卽
以此報貨人作爲貨主則一切惟此報貨之人是問如此
辦理凡係眞正商人倩人代報必囑代報者聲明行號姓
名其隱匿行號姓名有心作弊者因有惟此報貨人是問
之例則代倩人自多不敢勾通作弊是以遇有犯章之事

出卽有貨主之行號姓名可究故惟報貨人是問之例甚
善又聞各國另行章程凡有替人赴關代報者須先赴關
請領充代報之准單方准充爲代報之人先由關查明充
代報貨之人向來有無犯關章等事若並未犯章又須由
代報之人帶同保人出有弊認罰幾千兩之甘結其代報
貨之時須將貨主之姓名並貨主交付之憑據呈驗並可
由該關隨時將所發給之准單撤銷此各國之關章如是
通商各關若能一體照此辦理於眞正商人既毫無所損
於關務亦不爲無益應通行各口凡有貨主均應親身赴
關報貨倘非親身到關其所倩代報之人應將代報之憑

據呈出查驗並將貨主之行號姓名報明由關查實某人
係其貨主若代報之人無代報之憑據並亦未經聲明他
人爲貨主卽應以此報貨人作爲貨主一切惟其是問至
有欲充代爲報貨之人須先應帶同保人赴關出具倘有
作弊等事情願認罰銀兩之甘結由關查明此人確係未
經犯章妥實可靠之人方准其具結發給充代報之人准
單收執俟代報時每貨該應聲明貨主之行號姓名並將
貨主交付之憑據呈驗若領此准單之人日後訪有不可
靠之處經由關將其准單追回撤銷若有作弊情事查確
後卽由關按其所具之甘結銀數罰辦並日後絕不准其

再充代爲報貨之人此外應否另有別項章程應請貴衙門酌核訂妥等因前來查總稅務司所呈各節係爲稽查報稅有無隱匿並責成報稅之人起見所稱或貨主親身赴關報貨或倩人持有貨主憑據代爲赴關報貨其代報之人須呈明貨主之行號姓名並將貨主所交之憑據呈出查驗若無貨主行號姓名即以此報貨人作爲貨主一切惟報貨人是問等情均於關務有益應如總稅務司所議辦理至所稱各國章程凡有替人報關者須先赴關請領充代報之准單方准充爲代報之人又須由代報之人帶同保人出具有弊認罰甘結等情本王大臣查商人運

貨原係親身赴關報明其不親身赴關具報偶有倩人代報者亦係出自貨主各自情願並非必須托人代替若各關先有請領准充爲代報之人反似商人運貨必須請托此人代報更難保無把持情弊與其犯後罰辦不如免事更張至各關稽查稅務是其專責嗣後無論貨主自行赴關報貨抑或托人代報雖有所報行號姓名可憑總須由關認眞稽查無論自報代報不得潦草過目即云完事倘查驗稍有不符即行照約罰辦總之海關所驗者係屬貨物但須論貨不必論人各關憑此辦理最爲確有把握相應劄行總稅務司轉飭各口稅務司一體遵照可也

議定鐘表減稅並嚴防偷漏章程已見本類貨稅併見本類罰例

進口糖斤分別中外貨物納稅章程已見本類貨稅併見本類子口稅

以上稽稅杜漏

鎭江關會擬稅單船搭載客貨並洋藥分運附載章程

併見本類內地稅釐違禁貨物

一洋貨運入內地定章由洋商領單分運沿途概不重徵倘有匿單少報夾帶攙雜一經查出即應將同類之貨一併入官惟近來洋商領單報運無不以華人爲行夥僱坐內地船隻既難免華民附載以及船戶水手隨帶私貨情事若統照洋商船貨辦理未免無所區分今定專章凡稅

單運貨之內地船隻另有搭載無論洋土各貨物均須逢關納稅遇卡抽釐匿不報明但經查出即將搭載之貨全數充公稅單洋貨免其置議惟必須有附搭情形或貨裝各包或容分起方能照此辦法否則仍將單內外貨物依約論罰以杜臨時裝點影射之弊

一洋藥一項本有專條除在海口外即屬中國貨物洋商不得販運護送禁約至爲嚴密洋單運貨之行夥即屬洋商該船附載洋藥情形與護送相同未便通融致滋流弊可否申明定章凡洋藥一經離口領有分運驗單果欲搭載取便祇能附趁華民船隻不准與洋單洋貨同載倘有

蓮犯比照護送之例酌核發落即將單內洋藥罰半充公以示懲儆其並無驗單即屬私販以及實有外國人護送者仍照定章全數充公庶辦理較有區別

一華商分運洋藥請有驗單經過皖北局卡能否免捐一節查鎮江洋藥分局始於同治三年上海洋藥總局陳編修會商許前署道議擬開辦章程內有沿江各口岸一律照驗放行等語呈明前爵撫憲李核准刋入驗單給商領運沿江二字所包甚廣是否專指本省抑凡屬沿江各省局卡均准照驗並無明文同治七年蔡前道任內曾准皖南釐局咨據蕪湖卡員稟有情記棧商裝運洋藥赴九江

銷售經過該卡持有鎮江分局驗單不肯完釐移詢到關即經蔡道抄錄前定沿江照驗章程移復嗣後該省如何辦理未能得悉惟洋藥一項祇准在通商海口本府所屬免其重征一出本府交界即由內地設法辦理復查上海洋藥局所發分運單經過松府各卡照驗免捐其運至隔府隔省仍當照章報納鎮江分局事同一律擬請明定章程嗣後華商領單分運經過本省沿江局卡准其照驗放行一經出境無論分運何處均應遵照各該地方向章聽候查報不在照驗免徵之例並請將此條添註單內以杜影射悞會之弊

以上三條同治九年　月鎮江關道松滬釐局會詳南洋大臣李奉批准通飭試辦

南洋大臣劄行案照洋商領有單照僱用華船進入內地買賣如有華客搭載貨物並洋藥一項旣在一船華洋多有糾轕經過內地釐卡如何分別辦理飭據淞滬捐釐總局司道及鎮江關道會議罰辦章程當經劄行蘇江安三省牙釐茶捐各總局通飭所屬各局卡一體遵照並因此項罰款總以歸公數目多於給賞之數飭取各局向定充賞章程錄送核奪在案茲據各總局將充賞章程先後申復前來查核各局所收罰款向定充賞成數未盡畫一內

惟蘇省淞滬牙釐兩局係定以二成給賞八成充公辦法最妥嗣後內地各局卡查有前項船貨並洋藥一項滋生弊端按照章程應收罰款即以二成給賞八成充公所有充公之數無論銀錢均隨正款報解不得挪移別用仍於起解時開明數目另文具報本通商衙門備查此係專為洋商請領單照僱用華船進入內地買賣經各該釐卡查有華客搭載貨物匿不報明並同在一船之洋藥滋弊而設務須妥細查辦其各局卡茶釐百貨應收罰款仍照向章辦理無庸牽涉除分別劄飭外合行通飭劄到該總局即便轉行所屬各局卡一體遵照同治九年十二月二十

十六日劄釐捐總局

以上長江稽稅杜漏

頒行發給陸路俄商三聯單章程已見本類陸路口岸貿易併見本類陸路改運

俄陸路通商詳辦章程十二條

一俄國陸路通商章程自第一款至第八款皆指運洋貨入內地而言是以註明以上進口事例字樣自第九款至第十五款皆指買土貨回國而言是以註明以上出口事例字樣洋貨土貨辦理不得牽混進口出口分晰務宜清楚

一凡物係外國所產皆名曰洋貨係內地所產皆名曰土貨陸路通商章程進口事例所謂進口者係指進恰克圖口也係指洋貨而言出口事例所謂出口者即指出恰克圖口也係指土貨而言若買土貨運出海口及運土貨入內地銷售則與陸路章程無涉即應照各國總例及各口通共章程辦理庶免轇轕

一俄商運洋貨前往天津路經張家口務須於該貨甫到口未入店之先照第三款迅速點數抽查驗照蓋戳以防該商入店後暗地更換貨物其在口酌留十分之二須照第四款認真奉行驗發准單方准其銷售

一俄商在張家口買土貨回國須按照陸路章程第十二款在張家口交一子稅但此款係專指在張家口買土貨由恰克圖運行回國而言其由張家口買土貨運出海口則應照各國總例辦理與陸路章程無涉各國總例辦法註明在下款之內

一俄商在張家口買土貨運出天津海口並非由恰克圖回國則應照各國總例於未買貨之先預由天津海關請領報單運照外錄送報單運照式樣各一紙各口通共章程一件可詳細查閱至於如何查驗單照之處可查照各口通共章程第四款辦理如無報單運照應照逢關納稅之例照內地華商一律辦理亦不准其在未出天津海口之先即在內地販賣蓋在內地買土貨只准出海口或由恰克圖回國不准在內地轉賣各國總例如此

非復進口之土貨可比也如有海關報單運照則在張家口買貨地方係第一子口不應收稅只准照單驗貨於運照內註明貨色名目件數並運往某海口不准在內地銷售字樣沿途查驗蓋戳放行均不得發給新定三聯執照緣新定三聯執照專為俄商在張家口買土貨由恰克圖陸路回國而設該商既係運出天津海口則自應照通共章程在天津領取報單運照各按各例不得牽混

一俄商由南洋各口買土貨運津從陸路回國已在天津交過復進口半稅領有免重徵報單路經張家口務須照陸路章程第十款實力稽查倘有沿途銷賣及繞越行走

等弊貨色件數與執照不符應將該商貨物全行入官其
弊端係何處查出其貨物即歸何處入官充賞查出之人
若該商到恰克圖查有在張家口私賣情弊而張家口未
經查出即惟張家口是問
一俄商由南洋各口買土貨復進天津海口運入內地銷
售則天津關即不應發給新定三聯執照既無三聯執照
則應照土貨離口販賣之例逢關納稅遇卡抽釐其抽收
釐稅之法儘可照內地華商一律辦理不必因係俄商稍
涉寬縱
一俄商在張家口買土貨運出海口後復由各口運回天

津入內地銷售如前次牛皮之類並無三聯執照亦應照離口販
賣之例逢關納稅遇卡抽釐
一只准洋商在內地買土貨運出海口不准其未出海口
即在內地轉賣者實恐奪華商生計也其土貨既出口復
進口即准其照逢關納稅之例入內地銷售者因其置貨
時已在最後子口交一子稅出口時已交過正稅復進口
時又交過半稅層層稅課而又於入內地轉賣時令其逢
關納稅遇卡抽釐與華商納稅事同一律不礙華商生計
一俄商運洋貨由恰克圖進口路經東壩通州須按照陸
路通商章程內進口事例第三款認真查驗蓋戳放行倘

有拆動之處務於照內註明以憑查核不得因東壩通州
無稅可收遂視為具文僅以鈐蓋戳記為了事倘不認真
稽查到天津時有拆動情形而照內並未註明若詢係在
東壩通州地方拆動即惟通州東壩是問
一俄商在通州買土貨由陸路運恰克圖回國應按照陸
路通商章程內出口事例第十三款預先報明東壩由東
壩收一正稅發給新定三聯執照
一俄商在張家口買土貨運出海口路經東壩通州查無
報單運照應照逢關納稅之例照內地華商一律辦理倘
有沿途銷賣情事應即罰辦如有報單運照則查驗放行

概不收稅
以上陸路稽稅杜漏

成案

通商各口船貨於洋文總單之外另備漢文總單

總理衙門咨同治十二年八月二十七日據赫總稅司申呈以通商口岸來往船隻裝運貨物請將每船所領無數之免照等單易爲總單一件以歸簡易等因查洋商運貨由出口之關發給總單載在長江通商章程第七條總單原不能廢但不應將免照等單概易爲總單致啟稅務之弊惟所稱於洋文總單之外另備漢文總單一件由監督蓋印給發尙屬可行相應咨行同治十二年八月　日

咨各省

又咨據總稅務司文稱接奉劄開總稅務司請將每船所領無數免照等單易發總單一件以歸簡易一節應毋用議惟於洋文總單之外另備漢文總單一件由監督蓋印給發更爲周密應如所請辦理等語總稅司均已閱悉現仍請咨行南北洋通商大臣轉飭各關監督於十一月十五日開辦以便各口同日通行遵照等因前來相應咨行劄飭各關監督於十一月十五日爲始將此項漢文總單蓋印給發以昭畫一仍飭將舊用免照等單一體照舊給發與漢文總單相輔而行毋或因此失彼爲此咨行同治十二年九月十九日咨各省

附錄給赫總稅司劄文

爲劄覆事同治十二年八月二十七日據總稅務司申呈以通商口岸來往船隻裝運貨物飭將每船所領無數之免照等單易發總單一件以歸簡易稅務司所辦之洋文總單外另備漢文總單一件漢文總單內將該船實裝出口之貨物情形詳細註明由監督蓋印發紅單時並交該船主攜帶他口於進他口時呈關則所到各船不但稅司照內有出口之洋文總單可查卽各口監督亦有漢文之總單可證等因申請查奪示復前來總稅務司第爲辦理簡便起見惟查同治元年所訂長江通商第七條內開洋

商運貨由出口之關給發總單至所過通商之口如起卸貨物由該船主將總單呈關查驗方准起貨此總單者本爲總記貨物之用而非爲分別稅課應征應免之用至洋貨進口已完正稅後改運他口則有該關所給存票免照爲憑土貨出口已完正稅後復進他口則有該關所給完稅憑據爲憑如進他口完半稅後一年期內復運他口則有該關所給半稅存票爲憑洋商運米穀等糧到通商別口則有該關所給監督印照爲憑各項票照等件載在條約各關憑貨如何收稅自應以出口之關有無票照等件爲憑不應僅以出口之關稅務司總單爲憑其進出口免

稅之物各關自應以善後條約第二款內載明各物爲憑亦不應僅以出口之關稅務司總單爲憑總單有總單之用各項票照有各項票照之用不得因有一件總單而置各項照票於不用也且此口之貨運到彼口貨物在船係船主之責貨物有無完稅自應分晰裝載以免走私罰辦之累不能謂呈繳票照等件爲多事而欲以一件總單了之貨物到關監督身任關務自應認眞查驗以防夾帶影射之弊亦不能厭查點票照等件之煩瑣而欲以一件總單了之也況洋商照約應准免稅之物應於到口時查明應免始予准免若憑出口之關稅務司總單註有免稅字樣卽予免稅是他口可以免此口之稅恐滋流弊亦與稅

務司不得管理別口稅務章程未合總稅務司所請將每船所領無數免照等單易發總單一件以歸簡易一節應毋庸議惟同治元年長江通商章程內所載總單並未分晰載明洋文總單漢文總單字樣令總稅務司請於洋文總單之外另備漢文總單一件由監督蓋印給發更爲周密應如所請辦理除由本衙門咨行南北洋大臣轉飭各關監督遵照辦理外相應劄復總稅務司卽飭各口稅務司一體查照同治十二年九月

津關變通填發漢文總單

總理衙門咨同治十二年九月二十九日准咨據津海關道詳稱洋商運貨出口各海關發給免單從前只有洋文並無漢文監督委員均無從稽查今於洋文總單外另備漢文總單一件立法甚爲周密惟天津由紫竹林新關至道署往返約七八里之遥各洋船將貨下齊始能照數填註總單若干此時送署蓋印往返需時恐於商情不便若預用空白委員收存塡發又不足以昭愼重可否將漢文總單責成新關委員於各洋船上貨時詳細查明隨將總單核對蓋用鈐記就近給發如洋文總單有錯惟稅務司是問如漢文總單有錯惟委員是問等情除批該道擬責

成委員將漢文總單核對蓋用鈐記就近給發似屬可行等因咨請核復前來查該關道所擬將漢文總單責成新關委員蓋用鈐記就近給發一節係爲新關距道署稍遠恐致持單蓋印往返耽延有礙商情應如所請辦理相應咨行轉飭遵照同治十二年十月初五日咨北洋

官輪船進口由委員查驗

總理衙門咨光緒六年十月二十三日准總稅務司所陳查驗兵官輪船要件五端茲特逐層擬議辦法咨請核辦前來本衙門正在核辦間接准北洋大臣咨稱奉查總稅務司所稱查驗兵官輪船礙難辦理五端本大臣查各國

兵輪船入口向不准關役上船查驗中國兵船自應一律以崇體制但應由各督撫將帥嚴申軍律不准夾帶貨物致干參咎至官輪船間有運送兵差或有大憲及奉使官員在內似未便因此稽滯阻留致悞事機而褻國體亦應分別妥辦當經分飭關道妥議茲據津海關道詳稱遵查各國兵船進出通商口岸向不准關役上船查驗中國兵船自應一律以崇體制至官輪船來往各口或運送餉項兵差或大憲因公乘坐與商局輪船原有區別總稅務司所陳第四端自屬實情至第五端所稱可否由稅務司分別放留獨斷辦理等語稅務司之權本不得逕行於兵輪

官輪若許獨斷放留於體制似多窒礙查各國兵輪攜帶貨物按西法本應完稅但不准登船查驗又查同治年間蘇省兵船往來長江曾奉上憲派員在吳淞口專司查驗約計年餘乃行停止擬請仍照往年蘇省辦法於各省江口海口擇定要緊之區派員駐紮遇有中國兵輪官輪往來進出由委員專司稽查無庸經新關洋人之手如有夾帶貨物及不遵停驗者據實稟請核辦庶於稽查之中仍存體制咨請查核前來本衙門查津海關道所詳不為無見且有同治年間蘇省成案可循應照議辦理除分別咨劄查照外相應咨復查照該關道所議通飭各該關道凡有中國官輪兵輪到關自行派員認眞查驗以專責成光緒六年十月　日咨北洋

暹羅進口船分別報納稅鈔已見本類貨稅併見本類船鈔內地稅釐

英商未領開艙單擅行卸貨照約罰辦

三口大臣照會本月十八日接據貴領事來文內稱昨據副領事吉來文稱有斯大以佛船船主未領開艙單即行卸貨下剝船有犯和約第三十八款照約應罰銀五百兩第看此船主未能諳熟條約章程所至非存走私之意而貨物又非違禁者比今副領事官擬罰其銀五百兩應請貴大臣體恤該船主非是常川來往者而船小年歲又老

未諳海口章程量從末減為此照會貴大臣查核擬減數目迅即照覆以便飭知該船主等因據此查該船違約卸貨理應按照第三十八款罰銀五百兩並將所起之貨全數入官以符定章茲據貴領事轉據吉副領事來文請量從末減本大臣姑念該船主初次犯約尚非意存走私暫為從寬辦理現已知照威稅務司准減一半飭令罰銀二百五十兩以示格外體恤之意此後不得援以為例如將來再有違約私起貨物者均應照章罰銀五百兩並將所卸之貨全數入官決不寬貸至所扣剝船二隻一俟罰款交清即令放行為此照會希即傳知該船主遵照並通諭

各船一體遵守和約毋得再有違背四月十九日照會英領事

英商煤船進口不領關單擅行起卸照約罰辦

江海關詳竊查英國和約第三十八款載監督官接到領事官詳細照會後即發開艙單倘船主未領開艙單擅行下貨即罰銀五百兩並將所下貨物全行入官茲有英商公道行船進口於上年九月二十一日由英領事報關該船全裝煤觔並未赴關領單遽將煤觔盡行起岸照章應罰銀五百兩當即照會英國麥領事飭罰去後旋准照復以據該商稟陳應請免罰大致謂此項煤觔於未起岸之

前輾轉出售公道行並不知煤歸何人故起岸時未領關印單據乃屬歧誤等語覆核該洋商所稟詞多矯飾殊非情理按照條約所載不但罰銀並應將所下貨物全數入官今僅請照數罰銀已屬格外從寬未便請免復經照會飭令將罰款追繳送道詎該領事復文仍不依允并云已將此案全卷錄詳本國駐京大臣查核批示等情前來伏查此案公道行船並未領單擅自起貨英領事不允照罰均屬有違條約理合照錄原案具文詳請轉咨總理衙門照會駐京英國公使會議示遵詳南洋大臣

又詳案照英商公道行煤船進口不領關單擅自起卸照章應罰銀五百兩屢經照會飭罰詎英領事麥華陀堅不依允并云已錄詳該國駐京大臣查核批示等情當經錄案詳奉憲臺咨呈總理衙門查核辦理並即遵批按照條約剖辦去後茲據英國領事官夏福利照復內稱查公道行煤船進口擅自起卸請飭遵罰一案現經本領事將此案情形反復揆度竟難寬辦飭繳罰款甚爲公允當飭遵繳銀五百兩送請查收銷案至本領事公辦此案實欲各商遵守和約等情前來伏查此案實由麥前領事膠執己見致煩案牘茲夏領事秉公飭罰洵屬恪遵和約除將繳到銀兩入冊彙報外理合具文詳請俯賜咨明總理衙門

銷案同治二年四月初九日詳南洋大臣

美商遞假艙口單暫照英約罰辦（併見本類罰例）

總理衙門咨前准上海通商大臣李咨稱美國船主往往於進口時投遞假艙口單應如何辦理等因當經本衙門查美國條約第十四款內載走私漏稅應由中國自行辦理治罪照會美國公使查照據美國公使照復未能結實又經本衙門照會該公使是否仍照美國條約第十四款治罪抑照英國三十七款罰銀五百兩一律罰辦等因茲據美國全權大臣蒲照覆內稱嗣後倘有美商作此弊者按照英國第三十七款暫行辦理等語相應咨行轉飭所

轄各關監督嗣後如有美商投遞假艙口單之案即照英國第三十七款罰銀五百兩同治二年九月十四日咨各省

洋商運貨入內地漏稅不容查驗照約罰銀（已見本類子口稅）

洋船載運黃銅片稅分別征免（併見本類免稅各物）

總理衙門咨前因上年七月初六日准英國照會內稱廈門船塢所需各物應否征稅請與廣州福州上海畫一辦理等因經本衙門咨行將船塢黃銅片向來如何收稅查明聲覆嗣於九月初六日准咨覆內稱據江南海關道丁日昌詳稱函據狄稅務司覆查此項黃銅片進口時如實

係本船修船所用或指明係口內何船修船所用本關向均照善後章程第二款船用雜物照例免稅如不能指明係何船所用以及船廠商人運進備用者本關向均照稅則征稅等因前來查船塢即係船廠黃銅片等物江海關向例既係征稅惟本船修船所用以及指明口內何船修船所用皆免征稅江海關既辦有成例各口自應照辦除由本衙門劄知赫總稅務司轉飭各口倣照上海一律辦理外相應咨行查照轉飭各關一體照辦同治四年正月二十九日咨南洋

剝貨小火輪船走私議罰

英國領事官孟照會三月初四日接到照會內開三月初一日早間有小火輪船名大沽者帶領英國夾板船名噶福爾芝富至大沽關前并不停泊候驗相應明定章程以杜走私弊端經貝稅司擬以小輪船既經剝貨自應在大沽局停泊候驗如有不遵每次或罰銀或將船入官等因查嚴防偷漏之法應收稅官隨時設法以杜弊端無論中國外國船隻既作剝船者自應一律辦理今該小輪船既經剝貨自應在大沽局前一律停泊候驗如有不遵每次罰銀不過一百兩如故意走私將船入官為此照會貴大臣其是否允協之處希即照覆以便轉飭英國小輪船遵

照至別國船隻應請照會各國領事官商辦同治五年三月初七日照會三口通商大臣

綑茶圖餅朦報磚茶查出嚴行罰辦（已見本類貨稅）

英商販運色點布捏報白點布罰辦

總理衙門咨同治六年十一月十六日准來咨以東海關道詳報滋大行商人發蓬生報御白點布二十箱經稅務司扦手查出係色點布一案查據江海關監督呈稱仁記行裝運色點布進口時塡報白點布完稅雖稱筆誤於原貨出口時又不聲請更正補完稅銀實與條約有違應否將貨入官咨請查核前來查條約第四十八款內載英國

商船查有涉走私該貨無論式樣價值全數查抄入官等語今仁記行在上海請領下貨單時既報明白點布出口復函致滋大行云係色點布其爲有意捏報已有明証并非筆誤更難遮飾既經東海關查出以細報粗之情實屬有干條約應即飭知東海關將其貨物全數入官以爲捏報者戒爲此咨覆同治六年十二月十一日咨三口

又咨前准貴大臣咨報東海關監督查出滋大洋行將色點布揑報白點布一案經本衙門飭照條約將其貨物全數入官嗣復准咨稱東海關雷稅司懇請量爲減少飭令該行交銀五百兩即將入官貨物發還正在核辦間又據

赫總稅務司申稱該行色點布於始進海口時因筆誤錯報白點布請從寬辦理將扣留之貨准該商照減價貨值二成之數贖回等語本衙門查滋大洋行捏報白點布一案既係一時筆誤自應從寬辦理該行捏報之色點布共二十箱若照所擬二成贖回應得實銀若干並前次納過稅銀若干應補稅銀若干劄飭該總稅司查明聲覆去後茲於八月二十三日據赫總稅司申復遵照色點布共計二十箱核值銀二千六百三十四兩按二成贖回應得銀五百二十六兩八錢前次納過稅銀一百兩除贖銀外應補稅銀五十兩連應補之稅銀並二成贖回之銀合計該行應交出實銀五百七十六兩八錢申請核辦等因前來查該總稅司所合二成贖回銀數核與罰銀五百兩之數尚屬不甚懸殊相應咨行貴大臣查照再行詳細核算如果銀數相當即照該總稅司所擬辦理同治七年八月二十八日咨三口

完稅出口貨物在口失事照章不准發還稅銀

總理衙門咨前於上年十二月間准北洋大臣咨據東海關道稟報大成棧商人運貨出口照納正稅後尚未離口遭風貨濕請還稅一案經北洋大臣批示該商所運棉花在口遭風該船尚未離通商碼頭稅銀無多自可格外原

情酌量給還稅銀嗣後不准援爲例案等因是於體恤之中仍寓限制之意當經本衙門查同治五年間有九江關美商旗昌行由漢口裝運土貨完清稅餉後失火燬貨准還半稅之案咨復北洋大臣轉飭該關道遵照辦理並令嗣後遇此等案件必須驗明輕重情形分別辦理及此案該商是否將殘貨改裝出口仍赴聯春有無夾帶影射情事等因去後嗣於十二月二十八日准赫總稅務司申稱據東海關署稅務司好博遜申報此案可否給還稅銀查潮州前有洋船裝貨未出口之先失火奉劄毋庸發給稅銀自應按照前劄示知等語本衙門查同治八年五月間

潮海關有布國商船科爾干裝載貨物在未領紅單出口之先船隻失火貨物被焚該商請還稅銀一案稅司康發達擬定辦法無論已買保險與不買保險均毋庸發給存票當經劄行總稅務司查照在案是美商九江關失火還稅之案事在同治五年而布商潮海關失事不還稅之案事在同治八年此案大成棧洋船遭風請還稅銀自應查照後起潮海關一案辦理庶免各商遇有此等事件仍援從前九江關之案紛紛瀆請致多轇轕爲此再行咨行同治十一年正月初六日咨北洋

英船進口按單先納全稅查明有中途拋棄貨物准還

存票

總理衙門咨同治十一年十二月二十六日據赫總稅務司申稱英船進口內有中途拋棄貨物請還存票七百餘兩一案以總稅務司之意凡有此等遭風失事之案船商若先存全稅應准照辦等因查前案船未進口即先憑單完稅本衙門查與條約不符恐滋流弊是以劄令總稅務司查復茲既據申復所辦與約不背嗣後應由船商按原裝之單先將全稅納存俟眼同查明尚存有何貨方得將船上未存之貨關上預存之稅發還等語本衙門查總稅司所擬辦法係爲便於該船迅速卸貨出口起見與條約既不相背所有憑單先行完稅一節應准如所請行惟是各船進口時仍應照約眼同確查有無他項弊混以重榷務而符定章應再由總稅務司一併飭知各關詳慎遵辦相應抄錄總稅務司申呈咨行同治十二年正月初七日咨北南洋

附錄赫總稅司申呈

爲申復事奉到同治十一年四月十六日鈞劄內開同治十一年四月初四日准署理南洋通商大臣咨稱據江海關沈道詳稱本年二月初四日狄稅司來函以英船進口內有中途拋棄貨物請還存票七百餘兩該道以該商進

口時並未請驗礙難照發該稅司以現請存票各貨實係未曾到口遭風拋失查驗毫無捏報不致別船援請應照核准該道以既經驗無捏報姑准通融辦理嗣後凡貨物未經到口遭風失事應於進口時呈報本關由道委員會勘確實查點未失之貨另行開單納稅函復該稅司立案等因並抄錄全案咨請核復前來查上年十二月間本衙門劄復總稅務司文內嗣後凡進出口貨物倘有意外之虞一切均照潮海關科爾干船失火不還稅銀成案辦理在案並無准發存票明文今此船因未進口遭風失貨查委無捏報是以准發存票此乃暫行通融辦法別船不得

援以爲例惟查英約內云進口貨於起載時納稅船隻進口限一日將船牌艙口單交領事官次日通知監督查驗等語總稅司上年十二月間申報文內云所謂起載時者以貨物何時離開運進口之原船爲準各關收稅均係按此斷解辦理等因今此船並未進口即先憑單完稅與約章不符設有揑報漏報從何得知其弊該稅司所云進口完稅躭擱該船結帳之期各語第爲便商起見是否與條約不背有無流弊此項船未進口即先照單收稅其辦法起自何時滬關一口之外各口是否均係如此辦理此時倘照約改回是否與向章有礙相應抄案劄行總稅務司

詳細查明申復等因奉此旋於十一年五月二十三日據江海關狄稅司申稱內同前因總稅務司詳察該關往來函文並奉劄詢各節實恐其中猶有誤會之處查洋船在外國裝滿貨物臨開船時寫立各貨之船口單當時船貨兩主自知裝載何物及至從外國放洋船底滿載貨物吃水甚深中途遭風因恐沉船水手急將左右各貨亂行拋棄於海船底較輕方得拯救人命當其情急倉猝之時僅知拋貨救船未知驗貨立單後於臨進口時自不能知未經棄水者尚有何貨存船而船既進口按約須將艙口單呈驗若躭延限日則有應罰之明文若艙口單查有揑報

漏報等情條約又載有應從重罰辦之明文此案該船進上海口既恐受躭擱不報之罰若報而漏報更恐受從重罰辦之累故該船商赴關將遭風拋貨之情形報明並請酌奪辦理赴關自係按照向例見稅務司報明亦係報明於稅務司稟請酌奪亦係稟請於稅務司稅務司乃辦稅務之官並非他官可比報明稅務司稟請酌奪與稟見關道請其酌辦無異據該商稱有原立之艙口單可查方知原載何貨有原船到口可驗方知仍存何貨等情是此案並無意外之情即勿用函致監督特爲會商其事與向常之事無別即由稅務司自行酌辦並無不宜據商如此則

稅務司原有兩項辦法可用一係俟將拋亂遺存之貨起卸後各起分別歸清貨主由各貨主先後分別按貨若干納稅若干此辦法與船商與貨商多有不便既有不便於商難免無損於關務一辦法係由船商按原裝之單先將全稅納存眼同查明尚存有何貨方得將船上未存之貨關上預存之稅發還並將所存之貨預存之稅入帳歸公其船商貨商一切帳目則彼等自行了理此法便於各商於關務絲毫無損此案狄稅司係照此辦法即准船商按原單將全稅先行全存俟查明實在尚存若干貨方准發還若干稅其按驗單赴銀號納稅按存票發還與存稅

現銀還稅現銀理同無異是此案情形與東海關潮海關貨物完稅過關下船後據報失火遭風丟失貨物稟請將已完入帳之稅發還兩案並不相同彼案所立之章不准將稅發還於此亦毫無干涉本無可援引惟條約所載特准受潮濕各貨減稅一條其所指之情事其所訂之辦法核與本案情形實爲可援之例狄稅務司於此案辦法亦與此條之意相同係受潮濕之貨商向照稅則先行完納全稅俟詳查明確如何潮濕後始請領存票以符減稅之例再此案並無商人取巧作弊之處卻係商人願存全稅於關俟眼同查明何貨失存方請發還多納之稅在商人

非必藉此有漏捏之端反若該關有指還之勢也故詳查此案情形狄稅務司實爲正辦至奉劄開令此船並未進口即先憑單完稅辦理與約不符設有捏報漏報之處未經照單查驗從何得知其弊該稅司所云進口完稅躭擱該船結帳之期各語第爲便商起見似此便商辦法是否與條約不背有無流弊此項船未進口即先照單收稅其辦法起自何時滬關一口之外各口是否均係如此辦理此時倘照約改回是否與向章有礙等因查所辦與條約不背且並無流弊此辦法起自何時一層實有未易徹底查究者且所關繫不甚要緊至各口是否均係如此辦理

一層若過此等之案各口並無第三項辦法非先存全稅於關止可按貨到若干而完稅若干至照約改回是否與向章有礙一層查辦法與約不背即無可照約改回之處緣條約所載進口貨於起載時納稅之例不過是預定海關向商收取其稅餉之期耳若商在未滿期時願行輸稅自與訂期之意無礙至日後辦法嗣後凡貨物未經到口遭風失事應於進口時呈報本關由道委員會勘確實查點未失之貨另行開單納稅等因查各稅自按件納稅無貨無稅有貨有稅其理顯然遭風失事之船於進口無論如何辦理止可按未失之貨開單納稅或由船商先存全

稅由關後發還未到各貨之稅或由關先不征稅俟貨全寄入棧分給各貨主後再按件由貨主手征收其稅兩項辦法或此或彼以該貨應納之稅而言實無出入不過船商與貨商有別蓋船商所圖者但求其船速出口而貨商所圖者遲完稅則可省利故船商情願先爲他人存貨稅者以其船之得速出口爲要可知此等案件若謂得便於船商乃爲合於情理之辦法也總之以總稅務司之意凡有此等遭風失事之案船商若先存全稅應准照辦若船商不願先存全稅則應按未失之貨到口若干納稅若干如此於關務商情兩得其平也即請查照核奪施行

洋人以游歷照入內地買運土煤未領海關報單照華商運土貨例納稅（已見本類子口稅併見禮類游歷本類內地稅釐）

出滬運往北洋三口洋藥分別給停免單

總理衙門咨同治十一年二月二十六日准咨據津海關詳稱英商沙遜洋行運津洋藥二十箱內有江海關免單十箱當以洋藥免單有總理衙門議停成案當即函致稅司嗣後再有免單務須發還該商帶回上海旋據該稅司函稱同治四年八月初十日總稅務司來劄奉總理衙門議定上海洋藥運往北口停發免單之案作為罷論等語茲查江海關洋藥免單自議停後並未改章請咨劄總稅

務司查覆是否有行知津關稅司議停江海關洋藥免單作為罷論劄文等因前來查免單一項前據三口大臣崇以津關收稅短絀是因商洋免單過多所致奏請停給當經本衙門照會各國議自同治二年四月十五日將各口洋藥免單一律停止茲據法國柏大臣照會於法國商人有礙並據李泰國申請或領免單或領存票聽商之便咨行各口一律照辦去後三年六月間又據三口大臣崇函稱總稅務司過津論及洋藥運至上海向不進口落行赴棧均係屯積躉船到時亦不上稅遇有改口時呈報該關照章納稅發給免單是上海收洋藥稅不收於進口之初

而收於改口之時總稅務司擬到京商酌停止等因本衙門劄據申復洋藥一項行文上海大臣凡有由上海躉船撥洋藥裝往北方三口之船一概毋庸由江海關征稅等語咨行該大臣並由總稅務司劄行江海等關稅務司照辦八月間江蘇巡撫李咨據關道丁日昌詳據狄稅務司稱此項免單即從三年七月十四日起停止並由該關道照會各國領事四年四月間又准三口大臣崇咨請將粤海廈門等關洋藥免單一律停發本衙門復劄據總稅務司申復閩粵各關與上海不同洋藥進口即時納稅日後改運別口應發免單若一律停止必多窒礙本衙門於五

月間又行知閩粵各關照辦各在案是洋藥免單一項除江海關有分別停發之辦法外南洋各口仍一律給發緣從前議停江海關洋藥免單係專指由躉船改撥未經上岸起棧而言若已上岸起棧江海關既收稅餉發給免單改運北洋自不能照躉船改撥之洋藥一律辦理當時本衙門據總稅務司申呈行知雖未分晰解說諒該關道自能領會今沙遜由滬運津洋藥既已帶有江海關收過稅餉之免單津關自不能一貨重稅只應將此免單收受相應咨行飭令嗣後凡由滬運北洋三口之洋藥其由上棧以後改運者江海關既已收稅即予免單北洋三口即收

免單毋庸復令完稅其由躉船改撥之洋藥江海關但照撥貨之例發給准單准其撥貨並不收稅俟運到北洋三口令其完稅以免轇轕同治十一年三月初一日咨北洋

津關進口洋藥按觔征稅

總理衙門咨同治十三年二月十四日准咨據津海關詳稱洋藥進口按觔征稅一事本年正月間英國孟領事前來晤商數次茲於二月初一日准孟領事照會以開驗洋藥之法如一行煙土或連次開驗或隔數次開驗悉聽關便至核算觔數須以三箱爲準俱照本單所開三箱觔數均分核算納稅大小土一律辦理並請海關凡所開之箱

皆給一在關開驗之據實貼箱面以便商人售賣所有以前保單存條以作廢紙等因查此事從前天津稅務司漢南曾云多少須以五觔爲限總稅務司則云須以四觔爲限現與孟領事議定按觔征稅多則多征少則少征開驗之法悉聽關便正與當日所論按觔不按箱本意相符亦與稅則洋藥論觔征稅明文相合其大小土一律開驗辦法尚屬公允至前立保單本未便准予撤銷惟當日會議多少一觔爲限今兩年之久共多洋藥七千餘觔以十一十二兩年進口洋藥八千餘箱計之每箱尚不足一觔稅課亦無大虧損當經照復允准照辦除劄飭新關委員並

致函代理天津署稅司外理合照錄清摺請轉咨總理衙門劄知總稅務司轉行天津新關稅司遵照辦理等情前來查津海關洋藥進口按觔征稅一事現經該關道與孟領事彼此議定辦法尚屬允協應如所議辦理除由本衙門照錄清摺劄行總稅務司轉飭該關稅務司遵照外相應咨行同治十三年二月二十一日咨北洋

以上稽稅杜漏

洋商買僱內地船隻運貨仍令呈具保單執照出口

總理衙門咨同治四年三月十九日准咨據江海關詳准法國蓬領事照稱查照長江總共章程第六款內載凡洋

商僱用內地船隻運貨者除按約納稅外仍照暫定章程呈具保單請領執照該船到關仍照內地船例完納船料如單貨不符照保單內註明之數罰辦俟江面肅清卽行停止等因茲查現今江面一律肅清嗣後法商買僱內地船隻運貨者自應照章勿用呈具保單照會查明是否照辦之處卽希見覆等因查洋商僱買土船上下長江須具保單聲明必將該貨送至某口逾限不繳照價示罰各關憑此以爲稽察該商亦因有保單之故沿途不敢私下私起是立法之初固緣逆氛未靖亦因稅項攸關且江口與海口不同自漢口而下節節皆可走漏雖云出口仍是內

地凡土船下駛漢關不徵收半稅若無保單安能知其所往况近來長江輪船裝貨水腳較二年以前低至五六倍似比土船腳價尤賤而妥速乃土船猶復紛紛其意可見若併去保單必至恃無稽考而長江以內之躉以及華商生計必暗為銷蝕矣又况保單不過一紙之書在商人初非難辦之件現在長江肅清濟匪之防固可少弛而偷漏之禁不可不嚴查總共章程雖有江面肅清即行停止之語而章尾原註明日後如有滯礙難行之處應隨時核議以歸妥善又天津條約第四十六款內載中國各口收稅官員凡有嚴防偷漏之法均准其相度機宜隨時便宜設法辦理各等語茲洋商僱用內地土船若竟免具保單實無以防偷漏之弊自應相機核辦以杜弊端相應詳請咨明總理衙門查核照會各國駐京公使轉飭領事官曉諭各洋商嗣後洋人僱用內地船隻運貨仍令其照暫定章程辦理呈具保單請發執照至所往之關蓋印回銷倘有逾限不繳單貨不符各弊均照舊章示罰著為定章永遠遵行實於稅務稽查等事大有裨益等情相應咨明前來本衙門查法國善後章程第十款內載長江如何嚴防偷漏之處任憑中國設法籌辦等語茲據該關道以洋商僱用內地土船若竟免具保單實無以防偷漏之弊自應援

照法國善後章程第十款由該關道先行照會法領事以此項保單執照即係嚴防偷漏之法仍應照約舉行復令照辦緣長江如何嚴防偷漏其權在中國本衙門亦不必照會各國公使即可定辦也相應咨復同治四年四月

日咨南洋湖廣

商船抵九鎮兩關仍照向章呈驗護照

總理衙門咨同治九年五月初十日據英使照會內稱據上海領事官麥詳稱同治元年所定長江通商章程第三四條內有商船抵九江鎮江或上江或下江須由船主將其護照呈關查驗各等語該領事以所定稍有窒礙詳請酌改等情本大臣查從前所定章程係權宜之計現在逆匪已蕩平無須照前防範所有英商在九江漢口起貨船隻一經按約完清稅鈔各款即可任其出口放洋至下江時無庸將照呈關查驗本大臣擬即行知麥領事並鎮江九江漢口各領事遵照辦理希即咨會通商大臣轉飭各該監督遵辦以免兩歧各等因前來本衙門查長江通商章程以嚴防偷漏為主並非專為江路未靖防範濟匪而設該使所請核與歷年通行章程未符本衙門已於本月十五日照覆逐層辯駁相應抄錄照會咨行轉飭上海鎮江九江漢口各關道知照仍按向章辦理如有前項情事

卽查照長江統共章程內第三四兩條定章查罰仍將如何查辦之處隨時咨復本衙門以憑核辦同治九年六月

日咨南洋

附錄給英國照會

爲照復事同治九年五月初十日據貴大臣照會內稱據上海領事官麥詳稱同治元年所定長江通商章程第三四兩條內有商船抵九江鎭江或上江或下江須由船主將其護照呈關查驗各等語該領事以所定似稍有窒礙詳請可否酌改等情前來溯查從前所定章程原係暫時從權之計蓋因髮逆占踞金陵並下江等處漢口九江二

口通商事宜酌定章程以杜弊端原勢所必需現在逆匪已平無須照前防範凡有英商在九江漢口起貨船隻一經按約完清稅鈔卽可任其逕行出口放洋至下江時無庸將照呈關查驗擬卽行知麥領事並鎭江九江漢口各領事官遵照辦理希亦知會通商大臣轉飭各該監督遵辦以免兩歧等因前來本爵查長江通商章程第三四兩款一爲鎭江護照一爲輪船江照各船主呈交船牌後方領此項執照俟將此照赴關繳銷方能領回船牌並有派差押送等事原爲防各商繞漏起見其時金陵尙爲賊踞是以章程內有帶用兵器等字樣然並非因江路未靖專

以繳照爲防範濟匪之計南省平靖數年以來此項章程各關遵守奉行並無窒礙難行之處所有章程內第三四兩款貴大臣固不能憑麥領事一稟卽行照准更改本爵亦不能將數年前奏定之案率爾更張卽行轉飭南省通商大臣照辦又此通共章程貴大臣從前在參贊任內曾經會同商酌赫總稅務司亦係原議之人如有應行酌改之處須先由本爵咨商南洋通商大臣暨沿江各督撫察看情形定見後再與原議貴大臣及總稅務司妥商倘與地方情形及關稅有礙本爵亦礙難曲從所請但無論將來章程酌改與否而鎭江護照輪船江照兩項爲長江通

商章程內緊要樞紐如不將照呈關查驗稅課實漫無稽考章程亦幾同虛設也同治九年五月十五日

英商離口私行開艙添貨照約究罰併將內地船主罰辦

江海關詳竊照英商怡和行釣船名嘐嘶由長江來滬過鎭江約去七八十里地方私行開艙添裝茶葉八箱米十包當查長江通商章程內載商船自上海至鎭江一帶地方如有私自買賣係違天津條約第四十七款應照約罰辦等語先經照會英領事查辦旋據照覆以此案現已詳明本國大臣查辦請准該船暫行貿易並令怡和行出具保單其單內註明日後本國大臣如已批定嘐嘶釣船例

應入官本行即將該船連貨一併送交領事衙門照辦等語查該咯嘶釣船在鎮江沿途私添貨物實屬有違定約自應照章罰辦以儆衆商海關未便發給紅牌惟念該領事一再諄懇姑准暫行貿易以俟兩國判斷除將保單備案外即經錄案詳咨總理衙門照會英國公使轉飭照章辦理嗣奉轉准總理衙門咨英商咯嘶船違約到不准通商之處擅行下貨當經本衙門照會英國駐京公使據覆以該船違約下貨本應議罰惟該船隨時進口業經二年之久該地方官久已知覺向無不准此次該船又係前往討取欠債所帶零星土物均已報明納稅且事犯在長江

章程未定以前情尚可原是以姑允所請從權辦理抄錄來往照會咨行轉飭知照領事官飭令該商呈交銀五百元作為罰款撤結銷案至所稱地方官久已知覺向無不准此次送帶貨物原屬內地艇船亦應究辦並飭將送帶咯嘶船之內地艇主一併根究示罰等因轉行到關奉經先後照會該領事將該船罰款洋銀五百元如數清繳完案所具甘結當即移還撤銷並請確查該船內地艇主是何姓名現在何處詳細復道以憑查拏一併究罰去後茲據英領事照會咯嘶釣船一案現奉本國欽差劄文內云與本領事前經所斷情形大畧相同茲據怡和行商呈到

遵辦罰洋銀五百元請即移送即將前立保單撤銷等情照請查收迅將保單移銷並據該領事函覆內地艇主姓名住址一層該船乃屬英商自置並無內地艇主無從查覆各等情前來除將送到洋銀如數查收外合將英商怡和行咯嘶釣船違章照罰清款撤結銷案緣由具文詳咨

同治元年三月初六日詳南洋大臣

總理衙門咨准來文內稱英商咯嘶船違約到不准通商之處擅行下貨一案已據該領事官飭令該商呈交洋銀五百元作為罰款撤結銷案惟內地艇主姓名住址一層據稱該船係英商自置並無內地艇主無從查復等因前

來本衙門查前因英國駐京大臣文稱此等違約之案原有華民在內若不將該艇主示罰以後通商走私何能禁止持論甚為平允此次該領事所云並無內地艇主與所論迴不相符惟此案業經完結其申陳歧異之處姑置無論現已照會駐京大臣轉飭該領事官嗣後務須認眞切實辦理不可稍有隱飾庶中外商船皆不敢希冀倖免致有犯約之事相應粘抄給英國照會一併咨照轉飭該監督除此案不必深究外嗣後倘有洋商違約之案必將內地艇主一併從重罰辦以符前咨而免含混同治元年四月十八口咨南洋

附錄給英國照會

為照會事茲准辦理通商事務大臣薛咨英商嚐蔪船違約到不准通商之處擅行下貨一案承准前咨已飭江海關照會英國領事官將該船罰款洋銀五百元如數清繳並將所具甘結當即移還撤銷完案矣惟遵飭確查該內地艇主是何姓名現在何處以憑查拏究罰據該領事函復內地艇主姓名住址一層該船乃屬英商自置並無內地艇主無從查復等情前來本爵查去歲十一月二十九日准貴大臣來文內稱此等違約之案原有華民在內貴國若不究辦則外國人明知在不准通商處所私下貨

物出到外國口岸無從稽查必至與內地民人通同走私何能禁止本大臣之見該艇主亦應示罰以為私載貨物來往者戒等語持論甚為平允當即查照轉行此次該領事函復竟稱該船係英商自置並無內地艇主前後迥不相符本爵因此案業經完結其申陳歧異之處姑置無論惟念此後領事官與監督遇事必須彼此認眞切實辦理方足以昭信守而免爭論即希轉飭該領事遇有稟知貴大臣裁奪之事務宜據實直陳不可稍有隱飾庶中外商民不敢希冀倖免致有犯約為此照會

英艇單照不符且短少照內兵器入官變價（併見本類違禁貨物）

鎮江關稟稱准稅務司克士可士吉函稱五月十四日本關巡船在儀徵之上拏獲英國划船名的士地免船上載有米石查其單照見有漢關給發前赴上海之稅單註明係載木植皮油黃糖木板等貨不見在船顯見已在南京或不准通商口岸銷售船上現裝米約五百担並無單照應將船貨一併入官等因當經飭委將該船大礮軍械等件查點起儲核對執照計短少大礮二尊鳥槍二桿手槍六桿刀六把一面簽差會同稅司派人查提水舵等人以憑訊明礮械下落貨物米石究在何處銷售買辦據實稟復辦嗣據該差以該船水舵前在儀徵均已逃散等情稟復

又經照會英領事雅妥瑪提究英商至今未據照覆伏查該的士地免船漢單所註木植等項既已不見在船可見已在不准通商口岸私銷船上鎗礮少於執照載明之數均難保無運赴金陵濟匪情事且復裝米約五百担之多並無單照種種違背章程應將船貨一併入官以昭懲戒所裝米石據克稅司面稱船身滲漏未便久儲已由稅司秤見確數五百九十六担六十八觔先行變價合將英國划艇違章情由具稟仰祈批示以便將船變價同治二年七月稟南洋大臣李奉批此案照章辦理甚是仰將該划船一同變價入官具報以示警戒仍移江漢關知照繳

英商艭艇船無江照牌照入官變價

江漢關稟准稅務司狄妥瑪函稱本年四月十四日英商兆豐行艭艇船一隻名乜抵漢呈繳二月初十日江海關紅單一紙十二月初十日船鈔執照一紙英文貨單一紙註明空船無貨僅有鐵觔押載查驗相符惟該船並無鎮江護照及中國牌照亦未由領事官將進口日期報關詢據該行云稱該船在上海失去領事官船照曾稟明上海領事官令作內地船前往漢口隨即行文鎮江關稅務司詢查情形接准覆稱該船到鎮江之時因無船牌亦未據領事官請給護照該船在鎮江停泊三十五日始駛上江

未掛外國旗號等情轉請酌辦前來查長江通商章程第三款內載凡有船在鎮江以上若該船無鎮江護照並無中國之牌照者由關查出即將該船入官等語今該乜船既經稅務司查驗並無江照及中國牌照等項應將該船入官以符定約稟請查核批示以便將該船充公同治二年八月稟湖廣督院奉批查該船既據狄稅務司查驗並無江照及中國牌照等項自應照章罰辦以符定約除咨總理衙門查照外仰即遵照繳

美商土船裝運煤炭石膏匿單少報照約罰辦

江漢關詳稱照同治十一年四月初八日據武穴總卡委員試用同知成性存稟稱美商公泰滿江紅船由漢過卡該船呈出照單內開煤一千三百二十担石膏三百九十担隨傳訊押船人邵富德船戶胡德元供詞支吾並不將艙口貨單呈出當即眼同邵富德等逐一過秤計多出煤炭一千零八十担石膏多出七十担即將單外之煤炭石膏全數起卡稟請核辦並據稅務司馬福臣來函以武穴查獲該船多出之煤炭石膏應行充公各等情前來當經飭據該卡委員即將邵富德胡德元押解來關訊據邵富德供稱因接上海公正洋行來信囑買煤炭一千三百二十担石羔三百九十担運赴上海均美商公泰行出具保

單報關完稅所有多出煤炭石膏實係伊自買漏報之貨只有買過這一次求恩從輕罰辦等供伏查總共章程第六款內載凡有洋商僱用內地船隻運貨令其呈具保單如貨單不符照報單內註明之銀數罰辦又善後條約第七款如有匿單少報等情將單內同類之貨全數入官等語是公泰洋行土船多裝煤炭石膏既據該卡查驗屬實且提訊邵富德供認私帶不諱殊屬違約匿稅以一船而少報一千百餘担之多實係有心偷漏即應照約查辦將同類之貨全數充公以示懲儆惟所僱之滿江紅船隻吊驗寫船交單有顏正有船棧戳記提訊屬實非公正自己

之船且研訊船戶胡德元尙無知情夥帶情事交保以省拖累一面劄飭武穴總卡委員將同類之貨全數起卡聽候變價充公並照覆馬稅司照辦去後嗣據稅司函稱有商人金德貴願將充公之煤炭石膏如數買運議定洋例銀四百五十兩合庫平銀四百十三兩七錢九分七釐報裝海甯船出口仍遵武穴查驗煤炭二千三百八十担石膏四百六十担完淸正稅轉運上海共稅項價銀當據委淸函請轉飭武穴總卡委員一俟海甯船到卡卽將前項煤炭石膏一併發交領運等因卽經飭據該卡委員稟報遵將充公之煤炭石膏如數發交海甯船領運取具該商

金德貴領狀並將滿江紅船土船所領單照呈齎前來除將押船之邵富德交保開釋並將煤炭石膏變價銀兩充公造報外相應具文詳請查核同治十一年六月二十三日詳湖廣督院

美商兼充領事捏報漏稅照約罰辦（己見吏類設領事等官）

洋商運中國土貨離口入內地鎭江關誤發洋貨稅單仍照完內地稅釐（己見本類子口稅併見本類內地稅釐）

洋商運洋貨入內地無海關稅單照納內地稅釐（己見本類子口稅併見本類內地稅釐）

以上長江稽稅杜漏

俄商運貨由張家口同國單貨相離照章扣留（己見本類陸路口岸貿易）

以上陸路稽稅杜漏

通商約章類纂卷九

通商約章類纂卷十目錄　戶類六

稅務六 改運　長江改運　陸路改運

條約章程

英約第四十五款

煙臺會議條款第三端之五

噡嚊哪嘁約第二十條 併見本類罰例

美約第二十一款 併見本類罰例

法約第二十四款 併見本類罰例

布約第二十六款 併見本類稽稅杜漏罰例

丹約第四十四款 併見本類子口稅

丹約第四十五款 併見本類子口稅

荷蘭約第十款 併見本類稽稅杜漏罰例

日斯巴尼亞約第四十一款

日斯巴尼亞約第四十四款 併見本類子口稅

比約第三十四款 併見本類子口稅

比約第三十五款 併見本類子口稅

義約第四十四款 併見本類子口稅

義約第四十五款 併見本類子口稅

奧約第三十款 併見本類子口稅

奧約第三十一款 併見本類子口稅

日本通商章程第十六款 併見本類罰例

以上改運

通商各口通共章程第五款 併見本類長江貨稅長江子口稅

長江通商統共章程第五條 併見本類長江子口稅長江貨稅長江稽稅杜漏

以上長江改運

俄陸路通商章程第六款

俄陸路通商章程第十款

改訂俄陸路通商章程第六款

改訂俄陸路通商章程第十款

改訂俄陸路通商章程第十二款

改訂中俄陸路通商章程第六條 併見本類陸路子口稅內地稅釐

改訂中俄陸路通商章程第十條 併見本類陸路貨稅罰例

以上陸路改運

章程

議定租界洋貨免釐及存票改限各開辦日期並各式 併見本類口岸貿易內地稅釐　按式列卷末

以上改運

核定出口土貨拆動改裝章程 已見本類稽稅杜漏 併見本類罰例

以上長江改運

預行發給陸路俄商三聯單章程 已見本類陸路口岸貿易 併見本類陸路

稽稅杜漏

以上陸路改運

成案

洋商在內地置買土貨出口照則完稅後發給收稅單

停止免單已見本類貨稅併見本類子口稅

洋商運土貨復進他口征收復進口半稅并復進口後

如運入內地逢關納稅遇卡抽釐已見本類長江貨稅併見本類子口稅內地稅釐

改運貨物務須單貨相符當時呈驗執照

復進口土貨半稅均應於所進海口呈交不准於所出

之口預納已見本類子口稅

改運單貨相離照貨收稅發給收據他關所完之稅仍

給存票

遺失稅單仍征正半稅已見本類子口稅

完復進口半稅土貨限內出口准給存票不還現銀

哆囉呢加稅日後復出口應照算分別發給免照存票

已見本類貨稅

進口土貨逾限復運他口仍完正半兩稅已見本類子口稅

復進口土貨按照出口原估稅單征收一半毋庸另估

已見本類子口稅

洋煤進口稅銀請給存票

江海關稟租界洋貨免釐及存票改限辦理情形已見本類

口岸貿易併見本類內地稅釐

以上改運

長江改土貨出口限期已見本類長江子口稅

以上長江改運

俄商未領聯單運赴張家口內地牛皮等貨照內地土

貨例逢關納稅已見本類陸路貨稅併見本類內地稅釐

俄商停止由津回國復進口稅

以上陸路改運

稅務六 改運　長江改運　陸路改運

條約章程

英約第四十五款

一英國民人運貨進口既經納淸稅課者凡遇改運別口售賣須稟明領事官轉報監督官委員驗明實係原包原貨查與底簿相符並未拆動抽換即照數填入牌照發給該商收執一面行文別口海關查照仍俟該船進口查驗符合即准開艙出售免其重納稅課如查有影射夾帶情事貨罰入官至或欲將該貨運出外國亦應一律聲稟海

關監督驗明發給存票一紙他日不論進口出口之貨均可持作已納稅餉之據至於外國所產糧食英船裝載進口未經起卸仍欲運赴他處槪無禁阻

煙臺會議條款第三端之五

一咸豐八年所定條約第四十五款內載英商若將已經完納稅項洋貨復運外國稟明海關監督發給存票他日均可持作已納稅餉之據等語原約並未定有年限今訂明三年爲期限滿不得將此項存票持作完納稅項之據

按洋貨存票改限自光緒三年正月爲始所有存票均准其抵稅或換現銀有通行存票式已列後　又按土貨一年限內存票只能抵稅不准換銀票式亦列後

嗹嘆哪威約第二十條 併見本類罰例

一嗹嘆國哪威國等民人運貨進口既經納淸稅餉倘有欲將已卸之貨運往別口售賣者稟明領事官轉報海關檢查貨稅底簿相符委員驗明實係原包原貨並無拆動抽換情弊即將某貨若干擔已完稅若干之處填入牌照發該商收執一面行文別口海關查照俟該船進口查驗符合即准開艙出售免其重納稅餉若有影射夾帶情事經海關查出罰貨入官

美約第二十一款 併見本類罰例

一大合衆國民人運貨進口既經納淸稅餉倘有欲將已

卸之貨運往別口售賣者稟明領事官轉報海關檢查貨稅底簿相符委員驗明實係原包原貨並無拆動抽換情弊即將某貨若干擔已完稅若干之處填入牌照發該商收執一面行文別口海關查照俟該船進口查驗符合即准開艙出售免其重納稅餉若有影射夾帶情事經海關查出罰貨入官如大合衆國船隻運載外洋穀米進各港口者若並未起卸亦准其復運出口

法約第二十四款 併見本類罰例

凡大法國船進通商各口如將貨在此卸去多寡即照所卸之數輸納其餘貨物欲帶往別口卸賣者其餉銀亦在

別口輸納遇有大法國人在此口已將貨餉輸納轉欲載往別口售賣者報明領事官照會海關將貨驗明果係原封不動給與牌照註明該貨曾在某口輸餉俟該商進別口時將牌照呈送領事官轉送海關查驗免稅即給與牌照卸貨一切規費俱無惟查出有夾帶誆騙等弊即將該貨嚴拏入官

布約第二十六款併見本類稽稅杜漏罰例

布國及德意志通商稅務公會和約各國商人在通商一口已將進口貨物納稅後轉欲載往別口售賣者即報明監督官將貨驗明果係原封不動載往通商別口時監督

官給與牌照註明該貨曾在某口輸稅此口監督官驗過牌照即准卸貨不收餉稅一切規費俱無惟查出有影射夾帶情弊該貨嚴拏入官如欲將貨運出外國海關監督官發給存票一紙言明運貨出口之商人業已多納稅課若干待他日有貨上稅不論進口出口均可持票作已納稅餉之據照數除算

丹約第四十四款併見本類子口稅

一丹國商民沿海議定通商各口載運土貨約准出口先納正稅復進他口再納半稅後欲復運他口以一年為期准向該關取給半稅存票不復更納正稅嗣到改運之口再行照納半稅

丹約第四十五款併見本類子口稅

一丹國商民洋貨進口納清稅課後欲改運他國抑或通商別口約准稟明領事官轉報監督委員驗明實係原包原貨查與底簿相符並未拆動抽換即當按照該貨經納正稅之數發給存票至於土貨自通商各口運入他口按例納完半稅後該商再欲運往外國以一年為期期內亦准一律發給半稅存票該票無論何商呈驗均准專抵該關進出貨稅不准持赴別關抵課儻於委員查驗之間查有揑報各等情弊全貨俱罰入官至於外國所產糧食丹

船裝載進口未經起卸仍欲出洋概無禁阻

荷蘭約第十款併見本類稽稅杜漏罰例

一和商起落貨物及經過內地稅關納稅俱照稅則為準總不能較他國有多寡不均之數輸稅之期進口貨於起貨之時出口貨於落貨之時過內地關洋貨於給票之時各行接納各商船隻不准擅行撥貨如欲撥貨必先由監督官給領准單方准動撥違者將所現撥之貨入官和船上貨下貨亦須先領監督官准單如違亦將貨物一併入官和商販運外國貨物進口已經納清課稅仍欲將貨轉運別口售賣須稟明監督官委員檢驗果係原包原貨與

納稅底簿相符並無拆動抽換情弊則該商可向監督官請領存票一紙內註明所完稅銀若干他日不論本關進口出口之貨均可將此存票當作完納稅項之用其轉運之貨抵他口時再行納稅若查有影射假冒夾帶等情將貨亦罰入官或欲仍將該貨運出外國若經完稅亦當一體聲明稟監督官驗明發給存票一紙他日不論進口出口之貨均可將此存票當作完納稅項之用至於外國所產糧食和船裝載進口全未經起卸准其復運出口如已經起卸轉運中國別口仍照稅則納稅章程辦理

日斯巴尼亞約第四十一款

一日斯巴尼亞國商民洋貨進口納清稅課後欲改運他國抑或通商別口約准稟明領事官轉報監督委員驗明實係原包原貨查與底簿相符並未拆動抽換卽當按照該貨經納正稅之數發給存票至於土貨自通商各口運入他口按例納完半稅後該商再欲運往外國以一年為期期內亦准一律發給半稅存票該票無論何商呈驗均准專抵該關進出貨稅不准持赴別關抵課倘於委員查驗之間查有捏報各等情弊全貨俱罰入官其外國所產糧食日斯巴尼亞國船裝載進口未經起卸仍欲出洋概無禁阻

日斯巴尼亞約第四十四款併見本類子口稅

一日斯巴尼亞國商船議定沿海通商各口載運土貨約准出口先納正稅復進他口再納半稅後欲復改運他口以一年為期准向該關取給半稅存票不復更納正稅嗣到改運之口再行照納半稅

比約第三十四款併見本類子口稅

比國商民沿海議定通商各口載運土貨約准出口先納正稅復進他口再納半稅後復欲運他口以一年為期准向該關取給半稅存票不復更納正稅嗣到改運之口再行照納半稅

比約第三十五款併見本類子口稅

比國商民洋貨進口納清稅課後欲改運他國抑或通商別口約准稟明領事官轉報監督委員驗明實係原包原貨查與底簿相符並未拆動抽換卽當按照該貨經納正稅之數發給存票至於土貨自通商各口運入他口按例納完半稅後該商再欲運往外國以一年為期期內亦准一律發給半稅存票該票無論何商呈驗均准專抵該關進出口貨稅不准持赴別關抵課儻於委員查驗之間查有捏報各等情弊全貨俱罰入官其外國所產糧食比船裝載進口未經起卸仍欲出洋概無禁阻

義約第四十四款子口稅併見本類

義國商民沿海議定通商各口載運土貨約准出口先納正稅復進他口再納半稅後欲復運他口以一年爲期准向該關取給半稅存票不復更納正稅嗣到改運之口再行照納半稅

義約第四十五款子口稅併見本類

義國商民洋貨進口納淸稅課後欲改運他國抑或通商別口約准禀明領事官轉報監督委員驗明實係原包原貨查與底簿相符並未拆動抽換即當按照該貨經納正稅之數發給存票至於土貨自通商各口運入他口按例

納完半稅後該商再欲運往外國以一年爲期期內亦准一律發給半稅存票該票無論何商呈驗均准專抵該關進出貨稅不准持赴別關抵課倘若該商欲將已納稅之貨載往別口售賣海關應給免稅單俟該商進別口再將此單呈送海關查驗後即給卸貨牌照一切規費俱毋庸再納至於外國所產糧食義船裝載進口未經起卸仍欲出洋概無禁阻查核洋文內發給存票下載有倘查有漏稅情形中國將貨物入官語句遇事應行照辦

按進口洋貨已納稅後改運別口如不請領存票應給免稅執照照式已列後至土貨復進口半稅除長江外均應於所進之口呈交不准再發已收土貨復進口半稅執照會經總署通行所有已完復進口半稅土貨改運別口者除發還存票外並塡發已收出口正稅之收稅單此項收單與免單有別不得抵作別口之稅所有現行憑

單式均列後

奧約第三十款子口稅併見本類

奧斯馬加國商民沿海議定通商各口載運土貨約准出口先納正稅復進他口再納半稅後欲復運他口以一年爲期准向該關取給半稅存票不復更納正稅嗣到改運之口再行照納半稅

奧約第三十一款子口稅併見本類

奧斯馬加國商民洋貨進口納淸稅課後欲改運他國抑或通商別口約准禀明領事官轉報監督委員驗明實係原包原貨查與底簿相符並未拆動抽換即當按照該貨

經納正稅之數發給存票倘查有漏稅情形中國將貨物入官至土貨自通商各口運入他口按例納完半稅後該商再欲運往外國以一年爲期期內亦准一律發給半稅存票該票無論何商呈驗均准專抵該關進出貨稅不准持赴別關抵課倘若該商將已納稅之貨載往別口售賣欲請海關發給免稅單者海關應給免稅單不發存票俟該商進別口時將此單呈送海關查驗後即給卸貨牌照一切稅課毋庸再納至於外國所產糧食奧斯馬加國船裝載進口未經起卸仍欲出洋概無禁阻嗣後中國與無論何國定立給發存票限期一經通行奧斯馬加國亦一

體遵照

日本通商章程第十六款（併見本類罰例）

貨物進口完稅後如欲改運通商別口售賣報由海關驗明實係原包原貨並未拆動抽換卽給收稅執照持往別口海關查驗相符准其出售免再納稅若有影射抽換夾帶情事貨罰入官

以上改運

通商各口通共章程第五款（併見本類長江貨稅長江子口稅）

洋商由長江口岸運土貨回上海若係洋商由內地自販之貨已在江口完納一子稅卽有過卡實據可憑如在本江口所買之貨卽係已由內地人交過各內地稅則在長江下貨時均不必在長江各口完稅俟到上海進口時交長江出口之正稅並先將一半稅存在銀號如在三個月限內出口運往外國確係原包原貨並無拆動抽換情形卽將所存之銀交還如在上海銷賣或逾限未出口卽將所存一半稅入帳作爲復進口之稅或限內出口有拆動抽換情形除將一半稅入帳外仍另納出口之正稅

長江通商統共章程第五條（併見本類長江貨稅長江子口稅長江稽稅杜漏）

凡有江照之輪船裝載土貨須由該商在裝貨口先將（正半）兩稅一併完淸方准裝貨俟該貨抵上海若在三個月限

內復出口前往外國應由該商赴江海關請領執照作爲該貨已往外國之實據將執照呈交（江漢九江鎭江）關則可將該商所納復進口半稅發給存票以抵日後應完之稅但欲往外國之貨抵上海之時亦應報明凡有此等輪船裝載別船所撥之貨該貨在未撥之先須照起貨之例完納稅餉由關查明各進口稅完淸方准撥貨

以上長江改運

俄陸路通商章程第六款

如在張家口二成貨物已在該口納稅領有稅單而貨物有未經銷售者准該商運赴通州或天津銷售不再納稅

俄陸路通商章程第十款

俄商在他口販買土貨運津回國除在他口按照各國總例交納稅餉外其赴天津應納一復進口稅（卽正稅之半）該領事官發給兩國文字執照天津關蓋印註明商人姓名貨色包件若干方准起運赴恰克圖不再重徵並飭令遵照第三款之路而行沿途不得銷賣如違卽將該商貨物全行入官所有經過通州東壩張家口查驗之例按照第三款章程辦理

改訂俄陸路通商章程第六款

如在張家口酌留俄國貨物已在該口納稅領有稅單而

貨物有未經銷售者准該商運赴通州或天津銷售不再納稅並將在張家口多交之一分補還俄商即由該口發給執照內註明

改訂俄陸路通商章程第十款

俄商在他口販買土貨經津回國不留在彼銷售如在他口全稅交完有單可憑至此不再納稅以免重徵該領事官發給兩國文字執照天津關蓋印註明商人姓名貨色包件若干方准起運赴恰克圖不再重徵並飭令遵照第三款之路而行沿途不得銷賣如違即按第七款辦理所有經過通州東壩張家口查驗之例按照第三款章程辦

理其照自起程日為始限六個月內到恰克圖繳銷如遇耽延應於限期前報明領事官及地方官等如違罰辦倘有商人遺失執照按第三款辦理

改訂俄陸路通商章程第十二款

俄商在津販買復進口土貨由陸路回國如在原口完清全稅於一年限內出津運往俄國一切與章相符不再重徵並將暫存天津復進口半稅給還存票沿途不得銷售領取執照一切按照第十款辦理嗣後天津復進口納稅章程中國與各國一行擬改俄國亦一律改定

改訂中俄陸路通商章程第六條併見本類陸路子口稅內地稅釐

如在張家口酌留之貨已在該口納稅而貨物有未經銷售者准該商運赴通州或天津銷售不再納稅並將在張家口多交之一分補還俄商即於該口所發執照內註明

俄商在張家口酌留之貨已在該口納稅者如欲運入內地應照各國總例再交一子稅即正稅之半該口發給運貨執照應於沿途所過各關卡呈驗如無執照者則逢關納稅遇卡抽釐

改訂中俄陸路通商章程第十條併見本類陸路貨稅罰例

俄商在天津販買土貨回國應由第三條所載張家口等處之路行走俄商運貨出口應交出口正稅若在天津販

買復進口土貨及在他口販買土貨經津回國如在他口全稅交完有單可憑至此不再重徵該商交稅後在一年限內出口回國將在天津所交復進口半稅仍行給還俄商運貨回國領事官發給兩國文字執照註明商人姓名貨色包件數目若干由該關蓋印該商務須貨照相隨以憑沿途各關口查驗放行其繳銷執照限期並遇有遺失執照等事均照第三條章程辦理該商應照第三條所載之路行走沿途不得銷售如違此章即照第八條所定章程罰辦沿途各關卡查驗貨物應照第三條章程辦理至俄商由肅州即嘉峪關販運該處所買土貨及在內地所買土

貨運往該處同國暫所有完納稅餉等事均照天津一律
辦理

以上陸路改運

章程

議定租界洋貨免釐及存票改限各開辦日期並各式（併見本類口岸貿易內地稅釐　按式列卷末）

總理衙門咨光緒二年十一月二十九日准赫總稅務司申稱奉到劄開現與德國巴大臣面議洋貨在上海租界內免其抽釐及發給存票准以三十六箇月爲限各國開辦日期並存票換銀當先由稅務司蓋印畫押等因前來除由本衙門照會各國駐京大臣外相應抄錄赫總稅務司申復咨行卽飭各關遵辦光緒二年十二月咨北洋南洋

以上改運

以上長江改運

核定出口土貨拆動改裝章程已見本類稽稅杜漏併見本類罰例

頒行發給陸路俄商三聯單章程已見本類陸路口岸貿易併見本類陸路稽稅杜漏

以上陸路改運

成案

洋商在內地置買土貨出口照則完稅後發給收稅單

停止免單（已見本類貨稅併見本類子口稅）

洋商運土貨復進他口征收復進口半稅并復進口後如運入內地逢關納稅遇卡抽釐（已見本類長江貨稅併見本類子口稅內地稅釐）

改運貨物務須單貨相符當時呈驗執照

總理衙門咨茲准咨呈近日各國商人載運貨物來津其有免單者往往照與貨相離無從查驗等因又准咨呈粵海各關所發英商免單內有華國華商字樣各等因前來

除免單內華國華商字樣實屬錯謬已劄飭該監督查明更正外其由別口運來貨物查條約四十五款載英國民人運貨進口既經納清稅課者凡遇改運別口售賣須稟明領事官轉報監督官委員驗明實係原包原貨查與底簿相符並未拆動抽換即照數填入牌照收執俟進口時查驗符合即准開船出售免其重納稅課如查有影射夾帶情事罰貨入官等語近日各國貨船進口並不將執照當時報明呈驗甚至遲至數月方將執照呈繳以至數月無從查核且單貨數目亦有不符之處易啟影射偷漏諸弊並與條約不符相應咨行查照務希與署總稅司赫德

費士來悉心商酌設法稽查該署總稅務司向來辦事可靠自不致稍存偏護遇事推諉倘查有照貨不符及免單後到者即應按照條約罰貨入官以杜諸弊所有原呈執照仍行發回以憑辦理可也咸豐十一年六月十七日咨三口

復進口土貨半稅均應於所進海口呈交不准於所出之口預納（已見本類子口稅）

改運單貨相離照貨收稅發給收據他關所完之稅仍給存票

總理衙門咨茲准咨稱三月二十一日有公易行商人改

運洋標布五十包並密妥士行由嗎達安未釐這故庇難那二船載來貨物均係單貨相離本關已飭照貨納稅發給收稅執照令本商向原口請換存票並希轉咨江海關嗣後遇有改口貨物查驗相符即日發給免單以符定制等因前來本衙門查洋商改口貨物必須單貨相隨方能稽查周密若單與貨離自應照貨收稅以示限制除照咨辦理通商大臣薛轉飭遵照外相應咨覆同治元年四月二十三日咨三口

又咨同治元年九月初三日准署總稅司赫呈稱查春間英國駐紮天津孟領事出示飭令各商遵照以凡有貨物

進口若進口時未帶有免稅等單則須完納稅餉若據該商赴關稟報其進口稅已在彼口完清即由津關除令其再行納稅外另發給收稅單一件該商收執以便日後向彼口之關取回前次所交之銀兩等情去後查疊有已在彼口完清進口稅之貨到天津而未帶有免單即由津關令其納稅並發給收稅單以憑取回銀兩惟彼口因無總理衙門明文至今不肯發還所收之銀兩以致各該商與虧理合呈請由總理衙門行文通商大臣薛轉行飭令各該關凡有商執津關所發此等收稅單向關稟請領回銀兩即由該關立刻發給存單以抵日後應完之稅實爲公

便等因前來本衙門查天津關進口洋貨及復進口土貨若進口時該商未曾帶有別口完稅實據該關自應分別征收進口稅銀如實係上海等處改運之貨而免單到在該貨進口之後津關業已收其進口稅銀自應發給收稅執照飭令該商將原領免單帶回原口請換存票茲據該署總稅司呈請行文薛大臣轉飭各該關凡洋商執持津關所發之此項收稅單向關稟請領回已發免單銀兩即由該關立刻換給存票以抵日後應完之稅所請自應准行應由薛大臣轉飭所轄各關一律查照辦理相應咨行

同治元年九月初六日咨三口

遺失稅單仍征正半稅（已見本類子口稅）

完復進口半稅土貨限內出口准給存票不還現銀

總理衙門咨查土貨復進口半稅咸豐十一年本衙門所定通共章程第五款內開洋商由長江口岸運土貨回上海若係洋商由內地自販之貨已在長江完一子稅即有過卡實據可憑如在本江口所買之貨即係已由他人交過各內地稅則在長江下貨時均不必在長江各口完稅俟到上海進口時交長江出口之正稅並先將一半稅存在銀號如在三個月限內出口運往外國確係原包原貨並無拆動抽換情形即將所存之銀交還如在上海銷賣

或逾限未出口即將所存一半稅入帳作爲復進口之稅或限內出口有拆動抽換情形除將一半稅入帳外仍另納出口之正稅等語又同治元年本衙門更定長江通商統共章程第五條內開凡有江照之輪船裝載土貨須由該商在裝貨口先將正半兩稅一併完清方准裝貨俟該貨抵上海若在三個月限內復出口前往外國應由該商赴江海關請領執照作爲該貨已往外國之實據執照呈交（江漢　九江　鎮江）關則可將該商所納復進口半稅發給存票以抵日後應完之稅但欲往外國之貨抵上海之時亦應報明等語是長江章程既經更定所有復進口土貨半稅如該

貨實在限內出洋應行發給存票不應再還現銀況現在
復進口土貨出洋限期業已改為一年如在一年限內出
口經該關查驗實係原包原貨並未拆動抽換其件數斤
兩俱與原報之數相符應將所完半稅查照長江統共章
程填發存票給該商收領以抵本關後稅無論何口均應
一律辦理除劄行李總稅務司轉飭各口稅務司查照外
相應咨行轉飭各關自奉文之日起所有收過洋商復進
口土貨半稅如在一年限內出口均應一律填給存票不
得再還現銀同治二年六月初四日咨南洋

陊囉呢加稅日後復出口應照算分別發給免照存票

已見本類貨稅

進口土貨逾限復運他口仍完正半兩稅已見本類子口稅

已見本類子口稅

復進口土貨按照出口原估稅單征收一半毋庸另估

洋煤進口稅銀請給存票

總理衙門咨案查洋煤進口稅銀請給存票一事本年五
月間准咨據江海關稟報各情本衙門以此事未據赫總
稅司申呈並未核准有案先行咨復並劄令總稅務司查
明聲復據稱凡已完正稅之洋煤復行下船不問自用出
售一概發給存票等因本衙門旋即轉行貴大臣飭查核

復現准復稱據江海關稟向來洋貨進口完稅後復將該
貨運往外國准將前完進口稅銀給還存票其改運中國
通商別口者或請免照或請存票聽商自便倘未請免照
之貨運抵通商他口則須在他口照則完納則此口請領
存票者他口仍行納稅查船用洋煤向准免稅各洋煤進
口完稅後復於限內裝船出口運往外國則前完進口稅
銀准給存票倘運往通商別口未在進口之關請領免照
則別關亦必照則收稅是出售之煤無虞漏稅滋弊赫總
稅司所議不問自用出售一經裝船轉運概准給還存票
尚與稅課無虧似可照議辦理惟須飭令總稅務司通飭

各口稅務司如遇洋煤到口起岸並無中國通商各關收
稅免照呈驗者一律收稅以昭核實等因本衙門查核江
海關道所稱係照約章辦理尚為周到除劄行赫總稅司
轉飭遵辦外相應咨行轉飭各關查照辦理光緒三年十
二月咨北洋南洋

江海關稟租界洋貨免釐及存票改限辦理情形已見本類口岸貿易併見本類內地稅釐

以上改運

長江改土貨出口限期已見本類長江子口稅

以上長江改運

俄商未領聯單運赴張家口內地牛皮等貨照內地土貨例逢關納稅已見本類陸路貨稅併見本類內地稅釐

俄商停止由津回國復進口稅

總理衙門咨查俄國陸路通商章程試行三年前屆應行會議年分迭據俄國公使照會以他國販買土貨由水路出口僅納一正稅並不重征今俄商由陸路販買土貨出口應納正子稅各一是同一出口而俄商納稅獨重未免向隅該商如將全貨回國復有全到憑據應將所交復進口稅給還方為平允經本衙門往來照會現經議准將第十款內俄商在他口販買土貨運津回國復進口稅免其交納相應咨行將陸路章程第十款俄商販運回國赴天津應納一復進口稅自三月初一日起即行停止征收其餘仍照舊辦理同治五年二月二十五日咨三口按此案於改訂俄陸路通商章程內業經刪訂

以上陸路改運

洋貨改運存票式

存根

為給發存票事據　商　稟報後開貨物前由
國第　號船名　由　裝運來　於　年
月　日進口完過稅銀　今將原貨下入　國
第　號船名　改往　國請將已完稅銀給發存票前來
除照發並諭銀號知照外合備存查
計開
今發存票計銀
光緒　年　月　日

字　號

海關洋貨存

為給發存票事案查條約內載外國運貨
進口完稅後復欲運往外國監督委員驗明實係原包原貨查與底簿相符並未
拆動抽換其已完稅銀准其請發存票以抵後稅又奉行准
總理各國事務衙門　奏定光緒三年正月初一日為始洋貨進口已完正稅如
在三十六個月限內仍運外國准其請領存票并准其以存票換取現銀各等因
茲據　商　稟報後開貨物編入册內　字　號前由　國第
號船名　由　裝運來　於　年　月　日進口完過稅銀
今將原貨由新關　委員驗明的確原包原貨並未拆動更換下入　國第
號船名　復往　國由關查驗貨號相符於　年　月　日
出口在册內　字號註銷請將已完稅銀給發存票前來查核相符合行填發存
票給該商收執准其在於本口抵完別稅並換取現銀可也須至存票者
計開　新關驗貨人姓名

戶六　二十二

票

今發存票計銀

給商

收執

光緒　年　月　日給

字　號

洋貨存票諭單

為諭知事據　商　將　年　月　日進口洋貨運司
外國除將前完稅銀　填給存票准在本口抵完別口並
換取現銀外合行諭知銀號俟該商持票赴號或抵別稅或換現銀均聽其便該
號將所繳存票與此單比對相符即行照辦或抵別稅或付現銀於單內填註聲明
收回原票一併送署備核須至諭單者

計開

存票銀

於　年　月　日抵完稅銀

於　年　月　日照付現銀

光緒　年　月　日

百六　二十三

土貨改運存票式

存根

為給發土貨存票事據　商　稟報後開土貨前由　國第
號船名　由　裝運進口完過稅銀
今將原貨下入　國第　號船名　改往　請將已完
稅銀發給存票前來除照發外合備存查

計開

今發存票計銀

光緒　年　月　日

字　號

海新關土貨存票

為給發土貨存票事案查條約內載洋
商運貨進口既經納清稅課凡欲改運別口售賣監督委員驗明實係原包原貨
查與底簿相符並未拆動抽換發給存票一紙作已納稅餉之據又土貨出口先
納正稅復進他口再納半稅後復欲改運他口以一年為期准給半稅存票不復
更納正稅到改運之口再納半稅等因茲據　商　稟報後開土貨前由
國第　號船名　由　裝運進口完過稅銀
今將原貨下入　國第　號船名　改往　請將已完稅銀
發給存票前來業經委員驗明合行填發存票給該商收執准其在於本口劃抵
別稅可也須至存票者

計開

今發存票計銀
給商
光緒　年　月　日給

戶六　二十五

洋貨改運免照式

存根

為給發免重征執照事茲據　國商人　稟報後開貨物前經完納稅課今將原貨裝載　國第　號商船名　運往　口售賣除填發免重征執照外合備存查
計開

光緒　年　月　日

字　號

海關發給

為給發免重征執照事查商人運貨完清稅課復欲改運別口售賣者驗明實係原包原貨查與底簿相符並未拆動抽換即照數填給執照准其前赴該口呈驗俾免重征茲據　國商人　稟報後開貨物前經完納稅課今將原貨裝載　國第　號商船名　運往　口售賣當經查驗貨物相符合行發給免重征執照為此給照准將後開貨物運赴該口呈照驗明照貨相符准其起貨售賣免其重征須至免重征執照者
計開

戶六　二十六

免重徵執照

光緒　年　月　日給限　關口繳

右照給　商　收執

土貨改運收過正稅憑單式

存根

為給發憑單事今據　國商人　稟有前由　國第　號船由　口運來土貨曾經帶有　關征收出口正稅收稅單呈驗當已照完復進口半稅茲因仍不合銷現將原貨下入　國第　號船轉運　口除給發憑單外合備存查

計開

光緒　年　月　日

已完正稅憑

字　號

為給發憑單事案奉行准

總理衙門咨查土貨復進口半稅均應於所進之口呈交不准再發已收土貨復進口半稅執照等因奉遵在案今據　國商人　稟有前由　國第　號船由　口運來土貨曾經帶有　關征收出口正稅收稅單呈驗當已照完復進口半稅茲因仍不合銷現將原貨下入　國第　號船轉運　口等情前來本關查貨相符除將本關所收復進口半稅發還存票外合行填發該貨業已呈過關已收出口正稅收稅單之憑據給該商持赴　口查驗可也須至憑單者

計開

單
光緒　年　月　日辦

通商約章類纂卷十

戶六　二十九

通商約章類纂卷十一目錄　　戶類七

稅務七 中外權度

條約章程

英約第三十四款

英通商章程第四款

喘典哪喴約第十二條

美通商章程第四款

法約第二十六款

法通商章程第四款

布約第二十八款

布通商章程第四款

丹約第三十三款

丹通商章程第四款

日斯巴尼亞約第三十款

比約第三十六款

比通商章程第四款

義約第三十三款

義通商章程第四款

奧約第三十二款

奧通商章程第四款

通商約章類纂卷十一　戶七　目錄　一

章程

通商約章類纂卷十一　戶類七

稅務七　中外權度

條約章程

英約第三十四款

一秤碼丈尺均按照粵海關部頒定式由各監督在各口送交領事官以昭畫一

英通商章程第四款

一凡有稅則內所算輕重長短中國一擔即係一百觔者以英國一百三十三磅零三分之一爲準中國一丈即十尺者以英國一百四十一因制爲準中國一尺即英國十四因制又十分因制之一英國十二因制爲一幅地三幅

地爲一碼四碼欠三因制即合中國一丈均以此爲例

喘𠹌哪嘁約第十二條

一喘𠹌國哪嘁國等各口領事官處應由中國海關發給丈尺秤碼各一副以備丈量長短權衡輕重之用即照粵海關部頒之式蓋戳鐫字五口一律以免參差滋弊

美通商章程第四款

一凡有稅則內所算輕重長短中國一擔即係一百觔者以美國一百三十三磅零三分之一爲準中國一丈即十尺者以美國一百四十一因制爲準中國一尺即美國十

四因制又十分因制之一美國十二因制爲一幅地三幅地爲一碼四碼欠三因制卽合中國一丈均以此爲例

法約第二十六款

凡通商各口海關均有部頒秤碼丈尺等項應照造一分比較準確送與領事官署收存輕重長短一與粵海關無異每件鐫截粵海關字樣有鈔餉各銀輸納中國者俱依此秤碼兌交如有秤丈貨物爭執卽以此式爲準

法通商章程第四款

一凡有稅則內所算輕重長短中國一擔卽係一百觔者以法國六十吉羅葛稜麽零四百五十三葛稜麽爲準中

國一丈卽十尺者以法國三邁當零五十五桑的邁當爲準中國一尺卽法國三百五十八密理邁當均以此爲例

布約第二十八款

凡通商各口海關監督官須有部頒秤碼丈尺等項一副送與領事官署存留其輕重長短一與粵海關無異所有鈔稅各銀輸納中國者俱依此秤碼兌交如有秤丈貨物爭執卽以此式爲準

布通商章程第四款

一凡有稅則內所算輕重長短中國一擔卽係一百觔者以布國暨德意志公會各國一百二十嗱呅二十七嚟呅一咕嚨呅八嘫呅卽法國六十吉羅葛稜麽零四百五十三葛稜麽是爲中國一百觔中國一丈卽十尺者以布國暨德意志公會各國十一呋嘶三非哩零九分卽法國三邁當零五十五桑的邁當是爲中國一丈中國一尺卽布國十二因制零七分卽法國三百五十八密理邁當照此爲例

丹約第三十三款

一秤碼丈尺約準均按照粵海關部頒定式由各監督送交各口領事官收用又準該秤碼等項其分量均照續定通商章程第四款爲例

丹通商章程第四款

一凡有稅則內所算輕重長短中國一擔卽係一百觔者以丹國一百三十三磅零三分之一爲準中國一丈卽十尺者以丹國一百四十一因制爲準中國一尺卽丹國十四因制又十分因制之一丹國十二因制爲一幅地三幅地爲一碼四碼欠三因制卽合中國一丈均以此爲例

日斯巴尼亞約第三十款

一秤碼丈尺均按照粵海關部頒定式由各監督在各口送交領事官以昭畫一

比約第三十六款

凡通商各口海關監督官須有部頒秤碼丈尺等項一副送與領事官署存留其輕重長短一與粵海關無異所有鈔稅各銀輸納中國者俱依此秤碼兌交如有秤丈貨物爭執卽以此式爲準

比通商章程第四款

一凡有稅則內所算輕重長短中國一擔卽係一百觔者以比國一百三十三磅零三分之一爲準中國一丈卽十尺者以比國一百四十一因制爲準中國一尺卽比國十四因制又十分因制之一比國十二因制爲一幅地三幅地爲一碼四碼欠三因制卽合中國一丈均以此爲例

義約第三十三款

秤碼丈尺約準均按照粵海關部頒定式由各監督送交各口領事官收用又準該秤碼等項其分量均照續定通商章程第四款爲例

義通商章程第四款

一凡有稅則內所算輕重長短中國一擔卽係一百觔者以義國六十吉羅葛稜麼零四百五十三葛稜麼爲準中國一丈卽十尺者以義國三邁當零五十五桑的邁當爲準中國一尺卽義國三百五十八密理邁當均以此爲例

奧約第三十二款

秤碼丈尺約準按照粵海關部頒定式由各監督送交各口領事官收用所有鈔稅各銀輸納中國者俱依此秤碼兌交如有秤丈貨物爭執卽以此式爲準並秤碼等項其分量均照續定通商章程第四款爲例以免歧異

奧通商章程第四款

一凡有稅則內所算輕重長短中國一擔卽係一百觔者以奧斯馬加國一百二十嗪呅二十七嘩呅一咕噟呅八呲呅卽法國六十吉羅葛稜麼零四百五十三葛稜麼是爲中國一百觔中國一丈卽十尺者以奧斯馬加國十一呋嘶二咋哩零九分卽法國三邁當零五十五桑的邁當

是爲中國一丈中國一尺卽奧斯馬加國十三因制零五分卽法國三百五十五密理邁當照此爲例

章程

核定洋商船鈔分別征免章程內按照英噸核算各國噸數清單（已見本類船鈔）

日國商定噸數章程（已見本類船鈔）

通商約章類纂卷十一

通商約章類纂卷十二目錄　戶類八

稅務八（免稅各物）

條約章程

改訂中俄陸路通商章程第十四條

改訂中俄陸路通商章程第十五條（併見刑類法禁本類罰例違禁貨物）

英通商章程第二款（併見本類船鈔子口稅）

美通商章程第二款（併見本類船鈔子口稅）

法通商章程第二款（併見本類船鈔子口稅）

布通商章程第二款（併見本類船鈔子口稅）

德續約第七款之一

德續約善後章程第八款（併見工類租僱建置本類貨稅釐稅杜漏）

丹通商章程第二款（併見本類船鈔子口稅）

比通商章程第二款（併見本類船鈔子口稅）

義通商章程第二款（併見本類船鈔子口稅）

奧通商章程第二款（併見本類船鈔子口稅）

日本通商章程第六款（併見本類罰例）

章程

核定客船行李免稅貨物拖帶輪船三項章程（已見本類釐稅杜漏併見本類罰例）

核定德商船廠免稅各物章程並甘結執照各式（併見本類）

貨稅按式列卷末

成案

洋船載運黃銅片稅分別征免已見本類稽稅杜漏

布商繡貨免稅並附辨證洋漢文已見總類訂約

洋鹻進口免稅

玻璃器皿進出口均准免稅

鐵刀利器免稅

輪船裝運免稅油斤限制並須請領准單

朝鮮使臣等行李貨物酌量蠲徵并減輕商民紅蔘稅已見本項類貨稅

通商約章類纂卷十二　　戶類八

稅務八免稅各物

條約章程

改訂中俄陸路通商章程第十四條

凡進口出口免稅之物如金銀外國各銀錢各種麪砂穀米麪餅熟肉熟菜牛奶酥牛油蜜餞外國衣服金銀首飾攙銀器香水胰鹻炭柴薪外國蠟燭外國煙絲煙葉外國酒家用雜物船用雜物行李紙張筆墨氊毯鐵刀利器外國自用藥料玻璃器皿以上各物由陸路進口出口皆准免稅惟由章程內載各城及各海口運往內地者除金銀外國銀錢行李三項仍毋庸議外其餘各物皆按每值百兩完納稅銀二兩五錢

改訂中俄陸路通商章程第十五條併見刑類法禁本類罰例違禁貨物

凡違禁之物如火藥大小彈子炮位大小鳥鎗並一切軍器等類及內地食鹽洋藥均屬違禁不准販運進口出口如違此例即將所運違禁之物全罰入官俄國人民前往中國者每人准帶鳥鎗或手鎗一桿護身填入執照又硝磺白鉛須奉中國官發給准單方准俄商運進口內如華商特奉准買明文方准銷售中國米銅錢不准販運出口外國米穀及各種糧食皆准販運進口一概免稅

英通商章程第二款（併見本類船鈔子口税）

一凡有金銀外國各等銀錢麪粟米粉砂穀米麪餅熟肉熟菜牛奶酥牛油蜜餞外國衣服金銀首飾攙銀器香水鹻炭柴薪外國蠟燭外國煙絲煙葉外國酒家用雜物船用雜物行李紙張筆墨氊毯鐵刀利器外國自用藥料玻璃器皿以上各物進出口通商各口皆准免税除金銀外國銀錢行李毋庸議外其餘該船裝載無論淺滿雖無别貨亦應完納船鈔倘運往内地除前三項仍毋庸議外其餘各貨皆每百兩之物完納税銀二兩五錢

美通商章程第二款（併見本類船鈔子口税）

一凡有金銀外國各等銀錢麪粟米粉砂穀米麪餅熟肉熟菜牛奶酥牛油蜜餞外國衣服金銀首飾攙銀器香水鹻炭柴薪外國蠟燭外國煙絲煙葉外國酒家用雜物船用雜物行李紙張筆墨氊毯鐵刀利器外國自用藥料玻璃器皿以上各物進出口通商各口皆准免税除金銀外國銀錢行李毋庸議外其餘該船裝載無論淺滿雖無别貨亦應完納船鈔倘運往内地除前三項仍毋庸議外其餘各貨皆每百兩之物完納税銀二兩五錢

法通商章程第二款（併見本類船鈔子口税）

一凡有金銀外國各等銀錢麪粟米粉砂穀米麪餅熟肉熟菜牛奶酥牛油蜜餞外國衣服金銀首飾攙銀器香水鹻炭柴薪外國蠟燭外國煙絲煙葉外國酒家用雜物船用雜物行李紙張筆墨氊毯鐵刀利器外國自用藥料玻璃器皿以上各物進出口通商各口皆准免税除金銀外國銀錢行李毋庸議外其餘該船裝載無論淺滿雖無别貨亦應完納船鈔倘運往内地除前三項仍毋庸議外其餘各貨皆每百兩之物完納税銀二兩五錢

布通商章程第二款（併見本類船鈔子口税）

一凡有金銀外國各等銀錢麪粟米粉砂穀米麪餅熟肉熟菜牛奶酥牛油蜜餞外國衣服金銀首飾攙銀器香水

鹻炭柴薪外國蠟燭外國煙絲煙葉外國酒家用雜物船用雜物行李紙張筆墨氊毯鐵刀利器外國自用藥料玻璃器皿以上各物進出口通商各口皆准免税除金銀外國銀錢行李毋庸議外其餘該船裝載無論淺滿雖無别貨亦應完納船鈔倘運往内地除前三項仍毋庸議外其餘各貨皆每百兩之物完納税銀二兩五錢

德續約第七款之一

一中國允凡德商船廠應用雜物准其免税由總税務司將應行免税進口各物名目頒發清册曉諭

德續約善後章程第八款（併見工類租傭建置本類貨税偷税杜漏）

一德商船廠應用雜物實係修理船隻者方准免稅進通商口岸一面由關派員進廠將其如何使用各物之處眼同閱看如係製造新船其進出口稅則內所載之貨照稅則辦理其未載明之物均照值百抽五例征稅令該商赴關補納至開船廠者必先赴關領照此照併無關費並具保結結內所註明各節悉由該關妥議酌辦

丹通商章程第二款併見本類船鈔子口稅

一凡有金銀外國各等銀錢麪粟米粉砂穀米麪餅熟肉熟菜牛奶酥牛油蜜餞外國衣服金銀首飾攙銀器香水鹼炭柴薪外國蠟燭外國煙絲煙葉外國酒家用雜物船

用雜物行李紙張筆墨氊毯鐵刀利器外國自用藥料玻璃器皿以上各物進出口通商各口皆准免稅除金銀外國銀錢行李毋庸議外其餘該船裝載無論淺滿雖無別貨亦應完納船鈔倘運往內地除前三項仍毋庸議外其餘各貨皆每百兩之物完納稅銀二兩五錢

比通商章程第二款併見本類船鈔子口稅

一凡有金銀外國各等銀錢麪粟米粉砂穀米麪餅熟肉熟菜牛奶酥牛油蜜餞外國衣服金銀首飾攙銀器香水鹼炭柴薪外國蠟燭外國煙絲煙葉外國酒家用雜物船用雜物行李紙張筆墨氊毯鐵刀利器外國自用藥料玻璃器皿以上各物進出口通商各口皆准免稅除金銀外國銀錢行李毋庸議外其餘該船裝載無論淺滿雖無別貨亦應完納船鈔倘運往內地除前三項仍毋庸議外其餘各貨皆每百兩之物完納稅銀二兩五錢

義通商章程第二款併見本類船鈔子口稅

一凡有金銀外國各等銀錢麪粟米粉砂穀米麪餅熟肉熟菜牛奶酥牛油蜜餞外國衣服金銀首飾攙銀器香水鹼炭柴薪外國蠟燭外國煙絲煙葉外國酒家用雜物船用雜物行李紙張筆墨氊毯鐵刀利器外國自用藥料玻璃器皿以上各物進出口通商各口皆准免稅除金銀外國銀錢行李毋庸議外其餘該船裝載無論淺滿雖無別貨亦應完納船鈔倘運往內地除前三項仍毋庸議外其

餘各貨皆每百兩之物完納稅銀二兩五錢

奧通商章程第二款併見本類船鈔子口稅

一凡有金銀外國各等銀錢麪粟米粉砂穀米麪餅熟肉熟菜牛奶酥牛油蜜餞外國衣服金銀首飾攙銀器香水鹼炭柴薪外國蠟燭外國煙絲煙葉外國酒家用雜物船用雜物行李紙張筆墨氊毯鐵刀利器外國自用藥料玻璃器皿以上各物進出口通商各口皆准免稅除金銀外國銀錢行李毋庸議外其餘該船裝載無論淺滿雖無別

貨亦應完納船鈔倘運往內地除前三項仍毋庸議外其餘各貨皆每百兩之物完納稅銀二兩五錢

日本通商章程第六款（併見本類罰例）

兩國商船進口除所載貨物開單報關外另將船上自用各物及應行免稅各物開一清單送關驗免倘賣與人仍照稅則完納若將應稅貨物混入免稅單內希圖隱漏查出將貨入官

章程

核定客船行李免稅貨物拖帶輪船三項章程（已見本類稽稅杜漏併見本類罰例）

核定德商船廠免稅各物章程並甘結執照各式（併見本類貨稅按式列卷末）

總理衙門咨開查德國續約第七款內開德商船廠應用雜物准其免稅由總稅務司頒發清冊曉諭等語前由本衙門劄行總稅務司將德商船廠應行免稅進口各物名目造具清冊以憑核辦去後閏七月初二日准總稅務司申稱德商船廠應行免稅各物會將各口稅務司所具清冊轉行造冊處稅務司彙造總冊轉送上海理船廳詳細核查等情茲於二十三日又准申稱造冊處稅務司尚未將理船廳復行改訂之清冊轉呈前來惟換約在卽現將該稅務司自行擬開之清冊並各口稅務司所擬章程綜集核奪另擬數條開具一冊照此辦理卽不致蒙混偷漏等語並將所繕漢洋合璧清冊二分附送前來除由本衙門轉送德國巴大臣查照外相應抄錄漢文清冊一分咨行轉飭各關道監督等按冊內所開應行免稅各物名目查照辦理可也光緒七年八月初九日咨北洋

一凡有德商開船廠修船者其廠內實用修船之物件均

應按照新約條欵免稅辦理
一凡德商開廠者須赴該關稅務司處請領空白甘結後赴領事官署塡明畫押由領事官蓋印後呈交該關存案此項甘結內有兩項要端一本商承當凡有免稅物件進廠不得私賣於他人亦不得私作他用一該關如已查出有私賣於他人私作他用者本商即認罰銀五百兩
一凡德商開廠者除進口時照章赴關報明請領放行單外廠內須立修船免稅物件之冊簿凡有免稅物件進廠均須詳細挨日按類註記並須將其如何使用修理何船挨日按類登記註銷

一凡德商開廠者其免稅物件進廠後備擬將其物件做爲他用該商須先行赴關報明一切請領船廠補稅驗單完納進口稅方准起其物件出廠一面一律登記註銷
一凡德商開廠者須准由該關任便派人入廠親視工作並其冊簿等件亦可隨時索看倘有攔阻不許親視工作與不給冊簿閱看以及不將免稅之物挨日登記註銷等事該關即將所存之甘結註銷移交該領事官發還一面不准該廠物件此後免稅
以上各章係試辦之章應俟照辦兩年之後或增或減或改或留再行會同核訂以期歸於至當可也

計開德商船廠修船免稅各物
金類
黃銅　紅銅　鐵　鍍鋅鐵　鉛　鋼　錫　鋅
各項
三角　棍　樑　螺絲釘　鑄成各件　箍　彎節　筒
管　板　條　軌軸　片皮　磚絲　八皮幾銅　白鐵
并鋅　釬料　合葉　搭鉤　銷　釘　打泡釘　螺絲
餅　鍊轉環　螺絲釘　花頭釘　釘氈小釘　開口環
水錫上水機具　水錫筒　龍頭並閘　水汽各表
傳令鑼　輭墊　吹汽鐘

木類
硬輭各項
樑　轆餅　板　肋骨彎段　彎節　枹　木棍釘
雜類
灰泥　繩纜　入漆使乾料　氈　火磚　火泥　玻璃
水筒　象皮　噴水機皮　杙纜皮　油　散麻　各色
漆　擦漆　黑松香　噴水機　油灰　松香　砂紙
牛油　煤油　匠用各傢伙　漆　餅套　面盆架　茅
厠具
一切未能預言實用修船各物

又咨光緒八年正月十三日准赫總税務司呈稱查德商續修條約內載船廠雜物免税一節前經遵照劄文將應行免税各物並各口擬辦之章程開具清冊申復在案查冊內章程第二條內載凡德商開廠者須赴該關税務司處請領空白甘結後赴領事官處填明畫押由領事官蓋印呈交該關存案等語當劄江海關税務司代擬一空白甘結並換發之准單式現據該關税務司將此結單兩式擬就均尚妥協除通行各關税務司一律遵照外合行備呈各單三分送請查照分咨北南洋大臣各一分備查並將結單各式附送前來查德商船廠免税各物去年由總税

務司繕就漢洋合璧清冊二分申送本衙門當於八月初七日抄錄漢文清冊一分咨行轉飭各關查照在案茲又准總税務司申送甘結執照各式前來除將原件一分存留備查外相應分咨轉飭各關查照光緒八年正月咨北南洋

成案

洋船載運黃銅片税分别征免已見本類稍稅杜偏

布商繡貨免税并附辨證洋漢文已見總類訂約

洋鹻進口免税

總理衙門咨同治十二年三月二十八日准咨據江海關稟稱西洋國商人通源報有洋鹻一百件進口免税轉運蘇州完納半税請填內地税單轉給等因當查善後條約第二款所載免税各物係指洋商自用者而言今通源行洋鹻有一百件之多運入內地係屬售賣自應補完進口税銀即經援案函復去後該商因須補完進口正税並未

運蘇旋將已完半税請給存票事遂中止茲據狄税司來函接赫總税務司核覆通源行洋鹻係列名免税之貨無論運進多少賣與何人皆不能征其進口税銀等因究竟應否補征職道未敢擅便理合稟祈咨請總理衙門核覆飭遵前來本衙門查前因英商飛龍行德國世昌行通有奶油手套等物進天津海口請發存票經本衙門劄交總税務司查明應征應免據實申復嗣據復稱免税各物通商章程第二款載有明文其中諸物可歸免税之類者共有三說一謂分件之物二謂例類之物三謂統括之物此次商人所運奶油即章程內牛油之屬所運手套小鞋即

章程內外國衣服之屬所運玻璃蠟臺即章程內玻璃之屬是此兩案均係應准免稅之物又稱現在通商各口均係免本家本船用物之稅而於分售與人之物除第二款內註明應免者外其餘雜物若非稅則載明納稅之物又非在免稅之例者均照值百抽五之例辦理等語當經本衙門以該兩案既係與各口現在通辦之法相符自應一律辦理方可使商人無可置喙已經咨行北洋大臣轉飭津海關道遵照並劄復總稅務司在案茲西洋國通源行洋鹻進口一案查洋鹻亦係章程內註明免稅之物與前次飛龍世昌兩行之案事同一律應照前案辦理惟西洋

國係未經換約之國祇准在海口通商不准將貨物運入內地以示限制相應抄錄總稅務司申呈一件咨行查照

同治十二年四月咨南洋

附錄赫總稅務司申呈

為申復事奉到同治十一年正月初八日劄文內開同治十年十二月十八日二十三等日迭據威大臣照會以天津英商飛龍行有奶油手套小鞋等物進口被關征稅一案請為繳還等因查英國善後條約第二款內載外國家用雜物船用雜物等項進出通商各口皆准免稅等語所謂家用船用原指物係自用並非售賣與人而言飛龍行

手套小鞋等物查津海關接天津稅司函報均係出售之物其非自用之物可知溯查同治三年厦門收黃銅片稅銀一案威大臣照稱係船塢用物請與免稅之上海各口畫一辦理當經本衙門查據上海大臣李據狄稅司函稱此銅片指明係本船修船所用向照善後章程第二款船用雜物免稅如不指明何船所用以及船廠商人運進者向均征稅等語本衙門因劄知總稅務司轉飭各口仿照上海一律辦理在案又同治六年間據布國李大臣照稱上海泰妥洋行有挂簾進口係家用雜物按值百抽五之例征稅領事向關討銀一案總稅司申復向辦之法凡某

家某船運物進口係本家本船用物均應免稅倘係該商分售與眾人之物除第二款註明之物應免稅外其餘各樣雜物均應照值百抽五之例征稅如此實為公平等語本衙門以此項挂簾既係進口銷售並非自行家用自應納稅照復布大臣亦在案且查上年十二月間南洋大臣造送總稅務司請發各起存票清冊內開美公司代公司鞋子一件四十雙同治八年八月二十九日進口九年九月十九日出口運往東洋請還存票銀一兩二錢是鞋子一項上海進口收稅已有成案此案飛龍行進口奶油各物本係家用雜物之類而據報均係出售核與從前辦過

黃銅片各成案情形相同此項稅銀究應如何辦理不致與從前辦過各案兩歧並以後遇有此等案件亦不致有窒礙之處相應劄行總稅務司查核申復等因奉此溯查同治六年七月十九日上海布國商人泰妥洋行挂簾一案經總稅務司申復文內稱向來辦法凡有某家某船運物進口係本家本船用物均應免稅倘係該商分售於眾人之物除第二款註明之物應免稅外其餘各樣雜物均照值百抽五之例征稅如此辦理實爲公平至泰妥洋行挂簾之物據江海關費稅司申稱實係進口銷售之物並非自用之物是以令其納稅並稱倘准此等雜物均行免

稅則與稅課實無出入等語至應否令挂簾之物納稅當議訂條款之時本司實未在場無從知條款中用意之所在惟布國條款係貴衙門大臣崇　辦理兩位大臣自係細心斟酌所訂應請由貴衙門將家用雜物船用雜物二語分別解明方能定泰妥洋行之案及免後來牽合之悞等語又查同治六年八月十一日泰妥洋行繡貨一案經總稅務司申復內稱條約免稅章程本意凡係通商各口之洋人自用之件均應免稅則洋商運物進口雖係銷售若祇係賣與洋人即屬洋人自用之物既應免稅亦應禁止轉售於華民若係賣與華民似應另行納稅倘條約本意

係按貴衙門所解但分是用是賣數語之意則泰妥洋行之繡貨係進口售賣於人自應照值百抽五之例納稅善後條約第二款所載免稅章程原不明晰以致辯論嗣於同治八年修英國續約之時始將免稅章程改作兩款擬將家用雜物船用雜物分別開明以免牽混後因新議之條約尚未互換故所議未經辦就以致現在天津又有布國世昌洋行運手套玻璃蠟臺進口又有英國飛龍洋行運奶油手套小鞋等物進口被關征稅各商不服之兩案至札諭鞋子一項上海進口收稅已有成案一層總稅務司並未據該關稅務司將此案情形詳細聲報其所以然

總稅務司無從知之若云因上海曾有鞋子完過稅銀亦飭將天津之奶油納稅如此立論似難服人自未便援引作爲成案即以鞋子一項而論章程內載外國衣服進出各口皆准免稅等語若衣服二字包有鞋子在內則鞋子進口亦應按章免稅若云衣服爲衣服鞋子爲鞋子章程內並無鞋子字樣則鞋子進出均應納稅惟奶油與鞋子不同查免稅章程內載牛油進出各口皆准免稅等語則無論多寡無論自用或賣與人既經章內指明免稅是牛油一項應否免稅即無可辨論自應免稅更難云此次之奶油照上次之鞋子辦理至免稅章程現在應如何辦理

與以後應如何辦理兩層竊思現在應如何辦理一層查通商章程第二款內載凡有金銀外國各等銀錢麪粟米粉砂穀米麪餅熟肉熟菜牛奶酥牛油蜜餞外國衣服金銀首飾攙銀器香水礆炭柴薪外國蠟燭外國煙絲煙葉外國酒船用雜物家用雜物行李紙張筆墨氊毯鐵刀利器外國自用藥料玻璃器皿以上各物進出口通商各口皆准免稅等語若將此條款語意細核可知諸物之有一定可歸爲免稅之物者若有三說可憑分爲三樣名目一所謂分件之物即牛奶油係已成物之專名二所謂例類之物如襯衫衹褂通以衣服名之三所謂統括之物如概以家用雜物而名之款內云以上各物

皆准免稅若以第一樣分件而言是免稅之章固無難解之處此等物進出各口無論件數多寡無論是否自用按章辦理似易指明爲應免稅之物如此而論飛龍洋行運進口奶油確係章內分件指明之物自應免稅至第二樣以例類而言核之免稅之章亦不難解止應以已成用物者免稅不准以材料免稅是前在上海之鞋子倘係衣服例類既係成物之件自應免稅此次到天津之玻璃蠟臺手套小鞋均係例類內成物之件亦應免稅若以第三統括而論則家用雜物四字其名目不但免稅章程所指明之物在內即稅則內應納稅之物大半均可稱爲家用雜

物是應否免稅不能因是否成件是否材料而訂凡有物件進口若該商以爲係家用雜物請免稅該關即應查明此物是否爲免稅章程內載之名目若載有其名則應免稅若其名未載於免稅章內即應查明稅則內應納稅之物有此名目否若稅則有此名目此物進口即應納稅若此物並非免稅章內載明免稅之物又非稅則內載明納稅之物該關即應查明是否自用之物或係賣與眾人之物若係自用者即可按通商章程第二款免稅若係賣與眾人之物即照通商章程第一款云倘有貨物名目進出口稅則均未賅載又不在免稅之列者應照值百抽五之

例辦理至世昌行手套玻璃蠟臺一案貴衙門十年十二月初九日劄文內明不准免稅之意原係以家用雜物而論惟各該商請免稅者並非因其物爲家用雜物而請免稅據稱運奶油進口係憑牛油爲免稅章程載明之物而請免運手套小鞋進口係憑免稅章程所載外國衣服之類而請免運玻璃蠟臺進口係憑免稅章程內載玻璃器皿之類而請免遇有條約章內未載之物若該商以係家用雜物請免則該關應詢及是否自用之物或可飭令納稅亦未可定惟世昌飛龍各商赴關報明之物既係免稅章內載有此分件名目則自用與否該關則無須詢及而

令其納稅卽不能無悮至通商各口現在征免之分均係按照凡有某家某船運物進口係本家本船之用物均應免稅倘係該商分售與衆人之物除第二款註明之應免稅者外其餘各樣雜物均照値百抽五之例征稅或有商人誤以無庸納稅之物而納稅或有稅司將原可准免之稅而征之此亦事所難免但各口總章旣應照以上現在征免之分辦理爲是至以後應如何辦理一層總稅務司止有仍請貴衙門會同駐京各大臣將征免之稅則分晰指實剖別明確若准照所請卽應憑一律例將貨物名目開列凡有免稅之物無論何商進出各口無論件數多少

無論係自用或賣與人均應免稅凡有各項雜物若非稅則載明納稅之物又非在免稅之列均應照値百抽五之例辦理總之此次世昌飛龍各洋行運進口之牛奶油手套玻璃蠟臺小鞋等物總稅務司以爲均係應免稅之物與銅片掛簾兩案有別彼征此免各得其宜不致有兩歧之說各口辦理免稅事件總稅務司以爲應以三樣分言之卽所謂分件之物例類之物統括之物而免征合行申請核奪同治十二年四月二十二日

玻璃器皿進出口均准免稅

總理衙門咨光緒二年五月二十三日准德國巴公使照會稱本國信遠行運玻璃器皿進口津海關道令其交納稅銀請飭將此項貨物免稅放行二十四日又准北洋大臣咨據津海關道詳稱准德國璧領事函開信遠行進口玻璃球按善後章程免稅惟前有此物進口久經商辦未聞議妥將該行甘結送收暫時免稅放行並將來往信函錄送各等因當經本衙門抄錄各件劄行總稅務司查核申復茲准申陳內稱德國巴大臣文稱條約法文內載明玻璃器皿係免稅之物等語復爲詳閱條約法文自用二字係專指藥料而言與玻璃器皿四字斷而不連按照德約法文而論雖係售賣與人之物而仍係免稅之物再善

後條約內註明凡有玻璃器皿進出口皆准免稅而進口稅則又註有玻璃片千里鏡照面鏡各應完稅銀若干出口稅則又註有各色料器料珠每百斤完稅銀若干之文是玻璃一類除中國料器料珠應照出口稅則納稅並外國玻璃片千里鏡照面鏡應照進口稅則納稅外其餘各玻璃器皿進出口皆准免稅等因前來本衙門復查玻璃器皿免稅計與稅項大數尚無出入應卽照准除照復德國巴公使並劄復總稅務司外相應咨行光緒二年閏五月十八日咨北洋

鐵刀利器免稅

總理衙門咨光緒二年八月十六日准德國巴公使函稱本國上海領事官詳據科咕行禀稱該行以鐵刀利器進口新關欲征稅銀查德國善後條約內載鐵刀利器等物進出口通商各口皆准免稅請札飭各口新關嗣後鐵刀利器均應照約免稅放行等因當經本衙門劄行總稅司查明聲覆在案茲據總稅務司申稱查德國通商章程善後條約第二款內載凡有鐵刀利器各物進出口通商各口皆准免稅等語因有是條約故遇有鐵刀利器等物毋論為自用為售賣於人以及其物為數若干必皆准免稅方為與條約原文字樣相符此案科咕行運進口之物均

屬鐵刀利器之類江海關稅務司以各等物係售賣與華人並非自用之物因思不免稅似與條約之意尚無不符已於八月初六日申報到總稅司以該稅務司如此講解條約亦有是說然實因無明文可憑祗可按照條約免稅辦理等因前來本衙門覆查無異除函復德國公使外相應咨行光緒二年十月初七日咨南洋

輪船裝運免稅油斤限制並須請領准單

總理衙門咨查山海關營口地方油斤係為出口大宗近來各國輪船多有在彼載運出口者唯查通商章程船用雜物皆准免稅以致各輪船載油出口雖多至千數百斤皆以自用為名不肯納稅甚至有不請准單即將油斤下船等事亟應明定章程以防流弊經本衙門劄准總稅務司申稱查此項油斤各輪船用以擦抹機器大船與小船無甚差別程途雖有遠近然各船備此項油斤係計日而備雖停而不駛亦需此油擦抹機器故不便因船隻大小程途遠近定油斤之額數惟日前山海關稅務司曾申請應裝油斤若干免稅當覆以一千之數為額緣自華往英無論船隻大小千斤之油足敷程途之用以來往通商各口岸之船而論其數亦足敷兩三月之用且千斤之油所免稅銀不過三兩之數與稅項大數無甚出入但裝此免

稅之油斤船商必須照章將其油赴關候驗請領下貨准單方准放行等語申覆前來本衙門查核總稅司所稱輪船自用油斤以一千斤為定額與稅項無甚出入並須赴關請領准單等語辦理尚屬允協相應咨行通飭各關即照總稅務司所擬辦理以歸一律光緒九年四月初十日咨北洋

朝鮮使臣等行李貨物酌量蠲徵并減輕商民紅蔘稅項已見本類貨稅

各關給發德商船廠執照式

關稅務司爲給發執照事現據　船廠
業主　或代辦廠務之人　呈具甘結
在於　開設船廠其廠內需修船物件均應遵
照
總稅務司西歷一千八百八十一年九月十七日即光緒
七年閏七月二十四日在京頒發清冊內開修船免稅各
物名目辦理爲此發給執照自具結之日起至該結經關
註銷之日止凡有該廠報運修船各物進口實係按照所
具之結辦理准其一律免稅須至執照者
光緒　年　月　日給發

甘結式

爲開設船廠需用修船物件係遵照
總稅務司西歷第一千八百八十一年九月十七日即中
國光緒七年閏七月二十四日在京頒發免稅章程辦理
具甘結人廠主　或代辦廠務之人　因有船
廠名　在於　開設今在　關稅務司案下
具呈甘結自具此結之後情願遵照結內後開條款辦理
所具甘結是實
一修船免稅各物不論何時進口均應隨時由本廠開單

報關須將船名貨色斤兩件數以及長短寬濶若干等情
詳細開明經關查驗後發給蓋印准單方准起入本廠棧
房倘未完行報明擅自起棧者經關查出悉聽照章入官
並照後開違犯之條辦理
二修船免稅物件進口報關起棧時係但作修船之用並
不他用
三修船免稅物件一經起入本廠棧房應遵頒發章程設
立册簿將各項物件立即按類詳細登記其册取名
船廠修船免稅各物清册所有清册式樣附列於
後
四修船免稅各物係於何日修理何船並船內何處地方
動用某類物件若干詳細註明册內
五修船免稅物件進廠後如欲製作新船或舊船改新或
將短改長或夾板改爲輪船或明輪改作暗輪或暗輪改
作明輪以及賣與他人不作修船之用者應由本廠先行
開單赴關報明隨將單內各物需用若干或賣出若干請
發補稅驗單立即照例完稅倘有稅則未經賅載者均按
值百抽五之例完納再此項物件均應先行完稅方可動
用或發賣出廠一面於清册內將各物斤兩價值並如何
使用賣出行名稅數等項一律登記註銷

六所立免稅物件清册凡册內物件一有動用或賣出本廠自應遵照逐日隨時按類詳細登記註銷不得遲誤
七海關人員不論何時聽憑到廠親視工作廠內屯貨之所無論何處可以任便查驗各項材料用過若干仍存若干並可索册核閱本廠主不得攔阻並不准所用一切人等有所阻撓
八以上條款本廠主及所用一切人等如有違犯情願認罰關平銀五百兩呈交海關並可由海關將該甘結註銷交同本廠或移交本管領事官發還並於此時飭由本廠將廠內所存二册物件一律照章完稅以後本廠如再有修船物件進口一概不准免稅
九所具甘結呈交　關稅務司處存案
光緒　年　月　日具甘結人　在此畫押
領事官監視畫押加蓋印信
再呈具甘結人嗣後如有更換應由原具甘結之人先行報明海關稅務司查照將該舊結撤銷飭令換具新結其册簿無庸更易以歸簡便

清册式

進口　年　月　日

船名
類
觔兩
丈尺
價值
動用或賣出
年　月　日
因何動用或賣出
船名
買主
觔兩
丈尺
價值
完免稅
餘剩
觔兩
丈尺
價值

通商約章類纂卷十三目錄　戸類九

稅務九 罰例

條約章程

義約第三十八款併見本類稽稅杜漏

義約第三十九款併見本類稽稅杜漏

義約第四十九款

義通商章程第五款併見本類貨稅船鈔違禁貨物

義通商章程第七款併見本類子口稅

奧約第十款併見刑類法禁

奧約第十六款併見本類稽稅杜漏

奧約第十七款併見本類稽稅杜漏

奧約第三十三款併見本類稽稅杜漏

奧通商章程第五款併見本類貨稅船鈔違禁貨物

奧通商章程第七款併見本類子口稅

日本修好條規第十七條併見刑類法禁工類租傭建置

日本通商章程第五款併見本類稽稅杜漏

日本通商章程第六款併見本類免稅各物

日本通商章程第十六款併見本類改運

日本通商章程第二十四款併見本類違禁貨物

日本通商章程第二十五款併見本類違禁貨物

日本通商章程第二十七款併見刑類法禁

長江通商統共章程第一條併見本類長江口岸貿易長江貨稅長江子口稅長江稽稅杜漏

長江通商統共章程第二條併見本類長江口岸貿易長江稽稅杜漏違禁貨物

長江通商統共章程第三條併見本類長江貨稅長江船鈔長江稽稅杜漏

長江通商統共章程第四條併見本類船鈔長江稽稅杜漏

章程

議定船貨入官推廣會訊章程併見刑類獄訟控告審斷

洋商請照入內地摘要章程已見本類子口稅併見禮類游歷刑類法禁本類稽稅杜漏內地稅釐

核定出口土貨拆動改裝章程已見本類稽稅杜漏併見本類長江改運

核定客船行李免稅貨物拖帶輪船三項章程已見本類稽稅杜漏併見本類免稅各物

布國續定漏報捏報罰條已見本類稽稅杜漏

議定鐘表減稅并嚴防偷漏章程已見本類貨稅併見本類稽稅杜漏

成案

隨結報明罰款銀兩併見附錄江海各關關政

美商遞假艙口單暫照英約罰辦已見本類稽稅杜漏

各關拏獲走漏貨物充公應分別辦理併見附錄江海各關關政

通商約章類纂卷十三　　戶類九

稅務九 罰例

條約章程

俄約第四條（併見本類口岸貿易陸路口岸貿易稽稅杜漏違禁貨物）

嗣後陸路前定通商處所商人數目及所帶貨物並銀多寡不必示以限制海路通商章程將所帶貨物呈單備查拋錨寄椗一律給價照定例上納稅課等事俄國商船均照外國與中華通商總例辦理如帶有違禁貨物即將該商船所有貨物概行查抄入官

改訂俄陸路通商章程第二款（併見刑類法禁本類陸路口岸貿易）

俄商准許前往中國所屬設官之蒙古各處及該官所屬之各盟貿易亦不納稅其不設官之蒙古地方如該商欲前往貿易中國亦斷不攔阻惟該商應有本國邊界官執照內用俄字漢字蒙古字鈐印並註商人姓名貨色包件駝牛馬匹數目若干行抵中國第一邊卡應將執照呈官查驗或用戳記或以畫押爲憑如無執照前往查明除貨入官外將該商按照北京和約第十條被逃獲送之法辦理該領事官嚴查不准未領執照商民前往貿易

改訂俄陸路通商章程第七款（併見本類陸路稽稅杜漏）

俄商所運俄國貨物如至天津除報明留張家口之貨件外查有原貨抽換或與張家口酌留之貨數目不符某商違例其貨全行入官但沿途實係包箱損壞必應改裝裝畢行抵就近關口報明如查驗原貨色相符即於單照內註明方可免其議罰儻或繞越他處不按第三款之路而行將原貨私行售賣一經查出某商違例即將其貨全行入官如僅繞越他處並未將貨銷賣即罰令完交一正稅其罰令入官之貨如果商人情願將原貨變價交官自應與中國官妥商按照原貨從公估價交官亦可

改訂中俄陸路通商章程第二條（併見刑類法禁本類陸路口岸貿易陸路稽稅杜漏）

俄國商民前往蒙古及天山南北兩路貿易者祗能由章程所附清單內指明卡倫過界該商應有本國官所發中俄兩國文字並譯出蒙古文或回文執照漢文照內可用蒙古字或回回字註明商人姓名隨人姓名貨色包件牲畜數目若干此照應於入中國地界時在附近邊界中國卡倫呈驗該處查明後卡倫官蓋用戳記爲憑其無執照商民過界者任憑中國官扣留交附近俄國邊界官或領事官從嚴罰辦遇有遺失執照貨主應報明附近領事官以便請領新照一面報明地方官暫給憑據准其執此前行其運到蒙古及天山南北路各處之貨有未經銷售者

准其運往天津及肅州（卽嘉峪關）或在該關口銷售或運往內地其徵收稅餉發給運貨執照查驗放行等事均照以下章程辦理

改訂中俄陸路通商章程第三條（併見本類陸路口岸貿易陸路稽稅杜漏）

俄商由恰克圖呢布楚運貨前往天津應由張家口東壩通州行走其由俄國邊界運貨過科布多歸化城前往天津者亦由此路行走該商應有俄官所發運貨執照並由中國該管官蓋印照內用中俄兩國文字註明商人姓名貨色包件數目任憑沿途各關口中國官員迅速點數查看驗照蓋戳放行查驗之時如有拆動之件仍由該關口

加封并將拆動件數於照內註明以憑查覈該關查驗不得過一箇時辰其照限六箇月在天津關繳銷如該商以為限期不足應豫先報明該處官員儻有商人遺失執照應報明原給執照之官並呈明日期號頭請領新照註明補給字樣一面至就近關口報明查驗相符暫給憑據准其運貨前行如查該商所報貨數不符查該商係有隱匿沿途私賣貨物希圖逃稅情事應照第八條章程罰辦

改訂中俄陸路通商章程第八條（併見本類陸路稽稅杜漏）

俄商由俄國運來貨物至天津除報明酌留張家口之貨外如查有原貨抽換或數目短少與原照不符卽將所報查驗之貨全行入官但沿途實係包箱損壞必應改裝者該商行抵就近關口報明如查驗原貨相符卽於執照內註明方可免其議罰儻有沿途私售一經查出其貨全行入官如僅繞越捷徑不按第三條所載之路行走以避沿途關卡查驗一經查出罰令完一正稅如係車腳運夫作弊有違以上章程貨主實不知情該關應體察情形分別罰辦惟此辦法係專指俄國陸路通商經過各處而言各海口及各省內地遇有以上情事不得援以為例其罰令入官之貨如商人願將原貨作價交官准其與中國官按照原貨估價交官亦可

改訂中俄陸路通商章程第十條（併見本類陸路貨稅陸路改運）

俄商在天津販買土貨回國應由第三條所載張家口等處之路行走俄商運貨出口應交出口正稅若在天津販買復進口土貨及在他口販買土貨經津回國如在他口全稅交完有單可憑至此不再重徵該商交稅後在一年限內出口回國將在天津所交復進口半稅仍行給還俄商運貨回國領事官發給兩國文字執照註明商人姓名貨色包件數目若干由該關蓋印該商務須貨照相隨以憑沿途各關口查驗放行其繳銷執照限期並遇有遺失執照等事均照第三條章程辦理該商應照第三條所載

之路行走沿途不得銷售如違此章卽照第八條所定章程罰辦沿途各關卡查驗貨物應照第三條章程辦理至俄商由肅州卽嘉峪關販運該處所買土貨及在內地所買土貨運往該處回國者所有完納稅餉等事均照天津一律辦理

改訂中俄陸路通商章程第十五條（併見刑類法禁本類免稅各物違禁貨物）

凡違禁之物如火藥大小彈子礮位大小鳥鎗並一切軍器等類及內地食鹽洋藥均屬違禁不准販運進口出口如違此例卽將所運違禁之物全罰入官俄國人民前往

中國者每人准帶鳥鎗或手鎗一桿護身塡入執照又硝磺白鉛須奉中國官發給准單方准俄商運進口內如華商特奉准買明文方准銷售中國米銅錢不准販運出口外國米穀及各種糧食皆准販運進口一概免稅

英約第三十七款（併見本類稽稅杜漏）

一英國船隻進口限一日該船主將船牌艙口單各件交領事官卽於次日通知監督官並將船名及押載噸數裝何貨物之處照會監督官以憑查驗如過限期該船主並未報明領事官每日罰銀五十兩惟所罰之數總不能逾二百兩以外至其艙口單內須將所載貨物詳細開明如有漏報揑報者船主應罰銀五百兩儻係筆誤卽在遞貨單之日改正者可不罰銀

英約第三十八款（併見本類稽稅杜漏）

一監督官接到領事官詳細照會後卽發開艙單儻船主未領開艙單擅行下貨卽罰銀五百兩並將所下貨物全行入官

英約第三十九款（併見本類稽稅杜漏）

一英商上貨下貨總須先領監督官准單如違卽將貨物一併入官

英約第四十款（併見本類稽稅杜漏）

一各船不准私行撥貨如有互相撥貨者必須先由監督官處發給准單方准動撥違者卽將該貨全行入官

英約第四十七款（併見刑類法禁）

一英商船隻獨在約內准開通商各口貿易如到別處沿海地方私做買賣卽將船貨一併入官

英約第四十九款

一約內所指英民罰款及船貨入官皆應歸中國收辦

英通商章程第五款（併見本類貨稅船鈔違禁貨物）

一向來洋藥銅錢米穀豆石硝磺白鉛等物例皆不准通商現定稍寬其禁聽商遵行納稅貿易洋藥准其進口議

定每百斤納稅銀三十兩惟該商止准在口銷賣一經離口即屬中國貨物祇准華商運入內地外國商人不得護送即天津條約第九條所載英民持照前往內地通商幷二十八條所載內地關稅之例與洋藥無涉其如何徵稅聽憑中國辦理嗣後遇修改稅則仍不得按照別貨定稅　又銅錢不准運出外國惟通商中國各口准其以此口運至彼口照現定章程遵行該商赴關報明數目若干運往何口或令本商及同商二人聯名具呈保單抑或聽監督飭令另交結實信據方准給照別口監督於執照上註明收到字樣加蓋印信從給照之日起限六箇月繳回驗

銷若過期不繳銷執照即按其錢貨原本照數罰繳入官其進出口均免納稅至船載無論淺滿均納船鈔　又凡米穀等糧不拘內外土產不分何處進口者皆不准運出外國惟英商欲運往中華通商別口則照銅錢一律辦理出口時照依稅則納稅其進口毋庸納稅至船載無論淺滿均遵納船鈔　又豆石豆餅在登州牛莊兩口者英國商船不准裝載出口其餘各口該商照稅則納稅仍可帶運出口及外國俱可　又硝磺白鉛均爲軍前要物應由華官自行采辦進口或由華商特奉准買明文方准進口該關未能查明該商實奉准買定不發單起貨此三項止准英國商人於通商海口銷售不准帶入長江並各內港亦不准代華商護送除在各海口外即係華民貨物與英商無涉以上洋藥銅錢米穀豆石豆餅硝磺白鉛等項止准照新章買賣敢違此例所運貨物全罰入官

英通商章程第七款（幷見本類子口稅）

一天津條約第二十八條所載內地稅餉之議現定出入稅則總以照納一半爲斷第二款所載免稅各貨除金銀外國銀錢行李三項毋庸議外其餘海口免稅各物若進內地仍照每値百兩完稅銀二兩五錢此外運入內地各貨該商應將該貨名目若干原裝何船進口應往內地何

處各緣由報關查驗確實照納內地稅項該關發給內地稅單該商應向沿途各子口呈單照驗蓋戳放行無論遠近均不重徵至運貨出口之例凡英商在內地置貨到第一子口驗貨由送貨之人開單註明貨物若干應在何口卸貨呈交該子口存留發給執照准其前往路上各子口查驗蓋戳至最後子口先赴出口海關報完內地稅項方許過卡俟下船出口時再完出口之稅若進出有違此例及業經報明指赴何口沿途私賣者各貨均罰入官儻有匿單少報等情將單內同類之貨全數入官所運各貨如無內地納稅實據應由海關飭令完清內地關稅始行發

單下貨出口以杜隱漏內地稅則經此次議定既准一次
納稅概不重征所有英國第二十八款所載經過處所應
納銀實數明晰照復彼此出示曉布華英商民均得通悉一
節可毋庸議

喘典哪喴約第三條併見刑類法禁本類口岸貿易

一嗣後喘典國哪喴國等民人俱准其挈帶家眷赴廣州
福州廈門甯波上海共五港口居住貿易其五港口之船
隻裝載貨物互相往來俱聽其便但五港口外不得有一
船駛入別港擅自遊弈又不得與沿海奸民私相交易如
有違犯此條禁令者應按現定條例將船隻貨物俱歸中

國入官

喘典哪喴約第十條併見本類船鈔稽稅杜漏

一喘典國哪喴國等商船進口或船主或貨主或代辦商
人限二日之內將船牌貨單等件呈遞本國領事等官存
貯該領事即將船名人名及所載噸數貨色詳細開明照
會海關方准領取牌照開艙起貨儻有未領牌照之先擅
行起貨者即罰洋銀五百大圓並將擅行卸運之貨一概
歸中國入官或有商船進口止起一分貨物者按其所起
一分之貨輸納稅餉未起之貨均准其載往別口售賣儻
有進口並未開艙即欲他往者限二日內即行出口不得

停留亦不徵收稅餉船鈔均俟到別口發售時再行照例
輸納儻進口貨船已逾二日之限即須輸納船鈔仍由海
關塡發紅牌知照別口以免重徵

喘典哪喴約第十四條併見本類稽稅杜漏

一喘典國哪喴國等商船停泊口內不准互相剝貨儻有
必須剝過別船者由該商呈報領事官報明海關委員查
驗明確方准剝運儻不稟明候驗輒行剝運者即將其剝
運之貨一併歸中國入官

喘典哪喴約第二十條併見本類改運

一喘典國哪喴國等民人運貨進口既經納清稅餉儻有

欲將已卸之貨運往別口售賣者稟明領事官轉報海關
檢查貨稅底簿相符委員驗明實係原包原貨並無拆動
抽換情弊即將某貨若干擔已完稅若干之處塡入牌照
發該商收執一面行文別口海關查照俟該船進口查驗
符合即准開艙出售免其重納稅餉若有影射夾帶情事
經海關查出罰貨入官

美約第十四款併見刑類法禁本類口岸貿易

一大合衆國民人嗣後均照挈眷赴廣東之廣州潮州福
建之廈門福州臺灣浙江之甯波江蘇之上海並嗣後與
合衆國或他國定立條約准開各港口市鎮在彼居住貿

易任其船隻裝載貨物於以上所立各港互相往來但該船隻不得駛赴沿海口岸及未開各港私行違法貿易如有犯此禁令者應將船隻貨物充公歸中國入官其有走私漏稅或攜帶各項違禁貨物至中國者聽中國地方官自行辦理治罪大合眾國官民均不得稍有袒護若別國船隻冒大合眾國旗號作不法貿易者大合眾國自應設法禁止

美約第十九款（併見本類稽稅杜漏）

一大合眾國商船進口或船主或貨主或代辦商人限二日之內將船牌貨單等件呈遞本國領事等官收存該領

事即將船名人數及所載噸數貨色詳細開明照會海關方准領取牌照開艙起貨儻有未領牌照之先擅行起貨者即罰洋銀五百大圓並將擅行卸運之貨一概歸中國入官或有商船進口止起一分貨物者按其所起一分貨物輸納稅餉未起之貨均准其載往別口售賣儻有進口並未開艙即欲他往者限二日之內即行出口不得停留亦不徵收稅餉船鈔均俟到別口發售再行照例輸納儻進口貨船已逾二日之限即須輸納船鈔遇有領事等官不在港內應准大合眾國船主商人託友國領事代為料理否則逕赴海關呈明設法妥辦

美約第二十一款（併見本類改運）

一大合眾國民人運貨進口既經納清稅餉儻有欲將已卸之貨運往別口售賣者稟明領事官轉報海關檢查貨稅底簿相符委員驗明實係原包原貨並無拆動抽換情弊即將某貨若干擔已完稅若干之處填入牌照發該商收執一面行文別口海關查照俟該船進口查驗符合即准開艙出售免其重納稅餉若有影射夾帶情事經海關查出罰貨入官如大合眾國船隻運載外洋穀米進各港口者若並未起卸亦准其復運出口

美約第二十三款（併見本類稽稅杜漏）

一大合眾國船隻停泊口內如有貨物必須剝過別船者

應先呈明領事官轉報海關委員查驗確當方准剝運儻不稟明候驗批准輒行剝運者即將所剝之貨歸中國入官

美通商章程第五款（併見本類貨稅船鈔違禁貨物）

一向來洋藥銅錢米穀豆石硝磺白鉛等物例皆不准通商現定稍寬其禁聽商遵行納稅貿易洋藥准其進口議定每百觔納稅銀叁拾兩惟該商止准在口銷賣一經離口即屬中國貨物祇准華商運入內地外國商人不得護送在天津條約第三十條所載中國凡有利益施及他國

者准美國商民一體均沾按此美國商民亦可前往內地通商至內地關稅之例向與洋藥無涉其如何征稅聽憑中國辦理嗣後遇修改稅則仍不得按照別貨定稅　又銅錢不准運出外國惟通商中國各口准其以此口運至彼口按照現定章程遵行該商赴關報明數目若干運往何口或令本商及同商二人聯名具呈保單抑或聽監督飭令另交結實信據方准給照別口監督於執照上註明收到字樣加蓋印信從給照之日起限陸箇月繳回驗銷若過期不繳銷執照即按其錢貨原本照數罰繳入官其進出口均免納稅至船載無論淺滿均納船鈔　又凡米

穀等糧不拘內外土產不分出何處進口者皆不准運出外國惟美國商人欲運往中華通商別口則照銅錢一律辦理出口時照依稅則納稅其進口毋庸納稅至船載毋論淺滿均遵納船鈔　又豆石豆餅在登州牛莊兩口者外國商船不准裝載出口其餘各口該商照稅則納稅仍可帶運出口及外國俱可　又硝磺白鉛均為軍前要物應由華官自行採辦進口或由華商特奉准買明文方准進口該關未能查明該商實奉准買定不發單起貨此三項止准外國商人於通商海口銷售不准帶入長江並各內港亦不准代華商護送除在各海口外即係華民貨物與美商無涉以上洋藥銅錢米穀豆石豆餅硝磺白鉛等項止准照新章買賣敢違此例所運貨物全罰入官

美通商章程第七款（併見本類子口稅）

一內地稅餉之議現定出入稅則總以照納一半為斷惟第二款所載免稅各貨除金銀外國銀錢行李三項毋庸議外其餘海口免稅各物若進內地仍照每值百兩完稅銀二兩五錢此外運入內地各貨該商應將該貨名目若干原裝何船進口應往內地何處各緣由報關查驗確實照納內地稅項該關發給內地稅單該商應向沿途各子口呈單照驗蓋戳放行無論遠近均不重征至運貨出口

之例凡美國商民在內地置貨到第一子口驗貨由送貨之人開單註明貨物若干應在何口卸貨呈交該子口存留發給執照准其前往路上各子口查驗蓋戳至最後子口先赴出口海關報完內地稅項方許過卡俟下船出口時再完出口之稅若進出有違此例及業經報明指赴何口沿途私賣者各貨均罰入官儻有匿單少報等情將單內同類之貨全數入官所運各貨如無內地納稅實據應由海關飭令完清內地關稅始行發單下貨出口以杜隱漏內地稅則經此次議定既准一次納稅概不重征

法約第七款（併見刑類法禁 本類口岸貿易）

自今以後凡大法國人家眷可帶往第六款所開中國沿海通商及沿江之各口市埠地方居住貿易工作平安無礙常川不輟若有蓋印執照任聽在議定通商各口周遊往來惟明禁不得在沿海沿江各埠私買私賣如有犯此例者船隻貨物聽憑入官但中國地方官查拏此等船隻貨物於未定入官之先宜速知會附近駐口之大法國領事

法約第十七款 併見本類稽稅杜漏

凡大法國船進口在一日之內並無阻礙其船主或貨主或代辦商人即將船牌貨單等件繳送領事官該領事官於接到船牌貨單後一日內即將船名人名及所載噸數貨色詳細開明照會海關儻船主怠慢於船進口後經二日之內不將船牌貨單呈繳領事官每逾一日罰銀五十圓入中國官但所罰之數不得過二百圓迨領事官照會海關後海關即發牌照准其開艙儻船主未領牌照擅自開艙卸貨罰銀五百圓所卸之貨一併入官

法約第二十四款 併見本類改運

凡大法國船進通商各口如將貨在此卸去多寡即照所卸之數輸納其餘貨物欲帶往別口卸賣者其餉銀亦在別口輸納遇有大法國人在此口已將貨餉輸納轉欲載

往別口售賣者報明領事官照會海關將貨驗明果係原封不動給與牌照註明該貨曾在某口輸餉俟該商進別口時將牌照呈送領事官轉送海關查驗免稅即給與牌照卸貨一切規費俱無惟查出有夾帶誆騙等弊即將該貨嚴拏入官

法約第二十五款 併見本類稽稅杜漏

凡剝貨若非奉官特准及必須剝運之處不得將貨輒行剝運遇有免不得剝貨之處該商應報明領事官給與執照海關查驗執照准其剝貨該海關可以常著胥役監視儻有不奉准而剝貨者除遇有意外危險不及等候外所有私剝之貨全行入官

法通商章程第五款 併見本類貨稅船鈔違禁貨物

一向來洋藥銅錢米穀豆石硝磺白鉛等物例皆不准通商現定稍寬其禁聽商遵行納稅貿易洋藥准其進口議定每百觔納稅銀三十兩惟該商止准在口銷賣一經離口即屬中國貨物祇准華商運入內地法國商人不得護送即天津條約第八條所載如法國人有領中法合寫蓋印執照欲至內地或到內地生理者斷不准販賣洋藥其洋藥入內地應如何征稅聽憑中國辦理嗣後遇修改稅則仍不得按照別貨定稅　又銅錢不准運出外國惟通商

中國各口准其以此口運至彼口照現定章程遵行該商赴關報明數目若干運往何口或令本商及同商二人聯名具呈保單抑或聽監督飭令另交結實信據方准給照別口監督於執照上註明收到字樣加蓋印信從給照之日起限六箇月繳回驗銷若過期不繳銷執照即按其錢貨原本照數罰繳入官其進出口均免納稅至船載無論淺滿均納船鈔　又凡米穀等糧不拘內外土產不分何處進口者皆不准運出外國惟法商欲運往中華通商別口則照銅錢一律辦理出口時照依稅則納稅其進口毋庸納稅至船載無論淺滿均遵納船鈔　又豆石豆餅在

登州牛莊兩口者法商船不准裝載出口其餘各口該商照稅則納稅仍可帶運出口及外國俱可　又硝磺白鉛均為軍前要物應由華官自行採辦進口或由華商特奉准買明文方准進口該關未能查明該商實奉准買定不發單起貨此三項止准法國商人於通商海口銷售不准帶入長江並各內港亦不准代華商護送除在各海口外即係華民貨物與法商無涉以上洋藥銅錢米穀豆石豆餅硝磺白鉛等項止准照新章買賣敢違此例所運貨物全罰入官

法通商章程第七款（併見本類子口稅）

一天津條約第二十三條所載內地稅餉之議現定出入稅則總以照納一半為斷惟第二款所載免稅各貨除金銀外國銀錢行李三項毋庸議外其餘海口免稅各物若進內地仍照每值百兩完稅銀二兩五錢此外運入內地各貨該商應將該貨名目若干原裝何船進口應往內地何處緣由報關查驗確實照納內地稅項該關發給內地稅單該商應向沿途各子口呈單照驗蓋戳放行無論遠近均不重征至運貨出口之例凡法商在內地置貨到第一子口驗貨由送貨之人開單註明貨物若干應在何口卸貨呈交該子口存留發給執照准其前往路上各子口

查驗蓋戳至最後子口先赴出口海關報完內地稅項方許過卡俟下船出口時再完出口之稅若進出有違此例及業經報明指赴何口沿途私賣者各貨均罰入官儻有匿單少報等情將單內同類之貨全數入官所運各貨如無內地納稅實據應由海關飭令完清內地關稅始行發單下貨出口以杜隱漏內地稅則經此次議定既准一次納稅概不重征均照天津所立和約第九條所載辦理

布約第十三款（併見本類稽稅杜漏）

布國暨德意志通商稅務公會和約各國船隻進口一日後毫無阻滯之處其船主或貨主或管船商人即將船牌

貨物清單繳送領事官領事官於接到船牌貨單後一日內即將船名人名及所載噸數貨色詳細開明照會海關以憑查驗儻船主怠慢於船進口後二日內不將船牌等件呈繳領事官每逾一日可罰銀五十元但所罰之數不得逾二百元之外監督官接到領事官詳細照會後即准該船開艙儻船主未領牌照自行開艙卸貨可罰銀五百元所卸貨物一併入官

布約第十四款（併見本類稽稅杜漏）

布國暨德意志通商稅務公會和約各國商人欲上貨下貨總須先領監督官准牌然後方可准行如違即將貨物

入官

布約第二十六款（併見本類稽稅杜漏改運）

布國及德意志通商稅務公會和約各國商人在通商一口已將進口貨物納稅後轉欲載往別口售賣者即報明監督官將貨驗明果係原封不動載往通商別口時監督官給與牌照註明該貨曾在某口輸稅此口監督官驗過牌照即准卸貨不收餉稅一切規費俱無查出有影射夾帶情弊該貨嚴拏入官如欲將貨運出外國海關監督官發給存票一紙言明運貨出口之商人業已多納稅課若干待他日有貨上稅不論進口出口均可持票作已納稅餉之據照數除算

布約第二十七款（併見本類稽稅杜漏）

凡剝貨若非奉監督官特准不得將貨自行剝運如違除意外危險不及等候外所有私剝之貨全行入官

布約第二十九款

凡有商人違約與後附通商稅則致有罰銀抄貨入官之處應歸中國收辦

布通商章程第五款（併見本類貨稅船鈔違禁貨物）

一向來洋藥銅錢米穀豆石硝磺白鉛等物例皆不准通商現定稍寬其禁聽商遵行納稅貿易洋藥准其進口議

定每百觔納稅銀三十兩惟該商只准在口銷賣一經離口即屬中國貨物祗准華商運入內地外國商人不得護送即現定和約章程第八款所載布國暨德意志各國有領蓋印執照前至內地者斷不准販賣洋藥其洋藥入內地如何徵稅聽憑中國辦理嗣後遇修改稅則仍不得按照別貨定稅　又銅錢不准運出外國惟通商中國各口准布國暨德意志和約各國商民以此口運至彼口照現定章程遵行該商赴關報明數目若干運往何口或令本商及同商二人聯名具呈保單抑或聽監督飭令另交結實信據方准給照別口監督於執照上註明收到字樣加

蓋印信從給照之日起限六箇月繳回驗銷若過期不繳銷執照即按其錢貨原本照數罰繳入官其進出口均免納稅至船載無論淺滿均納船鈔　又凡米穀等糧不拘內外土產不分何處進口者皆不准運出外國惟布國暨德意志和約各國商民欲運往中華通商別口則照銅錢一律辦理出口時照依稅則納稅其進口毋庸納稅至船載無論淺滿均遵納船鈔　又豆石豆餅在登州牛莊兩口者布國暨德意志和約各國商船不准裝載出口其餘各口該商照稅則納稅仍可帶運出口及外國俱可　又硝磺白鉛均為軍前要物應由華官自行採辦進口或由

華商特奉准買明文方准進口該關未能查明該商實奉准買定不發單起貨此三項止准布國暨德意志和約各國商人於通商海口銷售不准帶入長江並各內港亦不准代華商護送除在各海口外即係華民貨物與布國暨德意志和約各國無涉以上洋藥銅錢米穀豆石豆餅硝磺白鉛等項止准照新章買賣敢違此例所運貨物全罰入官

布通商章程第七款（併見本類子口稅）

一和約章程第二十四款所載內地稅餉之議現定出入稅則總以照納一半為斷惟第二款所載免稅各貨除金銀外國銀錢行李三項毋庸議外其餘海口免稅各物若進內地仍照每值百兩完稅銀二兩五錢此外運入內地各貨該商應將該貨名目若干原裝何船進口應往內地何處各緣由報關查驗確實照納內地稅項該關發給內地稅單該商應向沿途各子口呈單照驗蓋戳放行無論遠近均不重徵至運貨出口之例凡布國暨德意志和約各國在內地置貨到第一子口驗貨由送貨之人開單註明貨物若干應在何口卸貨呈交該子口存留發給執照准其前往路上各子口查驗蓋戳至最後子口先赴出口海關報完內地稅項方許過卡俟下船出口時再完出口

之稅若進出有違此例及業經報明指赴何口沿途私賣者各貨均罰入官儻有匿單少報等情將單內同類之貨全數入官所運各貨如無內地納稅實據應由海關飭令完清內地關稅始行發單下貨出口以杜隱漏

德續約第三款之二（併見本類稽稅杜漏）

一德國允德國船隻進中國通商各口其貨物清單須將貨色件數開明內有舛錯處准於十二時限內改正（禮拜節期不計）儻有漏報揑報之事除將該貨物充公外仍應罰該船主惟所罰之數不得過五百兩

德續約第四款之二（併見刑類法禁工類租傭建置行船）

一德國允凡無照冐充各項船隻引水者卽應議罰惟所罰之數每次不得過一百兩幷允妥速會定約束水手章程

德續約第六款之二（併見禮類游歷刑類法禁）

一德國允德國人等如有未領領事官所發中國地方官蓋印執照赴中國內地游歷者准該地方官將其人解交附近領事官管束外仍應議罰惟所罰之數不得過三百兩

德續約善後章程第三款（併見本類稽稅杜漏）

一凡德國船隻有應領海關准單方准起下之貨物而請

單未開明者無論船主有無畫押收據在先均爲漏報

德續約善後章程第四款（併見本類船鈔稽稅杜漏）

一德國船隻或在中國通商各口內口外受損應行修理者其修理日期扣算在免鈔期內准中國官前往查明辦理如查係飾詞偷漏者卽照該船圖免噸鈔之數加倍議罰

德續約善後章程第五款（併見刑類法禁）

一中國人等自備各項船隻不准張掛德國旗號如有可疑之跡中國該管官知照德國領事官查明實係不應掛德國旗號之船當將該船及船上華商之貨卽行解交中國地方官辦理儻有德國人等知情通同舞弊卽將船內所有該德國人貨物全行入官仍將其人按例懲辦德國船隻如掛中國旗號卽將其事由中國地方官查明如實係不應掛中國旗號之船當將其船幷船上德商貨物卽行解交德國領事官辦理幷將舞弊之人由領事官照例懲辦儻查明有德國貨主人等知情通同舞弊卽將其人船上貨物交中國全行入官其船上華人貨物可由中國地方官卽行入官

德續約善後章程第六款（併見本類稽稅杜漏）

一凡德國損壞船隻有在中國通商各口內拆賣該船各料者如有將船內裝運各項貨物影射偷漏者除將漏報貨物

入官外仍照應完進口稅銀加倍議罰

德續約善後章程第七款（併見禮類游歷刑類法禁本類口岸貿易子口稅）

一德國人等運洋貨入內地或入內地游歷所領單照均係自發給之日起以十三箇月爲限（均照中國月日給算）逾限作爲廢紙仍呈本關繳銷（如游歷道路太遠不能一年爲限者發照時卽將此節照內由地方官會商領事官批明）儻未繳銷在補繳之前不准再行請領儻或遺失單照無論限內限外卽向就近中國官員據實報明由該官員設法查辦以杜假冐如查係揑報運貨者貨物入官游歷者解交附近領事官懲辦

德續約善後章程第九款（併見總類訂約）

一所有續修條約內各罰款仍照咸豐十一年七月二十八日所定條約第二十九款辦理

丹約第三十六款併見本類稽稅杜漏

一丹國商船進口之後約准以十二時爲限該船主必將船牌艙口單各件交領事官即於次日通知海關並將船名及押載噸數裝何貨物之處照會監督以憑查驗船主如過限期並未報明領事官每日罰銀五十兩惟所罰之數總不能逾二百兩至其艙口單內須將所載貨物詳細開明如有漏報捏報者船主應罰銀五百兩儻呈單入關後該商自查筆誤尚准刻即赴關改正惟總以十二時爲限可不罰銀

丹約第三十七款併見本類稽稅杜漏

一丹國商船進口經該關監督接到領事官按約詳細知照後即發開艙單儻該船主未領開艙單擅行卸貨罰銀五百兩並將各該貨物全行入官

丹約第三十八款併見本類稽稅杜漏

一丹國商人上貨下貨總須先領監督官准單如違即將貨物一併入官

丹約第三十九款併見本類稽稅杜漏

一丹國商船不准私行撥貨如欲互相撥貨必須先由監督官處發給准單方准動撥違者即將該貨全行入官

丹約第四十七款併見刑類法禁

一丹國商船獨在條約內列通商各口准其貿易如到別處沿海地方私做買賣船貨一併入官

丹約第四十九款

一條約所載丹民罰款以及船貨入官各項皆歸中國收辦以充公用

丹通商章程第五款併見本類貨稅船鈔違禁貨物

一洋藥准其進口議定每百斤納稅銀三十兩惟丹商止准在口銷賣一經離口即屬中國貨物祇准華商運入內地丹國商人不得護送即條約第九條所載丹民持照前往內地通商並二十七條所載內地關稅之例與洋藥無涉其如何征稅聽憑中國辦理嗣後遇修改稅則仍不得按照別貨定稅　又銅錢不准運出外國惟通商各口准其以此口運至彼口照現定章程遵行該商赴關報明數目若干運往何口或令本商及同商二人聯名具呈保單抑或聽監督飭令另交結實信據方准給照別口監督於執照上註明收到字樣加蓋印信從給照之日起限六箇月繳回驗銷若過期不繳銷執照即按其錢貨原本照數罰繳入官其進出口均免納稅至船載無論淺滿均納船鈔　又凡米穀等糧不拘內外土產不分何處進口者皆不准運出外國惟丹商欲運往中

華通商別口則照銅錢一律辦理出口時照依稅則納稅其進口毋庸納稅至船載無論淺滿均遵納船鈔　又硝磺白鉛均為軍前要物應由華官自行採辦或由華商特奉准買明文方准起貨該關未能查明該商實奉准買定不發單起貨此三項止准丹國商人於通商海口銷售不准帶入長江並各內港亦不准代華商護送除在各海口外即係華民貨物與丹商無涉以上洋藥銅錢米穀硝磺白鉛等項止准照新章買賣敢違此例所運貨物全罰入官

丹通商章程第七款併見本類子口稅

一丹商運入內地各貨應將該貨名目若干原裝何船進口

應往內地何處各緣由報關查驗確實照納內地稅項該關發給內地稅單該商應向沿途各子口呈單照驗蓋戳放行無論遠近均不重征至運貨出口之例凡丹商在內地置貨到第一子口驗貨由送貨人開單註明貨物若干應在何口卸貨呈交該子口存留發給執照准其前往路上各子口查驗蓋戳至最後子口先赴出口海關報完內地稅項方許過卡俟下船出口時再完出口稅若進出有違此例及業經報明指赴何口沿途私賣者各貨均罰入官倘有匿單少報等情將單內同類之貨全數入官所運各貨如無內地納稅實據應由海關飭令完清內地關稅始行發單下貨出口

荷蘭約第二款併見刑類法禁工類租傭建置本類口岸貿易長江口岸貿易

一廣州潮州福州廈門寧波上海天津牛莊登州臺灣淡水瓊州等口和商皆准貿易船貨任便往來若欲租賃地畝房屋設立棧房禮拜堂醫院墳塋等事各聽其便租價公平定議不得互相勒指其漢口鎮江九江等口和商亦可一律前往通商至長江如何防弊之法任憑中國隨時設法辦理惟有賊匪地方和國民人不得前往游歷出入和國商船亦不得私自往來接濟軍火糧食如查有違犯者將船貨全行入官其違例之人交就近領事官辦理

荷蘭約第九款併見本類稽稅杜漏

一和國船隻進口限一日內該船主即將船牌艙口單等件檢交領事官領事官即於次日將船名及運載噸數裝何貨物等情照會監督官以便查驗倘過限期該船主並未報明領事官每日罰銀五十兩所罰之數總不能逾二百兩其艙口單內須將所載貨物詳細開明如有漏報揑報等項船主罰銀五百兩若係誤筆速於遞單之日改正可以不罰俟監督官接到領事官照會發給開艙單方准起貨儻船主未領開艙單擅行起貨亦罰銀五百兩並將所現起之貨物全行入官至於欲出口之時必待完清噸鈔稅餉後方准發給紅單領事官接閱紅單始行發回船

牌艙口單等件准其出口若領事官或署領事官不在該處則將船牌艙口單等件檢交監督官辦理

荷蘭約第十款（併見本類稽稅杜漏改運）

一和商起落貨物及經過內地稅關納稅俱照稅則為准總不能較他國有多寡不均之數輸稅之期進口貨於起貨之時出口貨於落貨之時過內地關洋貨於給票之時各行按納各商船隻不准擅行撥貨如欲撥貨必先由監督官給領准單方准動撥違者將所現撥之貨入官和船上貨下貨亦須先領監督官准單如違亦將貨物一並入官和商販運外國貨物進口已經納清課稅仍欲將貨轉

運別口售賣須稟明監督官委員檢驗果係原包原貨與納稅底簿相符並無拆動抽換情弊則該商可向監督官請領存票一紙內註明所完稅銀若干他日不論本關進口出口之貨均可將此票當作完納稅餉之用其轉運之貨抵他口時再行納稅若查有影射假冒夾帶等情將貨亦罰入官或欲仍將該貨運出外國若經完稅亦當一體聲明稟監督官驗明發給存票一紙他日不論進口出口之貨均可將此存票當作完納稅項之用至於外國所產糧食和船裝載進口全未經起卸准其復運出口如已經起卸轉運中國別口仍照稅則納稅章程辦理

荷蘭約第十二款（併見刑類法禁本類稽稅杜漏）

一中國各口收稅官員凡有嚴防偷漏之法均准其相度機宜隨時便宜設法辦理以杜弊端和商船隻惟在約內准通商各口貿易如到沿海沿江別處地方私作買賣船貨一併入官儻船隻遭風犯險避入者不在此例該處官長自當設法照料俟諸務允妥令其出口起程不准在彼私行買賣如有私行起岸販貨者仍將船貨入官若和國商船在通商各口查有涉走私該貨無論式類價值全數查抄入官外仍可將該船驅逐不准在各口通商凡約內所有和商罰款船貨入官皆歸中國收用

日斯巴尼亞約第三十三款（併見本類稽稅杜漏）

一日斯巴尼亞國船隻進口限一日該船主將船牌艙口單各件交領事官即於次日通知監督官並將船名押載噸數裝何貨物之處照會監督官以憑查驗如過限期該船主並未報明領事官每日罰銀五十兩惟所罰之數總不得逾二百兩以外至其艙口單內須將所載貨物詳細開明如有漏報捏報者船主應罰銀五百兩儻係筆誤即在遞貨單之日改正者可免罰銀

日斯巴尼亞約第三十四款（併見本類稽稅杜漏）

一日斯巴尼亞國商船進口該口監督官接到領事官詳

細照會後卽發開艙單儻船主未領開艙單擅行下貨卽罰銀五百兩並將所下貨物全行入官

日斯巴尼亞約第三十五款 併見本類稽稅杜漏

一日斯巴尼亞國商人上貨下貨總須先領監督官准單如違卽將貨物一併入官

日斯巴尼亞約第三十六款 併見本類稽稅杜漏

一日斯巴尼亞國商船不准私行撥貨如有互相撥貨者必須由監督官處發給准單方准動撥違者卽將該貨全行入官

日斯巴尼亞約第四十三款 併見刑類法禁

一日斯巴尼亞國船隻獨在約內准開通商各口貿易如到別處沿海沿江地方私作買賣卽將其船貨一併入官

日斯巴尼亞約第四十六款

一約內所指日斯巴尼亞國商民罰款及船貨入官皆應歸中國收辦

日斯巴尼亞約第四十九款 併見刑類法禁

一所有米糧各樣食物鎗礮火藥火器等件及一切貨物日斯巴尼亞國商人並船不得私行販運赴有賊處所接濟賊匪違者一經查出將船貨全行入官其違例之商人仍交日斯巴尼亞國照各國例嚴行懲辦

比約第二十四款 併見本類稽稅杜漏

比國商船進口在一日之內並無阻礙其船主或貨主或代辦商人卽將船牌貨單等件交送領事官該領事官於接到船牌貨單後一日內卽將船名人名及所載噸數貨色詳細開明照會海關儻船主怠慢於船進口後經二日之內不將船牌貨單呈繳領事官每逾一日罰銀五十圓入中國官但所罰之數不得過二百圓迨領事官照會海關後海關卽發牌照准其開艙儻船主未領牌照擅自開艙卸貨罰銀五百圓所卸之貨一併入官

比約第二十七款 併見本類稽稅杜漏

凡剝貨若非奉監督官特准不得將貨自行剝運如違除意外危險不及等候外所有私剝之貨全行入官

比約第二十八款 併見本類稽稅杜漏

比國商人上貨下貨總須先領監督官准單如違卽將貨物一併入官

比約第四十款

條約所載比民罰款以及船貨入官各項皆歸中國收辦以充公用

比通商章程第五款 併見本類貨稅 船鈔違禁貨物

一洋藥准其進口議定每百斤納稅銀三十兩惟比商止

准在口銷賣一經離口即屬中國貨物祇准華商運入內地比國商人不得護送即條約第十條所載比民持照前往內地通商並三十三條所載內地關稅之例與洋藥無涉其如何徵稅聽憑中國辦理嗣後遇修改稅則仍不得按照別貨定稅　又銅錢不准運出外國惟通商各口准其以此口運至彼口照現定章程遵行該商赴關報明數目若干運往何口或令本商及同商二人聯名具呈保單抑或聽監督飭令另交結實信據方准給照別口監督於執照上註明收到字樣加蓋印信從給照之日起限六箇月繳回驗銷若過期不繳銷執照即按其錢貨原本照數

罰繳入官其進出口均免納稅至船載無論淺滿均納船鈔　又凡米穀等糧不拘內外土產不分何處進口者皆不准運出外國惟比商欲運往中華通商別口則照銅錢一律辦理出口時照依稅則納稅其進口毋庸納稅至船載無論淺滿均遵納船鈔　又硝磺白鉛均為軍前要物應由華官自行採辦或由華商特奉准買明文方准起貨該關未能查明該商實奉准買定不發單起貨此三項止准比國商人於通商海口銷售不准帶入長江並各內港亦不准代華商護送除在各海口外即係華民貨物與比商無涉以上洋藥銅錢米穀硝磺白鉛等項止准照新章買賣敢違此例所運貨物全罰入官

比通商章程第七款（併見本類子口稅）

一比國商民運入內地各貨該商應將該貨名目若干原裝何船進口應往內地何處各緣由報關查驗確實照納內地稅項該關發給內地稅單該商應向沿途各子口呈單照驗蓋戳放行無論遠近均不重徵至運貨出口之例凡比商在內地置貨到第一子口驗貨由送貨之人開單註明貨物若干應在何口卸貨呈交該子口存留發給執照准其前往路上各子口查驗蓋戳至最後子口先赴出口海關報完內地稅項方許過卡俟下船出口時再完出

口之稅若進出有違此例及業經報明指赴何口沿途私賣者各貨均罰入官儻有匿單少報等情將單內同類之貨全數入官所運各貨如無內地納稅實據應由海關飭令完清內地關稅始行發單下貨出口以杜隱漏

義約第三十六款（併見本類稽稅杜漏）

義國商船進口之後約准以十二時為限該船主必將船牌艙口單各件交領事官即於次日通知海關並將船名及押載噸數裝何貨物之處照會監督以憑查驗船主如過限期並未報明領事官每日罰銀伍十兩惟所罰之數總不能逾二百兩至其艙口單內須將所載貨物詳細開

明如有漏報捏報者船主應罰銀五百兩儻呈單入關後
該商自查筆誤尚准刻即入關改正惟總以十二時爲限
可不罰銀

義約第三十七款 併見本類稽稅杜漏

義國商船進口經該關監督接到領事官按約詳細知照
後即發開艙單儻該船主未領開艙單擅行卸貨罰銀五
百兩 洋文誤作五十兩合行註明 並將各該貨物全行入官

義約第三十八款 併見本類稽稅杜漏

義國商人上貨下貨總須先領監督官准單如違即將貨
物一併入官

義約第三十九款 併見本類稽稅杜漏

義國商船不 洋文漏寫不字合行註明 准私行撥貨如欲互相撥貨必
須先由監督官處發給准單方准動撥違者即將該貨全
行入官

義約第四十九款

條約所載義民罰款以及船貨入官各項皆歸中國收辦
以充公用

義通商章程第五款 併見本類貨稅船鈔違禁貨物

一洋藥准其進口議定每百斤納稅銀三十兩惟義國只
准在口銷賣一經離口即屬中國貨物祇准華商運入內
地義國商人不得護送即條約第九條所載義民持照前
往內地通商並二十七條所載內地關稅之例與洋藥無
涉其如何徵稅聽憑中國辦理嗣後遇修改稅則仍不得
按照別貨定稅　又銅錢不准運出外國惟通商各口准
其以此口運至彼口照現定章程遵行該商赴關報明數
目若干運往何口或令本商及同商二人聯名具呈保單
抑或聽監督飭令另交結實信據方准給照別口監督於
執照註明收到字樣加蓋印信從給照之日起限六箇月
繳回驗銷若過期不繳銷執照即按其錢貨原本照數罰
繳入官其進出口均免納稅至船載無論淺滿均納船鈔

又凡米穀等糧不拘內外土產不分何處進口者皆不
准運出外國惟義商欲運往中華通商別口則照銅錢一
律辦理出口時照依稅則納稅其進口毋庸納稅至船載
無論淺滿均遵納船鈔　又硝磺白鉛均爲軍前要物應
由華官自行採辦或由華商特奉准買明文方准起貨該
關未能查明該商實奉准買定不發單起貨此三項止准
義國商人於通商海口銷售不准帶入長江並各內港亦
不准代華商護送除在各海口外即係華民貨物與義商
無涉以上洋藥銅錢米穀硝磺白鉛等項只准照新章買
賣敢違此例所運貨物全罰入官

義通商章程第七款（併見本類子口稅）

一義國商民運入內地各貨該商應將該貨名目若干原裝何船進口應往內地何處各緣由報關查驗確實照納內地稅項該關發給內地稅單該商應向沿途各子口呈單照驗蓋戳放行無論遠近均不重徵至運貨出口之例照義商在內地買貨到第一子口驗貨由送貨之人開單註明貨物若干應在何口卸貨呈交該子口存留發給執照准其前往路上各子口查驗蓋戳至最後子口先赴出口海關報完內地稅項方許過卡俟下船出口時再完出口之稅若進出有違此例及業經報明指赴何口沿途私賣者各貨均罰入官儻有匿單少報等情將單內同類之貨全數入官所運各貨如無內地納稅實據應由海關飭令完清內地關稅始行發單下貨出口以杜隱漏

奧約第十款（併見刑類法禁）

奧斯馬加國商船准在條約內列通商各口往來運貨貿易如到別處沿海地方私作買賣船貨一併入官但中國地方官查拏此等船隻貨物於未定入官之先宜速知會附近駐口之奧斯馬加國領事其入官各項皆歸中國收用中國各省地方設有賊匪奧斯馬加國商民不得請照前往游歷出入尤不得私自往來接濟軍火糧食如查有違犯者將船貨全行入官其違例之人交就近領事官辦理奧斯馬加國商船查有涉走私情弊該貨無論式類價值全數查抄入官外押令該商船算清帳目刻卽嚴行驅逐不准在各口貿易儻有冒用奧斯馬加國旗號者奧斯馬加國設法禁止

奧約第十六款（併見本類稽稅杜漏）

奧斯馬加國船隻進口限一日該船主將船牌艙口單各件交領事官卽於次日通知監督官並將船名及押載噸數裝何貨物之處照會監督官以憑查驗如過限期該船主並未報明領事官每日罰銀五十兩惟所罰之數總不能逾二百兩以外至其艙口單內須將所載貨物詳細開明如有漏報揑報者船主應罰銀五百兩儻係筆誤卽在遞貨單之日改正者可不罰銀監督官接到領事官詳細照會後卽發開艙單儻船主未領開艙單擅行下貨卽罰銀五百兩並將所下貨物全行入官

奧約第十七款（併見本類稽稅杜漏）

奧斯馬加國商人上貨下貨總須先領監督官准單如違卽將貨物一併入官

奧約第三十三款（併見本類稽稅杜漏）

條約所載奧斯馬加國商民罰款以及船貨入官各項皆

歸中國收用中國各口收稅官員凡有嚴防偷漏之法均准其相度機宜隨時便宜設法辦理以杜弊端

奧通商章程第五款併見本類貨稅船鈔違禁貨物

一向來洋藥銅錢米穀硝磺白鉛等物例皆不准通商現定稍寬其禁聽商遵行納稅貿易洋藥准其進口議定每百觔納稅銀三十兩惟該商止准在口銷賣一經離口即屬中國貨物衹准華商運入內地外國商人不得護送即條約第八條所載奧民持照前往內地通商並二十八條所載內地關稅之例與洋藥無涉其如何徵稅聽憑中國辦理嗣後遇修改稅則仍不得按照別貨定稅　又銅錢

不准運出外國惟通商中國各口准其以此口運至彼口照現定章程遵行該商赴關報明數目若干運往何口或令本商及同商二人聯名具呈保單抑或聽監督飭令另交結實信據方准給照別口監督於執照上註明收到字樣加蓋印信從給照之日起限六箇月繳回驗銷若過期不繳銷執照即按其錢貨原本照數罰繳入官其進出口均免納稅至船載無論淺滿均納船鈔　又凡米穀等糧不拘內外土產不分何處進口者皆不准運出外國惟奧商欲運往中華通商別口則照銅錢一律辦理出口時照依稅則納稅其進口無庸納稅至船載無論淺滿均遵納

船鈔　又硝磺白鉛均為軍前要物應由華官自行採辦進口或由華商特奉准買明文方准進口該關未能查明該商實奉准買定不發單起貨此三項止准奧國商人於通商海口銷售不准帶入長江並各內港亦不准代華商護送除在各海口外即係華民貨物與奧商無涉以上洋藥銅錢米穀硝磺白鉛等項止准照新章買賣敢違此例所運貨物全罰入官

奧通商章程第七款併見本類子口稅

一條約第二十八條所載內地稅餉之議現定出入稅則總以照納一半為斷惟第二款所載免稅各貨除金銀外

國銀錢行李三項毋庸議外其餘海口免稅各物若進內地仍照每值百兩完稅銀二兩五錢此外運入內地各貨各緣由報關查驗確實照納內地稅項該關發給內地稅單該商應向沿途各子口呈單照驗蓋戳放行無論遠近均不重徵至運貨出口之例凡奧商在內地置貨到第一子口驗貨由送貨之人開單註明貨物若干應在何口卸貨呈交該子口存留發給執照准其前往路上各子口查驗蓋戳至最後子口先赴出口海關報完內地稅項方許過卡俟下船出口時再完出口之稅若進出有違此例及

業經報明指赴何口沿途私賣者各貨均罰入官儻有匿單少報等情將單內同類之貨全數入官所運各貨如無內地納稅實據應由海關飭令完清內地關稅始行發單下貨出口以杜隱漏

日本修好條規第十七條 併見刑類法禁 工類租僱建置

兩國船隻旗號各有定式儻彼國船隻假冒此國旗號私作不法情事船貨均罰入官如查係官爲發給即行參撤至兩國書籍彼此如願誦習應准互相採買

日本通商章程第五款 併見本類 稽稅杜漏

兩國商船進通商各口限一日內該船主將船牌艙口單

交理事官即於次日通知海關並將船名及押載噸數裝何貨物之處開單同送以便海關查驗如過二日限期除曜日不計以進口之時算起歷十二時爲一日尚未報關在中國每日罰船主銀五十兩所罰之數不得逾二百兩之外在日本國每日罰船主洋銀六十元至艙口單內須將所載貨物詳細開明如查有漏報揑報之貨在中國將貨入官並罰船主銀五百兩在日本國漏報者罰如貨稅之數揑報者罰貨主洋銀一百二十五元儻有誤報即在遞單之日改正免議逾限不改在中國每日罰銀二十兩所罰之數不得過一百兩之外在日本國罰洋銀十五元如該口未設理事官准

船主將船牌艙口單自赴海關呈驗照章辦理

日本通商章程第六款 併見本類 免稅各物

兩國商船進口除所載貨物開單報關外另將船上自用各物及應行免稅各物開一清單送關驗免儻賣與人仍照稅則完納若將應稅貨物混入免稅單內希圖隱漏查出將貨入官

日本通商章程第十六款 併見本類 改運

貨物進口完納後如欲改運通商別口售賣報出海關驗明實係原包原貨並未拆動抽換即給收稅執照持往別口海關查驗相符准其出售免再納稅若有影射抽換夾

帶情事貨罰入官

日本通商章程第二十四款 併見本類 違禁貨物

硝磺白鉛均爲軍前要物應由中國官自行採辦或日本商人奉中國官准買明文方准進中國通商各口如有私販查拏入官按律懲辦日本商人亦不得在中國通商各口將中國硝磺白鉛私運出口違者將貨入官仍按本律懲辦

日本通商章程第二十五款 併見本類 違禁貨物

凡係違禁貨物如火藥大小彈子礮位大小鳥鎗並一切軍器等類及中國口外馬匹有關軍政等物概應禁止兩

國商人均不准販運進出口違者將貨入官仍各按本律懲辦

日本通商章程第二十七款（併見刑類法禁）

兩國船隻如到不准通商口岸私作買賣准該處地方官查拏在中國卽將船貨一併入官在日本國貨物入官罰洋銀一千元仍知照該管理事官存案

長江通商統共章程第一條（併見本類長江口岸貿易長江貨稅長江子口稅長江稽稅杜漏）

凡有英商之船在長江貿易者只准在鎮江九江漢口三處貿易沿途不准私自起下貨物如違此例由該關卽將

各該船貨均可入官長江出口土貨在以上三關出口以及無免單之進口洋貨未完半稅之進口土貨到以上三關進口均由各該江關查驗自行徵收稅餉按照條約已開通商各口辦理一切事宜

長江通商統共章程第二條（併見本類長江口岸貿易長江稽稅杜漏違禁貨物）

凡有英商之船在長江貿易者現議分爲兩項其一由鎮江上江暫做長江買賣之大洋船以及各項划艇風蓬船隻其二由上海入江常做長江買賣之內江輪船以上兩項船隻在何口貿易均照條約及該口章程辦理如帶軍器火藥等件應於上江時先將數目報明該關由關在所給上江之照單內註明件數查驗放行之後查出該船私加其數抑或在長江私將軍器火藥出賣該船均可入官凡來往各船如遇中國之巡查輪船欲行查驗立卽呈明船牌各件查驗放行

長江通商統共章程第三條（併見本類長江貨稅長江船鈔長江稽稅杜漏）

大洋船之例凡有英商之大洋船以及划艇風蓬等項船隻抵鎮江時如在鎮江貿易卽在鎮江徵收稅鈔若由鎮江再行上江前往九江漢口等處者須由船主將船牌呈交鎮江領事官查收並將艙口單呈鎮江關查驗俟由領事官行文來關方由關發給護照一紙名爲鎮江護照內

註明該船帶用兵器槍礮刀藥等件若干水手多寡並押載噸數以及國號由關任便將船艙封固派差押送前往上江該船抵九江或上江或下江須由船主將其護照呈關查驗該船在九江漢口起下貨物所有納稅一切事宜均照該口章程辦理俟回鎮江須將護照繳關註銷由關查明稅鈔完淸各事均妥方發給紅單准領回船牌開船出海下江時由關任便隨時派差押送至狼山凡有船在鎮江以上若該船無鎮江護照並無中國之牌照者由關查出卽將該船入官

長江通商統共章程第四條（併見本類船鈔長江稽稅杜漏）

內江輪船之例凡有英商之輪船自上海常做長江買賣者應准將船牌呈交上海領事官留署由領事官轉請江海關發給輪船江照一紙該江照以六箇月為限期凡有此江照者即照內江輪船之例起下貨物完納稅餉凡有江照之輪船抵鎮江九江無論上江下江須將江照呈關查驗嗣後有江照之輪船須在鎮江九江漢口輪流完納船鈔輪船上江下江皆由各該關任便隨時派差坐船同往押送凡有江照之輪船若有違背各口章程之事除首次照例罰辦外下次再違即由關自行將該船江照作為廢紙以後不准該船過鎮江上江無江照之輪船抵鎮江

者若過鎮江上江須照第三款大洋船划艇風篷等項船隻之例辦理

章程

議定船貨入官推廣會訊章程（併見刑類獄訟控告審斷）

總理衙門咨案查船貨入官會訊章程四條曾於同治六年十二月間咨行在案七年正月間復據英法兩國公使將會訊章程推廣作為七條照會本衙門通行各關照辦本衙門詳加酌核除內有舊章四條無庸更易其新章三條字句之間稍有未洽者業已改歸妥恊更於七條之外添列一條作為推廣會訊章程八條英法兩國公使深以為然除已照會各國通行各口領事官一體遵照外相應抄錄章程一分咨行通飭各關道監督等一律試行同治

七年閏四月二十九日咨南洋

一凡各口有干涉稅務案件領事官應先與稅務司彼此關照或面見會議或移文往來定案時仍照後開數條辦理

一凡有洋商或船或貨各在通商海口被關屬吏扣留立宜稟明監督監督聽稟以為罰辦合宜即委稅務司函致該商所犯何法是以扣留限自接函之時以五日為期准該商稟報領事官知悉儻至第六日午刻領事官尚未來文咨請公同查核該船該貨即可入官該商接函後於期內仍見自無犯法任便先向稅務司陳明轉報監督監督

若以該商之言爲是即行釋放船貨設該商不願赴關具稟抑或先稟監督不以爲然均准稟知領事官據其所稟轉咨監督請其定期公同查辦

一凡監督接到領事來文照覆定期何日到關當堂晤會領事官諭飭該商是日統帶見證各人等赴關是時領事官親身來關上堂監督請其同坐該稅務司亦當在坐相幫監督監督先令海關原拏船貨人役將如何扣留情節稟明監督監督按照情節隨時詰問凡如該商尚有辦駁情節准其當堂稟明領事官領事官即代爲逐一詰問以期得實而杜偏累設若監督領事官欲不親赴海關亦可

遣員代往所有辦法一律相同

一詢問之間所有關役商證人等口供隨時抄錄監督領事各爲畫押蓋印時令全案人證退去監督面告領事官可否如何辦理或該船貨領事以爲應放而監督不以爲然又准該商任意上控具稟領事官行知監督均即各將案情抄錄蓋印申請總理衙門與駐京大臣查核定奪儻監督不肯釋放船貨領事官以爲然該商不准上控稟請轉詳再該貨或經海關當堂詢明或經兩國總理衙門駐京大憲核定應行釋放均不能以原被扣留請索賠償

一案情既各詳請大憲定斷准該商按估價出具日後情願遵斷繳案切結由領事官蓋印交存該關即由監督將該船貨先行發還俟大憲斷定後或罰銀多少或全數入官再行飭商遵照儻該商不肯具結即將船貨扣留無論大憲定准誰是誰非不准該商稟請賠補

一凡各口指謂商人犯章其所犯之條並非船貨入官係按約按章應罰銀兩者稅務司一面知照監督一面遣人在領事官署內立案由領事官定期訊斷定期後應先知照稅務司屆期傳集人證或稅司本人或委員即在坐指證如訊明該商實有應罰之處如係約章程內載有銀兩之數目即由領事官按期數斷令交出或可從寬辦理則

其權屬在該關即由監督會同稅司自定可也儻查明該商實無應罰之處稅司亦無異言如有船貨因此案留滯者可一同開放仍將案情知照監督不得躭延時日致該商稍有費用該商不得索賠延擱貿易銀兩亦不得索賠一切水腳費用等項若稅司與領事官意見不合即行知會監督一面抄錄全案各詳總理衙門駐京大憲查核當尚未定案之時貨主亦應一律將擬罰銀數出具日後情願遵斷繳案切結送交領事官由領事官行文知照監督始准該商船貨先行開放

一如有監督領事官不能自定應徵應免之事均須援照

本章程第五款所載亦令該商出具日後情願遵斷繳案切結由領事官蓋印送交監督存案即由監督先將該商貨物暫時免稅放行一面將此案情形各詳總理衙門駐京大憲儻日後斷定實係應免之稅該監督即將原結發還領事官查銷如斷定實係應納若干稅項之物該領事官即飭該商赴關按數完稅銷結

一凡有洋商或船或貨應入官者或船貨均應入官者監督與領事官意見未合案情既各詳總理衙門駐京大憲核斷當倘未定案之時該商應援照本章程第五款估價具結由領事官蓋印交存監督惟所估數目恐多少不符即按該商

自稱定價爲準由該關酌核情形亦可按價收買儻經收買後日後斷定船貨實應入官即飭該商將關上收買原銀如數呈繳銷結若斷定船貨實應釋放該關即將原結送還領事官發商完案所有收買原銀即作爲船貨賣價該商不得再以收買原銀赴關取贖以昭核實

洋商請照入內地摘要章程已見本類子口稅併見禮類游歷刑類法禁本類稽稅杜漏內地稅釐

核定出口土貨拆動改裝章程已見本類稽稅杜漏併見本類長江改運

核定客船行李免稅貨物拖帶輪船三項章程已見本類稽稅杜漏併見本類免稅各物

布國續定漏報捏報罰條已見本類稽稅杜漏

議定鐘表減稅幷嚴防偷漏章程已見本類貨稅併見本類稽稅杜漏

成案

隨結報明罰款銀兩（併見附錄江海各關關政）

總理衙門咨查洋商罰款及船貨入官皆應歸中國收辦各關口自應按結報明即使各洋商遵照條約並無罰項亦應隨結聲叙方爲明晰乃查各口所報徵收稅數並未將罰款分別開載亦未將各洋商有無罰項按結報明本衙門於此項銀兩雖不必提解京師而稽查不可無據相應咨行自上年開辦以來所收罰款逐一查明咨覆本衙門並飭各關口嗣後有無罰款務令隨結聲明毋得仍前遺漏是爲至要同治元年十一月二十二日咨各省

美商遞假艙口單暫照英約罰辦（已見本類稽稅杜漏）

各關拏獲走漏貨物充公應分別辦理（併見附錄江海各關關政）

總理衙門咨同治十三年六月十六日據總稅務司申稱各關罰辦充公銀兩除賞線人及賞獲私之人外提三成歸該關監督三成歸總理衙門其四成則由各該稅司繳歸總稅務司處辦公歷經遵辦在案惟查各關拏獲走漏各案雖同出於緝私而情節各異其間有未能一律辦理者自不能無所區別之處竊維凡私貨應以三項分之一平時出進各口按稅則納稅之貨物此係官民通用者易於變價即可賣於衆人一係善後條約第五條內開奉有特准之明文不准進口之硝磺白鉛等物並第三款內開之內地食鹽此非商民所徑行敢買之件止准賣與奉明文之官商一係善後條約第三款所開軍器等類之違禁貨物此更非商民買賣之物可比必須官爲之買方准進口若附近地方官無銷售處即轉行飭送香港地方變價緣此銀兩爲獎賞急需必須趕緊變賣始於後來之公事有益此外另有一種器械半係淫褻畫圖在內者此種物固中外例禁之件凡拏獲此等物件須先將原件提出送至總稅務司處查明如實係淫褻不堪之物風化攸關自應焚燬爲是如僅止玩物嵌住其間並無淫褻之處亦須

候酌飭行擲還原商如此分別辦理似爲允當現已經總稅務司通行轉飭各口稅務司一體照辦以符定章而歸畫一等因申請查照前來相應據文咨行轉飭各關監督一律查照同治十三年七月咨北南洋（按津關搜獲違禁軍器係稟明送交軍械所先行估價提賞已列違禁貨物門應行參仿）

通商約章類纂卷十三

通商約章類纂卷十四目錄　　戶類十

稅務十 內地稅釐

條約章程

改訂中俄陸路通商章程第六條 併見本類陸路子口稅陸路改運

煙臺會議條款第三端之一 併見刑類法禁本類口岸貿易長江口岸貿易

煙臺會議條款第三端之三 併見本類稽稅杜漏

煙臺會議條款第三端之七 併見本類口岸貿易長江口岸貿易

法約第二十三款

日本通商章程第十四款 併見刑類法禁

通商各口通共章程第一款 併見本類長江貨稅長江子口稅

通商各口通共章程第二款 併見本類長江貨稅長江子口稅

通商各口通共章程第三款 併見本類長江貨稅長江子口稅

章程

議定租界洋貨免釐及存票改限各開辦日期 已見本類口岸貿易併見本類改運

沿江六處試辦章程 已見本類長江口岸貿易

鎮江關會擬稅單船搭載客貨並洋藥分運附載章程 已見本類長江稽稅杜漏併見本類違禁貨物

洋商請照入內地摘要章程 已見本類子口稅併見禮類游歷刑類法禁本類稽稅杜漏罰例

中國朝鮮商民水陸貿易章程第四條 已見本類貨稅併見禮類游歷刑類法禁工類租傭建置本類船鈔子口稅

成案

洋商運土貨復進他口征收復進口半稅並復進口後如運入內地逢關納稅遇卡抽釐 已見本類長江貨稅併見本類子口稅改運

豆石開禁准出口運往他口一經離口自入內地逢關納稅遇卡抽釐 已見本類子口稅併見本類違禁貨物

俄商未領聯單運赴張家口內地牛皮等貨照內地土貨例逢關納稅 已見本類陸路貨稅併見本類陸路改運

暹羅進口船分別報納稅鈔 已見本類貨稅併見本類船鈔稽稅杜漏

洋商運中國土貨離口入內地鎮江關誤發洋貨稅單仍照完內地稅釐 已見本類子口稅併見本類長江稽稅杜漏

洋商運洋貨入內地無海關稅單照納內地稅釐 已見本類子口稅併見本類長江稽稅杜漏

洋人以遊歷照入內地買運土煤未領海關報單照華商運土貨例納稅 已見本類子口稅併見禮類游歷本類稽稅杜漏

江海關稟租界洋貨免釐及存票改限辦理情形 已見本類口岸貿易併見本類改運

通商約章類纂卷十四　戶類十

稅務十　內地稅釐

條約章程

改訂中俄陸路通商章程第六條（并見本類陸路子口稅陸路改運）

如在張家口酌留之貨已在該口納稅而貨物有未經銷售者准該商運赴通州或天津銷售不再納稅並將在張家口多交之一分補還俄商即於該口所發執照內註明

俄商在張家口酌留之貨已在該口納稅者如欲運入內地應照各國總例再交一子稅（即正稅之半）該口發給運貨執照應於沿途所過各關卡呈驗如無執照者則逢關納稅

遇卡抽釐

煙臺會議條款第三端之一（并見刑類法禁本類口岸貿易長江口岸貿易）

一所有現在通商各口岸按前定各條約有不應抽收洋貨釐金之界茲由威大臣議請本國准以各口租界作為免收洋貨釐金之處俾免漫無限制隨由中國議准在於湖北宜昌安徽蕪湖浙江溫州廣東北海四處添開通商口岸作為領事官駐紮處所又四川重慶府可由英國派員駐寓查看川省英商事宜輪船未抵重慶以前英國商民不得在彼居住開設行棧俟輪船能上駛後再行議辦至沿江安徽之大通安慶江西之湖口湖廣之武穴陸溪口沙市等處均係內地處所並非通商口岸按長江統共章程應不准洋商私自起下貨物今議通融辦法輪船准暫停泊上下客商貨物皆用民船起卸仍照內地定章辦理除洋貨半稅單照章查驗免釐其有報單之土貨只准上船不准卸賣外其餘應完稅釐由地方官自行一律妥辦外國商民不准在該處居住開設行棧

煙臺會議條款第三端之三（并見本類稽稅杜漏）

一洋藥一宗威大臣議請本國准為另定辦法與他項洋貨有別令英商於販運洋藥入口時由新關派人稽查封存棧房或躉船俟售賣時洋商照則完稅並令買客一並

在新關輸納釐稅以免偷漏其應抽收釐稅若干由各省察勘情形酌辦

煙臺會議條款第三端之七（并見本類口岸貿易長江口岸貿易）

一以上議准添開通商各口岸及沿江六處准起卸貨物一節應由李大臣奏奉

旨准於半年期限開辦各口租界免洋貨釐金及洋藥在新關并納釐稅兩節俟英國會商各國再行定期開辦

法約第二十三款

大法國貨物在通商各口已按例輸稅中國商人即便帶運內地經過稅關只照現例輸稅不得復索規費按今稅

則是有準繩以後毋庸加增倘有海關書役人等不守例款詐取規費增收稅餉者照中國例究治

日本通商章程第十四款（併見刑類法禁）

中國商貨進日本國通商各口在海關完淸稅項後中國人不准運入日本國內地其日本國商貨進中國通商各口在海關完淸稅項後任憑中國人轉運中國內地各處售賣逢關納稅過卡抽釐日本人不准運入中國內地違者貨均入官並將該商交理事官懲辦

通商各口通共章程第一款（併見本類長江貨稅長江子口稅）

洋商由上海運洋貨進長江須在上海將進口正稅完納

俟到長江各口後一經離口自入內地販運如無長江各關稅單者逢關納稅過卡抽釐遇有外國商人欲在長江各關請入內地之稅單即令該商於運貨過卡之先照約在該關完一子口稅方准發給稅單不再另徵

通商各口通共章程第二款（併見本類長江貨稅長江子口稅）

洋商由上海運土貨進長江其該貨應在上海交本地出口之正稅並先完長江復進口之半稅俟到長江各口後一經離口販運無論洋商華商均逢關納稅過卡抽釐

通商各口通共章程第三款（併見本類長江貨稅長江子口稅）

洋商由上海運別口所來之土貨已在別口交過出口稅並在上海交過復進口稅如再出口往長江毋庸再在上海納出口稅並長江復進口之稅俟到長江各口後一經離口販運無論洋商華商均逢關納稅過卡抽釐

章程

議定租界洋貨免釐及存票改限各開辦日期已見本類口岸貿易併見本類改運

沿江六處試辦章程已見本類長江口岸貿易

鎮江關會擬稅單船搭載客貨並洋藥分運附載章程已見本類長江稽稅杜漏併見本類違禁貨物

洋商請照入內地摘要章程已見本類子口稅併見禮類游歷刑類法禁本類稽稅杜漏罰例

中國朝鮮商民水陸貿易章程第四條已見本類貨稅併見禮類游歷刑類法禁工類租備建置本類船鈔子口稅

成案

洋商運土貨復進他口征收復進口半稅幷復進口後如運入內地逢關納稅過卡抽釐已見本類長江貨稅併見本類子口稅改運

豆石開禁准出口運往他口一經離口自入內地逢關納稅過卡抽釐已見本類子口稅併見本類違禁貨物

俄商未領聯單運赴張家口內地牛皮等貨照內地土貨例逢關納稅已見本類陸路貨稅併見本類陸路改運

暹羅進口船分別報納稅鈔已見本類貨稅併見本類船鈔稽稅杜漏

洋商運中國土貨離口入內地鎮江關誤發洋貨稅單

仍照完內地稅釐已見本類子口稅併見本類長江稽稅杜漏

洋商運洋貨入內地報海關稅單照納內地稅釐已見本類子口稅併見本類長江稽稅杜漏

洋人以遊歷執照入內地買運土煤未領海關報單照華商運土貨例納稅已見本類子口稅併見禮類游歷本類稽稅杜漏

江海關稟租界洋貨免釐及存票改限辦理情形已見本類口岸貿易併見本類改運

通商約章類纂卷十四

通商約章類纂卷十五目錄　戶類十一

稅務十一　違禁貨物

條約章程

章程

成案

通飭嚴拏偷漏走私及販運軍火併見刑類法禁

洋商到未通商口岸裝運違禁貨物按約懲辦併見刑類法禁

洋商到未通商口岸走私嚴拏入官領事不准包庇併見刑類法禁

洋商私帶炮位入長江走私按約懲辦併嚴懲通事併見刑類法禁

美商到不通商口岸販賣私鹽失察之地方官議處併見刑類法禁

英艇單照不符且短少照內兵器入官變價已見本類長江稽稅杜漏

美商私帶鎗炮按約懲辦併嚴懲通事

嚴禁華商販運鐵錢鐵片出口併見刑類法禁

奧船裝運外國鹽進口按約懲辦

禁止洋商私販軍火起岸存棧及官輪裝運軍火勿庸稅司查驗

美商到不通商口岸販賣私鹽按約懲辦併嚴禁華商私販交易併見刑類法禁

美船夾帶私鹽按約罰辦

沿江大通等五處不准起卸洋藥

由滬運往北洋三口洋藥分別給停免單已見本類稽稅杜漏

津關進口洋藥按斤征稅已見本類稽稅杜漏

英商茶船由香港運來連藥槍子係為義團操演請准起卸

津關搜獲違禁軍火咨送軍械所彙存備撥併按估價核發扦手犒賞

洋商運米務由監督鈐發印照

豆石開禁准出口運往他口一經離口自入內地逢關納稅遇卡抽釐已見本類子口稅併見本類內地稅釐

牛莊登州豆石准其徑行出洋

稅務十一 違禁貨物

條約章程

俄約第四條 併見本類口岸貿易陸路口岸貿易稽稅杜漏罰例

嗣後陸路前定通商處所商人數目及所帶貨物併本銀多寡不必示以限制海路通商章程將所帶貨物呈單備查拋錨寄椗一律給價照定例上納稅課等事俄國商船均照外國與中華通商總例辦理如帶有違禁貨物即將該商船所有貨物概行查抄入官

改訂俄陸路通商章程第十八款 併見本類陸路稽稅杜漏

俄商如有偷漏及挾帶違禁之物如各國稅則第三第五兩條所載各物件均應將貨入官如該商自備軍器護身應在本國報明塡入執照每人各帶兵器一件

改訂中俄陸路通商章程第十五條 併見刑類法禁本類免稅各物罰例

凡違禁之物如火藥大小彈子炮位大小鳥鎗併一切軍器等類及內地食鹽洋藥均屬違禁不准販運進口出口如違此例即將所運違禁之物全罰入官俄國人民前往中國者每人准帶鳥鎗或手鎗一桿護身塡入執照又硝磺白鉛須奉中國官發給准單方准俄商運進口內如華商特奉准買明文方准銷售中國米銅錢不准販運出口

外國米穀及各種糧食皆准販運進口一概免稅

英通商章程第三款

一凡有違禁貨物如火藥大小彈子炮位大小鳥鎗並一切軍器等類及內地食鹽以上各物概屬違禁不准販運進出口

英通商章程第五款 併見本類貨稅船鈔罰例

一向來洋藥銅錢米穀豆石硝磺白鉛等物例皆不准通商現定稍寬其禁聽商遵行納稅貿易洋藥准其進口議定每百觔納稅銀三十兩惟該商止准在口銷賣一經離口即屬中國貨物祗准華商運入內地外國商人不得護

送即天津條約第九條所載英民持照前往內地通商併二十八條所載內地關稅之例與洋藥無涉其如何徵稅聽憑中國辦理嗣後遇修改稅則仍不得按照別貨定稅

又銅錢不准運出外國惟通商中國各口准其以此口運至彼口照現定章程遵行該商赴關報明數目若干運往何口或令本商及同商二人聯名具呈保單抑或聽監督飭令另交結實信據方准給照別口監督於執照上註明收到字樣加蓋印信從給照之日起限六個月繳回驗銷若過期不繳銷執照即按其錢貨原本照數罰繳入官其進出口均免納稅至船載無論淺滿均納船鈔　又凡

米穀等糧不拘內外土產不分何處進口者皆不准運出外國惟英商欲運往中華通商別口則照銅錢一律辦理出口時照依稅則納稅其進口毋庸納稅至船載無論淺滿均遵納船鈔一　又豆石豆餅在登州牛莊兩口者英國商船不准裝載出口其餘各口該商照稅則納稅仍可帶運出口及外國俱可　又硝磺白鉛均為軍前要物應由華官自行採辦進口或由華商特奉准買明文方准進口該關未能查明該商實奉准買定不發單起貨此三項止准英國商人於通商海口銷售不准帶入長江並各內港亦不准代華商護送除在各海口外即係華民貨物與英商無涉以上洋藥銅錢米穀豆石豆餅硝磺白鉛等項止准照新章買賣敢違此例所運貨物全罰入官

瑞典哪威約第三十三條併見刑類法禁

一瑞典國哪威國等民人凡有擅自向別處不開關之港口私行貿易及走私漏稅或攜帶鴉片及別項違禁貨物至中國者聽中國地方官自行辦理治罪瑞典國哪威國等官民均不得稍有袒護若別國船隻冒瑞典國哪威國等旗號做不法貿易者瑞典國哪威國等自應設法禁止

美通商章程第三款

一凡有違禁貨物如火藥大小彈子炮位大小鳥鎗並一切軍器等類及內地食鹽以上各物概屬違禁不准販運進出口

美通商章程第五款併見本類貨稅船鈔罰例

一向來洋藥銅錢米穀豆石硝磺白鉛等物例皆不准通商現定稍寬其禁聽商遵行納稅貿易洋藥准其進口議定每百觔納稅銀三十兩惟該商止准在口銷賣一經離口即屬中國貨物祇准華商運入內地外國商人不得護送在天津條約第三十條所載中國凡有利益施及他國者准美國商民一體均沾按此美國商民亦可前往內地通商至內地關稅之例向與洋藥無涉其如何征稅聽憑

中國辦理嗣後遇修改稅則仍不得按照別貨定稅　又銅錢不准運出外國惟通商中國各口准其以此口運至彼口按照現定章程遵行該商赴關報明數目若干運往何口或令本商及同商二人聯名具呈保單抑或聽監督飭令另交結實信據方准給照別口監督於執照上註明收到字樣加蓋印信從給照之日起限陸箇月繳回驗銷若過期不繳銷執照即按其錢貨原本照數罰繳入官其進出口均免納稅至船載無論淺滿均納船鈔　又凡米穀等糧不拘內外土產不分由何處進口者皆不准運出外國惟美國商人欲運往中華通商別口則照銅錢一律

辦理出口時照依稅則納稅其進口毋庸納稅至船載無論淺滿均遵納船鈔　又豆石豆餅在登州牛莊兩口者外國商船不准裝載出口其餘各口該商照稅則納稅仍可帶運出口及外國俱可　又硝磺白鉛均為軍前要物應由華官自行採辦進口或由華商特奉准買明文方准進口該關未能查明該商實奉准買定不發單起貨此三項止准外國商人於通商海口銷售不准帶入長江並各內港亦不准代華商護送除在各海口外即係華民貨物與美商無涉以上洋藥銅錢米穀豆石豆餅硝磺白鉛等項止准照新章買賣敢違此例所運貨物全罰入官

美續約另附第二款

中國與美國彼此商定中國商民不准販運洋藥入美國通商口岸美國商民亦不准販運洋藥入中國通商口岸併由此口運往彼口亦不准作一切買賣洋藥之貿易所有兩國商民無論僱用本國船別國船及本國船為別國商民僱用販運洋藥者均由各本國自行永遠禁止再此條兩國商定彼此均不得引一體均霑之條講解

法通商章程第三款

一凡有違禁貨物如火藥大小彈子炮位大小鳥鎗并一切軍器等類及內地食鹽以上各物概屬違禁不准販運

進出口

法通商章程第五款（併見本類貨稅船鈔罰例）

一向來洋藥銅錢米穀豆石硝磺白鉛等物例皆不准通商現定稍寬其禁聽商遵行納稅貿易洋藥准其進口議定每百觔納稅銀三十兩惟該商止准在口銷賣一經離口即屬中國貨物祇准華商運入內地法國商人不得護送即天津條約第八條所載如法國人有領執合寫蓋印執照欲至內地或到內地生理者斷不准販賣洋藥其洋藥入內地應如何征稅聽憑中國辦理嗣後遇修改稅則仍不得按照別貨定稅　又銅錢不准運出外國惟通商

中國各口准其以此口運至彼口照現定章程遵行該商赴關報明數目若干運往何口或令本商及同商二人聯名具呈保單抑或聽監督飭令另交結實信據方准給照別口監督於執照上註明收到字樣加蓋印信從給照之日起限六箇月繳回驗銷若過期不繳銷執照即按其錢貨原本照數罰繳入官其進出口均免納稅至船載無論淺滿均納船鈔　又凡米穀等糧不拘內外土產不分何處進口者皆不准運出外國惟法商欲運往中華通商別口則照銅錢一律辦理出口時照依稅則納稅其進口毋庸納稅至船載無論淺滿均遵納船鈔　又豆石豆餅在

登州牛莊兩口者法國船不准裝載出口其餘各口該商照稅則納稅仍可帶運出口及外國俱可　又硝磺白鉛均爲軍前要物應由華官自行採辦進口或由華商特奉准買明文方准進口該關未能查明該商實奉准買定不發單起貨此三項止准法國商人於通商海口銷售不准帶入長江並各內港亦不准代華商護送除在各海口外即係華民貨物與法商無涉以上洋藥銅錢米穀豆石豆餅硝磺白鉛等項止准照新章買賣敢違此例所運貨物全罰入官

中法會訂越南新約第六款併見本類陸路貨稅

一北圻與中國之雲南廣西廣東各省陸路通商章程應於此約畫押後三箇月內兩國派員會議另定條款附在本約之後所運貨物進出雲南廣西邊界應納各稅照現在通商稅則較減惟由陸路運過北圻及廣東邊界者不得照此減輕稅則納稅其減輕稅則亦與現在通商各口無涉其販運鎗炮軍械軍糧軍火等應各照兩國界內所行之章程辦理至洋藥進口出口一事應於通商章程內定一專條其中越海路通商亦應議定專條此條未定之先仍照現章辦理

布通商章程第三款

一凡有違禁貨物如火藥大小彈子炮位大小鳥鎗並一切軍器等類及內地食鹽以上各物概屬違禁不准販運進出口

布通商章程第五款併見本類貨稅船鈔罰例

一向來洋藥銅錢米穀豆石硝磺白鉛等物例皆不准通商現定稍寬其禁聽商遵行納稅貿易洋藥准其進口議定每百觔納稅銀三十兩惟該商只准在口銷賣一經離口即屬中國貨物祇准華商運入內地外國商人不得護送即現定和約章程第八款所載布國暨德意志各國有領蓋印執照前至內地者斷不准販賣洋藥其洋藥入內

地如何徵稅聽憑中國辦理嗣後遇修改稅則仍不得按照別貨定稅　又銅錢不准運出外國惟通商中國各口准布國暨德意志和約各國商民以此口運至彼口照現定章程遵行該商赴關報明數目若干運往何口或令本商及同商二人聯名具呈保單抑或聽監督飭令另交結實信據方准給照別口監督於執照上註明收到字樣加蓋印信從給照之日起限陸箇月繳回驗銷若過期不繳銷執照即按其錢貨原本照數罰繳入官其進出口均免納稅至船載無論淺滿均納船鈔　又凡米穀等糧不拘內外土產不分何處進口者皆不准運出外國惟布國暨

德意志和約各國商民欲運往中華通商別口則照銅錢一律辦理出口時照依稅則納稅其進口毋庸納稅至船載無論淺滿均遵納船鈔　又豆石豆餅在登州牛莊兩口者布國暨德意志和約各國商船不准裝載出口其餘各口該商照稅則納稅仍可帶運出口及外國俱可　又硝磺白鉛均爲軍前要物應由華官自行採辦進口或由華商特奉准買明文方准進口該關未能查明該商實奉准買定不發單起貨此三項止准布國暨德意志和約各國商人於通商海口銷售不准帶入長江並各內港亦不准代華商護送除在各海口外卽係華民貨物與布國暨

德意志和約各國無涉以上洋藥銅錢米穀豆石豆餅硝磺白鉛等項止准照新章買賣敢違此例所運貨物全罰入官

丹通商章程第三款

一凡有違禁貨物如火藥大小彈子炮位大小鳥鎗並一切軍器等類及內地食鹽以上各物概屬違禁不准販運進出口

丹通商章程第五款（併見本類貨稅船鈔罰例）

一洋藥准其進口議定每百觔納稅銀三十兩惟丹商止准在口銷賣一經離口卽屬中國貨物祇准華商運入內地丹國商人不得護送卽係約第九條所載丹民持照前往內地通商並二十七條所載內地關稅之例與洋藥無涉其如何征稅聽憑中國辦理嗣後遇修改稅則仍不得按照別貨定稅　又銅錢不准運出外國惟通商各口准其以此口運至彼口照現定章程遵行該商赴關報明數目若干運往何口或令本商及同商二人聯名具呈保單抑或聽監督飭令另交結實信據方准給照別口監督於執照上註明收到字樣加蓋印信從給照之日起限六箇月繳回驗銷若過期不繳銷執照卽按其錢貨原本照數罰繳入官其進出口均免納稅至船載無論淺滿均納船

鈔　又凡米穀等糧不拘內外土產不分何處進口者皆不准運出外國惟丹商欲運往中華通商別口則照銅錢一律辦理出口時照依稅則納稅其進口毋庸納稅至船載無論淺滿均遵納船鈔　又硝磺白鉛均爲軍前要物應由華官自行採辦或由華商特奉准買明文方准起貨該關未能查明該商實奉准買定不發單起貨此三項止准丹國商人於通商海口銷售不准帶入長江並各內港亦不准代華商護送除在各海口外卽係華民貨物與丹商無涉以上洋藥銅錢米穀硝磺白鉛等項止准照新章買賣敢違此例所運貨物全罰入官

比通商章程第三款

一凡有違禁貨物如火藥大小彈子炮位大小鳥鎗並一切軍器等類及內地食鹽以上各物概屬違禁不准販運進出口

比通商章程第五款（併見本類貨稅船鈔罰例）

一洋藥准其進口議定每百觔納稅銀三十兩惟比商止准在口銷賣一經離口即屬中國貨物祇准華商運入內地比國商人不得護送即條約第十條所載比民持照前往內地通商並三十三條所載內地關稅之例與洋藥無涉其如何徵稅聽憑中國辦理嗣後遇修改稅則仍不得

按照別貨定稅　又銅錢不准運出外國惟通商各口准其以此口運至彼口照現定章程遵行該商赴關報明數目若干運往何口或令本商及同商二人聯名具呈保單抑或聽監督飭令另交結實信據方准給照別口監督於執照上註明收到字樣加蓋印信從給照之日起限六箇月繳同驗銷若過期不繳銷執照即按其錢貨原本照數罰繳入官其進出口均免納稅至船載無論淺滿均納船鈔　又凡米穀等糧不拘內外土產不分何處進口者皆不准運出外國惟比商欲運往中華通商別口則照銅錢一律辦理出口時照依稅則納稅其進口毋庸納稅至船

載無論淺滿均遵納船鈔　又硝磺白鉛均為軍前要物應由華官自行採辦或由華商特奉准買明文方准起貨該關未能查明該商實奉准買定不發單起貨此三項止准比國商人於通商海口銷售不准帶入長江並各內港亦不准代華商護送除在各海口外即係華民貨物與比商無涉以上洋藥銅錢米穀硝磺白鉛等項止准照新章買賣敢違此例所運貨物全罰入官

義通商章程第三款

一凡有違禁貨物如火藥大小彈子炮位大小鳥鎗並一切軍器等類及內地食鹽以上各物概屬違禁不准販運

進出口

義通商章程第五款（併見本類貨稅船鈔罰例）

一洋藥准其進口議定每百斤納稅銀三十兩惟義國只准在口銷賣一經離口即屬中國貨物祇准華商運入內地義國商人不得護送即條約第九條所載義民持照前往內地通商並二十七條所載內地關稅之例與洋藥無涉其如何徵稅聽憑中國辦理嗣後遇修改稅則仍不得按照別貨定稅　又銅錢不准運出外國惟通商各口准其以此口運至彼口照現定章程遵行該商赴關報明數目若干運往何口或令本商及同商二人聯名具呈保單

抑或聽監督飭令另交結實信據方准給照別口監督於執照註明收到字樣加蓋印信從給照之日起限六箇月繳回驗銷若過期不繳銷執照卽按其錢貨原本照數罰繳入官其進出口均免納稅至船載無論淺滿均納船鈔　又凡米穀等糧不拘內外土產不分何處進口者皆不准運出外國惟義商欲運往中華通商別口則照銅錢一律辦理出口時照依稅則納稅其進口毋庸納稅至船載無論淺滿均遵納船鈔　又硝磺白鉛均爲軍前要物應由華官自行採辦或由華商特奉准買明文方准起貨該關未能查明該商實奉准買定不發單起貨此三項止准

義國商人於通商海口銷售不准帶入長江並各內港亦不准代華商護送除在各海口外卽係華民貨物與義商無涉以上洋藥銅錢米穀硝磺白鉛等項只准照新章買賣敢違此例所運貨物全罰入官

奧通商章程第三欵

一凡有違禁貨物如火藥大小彈子炮位大小鳥鎗並一切軍器等類及內地食鹽以上各物概屬違禁不准販運進出口

奧通商章程第五欵（併見本類貨稅船鈔罰例）

一向來洋藥銅錢米穀硝磺白鉛等物例皆不准通商現定稍寬其禁聽商遵行納稅貿易洋藥准其進口議定每百觔納稅銀三十兩惟該商止准在口銷賣一經離口卽屬中國貨物祇准華商運入內地外國商人不得護送卽條約第八條所載奧民持照前往內地通商並二十八條所載內地關稅之例與洋藥無涉其如何征稅聽憑中國辦理嗣後遇修改稅則仍不得按照別貨定稅　又銅錢不准運出外國惟通商中國各口准其以此口運至彼口照現定章程遵行該商赴關報明數目若干運往何口或令本商及同商二人聯名具呈保單抑或聽監督飭令另交結實信據方准給照別口監督於執照上註明收到字

樣加蓋印信從給照之日起限六個月繳回驗銷若過期不繳銷執照卽按其錢貨原本照數罰繳入官其進出口均免納稅至船載無論淺滿均納船鈔　又凡米穀等糧不拘內外土產不分何處進口者皆不准運出外國惟奧商欲運往中華通商別口則照銅錢一律辦理出口時照依稅則納稅其進口無庸納稅至船載無論淺滿均遵納船鈔　又硝磺白鉛均爲軍前要物應由華官自行採辦進口或由華商特奉准買明文方准進口該關未能查明該商實奉准買定不發單起貨此三項止准奧國商人於通商海口銷售不准帶入長江並各內港亦不准代華商

護送除在各海口外即係華民貨物與奧商無涉以上洋
藥銅錢米穀硝磺白鉛等項止准照新章買賣敢違此例
所運貨物全罰入官

日本通商章程第二十二款

兩國所產米麥糧食除照章轉運別口外各不准販運出
洋若船上水手搭客自需約計數目報明海關給照准其
照買存船備用

日本通商章程第二十三款

登州牛莊兩處豆石豆餅日本商船不得前往裝載如在
通商別口買運者照則納稅准其出口

日本通商章程第二十四款併見本類罰例

硝磺白鉛均為軍前要物應由中國官自行採辦或日本
商人奉中國官准買明文方准進中國通商各口如有私
販查拏入官按律懲辦日本商人亦不得在中國通商各
口將中國硝磺白鉛私運出口違者將貨入官仍按本律
懲辦

日本通商章程第二十五款併見本類罰例

凡係違禁貨物如火藥大小彈子炮位大小鳥鎗並一切
軍器等類及中國口外馬匹有關軍政等物概應禁止兩
國商人均不准販運進出口違者將貨入官仍各按本律
懲辦

日本通商章程第二十六款

兩國銅錢除照章轉運別口外各不准販運出洋如有商
人私販查拏入官中國內地食鹽不准日本人販運日本
鹽觔亦不准運入中國售賣違者均各按律罰辦

巴約第十四款

中國與巴國彼此商定中國商民不准販運洋藥入巴國
通商口岸巴國商民亦不准販運洋藥入中國通商口岸
並由此口運往彼口亦不准作一切買賣洋藥之貿易所
有兩國商民無論僱用本國船別國船及本國船為別國
商民僱用販運洋藥者均由各本國自行永遠禁止此係
兩國公同商定不得引一體均霑之條講解

長江通商統共章程第二條併見本類長江口岸貿易長江稽稅杜漏罰例

凡有英商之船在長江貿易者現議分為兩項其一由鎮
江上江暫做長江買賣之大洋船以及各項划艇風篷船
隻其二由上海入江常做長江買賣之內江輪船以上兩
項船隻在何口貿易均照條約及該口章程辦理如帶軍
器火藥等件應於上江時先將數目報明該關由關在所
給上江之照單內註明件數查驗放行之後查出該船私
加其數抑或在長江私將軍器火藥出賣該船均可入官

凡來往各船如遇中國之巡查輪船欲行查驗立即呈明
船牌各件查驗放行

章程

中國採辦外洋軍火定章

總理衙門咨同治八年九月十一日軍機處抄交雲南巡撫岑奏擬留革員廖士彥隨營差遣並擬派候補道盛世豐赴粵採辦軍火一片本衙門查外洋火器係違禁貨物例不准洋商販運進口唯善後條約第五款載應由華官自行採辦進口或由華商特奉准買明文方准進口各等語又同治四年四月間據總稅務司申呈香港總理大臣因知中國嚴禁私販軍火當立定章程其條款云若有採辦者必將中國大憲所給護照或海關所發印憑以及該

口領事官所給之憑據呈繳方准運出香港之口又同治五年二月間上海大臣來文內稱滬中酌定採辦軍火辦法係由道發給護照知照稅務司換給英文單以憑查驗起貨其有別省委員來滬採買者一面知照上海關道一面將原齎咨文由道申請查核來文軍火數目價若干酌給劄護交付代購此章已通行南洋各關在案該滇省委員到粵之日應將章程及向來辦法由貴撫詳細飭知遵照不得未領護照憑單自向領事官及洋商處購辦仍一面知照粵關不得因有此舉致洋商私運之件混冒進口為要同治八年十月十二日咨廣東

奏定私販外洋鎗炮罪名

總理衙門刑部會　奏爲遵

旨議奏事軍機處交出署　盛京將軍崇實奏請嚴定私販外洋鎗炮罪名一摺光緒元年九月十二日奉

旨該衙門議奏欽此臣等查原奏內稱前因奉省奸民牟取重利私售洋鎗炮械輾轉入於賊手以致擾害地方實屬不成事體是以前經奏明出示嚴禁並通飭各屬不時稽查有犯必懲以期誅一警百現據營口洋鎗隊營總恩霖訪有旗人白玉芳等仍敢故違禁令私相興販卽行捕獲並查起洋鎗火藥銅帽等物稟送奉錦山海關道景福訊供

詳請核辦查外洋鎗炮久爲奉禁之物載在條約中外咸知此次徧張曉諭尤爲共見共聞該犯等仍敢目無法紀興販如常且大小洋鎗洋炮多至六十三杆洋砂洋藥銅帽等亦至數百斤數萬粒之多雖訊無通賊確據而其玩法情形殊難輕縱若不科其罪名奸民何所儆惕惟查例文旣無專條比擬復虞失當前此沿海各省遇有此等案件辦理多不畫一畸輕畸重均不足以昭平允再四思維惟有請

旨嚴定罪名或

飭下總理各國事務衙門會同刑部核其情節輕重數目多寡分别酌議治罪專條俾各有所遵守庶情罪無虞出入辦理亦可畫一等因具　奏前來查例載私鑄紅衣等大小炮位及抬鎗者不論官員軍民人等及鑄造匠役一併處斬如僅止私藏者于私鑄罪上減一等杖一百流三千里又律載民間私有應禁軍器一件杖八十每一件加一等私造者加私有罪一等各罪止杖一百流三千里又例載私造鳥鎗杖一百枷號兩個月私藏者杖九十枷號一個月仍各照律每一件加一等罪止杖一百流三千里又內地民人窩囤興販硫磺十斤以下杖一百十斤以上杖六十徒一年二十斤以上以次遞加五十斤以上杖一百流

二千里八十斤以上杖一百流二千五百里一百斤杖一百流三千里百斤以上發近邊充軍若甫經窩囤尚未興販減興販罪一等熖硝每二斤作硫磺一斤科斷硝磺入官鄰保知情不首杖一百不知情杖八十挑夫船戸知情不首減本犯罪二等知情分贓與犯同罪贓重以枉法從重論首報人免罪仍照硝磺入官價値向本犯另追給賞如合成火藥賣與鹽徒不問斤數多寡發近邊充軍其本省銀匠藥鋪染房需用硝磺每次不許過十斤令其呈明地方官批限買完繳銷違者以私囤論又內地奸民在産硝磺地方私行煎挖無論已未興販照臺灣之例科斷十

斤以下杖一百刺字十斤以上杖六十徒一年每十斤加一等百斤以上及合成火藥在十斤以上者照私鑄紅衣等大小炮位例處斬妻子緣坐財產入官如將硝磺濟匪以通賊論知情放縱及隱匿不首並與犯同罪至死減一等俟軍務完竣仍照舊例辦理各等語茲據該署將軍以訪獲旗人白玉芳等違禁私販大小洋鎗洋炮多至六十三杆洋砂洋藥銅帽等亦至數百斤數萬粒之多雖訊無通賊確據其玩法情形殊難輕縱若不嚴科其罪奸民何所儆惕惟例無專條比擬復慮失當請核其情節輕重數目多寡分別酌議治罪專條等因奏奉

諭旨著臣衙門議奏臣等查洋鎗洋炮來自外洋本係奉禁之物內地奸民牟取重利私自銷售輾轉入於賊手以致擾害地方誠不可不嚴行禁止惟查內地鳥鎗炮位例有私造私鑄罪名卽販賣火藥硝磺定例亦以斤數多寡分別擬罪並無私販鳥鎗作何治罪明文有犯向照私造例科斷則私販洋鎗亦應查照內地私造鳥鎗例同科至私鑄炮位罪應擬斬推原例意係因其跡近叛逆故擬置重典若私販洋炮究與私鑄炮位有間未便比例遽擬駢首自應於私鑄炮位罪上酌量減等庶昭平允臣等公同酌議嗣後拿獲私販洋炮之案應於私鑄大小炮位處斬例上酌減為發新疆給官兵為奴仍照例改發極邊足四千里充軍到配加枷號六個月販賣洋鎗照私造鳥鎗例枷號兩個月杖一百每一件加一等罪止杖一百流三千里販賣洋藥洋砂銅帽卽照內地民人窩囤興販硫磺例分別觔數多寡定擬倘有濟匪情事均以通賊論至近山濱海地方存備洋鎗守禦者亦應照鳥鎗例必須報明地方官鏨刻姓名編號立案如有私藏照私藏鳥鎗例按件治罪仍嚴禁不許藉端搜拏致滋擾累如此分別科斷庶奸民知所儆畏而私販之風可期盡絕如蒙

俞允應由刑部行文該將軍並通行各省督撫將軍都統府尹

一體遵照辦理其該省現獲之白玉芳等私販洋鎗等物一案應令該署將軍卽照新定章程速飭審擬報部等因

光緒元年十一月二十八日奏本日奉

旨依議欽此

鎮江關會擬稅單船搭載客貨併洋藥分運附載章程 已見本類長江稽稅杜漏併見本類內地稅釐

中國朝鮮商民水陸貿易章程第六條 已見本類貨稅

成案

通飭禁販洋鎗

總理衙門咨查通商條約第三款內載大小鳥鎗概屬違禁不得販運進口等語查核條約之意是鎗枝大小皆係違禁並無較小鎗枝遂准隨意售賣明文乃近日京城以內售賣雙筩小洋鎗者甚多每枝價銀不過三兩五錢查此項洋鎗雖小究係火器照約不准販賣今乃都城重地公然發售且其鎗甚佳其價則甚賤揆厥來由自係洋商將此鎗販運進口各口漫無稽查方得如此充斥不可不申明條約嚴行禁止除咨步軍統領衙門嚴拿懲治外爲

此咨行轉飭各口監督委員立即按照條約會同領事官出示曉諭嗣後必須照約不准將此項洋鎗販運進口如不遵諭一經查出立即拿究入官不得稍事姑容同治三年十一月初一日咨三口

通飭嚴拿偷漏走私及販運軍火 併見刑類法禁

總理衙門咨各口走私偷漏諸弊於稅餉大有關係全賴各該關口巡船認眞嚴拿應即咨行督飭各處關口實力奉行遇有商船偷漏或在不通商口岸走私並私販軍火以及巡船包庇走私等事無論中國外國船隻但有犯禁立即拿獲將船貨一併入官犯禁之人分別送交懲治並嚴行約束該書役人等毋得勒索錢文亦不得徇情縱放並於各海關所設巡船分給牌劄將船名號巡役水手等姓名查明清楚逐一塡註以憑稽查而免朦混相應咨行同治四年七月二十九日咨各省

洋商到未通商口岸裝運違禁貨物按約懲辦 併見刑類法禁

總理衙門咨查英國條約第四十七款載明英商船隻獨在約內准開通商各口貿易如到別處沿海地方私作買賣即將船隻一並入官法國條約二十八款載明大法國商船將來在通商各口不作走私之事若或有商人船隻在各口走私無論何等貨物何項貨價並例禁之貨與偷

漏者地方官一體拿究入官再中國可以隨意禁止等因現據署總稅司赫德呈稱英國衣倫馬時多由温州來上海違約裝載鹽斤當由江海關監督照會領事官發給查拿差票按約究辦並請諭飭沿海各省官員不准外國船在未開通商之處貿易前來查條約所載除准開通商各口外不准貿易走私偷漏一體拿究入官例禁綦嚴該商等應如何遵奉以昭信守乃英船衣倫馬時多竟由不應到之温州違例載鹽殊屬違約除由本衙門照會英國公使查覆外仍恐各省未准通商各口尚有洋船潛往私作買賣及走私偷漏違例載運禁物等事相應飛咨嚴飭所

屬遇有洋船行抵該處係條約未載明准開通商各口無論華洋商人販運均將船貨扣留一併入官其已准開通商各口遇有違例販運如前項載鹽及走私偷漏等事亦應知照領事官按約懲辦咸豐十一年十一月咨各省

洋商到未通商口岸走私嚴拿入官領事不准包庇（併見刑類法禁）

總理衙門咨前因福州有英商白里船私載鹽觔到不准通商口岸之金門等處經美稅司會同該關查明按照條約將該商船貨一併入官並風聞有洋人私販洋鎗接濟賊匪情事均經本衙門照會英國駐京大臣去後玆據英

國卜大臣照覆內稱英商如到不列通商口岸私作買賣領事不可絲毫包庇業經有文通行各口並抄錄劄諭底稿前來不但於稅餉有礙且恐藏有軍器暗地售賣賊匪於防剿大有關係既據卜大臣劄諭各該領事如有洋商將各等軍器違約私販中國官員立拿不放並宜盡力相助本衙門現已附片具奏請

旨飭令嚴行查辦奉

旨依議欽此相應抄錄原奏咨行迅即嚴飭通商口岸並不准通商口岸該管官員如遇有洋商到不准通商口岸私作買賣及雖在通商口岸或裝載違禁私鹽等物或載有軍器火藥非實爲本船需用與所領執照開載數目不符者立即查拿不准輕放一面知照領事官按約辦理一面飛報本衙門以憑查核切須將船名貨物並何日何時何口在何地拿獲據實詳報斷不可有一字虛假更須嚴防胥吏賣放及藉端勒索情事奏參嚴議決不寬貸萬不可稍有疎忽所有英國照覆一件一併抄錄咨送備查同治元年九月初二日咨各省

附錄英國公使照會暨通行各口領事劄諭

爲照覆事前於八月二十七日接准來文內開英船白里販運私鹽到閩城一案於本月初二日輪船回南除劄令

星領事將各等情節詳細陳復外以該領事未知先爲申報候准本大臣定奪行復據各水師武弁將白里船押送出洋先後均係辦理不善等因申飭在案嗣後該船應否如何懲處務飭領事官詳覆申文未到之先本大臣無從核情酌理至於英船如到不列通商口岸之處私作買賣領事官絲毫不可包庇本大臣業經有通行各口之件今宜抄錄隨文便送希查照諒貴國沿海地方官員果能認眞盡職一切走私不難卽日禁止爲此照覆

爲通行劄諭各口領事官事照得英國商船有載兵器火藥等貨運入中華該地方官設法查拿領事官亦宜盡力

相助本大臣之見方今天下未平之際除有載運兵器火藥實爲本船需用可勿庸置議外其餘各等軍器凡運入中華所屬港口時中國官員立拿不放此舉無非情理之中惟前項禁貨使其不能運進之計莫如嚴防船隻私赴不列通商口岸買賣爲善嗣有船到別處私爲通商該官查出果有確據可憑欲將船貨入官該領事萬不可阻止各口領事官准此諭令務須遵行嚴辦可也

又咨前因英船自里販運鹽斤一案業經本衙門查照英國照覆專摺奏明請
旨行文沿海沿江各督撫大臣遵照辦理並令飭各該關遇有

走私船隻立將該船貨物嚴拿入官等因在案復查外國商人在通商口岸販運私貨一經禁止恐該商人等希圖保護船貨擅行放鎗拒傷兵役尤應從嚴懲戒本衙門現已照會英國駐京公使嗣後凡有此等情事即令該關知照該口領事官會同稅務司一體查拿秉公究辦相應再行知照同治元年九月　日咨各省

美商私帶炮位入長江走私按約懲辦並嚴懲通事 併見刑類法禁

總理衙門咨本月初三日准咨據九江新關委員拿獲美國洋人白來所買內地土船屢在南京私做買賣並且私帶炮位其未上哩風蓬洋船亦經查無江照私帶軍器並在不通商口岸販賣食鹽種種違禁業經將船貨一併充公入官其兩船水手等訊係受僱並未隨同作弊請免置議通事鄭樹因傳述語言說合價值亦有不合應即責懲等因前來本衙門查美國洋人私載炮位軍器駛入長江並違禁販運食鹽種種有悖條約自應按約懲辦業經貴撫派員拿獲將船貨充公入官辦理甚屬妥當惟查洋商原係語言不通一切買賣須由通事作合倘中國通事具有天良即令洋人有意違約作弊該通事不與串合從惠何難從中設法消弭暗爲阻止此案通事鄭樹供詞係屬

避重就輕僅予責懲完案未免輕縱嗣後若遇洋人犯法之案須將隨同該洋人之通事先行收禁根究嚴辦若結案後即罪不至死仍應監禁數月以懲貪悖而儆刁頑至來咨文內稱已將食鹽四萬斤變價充公共變價銀若干希即咨覆相應咨行同治二年八月咨南洋

洋商到不通商口岸販賣私鹽失察之地方官議處 併見刑類法禁

江西巡撫沈等　奏爲洋船在未經通商口岸販賣私鹽代售牙行訊明完結所有失察之地方官局員請
旨交部議處恭摺具陳仰祈

聖鑒事竊照同治元年閏八月間據吳城鎮同知馮詢釐局委員胡心庠稟稱廣東商民黃畧興帶同洋人皮爾生販運食鹽二百七十六包浙江商民曹南山販運食鹽五百四十七包來鎮售賣均據鹽行代爲完釐二十一日續到洋駁船一隻係洋人費子蓋賓裝運食鹽八百包因查該商民等均無牌照傳集訊究抗不赴案請示遵辦併據南昌府知府許本墉督同南新二縣會稟閏八月十九日有洋船唉咪駛入省河飭差查係美國商人通咋通事李元興由九江德利洋行分撥鹽約四五百包現尚未售許本墉等當將條約照抄付閱李元興願駛回潯令向通咋說明亦無異詞各等情經臣先後批局飛移九江道照會美國領事官按照條約查辦嗣後馮詢稟稱皮爾生等船隻潛行駛去費子蓋賓一船尚泊鎮河閏八月二十八日據鹽行劉同泰具稟黃畧興等運到鹽斤經段乾豐同該鹽行先後代售嗣因查係洋人販私將所受費子蓋賓之鹽退還詎費子蓋賓將行夥劉伊傑胡定環扣押在船是夜並糾帶水手多人各持洋鎗洋刀蜂擁入行勒索銀三百兩經街鄰救護始各星散查點遺失銀七十餘兩錢十餘串將所獲洋船水手諶世林解交新建縣訊辦又經批飭總局轉移九江道照會美國領事官飭將行夥劉伊傑等釋

放所失銀錢照數追還並飭該同知新建縣將段乾豐劉同泰等行戶暨諶世林一併解交九江道審辦去後茲據九江道廷曙詳稱洋船販私一節經該道照會美國領事畢理格九江稅務司哈捫德分別確查據畢理格聲復德利洋行暨通咋皮爾生費子蓋賓均非該國行商並准哈捫德復稱九江只有英國立德洋行並無德利行名該商等既無護照牌照顯係假冒應俟唉咪人船同吳城鹽船一併解到以憑審辦各等語詎唉咪洋船經王效曾稟報潛由湖口順流而下併不駛赴九江其皮爾生費子蓋賓等船亦未經該地方官一併獲解僅據吳城同知暨新建縣將鹽行段乾豐劉同泰同洋船水手諶世林押解來潯隨經該道提案訊明請予就案完結分別咨行飭拿等情批據總局道核議詳復前來臣查洋人皮爾生費子蓋賓通咋等各運食鹽私到不准通商之吳城鎮及省河售賣實屬違禁而費子蓋賓因劉同泰退還鹽包輒敢率領多人黨夜赴行滋鬧以致遺失銀錢尤屬凶惡唯各該洋船均已駛赴下游不知去向照會畢理格查拿又稱皆非伊國商人必致弋獲無期自應就案完結鹽行段乾豐劉同泰既據訊明因係華商黃畧興等投行稟知釐局撥鹽收釐旋經釐局諭飭不准代售劉同泰立將鹽包退還核與

私相買賣串同漁利者不同未便科以違犯之罪應飭准
與訊無隨同洋人滋事之水手諶世林一併省釋以免拖
累吳城釐局委員已革候補知縣胡心庠初因認爲華商
運鹽惟令鹽行售賣照例抽釐旋經查係洋人販私立即
飭差諭阻尚非始終迴護惟皮爾生等均無牌照於未經
賣鹽之先並未飭將牌照呈騐以致朦混售銷吳城鎮同
知馮詢有地方之責未能先事查禁失察之咎均所難辭
相應請
旨將馮詢胡心庠一併交部議處謹會同大學士兩江總督曾
國藩恭摺具奏伏乞

聖鑒訓示同治二年三月二十九日奏

英艇單照不符且短少照內兵器入官變價（已見本類長江稽税杜漏）

美商私帶鎗炮按約懲辦並嚴懲通事

總理衙門咨接准咨據江漢關道鄭蘭詳稱同治二年十
月十七日查獲美國舺艇一隻名明安船私帶軍器來漢
而該船洋人先期逃走隨時取裝之洋鎗三十七根炮四
尊一併起儲應查照美國條約第三款並統共章程辦理
將船貨扣留入官並將拿獲該船之通事保釋等因前來
本衙門查洋商私載軍火及一切違禁貨物既經拿獲按
約應將船貨入官今美國明安船私載鎗炮前赴漢口經
該關查獲按照美國第三款辦理甚屬妥協若該領事再
有袒庇等情應執定條約立即駁斥以儆傚尤至凡遇洋
商犯法之事半由通事唆使所爲嗣後遇有此等通事萬
不可輕縱相應咨行同治三年正月咨湖廣

嚴禁華商販運鐵錢鐵片出口（併見刑類法禁）

總理衙門咨同治七年五月初七日准咨據海關委員面
稟有京商耿春芳張集成運來鐵片鐵枝鐵錢等欲由輪
船裝運出口帶有工部寶源局執照呈請蓋印放行查華
商販運鐵片鐵錢出口例禁綦嚴且所呈執照內僅有運

往各省及口外天津等處並未敘明准其運出海口字樣
應否准其由夾板輪船運海口銷售查明賜覆等因查該
京商耿春芳等運販鐵錢鐵片本係呈請運往各省及口
外天津等處販賣所領工部寶源局執照內亦無准其運
出海口字樣自應援照硝磺白鉛不准華商販運出口章
程一律禁止相應咨覆飭令該商將此項鐵錢鐵片販運
內地售賣不准由夾板船運出海口銷售以杜流弊而符
定章同治七年五月十八日咨三口

奧船裝運外國鹽進口按約懲辦

總理衙門咨同治八年七月二十九日准咨據天津休稅

司來函現有用英國旗號澳國夾板船名伊來撒各利亞載有外國鹽一百十五包據該船主云出口時無貨因用此鹽壓載並非圖售等情請查辦前來本大臣當即函覆以該船運鹽進口顯係故違條約應即查拿一面派委員扦子手並知會英國孟領事前往查起嗣後據委員等在該船起出鹽一百零六包計重二萬二千八百二十五斤封存在關旋接孟領事來信以據該船主稟稱此鹽由澳大利亞國裝來不知違禁只爲壓載並不售賣請從寬准其帶回等語本大臣查食鹽二萬餘斤旣已私載進口有違條約豈能復令出口礙難發還已將鹽斤交長蘆運司

照例辦理函覆孟領事一面將所起鹽包發交運司飭商照例變價旋據運司詳稱奉發私運進口鹽一百零六包當即飭發口岸商人華集成具領變價按照坨鹽估變價銀三十六兩四分一釐爲此咨呈等因查澳國伊來撒各利亞商船裝載私鹽二萬二千八百斤進口實屬顯違條約經該關查拿飭商變價充公辦理實屬認眞除劄知赫總稅司外相應咨行同治八年八月十四日咨三口

禁止洋商私販軍火起岸存棧及官輪裝運軍火勿庸稅司查驗

總理衙門咨同治十年七月十五日准南洋大臣咨據上海涂道詳稱採買外洋軍火歷由採辦委員向上海洋行定購先與議定價値繕立成單請蘇撫塡給護照由道送交稅司換給英文進口准單發交洋商爲中國官買之據惟定購軍火進口後由委員挑選有與原樣不符及損壞難用者均經剔出退還洋商旣不肯運回原處即不得不准其存棧聽候別官收買又有洋商由西洋運往東洋軍火經過滬關先由領事照會關道或在滬過船並不起岸或起岸存棧待船轉運是以滬上洋行存儲軍火在所不免勢難一律查拿入官洋船裝載軍火進口出口皆由稅司稽查即起岸軍火亦必由稅司塡給准單註明關簿尙

無私販濟匪之弊今奉總理衙門咨行洋行私存軍火立予拿辦商之狄稅司據云軍火進口具結候售行之已久無甚妨礙驟難禁止現先出示自本年八月十七日即外國十月初一日爲限自此以後不准洋商不領憑單自運軍火進口倘仍有無照進口軍火即照善後章程隨時查辦等因並將狄稅司開送洋行具結待售軍火數目清冊照抄咨送前來查火藥軍器等件不准販運進出口各國條約均經載明同治元年間本衙門因聞江海關販運軍火進口每由關署發照起存行棧流弊甚多當經咨行上海大臣轉飭各關不准發照如各路軍營需用洋鎗洋炮

由上海通商大臣江蘇巡撫劄知總税務司或税務司寄信香港代爲購買如有私帶軍器進口者責成該口税司會同監督罰究入官等因在案同治五年間劄辦奉省馬賊賊多洋鎗供由營口華商鋪戸購買復經通飭通商各處一體查拿嚴禁玆據南洋大臣轉據涂道詳稱洋船裝載軍火起存行棧由税司塡給准單等因查税司於私運進口軍火輒准起棧候售實屬有違定章現經該税司出示查禁仍恐各商有私行夾帶情弊該關道應即督同税司嚴密稽查永遠禁阻至所稱皆由税司寄信香港代購一層貨物高下價值低昂未能與洋商面定恐多未便歷屆辦理均係委員先向洋行定購議定價值繕立成單請蘇撫塡給護照再交税司換給英文進口准單發交洋商以爲官買之據與本衙門所定由江蘇巡撫劄知税司之意尙屬相符自應准其查照歷屆成案辦理倘無各省將軍督撫等護照卽屬私販均不應准其進口起運存棧如有官員藉奉採買明文於進口時販多報少影射夾帶亦應一律嚴查懲辦又所稱各項軍火有由東洋運往西洋及由西洋運往東洋經過滬關由領事先行照會關道驗放與私販有間可否准其免拿入官等語查此項軍火如果起岸存棧卽屬有違條約應由關道照會領事一律查

禁不得以暫行存棧率准通融至官廠輪船載運官局所造及官局購存火藥出口時勿庸税司隨同查驗一節前已由本衙門查照在案其餘鎗炮彈子及一切軍火自與火藥無異但係官局所造及官局購存之件由官輪船裝運進出口時應一併毋庸税司隨同查驗此次上海於軍火私運進口一事業經該税司出示洋商禁止惟恐日久懈生奉行不力且難保別口無前項弊端除已由本衙門劄行總税務司轉飭各口税司一體查禁外爲此咨行劄飭各關道督同税司一律嚴查禁阻毋任滋生弊端同治十年七月十三日咨南洋

美商到不通商口岸販賣私鹽按約懲辦並嚴禁華商私販交易（併見刑類法禁）

九江關稟本年閏十月二十五日查有美國風篷船名美坤艙內滿裝柴薪下面鋪蓋爛泥泥下又有草席一層揭去爛泥草席搜獲私鹽二百五十五包計重四千五百三十八斤並銅錢一百三十七千七百八十七文檀香十三支維時船上洋人已經逃避訊據該船水手供稱船主美國人維林斯頓於本年十月在上海攬載客貨計裝棉花一百一十大包一百七十小包並胡椒香等件十九日開至吳淞口船主將客人棉花三十大包兌換食鹽一千一

百四十七包裝至湖口縣龍潭地方始將食鹽賣出若干行至德化縣張家洲又將食鹽賣出若干等語稟請核辦職道當查美國通商條約第十四款內載沿海口岸及未開各港私行違法貿易如有犯此禁令者應將船隻貨物充公歸中國入官又善後條約第三款內載凡有違禁貨物及內地食鹽各物概不准販運進出口等語今美國風蓬船膽敢販運食鹽沿途售賣實屬故違禁令隨卽照會代辦稅務司扣留船貨照約辦理一面照會美國領事務將洋人維林斯頓獲案懲辦嗣准美國副領事羅仕照覆已將該洋人拿獲卽請照章會審職道當派委員會同該

副領事暨代辦稅務司麥士海齊集新關公同審訊洋人維林斯頓初猶支吾嗣見各水手眾口一詞自知情虧無可分辯俯首無詞隨經羅副領事將該洋人嚴加申斥船隻貨物一併入官充公照章永遠不准維林斯頓在長江上下貿易水手無干釋放由代辦稅務司繙譯供詞及辦理情形照送前來理合稟乞鑒核轉咨實爲公便

又申同治十年三月初六日奉劄准總理衙門函開等因奉此遵查美國船主維林斯頓於同治九年閏十月二十四日駕駛美坤夾板船到九江赴關呈報起卸檀香一百担計重一萬斤又黑胡椒一百五十包計重一萬六千斤

繳到浙海關發給第五千三百八十七號免重徵執照一紙自應准其起卸又繳到江海關發給出口正稅單二紙內載華商棉花二百八十包共計重一萬九千九百七十斤經關查驗僅存二百五十包計重一萬七千一百六十斤正追查間卽據代理稅務司麥士海聲稱已經美領事羅士招呼據該船主稟訴在上海出口遇淺船不得行將棉花三十包拋入水中始克前進等語遂按現存棉花收復進口稅銀三十兩零三分其浙海關免重徵執照一紙江海關正稅單二紙均經職關註銷並未呈繳各項存票迨各貨均已卸清始於該船夾層底內查獲食鹽二百五

十包計重四千五百三十八斤又銅錢一百三十七串七百八十七文經美領事會同稅務司並新關委員訊據各水手供稱該船主維林斯頓實於吳淞地方賣去華商裝寄九江棉花三十包販買私鹽一千一百四十七包沿途售賣尚餘二百五十五包其錢卽係售賣私鹽之款查美國通商條約第十四款內載沿海口岸及未開各港私行違法貿易船貨充公歸中國入官又善後條約第三款內載凡有違禁貨物及內地食鹽概不准販運進出口等語維林斯頓二罪並發除船貨充公外仍交該國領事官照例懲辦至起獲錢文訊係販賣私鹽之款自應一並充公

當時維林斯頓已經俯首無辭其棉花原主貨本誠如總
理衙門明諭係受船主虧累自應向維林斯頓索賠與罰
款無涉不能官爲償補美坤風篷船裝載內地食鹽沿途
售賣經該副領事會訊明確即行照章懲辦將船貨一併
入官充公辦理尚無袒護其買食私鹽之人訊據不知姓
名無從查傳應毋庸議稟請查核轉咨並請劄飭沿江賣
鹽各碼頭嗣後嚴禁洋人裝運販賣以杜走私諸弊實爲
公便同治九年十二月初十日稟南洋大臣
總理衙門咨上年十二月拿獲維林斯頓私販鹽斤一案
經貴大臣飭該關道將鹽斤變價船貨入官充公完案洵

係照約懲辦惟欲正本清源當究其買於何地碼頭此案
洋人維林斯頓乘美國風篷船夾帶私鹽運賣係從吳淞
口上船該口當浙鹽引地尤難杜奸商不偷漏走私既在
吳淞口上船即係由該口販運已無疑義美國條約載明
不准違約販鹽各碼頭發鹽處所即當照約嚴禁不應私
與洋船洋人交易嗣後似此將貨物兌換鹽斤各案自必
日多防不勝防更當先清其源嚴爲申禁即請通行劄飭
各鹽務衙門以及沿江各碼頭嚴禁洋商洋人裝運華商
私販交易洋船以杜違約走私爲此咨覆一體轉飭同治
十年正月咨南洋

美船夾帶私鹽按約罰辦

兼署南洋大臣何劄行同治十一年五月十一日准總理
衙門咨准咨據江漢關詳美國江龍等輪船夾帶私鹽該
關查獲訊懲並將已獲之私鹽全數充公詳咨前來本衙
門查鹽斤一事無論華民洋人均不得違禁私販江漢關
於本年三月間先後查獲美國輪船私鹽三起所有江龍
輪船一案該船以私鹽捏報水母有上海貨單爲據是以
違禁貨物影射夾帶實屬有違條約既據該關移咨江海
關道查復自應俟查明咨復到時由該關照約罰辦其婺
源輪船搜獲之私鹽訊係木工阿獻等私帶阿獻等現在

逃避該道以領事照會准該船先行出口俟下次進口時
查拿送案自係格外通融特恐事後鬆懈或該船進口時
仍以逃匿未獲爲詞應再由該道切實照會該領事責令
該船主將阿獻等交出歸案以符條約至夾帶私鹽之海
馬輪船該船水手施正貴等三人供認伊等私自夥帶船
主不知等語查海馬船所帶私鹽八石五千餘斤之多即
使夜半上船亦豈毫無覺察所稱船主不知恐有不實不
盡此案業已將施正貴等枷責了結應由貴大臣轉飭該
關道以後遇有獲犯審訊之案務當詳細研鞫不可草率
了事至嗣後各輪船如再有夾帶違禁貨物定將船牌扣

留不准在長江貿易一層既經該道照會美領事辦理卽當實力稽查上海一口爲各洋商總匯之區該關於美國輪船三隻前後夾帶私鹽捏報貨物均未查出實屬疎忽一事如此其別項貨物可想而知美國輪船如此他國船隻亦可想而知應由貴大臣轉飭該關稅務司將江龍船以私鹽捏報水母之案係何人領單其裝貨出口時該關曾否查驗海馬獒源兩船夾帶私鹽滬關何以俱未拿獲一一查明申覆以憑核辦仍轉飭該關道及稅務司遵照前通商大臣貴大臣先後劄飭之文嚴督在事員役認眞搜查務絕流弊相應咨覆等因承准此查江龍輪船報運

蜑皮夾帶私鹽前據江海關詳報查訊情形當經本署大臣以輪船夾帶私鹽實屬大違條約此案已獲鹽斤究係何人所帶是否旗昌行挾嫌誣指抑係恒昌仁畏罪狡飾必應根查確切量予懲治以示儆戒斷不容此推彼諉遂爲了事批飭遵照辦理在案兹承准前因除分劄江海關遵照外合行劄飭該關卽便迅速遵辦具復同治十一年三月初三日劄江漢關

沿江大通等五處不准起卸洋藥

南洋大臣沈劄據蕪湖關道恭鏜詳稱竊照洋藥一項查美國條款內載該商只准在口銷賣一經離口卽屬中國貨物祗准華商運入內地外國商人不得護送卽天津條約第九條所載英民持照前往內地通商並二十八條所載內地關稅之例與洋藥無涉其如何徵稅聽憑中國辦理等語所以疊奉部行洋藥一項准其入口貿易卽爲內地貨物所有內江河面凡船隻能到之各稅關口定爲水路每百斤征銀三十兩在案然自長江開設通商口岸以來多有從輪船及各項外國船隻運至該處洋商行棧囤積中國以洋商所運洋藥已在上海進口時完過稅項不便重征不能過問必俟該物既出洋商行棧買入華商之手方能按照部章征收內地常稅歷屆如此辦理其中偷

漏影射業已不一而足然果稽查嚴密華商尙可有所畏忌未敢肆行今新章准令輪船在沿江五處起卸貨物於是有等刁猾華商將洋藥由上海改箱裝載輪船運卸進口經過內地常關既無從征收稅項迨到所卸之處又祗收釐金不問關稅由是任聽刁商坦然無慮上下自如計自上海直抵沙市數千里之遙經過內地常關數處獨洋藥可以不納絲毫之常稅一借輪船爲漏巵幾使部章成畫餅匪直此也查煙臺條約內載大通安徽武穴陸溪口沙市等處均係內地處所並非通商口岸又稱輪船准暫停泊上下客商貨物皆用民船起卸仍照內地定章辦理

又稱外國商民不准在該處居住開設行棧各等語是五處仍爲內地灼然甚明而洋藥祇准華商運入內地外國商人不得護送其例又甚嚴今華商將洋藥由輪船裝運徑至該五處起卸便可逃免常稅此與外國商人護送有何區別合無仰懇通行各關轉飭各華商申明條款五處均係內地處所輪船無異外國商人不得將洋藥一項裝至各該處起卸致啟洋商護送及自行運入之弊如違此例所運貨物全罰入官似此畫一辦理庶奸商無可避趨於公事亦較爲覈實等情據此除批來詳明晰確當所見極是洋藥只准華商運入內地洋商不得護送與各洋貨

辦法迥不相同久經定有專條煙臺條款大通安慶武穴陸溪口沙市五處准輪船暫停上下貨物並聲明均係內地是該處既屬內地洋商且不能起卸洋藥豈能轉准華商將洋藥混作洋貨影射裝輪船報運各該處起卸致漏沿途稅釐且開洋商護送內地之漸應如詳通行各關並飭各該處一體嚴查仍候咨請北洋大臣安徽撫院批示繳印發外合行劄飭該關即便轉飭各該處委員一體遵照辦理光緒四年十二月劄各關

由滬運往北洋三口洋藥分別給停免單已見本類稽稅杜漏

津關進口洋藥按斤征稅已見本類稽稅杜漏

英商茶船由香港運來連藥鎗子係爲義團操演請准起卸

總理衙門咨光緒二年閏五月初二日准英國傅參贊面遞節畧內稱漢口地方向有各國公立義團按時操演須用鉛子火藥現由香港運到二十四箱該英商未候道臺照覆領事官遽將箱隻搬移上岸經稅務司令該商交出扣留應請轉飭交回等因同日准貴督咨稱前因當經本衙門抄錄傅參贊節畧大咨一件劄行赫總稅務司查復以憑核辦茲據總稅務司申復查長太洋行格得該司茶船由香港運連藥鎗子共二十四箱進口現據江漢關稅

務司那威勇申稱所運進口之連藥鎗子係英國領事官代漢口洋商等義團操演之用辦運至漢者其於運進口時該船已將此二十四箱於艙口單內註明並赴關照常請起貨准單等情查領事官爲公辦運與商人違禁販運有別進口時於艙口單已經註明又與私運不同應請咨飭將扣留之物交回領事官查收等因前來查販運軍火鉛藥本屬違禁惟此案鉛藥現據該總稅務司申復係由英國領事官寄至漢口等因似尚非該商私行販運之件相應咨行轉飭查明發還光緒二年閏五月咨湖廣

津關搜獲違禁軍火咨送軍械所寃存備撥並按估價

核發扦手犒賞

津海關稟竊查軍火爲違禁之物向來中外各船抵津查禁綦嚴遇有搜獲多係售與營員將價歸入新關罰款惟念零星變價不勝其煩既售之後尤難稽核究非慎重之義茲與稅務司德璀琳面商擬請嗣後搜獲鎗枝子彈硝磺及一切軍火物件無庸變價每獲一起即由稅務司暨關卡委員將原物送交職道衙門立刻咨送軍械所點收彙存備撥每月仍列清單彙報一次俟核庶搜獲軍火俱有著落似較慎重是否有當理合稟請批示祇遵至夾帶軍火人犯一經拿獲自應照例詳辦合併聲明光緒五年

八月二十二日稟北洋大臣奉批據稟嗣後中外船隻進口遇有搜獲違禁軍火等件即由稅務司暨委員等交由該道咨送軍械所彙存備撥每月開單彙報一次無庸零星變價俾昭慎重所擬甚是仰即照辦候行軍械所遵照繳

又稟竊查新關拿獲私運軍火向來變價歸入罰款難昭慎重經鄭前升道於光緒五年八月間與德前稅司商明嗣後搜獲一切軍火物件無庸變價交由關道衙門咨送軍械所彙存備撥仍列清單開報稟奉批准並准軍械所咨嗣後拿獲硝磺即逕交機器局以省周折等因歷經按月分送呈報在案茲准新關稅司好博遜函稱前將本關扦手拿獲違禁物件按月函送署內查收轉交並不變價在案本稅司因思軍火要件該扦手設法嚴緝似應提賞以示奬勵當經申請總稅務司核辦茲奉覆稱此後扦手拿獲違禁軍火等件即由本關估定價值仍送道署查收後即請貴道按照估價十分之一核發賞號銀兩送交本稅司轉給扦手祇領俾得益加勤勉且符各關畫一章程等因准此竊查搜獲軍火無庸變價原爲杜弊防患該稅司所擬估價提賞爲數無多亦係鼓勵扦手起見惟軍火等件係由道分解機器局軍械所查收備撥此項提賞銀

兩亦應由該局所送由關道轉交給發擬請嗣後遇有硝磺撥發機器局者由機器局付價鎗彈等件歸軍械所者由職關在新增藥釐耗羨項下支給以免軍械所轉領之煩是否可行未敢擅便理合稟請批示祇遵光緒九年正月二十三日稟北洋大臣奉批據稟新關扦手拿獲私運軍火經鄭前道與德前稅司商明無庸變價以後亦未提銀充賞茲據好稅司函稱此後拿獲違禁軍火由關估定價值仍送道署按照估價十分之一提交稅司轉給扦手祇領係爲鼓勵起見事屬可行候行機器局遇有搜獲硝磺撥發即照所估之價提出一成銀送該道衙門轉交給

發至槍彈等件應歸軍械所者該道卽在新增藥釐耗羨
項下撥給隨時報查此繳

洋商運米務由監督鈐發印照

總理衙門咨同治七年三月三十日准三口大臣咨稱據
天津休稅司呈開三月十五日據美商仁記稟報由臺灣
運津白米九百三十六石九十五斤十九日又據美商廣
利隆報由上海運津白米一萬九千斤二十一日又據美
商仁記稟報由上海運津麥子一萬七千五百斤白米二
百九十二石經休稅司飭驗是實查對米數相符僅有外
國字執照並無海關監督印照咨請轉行分飭各口等因

前來查洋商運載米石該商呈報海關於呈具保單時卽
應由該關監督鈐發印照進口時互相稽核查對數目此
次仁記等行運米僅持外國字執照並無海關印照辦理
尙未畫一恐不足以昭愼重相應咨行飭知各關監督嗣
後凡遇洋商運米務卽飭令按照條約第五款章程由海
關監督鈐發印照以資稽核除由本衙門咨覆三口大臣
並咨行福州將軍及劄知總稅司外爲此咨行同治七年
四月十九日咨南洋

豆石開禁准出口運往他口一經離口自入內地逢關
納稅遇卡抽釐（己見本類子口稅併見本類內地稅釐）

牛莊登州豆石准其運行出洋

總理衙門咨前因洋商租用輪船由牛莊裝豆逕赴長崎
售賣一事本衙門於六月十九日卷查同治元年給英國
公使照會咨行嗣後如有洋商由牛莊登州裝載豆石豆
餅不赴他口逕行出洋當卽照章罰辦等因在案現據來
咨轉據登萊青道呈稱東海一關洋船來者以夾板爲多
該船滿載南貨北來其出口時非裝豆子豆餅壓載不能
遠涉重洋若必令先赴他口納半稅後發給存票方准出
洋竊恐自煙臺裝運豆石赴洋之船無貨可裝更恐來年
裝載南貨來煙售賣之船絕跡不至則東海關洋稅立見

蕭索各等語查豆石自准開禁後原冀便中外商民有益
稅課今據東海關所呈各情似與稅課商情轉多窒礙所
有本衙門前咨各件應概作爲毋庸議至銅錢米穀等項
應行具保單者均照約辦理不可與此次所定稍涉牽混
歧誤除劄行總稅務司外卽希飭知各關道一體遵照同
治八年八月二十一日咨三口

附錄六月十九日原文

總理衙門咨案查洋商租用輪船由牛莊裝豆徑赴長崎
售賣一事前於六月初一日咨行並劄總稅務司在案現
據總稅司申稱豆石不准運出外洋以爲違約販運於條

約第五款恐有誤處等語本衙門查同治元年給英使照
會內稱此項豆石照新定各貨例於下船出口按照稅則
納一正稅迨到他口復納一進口半稅如在他口納半稅
後該商復欲下船出洋該關卽照各貨運出外國之例發
給存票等語現劄知總稅司嗣後如有洋商由牛莊登州
兩口裝運豆石豆餅不赴他口徑行出洋卽當照章罰辦
相應咨行按此文卽係前文內所稱六月十九日前次咨
行之件編於八年八月二十一日復經咨行准
將豆石豆餅逕由牛登兩口出洋均照八月二十
一日後咨辦理所有前咨附錄於此以備原案

通商約章類纂卷十五

通商約章類纂卷十六目錄　　戶類十二

稅務十二

各國稅則 按英美法布丹比義奥日本各國皆有粘附稅則餘國均於約中聲明與各國稅則一律

進口油蠟礬磺類

蠟 日本　每百觔　陸錢伍分

蘇合油　每百觔　壹兩

硝 按各國註云只准按章程發賣 日本註云只准按章程進口　每百觔　伍錢

黃蠟　每百觔　壹兩

硫黃 按各國註云只准按章程發賣 日本註云只准按章程進口

每百觔　貳錢

進口香椒類

安息香　每百觔　陸錢

安息油　每百觔　陸錢

檀香　每百觔　肆錢

白胡椒　每百觔　伍錢

黑胡椒　每百觔　叁錢陸分

沉香　每百觔　貳兩

降香　每百觔　壹錢肆分伍釐

進口藥材類

阿魏　每百觔　陸錢伍分

上冰片　每觔　壹兩叁錢

下冰片　每觔　柒錢貳分

丁香　每百觔　伍錢

母丁香　每百觔　壹錢捌分

牛黃 印度　每觔　壹兩伍錢

兒茶　每百觔　壹錢捌分

檳榔膏　每百觔　壹錢伍分

檳榔　每百觔　壹錢伍分

參 美國　每百觔　陸兩

揀淨參鬚參 美國　每百觔　捌兩

乳香　每百觔　肆錢伍分

沒藥　每百觔　肆錢伍分

荳蔻花 即肉果花　每百觔　壹兩

肉果荳蔻　每百觔　貳兩伍錢

白荳蔻　每百觔　壹兩

木香　每百觔　陸錢

犀角　每百觔　貳兩

水銀　每百觔　貳兩

洋藥 日本無　每百觔　叁拾兩

檳榔衣　每百觔　柒分伍釐
砂仁　每百觔　伍錢
肉桂　每百觔　壹兩伍錢
虎骨　每百觔　壹兩伍錢伍分
鹿角　每百觔　貳錢伍分
血竭　每百觔　肆錢伍分
大楓子　每百觔　叁分伍釐

進口雜貨類

火石　每百觔　叁分
雲母殼即珠海殼　每百觔　貳錢

銅鈕釦　每壹百肆拾肆粒　伍分伍釐
漆器　每百觔　壹兩
繩呂宋　每百觔　叁錢伍分
傘各樣　每柄　叁分伍釐
香柴　每百觔　肆錢伍分
煤按各國註云外國日本註云日本　每噸　伍分
火絨　每百觔　叁錢伍分

進口醃臘海味類

上燕窩　每觔　伍錢伍分
中燕窩　每觔　肆錢伍分
下燕窩　每觔　壹錢伍分
黑海參　每百觔　壹兩伍錢
白海參　每百觔　叁錢伍分
白魚翅　每百觔　壹兩伍錢
黑魚翅　每百觔　伍錢
柴魚即乾魚　每百觔　伍錢
魚肚　每百觔　壹兩
鹹魚　每百觔　壹錢捌分
魚皮　每百觔　貳錢
海菜按海菜一項俄國於同治六年議定將俄產海菜減爲每百觔一錢

每百觔　壹錢伍分
牛鹿筋　每百觔　伍錢伍分
蝦米　每百觔　叁錢陸分
淡菜　每百觔　貳錢
鯊魚皮　每百張　貳兩

進口顏料膠漆紙劄類

呀囒米　每百觔　伍兩
大青　每百觔　壹兩伍錢
蘇木　每百觔　壹錢
紫梗　每百觔　叁錢

水靛　每百觔　壹錢捌分

魚膠　每百觔　陸錢伍分

皮膠　每百觔　壹錢伍分

籐黃　每百觔　壹兩

栲皮　每百觔　叁分

進口竹木籐椰類

沙籐　每百觔　壹錢伍分

烏木　每百觔　壹錢伍分

桅重木　按英美丹比奥日本各國長不過肆拾幅地法布義各國長不過拾貳邁當零拾玖桒的邁當　每根　肆兩

桅重木　按英美丹比奥日本各國長不過陸拾幅地法布義各國長不過拾捌邁當零貳百捌拾柒蜜理邁當　每根　陸兩

桅重木　按英美丹比奥日本各國長過陸拾幅地法布義各國長過拾捌邁當零貳百捌拾柒蜜理邁當　每根　拾兩

桅輕木　按英美丹比奥日本各國長不過肆拾幅地法布義各國長不過拾貳邁當零拾玖桒的邁當　每根　貳兩

桅輕木　按英美丹比奥日本各國長不過陸拾幅地法布義各國長不過拾捌邁當零貳百捌拾柒蜜理邁當　每根　肆兩伍錢

桅輕木　按英美丹比奥日本各國長過陸拾幅地法布義各國長過拾捌邁當零貳百捌拾柒蜜理邁當　每根　陸兩伍錢

梁重木　按英美丹比奥日本各國長不過貳拾陸幅地四方不到拾貳因制法布義各國長不過柒邁當零玖百捌拾伍蜜理邁當四方不到叁百零伍蜜理邁當又按圓梁木一頭於光緒元年議定圓徑與方徑堪以比例仍應按則收每根銀壹錢五分倘有不願照此輸納願照鐘表估價之例則照值百抽五收納　每根　壹錢伍分

板重木　按英美丹比奥日本各國長不過貳拾肆幅地寬拾貳因制厚叁四制法布義各國長不過柒邁當零捌百柒拾柒蜜理邁當寬叁百零伍蜜理邁當厚柒拾柒蜜理邁當　每百根　叁兩伍錢

板重木　按英美丹比奥日本各國長不過拾陸幅地寬拾貳因制厚叁因制法布義各國長不過柒邁當零叁拾壹桒的邁當寬叁百零伍蜜理邁當厚柒拾柒蜜理邁當又按義國附註照正副本漢文皆作柒拾柒蜜理邁當正副本洋文皆作柒拾伍蜜理邁當新換本洋文皆作柒拾陸蜜

理邁當查法布二國皆作柒拾柒蜜理邁當茲洋文雖小異仍當與法布二國一律辦理

板輕木各樣　按英美丹比奥日本各國每四方長闊十幅地法布義各國每四方長闊玖拾貳邁當零捌百貳拾柒蜜理邁當　每百片　貳兩

板麻栗樹長闊方圓　按英美丹比奥日本各國每幅地法布義各國每叁拾桒的邁當零四蜜理邁當　柒錢

叁分伍釐

紅木　每百觔　壹錢壹分伍釐

毛柿　每百觔　叁分

呀囒治木　按英美丹比奥日本各國長不過叁拾伍幅地寬壹幅地捌因制厚壹幅地法布義各國無註

每根　捌錢

進口鏡鐘標玩類

自鳴鐘　每值百兩抽稅伍兩

時辰表　每對　壹兩

珠邊時辰表　每對　肆兩伍錢

千里鏡雙眼千里鏡（掛鏡穿衣鏡掛屏）　每值百兩抽稅伍兩

八音琴　每值百兩抽稅伍兩

進口布疋花幔類

麻棉帆布　按英美丹比奧日本各國長不過伍拾碼法布義各國長不過肆拾叁邁當零捌拾捌桑的邁當又按義國附註此條麻棉帆布正副本漢文長不過肆拾叁邁當零捌拾捌桑的邁當新換

洋文長不過肆拾伍邁當零柒拾壹桑的邁當正副本洋文長不過肆拾伍邁當零柒拾貳桑的邁當查法布二國稅則均係長不過肆拾叁邁當零捌拾捌桑的邁當茲洋文雖小異仍當與法布二國一律辦理

每疋　肆錢

棉花　每百觔　叁錢伍分

布（原色白色無花斜紋）　按英美丹比奧日本各國寬過叁拾肆因制長不過肆拾碼法布義各國寬過捌拾陸桑的邁當長不過叁拾陸邁當零伍拾柒桑的邁當

每疋　捌分

布（原色白色無花斜紋）　按英美丹比奧日本各國寬過叁拾肆因制長過肆拾碼法布義各國寬過捌拾陸桑的邁當長過叁拾陸邁當零伍拾柒桑的邁當又按英美丹比奧日本各國每拾

碼法布義各國每玖邁當零拾肆桑的邁當

每疋　貳分

布（美國）（原色白色無花斜紋）　按英美丹比奧日本各國寬不過叁拾因制長不過肆拾碼法布義各國寬不過柒拾陸桑的邁當長不過叁拾陸邁當零伍拾柒桑的邁當

每疋　壹錢

布（美國）（原色白色無花斜紋）　按英美丹比奧日本各國寬不過叁拾因制長不過叁拾碼法布義各國寬不過柒拾陸桑的邁當長不過貳拾柒邁當零肆拾叁桑的邁當

每疋　柒分伍釐

布（原色白色無花斜紋）　按英美丹比奧日本各國寬不過叁拾肆因制長不過肆拾碼法布義各國寬不過捌拾陸桑的邁當長不過叁拾陸邁當零捌拾捌桑的邁當

每疋　捌分

布（原色白色無花斜紋）　按英美丹比奧日本各國寬不過叁拾肆因制長不過貳拾肆碼法布義各國寬不過捌拾陸桑的邁當長不過貳拾壹邁當零玖拾肆桑的邁當

每疋　肆分

色布（有花無花）　按英美丹比奧日本各國寬不過叁拾陸因制長不過肆拾碼法布義各國寬不過玖拾壹桑的邁當長不過叁拾陸邁當零伍拾柒桑的邁當

每疋　壹錢伍分

花布白提布白點布　按英美丹比奧日本各國寬不過叁拾陸因制長不過肆拾碼法布義各國寬不過玖拾壹桑的邁當長不過叁拾陸邁當零伍拾柒桑的邁當

每疋　壹錢

印花布 按英美丹比奥日本各國寬不過叁拾壹因制長不過叁拾碼法布義各國寬不過柒拾捌桑的邁當長不過貳拾柒邁當零肆拾叁桑的邁當又一按布國附註查印花布一項法國章程於咸豐十一年八月內議改每疋寬至捌拾陸桑的邁當長自肆拾至伍拾伍邁當爲例每疋共納稅銀壹錢貳分　每疋　柒分

袈裟布 按英美丹比奥日本各國寬不過肆拾陸因制長不過貳拾肆碼法布義各國寬不過壹邁當零拾陸桑的邁當長不過貳拾壹邁當零玖拾肆桑的邁當　每疋　柒分

袈裟布 按英美丹比奥日本各國寬不過肆拾陸因制長不過拾貳碼法布義各國寬不過壹邁當零拾陸桑的邁當長不過拾邁當零玖拾柒桑的邁當　每疋　叁分伍釐

袈裟布 稀　即洋紗 按英美丹比奥日本各國寬不過肆拾陸因制長不過貳拾肆碼法布義各國寬不過壹邁當零拾陸桑的邁當長不過貳拾壹邁當零玖拾肆桑的邁當　每疋　柒分伍釐

袈裟布 稀　即洋紗 按英美丹比奥日本各國寬不過肆拾陸因制長不過拾貳碼法布義各國寬不過壹邁當零拾陸桑的邁當長不過拾邁當零玖拾柒桑的邁當　每疋　叁分伍釐

緞布 按英美丹比奥日本各國寬不過叁拾陸因制長不過肆拾碼法布義各國寬不過玖拾壹桑的邁當長不過叁拾陸邁當零伍拾柒桑的邁當　每疋　貳錢

椰條布 按英美丹比奥日本各國寬不過肆拾因制長不過拾貳碼法布義各國寬不過壹邁當零壹桑的邁當長不過拾邁當零玖拾柒桑的邁當　每疋　陸分伍釐

毛布各色 按英美丹比奥日本各國寬不過貳拾捌因制長不過叁拾碼法布義各國寬不過捌拾壹桑的邁當長不過貳拾柒邁當零肆拾叁桑的邁當　每疋　叁分伍釐

絨棉布各樣 按英美丹比奥日本各國長不過叁拾壹碼法布義各國長不過貳拾捌邁當零叁拾肆桑的邁當　每疋　貳錢

棉線　每百觔　柒錢貳分

棉紗　每百觔　柒錢

麻布 細 按英美丹比奥日本各國長不過伍拾碼法布義各國長不過肆拾叁邁當零捌拾捌桑的邁當　每疋　伍錢

麻布 粗即麻竹布棉絲布 按英美丹比奥日本各國長不過伍拾碼法布義各國長不過肆拾叁邁當零捌拾捌桑的邁當　每疋　貳錢

回絨 按英美丹比奥日本各國長不過叁拾伍碼法布義各國長不過叁拾貳邁當　每疋　貳錢

羽布 按英美丹比奥日本各國寬不過貳拾肆因制長肆拾碼法布義各國寬不過陸拾壹桑的邁當長叁拾陸邁當零伍拾柒桑的邁當　每疋　貳錢

進口綢緞絲絨類

手帕 按英美丹比奥日本各國四方長闊不過壹碼法布義各國四方長闊不過玖百拾伍蜜理邁當

每拾貳塊　貳分伍釐

金線真　每觔　壹兩陸錢

金線假　每觔　叁分

銀線真　每觔　壹兩叁錢

銀線假　每觔　叁分

哆囉呢　按英美丹比奥日本各國寬伍拾壹因制至陸拾肆因制法布義各國寬壹邁當零貳拾玖桑的邁當至壹邁當零陸百貳拾伍密理邁當又按哆囉呢一項於同治十二年議定如寬過陸拾肆因制卽按照多出寬長若干折增丈數征收稅銀　每丈英美丹比奥日本各國壹百肆拾壹寸爲壹丈法布義各國叁邁當零伍拾伍桑的邁當爲壹

丈　壹錢貳分

嗶嘰　按英美丹比奥日本各國寬叁拾壹因制法布義各國寬柒拾捌桑的邁當　每丈　肆分伍釐

羽緞荷蘭國　按英美丹比奥日本各國寬叁拾叁因制法布義各國寬捌拾叁桑的邁當　每丈　壹錢

羽紗英國　按英美丹比奥日本各國寬叁拾壹因制法布義各國寬柒拾捌桑的邁當　每丈　伍分

羽綢　每丈　叁分伍釐

小呢番紀等類　每丈　肆分

絨線　每百觔　叁兩

牀氊　每對　貳錢

花翦絨　按英美丹比奥日本各國長不過叁拾肆碼法布義各國長不過叁拾壹邁當零捌拾伍密理邁當　每疋　壹錢伍分

羽綾　按英美丹比奥日本各國寬叁拾壹因制法布義各國寬柒拾捌桑的邁當　每丈　伍分

小羽綾　按英美丹比奥日本各國寬叁拾肆因制法布義各國寬捌拾伍桑的邁當　每丈　叁分伍釐

下等絨卽至粗絨　每丈　壹錢

翦絨　按英美丹比奥日本各國長不過叁拾肆碼法布義各國長不過叁拾壹邁當零捌拾伍密理邁當　每疋　壹錢捌分

進口酒果食物類

橄欖無論乾鮮　每百觔　壹錢捌分

鼻煙外國　每百觔　柒兩貳錢

進口銅鐵鉛錫類

生銅如銅磚之類　每百觔　壹兩

熟銅如銅扁銅條之類　每百觔　壹兩伍錢

生鐵如鐵磚之類　每百觔　柒分伍釐

熟鐵如鐵條鐵板鐵箍之類　每百觔　壹錢貳分伍釐

鉛塊　每百觔　貳錢伍分

鋼　每百觔　貳錢伍分

錫　每百觔　壹兩貳錢伍分
馬口鐵　每百觔　肆錢
日本銅　每百觔　陸錢
鉛片　每百觔　伍錢伍分
白鉛按各國註云只准按章程發賣日本註云只准按章程進口　每百觔　貳錢伍分
黃銅釘黃皮銅　每百觔　玖錢
商船壓載鐵　每百觔　壹分
鐵絲　每百觔　貳錢伍分

進口珍珠寶石類

瑪瑙　每百塊　叁錢
瑪瑙珠　每百觔　柒兩
玳瑁　每觔　貳錢伍分
玳瑁碎　每觔　柒分貳釐
玻璃片按英美丹比奧日本各國四方每壹百幅地法布義各國四方每玖邁當零貳百捌拾肆蜜理邁當　每箱　壹錢伍分
珊瑚　每觔　壹錢

進口纓皮牙角羽毛類

牛角　每百觔　貳錢伍分
生牛皮　每百觔　伍錢
熟牛皮　每百觔　肆錢貳分
海龍皮即海虎皮　每張　壹兩伍錢
大狐狸皮　每張　壹錢伍分
小狐狸皮　每張　柒分伍釐
虎皮豹皮　每張　壹錢伍分
貂皮　每張　壹錢伍分
獺皮　每百張　貳兩
貉獾皮　每百張　貳兩
海騾皮　每百張　伍兩
灰鼠皮銀鼠皮　每百張　伍錢

海馬牙　每百觔　貳兩
象牙不碎的　每百觔　肆兩
象牙碎的　每百觔　叁兩
兔皮麂皮　每百張　伍錢
犀皮　每百觔　肆錢貳分
翠毛孔雀毛等類　每百張　肆錢

以上進口貨物稅則按各國註云均係外國出產日本註云由日本運入中國者

出口油蠟礬磺類

白礬　每百觔　肆分伍釐
青礬　每百觔　壹錢

八角油　每百觔　伍兩
桂皮油　每百觔　玖兩
薄荷油　每百觔　叁兩伍錢
牛油　每百觔　貳錢
柏油　每百觔　叁錢
油芝麻油豆油棉油茶油桐油各等　每百觔　叁錢
蓖麻油　每百觔　貳錢
白蠟　每百觔　壹兩伍錢

出口香料椒茶類

茶葉按各國無註日本註云中國又按茶葉內有一種形如根木之茶俄國於光緒七年間改訂新約議將此

項茶稅減定計定爲千兩一種每百觔征銀伍錢百兩內之貢尖每百觔征銀捌錢百兩之天尖每百觔征銀壹兩百兩之京尖每百觔征銀壹兩貳錢伍分均以形如根木并非正葉即梗子者爲斷其各種散葉及茶末如有與以上名目相同者不在此列
每百觔　貳兩伍錢

八角　每百觔　伍錢
麝香　每觔　玖錢
八角渣　每百觔　貳錢伍分
時辰香　每百觔　貳錢

出口藥材類

三奈　每百觔　叁錢

樟腦　每百觔　柒錢伍分
信石　每百觔　肆錢伍分
桂皮　每百觔　陸錢
桂子　每百觔　捌錢
土茯苓　每百觔　壹錢叁分
澄茄　每百觔　壹兩伍錢
良薑　每百觔　壹錢
石黃　每百觔　叁錢伍分
大黃　每百觔　壹兩貳錢伍分
姜黃　每百觔　壹錢

高麗日本參上等　每觔　伍錢
高麗日本參下等　每觔　叁錢伍分
鹿茸嫩　每對　玖錢
鹿茸老　每百觔　壹兩叁錢伍分
牛黃中國　每觔　叁錢陸分
斑貓　每百觔　貳兩
桂枝　每百觔　壹錢伍分
陳皮　每百觔　叁錢
柚皮上等　每百觔　肆錢伍分
柚皮下等　每百觔　壹錢伍分

關東人參　每值百兩抽稅伍兩
薄荷葉　每百觔壹錢
甘草　每百觔壹錢叁分伍釐
石膏　每百觔叁分
五棓子　每百觔伍錢
蜂蜜　每百觔玖錢

出口雜貨類

料手鐲即燒料鈪　每百觔伍錢
竹器　每百觔柒錢伍分
假珊瑚　每百觔叁錢伍分

各色爆竹　每百觔伍錢
羽扇　每百柄柒錢伍分
料器　每百觔伍錢
各色料珠　每百觔伍錢
雨遮即紙傘 按日本作雨傘註云即紙傘　每百柄伍錢
雲石　每百觔貳錢
蓪紙畫　每百張壹錢
紙扇　每百柄肆分伍釐
珍珠假　每百觔貳兩
古玩　每值百兩抽稅伍兩

葵扇細　每千柄叁錢陸分
葵扇粗　每千柄貳錢
駱駝毛　每百觔壹兩
棉羊毛　每百觔叁錢伍分
山羊毛　每百觔壹錢捌分
氈碎　每百觔壹錢
紙花　每百觔壹兩伍錢
土煤 按土煤一項德國於光緒七年月續修條約定爲正稅每噸叁錢如有某口前定不及叁錢者將來仍照不及叁錢之數征收　每百觔肆分

出口顏料膠漆紙劄類

銅箔　每百觔壹兩伍錢
紅丹　每百觔叁錢伍分
錫箔　每百觔壹兩貳錢伍分
銀硃　每百觔貳兩伍錢
油漆畫　每件壹錢
鉛粉　每百觔叁錢伍分
黃丹　每百觔叁錢伍分
硃砂　每百觔柒錢伍分
紙上等 按出口書籍於同治十年申明仍照上等紙張收稅　每百觔柒錢

紙次等　每百觔　肆錢
油紙　每百觔　肆錢伍分
墨　每百觔　肆兩
漆　每百觔　伍錢
櫻　每百觔　壹錢
蔴　每百觔　叁錢伍分
燈草　每百觔　陸錢
緣膠　每觔　捌錢
索廣東　每百觔　壹錢伍分
索蘇州　每百觔　伍錢

漆綠　每百觔　肆錢伍分
蠣殼　每百觔　玖分
綠皮　每百觔　壹兩捌錢
土靛　每百觔　壹兩
硫砂　每百觔　玖分

出口器皿箱盒類

牛角骨器　每百觔　壹兩伍錢
磁器細　每百觔　玖錢
磁器粗　每百觔　肆錢伍分
紫黃銅器　每百觔　壹兩壹錢伍分

木器　每百觔　壹兩壹錢伍分
象牙器　每觔　壹錢伍分
漆器　每百觔　壹兩
雲母殼器　每觔　壹錢
籐器各樣　每百觔　叁錢
檀香器　每觔　壹錢
金銀器　每百觔　拾兩
玳瑁器　每觔　貳錢
皮箱皮槓　每百觔　壹兩伍錢
皮器　每百觔　壹兩伍錢

窰貨　每百觔　伍分
黃銅器　每百觔　壹兩
銅鈕釦　每百觔　叁兩
銅絲　每百觔　壹兩壹錢伍分
生銅　每百觔　伍錢
舊銅片　每百觔　伍錢

出口竹木籐椰類

各色竹竿　每千根　伍錢
籐肉　每百觔　貳錢伍分
木樁梁桅柱　每根　叁分

出口衣帽靴鞋類

衣服布　每百觔　壹兩伍錢

衣服綢　每百觔　拾兩

靴鞋皮緞各色　每百雙　叁兩

草鞋　每百雙　壹錢捌分

綢帽　每百頂　玖錢

氈帽　每百頂　壹兩貳錢伍分

草帽緶　每百觔　柒錢

出口布疋花幔類

夏布細　每百觔　貳兩伍錢

夏布粗　每百觔　柒錢伍分

土布各色　每百觔　壹兩伍錢

舊棉絮　每百觔　肆分伍釐

棉被胎　每百件　貳兩柒錢伍分

棉花　每百觔　叁錢伍分

出口綢緞絲絨類按各國無註日本註云日本來貨稅則照辦

湖絲土絲各等絲經　每百觔　拾兩

野蠶絲　每百觔　貳兩伍錢

絲帶欄杆桂帶絲線各色　每百觔　拾兩

綢緞絹縐紗綾羅翦絨繡貨等類

每百觔　拾貳兩

絲綿雜貨如絲毛之類　每百觔　伍兩伍錢

四川黃絲　每百觔　柒兩

同功絲　每百觔　伍兩

川綢山東繭綢　每百觔　肆兩伍錢

縴線　每百觔　拾兩

各省絨　每百觔　拾兩

絨廣東土產絲做成　每百觔　肆兩叁錢

蠶繭　每百觔　叁兩

亂絲頭　每百觔　壹兩

出口氈絨毯席類

席子各樣　每百張　貳錢

地席按英美丹比奧日本各國肆拾碼法布義各國叁拾陸邁當零伍拾柒桑的邁當　每捲　貳錢

皮毯　每張　玖分

氈毯　每百疋　叁兩伍錢

出口糖果食物類

蜜餞並各色糖果　每百觔　伍錢

醬油　每百觔　肆錢

白糖　每百觔　貳錢

赤糖　每百觔　壹錢貳分

冰糖　每百觔　貳錢伍分

煙絲各樣如黃煙水煙之類　每百觔　肆錢伍分

煙葉各樣　每百觔　壹錢伍分

鼻煙中國　每百觔　捌錢

大頭菜　每百觔　壹錢捌分

粉絲　每百觔　壹錢捌分

酒　每百觔　壹錢伍分

海菜　每百觔　壹錢伍分

火腿　每百觔　伍錢伍分

皮蛋　每千個　叁錢伍分

欖仁　每百觔　叁錢

杏仁　每百觔　肆錢伍分

香蕈　每百觔　壹兩伍錢

金針菜　每百觔　貳錢柒分

木耳　每百觔　陸錢

桂圓　每百觔　貳錢伍分

桂圓肉　每百觔　叁錢伍分

荔枝　每百觔　貳錢

蓮子　每百觔　伍錢

芝麻　每百觔　壹錢叁分伍釐

花生　每百觔　壹錢

花生餅　每百觔　叁分

瓜子　每百觔　壹錢

豆牛莊登州不准出口按牛莊登州豆石於同治八年議定准其逕行出洋　每百觔　陸分

豆餅牛莊登州不准出口　每百觔　叁分伍釐

米麥雜糧　每百觔　壹錢

蒜頭　每百觔　叁分伍釐

栗子　每百觔　壹錢

黑棗　每百觔　壹錢伍分

紅棗　每百觔　玖分

以上出口貨物稅則按各國註云均係中國出產日本註云由中國運往日本者

俄國續增稅則

布疋花幔類

布原色白色如南哈科連廓耳等照各國稅則第二種布　每拾碼　貳分

色布如南哈等　每丈　壹分伍釐

印花布　每丈　玖釐肆毫

回絨　每丈　貳分叁釐

雨過天晴布　每丈　叁分捌釐
碎花錦布　每丈　叁分柒釐
絨棉布柯西聶特米立挪思　六色特貴戒耳訥　每丈　貳分柒釐

綢緞類

哈喇寬不過柒拾因制　每丈　壹錢叁分貳釐
哈喇寬不過陸拾肆因制　每丈　壹錢貳分
大呢寬不過柒拾因制　每丈　壹錢貳分
哈喇大呢寬不過伍拾陸因制　每丈　壹錢

皮張類

羊皮板　每百張　貳兩柒錢伍分

色香羊皮　每百張　貳兩貳錢伍分
香羊皮　每百張　貳兩
牛皮　每拾張　柒錢伍分
駱駝絨　每拾張　壹兩貳錢伍分
狼皮　每拾張　叁錢
香鼠皮照各國稅則灰鼠銀鼠例　每百張　伍錢
沙狐皮科爾薩其　每拾張　貳錢伍分
太平貂皮　每拾張　壹兩貳錢伍分
貓皮　每百張　伍錢
野貓皮　每百張　柒錢伍分

公達什狐皮　每拾張　叁錢
白狐皮別斯此　每拾張　貳錢伍分
月兒熊皮　每拾張　叁錢
猞猁猻皮額里西　每拾張　壹兩伍錢
灰粘羢羊皮　每拾張　肆錢
黑粘羢羊皮　每拾張　貳錢
黑白哈喇羊皮　每拾張　黑壹錢捌分　白壹錢
貂腿掃雪腿皮　每百對　伍錢
白狐腿皮　每百對　貳錢伍分
黑狐腿皮　每拾對　叁錢伍分

紅狐腿皮　每拾對　柒分伍釐
海龍尾　每個　壹錢貳分
生羊山羊皮　每百張　陸錢

藥材類

羚羊角　每百觔　壹兩

以上進口貨物

油蠟類

黃油　每百觔　叁錢

椒茶類

磚茶別種茶葉另有稅則不得援照此例　按磚茶一項係專指茶末茶梗團成磚形者而言於同治六年會

經申明凡別有細茶圓餅即千兩茶又係安化茶並非磚形不准滕報牵混又按形如根木之千兩茶及百兩內之貢尖天尖京尖俄國議定減稅另註各國稅則茶葉項下與此無涉

每百觔　陸錢

以上出口貨物

右所載碼因制丈尺觔兩均照各國稅則第四條款為準

日本國海關稅則

第一種

一　白礬　每百觔　壹分銀　仝　零壹伍計銀貳錢貳分伍釐

二　檳榔　仝　仝　零肆伍計銀陸錢柒分伍釐

三　銅鈕釦　壹百肆拾肆粒即拾貳打呢　仝　零貳貳計銀叁錢叁分

四　蠟燭　每百觔　仝　貳個貳伍計銀叁錢柒分伍釐

五　帆布類　每拾野兒都即拾碼　仝　零貳伍計銀叁錢柒分伍釐

六　煙卷　每壹觔　仝　零貳伍計銀叁錢柒分伍釐

七　丁香及母丁香　每百觔　仝　壹個

八　哮囒米洋名谷攝呢兒　仝　仝　貳拾壹個

九　索船用　仝　仝　壹個貳伍計銀叁錢柒分伍釐

十　棉花軋去核者　仝　仝　壹個貳伍計銀叁錢柒分伍釐

棉布類

十一　原嘝布　白嘝布　小嘝布　斜紋白布　白花布

有花色布　無花色布　棉線斜紋布　瞰力斯

洋布名　袈裟布即洋紗　紋布　印花袈裟布　塊力

丁洋布名　甲嗹土洋布名　以上染色均仝

印花布

甲號寬不過叁拾肆因制　每拾野兒都　壹分銀　零夕柒伍計銀壹錢壹分貳釐伍毫

乙號寬不過肆拾因制　仝　仝　零夕捌柒伍計銀壹錢叁分壹釐貳毫伍絲

丙號寬不過肆拾陸因制　仝　仝　零壹計銀壹錢伍分

丁號寬過肆拾陸因制　仝　仝　零壹貳伍計銀壹錢陸分捌釐柒毫伍絲

十二　上等柳條洋布類

次等仝

以上寬不過叁拾壹因制　每拾野兒都　仝　零壹柒伍計銀貳錢陸分貳釐伍毫

寬不過叁拾壹因制起至肆拾叁因制

仝　仝　零貳伍　計銀叁錢柒分伍釐

十三　閒條天鵝絨　棉絨　花棉絨　緞子　沙底捻都
花棉緞
以上寬不過肆拾四制　每拾野兒都　銀壹分　零貳　計銀叁錢

十四　別等柳條西洋布
寬不過叁拾壹因制　每拾野兒都　銀壹分　零夕陸　計銀玖分
寬不過肆拾叁因制　仝　仝　零夕玖　計銀壹錢叁分伍釐

十五　手帕　每拾貳塊　仝　零夕伍　計銀柒分伍釐

十六　棉布衫及褲子　仝　仝　零貳伍　計銀叁錢柒分伍釐

十七　檯布　每塊　仝　零夕陸　計銀玖分

十八　棉線及棉綵線　每百觔　仝　柒個伍　計銀柒錢伍釐
此項不論有無染色及捲心

十九　棉紗不論有無染色　每百觔　銀壹分伍個

二十　兒茶　每百觔　銀壹分　零柒伍　計銀壹兩壹錢貳分伍釐

二十一　翠毛孔雀毛等類　仝　仝　壹個伍　計銀柒錢伍分

二十二　火石　仝　仝　零壹貳　計銀壹錢捌分

二十三　檳榔膏　仝　仝　零肆伍　計銀陸錢柒分伍釐

二十四　雌黃　仝　仝　叁個柒伍　計銀壹兩壹錢貳分伍釐

二十五　玻璃板　每箱　每拾幅地方　仝　零叁伍　計銀伍錢貳分伍釐

二十六　皮膠　每百觔　仝　零陸　計銀玖錢

二十七　安息香及安息油　仝　仝　貳個肆　計銀陸錢

二十八　血竭沒藥乳香　仝　仝　壹個捌　計銀壹兩貳錢

二十九　石膏　仝　仝　零夕捌　計銀壹錢貳分

三十　生牛皮　仝　仝　壹個貳　計銀叁錢

三十一　牛角鹿角　仝　仝　壹個零夕伍　計銀柒分伍釐

三十二　犀牛角　仝　仝　叁個伍　計銀柒錢伍分

三十三　牛馬蹄　仝　仝　零叁　計銀肆錢伍分

三十四　水靛藍之流動者　仝　仝　零柒伍　計銀壹兩壹錢貳分伍釐

三十五　土靛藍之乾定者　仝　仝　叁個柒伍　計銀壹兩壹錢貳分伍釐

三十六　象牙各種　仝　仝　拾伍個

三十七　紅丹黃丹白丹及丹油　仝　仝　壹個伍　計銀柒錢伍分
三十八　皮貨　仝　仝　貳個
三十九　麻布類每拾野兒都　仝　零貳　計銀叁錢
四十　紅樹皮　每百觔　仝　零壹伍　計銀貳錢貳分伍釐
四十一　蝬蛟席　每壹捲肆拾野兒都　仝　零柒伍　計銀壹兩壹錢貳分伍釐

銅鐵類

四十二　銅及青銅如銅扁銅條銅釘之類　每百觔銀壹分叁個伍　計銀柒錢伍分

四十三　黃銅及銅扁銅釘　仝　仝　貳個伍　計銀柒錢伍分
四十四　熟鐵如大小鐵條鐵釘之類　仝　仝　零叁　計銀肆錢伍分
四十五　鐵塊　仝　仝　零壹伍　計銀貳錢貳分伍釐
四十六　船隻壓載鐵　仝　仝　零夕陸　計銀玖分
四十七　鐵綵　仝　仝　零捌　計銀壹兩貳錢
四十八　鉛塊　仝　仝　零捌　計銀壹兩貳錢
四十九　鉛片　仝　仝　壹箇
五十　白鉛　仝　仝　零陸　計銀玖錢

五十一　鋼　每百觔銀壹分　零陸　計銀玖錢
五十二　錫　仝　仝　叁箇
五十三　馬口鐵重不過玖拾觔壹箱　仝　零柒　計銀壹兩零伍分
五十四　蠟地印花地席即鋪地者　每拾野兒都　仝　零叁　計銀肆錢伍分
五十五　蠟地假皮仝用裝家具者　仝　仝　零壹伍　計銀貳錢貳分伍釐
五十六　黑白胡椒　每百觔　仝　壹箇

五十七　木香　仝　仝　貳個貳伍　計銀叁錢柒分伍釐
五十八　水銀　仝　仝　陸箇
五十九　幾那鹽　每壹觔　仝　壹個伍　計銀柒錢伍分
六十　沙籐　每百觔　仝　零肆伍　計銀陸錢柒分伍釐
六十一　大黃　仝　仝　壹箇
六十二　鹹魚　仝　仝　零柒伍　計銀壹兩壹錢貳分伍釐
六十三　白檀　仝　仝　壹個貳伍　計銀叁錢柒分伍釐
六十四　蘇木　仝　仝　零肆　計銀陸錢
六十五　海馬牙　仝　仝　柒個伍　計銀柒錢伍分

六十六 一角牙 每壹觔 仝 壹箇

六十七 沙魚皮 每百張 銀壹分柒個伍 計銀柒錢伍分

六十八 鼻煙 每百觔 仝 零叁 計銀肆錢伍分

六十九 石鹻定成條者 每百觔 仝 零伍 計銀柒錢伍分

七十 紫梗染水用 仝 仝 壹個柒伍 計銀壹兩壹錢貳分伍釐

七十一 赤糖烏糖 仝 仝 零肆 計銀陸錢

七十二 白糖 仝 仝 零柒伍 計銀壹兩壹錢貳分伍釐

七十三 冰糖及筍頭糖西洋產 仝 仝 壹箇

七十四 煙葉類 仝 仝 壹個捌 計銀壹兩貳錢

七十五 銀硃 仝 仝 玖箇

絨氈類

七十六 大呢 小呢 哈勃呢 中等呢

以上寬不過叁拾肆因制 每拾野兒都 銀壹分 零陸 計銀玖錢

寬不過伍拾伍因制 仝 仝 壹箇

寬過伍拾伍因制 仝 仝 壹個貳伍 計銀叁錢柒分伍釐

七十七 是斑呢耳邊有條線者 仝 仝 零柒伍 計銀壹兩壹錢貳分伍釐

七十八 小呢番絨 膚藍納 嗶嘰 些兒治吐

以上 每拾野兒都 銀壹分 仝 零肆伍 計銀陸錢柒分伍釐

七十九 旗料 仝 仝 零壹伍 計銀貳錢貳分伍釐

八十 羽緞荷蘭國 仝 仝 零柒伍 計銀壹兩壹錢貳分伍釐

八十一 仝英國 仝 仝 零肆 計銀陸錢

八十二 拉斯頂吐 介禮不拉斯頂吐 瓦兒斯鐵介禮不

美離哪吐及外第七十六號下所未載名之絨毼類

以上寬不過叁拾肆因制 每拾野兒都

銀壹分 仝 零叁 計銀肆錢伍分

寬過叁拾肆因制 仝 零肆伍 計銀陸錢柒分伍釐

八十三 毼布類

以牟爹舜甲牟列吐 以牟爹舜拉斯頂吐 不禮

因阿連吐 不禮因非球列 不禮因嚕斯多吐

非球列嚕斯多吐 烏叹毼 拔刺棲吐 大牟斯

客士 意太里安啊嚕士 搭髮設拉斯 嚕施力

哥兒吐 葛山達五連反西吐甲牟列哥兒吐以上皆洋

名 及外各樣毼布類

以上寬不過叁拾肆因制 每拾野兒都

銀壹分　零叁計銀肆錢伍分
寬過叁拾肆因制　仝　仝　零肆五計銀陸錢柒分伍釐
八十四　葡蘭厥都氈及馬每拾觔　仝　零伍計銀柒錢伍分
八十五　黙䅘兒毯子不列乙士及鎖兒斯
每壹張　仝　零伍計銀柒錢伍分
八十六　有花絨片檯布　仝　仝　零柒伍計銀壹兩壹錢貳分
伍釐
八十七　絨片衫及褲子每拾貳件　仝　零捌計銀壹兩貳錢
八十八　毛布衫及褲子仝　仝　零伍計銀柒錢伍分

八十九　毛絲不論有無染色　每百觔仝　拾箇
第二種免稅物項
食料及運貨所用生口類
錨及鐵鏈鈿繫錨者
煤
外國衣服止免未載稅則者
金銀造成貨幣者及未造成者
米穀類　米　稻子　小麥　大麥　燕麥　粿麥
豆類　粟子　玉黍　並或粉或麪
榨油餅

草蓆片打包用
印板書
食鹽
鹹食料裝桶者
硝石
速兒獨兒洋名
吧嗎油及瀝青
鍋及籃製茶用
茶鉛
客旅所用物項

第三種違禁物項
鴉片
第四種按本價每值百抽五物項
兵器及軍用諸物
巴里斯物件
靴及鞋
時辰鐘表類及八音琴
珊瑚
鐵刀利器類
藥料及藥水類如服用人參等類

染料

西洋窰貨及磁器

各樣家具不論新舊

玻璃器

金銀線及鈕子

哦羊樹膠洋名類及香椒類

玻璃燈類

鏡子類

珠玉類

機械器及鐵器鋼器

絲線或絹綿雜織或絹毛雜織物類即如天鵝絨大羊斯客士荷落介案之類

油漆畫及銅板畫類

香料石鹼

攙金銀器及銷金器

獸皮類

千里鏡及學藝所用器具類

木料

酒及火酒類並諸製食料類

除以上各項外所未載明物類亦照此例

以上進口貨物稅則凡壹分銀壹個定價銀壹兩伍錢即百分凡數以計其零銀故

稅則止計其零不計其個但書曰幾個零計幾錢幾分幾釐

第一種

一　鮑魚　每百觔　銀壹分　叁個

二　鮑魚殼　仝　仝　零夕捌　計銀壹錢貳分

三　樟腦　仝　仝　壹個捌　計銀壹兩貳錢

四　茯苓　仝　仝　零柒伍　計銀壹兩壹錢貳分

伍釐

五　桂皮　仝　仝　零叁　計銀肆錢伍分

六　桂子　仝　仝　貳個貳伍　計銀叁錢柒分伍釐

七　煤炭　仝　仝　零夕肆　計銀陸分

八　棉花軋去核者　仝　仝　貳個貳伍　計銀叁錢柒分伍釐

九　櫻皮　仝　仝　零肆伍　計銀陸錢柒分伍釐

十　乾魚即鮭魚鱈魚鹹乾者　仝　仝　零柒伍　計銀壹兩壹錢貳分

伍釐

十一　油魚　仝　仝　壹個零夕伍　計銀柒分伍釐

十二　五棓子　仝　仝　零玖　計銀壹兩叁錢伍分

十三　銀杏　仝　仝　零肆伍　計銀陸錢柒分伍釐

十四　麻　仝　仝　貳個

十五　蜂蜜　仝　仝　壹個零夕伍　計銀柒分伍釐

十六　鹿角　仝　仝　零玖　計銀壹兩叁錢伍分

十七 海參 仝 仝 叁箇

十八 鐵日本產 仝 仝 零陸 計銀玖錢

十九 寒天即東洋菜 仝 仝 貳個貳伍 計銀叁錢柒分伍釐

二十 鉛 仝 仝 零玖 計銀壹兩叁錢伍分

二十一 香蕈 仝 仝 伍箇

二十二 魚油 仝 仝 零叁 計銀肆錢伍分

二十三 菜子油 仝 仝 壹個零夕伍 計銀柒分伍釐

二十四 紙張上等 仝 仝 叁個

二十五 紙下等粗紙 仝 仝 壹個

二十六 豆類 每百觔銀壹分 零叁 計銀肆錢伍分

二十七 牡丹皮 仝 仝 叁個柒伍 計銀壹兩壹錢貳分伍釐

二十八 荷蘭薯 仝 仝 零壹伍 計銀貳錢貳分伍釐

二十九 爛布碎 仝 仝 零壹貳 計銀壹錢捌分

三十 酒及火酒類 仝 仝 零玖 計銀壹兩叁錢伍分

三十一 關海帶 仝 仝 零叁 計銀肆錢伍分

三十二 海帶絲 仝 仝 零陸 計銀玖錢

三十三 菜子 仝 仝 零肆伍 計銀陸錢柒分伍釐

三十四 芝麻 仝 仝 零玖 計銀壹兩叁錢伍分

三十五 魚翅 仝 仝 壹個捌 計銀壹兩貳錢

三十六 蝦米 仝 仝 壹個捌 計銀壹兩貳錢

三十七 蔴絲及蔴線 仝 仝 柒拾伍個

三十八 哋嚒絲 仝 仝 貳拾個

三十九 哪嗯絲 仝 仝 柒個伍 計銀柒錢伍分

四十 系綿 仝 仝 貳拾個

四十一 蛹殼 仝 仝 柒個

四十二 蛹 仝 仝 拾貳個

四十三 亂絲頭及蔴碎 仝 仝 貳個貳伍 計銀叁錢柒分伍釐

四十四 蠶卵紙 每壹張 仝 零夕柒伍 計銀壹錢壹分貳釐伍毫

四十五 醬油 每百觔 仝 零肆伍 計銀陸錢柒分伍釐

四十六 硫黃 仝 仝 零叁 計銀肆錢伍分

四十七 茶葉 仝 仝 叁個伍 計銀柒錢伍分

四十八 粗茶葉只准在長崎出口者 仝 仝 零柒伍 計銀壹兩壹錢貳分伍釐

四十九 木料 係在箱館出口者其既成料及未經工粗本

均仝如檜木松木妥毘木杉木等輕木 每百噸銀壹分 陸個

五十 如槲木哝嗼木栴木蒲娜木咿哝呀木栗木叵木樺

木桂木呲木斯哥羅木呀奢木櫸木樫木檮木楠木
孫羅加肌木等重木　每百喃銀壹分　柒個陸

五十一　煙葉　每百觔銀壹分　零柒伍　計銀壹兩壹錢貳分　伍釐

五十二　煙葉既經工夫者　仝　仝　壹個伍　計銀柒錢伍分

五十三　麪絲　仝　仝　零肆伍　計銀陸錢柒分

五十四　白蠟　仝　仝　壹個伍　計銀柒錢伍分

五十五　黃蠟　仝　仝　貳個伍　計銀柒錢伍分

第二種免稅物項

金銀即日本產造成貨幣者

金銀即日本產未造貨幣者

此二項止准由政府從公丟價發賣

第三種違禁物項

米　稻子　小麥　大麥　並或粉或麪

硝石

第四種按本價每值百抽五物項

竹造諸器物

銅觔及銅造諸器物

木炭

木料除在箱館出口者

人參及外藥材茲不細載

鹿茸

席子類

綢緞衣服及機織或剌繡之花衣服

除以上各項外所未載名物類亦照此例

以上出口貨物稅則

通商約章類纂卷十六

通商約章類纂卷十七目錄　戸類十三

償邮

條約章程

中俄改訂條約第六條

附光緒七年議定專條

英舊約第四條

英舊約第五條 併見本類稅務口岸貿易

英舊約第六條

英舊約第七條

英舊約第十二條

英約第五十五款

英約專條

英續約第三款

英續約第九款

煙臺會議條款第一端之五

法約第四十一款

法約遺補第三款

法約遺補第四款

法約遺補第五款

法續約第四款

法續約第五款

法續約第七款 併見總類訂約本類稅務口岸貿易

法續約第八款

成案

法國訂收償款銀兩酌用現銀會單

償卹

條約章程

中俄改訂條約第六條

大清國大皇帝允將大俄國自同治十年代收代守伊犂所需兵費並所有前此在中國境內被搶受虧俄商及被害俄民家屬各案補卹之款共銀盧布九百萬圓歸還俄國自換約之日起按照此約所附專條內載辦法次序二年歸完

附光緒七年議定專條

按照中俄兩國全權大臣現在所定條約第六條所載中國將俄兵代收代守伊犂兵費及俄民各案補卹之款共銀盧布九百萬圓歸還俄國自換約之日起二年歸完兩國全權大臣議將此款交納次序辦法商定如左

以上銀盧布九百萬圓合英金磅一百四十三萬一千六百六十四圓零二希令匀作六次除兌至倫敦匯費毋庸由中國付給外按每次中國淨交英金磅二十三萬八千六百一十圓零十三希令八本士付與倫敦城內布拉得別林格銀號收領作爲每四箇月交納一次第一次自換約後四箇月交納末一次在換約後二年期滿交納此專條應與載明現在所定條約無異是以兩國全權大臣畫押蓋印爲憑

英舊約第四條

一因

大清欽差大憲等於道光十九年二月間經將大英國領事官及民人等强留粵省嚇以死罪索出鴉片以爲贖命今

大皇帝准以洋銀六百萬圓償補原價

英舊約第五條（餘見本類稅務口岸貿易）

一凡大英商民在粵貿易向例全歸額設行商亦稱公行者承辦今

大皇帝准以嗣後不必仍照向例乃凡有英商等赴各口貿易者無論與何商交易均聽其便且向例額設行商等內有累欠英商甚多無措清還者今酌定洋銀三百萬圓作爲商欠之數准明由中國官爲賠還

英舊約第六條

一因

大清欽差大臣等向大英官民人等不公强辦致須撥發軍士討求伸理今酌定水陸軍費洋銀一千二百萬圓

大皇帝准爲償補自道光二十一年六月十五日以後英國因贖各城收過銀兩之數大英全權公使大臣爲　君主准

可按數扣除

英舊約第七條

一以上三條酌銀數共二千一百萬圓應如何分期交清開列於左此時交銀六百萬圓癸卯年六月間交銀三百萬圓十二月間交銀三百萬圓共銀六百萬圓甲辰年六月間交銀二百五十萬圓十二月間交銀二百五十萬圓共銀五百萬圓乙巳年六月間交銀二百萬圓十二月間交銀二百萬圓共銀四百萬圓自壬寅年起至乙巳年止四年共交銀二千一百萬圓儻有按期未能交足之數則酌定每年每百圓加息五圓

英舊約第十二條

一俟奉

大清大皇帝允准和約各條施行並以此時准交之六百萬圓交清大英水陸軍士當卽退出江寗京口等處江面並不再行攔阻中國各省商賈貿易至鎮海之招寶山亦將退讓惟有定海縣之舟山海島厦門廳之古浪嶼小島仍歸英兵暫爲駐守迨及所議洋銀全數交清而前議各海口均已開關俾英人通商後卽將駐守二處軍士退出不復佔據

英約第五十五款

一　大英君主懷意恒存友睦允將前因粤城一事所致需支賠補各項經費等欵如何辦理另立專條與約內列條同爲堅定不移

英約專條

一前因粤城大憲辦理不善致英民受損　大英君主只得動兵取償保其將來守約勿失商虧銀二百萬兩軍需經費銀二百萬兩二項

大清皇帝皆允由粤省督撫設措至應如何分期辦法大英秉權大員酌定行辦以上欵項付清方將粤城仍交回

大清國管屬

英續約第三款

一戊午年原約後附專條作爲廢紙所載賠償各項

大清大皇帝允以八百萬兩相易其應如何分繳卽於十月十九日在於津郡先將銀五十萬兩繳楚以本年十月二十日卽英國十二月初二日以前應在於粤省分繳三十三萬三千三百三十三兩內將查明該日以前粤省大吏經支墳築沙面地方英商行基之費若干扣除入算其餘銀兩應於通商各關所納總數內分結扣繳二成以英月三個月爲一結卽行算清自本年英十月初一日卽庚申年八月十七日至英十二月三十一日卽庚申年十一月二

十日爲第一結如此陸續扣繳八百萬總數完結均當隨
結清交大英　欽差大臣專派委員監收外兩國彼此各
應先期添派數員稽查數目清單等件以昭愼重再今所
定取償八百萬兩內二百萬兩仍爲住粵英商補虧之款
其六百萬兩少裨軍需之費載此明文庶免棼糾

英續約第九款

一續增條約一經蓋印畫押戊午年和約亦已互換須俟
續約第八款內載
大清大皇帝允降諭旨奉到業皆宣布所有英國舟山屯兵立
當出境京外大軍卽應起程前赴津城並大沽砲臺登州

北海廣東省城等處應俟續約第三款所載賠項八百萬
兩總數交完方能回國抑或早退總候　大英大君主諭
旨施行

煙臺會議條款第一端之五

一所有在滇被害人員家屬應給恤款以及緣滇案用過
經費並因各處官員於光緒二年以前辦理未協有應償
還英商之款威大臣現定爲擔代共關平銀二十萬兩由
威大臣隨時兌取

法約第四十一款

大法國大皇帝欲表美意與

大清國大皇帝特將凡可憶往日各不協之處而今已欣然解
釋不列於此和約章程之中因此所有把守廣東省城以
前各事宜與大法國軍兵各費用而今兩國議定妥當准
行分款開列而其款仍與在本和約章程繕列通行無異

法約遺補第三款

大法國民人及所保護者在廣東省城所有行內物件大
法大英軍兵未入省之先皆被百姓或燒或刧後計多寡
按據分賠

法約遺補第四款

中國官員固執不允大法國以理所請各賠補之處以致

軍需繁多務必由廣東海關照數賠補其賠補銀與軍兵
費用約有二百萬兩之多應將此銀交大法國駐劄中國
欽差大臣收入復回收單執照其二百萬兩分六次每
年一次交清或用銀兩或用會單仍由廣東海關交清將
來凡有本國完納出入貨稅各客商皆准量稅之多寡用
銀九分會單一分完納其交銀首次從兩國
欽差大臣畫押章程之日起約一年之內交清廣東海關於抽
稅時若欲每年惟收會單其會單値銀三十三萬三千三
百三十三兩三錢四分之數卽六分之一抑稅亦無不可
後在廣東中國大憲會同大法國　欽差派員預行會議

定立會單圖式印章如何交收每會單值銀多少交清銀兩之後如何註銷以免重複

法約遺補第五款

中國將上款所開銀數或用銀兩或用海關會單一經交清大法國軍兵即時退出粵省惟以軍兵及速退之便中國欲將各會單或先期或按次分明年號交出在領事官署寄存亦無不可

法續約第四款

己未年在天津所定遺補第四款內載中國賠補軍需銀二百萬兩玆已刪去今復議定賠補銀共八百萬兩在此

數內已收到去歲粵海關繳銀三十三萬三千三百三十三兩零其餘銀兩宜在中國各海關每年收稅銀若干按五分之一扣歸其交銀之時係三個月交一次首次宜於咸豐十年八月十七日起而於十一月二十日止但所交之銀或紋銀或洋銀俱可其銀應交大法國駐紮中國之欽差大臣或所派之員亦可但限定於十月十八日在津郡一盤現交銀五十萬兩將來大法國駐劄中國　欽差大臣暨中國大臣各派委員會議定立如何交收銀兩如何立定收單等事再爲妥定

法續約第五款

中國今所賠補之銀本係爲軍需又爲法國商人及所保護者在廣東省城所有行內物件被百姓或燒或刦將來大法國將此賠補之銀均公允分攤與被累之法國人其銀扣一百萬兩派與法國民人及其所保護者爲補其害或爲慰其苦其餘皆抵軍費

法續約第七款併見總類訂約本類稅務口岸貿易

從兩國大臣畫押蓋印之日起直隸省之天津府尅日通商與別口無異再此續約均應自畫押之日爲始立即施行毋庸俟奉兩國

御筆批准猶如各字樣列載天津和約內一律遵守如此大法

國水陸二軍俟在天津收銀五十萬兩方能退出天津屯佔大沽炮臺二口待至中國將所賠之銀全數交清後所有法國武弁佔踞中國各地方均應退出境界然任水陸各大將軍於天津紮兵過冬而俟所定賠補之現銀給清後則撤大軍退出津郡

法續約第八款

戊午年所定原約互換之日所有法國屯於舟山之軍立當出境續約係所定應繳銀五十萬兩繳清之日除紮兵官暫駐天津過冬諒不便即行撤兵外應如第七款內所言即駐津各軍亦應離城退至大沽砲臺登州北海廣東

省城各等處駐劄俟續約所定賠補款八百萬兩全數繳
清以上各駐軍再當掃數撤歸

成案

法國訂收償款銀兩酌用現銀會單

大法國特派頭等欽差全權大臣世襲男爵葛爲照會事照得前八月初一日准貴大臣等照會一件內開條約內載商虧軍需二項皆由粵省設措款項付清粵城則交回
大清國管屬等語貴國與英國條約相同並無別指之詞本大臣等查此項銀兩貴國係載明分作六次每年一次交清或用銀兩或完納關稅時用銀九分會單一分均無不可英國是否照此辦理事關交銀還城本大臣等必當商酌定妥方可覆命合行照會貴大臣務請查照即與英國

大臣等會商議定等情本大臣查此皆係和約商定之事如果遵此和約之語辦理完結有實事可驗本法國與英國即將現守粵城兵丁撤回粵城仍交還　貴國管屬前所新立之和約本大臣與英國大臣業已詳本國京都矣但至今尚未接到回文至現來之公文乃未立新和約以前之回文也俱爲粵省雖已息戰而　貴國官員仍私令粵民暗殺外國兵商立心相敵等事本國京都必須知明此等凶事悉絶方有回文告以辦理之法至本大臣既與
貴大臣等會議後知貴大臣等誠心和好並無二心故本
大臣除將與貴大臣往來文件詳本京都外又另修一摺

備寫貴大臣忠誠美意實心與法國和睦等語以通報知本京矣本大臣意近來必有本國來文諒必著本大臣與英國大臣會同貴大臣等商辦妥協及至期始行之時必無遑礙之事彼所欠二百萬軍需銀當如何還法卽註明於後此項銀兩原議定六年還清每年宜還清三十三萬三千三百三十三兩零三錢三分交本法國公使大臣立收單交與　貴國官員此係二百萬中六分之一或用現銀或用會單或本法國商人完納關稅時用現銀九分用會單一分比喻有商人欠海關銀一千兩用現銀九百兩外用會單一百兩之數卽共合爲一千兩矣如粵海關一

年中交出會單銀數三十三萬三千三百三十三兩零三錢三分卽可不用現銀矣如僅交出會單銀數二十萬兩須再交出現銀十三萬三千三百三十三兩零三錢三分卽不須向外找現銀矣如一年中僅收會單銀數二十萬兩須再交現銀十三萬三千三百三十三兩零三錢三分與本法國公使大臣矣每年依此法行去六年卽可交淸矣至會單公使大臣先收轉賣於本法國商人爲納稅使用必酌議爲商人頗有利益始可大行論用會單只可當年好用過一年卽不能有用矣如海關願定用當年會單並願用來歲會單亦無不可粵海關所交出之會單須要中法兩國官員定準式樣一面寫上中國字一面寫上法國字並兩國官員皆書押於其上使匪類人不得假造以免兩國庫吏被累此六年之會單可一次寫好一並交本國公使大臣收存待本國來文後再行妥辦以上所載等件本大臣想如此辦理爲此照會咸豐八年十月十五日

通商約章類纂卷十七

国家出版基金项目
NATIONAL PUBLICATION FOUNDATION

海上絲綢之路文獻集成

總主編 陳支平 陳春聲

歷代史籍編

65

主編 范金民

海峽出版發行集團
THE STRAITS PUBLISHING & DISTRIBUTING GROUP
福建人民出版社

本册目次

通商約章類纂三十五卷（卷一八至卷三五）

〔清〕徐宗亮編

通商約章類纂卷十八目錄　禮類一

交際儀文

條約章程

法續約第二款

布約第三款 併見工類租傭建置本類優待保護

布約第四款 併見吏類設領事等官本類優待保護

布約第五款 併見總類訂約

德續約第八款 併見總類訂約戶類稅務子口稅刑類獄訟控告審斷

丹約第三款 併見吏類遣使工類租傭建置本類優待保護

丹約第五款

丹約第七款 併見吏類設領事等官

丹約第十款

丹約第五十款 併見總類訂約

丹約第五十一款

丹約第五十二款 併見本類優待保護

荷蘭約第一款 併見吏類遣使設領事等官本類優待保護

荷蘭約第十三款 併見本類優待保護

荷蘭約第十四款 併見總類訂約

日斯巴尼亞約第四款 併見吏類設領事等官

日斯巴尼亞約第四十八款 併見本類優待保護

日斯巴尼亞約第五十一款 併見總類訂約刑類獄訟控告審斷

比約第五款

比約第七款 併見吏類設領事等官

比約第八款 併見總類訂約

比約第九款

比約第四十一款 併見本類優待保護

義約第五款

義約第七款 併見吏類設領事等官

義約第十款 併見刑類獄訟控告審斷

義約第五十款 併見總類訂約

義約第五十一款

義約第五十二款 併見本類優待保護

奧約第五款

奧約第六款 併見吏類設領事等官

奧約第七款 併見總類訂約

奧約第三十四款 併見本類優待保護

日本修好條規第五條

日本修好條規第六條 併見總類訂約

秘約第四款 併見吏類設領事等官

秘約第十款 併見本類優待保護

秘約第十七款 併見總類訂約

巴約第七款 併見本類優待保護

巴約第十五款 併見總類訂約

章程

英國各船聲砲章程併見工類行船

英國水師官員拜謁章程併見工類行船

中外往來儀式節畧

釐定贈賜寶星章程並各式按式列卷末

成案

游歷印照必須體面自愛者方准填發并領事不得以商人兼充暨核定接待品級禁止濫發旗號已見吏類設領事等官併見本類游歷

各國公使及領事等游歷各省飭地方官先為申報已見吏類遣使併見吏類設領事等官本類游歷

中國官員在屬邦襄辦洋務應以賓禮接待

交際儀文

條約章程

恰克圖市約第三條

一令你國守邊官皆恭順知禮我游牧官羣相稱好你從前守邊官皆能視此又何致兩次失和嗣後你守邊官當慎選賢能與我游牧官遜順相接

伊犁塔爾巴哈臺通商章程第十六條

一兩國彼此遇有往來尋常事件行文時中國用伊犁將軍所屬營務處圖記俄國用管兩邊大臣所屬營務處圖記

俄約第二條併見吏類遣使本類優待保護

議將從前使臣進京之例酌要更正嗣後兩國不必由薩那特衙門及理藩院行文由俄國總理各國事務大臣或逕行

大清之軍機大臣或

特派之大學士往來照會俱按平等設有緊要公文遣使臣親送到京交禮部轉達軍機處至俄國之全權大臣與

大清之大學士及沿海之督撫往來照會均按平等兩國封疆大臣及駐紮官員往來照會亦按平等俄國酌定駐紮

中華海口之全權大臣與中國地方大員及京師大臣往來照會均照從前各外國總例辦理遇有要事俄國使臣或由恰克圖進京故道或由就近海口預日行文以便進京商辦使臣及隨從人等迅速順路行走沿途及京師公館派人妥為預備以上費用均由俄國經理中國毋庸預備

俄約末段（併見總類訂約）

所議條款俱照中國清文辦理

俄續約第八條之三（併見刑類獄訟控告審斷）

兩國領事官及該地方官相交行文俱照天津和約第二

條平行凡兩國商人遇有一切事件兩國官員商辦倘有犯罪之人照天津和約第七條各按本國法律治罪

俄續約第九條之二

向來僅止庫倫辦事大臣與恰克圖固畢爾那託爾及西悉畢爾總督與伊犂將軍往來行文辦理邊界之事自今此外擬增阿穆爾省及東海濱省固畢爾那託爾遇有邊界事件與黑龍江及吉林將軍往來行文

俄續約第九條之三

恰克圖之事由恰克圖邊界廓米薩爾與恰克圖部員往來行文俱按此約第八條規模

俄續約第九條之四

該將軍總督等往來行文俱按天津第二條和約彼此平等且所行之文若非所應辦者一概不管

俄續約第九條之五

遇有邊界緊要之事由東悉畢爾總督行文軍機處或理藩院辦理

俄續約第十一條

兩國邊界大臣彼此行文交官員轉送必有回投東悉畢爾總督恰克圖固畢爾那託爾行文送交恰克圖廓米薩爾轉送部員庫倫辦事大臣行文即交部員轉送恰克圖

廓米薩爾阿穆爾省固畢爾那托爾行文送交璦琿城副都統轉送黑龍江將軍吉林將軍行文亦送交該副都統轉送東海濱省固畢爾那托爾與吉林將軍彼此行文俱托烏蘇里琿春地方卡倫官員轉送西悉畢爾總督與伊犂將軍行文送交伊犂俄羅斯領事官轉送遇有重大緊要事件必須有人傳遞東西悉畢爾總督固畢爾那托爾等庫倫辦事大臣黑龍江吉林伊犂等處將軍行文交俄羅斯國可靠之員亦可

俄續約第十三條之一

大俄羅斯國總理各外國事務大臣與

大清國軍機處互相行文或東悉畢爾總督與軍機處及理藩院行文此項公文照例按站解送並不拘前定時日亦可設有重要事件恐有躭誤即交俄國可靠之員速送

中俄改訂條約第十條（併見吏類設領事等官戶類稅務陸路口岸貿易刑類法禁工類租傭建置本類優待保護）

俄國照舊約在伊犁塔爾巴哈臺喀什噶爾庫倫設立領事官外亦准在肅州（即嘉峪關）及吐魯番兩城設立領事其餘如科布多烏里雅蘇臺哈密烏魯木齊古城五處俟商務興旺始由兩國陸續商議添設俄國在肅州（即嘉峪關）及吐魯番所設領事官於附近各處地方關繫俄民事件均有前

往辦理之責按照一千八百六十年即咸豐十年北京條約第五第六兩條應給予可蓋房屋牧放牲畜設立墳塋等地嘉峪關及吐魯番亦一律照辦領事官公署未經起蓋之先地方官幫同租覓暫住房屋俄國領事官在蒙古地方及天山南北兩路往來行路寄發信函按照天津條約第十一條北京條約第十二條可由臺站行走俄國領事官以此事相託中國官即妥為照料吐魯番非通商口岸而設立領事各海口及十八省東三省內地不得援以為例

中俄改訂條約第十一條（併見吏類設領事等官戶類稅務口岸貿易陸路口岸貿易刑類獄訟控告審斷工類租傭建置）

俄國領事官駐中國遇有公事按事體之關繫案件之緊要及應如何作速辦理之處或與本城地方官或與地方大憲往來均用公文彼此往來會晤均以友邦官員之禮相待兩國人民在中國貿易等事致生事端應由領事官與地方官公同查辦如因貿易事務致起爭端聽其自行擇人從中調處如不能調處完結再由兩國官員會同查辦兩國人民為預定貨物運載貨物租賃鋪房等事所立字據可以呈報領事官及地方官處應與畫押蓋印為憑遇有不按字據辦理情事領事官及地方官設法務令照依字據辦理

英舊約第十一條

一議定英國住中國之總管大員與
大清大臣無論京內京外者有文書來往用照會字樣英國屬員用申陳字樣大臣批覆用劄行字樣兩國屬員往來必當平行照會若兩國商賈上達官憲不在議內仍用稟明字樣為著

英約第三款（併見工類租傭建置本類優待保護）

一　大英君主欽差各等大員及各眷屬可在京師或長行居住或能隨時往來總候本國　諭旨遵行英國自主之邦與中國平等　大英君主欽差大臣作為代國秉權大員覲

大清皇上時遇有礙於國體之禮是不可行惟　大英君主每
有派員前往泰西各與國拜國主之禮亦拜
大清皇上以昭畫一肅敬至在京師租賃地基或房屋作爲大
臣等員公館
大清皇帝官員亦宜協同勷辦傭覓夫役亦隨其意毫無阻攔
待　大英君主欽差公館眷屬隨員人等或有越禮欺藐
等情弊該犯由地方官從嚴懲辦
英約第五款（併見吏類遣使）
一
大清皇上特簡內閣大學士尚書中一員與　大英君主欽差

大臣文移會晤各等事務商辦儀式皆照平儀相待
英約第七款（併見吏類設領事等官）
一　大英君主酌看通商各口之要設立領事官與中國
官員於相待諸國領事官最優者英國亦一律無異領事
官署領事官與道臺同品副領事官署副領事官及繙譯
官與知府同品視公務應需衙署相見會晤文移均用平
禮
英約第五十款（併見總類訂約）
一嗣後英國文書俱用英字書寫暫時仍以漢文配送俟
中國選派學生學習英文英語熟習即不用配送漢文自

今以後遇有文詞辯論之處總以英文作爲正義此次定
約漢英文字詳細較對無訛亦照此例
英約第五十一款
一嗣後各式公文無論京外內敘大英國官民自不得提
書夷字
英約第五十二款（併見本類優待保護）
一英國師船別無他意或因捕盜駛入中國無論何口一
切買取食物甜水修理船隻地方官妥爲照料船上水師
各官與中國官員平行相待
煙臺會議條款第一端之六（併見吏類遣使）

一俟此案議結時奉有中國
朝廷惋惜滇案
璽書應即由
欽派出使大臣剋期起程前往英國所有
欽派大臣銜名及隨帶人員均應先行知照威大臣以便咨報
本國其所賚
國書底稿亦應由總理衙門先送威大臣閱看
煙臺會議條款第二端之一
一案查光緒元年九月十一日總理衙門奏摺有云預儲
熟悉洋務人才原不僅爲辦理中外交涉事務起見而出

使往來各節均寓其中等因現因兩國官員往來會晤以
及文移往返一切事例京外尚有未協之處自宜明定章
程免起爭論茲議應由總理衙門照會各國駐京大臣請
其會同商訂禮節條款總期中國官員看待駐居中國各
口等處外國官員之意與泰西各與國交際情形無異且
與各國看待在外之中國官員相同緣中國現有派員出
使之舉此項章程亟應定明方昭妥協

嗹輿哪喊約第四條　併見吏類設領事等官刑類獄訟控告審斷

一嗹輿國哪喊國等民人既准赴五港口貿易應須各設
領事等官管理本國民人事宜中國地方官應加款接遇

有交涉事件或公文往來或會晤面商務須兩得其平如
地方官有欺藐該領事各官等情准該領事等將委曲申
訴中國大憲秉公查辦但該領事等官亦不得率意任性
致與中國官民動多牴牾

嗹輿哪喊約第三十條

一嗣後中國大臣與嗹輿國哪喊國等大臣公文往來應
照平行之禮用照會字樣領事等官與中國地方官公文
往來亦用照會字樣申報大憲用申陳字樣若平民稟報
官憲仍用稟呈字樣均不得欺藐不恭有傷公誼至三國
均不得互相徵索禮物

嗹輿哪喊約第三十一條

一嗹輿國哪喊國等日後或有國書遞達中國
朝廷者應由中國辦理外國事務之
欽差大臣或兩廣閩浙兩江總督等大臣將原書代　奏

嗹輿哪喊約第三十二條　併見本類優待保護

一嗣後嗹輿國哪喊國等如有兵船巡查貿易至中國各
港口者其兵船之水師提督及水師大員與中國該處港
口之文武大憲均以平行之禮相待以示和好之誼該船
如有採買食物汲取淡水等項中國均不得禁阻如或兵
船損壞亦准修補

美約第四款

一因欲堅立友誼嗣後大合衆國駐紮中華之大臣任聽
以平行之禮信義之道與
大清內閣大學士文移交往並得與兩廣閩浙兩江督撫一
體公文往來至照會京師內閣文件或交以上各督撫照
例代送或交提塘驛站齎遞均無不可其照會公文加有
印封者必須謹慎齎遞遇有咨照等件內閣暨各督撫當
酌量迅速照覆

美約第七款

一嗣後中國大臣與大合衆國大臣公文往來應照平行

之禮用照會字樣領事等官與中國地方官公文往來亦用照會字樣申報大憲用申陳字樣若平民稟報官憲仍用稟呈字樣均不得欺藐不恭有傷友誼至兩國均不得互相徵索禮物

美約第八款

一嗣後中國督撫與合衆國大臣會晤或在公署或在行轅均須彼此酌定合宜之處毋得藉端推辭常事以文移往來不可煩瑣會面

美約第九款（併見刑類獄訟命盜本類優待保護）

一大合衆國如有官船在通商海口遊奕巡查或為保護貿易或為增廣才識近至沿海各處如有事故該地方大

員當與船中統領以平行禮儀相待以示兩國和好之誼如有採買食物汲取淡水或須修理等事中國官員自當襄助購辦遇有大合衆國船隻或因毀壞被刼或雖未毀壞而亦被刼被擄及在大洋等處應准大合衆國官船追捕盜賊交地方官訊究懲辦

美約第十款（併見吏類設領事等官刑類獄訟控告審斷）

一大合衆國領事及管理貿易等官在中華議定所開各港居住保護貿易者當與道臺知府平行遇有與中華地方官交涉事件或公文往來或會晤面商務須兩得其平

即所用一切字樣體制亦應均照平行如地方官及領事等官有侮慢欺藐各等情准其彼此將委曲情由申訴本國各大憲秉公查辦該領事等官亦不得率意任性致與中華官民動多牴牾嗣後遇領事等官派到港口大合衆國大臣即行照知該省督撫當以優禮款接致可行其職守之事

法約第二款（併見吏類遣使工類租建置本類優待保護）

茲兩國幸然復舊太平欲垂之永久因此兩國

欽差大臣議定凡有大法國　特派欽差大臣公使等予以

詔勅前來中國者或有本國重務辦理皆准進京僑居按

照泰西各國無異又議定將來假如凡與中國有立章程之國或派本國欽差公使等進京長住者大法國亦能照辦凡進京之　欽差大臣公使等當其暫居京師之時無不按照情理全獲施恩其施恩者乃所有身家公所與各來往公文書信等件皆不得擅動如在本國無異凡欲招置人通事服役人等可以延募毫無阻攔所有費用均由本國自備中國

大皇帝欲派欽差大臣前往大法國京師僑居無不各按品級延接全獲恩施照泰西各國所派者無異

法約第三款（併見總類訂約）

凡大法國大憲領事等官有公文照會中國大憲及地方官員均用大法國字樣惟爲辦事妥速之便亦有繙譯中國文字一件附之其件務盡力以相符候

大清國京師有通事諳曉且能譯大法國言語卽時大法國官員照會

大清國官員公文應用大法國字樣

大清國官員照會大法國官員公文應用

大清國字樣自今以後所有議定各款或有兩國文詞辯論之處總以法文作爲正義茲所定者均與現立章程而爲然其兩國官員照會各以本國文字爲正不得將繙譯言

語以爲正也

法約第四款 併見刑類獄訟控告審斷

將來兩國官員辦公人等因公往來各隨名位高下准用平行之禮大法國大憲與中國無論京內京外大憲公文往來俱用照會大法國二等官員與中國省中大憲公文往來用申陳中國大憲用劄行兩國平等官員照相並之禮其商人及無爵者彼此赴訴俱用稟呈大法國人每有赴訴地方官其稟函皆由領事官轉遞領事官卽將稟內情詞查核適理妥當隨卽轉遞否則更正或卽發還中國人有稟赴領事官亦先投地方官一體辦理

法約第五款 併見吏類設領事等官刑類獄訟控告審斷

大法國皇上任憑設立領事等官在第六七款內所列中國沿海及河各埠頭辦理本國商民交涉事件與各地方官公文往來並稽查遵守章程中國地方官與該領事等官均應以禮相待來往移文俱用平行倘有不平之事該領事等官准逕自申訴省垣大憲並控訴本國　欽差全權大臣遇有領事等官不在該口大法國船主商人可以相託與國領事代爲料理否則逕赴海關呈明設法妥辦使該船主商人得沾章程之利益

法續約第一款

大法國欽差大臣進京換約時或於途次或在京師

大清官員俱以相宜欽差之優禮接待俾得任便稱其職守

布約第三款 併見工類租僱建置本類優待保護

大清大布國所派秉權大臣於居住之處無不按照情理全獲恩施所有身家公所與各來往公文書信等件皆不得被人擅動凡欲僱募送信人通事服役人等皆聽其便所有費用兩國自備資斧至在京師租賃地基或房屋作爲大臣等員公館兩國官員亦宜協同勸辦僱覓夫役亦隨其意毫無阻攔

布約第四款 併見吏類設領事等官本類優待保護

現已議准通商各口布國暨德意志通商稅務公會和約
各國任憑設立總領事一員領事副領事署領事等官每
口一員前往辦理本國商民交涉事件中國官員於該領
事等官均應從優款待如相待諸國領事官最優者無異
凡別國所邀優恩之處德意志官員一律相邀遇有領事
等官不在該口德意志國商民可以相託與國領事代爲
料理否則逕赴海關呈明設法妥辦使本國商民得沾章
程之利益
布約第五款（併見總類訂約）
凡大布國秉權大臣以及德意志通商稅務公會和約各

國領事官有公文照會中國大憲暨地方官均用德意志
字樣書寫惟暫時仍以漢文配送倘配送漢文內有旨義
不合之處仍以德意志字樣爲正中國官員有公文照會
亦以中國文字爲正不得將繙譯文字以爲正也至於現
定和約章程用中國文字並德意志字樣合寫兩國公同
較對無訛因法國文字係歐羅巴人所通習是以另備法
國字樣稿本各一分倘日後中國與布國有辯論之處即
以法文稿本爲證以免舛錯而昭公允
德續約第八款（併見總類訂約戶類稅務子口稅刑類獄訟控告審斷）
一中外官員審辦交涉案件以及商人運洋貨入內地及

洋商入內地買土貨如何科征又中外官員如何往來一
切事宜此三節應歸另議今兩國暫先訂明彼此均允妥
商
丹約第三款（併見吏類遣使工類租傭建置本類優待保護）
一大丹國　欽差大臣凡有要務商酌約准前赴京都會
議定辦即照各國行權大員常規一體優待所有僱覓內
地夫役均隨其意各官不得偏爲拘拾倘若有人擅將大
丹　欽差公館眷屬隨員人等越禮欺藐該犯由中國地
方官從嚴懲辦
丹約第五款
一凡有丹國事務均歸大丹　欽差大臣與

大清中國大臣會議商辦無論文移會晤皆應按照平儀相
待
丹約第七款（併見吏類設領事等官）
一中華通商港口大丹國設立領事等官或一員或數員
酌量丹商情形隨時定派中國官員接待各國領事官最
優之禮亦於丹國不使或異定其品級即領事官署領事
官與道臺同品副領事官署副領事官及繙譯官與知府
同品因公來往衙署相見會晤文移悉用平禮爲是設若
通商無論何口大丹國以爲無需設官均可暫交友國領

事從權代辦丹國事務以歸簡易

丹約第十款

一兩國職員來往行文各應按照品級官階定式所有平行各官文移均用照會丹國領事官以下詳呈各省督撫均用申陳督撫均用劄行各等字樣至於各國商民人等設若有事請由各官查辦應用具稟字樣以示區別

丹約第五十款（併見總類訂約）

一大丹國大臣並領事官等員所有行知

大清國大臣官員等公文各件俱用英字書寫仍以漢文譯錄暫爲配送俟中國學習英文熟習通徹即不必配送漢文惟遇日後設有文詞辯論之處丹國總以英文作爲正義此次定議漢英文字詳細較對以期無訛

丹約第五十一款

一

大清國所行各式公文無論京外內敘大丹國官民嗣不得提書夷字以消畛域

丹約第五十二款（併見本類優待保護）

一丹國師船別無他意或因捕盜駛入中國無論何口一切買取食物甜水修理船隻地方官妥爲照料船上水師各官與中國官員平行相待以昭友誼

荷蘭約第一款（併見吏類遣使設領事等官本類優待保護）

一

大清大皇帝　大和大君主自立約以後　大和君主可特派秉權大員前來中國照料通商事件其通商各口亦可分派正副領事官或署正副領事官駐劄以撫馭和國民人和國所派正副領事官或署領事官必須各省督撫通商大臣按有和國秉權大臣公文方可通行各口監督地方等官會同辦事大和　欽差大臣若有公務可往京師辦理往還費用皆由和國支理與中國無干凡有和國官員往來中國地方官務必設法照料不得攔阻欺淩和國係是自主之邦若遇有礙國體之禮不可飭其必行和國秉權大臣與中國大臣文移會晤俱用平行儀式相待其通商各口正領事官署領事官與道臺同品副領事官署副領事官與知府同品會晤文移各按品級

荷蘭約第十三款（併見本類優待保護）

一和國師船在中國轄下海洋別無他意或因捕盜駛至各口置買一切食物薪水修理船隻船上水師各官與中國官員平行相待

荷蘭約第十四款（併見總類訂約）

一嗣後大和　欽差大臣及領事等官行移文書與

大清特簡大員及地方監督等官和國俱依和字書寫仍以漢字配送若遇有文詞辯論之處各以本國文字為正此次定漢和文字詳細較對無訛亦依此例

日斯巴尼亞約第四款 併見吏類設領事等官

大日斯巴尼亞國大君主可設立領事等官在中國通商之各口辦理本國商人貿易事務並稽查遵守章程凡領事官及署領事官與道員同品副領事官及署副領事並繙譯官與知府同品其權職均與別大國領事等官無異因公來往衙署相見會晤文移悉用平禮至所派之員必須日斯巴尼亞國眞正職官不得派商人作領事官一面

又兼貿易若係小口貿易不多日斯巴尼亞國可暫令別國眞正領事官料理仍不得託商人代辦

日斯巴尼亞約第四十八款 併見本類優待保護

一日斯巴尼亞國師船別無他意或因捕盜駛入中國無論何口買取一切食物甜水及修理船隻地方官妥為照料船上水師各官與中國官員平行相待

日斯巴尼亞約第五十一款 併見總類訂約刑類獄訟控告審斷

一日斯巴尼亞國官員有公文照會中國官員均用日斯巴尼亞國字樣書寫並繙譯中國字相連配送至於此次所定各款章程以應漢洋字同寫公同較對無訛各以其國字為憑將來兩國官員辦公人等因公往來各隨名位高下准用平行之禮日斯巴尼亞國大憲與中國無論京內京外大憲公文往來俱用照會日斯巴尼亞國二等官員與中國省中大憲公文往來俱用申陳中國大憲用劄行兩國平等官員照相並之禮其商人及無爵者彼此赴訴俱用稟呈日斯巴尼亞國人每有赴訴於地方官其稟函皆由領事官轉遞領事官即將稟內情詞查核適理妥當隨即轉遞否則更正或即發還中國人有稟赴領事官者亦先投地方官一體辦理

比約第五款

凡有比國事務均歸大比　欽差大臣與
大清中國大臣會議商辦無論文移會晤皆應按照平儀相待

比約第七款 併見吏類設領事等官

中華通商港口大比利時國設立領事等官或一員或數員酌量比商情形隨時定派中國官員接待各國領事官最優之禮亦於比國不使或異定其品級即領事官署領事官與道臺同品副領事官與署副領事官及繙譯官與知府同品因公來往衙署相見會晤文移悉用平禮為是設若通商無論何口大比國以為無須設官均可暫交友

國領事從權代辦比國事務以歸簡易

比約第八款（併見總類訂約）

大比利時國大臣並領事官等員所有行知大清國大臣官員等公文各件俱用法字書寫仍以漢文譯錄暫為配送中國官員有公文照會比國官員亦用漢字書寫倘日後有辯論之處各以本國文字為正此次議定條約法漢文字詳細校對以期無訛亦依此例

比約第九款

兩國職員來往行文各應按照品級官階定式比國大憲與中國大憲公文往來俱用照會比國二等官員與中國

省中大憲公文往來用申陳中國大憲用劄行兩國平等官員照相並之禮其商人及無爵者彼此赴訴應用具稟字樣以示區別

比約第四十一款（併見本類優待保護）

比國師船別無他意或因捕盜駛入中國無論何口一切置取食物甜水修理船隻地方官妥為照料並約定不納各項稅餉船上水師各官與中國官員平行相待以昭友誼

義約第五款

凡有義國事務均歸大義　欽差大臣與大清中國大臣會議商辦無論文移會晤皆應按照平儀相待

義約第七款（併見吏類設領事等官）

大義國大君主任憑設立領事等官在中國沿海及河各埠頭通商之所辦理本國通商交涉事件並稽查遵守章程中國官員接待各國領事官最優之禮亦於義國不使或異定其品級即領事官署領事官與道臺同品副領事官署副領事官及繙譯官與知府同品因公往來衙署相見會晤文移悉用平禮為是倘有不平之事該領事等官准逕自申訴省垣大憲並控訴本國　欽差全權大臣設

若通商無論何口大義國以為無需設官均可暫交友國領事從權代辦義國事務以歸簡易遇有領事等官不在該口義國船主商人可以相託別國領事代為料理否則逕赴海關呈明設法妥辦使該船主商人得沾章程之利益

義約第十款（併見刑類獄訟控告審斷）

兩國職員來往行文各應按照品級官階定式所有平行各官文移均用照會義國領事官以下詳呈各省督撫均用申陳督撫均用劄行各等字樣至於各國商民人等設若有事請由各官查辦應用具稟字樣以示區別義國人

每有赴訴地方官其稟函皆由領事官轉遞領事官卽將稟內情詞查核適理妥當隨卽轉遞否則更正或卽發還中國人有稟赴領事官亦先投地方官一體辦理

義約第五十款 併見總類訂約

大義國大臣並領事官等員所有行知

大清國大臣官員等公文各件均用義字書寫仍以漢文譯錄暫爲配送中國官員有公文照會義國官員亦用漢字書寫倘日後設有文詞辯論之處各以本國文字爲正此次議定條約義漢文字詳細校對以期無訛亦依此例

義約第五十一款

大清國所行各式公文無論京外內敘大義國官民嗣不得提書夷字以消畛域

義約第五十二款 併見本類優待保護

義國師船別無他意或因捕盜駛入中國無論何口一切買取食物甜水修理船隻地方官妥爲照料船上水師各官與中國官員平行相待以昭友誼

奥約第五款

凡有奥斯馬加國事務均歸大奥斯馬加國　欽差大臣與

大清中國大臣會議商辦無論文移會晤皆應按照平儀相待

奥約第六款 併見吏類設領事等官

奥斯馬加國設立總領事一員並領事副領事署領事等官前往已通商各口辦理本國商民交涉事件中國官員於該領事等均應從優款待與相待諸國領事官最優者無異如奥斯馬加國於各口不派領事官可以相託別國眞正領事官代爲料理

奥約第七款 併見總類訂約

大奥斯馬加國大臣並領事官等員所有行知

大清國大臣官員等公文各件均用德意志字書寫仍以漢

文譯錄暫爲配送中國官員有公文照會奥國官員亦用漢字書寫倘日後有辯論之處各以本國文字爲正此次議定條約洋漢文字詳細校對以期無訛亦依此例

奥約第三十四款 併見本類優待保護

奥斯馬加國師船別無他意或因捕盜駛入中國無論何口一切買取食物甜水修理船隻地方官妥爲照料船上水師各官與中國官員平行相待該師船進出口一切稅鈔俱不輸納

日本修好條規第五條

兩國官位雖有定品授職各異如彼此職掌相等會晤文

移均用平行之禮職卑者與上官相見則行客禮遇有公
務則照會職掌相等之官轉申無須逕達如相拜會則各
用官位名帖凡兩國派員初到任所須將印文送驗以杜
假冒

日本修好條規第六條（併見總類訂約）

嗣後兩國往來公文中國用漢文日本國用日本文須副
以譯漢文或只用漢文亦從其便

秘約第四款（併見吏類設領事等官）

大清國派總領事並領事副領事署領事等官前赴秘國各
處有別國領事駐劄地方辦理本國商民交涉事件秘國

亦按待各國領事最優之禮一體相待大秘國派總領事
並領事副領事署領事等官前往中國已通商各口辦理
本國商民交涉事件中國官員接待各國領事官最優之
禮亦於秘國領事官不使或異惟必須真正官員不得委
商人代理

秘約第十款（併見本類優待保護）

兩國兵船可以赴彼此凡有別國兵船所至各口一切買
取食物煙煤甜水修理船隻地方官妥爲照料船上水師
各官與地方官平行相待該兵船進出口一切稅鈔俱不
輸納

秘約第十七款（併見總類訂約）

各國議立和約原係洋漢文字惟有英國文中外人多熟習
此次所定之約係中國文日斯巴尼亞文英國文三國文
字譯出九紙嗣後如有未甚妥協之處彼此除各用本國
文字外亦可兼看英文庶無訛誤

巴約第七款（併見本類優待保護）

兩國兵船可以赴別國兵船所至口岸彼此接待與相待
最優之國無異一切買取食物煙煤甜水修理船隻各無
阻礙該兵船進出口一切稅鈔俱不輸納巴國兵船管駕
官中國地方官與之平行相待

巴約第十五款（併見總類訂約）

此次所訂條約係用中國文巴西文法國文各四紙業經
公同譯校各相符合毫無訛誤嗣後如有彼此不明之處
除各用本國文字外兼以法文爲正

章程

英國各船聲砲章程（併見工類行船）

總理衙門咨光緒三年正月十七日准英國傳署公使照稱本國水師各船施放號砲現將舊例略爲變通議定新章開辦並將本國水師兵部原刊通咨一件送呈等因前來相應抄錄照會並章程擇要咨行光緒三年正月咨北洋

附錄英國照會並章程

爲照會事准本國總理各國事務丞相德來文所有本國水師各船向例施放號砲原爲示敬之意起見現與有水師之各國諮商將舊例略爲變通業已會同議定新章訂自本年七月初一日（即華憲丁丑五月二十一日）起開辦茲由本國水師兵部將新章緣由通行咨會各屬遵照辦理特將水師兵部刊印咨文送交一體知照到本署大臣合將水師各船施放號砲新定章程擇要譯錄照會

第一段（英國水師船施放敬砲他國無庸回敬）

一凡遇各國朝廷及各國國主并各國御戚在各口或來或往或上英國師船之時英國師船升砲致敬彼國船隻毋庸回敬

一凡遇各國出使大臣暨領事官等員或文武各官及管轄外藩之總領大臣在各口或來或往或上英國師船之時英國師船升砲致敬彼國船隻毋庸回敬

一凡各國無論何項勞績出衆之士上英國師船之時英國師船升砲致敬彼國船隻毋庸回敬

一凡遇各國慶典佳節時英國師船升砲致敬彼國船隻毋庸回敬

第二段（英國水師船施放敬砲他國師船或砲臺按原放數一體回敬）

一英國師船行抵他國海口升砲致敬彼國國旗彼國即當按原砲數回敬

一他國水師提督暨水師都統或在海面或在各口內英國師船相遇彼國即當如數回敬

以上章程訂自一千八百七十七年七月初一日（即丁丑年五月二十日）起一律開辦

英國水師官員拜謁章程（併見工類行船）

總理衙門咨光緒三年四月二十六日准英國傳署大臣照會內稱水師各船管帶大小官員拜謁章程譯錄照會並將本國原刊通咨一件一併送呈等因前來相應照錄粘抄咨行光緒三年五月初二日咨北洋

附錄英國照會並章程

爲照會事准本國總理各國事務丞相德來文內開所有

各國水師各船隻統帶官員彼此往來拜謁原爲禮敬之意起見現與有水師之各國諮商新定章程已由本國水師兵部將新定章程規例通行知會各屬遵照辦理特將水師兵部刊印咨文送交一體知照到本署大臣合將水師管帶大小官員拜謁章程譯錄照會

第一端 首次派員致意照拂

凡本國水師各船或一隻或數隻不等無論何處灣泊遇有他國水師兵船駛至即由本國統領官派員前往來船照例問候照拂若來船係屬數隻成幫當往該幫統領官之船照前致意隨由來船之管船官派員往本國船上謝

步

第二端 彼此拜謁

凡有水師兵船或一隻或數隻無論何處灣椗如有他國兵船或一隻或數隻不等倘來船之統領官與先到船隻之統領官品級相埒於二十四點鐘以內應由來船之統領官前往躬拜其先到船隻之統領官仍限二十四點鐘爲期當往答拜設或兩國統領官品級不同應由品小者先行躬拜其往拜並答拜之限均照以上所開事理奉行茲將水師管船各官銜職品級開列於左　計開頭等水師提督　二等水師提督　三等水師提督　水師總統

水師總兵　水師副參將　水師游擊

第三端 統領大員躬親答拜之例

一凡水師提督總統總兵等員先向他國水師提督及總統等員拜謁訖即由彼國水師提督總統等員親往答拜若係水師副將參將游擊等員來拜當由水師提督或總統等員特派標下總兵或副將參將等員代爲答拜

一凡副將參將游擊等員先行拜謁水師總兵等員後即當躬行答拜

一凡各國水師兵船成幫無論何口相遇一俟統領官彼此拜謁後當由來幫各船之管船官向先到各船之管船

官處往拜後分別答拜

一此項章程業已通行諮商咸知禮尚往來各國水師斷無軒輊均當恪遵

中外往來儀式節略

總理衙門咨光緒五年十月初八日准英法各國大臣等會銜照稱各國官員與貴國外省官員相晤以及行文現在會同酌議擬備文奉達等因當由本衙門咨行貴大臣酌核咨復在案嗣經本衙門與威大臣屢次會商辦給節略往來茲於本年十月二十二日准威大臣函稱前接往來儀式節略已由本大臣面陳各國大臣查閱並晤商酌定

請另爲備文分行照會查照等因除由本衙門分行照會外相應抄錄節略一件咨行查照一體轉行飭知遵照光緒五年十月　日咨北南洋

前接中外往來儀式節略一紙經本衙門逐條咨復乃貴大臣似未愜意晤談間屢請妥商茲特再擬辦法逐條開列於後一各國領事遇有事件必須面見各省督撫大吏者無論內地及各口自應隨時進見至接見禮儀雖各官品級不同然究係客官不得以屬員視之宜行以賓主之禮一節查外省自督撫至道臺品級雖有不同刻下會晤儀節無不以客禮相待將來遇有事件亦當隨時接見一

律以賓主之禮相待一各國領事官與中國外省官憲遇有交涉事件需用公文往來其行文格式不得如上司行屬員下條陳上憲無論品級孰大孰小概用文移二字則不致有相屬之意一節查各國條約不同內有載領事官署領事官與道臺同品副領事官署副領事及繙譯官與知府同品會晤文移均用平禮等語此係專指品級相當者而言若督撫與領事等官未便概用文移二字但體制果無大礙自應設法通融現擬遇有尋常公務領事即可照舊照會道臺由道臺轉申督撫督撫即可照舊劄行道臺由道臺照會領事可省彼此徑行文件若事關緊要彼此無論品級大小概用照會往來一擬外省官員與各國領事官文件內書貴領事字樣各處公文內有提及領事官者則書其姓曰某領事字樣一節又中國外省官憲行屬員文內向用硃筆圈點近於示式與外國官員文件似可不用一節查此兩項無關體制均可照行以上各節係通融辦法實爲敦崇和好起見唯貴大臣及列位大臣詳酌焉按領事見督撫大吏所謂以賓禮相待者蓋以本分非平行而中外又不相轄屬故用賓禮以示優待亦隱示別乎平行之意其行文內所稱設法通融聲明尋常公務照舊照會道臺轉申若事關緊要始彼此槩用照會云云亦是此意所謂通融者即指事關緊要始徑自行文可以體會而喻其詳並註於設領事門內總領事仍用申陳案上

釐定贈賜寶星章程並各式按式列卷末

總理衙門咨光緒七年八月二十四日本衙門具奏續修俄約已定擬請分別
賞給各國駐京大臣寶星一摺同日奉
旨依議欽此欽遵擬定章程式樣執照格式十二月十九日具
奏奉
旨依議欽此相應抄錄原奏刷印章程並繪出寶星佩帶圖式咨送貴大臣欽遵查照嗣後如遇應給寶星之處請按照章程等第自行製造寶星佩帶仍咨由本衙門核明填發執照光緒七年八月咨北洋

奏爲釐定寶星章程請
旨遵行以昭愼重恭摺仰祈
聖鑒事竊臣等於本年八月二十四日奏請
賞給英國使臣威妥瑪等寶星摺內聲明再由臣等釐定等第
酌擬章程奏明奉
旨後製造頒給等因奉
旨依議欽此欽遵在案查泰西各國行用寶星大抵視品級之
崇卑定禮文之隆殺約言其制則有四端一曰名目各國
張掛旗幟制度各有不同中國之旗幟向例以繪畫龍文
爲識現擬仿照此例於寶星之上鏨以雙龍卽命名曰雙

龍寶星自頭等第三以下皆於上面鏨
大清御賜四字其頭等第一第二係
特表優異之典不得率行濫請一曰等第各國之寶星有國君
自行佩帶因贈予與國之君者有頒賜臣下而推及於與
國之臣下者分際迥殊等威不一現擬將寶星分列五等
並於頭二三等中每等再分三級計次序之數共十有一
卽於寶星上鏨刻清文註明等第字樣自國君以至於工
商人等各如其分以相酬庶名器不至濫邀而更免畸重
畸輕之弊一曰藻飾我
朝之有品級者例意綦嚴故上有王公下及生監向以頂戴別

尊卑現擬參用此意於寶星之上鑲嵌珠寶一顆分其顏
色以示區別一曰執照各國每遇發給寶星之時除應行
之文書外另備執照一紙給本人收執以爲憑現擬於寶
星執照內前半恭錄
允准釐定寶星之
諭旨後半塡寫承領執照之人姓名籍貫敘明因何給予之故
暨給予之年月日其頭等第一第二未便加用執照應由
臣衙門知照各國外部大臣分別轉贈移送其頭等第三
以下應用執照則蓋用臣衙門關防此後本人若有劣跡
經本國斥退者仍將寶星執照一律追繳其餘尺寸之大

小綬帶之短長亦各隨等第以判低昂以上所擬各條考
之各國崇尚寶星之例立法雖異立意則同要皆因時制
宜以期折衷至當謹開列清單酌擬執照格式暨寶星式
樣繪圖恭呈
御覽嗣後凡遇
頒賞頭二等寶星奉
旨後均由臣衙門製造頒給其三等以下寶星何處奏請
頒賞卽由何處照式製造頒給仍知照臣衙門蓋用關防發給
執照以備稽核如蒙
俞允應由臣衙門照會各國使臣暨知照南北洋大臣各省督

撫出使各國大臣一體遵照辦理伏乞
聖鑒光緒七年十二月十九日奉
旨依議欽此
謹將寶星章程開列清單恭呈
御覽
頭等第一專贈各國之君
頭等第二給各國世子親王宗親國戚等
頭等第三給各國世爵大臣總理各部務大臣頭等公使等
二等第一給各國二等公使等
二等第二給各國三等公使署理公使總稅務司等
二等第三給各國頭等參贊武職大員總領事官總教習等
三等第一給各國二三等參贊領事官正使隨員水師頭等管駕官陸路副將教習等
三等第二給各國副領事官水師二等管駕官陸路參將等
三等第三給各國繙譯官遊擊都司等
四等給各國兵弁等
五等給各國工商人等

頭等應用赤金地法藍雙龍第一中嵌珍珠金龍金紅色帶第二中嵌紅寶石第三中嵌光面珊瑚俱銀龍大紅色帶
二等應用赤金地銀雙龍中嵌起花珊瑚黃龍紫色帶
三等應用法藍地金雙龍中嵌藍寶石紅龍藍色帶
四等應用法藍地銀雙龍中嵌青金石綠龍醬色帶
五等應用銀地法藍龍中嵌硨磲藍龍月白帶
頭等寶星式尚方計營造尺長三寸三分寬二寸二分二等以下寶星式尚圓二等徑二寸七分三等徑二寸五分四等徑一寸九分五等徑一寸六分其上皆有環首
頭二等帶均長一尺三寸寬一寸五分兩頭有穗綵繩束結三等帶長一尺三寸寬一寸五分四五等帶均長五寸寬一寸一分

成案

游歷印照必須體面自愛者方准塡發并領事不得以商人兼充曁核定接待品級禁止濫發旗號已見吏類設領事等官併見本類游歷

各國公使及領事等游歷各省飭地方官先爲申報已見吏類遣使併見吏類設領事官本類游歷

中國官員在屬邦襄辦洋務應以賓禮接待

北洋大臣李咨光緒九年正月二十三日接准貴國王咨稱項據馬中書建常等稱貴大臣以敝邦門戶積習用人途狹乃仰體

皇上軫念藩服之意勸勉當職破格拔擢天下奇才而用之適聆之下感佩何已因查貴大臣揀派之員馬建常深究治法練達時務特權任以議政府贊議兼會辦交涉通商事務實由敝邦狃於故常事多循名必有任事名目方可呼應相通且免干涉之嫌亦有以副貴大臣相期相望之厚意理合咨明等因准此查貴國門戶積習用人途狹勸令破格用士當就本國士類中有才識品望者酌選拔用不必盡拘門戶也至中書馬建常原係

天朝職官斷不應兼受屬邦官號前因貴國王來咨各國換約在前一切交涉商辦事件茫然不知煩請代聘賢明練達之士東來隨事指導本署大臣稔知中書馬建常諳習各國公法洋情明練時務是以奏派該中書前往隨事襄籌妥辦貴國王只可以賓禮接待遇事諮訪籌商該員必能盡心協助毫無欺隱未便任以官號於體制轉多窒礙馬建常現已稟請本署大臣代爲辭職所有貴國王權任以議政府贊議之處應請作爲罷論若令會辦交涉通商事宜勿稍掣肘呼應易通亦無干涉之嫌除劄飭馬中書遵照外相應咨覆光緒九年　月　日咨朝鮮國王

五等寶星寶帶式共十七面

頭等第一專贈各國之君

頭等第二給各國世子
親王宗親國戚等

禮一　三十八

頭等第三給各國世爵
大臣總理各部務大臣
頭等公使等

二等第一給各國二等
公使等

禮一　三十九

二等第二給各國三等公使署理公使總稅務司等

二等第三給各國頭等參贊武職大員總領事官總教習等

三等第一給各國三等參贊領事官正使隨員水師頭等管駕官陸路副將教習等

三等第二給各國副領事官水師二等管駕官陸路參將等

三等第三給各國繙譯官游擊都司等

四等給各國兵弁等

五等給各國工商人等

頭等第一寶星帶式

頭等第二第三寶星帶式

二等寶星帶式

三等寶星帶式

四等寶星帶式

五等寶星帶式

通商約章類纂卷十九目錄　禮類二

優待保護

條約章程

日斯巴尼亞約第四十七款 併見戶類稅務口岸貿易
日斯巴尼亞約第四十八款 併見本類交際儀文
比約第三款
比約第四款
比約第十四款
比約第十七款 併見刑類獄訟欺淩擾害命盜
比約第四十一款 併見本類交際儀文
比約第四十二款 併見戶類稅務稽稅杜漏
義約第三款 併見工類租傭建置
義約第四款

義約第十八款 併見刑類獄訟欺淩擾害命盜
義約第二十款
義約第五十二款 併見本類交際儀文
義約第五十三款
奧約第三款
奧約第四款
奧約第十三款
奧約第三十四款 併見本類交際儀文
奧約第三十五款
奧約第四十一款 併見刑類獄訟欺淩擾害命盜

日本修好條規第十四條 併見刑類法禁
日本通商章程第十八款
日本通商章程第二十款
日本通商章程第二十九款 併見刑類獄訟命盜
中日天津會議專款第一條
中日天津會議專款第三條
秘約第三款
秘約第七款
秘約第十款 併見本類交際儀文
秘約第十一款

秘約第十六款
巴約第一款 併見總類訂約
巴約第七款 併見本類交際儀文
巴約第八款 併見戶類稅務口岸貿易

章程

通行英國酬賞救護失事洋船章程 附布國另章
擬定救護中外船隻章程
中國朝鮮商民水陸貿易章程第一條 已見戶類稅務口岸貿易
中國朝鮮商民水陸貿易章程第三條 已見戶類稅務口岸貿易併見刑類法禁

成案

通商約章類纂卷十九　禮類二

優待保護

條約章程

伊犂塔爾巴哈臺通商章程第四條

一俄商前來貿易由該頭人帶領到中國伊犂博羅霍吉爾卡倫塔爾巴哈臺烏占卡倫必須有俄國執照呈坐卡官照驗由坐卡官將人數及貨物數目聲明轉報派撥官兵沿卡照料護送彼此不得互相刁難

伊犂塔爾巴哈臺通商章程第五條

一俄商往來均由預定卡倫按站行走以便沿卡官兵照護

俄約第二條併見吏類遣使本類交際儀文

議將從前使臣進京之例酌要更正嗣後兩國不必由薩那特衙門及理藩院行文由俄國總理各國事務大臣或逕行
大清之軍機大臣或
特派之大學士往來照會俱按平等設有緊要公文遣使臣親送到京交禮部轉達軍機處至俄國之全權大臣與
大清之大學士及沿海之督撫往來照會均按平等兩國封疆大臣及駐紮官員往來照會亦按平等俄國酌定駐紮

中華海口之全權大臣與中國地方大員及京師大臣往來照會均照從前各外國總例辦理遇有要事俄國使臣或由恰克圖進京故道或由就近海口預日行文以便進京商辦使臣及隨從人等迅速順路行走沿途及京師公館派人妥爲預備以上費用均由俄國經理中國毋庸預備

俄約第六條

俄國兵商船隻如有在中國沿海地方損壞者地方官立將被難之人及載物船隻救護所救護之人及所有物件盡力設法送至附近俄國通商海口或與俄國素好國之領事官所駐紮海口或順便咨送到邊其救護之公費均由俄國賠還俄國兵貨船隻在中國沿海地方遇有修理損壞及取甜水買食物者准近中國附近未開之海口按市價公平買取該地方官不可攔阻

俄約第十條 併見本類學習文藝

俄國人習學中國滿漢文義居住京城者酌改先時定限不拘年分如有事故立即呈明行文本國核准後隨辦事官員逕回本國再派人來京接替所有駐京俄國之人一切費用統由俄國付給中國毋庸出此項費用駐京之人及恰克圖或各海口往來京城送遞公文各項人等路費

亦由俄國付給中國地方官於伊等往來之時程途一切事務要妥速辦理

俄約第十一條

爲整理俄國與中國往來行文及京城駐居俄國人之事宜京城恰克圖二處遇有來往公文均由臺站迅速行走以半月爲限不得遲延躭悞信函一併附寄再運送應用物件每届三箇月一次一年之間分爲四次照指明地方投遞勿致舛錯所有驛站費用由俄國同中國各出一半以免偏枯

俄續約第八條之一

俄羅斯國商人在中國中國商人在俄羅斯國俱仗兩國扶持

俄續約第十二條

按照天津和約第十一條由恰克圖至北京因公事送書信因公事送物件往返限期開列於後書信每月一次物件箱子自恰克圖至北京每兩箇月一次自北京往恰克圖三箇月一次送書信限期二十日送箱子限期四十日每次箱子數目至多不得過二十隻每隻分兩至重不得過中國一百二十斤之數所送之信必須當日傳送不得躭延如遇事故嚴行查辦

由恰克圖往北京或由北京往恰克圖送書信物件之人必須由庫倫行走到領事官公所如有送交該領事官等書信物件即便留下如該領事官等有書信物件亦即帶送

送箱隻時開寫清單自恰克圖及庫倫知照庫倫辦事大臣自北京送時報知理藩院單上註明何時起程箱隻數目分兩多少及每箱分兩於封皮上按俄羅斯字繙出蒙古字或漢字寫明分兩數碼

若商人爲買賣之事送書信物箱願自行僱人另立行規准其預先報明該處長官允行後照辦以免官出花費

俄續約第十三條之二

大俄羅斯國欽差大臣居住北京時遇有緊要書信亦由俄國自行派員解送該差派送文之人行至何處不可使其就延等候所派送文之員必係俄羅斯國之人派員之事在恰克圖由廓米薩爾前一日報明部員在北京由俄羅斯館前一日報明兵部

中俄改訂條約第二條

大清國大皇帝允降

諭旨將伊犂擾亂時及平靖後該處居民所爲不是無分民教均免究治免追財產中國官員於交收伊犂以前遵照

大清國大皇帝恩旨出示曉諭伊犂居民

中俄改訂條約第三條

伊犂居民或願仍居原處爲中國民或願遷居俄國入俄國籍者均聽其便應於交收伊犂以前詢明其願遷居俄國者自交收伊犂之日起予一年限期遷居攜帶財物中國官並不攔阻

中俄改訂條約第四條（併見工類租傭建置）

俄國人在伊犂地方置有田地者交收伊犂後仍准照舊管業其伊犂居民交收伊犂之時入俄國籍者不得援此條之例俄國人田地在咸豐元年伊犂通商章程第十三

條所定貿易圈以外者應照中國民人一體完納稅餉

中俄改訂條約第十條（併見吏類設領事等官戶類稅務陸路口岸貿易刑類法禁工類租傭建置本類交際儀文）

俄國照舊約在伊犂塔爾巴哈臺喀什噶爾庫倫設立領事官外亦准在肅州（即嘉峪關）及吐魯番兩城設立領事其餘如科布多烏里雅蘇臺哈密烏魯木齊古城五處俟商務興旺始由兩國陸續商議添設俄國在肅州（即嘉峪關）及吐魯番所設領事官於附近各處地方關繫俄民事件均有前往辦理之責按照一千八百六十年即咸豐十年北京條約第五第六兩條應給予可蓋房屋牧放牲畜設立墳塋

等地嘉峪關及吐魯番亦一律照辦領事官公署未經起蓋之先地方官幫同租覓暫住房屋俄國領事官在蒙古地方及天山南北兩路往來行路寄發信函按照天津條約第十一條北京條約第十二條可由臺站行走俄國領事官以此事相託中國官即妥爲照料吐魯番非通商口岸而設立領事各海口及十八省東三省内地不得援以爲例

英舊約第八條

一凡係大英國人無論本國屬國軍民等今在中國所管轄各地方被禁者

大清大皇帝准即釋放

英舊約第九條

一凡係中國人前在英人所據之邑居民者或與英人有來往者或有跟隨及伺候英國官人者均由

大皇帝俯降諭旨謄錄天下恩准全然免罪且凡係中國人爲英國事被拏監禁受難者亦加恩釋放

英約第三款（併見工類租僱建置本類交際儀文）

一　大英君主欽差各等大員及各眷屬可在京師或長行居住或能隨時往來總候本國　諭旨遵行英國自主之邦與中國平等　大英君主欽差大臣作爲代國秉權大員覲

大清皇上時遇有礙於國體之禮是不可行惟　大英君主每有派員前往泰西各與國拜國主之禮亦拜

大清皇上以昭畫一肅敬至在京師租賃地基或房屋作爲大臣等員公館

大清皇帝官員亦宜協同勸辦僱覓夫役亦隨其意毫無阻攔待　大英君主欽差公館眷屬隨員人等或有越禮欺藐等情弊該犯由地方官從嚴懲辦

英約第四款

一　大英君主欽差大臣並各隨員等皆可任便往來收發文件行裝囊箱不得有人擅行啟拆由沿海無論何處

皆可送文專差同

大清驛站差使一律保安照料凡有　大英君主欽差大臣各式費用皆由英國支理與中國無涉總之泰西各國於此等大臣向爲合宜例准應有優待之處皆一律行辦

英約第十八款（併見刑類獄訟欺淩擾害命盜）

一英國民人中國官憲自必時加保護令其身家全安如遭欺淩擾害及有不法匪徒放火焚燒房屋或搶掠者地方官立即設法派撥兵役彈壓查追並將焚搶匪徒按例嚴辦

英約第二十款

一英國船隻有在中國沿海地方碰壞擱淺或遭風收口地方官查知立即設法妥為照料護送交就近領事官查收以昭睦誼

英約第五十二款　併見本類交際儀文

一英國師船別無他意或由捕盜駛入中國無論何口一切買取食物甜水修理船隻地方官妥為照料船上水師各官與中國官員平行相待

英約第五十三款

一中華海面每有賊盜搶劫

大清皇帝　大英君主視為向於內外商民大有損礙意合會議設法消除

瑞典哪威約第十九條　併見刑類獄訟欺凌擾害命盜

一嗣後瑞典國哪威國等民人在中國安分貿易與中國民人互相友愛地方官自必時加保護令其身家全安並查禁匪徒不得欺淩騷擾倘有內地不法匪徒逞凶放火焚燒洋樓掠奪財物領事官速即報明地方官派撥兵役彈壓查拏並將焚搶匪徒按例嚴辦

瑞典哪威約第二十六條　併見刑類獄訟命盜

一瑞典國哪威國等貿易船隻進中國五港口灣泊仍歸各領事等官督同船主人等經管中國無從統轄倘遇有

外洋別國淩害瑞典國哪威國等貿易民人中國不能代為報復若瑞典國哪威國等商船在中國所轄內洋被盜搶劫者中國地方文武官一經聞報即須嚴拏強盜照例治罪起獲原贓無論多少均交近地領事等官全付本人收回但中國地廣人稠萬一正盜不能緝獲或有盜無贓及起贓不全中國地方官例有處分不能賠還贓物

瑞典哪威約第二十七條

一瑞典國哪威國等貿易船隻若在中國洋面遭風觸礁擱淺遇盜致有損壞沿海地方官查知即應設法拯救酌加撫恤俾得駛至本港口修整一切採買米糧汲取淡水均不得稍為禁阻如該商船在外洋損壞漂至中國沿海地方者經官查明亦應一體撫恤妥為辦理

瑞典哪威約第二十八條

一瑞典國哪威國等民人貿易船隻財物在中國五港口者地方官均不得強取威脅如封船公用等事應聽其安生貿易免致苦累

瑞典哪威約第三十二條　併見本類交際儀文

一嗣後瑞典國哪威國等如有兵船巡查貿易至中國各港口者其兵船之水師提督及水師大員與中國該處港口之文武大憲均以平行之禮相待以示和好之誼該船

如有採買食物汲取淡水等項中國均不得禁阻如或兵船損壞亦准修補

美約第九款 併見刑類獄訟命盜本類交際儀文

一大合衆國如有官船在通商海口遊奕巡查或為保護貿易或為增廣才識近至沿海各處如有事故該地方大員當與船中統領以平行禮儀相待以示兩國和好之誼如有採買食物汲取淡水或須修理等事中國官員自當襄助購辦遇有大合衆國船隻或因毀壞被劫或雖未毀壞而亦被劫被擄及在大洋等處應准大合衆國官船追捕盜賊交地方官訊究懲辦

美約第十一款 併見刑類獄訟欺凌擾害

一大合衆國民人在中華安分貿易辦事者當與中國人一體和好友愛地方官必時加保護務使身家一切安全不使受欺辱騷擾等事倘其屋宇產業有被內地不法匪徒逞兇恐嚇焚毀侵害一經領事官報明地方官立當派撥兵役彈壓驅逐並將匪徒查拏按律重辦倘華民與大合衆國人有爭鬬詞訟等案華民歸中國官按律治罪大合衆國人無論在岸上海面與華民欺侮騷擾毀壞物件毆傷損害一切非禮不合情事應歸領事等官按本國例懲辦至捉拏犯人以備質訊或由本地方官或由大合衆國官均無不可

美約第十三款 併見刑類獄訟命盜

一大合衆國船隻在中國洋面遭風觸礁擱淺遇盜致有損壞等害者該處地方官一經查知即應設法拯救保護並加撫卹俾得駛至最近港口修理並准其採買糧食汲取淡水倘商船有在中國所轄內洋被盜搶劫者地方文武員弁一經聞報即當嚴拏賊盜照例治罪起獲原贓無論多寡或交本人或交領事官俱可但不得冒開失單至中國地廣人稠萬一正盜不能緝獲或起贓不全不得令中國賠還貨款但若地方官通盜沾染一經證明行文大

憲奏明嚴行治罪將該員家產查抄抵償

美續約第四條

原約第二十九款內載 耶穌基督聖教暨 天主教有安分傳教習教之人當一體保護不可欺侮等語現在議定是美國人在中國不得因美國人民異教稍有欺侮淩虐嗣後中國人在美國亦不得因中國人民異教稍有屈抑苛待以昭公允至兩國人之墳墓均當一體鄭重保護不得傷毀

美續約第六條

美國人民前往中國或經歷各處或常行居住中國總須

按照相待最優之國所得經歷常住之利益俾美國人一體均沾中國人至美國或經歷各處或常行居住美國亦必按照相待最優之國所得經歷與常住之利益俾中國人一體均沾惟美國人在中國者不得因有此條即時作爲中國人民中國人在美國者亦不得因有此條即時作爲美國人民

美續修條約第二款 併見戶類稅務口岸貿易工類招工本類游歷學習文藝傳教

中國商民如傳教學習貿易游歷人等以及隨帶並僱用之人兼已在美國各處華工均聽其往來自便俾得受優待各國最厚之利益

美續修條約第三款 併見刑類獄訟欺凌擾害工類招工

已在美國各華工及他項華人等無論常居暫住如有偶受他人欺侮之事美國應即盡力設法保護與待各國人最優者一體相待俾得各受按約應得之利益

法約第二款 併見吏類遣使工類租僱建置本類交際儀文

茲兩國幸然復舊太平欲垂之永久因此兩國

欽差大臣議定凡有大法國　特派欽差大臣公使等予以

詔敕前來中國者或有本國重務辦理皆准進京僑居按照泰西各國無異又議定將來假如凡與中國有立章程之國或派本國欽差公使等進京長住者大法國亦能照辦凡進京之　欽差大臣公使等當其暫居京師之時無不按照情理全獲施恩其施恩者乃所有身家公所與各來往公文書信等件皆不得擅動如在本國無異凡欲招置人通事服役人等可以延募毫無阻攔所有費用均由本國自備中國

大皇帝欲派欽差大臣前往大法國京師僑居無不各按品級延接全獲恩施照泰西各國所派者無異

法約第十二款

凡大法國人在通商各口地方所有各家產財貨中國民人均不得欺凌侵犯至中國官員無論遇有何事均不得

威壓强取大法國船隻以爲公用私用等項

法約第三十款

凡大法國兵船往來游奕保護商船所過中國通商各口均以友誼接待其兵船聽憑採買日用各物若有壞爛亦可購料修補俱無阻礙倘大法國商船遇有破爛及別緣故急須進口躲避者無論何口均當以友誼接待如有大法國船隻在中國近岸地方損壞地方官聞知即爲拯救給與日用急需設法打撈貨物不使損壞隨照會附近領事等官會同地方官設法著令該商梢人等回國及爲之拯救破船木片貨物等項

法約第三十六款 併見刑類獄訟欺淩擾害命盜

將來大法國人在通商各口地方爲中國人陷害淩辱騷擾地方官隨在彈壓設法防護更有匪徒狂民欲行偷盜毀壞放火大法國房屋貨行及所建各等院宅中國官或訪聞或領事官照會立即飭差驅逐黨羽嚴拏匪犯照例從重治罪將來聽憑向應行追贓著賠者責償

中法會訂越南新約第一款 併見兵類疆界

一越南諸省與中國邊界毗連者其境內法國約明自行弭亂安撫其擾害百姓之匪黨及無業流氓悉由法國妥爲設法或應解散或當驅逐出境並禁其復聚爲亂惟無

論遇有何事法兵永不得過北圻與中國邊界法國並約明必不自侵此界且保他人必不犯之其中國與北圻交界各省境內凡遇匪黨逃匿即由中國設法或應解散或當驅逐出境倘有匪黨在中國境內會合意圖往擾法國所保護之民者亦由中國設法解散法國既擔保邊界無事中國約明亦不派兵前赴北圻至於中國與越南如何互交逃犯之事中法兩國應另行議定專條凡中國僑居人民及散勇等在越南安分守業者無論農夫工匠商賈若無可責備之處其身家產業均得安穩與法國所保護之人無異

布約第三款 併見工類租備建置本類交際儀文

一

大清大布國所派秉權大臣於居住之處無不按照情理全獲恩施所有身家公所與各來往公文書信等件皆不得被人擅動凡欲僱募送信人通事服役人等皆聽其便所有費用兩國自備資斧至在京師租賃地基或房屋作爲大臣等員公館兩國官員亦宜協同勷辦僱覓夫役亦隨其意毫無阻攔

布約第四款 併見吏類設領事等官本類交際儀文

現已議准通商各口布國暨德意志通商稅務公會和約

各國任憑設立總領事一員領事副領事署領事等官每口一員前往辦理本國商民交涉事件中國官員於該領事等官均應從優款待如相待諸國領事官最優者無異凡別國所邀優恩之處德意志官員一律相邀遇有領事等官不在該口德意志國商民可以相託與國領事代爲料理否則逕赴海關呈明設法妥辦使本國商民得沾章程之利益

布約第三十款

布國及德國官船別無他意或因捕盜駛入中國無論何口一切買取食物甜水修理船隻地方官妥爲照料船上

水師各官與中國官員平行相待

布約第三十一款（併見戸類稅務稽稅杜漏）

布國及德意志通商稅務公會和約各國商船遇有破爛及別緣故急須進口躲避者無論何口均可進去不用完納船鈔船內貨物如爲修船之故而須上岸者亦不納稅惟將該貨留在監督官照顧以免影射情弊如該船在中國近岸地方損壞擱淺收口地方官聞知立即設法妥爲拯救商梢保存船隻以及打撈貨物不使損壞所救水手人等務必妥爲照料設法護送就近領事官查收以昭睦誼

布約第三十六款（併見刑類獄訟欺淩擾害命盜）

布國及德意志和約各國民人中國官憲自必時加保護令其身家安全如遭欺淩擾害及有不法匪徒放火焚燒房屋或搶掠者地方官立即設法派撥兵役彈壓查追並將焚搶匪徒按例嚴辦

丹約第三款（併見吏類遣使工類租建置本類交際儀文）

一大丹國　欽差大臣凡有要務商酌約准前赴京都會議定辦即照各國行權大員常規一體優待所有僱覓內地夫役均隨其意各官不得偏爲拘洽倘若有人擅將大丹　欽差公館眷屬隨員人等越禮欺藐該犯由中國地方官從嚴懲辦

丹約第四款

一　大丹君主欽差大臣並各隨員等皆可往來內地各處所有收發文件行裝囊箱無論沿海何處皆可送文不得有人擅行拆啟專差同

大清驛站弁兵一律保安照料凡有大臣並各眷屬隨員等各項費用皆由丹國支領與中國無涉總之丹國大臣入

華當照泰西各國於代國大臣向爲合宜優待之處同一優禮相待

丹約第十八款（併見刑類獄訟欺淩擾害命盜）

一丹國民人約准中國官憲自必時加保護令其身家全安如遭欺淩擾害及有不法匪徒放火焚燒房屋搶掠財貨又准地方官立即設法派撥兵役彈壓查拏將該犯按例嚴辦並將所搶財物盡力追交倘承緝官不能獲犯起贓祇可准照中國例處分

丹約第二十款

一丹國船隻有在中國沿海各處或有碰壞擱淺以及遭風收口約准地方官查知立即設法妥爲照料船上丹民就近送交領事官查收以昭睦誼

丹約第五十二款（併見本類交際儀文）

一丹國師船別無他意或因捕盜駛入中國無論何口一切買取食物甜水修理船隻地方官妥爲照料船上水師各官與中國官員平行相待以昭友誼

丹約第五十三款

一中華海面近有賊盜搶刼向於內外商民大有損礙大清大丹各國約定會議設法消除

荷蘭約第一款 併見吏類遣使設領事等官本類交際儀文

一

大清大皇帝　大和大君主自立約以後　大和君主可特派秉權大員前來中國照料通商事件其通商各口亦可分

派正副領事官或署正副領事官駐劄以撫馭和國民人和國所派正副領事官或署領事官必須各省督撫通商大臣接有和國秉權大臣公文方可通行各口監督地方等官會同辦事大和　欽差大臣若有公務可往京師辦理往還費用皆由和國支理與中國無干凡有和國官員往來中國地方官務必設法照料不得攔阻欺淩和國係是自主之邦若遇有礙國體之禮不可飭其必行和國秉權大臣與中國大臣文移會晤俱用平行儀式相待其通商各口正領事官署領事官與道臺同品副領事官署副領事官與知府同品會晤文移各按品級

荷蘭約第七款 併見刑類獄訟欺淩擾害命盜

一和民在中國者地方官必時加保護如有欺淩擾害恣意搶掠即當設法查追並將該犯按律嚴辦和船在中國轄下海洋被刼地方官聞報迅即設法查拏如追有贓物交領事官給還原主中國官不能代爲賠償和船在中國沿海地方擱淺碰壞或遭風收口地方官聞報即當設法照料護交就近領事官以敦和睦

荷蘭約第十三款 併見本類交際儀文

一和國師船在中國轄下海洋別無他意或因捕盜駛至各口置買一切食物薪水修理船隻船上水師各官與中

國官員平行相待

日斯巴尼亞約第二款 併見吏類遣使工類租傭建置

大日斯巴尼亞國大君主欲派秉權大臣一員至中國京師亦無不可

大清國大皇帝欲派秉權大臣一員至日斯巴尼亞國京師事同一律所派秉權大臣於居住之處無不按照情理全獲恩施所有身家公館與各來往公文書信等件皆不得被人擅動凡欲僱募送信人通事服役人等皆聽其便所有費用彼此自備資斧至在京師租賃地基或房屋作爲大臣等員公館兩國官員亦宜協同襄辦僱覓夫役亦隨其便毫無阻攔

日斯巴尼亞約第三款

一日斯巴尼亞國　欽差大臣並各隨員等皆可任便往來收發文件行裝囊箱不得有人擅行啟拆由沿海無論何處皆可送交專差同中國驛站差使一律保安照料總之泰西各國於此等大臣向為合宜例准應有優待之處皆一律行辦

日斯巴尼亞約第十五款（併見刑類獄訟　欺淩擾害命盜）

一日斯巴尼亞國民人中國官憲自必時加保護令其身家全安如遭欺淩擾害及有不法匪徒放火焚燒房屋或搶掠者地方官立即設法派撥兵役彈壓查追並將焚搶

匪徒按例嚴辦

日斯巴尼亞約第十七款

一日斯巴尼亞國船隻有在中國沿海地方碰壞擱淺或遭風收口地方官查知即設法妥為照料護送交就近領事官查收以昭睦誼

日斯巴尼亞約第四十七款（併見戶類稅務口岸貿易）

一中國商船不論多寡均准前往小呂宋地方貿易必按最好之國一律相待若日斯巴尼亞國嗣後有何優待別國商人之處應照最優之國以待中國商人用昭平允

日斯巴尼亞約第四十八款（併見本類交際儀文）

一日斯巴尼亞國師船別無他意或因捕盜駛入中國無論何口買取一切食物甜水及修理船隻地方官妥為照料船上水師各官與中國官員平行相待

比約第三款

大比利時國欽差大臣凡有要務商酌約准前赴京都會議定辦即照各國行權大員常規一體優待所有身家公所與各來往公文書信等件皆不得被人擅動凡欲僱募送信人通事服役人等皆聽其便倘若有人擅將大比利時國　欽差公館眷屬隨員人等越禮欺藐該犯由中國地方官從嚴懲辦

比約第四款

大比利時國欽差大臣並各隨員等皆可往來內地各處所有收發文件行裝囊箱無論沿海何處皆可送交所差之人應同

大清驛站弁兵一律保安照料總之比國大臣入華當照泰西各國於代國大臣向為合宜優待之處同一優禮相待凡有大臣並各眷屬隨員等各項費用皆由比國支領與中國無涉

比約第十四款

比國人在通商各口地方所有各家產財貨中國民人均

不得欺淩使犯至中國官員無論遇有何事均不得威壓强取比國船隻以爲公用私用等項

比約第十七款 併見刑類獄訟 欺淩擾害命盜

比國民人約准中國官憲自必時加保護令其身家全安如遭欺淩擾害及有不法匪徒放火焚燒房屋搶掠財貨又准地方官立即設法派撥兵役彈壓查拏將該犯按例嚴辦並將所搶財物盡力追交倘承緝官不能獲犯起贓祇可准照中國例處分

比約第四十一款 併見本類 交際儀文

比國師船别無他意或因捕盜駛入中國無論何口一切

置取食物甜水修理船隻地方官妥爲照料並約定不納各項稅餉船上水師各官與中國官員平行相待以昭友誼

比約第四十二款 併見戶類稅務 稽稅杜漏

比國商船遇有破爛及别緣故急須進口躲避者無論何口均可進去無庸完納船鈔船內貨物如爲修理之故而須上岸者亦不納稅惟將該貨留在監督官照顧以免影射情弊如該船在中國近岸地方損壞擱淺收口地方官聞知立即設法妥爲拯救商梢保存船隻以及打撈貨物不使損壞所救水手人等務必妥爲照料設法護送就近

領事官查收以昭友誼

義約第三款 併見工類 租傭建置

大義欽差各等大員及各眷屬可在京師或長行居住或能隨時往來總候本國　諭旨遵行倘大義　欽差到中國時中國即照各國駐京欽差大臣常規一體優待所有僱覔內地夫役均隨其意各官不得偏爲拘治倘若有人擅將大義　欽差公館眷屬隨員人等越禮欺藐該犯由中國地方官從嚴懲辦

義約第四款

大義國欽差大臣並各隨員等皆可往來內地各處所有

收發文件行裝囊箱無論沿海何處皆可送交不得有人擅行拆啟專差同

大清驛站弁兵一律保安照料凡有大臣並各眷屬隨員等各項費用皆由義國支領與中國無涉總之義國大臣入華當照泰西各國於代國大臣向爲合宜優待之處同一優禮相待

義約第十八款 併見刑類獄訟 欺淩擾害命盜

義國民人約准中國官憲自必時加保護令其身家全安至中國官員無論遇有何事均不得威壓强取義國船隻以爲公用私用等項如遭欺淩擾害及有不法匪徒放火

焚燒房屋搶掠財貨應由地方官立即設法派撥兵役彈壓查拏將該犯按例嚴辦並將所搶財物盡力追交倘承緝官不能獲犯起贓祇可准照中國例處分

義約第二十款

義國船隻有在中國沿海各處或有碰壞擱淺以及遭風收口約准地方官查知立即設法妥爲照料船上義民就近送交領事官查收以昭睦誼

義約第五十二款（併見本類交際儀文）

義國師船別無他意或因捕盜駛入中國無論何口一切買取食物甜水修理船隻地方官妥爲照料船上水師各

官與中國官員平行相待以昭友誼

義約第五十三款

中華海面近有賊盜搶刼向於內外商民大有損礙

大清大義各國約定會議設法消除

奧約第三款

大清國大奧斯馬加國所派秉權大臣若有公務或住兩國京城或隨時往來各聽其便居住之處無不按照情理全獲恩施所有身家公所與各來往公文書信等件皆不得被人擅動凡欲僱募送信人通事服役人等均無不可倘有人擅將兩國

欽差公館眷屬隨員人等越禮欺藐等情查係何國之人卽由何國按理從嚴懲辦

奧約第四款

大奧斯馬加國欽差大臣並各隨員等皆可往來內地各處所有收發文件行裝囊箱無論沿海何處皆可送交不得有人擅行拆啟專差同

大清驛站弁兵一律保安照料凡有大臣並各眷屬隨員等各項費用皆由本國支領總之奧斯馬加國大臣入華當照泰西各國於代國大臣向爲合宜優待之處同一優禮相待

奧約第十三款

奧斯馬加國人在通商各口地方所有各家產財貨中國民人均不得欺淩侵佔至中國官員無論遇有何事均不得威壓强取奧斯馬加國船隻以爲公用私用等項

奧約第三十四款（併見本類交際儀文）

奧斯馬加國師船別無他意或因捕盜駛入中國無論何口一切買取食物甜水修理船隻地方官妥爲照料船上水師各官與中國官員平行相待該師船進出口一切稅鈔俱不輸納

奧約第三十五款

奧斯馬加國船隻有在中國沿海地方碰壞擱淺或遭風收口地方官查知立即設法妥爲照料護送就近領事官查收以昭睦誼

奧約第四十一款 併見刑類獄訟 欺淩擾害命盜

奧斯馬加國民人約准中國官憲自必時加保護令其身家全安如遭欺淩擾害及有不法匪徒放火焚燒房屋搶擄財貨應由地方官立即設法派撥兵役彈壓查拏將該犯按例嚴辦並將所搶財物盡力追交倘承緝官不能獲犯起贓祇可准照中國例處分不能賠償

日本修好條規第十四條 併見刑類法禁

兩國兵船往來指定各口係爲保護己國商民起見凡沿海未經指定口岸以及內地河湖支港概不准駛入違者截留議罰惟因遭風避險收口者不在此例

日本通商章程第十八款

兩國商船經過通商各口買辦船上應用雜物以及遇險暫時進口躲避並不貿易者船內所載之貨無須報官倘有交易照章開報完稅如船應修理貨須過撥入棧者報關查驗給單起岸俟船修竣原貨裝運出口免其納稅若起棧後就地發賣仍應照章納稅

日本通商章程第二十款

兩國兵船進出通商各口無須報關俟驗船上所用雜物均准免稅如起岸發賣仍應報明照章完稅

日本通商章程第二十九款 併見刑類獄訟命盜

兩國商船遭風收口均由該處地方官照料送交理事官安置或在洋面被刦亦由該地方官設法嚴緝起獲贓物送交理事官給還原主倘未能緝獲贓犯均各照例處分不能代償

中日天津會議專款第一條

一議定中國撤駐紮朝鮮之兵日本國撤在朝鮮護衛使館之兵弁自畫押蓋印之日起以四箇月爲期限內各行

盡數撤回以免兩國有滋端之虞中國兵由馬山浦撤去日本國兵由仁川港撤去

中日天津會議專款第三條

一將來朝鮮國若有變亂重大事件中日兩國或一國要派兵應先互行文知照及其事定仍即撤回不再留防

秘約第三款

兩國

欽差大臣公館應照各國行權大臣常規一體優待

秘約第七款

茲議定秘國保護華民擬於秘國各府地方凡有華民居

住之處卽在該處衙門內設一漢文繙譯官以便通曉華
民語言隨時保護

秘約第十款 併見本類交際儀文

兩國兵船可以赴彼此凡有別國兵船所至各口一切買取食物煙煤甜水修理船隻地方官妥為照料船上水師各官與地方官平行相待該兵船進出口一切稅鈔俱不輸納

秘約第十一款

中國船隻如遇天災在秘國沿海地方碰壞擱淺以及遭風收口該處海關官員自當設法相幫所有未遭失險之

貨物如不欲出售自應不納稅銀遇險船隻秘國亦與待別國船隻一律至秘國船隻如遇天災在中國沿海地方或碰壞擱淺以及遭風收口有時將貨卸岸修理船隻概不納稅亦不給船鈔地方官查知自當設法妥為照料船上商民送交就近領事官查收以昭睦誼

秘約第十六款

今後中國如有恩施利益之處舉凡通商事務別國一經獲其美善秘國官民亦無不一體均霑實惠中國官民在秘國亦應與秘國最為優待之國官民一律

巴約第一款 併見總類訂約

嗣後

大清國與大巴西國暨厥人民永存和好永敦友誼彼此皆可前往僑居須由本人自願各獲保護身家財產並一體與相待最優之國民人同獲恩施利益

巴約第七款 併見本類交際儀文

兩國兵船可以赴別國兵船所至口岸彼此接待與相待最優之國無異一切買取食物煙煤甜水修理船隻各無阻礙該兵船進出口一切稅鈔俱不輸納巴國兵船管駕官中國地方官與之平行相待

巴約第八款 併見戶類稅務口岸貿易

兩國商船准在彼此通商各口往來運貨貿易彼此相待與別國商船無異倘兩國船隻遇有天災在彼此沿海地方收口者該處官員自當設法相幫所有未遭失險之貨物如不欲出售自應不納稅銀遇險船隻兩國均與待別國船隻一律

章程

通行英國酬賞救護失事洋船章程

總理衙門咨同治八年三月三十日准閩浙總督來咨以閩省爲濱海之區各國洋商往來絡繹不絕其因遭風觸礁損壞者亦事所常有唯船隻一經遭險失事所載貨物勢必四散漂流無可救護附近華民事後撈拾在華民未知何項船隻所失貨物遂各分散無存迨地方官知有洋人失事按照條約馳往保護而貨物已經分散無從追起送還是以每遇洋船失事之案辦理諸多棘手茲據英國領事送有定例查核所列酬賞撈拾功勞章程各條尚屬

妥協堪以引用現飭沿海各府廳縣一體照辦計送清摺一扣咨明查照立案前來查洋船遭風不獨閩省每遇失事貨物漂流附近華民不知何船所失往往撈拾分散迨經地方官急爲保護而貨物業已無存追獲爲難辦理殊多費手自應明定章程通飭各省沿海府廳州縣曉諭附近華民隨時保護該華民知有酬賞自必將所拾貨物如數呈繳茲據閩浙總督抄送英領事所遞章程尚屬妥協堪以引用相應照錄原文並抄單一件咨行即飭各省沿海地方官一體照辦並知照各口領事官可也同治八年四月　日咨各省

照錄章程五條英國駐廈門領事譯送

一如有英船破壞附近華民可以向前代原英商收拾貨物等件

一收拾貨物之華民應將所拾物件開列清單報明附近英領事官指明該貨應交何英商

一該英商前往該處收拾之華民即將該貨若干交還向該英商取討收單送交領事官查辦

一該貨收到應由領事官飭令該貨或售賣或估價按照價錢多寡核華民收拾工夫之輕重秉公斷給功勞之資若干

一按照英例功勞之資功勞少者八份應給一份功勞多者八份應給七份其中按物按工照按時勢應斟酌秉公斷給

附布國另章

總理衙門咨案查本年三月間准閩浙總督咨稱濱海之區各洋艘遭風觸礁損壞者貨物四散漂流附近華民事後撈拾據英國領事送有酬賞撈拾功勞章程條款合就照抄英國定例具文呈送查核等因經本衙門咨行轉飭各省沿海地方官一體照辦在案茲接布國照會稱以此章程施於北德意志公會各國船隻尚難應允蓋以英國

所定報謝之錢數甚重北德意志公會領事官如定此報謝之錢數不能過德意志通商律例書內至多者係一半之數等語本衙門業已照覆布國李使以酬賞撈貨功勞一節和約內原未載有此項章程英領事恐洋船觸礁遭風華民不肯盡力救援按照英國定例開列取討功勞銀數條款貴大臣既以英國所定之錢數爲過重本大臣卽咨行南北通商大臣轉飭各口將英布報謝之錢數分別示知海岸華民相應咨行查照轉飭分別辦理同治八年五月二十八日咨各省

擬定救護中外船隻章程

一定地段以專責成也查沿海島嶼星羅犬牙交錯非明定界址必致彼此推諉茲責成沿海廳縣會同營汛定明所轄界限每十里爲一段飭令就近公正紳耆保舉地甲一人其島嶼則保舉耆老頭目一名列名冊報以專責成凡遇中外船隻漂擱礁淺一切危險本船日則高掛白旗夜則接懸兩燈以示求救在地之居民漁戶人等見有此等旗燈卽時首報地甲頭目一面飛報文武汛官一面酌量夫船數目集腋助救其文武汛官聞報後亦卽督率兵役親往勘驗救護不得稍有遲誤其往來報信之人一切費用均由失事船主給還惟官役不得勒索使費

一明賞罰以免推諉也查沿海文武汛官如有救護船貨至一萬兩以上中外人等救至十名以上者一經該管上司查明申報及領事官照會關道有案藩司立卽註冊記功三功以上者文武汛官詳請酌記外奬五功以上者分別詳請　題升以示優奬其地甲頭目亦分別上次勞績隨時賞給頂戴匾額以昭激勸倘文武汛官不肯認眞辦理照例參懲地甲頭目若有救援不力甚至希冀分肥者分別輕重嚴究至於望見船隻危險首先報知地甲頭目及文武汛官者以初報之人爲首功由失事船主給予花紅大船多至三十兩小船以十兩爲度

一定章程以免混亂也凡遇險船隻其力尚可自存船主並不願他人上船者則救援之人自不得混行上船倘船主須人救援或係應先救船或係應先救貨或係應先救人均聽船主指揮不得自行動手救起貨物應寄何處亦由船主作主其有擅行搬取或私自藏匿者一經船主及地甲頭目指明查有確據者卽行由官追究治罪倘有人出首確鑿者亦賞以應賞之款誣捏者並行反坐

一定酬勞以資鼓勵也凡救起之貨須俟文武汛官驗報如係外國船貨則並報明附近領事官會同查核將貨估價按照出入多寡難易抽撥充賞多至三分之一賞救援

之人若有貨無人則須稟明就近地方官及領事官秉公將貨酌賞倘無貨有人則須將人救護無論中國外國之人均先行給以衣食就近送交地方官領事官妥給船夫分別資送回籍倘係外國人無領事可交者即報明通商局資給盤川俾令自行回國其小船出力救護者倘本人無力可以酬謝即就近稟報地方官小船每救人一名賞給洋銀十元就近由地方官先行核給按月彙報通商局撥還虛揑者嚴究至遇風濤洶湧人力難施或在大洋爲救援所不及者均宜各安天命不得任意株連

一廣曉諭以資勸戒也凡海濱愚民皆緣不知救援之有

賞不救之有罰是以坐視不救或致乘機搶奪此後所有沿海文武各官均宜將以上告示條規分別剳行各汛嚴加告誡並將告示條規書寫木牌徧處懸掛使一切漁戶愚人皆知遇險之船救護爲有首功不救護爲有罪庶人人有救船之念在其胸中不致視爲無足重輕之舉矣光緒二年閩省擬送總署　奏請通行

中國朝鮮商民水陸貿易章程第一條 已見戶類稅務口岸貿易

中國朝鮮商民水陸貿易章程第三條 已見戶類稅務口岸貿易併見刑類法禁

中國朝鮮商民水陸貿易章程第五條 已見戶類稅務陸路口岸貿易併見刑類獄訟控告審斷債務

中國朝鮮商民水陸貿易章程第七條 已見戶類稅務口岸貿易併見刑類法禁

成案

日本救護秘船拐帶華民酬謝

署南洋大臣張　奏為華民被拐出洋派員全數帶回資遣回籍事竊查接管卷內據蘇松太道沈秉成稟同治十一年八月十二日日本官鄭永甯來道述及秘魯國瑪也西船由澳門行抵日本橫濱海口有華人自船投水經英國兵船官員挨仁彫救起詢係被人拐賣同船華民二百餘人伊恐到秘魯受苦是以投水由駐日本之英國公使知會經日本官將該船扣留被拐之人盡收上岸緣秘魯係無約之國遂會同英美兩國領事訊辦並函致鄭永甯

詢問中國官如何辦理速寄回信等語當經前署通商大臣何璟以秘魯國係無約之國乃私在中國澳門地方拐人出洋既經日本國扣留保護自應派員往辦以答鄰好而衛民生當即遴委補用同知候補知縣陳福勳並由道商同上海英美兩領事派美繙譯官麥嘉締偕鄭永甯同搭輪船前往日本相機妥辦去後嗣據沈秉成稟稱陳福勳等於八月二十七日俱到橫濱所有被拐華民已先由日本外務卿飭據神奈川縣權令大江卓自七月初四日起節次訊供至八月二十四日定案華人二百餘名均係中國派員帶回其瑪也西船從寬釋放陳福勳當將華人趙亞好等二百餘名全行查收仍搭輪船從橫濱開行日本外務卿復派領事官品川忠道沿途照料於九月二十一日到滬由道分飭上海印委各員將該華民逐一查訊籍隸廣東者一百九十六名福建二十七名湖南江西浙江各一名除福建湖南等省人數較少酌給路費分交員董覓便遣回其籍隸廣東而上海有親族可依亦准保領外尙存廣東人一百八十七名當即派委候選通判劉光廉候補直隸州黃國光搭坐輪船押送回粵旋據廣州府覆稱被拐難民如數收到已分交各原籍州縣給屬領回一面嚴拏拐匪懲辦等情茲復據沈秉成以此案辦理完

竣稟請具奏前來臣查此案歷辦情形業經前署通商大臣何璟隨時咨報總理衙門查照並密咨兩廣督撫臣轉飭地方官務將拐匪訪拏嚴辦在案惟秘魯國船擅在澳門拐去華民至二百餘人之多行抵日本橫濱地方經該國官截留訊辦知會中國派員前往悉數帶回實由日本及英美各官認眞襄辦俾該華民得慶生還且該華民在日本留養多日中國委員未經接管以前一切用項悉係該國支應迭經委員詢問數目以便歸款日本官均稱已由本國支銷不須送還出力出貲極敦鄰誼尤堪嘉尙除飭道將英兵官美繙譯酌予獎勵一面備辦綢緞等物分

送日本官員仍由臣照會外務卿致謝并咨明總理衙門外所有前項被拐華民現已全數帶回資遣回籍緣由理合繕摺具奏同治十一年十二月

英屬嚤龍巴議收華民丁稅咨由英卡拏連內閣議駁

出使英法國大臣郭咨據英國屬地域哆利埠廣利泰源隆永祥太巽成太昌源信宜棧等鋪商暨工作人等聯名稟稱竊商等籍隸中國在亞美利加洲英屬件尼地省之域哆利埠或販賣貨物或受僱工作業已有年今春聞新議事官有苛派華人稅銀之議滿擬本處謠言斷無是事查英國人在我中國既無收稅銀之事豈中國人在英國

有收稅銀之理及至六月間所聞已確並議定每人收稅銀每年四十大元不過管域哆利官長尚未簽字商等即赶緊往見面請免簽據云此事由件尼地總督作主如無諭來停止不能不簽商等旋由電報告知件尼地總督據覆云俟有稟到日須質訊後方能定奪商等遂延請狀師立巴臣作稟於八月初四日寄往件尼地尚未奉到批覆昨十一日有帶領番差前來催收稅銀者番言稅銀謂之忒士銀手持忒士紙聲稱奉憲代皇家收取每人按年納忒士銀四十大元分四季取如不照納下一禮拜即來搬取貨物以便充公等語本埠新聞紙亦如此說商等刻尚

推挨未付而工作者已有被東人扣銀代納此例一行在商等蠅頭微利已屬不支工作窮民實難爲繼且有游手之人日食尚難亦令照納勢更難行現在羣情洶洶恐激事端大局攸關瀝情上稟伏乞俯賜保護得遂生業商等不敢望英國格外優待但求與待各國視同一例實爲幸甚等情同日併准出使美日秘魯大臣陳來函轉據該商等稟同前由商請本大臣轉咨免派前來當查英國所屬優待各國人民從無歧視該鋪商等或有與地方不相能之處亦應據事持平理論未便概加苛斂計布利比時科侖里亞總督應當查照藩部尚書通行章程設法禁止即

經據情照會英國外部轉咨藩部尚書照飭計布利比時科侖里亞總督飭令免派以安民業在案茲准外部照覆業已轉達藩部核辦除批示併咨呈總理衙門及咨覆陳大臣外相應咨明光緒五年正月二十七日咨南洋

出使英法國大臣曾咨現准英國外部照會上年十月初八日准前任大臣來函內開嚤龍巴議政院新議章程一條欲與該處中國商民人等每年徵收丁稅四十元等因本部當將來函轉咨本國理藩院尚書在案茲聞嚤龍巴總按察司以該省議政院權力不足所擬章程與例不符應行作爲罷論又聞加拿化省現亦正在核議此條可否

不准施行爲此照會到本爵大臣准此查此案前據華商廣利泰源隆等商人聯名具稟免繳丁税情形並准出使美日秘國大臣陳來函轉據該商人等稟同前由當經郭前大臣照准英國外部轉達藩部核辦並咨陳大臣查照在案茲准前因除咨陳大臣轉諭華商廣利等舖遵照各安生業毋滋事端外相應咨明光緒五年三月二十日

謹按噘哆利應作可羅你譯言屬地又言新埠也布利比時應作布利地系譯言英國的也布利地系可羅你猶言英國之屬地也香港新加坡錫蘭亞丁等處皆可稱此名噶龍巴則係此案所指之專名因前後所咨地名不同用

特粘單聲明以備查核

又咨竊照英國屬地噶龍巴議院前議欲於該埠徵收中國商民每名每年丁税四十元一案前據廣利等商稟請免繳等情疊經郭前大臣暨本爵大臣照會英國外部並分咨出使美日秘大臣陳暨總理衙門查照在案茲准英國外部文稱以噶龍巴議院前定苛待該處華民之例經卡拏連閣諭議不准行除由本爵大臣照復英外部並咨陳大臣轉諭該埠華商廣利等舖人民勉爲良善各安生業外合將往來照會鈔稿咨明查照光緒五年十二月初三日

附錄英國外部照會

爲照會事前於本年正月三十日准郭大臣照會噶龍巴議徵華民丁税一案比經本爵大臣轉請藩院查覆茲准藩院咨稱該院現由卡拏連總督接准本年八月二十二日卡拏連內閣飭諭言噶龍巴議院前定苛待該處華民之例已經內閣議不准行等因併據藩院將閣諭抄錄一道寄送前來本爵大臣理合依據來文照會貴爵大臣查照

附錄復英外部照會

爲照覆事接據貴侯爵本月初六日來文咨稱貴國現由

卡拏連接准該省閣諭言所有英屬噶龍巴議院近日定徵噶屬華名每名丁税四十元之例著不准行等因本爵大臣即當抄錄貴侯爵來文寄遞本國查照查噶屬議院所定之例似嫌苛刻本易取怨招尤本國逆料卡省總督暨其參政必難議准今經特諭批駁其議本國聞之亦必嘉悅之至

通商約章類纂卷十九

通商約章類纂卷二十目錄　禮類三

游歷

條約章程

章程

成案

游歷

條約章程

英約第九款併見刑類法禁

一英國民人准聽持照前往內地各處游歷通商執照由領事官發給由地方官蓋印經過地方如飭交出執照應可隨時呈驗無訛放行僱船僱人裝運行李貨物不得攔阻如其無照其中或有訛謬以及有不法情事就近送交領事官懲辦沿途止可拘禁不可淩虐如通商各口有出外游玩者地在百里期在三五日內毋庸請照惟水手船上人等不在此例應由地方官會同領事官另定章程妥爲彈壓惟於江寗等處有賊處所俟城池克復之後再行給照

煙臺另議專條

現因英國酌議約在明年派員由中國京師啟行前往徧歷甘肅青海一帶地方或由內地四川等處入藏以抵印度爲探訪路程之意所有應發護照並知會各處地方大吏暨駐藏大臣公文屆時當由總理衙門察酌情形妥爲辦給倘若所派之員不由此路行走另由印度與西藏交界地方派員前往俟中國接准英國大臣知會後即行文

駐藏大臣查度情形派員妥爲照料並由總理衙門發給
護照以免阻礙

美續約第五條（併見工類招工）

大清國與大美國切念民人前往各國或願常住入籍或隨時來往總聽其自便不得禁阻爲是現在兩國人民互相來往或游歷或貿易或久居得以自由方有利益除兩國人民自願往來居住之外別有招致之法均非所准是以兩國許定條例除彼此自願往來外如有美國及中國人將中國人勉强帶往美國或運於別國若中國及美國人將美國人勉强帶往中國或運於別國均照例治罪

美續修條約第二款（併見戶類稅務口岸貿易工類招工本類優待保護學習文藝傳教）

中國商民如傳教學習貿易游歷人等以及隨帶并僱用之人兼已在美國各處華工均聽其往來自便俾得受優待各國最厚之利益

法約第八款（併見刑類法禁）

凡大法國人欲至內地及船隻不准進之各埠頭游行皆准前往然務必與本國　欽差大臣或領事等官預領中法合寫蓋印執照其執照上仍應有中華地方官鈐印以爲憑如遇執照有遺失者大法國人無以繳送而地方官員無憑查驗不肯存留以便再與領事等官復領一件聽憑中國官員護送進口領事官收管均不得毆打傷害虐待所獲大法國人凡照舊約在通商各口地方大法國人或長住或往來聽其在附近處所散步動作毋庸領照一如內地民人無異惟不得越領事官與地方官議定界址其駐劄中國大法國官員如給執照之時惟不准前往暫有匪徒各省分其執照惟准給與體面有身家之人爲憑

中法會訂越南新約第四款

一邊界勘定之後凡有法國人民及法國所保護人民與別國居住北圻人等欲行過界入中國者須俟法國官員請中國邊界官員發給護照方得執持前往倘由北圻入

中國者係中國人民只由中國邊界官員自發憑單可也至有中國人民欲從陸路由中國入北圻者應由中國官請法國官發給護照以便執持前往

布約第八款（併見刑類法禁）

布國及德意志通商稅務公會和約各國民人皆准在通商各口近處游玩如地在百里期在三五日內毋庸請照其欲前往內地須由領事暨地方官發給蓋印執照隨時飭交隨時呈驗如遇執照遺失無以繳呈中國官員務准亡執照之人暫憩以待另請執照或護送其人至近口領事官收管亦可然皆不得毆打或聽他人傷害至各口有

賊處所亦應俟地方平靖方准前往

德續約第六款之二（併見戶類稅務罰例刑類法禁）

一德國允德國人等如有未領領事所發中國地方官蓋印執照赴中國內地游歷者准該地方官將其人解交附近領事官管束外仍應議罰惟所罰之數不得過三百兩

德續約第七款之二（併見戶類稅務子口稅）

一德國允凡德國人等運洋貨入內地及入內地游歷所領單照自發給之日起均以十三箇月為限（均照中國月日計算）

德續約善後章程第七款（併見戶類稅務口岸貿易子口稅罰例刑類法禁）

一德國人等運洋貨入內地或入內地游歷所領單照均

係自發給之日起以十三箇月為限（均照中國月日計算）逾限作為廢紙仍呈本關繳銷（如游歷道路太遠不能一年為限者發照時即將此節照內由地方官會商領事官批明）倘未繳銷在補繳之前不准再行請領倘或遺失單照無論限內限外即向就近中國官員據實報明由該官員設法查辦以杜假冒如查係揑報運貨者貨物入官游歷者送交附近領事官懲辦

丹約第九款（併見刑類法禁）

一丹國民人准聽持照前往內地各處游歷通商所領執照由領事官發給由地方官蓋印經過地方如飭交出執照即應隨時呈驗無訛放行該民僱船僱人裝運行李貨物不得攔阻如其無照其中或有訛誤以及查出沿途或有不法情事就近送交領事懲辦惟於途中止可拘禁不得凌虐如在通商各口出外遊玩者地在百里之中期在三五日內可以毋庸請照至於水手船上人等不在此例應由地方官會同領事官另定章程妥為彈壓其江甯等處有賊處所俟城池克復之後再行給照前往

荷蘭約第三款（併見刑類法禁）

一和國民人可往內地游歷通商若要前往內地各處游歷須由起程處所領事官發給執照地方官蓋印為憑經過地方官驗照放行若欲僱船僱人悉從其便倘無執照

或有照訛誤以及有作為不法等情該處官長拏交就近領事官懲辦沿途止可拘禁不可淩虐惟通商各口有欲出外游玩者路在百里內期在三五天無庸請照惟水手船上人等不在此例如入內地販運貨物須按照各國新定章程辦理不准在內地開設行店

日斯巴尼亞約第七款（併見刑類法禁）

一日斯巴尼亞國商人除運貨赴各處通商貿易單照等件均照各國章程由各關監督發給外其並不攜帶貨物之民人事為持往內地游歷執照由領事官發給由地方官蓋印經過地方如飭交出執照應可隨時呈驗無訛放

行僱船僱人裝運行李貨物不得攔阻如其無照其中或有訛誤以及有不法情事就近送交領事官懲辦沿途止可拘禁不可淩虐如通商各口有出外游玩者地在百里期在三五日內毋庸請照惟水手船上人等不在此例應由地方官會同領事官另定章程妥爲彈壓惟於有賊處所不准給照前往俟地方平靜之後再行給照

比約第十款（併見刑類法禁）

比國民人准聽持照前往內地各處游歷通商所領執照應由　欽差大臣或領事等官發給中法合寫蓋用印信其執照上仍應用地方官鈐印爲憑如遇執照有遺失者

比國人無以繳送而地方官員無憑查驗不肯存留以便再與領事等官復領一件如查出沿途或有不法情事聽憑中國官員就近送交領事官收管懲辦惟於途中止可拘禁不得淩虐所獲比國之人如在通商各口出外游玩者地在百里之中期在三五日內可以毋庸請照至於各色船隻水手人等不在此例應由地方官會同領事官另定章程其駐紮中國之比國官員如給執照之時惟不准前往暫有匪徒各省分其執照只准給與體面有身家之人爲憑

義約第九款（併見刑類法禁）

義國民人准聽持照前往內地各處遊歷通商所領執照由領事官發給由地方官蓋印經過地方如飭交出執照卽應隨時呈驗無訛放行該民僱船僱人裝運行李貨物不得攔阻如其無照其中或有訛誤以及查出沿途或有不法情事就近送交領事官辦理惟於途中止可拘禁不得淩虐如在通商各口出外遊玩者地在百里之中期在三五日內可以毋庸請照至於水手船上人等不在此例應由地方官會同領事官另定章程妥爲彈壓其有賊處所俟城池克復之後再行給照前往

奧約第十一款（併見刑類法禁）

一奧斯馬加國商人除運貨赴各處通商貿易單照等件均照各國章程由各關監督發給外其併不攜帶貨物之民人專爲持往內地游歷執照由領事官發給由地方官蓋印經過地方如飭交出執照應可隨時呈驗無訛放行僱船僱人裝運行李貨物不得攔阻如其無照其中或有訛誤以及有不法情事就近送交領事官懲辦沿途只可拘禁不可淩虐如通商各口有出外游玩者地在百里期在三五日內毋庸請照惟水手船上人等不在此例應由地方官會同領事官另定章程妥爲彈壓其駐劄各口之奧斯馬加國領事官如給商民執照之時只准給與體面

有身家之人爲憑

日本通商章程第十三款 併見戶類稅務口岸貿易

兩國通商各口界限並上下貨物之地均由海關妥爲定界既須便商更不得有礙收稅至官民游歷均照兩國通行舊章辦理惟請領執照應責成理事官查明實係安分之人方可發給免致滋生事端

秘約第五款 併見刑類法禁

中國民人在秘國如安本分但能不違秘國律例章程無論何處任便游歷秘國民人亦准聽持照前往內地各處游歷通商所領執照由領事官蓋印發給復由地方官蓋

印內係日斯巴尼亞文字並中華文字所經過地方如飭交出執照即應隨時呈驗無訛放行該民僱船僱人僱車裝運行李貨物不得攔阻其貨物應照報單章程辦理如其無照或有訛誤以及查出沿途或有不法情事送交就近領事查辦惟於途中止可拘禁不得凌虐如在通商各口出外游玩者地在百里之中期在五日之內可以毋庸請照至於水手船上人等不在此例應由地方官會同領事官另定章程妥爲彈壓

秘約第六款 併見工類招工

大清國與大秘國切念民人前往各國或願常住入籍或隨時來往或游歷或貿易或傭工或久居得以自由方有利益除兩國人民自願往來居住外別有招致之法均非所准現經兩國嚴行禁止不准在澳門地方及各口岸勉强誘騙中國人運載出洋違者其人各照本國例從嚴懲治至所載運之船一併按例罰辦

巴約第四款 併見刑類法禁

中國人民在巴國如安本分但能不違巴國律例章程無論何處任便游歷巴國人民亦准前往中國內地游歷須由領事官照會關道請領印照前往回日繳銷其印照繕寫中巴兩國文字所經過地方如飭交出執照即應隨時呈

驗該民僱人僱船僱車裝運行李不得攔阻如其照內有誤以及查出沿途或有不法情事即送交就近領事查辦惟於途中只可拘禁不得凌虐如在通商各口出外游玩者地在百里之中期在五日之內可以無庸請照至於船上諸色人等不在此例如有上岸應由地方官會同領事官另定章程妥爲彈壓

章程

議定申明游歷傳教查驗印照章程并無約各國不准給照并見刑類法禁本類傳教

總理衙門咨前有荷蘭傳教人一名持荷蘭國領事官執照并經上海道吳煦蓋印前來京城本衙門查荷蘭無約之國不得聽憑該國人任意游歷當即派員押送出城並移咨三口通商大臣按照條約妥爲驅遣在案查條約內載准聽各國人持照前往內地各處游歷通商執照由領事官發給由地方官蓋印經過地方如飭交出執照應可隨時呈驗無訛放行如其無照其中或有訛誤以及有不法情事就近送交領事官懲辦沿途只可拘禁不可淩虐如有通商各口有出外游歷者地在百里期在三五日內毋庸請照等語本衙門現已與英法兩國在京公使議定嗣後英法各國人無論往何處游歷均應由該處領事官發給執照註明前往何處並由該處地方官鈐用印信方准前往沿途經過之地方必須驗明印照方准放行如無鈐印執照地方官即應按照條約嚴行阻止其往各省傳教之人亦應一律辦理如無領事官及地方官蓋印執照均不准該國人等任意游行盤踞應由該地方官設法攔阻毋許前進一面飛咨本衙門以憑辦理此外並未換約之國

雖有該國領事官執照亦不准前往內地此種人必有內地奸民隨行如該國人不遵約束即先將該奸民押留遞解回籍查此事業經本衙門與英法兩國住京公使議定各口一體遵辦惟美俄兩國無在京公使應由貴撫查照轉行該二國在滬之領事官遵辦相應知照咸豐十一年六月二十八日咨南洋按未經換約之荷蘭國洋人赴京傳教照約驅遣案見禮類傳教又按各國條約原文所謂游歷通商執照仍專指游歷一層而言不得以此照有通商二字即准其憑此販運貨物蓋運洋貨入內地應領稅單洋人入內地買土貨應領三聯報單均在海關請領與此項游歷通商執照迥不相同游歷執照係護本身之件三聯運照報單係免中途重徵之據其僅有游歷照而無運照稅單者仍應逢關納稅遇卡抽釐已具洋商請照入內地摘要章內可與此參看又條約內所稱偪船僱人裝運行李貨物不得攔阻等句不過係總括之

語至所稱有作爲不法情事該處官長拏交就近領事官懲辦一節查洋人准領照入內地游歷即非通商口岸亦准其執照游歷各國所設領事官均在口岸若洋人深入內地安得有就近領事官可以拏交是則此近字不可看得太拘若本省無該國領事官擇其鄰近省分有領事官處送交若本省有該國領事官幾處擇其於相近之處領事官送交若該洋人本國並無領事官在通商口岸即送海關監督轉交代辦該國事務之領事官其荷國條約內所載拏交字樣即英日各國條約內所載送交之意並不能照內地犯人之鎖拏也其日沿途只可拘禁不可淩虐一層尤應詳加體會蓋既不可淩虐則拘禁二字不過派人管束不令脫逃之意固不得加以鎖鐐收入監禁亦不得用繩索捆縛致有他變蓋從前曾有洋人入內地游歷因滋事被該處官員捆送致死者以致外國藉詞以爲如此即係淩虐此不可不慎總之執照以驗明地方官有無蓋印爲要如確經地方官鈐印洋人持照入內地游歷係條約所准行自應照約保護各地方官應照約辦理惟日本執照與各國不同并有伴送章程另列於後

日本游歷照附刊通商章程十四十五兩款式并伴送

章程按式列

江海關稟查日本官員赴中國內地游歷應由各關派員伴送照料日本商民不准運貨入內地亦不准赴內地置貨日本通商章程十四十五兩款載有明條日本人如有赴內地貿易買賣貨物者自應照章阻止又日本人赴中國內地寄居習語習藝爲定章所無亦應阻止卽經錄案稟報並分咨在案日本通商章程第十四十五兩款與泰西各國通商成例不同惟日本官民均已改換西服與西人無異若入中國內地則地方官無從辨別易於朦混因思洋人入內地必須游歷執照以備地方官查驗若將十

四十五兩款刊入游歷執照之中則內地官員一經驗照卽知東西兩洋通商定章有別設遇日本商民在內地買賣貨物卽可照章阻止隨卽函致日本領事將十四十五兩款添列游歷執照之內現接代理日本領事蔡祐良覆稱品川領事由本國來信已允添載惟原刊執照陳明上憲有案未便增減一字前項章程兩條應照刊漢文並配日本文用另紙刷印附在游歷執照之後蓋用騎縫印信遇有請照之人一併給執以便日本商民遵守卽中國地方官亦易查驗繕式送道查照等語除囑日本領事將所添另紙務與執照粘連加印給執以免散失外合抄照式稟呈察核示遵並請咨行各關一體照辦暨咨總理衙門查照等因至日本官員前往各處游歷或派員伴送或咨明各關均應分別印發游歷執照曾經酌定辦法章程三條一併照錄附呈光緒元年十二月稟北洋大臣奉批日本約內十四十五兩款極關緊要既經商定附刊游歷照內自更便於稽查候抄行北洋三關仿照辦理并咨總理衙門查照

計開日員游歷伴送給護章程

一日本官員由上海內河赴蘇州杭州者由道派員送至蘇州杭州省城交替倘再往別處稟請蘇浙撫憲另派委員

接伴前進倘由上海搭坐輪船赴鎭江漢口九江再入各處內地者道署亦派員偕行送交鎭江漢口九江三關接收另派委員伴送前進卽令上海委員回滬銷差

一日本官員有赴蘇州松江太倉三府州屬游歷者由道派員同行往回照料並分飭沿途地方官按約妥辦

一日本官員由上海搭輪船先赴天津牛莊芝罘廣州汕頭福州廈門各口再赴各省內地游歷者道署不給執照咨明各海關派員伴送分飭沿途地方官一體照料其咨文繕送領事轉給日本官帶投

以上三條凡派員同行者由道繕給護照交委員帶往以

備沿途關卡查驗放行並嚴禁船戶人等毋許夾帶貨物偷漏捐稅該委員送到蘇浙等處交替後回滬銷差將護照帶回繳銷如由蘇浙撫憲及各關派員接伴前進則請蘇浙撫憲及各關另給路照交委員帶往備驗其道署繕給咨文者不派委員同行亦不另給執照日本官員到彼後將咨文赴關投遞由各關照章派員伴送並給路照以歸簡捷所有上海伴送委員沿途飯食及往回盤費皆由道給發

洋商請照入內地摘要章程已見戶類稅務子口稅併見戶類稅務稽稅杜漏罰例內地稅釐刑類法禁

中國貿易學習游歷人等赴美國由中國給發華洋文護照章程並照式併見工類招工按式列卷末

兩廣督撫院咨光緒九年二月十一日據廣東善後總局司道會詳稱案奉劄行光緒八年九月二十四日准總理衙門咨准署北洋大臣李咨內稱接出使大臣鄭電報美國新章凡中國貿易學習游歷人等來美須中國給發華洋文護照等情現金山衆華商稟求催辦乞轉速迅商粵省擇地舉辦除分行外咨請查核迅速催辦等因前來查中國至美國貿易游歷人等前接鄭大臣函商議辦設官發照各節當經本衙門告以設官香港前此與英國議尚未妥至海關發照地方官派員稽查原係嚴防拐騙與此事相反彼則惟恐其易於出洋此則欲於出洋無礙應分別妥辦等因去後近又接鄭大臣來函以學習貿易游歷人等及隨帶并僱用之人須請華官給予華洋文執照將其人姓名年歲籍貫身材高矮及形貌有無異樣在華作某事業往美作某事業逐一註明此項執照專由華官給發不必交美國駐華領事畫押蓋戳惟設官一層倘香港不能駐紮應否另擇別處俾華民便於請領及如何防範奸商影射拐騙之處均應由粵省議章出示辦理請爲轉咨等因查上年九月間兩廣總督張來咨內稱華民搭船

前往檀香山議由海關給照委員蓋戳並將照式存根咨送辦法甚爲周密果能辦理詳實盡善則所以便游歷者亦即足以杜拐騙今美國既立新章於中國前往美國貿易學習游歷人等必須先在中國請領護照且現在金山衆華商等稟請催辦是擇地舉辦一層不可稍緩相應咨行貴署督迅即斟酌盡善擬立章程遴委廉正明練之員妥爲辦理仍希見覆等因合就檄行會同布按二司并咨粵海關監督迅即妥爲籌商悉心核議由該司局詳覆核辦各等因到局當經備移粵海關部公同商酌擬派先用知縣席合寶書候補遊擊范中林在於省城香港適中之

黃埔地方設局飭令該委員等悉心妥議給照章程呈由本司道等覆核詳奉批准由局發給木質關防一顆飭令定期開局並由本善後局粵海關部會銜出示曉諭商民知照茲據該委員等申報遵於光緒九年正月二十四日開局舉辦合將廣東設立給照赴美局開局日期並擬定章程照繕清冊及華洋文護照存根詳請察核俯賜分咨等由據此除咨呈總理衙門察照外相應咨明光緒九年三月咨北洋按美國於壬午年十二月更定華工過境章程凡華工由此國至彼國道經美境上岸者無論持有中國領事憑據或別項憑據皆可放行又華商自他國來美無須執照兩案均列招工可與此參看

一設立公所以資辦公也粵東華洋雜處良莠難分每有

奸商棍徒誘拐人口出洋其情最爲可惡現奉劄委於各輪船出口時逐一稽查近年以來若輩稍爲斂跡今內地前往美國貿易學習及游歷人等須由中國給以護照辦法更爲周密自應設立公所一間妥爲辦理查香港地方中國在彼設局諸多窒礙而扼要處所惟黃埔地方爲出洋必經之路現奉委在該處設立局所惟距城較遠委員既須稽查輪船又須前赴公所給照誠恐兩地奔馳顧此遺彼非專設小輪船來往不足以資周轉應請酌撥小輪船一號以資駕用庶可兩地兼顧俾免貽誤

一請出示曉諭往美華民俾知遵從也查光緒六年十月十五日中美續修條約內載華工往美准美國可以或爲整理或定人數年數之限係專指華人往美國承工者而言其餘各項人等均不在限制之列華商貿易游歷學習以及隨帶並僱用之人兼已在美國各處華工均聽其往來自便俾得受優待各國最厚之利益各等因今美國按約設立新章限十年內停止華工赴美係專指續往承工者而言其往美經商貿易游歷學習諸人等自可照常往來自便並無禁阻應請出示曉諭往美華民除續往承工者照約不准赴美外其貿易游歷學習人等自願赴美者准其具稟呈請本局委員給發護照稟內載明年歲籍貫身材高矮及形貌有無異相在華作某事業往美作某事業逐一註明以便塡發護照仍須本人赴局請領由委員

查驗給照以杜冒名頂替庶免到美後覆驗不符別生枝節至出示應聲明不收照費

一領照之人須取店鋪保結也查華民赴美貿易人數衆多向少拐騙情弊現議給予護照原所以便往來者亦卽足以杜拐騙奸商藉端影射難保不弊隨法生是防範不可以不密凡赴局請給護照之人須覓殷實鋪戶出具保結聲明委無被騙及爲匪不法冒名頂替各情弊切實聲敘始行塡給護照如所保非人或與護照中所塡事理不

符被華官查出或經出使美國大臣遣回所有船價盤費各項即責成出結之人賠墊倘係和同誘拐即將保人拘案治以應得之罪

一請預印漢洋文護照以備塡用擬請由局遵照鄭大臣寄回漢洋文護照式樣刷印一千張編列字號送請粵海關部用印發回本局隨時塡用用畢再行請領並按照鄭大臣所擬由委員代粵海關部在洋字護照內簽名並將代簽之委員姓名書洋字於下以符洋文執照格式

一請頒發鈐記一顆以便行用查護照漢洋文同印一紙照用粵海關部關防另存根備查一紙編列字號須用騎縫印信未便復請粵海關部用印擬請由善後總局刊發

鈐記一顆以便隨時蓋用

一請酌定局名查本局之設原爲華民赴美國請領護照以便往來其赴古巴檀香山各處所發護照式樣不同辦理互異各有專司不由本局辦理命名自應區別以作廣東給照赴美局

一擬將所給護照若干華人姓名由局按季造册呈請咨照出使美國大臣以備查考

一請咨照出使美國大臣轉飭金山總領事擇寄金山著名洋文日報一家由便船發交本局譯閱俾知華民到美情形此項日報年中所費不過十二洋圓爲數無多閱之足以知華民抵美有無因護照滋生事端於辦理局務不無裨益

一本局發給護照專爲華商華民赴美貿易學習游歷而設所有華官奉委赴美公幹自有文憑爲據無須由本局給照

中國朝鮮商民水陸貿易章程第四條（已見戸類稅務貨稅併見戸類稅務船鈔子口稅內地稅釐刑類法禁工類租傭建置）

成案

游歷印照必須體面自愛者方准塡發并領事不得以商人兼充暨核定接待品級禁止濫發旗號已見吏類設領事等官併見本類交際儀文

外國人入京給照查驗

總理衙門咨外國人進京漫無限制當經照會英法兩國公使凡外國人進京先由領事官發給執照內塡明人數衣箱等件交地方官鈐印以便入門時查驗據法國公使照復內開必須設法查驗無論西洋官員傳教士商人各色人等前赴內地或進京均宜先奉路照否則中國地方官

理合攔阻拿獲解交近口領事官查辦故早已飭令駐紮天津領事官於所發路照必須塡明車輛及箱隻數目多少嚴諭書辦使喚等人不得夾帶私貨等因照復前來相應咨行咸豐十一年六月二十八日咨各省

游歷執照有通商二字准其印給

總理衙門咨查英國條約第九款內載英國民人准聽持照前往內地游歷通商執照由領事官發給由地方官蓋印等語本衙門前因游歷通商四字易涉牽混曾於咸豐十一年十月十八日咨行凡洋商並不買賣貨物專入內地游歷者按照條約執照由領事官發給由地方官蓋印執照內祇須註明游歷字樣不必再寫通商等字樣以免牽混等因在案玆英國以游歷執照不應刪去通商二字迭次照會本衙門照約核辦查條約第九款游歷二字之下旣有通商二字相應咨行轉行南洋通商各省分及各海關一體遵照嗣後各國游歷執照如列有通商二字者領事官送請地方官蓋印准其印給仍應飭令隨時繳回查銷至洋商入內地買土貨應仍以運照及三聯報單爲憑賣洋貨仍應以稅單爲憑凡涉買賣之事均不得以游歷通商執照抵作入內地買賣單照緣咸豐十一年八月間本衙門曾以洋商只准僱內地人運洋貨如買土貨必

須有洋商親到第一子口報明領照不得專用內地人等因照會英國卜公使商辦旋於是年九月間據卜公使照覆內稱所言土貨必須有洋商親到子口領照不准僱用華商代辦若如此辦理是英商如不能親請給照必僱外國人專爲代辦此意與條約不符況如有華商安心偷漏何難自請外國人假作貨主同赴子口報貨現擬凡有英商欲運土貨令其於呈報單內註明本商允承納內地半稅並書明本商姓名本行字號爲憑如此設計全備似較令親到子口領照之議更爲妥便等語卜公使照會內附送給洋商告示一紙其第一款內聲明英商欲將洋貨進

入內地貿易或運土產前往海口下船准其或照內地例逢關納稅遇卡抽釐或照善後條約第七款所載洋貨請有稅單土貨請有運照照約完一次子稅卽正稅一半以上兩層均聽其便等語是洋商入內地買賣其不領稅單運照以及三聯單者應行逢關納稅遇卡抽釐毫無疑義此項游歷通商執照與稅單運照等件迥別如洋商僅持執照入內地而無稅單運照者自應飭令逢關納稅遇卡抽釐相應一併咨行轉飭各口遵照分別辦理如各口領事官向監督辯論卽照此剖辨可也同治二年九月初五日咨三口

附錄給英國照會

爲再行照復事八月初三日准來文內稱善後條約第七款係爲完納進出口稅餉而設與本大臣前日照會汕頭發照一節兩不相涉等因本爵查游歷與通商執照貴大臣均欲由地方官蓋印日內自必行文飭令各該口一體照辦惟汕頭發照一事上年二月初五日本爵以游歷通商四字易涉牽混照會貴大臣商辦旋於上年二月十一日據貴大臣照復內稱英人請發執照卽於通商游歷二者分別與否應仍聽其便等語本爵以游歷者應由地方官蓋印通商者由海關發給執照以便易於稽查保護復行照會煩飭各處領事官一體照辦迄今一年有餘未據照復意謂既不答復自無不願辦之理故汕頭地方官自奉到初次劄文後未經改辦實緣貴大臣未有照復本爵無憑飭令更改其誤不在汕頭也來文所稱英商貨物欲運入內地既無該關稅單運過第一子口又無准其前往執照該商所有貨物全罰入官一節自應照辦又來文內稱英商持照前往內地置買貨物不必向監督請領稅單一語查與本爵咸豐十一年與貴大臣所定章程不符緣是年九月初六日曾據貴大臣照會內稱凡英商欲運土貨令其於呈報單註明本商允承納內地半稅並書明本

商姓名本行字號爲憑等語貴大臣錄送告示內亦云此等報單通商各口海關自行備辦俟准領事官咨請給發業經本爵錄示劄知各口監督照辦在案是英商入內地置買貨物應先在海關請領報單不能以游歷執照藉端牽混況游歷通商宜分別填寫條約內已有確據卽如善後約中載明京師不在通商之列是通商與游歷分爲兩層確有明徵今貴大臣欲汕頭地方官於游歷通商執照內蓋印自應劄飭該地方官照約辦理惟既已議定通商各口報單由領事官咨請海關發給倘該商僅有游歷通商執照領事官並不咨請海關報單則是該領事官顯違

所定章程將來該商所置貨物若經地方官盤詰或欲抽
取釐金以及躭延時日其所耗資本短獲利息虛費盤川
應惟領事官是問亦惟領事官代爲賠償蓋旣論通商自
不得不按照章程講論通商辦法想貴大臣必以爲然也
相應照復
發出游歷通商執照彙案報銷
總理衙門咨所有洋商由各關卡請領游歷通商各執照
例應事竣後隨時繳銷現在各關卡所發游歷通商各執
照是否均各如數繳銷並有無逾限自應按時彙報以憑
查核相應咨行轉行各關卡務將一年統共發給游歷通

商執照若干張繳銷過若干張有無逾限情事悉心詳查
如有未繳銷者卽由該監督向領事官隨時催詢勿任日
久不銷漫無稽查嗣後按年將發銷各數詳細造具清册
聲覆同治二年九月二十二日咨沿海各省
各國公使及領事等游歷各省飭地方官先爲申報（已見吏類遣使併見吏類設領事等官本類交際儀文）
洋人入內地游歷地方官驗明執照放行不應付水脚
總理衙門咨同治八年六月初三日准護理江西巡撫咨
據饒九道詳轉據吉安府稟稱本年三月初七日據廬陵
縣呈送前途泰和縣轉准曲江縣函稱有英國巴士官二
人陳區兩通事到署拜會據稱先赴九江辦事再往京城
等語當爲僱備船隻護送前進轉致下站查照於三月初
九日至吉郡卽於是日由廬陵縣清理水脚護送出境又
據南新二縣面稱英人已到省河業經該縣等僱船送往
九江各等情當飭九江關監督查復嗣據復稱該洋人均
係美國商人來九江游歷已備文照會美領事查辦竊思
各國洋人前往內地游歷必須呈驗執照卽予放行不必
應付水脚若無執照或有執照而不呈驗卽照英國第九
款條約就近送交領事官懲辦合請咨明通商大臣暨總
理衙門各省一律遵辦等因本衙門查向來各國洋人無

論官商或奉差或游歷前往內地各處除將護照蓋用地
方官印以備沿途查驗外其餘一切舟車費用均係洋人
自備從無中國代辦驛站之理此次該洋人等以美國商
民冒充英官行至曲江縣索取水脚該縣並不詳查遽發
溜信而下站各縣亦不查明以致均誤除由本衙門咨覆
江西巡撫將誤發水脚之該地方官查處并轉行廣東督
撫將曲江等縣一併查處暨飭九江關監督照會美國領
事官將該洋人按約懲辦並將通事交出究辦外至嗣後
各國洋人無論官差游歷前往內地各處凡經過處所各
該地方官必須將執照驗明卽予放行如係洋官只可照

料不准應付水脚若無執照或有執照而不呈驗即按約就近送交領事官懲辦沿途只可拘禁不可凌虐相應咨行轉飭各屬一體遵照辦理同治八年五月　日咨兩江

洋人入內地游獵條約既未載明毋得牽混（併見刑類法禁）

總理衙門咨光緒元年十二月初十日據咨據英國麥領事申陳洋人在內地通商游獵一事請飭常鎮通海道俯如所請等因當查英人持照往內地游歷載在條約第九款惟游獵一層則係條約所無嗣後遇有領照游歷之人只可照章游歷勿再誤會條約游歷爲游獵即經劄復英

領事在案茲又據該領事來申奉劄應即詳本國駐京大臣核明條約批示遵行惟未奉批以前請照前赴內地游獵者因向來游獵係在游歷之內自當照舊發給等情爲此咨請查核照會英國駐京大臣轉飭照章游歷勿再誤會條約游歷爲游獵致滋事端仍希見復施行等因前來查游獵與游歷顯然判爲兩事條約內既未載有游獵字樣自確有所據不妨與之力辯仍希劄復該領事嗣後務須遵照條約辦理毋得牽混現未接有英國駐京公使照會本署俟接到照會時再當據理剖辯爲此咨復查照光緒二年正月十一日咨兩江

洋人以游歷照入內地買運土煤未領海關報單令照華商運土貨例完稅（已見戶類稅務子口稅併見戶類稅務稽稅往滿內地稅釐）

遺失游歷照由就近領事再給

總理衙門咨前准湖廣總督咨稱美國醫士瑪高溫無照游歷川省一案本衙門當於本年三月二十四日據情照會美國西大臣轉飭上海領事照約懲辦並咨行湖廣總督湖北巡撫四川總督成都將軍查照嗣准西大臣照稱洋人請領護照欲得保護從無因其失落以致獲咎之理貴國商民在本國任意游歷地方官並不查詢有無護照本國商民在貴國則須領照此照原係欲地方官妥爲照

料而設想本國商民恐無照難得保護等因當經本衙門以中國商民在美國任意游歷係美國辦法中國憑執照保護是中國辦法仍望轉飭領事於商民遺失護照務須就近補領照復在案旋准西大臣照稱游歷之人如遇遺失護照者必須於該處守候稟請就近領事官補給則必有格外躭延可否於護照確係遺失有據即由該處補行發給等因前來復經本衙門以護照即爲內地游歷之據如果遺失應由該游歷之人向就近中國官員據實報明即爲知照就近領事官補發護照送由地方官蓋印發給照復美國相應抄錄來往照會查照咨行光緒六年八月

十八日咨南洋

附錄美國照會

爲照復事三月二十四日准照會內開美國瑪高温無照游歷川省一事查詢所領護照係在宜昌被水淹失請轉飭領事官照約辦理以符定章等因查洋人請領護照係欲其得有保護從無因其失落以致獲咎之理此事請再爲思憶據貴親王意以美醫瑪高温究竟有無違約並希以示知本大臣兹應指明向來各國及貴國商民之在本國均係可以任意游歷該各官於護照一節不准不查詢其有無並不億及爲其所應有在貴國地方本國商民則

須領照此照原係特欲地方官妥爲照料而設想本國商民恐其無照難得保護自必欲行請領相應照復

附錄給美國照會

爲照復事光緒六年四月二十八日准貴大臣照復瑪高温無照游歷川省一事內稱該游歷之人如遇遺失護照若必須於該處守候稟請就近領事官補給則必有格外躭延可否於此等游歷之人該護照確係遺失有據即由該處地方官補行發給等因本衙門查洋人游歷內地如遇護照遺失稟請就近領事官補給雖未免或有躭延究爲慎重保護起見貴大臣於此中情形早經洞悉似可無須更張至照會稱該護照確係遺失有據查護照即爲內地游歷之據如果遺失應由該游歷之人向就近中國官員據實報明該官員即爲知照就近領事官補發護照送由該地方官蓋印發給似此辦法庶較爲便捷亦不失慎重保護之意想貴大臣必以爲然也相應照復

游歷執照不得泛填十八省字樣

津海關照會案奉署北洋大臣李劄准總理衙門咨開光緒八年八月二十日本衙門附奏議覆山西巡撫張之洞奏洋人游歷之地往往並不指定一方動稱游歷十八省以後似宜與之約准指定處所以示限制而便照料保護

等語當經詳加酌議嗣後洋人游歷各省由何處至何處並經過何處均於照內一一註明不得泛言十八省以便易於保護已辦給照會通行各國轉飭各口領事官一體遵照辦理一片奉

旨依議欽此相應恭錄

諭旨咨行轉飭各海關道遵照等因合行劄道遵照奉此相應照會貴領事理事查照爲此照會光緒八年十二月十二日照會各國領事

總理衙門咨議覆山西巡撫奏洋人游歷各省請領護照由何處至何處並經過何處均於照內註明不得泛言十

八省等因茲據奉錦關道稟據美國班領事官照稱接奉駐京大臣劄開所有去歲總理衙門照會前因諸多窒礙難以允准飭本署領事嗣後遇有請領護照仍循舊辦理由該道稟請核示前來查光緒八年八月二十日本衙門奏洋人游歷護照往往塡寫十八省實屬泛而難稽嗣後洋人游歷各省由何處至何處並經過何處均於照內一一註明不得泛言十八省非獨便於稽查亦且易於保護等語曾經通行知照各國大臣在案旋據各國大臣照覆允辦署美使何大臣於我新章雖稍有詰辯然既稱本館所發之照定限二年並於照內按其所請游歷省分或三

省或四省分別註明等語是不得泛塡十八省一層未始不允爲照辦除將美大臣照復抄閱外並望轉飭該關道嗣後如有領事官請領護照內仍不得塡寫十八省字樣以符奏案光緒九年三月初六日咨北洋

附錄美國照會

爲照會事五月二十八日准貴親王照會以洋人游歷中國內地發給執照辦理未盡畫一請轉飭各領事官嗣後各省游歷執照務將由何處至何處并經過何處均於照內一一註明等因前來查本館雖向於貴衙門所擬請者甚有欲允行照辦之心惟於所開辦法前因則有未能照允按本國例本國人在中國所用之執照惟因由本館發給照內均係限用二年多係發給常住中國之人以之往內地其經過程途何止數處地方想貴親王自易知此照既可以行用二年若將所到各處及各路程一一註明實屬礙難譬如有住廣東之美國人欲游內地每次必令其請領本館執照殊多未便本館所發之照向係照例定限二年並於照內按其所請游歷省分或三省四省分別註明均有本館印信及轉請順天府或上海天津各關道加蓋之印茲非欲於所請者有所致辯想照內既有期限印信各處地方官查驗時自必遵照辦理似此游歷執照其

限期用處無庸再行更定所有本署大臣未能一如所請者諒貴親王亦必知其非緣無故也六月初七日

陵寢重地不准游歷（併見刑類法禁）

北洋大臣劄同治九年十二月二十七日據馬蘭鎮總兵咨呈內開同治九年十二月二十二日承准照會內開同治九年十二月十五日據署津海關陳道呈稱同治九年十二月十三日據天津漢稅司函稱茲有本關扦手名馬東阿現因封河無事赴津東二百五十里路有山一帶地方打圍游歷請給發護照一紙等情據此除繕給護照外理合具文呈請查核分咨等情據此合行照會等因除已

咨會

東陵承辦事務總管內務府衙門查照并劄行鎮屬各營路汎弁一體查照

外恭查

陵寢前面重地以及

後龍一帶山河例禁綦嚴圍牆紅白青樁立有界限禁有明條入經遵照茲承照會相應呈覆請爲查照等情據此查

陵寢重地例禁綦嚴除照覆馬蘭總鎮如該洋人不知例禁冒昧越界游歷務飭弁兵切實諭知勸阻外合行劄飭劄到該道即便查照嗣後如再有洋人赴

陵寢重地一帶游歷請領護照者即切實預爲勸戒以昭愼重是爲至要同治九年十二月二十八日劄津海關

津海關呈復竊奉憲批呈報德國商人戎普游歷遵化玉田薊州馬林峪等處印給執照緣由蒙批查同治九年十二月前津海關陳道任內有天津海關扦手馬東阿赴津東二百五十里路有山一帶地方打圍游歷據馬蘭鎮以

陵寢前面重地及

後龍一帶山河例禁綦嚴圍牆紅白青樁立有界限禁有明條呈請查核經李閣爵大臣照覆該鎮如洋人不知例禁冒昧越界游歷務飭弁兵切實諭知勸阻毋得稍事疏忽並札飭陳前道嗣後如再有洋人赴

陵寢重地一帶游歷請領護照者即切實預爲勸戒以昭愼重在案茲德國商人戎普由津赴玉田遵化薊州馬林峪一帶地方游歷馬林峪如係馬蘭峪左近即屬

陵寢風水禁地應將執照駁回勸阻未便蓋印給發仰即趕緊查明妥辦務昭愼重仍將辦理情形迅速具報查核等因查此件執照業經印給茲奉前因遵即函致德國貝領事查明所稱馬林峪是否馬蘭峪左近如係馬蘭峪左近即屬

陵寢風水禁地應將原發執照撤回送道署查銷如該商人業已動身即專函飭令將原領執照繳銷並告知該商人凡有附近

陵寢一帶有干例禁地方不可冒昧前往除俟執照繳回查銷再行呈報外所有現在辦理情形理合先行呈復光緒九年四月初四日呈北洋大臣

附錄德領事覆函

覆者接展來函以商人戎普請照游歷當已回津請將原領執據飭令繳送貴署查銷等因具悉現據該商將原執據呈繳前來本領事除將本署印信查銷外相應函送即希貴道查照核銷

日本國游歷執照式

執照正面漢文

大日本欽命駐劄上海管理通商事務領事　為給發執照事
案據通商章程第十三款必須給照游歷等因現有日本
國人稟欲前赴地方游歷本領事業經查明該名素稱安
練應給執照前往定以一年為限合請
大清文武員弁見此執照務准該名按照前條聽便游歷不得
阻滯留難如遇事故並望隨時保護幫助可也須至執照
者

右行執照

光緒　年　月　日

第　號執照給與日本國人　前往

大清欽命監督江南海關蘇松太兵備道　加印照行

以上日本文列於後面

另紙開列漢文粘連執照之後加蓋騎縫印

第十四款　大日本商貨進大清通商各口在海關完清
稅項後任憑大清人轉運大清內地各處售賣逢關納稅
遇卡抽釐大日本人不准運入大清內地其大清商貨進
大日本通商各口在海關完清稅項後大清人不准運入
大日本內地違者貨均入官並將該商交理事官懲辦

第十五款　兩國商民准在彼此通商各口購買各土產
及別國貨物報關查驗完稅裝運出口不准赴各內地置
買貨物如有入各內地自行買貨者貨均入官並將該商
交理事官懲辦
以上兩款係因兩國各有指定口岸故須明定限制

以上兩款日本文列於背面

執照背面開列

大清大日本國通商章程第十三款內載官民游歷均照兩國通行
舊章辦理惟請領執照應責成理事官查明實係安分之
人方可發給免致滋生事端

前款先開漢文後寫日本文均在執照背面因執照
係用洋紙刷印是以兩面皆可寫字也

華人赴美護照式

存根

為給照存查事茲據華民　　稟稱
係　省　府　縣人年　歲現由
搭坐　　輪船前往美國查係照
光緒六年中美續修約應准任便往來之人由保人
出具切結請發護照前來除填照給執外
存根備查
光緒　年　月　日
字第

姓名　年歲　事業
住址　身材　面色
眼色　異相　職銜

護照

為
發給護照事茲有華人　　係照光緒六年即西歷一千八百八
十年中國與美國續修條約應准任便往來美國之人合給護照俾到美國
埠時交稅關查驗放行並將本人姓名年貌各項列後
計開
姓名　年歲　事業
住址　身材　面色　職銜
眼色　異相
右給華人　　收執
光緒　年　月　日給
天字第　號

通商約章類纂卷二十

通商約章類纂卷二十一目錄　禮類四

通商約章類纂卷二十一　禮類四

學習文藝

條約章程

俄約第十條 併見本類優待保護

俄國人習學中國滿漢文義居住京城者酌改先時定限不拘年分如有事故立即呈明行文本國核准後隨辦事官員逕回本國再派人來京接替所有駐京俄國之人一切費用統由俄國付給中國毋庸出此項費用駐京之人及恰克圖或各海口往來京城送遞公文各項人等路費亦由俄國付給中國地方官於伊等往來之時程途一切事務要妥速辦理

美續約第七條

嗣後中國人欲入美國大小官學學習各等文藝須照相待最優國之人民一體優待美國人欲入中國大小官學學習各等文藝亦照相待最優國之人民一體優待美國人可以在中國按約指准外國人居住地方設立學堂中國人亦可在美國一體照辦

美續修條約第二款 併見戶類稅務口岸貿易工類招工本類優待保護游歷傳教

中國商民如傳教學習貿易游歷人等以及隨帶并僱用之人兼已在美國各處華工均聽其往來自便俾得受優

待各國最厚之利益

中日天津會議專款第二條

一兩國均允勸朝鮮國王教練兵士足以自護治安又由朝鮮國王選僱他外國武弁一人或數人委以教演之事嗣後中日兩國均勿派員在朝鮮教練

章程

奏選聰頴子弟赴美習藝并酌議章程

兩江總督曾等　奏爲擬選聰頴子弟前赴泰西各國肄習技藝以培人材恭摺仰祈

聖鑒事竊臣國藩上年在津辦理洋務前任江蘇巡撫丁日昌

奉

旨來津會辦屢與臣商確擬選聰頴幼童送赴泰西各國書院學習軍政船政步算製造諸學約計十餘年業成而歸使西人擅長之技中國皆能諳悉且謂攜帶幼童前赴外國者如四品銜刑部主事陳蘭彬江蘇候補同知容閎皆可

勝任等語臣國藩深韙其言曾於上年九月本年正月兩次附奏在案臣鴻章復往返函商竊謂自斌椿及志剛孫家穀兩次奉

命游歷各國於海外情形亦已窺其要領如輿圖算法步天測海造船製器等事無一不與用兵相表裏凡游學他國得有長技者歸即延入書院分科傳授精益求精其於軍政船政直視爲身心性命之學今中國欲仿傚其意而精通其法當此風氣既開似宜亟選聰頴子弟攜往外國肄業實力講求以仰副我

皇上力圖自强之至意查美國新立和約第七條內載嗣後中

國人欲入美國大小官學學習各等文藝須照相待最優國人民一體優待又美國可以在中國指准外國人居住地方設立學堂中國人亦可在美國一體照辦等語本年春間美國公使過天津時臣鴻章面與商及允俟知照到日即轉致本國妥爲照料三月間英國公使來津接見亦以此事有無相詢臣鴻章當以實告意頗欣許亦謂先赴美國學習英國大書院極多將來亦可隨便派往此固外國人所深願似於和好大局有益無損臣等伏思外國所長旣肯聽人共習志剛孫家穀又已導之先路計由太平洋乘輪船逕達美國月餘可至尚非甚難之事或謂天津

上海福州等處已設局仿造輪船鎗砲軍火京師設同文舘選滿漢子弟延西人教授又上海開廣方言舘選文童肄業似中國已有基緖無須遠涉重洋不知設局製造開舘教習所以圖振奮之基也遠適肄業集思廣益所以收遠大之效也西人學求實濟無論爲士爲工爲兵無不入塾讀書共明其理習見其器躬親其事各致其心思巧力遞相師授期於月異而歲不同中國欲取其長此中奧窔苟非徧覽久習則本源無由洞澈而曲折無以自明古人謂學齊語者須引而置之莊嶽之間又曰百聞不如一見此物此志也況誠得其法歸而觸類引伸視今日所爲孜孜以求者不更擴充於無窮耶惟是試辦之難有二一曰選材一曰籌費蓋聰頴子弟不可多得必其志趣遠大品質樸實不牽於家累不役於紛華者方能遠遊異國安心學習則選材難

國家帑項歲有常額增此派人出洋肄習之欵更須措辦則籌費又難凡此二者臣等亦深知其難第以成山始於一簣蓄艾期以三年及今以圖庶他日繼長增高稍易爲力爰飭陳蘭彬容閎等悉心酌議加以覆核擬派員在滬設局訪選沿海各省聰頴幼童每年以三十名爲率四年計一百二十名分年搭船赴洋在外國肄習十五年後按年

分起挨次回華計回華之日各幼童不過三十歲上下年力方强正可及時報効聞前此閩粵寗波子弟亦時有赴洋學習者但止圖識粗淺洋文洋話以便與洋人交易爲衣食計此則入選之初宜愼至帶赴外國悉歸委員管束分門別類務求學術精到又有繙譯教習隨時課以中國文義俾識立身大節可冀成有用之材雖未必皆爲偉器而人材旣衆當有瑰異者出乎其中此拔十得五之說也至於道途費用首尾二十年需銀百二十萬兩誠屬巨欵然此款不必一時湊撥分析計之每年接濟六萬尙不覺其過難除初年盤川發給委員攜帶外其餘指有定欵按

年預撥交與銀號陸續匯寄事亦易辦總之圖事之始固不能予之甚吝而遽望之甚賒況遠適異國儲才備用更不可以經費偶乏淺嘗中輟近年來設局製造開館教習凡西人擅長之技中國頗知究心所須經費均蒙
諭旨准撥亦以志在必成雖難不憚雖費不惜日積月累成效漸有可觀茲擬選帶聰穎子弟赴外國肄業事雖稍異意實相同謹將章程十二條恭呈
御覽合無仰懇
天恩飭下江海關於洋稅項下按年指撥勿使缺乏恭候
命下臣等即飭設局挑選聰穎子弟妥愼辦理如有章程中未

盡事宜並請
勅下總理衙門酌核更改臣等亦可隨時奏請更正所有擬選聰穎子弟前赴泰西各國肄習技藝緣由謹合詞恭摺具
陳伏乞
聖鑒

謹將挑選幼童前赴泰西肄業酌議章程恭呈
御覽

一商知美國公使照會大伯爾士頓將中國派員每年選送幼童三十名至彼中書院肄業緣由與之言明其束脩膏火一切均中國自備並請俟學識明通量材拔入軍政船政兩院肄習至赴院規條悉照美國向章辦理

一上海設局經理挑選幼童派送出洋等事擬派大小委員三員由通商大臣劄飭在於上海寧波福建廣東等處挑選聰慧幼童年十三四歲至二十歲爲止曾經讀中國書數年其親屬情願送往西國肄業者即會同地方官取具親屬甘結並開明年貌籍貫存案攜至上海公局考試如資性聰穎並稍通中國文理者即在公局暫住聽候齊集出洋否即撤退以節糜費

一選送幼童每年以三十名爲率四年計一百二十名駐洋肄業十五年後每年回華三十名由駐洋委員臚列各

人所長聽候派用分別奏賞頂戴官階差事此係官生不准在外洋入籍逗遛及私自先回遽謀別業

一赴洋幼童學習一年如氣性頑劣或不服水土將來難望成就應由駐洋委員隨時撤回如訪有金山地方華人年在十五歲內外西學已有幾分工夫者應由駐洋委員隨時募補以收得人之效臨時斟酌辦理

一赴洋學習幼童入學之初所習何書所肄何業應由駐洋委員列冊登註四月考驗一次年終註明等第詳載細冊齎送上海道轉報

一駐洋派正副委員二員每員每月薪水銀四百五十兩

繙譯一員每月薪水銀一百六十兩

一每年駐洋公費銀共約六百兩以備醫藥信資文冊紙筆各項雜用

一正副委員繙譯教習來回川費每員銀七百五十兩

一幼童來回川費及衣物等件每名銀七百九十兩

一幼童駐洋束脩膏火屋租衣服食用等項每年計銀四百兩

一每年駐洋委員將一年使費開單知照上海道轉報備正款有餘仍涓滴歸公若正款實有不足之處由委員隨時知照上海道稟請補給

一每年駐洋薪水膏火等費約給庫平銀六萬兩以二十年計之約需庫平銀一百二十萬兩

奏派攜帶幼童出洋並應辦事宜

北洋大臣李　奏為遴派委員攜帶幼童出洋肄業兼陳應辦事宜恭摺仰祈

聖鑒事竊臣等擬選聰穎子弟前赴泰西各國肄習技藝以培人材業於十年七月初三日專摺會奏在案旋准總理衙門覆奏不分滿漢子弟擇其質地端謹文理優長一律送往每年所需薪水膏火准於江海關洋稅項下借撥等因知照前來伏查挑選幼童出洋肄業固屬中華創始之舉抑亦古來未有之事所有攜帶幼童委員聯絡中外事體重大擬之古人出使絕域雖時地不同而以數萬里之遙需之二十年之久非堅忍耐勞志趣卓越者不足以膺是選查有奏調來江之四品銜刑部候補主事陳蘭彬夙抱偉志以用世自命挹其容貌則粥粥若無能絕不矜才使氣與之討論時事皆洞燭幾微蓋有遠略而具內心者又運同銜江蘇候補同知容閎前在花旗等處最久而志趣深遠不為習俗所囿同治二年曾派令出洋購買機器該員練習外洋風土人情美國尤熟遊之地足以聯外交而窺秘鑰以上二員上次摺內業經奏明均堪勝任相應請

旨飭派陳蘭彬為正委員容閎為副委員常川駐紮美國經理一切事宜此時不敢遽請獎敘將來辦有成效再由臣等從優酌保至挑選幼童應在上海先行設局頭批出洋後即挑選次年之第二批又挑選第三年第四年各批與出洋之員呼吸相通查有鹽運使銜候補知府劉翰清淵雅純篤熟悉洋務業經檄令總理滬局事宜所有駐洋及在滬兩局中外大小事件由陳蘭彬等互相商辦各專責成茲將臣等前奏所未及者酌擬應辦事宜開列清單恭呈

御覽仰懇

天恩

飭下總理衙門核覆施行所有遴派委員攜帶幼童出洋肄業
兼陳應辦事宜緣由理合恭摺會陳伏乞
聖鑒
謹將挑選幼童及駐洋應辦事宜分條開列恭呈
御覽
一挑選幼童不分滿漢子弟年十二歲至二十歲爲率收
錄入局由滬局委員查考中學西學分別教導將來出洋
後肄習西學仍兼講中學課以孝經小學五經及
國朝律例等書隨資高下循序漸進每遇房虛昴星等日正
副二委員傳集各童宣講

聖諭廣訓示以尊君親上之義庶不至囿於異學
一幼童選定後取具年貌籍貫暨親屬甘結收局註冊在
滬局肄習以六個月爲率察看可以造就方准資送出洋
仍由滬局造冊報明通商大臣轉咨總理衙門查考至洋
局課程以四個月考驗一次年終分別等第報查其成功
則以十五年爲率中間藝成後游歷兩年以驗所學然後
回至內地聽候總理衙門酌量器使奏明委用此係選定
官生不准半途而廢亦不准入籍外洋學成後不准在華
洋自謀別業
一出洋委員及駐滬辦事所有內外往來文件應刊給關
防洋局之文曰奏派選帶幼童出洋肄業事宜關防滬局
之文曰總理幼童出洋肄業滬局事宜關防均經臣刊刻
飭發以資信守
一每年八月頒發時憲書由江海關轉交稅務司遞至洋
局恭逢三大節以及朔望等日由駐洋之員率同在事各
員以及諸幼童望
闕行禮俾嫻儀節而昭誠敬
一出洋辦事除正副二委員外擬用繙譯一員教習一員
查有五品銜監生曾恒忠究心算學兼曉沿海各省土音
堪充繙譯事宜光祿寺典簿附監生葉源濬文筆暢達留
心時務堪充出洋教習事宜業由臣檄飭遵照屆時同正

副委員一併前往
一每年需用經費查照奏定章程於江海關洋稅項下指
撥洋局用款下年應用之項於上年六月前由上海道籌
撥銀兩眼同稅務司匯寄外洋交駐洋之員驗收其滬局
用款即交滬局總辦支銷惟原奏係二十年內共用一百
二十萬金約計每年須六萬兩而細加推算分年應用之
款參差不齊不能適符六萬之數如首數年滬上設局幼
童齊往用款較鉅第四年竟至八萬九千六百餘兩末數
年幼童已歸用款較減第十九年僅需二萬三千四百餘

兩此外各年遞推亦皆多寡懸殊茲由陳蘭彬等核開清
單某年應用銀若干交江海關道署存照按年寄洋仍由
該道分析造報以昭核實
總理衙門　奏爲遵
旨議奏事原任大學士兩江總督曾國藩協辦大學士直隸總
督李鴻章奏遴派委員攜帶學生出洋肄業兼陳應辦事
宜一摺同治十一年正月二十二日軍機大臣奉
旨該衙門議奏單併發欽此欽遵由軍機處抄交到臣衙門據
原奏內稱挑選學生出洋肄業固屬中國創始之舉所有
攜帶學生委員非堅忍耐勞志趣卓越者不足以膺是選

查有奏調四品銜刑部主事陳蘭彬運同銜江蘇候補同
知容閎等上次摺內業經奏明均堪勝任應請
飭派陳蘭彬爲正委員容閎爲副委員常川駐紮美國經理一
切事宜至挑選學生應在上海設局分批出洋與出洋之
員呼吸相通查有鹽運使銜分發候補知府劉翰清熟悉
洋務檄令總理滬局事宜各等語臣等查西人長技在於
製器而其大要皆本於算法現欲取彼所長輔我所短自
非選材前往學習未易得其要領所選學生年皆幼穉自
須委員常川約束在滬挑選分批送往外洋亦須有人經
理所有請派委員陳蘭彬容閎劉翰清等分別常駐美國

及在滬設局互相商辦各專責成應如所議辦理惟查開
列應辦事宜清單第一條內開挑選學生以十二歲至二
十歲爲率第二條內開在洋肄業以十五年爲率中間藝
成後游歷兩年以驗所學然後回至內地各等語臣等查
所選學生以十二歲計算至十五年藝成後回至中國時
已二十七八歲若以二十歲計算則肄業十五年回至中
國時已及三十六七歲其家中父母難保必無事故且年
進二十再行出洋肄業未免時過後學難望有成應請酌
定自十二歲至十六歲爲率並剔除親老丁單之學生毋
庸挑選外其挑選出洋者亦應隨時考驗所學或有不及

十五年而已有成效及遇有事故者准其報明由該委員
確實查核酌准送回且學生一百二十名之多在洋十五
年之久亦難保無因病出缺等事應如何辦理之處亦須
議及其挑選出洋各學生姓名籍貫三代履歷應飭該委
員造具清冊申報該督等轉咨臣衙門存案以備查核又
第四條內開恭逢三大節及朔望等日由駐洋委員率同
在事各員以及諸學生等望
闕行禮等語所議甚是臣等並擬令在洋局恭設
至聖先師神位駐洋委員率同在事各員以及諸學生一體行
禮其餘各條應如所議辦理所有臣等遵議曾國藩等遴

派委員攜帶學生出洋肄業兼陳應辦事宜各緣由理合
恭摺具奏伏乞
聖鑒同治十一年正月　日奉
旨依議欽此

奏選閩廠生徒出洋習藝並酌議章程

北洋大臣等　奏爲選派華洋監督率領閩廠學生出洋
學習以儲人才而重防務恭摺仰祈
聖鑒事竊臣葆楨前於同治十二年十一月奏陳船工善後事
宜摺内請於閩廠前後學堂選派學生分赴英法兩國學
習製造駕駛之方及推陳出新練兵制勝之理速則三年

遲則五年擬令船廠監督日意格詳議章程經總理衙門
議請
勅下南北洋大臣會商熟籌等因奉
旨依議欽此欽遵在案旋因臺灣有事倥偬未及定議上年臣
等籌議海防摺内於出洋學習一事斷斷焉不謀同辭及
臣日昌臣贊誠先後接辦船政察看前後堂學生内秀傑
之士於西人造駛諸法多能悉心研究亟應遣令出洋學
習以期精益求精臣等往返函商竊謂西洋製造之精實
源本於測算格致之學奇才迭出月異日新即如造船一
事近時輪機鐵脅一變前模船身愈堅用煤愈省而行駛
愈速若不前赴西廠觀摩考索終難探製作之源至如駕
駛之法近日華員亦能自行管駕涉歷風濤惟測量天文、
沙線遇風保險等事仍未得其深際其駕駛鐵甲兵船於
大洋狂風巨浪中布陳應敵離合變化之奇華員皆未經
見自非目接身親斷難窺其秘鑰查製造各廠法爲最盛
而水師操練英爲最精閩廠前堂學生本習法國語言文
字應即令赴法國官廠學習製造務令通船新式輪機器
具無一不能自製方爲成效後堂學生本習英國語言文
字應即令赴英國水師大學堂及鐵甲兵船學習駕駛務
令精通該國水師兵法能自駕鐵船於大洋操戰方爲成

效如此分途學習期以數年之久必可操練成才儲備海
防之用至學生中有天資傑出能習礦學化學及交涉公
法等事均可隨宜肄業惟人數既多道里遼遠非遴選賢
員派充監督不足以資統馭而重責成查有三品銜候選
道李鳳苞學識閎通志慮遠大於西洋輿圖算術及各國
興衰源流均能默討潛搜中外交涉要務尤爲練達實屬
不可多得之才以之充派華監督必能勝任至訪詢各國
官廠官學安插學生延請洋師仍應有情形熟悉之員聯
絡維持主客方無隔閡臣葆楨原奏所稱正一品銜閩廠
監督日意格前已回國經臣等催調來華商辦一切該員

久襄船政條理熟諳於船廠學生情誼亦能融洽以之派充洋監督必可勝任六月間李鳳苞日意格二員來津稟商臣鴻章適有煙臺之役卽攜該員等同往飭令籌議章程滇案結後曾將該員等所議各節抄送總理衙門核奪茲經臣等再四討論復與李鳳苞日意格切實核減學生員數以三十名爲度肄習年限以三年爲度責以成效嚴定賞罰出洋經費分年匯解約共需銀二十萬兩此項經費必應籌定有著之款臣鴻章前議由閩省籌撥南北洋海防項下酌提動用先儘釐金撥解釐金不敷卽在閩海關四成洋稅項下就近湊撥旋准福州將軍臣文煜咨稱

閩關四成洋稅暫無存款俟第六十五結屆滿再行核數撥解等因新授閩浙督臣何璟過保定時臣與面商一切亦深以爲然茲由臣日昌函致臣鴻章議定由閩省釐金項下籌銀十萬兩閩海關四成洋稅項下籌銀五萬兩船政經費項下勻撥銀五萬兩是此項二十萬之數均已議有著落查照分年匯解章程第一年七萬三千兩有奇第二年六萬兩有奇第三年五萬八千兩有奇並游歷及應支教習脩金等費隨時核計撥匯閩力雖甚拮据必能酌量緩急以符定議應請於海防額餉內作正開銷查西洋各國均以中國遣人赴彼學習爲和好證驗前派幼童赴

美國英使卽有該國大書院極多將來亦可隨時派往之語秋間滇案議結時臣鴻章面告威妥瑪以擬遣學生赴英學習該使允俟總理衙門知照到日轉致本國外部九月間威妥瑪回國過晤臣復與商明照辦惟該國兵船定例稍嚴聞日本近時已有七人在英兵船學習臣在煙臺閱視洋操卽見有日本武弁在英國鐵甲船隨同操演今議學生分班送往又有郭嵩燾等駐英商辦當無礙難之處至法使白來尼屢以日意格辦船有效爲言此舉亦該使所深願現擬令該監督等率同學生於明年正月啟行應請

勅下總理衙門迅速分別知照英法駐京公使令其轉達本國妥爲照料臣鴻章於本年三月間因洋員李勱協回國之便派令武弁卞長勝等七人同赴德國軍營學習兵技當時未派監督心甚懸念此次李鳳苞出洋飭令該員按三月一次由輪車馳赴德國兼查卞長勝等功課並請總理衙門酌量照會德國駐京公使一體知照辦理近自同治十二年籌遣幼童赴美學習之後上年日意格回國臣葆楨遣學生數名隨往游學本年臣鴻章又遣卞長勝等赴德國學習此次又派李鳳苞等率領學生分赴英法兩國從此中國端緒漸引風氣漸開雖未必人人能成亦可拔

十得五實於海防自强之基不無裨益謹將臣等籌議船政學生出洋章程及經費數目分繕清單恭呈

御覽仰懇

飭下總理衙門核准施行所有遴員派充華洋監督率領閩廠學生出洋肄業緣由理合會同恭摺由驛具陳伏乞

聖鑒光緒二年十二月初二日奉

旨該衙門知道單三件併發欽此

謹將選派船政生徒出洋肄業章程繕具清摺恭呈

御覽

一奏派華洋監督各一員不分正副會辦出洋肄業事務

俟挈帶生徒到英法兩國時兩監督公同察看大學堂大官廠應行學習之處會同安插訂請精明教習指授如應調赴別廠或更換教習仍須會商辦理其督課約束等事亦責成兩監督不分畛域如遇兩監督分駐英法之時則應分投照顧其華員及生徒經費歸華監督支發洋員洋教習及華文案經費歸洋監督支發每年底由兩監督將支發各數會銜造報凡調度督率每事必會同認眞探討和衷商榷期於有成萬一意見不合許即據實呈明通商大臣船政大臣察奪

一選派製造學生十四名製造藝徒四名交兩監督帶赴法國學習製造此項學生既宜另延學堂教習課讀以培根柢又宜赴廠習藝以明理法俾可兼程並進得收速效以備總監工之選其藝徒學成後可備分廠監工之選凡所習之藝均須極新極巧倘仍習老樣則爲兩監督是問如有他廠新式機器及砲臺兵船營壘礦廠應行考訂之處由兩監督隨時酌帶生徒量給其第一年除酌帶量給外其餘生徒可以無須游歷第二第三兩年約以每年游歷六十日爲率均不必盡數同行亦不必拘定時日

一選派駕駛學生十二名交兩監督帶赴英國學習駕駛兵船此項學生應赴水師學堂先習英書並另延教習指

授鎗砲水雷等法俟由兩監督陸續送格林回次抱士穆德大學院肄習其間並可帶赴各廠及砲臺兵船礦廠游歷約共一年再上大兵船及大鐵甲船學習水師各法約二年定可有成但上兵船額可援日本派送肄業之例陸續拔尤分班派送五六人其未到班者仍留大學堂學習既上兵船須照英國水師規制除留辮髮外可暫改英兵官裝束其費由華監督歸經費項下支給內有劉步蟾林泰曾二名前經出洋學習此次赴英即可送入大兵船肄業

一製造生徒赴法國官學官廠學習駕駛學生赴英國格

林同次抱士穆德學堂並鐵甲大兵船學習應請總理衙門先行分別照會駐京之英法公使咨會本國外務院准照辦理其英國學習各事或再由中國駐英

欽差大臣就近咨商辦理兩項學生每三個月由華洋監督會同甄別一次或公訂專門洋師甄別並由華監督酌量調考華文論說其學生於閒暇時宜兼習史鑑等有用之書以期明體達用所有考冊由兩監督彙送船政大臣轉咨

通商大臣備核其駐洋之期以抵英法都城日起計滿三年爲限未及三年之前四個月由兩監督考驗學成者送回供差其中若有數人將成未成須續學一年或半年者

屆時會同稟候裁奪總以製造者能放手造作新式船機及全船應需之物駕駛者能管駕鐵甲兵船回華調度布陣并有專門洋師考取給予確據者方爲成效如一切辦無成效將監督議處

一製造駕駛兩項學生之內或此外另有學生願學礦務化學及交涉公法等事者由兩監督會商挑選就其才質所近分別安插學習支給教習脩金仍由兩監督隨時抽查功課令將逐日所習洋記送核以三年爲期學成後公訂專門洋師考驗確實給有的據送回供差

一兩監督及各項生徒自出洋以迄回華凡一切肄習功課游歷見聞以及日用晉接之事均須詳註日記或用藥水印出副本或設循環簿遞次互換總以每半年彙送船政大臣查核將簿中所記由船政抄咨南北洋大臣覆核或別國有便益新樣之船身輪機及一切軍火水陸機器由監督隨時採明覓取圖說分別繙譯務令在洋生徒考究精確實能仿效一面將圖說彙送船政衙門察核所需各費作正開銷

一各項生徒如遇所訂教習不能認眞指教或別有不便之處應隨時訴明華監督會同洋監督察看確實妥爲安置若該生徒無故荒廢不求進益有名無實及有他項嗜

好者均由兩監督會商分別留遣嚴究其員生每月家信二次信資以及醫藥等費作正開銷或延洋醫或延駐洋

欽使之官醫或應另請派撥醫生均於到洋後酌定萬一因攻苦積勞致有不測之事則運回等費作正開銷並給薪費一年半仍酌量情節稟請附

奏以示優卹如有聞訃丁憂者學生在洋守制二十七日另加卹賞飭該家屬具領

一此次選派生徒應由監督溯查考蹟詳加驗看如有不應出洋濫收帶往不能在官學官廠造就以致剔回者其回費由監督自給倘生徒赴洋後有藉詞挾制情事因而

剔回者卽將挾制實在情形稟請抵華後查明懲究如咎不在監督者仍開報回費實係因病遣回者不在此例

一兩監督和衷會辦當互相覺察萬一華監督有敷衍塞責等情弊而洋監督不行舉發或洋監督有敷衍塞責等情弊而華監督不行舉發者咎各相等查有扶同確據卽分別照會咨行隨時撤換不必俟三年期滿如果事事實際生徒多優異者將兩監督專摺

奏請獎敘

一此次所議章程總以三年學有成效爲限若三年後或從此停止或另開局面均由船政大臣通商大臣會商主

裁外人不得干預

謹將出洋監督薪費及生徒經費並分三批匯付銀數開列淸摺恭呈

御覽

一華洋員薪費項下華監督一員並繙譯一員共薪水每年七千六百兩華員雜費每年三千兩洋監督一員薪水每年七千二百兩洋幫辦兼文案一員每年二千四百兩華文案以學生陳季同兼辦每年一千二百兩洋員並華文案房飯雜費四千八百兩（華文案並習交涉公法所需教習脩金由華監督另給造報）以上各項按照船政向例支發七一七洋平銀其生徒

薪水仍由船政照給該家屬支領（該員等起程以至法國先約支兩月薪水俟按日數造報回華時仿此）

一製造學生經費項下每名每年房租並學堂脩膳費約銀一百二十磅每名行裝費五十磅於起程時先發二十磅到洋時找發三十磅又第二第三年每名年需游歷費六十磅每名年需剃頭洗衣添購書籍紙筆零用等雜費四十磅以上各項隨時按英磅作價不得預定銀兩其游費雜費實支實報不敷者補給如有贏餘涓滴歸公另延教習兼教所添脩金每年約以八百磅爲限此款核實支發以原收單粘報

一駕駛學生經費項下每名行裝費及每年房租脩膳費游歷費雜費並同前條惟陸續上兵船時每名應給兵官衣資並海圖器具等費共銀一百五十磅旣上兵船之後每名每年應增飯食費二十四磅約以二年爲限其未上兵船時另延教習兼教所添脩金每年約以四百磅爲限亦核實支發以原收單粘報

一路費項下若搭西國公司船則華洋監督及隨員繙譯文案五員坐上等船位（除洋文案一員來回費前已領過）每項約五百三十元生徒坐二等艙每次約四百元此項船價及渡船火車衣箱稅等費撙節支報如有不敷俟挪用後稟請補領

所帶隨役不准開支公項其經費於起程時具領其回費於第二批內領二分之一第三批內領二分之一若派船政官輪船送往則此項路費槪不開支行裝回費前已具領（魏瀚陳兆翔二名）

一撥匯日期於華洋監督與生徒起程時先撥第一年薪費及行裝費往費學生之上兵船衣食費均由華洋監督鈐領帶往支發及起程八個月再由船政匯付第二年薪費一批及回費二分之一以後十二個月又匯付第三年薪費一批及回費二分之一寄交兩監督收存備用

第一年

華洋員薪費每年共七一七洋平銀二萬六千二百兩兩監督及繙譯華文案共四員起程以至法國先約支兩月薪水銀二千六百六十六兩不另支雜費俟到洋後扣足在路日數計算將餘銀歸公隨員馬建忠並製造學生十四名藝徒四名共十九名每名房脩膳等費年應英銀一百二十磅雜費四十磅行裝費十七名每名五十磅共三千八百九十磅內隨員薪水仍由天津給發學生魏瀚陳兆翔二名已領行裝　製造生徒另延教習年約脩金八百磅　駕駛學生十二名每名房脩膳等費年應英銀一百二十磅行裝費五十磅雜費年應四十磅共二千五百二十磅　駕駛學生另延教習年約脩金四百磅　駕駛學生十二名上兵船衣具圖書費每名一百五十磅上兵船後每名每年增飯食銀二十四磅全年統共二千零八十八磅　以上五款共英銀九千六百九十八磅以每磅五元作七一七洋平算合銀三萬四千七百六十七兩三錢三分

往費（監督等五員每員五百三十元 生徒二十八名每名四百元）共一萬三千八百五十元七一七合銀九千九百三十兩四錢五分

以上約計第一年總共應領銀七萬三千五百六十三兩七錢八分

第二年

華洋員薪費每年共七一七洋平銀二萬六千二百兩隨員並製造學生房脩膳並雜費年共三千零四十磅　製造生徒另延教習年約脩金八百磅　隨員並製造生徒共十九名每名游歷費六十磅共一千一百四十磅　駕駛學生十二名房脩膳並雜費年共一千九百二十磅　駕駛學生另延教習年約脩金四百磅　駕駛學生十二名每名年增飯食費二十四磅共二百八十八磅　駕駛學生一十名每名年應游歷費六十磅共六百磅　以上七款共英銀八千一百八十八磅合銀二萬九千三百五

十三兩九錢八分
囘費二分之一應六千九百二十五元合銀四千九百六十五兩二錢二分五厘
以上約計第二年總共應領銀六萬五百一十九兩二錢五厘
第三年
就第二年數內除去駕駛學生另延教習脩金四百磅駕駛學生增飯食項下二百八十八磅駕駛學生游歷項下六百磅共應除去英銀一千二百八十八磅合銀四千六百一十七兩四錢八分　兩監督等四員法國起程至回

國先約支兩月薪水計銀二千六百六十六兩不另支雜費俟回國後扣足在路日數計算將銀歸公
以上約計第三年總共應領銀五萬八千五百六十七兩七錢二分五厘
以上三年統共七一七洋平銀一十九萬二千六百五十兩七錢一分外尚有第一年酌帶學生出外量給游費及三年內華文案並隨員學習交涉公法應支脩金等費未算在內

成案
調同管帶幼童駐洋肄業人員請奬
北洋大臣李　奏爲調同管帶幼童駐洋肄業人員請
旨優奬以示鼓勵恭摺仰祈
聖鑒事竊臣於光緒元年四月奏派工部候補主事區諤良出洋會同原派委員容閎經理幼童肄業各事當即劄委攜帶第四批幼童赴美國哈富地方居住照料各童學習文藝查升任宗人府府丞陳蘭彬原與容閎同派管帶學生常駐美國旋因總理各國事務衙門議辦古巴招工章程檄調陳蘭彬同京維時以幼童肄業事宜關係緊要遴派

區諤良速往接辦由臣奏明請
旨敕下總理衙門暨工部仍照出差人員向例辦理如有成效從優酌保以示鼓勵在案現陳蘭彬容閎均奉
命駐紮美日秘三國出使大臣已於九月初三日在美都呈遞
國書接陳蘭彬來函與美國外部商設金山領事辦有端倪郎須前往日秘兩國容閎來函呈請交卸駐洋肄業局務該局原派總辦二員目下各童均已考進書院事務較少既有正副兩使駐紮美國不能置此局於度外其總辦可酌量裁減俾事權歸一以示責無旁貸比與陳蘭彬等往返函商意見相同查有保升主事內閣中書容增祥在

美經管肄業充當教習已閱七年洋文洋語具有規模風土人情亦所熟悉陳蘭彬等已就近奏調派充駐美參贊若令兼任管帶學生必可得力參贊事務稍簡副使容閎既常駐美京華盛頓參贊容增祥即可常駐哈富兩處鐵路相通輪車往來朝發夕至哈富有事容閎可來相幫華盛頓有事容增祥可暫去相助兩人素稱浹洽自無齟齬之慮主事區諤良已離原衙門四年應仍調回工部當差該員遠涉重洋志趣堅卓督率各生徒肄習洋學漸得門徑附入各書院益求精進著有成效自應從優酌保以符原議惟該員係屬部曹核與吏部現定章程頗有窒礙若

照尋常勞績僅予加級升銜殊不足以資鼓勵其應如何優獎之處伏候
聖裁所有調回駐洋人員仰懇
天恩從優給獎緣由謹會同恭摺具陳伏乞
聖鑒光緒四年十一月二十九日奉
旨區諤良著免補主事以員外郎補該衙門知道欽此

洋員教導閩廠生徒出力給獎

北洋大臣等　奏為船政生徒出洋肄業洋員教導出力請
旨分別賞給寶星功牌以示鼓勵恭摺仰祈
聖鑒事竊臣等接准出使德國大臣兼肄業監督李鳳苞咨開出洋生徒歷經照章將駕駛各生先送英國格令尼次官學然後商派兵船製造各生陸續商入法國官學官廠文案繙譯各員亦送政治律例學院分投肄習晌屆三年期滿官學官廠各員盡心指授不分畛域不支薪費似宜格外獎勵其向支薪水之另延教習幫同指教均屬出力亦應酌予獎賞西國崇尚寶星榮於華袞而能邀他國寶星者尤以為榮中國在洋之委員生徒既傳習其交涉駕駛製造各事擬請懇
恩酌量等差賞給寶星頒發功牌苟有續派生徒則鼓舞之苟

無續派則酬報之非但有益於肄業抑且有益於邦交今與洋監督日意格往返函商力加刪汰酌擇英法官學官廠督辦總監督馬的好得式內等共十員又英法官民各廠學總辦監督孟格非埃等十三員以上各員調派生徒延訂教導著有勤勞大半不支薪水擬請
旨賞馬的好得式內等十員頭等金寶星孟格非埃等六員二等金寶星拉飛德等七員三等金寶星此外英法官學教習及另延教習佳臬等八員擬請四品軍功並三錢重鏨金賞牌歐般等十員擬請五品軍功並三錢重鏨金賞牌以資鼓勵而示榮寵等因前來臣等查前此德國兵官教

練華弁出力經臣鴻章兩次奏奉
諭旨賞給寶星此次閩廠學生在洋人數尤多事務尤繁刻下
正選派生徒陸續出洋欲策後效必應酬其前勞謹開具
銜名清單擬懇
天恩給予獎賞如蒙
俞允應由船政局照式製造寄由李鳳苞等分別頒給除咨請
總理衙門知照英法駐京使臣外所有洋員教導出洋生
徒請給寶星功牌緣由謹合詞恭摺具陳伏乞
聖鑒光緒六年三月二十一日奉
旨著照所請該衙門知道欽此

謹將英法兩國教導肄業生徒尤爲出力各員擬請獎勵
開具銜名清單恭呈
御覽
法國海部總理員弁並水手人等水師提督馬的好得式
內
法國海部總理水師各廠事務提督銜薩巴帖
法國格致院長巴黎地圖局副總辦並礦院總監督一品
銜多布類
法國礦院總稽查二品銜都朋
法國水師一等總監工官學總監督總兵銜舒有

英國格令官學總監督二品銜好士德
法國政治院總辦二品銜布德米
英國抱士穆德廠收發船表副將銜遜順
法國水師總監工副將卡那美
法國科魯蘇製廠督辦瑞乃德
以上十員擬請
賞頭等金寶星
法國汕薩芒製廠督辦前工部尚書孟格非埃
英國格林官學教習格致舉人藍伯晥
英國格林官學教習格致舉人勞敦

法國馬賽臘孫製廠總辦二品銜勤摩好
法國馬賽製造監督三品銜奧賽爾
法國臘孫製廠監督三品銜臘根
以上六員擬請
賞二等金寶星
法國科魯蘇製廠副總辦拉飛德
法國汕薩芒製廠副總辦畢庸
法國地中海廠巴黎副總辦舒愛把士德
法國地中海廠巴黎總稽查芳舒
法國前賽隆官學監督基爾

法國賽隆官學監督三品銜耶格內
法國水師總監工削浦官學副監督三品銜馬丹美
以上七員擬請
賞三等寶星
法國水師副監工削浦官學教習參將銜佳臬
法國水師副監工教習多耶學生奥濱
法國水師副監工前教習句海士登藝徒古士亥
法國水師副監工教習句海士登藝徒臘依德
法國水師副監工前教習削浦學生布拉
法國水師副監工教習削浦學生比俄

法國律例師前教習肄業隨員福果阿芒
法國算學舉人前教習肄業隨員福員阿貝
以上八員擬請
賞四品軍功並三錢重藝金賞牌
英國格林官學天文教習歐般
英國海圖教習掌孫
英國製造學生汽機教習義歐
英國學士格林官學格致教習藏伯
英國格致舉人格林官學格致教習爾蘭諾德
英國水師砲學都司蘇哲爾

法國製造監工教習礦學生奥禮武
法國科魯蘇監工前教習藝徒羅甫
法國礦院官學教習基爾德
法國礦院官學教習李奈爾
以上十員擬請
賞五品軍功並三錢重藝金賞牌
閩廠生徒肄業期滿同華洋教導出力各員給獎
北洋大臣等　奏爲前派船政生徒出洋肄業在事華洋
各員始終勤奮擬懇
天恩給獎以示鼓勵恭摺仰祈

聖鑒事竊臣等接准出使德國大臣兼肄業監督李鳳苞咨開
前因福建船政選派駕駛製造生徒出洋肄業經該大臣
偕同洋監督日意格隨員馬建忠文案陳季同繙譯羅豐
祿等於光緒三年三月內到洋督率肄習三年陸續學成
咨送回華其展限補習四月者扣至六年八月亦一律完
畢分別留洋遣回在案溯查出洋生徒在船時各限功課
不令閒曠既抵英法專延洋師補教以充根柢一面偕同
洋監督面商英法部臣將在英之駕駛生先派三生登鐵
甲船九生入格令尼次官學續將官學八生調入鐵甲船
學習歷赴地中海大西洋美利堅阿非利加印度洋等處

學習操防排布迎禦之法迨離船後又專延教習補授電氣鎗砲水雷各法具有船主憑單給執並照章酌量游歷上廠以廣見識是駕駛諸生在船學習不止原定章程分班五六人上鐵甲船已也其在法之製造生先送四生入削浦官學五生入多廊官廠其餘派入汕答佃官礦學及科魯蘇民廠分習開採烹煉鎔鑄等事旋經商明部臣將汕答佃處五生入巴黎官礦學其製造藝徒初派民廠補習工藝續經分送賽隆及向海士登官藝學該生徒等各照官學所定章程專門洋師按年甄別給執官憑並酌量游歷英法比德各國新式機器船械各廠以資考訂凡可

傳習各生徒俱已竟功雖天資不一造就有深淺之殊而按章督課實與諸官學卒業之洋員無所軒輊其製造者能放手造作新式船機及應需之物駕駛者能管駕鐵甲兵船調度布陣其製造如魏瀚陳兆翱鄭清濂林怡游開採鎔煉如羅臻祿林慶升駕駛如劉步蟾林泰曾蔣超吳方伯謙薩鎮冰頗爲優異其餘加以陶鎔均可成器皆有考取確據委與原定章程辦有成效之結相符苟非在事各員指臂相資未克臻此所有出力各員除正一品銜前

船政監督日意格屢稱渥荷

隆恩不敢再邀獎敘及隨員候補道馬建忠業經　奏奬襄辦文案縣丞錢德培不及三年存記勞績外其文案陳季同繙譯羅豐祿出使德國二等參贊官徐建寅幫辦監督洋員斯恭塞格洋文案商氏邪等五員辦理文案繙譯襄助華洋監督移調生徒料管受協及偕同前赴各廠考求機器製造採鍊並查察功課兼習律例公法化學政治等事均能始終勤奮辦理有成應請照案　奏獎等因前來臣等伏查船政生徒派往英法各國肄業分入官學官廠於製造駕駛各事均有心得該監督等周歷查察調護維持實心實力使諸生學業進益已多而隨員等兼習各學疊經考試取中奔走照料亦著勤勞該生徒等既經學成回

華自應照案給奬以示鼓勵此次出力之監督二品頂戴三品卿銜記名海關道李鳳苞擬請

賞戴花翎留閩補用都司陳季同擬請免補本班以游擊仍留原省補用並

賞加副將銜應選主事羅豐祿擬請以同知不論雙單月歸部選用並

賞加四品銜候選道徐建寅擬請

賞加三品銜至三品銜一等寶星前福建船政副監督洋員斯恭塞格擬請

賞給總兵銜洋員商氏邪擬請

賞給三等寶星並加四品軍功俾資觀感而策後效所有帶領
船政生徒出洋肄業在事華洋各員始終勤奮擬請獎勵
緣由合詞恭摺具陳伏乞
聖鑒光緒七年正月二十五日奉
旨李鳳苞等均著照所請獎勵該衙門知道欽此

續選閩廠生徒出洋

北洋大臣等　奏爲續選閩廠學生出洋肄業以儲人才
而擴進境恭摺仰祈
聖鑒事竊臣鴻章於光緒二年十一月會同前南洋大臣沈葆
楨等　奏明選派閩廠前後學堂製造學生十四名藝徒

四名駕駛學生十二名分赴法國官廠及英國水師學堂
鐵甲兵船學習製造駕駛之方及推陳出新練兵制勝之
理所需經費由閩省額撥南北洋海防經費內酌提動用
旋議定閩省釐金項下籌銀四分之二閩海關四成洋稅
及船政經費項下各籌撥銀四分之一按照章程分年匯
解該學生等出洋後均能悉心攷究窺見門徑雖所造深
淺不同尚不爲故步所域多已學成期滿陸續回華其駕
駛學生出色者則有劉步蟾林泰曾等製造學生出色者
則有魏瀚陳兆翱等經臣等量材器使或派管駕蚊船快
船或在船政差遣及派往外洋爲鐵甲船監工其餘亦分

任要務各効所長惟現值整頓水師研精船械規模日擴
事事需才尤覺不敷分布臣鴻章於光緒五年九月會同
沈葆楨奏明閩局出洋生徒應予蟬聯就學以儲後起之
秀而備不竭之需奉
旨允行在案查船政前後學堂生徒初次選擇三十人出洋已
拔其尤其續入學堂者年資稍淺遴選較難然育才之要
宜使迭出而不窮日新之功不可一得而自畫臣鴻章與
臣兆棠往返咨商擬定續選前學堂學生八名後學堂學
生六名出洋肄業並擬分撥經費銀十萬兩陸續匯解出
使大臣兼肄業監督李鳳苞收支並請由出使英法大臣

曾紀澤會同督率照料惟查後學堂學生內有許兆箕等
四名先經臣鴻章調赴天津派充水師學堂教習及威遠
練船教練水手皆有要差礙難遽令出洋現計後學堂學
生僅有二名合之前學堂學生八名共有十名先行儘數
派員送至香港登舟出洋餘俟選擇得人續派前往所需
經費仍應由福州將軍及福建督撫臣與臣兆棠查照成
案分年勻撥接濟所有續選閩廠學生出洋肄業緣由理
合會同恭摺馳陳伏乞
聖鑒光緒七年十月十四日奉
旨該衙門知道欽此

奏選華弁出洋習藝並洋弁給獎
北洋大臣李　奏再臣遵
旨籌布海防迭經籌欵定購西洋新式後膛鎗炮分發各營督
飭操練並轉託德國克鹿卜砲廠代僱德國都司李勱協
來津訂立合同議明三年爲期教習克鹿卜後膛鋼炮該
都司悉心指授炮隊操法日臻嫻熟現屆期滿銷差回國
由臣優給川資並商令李勱協帶同花翎游擊卞長勝等
七人赴該國武學院講習水陸軍械技藝俟學成回華再
分撥各營教練以期漸開風氣李勱協性情忠篤與卞長
勝等相習已久慨然允行業與議定章程飭卞長勝等會

同李勱協於三月二十一日由津附搭輪船起程竊維外
交之道與自固之謀相爲表裏德國近年發奮爲雄其軍
政修明船械精利實與英俄各邦並峙臣前晤該國駐京
使臣巴蘭德謂中國如派人前往學習船政軍政彼國必
當盡心教導是該國素敦友誼亟應及時聯絡師彼長技
助我軍謀近年閩滬各局奏派學生赴英美等國游歷肄
業無非爲實事求是力圖自强起見玆臣所派游擊卞長
勝等久歷行陣素諳洋器更令出洋精求博覽兼有李勱
協援引照料徧赴德國各廠局軍營及炮臺兵船切實考
究以增益其所不能似亦造就人材之一法所需出洋用

費應在海防經費內核實支銷其法國都司李勱協盡心
教練著有成勞擬請
旨賞給二等寶星佩帶回國以示優異除由臣函屬德國公使
巴蘭德轉致該國兵部外務大臣妥爲照護並緘商總理
衙門仍將出洋員弁銜名籍貫造冊咨送外理合附片陳
明伏乞
聖鑒光緒二年四月初二日奉
旨著照所請該衙門知道欽此
洋員教導華弁出力給獎
北洋大臣李　奏再據出使德國大臣兼肄業監督李鳳

苞咨開德國子告提督巴蘭德係駐京公使巴蘭德之兄
當光緒二年選送七弁赴德肄業時該提督郎導見該國
兵部海部並託斯邦道提督及伊瑠營官德羅他分派教
導視同子弟迄今三年鉅細畢周勤勞益著請　奏賞該
提督寶星以示獎勵等語查光緒三年十月德國兵官德
羅他教練盡心經臣奏奉
俞旨賞給寶星欽遵在案該提督照料周妥事同一律前據李
鳳苞函稱該提督亟望
恩賞寶星以爲榮寵自應由臣飭局仿造二等金寶星一顆賫
交駐京使臣巴蘭德轉寄傳

旨賞給以示懷柔而資激勸除咨請總理衙門照會巴蘭德知
照外附片陳明伏乞
聖鑒光緒五年八月初六日奉
旨該衙門知道欽此
又　奏再臣迭准李鳳苞咨稱查連標等赴德肄業先經
駐京德國使臣巴蘭德之兄子告提督巴蘭德轉託斯邦
道提督及營哨教習現在期滿學成回華接准該提督巴
蘭德函稱斯邦道教隊出力之步隊親軍第一營三等提
督官波蘭撒爾第四營頭等總兵官薩呢則第四營內頭
哨二等總兵官哈克威擬懇邀請　奏獎由駐京使臣巴

蘭德轉遞前來臣查光緒三年十月及本年八月德國兵
官德羅他與提督巴蘭德或盡心教練或照料周妥經臣
先後奏奉
俞旨賞給寶星欽遵在案今該兵官等三員教隊出力事同一
律既據巴蘭德函懇給獎自應由臣飭局仿造二等金寶
星一面發給該提督官波蘭撒爾並造三等金寶星二面
分給該總兵官薩呢則哈克威配帶均交駐津德國領事
傳
旨賞給以酬勞勩除咨請總理衙門照會巴蘭德知照外附片
陳明伏乞

聖鑒光緒五年十一月初一日奉
旨該衙門知道欽此按關據德國巴使函稱薩哈兩員係頭二等總兵請改給二等寶星提督波蘭撒爾請改給頭等寶星均經　奏明換給

派往外洋華弁學成回華給獎

北洋大臣李　奏為派往德國軍營學習兵法技藝武弁
期滿陸續回華現籌分撥親軍哨隊教練恭摺具陳仰祈
聖鑒事竊光緒二年三月間教練砲隊德國人李勱協期滿回
國經臣在於海防各營內遴選年力少壯之游擊卞長勝
等七弁商令李勱協帶赴該國武學院講習陸軍技藝俟
學成回華再分撥各營教練以期漸開風氣當經議定章

程三年為期籌撥經費飭令由津起行附片具奏奉
旨著照所請該衙門知道欽此旋以卞長勝等赴德學藝未派
監督適道員李鳳苞監督福建船政局學生赴英法學習
駕駛製造各事復經飭令李鳳苞按三個月一次由輪車
馳赴德國兼查卞長勝等功課並請總理衙門照會德國
駐京公使知照於二年十一月選派閩廠學生出洋學習
摺內　奏明在案計自卞長勝等奉派赴德即由駐京德
國使臣巴蘭德之兄子告提督巴蘭德商明該國兵部派
入斯邦道第四營交哨官德羅他妥為安插增給經費延
師指授旋因卞長勝王得勝朱耀彩三弁氣體稍弱改派

博洪厰習藝三年春調赴維廉士哈芬海口學習水師復調溪耳海口四年春因卞長勝朱耀彩性情較浮學業未能精進先調回華楊陸明查連標袁雨春劉芳圃四弁仍在斯邦道步隊營內歷經巴蘭德及德羅他安爲照料視同子弟每歲由該軍總統帶赴五宮宴會第一年先習練手足及演鎗各法兼習德語第二年隨看林操所演迎敵設伏及繪地圖排演各法第三年習演帶排隨同林操兼習文書上年十月另延哨官西鐸教授布陣各法該弁等漸有會心今春三年期滿經臣緘商駐德使臣李鳳苞暫展限期令該弁等詳考一哨調度各法以窺步隊之竅要

自夏徂秋該弁等晝則隨操晚則聽講凡鎗隊理法皆能領悟六七月間又各備馬匹隨同砲隊大操以觀配搭步隊相濟爲用之妙大操既畢新兵換防無藝可學除王得勝一弁仍留柏林都城延師專教楊德明一弁攻苦成疾暫在斯邦道就醫外其查連標袁雨春劉芳圃三弁由李鳳苞咨送回華據稱德國陸軍甲於天下而步隊尤精於馬砲各隊其得力全在每日林操熟演料敵應變之法每年夏秋大操熟演露宿野戰攻守之法其法備於一哨擴而充之可營可軍該弁等隨閱林操大操耳濡目染最爲親切惟德國兵官向例皆選世家子弟聰穎者入武學院讀書三五年考取中式入營學習或步或馬或砲仍不能兼今查連標等洋文既未童習強記力學三年有餘雖未能遽臻彼中兵官之詣而較之教練洋員固已有過而無不及該弁等向習步隊頗已完備彼國每以泛騖爲戒自應咨送回華以免開曠等語臣復面加考驗該三弁所習步隊技藝紀律尚爲嫻熟出洋肄業日久艱苦備嘗學有心得據李鳳苞咨稱該弁等在洋均各謹守禮法見重於外人營哨教習均具考語信憑是其材器頗堪造就擬懇

天恩將藍翎守備銜儘先千總袁雨春留於直隸以守備儘先補用並

賞換花翎軍功查連標劉芳圃二弁均

賞給五品藍翎留於直隸以千總儘先補用以示優奬而資傳習現擬於親軍營內先行挑選哨隊仿照德國一哨之制交該弁等依法教練並令新募德國兵官漢納根隨時察看督率講究日後將學成者分派各營充當教練漸次擴充成效必多於海防不無裨助除咨明總理衙門外所有派往德國學習兵法技藝武弁期滿陸續回華緣由理合恭摺具陳伏乞

聖鑒光緒五年十一月初一日奉

旨袁雨春等均著照所請奬勵該衙門知道欽此

通商約章類纂卷二十一

通商約章類纂卷二十二目錄　禮類五

傳教

條約章程

恰克圖界約第五條

俄約第八條

英約第八款

美約第二十九款

美續修條約第二款併見戸類稅務口岸貿易工類招工本類優待保護游歷學習文藝

法約第十三款

法約遺補第一款

法約遺補第二款

法續約第六款

布約第十款

丹約第八款

荷蘭約第四款

日斯巴尼亞約第六款

比約第十五款

義約第八款

章程

通行傳教諭單并禁止攤派教民迎神賽會等費附諭

傳教

條約章程

恰克圖界約第五條

在京之俄館嗣後僅止來京之俄人居住俄使請造廟宇中國辦理俄事大臣等幫助於俄館蓋廟現在住京喇嘛一人復議補遣三人於此廟居住俄人照伊規矩禮佛念經不得阻止

俄約第八條

天主教原爲行善嗣後中國於安分傳教之人當一體矜

恤保護不可欺侮淩虐亦不可於安分之人禁其傳習若俄國人有由通商處所進內地傳教者領事官與內地沿邊地方官按照定額察驗執照果係良民卽行畫押放行

英約第八款

一　耶穌聖教暨　天主教原係爲善之道待人如己自後凡有傳授習學者一體保護其安分無過中國官毫不得刻待禁阻

美約第二十九款

一　耶穌基督聖教又名天主教原爲勸人行善凡欲人施諸己者亦如是施於人嗣後所有安分傳教習教之人當一體矜恤保護不可欺侮淩虐凡有遵照教規安分傳習者他人毋得騷擾

美續修條約第二款（併見戸類稅務口岸貿易工類招工本類優待保護游歷學習文藝）

中國商民如傳教學習貿易游歷人等以及隨帶并僱用之人兼已在美國各處華工均聽其往來自便俾得受優待各國最厚之利益

法約第十三款

天主教原以勸人行善爲本凡奉教之人皆全獲保佑身家其會同禮拜誦經等事概聽其便凡按第八款備有蓋印執照安然入內地傳教之人地方官務必厚待保護凡中國人願信崇　天主教而循規蹈矩者毫無查禁皆免

懲治向來所有或寫或刻奉禁天主教各明文無論何處概行寬免

法約遺補第一款

西林縣知縣張鳴鳳皷將本國傳教人馬神父恣意殺死本係有罪之人應將該知縣革職並言明嗣後永不得莅任

法約遺補第二款

西林縣既經革職後卽照會大法國　欽差大臣知照又將革職事由備載京報

法續約第六款

應如道光二十六年正月二十五日

上諭卽頒示天下黎民任各處軍民人等傳習　天主教會合講道建堂禮拜且將濫行查拏者予以應得處分又將前謀害奉　天主教者之時所充之　天主堂學堂塋墳田土房廊等件應賠還交法國駐劄京師之　欽差大臣轉交該處奉教之人並任法國傳教士在各省租買田地建造自便

布約第十款

凡在中國者或崇奉或傳習　天主教暨　耶穌聖教之

人皆全獲保佑身家其會同禮拜誦經等事概聽其便

丹約第八款

一丹國民人傳授　耶穌聖教果係安分無過中國官員不得刻待阻難均應保護相安

荷蘭約第四款

一和國所奉　基督聖教卽耶穌天主教傳教之士若安分傳教在內地中國官一體保護如中國習教民人凡中國律令之事仍由地方官照例懲辦如無過犯不得刻待禁阻

日斯巴尼亞約第六款

天主聖教原係為善之道待人如己自後凡有傳授習學者一體保護其安分無過中國官毫不得刻待禁阻

比約第十五款

天主教原以勸人行善為本凡奉教之人皆全獲保佑身家其會同禮拜誦經等事概聽其便凡按第十款備有蓋印執照安然入內地傳教之人地方官務必厚待保護凡中國人願崇信　天主教而循規蹈矩者毫無查禁皆免懲治向來所有或寫或刻奉禁天主教各明文無論何處概行寬免

義約第八款

義國民人傳授　天主聖教果係安分無過中國官員不

得刻待阻難均應保護相安凡中國人願信崇　天主教而循規蹈矩者毫無查禁懲治

章程

通行傳教諭單并禁止攤派教民迎神賽會等費附諭

單式按式列卷末

總理衙門咨咸豐十一年二月二十三日准法國送到傳教諭單二百五十張請蓋用本衙門關防以便交付各處傳教士收執本王大臣檢查該諭單內載該士赴內地祇以傳教勸善爲務並無他意亦絲毫不得干預地方公私事件等語相應咨行各直省督撫將軍監督查照行文通飭各府州縣地方及關津卡隘一體遵照嗣後遇安分傳教之人自應按照條約設法保護外倘該傳教士有干預

公私事件者亦應照諭單駁斥不准一面仍飛咨本衙門核辦以便移法國駐京公使懲治至內地有隨同習教之人准按法國和約內載第十三款業經奉

旨恩准聽其習教不加究治外若已習教而別有不法情事地方官仍應照所犯之案辦理並將案內所犯情由聲明與習教兩無干涉咨報本衙門其法國傳教士等除公私事件不得干預外如有在地方官呈訴事件者該地方官亦即公平剖斷亦一面速報本衙門毋得視爲具文咸豐十一年三月初二日咨各省

又咨本衙門奏請飭地方官於交涉教民事件迅速持平辦理一摺查傳習天主教一事業經准令內地民人行習並於上年十一月初二日欽奉

諭旨嗣後各該地方官於交涉習教事件務須查明根由持平辦理欽遵行知各省督撫一體遵辦在案嗣據法國欽差大臣布照會稱前此各省所以辦理不協之故皆因民間祈神演戲賽會等費向非教民所應出乃該地方官務令習教者與不習教者一律攤派教民心實不願請行令各地方官以後勿再攤派並據面稱傳教士皆係端方之人謁見地方官務須示以體面等語覆查各省習教民人雖習天主之教猶是中國之民並據法國欽差大臣布照會

稱該教勸人道理無非尊崇君上謹守中國法度等語自應一律體恤以示一視同仁之意況祈神賽會等事並非正項差徭可比該教民既不願攤派自未便過爲勉強以致重拂輿情業已行文各省以後凡習教之人於一切應出錢文之事除正項差徭外其餘祈神演戲賽會等費該教民既不願與不習教者一律同出即可免其攤派至所請傳教士謁見地方官務須示以體面亦經行令各督撫轉飭照辦再法國條約第十三款內所有或寫或刻奉禁天主教各明文無論何處概行寬免等語查此數語係指從前所奉禁止天主教各文件而言現在天主教既已弛

禁所有各項明文已在毋庸議之例應請查明一律革除嗣後如修新例不再增列此等奉禁明文並將舊例所載全行刪去仍將條款內寬免二字改爲革除各督撫轉飭地方官照依此次凡交涉教民事件務須迅速持平不得意爲輕重以示一視同仁之意一體欽遵辦理同治元年八月十八日咨各省

又咨前因各省地方辦理教民案件未能允協經本衙門奏請明降諭旨飭令各督撫於凡交涉天主教事件務須諄飭各地方官查明根由持平辦理於咸豐十一年十一月初二日奉

上諭嗣後各該地方官於凡交涉習教事件務須查明根由持平辦理如習教者果係安分守己謹飭自愛則同係中國赤子自應與不習教者一體撫字不必因習教而有所刻求各該地方官務當事事公平分別辦理以示撫綏善良之至意欽此嗣因法國駐京公使屢次以各省辦理教民事件仍多不協諄請再行通飭各省遇事務須公辦懇求請照前通行咨文改作諭單式樣發給二百分以便交各傳教士收執以爲憑證本衙門查諭單內載明傳教士並非官員不能干預一切別項公私事件亦可使該傳教士自知本分不致仍前無禮是以允准照數發給惟恐各地方官無憑查驗相應將用印諭單式樣粘附咨行照式通飭所屬地方官查照遇有傳教士執持諭單自不致漫無稽考倘有赴訴地方官事件務須查照前咨秉公速爲辦理並剴切曉諭地方百姓除差徭一切公費仍應令教民一律應差攤派外其餘如迎神演戲等事不必與該教民深爲計較強其攤派庶日久可期相安同治元年正月初九日咨各省

傳教諭單內事宜耶穌教一律辦理

總理衙門咨案查同治元年本衙門准法國布大臣照稱各省民教不協皆因迎神賽會其項費用向非教民所應

出地方官一律攤派教民心實不願請行文地方官以後勿再攤派等因當經本衙門奏明行文各省遵照並刷印諭單送交法國布大臣發給各教士收執一面將用印諭單式樣通行在案本年五月初四日美國安大臣來署面稱當日此項諭單只列天主教未列耶穌教現在耶穌教民甚安本分未能得此利益總覺向隅等語旋即送來照會並稱或爲傳習耶穌教之人再發諭單或轉飭地方官照發此諭抑或另設別法辦理惟期耶穌教民亦受天主教民得受之益等語本衙門查天主教民遇有地方迎神賽會等事向不出費至各項公費如差徭及一切有益地

方等項仍照不習教者一律應差攤派各省業經行之有年天主耶穌兩教在習教之人雖有不同之處而
國家一視同仁但期民教永遠相安並不從而區別今准美國安大臣照稱前因相應咨行通飭地方官一體知照所有同治元年本衙門所發諭單事理無論天主耶穌兩教均應一律辦理光緒七年五月十七日咨北洋

諭單內事宜約列告示

北洋大臣李劄七月二十日准法國駐京白公使七月十六日函稱日昨接准河間府教堂來稟內稱深州等處地方官攤派天主教人修廟等費之錢與同治元年諭單不

符等因本大臣查數日以前他省亦有此情形該省大員立即出示約列諭單三條曉諭官弁軍民人等遵照本大臣盼望貴中堂如此辦理本大臣深知貴中堂辦事公平極有權能因而具函逕達另付諭單一張並照抄告示一紙請煩查照等因到本大臣准此查函內所稱深州等處地方官攤派天主教人修廟等費究竟所修何廟派費若干是否與教民無益抑係有益之項及如何攤派情形除經劄飭該州查明妥辦據實具覆外合併劄飭光緒三年七月二十一日劄津海關

附錄告示

為曉諭事照得同治元年正月經
欽命總理各國事務衙門刊給傳教士諭單茲准大法國欽差白大臣函請照諭出示前來本部堂節其大意分為三條俾一目瞭然開列如左

一中國人願信崇天主教而循規蹈矩者毫無查禁

一差徭及一切有益等項教民一律遵行惟迎神演戲賽會燒香各費與伊無涉不得攤派

一傳教士並非官員不能干預一切公私事件其本意勸人為善如用稟呈赴訴確係理直之事地方官立予秉公辦理以上三條簡明易曉為此仰官弁軍民人等恪遵勿

違永遠敦睦特示

議定申明游歷傳教查驗印照章程并無約各國不准給照（已見本類游歷　併見刑類法禁）

教士買地建堂契內應載明賣作本地天主教堂公產定章飭遵

南洋大臣李劄同治四年二月初七日准總理衙門咨同治四年正月初五日疊准來咨以甯紹台道詳稱會稽縣城內石童坊地方有商姓將管業已屋契賣洋人田主教建堂之事當轉飭該縣遵照批示妥細查明辦理並將商姓提案究治以示懲儆旋據法國總領事申稱續約六條

內載並任法國傳教士在各省租買田地建造自便等語請仍遵和約核辦並懇轉飭會稽縣先將商友生暫行釋放各等情咨請查核前來本衙門查法國續約第六款所載租買田地建造自便並無內地字樣何以田主教必欲在會稽縣城石童坊買屋建堂惟查內地建堂由來已久但傳教士究係外國之人如買地為建堂之用其賣契內只可載明賣作本處天主教堂公產字樣若係洋人在內地置買私產與條約不合仍應禁止相應咨復查照辦理承准此合行劄飭該道即便轉行關口地方各官遵照此後如有法國傳教士在內地買地建作教堂公產即照咨

內事理妥細查明辦理勿任淆混至賣業之人須令先報明地方官請示由官酌定方准照辦如私行賣給查出立加懲處同治四年二月通飭各關

總理衙門咨本年四月初三日准貴將軍咨稱查法國續增條約第六款內載任法國傳教士在各省租買田地建造自便等語今據海關兵備道詳住蓋州陽關天主堂傳教士在東營買妥起造天主堂地段係稅務司馬福臣出名代買該國教士為誰所買地段究在東營何處是否課賦冊地抑或房園至內有無窒礙居民鋪商方向之處其地主係何項人氏而地段價錢曾否秉約公同議定交領清楚來詳均未聲明亦未錄契應飭查明確錄契紙報到日再行核辦等因前來本衙門查法國條約續增第六款內任傳教士租買田地等語原未敘明內地字樣同治四年正月間曾由本衙門與法國公使議定法國傳教士如在內地置買田地房屋其契據內寫明立文契人某某此係賣產人姓名賣為本處天主堂公產字樣不得專列傳教士及奉教人之名等語以明仍係中國地土并嗣後賣業之人須令於未賣之先報明該處地方官請示應否准其賣給由官酌定方准照辦不得徑將己業私行賣給如有私賣者立加懲處先後行知江蘇巡撫及直隸總督在

案此案蓋州陽關天主堂傳教士在東營買地既經貴將軍逐節飭查如無窒礙自應准其照辦該稅務司出名代買業據函述惟是否於契內聲明天主堂公產字樣與原議相符相應咨覆查照即希轉飭該道查照條約及同治四年所議傳教士內地置買房地章程辦理勿稍含混仍咨報本衙門查核同治八年四月　日咨　盛京

又咨同治八年六月二十七日准咨稱淮安法國教堂一案現經淮安府縣辦理完結抄錄現稟並漢洋文合同及錄本年二月十一日批行稟案一併咨呈查核等因前來查此案既經貴大臣轉據該府等開導士民將原屋相讓

並札法領事轉飭該教士金緘三等將短交原價兌交清楚暨互換合同收執存據辦理尚爲妥協應如所議完案惟查同治四年本衙門與法國公使議定天主堂買產章程內稱法國傳教人如入內地置買田地房屋其契據內寫立文契人某某賣爲本處天主堂公產字樣不必專列教士及奉教人之名等語曾於浙江會稽石童坊地方買屋建堂案內咨行上海大臣李飭照在案誠以如此辦理教堂總屬中國人公共之業地方官辦理此等案件總應遵照前項議定章程以免歧誤此房即應照案作爲天主堂公產除將合同抄存備案仍將原件隨文發還外相應

咨覆查照並將前項章程通飭各地方官遵照辦理同治八年六月咨南洋

北洋大臣劄前據津海關道呈報法國樊教士於薊州城南敦家莊起蓋教堂在天津採買木料運往發給護照等情當經咨明並劄飭薊州查明教堂係屬何人地基何時租給有無妨礙等因去後茲據該州彭牧禀稱遵查敦家莊距城西南十五里適於因公下鄉之便繞道親至該莊計二十餘家查莊南已有新蓋洋房七間詢之鄉保據稱基地是本莊王大永家賣給傳教人承蓋住歇是光緒元年春間建造因傳教人係是修善與伊莊並無妨礙是以並未報案至洋房接連迤西有新定開刨基地約十四五畝東西寬三十五間詢據該莊鄉保王君顯供稱此地係伊莊楊姓賣給建蓋教堂嬰兒院會客廳等房並稱傳教人姓王上下約五六人常來伊莊已約有六七年初到時係住王大永家並無滋事等語據此所有奉查法國建造教堂地基緣由理合繪具圖說禀請查核等情除批查法國傳教士如入內地置買田地房屋同治四年議定章程應於契內寫明賣爲本處天主堂公產字樣不得專列傳教士及奉教人之名以明仍係中國地土並嗣後賣業之人須於未賣之先報明該處地方官請示准否賣給由官

酌定方准照辦不得徑將己業私行賣給如有私賣者立加懲處等因令該州敦家莊人王大永並楊姓賣給法國傳教人基地建造洋房閱時已久若非札查該牧尚未聞知殊屬玩忽所稱傳教人姓王究竟是法國人抑是中國何府州縣人王大永等賣給基地其契內是否寫明賣爲本處天主堂公產字樣即著該牧詳細查明妥爲辦理仍分晰據實禀報並抄契呈送查核繳圖存印發外合行劄飭該道即將此項章程移知本省司道及通行各府廳州縣一體遵照凡遇此等事件照章辦理一面錄契通報查核光緒二年三月二十五日劄津海關

成案

未經換約各國洋人進京傳教照約驅遣（併見刑類法禁）

總理衙門咨據京營東河沿汛守備稟稱打磨廠興泰店有外國人一名帶同天津人一名來京在店居住當經本衙門派委司員前往查詢該外國人稱係荷蘭國人名古路吉帶同天津張姓來京傳教並攜有上海道給發執照等情查向無和約各外國之人並不准其在內地游行現在劄飭順天府尹派員預備車輛押解出京於五月十四日起程送至天津交辦理三口通商大臣衙門轉行遞解上海等因劄飭遵照辦理在案相應咨會俟該洋人遞

交到日即行遞解至上海交江蘇巡撫查照辦理咸豐十一年五月十五日咨各省（按此條之後續奉總署議定申明游歷傳教給發印照章程並無約各國不准給照通行遵辦案已列在游歷並於本門章程內列目）

美教士强租登州民房復核不准

總理衙門咨六月二十四日准山東巡撫咨據登萊青道稟稱美國教士梅禮士住登州府傳教現因新教士來府無屋居住議租東門外黃敬宗空油坊一處疑爲紳衿阮廷珍等從中阻撓請出示曉諭該紳士不得從中攔阻等情查東省與外國通商口岸僅有福山縣境內之煙臺一口蓬萊縣距煙二百餘里既非通商口岸似應准其在該處傳教並無在傳教之處一律租賃民房明文且查條約所載凡在通商港口尚不許强租硬佔今非通商港口見民間空閒房屋因欲成租不遂嘖有煩言意欲强租硬佔與和約不符請查照示復飭遵前來嗣於二十五日接准咨同前由本衙門查美國條約第十二款內載合眾國民人在通商各口貿易或久居或暫住均准其租賃民房或租地自行建樓並設立醫館禮拜堂及殯葬之處內民不得抬價掯勒合眾國人不許强租硬佔務須各出情願等語所有准租民房係指通商口岸而言並有不許强租明文今美國教士欲在登郡租房既非通商口岸又與民情

不洽顯有强租情弊核與條約不符礙難核准相應咨行同治三年六月二十八日咨三口（按此條同治三年美教士在登州租房案嗣同治四年法教士在會稽城內買地建堂另有定章通行已列前章其後案所列江漢關致美領事照會一案即係援引四年通行之案）

江甯縣民謝長年盜賣地基與教士訊明懲辦

南洋大臣曾咨案據法國教士雷遹駿來省稟稱江甯城外下關向有教民買過地基數丈意在蓋房貿易刻以生意清淡欲行轉售敝堂教士來往江上每值夜晚省城關閉民居又不便投宿擬買此地造屋三四間以供不時之用等情當以所稱買過地基現欲轉售是否有因飭據江

甯府查明此案下關地主孫小陽已赴四川之保甯府住閩中東門機房街久不在家係謝長年盜賣孫姓地基與松江陸姓承買現須懲治盜賣之罪各在案茲據江甯府知府涂宗瀛禀復遵即移知雷教士查照一面勒集全案人證到案逐一質訊均各供認盜賣下關孫小陽地基屬實眾供如繪應請將主使盜賣之江甯縣人六品軍功頂戴繆長松上元縣人議敘八品頂戴陳宗周即陳得宗上元縣人徐保成江甯縣武生王廷棟俱照違　制杖一百律各杖一百咨革衣頂免其杖責從重戒飭六合縣文生張星南諗知地係盜賣輒復輕聽人言代為主買致啟訟端飭學暫行註劣以示薄懲等情前來除批飭如禀擬結並分咨外相應咨會同治七年四月咨總署并吏禮兵三部

美國教會租買武昌省城武姓地基照會照章辦理

江漢關照復案准貴領事照會基督會武昌省城買地稅契一案衡情酌理西人買地以租買二字通用請查照英國福音堂成案即飭武昌府蓋印稅契完案如謂地契不中格式正可著基督會教士向俞錦山另立新契用買作本處教堂公產字樣等因查美國條約第十二款載大合眾國民人在通商各港口設立醫館禮拜堂聽與內民公

議議定租息如無礙民居不關方向照例稅契用印等因又同治四年奉總理衙門通飭與法國公使議定傳教人如入內地置買房屋契內寫立文契人某某賣作本處天主堂公產字樣不必專列傳教士及奉教人之名至賣業之人須令先報地方官請示由官酌定方准照辦如私行賣給查出立加懲處行令遵照辦理等因各在案夫條約既云無礙民居則有礙民居者不能准行可知既云照例稅契則立契等事應照定章辦理可知且條約祇云通商港口並未兼指內地特因內地建堂由來已久是以總理衙門特與法國議立定章貴國既云實政均沾則買地稅契一節即當查照一律辦理此案武崇基於賣地之先未經報明地方官酌定契內未照章書寫已與定章不符且前據武昌府查明所買基地若修建洋樓高出民房之上於左右民居多有不便是與條約無礙民居之語亦有不合自難違例稅契惟查十一年十二月曾准貴領事來文據教士面稱祇將原屋修理倘將屋後改作施醫院屋脊高不出二丈五尺並不蓋造高過民居之洋樓茲又擬令基督會另立新契既與約章無礙自當衡情允辦惟地係武姓所賣茲若令基督會與俞錦山立契未免過割不清亦與定例不合應請貴領事轉飭基督會仍令武崇基另

立契據寫明賣作本處教堂字樣不必寫列國名及傳教人名以便轉飭武昌府用印稅契並希轉囑傳教士查照前議不得高建洋樓致礙民居是爲至要合行照復同治十二年二月十四日照會美國楊領事按文內所引即係同治四年通行章程已列前章

教士買房建堂應照章先由業主呈明並赴訴地方官應用稟呈

儀徵縣稟奉總理儀徵淮鹽棧務候補道龐劄開本年正月二十八日十二圩之東九圩有法國二人在襄河幫王大德住房開堂宣講由保甲局委員稟報前來查續增條

約准法國教士在各省置買田地建造自便又奉通行買地買屋應由業主呈明地方官查與居民方向無礙方准租給其契須寫賣作本地教堂公產字樣等因該處係鹽船聚泊之所居民鋪戶毘連甚眾有無違礙方向均即確切查復等因覆查此案法國康司鐸在十二圩置買田房建堂傳教並未據該業主呈報到案惟據該司鐸照會稱係查條約辦理但該處係鹽船聚泊之所事關中外交涉應否准其宣講之處未敢擅專除催傳王大德到案查訊外理合具稟光緒元年　月　日稟南洋大臣沈奉批查此案昨據儀棧龐道來稟即經批飭候常鎮道派員查勘移覆再行稟候核辦今據該縣稟稱法司鐸康洽泰價買王姓民房設堂傳教投稅遽請蓋印等情仰即傳提該業主王大德到案訊明並確查該處建堂與民居方向風水有無妨礙再行核辦再司鐸并非官員有事赴訴地方官應用稟呈近亦有用信函者若用照會則從來所無此次該司鐸所遞是否照會款式如係照會應由該縣告知該司鐸嗣後不得再用以符定章光緒元年八月二十七日

法教士欲在清河縣買屋請員會辦批駁

蘇松太道稟本年十一月二十六日准法署總領事沙伯

綸來函本國康司鐸在清河縣急須買屋爲堂莫若各派委員前往會辦本署總領事擬派熟悉情形之金司鐸緘三會辦函請由道委員前往清河縣會商妥辦將康司鐸前議房屋買就爲堂或另勘合用房地議價買用務使該司鐸等得有房屋建堂傳教等由到道覆查此案前准沙署總領事函以清河縣地方有進教之人價買房屋作堂該賣主稟縣示諭意在不令民人賣產爲堂等因當經移查嗣准淮揚道咨復即經抄咨並示稿函復在案茲准前因查該領事既有另勘合用房地議價買用之說所言尚近情理可否由金陵洋務局派員會同金司鐸前往清河

縣會商勘辦或由道派委妥員之處理合錄案稟請鑒核示遵光緒元年十二月稟南洋大臣沈奉批賃屋建堂應由該司鐸自向願租之人公平商定稟明地方官辦理茲核來稟法署總領事以康司鐸欲在清河縣買屋建堂請派委員同往會辦向來無此辦法礙難准行仰即轉致法署總領事知照十二月十六日

法教士誤買始興縣充公房屋訊結

始興縣稟法教士誤買充公房屋一案奉兩廣督院接准法國喇領事函稱教士唐如盛所買之屋俱有憑據或斷回原店或補回價銀函懇卓奪辦理等情查本案前據該

縣具稟當經批飭查拘訊究嗣接喇領事申覆並將明教主訴詞函送前來及又接該領事申陳均經劄飭分別查稟妥辦各在案查教士唐如盛所買店房既係何利泰出名向王福兆買受契內又均無教民及買作教堂公產字樣是該店房與教士毫無干涉王福兆將查封店房串同何利泰盜賣罪有應得應由該縣妥爲辦結劄傷遵照先今批檄事理確切查明妥爲辦結稟覆察奪等因到縣覆查此案羅壩墟店房查封撥充公局已歷十有餘年附近商民莫不週知且王福兆迭次滋鬧拘究原案具在其爲充公房屋確有證據王福兆復敢乘間佔踞捏稱奉官給還並將匿存原契朦稅盜賣實屬刁狡可惡何利泰何福高雖訊無知情串買情弊惟伊等均係教民於教士託買店房並不確切查明輒信王福兆一面之詞遽行作中買受殊屬非是教士唐如盛誤買充公店房實係不知底蘊前此赴縣請追係因銀業兩空一時情迫尚非聽唆干預但不遵照條約於契內書明買作教堂公產字樣究屬有違條約自未便將店房斷還管業致啟違約之漸現據該教士赴縣請將房屋及所失各物斷追給領經將該店充公原案及有違條約情節詳晰告知現契既係何利泰買作已業礙難違約斷還至所失各物業經訊明並無其事

尤不宜聽唆索詐據稱該店確係現銀買受且有上手印契當不致有錯誤祇以並無糧戶故令何利泰出名立契若竟使銀業兩空未免向隅情實難甘等語復剴切開導允爲追價給還該教士亦即甘允隨即將屋價銀兩照數追出給領取具該教士情愿依斷收回原價將屋交回以後再無爭執字約存案印契二紙塗銷王福兆擬照盜賣官屋壹間律杖七十折責發落何利泰何福高訊非知情串買從寬免究册書陳貴俊於王福兆何利泰二契未經查明率爲報稅殊屬疎忽應予薄責以示懲儆無干省釋合將遵劄確查拘訊辦結緣由通稟察核光緒四年十二

月二十四日稟兩廣督院

海陽縣民林奴仔盜賣園地與美教士訊明追贖

海陽縣詳美國教士目爲霖租受鳳凰洲園地一案當卽飭據差役傳到林奴仔一名並再行函致林領事轉飭傳教士速將逃匿教堂之區成美刻日交案以憑訊明追贖旋准林領事照會區成美已經外出今既不許承租請將園價五百元及往返費用補貼利息自當繳還上手翁福利印契銷案等由提訊林奴仔據供將園地盜賣與區成美轉租與目爲霖議明價銀五百元先付銀二百七十元餘銀二百三十元約定稅契後方行付楚經區成美立有

字約爲據嗣因契未印給其銀亦未找清等語當堂吊核字約無異卽經函知該領事祇能照依付過二百七十元之數追繳給領其未付銀兩及往返費用不能著追亦不能補貼利息嗣接該領事函覆已允免貼利息惟園價仍須追足五百元不肯絲毫減少覆思林奴仔既有字約繳驗諒非虛揑何以該領事尚復爭論其中恐有別故查林領事從前照會據稱該園實係目爲霖租受託令區成美代爲料理是此項價銀難保非區成美從中經手私行呑匿訪聞區成美已回教堂不難認眞根究當經函致該領事確向查詢如區成美仍不吐實卽將其送縣核對筆跡提同林奴仔質訊究追隨據該領事覆稱區成美已將未付之二百三十元如數交還其林奴仔供認之二百七十元請照追轉給等情業經覆提林奴仔並傳同僧宏深到案訊據林奴仔供稱僅能繳還銀五十元其餘無力完繳斷令僧宏深按照林奴仔之祖林木川原賠契價措備洋銀一百五十三元另將園中菓木估銀六十七元著令僧宏深一併籌足代爲贖回此後該園卽歸僧宏深管業聽其召佃耕種林奴仔除繳還五十元外尙得過價銀二百二十元較之原賠契價有盈無絀兩造均願遵斷陸續繳清將價銀二百七十元備具印批解交該領事轉給目爲

霖查收該領事旋卽照覆稱謝並將批回及上手翁福利印契一紙上手白契二紙統行送回懇恩銷案至另尋別地一節亦已轉致林領事俟該教士覓得別地由賣業之人報縣查明有無妨礙再行分別妥辦所有紅白各契均已給交僧宏深收領飭令林奴仔寫立退耕字約取具領狀遵結立卽省釋將案註銷以淸轇轕合將本案現經追贖淸楚緣由稟報察核光緒五年十一月二十七日稟兩廣督院

河南南陽府還堂及鹿邑桐柏武安各教案議結

河南巡撫部院李咨據布按二司會呈蒙劄同治六年四

月十三日准總理衙門咨同治六年三月二十三日據法國繙譯官李梅帶同教士賀安德來署面稱河南天主堂至今未還及教士穆裕農等被屈各情旋於二十五日復據該繙譯官呈遞一函內稱賀司牧今將豫省負屈各情謹呈數款並照抄買房契約一紙及江漢關監督王移領事官巴照會一件一併錄呈請閱卽飭催該地方官秉公妥速查辦等情前來本衙門查南陽還堂一案本年正月間准函稱業已勒限該守務於一月內妥議結案無論是仍給江浙會館抑另行擇地給償均須去取該教士收據存票以資信守各等語迄今久逾一月之限未據聲覆其

置買周宗耀房屋一事案查本衙門前與法國公使議定法國傳教士如入內地置買內地田地房屋其契據內應寫明立文契人某某此係賣產人姓名賣爲天主堂公產字樣不必專列傳教士及奉教人之名並經行知上海通商大臣嗣後賣業之人須令未賣之先報明該處地方官請示應否准其賣給由官酌定不得徑將已業私行賣給如有私賣者立加懲治等語今查閱抄來契約內係專列該教士等之名賣主周宗耀亦未曾報明地方官酌核實與章程不符但該教士價買房屋如不應買何以並未將原價交還若令價房兩空卽在中國亦非平允閱前函知

已嚴飭該守妥爲調護鎭壓究竟如何了結嗣後未據咨報又教士穆裕農被屈一節上年准來咨復稱據委員查明該教士在鹿邑裕州等處並無被官紳押解凌侮情事何以至今復來面請又郾部兵丁搶掠教中財物一案前准咨稱該教士不知此事是兵是賊無從追求情願不究此次本衙門亦告知當時被搶之人固無分于教外教中刦搶之人莫辨其爲兵爲賊自必無從查辦至該教士原呈所稱桐柏南陽鎭平武安輝縣等處各教案或已經行查未復或並未咨報有案是否屬實有無別項情節相應抄錄咨行分別飭屬切實查明按約辦理完結等因准此

劄卽會同按察司嚴飭該府縣勸諭紳民務將還堂一案卽日定地給還取具收據詳咨結案並將鹿邑桐柏鎭平武安林縣輝縣各案分飭各州縣詳晰稟復由司復核彙詳以憑咨達等因查此案前蒙憲劄准湖廣甯督部堂官咨開據法國達領事申陳前事轉飭速辦完結復楚等因咨院行司當經前升司等會委候補同知直隸州袁銳前往查辦旋據該牧會同南陽府查得該教士所指舊署官倉鹽池等處均係官地多有窒礙惟江浙會館本係該教士原指之所勸諭該會館首事捐讓等情稟由前升司等會詳轉請分咨一面飭將房屋點交取具該教士收據去

後訂該會館首事因宛郡紳民不願以致江浙兩省商民均係寄居南陽亦各心懷疑懼不願捐讓未將會館房屋點交該教士收領嗣於五年八月有舞陽縣教民劉清波誆知縣民周祥歧與族姪周宗耀有坐落城內文廟西首公共房宅一所先於是年六月憑中議價三千八百串賣與邑紳曹學彬等改修書院主唆周宗耀高抬價值重賣與該教士改為教堂周宗耀貪利允從劉清波即邀同教民靳長瑞等作中議價四千二百串私行重賣與該教士賀安德等為業立契成交先交房價二千零二十串周祥歧並不知情經舉人曹學彬等查知赴縣呈究並據該教

士賀安德具稟請示當經署南陽縣知縣任愷飭差傳案訊得舉人曹學彬等因南陽府東關外舊有崇正書院一座久為捻匪焚燬該舉人等於同治五年六月憑中張同霖等議價三千八百串承買邑民周祥歧周宗耀公共房屋一處為改建書院之用即於初六日立契成交當即投稅八月間有舞陽縣教民劉清波主唆周宗耀高抬價值重賣與該教士賀安德等改為教堂周宗耀貪利允從劉清波即邀同教民靳長瑞等作中議價四千二百串私行重賣與該教士賀安德等為業即於是月初三日立約先交房價二千二十串周祥歧並不知情質之周宗耀供認

聽從劉清波主謀高抬價值將房屋重賣與賀安德等為業多得錢四百串不諱飭傳劉清波潛逃無跡檢查五年徵收稅契紅簿並無該教士賀安德等報投前項文契稅銀周宗耀公宅經曹學彬等承買在先該教士等說買在後確鑿可據查律載將已賣與人田宅朦朧重復典賣者以所得價錢計贓准竊盜論免刺追價還主田宅從原典買主為業若重復典賣之人及牙保知情者與犯人同罪追價入官不知者不坐等語此案曹學彬等承買周祥歧等公宅實係價買在先應請照律斷歸曹學彬為業該教士等賀安德等重買周宗耀公宅是否知情中人劉清波

尚未到案無從質訊詳辦應請先將該教士所交契價二千零二十串勒令周宗耀如數退繳擊契銷燬劉清波起意主唆重賣周宗耀貪利允從均各罪有應得應緝獲劉清波質訊明確按律詳辦取具各結並付知該教士知照由縣稟奉咨明在案接奉前因遵復委據候補知府鄭長華會同署南陽府知府劉拱宸稟稱卑府等遵即會同督飭署南陽縣知縣任愷查得江浙會館地基係道光十二年前憲楊奏裁縣丞衙署舊址詳奉咨部復准變價賣給商人陳樹堂等改建會館案據確鑿實與天主教毫無干涉前府張守等以該教士立意城居恐滋他事稟請議給

會館原係冀息爭端旋因宛郡紳民不願該教士在地設立教堂物議沸騰以致各商民均懷疑懼不願捐讓未將會館點交該教士收領茲奉委復查合郡紳士高樹序等一百四十餘人又復聯名合詞峻拒語多憤激復經卑府等再三勸導公同核議江浙會館既係兩省商民購建勢難勒令還堂周宗耀公宅實係紳士曹學彬等契買在先改建書院亦未便違例斷給他如該教士所指舊署官倉鹽池均係官地倉廒監獄在在攸關節經各前府一再稟明蒙各總理衙門有案均未便給與且豫省民情素稱剛勁不願該教士在城立堂傳教非獨宛郡爲然若令雜處

城市必不能彼此相安設再別釀事端更恐有乖和好卑府等再四籌議查有郡城迤西十二里之靳崗地方前於咸豐十一年法國教士安恩理格來宛曾在該處傳教村落清幽地方寬廣聞該教士有欲在該處修築圩寨既可建堂復能自衛民教無相交涉庶幾兩得其平核於同治四年奉通商衙門行文所載但使所撥之地於民教合宜無論城內城外擬請即將靳崗地方借給准其在彼立堂傳教一切均聽其便以免轇轕而息訟端似此通融辦理於調停之中仍與和約無悖至周宗耀公宅遵復逐加查訊實係邑紳舉人曹學彬等承買在先周宗耀聽從在逃之舞陽縣教民劉清波主謀貪利多得價錢四百千重責與該教士賀安德等在後並有稅契確鑿可憑應即照律將房斷給曹學彬等爲業查訊周祥歧及該教士賀安德等並不知情業經該縣勒令周宗耀將所得該教士房價二千零二十串如數呈繳存庫該教士因未將原契呈繳未領應請飭令該教士將所立原契呈繳將錢請領仍一面嚴緝中人劉清波務獲提同周宗耀質訊按律詳辦又該教士所稱前邸部兵丁搶掠教中財物一案復查得前於同治三年十月間賊匪竄近郡城西南靳崗地方該教士在彼傳教其時村民及教士等均各趨避適僧邸官兵

追剿亦由該處經過迨後賊退該處居民及教中什物多有被搶究竟是兵是賊毫無確證現在邸部兵丁早經遣散實屬無從查辦所有什物該教士當時並不檢點攜帶致被搶失亦屬自不小心應毋庸議所有復查擬議緣由理合會稟查核詳咨等情本司等復查該府等所擬尚屬公允應請如稟辦理又據署鹿邑縣知縣楊惟宗詳稱遵查同治四年八月間前縣鄭令訪有法國教士穆裕農潛在縣屬馮橋地方聚眾傳教情事當經傳令該教士帶同通事南陽縣人周知經到署公堂接見詢據該教士聲稱自漢口起身由南陽縣入豫於四年五月間來至馮橋傳

教携有領事執照等語鄭令因縣境界聯皖省風俗獷悍人心浮動且查驗該教士所執照內有無論何處設聞叛逆不准前往之語惟時皖捻逼近縣境正在戒嚴核與照內章程多有未便隨將該教士留住署內嗣因該教士願回南陽復經鄭令僱備車輛派令妥當丁役護送至淮甯縣轉護前進取有回照並將護送出境緣由通禀在案奉飭前因現復詳加採訪自同城僚屬以至胥役紳民僉稱鄭令邀傳該教士來署本係婉言欵留以禮相接該教士因苦爲禮法所拘跼蹐不安是以亟求回去卽令派撥兵役護送亦因皖氛逼近地方未靖藉爲沿途照料保衞起

見委無拿辦押解情事明查暗訪衆論僉同嗣後教士行至裕州境內被匪衝散復投向南陽縣賒旗鎭寨暫避其時正值匪踪切近防堵吃緊該門勇等因其服色稍異言語不通又無上站州縣護送文票恐係奸細未敢放令入寨亦未禀官以致該教士等株守寨濠並未被匪傷害當經前升司等委員會同該府縣札調南裕司巡檢周珏貞並釐局委員紳士飭傳門勇周德勝等到案逐加研訊將該門勇等斥責發落並將管帶勇員張鰲一併革退以示懲戒由前升司等核明詳咨在案又據桐柏縣知縣崇縉禀稱法國傳教士賀安德前控卑縣民人拆毁天主堂等

情一案業於上年十一月奉前府轉奉劄查當經會同委員候補知縣金緘三親詣平民砦查勘得該砦內有新修天主教堂草房三間現已拆毁勘畢隨傳砦首熊艮君到案訊據供稱伊因年老於三月內卽出練防局不管砦事所有砦務現係胡興禮經理本年五月初五日午後聽得街上人聲鼎沸出門查訊始知是日係天主教瞻禮之期趕集愚民不分男女進堂觀看奈主教者喝令跪聽宣講民人不服伊又令手下從教之人揣耳使跪人情疑懼內有妻女被誘者輒乘亂揚言天主教係屬邪教不可容留因而人皆忿恨一齊動手將其所葺草房三間當時拆毁

奔散並無領人將傳教士周知經等捆打灌尿及驅逐教民情事惟時人勢衆多伊與首事胡興禮趕往彈壓時房已拆毁人皆奔散何人爲首滋事無從查考主教者亦不能指出拆房人姓名卽將伊等誣控前縣李令傳訊主教者抗不到案對質未能判斷詎主教者因未洩忿隨揑情上控今蒙委查伊與胡興禮實一時疎忽未能先事預防以致滋事現在情願向其服禮將拆毁之房著主教者在於砦外選擇地基伊等代爲修賠若要仍在砦內傳教恐從前受害之人不依再滋事端伊等不能管束懇求轉禀作主等語當又傳胡興禮及地保裴貴林等隔別詰訊所

供均與熊亘君無異猶恐熊亘君等飾詞狡展復明查暗訪熊亘君等所供均係實在情形復親至天主教堂詢其底蘊無如該主教者亦不肯出見僅有從教之本砦民高照遠一人在內問其所以推言不知適胡興禮等獲送當時同滋事之張大陳姓二人到案當經卑縣等訊明枷責一面著胡興禮等押令二人前往該主教處認罪服禮並許其在砦外賠修草房三間嗣後不准伊等欺侮取結完案並將以上各情形稟由前府轉請詳咨在案至劉廷旺控李常保等之案亦因該主教不到未能訊結比差勒傳趕緊訊結另行稟辦等情又據武安縣知縣恩奎詳稱查

教民秦必忠等因未出戲錢被秦國保等吊打髈傷並張喜歡等將教民趙玉可毆傷身死一案查得同治三年七月間先據縣屬教民秦必忠呈控秦祥雲等演戲派錢爭取穀子等情當經前縣程令傳案訊斷詎該原告又以秦國保等將秦必信崔孔信毀傷等詞喊控驗係微傷復訊崔孔信向秦懷秀索取油瓶起衅爭毆屬實並無別故卽經程令訊斷明確將秦國保等分別照例枷責取結完案嗣於四年九月間據教民趙法祥以伊叔趙玉可因不出戲資前往觀劇卽被張喜歡等踢傷身死經伊趨勸亦被毆傷等情投保報縣驗訊屬實兇逃無獲業將初叅承緝

不力職名詳請轉參卑縣到任接准移交勒緝未獲奉飭會查卽將教民秦必信與秦國保等爭毆並縣民張喜歡等將趙玉可踢傷身死各案業經分別訊詰緝兇未獲開具節畧稟奉批飭詳咨一面比緝逃兇張喜歡等務獲究報各在案嗣據社首張鳳閣張鳳韶等詞稱情願協差眼同緝究當卽飭差協緝旋於同治五年七月初十日據該社首張鳳閣張鳳韶等呈稱奉飭協差查拏逃犯張喜歡稟究茲於六月二十七日查至山西平定州盂縣東北鄉高陽魁家據稱張喜歡曾於五月十七日因患便血病症來至伊家並不知張喜歡有踢傷趙玉可身死情事醫藥

無效延至二十九日因病身死投保查驗因無別故買棺盛殮寄埋於村後東坡插標記認等語伊等前往查驗屬實隨卽回縣呈請關查等情並據該差稟詢無異隨卽備文關查未復亦在案茲奉前因除再備文關催移復外理合將奉查緣由具文詳請查核詳咨各等情到司據此本司等逐一復查無異除嚴飭南陽府將靳崗地方借給該教士建堂並將周宗耀呈繳房價錢文如數給該教士具領將原契銷毀以斷葛籐勒緝劉清波務獲到案提同周宗耀質訊按律詳辦並飭催鎮平輝縣等處查明各教案另行詳咨外理合將南陽府還堂及鹿邑南陽桐柏武安

各教案逐一飭查擬議緣由會詳呈請鑒核俯賜分咨總理衙門暨湖廣總督部堂查照等情據此查還堂一案先據委員會同南陽府縣具禀到院即經據情咨達在案茲據該司等彙詳前情除再飭催鎮平輝縣查復另詳核咨外應將現詳緣由咨達同治六年八月咨呈總署

永年縣民拆毀教堂十字架議結

廣平府禀案查永年縣鄉民拆毀天主堂十字架毀失什物一案業經督飭永年縣知縣王庶曾將爲首滋事之武生魏長慶查拿到案審訊據供與訪詢情形相同委因上年十二月間法國鄂教士在廣平府城價買高姓市宅未

成經前署府德成與署永年縣王庶曾查有郡城南街久不存米廢倉租與該教士改建天主堂房上設有十字架鄉愚無知訛言鬨傳以爲久旱不雨係教堂十字架之故本年四月初七日四鄉人民進城赴廟求雨行抵該處咸以天主教不崇奉神明以致上干天和祈禱無靈紛紛蟻聚瞻望咨嗟維時該武生魏長慶飲入醉鄉由彼經過聞而生嗔遂攜鋸上房將十字架鋸毀鄉民人等皆鬨然進堂聚觀一時人多手雜不知何人將傢具等物砸毀嗣聞該縣飭差查拏該鄉民等亦卽鬨然而散覆訊魏長慶堅供實因誤信傳言一時麴蘖迷心所致委無預謀糾約亦

無搶取什物情事等語據此覆查此案前署府德成等原議租與該教士廢倉基址果否係民捐義倉自應確切查明以便核辦檢閱縣志該處地名馬家營內載常平新倉三十間並無所謂義倉者惟各鄉村有義倉十一區均已坍廢載在荒政條下查閱卷宗有道光七年間前永年縣知縣沈惇厚奉文勸捐義穀三千餘石存儲無處禀明在於郡城南街倉厫存儲額其門曰義穀後經動用無存卽今所謂廢倉租與洋人者也年遠日久莫知所由遂誤以常平爲義倉因而該鄉民等紛紛具禀覆查此項房間無論業已查明確係官房並非民間捐置卽或果係義倉既

經議租詳定於前未便翻悔於後該洋人等建天主堂亦費工本斷無仍行要回之理惟該紳民等既以備荒捐穀存儲無所爲詞自應俯順輿情另行籌議建蓋以期民教相安免致別生爭端茲查縣署東北舊有常平倉厫三十八間久已坍塌基址猶存擬卽捐資籌議建蓋其教堂毀失物件已據該縣查明具禀內有八音盒洋槍等物係該縣往勘時堂內無人移存縣庫業據送還教堂照收其餘什物約計估需銀一百兩責令賠償仍治魏長慶以違制之罪飭學查取該武生入學年分名次詳革示懲該教士與紳民人等均尚允服遵依完結所有查辦緣由理合

稟請查核同治八年六月初五日稟三口大臣

揚州民人毆傷教士打毀什物議結

兩淮運司李稟揚州民人毆教毀物一案奉諭先後赴揚及英領事麥華陀等抵揚日期前經分別稟明在案初四日本司等帶同府縣各官在萬壽寺地方邀同該領事及兵官繙譯官等遵照爵閣督部堂劄復該領事各條逐層開剖所指紳士一節前因誤聽旁人書信疑為從中指使嗣經明白曉譬該領事亦復無詞遵照作為罷論所有滋事人犯業由甘泉縣先後拏獲劉春張錦葛標三名現已飭縣提令戴德生及地保人等指認即於三人之中究

出首從分別照例懲辦卹賠一節據該領事交出外國醫生所開驗傷節畧內稱七月初五日數百民人鬬進內堂即將洋人路惠理毆打現驗路惠理肚腸錯亂病已三月受傷甚重恐難活命其戴德生之妻懷孕六月當時同幼女白愛妹從樓窗跳下高一丈五六尺致戴德生之妻跌傷白愛妹肘骨跌斷目下內雖合縫而二肺業已成癆恐受永遠之傷等語茲與該領事面定於前請給發養傷銀七百七十餘兩數內遵照核減議定銀五百兩以三百兩給與路惠理作為卹賞將來不致斃命尚可再少但該領事不能作主或增或減俟其詳請駐京公使酌定見覆其餘二百兩統給洋婦二口聽其自行調治所議賠償器具銀兩此次戴德生又開出連累之彭王等姓及逃避渡江房租等項洋二百數十元亦即允給共計銀一千一百二十八兩四錢洋二百七十元九角取有該領事實據即交該領事轉給戴德生收領仍回原租房內居住惟出示一節該領事始則謂前奉憲示伊等係受誆騙又云示稿並未交其觀看又稱示內所言與此案毫無干涉均經再三剖析允以由本司等會銜出示另有揚州府給一小方告條發與戴德生勒石以上各節均於初四五六等日即經逐一議定此外別無情事不至另生枝節伏祈詧核同治

八年　月　日稟南洋大臣

酉陽州團民殺斃教士焚燬教堂辦結

湖廣督院李劄照得四川酉陽州去冬率眾燬堂傷斃李司鐸實由何彩挾教民龍秀元仇隙糾約多人進城報復何彩係為首滋事正犯人人共知業經會同緝拏到案本閣爵部堂親提研訊據何彩供認挾仇統眾燬堂傷人不諱應照中國極重刑律將該犯斬立決訊明後就地正法以快人心而示炯戒其下手殺斃李司鐸之正凶楊楨庭即楊正亭逃至貴州思南府屬經州役馳往拏獲該犯病重旋即身故飭起屍棺回州傳同教堂管事陳寶芝等驗

明已死屬實取具約鄰見證犯妻犯子供結在案該犯既伏冥誅亦與正法無異此案眞正首犯已獲其餘在該處城鄉打教積慣作惡之徒如劉幅趙三箇幅祥張潮琛曾占鰲等均擬訊明確情案律分別懲辦惟張佩超著其幼子張玉璞赴轅禀訴訊據供稱伊父張佩超現年七十七歲自同治五年因憑教士案掩累罰賠巨欵憂悶成疾七年四月間被教民張添興等挾嫌糾搶其家砍殺僱工三人強姦寡媳婦女擄去銀穀衣物並將其次子張玉珖捆送重慶於本年八月二十日在押病斃只求伸寃去冬州民焚燬教堂伊家相離二百餘里並不知情實無主使情

事等語訊據何彩劉幅等俱供非張佩超主謀本爵閣部堂訪查川東各屬紳民衆口一詞皆以張佩超家破人亡其子張玉珖實係無辜押斃按之中國定例年七十歲以上即犯罪應准收贖況其老病奄奄待死又無確實供證未便再加株連已飭張佩超將五年罰賠教堂銀二萬兩除已付過外查明尾欠若干刻期繳清完案至燒燬教堂即飭川東道與教主會議核實賠補以上辦理各節均係按照條約及貴國羅大臣前擬四條大意並與梅主教往復辯論持平定議毫無偏袒至本年春間酉陽教民園民互相殺斃情形百姓被害人數尤多迭經驗明屍傷造冊

咨請總理衙門王大臣轉達貴國羅大臣知照旋接羅大臣八月二十五日覆函內稱所願辦者係法國李教士被殺一案若民教互鬥等事非本大臣所應妄管等語誠以按照條約中國教民與平民皆歸中國地方官管理應由地方官按其呈控情節秉公查拏照例審辦俾民衆心服庶以後傳教相安可免後患貴國官員與教士自不應妄管除咨飭地方官妥爲查辦外所有李教士被殺之案現拏獲爲首正凶何彩訊明正法並下手凶犯楊楨庭病斃餘犯照例懲辦仍照約賠補教堂梅主教與地方教民均稱允服此案業經了結因知貴國羅大臣懸念此事合特

劄知劄到該領事立即遵照將文內事理迅速詳細轉呈羅大臣查照可也同治八年十二月劄漢口法領事

天津縣毀堂滋事案奏結

直隸總督曾　奏爲審明天津案內各犯分別定擬恭摺

仰祈

聖鑒事竊臣等迭奉

諭旨飭將津郡五月二十三日案內滋事凶犯迅速辦結等因

欽此臣等自承辦此案久經督飭文武設法購拏悉心研鞫自七月下旬設局發審嚴立限期晝夜追求直至中秋節前得應正法者七八人應治罪者二十餘人日來激勵

各員不得稍存寬縱惟此案事起倉猝本無預先糾集之
正凶而洋人多已傷亡又無當堂質對之苦主各屍初入
水火旋就掩埋並未驗傷填格絕無形迹可爲物色凶手
之資用是漏網之犯難於掩捕已獲之犯不肯認供天津
無賴之徒有稱爲混星子者向以能熬刑自詡此次輒以
爲出於義憤雖酷刑而不畏而鄰右亦不敢出而質證恐
爲輿論所譏彈又慮仇家之報復欲求罪當情眞定案萬
難迅速欲以無辜充數則問心旣有所不忍而亦不足以
服遠人之心反復籌思若拘守常例實屬窒礙難行有不
能不變通辦理者常例羣毆斃命以最後下手傷重者當

其重罪此案則當時衆忿齊發聚如雲屯去如鳥散事後
追究斷不能辨其孰先孰後孰致命孰不致命但求確係
下手正凶不復究其毆傷何處此變通辦理之一端也常
例斷獄決囚必以本犯畫供爲定其本犯供詞狡展則有
衆證確鑿即同獄成之例此案則各犯恃無屍親堅不吐
實旁人又不肯輕易指質衆證亦殊難得臣等議定本犯
無供但得旁證二人三人指實取具切結亦即據以定案
此又變通辦理之一端也計訊定供證實者十一人無供
而有確證者四人共計可以正法者十五名擬辦軍流者
四人擬辦徒罪者十七人共計可科輕罪者二十一名除

即日將各犯供摺咨送總理衙門暨刑部外謹先繕具清
單恭呈
御覽所有臣等審明人犯分別定擬緣由謹繕摺具陳伏乞
聖鑒同治九年八月二十三日
又　奏爲續訊天津案內第二批人犯分別定擬恭摺仰
祈
聖鑒事竊臣等前於八月二十三日將津郡滋事案內首從各
犯分別定擬具奏兩旬以來嚴飭地方文武各員續行訪
拏晝夜研訊又獲應正法者五人應辦軍徒者四人除將
各犯供詞抄咨總理衙門及刑部備查謹開列清單續呈

御覽此次審明各犯皆係續行緝獲其前單供證未確者除何
四現已治罪外其餘再四訊鞫迄無定供亦無的證礙難
定罪應即隨時釋放前單在逃未獲者除楊二現已拏辦
外其餘購線密拏迄未緝獲其中尤要之犯應俟緝獲至
日另行奏結此案事起倉猝並無預先糾集之人其後殺
人放火萬衆喧雜亦非百姓始意所能料今中國力全鄰
好先後兩次共得正法之犯二十人軍徒各犯二十五人
辦理不爲不重不惟足對法國亦堪遍告諸邦昨准總理
衙門抄錄羅使信函移咨到臣內稱派德繙譯官前赴天
津出具切結並確查燒燬房屋被搶物件以便議價等語

該繙譯員已抵津俟查明同京當可議定所有臣等訊結
天津案內第二批人犯分別定擬緣由謹合詞繕摺具陳
伏乞
聖鑒同治九年九月十三日

黔江縣民毆斃教士凶犯擬抵地方官分別參撤

四川將軍總督奏爲教士被毆致斃凶犯已獲請
旨將該管知縣摘頂撤任以肅
功令恭摺仰祈
聖鑒事竊照本年七月二十六日據川東道姚覲元禀稱法國
教主范若瑟密遣教士張紫蘭潛赴黔江縣地方私買民

房屋招司鐸余克林教士戴明卿前往建堂傳教奈黔邑
地偏民瘠素無習教之人眾議沸騰恐致激而生變經該
道迭飭紳董往晤范若瑟匿不見面一味支吾似此情形
顯有搆釁之意臣等當即會函致復川東道以天主教勸
人爲善聽民自便中國不能禁民之不習教外國亦不能
强民之必從教令其婉屬范若瑟將教士張紫蘭等撤回
暫緩建堂徐圖傳教並飭署酉陽州知州羅亨奎督同黔
江縣知縣桂衢亨妥爲彈壓毋使黔民爲首禍之人以消
邊患去後旋據川東道酉陽州轉據黔江縣知縣桂衢亨
馳報七月十四日天將曙時突有縣民百餘人在司鐸余
克林等所居屈永順店旁門首適值司鐸等出外遇見即
將司鐸余克林教士戴明卿抓住凶毆該縣聞信親往諭
禁不意人多勢眾將該司鐸等扭至城外河邊毆斃迨該
縣趕到已紛紛解散立將毆打正凶陳宗發謝裁縫等六
名拏獲餘犯仍飭差緝幸張紫蘭一人乘間躲入縣署得
免當將司鐸余克林等屍身暫爲妥殯至此案實係在店
外毆打並未進店該司鐸等衣物銀錢絲毫未動所置房
屋亦未拆毀等情復經臣等批飭署酉陽州知州羅亨奎
督同黔江縣知縣桂衢亨照例相驗塡格通詳請親提獲
犯陳宗發謝裁縫等秉公研訊究出下手正凶禀候查辦

並由川東道遴委熟諳教案邊情之卸署彭水縣事同知
張超前往查勘情形會籌妥辦嗣據川東道續禀范若瑟
於事後連番進謁語言均極和平迨令局紳往返晤商則
又情形迥異並以此案由該縣桂衢亨相驗必有弊竇該
道與之辯論再三固執莫解已就近飭委涪州知州濮文
昇帶同刑仵迅赴黔江會同前委之同知張超提集人證
如法覆驗並據司鐸常保祿梁樂益呈控前來臣等伏查
黔江縣距省二千餘里距川東道駐紮之重慶府亦千里
而遙逼近苗疆民風質樸兼以山高灘險驛站不通文報
往還動輒經旬匝月方川東道具報教士張紫蘭潛赴黔

江之日已在教士被毆致斃數日之後臣等惟有督同川東道姚覲元設法維持應俟覆驗通詳至日究出正凶按律擬抵方足以懲邊氓之失而服教士之心知縣桂衢亭既未能先事預防又不克隨機應變釀成巨案咎無可辭且司鐸余克林查係洋人情節較重自未便因凶犯已獲免予開參相應請

旨將黔江縣知縣桂衢亭摘頂撤任以爲辦理不善者戒除將詳細情形隨時函致總理衙門外所有教士被毆致斃凶犯已獲緣由理合合詞恭摺具陳伏乞

聖鑒同治十二年十月初五日

瓊山縣民毀壞教民磚石雜糧訊結

瓊山縣詳縣民毀壞教民磚石雜糧一案奉兩廣督院接准法國沙領事申陳內稱同治十一年十月初間本領事因公到瓊查得瓊山縣屬調塘三圖洲寨村地方有林姓人等欺侮天主教人將起造教堂之磚石毀壞共值價銀六十元並迭次搶刧教民田禾雜糧猪牛趕逐教民主家八人出村其奉教男女共五十六名俱被饑餓且有黃元熙一名特立反教書規模抑令教民簽名遵照此書者准其居住不遵照者毆逐出村如此依勢淩人殊屬凶暴之極本領事曾詣該處道臺面請嚴辦以符條約而安民教

並請其勒令滋事之人將所壞磚石價值六十元賠還另有該處教民兩春田禾雜糧或被搶刧或不准耕種照公道賠補銀七百元二共銀七百六十元除磚價外所存銀七百元即交吳教士所選別村忠直教民三人照傷分賠補還等因但該處道臺至今尚未妥辦是以日前曾詣轅面陳一切已承面允照辦茲特具文申請即希劄飭該道臺迅將此教務辦理妥適一面出示曉諭俾教民等得以回村安業實爲公便等情據此查此案叵據雷瓊道稟稱法國沙領事來瓊到道署面交一單內開三圖洲寨村林姓教民被村眾毀搶等情請爲查辦當經雷瓊道以此案前據瓊山縣文令傳集林姓兩造到案查訊各執一詞業經諭令該處公正紳耆調處息事並無異言現欲罰令賠銀七百餘元之多枝節叢生難以照辦反復辯論始允不必賠償必須傳人責懲等情已飭瓊山縣再行傳集人證推誠開導務使日久相安等由前來當經批令飭府督縣再行傳集人證剴切開導妥爲辦理稟報在案隨經沙領事由瓊回省來轅面述此事共有三節一稱三圖洲寨村林姓於明朝時有人入教建造天主堂尚存舊址請飭令仍照基址建回教堂本閣部堂以此事既在前明崇禎年間不特毫無案卷且前朝之事亦斷不能再向紳民曉諭

礙難照辦此節應毋庸議該領事已允作罷論一稱該處教民被村衆毀壞磚石價銀六十元請飭追償本閣部堂以該教民果有被毀壞磚石值銀六十元自應飭行地方官著令償還以示體卹一稱該處教民迭次被搶田禾雜糧等項須賠銀七百元本閣部堂以該教民果有被搶之事自應爲之查追惟所失各物是否實在值銀七百元之多應飭地方官查明著令照實賠償以昭公允該領事俱允照辦去後玆接申陳請將磚石價六十元及田禾雜糧等價七百元兩節劄飭辦理前來應即劄飭查辦劄府即便督縣遵照迅即傳集兩造查訊明確該教民等果被毀

壞磚石值價銀六十元即著令償還並查明各教民有無被搶田禾雜糧等項是否值銀七百元分別斷令照實給還以昭公允而結此案一面出示曉諭各教民同村安業嗣後務使各自相安毋稍生事仍將辦理情形稟報察核等因轉行到縣查本案縣屬調塘三圖洲寨村教民林開國等於同治十一年正月間議建天主教堂買備磚石共用價銀六十元尚未興工被該處民人林學湯等以村中建堂設教恐污婦女風化攸關隨即邀同林姓衆人前往毀壞磚石並將教民所種雜糧盡行拔毀據林開國等報經居住郡城之教士吳彌格稟經前代理縣文令票差彈

壓並諭令該處公正紳耆調處業已息事嗣因法國沙領事官游歷到瓊得悉前情欲令該村民人賠銀七百元商經王前道憲反復辯論已允不必賠償詎沙領事官由瓊回省仍以索賠磚石價銀六十元及田稻雜糧等銀七百元述奉督憲劄行前因文令未及訊結卸事卑縣抵任接准移交並奉本道憲暨本府諭催趕辦遵經票差勒傳並諭令紳耆人等調處去後嗣於五月十八日據教士吳彌格稟稱十六日早該村民人林學盛之母林吳氏自行服食洋烟糾邀多人至教民林開國等家內吵鬧旋即毒發身死並將林開國林開璋二名綑縛辱毆等情即經派撥

幹練家丁帶同幹差馳往查拘吊放正在帶領刑仵親詣相驗間據林學盛投案呈稱伊母林吳氏因伊被控差傳處及到案押賠一時情急在伊父林所教烟盒內私取洋烟吞服後告知林所教前往林開國家拚命希圖抵制等情並據遞具伊母林吳氏委係自行服食洋烟身死伏求免驗甘結前來旋據丁役帶到本案兩造人證林開國林開璋林所教林開舉四名並據稟稱林開國林開璋並未綑縛被毆尚有林學休林學湯黃元熙出外生理未回無憑帶案等語即提林學盛與林開國等質訊據原告林開國林開璋僉供民人林所教等實止毀壞磚石值價銀六

十元及拔毀芋苗約值價錢二十五千文並無七百元之多據被告林所教林學盛林開舉僉供當日聞知教民議設教堂伊等慮恐汚及婦女一時糊塗糾毀磚石並拔毀芋苗實無搶刼田禾雜糧情事至伊林學盛之母林吳氏委因慮被押賠受累自行服食洋烟殞命並無別故情願賠還磚石價銀六十元芋苗價錢二十五千文各等供並據兩造各遞具永遠和好不敢尋衅掌摹切結連林學盛求免相驗甘結一併附卷伏查該處林姓民人因教民林開國等議建教堂輒敢糾毀磚石雜糧致啟衅端實屬咎有應得姑念一經到案據實供明且情願賠還磚石雜糧

價值銀錢從寬免究追出花銀五十元並大石三十條估值銀十元共銀六十元又制錢二十五千文當堂給發教士吳彌格領回散給取有領單以為賠補磚石雜糧之資至林吳氏之死訊係畏累自盡其夫林所教其子林學盛到案供明並據出具甘結咎由自取與人無尤飭屬殮埋無干省釋未到人證案經訊結請免傳質以省拖累村民教民均已悅服除出示曉諭各教民同村安業暨嚴禁該處民人不准再滋事端仍隨時訪查彈壓期於久安民教合將本案訊結緣由通稟察核同治十二年六月初三日

稟兩廣督院

龍川縣民教爭鬧訊結

龍川縣詳該縣民教爭鬧一案奉兩廣督院接准法國達領事申陳內稱現准文副主教函開龍川縣屬田心屯雞雞籠惡棍滅害教民阻塞傳教正月初二日田心屯武生陳有林等將教民陳繼秀等革胙出族毒打焚燒誦經公所門樓五月二十二日興隆屯地方生員魏希堯等焚燒教民駱信全等五家房屋五座計四十餘間什物付之灰燼又搶掠駱敏進等家器用牲畜盡搶一空又標貼長紅三角旗驅逐教長等情前來查法國人傳教係條約准行今該縣田心屯等處地方如有不安本分之人標貼揭帖

欲圖藉端生事及該縣書辦謝老四等率眾尋衅應再確查分別彈壓禁止以杜爭端劄縣即便確查申陳內開各節是否實情其中有無別故分別彈壓禁止妥速辦理仍將查辦情形據實稟復察核奉此遵查本案先於同治十二年正月內田心屯地方有陳姓祭祀祖祠族人陳繼秀陳亞李等因已入教不肯拜祖緣其祠規子孫不拜祖者祠內會飲不許登席陳繼秀等因不拜祖意欲先分胙肉而同族長陳龍光值事武生陳有林不允互相爭鬧陳繼秀等氣忿邀人入祠搶取猪隻跑走陳龍光同族眾人等追趕陳繼秀陳亞李走進誦經公所將門關閉陳龍光等

追至將誦經公所門外春聯扯去投之火中並未破門入內亦未焚燒門樓嗣陳龍光等聲言要將教民捉拏懲治亦係恐嚇之詞未經捉拏此田心屯鄉民與教民爭鬧之實在情形也至五月間又有興隆屯鄉民與教民爭鬧之事緣五月內興隆屯雞籠地方建醮各皆科錢教民駱信全等因已入教不願題捐與鄉人彼此口角駱信全等出言不遜聲稱業已入教不必祀神並將村外社壇毀壞打碎香爐砍伐樹木鄉民人等不依鬨眾滋事遂將教民駱信全駱玉輝駱敏進鄒石妹謝亞三等住屋焚燒搶去牛猪各物經興隆屯紳士魏希堯等聞聲出視喝阻救熄而

散此興隆屯鄉民與教堂爭鬧之實在情形也以上兩案鄭令任內未經勘明傳訊究結訪恐前情誠恐民教不能相安致釀巨案此係中外交涉之件尤當不厭慎詳當即嚴諭該約紳士認眞約束子弟一面出示曉諭婉轉開導冀知悔悟旋據教民駱信全等以前情赴縣具呈隨於十二月初三日馳往雞籠地方傳集紳耆教士教民人等親臨履勘正在提同訊結間適奉本府劄委惠州府經歷房煥奎會同營員陸路提標前營都司張迎春亦至該鄉復會同委員營員履勘得駱信全等住屋實在被燒九間並無四十餘間之多據駱信全等供稱是日滋鬧時因鄉中人眾伊等畏懼走避至晚而回倉猝查開被燒間數報知教士轉稟致有不實係屬錯誤又據駱信全等供稱伊等各家被搶牛九隻猪十一隻並家用衣物求為追究質之紳士魏希堯等則稱同時人眾駱信全等家牛猪家用各物村人難保不無乘機掠取情事然其中被焚走失亦所不免惟查駱信全等家其貧如洗並無值錢衣物即家用零星器具亦屬無多各等語查閱駱信全等被焚房屋大者不過縱橫丈餘小者不及一丈墻壁依然未經倒塌僅燬去門窗瓦面所值誠屬有限當即秉公逐一確估連所失牛猪共約值錢二百數十千文即斷令魏希堯等賠

補駱信全等洋銀二百元當堂給發教士具領轉給教民分收至焚毀教民住屋本有應得之罪既當時滋鬧人眾事隔日久亦難細查從寬免其根究其標貼長紅三角旗一節兩造均供不知何人所貼並非紳士魏希堯等所知亦請免究以省拖累兩造俯首無辭各具遵依完案此番案結之後民教可期相安不致仍前結怨雞籠案結後本擬轉赴田心屯勘辦正在啟程間接據紳士陳有林等教民陳繼秀等稟稱伊等係屬同族前因分胙滋鬧衅起細微現已聽從約內紳耆勸處和好其誦經公所門樓畧有損壞之處亦由陳龍光賠補修復懇請將案註銷等情

自應准如所請將案註銷毋庸再往履勘所有查辦教民與鄉民爭鬧各案現已勘訊完結緣由理合通稟察核同治十二年十二月十八日稟兩廣督院

九江府城美國教堂被拆賠修

總理衙門咨前准江西巡撫咨稱九江府城內美國赫教士開設化善堂一所忽聞有石匠店小孩被堂內關閉不放聚集閧鬧提卽派員彈壓究辦請照會美公使傳知化善堂以後勿再關鎖地方幼孩等因經本衙門照會美國公使轉飭領事官傳知化善堂人等嗣後各安本分勿再生事並咨復江西巡撫各在案茲接美使照復稱美國赫

教士開設化善堂向來居住不在堂內當滋鬧之時尚未知曉及後方知有拆堂閧鬧之事關閉幼孩實非該教士等所爲此屬看堂人等之非仍請轉飭地方官曉諭百姓使知凡美國民人按照條約舉善事者百姓毋得騷擾倘該教士等有行作非禮者無論在何處在何時均准赴本地領事官前控告如領事官不秉公查辦准徑赴本公署控告本大臣自必持平究辦將本國越禮之人照律懲治等因前來本衙門查凡民教滋事之案領事官偏聽教士不盡不實之言不能秉公辦理最爲釀禍之階美公使以該教士等有行作非禮之事者准赴領事官及公使處控告自係欲使民教相安之意惟看堂人等往往倚勢淩人甚於教士且領事官祇設通商各口而教士則內地各處皆可前往遠道赴告乃百姓之所難本衙門已照復美國公使嗣後凡傳教士及一切看堂人等有行作非禮之事者該處人民除照舊稟訴地方官辦理毋得擅自滋鬧外亦可任便准其赴本地領事官處控告如領事官不秉公查辦並准其徑赴美公使處控告相應抄錄現在美使與本衙門來往照會二件咨行查照轉咨辦理光緒元年五月咨江西

附錄復美國照會

爲照復事現准貴大臣文稱九江府城內赫教士開設化善堂該教士向來居住不在堂內關閉幼孩非該教士所爲請轉飭地方官曉諭百姓使知凡美國民人按約舉行善事者百姓毋得騷擾倘該教士等有行作非禮者無論在何處在何時准赴本地領事官前控告如領事官不秉公查辦准逕赴本公署控告等因前來本爵查民教不和之故大約皆因教堂人等不安本分倚勢淩人及至滋事又每欺蔽教士及領事官以致中外辦事各員不能秉公審斷屈抑平民百姓積怨成讎往往激成巨案且案起之後此等不安分之人縱使情節敗露罪有應得非潛匿教

堂不爲交出即先期逃逸地方官無從查拏當時即未按例創懲事後則益肆無忌憚小民習見如此故一聞傳教之事亦不問其爲何國之人何等之教及是否安分之人概加痛恨每遇教中有可疑之事羣聚而起各處教案滋事職是之由若如來文所云必爲持平究辦則民教亦即可相安實乃保全和誼之道惟思各省內地皆有傳教之事而領事官則在通商口岸貴大臣復紮駐京師雖准百姓控告而道遠勢阻多所不便至教士即能自知安分而看守人等每以妄作生事累及教士今貴大臣既有此欲令百姓赴告之美意本衙門已爲咨行外省曉諭居民嗣

後凡教士及一切看堂人等有行作非禮之事者該處人民除照舊稟訴地方官辦理毋得擅自滋鬧外亦可任便准其赴通商口岸領事官處控告如領事官不秉公查辦並准其逕赴貴大臣公署控告正在辦理間復准江西巡撫咨稱美教士化善堂一案實由看門華人無故關閉幼孩所致惟該看門華人已逃逸無蹤教士等均不在堂遭此毀失情亦可矜而百姓等並非預謀暫聚旋散驟難查拏已籌款先爲修葺以妥遠人現將房屋墻垣令木匠包修衣服書籍等件酌量津貼令其自辦共津貼銀七百七十五兩面與該教士等議定完結等因相應一併照復五

月二十日

溫州教民藉教謀逆拏獲正法

溫處道稟竊因本年六月外間有天主教造反之謠城鄉紛紛遷徙正在設法查辦旋據瑞安紳士孫鏘鳴等函稱有匪徒藉教謀逆日夜打造軍器等情明查暗訪在永嘉瑞安交界之雙隔田地方拿獲教匪施鴻鰲潘阿士等搜出妖書符印語多悖逆訊供之時羣情洶洶惟恐少有寬貸又據在城紳士稟請速辦以防劫犯之虞實緣受害於該犯者不止一日故恨尤切骨伏思謠言初起之時民間原說天主教造反現在擒獲訊供之施潘二匪明係曾投

彼教之人深恐稍涉遲疑或有天津毀堂之故事有礙大局不可不防因傳在溫代傳天主教之浙人顧玉崗到案與匪犯質對訊以是否同謀示以妖書符印是否彼教應有之物據供彼教從無此物施鴻鰲如何分符惑衆並不知情既經審出逆叛情節教中不管此人聽官究辦情願具結等語因於當堂取具切結之後即將施鴻鰲潘阿士二犯先行正法以定民心庶無知之徒不致到教堂滋鬧旋據駐甯之法國教士徐志修來書欲請再行出示給貼教堂使百姓不敢生事職道前已出示在案因即復書告以原委兼請其約束在教之人以後不得借名挾制謹將

致書徐教士函稿抄呈察核光緒二年八月稟總署

附錄覆徐教士函

承示溫州愚民謠言惑眾囑再曉示等語溫屬民情浮動疑惑易滋本年六月初旬卽有傳說貴教造反之謠紛紛遷徙中旬以後言者日眾人心驚惶敝道深恐愚民無知或有到堂鬧事有礙大局故一面出示安民一面差人四處偵探查有奸民施鴻鰲等在永嘉瑞安縣交界雙隔田地方等處惑眾歛錢因卽派撥兵勇將施鴻鰲及其妻舅潘阿士等密拏到案並搜出妖書妖符僞印金錢等物書符語多悖逆訊據該犯施鴻鰲供認前從粵匪多年後因

賊散逃出卽在雙隔田地方暗仿僞侍王畫符聚眾之術藉以歛錢卽與潘阿士結親稱爲國舅又恐易於破案故於上年投入天主教可望地方官不加查究以作護符等供研訊之時屬民聚觀者不下數千不得不傳詢貴堂教士顧玉崗與匪犯質對是否知情並詢以妖書符印是否教中應有之物據顧玉崗供稱施鴻鰲等藉教謀反並不知情妖書符印教中並無此物卽教中遇有此等匪徒亦要送官究治既施鴻鰲潘阿士審出謀反情節教中不管此二人聽官究辦等語當時羣情洶洶難以破疑並稱敝道護庇貴教怨讟之聲盈於道路伏查該犯暗謀叛逆外藉貴教爲名挾制官長地步居心險惡實屬大逆不道萬難寬貸又據本地紳民稟懇速辦敝道俯順輿情業將該二犯明正典刑以昭炯戒而定人心近日謠言少息而貴教之並不同謀民間尚未深信敝道又經出示剴切分剖以曉愚頑惟查貴堂傳教雖屬奉

旨准行載在條約而溫州民風狡猾良莠不齊無業奸民往往藉此爲名潛謀不軌此次幸卽破案確有憑據如果搜無符印等物卽貴教亦至今受騙民間謠惑終不能明於中外大局實有窒礙查天主教開禁以後各處鬧事者不一而足現在敝道搜捕施逆餘黨與貴教兩無干涉務祈不

必過問此後惟望嚴行約束在教之人不得藉名挾制倘貴教自已查出教中尚有不法匪徒卽請送官懲辦俾地方百姓疑竇大開不致視貴堂爲讐敵事關中外交涉敝道不得不開誠布公諄諄詳告若或以後再遇此等情事誠恐民志愈疑難以取信敝道恐無鎮壓之方貴教亦就失察之咎各有未便必先慮備爲要

皖南教案訊結

兩江總督沈　奏竊本年五六月間皖南民教尋讐始於建平之歐村延至宣城甯國廣德教堂均遭打燬非惟入教者歸獄何渚卽宣城甯國地方官初稟咸以何渚父子

爲之魁臣一面咨呈總理衙門一面派正定鎮吳長慶統兵馳赴甯郡督同各印委嚴密查拏何渚父子解省訊辦旋據稟稱何渚已於閏五月二十三日黎明赴縣報案聞奉查拏自願前來金陵隨即帶同余應龍吳永庭何大田投到其子何炳三亦遵提前來臣飭司道隔別研訊據供實未糾人滋事惟變起倉卒罪無所歸身充董事情甘就戮至所控黃之紳楊琴錫各劣跡並非汚衊矢口不移臣竊思打燬教堂出自一時公憤原難驟得主謀名目但將何渚父子駢誅足以快教民之心而杜其口第念鄉民細送白會清之際何渚尙爲之勸解其無心與教堂爲難可

知明知董事死無可逃豈反甘作繭自縛若宣城甯國廣德被燬之日正何渚父子就縶之時其爲虛誣更何待辯縱彊吏欲借以銷案奈

聖世不應有寃民且使何渚死非其辜客民之憤之也愈深其發之也必愈烈鋌而走險急何能擇因教民而怨及縱容之洋教士因洋教士而怨及徇庇之地方官讐殺相尋伊於胡底是其快教民之心者適以厚教民之毒也從來辦民教互爭之案者無不曰持平持平易得情難不得情則所謂持平者欺人之語耳臣飭司道一面虛衷訊鞫一面詳加采訪任受遲延之咎勿蹈鹵莽之愆窮累月之力然

後知滋事魁首爲監生胡秀山客民陳士柯李才華其左道惑衆以肇衅者則教民白會清也請撮舉顛末爲我

皇上言之皖南自兵燹後遺黎十不存一墾荒者多外籍客與土不和客與客又不和因不和而樹黨故人稀土曠而教堂獨多然行教者不一其人而黃之紳楊琴錫獨被惡名則非教之累其人而人之玷其教也本年夏間剪辮事起建平之民亦知此係白蓮教妖術與天主教無涉也乃該處被剪者甚衆皆未從教之民而從教者不與焉於是白蓮教黨類混入天主之說嘖嘖然興矣白會清受剪辮之術於楊琴錫至閏五月十六日易景懷等追拏剪辮之人

白會清馳馬阻之何相值之巧也易景懷等將白會清送縣黃之紳持名片索之謂非通同一氣百喙奚辭阮光福安定山者河南光山人年二十餘歲本年始來建平董事余應龍薦與吳永庭幫工閏五月十六日阮光福辮亦被剪二十日一共九人在田薅草阮光福安定山談起剪辮之事謂是歐村教堂所爲適楊琴錫路過聞之互詈而去傍晚黃之紳騎騾與楊琴錫率二十餘人而來衆人奔逃而阮光福安定山被捉二十一日吳永庭向教堂求其放出情甘賠禮教堂不允乃退而求余應龍行抵歐村則教堂火起追拏剪辮之人業已不期而會洶洶難遏黃之紳

楊琴錫雖焚屍剉骨然其甕於羣箠則衆目共覩而阮光福安定山踪跡渺然於是有謂何渚余應龍等揑造子虛烏有之名藉以抵制者迨陳炳發到案而後信阮光福安定山實有其人王立周到案而後信阮光福辦之被剪實有其事即貽富到案而阮光福安定山被捉入堂情形歷歷如繪陳么哥到案而阮光福安定山致死滅迹情形歷歷如繪至下手加功之陳么哥尙以爲造孽可憐亦可見天良之不容盡泯矣夫歐村肇衅尙曰阮光福安定山枉死耳黃之紳楊琴錫首禍耳乃波及於宣城甯國廣德各教堂至有撬開停放年餘之棺將枯骨抛出棺外此必有

匪徒因以爲利者其撬開棺蓋疑其私藏金銀也宣城之人歷歷見其從袁村來向甯國去是所有教堂被燬皆此輩所爲而胡秀山於水東欲殺教堂之陳先生大衆爲之求情訛索洋錢十五元始釋陳士柯李才華於歐村各攫一騾尤確鑿可據者彼其意以爲乘教民與何渚有隙借其名而播之人人傾信獲利自我抵罪有人其計甚深其心甚毒此輩不除皖南之人得安枕乎白會淸左道惑衆形迹昭然其所擱放者爲何如人不能舉其姓名住址爲剪辮黨類非眞正教友可知倘稍事姑容則民敎互相猜疑無時或釋除李才華一犯飛咨河南一體嚴密訪拏獲

日另結外所有胡秀山陳士柯二犯謹按土匪例白會淸一犯謹按妖匪例立予正法其致死阮光福安定山聽從加功之陳么哥受楊琴錫毒打意圖隨衆報復之王立周懷疑往打杭村教堂並未傷人亦未得贓之何大田擬各予杖一百流三千里以示懲儆所有被打被燬各處除係強佔民居者勒令淸還原主管業外其實爲教士所契買起造者遴委幹員會督地方官按照輕重量予撫恤以彰公道而靖人心至何渚宣講
聖諭係遵行
功令其刊刷天地君親師牌位乃民間常行之事並非與天

主教爲難歐村滋事與余應龍均係董事彈壓不及實屬力不從心吳永庭因僱工被捉隔夜不歸向教堂求情理索乃其分所應爾何炳三隨其父在押並未前往宣城甯國廣德胡秀山在宣城縣供有何渚帶信叫伊去打教堂之供案其原信無可呈繳其爲憑空嫁禍毫無疑義何渚余應龍吳永庭何炳三應免置議理合恭摺具陳伏乞
聖鑒光緒二年十二月二十八日奏

海豐縣蔡厝圍鄉民教互毆訊結

海豐縣詳蔡厝圍鄉民教互毆一案議縣屬蔡厝圍鄉民人蔡亞埶等七名被入教蔡崧脅令教民强挖地瓜尋衅

毆傷當時族人抵拒亦致傷蔡崧及入教人共四名教士
石類思在鄉庇護探聞入教蔡崧已於初四日身故未據
報驗等情到道正在飭辦間又據駐汕頭領事函稱頃據
和類斯教士由香港來汕帶有駐紮廣州法國領事官一
信內載和教士到汕係爲一二件公幹特請本領事代爲
照料護助且舉引於中國官之前請爲保顧等因又據該
和教士面說海豐縣屬蔡厝圍地方平民於教民不合致
教民蔡崧受傷斃命一案該教士意欲親往該處從中調
處料理冀於後日相安先行晉郡以便面達等因前來當
卽接見何教士據稱伊欲前赴該縣查明此事實在情形

與地方官秉公調處了結以期民教相安等語語意尚近
情理應卽委員會同查辦俾息事端伏查此案入教蔡崧
與本族尋衅互毆一切情形節經通稟在案日前請撥兵
勇於九月十五日奉派委方都司督帶兵勇三百名由陸
豐移駐縣城遥爲鎭壓該鄉不敢滋事復諭飭該族矜耆
等開導兩造刻日交出爭毆凶徒以憑訊辦旋據在押蔡
榮宗飭族獲送蔡亞廷一名到案當將蔡榮宗提釋回鄉
再查捆送去後隨有法國教士和類斯前來該鄉會商署
城守汎沈剛往與晤談知其尙近情理經將蔡崧不法明
白指陳迭次囑其勸令石類思切勿逗遛徇庇往覆論說

幾於舌敝唇焦和類斯聲稱查明此事從中調處和類斯
遣令教民報稱伊有事卽往歸善未能接晤已切勸石類
斯務令蔡姓之人和睦調處了結等語又據蔡崧之子蔡
鳳儀遞稟該處族戚公親生員蔡鷹揚等及教士石類思
遣同教民蔡國政帶領蔡崧之子蔡木興等赴案呈明蔡
崧因小忿爭毆被傷病故兩造受傷之人今皆醫愈因念
係屬宗親調處復敦和好籲懇准免深究具結稟請銷案
教士石類思日內卽赴香港並不停留等情會查此案釁
衅係因蔡崧率令教民搶挖本族地瓜當塲格傷後病故
原屬與人無尤且屍經棺殮又不報驗查該武生先因三

考不到早已詳請革除業經身故應免置議兩造互毆受
傷之蔡亞蟄等傷均平復當時何人致傷未得主名旣據
該族紳等調處息事教士石類思亦願出境當經訊取蔡
木興等掌摹供結及教士石類思教民蔡國政具結附卷
蔡鳳儀訊無在塲爭毆應卽交保其獲送蔡亞廷一名訊
不承認鬭毆傷人惟訪查平日向不安分應請確切訊明
分別歸案另行辦理教士石類思據報於十月十七日起
行已會營派差並移會縣丞一體保護出境除諭飭該族
人等嗣後務須約束族衆毋許滋生事端致干查究合將
會同辦結蔡厝圍鄉民教一案教士石類思出境日期稟

報察核光緒四年十月十七日稟兩廣督院

鶴山縣教民李鏡湖訊非被人淩虐仍歸訟案訊斷

鶴山縣詳教民李鏡湖呈控被人淩虐一案奉兩廣督院接准美國林領事申陳內稱去年三月十八日經照會廣州府新會縣華民李鏡湖因信耶穌教多年被人憎惡淩虐經廣州府飭縣查辦仍未杜絕驚擾如常現本領事接閱前所稟請之本國教士香便文再稟前來據稱李鏡湖及其家屬甚爲被擾幾有性命之虞伊等欲將產業變賣意欲另遷別處以得安居而新會縣不准變賣又不允其保護玆將李英驥所付伊兄鏡湖之信言及淩虐慘甚以

證香便文所稟之確諒貴部堂深悉和約此件條款似可無庸本領事多申特將前照會廣州府文抄白申請將此事設法飭令禁絕無許仍復壞法免生事端實爲公便配送洋文一件並照會信稿各一件等情據此查美國條約第二十九款內開耶穌教又名天主教原爲勸人行善所有安分傳教習教之人當一體矜恤保護不可欺侮淩虐凡有遵照教規安分傳習者他人毋得騷擾等語玆接申稱新會縣人李鏡湖因習耶穌教被人淩虐等情應即札飭查明分別妥辦以杜衅端除劄新會縣遵照查明本案實在情形稟報查核一面按照條約出具簡明告示在於該處遍貼曉諭並即傳諭該處公正紳耆管束子弟安分守法毋得混向教民尋衅生事以期中外相安外合劄司行府飭縣即便遵照辦理遵查本案先於光緒四年三月二十八日奉本府劄同前因當查李鏡湖係與叔祖母李黃氏互爭祖遺住屋控縣傳訊因人證未齊尚未結案並非因係入教無端被人欺淩且查李黃氏控李鏡湖將伊名下之屋欲一併變賣李鏡湖則稱此屋係李黃氏經分與伊叔之業而李黃氏不認亦不能謂之淩虐本年教士香便文帶同李鏡湖親自來縣當與說明案情業已無詞而去乃李鏡湖之弟復致信其兄轉求教士香便文復稟

美國林領事申陳督憲轉行下縣飭令保護查其信內僅以堂叔祖洪紹糾眾吵鬧拆毀等情互控案由未提一字拆毀何處亦未指明顯係飾詞混告藉教抵制查美國條約第二十九款原指安分傳教習教之人當一體矜恤保護如果藉教爭訟斷非安分之輩况內地之人本屬所轄子民地方官無不矜恤本不必因其入教而始爲之保護也若因爭訟自應分別是非曲直秉公核斷庶足以成信讞而昭折服除催傳人證由縣訊斷外緣奉前因理合具稟察核光緒四年十一月十八日稟兩廣督院

清遠縣福音教堂被眾吵鬧彈壓息事

清遠縣詳稱城內有美國傳教福音堂一所其傳教習教之人與士民人等趨向殊異果能各守本業毋稍聽信浮言自不至尋衅滋端迭經剴切曉諭以期民教相安本月初三日午後忽然聚有多人前至福音堂吵鬧並紛紛拾石拋擲卽經訪聞刻速會營親詣彈壓毋許恃衆滋事該教士曾聘儒並教習之人當時亦經避出推原起事之由實因該教士曾聘儒兼知醫理前月有外來婦人因患毒瘡往求醫治該處附近之人見有婦女行進福音堂疑為教士引誘已有煩言是日在福音堂講耶穌教又有婦人赴堂聽講且該教士眷屬卽在福音堂內居住時有婦女

出入以致不理人口此福音堂被衆吵鬧之原委也現經會營彈壓解散查勘該福音堂瓦面有被石擲穿小孔三處傳教習教之人均無被石擲傷堂內物件亦無毀壞遺失該教士現已將眷屬行李概搬回省經派撥差勇保護出境所有習教之人亦已四散民人已照常安居樂業除飭差查明滋事之人獲案究懲外合將城內福音堂被衆吵鬧已彈壓息事緣由具稟察核光緒六年七月　日

稟兩廣督院

花縣民鍾江學被控搶奪教民牛畜等物訊結

花縣詳縣民鍾江學被控搶奪教民一案奉兩廣督院接准德領事函稱現據本國教士何必力稟稱花縣屬楊義山下徑圓嶺三村在溪旁樹下所立之神像未知何日失去懸賞追尋未獲豈料王壬鳳鍾江學鍾有山等心懷叵測久欲藉端捏害崇教良民遂糾同鍾保升等主謀證成鍾信生之子鍾德安毀滅神像突於五月初十日鳴鑼聯合三村登門擄捉恣意強搶毆辱鍾信生之妻駱氏撲倒在地幸鍾信生父子避去未遭擄獲復敢持火負草焚燒房屋鄰佑力阻救止遂乘勢搶奪耕牛猪狗家物又將田中之地豆芋子各土產根苗悉拔殘害殆盡今仍緊急追捉鍾信生父子捉獲務要追伊新雕神像祭以猪羊甘立

犯約永保斯神稟請函達等情前來准此查條約第十款凡在中國奉教之人皆獲保佑身家今花縣地方有此擾害教民實屬大干條約若不嚴加懲罰誠恐貽害無窮教士亦遭禍亂為此函達查照卽請劄飭查明起衅究屬何人嚴行懲辦俾民教相安等情准此查外國人在內地傳教以及中國民人隨同習教係條約所准行茲准函稱該縣屬楊義山下徑圓嶺三村因失去神像王壬鳳等藉端捏指教民鍾信生之子鍾德安毀滅糾衆搶毆焚燒房屋等情是否屬實應卽由縣查明分別辦理稟復察核等因到縣伏查本案兩造均屬隣村居住素無嫌怨所供神像

當日遺失既知教民鍾信生殘毀理應報明局紳飭令交回議罰了事乃輒自集眾前赴教民鍾信生家中搜查以致旁人擁看致將房瓦推爛並耕苗地豆芋子踐壞且復擅將該教民猪隻宰殺固屬不合而鍾信生係屬入教之人崇奉天主與村人所奉北帝神像兩不相涉何得屢次殘毀亦屬非是現在彼此均知悔悟從寬免予深究鍾信生耕牛既係借諸村隣業經物歸原主牽回應毋庸議當即酌中斷令鍾江學等繳銀二十七兩補償教民鍾信生被宰猪隻及修葺房屋踐壞田苗豆芋之資嗣後務當民教相安俾敦和睦兩造均皆悅服各具遵依摹結省釋完案具稟查核光緒七年閏七月十八日稟兩廣督院

長樂縣教民冒稱法國教士干預公事冒領銀兩訊明懲辦

長樂縣稟竊奉兩廣督院劄行嗣後如有冒稱外國傳教士到官干預公事立卽扣留訊明錄供稟辦出示曉諭在案前赴縣屬催收錢糧接有羅金福函自稱法國傳教士內說李龍章與徐招三控案前署縣王令移交銀兩囑卽給伊代領又附古培芳張榮林白呈各一紙囑卽照呈飭差嚴拘等語當查李龍章與徐招三控案先經前署縣王令集案訊明斷令徐招三繳銀二十兩以爲李龍章娶妻之費具結完案徐招三將銀遵繳李龍章未及赴領前署縣王令適值卸事將銀存庫移交候領李龍章旋被另控有案負罪逃匿致未到案領銀至古培芳呈內係訴廖載光等誣伊佔築山墳前署縣王令任內據廖載光等呈控古培芳素不安分佔滅伊嬸墳墓迭次飭傳古培芳匿不赴案從前亦未具訴張榮林呈內係控張觀秀等於十二年閏六月初一日刴搶伊妻首飾等件計今事隔日久並未赴縣具呈細核兩案情節均甚支離且查羅金福信紙款式與法國人來往書信不符縣屬向有法國傳教士江雲章品行端正從不干預公事間與書函通候俱極友睦核與羅金福形跡迥殊恐有假冒教士情弊當將原函及呈詞等件發還投信之人飭令傳諭李龍章自行赴領銀兩聽候查辦另案其古培芳張榮林兩案亦著傳諭本人親身赴案投遞聽候秉公核辦乃投信人堅稱李龍章案內之銀卽要給伊代領古培芳張榮林亦不能到案務要照呈飭差嚴拘嘵嘵不已當遵奉行事理將投信人扣留提訊據供伊卽係信內之教士羅金福興甯縣人素習天主教前四五年在嘉應州法國傳教士彭百爾叫伊到長樂縣傳教領事官姓達不知名現駐省城此次伊說李龍章案並無達領事官文書傳教士彭百爾亦不知情實係

李禮彬李百安串商用伊自己名字寫就書信裝作遞信入前來投遞希圖冒領銀兩分用詰以李龍章何在則稱並未見面詰以古培芳張榮林呈詞係從何處得來則稱古培芳張榮林不敢到案託伊將呈封入信內投遞言明准理之後再行酬謝案情虛實不知等語當經飭拘李禮彬等質訊一面錄供具稟本道州在案正在通稟核辦間旋據現駐嘉應州法國傳教士彭百爾函稱羅金福於同治七年間令往興長兩屬料理教務初則甚妥歷有年餘漸信誆言干預公事斥逐不用並函達張前州勿准所投書械張前州亦已劄知興甯令又於貴治濫預公事有玷規模理應懲治若從寬發落則法恩並著等情當又文移興甯縣查明同治十年內該縣刁羅兩姓訟爭墳山羅金福藉稱教士挺身扛訟經嘉應州法國傳教士彭百爾具稟張前州以羅金福誤聽一面之詞遽行赴縣赴州呈請辦理此係民間爭訟不干傳教之事請將羅金福呈稟註銷等情並經張前州出示劄發興甯縣張貼曉諭有案伏查羅金福係法國傳教士彭百爾派赴興長傳教在興甯挺身赴縣赴州扛訟經彭百爾斥逐之後復敢不知斂跡干預公事希圖冒領銀兩實屬不安本分有玷教規案經傳教士彭百爾函聲先經斥逐不用李禮彬等屢緝未獲

覆訊羅金福供與前審相符似可毋庸待質行查以免懸宕除勒緝李禮彬等務獲另結外即將羅金福照不應重律杖八十折責遞回原籍興甯縣交保嚴加約束並乞給示發縣張貼以儆刁狡而杜弊端合將羅金福冒稱法國教士干預公事希圖冒領銀兩遵章扣留訊擬緣由馳稟察核同治十三年正月二十日稟兩廣督院

通行傳教諭單式

諭

欽命總理各國事務和碩恭親王　爲

給發諭單事照得咸豐八年天津議定法國條約第十三
款內載凡中國人願信崇天主教而循規蹈矩者毫無查
禁皆免懲治又載向來所有或寫或刻奉禁天主教各明
文無論何處概行寬免各等語除按照和約業經行知各
省督撫將八年十年所定各款一體徧行張貼外又於本
年十一月初二日恭奉
諭旨嗣後各該地方官於凡交涉習教事件務須查明根由持
平辦理如習教者果係安分守已謹飭自愛則同係中國赤
子自應與不習教者一體撫字不必因習教而有所刻求各
該地方官務當事事公平分別辦理以示撫綏善良之至意
欽此惟此事雖已屢次通行各省督撫遵照辦理然各省
中不協情事仍復層見迭出屢據習教者具呈申訴推其
不協之由首因習教不欲如往年派攤各項迎神賽會演
戲燒香諸凢費據云此一等事件與伊無涉故不應勉强
照攤而各該地方官曁不習教民人必欲伊等一律攤派
是以時起爭端本爵合再備文知會各省俾知
上意及本衙門所議庶各省得有一定遵循不致臨事疑慮用

單

能仰體我
皇上一視同仁之意於習教不習教者無不愛如赤子且天主
教原以勸人行善爲本其大旨與儒釋道同是以康熙年
間曾經准行然伊等亦不能因係教民遂欲倖免各項公
費如有差徭及一切有益等項亦應照不習教者一律應
差攤派惟迎神演戲賽會燒香等事與伊等無涉永遠不
得勒攤勒派至地方官若遇有上二項合派之事必須實
按直道分剖不得曲爲牽混比如所派內計公費四成凢
費六成卽應指明習教人止攤四成其餘六成與他等無
涉永免勒出又若因習教人不肯攤與教規相反之無益
各費致被不習教人淩辱毆打並搶掠什物焚毁田禾等
情該處地方官必應爲之澈底根究按律嚴懲其搶掠焚
毁各物亦卽責令照數賠償務歸平允再業經與法國酌
定傳教士並非官員故不能干預一切別項公私事件保
護習教人等然伊等均係端方之士在伊本國皆爲人所
敬重其本意原係勸人爲善況現際中國與法國誠心友
睦自應格外厚待以敦契誼以後如有傳教士用稟呈赴
該地方官若確係理直之事必應立卽秉公辦理不可稍
有苛求以上各節除業經通行知照各省外爲此發給諭
單俾得家喻戶曉勿須遷就以期遏爭端而安善良特諭

通商約章類纂　卷二三

通商約章類纂卷二十二

禮五　七十

同治元年正月　日

通商約章類纂卷二十三目錄　兵類一

通商約章類纂卷二十三　兵類一

疆界

條約章程

黑龍江俄約第一條

一將由北流入黑龍江之綽爾納即烏倫穆河相近格爾必齊河爲界循此河上流有石大興安嶺以至於海凡嶺南一帶流入烏龍江之溪河盡屬我界其以嶺北一帶之溪河盡屬俄羅斯國界

黑龍江俄約第二條

一將流入黑龍江之額爾古納河爲界河之南岸爲我屬

河之北岸令爲俄羅斯屬其南岸之眉勒爾客河口所有俄羅斯房舍遷移北岸

黑龍江俄約第三條

一雅克薩之地俄羅斯所治之城盡行除毀所居俄羅斯人民及諸物用聽撤往察汗汗之地

恰克圖界約第三條

一中國大臣會同俄國所遣使臣所定兩國邊界在恰克圖河溪之俄國卡倫房屋在鄂爾懷圖山頂之中國卡倫鄂博此卡倫房屋鄂博適中平分設立鄂博作爲兩國貿易疆界地方後兩邊疆界立定遣喀密薩爾等前往自此

地起東順至布爾古特依山梁至奇蘭卡倫由奇蘭卡倫齊克太阿魯奇都呼阿魯哈當蘇此四卡倫鄂博以一段楚庫河爲界由阿魯哈當蘇至額波爾哈當蘇卡倫鄂博由額波爾哈當蘇至察罕鄂拉蒙古卡倫鄂博俄國所屬之人所占之地中國蒙古卡倫鄂博將在此兩邊中間空地照分恰克圖地方劃開平分俄羅斯所屬之人所占地方附近如有山臺幹河以山臺幹河爲界蒙古卡倫鄂博附近如有山臺幹河以山臺幹河爲界無山河空曠之地從中平分設立鄂博爲界察罕拉之卡倫鄂博至額爾古訥河岸蒙古卡倫鄂博以外就近前往兩國之人妥商設

立鄂博爲界恰克圖鄂爾懷圖兩中間立爲疆界自鄂博向西鄂爾懷圖山特們庫朱渾畢齊克圖胡什古卑勒蘇圖山庫克齊老圖黃果爾鄂博永霍爾山博斯口貢贊山胡塔海圖山蒯梁布爾胡圖嶺額古德恩昭梁多什圖嶺克色訥克圖嶺固爾畢嶺努克圖嶺額爾奇克塔爾噶克臺幹托羅斯嶺柯訥滿達霍尼音嶺柯木柯本查克博木沙畢納依嶺以此梁從中平分爲界其間如橫有山河即橫斷山河平分爲界由沙畢納依嶺至額爾古訥河岸陽面作爲中國陰面作爲俄國將所分地方寫明繪圖兩國所差之人互換文書各給大臣等此界已定兩國如有屬

下不肖之人偷入游牧佔踞地方蓋房居住查明各自遷回本處兩國之人如有互相出入雜居者查明各自收回居住以靜疆界兩邊各取五貂之烏梁海各本主仍舊存留彼此越取一貂之烏梁海自定疆界之日起以後永禁各取一貂照此議定完結互換證據

恰克圖界約第六條

一送文之人俱令由恰克圖一路行走如果實有緊要事件准其酌量抄道行走倘有意因恰克圖道路窵遠特意抄道行走者邊界之汗王等俄國之頭人等彼此咨明各自治罪

恰克圖界約第七條

一烏帶河等處前經內大臣松會議將此地暫置為兩間之地嗣後或遣使或行文定議等語在案今定議你返回時務將你們人嚴禁倘越境前來被我們人拏獲必加懲處倘我們人有越境前去者你們亦加懲處此烏帶河等處地方既不能議仍照前暫置為兩間之地你們人亦不可佔據此等地方

恰克圖界約第十一條

一兩國相和益堅之事既已新定與互給文據照此刊刻曉示在邊界諸人雍正五年九月初七日定界時所給薩瓦文書亦照此繕

雍正五年七月十五日兩國大臣議定由恰克圖鄂爾懷圖兩處中間界址所立之鄂博起橫至西邊鄂爾懷圖色楞額河起至沙畢迺嶺共立鄂博二十四處由布爾固特依山南巴彥梁起至東邊額爾古訥河源之阿巴哈依圖山分界共立鄂博四十八處俱詳庫倫案檔後於嘉慶二十三年會勘一次有手具地圖存案

愛琿城俄約第一條

一黑龍江松花江左岸由額爾古訥河至松花江海口作為俄羅斯國所屬之地右岸順江流至烏蘇里河作為大

清國所屬之地由烏蘇里河往彼至海所有之地此地如同接連兩國交界明定之間地方作為兩國共管之地由黑龍江松花江烏蘇里河此後只准中國俄國行船各別外國船隻不准由此江河行走黑龍江左岸由精奇里河以南至豁爾莫勒津屯原住之滿洲人等照舊准其各在所住屯中永遠居住仍着滿洲國大臣官員管理俄羅斯人等和好不得侵犯

俄約第九條

中國與俄國將從前未經定明邊界由兩國派出信任大員秉公查勘務將邊界清理補入此次和約之內邊界既

定之後登入地冊繪爲地圖立定憑據俾兩國永無此疆彼界之爭

咸豐十一年五月二十一日倉場侍郎成琦會同俄國大臣在黑龍江定界記文

咸豐十一年五月二十一日俄國全權大臣中國大臣會齊在俄文土爾必拉即白稜河口地方兩國之大臣會同畫押用印在交界之圖上書寫俄羅斯字及滿洲字二分其二圖補入上年在京續定和約條內並四分圖與記文交界道路記文自烏蘇里河至圖們江口此四分圖內書寫俄羅斯字二分書寫漢字二分其圖四分亦補入上年

在京續定和約條內此六分圖彼此相對兩國大臣全行知悉相符俄國大臣持書寫俄羅斯字及滿洲字地圖一分中國大臣持書寫俄羅斯字及滿洲字地圖一分彼此互換用印畫押又互換漢字俄羅斯字交界地圖四分彼此換給之後兩國大臣將圖四分記文二分交界道路記文二分俱行鈐印畫押將此記文道路補入上年續定和約條內永遠遵行勿替

附交界道路記文

中國與俄國詳細按著去年諾雅布爾月初二日所定和約第一條第三條內之記文和約之第一條內自烏蘇里河口而南上至興凱湖兩國以烏蘇里及松阿察二河原係舊有之河作爲交界其二河東之地屬俄羅斯國二河西之地屬中國自松阿察河源兩國交界踰興凱湖直至白稜河照圖上所畫紅色所寫俄字字頭定爲交界即在烏蘇里河口西立界牌一個牌上寫俄國耶字頭並寫上界牌漢文及松阿察河源西岸旱路上設立界牌一個牌上寫俄國亦字頭並寫上界牌漢文照依和約自白稜河口順山嶺至瑚布圖河口自白稜河源順小漫岡水向東流入興凱湖者係俄國界水向西流入穆棱河者係中國界至横山會處水向北分流入興凱湖及毛河源水向南

分流入綏芬河自横山會處直至綏芬河與瑚布圖河口應立界牌白稜河口北立界牌一個牌上寫俄國喀字頭並寫上界牌漢文小漫岡上向西北立界牌一個牌上寫俄國拉字頭並寫上界牌漢文横山會處立界牌一個牌上寫俄國那字頭並寫上界牌漢文再由瑚布圖河口順琿春河及海中間之嶺至圖們江口其東皆屬俄羅斯國其西皆屬中國兩國交界圖內紅色處與圖們江會處及該江口相距不過二十里自瑚布圖河口往上至瑚布圖河之源即順山嶺照依和約在瑚布圖河口西邊立界牌一個牌上寫俄國倭字頭並寫上界牌漢文對瑚布圖河

源山頂上立界牌一個牌上寫俄國怕字頭並寫上界牌漢文圖們江左邊距海不過二十里立界牌一個牌上寫俄國土字頭並寫上界牌漢文俱按照圖上紅色爲界因此兩國地界既經分清爲此特記

附牌文

此次會同查勘分界原爲兩國和好今地界既經議定自應按照上年續定條約設立界牌以清界綫東界定爲由什勒額爾古納兩河會處即順黑龍江下流至烏蘇里河會處其北邊地屬俄羅斯國其南邊地至烏蘇里河口所有地方屬中國自烏蘇里河口南至圖們江口其東皆屬

俄羅斯國其西皆屬中國上所言乃空曠之地遇有中國人住之處及中國人所占漁獵之地俄國均不得占仍准中國人照常漁獵從立界牌之後永無更改並無侵占附近及他處之地所有東邊界內原住之中國人民其向來謀生出入行走之路應聽其便俄國人不得攔阻爲此特立界牌永遠遵守兩國人民咸各知之勿違

中俄塔城議定記約首段

兩國大臣遵照京城議定和約在塔爾巴哈臺會同將自沙濱達巴哈起至浩罕邊界之葱嶺止兩國中間應分界址順山嶺大河及現在中國常住卡倫議定交界繪畫地圖圖內以紅色線道分爲兩國交界今將議定界址地名並擬議章程開列於後

中俄塔城議定記約第一條

自沙濱達巴哈界牌起先往西後往南順薩彥山嶺至唐努鄂拉達巴哈西邊末處轉往西南順賽留格木山嶺至奎屯鄂拉即往西行順大阿勒臺山嶺至齋桑淖爾北面之海留圖兩河中間之山轉往西南順此山直至齋桑淖爾北邊之察奇勒莫斯鄂拉即轉往東南沿淖爾順喀喇額爾齊斯河岸至瑪呢圖噶圖勒幹卡倫爲界此間分別兩國交界即以水流爲憑向東向南水流之處爲中國地

向西向北水流之處爲俄國地

中俄塔城議定記約第二條

自瑪呢圖噶圖勒幹卡倫起往東南行至賽哩鄂拉先往西南後往西行順塔爾巴哈臺山嶺至哈木爾達巴哈即轉往西南順庫木爾齊哈喇布拉克巴克圖韋塘子瑪呢圖沙喇布拉克察汗托霍依額爾格圖巴爾魯克莫多巴爾魯克等處卡倫之路至巴爾魯克阿拉套兩山嶺中間由平地行即在哈布塔蓋阿魯沁達蘭兩卡倫中間擇山坡定界自此至阿勒坦特布什山嶺東邊末處爲界此間分別兩國交界即以水流爲憑向東向南水流之處爲中

國地向西向北水流之處爲俄國地

中俄塔城議定記約第三條

自阿勒坦特布什山嶺東邊末處起依阿拉套大嶺往西順阿勒坦特布什索達巴哈庫克托木罕喀爾察蓋等山頂行向北水流之處爲俄國地向南水流之處爲中國地至向東流水之薩爾巴克圖河向西流水之庫克鄂羅木河向南流水之奎屯河源之匡果羅鄂博山卽轉往南向西流水之庫克鄂羅木等河之處爲俄國地向東流水之薩爾巴克圖等河之處爲中國地自此由奎屯河西邊之奎塔斯山頂行至圖爾根河水從山內向南流出之處卽

順圖爾根河依博羅胡吉爾奎屯齊齊幹霍爾果斯等處卡倫至伊犂河之齊欽卡倫過伊犂河往西南行至春濟卡倫轉往東南至特穆爾里克河源轉東由特穆爾里克卽南山也山頂行圍繞哈薩克布魯特游牧之地至格根河源卽轉往西南格根等向西流水之處爲俄國地溫都布拉克等向東流水之處爲中國地自此往西南由喀喇奔山頂行至畢爾巴什山卽順向南流水之達喇圖河至特克斯河過特克斯河順那林哈勒哈河靠天山嶺爲界自此往西南分晰回子部落布魯特部落住牧之處由特穆爾圖淖爾南邊之罕騰格爾薩瓦巴齊貢古魯克喀克善等山統曰天山之頂行至葱嶺靠浩罕界爲界

中俄塔城議定記約第四條

現將邊界順山嶺大河及常住卡倫議定後其邊界以外分入俄國之地原有中國烏里雅蘇臺科布多所屬大阿勒臺等山嶺迤北舊住之烏克克等卡倫塔爾巴哈臺所屬塔爾巴哈臺山嶺迤北舊住之鄂倫布拉克等卡倫及阿拉套山迤北舊住之胡蘇圖阿魯沁達蘭卡倫伊犂所屬舊住之匡果羅鄂倫等卡倫建立界牌鄂博以前仍聽中國在彼住守統俟明年兩國立界大臣會同建立界牌鄂博時何處將界牌鄂博立畢卽將何處應向內挪移卡

倫限一月內挪移

中俄塔城議定記約第五條

今將邊界議定永固兩國和好以免日後兩國爲現定邊界附近地方住牧人丁相爭之處卽以此次換約文到之日爲准該人丁向在何處住牧者仍應留於何處住牧俾伊等安居故土各守舊業所以地面分在何國其人丁卽隨地歸爲何國管轄嗣後倘有由原住地方越往他處者卽行撥回免致混亂

中俄塔城議定記約第六條

自現在議定邊界換約之日起過二百四十日卽爲兩國

立界大臣訂准日期俄國兩起立界大臣均赴阿魯沁達蘭喀布塔蓋兩卡中間會齊一起會同伊犂立界大臣往西南按照議定界址建立界牌鄂博一起會同塔爾巴哈臺立界大臣往東北按照議定界址建立界牌鄂博行至瑪呢圖噶圖勒幹卡倫會同科布多立界大臣按照議定界址建立界牌鄂博行至索果克卡倫會同烏里雅蘇臺立界大臣按照議定界址建立界牌鄂博至沙賓達巴哈止如遇大山以山梁劃界遇大河以河岸劃界如遇橫山橫河俱以新立界牌鄂博劃界至建立界牌鄂博時總以各界址處所水流之方向作為立界之憑擇其地方形勢

建立如有大嶺行人不能越往實難堆立之處即以水流及山嶺為界其平曠之區兩國堆立界牌鄂博時中間空出二十丈作為公中之地所立界牌鄂博以左其山河所産一切物件均屬中國所立界牌鄂博以右其山河所産一切物件均屬俄羅斯國

中俄塔城議定記約第七條

明年兩國立界大臣建立界牌鄂博畢再將堆立界牌鄂博共若干處及均在何處堆立地名作記互換為憑

中俄塔城議定記約第八條

今將兩國應分界址議定建立界牌鄂博後倘有河源係在中國而流注於俄國者中國不得改截其流注之故道倘有河源係在俄國而流注於中國者俄國亦不得改截其流注之故道

中俄塔城議定記約第九條

從前僅止庫倫辦事大臣與恰克圖固畢爾那托爾及伊犂將軍塔爾巴哈臺參贊大臣與西悉畢爾總督往來行文自今勘定邊界之後烏里雅蘇臺科布多二處遇有會同俄國查辦事件應擬增添由烏里雅蘇臺將軍科布多參贊大臣與托木色米珀拉特二省固畢爾那托爾往來行文辦理其所行文件或用清字或用蒙古字俱可

中俄塔城議定記約第十條

塔爾巴哈臺所屬巴克圖卡倫迤西小水地方舊有種地納糧民莊五處該處地面按今定議界址雖已分在俄國惟該民人所種田地斷難遽令遷移應於立界後限十年內令伊等陸續內遷今經兩國大臣會同議定將一切分定界址繪圖四分圖內分定界址地名用俄羅斯字滿洲字合璧註寫兩國勘界大臣鈐印畫押並作此記約用俄羅斯字滿洲字各書寫四分兩國勘界大臣鈐印畫押一併互換兩國分界大臣各存圖誌一分記約各一分以便查辦外其餘圖誌二分合璧記約二分由兩國分界大臣

自行呈送各本國總理各國事務衙門各一分以備補續
京城議定條約為此互換記約可也

俄續約第一條

議定詳明一千八百五十八年瑪乙月十六日即咸豐八年四月二十一日在璦琿城所立和約之第一條遵照是年伊云月初一日即五月初三日在天津地方所立和約之第九條此後兩國東界定為由什勒喀額爾古納兩河會處即順黑龍江下流至該江烏蘇里河會處其北邊地屬俄羅斯國其南邊地至烏蘇里河口所有地方屬中國自烏蘇里河口而南上至興凱湖兩國以烏蘇里及松阿

察二河作為交界其二河東之地屬俄羅斯國二河西屬中國自松阿察河之源兩國交界踰興凱湖直至白稜河自白稜河口順山嶺至瑚布圖河口再由瑚布圖河口順琿春河及海中間之嶺至圖們江口其東皆屬俄羅斯國其西皆屬中國兩國交界與圖們江之會處及該江口相距不過二十里且遵天津和約第九條議定繪畫地圖內以紅色分為交界之地上寫俄羅斯國阿巴瓦噶達耶熱皆伊亦喀拉瑪那倭怕啦薩土烏等字頭以便易詳閱其地圖上必須兩國欽差大臣畫押鈐印為據
上所言者乃空曠之地遇有中國人住之處及中國人所占漁獵之地俄國均不得占仍准中國人照常漁獵
從立界牌之後永無更改並不侵占附近及他處之地

俄續約第二條

西疆尚在未定之交界此後應順山嶺大河之流及現在中國常駐卡倫等處及一千七百二十八年即雍正六年所立沙賓達巴哈之界牌末處起往西直至齋桑淖爾湖自此往西南順天山之特穆爾圖淖爾南至浩罕邊界為界

俄續約第三條

嗣後交界遇有含混相疑之處以上兩條所定之界作為

解證至東邊自興凱湖至圖們江中間之地西邊自沙賓達巴哈至浩罕中間之地設立界牌之事應如何定立交界由兩國派出信任大員秉公查勘東界查勘在烏蘇里河口會齊於咸豐十一年三月內辦理西界查勘在塔爾巴哈臺會齊商辦不必限定日期所派大員等遵此約第一第二條將所指各交界作記繪圖各書寫俄羅斯字二分或滿洲字或漢字二分共四分所作圖記該大員等畫押用印後將俄羅斯字一分或滿或漢字一分共二分送俄羅斯收存將俄羅斯字一分或滿或漢字一分送中國收存互換此記文地圖仍會同具文畫押用印當為補續

此約之條

塔爾巴哈臺界約首段

塔爾巴哈臺立界大臣奎昌會同俄國建立牌博大臣穆噜木策傅各遵照同治三年九月十六日兩國大臣在塔爾巴哈臺商定圖約分別紅線交界處所照各在塔爾巴哈臺所屬地方交界建立牌博今兩國大臣會同自瑪呢圖噶圖勒幹起至哈巴爾蘇地方建立牌博完竣為此兩國彼此將已立交界牌博地名起止地方及已立牌博數目並議定條例開列於後

塔爾巴哈臺界約第一條

自塔爾巴哈臺瑪呢圖噶圖勒幹卡倫起往東南行至賽哩鄂拉先往西南後西行順塔爾巴哈臺山嶺至哈巴爾蘇地方止此一段共建立牌博十處第一處起即在瑪呢圖噶圖勒幹卡倫地方建立牌博一處次在哈爾塔爾地方建立牌博一處沙爾布拉克地方建立牌博一處沙爾托羅蓋地方建立牌博一處察汗鄂博地方建立牌博一處克爾根達什地方建立牌博一處巴彥木爾占地方建立牌博一處庫哲濱大壩地方建立牌博一處布凱阿蘇地方建立牌博一處哈巴爾蘇地方建立牌博一處共建立牌博十處

塔爾巴哈臺界約第二條

同治九年七月十六日兩國大臣自瑪呢圖噶圖勒幹卡倫起至哈巴爾蘇地方止新立交界牌博十處其中間隔疎密不一凡人不能行走之地即為交界處所其立定交界東南為中國地方西北為俄國地方兩國各以此次新定界址為憑永遠遵守不可混淆其餘各項事宜均照同治三年九月間兩國大臣在塔爾巴哈臺議定圖約辦理今兩國大臣會同建立塔爾巴哈臺交界牌博各宜將交界起止地方牌博名數各書四分兩國交界大臣各將圖約鈐印畫押彼此更換為憑並畫地圖二紙兩國大臣會

同畫押各鈐用印信俄國建立牌博大臣存收一紙中國建立塔爾巴哈臺牌博大臣存收一紙永昭信守

塔爾巴哈臺界約第三條

此次兩國建立牌博大臣各立塔爾巴哈臺交界牌博十處理應遵照舊章每年兩國派員會同往查一次惟塔爾巴哈臺尚未克復不能照章往查一俟塔爾巴哈臺克復後仍照舊章每年兩國派員會同往查一次

科布多界約首段

同治八年科布多立界大臣奎昌會同俄國立界大臣巴布潤福各遵照同治三年九月十六日兩國大臣議定圖

約分劃限道界址地名建立科布多所屬西北邊疆界牌鄂博今兩國立界大臣會同自賽留格木山適中之布果素克達巴哈起至瑪呢圖噶圖勒幹卡倫止建立界牌鄂博完竣為此將兩國互相建立界牌地名起止處所及牌博數目並擬議章程開列於後

科布多界約第一條

自科布多東北邊界賽留格木適中之布果素克達巴哈起向西南順賽留格木山嶺至奎屯鄂拉即往西行沿大阿勒臺山至海留圖兩河中間之山轉往西南順此山直至察奇勒莫斯鄂拉轉望東南沿齋桑淖爾邊順喀喇額

爾齊斯河岸至瑪呢圖噶圖勒幹卡倫止分為兩國交界計此一段共已建立牌博二十處首起即於布果素克達巴哈建立牌博一處次接於杜爾伯特達巴哈建立牌博一處於塔布圖達巴哈建立一處博勒奇爾建立一處察幹布爾噶蘇建立一處烏蘭達巴哈建立一處巴喀那斯達巴哈建立一處薩爾那開建立一處巴爾哈斯達巴哈建立一處拜巴爾塔達巴哈建立一處庫爾楚木建立一處特勒克梯建立一處固洛木拜建立一處薩拉喇建立一處薩勒欽車庫建立一處特勒斯愛哩克建立一處鄂里雅布拉克建立一處奇音克里什建立一處察奇勒莫斯建立一處末至瑪呢圖噶圖勒幹卡倫建立一處共計建立牌博二十處

科布多界約第二條

自同治八年五月二十三日起扣足三百六十六日兩國各派能幹員弁查勘新建牌博一次烏里雅蘇臺委員自賽留格木山東行至沙濱達巴哈科布多委員自瑪呢圖噶圖勒幹往東至賽留格木山適中之布果素克達巴哈每年應照此查辦俄國派官二員一員至賽留格木山會同烏里雅蘇臺委員查勘新立界牌一員起馬呢圖噶圖勒幹會同科布多委員查勘新建牌博永遠遵行其新立

牌博倘有損壞之處仍應照舊各自修補

科布多界約第三條

同治八年七月初六日中國大臣奎昌與俄國立界大臣巴布闊福等自布果素克達巴哈至瑪呢圖噶圖勒幹卡倫新建界牌鄂博二十處其間疎密不一有行人不能越往之處即以山為界限所建定界址東面南面為中國科布多地西面北面為俄國地兩國各以此次新定邊界為憑永遠遵守不得混淆其餘一切悉照同治三年九月兩國分界大臣在塔爾巴哈臺議定原約辦理今經兩國大臣會同建定科布多邊界牌博各將界址起止處所牌博名目寫約各四分兩

國建界大臣各於圖約上鈐印畫押互換爲憑共畫地圖二張兩國立界大臣會同畫押鈐印俄國立界大臣分取一張中國科布多立界大臣分取一張永昭信守可也

烏里雅蘇臺界約首段

同治九年烏里雅蘇臺大臣榮全遵照同治三年九月塔城和約擬定烏里雅蘇臺西北俄國所屬各處總圖內紅色之界今自薩留格穆斯克山嶺之柏郭蘇克山至沙濱達巴哈俱設有界牌立牌後兩國分界大臣即抄錄地冊界牌數目及建立界牌處所名目一併開列於後

烏里雅蘇臺界約第一條

議定俄國交界以烏里雅蘇臺西北爲界自薩留格穆斯克山嶺之柏郭蘇克山東北順薩留格穆斯克山嶺至塔奴額拉山嶺西末處再順薩楊斯克山嶺往北往東直至沙濱達巴哈界牌俱經兩國分界大臣定立爲界柏郭蘇克界牌經俄國分界大臣會同科布多分界大臣於柏郭蘇克山嶺西設立爲界即名柏郭蘇克中國界牌於烏里雅蘇臺科布多中間之柏郭蘇克山設立爲界烏里雅蘇臺界牌由科布多界牌往北經俄國分界大臣會同烏里雅蘇臺分界大臣往東至塔斯客哩山嶺上設爲第二界牌即名塔斯客哩自塔斯客哩往東北至珠盧淖爾由珠盧淖爾東南至哈爾喀山嶺設爲第三界牌即名哈爾喀自哈爾喀山嶺順珠盧淖爾北岸至塔奴額拉南察布產設爲第四界牌即名察布產從此順塔奴額拉山嶺西南逾莫多圖扎拉都綸烏爾圖查罕扎克喀圖四河再順他蘇爾亥山從沙克曾河往東北至庫色爾山設爲第五界牌即名庫色爾自庫色爾山往西北至塔奴額拉山末處逾哈拉畢拉河靠該山角迤西初哩查河口設爲第六界牌即名初哩查自初哩查河往東北順薩陽山逾瑪奴胡穆奴克霍額拉什三河由哈拉淖爾至索爾山設爲第七界牌即名索爾自索爾山往東北至沙濱達巴哈附近烏

里雅蘇臺設爲第八界牌即名沙濱達巴哈此處原因雍正六年恰克圖所定和約內業經建立界牌此次俄國毋庸再行建立其附近烏里雅蘇臺界上俄國所屬各處界牌俄國設立有六中國設立有八今即以此定立爲界其餘難逾之峻嶺早經兩國分清遂援此嶺爲界即總圖紅限是也自沙濱達巴哈起至柏郭蘇克山嶺按現定交界順山嶺一西一北即嶺之右歸俄國屬轄山嶺一東一南至烏里雅蘇臺即嶺之左歸中國屬轄照現定地冊俄國與烏里雅蘇臺接壤之地界牌數目建立處所名目並山名河名一併備圖註明永遵勿替至其餘各界仍遵同治

三年塔城和約辦理

烏里雅蘇臺界約第二條

為重整查閱界牌事應由兩國分界大臣另派員弁自同治八年五月十五日起扣至三百六十六日該員弁等應按照擬定處所會齊前往查閱俄國所派員弁會同烏里雅蘇臺所派員弁查閱俄國與烏里雅蘇臺接壤之地應按照定期於薩留格穆斯克山嶺之柏郭蘇克界牌會齊自此前往東北查至現定沙濱達巴哈界牌為止烏里雅蘇臺分界大臣派員查閱界牌時亦應照此辦理此章既定應行永守勿更俾免界牌遷移損壞是以兩國分界大臣將地冊錄清書寫俄國字四分滿洲字四分共八分並將現定交界繪為地圖二頁其內將界牌數目用俄滿文字註明該大臣等畫押用印後各持四分地圖一頁於同治八年七月二十八日在昌吉斯臺互換永持為憑

附烏里雅蘇臺界約記畧

烏里雅蘇臺立界大臣伊犁將軍榮全籌議建立烏屬界牌鄂博遵照定約於同治八年四月十一日在烏克克卡倫會議各議所屬牌博以定兩國交界五月初四日中國科布多立界大臣奎昌俄國立界大臣巴布闊福穆噜木策傳等公同酌議往原圖所繪之賽留格木地方為烏科交接之處會同建立牌博以便兩處分立議定後於五月二十七日順賽留格木山嶺同至柏郭蘇克壩上適中之地烏城立第一牌博於北科城立牌博於南俄國立鄂博於西立畢科城大臣會同俄官向西南立界至瑪呢圖噶圖勒幹為止烏城大臣同俄官穆噜木策傳向東北立界至沙濱達巴哈為止此壩並無樹木亦無大河地勢窪濕係科屬之阿勒坦淖爾烏梁海東北邊末處即係烏屬唐努烏梁海西南邊境由此壩向東北行約八十里至塔斯啟勒山於山頂同立第二座牌博此處並無樹木偏山泥淖山下有塔斯啟勒小河一道水向東南流山東南為中

原地山西北為俄國地又向東北行約九十里至原圖所繪之珠盧淖爾東南岸約十數里哈爾噶小山上同立第三座牌博其東南為中原地其西北接連珠盧淖爾為俄國地又順珠盧淖爾北岸約二十餘里至唐努山南察布齊雅壩上同立第四座牌博山北為中原地山南接連珠盧淖爾為俄國地此兩界間橫直並無樹木大河均係泥淖亂石沿唐努山南向西過莫多吐河扎勒都倫河烏爾吐河察罕扎克蘇吐河順哈喇塔蘇爾海山至沙克魯河轉向東北約二百五十餘里至庫色爾壩係唐努烏梁海西方邊界同立第五座牌博壩上無樹巨石崩另其東為

中原地其西為俄國地由此向西北約九十餘里至原圖所繪之唐努鄂拉達巴哈末處過哈喇河偏西山下楚拉察水流之處同立第六座牌博此地泥淖太大樹木無多迤東迤南為中原地迤北為俄國地由此向北向東順原圖所繪之薩彥山過瑪納胡河蒙納克河浩拉什河由喀喇淖爾至蘇爾大壩約共一百五十里同立第七座牌博此壩並無樹木泥淖其東南為中原地其西北為俄國地由此向北向東約三百六十餘里崇山綿亘木石叢雜山脈連貫直至沙濱達巴哈堆立第八座牌博其東南為中原地其西北為俄國地以上烏里雅蘇臺共立牌博八座

有牌博處以牌博為界其不能越往山嶺即以山嶺為界均以圖內紅線定兩國交界自東北沙濱達巴哈起至西南賽留格木山柏郭蘇克壩止紅線以左均為中原地紅線以右均為俄國地今將立定牌博數目地名山河形勢繪圖作記為憑並將現增議定條款開列於後其餘應辦事宜均照從前議定條款酌量遵辦自同治八年五月十五日起算足三百六十六日兩國各派妥靠官兵將新立牌博查看一次烏里雅蘇臺委員等由賽留格木向東至沙濱達巴哈查看科布多委員等由瑪呢圖噶圖勒幹向東至賽留格木查看按年均應照此查辦俄國派官二員

一由托木斯蓋省派出往賽留格木由新立牌博起會同烏里雅蘇臺委員等查看一由斜米省派出往瑪呢圖噶圖勒幹由新立牌博起會同科布多委員等往查永遠遵行其新立牌博如有損壞仍照舊式即各補修將此圖記鈐印畫押互換為憑

中俄改訂條約第一條

大俄國大皇帝允將一千八百七十一年即同治十年俄兵代收伊犂地方交還

大清國管屬其伊犂西邊按照此約第七條所定界址應歸

俄國管屬

中俄改訂條約第五條

兩國特派大臣一面交還伊犂一面接收伊犂並遵照約內關繫交收各事宜在伊犂城會齊辦理施行該大臣遵照督辦交收伊犂事宜之陝甘總督與土爾吉斯坦總督商定次序開辦陝甘總督奉到

大清國大皇帝批准條約將通行之事派委妥員前往塔什干城知照土爾吉斯坦總督自該員到塔什干城之日起於三箇月內應將交收伊犂之事辦竣能於先期辦竣亦可

中俄改訂條約第七條

伊犂西邊地方應歸俄國管屬以便因入俄籍而棄田地

之民在彼安置中國伊犂地方與俄國地方交界自別珍島山順霍爾果斯河至該河入伊犂河匯流處再過伊犂河往南至烏宗島山廓里扎特村東邊自此處往南順同治三年塔城界約所定舊界

中俄改訂條約第八條

同治三年塔城界約所定齋桑湖迤東之界查有不妥之處應由兩國特派大臣會同勘改以歸妥協并將兩國所屬之哈薩克分別清楚至分界辦法應自奎峒山過黑伊爾特什河至薩烏爾嶺畫一直綫由分界大臣就此直綫與舊界之間酌定新界

中俄改訂條約第九條

以上第七第八兩條所定兩國交界地方及從前未立界牌之交界各處應由兩國特派大員安設界牌該大員等會齊地方時日由兩國商議酌定

俄國所屬之費爾干省與中國喀什噶爾西邊交界地方亦由兩國特派大員前往查勘照兩國現管之界勘定安設界牌

附光緒七年中俄卡倫單

中國卡倫	俄國卡倫
一胡柏里志呼	一斯他羅粗魯海圖斯基
二則林圖	二查罕額羅業甫斯基
三毛葛子格	三克留車甫斯基
四烏梁圖	四庫魯蘇他業甫斯基
五多羅洛克	五查蘇車業甫斯基
六霍林納拉蘇	六杜魯勒古業甫斯基
七呼拉查	七托克托爾斯基
八巴揚達爾噶	八
九阿深嘎	九阿深金斯基
十鳴孳	十們森斯基
十一烏阿勒嘎	十一沙拉郭勒斯基

中國卡倫	俄國卡倫
十二庫達拉	十二庫達林斯基
十三恰克圖	十三恰克圖
十四哈拉呼志爾	十四博齊斯基
十五洽爾格臺	十五熱勒都林斯基
十六鄂爾托霍	十六哈拉采斯基
十七伊勒克池拉穆	十七哈木聶斯基
十八烏尤勒特	十八克留車甫斯基
十九貝勒特斯	十九歡金斯基
二十賽郭鄂拉	二十額庚斯基
二十一金吉里克	二十一

二十二攸斯提特　　二十二
二十三蘇鄂克　　二十三
二十四查罕鄂博自此卡倫以下兩國同名
二十五布爾噶蘇臺
二十六哈巴爾烏蘇
二十七巴克圖
二十八喀普他藎
二十九闊克蘇山口
三十霍爾果斯
三十一別疊里山口

三十二帖列克第山口
三十三圖爾噶爾特山口
三十四蘇約克山口
三十五伊爾克什唐

單內所開過界各卡可俟中國邊界官及俄國領事官體察情形報明後由中國總理衙門會同俄國駐京大臣商議酌改將查明可裁之處分別刪減或以便商之處酌量更易亦可

英舊約第三條

一因大英商船遠路涉洋往往有損壞須修補者自應給予沿海一處以便修船及存守所用物料今

大皇帝准將香港一島給予　大英君主暨嗣後世襲主位者常遠據守主掌任便立法治理

英續約第六款

一前據本年二月二十八日

大清兩廣總督勞崇光將粵東九龍司地方一區交與大英駐紮粵省暫充英法總局正使功賜三等寶星巴夏禮代國立批永租在案茲

大清大皇帝定即將該地界付與　大英大君主並歷後嗣并歸英屬香港界內以期該港埠面管轄所及庶保無事其

批作爲廢紙外其有該地華民自稱業戶應由彼此兩國各派委員會勘查明果爲該戶本業嗣後儻遇勢必令遷別地大英國無不公當賠補

美續約第一條併見戶類稅務口岸貿易刑類法禁

大清國大皇帝按約准各國商民在指定通商口岸及水路洋面貿易行走之處推原約內該款之意並無將管轄地方水面之權一併議給嗣後如別國與美國或有失和或至爭戰該國官兵不得在中國轄境洋面及准外國人居住行走之處與美國人爭戰奪貨刼人美國或與別國失和亦不在中國境內洋面及准外國人居住行走之處有爭

奪之事有別國在中國轄境先與美國擅起爭端不得因此條款禁美國自行保護再凡中國已經指准美國官民居住貿易之地及續有指准之地或別國人民在此地內有居住貿易等事除有約各國款內指明歸某國官管轄外皆仍歸中國地方官管轄

中法會訂越南新約第一款 併見禮類優待保護

一越南諸省與中國邊界毗連者其境內法國約明自行弭亂安撫其擾害百姓之匪黨及無業流氓悉由法國妥爲設法或應解散或當驅逐出境並禁其復聚爲亂惟無論遇有何事法兵永不得過北圻與中國邊界法國並約

明必不自侵此界且保他人必不犯之其中國與北圻交界各省境內凡遇匪黨逃匿卽由中國設法或應解散或當驅逐出境倘有匪黨在中國境內會合意圖往擾法國所保護之民者亦由中國設法解散法國旣擔保邊界無事中國約明亦不派兵前赴北圻至於中國與越南如何互交逃犯之事中法兩國應另行議定專條凡中國僑居人民及散勇等在越南安分守業者無論農夫工匠商賈若無可責備之處其身家產業均得安穩與法國所保護之人無異

中法會訂越南新約第三款

一自此次訂約畫押之後起限六個月期內應由中法兩國各派官員親赴中國與北圻交界處所會同勘定界限倘或於界限難於辨認之處卽於其地設立標記以明界限之所在若因立標處所或因北圻現在之界稍有改正以期兩國公同有益如彼此意見不合應各請示於本國

通商約章類纂卷二十三

通商約章類纂卷二十四目錄　刑類一

法禁

條約章程

章程

中國朝鮮商民水陸貿易章程第三條已見戶類稅務口岸貿易併見禮類優待保護

中國朝鮮商民水陸貿易章程第四條已見戶類稅務貨稅併見戶類稅務船鈔子口稅內地稅釐禮類游歷工類租傭建置

中國朝鮮商民水陸貿易章程第七條已見戶類稅務口岸貿易併見禮類優待保護

成案

陵寢重地不准游歷已見禮類游歷

未經換約各國不准入內地通商

無本國領事口岸不准貿易

未經換約各國洋人進京傳教照約驅遣已見禮類傳教

通飭嚴拏偷漏走私及販運軍火已見戶類稅務違禁貨物

英商在張家口租棧張挂招牌違約飭禁已見戶類稅務陸路口岸貿易併見戶類稅務陸路子口稅

洋商到未通商口岸裝運違禁貨物按約懲辦已見戶類稅務違禁貨物

洋商到未通商口岸走私嚴拏入官領事不准包庇已見戶類稅務違禁貨物

美商私帶砲位入長江走私按約懲辦并嚴懲通事已見戶類稅務違禁貨物

洋商到不通商口岸販賣私鹽失察之地方官議處已見戶類稅務違禁貨物

洋商只准在漢口採辦木植毋庸自赴出產地方

查禁輪船駛入內河

嚴禁華商販運鐵錢鐵片出口已見戶類稅務違禁貨物

禁止外國流氓挖礦

禁止輪船駛入金陵夾江違章罰銀

美商到不通商口岸販賣私鹽按約懲辦并嚴禁華商私販交易已見戶類稅務違禁貨物

英船私往內地按約懲辦

俄商請用小火輪運貨赴通駁斥不准

英船在海南走私按約懲辦

禁止華洋商人合夥開行

洋人入內地游獵條約既未載明毋得牽混已見禮類游歷

日本口岸兵船約束水手

通商約章類纂卷二十四　刑類一

法禁

條約章程

黑龍江俄約第四條

一兩國獵戶人等毋許越界如有一二小人擅自越界捕獵偷盜者即行擒拏送所在官司准所犯輕重懲處若十數相聚持械捕獵殺人搶掠者必奏聞即行正法雖有一二人犯禁彼此仍相和好毋起釁端

伊犂塔爾巴哈臺通商章程第十一條

一俄商前來必有騎駝牲畜即在指定伊犂河沿一帶自行看牧其塔爾巴哈臺亦在指定有草地方牧放不得踐踏田苗墳墓倘有違犯者即交俄管貿易官究辦

俄陸路通商章程第十九款

俄商不得包庇華商貨物運往各口

改訂俄陸路通商章程第二款（併見戶類稅務陸路口岸貿易罰例）

俄商准許前往中國所屬設官之蒙古各處及該官所屬之各盟貿易亦不納稅其不設官之蒙古地方如該商欲前往貿易中國亦斷不攔阻惟該商應有本國邊界官執照內用俄字漢字蒙古字鈐印並註商人姓名貨色包件駝牛馬匹數目若干行抵中國第一邊卡應將執照呈官

查驗或用戳記或以畫押為憑如無執照前往查明除貨入官外將該商按照北京和約第十條被逃獲送之法辦理該領事官嚴查不准未領執照商民前往貿易

改訂俄陸路通商章程第二十款

俄商不得包庇華商貨物運往各口

中俄改訂條約第十條（併見吏類設領事官戶類稅務陸路口岸貿易禮類交際儀文優待保護工類租傭建置）

俄國照舊約在伊犂塔爾巴哈臺喀什噶爾庫倫設立領事官外亦准在肅州（即嘉峪關）及吐魯番兩城設立領事其餘如科布多烏里雅蘇臺哈密烏魯木齊古城五處俟商務興旺始由兩國陸續商議添設俄國在肅州（即嘉峪關）及吐魯番所設領事官於附近各處地方關繫俄民事件均有前往辦理之責按照一千八百六十年即咸豐十年北京條約第五第六兩條應給予可蓋房屋牧放牲畜設立墳塋等地嘉峪關及吐魯番亦一律照辦領事官公署未經起蓋之先地方官幫同租覓暫住房屋俄國領事官在蒙古地方及天山南北兩路往來行路寄發信函按照天津條約第十一條北京條約第十二條可由臺站行走俄國領事官以事相託中國官即妥為照料吐魯番非通商口岸而設立領事各海口及十八省東三省內地不得援以為

例

中俄改訂條約第十三條（併見戶類稅務陸路口岸貿易工類租傭建置）

俄國應設領事官各處及張家口准俄民建造鋪房行棧或在自置地方或照一千八百五十一年即咸豐元年所定伊犁塔爾巴哈臺通商章程第十三條辦法由地方官給地蓋房亦可張家口無領事而准俄民建造鋪房行棧他處內地不得援以爲例

改訂中俄陸路通商章程第二條（併見戶類稅務陸路口岸貿易陸路稽稅杜漏罰例）

俄國商民前往蒙古及天山南北兩路貿易者祇能由章程所附清單內指明卡倫過界該商應有本國官所發中國文字並譯出蒙古文或同文執照漢文照內可用蒙古字或回回字註明商人姓名隨人姓名貨色包件牲畜數目若干此照應於入中國地界時在附近邊界中國卡倫呈驗該處查明後卡倫官蓋用戳記爲憑其無執照商民過界者任憑中國官扣留交附近俄國邊界官或領事官從嚴罰辦遇有遺失執照貨主應報明附近領事官以便請領新照一面報明地方官暫給憑據准其執此前行其運到蒙古及天山南北路各處之貨有未經銷售者准其運往天津及肅州（嘉峪關）或在該關口銷售或運往內地其

徵收稅餉發給運貨執照查驗放行等事均照以下章程辦理

改訂中俄陸路通商章程第十五條（併見戶類稅務免稅各物罰例違禁貨物）

凡違禁之物如火藥大小彈子砲位大小鳥鎗并一切軍器等類及內地食鹽洋藥均屬違禁不准販運進口出口如違此例即將所運違禁之物全罰入官俄國人民前往中國者每人准帶鳥鎗或手鎗一桿護身填入執照又硝磺白鉛須奉中國官發給准單方准俄商運進口內如華商特奉准買明文方准銷售中國米銅錢不准販運出口外國米穀及各種糧食皆准販運進口一概免稅

改訂中俄陸路通商章程第十六條

俄商不准包庇華商貨物運往各口

英約第九款（併見禮類游歷）

一英國民人准聽持照前往內地各處游歷通商執照由領事官發給由地方官蓋印經過地方如飭交出執照應可隨時呈驗無訛放行僱船僱人裝運行李貨物不得攔阻如其無照其中或有訛誤以及有不法情事就近送交領事官懲辦沿途止可拘禁不可淩虐如通商各口有出外游玩者地在百里期在三五月內毋庸請照惟水手船

上人等不在此例應由地方官會同領事官另定章程妥爲彈壓惟於江甯等處有賊處所俟城池克復之後再行給照

英約第四十七款 併見戶類稅務罰例

一英商船隻獨在約內准開通商各口貿易如到別處沿海地方私做買賣卽將船貨一併入官

英約第四十八款

一英國商船查有涉走私該貨無論式類價值全數查抄入官外俟該商船帳目清後亦可嚴行驅除不准在口貿易

煙臺會議條款第三端之一 併見戶類稅務口岸貿易長江口岸貿易內地稅釐

一所有現在通商各口岸按前定各條約有不應抽收洋貨釐金之界茲由威大臣議請本國准以各口租界作爲免收洋貨釐金之處俾免漫無限制隨由中國議准在於湖北宜昌安徽蕪湖浙江溫州廣東北海四處添開通商口岸作爲領事官駐紮處所又四川重慶府可由英國派員駐寓查看川省英商事宜輪船未抵重慶以前英國商民不得在彼居住開設行棧俟輪船能上駛後再行議辦至沿江安徽之大通安慶江西之湖口湖廣之武穴陸溪口沙市等處均係內地處所並非通商口岸按長江統共章程應不准洋商私自起下貨物今議通融辦法輪船准暫停泊上下客商貨物皆用民船起卸仍照內地定章辦理除洋貨半稅單照章查驗免釐其有報單之土貨只准上船不准卸賣外其餘應完稅釐由地方官自行一律妥辦外國商民不准在該處居住開設行棧

煙臺會議條款第三端之六

一香港洋面粵海關向設巡船稽查收稅事宜屢由香港官憲聲稱此項巡船有擾累華民商船情事現在議定卽由英國選派領事官一員由中國選派平等官一員由香港選派英官一員會同查明覈議定章遵辦總期於中國課餉有益於香港地方事宜無損

嗹嘛哪嘁約第三條 併見戶類稅務口岸貿易罰例

一嗣後嗹嘛國哪嘁國等民人俱准其挈帶家眷赴廣州福州廈門甯波上海共五港口居住貿易其五港口之船隻裝載貨物互相往來俱聽其便但五港口外不得有一船駛入別港擅自游奕又不得與沿海奸民私相交易如有違犯此條禁令者應按現定條例將船隻貨物俱歸中國入官

嗹嘛哪嘁約第十七條 併見工類租賃建置本類獄訟欺凌擾害

一嗹嘛國哪嘁國等民人在五港口貿易或久居或暫住

均准其租賃民房或租地自行建樓並設立醫館禮拜堂及殯葬之處必須由中國地方官會同領事等官體察民情擇定地基聽瑞典國那威國等人與內民公平議定租息內民不得抬價指勒遠人不許强租硬占務須各出情願以昭公允倘墳墓或被中國民人毁掘中國地方官嚴拏照例治罪其瑞典國那威國等人泊船寄居處所商民水手人等止准在近地行走不准遠赴內地鄉村任意閒遊尤不得赴市鎮私行貿易應由五港口地方官各就民情地勢與領事官議定界址不許踰越以期永久彼此相安

瑞典那威約第二十二條併見戶類稅務口岸貿易

一瑞典國那威國等現與中國訂明和好五處港口聽其船隻往來貿易倘日後另有別國與中國不和中國止應禁阻不和之國不准來五口交易其瑞典國那威國等人自往別國貿易或販運其國之貨物前來五口中國應認明瑞典國那威國等旗號便准入港惟瑞典國那威國等商船不得私帶別國一兵進口及聽受別國商人賄囑換給旗號代爲運貨入口貿易倘有犯此禁令聽中國查出拏辦

瑞典那威約第三十三條併見戶類稅務違禁貨物

一瑞典國那威國等民人凡有擅自向別處不開關之港口私行貿易及走私漏稅或攜帶鴉片及別項違禁貨物至中國者聽中國地方官自行辦理治罪瑞典國那威國等官民均不得稍有袒護若別國船隻冒瑞典國那威國等旗號做不法貿易者瑞典國那威國等自應設法禁止

美約第十二款併見工類租傭建置本類獄訟欺凌擾害

一大合衆國民人在通商各港口貿易或久居或暫住均准其租賃民房或租地自行建樓並設立醫館禮拜堂及殯葬之處聽大合衆國人與內民公平議定租息內民不得抬價指勒如無礙民居不關方向照例稅契用印外地

方官不得阻止大合衆國人勿許强租硬占務須各出情願以昭公允倘墳墓或被中國民人毁掘中國地方官嚴拏照例治罪其大合衆國人泊船寄居處所商民水手人等只准在近地行走不准遠赴內地鄉村市鎮私行貿易以期永久彼此相安

美約第十四款併見戶類稅務口岸貿易罰例

一大合衆國民人嗣後均照挈眷赴廣東之廣州潮州福建之厦門福州臺灣浙江之寧波江蘇之上海並嗣後與合衆國或他國定立條約准開各港口市鎮在彼居住貿易任其船隻裝載貨物於以上所立各港互相往來但該

船隻不得駛赴沿海口岸及未開各港私行違法貿易如有犯此禁令者應將船隻貨物充公歸中國入官其有走私漏稅或攜帶各項違禁貨物至中國者聽中國地方官自行辦理治罪大合衆國官民均不得稍有袒護若別國船隻冒大合衆國旗號作不法貿易者大合衆國自應設法禁止

美約第二十六款　併見戶類稅務口岸貿易

一大合衆國現與中國訂明和好各處通商港口聽其船隻往來貿易倘日後另有別國與中國不和中國止應禁阻不和之國不准來各口交易其大合衆國人自往別國

貿易或販運其國之貨物前來各口中國應認明大合衆國旗號便准入港惟大合衆國商船不得私帶別國一兵進口及聽受別國賄囑換給旗號代爲運貨入口貿易倘有犯此禁令聽中國查出充公入官

美續約第一條　併見戶類稅務口岸貿易兵類疆界

大清國大皇帝按約准各國商民在指定通商口岸及水路洋面貿易行走之處推原約內該款之意並無將管轄地方水面之權一併議給嗣後如別國與美國或有失和或至爭戰該國官兵不得在中國轄境洋面及准外國人居住行走之處與美國人爭戰奪貨刼人美國或與別國失和亦不在中國境內洋面及准外國人居住行走之處有爭奪之事有別國在中國轄境先與美國擅起爭端不得因此條款禁美國自行保護再凡中國已經指准美國官民居住貿易之地及續有指准之地或別國人民在此地內有居住貿易等事除有約各國款內指明歸某國官管轄外皆仍歸中國地方官管轄

法約第七款　併見戶類稅務口岸貿易罰例

自今以後凡大法國人家眷可帶往第六款所開中國沿海通商及沿江之各口市埠地方居住貿易工作平安無礙常川不輟若有蓋印執照任聽在議定通商各口周遊

往來惟明禁不得在沿海沿江各埠私買私賣如有犯此例者船隻貨物聽憑入官但中國地方官查拏此等船隻貨物於未定入官之先宜速知會附近駐口之大法國領事

法約第八款　併見禮類游歷

凡大法國人欲至內地及船隻不准進之各埠頭游行皆准前往然務必與本國　欽差大臣或領事等官預領中法合寫蓋印執照其執照上仍應有中華地方官鈐印以爲憑如遇執照有遺失者大法國人無以繳送而地方官員無憑查驗不肯存留以便再與領事等官復領一件聽

憑中國官員護送進口領事官收管均不得毆打傷害虐待所獲大法國人凡照舊約在通商各口地方大法國人或長住或往來聽其在附近處所散步動作毋庸領照一如內地民人無異惟不得越領事官與地方官議定界址其駐劄中國大法國官員如給執照之時惟不准前往暫有匪徒各省分其執照惟准給與體面有身家之人爲憑

法約第二十八款

條所定之稅則公當不爲走私藉口諒大法國商船將來在通商各口不作走私之事若或有商人船隻在各口走私無論何等貨價何項貨物並例禁之貨與偷漏者地方

官一體拏究入官再中國可以隨意禁止走私船隻進中土亦可以押令算清帳項刻即出口倘有別國冒用大法國旗號者大法國設法禁止以遏刁風

法約第三十三款

水手登岸須遵約束規條所有應行規條領事官議定照會地方官查照以防該水手與內地民人滋事爭端

布約第七款

布國暨德意志通商稅務公會和約各國商船除約內准開通商之口外其餘各口皆不准前往貿易如到別口或在沿海各處地方私作買賣即將船貨一併入官

布約第八款 併見禮類游歷

布國及德意志通商稅務公會和約各國民人皆准在通商各口近處游玩如地在百里期在三五日內毋庸請照其欲前往內地須由領事暨地方官發給蓋印執照隨時飭交隨時呈驗如遇執照遺失無以呈繳中國官員務准亡執照之人暫憩以待另請執照或護送其人至近口領事官收管亦可然皆不得毆打或聽他人傷害至各口有賊處所亦應俟地方平靖方准前往

德續約第四款之二 併見戶類稅務罰例 工類租僱建置行船

一德國允凡無照冒充各項船隻引水者即應議罰惟所罰之數每次不得過一百兩并允妥速會定約束水手章

程

德續約第五款之二

一德國允中國商民自備各項船隻不准張挂德國旗號德國船隻亦不准張挂中國旗號

德續約第六款之二 併見戶類稅務罰例 禮類游歷

一德國允德國人等如有未領領事所發中國地方官蓋印執照赴中國內地游歷者准該地方官將其人解交附近領事官管束外仍應議罰惟所罰之數不得過三百兩

德續約善後章程第一款 併見戶類稅務口岸貿易 長江口岸貿易稽稅杜漏

一江蘇吳淞口一處議准通融辦法如有德國船隻欲在該處載卸客商貨物或由他處運來上海或由上海運往他處均聽其便由江海關道等自行設法嚴定偷漏稅課及防各項弊端章程中外商民一體遵守仍不准德國商民在該處起造馬頭設立行棧

德續約善後章程第五款 併見戶類稅務罰例

一中國人等自備各項船隻不准張挂德國旗號如有可疑之跡中國該管官知照德國領事官查明實係不應挂德國旗號之船當將該船及船上華商之貨卽行解交中國地方官辦理倘有德國人等知情通同舞弊者卽將船

內所有該德國人貨物全行入官仍將其人按例懲辦德國船隻如張挂中國旗號卽將其事由中國地方官查明如實係不應張挂中國旗號之船當將其船并船上德商貨物卽行解交德國領事官辦理并將舞弊之人由領事官照例懲辦倘查明有德國貨主人等知情通同舞弊者卽將其人船上貨物交中國全行入官其船上華人貨物可由中國地方官卽行入官

德續約善後章程第七款 併見戶類稅務口岸貿易子口稅罰例禮類游歷

一德國人等運洋貨入內地或入內地游歷所領單照均係自發給之日起以十三箇月爲限 均照中國月日計算 逾限作爲

廢紙仍呈本關繳銷 如游歷道路太遠不能一年爲限者發照時卽將此節照內由地方官會同領事官批明 倘未繳銷在補繳之前不准再行請領倘或遺失單照無論限內限外卽向就近中國官員據實報明由該官員設法查辦以杜假冒如查係揑報運貨者貨物入官游歷者解交附近領事官懲辦

丹約第九款 併見禮類游歷

一丹國民人准聽持照前往內地各處游歷通商所領執照由領事官發給由地方官蓋印經過地方如飭交出執照卽應隨時呈驗無訛放行該民僱船僱人裝運行李貨物不得攔阻如其無照其中或有訛誤以及查出沿途或

有不法情事就近送交領事懲辦惟於途中止可拘禁不得凌虐如在通商各口出外遊玩者地在百里之中期在三五日內可以毋庸請照至於水手船上人等不在此例應由地方官會同領事官另定章程妥爲彈壓其江寗等處有賊處所俟城池克復之後再行給照前往

丹約第四十七款 併見戶類稅務罰例

丹國商船獨在條約內列通商各口准其貿易如到別處沿海地方私做買賣船貨一併入官

丹約第四十八款

一丹國商船查出有涉走私該貨無論式類價值全數查

抄入官外俟該商船帳目清後亦可嚴行驅除不准在口貿易

荷蘭約第二款（併見戸類稅務口岸貿易長江口岸貿易罰例工類租傭建置）

一廣州潮州福州厦門寧波上海天津牛莊登州臺灣淡水瓊州等口和商皆准貿易船貨任便往來若欲租賃地畝房屋設立棧房禮拜堂醫院墳塋等事各聽其便租價公平定議不得互相勒掯其漢口鎮江九江等口和商亦可一律前往通商至長江如何防弊之法任憑中國隨時設法辦理惟有賊匪地方和國民人不得前往游歷出入和國商船亦不得私自往來接濟軍火糧食如查有違犯

者將船貨全行入官其違例之人交就近領事官辦理

荷蘭約第三款（併見禮類游歷）

一和國民人可往內地游歷通商若要前往內地各處游歷須由起程處所領事官發給執照地方官蓋印為憑經過地方官驗照放行若欲僱船僱人悉從其便倘無執照或有照訛誤以及有作為不法等情該處官長拏交就近領事官懲辦沿途止可拘禁不可淩虐惟通商各口有欲出外游玩者路在百里期在三五天內無庸請照惟水手船上人等不在此例如入內地販運貨物須按照各國新定章程辦理不准在內地開設行店

荷蘭約第十二款（併見戸類稅務稽稅杜漏罰例）

一中國各口收稅官員凡有嚴防偷漏之法均准其相度機宜隨時便宜設法辦理以杜弊端和商船隻惟在約內准通商各口貿易如到沿海沿江別處地方私作買賣船貨一併入官倘船隻遭風犯險避入者不在此例該處官長自當設法照料俟諸務允妥令其出口起程不准在彼私行買賣如有私行起岸販貨者仍將船貨入官若和國商船在通商各口查有涉走私該貨無論式類價值全數查抄入官外仍可將該船驅逐不准在各口通商凡約內所有和商罰款船貨入官皆歸中國收用

日斯巴尼亞約第七款（併見禮類游歷）

一日斯巴尼亞國商人除運貨赴各處通商貿易單照等件均照各國章程由各關監督發給外其並不攜帶貨物之民人專為持往內地游歷執照由領事官發給由地方官蓋印經過地方如飭交出執照應可隨時呈驗無訛放行僱船僱人裝運行李貨物不得攔阻如其無照其中或有訛誤以及有不法情事就近送交領事官懲辦沿途止可拘禁不可淩虐如通商各口有出外游玩者地在百里期在三五日內毋庸請照惟水手船上人等不在此例應由地方官會同領事官另定章程妥為彈壓惟於有賊處

所不准給照前往俟地方平靜之後再行給照

日斯巴尼亞約第八款併見工類租借建置

一日斯巴尼亞國商民在通商各口地方租地蓋屋設立棧房禮拜堂醫院墳墓均按民價公平定議照給不得互相勒掯至內地各處並非通商口岸均議定不得設立行棧

日斯巴尼亞約第四十三款併見戸類稅務罰例

一日斯巴尼亞國船隻獨在約內准開通商各口貿易如到別處沿海沿江地方私作買賣即將其船貨一併入官

日斯巴尼亞約第四十五款

一日斯巴尼亞國商船查有涉走私該貨無論式類價值全數查抄入官外俟該商船賬目清後亦可嚴行驅除不准在口貿易

日斯巴尼亞約第四十九款併見戸類稅務罰例

一所有米糧各樣食物鎗炮火藥火器等件及一切貨物日斯巴尼亞國商人并船不得私行販運赴有賊處所接濟賊匪違者一經查出將船貨全行入官其違例之商人仍交日斯巴尼亞國照各國例嚴行懲辦

比約第十款併見禮類游歷

比國民人准聽持照前往內地各處游歷通商所領執照應由　欽差大臣或領事等官發給中法合寫蓋用印信其執照上仍應用地方官鈐印爲憑如遇執照有遺失者比國人無以繳送而地方官員無憑查驗不肯存留以便再與領事等官復領一件如查出沿途或有不法情事聽憑中國官員就近送交領事官收管懲辦惟於途中止可拘禁不得淩虐所獲比國之人如在通商各口出外游玩者地在百里之中期在三五日內可以毋庸請照至於各色船隻水手人等不在此例應由地方官會同領事官另定章程其駐紮中國之比國官員如給執照之時惟不准前往暫有匪徒各省分其執照只准給與體面有身家之

人爲憑

比約第二十一款

比國商船准在條約內列通商各口往來運貨貿易如到別處沿海地方私作買賣船貨一併入官但中國地方官查拏此等船隻貨物於未定入官之先宜速知會附近駐口之比國領事

比約第三十八款

比國商船查出有涉走私該貨無論式類價值全數查抄入官外俟該商船賬目清後亦可嚴行驅除不准在口貿易

義約第九款 併見禮類游歷

義國民人准聽持照前往內地各處游歷通商所領執照由領事官發給由地方官蓋印經過地方如飭交出執照即應隨時呈驗無訛放行該民僱船僱人裝運行李貨物不得攔阻如其無照其中或有訛誤以及查出沿途或有不法情事就近送交領事官辦理惟於途中止可拘禁不得淩虐如在通商各口出外遊玩者地在百里之中期在三五日內可以毋庸請照至於水手船上人等不在此例應由地方官會同領事官另定章程妥爲彈壓其有賊處所俟城池克復之後再行給照前往

義約第四十七款

義國商船獨在條約內列通商各口准其貿易如到別處沿海地方私作買賣即將船貨一併入官

義約第四十八款

義國商船查出有涉走私該貨無論式類價值全數查抄入官外俟該商船賬目清後亦可嚴行驅除不准在口貿易

奧約第八款 併見戶類稅務口岸貿易長江口岸貿易

各國議定通商口岸如牛莊天津煙臺上海寧波福州廈門臺灣淡水廣州汕頭瓊州及長江之漢口九江鎮江江寧各口奧斯馬加國商民亦可攜眷前往居住貿易工作平安無礙常川不輟如入內地販運貨物須按照各國章程辦理不准在內地開設行店

奧約第十款 併見戶類稅務罰例

奧斯馬加國商船准在條約內列通商各口往來運貨貿易如到別處沿海地方私作買賣船貨一併入官但中國地方官查拏此等船隻貨物於未定入官之先宜速知會附近駐口之奧斯馬加國領事其入官各項皆歸中國收用中國各省地方設有賊匪奧斯馬加國商民不得請照前往游歷出入尤不得私自往來接濟軍火糧食如查有

違犯者將船貨全行入官其違例之人交就近領事官辦理奧斯馬加國商船查有涉走私情弊該貨無論式類價值全數查抄入官外押令該商船算清賬目刻即嚴行驅逐不准在各口貿易倘有冒用奧斯馬加國旗號者奧斯馬加國設法禁止

奧約第十一款 併見禮類游歷

一奧斯馬加國商人除運貨赴各處通商貿易單照等件均照各國章程由各關監督發給外其併不攜帶貨物之民人專爲持往內地游歷執照由領事官發給由地方官蓋印經過地方如飭交出執照應可隨時呈驗無訛放行

僱船僱人裝運行李貨物不得攔阻如其無照其中或有訛誤以及有不法情事就近送交領事官懲辦沿途只可拘禁不可淩虐如通商各口有出外游玩者地在百里期在三五日內毋庸請照惟水手船上人等不在此例應由地方官會同領事官另定章程妥爲彈壓其駐箚各口之奥斯馬加國領事官如給商民執照之時只准給與體面有身家之人爲憑

日本修好條規第三條

兩國政事禁令各有異同其政事應聽己國自主彼此均不得代謀干預强請開辦其禁令亦應互相爲助各飭商民不准誘惑土人稍有違犯

日本修好條規第十條併見工類租傭建置本類獄訟控告審斷

兩國官商在指定各口均准僱用本地民人服役工作管理貿易等事其僱主應隨時約束勿任藉端欺人尤不可偏聽私言致令生事如有犯案准由各地方官查拏訊辦僱主不得狥庇

日本修好條規第十一條

兩國商民在指定各口彼此往來各宜友愛不得攜帶刀械違者議罰刀械入官並須各安本分無論居住久暫均聽己國理事官管轄不准改換衣冠入籍考試致滋冒混

日本修好條規第十四條併見禮類優待保護

兩國兵船往來指定各口係爲保護己國商民起見凡沿海未經指定口岸以及內地河湖支港概不准駛入違者截留議罰惟因遭風避險收口者不在此例

日本修好條規第十五條併見戶類稅務口岸貿易

嗣後兩國倘有與別國用兵情事應防各口岸一經布知便應暫停貿易及船隻出入免致誤有傷損其平時日本人在中國指定口岸及附近洋面中國人在日本指定口岸及附近洋面均不准與不和之國互相爭鬭搶刼

日本修好條規第十七條併見戶類稅務罰例工類租傭建置

兩國船隻旗號各有定式倘彼國船隻假冒此國旗號私作不法情事船貨均罰入官如查係官爲發給即行參撤至兩國書籍彼此如願誦習應准互相採買

日本通商章程第十四款併見戶類稅務內地稅釐

中國商貨進日本國通商各口在海關完清稅項後中國人不准運入日本國內地其日本國商貨進中國通商各口在海關完清稅項後任憑中國人轉運中國內地各處售賣逢關納稅遇卡抽釐日本人不准運入中國內地違者貨均入官並將該商交理事官懲辦

日本通商章程第十五款

兩國商民准在彼此通商各口購買各土產及別國貨物報官查驗完稅裝運出口不准赴各內地置買貨物如有入各內地自行買貨者貨均入官並將該商交理事官懲辦以上兩款係因兩國各有指定口岸故須明定限制

日本通商章程第十九款

兩國商船如有裝運私貨者在中國除將私貨全數查抄入官外船隻驅逐出口不准在通商各口貿易在日本國將私貨入官

日本通商章程第二十七款（併見戶類稅務罰例）

兩國船隻如到不准通商口岸私作買賣准該處地方官

查拏在中國即將船貨一併入官在日本國貨物入官罰洋銀一千元仍知照該管理事官存案

秘約第五款（併見禮類游歷）

中國民人在秘國如安本分但能不違秘國律例章程無論何處任便游歷秘國民人亦准聽持照前往內地各處游歷通商所領執照由領事官蓋印發給復由地方官蓋印內係日斯巴尼亞文字並中華文字所經過地方如飭交出執照即應隨時呈驗無訛放行該民僱人僱船僱車裝運行李貨物不得攔阻其貨物應照報單章程辦理如其無照或有訛誤以及查出沿途或有不法情事送交就近領事查辦惟於途中只可拘禁不得淩虐如在通商各口出外游玩者地在百里之中期在五日之內可以毋庸請照至於水手船上人等不在此例應由地方官會同領事官另定章程妥為彈壓

巴約第四款（併見禮類游歷）

中國人民在巴國如安本分但能不違巴國律例章程無論何處任便游歷巴國人民亦准前往中國內地游歷須由領事官照會關道請領印照前往回日繳銷其印照繕寫中巴兩國文字所經過地方如飭交出執照即應隨時呈驗該民僱人僱船僱車裝運行李不得攔阻如其照內有

訛誤以及查出沿途或有不法情事即送交就近領事查辦惟於途中只可拘禁不可淩虐如在通商各口出外游玩者地在百里之中期在五日之內可以毋庸請照至於船上諸色人等不在此例如有上岸應由地方官會同領事官另定章程妥為辦理

巴約第十二款（併見工類行船　本類獄訟控告審斷）

凡兩國船隻駛至通商口岸本船諸色人等如有上岸滋事各照兩國常例拏辦至巴國船隻或在中國沿海通商口岸有與本地船隻相碰互控情事可由被告所屬之官員查照各國碰船現行章程審理倘未甘服應聽原告所

屬之官員照會審理之員秉公復訊核斷了清

章程

議定申明游歷傳教查驗印照章程并無約各國不准給照已見禮類游歷併見禮類傳教

洋商請照入內地摘要章程已見戶類稅務子口稅併見戶類稅務稽稅杜漏罰例內地稅釐禮類游歷

奸民誘拐人口賣與洋船變通懲辦章程併見工類招工

北洋大臣李　奏竊本年六月二十並二十六等日迭據津海關道陳欽代理天津縣知縣任爾會稟誘拐幼童賣與洋船之民人江柱曾二請嚴辦等情臣查定例內地奸民誘騙愚民僱與洋人承工其受僱之人並非情甘出口因被拐賣威逼致父兄離散者不論所拐係男婦子女已賣未賣曾否上船出洋但誘拐已成應擬爲首斬決由督撫提勘先行正法今該犯江柱誘拐幼童王狗旺李二羣曾二誘拐幼童戴二郭城賣與洋船江柱已將王狗旺送上輪船嗣經查出由洋行交回曾二亦誘拐已成且將戴二强行雞姦尤屬凶惡均飭於訊明後立即正法在案臣復查天津通商要口切近京師華洋雜處自九年五月教案以後民間時有浮言節經嚴查示禁仍竟有奸民誘拐幼童賣與洋船水手之事若審辦稍遲傳聞稍訛遠近易滋惶惑實於交涉大局關礙匪淺且閩廣各口屢有販賣

咭唎出洋迭經總理衙門與各國駐京使臣設法商禁海口到處可通更恐奸民勾串誘拐駛赴閩廣轉賣漁利該奸民等或以年長者未易誘賣遂及幼孩其年歲太穉雖未能卽時承工而旣被拐賣出洋實已不堪設想若不將定例量爲變通不足以安中外而儆效尤據該關道會同天津道丁壽昌具詳前來臣覆加酌核嗣後遇有誘拐幼童案件無論是否賣與洋人並所拐幼童能否卽時承工但賣與外來海洋船隻藉口做工果係誘拐已成審實應照前例分別斬絞先行正法如中國之水手人等勾串販賣亦分別首從嚴辦其情甘出口承工者仍照約毫無禁阻尋常拐賣人口非賣與海洋船隻仍照常例科斷除飭該關道照會各國領事官嚴禁洋船水手人等不准在津買人一面示禁沙衛閩各海船及地方諸色人等一體遵守並咨總理衙門刑部查照外理合恭摺具陳同治十一年七月十八日奉
旨該衙門知道欽此

中國朝鮮商民水陸貿易章程第三條已見戶類稅務口岸貿易併見禮類優待保護

中國朝鮮商民水陸貿易章程第四條已見戶類稅務貨稅併見戶類稅務船鈔子口稅內地稅釐禮類游歷工類租傭建置

中國朝鮮商民水陸貿易章程第七條已見戶類稅務口岸貿易併見禮類優待保護

陵寢重地不准游歷已見禮類游歷

成案

未經換約各國不准入內地通商

總理衙門咨據咨稱准意大利國領事霍格照會內稱擬赴漢口察看通商情形並申明該國向准上海設有領事官准其通商等因請飭遵辦前來查上海係沿海地方准令無約之國一體通商漢口係新設口岸兼係內江地方未便准無約各國一律均霑相應咨覆咸豐十一年六月初三日咨南洋

無本國領事口岸不准貿易

總理衙門咨本衙門現定章程嗣後凡有外國商船前往通商各口岸必須設有領事官管理方准商船前往貿易如該國并無領事官准其托別國領事代為管理亦必須別國領事允為代管方准該商開艙貿易如該國領事未到而別國領事官又不肯代辦該商等任意前往不惟不准貿易即該外國人有被凌害情事地方官一概不管相應咨行轉飭遵照同治元年咨各省

未經換約各國洋人進京傳教照約驅遣已見禮類傳教

通飭嚴拏偷漏走私及販運軍火已見戶類稅務違禁貨物

英商在張家口租棧張挂招牌違約飭禁已見戶類稅務陸路口岸

貿易併見戶類稅務陸路子口稅

洋商到未通商口岸裝運違禁貨物按約懲辦已見戶類稅務違禁貨物

洋商到未通商口岸走私嚴拏入官領事不准包庇已見戶類稅務違禁貨物

美商私帶砲位入長江走私按約懲辦并嚴懲通事已見戶類稅務違禁貨物

洋商到不通商口岸販賣私鹽失察之地方官議處已見戶類稅務違禁貨物

洋商只准在漢口採辦木植毋庸自赴出產地方

總理衙門咨同治二年三月十八日准署通商大臣李咨據江漢關詳查木植一項其出產處所上至湖南辰沅又上至貴州黎平等府大半為苗疆所產人亦極蠻至野地方亦未平靜若令洋人持票前往該處素非濱江臨海洋人非所習見必至滋生事端迨至生事則必歸咎於官因此有傷和好殊為可慮又查年來所運木植半係華商所辦並非運出外洋亦並非洋人所用如一收子稅則湖南湖北兩省關稅釐金全為奸商蝕盡無論軍餉短絀即如各督憲設立之新關已有定額若收木植子稅則新關已成虛設奏銷作何彌補若以洋關正稅抵新關關稅則將

來洋關奏銷必須將木植一項另造清冊專款奏報事出兩歧必干部詰且查木植一項既爲漢口出口土貨大宗又爲兩湖全局所關與江南鹽務一律又非洋人運出外國之物徒爲奸商從中取利稅餉軍需兩有窒礙職道通盤籌畫惟思此次徵收子稅既據英法國公使照會恐遵前約辦理祇此木植一項楚省與各海口情形不同實不能一律照辦諒英法公使亦不致固執一見相應據實詳請咨明總理衙門照會駐京公使另行核議咨覆飭遵等情咨呈前來查此案前於二月二十三日准貴督咨同前由經本衙門酌擬嗣後洋商如欲採買木植應飭令其在漢口

採辦毋庸自赴出產地方採買於二月三十日劄行署總稅務司赫德查照辦理在案相應咨行同治二年四月十一日咨湖廣

附錄給赫總稅司劄文

爲劄知事本衙門查洋商在內地採買各種土貨向准向關請給買土貨之三連報單持赴土貨出產地方採買經過內地各關卡例得免交稅釐必待運至最後子卡方交子口半稅出口再交正稅在長江各關再預交復進口半稅惟是木植出產地方距漢關均屬窎遠各國洋商均不能自行前往採買因而內地奸商往往勾通通事人等冒充洋商向關請給三連報單冀免內地各關卡釐稅若不變通辦理則中國厚待洋商之意恐適以便內地奸商網利之私本衙門詳加酌核如各國商人需用木植擬飭令其在漢口地方採買毋庸向關請領三連報單自赴出產地方採買以杜內地奸商冒名之弊實與內地各關有益而於各國商人亦無不便其餘別項土貨仍悉行照舊辦理此事實緣木植出產地方人多蠻野華商冒名洋商在彼購買木植亦易滋生事端是以不能不與別項土貨分別辦理爲此劄知該署總稅務司查照辦理

查禁輪船駛入內河

總理衙門咨同治三年十二月十八日准咨據江海關道丁日昌稟稱據會防局繙譯洋涇浜刊行新聞紙內載十一月初四日新聞有小快走火輪船一隻名囉佮丹船主禦凜馬帶有渡船於禮拜六初五日搭客往蘇州亭里依文洋行告白等情當查英約第四十七款內載英商船隻獨在約內准開通商各口貿易如到別處沿海地方私作買賣即將船貨入官等語是英商船隻只准在通商各口往來進出蘇州地方並非通商碼頭今囉佮輪船沿途攬裝搭客收取船租駛往蘇州即係私作買賣實屬有違定章本應按照條約將船貨一併入官姑念該船主不諳條

約且係初犯即經函致狄稅務司查照條約攔阻不准前往蘇州去後旋據該稅務司查復即飭傳該小火輪船主來關諭以不准前往蘇州據稱小火輪船日前來到開行即已駛回現知貴道所不准後即不准去並經本稅務司復查除此小火輪船外另有魯林旗昌費禮查等行小火輪船數隻有時前往內地或搭客到蘇或裝銀兩至出產棉花湖絲等處查此項小火輪船前往內地係從同治元年起從來未經禁止前因適有匪類洋人搶刦輪船一隻欲責濟賊是以本年二月曾經函致應道臺商定小火輪船入內地之章程至今仍未議定現在應否准其前往內

地產棉花湖絲等處函請酌辦等情前來查各洋商來滬通商從前本無小火輪船前往內地貿易旋因蘇杭失陷嘉湖一帶產絲地方多被賊踞各洋商遂即置造小火輪船裝運銀兩前赴內地採辦絲斤並各項貨物回滬各前任之所以未及議禁者緣其時內地未靖不得不通融辦理現在江浙兩省全行肅清內地商船照常往來洋商往嘉湖辦絲亦可僱用中國船隻若仍聽其小火輪船駛往內地不特與通商章程不符即與內地釐捐事務亦多關礙且一經搭客則外國流氓皆得乘便往來而游歷執照更可無用誠有不得不行禁絕者除照會各國領事查照

轉飭各洋商嗣後不准再用小火輪船入內地以符定章外合亟稟請查照核辦等情查外國輪船不准私入內地往來貿易禁約綦嚴前因江浙軍興蘇杭嘉湖等處均爲賊踞洋商販買絲茶各貨往往借輪船防護爲名潛入內河是以本年二月間本爵大臣曾於復稅司赫德函內聲明條約令其通知洋商如有前往內地買賣應照章請領關單用中國船隻裝運未可任用輪船以符條約在案刻下浙江軍事大定商船一律疏通尤不准顯違條約漫無限制據稟前情事關中外通商大局亟應申明定章通行禁止稟批咨呈等因本衙門查洋商入內地買賣洋土各

貨照章領有單照後祗准僱用中國船隻外國輪船向不准其在不通商海口貿易何況內地今囉佮往返蘇州沿途寄泊搭客收取船租乃係違約藐法不可不亟爲嚴禁該道所引英國條約第四十七款英商船隻在不通商口岸私作買賣將船貨入官之例辦理實爲確當不易嗣後如有犯此者應即查拏照約將船貨一併入官相應咨覆

同治三年十二月咨南洋

嚴禁華商販運鐵錢鐵片出口 已見戶類稅務違禁貨物

禁止外國流氓挖礦

總理衙門咨挖礦一事中國例禁綦嚴向不准商民挖採

現在煙臺等處逼近海濱自中外通商以來華洋雜處人數衆多倘有內地奸民與外國無業游氓私自挖採漁利不特有礙民間風水且恐易滋嫌衅關係匪輕除由本衙門通行照會各國駐京公使轉飭各處領事官遵照嚴禁洋人前往並咨上海通商大臣飭令上海道於洋人進口時細加稽核或查有冒領執照或并無執照私行北往該道即會同上海領事隨時斥阻外相應咨行查照轉飭各海口地方官查明素產金砂之區無論華洋商一律嚴行飭禁如查有中國奸民倘行挖採者即按中國律例懲辦如係洋人即飭該地方官會同該國駐紮煙臺之領事官

立行阻止總期勿違條約即可永免事端爲此咨行同治七年五月二十六日咨三口

又咨前因東省平度寧海等州屬有各國洋人私赴各處開礦挖金並插旗聚衆攜帶洋槍肆行不法之事當經本衙門奏明於天津砲隊五營內撥出一營駐紮煙臺地方巡防彈壓并照會各國駐京公使即行文嚴飭煙臺等處領事官禁止各國洋人不得藉游歷爲名支架帳棚私設旗幟前往各州縣境內開挖砂礦如有洋人聚衆挖金即由東海關道會同領事官先行諭令洋人出境如不遵約束恃強藐玩即派兵驅逐等因茲據英國阿使法國蘭使布國李使先後照覆已飭領事官嚴查如有在各處開挖者立即諭令停止即刻出境並允將不行遵照之洋人由地方官自行拏獲交領事官嚴辦並由本處兵丁彈壓驅逐各等因前來查英法布三國照覆深知開挖金礦非條約准行之事亦知中國例禁甚嚴萬難寬縱是以各飭領事官嚴禁並無異詞現貴大臣所派砲隊計已前往煙臺駐紮如有洋人三五成羣私往各州縣境內挖金即由該地方官諭令出境倘敢不遵約束仍在境內逗遛即由東海關道會同各國領事官帶兵前往彈壓驅逐先以理喻繼以勢禁總期寬猛兼施使挖金洋匪不敢再行入境切

勿稍存遷就相應咨行同治七年九月咨三口

禁止輪船駛入金陵夾江違章罰銀

江海關呈同治七年六月十二日准美總領事西華照會准本國駐京公使衛諭文內開中國官員照請議禁外國輪船駛入金陵七里洲側草鞋夾內等情所以通諭插用花旗旗號輪船不准駛入草鞋夾江自諭之後如不遵禁准中國人在領事衙門投告各口領事可以查罰該船銀一百兩爲度若再有碰損船隻貨物人命應准訊實憑據賠償等因照請查照等因准此理合具文呈報同治七年六月二十二日呈南洋大臣

總理衙門咨案查四月間准咨本年三月初十日未刻有白煙管輪船駛入內江將裝秧草之小船衝翻沈溺九人幸救生局紅船力援尙無淹斃等情本衙門查同治六年四月間該處觀音門外有輪船駛入碰壞船隻落水十八人當於七月間本衙門照會英使議立章程設法嚴禁並照會各國公使在案嗣於十一月間准英國公使照覆囑本衙門與總稅務司妥定章程當經本衙門於十二月間援旗昌行湖廣船碰沈鹽船罰辦成案辦法照會英國公使及各國公使在案迨七年三月間准英國公使照覆內稱各國領事官已囑明有輪船之洋行嗣後輪船不准再

行駛入夾江各洋行業已遵照以及外國兵船一概不准駛入此事既經各國領事官辦理妥協似可毋庸再定章程等語本衙門因英國公使既有一概不准駛入之言又囑明洋行遵照方深欣慰詎意本年三月復有白煙管輪船駛入夾江碰沈秧船人衆落水之事查核時日地方及船形式竟係英國助分兵船是該公使前言輪船兵船一概不准駛入之說該洋行竟未遵照嗣後凡江心洲七里洲近南岸之夾江均經在於各該處之兩頭設法攔阻俾上下江之輪船均不得闖入此兩段夾江之內即由貴大臣詳查情形辦理仍期無礙於鹽漁木牌等船隻往來其

中國自製自僱之輪船亦不准從此過往以昭公允候辦有章程再照會各國公使飭知各洋船等遵照如違即送交領事究辦賠償同治八年七月初二日咨南洋

江海關詳同治十一年五月十一日奉劄據鎭江關呈四月二十三日奉劄金陵草鞋夾江面不准輪船駛入早經設有禁牌遵守在案乃本月十七日早有輪船自東而來駛入夾江向西而去實屬有違禁令劄關分別確查聲復等因奉經函致稅務司查復去後玆於二十八日據稅務司吳秉文覆稱查本關經過船隻底簿十七日一點三刻有杭州火輪船又兩點半鐘時有英國亨利行漢陽火輪

船均係由鎭開行上江前往漢口駛入夾江之船諒係漢陽火輪船等情前來緣奉前因理合申祈核辦等情查金陵草鞋夾內係燕子磯達下關之夾江並非大江前因屢有輪船碰沈華船傷斃人命即經設立禁牌不准輪船駛入早由江海關道照會駐滬各國領事有案各該洋商自無不知之理今同日先後由鎭開行之杭州輪船遵由大江行駛何以漢陽輪船違禁駛入夾江實屬任意妄行查從前設禁時曾據該前關報明美總領事照會奉准該國駐京公使行知此後如不遵禁可以查罰該船銀一百兩爲度是美國既有定章各國商輪船自應一律罰辦以示

儆戒據復前情合行劄關即便遵照並照會英領事迅將該漢陽輪船照章罰辦仍申禁令再飭通諭各洋商一體遵守不得再有違禁入夾之事等因伏查輪船違禁駛入夾江美國既有定章各國自應一體辦理奉經照會英領事照章罰辦去後旋准照覆以漢陽輪船駛入金陵草鞋夾江據稱實有其事惟因初次行走未見諭禁亦未有人指點事出無心請從寬免罰等語又經職道切實駁復始據該船經手洋行呈繳罰銀一百兩送道猶謂船主事屬初犯竊恐於理未得其平再請查核情形從減罰辦職道復查違章議罰本無初次之分既有定章自應照辦若意

爲增減轉不足以昭畫一除照覆英領事遵照並將罰銀存道充公外理合具文詳復同治十一年七月稟南洋大臣奉批詳單均悉漢陽輪船駛入夾江應照章罰辦今英領事經該道照會查辦即將該船應繳罰銀如數送道初不存狗庇之見殊屬坦白可嘉並據照覆該道以該船係屬初犯聲請從寬辦理姑准從寬罰半完案以示格外體恤此後各輪船有犯無論是否初次均不准援以爲例仰即照會英領事傳諭各輪船知照可也繳

美商到不通商口岸販賣私鹽按約懲辦並嚴禁華商私販交易（已見戶類稅務違禁貨物）

英船私往內地按約懲辦

南洋大臣咨據江海關稟稱查英國條約第四十七款內載英商船隻在通商各口貿易如到別處地方私做買賣即將船貨一併入官等因本年二月初旬職道訪有英商同順洋行倍納汀擅設二枝桅洋船一隻違約開往蘇州內地載貨搭客飭據陳丞福勳查復該船已在周莊之滕村地方擱淺當委張倅志均帶新關外國扦手馳往周莊一帶將該船及舵水張阿順丁加隆鄭阿大等三名押解來滬並起出洋鎗五枝手鎗二枝英人羅巴游歷執照一紙經職道訊據張阿順等供認載客開往蘇州屬實自應

按約將該船入官充公隨囑狄稅司派人將船看管一面函致英領事並飭據會審委員陳丞提訊稟復到道並接英領事麥華陀函復以所拏船隻本屬游歷玩船未領牌照亦無英旗非英商之船可比且未到口岸未做買賣不能入官英船違約入官應按會訊章程斷定等由伏查洋人入內地游歷原爲條約所准行但游歷船隻向不准載貨搭客且內河小船並無英旗牌照明文今英商同順洋行招貼開明二枝桅船往蘇州省城裝貨搭客等語既係英商出名即爲英商船隻豈得以並無英旗牌照爲諉況蘇地係屬內地載貨搭客即是買賣交易該船行至周莊

擱淺周莊相距蘇城僅止三十餘里之遙是已深入內地搭客已有七人更不能以未到口岸未做買賣爲辭洋鎗爲軍前所用中國向禁華商攜帶如謂此非英船則係華船以華船而私帶軍火亦應入官至同治七年奉行船貨入官會訊章程係指各口海關干涉稅務者而言與洋商違約設船私入內地做買賣者不同未便牽引該船若不入官將來各國洋商紛紛效尤不特華船生計悉爲洋船所奪內河水手人衆恐致生事且所裝貨物不服內地關卡盤查倘或私運軍火入內地販賣關係匪輕即沿途捐稅必致偷漏中國軍餉亦將短絀理合錄案據實具稟並

將同順洋行招貼附呈仰祈俯賜察核嚴行批示俾得將船入官並請咨明總理衙門備查實爲公便此案業已由道出示禁止華人不准搭裝洋船私入內地所有示稿照錄附呈肅此具稟等情據此查英商船隻如到別處地方私做買賣即將船貨一併入官載在條約今英商倍納汀擅設二枝桅洋船在於上海公然刊貼告白裝貨搭客開列各艙價錢於二月初間攬客七人開往蘇州實屬有違條約該道將其船隻提回入官本係按約辦理何以麥領事仍爲袒護若謂係屬游歷玩船不應搭客更不應張貼告白既已搭客收有僱價即是私做買賣似此任意妄爲豈有從寬之理耶仰再剴切告知麥領事務將該船照約入官其該船水手係屬華人聽從同行亦應提訊治以應得之咎以示儆戒並候咨明總理衙門查核等語印發外相應咨會爲此咨明同治十年三月咨總署

附諭禁中國商民毋許私搭洋船裝載貨物前往內地示稿

爲曉諭事查洋商船隻准在通商各口貿易如到別處地方私做買賣即將船貨一併入官條約載有明文今本道訪聞有洋船欲往蘇州等處內地載貨搭客情事實屬違約除致明各國領事按約查拏懲辦外如華人敢有私搭

洋船運貨前往內地偷漏捐稅一經查獲貨即入官人亦究懲合行曉諭爲此示仰商民人等一體知悉自示之後務各安分守法倘仍有私搭洋船入內地者定即嚴辦不貸其各凜遵毋違特示

江海關稟奉函諭上海英商同順洋行倍納汀二枝桅洋船開往蘇州內地裝貨搭客有違條約一案現准總理衙門來函日前英公使面稱此案商人違約實屬有錯將船入官乃是照約辦理如准取贖應令繳銀二百五十元飭即酌辦等因奉據英領事阿查里因公來署將前項贖價洋二百五十元面交前來又經函致狄稅務司派撥外國

扞手將原船送交英領事轉發茲四月初二日據該商倍
納汀來關將船領去取有收據存關備案同治十一年四
月稟南洋大臣

俄商請用小火輪運貨赴通駁斥不准

總理衙門咨同治十一年八月初六日准咨據津海關道
詳稱准俄國領事函稱俄商歷年由津運貨赴通皆用民
船率須六七日方能抵通擬改用小火輪船拖帶行走業
經該道遵諭駁斥等因查內河運貨船隻用小火輪船拖
帶在俄商甚利於華船實多有害上年法國擬請造小火
輪船進內河行駛均經轉飭嚴禁緣此事關係內地利害

極重不僅在河中碰磕一端後來英國條約時復以此事
爲請皆經本衙門援案駁斥有案此事俄國如再以爲言
自必查照歷年舊案從嚴駁斥相應咨覆同治十一年八
月十六日咨北洋

英船在海南走私按約懲辦

總理衙門咨光緒元年七月十三日據粵海關監督呈據
副稅務司鮑郎報稱探得海南地方有輪船一隻駛往私
卸客貨等情當經本監督即派令該副稅務司乘坐蓬洲
海輪船前往查拏旋據該副稅務司回省面稱駕坐蓬洲
海輪船即往該處得見輪船一隻升挂英國旗號在口灣

泊正在卸貨本副稅務司登輪查問據該船主聲稱船由
新駕坡來此內貨物搭客有到南海者到香港者到潮州
者不一而足且云前經到過該處並非此次初到本副稅
務司即語以此是不通商口岸洋船往來貿易與英國條
約第四十七款不符隨將該船拏住看押同行赴省惟駛
至半途竟欲轉往香港本副稅務司再三勸以不能別逃
如不同回省城定必設法攔阻該船主仍說要赴香港囑
其停輪執意不從本副稅務司見其如此行徑先放空砲
一口並即勸之亦不復停隨放有碼砲一口將其桅桅打
著尚可行走仍復不停乃放至第四口其船桅機器有壞

處走不靈動始肯停止現經帶回泊在黃埔等因又於十
二日接英國羅領事官照會內開據本國火輪船加哩斯
布格船主斯格德稟稱本年五月十一日奉粵海關稅務
司雷諭帖內開英國輪船加哩斯布格因違背條約第四
十七款到不通商口岸貿易已議連貨由中國官憲拏獲
爲此諭知該船主遵照如英國領事官於本月十七日之
前不照會中國官憲定日會訊本稅務司即將該火輪連
貨入官等因奉此敝船主理合將情由稟明懇請貴領事
官照會中國官憲請照章會訊再蓬洲海輪船放砲將加
哩斯布格船傷壞亦請轉致中國官賠償以昭公允各等

情到本領事官相應照會貴關部查照請照同治七年所定章程定期將此案會訊各等因到關當經本監督定於五月十五日兩點鐘到關會同羅領事官雷護稅務司傳齊人證當堂會訊未訊之先羅領事官云接到香港來文此案暫緩問訊請先將船貨准其保釋等語本監督以會訊章程並無此等辦法且曲直未分豈能將船貨保回將來憑何訊結駁詰再三始行罷論當將此案分日會訊畢彼此面議本監督以加哩斯布格輪船私載客貨潛往不通商口岸沿海地方灣泊卸貨顯違條約第四十七款既經訊明并無錯悞自應照例將船貨充公而羅領事官以

該船雖係違約而情有可原祇欲議罰辯論經時始終不允當經議定擬照會訊章程監督與領事官意見不同各將案情抄錄蓋印申請總理衙門與駐京公使查核定奪旋據雷護稅務司照會內開前拏獲加哩斯布格輪船於五月十五十八兩日訊明十九日又傳該船主來關領事官將堂判諭知隨由旗昌洋行代該商出十四萬元船價切結並由香港總憲代新嘉坡總憲隨同担保至各貨物因貨商頗多礙難合夥保出由該船主代貨商出具切結聲明起在香港妥當棧房將棧門鎖閉鑰匙交來本關非有本關准單不能發放當時說明該貨價實值若干必須保險惟據該商云原報價值二十萬元隨後查知實不值此數似宜少保本稅務司云會訊時當堂訊明貨值二十萬元此刻難於保少惟思按照會訊章程第八款內載所估數目恐多寡不符即按該商自稱定價為准等語今據該商呈遞清單所開共值不過五萬四千二百餘兩即本關幫辦等從寬察估實值不過六萬五千兩茲該船主又出具切結言明所有貨物實值不過此數是以准其將所有貨物已囤在棧房者照六萬五千兩保險矣保票及棧房鑰匙呈存本關相應將加哩斯布格出具船貨切結原由與該商所呈各貨估價清單譯錄附送照會查照等因

到關呈請核覆遵辦等因前來查英國條約第四十七款內載英商船隻獨在約內准開通商各口貿易如到別處沿海地方私作買賣即將船貨一併入官等語此次加哩斯布格輪船駛往海南係非通商口岸其藉口於新嘉坡官憲准單以致駛到此地似將違約之咎歸咎於新嘉坡官憲更與中國無涉本衙門詳閱所送供單及貨物單該船主種種情虛已可概見此案尚未據英國駐京公使照會到本衙門自應仍由該監督會同領事官按約辦理相應咨行光緒元年七月二十五日咨南洋

又咨粲查光緒元年七月十三日據粵海關監督呈稱加

哩斯布格輪船私載客貨潛往海南地方不通商口岸灣泊卸貨顯違條約第四十七款既經訊明並無錯悞自應照例將船貨充公嗣經議定由該船主代貨商出具切結聲明所有船貨起在香港棧房將棧門鎖閉鑰匙交來本關非有本關准單不能發放呈請核復遵辦等因本衙門會於是年七月二十五日咨行查核轉飭按約辦理在案現准英國威公使面稱海南非通商口岸該船到此灣泊卸貨顯違條約第四十七欵自應按約將船貨充公惟該船實不知情誤駛海南請於入官後准其議贖等因茲據總稅務司議明銀五千兩贖回本衙門查該船船貨入官

自是按約辦理姑念其情尚可原准如總稅務司所議該船出銀五千兩贖回除劄總稅務司粵海關監督外相應咨行光緒二年五月十九日咨南洋

禁止華洋商人合夥開行

總理衙門咨光緒元年五月二十二日准來文內稱據津海關道黎兆棠詳稱准俄國韋領事函開據本國人米理素稟稱現有中國人鄧松山同伊合夥在津開設裕順和洋行生理請立案等語因無成案未敢擅便等情咨請核覆前來本衙門查華洋合夥開行條約原未敘及惟陸路章程第二十款載有俄商不得包庇華商貨物運往各口一條前據津海關道於據改章程內籤稱近來洋商包庇華商貨物往往冒爲己有運行各口擬於此次嚴立條約以防流弊等因在案原以華商本係中國百姓洋商係外國商人中國自有中國之政令華商歸地方官管轄一切釐稅規矩不能與洋商一律辦理溯查上年高九山與美國人花馬太合夥一案即係華人資本冒充洋商又劉森虧欠一案冒旗昌資本由美領事追帳此外冒充洋商之案不一而足大約均非良善之徒今若聽其華洋合夥公同開設此端一開訟端日起況通商條約第五款弛禁等物外國商人不得護送一條一經合夥則混同一氣將從

何處稽查其流弊恐不止偷漏釐稅一端即如鄧松山係中國商人理應先向關道衙門稟請示遵乃徑由俄國領事函請立案幾乎翻客作主亦有不合查條約內既無准其合夥明文應轉飭該關道據情議駁並傳諭鄧松山分夥開設各安生理庶無流弊而免效尤相應咨行光緒元年六月十四日咨北洋

津海關詳案查華人鄧松山與俄商米理素合夥在津開設裕順和洋行生理前經詳蒙咨准總理衙門咨覆轉飭據情議駁並傳諭鄧松山分夥開設各安生理等因行令遵辦具報並移行地方官知照等因遵即照會俄國韋領

事轉飭遵辦嗣於十月十八日准俄國莘領事函准裕順和行報稱擬赴蘆臺採買煙煤請飭繕三聯土貨報單一紙等因即經以該行並未奉准開設所請報單礙難發給函復去後茲准莘領事函稱米理素合夥之鄧姓華人因彼此意見不合早經撤本另自生理刻下裕順和行專歸米理素一人請仍照前函飭發前來查該行既歸俄商米理素一人開設所請土貨報單應即照章發給但將來如查得鄧姓華人仍與該商合夥自應將鄧姓究辦仍不准開設除函覆並另文呈報外理合具文詳報光緒元年十月二十一日詳北洋大臣

洋人入內地游獵條約既未載明毋得牽混已見禮類游歷

日本口岸兵船約束水手

出使日本大臣何准日本外務省照會照得各國兵船進我通商各口碇泊之際每有該船水手人等輿口為羣上岸而與該口人民爭鬬者往往有之因此曾經飭知各船令該校尉官帶同照管等因在案嗣後貴國海安號其外兵船進我通商各口抛錨之間倘有該船水手人等數名一齊上岸時必須該船校尉官帶同約束等語即請貴大臣據為飭知該船長查照為此照會光緒四年正月十八日到

通商約章類纂卷二十四

通商約章類纂卷二十五目錄　刑類二

獄訟上 控告審斷　欺淩擾害

條約章程

奧約第四十一款　併見禮類優待保護本類命盜

秘約第十三款

巴約第十款　併見本類命盜債務捕亡控告審斷

以上欺淩擾害

章程

通商口岸關係英人命盜及審斷交涉案件委員觀審　併見本類命盜

議定船貨入官推廣會訊章程　已見戶類稅務罰例

上海洋涇浜設官會審章程

中國朝鮮商民水陸貿易章程第二條　併見本類債務捕亡

中國朝鮮商民水陸貿易章程第五條　已見戶類稅務陸路口岸貿易　併見禮類優待保護本類債務

以上控告審斷

成案

洋行買辦華人涉訟由華官訊辦

以上控告審斷

獄訟上　控告審斷　欺淩擾害

條約章程

恰克圖界約第一條

一自議定之日起兩國各自嚴管所屬之人

恰克圖界約第八條

一兩國頭人凡事秉公迅速完結倘有懷私誆卸貪婪者各按國法治罪

俄約第七條

通商處所俄國與中國所屬之人若有事故中國官員須與俄國領事官員或與代辦俄國事務之人會同辦理

俄續約第八條之三　併見禮類交際儀文

兩國領事官及該地方官相交行文俱照天津和約第二條平行凡兩國商人遇有一切事件兩國官員商辦倘有犯罪之人照天津和約第七條各按本國法律治罪

俄續約第八條之五　并見戶類稅務口岸貿易

兩國商人在通商之處准其預定貨物代典鋪房等事寫立字據報知領事官處及該地方官署遇有不按字據辦理之人領事官及該地方官令其照依字據辦理

俄續約第八條之六

其不關買賣若係爭訟之小事領事官及該地方官會同查辦各治所屬之人之罪

俄續約第十條之一

查辦邊界大小事件俱照此約第八條由邊界官員會同查辦其審訊兩國所屬之人俱照天津和約第七條各按本國法律治罪

中俄改訂條約第十一條（併見吏類設領事等官戶類稅務口岸貿易陸路口岸貿易禮類交際儀文工類租傭建置）

俄國領事官駐中國遇有公事按事體之關繫案件之緊要及應如何作速辦理之處或與本城地方官或與地方

大憲往來均用公文彼此往來會晤均以友邦官員之禮相待兩國人民在中國貿易等事致生事端應由領事官與地方官公同查辦如因貿易事務致起爭端聽其自行擇人從中調處如不能調處完結再由兩國官員會同查辦兩國民人為預定貨物運載貨物租賃鋪房等事所立字據可以呈報領事等官及地方官處應與畫押蓋印為憑遇有不按字據辦理情事領事官及地方官設法務令照依字據辦理

英約第十五款

一英國屬民相涉案件不論人產皆歸英官查辦

英約第十六款

一英國民人有犯事者皆由英官懲辦中國人欺凌擾害英民皆由中國地方官自行懲辦兩國交涉事件彼此均須會同公平審斷以昭允當

英約第十七款

一凡英國民人控告中國民人事件應先赴領事官衙門投稟領事官即當查明根由先行勸息使不成訟中國民人有赴領事官告英國民人者領事官亦應一體勸息間有不能勸息者即由中國地方官與領事官會同審辦公平訊斷

煙臺會議條款第一端之一

一威大臣另有擬作為滇案奏稿大概底本先與李大臣商定或由總理衙門或由李大臣具奏均可惟於出奏之前須將摺稿交威大臣閱看會商妥當

煙臺會議條款第一端之二

一奏明奉

旨發抄後由總理衙門將摺稿

諭旨恭錄知照並由總理衙門通行各省將此次摺件

諭旨詳細列入告示一併照會威大臣查照威大臣即照復聲明限兩年為期由英國駐京大臣隨時派員分往各省查看張貼告示情形將來或由英國駐京大臣行文或札行

各口領事官轉爲照會卽由地方大吏派委妥員會同前往各處查看

煙臺會議條款第二端之二

一咸豐八年所定英國條約第十六款所載英國民人有犯事者皆由英國懲辦中國人欺淩擾害英民皆由中國地方官自行懲辦兩國交涉事件彼此均須會同公平審斷以昭允當等語查原約內英文所載係英國民人有犯事者由英國領事官或他項奉派幹員懲辦等字樣漢文以英國兩字包括前經英國議有詳細章程並添派按察司等員在上海設立承審公堂以便遵照和約條款辦理

目下英國適將前定章程酌量修正以歸盡善中國亦在上海設有會審衙門辦理中外交涉案件惟所派委員審斷案件或因事權不一或因怕招嫌怨往往未能認眞審追玆議由總理衙門照會各國駐京大臣請將通商口岸應如何會同總署議定承審章程妥爲商辦以昭公允

煙臺會議條款第二端之三　倂見本類命盜

一凡遇內地各省地方或通商口岸有關係英人命盜案件議由英國大臣派員前往該處觀審此事應先聲敘明白庶免日後彼此另有異辭威大臣卽將前情備文照會請由總理衙門照復以將來照辦緣由聲明備案至中國

各口審斷交涉案件兩國法律既有不同只能視被告者爲何國之人卽赴何國官員處控告原告爲何國之人其本國官員只可赴承審官員處觀審倘觀審之員以爲辦理未妥可以逐細辯論庶保各無向隅各按本國法律審斷此卽條約第十六款所載會同兩字本意以上各情兩國官員均當遵守

瑞典哪威約第四條　倂見吏類設領事等官禮類交際儀文

一瑞典哪威國等民人既准赴五港口貿易應須各設領事等官管理本國民人事宜中國地方官應加款接遇有交涉事件或公文往來或會晤面商務須兩得其平如地

方官有欺藐該領事各官等情准該領事等將委曲申訴中國大憲秉公查辦但該領事等官亦不得率意任性致與中國官民動多牴牾

瑞典哪威約第二十一條

一嗣後中國民人與瑞典國哪威國等民人有爭鬭詞訟交涉事件中國民人由中國地方官捉拏審訊照中國例治罪瑞典國哪威國等民人由領事等官捉拏審訊照本國例治罪但須兩得其平秉公斷結不得各存偏護致啟爭端

瑞典哪威約第二十四條

一嘯典國哪嘁國等民人因有要事向中國地方官辨訴先稟明領事等官查明稟內字句明順事在情理者即爲轉行地方官查辦中國商民因有要事向領事等官辨訴先稟明地方官查明稟內字句明順事在情理者即爲轉行領事等官查辦倘遇有中國人與嘯典國哪嘁國等人因事相爭不能以和平調處者即須三國官員察明公議察奪

嘯典哪嘁約第二十五條

一嘯典國哪嘁國等民人在中國各港口自因財產涉訟由本國領事等官訊明辦理若嘯典國哪嘁國等民人在

中國與別國貿易之人因事爭論者應聽兩造查照各本國所立條約辦理中國官員均不得過問

美約第十款　併見吏類設領事等官禮類交際儀文

一大合衆國領事官及管理貿易等官在中華議定所開各港居住保護貿易者當與道臺知府平行遇有與中華地方官交涉事件或公文往來或會晤面商務須兩得其平即所用一切字樣體制亦應均照平行如地方官及領事等官有侮慢欺藐各等情准其彼此將委曲情由申訴本國各大憲秉公查辦該領事等官亦不得率意任性致與中華官民動多牴牾嗣後遇領事等官派到港口大合衆國大臣即行照知該省督撫當以優禮款接致可行其職守之事

美約第二十七款

一大合衆國民人在中國通商各港口自因財產涉訟由本國領事等官訊明辦理若大合衆國民人在中國與別國貿易之人因事爭論者應聽兩造查照各本國所立條約辦理中國官員不得過問

美約第二十八款

一大合衆國民人因有要事向中國地方官辯訴先稟明領事等官查明稟內字句明順事在情理者即爲轉行地

方官查辦中國商民因有要事向領事等官辯訴者准其一面稟地方官一面到領事等官稟呈查辦倘遇有中國人與大合衆國人因事相爭不能以和平調處者即須兩國官員查明公議察奪更不得索取規費並准請人到堂代傳以免言語不通致受委曲

美續約另附第四款

倘遇有中國人與美國人因事相爭兩國官員應行審定中國與美國允此等案件被告係何國之人即歸其本國官員審定原告之官員於審定時可以前往觀審承審官應以觀審之禮相待該原告之官員如欲添傳證見或查

訊駁訊案中作證之人可以再行傳訊倘覲審之員以為辦理不公亦可逐細辯論併詳報上憲所有案件各審定之員均係各按本國律法辦理

法約第四款（併見禮類交際儀文）

將來兩國官員辦公人等因公往來各隨名位高下准用平行之禮大法國大憲與中國無論京內京外大憲公文往來俱用照會大法國二等官員與中國省中大憲公文往來用申陳中國大憲用劄行兩國平等官員照相並之禮其商人及無爵者彼此赴訴俱用稟呈大法國人每有赴訴地方官其稟函皆由領事官轉遞領事官即將稟內

情詞查核適理妥當隨即轉遞否則更正或即發還中國人有稟赴領事官亦先投地方官一體辦理

法約第五款（併見吏類設領事等官禮類交際儀文）

大法國皇上任憑設立領事等官在第六七款內所列中國沿海及河各埠頭辦理本國商民交涉事件與各地方官公文往來並稽查遵守章程中國地方官與該領事等官均應以禮相待來往移文俱用平行倘有不平之事該領事等官准逕自申訴省垣大憲並控訴本國　欽差全權大臣遇有領事等官不在該口大法國船主商人可以相託與國領事代為料理否則逕赴海關呈明設法妥辦

使該船主商人得沾章程之利益

法約第三十五款

凡大法國人有懷怨挾嫌中國人者應先呈明領事官覆加詳核竭力調停如有中國人懷怨大法國人者領事官亦虛心詳核為之調停倘遇有爭訟領事官不能為之調停即移請中國官協力辦理查核明白秉公完結

法約第三十九款

大法國人在通商各口地方如有不協爭執事件均歸大法國官辦理遇有大法國人與各國人有爭執情事中國官不必過問至大法國船在通商各口地方中國官亦不

為經理均歸大法國官及該船主自行辦理

布約第三十四款

布國暨德意志通商稅務公會和約各國民人每有赴訴地方官之處其稟函應先投遞領事官察核適理妥當允宜隨即代為轉遞否則發還更正中國人有稟赴領事官亦先投遞地方官一體辦理

布約第三十五款

布國暨德意志通商稅務公會和約各國民人有控告中國人者應先赴領事官署投稟鳴冤領事官查明情由後竭力勸息使不成訟中國人有受布國及德意志通商稅

務公會和約各國人之寃欲訴諸領事官者領事官亦應一體勸息間有不能勸息者即移請中國官會同領事官核明秉公完結

布約第三十九款

凡布國及德意志通商稅務公會和約各國屬民所有或人或產相涉案件皆歸本國官員查辦如本國屬民與外國屬民有爭執情事中國官亦不爲之申理

德續約第八款 併見總類訂約戶類稅務子口稅禮類交際儀文

一中外官員審辦交涉案件以及商人運洋貨入內地及洋商入內地買土貨如何科征又中外官員如何往來一

切事宜此三節應歸另議今兩國暫先訂明彼此均允妥商

丹約第十五款

一丹國屬民相涉案件不論人產皆歸丹官查辦設與別國有事涉訟應遵某國前與丹國定約辦理中國不必與聞以上案內如牽涉有中國人仍應按第十六七兩款會同中國官辦理

丹約第十七款

一丹國民人遇有控告華民事件皆應先稟領事官查明根由先行勸息使不成訟中國民人有赴領事官告丹民

者領事官亦應一體調處間有不能使和者即由地方官與領事官會同審辦公平訊斷

荷蘭約第六款 併見本類債務捕亡

一和國屬民相涉案件皆歸領事官審判與中國無涉和國民人與中國民人有控告案件必須領事官與地方官各先爲勸息如不能勸息再行照會公平訊斷中國民人有欺凌擾害和民者皆歸地方官審判和國民人有犯事在中國者皆由領事官審判各按本國法律嚴辦以昭平允如和民有犯罪潛逃入中國內地華民有犯罪潛逃入和民船屋均應領事官與地方官隨時照會查實即行送

出均不得隱匿袒庇倘華民有欠和民債務潛逃者若地方官查知自應嚴拿追究和民有欠華民債務潛逃者和國官查知亦當嚴拿追究兩國官均不代爲賠償

日斯巴尼亞約第十二款

一日斯巴尼亞國屬民相涉案件不論人產皆歸日斯巴尼亞國官查辦設與別國有事涉訟應遵某國前與日斯巴尼亞國定約辦理中國不必與聞以上案內如牽涉有中國人仍應按第十三十四兩款會同中國官辦理

日斯巴尼亞約第十四款

一日斯巴尼亞國民人控告中國民人事件應先赴領事

官衙門投稟領事官即當查明根由先行勸息使不成訟中國民人有赴領事官署告日斯巴尼亞國民人者領事官亦一體勸息間有不能勸息者亦由中國地方官與領事官會同審辦公平訊斷

日斯巴尼亞約第五十一款（併見總類訂約禮類交際儀文）

一日斯巴尼亞國官員有公文照會中國官員均用日斯巴尼亞國字樣書寫並繙譯中國字相連配送至於此次所定各款章程以應洋漢字同寫公同較對無訛各以其國字為憑將來兩國官員辦公人等因公往來各隨名位高下准用平行之禮日斯巴尼亞國大憲與中國無論京內

京外大憲公文往來俱用照會日斯巴尼亞國二等官員與中國省中大憲公文往來俱用申陳中國大憲用劄行兩國平等官員照相並之禮其商人及無爵者彼此赴訴俱用稟呈日斯巴尼亞國人每有赴訴於地方官其稟函皆由領事官轉遞領事官即將稟內情詞查核適理妥當隨即轉遞否則更正或即發還中國人有稟赴領事官者亦先投地方官一體辦理

比約第十六款

比國民人遇有控告華民事件皆應先稟領事官查明根由先行勸息使不成訟中國民人有赴領事官告比民者領事官亦應一體調處間有不能使和者即由地方官與領事官會同審辦公平訊斷

比約第二十款

比國人與比國人在通商各口地方如有不協爭執事件均歸比國官辦理遇有比國人與各國人有爭執情事中國官不必過問

義約第十款（併見禮類交際儀文）

兩國職員來往行文各應按照品級官階定式所有平行各官文移均用照會義國領事官以下詳呈各省督撫均用申陳督撫均用劄行各等字樣至於各國商民人等設

若有事請由各官查辦應用具稟字樣以示區別義國人每有赴訴地方官其稟函皆由領事官轉遞領事官即將稟內情詞查核適理妥當隨即轉遞否則更正或即發還中國人有稟赴領事官亦先投地方官一體辦理

義約第十五款

義國屬民相涉案件不論人產皆歸義官查辦設與別國有事涉訟應遵某國前與義國定約辦理中國不必與聞以上案內如牽涉中國人仍應按第十六七兩款會同中國官辦理

義約第十七款

義國民人遇有控告華民事件皆應先稟領事官查明根由先行勸息使不成訟中國民人有赴領事官告義民者領事官亦應一體調處間有不能使和者即由地方官與領事官會同審辦公平訊斷

奥約第三十八款

奥斯馬加國民人遇有控告華民事件皆應先稟領事官查明根由先行勸息使不成訟中國民人有赴領事官告奥斯馬加民者領事官亦應一體調處間有不能使和者即由地方官與領事官會同審辦公平訊斷

奥約第四十款

奥斯馬加國屬民相涉案件不論人產皆歸奥斯馬加國查辦設與別國有事涉訟應遵某國前與奥斯馬加國定約辦理中國不必與聞以上案內如牽涉中國人仍應按第三十八三十九兩款會同中國官辦理

日本修好條規第八條（併見吏類設領事等官本類命盜債務）

兩國指定各口彼此均可設理事官約束已國商民凡交涉財產詞訟案件皆歸審理各按已國律例覈辦兩國商民彼此互相控訴俱用稟呈理事官應先爲勸息使不成訟如或不能則照會地方官會同公平訊斷其竊盜逋欠等案兩國地方官只能查拏追辦不能代償

日本修好條規第九條

兩國指定各口倘未設理事官其貿易人民均歸地方官約束照料如犯罪名准一面查拏一面將案情知照附近各口理事官按律科斷

日本修好條規第十條（併見工類租傭建置本類法禁）

兩國官商在指定各口均准雇用本地民人服役工作管理貿易等事其雇主應隨時約束勿任藉端欺人尤不可偏聽私言致令生事如有犯案准由各地方官查拿訊辦雇主不得徇庇

秘約第十二款

秘國民人在中國遇有控告華民事件皆應先稟領事官查明根由先行勸息使不成訟華民有赴領事官告秘國民在中國者領事官亦應一體調處間有不能使和者即由地方官與領事官會同審辦公平訊斷

秘約第十四款

秘國屬民在中國有相涉案件不論人產皆歸秘國官查辦設與別國有事涉訟在中國應遵某國前與秘國定約辦理以上案內如牽涉中國人仍應按第十二十三兩款會同中國官辦理

秘約第十五款

中國商民在秘國有控告事件准其原被告任便呈稟地方官照例審斷與秘國商民及待各國商民之例一律辦理

巴約第九款

巴國人民在中國遇有控告華民事件皆應先稟領事官查明根由先行勸息使不成訟華民有赴領事官控告巴國民在中國者領事官亦應一體勸息間有不能聽勸者無論原告或係華民或係巴民皆事由被告所屬之官員公平訊斷

巴約第十款 併見本類命盜債務捕亡欺凌擾害

巴國民人在中國有被華民違例相欺准地方官查拏照例審辦華民有被巴國人在中國違例相欺巴國官亦按例查拏究治總之兩國民人交涉財産犯罪各案俱由被告者所屬之官員專行審斷各照本國律例定罪惟逋欠案件應由欠戶所屬之官員勉力設法使其償還竊盜案件應照被告者之國律例辦理兩國官員均不能代償至中國民人遇有本身犯案或牽涉被控凡在巴人公館寓所行棧及商船隱匿者由地方官一面知照領事官一面立即派差協同設法拘拏不得庇縱措留

巴約第十一款

巴國屬民在中國有自相控告案件不論人産皆歸巴國官查辦設或與別國有事在中國涉訟應由巴國領事與該國領事辦理以上案內如牽涉中國人仍應按前兩款辦理若將來中國與各國另行議定中西交涉公律巴國亦應照辦

巴約第十二款 併見工類行船

凡兩國船隻駛至通商口岸本船諸色人等如有上岸滋事各照兩國常例拏辦至巴國船隻或在中國沿海通商口岸有與本地船隻相碰互控情事可由被告所屬之官員查照各國碰船現行章程審理倘未甘服應聽原告所

屬之官員照會審理之員秉公復訊核斷了結

巴約第十三款

中國民人在巴國有控告事件聽其至審院控告應得名分與巴國民人及與相待最優之國民人無異

以上控告審斷

英約第十八款 併見禮類優待保護本類命盜

一英國民人中國官憲自必時加保護令其身家全安如遭欺凌擾害及有不法匪徒放火焚燒房屋或搶掠者地方官立即設法派撥兵役彈壓查追並將焚搶匪徒按例嚴辦

喘典哪威約第十七條（併見工類租傭　建置本類法禁）

一喘典國哪威國等民人在五港口貿易或久居或暫住均准其租賃民房或租地自行建樓並設立醫館禮拜堂及殯葬之處必須由中國地方官會同領事等官體察民情擇定地基聽喘典國哪威國人與內民公平議定租息內民不得抬價揹勒遠人不許强租硬占務須各出情願以昭公允倘墳墓或被中國民人毀掘中國地方官嚴拏照例治罪其喘典國哪威國等人泊船寄居處所商民水手人等止准在近地行走不准遠赴內地鄉村任意閒游尤不得赴市鎮私行貿易應由五港口地方官各就民情

地勢與領事官議定界址不許踰越以期永久彼此相安

喘典哪威約第十九條（併見禮類優待　保護本類命盜）

一嗣後喘典國哪威國等民人在中國安分貿易與中國民人互相友愛地方官自必時加保護令其身家全安並查禁匪徒不得欺凌騷擾倘有內地不法匪徒逞凶放火焚燒洋樓掠奪財物領事官速即報明地方官派撥兵役彈壓查拏並將焚搶匪徒按例嚴辦

美約第十一款（併見禮類　優待保護）

一大合衆國民人在中華安分貿易辦事者當與中國人一體和好友愛地方官必時加保護務使身家一切安全不使受欺辱騷擾等事倘其屋宇產業有被內地不法匪徒逞兇恐嚇焚毀侵害一經領事官報明地方官立當派撥兵役彈壓驅逐並將匪徒查拏按律重辦倘華民與大合衆國人有爭鬭詞訟等案華民歸中國官按律治罪大合衆國人無論在岸上海面與華民欺侮騷擾毀壞物件毆傷損害一切非禮不合情事應歸領事等官按本國例懲辦至捉拏犯人以備質訊或由本地方官或由大合衆國官均無不可

美約第十二款（併見工類租傭　建置本類法禁）

一大合衆國民人在通商各港口貿易或久居或暫住均

准其租賃民房或租地自行建樓並設立醫館禮拜堂及殯葬之處聽大合衆國人與內民公平議定租息內民不得抬價揹勒如無礙民居不關方向照例稅契用印外地方官不得阻止大合衆國人勿許强租硬占務須各出情願以昭公允倘墳墓或被中國人民毀掘中國地方官嚴拏照例治罪其大合衆國人泊船寄居處所商民水手人等只准在近地行走不准遠赴內地鄉村市鎮私行貿易以期永久彼此相安

美續修條約第三款（併見禮類優待　保護工類招工）

已在美國各華工及他項華人等無論常居暫住如有偶

受他人欺侮之事美國應即盡力設法保護與待各國人最優者一體相待俾得各受按約應得之利益

法約第十款 併見工類租傭建置

凡大法國人按照第六款至通商各口地方居住無論人數多寡聽其租賃房屋及行棧存貨或租地自行建屋建行大法國人亦一體可以建造禮拜堂醫人院周急院學房墳地各項地方官會同領事官酌議定大法國人宜居住宜建造之地凡地租房租多寡之處彼此在事務須按照地方價值定議中國官阻止內地民人高抬租值大法國領事官亦謹防本國人強壓逼受租值在各口地方凡

大法國人房屋間數地段寬廣不必議立限制俾大法國人相宜獲益倘有中國人將大法國禮拜堂墳地觸犯毀壞地方官照例嚴拘重懲

法約第三十六款 併見禮類優待保護本類命盜

將來大法國人在通商各口地方爲中國人陷害凌辱騷擾地方官隨在彈壓設法防護更有匪徒狂民欲行偷盜毀壞放火大法國房屋貨行及所建各等院宅中國官或訪聞或領事官照會立即飭差驅逐黨羽嚴拏匪犯照例從重治罪將來聽憑向應行追賍著賠者責償

布約第三十六款 併見禮類優待保護本類命盜

布國及德意志和約各國民人中國官憲自必時加保護令其身家全安如遭欺淩擾害及有不法匪徒放火焚燒房屋或搶掠者地方官立即設法派撥兵役彈壓查追並將焚搶匪徒按例嚴辦

布約第三十八款

中國人有與布國及德意志通商稅務公會和約各國民人欺淩擾害之處致干法紀者由中國官嚴拏照中國例治罪布國及德意志通商稅務公會和約各國民人有與中國人欺淩擾害之處致干法紀者由本國領事官嚴拏而照本國之例治罪以昭允當

丹約第十六款

一凡丹國民人有被華民違例相欺約准地方官查拏照例審辦華民有被丹國人違例相欺丹國官員亦應按例查拏究治嗣定約之後丹國即專定約束丹民章程中國亦須一同約束華民以昭公允

丹約第十八款 併見禮類優待保護本類命盜

一丹國民人約准中國官憲自必時加保護令其身家全安如遭欺淩擾害及有不法匪徒放火焚燒房屋搶掠財貨又准地方官立即設法派撥兵役彈壓查拏將該犯按例嚴辦並將所搶財物盡力追交倘承緝官不能獲犯起

贓祇可照中國例處分

荷蘭約第七款（併見禮類優待保護本類命盜）

一和民在中國者地方官必時加保護如有欺淩擾害恣意搶掠即當設法查追並將該犯按律嚴辦和船在中國轄下海洋被刦地方官聞報迅即設法查拏如追有贓物交領事官給還原主中國官不能代爲賠償和船在中國沿海地方擱淺碰壞或遭風收口地方官聞報即當設法照料護交就近領事官以敦和睦

日斯巴尼亞約第十三款（併見本類命盜）

一中國人有欺淩擾害日斯巴尼亞國人者由日斯巴尼

亞國領事官知照中國地方官自行懲辦日斯巴尼亞國人有欺淩擾害中國人者亦由中國官知照日斯巴尼亞國領事官一體懲辦若有殺人搶奪重傷謀殺故燒房屋等重案查明係日斯巴尼亞國人犯者將該犯送交領事官轉送小呂宋地方按律治罪

日斯巴尼亞約第十五款（併見禮類優待保護本類命盜）

一日斯巴尼亞國民人中國官憲自必時加保護令其身家全安如遭欺淩擾害及有不法匪徒放火焚燒房屋或搶掠者地方官立即設法派撥兵役彈壓查追並將焚搶匪徒按例嚴辦

比約第十七款（併見禮類優待保護本類命盜）

比國民人約准中國官憲自必時加保護令其身家全安如遭欺淩擾害及有不法匪徒放火焚燒房屋搶掠財貨又准地方官立即設法派撥兵役彈壓查拏將該犯按例嚴辦並將所搶財物盡力追交倘承緝官不能獲犯起贓祇可准照中國例處分

比約第十九款

比國民人有被華民違例相欺約准地方官查拏照例審辦華民有被比國人違例相欺比國官員亦應按例查拏究治嗣定約之後比國即專定約束比民章程比民如在

各口地方有犯大小等罪均照比國例辦理中國亦一律約束華民以昭平允如有別樣情形在本約未經分晰者俱照此辦理

義約第十六款

凡義國民人有被華民違例相欺約准地方官查拏照例審辦華民有被義國人違例相欺義國官員亦應按例查拏究治嗣定約之後義國即專定約束義民章程中國亦須一同約束華民以昭公允

義約第十八款（併見禮類優待保護本類命盜）

義國民人約准中國官憲自必時加保護令其身家全安

至中國官員無論遇有何事均不得威壓強取義國船隻以為公用私用等項如遭欺淩擾害及有不法匪徒放火焚燒房屋搶掠財貨應由地方官立即設法派撥兵役彈壓查拏將該犯按例嚴辦並將所搶財物盡力追交倘承緝官不能獲犯起贓祇可准照中國例處分

奧約第三十九款

凡奧斯馬加國民人有被華民違例相欺約准地方官查拏照例審辦華民有被奧斯馬加國人違例相欺奧斯馬加國官員亦應按例查拏究治

奧約第四十一款 併見禮類優待保護本類命盜

奧斯馬加國民人約准中國官憲自必時加保護令其身家全安如遭欺淩擾害及有不法匪徒放火焚燒房屋搶擄財貨應由地方官立即設法派撥兵役彈壓查拏將該犯按例嚴辦並將所搶財物盡力追交倘承緝官不能獲犯起贓祇可准照中國例處分不能賠償

秘約第十三款

秘國民人在中國有被華民違例相欺准地方官查拏照例審辦華民有被秘國人在中國違例相欺秘國官亦應按例查拏究治

巴約第十款 併見本類控告審斷命盜債務捕亡

巴國民人在中國有被華民違例相欺准地方官查拏照例審辦華民有被巴國人在中國違例相欺巴國官亦按例查拏究治總之兩國民人交涉財産犯罪各案俱由被告者所屬之官員專行審斷各照本國律例定罪惟逋欠案件應由欠戶所屬之官員勉力設法使其償還竊盜案件應照被告者之國律例辦理兩國官員均不能代償至中國民人遇有本身犯案或牽涉被控凡在巴人公館寓所行棧及商船隱匿者由地方官一面知照領事官一面立即派差協同設法拘拏不得庇縱措留

以上欺淩擾害

章程

通商口岸關係英人命盜及審斷交涉案件委員觀審 併見本類命盜

總理衙門咨查滇案議結條款曾經本衙門照式刷印於本年八月間咨行查照在案查條款內開凡遇內地各省地方或通商口岸有關係英人命盜案件議由英國大臣派員前往該處觀審此事應先聲敘明白庶免日後彼此另有一辭威大臣卽將前情備文照會請由總理衙門照復以將來照辦緣由聲明備案至中國各口審斷交涉案件兩國法律既有不同只能視被告者爲何國之人卽在

何國官員處控告原告爲何國之人其本國官員只可赴承審官員處觀審倘觀審之員以爲辦理未妥可以逐細辯論庶保各無向隅各按本國法律審斷卽條約第十六款所載會同兩字本意以上各情兩國官員均當遵守等語本衙門於八月間接准英國威公使照會以遇有命盜案件派員觀審按照條款備文照會請由本衙門照復存案等因除由本衙門照覆以派員觀審一節自當通行各省照辦外相應咨行查照光緒二年十一月咨北南洋

議定船貨入官推廣會訊章程 已見戶類稅務罰例

上海洋涇浜設官會審章程

一遴委同知一員專住洋涇浜管理各國租地界內錢債鬭毆竊盜詞訟各等案件立一公館置備枷杖以下刑具並設飯歇凡有華民控告華民及洋商控告華民無論錢債與交易各事均准其提訊定斷並照中國常例審訊並准其將華民刑訊管押及發落枷杖以下罪名

一凡遇案件牽涉洋人必應到案者必須領事官會同委員審問或派洋官會審若案情只係中國人並無洋人在內卽聽中國委員自行訊斷各國領事官毋庸干預

一凡爲外國服役及洋人延請之華民如經涉訟先由該委員將該人所犯案情移知領事官立將應訊之人交案

不得庇匿至訊案時或由該領事官或由其所派之員准其來堂聽訟如案中並不牽涉洋人者不得干預凡不作商人之領事官及其服役並僱用之人如未得該領事官允准不便拏獲

一華人犯案重大或至死罪或至軍流徒罪以上中國例由地方正印官詳請臬司審轉由督撫酌定奏咨應仍由上海縣審斷詳辦倘有命案亦歸上海縣相驗委員不得擅專

一中國人犯逃避外國租界者卽由該委員選差逕提不用縣票亦不必再用洋局巡捕

一華洋互控案件審斷必須兩得其平按約辦理不得各懷意見如係有領事管束之洋人仍須按約辦理倘係無領事管束之洋人則由委員自行審斷仍邀一外國官員陪審一面詳報上海道查核倘兩造有不服委員所斷者准赴上海道及領事官處控告復審

一有領事之洋人犯罪按約由領事懲辦其無領事之洋人犯罪卽由委員酌擬罪名詳報上海道核定並與一有約之領事公商酌辦至華民犯罪卽由該委員核明重輕照例辦理

一委員應用通事繙譯書差人等由該委員自行招募並

僱洋人一二名看管一切其無領事管束之洋人犯罪卽由該委員派令所僱之洋人隨時傳提管押所需經費按月赴道具領倘書差人等有訛詐索擾情弊從嚴究辦

一委員審斷案件及訪拏人犯須設立一印簿將爲何拏人如何定斷緣由逐日記明以便上司查考倘辦理不善或聲名平常由道隨時參撤另行委員接辦

一委員審斷案件倘有原告捏砌訴詞誣控本人者無論華洋一經訊明卽由該委員將誣告之家照章嚴行罰辦其罰辦章程卽先由該委員會同領事官酌定一面送道核准總期華洋一律不得稍有偏袒以昭公允

以上章程十條於同治七年十一月二十五日奉南洋大臣馬劄同治七年十一月十五日准總理衙門咨行

中國朝鮮商民水陸貿易章程第二條　併見本類債務捕亡

中國商民在朝鮮口岸如自行控告應歸中國商務委員審斷此外財產罪犯等案如朝鮮人民爲原告中國人民爲被告則應由中國商務委員追拏審斷如中國人民爲原告朝鮮人民爲被告則應由朝鮮官員將被告罪犯交出會同中國商務委員按律審斷至朝鮮商民在中國已開口岸所有一切財產罪犯等案無論被告原告爲何國之人民悉由中國地方官按律審斷並知照朝鮮委員備

案如所斷案件朝鮮人民未服許由該國商務委員稟請大憲復訊以昭平允凡朝鮮人民在其本國至中國商務委員處或在中國至各地方官處控告中國人民各色衙役人等不得私索絲毫規費違者查出將該管官從嚴懲辦若兩國人民或在本國或在彼此通商口岸有犯本國律禁私逃在彼此地界者各地方官一經彼此商務委員知照卽設法拏交就近商務委員押歸本國懲辦惟於途中止可拘禁不得淩虐

中國朝鮮商民水陸貿易章程第五條　已見戶類稅務陸路口岸貿易　併見禮類優待保護本類債務

以上控告審斷

成案

洋行買辦華人涉訟由華官訊辦

總理衙門咨光緒元年七月初八日准閩浙總督咨據福建通商局司道詳稱閩省各口自開辦通商以來凡華民與洋人交涉事件因而致訟者應由領事官照會地方官秉公審理歷辦在案近來有華人在洋行充作行夥買辦者遇有訟事該行行主亦代為稟請領事官照會地方官追理遂致洋案愈多本司道悉心酌議嗣後凡係眞正洋人與華民涉訟者仍由領事官照會地方官秉公審理其有華人在洋行作為買辦夥伴與華民華商因案互訟應令自赴地方官呈明聽候訊斷該洋行主不得干預領事官亦毋庸代為照會等因咨請查照飭遵前來查英國條約第十六款內載有兩國交涉事件彼此均須會同公平審斷以昭允當等語係指華洋各商民互訟案件應會同領事官訊斷而言如華人在洋行充作行夥買辦者遇有華人涉訟情事自當歸中國官員訊辦領事官不得過問應准照議辦理除由本衙門咨復閩浙總督外相應咨行

光緒元年七月十二日咨南洋

以上控告審斷

通商約章類纂卷二十五

通商約章類纂卷二十六目錄　　刑類三

獄訟中 命盜

條約章程

恰克圖界約第十條

恰克圖市約第四條

恰克圖市約第五條

伊犂塔爾巴哈臺通商章程第六條

伊犂塔爾巴哈臺通商章程第七條

俄續約第六條 併見戶類稅務陸路口岸貿易工類租傭建置

俄續約第八條之八

俄續約第十條之二

中俄改訂條約第十七條

英約第十八款 併見禮類優待保護本類欺凌擾害

英約第十九款

煙臺會議條款第二端之三 併見本類控告審斷

嗹嘆哪嘁約第十九條 併見禮類優待保護本類欺凌擾害

嗹嘆哪嘁約第二十六條 併見禮類優待保護

嗹嘆哪嘁約第二十九條 併見本類捕亡

美約第九款 併見禮類交際儀文優待保護

美約第十三款 併見禮類優待保護

美約第十八款併見戶類稅務稽稅杜漏本類捕亡
法約第三十四款
法約第三十六款併見禮類優待保護本類欺凌擾害
法約第三十八款
布約第三十三款
布約第三十六款併見禮類優待保護本類欺凌擾害
丹約第十八款併見禮類優待保護本類欺凌擾害
丹約第十九款
荷蘭約第七款併見禮類優待保護本類欺凌擾害
日斯巴尼亞約第十三款併見本類欺凌擾害

日斯巴尼亞約第十五款併見禮類優待保護本類欺凌擾害
日斯巴尼亞約第十六款
比約第十七款併見禮類優待保護本類欺凌擾害
比約第四十四款
義約第十八款併見禮類優待保護本類欺凌擾害
義約第十九款
奧約第三十七款
奧約第四十一款併見禮類優待保護本類欺凌擾害
日本修好條規第八條併見吏類設領事等官本類控告審斷債務
日本修好條規第十三條

日本通商章程第二十九款併見禮類優待保護
巴約第十款併見本類控告審斷欺凌擾害債務捕亡

章程

通商口岸關係英人命盜及審斷交涉案件委員觀審已見本類控告審斷

成案

美人殺斃船主擬絞
英人鎗斃華民彭尙會辦結
華民因瘋闖入洋船被巡丁鞭傷致死辦結
客民故殺法巡捕擬斬決

英人鎗斃華民擬絞決
外國流氓無論搶刼中外民人貨物由地方官捕拏送辦
崇陽變勇搶刼茶莊辦結
汕頭紅頭船擄取電線罰辦
會禁棍徒製造僞銀
江漢關頭等幫辦夏理格挪移官項追繳治罪

獄訟中命盜

條約章程

恰克圖界約第十條

一兩國嗣後於所屬之人如有逃走者於拏獲地方卽行正法如有持械越境殺人行竊者亦照此正法如無文據而持械越境雖未殺人行竊亦酌量治罪軍人逃走或攜主人之物逃走者於拏獲地方中國之人斬俄國之人絞其物仍給原主如越境偷竊駝隻牲畜者一經拏獲交該頭人治罪其罪初犯者估其所盜之物價值罰取十倍再

犯者罰取二十倍三次犯者斬凡邊界附近打獵因圖便宜在他人之處偷打除將其物入官外亦治其罪均照俄使所議

恰克圖市約第四條

一恰克圖以西十數卡倫你之布里雅特哈里雅特不法故致有烏呼勒咱之事今你國宜嚴加禁束杜其盜竊

恰克圖市約第五條

一此次通市一切仍照舊章已頒行你薩那特衙門矣兩邊民人交涉事件如盜賊人命各就查驗緝獲罪犯會同邊界官員審訊明確後本處屬下人由本處治罪你處屬下人由你處治罪各行文知照示衆其盜竊之物或一倍或幾倍罰賠一切皆照舊例辦理

伊犂塔爾巴哈臺通商章程第六條

一俄商在中國伊犂博羅霍吉爾卡倫外塔爾巴哈臺烏占卡倫外行走倘有夷匪搶奪等事中國槪不經管自入卡倫及在貿易亭居住所有帶來貨物係在該商人房內收存各自小心看管其駝馬牲畜在灘牧放尤宜各自留心看守倘有丟失立卽報知中國官員兩邊官員公同查看來去蹤跡如在中國所屬民人莊院或將行竊之人立卽拏獲儘數搜出實在原竊贓物給還外並將行竊之人

嚴行懲辦

伊犂塔爾巴哈臺通商章程第七條

一兩邊商人遇有爭鬭小事卽著兩邊管貿易官員究辦倘遇人命重案卽照恰克圖現辦之例辦理

俄續約第六條（併見戶類稅務陸路口岸貿易工類租傭建置）

試行貿易喀什噶爾與伊犂塔爾巴哈臺一律辦理在喀什噶爾中國給與可蓋房屋建造堆房聖堂等地以便俄羅斯國商人居住並給與設立墳塋之地並照伊犂塔爾巴哈臺給與空曠之地一塊以便牧放牲畜

以上應給各地數目應行文喀什噶爾大臣酌核辦理其

俄國商人在喀什噶爾貿易物件如被卡外之人進卡搶奪中國一概不管

俄續約第八條之八

若有殺人搶奪重傷謀殺故燒房屋等重案查明係俄羅斯國人犯者將該犯送交本國按律治罪係中國人犯者或在犯事地方或在別處俱聽中國按律治罪遇有大小案件領事官與地方官各辦各國之人不可彼此妄拏存留查治

俄續約第十條之二

遇有牲畜或自逸越邊界或被誘取該處官員一經接得

照會即行派人尋找並將蹤迹示知卡倫官兵其係逸越尋獲者或係被搶查出牲畜俱依照會之數將所失之物尋獲立即送還如無原物即照例計贓定罪不管賠償

中俄改訂條約第十七條

一千八百六十年即咸豐十年在北京所定條約第十條至今講解各異應將此條聲明其所載追還牲畜之意作爲凡有牲畜被人偷盜誘取一經獲犯應將牲畜追還如無原物作價向該犯追償倘該犯無力賠還地方官不能代賠兩國邊界官應各按本國之例將盜取牲畜之犯嚴行究治並設法將自行越界及盜取之牲畜追還其自行越界及被盜之牲畜蹤迹可以示知邊界兵並附近鄉長

英約第十八款（併見禮類優待保護本類欺凌擾害）

一英國民人中國官憲自必時加保護令其身家全安如遭欺凌擾害及有不法匪徒放火焚燒房屋或搶掠者地方官立即設法派撥兵役彈壓查追並將焚搶匪徒按例嚴辦

英約第十九款

一英國船隻在中國轄下海洋有被强盜搶刼者地方官一經聞報即應設法查追拏辦所有追得贓物交領事官給還原主

煙臺會議條款第二端之三（併見本類控告審斷）

一凡遇內地各省地方或通商口岸有關係英人命盜案件議由英國大臣派員前往該處觀審此事應先聲敘明白庶免日後彼此另有異詞威大臣即將前情備文照會請由總理衙門照覆以將來照辦緣由聲明備案至中國各口審斷交涉案件兩國法律既有不同只能視被告者爲何國之人即赴何國官員處控告原告爲何國之人其本國官員只可赴承審官員處觀審倘觀審之員以爲辦理未妥可以逐細辯論庶保各無向隅各按本國法律審斷此即條約第十六款所載會同兩字本意以上各情兩

國官員均當遵守

喘典哪喴約第十九條（併見禮類優待保護本類欺淩擾害）

一嗣後喘典國哪喴國等民人在中國安分貿易與中國民人互相友愛地方官自必時加保護令其身家全安並查禁匪徒不得欺淩騷擾倘有內地不法匪徒逞凶放火焚燒洋樓掠奪財物領事官速即報明地方官派撥兵役彈壓查拏並將焚搶匪徒按例嚴辦

喘典哪喴約第二十六條（併見禮類優待保護）

一喘典國哪喴國等貿易船隻進中國五港口灣泊仍歸各領事等官督同船主人等經管中國無從統轄倘遇有

外洋別國淩害喘典國哪喴國等貿易民人中國不能代為報復若喘典國哪喴國等商船在中國所轄內洋被盜搶刧者中國地方文武官一經聞報即須嚴拏强盜照例治罪起獲原贓無論多少均交近地領事等官全付本人收回但中國地廣人稠萬一正盜不能緝獲或有盜無贓及起贓不全中國地方官例有處分不能賠還贓物

喘典哪喴約第二十九條（併見本類捕亡）

一喘典國哪喴國等民人間有在船上不安本分離船逃走至內地避匿者中國地方官即派役拏送領事等官治罪若有中國犯法民人逃至喘典國哪喴國等人寓館及商船潛匿者中國地方官查出即行文領事等官捉拏送回均不得稍有庇匿至喘典國哪喴國等商民水手人等均歸領事等官隨時稽查約束倘三國人有倚强滋事輕用火器傷人致釀鬬殺重案三國官員均應執法嚴辦不得稍有偏徇致令衆心不服

美約第九款（併見禮類交際儀文優待保護）

一大合衆國如有官船在通商海口遊弈巡查或為保護貿易或為增廣才識近至沿海各處如有事故該地方大員當與船中統領以平行禮儀相待以示兩國和好之誼如有採買食物汲取淡水或須修理等事中國官員自當

襄助購辦遇有大合衆國船隻或因毀壞被刧或雖未毀壞而亦被刧被擄及在大洋等處應准大合衆國官船追捕盜賊交地方官訊究懲辦

美約第十三款（併見禮類優待保護）

一大合衆國船隻在中國洋面遭風觸礁擱淺遇盜致有損壞等害者該處地方官一經查知即應設法拯救保護並加撫卹俾得駛至最近港口修理並准其採買糧食汲取淡水倘商船有在中國所轄內洋被盜搶刧者地方文武員弁一經聞報即當嚴拏賊盜照例治罪起獲原贓無論多寡或交本人或交領事官俱可但不得冒開失單至

中國地廣人稠萬一正盜不能緝獲或起贓不全不得令中國賠還貨款但若地方官通盜沾染一經證明行文大憲奏明嚴行治罪將該員家產查抄抵償

美約第十八款并見戶類稅務稽稅杜漏本類捕亡

一大合衆國船隻一經進口即由海關酌派委役隨船管押或搭坐商船或自僱艇隻均聽其便倘大合衆國民人有在船上不安本分離船逃走至內地避匿者一經領事官知照中國地方官即派役訪查拏送領事等官治罪若有中國犯法民人逃至大合衆國人寓館及商船潛匿者中國地方官查出即行文領事等官捉拏送回均不得稍有庇匿至大合衆國商民水手人等均歸領事等官隨時稽查約束倘兩國人有倚强滋事輕用火器傷人致釀鬬殺重案兩國官員均應執法嚴辦不得稍有偏徇致令衆心不服

法約第三十四款

遇有大法國商船在中國洋面被洋盜打刦附近文武官員一經聞知即上緊緝拏照例治罪所有贓物無論在何處搜獲及如何情形均繳送領事官轉給事主收領倘承緝之人或不能獲盜或不能全起贓物照中國例處分但不能賠償

法約第三十六款并見禮類優待保護本類欺淩擾害

將來大法國人在通商各口地方爲中國人陷害淩辱騷擾地方官隨在彈壓設法防護更有匪徒狂民欲行偷盜毀壞放火大法國房屋貨行及所建各等院宅中國官或訪聞或領事官照會立即飭差驅逐黨羽嚴拏匪犯照例從重治罪將來聽憑向應行追贓著賠者責償

法約第三十八款

凡有大法國人與中國人爭鬧事件或遇有爭鬬中或一二人及多人不等被火器及別器毆傷致斃者係中國人由中國官嚴拏審明照中國例治罪係大法國人由領事官設法拘拏迅速訊明照大法國例治罪其應如何治罪之處將來大法國議定例款如有別樣情形在本款未經分晰者俱照此辦理因所定之例大法國人在各口地方如有犯大小等罪均照大法國辦理

布約第三十三款

凡布國暨德意志通商稅務公會和約各國船隻在中國洋面被洋盜打刦地方官一經聞報即應設法查拏照例治罪所刦贓物無論在何處搜獲及如何情形均繳送領事官轉給事主收領倘承緝之人或不能獲盜或不能全起贓物照中國例處分但不能賠償贓物

布約第三十六款 併見禮類優待保護本類欺凌擾害

布國及德意志和約各國民人中國官憲自必時加保護令其身家全安如遇欺凌擾害及有不法匪徒放火焚燒房屋或搶掠者地方官立即設法派撥兵役彈壓查追並將焚搶匪徒按例嚴辦

丹約第十八款 併見禮類優待保護本類欺凌擾害

一丹國民人約准中國官憲自必時加保護令其身家全安如遭欺凌擾害及有不法匪徒放火焚燒房屋搶掠財貨又准地方官立即設法派撥兵役彈壓查拏將該犯按例嚴辦並將所搶財物盡力追交倘承緝官不能獲犯起

贓祇可照中國例處分

丹約第十九款

一丹國船隻在中國管下洋面有被强盜搶刼者約准地方官一經聞報即應設法追拏查辦所有追獲贓物直交領事官發還失主倘承緝官不能獲盜起贓祇可准照中國例處分但不能賠償

荷蘭約第七款 併見禮類優待保護本類欺凌擾害

一和民在中國者地方官必時加保護如有欺凌擾害恣意搶掠即當設法查追並將該犯按律嚴辦和船在中國轄下海洋被刼地方官聞報迅即設法查拏如追有贓物交領事官給還原主中國官不能代爲賠償和船在中國沿海地方擱淺碰壞或遭風收口地方官聞報即當設法照料護交就近領事官以敦和睦

日斯巴尼亞約第十三款 併見本類欺凌擾害

一中國人有欺凌擾害日斯巴尼亞國人者由日斯巴尼亞國領事官知照中國地方官自行懲辦日斯巴尼亞國人有欺凌擾害中國人者亦由中國官知照日斯巴尼亞國領事官一體懲辦若有殺人搶奪重傷謀殺故燒房屋等重案查明係日斯巴尼亞國人犯者將該犯送交領事官轉送小呂宋地方按律治罪

日斯巴尼亞約第十五款 併見禮類優待保護本類欺凌擾害

一日斯巴尼亞國民人中國官憲自必時加保護令其身家全安如遭欺凌擾害及有不法匪徒放火焚燒房屋或搶掠者地方官立即設法派撥兵役彈壓查追並將焚搶匪徒按例嚴辦

日斯巴尼亞約第十六款

一日斯巴尼亞國船隻在中國轄下海洋有被强盜搶刼者地方官一經聞報即應設法查拏追辦所有追得贓物交領事官給還原主倘承緝官不能獲盜起贓祇可照中國例處分不能賠償

比約第十七款 併見禮類優待保護本類欺淩擾害

比國民人約准中國官憲自必時加保護令其身家全安如遭欺淩擾害及有不法匪徒放火焚燒房屋搶掠財貨又准地方官立即設法派撥兵役彈壓查拏將該犯按例嚴辦並將所搶財物盡力追交倘承緝官不能獲犯起贓祇可准照中國例處分

比約第四十四款

遇有比國商船在中國洋面被洋盜打刼附近文武官員一經聞知即上緊緝拏照例治罪所有贓物無論在何處搜獲及如何情形均繳送領事官轉給事主收領儻承緝

之人或不能獲盜或不能全起贓物照中國例處分但不能賠償

義約第十八款 併見禮類優待保護本類欺淩擾害

義國民人約准中國官憲自必時加保護令其身家全安至中國官員無論遇有何事均不得威壓强取義國船隻以爲公用私用等項如遭欺淩擾害及有不法匪徒放火焚燒房屋搶掠財貨應由地方官立即設法派撥兵役彈壓查拏將該犯按例嚴辦並將所搶財物盡力追交倘承緝官不能獲犯起贓祇可准照中國例處分

義約第十九款

義國船隻在中國管下洋面有被强盜搶刦者約准地方官一經聞報即應設法追拏查辦所有追獲贓物直交領事官發還失主儻承緝官不能獲盜起贓祇可准照中國例處分但不能賠償

奧約第三十七款

奧斯馬加國船隻在中國轄下海洋有被强盜搶刼者地方官一經聞報即應設法查拏追辦所有追得贓物交領事官給還原主倘承緝官不能獲盜起贓祇可照中國例處分不能賠償

奧約第四十一款 併見禮類優待保護本類欺淩擾害

奧斯馬加國民人約准中國官憲自必時加保護令其身家全安如遭欺淩擾害及有不法匪徒放火焚燒房屋搶擄財貨應由地方官立即設法派撥兵役彈壓查拏將該犯按例嚴辦並將所搶財物盡力追交倘承緝官不能獲犯起贓祇可准照中國例處分不能賠償

日本修好條規第八條 併見吏類設領事等官本類控告審斷債務

兩國指定各口彼此均可設理事官約束己國商民凡交涉財產詞訟案件皆歸審理各按己國律例覈辦兩國商民彼此互相控訴俱用禀呈理事官應先爲勸息使不成訟如或不能則照會地方官會同公平訊斷其竊盜逋欠

等案兩國地方官只能查拏追辦不能代償

日本修好條規第十三條

兩國人民如有在指定口岸勾結强徒爲盜爲匪或潛入內地放火殺人搶刧者其在各口由地方官一面自行嚴捕一面將情飛知理事官倘敢用兇器拒捕均准格殺勿論惟須將致殺情迹會同理事官查驗如事發內地不及赴驗者即由地方官將實在情由照會理事官查照其拏獲到案者在各口由地方官會同理事官審辦在內地即由地方官自行審辦將案情照會理事官查照倘此國人民在彼國聚衆滋擾數在十八以外及誘結通謀彼國人民作害地方情事應聽彼國官徑行查拏其在各口者知照理事官會審其在內地者由地方官審實照會理事官查照均在犯事地方正法

日本通商章程第二十九款（併見禮類優待保護）

兩國商船遭風收口均由該處地方官照料送交理事官安置或在洋面被刼亦由該地方官設法嚴緝起獲贓物送交理事官給還原主倘未能緝獲贓犯均各照例處分不能代償

巴約第十款（併見本類控告審斷　欺凌擾害債務捕亡）

巴國民人在中國有被華民違例相欺准地方官查拏照例審辦華民有被巴國人在中國違例相欺巴國官亦按例查拏究治總之兩國民人交涉財產犯罪各案俱由被告者所屬之官員專行審斷各照本國律例定罪惟逋欠案件應由欠戶所屬之官員勉力設法使其償還竊盜案件應照被告者之國律例辦理兩國官員均不能代償至中國民人遇有本身犯案或牽涉被控凡在巴人公館寓所行棧及商船隱匿者由地方官一面知照領事官一面立即派差協同設法拘拏不得庇縱指留

章程

通商口岸關係英人命盜及審斷交涉案件委員觀審已見本類控告審斷

成案

美人殺斃船主擬絞

蘇松太道呈稱於二月十九日准美國西領事照會內開上年五月間在洋涇浜殺斃船主在逃洋犯旋即拏獲已將此案詳明蒲公使定罪於二月二十五日十點鐘行刑照請於是日派員前來看視等因到道當經飭委候補縣陳令福勳屆期往視去後茲據申覆遵於二十五日十點鐘至美署會同西領事屆時監視見牢外業經搭有絞臺架高約二丈有餘中有模板將絞犯一名麥介利者於牢中提出訊係花旗人年二十九歲所犯是實旋用大繩一

根繫於架上將該犯頭頸結住並反縛手臂中立於臺再用黑綢遮其面目驟將模板抽出懸蕩二刻呼吸遂絕解繩入棺將監視實在情形報明等情前來理合具文報明伏乞鑒核同治三年三月初一日呈南洋大臣

英人鎗斃華民彭尚會辦結

江漢關稟據漢陽縣知縣孫福海詳稱同治三年五月二十四日據保正戴洪元報稱彭尚會路過億生洋行門首被洋人爐禮士施放洋鎗子傷倒地報乞驗究等情卑職隨即親詣驗明彭尚會心坎左後脇各受有鎗子傷訊據彭尚會供稱本日路過億生洋行門首被洋人爐禮士施

放洋鎗頭一鎗打空第二鎗子傷小的左後脇小的負痛轉身復又一鎗子傷心坎倒地等供當飭醫調旋據保正稟報受傷之彭尚會醫治不效於二十五日因傷身死卑職隨又詣驗彭尚會實係鎗傷心坎左後脇兩處身死差傳屍親見證人等到案會同英領事衛士達提同正兇洋人爐禮士質訊明確應將該犯在犯事地方從重治罪以昭平允理合詳請照會英領事迅速辦理等情據此職道正備文照會間接准該領事衛士達照會前來核其語多扭揑意存開脫礙難允行如該領事所稱爐禮士供認親自放鎗中傷彭尚會身死不知鎗內有子非有心斃伊性

命一節查爐禮士私放三鎗業經衆目共覩衆供僉同該正兇洋人既係親自放鎗焉得不知鎗內有子所供顯係任意狡展避重就輕以爲開脫地步謂爲不知鎗內有子並非有心致死誰其信之又如該領事所稱此案雖係耳目所能到實意料所不及應問以誤傷致死之罪一節查是日該行門首喧嚷人衆爐禮士執鎗施放亦應慮及鎗子放出必致中傷人命實非意料所不及且以衆人喧嚷之地連放三鎗之多準情酌理何得以誤傷爲詞若云誤傷一誤豈可再誤核此情形其爲並非誤傷毫無疑義又如該領事所稱不問死罪罰該犯洋錢五百元給屍親養

活一節是致斃人命意在出錢贖罪查英國條約並無兇犯罰錢贖罪之文且查例載賄和人命屍親兇犯均有應得之罪未敢遽違定例率意輕允况昨經會訊屍親決口不要此銀但求將兇犯抵命伸冤若不將該犯問以死罪竟令死者含冤何以服華民而昭平允又如該領事所稱例載鳥鎗竹箭向城市及有人居止宅舍施放誤傷人因而致死杖一百流三千里照中國例亦僅如是辦理一節細繹例意必須止放一鎗又確係誤傷方能援引滿流之條今爐禮士施放三鎗情近乎故若照此例辦殊覺情浮於法未免輕縱至正兇爐禮士久經扭獲前准該領事函

稱業已監禁今忽稱欲將該犯解至廣東香港不使再作生意名曰絕其生計實則故縱法網不惟無以服該屍親之心抑且有以啟衆華民之口設或衆怒一犯難免不釀成禍端除備文逐層頂覆並與衛領事反覆辯論外理合稟請察核飭辦並祈咨明駐京公使飛飭衛領事迅將該犯從重辦罪以警洋兇而服華衆同治三年六月十二日

附錄英國公使照會

爲照會事前於八月二十二日接准來文內以漢口民人彭尚會五月二十四日路過億生洋行門首被英人爐禮士鎗傷次日斃命等因准此查彭尚會斃命屬爐禮士放

鎗所致該犯雖無故意害人之罪而施放空鎗驚使人散漫不經心已屬犯例又復因此致傷人命雖非有意亦應問爲失當之殺當時即應解赴香港總理刑名衙門究訊署領事衙擅行自審未免誤辦兩處收審之不同容本大臣稍陳其畧查癸丑年五月初七日本國參定專例所載英民在華犯罪審辦後再有犯罪之案辦畢該領事例准酌情即將該犯取具保結力改前非無人出保立即使之離華等語又載英民被告焚燒房屋黄夜竊盜用刀截劃傷人殘人肢體以及別項傷人或有向人作事可以有害性命各等重案各該領事務延妥善之人二名會同審訊

審明其罪確係實情皆准或罰或監無論初犯再犯監罰辦畢方准發遣出華均准酌情等語茲爐禮士已害性命比之專條前項所載作事可以害命並各等弊情節較重領事官之權所不能結本大臣已云理合咨送香港總理刑名衙門訊辦署領事衙反自擅行訊斷實屬誤辦惟准來文所云該犯實係有意故殺該領事偏袒兇犯一面之詞查署領事衙審定爐禮士放鎗並無故意害人今據所詳各件詳細斟酌即使本大臣當日同審亦央不能定爲故殺而過失殺人者本國例亦不能使之執死來文粘單所稱屍親但求抵命一節即使彼時解送香港亦不能應

其所求合請貴親王咨會該省轉飭地方官妥爲開導屍親告以該犯應送香港總理刑名衙門而未經送交實因該領事無心誤辦並無欺凌華民之意已將該犯傾産定罰遣離中國係全絶其生計並非縱輕本大臣實與伊家屬人等同一憂憤擬給銀錢稍示體恤深願伊等曲受不復見却今派鎮江署領事雅前往漢口飭令到口提查該民願否收受查照辦理十一月十八日

總理衙門咨同治四年七月十六日准英國照會將英民爐禮士在漢口鎗傷彭尚會身死一案前經認罰洋銀四百元業據彭尚會妻子具狀領收等因照會前來相應抄

錄英使照會一件咨行貴督查照此案是否業經辦結務祈轉飭查明即行聲覆本衙門以憑存案備查同治四年八月十七日咨湖廣

華民因瘋闖入洋船被巡丁鞭傷致死辦結

總理衙門咨同治三年十月初十日准咨據浙江寗紹台道史致諤詳稱同治三年六月十八日有慈谿縣民人方阿保因瘋發作深夜闖入外國巡船經外國巡丁登時拏獲因其强掙用繩鞭打十餘下縛在桅旁擬俟天明釋放不意痰壅身死雖繩索與鐵木兇器有別而鞭打處是否致命之傷非驗明不能按擬乃該外國巡丁等並不報官

私行收殮該領事既經查悉亦不照會地方官輒行外國之法令醫生開棺剖視本未便因其不諳中國律例祗事竟縱惟屍弟方寶豐業已領棺歸葬不願深求且事隔多日時値酷暑屍經剖視必已腐化無可覆驗外國巡丁茅賀得貝勒格亦經處罰革役何領事屢次引咎自任細加訪察委無揑飾情事似可准予完案前來本衙門查慈谿民人方阿保深夜闖入外國巡船即與無故入人家無異該外國巡丁拏獲捆縛自係黑夜情急惟僅止捆縛何致遽傷人命其中尚有鞭打情事已犯條約凌虐之條更難保無別項淩虐情弊惟既據何領事引咎自任可弗深究

姑准完案如將來中國人役有似此等案件致傷該國人性命者即可將此案件引以爲據務使外國人無所藉口相應咨行同治三年十二月咨南洋

客民故殺法巡捕擬斬決

恭親王等　奏稱竊前准護理江蘇巡撫郭柏蔭題上海縣客民張淮金故殺法國巡捕巴隴身死一案同治五年十一月二十八日奉

旨三法司核擬具奏欽此緣張淮金籍隸南滙縣向在上海金利源洋棧充槓煤夫頭租住洋人房屋同治五年正月二十一日夜張淮金同謝阿馨並金狗瞿洪在房鬬竹牌賭博三更時分法國巡捕巴隴推門進內拏取桌上洋錢兩元並將張淮金毆打張淮金向奪洋錢互相扭結張淮金掙紮不脫順拏尖刀恐嚇巴隴不放將張淮金扭出門外張淮金喊救並用刀嚇戳致傷巴隴臉上有不知姓名之老人聞喊攜刀趕至砍傷巴隴臉上並劃傷其兩手謝阿馨用竹槓毆打巴隴頭上並未成傷巴隴鬆手倒地亂滾喊叫張淮金慮有外國人聽聞赶來幫護一時情急起意致死滅口即用刀向巴隴砍戳致傷其頂心顖角腦後咽喉頸項等處詎巴隴傷重當即殞命張淮金慮恐破案起意棄屍滅跡商令謝阿馨老人金狗幫同將屍抬棄河灘

轉回巴隴所取洋錢經張淮金拾回各散經該縣訪聞並據地保同法國巡捕報驗審供不諱該護撫將張淮金依故殺者斬律擬斬監候秋後處決謝阿馨依故殺案內兇犯起意棄屍聽從抬棄之人無論在場有無傷人照棄屍爲從律不失屍減一等例擬杖九十徒二年半逸犯老人等緝獲另結等因具題經刑部會同都察院大理寺照擬核覆題結在案茲據法國繙使先後函致總理各國事務衙門聲稱巴隴一案延有年餘並未將兇身正法經上海總領事官迭次催問道縣迅速辦理該道縣以京都未來文書無從遵辦推阻此案起於去歲正月間延緩至今事

關兩國案件應存兩國和好之忱必須於定例之常經稍
從權變方顯友誼之篤應如何權宜辦理之處即希見覆
等語當由總理衙門一面將中國定例詳細函覆法使蘭
盟一面行查上海通商大臣去後乃法使蘭盟因從前上
海道縣有未奉總理衙門文書無從遵辦等語該使遂疑
此案未能速結之故屢次投遞總理衙門信函經臣等據
理駁斥該使總屬懷疑適於本月十四日接到曾國藩覆
文據稱此案業已審明擬抵其該犯正法必俟本年秋審
奏
旨勾決倘因中外交涉事宜必須速結應由總理衙門會同刑

部另擬專條　奏明通飭辦理等因臣等會同公商伏查
此案照中國律例自應入於情實俟秋審時　予勾該使
既如此懷疑而曾國藩亦意在會議速結況張淮金一犯
係業已擬斬應入情實　予勾之犯即或稍事變通辦理
亦只提前日期於案情並無出入可否將此案張淮金一
犯提前即行辦理以期速結之處擬合奏明請
旨如蒙
俞允臣等即行知上海大臣遵辦同治六年六月二十二日奉
旨依議欽此

英人鎗斃華民擬絞決

上海縣稟稱英國洋人卓爾哲放鎗轟斃匠人王阿然轟
落陳唔吻手指一案前經卑職驗明屍傷訊取屍親人證
供詞飭醫將陳唔吻傷痕妥爲調治獲犯卓爾哲交由英
領事收禁照會訂期會審旋即傳驗陳唔吻傷漸平復帶
同屍親人等馳往會同英領事並英國刑官將洋人卓爾
哲提案訊據屍叔王孝慶見證張學軒蕭東來李阿春受
傷之陳唔吻僉供五月十四日早王阿然陳唔吻與張學
軒等均在引翔港外國人耶叔船廠工作守更洋人卓爾
哲在廠作餅王阿然偶撒一屁卓爾哲嫌臭指罵理論互
扭經人勸散中午時各匠停工出門食飯卓爾哲挾恨在

路旁開放洋鎗將王阿然轟傷身死復放洋鎗轟傷陳唔
吻左腿並將右手中指無名小指轟落等語並據洋人見
證敦勒波撻特思亦供指確鑿質之卓爾哲亦將因王阿
然撒屁嫌臭斥罵互扭挾恨開鎗將王阿然轟死並將陳
唔吻轟傷各情歷認不諱英領事初欲將犯解回外國禁
辦當以人命至重殺人者抵中國殺人之案分別是故是
鬬擬以斬絞綁赴市曹處決使衆目共覩以戒人之不可
輕犯卓爾哲與王阿然起衅甚微輒敢頓起殺機放鎗立
斃王阿然之命而又傷及陳唔吻折其手指係屬故殺與
尋常鬬殺不同若不擬抵不足以儆兇頑而伸死者之寃

且同治三年有美國人麥加利殺傷船主身死擬絞立決中國官員同往看視有案再三辯論英領事與刑官隨將卓爾哲擬以絞決必須詳明駐京大臣批示辦理先將洋人敦勒波等供詞譯出照會錄供將會議緣由塡格通詳嗣英領事照會業已奉准批示照詳辦理訂期於七月二十四日行刑等因經如期傳帶屍親前往會同英領事將卓爾哲監提到案驗明押赴圜牆即行處絞又經具文通報在案伏查近時辦理洋人釀命之案如審係無心致死或誤殺及過失殺人均斷追埋葬養贍銀兩視死者歸葬路途之遠近屍親之是否孤貧無依以定斷銀數之多寡

即有鬬毆殺人之案往往以外國例之不同徒滋爭執此案洋人卓爾哲放鎗轟傷王阿然身死查鳥鎗殺人照故殺論例應擬斬今將卓爾哲審明會議擬以絞抵即行處決查絞雖輕於斬罪而外域無駢首之文衡情論法足昭平允且陳啞叻被卓爾哲放鎗轟傷折其右手三指成廢已會商英領事議明將卓爾哲更夫工食以陳啞叻抵領更足以示體恤凡有洋人通商各碼頭遇有此等案件即可援照辦理應否仰求俯賜咨行查照之處伏候憲裁同治八年八月稟南洋大臣

外國流氓無論搶刼中外民人貨物由地方官捕拏送辦

總理衙門咨同治八年正月十五日准咨煙臺芝罘島地方有洋人行刼之事當由本衙門照會英法俄美布日各國查辦並嗣後如有外國無賴流民或在內地或在海洋無論搶刼中外民人客商銀錢貨物即由所在地方官派兵役捕拏由關道就近邀各國領事官會同審明語音如係有約之國洋人即送交本國領事官懲辦如係無約之國洋人即由中國究辦照例治罪等因照會各國公使去後茲於正月二十八日等日據美法英俄各國公使前後照復僉稱嗣後遇有此等案件應由地方官緝拏照約送

交領事官懲辦至拏獲無約各國洋人辦法各國所議倘不甚相左自應查照只可拘禁不可凌虐條約辦理除再照會各國飭知領事官隨到隨辦不可臨時推諉並俟布日兩國照復到日再行咨照外相應抄錄英法俄美國往來照會咨行查照同治八年四月十九日咨三口

附錄美國照會

爲照覆事准來文內開嗣後如有洋人在內地搶刼客商貨財由該地方官查拏交領事官懲辦倘有不法洋人持械拒捕官役格殺無論等因前來查美約十一款載捉拏犯人或由本地方官或由美國官均無不可來文所稱與

和約無殊本大臣擬行知煙臺美領事遇有本國人在內地行刼准該地方官緝拏照約交領事懲辦如無領事管東之洋人搶刼可邀一外國官與地方官陪審至拏人一層須先知會領事出有拏票兵役持票方可拏人若該犯拒捕持械與兵役格鬬是自速其死又復何怨但一面拒捕不知行刼係何國之人亦須一面行知該港口各國領事得知正月二十八日

附錄法國照會

爲照覆事同治八年正月二十三日接准照會內開至所論無約各國之流氓於被拏後若不得法國之保護本大

臣亦不便干預如其願請領事官保護然願保與否仍聽領事官自主如領事官不保該流氓等應聽貴親王任便辦理但處治該犯不可過用嚴刑庶免各國生不悅之忿所有法國於各國所立之合同法國領事官在各國地方皆應保護意大利國比國及西拉遜思等四國內在該口無本國領事官管理焉二月初四日

附錄英國照會

爲照覆事本年正月二十三日接到來文內開以內地洋面如有外國流氓不法滋事地方官自應妥爲設法拏辦等因前來查外國人如在內地有犯法滋事等情准各國

條約由中國地方官派兵役捕拏就近交本國領事官懲辦倘有不法洋人持械拒捕准由捕拏之兵役用兵器搪格以擊倒拏獲爲限萬一遇有殺傷之時自當向該兵役詳細查詢是否情勢難遏屬實以昭萬不得已之意再無約之國洋人偶有前項事件有向英國領事官懇求作主之事而英國領事官揆情度理自應代爲分晰此外英國領事官於無約之國洋人亦不越俎干預總之無約之國洋人犯罪原應由貴親王作主第中國律例過重倘希不必定照中國法度辦理如將無約外國人照中國律例治罪恐拂逺人性情致招各國人厭惱本大臣如此相勸亦

思與中國時勢有益二月初六日

附錄俄國照會

爲照覆事同治八年正月二十三日准照會以同治七年十二月二十九日煙臺地方俄船被刼一事卽以諸法辦理洋人滋事等因前來本大臣加意酌核商定辦法逐一開列嗣後如有洋人行搶打刼等事勢必被捕應由地方各官卽行設法拘禁送交附近某國領事官懲辦一倘若捕拏之時該洋人持械拒捕中國兵役無奈隨時用兵器格鬬致有殺傷等患亦應在於事後會審明確實係不得已而傷有證爲憑方妥如此辦理於他國法固然相符一

若查被拏之人該地方官不知外國法例風俗辦理誠恐其國因此相爭起衅卽應由領事官酌量而外國和睦約款情形或當一體保護抑或按例照料分別辦理想於我兩國和睦亦無不符相應照覆二月十二日

崇陽變勇搶刧茶莊辦結

江漢關等會詳奉劄准總理衙門咨開同治十年十二月二十一日准英國威大臣函稱崇陽變勇搶刧茶莊一案英商原稟賠還各項理宜分別追免卽希查照轉行等因並開具節畧前來遵查英商在於崇陽開莊辦茶皆係華人包莊被搶之後悉由華人呈報較之俄商自往開莊者

情節不同且俄商所失銀物二千五百兩與委員查報之數相符前署道雖以俄商所失銀六百兩錢三百串爲斷議令行戶賠銀八百兩適與俄商原報之數籌還三分之一相符並由前任崇陽縣高令轉飭茶行陳照南先行代繳仍令行戶劉同興等追齊歸款實非由地方官籌給業經前道詳咨有案而英商原報所失之數雖奉公使於物件等項註明應免字樣此外尚有二萬三千兩有零核之行戶供結數目大相懸殊且條約內地方官止有彈壓查追之責並無賠償之理是責令地方官賠還一節萬難照辦若援照俄商成案仍飭行戶等酌令賠償尚可設法辦理經與領事往復函商迄無成議嗣據領事面稱英商原報失去之數固難確實而行戶供結所稱亦未便作爲定議且洋莊當日司事均已星散卽使提到行戶亦無從質訊確實請酌令賠償銀六千八百十一兩以了此案因思兩國通商共敦和好倘再固執前議而案懸莫結殊非懷柔之道查英商原報失去銀五千七百零四兩五錢失去錢二萬一千零七十六串七百文按市價扣算約合銀一萬四千七百餘兩銀錢統算援照俄商成案仍令行戶等賠償三分之一亦與英領事請以六千八百十一兩了案之數大致相符當與堅領事暨有雅芝當面議定先由錢

店借墊現銀一千八百十一兩並約於四五兩月追繳現銀五千兩亦先由錢店出給期票移送給領完案業已接准領事官允結照會並收到銀票覆文各在案查變營勇丁於同治四年行至金口變亂曾由鄭前道飛飭崇陽縣轉飭茶莊各行戶預爲通知令其遷避何以聽其搶失並不早爲防範是行戶疎忽之咎實無可辭業已詳請湖廣督憲劄飭崇陽縣羅令追令行戶人等如數繳齊解交分別移送歸款相應詳請查核咨覆總理衙門查照銷案同治十一年二月二十九日稟湖廣

汕頭紅頭船撈取電線罰辦

粵海關咨准咨據潮州新關委員接准丹國駐汕領事官䞉照知潮海關稅務司康查獲德發順紅頭船隱匿電報斷線綠由到本閣部堂據此查各口派用稅務司原令幫辦中國關稅事務所有一切事宜仍由粵海關監督總其成此案汕頭新關查獲商船內載電線康稅務司以其先未報明即屬隱匿將該商船變價惠潮嘉道據該商稟詞照會稅務司轉申總稅務司從輕示罰與章程及向辦是否相符應由貴監督查明分別辦理除咨行查照外希即查明章程成案分別飭遵仍祈見覆查此案康稅務司於案未審實之先並未知照地方官遽將該船變價實係違

背向章本擬即行駁覆因康稅務司已申請總稅務司察核若不俟覆文到日無以折服其心昨據康稅務司照會內開現奉總稅務司來劄以此項內地紅頭船隻應本關委員核辦抑或聽便擬商地方官本稅司礙難涉辦其電線多寡是否應辦偷竊之人該船應否一面充公均歸本關委員酌擬定奪查德發順紅頭船雖訊無偷竊電線之據惟於進口時匿未報明實屬有違條例應按照惠潮嘉道所擬由船價二千五百元內劃出五百元作爲罰款其餘二千元發還該商以示體恤於向辦章程亦無不合嗣後遇有此等案件即以此次爲定例倘情節較重或將船貨暫押稟請核示以昭慎重希即轉行查照一體移行遵照辦理同治十二年五月二十五日咨兩廣

會禁棍徒製造僞銀

廣東布按兩司會詳竊照棍徒製造僞銀充賺正色大干例禁前於同治五年十月內據英國梅代領事申陳香港拏獲假造洋銀棍徒供在順德縣屬鄉間及省城地面造賣購買帶往香港行用當經委員前往會同地方官密查拏辦並飭司查核例案如何杜絕假造洋銀等弊妥議章程詳覆日久未據議詳近日復有霍榮昭假造洋銀之案經洋人查確知會營弁購線破獲可見市廛行使僞銀仍

未盡絕根株亟應設法拏辦以免商賈受其欺朦嗣後如有奸徒僞造假銀誆騙洋人財物除首犯應發雲貴烟瘴少輕地方充軍從犯應擬滿流者仍照定例辦理外其餘罪應擬徒者首犯悉照內地商民誆騙外洋財物犯該徒罪以上枷號三個月發附近充軍爲從及知情行使者俱減一等擬杖一百徒三年酌加枷號兩個月以示懲儆仍飭南番二縣示諭城鄉紳耆及保鄰業主人等將僞造假銀行使售賣及知情買使各匪徒隨時嚴密訪查准其首告綑送一經研訊得實即將窩造鋪屋查封變價一半充公一半賞給如鋪屋係屬租賃業主實不知情或在鄉間

搭寮僞造無可封變卽由地方官酌量賞給以示獎勵如有平空妄拏無辜希冀邀賞或藉端索詐以及挾嫌誣陷圖洩私忿除不准賞給外仍治以誣告之罪並請照會英國領事官轉飭香港地方暨照會西洋國領事官一體查拿解赴憲轅飭發究辦　　年　月　　日詳兩廣督院奉批查核所議嚴禁私造僞銀章程尙屬妥協仰卽遵照辦理並候劄知英國羅領事暨照會西洋國澳門大臣分別轉致香港澳門一體查拏解辦繳

江海關頭等幫辦夏理格挪移官項追繳治罪

總理衙門咨本年三月二十四日據赫總稅司面稱江海關頭等幫辦夏理格有挪移官項情事當經本衙門劄令將挪移銀兩照數歸繳並治以私挪公項應得之罪等因去後茲於七月二十日據總稅務司申稱夏理格私挪公項已由上海英國衙門治以應得之罪現因旣出此事日後不得不加倍小心在稅務司中酌擇一人派爲巡查各口之員每年到各口一次將各口事代爲稽查請咨行南北洋通商大臣轉行各監督通行知照等因查總稅務司所稱每年派員稽查一節尙爲愼重公事起見除由本衙門劄復外相應咨行同治十二年八月初二日咨北洋南

通商約章類纂卷二十六

通商約章類纂卷二十七目錄　刑類四

獄訟下 債務　捕亡

條約章程

以上債務

以上捕亡

章程

中國朝鮮商民水陸貿易章程第二條已見本類控告審斷
中國朝鮮商民水陸貿易章程第五條已見戶類稅務陸路口岸貿易
併見禮類優待保護本類控告審斷
以上債務
香港交解華人逃犯例章
奏定外國交出中國逃犯辦理章程
中國朝鮮商民水陸貿易章程第二條已見本類控告審斷
以上捕亡

成案

華商欠洋債以入官屋契作抵查叅疎忽地方官

以上債務
通商口岸領事出票代捕內地犯事英民並票內註明
時日
洋行買辦華人涉訟拏人界限
拏獲形似華民犯法洋人照會領事查明懲辦
以上捕亡

通商約章類纂卷二十七　刑類四

獄訟下　債務　捕亡

條約章程

伊犂塔爾巴哈臺通商章程第十二條

一兩國商人交易不准互相賒欠倘有不遵定議致有拖欠者雖經告官不為准理

俄續約第八條之四

兩國商人遇有發賣及賒欠含混相爭大小事故聽其自行擇人調處俄國領事官與中國地方官止可幫同和解其賒欠帳目不能代賠

英約第二十二款

一中國人有欠英國人債務不償或潛行逃避者中國官務須認真嚴拏追繳英國人有欠中國人債務不償或潛行逃避者英國官亦應一體辦理

英約第二十三款

一中國商民或到香港生理拖欠債務者由香港英官辦理惟債主逃往中國地方由領事官通知中國官務須設法嚴拏果係有力能償還者務須盡數追繳秉公辦理

嗹典哪威約第十六條

一中國商人遇有拖欠嗹典國哪嘁國等人債項或誆騙

財物聽瑞典國哪喊國等人自向討取不能官為保償若控告到官中國地方官接到領事官照會即應秉公查明催追還欠倘欠債之人實已身亡產絕誆騙之犯實已逃匿無蹤瑞典國哪喊國等人不得執洋行代賠之舊例呈請著賠若瑞典國哪喊國等人有拖欠誆騙華商財物之事彷照此例辦理領事官亦不保償

美約第二十四款

一中國人有該欠大合眾國人債項者准其按例控追一經領事官照知地方官立即設法查究嚴追給領倘大合眾國人有該欠華民者亦准由領事官知會討取或直向

領事官控追俱可但兩國官員均不保償

法約第三十七款

將來若有中國人負欠大法國人船主及商人債項者毋論虧負誆騙等情大法國人不得照舊例向保商追取惟應告知領事官照會地方官查辦出力責令照例賠償但負欠之人或緝捕不獲或死亡不存或家產盡絕無力賠償大法國商人不得向官取賠遇有大法國人誆騙中國人財物者領事官亦一體為中國人出力追還但中國人不得向領事官與大法國取償

布約第三十七款

中國人有負布國及德意志通商稅務公會和約各國屬民欠項而不償還或潛行逃避者中國官一經收到債主呈詞務須認眞責令欠主賠償嚴拏逃犯追繳債主布國及德意志通商稅務公會和約各國民人有欠中國人之債而不還或潛行逃避者布國及德意志通商稅務公會和約各國官員亦應一體辦理但均不得向兩國官員取償

丹約第二十二款

一丹國民人若有華民欠債不償約准地方官認眞代為催繳或有潛行逃避情事應嚴為緝拏追還丹人欠債不償或潛行逃避者丹國官亦應一體辦理但均不能官為

賠償

荷蘭約第六款（併見本類控告審斷捕亡）

一和國屬民相涉案件皆歸領事官審判與中國無涉和國民人與中國民人有控告案件必須領事官與地方官各先為勸息如不能勸息再行照會公平訊斷中國民人有欺陵擾害和民者皆歸地方官審判和國民人有犯事在中國者皆由領事官審判各按本國法律嚴辦以昭平允如和民有犯罪潛逃入中國內地華民有犯罪潛逃入和民船屋均應領事官與地方官隨時照會查實即行送

出均不得隱匿袒庇倘華民有欠秘民債務潛逃者若地方官查知自當嚴拏追究秘民有欠華民債務潛逃者秘國官查知亦當嚴拏追究兩國官均不代爲賠償

日斯巴尼亞約第十九款

一日斯巴尼亞國民人若有華民欠債不償約准地方官認眞代爲催繳或有潛行逃避情事應嚴爲緝拏追還日斯巴尼亞國人欠債不償或潛行逃避者日斯巴尼亞國官亦應一體辦理均不能官爲賠償

比約第十八款

比國民人若有華民欠債不償約准地方官認眞代爲催

繳或有潛行逃避情事應嚴爲緝拏追還比人欠債不償或潛行逃避者比國官亦應一體辦理但均不能官爲賠償

義約第二十三款

義國民人若有華民欠債不償約准地方官認眞代爲催繳或有潛行逃避情事應嚴爲緝拏追還義人欠債不償或潛行逃避者義國官亦應一體辦理但均不能官爲賠償

奧約第四十二款

奧斯馬加國民人若有華民欠債不償約准地方官認眞代爲催繳或有潛行逃避情事應嚴爲緝拏追還奧斯馬加人欠債不償或潛行逃避者奧斯馬加國官亦應一體辦理但均不能官爲賠償

日本修好條規第八條（併見吏類設領事等官　本類控告審斷命盜）

兩國指定各口彼此均可設理事官約束己國商民凡交涉財產詞訟案件皆歸審理各按己國律例覈辦兩國商民彼此互相控訴俱用禀呈理事官應先爲勸息使不成訟如或不能則照會地方官會同公平訊斷其竊盜逋欠等案兩國地方官只能查拏追辦不能代償

巴約第十款（併見本類控告審斷　欺淩擾害命盜捕亡）

巴國民人在中國有被華民違例相欺准地方官查拏照例審辦華民有被巴國人在中國違例相欺巴國官亦按例查拏究治總之兩國民人交涉財產犯罪各案俱由被告者所屬之官員專行審斷各照本國律例定罪惟逋欠案件應由欠戶所屬之官員勉力設法使其償還竊盜案件應照被告者之國律例辦理兩國官員均不能代償至中國民人遇有本身犯案或牽涉被控凡在巴人公館寓所行棧及商船隱匿者由地方官一面知照領事官一面立即派差協同設法拘拏不得庇縱措留

以上債務

黑龍江俄約第五條

一從前我國所有俄羅斯之人及俄羅斯所有我國之人仍留如舊不必遣回嗣後有逃亡者不許收留即行送還

恰克圖界約第二條

一嗣後逃犯兩邊皆不容隱必須嚴行查拏各自送交駐劄疆界之人

伊犂塔爾巴哈臺通商章程第十條

一兩邊爲匪逃逸人犯彼此均不准容留務須嚴行查拏互相送交各自究辦

俄續約第八條之七

俄羅斯國人私住中國人家或逃往中國內地中國官員照依領事官行文查找送回中國人在俄羅斯國內地或私住或逃往該地方官亦當照此辦理

俄續約第十條之三

如有越邊逃人一經接得照會即設法查找找獲時送交近處邊界官員並將逃人所有物件一併送回其緣何逃走之處由該國官員自行審辦解送時沿途給與飲食如無衣給衣不可任令兵丁將其凌虐如尚未接得照會查獲越邊之人亦即照此辦理

英約第二十一款

一中國民人因犯法逃在香港或潛住英國船中者中國官照會英國官訪查嚴拏查明實係罪犯交出通商各口倘有中國犯罪民人潛匿英國船中房屋一經中國官員照會領事官即行交出不得隱匿袒庇

瑞典那威約第二十九條 併見本類命盜

一瑞典國那威國等民人問有在船上不安本分離船逃走至內地避匿者中國地方官即派役拏送領事等官治罪若有中國犯法民人逃至瑞典國那威國等人寓館及商船潛匿者中國地方官查出即行文領事等官捉拏送回均不得稍有庇匿至瑞典國那威國等商民水手人等

均歸領事等官隨時稽查約束倘三國人有倚強滋事輕用火器傷人致釀鬬殺重案三國官員均應執法嚴辦不得稍有偏徇致令眾心不服

美約第十八款 併見戶類稅務稽稅杜漏本類命盜

一大合眾國船隻一經進口即由海關酌派妥役隨船管押或搭坐商船或自僱艇隻均聽其便倘大合眾國民人有在船上不安本分離船逃走至內地避匿者一經領事官知照中國地方官即派役訪查拏送領事等官治罪若有中國犯法民人逃至大合眾國人寓館及商船潛匿者中國地方官查出即行文領事等官捉拏送回均不得稍

有庇匿至大合衆國商民水手人等均歸領事等官隨時稽查約束倘兩國人有倚强滋事輕用火器傷人致釀鬬殺重案兩國官員均應執法嚴辦不得稍有偏徇致令衆心不服

法約第三十二款

凡大法國兵船商船水手人等逃亡領事官或船主知會地方官實力查拏解送領事官及船主收領倘有中國人役負罪逃入大法國寓所或商船隱匿地方官照會領事官查明罪由即設法拘送中國官彼此均不得稍有庇匿

布約第三十二款

凡布國暨德意志通商稅務公會和約各國官船商船水手人等逃亡領事官或船主將情報明地方官務必實力查拏解送領事官及船主收領倘有中國人役負罪逃入布國暨德意志通商稅務公會和約各國人寓所或商船隱匿地方官將情照會領事官立即設法拘送中國官收領

丹約第二十一款

一丹國民人居住房屋以及丹國船隻適地方官查出有內地逃犯潛匿不出約准行知丹國領事官即行交出不得隱匿袒庇

荷蘭約第六款（併見本類控告審斷債務）

一和國屬民相涉案件皆歸領事官審判與中國無涉和國民人與中國民人有控告案件必須領事官與地方官各先爲勸息如不能勸息再行照會公平訊斷中國民人有欺淩擾害和民者皆歸地方官審判和國民人有犯事在中國者皆由領事官審判各按本國法律嚴辦以昭平允如和民有犯罪潛逃入中國內地華民有犯罪潛逃入和民船屋均應領事官與地方官隨時照會查實即行送出均不得隱匿袒庇倘華民有欠和民債務潛逃者若地方官查知自當嚴拏追究和民有欠華民債務潛逃者和

國官查知亦當嚴拏追究兩國官均不代爲賠償

日斯巴尼亞約第十八款

一通商各口倘有中國犯罪之人潛匿於日斯巴尼亞國房屋及船中者一經中國官員照會領事官即行查明交出不得隱匿袒庇若有日斯巴尼亞國水手民人因犯法逃在中國房屋或船中潛住一經日斯巴尼亞國領事官照會地方官即行查拏送交

比約第四十三款

凡比國兵船商船水手人等逃亡領事官或船主知會地方官實力查拏解送領事官及船主收領倘有中國人役

負罪逃入比國寓所或商船隱匿地方官照會領事官查明罪由即設法拘送中國官彼此均不得稍有庇匿

義約第二十二款

義國民人居住房屋以及義國船隻適地方官查出有內地逃犯潛匿不出約准行知義國領事官即行交出不得隱匿袒庇凡義國兵船商船水手人等逃亡領事官或船主知會地方官實力查拏解送領事官及船主收領

奧約第三十六款

奧斯馬加國官船商船水手人等逃亡領事官或官弁船主將情報明地方官務必實力查拏解送領事官及官弁

船主收領倘有中國人役負罪逃入奧斯馬加國人寓所或商船隱匿地方官將情照會領事官立即設法拘送中國官收領不得徇庇揹留

日本修好條規第十二條

此國人民因犯此國法禁隱匿彼國公署商船行棧及潛逃彼國各處者一經此國官查明照會彼國官即應設法查拏不得徇縱其拏獲解送時沿途給予衣食不可淩虐

巴約第十款 併見本類控告審斷 欺淩擾害命盜債務

巴國民人在中國有被華民違例相欺准地方官查拏照例審辦華民有被巴國人在中國違例相欺巴國官亦按例查拏究治總之兩國民人交涉財產犯罪各案俱由被告者所屬之官員專行審斷各照本國律例定罪惟逋欠案件應由欠戶所屬之官員勉力設法使其償還竊盜案件應照被告者之國律例辦理兩國官員均不能代償至中國民人遇有本身犯案或牽涉被控凡在巴人公館寓所行棧及商船隱匿者由地方官一面知照領事官一面立即派差協同設法拘拏不得庇縱揹留

以上捕亡

章程

中國朝鮮商民水陸貿易章程第二條已見本類控告審斷

中國朝鮮商民水陸貿易章程第五條已見戶類稅務陸路口岸貿易併見禮類優待保護本類控告審斷

以上債務

香港交解華人逃犯例章一千八百五十年三月二十號立係辛亥年

中英兩國既立和約約內有載明凡華人在中國犯罪逃往香港一經省憲知照即當查拏解交省憲訊辦故此例之設以便申行和約云按此例係香港議例局所定港中官員自宜遵守本與中國無涉但港中官員必須按照此例方允將逃犯交解故存之以識其例又按此例不過申行道光二十三年中英條約內所

載查拏逸犯第九款按咸豐八年五月十六日中英之約已將此款刪去另議逃犯於約中之第二十一款則此例定於道光三十年間亦可廢矣然與英國查拏逃犯向章大致相同不出此範圍姑存之以備參考

一凡有控告或華官照會巡理府請將華人逸犯拏獲交領事官審辦巡理府當即察明犯罪之人委係華人所犯亦是中國之例應出票拏獲研訊如其犯已被獲或已在獄可即提訊按領事官向無審辦華犯之權似宜交領事官轉送華官審辦其字面雖云所犯是中國之例然亦是犯英例方可

一所發之票應註明該犯罪名如查拏別犯焉按此條意謂所發拏票應注明所犯等罪名目與尋常查拏各票一律

一既研訊後視該犯確有令人信其果有作此奸科者可將其犯監押候總督發落或釋放或交解均聽總督查奪如定奪將該犯交解巡理府即將該犯卷宗呈繳總督以便按和約交解按既研訊後視該犯確有令人信其果有作此奸科者可將其犯監押候總督發落等語其意指逃犯既獲之後先由巡理府研訊確有令人堪信之據即犯中國之例亦當與英例脗合方行監押如證據不確則巡理府即可釋放

一港督可有權劄飭巡捕官查拏逸犯或劄飭監獄官羈押該犯或將該犯交解中國官憲審辦

一凡官員按此例奉公查辦在該犯不准控其錯拏如有錯拏亦不准該犯討控賠償如該犯控告經官訊得確是奉票拏犯應即斷被拏之犯曲拏犯官得直其衙費須該

犯輸繳按此條之意凡香港官員按照此例查辦逃犯即間或有錯不能歸咎官員因其奉公辦事也如該逃犯業經釋放後膽敢上控官員於按察司前討索賠補按察司無須根究錯拏等情節祇可訊明有無奉票如果有拏票應即立斷銷案其衙門各費均由該犯輸繳

以上香港交解逃犯之例如此邇來雖行此例業已變通辦理亦於此例無悖凡省憲請解逃犯多是由省憲劄行領事轉移港督出票緝拏其票由巡捕官發給然有時省憲派員至港繳犯每報知巡捕官飭差協拏即交巡理府審訊然後由巡理府詳請港督港督若察核該犯例應交解則劄飭監獄官巡捕官亦派差護押交領或華人犯別等罪名非由省憲請解者而巡理府訊得該犯確犯中國

例應由中國官憲審訊者廵理府則上詳港督港督移知駐廣領事照會省憲請祈派員到港交解或省憲亦可繳犯如不繳犯廵理府必將該犯釋放

奏定外國交出中國逃犯辦理章程

總理衙門　奏竊查浙閩等省洋面向多盜艓粵省香港等處地方亦不免有逃人溷跡比來洋盜迭盜商船外國弁兵往往協同捕獲是以濱海各省近有買僱外國輪船緝捕洋面之議所有外國協獲及逃匿洋境一切罪犯凡係華人按照條約應交中國辦理惟各項罪犯或係華人犯案牽涉洋人或係洋人犯案牽涉華人勢不能不令外

國與聞其事臣等公同商酌應請
旨飭下沿江沿海各省督撫凡係外國交出中國人犯即由該督撫覈其情罪輕重咨商臣衙門覈覆奏明辦理其非外國交出之犯均不在此例理合奏明同治五年三月十六日奉
旨依議欽此

中國朝鮮商民水陸貿易章程第二條已見本類控告審斷

以上捕亡

成案

華商欠洋債以入官屋契作抵查叅疎忽地方官

總理衙門咨准南洋大臣咨稱潮州府華商王永長拖欠汕頭英商德記行銀一案先據領事照會以王永長將屋契作抵日久未償請將屋變抵等情查王永長又名王永昌籍隸浙江先已遠颺所付屋契一紙該屋先因該商故祖承辦永定埠欠繳鹽餉查封入官嗣因潮郡海關公所改作領事公館即以所封王永長之屋撥為海關公所現在無可變抵在洋藥釐金項下暫撥銀一千三百八十七兩零給還德記行欠款以完此案屋契繳還塗銷王永長

逃匿何處嚴飭拘拏務獲勒限追償另結等因查商人欠債本無官為代償之理且英約第二十二款中國人有欠英民債務不償或逃匿者中國官嚴拏追繳此案王永長因欠英商銀兩逃匿按約只應拏追亦未便動用官項賠償惟因洋商執有房契其屋用作公所無可變抵是以姑准通融既經完結自不能再議改變但此屋本係該商之祖因欠官項查封入官何以當時不令將屋契呈繳以致一業而抵兩項實屬疎忽自應查取該地方官職名叅處至該商以官產未繳之契輒敢持抵私債其居心尤為可惡且難保非隱匿洋商處所而以屋契串通向官訛索若

不拏獲追償何足以儆奸猾而杜效尤況該商之祖從前以承辦鹽埠雖原籍浙江而累世在粵服賈自易訪查應令該地方官認真勒緝到案追比官項不得絲毫短少並治以官產抵還私債之罪毋任寬縱查出該商逃匿洋人船中房屋等處亦即照約照會領事官交出歸案訊辦爲此抄錄照會咨行南洋大臣兩廣總督即飭遵照辦理並咨行通飭嗣後遇有此等債務交涉案件務須按約辦理不得援照此案爲例同治十一年二月初六日咨北洋

以上債務

通商口岸領事出票代捕內地犯事英民並票內註明

時日

總理衙門咨同治四年閏五月二十九日准英國照會請通行各省轉飭地方官等凡遇領事官出票代捕內地犯事英民送交該地方官時即須立時轉付或領事自欲出票傳致英人地方官亦應一體代辦等因前來查條約第九款內載英國民人有不法情事就近送交領事懲辦等語原爲辦理迅速起見如必待地方官知照領事官出票再行往捕未免轉多周折嗣據繙譯官面稱領事官許給傳票係杜犯人抗傳如見伊本國傳票抗不遵行即由地方官將該犯抗傳緣由詳細函致領事官將來該犯無論本案應有罪名與否如見票不到總應先治該犯抗傳之罪倘該犯並不抗傳即行送交領事官萬不可稍有淩虐等因據此相應咨行轉飭各口一體遵照同治四年閏五月咨各省

附錄英國照會

爲照會事月前准來文內開英民在各口請領執照游歷限滿定章回繳一節會晤時亦嘗論及此事查本國向來不用執照例文所載並無濫領抗查延不繳銷等項罪案未經定有辦法理宜先將此等情節咨明本國俟示覆到日再行照辦至管束前赴內地英民一事本大臣暫增一

法似更妥協請貴親王酌核按條約第九款內載本國民人或有不法情事就近送交領事官懲辦沿途只可拘禁不可淩虐等語查地方官遇有英民犯事多有未准自行往捕轉致領事官代爲拏人其意欲免拒捕別生事端未爲不可惟該領事官所屬差役無多只在近口一帶巡捕足用勢難差往遠處拏人不得不出傳票送交地方官轉付犯案英民向來凡用此法悉臻妥善第恐嗣後犯事英民或有不服傳訊藉口未見傳票該領事無憑駁詰本大臣之意欲希通行各省轉飭地方官等凡遇領事出票代捕內地英民送交該地方官時即須立時轉付並將何人

何處何日何時如何交到情形詳細速為知照領事官知悉以為查辦之據或領事官未接地方官移捕文件自欲出票傳致英人地方官亦應一體代辦蓋皆扶助領事官約束英人殊無異意也為此照會閏五月二十九日

又咨同治四年十月初五日准英國威使照會以英民犯案須由領事官出票付交地方官轉傳並於票交該犯時於票內註明時日等因照會前來相應咨行同治四年十月咨各省

附錄英國照會

為照會事本年閏五月二十九日經本大臣照請貴親王

通行各省轉飭地方官等凡遇領事官出票代捕內地英民送交地方官時卽須立時轉付等因六月十一日准來文照復各在案按天津條約第九款內載英國民人如其無照其中或有訛誤以及有不法情事就近送交領事官懲辦等語惟按照條約遵行以來凡有洋人在內地犯事地方官間有自行拏獲送交附近領事官者多有告知領事官請代捕捉卽如去年十一月間英人黑崧林在奉天地方被地方官指犯殺人重案行文領事官請為代拏凡經地方官請英國領事官代捕人犯領事官例應卽行出票傳該人犯來案該人犯如敢抗傳不遵尤為另犯重罪

是以領事官票傳人犯必須取有何日何時付票無誤憑據以為審辦抗傳人犯之證如或領事官署巡役無多不能專人往傳只得將票交送原請代為出票之官自行差役轉付犯案之人本大臣前次照會原衹擬請轉飭各省地方官知悉凡有此等事故自應派令差役將票交付該犯並令所派之役交付該犯票時自在票上註明何日何時付給設領事官未接地方官文信自先聞知英人在內地有不按條約情事領事官以為自應立卽傳訊本大臣陳明此議只為凡有英民不法等事設法嚴拏究辦務獲一意諒貴親王鑒此卽可以見本大臣之心並希卽照前

此所請之意劄飭各直省照辦為此照會

洋行買辦華人涉訟拏人界限

總理衙門咨本月十三日准德國巴公使函稱牛莊副領事來文將山海關道照會一件抄錄前來並問如有中國官員欲將德國民人所僱華人獲送衙署當如何辦理今將劄覆該副領事之公文及該道原文照錄送閱等因查巴公使給覊領事劄內開列拏人界限甚為清晰惟所稱華人代洋行辦理買賣等事自屬洋行之事一節其興訟之人是否眞正洋行之夥致訟之由是否眞正洋行之事應由各該管領事遇事隨時查察以絕藉詞假冒是為至

要相應咨行　年　月　日咨

附錄德公使與牛莊副領事官劄文

所有華人與華人互訟各案自應由中國官自行辦理領事官毫不干預惟洋行所僱華人若用洋行名號代洋行辦理買賣等事自屬洋行之事該洋行自應請領事官作主以遵條約至中國官拏獲洋人所僱華人一節若在犯法處適遇其人其地在僱主住處以外捕役自可登時拏獲勿庸先行知會領事官且中國官員一經出票捕役亦即可在僱主住處以外將其拏獲勿庸先行知會領事官惟中國官員若肯將此出票之事與領事官聲言自為更

美但為禮貌而已並非例所當然至於德人住處以內則捕役自不能直入捕拏如遇此事中國官員自應先期知會領事官領事官或准捕役入拏或領事官令人代拏轉交中國捕役亦可以上所云僱主住處之內皆指其房屋棧房院圍等處若無牆籬之空地不為住處之內再者各口洋人租地界內如有從先中外各官所立之章程其章程如與以上不合者仍照該處章程辦理不能為以上所云而廢該處專章云按文內華人與華人互訟應由中國官自行辦理案見閩省咨案已列控告審斷

拏獲形似華民犯法洋人照會領事查明懲辦

總理衙門咨頃准英國以外國人至中國內有形似華民而實非華民之人嗣後如遇此項應由地方官照會英國領事官查明以免倉猝誤辦等因相應咨行查照嗣後各口遇有形似華民之人犯罪一經地方官拏獲如果該人稱係英民務即照會就近領事官查明是否屬實俟領事官聲覆到日如係英人確有憑據即交該領事官懲辦如係華民假冒再由地方官照中國例懲辦並轉行沿江沿海各督撫將軍查照以免歧誤同治五年三月十二日咨

南洋

以上捕亡

通商約章類纂卷二十七

通商約章類纂卷二十八目錄　工類一

租傭建置

條約章程

伊犂塔爾巴哈臺通商章程第十三條

伊犂塔爾巴哈臺通商章程第十四條

俄約第五條 併見吏類設領事等官

俄續約第六條 併見戶類稅務陸路口岸貿易刑類獄訟命盜

俄續約第八條之二 併見吏類設領事等官

中俄改訂條約第四條 併見禮類優待保護

中俄改訂條約第十條 併見吏類設領事等官戶類稅務陸路口岸貿易禮類交際儀

文優待保護刑類法禁

中俄改訂條約第十一條 併見吏類設領事等官戶類稅務口岸貿易陸路口岸貿易禮類交際儀文刑類獄訟控告審斷

中俄改訂條約第十三條 併見戶類稅務陸路口岸貿易刑類法禁

英約第三款 併見禮類交際儀文優待保護

英約第十一款 併見戶類稅務口岸貿易

英約第十二款

英約第十三款

英約第十四款 併見戶類稅務稽稅杜漏

英約第三十二款 併見戶類稅務稽稅杜漏

英約第三十五款 併見本類行船

煙臺會議條款第三端之二 併見戶類稅務口岸貿易

喘典哪喴約第八條 併見本類行船

喘典哪喴約第十七條 併見刑類法禁獄訟欺淩擾害

喘典哪喴約第十八條

美約第十二款 併見刑類法禁獄訟欺淩擾害

美約第十七款 併見本類行船

美約第二十五款

法約第二款 併見吏類遣使禮類交際儀文優待保護

法約第十款 併見刑類獄訟欺淩擾害

法約第十一款

法約第十五款 併見本類行船

法約第十八款

法約第二十九款

中法會訂越南新約第七款

布約第三款 併見禮類交際儀文優待保護

布約第六款 併見戶類稅務口岸貿易

布約第九款

布約第十一款 併見本類行船

德續約第三款之一 併見戶類稅務口岸貿易長江口岸貿易

德續約第四款之二 併見戶類稅務罰例刑類法禁本類行船
德續約善後章程第二款
德續約善後章程第八款 併見戶類稅務貨稅稽稅杜漏免稅各物
丹約第三款 併見吏類遣使禮類交際儀文優待保護
丹約第十一款 併見戶類稅務口岸貿易長江口岸貿易
丹約第十二款
丹約第十三款
丹約第十四款 併見戶類稅務稽稅杜漏
丹約第三十一款 併見戶類稅務稽稅杜漏
丹約第三十四款 併見本類行船

荷蘭約第二款 併見戶類稅務口岸貿易長江口岸貿易罰例刑類法禁
荷蘭約第五款 併見戶類稅務稽稅杜漏
日斯巴尼亞約第二款 併見吏類遣使禮類優待保護
日斯巴尼亞約第五款 併見戶類稅務口岸貿易長江口岸貿易
日斯巴尼亞約第八款 併見刑類法禁
日斯巴尼亞約第九款
日斯巴尼亞約第十一款 併見戶類稅務稽稅杜漏
日斯巴尼亞約第二十八款 併見戶類稅務稽稅杜漏
日斯巴尼亞約第三十一款 併見本類行船
比約第十二款

比約第十三款
比約第二十二款 併見本類行船
比約第二十九款 併見戶類稅務稽稅杜漏
義約第三款 併見禮類優待保護
義約第十一款 併見戶類稅務口岸貿易長江口岸貿易
義約第十二款
義約第十三款
義約第十四款 併見戶類稅務稽稅杜漏
義約第三十一款 併見戶類稅務稽稅杜漏
義約第三十四款 併見本類行船

奧約第九款
奧約第十二款
奧約第十四款 併見本類行船
奧約第十九款 併見戶類稅務稽稅杜漏
日本修好條規第十條 併見刑類法禁獄訟控告審斷
日本修好條規第十七條 併見戶類稅務罰例刑類法禁
日本通商章程第二款
日本通商章程第九款 併見戶類稅務稽稅杜漏
日本通商章程第二十一款 併見戶類稅務稽稅杜漏
章程

成案

通商約章類纂卷二十八　工類一

租傭建置

條約章程

伊犁塔爾巴哈臺通商章程第十三條

一俄商來往貿易存貨住人必須房屋卽在伊犁塔爾巴哈臺貿易亭就近由中國指定一區令俄商自行蓋造以便住人存貨

伊犁塔爾巴哈臺通商章程第十四條

一俄商依俄館之教在自住房內禮拜天主聽其自便至俄商有在伊犁塔爾巴哈臺病故者卽在伊犁塔爾巴哈臺城外指給曠地一區令其埋葬

俄約第五條（併見吏類設領事等官）

俄國在中國通商海口設立領事官爲查各海口駐紮商船居住規矩再派兵船在彼停泊以資護持領事官與地方官有事相會並行文之例蓋天主堂住房並收存貨物房間俄國與中國會議置買地畝及領事官責任應辦之事皆照中國與外國所立通商總例辦理

俄續約第六條（併見戶類稅務陸路口岸貿易刑類獄訟命盜）

試行貿易喀什噶爾與伊犁塔爾巴哈臺一律辦理在喀什噶爾中國給與可蓋房屋建造堆房聖堂等地以便俄

羅斯國商人居住並給與設立墳塋之地並照伊犂塔爾巴哈臺給與空曠之地一塊以便牧放牲畜

以上應給各地數目應行文喀什噶爾大臣酌核辦理其俄國商人在喀什噶爾貿易物件如被卡外之人進卡搶奪中國一概不管

俄續約第八條之二（併見吏類設領事等官）

俄羅斯國可以在通商之處設立領事官等以便管理商人並預防含混爭端除伊犂塔爾巴哈臺二處外即在喀什噶爾庫倫設立領事官中國若欲在俄羅斯京城或別處設立領事官亦聽中國之便兩國領事官各居本國所

蓋房屋如願租典通商處居人之房亦任從其便不必攔阻

中俄改訂條約第四條（併見禮類優待保護）

俄國人在伊犂地方置有田地者交收伊犂後仍准照舊管業其伊犂居民交收伊犂之時入俄國籍者不得援此條之例俄國人田地在咸豐元年伊犂通商章程第十三條所定貿易圈以外者應照中國民人一體完納稅餉

中俄改訂條約第十條（併見吏類設領事等官戶類稅務陸路口岸貿易禮類交際儀文優待保護刑類法禁）

俄國照舊約在伊犂塔爾巴哈臺喀什噶爾庫倫設立領事官外亦准在肅州（即嘉峪關）及吐魯番兩城設立領事其餘如科布多烏里雅蘇臺哈密烏魯木齊古城五處俟商務興旺始由兩國陸續商議添設俄國在肅州（即嘉峪關）及吐魯番所設領事官於附近各處地方關繫俄民事件均有前往辦理之責按照壹千捌百陸拾年即咸豐拾年北京條約第五第六兩條應給予可蓋房屋牧放牲畜設立墳塋等地嘉峪關及吐魯番亦一律照辦領事官公署未經起蓋之先地方官幫同租覓暫住房屋俄國領事官在蒙古地方及天山南北兩路往來行路寄發信函按照天津條約第十一條北京條約第十二條可由臺站行走俄國領

事官以此事相託中國官即妥為照料吐魯番非通商口岸而設立領事各海口及十八省東三省內地不得援以為例

中俄改訂條約第十一條（併見吏類設領事等官戶類稅務口岸貿易陸路口岸貿易禮類交際儀文刑類獄訟控告審斷）

俄國領事官駐中國遇有公事按事體之關繫案件之緊要及應如何作速辦理之處或與本城地方官或與地方大憲往來均用公文彼此往來會晤均以友邦官員之禮相待兩國人民在中國貿易等事致生事端應由領事官與地方官公同查辦如因貿易事務致起爭端聽其自行

擇人從中調處如不能調處完結再由兩國官員會同查辦兩國人民爲預定貨物運載貨物租賃鋪房等事所立字據可以呈報領事官及地方官處應與畫押蓋印爲憑遇有不按字據辦理情事領事官及地方官設法務令照依字據辦理

中俄改訂條約第十三條 併見戶類稅務陸路口岸貿易刑類法禁

俄國應設領事官各處及張家口准俄民建造鋪房行棧或在自置地方或照一千八百五十一年卽咸豐元年所定伊犂塔爾巴哈臺通商章程第十三條辦法由地方官給地蓋房亦可張家口無領事而准俄民建造鋪房行棧

他處內地不得援以爲例

英約第三款 併見禮類交際儀文優待保護

一大英　欽差各等大員及各眷屬可在京師或長行居住或能隨時往來總候本國　諭旨遵行英國自主之邦與中國平等大英　欽差大臣作爲代國秉權大臣覲
大清皇上時遇有礙於國禮之禮是不可行惟　大英君主每有派員前往泰西各與國拜國主之禮亦拜
大清皇上以昭畫一肅敬至在京師租賃地基或房屋作爲大臣等員公館
大清官員亦宜協同勷辦僱覓夫役亦隨其意毫無阻攔待大英　欽差公館眷屬隨員人等或有越禮欺藐等情弊該犯由地方官從嚴懲辦

英約第十一款 併見戶類稅務口岸貿易

一廣州福州厦門寗波上海五處已有江寗條約舊准通商外卽在牛莊登州臺灣潮州瓊州等府城口嗣後皆准英商亦可任意與無論何人買賣船貨隨時往來至於聽便居住賃房買屋租地起造禮拜堂醫院墳塋等事並另有取益防損諸節悉照已通商五口無異

英約第十二款

一英國民人在各口並各地方意欲租地蓋屋設立棧房

禮拜堂醫院墳基均按民價照給公平定議不得互相勒措

英約第十三款

一英民任便覓致諸色華庶勷執分內工藝中國官毫無限制禁阻

英約第十四款 併見戶類稅務稽稅杜漏

一游行往來卸貨下貨任從英商自僱小船剝運不論各項艇隻僱價銀兩若干聽英商與船戶自議不必官爲經理亦不得限定船數並何船攬載及挑夫包攬運送倘有走私漏稅情弊查出該犯自應照例懲辦

英約第三十二款（併見戶類稅務稽稅杜漏）

一通商各口分設浮樁號船塔表望樓由領事官與地方官會同酌視建造

英約第三十五款（併見本類行船）

一英國船隻欲進各口聽其僱覓引水之人完清稅務之後亦可僱覓引水之人帶其出口

煙臺會議條款第三端之二（併見戶類稅務口岸貿易）

一新舊各口岸除已定有各國租界應無庸議其租界未定各處應由英國領事官會商各國領事官與地方官商議將洋人居住處所畫定界址

喘典哪喴約第八條（併見本類行船）

一凡喘典國哪喴國等民人貿易船隻進口准其自僱引水赴關險處所報明帶進俟稅鈔全完仍令引水隨時帶出其僱覓跟隨買辦及延請通事書手僱用內地艇隻搬運貨物附載客商或添僱工匠廝役水手人等均屬事所必需例所不禁應各聽其便所有工價若干由該商民等自行定議或由各領事官酌辦中國地方官勿庸經理

喘典哪喴約第十七條（併見刑類法禁獄訟欺淩擾害）

一喘典國哪喴國等民人在五港口貿易或久居或暫住均准其租賃民房或租地自行建樓並設立醫館禮拜堂及殯葬之處必須由中國地方官會同領事等官體察民情擇定地基聽喘典國哪喴國等人與內民公平議定租息內民不得擡價掯勒遠人不許強租硬占務須各出情願以昭公允倘墳墓或被中國民人毀掘中國地方官嚴拏照例治罪其喘典國哪喴國等人泊船寄居處所商民水手人等止准在近地行走不准遠赴內地鄉村任意閒遊尤不得赴市鎮私行貿易應由五港口地方官各就民情地勢與領事官議定界址不許踰越以期永久彼此相安

喘典哪喴約第十八條

一准喘典國哪喴國等官民延請中國各方士民人等教習各方語音並幫辦文墨事件不論所延請者係何等樣人中國地方官民等均不得稍有阻撓陷害等情並准其採買中國各項書籍

美約第十二款（併見刑類法禁獄訟欺淩擾害）

一大合眾國民人在通商各港口貿易或久居或暫住均准其租賃民房或租地自行建樓並設立醫館禮拜堂及殯葬之處聽大合眾國人與內民公平議定租息內民不得擡價掯勒如無礙民居不關方向照例稅契用印外地方官不得阻止大合眾國人勿許強租硬占務須各出情

願以昭公允倘墳墓或被中國人毀掘中國地方官嚴拏照例治罪其大合衆國人泊船寄居處所商民水手人等只准在近地行走不准遠赴內地鄉村市鎮私行貿易以期永久彼此相安

美約第十七款 併見本類行船

一大合衆國船隻進口准其僱用引水帶進俟正項稅欵全完仍令帶出並准僱覓厮役買辦工匠水手延請通事司書及必須之人並僱用內地艇隻其工價若干由該商民等自行定議或由領事等官酌辦

美約第二十五款

一大合衆國官民延請中國各方士民人等教習各方語音並幫辦文墨事件不論所請係何等之人中國地方官民等均不得稍有阻撓陷害等情並准其採買中國各項書籍

法約第二款 併見吏類遣使禮類交際儀文優待保護

茲兩國幸然復舊太平欲垂之永久因此兩國　欽差大臣議定凡有大法國　特派欽差大臣公使等予以　詔勅前來中國者或有本國重務辦理皆准進京僑居按照泰西各國無異又議定將來假如凡與中國有立章程之國或派本國欽差公使等進京長住者大法國亦能照辦凡進京之　欽差大臣公使等當其暫居京師之時無不按照情理全獲施恩其施恩者乃所有身家公所與各往來公文書信等件皆不得擅動如在本國無異凡欲招置人通事服役人等可以延募毫無阻擋所有費用均由本國自備中國

大皇帝欲派欽差大臣前往大法國京師僑居無不各按品級延接全獲恩施照泰西各國所派者無異

法約第十款 併見刑類獄訟欺凌擾害

凡大法國人按照第六款至通商各口地方居住無論人數多寡聽其租賃房屋及行棧存貨或租地自行建屋建

行大法國人亦一體可以建造禮拜堂醫人院周急院學房墳地各項地方官會同領事官酌議定大法國人宜居住宜建造之地凡地租房租多寡之處彼此在事務須按照地方價值定議中國官阻止內地民人高擡租值大法國領事官亦謹防本國人強壓迫受租值在各口地方凡大法國人房屋間數地段寬廣不必議立限制俾大法國人相宜獲益倘有中國人將大法國禮拜堂墳地觸犯毀壞地方官照例嚴拘重懲

法約第十一款

大法國人在通商各口地方聽其任便僱買辦通事書記

工匠水手工人亦可以延請士民人等教習中國語音繕寫中國文字與各方土語又可以請人幫辦筆墨作文學文藝等工課各等工價束脩或自行商議或領事官代爲酌量大法國人亦可以教習中國人願學本國及外國話者亦可以發賣大法國書籍及採買中國各樣書籍

法約第十五款 併見本類行船

凡大法國船駛進通商各口地方之處就可自僱引水即帶進口所有鈔餉完納後欲行揚帆應由引水速帶出口不得阻止留難凡人欲當大法國引水者若有三張船主執照領事官便可著伊爲引水與別國一律辦事所給引

水工銀領事等官在通商各口地方秉公酌量遠近險易情形定其工價

法約第十八款

凡大法國船主商人應聽任便僱各項剝船小艇載運貨物附搭客人其船艇腳價由彼此合意商允不必地方官爲經理若有該船艇誆騙走失地方官亦不賠償其船艇不限以隻數亦不得令人把持並不准挑夫人等包攬起貨下貨

法約第二十九款

大法國皇上任憑派撥兵船在通商各口地方停泊彈壓商民水手俾領事得有威權將來兵船人等皆有束約不許滋生事端即責成該兵船主飭令遵守第三十三款各船與陸地交涉及鈐制水手之條例辦理至兵船議明約定不納各項鈔餉

中法會訂越南新約第七款

一中法現立此約其意係爲鄰邦益敦和睦推廣互市現欲善體此意由法國在北圻一帶開闢道路鼓勵建設鐵路彼此言明日後若中國酌擬創造鐵路時中國自向法國業此之人商辦其招募人工法國無不盡力勸助惟彼此言明不得視此條係爲法國一國獨受之利益

布約第三款 併見禮類交際儀文優待保護

大清大布國所派秉權大臣於居住之處無不按照情理全獲恩施所有身家公所與各來往公文書信等件皆不得被人擅動凡欲僱募送信人通事服役人等皆聽其便所有費用兩國自備資斧至在京師租賃地基或房屋作爲大臣等員公館兩國官員亦宜協同勸辦僱覓夫役亦隨其意毫無攔阻

布約第六款 併見戶類稅務口岸貿易

廣州潮州廈門福州寧波上海芝罘天津牛莊鎮江九江漢口瓊州臺灣淡水等口大布國暨德意志通商稅務公

會和約各國民人家眷等皆准居住來往貿易工作平安無礙船貨隨時往來常川不輟至於賃房買屋租地造堂醫院墳塋等事皆聽其便

布約第九款

中國無論何省之買辦通事書記工匠水手工人等布國暨德意志通商稅務公會和約各國民人皆准其僱用其工錢束脩任聽兩家自為約議若欲僱覓小船送人運貨亦無禁阻至於延請士民人等學習中國文字與各方土語或以外國之言教內地之人亦可德意志書籍與中國各樣書籍彼此亦可發賣採買

布約第十一款 併見本類行船

凡布國暨德意志通商稅務公會和約各國船隻駛進通商各口任聽自僱引水之人即行帶進迨其船貿易輸稅全完欲行回駛亦准僱覓引水之人隨時帶出

德續約第三款之一 併見戶類稅務口岸貿易長江口岸貿易

一中國允凡中國通商各口由該監督等酌量情形如係眾洋商情願無礙地方者該監督等妥議章程自行設立關棧

德續約第四款之二 併見戶類稅務罰例刑類法禁本類行船

一德國允凡無照冒充各項船隻引水者即應議罰惟所罰之數每次不得過一百兩並允妥速會定約束水手章程

德續約善後章程第二款

一中國通商口岸如可設立關棧先由上海試辦即由該監督會同總稅務司酌量情形妥議章程由該監督等自行設立

德續約善後章程第八款 併見戶類稅務貨稅稽稅杜漏免稅各物

一德商船廠應用雜物實係修理船隻者方准免稅進通商口岸一面由關派員進廠將其如何使用各物之處眼同閱看如係製造新船其進出口稅則內所載之貨照稅

則辦理其未載明之物均照值百抽五例征稅令該商赴關補納至開船廠者必先赴關領照 此照並無關費 並具保結內所註明各節悉由該關妥議酌辦

丹約第三款 併見吏類遣使禮類交際儀文優待保護

一大丹國　欽差大臣凡有要務商酌約准前赴京都會議定辦即照各國行權大員常規一體優待所有僱覓內地夫役均隨其意各官不得偏為拘治倘若有人擅將大丹　欽差公館眷屬隨員人等越禮欺藐該犯由中國地方官從嚴懲辦

丹約第十一款 併見戶類稅務口岸貿易長江口岸貿易

一各國議定通商口岸如牛莊天津煙臺上海寧波福州厦門臺灣淡水廣州汕頭瓊州及長江之漢口九江鎮江江寧各口丹國商民亦可任便出入通市往與無論何人均得聽意買賣所有賃房買屋租地起造建立廟堂醫院墳塋等事亦隨其便

丹約第十二款

一丹國民人准在通商各口一帶地方意欲租地蓋屋設立棧房建造廟堂醫院墳塋等事均按民價照給公平定議不得互相勒掯

丹約第十三款

一丹國民人約准任便覓致諸色華庶勷執分內工藝中國不得限制禁阻

丹約第十四款 併見戶類稅務稽稅杜漏

一丹國民人凡欲游行卸貨下貨各等事務約准自僱小船剝運不論何項艇隻僱價銀兩若干均聽丹民與船主自議不必官爲經理該船不得限定額數並船戶攬載挑夫攬運一切情弊俱不准行惟是該艇干涉走私漏稅情弊查出該犯自應照例懲辦

丹約第三十一款 併見戶類稅務稽稅杜漏

一通商各口分設浮樁號船塔表望樓由丹國領事官與地方官會同酌視建造

丹約第三十四款 併見本類行船

一丹國船隻欲進各口聽其僱覓引水之人完清稅務之後亦可僱覓引水之人帶其出口

荷蘭約第二款 併見戶類稅務口岸貿易長江口岸貿易罰例刑類法禁

一廣州潮州福州厦門寧波上海天津牛莊登州臺灣淡水瓊州等口和商皆准貿易船貨任便往來若欲租賃地畝房屋設立棧房禮拜堂醫院墳塋等事各聽其便租價公平定議不得互相勒掯其漢口鎮江九江等口和商亦可一律前往通商至長江如何防弊之法任憑中國隨時

設法辦理惟有賊匪地方和國民人不得前往游歷出入和國商船亦不得私自往來接濟軍火糧食如查有違犯者將船貨全行入官其違例之人交就近領事官辦理

荷蘭約第五款 併見戶類稅務稽稅杜漏

一和民任便覓致諸色華庶勷執分內工藝中國官毫無限制禁阻游行往來卸貨下貨任從和商自僱小船剝運不論何項艇隻僱價銀兩若干聽和商與船戶自議不必官爲經理亦不得限定船數並何船攬載及挑夫包攬運送倘有走私漏稅情弊查出該犯自應照例懲辦

日斯巴尼亞約第二款 併見吏類遣使禮類優待保護

大日斯巴尼亞國大君主欲派秉權大臣一員至中國京師亦無不可
大清國大皇帝欲派秉權大臣一員至日斯巴尼亞國京師事同一律所派秉權大臣於居住之處無不按照情理全獲
恩施所有身家公館與各來往公文書信等件皆不得被人擅動凡欲僱募送信人通事服役人等皆聽其便所有費用彼此自備資斧至在京師租賃地基或房屋作為大臣等員公館兩國官員亦宜協同襄辦僱覓夫役亦隨其便毫無阻攔

日斯巴尼亞約第五款 併見戶類稅務口岸貿易長江口岸貿易

一各國議定通商口岸如牛莊天津煙臺上海寧波福州廈門臺灣淡水廣州汕頭瓊州及長江之漢口九江鎮江江寧各口日斯巴尼亞國商民亦可任便出入通市並與無論何人均得聽意買賣所有賃房買屋租地起造建立廟堂醫院墳塋等事亦隨其便

日斯巴尼亞約第八款 併見刑類法禁

一日斯巴尼亞國商民在通商各口地方租地蓋屋設立棧房禮拜堂醫院墳墓均按民價公平定議照給不得互相勒掯至內地各處並非通商口岸均議定不得設立行棧

日斯巴尼亞約第九款

一日斯巴尼亞國商民任便覓致諸色華庶勤執分內工藝中國官毫無限制禁阻如中國人覓致日斯巴尼亞國人承工亦照此辦理

日斯巴尼亞約第十一款 併見戶類稅務稽杜偸漏

一遊行往來卸貨下貨任從日斯巴尼亞國商人自僱小船剝運不論各項艇隻僱價銀兩若干聽日斯巴尼亞國商人與船戶自議不必官為經理亦不得限定船數並何船攬載及挑夫包攬運送倘有走私漏稅情弊查出該犯自應照例懲辦

日斯巴尼亞約第二十八款 併見戶類稅務稽杜偸漏

一通商各口分設浮樁號船塔表望樓由領事官與地方官會同酌視建造

日斯巴尼亞約第三十一款 併見本類行船

一日斯巴尼亞國船隻欲進各口聽其僱覓引水之人完清稅務之後亦可僱覓引水之人帶其出口

比約第十二款

凡比國人按照十一款至通商各口地方居住無論人數多寡聽其租賃房屋及行棧存貨或租地自行建屋建行比國人亦一體可以建造禮拜堂醫人院周急院學房墳

地各項地方官會同領事官酌議定比國人宜居住宜建造之地凡地租房租多寡之處彼此在事務須按照地方價值定議中國官阻止內地民人高擡租值比國領事官亦謹防本國人強壓迫受租值

比約第十三款

比國人在通商各口地方聽其任便僱買辦通事書記工匠水手工人亦可以延請士民人等教習中國語音繕寫中國文字與各方土語又可以請人幫辦筆墨作文學文藝等工課各等工價束脩自行商議比國書籍與中國各樣書籍彼此亦可發賣採買

比約第二十二款 併見本類行船

比國船隻欲進各口聽其僱覓引水之人完清稅務之後亦可僱覓引水之人帶其出口

比約第二十九款 併見戶類稅務稽稅杜漏

比國民人凡欲游行卸貨下貨各等事務約准自僱小船剝運不論何項艇隻僱價銀兩若干均聽比民與船主自議不必官爲經理該船不得限定額數並船戶攬載挑夫攬運一切情弊俱不准行惟該艇干涉走私漏稅情弊查出照例罰辦

義約第三款 併見禮類優待保護

大義欽差各等大員及各眷屬可在京師或長行居住或能隨時往來總候本國 諭旨遵行倘大義 欽差到中國時中國即照各國駐京欽差大臣常規一體優待所有僱覓內地夫役均隨其意各官不得偏爲拘治倘若有人擅將大義 欽差公館眷屬隨員人等越禮欺藐該犯由中國地方官從嚴懲辦

義約第十一款 併見戶類稅務口岸貿易長江口岸貿易

各國議定通商口岸如牛莊天津煙臺上海寧波福州廈門臺灣淡水廣州汕頭瓊州及長江之漢口九江鎮江江寗各口義國商民任便出入通市准與無論何人均得聽

意買賣所有貨房買屋租地起造建立廟堂醫院墳塋等事亦隨其便

義約第十二款

義國民人准在通商各口一帶地方意欲租地蓋房設立棧房建造廟堂醫院墳塋等事均按民價照給公平定議不得互相勒掯

義約第十三款

義國民人約准任便僱覓廝役買辦工匠水手人等中國不得限制禁阻再延請士民人等教習中國語音及各方土語或教習中國人願學義國語音均聽其便亦可以發

賣義國書籍及採買中國各樣書籍中國均不得攔阻

義約第十四款（併見戶類稅務稽稅杜漏）

義國民人凡遇游行卸貨下貨各等事務約准自僱小船剝運不論何項艇隻僱價銀兩若干均聽義民與船主自議不必官爲經理若有該船艇誆騙走失地方官亦不賠償義國所僱之船不得限定額數該船戶攬載挑夫攬運一切情弊俱不准行惟是該艇干涉走私漏稅情弊查出該犯自應照例懲辦

義約第三十一款（併見戶類稅務稽稅杜漏）

通商各口分設浮樁號船塔表望樓由義國領事官與地

方官會同酌視建造

義約第三十四款（併見本類行船）

義國船隻欲進各口聽其僱覓引水之人完清稅務之後亦可僱覓引水之人帶其出口所給引水工銀及引水人等應遵規條地方官會同各國領事官酌量定立

奧約第九款

凡奧斯馬加國人按照第八款至通商各口地方居住無論日期多寡聽其租賃房屋及行棧存貨或租地自行建屋建行奧斯馬加國人亦一體可以建造禮拜堂醫人院周急院學房墳地各項地方官會同領事官酌議奧斯馬加國人宜居住宜建造之地凡地租房租多寡之處彼此在事務須按照地方價值定議中國官阻止內地民人高擡租值奧斯馬加國領事官亦謹防本國人誆買逼受租值

奧約第十二款

奧斯馬加國人在通商各口地方聽其任便僱買辦通事書記工匠水手工人亦可以延請士民人等教習中國語音繕寫中國文字與各方土語又可以請人幫辦筆墨作文學文藝等工課各等工價束修自行商議奧斯馬加國書籍與中國各樣書籍彼此亦可發賣採買

奧約第十四款（併見本類行船）

奧斯馬加國船隻欲進各口聽其僱覓引水之人完清稅務之後亦可僱覓引水之人帶其出口

奧約第十九款（併見戶類稅務稽稅杜漏）

奧斯馬加國民人凡欲游行卸貨下貨各等事務准自僱小船剝運不論何項艇隻僱價銀兩若干均聽奧斯馬加國民與船主自議不必官爲經理該船不得限定額數並船戶攬載挑夫攬運一切情弊俱不准行惟該艇干涉走私漏稅情弊查出照例罰辦貨物入官

日本修好條規第十條（併見刑類法禁獄訟控告審斷）

兩國官商在指定各口均准僱用本地民人服役工作管理貿易等事其僱主應隨時約束勿任藉端欺人尤不可偏聽私言致令生事如有犯案准由各地方官查拏訊辦僱主不得徇庇

日本修好條規第十七條 倂見戸類稅務 罰例刑類法禁

兩國船隻旗號各有定式倘彼國船隻假冒此國旗號私作不法情事船貨均罰入官如查係官為發給即行叅撤至兩國書籍彼此如願誦習應准互相採買

日本通商章程第二款

兩國官民准在議定通商各口租賃地基各隨其地成規

照辦總須由地方官查勘無礙民居墳墓方向詢明業戸情願出租方可公平議價立契由地方官蓋印交執不得私租强租其內地及不通商口岸不得租地蓋屋至現准通商各口租定地基後蓋造房屋或作居住或開行棧地方官可以隨時往勘

日本通商章程第九款 倂見戸類稅務稽稅杜漏

兩國商民在通商各口撥運貨物聽其自僱夫船給發僱價官不經理亦不限定何船何夫攬運倘有走私漏稅海關查出照章辦理

日本通商章程第二十一款 倂見戸類稅務稽稅杜漏

兩國通商口岸若欲設立官棧以備儲貨所有官棧章程當由兩國自行酌定惟貨物初行入棧均應暫免納稅至銷售時必須完清稅項棧租方准領出倘欲照章轉運別口只交棧租亦免納稅

章程

天津紫竹林法國租地條款

一無論法國何人願租地若干必須呈明領事官與地方官查指要租地基何處量地畝若干

一本大臣與領事已經揀選法國人等可租地基界內地基每畝若在河沿地一塊應付原租價錢每畝地銀六十兩其價一半三十兩領事官自己應付該地原主親手收訖取具收字再一半三十兩存收領事官署以爲將來該地法國商人可租地界上修造道路溝渠橋梁埠頭等處工程並巡查衙役工食但法國人願租後面之地塊不在

河沿近處租地價錢每畝只須銀三十兩給原主

一法國商人等願租地基若願租地塊之上有房屋該房屋居住本地民人每戶要收搬費銀一十兩至於法國可租地基界內有民戶數目均照天津縣知縣送呈哥大臣所具戶數底冊辦理言明該地界內有九十二戶不得再行添出其搬費銀應由領事官確付該搬戶親手收訖取具收字

一以上所定地畝租價及搬費外還須法國商人每名若願租地一塊之上有居民房屋卽應價買原屋其價值均照天津縣呈冊內各戶下開明每屋每間應付價若干現

茲本大臣與哥大臣言明該可租地界內計共有灰瓦草房三百十五間半草棚九間三條廠棚十二間半間又四半間二條過道草棚八間半三條共估計大錢三千零七十九吊日後照數不得再多其價必由領事官付原主親手收訖取具收字

一本大臣與哥大臣現在言明自今以後法國商人可租地界內除呈冊開明已有房屋外其數不得再多惟一時未有多商卽能租盡界內之地其地基上不准該地居民另蓋新房未免不情但日後商人租地遇有房屋不載原呈底冊的係新蓋者不得給付房價如空地一般

一法國商人可租地界內每戶自在領事官處領收地畝價錢房價錢搬費錢之後均應准一月以內搬清地方官應將該商所租地一塊量明送交任憑蓋屋居住等情

一該地界內法國商人每行可租之地只可租得一塊橫直不得過二十五畝之數若有法行必須需地在二十五畝以外應卽具情呈明領事官領事官會同本大臣查考清楚係何緣由如實情理相符方與照辦

一法國商人願租之地辦妥後所定界牆外前面去河沿應留地三丈後面留地二丈五尺以爲公共道路不得稍有踰越

一法國商人可租地界內若有墳墓法商不得自己移動應照舊存留但該墳如有子孫情願自己起遷改葬法國商人應給葬費銀每棺一兩

一所有天津縣開呈房屋數目姓名底冊應爲日後憑據本大臣與哥大臣俱經畫押並即鈐印存收領事官署內

一法國商人每名租妥地基一塊將來應付每年每畝永遠租錢二串文於每年十二月十五日將來年應付租錢照數送領事官收存其錢一半即係每一千之數領事官全數送地方官入官再一半留在署內爲將來修造道路溝渠橋梁埠頭等工程並巡查衙役工食

一法國商人每名租地以後領事官立即照會本大臣以便寫立永遠租契開明姓名何人租地多少價錢若干房價若干並搬費錢以及每年照完何數詳細開載付該商永遠爲據

以上十二款崇大臣與哥大臣商量定議當即繕寫四紙畫押用印一存總理衙門一存駐京法使公署一存三口通商大臣衙門一存法國領事官署以爲永遠憑據咸豐十一年四月

華商買用洋商火船夾板等項船隻章程

一凡有華商欲買夾板等船應赴本口監督衙門稟明由監督詳查本人實屬華民並無假借等弊即發買船准單內將華商姓名籍貫註明發該商執領前赴新關由稅務司掛號在准單空白內照塡英文發還該商承買倘買船後復經查出假借等情即將該船入官

一凡領准單者遇有合式船隻先應由稅務司派人前往查明實係能出海堪用之船俟議明價値帶同賣主赴該國領事官衙門將准單呈驗由該領事查明並無假冒借名等弊即准立據將船契畫押蓋印發交華商收領其原領外國船牌由領事官立即查銷

一凡領船契者應赴新關由稅務司查驗掛號將該船寬濶若干噸數若干及本船式樣詳細開單請由監督將牌照塡註送回照塡英文發給華商收執一面飭繳牌費銀三百兩

一凡領牌照船隻其船名須在船尾大書並將牌照之號數用漢洋文字書明船頭兩旁日後不得私自更改

一領牌後若有遺失該商即赴關報明補領倘非在原口遺失仍須按情稟報並請先發暫用憑據俟回原口將暫用之據赴關呈繳補請牌照如遇有遭風失火等情均應赴關報明或止將牌照救出亦應呈繳不得隱匿干咎

一凡領牌照之船須將噸數若干並牌照號數於船中桅

上刻明

一凡買船契應塡價值倘船內有抵押未清之項乃客商平常私事與官無涉

一日後擬將該船改樣式該商應將所改之處開單赴關稟明請於原牌內添註由原口改註底簿

一凡船應以一百分爲算以一人之船船牌註明一百分歸某人若數人有分卽按股分計算

一凡船倘係會館置買請領准單船牌等件應由會館首事料理

一凡華商日後欲將船隻轉賣倘係賣與外國人須赴關

報明將船牌呈繳由原領之關查銷倘賣與別華商應帶同買主赴監督衙門稟明核准寫立賣契一面將原牌繳回換領新牌仍用原號原名赴新關掛號請由稅務司塡註英文

一凡華商如有情願自造夾板等項船隻亦應一律先赴監督衙門請發造船准單赴關塡註英文俟船造畢由稅務司派人勘量開具清單照請發給牌照

一凡有華商夾板等船請領牌照者准赴外國貿易並准在中國通商各口來往不得私赴沿海別口亦不得任意進泊內地湖河各口致有碰壞船隻

一凡船進口時須將船牌等件呈存稅務司出口時領回至何處泊船如何起下貨物請領准單呈具報單一切事宜均照洋船定例辦理

一凡船所裝貨物均照洋商稅則納稅其船鈔照納

一凡結底應由各口稅務司將此項船隻完稅若干分款開列由總稅務司轉報

一華商買用此等船隻所用管船夥長應用華人以期易知中國各項法度方可爲一船之主

一凡有外國人受僱充艄工者須先將本國考驗可充艄工之據呈由稅務司驗明俟僱定後卽由稅務司將該艄工係何國人何姓名並受僱月日註明船牌如日後更換

宜將辭工之日添註

一凡艄工須照洋船規矩在船記事簿內按日註明經過之事

一凡華商夾板等船須立水手名單內將各水手姓名籍貫年歲工銀註明倘僱有外國人充當水手須帶赴領事官或稅務司畫押受僱

一船出口之後如水手人等有不法者卽由艄工將其捆押俟進口交稅務司轉送監督或領事官分別辦理

一凡有華商買用夾板等船未遵以上各章應由監督會同稅務司先將船扣留按情罰辦

一凡華民夾板等船違犯洋商船隻應遵條約載明各章即由監督會同稅務司酌量將此船一體罰辦
一凡有起下貨物違犯該關章程即由監督會同稅務司酌定或將貨入官或將該商議罰
查此項章程前於同治五年原擬二十六款嗣於六年十一月內總署來文將第一第六兩款删去僅存二十四條通飭遵行

擬定引水章程並各口分章 併見本類行船

總理衙門咨本年九月初十日據赫總稅務司將引水章程十五條改為引水新章十條申送到本衙門於九月十五日照會布俄英法美日各國駐京大臣去後除日本國未據照復外茲據布俄英法美各國駐京大臣先後照復允飭各口領事試辦等因前來除劄知赫總稅務司遵照外相應抄錄赫總稅務司新改章程十條咨行查照同治七年十一月二十五日咨各省 按日國亦於是年十一月照允

引水章程專條

第一款

一訂各口分章宜定擬也凡各口應定之分章及定明引水之界限並應用引水者若干名其引水各費一切事宜均應由理船廳准情酌理約與各國領事官並通商總局妥為擬定
一引水界限各口應將本口界限自行註明
一口外引費各口應將本口行費自行註明

第二款

一引水者宜寬其招募也凡華民及有條約各國之民有欲充引水者均准其一體充當惟遇有缺出即應由考選局按照現定之章程並本口之分章揀選充補

第三款

一各口宜立有考選局也凡通商口岸每年應由理船廳約同各領事官並通商局將其可作考選之姓名預為錄

示以資幫辦考選之事俟有引水缺出即由理船廳於所錄之人中簽掣二人督同引水董事一名辦理考選之事

第四款

一考選引水之人宜慎也凡有缺出應由理船廳榜示招募引水以八日後由考選局會同考試
一備考者其中倘有曾充引水因事故而斥革者或未充引水而無本國官結者此二項人不准濫膺赴考
一凡備試者勿庸納有規費等項考選局應合衆秉公考試於衆人中擇其最優者以為入選然在備試中雖為最優使其於引水之事仍非有實在本領亦寧缺而勿用以

免貽悞
一備考者其國領事官或本人或派員均可在局從旁監同考試
一局內在事各人同有事權選中與否從衆爲定如領事委員均不在局其有各執已見者則以理船廳爲定計
第五款
一充引水者宜發給執據也凡考選局派充引水者應赴稅務司由稅務司代地方官發給引水字據請領字據者如非華民應令該引水赴本國之官處將字據呈驗掛號
一凡有領引水字據者發給引水章程並該口專條一分

收執遇有索看者即應並字據隨時呈出
一每年夏季引水各人應赴關將所領字據呈驗後續行領回並繳呈續領之費關平銀十兩
第六款
一引水學徒者宜有定制也凡已領字據之引水應准其各帶學徒一名須先赴理船廳報明並領保其學徒之人請領學徒之事照方准攜帶
一凡學徒領有考選局勝選憑照者如遇外需情事由理船廳於此項人內揀派數人准其在當時特定之界限暫行引水

第七款
一引水宜聽制於理船廳也凡領有引水字據者或係獨作引船之事或係公同作引船之事均屬可行惟俱歸理船廳管理諭示一切皆須一體遵守奉行倘有違背者或暫撤執據或將執據撤銷皆由理船廳辦理惟仍准該引水限三日內赴領事官處稟訴撤據原委
一凡引水者若犯關章或另有違犯由領事官懲辦亦可由理船廳暫撤執據或撤銷執據引水者仍可在三日內赴領事官處稟訴撤銷執據之原委
一凡查出引船而無引水字據者或係假借他人字據應

由理船廳知會其該國官照其本國例治罪凡領有字據者而借與他人除由理船廳將其字據撤銷辦理外亦應知會該國官照例治罪
一凡船主舶工若私以無字據之人引水者由該領事官罰銀一百兩
第八款
一引水船隻宜有定章也凡引水之船應由該引水將其船名船式大小及該船水手姓名開具清單一併呈報由理船廳發給號照後須將引水船字樣中幾號書明於船尾及篷上其旗須准四方之式上半黃色下半綠色該船

原有之本國牌照或存於領事署內或存稅務司處皆可

該引水遵照各節方准該船在本口及引水界限內任便往來並免完納船鈔倘稅務司理船廳派人在其界限內往來或號船及望樓遲取應用物什一有理船廳吩咐其引水船即應任為使用

一引水船隻每年應交出字據費銀二十兩

一凡引水遇有緊急引務乘坐未經挂號船隻准將引水旗號暫時懸挂若平時未奉有理船廳特允不得擅行常用此無字據之船隻

一凡遇有未經挂號之船艇並無領據引水人在上擅行

懸挂引水旗號應將船戶或僱用此船之人知會該管之官照例查辦

一凡引水船隻並無引水人在上或亦無學徒在上此時不得懸挂引水旗號

第九款

一船隻進口宜有分別也凡船將至泊船界限時應由引水人分別飭挂號記如從通商口岸及香港東洋等處前來者應懸紅白旗即英寄信旗第三號如從外洋口岸前來者應懸藍白旗即英寄信旗第二號如並未裝載貨物應懸黃藍旗即英寄信旗第十號如載火藥或別樣引火之物應懸三角紅旗即英寄信旗第五號

第十款

一口內停泊宜有定制也凡遇船隻駛至停泊地界應由口內引水前赴接領按照理船廳所指之處將船停泊其或應行改泊及進出修廠來去碼頭並復行出口一切事宜均應由口內之引水照料

一凡理船廳料理停泊事務宜酌體艄工經紀之便如有船不遵指定處所擅自移泊他處則可由稅司將該船開艙起貨下貨各准單並出口紅單暫停准發俟其遵照改泊後再為辦理

一凡停泊之處宜聽理船廳指示未經奉有特發准單不

得擅行移離

一凡口內引費由理船廳照後開之例代收凡引至停泊之處及由停泊之處引至界外等事輪船及輪船拖帶之篷船每尺繳費銀若干兩篷船每尺繳費銀若干兩凡引帶出入修廠及添錨等事輪船及輪船拖帶之篷船每尺繳費銀若干兩篷船每尺繳費銀若干兩凡更移停泊輪船及輪船拖帶之篷船每尺繳費銀若干兩篷船每尺繳費銀若干兩凡引船來去碼頭輪船及輪船拖帶之篷船每尺繳費銀若干兩篷船每尺繳費銀若干兩其所空之銀數應各按各口情形自行擬訂填寫

以上十款仍係試辦之章若猶有未能妥協之處亦可隨時酌擬更訂

各口引水分章

第一款 係原定引水章程第一款內

一凡在津口充當引水之人以九名爲定額惟查現用係十名俟所餘一名日後無論何故出缺後仍以九名爲限

第二款 係原定引水章程第一款內

一天津口引水界限自天津紫竹林新關碼頭北第一船塢起至大沽攔江沙外十五里止此外引水船應由攔江沙至沙壘甸來往

第三款 係原定引水章程第一款內

一天津口引水之引費自攔江沙至大沽夾板船每尺水洋銀五元輪船每尺水洋銀四元輪船帶夾板船每尺水洋銀四元自大沽至天津紫竹林夾板船每尺水洋銀五元輪船每尺水洋銀四元輪船帶夾板船每尺水洋銀四元

第四款 係原定引水章程第三款內

一凡遇考選之事應由理船廳作主除理船廳之外其幫同辦理考選之人俱每人每日給費洋銀十元

第五款 係原定引水章程第四款內

一凡有引水缺出應由理船廳寫傳單通知天津各處並於傳單內註明八日後考試或於上海新聞紙內寫明定准某日考試字樣

第六款 係原定引水章程第七款內

一凡有船隻擱淺等事引水人應即速爲幫同救護不得俟議定價後方爲辦理迨辦完時倘船主與引水人互有爭執即飭其照各國所訂章程之定費辦理

第七款 係原定引水章程第七款內

一凡有船隻擱淺等事引水人應即赴理船廳將某船於某日在某處擱淺並彼時水深幾尺或長潮或退潮及該

處海底或沙或石等情報明

第八款 係原定引水章程第七款內

一凡船隻常走之路或有更改之處沙灘內或有更改之處等情及浮樁各件或有受損之處引水人查知之後應速赴理船廳報明

以上天津口分章 同治八年二月二十四日訂

引水續章第一 增補原定各口總章第一款

一牛莊口應用引水人數定明十二名

一牛莊口引水界限定明以河門外之西岸東南岸起斜徑均至燈船寄椗處所以外三十五里止作爲界限

一引水之價由河門外浮標之南引進者輪船拖帶之篷船每英尺價銀三兩篷船每英尺四兩由河門外浮標之內引進者輪船及輪船拖帶之篷船每英尺價銀二兩五錢篷船每英尺三兩至引出口輪船及輪船拖帶之篷船每英尺三兩篷船每英尺四兩

一引船進口之價俟報關後應在二十四點鐘以內付給惟船主可俟理船廳或所派之人告知該船係在妥當之處停泊再行付給至引船出口之價應在離寄椗處所以前付給

引水續章第二 增補原定各口 總章第二款

一凡欲充當引水者必須有船主或伙長妥實字據否則不准充當

引水續章第三 增補原定各口 總章第五款

一凡在牛莊口每一引水人領引水字據定明呈交字據費關平銀十兩至每年呈換新據定明交銀五兩

引水續章第四 增補原定各口 總章第八款

一凡牛莊口引水船隻原領引水字據定明交領費關平銀二十兩至每年呈換新據定明交銀十兩

引水續章第五 增補原定各口 總章第九款

一凡牛莊口船隻將至泊船界限應由引水人分別飭令該船在首桅按照後列懸挂旗號如重入口之船應懸挂按圖所繪之第一旗如由天津進口應懸挂按圖所繪之第二旗如由煙臺進口應懸挂按圖所繪之第三旗如由上海進口應懸挂按圖所繪之第四旗如由寧波進口應懸挂按圖所繪之第五旗如由福州進口應懸挂按圖所繪之第六旗如由厦門進口應懸挂按圖所繪之第七旗如由汕頭進口應懸挂按圖所繪之第八旗如由廣州進口應懸挂按圖所繪之第九旗如由臺灣進口應懸挂按圖所繪之第十旗如由香港進口應懸挂按圖所繪之(叿)旗如由長崎進口應懸挂按圖所繪之◎旗如由神戶進

口應懸挂按圖所繪之(口)旗如由橫濱進口應懸挂按圖所繪之(巳)旗如該船載有火藥或別項引火之物應在中桅懸挂三角紅旗如該船有傳染疫症應在中桅懸挂傳染旗幟

引水續章第六 增補原定各口 總章第十款

一凡船隻所出引水之費專歸引水之人

分章第一

一凡引水之人如離本口前往他處事非引水者須領理船廳字據爲准惟河門外應用引水幾人敷用歸理船廳酌核辦理

分章第二

一凡引水人如在封凍之際擬往各口者應於告假時將乘坐何船前赴某處及起程後本口設有事涉引水之件歸於何人代辦均應一體稟明

分章第三

一凡引水人遇有因事暫撤執據期內不准分引水之公項設有收受者原領引水字據卽行撤銷

分章第四

一外國十一月初十日以後因天氣嚴寒該船有攜帶引水人前往他處者該船主按照後條所載數目應給與同

牛莊口川費自恒廠及恒廠以北十兩自煙臺七十五兩自上海一百兩以上之欵如有船主照此辦者仍須在未經報關出口以前赴領事官處具報至引水人如不卽行回牛莊口欲在該口過冬者未便受以上所定之欵項

分章第五

一凡引水價銀本有定數引水之人不准多索不准減收

分章第六

一凡引水者若見口門暗沙及水路窄處並河道有所改變之處或見號船標杆浮樁等件有所關礙及與理船廳凡有關係之事卽應詳細備函報知理船廳

分章第七

一凡引水人帶船進口俟該船寄椗須待每錨鍊下至十八丈後該引水人方准上岸

分章第八

一凡引水人如奉派應帶某船不准任意推諉至船主如需引水之人該引水頭目應卽派出惟該船欲用引水懸掛旗幟無論河內及河門外該引水人卽當上船

分章第九

一凡引水船隻暫往他口在離口以前應須報明俟回牛莊口之日在二十四點鐘以內亦應備函報知理船廳

分章第十

一凡引水船在原引處所應照理船廳所發式樣備具日記簿一本如有欲看者應隨時將簿交出

以上所定續章分章係本年十月初一日改議妥協至開凍以後卽遵此辦理

以上牛莊口分章　同治十三年十一月二十四日

第一款　係原定引水章程第一款

本口分章

一本口引水者應以十名爲額其人數倘多俟有缺出不補總以減至此數爲定

一本口引水界限以鎭海口外向東一路至東𡊮爲限向南一路至東池山爲限向北一路至烏龜頭爲限

一本口引費無論輪船篷船均應一律出入費用寗波至鎭海每船每喫水一尺計引費洋二元寗波至七里嶼每船每喫水一尺計引費洋三元寗波至岐頭每船每喫水一尺計引費洋四元寗波至魚山每船每喫水一尺計引費洋四元寗波至東池山每船每喫水一尺計引費洋五元寗波至巨江東𡊮每船每喫水一尺計引費洋五元寗波至烏龜頭每船每喫水一尺計引費洋五元

第二款 係原定引水章程第二款

本口分章

一凡遇考選時除理船廳外其餘同考之人應由考選局視中若干名數按照每名給每人洋五元

一考選時所擇同考之引水董事廳以一人爲政

第三款 係原定引水章程第三款

第四款 係原定引水章程第四款

第五款 係原定引水章程第五款內第二條改定如左其第一條第三條無改

一凡每年以泰西七月初一日爲期各引水者應將執據呈驗每人繳換照費洋五元

本口分章

一引水者引船進口應先將執據及章程交與船主倘船主將其留下俟船停泊再行交還亦無不可至停泊後引水者應卽稟報理船廳若該船遇有擱淺及別項事故其執據及章程則由船主扣留轉交理船廳辦理

第六款 係原定引水章程第六款

第七款 係原定引水章程第七款

本口分章

一凡引水者與船主有爭執情事准該引水於該船未卸貨之先赴理船廳處稟訴原委

一凡引船進出其引費均應遵照所定數目收取倘有不

遵定數私相高下者或暫撤執據或將執據撤銷

一引水者倘在口外見有浮沙流蕩或見水有暗礁或見塔燈浮樁標杆等項有損壞飄流各情應卽隨時稟報理船廳查辦

一引水者引船出口倘該船應用篷錨等項有破壞短少情事卽不應引其出口仍稟報理船廳及該船本國官聽候查辦

第八款 係原定引水章程第八款內第二條改定如左其第一條第三條第四條第五條無改

一引水船隻應於每年泰西七月初一日換照遵繳換照費洋十元

第九款　係原定引水章程第九款

第十款　係原定引水章程第十款

本口分章

一凡船駛至口內應在新開河口地方稍有緩行俟理船廳到後指定停泊處所然後再行駛往停泊

一凡船引進口該引水應先問明船主該船所裝火藥除自備若干外倘帶有多裝或帶有別項引火之物即令其在距白沙以下三里地方停泊

一凡船隻進口如該船帶有瘟疫及一切易於沾染之病者該引水亦應令其在距白沙三里地方停泊並不准人

上船下船聽候稅務司或理船廳辦理

本口專條

一理船廳公事房內應懸一牌將各該引水人姓名住址逐一註明

一凡有引水人不安本分酗酒鬧事以致所引之船損壞或因此而有一切履險之事或遇船被難而不克幫同救援者或暫撤執據或將執據撤銷

一凡引水人倘因事故而船主船東有餽送情事未經理船廳准收而私自收領者一經查出立將其執據撤銷

一凡引水人或私開酒店或違犯海關章程或係暫撤執據之人擅自引船或遇船隻已掛招人引水之旗而該引水不到或船主及經管之行並稅務司理船廳等諭令之事而該引水人不遵或引船時並非船主所准而擅自半途離船如查有此等情事應罰令該引水人呈繳洋一百元仍按其犯事輕重或暫撤執據或將執據撤銷如查出另有引水從中幫助者厥罪亦同

一凡引水船在口外行駛而有引水人在船者聽掛引水旗號不得掛用各國旗號

一凡補償引水之款或因事躭遲時日或有意外之事躭遲其補償引水之各款當以理船廳所定數目爲斷

一凡引水船隻船身統用黃色船邊鑲以綠色一條

一凡引水船隻或因修理或有別故另僱船應用亦屬可行惟無引水人在船不得掛用引水旗號如有擅行懸掛者惟該船戶是問並送官究治

一凡引船出口該引水應查其船面各物件是否排列穩路篷錨桅柁有無損壞短少水手人數是否敷用並查該船喫水深淺夜間所用各色燈火及量水綫等件是否齊全倘查有不合情事即不得引其出口當稟報理船廳查辦

一凡引船進口該引水應將執據及章程取出

一凡引船出口已至界限倘因意外之事將引水人帶出界外而非引水之咎者應自開船之日起至回甯波日止計算每日另給該引水洋六元其回甯川資亦應照給

一凡引水船倘因事在鎮海等候應以十二時辰為限逾限則計每日另給該引水洋六元

一凡引船時該引水應於理船廳所發簿內隨時書明引水上船時刻該船喫水若干深何時起錨該引水何時離船計收引費若干一一註明惟仍以船主畫押為憑

一凡引水人如查有已離本口另作別樣生理者即將其執據撤銷

一凡船隻遇有擱淺該引水應將其擱淺地方四至並喫水深淺何時漲潮何時擱淺水中是沙是泥何時退潮計擱淺若干時刻各等情一一寫明稟報理船廳

一本口專條所有應行管束各引水口內口外之規矩應由理船廳隨時設法妥辦

一上本口分章專條應由理船廳約同各國領事官酌擬如有應行增減之處亦可因時制宜約同妥為更定

以上甯波口分章

第一款各口分章宜定擬也（與總章第一款同另定本口分章三條）

一福州口引水人數現時口外共有十三名口內共有二十一名嗣後口內引水名單如有空缺須俟僅剩十八名後始行充補

一福州口引水界限應分口外口內兩段口外界限係自白犬馬祖君山一帶至金牌為界口內界限係自金牌至羅星塔以上一帶為界

一福州口引費定章列左凡在口外界限所引各船均以船身喫水每尺引費四元每火船由羅星塔出口或進口至羅星塔船身喫水十八尺或十八尺以下每尺引費五元如喫水至十八尺以上每尺引費六元若在金牌以內至羅星塔所引各船俱以船身喫水每尺引費二元或有

另用小船隨帶者每隻小船加引費半元若另有添僱人夫者每名工費一元又各船自羅星塔引至福州大橋港船身喫水每尺引費一元五角

第二款引水者宜寬其招募也（與總章第二款同）

第三款宜立有考選局也（與總章第三款同）

第四款考選引水之人宜慎也（與總章第四款同）

第五款充引水者宜發給執照也（與總章第五款同）

第六款引水學徒宜有定制也（與總章第六款同）

第七款引水宜聽制於理船廳也（與總章第七款同）

第八款引水船隻宜有定章也（與總章第八款同）

第九款船隻進口宜有分別也與總章第九款同

第十款口內停泊宜有定制也與總章第十款第一條第二條第三條同其第四條改定如左

一凡口內引費由理船廳照後開之例代收凡引帶船隻出入修廠及引帶更改移泊並由碼頭引泊別處或別處引泊碼頭其引費概係定章洋銀十元

以上福州口分章

第一款引水執據應分別爲口內口外洋人引水只能承領口外執據華人引水則口內口外執據俱可承領倘洋人果能熟悉金牌以內引水事務只准其引帶火船進出

華人果能熟悉引水事務則無論何項洋船皆准其引帶進出口

第二款除理船廳外凡考選局所有考驗引水之人員各應收規費銀十元至本口引水執據規費係銀二十兩

第三款如欲邀集考選局人員理船廳須預出一單於二十四點鐘之前將單交與引水董事該董事接單後按所訂時刻赴局聚會

第四款凡引水學徒學至六個月後理應考驗果能熟悉引水事務遇有引水缺出則准其先領六個月引水字據試帶各船喫水在十五尺以下者至於滿期果皆熟悉安分俱能按照引水章程及本口分章其所帶船隻雖遇有不測並非引帶之過始准其補充引水實缺

第五款凡引水人如遇洋船行駛進口當上船時即將執據及引水章程並本口分章交與該船主看驗

第六款凡引水人引帶船隻至羅星塔後當於二十四點鐘內親詣理船廳稟報並書名於引港冊內至有引船離羅星塔出洋及輪班應往外港俟帶船隻者亦須先面稟理船廳方可

第七款凡引水人如有犯病悞工須有醫生憑據交理船廳看驗倘無憑據呈驗悞工三日即罰其停止引帶

第八款凡引水人引船進口如非該船主到理船廳控其不合之處至該船出口時亦惟原帶進口之引水本人或派其夥伴引帶出口如有別個引水擅自引帶該船出口者所得工價應按照第一款所定引費原價全數繳送理船廳發還原帶進口之引水人倘有船主不悅原帶進口之引水則當通知理船廳若廳許其所請即代爲另覔引帶

第九款引帶船隻出口該引水須引過引港界內各危險之處方可離船至引船進口須待停泊安穩港面或有口內引水人接辦方可交卸惟引水人既承辦引帶事務倘

非有船主手書准其離船必須引務完妥方可

第十款本口各船應給華民引水進出口引費均應交理船廳收存發給收單惟引帶出口引費須逐次均存理船廳處俟閱明引港冊內如該引水所帶船隻至引港界限俱已照章盡職引帶平妥方行給發

第十一款凡口外引水非自已悞帶越界如有令其帶出引港界外者每日應得工銀五元並應給與同歸盤費

第十二款凡引水人當承辦引帶時倘遇船隻不測將緣由速稟理船廳或面陳亦可如擱淺時刻水底形跡潮落尺寸一一陳明如引水人事務未竣不能離船並難以纜

稟一切須趕緊致信與理船廳畧陳所遇不測情形並報明該船曾否出險平安

第十三款凡各船主該船係本口之有執據引水領帶遇有不測擬係引水人失慎以及酒醉並不諳引帶事務速將該引水實在劣蹟報明理船廳由廳查明確實即將案據擬定刑罰知會該管領事官查辦凡引水人如有此等劣蹟被人控告即應停止引帶俟查訊後再行定奪惟查訊一節理船廳與領事不得久延

第十四款本口港汊沙線如有變遷及浮樁標杆移動燈船損壞各引水一經知覺即速稟報理船廳

第十五款引水船艇二隻除風颶不得不躲避外平日均應常在沙痕外巡邏所有口外引水船隻未稟理船廳並未由廳給有准單不得過館頭江以上如係引水之廢艇則不關例禁

第十六款隨時有引水船艇必須修理者遇有引務餘間則准其一名引水前往監修

第十七款引水船艇應搭載有執據之人赴洋船引水不得別載無執據之人上至何船承領引帶事務倘有洋船於所到之處挂旗招覓引水適無有執據之引水人在場斯時船主願僱無執據引水則准其暫行引帶惟自登舟

起至駛到芭蕉尾迤南止船上仍須挂招引水之旗並力助有執據之引水人使之得以登舟帶領又當使所帶船隻行駛平安若該船未至內沙杠之先即經有執據引水登舟接帶則無執據者准其勻分進口引費一半

第十八款駛行進口船隻內已有無執據引水人在船料理若遇有執據引水於該船未進港汊之先欲上船領帶因無執據引水人從中不相幫助致不得登舟該船引費應全數歸有執據者收領

第十九款口外引水帶領火船進入內港如遇口內引水前來即當停止江干聽口內引水上船任便接帶如未遇

口內引水及理船廳處派人上船則口外引水可以帶領
該火船直至安穩處停泊
第二十款欲僱引水者須面詣理船廳說明或致函到廳
相報亦可
第二十一款凡引水人如有違背以上分章該管領事應
令其罰銀所罰銀數自五元起至五百元止爲限
以上福州口引水分章 同治十一年八月十六日即泰西一千八百七十二年九月十八日立
第一款各口分章宜定擬也 係原定總章內第二條第三條第四條改定如左其第一條無改

一打狗口定設引水二名
一打狗口引水界限由旗後山號旗桅向西北方轉至西
南偏西之向定爲北南界限又外海則以水深按英尺三
十尺至四十二尺爲界限
一打狗口引水規費應按船隻之淺深定給凡由外海進
口拋錨或由內港至外口火輪船規費每英尺一尺洋銀
九角夾板船規費每英尺一尺洋銀一元其船不進口由
引水指引拋錨者應給規費之半
第二款引水者宜寬其招募也 係原定總章無改
第三款各口宜立有考選局也 係原定總章無改

第四款考選引水之人宜愼也 係原定總章無改
第五款考充引水者宜發給執照也 係原定總章內第二條改定如左其第一條第三條無改
一每年夏季引水各人應赴關將所領字據呈驗後續行
領回並繳呈續領之費關平銀五兩
第六款引水學徒宜有定制也 係原定總章無改
第七款引水宜聽制於理船廳也 係原定總章無改
第八款引水船隻宜有定章也 係原定總章內第二條改定如左其第一條第三條第四條第五條無改
一打狗口所有號照之引水船暫無庸飭交每年號照銀

兩
第九款船隻進口宜有分別也 係原定總章內第一條改定如左
一凡船將至泊船界限時應由引水人分別飭掛後開分
章第四款所列號旗
第十款口內停泊船隻宜有定制也 係原定總章內第四條改定如左第一條第二條第三條無改
一打狗口現無應收口內引費
以上十款仍係試辦之章若猶有未能妥協之處亦可隨
時酌擬更定
以上打狗口分章 同治七年九月十五日

第一條

一凡考引水應由本口理船廳作為主考熟悉本口水務船主一人及本口商人二名作為幫考會同考選其本口商人應由領事官稅務司會同挑選

第二條

一引水所用之杉板均應掃白其船篷上應書巨字列明號數並於船旁兩邊用英文稽寫有號照引水船字義惟該船乃本地甚小杉板應免其按年泰西七月初一日應繳二十兩之照費

第三條

一本口旗後山上旗杆升報船旗該引水時宜瞭望立即出口頗遠邀接該船詢明船主應否需其引水將引水字據付閱

第四條

一引水帶船入口將至泊船之處應即囑付船主隨其來處懸挂後開號旗一面俾旗後山頂報旗者一體懸挂如船由香港來應掛第一尖旗廈門來應挂第二尖旗寗波來應挂第三尖旗上海來應挂黃藍數目尖旗別口來應挂藍白棋盤旗臺灣府來應挂特勒價號旗

第五條

一有字據之引水每禮拜一次應乘潮漲落時於港汊沙面丈量水之淺深報明理船廳登簿備查

第六條

一引水帶船進出口時他引水不得預及如該船已有引水上船而船主縱欲另僱其他引水不准受僱至引船入口若船主准該引水升挂引水號旗應挂於該船國旗之下

第七條

一引水如不謹慎致引船有碰擱沙灘之患繼准查明另有水深通道堪引而不由者應憑理船廳斥停暫撤字據

如該引水不服准其三日內投訴凡華人報明稅務司洋人報明其國領事官察查如逾三日之限不為聽訴

第八條

一進出口引水各費理船廳代為收存俟至月終核明各應若干照數發給不扣酬勞之資惟引水如有獲咎議罰之款若干即在存費之內扣留

第九款

一引水帶進之船仍應歸其帶出惟進口時倘有錯悞由船主立報領事官或理船廳查明的確則不准再帶原船出口若船主被其錯悞不即報明不為聽訴

第十條

一以上分章係按引水總章第一款內暫爲核定以後均可隨事隨時更正增減同治八年正月十九日立定

以上打狗口引水分章同治八年正月十九日立定

第一款係原定總章內第二條第三款係改定如左其第一條無改

一議定應用外口引水人十八名內口引水人三名

一引水界限本口分外江內江二節外口界限分內外二段一由嘆囉頭起至東椗復由東椗至鎮海爲外口外界一由頭根礁起至尾仔嶼爲外口內界內口界限亦分二段一由頭根礁至尾仔嶼爲內口外界一由白嶼起至廈

門港爲內口內界引費註明內口引水費銀列後凡由內口往外口及由外口來內口起椗下椗費銀均皆在內帆船二百噸以下應給引水費銀五元二百噸以上每噸先士二枚半計算火輪船四百噸以下應給引水費銀五元四百噸以上每噸先士一枚二五計算其不生火者該引水費照依帆船噸數一律辦理　移泊者連起椗下椗費銀在內帆船二百噸之下應給引水費銀四元二百噸以上每噸先士二枚半計算火輪船四百噸之下應給引水費銀四元四百噸之上每噸先士一枚二五計算其不生火者照依帆船噸數一律辦理起椗下椗入澳出澳引水費銀皆照由內口往外口由外口來內口一律辦理　外口引水費銀開列三枝桅帆船應給引水費銀八元二枝半桅及枝半半桅費銀六元二枝桅及枝半桅費銀四元火輪船費銀四元其火輪船不生火者費銀八元

第二款係原定總章無改

第三款係原定總章無改

第四款係原定總章無改

第五款係原定總章內第二條改定如左其第一條第三條無改

一每年英七月初一日引水各人應赴關將所領字據呈驗後續行領回並繳呈續領之費洋銀五元

第六款係原定總章無改

第七款係原定總章無改

第八款係原定總章內第二條改定如左其第一條第三條第四條第五條無改

一凡有字據本口引水船每年英七月初一日應納字據費洋銀五元

第九款

一凡船將至泊船界限時應由引水人令該船升其國旗號如有火藥或別樣引火之物在船應掛三角尾紅旗即第五號

第十款係原定總章無改

以上厦門口分章

第一款　係原定總章內第二條第三條第四條改定如左其第一條無改

一本口擬定應用引水八六名

一引水界限本口引水自外口赤乾起至內口停泊界限止

一口外引費無論火輪船及輪船拖帶之篷船並夾板船由口外赤乾引至停泊界限及由停泊之處引至界內等事來往按照英國尺量度喫水每尺應共用經費凡口外引至停泊界限每尺繳費銀二元五角由停泊引至界內每尺繳費銀五角

第二款　係原定總章無改

第三款　係原定總章無改

第四款　係原定總章無改

第五款　係原定總章無改

第六款　係原定總章無改

第七款　係原定總章無改

第八款　係原定總章無改

第九款　係原定總章無改

第十款　係原定總章內第四條改定如左其第一條第二條第三條無改

一凡口內引費由理船廳照後開之例代收凡帶引出入

修廠及添鋪等事並更移停泊無論火輪船及輪船拖帶之篷船並夾板船照英國尺量度喫水每尺繳銀十元

以上汕頭口分章

一理船廳內口外引水人聽便選派並作口內引水

一引水每年應交出字據銀二十兩

一凡作引水須呈保單銀三百兩以為遵守章程之據再給發字據

一凡欲考充引水者須學徒三個月方准入考

一凡作引水者如願告假他出須先稟明理船廳核准倘有不曾稟過擅離責守三日可將該字據暫行撤銷

一凡引水帶引船隻出口須駛去赤乾在西方准下船回轉

一口內引水之人須由理船廳攜簿一本每逢商船僱用此人事完該船主須註明簿內其船停泊是否妥當

一凡船隻進口向指定處所停泊之後口內引水須即報明理船廳並將船名國號口外引水名字該船喫水深淺註明理船廳簿內以便查考

一各引水帶引商船出口抵界限時因有不及過界出海並非引水錯悞應由船主自逾界之日起扣至回來之日止每日賠償洋銀十元

一凡引水招喚到船該船並未齊備每次誤喚由船主賠償辛勞洋銀十元
一凡各引水疎忽揺旗招換可罰將字據暫行撤銷
一如有船隻遇有擱淺該引水即應將地處方向時刻潮水漲落該船喫水若干及擱淺處或係沙石等情報明理船廳
一凡引水應探知河身淤沙長没更換及塔表望樓浮樁若有損壞等事俱隨時報明理船廳知照
一凡引水倘有違章多取少收經費等事可罰將字據暫行撤銷

一凡有人因帶引事故訴告引水須赴理船廳投遞核辦
一凡引水設立公局議定條規須呈明理船廳查閱方准
一凡引水船艇出水面須油白色上口黑色
以上本口分章均由理船廳準情酌理約於各國領事官妥爲擬定嗣後有未能妥協之處亦可隨時酌擬更換

以上汕頭本口分章

第一款 係原定總章內第二條第三條第四條改定如左其第一條無改
一本口擬定應用引水之數不得逾三十五名之外
一本口引水界限定明如左本口內界自海心沙以下河面東西兩岸對直爲界外界有二由西路而進出澳門燈樓東對直大嶼山爲界如由汲水門入自青衣島正西度綫爲界或自香港太平山正北度綫直至大地爲界
一引費定明如左凡帆船由黃浦至香港或由香港至黃浦每噸引費銀五先士由黃浦至澳門或由澳門至黃浦每噸引費銀五先士由黃浦至大海或由大海至黃浦每噸引費銀五先士由黃浦至省城或由省城至黃浦每噸引費銀三先士凡輪船由黃浦至香港或澳門或大海或由大海澳門香港至黃浦每喫水六七八或九尺者引費銀十二元五毫喫水十尺至十八尺者均計引費銀二十五元喫水十九尺者引費銀三十元喫水二十二十一或

二十二尺者引費銀四十元由黃浦至省城不論喫水淺深引費銀十元

第二款 係原定總章無改
第三款 係原定總章無改
第四款 係原定總章無改
第五款 係原定總章無改
第六款 係原定總章無改
第七款 係原定總章無改
第八款 係原定總章無改
第九款 係原定總章無改

第十款（係原定總章無改）

以上粵省分章

一本口考選引水局人員如左　理船廳爲主帶水師官員或商船主一　經奉行往來香港本口輪船船主一位暨引水董事

一本口引水字據費銀二十兩

一凡作引水收其字據之時須呈保單一紙足銀一百兩註明以爲遵守章程之據

一凡欲考充引水者須先學徒至少三月方准入考

一凡作引水者如遇告假他出須先具稟理船廳核准倘

有不曾稟過無端而擅離責守三日外者則將該字據應行暫撤

一凡引水帶引商船照料尚未清結如未有船主查明憑單不得擅行離船

一凡引水仍由理船廳發給簿一本每逢帶引商船出入均已清結將簿遞船主是否帶引該船妥當照料盡職分別優劣註寫

一凡引水帶引商船進口於下錨後即應稟報理船廳說明係在何時何處帶引該船一路省河各情形節畧皆要具稟又引水帶引商船出口須即具稟呈遞理船廳將一路出省河各情形節畧再者何時何處離船及嗣後採有該船事情均須具載

一凡引水帶引商船逾界並非引水錯誤應由該船每日賠補洋銀一元

一凡遇有船隻擱淺該引水即應將是處地名方向該船喫水尺寸値潮水漲落若干及擱淺水底或係沙石碰沉等情報明理船廳

一凡引水探知河身淤沙長没更換及浮樁塔表望樓或有損壞各等事俱應即報理船廳知照

一凡引水倘收取引費有違本口定章多取少收則將該

字據亦可暫撤

一凡有訴告引水者必須具稟投遞理船廳核辦

一凡引水者設立公局議定條規須將該條規先呈理船廳查閱核准方能照行

以上本口分章均由理船廳與各國領事官妥爲商定嗣後有未能妥協之處亦可隨時會擬更換

以上粵省本口分章

總章第一款（係原定總章無改其續增分章第一款第二款第三款列左）

續增分章第一款

一上海口應用引水人數定明五十五名計常用不過四

十五名聽用十名如常用之人未曾減至三十五名凡有缺出不必補換而引水之人亦不得另帶學徒但凡有引水學徒於西歷一千八百七十六年正月初間已學成滿期者以後可補其缺倘本口之生意加增引水之人不敷辦理則由理船廳商同總章第一款內管理引水事宜之官紳公同商議應否另派引水學徒

續增分章第二款

一上海口引水界限定明以安墨斯得古子拉甫兩島對經界限之路爲外界

續增分章第三款

一引水之價按照篷船輪船及輪船拖帶之篷船分別訂明於後從外界引至上海篷船每英尺價銀五兩輪船及輪船拖帶之篷船每英尺價銀四兩　從東沙船引至上海篷船每英尺價銀四兩五錢輪船及輪船拖帶之篷船每英尺價銀四兩　從吳淞引至上海篷船每英尺價銀二兩輪船及輪船拖帶之篷船每英尺價銀一兩五錢　從古子拉甫引至吳淞篷船每英尺價銀三兩五錢輪船及輪船拖帶之篷船每英尺價銀三兩　從東沙船引至吳淞篷船每英尺價銀三兩輪船及輪船拖帶之篷船每英尺價銀三兩

引水者引船之時因在吳淞暗沙外停泊候潮不能引進若躭擱至四十八點鐘以後應由該船按照以後之日每日賠償該引水人費銀十兩

總章第二款係原定總章無改其續章第一款列左

續章第一款

一凡輪船願往來中國各海口碼頭者該船主及經管該船之行主先赴理船廳照付規費銀關平一百兩方至考選局考選自家本船上之人有能充當引水者充當之考選一層最關緊要必須考選其人果能充當引水者即發給續章引水字據一紙　續章引水字據寫明船主姓

名輪船名目並往來何處地方當一體遵照考選局新舊章程

一凡領有續章字據者只准其在自家本船上充作引水之人不准在別船上充作引水之人倘此人若不在此船者經管該船之行主即當撤回此續章引水字據若此人不遵守奉行有違背情節或不勝其任者理應稟明理船廳革退並撤銷續章引水字據稟公辦理仍准該引水人即赴領事官處稟訴撤銷續章引水字據原委　若經管輪船之行主欲調此船能引水之船主至彼船者須先稟明理船廳方可充當

總章第三款係原定總章無改其續章第二款分章第四款第五款列左

續章第二款

一凡具稟欲充當引水人者若未准引水學徒又無充當實據不准考選

分章第四款

一考選局內之人除理船廳外每考一次各應得費銀七兩

分章第五款

一考選局內但可有一引水之人

總章第四款係原定總章無改

總章第五款係原定總章無改其續章第三款第四款第五款分章第六款第七款列左

續章第三款

一凡在上海口領續章引水字據當繳呈字據費關平銀十兩每年夏季引水各人應赴關將所領字據呈驗後續行領回並繳續領費關平銀五兩

續章第四款

一凡有引水之人稟請給假理船廳可准一年者如再因要故可以加至六個月倘有引水請假之人逾限未回或在本口自行離開過六十日未准請假者其執應當開除至各引水人得假之時必將引水字據呈繳理船廳查收

續章第五款

一准領有字據引水人十名充當船主但此船只准在中國通商各口及日本國往來凡有引水人欲作船主必先稟知理船廳聲明該船除往來中國通商各口及日本國外不准前往他處等情經理船廳准後即將前領字據繳存理船廳由理船廳給發收照該照註明該人名字已列入聽用名目之內凡有聽用之人欲作引水必先繕稟呈送理船廳俟過三個月之後理船廳允准方能引水如有人三年在聽用名目未經引水者理船廳可以將其再爲考試

分章第六款

一引水之人願上商船引進之時應將引水字據及引水章程專條呈交船主收執俟該船至理船廳或所派之人所指之處停泊妥當後方行發還若引船之人將船擱淺或有別故經商船主查係該引水人之咎可將該字據交於理船廳查辦

分章第七款

一凡已領字據之引水人若遇商船有人自稱引水欲將該船引進者總可向其索看引水字據如查有何項情弊即向理船廳禀辦報明以憑查辦

總章第六款係原定總章無改其續章第三款列左

續章第三款

一凡欲作引水學徒必要有船主字據或伙長字據如無字據必要或在船主或伙長等處辦過二年事務有徵實可考者方准學徒若華人須要理船廳考選局查實曾作過水手者然後酌妥可否能學

總章第七款係原定總章無改其續章第七款分章第八款至第十七款列左

續章第七款

一凡兩船相碰並船擱淺者係引水人或怠於事或忘失路昔引水人之過但船主須具稟呈明理船廳以便查看

分章第八款

一凡引水之人若與所引之船主因引水之事有所辯論應於該船起貨以前向理船廳報明

分章第九款

一凡引船起貨出口遇有意外不測之事致將引水之人跟帶前去所有引水人費用及回本口川資應由該船主或船東照給

分章第十款

一凡引水價銀本有定數引水之人不准多索亦不准減收

分章第十一款

一凡引水者若見口門暗沙及水路窄處並河道有所改變之處或見號船標杆浮樁等件有與理船廳關係之事即應詳明晰備函報與理船廳知照

分章第十二款

一凡引船出口將欲開行之時經引水人查出該船有不能出海之故或船身浸漏或篷索錨鍊並水手有不敷用以及各項情形可不承引此船但亦應立將查出緣由詳細報明理船廳及該船本國之領事官知照

分章第十三款

一凡引船之時若有不妥之處該引水人應迅將一切情

弊詳細報與理船廳知照

分章第十四款

一凡引船進口之價船主可俟見有理船廳或所派之人所給該船係在妥當之處停泊之憑據候妥當再行付給

分章第十五款

一凡引船進口之時不論篷船輪船除常行來往向經理船廳定有停泊處所之船外一到泊船界口理船廳躉船之處即應停駛候理船廳幫辦應須上船指示進界後停泊之處並詳細詢問海中所歷一切情形

分章第十六款

一凡引船入口之時引水之人應問明船主有無火藥及各項引火並危險之物遇有此等貨物引水之人即應將該船在口限外至少三里路之外停泊下錨

分章第十七款

一倘遇進口船隻內有瘟病之事該引水人應於泊船界限三里以外將該船停泊下錨並告明該船主不准有人上下俟引水人詳細報明理船廳辦理

總章第八款 係原定總章無改其續章第八款列左

續章第八款

一凡上海口引水船隻領續章引水字據須出領費關平

銀二十兩每年應繳驗費十兩

總章第九款 係原定總章無改其分章第十八款列左

分章第十八款

總章程第九款內第一第二第三三條現在暫行不用

總章第十款 係原定總章無改其分章第十九至二十二款列左

分章第十九款

一引船入口後倘該船主或經理該船之人不願或不能立時停泊下錨該引水人可將該船暫行帶至理船廳所指之處下椗後准其向該船索取引船全費而去若該船主願留引水人在船伺候引水人應即允許但若留至二十四點鐘以後應由該船按照以後之日每日付給引水人費銀十兩

分章第二十款

一凡有泊船界內之船欲邀引水人引移他處該引水人應須見有理船廳允准移泊憑據方可引帶

分章第二十一款

一泊船界內引船移泊應付之費照第二十二條所定各款辦理若在進界二十四點鐘以內引進之人引帶該船至應停泊之處概無另費引水之人若照第十九條所載每日應收十兩則其時遇有引帶移泊之事亦無別項費

用倘有應付之銀雖照總章應繳歸理船廳收辦既經定明應付與引水人自收

分章第二十二款

一泊船界內引船移泊之費分別開列於後引船進出界內修船廠每英尺費銀一兩二錢五分　引船進出界外修船廠每英尺費銀一兩五錢　引船移泊起椗下椗仍在本段以內每英尺費銀一兩　引船移泊起椗下椗由此段引至彼段每英尺費銀一兩二錢五分

以上十款仍係試辦之章若猶有未能妥協之處亦可隨

時酌擬更定

以上上海口分章同治十二年閏六月訂

通商各口募用外國人幫辦稅務章程已見戶類稅務稽稅杜漏併見

附錄江海各關關政

中國朝鮮商民水陸貿易章程第四條已見戶類稅務貨稅併見戶類稅務船鈔子口稅內地稅釐禮類游歷刑類法禁

成案

英商在浦江租界外墊地撤禁

總理衙門咨案查英商福利連那士等行在黃浦江墊地一事於上年六月間准貴大臣咨報本衙門經照會英國公使飭領事官禁止在案嗣准照復以墊地一節業經劄飭馬領事嚴禁若該商必欲堅執已見河泊所即應代道員赴領事官處控告本衙門以河泊所替道員控告一層於體制不合業經咨復酌核辦理亦在案惟至今一年有餘案懸未結斷難任其再行拖宕本衙門業已照催英國公使仍飭上海領事官飭令該商將所墊之地撤去並於

通商各口亦均預爲設法以杜將來相應咨行同治三年九月咨南洋

附錄給英國照會

爲照會事照得上年六月二十六日准南洋大臣李咨稱英商福利連那士行將所租黃浦江轉灣地方格外伸出之地墊高於各國商船往來有礙業經本爵照會卜大臣轉飭上海領事官遵照禁止旋准照復以福利連那士行將浦江之地墊高業經劄飭馬領事嚴禁若該行商必欲堅持已見河泊所即應代替道員赴領事官處控告一層與中國體制不合既經卜大臣劄飭馬領事嚴禁該商自

必遵行業經各行商洋大臣李照辦在案乃此案一年有餘至今尚未了結本爵查凡貴國有與中外交涉之事一經照會前來本爵即憑照會內所稱各節咨行地方官詳查如實有礙於貴國之事亦必迅速照辦從無必俟貴國人向中國衙門控告始爲查辦誠以貴大臣之照會較重於商人之稟控今英商福利等行擅墊江灣實於各國商船往來有礙馬領事如實欲嚴禁該商則本爵照會與卜大臣之劄文頗爲可憑且此案上海關道原據河泊所之稟照會馬領事亦已函復該道允爲禁阻何以至今尚待控告而置本爵照會及卜大臣劄文爲不足重況江灣乃

係官地並非民產而所墊地址又確有可查亦爲各商所共見無難一訊即服相應照會貴大臣仍希轉飭上海領事官飭令該商將所墊地址撤去勿礙商船往來之路至通商各口洋商難保不因此紛紛效尤亦須設法以杜將來並希轉飭各口領事凡有洋商在河邊租置田地基址均須註明若干丈尺欲在河邊起墊必須先稟明地方官查勘是否准行方准其修備有洋商私自墊地無論早年近日所租之地即行入官如此先行出示曉諭庶可禁止各商私自墊地之弊而各處河道不致有礙是爲至要爲此照會

南洋大臣李咨據江海關詳稱同治四年十一月二十六日奉憲批英商連那士浦東墊灘一案現飭繳價承租由奉批英商連那士所築乾地之外泥石碼頭有關中外商船之害人所共知必須令其撤去准如該道所議另改浮椿木空碼頭並由官將出浦淺水之地招人挑挖深通以資便利俟辦結後再行詳報此外漲出地畝即據查明訂界另立新契仍給租賃已遵繳價銀所繳之價作充地方公用均屬妥協俟咨明總理衙門核復飭遵等因茲准英領事將此案連那士所繳地價銀一千七百二十四兩除去丈量釘界經費銀一百九十兩外尚餘規銀一千五百

三十兩照送到道遇有公用隨時稟請提撥並切囑英領事將連那士乾地之外舊有泥石碼頭立限撤去一面招人挑挖以利水道理合詳乞鑒核等情除批飭催囑英領事赶將連那士乾地之外舊有泥石碼頭立限撤去一面招人挑挖以利水道具報備案外相應咨呈同治五年正月咨呈總署

山東煙臺租地准分各國

總理衙門咨同治五年二月二十日據英法兩國照會煙臺租地之案現經會同商定毋庸專歸法民承租並將前立界石起除除砲臺左近不得租賃外其餘均准各國公

共租用至砲臺左近應留地址若干本衙門礙難懸揣應由貴大臣轉飭東海關監督斟酌妥定除應留地界嚴諭該民人等不准租與各國外其餘地畝准合各國分租惟不得租給一國之人致令各國再有他說相應咨行轉飭遵辦同治五年二月二十五日咨三日

美商退還鎮江北岸七濠口租地

南洋大臣李咨查鎮江關辦通商時因江南賊氛正熾關署尚未建設該關坐船係在七八花州一帶江南停泊當與英領事雅妥瑪林稅司商准凡洋商船隻同泊彼處起卸貨物又因洋行尚未開設請以旗昌行白身洋船一隻

作為躉船亦泊關船左右裝儲輪船來往貨物均係一時權宜之計聲明俟鎮江關署建造再行擇地定章庶昭妥協七八花州即俗呼七濠口實在鎮江對岸為揚州江都縣所屬同治二年正月內有英商在彼欲開洋行經督辦江北軍務江寧將軍都咨准貴總理衙門核復以七濠口地方雖准洋商停泊起載祇因鎮江關署未建一時權宜並未准其開設行棧今洋商欲在該處設棧實非章程所有斷難准行當飭鎮江關道轉據鎮江府與赫總稅司雅領事三面會議由領事出示禁止並令揚州府派員巡查各在案同治四年以後江南全省肅清軍務大定鎮關衙

門興工領事稅司俱來鎮居住各洋商自應各就租地赶緊蓋屋貿易上年三月間即據該管關道許道身稟請曉示凡通商買賣勒限四箇月一律歸於鎮江碼頭十一月內據報關署工竣案內曾將限令遷移緣由附案咨達查照本年正月內據該關道稟稱與英領事康稅司等妥商諭催英國商棧由七濠口移鎮惟美商旗昌瓊記寶記三家尚在七濠口未遷雖云除牌閉歇因美領事同華遠在上海迭次照催轉飭遷移尚未復准華商大棧陸續遷移其零星舖戶搬移不及一再懇請展限並聞該舖戶有移就六濠口地方者該處與兩淮瓜州鹽棧逼近為運商泊

船要地豈容奸商把持致礙鹽務是以加委兩淮丁運司會同該關道親督查催務令剋期搬移淨盡如有刁玩行戶藉詞抗違即行稟請查封究辦現據該運司稟報六七濠口華商各行棧業已搬移過鎮所遺房屋或令拆除或准量力移造租與居民棲止又據鎮江府轉據雜貨號棧各商具呈該躉船係躉輪船之貨今洋行業經遷鎮而躉船仍泊北岸較遠不獨駁運艱難萬一風波涉險關係匪輕稟經批示飭即提泊南岸以歸一律此查催六七濠口各行棧遷移鎮江及將躉船提泊南岸先後辦理之情形也各商棧既遷之後因念鎮江中外雜處貨本舖集必須

設法保護陸路則飭將弁配齊鎗械設卡嚴查江面則飭水師添撥砲船分駐巡守並將江口金山腳下河道挑挖深通以備移泊船隻不致風波受險商民均甚樂從至此項躉船從前係因船泊北岸之七八花州並無行棧而設目下華洋買賣皆在江南各已起蓋房屋堆儲貨物所有躉船即可裁除如仍須應用自應同至南岸若獨在大江以北非但駁運貨物既多不便轉有風波之虞該號商稟內均係實情且從前議立鎮江碼頭條約租界皆在南岸其北岸七濠口爲揚州府屬境係內地不通商口岸因賊氛逼近姑准洋船於七濠口停泊起載並無准令洋商開

設行棧明文今關署已建軍務已平本大臣職司通商兼任地方必應督飭關道示諭該處洋商由北岸移回南岸以符條約而清界限英商行棧已遵諭遷回獨美商旗昌等行盤踞承准前因除飭該關道會商稅務司迅將躉船一項斟酌妥協如可裁除即行徹去倘須應用務遵前批催泊南岸並令鎮江關道與稅司康發達等妥議泊船起貨章程嚴催各行棧剋速一律搬南岸租地界內如再犯違應照約將行棧封閉貨物入官外相應抄粘躉船原案同號商稟詞縷晰咨復爲此咨呈貴總理衙門謹請查核照復飭遵施行再通商口岸南北之界長江腹地險要之

區淮鹽商船輻輳之所絲毫不可侵越此次飭令七濠口華洋行棧遷鎮頗費經營當飭催喫緊時曾有刁猾華商託詞難遷來轅瀆請原恐其牽混勾引批駁未准昨據丁運司報到華商遷移淨盡已無遺留行棧根蒂何以洋人不肯盡遵洋船於大海風浪尚不畏避何慮內江水深溜急華商尚能在南岸停泊何至洋船轉遭危險前立約時何以並未議及此事經地方官與該領事等往復商辦數月於茲值此建關之始華洋各商大半遷移豈容美商另生覬覦如或稍從緩辦在走私漏稅無從稽察其弊尚小更恐於鹽務地方形勢必有妨礙也合併咨明同治五年

四月咨呈總署

總理衙門咨同治五年九月十二日准咨查大江北岸揚州府屬七濠口地方前尚有美商覲望自應嚴飭一律遷移南岸後已據鎮江稅務司康發達議請勸諭衆商捐建碼頭並造棧房以便輪船上下貨物可以無須躉船及將鎮江關署西首留而未用各地可給美商作爲地界現又據鎮江關道稟據該稅務司將美商私租北岸七濠口未經報官蓋印地契請爲查辦並由稅務司面懇酌追半價完結核計地價共銀五千四百二十五兩飭於租主名下追還一半價銀交由該稅務司轉送美總領事給商收領

以後美商概歸南岸鎮江作爲碼頭美領事如有翻悔失信惟康稅司是問除再劄鎮江關道等分晰諭飭妥辦外合併咨明等因前來本衙門查七濠口地方係揚州府所屬本非通商口岸從前因鎮江尚未設關外國商船暫准在七濠口停泊該美商竟私租北岸華民地畝一經飭令遷移遂藉口以七濠口租地已多不願移泊南岸前准來文已飭稅務司等將鎮江南岸捐建碼頭租造該國署棧並留地給美商作爲租地今將美商私租北岸地契稅司康發達呈出並追還租地半價由該稅務司轉交美領事給商收領辦理甚爲允協所有鎮江口岸建造碼頭事畢

應撤躉船及未盡事宜除由貴大臣迅飭鎮江關道及鎮江稅務司等妥辦外相應咨復同治五年九月二十九日

咨南洋

吳淞借地作塔燈准行

江海關稟據新關稅務司狄妥瑪函稱本關現議於吳淞口建一塔燈須買地基四五畝請派員前往該處查勘等情當經劄委候補同知張丞秀芝會同寶山縣會勘去後旋據稟復勘得該地坐落騰號三十九圖均係抄塘挖廢谿糧官地從前業戸沈福南等賣與趙揚揚轉租洋商煙爾吉曾奉追價有案稟請核示到道卷查同治三年有革兵劉曉峯唐靜支將海塘官地私託趙其駿即趙揚揚盜賣洋商經丁升道查明有礙海塘飭令退還地價收回原契所有收回官地之內有洋人所造木棚一座木碼頭一座飭縣押令趙其駿轉告洋商一併拆去並嚴拏劉曉峯等迸究會同應道稟報在案現在狄稅務司請建塔燈即在洋商所造木棚之內係屬官地一經設立塔燈誠恐將來修築海塘不無妨礙一再囑其另行擇地以期妥善該稅司以現議建造塔燈之處雖在海塘埂內餘基之上但離隔海塘尚有數丈之遠將來修築塘埂可保毫無不便函請將該地暫爲借用等情前來復查沿海建燈原爲保

護中外商船起見事屬因公惟係海塘官地將來如果築塘需用能將塔燈拆讓與否殊不可必應否准予通融借用之處理合稟請示遵同治十年五月初一日稟南洋大臣奉批據稟狄稅司現議於吳淞口建立塔燈之所即在從前追回盜賣官地之內查建設塔燈保護中外商船係屬准行之事核與前案情形迥不相同且係谿糧廢地須用無多似可通融辦理惟須與之言明將來修築海塘該塔燈設或有礙必得拆讓此時於建一塔燈之外亦不得另有他請倘均一一允從即可如稟准予借用仰即酌辦具復繳

丹商謀租煙臺義地退價銷契

山東撫院李咨光緒三年七月初四日據署理東海關監督張蔭桓稟案查丹國人士樓對謀租義地一案蒙直督部堂批令堅持力爭總以辦到退價銷契妥速具報等因並蒙劄准總理衙門咨接到代辦丹國交涉事件布公使函稱據丹國駐煙臺領事詳蝦鳌行夥時樂德曾買中國劉姓八地一案由本衙門函復行令妥速辦結具報各等因當即照會該國領事訂期會商辦理詎該丹國領事高賚格二月間因事赴滬並未知會以伊國事件交何代辦函據無從商辦直至三月二十六日據高賚格照會內稱

士樓對租地一事業駐京兼理本國俄羅斯欽差批此案地畝果係劉姓之地自應照約永租倘係義地即應退還以敦和睦希即查明移復等情當將確係義地並非劉姓之地實在憑據詳細照復並將劉仙舟影射上手紅契與該領事閱看該領事初猶辯說經告以士樓對當時謀租朦混請印之詭計中國義地萬不能議租平毀公使批示之當遵所執朦混印契之不足據反復辯駁不啻舌敝唇焦該領事無可置辦乃謂此地曾經哈唎轉租一半與英商和記洋行遂約同英國領事官哲美森來關面議堅持前說力爭不懈該兩國領事均俯首無辭至五月間情願退地惟云此地退還後作何辦理答以上年會議租界時本擬圈牆保護現在即行築牆以免行人作踐該領事謂此地與各洋商房屋相密邇有關出入走路求於牆外各留一路等語當答以就地築牆原爲保護義塚起見牆外有餘地自可留作走路隨派員會同該領事等照業履勘豎立義塚界石共計築牆一百九十餘丈於五月十五日開工至六月初十日竣工並據該領事函請給還租價將租契送繳前來除將租契發縣塗銷並將劉仙舟等照例嚴辦外所有士樓對謀租義地現已退價銷契築牆保護辦結情形擬合稟報查核等情除稟批示外相應咨呈光

緒三年七月十一日咨北洋

鎮江關太古躉船移泊

出使英國大臣郭咨竊照鎮江關太古洋行躉船移泊一案於上年四月十四日承准總理衙門咨開奏奉飭由本大臣在英國總理衙門評斷等因旋准將躉船全案圖說一併咨送前來即經節次照會並詣辦論歷八閱月之久始於正月初六日接准英國外部議覆核其情詞尚屬允洽茲將外部來文照譯漢文及本大臣照覆文件另錄清摺附呈總理衙門查核並請轉咨劄飭鎮江關道體查情形是否必應挪移察看即責成鎮江關道轉飭理船廳指

一相安之處令其移泊務使該行貿易不致停留此係通商口岸應行自主之權嗣後遇有此等事件並應查案妥辦相應咨明光緒四年四月咨北洋南洋

附錄英外部議覆原文

爲照覆事查移泊鎮江太古行躉的斯躉船該口華英官員商人等意見不合一案准貴大臣前於上年六月初七日照會並由本部與貴大臣陸續往返照會各在案現經英國朝廷詳細核議此案情節合將英國朝廷所見知照貴大臣查照本部查該躉船原蒙中國官員允准停泊所在之處而江身續出新溜於江岸已形有損其新溜是否

由於躉船所致業經兩國各向通曉江防學問之人商詢而兩國所商江防學問之人彼此各執意見英國朝廷現在不能懸斷溯查從前鎮江中國官員與英國領事彼此照會之際曾經言明祇欲躉船船主暫將躉船移開以便查明江岸是否盡由躉船抑不盡由躉船中國當經允許若江岸受損實非躉船所致自應仍准躉船復泊原處英國以爲中國所擬辦法非不盡情盡理而躉船一案所以轇轕者乃因中國官員設用嚴法撤銷該躉船在通商口岸與各外洋船隻所享海關必予之利益是中國之辦法似有斷截該行之買賣該行因之喫虧不下一萬金磅之

多復查該行前已呈請本國向中國代爲討償本國檢查躉船案件內所敘一切案情不欲幫助該行向中國討償賠款惟兩國於躉船一案之權利意見既昭然相悖中國何以不先知照本國遽行不顧兩國友誼之辦法英國朝廷良爲抱歉雖然本部現經劄飭駐紮北京署使若中國官員仍以爲應辦事件固欲挪移躉船試看江岸該署使不必攔止英國朝廷指望中國視此爲不必應辦事件躉船仍在原處停泊若中國必欲查勘江岸挪移躉船英國朝廷仍望中國設法幫助該行容易挪到別處聽候查明不使該行就擱買賣稍受虧折所言如此務望容納相應

照覆

附錄郭大臣照覆英外部原文

爲照覆事一千八百七十八年二月初六日准貴伯爵來文復議鎮江躉船一案本大臣竊思貴國御前律師之意與本大臣前以此達知貴伯爵各律師之意似尚符合曷勝欣悅貴伯爵於躉船一案不厭精詳細心核議本大臣允宜鳴謝惟查貴伯爵以本國稅關撤回准單一節爲不顧友誼之辦法本大臣更當一言鎮江江岸專爲現在保護洋商租界起見欲令太古行躉船挪移查看經鎮江關道照會領事官及施縉譯數次所煩太古行一時挪移之

力而執意不肯聽從以致停給准單向查太古行輪船前既能用小船移運客人雖撤准單亦可以之上下貨物核與他項無躉船之輪船無異維時本大臣尚未奉使出洋無憑知照貴國中國原爲保護通商口岸生意起見並無不顧友誼之心迨後本國總理衙門奏奉

諭旨令本大臣照請貴伯爵核議即先將准單發還太古行誠知貴國律法一切持平而其始終關顧兩國交誼之意實亦委曲周詳毫無過爲茲准來文應即咨呈本國總理衙門其於將來應行保全通商口岸事宜務必查照來文盡心核辦以答貴伯爵勤勤囑咐之意相應照覆

附錄總署復英國照會原案

爲照復事光緒二年十二月二十六日准貴署大臣照會等因前來查鎮江太古行躉船一案彼此意見之不同有三要節鎮江駁岸坍塌是否因躉船所致中國官員以駁岸之坍塌實由躉船所致英國官員以爲非該躉船所致並以爲躉船應否移挪之處應由領事官核定而中國以爲應將該船移挪以便驗明水溜惟中國係地主此節應以中國之意見爲准駁岸坍塌無論是否因該躉船所致應將該躉船移挪此其一也鎮江關理船廳當經飭令該躉船移挪理船廳是否有此權英國官員以爲鎮江關並無理船廳又以爲鎮江關並無此泊船之章程又以爲理船廳祇可泊行海船隻不能使已灣之躉船改泊而中國官員以爲有理船廳有章程其改泊之事應由理船廳指使又以爲躉船與行海船隻固屬不同躉船係久泊其地之船非過往船隻可比惟正因其爲躉船更應挪移以察其害此其二也理船廳飭移躉船不移由關停發准單該關應否如此辦理英國官員以爲此辦法與罰辦該商無異又以爲此辦法係越權而害商因即謂中國辦理之非是並提及賠償之語中國官員以爲並非越權若謂該商之喫虧確係由於自討而所辦法不但與越權罰辦之事

不同卻係由該章程所指而辦之此其三也是鎮江躉船一案兩國之官員所以意見之不同如此本衙門再四思之仍應再請貴署大臣或將躉船暫時移開以便將水溜驗明或逕使其躉船停泊他處仍照舊爲貿易生理本衙門以鎮江關所辦各節一一均係照章無誤現在再請飭移倘貴署大臣猶不以爲然事出不得已本衙門則將全案咨會出使駐英大臣辦理一面等候回文一面暫准該躉船照舊領單倘有駁岸坍塌或衆業受虧即向該船索賠可也除咨會南洋通商大臣並劄行總稅務司照辦外相應照復　按此案辨論數年而後定前後情節案卷浩繁未能全行附錄今擇錄原案末後復英使一文

於全案實可綜其要領

中國買僱洋船均應由官經理

總理衙門咨同治三年十一月初一日據英國威公使照會英商麥葛利一案本衙門於十一月十三日照復英國聲明中國人洪蟗等如何辦罪應由本衙門咨行浙江巡撫照例辦理嗣後中國欲買洋船或僱洋船均應由官經理不得任憑民間私相授受轉飭各口領事知照一體照辦此案華人洪蟗奉批總保漁務卽僱英船麥葛利船主偏敦被告各案其最重者皆由僱護洋船而起以致其藉口辯白之辭不能盡以爲非容本大臣將此各節畧爲指

陳再者咸豐十一年據卜大臣劄行寗波領事官出示英民承辦護船係不法事務嚴行禁止本署大臣經劄該署領事如果現有已准英國船隻改換本國形勢充辦護洋立卽撤銷前批嗣後無論官民欲請批准卽爲告以中國欲買尚無不可如欲僱覓應請總理衙門會同本國駐京大臣議准方行否則不可擅僱查麥葛利船在舟山等處不通商地方往來牟利卽與私做買賣者無異況經領事官諭飭不准之後尤敢駛往不通商之口開砲轟斃人命較之商船僅止私販貨物者其罪尤重所稱向索船價豈有索船價之人反幫轟船拿船之理其爲有心違犯條約在不通商口岸牟利的確無疑自宜將該船照約入官以完此案相應咨行同治四年正月二十一日咨沿海各省

天津碼頭捐議定華洋商人合收分用

津海關稟竊照各處通商口岸修築碼頭平治道路凡於商旅一切有益工程無不取給商捐卽上海租界早經洋商施工尚於籌防捐內歲提數成以爲貼修碼頭之用然與其捐貼於後曷若興辦於前天津爲北洋通商總滙之區商賈輻輳舟車絡繹而自紫竹林至郡城一帶地勢低窪街道偪窄平時貨車碾軋本易損壞偶遇陰雨泥深沒踝行旅居民均苦不便沿河泊岸傾圮官民船隻起卸皆

形艱阻查洋商租界早已按貨收捐街道修治平整然租界之地有限是以洋商屢有勸令華商出捐之議以冀共成善舉惟此等工程必應籌有歲修之款隨時興作旣未便動支公項自應按貨抽捐方足以資經久經職道諭准招商局唐道來咨謂洋商本有碼頭費每成本千兩收銀一兩專歸修路之用華商現願不分進口出口一律收捐亦不亞於洋商則可由租界接至津城按照洋人築地之法俾得坦平洵於地方有益開平礦局購來木料機器及將來出口煤鐵亦一體照章報捐以示大公而成盛舉會經面商稅司亦以爲然間有華商晤敘及此不獨行旅歡

騰即商運貨物亦多順手況捐數無多似當樂從無阻等因並據德稅司來函言修理天津道路泊岸擬仿上海之碼頭捐辦法本稅司及各領事聞之無不傾佩查津埠各洋商運來之貨皆係該商每年自行核算成本按每千兩捐銀一兩繳入工局支用至於華商碼頭捐最好歸新關代辦以期華洋一律等因職道等商酌再三此舉實爲華洋各商望成之舉若能興辦積細成鉅凡一切有益商旅之工皆可隨時舉行似取於商者無多惠於商者實遠且久擬請憲核批准並出示曉諭從明年正月開關起凡屬華商貨物毋論進口出口復進口均按成本每千兩收銀

一兩即於新關收稅之時照數帶收彙解關庫以備工用所有天津地方擬仿上海等防捐辦法抽收碼頭貨捐緣由理合稟請示遵光緒七年十月十九日稟北洋大臣奉批據稟並摺均悉紫竹林至郡城一帶地勢低窪街道偪窄沿河泊岸日見傾圮自應設法籌款修治以利舟車該道以洋商本有按貨抽捐之事擬於華商貨物不分進口出口復進口均按成本每千兩捐銀一兩由新關收稅時照數代收彙解關庫以備工用從此積微成鉅凡有益商旅之工皆可逐漸舉辦取於商者無多而利於商者可貲遣久仰再詳察妥商定議並由關道擬具示稿呈送核辦此繳

又稟天津華商議辦碼頭捐一事昨經職道摘錄原案稟請核咨在案茲於三月初二日復會同英法俄德各領事集議問華商應辦何工需款幾何應先報明等語惟於前議華洋合捐分用章程華商得九分之七英法得九分之二各領事咸請將華商所得之數稍爲減少如能允准英法兩租界可將靠船之費一併議減當以減靠費爲中外商情所願事涉大局遂允將華商碼頭捐改爲得九分之六英法得九分之三各領事當俱樂從復囑英法領事將減靠船之費亦即議定比據英領事寫明輪船每噸儎減

爲四分五釐即四先士半其先固收六先士也帆船每噸儎減爲三分即三先士其先固收五先士也每洋銀一元合百先士蓋減去四之一或五之二法領事亦准照議凡附住英界之德俄美各領事無不欣然職道並言如此議定則華商碼頭捐合捐分用不可毫有牽制方能照行英領事遂寫所議節畧各領事亦照寫一紙當俱畫諾簽字職道併即畫諾至所議節畧內修路二條用銀五六萬兩以後再推廣辦理他工等語本係華商原議其用帳發交新關以供衆覽各領事與關道每年會商等語係彼此核實取益之道仍歸合捐分用除俟訂期收捐另文申報外

合將現在碼頭捐事議定緣由并錄會議節畧稟報察核轉咨光緒八年三月初三日稟北洋大臣奉批據稟并清摺均悉所議尚屬妥洽自可照辦仰候彙咨總理衙門查核繳

附錄會議節畧

各國領事深悉津海關道之意將碼頭捐一項作爲修路工程經費所修之路有二一由英國租界南邊就現有之大沽路聯續至馬家口過海關道署至督轅浮橋止馬家口東邊復出一枝至法國租界止此爲第一條之路一由大沽路養病院起至天津城南門止此爲第二條之路此

兩條之路均用碎石鋪平兩旁均設溝道除街道過狹之處應拆民房無多可以設法購買外其餘均不購買拆毀民居約計辦理此項工程需時兩三年需費五六萬兩其碼頭捐應由新關於華洋各商進口出口重出口各貨征收中國得三分之二英法租界共得三分之一此一分內計英得六成法得四成英國租界現得之碼頭捐計有三千兩日後英界所得碼頭捐較多卽將靠船費減少輪船每噸儎可減至四先士半帆船每噸儎可減至三先士法國租界靠船之費亦照英國租界辦理所有華商賬目亦仿照英法租界辦法發交新關以便衆覽海關道臺與各國領事交好有素於工程一事欲隨時互相籌議亦擬於各工局會議之先海關道臺每年與各國領事會議一次商酌重新照行此約之事現在英法德俄四國領事願將此約請各本國公使辦理海關道臺約明以上所陳工程完竣後尚有別項工程亦可照此議推廣辦理光緒八年三月初二日法國領事狄　俄國領事兼美國領事韋　德國領事貝　英國領事布　會同津海關道周　於船塢公所定議畫押由英領事所寫洋文譯出

附錄各國公使批復領事官會議節畧

西歷本年四月十九日天津各國領事官會同津海關道

商定徵收碼頭捐節畧凡貨物用洋船在天津裝儎起卸無論華商洋商均按値千抽一其所得之捐至一千八百八十三年四月初一日止按照節畧所開之法勻分支銷

各國大臣擬照此法辦理惟仍須請示各本國國家

各國大臣之意以爲一千八百八十三年四月初一日之後所收碼頭捐擬應專作以下三項工程經費一作一千八百八十二年四月十九日領事會議節畧所開中國修路之用二作法英美三國租界修造碼頭之用三俟一二兩項工程辦竣後應將所收捐作爲有益商務各項工程經費如開浚河道之類

津海關稟案查天津華商碼頭捐一事迭將商辦並議定華洋合捐分用各情形抄摺稟報查核在案嗣與新關法税司商明華商碼頭捐擇於三月二十三日開辦其洋商碼頭捐亦經各國領事函請職道知會稅務司附關代收當經函致稅司於三月二十三日一律開辦除示諭並分別函劄暨分咨外理合將華洋碼頭捐開辦日期並來往信函另繕清摺具文稟報查核轉咨施行光緒八年五月十一日稟北洋大臣

通商約章類纂卷二十九目錄

招工

條約章程

招工

條約章程

英續約第五款

一戊午年定約互換以後

大清大皇帝允於即日降諭各省督撫大吏以凡有華民情甘出口或在英國所屬各處或在外洋別地承工俱准與英民立約為憑無論單身或願攜帶家屬一併赴通商各口下英國船隻毫無禁阻該省大吏亦宜時與大英　欽差大臣查照各口地方情形會定章程為保全前項華工之

意

美續約第五條　併見禮類游歷

大清國與大美國切念民人前往各國或願常住入籍或隨時來往總聽其自便不得禁阻為是現在兩國人民互相來往或游歷或貿易或久居得以自由方有利益除兩國人民自願往來居住之外別有招致之法均非所准是以兩國許定條例除彼此自願往來外如有美國及中國人將中國人勉强帶往美國或運於別國若中國及美國人將美國人勉强帶往中國或運於別國均照例治罪

美續修條約第一款

大清國大美國公同商定如有時大美國查華工前往美國或在各處居住實於美國之益有所妨礙或與美國內及美國一處地方之平安有所妨礙

大清國准大美國可以或爲整理或定人數年數之限並非禁止前往至人數年數總須酌中定限係專指華人續往美國承工者而言其餘各項人等均不在限制之列所有定限辦法凡續往承工者只能令其按照限制進口不得稍有淩虐

美續修條約第二款 併見戸類稅務口岸貿易禮類優待保護游歷學習文藝傳教

中國商民如傳教學習貿易游歷人等以及隨帶並僱用之人兼已在美國各處華工均聽其往來自便俾得受優待各國最厚之利益

美續修條約第三款 併見禮類優待保護刑類獄訟欺淩擾害

已在美國各華工及他項華人等無論常居暫住如有偶受他人欺侮之事美國應即盡力設法保護與待各國人最優者一體相待俾得各受按約應得之利益

法續約第九款

亦戊午年定約互換以後

大清大皇帝允於即日降諭各省督撫大吏以凡有華民情甘出口或在法國所屬各處或在外洋別地承工俱准與法民立約爲憑無論單身或願攜家眷一併赴通商各口下法國船隻毫無禁阻該省大吏亦宜時與大法　欽差大臣查照各口情形會定章程爲保全前項華工之意

日斯巴尼亞約第十款

一凡有華民情甘出口在日斯巴尼亞國所屬各處承工俱准與日斯巴尼亞國民人立約爲憑無論單身或願攜帶家屬一併由通商各口前往該處各員與日斯巴尼亞國官員查照各口地方情形會定章程爲保全此項華工之意但不得收留中國逃人及另有拐賣不法情事如有前項情弊一經地方官知會領事官即行查出送還中國究辦不得措留

日斯巴尼亞古巴華工條款第一款

所有同治三年九月初十日

大清國大日國在天津定立條約內載立約爲憑招華人承工各節嗣後既不招人出洋承工自無庸立約爲憑惟前約第十款內有不得收留中國逃人之語仍遵其舊

日斯巴尼亞古巴華工條款第二款

前約承工出洋未能盡善之情既經今已除去自應將前者議及賠償一層兩國互相罷論

日斯巴尼亞古巴華工條款第三款

兩國定准嗣後彼此庶民出口前往無論單身或攜帶家屬皆以出於情甘自願爲要總不准或在中國各口或在他處妄用勉强之法及施詭譎之計誘令華民人等不出情願而往如有兩國人民船主人等違背此約者則兩國必將其人從嚴查辦均照本國律例從重定擬罪名大日國又允所有待各大國同類之人最優之處中國人民或已在古巴者或嗣後前往者亦應一體均霑

日斯巴尼亞古巴華工條款第四款

中國所開之通商各口如有中國男女人等自願備川資往古巴居住者

大清國自此聽其自便並無禁阻之意並令通商各口關道及地方等官如有遵照此次之約願載該民前往者通商各口關道及地方等官自聽各國之船在該口內自備應用之物以便載客出口所有該船之船東船行及經手各事人等如果能遵守此約通商各口關道及地方等官亦不攔阻

日斯巴尼亞古巴華工條款第五款

所有華民出口前往一切情事是否果遵此約各章之處各該口關道及地方等官自可自行詳細查明以昭慎重如有華人自願出洋者應先赴關道處報名挂號請領蓋印執照（此項執照各關道預先備辦）送與日國領事官畫押蓋印由關道發給該華人上船出洋俟船到古巴後由該處該管官將關道原給蓋印執照送交中國領事官查驗其通商各口載客出洋之船該關道仍可派中國委員大日國領事官亦派委員同往該船親爲訪察如查出華人內有並未領關道所給蓋印執照者立將此等華人撤回倘到古巴後有未領關道所給蓋印執照之華人即由該處日國官員會同中國領事官商辦至船欲何時出口該船主船東務將開船時刻先期報明以期委員於應查各節詳細驗明不致因循貽誤如該船主不遵此章輒以開船在即不及候驗爲辭則照會日國領事官先將船牌等件存署不發並准將該船扣留照日國律例辦理俟各章遵辦後方可放行

日斯巴尼亞古巴華工條款第六款

大清國即派總領事官前往古巴夏灣拏地方駐劄此外所有日國准各國領事官等員駐劄之各處地方中國亦可一律派員前往駐劄惟所有中國派總領事等官一節均照互相訂明辦法辦理日國允待中國各員與往各國駐劄古巴各官一樣

大清國所派之總領事領事副領事等員大日國古巴各官

自應盡力照料令其易於稱職妥爲保護在彼本國之民

日斯巴尼亞古巴華工條款第七款

所有在古巴中國人等均准隨便出島他往惟其中倘有罪犯應行候訊者不在此例至華民在島隨便來往立業自應設法以與第三款所言之利益相符以上或應由日國執政大臣會同中國駐劄日國

欽差大臣抑或由日國夏灣拏地方官會同中國總領事官妥設良法俾令中國人等均能獲此約內所言之益與各大國在彼同類之人一例相待惟所設之法既應與該處防範滋事之章均宜相符卽以後在島再立防範滋事之章

亦皆包括又應由日國地方官每人予以隨便往來之准單一紙至此准單自應與各國人所執之單式樣相符

日斯巴尼亞古巴華工條款第八款

一中國人等或自被告赴署分辯者或爲原告赴署理論者所有該處日國讞局優待各國兩造之處該讞局應令中國人等一律均霑

一中國人等在讞局有事之時准其延請律師及傳話之人無論他國日國均准請去且或自覓其人或請中國總領事領事等員代覓均可惟其人必須按照中國律例能在日國讞局承辦此事方可延請

一至現今在古巴島之華民人等內有未行互換此次條約之前自言曾受委屈者均可前往該處日國讞局訴其冤枉該處讞局卽將各案次序確查秉公斷結與優待各國人所能得者一樣

日斯巴尼亞古巴華工條款第九款

大淸國所派夏灣拏之總領事官急與該島各該管官妥訂章程令現今在古巴之華民人等以及嗣後再來之華民均皆報明挂號立花名冊其冊存於中國總領事等官署內每人由領事官發給執照一紙以爲業經報名之據此等執照應呈各府城莊寮等所查驗

一古巴地方官急將該島各處現有華人多寡之數並其姓名知會中國總領事等官並設良法令中國總領事等官易於前往該島莊寮等處以便將中國在彼承工之人實在情形親自詳察

日斯巴尼亞古巴華工條款第十款

各國之船願載華民出洋除此約各條自應一體遵照外倘宜遵守其本國載客之章以免船上或乏應用之物或缺防客染病之法各等情形是各國之船若不遵守此二項規矩卽不准載客出洋

日斯巴尼亞古巴華工條款第十一款

一現今在古巴承工之華人內恐有從前在中國或讀書或作官及此項人之親屬大日斯巴尼亞國敦崇和誼願將此項人等由日國自出船資載回中國以昭誠衷俟此次條約互換後即行開辦惟應由中國總領事領事等員先將實在情形查明知會日國該處地方官俟該處地方官將各情詳細核明如果屬實即將其人放行載回

一現今在古巴之華工內所有老年力衰以致不能作工之人並中國孤寡婦女茲大日國允將此二項內自願出島回國之人亦由日國出資送回

日斯巴尼亞古巴華工條款第十二款

一現今在古巴之華工合同期滿原合同內如有僱主人等應送回國等語大日國自應督令該僱主人等按照合同而行

一現今在古巴之華工人等內亦有工期已滿而原合同未載送回本國之語者至此項內誠恐有無力自備船資回國之人應由古巴地方官與中國總領事等官詳商設法以便送回

一所有現今在古巴合同之期已滿之華工俟此次條約互換之後即應一體予以期滿之執照一紙所有以上第七款所言之利益其人自應一體均霑其人或願仍在該島居住或願出島他往均聽其便

日斯巴尼亞古巴華工條款第十三款

古巴島各處地方官倘察某處當時情形其處若聚人過眾恐滋事端以致地方不靖該地方官一面禁止中國人等一面知照領事官不准前往居住與待各國人一律辦理若果有此情形即不得以第七款有隨便來往之語為辭

日斯巴尼亞古巴華工條款第十四款

一現今在古巴工期未滿之華人仍應按合同之期將工作滿其餘如執照准單等一切事宜新到之華人與期滿

之華人所獲利益亦應一律同霑

一現今在古巴所有拘於各處工所之華人俟此次條約互換之後一體放出並將應立之章內所定各項執照亦皆發給總將其人與在彼處各項華人一律相待至於犯罪已未定案之人仍送官監候結

日斯巴尼亞古巴華工條款第十五款　併見總類訂約

大清國大日國在此次所立各條內日後如有願行刪改之意則應至少於一年之前預行知會以備日後詳商

大清國如於華民出洋一事內以後若將此次條約未載之利益施及他國則日國即應一體均霑

日斯巴尼亞古巴華工條款第十六款（併見總類訂約）

現今所立各條應由兩國

御筆批准於八箇月限內在

大清國都中互換或能先期互換均可

秘約專條

大清國欽差全權大臣太子太保武英殿大學士兵部尚書直隷總督部堂一等肅毅伯李　大秘國欽差全權大臣水師總兵葛爾西耶爲議定專條事現因秘國地方有華民多名且有稱該華民有受委屈之處茲（本大臣李本大臣葛）意欲兩國通好會同商訂先立通商條約和好往來庶幾彼此無

不同心合意一面由中國派員前往秘國將華民情形徹底查辦並出示曉諭華工以便周知一切秘國無不全力相助以禮接待俟中國委員到時秘國無不諭知各處地方官實力襄助盡職辦理如查得實有受苦華工合同年限未滿不拘人數多寡均議定由委員開單知照地方官僱主倘不承認即由地方官就近傳案訊斷若華工仍抱不平立許上告秘國各大員再爲覆查凡僑寓秘國無論何國人民呈稟式樣最優者華工應一體均霑其益自秘國核定此項章程之日起凡華工合同已經期滿若合同內有僱主應出回國船腳之議該工人有願回國者即當嚴令僱主出資送回又各華工合同若無送回字樣合同已經期滿該工人無力自出船資有願回國者秘國應將該工人等附搭往華船上送回船資一切無須工人自備秘國自行料理爲此將所議以上各節定爲專條應按（漢洋）文字譯出六紙中國文日斯巴尼亞文英國文各二紙皆係一意以上專條由

大清國大皇帝批准　大秘國大伯理璽天德選舉國會紳耆大臣議允批准即當

特派大臣或在上海或在天津會晤互交現各

欽差大臣在天津先爲親筆畫押蓋用關防以昭信守

秘約第六款（併見禮類游歷）

大清國與大秘國切念民人前往各國或願常住入籍或隨時來往或游歷或貿易或傭工或久居得以自由方有利益除兩國人民自願往來居住外別有招致之法均非所准現經兩國嚴行禁止不准在澳門地方及各口岸勉强誘騙中國人運載出洋違者其人各照本國例從嚴懲治至所載運之船一併按例罰辦

章程

議定招工章程

南洋大臣咨准總理衙門咨查英法兩國續增條約內均載有招工出洋一款本衙門現與英法兩國駐京公使公同酌定章程二十二款均各畫押蓋印於同治五年正月二十六日具奏恭錄

諭旨抄錄原奏並附錄章程二十二款咨行查照希卽轉行各省督撫大吏並飭各口該管各員遵照嚴密稽查如非通商口岸一體不准受僱出洋如有華民私誘民人逼脅承工一經查出立卽正法等因查招工出洋一事現在既經

續定章程應先抄錄轉飭南洋長江各關照辦仍由江南海關將此項續定約章照會刊刻成本呈送本大臣蓋印以便通行各省及分送各國領事一體遵守同治五年四月　日咨沿海各省

第一款

一中國通商口岸凡有商民欲請准設公所開辦招工既擬與該工人何以立約所內華工何以治理各等節應將合同底稿並在公所治理工人章程各紙稟請領事官查閱又因各國搭船之例不同必有該商已經按例遵辦實據領事官始能查明

第二款

一該商稟請前來領事官查其實屬殷實妥當之人卽將所呈合同章程各紙查核酌情刪改方可轉移該管地方官查閱俱屬妥協立給印牒准設招工公所領事官卽將印牒及合同等件一併在本所抄錄存案

第三款

一印牒既出不能無故註銷其有故者必須地方官與領事官會議如果意見相同該所方可關閉罷招該商自不准追請賠償

第四款

一合同章程等件該商須於招工公所門外房中書寫懸掛以便工人均可知其詳細合同章程等件及經地方官暨領事官查明准辦該商嗣欲刪改均可稟明施行惟各該官尚未批准不可專自擅行至於該商或欲遣人代覓承工准將合同章程各件抄單稟請領事官及地方官用印發給執照方准遣人分赴該省鄉鎮等處代爲宣布

第五款

一招工各商既立合同與該華工定議務須按期逐款盡守凡有負約之處惟該商是問俱按伊國之例傳案究審

第六款

一招工各商欲遣華民代覓承工此項承遣者必由地方官先給蓋印准單方可前往後或干例無論故違誤犯惟本人是問俱歸地方官傳案究審

第七款

一凡有招工事務中國專派委員協同監理華民有欲承工任便赴所該商眼同委員註寫姓名於簿註畢該工任聽同家或在公所候搭便船出洋

第八款

一華民承工出洋或係獨身一人或係攜同家眷所立合同字樣必須逐款開載一指定何國何處承工年限多寡

一限滿回國計其人口約保水腳路費若干一在彼作工預定日期時刻一在彼承工應受衣物工食並各等利益

一遇有疾病醫治醫藥不用該人工值一隻身出洋或有眷口留在中華意欲按年計月撥給養家之費應扣若干

一所有今定章程第八九十以及十四二十二等款盡須開列以上七節之外不准更加形似工人容免全行之條倘有擅加理應置勿庸議

第九款

一合同所定承工年限不准逾於五年期滿如欲回國彼處必將合同所註水腳路費若干按數備全交付便船送回中華如或限滿不欲回國其法有二一則聽憑該處官憲准否留住准時即將合同原定路費一項全數付給便用一則聽其復行承工另立合同即將原約所定銀數付給一半聽其自用而此次合同仍不過五年為期期滿仍照前次合同原數付船送回設若華工至彼處後患病不能作工該處不俟限滿先行按數給錢送回否則准其赴官稟請申訴

第十款

一承工工作日期時刻定准七日之內必得休息一日一日之內作工不過四時六刻（即外國九點鐘零二刻也）如足所定日期

之數不准強其工作過時至於休息時日之間如果正工之外該工力能別有操作抑或另承工課准向本主酌定酬值惟牧畜以及日用常事仍屬正工不必因係休息時格外議酬

第十一款

一華民年不及二十者或欲承工出洋必須取具本身父母准往憑單蓋用地方官印信方准承招如或無從取其父母確據亦應取具地方官蓋印憑單如無此單不准前往

第十二款

一所有華工姓名既已註簿自是日起至少扣至四日方准在監理委員面前將合同念與該工聽明問其是否願往伊實願去立即令其畫押

第十三款

一合同既已畫押該工自應總由招工商人准否離所不能擅自出入將次下船之日監理委員親至公所各該華商當面認明畫押合同是實領事官即將合同抄存備查該船未出口之前一日海關監督暨領事官或行親往或派委員赴船將華工按數點明核對淸楚將單繳到監督領事官各署分別畫押抄錄存案點明以後華工內有變

約不肯前往即准查明住居公所之日每日追出飯食之銀一錢如該工無款歸償應交該管官按例治罪

第十四款

一華工未完之先該商如有預交銀錢皆應以爲承招賞需之用不准追還惟因支用安家之費准商預支每月扣還一元以淸欠款其數亦不准過六月工值此項銀兩該領事官必須設法實令安家不得別用其餘支借各項一概不准又以華工或在船上之時或在彼處之後曾借銀錢等物約明期滿後作工找還一併嚴禁如至期滿將欲回國之時或有債主伸訴藉此情節請爲扣留華工亦必不准因此攔阻

第十五款

一所有招工公所其中如何辦理領事官與地方官既經會議定章華民承工居住總須遵照奉行

第十六款

一華工居住公所或有滋事各等情弊立即鎖禁俟地方官委員查收按例審辦所有商夥人等不准擅行治辦

第十七款

一所有該口招工公所俱准兩國委員隨時任便出入傳問華工所中房間均歸該員等查管以期分撥華工眷屬

人口得以團聚免其雜混又以各房必須治理精潔方足怡養精神秉公畫押合同以及下船之時該委員等亦當在場監視如見所下之船似不妥協恐礙於人准令華工暫免下船俟覓醫生抑或熟識船隻之人勘明裁奪船內華工內有現患傳染症人即刻令其離船上岸

第十八款

一華工下船委員點明開單該商按照所招之工每名出銀三元交付海關銀號收存以備監理委員經費

第十九款

一犯法華民或在逃或越獄承工地方官查出照會領事

官交出領事官立飭移付地方官計期該犯居住所中之日除將每日償銀一錢以補該商虧欠外所有所中簿上註明付給該犯銀錢衣物等項亦應一體償還

第二十款

一各國運載客民之船所有布置客寓船房煩備火食保其整潔俱有定例招工之商欲將華工運往外洋先須禀明領事官查核實有符於定例方准運往惟於領事官既經批准或有委員以該船尚有不妥情節禀明地方官以爲不宜出口海關暫准不發紅牌俟能確切詳查轉報該國大臣會議後定奪

第二十一款

一華工下船點名開單應備兩本分別存留帶往該船到前指定某國口岸該船主先將副本邊沿註明華工在途或已死亡疾病各等情節呈上伊國領事官並該處地方官等請爲分別畫押以備送回俟該單至中國之時招工商人必呈領事官即令轉移地方官查核

第二十二款

一華工出洋到彼夫婦不能分派兩處作工幼兒不及十五歲者不准令離父母至於華人在彼承人招工不分鋪戶莊田其後鋪田轉付他人該工亦當奉爲招主如或原主仍在鋪田或因別故欲使另投他主該工自願方可否則不准强行更換

以上各款公同酌定之外又經言明除華民不待承招自行出洋中國官憲毫不攔阻外若有意圖招工不遵章程另行設法招致華民承約出洋作工此爲例所嚴禁查出另行重辦更有華民不肯離國有人胆敢私行騙往勉强脅從即照刑部奏定新章立予正法且以招工事務既經明定章程通商各口均准設所仍須地方官與領事官會議監理方爲按例興辦設若某口內外各官無從會理該商理應不准開所招工等語以上三節核定存案中外官民應與前項二十二條同一遵守奉行今於同治五年正月十九日將章程等件各繕三分蓋印畫押以昭信守再查澳門一處多有內地奸民拐騙抑勒承工沿海附近民人深受其害該處現在尚未設有中國官員駐紮實屬無人照料所有澳門一處未便遽准華民由彼承工出海應請貴大臣於轉諭各商此件章程一併諭知各商不准在彼承工並貴國商船亦不准在彼裝載承工華民出洋以期周密是爲至要

奸民誘拐人口賣與洋船變通懲辦章程已見刑類法禁

中國貿易學習游歷人等赴美國由中國給發華洋文

護照章程已見禮類游歷

美國更定華工過境章程

津海關詳准駐津美國領事蘇克送到美國度支院通諭各稅司等諭單內稱華工路經美境現已重定新章凡華工由此國至彼國道經美國之境上岸者無論持有中國領事憑據或別項憑據皆可放行又立詳細日期程途單由稅司查驗等情前來理合將送到洋文譯錄清摺具文詳報光緒九年正月　日詳北洋大臣

附錄美國度支院通諭各稅務司等為華工道經美境事宜

美國度支院尚書福爾通諭各口稅務司各員等知悉照得壬午年十一月十七日外部大臣接律政司議章內開議定華工由外國路過美境不能照出洋之人一律亦不得仍以庚辰年續約所議及壬午年三月十九日所定華工前往美國之例為准是例內載第四款第六款之搭客必須呈驗認身憑據者今可不須此據如有別據亦可照驗等語外部大臣准照律政司所議施行是以將議章寄送到本院各等因准此案查本年六月初六日本院所定章程現已刪除合行重定茲照律政司並外部大臣之意特立新章開列如左

第一　凡有華工自此國而至彼國中途經過美國之境上岸者如該處駐有中國領事官署即須由中國領事發給憑據一紙內開明華工姓名身材長短年歲並註明何日到埠將來在美國何埠出境何日起程華工不在美境沿途逗遛各等情開明於上如有此據即可為憑照驗

第二　如無中國領事官憑據別項憑據亦可照驗若有舟車行票隨帶在身經過美國將此票呈稅務司簽名即可放行各關見此票即蓋印判日批銷以杜日後再用之弊

第三　如無舟車行票只須經管華工之人自寫筆據一

紙內載明帶領華工自何埠一徑直達何埠下船决無沿途逗遛情事有此筆據亦可驗行無須他據也

又立詳細單呈驗計須二紙其款式照壬午年四月初三日所定一律單內寫明何日到何埠何日在何埠可以離境如可預定從何路而行可以先為註明單內此二紙一紙係該處稅務司存案一紙係由該處稅務司寄往華工所到之彼埠稅務司備查華工到彼該稅務司照單點驗如有不符立即申詳本院查核如華工一起共計若干人只須共寫一單即可照驗該稅務司亦須判日簽名蓋印如華工人數甚眾單內只寫明管工之人姓名所帶華工

人數若干從何處經過到何埠如此便爲合符不必再加詳細其各遵照此諭

光緒八年十二月十五日卽一千八百八十三年正月二十三日華盛頓發

附錄壬午七月美國審斷華商自他國來美無須執照判詞

光緒八年三月美國設立限禁華工新例內第六條云華商人等來美須由中國官員給予英文護照以便到境查驗第十二條云華人若無執照呈關驗看不准登岸等語是年七月有華商劉蔭洲自巴拿瑪來美因是處未有中

國官員無從領照及到金山船主以新例已行其人未有護照不敢許之登岸當查中美條約貿易人等係任便往來之人不應阻止遂於七月二十日控於合衆國按察司署用律師二人一麥嘉利士大一巴根二十一日經按察司哈富文提訊當時律政司駁辯甚力謂按照新例必須護照如無護照卽可指爲工人應行扣留哈富文謂此事關係頗大容約巡察使費盧會審再行判斷二十四日按察司哈富文巡察使費盧會審此案判令登岸其判詞大意謂新例祇係限制工人至商人係條約所謂任便往來不在限制之內者卽新例第六款所謂商人須有執照交

美國關口查驗當係指自中國來美之人非指自外國來美之人蓋定新例時其人既往外國自無從領取中國官員所給之照故華商從外國來美無須持照但將言語查問證明實係商人卽須准之登岸云云除將洋文判詞分寄各國輪船公司令其照辦外今將判詞譯呈衆覽

巡察使費盧判詞（查巡察使猶明朝之巡按御史由合衆國派來每歲到嘉利科尼省巡察一次）

審理各案

具禀華人稱爲商已十二年並非華工在秘魯貿易約有十年自智秘搆兵遷往巴拿瑪近五年來又與本埠華商就記公司合股西歷七月三十一號在巴拿瑪搭美國黎

眞彌路輪船來美八月十七號抵埠被船主扣留在船不准登岸恐與一千八百八十二年五月六號議院所頒發之限制華工新例相背也華人控告本署請爲提訊免被拘留而傳到船主供扣留華人是實並供明拘留之故爲按照限制新章而行云

今該埠律政司辯駁二事請當堂判斷一新例舉行後遇華商在外國非在中國搭船來美者登岸時應問其將中國朝廷給發護照呈驗否並照內註明商人字樣否二該華人有證人口供實係商人足以作爲憑據否此二事必須引中國與本國歷年所立條約方能判斷查西歷一千

八百六十八年七月所立條約名為蒲公使條約其第五款有云兩國切念民人前往各國或願常住入籍或隨時來往總聽其自便現在兩國人民互相往來或游歷或貿易或久居得以自由其第六款云美國人民前往中國或經歷各處或常行居住中國總須按照相待最優之國所得經歷常住之利益俾美國人一體均霑中國人至美國或經歷各處或常行居住美國人亦必按照相待最優之國所得經歷與常住之利益俾中國人一體均霑

當時照此兩款舉行凡華人來美安分謀生者議院未有設法暫停或行禁止未有失信於中國後來見華人習俗

與美國人格不相入爭端疊起有礙本處平安何云有礙華工一類凡為人服役與有手藝而受僱於人者皆可奪嘉省人謀生之計蓋唐俗尚儉不帶眷屬窄房矮屋羣聚而處雖所入無幾而節嗇而用菲衣惡食安之若素較諸美國傭工巧匠非徒以養身又以養家室育子女安能與此華工爭工奪利郡嘉省人洞識此情故欲禁止華工前來向美廷疊稟屢次催迫美廷因派員赴中國將一千八百六十八年之約重訂更改遂有一千八百八十年十一月之續修條約續約第一款云如有時美國查華工前來美國或在各處居住實於美國之利益有所妨礙或於美國內及美國一處地方之平安有所妨礙中國准美國可以或為整理或定人數年數之限並非禁止前往至人數年數總須作中定限係專指續往美國承工者而言其餘各項人等均不在限制之內又第二款云中國商民如傳教學習貿易游歷人等以及隨帶並僱用之人兼已在美國各處華工均聽其往來自便俾得受優待各國最厚之利益

一千八百八十二年五月六號新例人皆以為按照續約各款設立惟以限制來美華工一節思之仍不能離該約之限制字義故美國各人亦以議院議例係按照一千八百六十

八年所立之原約及一千八百八十年之續約蓋原約現尚照行不過續約稍有更改耳惟續約係專為暫停或設法禁來美華工而言且即該約註明所謂立限與暫停者亦係專指來美承工華人而言其餘各項人等均不在限制內也

新例第一款云此例批准之後由九十日起至十年內暫限止華工來美如在九十日後或暫停年數內來者是犯此新例

第二款云船主明知犯例仍由外國地方或在別埠載華工來美並聽其登岸則科以行為不端之罪兼罰銀兩又復監禁

第三款云不是限禁一千八百八十年十一月以前在美華工亦不是限制此例批准後九十日內來美華工但九十日後來美華工須執有護照呈交船主與稅務司觀看查驗其照內必須註明姓名年歲住址從前作何事業及身材異相等件

此新例仿照續約而設非有別故是專爲限制華工來美起見查新例第六款足判此案該款云此是照續約第一二款辦理凡條約及新例內所准來美各項華人於來美時中國朝廷查明該人果屬准來之人然後發給護照其護照須用英文繕寫或譯出英文聲明其人係屬准來美

國各項之人並須將其人姓名有無職銜年歲身材高低身中有無異處前在中國作何事業現來美國作何事業在中國是何處人氏逐一註明照內俟到美境交稅關查驗以爲初次憑據款內所訂已判明非禁止各項華人來美但於來美時立一憑據免與各項工人相混耳

新例第六款所言之護照顯爲其餘各項華人由中國來美計得方便而設且照內指明其人非在限制之內並非議設護照以禁其來也若以未領護照不准來美則人將以議院之意與續約第二款有相違背查該款載有均聽其往來自便之句而新例所開護照款式並無指明該人於新例批准時居住外國字樣亦未有註明由外國來美字樣查其所開各件內有要註明係在中國何處人氏可知領護照者乃由中國來美之人若歷年寓居外國華人因事來美中國朝廷何從發給護照並將該人年貌各項書於照中觀新例全條字義想議院定議本非有意苛求至其第十二款云華人由陸路來美與由水道來美相同若無護照呈關查驗不准其入美境此乃指應當限制之人而言非指不當限制之人而言也

本官前判船主阿泰等案曾有行法務要秉公勿與理背並勿苛虐之語茲又引華盛頓臬司署前日所判別案證

之議院定例凡有人故意留難或阻止美國驛務署傳遞書信公人則科以干犯公眾之罪兼罰銀兩查前根得基省有傳遞書信公人一名因謀殺彼人控告該處司法官出票拿之司法官因此竟議科罪當時華盛頓臬司批云議院所定該例字義與此案不相關涉蓋議院之意係指無故阻難有妨驛務而言倘謂既有此例則傳遞書信公人實係犯罪亦不能執法查拿豈非大謬此案載於租路例書第七卷四百八十二篇

前本國南北搆兵議院立例凡有人曾資助或接濟南北亂黨其家產物業一概充公迨亂黨既平各業主欲領回

產業須有證據指明其人並無資助接濟亂黨方得領回查美都臬司署判云其人或有資助亂黨而蒙總統赦宥者當不入此例內按此例通條字義知定此案者一經總統赦宥其人既可免罪卽可藉此役表明其忠義之心前日雖有接濟亂黨證據公堂亦未便再指前犯之事以定其罪故美都臬司署又判云以例內全條字義觀之議院立例未敢干預總統特賜之權今總統因存心寬恕赦宥此人助接之罪俾得領回產業當時議院議例亦未料及有此故凡例字義不可過於拘泥致有不公苛虐等弊或與國例相反凡例內有載明所除各件者卽防不公苛虐

之弊也此案在於和路例書十六卷一百五十三篇以上兩案觀之可證明今日所立新例其字義包括雖廣要當與續約各條款通融辦理何爲通融辦理緣所立新例只係按照續約設法限禁華工現卽將巧工包括在內究不能將華商人等加以驅逐加以禁止中國商務正盛又豈能因無事而竟絕通商况與中國通商立約至今日有起色證以後篇中國領事傅列秘所呈商報則瞭如指掌矣本官甚願勿以此含糊之詞致令隱違條約暗妨商務本官又聞人傳本國有等吏員誤用智慧專以盡力舞弄爲事欲將新例倒行逆施以快其私而不知取怨於人亦止於至極本官以爲新

例款中所謂華商須執有護照方得來美按議院定例時華商之在外國者應不能括之於內本官與本埠臬司以該華人歷年在秘魯巴拿瑪經商兼有證據可憑及到美時有證人供其實係商人當許登岸因判該華商准其登岸

按中國領事傅列秘所呈商報內云自一千八百六十八年蒲公使與美國立約起是年由美國出口貨至中國及由中國出口貨至美國共値銀一千五百三十六萬五千零十三圓又一千八百八十一年算至六月三十號止一年之中共値銀二千七百七十六萬五千四百零九圓相

距十三年兩國通商之値幾至兩倍又查二千七百七十六萬五千四百零九圓內其出入金山口岸者有一千六百一十八萬五千一百六十五圓之數中有七成乃是華商所辦者又查蒲公使立約之年由本埠出口貨物祇計麥粉一宗約有二萬桶逐年增加至一千八百八十一年其數有二十七萬一千八百一十八桶中有九成是華商所辦者

按察司哈富文判詞

具禀華人稱實係華商並非華工在秘國約有十年因智秘交兵遂由秘遷往巴拿瑪今日仍在該埠貿易五年來

又與本埠華商廣升隆號記公司合股西歷一千八百八十二年七月三十一號在巴拿瑪搭美國黎真路輪船來美八月十七號抵埠到時船主恐犯一千八百八十二年五月六號按照續約而定之新例是以扣留不准登岸該華人因此具稟控訴稱其被人扣留實有違美國律例及中美條約船主供云華人所稟由巴拿瑪搭船及到埠被留事係真確惟其人係業商係業工不得而知但按一千八百八十二年五月六號所定新例內所載凡華人並非華工抵美境時須將護照呈關查驗因其人未有護照交出勘驗是以不許登岸

據華人供稱係巴拿瑪華商與本埠華商公司合股又稱搭船到埠是欲採辦貨物到巴拿瑪及與本埠華商公司清算賬目查該華商公司貿易甚大今觀其服式容貌舉止與續約及新例中所限禁華工模樣逈別當係續約第二款所載聽其往來自便俾得受優待各國最厚之利益之一款人

茲本埠律政司盡力詰駁謂按照新例第六款其餘各項人等須領有護照方可與工人區別若無護照呈驗安得不與華工同論又謂倘華人登岸未按照新例第六款領有護照呈驗即可以此為證據科船主以擅任華工登岸之罪

按律政司此番詰駁不過恐徒據證人一面之詞供來美華人是貿易學習傳教游歷人等遂准登岸則華工來美者亦可多集證人以便登岸將來於此新例開無限弊端而美國朝廷亦無從辨別真偽耳

本臬司以律政司所說未免太過新例所禁乃係專指華工以華工服式容貌舉止欲充作貿易學習傳教游歷人等誠非易事蓋果係工人察其外貌並觀其交納同輩之輩即在中國自與其餘各項人等有別付其易別之故有如印度國之人分別各類也今律政司駁詰其言雖是有

因若慮聽船主一面遞信其所供搭客確係屬某項人等於所設新例弊竇又生則除非公堂聽斷凡搭客登岸一無護照呈驗者即指為工人實據即立科船主擅許工人登岸之罪方無此慮

惟查新例第六款云此是照續約第一二款辦理凡係約及新例內所准來美各項華人於來美時中國朝廷查明該人果屬准來之人然後發給護照其護照須用英文繕寫或譯出英文聲明其人係屬准來美國各項之人並須將其人姓名有無職銜年歲身材高低身中有無異處前在中國作何事業現來美國作何事業在中國何處人氏

逐一註明照內俟到美境交稅關查驗以爲初次憑據譯全條字義與律政司詰駁之語有相違背護照呈關查驗例內誠有是言但未載有華人無護照呈驗不許登岸之語若以無照不許登岸則是來美華人祇以此護照爲憑據倘未領照卽可指其人確是華工又可以此議船主擅許華工登岸之罪

查上議院當時議例原稿各款內列護照一件與現時新例第六款相同惟原稿載有要美總統批准字樣當時議員已多方辯駁謂護照認人一款實屬繁難苛刻況別國人民不須取照今議須要護照與續約准各項來美華人

均聽往來自便俾得受優待各國最厚之利益未免有背中有議員答云此新例議發護照不過爲勘驗起見實與准來美華人有益至來美華人果係貿易傳教等類一由中國朝廷而定自不能以應禁之人拒之

然則祇以呈照勘驗爲初次憑據耳倘當日議例並有議華人無照呈驗卽不許登岸卽直指爲華工確據恐以所議未合者不一其人而此例難以舉行也

現本臬司所判之案姑無庸論及華商傳教人等由中國來美未照新例第六款領有護照呈驗祇以眞實行爲遂足爲據一層亦無庸論及未有護照憑據人便指爲華工

而其人係照約聽其往來自便之一款人一層將來遇有由中國准來美國之人未領照呈驗有人指證實屬何等人者此等案件本臬司居時方能定議

查此具稟華人歷年在本埠加休巴拿瑪經商係暫到美境採辦貨物況其在巴拿瑪搭美船來美所設新例此時倘未舉行又想新例第六款通條字義款內顯係專指貿易人等由中國來美而言非指華商來自別國而言也且護照一事給自中國朝廷或給自中國朝廷所命之官又要註明領照之人姓名年歲身材高低身中異處前在中國作何事業現來美國作何事業及係中國何處人氏等

件如遇華商在英京印度都城加休巴拿瑪等處經商十年或二十年或三十年一旦來美何從領取護照乎倘非先往中國領照照內何能註明在中國住址之地乎

夫續約條款及新例所防者以中國生齒日繁工人來此數難枚舉美國熟思遠慮之人莫不以華工有大害於美工兼損美國利益平安及傷美國教化欲絕諸弊遂謹愼設法而防之惟所設之法必勿使美國失信義於中國勿使美國有中犯於中國兼勿使阻礙中美兩國通商盛大之利方爲妥協人皆以議院立例所開護照一事係足以防制由中國眾多來美之華工而辨別其餘各項人等矣

但華人在別國貿易似未可括之在當領護照之列因其身在外國斷不能遠往中國領此護照而中國朝廷亦無從給此護照也若必以護照是求則是並行禁止寓居別國華人來美揆之以理實與續約條款所准貿易人等均聽其自便往來之語有相違背

以本案而論此具禀華人非獨不能領取護照且其在巴拿瑪搭美船時新例尚未舉行則亦不知領取護照况該華人所搭之船是美國船當與疆土無異即新例舉行仍可以不需此護照今若不許其登岸非以該華人是按照續約不准來美之人乃因其無護照呈驗而不准其登岸

也故本臬司判此案不在新例第六款內總論新例之設原為保護美國或美國中一處之利益以及守美國之平安乃竟招無窮怨惡何也以新例為是者多屬埃黨與各工人然猶恐新例所包不廣未能雷厲風行以為非者謂此例大礙兩國通商不符本國律例阻傳耶穌教法不獨有違條約又與人生自然之利有害現行此例甚願其絕不講理絕不秉公事事苛刻如過旅居別國華商來美無照呈驗驅之使不得入境如過本埠華商往紐約道經英屬問拿打路程相隔雖不甚遠美國官員拘泥續約及新例字義以該商乃由英屬來美無照呈驗遂於乃亞加拉橋阻止之不使進境及其折還至泥託來城又謂其無照不許入境如過本埠華商欲暫往英國屬土加林卑亞或墨西哥國赴關領照稅關按照新例第四款以其非屬華工不允給照及華商返美又謂其未照新例第六款領中國朝廷護照不許其入美境似此辦法多方留難措阻自然顯見新例實不講理實不秉公事事苛刻勢難行之久遠自有不得不註銷者矣至於以此例為是之人本臬司甚願其按照新例字義及續約應許各條循理秉公妥為辦理勿使此例招怨惡於人而辱及聲名也

總判

議院所立新例其中字義解讀此例者仍須善體續約之意切不可以背約內各條款之意行之查一千八百八十年十一月十七號中美續修條約第一款云如有時美國查華工前往美國或在各處居住實於美國之益有所妨礙或與美國內一處地方之平安有所妨礙中國准美國可以或為整理或定人數年數之限並非禁止前往至人數年數總須酌中定限係專指續往美國承工者而言其餘各項人等均不在限制之列又續約第二款中國商民如傳教學習貿易游歷人等以及隨帶並雇用之人兼已在美國各處華工均聽其往來自便俾得受優待各國最

厚之利益一千八百八十二年五月六號議院所立新例係按照續約內所准美國人數年斟酌中定限各節遂議暫停華工來美以十年為限兼禁止船主由別埠載華工來美國但一千八百八十年十一月十七號已在美國華工或新例批准九十日內來美國華工或有護照呈驗華工則不在禁止之例查新例第六款云各項人等領有中國　朝廷護照呈驗者則不在禁制之內查照所開各件中有註明前在中國作何事業現來美國作何事業並聲明在中國係何處人氏今將判詞三款開列

一中國　朝廷所給之照乃用以驗明准來美國各項人等之據非用以禁其前來之據

二凡華商及各項人等非屬華工一類居於別國或由別國來美國雖有新例舉行此等人可不須護照

三如有證人供稱實屬何項人等卽可作為憑據

西歷一千八百八十二年九月九號

中歷光緒八年七月二十七日

合眾國巡察使費　盧

合眾國按察使哈富文同判

華商劉蔭洲律師麥嘉利士大伯根

船主律師米頓晏士羅士

稅關律師律政司非立提亞

按巡察使費盧與按察使哈富文所斷凡華商自他國來者卽無護照亦許登岸自經此案判斷之後旋有華商自巴拿瑪來經本署請稅關照官斷辦理稅關當卽派人查詢其查詢之法係問其人在某國作何生意有何業商憑據問明之後復於本埠鋪戶覓一認識人指明來人實係業商旋卽許之登岸並無阻難凡我華商人等有寓居域多利秘魯巴拿瑪雪梨檀香山各處欲來金山者或就該地方官領一出港紙或就該處紳士寫一認識單或攜帶滙票等項但屬有一樣憑據可以證明本人係屬客商則該處船主卽應行搭載此處稅關亦無從阻攔謹告眾商望各知悉光緒八年八月十六日駐劄金山總領事黃遵憲識

又按按察使哈富文所斷有察其服式容貌舉止可信其係屬商人等語凡我華商人等來此務須衣服整潔切勿過於儉樸致使他人疑為工人是囑

又按巡察使費盧判詞云新例所論發給華商來美護照非指定例時其人在外國者而言讀其批詞似乎所包甚廣非特由外國來美之華商人等無須護照卽華商人等前在美國後還中國復來美國似亦無須領照當經函問

律師麥嘉利士大據麥嘉利士大覆函云按巡察使賀盧及按察使哈富文所斷華商劉蔭洲一案以其判詞推之凡華商曾居外國如出中國再來美國雖中國官員未按本年五月六號本中美條約所定之新例而行未給予護照彼等亦可前來美國云云據此則曾在美國之華商如欲再來領照亦可即不領照亦無不可並識於此

成案

嚴飭拏獲拐匪

總理衙門咨查洋人招工前於同治五年經本衙門奏定章程二十二款通行各省暨各海關遵照在案本衙門查外國招工載在條約原難禁之不行惟必須遵照章程該承工之人毫無抑勒拐騙情事斯無妨礙尤必嚴拏拐賣人口出洋匪徒始能杜絕抑勒拐騙之弊章程第十八款內開華工下船委員點名開單該商按照所招之工每名出銀三元交付海關銀號收存以備監理委員經費各語此項銀元原爲各海關經理委員稽查之資乃行之既久

從未據各關委員追究有否被拐及拏獲拐帶匪徒照章懲治足見該委員等於章程二十二款之中專注意於每名三元一款其餘均未悉心按照辦理而粤閩各省控告被拐案件層見疊出殊非慎重辦公之道本衙門再三籌度欲絕拐賣之弊必先拏辦拐賣之徒欲拏辦拐賣之徒必應獎勵拏獲拐匪之人現由本衙門申定辦法將此項銀兩於招工商人按名呈繳後由海關監督存儲海關銀號俟該委員有拏獲拐騙人口出洋匪徒之事即將此項銀兩酌量賞給以示鼓勵而警刁頑相應咨行查照通行各省暨各海關一體遵照辦理同治八年八月二十八日

咨各省

無約各國不准招工

總理衙門咨案查各國招工一事本衙門於同治五年間會同英法兩國公使議定章程二十二款畫押蓋印奏明通行業經照會各國並咨行貴大臣轉行各省在案現在通商口岸各國舉辦招工者自必按照二十二款章程辦理惟澳門一處中國現無駐紮官員各國洋商難免在彼有不按章程私自招工出洋之事本衙門現復通行照會各國公使凡係無約各國一概不准其商人設局招工其船隻亦不准搭載工人出洋華民亦不准承工前往凡招

工者止准有約各國之商設局辦理凡承工者止准前往有約之國承工凡裝載工人者止准有約各國之船裝載前往均須按照前定章程辦理至澳門一處即有約之國亦不准其商人在彼設局招工私載華民亦不准前往彼處承工其通商各口華民與有約各國商人合同承工由該口地方官委員會同監督稅務司查明與章程相符稅務司在合同面上蓋印畫押其海關發給紅牌之先印委各員及海關監督稅務司詢問工人明白各款情甘出洋之據並由稅務司查明實係有約各國之船方准載之出口除由本衙門行文暨劄總稅務司外相應抄錄給各國

照會咨行同治八年七月咨沿海各省

附錄給英法俄美布日國照會

爲照會事同治八年四月十六日貴大臣美國勞大臣函稱廣東華民往秘魯國充當雇工者三萬餘人公同具呈控告秘魯東家淩虐華民之事遞稟於駐秘魯之理馬京都美國欽差大臣因無人繙譯未能遽定是非特寄與本大臣觀看據此呈內言詞愷切情意淒涼殊堪憫惻雖非目覩但據此呈豈屬無因理合將華民原呈送上查閱等因前來查本衙門前接意大里國照會據稱有中國工人由本國從澳門前往秘魯國商船在大洋中傷斃人命搶掠貨財

逼勒船主等語又福建廈門有噶狗船裝載華工出海夜間工人數名由船跳入海中有一人聞已淹斃又跳海一人被公所人在街市遇見拏去責打等事現在秘魯國華工於美國大臣前控告東家淩虐則意國照會所言從澳門往秘魯之中國工人其斃命搶財未必不因在船虐待之所致而秘魯東家之不知體恤華工諸般淩虐情形亦可從而概見查同治五年本衙門與英法兩大臣議定招工章程二十二款畫押蓋印照會通行原爲保全華工起見既有此項章程凡在通行各口舉辦招工者自必照章辦理惟澳門一處此次意國照會則稱從澳門前往而在

秘魯之華民呈內亦稱在澳門金星落船誠恐各國商人在彼有不諳章程私行招工出洋之事致令華民受累無窮本衙門現議仍照前定章程除華民不待承招自行出洋毫不攔阻外凡係無約之國一概不准該商設局招工其船隻亦不准搭載工人出洋華民亦不准承工前往凡招工者止准有約各國之商設局辦理凡承工者止准前往有約之國承工凡裝載工人者止准有約各國之船裝載前往均照前定章程照會辦理至澳門一處除由本衙門行文兩廣總督不准華民前往承工外應請由貴大臣轉諭各商均不准在彼設局招工出洋以免華民受累又

查章程第二十款內載各國運載之船或有委員以該船尚有不妥情節稟明地方官以為不宜出口海關暫准不給紅牌等語所有通商各口凡有華民與有約各國商人立合同承工領事官將合同章程轉移該管地方官時須由該沿海地方官知會海關監督於發給紅單之先由該海關監督稅務司查明與前定招工章程相符在於合同面上蓋印畫押方准招工並於海關發給紅牌之先由該口地方官委員及稅務司詢問承工各華人明白各款情甘出洋之據仍由該稅務司查明實係有約各國之船隻方准發給紅牌載之出口除秘魯國一案由本衙門另行

辦理並知照出使大臣查照暨行知南北洋通商大臣轉飭遵照外相應抄錄原呈一件照會

附錄原呈

具稟華人遠適秘魯古岡州公司、粵東會館、同升公司眾民等告為騙欺酷刻投天救究事竊以理財本乎通商無論華洋各國急於愛民何分遐邇民等生長華國身出禮義之鄉為迫饑寒遂遠往他邦之域事於咸豐元年土匪猖狂工藝為難適值招人或在澳門金星而落船當面言明共立合同章程可考夫豈虞其尚有變更哉屆指二十餘年不下數萬人矣溯自到埠以來託宇下以求庇憑東家而吩咐放牛牧馬

一任指揮開田掘池概遵調遣工夫不斷於晨昏力役無間乎寒暑在民等亦為衣食之計難昧家主傭工之分耳不意恃富淩貧喪良蔑理視合同為故紙等人命于草芥衣食工銀惟知吝嗇憔悴憊倦莫肯恤憐常見苛求恒加打罵或被枷鎖而力作或忍饑寒而耕鋤東家即屬苛殘官府依然阿比縱爾鳴冤反遭譴責時時聞屈死之慘處處有自盡之哀豈不知君父之恩難忘矣獨是悲楚莫堪雖有賢東良官亦肯垂青畢竟什無一二終難補濟夫舖戶經營尚難免强徒搶奪之憂街坊閒游亦常被兒童欺罵之辱四處皆為荊棘滿埠盡成陷坑似此負屈難伸含

兖莫白茲何幸大憲按臨電閃雷轟眾等流民不勝雀躍
爰具公呈懇恩救拔伏乞施霖雨於遐方甦茲枯槁流福
星於一路庇我窮黎庶幾生死銜恩遠近沾德萬世流芳
匍匐哀告同治七年十一月中旬吉日古岡州公司粵東會館岡升公司眾民
等告稟

附錄英國照復

爲照會事同治八年五月初三日准貴親王照會內以廣
東華民往秘魯國充當傭工者三萬餘人公同具呈控告
秘魯國東家淩虐華人等因前來查貴親王所談華民定
立合同往外洋承工或遇有虐待之處本大臣亦深爲憫

惻然欲除此弊必須嚴定章程貴大臣所引前定之章程
各節緣英法兩國國家均未允准是以作爲廢紙現在貴
衙門尤須妥擬至善招工章程與各國商議妥協彼此言
明祇准在通商口岸載運華工並載運之船先於該口請
領執照以及議定之後無論何國船隻載運華工出洋倘
有未經請領執照及在於不准載運之口載運華工卽將
該船按照搶刼之例查拏懲辦如此辦理庶洋船任意招
工等弊立卽消除矣八月初九日

附錄法國照復

爲照會事本月初三日接准貴親王公文內稱以秘魯國

一事引用本國現不用之章程比論本大臣不免要爲詳
辨所有同治五年所擬之章程二十二款幾次在貴衙門
說明本國有礙難允准之事不加改正此章卽應成廢紙
廼貴親王仍復沾沾舉行實於兩國和衷辦事嗣後恐有
不協今本大臣確切言明毫無含混倘後有來館公文再
用此二十二款爲證莫怪漠然視而淡然置也至此次稱
秘魯國及馬高等情本大臣悉照來文所抄錄送本國總
理衙門如何辦理之處以俟復文到日再爲照復五月初
五日

附錄俄國照復

爲照會事本年五月初三日接准貴親王大臣照會抄錄
秘魯國華工遞稟駐秘魯之理馬京都美國欽差大臣原
呈一紙提及洋船載華工出海纍出災患並引貴國與英
法大臣會定招工章程卽請轉諭各商不准在澳門地方
設局招工出洋等情前來本大臣詳查三年以前貴署與
本國前任欽差文移招工章程舊卷本國當以所定各條
不足以資保全華工傭身於牟利之洋商爲其所便卽行
轉飭各口領事官曉諭俄商如有欲辦招工出洋之事者
則無庸再望本國循理保護在案經此議定不但通商各
口且於澳門一處俄人欲辦招工者亦皆一律遵照今貴

國無論設立何項法制禁令一任貴國地方官辦理倘或
貴國設有良法能於出洋之華工一切屈抑苦楚均可杜
絕則本國自必鼓舞歡欣貴王大臣亦可不言而喻矣五
月二十一日

附錄美國照復

爲照會事案查同治八年五月初三日貴親王來文以秘
魯國淩虐華工現議定凡無約各國概不准在內地招工
亦不准華人前往無約各國承工請前任勞大臣行知各
口凡無約之國各商不許立局招工以免華人受累無窮
等因前來當經勞大臣將來文來函並華人控告呈詞由

本國吏部傳知駐秘魯之美國欽差轉達該國大臣向其
陳說仁義之道相勸寬待華工宜示矜恤且思華工受累
之故有二一華工不諳爾國之律例以致莫訴苦情一或
爾國官故意不欲華工明曉律例以致含冤莫白均未可
知等語該國大臣云現欲設立良法查華工如何受累之
處或眞或贗俾伸冤抑並欲商酌派員入華議約以通和
好辦理招工章程云云本大臣雖准此公文亦未知該國
何時舉行此事查本省嘉理符尼亞與秘魯不遠夙聞華
工在彼受累自揣中國無派駐秘魯之官以致華工有冤
莫訴譬之子孫遠遊他鄉無父兄相隨偶受外侮雖哭訴

於他人之前豈能作自己之護耶爲今之計　貴國莫如
派員駐劄有華人所在之有約各國則或受屈抑可以逕
達不必紆迴旋繞而始能陳衷曲也四月十九日

附錄布國照復

貴王大臣照會內開廣東華民控告往秘魯國充當僱工
被東家淩虐一節並招工一切等因前來本大臣詳閱來
文當即將一切情節暨華民稟呈文送本國並咨明管理
北德意志公會大臣查照本大臣想承工華民受此淩虐
實可憐憫知本國大臣閱此情節應亦有體恤華民之意
至貴王大臣由秘魯國一事又論及各國招工情事本大

臣欲免以後之錯誤不能不因之再爲提及德意志各國
於招工一節向來之情勢查同治五年貴衙門與英法國
欽差大臣議定招工出洋一事照會前來本大臣彼時即
將此事行文本國應允照行一切等情均已照復貴衙門
在案查本國允從此事係因念英法國必然將各該大臣
所定招工出洋一節應允照行故此未將所允從之件有
所更改本大臣彼時即飭知駐劄中國德意志各領事官
如有不按同治五年所定招工章程者不准德意志船隻
裝載華工出洋或無中國官協同辦理者亦不准裝載華
工出洋等情除此而外本大臣因章程內所載澳門地方

不准招工出洋一節亦即飭知各該領事官因澳門無中國官員未有與領事協同辦理此事者該處不准德意志船隻裝載華工出口因此貴王大臣可知德意志各國應允中國所定之章未有不按此章照辦非特以前如此照行嗣後亦無不如此遵照辦理況且本大臣於此間設法如何使其招工有艱難之處以致招工者有不欲辦理此事之意等語茲本大臣仍請貴王大臣如有聞知招工之事不按同治五年所定章程亦無中國官員協同辦理該領事官擅准此等華工坐德意志船隻出洋者懇希照知本大臣自當詳查其事照例將該領事官議處本大臣更

有一言不能不於貴王大臣前提及有一國其國設有若許人民在他國者其本國應派一公使或領事官駐劄他國以便其本國民人有受屈之事該公使或領事官即能保護其本國民人不必另託他國代爲辦理是爲至要五月二十七日

厦門汕頭串改招工章程

兩廣督院咨准總理衙門咨同治十一年五月初十日美國鏤公使照會稱同治五年續定招工章程二十二款原爲將招工之事辦理妥協乃至今已逾五年爲患之處且愈加多非立章程未善實施用此章者有未善據本大臣所聞廣州及福建各口地方官方且以貴衙門新立章程內最要之條款竟自刪除另按各地方所立之式辦理昨據本國厦門李領事近聞一事已探聽確實係該口地方官串通日國領事官共相計議將貴衙門所定新章程不用另易較新章不嚴之法照辦該領事因照會厦門道潘云如按改易章程本領事斷不依從等語茲將該領事之照會附呈查閱本大臣嗣聞厦門口停止不辦不料又聞現在廣東汕頭口欲仿照厦門所擬各節而行請咨廣東福建各省大憲嚴飭各地方官萬不得將同治五年所立招工章程稍有刪除亦不准另按該地方官自定之章辦

理以期保護中國無辜之民不令其受人巧詐强逼之害等因前來查招工一事迭經本衙門咨行轉飭地方官遵照前定二十二款章程認真辦理各在案茲准美國公使照會以廣東福建各口地方官將招工章程內之要款刪除另按所立之式辦理若如所稱殊出情理之外相應抄錄美國照會一件並照會內抄單一件咨行貴督查照轉飭各口地方官如有洋商開辦招工務須查照本衙門所定章程確遵辦理嗣後廣東即遵照此項章程辦理不容各屬稍有更張等因查本年五月二十八日據惠潮嘉道稟轉據汕頭委員曾昭懋稟稱查有無約之郭倫畢阿國

洋人西蘭敖僱坐美國人布林頓夾板船前至汕頭私自招工欲往秘魯國並刊刻招帖假稱奉中外官憲核准招工前往美國等語以圖誘騙華民經該委員知會英美兩國駐汕頭領事各派差勇巡役將該洋人西蘭敖等及內地人陳阿坤等一併拏獲會同英美兩國領事訊明追出招帖九紙錄供稟請提省審辦等情前來即經分別劄行汕頭英國施領事將西蘭敖解省並劄駐汕頭美國溫領事將布林頓等人船解交美國駐省趙領事查收以憑委員會審及批行該道轉飭會倅將內地人陳阿坤等解省審辦現尚未據解到又經本閣部堂分別劄催並派鎮濤

輪船赴汕將西蘭敖提解來省審辦去後茲准前因查文內所稱汕頭地方將招工章程內要款刪除另挼所立之式辦理等語是否即係郭倫畢阿洋人西蘭敖等刊刻招帖私自招工一事抑汕頭地方另有私改章程招工情弊應即責成惠潮嘉道督同印委各員再加嚴密查明切實稟覆察核一體移行遵照相應咨覆咨總署

附錄美國照會

為照會事案查同治五年正月二十九日准貴親王照會內開招工出洋一事並粘抄續定招工章程二十二款其款皆係繼續英國條約第五款法國條約第九款議定辦理照會內並請本國亦按此章照辦等因彼時本國署大臣衛按准前因當即將照會並章程一切繙譯錄清行文本國詳查照會以及章程條款不但應允照行並飭在中國各處之本國官員嚴行設法轉飭本國商民務須按所擬章程按文逐句遵照辦理查貴國以靈妙之法設立此章並有泰西二大邦欽使公同允行此事我國甚爲情願因所擬新章如能詳細施行循謹照辦不但從前所有爲患事件可以日漸刪除並從前待出洋工人一切不公之處亦可以漸歸公允因思前署大臣衛照覆貴衙門文內曾言及美國國家與美國百姓本無須設此約束章程實

因本國之紳耆大臣已於同治元年定有律例禁止合同招中國工人運往外國如有不遵者即從重治罪至今本國仍照行此例查所立新章原爲將招工之事辦理妥協乃至今已逾五年查得此事內所有爲患之處不但不能減少且愈加多似此不幸之歸咎非立章未善實係施用此章者有未善耳夫招工出洋一節內有若許恥辱可惡之事據本大臣所聞如果不誣其錯誤之處大槪皆由貴國官員所致此事固有不以愛憐居心之洋人將招工出洋一事日漸廣大然非中國奸巧之員與各處不義小人爲之幫助該洋人亦未能自成其事查招工出洋一事

向來多係從澳門將該不幸之工人載於船中運往日國之古巴地方並日國他處所屬之海島以及秘魯國之地查秘魯國之華工屢有訴艱苦之禀本館業將其事隨時轉致貴衙門現聞在古巴地方之華工較秘魯國之華工尤為艱苦至於由澳門口運往外國之工人多被中國人在各處以虛妄之言欺哄或被用力勉强送至澳門事已至此本大臣至今尚未聞澳門附近地方官有以忠誠妥善之法阻止此事者不但澳門毫無設法禁止而廣東及福建各口地方官方且定計施策以不合之法委曲婉轉流傳而廣大之此確有據毫無可疑者也所有新立招工

出洋章程內最要之條款該員等竟自刪除另按各地方所立之式辦理以致有將工人拐帶送船中等事所以該工人出洋時並未訂有嗣後仁厚相待之約及酬報日作工夫之據亦未預將限滿准回中國之約載在合同昨據本國廈門李領事官近聞一事已探聽確實係該口地方官串通日國領事共相計議將貴衙門所定新章不用另易該處較新章不嚴之法照辦等情若果如此是使販賣人口之徒可以隨意而成其事該李領事因思地方官如此辦理不惟有違條約及　貴國之律例並且欺滅公正而傷仁德所以該員照會廈門道潘云如按現在所擬本

領事斷不依從必力駁詰等語茲將該領事之照會一併附呈查閱本大臣嗣聞廈門口將以上所指各節停止不辦不料又聞現在廣東汕頭口欲仿照廈門所擬各節而行是以本大臣不能不請貴親王文咨廣東福建各省大憲轉行嚴飭各地方官萬不能將同治五年所立招工出洋章程稍有刪除亦不准另按該地方官自定之章辦理蓋以　貴國與各國駐京大臣繼原約新擬施行之條款各處必須遵此照辦或更改或停止惟有原定章程之大臣方可會議辦理故本大臣乘此與貴王大臣言之嗣後如各口道員以及他項地方官擅立有礙條約之章或將

關乎條約舊章有所更改停止無論係招工一節或通商之事或別項事件本大臣必定不能相容此等更改停止之事惟　貴國國家與各國駐京大臣乃有其權萬不能付其權於各處地方官與各外國之領事官溯自咸豐八年與咸豐十年所立條約至今按美國國家恒心所行之事理各節便知其忠誠深願將招工出洋事內惡劣及患難等情辦理輕減全行除卻查向來阿非利加販賣人口用為奴才之事因關係甚為凶惡所以美國人情願出無盡之力將其事停止廢去並且當時因此節所起之亂甚大多係販賣人口者欲廣大其事永存其事故將此亂生

起且多所幫助是以美國人又拚身家産業將此大亂力爲壓去覩此情形美國國家及百姓深覺凡人萬不得令其勉强作工無論其係數年或一生永作其事如按勉强辦理其内惟有弊患毫無善狀也惟我國雖不欲咸豐十年條約各款以及同治五年按此條約所定之章暫且全行乘此施用然而仍不能謂本國讓卻條約内所載些須之利益至於他國乘此而得其條約内所載之利益本大臣亦無不依從惟貴親王所擬寬大仁愛之章程我本國既然依允如有　貴國官員串通不義之外國人躲避此章辦理或將此事全行停止以便其隨意流傳辦理招工

之事本大臣既當此明顯奉教國家大臣按照公正仁德之道不能不深加駁詰蓋以招工出洋一事其歸結之處乃係將無罪無知之工人令其受不盡困苦殘虐歷查自古以來似此等慘酷之辦法實爲罕聞罕見本大臣今將此事用特照會貴衙門設立良法施行於此事倘若偶有疑我本國於招工出洋之事有所同謀以及同情者按以上所言便知本國總無其事惟衆人猜疑之意本大臣恐防不能令其全行除卻蓋因中國百姓不能分清各國之人以致無辜者之聲名與有罪者之聲名皆一律均匀而受中國之百姓議論本大臣固知　貴國國家願將招工

出洋一事妥爲辦理以期保護中國無辜之民不令其受人巧詐强逼之害　貴國如眞實有志堅心辦理此件本大臣想必能迅速妥成若將同治五年章程立意施用遵行可以致通商各口出洋中國工人之數定然較少卽有去者亦必執穩妥保護之確據果能將拐帶人口之弊端消除則澳門販賣人口之事可以迅速由大而小或全無其事也倘若　貴國雖出力嚴辦而該口以後仍然有此等事件本大臣想　貴國須與西洋國國家計議會齊將販賣人口之事停止蓋以凡言澳門之地各人皆未免想其販賣人口羞惡之事果然　貴國能照此辦理本大臣

與有約各國皆欲同心扶助以及天下有教化各國亦無不歡欣喜悅以此爲是也同治十一年五月初十日

澳門停止招工

總理衙門照復同治十二年十二月十三日接准貴大臣照稱現奉本國諭旨通禁毋得由澳招華人往洋僱工本大臣遵卽已照所立在澳招工章程内條款限三個月後毋得由澳招工往洋此後不復有招工之事等因前來本王大臣閱悉之下曷勝欣慰既喜貴國新政之嘉尤徵貴大臣辦理之善卽各國聞之亦皆佩服此後兩國睦誼當益敦篤矣爲此照會同治十二年十二月照復西洋啫使

附錄澳門示稿

大西洋澳門總督啱哪嘩爲曉諭事照得同治十二年十一月初八日業經出示禁在澳招工往洋限期三個月均當淨盡茲查所限三個月期屆於本年二月初十日爲滿是以再行諭禁凡屬所有一概爲招工而作之事業悉皆禁止所禁之章程列明於左

一前咸豐十年閏三月初十日開辦在澳招工往洋之衙門俱當撤除

二所有在澳招工往洋之大館俱當撤除所有華人入客往來只可投客店住歇至於該客店須到華政衙門領牌

方准開設

三所有招工之衙門及大公館仍准其理業至於二月初十日爲止至期均應關閉

以上諭禁章程各宜遵照本大臣經面與兩廣總督商定凡屬招工客頭人等係在於二月初十日限期之前業招工之事者均准其仍回中國地方免究其既往許其自新矣茲兩廣總督並有出示懸諭嗣後爾招工客頭人等可各任便自回鄉籍無庸觀望懷疑也爲此明諭各宜知遵毋違同治十三年二月初一日示

大西洋澳門理事官吧吐嘜現奉大西洋澳門總督啱哪嘩劄行轉爲曉諭事照得前奉大西洋大君主諭禁招工往洋一事計至同治十三年二月初十日三個月之限期將滿如招工客頭人等有仍欲在澳營生者須至本衙門呈明悉據有担保人保其係有正經生意可靠者方准仍在本澳停留其餘毋許匿居澳門是以澳門督憲心存體恤爲照請兩廣督憲施恩體恤俾爾招工客頭人等得以別圖生業蒙兩廣督憲於正月二十一日來行照復並蒙出示內稱准各客頭寬其既往許其自新改從正業安分營生毋再另作犯法情事等諭爲此特示招工客頭人等知悉爾等可以自便各歸鄉籍無庸觀望懷疑惟嗣後務

宜改圖正業切不可妄作非爲有干法紀以致終於不宥可也爲此曉諭各宜凜遵毋違切切特示同治十三年二月初一日示

照會秘使華工保護除弊

大清欽差大臣前江蘇巡撫部院丁爲照會事照得本日本大臣與貴大臣已將彼此現存條約並專條憑單等件互換案查前於十三年五月議約之後即由本國派委員於七月間前往貴國查明華工情形旋據送到華民呈詞口供以及見證人所錄情形皆經指實華工所受委曲之處現在兩國業已立約志在永遠和好務望貴大臣行知貴國

查照妥將以前苛待華工弊端盡行革除遵照專條及和約辦理嚴令將華工身家資財皆得保護以昭信守本國亦當或派

欽差或派委員前往確查凡遇可以爲華工保護除弊之處隨時商同貴國全力襄助妥立章程以歸盡善並附去華工見證供詞一本爲此照會貴大臣請煩照覆施行須至照會者光緒元年七月初七日照會秘使（按秘會華工見證供詞世有刊本卷帙太繁是書未能詳錄）

附錄秘國照覆

大秘會欽差駐劄中國大臣愛爲照覆事照得今接貴大

臣來文內開我兩國所立條約並專條兩件互換案查前於議約之後即由本國派委員於七月間前往查明華工情形旋據送到華民呈詞口供以及見證人所錄情形皆經指實華工所受委曲之處現在兩國業已立約志在永遠和好務望貴大臣行知貴國查照等因前來查華民在於本國傭工者本國志在實力保護不容稍受委曲情事俟

貴國選派

欽差大臣前往本國商辦一切本國定必實力會商華工事宜以期爲華工盡除一切弊端使其皆得安居身家資財無不護全以符條約及專條所定章程並昭信守現准貴大臣送來華工見證供詞一件本大臣自當譯出轉送回國查照辦理可也爲此照覆貴大臣請煩查照施行光緒元年七月初七日

通商約章類纂卷二十九

通商約章類纂卷三十目錄　工類三

行船

條約章程

英約第三十五款 併見本類租備建置

喘典哪威約第八條 併見本類租備建置

美約第十七款 併見本類租備建置

法約第十五款 併見本類租備建置

布約第十一款 併見本類租備建置

德續約第四款之二 併見戶類稅務罰例刑類法禁本類租備建置

丹約第三十四款 併見本類租備建置

日斯巴尼亞約第三十一款 併見本類租備建置

比約第二十二款 併見本類租備建置

義約第三十四款 併見本類租備建置

奧約第十四款 併見本類租備建置

巴約第十二款 併見刑類法禁獄訟控告審斷

章程

擬定引水章程並各口分章 已見本類租備建置

中國輪船概用黃龍主旗並水師全軍分軍將領旗附

中外各國官民旗式 按式列卷末

各國傳意音旗圖說附各國商船旗式 按式列卷末

英國各船聲號章程 已見禮類交際儀文

英國水師官員拜謁章程 已見禮類交際儀文

俄國錄送海洋內河行船章程

通行德國譯送行船免碰章程及定罪交易則例

德國續送行船免碰章程

九江關議內地船隻防備輪船碰撞章程

船貨立據專章並各式 按式列卷末

成案

布國釐定旗號 已見戶類稅務口岸貿易

美商輪船碰沉鹽船溺斃人命斷賠

英商輪船碰沉巡船溺斃人命認罰

英商輪船碰沉漕船追賠

澳順輪船碰沉福星輪船議結

中國輪船碰沉民船飭賠

英商輪船碰沉鹽船追賠

俄商輪船碰沉民船溺斃人命追賠

行船

條約章程

英約第三十五款　併見本類　租傭建置

一英國船隻欲進各口聽其僱覓引水之人完清稅務之後亦可僱覓引水之人帶其出口

嚈嗹哪嘁約第八條　併見本類　租傭建置

一凡嚈嗹國哪嘁國等民人貿易船隻進口准其自僱引水赴關監處所報明帶進俟稅鈔全完仍令引水隨時帶出其僱覓跟隨買辦及延請通事書手僱用內地艇隻搬運貨物附載客商或添僱工匠厮役水手人等均屬事所必需例所不禁應各聽其便所有工價若干由該商民等自行定議或由各領事官酌辦中國地方官勿庸經理

美約第十七款　併見本類　租傭建置

一大合衆國船隻進口准其僱用引水帶進俟正項稅款全完仍令帶出並准僱覓厮役工匠買辦水手延請通事司書及必須之人並僱用內地艇隻其工價若干由該商民等自行定議或由領事等官酌辦

法約第十五款　併見本類　租傭建置

一凡大法國船駛進通商各口地方之處就可自僱引水即帶進口所有鈔餉完納後欲行揚帆應由引水速帶出口不得阻止留難凡人欲當大法國引水者若有三張船主執照領事官便可著伊為引水與別國一律辦事所給引水工銀領事等官在通商各口地方秉公酌量遠近險易情形定其工價

布約第十一款　併見本類　租傭建置

一凡布國暨德意志通商稅務公會和約各國船隻駛進通商各口任聽自僱引水之人即行帶進迨其船貿易輸稅全完欲行回駛亦准僱覓引水之人隨時帶出

德續約第四款之二　併見戶類稅務罰例刑類法禁本類租傭建置

一德國允凡無照冒充各項船隻引水者即應議罰惟所罰之數每次不得過一百兩並允妥速會定約束水手章程

丹約第三十四款　併見本類　租傭建置

一丹國船隻欲進各口聽其僱覓引水之人完清稅務之後亦可僱覓引水之人帶其出口

日斯巴尼亞約第三十一款　併見本類　租傭建置

一日斯巴尼亞國船隻欲進各口聽其僱覓引水之人完清稅務之後亦可僱覓引水之人帶其出口

比約第二十二款　併見本類　租傭建置

比國船隻欲進各口聽其僱覓引水之人完清稅務之後亦可僱覓引水之人帶其出口

義約第三十四款（併見本類租傭建置）

義國船隻欲進各口聽其僱覓引水之人完清稅務之後亦可僱覓引水之人帶其出口所給引水工銀及引水人等應遵規條地方官會同各國領事官酌量定立

奧約第十四款（併見本類租傭建置）

奧斯馬加國船隻欲進各口聽其僱覓引水之人完清稅務之後亦可僱覓引水之人帶其出口

巴約第十二款（併見刑類法禁獄訟控告審斷）

凡兩國船隻駛至通商口岸本船諸色人等如有上岸滋事各照兩國常例拏辦至巴國船隻或在中國沿海通商口岸有與本地船隻相碰互控情事可由被告所屬之官員查照各國碰船現行章程審理倘未甘服應聽原告所屬之官員照會審理之員秉公復訊核斷了結

章程

擬定引水章程並各口分章（已見本類租傭建置）

中國輪船概用黃龍主旗並水師全軍分軍將領旗附

中外各國官民旗式（按式列卷末）

總理衙門咨前因海面盜匪未靖關口奸販走私亟宜僱覓輪船以為捕盜緝私之計現已照會各國公使轉飭各口領事官曉諭商民人等遇有中國外省大憲欲僱輪船時准其承往留咨行查照辦理並將該輪船受僱之時一切事宜籌明咨覆以憑照會各國照辦在案茲於本年三月內疊准英法俄三國照會均允照辦並據英國照會內

詢所僱輪船應用何樣旗號本衙門以酌用黃旗上畫龍形等因照復並知照各國一體轉行相應咨行查照如有僱買輪船即希轉飭一律旗號用黃色上畫龍形以便識認而免歧誤同治五年四月咨各省

北洋大臣李劄據統領北洋水師天津鎮總兵丁汝昌稟水師將領應挂旗幟前請仿照南洋各省按官階分五色三色以為定制惟近日督率兵船巡防各口並赴朝鮮照料議約事件海上行師全以旗幟為區別中國似應酌量改定以昭畫一而肅軍容擬請凡水師全軍統領升挂五色長方旗分軍將領升挂三色長方旗均於旗之上角鑲

釘錨式俾與各國兵船相遇知所辨認等情當經前署大臣張飭據津海關周道等議復水師全軍將領仍用五色長方旗水師分軍將領仍用三色長方旗其色照周道等所議以黃爲始白次之繼以黑綠紅取五行相生之義各旗上角改釘單錨稟請核示等情復經本署大臣批准照辦飭令開明尺寸照繪旗圖呈候分咨去後茲據復稱伏查卑軍各船大小不等所掛龍旗帥旗業經稟列四號茲水師將領各旗亦應列爲四號頭號旗長一丈五尺寬九尺二號旗長一丈二尺寬七尺二寸三號旗長九尺寬五尺四寸四號旗長五尺寬三尺均工部尺五色三色均照

五行相生次序配做各旗上角內釘單錨之白方塊五色以三色寬對方三色以二色寬對方按船大小分別懸掛以壯觀瞻所有旗之尺寸繪畫旗圖一樣三紙呈請查核分別轉咨等情前來除分咨南洋大臣福建船政大臣轉行南洋輪船水師將領一律仿照製辦懸用以一號令而資辨識並咨總理衙門查核外合行劄飭光緒八年九月三十日劄津海各關

又劄光緒九年二月初十日據朝鮮國王咨開敝邦現與各國修好所有港口之處均許通商將來船艦往來須立旗號以便認識茲製國旗一面圖繪形色以備查照除將圖畫旗色認明存案外相應備文咨會乞照驗施行旗圖一紙等因到本署大臣准此除咨行外合行劄飭光緒九年二月十二日劄津海各關

各國傳意音旗圖說附各國商船旗式按式列卷末

總理衙門咨同治十三年三月十九日准美國衛大臣函稱現有各國會定十八面旗式每面各傳各字之音此泰西新擬行船運用傳意之法茲有本國寄到此式旗譜一本送呈查閱可飭中國輪船依法資用等語相應照繪旗譜一分照抄旗圖說一分並抄衛大臣原信一件咨行貴大臣轉飭查照同治十三年五月二十七日咨北洋南洋

附錄美國衛公使來函

逕啟者茲於洋面各國兵商等船往來而兩船在洋相遇即升掛旗便知某國之船如某船與彼船有事相商而相遇之間不能通語即須設法解通是以數十年前遂用五色旗式升掛以作傳意之用然總不甚明悉現在各國復又繪定共用十八面旗式每面各傳各字之音若兩船相距數十里如遇某船有事即將所欲之意照旗譜式升掛彼船見之遂閱旗譜便可問答此泰西新擬行船運用傳意之法茲於去年本國耆老會飭知水師兵部新印行船旗譜原爲自用茲轉由本國總理衙門寄到此式旗譜一

本前來囑本大臣送呈貴親王查閱可飭中國輪船得此旗譜便在洋面與他船相遇有事商量則可依法資用也

照錄常行暗號第一節

訊問號多船同行中有不知其名者可用此號如

乾坎示你的旗號　乾丙令第三船指
乾艮那是何船　乾丁令第四船指
乾震船隻將到者令出其異衆旗號　乾戊令第五船指
乾巽船將起錨者令其出異衆旗號　乾己令第六船指
乾離船之欲報明妥當者令其出異衆旗號　乾庚令岸上暗號公司指出定南針之暗號
乾坤出你的異衆旗號向某處　乾辛令船之入灣泊者指出定南針之暗號

乾兌小心　乾壬令船之離灣泊者指出定南針之暗號
乾甲令第一或至近之船指出定南針之暗號　乾癸令船立出有分別之旗號
乾乙令第二隻船指

定南針暗號

坎乾北　艮乾東　震乾南　巽乾西
坎艮東北稍北　艮坎東南稍東　震坎南稍西　巽坎西稍北
坎震東北　艮震東向南　震艮南向西　巽艮西向北
坎巽東北偏東　艮巽東南偏南　震巽南向西稍西　巽震西北西稍西
坎離北北東　艮離東南東　震離南南西　巽離西北西
坎坤北北東稍東　艮坤南偏東　震坤南南西稍西　巽坤西北向西稍西

坎兌東北向北　艮兌南向東　震兌南西向南　巽兌西北向西
坎甲東北稍北　艮甲東南稍東　震甲南西稍南　巽甲西北稍西
坎乙東北　艮乙東南　震乙西南　巽乙西北
坎丙東北偏東　艮丙東南稍南　震丙西南稍西　巽丙西北稍北
坎丁東北向東　艮丁東南正南　震丁西南向西　巽丁西北向北
坎戊東北向東偏東　艮戊南南稍東　震戊南向西稍西　巽戊北北西稍西
坎己東北東　艮己南南東　震己西南西　巽己西北西
坎庚東北東稍東　艮庚南向東微東　震庚西向南稍南　巽庚北向西稍西
坎辛東向北　艮辛南向東　震辛西向南　巽辛北向西
坎壬東稍北　艮壬南稍東　震壬西稍南　巽壬北稍西

坎癸見後第一行　艮癸見後第二行　震癸見後第三行　巽癸見後第四行

㈠按天象指明是日之和風
㈡按天象指明次日之和風
㈢按天象指明是日不定之風
㈣按天象指明次日不定之風

助類

離乾要立刻之助　離坎船有此號立等救
離艮不能助　離震即往幫助

船類

離坤救生船不能來　離兌船已遇難

離甲　莫用己船上岸
離乙　人落水

通信類

離丁　近來我有要信
離戊　船上不許有人　不許彼此交語
離己　小心與外人往來

險類

離辛　桅折不能挂帆
離壬　舵壞不能用
離癸　機器損壞不能用
坤乾　要外科醫生

防備類

坤艮　你將遇難
坤震　你現在難中
坤巽　你離鎗炮甚近
坤離　令多人齊上不妥

坤兌　試看甚險
坤甲　景象可怕你自行小心
坤乙　外人可疑
坤丙　某國與某國交戰
坤丁　天氣不好預備
坤戊　通商要緊的虧空

給載貨船言語類

坤庚　離岸
坤辛　立更船道
坤壬　多挂帆莫撤熱氣使船聽令
坤癸　住船
兌乾　後退
兌坎　落帆莫快走
兌艮　站住
兌震　莫動
兌巽　著衣
兌離　無處穿衣
兌坤　轉篷否則上岸
兌甲　向右轉篷

兌乙　向左轉篷
兌丙　順風
兌丁　難過
兌戊　海岔已改莫大意
兌己　不用引水船有患
兌庚　浮桴不在應置之地
兌辛　向左搬舵
兌壬　向右搬舵
兌癸　留浮桴於左
甲乾　留浮桴於右
甲坎　穩舵
甲艮　隨我使船
甲震　由左向前
甲巽　由右向前
甲離　停於海岔之中
甲坤　無論如何切莫下錨
甲兌　相離莫少於若干尺
甲乙　你今所住之地不安
甲丙　傍岸
甲丁　下錨

給下錨船之言語類

甲己　開行起錨無可等
甲庚　立刻入海
甲辛　能出則去
甲壬　移開所停之地
甲癸　割斷桅杆
乙乾　你船傍岸實爲冒險
乙坎　若你錨纜斷則船必觸岸傷人
乙艮　莫放錨但使船上岸
乙震　且住等潮
乙巽　潮退你當淺擱
乙離　立急上岸

救水手類

乙兌　住於船內
乙甲　離船愈快愈好
乙丙　非水退莫離船
乙丁　不能停泊

乙戊　乙己
乙庚你們自行設法因不能幫助　乙辛小心將終夜傍岸
乙壬人上岸須將燈火放於妥處　乙癸留一盞燈
患難類
丙坎要人救援　丙艮我當棄船
丙震莫棄我　丙巽我無法
丙離我現遭難示我如何使船　丙坤我正前趕且莫下錨
丙兌我現毆打救助
火類
丙乙失火　丙丁火著甚快救人

丙戊立急救護火可滅
漏類
丙庚我船漏了　丙辛漏的甚快
丙壬我沈呢
救生物類
丙癸擲救生圈
要類
丁乾要立時來救　丁坎兵丁謀殺要人來救
丁艮要船下　丁震立要醫家來助上
丁巽人落水要船　丁離飢

丁坤立刻要爆　丁兌要錨
丁甲要一錨與纜　丁乙放一根繂縋
丁丙要一隻火輪繂船　丁戊要二隻火輪繂船
丁巳立求指教　丁庚要水手
丁辛要一隻引水船可覓一隻否　戊乾問暗號公司之名
戊坎再將暗號懸一清處因前未看明　戊艮以話說暗號
戊震看不清你的旗號前來近些　戊巽我將以話說暗號
戊離止住我有要言相告　戊坤要陰晴報
戊兌要陰晴報爲明日用　戊甲問何時水長至高彼時至淺若干深
答云㊀或用時候暗號㊁或用數目暗號

戊乙你有我的信或電報否　戊丙我要請我主人之諭某人在某處
答法㊀用該船本記號若不現成則用船主之名或其住處
戊丁船之欲以法通線報名主人某在何處　戊巳用法通線將以下信息報之主人或某人在某處
戊庚將答我之話用法通線送至暗號局　戊辛將我信不必繕寫以暗號字送去
戊壬向所指之海口去　戊癸送暗號
己乾將以下所寫之信由信局送至主人手或某人在何處
己坎將以下所寫之信由信局送至主人手或某人在何處用暗號莫寫
庚乾以下記號信息皆係暗號　庚坎將註解暗號之書給我
庚艮暗號完矣

以上傳意十八面音旗圖凡船戶或用一面或二面或三面四面錯綜相加以傳彼此之意

設命B圖爲乾ㄹ爲坎コ爲艮工爲震ㄣ爲巽Ⅱ爲離亅爲坤匹爲兌エ爲甲丌爲乙Ŋ爲丙工爲丁ㄡ爲戊ㄖ爲己ㄥ爲庚ㄒ爲辛ㄑ爲壬ㄩ爲癸

以下三面之白質紅點者爲是字藍質白點者係非字二白行者爲對答之意其式如左

丙坎遇難求援　乾巽離庚近得步林之敬思城　乙癸艮巳然燈公司第二萬二百二號

坤艮你現在危地　癸丁乙〇〇九又九號　艮震戊巳在於

震丙西南偏西　巽庚辛早晨十點鐘　艮乙丁癸將要

乾庚知會岸上晴號公司　震離巽緯綫六度　坎艮乙丁婁類地名

乾艮那是何船　乾巳庚你可給我帶一封信否　坎震坤巳婁類地名

英國各船聲炮章程已見禮類交際儀文

英國水師官員拜謁章程已見禮類交際儀文

俄國錄送海洋內河行船章程

津海關接據俄國岊總領事函稱所有輪船防碰一事本國原有定章擬卽擇要譯送等因茲先將海洋內河行船章程各擇最關切要數條譯妥送上卽希查閱此外尚有碰船議賠章程容俟譯出再爲繕送光緒元年三月

航海船隻預防碰撞章程

第一條

以後條款所載凡火輪船行駛有時用篷不用水氣卽算篷船若用水氣行駛之時無論用篷不用篷皆算火輪船

第二條以下航海船隻掛燈各條

凡船行駛之時自日入至日出無論天氣陰晴各船皆須掛燈其各燈係何顏色詳載後條

第三條

行海輪船應在桅桿前面懸掛極明潔白色燈船左用紅色燈船右用綠色燈其紅綠燈前靠裏緊帖船幫應各設隔光帘一箇每帘皆長三尺惟此帘切不可擋在燈前俾免對面來船看錯本船斜正

第四條

火輪船如或拖帶別船行駛除兩旁仍掛紅綠色燈及隔光帘外應在桅上懸掛白色燈二箇其懸掛之處必須一上一下相隔不遠

第五條

篷船自行或用輪船拖帶所掛之燈皆與輪船一樣惟桅上不許掛白色燈

第六條

凡輪篷各船停泊下錨後自日入至日出應選擇往來船

隻顯明易見處所挂一白色燈高不逾二丈此燈光亮周圍必當照見三里以外

第七條 以下航海船隻遇霧條款

凡船隻行海如逢霧天無論霧之輕重時之晝夜約每過五分時候總應照以下所載號令辦理凡輪船行駛所吹之號係氣管中放出聲音若篷船行駛則應吹角其輪篷各船停泊之時應當打鐘

第八條 以下航海各船管駕號令各條

設有篷船兩隻偶然遇著或頂頭相對或稍爲偏斜恐有碰撞之虞該兩隻管柁人均應將柁柄推向左邊俾兩船

均由左邊相讓而行

第九條

如有篷船二隻自兩邊斜路橫直駛來恐有碰撞若一船風自左來一船風自右來則左邊得風之船應讓路與右除此船左邊所得之風係屬偏頂風而彼船右邊之風恰是順風則在右者又當讓路與左外若兩船風本相同或有一船正遇順風則應上風船讓給下風船道路

第十條

如有火船二隻對面駛來恰值船頭相對或稍有偏斜其時恐有碰撞應各推柁柄向左俾兩船均由左邊相讓而行

第十一條

如有二火船自兩邊斜路橫直駛來恐有碰撞則在左火船應讓在右火船道路

第十二條

如有火船篷船忽爾相遇恐有碰撞則是火輪船應讓道路

第十三條

如火輪船駛近別船恐有碰撞應預將輪機之力少減俾至緊要之際或應停輪或應退回行止得以自如再若大

霧迷漫輪船尤不應快駛以防碰撞

第十四條

如有快船自後駛來任便越過前面緩行之船惟快船不應阻礙彼船去路

第十五條

無論輪篷各船若按照以上章程讓出別船道路彼時別船雖然仍照舊駕駛亦當恪遵以下章程而行

第十六條

凡輪篷各船除遵照章程駕駛外尚須細察海洋中有無危險處所尤須悉心防備意外不測之事如一時猝然險

在目前總以兩船得免碰撞爲要如確見不能拘泥成法即當將章程量爲變通以期全獲平安

第十七條

行船規矩甚多章程不過畧舉梗概其駕船行駛之時倘有不照前定各條挂燈吹號或不用心向前瞭望或不遵照定章以外人所切知規矩行駛以致碰撞別船或被別船碰壞定惟該主及柁工水手人等是問

內河行駛船隻(管駕號令)各條

第一條

凡快船自後駛來任便可以越過前面緩行之船惟不應

阻礙彼船去路其彼船亦不可阻此船前駛之路

第二條

輪船無論逆水上駛或順水下駛將至離轉灣不遠地方或因故不能望見前面來船或有淺阻或河水中分處所須吹長號(即係放氣管長聲)知會前途倘吹號後不聞吹號回答之聲俟將行至前列各等地方時仍當再行吹號知會以免錯誤再若篷船木筏各等船隻行近以上各地方皆須敲擊船上鐵點知會前途凡篷筏各船必須隨帶完整鐵點

第三條

凡輪船偶然相遇既已按照以上所載號令吹長號知會而彼船亦經照樣答吹後上行輪船即應將輪機之力少減俾可立時停止然尚須等候彼船吹出擇路號令再行照辦其下行船亦應將輪機之力少減些須彼船柁仍可運動自如其時下行船須慢慢向前行走

第四條

如有二船行至對面應順水船擇路前進其逆水船當與來船避路而行

第五條

如有輪船順水下行偶遇對面來船彼此業已吹號知會

以後如下行之船擬自右邊行走(即是來船左邊)除應吹短號一次外仍須白晝用旗黑夜用燈向左指引上行船應走之路(即是本船左邊)如下行船擬自左邊行走(即是來船右邊)應連吹短號數次亦用旗燈向右指引其對面來船如無另外妨礙(見第六條)便應讓路亦當照樣吹號回答並用燈旗指引下行船去路(此燈要一面透光三面不透光俾一掉轉時對面船上不望見燈亮以免看錯所指方向)

第六條

如上行輪船確見來船欲走之路或有險阻妨礙或於己船有不便之處(所言妨礙係停泊船筏等項)應即改吹另樣號令以示前有阻礙之意其改吹號令之法比如來船吹短號一聲

此則答以數聲來船若吹數聲此則答以一聲並應查明下行船便於行駛之路即用燈旗指引至上行船既經答吹有阻同號後便當將船停住彼下行船既已聞得彼船同號並看明旗燈所指方向仍須細心駛過彼船停泊之處

第七條

凡各等篷船木筏等項所用各樣號令除氣管放聲之外其餘均與上二條同

第八條

凡對面來船相去不過二里路程之際或未吹號或已吹

而未聞答號或聽吹號看燈旗未能分明該二船均應立刻停住各將號令指引明白再行

第九條

凡有數船魚貫行駛自應頭船擇路後面各船隨行如有不能依此法前進之船即當停住讓對面來船過去

第十條

凡二船對面相遇無論或晝或夜在何地方定須按照第五六七條所載各樣號令知會明白雖兩船所行之路毫無碰撞情形亦當照前條各號令知會

第十一條

凡輪船行駛適值有霧天氣必須緩行應每過一分時刻吹長號一次（即係用氣管放長聲）其篷船木筏等項應每過一分時刻打鐵點一次無論輪船篷船停泊之時均應打鐘

第十二條

凡輪船氣管若有損壞不論晝夜一概不准行走須候修好方許駕駛其篷船木筏等項若未帶有鐵點不論晝夜亦不准行若有裝運木柴船筏單隻行走許用木頭雲板以代鐵點

第十三條

凡行船不遵號令章程行船規矩辦理雖無碰撞等事船

主亦有違章之罪應按照刑律罰辦倘行船有違定章其時並非船主管駕所有代爲照管之船伙柁工應得之罪與船主同

第十四條

凡各項船隻均不許在河水深處及行船要路暫行停泊必應擇靠岸之處下錨所有河道灣處河面狹處一定不准停泊下錨如違此條應照刑律罰辦再一切篷筏等船皆不許逼近輪船停泊之處下錨以致輪船來去攏岸皆有妨礙如有故違倘被輪船碰壞不准取償若損傷輪船物件均應照樣賠補

第十五條

凡無論何項船隻若用牽繩引船之時倘有輪篷各船駛來卽應靠在下繂一邊傍岸行走一定不許在兩岸分下雙繂

第十六條

凡無論何項船隻停泊下錨以後必應在下錨地方拴繫錨標倘下錨處未繫標記卽將船主照例議罰

通行德國譯送行船免碰章程及定罪交易則例

總理衙門咨光緒二年六月十八日准德國巴公使函稱各海洋面以及各國海口碰船之事屢見迭出今將本國

行船免碰章程二十款並定罪交易則例譯出送閱章程內所言應用號燈恐華船難使遵照應爲另立專章至於中國斷償之例如何亦請錄示等因前來查譯送各條前經江海關道與各國領事會議泰西各國均批准通行同治七年九月間准上海通商大臣咨送本衙門在案德國公使此次譯送條款核對江海關道所譯字句雖有參差大致爲防備輪船碰撞起見所送德國定罪則例及交易則例中外會訊原應互相知悉惟中國向無斷償之例前因江海關道與各國領事所議條款係泰西各國之所通行專指輪篷兩船而言並無中國各項船隻在內當經本衙門咨行上海通商大臣轉飭另行詳議同治十年十月間准咨送東海關所擬內地船隻防碰章程雖已通行究屬畧而未備各華船亦未能一體遵悉茲准德國公使函述前因除先行函復外相應抄錄條款則例咨行查照所有中國各項商船以及巡漁各艇應如何防避輪船碰撞先事預籌徧行曉諭倘有碰撞或船或貨或人均應作何辦理卽希轉飭各關道悉心妥議參酌中外情形擬定章程報由貴大臣核明再由本衙門與各國公使定議庶日後各華船可免碰撞之虞一俟各關道妥議章程卽行聲報光緒二年七月初九日咨北洋南洋

行船免碰章程

德國一千八百七十一年十二月二十三日經御筆批准行船互相躲避免碰章程所有海西各處以及海船可抵之通海江口內河行船均應一體遵照以下所開章程所有應用號燈等物各船務當妥備齊全以便臨時不缺惟江口內河如該處立有專章卽遵其處專章仍照以下所開之章

第一款

以下章程分論輪船篷船二項惟輪船遇有單用風篷不用水氣之時其船則作爲篷船不作爲輪船至水氣風篷

並用之時則作為輪船單用水氣不用風蓬其為輪船自
明矣
第二款用燈之例
所用之燈均應遵照以下所開式樣不准稍有不合至懸
挂之時無論晴天陰天均應以日入為始至日出為止不
可因天晴有月便不懸挂
第三款輪船行駛時應用樣燈
火輪船行駛之時均應懸挂三隻號燈一頭桅梢上應挂
極亮白光之燈其光射滿天邊三十二點之二十點即左
右每傍十點以致洋船前天邊半圈全亮外其亮往後每

傍尙出二點再者其燈之火光雖全黑無霧之夜至少應
看於十五里之遠
一船之右邊應用綠光號燈一隻其光射滿右一傍天邊
十點以致洋船前右角全亮外往後尙出二點其燈之火
光雖在全黑無霧之夜至少應看於六里之遠
一船之左邊應用紅光號燈一隻其光射滿左一傍天
邊十點以致洋船前左角全亮外往後尙出二點其燈之
火光雖在全黑無霧之夜至少應看於六里之遠
一綠燈以內應安攔光板一片其板至少當出燈前三尺
以免其光誤射於左紅燈以內亦應相同以免其光誤射

於右
第四款拖帶輪船應用何燈
輪船拖帶別船之時除兩傍仍放綠紅燈光二隻外應在
頭桅梢上懸挂白光之燈二隻每隻與別船所挂白光號
燈相同但須豎排不准橫列
第五款篷船應用何燈
篷船無論自行或有輪船拖帶所用之燈其餘均與輪船
所用相同惟輪船桅梢懸挂白光之燈篷船概不准用
第六款小船專章
凡小篷船除天好之時用燈與別船一律外若遇有風之

時恐其號燈難以安妥則亦應將此二燈放於船面左右
以備臨時急用每探別船將近即將二燈早為舉起必合
其光遠射淸楚並安為隄防勿使紅光誤現於右綠光誤
現於左等情再此燈除亦應備有攔光板二片外須將燈
盞亦染紅綠與其燈光顏色相同
第七款各船停泊之時應用何燈
篷船輪船停泊之時無論在泊船界內或在半途夜間亦應
以日入為始至日出為止懸挂白光圓燈一盞須在顯明之
處論其高矮離船身往上不可出二十尺之外所用圓燈之
逕至少則應八寸其光週圓射滿至少看於三里之遠

第八款 引水篷船應用何燈

凡引水篷船只在桅梢懸挂白色一燈使其週圍射光並每一刻之時舉火把一次其餘輪船篷船所用之燈概不准用

第九款 漁船並各項小舟應用何燈

一凡漁船並各項小舟行駛之時若自願用紅綠二燈與篷船一樣自無不可惟恐此等小舟用此二燈不便爲此准其只用單燈一盞以代大船之二盞至此一盞單燈應右安有玻璃二片一片綠色一片紅色每遇別船將近之時早爲將燈舉起必令其光遠射清楚並妥爲隄防勿使紅光誤現於右綠光誤現於左

一凡漁船並各項小舟或停泊之時或拋網不走之時應挂白光號燈一盞

一凡漁燈並各項小舟亦可並用火把不願用者任其自便

第十款 下霧時各船應用何號

一下霧之時無論白日夜間則輪船行走之時用水氣管一桶放在煙桶之前其管應自船面往上至少高出八尺每刻分吹三次

一下霧之時無論白日夜間篷船行走之時用角一隻每刻分吹三次

一輪船篷船停止不走之時用鐘一口每刻分撞三次

第十一款 兩隻篷船對面行走應如何躲避

兩隻篷船對面行來或直頂頭或稍斜偏似有碰形則兩船各將其舵向左推運使船往右行走以便兩船互相左讓

第十二款 兩隻篷船橫直駛來應如何躲避

一兩隻篷船橫直駛來似有碰形倘一船左邊有風則應風在左邊之船讓路惟其風在左邊之船風若逆甚以致其船不能暢行而風在右邊之船其風稍順可以暢行則應風在右邊之船讓路躲避

一兩隻篷船或均從右受風或均從左受風則其向風之船自應讓路躲避其兩船內若有從後受風卽風前走者

亦遵此例

第十三款 兩隻火輪船對面行走如何躲避

兩隻輪船對面行來或直頂頭或稍斜偏似有碰形則兩船各將其舵向左推運使船往右行走以便兩船互相左讓

第十四款 兩隻輪船橫直駛來應如何躲避

兩隻輪船橫直駛來似有碰形則彼船若在我船之右邊我船卽當讓路躲避我船若在彼船之右邊則彼船卽當讓路躲避

第十五款 一輪一篷應如何躲避

遇有一輪一篷行駛將近似有碰形總應輪船躲避讓篷

船行過

第十六款　輪船緩輪等例

一凡火輪船隻來將近別船似有碰形則輪船务看情形或緩輪慢走或停止其輪或退輪倒走以免碰撞

一下霧之時輪船一體均應緩行不可極力前駛

第十七款　後船遇前船應如何躲避

若有一船在前一船從後追來將過前船之際後船自應躲避以免碰撞

第十八款　詳解前款之意

以上各款有言兩船均應互相躲避者有言此船躲避彼

船之說者是凡此船應避彼船之時則彼不應躲避之船自當安然循己之路以免紊亂惟此外或有異形則遵以下所開第十九款以期盡善

第十九款　見機而作

各船除遵以上各款外仍應隨時用其駕船之技以免各等海面之險且若逢異形之時亦當見機而作不可因泥以前各章轉致自害是遇眼前之險總以避險為先勿事以遵章為心

第二十款

各船除應遵照躲避專章外仍當謹守挂燈用號之例如有疏忽其例以及諸不留心之故或不盡力用其駕船之技或出異險不知加倍勉力各等情事以致因此有失則其船之船東船主以及船上水手人等均有應得之咎不可以未遵專章為辭脫身事外

補遺二款

一以上第十一款第十三款總以似有碰形為要是如有恐碰之態則遵其二款如無恐碰之狀則不在此二款之例矣

一何為恐碰之態如白晝倘係兩船之桅或直對或稍斜偏則恐相碰夜間彼船紅綠二燈此船一目均能得見即

為恐碰之態也二款所言之直頂頭或稍斜偏者此也

一何為不恐碰之態白晝此船能見彼船可從我船之頭而過則為不恐碰夜間彼船之紅燈若直對我船之紅燈或彼船之綠燈直對我船之綠燈亦不恐碰又夜間我船單見彼船之紅燈不見其綠燈或我船單見彼船之綠燈不見其紅燈亦為不恐碰又夜間彼船之紅綠二燈雖然並現均不在我船之前亦不恐碰此皆不在此二款之例也

定罪則例

第一百四十五款內載德國御筆批准互相躲避免碰章

程如有違背者卽將該人坐以罰錢之罪所罰之數不過舊洋銀五百元卽德國新洋銀一千五百元卽中國銀二百五十兩

交易則例

第四百五十一款凡船東以船載物爲業若因船上船主水手人等駕船以及經理各事如有錯誤以致他人爲此受累以船東是問

第四百五十二款內載若因船上船主水手人等之錯以致他人受累其受累之人自應各問船東令其賠償惟其賠償之數總以本船價值加以此次水脚爲限此外船東家產與此無干

第七百三十六款云一凡兩船相碰或單此船受傷貨物無損或單彼船受傷貨物無損或彼此船皆受傷貨物無損或單貨物有損船身無損或船與貨均有受損之處或連船及貨碰沒無存此等情形紛紛不一難以盡言惟凡有如此之故均應照以上所載第四百五十一四百五十二兩款辦理視何船船主人等有錯卽何船船東將彼船與貨所受之損照例賠償一凡碰船之事與兩船貨主無干均不能令其分賠一凡碰船之事船東應賠船東自可轉問船主水手人等令其身當其咎惟此係船東之事與失主無干

第七百三十七款一凡碰船之事若因人力不及之故則兩船之人均爲無錯卽彼此無庸賠償若兩船之人彼此均有錯處亦彼此毋庸賠償

第七百三十八款凡碰船之時或兩船皆走或兩船隨潮而上或兩船順流而下或兩船下錨靠岸或兩船用攬拴住或一船走或一船抛錨各等情形紛紛不一惟無論如何均照以上各款辦理

第七百三十九款凡碰船之案被碰受傷之船若被碰後未能抵口之前先已沈没則斷案時總以沈没由於被碰爲率

第七百四十款凡碰船之時船上若有引水之人其引水人倘係該處地方官所派未由船主自擇則視本案情形如何如本船船主水手人等均無錯誤只因引水一人之錯以致碰船如此則不能令其船東賠償

第七百四十一款一凡碰船之事大半多有兩船相碰亦有三船相碰亦有四五不等均應一體按照以上各款辦理如有兩船相碰以致被碰之船無暇兼顧又將一船隨後碰傷則視本案情形如何若先碰船之船有錯而被碰之二船均無錯誤先後被碰之二船可令彼船之船東並行賠償

通行德國續送行船免碰章程

總理衙門咨光緒二年九月二十八日准德國巴公使函稱本國行船免碰新章將原文繙譯各一件送閱未審中國有無與此相同之章倘無此章是否願意自立卽希見覆等因查此事前於六月間准巴公使送到行船免碰章程二十款並定罪交易則例當經本衙門咨行轉飭各關道參酌中外情形妥議定章去後茲又准巴使函送碰船新章前來相應抄錄原件咨行查照一併轉飭各關道悉心妥議俟聲復到日再行咨報本衙門核辦光緒二年十月初八日咨南北洋

第一款

一每遇兩船在洋面相碰之後兩船船主均應互相細查情形如彼船以及乘坐彼船之人倘有危險可畏之狀而此船若能兼顧則此船自應盡力相助以免碰船陷於無窮之險

一每遇相碰之後若能兼顧則兩船船主應將己船暫行停住以便可以就近相助俟看明彼此皆無庸救護方可各自前駛

第二款

兩船將離之先兩船船主若能兼顧均應將己船船名記號並其船之本口以及從何處來前往何處各等緣由互相告知時以備查

第三款

除洋面相碰均應遵守以上各章外所有海船可抵之通海江口內河各處如有相碰之處亦皆各應一律遵守

第四款

以上章程應從一千八百七十六年九月初一日（卽光緒二年七月十四日）開辦起

以上章程如有違背者卽應照德國定罪則例第一百四十五款所載辦理

九江關議內地船隻防備輪船碰撞章程

南洋大臣咨據九江關稟奉劄准總理衙門咨准德國巴公使函稱碰船之事華船應另立專章抄發來往信函並條款則例咨行查照所有中國各項商船以及巡漁各艇應如何防避輪船碰撞先事預籌徧行曉諭倘有碰撞或船或貨或人均應作何辦理飭各關道悉心妥議參酌中外情形擬定章程稟覆核咨等因遵查各國行船防備撞碰條款雖於同治七年經江海關道會同各國領事定議照行究未由總署照會各國公使會議通飭各口領事遵辦是以遇有碰船之案援引前章領事等似皆不允遵行

今奉飭議章程果能一律遵行誠屬美舉惟所議中國船專章似宜簡明易曉務期一律遵守若話語太繁不獨內地駕船窮民愚蠢者多未能盡悉抑恐奸刁船戶巧於避就祇可酌定綱領議立數條所有碰船時節一切變易情形未能思議周備問案時不難准情酌斷以免繁瑣奉飭前因職道謹就本口情形管見所及酌議八條開具淸摺稟呈等情查輪船與輪船相碰外國向有章程至輪船與華船相碰同治七年雖經江海關應道定有章程而輪船華船均未遵行近來長江及上海口內之黃浦江輪船碰損華船之案層見迭出因無通行定章遂不能預防於事先更不能妥辦於事後本大臣復核該關道所送章程專言長江輪船與華船相碰洵爲知所當務查德國公使前送碰船章程卽慮及難使華船遵照嗣後所送新章五條似仍指大船相碰勢均力敵者而言不知華船之於輪船其力較小其行較緩其質較薄華船行遇輪船雖云見有碰像卽應互讓終恐華船避讓不及易受輪船之害且德公使所送新章第一第二兩條均言相碰之後如何辦理不知華船一爲輪船所碰非沈卽破甚至淹斃多命碰後理論已屬無及似不如該關道所議停輪左舵各層尤可防患於未然況輪船既到江面本不能照海洋行駛之法

華船身小力單亦難以盡照輪船退讓防碰之法前據該關道稟送章程卽經批示俟各關復到再行酌核彙咨今各關旣久未議復自因實有難於擬議之處而細核該關道所擬各條似較應道前定章程更爲簡明妥協輪船華船俱易遵從倘各公使悉允通行似可爲長江及沿海通商口內輪船所經水道之專章於輪船華船均有裨益相應抄錄章程八條咨呈光緒二年十一月咨呈總署

一內地船隻以及漁船巡船如夜間行駛時應於船頭安放號燈一盞如何式樣聽各船自備斷難責令一律均用玻璃白燈無論何式總以明亮爲主如不點燈被碰乃咎由自取與輪船無干

一內地船隻夜間行駛責令船頭點燈一盞輪船及風篷船均有號燈遇天晴無霧之時自知預相避讓如遇黑夜無霧之時兩船一上一下對面行駛及見燈光船已相離不遠似有碰像應定以無論上水下水各將舵門向左推運使船頭各向右行駛自免碰撞如有將舵推錯以致將船貨沈沒卽歸錯推船舵之船照數賠償訊問時憑兩船見證所供察斷

一內地船隻與輪船先後行駛如輪船在前內地船在後自無碰撞之事如內地船在前輪船在後無論日夜輪船

見有內地船在前卽於一里外先放𠮟筒三次使內地船早爲避讓如日間遇河道轉灣之處以及夜間有霧之時及見內地船在前兩船已相離不遠應定以輪船一面放𠮟筒一面停輪俟內地船避讓稍遠輪船再行放輪如輪船不放𠮟筒猝行相逼未曾停輪致撞沈內地船貨均歸輪船照數賠償

一內地船隻往來行駛全仗人力施爲如火輪船風篷船日間與內地船隻對面行駛見有碰形亦如夜間避法各推左舵如中國船在左邊行駛設中國船遇風强水溜人力難施橫斜碰來輪船遠見似有碰像卽早爲停輪竭力

相救始免疎失內地船主應酌量酬謝輪船水手人等如輪船不停輪又不相救所失人船貨物均應輪船照後條分別賠償如遇風平浪靜之時內地船撞損輪船應歸內地船照估賠償

一內地船隻停泊向無一定處所並有重載船隻不能靠岸向係拋錨掛泊江心此等船隻如夜間一聞輪船車聲𠮟筒聲無論遠近預先鳴鑼日間如見輪船遠來似有碰像趕緊鳴鑼吶喊輪船如再不讓開以致撞沈人船貨物均應輪船照數賠償風篷船及各項洋船同例惟拋錨船隻不得故意灣停輪船必行之路如在輪船必行之路被

碰卽係咎由自取與輪船無干

一內地船隻爲風浪撞擊致有橫斜衝撞之勢輪船不停輪又不相救所失人船貨物均應輪船照數賠償如停輪僅不相救輪船酌量議罰如已停輪又竭力救護復被沈沒各安天命卽與輪船無干

一內地船隻被輪船碰沈致斃人命斷難問抵如係輪船風篷船應賠之案擬定以每一命賠銀二百兩給死者家屬具領

一所議各條中國官輪船及商局輪船一律遵照

船貨立據專章並各式（按式列卷末）

總稅務司申呈竊前據粵海關稅務司詳稱現有招商局鎭東輪船船主前來請准在本關報明船貨受損係因經過海洋之險並非船不堅固或船上人未能用心所致以爲日後之證並請准於此證屆限滿時到關展限以便憑用等情當經明晰告知以本稅務司雖無立此等字據之權現旣到關報明請爲立據本稅務司無不願照繕備案若嗣後欲憑用此證亦爲照給第未知可實作證據與否等語查中國船隻設遇此等事出在通商口岸但有稅務司一員可由船主就近呈報實屬勢難推諉究應如何辦理之處相應詳請酌核示遵等因前來總稅務司查外國

船隻裝載貨物來往各國向有赴保險局將船與貨分別保險日後該船或船之貨物倘有失事或受損該保險局應照局章按該商所保之數賠銀若干其局章內載凡船進口時限一日內赴該管之官署將其船行過海一次爲立一前據若船與貨有損毀處再展限若干日復赴官署將其如何受損之情形詳細爲立一後據若未經立有前據郎不准立後據未經立過前後兩據該局則無庸爲賠保險銀兩等語茲招商鎭東船船主赴粵海關稅務司立此等證據係各口可見之事若就近並無官員執有立據備案之權殊多掣肘與招商局船貨保險之事甚有關礙

惟各口稅務司並無立此等證據之權應請由貴衙門新訂專章劄飭各口稅務司若遇有中國船隻以及無約各國船隻呈請立此等字據備案者准各關稅務司查明繕立則於商務實有裨益合行備文呈請光緒六年六月二十九日申呈總署

總理衙門劄行前准總稅務司申稱據粵海關稅務司詳稱現有招商局鎭東船主請准在本關報明船貨受損保因經過海洋之險並非船不堅固或船上人未能用心所致以爲日後之證並請准於此證局限滿時到關展限以便憑用等情查外國船隻向有赴保險局分別船貨立據章程茲招商局船主赴粵海關稅務司擬立此等證據應請訂立專章劄飭各口稅務司准各關查明繕立等因當經本衙門咨行南北洋大臣酌復在案茲准復稱局船遇險立據係爲保險局賠償之憑關繫甚重如在中國通商口岸報關立據事屬正辦此項憑據應由各關稅務司查明繕立送請各關監督復查加蓋印信給發一面定立專章知照洋官預飭洋商保險局遵辦以杜臨時推諉等因前來本衙門復查無異相應劄復總稅務司轉飭各關稅務司照辦其應如何議立專章之處仍由總稅務司酌議申報本衙門核奪光緒六年十二月初二日劄總稅務司

總稅務司申覆前奉光緒六年十二月初二日劄開准申據粵海關稅務司詳稱招商局鎭東船主請准在本關報明船貨遇險立保險證據應請訂立專章劄飭各口稅務司准各關查明繕立等因當咨南北洋大臣酌覆准覆稱局船遇險立證係爲保險賠償之憑據關繫甚重如在中國通商口岸報關立據事屬正辦此項憑據應由各關稅務司查明繕立送監督加蓋印信並訂立專章知照洋官飭保險局遵辦等因前來本衙門復查無異相應劄行總稅務司轉飭各關稅務司照辦其應如何議立專章之處仍由總稅務司酌議申報核奪等因奉此查凡保險局保船

保貨其作保之意係日後倘有未能預料之險事出致船貨等受損若係人力所不能預爲防範之端該局卽准照所保之數賠償故船貨受損船戸貨主須將其未事之先莫能預料之處並實出於人力所未能預防之端立據呈局是以凡有船於行海之時恐出有他故該船主於進口之日卽應親赴該管之衙門繕立預先之據而此預據之意卽係爲船貨受損之事預爲立約言明進口後所查出船貨受損之處實係行海時非人力得能預防所致云云其後一查出船貨如何受損之處該船主帶同該船大副等攜日記簿復行親赴該管衙門將其未能預爲防範之

故詳細繕明立一後據其先若未立預據日後卽不能立後據預據與後據若非按章繕立則保險局若或有不按保數賠償之詞除此預據後據爲保險事應立之證外尚有船商貨商應立他項防損之據等件卽如有立合同僱船之貨商不按合同限期載貨期滿時船主則應立一逾限之據或船已到口應收貨之商人不按日期前來收貨則該船主應立有佔船之據或於貨商載貨後船主不肯給還其尋常載貨之憑單則貨商卽應立一索單之據似此各項證據皆與商旅大有關繫並係各國領事官尋常應辦之事今欲將華船爲保險應立各據由稅務司經手

其他項應具各證據不若一律屬之於稅務司爲宜再凡係無約各國並有約而無領事官之商人皆時須立有此等證據似亦應准由稅務司代爲繕立總之商民畫押立據一切事宜若定有明章准其隨時赴稅務司處繕立則此章實與各口商民不無小益現奉前因除將所擬之專章十條證據式樣一紙繕妥錄呈鑒核外合卽備文申請酌奪示覆施行倘得照辦則其應如何知照官民遵辦一層應由總稅務司再行定擬備文申呈一切光緒七年五月二十八日申呈總署

第一款

凡通商口岸華民船商以及無約或無領事官之商倘有應行畫押立據一切事宜均准任便隨時親赴稅務司處繕立指示各關辦理稅務之人勿論正任署任及代理人員於據內均稱本關稅務司

第二款

凡商船進口應准由該船主於進口次日限內親赴稅務司處繕立預據

第三款

凡船主立預據後出口之先倘有應立後據之故應准帶同本船大副人等復行親赴稅務司處繕立後據此後據應將其船行海時按照日記簿所錄並按照船主大副管

輪水手人等所見所聞記淸之事如何遇見變天風浪如何遇見一切未能預料未能防範之險一一詳細繕寫並應將該船主人等遇險之時如何設法防範如何設法救護一律註明畫押立據

第四款

凡船主倘有應繕立後開各項證據亦准一律赴稅務司處繕立一船碰船之據一裝貨逾限之據一卸貨估船之據一違背合同躭擱船事之據一各項應行畫押爲據之件

第五款

凡商人若以爲某船船主有爲不應爲之事或有酒醉不端或有躭誤不按時開船以及載貨憑單未肯照尋常式樣給還各情事亦准一律親赴稅務司處繕立各據

第六款

凡赴稅務司處畫押爲憑以及繕立各項證據應繳立據之稅銀一兩整惟後據一項應繳五兩至請抄錄備查各件在一百字以內應繳銀一兩一百字以上應繳銀二兩二百字以上應繳銀三兩以此遞加

第七款

凡立各據應照功牌式樣繕寫或用漢文或用英文均可

第八款

凡無約以及無領事官之商民倘有應行畫押立據之事亦可任便隨時親赴稅務司處繕立

第九款

凡商民立據繳稅之銀兩應由各該稅務司在稅務司另款之帳目按結核報

第十款

凡立各項證據之印簿應存稅務司處由稅務司按結將所立之各據以及所繳之銀數知會本關監督查照倘其內有應轉申之件卽由該稅務司照錄備呈

總理衙門劄行案查招商局鎭東船主請准報明船貨立保險證據一案曾經總稅務司於光緒七年五月二十九日遵將所擬之立據專章十條證據式樣一紙備譯漢洋文各一分申送並聲明此項章程俟奉准後如何知照官民遵辦再由總稅務司議擬等因當經本衙門咨行南北洋大臣核復去後茲准咨復總稅務司所擬專章證據事可准行仍請飭將前章如何知照官民遵辦一併議復由本衙門酌定飭遵等因前來相應劄行總稅務司卽將前章如何知照官民遵辦之處詳細議復以便本衙門酌核轉飭遵辦光緒七年閏七月二十三日劄總稅務司

續增保險證據善後章程三條光緒九年四月　日

第一款

凡有赴稅務司處繕立預先備用之證據者若日後須將此件抄錄呈出作據先應抄錄各一分由該監督畫押蓋印方准發給立據之人收執前往

第二款

凡有此項憑據若行之某國即應先由立據之人持赴某國領事官或某國欽差署內請爲畫押蓋印以符該國之章

第三款

凡立船後據者應將水手人等名冊一併呈閱以便確查立供之人遭事時實屬已畫冊之人至華商夾板火輪等項船隻所用之船主大副二副管輪正副等若係洋人凡遇新僱更換被辭各事須由該行帶同其人赴稅務司處報明按章入在該船水手名冊內以備證查畫冊時該行於每名應出費銀一兩

成案

布國蘆定旗號已見戶類稅務口岸貿易

美商輪船碰沈鹽船溺斃人命斷賠

通商大臣李劄同治四年三月二十一日准兩江爵閣督鹽部堂曾咨據江南大勝關掣驗委員張道慶安詳稱三月十二日據楚運商人焦體貞等船戶胡公發等稟稱上年赴泰州遵奉新章運楚鹽一百二十五引抵草鞋峽停泊本年三月初七日奉委查驗後奈因連日南風大作船泊原處守風不料十二日辰刻有旗昌行名湖廣輪船突由觀音門進口由草鞋峽內江經過奔騰忽至鹽船不及

起錨開避鳴鑼知會洋船開走而洋船不理竟行一撞而過將商船撞沉內裝鹽斤一千包盡行消沉並淹死船戶女眷三口護票文件衣履等件一概沉沒撈獲女屍一口其餘二屍不知下落洋船上駛如飛不及追趕稟叩究賠等情本部堂查重載鹽船停泊江岸遇有洋船經過勢難倉猝起錨開避而洋船明知該鹽船置若罔聞任意衝突致將鹽船撞沉並淹斃三命實屬有心貽害且洋船重大不應駛入洲內夾江行走若不從嚴究辦非但巨萬商貲悉歸烏有且於　國課軍餉大有關礙咨請飭查訊辦示復等因准此查兩淮鹽運爲中華　國課大宗鹽船停泊

金陵草鞋峽洲內守風原係僻靜處所乃旗昌行之湖廣輪船不由大江直上浸行駛入夾江支河致將胡公發鹽船任意撞沒在船鹽斤全行消盡並淹斃女眷三口與尋常兩相撞碰者不同而長江商船到處皆有若輪船迅駛有心衝突侵凌致令華商受屈於中國稅課有礙亦非共敦和好之道查萬國公法各國倘受侵凌此國負屈彼國船貨查封備抵同治元年華商楊裕泰夲簰在湖北漢陽地方碰沉英商泰順貨船曾酌議賠償在案是中外自應同一律辦法況此案有淹斃三命之多情罪更重應押令賠償財命以昭公允合亟劄飭查明旗昌行是否即係美

國之商作速照會該管領事官暨總稅務司趕緊追查三月十二日所過江寧之湖廣輪船即行扣留在關查封備抵一面按照情節會同該領事研訊明確迅即從嚴懲辦賠財抵命以申華商之冤勿任稍有徇庇仍由該關道知會各國領事等通諭洋商輪船嗣後行駛長江勿得任意撞碰華船致有失事爲要同治四年三月劄江海關

江海關稟本年七月初八日奉劄准總理衙門咨旗昌行輪船撞沉湖北鹽船溺斃三命一案應飭原告見證前往質訊該總領事仍敢狡展再由本衙門照會該國公使嚴飭辦理劄道妥速辦結詳咨等因並先准大勝關舉驗淮鹽張道將鹽商焦體貞陳雲峰船戶胡公發見證徐用變周公興等五名咨送到滬當即派員帶同焦體貞等於七月初二日至美總領事處質訊該總領事詳加審問一味袒護經臬府於接見該總領事時再三辯駁始以鹽船見輪船不早起椗輪船見中國船不早停輪該兩造皆錯所有鹽價船價斷還一半共銀一千四百二十四兩三錢七分又女命三口共償銀三百兩由旗昌行主措繳給領其鹽船帶用銀錢因無憑據不能斷還等因於十一日照會到道當因原告尚未允服又經臬府照會該總領事必得將鹽價船價等項全數斷還並將女命三口每口償三百

兩另給焦體貞等由南京至上海往來川資旋准該總領事復稱案已定斷無權再改如謂不公應請咨明總理衙門照會駐京公使倘公使以爲有錯可囑領事再查等語因思該領事現既不允改斷若原告久住滬城守候詳咨照飭復審未免遙遙無期益增困苦隨又函致該總領事先將所斷銀兩照數給發領回如原告允如此了結便可完案倘尚未甘服再當詳咨照會公使核辦即據將斷償規平銀一千七百二十四兩三錢七分於八月初七日給發焦體貞陳雲峰胡公發收領該鹽商船戶領銀之後復來道稟請詳咨另斷除飭令仍回金陵毋庸在滬守候外

卑府伏查此案兩船相碰係出無心該總領事既己斷令賠錢掩埋銀兩雖未能如原告所欲尚不至全無黑白可否卽如該總領事所斷完案之處理合將審斷緣由據實稟報示遵同治四年八月十二日稟南洋大臣李奉批此案既據美領事遵斷賠償姑准如所議完案如將來中國有應償美國財命之案亦可援引爲例己分別咨行矣繳

英商輪船碰沉巡船溺斃人命認罰

總理衙門咨同治七年九月二十七日准咨以得來更輪船碰斃人命不交稅課擅自出口一案現擬該輪船來津將應交洋藥稅銀完納其碰沉巡船淹斃四命並非有意

該船主已情願認罰洋錢四百元給與淹斃四命之家屬分領情尚可原應請准其銷案以免拖累已將送到洋錢四百元劄發天津道傳屬給領等因查此次得來更輪船碰沉巡船淹斃四命之多本難寬縱復至不領紅單卽行出口更與條約不符應行罰辦是以本衙門咨請貴大臣俟該船下次進口不准給與單照令其卸貨嗣據英使照會以不發開艙單各節謂爲違背條約本衙門以該領事官在未經會明稅務司之先遽行發還船牌並未經行文照復三口大臣衙門之先竟准該船出口種種與條約不符之處逐條辯駁照覆阿使將應行罰辦之處酌擬現據

咨稱該輪船於上次出口時已據惇裕洋行立有保單應完洋藥稅銀於該輪船出口時隨卽交淸又以碰斃人命並非有意該船主認罰洋錢四百元給淹斃四命之家屬分領養贍該領事既知此事應行認罰所稱船上躭延日期費用向新關要還一節更無從再行饒舌此案既將命案罰銀完結應卽准其暫行銷案嗣後遇有此等案件應照船貨漏稅之例按約罰辦亦不得以條約內並無碰船斃命如何辦理章程稍涉輕縱相應咨覆同治七年十月初六日咨三口

英商輪船碰沉漕船追賠

江蘇海運滬局委員稟竊照顧大發船裝運靑浦縣漕糧被怡和洋行恰便輪船碰沉一案當經稟奉照會英領事飭著追賠並由該船主延請高易狀師同理賠償今該洋行將議賠船本失米水脚貨物等款同先行繳案撈獲售變米價銀兩除去外國狀師訟費等項外共計規銀六千六百九十七兩六錢四分二釐由租界會審委員陳丞轉交前來當飭該船主將應繳原裝各款米石照市折價並應繳水脚加修神福等項共合規銀三千四百五十二兩五錢九分九釐四毫繳案聽候採買補交餘銀三千二百四十五兩四分二釐六毫卑職傳到船主顧正昌當堂給

領取具領結附卷並將賠繳米價水脚等銀存儲皁海防署稟請糧道憲核示辦理外理合具文報明同治十二年六月初五日稟南洋大臣

澳順輪船碰沉福星輪船議結

江海關道稟本年四月二十六日接奉劄准軍機大臣字寄光緒元年四月十五日奉

上諭江蘇招商局福星輪船由滬赴津二月二十八日行至撩木洋地面被怡和洋行澳順輪船撞壞米貨人客隨船沈溺澳順輪船於海洋大霧時並不照章緩行迨聞有船放氣知會仍復任意衝突致將福星全船人貨撞沈亟須徹底查究

責令賠償著督飭道員照會英國刑司領事官迅將此案秉公會訊按照條約辦理等因欽此恭錄劄飭欽遵催辦責令賠償具報等因伏查上海法美各國領事皆兼刑司之權獨英國另派刑司在滬凡關繫人命斷罪及押船賠款等事向歸刑司審辦刑司斷案照章領事關道不能與聞惟中外交涉事件按照英國條約第十七款應由關道會同領事公平審斷英國在上海設立刑司係在天津立約之後條約並無刑司名目當執約與英領事反復辯論該領事謂福星船貨賠償與否總須刑司審斷英國定例如此勢難更改領事無能爲力若淹斃諸人家屬控追卹款領

事向可會同關道審問實係格於成例不得不分別辦理所有福星沈失船貨當經招商局控由英刑司傳集福星澳順兩船之人訊問供詞斷以兩船均錯兩船共虧若干照數分認其半福星沈失船貨行李雜物共估銀十九萬七千四百二十九兩三錢卽使折半爲數尚鉅旋引英國碰船賠銀章程船貨每噸賠銀不得過八磅計福星輪船艙位能容一千零七十餘噸折半應賠銀五萬餘兩勉强牽合福星船貨核作銀十四萬一千三百三十五兩五錢六分澳順船碰損修費等銀二萬九千七十九兩一分兩船共銀十七萬四百四十四兩五錢七分各認一半計銀

八萬五千二百七兩二錢八分五釐澳順除去修費等銀二萬九千餘兩外應賠還福星船銀五萬六千餘兩此英刑司審斷船貨情形也至淹斃諸人家屬控追卹款職道與英領事麥華陀會同傳訊三次查福星被澳順碰沈情形業據船上人所供歷歷如繪毋庸重複細叙惟英刑司所斷兩船當大霧之時並不停輪緩行以致相碰故定爲兩船俱錯豈知澳順船自北而下福星船自南而上相距約在三里之遠倘兩船平行澳順不誤聽福星在左改向而行斷無相碰之理是錯在改向而不在快行刑司所斷兩船均錯原屬偏袒卽以行船過快而論澳順改向係行

曲綫福星不改向係行直綫曲綫長直綫短今澳順船來
碰福星是福星之停輪緩行可信澳順船之快行並未停
輪無疑據經辦福星船案之人呈有兩船相碰情形木雕
式樣一副當卽執筆書云澳順誤聽福星在左錯一又誤
聽福星在對面錯二福星不改向福星不錯澳順改向錯
在澳順福星不改向係走直綫澳順改向係走曲綫曲綫
長直綫短福星不錯走得慢澳順錯走得快所以澳順碰
沈福星是福星行船不錯錯在澳順計九十三字僉押存
案並聲明他日澳順如赴英國翻控卽以此紙質之英朝
其被難諸人家屬給恤銀數麥領事初議每人給銀五十

兩職道再四與之商議斷定職官每人三百兩計二十四
員共銀七千二百兩搭客人等三十八名每名給銀一百
兩共銀三千八百兩二共銀一萬一千兩此與英領事會
斷䘏款情形也以上斷賠船貨及難屬䘏款共銀六萬七
千餘兩均應由澳順船措繳迄今英刑司與英領事尚未
追銀送道已將澳順船釋放於六月初七日出口澳順船
主亦於六月二十三日搭船他往案雖斷定銀尚虛懸澳
順係英人之船經管是船之怡和洋行亦係英商英國商
民應償之款按約應由英官追繳可否咨請總理衙門照
會英公使嚴催刑司領事追繳銀兩送給完案之處理合

稟請示遵至此次執定條約向英領事設法酌商該領事
委曲求全始將難屬䘏款一節會同訊斷臨審之時職道
將澳順行船之錯明白批斷䘏款允由澳順照繳嗣後如
遇如此相類等事似宜照此辦理立案無論追賠銀兩數
目多寡旣有船貨每噸八磅以及恤款之數他日亦得照
此類推一體遵辦合併陳明光緒元年七月十八日稟北南
洋大臣

輪船招商局移竊查敝局福星輪船被澳順輪船撞沉溺
斃海運員董搭客並司事舵水人等案內所失船貨行李
物件前經開具清單控告英按察司審斷賠償業照福星

輪船噸位每噸賠銀八磅按數攤賠通報在案嗣因澳順
延宕不交歷經敝局向英按察司催取始於上年十二月
間將前項斷賠銀兩除付給訟費堂費外計上海規銀三
萬六千八百七十六兩照送前來當經敝局按數分攤給
領清款相應抄具清單並刊訂福星輪船被澳順撞沈全
案移送查核至與英領事斷令澳順照繳撫䘏銀一萬一
千兩迄今未准移交合併聲明爲此合移光緒三年二月
二十四日移江海關

中國輪船碰沈民船飭賠

南洋大臣咨案照湖南衡陽縣民人馮昌璃等船貨被問

津輪船撞沉呈請提訊追賠一案迭據該民人呈請咨催
當以該民人船貨一空延今半載該輪船委員馬聲煥遠
在湖北即使咨催到案尚須時日即經劄飭江甯縣核實
估計稟候核咨飭賠嗣據署知縣蕭令煥唐詳稱查此案
馮昌瑀等貨船係在內河撞沉究竟實在撈獲貨物若干
尚失少若干自應切實查訊明確再行核估遵即飭傳經
手河快並馮昌瑀等到案訊得馮昌瑀等沉溺貨物先憑
差快撈起整煤鐵餅錢文及船攏岸艙內尚有剩煤除先
後撈獲之外實失少煤炭五百九十二石飭牙當堂對面
估計值錢三百零七千文又蓮子等物估值共錢一百五

十千文又修船之資估錢一百千文共估錢五百五十七
千文馮昌瑀等亦願具遵正在開摺具詳間茲准馬委員
將所估錢文先後如數送縣伏查此案馬委員既將錢文
送到是否即由卑縣飭傳馮昌瑀等到案當堂發給具領
完案之處合先具文詳請等情又經批飭如詳完案並傳
馮昌瑀等到案將馬丞送到錢文當堂給領各在案茲據
該縣復稱業於六月十三日當堂親給馮昌瑀曹輝準收
領回籍取具領結附卷呈請鑒核銷案前來相應咨明光
緒元年七月十五日咨湖廣

英商輪船碰沉鹽船追賠

江海關詳案奉劄開據江西彭澤縣陳令稟據商夥監生
何楚村報稱押運湘商周復順淮鹽五百引計四千包抵
獅子山對岸沙洲地方停泊旋備路燈懸挂頭桅以防往
來之碰並令水手巡更約至戌刻聞上流輪響隨令水手
於船頭鳴鑼叫喚詎該洋船由上衝下不聽招呼硬從左
面衝來船遭毀碎登時船鹽兩沒隨帶銀錢衣物盡沉無
有水手喊救該洋船不問淹斃劉三六楊松堂二名伊隨
該洋船抵鎮江詢悉船名惇信係太古洋行之船懇勘詳
追賠等情到縣親詣往勘打撈溺斃水手劉三六等屍身
無獲亟應分別究賠開摺請示等情劄道照會按約斷令

賠償不得稍有偏袒又奉劄周復順鹽店被惇信輪船衝
沉船鹽俱沒溺斃水手二名漂失銀錢衣物一案據彭澤
縣估造船鹽銀物清冊呈送計銀二萬一千五百餘兩抄
冊劄道照催英領事作速按約秉公斷賠各等因奉經正
任馮道焌光先後照會英領事飭令太古洋行惇信輪船
主賠償財命旋由英領事面稱碰船案件按照英例應由
原告赴英刑司衙門控斷等語飭據何楚村自邀英律師
丹文照章控由上海英刑司於二年三月間傳集兩造詳
加訊供斷令惇信輪船分別賠償因被告不遵復赴英國
上控據英領事云須候本國訊定再辦等語案懸不結何

楚村又稟蒙出使英國大臣郭咨詢英國外部查復停信船主並未赴英控告復經照會英領事催償並飭租界委員陳丞福勛查辦去後三年七月初一日接英領事達文波函復英刑司斷賠之款照章發交原告收領並由陳丞傳到何楚村訊據稟後英刑司斷賠本利銀一萬七千一百三十四兩三錢內除英律師丹文扣去各費外實給銀一萬二千五百九十六兩一錢一分已於八月初八日具領請即銷案轉稟到道並催據何楚村斷賠各款並淹斃水手䘏銀細數開單稟送前來案已完結理合詳祈銷案

光緒三年十月十五日稟南洋大臣沈奉批此案前據押運商夥何楚村具稟業經飭據彭澤縣出具印結呈送在案據詳前情仰候劄飭彭澤縣銷案錄報西撫部院查考並候另劄淮運司湖南督銷局准其照章補運繳十月二十日

俄商輪船碰沉民船溺斃人命追賠

江漢關詳竊照俄國鵝生洋船在安徽采石磯江面碰沉桐城縣民朱元世民船船貨俱失淹斃兩命等情當經提訊船戶朱元世等供與報詞相同據此伏查民船朱元世販賣香末駕船下行忽遇俄國鵝生洋船在於采石磯江面攔腰橫撞致該船撞爲兩截人船貨物全沉水底情殊可憫雖將朱元世等三人救起而所失船貨兩命自應按約飭令鵝生洋船賠償即經抄錄原稟口供照會俄國領事官計妍訊傳鵝生船主到案訊明嚴辦飭令全數賠償並照會職關稅務司那威勇轉飭鵝生洋船暫緩裝載應候此案議結再行知會復准那稅司函復以鵝生洋船稟請先行裝載有輪船公司行主擔保已據公司行主繳呈英洋九百元作押函請查復前來旋准俄領事官照覆以鵝生船主稟稱商船駛至太平府屬江面遠見本地篷船順流而下當即放氣以警其行旋見伊船橫來商亦無法已碰其頭致遭截斷沉水實伊居意行險非商輪之不先

覺請勿以該船戶一面所稟致該商有不白之汚望祈洞鑒復訊等情即經以朱元世民船既被該洋船碰沉以致淹斃兩命船貨兩失非抵賴所能了事按照來文切實駁復並照請按約定期會審秉公斷結復准俄領事官照會據鵝生船主稟復輪船費用極繁貨欲速行願給䘏洋蚨百元俾了訟事當即傳訊船戶朱元世等供小的所販貨價五百兩有借主可訊且人船業已兩失所給百洋實難遵領據情照覆領事嗣准領事照會據該船公司具稟此案轇轕勢難即了若必以貿關之九百元全償民舟之失商即廹於應命豈能甘受此屈等語復經以民船被撞受

屆即使全數賠償而人命尚然無著仍請訂期會審核斷照會俄領事迅速見覆去後嗣准稅務司那威勇轉准俄領事官移送到洋銀九百元票據一紙轉請查收抵償鵝生船所碰朱元世民船一案請照飭交朱元世收領結案並移送英洋九百元票據一紙前來查鵝生洋船在於尖石磯江面碰沉朱元世民船船貨俱沉淹斃兩命自應飭令全數賠償以昭懲儆迭經與俄領事官往復照會辯論並照請訂期會審該領事並未照辦以致案未審斷茲據職關稅司照會轉准俄領事官送到英洋九百元一票請抵償鵝生船碰沉朱元世民船之失雖賠未足數人命無

著而案懸日久自應俯如所請准其結案以便鵝生洋船裝載出口藉資體恤除傳到朱元世朱有治朱長義到案即將送到英洋九百元當堂給領取具領狀保結附卷並照會俄領事官稅務司結案外相應具文詳請咨達總理衙門查照

船商貨商應立證據式

預據式

光緒/西歷　年　月　日據　國商船　船主
親身赴　關稅務司署中結稱本船在　地方裝
載　貨於　年　月　日開船出口於　年
月　日到　地方進口因途中出有難服情事
本船主特來專立預據此照
船主　押
本稅務司查該船主既經立據畫押合行一同蓋印畫押
備查可也須至證據者
光緒/西歷　年　月　日

後據式

光緒/西歷　年　月　日據　國商船　船主
大副　人等親身赴　關稅務司署隔別口稱我
等本船在　地方裝載貨物於　年　月　日
開船出口運往　地方當時出洋本船船身堅固結實
水手人等諳練足額食物雜件均備齊全本船行海實屬
可靠今走海道途中遇著意外之事我等衆人眼見所有
情形寫明於後
等情該船主且稱於次日赴稅務司署專立預據至本船

傷損皆因在海途遇變天風浪一切不能預防之故所以
我等將確實情形申訴稅務司繕立後據告明不服至我
等所呈均是我等所知所信並無錯謊一一證明在此紙
上畫押此照

船主　押
大副
人

本稅務司查該船主等人親身來關說明過海遇變不服
事由立據畫押合行一同蓋印畫押備查可也須至證據
者

光緒西歷　年　月　日

碰船立據式

光緒西歷　年　月　日有　國　船主　大
副　人　親身赴　關稅務司公署隔別呈明本
船在　地方裝載貨物於　年　月　日出口
運往　地方當時放洋船身堅固無恙水手人等均屬
諳練足額食物雜件均備齊全行海可靠以上所訂自
口至　口之水程本船足資駕駛該　人等聲明
忽在
等語此該船主赴關將不服各件情事全行註解帶同本

船　人等將遇見之船碰壞本船情形又本船受損之
處全行告明繕立碰據至我等　所呈實係一一證明
並無錯謊在紙上畫押此照

船主　押
大副
人

本稅務司查該船主　等人來關呈明以上被碰壞船
隻不服情形繕立碰船證據合行一同蓋印畫押備查可
也須至證據者

光緒西歷　年　月　日

裝卸貨不按合同佔船之據式

光緒西歷　年　月　日　國商船　船主
親身赴　關稅務司公署繕稱於　年　月
日有　商僱訂本船運貨寫立合同內開本船裝貨由
口運往　口並訂明裝卸貨物之期共　日
等語本船主按照合同於　口裝貨開行運往於
月　日到　口報關並知會貨商前來裝卸貨該商於
月　日郎將貨裝卸完惟按合同內訂明祇准裝卸貨
日照此核計該貨商躭擱本船　日所有按合同
應賠銀兩應向該商索取本船主特此專立佔船之據所

有躭擱日期本船受虧以及各項多費銀兩各等被累之處應由該貨商等賠償本船主在此紙上畫押此照

船主　押

本稅務司查該船主親身來關將躭擱該船情形繕立估船之據合行一同蓋印畫押備查可也須至證據者

光緒 西歷　年　月　日

進口貨主躭延卸載證據式

光緒 西歷　年　月　日　國商船　船主親身赴　關稅務司公署繕稱本船於　年　月日在　口內已裝後開之貨

應運往　口交　商本船主照例發過載貨憑單於單內提明該貨在　口點交　商照收本船於月　日到　口報關並知會應收貨之商前來取貨迄今延擱未來是以本船主特此專立貨主躭延卸載之據

所有躭擱日期本船受虧以及多費銀兩各等被累之處應由該貨主等賠償本船主在此紙上畫押此照

船主　押

本稅務司查該船主親身來關將貨主不取貨之情形繕立此據合行一同蓋印畫押備查可也須至證據者

工三　六十一

光緒 西歷　年　月　日

出口貨主索單證據式

光緒 西歷　年　月　日有貨商　親身赴　關稅務司公署繕稱本商於　月　日在　船裝載貨物該船船主　承裝　貨物共　件應交載貨憑單一紙於單內寫明

等語詎交來之憑單內有該船主所添寫　之字樣本商未便接收緣所載之件前送船時當面交該船執事人等點收各該件並無不妥之處而該船主交出之單何以有前項增添字樣旋經本商於　月　日照章繕寫一索憑單之字令該船主換給尋常載貨憑單而該船主迄今未肯付給是以本商特立索單之據所有本行受虧及各項多費之銀兩並貨物虧本之處均應由該船人等賠償本商在紙上畫押此照

行　押

本稅務司查該商親身來關將該船主不肯發給尋常載貨憑單情形繕立索單之據合行一同蓋印畫押備查可也須至證據者

光緒 西歷　年　月　日

出口貨主索憑單之字式

工三　六十二

茲者本商　在　船裝載貨物　件　貴船主
所發載貨憑單內開有　字樣本行未能依從現在特
請　貴船主換發尋常載貨憑單一紙爲要如不肯照換
本行特先告明此事不甘除所有本商交載各貨須按數
妥運交出外倘有受虧損處須由　貴船人等賠償一
助也此啟
光緒 西歷　年　月　日具行　押

再總稅務司查所應立證據畧備於斯約可類見此外尚有應行繕具各式在各關稅務司自可仿照萬國已刊之功牌式樣繕立也合並聲明

中外各國輪船旗式

按各國旗內有國官民商四項全異全同者亦有官民商三項通用並官民之外另有商旗者今除商旗另列後彙凡國官民旗皆列如左凡五十九面

大清國旗

大清北洋水師全軍將領旗

大清商旗

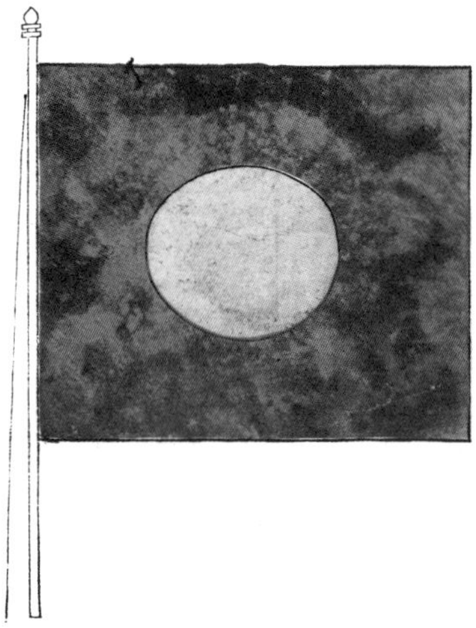

工三　六十五

大清北洋水師分軍將領旗

英國國旗

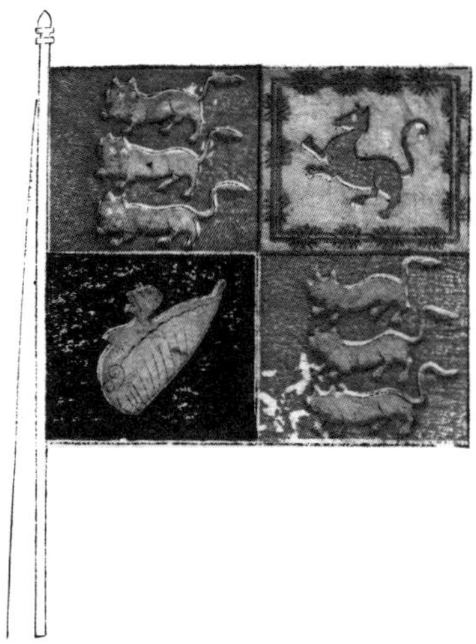

大清屬高麗國旗

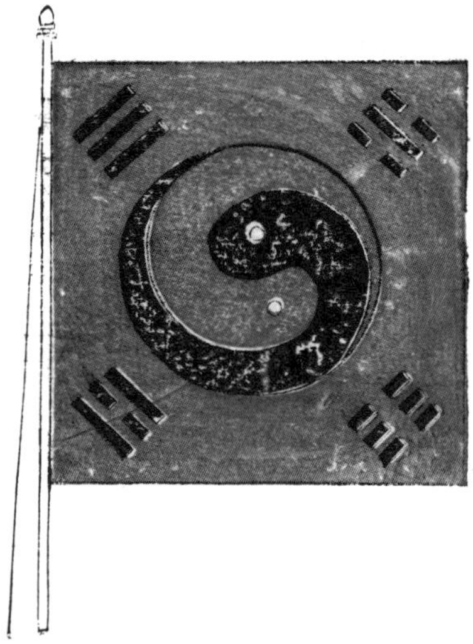

英國官旗

英國民旗

工三　六十七

英屬墨里大島旗

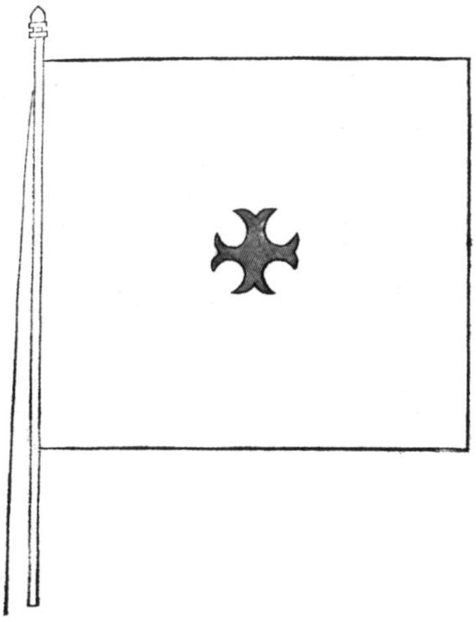

法國國旗

工三　六十八

法國官民旗

二三　六十九

法屬各國升用旗

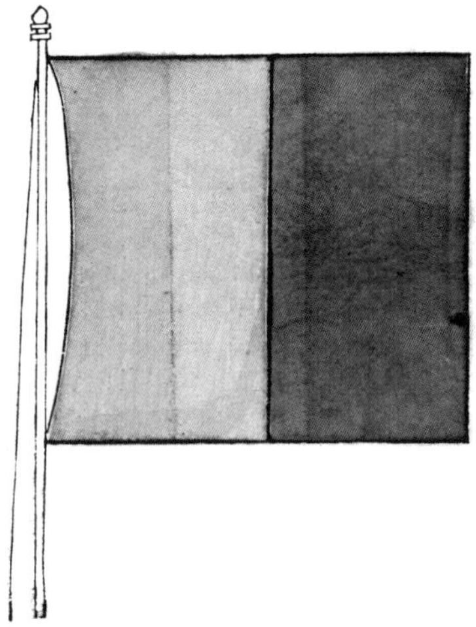

俄國國旗

二三　七十

俄國官旗

俄國民旗

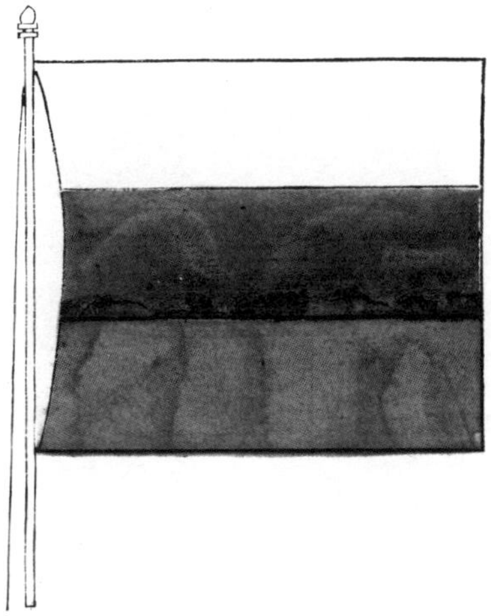

喘唺國國旗

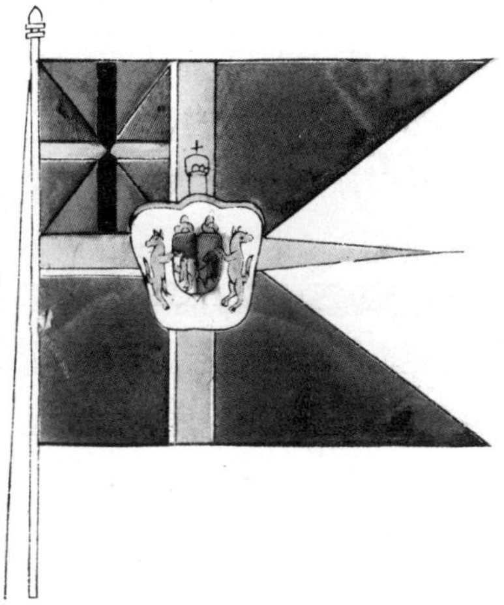

工三　七十一

喘唺國官民旗

哪喴國官民旗

工三　七十二

美國旗

南美國旗

按此旗係南北花旗爭戰時南美所用自成合衆國後廢去

工三　七十三

德國國旗

德國民旗

工三　七十四

德屬昂布而士邦旗

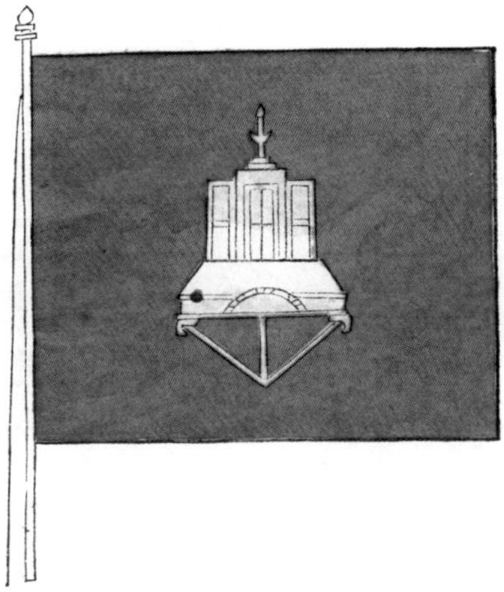

德屬漢諾威邦旗

工三　七十五

德屬律伯克邦三漢謝城旗

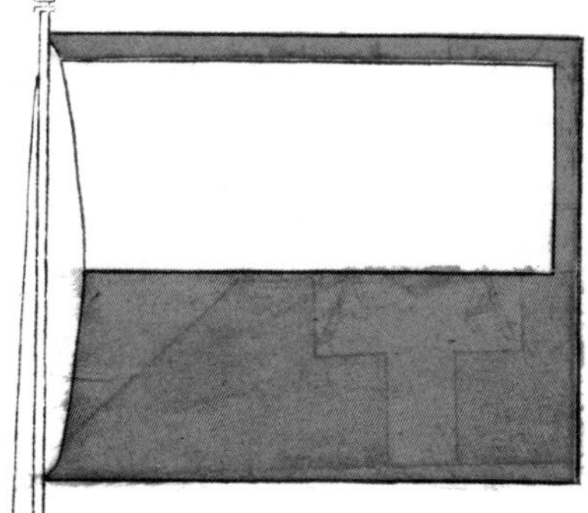

丹國國旗

工三　七十六

荷蘭國旗

丹國官民旗

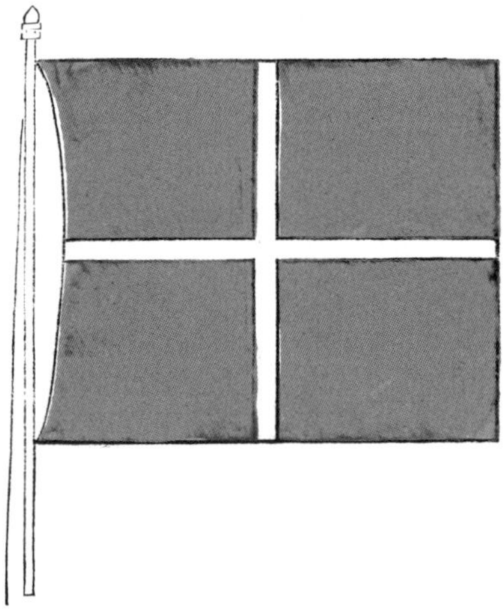

工三　七十七

日斯巴尼亞國官民旗

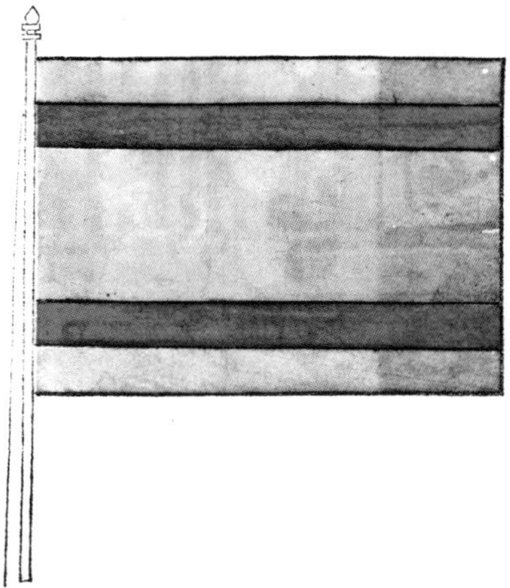

日斯巴尼亞國國旗

工三　七十八

比利時國旗

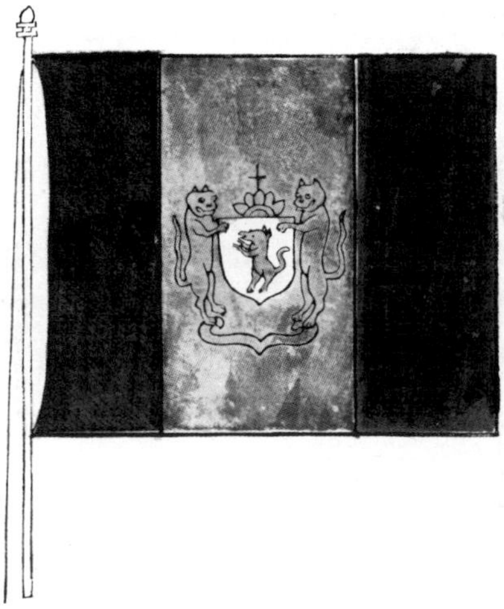

意大里國官民旗

工三　七十九

奧國旗

奧國官旗

工三　八十

奥國民旗

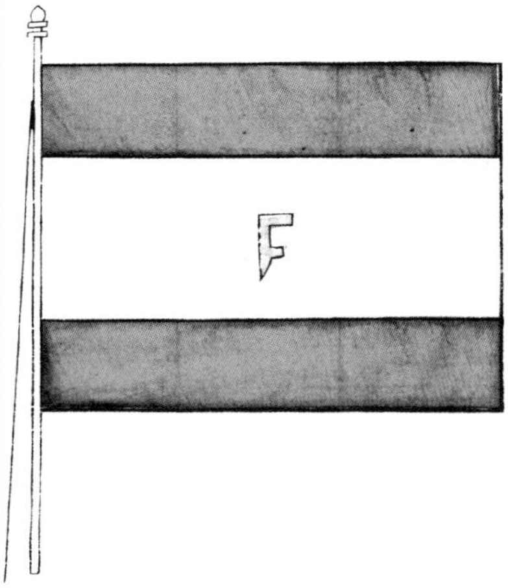

秘魯國旗

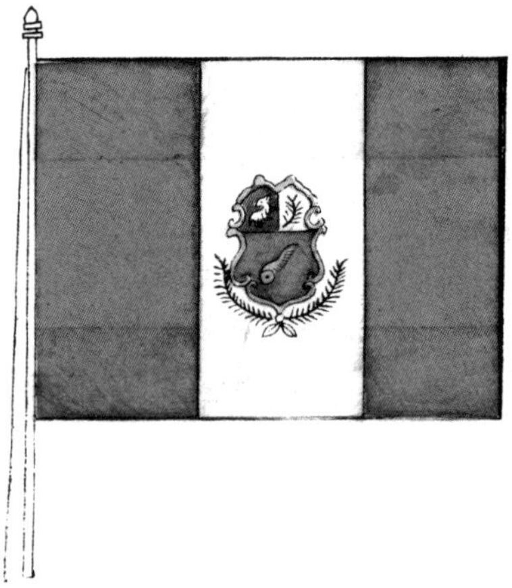

工三　八十一

巴西國官民旗

羅馬教王旗

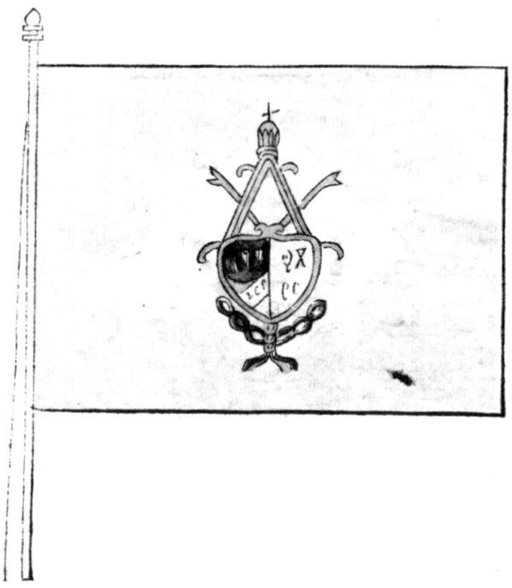

工三　八十二

葡萄亞國國旗

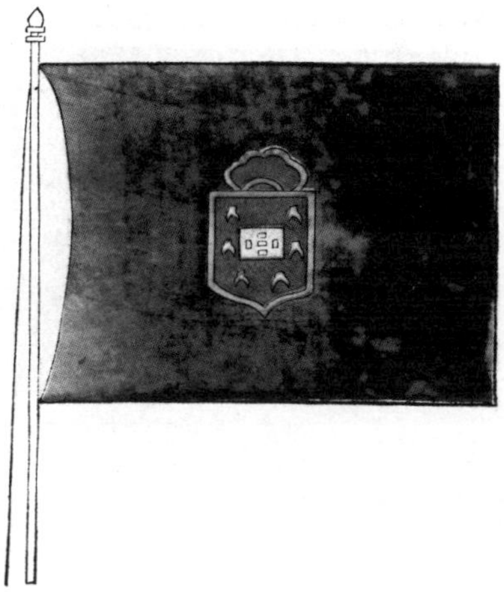

葡萄亞國官民旗

希臘國國旗

希臘國官民旗

土耳其國國旗

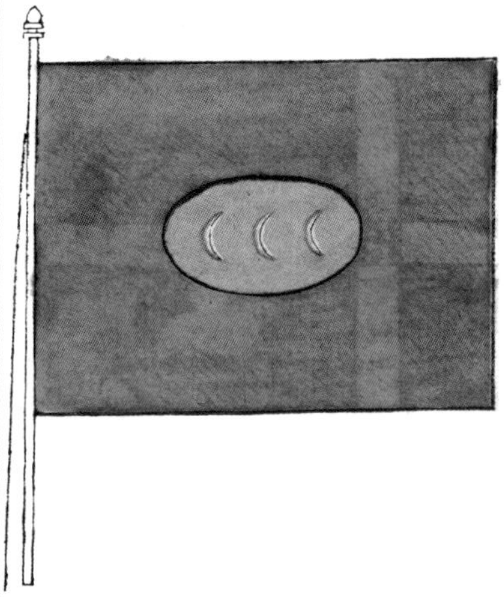

工三　八十五

希屬以阿尼島旗

土耳其國民旗

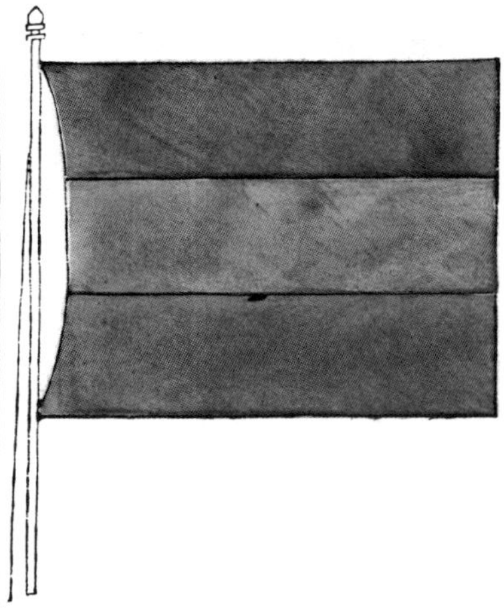

工三　八十六

土耳其國官旗

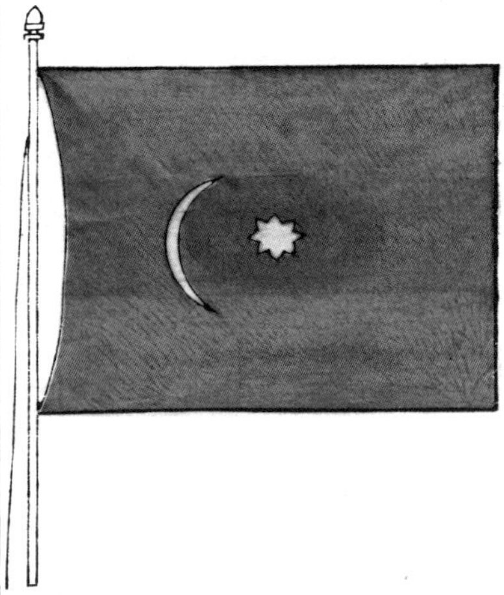

摩洛哥國官民旗

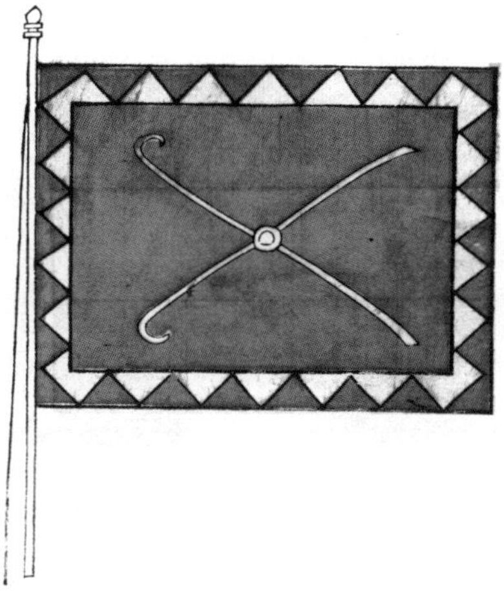

工三　八十七

埃及國旗

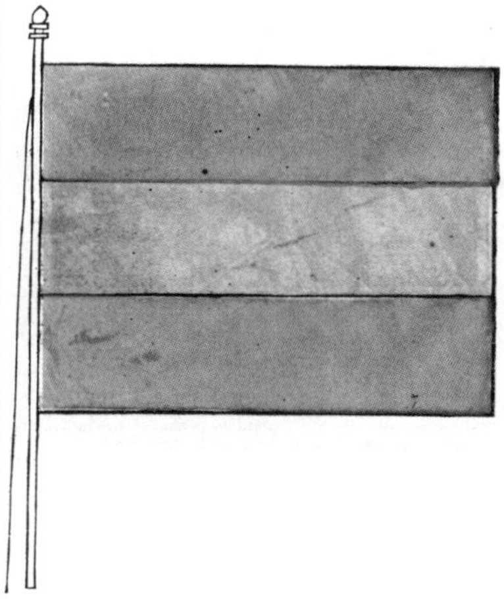

波斯國民旗

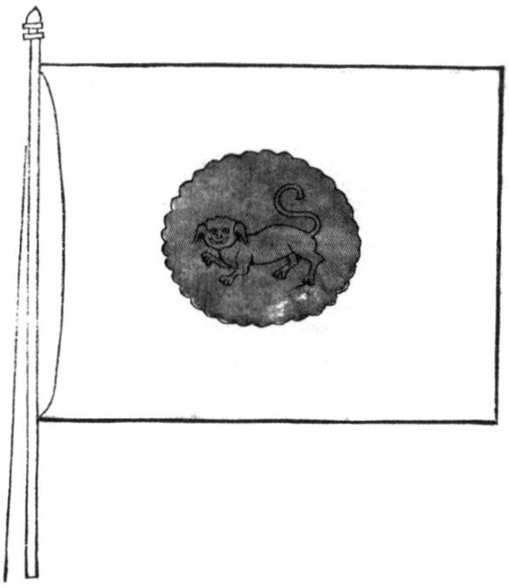

工三　八十八

波斯國國旗

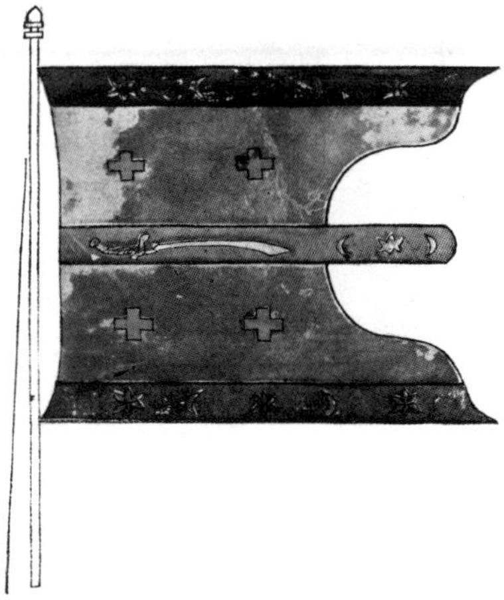

墨西哥國官民旗

新加拉那達國官民旗

工三　八十九

非尼蘇意拉國官民旗

厄瓜爾多國官民旗

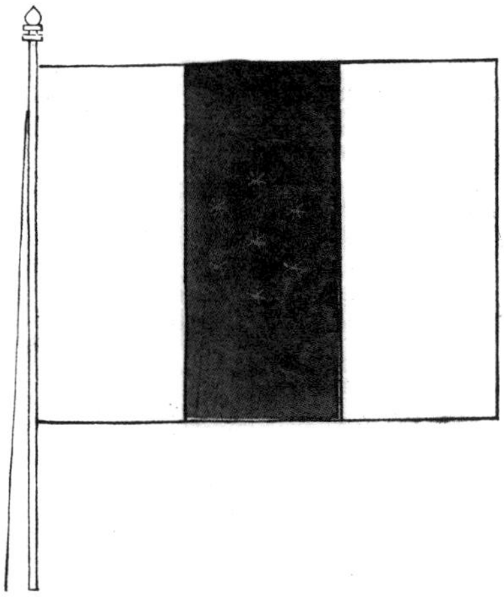

工三　九十

智利國官民旗

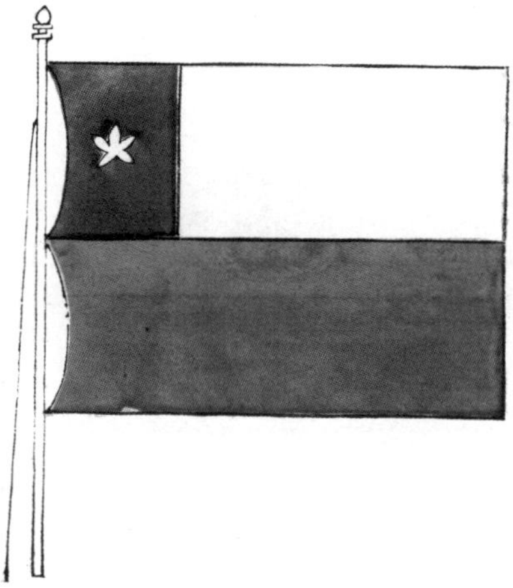

工三 九十一

玻利非亞國官民旗

烏拉恠國官民旗

工三 九十二

普納愛利斯國官民旗

日本國官民旗

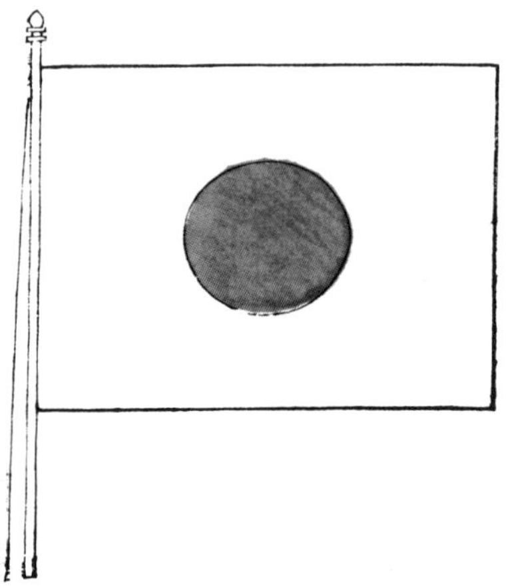

工三　九十三

各國傳意音旗譜式　按美國譯送旗譜式乾乙等旗凡十五面商旗凡四十二面傳意十八面音旗並回答旗凡二十二面今列如左

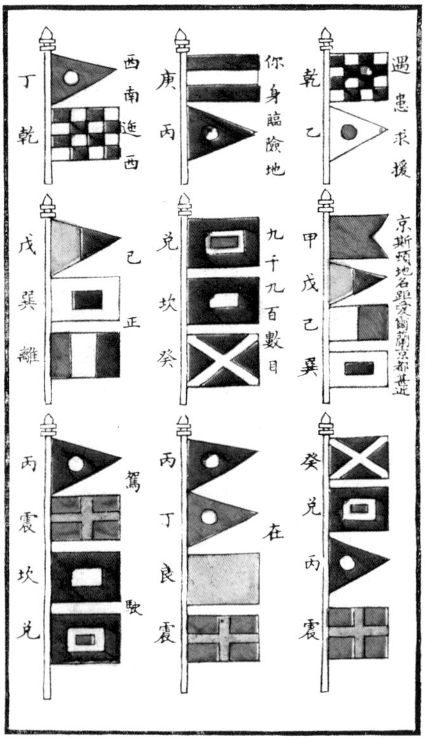

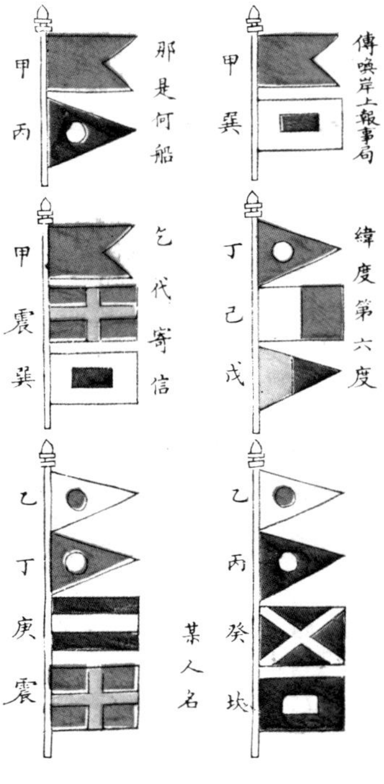

工三　九十四

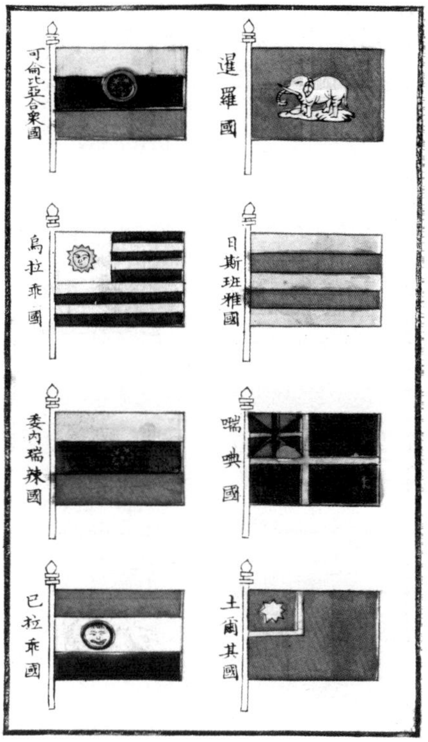
暹羅國
日斯班雅國
嗹典國
土爾其國
可倫比亞合衆國
烏拉乖國
委內瑞辣國
巴拉乖國

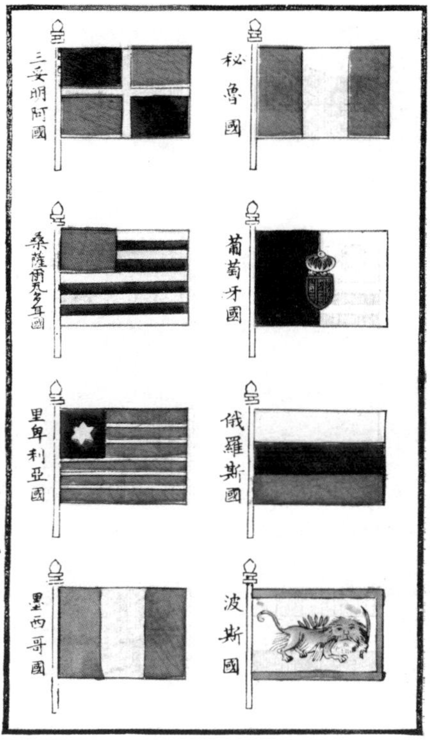
秘魯國
葡萄牙國
俄羅斯國
波斯國
三安明阿國
桑薩爾瓦多耳國
里卑利亞國
墨西哥國

工三　九十五

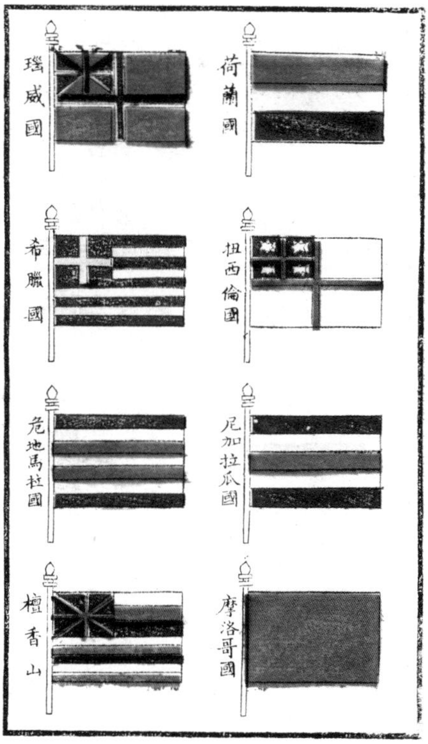
荷蘭國
扭西倫國
尼加拉瓜國
摩洛哥國
瑙威國
希臘國
危地馬拉國
檀香山

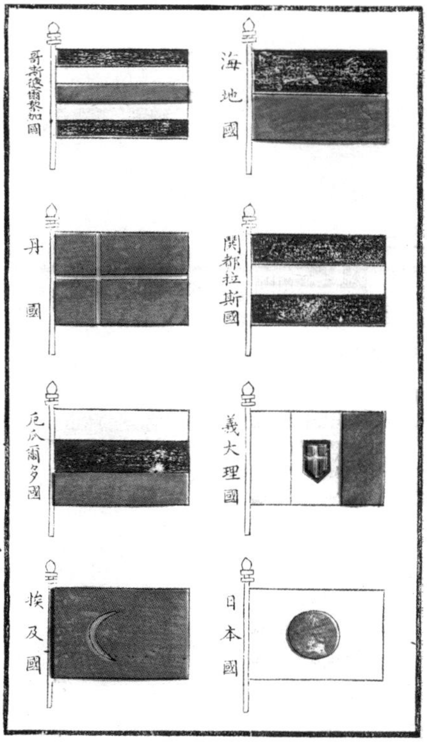
海地國
閧都拉斯國
義大理國
日本國
哥斯德爾黎加國
丹國
厄瓜爾多國
埃及國

工三　九十六

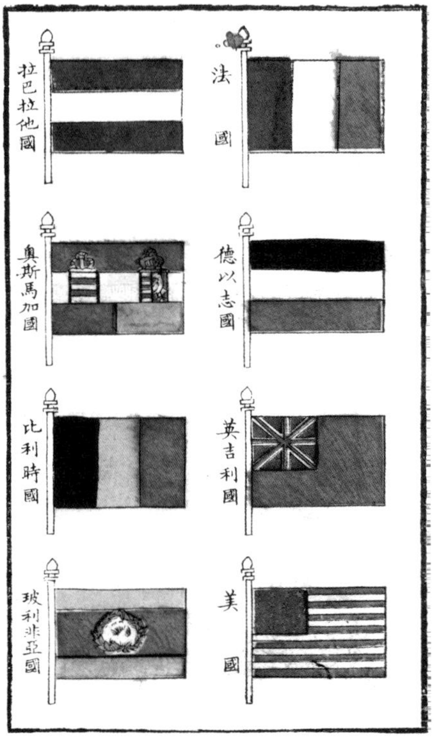
法國
拉巴拉他國
德以志國
奥斯馬加國
英吉利國
比利時國
美國
玻利非亞國

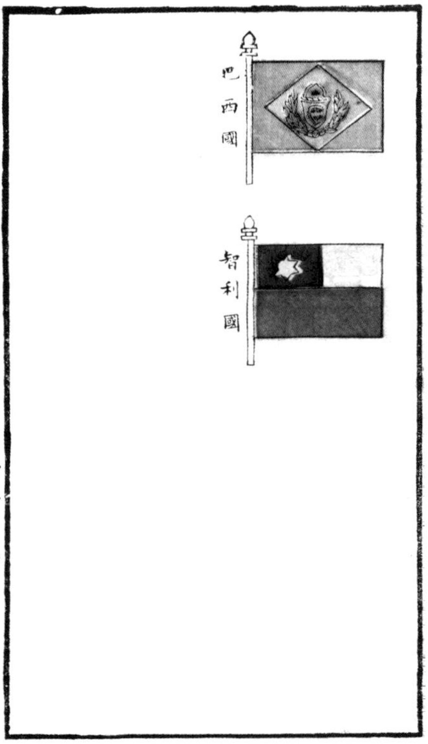
巴西國
智利國

工三　九十七

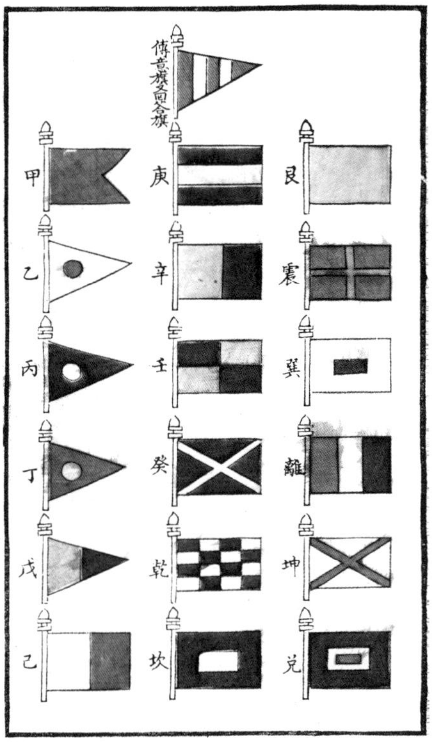
艮
震
巽
離
坤
兌
傳意旗又回答旗
庚
辛
壬
癸
乾
坎
甲
乙
丙
丁
戊
己

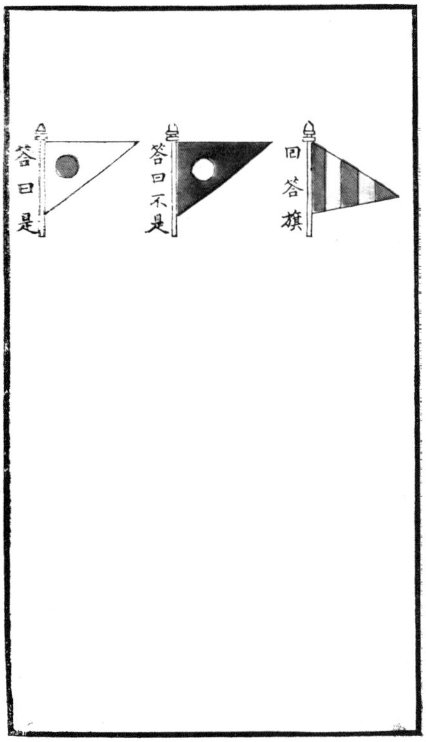
回答旗
答曰不是
答曰是

工三　九十八

通商約章類纂卷三十

通商約章類纂卷三十一目錄　　附錄一

彼此相助

條約

美約第一款併見總類訂約

美續約第八條

日本修好條規第二條

義約第五十四款併見總類訂約

彼此相助

條約

美約第一款 併見總類訂約

大清與大合衆兩國並其民人各皆照前和平友好毋得或異更不得互相欺淩偶因小故而啟爭端若他國有何不公輕藐之事一經照知必須相助從中善爲調處以示友誼關切

美續約第八條

凡無故干預代謀別國內治之事美國向不以爲然至於

中國之內治美國聲明並無干預之權及催問之意即如通線鐵路各等機法於何時照何法因何情欲行製造總由中國

皇帝自主酌度辦理此意預已言明將來中國自欲製造各項機法向美國以及泰西各國借助襄理美國自願指准精練工師前往並願勸別國一體相助中國自必妥爲保護其身家公平酬勞

日本修好條規第二條

兩國既經通好自必互相關切若他國偶有不公及輕藐之事一經知照必須彼此相助或從中善爲調處以敦友誼

義約第五十四款 併見總類訂約

各國所有已定條約內載取益防損各事大義國官民亦准無不同獲其美嗣後

大清國或與無論何國如有別項潤及之處亦可同歸一致至各國如有與

大清國有利益之事與義國民人無礙義國亦出力行辦以昭睦誼

通商約章類纂卷三十一

選募洋將

成案

洋將華爾陣亡請卹

江蘇巡撫李　奏再副將華爾係美國部落鈕要人前充該國武弁咸豐十年來游中土經吳煦僱令管帶印度兵隨攻嘉定太倉并兩次克復松江府城屢攻青浦身先士卒迭受重傷旋因奉
旨撤印度兵華爾赴道具稟願隸中國臣民吳煦因留令管帶常勝軍協守松江本年正月率五百人破賊十餘萬於松

江之迎禧濱天馬山等處以少勝多功績最奇復邀同英法二國兵攻燬高橋萬唐周浦南橋松林王家寺龍珠菴等處賊壘據吳煦稟稱本年春前松滬屢瀕於危而能幸轉為安者華爾之力為多疊沐
恩施由四品翎頂加三品頂戴副將銜並以副將補用一再傳
旨褒嘉自臣抵滬受事以來該副將頗遵調遣屢次派令會剿金山衛城進攻劉河逆匪所向克捷又奮力克復青浦並有力圖掃蕩蘇州賊匪之議似此忠勇性成例以中華驍將洵已出色當行得之外國逋臣尤屬難能可貴臣已督令吳煦等為改服中國冠裳易棺收殮葬於松江以全劾

命
中朝之志該副將華爾於松江寗波戰功尤著此次攻克慈谿
中鎗殞命實屬可敬可憫相應奏懇
天恩勅部從優議卹並於寗波松江兩處建立專祠以慰忠魂
除咨總理衙門外理合附片馳陳伏乞
聖鑒同治元年閏八月十八日內閣奉
上諭李鴻章奏副將克復慈谿中鎗傷亡懇請建祠優卹一摺
副將華爾以美國部落之人具稟願隸中國版圖在上海隨
同官軍進攻嘉定太倉克復松江府城復能破賊於松江之
迎禧濱天馬山等處并會同外國兵弁攻燬高橋等處賊壘

朝廷嘉其戰功屢著疊沛恩施以副將擢用茲據李鴻章奏
浙江逆匪窺伺寗波攻陷慈谿華爾聞信即管帶常勝軍進
剿指揮兵勇登城逆賊從城上放鎗適中華爾胸脘子從背
出登時暈倒當經華爾所帶常勝軍將慈谿城克復華爾同
寗波後於次日殞命等語覽奏實深嘉憫洵屬義勇性成無
忝戎行現經李鴻章已飭吳煦等妥爲殮葬并著於寗波松
江兩府建立專祠仍交部從優議卹以慰忠魂而示優異欽
此

洋將勒伯勒東陣亡請卹

江蘇巡撫李　奏再臣等查勒伯勒東本係法國兵官本
年夏秋間助剿寗波慈谿餘姚等處無不勇往直前城池
立復自權受中國總兵職任以來感沐
聖朝恩寵益加奮勉攻克上虞茲以急取紹城孤軍深入親然
巨礮臨陣傷亡實屬奮不顧身効忠盡命允爲荒服節臣
可敬可憫相應請
旨照故副將華爾之例
敕部從優賜卹並兵頭范夫哈格齡二員一併議卹以慰忠魂
謹附片馳陳伏乞
聖鑒同治二年正月初四日內閣奉
上諭李鴻章等奏總兵勒伯勒東進攻紹興礮傷殞命懇請優

卹一摺大法國兵官勒伯勒東於上年夏秋間在中國助剿
寗波慈谿餘姚等處無不勇往爭先立復城池自權授中國
總兵職任以來愈加奮勉攻克上虞縣城即行進攻紹興府
城帶隊直薄城下方冀攻克堅城廓清杭州逆匪即當破格
超擢以奬戰功不料勒伯勒東親放大礮藥多礮炸致傷頭
頂登時殞命雖非陷陣捐軀實係歿於行間與陣亡無異洵
屬義勇性成無忝厥職覽奏曷勝嘉憫益見大法國敦睦友
邦誠心剿賊故將上用命不惜爲中國致死自應優予恩卹
勒伯勒東著交部從優議卹仍著李鴻章飭屬妥爲營葬以
慰忠魂而示優異其同時傷亡之范夫哈格齡等著一併交

部議卹欽此

洋將達耳第福陣亡請卹

江蘇巡撫李　奏再臣等查達耳第福打仗素稱勇敢上年八月在寧波帶領洋鎗隊擊退餘姚各鄉之賊克復上虞亦與有力旋同滬管帶法國教練勇權受江蘇副將至十二月間法提督商派赴寧接帶勒伯勒東舊部臣等飭聽寧紹台道節制到營之後恭順有加茲以急攻紹城身先士卒臨陣捐軀實屬異常忠勇可敬可憫相應請

旨從優賜卹以慰忠魂謹附片馳陳伏乞

聖鑒同治二年二月初十日奉

上諭權授江蘇副將達耳第福於揮兵進攻紹興中鎗殞命係屬臨陣戰歿自應從優議卹著俟總理各國事務衙門與法國駐京公使商定後再降諭旨等因欽此

洋將白齊文不遵約束斥革查辦後又復投賊獲解收審

江蘇巡撫李　奏再前派常勝軍助剿金陵因白齊文復往寧波調勇遷延時日經臣於十月二十五日附片陳明在案嗣據吳煦稟稱該道督帶頭隊輪船已於十月二十九日駛抵鎮江一俟大隊到齊定期進攻等情其時白齊文已至自寧波仍託病未行臣又批飭吳煦楊坊等嚴催後隊輪船剋期上駛去後忽據署松江府知府方傳書等稟稱本月十四日早間白齊文由滬回松將城門關閉開因餉銀未發欲率勇搶刼該府同參將李恒嵩暗中設法勸諭通事勇頭許以發餉各勇始一鬨而散白齊文隨即旋滬臣接閱之下不勝詫異正在核辦間復據吳煦稟在鎮株守旬餘後隊杳不見到不得已折回催隊十四夜駛至上海詢之楊坊知白齊文任意宕延屢催罔應核計九月以前之餉早已放清十月之餉楊坊亦許為措備告以一有起程的期立即照付詎白齊文不但行期無定輒稱不願前赴金陵請辭差使楊坊責以大義白齊文怫然回

松十五日巳刻又帶洋鎗隊數十人趕至上海楊坊寓中將楊坊鼻額胸膛打傷吐血不止並將預備發餉之洋銀四萬餘元強行搶去稟請速行拿辦等情前來伏查白齊文原係常勝軍弁目曾請歸中國版圖已受三品頂戴職銜又經英國提督何伯保薦吳煦楊坊皆久與熟習暫令接帶此軍臣等實未深悉底蘊是以迭次奏明隨時留心察看將來能否勝任再行酌奪奏

聞嗣經協剿嘉定等處尚為出力亦據實陳奏偶來臣營謁見每為切實勸導方冀曲意籠絡俾為我用不料其跋扈狂悖竟至於此經吳煦楊坊知照英國陸路提督士廸佛立

與之理論士提督麥領事邀至臣營晤商據士廸佛立麥
華陀面稱已遵臣照會轉飭白齊文卽日解去兵柄聽候
中國查辦至三品頂戴白齊文既隸中國版圖違犯法令
應照中國之法治罪以杜後患而儆其餘業令吳煦楊坊
李恒嵩等嚴密拿解應否由總理衙門照會美國公使轉
飭駐滬領事官一體嚴拿勿任遠颺仰乞
聖明核示至二品頂戴蘇松太道吳煦二品頂戴前蘇松糧道
楊坊本願帶常勝軍赴援金陵屢次延誤實由白齊文不
遵調遣楊坊並被白齊文毆傷尚非縱容逗留然該道等
創募此軍及換人接帶始終立謀又有督帶之責不能實

力鈐制辦理不善咎亦難辭應請
旨將吳煦楊坊暫行革職仍令妥籌接辦事宜以觀後效理合
附片馳陳伏乞
聖鑒同治元年十一月十八日
江蘇巡撫李　奏爲洋犯解至中途覆舟淹斃並懇將同
時溺斃之解弁護勇營兵人等分別
賜卹恭摺具陳仰祈
聖鑒事竊漳州拿獲投賊洋人白齊文等三犯前經臣鴻章附
片奏明請
旨飭下總理各國事務衙門議奏以該犯罪不容誅暫行嚴密

監禁聽候嚴辦在案該犯被獲後卽解往福州省城監禁
嗣有解蘇收審之議當由閩省派委千總賀光泰把總任
尙勝隨帶護勇管解洋犯白齊文克令細仔三名於五月
初八日由閩起程行至江山縣清湖地方把總任尙勝因
感冒病故卽由千總賀光泰率同護勇押解前進臣鴻章
先尙未接准咨會臣新眙於閏五月十六日接據署蘭谿
縣知縣江紹華稟稱閏五月初三日准龍游縣兵役護送
福建委弁千總賀光泰帶同護勇十名押解外國人犯白
齊文克令細仔三名過縣當經照例分别點驗加派兵役
僱船轉解以天氣炎熱人數眾多添撥幫船一隻分坐前

進於初四日黎明一齊開船解赴下站去後詎於是日午
刻據長解護勇唐聚泰等囘縣報稱行至離城二十五里
滙頭灘地方其時東南風正大灘高溜急水勢旋捲又值
大水之後更加洶湧犯船甫經下灘忽被風水掀翻全舟
覆溺同行幫船被水溜下趕救不及喊經就地居民漁船
趕往救得護勇兵役九人所有賀千總及外國人犯白齊
文克令細仔與護勇兵役船戸共十三人同時隨流飄溺
當卽趕撥船役分頭撈覓卽於灘下河岸並石壩邊及施
家灘等處先後撈獲白齊文克令細仔屍身分别驗明給
棺封識續於灘河下流各處覓得護勇陳福堂營兵王以

芹縣役胡福並千總賀光泰各屍身分驗明確經臣新貽
委員馳往查明屬實臣宗棠亦接據稟報飭將現存之勇
丁唐聚泰等九人資送回營先後咨會到臣鴻章臣等查
白齊文迭助粤西髮賊謀害中國按律久應誅殛此次仍
敢潛入漳州內地投逆被獲本應立正典刑即美國公使
衛廉士亦有白齊文既經投賊已失體面美國不應庇護
之語特以監禁聽候嚴辦經臣宗棠等委解蘇省收審實
因閩中賊匪未平又距海口甚近設有疎虞關係匪淺不
料行至中途翻船溺斃雖中國未申治罪之權而該犯窮
兇極惡致伏冥誅足見天道之不爽克令細仔二犯前經

閩省審訊投賊是實亦有應死之罪惟中國護解弁兵勇
役船戶無辜溺斃至十八之多由於今夏江浙一帶霪雨
連旬山水暴漲而浙河灘高溜急風波險惡變起倉卒非
人力所能施該弁兵等因公死事實堪憫惻可否仰懇
天恩敕部將溺斃之守備銜千總賀光泰護勇陳福堂宋春並
營兵王以芹照例議邺其同溺之縣役船戶等六名由蘭
谿縣查明分別給與卹賞以免向隅至白齊文等三犯本
有應得死罪既均淹斃應毋庸議其英人克令一名前據
英領事巴夏禮申陳請照約交該領事懲辦臣鴻章本擬
俟該犯解到按約轉交今與白齊文同舟覆溺事出意外
只有付之命數白齊文克令屍棺二具聽由該國洋人領
回細仔本係中國犯屍即由縣飭保掩埋其署蘭谿縣知
縣江紹華尙非擬解不愼遇救得生之護勇唐聚泰等亦
非護救不力均請免其置議所有洋犯中途淹斃情形並
懇將同時溺斃之解弁兵勇分別議邺緣由謹合詞恭摺
由驛具陳伏乞
聖鑒同治四年七月十四日奉
旨該衙門知道欽此

洋將戈登立功請奬

江蘇巡撫李　奏再權授江蘇總兵戈登帶隊協勦自前

月二十二日轟破南門城垣未得爬入弁勇傷亡多人日
夜與臣及李鶴章商籌布置挖濠築牆安礮搭橋虛衷和
氣誓必合力殲除此寇其忠勇勤勞允堪嘉尙常州既克
蘇省軍事稍定便欲辭退回國因常勝軍洋鎗隊近來老
勇大半逃亡逐漸新募打仗不甚得力欲將鎗隊調回崑
山妥爲遣散以節糜費暫留礮隊六百人並外國大小炸
礮送交臣處派員接管其所用外國弁目陸續資遣志趣
甚爲公正昨總稅務司赫德來常業與臣議有眉目除飭
海關道趕緊籌借銀兩預備支用並派臣營務處委員直
隸州知州丁日昌同戈登前往崑山會同李恒嵩等妥籌

辦理俟辦結後再行縷陳外查戈登奮勇勸能立志爲中國助勦賊匪修立聲名自正月至今諸事俱受商量謹遵臣處調度並與臣部將郭松林劉銘傳劉士奇王永勝楊鼎勳等和好無間赫德與臣言在中國辦事只求得一體面去年蒙

大皇帝賞銀一萬兩斷不敢領或匀給該營洋弁遣散經費等語此次協攻常州殊爲出力可否請

旨賞加提督銜並由臣仿製表功旗幟並外國金寶星式樣傳

旨送給俾其回國後藉示榮寵謹附片具陳伏乞

聖鑒同治三年四月十四日内閣奉

上諭權授江蘇省總兵戈登帶隊助勦迭著戰功此次協同攻克常州尤爲出力著賞加提督銜並著照李鴻章所請頒給旗幟功牌以示優異仍俟將所部常勝軍部署妥協再由李鴻章奏請嘉獎等因欽此

又同治三年五月十一日内閣奉

上諭前因權授江蘇省總兵戈登帶隊助勦協克常州降旨賞加提督銜並頒給旗幟功牌以示優異仍俟將常勝軍部署妥協再由李鴻章奏請嘉獎茲據李鴻章奏戈登部署所帶之常勝軍甚屬妥協請旨嘉獎等語戈登自上年春間會帶常勝軍協同官兵攻克福山解常熟之圍又克復太倉州崑山吳江各縣及蘇州省城本年克復宜興溧陽縣並擊退楊舍竄賊攻克常州府城疊著勞績茲復將常勝軍布置妥協俾克經久利用不但始終奮勇出力且能深明中外和好大體殊堪嘉尚戈登著賞穿黃馬褂賞戴花翎並頒給提督品級章服四襲以示寵榮欽此

隨同戈登出力洋弁等給獎

江蘇巡撫李　奏再江蘇常勝軍自同治二年戈登接帶以後督同分管兵頭教練勇丁會合官軍攻城奪隘所向有功現在蘇省肅清該軍陸續凱撤提督銜戈登業已迭沐

恩施其餘在事外國弁目助勦出力似應一體給獎用示

聖朝賞功懷遠之意前據英國公使威妥瑪將幫同戈登打仗各洋弁開單交由總理衙門知照到臣當經飭據蘇松太道丁日昌通商隨員候補知府應寶時會同戈登及總稅務司赫德悉心查核大致相符並據英領事巴夏禮面稱繙譯官梅輝立等與有功績此外法國兵官陸國費在上海教練鎗勇亦著勤勞由該道等開摺詳請獎勵前來臣覆核無異謹繕清單恭呈

御覽合無仰懇

天恩俯准分別獎賞如蒙

俞允即由臣劄飭蘇松太道仿照天津金寶星及銀牌式樣趕
緊製造送交各領事分給佩帶以示寵榮除咨明總理各
國事務衙門外謹附片具陳伏乞
聖鑒
謹將常勝軍出力洋弁請給寶星銀牌等第繕具清單恭
呈
御覽
一等二十八人　繙譯官啊喳哩　前繙譯官梅輝立
軍火局官伯格斯　礮隊兵官慕雷亞　英國兵官堅樂
巴　法國兵官陸國費　以上六名幫同中國辦理防勦

事宜均極出力內陸國費一名係附案請獎擬請各給一
兩四錢重金寶星　摩爾安德(即麥倫德)　吉爾根(即扣克姆)　威
哩恩(即會立姆)　帛里猛(即勃乃能)　浩爾德(即好淮忒)　達非遜(即待佛遜)
札猛(即雀波門)　錢爾德(即可脫)　等博爾底(即湯不得)　博路斯
(即六克師)　柔如底(即羅甸)　斯米德(即司美德)　貝立　陶而(即台立)
馬飛(即麥非)　博爾利(即白耶)　都爾第(即安脫)　斯都爾利
嘉丟　好博遜　多木遜　温斯都利　以上二十二
名係在常勝軍及會字營打仗最為出力擬請各給一兩
二錢重金寶星
二等二十四人　滿士費(即蠻司飛)　牡爾非(即麥勿)　嘆得師
(即華得司)　哪里師(即勞立司)　把非(即白非)　哼得格遜(即哼特葛生)
軋朋(即戟朋)　吉爾勃(即軋而勿)　司美勿　滕(即滕姆)　謬滕
密琴納司　以上十二名亦在常勝軍隨同打仗出力擬
請各給一兩重金寶星　滿三德　惠威林　愛斯葛
烏利　薛爾喇　滿孫　郝林　巴度　麻定　韋林
葛林孫　葛礬　以上十二名係在常州等處隨營効力
擬請各給一兩重金寶星
三等十二人　愛林(即愛林門)　司考里德　軋來蒙(即軋來姆)
羌勃里(即嵌末爾)　勃蘭爾(即勃來朋司)　培里(即倍立)　巴立地(即巴
立第又即克利司蒂)　香羅費(即三姆來福)　卜果遜(即包葛遜)　禮爾司(即冷

納司)　吉林洛(即及令洛)　備李(即裴利)　以上十二名係在常勝
軍隨勦出力擬請各給銀牌
洋將畢乃爾請入合肥籍
南洋大臣李　奏再准直隸提督劉銘傳轉據統帶礮營
記名總兵畢乃爾稟稱該總兵本係法國兵丁同治元年
在上海投効奉派在銘字營教練鎗礮嗣委管帶銘軍洋
礮營先後攻克揚舍江陰無錫金匱常州府縣汛城洊保
今職
賞戴花翎並
賞給法什尚阿巴圖魯名號仰荷

聖恩甄敘微勞不遺化外矣以此生揖糜圖報溯自昔年隨營之始即自陳願隸版圖區區愚誠五年一日當於去年十二月具稟請示隸籍一事奉批詢願隸何省何縣以便奏咨立案伏念畢乃爾孤身遠寄本無可依緣主帥暨統將兩人均係合肥縣籍乃爾在營日久所識亦多淮軍將士前此隨軍西上曾過廬州樂其風土敦龐人情樸厚竊願隸安徽合肥縣籍并於縣境略置田廬俾有因依庶冀世世子孫長為

聖朝赤子轉請察核附奏等情前來臣查上海用兵以來洋將助勦立功膺受中國官職者不乏其人然事竣仍回本國

惟畢乃爾倉卒邂合投袂從戎當時即欣欣然有出谷遷喬之意矣願他日受廛為氓查其向慕華風實出至誠不二經臣於二年八月克復江陰出力案內隨摺奏明欽奉

上諭三品頂戴法國兵丁畢乃爾自隨營投効以來即以冠帶薙髮願隸版圖教習鎗礮極為得力等因欽此當即恭錄行知去後該將益加感激訓練精勤奮勇苦戰三年之內屢復名城轉戰數省而孤身孑然時時以隸籍為念茲自陳願隸安徽合肥縣籍自因久在淮軍營內人與地均尚熟悉得有照應臣維歷來番將立功改隸中土往往見於史冊即核諸現在通商條約之意中外民人攜家就地居住悉獲安全是久後即係入籍亦屬情事之常現畢乃爾自同治二年薙髮冠帶學為中國語言旋又娶有妻室勢不能仍回法國似應准如所請以遂其歸依

聖朝之志益堅其畢生効命之忱該總兵樸訥謹飭尚易駕馭臣仍與劉銘傳隨時嚴加訓誡曲為保全仰副

皇上懷柔遠人愛惜戰將之至意所有總兵畢乃爾自請隸籍緣由理合附片具陳伏乞

聖鑒同治五年正月二十五日

通商約章類纂卷三十二

通商約章類纂卷三十三目錄　附錄三

通商約章類纂卷三十三　附錄三

江海各關關政

章程

通商各口募用外國人幇辦税務章程 併見工類租傭建置

總理衙門咨同治三年七月十二日據總税務司赫德呈報查通商各口除瓊州外現有口岸十四處均設有税務司會同各關監督辦理税務惟税司之下有幇辦人等在公事房辦理事件又有扦子手在船驗貨及稽查偷漏等事目下統計各關幇辦者有八十餘人扦子手亦有三百名之多若不定立章程俾知遵守無以昭畫一而示勸懲玆擬章程二十六條呈請酌核等因前來本衙門查各關事務紛繁幇辦及扦手人等爲數亦復不少必須定立章程庶各關税務司辦理不致參差而該幇辦扦手人等亦得所遵循該税務司所請不爲無見其所定章程二十六條經本衙門詳加酌核删改增添共成二十七條劄知該總税務司遵辦内第十九條内載若無總税務司及本關監督文書不准僱用洋商船隻作爲巡船一節查此條係爲預防各關所用外國人任便爲中國僱覓洋船起見總税務司及該關監督行文税務司僱備巡船其僱價由税務司於該關議定經費項下支發如未經總税務司及監

督行文稅務司擅行僱備應不准其開銷至該關監督如有自用巡船之處船由該監督自行僱備即由監督調遣所需經費亦由該關自行籌辦不得動用各關稅務司經費之款除劄知赫總稅務司照辦外相應將本衙門改定章程二十七條鈔錄一紙咨行查照並將此項章程照錄通行各該關監督一體遵照辦理同治三年七月咨各省

一總稅務司凡有應申陳本衙門事件及更換各口稅務司務即隨時申報本衙門查核仍一面分別申陳南北洋通商大臣並知會各本關監督

一總稅務司係總理衙門所派至各口稅務司及各項辦

公外國人等中國不能知其好歹如有不妥惟該總稅務司是問

一各關所有外國人幫辦稅務事宜均由總稅務司募請調派其薪水如何增減其調往各口以及應行撤退均由總稅務司作主若某關稅務司及各項幫辦人內如有辦理不妥之人即應由該關監督一面詳報通商大臣及總理衙門一面行文總稅務司查辦

一各關雖係征收洋商之稅然其事實中國之公事所用之人雖非中國人其所辦係中國之事其薪水亦中國所發應較中國人格外盡心辦公其與中國官民有交涉事

件尤須格外以禮相待彼此不可猜疑傲慢

一各關所用之人以各人分內應辦之事爲第一緊要務當盡心盡力至泰西所有各項新法大有便益於日用常行爲中國所未有者若與地方官民相處浹洽議論試行雖屬同仁之義然究爲餘事總以分內應辦之事爲主不可因此而誤公彼此均不可勉强以必行

一各口稅務司係總稅務司所派之員倘手下之人有懈怠誤公者惟該稅務司是問各該稅務司於各口收稅章程各國通商條約並外國商情本應熟悉且於中國情形較各項洋人尤爲透徹辦理稅務一切事宜務求妥協若

有任性偏執或與監督會商並不悉心陳說以致誤會辦事乖謬進退兩難是該稅務司才不勝任之據定即撤退

一各口稅務司如有才不勝任及辦事錯誤者係惟總稅務司是問至通商各口辦理收稅事宜如有不妥均係各關監督之責成是以凡有公事自應歸監督作主如此則稅務司所辦之事即監督手下之事惟稅務司係總稅務司所派之人非監督屬員可比然不得因非其所屬遇事招搖攬權有礙公事以致監督難專其責

一各口稅務司於各國所派領事官常有交涉事件若領事官非作買賣稅務司與之交好自於公事有益惟當論

事辦事之間愈當以凡事均係監督責成不可稍存侵權見好之心致罹咎譴

一各口稅務司人等逐日在關與商民交涉均應設法重稅課順商情查各口章程分兩項一係禁止作弊以重稅課一係將稅務各事曉諭各商以順商情是以各口稅司除嚴行防堵走私偷漏外應每日在關察看所用之人是否盡心辦公隨時體恤各商有無刁難之處且買賣爲稅課之本若令人爲難不順其情不免與稅有礙應由各該稅務司細心斟酌地方情形多便貿易以期多收稅餉但不可與章程條約相背

一各口稅務司手下之人內有日後可勝司稅之任應由現任稅務司爲之表率令其妥悉稅務並應留心學習漢文漢語以期日後可用

一各口派稅務司係專爲幫辦稅務起見其稅務外地方各事與之無涉本不應干預惟稅務司與地方官民相處熟悉遇有外國人與地方交涉之事從中調處兩受其益原不在禁止之例然須將所處之事及來往信件均須報知總稅務司若處置乖方以致別生事端總稅務司不能代任其咎亦必將其懲儆

一各口稅務司本口界外概不准管理別口稅務及干預別口地方公事茲將各口稅務司應管界址註明於後以便遵守　自香港至海南其中沿海歸粵海關稅務司稽查　自香港至潮州北之海島名拉碼磕斯歸潮州關稅務司稽查　自拉碼磕斯至泉州府之海灣歸廈門關稅務司稽查　自泉州府海灣至北關海灣歸閩海關稅務司稽查　自北關海灣至乍浦歸浙海關稅務司稽查　自乍浦沿海至黄河老口以及沿江至狼山歸江海關稅務司稽查　自黄河老口至大清河歸東海關稅務司稽查　自大清河至山海關歸天津關稅務司稽查　自山海關至大連灣歸牛莊關稅務司稽查　長江自狼山至

江寗歸鎮江關稅務司稽查　自江寗至武穴歸九江關稅務司稽查　自武穴至岳州歸江漢關稅務司稽查　臺灣西北沿海各處歸淡水關稅務司稽查　臺灣西南各處歸臺灣關稅務司稽查

一各口稅務司內有代理人員與署理無異代理署理人員均與實任無異其來往文書均用平移不得自爲高下

一各口稅務司若無總稅務司明文准行不得出駐紮之府界擅離職守如有緊要事件必須親往應一面具文申報總稅務司並先行知會該關監督其關上公事應交妥人接手照料不得有誤其所管沿海各處有隨時稽查之

事准其派本關人往查

一各關所有總辦幫辦通事扦子手頭目四項人等應領薪水不得由該關稅務司增減亦不得任意撤退若內有不妥之人即准暫停薪水不令赴關辦事一面申報總稅務司示遵如此四項人內有自行辭退者亦隨時具報總稅務司以便另行選派

一通事之外各關所用之中國人以及外國扦子手人等如有不妥即由該口稅務司立刻撤退如係書辦應知照監督如係扦子手應報明總稅務司

一各關所用如中國人月領銀在十兩以上外國人月領

銀在六十兩以上者不得由該關稅務司自行增添薪水

一各關之外國人除扦子手外若非總稅務司派來之人概不准在關上干預公事

一若無總稅務司及本關監督文書不准僱用洋商船隻作爲巡船

一若有在關上阻撓公事生端擾害之人如係中國人即請由監督懲辦如係外國人應請監督行文該國領事官查辦若領事不肯秉公辦理即將情由申報總稅務司並請監督及總稅務司申詳總理衙門各口稅司均不得擅自究斷

一各口稅務司每逢結底將結內收支罰三項各款照前式摺報及遇事隨時具報外每於月底須將該口買賣收稅各情形簡明報知均須端楷盡寫漢文報摺不得挖補

一遇有別口發來單照內有錯誤或探聞別口界內有偷漏情弊應行文該口稅務司查照該口稅務司即行查辦並一面知照該關監督

一各口收稅除載在條約者無可更改外其日行詳細章程亦應永遠遵辦如其中實有因時制宜必須隨時更改者務當先期申請酌核不得擅自更改按所謂日行詳細章程即後列之進出口上下貨稅司簡明章程

一稅務司總辦幫辦扦子手頭目俟過五年後准告一年之假領一半薪俸回國休息須先三個月請假以便擇人更換通事每三年准告假三個月領全薪俸均由議定各關稅務司經費項下支給

一各口稅務司總辦幫辦扦子手頭目四項若有不妥由總稅務司一人作主撤退或前期三個月諭知起身回國時即不另發銀兩若立時撤退者發給三個月俸銀飭令起身若歷過五年自行因病回國並非因事撤退者給予半年薪俸歷過十年者賞給一年二十年者賞給二年亦均由議定各關稅務司經費項下支給共各關稅務司如

有更動總稅務司隨時知照該關監督

一凡稅務司與該口監督來往日行事件除尋常事件毋庸鈔錄外如有緊要之事鈔報總稅務司查核若與地方官有不得已行文者無論是否有關稅務均須鈔錄具報倘有應行申呈總理衙門事件必須開具節略蓋印畫押呈送總稅務司轉呈

一總稅務司所請在各關公事房內辦事之外國人分爲六等一稅務司一總辦一頭等幫辦一二等幫辦一三等幫辦一四等幫辦內如有告假回國派以次之人接辦准支本身薪俸一半署缺薪俸一半亦均由議定各關稅務

司經費項下支給

以上共章程二十七款各口稅務司務須一一遵守如有違背者立即撤退

江海各關進出口上下貨稅司簡明章程

頭段洋船所應遵之條

第一款　停泊界限

凡洋船抵口其應上下載之界限一係該船在攔江沙外者應自攔江沙計起往海以十里爲限一係該船在大沽者應自海口礮臺計起至海神廟爲限一係該船在天津紫竹林者應南自梁家園計起北至本關卡局碼頭往北第一個黃船塢爲限

第二款　遵指停泊

凡洋船進口停泊無論在大沽或在紫竹林該船皆應遵照指泊者所示之處停泊

第三款　船牌總貨單開艙單

凡洋船進口該船主應將牌照等件送交本國領事官如無領事官即送交本關如洋船在天津有領事官於大沽無領事官者將牌照交與大沽總局該局即送津由本關轉遞與該船之本國領事官後應由該領事官報到本關惟該船由領事轉報或自行投報其停泊在攔江沙內者

計以二日即四十八點鐘爲限如因載重停泊在攔江沙外者計以三日即七十二點鐘爲限該船倘有逾限者應查照通商條約所載每一日罰銀五十元但罰銀總不過二百元之數其進口所載貨物之總單必須詳細據實開清並必須於發給開艙單之先交到本關如有漏報揑報等情應查照條約將本船主罰銀五百兩該船主如於二十四點鐘內自行查出錯誤准其自爲更正即毋庸議罰其總貨單及由領事轉報單或無領事者自行投遞牌照本關接到即由本關或大沽總局隨船主所請發給開艙單倘有未領開艙單擅自下貨者應查照條約將本船主

罰銀五百元並將所下之貨入官

第四款 因擱淺駁貨

凡洋船有因載重在擱江沙或在河內遇有滯礙者如該船報知本關或大沽總局即准其所報發給駁貨准單

第五款 無准單不能上下載及改駁貨物

凡洋船進口未領開艙單或撥貨准單者該船非有極險之故不得下貨未領放行單或撥貨准單者該船不得上貨亦不得起撥別船如違者應查照條約將貨入官

第六款 上下貨物不得同時

凡洋船進口所載之貨未經下完者無特發之上貨准單

不得上貨如該船爲防險急需壓艙者應報知本關即特爲發給上貨准單

第七款 封艙

凡洋船有駛赴天津紫竹林者於經過大沽必須經本關查驗總局差人將該船艙上貼封其所有在大沽或在紫竹林停泊之船應由本關差人每日晚太陽平西時將該船艙上封於次日早六點鐘時啟封其自紫竹林開行之船本關應即將該船艙上封至於未過大沽該船艙貼封不准開拆如有將所封印花啟動傷損者皆惟本船主是問

第八款 輪船專條

凡輪船進口能於四十八點鐘內行抵天津紫竹林者其經過大沽即可毋庸報關封艙惟須暫候以便總局差役押送　凡輪船抵紫竹林如遇時晚該船將總貨單送交卡局總扦手即可准其於次早自六點鐘下貨惟於次日午正時該船尚未由領事轉報到關本關可以止其下貨　凡輪船有因停泊時迫須於夜間上下載者如該船主或代辦商人赴關報請即爲准行該船應照章交規費銀定以自太陽平西至夜十二點鐘關平銀十兩一夜關平銀二十兩如遇禮拜或封關之期自太陽平西至夜十二

點鐘關平銀二十兩一夜關平銀四十兩如禮拜及封關之日自早六點鐘至晚太陽平西時每日二十兩此項係因扦手人已逾辦公時刻另外作工之酬謝　凡輪船所載進口貨物如未下完亦可准其上載　除本款專條外所有各款輪船亦應一體遵照

第九款 鈔船

凡洋船抵口其應輸納鈔銀限期以該船開艙爲始如未曾開艙以該船在擱江沙內者自抵口時計起至四十八點鐘爲限在擱江沙外者至七十二點鐘爲限其所有發給往通商各口香港日本安南及圖門江巴西

一帶免鈔執照該四個月之限期總以發給該船紅單之日計起

第十款紅單

凡洋船已經完清各項稅課並呈交出口之總貨單本關即發給該船紅單如該船未完清稅課即可照下段第七款所載辦理

二段報驗貨物及各項單照之條

第一款進口報驗貨物完稅

凡船主請領開艙單以後即可將貨物起載駁船其駁船必須運赴紫竹林卡局碼頭如該駁船於大沽或擱江沙

起駁者須先赴海神廟總局封艙發給駁赴紫竹林准照

凡貨物運抵紫竹林應由本商將貨色觔兩件數詳細開具請驗單如該商係外國人應另補洋文報單投遞卡局驗貨扦手　該貨物由卡局扦手並書吏查驗後即將查驗情形註於該商請驗單之上經本商持赴到關如查驗該貨與請驗單所報相符本關即發給驗單註明該貨若干應完稅銀若干該商持赴官銀號照數兌交一俟掣取號收遞到本關即發給放行單准其起卸貨物如有未領放行單起卸貨物者應查照條約將貨入官

第二款出口報驗貨物完稅

凡商人出口貨物須先運赴卡局查驗其請驗單並扦手查驗掣取號收等件均照進口無異如該出口洋船停泊在紫竹林本關發給之放行單即准其將貨直赴洋船上載如該出口洋船停泊在大沽或擱江沙外等處本關發給之放行單止准裝載駁船自紫竹林駛至海神廟總局該駁船由紫竹林運貨時必須經卡局封艙後開行至海神廟經總局查驗於放行單上蓋戳方准該貨赴洋船上載出口如無准單將貨物上載洋船者應查照條約將所上載之貨入官

第三款特准起下貨　進出口之貨不用駁船上下載　棉花出口　由輪船運來之貨該貨主未到起卸

凡有商人行棧在外國地界者如進口洋船抵紫竹林靠泊岸停泊其起貨無須用駁船即可從寬准其勿庸將貨運赴卡局惟該商須先稟明本關即據所稟情由該所起之貨或在泊岸或在行棧查驗皆憑本關定准該商除請驗單外應將起貨單投遞到關本關即行蓋戳並批明該貨於某處查驗一俟查驗後發給驗單該商自接領驗單後應於二十四點鐘內完清稅銀如洋船即欲請紅單該商應即時完清稅銀然後本關發給放行單如未發給放行單該商之貨不准運出原存之棧　凡出口貨物由外國地界之行棧裝載靠泊岸停泊之洋船無須用駁船者

該商亦可以將情由稟明聽本關定准或在泊岸或在行棧查驗其出口之稅必經完清始發給放行單准該貨上載洋船　凡棉花出口無論上載用駁船不用駁船其行棧離卡之路以一里半爲限如在限內者該商可以稟請於存棧內查驗本關卽從權允准派人前往該棧查驗亦必須先完清稅銀方准上載　凡輪船載來貨物如因本貨主未來起卸恐致遲誤船事若該管船行棧離卡局不過一里半之路准該行主稟請將貨起下暫寄棧內該管船行主除稟請外應將起貨單送至本關由本關於起貨單上蓋戳並註明該貨或在泊岸或在卡局碼頭免驗至

於本貨主前來報明之時本關卽派人往管船行內查明貨物俟本貨主清完稅銀發給放行單然後可運出棧　凡進口或出口之貨在行棧內查驗如查有不符者本關卽停止查驗令將該貨運至卡局碼頭　此款所列各節係照本口時勢而順商情嗣後應因時制宜再行酌量更改

第四款出口載餘貨物

凡有准其上載出口之貨該出口洋船不能裝載者該貨必須先運赴紫竹林本關碼頭查驗方准上岸如該載餘之貨欲在大沽上岸者必須先運赴海神廟總局查驗

第五款免照　收稅照　存票　專照

凡洋貨由別口運至本口內有帶來免照者所有土貨應帶原出口已完出口稅之照以上之照均應與該商請驗單同時投遞到關惟上海一口所有運來貨物之單照由各口稅務司包封寄交本關稅務司　凡出口貨物均應經本關於洋船出口之日發給出口稅單交付各商收領如出口之土貨原係由別口運來者其出口時除將進口已完復進口半稅發還存票外另給專照註明該貨已經某口征收出口稅銀以便該商至所赴之口止應完復進口半稅不致重征遇有洋貨在本口已經完稅者其復出

口該商或請免照免該貨於所赴之口完稅或請將本口已完之稅發給存票該商至所赴之口另完進口稅銀均隨各商所欲　凡有洋貨原在別口已完進口稅帶免照至津復運出口者本關卽將該商帶來之免照日期號數並該貨係於某日進口某日復出口運赴別口敘明發給專照

第六款土貨復出口運往外國

凡土貨由別口運進本口其於十二個月內該貨原包原色出口運往外國者本關卽將復進口已完之半稅發給存票如該貨非原包原色又未奉本關准其改包改色卽

不得以爲原貨辦理

第七款紅單

凡請領紅單之時該船主或管船行主必須呈交出口總貨單並完清各項稅課本關即發給紅單如該船欲出口時其進口稅尚未完清本關稅務司可以准該管船行主出具切實保結限定於七月內將稅補完呈交到關即可發給紅單准該船出口

本關每日自十點鐘開關至四點鐘閉關每遇禮拜暨給假之期均行停止辦公

按查第五款內載給發存票一節洋貨進口已完正稅如在三十六個月限內仍運外國准領存票在於本口抵完

別稅或換取現銀此係光緒三年奏定所有關章係同治元年所立惟查關章係在未曾奏定之先故未載明又按查西歷正月初一日並三四月間新月後之禮拜五暨十二月二十五日而中國以正月初一日初二日初三日暨五月初五日八月十五日暨

皇上萬壽日均應放假之期此係赫總稅務司申呈總理衙門轉行照辦奉有明文又按洋人每年春秋兩季跑馬之期計各三日新關人等自九點鐘赴關辦公十二點鐘散關此係前津海關道稟北洋大臣批准有案

以上津海關章程

第一款

凡洋船進口灣泊之所西以關帝閣南岸至北岸橫截爲界東以外國地段爲界

第二款

凡洋船進出口時由海口派扦子手上船看守

第三款

凡洋船進口以四十八點鐘報關呈出進口艙口單並領事官報單及中國口岸總單

第四款

凡船主呈遞艙口單內必須填明各貨包箱數目記號如艙口單與各貨色不符即行議罰或該單有錯誤之處務於二十四點鐘內呈請改正如有復出口貨物亦應填寫艙口單內

第五款

凡洋船尚未到章程第一款所立界限不准起下貨物亦不准起卸船泥凡起下貨物除海關准許起下貨物日期外定於日出至日落爲止日未出以前日落以後概不准行

第六款

凡洋船進口海關收到艙口單之後各商持送攬載紙起貨紙中外報單內所有貨物數目花色觔兩均應填寫齊全交關蓋印持往洋船將貨物起卸剝船如該紙內無關印可憑即行起卸貨物者該貨入官該船主亦照章議罰至卸入剝船之貨無論係自用係完稅或在碼頭查

驗或在行棧查驗均由海關酌定各商報單所開貨物若裝剝船數隻由海關查驗相符即發入棧字據交該剝船領收以憑入棧至末後一隻俟驗完貨物完清稅餉後再發放行單未發海關放行單以前該商等仍須將前發入棧字據呈繳驗銷或報單貨物只裝剝船一隻查驗後完清稅餉發海關放行單以便該貨入棧未發放行單以前該貨不得起岸凡貨物無論完稅與否若不照以上條款辦理該貨即行入官

第七款

凡出口貨物無論完稅免稅各商必須填寫中外報單註

明貨物若干件觔兩若干重呈請查驗海關或在碼頭或在行棧查驗該商完清稅餉扦子手查明貨物觔兩與報單相符海關發有放行單方准下貨如該商無海關蓋印放行單挾帶貨物上船或裝剝載欲行上船者一經查出貨物入官該船主亦應議罰各商或裝出口豆石豆餅等貨不願海關查驗者即將帶買豆石豆餅觔兩若干成本若干之單據呈交海關查看該貨亦可無須查驗或該商有過船轉口之貨必須海關發有起下貨物准單如無起下貨物准單該貨即行入官

第八款

凡洋船進口應完船鈔者於開船起貨時完納船鈔或於呈遞領事官報單之時起計至二十四點鐘以後即行完納

第九款

海關公事以每日早晨十點鐘開關辦事至下午四點鐘閉關每逢禮拜佳節日停辦公事驗貨所辦公人等與以上例同惟公事以早晨八點鐘起至下午六點鐘止各商以六點鐘上船起貨至海關碼頭候至八點鐘始查驗貨物下午六點鐘有未驗完之貨務於碼頭停泊俟次日再行查驗海關巡船於日未出以前日落以後查有剝船仍

帖洋船起下貨物者即便緝拿或夜間巡船遇有三板等船來往河內亦聽令其停止詢查

以上山海關章程　同治十三年十一月二十四日

第一款

一煙臺口自芝罘島起至崆峒島由北而極東折向正南到岸是界限也凡商船來煙臺者行抵以上限地則為進口

第二款

一凡商船進出口未領准單者不得擅行起下轉駁貨物以及押載沙石等件如裝卸各貨必須先稟稅務司請發

准單方許起下各件凡商人有報稟本關核辦之事均應寫明呈請稅務司核奪

第三款

一凡商船進口時本關先准領事官送進口船報單抑或該船主自呈船牌及艙口單方許發給准單而艙口單內必須詳細開載該船艙內所有一切貨物某貨若干件係某某字號分兩若干各等情爲是

第四款

一商船進口限時必在二日內將領事官報單或該船船牌及艙口單呈交本關查驗如違期則按條約罰銀

第五款

一凡進口貨物一起岸時即行完稅而出口貨物必先完稅後方准下船

第六款

一凡有進口出口貨物必先送本關碼頭秤驗

第七款

一凡商船既經下貨請領紅單出口必先將出口裝貨艙口單呈關驗明方准給發紅單

第八款

一凡起下貨物或押載沙石等事每晨六點鐘起至下晚六點鐘止如遇禮拜日該商船仍須下貨起貨必預先稟請特發准單方准裝卸

以上東海關章程

第一款

凡商船赴寧波者行至招寶山正頂與金鷄山對徑之界過此即爲進寧波口

第二款

凡商船進口本關派役管押

第三款

寧波江泊船起下貨物之所自外國境地至浮橋並垣倉門爲界其商船停泊後復欲移泊者必須稟明方准移泊

第四款

商船從進本口界限時刻算起盡二日內將該照牌及進口貨單呈交領事官如該國無領事官則自行赴關稟報

第五款

凡進口貨單必須船主畫押單內詳細開載該船艙內所有一切貨物何字號何貨若干件各等情不得絲毫隱漏

第六款

凡商船只許在例准起下貨之界限內起貨下貨以及裝上壓載之物均須日間不得在日出以前日落以後禮拜

日給假日均不准行

第七款

凡商船呈交進口貨單欲起貨者自備報單詳細開載某字號某貨件數觔兩及估價數目等情請給起貨單二紙一英文一漢文本關蓋用戳記卽許照單將該貨起入剝船運至本關碼頭俟本關派人查驗後卽行給發驗單以憑該商持赴銀號完稅掣取號收呈關由本關發給放行單方准將貨起岸上棧

第八款

凡商船欲下貨由該商呈交關卡查單並照起貨之例自

備報單請給下貨單二紙一英文一漢文運貨至關碼頭遵查完稅之後由本關發給放行單方准照單下貨

第九款

凡商人領單下貨因船已滿載復行退回者須帶貨赴本關碼頭查驗方准上岸

第十款

凡商船下齊貨物須呈出口貨單將所裝出口一切貨物何字號何貨件數觔兩等情均須詳細開載呈關查驗

第十一款

凡兩船欲行互撥貨物必先請領本關特准單據方准互撥不領單據私行互撥者所撥之貨入官互撥之船各照罰

第十二款

凡洋貨復運出口者若往外國卽發存票若赴中國通商別口卽發免照惟各該商須先將該貨送至本關碼頭候查然後請領存票或免照並放行單方許下船若進口之貨已在別口完納稅餉帶有免照者須在未起貨之先將該照呈交本關查驗

第十三款

凡外國船不准將壓儎之物抛入水內違者罰銀五十兩

第十四款

無論何項鎗礮皆不准施放違者罰銀五十兩

第十五款

以上各款違者卽照條約罰辦　本關每日自十點鐘起至四點鐘止辦理公事禮拜日給假日停辦

第十六款

凡船進口須照總扦手派定地方停泊　該船應將頭銜外頭銜二物收入船內俟離開別船之後方可照原式安置　該船應將最下之橫擔轉移向上　該船須挨次停泊所有江之東西兩邊並須預留本地船行駛地步　凡

商船後面拖有小船板船如遇損壞情事該船自理　凡
商船停泊處須於中間留一行駛之道　凡商船停泊應
離開浮樁　凡有因海關事務應報明稅務司
以上浙海關章程自第一款至第十五款均係咸豐十一年所定

第一款
凡商人欲派輪船來往甯滬須先報明稅務司

第二款
凡輪船進口停泊後將船牌及進口貨物總單送關至出
口時開送出口貨物總單查核相符即給完清稅項紅單
並發還船牌准其出口該船既領有本關紅單即毋庸再

往領事衙門領單該船所裝貨物均應詳細開載總單以
憑將來原貨出口便於稽查

第三款
凡輪船已經進口須俟本關巡丁到船後方准起貨及搭
客起卸行李等事

第四款
凡輪船進口業經本關巡丁到船准將貨物卸入駁船不
得擅開須俟該商人來關請領准單再將該駁船開往

第五款
凡輪船由鎮海經過遇有客商上下該輪船必應在本關
卡房碼頭對面暫為停止以便稽查如有貨物裝卸須先
專領本關准單

第六款
以上各條如有輪船故違即將以上章程概不准照行另
照和約罰辦

以上浙海關附輪船往來甯滬專章

第一款
一凡商船赴福州者行至金牌即為進福州口

第二款
一凡商船進口本關派役管押

第三款

一駁船起貨下貨之所止准在羅星塔鼓山腳並自萬壽
江南二橋至番船街尾天后廟三處餘外不准

第四款
一商船從進本口界限時刻算起若無阻滯外必須二日
內將該船船牌艙口貨單呈交領事官如該國無領事官
則自行送關存查

第五款
一凡艙口貨單必須船主畫押單內詳細開載該船艙內
所有一切貨物某字號某貨若干件各等情不得絲毫隱

漏倘係筆誤卽在遞單之日改正遲則不准

第六款

一凡商船止許在界內起下貨物以及裝儎起卸壓儎之物均須日間不得在日出以前日落以後禮拜日給假日均不准行

第七款

一凡商船報關後欲行起貨者貨商必須自備起貨報單詳細開載某字號某貨若干件觔兩幾何及估價數目等情本關卽給起貨單准其照單將該貨起入駁船運至本關碼頭俟本關派人查驗之後卽行給發驗單以憑該商

持赴銀號完納稅銀掣取號收呈關本關卽發放行單方准將該貨起岸上棧

第八款

一凡商船欲下貨物卽照起貨之例自備下貨報單詳細開載貨件觔兩等情運至本關碼頭查驗請領驗單赴號完稅掣取號收倒換本關准單方准照單下貨所有運貨進出該駁船必須到羅星塔查驗所盤查

第九款

一凡商人領單下貨因船已滿儎復行退回者須帶貨赴本關碼頭驗明方准上棧

第十款

一凡駁貨艇隻必先在本關稟請掛號註冊由本關編號兩傍大書漢英文字方准駁貨如商人欲用別船駁貨者須稟候准用方可

第十一款

一凡商船下貨既經滿載請出口單必須將出口貨單呈關方准給發紅單

第十二款

一凡兩船欲行互撥貨物必先請領本關特准單方准互撥

第十三款

一凡洋貨既經完稅復運出口者若往外國卽發存票若赴中國通商別口卽發免照惟該商須先將該貨送至本關碼頭候查並須請領存票或免照並放行單方許下船若進口之貨已在別口完稅帶有免照者須先將該照呈關查驗方准給單起卸

第十四款

一以上各款違者卽照例查辦　一本關辦理公事每日自十點鐘起至四點鐘止所有禮拜日給假日均行停止

以上閩海關章程咸豐十一年五月十八日定

第一款

一本口外界西自瓦仔尾起至東北紅磡臺止爲限

第二款

一洋船起下貨物准其自紅磡臺起至粟邊梟仔頭止爲限所有起下貨物應運赴本關碼頭查驗

第三款

一洋船進口務於兩日內船主將船牌及艙口單各件交本國領事官掛號如無領事官卽在本關呈繳掛號

第四款

一洋船進口該船主須將所儎貨物詳細開明艙口單呈

關查閱後方行給發開艙准單

第五款

一洋船起下貨物須照第二款定界之內准其由早晨日出至晚後日落爲止但所有起下貨物應到本關所准各碼頭過驗放行如遇封關之日欲起下貨物者須先稟明本關請領專單

第六款

一凡進口貨物該船領開艙單後貨主欲行起撥須用漢英文字寫明貨色包數飭兩報單呈關請發准單方准前赴該船起卸到本關所准各碼頭查驗後聽候給予驗單該貨主持到銀號完納稅餉取號收繳同本關再發放行單准將貨物上棧

第七款

一貨物出口該貨主欲行下貨須用漢英文字寫明貨色包數飭兩報單呈關請發准單並將貨物儎到本關碼頭查驗後給予驗單該貨主持到銀號完納稅餉取號收繳同本關再發放行單下貨該船

第八款

一出口貨物已領下船准單如該船不能裝儎有退回貨物應再赴本關碼頭覆驗方准上棧

第九款

一此船貨物如欲撥過別船應先到關稟請發給專單

第十款

一凡有出口貨物貨主應請之收稅單免徵執照存票各件本關卽日發交該商收執其有進口貨物該貨主於請起貨准單時應將別口所發收稅單及免徵執照呈繳本關查驗

第十一款

一洋船出口該貨主須將所儎貨物詳細開明艙口單呈關查驗至完淸各項稅鈔方准請領紅單出口

第十二款
一本口撥船各隻須在本關掛號所掛之號務用漢英文字在船上寫明其有另用別船起下貨物者應稟請本關發給專單方准撥儎
另款
一本關辦公每日定巳刻十點鐘起開關至申刻四點鐘封關　一所有關上因公函件單照等項應請稅務司查辦
以上閩海關附滬尾口章程

第一款
一本口外界自萬人堆起直至桶盤嶼止爲限
第二款
一起下貨物必須在本口定界之內其貨物應赴本關碼頭查驗
第三款
一洋船進口船主於兩日內須將船牌及艙口單交滬尾本國領事官掛號如無領事官即交滬尾關掛號方准發給開艙單
第四款
一凡洋船起下貨物准其自早晨日出至晚後日落爲止照第一款在定界內起卸如遇禮拜封關之日願起下貨物者須稟本關請領專單其起下貨物所用撥船應照第二款赴本關碼頭查驗不准前往別碼頭
第五款
一洋船進口該船主將船牌艙口單交存滬尾由稅務司給予交到憑單並發起貨下貨准單
第六款
一凡起下貨物應先在滬尾口完清進出口稅銀再發起貨下貨准單至所呈報單如有錯誤或觔數價錢不符須於兩日內呈關更改

第七款
一出口貨物已領下船准單如該船不能裝儎退回之物須先赴本關指定碼頭查驗方准上棧
第八款
一凡有此船貨物撥過別船應請本關發給專單若未領專單私行撥過即將貨物入官
第九款
一凡有出口貨物貨主應請之收稅單免征執照存票各件本關即日發交該商收執其有進口貨物該貨主於請起貨准單時應將別口所發收稅單及免征執照呈繳本

關查驗
第十款
一出口貨物已經下船該船主須將艙口單呈關請領紅單本關查明各單並無錯誤稅鈔均已完清即發出口紅單
第十一款
一本口撥船各隻須在本關掛號所掛之號務用漢英文字在船上寫明其有另用別船起下貨物者應稟請本關發給專單方准撥儎
第十二款

一凡洋船在鷄籠口如未領有滬尾稅務司憑單並起貨下貨准單本關即當爲沿海走私船隻照和約章程嚴辦
另款
一本關辦公每日定巳刻十點鐘開關至申刻四點鐘封關　一所有關上因公函件單照等項應請稅務司查辦
以上閩海關附鷄籠口章程
第一款
一凡船進入內港以及駛至外口沙線地方之外下錨灣泊均作爲進口
第二款
一凡船到口該船主應將船牌艙口單等件繳呈領事府若該國未設領事官駐口於二十四時辰之內應將船牌等件呈交本關收存
第三款
一艙口單內須將所載貨色觔重號數包皮記號詳細開明該船主畫押於上爲憑如內有復運他口之貨亦應註明其如單內或有筆誤之處應於二十四點鐘之內呈關請准更正
第四款
一凡船進口如有應須看守者稅務司可派扦子手上船

觀望
第五款
一凡有起下貨物盤卸壓載沙石應在日出之後及日未落之先此外禮拜日或停辦公事日期非奉特准不得起卸
第六款
一船隻進口於起貨時該商應繕華英報單各一紙單內載明貨色觔重上下等第價值包皮記號報關由關給發准單准由原船起貨裝下駁船駛赴碼頭以便查驗後再核發驗單予該商持赴官銀號完納稅項取同號收呈關以

便發給放行單准該商起貨下棧

第七款

一出口貨物該商亦應將貨色担數開載華英報單呈關一面將貨隨運碼頭候驗請領驗單赴號完稅仍取號收呈關請給准單下貨落船

第八款

一若有貨物已發出口准單該船未能受載欲行退回應即運赴碼頭候驗相符方准復行起岸

第九款

一凡有貨物欲行撥運過船者應報關請發准單方准撥

運如未奉准單之先不得撥動

第十款

一出口及復出口之貨本關給發落船准單時一面並給其所請存票免單收稅單等件至進口貨凡帶有免照收稅單各件隨來者該貨商應將各單彙同報單呈遞

第十一款

一各船載滿貨物該船主應將各貨色担數詳寫艙口單呈關候本關核對相符並各項稅鈔完清之後方發紅單以便請牌開行　一每日開關辦事應自早十點鐘起至晚四點鐘止　一各項報單稟件係屬關務者應繕呈稅務司查收

以上臺灣關打狗口章程（同治三年六月二十九日立定）

第一款

一安平口泊船界限以港口沙線之地爲准勿論方向凡在洋面週圍十里界內灣泊者均作爲進口

第二款

一凡船到口該船主應將船牌艙口單等件繳呈領事府若該國未設領事官駐口於二十四時辰之內應將船牌等件呈交本關收存

第三款

一艙口單內須將所儎貨色觔重號數包皮記號詳細開明該船主畫押於上應自該船灣泊時起限二十四時辰呈遞本關如內有復運他口之貨亦應註明至單內或有筆誤之處應於二十四點鐘之內呈關請准更正

第四款

一凡船進口如有應須看守者稅務司可派扦子手上船觀望

第五款

一凡船隻起下貨物盤卸壓儎沙石應在第一款所定界限內於日出之後及日未落之先起卸此外禮拜日或停

辦公事日期非奉特准不得起卸

第六款

一船隻進口於起貨時該商應繕華英報單各一紙單內載明貨色觔重上下等第價值包皮記號報關由關給發准單准由原船起貨裝下駁船駛赴碼頭以便查驗後再核發驗單予該商持赴官銀號完納稅項取同號收呈關以便發給放行單准該商起貨下棧

第七款

一出口貨物該商亦應將貨色担數開載華英報單呈關一面將貨隨運碼頭候驗請領驗單赴號完稅仍取號收呈關請給准單下貨落船

第八款

一若有貨物已發出口准單該船未能受儎欲行退回應即運赴碼頭驗明相符方准復行起岸

第九款

一凡有貨物欲行撥運過船者應報關請發准單方准撥運如未奉准單之先不得撥動

第十款

一凡出口及復出口之貨下船運赴通商口岸者所有收稅單免單等件由本關並貨總單一起裝封封皮上填送該口稅務司查收俟發紅單時統交該船主收執該船主一到他口須將此封隨同艙口單到關投遞至於存票該商應將原貨若干前由何日何船進口現下何船原貨若干何日出口開具清單於稅務司處特請

第十一款

一各船儎滿貨物該船主應將各貨色担數詳寫艙口單呈關候本關核對相符並各項稅鈔完清之後方發紅單以便請牌開行至該船於裝貨已滿之際即宜於後桅上升掛第九號令旗以便閱識　一每日開關辦事應自早十點鐘起至晚四點鐘止　一各項報單稟件係屬關務

者應繕呈稅務司察收

以上臺灣關附安平口章程

第一款

凡商船赴厦門者行至白石頭與南太武對徑之界過此即為進厦門口

第二款

凡厦門口泊船起下貨物之所自厦門港至新船地為界起下之碼頭以島美港仔口新路史衙頭為海關例准之碼頭

第三款

凡商船自進本口界限時刻算起儘二日內將牌並進口

貨單呈交領事官如該國無領事官者則自行赴關稟報
一切
第四款
凡商船進口先將艙內所載貨物據實開單赴關報明方
能領取准照開艙起貨
第五款
凡商船只許在例准之界限起下貨物以及裝上壓儎之
物均須日間不得在日出以前日落以後禮拜日給假日
均不准行駁貨物船隻只許在例准之碼頭起下貨物
第六款

凡商船呈交船牌進口貨單後欲起貨者呈請起貨單開
明字號貨件分別估價觔兩數目清單前來旋由關發給
准照准該商將其貨裝載駁船運赴本關碼頭俟驗後由
本關發給驗單令該商赴銀號納稅掣取號收繳關由關
發給放行單方准起貨入棧
第七款
凡商船下貨之先應將該貨赴本關碼頭候驗照起貨之
例呈請下貨准照詳列某字號某貨物分別估價觔兩數
目清單前來由關發給驗單俟該商納稅將號收呈關方
發給放行單准其下貨

第八款
凡商人領照下貨因船已滿儎復行退回者須攜貨赴本
關碼頭查驗後方准起回上棧
第九款
凡駁貨艇隻須先在本關稟明掛號註冊方准駁貨船上
須用漢英文字明白大書號數如商人欲用別船駁貨者須
稟明後准用方可
第十款
凡兩船欲行互撥貨物必先領本關特准單據方准
第十一款

凡商船進口有別口發給之洋貨免稅單及土貨已完出
口正稅或復進口半稅之單照各等單件須將各該單在
請起貨准照時呈關查驗所有由本口前往別口之出口
貨物該商在下船時亦應分別請領存票免稅單已完納
出口正稅或復進口半稅各等單照
第十二款
凡商船裝齊貨物後應將出口貨單呈關查驗倘進出口
貨單一概相符鈔稅已經清完始行發給紅單出口
另款
本關每日自十點鐘開關至四點鐘閉關禮拜並給假日

期停止辦公凡請各項單照須稟本關稅務司查辦

以上厦門關章程同治元年二月二十六日訂

第一款

一該輪船到厦俟總扦手到船查驗行李後方准起客

第二款

一該輪船應將未滿限期噸鈔執照呈遞總扦手俟將船名某口某月發給某日期滿登記號簿方准出口

第三款

一該輪船進口仍應由其國領事官按章報關即照常行香港往來輪船發給紅牌辦理

第四款

一該輪船如按以上章程進出每次應將費用洋銀三元呈繳總扦手交關查收

第五款

以上各章係由總稅務司暫行擬定如有窒礙之處隨時删改撤銷

以上厦門關附持有納鈔執照輪船進出口無貨起客章程

第一款

一凡船隻自安南暹羅及染患瘟疫等口或在該船上有傳染之病無論自何口來厦時將至泊船界限該船應須升挂黄色染病旗號停泊聽候厦口醫生到船查視

第二款

一凡該商船未經奉有本關准單不得擅行移動及起客並搬取行李等物

第三款

一如有未經遵照章程本關不發起下貨物准單

以上厦門關附未經立約各國輪船進出口保安章程

第一款

凡商船自進口界時俟限二日內將船牌並艙口單呈交領事官如某船之國無領事官則呈交海關或別國領事官代辦亦可

第二款

凡商船進口先將船上所載貨物據實開單赴關報明方能領取准單開艙起貨

第三款

凡商船呈繳船牌艙口單後欲起貨者先須詳細報明貨物件數字號觔兩等情方能發給准單

第四款

凡商船出口之先欲下貨者按照起貨者詳細報明請領准單一律辦理

第五款

凡出口貨已領准單未能下船退回者先須將貨帶還本關碼頭查驗方能起回上棧

第六款

凡商船裝齊貨物應將出口艙口單呈關查驗

第七款

凡貨物查驗之後貨主應即赴關請領驗單持赴銀號完稅掣取號收繳關至進口貨一起之後即該完餉出口貨

未下之先即該完餉如單上有估價觔兩舛錯須改之處限一日內聽其改正遲則議罰

第八款

凡商船請領紅單本關先將所呈進出口艙口單查對無訛及稅餉船鈔完清始行發給紅單出口

第九款

凡有過撥貨物須先報明請領撥貨准單如本關未曾發給撥單以前擅行撥貨該貨似應充公

第十款

凡商船未請准單之前起下貨物伙食等件不獨其貨似應充公船主亦可受罰

第十一款

凡商船欲起下壓載或墊艙之物先須報明請領准單其起卸壓載之物須裝落小艇起岸如違犯此章則船主亦應擬罰　商船不准逾越停泊處所之界　本關每辦公事之日自上午十點鐘起至下午四點鐘止凡報本關為公事者其公牘及各單件須書稅務司官銜查收

以上潮海關章程

第一款

凡商船自進本口界限時刻算起儘二日內將船牌並進

口艙口單呈交領事官該國如無領事官者則自行赴關稟報

第二款

凡商船進口將艙內所載貨物據實開單赴關報明方能取開艙准單

第三款

凡商船呈交船牌進口艙口單後欲起貨者須呈起貨報單內將貨物件數連包皮號記觔兩等項註明應由本關發給起貨准單

第四款

凡商船下貨之先應照起貨之例呈請下貨准單

第五款

凡商人經領下貨准單而因船已滿載復行退回者須將該貨赴本關碼頭聽驗後方准起回上棧

第六款

凡商船裝齊貨物後應將出口艙口單呈交本關

第七款

凡商貨查驗後即應赴關請領驗單持赴銀號完稅取同銀號所發漢文號收繳關凡進口貨於起貨時輸餉出口貨於下貨時完納倘有估價觔兩舛錯需改之處即於十

二時辰內請改遲則不准

第八款

凡商船請領紅單應查所呈進出口艙口單一概相符鈔稅已經清完始行發紅單出口如該船係在黃浦停泊者未開之先應將紅單赴該處關卡畫押

第九款

凡有過船貨物必須請領本關特給准單如違章過船之貨酌量入官

第十款

凡撥艇在省運貨往黃浦者先應赴海關碼頭查驗到黃浦應赴關卡將下貨准單呈驗畫押自黃浦停泊船隻運貨來省亦應一體先赴黃浦關卡將起貨准單呈驗畫押抵省即赴海關碼頭候驗

以上粵海關章程

一凡香澳輪船進口之時該船主應備進口艙口單呈交查船之扦子手如在黃浦欲起貨物應另備艙口單交該處本關扦手收執本關經據進口艙口單方准起貨

一凡貨商無庸赴關呈請起貨准單但由輪船徑起貨物務必赴本關碼頭聽驗

一凡欲由香澳輪船運出口之貨先應赴本關碼頭聽驗

後方給發運出口之准單

一凡出口艙口單於該輪船下次進口之時再應呈交

一凡香澳輪船只准在粵城黃浦或起或下貨物無許在沿途別處起下如違起下貨物之章該貨一併抽拿入官

一除禮拜停公日外本關辦公早由十點鐘起至晚四點鐘止至香澳輪船之處自日出至日落止均可驗報至本國公事凡有各等報單應將粵海關稅務司字樣註明

以上粵海關附香港澳門輪船進出口原定章程

一凡通商各國輪船由香港澳門永遠往來省城貿易者須將船牌呈繳該國領事官存署內領事官照會粵海關

發給輪船香澳執照一紙自發照日起以陸個月爲期凡有此照者則可照後開章程起下貨物完納稅餉

一凡香澳輪船往省自香港開行者至汲水門左右海關設立巡卡地方澳門開行者至九洲左右海關設立巡卡地方均須等候扦子手巡丁上船

一凡香澳輪船之管艙人務須會同扦子手用收貨簿預謄艙口單如商客有貨物來報管艙收貨簿內應隨時報明登記

一凡香澳輪船所載貨物已寫明艙口單該扦子手即查驗各搭客行李所有行李內應稅物件該客須自行開展聽候當面報明扦子手查驗如無應稅物件已驗給放行戳者俟該船抵省即可隨時起岸

一凡搭客先報行李內有隨帶應稅物件該扦子手驗明即出驗單俟船抵埠該客上關交稅後放行可隨時起岸

一凡香澳輪船所載搭客行李如扦子手於所起行李內查有違禁漏稅物件該客如不願自行開查即由扦子手將該件扣留送關該客如逾一日之限不到開驗即由關上開驗倘查有違禁應稅之物即將扣留之件全行入官

一凡香澳輪船所有搭客行李於查驗後該扦子手復將該船全行搜查倘查有貨物藏匿本關將該貨物入官按同治六年所定客船行李章程扣留之貨全行入官外仍將該客議罰與此小異

一凡香澳輪船所載貨物已列艙口單於輪船抵省城黃浦可將貨物搬入撥艇該撥艇不得牽延妄駛即將原貨直運本關碼頭查驗倘該艇有違成章將艇貨一併入官

一凡香澳輪船所載貨物於撥艇運來本關查驗時該商務將其貨號記觔兩件數丈尺價值逐一註明具報查驗完納稅餉放行

以上粤海關附更定香港澳門火輪渡船進口章程

一凡香澳輪船所有貨物出口將該貨運至本關碼頭具報號記觔兩件數丈尺價值等項註明查驗本關發給若

干稅銀之單並准單該客一面完納稅餉下船該撥艇不得牽延妄駛將該貨物直運赴船倘該艇有違成章將貨艇一併入官

一凡香澳輪船所載貨物必待出口稅餉完清方准開行

一凡香澳輪船出口時倘有貨物稅餉尚未清完如該輪船公司自行出具保單或該船主代具保單註明將稅銀在本關次日辦公之日內完清本關查核定奪方准開行

一凡香澳輪船所載出口搭客行李內有應稅物件務須開具報單來本關聽候驗貨完稅

一凡香澳輪船出口於開行後該船管艙人會同扦子手

繕清艙口單與進口時一律辦法倘在輪船查出有貨物並無准單或在客人行李查有藏匿應稅及違禁貨物將貨物行李概行入官

一凡香澳輪船出口後該扦子手將貨物行李查驗後將該船全行搜查倘有藏匿應稅貨物查拿入官

一凡香澳輪船往香港者行至汲水門上下往澳門者行至九洲上下均須等候扦子手巡丁下船

一凡香澳輪船如有本船工人水手走私偷漏或在工人水手管用之處查有藏匿貨物該扦子手即述知船主該船主將其人送交領事官扣留會商辦理

一凡香澳輪船附搭華洋商民如敢違章走私偷漏該扦子手即述知船主該船主將其人送交領事官會商辦理

一凡香澳輪船只准在省城黃浦二處地方起下貨物不得沿途任便起卸

一凡香澳輪船倘違以上各章程船主並船均應按照條約船主議罰若重犯或再犯會同領事官即將該船所領香澳准照追繳註銷

一凡以上各章均係按照天津條約第四十六款所定

以上粵海關附更定香港澳門火輪渡船出口章程

按此件係同治十三年粵海關監督與康稅司商定復經英領事照復並由粵海關咨呈總署核准

第一款

凡商船赴上海者行至寶山正項與礮臺對徑之界過此即爲進上海口

第二款

凡商船進口本關派役管押領紅單出口之時復由本關一體查驗

第三款

凡商船進口停泊船隻及起下貨物之界限南自東門小河口起北至英國兵船厰止

第四款

凡商船進口該船主須在二十四點鐘內將船牌及艙口單呈交本國領事官本國如無領事即由該船主自行呈關倘過四十八點鐘倘未呈送即將船主按照條約議罰

第五款

凡商船進口之艙口單須由該船主認保無訛該單內應將艙內所有一切貨物何字號何件數詳細載明倘查有呈遞假單者該船主應照條約罰洋銀五百元如但係錯誤在遞單後二十四點鐘內請改者免其議罰再所載之貨如有不在此口起岸者亦應於單內註明

第六款

凡有商船只許在例准起貨下貨之界限內起貨下貨以及裝上壓載之物均須日間不得在日出以前日落以後禮拜日給假日均不准行

第七款

凡商船呈交船牌進口貨單欲起貨者由該商自備起貨單一紙詳細開載某字號某貨件數觔兩及估價數目等情呈關請領起貨單即照單起貨如無本關蓋戳之起貨單私行起動者該貨入官該船主照罰

第八款

凡商船應起貨物已經起清本關派役查艙之後方准下貨亦照起貨之例由該商自備請下貨單一紙詳載某字號某貨件數觔兩及估價數目等情呈關請領下貨單即許照單下貨如無本關蓋戳之下貨單私行下貨或下入剝船該貨入官

第九款

凡商人領單下貨因船載已滿復行退回者須帶貨赴本關碼頭查驗方准上岸

第十款

凡商船下齊貨物須呈出口貨單應將艙內出口一切貨物何字號何件數均須詳細開載呈關如遞假單船主照罰

第十一款

凡兩船欲行互撥貨物必先請領本關特准單據方准互撥不領單據私行互撥者所撥之貨入官

第十二款

凡商船進口應納之船鈔銀兩如在四十八點鐘內何時起貨即何時照納如過四十八點鐘後即不起貨亦應照納鈔銀

第十三款

凡商船欲請紅單先由本關派人到船將起貨下貨各單逐行查對俟本關核知進出艙口單皆無訛誤各項稅鈔均已完清即准給發紅單領回船牌出口

第十四款

本關每日十點鐘開關四點鐘封關禮拜日給假日停辦公事　以上各款如商人有應特請之事須隨時聲候稅務司酌行

以上江海關章程

第一款

一凡大洋船內江輪船只准在大江龜山頭之北甘露寺之南停泊離西岸在二里路之限內起下貨物凡划艇等

項船隻只准在漢鎮內河南岸嘴停泊起下貨物各該船在口內之時由關派人看守夜間隨時將其艙封固不准起下貨物　一凡撥艇須在關上稟報立號用英漢文將第幾號寫明於船頭尾方准撥貨　一凡商船起貨下貨均須日間不得在日出以前日落以後禮拜日給假日均不准行其內江輪船若請有准單以二更爲限亦准其起貨下貨凡有商人未領准單私行起貨下貨由關查出將該貨入官　一凡商人領照下貨因船已滿載復行退回者須將該貨俟本關查驗後方准起回上棧　一凡洋船到漢須俟起貨完竣看艙之後方准下貨不得一面起貨一

面下貨以致混淆內江輪船不在此例

第二款

一凡有大洋船以及划艇等項船隻執有鎮江護照抵漢口者須由船主將護照呈交該國領事官查收並將艙口單呈關查驗俟由領事官照條約之例報關方准開艙並應由各貨主將其貨用英漢文開具清單內註明貨色件數觔兩長短價值各等情形呈關請領起貨准單方准將該貨下撥艇運至本關碼頭由關派委驗貨飭令該商赴銀號照數納稅取號收繳關請領放行單始准將該撥之貨登岸入棧該貨若有別口已完稅之貨憑據應由該貨主在請准單時將完稅憑據一併呈關華商一例辦理　一凡各商下貨在下船之先須將該貨運至本關碼頭並將該貨用英漢文開具清單內註明貨色件數觔兩長短價值各等情形呈關由關給驗單該商收執赴銀號照數完稅取號收繳關請領下貨准單方准赴船下貨華商同例報稅　一起下貨物已畢稅鈔完清應由該船主將所下之貨詳細開單呈關請領紅單由關封艙派役押送方准領回護照下江

第三款

一凡有江照之輪船抵漢口者該船或由領事官報關或由船主自行持江照艙口單總單等件呈關均可由關發

給准單方准起貨如帶有總單未註明之貨即將該貨照數入官凡輪船抵漢之時若日已落山則俟次日天明方准起下貨物　一凡有輪船在漢裝載上貨該商須一併完納出口正稅及復進口半稅下輪船之茶油紙張蔴四項或在碼頭俟驗或由洋商稟報請關派委前赴就近棧房在彼查驗均可但棧房內所驗之貨須蓋有本關驗印俟完稅後方准撥貨其餘土産雜貨各項須由該商裝在撥艇或赴本關碼頭或在該輪船碼頭俟驗後由關將撥艇艙封固凡有請驗出口貨物者須將其貨色件數用英漢文開具清單內註明貨色件數觔兩長短價值並前往何處口岸各等情形呈關由關發

給驗單該商收執赴銀號照數完納兩項稅餉取號收呈
關方准給下某船准單華商同例報稅　一輪船起下貨
物已畢應由船主將已畢情形向押船人言明並該船所
載之貨詳細開單呈關由關將江照總單等件交船主收
執方可赴領事官請牌下江

第四款

一凡有洋商買僱內地船隻裝貨出口者須由該國領事
官咨會本關發給內地船照方准該商請領驗單完納稅
餉下貨其進口之船須由該國領事官將船照咨送本關
查收方准領驗單完稅起貨至所呈之保單如係向在中

華設洋行之人准其自行呈具保單如非向設洋行之人
則同妥商二人聯名呈具保單　本關每日自十點鐘開
關至四點鐘閉關禮拜日並給假日期停止辦公凡請各
項單照以及呈具保單須稟本關稅務司查閱

以上江漢關章程

第一款

一凡洋商之船隻只准在大江九江城西門之西蔰開河
之東停泊起下貨物各該船在口內之時由關派人看守
夜間隨時將其艙封固除官輪之外不准起下貨物　一
凡撥艇須在關上稟報立號用英漢文將第幾號寫明其船

頭尾方准撥貨　一凡商船起貨下貨均須日間不得在
日出以前日落以後禮拜日給假日均不准行其內江輪
船若請有准單則夜間准其起貨下貨凡有商人未請有
准單私行起貨下貨由關查出則將該貨入官　一凡商
人領照下貨因船已滿載復行退回者須將該貨俟本關
查驗後方准起回上棧　一凡商船到九江須俟起貨完
竣看艙之後方准下貨不得一面起貨一面下貨以致混
淆內江輪船不在此例

第二款

一凡大洋船以及划艇等項船隻執有鎮江護照抵九江

者須由船主將護照呈交該國領事官查收並將艙口單
呈關查驗俟由領事官照條約之例報關方准開艙並應
由各貨主將其貨用英漢文開具清單內註明貨色件數觔兩長短價值各等情
形呈關請領起貨准單方准將該貨下撥艇運至本關碼
頭由關派委驗貨飭令該商赴銀號照數納稅取號收繳
關請領准單則准將撥艇之貨登岸入棧該貨若有別口
已完稅之實據應由該貨主在請准單時將完稅憑據一
併呈關　一凡各商下貨在下船之先須將該貨運至本
關碼頭並將該貨用英漢文開具清單內註明貨色件數觔兩長短價值各等情
形呈關由關給驗單該商收執赴銀號照數納稅取號收

繳關請領下貨准單方准赴船下貨　一起下貨物已畢稅鈔完清應由該船主將所下之貨詳細開單呈關請領紅單由關封艙派役押送方准領回護照開船

第三款

一凡有江照之輪船抵九江者該船或由領事官報關或自行持江照艙口單總單等件呈關均可由關發給准單方准起貨惟夜間所起之貨須先赴本關碼頭驗明方准登岸入棧如帶有總單未註明之貨即將該貨照數入官

一凡有輪船在九江裝載土貨該商須一併完納出口正稅及復進口半稅下輪船之茶油紙張蔴四項或在碼

頭候驗或由洋商稟報請關派委前赴就近棧房在彼查驗均可但棧房內所驗之貨須完稅後方准撥貨其餘土產雜貨各項須由該商裝在撥艇或赴本關碼頭或在該輪船碼頭候驗後由關將撥艇艙封固凡有請驗出口貨物者須將其貨色件數用英漢文開具清單內註明貨色件數觔兩長短價值並前往各處口岸各等情形呈關由關發給驗單該商收執赴銀號照數完納兩款稅務取號收繳關方發給下某船准單　一輪船起下貨物已畢應由船主將已畢情形向押船人言明並將該船所載之貨詳細開單呈關由關將江照總單等件交船主收執方可赴領事官請牌出口

第四款

一凡有洋商買僱內地船隻裝貨出口者須由該國領事官咨會本關發給內地船照方准該商請領驗單完納稅項下貨其進口之船者須由該國領事官將船照咨送本關查收方准請領驗單完稅起貨至所呈之保單如係向在中華設洋行之人准其自行呈具保單如非向設洋行之人則同安商二人聯名呈具保單　本關每日自十點鐘開關至四點鐘閉關禮拜日並給假日期停止辦公凡請各項單照以及呈具保單須稟本關稅務司查閱

以上九江關章程

第一款

一凡洋商之船隻只准在本關掛號船左右就近停泊起下貨物　一凡撥艇須在關上稟報立號方准撥貨均須用英漢文將第幾號寫明其船頭尾　一凡商船起貨下貨均須日間不得在日出以前日落以後禮拜日給假日均不准行其內江輪船在半夜之先抵鎮江者若請有准單方准夜間起下貨物凡有商人未領有准單私行起下貨物由關查出則將該貨入官　一凡商人領照下貨因船已滿載復行退回者須將該貨候本關查驗後方准起回上棧　一凡商船到鎮江須候起貨完竣看艙之後方准

下貨不得一面起貨一面下貨以致混淆（內江輪船不在此例）

第二欵

一凡有大洋船划艇釣船以及未領有江照之輪船抵鎭江者須由該國領事官照條約之例報關並由船主將艙口單呈關查驗方准開艙開艙後應由各貨主將其貨用漢英文開具清單（內註明貨色件數觔兩長短價值各等情形）呈關請領起貨准單方准將該貨下入撥艇由關派委驗貨飭令該商赴銀號照數納稅取號收繳關請領起貨准單則准將該撥艇之貨登岸入棧該船若有別口已完稅之實據應由該貨主在請准單時將完稅憑據一併呈關　一凡各商下貨

在下船之先須將該貨運至本關並將該貨用漢英文開具清單（內註明貨色件數觔兩長短價值各等情形）呈關由關給驗單該商收執赴銀號照數納稅取號收繳關請領下貨准單方准赴船下貨　一起下貨物已畢稅鈔完清應由該船主將所下之貨詳細開單呈關該船係自外海進口仍出外海者由關發給紅單方准領回船牌出海係自外海進口而上江者由領事官行文來關由關發給鎭江護照並將該船艙封固方准上江又自漢口九江回至鎭江者須將所載之貨詳細開單呈關並將漢口九江所發之紅單以及鎭江所給之護照一併繳關俟由關另給紅單一紙方准領回船牌出海

第三欵

一凡有江照之輪船抵鎭江者毋論上江下江均須將江照呈關查驗由船主將江照艙口單總單等件呈關方准起貨如帶有總單未註明之貨即將該貨照數入官　一凡有輪船在鎭江裝載土貨該商須一併完納出口正稅及復進口半稅凡有請驗出口貨物者須將其貨物件數用漢英文開具清單（內註明貨色件數觔兩長短價值並前往何處口岸各等情形）呈關由關發給驗單該商收執赴銀號照數完納兩項稅餉取號收呈關方發給下貨准單　一凡有江照之輪船抵鎭江

如無起下貨物者由船主將江照呈關查驗方准放行凡有起貨下貨之船者俟其起下貨物已畢應由船主將已畢情形向押船洋人言明將該船所載之貨詳細開單由關將江照總單等件交船主收執方可赴領事官請牌開行

第四欵

一凡有洋商買僱內地船隻裝貨出口者須由該國領事官咨會本關發給內地船照方准該商請領驗單完納稅務下貨其進口之船者須由該國領事官將船照咨送本關查收方准請領驗單完稅起貨至所呈之保單如係向

在中華設洋行之人准其自行呈具保單如非向設洋行之人則同妥商二人聯名呈具保單　本關每日自十點鐘開關至四點鐘閉關禮拜日並給假日停止辦公其有江照之輪船並無在鎮江起下貨物則無論何日何時到關但在日出以後半夜以先均可將江照呈關查驗放行凡請各項單照以及呈具保單者須稟本關稅務司查閱

以上鎮江關章程

牛莊設關

盛京將軍等　奏再查没溝營准令通商上年開辦之初經前監督福端會督旗民地方官及委員等與英領事密

廸樂公同商酌因没溝營下街尾之東弓灣地方河面寬濶離街稍遠當議令於該處設立碼頭作爲洋船停泊之所其各國衙署行棧亦即議於東弓灣河口南岸相地建造期於内外商民兩無妨礙當經會同奏報並聲明添設卡房剔釐稅弊一切章程相機辦理茲查上年所建海關係於户關之西搭蓋洋船進口稽查偷漏固已周匝但今届開河後各國洋船多在東弓灣停泊相距海關往返計程不下十餘里每於委員上船查驗以及洋商報稅赴關請領稅單來往奔馳均形不便且海關與洋行相隔既遠委員丁役耳目難周更難保無内地奸商勾串洋人藉端影射偷漏走私亟應嚴爲防範臣等悉心妥籌擬再於東弓灣洋行附近添設分卡一處即令海關委員常川駐卡於洋商報船完稅近在咫尺較前亦覺省便至其出口時仍令海關查驗放行如此互相稽查庶於稅務有裨再此項所需經費及委員書役本年應領薪水及心紅紙張巡船丁役工食等項應仍遵照上年奏准成案酌撥動用一俟事竣另行造冊送部核銷謹併附片陳明伏乞

聖鑒訓示謹

奏同治元年六月二十三日

附錄牛莊委員稟

牛莊委員稟查牛莊三四月間所到商船因未設立新關是以征稅緝私毫無稽核現經向福權使確商即於舊稅局添設新關暫行搭蓋七間豎立旗杆懸掛漢字英字新海關扁額各國商船進口定界停泊以便稽查於四月二十七日開工至六月十五日完竣惟此處河面江浙沙船林立日久恐滋事端職等隨同山海關監督會同牛莊地方官與英國領事復勘定没溝營下街尾之東四五里許地名東弓灣一帶口岸地面空曠另設碼頭並建造英國領事官衙署併由本地商民建造房屋作爲各國行棧每年議定由領事出租銀四百兩將來十月内房屋蓋成

即於此處河面作爲洋船停泊之所又在舊關之西南約計四十餘里海河口門淺沙之處作爲進船界限安設浮椿其河之口內沙淺各處已議定由領事會同地方官酌視設立浮椿以資導引仍於河中設立標記其河內之北作洋船行駛之路劃清界限俾華洋商船來往兩無妨礙其塔表望樓已與該領事官商定暫緩建造以節經費其新設地基之處係由没溝營下街尾三義廟之東東弓灣沿河南岸金家窨起至青堆子小廟子止丈量得西頭南北寬深五十二丈東西橫長三百十四丈四至埋椿標寫交界此內僅有磚瓦窨一座零星民房四處廢棄土礮臺

六處既未租佔正街且與市闠稍遠實與民居華商洋商各無妨礙可期相安並與該領事當面公平議定此房係蓋成後即約計十月初一日交房每年所議租價銀届六月之內交租一次又在三義廟之東租得空地一區以備自起圍牆言明每年租價銀十兩立劵存照又在青堆子潮溝迤北河之東岸勘定地基一區量得長寬十丈欲作英人壙地現在議價尚未定妥合將大概情形先行稟請察核示遵

隨結報明罰款銀兩（併見戶類稅務罰例）

總理衙門咨查洋商罰款及船貨入官皆應歸中國收辦各關口自應按結報明即使各洋商遵照條約並無罰項亦應隨結聲叙方爲明晰乃查各口所報征收稅數並未將罰款分別開載亦未將各洋商有無罰項按結報明本衙門於此項銀兩雖不必提解京師而稽查不可無據相應咨行自上年開辦以來所收罰款逐一查明咨覆本衙門並飭各關口嗣後有無罰款務令隨結聲明毋得仍前遺漏是爲至要同治元年十二月二十二日咨各省

洋關外國巡丁巡船應給牌照

粵海關咨案照各洋關所用外國巡丁應給牌照前經飭據江海關查明該關向辦章程轉行照辦嗣准總理衙門

咨開此項牌照酌照上海道所定辦法洵屬簡明周妥應准照辦並據赫總稅務司申稱議及外海地面不歸地方官管轄各口船隻公共往來處所此等口外處所較之口內關係更爲緊要緣口內由地方官管理口外即大海不歸地方係屬各國通衢在彼來往辦公之船應有各國共信之據各海關所發之照在口外即如廢紙須由總理衙門發給牌照等語當因外海內江地面凡屬中華者各有分省分界管轄之處其海外公共往來地面巡查緝私事所罕有間有各省僱用輪船及各營艇船巡洋捕盜非事爲查外國船而設亦應有旗號牌照爲憑又經悉心核擬

所有各關口內已設巡丁牌照應仍照江海關向章辦理
其有江海口外巡私及來往辦公之船所需牌照應否分
別辦理議將各關巡船在口外者由該處管關監督查照
轉請該管通商大臣核發至僱用輪船與外海水師各項
艇船巡洋捕盜及來往辦公者由該管文武衙門查明轉
請該督撫核發牌照以便稽查而杜冒混咨覆察奪去後
於同治五年正月二十四日承准總理衙門咨開口內巡
丁牌照均照上海章程辦理口外巡船其隸在各關者由
各該監督詳請通商大臣核發牌照其隸在各省者由各
該地方官詳請督撫核發牌照所議甚屬詳晰應如所議

辦理希即劄飭各關暨轉行各省一體照辦同治五年三
月二十八日咨沿海各省
江海各關增加經費銀兩
總理衙門　奏為各海關稅餉遞增原定經費不敷辦公
謹將酌加銀數請
旨准給遵行仰祈
聖鑒事查本年八月間據總稅務司赫德申稱同治二年間奉
到臣衙門劄文各關經費每年以七十萬二百兩為度嗣
後稍加因領至七十四萬八千二百兩唯當同治元年時
各關征收稅餉合計不過六百六十三萬兩至十三年則

增至一千一百四十九萬兩稅餉日見增加則各口所需
之人不能不逐漸加增統核各關經費所出之數已逾經
費所入之數入不敷出仍請照前稅餉至一千萬兩即可
增加經費之議准給經費一百二十萬兩等因臣等查從
前總稅司李泰國請給各關經費臣等以關口之大小稅
務之繁簡擬定經費之多寡計給各海關每年經費七十
萬二百兩於同治二年五月間附片陳明奉
旨允准在案四年冬間總稅務司赫德因牛莊關常洋兩稅較
旺申請於該關按月坐支銀一千五百兩以資緝私六年
三月間復據該總稅務司申稱山海東海臺灣淡水四關

應月增經費二千五百兩藉以巡緝偷漏各等因均經臣
衙門先後具奏奉
旨允准各在案現據總稅務司赫德申請添加各關經費臣等
查同治二年間奏定經費七十萬二百兩其時一年所收
之稅不過六百數十萬兩查同治十年至十三年每年各
關均收至一千一百萬兩有餘經費自應議加該總稅務
司申稱各關經費入不敷出亦係實在情形且同治六年
間該總稅務司會請加添經費臣等告以所收稅餉能否
暢旺尚未可知如果將來收至一千萬兩以外確有成效
屆時再議加增等語當於是年三月間附片內聲明唯現

在稅餉已逾千萬該總稅務司遽請添至一百二十萬兩之多臣等公同商酌於舊有經費七十四萬八千二百兩外增添三十五萬兩並與議定嗣後約以七十萬兩爲收稅一千萬兩之經費將來關稅非過一千五百萬兩不得再爲請益所有議加之經費三十五萬兩並前有之七十四萬八千二百兩統共各關經費每年一百九萬八千二百兩自本年十二月初五日第六十二結起查照發給如

蒙

允准由臣衙門分別咨劄戶部南北洋大臣暨總稅務司各關監督遵照辦理所有臣等酌加各海關經費銀數緣由

理合恭摺具奏伏乞

聖鑒光緒元年十一月初八日奉

旨依議欽此

計開各關增加經費清單

江海關年終稅數三百二十五萬兩現在每月經費一萬五千兩應請每月給二萬兩計每年二十四萬兩

閩海關年終稅數一百八十八萬兩現在每月經費六千兩應請每月給一萬一千五百兩計每年一十三萬八千兩

江漢關年終稅數一百四十五萬兩現在每月經費五千兩應請每月給一萬兩計每年一十二萬兩

粵海關年終稅數九十一萬兩現在每月經費銀一萬兩應請每月仍給一萬兩計每年十二萬兩

浙海關年終稅數七十六萬兩現在每月經費二千六百兩應請每月給六千兩計每年七萬二千兩

九江關年終稅數六十七萬兩現在每月經費四千兩應請每月給六千兩計每年七萬二千兩

廈門關年終稅數五十八萬兩現在每月經費四千兩應請每月給六千兩計每年七萬二千兩

潮海關年終稅數六十六萬兩現在每月經費二千六百

兩應請每月給六千兩計每年七萬二千兩

津海關年終稅數三十七萬兩現在每月經費二千五百五十兩應請每月給三千兩計每年三萬六千兩

東海關年終稅數三十一萬兩現在每月經費三千兩應請每月仍給三千兩計每年三萬六千兩

山海關年終稅數一十九萬兩現在每月經費二千兩應請每月給三千兩計每年三萬六千兩

鎮江關年終稅數一十五萬兩現在每月經費二千六百兩應請每月給三千兩計每年三萬六千兩

臺灣關年終稅數一十三萬兩現在每月經費一千五百

兩應請每月給二千兩計每年二萬四千兩
淡水關年終稅數一十二萬兩現在每月經費一千五百兩應請每月給二千兩計每年二萬四千兩
以上十四關共准給經費銀一百零九萬八千兩由總理衙門咨行各省飭飭各關自本年十二月初五日即第六十二結起按月查照發給辦理在案

新開瓊州等五關核定經費

總理衙門咨光緒三年二月初四日據總稅務司申稱新開通商口岸五處派委稅務司等經費甚鉅內領十四關經費之數不敷開銷請於瓊海關每月給經費銀二千五

百兩北海關每月給經費銀二千五百兩溫州關每月給經費銀四千兩蕪湖關每月給經費銀三千兩宜昌關每月給經費銀五千兩以資辦公從本年二月十八日起按月發交等因查江海粵海潮州浙海津海閩海六關開辦之時自第一結至第四結共征正半稅銀五百七萬兩零是年共用經費銀二十八萬兩零第五結至第八結添開長江三口及廈門海關共征正半稅銀七百二十五萬兩零是年共用經費銀四十四萬兩零光緒元年十月間本衙門奏請酌加各關經費摺內聲明議定嗣後約以七十萬兩爲收稅一千萬兩之經費等因咨行在案今新開瓊州等五關自應視收稅之盈絀以定經費之多寡庶與成案相符本衙門業經劄行總稅務司轉飭瓊州等五關稅務司等務須實力征收稅課所需各項照案以每年收稅百萬支給經費七萬之數先爲試辦即自本年二月十八日爲始一律支給俟一年後再憑各關收稅數目酌定經費以昭平允至舊開之十四關前因收稅暢旺是以酌增經費如或嗣後收稅漸少所需經費亦應酌量刪減以歸核實相應咨行光緒三年二月二十五日咨北洋南洋

關役每屆七年賞給一年薪俸

總理衙門咨光緒二年四月二十三日准赫總稅務司申

稱各口岸辦事人員擬改每歷七年賞給一年薪俸等因前來查所稱各情雖比初定章程較豐而各員効力多年得此可以多沾利益嗣後各口稅務司等遇有每歷七年者即由該總稅務司按照此次所擬辦理除劄覆赫總稅務司外相應鈔錄原呈咨行轉飭各關道查照光緒二年四月咨北洋南洋

附錄赫總稅務司申呈

爲申呈事竊於同治三年七月十二日呈稱現在十四處口岸均設有稅務司並幫辦人員及稽查偷漏等事扦手等計共各關人數甚多非立定章程俾知遵守無以昭畫

一擬章程二十六條請核已於同治三年七月十九日奉到貴衙門劄復內開所定章程均屬周妥由本衙門酌改數處並增添一條作爲第一條共成二十七條另錄劄知卽照等因當經總稅務司歷年遵照辦理在案現查章程第二十五條內載若歷過五年自行因病回國併非因事撤退者給予半年薪俸歷過十年者賞給一年二十年者賞給二年亦均由議定各關稅務司經費項下支給等語查各關歷過五年與歷過十年而回國者其人甚少大率皆思待二十年後始行回國而總稅務司則不得不各備以二年薪俸預存於銀號之中日積月累所存漸成鉅款

閱時既久銀號倘有不虞有大爲不便之處因是之故則前所定章自宜略有更改爲妥總稅務司現擬於各在事者每歷七年卽賞給一年之薪俸一次如此在各員雖於應得者稍有多寡之差而較之初定之章程於經費既無甚出入並於各員既得賞銀在先亦可自行籌維利益多沾且於積存鉅款日久銀號閉業之虞可稍釋矣以故擬請貴衙門准將初訂舊章內所開之字樣改爲凡在關每歷七年者准由總稅務司酌給一年之薪俸一次作爲日後養餘年之費並准由總稅務司按照各員在關辦事是否勝任之處酌量給留以示獎勵而昭勸懲至其銀兩亦均由議定各關經費項下支給等語爲要所擬此章倘係大略先行如此辦理至其詳細一俟行定後自當由總稅務司隨時申陳一是所有先擬更訂賞給各關人等薪俸之處可否宜行合卽備文申請裁奪迅爲示復

核定各關放假日期

總理衙門爲咨行事光緒三年十二月初九日據赫總稅司申呈以各關放假日期請通飭各口以歸畫一等情前來除由本衙門劄復外相應鈔錄赫總稅司原呈咨行轉飭照辦光緒三年十二月咨北洋南洋

附錄赫總稅務司申呈

爲申呈事竊查各關章程除禮拜暨年節等日應行放假外每日係自早十點鐘起至午後四點鐘止在關辦公而各船裝卸係自日出至日入爲限如欲於夜中暨禮拜年節應行放假之日上下貨物亦可惟須特請專單遵繳專單費各口歷經照辦在案查所謂禮拜之日人所共知並無異詞惟於所謂年節卽應行放假日期各關辦法不一以致藉生口舌因思外國商民船隻既係遠涉重洋前來貿易未便就延其事則雖放假之日不應從繁多定然中國所遵奉之日亦不可忽略不論查外國除禮拜之日外則以正月初一日並三四月間新月後之禮拜五暨十二

月二十五日共三日爲應行放假之期而中國以正月初一二三五月初五日八月十五日暨
皇上萬壽均應放假新關向守此規如貴衙門視爲妥善應請咨行通飭各口即將以上日期作爲新關放假之日此外不得放假以歸畫一是否可行應請酌核示遵

各關拿獲走漏貨物充公應分別辦理（併見戶類稅務罰例）

總理衙門咨同治十三年六月十六日據總稅務司申稱各關罰辦充公銀兩除賞線人及賞獲私之人外提三成歸該關監督三成歸總理衙門其四成則由各該稅司繳歸總稅務司處辦公歷經遵辦在案惟查各關拿獲走漏

各案雖同出於緝私而情節各異其間有未能一律辦理者自不能無所區別之處竊維凡私貨應以三項分之一平時出進各口按稅則納稅之貨物此係官民通用者易於變價即可賣於衆人一係善後條約第五條內開奉有特准之明文不准進口之硝磺白鉛等物並第三款內開之內地食鹽此非商民所徑行敢買之件止准賣與奉明文之官商一係善後條約第三款所開軍器等類之違禁貨物此更非商民買賣之物可比必須官爲之買方准進口若附近地方官無銷售處即轉行飭送香港地方變價緣此銀兩爲獎賞急需必須趕緊變賣始於後來之公事有益此外另有一種器械半係淫褻畫圖在內者此種物固中外例禁之件凡拿獲此等物件須先將原件提出送至總稅務司處查明如實係淫褻不堪之物風化攸關自應焚燬爲是如僅止玩物並無淫褻之處亦須候罰飭行擲還原商如此分別辦理似爲允當現經總稅務司通行轉飭各口稅務司一體照辦以符定章而歸畫一等因申請查照前來相應據文咨行轉飭各關監督一律查照同治十三年七月咨北南洋（按律關搜獲違禁軍器係稟明送交軍械所併先行估價提賞已列違禁貨物門應行參仿又按此條及前隨結報明罰款銀兩係已見戶類稅務罰例例只列目不具全文茲以關政事條仍詳錄之）

通商約章類纂卷三十三

通商約章類纂卷三十四目錄　附錄四

通商約章類纂卷三十四　附錄四

江海各關船政

章程

津海關停泊輪船章程

第一款

凡輪船進口行至英國租界之南邊沿河若有空閒碼頭可以任便停泊

第二款

凡輪船若因先停泊之碼頭不甚合式俟日後別船出口所空出之碼頭亦准由此移彼倘非止一船須儘先到之輪船移泊後到之輪船亦按次序移泊

第三款

凡輪船欲移泊出口輪船所空出之碼頭必須於別輪船未出口之先兩點鐘向理船廳稟明若不照章稟明則無論所到先後須儘先已稟明之輪船移泊

第四款

凡輪船在河邊停泊之交界係從頂上邊之碼頭起至寶順洋行對面之碼頭止若因無法在他處停泊作爲暫且通融

第五款

凡此章程係專爲輪船情愿靠河邊碼頭停泊而設

第六款

日後有輪船進口由理船廳赴該船告知某處空碼頭可以停泊同治十一年二月二十八日

附錄停泊夾板船章程

第一款

凡夾板船在沿河停泊其船頭須向上邊

第二款

凡下錨越往河西邊越好

第三款

凡下錨之處水面須設一浮樁

第四款

凡船頭向外挂蓬之桅木須撤進來其桅下層之大橫木須斜下來其上層之小橫木須直過來同治十二年二月十九日

牛莊口停泊輪船章程

第一款

凡洋船進口灣泊之所西以關帝閣南岸至北岸橫截爲界東以外國地段爲界

第二款

凡洋船進口停泊之所聽理船廳指示某處下碇或船主與商人欲尋别所如無别故亦可聽便如洋船進口自行停泊未經理船廳指示之處該船主所遞各項單照一概不收以及海關一切進出口單照亦不發給必俟理船廳稟明海關再行給發

第三款

凡洋船進口停泊之法由理船廳指示如有不遵者卽行罰辦

第四款

凡洋船進口已經停泊因所泊之處不甚方便欲改停他

所者必須理船廳給有許單方可改泊如無許單字據妄行改泊者亦行議罰

第五款

凡洋船進口如帶有火藥爆竹等物務離關帝閣以外一洋里灣泊日出至日落時船之中桅挂起缺角紅色旗號俟將火藥等起卸後不用挂旗亦可移船停泊如有不遵此辦理亦應罰辦

第六款

凡洋船進口內有傳染瘟疫者亦當離關帝閣以外一洋里灣泊日出至日落船之中桅挂起黄色旗號該船人等

得有理船廳與醫生斟酌准許下船之單據方可下船如有不遵此辦理者亦行議罰

第七款

凡洋船起卸壓載不准雇用無海關執照議定價值之剝船如有不遵者即行議罰

第八款

凡洋船出口未遞出口艙口單於二十四點鐘以先將藍邊白心方旗一面挂在頭桅如不遵此辦理亦即議罰同治十三年十一月二十四日

附錄起卸壓載章程

第一款

凡艙泥只准領有牌照之船起卸其所討之費係照定章收取

第二款

凡所有起卸壓載之剝船牌照係由海關稅務司給發

第三款

凡起卸壓載俱歸理船廳或其副手經管凡請此項准單者由其給發

第四款

凡撥卸艙泥須在長潮四分之一界上東以大橋濠溝爲界西以泊船限內爲界且須遵照理船廳或其副手給單指示之處

第五款

凡卸艙泥必用改造合式之剝船不得如前亂用別船

第六款

凡所定起卸壓載價值列後　卸沙石每噸洋錢二角　卸碎爛瓦礫每噸洋錢二角五　卸泥土每噸三角　卸石塊每噸二角　卸石塊如係出賣者每噸三角

第七款

凡倘有船主未能將壓載石塊賣出其石可將來交付起

卸壓載之人俟有售主之時然後加給一角之費連正價共成三角

第八款

凡卸艙泥剝船必須在船尾兩旁用英字書明係領牌之船與其號數能載若干光緒元年十二月初五日

煙臺口停泊輪船章程

第一款

凡各國商船不准將壓載沙石拋棄停船口內如船主有心違章或從該船丟棄或使小船拋棄一經查出照例罰銀惟所罰之銀總不能逾二百兩

第二款
凡各國商船凡遇禮拜日不准給假與水手上岸船主違章罰銀五十兩若因違章而水手在岸鬧事以及毀壞房屋等事均著該船主賠償
第三款
凡各國商船停泊口內無事不許隨意放鎗如欲放鎗者必須預先稟明一俟奉准方許施放倘有商船並未奉准而放鎗者罰銀二十兩
第四款
凡各國商船在本口欲開行出口者必須前一日挂藍白

旗一面以便周知
第五款
凡無和約各國商船原准載貨來本口貿易惟該船必須遵守本口章程倘有違背不許該船來往

福州港停泊輪船章程

第一款
本口界限在定閩港一帶自金牌至萬壽橋暨江南橋止
第二款
泊船之處名曰羅星塔港係在港內一直羅星塔東南向至對面港石上所畫四方白跡內有烏字　並馬尾西向一直至對面港止凡此界內各項洋船除汕頭福州不計外必須泊此起下貨物
第三款
凡有船隻進至福州港者可在萬壽江南二橋起至番船浦義和行碼頭止起下貨物
第四款
凡有常來火船並戰船進港另有停泊處所可以前進拋椗毋庸停歇
第五款
凡所有帆船進港者皆在港下界外停歇守候理船廳抑

或副廳前來指示泊所或另有火輪非上款所載者若見內港引水前來須在港下界外停止以便該引水登舟引帶若引水抑理船廳所派之人尚未登舟則本船內之引水須將該船帶進停泊穩當之處
第六款
凡船主應聽從理船廳或副廳所指之位而泊如未先請理船廳之示不得擅移他處停泊倘理船廳意要指令他移皆應聽從
第七款
凡停泊船隻或有船主及代辦行商抑出海者指請欲泊

處所須由理船廳酌准施行

第八款

凡拋從船隻每邊椗鍊須有一百八十幅地緊牽如若不敷應聽理船廳指示該椗鍊不准打結必須拉直

第九款

凡所有在港拋椗各船徹夜須於右邊前桅橫梁之上點起明亮之燈

第十款

凡所有各船在港拋椗若理船廳指將頭膝併後帆借水以及上下帆船收緊須當聽從

第十一款

凡在港船隻不准在船內熬煮松香油以及別種容易引火之物

第十二款

凡所有壓載石塊沉重之物以及煤灰碎炭不准拋棄港中須聽從理船廳所准岸上之處方可盤卸其所雇之駁船只許掛號入冊之船方可搬駁另用帆布張在船旁以免漏落港內

第十三款

凡無論何項壓載之物自金牌並一帶港汊之內如未奉地方官由領事特准起卸皆不得妄行拋棄閤港

第十四款

凡所有稟請移泊以及駛入船廠暨雇倩引水須將請單交理船廳收辦其應給出入引水引費亦當交理船廳收領

第十五款

凡以上各款章程概由本口各領事商准而行倘有違章者不拘所犯何款卽應罰銀但所罰不得過一百元之數若違章之人係有約之國須由該管之領事官辦理若係無約之國則由海關監督辦理可也同治十一年八月二

十九日

附錄滬尾雞籠二口章程

第一款

一船隻進口指定停泊　凡船隻進口須候理船廳指與停泊處所後該船主卽往下錨

第二款

一船隻進口如何下錨　凡船隻停泊之處宜聽理船廳指示該船所下兩錨須放鐵鍊十八丈至二十四丈如理船廳別令其多放亦從酌定

第三款

一船隻進口如何收放帆杆　凡船隻進口應否將船頭弼標船尾壓下帆杆收入船內並第一二纜帆杆放斜之處須聽理船廳隨時指示

第四款

一起撥壓載　凡船隻所有壓載沙石不准拋卸港內至起撥壓載之時該船艙門口應釘布篷以便沙石順入小船

第五款

一松香油酒如何焚燒取拿　凡船隻需用松香等物不准在船上焚燒並油酒均須白日入艙取便不得於夜裏點火取拿

第六款

一船上防火　凡船隻如無水龍於停泊之先須按水手數目各備水桶一個上便繩索以防隨時應用

第七款

一天色改變多備鐵鍊　凡船隻在港內如見天色將變船上務須多備鐵鍊以便加錨放用但放鍊之口左右不得擱置雜物俾免臨時阻塞

第八款

一船上放繩索不准縛挂塔表浮樁並顧守法　凡船隻進口不准將三板及船上繩索放縛本口所設塔表浮樁之上若該船偶遇別故取便須放繩索者白日則應派水手守顧倘有別船經過務將繩索讓開使無妨礙至夜裏卽行收回其船尾如放三板勿得離船太遠致阻他船來往

第九款

一船上懸燈　凡船隻進口夜裏懸燈應聽理船廳指示其所挂之燈須在頭桅第一纜帆杆右邊

第十款

一船隻港內放鎗砲　凡船隻在港內停泊不准放鎗砲

第十一款

一船隻違章辦法　以上各章程如有船隻違背不遵應

歸本國領事官究罰但所罰之數總在一百元之內如無和約之國船隻卽由海關監督查辦

第十二款

一酌定分章　本口是否應定分章均聽理船廳隨時酌量但有新定分章當於關上挂示以便周知

第十三款

一本口章程與別國之例無涉　以上各條與泰西各國所定江海行船之章程無涉此外來往船隻仍須遵照本國法律

臺灣關打狗口停泊輪船章程

第一款
凡船進口應在理船廳所指之處停泊並即刻將前後兩頭泊定俾不致旋轉
第二款
凡船進口後其前後帆槓並桅上第一層第二層之方帆槓宜聽理船廳指示分別扯退豎側以免掔礙別船
第三款
凡船內壓載之土石沙泥廢物一切不准拋卸在水其盤卸時應於被邊門口之下釘一漆布斜垂剩船艙堵以免沙石有少漏落水之礙

第四款
凡黑松香及引火料物各件不准在口內灣泊船上燃燒
第五款
凡船內未備有水龍者其船中人等應各備吊桶一個配以繩索
第六款
凡船後所繫之小杉板划艇其繩子不得過長有礙船隻來往並應於船上常川照顧操縱繩纜一切以便他船經過不致碰礙
第七款
凡船上施放鎗砲等件凡在口內一概嚴禁
第八款
凡船出口時移至眾所必由之道遇事少停應暫退泊邊向不得攔阻中途有礙他船進口
第九款
凡理船廳察看本口情形果尚有增補盡善之處亦可自行更立分章惟須先行繕掛關署俾眾咸知即行照辦
第十款
凡各項船隻果照萬國江海章程所准所禁之例而行則此次定章概不干涉

第十一款
凡違背此次章程者由其國領事官議罰洋銀一百元如未設有領事官駐口則由海關監督議罰同治三年六月二十九日立定

廈門口停泊輪船章程

茲將理船廳約與駐紮廈門各國領事官準情酌理妥擬章程開列　凡各國商船進口理船廳應將章程一分給船主存閱俟該船請領紅單出口時該船主仍將章程繳還理船廳
第一款

凡商船進口駛至內口界限上下俟理船廳指示停泊處所下錨兩口不得躭延

第二款

凡商船停泊之處宜聽理船廳指示處所未經奉有特發准單不得擅行移離其錨椗兩鍊須用長至十八丈以外及二十二丈以內或仍需加長亦聽理船廳隨時指示

第三款

凡各商船頭尾橫桅並各直桅上第一二橫槓均聽理船廳隨時指使抽放斜直

第四款

凡商船壓沙不得任意倒擲停泊界內

第五款

凡商船在停泊界內不准船上煎熬吧嘛等色油料並如有引火油水各物倘欲分裝另罐必須於白日裝作不得手持油燭火捻照看

第六款

凡商船如載火藥及別樣引火之物應於內口外界相距三里停泊

第七款

凡商船倘無吸水機器必須多設太平桶在桅樑拴長繩一條以備提取

第八款

凡商船在口內停泊潮汐漲落錨椗鐵鍊務須律順不得紐絞並在船面寬備錨鍊數丈以防急用

第九款

凡外國舢板中國小艇不得用繩索拴拉本口界內塔表浮樁以上停泊及夜間不准用繩索由此船至彼船牽連如在白日因事牽扯務須有人瞭望倘有大小船隻經過隨時抽放及大船後拴牽小艇其繩不得過長以阻往來

第十款

凡各商船口內停泊於日落後至日出時在船頭直桅上第一橫槓右面最長梢尾懸挂明亮燈籠

第十一款

凡商船向不准在口內點放火砲如未經奉特發准單擅行點放者照例懲辦

第十二款

凡理船廳可體察本口各情形隨時妥擬增續分章須於本關前先行曉示方得按照行用

第十三款

凡本口現定此章其有未能周盡者於四海各國所立商

船往來之統章無礙
第十四款
凡商船如有不遵理船廳指示停泊處所擅行移動及違犯第一第二條章程者應照引水總章第十款第二條所載辦理則可由稅務司將該船開艙起貨下貨各准單並出口紅單暫停准發倘有船主人等違犯各條由領事官罰辦無領事官歸理船廳核辦惟所罰之數不得過洋銀一百元

汕頭口停泊輪船章程

茲將理船廳約與駐紮汕頭各國領事官準情酌理妥擬章程口內停泊洋船俾資遵守開列於左

第一款
凡商船進口駛至宮鞋石泊船界下俟理船廳指示停泊處所下錨未經奉有特發准單不得擅行移動
第二款
凡理船廳料理停泊事務宜酌體艄工經紀之便
第三款
凡商船俱應在指示處所停泊錨椗各鍊須用長十八丈以外及二十七丈以內或仍需加長聽理船廳隨時示知
第四款
凡各商船頭尾橫桅並各直桅上第一二橫槓均聽理船廳隨時指使抽放斜直
第五款
凡商船在口內停泊潮汐漲落錨椗鐵鍊務須律順不得紐絞並在船面寬備錨鍊數丈以防急用
第六款
凡商船在停泊界內不准船上煎熬吧嘛等色引火油料
第七款
凡夾板船口內停泊於日落後至日出時在船頭直桅上第一橫槓右最長梢頂懸挂明亮燈籠輪船須挂頭桅燈至界內浮樁亦應照明燈一盞均備觀望

第八款
凡由香港以上各口至福州常行往來之輪船進口時可直抵浮樁停泊兵船聽便近於角石停泊
第九款
凡商船壓沙及輪船煤灰渣並污朽等物均不得任意倒擲停泊界內
第十款
凡商船如載火藥及別樣引火之物應懸三角紅旗暫靠媽嶼俟理船廳指示處所
第十一款

凡商船欲行出口務要先期一日報明理船廳並將頭桅
頂上風篷扯起以便招喚引水
第十二款
凡商船向不准在口內點放火炮如未經奉特發准單擅
行點放者照例懲辦
以上各款俱係妥擬遵守如有船主人等違犯由領事官
罰辦無領事官者歸理船廳核辦惟所罰之數不得過洋
銀二百元

粵城停泊輪船章程

粵城泊船之界一由沙面西角直對至花地河口爲西界

或稱上界又由天字碼頭正南對至軍功廠爲東界或稱
下界在白鵝潭泊船之南界由鳳凰崗炮臺正西對至大
河之西岸爲止
一泊船之處共分七段　第一段大洋輪船停泊之界由沙面西角直對至花地河口起至下芳村園角對正北止　第二段戰船停泊之界由下芳村園角對正北起至河南魯班廟對正北止　第三段等候停泊之界由鳳凰崗炮臺正西對至大河之西岸起至河南洲頭躉對正西止　第四段香澳華船停泊之界由河南魯班廟對正北起至沙基東口對正南止　第五段香澳輪船停泊之界由沙基東口對正南起至金花廟對正北止　第六段擺船及客船停泊之界由金花廟對正北起至海珠炮臺直對南北河岸止　第七段中華式樣兵船及護
衞船停泊之界由海珠砲臺直對南北河岸起至天字碼頭正南對至軍功廠止

附錄省河停泊輪船定界咨會

總理衙門咨各口商船往來停泊輪船在廣東省城河南
中間窖河及沙面東口之東殊與舟行有礙本衙門業已
照會各國駐京公使行令一體禁止相應鈔錄照會咨行
同治六年九月初六日咨兩廣
總理衙門爲照會事案查粵海關收洋商之稅向係將洋
商船隻分爲兩項其一則係由省城赴香澳之輪船由彼
回省不赴他口不做他買賣此等船隻因係同日進出平
常來往無庸由領事官報關以免躭延其二則係由他口

所來各樣之船進口時須由領事官報關方准開艙臨時
出口須有海關之紅單方准出口其常往香澳之輪船向
係一直到省城在靖海門之西在省城河南之中停泊其
做他口之買賣者原係不准到省城只准在黃埔地方停
泊數年以來華客搭此船赴北方各口者不少是以始准
該船抵省城裝貨搭客即在沙面之南停泊與他船無礙
與搭客亦甚方便珠江下流在省城河面中間自西至東
約四五里之長其江面甚狹而其內停泊之華船有各省
之海船內地各渡船蛋船並來往之小船無數兩邊俱係
華棧香澳之輪船在此窖河來往已有二十年之久有今

午進口而下午出口者有下午進口而明午出口者旣在口內泊時不多所泊之地亦不大且聚在口者亦不過兩三船是以與各項華船並無妨礙進出均係由河南之東有別口所來之大船原停黃埔今由黃埔走河南之西赴省城在河南中間之窄江起卸貨物者倘准一船如此其餘似不能不准一體照行但此等船大所佔之地多而在口停泊亦須數日之久與華民各樣大小船隻甚爲有礙且於此等洋船無甚大益處卽應商定章程以防後患相應照會貴大臣轉飭廣州各領事官凡遇有洋船進口除常徵香澳買賣之輪船由河南之東抵省城仍准照舊在

海珠砲台之西沙面東口之東停泊並駐黃埔之船照舊停泊起卸外其餘由別口所來之船應由領事官報關者倘赴省城裝貨搭客於河南之西來往並須在沙面東河之西花地之東江面停泊均不准在沙面東口之東並省城河南中間之窄河來往停泊倘能照此辦理於洋商實屬無損而於民船不無小益相應照會同治六年九月日照會各國公使

上海口停泊輪船章程（此章係經在口各國領事官公同商定准行）

第一款

凡洋船停泊界限以東門外小河口起爲上段至英國兵船廠之中止爲下段

第二款

凡洋船進口駛至英國兵船廠之處理船廳之幫辦應須上船指引妥當之處停泊倘有船隻係用小輪船拖帶而入將到泊界下段理船廳所設辦公房屋之處該拖船應當暫行緩駛以便理船廳幫辦到船指引停泊

第三款

凡有常川來往船隻向經理船廳指有停泊之處者到口後可以往入泊界至該處停泊不必等候理船廳幫辦到船倘船內載有危險妨礙之物則應按照章程內第十一

十二十四等款辦理

第四款

凡泊界上段之內常應留空四船步位以備兵船到口停泊之用

第五款

凡船隻停泊之處須聽理船廳指示倘未奉有理船廳特發准單不得擅行移動

第六款

凡船隻泊定後欲由此處移往彼處須由該船主或頭等船夥或引水人前赴泊界上段新關署理船廳公所內通

報或赴下段內理船廳辦公房屋內通報亦可

第七款

凡船在口內停泊每逢日落以後日出以前須在頭桅第一層帆杠右邊懸挂白色明燈如無帆杠即於右邊繩索上懸挂

第八款

凡船旁外邊拴繫小船之橫木如係商船不准用可收可支活機之木惟兵船可用活機但自晝之間須將該木支出至夜晚時方始收回

第九款

凡船上所用錨鍊必須時常整理清爽惟至月滿及月初生時尤爲緊要亦不准牽用繩索由此船至彼船至於船隻後面若帶有小船其繫船繩索要短不能過長以期便於船隻來往

第十款

凡商船未領理船廳特准單據不准在泊界內開放大砲及小鎗

第十一款

凡商船進口載有裝火藥開花彈子數粒或火藥至一百磅灌藥鎗彈至萬粒必須在泊界三里路以外先行停泊頭桅上扯挂紅旗專候海關派人到船遵照指示之法辦理

第十二款

凡商船進口載有自能爆開各項物料無論多寡必須按照第十一款辦理

第十三款

凡船隻欲裝第十一十二兩款內各項物件出口須先開出泊界三里外停泊以便裝載俟裝齊後只准向外開駛

第十四款

凡商船進口載有各項能引火之油須在泊界第九段靠

浦東岸邊停泊等候起清

第十五款

凡船隻進口內有瘟病之事須在泊界三里外先行停泊頭桅上扯挂黃旗若未領有理船廳特准單據不准有人私行上下

第十六款

凡各船船主不得准船上之人將船內壓載重物及煤灰碎炭拋棄浦中

第十七款

凡商船停泊界內船上水手人等欲要登岸必須酌留數

人以敷起下錨鍊之用

第十八款

凡商船進口必須將船頭支出之桅收進及收進之後如非理船廳所准不得再行支出

第十九款

凡商船欲設浮樁未先報准理船廳查看錨鍊及地方是否妥當不准自行安設至准設之浮樁如係無船拴繫之時每夜晚間必設一燈於上

第二十款

凡有派定准設之浮樁皆歸理船廳管理倘日後經理船

廳查出該浮樁或於行船不便或有他故可由理船廳諭令該浮主移換地方如理船廳業已諭令移換而浮主不即遵行理船廳可以代爲辦理一切使費應由浮主認付

第二十一款

凡界內有船失火則在該船前後所泊之兩船應當鳴鐘報警並應照例扯掛有船被焚之旗如係夜間即將頭桅右邊所挂之燈扯上扯下再應飛報水巡捕理船廳及浦東挂旗望臺工部局等處知照

第二十二款

凡商船進口載有可以轟爆之物於十一十二兩款如不按照辦理理船廳必令該船回駛出至泊界三里外停泊如未回至界三里海關不准該船上下貨物亦不給發紅單所有商船如不按照第二第五第六等款不泊於理船廳所指之處海關亦是不准起下貨物不發紅單如後經理船廳報明該船業已照章辦理本關亦即照例准其所行至於船主如犯别款係由本國領事查辦

附錄吳淞口章程　此章係經在口各領事官公同商定准行

第一款

凡洋船至吳淞口其停泊之處係從口內小河口起至兵營傍白色房屋面前爲止

第二款

凡洋船進口要在吳淞停泊者行至吳淞口外浮樁之處須挂藍白色旗相報行至吳淞內小河口所有理船廳派駐吳淞指泊人可以上船指示停泊之處該船主或引水人應當設法使指泊人便於上船

第三款

凡洋船進吳淞後欲過口內之淺沙灘須望准南岸所設標杆三根而行所有三杆聯貫對直線內及線左右各三百幅地內之處均不准停泊船隻

第四款

凡理船廳派去之指泊人應於沙灘起至吳淞口留出妥便之路一條以便船隻往來如見有在此路中停泊者恐其有礙別船可以令其移泊

第五款

凡有指泊人已經令其移船而未遵行倘因此故碰壞別船或已船亦有損壞均惟該船主自行認理

第六款

凡洋船進吳淞口如未按照指泊人所指之處停泊不准在吳淞起貨下貨在各船如有要故須在吳淞口起下貨物者必先特請海關稅務司查核允行方可照辦

第七款

凡指泊人指令泊處後所有船內之事仍歸引水人或船主自行料理

第八款

凡有夾板船進口行至吳淞內小河口指泊人必須上船接收該船所繕沿途情形之報函如該船係用小輪船拖帶者該拖船應當緩行以便指泊人易於上船

以上各款如有船主違犯係由該本國領事查辦

通商約章類纂卷三十四

通商約章類纂卷三十五目錄　　附錄五

各國賽會

章程

各國賽會

章程

美國賽奇會章程

總理衙門咨准美國公使照會稱丙子年三月係本國定鼎開基百載之期特開賽奇公會希請咨行南北洋大臣曉諭工匠商民將土產奇珍製造精巧之物官爲經理運送本國並請派員赴賀惟希於甲戌正月十六日前將赴賀大臣銜名及陳物之地約用幾何詳細照知以便備辦並將章程十條記載一扣先爲附送此後尚有未盡章程

定妥再爲分送前來查前次奧國會在本國開設聚珍大會經本衙門咨行南北洋大臣飭屬曉諭並劄行總稅務司在案茲美國亦因設立賽奇公會照會前來核與奧國事同一律相應抄錄照會並章程十條記載一扣咨行轉飭辦理同治十二年十二月十一日咨北洋

附錄美國照會並章程十條

爲照會事照得丙子年三月係本國定鼎開基百載之期受萬福之庥傳祚久遠理宜共慶昇平同修紀瑞茲百姓爲願特開賽奇公會以昭本國人才技藝之增巧且詳佈海內萬國各篤兄弟之誼同敦和睦之好而耆老會將此

公會一切規式已於去歲佈達屬知本大臣茲奉旨爲本國開此公會已經在噴壢吔噴城採擇寬廣地址築修宏闊華麗堂宇希各國將窯農織工六藝各屬精巧器皿物件送往本國共相比賽庶見人才之敏妙而昭和好之固誠且令各國之民相爲交導不患言語之不通而一見其物之作法洞明於心不待言而直如教習焉使出奇者益加勉勵由此日有進益互以巧思省力之法共得利用雖以前有嫌疑之國至此漸爲消釋矣從此國與國相親民與民相近皆有富强之效其民焉有因嫉富嫌貧之心致生不睦之意哉此公會非爲一人實爲萬衆非爲一國實

爲萬國所以奧國會照各國之例開立此會時中國與日本皆派員往赴且中國與日本之民由此多得名譽照牌足見中外同慶天下一家傳揚各國共爲讚美今本國正屆丙子百載開國週期茲照會貴親王希即咨行南北洋大臣轉飭各屬曉諭工匠商民將天生妙品土產奇珍製造精巧之物博雅古董之類官爲經理運送本國亦酌免稅課況此公會作慶賀之舉諒貴親王必將此役應派委大臣赴賀之意婉轉具陳並經理各海口運物事宜意見和睦之邦如中國之與美國可謂胣摯矣惟希於甲戌正月半十六日前將赴賀大臣銜名及陳物之地約用幾何

詳細照知俾本國執掌公會大臣備辦妥協以便陳列中國奇貨俟照復本大臣具陳公會得書後便將公會堂牌圖式貨物門類一冊分送備查謹將現定章程十條記載一扣先爲附送此後倘有未盡章程定妥再爲分送理合照會十二月十一日

蓋自合衆由乾隆乙未年開國以來至光緒丙子年三月係百載週期正值開立賽奇公會之際特借此公會以作慶賀者非僅誌一時之盛典實有關係億兆之經營考自往古人尚文風政治國家尊崇士類而遂以工商農業爲末務歷年非不久遠究無利民之效近世風俗丕變爲政

者咸知以利於民用爲先故格物之學尙焉萬民日用之際自農具女工兵器以及百工技藝制作衣食服用之事物無不借力於機器而機器之法無不出金石水火化學算學之中精於藝術之極爲出類拔萃者然其技雖精其物雖巧若無比較以勸勉之究不能實有進益故於前二十年創此賽奇公會令天下萬國之民各出珍奇之物聚於一處相爲比賽有出奇者或顯揚其名或給照牌或給憑據其緊要本原之意全在使民身安心樂智增藝長之間其法最良其意最美故二十年來各國皆得暢行此會焉卽如前二十二年辛亥在英倫敦京城乙卯在法巴里京城壬戌仍在倫敦丁卯又在巴里三五年一輪至癸酉奧國亦遵照開立此會其始於法京時僅本國各省公會漸立各國公會其堂宇之地初不過六十畝漸增至三百畝而送物之民自一萬五千人漸增至三萬人遊覽者自六百萬人增至千數百萬人費銀自二百萬元或至他國則增至千萬元而辦奇大使或三百或六百所建堂宇始卽精巧後更靈妙故倫敦有水晶宮之目至法京丁卯開會時愈極美好殿宇宏廠圓頂如蓋重閣複室層次井然其陳物之所分門別類重疊儼如珠網令遊人一目了然俄頃之間各邦遊遍眞奇觀也癸酉奧國在味唁吶城特

開此會其堂宇寬宏無殊英法長樓飛閣圓頂如籠文窗綢戶皆玻璃所成渾淪浩渺恍置身於水晶宮闕也且於此公會中國與日本皆深體此美意諭令工藝運物往赴此會可見人皆慕善中外有同心焉從此益篤和好數年一會民之智敏旣增國之利益非少日新月盛其民之工巧自不亞於天下友邦矣故美國在丙子年繼往開來擴充此賽奇公會特於費哩哋費城景山園內出銀千萬元於辛未正月早經事派各大臣執掌賽奇公會借以作慶賀本國百載週期之舉溯念美國疆土初止十三省現已四十七省民人初止三百萬現已四千萬且皆性生靈巧

能致富强生商阪冊每二十年即增一倍其室址寬廣三百畝至於複室重閣亦俱修於新建宮廷殿宇之內令其縱横層次井井有條横分豎隔縷晰條明以列萬國珍奇品物且於預先將奇物分别何門何類何等何欵何綱何目一一彙集成編不惟於美國聚賀之舉同深慶幸且於友邦氣誼之際益見眞誠謹將創立賽奇公會及擴充接續開會之意並美國借此公會作賀之舉詳述顛末爰爲誌之以備查考

一丙子年之各國賽奇公會欲開設於費哩咃費城在西歴一千八百七十六年

二開賽會之日即丙子年三月二十五日至九月二十五日止畢

三本國乘此甘誠特請天下萬國各出奇珍異寶送往公會以技藝勤能生理進益增長之處代爲顯揚其名

四於甲戌正月十六日之前詳明答復是否赴請

五其赴請各國應派數員經理干係本國事務並請預先特派一員駐札費哩咃費城至賽會完結之日以期便於交往妥協監理之事

六惟所赴請答復揀派數員之國之民准許送物擺列之分且各來往文信應由所派各國之員轉送

七於乙亥年正月二十七日以前各國之員應知照執掌百年公會者詳請應用若干地方特歸其民陳列其地或在公會殿内或在屬下附近廳院

八其事赴請各國所派之員將來得授詳細繪畫公會殿圖圖式備用

九各色陳列之物或在乙亥年十二月初五日或在以前應到費哩咃費城以便合當分列門類且令各得其所

十美國耆老會所立干係稅務章程及稅課等之律例並執掌百年公會者所立干係運物分派處所陳列分類暨備各機器所用汽力保安巡役等事件以及别項需用便

於顯明收存物件之各事係迅速通知其事各國使臣

附錄給美國照會

爲照復事同治十二年十二月十一日准照會稱丙子年三月係本國定鼎開基百載之期特開賽奇公會希即咨行南北洋大臣曉諭工匠商民將土產奇珍製造精巧之物官爲經理運送本國並將章程十條記載一扣先爲附送此後尚有未盡章程定妥再爲分送等因前來除由本衙門據文行知南北洋通商大臣轉飭所屬曉諭各工匠商人等知悉並劄飭總稅務司選派妥員外相應先行照復

為曉諭事同治十三年正月初三日蒙
欽差閣爵督憲李劄開准總理衙門咨開同治十二年十二月十一日准美國駐京大臣照會稱丙子年三月係本國定鼎開基百載之期特開賽奇公會已經在費理地費城採擇寬廣地址築修宏濶華麗堂宇希各國將窰農織工六藝各屬精巧器皿物件送往本國共相比賽庶見人才之敏妙使出奇者益加勉勵由此日有進益互以巧思省力之法共得利用希咨行南北洋大臣轉飭各屬曉諭工匠商民將土產奇珍製造精巧之物運送本國並附送章程十條記載一切等因相應咨行轉飭查照與國成案辦理

等因到本大臣准此合亟劄飭遵照辦理等因蒙此合行出示曉諭為此示仰工商人等一體知悉如有願持精奇之物送往美國公會比較者應照與國向章悉聽其便特示同治十三年正月初六日津海關示

為曉諭事案查前蒙
欽差閣爵督憲劄准
欽命總理各國事務衙門咨轉准大美國欽差大臣照會內稱丙子年三月係本國定鼎百載之期特開賽奇公會如有精奇之物共相比較咨行查照成案出示曉諭行令遵照等因當經本道出示曉諭在案茲於光緒元年四月十二日蒙
欽差閣爵督憲李劄准
欽命總理各國事務衙門咨准大美國欽差大臣艾照會內稱本國擬開賽奇會一舉前曾定於西歷一千八百七十六年四月十四日起至十月十四日止現展期一月改為五月初十日起至十一月初十日止照會咨行轉飭各屬查照辦理行令查照等因蒙此合行出示曉諭為此示仰工商人等一體知悉特示光緒元年四月十二日津海關示

附錄稅務司辦理中國等物赴會告示章程

為曉諭事照得光緒二年為美國定鼎百年之期特開賽

物公會現經總理衙門派總稅務司督理中國寄物赴會等事經總稅務司選派東海關稅務司德駐劄上海總辦牛莊天津煙臺漢口九江鎮江上海甯波等處寄賽事務凡南北兩洋士商人等欲寄貨物赴美國賽沽者均可交德稅司代為妥寄現設公所於北京路造册處內茲將辦理章程開列如左

一凡寄物赴會者應將物名價目開單報關或報公所聽候查核收單日期自本月二十日為始

一凡報寄之物經公所核准定於十二月初五日起至明年二月初五日止送交公所以便彙寄過期一概不收

一公所收到各物卽給收單爲據自發單之日起至由美運回交還原主之日止其間如有遺失公所照價賠償往來運費均由公所代出入口時一槪免稅其在公會沽出之物美國應徵稅餉例由買主輸納總之不論沽出寄回於原物主毫無花費

一如有希奇之物物主止欲寄會博賽不欲出沽者本公所一例代寄不取運費倘有遺失照單賠償

一貨物本主及欲遣人隨物同往者亦可報名公所自應妥爲襄助

一凡欲知詳細者每日自巳正至午正再自未正至申初可親到公所面見德稅司商問一切幸勿觀望光緒元年十一月十九日示

法國賽奇會章程

穆代稅司函致津海關道茲送上法國賽奇會章程一本乞檢入如貴道願將珍異物件送入此會卽望送由本代稅司轉寄巴里京城可也

照錄告示章程

委辦法國賽會事務司（東海關稅務司德江海關稅務司吉粵海關稅務司斐）爲曉諭事照得光緒四年卽外國一千八百七十八年法國在於該國京城內開設賽奇大會擇准於光緒四年三月二十九日起至十月初六日止此會集萬國之珍奇賽四海之技藝又因敦睦萬邦賞識人物並通商貿易廣集招徠之意故凡心思靈巧創造新奇或美質本自天然或作成借資人力卽一物之微皆可彙送至會以憑賞識採擇羅列品評大抵以適於用而富於利者爲上當其設會之際必有廣大會場分門別類先行陳設亦必分派精明練達人員於各工藝物件逐一詳察然後或執照或功牌給與物主以獎厥能此固可徵地土之出產富饒亦足見人材之鍾靈毓秀而其所獎之物或有得之驟成鉅富者或因精工奇巧傳播遠方而獲利無窮者則此會誠然盛舉也現法國賽

會屆期不遠該國已請各國公同赴會其該國駐京大臣照會總理衙門請中國照辦業蒙行知總稅務司赫仿照前次歷辦奧國京城暨美國嘖哩吔嘖城兩處賽會章程辦理在案現奉總稅務司委東海關稅務司德籌畫本會一切事務並辦巴里京城會所應送各種貨物兼招集中國商人前往賽會等事又委江海關稅務司吉總辦牛莊天津煙臺宜昌漢口九江蕪湖鎭江上海甯波等處賽會各物粵海關稅務司斐總辦溫州福州淡水打狗厦門汕頭廣州北海瓊州等處赴會各物並通飭各關稅務司遵照總辦章程協同辦理至赴會商人彙齊之物臨期另由

總稅務司派員前往巴里京城照管各等因承此查前次奧國京城暨美國嘪壘哋嘪城兩處賽會之時中國寄去各物並赴會商人誠屬不少銷售之物亦多均能大獲其利茲奉前因爲此示仰各商人等知悉務各踴躍集物廣致精奇比前更盛庶不致減色而克爭光該商等亦能得利無窮則本稅司實有厚望焉茲將賽會各款章程列於示左俾共週知切切特示

第一款

一凡出洋賽會准收各貨物之類如新舊磁器瓦器銅器法金裹藍器金銀器銅鐵錫木器家伙什物雕刻器油漆

器象牙器竹器各色扇樣綢緞紗綾織絨棉布夏布顧繡欄杆絲帶各種帽皮作器皿皮貨衣箱毡毯蓆簟古玩字畫册頁影像紙張筆墨古錢古硯各色金石礦質以及軍械器物等件

第二款

一欲赴會者須先將出賽之貨物於報單內註明某物件數若干出於何處如何用法價值若干在報單內註明送交該處稅務司斟酌該稅務司於接到報單時隨即酌量是否能入會即發回信如准赴會之物然後編入該商即行運送可也

第三款

一凡已准其出賽之物由中國出口時正稅應行豁免運至法國業經賣出則該貨應照該國章程完納稅銀如果不能銷售則不須完稅原貨運回中國於該國復出口中國復進口時一例照免其賣貨報關及原貨回國等事均由賽會委員辦理所有赴會貨物應開清單註明名目式樣件數若干本處價值若干當賣價若干交與委員以便照辦倘有錯誤等情致被法國關口盤詰均係貨主之事與委員無涉

第四款

一凡欲出洋賽會者須知出賽之貨將來在法國賣出必照價值完納稅餉若置本單所開浮價將來完稅照浮價

之數納餉且價貴亦恐難銷是凡開列貨物置本清單須將實在價值註明爲要

第五款

一凡奇巧之物送往會內擺賽不願發賣者其往來船費均由賽會委員發給其餘發賣之貨船費係貨主自行支理但其間亦可商量先爲代籌一俟該貨在法國賣出之日照數歸還至各商赴會貨物往來水力一項賽會委員自當竭力向各輪船公司請其減價以便運載

第六款

一凡出洋賽會各貨自該貨上船放洋之日起至該貨復回本處或該貨已在法國賣出至完會之日爲止其保險經費應由賽會委員經理倘有虛報價值概行不准保險以昭愼重

第七款

一凡在巴里京城裝修賽會公所一切經費概由出洋賽會局自行辦理與赴會者無涉

第八款

一凡出洋賽會之貨在中國裝箱一切費用應由貨主自

行辦理至將來由巴里城復回中國所有裝箱存棧各費則由委員辦理其貨物須用堅固箱隻加以橫木箱蓋須用螺絲釘固箱面寫明某商某貨若干件此係第幾號寄某處交中國某某查收賽會以期穩妥倘有疏忽誤事則責歸貨主與委員無涉

第九款

一凡出洋賽會欲賣各貨准其貨主自去管理或派人在巴里京城代辦或託交賽會委員所派殷實經紀代辦悉聽其便如交委員所派經紀辦理將來賣出之貨照例該賣價每銀百兩抽收用若干兩其銀兩貨價或現銀或匯票寄回中國等事均由賽會委員妥爲照料

第十款

一各關稅務司準於光緒三年八月初一日起至十一月底止許各商送交出洋賽會貨物如過期來遲者一概不收特此聲明

第十一款

一所有出洋賽會章程招商告示及貨物置本清單格式俱已刊刷式樣欲知其詳細者准至各關稅務司處取看以便週知　光緒二年十二月十九日

津海關道函復稅司頃接來函並法國賽奇會章程

一本均已閱悉日後如有送會物件再行函託貴代稅司轉寄可也

英屬奧大利亞洲北雪犂埠賽珍大會章程

江海關咨案准英領事達照會近准英屬奧大利亞洲北雪犂埠賽珍大會總局董事任來文附送衆行賽會章程請即核辦以便各將所出物件彙送入局自今爲始至英歷一千八百八十年三月杪即停賽之日爲止凡有赴會珍奇各物均可收入屆期然後再與麥普尼賽珍總局商定送往該處續賽亦於來年舉行等因將章程送請核辦並即照案出示曉諭俾中國紳商一體知照等因到道查

泰西各國開設聚珍等會中國商民每有將各物寄往會中者曾經奉文出示曉諭有案今奧大利亞洲北雪犁埠既設賽珍會事同一律中國商民如願將各物寄會比賽自可照章辦理除將洋文章程一本繙譯漢文出示曉諭紳商士民一體遵照並咨行暨呈報南北洋大臣外相應移知光緒五年五月二十九日咨津海關

照錄賽珍會章程

奧大利亞之昔德尼一千八百七十九年之賽珍會其會之長或為該處總督或為英國特派之大臣副長為該處之按察司暨其律法處之三人更有辦事者姓浙甯斯又

有會辦二十人及司書啟者姓馬力斯以上俱在奧大利亞辦事者以下均在倫敦辦事之人其會長係伯爵之必爾末了副長為有世爵之枯拍爾暨會辦十二人另有十五局之總辦以上會長副長會辦俱能預各局之事故亦為各局之人所有之十五局列左

一司理建造賽珍會廳堂並堂內排設各事以襲一代世爵姓海者為總辦另有幫辦六人

二司理賽珍會廳堂外花園及院中並大門等事以議院有位姓速施爾者為總辦另有幫辦五人

三司理進出各款以律法處有位之姓團敦者為總辦另有幫辦四人

四司理各動物所自來之件以律法處有位之姓麥克來者為總辦

五司理各植物所自來之件以熙爾為總辦

六司理礦料及五金等件以薩某曷爾為總辦

七司理製造各件以議院有位之姓麥里門者為總辦另有幫辦六人

八司理大呢及織成之料以特勒伯克為總辦另有幫辦六人

九司理各種名酒以昔德尼之宰姓鹿伯次者為總辦另

有幫辦五人

十司理華麗之文藻並雕刻以及古玩等事以儒士格蘭為總辦另有幫辦四人

十一司理機器器具者為總辦五人

十二司理喂養之牲口以真經斯為總辦另有幫辦五人

十三司理教習並格致學等事以博學儒士斯密特為總辦另有幫辦四人

十四司理木會印書等事以團敦為總辦另有幫辦四人

十五司理迎送郎歸會長副長並會辦等

論賽珍會

今年奥大利亞請各國賽珍之意係出自新南威爾斯農務會者其會逐年舉行已有成效該省之官於一千八百七十八年西二月（光緒四年正月間）應允其會內之意將登之於官報而英國君主亦允之轉告於他國在一千八百七十九年西八月（光緒五年七月）於昔德尼請各國賽珍去年法都設賽珍會時新南威爾斯農務會之人亦在焉當向各國至法都賽珍會者宣揚自欲建賽珍會之意並已有與他國及英國商定應議陳設之所若干兼將奥大利亞之一切細情告於英國暨他國之至法都賽會者因此其事漸以增廣而農務會不足以任之故英國國家於去年十月間

允以由國家舉行茲已選定極善極便之區建造賽珍會之廳堂英議院已允助之以巨款而會中之總辦董事等復請新南威爾斯之人竭力將土產獻於會內以示各國之人既可傳本地之聲名復以致敬於各國臨奥大利亞初次所建賽珍會之客若本省竭力而辦斯會英國及他國又復協辦轉運珍奇赴會即此次之舉可冀有成效矣斯賽珍會於一千八百七十九年西九月之首禮拜（光緒五年七月十五日至二十之間）開設於昔德尼自開至閉以六箇月為限

論賽珍會之章程如左

一凡欲賽珍者須預請陳設之處若欲得其會之章程可信致會中之司書啟者即可得之又奥大利亞已議在倫敦辦會事者於會內各類之處地方廣濶若干專為英國並歐羅巴各國賽珍之用我處決不佔據

二欲得有陳設珍奇之處須於會期之前一月信致該會方可

三凡欲賽珍者如其本國國家不派員經理即本人無妨自作信致該會之司書啟者商之

四凡國所派經理賽珍之員須在西八月初一日（中歷六月十四日）之前送應若何陳設之圖及賽珍者之名單

五凡欲送珍奇於會須於包箱外寫明送至其本國駐於昔德尼之員若賽珍者無本國之員在會即送至經理斯

會者之處

六若有經理之員者可在所送之件外簽明某國經理賽珍會之員惟包箱之簽須貼兩紙以防有擦損並須於物件上有本國之記號凡有他國所來之件另畫斜方內有曷斯管伊三字母又他國送來之珍奇亦須簽係自何處送來者

七所有運費及除去包箱之費並陳設等費均賽珍者或代辦事者所自備若賽珍之本人不至又無代為辦事者即本會之司事者為除包箱及代為陳設事畢仍為之或

裝箱或包好僅取一律公正之費若包箱已除運珍奇至賽珍會之門所有陳設等事即無費

八凡賽珍之件進口概予免稅除有緊要之故外所陳之件不得擅自取回須俟事畢方可當賽珍時雖可將所陳之物售之於人惟須事畢方可取物

九凡在新南威爾斯可領專造之據者議院當格外加意護持之

十自西七月初一日（中歷五月十二）賽珍會收進物件凡物件非尋常之式陳設者因此或另有工程必須經理賽珍者允許始可其工程須歸會內管理工程者辦之

十一凡會內之地方寬濶若干已讓與某國而於西九月初一日（中歷七月十五）陳設未滿者即將餘剩之地交於經管會事者任其另行辦理

十二凡陳設之件不欲得獎賞者必須預定之即評斷家亦不深究其物

十三本會各種物件之單係英國之語言文字其費爲經理會事者所備惟每送物件之國可將已物自備資而具其本國文字之單本會之單任本會應若何售之於人

十四凡本會陳設之件其華麗者無論宮中及花園內俱不得擅自張掛鋪設如有欲之者須問賽珍者及會內之人允而後可

十五凡須用汽之器汽不需多者本會自不取資在本會於陳設之汽機固期使之運動俾人瞻視如所需之汽若干合乎理者本會自亦按其馬力而備汽也

十六凡陳設物件所需用者如玻璃箱櫃及擱板等件均賽珍者自備至運動汽機之大鐵軸由本會所備而每機器之小鐵軸及皮帶輪皮帶均賽珍者自備之他如玻璃箱櫃等本會可以包辦按照立方尺之若干而資則賽珍者所備也若有須粉飾之處必得問於經理會事之人

十七經理會事之員固具有將所陳之物退還原人或不收存其物之權凡有危險之物或有穢氣者或有秘戲春

册等件均不得陳設

十八凡奢華之件可否賽珍陳設另有總辦審定若古畫等則另備有懸掛之室

十九經辦會事者自應格外保護所陳設之各件惟或有遺失或有損傷或爲火廢者俱不認賠

二十凡國所派經理之員或賽珍者可保險其物並可另自僱人以護之當於外人進觀之時均藉此項人護持於物惟僱用之人亦須問於經理會事之員即須另穿號衣或於衣上另具記號若所用之人仍不足保護即可招巡

捕相助

二十一凡有奬賞必須攷究家上有稟帖其稟上須攷究者自行簽名而攷究之員必須人所共知係才具兼優素爲良善之輩且深悉於所究之類者其所定之人數半由每國自行而人之多寡嗣後再行告聞凡奬賞按其物之實係佳器或與同類之物相較而爲佳者何謂佳器或爲新器而爲向所未有者或係舊式而更爲新者或搆思物料奇製爲某物之意或物之適於用者或其物實佳或物之巧或物之工美或物合於所用或物爲人所向思而未得者或物較先前已有者爲簡便而所製之件其費減輕

按照種種情形而定奬賞攷究者於評斷既畢即應上稟莫可延遲其奬賞則歸經理會事者專之所賞者乃憑據及金圓牌並攷究者之原稟也得奬賞之賽珍者可將憑據及攷究者之稟自行排印分送於人惟事畢後本會印書敘得奬賞者語言之繁簡則由本會主之

二十二至於喂養之牲畜亦如此論賞惟除所賞給者外另有奬賞後再告聞

二十三會畢另以兩月爲限或賽珍者或代辦事者將物取回若逾期不取即將其物或拍賣或另銷售除去拍賣之費所多之款或寄還賽珍者或代辦事者

二十四凡送物件至會者即遵此章程

二十五經理會事者嗣後或改或增或註是章程

二十六凡欲訪問會內情形可信致昔德尼本會之局內問之

論賽珍會之類

所謂類者即從美國於光緒二年在飛拉德裴亞之賽珍會所行者也以下所詳之類惟來人送一類之物至會非論類之陳設也除運動之機器外不得於廳堂及廊下陳設者即賽珍者可於所讓本國之地按章任便以類其物所類如左

一論礦務分爲三項一爲礦內開出之料含五金及煤炭並石炭膏造磁器之料筆鉛料印書之石版磨石以及地內所來之鹹水暨硝等件二爲煉成之五金三爲開礦之法或圖或木樣或地裏及地外面可開礦之圖

二論製造之物件分爲十四項一爲化學之料及鹽油肥皂蠟燭㯃染料墨香料火藥爆竹箭等件二爲泥造之物如磚瓦器及造房屋所需之磁器三爲玻璃四爲屋內所用之木器及陳設之玻璃器磁器金銀器鏡子小兒所坐之小車小椅小牀以及爐竈燈廚房所用之件洗衣之物浴房內應用者暨百頁窗等五爲植物及動物並地內所

來之件如線紗及所織之物並油布漆布買皮等件六爲動物所來之線紗及所織之件如羊毛呢毡等七爲綵造之物如羅繭生綵及線綢緞並綵帶等八爲各項衣帽首飾以及一身所需之物或出外應用之件如雨傘衣箱煙袋暨古今各國所用之衣服九爲各種紙張如簿子書套信紙繪圖紙名片紙牌屋內裱糊紙等十爲軍火器並獵器如洋槍手槍刀長槍捕鳥捕鼠所用之各件十一爲各項藥材及醫生所需之件並無論水陸妥運或傷於戰鬪或傷於他故之人各項器具十二爲各種鋼鐵所造之件爲手藝所需者如刀鑿剪等件十三爲動物植物及地

內挖出所造之各件如象皮刷繩旗籃籐紙膏及鍍錫之鐵件等十四爲各種車類如鐵路之車及農務之車歸機器之類不列於此斯僅列行走之各車及車上所用之件並馬鞭皮套皮帶等件

三論教習及格致之學分爲四項一爲教習幼童之法及書室內之書籍畫圖各種筆習練力量之件並屋內所需之木器等此爲小學之事更有大學應用之書室並所有動植各物之質及教習工程之房屋並教瞽者聾者啞者癡呆者技藝之各法以及各項書籍新聞紙花花報等件二爲各種格致之器具並天文器測量器探海深若干之器寒暑風雨等表測雨若干之器量空器含水氣若干之器量水流之器量人行車行若干路之器量器天平鐘表視遠鏡顯微鏡照相器電報器各音學器樂器等件三爲各項工程之法如開河開陰溝水底開路及開鐵路並海面行舟之圖造橋造房屋各圖式四爲與人之性情攸關者凡人習力量及育嬰之法各種食物並造房屋公所浴堂之佳法及買賣銀行保險立公司各章程各國之錢法寶鈔防捏造假冒等法以及律法刑法刑房巡捕並將游手好閒之輩收管之方又有教習不知禮法幼童之方郵政之法立專造之憑據各項善舉之醫院眼科耳科女科

時症瘋症以及船隻來自疫症之處恐有瘟疫傳染於所到之區治以免之更有施藥處戒酒處收生處收養妓女之堂養育堂普濟堂等之法暨賑濟之法免土人爲別人淩虐之舉寬馭牲畜之會彼此相助之會各傳教之會各賽珍之會等事

四論華麗之類分爲六項一雕刻二畫張三刊銅鋼石各版印書石版等法四各種照相之法五繪房屋之圖或器具上所刻所繪者仿繪之圖六玻璃磁器等件其上或刻或畫照樵之之圖等法

五論機器分爲十一項一鑽石機器及開煤礦鑽井各機

器之法煉五金之爐造化學料造火藥造肥皂造煤汽各機器等法二車鑽鋸壓打五金木石之機器及造磚瓦機器等法三紡織以及造氊造紙各機器之法四縫衣造鐘表造鞋造鈕造針造煙袋各機器等法五排鉛字造鉛字印書折紙造書套各機器之法六運動之機器如鍋爐車水之輪風車船上之暗輪等器之法七車流質車風吹風壓水櫃起重架水龍救火應用之件造氷之器各種機器等法八鐵路需用之器及各種車等法九研粉研香料造糖油煙酒各項機器之法十行車之鐵線纜氣毬飛用之法管內以風行車之機器各項風颿船海中救生之法十

一本賽珍會所用之機器如鍋爐汽機起重架車水各機器等法

六論農務各件分為十二項一各動物之食物如各種魚肉牛奶奶餅蠣蜜糖等物二動物當料用之各件如皮貨角貨油貨香料螺壳蜜蠟呀囒米等件三養魚捕魚運魚及魚子各機器等法四種樹之法並木料樹皮樹葉等物又免木料或爛或被火所焚之各法以及染坊所用之木料並使皮熟之木料暨或為野獸或為蟲所傷或傷於寒凍或傷於夏日等法五各種果子六五穀及煙草茶葉等並各件之種七麵粉碎米去外壳之糧食各種乾菜麵包

各項食油等物八各種名酒九各動物植物所來能紡線紗之料如羊毛棉花蔴蠶繭各種毛等件十豢養之六畜及野獸等十一農務所需之各器具或耕種或收割並造牛奶餅造糖等各機器之法十二開墾之各新法如取去樹根開路開溝灌溉築籬等法並各種代糞之料馬棚車棚以及農工房屋倉房蜂房六畜房與絲攸關之房等件十三種田之法或圖或器具及養六畜之房並醫治等法

七論花園各事分為四項一各種花樹及與花攸關之件二玻璃房內之花卉並果子三種花器具鐵絲籬笆及洒掃花園雅緻之法四各種花園之圖及造假山之法

為出示曉諭事案准江海關監督蘇松太道咨准英國領事官達照會英屬奧大利亞洲北雪黎埠賽珍大會各將所出物件彙送入局自今為始至英歷一千八百八十年三月杪即停賽之日為止凡有赴會珍奇各物均可收入屆期再與麥普尼賽珍總局商定送往該處續賽亦於來年舉行等因中國商民如願將各物寄會比賽自可照章辦理請一體飭遵等因准此合行出示曉諭為此示仰工商人等一體知悉如有願將珍奇各物送往英屬奧大利亞洲賽會者即行前往比賽可也特示光緒五年六月十二日津海關示

英國新金山省哶利盆省城賽會照會

總理衙門咨六月初七日准英國威大臣照稱接本國總理各國事務丞相薩文開現在新金山省哶利盆省城於、明歲末後歲初擬行賽會請將章程轉達中國查照准此合將前項章程照會查核等因當經本衙門劄行總稅務司查明聲復在案旋准申呈內稱各地散處之賽會與在國都之賽會有別能不應承助會一切事實爲至妙等語八月十九日又准總稅務司函稱既應德國之捕魚會則哶利盆賽會應咨南北洋大臣並劄行總稅務司通知各口華商得悉等因前來除由本衙門劄行總稅務司轉飭

悉知外相應鈔錄來往照會函件咨行轉飭各關監督諭知各口華商如願助送賽奇物件其出口時准免納稅光緒五年八月　　日咨北洋

附錄英國照會

爲照會事去年九月間前傳署大臣以新金山於今年七月起擬行賽會事宜函致貴衙門在案彼時賽會之初原在屑尼地方卽係烏修威士省城昨接本國總理各國事務丞相薩各文內開現在新金山省哶利盆省城復於明歲末後歲初擬行賽會事宜此舉可成在朝廷願竭力相幫擬請貴大臣將賽會章程轉達中國查照等因准此本大臣理合將前項章程備文照會

附錄給英國照會

爲照會事光緒五年六月初七日准照稱接本國總理各國事務丞相薩文開現在新金山省哶利盆省城復於明歲末後歲初擬行賽會事宜請將章程轉達中國查照准此合將前項章程照會查核等因除由本衙門咨行南北洋大臣並劄行總稅務司諭知各口華商如該商等有願意助送賽奇物件者出口時准免納稅外相應照會

附錄總稅務司申函

前次貴衙門劄詢以英國駐京大臣照會哶利盆省城擬

行賽會一案中國應如何辦理其時總稅務司因各地散處之賽會與在國都之賽會有別能不應承助會一切事實爲至妙業經申復在案今查貴衙門既應德國之捕魚會則於照復英國大臣推辭哶利盆賽會之內應添敘現准貴大臣照會本衙門擬咨南北洋大臣並劄行總稅務司通知各口華商得悉哶利盆省城開設賽奇會如該商等願意助送賽奇物件其出口時准免納稅等字樣似此分別辦理既可符德國之意而亦不致辭英國所請是否卽祈示復

爲出示曉諭事案奉

欽差閣爵督憲李劄准總理衙門咨准大英國駐京大臣威照稱接本國總理各國事務丞相薩文開現在新金山省咩利盆省城於明歲末後歲初擬行賽會請將章程轉達中國等因行令諭知各口華商如願助送賽奇物件其出口時准免納稅等因奉此合行出示曉諭爲此示仰工商人等一體知悉如有願將珍奇各物送往新金山省咩利盆省城賽會者卽行前往比賽可也特示光緒五年八月二十九日津海關示

德國捕魚會章程

總理衙門咨前准德國巴大臣照會稱本國人欲於一千

八百八十年在本國都城立一海河捕魚各物賽奇會凡各國願爲者均准列入等因並將轉單一紙附送前來當由本衙門抄錄轉單知照總稅務司去後嗣准總稅務司函稱此會爲時過促各口不及辦送捕魚器具擬飭甯波一口酌量備送等語除由本衙門知照總稅務司轉飭甯波稅務司妥速備辦並照復德國巴大臣外相應抄錄轉單一紙咨行貴大臣轉飭查照光緒五年八月　日咨

北洋

照錄洋文轉單譯漢

於一千八百八十年四月間德意志暨布魯斯國在伯爾林京城內港外海各國舉行捕魚會所有物產與器具均如期陳設專賴德國皇太子庇護現經執政大臣裴里敦達勒派定督辦德國捕魚會各員姓名如左

庫長貝爾　委員布森　提調官裴特士　男爵包木巴哈　鄉正波爾內貝倫先　上法院當諾曼　委辦處多倫　鄉正愛喀耳　德律賓先　鄉正愛耳斯　列班則勒貝郎克　上法院發斯特瑙　軍機處弗力得勒　內院提調官克來弗　提調官赫耳美斯　提調官內院瑪耳喀特　提調船務森特包勒伊拉里　上法院舒勒木御醫房赫耳潤弗　農務司韋特瑪克

陳設各物辦法九則

一陳設水族或生或乾或燻或擂碎均如法調治貯於酒甕或藏於鐵箱又如海茸粗細珊瑚雲母珍珠蚌等類或付工以成物或肖形以爲圖均能造假如眞至水中昆蟲帶殼之屬如龜蟹蝦蟆長蟲水鳥等類皆異其地卽異其形而爲水族之物產也

一陳設各國各種捕魚之器具船隻或詳其式或形於圖而所需粗細物料悉以機器按法製造

一陳設水族魚蠏蛤蚌之類蓄養魚子或詳其法或陳其具所以明水族之變化也

一陳設生活水族分往各處運載詳其各種器具格式
一陳設商人販賣乾鹹火燻等魚詳其調治之工與收藏之法
一陳設漁舍漁衣漁具凡上文未提及者詳其式
一陳設因漁而考水性以化學考驗法以草木考驗法並以機器考驗等法
一陳設古時捕魚之具形圖誌譜表記等物
一陳設捕魚之事佐以書籍考畧以明各種水族流傳之理

章程七款

一自一千八百八十年正月初一日起有欲陳設各物應將一切房舍什物按章編號以便司會者隨時核辦
一於本地陳設各物一切經費均由本會經理
一洋三月間將各物由鐵路運往伯爾林京城一切花費毋庸由本會措辦至易壞之物亦可於開會時再行運往陳設
一陳設之物由會中妥為保護以免遺失損壞及偷竊失火等情有願出資者本會予以保險票
一散會時陳設各物運回花費均由本會酌給其易壞之物應由會中商同本物主按市價代為銷售
一各項水脚及保險票等費應臨期再行酌定
一陳設各物應將物主姓名住址查明其有欲將各物運回者應由本會另存一詳細表記以昭慎重

和國衙奇會章程

總理衙門咨九月二十六日准和國貴公使照會內稱奉本國來文於光緒九年夏季在本國都城亞摩斯德爾登地方設立各國衙奇公會按照同治十二年之奧國光緒二年之美國四年之法國公會相同本國行知本大臣卽請貴國聚集中國諸色美麗貨物百工精奇巧妙技藝赴本國都城與各國一同入會卽祈復知以便行文再與貴

國出使大臣詳細商議復於十月初五日准貴公使錄送衙奇會漢洋文告白各一紙照會前來當經本衙門劄行總稅務司酌核聲復茲據復稱各國往來修好貿易通商彼此輪設公會實為美舉請行知轉飭辦理等語除照復和國貴公使外相應咨行貴大臣轉飭通商各口於附近地方出示曉諭中國商民其有願往入會者准其前往其中國之出產預備入會者准赴各稅務司處報明係入會之物方准免稅出口卽希查照辦理光緒七年十月　日

咨北洋

為出示曉諭事案奉

欽差閣爵督憲李劄准總理衙門咨准大和國駐京大臣費照
稱奉本國來文於光緒九年夏季在本國都城亞摩斯德
爾登地方設立各國衙奇公會請聚集中國諸色美麗貨
物百工精奇巧妙技藝一同入會等因轉飭於附近地方
出示曉諭中國商民其有願往入會者准其前往其中國
之出產預備入會者准赴各稅務司處報明實係入會之
物方准免稅出口等因奉此合行出示曉諭為此示仰工
商人等一體知悉如有願將珍奇各物送往入會者即行
前往比賽可也特示光緒七年十月二十六日津海關示
為出示曉諭事案查和國都城亞摩斯德爾登地方於光

緒九年夏季設立各國衙奇公會聚集中國奇珍各物一
同入會前經奉到行知曉諭在案茲又奉
欽差閣爵督憲李劄准總理衙門咨准大和國駐京大臣費照
稱凡入會之物務於光緒九年正月內送到方免遲誤行
令查照曉諭等因奉此合再出示曉諭為此示仰工商人
等一體知照毋違特示光緒八年二月二十三日津海關
示
總理衙門咨和國衙奇會一事前經本衙門函致出使德
國兼和國李大臣就近商辦嗣據李大臣函稱和國世家
大族多有中國古董此會似不可以粗器陳設至在華查

驗商貨及採造各物須有專辦之員按期彙集交招商局
船徑送和都等語本衙門當經函致李大臣兼辦會務所
有在華採買造送各事宜並劄行新任上海邵道在滬總
理其事等因在案四月初四日復准和國費大臣照送漢
洋文告白五十本以入會各貨刷印細冊所有中國土產
並貿易各口一切之物分別選列共為二十二類祈分交
各海關查照辦理惟告白所載物類頗繁可酌為選辦由
通商各口運赴本國都城入會等因前來相應將和國費
大臣所送漢洋文告白十分咨行分飭通商各關道查照
辦理光緒八年四月　日咨北洋

照錄漢洋文告白
大和欽命駐劄中華便宜行事秉權大臣費為特行告白
事照得前於光緒七年九月三十日即西歷一千八百八
十一年十一月二十一日曾經頒發告白聲明本國設立
衙奇公會於中國光緒九年三月上旬開會起至九月下
旬止即西歷一千八百八十三年夏季起至秋季止此會
設在本國都城亞摩斯德爾登地方所有章程已具前告
白內矣今復將中國物產貿易出口各貨並工藝奇巧竹
木雕刻鑲嵌漆飾並五金鑄造等物及一切古玩陳設器
皿暨應用傢具分別開列於後

傢具器皿部

一木器並籐竹編製之物園庭陳設飾觀各具類

甯波府所製雕刻嵌牙鑲花各樣木器牀　櫃　桌椅　靠背坐榻　梳粧鏡臺　寫字桌案　圍屏　畫架　書榻　接放食物桌　燈架　茶几　卧室便桌　廣東油頭漆器牀　桌　椅　榻　接放食物桌　卧室便桌　小桌　小椅　洗面木架　雕花圍屏　廣州府所製籐竹編造之物並硬木鑲石木器籐編大小椅　小兒推行椅　折疊椅　擡椅　衣簍　小兒睡牀　竹牀　竹椅　大小黑白色椅　硬木靠背坐榻　繡花背墊椅　繡

花綢緞圍屏　鑲磁鑲石桌小椅　卧室便桌　法藍面桌　書架　鬭牌桌　鑲石面鬭牌桌　生漆烏木傢具　繡花綢紗圍火屏　牀　大椅　茶几　桌　櫃　接放食物桌　繡花背墊椅　寫字桌　長桌　圓桌　雕花架　繡花綢緞圍屏　下棋桌　花石面小椅　花石面長桌

一繡貨軟片鋪墊氊毯被褥畫架鏡架等類

山東煙臺繡花枕頂　蘇杭織造各繡貨　鋪墊椅披　直隸天津駱毛地毯　栽絨毯　廣州甯波所製鋪牀各樣蓆　鋪地板蓆　鋪桌用極細蓆　温州臺灣所製鋪牀地蓆　南京上海鎮江布被　牛莊羊絨被　駱毛被　天津上海織絨被　天津氊被　甯波雕花畫架　廣東硬木大小穿衣鏡架

一銅鐵鎖鑰類

廣東各樣銅鎖　北京各樣鐵鎖　上海花素銅鎖　漢口銅鐵鎖

一金銀所製並黃熟銅白銅鐵錫鉛打造之器類

牛莊金葉　各色鐵器　銅煙袋　錫茶壺　酒壺　火鍋　燭臺　油燈臺　各樣鉛錫器　天津火鐮　漢口油燈　鐵絲　燭臺　腳爐　銅磬　壁燈　挂燈　桌

燈　捍煙袋　水煙袋　煖壺　銅絲　一紙壺　上海繡花用眞假金銀線　鐵釘　鋼針　船上用鐵絲繩　捲刀　剃頭刀　各工匠所用各式樣刀剪　大小烙屉　熨斗　銅鑼　銅鐵頂針　鐵杓　漏杓　油燈　燭臺　雕花香爐　鍋　盆　鈕扣　銅絲　水煙袋　銅錫箔　銅火爐　茶壺　寸光陰　福州眞假金銀葉　銀花　銅鐵打造各器　麻箍鐵器　厦門銅箔　魚鈎　帳鈎　紅黃丹　廣東油頭鐵器　錫器　廣州金銀器皿　銅器

一磁器並各色玻璃料貨類

漢口花瓶　繡墪　磁鼓　博古器成桌　大小磁碟
果盤　果碗　茶壺　茶碗　酒壺　套壺　酒碗　腳
盤　茶盤　糖盤　水瓶　磁缸　古子　磁鍋　磁罎
　春碟　筆海　花盆　磁形像　九江細磁花瓶　花
盆　磁罎　把大碗　茶酒壺　茶酒盤　茶酒碗　秋
紋藍花瓶　大小水瓶　帽筒　坐墪　九江粗磁茶葉
罐　茶壺　粉粧　唾盂　飯碗　盤子　燈臺　酒盅
　羹匙　小水瓶　上海磁器茶壺　花盆　各粗細磁
器　天津玻璃料貨一切器具　煙臺玻璃料貨手鐲戒
指等件　上海料器　帽花簪飾　煙袋嘴　酒盃　印

色盒　玻璃鈕　品級帽頂　福州料器挂燈　桌燈
酒盃　各應用器物　廣州料器手鐲　畫鏡　手鏡
假珍珠　假珊瑚　品級帽頂
一中國所用升斗丈尺天平戥秤一切衡量之物類
各等尺　各等天平戥秤　各樣升斗斛　算盤
一玩物戲具毛刷類
北京天津木泥燒料洋鐵綢紙所做各玩物　各應用櫻
刷　毛刷　廣州象牙木刻中外各式碁子　漆飾嵌牙
中外式碁盤　福州石刻各樣碁子　泥碁子　各樣象
牙牌具　象牙烏木七巧圖　骨紙木竹等牌

一文房應用之物摹刻印板照相書幅書籍類
各色上品南紙　各色花箋　各樣封套　各樣紙張
各色顏料　各等筆墨　通草紙片　木銅字印板　印
板活字　刻字刷印器具式樣　書畫家應用各件　廣
東照相各省口岸各處景致　各種書　名畫　童學所
讀書
一絲竹金革樂器類
牛莊洋琴　拉琴　胡琴　天津笛鐃鈸　甯波鼓　福
州各樣金革絲竹等樂器　廈門簫　二絃　皮鼓　銅
鑼　月琴　廣東八音琴　鼓鑼

布帛衣裝部
一葛蔴竹棉等布絨線綢緞氈毯羊毛粗細各氈類
牛莊上海廈門廣州粗細蔴繩　蔴線　絲線　上海臺
灣蔴布　廈門做口袋用蔴布　上海做衣服用細蔴布
牛莊本機布　各色無花布　棉絨布　蔴花布　畫
女鞋面　畫枕頂　布袋　各色線帶　棉線　棉線繩
漢口土布並各色布疋　夏布　葛布　上海各色布
疋　甯波汕頭廣州土黃色布　廣州福州棉線縧帶
牛莊本地綢　各色絲綢　本色白色絹羅　各色絲線
煙臺繭綢　綢綾　野蠶絲　欄杆　花線　漢口絹

綢　鎮江綢緞　上海綢緞花素各樣　各樣紗羅　花
素棉綢　各樣白色巾帕　絲帶　花洋錦　甯波綢錦
　福州絲料辮　鎖線　綢緞　絲線　厦門綢緞　牛
絲棉布　廣州綢緞　絲線　東京絲　欄杆　絲帶
緯線　顧繡裁料　牛絲棉裁料　牛莊羊絨布　牛毛
氈　天津毛毯　漢口白氈　甯波氈　天津煙臺草帽
辮
一衣履靴帽雨旱傘梳粧用具綾絹紙花翎毛翠羽首飾
髮髻簪冠類
上海全分朝衣　女蟒服　霞帔　朝裙　陀羅經被

夾褲　褲帶　腰帶　玉帶　長襪　小襪　腳帶　襪
帶　套褲　絨領　漢口竹衣　旱傘　厦門繡貨　廣
東布衣　各樣公服便服綢衣　天津氈襪　煙臺綢緞
耳帽　帽箍　牛莊各樣猫皮套褲　猫犬皮帽　天津
煙臺草帽　氈帽　上海緯帽　各樣夾緞帽　夾紗帽
　夾西紗帽　夾線緞帽　小氈帽　絨邊氈帽　各樣
紅纓帽　金邊氈帽　甯波草帽　竹帽　福州綢帽
廣東用煙臺帽辮成作之草帽　綢帽　牛莊絨氈鞋
鑲氈鞋　絨面氈靴　布鞋靴　絨面鞋　牛皮烏拉
木底草鞋　煙臺各樣草鞋　男女綢緞布鞋　上海緞

靴　釘靴　釘鞋　半織靴　皮釘鞋　木鞋　綢鞋
緞鑲鞋　各樣布鞋　福州草拖履　綢絨布各鞋　厦
門男女鞋　漢裝女鞋　汕頭布鞋　廣州草鞋　布鞋
各樣綢緞鞋　女靴鞋　上海布傘外國式　廣州厦門
甯波福州紙傘　廣州綢傘外國式　牛莊各樣梳篦　刷
則各具　上海鬍梳　牛角刷　眉刷　鬍梳　髮梳
牛角鞋拔　福州厦門各樣角梳　北京上海綾絹紙花
廣州翠羽　北京上海點翠金銀銅紙胎首飾等物
廣東雞鴨毛羽　福州首飾　牛莊廣州厦門假髮辮冠
髻等物

一金玉珠石交飾佩帶之物並各扇類
南北省細球各樣玉器　各色寶石　廣東金銀文飾各
物　牛莊蒲扇　油紙扇　漢口翠扇　上海各樣絹扇
紙扇　甯波紙扇　油扇　臺灣木葉扇　汕頭蓬州
竹製紗扇　廣東羽毛扇　絹扇　紙扇　粗細葵扇
一行旅遊獵之物隨帶軍械弓矢漁獵網罟類
上海漢口甯波福州所製樟木行箱　上海廣東硬木箱
　上海廣東等處所製樟木箱　此等箱隻爲常出口所
用每套大小五具計重一石每套約計價洋二十五元
旱路皮行箱　廣州小大皮匣　軍械　南北省弓箭隨
壺

袋　腰刀　佩劍　小刀　外國式軍械天津上海南京
機器局所造者　網罟中國最得用之器可入賽會外國亦可習用各漁具前於光緒六年德國都京以各漁具賽會見有甯波所製極精妙得法之器
食物藥餌部
一可收貯各食物乾菜蔬菓茶麵點心糖酒等類
醃臘魚　醃醬蔬菜　火腿臘肉　板鴨　醃蛋　松花
漢口磚茶　壓茶　臺灣汕頭糖　廣東冰糖　可作
麵包用之各樣麵　北京小餑餑　廣州各色糖菓　薑
糖　各品黃酒　紹興酒　燒酒　各色藥酒
一各色煙類

鼻煙　薰煙　水煙　旱煙　關東甘肅各地道煙
一葷素油猪羊胰染布帛顏料漆靛藥材糞田物類
豆油　茶油　桐油　棉油　芝蔴油　花生油　菜油
南北各省所產之魚油　以上各油每百觔其價自四
元至十元　醬油常自廣州運赴印度並歐羅巴各國　北京上海廣州各
色胰皂　南北省藍靛　水靛　土靛　靛青　杭州嘉
興所造綠膠　各色顏料　上海汕頭各樣漆　樹本草
本及生物各藥材　牛莊煙臺上田地用豆餅
耕織乘騎部
一開墾地畝耕種收割一應水旱田農器及碾磨灌田汲

引各物並織造布帛機杼紡具等類
各農器織具　凡過重大者可改小式以便入會　養蠶
各具　耕織圖說　治絲器具
一載運貨物人乘大小各式車及鞍轡乘駕各物類
人乘各樣車　運物各樣車　各隨車衣圍簾褥等件
騾馱轎　騾馱鞍駕　各式全分鞍轡　大小車鞍車套
各物
一江湖河海大小各船並隨船篷索錨練各物類
救生船式並隨船應用之物　以上車船重物俱做小式
寄居各外國華人需用部

一傢具布帛絲綢成衣金玉佩飾藥物類
一農器織具類
一各種書籍暨文房應用各類
以上應用一切物前皆詳列茲不復載
古董文玩陳設部
一新舊法藍洋磁並各舊磁古玩古銅器古今名畫油畫
古錢類
北京廣東新製外國式法藍大小花瓶　大小盤　帶腳
果盤　果碗　燭臺　手巾籠　裁紙刀　鎮紙　花盤
煙碟　硯　水壺　筆筒　衣鈕　袖鈕　金銀銅各

衣鈕　廣東福州甯波上海北京舊法藍花瓶等物　廣
州福州甯波上海所製洋磁各器　北京天津上海古銅
花瓶　古銅形像　鑪瓶陳設　古銅盤碗　銅塔等物
各省舊磁花瓶盤碗　鼻煙壺　舊磁各器皿　福州
壽山石器物　天津蘇州虎邱所製各等服色泥人物
各省新舊名畫油畫　中國古今歷代錢及鄰國各式錢
以上所開中國土產各物俱照前告白條款內選列蓋此
衙奇公會乃本國大君主御勅保護欽定至開會之期各
國陪驗官員於公會堂按所排列各貨並所開部類次序
每部分定數員以便逐類分別考驗其應記好予賞獎易

之則列左
第一凡物之極佳出衆者給予頭等讚辭嘉獎憑單
第二金獎牌
第三銀獎牌
第四銅獎牌
第五可獎照
以上金銀獎牌皆銅質或飾以金銀惟分別等第以便貨
主自製
一驗定會中極精妙出類各物應予何等獎章俱按各部
陪驗員考驗擬定之等次予獎

一各國送會貨物並各會主名姓次序皆由會務官擬定
目錄
一凡入會者須先函致本國都城辦會大員公署以便與
會中各官商準給照入會
一各賽會貨主將送會貨物價值聲明
一各貨主欲覓入會代辦者須爲會內各官許可之人
一凡有關會務信件俱致本國都城辦會大員公署若係
款內有未詳盡之處卽來本駐華欽差公館內詢明可也
光緒八年二月二十三日西歷一千八百八十二年四月
初十日

出使大臣李咨呈本大臣承准總理衙門電報公函飭令
辦理和國衙奇公會等因當經擬就章程函報開辦惟官
辦樣物採購各件必須派員承辦俾免臨時竭蹶茲查有
江海關道屬下洋務局提調三品銜道員用浙江候補知
府張守志均局員江蘇補用知府翁守秉鈞四品銜江蘇
補用直隸州謝牧國恩知縣用江蘇候補縣丞朱瓚江蘇
補用主簿程啟孝該員等熟悉洋務商務向在上海辦理
工程勸捐等差廉幹可靠除行文江海關道劄飭各該員
遵照外相應檢送章程備文咨呈爲此咨呈光緒八年五
月十六日咨呈北洋

擬辦和國大會章程

一向辦賽珍會係由總稅司經理一經通飭各海關稅司同時並舉不難尅期備齊兼有告假在洋之稅司幫同料理現在和國大會由兼使大臣綜理距華旣遠而和都又無駐紮之員就近經理在華固不能不劄派委員數人採購物樣在和亦須於柏林使館中分派一二員往來照料兼須暫僱洋人幫同收掌

一陳設各物僅由各海關道出示招商恐不足恃蓋前次巴黎大會華商折本者頗有其人倘專恃商貨萬一各商裹足屆期無人運貨來洋必致不成事體自應酌量官爲

採辦各處之著名土產每種數件仍可隨時售去歸還官本倘有餘利作補餘貨拍賣賤售之耗以及川資等項經費專派駐會之員稽查登記統歸正項收付造報

一大會中房屋一類各國均擬建造數間此次爲日已促赴華僱工定造恐難如期完竣現擬就近繪圖飭令洋匠仿造華式亭臺一二座旣免匠工川資土木運費計不致十分昂貴也

一向來辦會必須備陳出色物件數事會竣後即以貽贈其國君此次自應撙節照辦竊念中國磁器爲西人所心羡擬派員赴江西定製三四五尺高大花瓶一二對蘇州定造小快船一隻諸價作正開銷其各種房室輿服之模樣及各種出口之貨樣無可出售者只可留贈和君以符歷次辦會之成案

一此次官辦物件擬即遴派江海關道屬下幹練之員兼辦應備物本經費即可就近由江海關道動放實用實銷彙案造報

一在洋建造亭臺工費以及來往川資所需無多只需於出使經費項下先行挪用俟官物售出以後再行歸款彙案造報

一上海所派各員均係有差之員不必再給薪水除前赴

他處准其開支川資外事竣之後擬酌貼輿金銀兩以免賠累倘承辦之件赴賽出色者擇尤咨給外奬以示鼓勵

一京都之仿景泰窰器粵東之繡貨雕牙等件最爲西人所稱賞官爲採辦亦須較多於別項土產惟由滬上委員往辦頗多不便擬函託就地之穩練官紳代爲購辦其款亦由江海關撥還彙報

一官辦物件只能每種備少許畧爲點綴仍須招徠商人集貨赴賽方不淡薄應請總理衙門再行文各海關監督及海關道專派明練商務之員招勸商人選採洋人合用之貨赴會賽售惟發火及臭腐之物不得夾帶限於本

年十月初旬辦齊將各貨細單知照江海關彙報綜辦會務之出使大臣備核其貨或彙送上海或就近搭船俱按照歷次辦會成案報關運洋該商人或隨貨來洋或託人代售各聽其便除出進口免稅外其運費保費存棧租地看守等費例由該商人自理而官爲保護之

一此次係萬國賽珍會兼各大國屬地賽珍會本應以各國同類之物聚集比賽以貨爲綱以國爲目今既與該國辦會大臣商定略變其例將中國貨物在會中另設一區不與他國混雜庶辦會之員易於稽查照顧而商辦之各貨亦可薈萃一處看守發售均爲妥便

一此次中國援案允准辦物赴會原爲敦睦邦交起見所用路費旅費等固宜格外節省然一切陳設亦不可過於儉嗇以免其比較優劣貽彼此厚薄之譏務使豐儉得中事事歸於實際凡官辦之物一切華洋單據彙齊報明

一官商各物辦齊發運必在本年十月間不能再遲既無徑達和國都城之公司船而由英法公司轉運則水陸起卸爲費不貲且易遲誤擬與該國管會大臣商酌屆時苟無該國船隻自滬逕運則或搭招商局船或搭漢布克之公司船逕送和都以省周折其運費保費亦可臨時妥商合宜之價以免折閱俟臨時知照江海關辦理

總理衙門咨九月初七日准出使和國李大臣咨稱和國衙奇大會前奉飭令辦理當經擬就章程分咨呈送在案茲查辦理大會尚有未盡事宜應行續擬各條俾商人寄貨一切得資遵式相應添擬章程備文咨送請煩查照核定行知各海關一體知照等因前來本衙門查李大臣所擬章程除第二條似可毋庸置議外其餘各條並封條式樣相應照鈔咨行轉飭各海關道查照辦理光緖八年九月　日咨北洋

增擬辦理和國大會章程

一向辦大會由總稅司綜理派委總辦幫辦監工執事各

員甚多此次和國大會既由柏林使館兼辦無事多員擬即酌委提調一員專司駐會綜核官辦之貨物收放銀兩一切事宜幫辦數員專司在會繙譯語言照料物件收貨寄貨分司一切事宜所有各員應辦之事均由綜理會務之出使大臣酌量派定或由該員等稟請示遵辦理俾事有專責而條理不紊

一向來西國大會倘有中國紳商願將家藏古玩書畫珍寶等物寄洋赴賽並不出售者所有水腳保險間係官爲給發此次應否照辦應請總理衙門查案核定行知各海關出示曉諭惟須聲明倘原物遭險損失只能照保險價

値向公司索賠不得再索原物
一各商寄洋貨物無論自運或代人帶運均須預先稟請海關轉報出使大臣約需陳設地步若干尺以便代爲租定租價仍歸各商自給
一凡商人不願出洋但將貨物寄賽寄售者應令先期將貨物名色件數裝箱尺寸應需陳設地步尺寸報明各海關道轉咨出使大臣貨物起運後並將提貨總單先送來洋以便預爲代租地步派員經理租價仍由該商自給事竣後倘有餘貨或願寄回或願拍賣均須附報聲明俾便結算交代

一向來辦會由各口稅務司給發出口憑單此次和國大會不由總稅司綜理然貨物出口仍不能不由各關稅司給憑應請總理衙門通行各海關凡有呈報赴會貨物者由各海關監督隨時照會稅司給憑驗放一面咨明出使大臣查照
一本國赴會之物倘由招商局船專送則商人寄貨亦可交由招商局代運赴和所有和都驗收貨物即歸提調幫辦等員承辦
一凡商人有願赴會設肆售貨者亦應先期報明應需廊廡之房屋或庭院之棚舍若干間或須代賃器具等件其一切賃租應由該商人自給惟應在海關道衙門呈驗提貨準單俾免租定退悔徒費周折
一向來赴會物件箱面必有一定記識聞前屆巴黎大會係畫龍旂於箱面僅以墨筆鈎畫遠望不甚明晰現擬用雄黃牋紙刷印封條上繪龍形并列明
大淸國運赴大和國衙奇會物件箱華洋兩文字樣條式另附應請總理衙門分行各海關照辦俾赴會各貨箱面均有記號不致舛錯

總理衙門咨光緒八年十一月二十四日准出使和國李大臣咨稱據和國衙奇會總辦奧古士尼函稱接到倫敦太古總洋行主函復云本行有新加坡船可直達阿嘜士

得塘且茶市之前水力本屬減價但應向中國之公司商議可請中國官員在上海與太古分行就近商議或由上海運至和屬噶羅巴轉交本行輪船接運赴和請由滬逕商等情又接和蘭之南洋公司行來函云前經衙奇會總辦商令本公司在地中海帕賽口接運中國赴會貨物轉送阿嘜士得塘令本公司之船係由噶羅巴開輪逕達和國恐不能在帕賽口稽候接運不如請中國將赴會之貨物運至南洋噶羅巴島過入本公司之船接運會所較爲妥便大約用噶羅巴至會所每噸運費和銀三十二沽屯

約合英錢五十五昔林各等情據此查前在和都與該總辦面商駐和之太古行主及和國之南洋公司謂和國公司自帕賽至會所運費可以減半且太古行船自中國運至帕賽口亦可酌減現英倫敦太古總行主函復該會須在上海商議又和國公司亦謂不能在帕賽接運僅在噶羅巴接運其價又未必減半且由滬至噶羅巴再行起駁轉運糜費既多查運腳一切地亞士行主密臘最爲熟悉當邀面商因悉每常運貨或論體積或論重數每噸自滬至和約需英銀三磅半倘衔奇會貨物較多可向船商議減價值無論何商均可酌議如貨物在四五百噸以上則

可特僱一船逕送會所更爲便宜大約每噸運價在六十昔林之内倘招商局船可以減值承運亦可飭辦除咨請江海關道派員估計噸數前赴招商局暨各船商會議擇宜承運外備咨請查照轉行各海關一體知照等因前來除由本衙門咨行南洋大臣轉飭各海關一體知照並咨復李大臣查照外相應咨行光緒八年十二月　日咨北洋

英國賽魚會章程

總理衙門咨　准英國威大臣照稱各國擬於明年在本國京師開設漁戶器具公會茲准本國丞相歌咨開此舉本國雖不承辦而實有保全欣悅之心可否酌派大員如何辦理之處理合據情照會並將公會專章幅帙送呈查照等因當經本衙門劄飭總稅務司妥議聲復去後旋准申復如酌訂入會不若按照光緒六年德國賽會辦法於各口中檢擇一口備齊器具送往請核奪示遵等因經本衙門允如所請劄飭照辦茲據總稅務司申復前德國賽會係於各口中擇定甯波一口由稅務司辦理現值英國公會擬於潮州汕頭一口辦理並飭宜昌甯波打狗三關稅務司將其本口所特有之物檢備一二以資送往等因前來除照復威大臣查照辦理外相應抄錄威大臣專章等

件咨行查照辦理光緒八年七月　日咨北洋

照錄章程

第一款

英京倫敦擬於西歷一千八百八十三年開設賽魚公會

第二款

係奉大英皇后御勅保護欽定並由英太子總理其事倫敦賽魚會於西歷一千八百八十三年五月初一日開設約以六個月爲度即行停止

第三款

論設會之大旨悉載篇末分類表中不外乎洋海湖河之

各種魚類其所用器具以及捕捉之法均在其內

第四款

凡入會之物極佳出衆者應分別賞賚給予金銀銅各種獎牌及獎照均由會內陪驗官發給其等第俟擬定後再行頒出

第五款

凡入會陳設各物地方均無使費惟盤川水脚安揷遷運各項均由入會人自出其收放等事亦由入會人本身或代辦人經管至收會時若不將貨物載回其應如何安排之處可由會員代爲料理但一切費用仍須入會人付給

第六款

凡入會者須先刷印信函知照會中苟非因展限之故務須於西歷一千八百八十二年七月初一日以前函致辦會大員以便商准給照入會

第七款

辦會大員須於西歷一千八百八十二年十月初一日以前知照各領照人預將所定入會安置貨物地方逐一陳明以便會員早爲定奪一俟入會時即按照所訂若干地方分給衆人

第八款

如有幫助公會願將貨物借與會中陳設者務須向辦會大員商辦會員當給予執照令其註明在上以憑收回

第九款

凡派往外國經理會事人員務須與辦會大員及早通信因會中一切安置地方事宜均應責成該員先行知照以便預備除未派經理會事人員前往之國其入會人當徑向會員商辦其已經派員經理之國會員可不必與入會人往來商榷

第十款

會員等應俟接有派往外國經理人員來函即行按照來函如式預籌地基以便入會人布置貨物

第十一款

領照人本國並未派員經理會事者其應預備地方之處仍可逕向辦會大員商定

第十二款

會員宜與各處鐵路公司議訂運載入會貨物往來專條如有成議即行知照各國入會人一體遵守

第十三款

凡入會人無論僱夫挑運或由鐵路公司裝運入會貨物往來遞送收放等事悉由本人經理會員概不與問

第十四款

所有入會人各物捆紮停妥包面須蓋印紅字戳記並須書明入會人姓名貨名及數目爲證

第十五款

各包入會貨物清單亦須塡明入會人姓名貨物若干件及由何處收發字樣

第十六款

凡入會貨物往來遞送收放或不加捆縛均須入會人或代辦人自行照料其不加捆縛之物尤宜點驗清楚若貨物抵會時無人點收會員當仍令脚夫載回無論何物到會時苟入會人或代辦人不在其旁倘有遺失損壞等事均與會員等不相干涉

第十七款

凡入會貨物由外國運載而來必須蓋印紅字戳記寫明入會人或代辦人姓名並聲明由某國運載前來貨物若干字跡宜極清楚不可模糊

第十八款

凡入會人在會中所佔之地位務須讓出公路以便行人往來

第十九款

會中所用玻璃箱櫃櫃臺板座等均無定式惟玻璃箱櫃及隔斷離地板不得逾一丈櫃臺不得逾三尺板座不得逾一尺

第二十款

凡列貨之地所置闌干宜一律高於地板二尺六寸須在所定地址界限以內不可侵佔他處

第二十一款

會中地板非由會員允許不得因便於陳設貨物輒從更改遷築即使會員准行其工費須由入會人自出

第二十二款

入會人所設貨物不准阻遮亮光有礙道路並不得妨害他人致多未便

第二十三款

所有裝潢宜歸一律並臻佳妙苟非由會員准行不准擅用他項旂號及一切裝潢

第二十四款

凡招牌等類當懸掛後面不得平列於貨架之前庶不有礙亮光招牌須用金黑二色應如何懸掛之處須聽辦會大員調度

第二十五款

凡招牌等或刻或寫倘非整齊精緻者不得粘貼
第二十六款
凡入會人倘經會員准建辦事房於列貨之地其屋式非由會員特准高不得逾八尺須蓋於貨架之後色用金黃或黑油漆俱可
第二十七款
凡陳設貨物之地四周隙地不准安放貨包及空箱在彼貨箱一到隨收隨開空箱即由入會人代辦人立刻運出會員不能代爲收納搬運其運費亦由入會人自出
第二十八款
凡盛貨空箱會員並不代爲寄頓棧房會中亦不預留空地存儲
第二十九款
入會人務須預備人役自開會以迄停會時常洗抹貨物貨架均令淸潔整齊楚楚可觀
第三十款
入會人非由會員允許不准挪移地位將貨物陳設他處及將他人貨物並列一處
第三十一款
凡會中貨物皆須寫畫本人所用之名號

第三十二款
列貨之人若係商賈務須一律號淸所値以便官人酌核則觀者易知其價
第三十三款
凡會中貨物有賣出者於場門未閉之先非由會總特言允許一槪不准取出至貨物之能霉爛傷損者亦爲之另設專條
第三十四款
出列器皿者必用水氣或煤氣須將應用多寡報明至列行動機器者又須報明其動轉力之大小一切應用者如鐵木架滑車煤氣與水氣等使費皆歸本人然須遵守條規及聽從伊本國官之功令
第三十五款
一切物件之能轟爆有險者皆不得送入
第三十六款
燒酒大酒以及油水等各種之能霉爛他物或與場中有礙者只得收入盛以小器列於堅固之處以保不虞
第三十七款
會總自操羅列各國貨簿之權而各國亦可自以本國文字繕寫一本內載所列貨物名目價値

第三十八款
所有貨單及他刷印紙片之送人觀者必先經會總或督辦人過目批准如察中有不便者可隨時撤回
第三十九款
凡出列之貨非經會總批准不得照畫以及仿造
第四十款
凡物遺失損壞會總一概不管雖辭其咎然必悉心預防以免遺失損壞
第四十一款
收貨之期放貨之地發給門牌及如何選人驗貨須賞以

後自當陸續酌定
第四十二款
各款之須加增刪改皆歸會總管理
第四十三款
凡英人及各國人之為賽物者聲明遵照所定各款及將來隨時續定之款會總自當隨時發給
第四十四款
凡人之不守條規者會總咸有除去挪移之權
第四十五款
當列會時如被所列之機器傢伙傷壞遊人官役無論何人及本會僱用之人則本人須令貨主賠償不與本會會總相干

附賽魚會分類表共七類
第一類　洋海湖河捕魚船隻機器等
第二類　漁人衣服房屋等
第三類　存儲備用販運各種魚類
第四類　養育魚類各法
第五類　養育所各式
第六類　論漁業各種書籍
第七類　賽會賞格

為曉諭事七月初三日蒙署督憲張劄准總理衙門咨准大英國駐京大臣威照稱各國擬於西歷一千八百八十三年五月初一日卽在中歷明年三四月間在本國京師開設漁戶器具公會約以六箇月為度卽行停止行令照案曉諭等因蒙此合行出示曉諭為此示仰工商漁戶人等知悉如有願將後開漁戶器具送往英國倫敦京師賽會者卽行前往比賽可也特示光緒八年七月　日津海關示

德國韓卜城牲畜賽奇會章程
總理衙門咨光緒八年十二月十一日准德國巴大臣照

稱本國擬在韓卜城地方設立各國牲畜賽奇會於九年五月二十九日開會於六月初八日告竣若中國官民均願列入會中洵稱美舉並將會條號單附送前來當經本衙門劄飭赫總税司酌辦去後茲據申稱詳查此會不過九日之舉其會中所求者則各類之活畜泰西附近之國官民易於親身赴會亦無難攜帶牲畜雖道遠二千里者一晝夜可到若中國送牲畜至韓卜城至快約須六十日始到活物水腳必格外昂貴尙未定到彼得活與否而一路在船束縛拘執肢體皮毛必極疲瘦以疲敗之物赴會反爲人所指摘故一時立爲赴約原屬難事然既承巴大

臣照知自可示及中國官民凡有願去者聽從其便以副雅意等語申復前來本衙門查該總税司所呈係屬實在情形除據情照復巴使外相應照抄會條號單咨送查照飭行各口諭示中國官民凡有願去者聽從其便光緒九年正月　日咨北洋

照錄會條號單

領取入會憑單第七所鷄鴨類　信面格式

函寄德國昂堡城一千八百八十三年新設關涉農政生靈賽奇會總董某查收

信內格式

所有賽會各物務須逐件開列清單二分所領之入會憑單極遲至西歷一千八百八十三年五月三十日務須呈進

來函須填寫入會人姓名職業住址

一來函物件數目暫空出勿填寫

二所賽何項物件須於來函中預先聲明

三須聲明賽會禽鳥雄者若干種

四須聲明賽會禽鳥雌者若干種

五賽會之物係何種類並其顏色均須開明

六安置各種器具地位須若干方尺

七屋內須佔若干方尺地位

八屋內安置几案須佔若干方尺地位

九屋內牆垣須佔若干方尺地位

十屋外須佔若干方尺地位

十一建置房屋須若何式樣

十二入會之物如須售賣者其價目須若干

十三保火公司費須用若干

領取入會憑單第六所鱗介類　第八所安置牲畜廠所及各種器具

第九所豢養生靈諸學　信面格式

函寄德國昂堡城一千八百八十三年新設關涉農政生

靈賽奇會總董某查收
信內格式
來函須填寫入會人姓名職業住址
一來函物件號頭暫空出勿填寫
一賽會物件數目若干
一賽會之物係何式樣須先聲明
一屋外須佔若干方尺地位
一屋內須佔若干方尺地位
一屋內牆垣須佔若干方尺地位
一屋內安置几案須佔若干方尺地位

一各物要加大地位安置物件須先聲明
一入會之物如須售賣價目若干
一保火公司費須用若干
一賽會物件係何人所寄必須聲明
領取入會憑單第一所駒馬類　第二所牲畜類　第三所羊隻
類　第四所母猪各物件　專寄與某所須註寫清楚函寄須填
姓名職業住址
一來函物件號頭暫空出勿填寫
二寄與某所須聲明
三何類牲畜須註明

四雌雄須註清
五牲畜之顏色須寫明
六牲畜之年歲幾何註清
七牲畜由何處喂養寄來
八九十十一等皆見第五所內聲明
十二牲畜何時生養
十三如須售賣其價目若干
十四保火公司費須用若干
十五馬廐式樣若何
十六另外應用房屋式樣

十七單內未及開者自行註明
領取入會憑單第五所蜜蜂類　信面格式
函寄德國昂堡城一千八百八十三年新設牲畜農政器
具賽奇會總董某查收
信內格式
來函須填寫入會人姓名職業住址
所有賽會各物件須逐件開列清單二分所領之入會憑
單送入會內愈早愈妙緣因ㄙ口二號極遲至一千八百
八十三年正月三十日如ㄙ日二號至五月三十一日皆
須送齊

一來函物件號頭暫空出勿填寫
二賽會物件數目若干
三賽會物件式樣如黄蜂蜂房等件皆須聲明
四應用遮蓋地位若干
五應用遮蓋牆壁地位若干
六應用遮蓋几案地位若干
七不必遮蓋地位若干
八另外應用房屋等件
九入會之物如須售賣其價目若干
十保火公司費須用若干
十一單內未及開者自行註明

第一所
各國各種馬匹計共花紅銀五萬瑪克即洋銀一萬二千五百圓並各項奬賞
第二所
各國各種牛隻除例奬外計共花紅六萬八千一百二十瑪克即洋銀一萬七千零三十圓
第三所
各國各種羊隻計共花紅銀一萬九千四百瑪克即洋銀四千八百五十圓並有各項例奬

第四所
各國各種母猪除例奬外共花紅銀一萬一千四百八十瑪克即鷹洋二千八百七十圓
第五所大略節譯
蜜蜂類花紅銀三千零二十五瑪克四瑪克抵英銀一圓
另備金牌三件銀牌五件奬單九紙分別酬贈
第一項蜂王
第二項整羣蜜蜂
第三項養蜂蜜籠
第四項養蜂應用器具
第五項蜜蜂出產

第六所
鱗介類除例奬外備有花紅銀二千零六十瑪克並金牌八件銀牌二十件銅牌二十二件
第一項畜養鱗介應用之器具物料
第二項池塘漁具
第三項江湖漁具
第四項衞漁器具
第五項畜魚運魚器具
第六項活魚

第七項變易朽敗魚鼈為糞田肥料之法

第七所

各國家畜鷄鴨鵝鴿並窩巢等類除例獎外另備銀牌銅牌暨獎單分別酬贈

第八所

安置牲畜廐所及各種器具

第一項牲畜牧地

第二項牲畜欄位

第三項安置牲畜房屋各料

第四項牧養各種器具以上除例獎外另鑄金銀銅牌分別獎賞

第九所

豢養生靈諸學

第一項各種器具

第二項各種耕牧圖說

第三項各種牧政志書譜表及一切創立規法

第四項牧養生靈各法以上除例獎外另鑄金銀銅牌分別獎賞

通商約章類纂卷三十五

中美新訂商約一卷中日新訂商約一卷
附奏定約束出洋學生並鼓勵章程一卷

〔清〕呂海寰　張之洞纂

《中美新訂商約》一卷《中日新訂商約》一卷附《奏定約束出洋學生並鼓勵章程》一卷，清吕海寰、張之洞纂。海寰（一八四二—一九二七）字鏡宇，山東掖縣（今萊州）人。同治六年（一八六七）舉人，歷任駐德、荷蘭使臣，民國時任中國紅十字會會長。之洞（一八三七—一九〇九）字孝達，號香濤，南皮（今屬河北）人。同治二年進士，授翰林院編修，歷任兩廣總督、湖廣總督、軍機大臣。光緒二十九年（一九〇三）中美、中日新訂商約簽訂，多針對外洋商船進入中國之船鈔、海關銀兩、商税項目、貨品税率等項目之條款。末附張之洞《奏定約束出洋學生並鼓勵章程》。據上海圖書館藏清光緒間排印本影印。

大清國
大皇帝
大美國
大伯理璽天德因欲推廣彼此之商務及振興兩國人民之利益又因於一千九百零一年九月七號會
定議和條約之第十一欵內開
大清國國家允定將通商行船各條約內諸國視爲應行商改之處及有關通商各他事宜均行議商
以期妥善簡易等因是以
大清國
特派欽差辦理商約大臣　工部尚書呂海寰
太子少保前工部左侍郎盛宣懷
大美國
特派修定商約事宜駐劄中國便宜行事全權大臣康格
駐滬總領事古納
駐滬商董希孟
各將所奉

八月十九日中外日報館附送

特賜之權互相較閱俱屬妥當現將兩國從前所立之通商行船各條約會議修改及議定增補各欵以期利便通商開列於左

第一欵

現照公例並因中國欽差辦理交涉大員應得駐紮美國京城其所享一切特權並優例及豁免利益均照相待最優之國所派之相等欽差辦理交涉大員一體接待享受是以美國欽差辦理交涉大員亦應得駐紮中國京城凡有呈遞國書或代遞美國

大伯理璽天德與中國

大皇帝之書即可隨時覲見其覲見之禮以及接見之地均須酌定合宜與該大員品位相當且始終相待美國交涉大員之禮儀均應按照平等之國所用者俾兩國彼此均不失體統其所享一切特權並優例及豁免利益亦按公例照相待最優之國所派之相等交涉大員一體接待享受至所有往來文函美員所發者應以英文作爲正義華員所發者應以漢文作爲正義

第二欵

現因中國可派領事官員駐紮美國各地方其所享分位職權並優利及豁免利益均與別國駐美領事官員一律是以美國可按本國利益情形之所宜酌派領事官員前往駐紮中國已開或日後開爲外國人民居住及通商各地方此等領事官遇有事故應以平行之禮互敬之道照事酌情或

會晤或行文可直與該領事官員職守所及之地方官相商辦理凡華官遇有此等官員均須以合宜之禮相待至所享分位職權及優例豁免之事並裁判管轄本國人之權應與現在或日後中國施諸最優待之國相等官員者無異此國官員如被彼國官員有侮慢欺藐等情可將委曲情由稟報各該管上司務使澈底根究秉公辦理彼此所派領事官員亦不得率意任性致與駐紮之國官民動多牴牾

美國領事按例妥派到中國各通商處之日應由美國駐京大臣知照外務部即由外務部按照公例認許該領事並准其辦事

第三款

美國人民准在中國已開及日後所開爲外國人民居住通商各口岸或通商地方往來居住辦理商工各業製造等事以及他項合例事業且在各該處已定及將來所定爲外國人民居住合宜地界之內均准賃買房屋行棧等並租賃或永租地基自行建造美國人民身家財產所享之一切利益應與現在或日後給與最優待之國之人民無異

第四欵

中國認悉現在於轉運時紛紛征抽貨物之稅捐其中以厘金爲甚難免阻滯貨物不能流通勢必傷貿易之利是以允願將通國轉運向抽之厘金以及各項行貨稅捐一概裁去並將向有征收此

項稅捐之局卡一併裁撤不得另行設立局卡以征抽行貨稅捐中美兩國彼此訂明自將厘卡以及行貨稅捐他項局卡裁撤後不得改名或藉詞將此項局卡復行設立

美國允許美商運進之洋貨及運出外洋或運往通商他口之土貨除照當時稅則應納正稅外加完一稅以爲補償中美兩國彼此訂明進口洋貨所加抽之稅不得過於中國與各國光緒二十七年七月二十五日即西歷一千九百零一年九月七號簽押之和議條約所定之進口正稅一倍半之數

此項進口正稅及加添之稅一經完清其洋貨無論在華人之手或在洋商之手亦無論原件或分裝均得全免重征各項稅捐以及查驗或留難情事至出口土貨所納稅之總數連出口正稅在内不得逾値百抽七五之數

本欵所載各節毫無干碍中國主權征抽他等稅項之意祇須不與此欵有所違背

中美兩國心存以上各節爲宗旨故允願辦法如下

中國允將十九省及東三省陸路鐵路及水道所設征收行貨厘捐及類似行貨厘捐之各項局卡概予裁撤於本欵照行之時不得復設凡有在沿海及設有新關之通商處所並在十九省及東三省中國沿陸之邊界現有各常關不在此列凡有新關之地方或日後新關不論設在何處均可設立常關及沿海沿陸邊界不論何處亦可一併安設

美國允願洋貨於進口時除按照光緒二十七年所訂和約內載進口貨稅增至切實值百抽五外再加一額外稅照和約所定之稅加一倍半之數以抵裁撤厘金並行貨別項稅捐及洋貨各項稅捐並酬此款所載各項整頓之事

中國可以將現在出洋土貨稅則從新修改以値百切實抽五之例爲準凡能改者即當定爲各該貨按色應完稅銀幾何惟如欲加抽須先六個月預行通知方可現行稅則有逾估價值百抽五之數者亦須裁減無逾但因裁撤厘金及內地各項行貨稅捐之故所有土貨販運出洋或由通商此口轉運通商彼口除出口正稅外可在起運處或於出口時加抽當時出口正稅之一半以爲抵補

凡洋貨與土貨相類者完納進口正稅及所加之稅後該口新關若據貨主請領即應逐包發給該貨已經完淸各該稅項之憑單免至內地有爭執之處

凡民船運至通商口岸之土貨將在本地銷售者無論貨主是何國之人祇應報明常關以便照中國政府稅項章程辦理

凡用機器紡成之棉紗及織成之棉布無論係洋商在通商口岸或係華商在中國各處紡織者所應抽稅項均須一律無異惟各該機器廠製成之貨物於完稅時所用之棉花若係外洋運來者應將已完進口正稅全數及進口加稅三分之二發還所用者若係土產棉花須將已征之各項稅銀全數一倂發還其出口正稅出口加稅復進口半稅概行豁免凡別項貨物與洋貨相同在中國用

機器造成者亦須按照以上章程辦法辦理

由每省督撫自行在新關人員中選定一人或數人商明總稅務司由該督撫派赴常關當差爲監察常關之辦法

凡有不合例之事一經美國人民告發卽由中國派相當官員一名會同美國官員一名及新關人員一名彼此職位相等查辦其事如經該人員查出實有留難受虧各情須由新關賠還舞弊之員應責成該省大吏從嚴參辦開去其缺倘查出實係瑣瀆或被誣原告應罰還查辦一切費用

此約一經兩國批准互換並與中國有約之各國允照本款各節後則會定此款舉行之日期卽應明降

諭旨用謄黃布告於衆通傳備國言明將向有之各項釐金及行貨稅捐全撤並將征抽此項稅捐之關卡及征收內地各項洋貨稅捐盡行裁除其征抽進口洋貨出口土貨之加稅及本款所載他等更改稅項暨整頓稅項之事須一併同時舉行所降

上諭亦須載明如有背此約文詞意之員卽責成該省大吏從嚴參辦開去其缺

第五款

美國人民在中國輸納之進口貨物稅則須載錄於此約附表之內作爲此約全體之一分如有修改之處祇可按照本約第四款所載或照中美兩國彼此日後所定辦理但訂明美國人民無論何

時輸納稅項較之最優待之國之人民所輸納者不得加重或另征又中國人民運貨進美境者

注因美國向無出口稅是以祇言運進美境貨物而不言出口貨物

所納之稅不得較重於最優待之國之人民所納者

第六欵

中國允許美國人民在中國各通商口岸將該管官員核准之棧作爲關棧以便屯積合例貨物及拆包改裝或預備轉運惟該棧必須遵中國爲保護稅課起見隨時所定之關棧專章輸納公道規費至此項規費應納若干按棧離關遠近屯何貨物並工作早晚酌情核定

第七欵

中國因知振興礦務於國有益且應招徠華洋資本興辦礦業故允自簽押此約之日起於一年內自行將美國連他國現行礦務章程迅速認眞考究採擇其中所有與中國相宜者將中國現行之礦務章程從新修改妥定以期一面振興中國人民之利益於中國主權毫無妨礙一面於招致外洋資財無礙且比較諸國通行章程於礦商亦不致有虧美國人民若遵守中國國家所定爲中外人民之開礦及租礦地輸納稅項各規條章程並按照請領執照內載明礦務所應辦之事可照准美國人民在中國地方開辦礦務及礦務內所應辦之事至美國人民因辦理礦務居住之事應遵守中美彼此會定之章程辦理凡於此項礦務新章頒行後始准開礦者均須照新章辦理

八月念一日中外日報館附送

第八欵

還稅之存票須自美國商人稟請之日起如查係應領者限於二十一日之內發給此等存票可用在發給之新關按所載銀數除船鈔一項外以抵各項貨稅至洋貨入口後三年之內轉運外洋凡執持此等存票者卽准任便向發給之新關按全數領取現銀倘請發存票之人欲圖混騙一經新關查出照美國天津條約第二十一欵所載懲罰影射夾帶情事之辦法辦理該貨若已運出中國界外則應由本國領事將犯事人罰一合宜欵項其所罰之銀送交中國查收

第九欵

無論何國人民美國允許其在美國境內保護獨用合例商標如該國與美國立約亦允照保護美國人民之商標中國今欲中國人民在美國境內得獲保護商標之利益是以允在中國境內美國人民行鋪及公司有合例商標實在美國已註册或在中國已行用或註册後卽欲在中國行用者中國政府准其獨用實力保護凡美國人民之商標在中國所設之註册局所由中國官員查察後經美國官員繳納公道規費並遵守所定公平章程中國政府允由中國該管官員出示禁止中國通國人民犯用或冒用或射用或故意行銷冒仿商標之貨物所出禁示應作爲律例

第十欵

美國政府允許中國人民將其創製之物在美國註册發給創造執照以保自執自用之利權中國

政府今亦允將來設立專管創製衙門俟該專管衙門既設並定有創製專律後凡有在中國合例售賣之創製各物已經美國給以執照者若不犯中國人民所先出之創製可由美國人民繳納規費後即給以專照保護並以所定年數爲限與所給中國人民之專照一律無異

第十一款

無論何國若以所給本國人民版權之利益一律施諸美國人民者美國政府亦允將美國版權律例之利益給與該國之人民中國政府今欲中國人民在美國境內得獲版權之利益是以允許凡專備爲中國人民所用之書籍地圖印件鐫件者或譯成華文之書籍係經美國人民所著作或爲美國人民之物業者由中國政府援照所允保護商標之法及章程極力保護十年以註冊之日爲始俾其在中國境內有印售此等書籍地圖鐫件或譯本之專利除以上所指明各書籍地圖等件不准照樣翻印外其餘均不得享此版權之利益

又彼此言明不論美國人所著何項書籍地圖可聽華人任便自行翻譯華文刊印售賣

凡美國人民或中國人民爲書籍報紙等件之主筆或業主或發售之人如各該件有礙中國治安者不得以此款邀免應各按律例懲辦

第十二款

中國政府既於一千八百九十八年將船艘可以行駛之內港開爲特行註冊之一切華洋輪船行

駛貿易以便載運搭客及合例貨物美國人民行鋪公司均可經營此項貿易其所享利益應一與給予他國人民者相同

嗣後無論何時或中國或美國如欲將當時內港行輪各章程再行修改視爲有益之舉應由中國查看所擬修改之處果爲貿易所必需且於中國有利則由中國政府應允和平採酌辦理

中國政府應允俟此約批准互換後將盛京省之奉天府又盛京省之安東縣二處地方由中國自行開埠通商訂定外國人公共居住合宜地界並一切章程將來由中美兩國政府會同商定

第十三款

中國允願設法立定國家一律之國幣即以此定爲合例之國幣將來中美兩國人民應在中國境內遵用以完納各項稅課及付一切用款惟彼此商明凡納關稅仍以關平核計爲准

第十四款

耶穌天主兩等基督教宗旨原爲勸人行善凡欲人施諸己者亦必如是施於人所有安分習教傳教人等均不得因奉教致受欺侮凌虐凡有遵照教規無論華美人民安分守教傳教者毋得因此稍被騷擾華民自願奉基督教毫無限止惟入教與未入教之華民均係中國子民自應一體遵守中國律例敬重官長和翕相處凡入教者於未入教以前或入教後如有犯法不得因身已入教遂免追究凡華民應納各項例定捐稅入教者亦不得免納惟抽捐爲酬神賽會等舉起見而與基督

教相違背者不得向入教之民抽取

教士應不得干預中國官員治理華民之權中國官員亦不得歧視入教不入教者須照律秉公辦理使兩等人民相安度日美國教會准在中國各處租賃及永租房屋地基作爲教會公產以備傳教之用俟地方官查明地契妥當蓋印後該教士方能自行建造合宜房屋以行善事

第十五欵

中國政府深欲整頓本國律例以期與各西國律例改同一律美國允願盡力協助以成此舉一俟查悉中國律例情形及其審斷辦法並一切相關事宜皆臻妥善美國卽允棄其治外法權

第十六欵

美國兹允中國禁止莫啡鴉及刺入肌膚莫啡鴉之各針進口除爲醫治所必需者於進口時照則納稅應遵中國爲防有不因醫治使用起見所自定專章辦理不在此禁例此外無論由何國何地運來者均應一律禁止毫無歧視中國亦允禁止國內之鋪戶製煉莫啡鴉或製造此項之針以杜隱患

第十七欵

中美兩國彼此訂明兩國所立各約章如於一千九百年正月一號尚行者現仍施行至其爲現立之約或中美兩國別立之約所更改者不在此列

現訂之條約須施行十年換約之日起直行至下文所載續修改定之日爲止兩國又訂明或中國或美國在十年限期未滿以前均可請將現約所載之稅則及各欵修改倘十年期滿之前尚未照請修改則由該十年限期已滿之日起算續行十年以後均照此限辦理

現訂之條約及附件三件其漢英文均經詳細校對惟嗣後如有文詞辯論之處應以英文作爲正義

本約及附件三件畫押後須按照中美兩國之制度恭候

御筆批准在於美京華盛頓城於一年限內會晤互換以昭信守

本約立定由兩國

特派大清國大美國欽差大臣在中國江蘇省之上海將本約漢英文各二分畫押蓋印

光緒二十九　年　月　日

西歷一千九百零　年　月　日

附件第一　現因按照條約美國人民業已不准作鴉片之貿易是以本約未提征抽鴉片稅捐之事又因鹽斤係中國政府專辦之事是以本約亦未提征抽鹽斤稅捐之事但彼此屢次辯論熟商訂明在內地征抽鴉片鹽斤稅捐之事及保全稅捐防範走漏之法均任由中國政府自行辦理但不得與本約第四欵所載別項貨物轉運時不得阻滯各節有所干碍

附件第二　中美兩國茲所修改通商條約第四欵內載明所留通商口岸之常關應由中國政府設立分關以保中國各該處之稅餉至其與總關相距合情理之遠近分口必須各該口岸之新關華洋官員以爲征收該口岸進出貿易貨稅所必需方可設立所有此項分口及總關須照一千九百零一年和約所載辦法由新關管理

附件第三　本約第五欵所載進口貨之稅則爲本約之附表現彼此聲明此附表卽指中美所派大臣議定之稅則係照一千九百零一年九月七號和議大綱已於一千九百零二年九月六號美國大臣中國大臣在上海所簽押者

中國商約大臣致美國商約大臣照會

爲照會事照得本大臣等與
貴大臣會議時迭次聲明凡中英新修通商條約所載中國自抽之銷場稅出廠稅及與
貴大臣議定由中國自抽之出產稅以抵內地常關裁去之稅均任中國自行征抽酌辦
貴大臣雖不願將以上各節載明約內但經迭次答復美國政府在本約內除所載各節外並無限制
中國主權之意本大臣原意將中國應可征抽以上各稅照會
貴大臣作爲本約附件嗣
貴大臣允照所力請於本約第四欵內包括數語卽並不干礙中國主權所征抽他等之稅惟亦不得

與此欵有所違背等因本大臣閱悉以上數語較原意該照會尤爲賅備是以現在重爲申明凡論抽各等稅項自應仍聽中國自行辦理惟不得與本約第四欵所載有所違背相應照會爲此照會

貴大臣請煩查照須至照會者

美國商約大臣覆中國商約大臣照會

爲照復事照得本大臣於九月二十四號接准

貴大臣來文已悉查此次立約本大臣願意承認中國主權可以征抽各等稅項惟亦不得於約欵有所違背蓋欲推廣彼此之商務及振興兩國人民之利益計也爲此本大臣照

貴大臣所請於第四欵內增入一句卽毫無干礙中國主權征抽他等稅項之意祇須不與此欵有所違背等因

貴大臣以此句自係賅備除所載各節外並保全中國主權與本大臣意見相同須至照復者

美國商約大臣致中國商約大臣照會

爲照會事照得本大臣等與

貴大臣現在修改中美兩國通商條約第四欵內所載裁去中國內地常關係爲免征行貨起見並不藉此欵以裁撤北京崇文門並各城門土貨關稅及左右翼之牲畜並房屋稅相應照會

貴大臣查照存案須至照會者

大清國
大皇帝陛下
大日本國
大皇帝陛下爲將光緒二十七年七月二十五日卽明治三十四年九月初七日在北京簽定議定條欵
第十一條訂定之事實辦見效起見商定通商行船條約續約以期
大清國
大日本國通商事宜緣此簡易振興是以
大清國
太子少保前工部左侍郎盛宣懷
工部尚書呂海寰
商務部左侍郎伍廷芳
大皇帝陛下特派欽差辦理商約大臣
大日本國
駐北京欽差衙門頭等參贊官日置益
駐上海總領事小田切萬壽之助
大皇帝陛下特派欽差辦理商約大臣
爲全權大臣各將所奉全權文憑較閱俱屬妥善會同議定各條開列於左

第一欵

中國現因厘革財政擬欲照征海陸各關所過百貨之正稅外另添加稅以抵因全行裁釐所絀之欵幾分日本國政府允認按照與中國有約各國共同商定加稅之率一律照輸無異所有中國征收出產銷塲出廠以及土藥鹽斤等稅亦悉照各國與中國商定辦法無稍歧異並不得因此日本之商務暨利權較他國商務暨利權致有軒輊之處

第二欵

中國國家允日本輪船業主自行出資在長江宜昌至重慶一帶水道施設扯上湍瀨之件因關係四川兩湖地方百姓應聽候海關核准後始行安設無論民船輪船均可任便聽用但所設之件不得阻碍水道或阻碍民船暢行或阻碍江邊陸路行人所有一切辦法仍須遵照海關議定專章辦理

第三欵

中國國家允能走內港之日本各項輪船在海關報明由通商口岸往來報明之內港地方貿易應悉照所定正續各章程辦理

第四欵

中國人民與日本臣民爲辦正經事業合股經營或合辦公司應照其合同章程損益公任並須照

其自認合同章程辦理並願按日本公堂解釋該合同章程之辦法倘不照辦致被控告中國公堂應即飭令中國人民將其分內當爲之事照合同章程辦理日本臣民與中國人民合股經營或合辦公司亦應照其合同章程損益公任倘有不守合同章程分內當爲之事日本公堂亦須飭令一律辦理

第五欵

中國國家允定一章程以防中國人民冒用日本臣民所執挂號商牌有碍利益所有章程必須切實照行

日本臣民特爲中國備用起見以中國語文著作有益於中國之書籍以及地圖海圖執有印書之權亦允由中國國家定一章程一律保護以免利益受虧

中國國家允設立註册局所凡外國商牌並印書之權請由中國國家保護者須遵照將來中國所定之保護商牌及印書之權各章程在該局所註册

日本國國家亦允保護中國人民按照日本律例註册之商牌及印書之權以免在日本冒用之弊

凡日本人或中國人民爲書籍報紙等件之主筆或業主或發售之人如各該件有碍中國治安者不得以此欵邀免應各按律例懲辦

第六欵

中國國家允願自行從速改定一律通行之國幣將全國貨幣均歸畫一即以此定爲合例之國幣將來中日兩國人民即在中國境內遵用以完納各項稅課及別項往來用款毫無窒碍至中國改幣即仿日本及泰西各國改幣辦法宗旨酌量辦理以期上下交益惟彼此商明凡納關稅仍以關平核計爲准

第七款

中國因各省市肆商民所用度量權衡參差不一並不遵照部定程式於中外商民貿易不無窒碍應由各省督撫自行體察時勢情形會同商定畫一程式各省官員出入一律無異奏明辦理先從通商口岸辦起以漸推廣內地惟新定之度量權衡與現行之度量權衡有所參差或補或減應照數核算以昭公允

第八款

光緒二十四年五月七月先後所訂內港行輪章程間有未便是以中國允將此章程從新修補附載此約惟此章程應按照遵行直至日後彼此允願更改爲止

第九款

中日兩國現存各條約及兩國約定事項未經因立本條約更改或廢除者仍舊照行不違茲特聲明且大日本國政府官員人民通商行船轉運工藝以及所有一切財產應享

大清國

大皇帝陛下及政府各省或地方各官府允與別國政府官員臣民通商行船轉運工藝以及財產中之一切優例豁除及利益無論其現已允與或將來允與一體均享完全無缺中國官員工商人民之在日本者日本國政府亦必按照律法章程極力通融加以優待

第十款

現在兩國議定如駐紮直隸省之各國兵隊暨各國護館兵隊一律撤退後中國即當在北京自開通商埠其詳細章程臨時商酌訂定中國允願俟本日所訂畫押之中日通商行船條約續約批准互換後六個月以內將湖南省之長沙府開作通商口岸與已開各通商口岸無異各國人民在該通商口岸居住者須遵守該處工部局及巡捕章程與居住各該處之華民無異非得華官允准不能在該處通商之界內自設工部局及巡捕此約已經批准互換後中國政府應允將盛京之奉天府又盛京省之大東溝兩處地方由中國自行開埠通商此兩處通商埠訂定外國人公共居住合宜地界並一切章程將來會同商定

第十一款

中國深欲整頓本國律例以期與東西各國律例改同一律日本國允願盡力協助以成此舉一俟查悉中國律例情形及其審斷辦法及一切相關事宜皆臻妥善日本國即允棄其治外法權

第十二欵

本條約繕就漢文日本文英文署名爲定惟爲防以後有所辯論起見兩國全權大臣訂明如將來漢文與日本文有參差不符均以英文爲準

第十三欵

本條約應奉

大清國

大皇帝陛下

大日本國

大皇帝陛下批準既經批準後在北京迅速互換其互換日期由本日署名起至遲不逾六個月爲此兩國全權大臣署名蓋印以昭信守

大清國欽差大臣

大日本國欽差大臣

光緒二十九年八月十八日

西歷一千九百零三年十月十日

附件

續議內港行輪修補章程

一日本輪船東可向中國人民在河道兩岸租棧房及碼頭不逾二十五年租期如彼此兩願續租亦可從新再議倘日商不能向華民妥租棧房及碼頭須由地方官與商務大臣商妥後照公道時値預備棧房碼頭租給租滿之後亦可接租

二葦船碼頭不得有碍水道亦不碍船只通行並須由最近海關先行查明允准但海關亦不得無故駁阻

三日本商人所租棧房及小碼頭須納稅捐如同中國人民左近相類之房產一樣日本商人只能用中國代理人及辦事等人在該內河行輪處所租棧房之內居住貿易惟日商亦可隨時前往察視其生意情形不得因此於中國向來管轄華民之權稍有減損或有所妨碍

四凡在中國內港行駛之輪船如有損傷隄岸或各項工程應責成該輪船將隄岸工程査係損傷以及他項因傷受虧一切賠償業主如有淺水河道恐因行輪致傷隄岸以及相連之田地中國欲禁小輪行駛者知會日本國官員査明實有妨碍卽行禁止日輪行駛該河但華輪亦應一律禁止至華洋輪船並不得駛過內河向有壩閘之處防有損傷該處壩閘有碍水利

五日本政府欲將中國內地水道開通行駛輪船大意實爲中外貨物運動迅速起見如現在或日後有行駛內地水道之日輪而該船業主允願將輪船轉賣與華人公司及掛中國旗號日本國政

府應許不加禁阻如有華人按照中國律例註册設立內港行輪公司而有日本人附股者不得因該公司有日股在內遂以爲該公司輪船卽准掛日本國旗號

六民船向不准裝運違禁貨物凡行駛內港輪船及該輪拖帶之船亦均一律不准裝運如有不遵卽照約載違禁章程辦理註銷所給關牌不准行駛內港

七內港行輪風氣未開內地居民宜令其少受驚擾故凡內港其向未經輪船行駛者須審察商人之便並輪東實見生意有利可圖方可漸次開駛如有商人有意於商船未經到之內港設輪行駛須先向最近口岸之稅務司指明以便轉禀商務大臣會同該省督撫體察情形迅速批准

八此項輪船准在口岸內行駛或由通商此口至通商彼口或由口岸至內地並由該內地駛回口岸並准報明海關在沿途此次所經貿易各埠上下客貨但非奉中國政府允准不得由此不通商口岸之內地至彼不通商口岸之內地專行往來

九無論客船或貨船均准輪船拖帶凡被拖之船隻其船戶水手人等均應歸華民充當並不拘船東爲何人均須掛號方准由口岸行駛內港

十光緒二十四年七月所定補續章程第九欵派員代收稅釐各辦法現在尚有未盡照辦之處中國允再通行各省一體照章辦理

十一以上章程係補續光緒二十四年五月七月前後所訂內港行輪之章程其未經此次所訂更

改者則仍舊照行

此次之章程及光緒二十四年前後所訂之章程嗣後倘有應行修改之處即可彼此酌情商定

中國商約大臣致日本商約大臣照會

爲照會事所有北京開設通商場一事按照通商行船條約第十款所訂如各國護館護路兵隊一律全行撤退後於北京內城之外擇彼此相宜並無窒礙之地劃出界址開作各國商人居住貿易之所界內地方准各國商人租地造屋開設行棧店鋪惟民房民地必須業主情願出租者公平商議租價不得抑勒强迫所有道路橋梁均由中國自行管轄經理各國商民在北京通商場內居住者須遵守該處工部局及巡捕章程與居住該處之華民無異非得華官允准不能在界內自設工部局及巡捕自定界開辦以後凡從前各國商民之散居城內者均須遷入界內不得仍前散居各處以致漫無稽考所有外國商民房地公同酌定給予公平價值其遷移入界限期臨時酌定若逾限不遷即不給價似此預定辦法則應免臨時籌議周折實屬兩便之舉爲此備文照請

貴大臣核允見覆云云

日本商約大臣覆中國商約大臣照會

爲照覆事接准光緒二十九年　月　日

貴大臣照會內開所有北京開設通商場一事按照通商行船條約續約第十款所訂如各國護館護

路兵隊一律全行撤退後於北京內城之外擇彼此相宜並無窒礙之地劃出界址開作各國商人居住貿易之所界內地方准各國商人租地造屋開設行棧店鋪惟民房民地必須業主情願出租者公平商議租價不得抑勒強迫所有道路橋梁均由中國自行管轄經理各國商民在北京通商場內居住者須遵守該處工部局及巡捕章程與居住該處華民無異非得華官允准不能在界內自設工部局及巡捕自定界開辦以後凡從前各國商民之散居城內者均須遷入界內不得仍前散居各處以致漫無稽考所有外國商民房地公同酌定給予公平價值其遷移入界限期臨時酌定若逾限不遷即不給價似此預定辦法則應免臨時籌議周折實屬兩便之舉為此備文照請

貴大臣核允等因准此本大臣查所有來文內所開各節大致均可照辦至詳細章程自應按照西國通商行船條約續約第十款所訂臨時商酌妥定惟不得與別國歧異致有向隅相應照復

貴大臣查照

日本商約大臣致中國商約大臣照會

為照會事照得此次議定條約第三款載中國國家允能走內港之日本各項輪船在海關報明由通商口岸往來報明之內港地方貿易應照所定正續各章程辦理等語日本各項輪船無論大小只以能走內港為准此項能走內港之日本各輪船均可照章領牌往來內港中國不得藉詞禁止此等輪船來往內港本大臣為預防將來議論起見照會

貴大臣查明卽請轉飭總稅務司遵辦並請照復可也須至照會者

中國商約大臣覆日本商約大臣照會

爲照復事照得光緒二十九年八月十八日准
貴大臣照會聲明此次議定條約第三欵內載能走內港之日本各輪船無論大小祇以能走內港爲
准均可照章領牌往來內港中國不得藉詞禁止爲預防將來議論起見等因查本大臣前與
貴大臣會議此欵時曾准
貴大臣開送淸單有
貴國輪船名曰山陽丸瀨田川丸向口浦戸丸寗靜丸平安丸太閤丸吉野丸三光丸福壽丸肱川丸
永田丸共用丸蓬萊丸貫敎丸瓊港丸錦龍丸全勝丸康平丸載重一百廿一噸至九百九十八噸
向來往烟台東三省各內港有關牌遵照內港章程辦理不在禁止之例卽經飭據副總稅務司查
各關與成案相符茲復准照會前因應卽咨請外務部轉行總稅務司查酌辦理可也相應照復
貴大臣查照存案須至照復者

中國商約大臣致日本商約大臣照會

爲照會事所有直隸省北京盛京省城及大東溝湖南省長沙府等處定自本日起一年之內添開
通商場准各國人居住營業所有章程與日本協定●以上各地之外仍擇期將湖南省常德府江西

省湖口安徽省安慶府四川省叙州府開作通商埸一切辦法仍照前開各處辦理相應照會爲此照會

貴大臣查照須至照會者

日本商約大臣致中國商約大臣照會

爲照會事照得日本國家向准本國米穀出口運華並不阻禁惟日本倘遇年歉或食物告乏或因別故需用米穀孔急之時日本國家飭由日本派駐中國欽差或領事照請運米出口即由

貴國暫行解禁出口運到日本以資接濟而敦睦誼是爲至盼相應照會爲此照會

貴大臣查照見復可也須至照會者

日本商約大臣致中國商約大臣照會

爲照會事查得光緒二十四年七月所定補續章程第九款派員統收稅釐各辦法現在尚有未盡照辦之處請由

貴國政府再行通飭各省一體照章辦理實爲切要爲此備文照請

貴大臣核允並即見復爲盼

太子少保湖廣總督臣張之洞跪

奏爲遵

旨擬議約束出洋遊學生章程並鼓勵遊學生章程與日本使臣議定辦法繕具清單恭摺具

奏仰祈

聖鑒事竊臣前於四月間面奉

皇太后懿旨以出洋學生流弊甚多飭籌防範之法當經面奏學生在外國境內中國法令難行必須先商彼國政府尤爲協助事始有濟仰蒙

慈允遵即晤商駐京日本使臣內田康哉與籌辦法使臣以兩國律法不同辦理動多窒礙談次頗有難色繼經剴切開導告以出洋學生如不妥爲約束聽其浮游廢學任性妄爲犯義干名附於罪戾則此後有志之士不復敢遠遊就學往取師資其先已在洋篤志力學者亦且懼爲牽累廢然思返永無成就通才之日爲害不可勝言該使臣審思至再始謂如有妥籌辦法亦願電彼政府贊成此舉惟必須中國於安分用功學成回國之學生予以確實獎勵使各學生有歆羨之心併使彼國學堂確見中國有勸學求才之實意始於不安分學生有助我約束之法屬先酌擬章程再爲商辦臣業於閏五月二十九日

召對時面奏大略在案伏查遊學日本學生年少無識惑於邪說言動囂張者固屬不少其循理守法

潛心向學者亦頗不乏人自應明定章程分別懲勸庶足以杜流弊而勵眞材當卽酌擬約束遊學生鼓勵畢業生章程各一通迭次與日本使臣往返商搉復由該使臣轉達其政府與各學校校長公同會議期於中國學生有裨而於彼國法權無礙斟酌至於再四日來始克議成計擬定約束章程十款鼓勵章程十款又另擬自行酌辦立案章程七款凡所以嚴防範考察之方廣鼓舞栽成之道綱領粗具於是從此切實施行則以後遊學生護符逃藪失所憑依已往者當知斂戢續往者亦有範圍上以示

朝廷彰癉之公下以昭學術邪正之辨庶足挽橫流而宏造就至鼓勵章程中擬給學生舉人進士出身係遵光緒二十七年八月初四日

上諭辦理其擬獎翰林出身並翰林升階者係於大學堂專科及大學院研究科畢業之生學業精深在彼國亦視爲上選計其續學年分已逾十五六年較之新進士館選其難已加數倍且須俟回

國後由

欽派大臣詳加察覈果係品行端謹毫無過犯並按照所學科目切實考驗確與所得學堂文憑相符始行

奏請給獎似尚不致冒濫以上各節均經隨時與外務部王大臣詳加商酌覈定始與日使定議謹分繕清單恭呈

御覽如蒙
俞允擬請
旨敕下外務部將前項約束鼓勵章程照送日本使臣內田康哉轉達彼國政府分飭各學堂一律照
辦一面由外務部連同自行酌辦立案章程刊印成册飛咨出使日本大臣出洋學生總監督照
章認眞舉辦並通咨各直省暨京師管學大臣一體遵照辦理所有遵
旨擬議約束出洋學生並鼓勵章程是否有當理合繕摺具
奏伏乞
皇太后
皇上聖鑒訓示謹
奏
光緒二十九年八月十六日奉
旨著照所請外務部管學大臣知道欽此
謹將擬議約束遊學生章程繕具清單恭呈
御覽
一此次章程奏定後以後續往日本遊學學生無論官費生私費生並無論日本官設學堂私設學

堂均非出使大臣總監督公文保送不准收學

一總監督保送學生入私設學堂須經文部省認可其教育程度與官學堂相等者方爲合格惟經文部省認可之專爲中國學生設立之豫備學堂（如宏文書院等）其章程雖多變通亦可保送其獎勵年限應歸普通高等各學堂核計

一遊學生在學堂中品行應歸學校考察其在外言動舉止如有不軌於正之據經中國出使大臣總監督察訪得實隨時知會該學堂商酌務必減其品行分數

一遊學生在各學堂非實有病證概不准其輕易請假出外及雖在學堂而託故不上講堂應請與日本學生一律督責勿稍寬假

一學生在學堂時應以所修學業爲本分當爲之事如妄發議論刊布干預政治之報章無論所言是否均屬背其本分應由學堂隨時考察防範不准犯此禁令如經中國出使大臣總監督察訪留學生中有犯此禁之人隨時知會該學堂應即剴切誡諭學生立即停輟如有不遵即行退學

一凡現在已留學堂學生無論官費生私費生査有過犯及品行不端者經中國出使大臣總監督知會該學堂請爲斥退者日本學堂應即照辦

一各省所有官費生及私費生往日本遊學者經本省督撫査有不安本分品行不端之人隨時咨明中國出使大臣總監督轉達日本各學堂請爲斥退者日本各學堂亦應照辦

一學生於功課之暇如有編輯教科書及譯錄所習科學之講義及繙譯有裨實用之書自不在禁例此外無論何等著作但有妄爲矯激之說紊綱紀害治安之字句者請各學堂從嚴禁阻或經中國出使大臣總監督查有憑據確係在日本國境內刊刷翻印者隨時知會日本應管官署商酌辦法實力查禁其污衊人名節者經本人或本人委託之人按律在日本應管官署指控查實後仍行懲

一中國遊學生會館辦事有紊綱紀害治安若不安分之事者應由出使大臣總監督咨會日本應管官署隨時查禁嚴加裁制務期杜絕流弊

一凡現在日本各學校及已經退校之中國留學生如確有紊綱紀害治安若不安分之事者應由當該官員嚴加約束如察其無悛改之望者卽行飭令回國不准稍有逗遛

謹將擬議鼓勵遊學畢業生章程繕具清單恭呈

御覽

一中國遊學生在日本各學堂畢業者視所學等差給以獎勵但須由中國出使大臣總監督查明該學生品行端謹並無過犯出具切實考語咨送歸國由

欽派大臣詳加察核果係品行端謹毫無過犯並按照所學科目切實詳細考驗果係所學等差確與所得學堂文憑相符者再行奏請獎勵

一在普通中學堂五年畢業得有優等文憑者給以拔貢出身分別錄用
一在文部省直轄高等各學堂暨程度相等之各項實業學堂三年畢業得有優等文憑者（在學前後通計八年）給以舉人出身分別錄用
一在大學堂專學某一科或數科畢業後得有選科及變通選科畢業文憑者（在學前後通計或十一年或十年）給以進士出身分別錄用其由中學堂畢業徑入大學堂學習選科未經高等學堂畢業者（在學前後通計或八年或七年）其獎勵應比照高等學堂畢業生辦理
一在日本國家大學堂暨程度相當之官設學堂三年畢業得有學士文憑者（在學前後通計十一年較選科學問尤爲全備）給以翰林出身
一在日本國家大學院五年畢業得有博士文憑者（在學前後通計十六年）除給以翰林出身外並予以翰林升階
以上所列之外在文部大臣所指准之私立學堂畢業者視其所學程度一體酌給舉人出身或拔貢出身
一遊學生原有翰林進士舉人拔貢出身者各視所學程度給以相當官職
一凡畢業學生首以品行爲貴應請各學堂注重學生品行與各科學一律比較分數必所定品行分數滿足乃爲及格

一遊學生於各學堂畢業年限須與日本學堂原定本科畢業年限毫無短減不得別自爲班希冀速成

一此次定章以前已經畢業回國之各省官派學生均照此次章程由各省督撫考查其品行心術如實係端謹無過者考驗其所學程度查驗文憑實係相符者即照新章給以出身已有出身者給以相當官職其學速成科畢業減短學科年限者應查明所短年限令以回國後當差勞績之年資補之扣足年限亦一體給以出身或相當官職凡定章以前之畢業回國學生其中如有請

賞舉人者俟奏准後應咨送京城由管學大臣覆試

謹將另擬自行酌辦立案章程繕具清單恭呈

御覽

一現在已入日本官私學堂之中國遊學生章程內已訂明無論官費生私費生均由出使大臣總監督查有過犯及品行不端者知會該學堂請爲斥退應即責成出使大臣總監督將現在日本之各省遊學生確加考核擇其言行端謹安分用功之學生從前未有公文保送者飭傳各該學生報明三代籍貫年歲出身取具遵守約束甘結彙列各該學生姓名籍貫州縣公文分別保送各該學堂准其留學其素不安分有據可憑之各學生亦即開列姓名備文知會各該學堂請其即行斥退仍將留學退學各該學生姓名籍貫咨明外務部並管學大臣暨該學生原籍省分督

撫查考

一將來遊學日本之各省學生章程內已訂明非出使大臣總監督公文保送不准收學并訂明私設學堂須經文部省認可其教育程度與官學堂相等者方爲合格應卽責成出使大臣總監督嗣後遊學生入學須先儘官學堂保送一面確切訪查文部省認可之各私設學堂其一切教育管理之法是否認眞其程度是否果與官學堂無異細爲比較擇其名譽最優確實可信之私學堂始准保送學生入學仍酌定限制每年保送留學生入日本私設學堂者其人數至多不得過官學堂之半以昭慎重

一此次定章以後各省自備資斧出洋之遊學生應先由其父兄或親族呈報本籍或流寓所在地方官查明本生實係性質馴良文理明順者准其申送該省學務處詳加考驗稟請督撫覆核給發咨文轉給該學生領齎出洋各衙門辦理出洋學生文件不准書吏需索分文

一凡不遵約束不安本分之學生商明日本各學堂斥退後應由出使大臣總監督隨時嚴密稽察其無悛改之望者務須查照現定章程商請日本該管學署勒令該學生附船回國一面分別所犯輕重詳細事由咨明該學生原籍督撫酌量辦理並咨明外務部管學大臣查考

一保送學生入日本各學堂除農工商各項實業學堂及文科理科醫科各專門不限人數外其政治法律武備三門宜分別限定名數每年祇准保送若干名武備一門非官派學生不准保送政

治法律兩門亦先儘官派學生保送如自費學生本係職官請咨前往者不在限數之列

一在日本私設學堂畢業回國之學生除由出使大臣總監督確查其平日品行果係端謹科學果係優嫺始准保送進京候考外應請

欽派大臣考察試驗時格外認眞查核其品學兼優者自應與官學堂畢業生一律給獎勿庸加以區別如果品行實有可議科學程度實有不符即酌量減其獎勵以示區別

一凡各省選派官費學生出洋遊學俟畢業回國後無論得何獎勵均須在本省當差五年以盡義務五年期內概不准另就他省差使他省亦不得遽請調往差委

以上各條應請

旨飭下外務部管學大臣立案咨行各直省及出使大臣暨總監督遵照辦理

九月十四日中外日報館附送

海上絲綢之路文獻集成·歷代史籍編（第二輯 第四卷）

主　　編　范金民
責任編輯　趙遠方
美術編輯　白　玫
出版發行　福建人民出版社
電　　話　0591-87533169（發行部）
電子郵箱　fjpph7221@126.com
地　　址　福建省福州市東水路76號
經　　銷　福建新華發行（集團）有限責任公司
印刷裝訂　上海盛通時代印刷有限公司
地　　址　上海市金山區廣業路568號
電　　話　021-37910000
開　　本　787毫米×1092毫米　1/16
印　　張　221.75
版　　次　2023年8月第1版第1次印刷
書　　號　ISBN 978-7-211-09075-4
定　　價　2800.00元（共7册）

圖書在版編目（CIP）數據

海上絲綢之路文獻集成．歷代史籍編．第二輯．第四卷／范金民主編．--福州：福建人民出版社，2023.8
ISBN 978-7-211-09075-4

Ⅰ．①海…　Ⅱ．①范…　Ⅲ．①海上運輸-絲綢之路-史料-彙編　Ⅳ．①K203

中國國家版本館CIP數據核字（2023）第074020號

審圖號　GS（2022）3755號
本書有關内容和地圖僅代表作者個人觀點，不代表官方立場。